Spruchwörterbuch

W0218797

Franz Freiherr von Lipperheide

Sprichwörterbuch

Sammlung

deutscher und fremder Sinnsprüche, Wahlsprüche, Inschriften an Haus und Gerät, Grabsprüche, Sprichwörter, Aphorismen, Epigramme, von Bibelstellen, Liederanfängen, von Zitaten aus älteren und neueren Klassikern, sowie aus den Werken moderner Schriftsteller, von Schnaderhüpfln, Wetter- und Bauernregeln, Redensarten usw., nach den Leitworten, sowie geschichtlich geordnet und unter Mitwirkung deutscher Gelehrter und Schriftsteller herausgegeben

von

Franz Freiherrn von Lipperheide

Achter, unveränderter Abdruck

Nach der Originalausgabe Berlin 1907

Haude & Spenersche Verlagsbuchhandlung
Berlin

8., unveränderter Nachdruck

Alle Rechte, auch die des auszugsweisen Nachdrucks, der photomechanischen Wiedergabe und der Übersetzung in andere Sprachen, für diese Ausgabe vorbehalten.

Copyright by Haude & Spenersche Verlagsbuchhandlung GmbH, Berlin MCMLXXVI

Printed in Germany

ISBN 3-7759-0178-7

Vorwort.

Wohl jedes Volk, das eine Literatur besitzt, hat auch seine Sprichwörter und Redensarten, seine Sinn- und Wahlsprüche, seine Inschriften an Haus und Gerät, sowie dasjenige aus seinen Schriftstellern, was zu Zitaten geworden ist, gesammelt. Derartige Anthologien sind häufig nach dem Alphabet der Anfangsworte, andere in Gruppen geordnet, selten nach den Begriffen. Jedenfalls besaß keine Literatur bisher ein umfassenderes Werk, welches die Sprüche aller Art leicht auffindbar zusammengestellt hätte.

Das vorliegende Buch unternimmt es, nicht allein das Wertvollste zu sammeln, was die deutsche Literatur auf dem weiten Gebiete des Spruches besitzt, und was aus fremden Sprachen an Zitaten usw. Hausrecht bei uns erlangt hat, sondern es ordnet auch den ganzen, umfangreichen Stoff so an, daß der große Schatz, den wir besitzen, hier in seiner Vielseitigkeit erschlossen wird. Zu dem Behufe wurde das System der Konkordanzen angenommen; also jeder einzelne Spruch erscheint nach seinem Hauptleitworte alphabetisch eingeordnet. Hiernach findet sich z. B. der bekannte Grabspruch des Magisters Martinus von Biberach zu Heilbronn (gest. 1498):

Ich leb und waiß nit, wie lang,
Ich stirb und waiß nit, wann,
Ich far und waiß nit, wahin,
Mich wundert, das ich froelich bin,

im Alphabet unter Fröhlich.

Im allgemeinen fand dasjenige Aufnahme, was einen selbständigen Gedanken trägt, der, möglichst knapp und sinnvoll, gebunden oder ungebunden, allgemeine Wahrheiten irgendwelcher Art aus den verschiedensten Gebieten menschlicher Lebensweisheit verkündet und so in anregender Weise — mit Ernst, Gemütstiefe, humorvoll oder satirisch — belehrt oder warnt, tröstet oder ermahnt. Neben den landläufigen Sprüchen, Sprichwörtern, Redensarten usw. erscheinen auch unbekanntere, aber ethisch-sinnvolle, sowie in Fassung und Inhalt besonders originelle.

Die Anordnung innerhalb der einzelnen Artikel erfolgt chronologisch, soweit das Alter eines Spruches zu erkennen ist. Der Leser wird also in übersichtlichster Weise in den Stand gesetzt, sich leicht zu unterrichten, einmal, was über irgend einen Begriff, z. B. Weib, seit Beginn der Literaturen überhaupt bis zur neuesten Zeit Bedeutendes, Eigenartiges und vielfach Bleibendes gesagt worden ist, sodann, wie ein Begriff im Laufe der Zeiten bei uns und den anderen Kulturvölkern sich gewandelt hat, und wie er durch den Mund der Denker in prägnanter Form zum Ausdruck kam.

Wo sich zu einem Leitwort wegen der Überfülle der Begriffe, die sich damit verbinden, eine solche Anzahl von Sprüchen fand, daß die Übersichtlichkeit verloren zu gehen drohte, wurden dieselben nach Nebenbegriffen geordnet. Also sind z. B. die Sprüche zu dem Leitwort Frau (siehe auch Weib!) folgendermaßen geordnet:

Als sittliche Kraft;	Im Hause;
Als Gattin;	In der Gesellschaft;
Als Mutter;	In der Kunst und Wissenschaft.

Da neben umfassendsten Auszügen aus den Werken der Schriftsteller selbst etwa dreihundert, von Beginn der zweiten Hälfte des vorigen Jahrhunderts an erschienene Sammlungen von Sinnsprüchen, Wahlsprüchen usw. durchgesehen wurden, um nichts Wertvolleres zu übersehen — und dieses wurde dann, soweit irgend möglich, selbständig aufgesucht, datiert und bearbeitet — so vereinigt das Sprichwörterbuch alles Hervorragende, was neben seinem Inhalt sprachlich Beachtung verlangt, und was nicht nur für die Gegenwart Wert hat, sondern auch auf eine spätere Zeit zu kommen verdient. Unser Werk vereinigt, was aus deutschem Geiste entsprungen ist, und was dieser sich angeeignet hat; es bietet die Kernsprüche der Alten wie die des uns zunächst berührenden Auslandes.

Wo ein deutscher und ein oder mehrere fremdländische Sprichwörter, Redensarten u. dgl. ganz oder annähernd sich decken, werden sie nebeneinander gestellt. Gibt es doch Sprüche, die in vielen Sprachen wiederkehren; aber jede Form spiegelt auch zugleich in etwas die charakteristische Sinnes- und Denkungsart der einzelnen Völker und Stämme wieder; sie hat gleichsam den Erdgeruch des Landes, und darum durfte sie nicht übergangen werden.

Auf unsere Muttersprache kommen in dem vorliegenden Werke etwa 25000 Stellen. Was aus fremden Zungen Aufnahme fand, erscheint zuerst in deutscher Übertragung. Es werden etwa an Stellen gegeben aus dem:

Griechischen	700
Lateinischen	700
Italienischen	250
Französischen	630
Englischen	1100
aus der Heiligen Schrift	1500

Weiter folgt aus fremden Sprachen, ohne literarische Bearbeitung und vielfach nur in der Übersetzung, etwa die nachstehende Anzahl von Stellen; aus dem:

Arischen (Indisch, Sanskrit, Persisch)	180
Germanischen (Norwegisch, Schwedisch, Dänisch, Isländisch, Friesisch, Niederländisch, Flämisch, Altnordisch)	200
Romanischen (Spanisch, Portugiesisch, Rumänisch)	75
Baltisch-Slawischen (Esthnisch, Finnisch, Galizisch, Polnisch, Kassubisch, Kroatisch, Litauisch, Tschechisch, Russisch, Serbisch, Tamulisch, Walachisch)	150
Semitischen (Arabisch, Äthiopisch, Hebräisch)	85
Orientalischen (Chinesisch, Japanisch)	25
Uraltaischen (Tartarisch, Tibetanisch, Türkisch, Ungarisch)	50

Damit gelangen wir im ganzen auf über 30000 Stellen. Bei jeder einzelnen, außer den zuletzt angeführten etwa 800, wird die Herkunft angegeben, und da, wo es sich um Zitate handelt, zum Namen des Verfassers, soweit seine Werke irgend zugänglich und die gegebenen Stellen auffindbar waren, der Titel des betreffenden Werkes gesetzt, bei Stellen aus Dramen: Akt, Szene und der Name der redenden Person, das Entstehungsjahr oder, wo dieses nicht zu erforschen, das des ersten Druckes oder Erscheinens hinzugefügt. Bei einer größeren Anzahl von Gedichten und Liedern bedeutender Autoren konnte auch der Monat, selbst der Tag der Entstehung bezeichnet werden. Bei Liedern ist überhaupt, wo irgend möglich, auch der Name des oder der hervorragendsten Komponisten gegeben worden und dazu eine möglichst genaue Datierung der Kompositionen. Von bekannten Opern, Operetten, Singspielen bringen wir den Tag der ersten Aufführung und den Ort, in welchem sie diese erlebten.

In bezug auf Rechtschreibung und Interpunktion folgten wir bei allen Sprüchen seit der Mitte des 18. Jahrhunderts den neuen Regeln; alle früheren sind, soweit sie uns zugänglich waren, getreu wiedergegeben.

Als Mitarbeiter an diesem Werke sind zu nennen:

für die allgemeine Redaktion, für das Deutsche und Griechische: Walther Queckenstedt;
für das Lateinische: Hans Grau;
für das Italienische: Carlo Pozzoni;
für das Französische: Ernst Zimmermann;
für das Englische: Paul Drabig.

Man könnte das Spruchwörterbuch eine Ergänzung zu jedem Konversations-Lexikon nennen, wie es äußerlich im Gewande eines solchen auftritt; aber ein Konversations-Lexikon ist eine Real-Enzyklopädie, während wir eine Enzyklopädie des Geistes geben, die Quintessenz von dem, was die erleuchtetsten Köpfe aller Zeiten an allgemein gültigen Gedanken, „mit überzeugend treffender Gewalt, in kurzen Rissen und in schöner Form", zum Ausdruck brachten, und was vielfach von unvergänglichem Werte bleiben wird. Das Spruchwörterbuch will ein literarisches Urkundenbuch sein, nicht allein zum Gebrauche des Gelehrten, sondern für die Gebildeten der Deutschen Nation und darüber hinaus des ganzen deutschen Sprachgebietes.

Der Herausgeber.

Nach fünfjähriger Sammelarbeit und weiterer zweijähriger Bearbeitung liegt das Spruchwörterbuch nunmehr geschlossen vor. Der Herausgeber, Freiherr von Lipperheide, hat die Vollendung dieses Werkes, mit dessen Plänen er sich jahrelang trug, dessen Verwirklichung er sehnlichst erhoffte und dem er bis zuletzt seine Kräfte widmete, nicht mehr erlebt. Mitten in der Drucklegung, als etwa die Hälfte des Unternehmens in Lieferungen erschienen war, raffte ihn ein tückisches Leiden aus seiner arbeitsreichen und von großen Erfolgen gekrönten Tätigkeit hinweg. Möge sich das Buch einen dauernden Wert erwerben, ihm zum Gedächtnis, dem Leser zum Genusse, dem Forscher zur Anregung!

Leipzig, am 3. Advent 1906.

Walther Queckenstedt.

Abkürzungen für die Quellenangaben.

A. = Akt.
a. = aus.
Abg. = Abgeordnete.
Abs. = Absatz.
Albr. = Albrecht.
allgem. = allgemein.
Andr. = Andreas.
Auff. = Aufführung.
Aug. = August.
Aul. = Aulus.

B. = Buch.
Bd. = Band.
bek. = bekannt.
Bemerk. = Bemerkung.
Benj. = Benjamin.
Bernh. = Bernhard.
Berth. = Berthold.
Br. = Brief.

Christ. = Christian.
Corn. = Cornelius.

d. = der, die, das, des, dem, den.
dän. = dänisch.
Dez. = Dezember.
Dietr. = Dietrich.
Dr. = Doktor.

Ebr. = Ebräer.
engl. = englisch.
Eph. = Epheser.
Ephr. = Ephraim.
erg. = ergänze.
Erz. = Erzählung.
Evang. = Evangelium.

Fab. = Fabel.
Febr. = Februar.
Ferd. = Ferdinand.
Flacc. = Flaccus.
franz. = französisch.
Friedr. = Friedrich.
Frz. = Franz.

geb. = geboren.
ged. = gedichtet.
geistl. = geistlich.
Ges. = Gesang.
Gesch. = Geschichte.
gest. = gestorben.

Gottfr. = Gottfried.
Gottl. = Gottlieb.
griech. = griechisch.

Heinr. = Heinrich.
hl. = heilig.
herausg. = herausgegeben.

ital. = italienisch.

Jahrh. = Jahrhundert.
Jak. = Jakob, Jakobus.
Jan. = Januar.
jem. = jemandem, jemanden.
Jer. = Jeremias.
Jes. Sir. = Jesus Sirach.
Joh. = Johann, Johannes, Johannis.
Jos. = Joseph.
jüd. = jüdisch.
Jul. = Julius.

K. = Kapitel.
kom. = komisch.
komp. = komponiert (bei Opern).
Kön. = Könige.
Kor. = Korinther.

lat. = lateinisch.
Leop. = Leopold.
lit. = literarisch.
Ludw. = Ludwig.
Luk. = Lukas.

Makk. = Makkabäer.
Marc. = Marcus (altrömischer Vorname).
Mark. = Markus (Evangelist).
Matth. = Matthäus.
Mel. = Melodie (bei Liedern).
Mich. = Michael.
Mos. = Moses.

n. Chr. = nach Christi Geburt.
niederl. = niederländisch.
Nov. = November.
Nr. = Nummer.

Offenb. = Offenbarung.
Okt. = Oktober.

Phil. = Philipp.
portug. = portugiesisch.

Pred. Sal. = Prediger Salomonis.
preuß. = preußisch.
Ps. = Psalm.
Publ. = Publius.

Quint. = Quintus.

reg. = regierte.
Rob. = Robert.
Röm. = Römer.

Sal. = Salomon.
Sam. = Samuelis.
sämtl. = sämtliche.
Sat. = Satire.
schwed. = schwedisch.
Seb. = Sebastian.
Sept. = September.
span. = spanisch.
Spr. = Spruch.
sprichwörtl. = sprichwörtlich.
St. = Sankt, Sanktus.
Str. = Strophe.
Sz. = Szene.

T. = Teil.
Theod. = Theodor.
Thess. = Thessalonicher.
Tit. = Titus.
Tob. = Tobias.
Tull. = Tullius.

u. = und.
u. a. = und andere.
unbek. = unbekannt.
ungar. = ungarisch.
urspr. = ursprünglich.
usw. = und so weiter.
übers. = übersetzt.
übertr. = übertragen.

Val. = Valentin.
V. = Vers.
v. = von.
v. Chr. = vor Christi Geburt.
vgl. = vergleiche.
verm. = vermischt.

Wilh. = Wilhelm.
Wolfg. = Wolfgang.
Wsh. Sal. = Weisheit Salomonis.

A.

A. — Ich bin das A und das O . . . (Im griechischen Alphabet ist der letzte Buchstabe das O = Omega.) Offenb. Joh., K. 1, V. 8.

— Noch im großen A sein (noch im Anfange sein). Sprichwörtl. Redensart.

— Von A bis Z (von Anfang bis zu Ende). Sprichwörtl. Redensart.

Aar. — Die Aare kümmern sich nicht um Fliegen. Lat.: Aquilae nesciunt muscas.
Wahlspr. d. Ompteda.

Aas. — Wo ein Aas ist, da sammeln sich die Adler. Matth., K. 24, V. 28.

Abbitte. — Abbitte ist die beste Buße.
Sprichwort.

Abblitzen. — Jemanden abblitzen lassen (jemandem kein Gehör schenken, ihm etwas versagen, ihn kurz abfertigen; — der Blitz erreicht sein Ziel nicht, wenn er vom Blitzableiter abgelenkt wird). Sprichwörtl. Redensart.

Abderitenstreiche. — Abderitenstreiche tun (törichtes, dummes Zeug tun; — die Bewohner Abderas in Thrazien waren ihrer Dummheit wegen bekannt; vergleiche Lucian (um 150), Wie man Geschichte schreiben muß, ebenso Christoph Martin Wieland, Abderiten (1774), wodurch diese Redensart allbekannt geworden ist). Sprichwörtl. Redensart.

Abend. — Du weißt noch nicht, was der späte Abend bringt. Lat.: Nescis, quid vesper serus vehat.

Marc. Terentius Varro (um 116—27 v. Chr.), Titel einer Schrift. Nach Aul. Gellius (um 125—175), Attische Nächte. B. 1, K. 22, § 4. Übers. v. Grau.

— Es ist noch nicht aller Tage Abend. Lat.: Nondum omnium dierum solem occidisse.

Tit. Livius (um 59 v. Chr.—17 n. Chr.), Römische Gesch. Übers. v. Ostertag. B. 39, K. 26, § 9. — Sprichwort.

— Komm', stiller Abend, nieder!

Georg Karl Claudius, Abendlied (ged. 1780). Mel. v. Verfasser.

— Willkommen, o seliger Abend, | Dem Herzen, das froh dich genießt!

Fritz von Ludwig, Gedichte. D. Maiabend (vor 1795). Mel. v. Wilh. Gottl. Becker (1799).

— Ein guter Abend kommt heran, | Wenn ich den ganzen Tag getan.

Joh. Wolfg. von Goethe, Werke (1827—1830). Gedichte. Epigrammatisch. Lebensgenuß.

Abend. — Abend wird es wieder: | Über Wald und Feld | Säuselt Frieden nieder, | Und es ruht die Welt.

Aug. Heinr. Hoffmann von Fallersleben, Lyrische Gedichte. Nr. 1. Dichterleben. Jugend- u. Mannesjahre. Abendlied (ged. 17. April 1837). Mel. v. Friedr. Aug. Jakob (1845) u. Karl Groos (1848).

— All Abend, bevor ich zur Ruhe geh' . . .
Verfasser unbek. (vor 1840). Mel. v. Frz. Abt.

— O, wie wohl ist mir am Abend, | Wenn zur Ruh' die Glocke läutet.

Bek. Kanon v. Karl Schulz (1784—1850).

— Je später der Abend, je schöner die Leute.
Sprichwort.

— Es ist no' all Tag Obed (Abend) worde.
Sprichwort. Alpenländer.

— Herr, bleib' bei mir, es will Abend werden.

Nach Luk., K. 24, V. 29. — Spr. an einem Wirtshaus am Wege nach Feldbach bei Graz.

Abendmahl. — Laß mich durch diß Seelen-Essen (das Abendmahl) | Deine Liebe recht ermessen, | Daß ich auch, wie itzt auf Erden, | Mag dein Gast im Himmel werden.

Joh. Frank, Geistl. Sion (1674). Vorbereitung zum hl. Abendmahl. Schlußv.

— Das Abendmahl auf etwas nehmen können (bei der Beteuerung, daß etwas wahr ist, oder daß etwas sicher eintreffen wird; — stammt von den Gottesurteilen des Mittelalters her; konnte jemand eine geweihte Hostie hinunterschlucken, so war er unschuldig). Sprichwörtl. Redensart.

Abendsonne. — Goldne Abendsonne, | O, wie bist du schön!

Anna Barbara Urner, An d. Abendsonne (ged. Aug. 1788). Mel. v. Hans Georg Nägeli (komp. 1815).

Abendstern. — O du mein holder Abendstern.

Wilh. Richard Wagner, Tannhäuser. (Erste Auff. am 19. Okt. 1845 in Dresden.)

Aber. — Still mit dem Aber! Die Aber kosten Überlegung.

Gotthold Ephr. Lessing, Emilia Galotti (1772). A. 4, Sz. 3 (Orsina).

— Aber, ein ungeschlachter Schlagbaum vor dem Tore der Erwartung.

Ludw. Bechstein, Arabesken (1832).

— Aber, Wenn und Gar | Sind des Teufels War'. Sprichwort.

Aber. — Es ist kein Mensch ohne ein Aber.
Sprichwort.

— Es ist ein Aber dabei (es liegt noch ein Hindernis vor, eine Bedingung, Schwierigkeit usw.; — der Nachsatz mit Aber leitet gewöhnlich eine Beschränkung des Vordersatzes ein).
Sprichwörtl. Redensart.

Aberglaube. — Dringt durch des Aberglaubens Nacht, | Die euch zu finstern Köpfen macht.
Christ. Fürchtegott Gellert, Fab. u. Erz. (1746). B. 2. D. Freigeist.

— Vernichten wir den Elenden (den Aberglauben). Franz.: Écrasons l'infâme.
Voltaire (François Marie Arouet), Br. (1759—1768). Übers. v. Mylius. An verschiedene Personen.

— Der Aberglaube trauet den Sinnen bald zu viel, bald zu wenig.
Gotthold Ephr. Lessing, Sämtl. Schriften. Theologische Streitschriften (1777). D. Testament Joh.

— Der Aberglaub', in dem wir aufgewachsen, | Verliert, auch wenn wir ihn erkennen, darum | Doch seine Macht nicht über uns. — Es sind | Nicht alle frei, die ihrer Ketten spotten.
Gotthold Ephr. Lessing, Nathan d. Weise (1779). A. 4, Sz. 4 (Tempelherr).

— Der Aberglauben schlimmster ist, den seinen | Für den erträglichern zu halten.
Gotthold Ephr. Lessing, Nathan d. Weise (1779). A. 4, Sz. 4 (Tempelherr).

— Der Aberglaube ist ein Kind der Furcht, der Schwachheit und der Unwissenheit.
Friedr. d. Große, Sämtl. Werke (1789).

— Dem Aberglauben wachsen die Federn, der Zufall mag ihm dienen oder schaden.
Jean Paul (Friedr. Richter), Leben Quint. Fixlein (1796).

— Der Aberglauben macht die Gottheit zum Götzen, und der Götzendiener ist um so gefährlicher, weil er ein Schwärmer ist.
Joh. Gottfr. von Herder u. Liebeskind, Palmblätter (1787—1800). T. 4, Erz. 1.

— Der Aberglaube ist das ungeheure, fast hilflose Gefühl, womit der stille Geist gleichsam in der wilden Riesenmühle des Weltalls betäubt steht und einsam.
Jean Paul (Friedr. Richter), Vorschule d. Ästhetik (1804).

— Der Aberglaube gemeiner Leute rührt von ihrem frühen und allzu eifrigen Unterricht in der Religion her.
Georg Christoph Lichtenberg, Verm. Schriften (1800—1806). Bd. 1, Nr. 3. Bemerk. verm. Inhalts. Nr. 11. Allerhand.

— Stets liegt, wo das Banner der Wahrheit wallt, | Der Aberglauben im Hinterhalt.
Karl Aug. Georg Max Graf von Platen-Hallermund, D. neuen Propheten (ged. 1817). (D. Rationale).

Aberglaube. — Der Aberglaube gehört zum Wesen des Menschen und flüchtet sich, wenn man ihn ganz und gar zu verdrängen denkt, in die wunderlichsten Ecken und Winkel, von wo er auf einmal, wenn er einigermaßen sicher zu sein glaubt, wieder hervortritt.
Joh. Wolfg. von Goethe, Werke (1827—1830). Maximen u. Reflexionen. Abteilung 1.

— Der Aberglaube ist die Poesie des Lebens; deswegen schadet's dem Dichter nicht, abergläubisch zu sein.
Joh. Wolfg. von Goethe, Werke (1827—1830). Maximen u. Reflexionen. Abteilung 3.

— Es ist schon viel mit der guten Vorbedeutung gewonnen, und der Aberglaube selbst ist nützlich, wenn er im Vertrauen bestärkt.
Karl Wilh. Freiherr von Humboldt, Br. an eine Freundin (Febr. 1835).

— O Aberglaube, dickste Nacht, | Wie drückst du schwer die Welt! | Das Licht, es ist umsonst erwacht | Am hohen Sternenzelt!
Karl Aug. Georg Max Graf von Platen-Hallermund, Gedichte. Verm. u. Gelegenheitsgedichte. In Palermo (ged. 1835).

— Wuchern wird der Aberglaube, | Wo man weg den Glauben warf.
Friedr. Rückert, Gesammelte Gedichte (1834—1838). Bd. 3.

— Vom Aberglauben ist Unglauben stets begleitet, | Und Aberglauben hat zum Glauben oft geleitet. | So im Unglauben ist der Glaube schon enthalten; | Durch Gottes Kraft geweckt, wird er sich draus entfalten.
Friedr. Rückert, D. Weisheit d. Brahmanen (1836—1839). B. 18, Nr. 43. (Stufe 6. Prüfung. Nr. 341.)

— Sklaverei und Aberglaube können Kampanien zu einem Lande von Bettlern machen und die Ebene von Enna in eine Wüste verwandeln. Engl.: Slavery and superstition can make Campania a land of beggars, and can change the plain of Enna into a desert.
Thomas Babington Lord Macaulay, Reden. Übers. v. Beseler. Rede zur Eröffnung d. Glasgow College (21. März 1849).

— Das einzige Mittel gegen Aberglauben ist Wissenschaft. Nichts anderes kann diesen Pestflecken aus dem menschlichen Geiste hinwegwischen. Ohne sie bleibt der Aussätzige ungereinigt und der Sklave unbefreit. Engl.: The only remedy for superstition is knowledge. Nothing else can wipe out that plague-spot of the human mind. Without it, the leper remains unwashed, and the slave unfreed.
Henry Thomas Buckle, Gesch. d. Zivilisation (1858—1861). Übers. v. Ritter. K. 15.

— Glaube, dem die Tür versagt, | Steigt als Aberglaub' ins Fenster; | Wenn die Götter ihr verjagt, | Kommen die Gespenster.
Emanuel Geibel, Gedichte u. Gedenkblätter (1864). Spr. Nr. 44.

Abergläubig. — Der wird gar leicht berückt, wer abergläubig ist.

Karl Wilh. Ramler, Fabellese (1783—1790). Bd. 4, Nr. 25. D. Gärtner.

Abergläubisch. — Der Mensch, der sich vieles Glücks und seiner Schwäche bewußt ist, wird abergläubisch, flüchtet zum Gebet.

Georg Christoph Lichtenberg, Verm. Schriften (1800—1806). Bd. 2, Nr. 2. Bemerk. verm. Inhalts. Nr. 4. Beobachtungen über d. Menschen.

Abgebrannt. — Abgebrannt sein (von allem entblößt sein, besonders von Geld).

A. d. Studentensprache. — Sprichwörtl. Redensart.

Abgemacht. — Abgemacht! Sela! (Schluß!)

Nach d. Ps. Davids. — Sprichwörtl. Redensart.

Abgeschiedenheit. — . . . in grausenhafter Abgeschiedenheit.

Adelbert von Chamisso (Louis Charles Adelaide Chamisso de Boncourt), Gedichte. Sonette u. Terzinen. Salas y Gomez (ged. 1829). D. letzte Schiefertafel.

Abgeschlossen. — Abgeschloßne Händel gelten.

Adelbert von Chamisso (Louis Charles Adelaide Chamisso de Boncourt), Gedichte. Lieder u. lyrisch=epische Gedichte. Böser Markt (ged. 1833).

Abgewöhnen. — Es ist schwer, einem Schweine etwas Schlechtes abzugewöhnen. Engl.: It is hard, to break a hog of an ill custom.

Sprichwort.

Abglanz. — Hinter Wolken die Sonne zu sehn, gibt trügliche Lichter; | Ohne Wolken sie sehn, blendet und stumpft das Gesicht. | Also schaue du sie hienieden im ruhigen Abglanz; | Taten lehren uns mehr als ein bezaubernder Blick.

Joh. Gottfr. von Herder, Sämtl. Werke (1805—1820). Gedichte. D. Abglanz.

— Am farbigen Abglanz haben wir das Leben.

Joh. Wolfg. von Goethe, Faust, II (1831). A. 1. Anmutige Gegend (Faust). Schlußv.

Abhängen. — Am Ende hängen wir doch ab | Von Kreaturen, die wir machten.

Joh. Wolfg. von Goethe, Faust, II (1831). A. 2. Laboratorium (Mephistopheles). Schlußv.

Abhängigkeit. — Abhängigkeit ist heiser, wagt nicht, laut zu reden. Engl.: Bondage is hoarse, and may not speak aloud.

William Shakespeare, Romeo u. Julia (1593). Übers. v. Schlegel. A. 2, Sz. 2 (Julia).

Ablaß. — Viele, die über Ablaßkrämerei in der katholischen Kirche lachen, üben sie doch täglich selbst. Wie mancher Mann von schlechtem Herzen glaubt sich mit dem Himmel ausgesöhnt, wenn er Almosen gibt!

Georg Christoph Lichtenberg, Verm. Schriften (1800—1806). Bd. 2, Nr. 2. Bemerk. verm. Inhalts. Nr. 3. Moralische Bemerk.

— Der römische Hirte läßt den Ablaß glänzen, | Die Altfrau Kirche weiß mit Indulgenzen | Von jeder Schuld Gewissen rein zu schaffen.

Nikolaus Lenau (Niembsch, Edler von Strehlenau), D. Albigenser (1842). D. Führer.

Ablaß. — Den Ablaß nach Rom tragen (etwas Unnötiges, Überflüssiges tun; — von Rom aus wird ja der Ablaß erteilt).

Sprichwörtl. Redensart.

Abmüden. — Alles, was wir treiben und tun, ist ein Abmüden; wohl dem, der nicht müde wird!

Joh. Wolfg. von Goethe, Werke (1827—1830). Maximen u. Reflexionen. Abteilung 3.

Abnehmen. — Abnehmen und sterben.

Nach 1. Mos., K. 25, V. 8. — Sprichwörtl. Redensart.

Abraham. — (Sicher ruhen wie in) Abrahams Schoß.

Nach Luk., K. 16, V. 22. — Sprichwörtl. Redensart.

— Er hat schon Vater Abraham gesehen (er ist schon fünfzig Jahre alt).

Nach Evang. Joh., K. 8, V. 57. — Sprichwörtl. Redensart.

Abrede. — . . . das ist wider die Abrede.

Gotthold Ephr. Lessing, Emilia Galotti (1772). A. 4, Sz. 7 (Odoardo).

Abrüstung. — . . . dürfen wir nicht vergessen, daß nur das Schwert das Schwert in der Scheide hält, und daß unter solchen Umständen für uns „Abrüstung" — anstatt des Wortes „Abrüstung" kann man mit gleichem Rechte sagen „zu schwache Rüstung" — Krieg ist, der Krieg, den wir gern vermeiden wollen.

Hellmuth von Moltke im Reichstage (14. April 1874).

Absalom. — Mein Sohn Absalom!

2. Sam., K. 18, V. 33. — Scherzhafte, volkstümliche Redensart.

Abschied. — Kurz ist der Abschied für die lange Freundschaft.

Friedr. von Schiller, D. Jungfrau v. Orleans (1801). A. 3, Sz. 6 (Lionel).

— Morgen muß ich weg von hier | Und muß Abschied nehmen.

D. Knaben Wunderhorn (1806—1808). Lebewohl. Mel. v. Friedr. Silcher (komp. 1827).

— Als ich Abschied nahm, als ich Abschied nahm, | Waren Kisten und Kasten schwer; | Als ich wieder kam, als ich wieder kam, | War alles leer.

Friedr. Rückert, Gesammelte Gedichte. Ital. Gedichte. A. d. Jugendzeit (ged. 1830). Schlußv. Mel. v. Rob. Radecke.

— Man schreibt nicht so ausführlich, | Wenn man den Abschied gibt.

Heinr. Heine, Neue Gedichte. Neuer Frühling (ged. 1828—1831). Nr. 34.

— Die Abschiede der Freundschaft haben zwar etwas von dem schwermütigen, aber nichts von dem ängstlichen Abschiede der Liebe. Engl.: The farewells of friendship have indeed something of the melancholy, but not the anguish, of those of love.

Edward George Earle Lord Bulwer Lytton, Ernst Maltravers (1837). Übers. v. Czarnowski. Bd. 3, K. 4.

— Zum Abschiednehmen just das rechte Wetter, | Grau wie der Himmel steht vor mir die Welt.

Jos. Viktor von Scheffel, D. Trompeter v. Säckingen (1854). Ges. 14. Mel. v. Viktor Ernst Neßler.

Abschiedskuß. — Bitter und süß ist der Abschiedskuß an der Lippe des Freundes.

Joh. Gottfr. von Herder, Sämtl. Werke (1805—1820). Blumenlese a. morgenländischen Dichtern. Nr. 2. D. Rosental. B. 4. D. Abschied.

Abschlagen. — Freundlich abschlagen ist besser, als mit Unwillen geben. Sprichwort.

Absicht. — Der Absicht Niedrigkeit erniedrigt große Taten.

Joh. Peter Uz, Sämtl. Werke (1768). Gedichte. D. wahre Größe.

— So fühlt man Absicht (gewöhnlich falsch zitiert: Man merkt die Absicht), und man ist verstimmt.

Joh. Wolfg. von Goethe, Torquato Tasso (1789). A. 2, Sz. 1 (Tasso).

— Die Menschen verraten ihre Absichten nie leichter und stärker, als wenn sie sie verfehlen.

Jean Paul (Friedr. Richter), Kom. Anhang zum Titan (1800—1803). Bd. 2.

— Mit Absicht handeln ist das, was den Menschen über geringere Geschöpfe erhebt.

Gotthold Ephr. Lessing, Sämtl. Schriften (1796—1808).

— Absicht ist die Seele der Tat. Sprichwort.

Absolut. — Hört, ihr Herrn, so soll es werden: | Gott im Himmel, wir auf Erden, | Und der König absolut, | Wenn er unsern Willen tut. | Lobt die Jesuiten!

Adelbert von Chamisso (Louis Charles Adelaide Chamisso de Boncourt), Gedichte. Lieder u. lyrisch-epische Gedichte. Nachtwächterlied (ged. 1826).

— Wir sind weit entfernt davon, der absoluten Monarchie zuzustreben; ich halte dieselbe überhaupt für eine unmögliche Einrichtung, denn dann regiert entweder der Bureaukrat oder der Generaladjutant oder irgend jemand, der das Geschäft nicht kennt.

Otto von Bismarck im Abg.-Haus d. preuß. Landtages (24. Jan. 1887).

Absolutismus. — ... ich halte den Absolutismus für eine unmögliche Sache.

Otto von Bismarck im Reichstage (29. Nov. 1881).

Abstammung. — Man behält immer die Spuren seiner Abstammung. Franz.: On garde toujours la marque de ses origines.

Ernest Renan, D. Leben Jesu (1863). Übers. v. Kalt.

— Sage niemals: „meine Herkunft und Abstammung", denn die Abstammung des jungen Mannes ist, was er erreicht. Arabisches Sprichwort.

Absurde, das. — Das Absurde, mit Geschmack dargestellt, erregt Widerwillen und Bewunderung.

Joh. Wolfg. von Goethe, Werke (1827—1830). Maximen u. Reflexionen. Abteilung 3.

Abtrünnig. — ... eine abtrünnige und ungehorsame Art ... Ps. 78, V. 8.

Abtrünnige, der. — ... und läßt die Abtrünnigen bleiben in der Dürre. Ps. 68, V. 7.

Abwägen. — ... alles zählen und abwägen ...

Jes. Sir., K. 42, V. 7. — Sprichwörtl. Redensart.

Abwarten. — Wart's ab! sagt Tuckermann.

Sprichwörtl. Redensart. Merseburg.

— Erst abwarten — denn Tee trinken.

Berliner Redensart.

Abwaschen. — Da wäscht dir keen Rejen ab (es hilft dir nichts; das bleibt an dir hängen).

Berliner Redensart.

Abwechslung. — Abwechslung ist immer süß. Griech.: *Μεταβολὴ πάντων γλυκύ.*

Euripides (um 480—406 v. Chr.), Orestes. Übers. v. Binder. V. 234 (Elektra).

— Abwechslung ergötzt. Lat.: Varietas (gewöhnlich zitiert variatio) delectat.

Phädrus (um 30), Fab. Übers. v. Siebelis. B. 2. Prolog, V. 10.

— Abwechslung ist mein Wahlspruch. Franz.: Diversité c'est ma devise.

Jean de Lafontaine, Erz. (1667). D. Aalpastete. Übers. v. Zimmermann.

— Abwechselung ohne Zerstreuung wäre für Lehre und Leben der schönste Wahlspruch, wenn dieses löbliche Gleichgewicht nur so leicht zu erhalten wäre.

Joh. Wolfg. von Goethe, D. Wahlverwandtschaften (1808—1809). T. 2, K. 7.

— Und nur Abwechslung gibt dem Leben Reiz | Und läßt uns seine Unerträglichkeit | Vergessen!

Christ. Dietr. Grabbe, Don Juan u. Faust (1829). A. 1, Sz. 1 (Don Juan).

— Abwechslung stärkt den Appetit.

Sprichwort.

— Abwechslung (Veränderung) von Weide macht fette Kälber. Engl.: Change of pasture makes fat calves. Sprichwort.

Abwesend. — Rühmlichst abwesend.

Georg Wilh. von Raumer v. Prinzen Waldemar v. Preußen, d. bei d. Begräbnis seiner Mutter fehlte (18. April 1846).

— Abwesend! Nach Florenz abkommandiert, um König von Italien zu sein.

So hieß es beim Appell d. 1. franz. Zuavenregimentes, in welchem Viktor Emanuel bis 1870 als Ehrenkorporal geführt wurde.

Abwesenheit. — Sie glänzten, weil man sie nicht sah. (Danach: Durch seine Abwesenheit glänzen. Franz.: Briller par son absence.) Lat.: ... praefulgebant ..., quod effigies eorum non videbantur.

Corn. Tacitus (um 55—120), Annalen. Übers. v. Becher. B. 3, K. 76.

Ach. — Half ihm doch kein Weh und Ach.

Joh. Wolfg. von Goethe, Gedichte. Lieder. Heideröslein (ged. 1771). Nach einem Volksliede a. d. 16. Jahrhundert; vgl. Joh. Ludw. Uhland, Alte hoch- u. niederdeutsche Volkslieder. Nr. 56. Mel. v. Joh. Friedr. Reichardt (komp. 1793), Frz. Schubert (komp. 19. Aug. 1815), Rob. Schumann u. a.

— Mit Ach und Krach (mit Mühe und Not und Ach-Seufzen und -Stöhnen).

Sprichwörtl. Redensart.

Achat. — Klopf' auf den Ton: in Staub wird er fallen; | Schlag' den Achat, und Funken wallen.

Anastasius Grün (Anton Alexander Graf von Auersperg), D. Pfaff v. Kahlenberg (1850). Vorspiel.

Acheron. — Der gierige Acheron läßt seine Beute nicht. Franz.: L'avare Achéron ne lâche pas sa proie.

Jean Baptiste Racine, Phädra (1677). Übers. v. Viehoff. A. 2, Sz. 5 (Phädra).

Achillesferse. — Eine Achillesferse haben (eine verwundbare Stelle haben, wie Achilles an der Ferse; — den Achilles tauchte seine Mutter Thetis, um ihn unsterblich zn machen, in den Styx; nur die Ferse, an welcher sie ihn hielt, blieb verwundbar; — ähnliches in der deutschen Sage von Siegfried).

Nach Cajus Jul. Hyginus (um 10 v. Chr.), Fab. Nr. 107. — Sprichwörtl. Redensart.

Achilleus. — Singe den Zorn, o Göttin, des Peleiaden Achilleus! Griech.: *Μῆνιν ἄειδε, θεά, Πηληϊάδεω Ἀχιλῆος.*

Homer, Ilias. Übers. v. Voß. Ges. 1, V. 1.

Achsel. — Etwas auf die leichte Achsel nehmen (etwas leicht nehmen, sich nicht viel drum kümmern). Lat.: Ferre sinu laxo.

Quint. Horatius Flacc., Sat. (um 30 v. Chr.). B. 2, Nr. 3, V. 172. — Sprichwörtl. Redensart.

— Jemanden über die Achsel ansehen (jemanden nicht voll würdigen, ihn gering achten, ihn verächtlich ansehen; — bereits bei Seb. Brant, D. Narrenschif (1494) Nr. 96, V. 33 findet man: Man sicht den überd achslen an). Sprichwörtl. Redensart.

Achten. — Einer acht's, | Der andre verlacht's, | Der dritte betracht's, | Was macht's?

Inschrift am Rathause zu Wernigerode (1492).

— Das Ding ist, wie man's achtet. Alter Spr.

Acht geben. — Acht giewen iß biätter es (besser als) dusend Daler. Sprichwort. Münsterisch.

Achtgroschenstück. — Jck bitte Sie um dausend Achtjroschenstücke (aber bedenken Sie doch, nehmen Sie Vernunft an)! Berliner Redensart.

Achtsamkeit. — Durch Achtsamkeit blüht unser Glück am besten, | Nur von der Sicherheit kommt Unglück her: | Verachtet fallen uns die kleinsten Übel schwer, | Beachtet nützen uns die größten. Christ. Wernicke, Uberschriffte Oder Epigrammata (1701).

Acker. — Wer vom Acker lebt und vom Vieh, | Lebt wohl, wenn — er nicht wird zum Vieh.

Alter Spr.

— Sparst du mir 'n Art, spar' ich dir a Fahrt, sagte der Acker zum Bauern.

Sprichwörtl. Redensart. Schwaben.

Ackerbau. — Glückselig jener, der, entfernt dem Weltgeschäft, | Sein Vaterfeld mit eignen Stieren wohl durchpflügt (Ackerbau treibt). Lat.: Beatus ille qui procul negotiis | . . . Paterna rura bobus exercet suis.

Quint. Horatius Flacc., Epoden (um 30 v. Chr.). Übers. v. Voß. Nr. 2, V. 1 u. 3.

Ackerbau. — Süß ist's, tätig die Zeit beim Ackerbau zu verbringen. Lat.: Tempus in agrorum cultu consumere dulce est.

Publ. Ovidius Naso (um 43 v. Chr. — 17 n. Chr.), Br. a. d. Pontus. Übers. v. Berg. B. 2, Br. 7, V. 69.

— Ackerbau und Viehzucht sind die zwei Brüste, die den Staat sicherer säugen, als die Gold- und Silberminen Perus.

Karl Jul. Weber, Demokritos (1832—1840). D. Landwirt oder Bauer.

— Der Ackerbau ist die Wurzel aller Bildung in der Welt.

Berth. Auerbach, Schwarzwälder Dorfgesch. (1843—1854). T. 2.

Ackermann. — Siehe, ein Ackermann wartet auf die köstliche Frucht der Erde und ist geduldig. Jak., K. 5, V. 7.

Ackerwerk. — Ackerwerk, | Wackerwerk.

Sprichwort.

Adam. — Gott der Herr rief Adam und sprach zu ihm: Wo bist du? 1. Mos., K. 3, V. 9.

— Der alte Adam. Den alten Adam ausziehen, ersäufen (ein anderer Mensch werden; — Paulus stellt den alten Adam als die Personifikation der Sünde und darum des Todes hin).

Nach Röm., K. 6, V. 6. — Sprichwörtl. Redensart.

— Do Adam reutte (rodete, grub) vnd Eua (Eva) span, | Wer was do ein Edelman?

Alter Spr.

— Adam muß eine Eva ha'n, | Die er zeihe, was er getan. Sprichwort.

— Adam hatte sieben Söhne, | Sieben Söhne hatt' Adam. | Sie aßen nicht, sie tranken nicht, | Sie waren alle liederlich, | Sie machten's alle, so wie ich: (der Deklamierende macht irgend etwas vor, das die Spieler nachmachen).

Vielbek. Kinderspielv.

Adel. — An Habe steh' ich arm, | Ein Los, infolgedessen auch der Adel sinkt. Griech.: *Χρημάτων γε μὴν | Πένης, ἔνθεν ευγένει' ἀπόλλυται.*

Euripides, Elektra (um 416 v. Chr.). Übers. v. Mindwitz. V. 37—38 (Landmann).

— Tugend ist der einzige Adel. Engl.: Nobility is the one only virtue.

Wahlspr. Benj. Franklins. Vgl. Decimus Junius Juvenalis (um 47—113), Sat. Nr. 8, V. 20. Engl. Übersetzung v. Gifford (1802). Übers. v. Hertzberg u. Teuffel.

— Wer Tugend hat, ist wohlgeboren; | Adel ohne Tugend ist verloren. Mittelhochdeutsch: Swer tugende hât, derst wol geborn; | Ân tugent ist edele gar verlorn.

Vrîdankes Bescheidenheit (1225—1240). Übertr. v. Pannier. Nr. 18. v. edele u. tugende.

— Aber wer het kein tugent nit, | Kein zucht, scham, er, noch gůte sit, | Den halt ich alles adels lär, | Ob joch ein fürst sin vater wer.

Seb. Brant, D. Narrenschif (1494). Nr. 76. V. grossem ruemen.

Adel. — Syt das der adel ist verdorben, | Hondt sy nach burgers töchtern geworben.

Thomas Murner, Narrenbeschwerung (1512). Nr. 37. Roßdreck schwymmen.

— Das kan der adel lychnam wol, | Bezalen mit dem hasen zol (mit leeren Worten)!

Thomas Murner, Narrenbeschwerung (1512). Nr. 73. Vß einem holen hasen reden.

— Ich verachte den Adel, welchen bloß das Glück der Geburt erteilt, und der nicht durch persönliche Verdienste erworben und unterstützt ist.

Ulrich von Hutten (1488—1523), Schriften.

— Die Tugend ist der Maßstab des echten Adels.

Ulrich von Hutten (1488—1523), Schriften.

— Ich hielt die Tugend und die Wissenschaft | Für größre Gaben stets, als Adel sind | Und Reichtum. Engl.: **I held it ever | Virtue and cunning were endowments greater | Than nobleness and riches.**

William Shakespeare, Perikles (1609). Übers. v. Benda. A. 3, Sz. 2 (Cerimon).

— Dann wer nicht ohne Tadel, | Der ist auch nicht recht vom Adel.

Joh. Mich. Moscherosch, Wunderliche v. Warhafftige Gesichte Philanders v. Sittewalt (1643). T. 1, Gesichte 6. Höllenkinder. Adels Urtheil.

— Wo kommt der Adel her? | Von Tugend, Lehr' und guter Wehr. | Der ist nicht adelig mehr, | Der aller drei ist leer. Stammbuchinschrift (1657).

— Verdiene stets das Glück, das dir dein Stand gegeben, | Den Adel erbt man nicht, durch den wir ewig leben!

Christ. Fürchtegott Gellert, Sendschreiben an d. jungen Herrn v. H. (1743).

— Sie ist an Geist und Herzen ohne Tadel, | Verbindlich gegen jedermann, | Und (was man fast nicht glauben kann), | Bei allem dem, von altem deutschen Adel.

Leop. Friedr. Günther von Göckingk, Sinngedichte (1772). B. 1. Auf d. Fräulein v. ***

— Der Adel besteht in Stärke des Leibes bei Pferden, bei Menschen in guter Denkart.

Matthias Claudius, Sämtl. Werke d. Wandsbecker Boten. T. 1 (1775). Denkspr. alter Weisen.

— Mangel ist ein hartes Los! | Mein Adel macht mich nicht satt.

Friedr. von Schiller, Sz. a. d. Phönizierinnen d. Euripides (ged. 1788). (Polynices).

— Der Adel ist nichts anderes, als der höhere Grad von Bildung, Ehre und Vaterlandsliebe, den man billig bei Personen aus guter Familie, die einer sorgsameren Erziehung als andere genießen können, voraussetzen darf.

Friedr. d. Große, Sämtl. Werke (1789).

— Der Adel ist ein köstlicher Schmuck der bürgerlichen Gesellschaft. Er ist das korinthische Kapitell wohlgeordneter und gebildeter Staaten. Engl.: **Nobility is a graceful ornament to the civil order. It is the Corinthian capitol of polished society.**

Edmund Burke, Betrachtungen über d. Revolution in Frankreich (1790). Übers. v. Genz. Abs. 231.

Adel. — Adel ist auch in der sittlichen Welt. Gemeine Naturen | Zahlen mit dem, was sie tun, edle mit dem, was sie sind.

Friedr. von Schiller, Gedichte. Votivtafeln. Unterschied d. Stände (ged. 1796).

— Die Geburt gibt die Schönheit wie den Erbadel; kluge Leute bilden sich nichts darauf ein.

Aug. Friedr. Ferd. von Kotzebue, Falsche Scham (1798).

— Man leugnete stets, und man leugnet mit Recht, | Daß je sich der Adel erlerne.

Joh. Wolfg. von Goethe, Gedichte. Lyrisches. Ballade v. vertriebenen u. zurückkehrenden Grafen (ged. Okt. u. Nov. 1813).

— . . . der Teufel, der Adel und die Jesuiten existieren nur so lange, als man an sie glaubt.

Heinr. Heine, Reisebilder. Italien (1828—1829). Reise v. München nach Genua. K. 9.

— Nur wer ein Adler, sei von Adel!

Georg Herwegh, Gedichte eines Lebendigen (1841—1843). An d. König v. Preußen.

— Ich bestreite, . . . daß der Adel in Preußen unpopulär sei.

Otto von Bismarck in der zweiten Kammer d. preuß. Landtages (24. Okt. 1849).

— Der Adel sieht sich als einen Obelisken an, dessen Spitze der Fürst und dessen Postament das Volk bildet.

Ludw. Börne (Löb Baruch), Gesammelte Schriften (1862—1863). Fragmente u. Aphorismen. Nr. 287.

— Den Adel, zu dem du dich nicht kannst selbst erheben, | Kann auch kein Adelsbrief dir geben.

Daniel Sanders, 366 Spr. (1892). Nr. 288. Adel.

— Der höchste Adel ist der, der sich von Herzen schreibt.

Peter Sirius, Tausend u. Ein Gedanken (1899). Würden u. Würde.

— Fromm, redlich, weiß und milt, | Gehört inn deß Adels schilt. Alter Spr.

— Wer will haben etwas zu schaffen, | Bemeng mit Adel sich und Pfaffen. Alter Spr.

— Tugend ist der beste Adel. Sprichwort.

— Adel verpflichtet. Franz.: **Noblesse oblige.**

Wahlspr. d. Herzöge de Lévis u. a. Titel eines Romans v. Friedr. Spielhagen.

Adeln. — Ich kann in einem Tag tausend adeln und zu Rittern machen; aber so mächtig bin ich nicht, daß ich in tausend Jahren einen Gelehrten machen könnte.

Kaiser Sigismund (reg. 1410—1437).

— Dich adeln konnt' ein Federstrich, | Doch edeln kann kein Kaiser dich.

Ludw. Heinr. von Nicolay, Verm. Gedichte (1778—1786). Sinngedichte.

— Mit einem Adelsbrief muß nie der echte Sohn | Minervens und Apolls begnadigt heißen sollen; | Denn edel sind der Götter Söhne schon, | Die muß kein Fürst erst adeln wollen!

Gottfr. Aug. Bürger, Gedichte (1796—1797). Auf d. Adeln d. Gelehrten.

Ader. — Wer einen will zu Ader lassen, der muß ihn auch verbinden können. Sprichwort.

— Es ist keine gute Ader an ihm (er taugt gar nichts; — die Adern galten früher als Sitz des Seelenlebens). Sprichwörtl. Redensart.

— Jemanden zur Ader lassen (jemandem etwas abnehmen, bildlich: das Geld abnehmen). Sprichwörtl. Redensart.

Adler. — Nicht wehrlose Tauben werden gezeugt vom beherzten Adler. Lat.: **Neque inbellem feroces | Progenerant aquilae columbam.**

Quint. Horatius Flacc., Oden (um 18 v. Chr.). Übers. v. Voß. B. 4, Nr. 4, V. 31—32.

— Drumm ist nichts, daß man Adler führt, | Wann man den Adlers Mut nicht spürt.

Joh. Friedr. Fischart, Ernstliche Ermanung an d. lieben Teutschen usw. (1581).

— Wer nicht hat des Adlers Augen, muß der Sonne Strahlen weichen.

Friedr. von Logau, Deutsche Sinn-Getichte (1654). Mittelweg.

— Und sollt' in aller Welt denn auch kein Adler leben, | Wer wird sich Eulen drum ergeben?

Joh. Gottfr. von Herder, Gedichte. Alte Fab. mit neuer Anwendung (ged. 1773). Nr. 15.

— Kann denn der Wurm im Staub berechnen wollen, | Wohin der Adler seinen Fittich trägt?

Karl Theod. Körner, Rosamunde (ged. 26. Okt.—8. Nov. 1812). A. 2, Sz. 2 (Richard).

— Glaubst du, dieser Adler sei dir geschenkt?

Joh. Friedr. Kind, D. Freischütz (ged. 1817—1818). A. 1 (Kaspar). Komp. v. Karl Maria von Weber. (Erste Auff. am 18. Juni 1821 in Berlin.)

— Der Adler fängt keine Mücken. Sprichwort.

— Der Adler erzeugt einen Adler. | Die Eule aber gebiert eine Eule. Russisches Sprichwort.

Adlig. — Denn mancher edeln Stammes (adlig) ist ein Bösewicht. Griech.: *Πολλοὶ γὰρ ὄντες εὐγενεῖς εἰσιν κακοί.*

Euripides, Elektra (um 416 v. Chr.). Übers. v. Minckwitz. V. 551 (Greis).

— Der heget adelig Gemüt, | Dem selbst der Mut in Freiheit blüht.

Joh. Friedr. Fischart, Bündnuß v. Verain d. Freien Stätt Zürich, Bern v. Straßburg (1588).

— Was hilft es dich, wann deine Voreltern herrlich und ehrlich seind gewest, du aber nit? Wann du von den Eltern das Leben hast und nit das löbliche, so bist du nit adelich.

Abraham a Santa Clara (Ulrich Megerle), Judas, d. Ertz-Schelm (1689—1695).

— Geh' mal ins Beinhaus | Und such' einen adligen Schädel heraus. Alter Spr.

— Ein adelich's Gemut | Tut von sich selbst das Gut'. Spr. an einem Hausgerät.

Adlige, der. — Verachtet steht der Edle (Adlige), welcher dürftig ist. Griech.: *Πένης γὰρ οὐδὲν εὐγενὴς ἀνήρ.*

Euripides (um 480—406 v. Chr.), Phönizierinnen. Übers. v. Minckwitz. V. 442 (Polyneikes).

Advokat. — Der Teufel, denn er hat alle Advokaten auf seiner Seite!

Karl Jul. Weber, Demokritos (1832—1840). D. Juristen u. Advokaten.

Antwort d. Dekans Swift auf d. Frage eines Advokaten, wer gewinnen würde, wenn Geistlichkeit u. d. Teufel miteinander prozessieren würden.

— Advokaten, | Schadvokaten. Sprichwort.

— Advokaten und Soldaten | Sind des Teufels Spielkam'raden. Sprichwort.

— Der beste Advokat, der schlimmste Nachbar. Sprichwort.

— Ein Advokat und ein Wagenrad wollen geschmiert sein. Sprichwort.

— Er hat ein Advokatengewissen (ein weites Gewissen). Engl.: **He has a lawyer's conscience.** Sprichwort.

Affe. — Wenn ein Affe hineinguckt (in den Spiegel), kann kein Apostel heraussehen.

Georg Christoph Lichtenberg, Verm. Schriften (1800—1806). Bd. 3, Nr. 9. Über Physiognomik wider d. Physiognomen. Über Physiognomik.

— Immer bleibt der Aff' ein Affe, | Werd' er König oder Pfaffe. Sprichwort.

— Der Affe bleibt ein Affe, und trüg' er einen goldenen Ring. Niederl.: **Een aap is en aap, al draagt hij een' gouden ring.** Sprichwort.

— Einen Affen haben (einen Rausch haben; — Affe wurde gleich dem Esel als Bezeichnung für Narr gebraucht, und im Rausch ist man närrisch). Sprichwörtl. Redensart.

— Denn müßte ja mein Herz 'n Affe sind (ich müßte ja ein Tor, dumm sein, wenn ich das täte; ich tue es nicht). Berliner Redensart.

Affekt. — Affekt! dein Ahnen bohrt zum Mittelpunkt, | Das machst du möglich, was unmöglich schien, | Verkehrst mit Träumen. Engl.: **Affection, thy intention stabs the centre; | Thou dost make possible, things not so held, | Communicat'st with dreams.**

William Shakespeare, D. Wintermärchen (1610—1611). Übers. v. Dorothea Tieck. A. 1, Sz. 2 (Leontes).

— Wer den Affekten nachhängt, der läst die Warheit fahren und vergaukelt das Recht zu Unrecht.

Christoph Lehmann, Politischer Blumen-Garten (1662). T. 1. Affekten. Nr. 38.

— Die Ohnmacht des Menschen in Mäßigung oder Hemmung seiner Affekte nenne ich Knechtschaft; denn der von seinen Affekten abhängige Mensch ist nicht Herr über sich selbst, sondern dem Schicksal untertan.

Baruch Spinoza, Posthume Werke (1670).

— Mein Sohn, des Menschen Affekte lobt man nach ihrem Ziele. Ital.: **Da la lor meta han lode, | Figlio, gli affetti umani.**

Giuseppe Parini, Erziehungslehre (1764). Übers. v. Pozzoni.

— Der Affekt gehört immer zur Sinnlichkeit, durch was für einen Gegenstand er auch erregt werden möge. Immanuel Kant, Werke (1838—1839). Bd. 9.

Affektation. — Echte Natur ist niemals, Affektation hingegen überall lächerlich.

Friedr. Heinr. Jacobi, Br. (10. Nov. 1779).

Äffen, jemanden. — Wer die leute äffen wil, | Der wird leicht selbst zum affenspiel.

Wartburgspr. Margaretengang.

Afrika. — Immer bringt Afrika etwas Neues. Griech.: Ἀεὶ φέρει τι Λιβύη καινόν.

Aristoteles (um 384—322 v. Chr.), Zeugung d. Tiere. Übers. v. Susemihl.

Ahasver. — Und Ahasver — das ist der alte | Unglaube, der stets irreführt.

Nikolaus Lenau (Niembsch, Edler von Strehlenau), Savonarola (1837). Weihnacht.

Ahnen. — Mir ahnet | Ein unglücksvoller Augenblick.

Friedr. von Schiller, Don Karlos (1787). A. 1, Sz. 2 (Marquis).

Ahnen, die. — Eine Zierde zwar ist das Alter des Geschlechts, aber eigentlich doch nur eine Aufforderung, den Ahnen ähnlich zu werden.

Ulrich von Hutten (1488—1523), Schriften.

— Gar lieblich ist es hochzuachten, | Was ruhmvoll die Ahnen einst vollbrachten!

Joh. Friedr. Fischart, Bündnuß v. Verain d. Freien Stätt Zürich, Bern v. Straßburg (1588).

— Der Ehre Saat | Gedeiht weit minder durch der Ahnen Tat | Als eignen Wert. Engl.: Honours thrive | When rather from our acts we them derive, | Than our foregoers.

William Shakespeare, Ende gut, alles gut (1602[?]). Übers. v. Graf Baudissin. A. 2, Sz. 3 (König).

— Ein leeres Geklänge, | Ein gläsern Gepränge | Sind Ahnen, wo Tugend ist ferne davon.

Friedr. von Logau, Deutsche Sinn-Getichte (1654). Adel.

— Solange weiter nichts als deiner Ahnen Pracht, | Als deines Vaters Glanz der Welt dich kenntbar macht: | Solange hast du nichts, das recht dein eigen wäre.

Christ. Fürchtegott Gellert, Sendschreiben an d. jungen Herrn v. H. (1743).

— Wer seinem Lande treu dient, braucht keine Ahnen. Franz.: Qui sert bien son pays n'a pas besoin d'aïeux.

Voltaire (François Marie Arouet), Mérope (1743). Übers. v. Mylius. A. 1, Sz. 3 (Polyphontes).

— Wer nicht das Größere zum Großen fügt, | Der möge nie sich seiner Ahnen rühmen.

Aug. Friedr. Ferd. von Kotzebue, Oktavia (1801).

— Ich bin, gottlob! altadelig, | Jedoch mein Sohn, das ärgert mich, | Zählt einen Ahnen mehr als ich.

Joh. Christoph Friedr. Haug, Epigrammatische Spiele (1807). B. 2, Nr. 43.

— . . . Torheit, mit dem Verdienste der Ahnen den eigenen Unwert bedecken zu wollen.

Heinr. Heine, Reisebilder. Norderney (1826).

Ahnen. — Ahnen sind für den nur Nullen, der als Null zu ihnen tritt; | Steh' als Zahl an ihrer Spitze, und die Nullen zählen mit.

Wilh. Müller, Gedichte (1837). Epigramme. 3. Hundert, Nr. 56. Ahnenwert.

— Aus der Tugend deiner Ahnen | Mußt du deine Burgen bau'n.

Aug. Heinr. Hoffmann von Fallersleben, Unpolitische Lieder. Gedichte a. Gent. An Vlämsch-Belgien (ged. 8. u. 12. Sept. 1839).

— Törichter Stolz auf Ahnen! Du bist mir verhaßt an Geschlechtern, | Aber an Völkern noch mehr.

Christ. Friedr. Hebbel, Gedichte (1857). Epigramme u. Verwandtes. Nr. 7. Buntes. Ahnenstolz d. Völker.

— Der Mann allein ist würdig großer Ahnen, | Der wagt, auf ihre Schulter sich zu heben, | Kühn auszuschreiten kühn gebroch'ne Bahnen.

Frz. Freiherr von Dingelstedt, Sämtl. Werke (1877). Gedichte.

Ahnung. — Die Ahnung ist des Herzens Licht!

Karl Leberecht Immermann, Schriften (1835—1843). Gedichte.

Ahnungsvoll. — Du ahnungsvoller Engel du!

Joh. Wolfg. von Goethe, Faust, I (1808). Marthens Garten (Faust).

Ähren. — Schwere Ähren und volle Köpfe neigen sich.

Bauernregel.

Ajax. — Ajax fiel durch Ajax' Kraft.

Friedr. von Schiller, Gedichte. D. Siegesfest (ged. 22. Mai 1803).

Akt. — Von einer Sache Akt nehmen (von etwas Kenntnis nehmen; — aus der Amtssprache; man nimmt über eine Angelegenheit ein Protokoll für die Akten auf).

Sprichwörtl. Redensart.

Aktien. — Kwia Mundus fult tezibi (Quia mundus vult decipi), | Nicht Luscht mehr hat zur Lotterie, | So schafft vor Billets Aktien her, | In die Kreuz und in die Quer | Nach der jetzigen Welt Begehr.

Spr. auf einer Medaille auf d. Aktienschwindel (1720).

— Seine Aktien steigen, fallen (seine Aussichten sind günstiger, ungünstiger; aus der Börsensprache).

Sprichwörtl. Redensart.

Akzise. — Gevet richte axcise und schot (Schoß), | Dat gebvt in unser here Got.

Spr. auf einem alten rigaischen Zollamtszeichen.

— Det jeht wie in 'ne Akzise.

Berliner Redensart.

Albern. — Süß ist albernes Tun zur Zeit. Lat.: Dulce est desipere in loco.

Quint. Horatius Flacc., Oden (um 18 v. Chr.). Übers. v. Voß. B. 4, Nr. 12, V. 28.

Alexis. — An Alexis send' ich dich; | Er wird, Rose, dich nun pflegen.

Christoph Aug. Tiedge, D. Echo oder Alexis u. Ida. D. Sendung d. Rose (ged. 1812). Mel. v. Friedr. Heinr. Limmel (1814).

Alkohol. — Ich will's den Teufel tun; ich wünschte, daß das giftig garstige Zeug (der Alkohol) gar nicht da wäre und getrunken würde.

Friedr. d. Große (1712—1786), als man ihn bat, eine Rum- u. Arrakfabrik in Königsberg anlegen zu dürfen.

All, das. — Du bist ein Teil des Alls und nicht von solcher Kleinheit, | Daß du nicht in dir trägst des großen Ganzen Einheit.

Friedr. Jul. Hammer, Schau um dich u. schau in dich (1851). Liebe deinen Nächsten wie dich selbst! Wie du dich selber liebest usw.

— Wenn alles auch ein letzter Tag bewältigt, | Im All lebt alles fort vertausendfältigt.

Hermann von Lingg, D. Völkerwanderung (1866—1868). Ges. 2. Völkerfrühling.

Alle. — So machen's alle (Weiber). Ital.: Così fan tutte.

Lorenzo da Ponte, Titel einer kom. Oper. Komp. von Wolfg. Amadeus Mozart. (Erste Auff. am 26. Jan. 1790 in Wien.)

— Der König rief, und alle, alle kamen, | Die Waffen mutig in der Hand.

Heinr. Clauren (Karl Gottlob Samuel Heun), Gesammelte Schriften. Gedichte. D. König rief, u. alle, alle kamen usw. (ged. 1813). Mel. v. Albert Philipsborn (komp. 24. Juni 1813).

— Alle, wie wir jebacken sind (alle zusammen).

Berliner Redensart.

Allein. — Wenn ich allein bin, bin ich am wenigsten allein. Lat.: Nunquam se minus solum esse, quam cum solus esset.

Marc. Tull. Cicero, V. Staat (um 54 v. Chr.). Übers. v. Klotz. B. 1, K. 17, § 27.

— Bin ich allein, was bin ich?

Talmud (3. Jahrhundert).

— Alle unsere Leiden kommen daher, daß wir nicht allein sein können. Franz.: Tout notre mal vient de ne pouvoir être seuls.

Jean de La Bruyère, Charaktere (1688). Übers. v. Hamel. V. Menschen.

— Wirke, soviel du willst, du stehest doch ewig allein da, | Bis an das All die Natur dich, die gewaltige, knüpft.

Friedr. von Schiller, Gedichte. D. Vater (ged. 1796).

— Wer heute, | Vom Strome fortgerissen, sich vergißt, | Wird nüchtern werden, sieht er sich allein, | Nur seine Ohnmacht fühlend und geschwind | Umlenken in die alte, breitgetretne | Fahrstraße der gemeinen Pflicht, um wohl- | behalten unter Dach zu kommen suchen.

Friedr. von Schiller, D. Piccolomini (1799). A. 2, Sz. 6 (Illo).

— Bleib' nicht allein, denn in der Wüste trat | Der Satansengel selbst zum Herrn des Himmels.

Friedr. von Schiller, D. Jungfrau v. Orleans (1801). Prolog, Sz. 2 (Thibaut). Schlußv.

— Der Starke ist am mächtigsten allein.

Friedr. von Schiller, Wilh. Tell (1804). A. 1, Sz. 3 (Tell).

Allein. — Ich bin allein auf weiter Flur.

Joh. Ludw. Uhland, Schäfers Sonntagslied (ged. 17. Nov. 1805). Mel. v. Konradin Kreutzer (1821).

— Mir gäb' es keine größre Pein, | Wär' ich im Paradies allein.

Joh. Wolfg. von Goethe, Gedichte. Sprichwörtl. (ged. 1812—1814).

— Wann i am Fenster steh', | So in die Nacht h'nei seh', | So ganz alleine, | Da muß i weine!

Phil. Jak. Düringer, Gedichte (1831). D. Mädchens Klage. Volksweise.

— Allein zu sein! Drei Worte, leicht zu sagen, | Und doch so schwer, so endlos schwer zu tragen!

Adelbert von Chamisso (Louis Charles Adelaide Chamisso de Boncourt), Gedichte (1834).

— Nichts steht allein. Nichts kann allein bestehen. | Was ist, bedarf des anderen, zu sein.

Leop. Schefer, Laienbrevier (1834). Okt. Nr. 2.

— Ohnmächtig ist der Mensch, steht er allein.

Ernst Benj. Sal. Raupach, D. Hohenstaufen (1837). Friedr. II. u. Gregor. A. 5, Sz. 11 (Kaiser).

— Allein ist besser als mit Schlechten im Verein, | Mit Guten im Verein ist besser als allein.

Friedr. Rückert, D. Weisheit d. Brahmanen (1836—1839). B. 16, Abteilung 5, Nr. 76. (Stufe 5. Leben. Nr. 478.)

— Ganz er selbst sein darf jeder nur, solange er allein ist: wer also nicht die Einsamkeit liebt, der liebt auch nicht die Freiheit, denn nur, wann man allein ist, ist man frei.

Arthur Schopenhauer, Parerga u. Paralipomena (1851). Aphorismen zur Lebensweisheit. Bd. 1, K. 4.

— Es ist das große Traurige, daß eine Seele stets allein ist. Jens Peter Jacobsen, Niels Lyhne (1880). Übers. v. Borch.

— Zu zweien geht einem das Schaffen leichter von der Hand, und man genießt die Lust des Daseins besser, als wenn man allein ist.

Georg Moritz Ebers, D. Kaiser (1881).

— Der stärkste Mann der Welt ist derjenige, welcher allein steht.

Henrik Ibsen, Ein Volksfeind (1882). Übers. v. Lange. A. 5, Sz. 7 (Stockmann).

— Es ist nicht gut, daß der Mensch allein sei.

1. Mos., K. 2, V. 18.

— Wehe dem, der allein ist! Lat.: Vae solis!

Alter Spr.

— Als Christus allein war, versuchte ihn der Teufel.

Sprichwort.

— Besser allein, | Als in böser Gemein'.

Sprichwort.

— Länger allan sein, I kånn's nit derträg'n, | I låß mi lei (gleich) lieber | Lebendig begråb'n.

Kärtner Schnaderhüpfl.

Alleinherrschaft. — Sinnverblendet ist der Sterbliche, | Der nach dem Zepter trachtet mit Alleingewalt (der Alleinherrschaft erstrebt). Griech.: *Εἰ μὴ τὰς φρένας διέφθορε | Θνητῶν ὅσοισιν ἁνδάνει μοναρχία.*

Euripides, Hippolyt (um 428 v. Chr.). Übers. v. Minckwitz. V. 1014—15 (Hippolyt).

Alleinherrschaft. — Nichts schädigt mehr den Staat als Alleinherrschaft. Griech.: *Οὐδὲν τυράννου δυσμενέστερον πόλει.*

Euripides, D. Schutzflehenden (um 418 v. Chr.) Übers. v. Binder. V. 429 (Theseus).

— Ein Staat gehört nicht einem ganz allein (keine Alleinherrschaft!) Griech.: *Πόλις γὰρ οὐκ ἔσθ', ἥτις ἀνδρός ἐσθ' ἑνός.*

Sophokles (um 496—406 v. Chr.), Antigone. Übers. v. Jordan. V. 733 (Hämon).

— Alleinherrschaft kann nur bestehen, solange das Volk in Stände zerfällt, welche, in einer unwandelbaren Ordnung übereinandergebaut, die festen Stufen bilden, welche gemächlich zum Throne führen.

Ludw. Börne (Löb Baruch), Gesammelte Schriften (1862—1863).

Allerweltsfreund. — Der Allerweltsfreund, glaubt es, | Ist keines Menschen Freund.

Karl Egon von Ebert, Gedichte (1845).

Alles. — Alles in allem. Lat.: Summa summarum.

Tit. Marc. Plautus (um 254—184 v. Chr.), D. Grobian. Übers. v. Lindner. A. 1, Sz. 1, V. 4 (Diniarchus).

— Über alles und einiges andere. Lat.: De omnibus rebus et quibusdam aliis.

Nach Giovanni Pico, Graf von Mirandola, Thesen (1486). Übers. v. Pozzoni.

Allgemach. — Allgemach | Kommt wohl nach.

Sprichwort.

Allgemein. — Ist die Wiese allgemein, | Deren Gras ist gerne klein. Mittelhochdeutsch: Swelch mate ist gemeine, | Der gras ist gerne kleine.

Vridankes Bescheidenheit (1225—1240). Übertr. v. Pannier. Nr. 38. v. erkantnisse.

— Denn Raub begeht am allgemeinen Gut, | Wer selbst sich hilft in seiner eignen Sache.

Friedr. von Schiller, Wilh. Tell (1804). A. 2, Sz. 2 (Stauffacher). Schlußv.

Allgemeine, das. — Sollen andre Vorteil von mir haben, | So muß ich pflegen meine Gaben; | Und wer da nichts tut als das Seine, | Der lebt ist recht fürs Allgemeine.

Karl Aug. Georg Max Graf von Platen-Hallermund, Gedichte. Verm. u. Gelegenheitsgedichte. Antwort (geb. 1822).

— Der ist kein Bürger, der die eigne Sorge | Vergißt nicht in der Not des Allgemeinen.

Frz. Grillparzer, Ein Bruderzwist in Habsburg (1873). A. 4 (Prokop).

Allgemeinheit. — Ja, wenn's nicht anders geht, muß das Kleinere des Größeren wegen fallen; das Einzelne mag in Gottes Namen der Allgemeinheit geopfert werden.

Henrik Ibsen, D. Stützen d. Gesellschaft (1877). Übers. v. Lange. A. 2 (Bernick).

Allgemeinwohl. — Es ist das Wohl des Ganzen, wovon jedes patriotische, wovon selbst jedes eigennützige Gemüt das seinige hofft.

Friedr. von Gentz, Schriften (1838—1840).

Allgemeinwohl. — Das Größte, was dem Menschen begegnen kann, ist es wohl, in der eignen Sache die allgemeine (das Allgemeinwohl) zu verteidigen.

Leop. von Ranke, Sämtl. Werke (1875—1890). Engl. Gesch.

— Der edelste Beweggrund ist das Allgemeinwohl. Engl.: The noblest motive is the public good.

Wahlspr. d. White.

Allmacht. — Hier steh' ich. Rund um mich | Ist alles Allmacht und Wunder alles.

Friedr. Gottl. Klopstock, Oden. D. Frühlingsfeier (geb. 1759).

— Trostlose Allmacht, | Die nicht einmal in Gräbern ihren Arm | Verlängern, eine kleine Übereilung | Mit Menschenleben nicht verbessern kann!

Friedr. von Schiller, Don Karlos (1787). A. 5, Sz. 9 (König).

— Leicht ist es deiner Allmacht, ehrne Bande | In dünnes Spinngewebe zu verwandeln.

Friedr. von Schiller, D. Jungfrau v. Orleans (1801). A. 5, Sz. 11 (Johanna).

— Wer kann der Allmacht Grenzen setzen?

Friedr. von Schiller, Demetrius (1805). A. 2, Sz. 1 (Olga).

— Kennst du den Fluch, | der sich an ird'sche Allmacht knüpft? Gewohnt sein, | Sich alles zu gewähren und dann plötzlich | An eine Schranke stoßen — unerträglich!

Rob. Hamerling, Ahasver in Rom (1866). Ges. 2. D. Bacchanal.

Allmählich. — Peu à peu (allmählich), sagt Kuchenbecker, zu deutsch sukzessive.

Sprichwörtl. Redensart. Stettin.

Alltag. — Der Alltag ist das elementarische Dasein.

Karl Leberecht Immermann, Reisejournal (1833).

Alltäglich. — . . . man wird des Guten und auch des Besten, wenn es alltäglich zu sein beginnt, sobald satt.

Gotthold Ephr. Lessing, Sämtl. Schriften. Theologische Streitschriften (1777). D. Testament Joh.

Alltäglichkeit. — Gib der Alltäglichkeit ihr Recht, und sie wird dir mit ihren Anforderungen nicht zur Last fallen.

Clemens Brentano, Gesammelte Schriften (1851—1855).

Alltagskleid. — Es ist kein Kleid so feiertäglich gewesen, es ist endlich ein Alltagskleid daraus geworden.

Sprichwörtl.

Alltagsleben. — Was dich bewegt und tief erregt, | Was ist es denn so Wicht'ges eben? | Hast du dir's recht zurechtgelegt, | War's nur ein Stückchen Alltagsleben.

Frz. Ludw. Feodor Löwe, Gedichte (1860). Sinnspr.

Allwissend. — Allwissend bin ich nicht; doch viel ist mir bewußt.

Joh. Wolfg. von Goethe, Faust, I (1808). Studierzimmer (Mephistopheles).

Allwissenheit. -- O, eines Pulses Dauer nur Allwissenheit!

Friedr. von Schiller, Don Karlos (1787). A. 3, Sz. 2 (König).

— Alles Wissen hat nur dann einen Wert, wenn es uns tatkräftiger macht. Wenn Allwissenheit ohne Allmacht denkbar wäre, so müßte dies die furchtbarste Qual der Hölle sein.

Jos. Baron von Eötvös, Gedanken (1867).

Almosen. — Wasser löscht des Feuers Glut, | Almosen auch dasselbe tut: | Es löscht die Sünden allezeit, | Wenn man's mit freud'gem Willen leiht. Mittelhochdeutsch: Wazzer leschet fiur unde gluot, | Almuosen rehte daz selbe tuot; | Daz leschet sünde aller zît | Da manz mit guotem willen gît.

Fridankes Bescheidenheit (1225—1240). Übertr. v. Pannier. Nr. 10. v. sünden.

— Almosen geben armet nicht: | Kirchengehen säumet nicht.

Reimspr. (16. Jahrhundert). Angeblich v. Melanchthon.

— . . . Almosen erlösen von allen Sünden.

Tob., K. 4, V. 11.

— Almosen, das von Herzen kommt, | Dem Geber wie dem Nehmer frommt. Sprichwort.

Alp. — Es fällt mir ein Alp (auch ein Stein) vom Herzen (ich werde von einer großen Sorge befreit; — Alp = schwerer, beklemmender Traum, der erst verschwindet, wenn man erwacht; durch das Erwachen fühlt man sich erleichtert).

Sprichwörtl. Redensart.

Alphabet. — Das größeste ist das Alphabet, | Denn alle Weisheit steckt darin. | Aber nur der erkennt den Sinn, | Der's recht zusammenzusetzen versteht.

Emanuel Geibel, Juniuslieder (1848). Spr. Nr. 1.

Alt. — Willt du alt werden, so werde balde alt. | Behalt den Kragen warm, | Fülle nicht zu sehr den Darm, | Mache dich der Grethen nicht zu nah; | Also wirst du langsam grau!

Dr. Martin Luther, Tischreden oder Colloquia (1566). Nr. 4. Tischreden v. d. Welt u. ihrer Art. § 46. Junge Leute.

— Wer will vergnüglich alten (alt werden, | Soll mit niemand feindschafft, | Mit jedermann freundschafft, | Mit wenigen gemeinschafft, | Mit vilen kundtschafft halten | Vnd lassen Gott dann walten.

Georg Rudolf Weckherlin, Gaistl. u. Weltliche Gedichte (1641). Epigramme.

— Man lacht, nicht weil du alt, glaub mir, man lacht allein, | Weil du, die doch so alt, durchaus nicht alt willst sein.

Andr. Gryphius, Epigramme (1643).

— Hingegen ist der Mensch veralt, | So bleibt er tot und ungestalt.

Georg Phil. Harsdörffer, Nathan, Jotham u. Simon. (1651). T. 2, Nr. 139. D. Wald.

— Alte Häut dörffen viel schmierens.

Christoph Lehmann, Politischer Blumen-Garten (1662). T. 1. Alt. Nr. 28.

Alt. — Wenn Alte Gäul in Gang kommen, seind sie nicht zu halten.

Christoph Lehmann, Politischer Blumen-Garten (1662). T. 1. Alt. Nr. 31.

— Wer 60. Jahr Alt und heurathtet eine junge Fraw, der lädet den Todt zu Gast.

Christoph Lehmann, Politischer Blumen-Garten (1662). T. 1. Alt. Additio. Nr. 3.

— Der alten Hunde Bellen | Ist nicht aus Acht zu stellen.

Hans Aßmann Freiherr von Abschatz, Poetische Übersetzungen u. Gedichte (1704). Sprichwörter.

— Welche Freude, wenn es heißt: | Alter, du bist alt an Haaren, | Blühend aber ist dein Geist!

Gotthold Ephr. Lessing, Schriften (1753—1755). Lieder. B. 1. D. siebenundvierzigste Ode Anakreons. Schlußv.

— . . . die alten Formen stürzen ein.

Friedr. von Schiller, Gedichte. D. Antritt d. neuen Jahrhunderts (ged. 1801).

— Nichts macht schneller alt, als der immer vorschwebende Gedanke, daß man älter wird.

Georg Christoph Lichtenberg, Verm. Schriften (1800—1806). Bd. 2, Nr. 1. Nachtrag zu d. Nachrichten u. Bemerk. d. Verfassers v. u. über sich selbst.

— Ein alter Mann ist stets ein König Lear!

Joh. Wolfg. von Goethe, Gedichte. Zahme Xenien. Nr. 1 (1820).

— Zu neuen Flammen alte Liebe, | Zu neuem Kampf die alten Hiebe, | In Lust und Weh ein Manneswort.

Anastasius Grün (Anton Alexander Graf von Auersperg), Spaziergänge eines Wiener Poeten (1831). Einem jungen Freunde.

— Laßt (ihr Götter) mich nicht ein alter Polterer werden, der aus Neid die jüngeren Geister ankläfft, oder ein matter Jammermensch, der über die gute, alte Zeit beständig flennt.

Heinr. Heine, Vorrede zur zweiten Auflage d. B. d. Lieder (Frühjahr 1837).

— Die Jugend, wenn du alterst (alt wirst), zu beneiden, | Verjüngt dich nicht und mehrt des Alters Leiden.

Friedr. Jul. Hammer, Schau um dich u. schau in dich (1851). Junges Leben. D. Jugend, wenn du alterst, zu beneiden usw.

— Und wardst du alt, vergiß der Pein | Und lerne dich am Widerschein | Vom Glück der Jugend sonnen!

Emanuel Geibel, Gedichte u. Gedenkblätter (1864). Lieder a. alter u. neuer Zeit. Nr. 11.

— Man wird alt, das hat sein Gutes; man ist zufrieden mit Knochen und Leder, an sich und andern.

Otto von Bismarck, Br. An Roon (Nov. 1873).

— Wie fangen wir's an? | Das sage mir einer! | Lang' leben will jedermann, | Alt werden keiner.

Eduard von Bauernfeld, Gesammelte Schriften (1871—1873). Gedichte. Wie?

Alt. — Treibt doch ein alter Baum die Blüte | So frisch, wie einst der junge Baum | Zum ersten Male sie getrieben.

Friedr. Martin von Bodenstedt, A. d. Nachlasse Mirza-Schaffys. Prolog (geb. 17. Aug. 1873).

— Aber ein herrlich Teil auch ist's, | Mit Würden alt sein und, geehrt | Von vielen, voriger Stürme gedenk, | Des Friedens Segnungen kosten.

Emanuel Geibel, Gesammelte Werke (1883). Gedichte. Oden. D. Ostsee.

— Wer nicht alt wird bei jungen Jahren, | Wird ewige Jugend nicht bewahren.

Paul Joh. Ludw. Heyse, Spruchbüchlein (1885). Lebensweisheit. Ewige Jugend.

— Wir werden alt, wenn die Erinnerung uns zu freuen beginnt, wir sind alt, wenn sie uns schmerzt.

Peter Sirius, Tausend u. Ein Gedanken (1899). Jugend u. Alter.

— Alte Kuh gar leicht vergißt, | Daß sie ein Kalb gewesen ist. Sprichwort.

— Alte Vögel sind schwer zu rupfen. Sprichwort.

— Alt Freund, alt Wein, alt Geld | Erhält den Preis in aller Welt. Sprichwort.

— Werde jung alt, so bleibst du lange alt. Sprichwort.

— De nich old (alt) weere will, mutt sik junk uphangen. Sprichwort.

— Je älter der Bock, wie steifer das Horn. Sprichwort. Oberinntal.

— 'n ollen (alter) Mann un 'n old Piärd (Pferd) | Sind nix mehr wähd (wert). Sprichwort. Münsterisch.

— Des alten Mannes Stab ist der Klopfer an des Todes Tür. Engl.: The old man's staff is the rapper at Death's door. Sprichwort.

— Wenn Bienen alt sind, geben sie keinen Honig. Engl.: Old bees yield no honey. Sprichwort.

— Pferd von dreißig Jahren (ein altes) verändert nicht mehr den Gang. Ital.: Cavallu di trent' anni 'un muta più andatura. Korsisches Sprichwort.

— Alte Kirchen haben trübe Augen. Niederl.: Olde kercken hebben duyster glaesen. Sprichwort.

— Wer nur einen Tag älter ist als du, ist um ein Jahr erfahrener als du. Arabisches Sprichwort.

— He kann sik all (bereits) to de ollen Invaleden riäken (zu den alten Invaliden rechnen). Sprichwörtl. Redensart. Münsterisch.

— An alte' Schuh is alsfort zu flicke'. Jüd. Redensart.

— Se is hoch in de neunundzwanzig (sie ist reichlich alt). Berliner Redensart.

— 't is 'n olt Wrack (ein alter Mensch). A. d. Seemannssprache. Ostfriesland.

— Alte Bienen geben wenig Honig. Bauernregel.

Altar. — Altäre sind die beste Burg, der stärkste Schild. Griech.: *Κρεῖσσον δὲ πύργου βωμός, ἄῤῥηκτον σάκος.*

Äschylus, D. Schutzflehenden (um 472 v. Chr.). Übers. v. Minckwitz. V. 180 (Danaos).

— Altäre umstürzen. Nach 2. Mos., K. 34, V. 13.

— Wer vom Altar lebt, der soll auch dem Altar dienen. Sprichwort.

— Wer dem Altar dient, lebt vom Altar. Ital.: Chi servi l' altar, vivi de l' altar. Sprichwort. Triest.

Alte, das. — Wo man lobt den alten Brauch (das Alte), | Schilt man damit den neuen auch. Mittelhochdeutsch: Swâ man lobet die alten site, | Dâ schiltet man die niuwen mite.

Frîdankes Bescheidenheit (1225—1240). Übertr. v. Pannier. Nr. 17. v. d. alter.

— Das Alte klappert, das Junge klingt, | Das Alte schleicht, das Junge springt.

Friedr. von Logau, Deutsche Sinn-Getichte (1654). Alt v. Jung.

— Das Alte stürzt, es ändert sich die Zeit, | Und neues Leben blüht aus den Ruinen.

Friedr. von Schiller, Wilh. Tell (1804). A. 4, Sz. 2 (Attinghausen).

— Der oft unüberlegten Hochachtung gegen alte Gesetze, alte Gebräuche und alte Religion (gegen das Alte) hat man alles Übel in der Welt zu danken. Georg Christoph Lichtenberg, Verm. Schriften (1800—1806).

— Magst du zu dem Alten halten | Oder Altes neu gestalten, | Mein's nur treu und laß Gott walten!

Jos. Freiherr von Eichendorff, Sämtl. Werke (1864). Gedichte. Spr.

— Am guten Alten | In Treuen halten, | Am kräft'gen Neuen | sich stärken und freuen, | Wird niemand gereuen.

Emanuel Geibel, Spätherbstblätter (1877). Gelegenheitsgedichte. Spr. Nr. 31.

— Das Alte flicken, | Das Neue halten, | In die Welt sich schicken | Und Gott lassen walten.

Inschrift an einem Hause. Engsberg.

Alte, der. — Nur zu! verspottet nur die Alten! | Dasselbe ist euch aufbehalten, | Wenn eure eigne Jugend schwand. Mittelhochdeutsch: Nû spottent alsô dar der alten! | Ez wirt iu selben noch behalten, | Beit unz iuwer jugent zergê.

Walter v. d. Vogelweide (um 1170—1230), Gedichte. Übertr. v. Pannier.

— Haben Alte jungen Mut, | Junge alten, ist's nicht gut. Mittelhochdeutsch: Hânt alte liute jungen muot, | Die jungen alten, deist niht guot.

Frîdankes Bescheidenheit (1225—1240). Übertr. v. Pannier. Nr. 17. v. d. alter.

— Des Jungen Lob sich mehret, | So er den Alten ehret. Mittelhochdeutsch: Des jungen lop sich mêret, | Swenne er den alten êret.

Frîdankes Bescheidenheit (1225—1240). Übertr. v. Pannier. Nr. 17. v. d. alter.

Alte, der. — Wenn man einen Alten höflich und glimpflich um das Leben bringen will, so soll man ihm ein jung Weib geben; das ist eines Alten gewisses Gift.

Kaiser Friedr. III. (reg. 1440—1493).

— Denn der Alten Kühlsinnigkeit | Stillt der Jungen Kühnsinnigkeit; | Und der Alten lange Erfahrung, | Die dient den Jungen zur Bewahrung.

Joh. Friedr. Fischart, Flöh Hatz, Weiber Tratz (1577).

— Dem Alten das Grab, dem Jungen das Weib, | So haben sie beide versorgt den Leib.

Hans Aßmann Freiherr von Abschatz, Poetische Übersetzungen u. Gedichte (1704).

— Es leben die Alten! | Wir folgen dem Brauch, | Auf den sie gehalten, | Und freuen uns auch.

Joh. Martin Miller, Gedichte. Lob d. Alten (1773).

— Von Zeit zu Zeit seh' ich den Alten (den Herrgott) gern, | Und hüte mich, mit ihm zu brechen.

Joh. Wolfg. von Goethe, Faust, I (1808). Prolog im Himmel (Mephistopheles).

— Gott wird mich bewahren vor der Schwäche oder dem Stolze vieler Alten, die jeden für einen Esel halten, der nicht grau ist.

Karl Jul. Weber, Demokritos (1832—1840). D. Alter. D. Fortsetzung.

— Das hat der Alte voraus vor dem Jungen, | Daß er im Heut zugleich das Gestern lebt. | Und daß ein Festkranz von Erinnerungen | Sich ihm um jede gute Stunde webt.

Emanuel Geibel, Gedichte u. Gedenkblätter (1864). Spr. Nr. 14.

— Laß dich nicht klüger dünken, denn die Alten.

Jes. Sir., K. 8, V. 11.

— . . . der Alten Krone, wenn sie viel erfahren haben. Jes. Sir., K. 25, V. 8.

— Zu Alten leuhten ehre trag, | Es folgt dir lob all deine tag. Alter Spr.

— Alte Leute, alte Ränke, | Junge Füchse, neue Schwänke. Sprichwort.

— Alte soll man ehren, | Junge soll man lehren, | Weise soll man fragen, | Narren vertragen.

Sprichwort.

— Die Alten werden zweimal Kinder.

Sprichwort.

— Wie die Alten sungen, | So zwitschern die Jungen. Sprichwort.

— Die Alten ehre stets, | Du bleibst nicht ewig Kind; | Sie waren, wie du bist, | Und du wirst, was sie sind. Spr. an einem Hause.

— Singen, springen soll die Jugend, | Die Alten walten alter Tugend. Wartburgspr. Wirtschaft.

Alten, die (Klassiker). — Vergiß die Alten nicht; sie lehren stets die Welt.

Christ. Fürchtegott Gellert, Sendschreiben an d. jungen Herrn v. H. (1743).

— Der Umgang mit den Alten wird mir selbst Klassizität geben.

Friedr. von Schiller, Br. An Körner (1788).

Alter, das. — O, schwere Last des Alters, wie verhaßt bist du! Griech.: *Ὦ δυσπάλαιστον γῆρας, ὡς μισῶ σ' ἔχων.*

Euripides, D. Schutzflehenden (um 418 v. Chr.). Übers. v. Binder. V. 1108 (Jphis).

— O Kind, das Greisenalter siehst du nicht umringt | Von Übeln bloß, Eteokles; denn Erfahrenheit | Macht greise Zunge weiser als der Jugend Mund. Griech.: *Ὦ τέκνον, οὐχ ἅπαντα τῷ γήρᾳ κακά, | Ἐτεόκλεες, πρόσεστιν· ἀλλ' ἐμπειρία | Ἔχει τι λέξαι τῶν νέων σοφώτερον.*

Euripides (um 480—406 v. Chr.), Phönizierinnen. Übers. v. Minckwitz. V. 528—30 (Jokaste).

— Wie mürrisch doch das Alter stets die Menschen macht | Und ihren Blick verdüstert! Griech.: *Ὡς δύσκολον τὸ γῆρας ἀνθρώποις ἔφυ | Ἔν τ' ὄμμασι σκυθρωπόν.*

Euripides (um 480—406 v. Chr.), D. Bacchenfest. Übers. v. Minckwitz. V. 1251—52 (Augaue).

— Fluch dem Alter! Es bringt nur Leid, | Schmerz und Tod! Griech.: *Τὸ δὲ λυγρὸν φόνιόν τε γῆ- | ρας μισῶ.*

Euripides (um 480—406 v. Chr.), D. rasende Herakles. Übers. v. Minckwitz. V. 649—50 (Chor).

— Jugend, du bist wonnig und süß; aber das Alter legt uns | Über das Haupt schlimmere Wuchten als Ätnaberge | Und umflort mit Nacht dunkelnder Augen Glanzlicht. Griech.: *Ά νεότας μοι φίλον· ἄχθος δὲ τὸ γῆρας ἀεὶ | Βαρύτερον Αἴτνας σκοπέλων | Ἐπὶ κρατὶ κεῖται | Βλεφάρων σκοτεινὸν | Φάος ἐπικαλύψαν.*

Euripides (um 480—406 v. Chr.), D. rasende Herakles. Übers. v. Minckwitz. V. 639—43 (Chor).

— Das Alter selbst ist eine Krankheit. Lat.: Senectus ipsast morbus.

Publ. Terentius Afer (um 185—155 v. Chr.), Phormio. Übers. v. Donner. A. 4, Sz. 1, V. 9 (Chremes).

— Eine gute Leibesbeschaffenheit in der Jugend ist der Grund eines guten Alters. Griech.: *Καλοῦ γὰρ γήρως θεμέλιον ἡ ἐν παισὶν τῶν σωμάτων εὐεξία.*

Plutarch (um 50—120), Moralische Abhandlungen. Übers. v. Cyth. Erziehung. K. 8.

— Ez ward nie niht als unvruot (nichts so unfroh), | So alter unde armuot.

Wolfram von Eschenbach, Parzival (zwischen 1200 u. 1210).

— Wir wünschen Alter alle Tage, | Und kommt es, hört man nichts als Klage. Mittelhochdeutsch: Wir wünschen alters alle tage, | So'z danne kumt, sost niwan klage.

Vrîdankes Bescheidenheit (1225—1240). Übertr. v. Pannier. Nr. 17. v. d. alter.

— Das Alter zieht noch mehr Runzeln in unserem Verstande als in unserem Antlitz. Franz.: La vieillesse nous attache plus de rides en l'esprit qu'au visage.

Michel Eyquem de Montaigne, Essays (1580). Übers. v. Titus.

Alter, das. — Denn nie in meiner Jugend mischt' ich mir | Heiß und aufrührerisch Getränk ins Blut, | Noch ging ich je mit unverschämter Stirn | Den Mitteln nach zu Schwäch' und Unvermögen. | Drum ist mein Alter wie ein frischer Winter, | Kalt, doch erquicklich. Engl.: **For in my youth I never did apply | Hot and rebellious liquors in my blood; | Nor did not with unbashful forehead woo | The means of weakness and debility; | Therefore my age is as a lusty winter, | Frosty, but kindly.**

William Shakespeare, Wie es euch gefällt (1599[?]). Übers. v. Schlegel. A. 2, Sz. 3 (Adam).

— Nimmt unser Leib erst ab (im Alter), nimmt der Verstand recht zu: | Die Seele, scheint es, hat mehr vor dem Leibe Ruh'.

Friedr. von Logau, Deutsche Sinn=Getichte (1654).

— Weil Alter eine Kranckheit ist, so kan man dem vergeben, | Der uns den Tod hat angewünscht vnd nicht ein langes Leben.

Friedr. von Logau, Deutsche Sinn=Getichte (1654). D. krancke Alter.

— Das Alter ist ein Tyrann, der bei Todesstrafe alle Vergnügen der Jugend verbietet. Franz.: **La vieillesse est un tyran qui défend, sur peine de la vie, tous les plaisirs de la jeunesse.**

François, Herzog von La Rochefoucauld, Reflexionen oder moralische Sentencen u. Maximen (1665). Nr. 461. Übers. v. Zimmermann.

— Wie eine Flamme, die | Nun erst den Holzstoß recht ergriffen, | Verzehrt die Zeit das Alter schneller als die Jugend.

Joh. Wolfg. von Goethe, Elpenor (1781). A. 1, Sz. 2 (Evadne).

— Alles ist | Nicht schlimm am Alter. Die Erfahrung krönt's | Mit mancher Weisheit, die der Jugend mangelt.

Friedr. von Schiller, Sz. a. d. Phönizierinnen d. Euripides (ged. 1788). (Jokasta).

— Wir finden, daß alle die, welche ein sehr hohes Alter erreichten, solche Menschen waren, die in der Jugend Mühe, Arbeit, Strapazen ausgestanden haben. Christoph Wilh. Hufeland, Makrobiotik (1796).

— War es immer wie jetzt? Ich kann das Geschlecht nicht begreifen. | Nur das Alter ist jung, ach! und die Jugend ist alt.

Friedr. von Schiller, Gedichte. Votivtafeln. Jetzige Generation (ged. 1796).

— Zeige man doch dem Jüngling des edel reifenden Alters | Wert, und dem Alter die Jugend, daß beide des ewigen Kreises | Sich erfreuen und so sich Leben im Leben vollende.

Joh. Wolfg. von Goethe, Hermann u. Dorothea (1797). Urania.

— Was grau für Alter ist, das ist ihm (dem Menschen) göttlich.

Friedr. von Schiller, Wallensteins Tod (1799). A. 1, Sz. 4 (Wallenstein).

Alter, das. — Zuviel begehrt | Das Herz; doch endlich, Jugend, verglühst du ja, | Du ruhelose, träumerische! | Friedlich und heiter ist dann das Alter.

Joh. Christ. Friedr. Hölderlin, Gedichte. Abendphantasie (1800).

— Das Alter ist nicht trübe, weil darin unsre Freuden, sondern weil unsere Hoffnungen aufhören.

Jean Paul (Friedr. Richter), Titan (1800—1803). T. 1.

— Da ich noch ein Kind war, hört' ich stets: | Der Jugend Führer sei das Alter; beiden sei, | Nur wenn sie als Verbundne wandeln, Glück beschert.

Joh. Wolfg. von Goethe, Paläophron u. Neoterpe (1803). (Neoterpe).

— Weisere Fassung | Ziemet dem Alter.

Friedr. von Schiller, D. Braut v. Messina (1803). Säulenhalle (Erster Chor. Cajetan).

— Feigherzig und geschwätzig ist das Alter.

Friedr. von Schiller, D. Braut v. Messina (1803). Säulenhalle (Chor. Cajetan).

— Verzeih', o Herr, die freie Tadelrede! | Doch solches ist des weisern Alters Recht, | Wenn sich die rasche Jugend kühn vergißt.

Friedr. von Schiller, D. Braut v. Messina (1803). Säulenhalle (Chor. Cajetan).

— Alter gesellet sich gern die Jugend, Jugend zum Alter; | Aber am liebsten bewegt gleiches dem gleichen sich zu.

Joh. Wolfg. von Goethe, Gedichte. A. d. Nachlaß. Antiker Form sich nähernd (ged. 27. April 1805).

— Freut euch, weil ihr freun euch könnet, | Liebet, weil man euch noch liebet, | Eh' das Alter eure goldnen | Haare schnell versilbert.

Joh. Gottfr. von Herder, Stimmen d. Völker in Liedern (1807). Abteilung 1, B. 2, Nr. 25. D. kurze Frühling. Span. Schlußv.

— Das Alter macht nicht kindisch, wie man spricht, | Es findet uns nur noch als wahre Kinder.

Joh. Wolfg. von Goethe, Faust, I (1808). Vorspiel auf d. Theater (Lustige Person).

— So frisch blüht sein Alter wie greisender Wein.

Ernst Moritz Arndt, Gedichte. D. Lied v. Feldmarschall (ged. 1813). Volksweise (1813).

— Das Alter ist ein höflich Mann: | Einmal übers andre klopft er an, | Aber nun sagt niemand: Herein! | Und vor der Türe will er nicht sein. | Da klinkt er auf, tritt ein so schnell, | Und nun heißt's, er sei ein grober Gesell.

Joh. Wolfg. von Goethe, Gedichte. Epigrammatisch. D. Alter (ged. Febr. 1814).

— Ein kräftiges Alter mit Kopfeshelle und Gewissensruhe ist die angenehmste Epoche des Lebens .... Die mühsame Kletterei auf den Montblanc dieses irdischen Daseins ist vollendet: der Wanderer ruht auf der kalt scheinenden Zinne in der Wärme des Nachgenusses, der Würdigung.

Christ. Ernst Karl Graf von Bentzel=Sternau, Weltansichten (1816).

Alter, das. — Einen großen Reiz des Alters vergißt man gewöhnlich, nämlich ruhige Resignation. Christ. Ernst Karl Graf von Bentzel-Sternau, Weltansichten (1816).

— Des Alters läst'ger Vorzug ist Erfahrung, | Die ihm den Glauben an die Menschheit raubt.
Aug. Friedr. Ferd. von Kotzebue, Rudolf v. Habsburg u. König Ottokar v. Böhmen (1816).

— Alter spült | Fort Geistes Glut, wie's Kraft der Glieder bannt; | Und Lebens Zauberbecher funkelt nur am Rand. Engl.: Years steal | Fire from the mind as vigour from the limb, | And life's enchanted cup but sparkles near the brim.
George Gordon Lord Byron, Harolds Pilgerfahrt (1812—1818). Übers. v. Heichen. Ges. 3, Str. 8, V. 8.

— Das Alter hört sich gern, | Und wenn es auch nicht viel zu sagen hat.
Joh. Wolfg. von Goethe, Maskenzug (ged. Dez. 1818). (Altoum.)

— Das Alter wägt und mißt es, | Die Jugend spricht: So ist es.
Karl Aug. Georg Max Graf von Platen-Hallermund, Gedichte. Verm. u. Gelegenheitsgedichte. Spr. (ged. 1821).

— Das Alter kehrt sich nicht an Potentaten, | Und Runzeln sind verdammte Demokraten. Engl.: Sovereigns may sway materials, but not matter, | And wrinkles, the d—d democrats, won't flatter.
George Gordon Lord Byron, Don Juan (1819—1824). Übers. v. Gildemeister. Ges. 10, Str. 24, V. 7.

— Das Alter will die Menschen vom Leben entwöhnen, wie die Amme das Kind von der Brust, durch allmähliches Entziehen.
Christ. Friedr. Wilh. Jakobs, Ährenlese (1823—1825).

— Das Alter, der Mondschein des Lebens, hat keine Gewitter der Leidenschaften; aber unter dem frühern Sonnenschein blitzen sie.
Jean Paul (Friedr. Richter), Selina (1827).

— Ist das Alter fern, | Rühmen's alle gern; | Aber ist's erschienen, | Seufzt ihr bloß: zu dienen!
Moritz Doering, Gedichte (1827).

— ... ein herzlich Anerkennen | Ist des Alters zweite Jugend.
Joh. Wolfg. von Goethe, Gedichte. A. d. Nachlaß. An Personen. Zelters 70. Geburtstag (ged. Dez. 1828).

— Was man in der Jugend wünscht, hat man im Alter die Fülle.
Joh. Wolfg. von Goethe, A. meinem Leben. Dichtung u. Wahrheit (1809—1831). T. 2. Motto.

— ... wenn dem früheren Alter Tun und Wirken gebührt, so ziemt dem späteren Betrachtung und Mitteilung.
Joh. Wolfg. von Goethe, Werke (1827—1830). Gedichte. Westöstlicher Divan. Noten u. Abhandlungen zu besserem Verständnis d. Westöstlichen Divans. Einleitung.

Alter, das. — Das Alter erscheint mit den Jahren allmählich, aber mit einer Krankheit oder einem großen Unglücksfall, den nichts je wieder gutmachen kann, plötzlich.
Karl Wilh. Freiherr von Humboldt, Br. an eine Freundin (17. März 1830).

— Es (das Alter) ist ein natürlicher, menschlicher Zustand, dem Gott seine eigenen Gefühle geschenkt hat, die ihre eigenen Freuden in sich tragen.
Karl Wilh. Freiherr von Humboldt, Br. an eine Freundin (17. März 1830).

— ... auch in Frauen bewahrt das Alter vieles, was man in ihrer Jugend vergebens suchen würde. Karl Wilh. Freiherr von Humboldt, Br. an eine Freundin (4. Jan. 1831).

— Gewiß! Das Alter ist ein kaltes Fieber | Im Frost von grillenhafter Not.
Joh. Wolfg. von Goethe, Faust, II (1831). A. 2. Hochgewölbtes, enges gotisches Zimmer (Bakkalaureus).

— Es kann ein unglückliches und ein freudenloses (Alter) geben, wie eine solche Jugend. Aber die Schicksale gleichgestellt, finde ich das Alter, selbst mit allen Schwächen, die es mir bringt, nicht arm an Freuden, die Farben und die Quellen dieser Freuden sind nur anders.
Karl Wilh. Freiherr von Humboldt, Br. an eine Freundin (2. Aug. 1832).

— Aber in natürlich gut gearteten Menschen sind dem Alter Ruhe, Aufhören vom Zufall abhängiger Bestrebungen, Geduld, Freiheit von zu ängstlichen Sorgen eigen, und diese Vorzüge erhöhen und verschönern alles.
Karl Wilh. Freiherr von Humboldt, Br. an eine Freundin (3. Sept. 1832).

— Es ist sichtbar ein Vorzug des Alters, den Dingen der Welt ihre materielle Schärfe und Schwere zu nehmen und sie mehr in das innere Licht der Gedanken zu stellen, wo man sie in größerer, immer beruhigender Allgemeinheit übersieht. Karl Wilh. Freiherr von Humboldt, Br. an eine Freundin (18. Juli 1834).

— Wohl hab' ich im Alter nun, | Was mir die Jugend verhießen, | Möchte mir was zugute tun, | Kann es nicht mehr genießen.
Joh. Georg Keil, Lyra u. Harfe (1834).

— Die Dinge mit dem Rücken ansehn, ist | Die schlimmste Art zu sehn — die Art des Alters, | Das durch Erfahrung weise ist — und stirbt!
Leop. Schefer, Laienbrevier (1834). April. Nr. 13.

— Ihr sprecht: „Man soll das Alter ehren!" | Doch nimmer sollt ihr mich belehren, | Daß eines alten Esels Melodei | Harmonischer als die eines jungen sei.
Friedr. von Sallet, Gedichte (1835). Epigrammatisches u. Lehrhaftes. Nr. 3.

— ... wohl vor allem, was man Güter heißt, | Sind's diese beiden, die man billig preist: | Ein hohes Alter und ein rein Gewissen.
Adelbert von Chamisso (Louis Charles Adelaide Chamisso de Boncourt), Gedichte. Lieder u. lyrisch-epische Gedichte. Zweites Lied v. d. alten Waschfrau (ged. 1838).

Alter, das. — Das Alter nimmt dir nichts, was es dir nicht erstattet.

Friedr. Rückert, D. Weisheit d. Brahmanen (1836—1839). B. 9, Nr. 110. (Stufe 4. Schule. Nr. 175.)

— In der Kindheit beschränkt sich unsre Liebe auf Eltern, Geschwister und Schulkameraden, in der Jugend aufs Geschlecht; im mittlern Alter lieben wir Vaterland, Ehren, Studien, im Alter die Menschheit.

Karl Jul. Weber, Demokritos (1832—1840). D. Alter. D. Schluß.

— Das Alter ist ein sehr großes Übel; denn es beraubt den Menschen aller Genüsse, läßt ihm aber das Verlangen danach und bringt alle Leiden mit sich. Ital.: **La vecchiezza è male sommo: perchè priva l' uomo di tutti i piaceri, lasciandogliene gli appetiti; e porta seco tutti i dolori.**

Giacomo Leopardi, Werke (1845). Gedanken. Übers. v. Pozzoni.

— Im Alter gibt es keinen schöneren Trost, als daß man die ganze Kraft seiner Jugend Werken einverleibt hat, die nicht mitaltern.

Artur Schopenhauer, Parerga u. Paralipomena (1851). Aphorismen zur Lebensweisheit. Bd. 1, K. 4.

— „Was man in der Jugend wünscht, hat man im Alter genug," | So sagen die Reichbegabten mit Fug; | Wir aber, mindern Pfunds Verwalter, | Was wir jung hatten, wünschen wir im Alter.

Frz. Grillparzer, Sämtl. Werke (1872). Gedichte. D. Begehrenden.

— Zwar ziemt der Jugend Übermut | Dem Alter nicht, doch durch die Glut, | Die noch im Alter sich bewährt, | Wird Jugendübermut verklärt | In seinem Weh und seiner Wonne.

Friedr. Martin von Bodenstedt, A. d. Nachlasse Mirza-Schaffys. Prolog (ged. 17. Aug. 1873).

— Die Jugend kann, das Alter weiß, | Du kaufst nur um des Lebens Preis | Die Kunst, das Leben recht zu brauchen.

Emanuel Geibel, Spätherbstblätter (1877). Gelegenheitsgedichte. Spr. Nr. 6.

— In der Jugend blicken wir vorwärts, im Alter rückwärts. Wohl uns, wenn wir alsdann eine Stelle finden, auf der unser Auge mit Wohlgefallen ruhen kann.

Joh. Jak. Mohr, Gedanken über Leben u. Kunst (1885).

— Das ist des Alters Los auf Erden, | Daß alle Rechte zu Pflichten werden.

Paul Joh. Ludw. Heyse, Spruchbüchlein (1885). Lebensweisheit. Schicksal d. Alters.

— Das Alter verklärt oder versteinert.

Marie von Ebner-Eschenbach, Aphorismen (1893).

— Laß die Jahre reden, und die Menge des Alters laß Weisheit beweisen. Hiob, K. 32, V. 7.

— Das alter wünscht ein jedermann; | Wenn's kommpt, so wil es niemand han. Alter Spr.

— Dencke Jung an den alten Mann (an das Alter), | So du nicht wilt betteln gahn. Alter Spr.

— Hett ich für alter auch ein salben, | Ich wolt mich salben allenthalben. Alter Spr.

Alter, das. — Alter ist ein Spital, das alle Krankheiten aufnimmt. Sprichwort.

— Alter schützt vor Torheit nicht. Sprichwort.

— Das Alter geht vor. Sprichwort.

— Das Alter hat den Kalender am Leibe. Sprichwort.

— Das Alter ist eine schöne Krone. Sprichwort.

— Im Alter | Kommt der Psalter. Sprichwort.

— Wer's Alter nicht ehrt, | Ist des Alters nicht wert. Sprichwort.

— Das Alter selbst ist eine Krankheit, ist die gefährlichste, eine unheilbare, eine von Tag zu Tag sich verschlimmernde Krankheit. Sprichwörtl.

— Ein junges Alter ist gut; eine alte Jugend taugt nichts. Sprichwörtl.

— Kanonisches Alter. (Im allgemeinen ein Alter von 30 Jahren, das bedingt ist, um die Bischofsweihen zu empfangen; eigentlich: eine bestimmte Anzahl von Lebensjahren, um die verschiedenen geistlichen Weihen empfangen zu können, und zwar für die niederen: das vollendete 7., für den Subdiakonat: das 21., den Diakonat: das 22., für die Priesterweihe: das 24. und schließlich für die Bischofsweihe: das 30. Lebensjahr.)

Sprichwörtl. Redensart.

— De Ollen (das Alter) gân vör, säd' de Jung, stött (stieß) sînen Vader ût de Lûk (Luke).

Sprichwörtl. Redensart. Mecklenburg.

— Alter schützt vor'n Dohrweg nich.

Berliner Redensart.

Altfränkisch. — Du tanzt nach deiner alten Geigen, | Altfränkisch sind dein Werk und Teidung, | Gleich also sind auch all dein Kleidung. (Altfränkisch = altmodisch.)

Hans Sachs, Sehr herrliche Schöne v. wahrhaffte Gedicht. B. 1 (1589).

Altklug. — Es kann eher aus einem muntern Knaben ein guter Mann werden, als aus einem naseweisen, klug tuenden (altklugen) Burschen.

Immanuel Kant, Werke (1838—1839). Bd. 9.

— Altklug | Nie Frucht trug. Sprichwort.

Amboß. — Auf des Glückes großer Wage | Steht die Zunge selten ein; | Du mußt steigen oder sinken, | Du mußt herrschen und gewinnen, | Oder dienen und verlieren, | Leiden oder triumphieren, | Amboß oder Hammer sein.

Joh. Wolfg. von Goethe, Gedichte. Gesellige Lieder. Kophtisches Lied. Ein andres (ged. 1787).

Amen. — Das ist wie das Amen in der Kirche (es ist ganz sicher; — das Amen bleibt nie aus in der Kirche). Sprichwörtl. Redensart.

Amerika. — Amerika, du hast es besser | Als unser Kontinent, der alte, | Hast keine verfallenen Schlösser | Und keine Basalte.

Joh. Wolfg. von Goethe, Poetische u. prosaische Werke (1836—1839). Gedichte. Zahme Xenien. Nr. 9. D. Vereinigten Staaten

Ammenmärchen. — Wie klingen sie lieblich, wie klingen sie süß, | Die Märchen der alten Amme!

Heinr. Heine, Deutschland. Ein Wintermärchen (1844). K. 14. Schlußv.

Amor. — Auch malt man ihn (den Amor) geflügelt und als Kind, | Weil er, von Spiel zu Spielen fortgezogen, | In seiner Wahl so häufig wird betrogen. Engl.: And therefore is wing'd Cupid painted blind: | And therefore is Love said to be a child, | Because in choice he is so oft beguil'd.

William Shakespeare, D. Sommernachtstraum (1594). Übers. v. Schlegel. A. 1, Sz. 1 (Helena).

— Amor steckt von Schalkheit voll, | Macht die armen Weiblein toll. Engl.: Cupid is a knavish lad, | Thus to make poor females mad.

William Shakespeare, D. Sommernachtstraum (1594). Übers. v. Schlegel. A. 3, Sz. 2 (Droll).

— O Kind (Amor), o Knabe, groß von Macht...

Paul Fleming, Gedichte (1642). Unmut.

— Amor ist ein von Dichtern verzogenes Kind. Engl.: Love is a boy by poets styl'd.

Samuel Butler, Hudibras (1663—1678). Übers. v. Eiselein. T. 2, Ges. 1, V. 843.

— Wer zählet Amors Launen?

Christoph Martin Wieland, Musarion (1768). B. 1.

— Amors süßer Zaubermacht | Ist der Orkus untertänig.

Friedr. von Schiller, Gedichte. D. Triumph d. Liebe (ged. 1781).

— Vielfach wirken die Pfeile des Amor: einige ritzen, | Und vom schleichenden Gift kranket auf Jahre das Herz. | Aber mächtig befiedert, mit frisch geschliffener Schärfe, | Dringen die andern ins Mark, zünden behende das Blut.

Joh. Wolfg. von Goethe, Gedichte. Römische Elegien (ged. 1788—1789). Nr. 3.

— Amor bleibet ein Schalk, und wer ihm vertraut, ist betrogen!

Joh. Wolfg. von Goethe, Gedichte. Römische Elegien (ged. 1788—1789). Nr. 13.

— Amor ist immer noch Kind.

Joh. Wolfg. von Goethe, Schriften (1787—1790). Gedichte. Antiker Form sich nähernd. Ungleiche Heirat.

— Heilen könnet die Wunden ihr (die Musen) nicht, die Amor geschlagen; | Aber Linderung kommt einzig, ihr Guten, von euch.

Joh. Wolfg. von Goethe, Gedichte. Elegien. Alexis u. Dora (ged. 12.—14. Mai 1796). Schlußv.

— Sorge, sie steiget mit dir zu Roß, sie steiget zu Schiffe; | Viel zudringlicher noch packet sich Amor uns auf.

Joh. Wolfg. von Goethe, Gedichte. Vier Jahreszeiten (ged. 1796). Sommer. Nr. 24.

— Richtet denn herrschenden Stab auf Leben und Handeln, und lasset | Amorn, dem lieblichen Gott, doch mit der Muse das Spiel!

Joh. Wolfg. von Goethe, Gedichte. Vier Jahreszeiten (ged. 1796). Herbst. Nr. 39.

Amor. — ... es führet sie (Jüngling und Jungfrau) Amor zusammen, | Und dem geflügelten Gott folgt der geflügelte Sieg.

Friedr. von Schiller, Gedichte. D. Geschlechter (ged. 1796).

— Amors Pfeil hat Widerspitzen. | Wen er traf, der lass' ihn sitzen | Und erduld' ein wenig Schmerz! | Wer geprüften Rat verachtet | Und ihn auszureißen trachtet, | Der zerfleischet ganz sein Herz. Gottfr. Aug. Bürger, Gedichte (1796—1797). Amors Pfeil.

— Hier ist Ceres', hier ist Bacchus' Gabe; | Und du bringst den Amor, liebes Kind!

Joh. Wolfg. von Goethe, Gedichte. Balladen. D. Braut v. Korinth (ged. 4.—5. Juni 1797).

— Weiß Amor seinem schönen Spiele | Doch immer zeitig nachzugehn.

Joh. Wolfg. von Goethe, Gedichte. Balladen. D. Müllerin Verrat (ged. 16. Juni 1798).

— Oben in Jupiters Reich herrscht, wie in Amors, die Gunst.

Friedr. von Schiller, Gedichte. D. Glück (ged. 1798).

— ... der die Herzen bezwingt, Amor, der lächelnde Gott.

Friedr. von Schiller, Gedichte. D. Glück (ged. 1798).

— Bändiger der Herzen, Amor!

Joh. Gottfr. von Herder, Stimmen d. Völker in Liedern (1807). Abteilung 1, B. 2, Nr. 4. Hochzeitlieder. Griech.

— Denn hat Ruhe je gefunden, | Wer dem Tor (Amor) zu Füßen lieget, | Der nur lohnen kann mit Wunden?

Joh. Gottfr. von Herder, Stimmen d. Völker in Liedern (1807). Abteilung 1, B. 2, Nr. 9. D. Sorge. Ital.

— Blinder Knabe (Amor), seine Blinden | Lohnet er mit Reu' und Binden.

Joh. Gottfr. von Herder, Stimmen d. Völker in Liedern (1807). Abteilung 1, B. 2, Nr. 9. D. Sorge. Ital. Schlußv.

— Liebe ist der Zweck der Welt, Amor trägt die Weltkugel. Wolfg. Menzel, Deutsche Streckv. (1823).

— Kind, hüt' dich! bei Nacht | Pflegt Amor zu wandern.

Jos. Freiherr von Eichendorff, Gedichte (1837). Wanderlieder. Nachtgruß. Nr. 3.

Amt. — Dem Gewissenhaften ist das Amt mehr Bürde als Würde. Talmud (3. Jahrhundert).

— Es ist nicht genug, seine Amtspflicht nur so zur Not hin zu erfüllen, sondern man muß auch seinem Amte Ehre machen.

Bernh. von Clairvaux (1091—1153).

— Es ist kein man nit dester frummer, | Das er zů grossem ampt ist kummen.

Thomas Murner, Narrenbeschwerung (1512). Nr. 71. Dieb ab d. galgen nemen.

— So treffen die es auch nicht alle Wege, die in Ämtern sind, sondern sie irren und sündigen viel Mals und thun Unrecht und müssen um Vergebung der Sünde bitten.

Dr. Martin Luther, Tischreden oder Colloquia (1566). Nr. 9. Tischreden v. d. Sünde. § 29. Vergebung d. Sünde ist in allen Ständen u. Ämtern. Schlußwort.

Amt. — Dr. Martin Luther sagte Anno 1546: „Es wäre kein Amt so klein, es sey Henkens werth."
Dr. Martin Luther, Tischreden oder Colloquia (1566). Nr. 78. Tischreden v. Beruf. § 7. Seines Berufs soll Keiner mißbrauchen.
Joh. Agricola, Drey hundert Gemeyner Sprichwörtter (1579). Nr. 290.

— Vnd wann in meinem Ampt ich reden soll und muß, | So gieb den Worten Krafft und Nachdenck ohn Verdruß.
Joh. Heermann, Hauß= v. Hertz=Musika (1639). Ein täglich Gebet.

— Was der Mann kan, | Daß zeigt das Ampt an.
Christoph Lehmann, Politischer Blumen=Garten (1662). T. 1. Ampt. Nr. 1.

— Ein Ampt ohne guten Sold macht Dieb.
Christoph Lehmann, Politischer Blumen=Garten (1662). T. 1. Ampt. Nr. 27.

— Ein Herr soll seine Empter mit Leuten versorgen und nicht die Leut auß Emptern.
Christoph Lehmann, Politischer Blumen=Garten (1662). T. 1. Ampt. Nr. 63.

— Ein gut Ampt vernaturet offt daß Schaaff in einen Wolff.
Christoph Lehmann, Politischer Blumen=Garten (1662). T. 1. Ampt. Additio. Nr. 4.

— Er hatte zwar in der Jugend viele Mängel; | Nachdem er aber sein Amt trat an, | Ward er ein gar strammer Mann.
Karl Arnold Kortum, Leben, Meinungen u. Taten v. Hieronymus Jobs, d. Kandidaten usw. (1784). T. 1, K. 19.

— Ich weiß | Den Mann von seinem Amt zu unterscheiden.
Friedr. von Schiller, D. Piccolomini (1799). A. 2, Sz. 7 (Wallenstein).

— Ich hab' hier bloß ein Amt und keine Meinung.
Friedr. von Schiller, Wallensteins Tod (1799). A. 1, Sz. 5 (Wrangel).

— Tut, was eures Amts ist!
Friedr. von Schiller, Maria Stuart (1801). A. 4, Sz. 11 (Elisabeth). Schlußv.

— . . . die Würde des Amtes zu üben.
Friedr. von Schiller, Gedichte. D. Graf v. Habsburg (ged. 25. April 1803).

— Sorgt ihr für euch; ich tu', was meines Amts. Friedr. von Schiller, Wilh. Tell (1804). A. 1, Sz. 3 (Fronvogt).

— Wer als ein Fuchs ein Amt erschleicht, | Der wird es als ein Wolf verwalten.
Karl Friedr. Kretschmann, Sämtl. Werke (1787—1805). Epigramme.

— Es ist immer besser, daß ein Amt geringer ist als die Fähigkeiten.
Georg Christoph Lichtenberg, Verm. Schriften (1800—1806).

— Um ein öffentliches Amt glänzend zu verwalten, braucht man eine gewisse Anzahl guter und — schlechter Eigenschaften.
Marie von Ebner=Eschenbach, Aphorismen (1893).

Amt. — Und sollst in das Amtsschildlein tun Licht und Recht . . . 2. Mos., K. 28, V. 30.

— . . . was deines Amtes nicht ist, da laß deinen Vorwitz! Jes. Sir., K. 3, V. 24.

— Hat jemand ein Amt, so warte er des Amtes! Röm., K. 12, V. 7.

— . . . es sind mancherlei Ämter, aber es ist ein Herr. 1. Kor., K. 12, V. 5.

— Der stinkt vor lauter Amt. Alter Spr.

— Der Mann ehrt das Amt, nicht das Amt den Mann. Sprichwort.

— Jedes Ämtlein | hat sein Schlämplein.
Sprichwort.

— Wem Gott ein Amt gibt, dem gibt er auch Verstand. Sprichwort.

— Fünf Ämter, sechs Mängel.
Finnisches Sprichwort.

— Das Amt ist des Mannes Lehrmeister.
Spr. im Berliner Rathause. Erster Stock.

— Wenn ihr euch laßt mit Ämtern schmücken, So klaget nicht, daß sie euch drücken.
Spr. im Berliner Rathause. Erster Stock.

Amtmann. — Wer ein Ganß bey eines Herrn Ampt isset, der muß die Federn wieder zollen.
Christoph Lehmann, Politischer Blumen=Garten (1662). T. 1. Ampt. Nr. 49.

— Amtmann Bär | Schickt mich her, | Ich sollte holen | Zwei Pistolen, | Eine für dich | Und eine für mich, | Ich bin ab | Und du noch nicht. Abzählv.

Amtspatent. — In jedem Amtspatent ist die Pflicht eingeschlossen. Engl.: In every patent of office the duty is included.
Edmund Burke, Rede zur Anklage gegen Warren Hastings (1788). Übers. v. Arnold.

Anbeten. — Zahllos sind, die den Herrn | Anbeten. Es schallet sein Ruhm | An des Thrones Höh' und im Staube.
Friedr. Gottl. Klopstock, Sämtl. Werke (1798—1821).

Anbetung. — Die beste Anbetung, Prinz, ist dankende Freude.
Gotthold Ephr. Lessing, Philotas (1759). Sz. 3 (Aridäus).

— Die Gegenstände der Anbetung können sich ändern, wie die französischen Moden; doch was liegt mir daran, ob man sich vor einem ungesäuerten Brotteig . . . oder vor einer Statue niederwirft . . .; der Aberglaube ist derselbe, und die Vernunft gewinnt nichts dabei.
Friedr. d. Große, Br. An Voltaire (13. Sept. 1766).

Andacht. — Andacht ist ein Stern der Frühe, | Der das Herz mit Gott vermählt, | Daß es preisend, dankend glühe, | Fromm bekennend den Dreieinen. Ludw. Bechstein, D. Sonntag (1833).

— Mit Andacht lies, und dich wird jedes Buch erbauen; | Mit Andacht schau', und du wirst lauter Wunder schauen. | Mit Andacht sprich nur, und man hört dir zu andächtig; | Mit Andacht bist du stark und ohn' Andacht ohnmächtig.
Friedr. Rückert, D. Weisheit d. Brahmanen (1836—1839). B. 10, Nr. 98. (Stufe 2. Stimmung. Nr. 100.)

Andacht. — Andacht ist das beste Sonntagskleid. Sprichwort.

Ändern. — Reformirn (ändern) ist ein Kunst, | Aber man lernts nicht vmbsonst.

Christoph Lehmann, Politischer Blumen-Garten (1662). T. 1. Bessern. Additio. Nr. 8.

— Ändern — ist nicht bessern; — und bessern ist zweierlei. Sprichwörtl.

Anders. — Hie stehe ich. Ich kann nicht anders, Gott helfe mir, Amen!

Dr. Martin Luther auf d. Reichstage zu Worms (18. April 1521).

— Wie anders wirkt dies Zeichen auf mich ein!

Joh. Wolfg. von Goethe, Faust, I (1808). Nacht (Faust).

Andersdenkend. — Es lebt ein andersdenkendes Geschlecht!

Friedr. von Schiller, Wilh. Tell (1804). A. 2, Sz. 1 (Attinghausen).

Andersdenkende, der. — Verfallen wir nicht in den Fehler, bei jedem Andersmeinenden entweder an seinem Verständnis oder an seinem guten Willen zu zweifeln!

Otto von Bismarck im norddeutschen Reichstage (16. April 1869).

— Man verdirbt einen Jüngling am sichersten, wenn man ihn verleitet, den Gleichdenkenden höher zu achten als den Andersdenkenden.

Friedr. Nietzsche, Gesammelte Werke (1895—1897).

Anerkennung. — Unser Verdienst verschafft uns die Anerkennung ehrenwerter Menschen, unser Glück aber die der Menge. Franz.: **Notre mérite nous attire l'estime des honnêtes gens, et notre étoile celle du public.**

François, Herzog von La Rochefoucauld, Reflexionen oder moralische Sentencen u. Maximen (1665). Nr. 165. Übers. v. Zimmermann.

— Des Guten Anerkennung ehrt dich selbst, | Es macht dich gut: das Schöne macht die Seele | Dir schön wie jenem, der es bringt, es trägt.

Leop. Schefer, Laienbrevier (1834.) Juni. Nr. 10.

— Fordre kein lautes Anerkennen! | Könne was, und man wird dich kennen!

Paul Joh. Ludw. Heyse, Spruchbüchlein (1885). Lebensweisheit. Sich bescheiden.

Anfang. — Hast du bei einem Werk den Anfang gut gemacht, | Das Ende wird gewiß nicht minder glücklich sein. Griech.: *Ἔργου δὲ παντὸς ἢν τις ἄρχηται καλῶς, | Καὶ τὰς τελευτὰς εἰκὸς ἐσθ' οὕτως ἔχειν.*

Sophokles (um 496—406 v. Chr.). Nach Plutarch, Wie ein Jüngling Dichter lesen soll. Übers. v. Eyth.

— Vom Ei (Anfang) bis zum Apfel. Lat.: Ab ovo | Usque ad mala.

Quint. Horatius Flacc., Sat. (um 35 v. Chr). Übers. v. Voß. B. 1, Nr. 3, V. 6—7.

— Vil wäger wer, nit vohen an, | Dan noch dem anfang doch abstan.

Seb. Brant, D. Narrenschif (1494). Nr. 84. V. beharren in gûtem.

Anfang. — Man sagt: ein vnweyßlich anfang | Gewint gemeynlich den Krebsgang.

Burkard Waldis, Esopus (1548). B. 3, Nr. 97. V. einer Bonen. Schlußv.

— Du sollst in allen sachen, | Von Gott den anfang machen, | Aus treuer schuld vnd pflicht.

Andr. Tscherning, Frühling (1642). Fah' alles mit Gott an.

— Der Anfang fürchtet offt, wormit das Ende schertzt.

Andr. Gryphius, Gedichte (1698). Cardenio u. Celinde (Tyche).

— Auf einmal seh' ich Rat, | Und schreibe getrost: im Anfang war die Tat!

Joh. Wolfg. von Goethe, Faust, I (1808). Studierzimmer (Faust).

— Aller Anfang ist leicht, und die letzten Stufen werden am schwersten und seltensten erstiegen.

Joh. Wolfg. von Goethe, Wilh. Meisters Wanderjahre (1807—1821). B. 1, K. 4.

— Ein Anfang ist kein Meisterstück, | Doch guter Anfang halbes Glück.

Anastasius Grün (Anton Alexander Graf von Auersperg), Gesammelte Werke (1877). Gedichte. Bilder u. Gestalten. Gute Lehren.

— Im Anfang schuf Gott Himmel und Erde. 1. Mos., K. 1, V. 1.

— Das Ende eines Dinges ist besser denn sein Anfang. Pred. Sal., K. 7, V. 9.

— Im Anfang war das Wort.

Joh., K. 1, V. 1.

— Ich bin . . . der Anfang und das Ende.

Offenb. Joh., K. 1, V. 8.

— All anfang sol in Gottes namen geschehen, | Auff das es wol mach auß gehen. Alter Spr.

— Aller Anfang ist zwar schwer, | Doch ohne ihn kein Ende wär'. Alter Spr.

— Anfang ist ein gut behagen, | Das end muß den last tragen. Alter Spr.

— Aller Anfang ist schwer. Sprichwort.

— Anfang ist kein Meisterstück. Sprichwort.

— Gott muß der Anfang sein, die Mitte und das Ende; | Nur dann sieht er mit Lust die Werke unsrer Hände. Sprichwort.

— Guter Anfang ist halbe Arbeit. Sprichwort.

— Schlechter Anfang | Gewinnt Krebsgang. Sprichwort.

— Nur das erste Pintchen (Pinte = ein Trinkgefäß) ist teuer (nur der Anfang ist schwer).

Holländisches Sprichwort.

— Anfang und End' in allen Sachen | Muß man mit Gott dem Herren machen.

Spr. an einem Hause. Hochaltingen im Ries.

Anfangen. — Fangen mit Zeus wir an! Griech.: *Ἐκ Διὸς ἀρχώμεσθα.*

Theokrit (geb. um 300 v. Chr.), Idyllen. Übers. v. Notter. Nr. 17. D. Chariten. V. 1.

— **Wer nur anfing, hat schon halb vollendet. Lat.: Dimidium facti, qui coepit, habet.**

Quint. Horatius Flacc., Episteln (um 20 v. Chr.). B. 1, Nr. 2, V. 40. Übers. v. Grau.

Anfangen. — Hebt von Jupiter an! Lat.: **Ab Jove principium.**
Publ. Vergilius Maro (um 70 v.—19 n. Chr.), Ländliche Gedichte. Übers. v. Voß. Ekloge 3, V. 60 (Damoetas).

— In godes namen heve wy an (fangen wir an) | De to guten dyngen wol helpen kann.
Spr. an einem Hause. Hannover (16. Jahrhundert).

— Fange viel an, richt wenig aus.
Georg Rollenhagen, Froschmäuseler (1595). B. 2, T. 2, K. 2.

— Selten ist wol abgegangen, | Was nicht wol ist angefangen.
Friedr. von Logau, Deutsche Sinn-Getichte (1654). Guter Anfang.

— Fang alles an nur mit Bedacht; führ' alles mit Bestand! | Was drüber dir begegnen mag, da nim Geduld zur Hand.
Friedr. von Logau, Deutsche Sinn-Getichte (1654). Beginnen.

— Anfangen ist leicht, Beharren ist Kunst. Sprichwort.

— Mit Gott fang' an, mit Gott hör' auf; | Das ist der schönste Lebenslauf. Sprichwort.

— Wer viel anfängt, endet wenig. Sprichwort.

Anfänger. — Ein Anfänger ist kein Meister. Sprichwort.

Anfechtung. — Willst du Gottes Diener bleiben, so schicke dich zur Anfechtung.
Jes. Sir., K. 2, V. 1.

— Selig ist der Mann, der die Anfechtung erduldet. Jak., K. 1, V. 12.

— Andre Zeit, andre Anfechtung. Alter Spr.

Anführen. — Es macht den Deutschen nicht viel Ehre, daß einen anführen (was sonst mit anleiten synonym ist) so viel heißt, als einen betrügen. Sollte das nicht ein Hebraismus sein?
Georg Christoph Lichtenberg, Verm. Schriften (1800—1806). Bd. 1, Nr. 3. Bemerk. verm. Inhalts. Nr. 9. Witzige u. satirische Einfälle u. Bemerk.

Angeber. — Aushorcher und Angeber | Sind des Teufels Netzeweber. Sprichwort.

Angedenken. — Angedenken an das Gute | Hält uns immer frisch bei Mute. | Angedenken an das Schöne | Ist das Heil der Erdensöhne. | Angedenken an das Liebe, | Glücklich! wenn's lebendig bliebe. | Angedenken an das eine | Bleibt das Beste, was ich meine.
Joh. Wolfg. von Goethe, Werke (1827—1830). Gedichte. Epigrammatisch. Angedenken.

Angehen, etwas. — Man sagt: was einen nit geht an, | Das laß er vor jm vber gahn. | Wer sich annimmet all zuuiel, | All frembde sachen örtern wil, | Sein finger in alle löcher steckt, | Dem werdens auch zu zeiten bdreckt.
Burkard Waldis, Esopus (1548). B. 4, Nr. 59. V. Goldschmidt v. einem Koler. Schlußv.

— Steck' deine Nase nicht in das, was dich nichts angeht; du könntest sie dir sonst verbrennen. Sprichwörtl.

Angeschrieben. — Gut angeschrieben sein.
Nach Ebr., K. 12, V. 23. — Sprichwörtl. Redensart.

Angesicht. — Das Angesicht abwenden.
Nach 1. Mos., K. 9, V. 23. — Sprichwörtl. Redensart.

— Sein Angesicht verhüllen.
Nach 2. Mos., K. 3, V. 6. — Sprichwörtl. Redensart.

— Der Herr lasse sein Angesicht leuchten über dir! 4. Mos., K. 6, V. 25.

— Angesicht | Die Tat ausspricht. Sprichwort.

Angreifen. — Auch billich, strafft man disen Man, | Der ein greifft hinderwertig an.
Joh. Friedr. Fischart, Flöh Hatz, Weiber Tratz (1573). D. Nütwendige v. Böständige Verantwortung d. Weiber.

— Tapfer angreifen ist halb gesiegt. Militärisches Sprichwort.

— Angreifen kann jeder, aber der Mutige erwartet's. Sprichwörtl.

Angriff. — Läßt sich nicht vermeiden der Strauß, | So fasse kühn das Schwert am Hefte! | Im Angriff wachsen dir die Kräfte, | Dem feigen Zaudrer gehn sie aus.
Emanuel Geibel, Gedichte u. Gedenkblätter (1864). Spr. Nr. 31.

— Die beste Verteidigung ist der Angriff.
Ein v. Schachspielern oft zitiertes Wort. Wird Professor Adolf Anderssen (1818—1879) zugeschrieben.

Angst. — Ein Schiffbrüchiger hat Angst auch vor ruhiger See. Lat.: **Tranquillas etiam naufragus horret aquas.**
Publ. Ovidius Naso (um 43 v. Chr. — 17 n. Chr.), Br. a. d. Pontus. Übers. v. Berg. B. 2, Br. 7, V. 8.

— Angst und Not | Währt bis in' Tod. Spr. auf einer Münze (1552).

— Und die Angst beflügelt den eilenden Fuß.
Friedr. von Schiller, Gedichte, D. Bürgschaft (ged. 27.—30. Aug. 1798).

— Angst und bange werden.
Nach Jer., K. 50, V. 43. — Sprichwörtl. Redensart.

Angstprodukt. — Die Mehrheit dieses Reichstages ist ein Angstprodukt der Wähler.
Eugen Richter im deutschen Reichstage (9. März 1887).

Anhalten. — Mit Müssen und Anhalten bringt man's zu End'. Alter Spr.

— Anhollen winnt (anhalten gewinnt). Sprichwort. Münsterisch.

Animus. — Ick hatte jleich so'nen Animus (ich ahnte es gleich). Berliner Redensart.

Anklagen. — Anklagen ist mein Amt und meine Sendung.
Friedr. von Schiller, D. Piccolomini (1799). A. 2, Sz. 7 (Questenberg).

— Ein Tor, der klaget | Stets andre an. | Sich selbst anklaget | Ein halb schon weiser Mann. | Nicht sich, nicht andre klaget | Der Weise an.
Joh. Gottfr. von Herder, Sämtl. Werke (1805—1820). Gedichte. Bilder u. Spr. Nr. 23. Anklagen.

Anklammern. — So klammert sich der Schiffer endlich noch | Am Felsen fest, an dem er scheitern sollte.
Joh. Wolfg. von Goethe, Torquato Tasso (1789). A. 5, Sz. 5 (Tasso). Schlußv.

Anlage. — Die Menschen sind in ihren Anlagen alle gleich; nur die Verhältnisse machen den Unterschied.

Georg Christoph Lichtenberg, Verm. Schriften (1800—1806). Bd. 9, Nr. 4. Fragmentarische Bemerk. über physikalische Gegenstände. Nr. 2. Über d. Studium d. Naturlehre überhaupt.

Anleihe. — Selten kommt eine Anleihe lachend heim. Engl.: Selde cometh lone lahynde home.

Sprichwort. Altengl.

Anlocken. — Es lockt das Schild allein die Kunden an. Franz.: L'enseigne fait la chalandise.

Jean de Lafontaine, Fab. (1678). Übers. v. Dohm. B. 7, Fab. 15, V. 46. D. Prophetinnen.

Anmut. — Die Anmut steht der Schönheit bei, | Baß als Gestein dem Golde tut. Mittelhochdeutsch: Diu liebe stêt der schoene bî | Baz danne gesteine dem golde tuot.

Walter v. d. Vogelweide (um 1170—1230), Gedichte. Übertr. v. Pannier.

— Anmut machet schön das Weib, | Das macht die Schönheit nimmermehr, sie leihet Anmut nie dem Leib. Mittelhochdeutsch: Liebe machet schoene wîp, | Desn mac diu schoene niht getuon, sin machet niemer lieben lîp.

Walter v. d. Vogelweide (um 1170—1230), Gedichte. Übertr. v. Pannier.

— Die Würde hindert, daß die Liebe nicht zur Begierde wird. Die Anmut verhütet, daß die Achtung nicht Furcht wird.

Friedr. von Schiller, Über Anmut u. Würde (1793).

— Hoheit, selbst wenn ein gewisser Grad von Schönheit sie schmückt, ist ohne Anmut nicht sicher, zu gefallen.

Friedr. von Schiller, Über Anmut u. Würde (1793).

— Anmut und Würde stehen in einem zu hohen Werte, um die Eitelkeit und Torheit nicht zur Nachahmung zu reizen.

Friedr. von Schiller, Über Anmut u. Würde (1793).

— Willst du schon zierlich erscheinen, und bist nicht sicher? Vergebens! | Nur aus vollendeter Kraft blicket die Anmut hervor.

Joh. Wolfg. von Goethe, Gedichte. Vier Jahreszeiten (ged. 1796). Winter. Nr. 93.

— Nur die gesättigte Kraft kehret zur Anmut zurück. Friedr. von Schiller, Gedichte. D. Geschlechter (ged. 1796).

— Anmut ist köstlicher denn Schönheit.

Joh. Heinr. Daniel Zschokke, Stunden d. Andacht (1809—1816). T. 5, K. 10.

— Anmut ohne Schönheit ist ein Magnet, der heimlich, aber fest zieht, ein Glanz, der nicht blendet, aber wohltut, ein Zauber, der nicht überrascht, aber beseligt.

Moritz Gottl. Saphir, Neueste Schriften (1832). Nachtschatten d. Zeit u. d. Lebens.

— . . . wohl die Seele schwellt Erhabenheit mit Schauer, | Doch Anmut nur gefällt und freut auf längre Dauer.

Friedr. Rückert, D. Weisheit d. Brahmanen (1836—1839). B. 15, Nr. 45.

Anmut. — Daß Weisheit nach der Anmut strebt, | Hat man auf Erden oft erlebt, | Doch daß die Anmut gern ihr Ohr | Der Weisheit leiht, kommt seltner vor.

Friedr. Martin von Bodenstedt, D. Lieder d. Mirza-Schaffy (1851). Verm. Gedichte u. Spr. Nr. 36.

— Die Anmut ist ein Widerschein der Liebe auf dem Grunde der Reinheit. Franz.: La grâce est un reflet d'amour sur un fond de pureté.

Jules Michelet, D. Frau (1859). Übers. v. Spielhagen.

— Anmut, die dem Geiste eigen, | Muß in Werk und Wort sich zeigen; | Nicht von außen, nur von innen | Ist die Anmut zu gewinnen!

Friedr. Martin von Bodenstedt, A. d. Nachlasse Mirza-Schaffys (1874). B. 3. B. d. Spr. Nr. 54.

Anonym. — Diese (anonyme Briefe) rühren fast alle von Frauen her, und da zu allermeist von hysterischen; schreibt ein Mann solche, so ist er gewiß eine weibisch angelegte Natur.

Dr. Hanns Groß, Kriminalpsychologie (1898). Objektiv. Unterscheidende Momente. Nr. 1. Allg. Differenzierendes. Sexuelles. Versteckt Sexuelles.

Anpacken. — Pack' an, das ist der wahre Hund, mein Täubchen! Engl.: Hold fast is the only dog, my duck.

William Shakespeare, König Heinr. V. (1599). Übers. v. Schlegel. A. 2, Sz. 3 (Pistol).

Anrede. — Auf gute Anrede folgt guter Bescheid.

Sprichwörtl.

Anregen. — Die Jugend will lieber angeregt als unterrichtet sein.

Joh. Wolfg. von Goethe, A. meinem Leben. Dichtung u. Wahrheit (1809—1831).

Anschlag. — Anschlag, der nicht Fortgang hat, | Ist ein Wagen ohne Rad.

Friedr. von Logau, Deutsche Sinn-Getichte (1654). Rath ohne That.

— Anschläge gehn mit der Sonne auf und nieder. Spr. im Berliner Rathause. Dritter Stock.

Ansehen, das. — Wem Farb' und Kleid ein Ansehn geben, | Der hat Verstand, so dumm er ist.

Christ. Fürchtegott Gellert, Fab. u. Erz. (1746). B. 1. D. Zeisig.

— Respekt und Ansehen müssen von selbst kommen; sie sind der Eindruck, den unsere Person auf andere macht.

Jer. Gotthelf (Albert Bitzius), Gesammelte Werke (1855—1858).

— . . . bei dem Herrn, unserm Gott, ist kein Unrecht, noch Ansehen der Person, noch Annehmen des Geschenks. 2. Chronika, K. 19, V. 7.

— Du sollst niemand rühmen um seines großen Ansehens willen, noch jemand verachten um seines geringen Ansehens willen.

Jes. Sir., K. 11, V. 2.

Ansehen, jemanden. — Du siehst mich an und kennst mich nicht, | Du liebes Engelangesicht!

Aug. Heinr. Hoffmann von Fallersleben, Lyrische Gedichte. Nr. 2. Liebesleben. Frühlingslieder an Arlikona. Nr. 2. Du siehst mich an usw. (ged. Juni 1822). Mel. v. Karl Friedr. Curschmann.

Ansehen, jemanden. — O, sieh mich nicht so lächelnd an!

Emanuel Geibel, Gedichte (1840). Jugendgedichte. B. 2. O, sieh mich nicht so lächelnd an!

Ansicht. — So viel Leute, so viel Ansichten. Lat.: Quot homines, tot sententiae.

Publ. Terentius Afer (185—155 v. Chr.), Phormio. Übers. v. Donner. A. 2, Sz. 4, V. 14 (Hegio).

— ... daß die Ansichten der Menschen viel zu mannigfaltig sind, als daß sie selbst durch die vernünftigsten Vorstellungen auf Einen Punkt versammelt werden könnten.

Joh. Wolfg. von Goethe, D. Wahlverwandtschaften (1808—1809). T. 1, K. 3.

— Wer seine Ansicht mit anderen Waffen, als denen des Geistes verteidigt, von dem muß ich voraussetzen, daß ihm die Waffen des Geistes ausgegangen sind.

Otto von Bismarck in d. zweiten Kammer d. preuß. Landtages (21. März 1849).

— Wer seine Ansicht nicht für sich behalten kann, der wird nie etwas Bedeutendes ausführen. Engl.: He that cannot withal keep his mind to himself, cannot practise any considerable thing whatsoever.

Samuel Smiles, D. Charakter (1871). Übers. v. Dobbert. K. 6. D. Selbstbeherrschung.

Anspannen. — Wer allzu straff die Segeltaue spannt | Und niemals schießen läßt, der kentert bald | Und mag, den Kiel nach oben, weitersegeln. Griech.: *Αὔτως δὲ ναὸς ὅστις ἐγκρατῆ πόδα | Τείνας ὑπείκει μηδέν, ὑπτίοις κάτω | Στρέψας τὸ λοιπὸν σέλμασιν ναυτίλλεται.*

Sophokles (um 496—406 v. Chr.), Antigone. Übers. v. Jordan. V. 711—13 (Hämon).

— Wenn man die sennen (Sehne) am armbrust zu hart spannet, so reyßet sie gern. Alter Spr.

Anspruch. — Wer Ansprüche macht, beweist eben dadurch, daß er keine zu machen hat.

Joh. Gottfr. Seume, Sämtl. Werke (1826). Apokryphen. Nr. 263.

Anstand. — ... mit dem Anstand, den er hatte. Friedr. von Schiller, Gedichte. Nadowessische Totenklage (geb. 1797).

— Anstand ziert und kostet nichts. Sprichwort.

Anstoß. — Jemandem ein Stein des Anstoßes sein.

Nach Jesaias, K. 8, V. 14. — Sprichwörtl. Redensart.

Anteil. — Wo der Anteil sich verliert, verliert sich auch das Gedächtnis.

Joh. Wolfg. von Goethe, Werke (1827—1830). Maximen u. Reflexionen. Abteilung 3.

Antipathie. — Du hast nun die Antipathie!

Joh. Wolfg. von Goethe, Faust, I (1808). Marthens Garten (Faust).

Antisemitismus. — Der Antisemitismus ist auch . . . eine Vorfrucht der Sozialdemokratie.

Reichskanzler Caprivi im Reichstage (30. Nov. 1893).

Antlitz. — O Menschenantlitz! Wundervoller Spiegel, | Vom lauen Hauch der Gottheit leis umflossen, | Du heilig Buch, in dessen Purpursiegel | Des Himmels ew'ge Rätsel tief verschlossen!

Anastasius Grün (Anton Alexander Graf von Auersperg), Schutt (1831). Turm am Strande. Nr. 13.

— Sein Antlitz verhüllen.

Nach 1. Kön., K. 19, V. 13. — Sprichwörtl. Redensart.

Anton. — Anton, steck'n Dejen in! (Beruhigungsformel.) Berliner Redensart.

Antun, jemandem etwas. — Was hat man dir, du armes Kind, getan?

Joh. Wolfg. von Goethe, Gedichte. Balladen. Mignon (geb. 1782[?]). Mel. v. Joh. Friedr. Reichardt (1795), Frz. Schubert u. a.

Antwort. — Eine beschämende Antwort gehört auf eine vorwitzige Frage.

Joh. Jak. Engel, D. Philosoph für d. Welt (1775—1777). T. 1, Stück 1. D. Göttinnen.

— Und ein Narr wartet auf Antwort.

Heinr. Heine, D. B. d. Lieder. Nordsee (geb. 1825—1826). Zyklus 2. Fragen.

— Wenn du eine weise Antwort verlangst, | Mußt du vernünftig fragen.

Joh. Wolfg. von Goethe, Poetische u. prosaische Werke (1836—1837). Gedichte. A. d. Nachlaß. Invektiven. Herr Schöne.

— Eine richtige Antwort ist wie ein lieblicher Kuß. Spr. Sal., K. 24, V. 26.

— Um Antwort wird gebeten.

Nach 1. Makk., K. 12, V. 18. (Auf Petschaften steht öfter: 1. Makk., 12, 18.)

— Keine Antwort ist auch eine Antwort. Sprichwort.

— Klopfe an die Tür, so hörst du die Antwort. (Wie's in den Wald hineinschallt, so schallt es wieder heraus.) Arabisches Sprichwort.

Antworten. — ... mir macht es Freude, denen, die gut fragen, zu antworten.

Friedr. Ernst Daniel Schleiermacher, Sämtl. Werke (1835—1865). Platons Werke.

Anziehung. — Jede Anziehung ist wechselseitig. Joh. Wolfg. von Goethe, D. Wahlverwandtschaften (1808—1809). T. 2, K. 7.

Apathie. — Natürliche, vollkommene Apathie ist Zeichen der Dummheit; . . . aber die wahre, mühsam erworbene Apathie ist ein echter Herkules, der sich auf dem Berge Öta verbrennt, um sich aller Schlacken zu entledigen und Göttern gleich zu werden. Karl Jul. Weber, Demokritos (1832—1840). D. Leidenschaften.

Apfel. — Jenes Apfels | Leichtsinnig augenblicklicher Genuß | Hat aller Welt unendlich Weh verschuldet.

Joh. Wolfg. von Goethe, D. natürliche Tochter (1803). A. 4, Sz. 2 (Eugenie).

— Der Apfel fällt nicht weit vom Stamme. Sprichwort.

— In den sauren Apfel beißen (sich überwinden, etwas zu tun; — einen sauren Apfel zu essen, erregt Widerwillen). Sprichwörtl. Redensart.

Apfel. — St. Jakob (25. Juli) tut die Äpfel salzen, der Lenz sie schmalzen, der Bartel (24. August) gibt ihnen den Geschmack, und der Michel (29. September) bricht sie ab. Bauernregel. Oberösterreich.

Apollo. — Geschoß nicht immer spannet Apollo. Lat.: Neque semper arcum | Tendit Apollo.

Quint. Horatius Flacc., Oden (um 23 v. Chr.). Übers. v. Voß. Bd. 2, Nr. 10, V. 19—20.

Apotheker. — O gott, behütt vor iüdschem gsüch | Vnd vor des apoteckers büch | Vor eim alten bösen wyb | Und ouch vor einem krancken lyb.

Thomas Murner, Narrenbeschwerung (1512). Nr. 30. D. kelber artzet.

— O wackrer Apotheker! | Dein Trank wirkt schnell. Engl.: O true apothecary! | Thy drugs are quick.

William Shakespeare, Romeo u. Julia (1593). Übers. v. Schlegel. A. 5, Sz. 3 (Romeo).

Appetit. — Der Appetit kommt beim Essen. Franz.: L'appétit vient en mangeant.

François Rabelais, Gargantua (1535). Übers. v. Regis. K. 5.

— Keine Küche gleicht dem Appetit. Franz.: Il n'est chère que d'appétit. Sprichwort.

April. — In den Aprillen, | so die blumen springen, | da lauben die linden | und grünen die buchen. Heinr. von Veldecke (12. Jahrhundert).

— Der dürre Aprill | Ist nicht der Bawren Will, | Sondern des Prillen Regen | Ist ihnen gelegen. Kalenderspr. (16. Jahrhundert).

— Am ersten April | Schickt man die Narren, wohin man will. Sprichwort.

— Einen in den April schicken (ihn zum Narren halten, speziell am 1. April; — a. Frankreich im 17. Jahrhundert zu uns herübergekommene Sitte). Sprichwörtl. Redensart.

— Aprilen Blut (Blüte) | Tut selten gut. Bauernregel.

— April, | Kuh still (treibe sie nicht auf die Weide). Bauernregel.

— Aprilschnee ist besser als Schafmist. Bauernregel. Schweiz.

— Donner im April | Viel Gutes zeigen will. Bauernregel. Westpreußen.

— Dürrer April | Ist des Bauern Will'. Bauernregel.

— Ist der April auch noch so gut, | Er schneit dem Bauer auf den Hut. Bauernregel.

— Viel Nebel im April und Höhenrauch im Mai, | Die führen wohl die Pest und Hungersnot herbei. Bauernregel.

— Vom Regen im April zeugt der Mai seine Blumen. Bauernregel.

— Wenn der April bläst in sein Horn (wenn es windig ist), | So steht es gut um Heu und Korn. Bauernregel.

Ar. — Ein Mann ohne Ar und Halm.

Nach einer Rede d. Grafen Caprivi im Reichstage (17. Febr. 1893).

Arbeit. — Arbeit schändet uns nicht; die Trägheit aber entehrt uns. Griech.: *Ἔργον δ' οὐδὲν ὄνειδος, ἀεργίη δέ τ' ὄνειδος.*

Hesiod (8. Jahrhundert v. Chr.), Werke u. Tage. Übers. v. Uschner. V. 311.

— Getane Arbeiten sind angenehm. Lat.: Iucundi acti labores.

Nach Marc. Tull. Cicero, V. höchsten Gut u. Übel (um 45 v. Chr.). Übers. v. Kloß. B. 2, K. 32, § 105. — Sprichwort.

— Nichts unbeschwert von | Arbeit gab dies Leben den Sterblichen. Lat.: Nil sine magno | Vita labore dedit mortalibus.

Quint. Horatius Flacc., Sat. (um 35 v. Chr). Übers. v. Voß. B. 1, Nr. 9, V. 59—60.

— Groß ist die Arbeit; sie nährt (ehrt) ihren Mann. Talmud (3. Jahrhundert).

— Warum suchst du die Ruhe, da du zur Arbeit geboren bist? Lat.: Quid quaeris quietem, quum natus sis ad laborem?

Thomas a Kempis, Nachfolge Christi (um 1410). Übers. v. Goßner. B. 2, K. 10, § 1.

— Ohne Arbeit gelangt man nicht zur Ruhe und ohne Kampf nicht zum Siege. Lat.: Sine labore non tenditur ad requiem, nec sine pugna pervenitur ad victoriam.

Thomas a Kempis, Nachfolge Christi (um 1410). Übers. v. Fromm. B. 3, K. 19, § 17.

— Narr, loß von solcher fantesi, | Du gsteckst sunst bald im narrenbri, | Das got on arbeit blonung git.

Seb. Brant, D. Narrenschif (1494). Nr. 57. Fürwissenheit gottes.

— Die müßig gänden stroft der her | Und gibt der arbeit lohn und er.

Seb. Brant, D. Narrenschif (1494). Nr. 97. V. trakeit u. fulheit.

— Du sollt mit arbeit nach gut streben, | Gleich als wolst du hie ewig leben, | Vnd doch stehn in steten sorgen, | Als solts du sterben heut vnd morgen. Reimspr. (16. Jahrhundert).

— Von Arbeit stirbet kein Mensch; aber von ledig und müßig gehen kommen die Leute um Leib und Leben; denn der Mensch ist zur Arbeit geboren, wie der Vogel zum Fliegen.

Dr. Martin Luther, Alle B. u. Schriften (1539—1559).

— Dann nichts ist also schwer vnd scharff, | Das nicht die arbeit vnderwarff.

Joh. Friedr. Fischart, D. Glückhaft Schiff v. Zürich (1576).

— Die Arbeit hat die Berg durchgraben | Vnd das Thal inn die höh erhaben, | Hats Land mitt Stätten wohaft gmacht | Vnd die Ström zwischen Damm gebracht.

Joh. Friedr. Fischart, D. Glückhaft Schiff v. Zürich (1576).

— Arbeit vnd fleis, das sind die flügel, | So füren vber Stram vnd hügel.

Joh. Friedr. Fischart, D. Glückhaft Schiff v. Zürich (1576).

Arbeit. — Arbeit und Sparn macht reiche Knecht.

Georg Rollenhagen, Froschmäuseler (1595). B. 2, T. 2, K. 7.

— Eine Arbeit, | Die uns Vergnügen macht, heilt ihre Müh'. Engl.: The labour we delight in physics pain.

William Shakespeare, Macbeth (1606). Übers. v. Schiller. A. 2, Sz. 3 (Macbeth).

— Zur Arbeit, die uns liebt, stehn früh wir auf | Und gehn mit Freuden dran. Engl.: To business that we love, we rise betime, | And go to't with delight.

William Shakespeare, Antonius u. Kleopatra (1607—1608). Übers. v. Graf Baudissin. A. 4, Sz. 5 (Antonius).

— An allem Ort und Ende | Soll der gesegnet sein, | Den Arbeit seiner Hände | Ernähret still und fein.

Friderici Ehren=Liedlein (1614). Familiengemälde.

— Arbeit die hat den Segen, | Macht was hart helt doch loß. | Drumb solt jr Arbeit pflegen, | Legn nit die Händ in Schoß.

Joh. Doman, Lied v. d. Hanse (1618).

— Wo seine (Gottes) Hand gereget, | Den grund zur arbeit leget, | Da zeucht der segen ein. | Verkehrt er sein gesichte, | So wird ein werck zu nichte, | Wie gut die meister sein.

Andr. Tscherning, Frühling (1642). Fah' alles mit Gott an! Schlußv.

— Die Welt ist wie ein Kram, hat Waaren gantze Hauffen; | Um Arbeit stehn sie feil vnd sind durch Fleiß zu kauffen.

Friedr. von Logau, Deutsche Sinn=Getichte (1654). Arbeit v. Fleiß.

— Arbeit ist dreyerley: Lehr, Wehr vnd mehr arbeit.

Christoph Lehmann, Politischer Blumen=Garten (1662). T. 1. Arbeit. Nr. 1.

— Vmb Arbeit vnnd Mühe gibt Gott Hauß, Hoff vnd Ruhe.

Christoph Lehmann, Politischer Blumen=Garten (1662). T. 1. Arbeit. Nr. 2.

— Arbeit gewinnt Fewer außm Stein.

Christoph Lehmann, Politischer Blumen=Garten (1662). T. 1. Arbeit. Nr. 26.

— Das Gebet holt den Segen aus dem Himmel; die Arbeit gräbt ihn aus der Erde. Das Gebet ist dein Himmelswagen, Arbeit dein Erdenwagen; beide bringen dir viel Glück ins Haus.

Heinr. Müller, Predigten (1663—1675).

— Gottseligkeit die bringt zu wegen, | Daß unser Arbeit komt zum Segen.

Inschrift an einem Hause. Siebenbürgen (1681).

— Der Weg zum Reichtum liegt hauptsächlich in zwei Wörtern: Arbeit und Sparsamkeit. Engl.: The way to wealth depends chiefly on two words, industry and frugality.

Benj. Franklin, Rat an einen jungen Handelsmann (1748). Letzter Abs. Übers. v. Drabig.

Arbeit. — Der Eifer der Arbeit wirkt oft in einer Stunde mehr, als der mechanische, schläfrige Fleiß in drei Stunden.

Christ. Fürchtegott Gellert, Sämtl. Schriften (1769). Abhandlungen u. Reden.

— Die Welt ist überall einerlei, auf Mühe und Arbeit, Lohn und Freude.

Joh. Wolfg. von Goethe, Leiden d. jungen Werther (1773). B. 2, Am 30. Nov.

— Arbeit macht den Lebenslauf | Noch einmal so munter; | Froher geht die Sonne auf, | Froher geht sie unter.

Gottlob Wilh. Burmann, Lieder in drey Büchern (1774). D. lustige Hans. Mel. v. Joh. Abraham Peter Schulz (1779).

— Arbeit macht das Leben süß, | Macht es nie zur Last, | Der nur hat Bekümmernis, | Der die Arbeit haßt.

Gottlob Wilh. Burmann, Kleine Lieder für kleine Mädchen u. Jünglinge (1777). Lob d. Arbeitsamkeit.

— Nichts unterhält so gut . . . | Die Sinne mit der Pflicht im Frieden, | Als fleißig sie durch Arbeit zu ermüden.

Christoph Martin Wieland, Oberon (1780). Ges. 8, Str. 40.

— Arbeit ist die Bedingung des Lebens, das Ziel Weisheit, und Glückseligkeit . . . ist der Preis.

Friedr. von Schiller, D. Spaziergang unter d. Linden. (1782).

— Not lehrt beten! Arbeit lehrt, | Wie man gegen Not sich wehrt!

Joh. Wilh. Ludw. Gleim, D. goldnen Spr. d. Pythagoras (1786).

So eine Arbeit wird eigentlich nie fertig.

Joh. Wolfg. von Goethe, Ital. Reise. Caserta (16. März 1787). (Gemeint ist d. Iphigenie.)

— Tages Arbeit, abends Gäste! | Saure Wochen, frohe Feste! | Sei dein künftig Zauberwort!

Joh. Wolfg. von Goethe, Gedichte. Balladen. D. Schatzgräber (ged. 21.—22. Mai 1797).

— Der größte Sinnengenuß, der gar keine Einmischung von Ekel bei sich führt, ist, im gesunden Zustande, Ruhe nach der Arbeit.

Immanuel Kant, Anthropologie (1798).

— Die Arbeit, dieser Fluch, womit Gott das menschliche Geschlecht segnete, gibt uns wahres und dauerhaftes Vergnügen.

Justus Möser, Sämtl. Werke (1798). Patriotische Phantasien. Schreiben an meinen Herrn Schwiegervater.

— Wenn gute Reden sie begleiten, | Dann fließt die Arbeit munter fort.

Friedr. von Schiller, Gedichte. D. Lied v. d. Glocke (ged. Sept. 1799).

— In der Zufriedenheit nur | Wohnt, von Arbeit gewürzt, der bessere Lebensgenuß.

Friedr. Ferd. Aug. von Kotzebue, Oktavia (1801).

Arbeit. — Wenn man einmal eine Arbeit vor hat, so ist es gut, bei der Ausführung sich nicht gleich das Ganze vorzustellen . . . man arbeite an dem, was man gerade vor sich hat, und wenn man damit fertig ist, gehe man an das nächste.

Georg Christoph Lichtenberg, Verm. Schriften (1800—1806). Bd. 1, Nr. 3. Bemerk. verm. Inhalts. Nr. 3. Moralische Bemerk.

— Arbeit ist des Blutes Balsam, | Arbeit ist der Tugend Quell.

Joh. Gottfr. von Herder, D. Cid (1806). B. 3, Ges. 48.

— . . . und als allererster Grundsatz der Ehre soll es in sein (des Zöglings) Gemüt geprägt werden, daß es schändlich sei, seinen Lebensunterhalt einem andern, denn seiner Arbeit verdanken zu wollen.

Joh. Gottl. Fichte, Reden an d. deutsche Nation (1808). Rede 10.

— Alle Arten (von Arbeit), sein Brot zu verdienen, sind einem ehrlichen Manne gleich anständig, Holz zu spalten, oder am Ruder des Staates zu sitzen. Es kommt seinem Gewissen nicht darauf an, wieviel er nützt, sondern wieviel er nützen wollte.

Gotthold Ephr. Lessing, Sämtl. Schriften (1796—1808). Br. An Nicolay.

— Gott hat der Tugend zur Schildwache die Arbeit gesetzt. Franz.: **Dieu a posé le travail pour sentinelle de la vertu.**

Napoleon I., Maximen u. Gedanken (1817). Übers. v. Zimmermann.

— So viel Arbeit um ein Leichentuch?

Karl Aug. Georg Max Graf von Platen-Hallermund, Gedichte. Lieder u. Romanzen. Noch im wollustvollen Mai d. Lebens (ged. 1818).

— Zur Arbeit, Lieb' und zur Veredlung ward | Das Leben uns gegeben. Fehlen die, | Was hat der Mensch am Leben? Hat er sie, | Was fehlet ihm, worüber wollt' er klagen?

Joh. Gottfr. von Herder, Sämtl. Werke (1805—1820). Blumenlese a. morgenländischen Dichtern. Nr. 4. Gedanken einiger Brahmanen. Zwecke d. Lebens.

— Es leben die Sterblichen | Von Lohn und Arbeit; wechselnd in Müh' und Ruh' | Ist alles freudig. Joh. Christ. Friedr. Hölderlin, Gedichte (1826). Abendphantasie.

— Die Trägheit ist des Menschen Feind, | Die seinen Leib erschlafft; | Die Arbeit ist sein bester Freund, | Sie gibt ihm neue Kraft.

Peter von Bohlen, Bhartriharis Spr. (1835).

— Freude fehlet nie, wo Arbeit, Ordnung und Treu' ist.

Joh. Kaspar Lavater, Sämtl. Werke (1834—1838). Worte d. Herzens. Freude.

— Was du nicht tust, wird auch sich strafen: | Nur Arbeit kann den Lohn erwerben. | Wer nicht gewacht hat, kann nicht schlafen; | Wer nicht gelebt hat, kann nicht sterben.

Friedr. Rückert, Erbauliches u. Beschauliches a. d. Morgenlande (1837—1838).

Arbeit. — Es ist des Himmels Fügung, | Daß ihm (dem Menschen) zum Wohl der Welt nur Arbeit gibt Vergnügung.

Friedr. Rückert. D. Weisheit d. Brahmanen (1836—1839). B. 8, Nr. 128. (Stufe 7. Erkenntnis. Nr. 56.) Schlußv.

— . . . folglich kuriert Arbeit viele Narren, und in der arbeitenden, dürftigen Klasse finden sich auch die wenigsten Narren, wohl aber unter Reichen, Mächtigen und Müßigen.

Karl Jul. Weber, Demokritos (1832—1840). D. Selbstsucht. D. Fortsetzung.

— Der Schlaf ist das einzige Geschenk, das uns die Götter ohne Arbeit gaben, mit der Arbeit aber dreifach versüßen.

Karl Jul. Weber, Demokritos (1832—1840). D. Schlaf.

— Wo die Arbeit zieht ins Haus, | Läuft die Armut bald hinaus; | Schläft die Arbeit aber ein, | Guckt die Armut zum Fenster hinein.

Rob. Reinick, Lieder (1844).

— Bei der Arbeit recht Beginnen, | Beim Genießen rechter Schluß.

Emanuel Geibel, Juniuslieder (1848). Spr. Nr. 52.

— Hat dich ein bittres Leid getroffen, | So scheue nicht ein doppelt Mühn; | Am schönsten pflegen Trost und Hoffen | Im Schweiß der Arbeit aufzublühn.

Friedr. Jul. Hammer, Schau um dich u. schau in dich (1851). Heiße Tage. Vorwärts d. Blick usw.

— Nur der werktätige Glaube an das Evangelium der Arbeit erhält, wie die einzelnen Menschen, so auch ganze Völker gesund und tüchtig.

Joh. Scherr, Deutsche Kultur- u. Sittengesch. (1853).

— Je höher die Kultur, desto ehrenvoller wird die Arbeit.

Wilh. Roscher, Grundlagen d. Nationalökonomie (1854).

— Arbeit heißt des Mannes Würde.

Ernst Moritz Arndt, Gedichte (1860). Denkspr. Erinnerungsblätter. Nr. 27.

— Träume sind nicht Taten: | Ohne Arbeit wird dir nichts geraten. | Die Tugend trägt ein ernst Gesicht.

Ernst Moritz Arndt, Gedichte (1860). Denkspr. Erinnerungsblätter. Nr. 82.

— So sei dein Ziel denn: Herrlichkeit für Gott, | Arbeit für dich.

Emerich Madách, Tragödie d. Menschen (1861). Übers. v. Lechner. Sz. 6 (Apostel Petrus).

— Nichts ist geeignet, die Verschmelzung der widerstrebenden Elemente zu fördern, als gemeinsame Arbeit an gemeinsamen Aufgaben.

Otto von Bismarck im Herrenhause d. preuß. Landtages (15. Jan. 1867).

— Du hast zwei Hände und einen Mund; | Lern' es ermessen! | Zwei sind da zur Arbeit und | Einer zum Essen.

Friedr. Rückert, Gesammelte poetische Werke (1867—1869). Pantheon. Bruchstück 5. Zahme Xenien. Drei Paare u. einer.

Arbeit. — Heimisch in der Welt wird man nur durch Arbeit; wer nicht arbeitet, ist heimatlos.

Berth. Auerbach, D. Landhaus am Rhein (1869).

— Die Arbeit ist einer der besten Erzieher des Charakters. Engl.: Work is one of the best educators of practical character.

Samuel Smiles, D. Charakter (1871). Übers. v. Dobbert. K. 4. D. Arbeit.

— Arbeit ist das Gesetz unseres Seins, das lebendige Prinzip, das Menschen und Völker vorwärts treibt. Engl.: Work is the law of our being — the living principle that carries men and nations onward.

Samuel Smiles, D. Charakter (1871). Übers. v. Dobbert. K. 4. D. Arbeit.

— Ein jeder treibt, wozu er ward, | So will's ein ew'ger Schluß: | Hephästen steht die Arbeit wohl, | Cytheren der Genuß.

Frz. Grillparzer, Gedichte (1873). An eine gewisse Ungewisse. Nr. 5.

— Arbeit, edle Himmelsgabe, | Zu der Menschen Heil erkoren, | Nie bleibt ohne Trost und Labe, | Wer sich deinem Dienst geschworen.

Friedr. Martin von Bodenstedt, A. d. Nachlasse Mirza-Schaffys (1874). B. 3. B. d. Spr. Nr. 44.

— Nur in der Arbeit wohnt der Frieden, | Und in der Mühe wohnt die Ruh'.

Theod. Fontane, Gedichte (1875).

— Die große Meisterin Not mit ihrer erstgeborenen Tochter Arbeit sind überall Kulturbringerinnen. Joh. Scherr, Blätter im Winde (1875).

— Bei der Arbeit magst du singen: | Das verleiht der Arbeit Schwingen. | Singen doch nie Arbeit sei: | Sohlen trägt sie dann von Blei.

Anastasius Grün (Anton Alexander Graf von Auersperg), Gesammelte Werke (1877). Gedichte. Zeitklänge. Spr. Nr. 44.

— Wie fleucht die Zeit auf heitern Schwingen, | Wenn in der Arbeit ernstem Ringen | Sich Tag an Tag geschäftig reiht.

Ernst Eckstein, Murillo (1880).

— Lerne Arbeit und Geduld! Engl.: Learn to labour and to wait.

Henry Wadsworth Longfellow (1807—1882), Gedichte. Ein Ps. d. Lebens. Übers. v. Niels. Schlußv.

— Greif' entschlossen zur Arbeit! | Was die Träne nicht löst, löst, dich erquickend, der Schweiß.

Emanuel Geibel, Gesammelte Werke (1883). Gedichte. Kleinigkeiten. Nr. 25.

— Das Recht auf Arbeit erwähnte ich schon; dazu bekenne ich mich ganz ehrlich.

Otto von Bismarck im Reichstage (9. Mai 1884).

— Das wirkliche Elend beginnt erst, wenn uns die Arbeit nicht mehr schmeckt.

Maurus Jokai, Zonen d. Geistes (1884). Übers. v. Weiß.

— Die große moderne Formel lautet: Arbeit, abermals Arbeit und immer Arbeit. Franz.: C'est la grande formule moderne: Du travail, toujours du travail et encore du travail.

Léon Gambetta, Diskurse (1880—1885). Übers. v. Zimmermann.

Arbeit. — Aber die waltenden Mächte zeugen | Keinen zum müßigen Schwelgen und Schauen; | Mittun soll er und miterbauen, | Unter das Joch der Arbeit sich beugen; | Soll nicht müßig im Weiten schweifen, | In der Werkstatt den Hammer ergreifen.

Ludw. Fulda, Gedichte (1890). Bekenntnisse. Beruf.

— . . . der Arbeit. Denn das kannst du mir glauben: | Ein volles Müdewerden ist schon ein halbes Glücklichsein.

Hermann Sudermann, D. Ehre (1890). A. 3, Sz. 4 (Robert).

— Arbeit und Genuß | Sind Zwillingsbrüder, eins im andern lebend.

Adolf Wilbrandt, D. Meister v. Palmyra (1890). A. 1, Sz. 4 (Apelles).

— Jubilate heißt jeder Tag, | Auf dem der Arbeit Segen lag.

Otto Jul. Bierbaum, Bunte Vögel (1896—1897). Mein ABC.

— Wer es nicht einsieht, daß die Welt für Nichtstuer keinen Platz hat, daß jeder seine Existenz auf Gottes Erde durch Arbeit erkaufen muß, der ist ein gewissenloser Mensch.

Dr. Hanns Groß, Kriminalpsychologie (1898). Subjektiv. D. psychische Tätigkeit d. Richters. Aufnehmende Momente. Nr. 2. Psychologisch Educatives. Aufrichtigkeit d. Angaben.

— . . . gute Arbeit gibt herrlichen Lohn.

Wsh. Sal., K. 3, V. 15.

— Wer sich mit seiner Arbeit nährt und läßt ihm genügen, der hat ein fein ruhiges Leben.

Jes. Sir., K. 41, V. 18.

— Arbeit, Sorg' und Herzeleid | Ist der Erde Alltagskleid. Alter Spr.

— Die Arbeit ist heilig; aber selig, wer sich davor hütet. Alter Spr.

— Faul in der Arbeit, fleißig im Beten: | Orgelspiel ohne Balgetreten. Alter Spr.

— In deiner Jugend sollst du dich | Zur Arbeit halten fleißiglich; | Hernach gar schwer die Arbeit ist, | Wenn du zum Alter kommen bist. Alter Spr.

— Laß deine Arbeit ein Gebet sein und dein Gebet eine Arbeit. Alter Spr.

— Ohn arbeit soltu nimmer seyn, | arbeit gewinnet fewr (Feuer) aus dem stein. Alter Spr.

— Ohn dein hulff kan dich Gott bewaren, | Doch soltu drumb kein arbeit sparen, | Er kan dir Gelt und Vieh bescheren | Und heißt dich doch mit arbeit nehren. Alter Spr.

— Tu nach solcher arbeit ringen, | Die dein krafft kan woll volbringen. Alter Spr.

— Arbeit hat bittere Wurzel, aber süße Frucht. Sprichwort.

— Arbeit ist des Alters beste Zukost. Sprichwort.

— Arbeitsschweiß an Händen hat mehr Ehre, als ein goldner Ring am Finger. Sprichwort.

— Nach getaner Arbeit ist gut ruhn. Sprichwort.

Arbeit. — Wo Arbeit das Haus bewacht, kann Armut nicht hinein. Sprichwort.

— Nicht kann der Sohn Adams ohne Arbeit Brot essen.. Span.: No puede el hijo de Adam sin trabajo comer pan. Sprichwort.

— Der Mensch ist zur Arbeit, der Vogel zum Fliegen geschaffen. Esthnisches Sprichwort.

— Hunger, Arbeit und Schweiß sind die besten Gewürze. Isländisches Sprichwort.

— Hast du Arbeit, frisch daran, | Dann ist sie gar bald getan. Sprichwörtl.

— Arbeit is kên Hâs, säd' de' Daglöner, löpt uns nich weg. Sprichwörtl. Redensart. Hamburg.

— Wem's Gott nit geit (gibt), | Hilft kein' Arbeit. Inschrift in einem Hause. Altenburg.

Arbeiten. — Wer treulich arbeitet, der betet zwiefältig. Aus dem Grunde, daß ein gläubiger Mensch in seiner Arbeit Gott fürchtet und ehret und an seine Gebote denkt.

Dr. Martin Luther, Alle B. u. Schriften (1539—1559).

— Was immer arbeit, nimmer feyrt, | Sein Krafft und Wolfarth bald verleurt.

Georg Rollenhagen, Froschmäuseler (1595). B. 1, T. 2, K. 25.

— Für den König von Preußen arbeiten (d. h. umsonst). Franz.: Travailler pour le roi de Prusse.

Kardinal Fleury (1653—1743). Übers. v. Zimmermann.

— Laßt uns arbeiten, ohne zu grübeln; das ist das einzige Mittel, das Leben erträglich zu machen! Franz.: Travaillons sans raisonner; c'est le seul moyen de rendre la vie supportable.

Voltaire (François Marie Arouet), Candide (1759). Übers. v. Mylius.

— Mein Sprüchlein heißt: Auf Gott vertrau', | Arbeite brav und leb' genau!

Gottfr. Aug. Bürger, Gedichte (1796—1797). D. Raubgraf.

— Man erkundige sich nur näher nach den Personen, die durch ehrloses Betragen sich auszeichnen; immer wird man finden, daß sie nicht arbeiten gelernt haben oder die Arbeit scheuen.

Joh. Gottl. Fichte, Reden an d. deutsche Nation (1808). Rede 10.

— Das Arbeiten ist, meinem Gefühl nach, dem Menschen so gut ein Bedürfnis, als Essen und Schlafen.

Karl Wilh. Freiherr von Humboldt, Br. an eine Freundin (19. Juli 1827).

— Ehret das alte Sprichwort: bete und arbeite! Die es zuerst brauchten, kannten die große Doppelaufgabe unsres Lebens.

Joh. Heinr. Bernh. Dräseke (1774—1849).

— Wer arbeiten kann und will, ist stets einigermaßen Herr seines Schicksals.

Julie Burow (Pfannenschmidt), Ein Arzt in einer kleinen Stadt (1855).

Arbeiten. — Warum hat keine Religion vor allem andern das Gebot: Du sollst arbeiten!?

Berth. Auerbach, Auf d. Höhe (1865).

— In den Wind arbeiten.

Nach Pred. Sal., K. 5, V. 15. — Sprichwörtl. Redensart.

— Weh dem, . . . der seinen Nächsten umsonst arbeiten läßt. Jer., K. 22, V. 13.

— So jemand nicht will arbeiten, der soll auch nicht essen. 2. Thess., K. 3, V. 10.

— Bete rein, arbeit' fein, | Das andre laß Gott befohlen sein! Alter Spr.

— Wenn arbeiten so leicht wär', so tät's der Bürgermeister selbst. Alter Spr.

— Wer nicht schwitzt, den soll man reiben, | Wer nicht arbeitet, den soll man treiben. Sprichwort.

— Wer treulich arbeitet, betet zwiefältig. Sprichwort.

— Wende die Mittel an (arbeite), und Gott wird den Segen geben! Engl.: Use the means, and God will give the blessing. Sprichwort.

— Wenn der Pflug arbeitet, dann blinkt er. Niederl.: Als de ploeg werkt, dan blinkt hij. Sprichwort.

— Arbeit' gern und sei nicht faul, | Kein gebraten Taub fleugt dir ins Maul! Wartburgspr.

— Bete, als hülfe kein Arbeiten; | Arbeite, als hülfe kein Beten!

Spr. im Berliner Rathause. Erdgeschoß.

— Denke auf faule Tage und arbeite darauf los! Spr. im Berliner Rathause. Dritter Stock.

— Du sollst beten — denn du wirst bald sterben; | Du sollst arbeiten — denn du wirst ewig leben. Spr. an einem Hause.

Arbeiter. — Geben Sie dem Arbeiter das Recht auf Arbeit, solange er gesund ist; sichern Sie ihm Pflege, wenn er krank ist; sichern Sie ihm Versorgung, wenn er alt ist!

Otto von Bismarck im Reichstage (9. Mai 1884).

— Ein Arbeiter ist seiner Speise wert. Matth., K. 10, V. 10.

— Wenn Arbeiter nicht wären und ihr Gild', | So wär' ein Bettelsack des Edelmanns Schild. Alter Spr.

— Schlechter Arbeiter wird nie gutes Handwerkszeug finden. Franz.: Mauvais ouvrier ne trouvera jamais bon outil. Sprichwort.

Arbeiterbataillon. — Der dumpfe Massenschritt der Arbeiterbataillone . . .

Ferd. Lassalle, Herr Bastiat-Schulze v. Delitzsch (1864).

Arbeitsam. — Nur arbeitsame Menschen sind aus sich heraus fröhlich, friedfertig und gut.

Berth. Auerbach, Sämtl. Schwarzwälder Dorfgesch. (1871). D. Lauterbacher.

Arbeitsamkeit. — Keine Arbeit deines Zöglings sei dir so angelegen als Arbeitsamkeit selber; nur diese lern' er durch jene ein!

Jean Paul (Friedr. Richter), Levana oder Erzieh-Lehre (1807). Bd. 2, Bruchstück 5, K. 1, § 102.

Arbeitsamkeit. — Arbeitsamkeit verriegelt die Tür dem Laster, das dem Müßiggang zur Seite schleicht und hinter ihm das Unglück.
Joh. Gottfr. von Herder, Sämtl. Werke (1805—1820).

Arbeitskraft. — Was dem Leben jedes Menschen erst Wert gibt, ist ein besonnenes Urteil und eine stetige Arbeitskraft.
Gustav Freytag, Soll u. Haben (1855).

Architektur. — Architektur ist gefrorne Musik. Arthur Schopenhauer, D. Welt als Wille u. Vorstellung (1819).

— Die Architektur ist die erstarrte Musik.
Friedr. Wilh. Jos. von Schelling, Vorlesungen über Philosophie d. Kunst (1842).

Ärger. — Der Ärger gleicht | 'nem hitz'gen Pferd, das, läßt man ihm den Lauf, | Am eignen Feu'r ermüdet. Engl.: **Anger is like | A full-hot horse, who being allow'd his way, | Self mettle tires him.**
William Shakespeare Heinr. VIII. (1613). Übers. v. Graf Baudissin. A. 1, Sz. 1 (Norfolk).

Ärgerlich. — Große, starke Seelen sind selten ärgerlich, desto mehr aber schwache Männer und fast alle Weiber.
Karl Jul. Weber, Demokritos (1832—1840). D. Zorn.

Ärgern, sich. — Mensch, ärjere dir nich!
Berliner Redensart.

Ärgernis. — Fels des Ärgernisses.
Nach Jesaias, K. 8, V. 14.

— . . . weh dem Menschen, durch welchen Ärgernis kommt! Matth., K. 18, V. 7.

— . . . den Juden ein Ärgernis und den Griechen eine Torheit. 1. Kor., K. 1, V. 23.

Arglist. — Arglist ist gerade nur die Denkungsart sehr eingeschränkter Menschen und von der Klugheit, deren Schein sie an sich hat, sehr unterschieden. Imanuel Kant, Anthropologie (1798).

— Arglist und Klugheit, welch ein ungleiches Schwesternpaar! Indem diese dem erlaubten Zweck auf Pfaden sich nähert, krümmt sich jene auf täuschenden Irrwegen zu Zielen fort, welche sie nie oder nur zu eigener Schande erreicht.
Friedr. von Schiller, Kleine Schriften (1793—1802).

— Arglist hat auf allen Pfaden, | Fromme Unschuld zu verraten, | Ihr betrüglich Netz gestellt.
Friedr. von Schiller, D. Braut v. Messina (1803). Garten (Beatrice).

Argusauge. — Etwas mit Argusaugen ansehen (argwöhnisch etwas bewachen; — Argos hatte hundert Augen, wie die griechische Sage berichtet). Sprichwörtl. Redensart.

Argwohn. — Argwohn wiegt in der reinsten Sphäre sich, | Wie in dem lichten Himmelsblau die Krähe. Engl.: **The ornament of beauty is suspect, | A crow that flies in heaven's sweetest air.**
William Shakespeare, Sonette (1609). Übers. v. Bodenstedt. Nr. 70.

Argwohn. — Laß Argwohn, wilt du nicht in Angst vnd Kummer schweben, | Dann Furcht vnd Argwohn sind ein steter Tod im Leben.
Martin Opitz, Sämtl. Werke (1646). Distichen.

— Argwohn ist ein scheußlich Kind, wann es in die Welt nur blickt; | Sols nicht schaden, ist es werth, daß man es so bald erstickt.
Friedr. von Logau, Deutsche Sinn-Getichte (1654). Verdacht.

— Wer im Argwohn steckt, der steckt zunechst in Gefahr.
Christoph Lehmann, Politischer Blumen-Garten (1662). T. 1. Argwohn. Nr. 7.

— Der ist ein rechter Narr und billig zu verlachen, | Der klare Wasser will aus Argwohn trübe machen.
Christ. Gryphius, Poetische Wälder (1698). Epigramme.

— Gott! — Gott! Bewahre mich vor Argwohn! Friedr. von Schiller, Don Karlos (1787). A. 4, Sz. 13 (Karlos).

— Wie kommt der Argwohn in die freie Seele? | Vertrauen, Glaube, Hoffnung ist dahin.
Friedr. von Schiller, Wallensteins Tod (1799). A. 2, Sz. 7 (Max).

— Nicht Wurzeln auf der Lippe schlägt das Wort, | Das unbedacht dem schnellen Zorn entflohen, | Doch, von dem Ohr des Argwohns aufgefangen, | Kriecht es wie Schlingkraut endlos treibend fort | Und hängt ans Herz sich an mit tausend Ästen . .
Friedr. von Schiller, D. Braut v. Messina (1803). Säulenhalle (Don Cesar).

— Den Argwohn kannst du leicht betrügen; | Sprich wahr, so wird er sich selbst belügen.
Wilh. Müller, Gedichte (1837). Epigramme. 3. Hundert, Nr. 49. D. Argwohn.

— Arglosigkeit, die sanfte Friedenstaube, | Wird, ach, dem Geier Argwohn nur zum Raube!
Friedr. Jul. Hammer, Schau um dich u. schau in dich (1851). Kampf u. Sieg. D. Herz, wie es dir Gott gab usw.

— Ein schöner Glaube beglückt und bessert und stellt wieder her, und ein schlimmer Argwohn verderbt alles.
Theod. Fontane, Unwiederbringlich (1892). K. 9.

— Der Argwohn riecht den Braten, ehe das Kalb noch gestochen ist. Alter Spr.

— Die Hölle und der Argwohn werden nimmer satt. Alter Spr.

— Argwohn ißt mit dem Teufel aus einer Schüssel. Sprichwort.

— Selbst wenn der Wolf die Nacht hungrig zubringt, trifft ihn der Argwohn der Menschen.
Arabisches Sprichwort.

Argwöhnen. — Besser ist mit Recht anklagen, denn mit Unrecht argwohnen. Alter Spr.

Argwöhnisch. — Ich halt's für Feigheit, | Argwöhnisch bleiben, wo ein edles Herz | Die offne Hand als Liebespfand gereicht. Engl.: I hold it cowardice, | To rest mistrustful where a noble heart | Hath pawn'd an open hand in sign of love.

William Shakespeare, König Heinr. VI. (1591—1592). Übers. v. Schlegel. T. 3, A. 4, Sz. 2 (Warwick).

Arion. — Arion war der Töne Meister, | Die Zither lebt' in seiner Hand.

Aug. Wilh. von Schlegel, Gedichte. Romanzen. Arion (ged. 1797).

Aristokrat. — Die starrsten Aristokraten sind froh, wenn sie Gelegenheit finden zur Herablassung, denn dadurch eben fühlen sie, wie hoch sie gestellt sind. Heinr. Heine, Reisebilder (1826—1830).

Aristokratie. — Die Aristokratie muß schon durch die Bedingungen ihrer Existenz als Stand allen Neuerungen abgeneigt sein. Engl.: The aristocracy, by the very conditions of their existence, must, as a body, always be averse to innovation.

Henry Thomas Buckle, Gesch. d. Zivilisation (1858—1861). Übers. v. Ritter. K. 9.

— Das Wesen einer Aristokratie besteht darin, den Quell der Ehre von den Lebenden auf die Toten zurückzuverlegen. Engl.: The essence of an aristocracy is to transfer the source of honour from the living to the dead.

William Edward Hartpole Lecky, Nationalismus in Europa (1865). Übers. v. Jolowicz. B. 1, K. 4.

Arkadien. — Auch ich war in Arkadien. Lat.: Et in arcadia ego.

Maler Bartolomeo Schidone (1559—1615) setzte diese Worte auf eines seiner Bilder. Übers. v. Jacobi.

— Auch ich war in Arkadien geboren.

Friedr. von Schiller, Gedichte. Resignation (ged. 1784).

Arkona. — Auf Arkonas Bergen | Ist ein Adlerhorst . . .

Wilh. Müller, Muscheln v. d. Insel Rügen (ged. 1825). D. Adler auf Arkona. Mel.: Freiheit, d. ich meine.

Arm, der. — Mein Arm wird stark und groß mein Mut, | Gib, Vater, mir ein Schwert!

Friedr. Leop. Graf zu Stolberg, Gedichte. Lied eines deutschen Knaben (ged. 1774). Mel. v. Joh. Friedr. Reichardt (komp. 1799).

— In den Armen liegen sich beide | Und weinen für Schmerzen und Freude.

Friedr. von Schiller, Gedichte. D. Bürgschaft (ged. 27.—30. Aug. 1798).

— Jemandem unter die Arme greifen (jemanden unterstützen, ihm aus einer schlimmen Lage helfen; — man greift einem Umsinkenden helfend unter die Arme, um ihn aufzurichten).

Sprichwörtl. Redensart.

Arm. — Weh dir, nennst du dich arm! Lat.: Pauper ubique iacet.

Publ. Ovidius Naso (um 43 v. — 17 n. Chr.), Festkalender. Übers. v. Klußmann. B. 1, V. 218.

Arm. — Wenn aller Leute Sinn wär' gleich, | So wäre niemand arm noch reich. Mittelhochdeutsch: Waer aller liute sin gelîch, | Sô waere nieman arm noch rîch.

Vrîdankes Bescheidenheit (1225—1240). Übertr. v. Pannier. Nr. 11. v. d. rîchen u. armen. Schlußv.

— Arm und vergnügt ist reich und überreich. Engl.: Poor and content is rich, and rich enough.

William Shakespeare, Othello (um 1601—1605). Übers. v. Graf Baudissin. A. 3, Sz. 3 (Jago).

— Er ist arm, und das ist Strafe genug für ihn. Engl.: He's poor, and that's revenge enough.

William Shakespeare, Timon v. Athen (1604—1608[?]), Übers. v. Dorothea Tieck. A. 3, Sz. 4 (Zweiter Diener d. Varro.).

— Hier hängt ein Fisch im Netz, wie des armen Mannes Recht im Gesetz. Kaum kann es heraus. Engl.: Here's a fish hangs in the net, like a poor man's right in the law; 'twill hardly come out.

William Shakespeare, Perikles (1609). Übers. v. Benda. A. 2, Sz. 1 (Zweiter Fischer).

— Ein blinder Mann ist arm vnd blind ein armer Mann, | Weil jener keinen sieht, vnd keiner den sieht an.

Friedr. von Logau, Deutsche Sinn-Getichte (1654). Armuth v. Blindheit.

— Der Narr lebt arm, um reich zu sterben.

Barth. Heinr. Brockes, Versuch v. Menschen (1740).

— Wie rühmlich ist's, von seinen Schätzen | Ein Pfleger der Bedrängten sein | Und lieber minder sich ergötzen, | Als arme Brüder nicht erfreun!

Christ. Fürchtegott Gellert, Fab. u. Erz. (1746). B. 2. D. Guttat.

— Arm am Beutel, krank am Herzen . . .

Joh. Wolfg. von Goethe, Gedichte. Balladen. D. Schatzgräber (ged. 21.—22. Mai 1797).

— Nur der ist wahrhaft arm, der weder Geist noch Kraft hat.

Christ. Ernst Karl Graf von Bentzel-Sternau, Weltansichten (1816).

— Das sicherste Mittel, um arm zu bleiben, ist, ein ehrlicher Mensch zu sein. Franz.: Le moyen le plus sûr de rester pauvre est d'être honnête homme.

Napoleon I., Maximen u. Gedanken (1817). Übers. v. Zimmermann.

— Sei rechtschaffen und arm dazu, | So geschieht dir nirgend ein Harm. | Der Satan läßt den, der gut ist, in Ruh' | Und der Sultan den, der arm.

Friedr. Rückert, Erbauliches u. Beschauliches a. d. Morgenlande (1837—1838). Arabische Volkslieder. Nr. 7. D. Satan u. d. Sultan.

— Ein Reicher in der Fremd' ist überall zu Haus, | Und fremd ein armer Mann in seinem eignen Haus.

Friedr. Rückert, D. Weisheit d. Brahmanen (1836—1839). B. 16, Abteilung 4, Nr. 96. (Stufe 5. Leben. Nr. 396.)

Arm. — Arme Leute schenken gern.

Marie von Ebner-Eschenbach, Aphorismen (1893).

— Arm wie Lazarus.

Nach Luk., K. 16, V. 20. — Sprichwörtl. Redensart.

— Arm, blind und bloß.

Nach Offenb. Joh., K. 3, V. 17.

— Keiner wirdt also arm geacht, | Das er nit baldt wirdt reich gemacht, | Wen (wenn) im Got gnedig wilt sein, | So fehrt sein armut baldt dahin.

Alter Spr.

— Wer spricht: hätte ich! | Der ist arm gewißlich.

Alter Spr.

— Arm und fromm war nur bei Joseph im Stalle.

Sprichwort.

— Besser arm in Ehren, als reich in Schanden.

Sprichwort.

— Er ist so arm wie eine Kirchenmaus.

Sprichwörtl. Redensart.

— So aam es (wie) Job.

Sprichwörtl. Redensart. Münsterisch.

— Was hilft dem armen Mann sein Zorn? sagt der Baste (ein Trumpf im Kartenspiel).

Sprichwörtl. Redensart. Schwaben.

— Nicht gar arm und nicht gar reich, | Mit dem Nächsten recht und gleich, | Brot in Not und eine Hütte: | Das ist meine fromme Bitte.

Spr. an einem Hause. Nußbach, Siebenbürgen.

Armada. — Gott, der Allmächt'ge, blies | Und die Armada flog nach allen Winden.

Friedr. von Schiller, Gedichte. Die unüberwindliche Flotte (ged. 1786).

Arme, der. — Wußt' ich doch, daß allezeit | Ein Armer von den Freunden scheu gemieden wird. Griech.: *Γιγνώσκων ὅτι | Πένητα φεύγει πᾶς τις ἐκποδὼν φίλος.*

Euripides, Medea (um 431 v. Chr.). Übers. v. Minckwitz. V. 560—61 (Jason).

— Dem Armen läuft die Armut nach, dem Reichen der Reichtum.

Talmud (3. Jahrhundert).

— Unverträglich ohnegleichen | Sind Arme, werden sie zu Reichen. Mittelhochdeutsch: Sô swache liute werdent rîch, | So ist niht sô unvertregelîch.

Vrîdankes Bescheidenheit (1225—1240). Übertr. v. Pannier. Nr. 11. v. d. rîchen u. armen.

— Dem Armen ist nicht mehr gegeben, | Als gute Hoffnung, übles Leben. Mittelhochdeutsch: Dem armen ist niht mê gegeben | Wan guot gedinge und übel leben.

Vrîdankes Bescheidenheit (1225—1240). Übertr. v. Pannier. Nr. 11. v. d. rîchen u. armen.

— Wer sin or vor dem armen stopst, | Den hört got nit, so er ouch klopst.

Seb. Brant, D. Narrenschif (1494). Nr. 17. V. unnutzem richtům. Schlußv.

— Wie ir dem armen habt gethon, | Also findt ir ouch üwern lon.

Thomas Murner, Narrenbeschwerung (1512). Nr. 76. Vff d. großen huffen schyssen.

Arme, der. — Der nicht hort die stim der armen | Loest sich ir not nicht erbarmen: | Den will auch gott erhoeren nicht, | So er kumt fur sein streng gericht.

Grabspr. in einer Kirche. Brandenburg an d. Havel, Gotthardkirche (1578).

— Armen hat nie kein Geld gebrochen | Als nur am Sonntag und die ganze Wochen.

Christoph Lehmann, Politischer Blumen-Garten (1662).

— Der Arme, sei | Er noch so groß geboren, gilt für nichts.

Friedr. von Schiller, Sz. a. d. Phönizierinnen d. Euripides (ged. 1788). (Polynices).

— Wer redliche Arme verachtet, | Weh dem!

Friedr. Gottl. Klopstock, Sämtl. Werke (1798—1821).

— Wer bittet den Armen zur Hochzeit?

Joh. Gottfr. von Herder, Stimmen d. Völker in Liedern (1807). Abteilung 1, B. 1, Nr. 4. Esthnische Hochzeitlieder. Voranmerkung. — Esthnisches Sprichwort.

— Unter den Völkern der Natur gibt es keine Arme, sie entstehen erst mit der Ungleichheit und dem Gelde.

Karl Jul. Weber, Demokritos (1832—1840). D. Bettlerwelt.

— Man glaubt die Wahrheit nicht, wenn sie ein Armer spricht, | Und selbst die Lüge glaubt man einem reichen Wicht.

Friedr. Rückert, D. Weisheit d. Brahmanen (1836—1839). B. 16, Abteilung 3, Nr. 12. (Stufe 5. Leben. Nr. 212.)

— Ein Gotteskasten ist des Armen leerer Bauch, | Und wer ihn füllt, erfüllt den Willen Gottes auch.

Friedr. Rückert, D. Weisheit d. Brahmanen (1836—1839). B. 16, Abteilung 3, Nr. 36. (Stufe 5. Leben. Nr. 236.)

— Es werden allezeit Arme sein im Lande.

5. Mos., K. 15, V. 11.

— Ich (Gott) war ein Vater der Armen.

Hiob, K. 29, V. 16.

— . . . wer sich des Armen erbarmet, der ehret Gott.

Spr. Sal., K. 14, V. 31.

— Ein Armer redet mit Flehen.

Spr. Sal., K. 18, V. 23.

— Wer sich des Armen erbarmet, der leihet dem Herrn.

Spr. Sal., K. 19, V. 17.

— Die . . . Armen suchen Wasser, und ist nichts da.

Jesaias, K. 41, V. 27.

— Liebes Kind, laß den Armen nicht Not leiden.

Jes. Sir., K. 4, V. 1.

— Vergiß der Armen nicht, . . . so wird dir auch Freude widerfahren.

Jes. Sir., K. 14, V. 14.

— . . . verkaufe, was du hast, und gib es den Armen!

Matth., K. 19, V. 21.

— Armen geht's nimmer wohl, als wenn sich das Unglück vollgesoffen hat und schlafen gegangen ist.

Alter Spr.

— Daß Arm' und Reiche sind, das macht mir keine Pein; | Doch warum muß denn ich just grad der Arme sein?

Alter Spr.

Arme, der. — Der Armen Herberg' ist bei Helsdirgott. Alter Spr.

— Erbarm' dich über die Armen, | So will sich Gott über dich erbarmen. Alter Spr.

— Kein Armer soll verachtet werden, | Dan Christus war auch arm auff Erden. Alter Spr.

— Kompt dir ein Armer vor die thor, | Gedenk, Christus sey selbs dar vor, | Von dem hastu dein gut und haab, | Dem theil auch mit eine kleine gab. Alter Spr.

— Dem Armen blast der Wind ins Gesicht. Spichwort. Schwaben.

— Wer dem Armen gibt, leihet auf Wucher dem Herrn. Sprichwort.

— Es ist leichter, einen Betrunkenen als einen Armen auf die Füße zu stellen. Jüd. Sprichwort.

— Wenn ein Armer ein Huhn verspeist, so ist er oder das Huhn krank. Jüd. Sprichwort.

— Die größten Schloßen fallen auf die Felder der Armen. Lettisches Sprichwort.

— Wenn der Arme einen Groschen findet, so ist's ein falscher. Russisches Sprichwort.

— Wenn der Arme Dorfrichter wird, so ist es für den Reichen Zeit, die Gemeinde zu verlassen. Tatarisches Sprichwort.

— Swaz einem armen wird getan | ze guote, daz is got getan. Wartburgspr. Margaretensaal.

— Sie haben einen Gott und Herrn | Und Eines Leibes Glieder, | Drum hilf den Armen und Kranken gern, | Denn wir sind alle Brüder.
Inschrift am Armenhause zu Inzing.

Armee. — Ich fühle eine Armee in meiner Faust. Friedr. von Schiller, D. Räuber (1781). A. 2, Sz. 3 (Karl Moor).

— Die Krämerseele, die ihm (dem Krieger) diese (die Achtung) verweigert, weil sie ihren kleinen Beitrag zu den Unterhaltungskosten des Kriegsstandes (der Armee) berechnet und Blut und Leben eines edlen, tapferen Mannes gegen Gold wägt, ist seiner ganzen Verachtung . . . würdig.
Joh. Jak. Engel, Fürstenspiegel (1798). Kriegerehre.

— Kann ich Armeen aus der Erde stampfen? | Wächst mir ein Kornfeld in der flachen Hand?
Friedr. von Schiller, D. Jungfrau v. Orleans (1801). A. 1, Sz. 3 (Karl).

— Ich muß doch wiederholt davor warnen, im Publikum die Meinung zu verbreiten, daß die Ausgaben für die Armee unproduktive Ausgaben seien.
Otto von Bismarck im norddeutschen Reichstage (22. Mai 1869).

— Wo ist denn bei uns überhaupt die Rede von einem Gegensatze zwischen Militär und Volk? Derselbe Mann, der voriges Jahr Volk war, der ist nächstes Jahr Militär, und in zwei Jahren ist er wieder Volk. Die Armee ist ein Teil des Volkes und nicht der schlechteste.
Hellmuth von Moltke im norddeutschen Reichstage (28. Mai 1869).

Armee. — . . . an die Armee, meine Herren, rühren Sie nicht! Da sage ich Ihnen auch nicht bloß meine Meinung, sondern die Meinung der Majorität der Nation; da hört die Gemütlichkeit auf.
Otto von Bismarck im Reichstage (14. Juni 1882).

— . . . ohne die Armee kein Deutschland: weder wäre es geworden, noch ist es zu halten.
Otto von Bismarck im Reichstage (10. Jan. 1885).

— Unsere beste Sicherung beruht in der Vorzüglichkeit unserer Armee.
Hellmuth von Moltke im Reichstage (1886).

— Ohne die Armee ist das Reich, ist die Ordnung nicht denkbar.
Otto von Bismarck im Reichstage (12. Jan. 1887).

— Das Vaterland wird nicht in Gefahr sein, solange die Armee in dem Geiste sich erhält, von dem sie in den letzten Kriegen so große Beweise der Treue und Aufopferung gegeben hat.
Kaiser Wilh. I. in seiner Antwort auf eine Adresse d. Herrenhauses (20. Jan. 1887).

— Ich hoffe und weiß, daß die Armee immer das bleiben wird, was sie bisher war und jetzt ist, wenn sie weiter auch festhält an den drei Grundsäulen ihrer Tüchtigkeit: am Ehrgefühl, an der Tapferkeit und am Gehorsam. Kaiser Wilh. I (1887).

— Zur großen Armee abgehen (sterben).
A. d. Soldatensprache. — Sprichwörtl. Redensart.

Ärmel. — Etwas aus dem Ärmel schütteln (etwas mühelos, ohne Vorbereitung tun; — mühelos zieht der Taschenspieler die verschiedensten Dinge aus dem Ärmel hervor). Sprichwörtl. Redensart.

— Jemanden über den Ärmel einladen (d. h. so, daß man eine Absage erwartet).
Sprichwörtl. Redensart.

Armide. — Und wenn Armide hassenswert erscheint, | Versöhnt ihr Reiz und ihre Liebe bald.
Joh. Wolfg. von Goethe, Torquato Tasso (1789). A. 2, Sz. 1 (Prinzessin).

Armut. — Weh dem Sklaven der Armut! Ihm ist die Zunge gebunden; | Unvermögend ist er, etwas zu sagen, zu tun. Griech.: *Πᾶς γὰρ ἀνὴρ πενίῃ δεδμημένος οὔτε τι εἰπεῖν | Οὔτ' ἔρξαι δύναται, γλῶσσα δέ οἱ δέδεται.*
Bion (3. Jahrhundert v. Chr.). Nach Plutarch, Wie ein Jüngling Dichter lesen soll. Übers. v. Eyth.

— Armut mit frohem Mut | Ist großer Reichtum ohne Gut. Mittelhochdeutsch: Vroelîch armuot | Deist grôz rîcheit âne guot.
Vrîdankes Bescheidenheit (1225—1240). Übertr. v. Pannier. Nr. 11. v. d. rîchen u. armen.

— Es rechnet nie der kluge Mann | Als Schande sich die Armut an.
A. d. Persischen d. Sadi (1184—1286 [?]). Pend=nameh. Übers. v. Wollheim.

— Wer selbst nicht hat gekostet der Armut Bitterkeit, | Verzieht die Miene, wendet vom Bettler das Gesicht: | Vom Elend nur zu hören, bist du nicht stark genug, | Wie schwer ist erst dem Armen, zu tragen sein Gewicht!
A. d. Persischen d. Sadi (1184—1286 [?]). Aphorismen. Übers. v. Bacher.

Armut. — Das lob hat armůt in der gschrift, | Das nüt uf ert ie ward so groß, | Das nit von erst uß armůt floß.

Seb. Brant, D. Narrenschif (1494). Nr. 83. V. verachtung armůt.

— Armůt hat gbuen alle stett, | All kunst armůt erfunden hett.

Seb. Brant, D. Narrenschif (1494). Nr. 83. V. verachtung armůt.

— . . . das gar vil sichrer ist zu leben | In einer Ehrlichen Armut, | Denn bey sehr grossem Hab vnd Gut, | Darinnen ist Abend vnd Morgen | Ein jmmerwerend angst vnd sorgen.

Hans Sachs, Sehr herrliche Schöne v. wahrhaffte Gedicht. B. 2 (1590). T. 4. Fab., D. zweyer Meuß.

— Ob die Armuth gleich nichts hat, hat sie dennoch reiche Gaben; | Denn sie kan stets Sicherheit vnd ein gut Gewißen haben.

Friedr. von Logau, Deutsche Sinn-Getichte (1654). Armuth.

— Armuth nimpt frölichen Muth.

Christoph Lehmann, Politischer Blumen-Garten (1662). T. 1. Armuth. Nr. 81.

— Armut, Keuschheit und Gehorsam, — drei Gelübde, deren jedes, einzeln betrachtet, der Natur das Unausstehlichste scheint, so unerträglich sind sie alle.

Joh. Wolfg. von Goethe, Götz v. Berlichingen (1773). A. 1. Herberge im Walde (Martin).

— Armut ist die größte Plage, | Reichtum ist das höchste Gut!

Joh. Wolfg. von Goethe, Gedichte. Balladen. D. Schatzgräber (ged. 21.—22. Mai 1797).

— Armut schändet nicht, ist ein Sprichwort, das alle Menschen im Munde führen und keiner im Herzen. Aug. Friedr. Ferd. von Kotzebue, D. Versöhnung (1798).

— In dieser Armut welche Fülle! | In diesem Kerker welche Seligkeit!

Joh. Wolfg. von Goethe, Faust, I (1808). Abend (Faust).

— Die Armut und die Hoffnung sind Mutter und Tochter. Indem man sich mit der Tochter unterhält, vergißt man die andere.

Jean Paul (Friedr. Richter), Lit. Nachlaß (1836—1838). Aphorismen.

— Geld regiert die Welt, Gut macht Mut, oft Übermut, und Armut ist arm an Mut.

Karl Jul. Weber, Demokritos (1832—1840). D. Geldstolz.

— Das ist der Fluch der Armut, daß alle ihre Handlungen, mögen sie noch so uneigennützig sein, niedrigem Interesse zugeschrieben werden.

Friedr. Martin von Bodenstedt, Tausend u. ein Tag im Orient (1849).

— Armut ist eine Sandbank, Reichtum ein Felsen im Meere des Lebens. Die Glücklichen schiffen hindurch.

Ludw. Börne (Löb Baruch), Gesammelte Schriften (1862—1863).

— Eine ehrenhafte Armut ist einem erträumten Reichtum vorzuziehen.

A. d. Russischen d. Wissarion Bjelinskij (1810—1848).

Armut. — . . . Armut tut dem Herzen weh.

Jes. Sir., K. 38, V. 20.

— An das armut wil yederman die schuch wischen. Alter Spr.

— Armut | Ist fürs Podagra gut. Alter Spr.

— Armuth mit Stoltzheit | Ist ein spot und thorheit. Alter Spr.

— Habes du schon kein gutt, | Jedoch nit schäme dich deiner armut. Alter Spr.

— Luft und Sonnenschein | Sind der Armut Fleisch und Wein. Alter Spr.

— Sünd meiden ist ein Schrein, | Geduld in Leiden leg darein, | Guts für Arges thu dazu, | Fröhlich ihn Armuth — nun schleuß zu.

Alter Spr.

— Armut hat manchen zum Herrn gemacht, | Aber auch an den Galgen gebracht. Sprichwort.

— Armut ist aller Künste Stiefmutter.

Sprichwort.

— Armut ist eine Haderkatz.

Sprichwort. Schwaben.

— Armut und Alter, das sind zwei schwere Bürden; es wäre an einer genug. Sprichwort.

— Armut schändet nicht, aber Laster schänden.

Sprichwort.

— Armut ist kein Laster, aber auch keine Tugend. Jüd. Sprichwort.

— Armut ist ein feurig Hemd.

Türkisches Sprichwort.

— Armut schändet nicht, aber sie drückt.

Sprichwörtl.

— Armut hat einen Sinn mehr: die Not.

Spr. im Berliner Rathause. Zweiter Stock. — Sprichwort.

— Der Armut fehlt einiges, | Der Habsucht alles. Spr. im Berliner Rathause. Erdgeschoß.

Art. — Art läßt nicht von Art, | Der Speck läßt nicht von der Schwart', | Der Bock bleibt nicht ohne Bart.

Christoph Lehmann, Politischer Blumen-Garten (1662).

— Aus der Art schlagen (ausarten, gewöhnlich: schlecht werden). Sprichwörtl. Redensart.

— Dat hett Art! | Seggt Mahrt.

Sprichwörtl. Redensart. Holstein.

— In einer Art hat er recht (d. h. in einer Hinsicht). Berliner Redensart.

Art (Gattung). — Doch lebt und webt in einheitlichem Geiste | Als bleibend Individuum die Art. Emerich Madách, Tragödie d. Menschen (1861). Übers. v. Lechner. Sz. 3 (Luzifer).

Artig. — Groß willst du und auch artig sein? | Marull, was artig ist, ist klein.

Gotthold Ephr. Lessing, Schriften (1753—1755). Sinngedichte. B. 1, Nr. 6. An d. Marull.

Artillerie. — Unsere Artillerie hat ein vortrefflich Kaliber.

Wilibald Alexis (Georg Wilh. Heinr. Häring), Cabanis (1832). Friedericus Rex. Volksweise.

Arzenei. — Nimm bittre Arzenei, willst du gesunden!

A. d. Persischen d. Sadi, Fruchtgarten (1257). Übers. v. Graf.

— Vff erden ist kein meisterschafft, | Die mit gydt me sy behafft, | Dann die kunst der artzeny, | Mit der man trybt groß valschery.

Thomas Murner, Narrenbeschwerung (1512). Nr. 30. D. kelber artzet.

— O! so kannst du sicher schreien, | Daß die vielen Arzeneien | Meines Todes Quelle sind.

Christ. Fürchtegott Gellert, Fab. u. Erz. (1746). B. 1. D. Hund.

— Deine Arzeneien sind Gift.

Gotthold Ephr. Lessing, Miß Sara Sampson (1755). A. 5, Sz. 5 (Mellefont).

— Es ist Arznei, nicht Gift, was ich dir reiche.

Gotthold Ephr. Lessing, Nathan d. Weise (1779). A. 1, Sz. 2 (Nathan).

— Ein verzweifeltes Übel will eine verwegene Arznei.

Friedr. von Schiller, D. Verschwörung d. Fiesco zu Genua (1783). A. 4, Sz. 6 (Fiesco).

— Der Herr läßt die Arzenei aus der Erde wachsen, und ein Vernünftiger verachtet sie nicht.

Jes. Sir., K. 38, V. 4.

Arzeneien. — Der Mensch kann arzeneien; | Gott gibt das Gedeihen. Alter Spr.

Arzt. — Denn ein heilender Mann (Arzt) ist wert wie viele zu achten. Griech.: *Ἰητρὸς γὰρ ἀνὴρ πολλῶν ἀντάξιος ἄλλων.*

Homer, Ilias. Übers. v. Voß. Ges. 11, V. 514.

— Kein kluger Arzt bespricht | Das Übel klagend, das den Schnitt verlangt. Griech.: *Οὐ πρὸς ἰατροῦ σοφοῦ, | Θρηνεῖν ἐπῳδὰς πρὸς τομῶντι πήματι.*

Sophokles (um 496—406 v. Chr.), Ajas. Übers. v. Jordan. V. 580—81 (Ajas).

— Toren verhehlen dem Arzt aus übeler Scham ein Gebrechen. Lat.: Stultorum incurata pudor malus ulcera celat.

Quint. Horatius Flacc., Episteln (um 20 v. Chr.). Übers. v. Voß. B. 1, Nr. 16, V. 24.

— Ein Mann, der über sechzig Jahre ist und dem Arzte noch die Hand hinhält, ist auslachenswert. Griech.: *Ἀνὴρ ὑπὲρ ἑξήκοντα γεγονὼς ἔτη καὶ προτείνων ἰατρῷ χεῖρα καταγέλαστός ἐστιν.*

Kaiser Tiberius (reg. 14—37). Nach Plutarch, Moralische Abhandlungen. Übers. v. Eyth. Diätetik. K. 26.

— Ein Arzt, der umsonst (unentgeltlich) heilt, heilt umsonst (vergebens). Talmud (3. Jahrhundert).

— Wer eim arzt in der krankheit lügt, | . . . der hat im selbs allein gelogen | Und mit sim schaden sich betrogen.

Seb. Brant, D. Narrenschif (1494). Nr. 38. V. kranken, d. nit folgen.

Arzt. — O gott, behütt . . . | Vor eim artzt, dem kunst gebrist, | Der artzeny wil vnderstan | Vnd weißt nit, wa ers gryffet an, | Der nerrsch vnd thorecht gouckelman!

Thomas Murner, Narrenbeschwerung (1512). Nr. 30. D. kelber artzet. Schlußv.

— Man sagt: gut' ärtzt vnd gut Juristen | Seind gemeinlich böse Christen.

Burkard Waldis, Esopus (1548). B. 2, Nr. 21. V. Fuchß v. d. Katzen.

— Traut keinem Arzt, | Sein Gegengift ist Gift. Engl.: Trust not the physician; | His antidotes are poison.

William Shakespeare, Timon v. Athen (1604—1608[?]). Übers. v. Dorothea Tieck. A. 4, Sz. 3 (Timon).

— Der Tod kümmt von Natur vnd durch viel tausend Fälle, | Doch hat der Ärzte Kunst hier oft die erste Stelle.

Friedr. von Logau, Deutsche Sinn=Getichte (1654). Kunstreicher Tod.

— Hier liegt ein Artzt begraben von redlichen Gedancken: | Viel hatt er Patienten vnd starb für seine Krancken.

Friedr. von Logau, Deutsche Sinn=Getichte (1654). Grabschrift eines Arztes.

— Wann ein Krancker wird gesund, ist es Gottes Gabe, | Doch die Rechnung schreibt der Artzt, daß er auch was habe.

Friedr. von Logau, Deutsche Sinn=Getichte (1654). Gesundheit.

— Krancken führen über Ärtzte leichtlich nicht Beschwerden; | Jenen können diese stopfen sein das Maul mit Erden.

Friedr. von Logau, Deutsche Sinn=Getichte (1654). Ärtzte v. Krancken.

— Röller, Zöller, Fergen, Schergen, | Ärzt', Poeten und Juristen, | Das sind sieben böse Christen.

Christoph Lehmann, Politischer Blumen=Garten (1662).

— Die Wunder alter Zeit sind keine falsche Sage, | Denn sie erneuern ihren Lauf, | Und unser Arzt Elgin tut alle Tage, | Was sonst nur Gott getan: tut Erd' und Himmel auf.

Joh. Nikolaus Götz, Verm. Gedichte (1785). Epigramme.

— Wenn Krankheit und Natur in einem Körper streiten, | So kommt ein blinder Arzt und haut nach beiden Seiten: | Wenn er die Krankheit trifft, so stellt er wieder her, | Wenn die Natur, so tötet er.

Ludw. Heinr. von Nicolay, Verm. Gedichte (1778—1786). Sinngedichte.

— Die Pfarrer bauen den Acker Gottes, | Die Ärzte den Gottesacker.

Georg Christoph Lichtenberg, Verm. Schriften (1800—1806).

— Hier liegt ein Arzt, o Wanderer! | Der Gutes stiftete | Und sich vergiftete | Statt anderer.

Joh. Christoph Friedr. Haug, Epigramme u. verm. Gedichte (1805). Burros Grabschrift.

Arzt. — Das Grab in eine Brück' ins bessre Leben. | Den Brückenzoll müßt ihr dem Arzte geben.

Joh. Christoph Friedr. Haug, Epigramme u. verm. Gedichte (1805). Grab.

— Was deine Kranken tötet, ist: | Daß du ein Arzt und keiner bist.

Joh. Christoph Friedr. Haug, Epigramme u. verm. Gedichte (1805). An Burro.

— „Ach, niemand ist beglückt vor seinem Tod zu nennen." — | Wie glücklich uns die Ärzte machen können!

Joh. Christoph Friedr. Haug, Hundert Epigramme auf Ärzte, d. keine sind (1806). Nr. 43. **Nemo ante obitum felix.**

— Des Arztes Kunst sei allgemeines Gut!

Karl Theod. Körner, Zriny (1812). A. 1, Sz. 1 (Levi).

— Halbe Ärzte sind meist Skeptiker.

Ernst Freiherr von Feuchtersleben, Zur Diätetik d. Seele (1838). Tagebuchblätter.

— Ihr Ärzte seid einmal verordnet uns zu Mördern; | Heil denen, die geschickt und freundlich uns befördern.

Friedr. Rückert, D. Weisheit d. Brahmanen (1836—1839). B. 11, Nr. 13. (Stufe 10. B. Totenhügel. Nr. 42.) Schlußv.

— Ein Narr, der einem Doktor (Arzt) traut!

Karl Jul. Weber, Demokritos (1832—1840). D. Ärzte. Entstanden a. d. Erz., d. Tod habe mit einem Arzte abgemacht, daß, wenn er am Krankenbette zu Häupten d. Patienten erscheine, dieser sterben solle. Als d. Tod an d. Arztes eigenem Krankenbette zu Häupten erschien, warf dieser sich schleunigst herum, worauf d. Tod obiges ausrief. — Sprichwort.

— Die zahllosen Krankheiten wundern dich? — Zähle die Ärzte! Lat.: **Innumerabiles morbos miraris? medicos numera!**

Karl Jul. Weber, Demokritos (1832—1840). D. Ärzte. Dies schrieb Heinr. von Kleist einen Tag vor seinem Tode in d. Stammbuch seines Arztes.

— Hier ruht ein Arzt, ein Mann voll Wißbegier, | Im Studium wollt' er nie Ruhe haben, | Drum ist er auch nach seinem Tode hier | Noch zwischen seinen Werken all begraben.

Ignaz Frz. Castelli, Werke (1844). Gedichte.

— Ein Übel gibt es, von dem auf die Dauer die Ärzte uns immer heilen: unsere Leichtgläubigkeit ihnen gegenüber. Franz.: **Il est un mal dont, à la longue, les médecins nous guerissent toujours: c'est notre crédulité à leur égard.**

Petit-Senn, Geistesfunken u. Gedankensplitter (1865). Übers. v. Zimmermann.

— Seid ihr (Ärzte) so eifrig im Studieren, | Muß meine Hoffnung auf Genesung scheitern; | Ihr wollt nicht eure Kranken kurieren, | Nur eure Wissenschaft erweitern.

Frz. Grillparzer, Sämtl. Werke (1872).

Arzt. — ... und deswegen sind auch die Ärzte mir die liebsten, die Erfahrung haben und zu Rate ziehen, wenn sie wollen: Empiriker, wenn man sie beleidigen will; wenn man sie braucht: erfahrene alte Herren.

Otto von Bismarck im Reichstage (28. März 1881).

— Arzt, hilf dir selber!

Nach Jes. Sir., K. 18, V. 20.

— Ehre den Arzt mit gebührlicher Verehrung, daß du ihn habest zur Not. Denn der Herr hat ihn geschaffen, und die Arzenei kommt von dem Höchsten, und die Könige ehren ihn.

Jes. Sir., K. 38, V. 1—2.

— Die Kunst des Arztes ... macht ihn groß bei Fürsten und Herren. Jes. Sir., K. 38, V. 3.

— Ärzte sind unseres Herrgotts Menschenflicker.

Alter Spr.

— Die weil der Kranck leidet pein, | Solte der Artzt fordern den lohne sein. | So baldt die krenckt über ist, | Wirt er bezalt mit arger list.

Alter Spr.

— Ein junger Arzt muß drei Kirchhöfe haben.

Alter Spr.

— Der sicherste Arzt ist Vetter Knochenmann.

Sprichwort.

— Gott läßt genesen, | Und der Arzt holt die Spesen. Sprichwort.

— Tröste Gott den Kranken, der den Arzt zum Erben setzt. Sprichwort.

— Der barmherzige Arzt macht die Wunde unheilbar (wörtlich: wurmig). Ital.: **Medicu pietusu fa la chiaja verminusa.**

Sizilianisches Sprichwort.

— Hüte euch Gott vor Versuche machendem Arzt und schreiendem Esel! Portug.: **Guarde vos Deos de Physico experimentador e de asno ornejador.** Sprichwort.

Äschylos. — Den (Äschylos) dort eracht' ich weise, den (Euripides) da hab' ich lieb. Griech.: *Τὸν μὲν γὰρ ἡγοῦμαι σοφὸν τῷ δ' ἥδομαι.*

Aristophanes, D. Frösche (um 406 v. Chr.). Übers. v. Minckwitz. V. 1413 (Dionysos).

Askalon. — Im schwarzen Walfisch zu Askalon, | Da kneipt ein Mann drei Tag'.

Jos. Viktor von Scheffel, Gedichte. Altassyrische Ballade (ged. 1854). Studentenweise.

Asket. — Auch Asketen, Weinverächter lieb' ich, wenn mit ihrem Treiben | Sie nur hundert Farasangen weit mir stets vom Leibe bleiben.

A. d. Persischen d. Omar Chijam (um d. 12. Jahrhundert). Vierzeiler. Übers. v. Schack.

Ast. — Den Ast absägen, auf dem man sitzt (sich selbst schädigen). Sprichwörtl. Redensart.

— Sich einen Ast lachen (übermäßig lachen; — Ast ist volkstümlicher Ausdruck für Buckel; man lacht derart, daß man sich ordentlich krümmt vor Lachen und bucklig erscheint). Sprichwörtl. Redensart.

Atem. — De Aohm wätt (wird) em te kuort (kurz) (er stirbt). Sprichwörtl. Redensart. Münsterisch.

Atheismus. — Eine heillose Theologie führte viele zum Atheismus, welche gesunde Philosophie wieder zurückbrachte, und daher zählen wir jetzt weit weniger Atheisten.

Karl Jul. Weber, Demokritos (1832—1840). D. Freigeisterei.

— Atheismus ist Selbstmord der Seele. Franz.: L'athéisme est le suicide de l'âme.

Petit-Senn, Geistesfunken u. Gedankensplitter (1865). Übers. v. Zimmermann.

Atheist. — Der Atheist glaubt, der Abergläubische wünscht, daß es keine Götter gebe. Griech.: *Οἰκ οἴεται θεοὺς εἶναι ὁ ἄθεος, ὁ δὲ δεισιδαίμων οὐ βούλεται.*

Plutarch (um 50—120), Moralische Abhandlungen. Übers. v. Eyth. Aberglaube. K. 11.

— Ein körperliches Mißgeschick gibt häufig den Anlaß zu einer vollkommenen Änderung der sittlichen Natur. Gesundheit erhält den Atheisten in der Finsternis.

Alexander Bain, Geist u. Körper (1874).

Atlas. — Ich unglücksel'ger Atlas! eine Welt, | Die ganze Welt der Schmerzen muß ich tragen! Heinr. Heine, D. B. d. Lieder. D. Heimkehr (ged. 1823—1824). Nr. 26.

Aufbinden. — Einem etwas aufbinden, ihm einen Bären aufbinden (einem etwas Unwahres als wahr darstellen; — in der à la mode-Zeit herrschte der Gebrauch, daß Damen und Herren Zeichen gegenseitigen Einverständnisses aufgebunden trugen; hierbei gab es in der galanten Zeit viel Falschheit und Lüge). Sprichwörtl. Redensart.

Aufblähen, sich. — Du weißt, sobald der Frosch zu gleißen | Sich aufbläht, muß er auch zerreißen.

Joh. Friedr. Fischart, Kehrab (1576—1577[?]).

Auferstehen. — Auferstehn, ja, auferstehn wirst du, | Mein Staub, nach kurzer Ruh'!

Friedr. Gottl. Klopstock, Geistl. Lieder (1758). Auferstehung. Mel. v. Karl Heinr. Graun (1758) u. Choralmel. v. Phil. Emanuel Bach.

— Der Herr ist wahrhaftig auferstanden!

Luk., K. 24, V. 34.

— Es wird gesäet verweslich und wird auferstehen unverweslich. 1. Kor., K. 15, V. 42.

Auferstehung. — Ich sehe nicht ein, weshalb es schwieriger sein sollte, die Auferstehung des Fleisches, die Empfängnis der Jungfrau zu glauben, als die Schöpfung? Franz.: Je ne vois pas qu'il y ait plus de difficulté de croire la résurrection des corps et l'enfantement de la Vierge que la création?

Blaise Pascal, Gedanken (1670). Übers. v. Kleuker. Christliche Gedanken.

— Die Auferstehung, Madame, ist die einfachste Sache von der Welt; es ist nicht wunderbarer, zweimal als einmal zur Welt zu kommen. Franz.: La résurrection, madame, est la chose du monde la plus simple; il n'est pas plus surprenant de naître deux fois qu'une.

Voltaire (François Marie Arouet), D. Prinzessin v. Babylon (1768). Übers. v. Mylius.

Auferstehung. — Sanftes, erheiterndes Bild der Auferstehung! Und dennoch | Trübt sich im Weinen der Blick, träufelt die Trän' auf das Kreuz.

Friedr. Gottl. Klopstock, Sämtl. Werke (1798—1821).

— Ich bin die Auferstehung und das Leben.

Joh., K. 11, V. 25.

Auferstehungstag. — Träume sind des Pilgers Sorgen, | Großer Tag (Auferstehungstag)! an deinem Morgen.

Friedr. Gottl. Klopstock, Geistl. Lieder (1758). Morgenlied.

Auffallen. — Nicht aufzufallen, ist das erste Gesetz des guten Tones.

Jul. Langbehn, Rembrand als Erzieher (1889).

Aufgeben. — Was man nicht aufgibt, hat man nie verloren.

Friedr. von Schiller, Maria Stuart (1801). A. 2, Sz. 5 (Elisabeth).

Aufgeben, sich. — Güterverlust läßt sich ersetzen; über andern Verlust tröstet die Zeit; nur ein Übel ist unheilbar: wenn der Mensch sich selbst aufgibt.

Joh. von Müller, Sämtl. Werke (1810—1819).

Aufgeblasen. — Er blies sich auf. Danach: aufgeblasener Mensch, Frosch. Lat.: Inflavit pellem.

Nach Phaedrus, Fab. (um 30). Übers. v. Siebelis. B. 1, Fab. 24, V. 4. D. zerplatzte Frosch u. d. Ochse.

— Soll ein weiser Mann so aufgeblasene Worte reden? Hiob, K. 15, V. 2.

Aufgeräumt. — In einem aufgeräumten Zimmer ist auch die Seele aufgeräumt.

Ernst Freiherr von Feuchtersleben, Zur Diätetik d. Seele (1838).

Aufgewärmt. — Aufgewärmter Kohl (alte Geschichte; — schon sprichwörtlich bei Juvenal, Satiren; Sat. 7, V. 157 „Crambe repetita occidit magistros“, es tötet die Schulmeister der oft aufgewärmte Kohl). Sprichwörtl. Redensart.

Aufklären. — So recht! Die Läden auf, daß wir dem Tagesschein, | Dem Sonnenlicht entgegenlachen! | Nur werft, um alles hell zu machen (aufzuklären), | Uns nicht die Fensterscheiben ein! Joh. Georg Jacobi, Sämtl. Werke (1807—1813). Gedichte. Epigramme.

Aufklärung. — Entblößt im Leben, nackt im Tod, | An Glauben leer und Batzen — | Bewahr', o lieber Herre Gott, | Uns vor Aufklärungsfratzen!

Joh. Daniel Falk, Satirische Werke (1817).

— Wer Aufklärung anders als das Salz braucht, kennt die Menschen nicht. Salz ist ein gut Ding. Was ist indes unerträglicher, versalzen oder ungesalzen?

Theod. Gottl. von Hippel, Sämtl. Werke (1827—1828).

— Zur Aufklärung wird nichts erfordert als Freiheit, und zwar die unschädlichste unter allem, was nur Freiheit heißen mag, nämlich die: von seiner Vernunft in allen Stücken öffentlichen Gebrauch zu machen.

Immanuel Kant, Werke (1838—1839). Bd. 7.

Aufklärung. — Aufklärung ist der Ausgang des Menschen aus seiner selbstverschuldeten Unmündigkeit.

Immanuel Kant, Werke (1838—1839). Bd. 7.

— Sapere aude! Habe Mut, dich deines eigenen Verstandes zu bedienen! ist also der Wahlspruch der Aufklärung.

Immanuel Kant, Werke (1838—1839). Bd. 7.

— Aufklärung ist Zucker ... aber eine überzuckerte Speise ist fade, widriger und schlechter als eine, die mäßig oder gar nicht gezuckert ist. Der Unfug, den man mit dem Worte „Aufklärung" getrieben hat, ... machte sie beinahe zum Ekelnamen. Karl Jul. Weber, Demokritos (1832—1840). D. Aufklärung.

— Die Zeit, in der wir leben, verlangt Licht und Aufklärung.

Kronprinz Friedr. Wilh. bei d. Einweihung d. Logengebäudes in Berlin (20. Januar 1885).

Aufmerksamkeit. — Das ist eben die Eigenschaft der wahren Aufmerksamkeit, daß sie im Augenblick das Nichts zu allem macht.

Joh. Wolfg. von Goethe, Wilh. Meisters Wanderjahre (1807—1821).

Aufopfern. — Im ganzen können wir vieles aufopfern, aber uns im einzelnen herzugeben, ist eine Forderung, der wir selten gewachsen sind.

Joh. Wolfg. von Goethe, D. Wahlverwandtschaften (1808—1809). T. 1, K. 2.

Aufopferung. — Aufopferung eigener Interessen ist ein Talent, das den Priestern der Liebe ebenso sehr abgeht wie den sündigen Laien.

Heinr. Heine, Reisebilder. Engl. Fragmente (1828). Nr. 11. D. Emanzipation d. Katholiken.

Aufpassen. — Uppassen iss de Bottschupp (Botschaft). Sprichwörtl. Redensart. Münsterisch.

Aufrecht — Menschen, warum seid ihr besser, | Als wir andre? Aufrecht tragt ihr | Zwar das Haupt, jedoch im Haupte | Kriechen niedrig die Gedanken. Heinr. Heine, Atta Troll (1847). K. 5.

— Doch lange schon verlernten wir Kniefall und Gebet. — | Der Mann ist uns der beste, der grad' und aufrecht steht!

Hermann Ferd. Freiligrath, Neuere politische u. soziale Lieder. Wien (ged. 3. Nov. 1848).

— Das Fähnlein der sieben Aufrechten.

Gottfr. Keller, Züricher Novellen (1878). Bd. 2. Titel einer Erz.

Aufrichtig. — Aufrichtig sein und ehrlich, bringt Gefahr. Engl.: To be direct and honest is not safe.

William Shakespeare, Othello (um 1601—1605). Übers. v. Graf Baudissin. A. 3, Sz. 3 (Jago).

— Schwache Menschen können nicht aufrichtig sein. Franz.: Les personnes foibles ne peuvent être sincères.

François, Herzog von La Rochefoucauld, Reflexionen oder moralische Sentencen u. Maximen (1665). Nr. 316. Übers. v. Zimmermann.

Aufrichtig. — Alle Menschen werden aufrichtig geboren und sterben als Betrüger. Franz.: Tous les hommes naissent sincères et meurent trompeurs.

Marquis de Vauvenargues, Reflexionen u. Maximen (1746). Übers. v. Zimmermann.

— In der Welt aufrichtig sein, heißt mit ungleichen Waffen den Kampf beginnen und sich mit entblößter Brust einem gepanzerten Manne entgegenzustellen, der den Dolch zückt. Franz.: Etre sincère dans le monde, c'est se présenter au combat avec des armes inégales, et lutter, le sein découvert, contre un homme plastronné qui vous tend un poignard.

Honoré Gabriel Riqueti, Graf Mirabeau, Werke (1791—1792). Br. Übers. v. Zimmermann.

— Die Freunde nennen sich aufrichtig; die Feinde sind es, daher man ihren Tadel zur Selbsterkenntnis benutzen sollte, als eine bittere Arznei.

Arthur Schopenhauer, Parerga u. Paralipomena (1851).

— Allzeit traurig ist beschwerlich, | Allzeit fröhlich ist gefährlich, | Allzeit aufrichtig, das ist ehrlich. Spr. in einem Hause.

Aufrichtigkeit. — Aufrichtigkeit ist die Quelle aller Genialität, und die Menschen wären geistreicher, wenn sie sittlicher wären.

Ludw. Börne (Löb Baruch), Verm. Aufsätze (1844).

— Aufrichtigkeit wird löblich sein, | Grobheit soll von uns weichen. | Wer läßt sich gern den reinen Wein | In schmutzigem Glase reichen!

Paul Joh. Ludw. Heyse, Spruchbüchlein (1885). Lebensweisheit. Suaviter in modo.

— Mit Aufrichtigkeit und redlicher Hand | Fahr' ich durch das ganze Land.

Spr. an einem Fuhrmannsbesteck. Obersteiermark.

Aufruhr. — Ein Aufruhr, angeflammt in wenig Augenblicken, | Ist eben auch so bald durch Klugheit zu ersticken; | Allein durch Rat und Geld nährt sich Rebellion, | Vereint bestürmen sie, es wankt zuletzt der Thron.

Joh. Wolfg. von Goethe, D. Jahrmarktsfest zu Plundersweilern (1774).

— Die Juden ... erregen immerdar Krieg und Aufruhr. 2. Makk., K. 14, V. 6

Aufschieben. — Eine Sache den Augenblick anfangen und nicht eine Minute, viel weniger eine Stunde oder einen Tag aufschieben, ist ebenfalls ein Mittel, die Zeit zu strecken.

Georg Christoph Lichtenberg, Verm. Schriften (1800—1806). Bd. 2, Nr. 2. Bemerk. verm. Inhalts. Nr. 4. Beobachtungen über d. Menschen.

— Weil die Menschen sehr geneigt zum Aufschieben und zur Langsamkeit sind, ... so kann man sicher darauf rechnen, daß man die Oberhand in einer Sache behält, wenn man alles ohne den geringsten Verzug unternimmt.

Georg Christoph Lichtenberg, Verm. Schriften (1800—1806). Bd. 2, Nr. 2. Bemerk. verm. Inhalts. Nr. 4. Beobachtungen über d. Menschen.

Aufschieben. — . . . alle Menschen schieben auf und bereuen den Aufschub.

Georg Christoph Lichtenberg, Verm. Schriften (1800—1806). Bd. 2, Nr. 2. Bemerk. verm. Inhalts. Nr. 4. Beobachtungen über d. Menschen.

— . . . schiebe es nicht von einem Tag auf den andern. Jes. Sir., K. 5, V. 8.

— Gleich ist der Mann; das Aufschieben hat der Teufel erfunden. Sprichwort.

— Nichts aufschieben, denn das früher Getane bringt früher und länger Zinsen. Sprichwörtl.

Aufschub. — Der Aufschub ist das der Eile entgegengesetzte Laster.

Dr. Martin Luther, Tischreden (1566).

— Der Aufschub ist der Räuber der Zeit. Engl.: Procrastination is the thief of time.

Edward Young, Nachtgedanken (1742). Übers. v. Graf von Bentzel-Sternau. Nacht 1, V. 393.

— Aufschub einer guten Tat | Hat schon oft gereut!

Joh. Wilh. Ludw. Gleim, Gedichte. An Leukon (ged. 1764). Mel. v. Karl Spazier (komp. 1793).

— Auch der Aufschub hat seine Freuden.

Joh. Wolfg. von Goethe, Götz v. Berlichingen (1773). A. 1. Jaxthausen (Maria).

— Nulla dilatio! (Keinen Aufschub!) | Das lehrt die ratio (die Vernunft), | Die da laut und weißlich spricht: | Wage frisch und säume nicht!

Spr. an einem Hause. Celle (1852).

— Aufschieb | Ist ein Tagedieb. Sprichwort.

Aufstehen. — Vor einem grauen Haupt sollst du aufstehen. 3. Mos., K. 19, V. 32.

— Wer früh aufsteht, der viel verzehrt, | Wer lange schläft, den Gott ernährt. Sprichwörtl.

Aufwachen. — Wach auff, es nahend gen dem tag!

Hans Sachs, D. Wittembergisch Nachtigall (1523).

Aufwärts. — Der Mensch hat doch nichts Besseres, als dies schmerzliche Streben nach oben (aufwärts); ohne dasselbe bleibt er immer Erde von Erde genommen; in demselben und durch dasselbe richtet er sich aus aller Leibeigenschaft des Staubes auf. Wilh. Raabe, D. Hungerpastor (1864).

— Aufwärts die Herzen! Lat.: Sursum corda! Katholisches Sprichwort.

— In Leid und Schmerz, | In Freud' und Scherz, | Mein' Seel' und Herz | Gedenkt aufwärts. Spr. in einem Hause.

Aufwaschen. — Das ist Ein Aufwaschen (das machen wir gleich mit ab). Redensart.

Augapfel. — Jemanden oder etwas behüten wie seinen Augapfel.

Nach 5. Mos., K. 32, V. 10. — Sprichwörtl. Redensart.

Auge. — Nie hätte das Auge die Sonne gesehen, wenn es nicht sonnenhafter Natur wäre. Griech.: *Οὐ γὰρ πώποτε εἶδεν ὀφθαλμὸς ἥλιον, ἡλιοειδὴς μὴ γεγενημένος.*

Plotin (3. Jahrhundert). Übers. v. Müller.

Auge. — Aus den Augen, aus dem Sinn (ergänze: der Gegenstand der Liebe). Lat.: Quantum oculis, animo tam procul ibit amor.

Nach Sextus Propertius (um 49—15 v. Chr.), Elegieen. Übers. v. Vulpius. B. 3, Nr. 21, V. 10.

Joh. Wolfg. von Goethe, Faust, I (1808). Garten (Margarete).

— Viel Augn sehn mehr denn eins allein; | Was Einr nicht wüst, weiß die Gemein.

Georg Rollenhagen, Froschmäuseler (1595). B. 2, T. 1, K. 6.

— . . . mit einem heitern, einem nassen Aug'. Engl.: With one auspicious, and one dropping eye. William Shakespeare, Hamlet (1601—1602). Übers. v. Schlegel. A. 1, Sz. 2 (König).

— Zieh' deiner Augen Fransenvorhang auf! Engl.: The fringed curtains of thine eye advance. William Shakespeare, D. Sturm (1612[?]). Übers. v. Schlegel. A. 1, Sz. 2 (Prospero).

— Schafft mir diesen aus den Augen!

Friedr. von Schiller, D. Räuber (1781). A. 4, Sz. 5 (Karl Moor).

— Weil du sie (die Augen) offen hast, glaubst du, du siehst.

Joh. Wolfg. von Goethe, Egmont (1788). A. 2. Egmonts Wohnung (Oranien).

— Sperr oculos! (Sperr' die Augen auf!)

Aug. Langbein, Gedichte (1788). D. Abenteuer d. Pfarrers Schmolke u. Schulmeisters Bakel.

— Holde Augen sah ich blinken.

Joh. Wolfg. von Goethe, Gedichte. Balladen. D. Schatzgräber (ged. 21.—22. Mai 1797).

— Das Auge sieht den Himmel offen.

Friedr. von Schiller, Gedichte. D. Lied v. d. Glocke. (ged. Sept. 1799).

— O, eine edle Himmelsgabe ist | Das Licht des Auges — Alle Wesen leben. | Vom Lichte, jedes glückliche Geschöpf, — | Die Pflanze selbst, kehrt freudig sich zum Lichte.

Friedr. von Schiller, Wilh. Tell (1804). A. 1, Sz. 4 (Melchthal).

— Die Augen gingen ihm über, | So oft er trank daraus.

Joh. Wolfg. von Goethe, Faust, I (1808). Abend (Margarete). D. König in Thule. Mel. v. Karl Friedr. Zelter (1812) u. Frz. Schubert.

— Die Augen gehn ihm über, | Es muß vor Freude sein.

Wilh. Müller, Siebenundsiebzig Gedichte a. d. hinterlassenen Papieren eines reisenden Waldhornisten (ged. 1821). Nr. 6. Musterkarte. D. Glockenguß zu Breslau.

— Ach, des Himmels Gründe, | Sandbänke sind sie gegen dieses Auges Tiefen!

Christ. Dietr. Grabbe, Don Juan u. Faust (1829). A. 2, Sz. 1 (Faust).

— Schwarze Augen, das Haus zu erhellen, | Blaue, ans offene Fenster zu stellen, | Graue bewachen das Pförtchen zu Nacht; | Braune betrügen die treueste Wacht.

Wilh. Müller, Gedichte (1837). Lieder a. d. Meerbusen v. Salerno. D. Augen.

Auge. — In den Augen liegt das Herz.

Frz. Ritter von Kobell, Gedichte. D. Auge (geb. 1840). Mel. v. Ferd. Gumbert (komp. 1842) u. Frz. Abt (komp. 1846).

— Ein graues Auge — ein schlaues Auge; | Auf schelmische Launen — deuten die braunen; | Des Auges Bläue — bedeutet Treue; | Doch eines schwarzen Aug's Gefunkel | Ist stets, wie Gottes Wege, dunkel!

Friedr. Martin von Bodenstedt, D. Lieder d. Mirza-Schaffy (1851). Lieder u. Spr. d. Weisheit. Nr. 12.

— Wünsche dir nicht zu scharf das Auge, denn wenn du die Toten | In der Erde erst siehst, siehst du die Blumen nicht mehr!

Christ. Friedr. Hebbel, Gedichte (1857). Epigramme u. Verwandtes. Nr. 2. Gnomen. An d. Menschen.

— Auge um Auge. 2. Mos., K. 21, V. 24.

— Jemandem ein Dorn im Auge sein.

Nach 4. Mos., K. 33, V. 55. — Sprichwörtl. Redensart.

— . . . sie haben Augen und sehen nicht.

Ps. 115, V. 5.

— Ich hebe meine Augen auf zu den Bergen, von welchen mir Hilfe kommt. Ps. 121, V. 1.

— Aller Augen warten auf dich; und du gibst ihnen ihre Speise zu seiner Zeit. Du tust deine (milde) Hand auf und erfüllest alles, was lebet, mit Wohlgefallen.

Ps. 145, V. 15—16. — Allgem. Tischgebet vor d. Essen.

— . . . der Menschen Augen sind auch unersättlich. Spr. Sal., K. 27, V. 20.

— Ein Auge, das den Vater verspottet, und verachtet, der Mutter zu gehorchen, das müssen die Raben am Bach aushacken und die jungen Adler fressen. Spr. Sal., K. 30, V. 17.

— Das Auge ist des Leibes Licht.

Matth., K. 6, V. 22.

— Es fällt mir wie Schuppen von den Augen (urplötzlich kommt mir die wahre Erkenntnis).

Nach Apostelgesch., K. 9, V. 18. — Sprichwörtl. Redensart.

— Das Auge ist des Herzens Zeiger.

Alter Spr.

— Man glaubt einem Auge mehr als zween Ohren. Alter Spr.

— Was die augen sehen, betreuget das hertze nicht. Alter Spr.

— Zwei Augen, deren Blick uns verdammt, | Die üben gewaltiges Richteramt; | Doch zwei, die gar geschlossen der Tod, | Die einer weinen machte in Not, | Die lassen ihn nimmer auf Erden ruhn, | Wie tief ihr sie mögt in die Erde tun. Alter Spr.

— Augen auf, oder den Beutel! Sprichwort.

— Blaue Augen — Himmelsaugen, | Braune Augen — Liebesaugen, | Schwarze Augen — Diebesaugen, | Graue Augen — Katzenaugen.

Sprichwort.

— Die Augen glauben sich selbst, die Ohren andern Leuten. Sprichwort.

— Vier Augen sehen mehr als zwei.

Sprichwort.

Auge. — Wenn das Aug' nicht sehen will, | So helfen weder Licht noch Brill'. Sprichwort.

— Ein Auge zudrücken (einem ein Verschulden durchgehen lassen oder es doch milde beurteilen; — mit einem Auge sieht man nicht so scharf, wie mit beiden). Sprichwörtl. Redensart.

— Er hat ein böses Auge (traue ihm nicht, er ist ein schlechter Mensch; — das Auge ist der Spiegel des Herzens; es verrät dessen Regungen; — oder: In früheren Zeiten herrschte der Aberglaube vom bösen Blick, mit dem der ihn Besitzende andern schaden konnte). Sprichwörtl. Redensart.

— Jemandem wie aus den Augen geschnitten sein (jemandem sehr ähnlich sein; — schon bei Konrad von Würzburg, Trojanischer Krieg: als ob si von im si gesnitten). Sprichwörtl. Redensart.

— Jemandem zu tief ins Auge geschaut haben (jemanden liebgewonnen haben, daß man nicht mehr von ihm lassen kann). Sprichwörtl. Redensart.

— Mit einem blauen Auge davonkommen (mit geringem Schaden einer großen, drohenden Gefahr entgehen; — ein großes Unglück ist es, wenn das Auge selbst, dieses kostbare Gut, völlig verletzt wird; wenn nur die Umgebung des Auges blaugeschlagen ist, kommt man noch sehr gut davon).

Sprichwörtl. Redensart.

— Du solltest dir die Augen aus dem Kopfe schämen. Bek. Redensart.

— Er kiekt mit's rechte Ooge in de linke Westentasche (er schielt). Berliner Redensart.

— Dem Auge fern, dem Herzen ewig nah.

Inschrift auf Kirchhöfen.

— Von aller dieser werlte troug | wünsch ich mir nur ein menschenoug (Auge), | daz voller liep bi tac und naht (Nacht), | in leit und froide mich anlaht (anlacht). Wartburgspr. Architektenstüblein.

— Wo das Auge blicket warm und rein, | Wird's warm und rein auch im Herzen sein.

Inschrift im Berliner Ratskeller. Bierlokal.

— Schwärz sein die Holerbeer', | Weiß sein die Blüh', | Schön sein die schwärzen Aug'n, | Treu sein sie nie. Tiroler Schnaderhüpfl.

— Wånn i in dei' dunkelblau | Wundernetts Äugle schau', | Glab' i, schau in mei' | Himmelreich 'nei. Kärntner Schnaderhüpfl.

Augenblick. — Oft geschieht im Augenblick, was nicht im Jahre gehofft wird. Lat.: Accidit in puncto, quod non speratur in anno.

Wahlspr. d. Kaisers Ferd. I. (reg. 1558—1564).

— Am Stirnhaar laß den Augenblick uns fassen! Engl.: Let's take the instant by the forward top.

William Shakespeare, Ende gut, alles gut (1602[?]). Übers. v. Graf Baudissin. A. 5, S. 3 (König).

— Ein einz'ger Augenblick kann alles umgestalten. Christoph Martin Wieland, Oberon (1780). Ges. 7, Str. 75.

Augenblick. — Nützen | Muß man den Augenblick, der einmal nur | Sich bietet.
Friedr. von Schiller, Don Karlos (1787). A. 3 Sz. 9 (Marquis).

— Und wie der Klang verhallet in dem Ohr, | Verrauscht des Augenblicks geschwinde Schöpfung.
Friedr. von Schiller, Wallenstein. Prolog (ged. Okt. 1793).

— Der Augenblick nur entscheidet | Über das Leben des Menschen und über sein ganzes Geschicke.
Joh. Wolfg. von Goethe, Hermann u. Dorothea (1797). Polyhymnia.

— Es ist eine Verwandtschaft zwischen den glücklichen Gedanken und den Gaben des Augenblicks: beide fallen vom Himmel.
Friedr. von Schiller, Br. An Goethe (12. Juli 1799).

— Es gibt im Menschenleben Augenblicke, | Wo er dem Weltgeist näher ist als sonst | Und eine Frage frei hat an das Schicksal.
Friedr. von Schiller, Wallensteins Tod (1799). A. 2, Sz. 3 (Wallenstein).

— So selten kommt der Augenblick im Leben, | Der wahrhaft wichtig ist und groß.
Friedr. von Schiller, D. Piccolomini (1799). A. 2, Sz. 6 (Illo).

— An diesem Augenblicke hängt die Welt!
Friedr. von Schiller, Wallensteins Tod (1799). A. 5, Sz. 9 (Gordon).

— Ergreift den Augenblick! Kommt ihm zuvor! Friedr. von Schiller, Maria Stuart (1801). A. 4, Sz. 4 (Mortimer).

— Nicht in die ferne Zeit verliere dich! | Den Augenblick ergreife! der ist dein.
Friedr. von Schiller, Macbeth (1801). A. 1, Sz. 15 (Lady).

— . . . der mächtigste von allen | Herrschern ist der Augenblick.
Friedr. von Schiller, Gedichte. D. Gunst d. Augenblicks (ged. 1802). Mel. v. Joh. Friedr. Reichardt (1810).

— Man muß dem Augenblick auch was vertrauen. Friedr. von Schiller, Wilh. Tell (1804). A. 2, Sz. 2 (Reding).

— Nur was der Augenblick erschafft, das kann er nützen.
Joh. Wolfg. von Goethe, Faust, I (1808). Nacht (Faust).

— Werd' ich zum Augenblicke sagen: | Verweile doch! du bist so schön! — | Dann magst du mich in Fesseln schlagen, | Dann will ich gern zugrunde gehn!
Joh. Wolfg. von Goethe, Faust, I (1808). Studierzimmer (Faust).

— Doch der den Augenblick ergreift, | Das ist der rechte Mann.
Joh. Wolfg. von Goethe, Faust, I (1808). Studierzimmer. Schülersz. (Mephistopheles).

— Der Augenblick, | Wenn er die Wiege einer Zukunft ist, | Warum nicht auch das Grab einer Vergangenheit?
Frz. Grillparzer, D. goldene Vlies (1822).

Augenblick. — Was mir ein Augenblick genommen, | Das bringt kein Frühling mir zurück.
Aug. Heinr. Hoffmann von Fallersleben, Gedichte (1827).

— Genieße mäßig Füll' und Segen, | Vernunft sei überall zugegen, | Wo Leben sich des Lebens freut. | Dann ist Vergangenheit beständig, | Das Künftige voraus lebendig, | Der Augenblick ist Ewigkeit.
Joh. Wolfg. von Goethe, Werke (1827—1830). Gedichte. Gott u. Welt. Vermächtnis.

— Jeder Zustand, ja, jeder Augenblick ist von unendlichem Wert, denn er ist der Repräsentant einer ganzen Ewigkeit.
Joh. Peter Eckermann, Gespräche mit Goethe in d. letzten Jahren seines Lebens (Okt. 1831).

— . . . es nimmt der Augenblick, | Was die Jahre geben.
Joh. Wolfg. von Goethe, Nachgelassene Werke (1833). Gedichte. Tischlied zu Zelters siebzigstem Geburtstage, d. 11. Dez. 1828.

— O Menschenherz, was ist dein Glück? | Ein rätselhaft geborner, | Und, kaum gegrüßt, verlorner, | Unwiederholter Augenblick!
Nikolaus Lenau (Niembsch, Edler von Strehlenau), Gedichte (1834). Frage.

— Der Himmel gibt die Gunst des Augenblickes; | Wer schnell sie faßt, wird Meister des Geschickes.
Ernst Benj. Sal. Raupach, Rob. d. Teufel (1834). A. 4, Sz. 3.

— Gewinne Augenblicke! | Denn hast du jeden Augenblick besiegt, | Hast du das ganze Leben dir gewonnen.
Leop. Schefer, Laienbrevier (1834). Juni. Nr. 4.

— Dein Vergangnes ist ein Traum, | Und dein Künftges ist ein Wind. | Hasche den Augenblick, der ist | Zwischen den beiden, die nicht sind.
Friedr. Rückert, Erbauliches u. Beschauliches a. d. Morgenlande (1837—1838). Arabische Volkslieder. Nr. 6. D. Augenblick.

— Wenn du der Stunde dienst, beherrschest du die Zeit; | Wirk' auf den Augenblick! er wirkt in Ewigkeit.
Friedr. Rückert, D. Weisheit d. Brahmanen (1836—1839). B. 18, Nr. 46. (Stufe 12. Frieden. Nr. 169.)

— Auch das noch mußt du lernen, dankbar froh | Den guten Augenblick genießen.
Friedr. Halm (Frz. Jos. Freiherr von Münch-Bellinghausen), D. Sohn d. Wildnis (1842). A. 5 (Parthenia).

— Ein Augenblick tilgt jahrelange Gunst. | Ein Wort zerstört, was Taten mühsam schufen.
Jos. Freiherr von Auffenberg, Sämtl. Werke (1843—1847). Dramen. König Erich. A. 1, Sz. 5.

— Die Gunst des Augenblickes ist die Hirtin, | Die spielend jede Menschenherde lenkt; | Sie läßt sich nicht ertrotzen, nur erschmeicheln, | Selbst Welteroberer kosen sanft mit ihr.
Jos. Freiherr von Auffenberg, Sämtl. Werke (1843—1847). Dramen. Wallace. A. 3, Sz. 3.

Augenblick. — Nie versäume des Augenblicks | Gunst und Gelegenheit: | Was er heute geboten, | Beut er dir morgen nicht mehr.

Friedr. Martin von Bodenstedt, A. d. Nachlasse Mirza-Schaffys (1874). B. 4. Cypressen u. Rosen. Nr. 10.

— Augenblicke genügen. Alles Schönste ist momentan. Das Allerherrlichste würde ich ablehnen, wenn die Bedingung wäre, daß es ewig dauern sollte.

Frieda Freiin von Bülow, Zwei Menschen (1898).

— Entflohener Augenblick | Kommt nicht zurück. Sprichwörtl.

— Im Augenblick kann sich begeben, | Was niemand je gedacht im Leben. Sprichwörtl.

— Die beste Zeit ist immer | Der nächste Augenblick. Spr. im Berliner Rathause. Erdgeschoß.

Augendienerei. — Augendienerei treiben.

Nach Eph., K. 6, V. 6.

Augendienst. — Kehr dich nicht an jedermann, | Der dir vor Augen dienen kann; | Nicht alles geht von Herzensgrund, | Was schön und lieblich red't der Mund. Alter Spr.

Augenschein. — Augenschein ist aller Welt Zeugnis. Sprichwort.

Augenverdrehung. — Zu des Verstandes und Witzes Umgehung | Ist nichts geschickter als Augenverdrehung.

Friedr. Martin von Bodenstedt, D. Lieder d. Mirza-Schaffy (1851). Lieder u. Spr. d. Weisheit. Nr. 31.

Augiasstall. — Einen Augiasstall reinigen (etwas von Schmutz Starrendes, Unsauberes, grenzenlos Vernachlässigtes säubern oder ordnen; — aus der griechischen Sage; zu den zehn Aufgaben des Herakles gehörte es, des Augias', Königs von Elis, Rinderstall, der dreitausend Rinder beherbergte und seit dreißig Jahren nicht ausgemistet war, zu säubern). Sprichwörtl. Redensart.

August. — Der August | Gibt den Gust (den Geschmack dem Obst). Bauernregel.

— Der Sonne im August ist nicht zu trauen. Bauernregel.

— Nasser August macht nicht teure Kost. Bauernregel.

— Was der August nicht kocht, läßt der September ungebraten. Bauernregel.

Ausarbeitung. — Nicht eher an die Ausarbeitung zu gehen, als bis man mit der ganzen Anlage zufrieden ist, das gibt Mut und erleichtert die Arbeit.

Georg Christoph Lichtenberg, Verm. Schriften (1800—1806). Bd. 2, Nr. 2. Bemerk. verm. Inhalts. Nr. 15. Gute Vorschläge u. Maximen.

Ausbaden. — Etwas ausbaden müssen (die unangenehmen Folgen einer Handlung anderer auf sich nehmen, für andere büßen müssen; — mittelalterliche Baderegel war es, daß der letzte Besucher des Bades das Wasser ausgießen mußte). Sprichwörtl. Redensart.

Ausbildung. — Man wendet seine Zeit immer gut auf eine Arbeit, die uns täglich einen Fortschritt in der Ausbildung abnötigt.

Joh. Wolfg. von Goethe an Schiller (10. Febr. 1798).

Ausdauer. — Ausdauer ist eine Tochter der Kraft, Hartnäckigkeit eine Tochter der Schwäche, nämlich — der Verstandesschwäche.

Marie von Ebner-Eschenbach, Aphorismen (1893).

Auserwählen. — Denn viele sind berufen, aber wenige sind auserwählet.

Matth., K. 20, V. 16.

Ausgang. — Es wäre wenig in der Welt unternommen worden, wenn man nur immer auf den Ausgang gesehen hätte.

Gotthold Ephr. Lessing, Miß Sara Sampson (1755). A. 4, Sz. 9 (Marwood).

— . . . hattest du darum recht, weil dir der Ausgang recht gibt?

Gotthold Ephr. Lessing, Emilia Galotti (1772). A. 2, Sz. 4 (Odoardo).

— Der Ausgang gibt den Taten ihre Titel.

Joh. Wolfg. von Goethe, D. Vögel (1780). (Treufreund.)

— Denn aller Ausgang ist ein Gottesurtel.

Friedr. von Schiller, Wallensteins Tod (1799). A. 1, Sz. 7 (Gräfin).

— Wer wagt ein Herrschendes zu leugnen, das | Sich vorbehält, den Ausgang unsrer Taten | Nach seinem einz'gen Willen zu bestimmen?

Joh. Wolfg. von Goethe, D. natürliche Tochter (1803). A. 2, Sz. 1 (Sekretär).

— Wo so ein Köpfchen keinen Ausgang sieht, | Stellt er sich gleich das Ende vor.

Joh. Wolfg. von Goethe, Faust, I (1808). Wald u. Höhle (Mepistopheles).

— Der Herr behüte deinen Ausgang und Eingang von nun an bis in Ewigkeit.

Ps. 121, V. 8.

— Der Ausgang lehrt, ob die Rose blüht, oder der Dorn sticht. Sprichwörtl.

— Der Ausgang ist der Prüfstein der Taten. Lat.: Exitus acta probat.

Wahlspr. d. Biset, Washington u. a.

Ausgelernt. — Wer ausgelernet sein will, der muß im Grabe liegen.

Christoph Lehmann, Politischer Blumen-Garten (1662).

Ausgelitten. — Ausgelitten hast du — ausgerungen.

Joh. Heinr. von Reitzenstein, Lotte bei Werthers Grab (1775).

Ausgesonnen. — Wohl ausgesonnen, Pater Lamormain!

Friedr. von Schiller, D. Piccolomini (1799). A. 2, Sz. 7 (Wallenstein).

Ausharren. — Wer ausharret, wird gekrönt.

Joh. Gottfr. von Herder, Sämtl. Werke. Legenden. D. wiedergefundenen Söhne (ged. 1801).

— Wer die Zeit erharret, siegt.

Joh. Gottfr. von Herder, Sämtl. Werke. Legenden. D. wiedergefundenen Söhne (ged. 1801).

Ausharren. — Durch Ausharren ebnen wir Berge, setzen dem Meere Grenzen und machen aus Steinen Städte und Paläste und Mauern.
Karl Jul. Weber, Demokritos (1832—1840). D. Geduld.

— Wer ausharrt, dem gelingt's.
Sprichwörtl.

Ausland. — Parallelen mit dem Auslande haben immer etwas Mißliches.
Otto von Bismarck im Vereinigten Landtage (1. Juni 1847).

Auslegen. — Im Auslegen seid frisch und munter! | Legt ihr's nicht aus, so legt was unter!
Joh. Wolfg. von Goethe, Gedichte. Zahme Xenien (ged. 1821). Nr. 2.

Ausleger. — Daß sie bei dem Geier wären, die verdammten Ausleger! Bald wird man vor diesem Geschmeiße keinen Einfall mehr haben dürfen! Gotthold Ephr. Lessing, Sämtl. Schriften (1796—1808). Br.

Auslernen. — Es lernt niemand aus, | Bis das Grab ist unser Haus. Sprichwort. Schwaben.

Ausnahme. — Wer eine Ausnahme schildert, schildert unstreitig das minder Natürliche.
Gotthold Ephr. Lessing, Hamburgische Dramaturgie. (1767—1768). Stück 30.

— Ausnahmen bestätigen die Regel.
Sprichwörtl.

Ausplaudern. — Was du hast in deinem Haus, | Das plaudre nicht vor andern aus!
Sprichwort.

Ausrede. — Eine gute Ausrede ist drei Batzen wert. Sprichwort.

— Ein schlechter Schütze, der keine Ausrede hat.
Sprichwort. Alpenländer.

Ausruhen. — Wer ausruht, soll erwägen, was weiter zu tun ist. Sprichwörtl.

Aussagen. — Mir verhaßt ist jener so sehr wie des Aïdes Pforten, | Wer ein anderes birgt in der Brust und ein anderes aussagt. Griech.: *Ἐχθρὸς γάρ μοι κεῖνος ὁμῶς Ἀίδαο πύλῃσιν | Ὅς χ' ἕτερον μὲν κεύθῃ ἐνὶ φρεσίν, ἄλλο δὲ εἴπῃ.*
Homer, Ilias. Übers. v. Voß. Ges. 9, V. 312—13.

Aussehen. — He sügt ut as de Dod von Lübeck. (Nach Holbeins Totentanz in der Marienkirche zu Lübeck.)
A. d. Seemannssprache. Ostfriesland.

— He süth ut, as wenn 't in Nordwesten leit (wetterleuchtet). A. d. Seemannssprache.

Außen. — Außen blank, | Innen Stank.
Sprichwörtl.

Äußere, das. — Ihr müsset in die Leute schaun, wollt ihr sie richten wohl, | Und nach dem äußern Scheine niemand loben soll. Mittelhochdeutsch: Ir müezet in die liute sehen, welt irs erkennen wol. | Nieman ûzen nâch der varwe loben sol.
Walther v. d. Vogelweide (um 1170—1230), Gedichte. Übertr. v. Pannier.

Äußere, das. — Ihr unterscheidet nichts an einem Mann | Als seinen äußern Schein; und der, weiß Gott, | Stimmt selten oder niemals mit dem Herzen. Engl.: No more can you distinguish of a man, | Than of his outward show; which, God he knows, | Seldom or never jumpeth with the heart.
William Shakespeare, Richard III. (1592). Übers. v. Schlegel. A. 3, Sz. 1 (Gloster).

Außerordentlich. — Möge . . . die Gewißheit . . . über dich kommen, daß außerordentliche Menschen eben auch darin außerordentliche Menschen sind, weil ihre Pflichten von den Pflichten des gemeinen Menschen abgehen.
Joh. Wolfg. von Goethe, Clavigo (1774). A. 4. Clavigos Wohnung (Karlos).

— Außerordentliche Menschen (wie Napoleon) treten aus ihrer Moralität heraus. Sie wirken zuletzt wie physische Ursachen, wie Feuer und Wasser.
Joh. Wolfg. von Goethe zu Riemer (Febr. 1807).

Außerordentliche, das. — Das Außerordentliche geschieht nicht auf glattem, gewöhnlichem Wege.
Joh. Wolfg. von Goethe, D. Wahlverwandtschaften (1808—1809). T. 1, K. 15.

Außer sich. — Außer sich sein.
Nach Hohelied Sal., K. 5, V. 6. — Sprichwörtl. Redensart.

Aussöhnen. — Nichts ist gefährlicher, als zwei Menschen auszusöhnen; sie zu entzweien, ist viel sicherer und leichter.
Jean Paul (Friedr. Richter) Hesperus (1795).

Ausstechen. — Jemanden ausstechen (den Vorrang vor ihm erringen, sich als besser erweisen, ihn überflügeln; — vom mittelalterlichen Turnierkampfe herstammend). Sprichwörtl. Redensart.

Austerlitz. — Das ist die Sonne von Austerlitz! Franz.: Voilà le soleil d'Austerlitz!
Kaiser Napoleon I. zu seinen entmutigten Offizieren (7. Sept. 1812).

Austrag. — Eine Sache zum Austrag bringen, austragen (eine Entscheidung herbeiführen, ein Ende mit etwas machen; — die Leibesfrucht zur Reife tragen). Sprichwörtl. Redensart.

Ausweichen. — Einem Betrunkenen weicht ein Fuder Heu aus. Sprichwort.

Autodidakt. — Alle autodidacti (Selbst-Unterrichtete) leiden an Einseitigkeit und Überschätzung.
Karl Jul. Weber, Demokritos (1832—1840). Einfluß d. Erziehung. D. Fortsetzung.

Autor. — Mir will das kranke Zeug nicht munden, | Autoren sollten erst gesunden.
Joh. Wolfg. von Goethe, Gedichte. Zahme Xenien. Nr. 1 (1820).

— Autoren und Publikum sind durch eine ungeheure Kluft getrennt, wovon sie zu ihrem Glück beiderseits keinen Begriff haben.
Joh. Wolfg. v. Goethe, A. meinem Leben. Dichtung u. Wahrheit (1809—1831).

Autor. — Es ist kein Autor so gering und klein, | Der nicht dächt', etwas Recht's zu sein.

Wilh. Hauff, Sämtl. Schriften (1830—1831). Gedichte.

— Deutsche Autoren, man läßt euch freilich lebendig verhungern, | Aber tröstet euch nur, denn man begräbt euch in Speck.

Christ. Friedr. Hebbel, Gedichte (1857). Epigramme u. Verwandtes. Nr. 3. Kunst. Trost für deutsche Autoren.

Autorität. — Gemächlich ist der löbliche Gebrauch, | Auf andrer Ansehn (Autorität) diktatorisch auch | Stracks zu bejahn und zu verneinen.

Joh. Gottfr. Seume, Sämtl. Werke (1826). Gedichte. Verlangtes Gutachten über Menschen u. ihren Umgang.

— Autorität, daß nämlich etwas schon einmal geschehen, gesagt oder entschieden worden ist, hat großen Wert; aber nur der Pedant fordert überall Autorität.

Joh. Wolfg. von Goethe, Werke (1827—1830). Über Naturwissenschaft.

Autorität. — Autorität, nicht Majorität!

Jul. Friedr. Stahl im Erfurter Parlament (15. April 1850).

— Ich bin ein Mann, der an Autoritäten glaubt und sich ihnen da, wo ich nicht notwendig auf mein eigenes Urteil verwiesen bin, gern unterordnet.

Otto von Bismarck im Reichstage (21. Febr. 1879).

Avernus. — Leicht geht es hinab zum Avernus (Averner See bei Bajae, in der antiken Dichtung die Pforte zur Unterwelt.) Lat.: **Facilis descensus Averni.**

Publ. Vergilius Maro (um 70 v. Chr. — 19 n. Chr.), Aeneis. Übers. v. Voß. B. 6, V. 126.

Axt. — Die Axt im Haus erspart den Zimmermann. Friedr. von Schiller, Wilh. Tell (1804). A. 3, Sz. 1 (Tell).

— Einer Sache die Axt an die Wurzel legen (etwas von Grund aus beseitigen).

Nach Matth., K. 3, V. 10. — Sprichwörtl. Redensart.

B.

Bacchus. — Herr Bacchus ist ein braver Mann, | Das kann ich euch versichern, | Mehr als Apoll, der Leiermann, | Mit seinen Notenbüchern.

Gottfr. Aug. Bürger, Gedichte. Trinklied (ged. Okt. 1770). Mel. v. Joh. Abraham Peter Schulz (1782).

— Vivat Bacchus, Bacchus lebe! | Bacchus war ein braver Mann.

Christoph Friedr. Bretzner, D. Entführung a. d. Serail. Trinklied (ged. 1780). Komp. v. Joh. André. (Erste Auff. am 25. Mai 1781 in Berlin.)

— Herr Bacchus, der lebe, der über uns schwebet, | Und der unsre Herzen zur Freude belebet.

Christ. Aug. Vulpius, Hokus Pokus, kom. Oper. Gesundheit, Herr Nachbar (ged. 1790). Komp. v. Karl Ditters von Dittersdorf (komp. 1790).

— Wundervoll ist Bacchus' Gabe, | Balsam fürs zerrissne Herz.

Friedr. von Schiller, Gedichte. D. Siegesfest (ged. 1803).

— Wenn Bacchus das Feuer schürt, sitzt Venus am Ofen. Sprichwort.

— Wer mit Bacchus kommt ins Spiel, | Seh' sich vor und trau' nicht viel, | Nimmt er dir den Kopf nur ein, | Sind die Füße nimmer dein.

Spr. an einem Hausgerät.

— Heil euch! so ihr an Bacchum glaubt, | Er macht mit seinen Gaben | Den Jüngling zum bemoosten Haupt, | Den Greis zum frohen Knaben.

Inschrift im Berliner Ratskeller. Weinlokal.

Bach. — Ich hört' ein Bächlein rauschen, | Wohl aus dem Felsenquell.

Wilh. Müller, Siebenundsiebzig Gedichte a. d. hinterlassenen Papieren eines reisenden Waldhornisten. Nr. 1. D. schöne Müllerin. Wohin? (ged. 1818). Mel. v. Karl Zöllner, Frz. Schubert u. a.

Backe. — Die Backen (den Mund) voll nehmen (prahlen mit übertriebenen Worten; — der Mund ist gewissermaßen ganz gefüllt voll von Worten).

Sprichwörtl. Redensart.

— Em kann man 't Gloria düör (durch) de Backen bloasen (blasen) (so schmalbackig ist er).

Sprichwörtl. Redensart. Münsterisch.

Bad. — Gut Gebet und gutes Bad | Selten einem Schaden tat. Mittelhochdeutsch: Swer wol gebat unt wol gebet, | Daz gerou in selten, der daz tet.

Bridankes Bescheidenheit (1225—1240). Übertr. v. Pannier. Nr. v. 38. v. erkantnisse.

— Jedes Bad ist eine leibliche Wiedergeburt.

Karl Jul. Weber, Demokritos (1832—1840). D. Badekur u. Bäder.

— . . das Bad der Wiedergeburt und Erneuerung des heiligen Geistes. Tit., K. 3, V. 5.

— Den Badetag soll man halten wie den Sonntag. Sprichwort.

— Das Bad austragen müssen (etwas büßen müssen, was andre verschuldet haben; — vergleiche etwas ausbaden müssen). Sprichwörtl. Redensart.

— Das Kind mit dem Bade ausschütten (gedankenlos oder rücksichtslos mit dem Unrichtigen, Mangelhaften auch das Richtige und Gute verwerfen; — bereits bei Sebastian Frank).

Sprichwörtl. Redensart.

— Jemandem das Bad gesegnen (der Bader segnete früher das Bad; — später gebrauchte man die Redensart ironisch = jemanden verprügeln; — vergleiche Friedrich Schiller, Wilhelm Tell, A. 1, Sz. 1: Und mit der Axt hab' ich ihm 's Bad gesegnet). Sprichwörtl. Redensart.

Bad. — Jugendbrunnens Zauberkraft | Ist nicht bloße Sage; | Jugendfrische gibt das Bad, | Zaubernd alle Tage.

Inschrift in verschiedenen Badehäusern.

Baden. — Bad', wasche dich, wenn's schicket sich; | Gesund dich's hält und kost't kein Geld.

Ludw. Achim von Arnim. D. Wintergarten (1809). Soldatenkatechismus.

— Jede Woche einmal sollten wir unsern Taufbund erneuern (baden).

Karl Jul. Weber, Demokritos (1832—1840). D. Badekur u. Bäder.

— Wasser trinken heilt den Magen; | Neue Kräfte gibt das Baden!

Spr. am Bad Maistatt im Pustertal.

Bahn. — Wer den Herrn fürchtet, der gehet auf rechter Bahn. Spr. Sal., K. 14, V. 2.

Bald. — O du tröstendes, freundliches Bald; sei dreimal gesegnet.

Ludw. Bechstein, Arabesken (1832).

Balken. — Du Heuchler, ziehe am ersten den Balken aus deinem Auge; darnach besiehe, wie du den Splitter aus deines Bruders Auge ziehest.

Matth., K. 7, V. 5.

Ball. — Uf'n Federball jehn (zu Bett gehen).

Berliner Redensart.

Band. — Und das Band, das uns verbindet, | Sei kein schwaches Rosenband!

Joh. Wolfg. von Goethe, Gedichte. Lieder. Mit einem gemalten Band (geb. Frühjahr 1771). Schlußv. Mel. v. Ludw. van Beethoven (1810) u. Karl Blum (1816).

— . . . es umfingen mich des Todes Bande.

Ps. 18, V. 5.

Bange. — Mein Sohn, was birgst du so bang dein Gesicht?

Joh. Wolfg. von Goethe, Gedichte. Balladen. Erlkönig (geb. 1782). Mel. v. Frz. Schubert (1815), Karl Löwe (1824) u. a.

— Nun, armes Herze, sei nicht bang! | Nun muß sich alles, alles wenden!

Joh. Ludw. Uhland, Deutscher Dichterwald. Frühlingslieder. Nr. 2. Frühlingsglaube (geb. 21. März 1812). Mel. v. Frz. Schubert, Felix Mendelssohn-Bartholdy, Karl Friedr. Curschmann, Konradin Kreutzer u. a.

— Angst und bange werden.

Jer., K. 50, V. 43. — Sprichwörtl. Redensart.

— Bangemachen jilt nich. Berliner Redensart.

Bank. — Auf dieser Bank von Stein will ich mich setzen. Friedr. von Schiller, Wilh. Tell (1804). A. 4, Sz. 3 (Tell).

— Etwas auf die lange Bank schieben (etwas aufschieben aus Lässigkeit oder Bequemlichkeit; — im Mittelalter befand sich das Gericht: binnen den Bänken; die Akten lagen auf der Schöffenbank; was sogleich erledigt werden sollte, lag dicht neben den Schöffen; das andere wurde auf der Bank weiter zurückgeschoben). Sprichwörtl. Redensart.

— Alle durch de Bank (alle miteinander, die wir auf der Bank, weiter ausgedehnt: im Zimmer sitzen). Berliner Redensart.

Banner. — Es wimmeln Kameraden, | Wo rechte Banner wehn.

Jos. Freiherr von Eichendorff, Gedichte (1837). Frühling u. Liebe. Frühlingsmarsch.

Barbar. — Ich bin hier ein Barbar, weil mich nicht einer verstehet. Lat.: Barbarus hic ego sum, qui non intellegor ulli.

Publ. Ovidius Naso (um 43 v. Chr. — 17 n. Chr.), Klagelieder. Übers. v. Berg. B. 5, Nr. 10, V. 37.

— Nicht bloß wer im Gemüt abstreifte den Zügel der Sitte, | Wer sich des Häßlichen nicht schämt, er ist auch ein Barbar.

Emanuel Geibel, Spätherbstblätter (1877). Distichen a. d. Wintertagebuche. Nr. 2.

Barbarei. — . . . worin besteht die Barberei anders als darin, daß man das Vortreffliche nicht anerkennt?

Joh. Peter Eckermann, Gespräche mit Goethe in d. letzten Jahren seines Lebens (22. März 1831).

Barbarossa. — Der alte Barbarossa, | Der Kaiser Friederich, | Im unterird'schen Schlosse | Hält er verzaubert sich. | Er ist niemals gestorben, | Er lebt darin noch jetzt; | Er hat im Schloß verborgen | Zum Schlaf sich hingesetzt.

Friedr. Rückert, Kranz d. Zeit. Barbarossa (geb. 1814—1815). Mel. v. Jos. Gersbach (1824).

Barbieren. — Jemanden über den Löffel barbieren (jemanden täuschen; — Leuten mit eingefallenen Backen (durch Zahnverlust) wurde durch einen Löffel die Backe beim Rasieren von innen ausgebuchtet; — die Bedeutung der Redensart: jemanden täuschen findet man erst später).

Sprichwörtl. Redensart.

Bärenhaut. — Man muß niemals die Haut eines Bären verkaufen, bevor man ihn erlegt hat. Franz.: Il ne faut jamais vendre la peau de l'ours, qu'on ne l'ait mis par terre.

Jean de Lafontaine, Fab. (1668). Übers. v. Dohm. B. 5, Fab. 20, V. 27—28. D. zwei Gesellen u. d. Bär.

— Auf der Bärenhaut liegen (faulenzen; — die alten Germanen lagen, wenn sie nicht mit Kampf und Jagd beschäftigt waren, ruhend auf den Fellen der erlegten Bären und ließen die Frauen alle Arbeiten besorgen). Sprichwörtl. Redensart.

Barfuß. — Wer barfuß geht, muß keine Dornen säen. Niederl.: Die barrevoets gaat, moet geene doornen zaaijen. Sprichwort.

Barmherzig. — Eines Andren Pein entfinden, heißet nicht barmhertzig seyn; | Recht barmhertzig seyn wil heißen: wenden eines Andren Pein!

Friedr. von Logau, Deutsche Sinn-Getichte (1654). Erbarmung v. Barmhertzigkeit.

— Barmherzig und gnädig ist der Herr, geduldig und von großer Güte. Ps. 103, V. 8.

— Wohl dem, der barmherzig ist!

Ps. 112, V. 5.

— Ein barmherziger Mann tut seinem Leibe Gutes. Spr. Sal., K. 11, V. 17.

Barmherzige, der. — Selig sind die Barmherzigen, denn sie werden Barmherzigkeit erlangen.
Matth., K. 5, V. 7.

Barmherzigkeit. — Doch sitzt ja selbst bei Zeus auf seinem Thron | Als Anwalt jeder Schuld Barmherzigkeit. Griech.: Ἀλλ', ἔστι γὰρ καὶ Ζηνὶ σύνθακος θρόνων | Αἰδὼς ἐπ' ἔργοις πᾶσι.
Sophokles (um 496—406 v. Chr.), Ödipus in Kolonos. Übers. v. Jordan. V. 1263—64 (Polyneikes).

— Nichts macht eine Christenseele so liebenswert als die Barmherzigkeit. Lat.: Nihil tam commendat Christianam animam quam misericordia.
Ambrosius (um 340—397), V. d. Pflichten. Übers. v. Lichter. Bd. 1, K. 11.

— Barmherzigkeit ist jedem Glück ein sichres Kapital; | Es reift des Lebens Ernte reich in ihrem Sonnenstrahl.
A. d. Persischen d. Sadi (1184—1286 [?]). Pend-nameh. Übers. v. Wollheim.

— Barmhartigkeitt betracht die not | Wenn's schon mit Alweg ursach hat.
Spr. an einem Hause. Lindau am Bodensee (1572).

— Die Charitas (Barmherzigkeit), | Die ist bei Gott ohn' Unterlaß. | Sie verträgt alle Ding mit Sitt, | Sie erduldet Alles in Fridt.
Spr. in einem Hause (1614).

— Barmhertzigkeit sihet auff die Noth vnd nicht auff die Vrsach noch auff die Person.
Christoph Lehmann, Politischer Blumen-Garten (1662). T. 2. Mitleyden. Nr. 13.

— Kind, mache dich gemein mit der Barmherzigkeit, | Sie ist die Pförtnerin im Schloß der Seligkeit.
Angelus Silesius (Joh. Scheffler), Cherubinischer Wanders-Mann (1675).

— Die Barmherzigkeit ist der Zweck der Religion, die Seele der Tugenden und der innerste Kern des Gesetzes. Franz.: La fin de la religion, l'âme des vertus et l'abrégé de la loi, c'est la charité.
Jacques Bénigne Bossuet, Diskurse über Universalgesch. (1681). Übers. v. Zimmermann.

— Wer Barmherzigkeit übt, das ist das rechte Dankopfer. Jes. Sir., K. 35, V. 4.

— Barmherzigkeit fängt zu Hause an. Engl.: Charity begins at home. Sprichwort.

— Barmherzigkeit gegen die Wölfe ist Unrecht gegen die Schafe. Holl.: Barmhartigheid voor de wolfe nis wreedheid tegen de schapen.
Sprichwort.

Bart. — Hab ich . . . | . . . manchem durch den bart geloffen (bin ich ihm zu nahe getreten).
Thomas Murner, Narrenbeschwerung (1512). Nr. 97. Entschuldigung d. Dichters.

— Wer einen Bart hat, ist mehr als ein Jüngling, und wer keinen hat, weniger als ein Mann. Engl.: He that hath a beard is more than a youth; and he that hath no beard is less than a man.
William Shakespeare, Viel Lärm um nichts (1598 [?]). Übers. v. Graf Baudissin. A. 2, Sz. 1 (Beatrice).

Bart. — Darum laß dir keinen Bart wachsen (mache dir keine Sorge darum, traure nicht deshalb; — die strenggläubigen Juden lassen sich bei Trauerfällen noch heute nicht rasieren).
Sprichwörtl. Redensart.

— Jemandem um den Bart gehen (durch einschmeichelndes, zuvorkommendes Wesen jemandem sich geneigt machen wollen; — die Frau streichelt wohl, um etwas zu erlangen, das Kinn des Mannes, das bärtig ist). Sprichwörtl. Redensart.

— Um des Kaisers Bart streiten (sich um ungewisse, auch unbedeutende Angelegenheiten streiten; — stammt von einem langwährenden Streite her, ob Karl der Große einen Bart getragen habe oder nicht; vergleiche Emanuel Geibel, Gedichte, Von des Kaisers Bart). Sprichwörtl. Redensart.

Barthel. — Wissen, wo Barthel Most holt (genau Bescheid wissen, sehr gewandt sein; — Most vielleicht für Moos in der Bedeutung Geld; wissen, wie und wo man viel Geld erlangen kann).
Sprichwörtl. Redensart.

Basilisk. — Basiliskeneier brüten.
Nach Jesaias, K. 59, V. 5. — Sprichwörtl. Redensart.

Basis. — Der spielt die traurigste Rolle, | Dem die Basis mit Grundeis ergeht.
Jos. Viktor von Scheffel, Gaudeamus (1868). D. erratische Block.

Baß. — Wenn das Gewölbe widerschallt, Fühlt man erst recht des Basses Grundgewalt.
Joh. Wolfg. von Goethe, Faust, I (1808). Auerbachs Keller in Leipzig (Siebel).

Bau. — Zum Bau gehören.
Louis Angely, Vaudevilles u. Lustspiele (1828—1842). D. Fest d. Handwerker. Sz. 6 (Stehauf u. Kluck).

— Der janze Bau (die ganze Gesellschaft).
Nach Louis Angely, Vaudevilles u. Lustspiele (1828—1842). D. Fest d. Handwerker. Sz. 6 (Stehauf u. Kluck). — Berliner Redensart.

Bauch. — Der Bauch ist ein Meister aller Künste. Lat.: Magister artis . . . uenter.
Aul. Persius Flacc. (um 34—62), Prolog. Übers. v. Binder. V. 10—11.

— Voller Bauch, toller Rath.
Christoph Lehmann, Politischer Blumen-Garten (1662). T. 1. Bauch. Nr. 7.

— Dem Bauche dienen.
Nach Röm., K. 16, V. 18.

— Dem Bauch kan niemandt liegen (lügen), | Noch jm, wan er hungert, betriegen. Alter Spr.

— Der Gott Venter (Bauch) und das Kloster Maulbrunn treibt und lehrt uns fast alles, was wir tun, reden und können. Alter Spr.

— Der Bauch ist ein böser Ratgeber.
Sprichwort

— Voller Bauch studiert nicht gern.
Sprichwort.

— Der liebt mich recht, der meinen Bauch füllt. Engl.: He loves me well, that makes my belly swell. Sprichwort.

Bauch. — Der ist wirklich mein Onkel, der mir den Bauch füllt. Franz.: Celui est bien mon oncle | Qui le ventre me comble.

Sprichwort.

— Der Bauch hat kein Ohr. Ital.: Il ventre non ha orecchio. Sprichwort.

— Der Bauch ist Herr; er wird schon nachtreiben. Estnisches Sprichwort.

— Der Bauch versteht keinen Spaß.

Serbisches Sprichwort.

Bauen. — Wer buwen wil, der schlag vor an, | Was kostens er darzů můß han, | Er würt sunst vor dem end abstan.

Seb. Brant, D. Narrenschif (1494). Nr. 15. V. narrechtem anslag.

— Wer an der strassen buwen wil, | Der selb hat wider sprecher vil.

Thomas Murner, Narrenbeschwerung (1512). Nr. 2. Verachtung d. dichters. Antwurt d. dichters.

— Wer bawen will an freier strassen, | Mus sich viel unnütz geswetz (Geschwätz) nicht irren lassen.

Spr. an einem Hause. Hildesheim (1611).

— Wer klug ist, baut nicht auff den Sand.

Paul Fleming, Gedichte (1642). D. güldne Freyheit.

— Wenn die Könige bau'n, haben die Kärrner zu tun. Friedr. von Schiller, Gedichte. Xenien (1797). Nr. 53. Kant u. seine Ausleger.

— Seht diese Flanken, diese Strebepfeiler, | Die stehn, wie für die Ewigkeit gebaut!

Friedr. von Schiller, Wilh. Tell (1804). A. 1, Sz. 3 (Steinmetz).

— Was Hände bauten, können Hände stürzen.

Friedr. von Schiller, Wilh. Tell (1804). A. 1, Sz. 3 (Tell).

— Wir hatten gebauet | Ein stattliches Haus | Und drin auf Gott vertrauet | Trotz Wetter, Sturm und Graus.

Aug. Daniel von Binzer, Lied bei d. Auflösung d. Burschenschaft (ged. 1819). Mel. Ich hab' mich ergeben.

— Wer hoch baut, geniert seine Nachbarn.

Joh. Jak. Mohr, Gedanken über Leben u. Kunst (1885).

— Heusser bawen (Häuser bauen) und vil bekosten von seinem gut, | Ist der weg zur armuth.

Alter Spr.

— Wer bey dem wege bawet, der hat vil meyster. Alter Spr.

— Bauen kann nur der Hab-ich, nicht der Hätt-ich. Sprichwort.

— Bauen ist ein süßes Armmachen. Engl.: Building is a sweet impoverishing. Sprichwort.

— Wer die Sucht zu bauen hat, bedarf zu seinem Verderben keines anderen Feindes. Franz.: Qui a la manie de construire | N'a besoin d'autre ennemi pour se nuire. Sprichwort.

— Bauen ist eine Lust, | Wer hat Geld und die Kost. Spr. an einem Hause. Freienhagen, Waldeck.

— Das Bauen ist ein schöner Lust, | Daß es so viel kostet, hab' ich nicht gewußt; | Wer z'schleunig arm werden will, | Der processet und bauet viel.

Spr. an einem Hause. Hall, Fassergasse.

Bauen. — Mit dem Herrn wird das Haus gebaut | Und mit Verstand erhalten.

Spr. an einem Hause. Aichelberg.

— Qui vult aedificare (wer will bauen) an der Straßen, | Debet stultum dicere (muß den Toren reden) lassen; | Optat mihi quisque (wünscht mir wer), was er will, | Opto ei (wünsche ich ihm) noch so viel. Spr. an einem Hause.

— Willst du den Bau nicht weinen, | Bau' nur mit eignen Steinen!

Spr. an einem Hause. Schweiz u. Hannover.

— Wir bauen Häuser groß und fest, | Darin wir sein nur fremde Gäst, | Und da wir sollen ewig sein, | Da bauen wir gar wenig ein.

Spr. an einem Hause. Tirol.

— Wo Gott nicht gibt zum Haus sein' Gunst, | Da ist all unser Bau'n umsunst.

Spr. im Berliner Rathause. Dritter Stock.

Bauer. — . . . ein Feldarbeiter (Bauer) — die nur sind des Landes Hort. Griech.: *Αὐτουργός, . . . οἵπερ καὶ μόνοι σῴζουσι γῆν.*

Euripides (um 480—406 v. Chr.), Orestes. Übers. v. Binder. V. 920 (Bote).

— Nichts gibt es, was wohl schärfer schiert, | Als wenn ein Bauer zum Herren wird. Mittelhochdeutsch: Nieman alsô nâhe schirt, | Sô da ein gebûr ein herre wirt.

Vridankes Bescheidenheit (1225—1240). Übertr. v. Pannier. Nr. 38. v. erkantnisse.

— Ein Bauer hat genug der Ehr', | Ist in dem Dorf der Erste er. Mittelhochdeutsch: Ein gebûr genuoc êren hât, | Der vor in sîme dorfe gât.

Vridankes Bescheidenheit (1225—1240). Übertr. v. Pannier. Nr. 38. v. erkantnisse.

— Wie mag der ellendt pur beston, | So die all wöllendt von im han | Vnd schinden wendt den armen man?

Thomas Murner, Narrenbeschwerung (1512). Nr. 33. D. schaff schinden.

— Wann ichs in aller warheit tracht, | Ein frummer pur in syner acht, | Der selb ist aller eren werdt, | So er sich von sym buwen nert, | Einfeltig handlet in sym stat, | Dann gott selbs gesegnet hat.

Thomas Murner, Narrenbeschwerung (1512). Nr. 79. D. bundtschuch vff werffen.

— Der Bauern Arbeit ist am fröhlichsten und voller Hoffnung.

Dr. Martin Luther, Tischreden oder Colloquia (1566).

— Ich wünsche, daß Sonntags jeder Bauer sein Huhn im Topfe habe. Franz.: Je veux que le dimanche chaque paysan ait sa poule au pot. Heinr. IV. v. Frankreich (reg. 1589—1610) zum Herzog v. Savoyen. Übers. v. Zimmermann.

— Die Bauern zahlen Bier und Wein, | Davon die Herren fröhlich sein; | Hat der Bauer Geld, | Hat es die ganze Welt. | Daher, Lieber, laß Bauern auch Leut' sein.

Georg Henisch, Deutscher Sprach- u. Weisheitsschatz (1616).

Bauer. — Ich bin ein guter Bawers=Mann, | Der sich gar nichts lest fechten an. | Behalte meinen freyen Sinn, | Drumb bleib ich jmmer, wer ich bin.
Gottfr. Finckelthaus, Deutsche Lieder (1643). D. Schäffer Blax a. d. Allo=Mode Brüder.

— Solch Fried' ist schwerlich gut, | Der den Bauern sanft nicht thut.
Friedr. von Logau, Deutsche Sinn=Getichte (1654). Friede.

— Bauern sind zum Rauben, | Ist der Krieger Glauben. Friedr. von Logau, Deutsche Sinn=Getichte (1654). Bauern.

— Die Weiden vnd Bauren muß man alle 3 Jahr behauen vnd die Äst stümpffen.
Christoph Lehmann, Politischer Blumen=Garten (1662). T. 2. Bawer. Nr. 7.

— Wann man einen Bauren verderben will, so muß man einen über den andern setzen.
Christoph Lehmann, Politischer Blumen=Garten (1662). T. 2. Bawer. Nr. 11.

— Gottes Barmhertzigkeit vnd der Bauren Schalckheit seynd vnerforschlich.
Christoph Lehmann, Politischer Blumen=Garten (1662). T. 2. Bawer. Nr. 12.

— Wer nicht fürchtet die Wölfe um Lichtmeß, die Bauern um Fastnacht und die Pfaffen in der Fasten, der ist ein verwegener Kriegsmann.
Christoph Lehmann, Politischer Blumen=Garten (1662).

— Kommt der Schultheiß vom Amt, so verkaufen ihm die Bauern nicht, was sie ihm früher geschenkt hätten.
Christoph Lehmann, Politischer Blumen=Garten (1662).

— Man mag Amphion sein und Fels und Wald bewegen, | Deswegen kann man doch nicht Bauern widerlegen.
Christ. Fürchtegott Gellert, Fab. u. Erz. (1746). B. 2. D. Bauern u. d. Amtmann.

— Ja, Bauer, das ist ganz was anders!
Karl Wilh. Ramler, Fabellese (1783). B. 1, Nr. 45. D. Junker u. d. Bauer.

— Der Bauer ist auch ein Mensch — sozusagen.
Friedr. von Schiller, Wallensteins Lager (1798). Sz. 10 (Erster Arkebusier).

— Des Bauern Handschlag, edler Herr, ist auch | Ein Manneswort! Was ist der Ritter ohne uns? | Und unser Stand ist älter als der eure.
Friedr. von Schiller, Wilh. Tell (1804). A. 4, Sz. 2 (Melchthal).

— König, Ritter, Bürger, Bauer, | All' ein brüderlich Geschlecht!
Aug. Wilh. von Schlegel, Poetische Werke. Gedichte. Glaube (ged. 1807).

— Der Bauer, der die Furche pflügt, | Hebt einen Goldtopf mit der Scholle.
Joh. Wolfg. von Goethe, Faust, II (1831). A. 1. Kaiserliche Pfalz. Saal d. Thrones (Mephistopheles).

— Die Bauernarbeit macht dich groß.
Joh. Wolfg. von Goethe, Faust, II (1831). A. 1. Kaiserliche Pfalz. Saal d. Thrones (Mephistopheles).

Bauer. — Denn wäre nicht der Bauer, so hättest du kein Brot.
Adelbert von Chamisso (Louis Charles Adelaide Chamisso de Boncourt), Gedichte. Lieder u. lyrisch=epische Gedichte. Deutsche Volkssagen. Nr. 1. D. Riesenspielzeug (ged. 1831).

— Der Bauer ist kein Spielzeug, da sei uns Gott davor!
Adelbert von Chamisso (Louis Charles Adelaide Chamisso de Boncourt), Gedichte. Lieder u. lyrisch=epische Gedichte. Deutsche Volkssagen. Nr. 1. D. Riesenspielzeug (ged. 1831).

— Bäuerlein, Bäuerlein tik tik tak, | Hast 'nen großen Habersack.
Friedr. Güll, Kinderheimat in Liedern (1837). Mel. v. Bernh. Kothe.

— Wenn der Bauer wird ein Edelmann, | So guckt er den Pflug mit Bril'en an.
Wilh. Müller, Gedichte (1837). Epigramme. 2. Hundert, Nr. 58. Bauer u. Edelmann.

— Gab es nicht weit früher Menschen als Könige, weit früher Bauern als Edelleute?
Karl Jul. Weber, Demokritos (1832—1840). D. Staat u. seine Formen.

— Der Bauer ist ein Fruchtbaum, alle übrigen Stände mehr die Raupen, die von seinen Blättern schmausen.
Karl Jul. Weber, Demokritos (1832—1840). D. Landwirt oder Bauer.

— Es ist ein altes Sprichwort: Hat der Bauer Geld, so hat's die ganze Welt.
Otto von Bismarck im Reichstage (15. Jan. 1885).

— Der Bauer hat den großen Vorzug vor dem Großgrundbesitzer, daß er sich immer nach der Decke streckt.
Otto von Bismarck im Reichstage (10. Febr. 1885).

— Der Bauer gehört nicht zu den Besitzlosen; der Bauer ist der Ruhe und der Ordnung in keiner Weise gefährlich; der Bauer gehört zu der Klasse der Besitzenden.
Otto von Bismarck im Reichstage (16. Febr. 1885).

— Den Bauern sind ihre Trachten, ihre Gewohnheiten nicht mehr gut genug, sie drängen sich zur Kultur der Stadt. Und die Städter sehnen sich aus der überfeinerten Kultur und Schablone nach der Ungezwungenheit, der Individualität und ungebrochenen Lebensfreude und Lebenskraft des Landes.
E. Lörcher=Straßburg, Abendblatt d. Berliner Tageblattes (15. März 1905).

— Bauer werden ist nicht schwer; | Bauer bleiben ist eine Ehr'. Alter Spr.

— Der Fürst will haben seine Pflicht; | Herr Klerus spricht: das rührt mich nicht! | Der Edelmann ist allzeit frei, | Der Jude treibt sein' Wucherei, | Der Kaufmann ruft: ich gebe nichts! | Der Bettler aber: ich habe nichts! | So muß es dann Gott im Himmel walten, | Der Bauer muß alle die Fresser erhalten. Alter Spr.

Bauer. — Ein Bawer, allzu sehr gebetten (gebeten), | Weiß nit, wie er fur hoffart soll tretten (treten). Alter Spr.

— Der Bauer | Ist ein Lauer. Sprichwort.

— Gibt der Bauer, | So sieht er sauer. Sprichwort.

— Was der Bauer nicht kennt, das ißt er nicht. Sprichwort.

— Wenn der Bauer auf den Gaul kommt, reitet er stolzer als ein Edelmann. Sprichwort.

— Wenn der Bauer nicht muß, | Rührt er weder Hand noch Fuß. Sprichwort.

— Buer iss 'n Buer, | 'n Schelm von Natur. Sprichwort. Münsterisch.

— Buren Rieklickeit (Hundsföttigkeit), | Papen (Pfaffen) Begierlickeit, | Un Guods (Gottes) Barmhiärtickeit, | Duert in alle Ewickeit. Sprichwort. Münsterisch.

— De Buer iss 'n Mählsack (Mehlsack), je duller man em kloppt, desto duller stüff (staubt) he. Sprichwort. Münsterisch.

— Ein Bauer bleibt Bauer, und schlief' er auch auf Seidenkissen. Dän.: En Bonde bliver Bonde sov han end paa Silkebolster. Sprichwort.

— Dem Bauern Eselskarbonade. Franz.: A vilain charbonnée d'âne. Sprichwort.

— Schlage den Bauer, und er wird dir Freund sein. Ital.: Batti il villano, e saratti amico. Toskanisches Sprichwort.

— Wer einen Bauer betrügen will, muß einen Bauer mitbringen. Niederl.: Die een' boer bedriegen wil, moet een' boer medebrengen. Sprichwort.

— Ein Bauer und zwei Kühe sind drei grobe Tiere. Niederl.: Eén boer en twee koeijen zijn drie grove dieren. Sprichwort.

— Was man dem Bauern tut, ist alles Fluch. Portug.: Quanto se faz ao villão, | Tudo he maldição. Sprichwort.

— Bauernscheren ist ärger denn Herrenschinden. Lettisches Sprichwort.

— Ein reicher Bauer ist ein gehörnter Ochse. Polnisches u. kleinrussisches Sprichwort.

— Bauern sind Katzenart; lobt man sie, so strecken sie sich; schmäht man sie, so bersten sie, daß sie funkeln. Sprichwörtl.

— Bauern und Juden ist nicht zu trauen. Sprichwörtl.

— Bauern und Schweine haben immer etwas zu grunzen. Sprichwörtl.

— Bei Gott gilt der Bauer so viel, als der Edelmann. Sprichwörtl.

— Ehe der Bauer zweimal geht, schleppt er, daß ihm der Buckel wehtut. Sprichwörtl.

— Ein fleißiger Bauer ist edler, als ein fauler Edelmann. Sprichwörtl.

— Ein verständiger Bauer ist mehr wert, als ein ratloser Bürger. Sprichwörtl.

Bauer. — Was der Bauer nicht kennt, das nennt er Kartoffelkraut. Sprichwörtl.

— Was weiß der Bauer vom Gurkensalat! Er frißt ihn mit der Mistforke. Sprichwörtl.

— Wenn Bauern nicht wären und ihre Gild', | So wär' ein Bettelsack der Edelleute Schild. Sprichwörtl.

— Wenn der Bauer berechnet, was der Pfannkuchen kostet, dann ißt er ihn nicht. Sprichwörtl.

— Dann wollen wir, sagt der Bauer, wenn er muß. Sprichwörtl. Redensart. Eifel.

— Eck hew emmer Onglück, säd' de rike Bür, as he sik den Stromp verkehrt antrog. Sprichwörtl. Redensart. Danzig.

— Met alle Plasir (mit Vergnügen), sege de Bürn, wenn se mösse. Sprichwörtl. Redensart. Aachen.

— Nur nichts Neues auf den Hof, sagen die Bauern. Sprichwörtl. Redensart. Franken.

— 's ist bluß meine Frau ertrunken, sagte der Bauer; ich duchte scho, 's wär' en Kolbe (Kalb) ei a Teich gefoll'n. Sprichwörtl. Redensart. Schlesien.

— Unser guter Wille ist „nichts" (geben), sagen die Bauern. Sprichwörtl. Redensart. Franken.

— Gottes Segen und des Bauern Hand | Erhält das ganze Vaterland. Inschrift an einem Hause. Gansern.

— Willst du sein ein guter Christ, | Bauer, bleib' auf deiner Mist! | Laß die Narren Freiheit singen, | Düngen geht vor allen Dingen. Inschrift auf d. Warte bei Paderborn.

— Zwar alle Menschen in der Welt | Sollen leben, wie's Gott gefällt. | Doch vor allen insonderheit | Sollen leben die Bauersleut'! Spr. an einem Hause. Rottach bei Tegernsee.

— Der Bauer muß seinen Pflug selber führen, wenn es gedeihen soll. Bauernregel.

— Ein Bauer, der sich nicht bückt, macht keine geraden Furchen. Bauernregel.

— Es ging ein Bauer ins Holz :,: | Es ging ein Bauer ins Kürbisholz, | Ki ka Kürbisholz, | Es ging ein Bauer ins Holz. | Der Bauer nahm sich ein Weib :,: usw. Vielbek. Kinderspielv.

Bauernleben. — Das Bauernleben ist das allerseligste Leben, denn es wächst ihnen alles in die Hand; die anderen Stände müssen das Ihre kaufen. Herzog Friedr. d. Weise, Kurfürst v. Sachsen (1463—1525).

Bauernmagd. — Meine Mutter hat jesagt: | Sauer is nich süße, | Nimm dir keene Bauernmagd, | Die hat krumme Füße. | Nimm dir eene aus der Stadt, | Die 'ne schlanke Talje hat. Berliner Kinderreim.

Bauernregiment. — Pfirsichbaum und Bauernregiment | Wächst schnell und nimmt bald ein End'. Sprichwort.

Bauernstand. — . . . der seligste und sicherste Stand (der Bauernstand). Dr. Martin Luther, Tischreden oder Colloquia (1566).

Bauernstand. — O Bauernstand, o Bauernstand, | Du liebster mir von allen!
Max Gottlob Ferd. Gottfr. von Schenkendorf, Gedichte. Abteilung 2. Vaterland. D. Bauernstand (ged. 1813).

— Oder ist der ganze Bauernstand wirklich so einfältig, wie der Städter sich einbildet? Da würden die Herren sich doch irren.
Otto von Bismarck im Reichstage (12. Febr. 1885).

— Aus einem kräftigen Bauernstande erwächst ein kräftiges Heer.
Ernst Wichert, D. große Kurfürst (1886).

Baufach. — Was man beim Baufach nötigst haben muß: | Der Maurer Schnaps, der Meister Spiritus. Inschrift im Ratskeller zu Wiesbaden.

Baukunst. — Ich habe . . . ein Blatt gefunden, . . . wo ich die Baukunst eine erstarrte Musik nenne.
Joh. Peter Eckermann, Gespräche mit Goethe in d. letzten Jahren seines Lebens (23. März 1829).

Baum. — Der Baum des Lebens.
Nach 1. Mos., K. 2, V. 9.

— Es ist dafür gesorgt, daß die Bäume nicht in den Himmel wachsen. Sprichwort.

— Er kann Bäume ausreißen (er hat ungeheure Kräfte). Sprichwörtl. Redensart.

— Det is, um uf de Böme zu klettern (das ist nicht auszuhalten, z. B. vor Ärger, Langweile).
Berliner Redensart.

Bäurisch. — Denn wir bäurisch treues Blut | Sind doch immer euer bestes Gut.
Joh. Wolfg. von Goethe, Gedichte. A. d. Nachlaß. An Personen. An d. Herzog Karl Aug. (ged. 1776).

Bayrisch. — Lieber bayrisch sterben, als kaiserlich verderben.
Zentrumsabg. Dr. Lieber in d. Militärkommission d. Reichstags (18. Jan. 1893).

— Bayrisch Bier aus Bayerns Malz, | Wein und Mädel aus Bayerns Pfalz, | Sind drei schöne Dinge, dächt' ich. | Wer eins hat — ei, schmeckst du prächtig!
Inschrift im Berliner Ratskeller. Bierlokal.

Beamter. — Ein guter, ehrlicher, deutscher Beamter, der lacht gar nicht, bevor er sich umsieht, ob es seine Behörde etwa merkt.
Moritz Gottl. Saphir, Neueste Schriften (1832). Nachtschatten d. Zeit u. d. Lebens.

Beantworten. — Ein anderes ist: auf etwas antworten, ein anderes: etwas beantworten.
Gotthold Ephr. Lessing, Eine Duplik (1778).

Becher. — Bekränzt mit Laub den lieben, vollen Becher | Und trinkt ihn fröhlich leer!
Matthias Claudius, Sämtl. Werke d. Wandsbecker Boten. T. 3. Rheinweinlied (ged. 1775). Mel. v. Joh. André (komp. 1776).

— Fröhlich tönt der Becher Klang | Im vertrauten Kreise! | Lieblich schallt ein Rundgesang | Nach der Väter Weise!
Friedr. Leop. Graf zu Stolberg, Gedichte. Rundgesang (ged. 1775). Mel. v. Friedr. Wilh. Weiß (1777).

Becher. — Becherrand und Lippen, | Zwei Korallenklippen, | Wo auch die gescheitern | Schiffer gerne scheitern.
Friedr. Rückert, Östliche Rosen (1822). Wanderungen. D. zwei Mächte.

— Kein Tröpflein mehr im Becher! | Kein Geld im Seckel mehr!
Emanuel Geibel, Gedichte (1840). Jugendgedichte. Lieder eines fahrenden Schülers. Nr. 1. Studentenweise.

— Tief am Grund im güldnen Becher | Liegt der Schlüssel zum Paradies: | Willst du ihn finden, so sei nur ein Zecher | Wie Sokrates und wie Hafis.
Emanuel Geibel, Neue Gedichte (1856). Verm. Gedichte. B. 2. Schenkenbuch. Nr 12.

— Man ist nur Herr, sich den ersten Becher zu versagen, nicht den zweiten.
Ludw. Börne (Löb Baruch), Gesammelte Schriften (1862—1863).

— Keinen Tropfen im Becher mehr, | Und der Beutel schlaff und leer, | Lechzend Herz und Zunge . . .
Rudolf Baumbach, Lieder eines fahrenden Gesellen (ged. 1874). D. Lindenwirtin. Mel. v. Frz. Abt.

— Im Becher ersaufen mehr als im Bache.
Alter Spr.

Bedacht. — Bedacht im Rat, Bedacht beim Wein, | Wird euer Spruch ein weiser sein.
Alter Spr.

— Wer mit Bedacht handelt, erreicht, was er erstrebt. Arabisches Sprichwort.

Bedächtig. — Bedächtige Reden führen stets zum klügsten Ziel. Griech.: *Βραδεῖς δὲ μῦθοι πλεῖστον ἀνύουσιν σοφόν.*
Euripides (um 480—406 v. Chr.), Phönizierinnen. Übers. v. Minckwitz. V. 452 (Jokaste).

— Fürwahr! bei Gott! Es ist doch gar was Schönes, | So weise, so bedächtig sein!
Gotthold Ephr. Lessing, Nathan d. Weise (1779). A. 4, Sz. 4 (Tempelherr).

— Ich weiß, daß ein feuriges Pferd auf ebendem Steig samt seinem Reiter den Hals brechen kann, über welchen der bedächtige Esel, ohne zu straucheln, geht.
Gotthold Ephr. Lessing, Sämtl. Schriften (1796—1808). Br. d. neueste Literatur betreffend. Br. 111.

— **Bedenken.** — Wer sich bedenkt noch der gedat, | Des anslag gmeinklich kumbt zů spat.
Seb. Brant, D. Narrenschif (1494). Nr. 12. V. unbesinten narren.

— Bedenke, was du tust, und was dir nützt!
Joh. Wolfg. von Goethe, Iphigenie auf Tauris (1787). A. 1. Sz. 2 (Arkas).

— . . . wer lange bedenkt, der wählt nicht immer das Beste.
Joh. Wolfg. von Goethe, Hermann u. Dorothea (1797). Euterpe.

— Immer gefährlich ist's, beim Wählen dieses und jenes | Nebenher zu bedenken und so das Gefühl zu verwirren.
Joh. Wolfg. von Goethe, Hermann u. Dorothea (1797). Polyhymnia.

Bedenken. — Den schlechten Mann muß man verachten, | Der nie bedacht, was er vollbringt.
Friedr. von Schiller, Gedichte. D. Lied v. d. Glocke (ged. Sept. 1799).

— Das Wichtige bedenkt man nie genug.
Joh. Wolfg. von Goethe, D. natürliche Tochter (1803). A. 3, Sz. 1 (Sekretär).

— Bedenke man, eh' noch die Tat beginnt!
Joh. Wolfg. von Goethe, D. natürliche Tochter (1803). A. 3, Sz. 1 (Weltgeistl.).

— Wer gar zu viel bedenkt, wird wenig leisten.
Friedr. von Schiller, Wilh. Tell (1804). A. 3, Sz. 1 (Tell).

— Ein andrer wohl bedächte sich, — du drückst | Die Augen zu und greifst es herzhaft an.
Friedr. von Schiller, Wilh. Tell (1804). A. 3, Sz. 3 (Geßler).

— Ängstlich zu sinnen und zu denken, was man hätte tun können, ist das übelste, was man tun kann.
Georg Christoph Lichtenberg, Verm. Schriften (1800—1806). Bd. 2, Nr. 2. Bemerk. verm. Inhalts. Nr. 15. Gute Vorschläge u. Maximen.

— Vorgetan und nachbedacht | Hat manchen in groß Leid gebracht. Sprichwort.

— Zum Denken stets bereit, | Zum Handeln nimm dir Zeit! Sprichwort.

Bedeutend. — Wie denn die Erscheinung von bedeutenden Menschen in irgend einem Kreise niemals ohne Folge bleiben kann.
Joh. Wolfg. von Goethe, D. Wahlverwandtschaften (1808—1809). T. 2, K. 7.

Bedingung. — Wer Bedingung früh erfährt, gelangt bequem zur Freiheit; wem Bedingung sich spät aufdringt, gewinnt nur bittere Freiheit.
Joh. Wolfg. von Goethe, Werke (1827—1830). Maximen u. Reflexionen. Abteilung 7.

Bedrängnis. — Zeigt einen Weg mir aus diesem Drang, | Hilfreiche Mächte!
Friedr. von Schiller, Wallensteins Tod (1799). A. 1, Sz. 7 (Wallenstein).

Bedürfen. — Wen die Götter lieben, | Den führen sie zur Stelle, wo man sein bedarf.
Joh. Wolfg. von Goethe, Elpenor (1781). A. 1, Sz. 4 (Elpenor).

— Der Erde Gott verlerne zu bedürfen, | Was ihm verweigert werden kann.
Friedr. von Schiller, Don Karlos (1787). A. 5, Sz. 10 (Großinquisitor).

— Bedürfen zeigt dem Menschen Menschen an. | Wer nicht bedarf, lebt von dem Leben fern.
Leop. Schefer, Laienbrevier (1834). Dez. Nr. 6.

— ... mache dich nicht stolz, wenn man deiner bedarf. Jes. Sir., K. 10, V. 29.

Bedürfnis. — Je weniger Bedürfnisse, desto glücklicher, ist eine alte, aber sehr verkannte Wahrheit.
Georg Christoph Lichtenberg, Verm. Schriften (1800—1806). Bd. 2, Nr. 2. Bemerk. verm. Inhalts. Nr. 6. Pädagogische Bemerk.

Bedürfnis. — ... denn jedes Bedürfnis ist, wie es befriedigt wird, nur eigentlich Stillung eines Schmerzes, und alles, was darauf verwendet wird, geht dem reinen, ruhigen, stillen Genuß ab.
Wilh. Freiherr von Humboldt, Br. an eine Freundin (10. Juli 1822).

— ... was dem Bedürfnis angehört, geht dem wahren Vergnügen ab. Befriedigung eines Bedürfnisses ist nur Abhilfe eines Übels, also immer etwas Negatives; das wahre Vergnügen aber, körperlich und geistig, muß etwas Positives sein. Wilh. Freiherr von Humboldt, Br. an eine Freundin (26. Mai 1823).

— Alles, was dem Bedürfnis ähnlich ist, hat die Eigentümlichkeit, daß man es viel weniger genießt, wenn man es hat, als es schmerzt, wenn man es entbehrt.
Wilh. Freiherr von Humboldt, Br. an eine Freundin (16. Juli 1825).

— ... was zum wirklichen Bedürfnisse wurde, das zwingt uns, und sind wir gezwungen, so wachsen auch unsere Kräfte bis zum Überraschenden.
Dr. Hanns Groß, Kriminalpsychologie (1898). Subjektiv. D. psychische Tätigkeit d. Richters. Aufnehmende Momente. Nr. 3. Phänomenologisches. Kennzeichen im allgemeinen.

Bedürfnislos. — Die Tätigsten der Menschen waren stets | Die unbedürftigsten.
Joh. Gottfr. von Herder, Sämtl. Werke. Gedichte. Schwungkräfte d. Menschheit (ged. 1802).

Befehlen. — Befehle nicht, wo dir die Macht gebricht! Griech.: *Μη 'πιτασσ', ἅ μη κρατεῖς.*
Sophokles (um 496—406 v. Chr.), Ödipus in Kolonos. Übers. v. Jordan. V. 835 (Kreon).

— Mit einem Herren steht es gut, | Der, was er befohlen, selber tut.
Joh. Wolfg. von Goethe, Gedichte. Sprichwörtl. (ged. 1812—1814).

— Das wäre mir die rechte Höhe, | Da zu befehlen, wo ich nichts verstehe!
Joh. Wolfg. von Goethe, Faust, II (1831). A. 4. Hochgebirge (Faust).

— Unsicherheit im Befehlen erzeugt Unsicherheit im Gehorchen.
Hellmuth von Moltke, Gesammelte Schriften (1891—1893).

— Das Befehlen hat man umsonst. Sprichwörtl.

Befinden, sich. — Danke, er befindet sich (es geht ihm gut). Berliner Redensart.

Beflecken, sich. — Eher sterben als sich beflecken. Span.: **Antes morir que mancharse.**
Wahlspr. d. Stadt Grajal in Spanien.

Beförderung. — Beförd'rung geht euch nach Empfehl' und Gunst. Engl.: **Preferment goes by letter and affection.**
William Shakespeare, Othello (um 1601—1605). Übers. v. Schlegel. A. 1, Sz. 1 (Jago).

Befreien. — Willst du viele befrein, so wag' es, vielen zu dienen! | Wie gefährlich das sei, willst du es wissen? Versuch's!

Joh. Wolfg. von Goethe, Epigramme (ged. Venedig 1790). Nr. 50.

Befreiungskrieg. — Ich habe nie großen Wert gelegt auf Dichterruhm ... Aber ein Schwert sollt ihr mir auf den Sarg legen; denn ich war ein braver Soldat im Befreiungskriege der Menschheit.

Heinr. Heine, Reisebilder. Italien (1828—1829). Reise v. München nach Genua. K. 31.

Befriedigen, jemanden. — Sucht nur die Menschen zu verwirren, | Sie zu befriedigen ist schwer. Joh. Wolfg. von Goethe, Faust, I (1808). Vorspiel auf d. Theater (Direktor).

Befriedigung. — Befriedigung, die ich nach außen träumte, | Kam nun von innen selber in mein Dach; | Das Leben rächt ja stets, was es versäumte.

Frz. Grillparzer, Sämtl. Werke (1872). Gedichte. Nr. 1. Leben u. Lieben. Heimkehr.

Begehren. — Vieles Begehrenden | Mangelt vieles. Lat.: **Multa petentibus | Desunt multa.**

Quint. Horatius Flacc., Oden (um 23 v. Chr.). Übers. v. Voß. B. 3, Nr. 16, V. 42.

— Je mehr die Menschen haben, desto mehr begehren sie. Lat.: **Homines, quo plura habent, eo cupiunt ampliora.**

Justinus (2. Jahrh.). Übers. v. Kolbe. B. 4, K. 1.

— Was macht die edlen Stein' vnd klare Perlen werth? | Ihr Werth nicht, sondern das, daß man sie so begehrt.

Friedr. von Logau, Deutsche Sinn-Getichte (1654). Edelgestein v. Perlen.

— Wer begeret, was er hat, dieser hat, was er begeret, | Ein vergnüglich herze wird seines wunsches bald gewehret.

Joh. Grob, Dichterische Versuchgabe (1678). B. 1, Nr. 102. Reichthum bestehet in vergnügung.

— Worzu dient, das zu begehren, | Was man füglich kan entbehren?

Daniel Georg Morhof, Teutsche Gedichte (1682). V. d. Zufriedenheit.

— Man liebt, was man hat; man begehrt, was man nicht hat. | Denn nur das reiche Gemüt liebt, nur das arme begehrt.

Friedr. von Schiller, Gedichte. Liebe u. Begierde (ged. 1796).

— Wer weniger hat, als er begehrt, muß wissen, daß er mehr hat, als er wert ist.

Georg Christoph Lichtenberg, Verm. Schriften (1800—1806). Bd. 2, Nr. 2. Bemerk. verm. Inhalts. Nr. 15. Gute Vorschläge u. Maximen.

— Der Ochs begert deß Sadels (Sattels), | Der Bawr (Bauer) deß Adels. Alter Spr.

— Wer nichts begehrt, dem geht nichts ab. Sprichwort.

— Begehrt ein seidenes Kleid, und ihr werdet einen Ärmel davon erhalten. Engl.: **Bode for a silk gown and ye'll get a sleeve o'it.**

Schottisches Sprichwort.

Begeistert. — Mit andern kann man sich belehren, | Begeistert wird man nur allein.

Joh. Wolfg. von Goethe, Gedichte. A. d. Nachlaß. Chinesisch-Deutsche Jahres- u. Tageszeiten (ged. 1827). Nr. 13.

Begeisterung. — Begeisterung allein ist nicht genug (für den Dichter); man fordert die Begeisterung eines gebildeten Geistes.

Friedr. von Schiller, Prosaische Schriften (1793—1802). Über Bürgers Gedichte.

— Ohne Begeisterung, welche die Seele mit einer gesunden Wärme erfüllt, wird nie etwas Großes zustande gebracht werden.

Adolf Freiherr von Knigge, Schriften (1804—1806).

— Die Begeisterung für ein würdiges Ziel stärkt die Kräfte und erleichtert die Erfolge, sie hebt, wenn sie echt und wahr ist, andrer Kräfte für das gleiche Wirken. Ihr Gegenbild ist die Schwärmerei, jene fieberhafte Hitze, die sich für Irrtümer entzündet.

Adolf Freiherr von Knigge, Schriften (1804—1806).

— Es siegt immer und notwendig die Begeisterung über den, der nicht begeistert ist.

Joh. Gottl. Fichte, Reden an d. deutsche Nation (1808). Rede.

— Die Begeisterung | Erhebt dein Herz zu helikon'schem Schwung!

Friedr. von Schiller, Werke (1812—1815). Semele. Sz. 1 (Juno).

— Begeist'rung ist keine Heringsware, | Die man einpökelt auf einige Jahre.

Joh. Wolfg. von Goethe, Werke (1815—1819). Gedichte. Epigrammatisch. Frisches Ei, gutes Ei.

— Ist nicht Begeisterung ein Affekt? und ist sie nicht die Flamme, die das Leben des Menschen, das geistige wie das irdische, nährt und erhält? ... sie füllt mit einer Wärme, in welcher ungeahnte, mächtige Kräfte der Erhaltung wie der Heilung sich entfalten.

Ernst Freiherr von Feuchtersleben, Zur Diätetik d. Seele (1838). Nr. 6. Temperament, Leidenschaft.

— Flieh' der Begeist'rung Todesschlingen; | Sie ist des kranken Geists verzücktes Zerrgesicht, | Gefesselter Gedanken Ringen!

Mich. Jurjewitsch Lermontow, Gedichte. Übers. v. Fiedler. O junger Schwärmer usw. (ged. 1839).

— Begeisterung ist Hochgenuß, Vollgenuß, Allgenuß unseres Daseins.

Joh. Heinr. Bernh. Dräseke (1774—1849).

— Ungelogene Begeisterung ist die tiefste Lebenspoesie, die unmittelbarste, reellste Glückseligkeit, die es gibt.

Bogumil Goltz, Typen d. Gesellschaft (1860).

— Begeist'rung ist aus Gott ein Funken; | Sie ruht gleich ihm voll Schöpferlust, | Ganz ins geliebte Werk versunken, | Und schwebt doch drüber klarbewußt.

Emanuel Geibel, Gedichte u. Gedenkblätter (1864). Spr. Nr. 10.

Begeisterung. — Begeisterung ist darum so schätzbar, weil sie der menschlichen Seele die Kraft einflößt, ihre schönsten Anstrengungen zu machen und fortzusetzen. Engl.: **The quality of romance or enthusiasm is to be valued as an energy imparted to the human mind to prompt and sustain its noblest efforts.**

Samuel Smiles, D. Charakter (1871). Übers. v. Dobbert. K. 12. D. Schule d. Erfahrung.

— Begeist'rung, Himmelstochter! laß dich zur Erde nieder | Und schwing ob unsern Häuptern dein siegreich Banner wieder! | Bann' ihn hinweg, den Unhold, den Dämon unsrer Zeit, | Dies schläfrig lahme Scheusal, genannt Gleichgültigkeit!

Anastasius Grün (Anton Alexander Graf von Auersperg), Gesammelte Werke (1877). Gedichte.

— Begeisterung ist alles! Gib einem Menschen alle Gaben der Erde, und nimm ihm die Fähigkeit der Begeisterung, und du verdammst ihn zum ewigen Tod.

Adolf Wilbrandt, Fridolins heimliche Ehe (1877).

— Nimmermehr wird untergehn, | Was Begeisterung erschaffen.

Hermann von Lingg, Jahresringe (1889).

— Begeisterung ist ein Feuer, das die Innenwelt in Fluß erhält, aber Vernunft muß ihr die Gußform richten, in die sich das geschmolzene Metall ergießt, sonst verfließt alles halt- und gestaltlos.

Otto von Leixner, A. meinem Zettelkasten (1896). Nr. 1. Beiträge zur Menschenkenntnis.

Begierde. — Ein andres rät die Begierde, ein andres rät die Vernunft. Lat.: **... aliudque cupido, | Mens aliud suadet.**

Publ. Ovidius Naso (um 43 v. Chr. — 17 n. Chr.), Metamorphosen. Übers. v. Voß. B. 7, V. 19—20.

— Für einen gesunden Körper schicken sich überhaupt keine heftigen, widerspenstigen, ungewöhnlichen und tobenden Begierden. Griech.: *Οὐδὲ γὰρ ἂν τὸ ὑγιαῖνον σῶμα φύσει μεγάλας ἐπιθυμίας οὐδὲ δυσπειθεῖς οὐδ' ἀσυνήθεις οὐδὲ δυσεκβιάστους.*

Plutarch (um 50—120), Moralische Abhandlungen. Übers. v. Eyth. Diätetik. K. 9.

— Sobald der Mensch eine unordentliche Begierde in sich nährt, so ist der Hausfriede seines Herzens gestört. Lat.: **Quandocumque homo inordinate aliquid appetit, statim in se inquietus fit.**

Thomas a Kempis, Nachfolge Christi (um 1410). Übers. v. Goßner. B. 1, K. 6, § 1.

— Verlaß alles, so findest du alles; laß deine Begierde, so findest du Ruhe. Lat.: **Dimitte omnia, et invenies omnia; dimitte cupiditatem, et invenies requiem.**

Thomas a Kempis, Nachfolge Christi (um 1410). Übers. v. Görres. B. 3, K. 32, § 4.

— Dan unser bgir die macht uns blint, | Zu wünschen ding, die widr uns sint.

Seb. Brant, D. Narrenschif (1494). Nr. 26. V. unnützem wünschen.

Begierde. — Menschen sind wie Pferde, die zu allen Zeiten | Mit dem schärfsten Sporne die Begierden reiten.

Friedr. von Logau, Deutsche Sinn-Getichte (1654). Begierden.

— Die Begierden sind in Wahrheit blind und hätten keinen Nutzen, wenn die Menschen leicht dahin gebracht werden könnten, bloß nach den Geboten der Vernunft zu leben.

Baruch Spinoza, Posthume Werke (1670).

Die begirden bringen mangel, hätt' ein mensch gleich noch so viel; | Darum wer sich weiß zu binden, hat ein ganz gewonnen spiel.

Joh. Grob, Dichterische Versuchgabe (1678). B. 1, Nr. 102. Reichthum bestehet in vergnügung.

— Dämpft erst tapfer und frisch die eignen Begierden und Lüste, | Dann zeigt andern den Weg und lehrt sie tugendhaft wandeln!

Joh. Christoph Gottsched, Kritische Dichtkunst (1730). Hexameter u. Pentameter.

— Deine Begierden ... sind jetzt deine Tyrannen ... man muß sie austoben lassen ... Sie werden am sichersten eingeschläfert und endlich gar überwunden, wenn man ihnen freies Feld läßt. Sie reiben sich selbst auf.

Gotthold Ephr. Lessing, Miß Sara Sampson (1755). A. 2, Sz. 3 (Marwood).

— Begier macht blind, und Wünsche trügen.

Karl Wilh. Ramler, Fabellese (1783). B. 4, Nr. 23. D. Mann u. d. Vögelein.

— Allzu große Begierde wird immer schädlich.

Joh. Wolfg. von Goethe, Reineke Fuchs (1794). Ges. 11.

— Mich schuf aus gröberm Stoffe die Natur, | Und zu der Erde zieht mich die Begierde.

Friedr. von Schiller, Wallensteins Tod (1799). A. 2, Sz. 2 (Wallenstein).

— So tauml' ich von Begierde zu Genuß, | Und im Genuß verschmacht' ich nach Begierde.

Joh. Wolfg. von Goethe, Faust, I (1808). Wald u. Höhle (Faust).

— Um seinen Verstand auszubreiten, muß man seine Begierden einschränken.

Gotthold Ephr. Lessing, Sämtl. Schriften (1796—1808). Br. An Nikolai.

— Die Begierden beschneiden ihrem Prometheus-Geier statt des Schnabels die Flügel, und so hackt er ewig ins Herz.

Jean Paul (Joh. Paul Friedr. Richter), Museum (1814).

— Himmlisch war's, wenn ich bezwang | Meine sündige Begier; | Aber wenn's mir nicht gelang, | Hatt' ich doch ein groß Pläsier.

Heinr. Heine, Sämtl. Werke. D. B. d. Lieder. Anhang älterer Gedichte (ged. 1816—1824). Zur Heimkehr. Nr. 10.

— Wer seine Begierden durch den Besitz des Begehrten zu stillen meint, gleicht dem, der Feuer mit Stroh löschen will.

Christ. Friedr. Wilh. Jakobs, Ährenlese (1823—1825).

Begierde. — Wo die Begierd' erlischt, ist auch der Arme reich, | Und wo sie herrscht, da ist der Fürst dem Sklaven gleich.

Friedr. Rückert, D. Weisheit d. Brahmanen (1836—1839).

— Nur die Begier ist | Unsterblich! Sie ist eine goldne Biene, | Die, tausendmal ertränkt im Trank der Lust, | Wir auf dem Grunde des geleerten Bechers | Doch immer wiederum lebendig finden! Rob. Hamerling, Ahasver in Rom (1866). Ges. 2. D. Bachanal.

— Doch menschliche Begier hat keine Grenze, | Als die mit fester Hand der Wille steckt.

Rob. Hamerling, Ahasver in Rom (1866). Ges. 6. Ahasver.

— Die Begierde schleicht sich ins Herz als niedliches Schmeichelkätzchen und wächst darin in kurzer Zeit zum Königstiger.

Otto von Leixner, A. meinem Zettelkasten (1896). Nr. 1. Beiträge zur Menschenkenntnis.

— Begierde setzt Sporen in die Haut.

Alter Spr.

— Der Beutel unsrer Begierden ist mit Lauchblättern zugebunden. Alter Spr.

— Begier bringt nichts nach Hause. Engl.: **Covetousness brings nothing home.** Sprichwort.

— Vor Begierde brennen.

Sprichwörtl. Redensart.

Beginnen. — O allmächtiger Zeus, gib Heil dem kühnen Beginnen! Lat.: **Jupiter omnipotens, audacibus adnue coeptis!**

Publ. Vergilius Maro (um 70 v. Chr.—19 n. Chr.), Aeneis. Übers. v. Voß. B. 9, V. 625.

— Was übel begonnen, nicht scheu', es zu ändern! Lat.: **Quod male coeptum est, ne pudeat mutasse.**

Wahlspr. Kaiser Phil. v. Schwaben (reg. 1198—1208). Übers. v. Grau.

— Man muß leise und kalt beginnen und seinen Atem, seine Kraftfülle bis zur Entscheidung und Vollendung des Werkes aufsparen. Franz.: **Il fault commencer bellement et froidement, et garder son haleine et ses vigoreux eslans au fort et perfection de la besogne.**

Michel Eyquem de Montaigne, Essays (1580). Übers. v. Titus.

— Wer vor der Zeit beginnt, der endigt früh. Engl.: **And too soon marr'd are those so early made.**

William Shakespeare, Romeo u. Julia (1593). Übers. v. Schlegel. A. 1, Sz. 2 (Capulet).

— Ein kühnes Beginnen ist halbes Gewinnen, | Ein Alexander erbeutet die Welt!

Heinr. Heine, Romanzero (1851). B. 2. Lamentationen. An d. Jungen.

— Klein begonnen, groß gewonnen ist ein altes, gutes Sprichwort.

Jul. Roderich Benedix, Gesammelte dramatische Werke (1846—1874). D. Dienstboten. Sz. 1 (Phil.).

Beginnen. — Zwar gut begonnen | Ist halb gewonnen, | Doch, soll dir voller Preis gebühren, | Mußt du's auch gut zu Ende führen.

Daniel Sanders, 366 Sprüche (1892). Nr. 366. Beginn u. Ende.

— Es hilfft nicht woll beginnen, | Sonder woll auß rinnen. Alter Spr.

— Mit Gott begonnen, | Ist schon gewonnen.

Spr. an einem Hause. Franken.

Begleiten. — Und i kann di nit b'gleiten, | Weil i hier bleiben muß.

Kommt a Vogerl geflogen usw. Bek. Volkslied u.-weise. Schlußv.

Beglücken. — Der Sturm sprach einst: Ich kenne die Welt, denn ich zerpflücke sie; | Da sprach der Reif: Ich kenne sie näher, ich erdrücke sie; | Die Sonne lacht: Ich kenne sie besser, ich beglücke sie.

Carmen Sylva (Elisabeth, Königin v. Rumänien), Meine Ruh' (1884).

Beglückt. — O wie beglückt ist der, auf dessen reine Schätze | Nicht Fluch noch Schande fällt, noch Vorwurf der Gesetze!

Friedr. von Hagedorn, Sämtl. poetische Werke (1767). Moralische Gedichte. D. Glückseligkeit.

— In düsterer Stunde | Wahre den heiligen Mut, wahr' in beglückter das Maß!

Emanuel Geibel, Juniuslieder (1848). B. d. Betrachtung. Gnomen. Nr. 3.

Begnadung. — Aber die Blüte des Seins, — nenn's Schönheit, Genius, Liebe, | Nenn' es Begnadung — umsonst, wie der ambrosische Tau, | Unerbeten fällt es herab auf die Stirn des Erwählten, | Daß sie in seliger Scham unter dem Lorbeer erglüht.

Emanuel Geibel, Juniuslieder (1848). B. d. Betrachtung. Gnomen. Nr. 6. Schlußv.

Begnügen, sich. — Wer sich begnügt, womit er soll, | Dem ist mit seiner Habe wohl. Mittelhochdeutsch: Swen gnüeget des in gnüegen sol, | Dem ist mit sîner habe wol.

Bridankes Bescheidenheit (1225—1240). Übertr. v. Pannier. Nr. 11. v. d. rîchen u. armen.

— Wer sich begnügen läßt, lebt fröhlich, stirbt gelassen.

Magnus Gottfr. Lichtwer, Vier B. Äsopischer Fab. (1748). B. 2, Nr. 20. D. Priester u. d. Kranke. Schlußv.

— Sie hätten sich sollen begnügen!

Friedr. Rückert, Gesammelte poetische Werke (1867—1869). Märchenwelt, Jugend- u. Heimatgedichte. Bestrafte Ungenügsamkeit.

— Jawohl, es sagt mancher Kaffee, der sich mit Zichorie begnügen muß.

Wilh. Raabe, Prinzessin Fisch (1883).

Begraben. — Ist's christlich, Christenvolk, dem Gott den Himmel schenckt, | Daß dich nicht ohn' Entgelt man in die Erde senckt (begräbt)?

Friedr. von Logau, Deutsche Sinn-Getichte (1654). Begräbnißkosten.

Begraben. — Ach, sie haben | Einen guten Mann begraben, | Und mir war er mehr.

Matthias Claudius, Sämtl. Werke d. Wandsbecker Boten. T. 1 (1775). Bei d. Grabe meines Vaters. Schlußv.

— Der Mensch, der einmal drunten (begraben) ist, | Sieht nimmermehr die Welt.

Joh. Gottfr. von Herder, Stimmen d. Völker in Liedern (1807). Abteilung 1, B. 2, Nr. 11. Frühlingslied. Ital.

— Wer rasch in Glut verhimmeln will, | Mich dünkt, er sollt' es haben. | Wenn wer durchaus verschimmeln will, | Gut: laß er sich begraben!

Viktor Blüthgen, Einfälle u. Ausfälle (1905). D. Bestattungsfrage.

— Frêten (Fressen) mi de Fisch, | Kam ik up'n Disch. | Lat ik mi verkûlen (von kuhle = begraben), | Denn mut ik verfûlen.

A. d. Seemannssprache. Pommern.

— Damit kannste dir bejraben lassen (es taugt nichts, was du da gemacht hast).

Berliner Redensart.

Begräbnis. — . . . ob einem reiche Totengabe (Begräbnis) wird zuteil; | Das ist nur eitle Prahlerei der Lebenden. Griech.: . . . *εἰ πλουσίων τις τεύξεται κτερισμάτων· | Κενὸν δὲ γαύρωμ' ἐστὶ τῶν ζώντων τόδε.*

Euripides (um 480—406 v. Chr.), D. Troerinnen. Übers. v. Binder. V. 1249—50 (Hekabe).

Begreifen. — Du gleichst dem Geist, den du begreifst, | Nicht mir!

Joh. Wolfg. von Goethe, Faust, I (1808). Nacht (Geist).

— Was ihr nicht begreift — und ihr habt die Wut, alles begreifen zu wollen oder wenigstens so auszusehen, als begriffet ihr — das scheltet ihr unmöglich, um euch nicht schämen zu müssen. Karl Christ. Ernst Graf von Bentzel=Sternau, Weltansichten (1816).

— Manche, denen nichts das Leben lehrte, setzen sich in Kopf, | Sie begriffen Erd' und Himmel, wenn von Worten voll ihr Kropf.

Aug. Graf von Platen=Hallermund, D. verhängnisvolle Gabel (1826). A. 1 (Schmuhl).

— Ja, denn nur die Welt, den Teufel, | Den Gott, den du begreifen kannst, begreifst, | Erblickst du!

Christ. Dietr. Grabbe, Don Juan u. Faust (1829). A. 2, Sz. 1 (D. Ritter).

— Was man nicht begreift, das findet man leicht toll.

Elisabeth (Bettina) von Arnim, Sämtl. Schriften (1853).

Begrenzung. — Kraft und Dauer wohnen | Nur in Begrenzungen.

Christ. Dietr. Grabbe, Don Juan u. Faust (1829). A. 3, Sz. 2 (D. Ritter).

Begriff. — O, wie beseliget uns Menschen ein falscher Begriff!

Joh. Wolfg. von Goethe, Epigramme (ged. Venedig 1790). Nr. 6.

Begriff. — Denn eben wo Begriffe fehlen, | Da stellt ein Wort zur rechten Zeit sich ein.

Joh. Wolfg. von Goethe, Faust, I (1808). Studierzimmer (Mephistopheles).

Begütert. — Ein Tag macht den Begüterten zum Bettler.

Friedr. von Schiller, Sz. a. d. Phönizierinnen d. Euripides (ged. 1788). (Jokasta).

Behagen, das. — Mich ergreift, ich weiß nicht wie, | Himmlisches Behagen.

Joh. Wolfg. von Goethe, Gedichte. Gesellige Lieder. Tischlied (ged. 1802). Mel. v. Max Eberwein (1810), Wilh. Ehlers (1817) u. Joh. Friedr. Reichardt.

— Alles Behagen am Leben ist auf eine regelmäßige Wiederkehr der äußern Dinge gegründet.

Joh. Wolfg. von Goethe, A. meinem Leben. Dichtung u. Wahrheit (1809—1831).

— Wie kurz sind immerdar die Augenblicke des Behagens auf dieser Erde!

Wilh. Raabe, Deutscher Adel (1879).

Beharren. — . . . wer fest auf dem Sinne beharrt, der bildet die Welt sich.

Joh. Wolfg. von Goethe, Hermann u. Dorothea (1797). Urania.

— Beharre, wo du stehst!

Joh. Wolfg. von Goethe, Werke (1827—1830). Über Naturwissenschaft. Nr. 4.

— Anfangen ist leicht, | Beharren ist Kunst.

Alter Spr.

Beharrlichkeit. — Ist Felsen auch der Boden, die Saat verstreue nur! | Es träufelt auf den Felsen, wie auf die grüne Flur, | Des Ew'gen milder Regen. Beharrlichkeit! Geduld!

Adelbert von Chamisso (Louis Charles Adelaide Chamisso de Boncourt), Gedichte. Lieder u. lyrisch=epische Gedichte. Abba Glosk Leczeka (ged. 1832).

— Jedem redlichen Bemühn | Sei Beharrlichkeit verliehn!

Joh. Wolfg. von Goethe, Poetische u. prosaische Werke (1836—1837). Zahme Xenien. Nr. 8.

— Besäße der Mensch die Beharrlichkeit, so wäre ihm fast nichts unmöglich. A. d. Chinesischen.

Beharrung. — Nur Beharrung führt zum Ziel. Friedr. von Schiller, Gedichte. Spr. d. Confucius (ged. 1799).

Behauen. — Willst du, daß wir mit hinein | In das Haus dich bauen, | Laß es dir gefallen, Stein, | Daß wir dich behauen!

Friedr. Rückert, Gesammelte Gedichte (1834—1838). Pantheon. Bruchstück 5. Zahme Xenien. Vierzeilen. 1. Hundert, Nr. 43.

Behauptung. — Behauptung (ist) nicht Beweis. Engl.: To vouch this is no proof.

William Shakespeare, Othello (um 1601—1605). Übers. v. Graf Baudissin. A. 1, Sz. 3 (Doge).

— . . . die Wahrheit bestätigt, die der Herr Abgeordnete Möller neulich mit so vielem Nachdrucke verkündete: „Es reicht hin, eine Behauptung mit Sicherheit auszusprechen, um sie für Wahrheit aussprechen zu dürfen.“

Otto von Bismarck im Reichstage (16. Febr. 1885).

Beherrschen. — Man beherrscht die Menschen nur, indem man ihnen dient; diese Regel hat keine Ausnahme. Franz.: On ne gouverne les hommes qu'en les servant; la règle est sans exception.

Viktor Cousin (1792—1867), Politische Diskurse. Übers. v. Zimmermann.

Beherrschen, sich. — Wer sein selbst Meister ist und sich beherrschen kan, | Dem ist die weite Welt und alles unterthan.

Paul Fleming, Teutsche Poemata (1643). An sich. Schlußv.

— Die Hauptsache ist, daß man lerne, sich selbst zu beherrschen.

Joh. Peter Eckermann, Gespräche mit Goethe in d. letzten Jahren seines Lebens (21. März 1830).

Behüten. — Behüt' dich Gott! es wär' zu schön gewesen; | Behüt' dich Gott! es hat nicht sollen sein!

Jos. Viktor von Scheffel, D. Trompeter v. Säckingen (1854). Ges. 14. Mel. v. Viktor Neßler.

Beichten. — Doch, wer so oft zu beichten hat, der muß auch oftmals fehlen.

Friedr. von Logau, Deutsche Sinn-Getichte (1654). Aurella.

— Niemand beichtet gern in Prosa; | Doch vertrau'n wir oft sub rosa | In der Musen stillem Hain.

Joh. Wolfg. von Goethe, Schriften (1787—1790). Gedichte. Lieder. An d. Günstigen.

— Wer wohl beichtet, | Sein Herz erleichtet.

Sprichwort.

Beifall. — Der Menge Beifall ist zwar nie der Wahrheit Grund.

Gotthold Ephr. Lessing, Schriften (1753—1755). Fragmente. A. einem Gedichte über d. menschliche Glückseligkeit.

— . . . wo so nach Menschenbeifall geangelt wird, da ist's nicht recht rein und richtig.

Matthias Claudius, Sämtl. Werke d. Wandsbecker Boten. T. 4 (1783). Ernst u. Kurzweil, v. meinem Vetter an mich.

— Der Künstler kann nur arbeiten; Beifall läßt sich, wie Gegenliebe, wünschen, nicht erzwingen.

Joh. Wolfg. von Goethe, Br. an Phil. Seidel (27. Okt. 1787).

— Wem sein eigener Beifall nicht genügt, macht an dem Beifall der Menschen einen schlechten Gewinn.

Joh. Gottfr. Seume, Sämtl. Werke (1826). Apokryphen.

— Zu erlangen des Pöbels Gunst, | Ist eine leichte Kunst; | Aber der Besseren Beifall gewinnen, | Bleibt für immer ein schweres Beginnen.

Joh. Georg Keil, Lyra u. Harfe (1834).

— Die Zeichen des Beifalls sind mir ebensoviel schmerzliche Zeichen davon, daß das einfachste Handeln nach Pflicht und Gewissen unter uns auffällig und selten ist.

Georg Gottfr. Gervinus in Abwehr d. d. Göttinger Sieben gemachten Ovationen (1837).

Beifall. — Daß der Beifall jetzt und einst nicht fehle, | Das Arkanum such' in deiner Seele!

Anastasius Grün (Anton Alexander Graf von Auersperg), Gesammelte Werke (1877). Spr.

Bein. — Bein von meinem Bein.

Nach 1. Mos., K. 2, V. 23. — Sprichwörtl. Redensart.

— Die Beine unter den Arm nehmen (schnell laufen; — man läuft so schnell, als ob man fliegt und die Beine gar nicht gebraucht).

Sprichwörtl. Redensart.

— Jemandem auf die Beine helfen (jemanden aus einer Verlegenheit retten, besonders, wenn er in Geldschwierigkeiten ist, ihm aufhelfen, wie man einem Gestürzten aufstehen, auf die Beine hilft).

Sprichwörtl. Redensart.

— Jemandem ein Bein stellen (jemandem etwas hinterlistig in den Weg stellen, damit er falle und Schaden leide; — beim Ringen ist es verpönt, den Gegner durch unerwartetes Beinstellen zum Fall zu bringen). Sprichwörtl. Redensart.

— Sich auf die Hinterbeine stellen (sich weigern, widersetzen; — wenn man ein störrisches Zugtier, Pferd oder Esel, vorwärtsziehen will, so stemmt es sich mit den Hinterbeinen dagegen).

Sprichwörtl. Redensart.

— Sich nach etwas die Beine ablaufen (sich große Mühe um etwas geben; — man läuft hierhin und dorthin, um irgend etwas zu erlangen, eine Stellung oder dergleichen). Sprichwörtl. Redensart.

— Det hat noch lange Beene (das hat noch lange Zeit; — es kommt noch nicht, hat sich noch nicht auf die Beine gemacht, um herzuschreiten).

Berliner Redensart.

— Det is ja noch lange keen Beenbruch (die Sache ist doch nicht so schlimm wie ein Beinbruch).

Berliner Redensart.

— Dir wer 'k Beene machen! (Drohwort; — dich werde ich schlagen, daß du ausreißend die Beine in Bewegung setzen wirst). Berliner Redensart.

— Jemand uf de Beene treten (jemanden mahnen; — zunächst die Aufmerksamkeit jemandes auf sich richten, ohne daß es ein andrer merkt; — bei Gesellschaften z. B. unter dem Tische fußeln).

Berliner Redensart.

Beinahe. — Beinahe ist noch nicht halb.

Alter Spr.

— Beinahe bringt keine Mücke um.

Sprichwort.

— Mit einem Beinahe muß man sich nie zufrieden geben. Franz.: On ne doit jamais se contenter d'un à peu près. Sprichwort.

Beisammen. — Laurentia, liebe Laurentia mein, | Wann werden wir wieder beisammen sein?

Volkslied u. -weise.

Beispiel. — Lang ist der Weg durch Lehren, kurz und erfolgreich durch Beispiele. Lat.: Longum iter est per praecepta, breve et efficax per exempla.

Lucius Annaeus Seneca (um 4—65), Br. Br. 6. Übers. v. Grau.

Beispiel. — Nichts ist so ansteckend als das Beispiel, und wir stiften nie viel Gutes oder viel Böses, was nicht ähnliches Gute oder Böse hervorbrächte. Franz.: Rien n'est si contagieux que l'exemple et nous ne faisons jamais de grands biens ni de grands maux qui n'en produisent de semblables.

François, Herzog von La Rochefoucauld, Reflexionen oder moralische Sentenzen u. Maximen (1665). Nr. 230. Übers. v. Zimmermann.

— In allen Lebenslagen hat das Beispiel einen erstaunlichen Einfluß auf uns; in der Kindheit vermag es alles. Die Kinder gefallen sich sehr in der Nachahmung. Franz.: Dans tous les âges l'exemple a un pouvoir étonnant sur nous, dans l'enfance il peut tout; les enfants se plaisent fort à imiter.

Fénélon, Töchtererziehung (1689). Übers. v. Arnstädt.

— Beispiel nützt zehnmal mehr als Vorschrift. Engl.: Example will avail ten times more than precept.

James Fox, Rede über Ausgaben für Kasernen (8. April 1796). Übers. v. Drabig.

— Geliebte! Nicht erretten konnt' ich dich, | So will ich dir ein männlich Beispiel geben.

Friedr. von Schiller, Maria Stuart (1800). A. 4, Sz. 4 (Mortimer).

— Ein edles Beispiel macht die schweren Taten leicht. Joh. Wolfg. von Goethe, Paläophron u. Neoterpe (1803). (Neoterpe).

— Leben zündet sich am Leben, mithin das Höchste im Kinde nur durch Beispiel.

Jean Paul (Joh. Paul Friedr. Richter), Levana oder Erzieh-Lehre (1807).

— Das Beispiel ist einer der erfolgreichsten Lehrer, obgleich es wortlos lehrt. Engl.: Example is one of the most potent of instructors, though it teaches without a tongue.

Samuel Smiles, Selbsthilfe (1860). Übers. v. Dobbert. K. 12. Beispiele. Muster.

— Das gute Beispiel prägt allein | Der Lehre Sinn dem Herzen ein.

Friedr. von Bodenstedt, A. d. Nachlasse Mirza-Schaffys (1874). B. 7. Welträtsel. D. Schulen d. Weisen.

— Beispiele tun die Möglichkeit des Erfolges dar. Engl.: Examples demonstrate the possibility of success.

Samuel Smiles, D. Sparsamkeit (1875). Übers. v. Dobbert. K. 5. Beispiele v. Sparsamkeit. Vorwort.

— Für Minderbefähigte gibt es nur einen Wegweiser zum Erfassen des Richtigen — das Beispiel.

Richard Wagner, Gesammelte Schriften (1871—1883).

— Böse Beispiele verderben gute Sitten.

Nach 1. Kor., K. 15, V. 33. — Sprichwort.

— Lebendige Exempel (Beispiele) erklären tote Regeln. Alter Spr.

— Beispiele tun oft mehr | Als viele Wort' und Lehr'. Sprichwort.

Beispiel. — Gute Exempel (Beispiele), halbe Predigt. Sprichwort.

Beißen. — Nichts zu nagen und zu beißen haben. Sprichwörtl. Redensart.

Beistehen. — Einander beizustehn, ist Bruderpflicht. Karl Wilh. Ramler, Fabellese (1783). D. Pferd u. d. Esel.

Beisteuern, etwas. — Wenn die Leute zu Gottes Ehren und zu gemeinem Nutzen beisteuern sollen, so sucht ein jeder den Bettelmantel herfür.

Christoph Lehmann, Politischer Blumen-Garten (1662).

Bekannt. — Überall bin ich zu Hause, | Überall bin ich bekannt.

Nach Friedr. Hückstedt, Gedichte (1806). Studentenlied. Mel. v. Frz. Otto (1836).

— Bekannt wie ein bunter Hund (sehr bekannt; — bunte, gefleckte Hunde gibt es seltener; daher fallen sie mehr auf und sind bekannter).

Sprichwörtl. Redensart.

— Bekannt wie Barnabas in der Passion. Franz.: Connu comme Barabas à la passion.

Sprichwörtl. Redensart.

— Bekannt sein wie die Nessel. Ital.: Esser conosciuto come l' ortica.

Sprichwörtl. Redensart.

Bekanntschaft. — . . . junge Bekanntschaft ist warm.

Gotthold Ephr. Lessing, Minna v. Barnhelm (ged. 1763). A. 3, Sz. 9 (Werner).

— Was tut man nicht, um die Bekanntschaft eines großen Mannes zu gewinnen!

Joh. Wolfg. von Goethe, D. Vögel (1780). (Papagei).

Bekennen. — Bekandt ist halb gebuesset.

Joh. Agricola, Drey hundert Gemeyner Sprichwörtter (1529). Nr. 123.

— Gar vieles kann, gar vieles muß geschehn, | Was man mit Worten nicht bekennen darf.

Joh. Wolfg. von Goethe, D. natürliche Tochter (1803). A. 1, Sz. 3 (König).

Bekenntnis. — Bekenntnisse einer schönen Seele.

Joh. Wolfg. von Goethe, Wilh. Meisters Lehrjahre (1778—1795). B. 6. Überschrift.

Beklagen. — Beklage nicht, wo du nicht helfen kannst, | Und such' zu helfen dem, was du beklagst! Engl.: Cease to lament for that thou canst not help, | And study help for that which thou lament'st.

William Shakespeare, D. beiden Veroneser (1592—1593 [?]). Übers. v. Dorothea Tieck. A. 3, Sz. 1 (Proteus).

— Ich kann nichts tun als dich beklagen, | Weil ich zu schwach zum Helfen bin.

Emanuel Schikaneder, D. Zauberflöte (1790). Komp. v. Wolfg. Amadeus Mozart. (Erste Auff. am 30. Sept. 1791 in Wien.)

Bekümmern, sich. — Wie glücklich würde mancher leben, wenn er sich um anderer Leute Sachen so wenig bekümmerte als um seine eigenen.

Georg Christoph Lichtenberg, Verm. Schriften (1800—1806). Bd. 2, Nr. 2. Bemerk. verm. Inhalts. Nr. 4. Beobachtungen über d. Menschen.

Bekümmert. — Einem bekümmerten Gemüte glaube nicht!

Christoph Lehmann, Politischer Blumen-Garten (1662).

— Denn welch bekümmert Herz besiegt man gleich mit Gründen?

Christ. Fürchtegott Gellert, Fab. u. Erz. (1746). B. 2. Alcest.

— . . . wenn das Herz bekümmert ist, so fällt auch der Mut. Spr. Sal., K. 15, V. 13.

— Bekümmert Herz | Treibt selten Scherz. Sprichwort.

Belehrung. — Wie viele Fortschritte jemand auch gemacht haben mag, so gibt es doch niemand, der, solange er lebt, nicht der Belehrung bedürfte. Lat.: **Quantumlibet quisque profecerit, nemo est, qui doceri non egeat, dum vivit.**

Ambrosius (um 340—397), V. d. Pflichten. Übers. v. Lichter. B. 1, K. 1.

— Zucht und Belehrung führt der Jugend | Bildsame Herzen früh zur Tugend.

Friedr. von Schiller, Iphigenie in Aulis (ged. 1788). A. 2. Zweite Zwischenhandlung. Gegenstr. (Chor).

Beleidigen. — Wen du beleidiget hast, und hätt'st du ihm, zur Versöhnung, | Tausend Gutes erzeigt, traue dem Manne nie ganz! | Zogst du den Pfeil aus der Wunde, so bleibt doch lange der Schmerz nach; | Und im tiefen Gemüt wohnet am tiefsten der Groll.

Joh. Gottfr. von Herder, Sämtl. Werke (1805—1820). Blumenlese a. morgenländischen Dichtern. Nr. 2. D. Rosental. B. 2. D. Beleidigte.

— Bittet für die, so euch beleidigen und verfolgen! Matth., K. 5, V. 44.

Beleidiger. — Erhaben ist's, den Beleidiger zu lieben.

Friedr. Gottl. Klopstock, Sämtl. Werke (1798—1821).

— Der Beleidiger verzeiht nie. Sprichwörtl.

Beleidigte, der. — Eigentümlich ist's menschlicher Gemütsart, Beleidigte zu hassen. Lat.: **Proprium humani ingenii est odisse, quem laeseris.** Corn. Tacitus, Leben d. Agricola (um 97). Übers. v. Walch. K. 42.

— Der Beleidigte schreibt mit Stahl auf einen Marmorstein. Engl.: **The hurt man writes wi' steel on a marble stone.**

Schottisches Sprichwort.

Beleidigung. — Nichts wird langsamer vergessen als eine Beleidigung und nichts eher als eine Wohltat.

Dr. Martin Luther, Alle B. u. Schriften (1539—1559).

— Schlecht ist, wer Beleidigungen in Marmor und Wohltaten in den Sand schreibt.

Türkisches Sprichwort.

Bellen. — Hunde, die am meisten bellen, beißen am wenigsten. Sprichwort.

— Den Mond anbellen.

Sprichwörtl. Redensart.

Belohnung. — Gute Belohnung macht willige Arbeiter. Sprichwort.

Bemoost. — Bemooster Bursche zieh' ich aus!

Gustav Schwab, Gedichte. Lied eines abziehenden Burschen (ged. 1814). Mel. v. Albert Methfessel (1820).

Bemühen, das. — Hier hilft nun weiter kein Bemühn! | Sind Rosen, und sie werden blühn.

Joh. Wolfg. von Goethe, Werke (1815—1819). Gedichte. Epigrammatisch. Kommt Zeit, kommt Rat.

— All unser redlichstes Bemühn | Glückt nur im unbewußten Momente. | Wie möchte denn die Rose blühn, | Wenn sie der Sonne Herrlichkeit erkennte! Joh. Wolfg. von Goethe, Werke. Zahme Xenien. Nr. 3 (1824).

— Großes, redliches Bemühen | Emsig still sich fördern mag; | Jahre kommen, Jahre fliehen, | Freudig tritt es auf zum Tag.

Joh. Wolfg. von Goethe, Gedichte. A. d. Nachlaß. An Personen. D. verehrten achtzehn Frankfurter Festfreunden (ged. 29. Sept. 1831).

Bemühen, sich. — Wer sich eifrig bemühet, der findet. Arabisches Sprichwort.

Beneiden. — Und der Bettler beneidet den Bettler, der Sänger den Sänger. Griech.: *Καὶ πτωχὸς πτωχῷ φθονέει καὶ ἀοιδὸς ἀοιδῷ.*

Hesiod (8. Jahrh. v. Chr.), Werke u. Tage. Übers. v. Uschner. V. 25—26.

— . . . wenn die Menschen dich nicht bewundern oder beneiden, bist du auch nicht glücklich.

Joh. Wolfg. von Goethe, Clavigo (1774). A. 4. Clavigos Wohnung (Karlos).

— Das Größte will man nicht erreichen, | Man beneidet nur seinesgleichen; | Der schlimmste Neidhart ist in der Welt, | Der jeden für seinesgleichen hält.

Joh. Wolfg. von Goethe, Gedichte. Epigrammatisch. Égalité (ged. April 1814).

— Nur Zufriedenheit und Ruhe | Bringen ungetrübte Freuden, | Aber Unruh' quält beständig, | Wenn wir andrer Glück beneiden.

Peter von Bohlen, Bhartriharis Spr. (1835).

— Lieber nacheifern als beneiden. Lat.: **Imitari, quam invidere.**

Wahlspr. d. Child.

Beobachter. — Der beste Beobachter und der tiefste Denker ist allemal der mildeste Richter. Engl.: **The greatest observer and the most profound thinker is invariably the most lenient judge.** Henry Thomas Buckle, Gesch. d. Zivilisation (1858—1861). Übers. v. Ritter. K. 4.

— Ein scharfer Beobachter ist ohne Zweifel selten, aber ein scharfer Denker ist viel seltner. Engl.: **An accurate observer is, no doubt, rare; but an accurate thinker is far rarer.**

Henry Thomas Buckle, Gesch. d. Zivilisation (1858—1861). Übers. v. Ritter. K. 20.

Beraten. — Was du schnell kannst erled'gen, berate sicher und reiflich; | Vorwärts kommt, wem gefällt langsam bedächtiger Schritt. Lat.: **Quod celer expedias, mature consule tutus; | Progreditur, lenti cui placuere gradus.**

Inschrift im Rathause zu Danzig.

Beratschlagen. — Während Rom beratschlagt, geht Sagunt zugrunde. Lat.: **Dum Roma deliberat, Saguntum perit.**

Nach Tit. Livius (um 59 v. Chr.—17 n. Chr.), Römische Gesch. Übers. v. Ostertag. B. 21, K. 7.

Berauscht. — Ich sage dir: ein Weiser bleibt berauscht daheim! Griech.: *Ὅς δ' ἂν μεθυσθείς γ' ἐν δόμοις μείνῃ, σοφός.*

Euripides (um 480—406 v. Chr.), Kyklops. Übers. v. Minckwitz. V. 538 (Odysseus).

Beredsamkeit. — Die wahre Beredsamkeit besteht darin, das zu sagen, was zur Sache gehört, und eben nur das. Franz.: **La véritable éloquence consiste à dire tout ce qu'il faut, et à ne dire que ce qu'il faut.**

François, Herzog von La Rochefoucauld, Reflexionen oder moralische Sentenzen u. Maximen (1665). Nr. 250. Übers. v. Zimmermann.

— Dichtkunst ist ein Spiel der Sinnlichkeit, durch den Verstand geordnet; Beredsamkeit ein Geschäft des Verstandes, durch Sinnlichkeit belebt.

Immanuel Kant, Anthropologie (1798).

— Das große Geheimnis der Beredsamkeit soll im Ernst bestehen. Engl.: **The great secret of eloquence is to be in earnest.**

Edward George Earle Lord Bulwer Lytton, Rienzi (1835). Übers. v. Roth. B. 1, K. 5.

Beredt. — Für den eigenen Zweck zeigte sich jeder beredt. Lat.: **Proque sua causa quisque disertus erat.**

Publ. Ovidius Naso (um 43 v. Chr.—17 n. Chr.), Festkalender. Übers. v. Klußmann. B. 4, V. 112.

— Ein beredter Mund | Hat oft viel gekunnt, | Manchmal zum Verrichten, | Manchmal zum Vernichten.

Friedr. von Logau, Deutsche Sinn-Getichte (1654). Beredtsamkeit.

Bereit. — Wir sind erzbereit! Franz.: **Nous sommes archiprêts!**

Kriegsminister Leboeuf in d. franz. Kammer (15. Juli 1870). Übers. v. Zimmermann.

— . . . und alles (ist) bereit; kommt zur Hochzeit!

Matth., K. 22, V. 4.

— Heut an mir | Nächst an dir! | Allezeit | Sei bereit! Spr. auf einem Friedhof. Kloster Schöntal, Württemberg.

Bereitschaft. — In Bereitschaft sein ist alles! Engl.: **The readiness is all.**

William Shakespeare, Hamlet (1601—1602). Übers. v. Schlegel. A. 5, Sz. 2 (Hamlet).

Bereuen. — Bereu'n? Das wäre memmenhaft und weibisch. Engl.: **Relent! 'tis cowardly and womanish.**

William Shakespeare, Richard III. (1592). Übers. v. Schlegel. A. 1, Sz. 4 (Erster Mörder).

Bereuen. — Poenitet (es reut mich) ist ein Impersonale.

Christoph Lehmann, Politischer Blumen-Garten (1662).

— Das sollst du am Kreuze bereuen!

Friedr. von Schiller, Gedichte. D. Bürgschaft (ged. 27.—30. Aug. 1798).

— Gefragt nach rechtem Lebenspfade, | Höre, was Sankt Antonius spricht: | Ruhe vertrauend in Gottes Gnade | Und Vergangnes bereue nicht!

Joh. Gottfr. Kinkel, Gedichte (1843). Spr. Nr. 86.

— Nichts bereuen ist aller Weisheit Anfang.

Ludw. Börne (Löb Baruch), Gesammelte Schriften (1862—1863). Fragmente u. Aphorismen. Nr. 202.

— Begangne Torheit zu bereuen | Hilft nur, wenn wir sie nicht erneuen.

Friedr. von Bodenstedt, A. d. Nachlasse Mirza-Schaffys (1874). B. 7. Welträtsel. D. Schulen d. Weisen.

Berg. — Berge kreißen, doch sieh! Es kriecht eine winzige Maus 'raus. Lat.: **Parturiunt montes, nascetur ridiculus mus!**

Quint. Horatius Flacc., Dichtkunst (um 20 v. Chr.). Übers. v. Voß. V. 139.

— Man lacht des Bergs, der einer Maus genas. Engl.: **When great things labouring perish in their birth.**

William Shakespeare, Verlorne Liebesmüh' (1591—1592[?]). Übers. v. Graf Baudissin. A. 5, Sz. 1 (Prinzessin).

— Sei mir gegrüßt, mein Berg, mit dem rötlich strahlenden Gipfel!

Friedr. von Schiller, Gedichte. D. Spaziergang (ged. Sept. 1795).

— Auf grünen Bergen wird geboren | Der Gott, der uns den Himmel bringt.

Novalis (Friedr. Ludw. Freiherr von Hardenberg), Schriften. Heinr. v. Ofterdingen. Weinlied (ged. 1799). Mel. v. Christ. Schulz (1807).

— Lebt wohl, ihr Berge, ihr geliebten Triften!

Friedr. von Schiller, D. Jungfrau v. Orleans (1801). Prolog. Sz. 4 (Johanna). Mel. v. Joh. Rudolf Zumsteeg (1803).

— Da droben auf jenem Berge, | Da steh' ich tausendmal.

Joh. Wolfg. von Goethe, Gedichte. Lieder. Schäfers Klagelied (ged. 21. Jan. 1802). Mel. v. Joh. Friedr. Reichardt (1809), Frz. Schubert u. a.

— Auf den Bergen ist Freiheit! Der Hauch der Grüfte | Steigt nicht hinauf in die reinen Lüfte.

Friedr. von Schiller, D. Braut v. Messina (1803). Säulenhalle (Chor. Cajetan).

— Da droben auf jenem Berge, | Da steht ein altes Schloß.

Joh. Wolfg. von Goethe, Gedichte. Lieder. Bergschloß (1804). Mel. v. Bernh. Klein.

— Ich bin der Knab' vom Berge!

Ludw. Uhland, Gedichte. Lieder. D. Knaben Berglied (ged. 29. Juni 1806). Mel. v. Karl Aug. Groos (1818).

Berg. — Uf'm Bergli | Bin i g'sässe.
Joh. Wolfg. von Goethe, Gedichte. Gesellige Lieder. Schweizerlied (ged. 1811). Mel. v. Jos. Gersbach (1828) u. Volksweise (um 1829).

— Was schimmert dort auf dem Berge so schön? Karl Breidenstein, D. Kapelle (ged. 1818). Mel. v. Konradin Kreutzer (1827).

— Ich hebe meine Augen auf zu den Bergen, von welchen mir Hilfe kommt. Ps. 121, V. 1.

— Berge versetzen (etwas Ungeheures vollbringen).
Nach Hiob, K. 9, V. 5. — Sprichwörtl. Redensart.

— Hinter dem Berge halten (mit seiner Meinung nicht offen herausrücken; — ein Räuber z. B., der es auf einen Reisenden abgesehen hat, tritt diesem nicht offen entgegen, sondern hält sich hinter einer Anhöhe, einem Strauch oder dergleichen verborgen, um ihn unversehens zu packen).
Sprichwörtl. Redensart.

— Über den Berg sein (das Schlimmste überstanden haben; — der Weg einen Berg, eine Erhöhung hinauf ist schwerer, als ein solcher auf glatter Bahn oder die Anhöhe herunter).
Sprichwörtl. Redensart.

Bergauf. — Die Führer der Menschheit legen ihr Hemmketten an, so oft sie bergauf geht; niederwärts aber überlassen sie sie ungehindert der reißenden Fahrt, mögen auch nur Trümmer zum Ziele gelangen.
Ludw. Börne (Löb Baruch), Gesammelte Schriften (1862—1863).

— Bergauf ist eine Last, | Doch oben süße Rast. Alter Spr.

— Bergauf — sachte! | Bergab — achte! | Gradaus — trachte!
Spr. im Rathaus zu Berlin. Erdgeschoß.

Berlin. — Ich kann dich ohne Gram verlassen, | Unruhiges Berlin! | Wer Lust hat, nicht sich selbst zu hassen, | Wird willig mit mir ziehn.
Joh. Wilh. Ludw. Gleim, Sämtl. Werke. Gedichte. An Lamprecht u. Uz (ged. 1743).

— Es zog aus Berlin ein tapferer Held.
Ernst Moritz Arndt, Lieder für Teutsche. D. Lied v. Schill (ged. 1812). Volksweise.

— Berlin! Berlin! du großes Jammertal, | Bei dir ist nichts zu finden, als lauter Angst und Qual. Heinr. Heine, D. B. d. Lieder. Junge Leiden (ged. 1817—1821). Romanzen. Berlin.

— Verlaß Berlin mit seinem dicken Sande | Und dünnen Tee und überwitz'gen Leuten, | Die Gott und Welt, und was sie selbst bedeuten, | Begriffen längst mit Hegelschem Verstande.
Heinr. Heine, Neue Gedichte. Friederike (ged. 1824). Nr. 1.

— In Berlin, sagt' er, | Mußt du sein, sagt' er, | Und gescheit, sagt' er, | Immer sein, sagt' er.
Karl von Holtei, D. Wiener in Berlin. (Erste Auff. am 14. Juni 1824.) Ges. Luisens.

— O Berlin, ich muß dich lassen, o du wunderschöne Stadt!
Handwerksburschenabschied v. Liebchen. Volkslied. Mel. v. Karl Maria von Weber.

Beruf. — Der Trieb, den Gott in jedem schuf, | Ist sein natürlicher Beruf.
Magnus Gottfr. Lichtwer, Vier B. Äsopischer Fab. (1748). B. 2, Nr. 23. D. Satyrenschreiber. Schlußv.

— Berufstätigkeit ist die Mutter eines reinen Gewissens, ein reines Gewissen aber die Mutter der Ruhe; — und nur in der Ruhe wächst die zarte Pflanze des irdischen Wohlseins.
Ernst Freiherr von Feuchtersleben, Zur Diätetik d. Seele (1838). Tagebuchblätter.

— Vertraue du Gott, und bleibe in deinem Beruf! Jes. Sir., K. 11, V. 21.

— Ein jeglicher bleibe in dem Beruf, darinnen er berufen ist! 1. Kor., K. 7, V. 20.

Berühmt. — Schön ist's doch, wenn man auf dich zeigt und der Ruf ertönt: Der ist's! (wenn man berühmt ist). Lat.: **At pulchrum est digito monstrari et dicier: hic est!**
Aul. Persius Flacc. (um 34—62), Sat. Übers. v. Weber. Nr. 1, V. 28.

Besänftigen. — Besänftigen ist eine rare Kunst; um sie zu üben, muß man das Herz, welches man besänftigen will, vollständig kennen und aller seiner Schwingungen Meister sein.
Jer. Gotthelf (Albert Bitzius), Uli d. Pächter (1849).

Beschäftigen, sich. — Weiß ich, womit du dich beschäftigst, so weiß ich, was aus dir werden kann. Joh. Wolfg. von Goethe, Werke (1827—1830). Maximen u. Reflexionen. Abteilung 1.

Beschäftigung. — Zur Beruhigung des Gemüts trägt angemessene Beschäftigung viel bei.
Wilh. Freiherr von Humboldt, Br. an eine Freundin (5. Juni 1832).

— Auch die scheinbar niedrigste Beschäftigung kann durch den Geist, der sie belebt, geadelt werden.
Oskar von Redwitz, Hymen (1885).

Bescheiden. — Alle großen Männer sind bescheiden.
Gotthold Ephr. Lessing, Sämtl. Schriften. Br., d. neueste Literatur betreffend (1759—1765). T. 4, Br. 65.

— Wie zieret den bescheidnen Mann der Kranz!
Joh. Wolfg. von Goethe, Torquato Tasso (1789). A. 1, Sz. 3 (Leonore).

— Wenn jemand bescheiden bleibt, nicht beim Lobe, sondern beim Tadel, dann ist er's.
Jean Paul (Joh. Paul Friedr. Richter), Hesperus (1795).

— Es ist eine alte Regel: Ein Unverschämter kann bescheiden aussehn, wenn er will, aber kein Bescheidener unverschämt.
Georg Christoph Lichtenberg, Verm. Schriften (1800—1806). Bd. 2, Nr. 2. Bemerk. verm. Inhalts. Nr. 5. Physiognomische u. pathognomische Beobachtungen u. Bemerk.

Bescheiden. — Nur die Lumpe sind bescheiden, | Brave freuen sich der Tat.

Joh. Wolfg. von Goethe, Gedichte. Gesellige Lieder. Rechenschaft (ged. Febr. 1810). Mel. v. Karl Friedr. Zelter (komp. 1810).

— Wie du den Weisen gewinnst, zartsinnige Frauen und Helden? | Wenn du bescheiden und stolz, nimmer nur eitel erscheinst.

Karl Gustav von Brinckmann, Elegien u. Arabesken (1820).

— . . . vielmehr finden wir, daß alle geistig wie körperlich durchaus naturkräftig ausgestatteten Menschen in der Regel die bescheidensten sind, dagegen alle besonders geistig verfehlten weit eher einbilderischer Art.

Joh. Peter Eckermann, Gespräche mit Goethe in d. letzten Jahren seines Lebens (5. April 1830).

— Denn dem Bescheidenen vergrößert Gutes, | Verkläret Schönes sich vieltausendfach.

Leop. Schefer, Laienbrevier (1834). Mai. Nr. 19.

— Bescheiden ist, wer sich bescheidet, wer bescheiden | Sich läßt und Grenzen ehrt, die ihn von andern scheiden.

Friedr. Rückert, D. Weisheit d. Brahmanen (1836—1839). B. 20, Nr. 103. (Stufe 6. Prüfung. Nr. 380.)

— Selbst der bescheidenste Mensch hält mehr von sich, als sein bester Freund von ihm hält.

Marie von Ebner-Eschenbach, Aphorismen (1893).

— Fein höflich und bescheiden, | Wer das von Herzen ist, | Den mögen alle leiden, | Der hat genug zu jeder Frist. Sprichwort.

Bescheiden, sich. — Lerne still dich bescheiden, | Sanftmut lern' und Geduld, | Und mit Lächeln im Leiden | Zahl' dem Glücke die Schuld!

Emanuel Geibel, Gedichte u. Gedenkblätter (1864). Lieder a. alter u. neuer Zeit. Nr. 21.

Bescheidenheit. — Wodurch wird Würd' vnd Glück erhalten lange Zeit? | Ich meine durch nichts mehr, als durch Bescheidenheit.

Friedr. von Logau, Deutsche Sinn-Getichte (1654). Bescheidenheit.

— Die Bescheidenheit ist dem Verdienste, was der Schatten den Gestalten eines Gemäldes: sie gibt ihm Kraft und Ausdruck. Franz.: **La modestie est au mérite ce que les ombres sont aux figures dans un tableau: elle lui donne de la force et du relief.**

Jean de La Bruyère, Charaktere (1688). Übers. v. Hamel. V. persönlichen Verdienst.

— Bescheidenheit ist eine Eigenschaft, welche die Frauen an einem Liebhaber mehr loben als lieben. Engl.: **Modesty is a quality in a lover more praised by the women than liked.**

Richard Brinsley Sheridan, D. Nebenbuhler (1775). A. 2, Sz. 2 (Sir Lucius O'Trigger). Übers. v. Drabig.

— Nun der Bescheidenheit genug! | Denn sie nur immerdar zu hören, wo | Man trockene Vernunft erwartet, ekelt.

Gotthold Ephr. Lessing, Nathan d. Weise (1779). A. 3, Sz. 5 (Saladin).

Bescheidenheit. — Bescheidenheit . . . ist eine Selbstverleugnung nach außen, welche, auf einem großen inneren Werte ruhend, als die höchste Eigenschaft des Menschen angesehen wird.

Joh. Wolfg. von Goethe, Wilh. Meisters Lehrjahre (1777—1796).

— Übertriebene Bescheidenheit ist auch Eitelkeit. Aug. von Kotzebue, Falsche Scham (1798).

— Die Bescheidenheit müßte die Tugend derer sein, denen die andern fehlen.

Georg Christoph Lichtenberg, Verm. Schriften (1800—1806). Bd. 3, Nr. 2. Patriotischer Beitrag zur Methyologie d. Deutschen usw.

— Ziert Bescheidenheit den Jüngling, | Nicht verkenn' er seinen Wert!

Frz. Grillparzer, D. Ahnfrau (1817). A. 1 (Graf).

— Bescheidenheit ist eine Zier, | Doch kommt man weiter ohne ihr.

Parodiert nach Frz. Grillparzer, D. Ahnfrau (1817). A. 1 (Graf).

— Ein großer Mensch spricht edel von der Welt und sich, | Ein kleiner klein und niedrig; aber das gefällt, | Das nennen dann die Niedrigsten Bescheidenheit.

Aug. Graf von Platen-Hallermund, D. verhängnisvolle Gabel (1826). A. 4 (Schmuhl).

— Was der Rose die Farbe, was süßem Obste der Duft ist, | Das ist Bescheidenheit dir; ohne sie reizt kein Genuß.

Karl Ludw. von Knebel, Lebensblüten in Distichen (1827).

— Weil's mehr als Seide, Perl' und Gold | Der Schönheit Zier verleiht, | So nenn' ich's „Blümchen Wunderhold". | Sonst heißt's — Bescheidenheit.

Gottfr. Aug. Bürger, Werke (1829—1833). Gedichte. D. Blümchen Wunderhold. Schlußv.

— Unter allen Dingen ist menschliche Bescheidenheit am leichtesten totgeräuchert und totgeschwefelt, und manches Lob ist so schädlich wie eine Verleumdung.

Jean Paul (Joh. Paul Friedr. Richter), Sämtl. Werke (1826—1838).

— Bescheidenheit ist ein Schmuck, den man seiner Toilette hinzufügt.

Theod. Mundt, D. Delphin (1838—1839).

— Bescheidenheit, ein Schmuck des Manns, steht jedem fein, | Doch doppelt jenem, der Grund hätte, stolz zu sein.

Friedr. Rückert, D. Weisheit d. Brahmanen (1836—1839). B. 3, Nr. 46, B. 29. (Stufe 5. Leben. Nr. 531.)

— Bescheidenheit, die liebenswürdigste Tochter der Selbstkenntnis, und durchaus verschieden von der Kuttentugend Demut, haschet nicht nach Auszeichnungen, drängt sich nicht zu, und werden sie ihr, so nimmt sie solche mit Dank an, ohne sich zu erheben.

Karl Jul. Weber, Demokritos (1832—1840). D. Selbstsucht. D. Fortsetzung.

Bescheidenheit. — Sie schwatzen von Bescheidenheit, | Mich dünkt, das ist ein fleckig Kleid! | Der hat nach Rechten nie getrachtet, | Der nicht die eigne Arbeit achtet.

Joh. Gottfr. Kinkel, Gedichte (1843). Spr.

— Die Ruhmlosen haben gewiß recht, wenn sie von Bescheidenheit predigen. Es wird ihnen so leicht, diese Tugend auszuüben, sie kostet ihnen keine Überwindung, und durch ihre Allgemeinheit bemerkt man nicht ihre Tatenlosigkeit.

Heinr. Heine, Sämtl. Werke (1861—1868). Verm. Schriften. Gedanken u. Einfälle. Staat u. Gesellschaft.

— Willst die Bescheidenheit du des Bescheidenen prüfen, so forsche, | Nicht ob er Beifall verschmäht, ob er den Tadel erträgt.

Frz. Grillparzer, Sämtl. Werke (1872). Gedichte. Nr. 1. Leben u. Lieben. Epigrammatisches. Votiv-Tafeln. Nr. 3.

— Bescheidenheit ist das gemäßigte Selbstbewußtsein. Wer sich nicht für etwas hält, kann nicht bescheiden sein; der aber ist es, der von sich selbst die Grenzen seiner Kraft und die Mangelhaftigkeit seiner Leistungen kennt.

Berth. Auerbach, Gesammelte Schriften (1892).

— Die Bescheidenheit, die zum Bewußtsein kommt, kommt ums Leben.

Marie von Ebner-Eschenbach, Aphorismen (1893).

— Bescheidenheit, | Das schönste Kleid.

Sprichwort.

Beschieden sein. — Uns ist beschieden dies und das, | Der ein' sitzt trocken, der andre naß.

Sprichwort.

Beschlafen, etwas. — Es gibt Leute, die zu keinem Entschluß kommen können, sie müssen sich denn erst die Sache beschlafen haben. Das ist gut; nur kann es Fälle geben, wo man riskiert, mitsamt der Bettlade gefangen zu werden.

Georg Christoph Lichtenberg, Verm. Schriften (1800—1806). Bd. 2, Nr. 2. Bemerk. verm. Inhalts. Nr. 4. Beobachtungen über d. Menschen.

Beschlagen. — Gut beschlagen sein (in einer Sache wohl erfahren sein, sie fest und sicher leiten können; — das Pferd geht sicher und fest auf glattem Boden, wenn es gut beschlagen ist).

Sprichwörtl. Redensart.

Beschränken, sich. — Im übrigen . . . ist es zuletzt die größte Kunst, sich zu beschränken und zu isolieren.

Joh. Peter Eckermann, Gespräche mit Goethe in d. letzten Jahren seines Lebens (20. April 1825).

Beschränkt. — Beschränkten Menschen ist es eigen, daß sie die wenigen Ideen, die in dem engen Kreise ihrer Fassungskraft liegen, mit einer Klarheit ergreifen, die uns in der Schätzung ihres Geistes oft irre macht. Sie sind wie Bettler, die das Gepräge und die Jahreszahl jedes ihrer Kreuzer kennen.

Ludw. Börne (Löb Baruch), Gesammelte Schriften (1862—1863). Fragmente u. Aphorismen. Nr. 93.

Beschränkung. — In der Beschränkung zeigt sich erst der Meister, | Und das Gesetz nur kann uns Freiheit geben.

Joh. Wolfg. von Goethe, Was wir bringen (ged. 1802). Sz. 19. (Erste Auff. am 26. Juni 1802 in Lauchstädt).

— Suchest du Glück in der Welt, nur triffst du es an in Beschränkung; | Kindliche Einfalt gibt mehr, als ein Spinoza dich lehrt.

Siegfried Aug. Mahlmann, Sämtl. Schriften (1839—1840). Gedichte. A. d. Leben.

— Fremde Beschränkung fesselt den Geist; die eigne lähmt ihn.

Ludw. Börne (Löb Baruch), Gesammelte Schriften (1862—1863). Kritiken. Nr. 16.

Besen. — Der neue Besen kehret wohl. Mittelhochdeutsch: Der niuwe beseme keret wol.

Vrîdankes Bescheidenheit (1225—1240). Übertr. v. Pannier. Nr. 15. v. dieneste.

— In die Ecke, | Besen! Besen! | Seid's gewesen! | Denn als Geister | Ruft euch nur, zu seinem Zwecke, | Erst hervor der alte Meister.

Joh. Wolfg. von Goethe, Gedichte. Balladen. D. Zauberlehrling (ged. Frühjahr 1797). Schlußv.

— Die Hand, die Samstags ihren Besen führt, | wird Sonntags dich am besten karessieren.

Joh. Wolfg. von Goethe, Faust, I (1808). Vor d. Tor (Erster Schüler).

Besenstiel. — Steif wie ein Besenstiel sein, einen Besenstiel verschluckt, im Rücken haben (sich steif und hölzern benehmen).

Sprichwörtl. Redensart.

Besiegte, der. — Wehe den Besiegten! Lat.: **Vae victis!**

Nach Tit. Livius, Römische Gesch. B. 5, K. 48, § 9. Übers. v. Grau.

Ausruf d. Brennus vor d. Einnahme Roms (390 v. Chr.).

— Ein Heil bleibt den Besiegten allein, kein Heil mehr zu hoffen. Lat.: **Una salus victis nullam sperare salutem.**

Publ. Vergilius Maro (um 70 v. Chr.—19 n. Chr.), Aeneis. Übers. v. Voß. B. 2, V. 354.

— Immer heißt der Besiegte Verräter und der Sieger treu. Span.: **Siempre | El traidor es el vencido, | Y el leal es el que vence.**

Don Pedro Calderon de la Barca (1600—1681).

Besinnen, sich. — Was macht Gewinnen? | Nicht lange besinnen!

Joh. Wolfg. von Goethe, Westöstlicher Divan. B. d. Betrachtungen. Fünf andere (ged. 16. Dez. 1814).

— Erst besinns', | Dann beginn's.

Sprichwort.

— Vorm Beginnen | Sich besinnen | Macht gewinnen.

Sprichwort.

— Wer sich besinnt, | Dem's verrinnt; | Schlag' drein, | Und es ist dein.

Spr. an einem Hausgerät.

Besitz. — Sei im Besitze, und du wohnst im Recht, | Und heilig wird's die Menge dir bewahren.

Friedr. von Schiller, Wallensteins Tod (1799). A. 1, Sz. 4 (Wallenstein).

Besitz. — Nicht der Besitz, nur das Enthüllen, | Das leise Finden nur ist süß.

Christoph Aug. Tiedge, Urania (1800). Ges. 2. Gott.

— Leicht zwar ist der Besitz, doch zu erringen, wie schwer!

Aug. Graf von Platen-Hallermund, Gedichte. Verm. u. Gelegenheitsgedichte. An Max v. Gruber (geb. 1817).

— Besitz entscheidet alles in der Welt.

Adelbert von Chamisso (Louis Charles Adelaide Chamisso de Boncourt), Gedichte. Sonette u. Terzinen. Tue es lieber nicht! (geb. 1838). Schlußv.

— Du findest im Besitz Genüge nimmermehr; | Denn es begehrt dein Herz entweder immer mehr, | Oder, hast du genug, so fürchtest du Verlust; | Und dort ist so wie hier der Stachel in der Brust.

Friedr. Rückert, D. Weisheit d. Brahmanen (1836—1839). B. 8, Nr. 136. (Stufe 6. Prüfung. Nr. 138.)

— Der Besitz heiligt! Wohl, aber gleicht dies nicht dem Recht des Löwen und Tigers, der den Menschen unter seinen Klauen hat?

Karl Jul. Weber, Demokritos (1832—1840). D. Staat u. seine Formen.

— Die Gegenwart, in der der Mensch lebt, wird nicht für ihn genußreich durch ruhigen Besitz des Erworbenen, sondern durch Streben nach höheren Zielen. Adolf Diesterweg (1790—1866).

— Besitz kühlt ab; doch droht Verlust, | Sprühn aus der Asche neue Flammen.

Paul Heyse, D. schlimmen Brüder (1891). A. 3, Sz. 1.

— Besitz verlockt zur Sünde, und die Anhäufung von Reichtümern entsittlicht den Menschen; nur die einfache Arbeit gibt Glück und Zufriedenheit. A. d. Russischen d. Grafen Leo Tolstoi (geb. 1828).

Besitzen. — Glücklich sind die Besitzenden. Lat.: **Beati possidentes.**

Nach Quint. Horatius Flacc., Oden (um 23 v. Chr.). B. 4, Nr. 9, V. 45—46. Übers. v. Grau.

— Was wir besitzen, wir nach Wert nicht achten, | Solange wir's genießen; ist's verloren, | Dann überschätzen wir den Preis. Engl.: **That what we have we prize not to the worth | Whiles we enjoy it; but being lack'd and lost, | Why, then we rack the value.**

William Shakespeare, Viel Lärm um nichts (1598[?]). Übers. v. Graf Baudissin. A. 4, Sz. 1 (Pater Francisco).

— Was Menschen hier besitzen, | Kan für dem Tod nicht nützen, | Diß alles stirbt uns, wenn man stirbt.

Andr. Gryphius, Sonette, Oden, Epigramme (1643). Vanitas! Vanitatum Vanitas!

— Und wer besitzt, der muß gerüstet sein.

Joh. Wolfg. von Goethe, Torquato Tasso (1789). A. 1, Sz. 3 (Alphons).

— Was ich besitze, mag ich gern bewahren. | Der Wechsel unterhält, doch nutzt er kaum.

Joh. Wolfg. von Goethe, Torquato Tasso (1789). A. 3, Sz. 2 (Prinzessin).

Besitzen. — Niemand weiß, wie lang' er es hat, was er ruhig besitzet.

Joh. Wolfg. von Goethe, Hermann u. Dorothea (1797). Klio.

— Dem Erstbesitzenden gehört die Welt.

Friedr. von Schiller, D. Braut v. Messina (1803). Garten (Zweiter Chor. Bohemund).

— Wer besitzt, der lerne verlieren, | Wer im Glück ist, der lerne den Schmerz!

Friedr. von Schiller, D. Braut v. Messina (1803). Säulenhalle (Erster Chor. Cajetan).

— Mußt du denn besitzen, | Was dich erfreuet? — Unerreichbar wandeln | Die Sterne ihre Bahn, und jeder freut | Sich ihrer dennoch!

Christ. Dietr. Grabbe, Don Juan u. Faust (1829). A. 3, Sz. 2 (Donna Anna).

— Besser ist's, zu besitzen als zu wünschen, zu haben als zu kriegen. Dän.: **Bedre er at eie, end at onske; at have, end at faae.**

Sprichwort.

Besitztum. — Ein Besitztum für immer. Griech.: *Κτῆμά τε ἐς ἀεί.*

Thukydides (um 454—396 v. Chr.), Werke. Übers. v. Müller. B. 1, K. 22.

Besonnen. — Wer ist im nämlichen Moment zugleich | Gefaßt und wütend, sinnlos und besonnen, | Rechtliebend und parteilos? Niemand ist's! Engl.: **Who can be wise, amaz'd, temperate and furious, | Loyal and neutral, in a moment? No man.**

William Shakespeare, Macbeth (1606). Übers. v. Schiller. A. 2, Sz. 9 (Macbeth).

— Wär' ich besonnen, hieß ich nicht der Tell.

Friedr. von Schiller, Wilh. Tell (1804). A. 3, Sz. 3 (Tell).

— Die Leidenschaft ist das eigentliche Leiden; das besonnene Leben die wahre Tätigkeit.

Ernst Freiherr von Feuchtersleben, Zur Diätetik d. Seele (1838). Tagebuchblätter.

Besonnenheit. — Es tut uns zumeist Besonnenheit not, | Um glücklich zu sein. Griech.: ***Πολλῷ τὸ φρονεῖν εὐδαιμονίας | Πρῶτον ὑπάρχει.***

Sophokles (um 496—406 v. Chr.), Antigone. Übers. v. Jordan. V. 1326 (Chor).

— Die höchste Krone des Helden ist die Besonnenheit mitten in Stürmen der Gegenwart.

Jean Paul (Joh. Paul Friedr. Richter), Dämmerungen für Deutschland (1809).

— Wahrer Freude Mutter ist | Besonnenheit — das Götteraug' im Menschen — | Die alles klar schaut, alles Klare liebt.

Leop. Schefer, Laienbrevier (1834). Juli. Nr. 29. Schlußv.

— Wer mit Besonnenheit vereint Begeisterung, | Kommt sicher schnell und weit und hält das Maß in Schwung.

Friedr. Rückert, D. Weisheit d. Brahmanen (1836—1839). B. 12, Nr. 63. (Stufe 6. Prüfung. Nr. 242.)

Besonnenheit. — Du bist begeistert, du hast Mut — | Auch das ist gut! | Doch kann man mit Begeistrungsschätzen | Nicht die Besonnenheit ersetzen. Heinr. Heine, Sämtl. Werke (1861—1868). Letzte Gedichte. Vermittlung.

Besorgen. — Der ist besorgt und aufgehoben; | Der Graf wird seine Diener loben.
Friedr. von Schiller, Gedichte. D. Gang nach d. Eisenhammer (ged. 25. Sept. 1797).

Besser. — Meine bessere Hälfte (meine Frau). Engl.: My better half.
Bek. Ausdruck. Nach Phil. Sidney (gest. 1586). Arkadia.

— Den bessern Gründen müssen gute weichen. Engl.: Good reasons must, of force, give place to better.
William Shakespeare, Jul. Cäsar (1601). Übers. v. Schlegel. A. 4, Sz. 3 (Brutus).

— Ein guter Mann wird stets das Bessre wählen.
Friedr. von Schiller, Iphigenie in Aulis (ged. 1788). A. 2, Sz. 4 (Menelaus).

— Es ist kein leerer, schmeichelnder Wahn, | Erzeugt im Gehirne des Toren; | Im Herzen kündet es laut sich an: | Zu was Besserm sind wir geboren.
Friedr. von Schiller, Gedichte. Hoffnung (ged. 1797). Mel. v. Ludw. Berger (1809) u. Joh. Friedr. Reichardt (1810).

— . . . ich | Kann sagen, ich bin besser als mein Ruf. Friedr. von Schiller, Maria Stuart (1800). A. 3, Sz. 4 (Maria).

— Das sieht schon besser aus! Man sieht doch, wo und wie? Joh. Wolfg. von Goethe, Faust, I (1808). Schülersz. (Schüler).

— Willst du besser sein als wir, | Lieber Freund, so wandre!
Joh. Wolfg. von Goethe, Werke (1806—1810). Gedichte. Epigrammatisch. Perfektibilität.

— Seht, wir Wilden sind doch bessre Menschen.
Joh. Gottfr. Seume, Sämtl. Werke (1826). Gedichte. D. Wilde.

— Das bessere Teil erwählt haben.
Nach Luk., K. 10, V. 42. — Sprichwörtl. Redensart.

Besser machen. — Es ist so leicht, so unfruchtbar, alles zu negieren . . . und sicher zu sein, daß man nie auf die Probe gestellt werden kann, selbst zu versuchen, es besser zu machen.
Otto von Bismarck im Abg.=Haus d. preuß. Landtages (29. Jan. 1886).

— Wer ein Ding besser machen will, als es sein soll, der verschlimmert es. Alter Spr.

— Schimpfen kann ein jeder Bauer, | Besser machen fällt ihm sauer; | Jeder baut nach seinem Sinn, | Keiner kommt und zahlt für ihn.
Inschrift an einem Hause. Tisis, Vorarlberg.

— Was stehst und lugst mich an? | Mach's besser, wer's kann!
Spr. an einem Hause. Berner Oberland.

Bessern. — Bessern ist offt bösern.
Christoph Lehmann, Politischer Blumen=Garten (1662). T. 1. Bessern. Nr. 15.

— Ändern und bessern ist zweierlei. Alter Spr.

Bessern, sich. — Wie's nun ist auf Erden, | Also sollt's nicht sein. | Laßt uns besser werden; | Gleich wird's besser sein.
Christ. Adolf Overbeck, Sammlung verm. Gedichte. Trost für mancherlei Tränen (ged. 1780). Mel. v. Joh. Abraham Peter Schulz (1782).

— Böse bessern sich oft so | Wie die Mispeln, erst auf Stroh.
Ephr. Mos. Kuh, Hinterlassene Gedichte (1792). Epigramme.

— Freund, sieh auf dich | Und nicht auf mich, | Und fehle ich, | So bess're dich! Alter Spr.

Besserung. — Zur Bess'rung schreite mit Bedacht, | Weil Sturm oft Übel ärger macht.
Magnus Gottfr. Lichtwer, Vier B. Äsopischer Fab. (1748). B. 2, Nr. 21. Jupiter u. d. Winde. Schlußv.

— Nicht jede Besserung ist Tugend; | Oft ist sie nur das Werk der Zeit. | Die wilde Hitze roher Jugend | Wird mit den Jahren Sittsamkeit.
Christ. Fürchtegott Gellert, Geistl. Oden u. Lieder (1757). D. Wachsamkeit.

Bestand. — Das ist der Weltlauf! Keins der Dinge hat Bestand. Griech.: *Τὰ θνητὰ τοιαῦτ᾽ οὐδὲν ἐν ταὐτῷ μένει.*
Euripides, Jon (um 425 v. Chr.). Übers. v. Minckwitz. V. 969 (Kreusa).

— Auf Erden nichts geschaffen ist, | Das hab' Bestand auf lange Frist. Mittelhochdeutsch: Zer werlde niht geschaffen ist, | Daz staete sî ze langer frist.
Vrîdankes Bescheidenheit (1225—1240). Übertr. v. Pannier. Nr. 9. v. d. werlde. Schlußv.

— Kein bestand ist in zeitlichen dingen, | das süß thut sawres mit sich bringen, | die Nacht folget auch auff den tag, | Sonne regen bringt und frewdt (Freude) klag. Alter Spr.

Beständig. — Nichts bleibt beständig in der Welt, | Was man vor bauet, itzt zerfällt, | Was gut war, thut den grösten Schaden, | Da vor Land war, muß man itzt waden.
Georg Rollenhagen, Froschmäuseler (1595). B. 2, T. 1, K. 1.

— Nichts ist beständig! Manches Mißverhältnis | Löst unbemerkt, indem die Tage rollen, | Durch Stufenschritte sich in Harmonie.
Joh. Wolfg. von Goethe, D. natürliche Tochter (1803). A. 4, Sz. 2 (Gerichtsrat).

— In allem Unglück mein | Will ich treu und beständig sein. Alter Spr.

Beständigkeit. — Beständige Treuhertzigkeyt | Und Treuhertzig Beständigkeyt, | Wann die kommen zur Eynigkeyt, | So widerstehn sie allem Leyd. Joh. Friedr. Fischart, Eitones (1573).

— Beständigkeit verleihe; | Hilf uns aus aller Not! Josua Stegmann (1588—1632). Ach, bleib' mit deiner Gnade usw. Schlußv.

Beständigkeit. — Beständigkeit | Bricht Glückes Neyd.

Hans Aßmann Freiherr von Abschatz, Poetische Übersetzungen u. Gedichte (1704). Sprüchwörter.

— Was ist ein Vorsatz, was Beständigkeit, | Was Männertreue, wenn in einer lauen | Minute eine sechzigjähr'ge Regel | Wie eines Weibes Laune schmilzt? Friedr. von Schiller, Don Karlos (1787). A. 5, Sz. 10 (Großinquisitor).

— Die Beständigkeit hält sich, | Falschheit selbst verzehret sich, | Weg mit falscher Freundlichkeit, | Welche Gift zum Zucker streut.

Spr. an einem Hause. Tegernsee.

— Laß dir Nein Nein sein und Ja Ja, | Solch' Tugend heißt Constantia (Beständigkeit).

Spr. an einem Hausgerät.

Beste, das. — Das Beste ist auch das Angenehmste. Lat.: Quod optimum, idem iucundissimum. Wahlspr. Kaiser Albr. I. (reg. 1298—1308).

— Das Best man billig wehlen soll, | Das Böß kömmt von ihm selber wohl.

Georg Rollenhagen, Froschmäuseler (1595). B. 1, T. 1, K. 9.

— . . . in der Kunst ist das Beste gut genug.

Joh. Wolfg. von Goethe, Ital. Reise. Neapel. (3. März 1787.) Schlußwort.

— Von allem das Best' | Ist ein Herz, heiter und fest, | Ein gesunder Leib, | Ein liebes Weib | Und ein kleines Eigen! | Wer das hat, mag sich freu'n und schweigen. Joh. Trojan, Beschauliches (1870). D. Beste.

— Prüfet aber alles, und das Gute (das Beste) behaltet! 1. Thess., K. 5, V. 21.

Beste, der. — Denn wer den Besten seiner Zeit genug | Getan, der hat gelebt für alle Zeiten.

Friedr. von Schiller, Wallensteins Lager (1798). Prolog.

— Du bist der beste, — wenn de andern nich zu Hause sind. Berliner Redensart.

Bestehen. — Nur dieses kan bestehen, | Was geist- und göttlich ist.

Joh. Frank, Geistl. Sion (1674). Vmb wahre Weißheit.

Besten, zum — haben. — Wer sich nicht selbst zum besten haben kann, | Der ist gewiß nicht von den Besten.

Joh. Wolfg. von Goethe, Gedichte. Epigrammatisch. Meine Wahl (ged. 21. Juni 1814).

Besten, zum — kehren. — . . . und alles zum besten kehren.

Dr. Martin Luther, D. kleine Katechismus (1529). Hauptstück 1, Gebot 8. Schlußwort.

— Meynt, der sey weiß und wohlgelehrt, | Der alle Ding zum besten kehrt.

Georg Rollenhagen, Froschmäuseler (1595). B. 2, T. 3, K. 4. — Inschrift im Berliner Rathause. Drittes Stockwerk.

Besteuern. — Ein jeder wird besteuert nach Vermögen. Friedr. von Schiller, Wilh. Tell (1804). A. 3, Sz. 1 (Tell).

Bestimmt. — Also war es bestimmt. Lat.: Sic erat in fatis.

Publ. Ovidius Naso (um 43 v. Chr. — 17 n. Chr.), Festkalender. Übers. v. Klußmann. B. 1, V. 481.

Bestimmung. — Bestimmung! Wort, das flammend die Welten überweht, | Du bist die ehrne Pforte, durch die das Leben geht!

Ludw. Bechstein, Faustus (1833).

Bestrafen. — Weshalb einen Schuldigen bestrafen, wenn man aus seiner Züchtigung keinen moralischen Gewinn ziehen kann? Franz.: Pourquoi punir un coupable, quand il n'y a plus aucun bien à tirer de son châtiment?

Denis Diderot, Philosophische Gedanken (1746). Übers. v. Zimmermann.

Bestreben. — Ich lass' einem jeden sein Bestreben, | Um auch nach meinem Sinn zu leben.

Joh. Wolfg. von Goethe, Werke (1827—1830). Zahme Xenien. Nr. 4.

Besuch. — Gott segne den, der Besuche macht und kurze Besuche! Arabisches Sprichwort.

— Seltner Besuch vermehrt die Freundschaft. Arabisches Sprichwort.

— Inse Muhme is a seldener Besuch, soite der Bauer; se kimmt jährlich ock zwêmal, und se bleibt jedesmol sechs Monden.

Sprichwörtl. Redensart. Schlesien.

Beten. — Verliere keine Zeit mit Beten! Lat.: Ne tempora perde precando!

Publ. Ovidius Naso (um 43 v. Chr. — 17 n. Chr.), Metamorphosen. B. 11, V. 286. Übers. v. Grau.

— Denn betet auch der Heuchler zu dem Herrn, | Wie Fromme beten, — Demut ist ihm fern.

A. d. Persischen d. Rûmi (1207—1273). Mesnewi. Übers. v. Rosen.

— Lieb' ohne Treu', | Beicht' ohne Reu', | Beten ohne Innigkeit | Sind drei verlorne Kleid.

Spr. (15. Jahrh.).

— Fleißig gebetet und Gottes Segen gesucht, ist halb geschafft. Phil. Melanchthon (1497—1560).

— Wer beten kann, | Ist selig dran.

Phil. Melanchthon (1497—1560).

— Von Herzen Beten und armer Leute Klagen richten ein solch Geschrei an, daß es alle Engel im Himmel müssen hören. Unser Herr Gott muß große Ohren und ein scharfes, leises Gehör haben.

Dr. Martin Luther, Tischreden oder Colloquia (1566). Nr. 15. Tischreden v. Gebet. § 20. V. d. Kraft u. Vermögen d. Gebets.

— Ein tugendhafter, christlicher Beschluß, | Für die zu beten, die uns Böses tun! Engl.: A virtuous and a Christianlike conclusion, | To pray for them that have done scath to us.

William Shakespeare, Richard III. (1592). Übers. v. Schlegel. A. 1, Sz. 3 (Rivers).

— Hast du zu Nacht gebetet, Desdemona? Engl.: Have you pray'd to-night, Desdemona?

William Shakespeare, Othello (um 1601—1605). Übers. v. Graf Baudissin. A. 5, Sz. 2 (Othello).

— Wer erhörlich beten will, der bete: weise, inbrünstig, demütig, aufrichtig, anhaltend, zuversichtlich. Joh. Gerhard (1582—1637).

Beten. — Ach, sagst du, wer nur beten könnte! — Eben dann betest du am innigsten, wenn du meinst, du könntest vor Angst nicht beten.
Heinr. Müller, Predigten (1663—1675).

— Geschäftig sein ist gut, viel besser aber beten, | Noch besser stumm und still vor Gott den Herren treten.
Angelus Silesius (Joh. Scheffler), Cherubinischer Wanders=Mann (1675).

— Wie können dir die Worte fehlen, | Wofern dein Herz dich beten heißt?
Christ. Fürchtegott Gellert, Geistl. Oden u. Lieder (1757). D. Gebet.

— Wer sich der Pflicht zu beten schämet, | Der schämt sich, Gottes Freund zu sein.
Christ. Fürchtegott Gellert, Geistl. Oden u. Lieder (1757). D. Gebet.

— Wir sind Menschen, Emilia. Die Gabe zu beten ist nicht immer in unserer Gewalt. Dem Himmel ist beten wollen auch beten.
Gotthold Ephr. Lessing, Emilia Galotti (1772). A. 2, Sz. 6 (Claudia).

— 's ist kein Geschäft so eilig als das Beten.
Friedr. von Schiller, Macbeth (1801). A. 2, Sz. 5 (Pförtner).

— Fröhlich beten, herrlich wagen, | Gib zur Kraft die Freudigkeit!
Jos. Freiherr von Eichendorff, Gedichte. Zeitlieder. Gebet (ged. 1810). Schlußv.

— Wer ist ein Mann? Wer beten kann.
Ernst Moritz Arndt, Gedichte. Wer ist ein Mann? (ged. 1813). Mel. v. Albert Methfessel (1818).

— Das Beten, als ein innerer, förmlicher Gottesdienst und darum als Gnadenmittel gedacht, ist ein abergläubischer Wahn (ein Fetischmachen); denn es ist ein bloß erklärtes Wünschen gegen ein Wesen, das keiner Erklärung der innern Gesinnung des Wünschenden bedarf.
Immanuel Kant, Werke (1838—1839). Bd. 10.

— Es (das Beten) ist das fromme Rufen eines Kindes | Nach seines Vaters liebevoller Hut.
Friedr. Jul. Hammer, Schau um dich u. schau in dich (1851). Liebe deinen Nächsten wie dich selbst! Gebet macht stark. Schlußv.

— Unsre Religionsbegriffe lernen wir bei den Männern; beten aber lernen wir bei der Mutter.
Wilh. Heinr. Riehl, D. Familie (1855).

— Wenn du betest, so zweifle nicht!
Jes. Sir., K. 7, V. 10.

— . . wenn du betest, so mache nicht viele Worte!
Jes. Sir., K. 7, V. 15.

— . . wenn ihr betet, sollt ihr nicht viel plappern wie die Heiden.
Matth., K. 6, V. 7.

— Wachet und betet, daß ihr nicht in Versuchung fallet!
Mark., K. 14, V. 38.

— Betet ohne Unterlaß! 1. Thess., K. 5, V. 17.

— Wer beten will, der richte sich eine Kapelle zu in seinem Herzen.
Alter Spr.

— Beten ist kein Katzengeschrei. Sprichwort.

— Beten ist nicht Maulwerk, sondern Herzwerk.
Sprichwort.

Beten. — Beten stärkt den Mut, | Und Arbeit mehrt das Gut.
Sprichwort.

— Wohl gebetet ist halb studiert. Sprichwort.

— Biäden (beten) un düngen iß kin Överglauwe (Aberglaube).
Sprichwort. Münsterisch.

— He biädde (betete), dat em de Mule schümde (das Maul schäumte).
Sprichwörtl. Redensart. Münsterisch.

— Bete stets inbrünstiglich, | Vor den Sünden hüte dich; | Weislich führe deine Sach', | Trage willig Ungemach!
Spr. an einem Hause. Schweiz.

— Bet' und arbeit'; | Gott gibt allzeit.
Spr. an einem Hause.

— Emsig beten und früh aufstehn, | Almosen geben, Kirchengehen, | Helfen aus Not und stehn auch schön.
Spr. an einem Hause. Elsaß.

— Gott kennt euch Beter! Heuchelt nicht, | Er weiß, ob euer Herz mitspricht; | Denn wer nicht betet wahr und rein, | Der schämt sich, Gottes Kind zu sein.
Spr. in einer Kirche. Inntal.

— Muß wohl bethen, so merk wohl dise Wordt: | Liebe Gott auß Herzensgrundt, | Und den Negsten (Nächsten) zu jeder Stundt!
Spr. an einem Hause. Angedair.

— Wer nicht, wo er will, kann beten, | Der soll auch keine Kirche betreten.
Spr. an einer Kirche. Lübeck.

— Wer nicht beten kann, der fahre zur See!
A. d. Seemannssprache.

Bethlehem. — Und du Bethlehem Ephrata, die du klein bist unter den Tausenden in Juda . . .
Micha, K. 5, V. 1.

Betragen, das. — Das Betragen ist ein Spiegel, in welchem jeder sein Bild zeigt.
Georg Christoph Lichtenberg, Verm. Schriften (1800—1806).
Joh. Wolfg. von Goethe, Werke (1827—1830). Maximen u. Reflexionen. Abteilung 5.

— Es gibt eine Höflichkeit des Herzens; sie ist der Liebe verwandt. Aus ihr entspringt die bequemste Höflichkeit des äußeren Betragens.
Joh. Wolfg. von Goethe, Werke (1827—1830). Maximen u. Reflexionen. Abteilung 5.

Betriebsamkeit. — Betriebsamkeit das Mittel, Überfluß der Erfolg. Engl.: **Industry the means, plenty the result.**
Wahlspr. d. nordamerikanischen Freistaats Maryland.

Betrüben. — Warumb betrübstu dich mein hertz, | Bekümmerst dich unn tregest schmertz?
Hans Sachs, Nürnberger Gesangb. (1580). Warumb betrübstu dich mein hertz usw.

Betrübt. — . . . langen | Und Bangen | In schwebender Pein; | Himmelhoch jauchzend, | Zum Tode betrübt; | Glücklich allein | Ist die Seele, die liebt.
Joh. Wolfg. von Goethe, Egmont (1788). A. 3. Klärchens Wohnung (Klärchen). Mel. v. Joh. Friedr. Reichardt (komp. 1798).

Betrübt. — Ein nasses Land bedarf keines Wassers (betrübe die Betrübten nicht noch mehr).
Joh. Gottfr. von Herder, Stimmen d. Völker in Liedern (1807). Abteilung 1, B. 1, Nr. 4. Esthnische Hochzeitslieder. Voranmerkung. — Esthnisches Sprichwort.

— Ein Betrübter hat nimmer keinen guten Tag. Spr. Sal., K. 15, V. 15.

— . . . ein betrübter Mut vertrocknet das Gebein.
Spr. Sal., K. 17, V. 22. — Wartburgspr. Wirtschaft.

— Meine Seele ist betrübt bis an den Tod.
Matth., K. 26, V. 38.

— Dem Betrübten ist übel geigen.
Sprichwort.

Betrug. — Durch Betrug erlistet ist noch nicht gewonnen. Griech.: *Τὰ γὰρ δόλῳ | Τῷ μὴ δικαίῳ κτήματ' οὐχὶ σώζεται.*
Sophokles (um 496—406 v. Chr.), Ödipus in Kolonos. Übers. v. Jordan. V. 1022—23 (Theseus).

— Frommer Betrug. Lat.: **Pia fraus.**
Publ. Ovidius Naso (um 43 v. Chr.—17 n. Chr.), Metamorphosen. B. 9, V. 711. Übers. v. Grau.

— Lange zwar ist der Betrug | Klüger als die Redlichkeit; | Endlich aber kommt die Zeit, | Daß er doch nicht klug genug.
Friedr. von Logau, Deutsche Sinn=Getichte (1654).

— Betrug hat Jakobs Stimm vnd Esaus Hand.
Christoph Lehmann, Politischer Blumen=Garten (1662). T. 1. Betriegen. Nr. 39.

— O, ein Betrug, der ohne Beispiel ist!
Friedr. von Schiller, Don Karlos (1787). A. 2, Sz. 9 (Prinzessin).

— . . der Betrug, | Der hüllt sich täuschend ein in große Worte | Und in der Sprache rednerischen Schmuck.
Friedr. von Schiller, Demetrius (1805). A. 1 (Erzbischof).

— Wenn ein Recht angehet, so findet sich auch bald Jungfrau **fraus** (Betrug) ein. Alter Spr.

— Wo **lex** (Gesetz) voran, | Da **fraus** (Betrug) Gespann. Alter Spr.

Betrügen. — Sie glaubten zu betrügen und wurden betrogen. Griech.: *Ἀπατᾶν δοκοῦντες ἀπατῶνται.*
Philo Judaeus (um 30 v. Chr.—54 n. Chr.).

— Wer nicht selbsten kan betrügen, | Wird gemein betrogen; | Wer nicht andre kan belügen, | Wird gemein belogen.
Friedr. von Logau, Deutsche Sinn=Getichte (1654). Vnschuld.

— Betriegen ist ehrlicher als Stehlen.
Christoph Lehmann, Politischer Blumen=Garten (1662). T. 1. Betriegen. Nr. 11.

— . . man betriegt sich oder den andern und meist beide.
Joh. Wolfg. von Goethe, Götz v. Berlichingen (1773). A. 1. Jaxthausen (Götz).

Betrügen. — Nichts gibt ein größeres Vergnügen, | Als den Betrüger zu betrügen.
Karl Wilh. Ramler, Fabellese (1783). B. 4, Nr. 37. D. Wolf u. d. Pferd.

— O, ich bin unerhört | Betrogen!
Friedr. von Schiller, Maria Stuart (1800). A. 4, Sz. 6 (Elisabeth).

— Betrüge nicht! Du hast nicht Rast | Noch Ruh', wenn du betrogen hast.
Matthias Claudius, Sämtl. Werke d. Wandsbecker Boten. T. 7 (1803). Ein silbern ABC.

— Betrügen und betrogen werden, | Nichts ist gewöhnlicher auf Erden.
Joh. Gottfr. Seume, Sämtl. Werke (1826). Gedichte. Verlangtes Gutachten über Menschen u. ihren Umgang.

— Man muß die Welt zu ihrem Heil betrügen, | Nur werde den Betrug sie nimmer inne!
Adelbert von Chamisso (Louis Charles Adelaide Chamisso de Boncourt), Gedichte. Sonette u. Terzinen. D. Malerzeichen (ged. 1830).

— O, ich bin klug und weise, | Und mich betrügt man nicht.
Albert Lortzing, Zar u. Zimmermann. (Erste Auff. am 22. Dez. 1837 in Leipzig.)

— Es ist ein wahres Wort: Wer glaubt, der wird betrogen; | Wer aber keinem glaubt, hat sich noch mehr entzogen. | Wenn niemand ihn betrügt, wenn niemand ihn beraubt: | Wie elend, wer sich stets beraubt, betrogen glaubt!
Friedr. Rückert, D. Weisheit d. Brahmanen (1836—1839). B. 11, Nr. 18. (Stufe 6. Prüfung. Nr. 222.)

— Muß denn einmal betrogen sein auf Erden, | So will ich lieber doch betrogen werden, | Als selber ein Betrüger sein.
Friedr. von Bodenstedt, A. d. Nachlasse Mirza=Schaffys (1874). B. 3. B. d. Spr. Nr. 22.

— Der ist gar liechtlich (leicht) zu betriegen, | So sich nit verstehet auffs liegen (lügen). Alter Spr.

— Wer den Letzten betrügt, der ist Meister. Alter Spr.

— Wer jemandt betriegen will, | Der macht der süssen vorwort viel. Alter Spr.

— Wer mich einmal betrügt, der tut mir unrecht; wer mich zum andernmal betrügt, der tut mir recht. Alter Spr.

Betrunkene, der. — Vil gröber findt die selben (die Betrunkenen) all | Den vnser moren (Schweine) findt im stall.
Thomas Murner, Narrenbeschwerung (1512). Nr. 18. Vff d. fleschen riemen tretten.

Betschwester. — An Betschwestern | Erkenn' ich alte Buhlerinnen ganz so sicher | Wie an den Scherben eingeschlagne Töpfe.
Christ. Dietr. Grabbe, Don Juan u. Faust (1829). A. 3, Sz. 1 (Don Juan).

Bett. — Früh zu Bett, früh wieder auf | Macht gesund und reich in Kauf. Sprichwort.

Bettel. — Bettel | Hat langen Zettel.
Alter Spr.

Bettelei. — Bettelei schmeckt wohl dem unverschämten Maul. Jes. Sir., K. 40, V. 32.

Betteln. — Es ist so elend, betteln müssen, | Und noch dazu mit bösem Gewissen!

Joh. Wolfg. von Goethe, Faust, I (1808). Kerker (Margarete).

— Schmecket die Speise dir süß, die du durch Betteln erkauft hast? | Zieret das Kleid dich wohl, das dir die Schande gereicht?

Joh. Gottfr. von Herder, Sämtl. Werke (1805—1820). Blumenlese a. morgenländischen Dichtern. Nr. 2. D. Rosental. B. 1. Unwürdiger Gewinn.

— . . . es ist besser sterben, denn betteln.

Jes. Sir., K. 40, V. 29.

Bettelstab. — An den Bettelstab kommen (arm, ein Bettler werden; — einen müden, armen Bettler stellt man sich wohl vor, wie er gestützt auf einen Stab dahinwandert).

Sprichwörtl. Redensart.

Bettelsuppe. — Wir kochen breite Bettelsuppen. Joh. Wolfg. von Goethe, Faust, I (1808). Hexenküche (D. Tiere).

Bettler. — Ein schamhafter Bettler ist elend. Griech.: *Κακὸς δ' αἰδοῖος ἀλήτης.*

Homer, Odyssee. Übers. v. Voß. Ges. 17, V. 578.

— Der Bettler, | Der Ritter worden, jagt sein Pferd zu Tod. Engl.: Beggars mounted run their horse' to death.

William Shakespeare, König Heinr. VI. (1591—1592). Übers. v. Schlegel. T. 3, A. 1, Sz. 4 (York).

— Nur Bettler wissen ihres Guts Betrag. Engl.: They are but beggars that can count their worth.

William Shakespeare, Romeo u. Julia (1593). Übers. v. Schlegel. A. 2, Sz. 6 (Julia).

— Der wahre Bettler ist | Doch einzig und allein der wahre König!

Gotthold Ephr. Lessing, Nathan d. Weise (1779). A. 2, Sz. 9 (Nathan). Schlußv.

— Eine allzureichliche Gabe lockt Bettler herbei, anstatt sie abzufertigen.

Joh. Wolfg. von Goethe, D. Wahlverwandtschaften (1808—1809). T. 1, K. 6.

— Bettler und Krämer sind nie vom Wege ab.

Alter Spr.

— Dem Armen hilf, den Bettler verjag'!

Sprichwort.

— Kommt ein Bettler auf den Gaul, | So wird er stolz wie König Saul. Sprichwort.

Beugen, sich. — Allen Gewalten | Zum Trutz sich erhalten; | Nimmer sich beugen, | Kräftig sich zeigen, | Rufet die Arme | Der Götter herbei!

Joh. Wolfg. von Goethe, Gedichte. A. d. Nachlaß. Verm. Gedichte. Sehnsucht. Feiger Gedanken Bängliches Schwanken usw. (ged. 1777).

— Die Ähre beuget sich, in welcher Körner sind; | Die aufrecht steht, ist Spreu und fliehet vor dem Wind. Alter Spr.

— Sich beugen ist keine Unehre, | Aber sich beugen lassen.

Spr. im Berliner Rathause. Dritter Stock.

Beunruhigungsbazillus. — Es ist, wie wenn ein Beunruhigungsbazillus in der Luft läge. Reichskanzler Graf Caprivi im Reichstage (27. Nov. 1891).

Beurteilen. — Dessen, was wir mit Gefühl beurteilen können, ist sehr wenig; das andere ist alles Vorurteil und Gefälligkeit.

Georg Christoph Lichtenberg, Verm. Schriften (1800—1806). Bd. 1, Nr. 3. Bemerk. verm. Inhalts. Nr. 4. Beobachtungen über d. Menschen.

— Man soll einen nicht halten (beurteilen), wie man ihn ansihet. Alter Spr.

Beute. — Nicht ist's schwacher Spinnen Sache, Jagend Beute zu erlangen; | Sie zu nähren, müssen Fliegen | Sich in ihren Netzen fangen.

A. d. Persischen d. Sadi (1184—1286). Aphorismen. Übers. v. Bacher.

Beutel. — Arm am Beutel, krank am Herzen...

Joh. Wolfg. von Goethe, Gedichte. Balladen. D. Schatzgräber (ged. 21.—22. Mai 1797).

— Schwer drückt ein voller Beutel, schwerer | Ein leerer.

Joh. Christoph Friedr. Haug, Epigrammatische Spiele (1807). B. 3, Nr. 29.

Bewaffnen. — Sinnlos bewaffn' ich mich; | Bewaffnet, was beginnen? Lat.: Arma amens capio; nec sat rationis in armis.

Publ. Vergilius Maro (um 70 v. Chr.—19 n. Chr.), Aeneis. B. 2, V. 314. Übers. v. Schiller, Gedichte. D. Zerstörung v. Troja.

Bewegen. — Und sie bewegt sich doch! Ital.: Eppur si muove!

Wird fälschlich Galileo Galilei (1564—1642) zugeschrieben, d. es ausgerufen haben soll, nachdem er gezwungen worden war, seine Lehre v. d. Bewegung d. Erde abzuschwören.

— O, einen Felsen streb' ich zu bewegen!

Friedr. von Schiller, Wallensteins Tod (1799). A. 4, Sz. 8 (Gordon).

Bewegt. — Wie der Sternenhimmel bin ich still und bewegt.

Friedr. Hölderlin, Hyperion (1799). B. 2, Br. 2.

Bewegung. — Bewegung heißt des Lebens Genius!

Friedr. Jul. Hammer, Schau um dich u. schau in dich (1851). Inneres Glück. Bewegung heißt d. Lebens Genius usw.

Beweinen. — Einen Verlornen zu beweinen ist auch männlich.

Joh. Wolfg. von Goethe, Egmont (1788). A. 2. Egmonts Wohnung (Oranien).

Beweis. — Oft beweisen diese Herren durch ihre Beweise nichts, als daß sie das Beweisen hätten sollen bleiben lassen.

Gotthold Ephr. Lessing, Sämtl. Schriften (1796—1808). Br.

— Klingende Beweise überführen am besten.

Alter Spr.

Beweisen. — Was zu beweisen war. Griech.: Ὅπερ ἔδει δεῖξαι. Lat.: Quod erat demonstrandum.

Euklid (um 300 v. Chr.) am Ende jedes mathematischen Beweises.

Bewundern. — Nichts bewundern. Griech.: Μηδὲν θαυμάζειν. Lat.: Nil admirari.

Pythagoras (geb. um 582 v. Chr.). Nach Plutarch, Moralische Abhandlungen. Übers. v. Eyth. V. Hören.

— Nichts in der Welt bewundern, Numicius, dieses allein wohl, | Dieses nur kann uns verleihn Glückseligkeit und sie erhalten. Lat.: Nil admirari prope res est una, Numici, | Solaque quae possit facere et servare beatum.

Quint. Horatius Flacc., Episteln (um 20 v. Chr.). Übers. v. Voß. B. 1, Nr. 6, V. 1—2.

— Nil admirari? Gälte das, | So wär' das Leben ein schlechter Spaß. | Wenn wir nichts mehr zu bewundern haben, | Wär's Zeit, wir ließen uns begraben.

Paul Heyse, Spruchbüchlein (1885). Lebensweisheit. Nil admirari.

Bewunderung. — Bewunderung von Kindern und Affen . . .

Joh. Wolfg. von Goethe, Faust, I (1808). Nacht (Faust).

— Die Bewunderung preist, die Liebe ist stumm.

Ludw. Börne (Löb Baruch), Gesammelte Schriften (1862—1863). Erz., Reisen, verm. Aufsätze.

Bezahlen. — Ich will bezahlen, wenn du König bist! Friedr. von Schiller, Don Karlos (1787). A. 1, Sz. 2 (Karlos).

— Was dir Menschen geben, mußt du bezahlen mit dem, was du hast, oder teurer mit dem, was du bist.

Ludw. Börne (Löb Baruch), Gesammelte Schriften. Erz., Reisen, verm. Aufsätze. Nr. 16. Über d. Umgang mit Menschen (1824).

— Und da keiner wollte leiden, | Daß der andre für ihn zahle, | Zahlte keiner von den beiden.

Heinr. Heine, Romanzero (1851). B. 1. Historien. Zwei Ritter.

— Die groste Ehr, die ich dir vorhaldt, | Ist, das du gern bezalst und baldt. Alter Spr.

— Mit det Bezahlen verplempert man det meiste Jeld. Berliner Redensart.

— Allhier bei der Meisen ist es Brauch, | Wer ißt und trinkt, der zahlt es auch. | Ein solcher Gast ist lieb und wert, | Der fleißig zahlt, was er verzehrt. Wirtshausspr. Schweiz.

— Die Rose blüht, | Der Dorn, der sticht; | Wer gleich bezahlt, | Vergißt es nicht.

Wirtshausspr. Oberhaslach, Elsaß.

Bezwingen, sich. — . . . wenn ein Mann von allen Lebensproben | Die sauerste besteht, sich selbst bezwingt, | Dann kann man ihn mit Freuden andern zeigen | Und sagen: Das ist er, das ist sein eigen.

Joh. Wolfg. von Goethe, Gedichte. Verm. Gedichte. D. Geheimnisse (ged. 1784—1785).

Bezwingen, sich. — Bezwinge sich, wer meinen Schmerz gefühlt!

Friedr. von Schiller, Wilh. Tell (1804). A. 3, Sz. 3 (Tell).

— Den höchsten Sieg erringt, | Wer sich selbst bezwingt. Alter Spr.

Bibel. — Es sagte . . . Luther von der Biblia oder heiligen Schrift, daß sie wäre wie ein sehr großer, weiter Wald, darinnen viel und allerlei Art Bäume stünden, darvon man könnte mancherlei Obst und Früchte abbrechen.

Dr. Martin Luther, Tischreden oder Colloquia (1566). Nr. 1. Tischreden v. Gottes Wort oder d. hl. Schrift. § 1. V. d. hl. Biblia.

— . . . lasset uns die liebe Bibel lieb haben und fleißig lesen.

Dr. Martin Luther, Tischreden oder Colloquia (1566). Nr. 1. Tischreden v. Gottes Wort oder d. hl. Schrift. § 9. Daß man d. Bibel oder d. hl. Schrift nicht könne ausgründen noch ausstudieren.

— Wie einer lieset in der Bibel, | So stehet am Hause sein Giebel.

Dr. Martin Luther, Tischreden oder Colloquia (1566). Anhang. Einige Tischreden, so in unten angezeigte Abschnitte gehören. § 3. Nutz d. göttlichen Worts, darvon Dr. Martin Luther einem hat in ein Bibel geschrieben.

— Schlecht (Schlicht) vnd recht, wo find ich dich? Vnter keinem hohen Giebel, | Manchmal vnter Leim vnd Stroh, zum gewissten in der Bibel.

Friedr. von Logau, Deutsche Sinn-Getichte (1654). Redlichkeit.

— Die Bibel ist das einzige Buch, das für alle Menschen paßt, ein göttliches Elementarbuch.

Theod. Gottl. von Hippel, Lebensläufe in aufsteigender Linie (1778—1781).

— Nicht durch die Lehrsätze, sondern durch die Geschichten der Bibel keimet lebendige Religion auf.

Jean Paul (Joh. Paul Friedr. Richter), Levana oder Erzieh-Lehre (1807). Bd. 1, Bruchstück 2, K. 4, § 38.

— Sie (die Bibel) ist nicht etwa nur ein Volksbuch, sondern das Buch der Völker, weil sie die Schicksale eines Volks zum Symbol aller übrigen aufstellt.

Joh. Wolfg. von Goethe, Gesch. d. Farbenlehre (1810). Abteilung 2, Abschnitt 2.

— Du großes Buch, du Bibel (Fels des Glaubens, sagt man), | Von Varianten voll und Doppelsinn, | Voll Weisheit und voll sonderbarer Sprüche . . .

Christ. Dietr. Grabbe, Don Juan u. Faust (1829). A. 1, Sz. 2 (Faust).

— Deshalb ist die Bibel ein ewig wirksames Buch, weil, solange die Welt steht, niemand auftreten und sagen wird: Ich begreife es im ganzen und verstehe es im einzelnen. Wir aber sagen bescheiden: Im ganzen ist es ehrwürdig und im einzelnen anwendbar.

Joh. Wolfg. von Goethe, Werke (1827—1830). Maximen u. Reflexionen. Abteilung 3.

Bibel. — Ich bin überzeugt, daß die Bibel immer schöner wird, je mehr man sie versteht, d. h. je mehr man einsieht und anschaut, daß jedes Wort, das wir allgemein auffassen und im besondern auf uns anwenden, nach gewissen Umständen, nach Zeit- und Ortsverhältnissen einen eigenen, besondern, unmittelbar individuellen Bezug gehabt hat.

Joh. Wolfg. von Goethe, Werke (1827—1830). Maximen u. Reflexionen. Abteilung 6.

— Die Bibel ist so voller Gehalt, daß sie mehr als jedes andere Buch Stoff zum Nachdenken und Gelegenheit zu Betrachtungen über die menschlichen Dinge darbietet.

Joh. Wolfg. von Goethe, A. meinem Leben. Dichtung u. Wahrheit (1809—1831).

— Du Freund aus Kindertagen (die Bibel) . . .

Ferd. Freiligrath, Gedichte (1838). Verm. Gedichte. D. Bilderbibel.

— Den Ursprung der Bibel auf Inspiration ihrer Verfasser (deus ex machina) zu gründen, um auch die unwesentlichen Statute derselben zu heiligen, muß eher das Zutrauen zu ihrem moralischen Werte schwächen als es stärken.

Immanuel Kant, Werke (1838—1839). Bd. 10.

— Wenn man die einfache Bibel liest, so begreift man kaum die Möglichkeit der Liturgien, der Gebete mit und ohne Noten und der Million Predigten und sogenannten Erbauungsschriften, die jeden Denker eher ans Niederreißen erinnern.

Karl Jul. Weber, Demokritos (1832—1840). Religionsschwärmerei u. Mystizismus.

— Die Bibel ist uns, was den Griechen ihr Homer; mir ist sie mehr als Homer und Horatius, Ossian und Shakespeare, meine Lieblinge — sie ist mir heilig.

Karl Jul. Weber, Demokritos (1832—1840). D. Parodie d. Bibel.

— Die Bibel ist die Konstitution des christlichen Staates; daher der Widerwille der geistlichen Oligarchie, sie dem Volke in die Hände zu geben.

Ludw. Börne (Löb Baruch), Gesammelte Schriften (1862—1863).

— Wo keine Bibel ist im Haus, | Da sieht's gar öd' und traurig aus. Alter Spr.

— Die Bibel läßt sich nicht auspredigen. Sprichwort.

— Im Mund die Bibel, | Im Herzen Übel. Sprichwort.

Bieder. — Wer gar zu bieder ist, bleibt zwar ein redlich Mann, | Bleibt aber, wo er ist, kümmt selten höher an.

Friedr. von Logau, Deutsche Sinn-Getichte (1654). Redlichkeit.

— Ob du der Klügste seist: daran ist wenig gelegen; | Aber der Biederste sei, so wie bei Rate, zu Haus!

Joh. Wolfg. von Goethe, Vier Jahreszeiten (geb. 1796). Herbst. Nr. 81.

Biedermann. — Sie (die Alten) übten die Pflichten | Des Biedermanns aus | Und lachten in Züchten | Beim nächtlichen Schmaus.

Joh. Martin Miller, Gedichte. Lob d. Alten (1773).

— O, wie lieblich ist's im Kreis | Trauter Biederleute!

Daniel Jäger (1762—1802), O, wie lieblich ist's im Kreis usw. Mel. v. Frz. Anton Hoffmeister. — Beliebtes Freimaurerlied.

— Bedenke, was deine Pflichten sind, | Nimm dir ein Weib und mach' ein Kind, | Und sei ein deutscher Biedermann!

Heinr. Heine, Neue Gedichte. Romanzen (geb. 1839—1842). Nr. 5. A. einem Br.

Biegen. — Wenn sie zu dir sprechen: „Biegen oder brechen!" | Ruf': „Brechen eh' als biegen!" — Gib acht, so wirst du siegen.

Felix Dahn, Sämtl. Werke poetischen Inhalts (1898). Gedichte. Abteilung 2. Kleine Lieder, Spr. u. Tagebuchblätter. B. Biegen u. Brechen.

Biene. — Der Bien' muß.

Bek. Redensart. Nach einer alten Anekdote. Ein Russe erzählt, in seiner Heimat wären d. Bienen so groß wie Hammel, u. auf d. Frage, wie sie in d. Bienenkörbe, d. nicht größer als bei uns seien, hineinkämen, antwortet er: „Dafür laß sie nur selbst sorgen! D. Bien' muß! Sonst Knut!" — Nach anderen stammt d. Redensart a. Offenbach, wo d. Name Biehn verbreitet ist. Ein Angestellter sagt zum Chef bezüglich eines Schuldners Biehn: „D. Biehn Soll" (Soll = schuldet), worauf der Chef antwortet: „Wie heißt Soll? D. Biehn muß!"

— Bienen und Schafe | Ernähren den Mann im Schlafe. Bauernregel.

Bier. — Ein starkes Bier, ein beizender Tobak | Und eine Magd im Putz, das ist nun mein Geschmack.

Joh. Wolfg. von Goethe, Faust, I (1808). Vor d. Tor (Schüler).

— Hei! bayrisch Bier, ein guter Schluck, | Sollt' mir gar köstlich munden!

Ludw. Uhland, Gedichte. Balladen u. Romanzen. Roland Schildträger (geb. 10. Sept. 1811).

— Das Jahr ist gut, braun Bier ist geraten.

Studentenlied (um 1824). Verfasser u. Komponist unbek.

— Warum sollt' im Leben | Ich nach Bier nicht streben?

Bier, Bier u. Wein (um 1849). Verfasser u. Komponist unbek.

— Das beste Bier im ganzen Nest, | Das schenkt Margret am Tore.

Otto Roquette, Liederbuch (1852). Margret am Tore. Mel. v. Rob. von Hornstein (komp. 1877) u. Hugo Zuschneid (komp. 1894).

— Das schwarzbraune Bier, das trink' ich so gerne, | Und schwarzbraune Mädel, die küss' ich so gerne. Studentenlied (vor 1855). Verfasser u. Komponist unbek.

— . . . dasjenige Bier, das nicht getrunken wird, hat eben seinen Beruf verfehlt.

Alexander Meyer-Breslau im Abg.-Haus d. preuß. Landtages (21. Jan. 1880).

Bier. — ... das Bier macht ... träge, anstatt die Nerven anzureizen ... es ist ein Zeittöter, es wird bei uns Deutschen mit wenig so viel Zeit totgeschlagen wie mit dem Biertrinken.
Otto von Bismarck im Reichstage (28. März 1881).

— Hopfenreich und gerstenarm, | Ist ein Bier, daß Gott erbarm'. Sprichwort.

— Er sieht aus wie Braunbier un Spucke (er sieht elend, krank aus). Berliner Redensart.

— Bier auf Wein, das laß sein, | Wein auf Bier, das rat' ich dir. Wartburgspr. Wirtschaft.

— Das Bier hat Schultern groß und stark, | Wirft Sorg' und Plag' und allen Quark | Mit Saus und Braus | Zum Haus hinaus.
Inschrift im Ratskeller zu Wiesbaden.

— Des Morgens ist ein Bier so gut, | Desgleichen zu Mittage, | Des Nachmittags nicht Schaden thut, | Magt Abends keine Plage. | Herentgegen soll ein Branntewein | Um Mitternacht nicht schädlich sein. Spr. an einem Hause. Bruneck.

— Gott fürchten macht selig, | Bier trinken macht fröhlich; | Drum fürchte Gott und trinke Bier, | So wirst du selig und fröhlich hier.
Spr. an einer Brauerei im Altenburgischen.

— Italias Wein, so süß und fein, | Brach doch der Römer morsch Gebein; | Im Bier jedoch und Rettichsaft | Steckt ewig junge, deutsche Kraft.
Inschrift im Ratskeller zu Wiesbaden.

— Wer Bier verfälscht und Weine tauft, | Ist wert, daß er sie selber sauft.
Inschrift im Berliner Ratskeller. Bierlokal.

— Und 's Bier und i selber, | I selber und 's Bier, | Mir sein Kämeräden | Die lustigen vier.
Tiroler Schnaderhüpfl.

Bierlala. — Der Bierlala war der einzige Sohn | Von all seines Vaters Geschlecht.
Studentenlied nach einem flämischen Volkslied (vor 1844).

Bild. — Hand vom Bilde! Lat.: Manum de tabula!
Nach Apelles (gest. 308 v. Chr.). Nach Plinius' d. Älteren Naturgesch. B. 35, K. 36, § 10.

— Der Kenner sagt' ihm frei heraus, | Daß ihm das Bild nicht recht gefallen wollte, | Und daß es, um recht schön zu sein, | Weit minder Kunst verraten sollte.
Christ. Fürchtegott Gellert, Fab. u. Erz. (1746). B. 1. D. Maler.

— Ihr Bild, ist sie doch nicht selber.
Gotthold Ephr. Lessing, Emilia Galotti (1772). A. 1, Sz. 3 (D. Prinz).

— ... wie ein Gebild aus Himmelshöh'n ...
Friedr. von Schiller, Gedichte. D. Lied v. d. Glocke (ged. Sept. 1799).

— Was im Leben uns verdrießt, | Man im Bilde gern genießt.
Joh. Wolfg. von Goethe, Werke (1815—1819). Gedichte. Parabolisch. Motto.

— Rrr! ein ander Bild!
Adolf Brennglas (Glasbrenner), Berlin, wie es ist u. — trinkt (1832—1850). (D. Guckkastenmann).

Bild. — Immer weg von de Bilder! 'n ollen Fritzen kooft ihr doch nich. Berliner Redensart.

— Steck' man keene Bilder raus (prahle nicht)! Berliner Redensart.

Bilden. — Die Menschen werden nur von Menschen gebildet, die Guten von Guten.
Joh. Wolfg. von Goethe, Briefwechsel mit Friedr. Heinr. Jacobi (31. Okt. 1788).

Bildnis. — Dies Bildnis ist bezaubernd schön, | Wie noch kein Auge je gesehn!
Emanuel Schikaneder, D. Zauberflöte (1790). A. 1, Sz. 3. Komp. v. Wolfg. Amadeus Mozart. (Erste Auff. am 30. Sept. 1791 in Wien.)

Bildsäule. — Der wahrhaften, auf sich selber ruhenden Größe gefallen nicht Bildsäulen, von der Mitwelt errichtet, oder der Beiname des Großen und der schreiende Beifall und die Lobpreisungen der Menge.
Joh. Gottl. Fichte, Reden an d. deutsche Nation (1808). Rede 13.

Bildung. — Ein edler Mensch kann einem engen Kreise | Nicht seine Bildung danken. Vaterland | Und Welt muß auf ihn wirken.
Joh. Wolfg. von Goethe, Torquato Tasso (1789). A. 1, Sz. 2 (Alphons).

— Einseitige Bildung ist keine Bildung. Man muß zwar von einem Punkte aus-, aber nach mehreren Seiten hingehen.
Joh. Wolfg. von Goethe zu Riemer (1807).

— Bildung geschieht durch Selbsttätigkeit und zweckt auf Selbsttätigkeit ab.
Joh. Gottl. Fichte, Reden an d. deutsche Nation (1808).

— Diejenige Bildung allein, die da strebt, und die es wagt, sich allgemein zu machen und alle Menschen ohne Unterschied zu erfassen, ist ein wirklicher Bestandteil des Lebens und ist ihrer selbst sicher.
Joh. Gottl. Fichte, Reden an d. deutsche Nation (1808). Rede 11.

— Sich mitzuteilen, ist Natur; Mitgeteiltes aufnehmen, wie es gegeben wird, ist Bildung.
Joh. Wolfg. von Goethe, D. Wahlverwandtschaften (1808—1809). T. 2, K. 4. A. Ottiliens Tagebuche.

— Bildung der Welt — weg putzt sie die üppigen Zweige des Geistes; | Bildung der freien Natur schmückt sie mit Blüten und Frucht.
Karl Gustav Baron von Brinckmann, Elegien u. Arabesken (1820). B. 3. Zweierlei Bildung.

— Hüten aber soll man sich, die Grenzen seiner Ausbildung zu weit zu stecken.
Joh. Peter Eckermann, Gespräche mit Goethe in d. letzten Jahren seines Lebens (20. April 1825).

— Allgemeine Emporbildung der inneren Kräfte der Menschennatur zu reiner Menschenweisheit ist allgemeiner Zweck der Bildung, auch der niedrigsten Menschen.
Heinr. Pestalozzi, Sämtl. Schriften (1819—1826).

Bildung. — Der Zweck der Bildung ist: Grundsätze einzuflößen, die uns nachher zur Leitung und Belehrung dienen. Engl.: The object of education is to instil principles which are hereafter to guide and instruct us.

Edward George Earle Lord Bulwer Lytton, Pelham (1828). Übers. v. Richard. K. 37.

— So ein bißchen Bildung ziert den ganzen Menschen.

Heinr. Heine, Reisebilder. Italien (1828—1829). Nr. 2. D. Bäder v. Lucca. K. 8.

— Echte Bildung ist harmonische Entwicklung unserer Kräfte. Sie nur macht uns glücklich, gut und gesund.

Ernst Freiherr von Feuchtersleben, Zur Diätetik d. Seele (1838). K. 5. Verstand, Bildung.

— Langsam schreitet sie fort, doch unaufhaltsam, die Bildung! | Geistererziehung allein ist die Bestimmung der Welt.

Siegfried Aug. Mahlmann, Sämtl. Schriften (1839—1840). Gedichte. A. d. Leben.

— Es ist gar wunderlich mit der sogenannten Bildung; sie ist oft gar nichts als ein simpler Kleister über eine rohe Natur.

Jer. Gotthelf (Albert Bitzius), Uli d. Knecht (1841).

— Der Mensch ist, was er als Mensch sein soll, erst durch Bildung.

Georg Wilh. Friedr. Hegel, Werke (1832—1841).

— Bildung besteht ... in der Erhebung und Verfeinerung des ganzen Wesens, in der Vereinigung aller Geistes- und Gefühlskräfte zu einer Harmonie.

Arthur Stahl (Valeska Voigtel), Ein weiblicher Arzt (1863).

— Die höchste Aufgabe der Bildung ist die Erziehung zur Pflicht, zur Erfüllung des Gesetzes, das wir in der Erkenntnis finden.

Berth. Auerbach, Sämtl. Schwarzwälder Dorfgesch. (1871). Ivo d. Hajrle.

— Der Weg der neuen Bildung geht | Von Humanität | Durch Nationalität | Zur Bestialität.

Frz. Grillparzer, Sämtl. Werke (1872). Gedichte.

— Bildung ist das Gleichgewicht, | Talent ist ein Übergewicht — | Der Schwerpunkt nach einer Richtung | In Tätigkeit und Dichtung.

Frz. Grillparzer, Sämtl. Werke (1872). Gedichte. Nachlaß.

— Unwissende sind gleich über jeden Zweifel an ihrer Bildung empört, während Unterrichtete mit dem größten Behagen zugestehen können, daß der Mensch niemals auslernen könnte.

Karl Gutzkow, Gesammelte Werke (1873—1875).

— Wie aber Diamanten nur auf Kosten ihres Gewichts den kunstreichen Schliff erhalten, so bezahlen wir die Wohltaten der Bildung mit einem Teil unsres Wesens.

Otto Gumprecht, Musikalische Charakterbilder (1869—1876). Schumann.

Bildung. — Wenn Bildung frei macht, so will der Deutsche seine Bildung dazu auch so billig als möglich haben.

Wilh. Raabe, Gutmanns Reisen (1892).

— Bildung bessert Geist und Herz.

Sprichwort.

— Ein Mensch ohne Bildung ist ein Spiegel ohne Politur.

Sprichwort.

— Geburt ist etwas, Bildung mehr.

Sprichwort.

— Durch Bildung zur Freiheit.

Devise d. Grütlivereins.

Billig. — Billig und schlecht.

Frz. Reuleaux in einem Br. a. Philadelphia bezüglich d. deutschen Massenartikel auf d. Weltausstellung zu Philadelphia (1876).

Billigung. — Auf Billigung der Menschen muß man nicht rechnen. Sie errichten heute Ehrensäulen und brauchen morgen den Ostrazismus für den nämlichen Mann und für die nämliche Tat.

Joh. Gottfr. Seume, Spaziergang nach Syrakus (1802). Einleitung.

Bitte. — Nichts teurer ist denn das, was man mit Bitten erkauft.

Christoph Lehmann, Politischer Blumen-Garten (1662).

— Wer seine Bitte nur weiß zitternd vorzutragen, | Lehrt, den er bittet, ihm sein Bitten abzuschlagen.

Barthold Heinr. Brockes, Versuch v. Menschen d. Herrn Pope (1740).

— Braucht's | Gelegenheit zu einer Bitte?

Gotthold Ephr. Lessing, Nathan d. Weise (1779). A. 3, Sz. 7 (Saladin).

— Eine Bitt' ist immer, | Gewährt, ein Zwang für den Gewährenden | Und, abgelehnt, ein Schmerz für beide Teile.

Ernst Raupach, Tassos Tod (1835). A. 1, Sz. 3

— Einer aus der siebenten Bitte (ein böser Mensch, mit dem man nichts zu tun haben will; — die siebente Bitte lautet bekanntlich: ... erlöse uns von dem Übel).

Sprichwörtl. Redensart.

Bitten. — Bittet, so wird euch gegeben.

Matth., K. 7, V. 7.

— Bitten ist lang, befehlen kurz.

Alter Spr.

— Wer verzagt ist im Bitten, macht den andern beherzt im Abschlagen.

Alter Spr.

Bitter. — Hier fühl' ich, daß ich bitter werde.

Friedr. von Schiller, Don Karlos (1787). A. 1, Sz. 2 (Karlos).

— Was bitter ist dem Mund, | Ist innerlich gesund.

Sprichwörtl.

Bitterfeld. — Sehn wir uns nicht in dieser Welt, | So sehn wir uns in Bitterfeld.

Bitterfeld war in früherer Zeit ein berühmter u. vielbesuchter Knotenpunkt für d. Kaufleute, d. v. dort a. nach Berlin, Leipzig, Halle usw. u. weiter gingen; v. ihnen soll diese Redensart stammen. Sprichwörtl. Redensart.

Blamieren. — Blamier' mich nicht, mein schönes Kind, | Und grüß' mich nicht unter den Linden; | Wenn wir nachher zu Hause sind, | Wird sich schon alles finden.

Heinr. Heine, Sämtl. Werke. D. B. d. Lieder. Anhang älterer Gedichte (geb. 1816—1824). Zur Heimkehr. Nr. 9.

Blase. — Mein Gehirn | Treibt öfters wundersame Blasen auf, | Die schnell, wie sie entstanden sind, zerspringen.

Friedr. von Schiller, Don Karlos (1787). A. 2, Sz. 8 (Karlos).

Blasewitz. — Was? der Blitz! | Das ist ja die Gustel aus Blasewitz!

Friedr. von Schiller, Wallensteins Lager (1798). Sz. 5 (Erster Jäger).

Blaß. — Du bist blaß, Luise?

Friedr. von Schiller, Kabale u. Liebe (1784). A. 1, Sz. 4 (Ferd.).

Blatt. — Kein Blatt vor den Mund nehmen (offen, frei etwas heraussagen).

Sprichwörtl. Redensart.

Blau. — Er redet das Blaue vom Himmel 'runter (er lügt). Bek. Redensart.

— Na so blau! (na so dumm! — blau = betrunken; wenn man betrunken ist, redet oder tut man dummes Zeug). Berliner Redensart.

Bleiben. — Max, bleibe bei mir!

Friedr. von Schiller, Wallensteins Tod (1799). A. 3, Sz. 18 (Wallenstein).

— Es kann ja nicht immer so bleiben | Hier unter dem wechselnden Mond.

Aug. von Kotzebue, Gedichte. Gesellschaftslied (ged. 1802). Mel. v. Friedr. Heinr. Himmel (1803).

— Ach, wenn es doch immer so blieb'!

Aug. von Kotzebue, Gedichte. Gesellschaftslied (ged. 1802). Mel. v. Friedr. Heinr. Himmel (1803).

— Ach, Uly! Uly! Bleibe bei den Deinen!

Friedr. von Schiller, Wilh. Tell (1804). A. 2, Sz. 1 (Attinghausen).

— Wahnsinn'ger Jüngling, bleib! Er geht dahin! Friedr. von Schiller, Wilh. Tell (1804). A. 2, Sz. 1 (Attinghausen).

— Wo kein Sehnen weiter will, | Da nur ist ein selig Bleiben.

Ernst Moritz Arndt, Gedichte. Rechtes Geistesmaß (ged. 1847).

— O, wenn es doch immer so bliebe!

Friedr. von Bodenstedt, D. Lieder d. Mirza-Schaffy (1851). Tiflis. Verschiedenes. Nr. 6.

— . . . wir haben hier keine bleibende Statt.

Ebr., K. 13, V. 14.

— Bleib man so bei (fahr' nur so fort)!

Berliner Redensart.

Bleiche. — Als ich auf meiner Bleiche | Ein Stückchen Garn begoß . . .

Christ. Felix Weiße, D. Jagd (1769). Komp. v. Adam Hiller (1771). (Erste Auff. am 29. Jan. 1770 in Weimar.)

Blick. — Hütet eure Blicke, | Daß sie nichts berücke; | Laßt sie gute Sitte spähn | Und die schlechte übersehn. Mittelhochdeutsch: Hüetent iuwer ougen | Offenbâr und tougen, | Lânt si guote site spehen | Und die boesen übersehen.

Walther v. d. Vogelweide (um 1170—1230), Gedichte. Übertr. v. Pannier.

— Einen Blick, geliebtes Leben! | Und ich bin belohnt genung.

Joh. Wolfg. von Goethe, Gedichte. Lieder. Mit einem gemalten Band (ged. Frühjahr 1771). Mel. v. Ludw. van Beethoven (komp. 1810) u. Karl Blum (1816).

— Ich kann den Blick nicht von euch wenden, | Ich muß euch anschaun immerdar.

Ferd. Freiligrath, Gedichte. D. Auswanderer (ged. Sommer 1832).

— Verräter sind die Blicke, edler Giulio. | Ein liebend Weib soll einen Schleier tragen, | Sonst schwatzt ihr Auge wie die Nachtigall | Ihr liebliches Geheimnis selber aus.

Rochus Otto Manderup Heinr. Fürst zu Lynar, D. Mediceer (1842). A. 1, Sz. 5.

Blicken. — Das läßt tief blicken.

Adolf Sabor im Reichstage (17. Dez. 1884).

Blind. — Denn besser war es, nicht, als blind zu leben. Griech.: *Κρείσσων γὰρ ἦσθα μηκέτ' ὢν ἢ ζῶν τυφλός.*

Sophokles (um 496—406 v. Chr.), König Ödipus. Übers. v. Jordan. V. 1342 (Chor).

— Denn wo man findt viel blinder Gäste, | Da ist der Einäugig der beste.

Georg Rollenhagen, Froschmäuseler (1595). B. 1, T. 2, K. 8.

— Ein blind Huhn findt auch wohl ein Korn.

Georg Rollenhagen, Froschmäuseler (1595). B. 1, T. 2, K. 14.

— O, du bist blind mit deinen sehenden Augen!

Friedr. von Schiller, Wallensteins Tod (1799). A. 2, Sz. 3 (Illo).

— Seit ich ihn gesehen, | Glaub' ich blind zu sein; | Wo ich hin nur blicke, | Seh' ich ihn allein.

Adelbert von Chamisso (Louis Charles Adelaide Chamisso de Boncourt), Gedichte. Lieder u. lyrisch-epische Gedichte. Frauenliebe u. Leben (ged. 1830). Nr. 1. Mel. v. Rob. Schumann.

— Blinder Heide. Nach Röm., K. 11, V. 25.

— Ein blind man, ein arm man, | Hat er auch Seiden und Sammet an. Alter Spr.

— Besser einäugig als ganz blind. Sprichwort.

Blinde, der. — O, über die Blinden, die nicht sehen wollen!

Gotthold Ephr. Lessing, Minna v. Barnhelm (1763). A. 5, Sz. 12 (D. Fräulein).

— Verflucht sei, wer einen Blinden irren machet auf dem Wege! 5. Mos., K. 27, V. 18.

— Unter Blinden ist der Einäugige König.

Sprichwort.

— Der Blinde wirft sich gern zum Führer auf. Kassubisches Sprichwort.

Blinde, der. — Das sieht ja ein Blinder! (das liegt doch ganz klar auf der Hand, das muß man doch einsehen). Sprichwörtl. Redensart.

— Wie ein Blinder von der Farbe urteilen (falsch urteilen; — Farben kann natürlich nur der beurteilen, der sie sieht). Sprichwörtl. Redensart.

Blindheit. — . . . für das größte Unglück, das mich an meiner Person treffen könnte, halte ich Blindheit allerdings.

Wilh. Freiherr von Humboldt, Br. an eine Freundin (10. Sept. 1829).

— . . . die Männer . . . mit Blindheit geschlagen. 1. Mos., K. 19, V. 11.

Blitz. — Dem Himmel entriß er den Blitz und das Zepter den Herrschern. Lat.: **Eripuit coelo fulmen, sceptrumque tyrannis.**

Inschrift an d. Büste Benj. Franklins. Nach Marc. Manilius, Astronomie (um 12 v. Chr.). Übers. v. Merkel. B. 1, V. 104.

— Wie ein Blitz aus heiterem Himmel (ganz plötzlich, unerwartet, niederschmetternd; — blitzen kann es nur, wenn Gewitterwolken am Himmel emporgezogen sind). Sprichwörtl. Redensart.

Blöde. — Was zagt ihr träg' und blöde? | Was schön ist, wird doch dein! | Die Welt tut nur so spröde | Und will erobert sein.

Jos. Freiherr von Eichendorff, Gedichte (1837). Frühling u. Liebe. Frühlingsmarsch.

— Ein Mann, der liebt, darf nicht zu blöde sein, | Abschreckend stets ist zuviel Blödigkeit!

Friedr. von Bodenstedt, D. Lieder d. Mirza-Schaffy (1851). Verm. Gedichte u. Spr. Nr. 16.

— Ein blöder Hund wird nicht fett.

Sprichwort.

Blöße. — Sich eine Blöße geben (einen Fehler, eine Schwäche zeigen; — wer beim Säbelfechten sich nicht ordentlich deckt, zeigt dem Gegner eine Stelle, an der er ihn verletzen kann, die bloß, ungedeckt ist). Sprichwörtl. Redensart.

Blücher. — In Harren und Krieg, | In Sturz und Sieg | Bewußt und groß! | So riß er (Blücher) uns | Von Feinden los.

Joh. Wolfg. von Goethe, Gedichte. Kunstgedichte u. Gedichte zu Bildern. D. Fürsten Blücher v. Walstatt d. Seinen (ged. Juli 1817).

— Man ümmer druff! seggt Blücher.

Sprichwörtl. Redensart. Mecklenburg.

Blühen. — Laß uns blühen, wie wir blühn, | Eh' der Winter welker Jahre | Dir die goldgemengten Haare | Wird mit Silber unterziehn.

Paul Fleming, Teutsche Poemata (1642). Ermunterung zur Freude.

— Die Welt wird schöner mit jedem Tag, | Man weiß nicht, was noch werden mag, | Das Blühen will nicht enden.

Ludw. Uhland, Gedichte. Lieder. Frühlingslieder (ged. 21. März 1812). Nr. 2. Frühlingsglaube. Mel. v. Frz. Schubert, Karl Friedr. Curschmann, Konradin Kreutzer, Felix Mendelssohn-Bartholdy u. a.

— Er blühet wie eine Blume auf dem Felde. Ps. 103, V. 15.

Blühen. — Was nicht blüht, das körnert nicht. Alter Spr.

Blume. — Kleine Blumen, kleine Blätter | Streuen wir mit leichter Hand.

Joh. Wolfg. von Goethe, Gedichte. Lieder. Mit einem gemalten Band (ged. Frühjahr 1771). Mel. v. Ludw. van Beethoven (komp. 1810) u. Karl Blum (1816).

— Ich kenn' ein Blümlein Wunderschön | Und trage darnach Verlangen.

Joh. Wolfg. von Goethe, Gedichte. Balladen. D. Blümlein Wunderschön (ged. 16. Juni 1798). Mel. v. Karl Friedr. Zelter (komp. 1799) u. Joh. Rudolf Zumsteeg (komp. 1801).

— Die blaue Blume (der deutschen Sage; — wer sie findet und ansteckt, findet den Eingang zum verborgenen Schatze).

Bek. durch Novalis (Friedr. Ludw. Freiherr von Hardenberg), Schriften (1802). Heinr. v. Ofterdingen.

— Blumen, die der Lenz geboren, | Streu' ich dir in deinen Schoß.

Friedr. von Schiller, Gedichte. D. Jüngling am Bache (ged. 1803). Mel. v. Joh. Friedr. Reichardt (1810).

— Ihr Blümlein alle, | Die sie mir gab, | Euch soll man legen | Mit mir ins Grab!

Wilh. Müller, Siebenundsiebzig Gedichte a. d. hinterlassenen Papieren eines reisenden Waldhornisten. Nr. 1. D. schöne Müllerin. Trockne Blumen (ged. 1818). Mel. v. Frz. Schubert.

— Und wüßten's die Blumen, die kleinen, | Wie tief verwundet mein Herz . . .

Heinr. Heine, D. B. d. Lieder. Lyrisches Intermezzo (ged. 1822—1823). Nr. 22. Mel. v. Felix Mendelssohn-Bartholdy, Rob. Schumann u. Karl Gottl. Reissiger.

— Du bist wie eine Blume, | So hold und schön und rein.

Heinr. Heine, D. B. d. Lieder. D. Heimkehr (ged. 1823—1824). Nr. 49. Mel. v. Friedr. Wilh. Kücken, Rob. Schumann u. a.

— Blumen sind an jedem Weg zu finden, | Doch nicht jeder weiß den Kranz zu winden.

Anastasius Grün (Anton Alexander Graf von Auersperg), Gesammelte Werke (1877). Gedichte. Spr. Nr. 2.

— Durch die Blume sprechen (etwas in fein versteckter Weise zu verstehen geben; — vielleicht aus der Blumensprache; der Liebende pflegt der Geliebten, der er seine Gefühle nicht offen zu erklären wagt, eine Blume zu überreichen, die je nach ihrer Art, Farbe usw. verschiedenes sagt).

Sprichwörtl. Redensart.

Blut. — Mord scheint zu bedeuten Blut und Eisen. (Danach „Durch Eisen und Blut".) Lat.: **Caedes videtur significare sanguinem et ferrum.**

Marc. Fabius Quinctilianus (um 35—95). Deklamationen 350. Übers. v. Grau. Vgl. Ernst Moritz Arndt, Gedichte, Lehre an d. Menschen (ged. 1800) u. Max von Schenkendorf, Gedichte (1815). D. eiserne Kreuz. In aller Welt bek. durch Otto von Bismarcks Rede im preuß. Abg.-Hause (30. Sept. 1862).

Blut. — Es fordert Blut! Blut, sagt man, fordert Blut! Engl.: **I will have blood; they say, blood will have blood.**

William Shakespeare, Macbeth (1606). Übers. v. Schiller. A. 3, Sz. 4 (Macbeth).

— Was kann aus blut'ger Tat euch Glückliches | Gedeihen? O, aus Blut entspringt nichts Gutes!

Friedr. von Schiller, Wallensteins Tod (1799). A. 4, Sz. 8 (Gordon).

— ... der Tapfre nennt sich Herr der Länder | Durch sein Eisen, durch sein Blut.

Ernst Moritz Arndt, Gedichte. Lehre an d. Menschen (geb. 1800).

— Es gibt das Herz, das Blut sich zu erkennen.

Friedr. von Schiller, Wilh. Tell (1804). A. 2, Sz. 2 (Stauffacher).

— Blut ist ein ganz besondrer Saft.

Joh. Wolfg. von Goethe, Faust, I (1808). Studierzimmer (Mephistopheles).

— ... nur Eisen kann uns retten, | Und erlösen kann nur Blut.

Max von Schenkendorf, Gedichte (1815). D. eiserne Kreuz.

— Das macht | Vor allem andern sie (die Erde) zum Jammertale, | Daß alles Große nur mit Blut erworben | Und wieder dann mit Blut behauptet wird.

Ernst Raupach, D. Hohenstaufen (1837). Manfred, Fürst v. Tarent. A. 4, Sz. 2.

— Was das Beste auf der Welt sei? — Gesundes Blut, gestählte Sehnen und starke Nerven.

Berth. Auerbach, Auf d. Höhe (1865).

— Das Blut beherrscht uns insgesamt, | Was man auch mag von Bildung munkeln, | Und wer von einer Katze stammt, | Der fängt die Mäuse im Dunkeln.

Paul Heyse, Spruchbüchlein (1885). Lebensweisheit. Naturtrieb.

— Blut ist dicker als Wasser (die Blutsverwandten — Deutsche und Engländer — kann das Wasser nicht trennen).

Kaiser Wilh. II. (3. Mai 1900 u. öfter).

— Sein Blut komme über uns und über unsere Kinder! Matth., K. 27, V. 25.

— Dünn ist das Blut, das nicht dicker ist als Wasser. Isländisches Sprichwort.

— Blut geleckt haben (etwas kennen gelernt, genossen haben und nun nicht mehr darauf verzichten können; — wilde Tiere lassen, wenn sie erst Blut gekostet haben, ihr Opfer nicht mehr los, falls man sie vertreiben will, so feige sie sonst auch sein mögen). Sprichwörtl. Redensart.

— Auf Christi Grab stehen drei Blümlein: | Das eine unschuldig, | Das eine geduldig, | Das dritte Gottes Wille. | Liebes Blut, steh' stille!

Heilspr., um d. Blut zu besprechen.

— In Gottes Garten stehn drei Rosen, | Sie können von aller Pein erlösen. | Die eine heißt Gottes Güte, | Die andre Gottes Geblüte, | Die dritte Gottes Wille. | Blut, ich gebiete dir, steh' stille! Heilspr. gegen Nasenbluten.

Blüte. — Es deutet die fallende Blüte dem Gärtner, | Daß die liebliche Frucht schwellend im Herbste gedeiht.

Joh. Wolfg. von Goethe, Epigramme (geb. Venedig 1790). Nr. 101. Schlußv.

— Alle Blüten müssen vergehn, daß Früchte beglücken.

Joh. Wolfg. von Goethe, Vier Jahreszeiten (geb. 1796). Herbst. Nr. 48.

— Die Blüte deutet auf die schöne Frucht.

Friedr. von Schiller, D. Braut v. Messina (1803). Säulenhalle (Don Manuel).

— Denn ihre Zeit hat Blüte, | Und seine Zeit das Grab.

Elisabeth Kulmann, Sämtl. Gedichte (1846). An meinen Arzt.

— Um so höher die Blüte der Sonne zustrebt, um so tiefer schlagen sich ihre Wurzeln in den Boden, welcher sie trägt.

Hermann Grimm, Essays (1859).

— Welken muß die Blüte | In der Zeiten Flucht; | Aber im Gemüte | Bleibt die reife Frucht.

Friedr. von Bodenstedt, A. d. Nachlasse Mirza-Schaffys (1874). B. 1. Lieder d. Liebe. Verschiedene. Jung einst sang ich dies usw. Schlußv.

Blutegel. — Nicht läßt von der Haut, bis Blut ihn schwellte, der Egel. Lat.: **Non missura cutem nisi plena cruoris hirudo.**

Quint. Horatius Flacc., Dichtkunst (um 20 v. Chr.). Übers. v. Voß. V. 476.

Blutgeld. — ... es ist Blutgeld.

Matth., K. 27, V. 6.

Blutsverwandt. — Unselig | Ist jeder Zwist, doch der unseligste | Von allen ist der Zwist der Blutsverwandten.

Ernst Raupach, D. Hohenstaufen (1837). Kaiser Friedr. II. T. 2, A. 5, Sz. 4.

Bluttat. — Was blutig anfing mit Verrat und Mord, | Das setzt sich auch durch blut'ge Taten fort! Friedr. von Schiller, Macbeth (1801). A. 3, Sz. 5 (Macbeth).

Bock. — ... gleich als ein Hirte die Schafe von den Böcken scheidet. Matth., K. 25, V. 32.

— Man muß den Bock nicht zum Gärtner machen. Sprichwort.

— Einen Bock schießen (einen Fehler machen; — Bock wurde häufig für Fehler gebraucht).

Sprichwörtl. Redensart.

Bockshorn. — Jemanden ins Bockshorn jagen (jemanden durch Hinweisung auf eine eingebildete Gefahr in Angst jagen).

Sprichwörtl. Redensart.

Bogen. — So guten Bogen gibt es nicht, | Der, überspannt, nicht zerbricht. Mittelhochdeutsch: Dehein boge sô guot ist, | Man müge in spannen unz er brist.

Frîdankes Bescheidenheit (1225—1240). Übertr. v. Pannier. Nr. 38. v. erkantnisse.

Bogen. — . . . wenn man den Bogen überspannet, so muß er endlich zerbrechen.

Hans Jak. Christ. von Grimmelshausen, Simplicius Simplicissimus (1669). B. 4, K. 1.

— Mit dem Pfeil, dem Bogen . . .

Friedr. von Schiller, Wilh. Tell (1804). A. 3, Sz. 1 (Walter). Mel. v. Anselm Weber (komp. 1804).

— Allzu straff gespannt, zerspringt der Bogen.

Friedr. von Schiller, Wilh. Tell (1804). A. 3, Sz. 3 (Rudenz).

Böhmisch. — Das sind mir böhmische Dörfer (ich verstehe davon absolut nichts; — böhmische Ortsnamen, wie überhaupt slawische, sind dem Deutschen unverständlich und deshalb schwer auszusprechen).

Sprichwörtl. Redensart.

Bohne. — Nicht die Bohne wert (gar nichts wert; — gegenüber anderen Früchten sind die Hülsenfrüchte ganz kleine Früchte; — das Kleine pflegt man gering zu schätzen; man sagt auch Keinen Heller wert). Sprichwörtl. Redensart.

Bombe. — Lasset die feurigen Bomben erschallen!

Studentenlied (vor 1794). Verfasser u. Komponist unbek.

Borgen. — Wem wol ist mit nemen uf borg | Der hat zů bzalen ganz kein sorg.

Seb. Brant, D. Narrenschif (1494). Nr. 25. V. zuo borg ufnemen.

— Wer aber nemen wil uf borgen | Vnd wil gůt vögelin lassen sorgen, | Der bezalt zů pfingsten uff dem yß (niemals).

Thomas Murner, Narrenbeschwerung (1512). Nr. 84. Vff d. zan vß gon.

— Rede wenig und mach's wahr; | Was du borgest, bezahle baar!

Dr. Martin Luther, Tischreden oder Colloquia (1566). Nr. 80. Tischreden v. Hofleben. § 9. Lutheri Reim.

— Borgen und schneiden und kerben, | Deß möcht ein reicher wirt verderben.

Hans Sachs, Sehr herrliche Schöne v. wahrhaffte Gedicht (1558—1579).

— . . . wer eilet zu seinm Verderb, | Der borge Geld und kauff ein Erb!

Georg Rollenhagen, Froschmäuseler (1595). B. 1, T. 2, K. 14.

— Geborgt Geld vnd Silber wird zu Bley, | so mans wieder fordert.

Christoph Lehmann, Politischer Blumen=Garten (1662). T. 1. Borgen. Nr. 5.

— Borgen | Macht Sorgen; | Darumb soll man nicht mehr verzehren, | Als der Pflug kan ernehren.

Christoph Lehmann, Politischer Blumen=Garten (1662). T. 1. Borgen. Additio. Nr. 9.

— Man muß nicht borgen, wenn man nicht wiederzugeben weiß.

Gotthold Ephr. Lessing, Minna v. Barnhelm (1763). A. 3, Sz. 7 (v. Tellheim).

— Er borgen! — Seine Weisheit | Ist eben, daß er niemand borgt.

Gotthold Ephr. Lessing, Nathan d. Weise (1779). A. 2, Sz. 2 (Al=Hafi).

Borgen. — Borgen ist | Viel besser nicht als betteln.

Gotthold Ephr. Lessing, Nathan d. Weise (1779). A. 2, Sz. 9 (Al=Hafi).

— Borgt der Wirt nicht, borgt die Wirtin, | Und am Ende borgt die Magd.

Joh. Wolfg. von Goethe, Faust, II (1831). A. 1. Kaiserliche Pfalz. Weitläufiger Saal (Trunkner).

— . . . wer borgt, ist des Lehners Knecht.

Spr. Sal., K. 22, V. 7.

— Borgst du Spreu von einem Reichen, | Korn mußt du ihm wiedergeben.

Finnisches Runenwort.

— Wer borgt ohne Bürgen und Pfand, | Dem sitzt ein Wurm im Verstand. Alter Spr.

— Besser betteln als borgen, | So brauchen nicht zwei zu sorgen. Sprichwort.

— Borgen und Jucken tut nur eine Weile wohl. Sprichwort.

— Borge nicht, zahle bar!

Wartburgspr. Wirtschaft.

— Borgen und Schmausen | Endigt mit Grausen. Spr. in einem Wirtshause. Tirol.

— Borgt man nicht, so ist's ein Zorn, | Borgt man, ist das Geld verlor'n; | Viel besser ist der erste Zorn, | Als Geld und Gast zugleich verlor'n.

Spr. in einem Wirtshause. Franken.

— Mein Freund, ich bitte dich, | Verschone mich mit Borgen, | Es ist nicht gut für dich, | Und mir macht es nur Sorgen.

Spr. in einem Wirtshause. Schweiz.

— Willst du borgen, komm' mir morgen!

Inschrift im Berliner Ratskeller. Bierlokal.

— Ein geborgtes Pferd ist ein faules Zugtier.

Bauernregel.

Borger. — Borger ist Leihers Knecht.

Alter Spr.

Börse. — Ich glaube, daß die Börse hier als Giftbaum wirkt.

Minister Albert von Maybach im preuß. Abg.=Hause (12. Nov. 1879).

Böse. — Keiner, der bös, ist glücklich. Lat.: **Nemo malus felix.**

Decimus Junius Juvenalis, Sat. (um 100). Übers. v. Weber. Nr. 4, V. 8.

— Der böse Trieb ist zuerst dünn wie Spinnfäden; bald aber wird er stark wie Wagenseile.

Talmud (3. Jahrh.).

— Wie böse jemand auch getan, | Er weiß doch einen bösern Mann. Mittelhochdeutsch: Swie bœslich ieman hât getân, | Er wil doch sînen bœsern hân.

Frîdankes Bescheidenheit (1225—1240). Übertr. v. Pannier. Nr. 33. v. d. milten u. kargen.

— Man nennt einen Menschen böse, nicht darum, weil er Handlungen ausübt, welche böse sind, sondern weil diese so beschaffen, daß sie auf böse Maximen in ihm schließen lassen.

Immanuel Kant, Religion innerhalb d. Grenzen d. bloßen Vernunft (1793).

Böse. — Böses Gewerbe bringt bösen Lohn.
Friedr. von Schiller, Wallensteins Lager (1798). Sz. 10 (Wachtmeister).

— Das eben ist der Fluch der bösen Tat, | Daß sie, fortzeugend, immer Böses muß gebären.
Friedr. von Schiller, D. Piccolomini (1799). A. 5, Sz. 1 (Octavio).

— Ganz bös ist keiner. Lebenkeimend blieb | In seinem Herzen noch ein sanfter Trieb. Engl.: None are all evil — quickening round his heart, | One softer feeling would not yet depart.
George Gordon Lord Byron, D. Korsar (1814). Übers. v. Heichen. Ges. 1, Abschnitt 12, V. 1.

— O Gott, es war nicht bös gemeint.
Ferd. Freiligrath, Zwischen d. Garben (1849). Eigenes. O lieb, so lang' du lieben kannst!

— Mein Kind, wenn dich die bösen Buben locken, so folge nicht! Spr. Sal., K. 1, V. 10.

— . . . falsche, böse Mäuler sind verflucht.
Jes. Sir., K. 28, V. 15.

— Böse Geschwätze verderben gute Sitten.
1. Kor., K. 15, V. 33.

— Ein böser Geselle | Führt den andern zur Hölle. Sprichwort.

— Ein böser Mensch ist wie eine Kohle: er brennt oder schwärzt. Sprichwort.

Böse, das. — Frommt es doch der ganzen Welt, | Dem Staat wie Bürger, wenn der Mensch, der Böses tut, | Auch Böses leidet und das Glück dem Guten lacht. Griech.: *Πᾶσι γὰρ κοινὸν τόδε, | Ἰδίᾳ θ' ἑκάστῳ καὶ πόλει, τὸν μὲν κακὸν | Κακόν τι πάσχειν, τὸν δὲ χρηστὸν εὐτυχεῖν.*
Euripides, Hekabe (um 425 v. Chr.). Übers. v. Minckwitz. V. 902—4 (Agamemnon).

— Dann man soll das Böß vndertrucken, | Auff das daß Gůt mög für her rucken; | Das böß man von der Erden thů, | Auff das mit rhůw das gůt nemm zů.
Joh. Friedr. Fischart, Flöh Hatz, Weiber Tratz (1573). D. Nütwendige v. Böständige Verantwortung d. Weiber.

— Böses sol man bald vergessen; doch vergißt sichs schwerlich bald. | Gutes stirbet in der Jugend; Böses wird gemeinlich alt.
Friedr. von Logau, Deutsche Sinn-Getichte (1654). Böses.

— Das Kreuz auf Golgatha kann dich nicht von dem Bösen, | Wo es nicht auch in dir wird aufgericht't, erlösen.
Angelus Silesius (Joh. Scheffler), Cherubinischer Wanders-Mann (1675).

— Unterdrücke nie den Trieb deines Gewissens und die innerliche Schamhaftigkeit vor dem Bösen; sie sind die Schutzengel des Guten.
Christ. Fürchtegott Gellert, Sämtl. Schriften (1769).

— Gutes üben ist leicht und Großes üben noch leichter; | Eines ist not und schwer: standhaft das Böse verschmähn.
Ludw. Theobul Kosegarten, Dichtungen (1800).

Böse, das. — Böses muß mit Bösem enden; | An dem frevelnden Geschlecht | Rächet Zeus das Gastesrecht, | Wägend mit gerechten Händen.
Friedr. von Schiller, Gedichte. D. Siegesfest (ged. 1804).

— Soll der Heiland seine Welt erlösen, | Muß das Gute kämpfen mit dem Bösen.
Max von Schenkendorf, Sämtl. Gedichte. Abteilung 2. Vaterland. D. siegende Kraft (ged. 3. Aug. 1807).

— Friede dem Herd' und ew'ger Krieg dem Bösen, | So mag uns Gott von aller Schmach erlösen!
Jos. Freiherr von Eichendorff, Gedichte. Zeitlieder. An d. Freunde (ged. 1815). Schlußv.

— Die Zulassung des Bösen in der Welt, die Straflosigkeit der Lasterhaften, sowie das Unglück der Guten in der Welt sind von jeher Aufgaben gewesen, die der Mensch bald so, bald anders in der Weltregierung zu lösen versucht hat.
Wilh. Freiherr von Humboldt, Br. an eine Freundin (28. Jan. 1827).

— Das Bös' ist melancholischen Gemütes; | Es nimmt die Flucht vor einer heitern Stirn.
Ernst Raupach, D. Hohenstaufen (1837). Kaiser Friedr. II. Tod. A. 2, Sz. 5.

— Ein Spinnenfädchen ist dein Böses im Anfange, | Am Ende wird es dir zu einem Wagenstrange.
Friedr. Rückert, D. Weisheit d. Brahmanen (1836—1839). B. 13, Nr. 61. (Stufe 7. Erkenntnis. Nr. 136.)

— Wenn man das Böse tut, sieht man für klein es an; | Man sieht, wie groß es ist, erst, wenn es ist getan.
Friedr. Rückert, D. Weisheit d. Brahmanen (1836—1839). B. 16, Abteilung 2, Nr. 30. (Stufe 5. Leben. Nr. 130.)

— Die Menschen hassen nie so sehr den, der Böses tut, noch das Böse selbst, wie den, der es beim Namen nennt. Ital.: Il genere umano non odia mai tanto chi fa male, nè il male stesso, quanto chi lo nomina.
Giacomo Leopardi, Werke (1845). Gedanken. Übers. v. Pozzoni.

— Das ist der Fluch | Des Menschen! Will er Böses tun, so reicht | Die Höll' ihm tausend Helferarme hin; | Er glaubt: er denke nur, und schon geschieht's!
Jos. Freiherr von Auffenberg, Sämtl. Werke (1843—1847). D. Bartholomäusnacht. A. 5, Sz. 3.

— . . . wer auf Erden Böses tut, | Trägt seine Strafe mit sich!
Friedr. von Bodenstedt, D. Lieder d. Mirza-Schaffy (1851). Glaube u. Leben. Nr. 4.

— Es ist der Charakter des Bösen, daß es immer mit Energie anfängt und mit Schwäche aufhört.
Frz. Xaver von Baader, Sämtl. Werke (1851—1860).

— In anderthalb Jahren, meine Herren, läßt sich viel Böses tun, aber nicht sehr viel Gutes schaffen.
Otto von Bismarck im Reichstage (25. Nov. 1871).

Böse, das. — Böses kommt geritten, | Geht aber weg mit Schritten. Sprichwort.

— Das Gute lobt mancher und tut's nicht, | Das Böse tut mancher und sagt's nicht.

Inschrift an einem Beichtstuhl in d. Kirche zu Mariazell.

— Tue nichts Böses, so widerfährt dir nichts Böses; | Halte dich fern vom Unrecht, so widerfährt dir kein Unglück. Spr. auf einem Richtschwert.

Böse, der. — Der Dinge schlimmstes allezeit auf Erden ist | Der Bund mit Bösen; böse Frucht entsprießt daraus. Griech.: *Ἐν παντὶ πράγει δ' ἔσθ' ὁμιλίας κακῆς | Κάκιον οὐδέν, καρπὸς οὐ κομιστέος.*

Äschylus, Sieben vor Theben (um 471 v. Chr.). Übers. v. Minckwitz. V. 582—83 (Eteokles).

— Der Böse ward zu bösem Tun geboren.

A. d. Persischen d. Firdusi (um 940—1020). Sat. auf Sultan Mahmud. Übers. v. Schack.

— Denn die den Bösen nahestehn, | Die können leicht auch Böses schaffen. Mittelhochdeutsch: Die den verschampten bî gestânt, | Die wellent lîhte ouch mit in schaffen.

Walther v. d. Vogelweide (um 1170—1230), Gedichte. Übertr. v. Pannier.

— Wenn sich der Böse am frömmsten stellt, | Ist er der ärgste Bube der Welt.

Joh. Friedr. Fischart, Flöh Hatz, Weiber Tratz (1577).

— Sich des Bösen erbarmen, das heißt den Guten verabscheun. | Wer dem Verbrecher verzeiht, strafet die Unschuld für ihn.

Joh. Gottfr. von Herder, Sämtl. Werke (1805—1820). Blumenlese a. morgenländischen Dichtern. Nr. 5. Verm. Stücke, a. verschiedenen morgenländischen Dichtern. Strafe d. Unschuld.

— Wenn ich gewann der Bösen Huld, so trag' ich irgend eine Schuld. Alter Spr.

— Des Bösen Reden | Sind wie des Wolfes Beten. Litauisches Sprichwort.

— Bösen zu mißfallen, ist so gut wie ein Lob. Polnisches Sprichwort.

— Ich lebe vergnügt zwischen Bösen und Frommen: | Man muß es verstehen, | Mit den Schlacken auszukommen.

Wartburgspr. Architektenstüblein.

Bösewicht. — Dem Bösewicht wird alles schwer, | Er tue, was er tu'; | Der Teufel treibt ihn hin und her | Und läßt ihm keine Ruh'.

Ludw. Heinr. Christoph Hölty, Gedichte. D. alte Landmann an seinen Sohn (geb. 1775). Mel.: Ein Mädchen oder Weibchen a. Mozarts Oper: D. Zauberflöte (1791).

— Er war von je ein Bösewicht.

Joh. Friedr. Kind, D. Freischütz (geb. 1817—1818). A. 3, Sz. 5. Komp. v. Karl Maria von Weber. (Erste Auff. am 18. Juni 1821 in Berlin.)

Bosheit. — Die Bosheit sucht keine Gründe, nur Ursachen.

Joh. Wolfg. von Goethe, Götz v. Berlichingen (1773). A. 5. Jarthausen (Elisabeth).

— So leget nun ab alle Bosheit!

1. Petri, K. 2, V. 1.

Bote. — Den schönsten Boten, Unglücksbotschaft häßlicht ihn.

Joh. Wolfg. von Goethe, Faust, II (1831). A. 3. Vor d. Palaste d. Menelas zu Sparta (Faust).

Botschaft. — Die Botschaft hör' ich wohl, allein mir fehlt der Glaube.

Joh. Wolfg. von Goethe, Faust, I (1808). Nacht (Faust).

— . . . ein gutes Gerücht (Botschaft) macht das Gebeine fett. Spr. Sal., K. 15, V. 30.

— Üble Botschaft kommt immer zu früh. Sprichwort.

Brand. — Brand, | Fall' in den Sand, | Fall' in den Grund, | Mach' alles kranke Fleisch gesund! Heilspr. gegen Entzündungen.

Brandfuchs. — Ich war Brandfuchs noch an Jahren.

Karl von Graf, Studentenlied (ged. um 1820). Mel.: Ich war ein Jüngling noch an Jahren a. Méhuls Oper Jos. in Ägypten (1807).

Braten. — Den Braten riechen (etwas vorher merken; — aus der Tierwelt; der Geruchssinn ist z. B. beim Hunde viel ausgebildeter als das Sehvermögen). Sprichwörtl. Redensart.

Brauch. — Der Brauch ist der Herrscher in allem. Griech.: *Νόμον πάντων βασιλέα εἶναι.*

Pindar (um 521—441 v. Chr.). Nach Herodot. Übers. v. Stein. B. 3, K. 38.

— Von guten Bräuchen alter Zeiten | Pflegt man doch nicht leicht abzugehn.

Joh. Arnold Ebert, Episteln u. verm. Gedichte. D. gute Brauch (geb. 1747).

— Ein tiefer Sinn wohnt in den alten Bräuchen; | Man muß sie ehren.

Friedr. von Schiller, Maria Stuart (1800). A. 1, Sz. 7 (Maria).

— Das ist des Landes nicht der Brauch.

Joh. Wolfg. von Goethe, Faust, I (1808). D. Nachbarin Haus (Margarete).

— Brauch oder nicht! Es gibt sich auch.

Joh. Wolfg. von Goethe, Faust, I (1808). D. Nachbarin Haus (Mephistopheles).

— . . . ein alter Brauch ist auch ein Recht, | Denn das Bedürfnis zeuget die Gewohnheit, | Und die Gewohnheit zeuget das Gesetz.

Ernst Raupach, D. Hohenstaufen (1837). Kaiser Friedr. I. u. Alexander. A. 3, Sz. 4.

— Wo's der Brauch ist, singt man den Pumpernickel in der Kirche. Sprichwort.

— Wo's der Brauch ist, legt man die Kuh ins Bett. Sprichwort. Schweiz.

— Der Brauch bildet Gesetze. Ital.: L' uso fa legge. Toskanisches Sprichwort.

Brauchen. — Der Mensch braucht wenig, und auch das nicht lang. Engl.: **Man wants but little, nor that little long.**

Edward Young, Nachtgedanken (1742). Übers. v. Graf von Bentzel-Sternau. Nacht 4, V. 118.

— Der Mensch braucht wenig, und an Leben reich | Ist die Natur.

Friedr. von Schiller, D. Jungfrau v. Orleans (1801). A. 5, Sz. 4 (Johanna).

Braut. — Es wundert mich, daß doch ein Bräutigam mit der Braut so viel zu reden sollt haben; ob sie auch müde können werden? Aber man darf sie nicht vexieren; sie haben Briefe uber alle Recht und Gewohnheit.

Dr. Martin Luther, Tischreden oder Colloquia (1566). Nr. 43. Tischreden v. Ehestande. § 35. D. Ehestands Lob.

— . . . an der Braut, die der Mann sich erwählt, läßt gleich sich erkennen, | Welches Geistes er ist, und ob er sich eigenen Wert fühlt.

Joh. Wolfg. von Goethe, Hermann u. Dorothea (1797). Urania.

— Lieblich in der Bräute Locken | Spielt der jungfräuliche Kranz, | Wenn die hellen Kirchenglocken | Laden zu des Festes Glanz.

Friedr. von Schiller, Gedichte. D. Lied v. d. Glocke (ged. Sept. 1799).

— Dich anzulocken zeigt man dir die Braut; | Doch deiner Unschuld ist sie nicht beschieden.

Friedr. von Schiller, Wilh. Tell (1804). A. 2, Sz. 1 (Attinghausen).

— Wie mancher hat nicht seine Braut | Belogen und betrogen!

Joh. Wolfg. von Goethe, Faust, I (1808). Vor d. Tor. Tanz u. Ges. Mel. v. Friedr. Theod. Fröhlich (1828) u. für Männerchor v. Adolf Zander (1892).

— Fluch, wer die Braut verläßt!

Theod. Körner, Leier u. Schwert. Nachtrag a. d. Dichters Nachlasse. Schwertlied (ged. wenige Stunden vor seinem Tode am 26. Aug. 1813). Mel. v. Karl Maria von Weber (komp. 13. Sept. 1814).

— Wie soll die Braut sein, arm oder reich? Sie soll sanft, gläubig, lenkbar und vor allem frischen Herzens sein; das übrige ist Nebensache. Franz.: Ce que ce sera la fiancée riche ou pauvre? Elle sera douce, croyante, initiable et surtout neuve de cœur. Tout le reste est secondaire.

Jules Michelet, D. Liebe (1858). Übers. v. Spielhagen.

— Vergißt doch . . . eine Braut nicht ihres Schleiers. Jer., K. 2, V. 32.

— Wer die Braut hat, der ist der Bräutigam. Joh., K. 3, V. 29.

— Ist die Braut auch nicht reich, so hat sie doch ihr Mütterliches. Sprichwort.

— Weinende Braut, lachende Frau.

Sprichwort.

— Bräute lispeln, Weiber kreischen, wie verändert ist die Stimme; Bräutigam streichelt, Ehemann geißelt, wie verwandelt sind die Hände.

Finnisches Sprichwort.

— Eher müssen Männer ihr Brot kriegen als eine Braut. Isländisches Sprichwort.

— Wer's Glück hat, führt die Braut heim.

Sprichwörtl.

— Mannich man lude synghet (laut singet), | Wen man de Brudt em bringhet; | Wiste he, wat man em brochte, | Dat he veel leever weenen mochte.

Spr. am Kamin d. Zimmers im Lübecker Rathause, wo d. Junker ihr Hochzeitsmahl hielten.

Braut. — Braut un Bräutjam küssen sich, | Andre Leute wissen't nich; | Braut un Bräutjam verdragen sich, | Andre Leute schlagen sich.

Berliner Kinderreim.

Brautglocken. — Brautglocken sind der Freundschaft Sterbeglocken.

Paul Heyse, Gesammelte Novellen in Versen. Schlechte Gesellschaft (ged. 1865).

Brautschatz. — Wohl dem, dem das Erste das Zweite so ist, | Daß er darüber des Ganzen (Brautschatz) vergißt.

Friedr. Ernst Daniel Schleiermacher, Sämtl. Werke (1835—1865).

Brautschmuck. — Weine, weine nicht, o Mädchen! | Wenn du bei dem Brautschmuck weinest, | Weinest du dein ganzes Leben.

Joh. Gottfr. von Herder, Stimmen d. Völker in Liedern (1807). Abteilung 1, B. 1, Nr. 4. Estnische Hochzeitlieder.

Brav. — Bei Hörnerschall und Becherklang | Ertönet laut der Chorgesang: | Wer brav ist, lebe hoch!

Gottfr. Aug. Bürger, Gedichte. Feldjägerlied (1795). Schlußv.

— Der brave Mann tut seine Pflicht | Und tat sie, ich verhehl' es nicht, | Eh' noch Weltweise waren. Friedr. von Schiller, Gedichte. D. Weltweisen (ged. 1795).

— Der brave Mann denkt an sich selbst zuletzt.

Friedr. von Schiller, Wilh. Tell (1804). A. 1, Sz. 1 (Tell).

— Wer brav ist, soll willkommen sein | In unsrer frohen Mitte!

D. Zeiten sind wahrhaftig gut usw. Verfasser u. Komponist unbek.

Breite, das. — Mußt ins Breite dich entfalten, | Soll sich dir die Welt gestalten.

Friedr. von Schiller, Gedichte. Spr. d. Konfuzius (ged. 1799).

Brennen. — Narre! wenn es brennt, so lösche, | Hat's gebrannt, bau' wieder auf!

Joh. Wolfg. von Goethe, Gedichte. Gesellige Lieder. Rechenschaft (ged. Febr. 1810). (Einer). Mel. v. Karl Friedr. Zelter (komp. 1810).

Bresche. — In die Bresche treten (für jemanden einspringen, der weichen mußte; — aus der Soldatensprache; Bresche = Lücke, Öffnung in einer Festungsmauer; wird der erste, der in sie hineintritt, getötet, muß ein anderer sofort für ihn einspringen). Sprichwörtl. Redensart.

Brett. — Sehn wir doch das Große aller Zeiten | Auf den Brettern, die die Welt bedeuten, | Sinnvoll still an uns vorübergehn.

Friedr. von Schiller, Gedichte. An d. Freunde (ged. 1802).

— Bei jemandem einen Stein im Brett haben (gut angeschrieben sein bei jemandem; aus dem Damespiel). Sprichwörtl. Redensart.

Brett. — Ein Brett vorm Kopfe haben (beschränkt, dumm sein; — dumm wie ein Ochs, der bekanntlich mit dem Kopfe zieht und hierzu ein Joch trägt). Sprichwörtl. Redensart.

— Ihm ist die Welt mit Brettern vernagelt (er ist dumm, weiß nicht weiter; — man hat keinen Ausblick noch Durchgang, da ein Bretterzaun alles abschließt). Sprichwörtl. Redensart.

Brief. — Ein Brief errötet nicht. Lat.: Epistula non erubescit.

Marc. Tull. Cicero (106—43 v. Chr.), Br. an d. Freunde. Übers. v. Wieland. B. 5, Br. 12, § 1.

— Briefe (Verträge) sind besser als Zeugen.
Schwabenspiegel.

— Das ist ein übler Umstand beim Briefschreiben. Das Gemüt ändert sich oft schneller, als der Brief an Ort und Stelle kommt, und man weiß den andern in einem Irrtum, den man ihm selbst gegeben hat, ohne ihn sogleich wieder daraus reißen zu können.

Friedr. von Schiller, Br. an Körner (10. Febr. 1785).

— Briefe leben, atmen warm und sagen | Mutig, was das bange Herz gebeut. | Was die Lippen kaum zu stammeln wagen, | Das gestehn sie ohne Schüchternheit.

Gottfr. Aug. Bürger, Gedichte (1796—1797). Heloise an Abälard.

— Der Brief hat Händ' und Füß'.

Friedr. von Schiller, Wallensteins Tod (1799). A. 1, Sz. 5 (Wallenstein).

— Darauf gebe ich dir Brief und Siegel (du darfst völlig sicher sein, daß es so ist; — ein Brief (Urkunde), der das gerichtliche Siegel trägt, ist rechtskräftig). Sprichwörtl. Redensart.

Bringen, zu etwas. — . . . und wie wir's dann zuletzt so herrlich weit gebracht.

Joh. Wolfg. von Goethe, Faust, I (1808). Nacht (Wagner).

Bronze. — . . . und setze die Krone fest wie einen Rocher von bronze.

König Friedr. Wilh. I. (25. April 1716).

— Der rocher de bronze steht noch heute fest; er bildet das Fundament der preußischen Geschichte, des preußischen Ruhms, der peußischen Großmacht und des verfassungsmäßigen Königtums.

Otto von Bismarck im Abg.-Haus (22. Jan. 1864).

Brosamen. — . . . und begehrete sich zu sättigen von den Brosamen, die von des Reichen Tische fielen. Luk., K. 16, V. 21.

Brot. — Brot und Zirkusspiele. Lat.: Panem et circenses.

Decimus Junius Juvenalis, Sat. (um 100). Übers. v. Weber. Nr. 10, V. 81.

— Kannst du's, mit eignem Arm dein Brot erjage: | Was du getan, nur wiegt auf deiner Wage.

A. d. Persischen d. Sadi, Fruchtgarten (1257). Übers. v. Graf.

Brot. — Ein Bettler ist, wem andrer Müh' verhilft zu seinem Brote.

A. d. Persischen d. Dschâmî (1414—1492). Diwane. Übers. v. Wickenhausen.

— Das Brot pflegt unsrem Leib am besten zu bekommen; | Das macht, es stammt daher, woher der Mensch genommen.

Friedr. von Logau, Deutsche Sinn-Getichte (1654). Brod.

— Brot ist der Stab des Lebens. Engl.: Bread is the staff of life.

Jonathan Swift, Märchen einer Tonne (1704). Übers. v. Kottenkamp. K. 4, Abs. 15.

— Wer nie sein Brot mit Tränen aß, | Wer nie die kummervollen Nächte | Auf seinem Bette weinend saß, | Der kennt euch nicht, ihr himmlischen Mächte!

Joh. Wolfg. von Goethe, Wilh. Meisters Lehrjahre. B. 2, K. 13. Lied d. Harfenspielers (ged. 1783).

— Im Schweiße deines Angesichts sollst du dein Brot essen! 1. Mos., K. 3, V. 19.

— . . . und sollt Brots die Fülle haben.
3. Mos., K. 26, V. 5.

— Es ist genug zu diesem Leben, wer Wasser und Brot, Kleider und Haus hat.
Jes. Sir., K. 29, V. 28.

— Der Mensch lebet nicht vom Brot allein.
Matth., K. 4, V. 4.

— Unser täglich Brot gib uns heute!
Matth., K. 6, V. 11.

— Vorgegessen Brot macht faule Arbeiter.
Sprichwort.

— Wes Brot ich esse, des Lied ich singe.
Sprichwort.

— Alles ist Mutter, aber Brot ist Nahrung.
Sprichwort. Herzegowina.

— Nötig ist Brot und Himmel.
Sprichwort. Oberschlesisch.

— Mit Wasser und Brot | Chunnt me dur alli Nod. Sprichwort. Schweiz.

— Suer (sauer erworbenes) Braud wätt (wird) am meesten giätten (gegessen).
Sprichwort. Münsterisch.

— Dem ist sein Brot gebacken (es ist vorbei mit ihm, er liegt im Sterben; — sein letztes Brot ist gebacken; wenn wieder gebacken wird, lebt er nicht mehr). Sprichwörtl. Redensart.

— Er kann mehr als Brot essen (er ist ein kluger, verständiger Mensch).
Sprichwörtl. Redensart.

— Das Beste, was der Mensch genießt, | Ist wohl das liebe Brot, | Und wo man einmal das vermißt, | Herrscht allerhöchste Not.

Spr. an einem Hause. Gmünd, Kärnten.

— Salz und Brot gebe Gott, | Dann hat's keine Not. Spr. in einem Hause. München.

Broterwerb. — Edel denken ist schwer, wenn man nur denkt, um Brot zu erwerben. Franz.: Il est trop difficile de penser noblement, quand on ne pense que pour vivre.

Jean Jacques Rousseau, Bekenntnisse (1781 u. 1788). Übers. v. Knigge.

Brotgelehrte. — Anders ist der Studierplan, den sich der Brotgelehrte, anders derjenige, den der philosophische Kopf sich vorzeichnet.

Friedr. von Schiller, Was heißt u. zu welchem Ende studiert man Universalgesch.? (1789).

— Wer hat über Reformatoren mehr geschrieen als der Haufe der Brotgelehrten? Wer hält den Fortgang nützlicher Revolutionen im Reiche des Wissens mehr auf als eben diese?

Friedr. von Schiller, Was heißt u. zu welchem Ende studiert man Universalgesch.? (1789).

— . . . kein unversöhnlicherer Feind, kein neidischerer Amtsgehilfe, kein bereitwilligerer Ketzermacher als der Brotgelehrte.

Friedr. von Schiller, Was heißt u. zu welchem Ende studiert man Universalgesch.? (1789).

Brotkorb. — Jemandem den Brotkorb höher hängen (jemanden in seinem Genuß beschränken, ihn knapp halten). Sprichwörtl. Redensart.

Brücke. — Die Brücke kömmt. Fritz! Fritz! wie wird dir's gehen!

Christ. Fürchtegott Gellert, Fab. u. Erz. (1746). B. 2. D. Bauer u. sein Sohn.

— Dem Gegner goldne Brücken bauen (ihm den Rückzug erleichtern). Sprichwörtl. Redensart.

— Wenn das Wort eine Brücke wäre! (du hast gelogen; — nach einer alten Erzählung, in welcher ein Bauernjunge seinem Vater erzählt, er hätte in der Fremde einen Hund gesehen von der Größe eines Pferdes. Der Vater antwortet darauf beiläufig, daß sie bald an eine Brücke kommen würden, auf der jeder Lügner ein Bein bräche. Ehe Vater und Sohn an diese Brücke kommen, hat letzterer allmählich eingestanden, daß der Hund nur so groß gewesen, wie alle Hunde sind. Gellert verwandte die Erzählung in einer seiner Fabeln).

Sprichwörtl. Redensart.

Bruder. — Was Brüder trennt, ist erstlich Liebeseifersucht | Und zweitens Zank um Geld und Gut. Griech.: *Ταραχὴ δ' ἀδελφῶν διά τ' ἔρωτα γίγνεται | Πλεονεξίαν τε δωμάτων.*

Euripides, Iphigenie in Aulis (um 407 v. Chr.). Übers. v. Minckwitz. V. 508—9 (Agamemnon).

— Ein edles Brüderpaar. Lat.: Par nobile fratrum.

Quint. Horatius Flacc., Sat. (um 30 v. Chr). B. 2, Nr. 3, V. 243. Übers. v. Grau.

— Sind wir nicht Brüder? — | Das sollte Mensch dem Menschen immer sein. Engl.: Are we not brothers? — | So man and man should be.

William Shakespeare, Cymbeline (1610). Übers. v. Dorothea Tieck. A. 4, Sz. 2 (Arviragus u. Imogen).

Bruder. — Wan Brüder einig seyn, | Vnd sich halten zu sammen, | Weil sie sind von eim stammen, | Das g'fallt Gott vnd den Leuten.

Joh. Michael Moscherosch, Wunderliche v. Warhafftige Gesichte Philanders v. Sittewald (1643). T. 2, Gesichte 3. Weiber=Lob. Vier Gesätzlein. Nr. 1.

— Brüder haben ein Geblüte, | Selten aber ein Gemüte.

Friedr. von Logau, Deutsche Sinn=Getichte (1654). Brüder.

— . . . wir waren Brüder, Brüder durch | Ein edler Band, als die Natur es schmiedet.

Friedr. von Schiller, Don Karlos (1787). A. 5, Sz. 4 (Karlos).

— Zu was für schrecklichen Gezänken kommt's, | Wenn Streit und Zwist entbrennet zwischen Brüdern!

Friedr. von Schiller, Iphigenie in Aulis (geb. 1788). A. 2, Sz. 2 (Chor).

— Wie unglückbringend . . . | Ist Feindschaft zwischen Brüdern, und wie schwer | Hält die Versöhnung!

Friedr. von Schiller, Sz. a. d. Phönizierinnen d. Euripides (geb. 1788). (Polynices).

— Wohl dem, dem die Geburt den Bruder gab; | Ihn kann das Glück nicht geben! Anerschaffen | Ist ihm der Freund, und gegen eine Welt | Voll Kriegs und Truges steht er zweifach da!

Friedr. von Schiller, D. Braut v. Messina (1803). Säulenhalle (Isabella).

— Wir wollen sein ein einzig Volk von Brüdern, | In keiner Not uns trennen und Gefahr!

Friedr. von Schiller, Wilh. Tell (1804). A. 2, Sz. 2 (Rösselmann).

— Wir Menschen sind ja alle Brüder.

Christ. Gottlob Otto, Im Kreise froher, kluger Zecher usw. (vor 1808). Mel.: A. Feuer ward d. Geist geschaffen.

— Brüderlein fein, Brüderlein fein.

Ferd. Raimund, D. Mädchen a. d. Feenwelt oder d. Bauer als Millionär (1826). A. 2, Sz. 6 (Jugend u. Wurzel). Komp. v. Jos. Drechsler. (Erste Auff. am 10. Nov. 1826 in Wien.)

— Soll ich meines Bruders Hüter sein?

1. Mos., K. 4, V. 9.

— Ein Bruder hilft dem andern in der Not.

Jes. Sir., K. 40, V. 24.

— Wer aber zu seinem Bruder sagt: . . . du Narr! der ist des höllischen Feuers schuldig.

Matth., K. 5, V. 22.

— Ihr aber seid alle Brüder.

Matth., K. 23, V. 8.

— Falscher Bruder. Nach 2. Kor., K. 11, V. 26.

— Wer seinen Bruder hasset, der ist ein Totschläger. 1. Joh., K. 3, V. 15.

— Zwischen zwei Brüdern zwei Zeugen und ein Notar. Span.: Entre dos hermanos dos testigos y un notario. Sprichwort.

Bruderfehde. — . . . die Bruderfehde | Löst alle heil'gen Bande der Natur.

Friedr. von Schiller, D. Braut v. Messina (1803). Säulenhalle (Isabella).

Brüderlich. — Bleibet fest in der brüderlichen Liebe! Ebr., K. 13, V. 1.

Bruderliebe. — Ungefärbte Bruderliebe. Nach 1. Petr., K. 1, V. 22.

Bruderstreit. — Bruderstreit ist um Seel' und Leib. Niederl.: **Broeders gekijf | Is om ziel en lijf.** Sprichwort.

Bruderzorn. — Bruderzorn, Zorn von Teufeln aus der Hölle. Franz.: **Courroux de frères, | Courroux de diables d'enfer.**

Sprichwort.

Bruderzwist. — Entsetzlich ist der Bruderzwist! Wie fallen da | Die Worte heftig, wenn der Streit begonnen hat! Griech.: *Δεινὸν κασιγνήτοισι γίγνεσθαι λόγους | Μάχας θ', ὅταν ποτ' ἐμπέσωσιν εἰς ἔριν.*

Euripides, Iphigenie in Aulis (um 407 v. Chr.). Übers. v. Minckwitz. V. 376—77 (Chor).

— Bruderzwist | Gar heftig ist. Sprichwort.

Brüllen. — Gut gebrüllt, Löwe! Engl.: **Well roared, lion.**

William Shakespeare, D. Sommernachtstraum (1594). Übers. v. Schlegel. A. 5, Sz. 1 (Demetrius).

Brunnen. — Am Brunnen vor dem Tore, | Da steht ein Lindenbaum.

Wilh. Müller, Lieder d. Lebens u. d. Liebe. Nr. 2. D. Winterreise. D. Lindenbaum (ged. 1822). Mel. v. Frz. Schubert (komp. 1827).

— Jetz gang i ans Brünnele, | Trink' aber net; | Da such' i mein herztausige Schatz, | Find 'n aber net. Drei Röslein. Volkslied u. -weise.

— Gottes Brünnlein hat Wassers die Fülle. Ps. 65, V. 10.

Brunst. — Wer in der Brunst steckt, ist wie ein brennendes Feuer. Jes. Sir., K. 23, V. 22.

Brust. — . . . es erheben | Zwei Stimmen streitend sich in meiner Brust.

Friedr. von Schiller, Wallensteins Tod (1799). A. 3, Sz. 21 (Max).

— Selig sind . . . die Brüste, die nicht gesäuget haben. Luk., K. 23, V. 29.

Brut. — Und Tauben picken, ihre Brut zu schützen. Engl.: **And doves will peck in safeguard of their brood.**

William Shakespeare, König Heinr. VI. (1591—1592). Übers. v. Schlegel. T. 3, A. 2, Sz. 2 (Clifford).

Brutus. — Denn Brutus ist ein ehrenwerter Mann. Engl.: **For Brutus is an honourable man.**

William Shakespeare, Jul. Cäsar (1601). Übers. v. Schlegel. A. 3, Sz. 2 (Antonius).

— Wo ein Brutus lebt, muß Cäsar sterben. Friedr. von Schiller, D. Räuber (1781). A. 4, Sz. 5 (Karl Moor).

Bubenstück. — Ein glückliches Bubenstück gilt für ein Tugendstück.

Christoph Lehmann, Politischer Blumen-Garten (1662).

Buch. — Die Bücher sind stumme Lehrmeister. Lat.: **Libri muti magistri sunt.**

Aul. Gellius (um 125—175).

— Die Bücher haben ihre Schicksale. Lat.: **Habent sua fata libelli.**

Terentianus Maurus (3. Jahrh.), Heldengedicht. V. 258. Übers. v. Grau.

— Das Buch glänzt allermeist im Aug' der Welt, | Das goldne Lehr' in goldnen Spangen hält. Engl.: **That book in many's eyes doth share the glory, | That in gold clasps locks in the golden story.**

William Shakespeare, Romeo u. Julia (1593). Übers. v. Schlegel. A. 1, Sz. 3 (Gräfin Capulet).

— Wer einen Menschen tötet, der tötet ein vernünftiges Wesen, ein Ebenbild Gottes; derjenige aber, der ein gutes Buch vernichtet, tötet die Vernunft selbst, tötet Gottes Ebenbild, sozusagen, im Keime. Engl.: **Who kills a man, kills a reasonable creature, God's image; but he who destroys a good book kills reason itself, kills the image of God, as it were in the eye.**

John Milton, Areopagitica (1644). Übers. v. Bernhardi. Abs. 3.

— Die Wercke kluger Sinnen | Hat nie vertilgen künnen | Der Zeiten starcke Flucht, | Wie viel sie sonst vermucht. | Auf Stahl vnd Stein zu bauen | Darf keiner sicher trauen, | Sie nehmen eher Bruch | Als ein gelehrtes Buch.

Friedr. von Logau, Deutsche Sinn-Getichte (1654). Bücher.

— Bücher haben auch ihr Glücke: sind sie nicht gesalzen fein, | Faßt man dennoch gute Würze, Pfeffer oder Safran drein: | Kommt es dir, ich bin zufrieden, liebes Buch, nur auch so gut, | Wenn mit dir nur im geheimen niemand was Verschämtes thut.

Friedr. von Logau, Deutsche Sinn-Getichte (1654). Bücherglück.

— Gute Bücher sind die Quintessenz der tüchtigsten Geister, der Inbegriff ihrer Kenntnisse, die Frucht ihrer langen Nachtwachen. Franz.: **Les bons livres sont l'essence des meilleurs esprits, le précis de leurs connaissances et le fruit de leurs longues veilles.**

Marquis de Vauvenargues, V. menschlichen Geiste (1746). K. 24. Übers. v. Zimmermann.

— Ein Buch, das leben soll, muß seinen Schutzgeist haben.

Friedr. von Hagedorn, Sämtl. poetische Werke (1757). Epigrammatische Gedichte. D. Schriftsteller. Schlußv.

— Die nützlichsten Bücher sind diejenigen, welche den Leser zu ihrer Ergänzung auffordern. Franz.: **Les livres les plus utiles sont ceux dont les lecteurs font eux-mêmes la moitié.**

Voltaire (François Marie Arouet), Philosophisches Wörterbuch (1764). Vorrede. Übers. v. Mylius.

Buch. — O wahrhaftig, das schlechte Buch ist rar, in welches sich gar nichts Gutes, auch nicht von ongefähr, eingeschlichen hätte!

Gotthold Ephr. Lessing, Sämtl. Schriften. Br., d. neueste Literatur betreffend (1759—1765). T. 2, Br. 43.

— Ich bin sehr für geliehene Bücher. Hat man selbst das Buch, glaubt man: ein andermal!

Theod. Gottl. von Hippel, Lebensläufe in aufsteigender Linie (1778—1781). Bd. 1.

— Sie glauben es nicht, wie drückend es ist, immer unter Büchern zu sitzen.

Friedr. von Schiller, Br. An Lotte (1. Sept. 1789).

— Liest doch nur jeder | Aus dem Buch sich heraus, und ist er gewaltig, so liest er | In das Buch sich hinein, amalgamiert sich das Fremde.

Joh. Wolfg. von Goethe, Gedichte. Episteln. Nr. 1 (geb. Okt.—Nov. 1794).

— Wem die Welt nicht unmittelbar eröffnet, was sie für ein Verhältnis zu ihm hat, wem sein Herz nicht sagt, was er sich und andern schuldig ist, der wird es wohl schwerlich aus Büchern erfahren, die eigentlich nur geschickt sind, unseren Irrtümern Namen zu geben.

Joh. Wolfg. von Goethe, Wilh. Meisters Lehrjahre (1777—1796).

— Eine seltsamere Ware als Bücher gibt es wohl schwerlich in der Welt. Von Leuten gedruckt, die sie nicht verstehen; von Leuten verkauft, die sie nicht verstehen; gebunden, rezensiert und gelesen von Leuten, die sie nicht verstehen; und nun gar geschrieben von Leuten, die sie nicht verstehen.

Georg Christoph Lichtenberg, Verm. Schriften (1800—1806). Bd. 2, Nr. 2. Bemerk. verm. Inhalts. Nr. 8. Litterärische Bemerk.

— Ein sicheres Zeichen von einem guten Buche ist, wenn es einem immer besser gefällt, je älter man wird. Georg Christoph Lichtenberg, Verm. Schriften (1800—1806).

— Wenn ein Kopf und ein Buch zusammenstoßen, und es klingt hohl, ist denn das allemal im Buche? Georg Christoph Lichtenberg, Verm. Schriften (1800—1806).

— Ein gutes Buch ist mir ein wahrer Schatz. | In Nöten dient es als Versatz.

Joh. Christoph Friedr. Haug, Epigrammatische Spiele (1807). B. 4, Nr. 11.

— Ich lernte einsehen, die Bücher würden mich wohl gelehrt, aber nimmermehr zu einem Menschen machen. Gotthold Ephr. Lessing, Sämtl. Schriften (1796—1808). Br.

— Auch die Bücher haben ihr Erlebtes, das ihnen nicht entzogen werden kann.

Joh. Wolfg. von Goethe, Werke (1827—1830). Maximen u. Reflexionen. Abteilung 2.

— Wahrhaftig, der Umgang mit schlechten Büchern ist oft gefährlicher als mit schlechten Menschen.

Wilh. Hauff, Sämtl. Schriften (1830—1831). D. B. u. d. Leserwelt.

Buch. — Es geht den Büchern wie den Jungfrauen. Gerade die besten, die würdigsten bleiben oft am längsten sitzen. Aber endlich kommt doch einer, der sie erkennt und aus dem Dunkel der Verborgenheit an das Licht eines schönen Wirkungskreises hervorzieht.

Ludw. Feuerbach, Schriftsteller u. Mensch (1834).

— Bücher sind Brillen, durch welche die Welt betrachtet wird; schwachen Augen freilich nötig, zur Stütze, zur Erhaltung. Aber der freie Blick ins Leben erhält das Auge gesunder.

Ludw. Feuerbach, Schriftsteller u. Mensch (1834).

— Je mehr sich unsere Bekanntschaft mit guten Büchern vergrößert, desto geringer wird der Kreis von Menschen, an deren Umgang wir Geschmack finden.

Ludw. Feuerbach, Schriftsteller u. Mensch (1834).

— In Büchern liegt die Seele aller gewesenen Zeit. Engl.: In Books lies the soul of the whole Past Time.

Thomas Carlyle, Über Helden, Heldenverehrung u. d. Heldentümliche in d. Gesch. (1840). Übers. v. Neuberg. Vortrag 5.

— Alles, was die Menschheit getan, gedacht, erlangt hat oder gewesen ist: es liegt wie in zauberartiger Erhaltung in den Blättern der Bücher aufbewahrt. Engl.: All that Mankind has done, thought, gained or been: it is lying as in magic preservation in the pages of Books.

Thomas Carlyle, Über Helden, Heldenverehrung u. d. Heldentümliche in d. Gesch. (1840). Übers. v. Neuberg. Vortrag 5.

— Die Entfernung von vielen Büchern zwingt mich mehr zum freien, stillen, eignen Nachdenken.

Wilh. von Humboldt. Nach Elisa Maier, Lichtstrahlen a. seinen Br. (1850).

— . . . die eigenen, urkräftigen Gedanken verscheuchen, um ein Buch zur Hand zu nehmen, ist Sünde wider den heiligen Geist.

Arthur Schopenhauer, Parerga u. Paralipomena (1851).

— Verbietet die Polizei, unreifes Obst, saures Bier zu verkaufen, warum nicht auch unreife Bücher?

Rudolf von Jhering, Vertrauliche Br. über d. heutige Jurisprudenz (1889).

— Ein ganzes Buch — ein ganzes Leben.

Marie von Ebner-Eschenbach, Aphorismen (1893).

— Denn viel Büchermachens ist kein Ende, und viel Predigen macht den Leib müde.

Pred. Sal., K. 12, V. 12.

— Und ich sahe . . . ein Buch . . . versiegelt mit sieben Siegeln. Offenb. Joh., K. 5, V. 1.

— Bücher fressen und nicht käuen macht ungesund. Alter Spr.

— Daß buch ist mir lip, | Wer mir's stihlt, der ist ein dip: | Ess sey ryter oder knecht, | So ist her an den galgen gerecht. Alter Spr.

Buch. — Schaff gute Bücher in dein Haus, | Sie strömen reichen Segen aus | Und wirken als ein Segenshort | Auf Kinder und auf Enkel fort.
Alter Spr.

— Das Buch der Könige aufschlagen (Karten spielen).
Sprichwörtl. Redensart.

— Hic liber est (Dies Buch ist) mein, | Ideo nomen meum scripsi (Drum schrieb ich meinen Namen) drein. | Si vis hunc librum (Wenn du dies Buch willst) stehlen | Pendebis (Wirst du hängen) an der Kehlen; | Tunc veniunt (Dann kommen) die Raben | Et volunt tibi oculos (Und wollen dir die Augen) ausgraben. | Tunc clamabis (Dann wirst du schreien) Ach, ach, ach! | Ubique tibi recte (Wie dir auch recht) geschach.
Spr. auf d. inneren Seite eines Buchdeckels.

Buchdrucker. — Falsch glouben und vil falscher ler | Wachsen von tag zů tag ie mer; | Darzů důnt drucker ietz gůt stür.
Seb. Brant, D. Narrenschif (1494). Nr. 103. V. endkrist.

— Frisch frei fröhlich freundlich frumb | Ist aller Buchdrucker Reichthumb.
Spr. an einem Hause. Reutlingen (1673).

Buchdruckerei. — Es hat jemand mit großem Grund der Wahrheit behauptet, daß die Buchdruckerei Gelehrsamkeit zwar mehr ausgebreitet, aber im Gehalt vermindert hätte. Das viele Lesen ist dem Denken schädlich.
Georg Christoph Lichtenberg, Verm. Schriften (1800—1806). Bd. 2, Nr. 2. Bemerk. verm. Inhalts. Nr. 1. Philosophische Bemerk.

— Kein voriges Alter und Volk ist seit der Erfindung der Buchdruckerei zu vergleichen mit einem jetzigen.
Jean Paul (Joh. Paul Friedr. Richter), Levana oder Erzieh-Lehre (1807). Bd. 1, Bruchstück 1, K. 3, § 16.

Buchdruckerkunst. — Die Erfindung der Buchdruckerkunst ist das größte Ereignis der Weltgeschichte. Franz.: L'invention de l'imprimerie est le plus grand événement de l'histoire.
Viktor Hugo, Notre Dame (1831). Übers. v. Kottenkamp. B. 5, K. 2.

Büchersammlung. — Eine ausgewählte Büchersammlung ist und bleibt der Brautschatz des Geistes und Gemütes.
Karl Jul. Weber, Demokritos (1832—1840). Über Bücher. Fortsetzung u. Schluß.

— Die eigentliche Universität unserer Tage ist eine Büchersammlung. Engl.: The true University of these days is a Collection of Books.
Thomas Carlyle, Über Helden, Heldenverehrung u. d. Heldentümliche in d. Gesch. (1840). Übers. v. Neuberg. Vortrag 5.

Bücherwesen. — Ein Volk, das ein wahres, volkstümliches Bücherwesen besitzt, ist Herr von einem unermeßlichen Schatze ... Es kann aus der Asche des Vaterlandes wieder aufleben, wenn seine heiligen Bücher gerettet werden.
Friedr. Ludw. Jahn, Deutsches Volkstum (1810).

Buchgelehrter. — Was hat solch armer Grübler (Buchgelehrter) sich gewonnen, | Als Satzung, die in fremdem Buch zu finden! Engl.: Small have continual plodders ever won, | Save base authority from others' books.
William Shakespeare, Verlorne Liebesmüh (1591—1592 [?]). Übers. v. Graf Baudissin. A. 1, Sz. 1 (Biron).

Buchholtz. — Buchholtz hat kein Geld dazu.
Friedr. d. Große auf eine Anfrage d. Ministeriums (18. Dez. 1766) hinsichtlich d. Ausbesserung d. Langen Brücke in Berlin. (Buchholtz war d. königliche Schatzmeister.)

Buchstabe. — Wenn der Buchstab' dich gefangen, | Kannst du nicht zum Geist gelangen.
Historie d. Wiedergebornen (1742). Werd' ein Kind.

— ... der Buchstabe tötet, aber der Geist macht lebendig.
2. Kor., K. 3, V. 6.

Bücken, sich. — Wer durch die Welt will rücken, | Der lerne sich schön bücken! Sprichwort.

— Wirst du mit Unrecht hart unterdrückt, | Wie mancher Fromme wird gebückt. | Bück dich, Häslein, und wart' der Zeit, | Bis dem Hund sein Bellen leidt.
Spr. an einer Sennhütte im Berner Oberland.

Bude. — Et wird ihn eklig in de Bude rejen (regnen) (es wird ihm übel ergehen).
Berliner Redensart.

Buhle. — Der liebste Buhle, den ich han, | Der liegt beim Wirt im Keller; | Er hat ein hölzern Röcklin an | Und heißt der Muskateller.
Trinklied (1500—1550). Volksweise.

— Wer sich seines Buhlen tut rühmen, | Der hat sein' kleine Ehr'.
A. einem alten Volkslied.

Buhlen. — Dan das man wisheit pfleg und bůl, | Mag ganz nit ston in einem stůl.
Seb. Brant, D. Narrenschif (1494). Nr. 13. V. bůlschaft.

— Denn Spielen macht nicht fröhlich, so macht Buhlen auch nicht fröhliche Leute.
Dr. Martin Luther, Tischreden oder Colloquia (1566). Nr. 79. Tischreden v. d. Trunkenheit.

Buhler. — Ein büler můß gar vil bedencken: | Wölchen sůß die lieb margredt | Zům ersten setzet vß dem bett, | Das er lůg by lyb vnd leben, | Ein gůtten tag dem trütlin geben, | ... | Solt ich die sach all schryben an, | O we! was mieſt ich dinten han!
Thomas Murner, Narrenbeschwerung (1512). Nr. 80. Ein luten schlaher im hertzen hon.

Buhlerei. — Wo Buhlerei den Tempel hat, | Sind, die Verliebte sind, Verräter oder Diebe.
Gotthold Ephr. Lessing, Schriften (1753—1755). Oden. B. 1, Nr. 2. Auf eine vornehme Vermählung.

Buhlschaft. — Die bůlschaft ist eim ieden stand | Ganz spötlich, närrisch und ein schand.
Seb. Brant, D. Narrenschif (1494). Nr. 13. V. bůlschaft.

Bühne. — Ihr wißt, auf unsern deutschen Bühnen | Probiert ein jeder, was er mag.
Joh. Wolfg. von Goethe, Faust, I (1808). Vorspiel auf d. Theater (Direktor).

Bühne. — Die Schaubühne ist mehr als jede andere öffentliche Anstalt des Staats eine Schule der praktischen Weisheit, ein Wegweiser durch das bürgerliche Leben, ein unfehlbarer Schlüssel zu den geheimsten Zugängen der menschlichen Seele.

Friedr. von Schiller, Sämtl. Werke (1812—1815). D. Schaubühne als eine moralische Anstalt betrachtet.

— Aber nicht genug, daß uns die Bühne mit Schicksalen der Menschheit bekannt macht, sie lehrt uns auch gerechter gegen den Unglücklichen sein und nachsichtsvoller über ihn zu richten.

Friedr. von Schiller, Sämtl. Werke (1812—1815). D. Schaubühne als eine moralische Anstalt betrachtet.

Bund. — Brüder, reicht die Hand zum Bunde!

Verfasser unbek. (vor 1826). Mel.: Laßt uns mit verschlungenen Händen, | Brüder, diese Arbeit enden! v. Wolfg. Amadeus Mozart (komp. 1791).

— Ich sei, gewährt mir die Bitte, | In eurem Bunde der Dritte!

Friedr. von Schiller, Gedichte. D. Bürgschaft (ged. 27.—30. Aug. 1798). Schlußv.

— Tausend fleiß'ge Hände regen, | Helfen sich in munterm Bund, | Und in feurigem Bewegen | Werden alle Kräfte kund.

Friedr. von Schiller, Gedichte. D. Lied v. d. Glocke (ged. Sept. 1799).

Bündel. — Sein Bündel schnüren (fortgehen, sein Reisebündel packen). Sprichwörtl. Redensart.

Bundesgenosse. — Wer wird auf Bundsgenossen pochen!

Joh. Wolfg. von Goethe, Faust, II (1831). A. 1. Kaiserliche Pfalz. Saal d. Thrones (Schatzmeister).

Bündnis. — Bündnussen seynd gut, aber wehe denen, die jhrer bedürffen.

Christoph Lehmann, Politischer Blumen=Garten (1662). T. 1. Bündnuß. Nr. 3.

— Kein Bündnis ist mit dem Gezücht der Schlangen. Friedr. von Schiller, Maria Stuart (1800). A. 3, Sz. 4 (Elisabeth).

Bundschuh. — Den Bundschuh aufwerfen (die Fahne des Aufruhrs entfalten).

Thomas Murner, D. Narrenbeschwerung (1512). Nr. 79. D. bundtschuch uff werffen.

Bürde. — Gleiche bürde bricht niemand den rucken. Alter Spr.

Bureaukratie. — Die Bureaukratie ist es, an der wir überall kranken.

Otto von Bismarck zu d. Vertretern a. Siegen in Friedrichsruh (12. Dez. 1891).

Bürge. — Aber ein Unverschämter läßt seinen Bürgen stehen. Jes. Sir., K. 29, V. 19.

— Bürgen | Soll man würgen. Sprichwort.

Bürger. — Der Bürger Schrei, grollgemischt, droht Gefahr: | Völkerfluch bricht hernieder racheschwer. Griech.: *Βαρεῖα δ' ἄστων φάτις σὺν κότῳ· | Δημοκράντου δ' ἀρᾶς τίνει χρέος.*

Äschylus, D. Orestie (um 458 v. Chr.). Agamemnon. Übers. v. Minckwitz. V. 437—38 (Chor).

— Bürger vnd Bawren | Scheid nichts als die mawren. Reimspr. (16. Jahrh.).

Bürger. — Es war von jeher gebräuchlich, den Menschen zum Besten des Bürgers leiden zu lassen.

Theod. Gottlob von Hippel, Über d. Ehe (1774). K. 1. Klagen über d. Vorurteile beim Heiraten. Traum zur Abhelfung.

— Der Bürger, | Den Sie verloren für den Glauben, war | Ihr edelster.

Friedr. von Schiller, Don Karlos (1787). A. 3, Sz. 10 (Marquis).

— Der Bürger | Sei wiederum, was er zuvor gewesen, | Der Krone Zweck — ihn binde keine Pflicht, | Als seiner Brüder gleich ehrwürd'ge Rechte.

Friedr. von Schiller, Don Karlos (1787). A. 3, Sz. 10 (Marquis).

— Ich lebe | Ein Bürger derer, welche kommen werden. Friedr. von Schiller, Don Karlos (1787). A. 3, Sz. 10 (Marquis).

— Ein ordentlicher Bürger, der sich ehrlich und fleißig nährt, hat überall so viel Freiheit, als er braucht. Joh. Wolfg. von Goethe, Egmont (1788). A. 2. Platz in Brüssel (Egmont).

— Wer ist das würdigste Glied des Staats? Ein wackerer Bürger; | Unter jeglicher Form bleibt er der edelste Stoff.

Joh. Wolfg. von Goethe, Vier Jahreszeiten (ged. 1796). Herbst. Nr. 70.

— Es treibt sich der Bürgersmann träg und dumm, | Wie des Färbers Gaul, nur im Ring herum.

Friedr. von Schiller, Wallensteins Lager (1798). Sz. 7 (Wachtmeister).

— Doch den sichern Bürger schrecket | Nicht die Nacht, | Die den Bösen gräßlich wecket; | Denn das Auge des Gesetzes wacht.

Friedr. von Schiller, Gedichte. D. Lied v. d. Glocke (ged. Sept. 1799).

— Arbeit ist des Bürgers Zierde, | Segen ist der Mühe Preis; | Ehrt den König seine Würde, | Ehret uns der Hände Fleiß.

Friedr. von Schiller, Gedichte. D. Lied v. d. Glocke (ged. Sept. 1799).

— Der wird als Bürger sich bewähren, | Der seine Burg zu schirmen weißt.

Ludw. Uhland, Gedichte. Vaterländische Gedichte. D. Landständen zum Christophstag 1817 (ged. 14. März 1817).

— Wer sich mit Stolz nennt Bürger dieser Stadt, | Dem gilt ihr Name schon zur Zier und Würde. | Wer dieser Stadt sein Glück zu danken hat, | Der trage gern zum Dank auch ihre Bürde.

Spr. im Berliner Rathause. Dritter Stock.

Bürgerkönig. — Ein jeder Bürger ist ein König unter einem Bürgerkönig. Franz.: **Tout citoyen est roi sous un roi citoyen.**

Charles Simon Favart, D. drei Sultaninnen (1877). A. 2, Sz. 3 (Roxelane). Übers. v. Zimmermann.

Bürgerkrieg. — Partei wird alles, wenn das blut'ge Zeichen | Des Bürgerkrieges ausgehangen ist.

Friedr. von Schiller, D. Jungfrau v. Orleans (1801). A. 1, Sz. 5 (Dunois).

Bürgerkrieg. — Bürgerkrieg ist immer das Fürchterlichste, was man haben kann, in allen Ländern.

Otto von Bismarck im Herrenhause (23. März 1887).

Bürgermeister. — Den Bürgermeister ausgenommen.

Vademekum für lustige Leute. T. 8 (1781). In einer kleinen Stadt ist verordnet, bei jeder Behauptung in Ehrfurcht d. Einschränkung: D. Bürgermeister ausgenommen, zu gebrauchen. Ein Fremder behauptet, er habe so gut gegessen wie kein anderer. D. Wirt verlangt d. Einschränkung u. zeigt ihn, da d. Fremde sich weigert, an, d. dann Strafe zahlen muß. Darauf sagt er: D. Kerl, d. mich hier vor Gericht gebracht hat, ist d. größte Narr d. Christenheit — Sie, Herr Bürgermeister, ausgenommen.

— Nein, er gefällt mir nicht, der neue Burgemeister! Joh. Wolfg. von Goethe, Faust, I (1808). Vor d. Tor (Bürger).

— Denn ich bin ja der Oberbürgermeister, | Bin der Tyrann von Mottenburg.

David Kalisch u. Weihrauch, Lustige Werke (1870—1871). D. Mottenburger.

— Wo der Bürgermeister schenket Wein, | Die Fleischhauer im Rate sein, | Und der Bäcker wiegt das Brot, | Da leidt die Gemeinde große Not.

Inschrift am Rathause zu Gotha.

Bürgertugend. — Ja, diese (die Bürgertugend) ruft, was schön und hehr, ins Leben.

Emerich Madách, D. Tragödie d. Menschen (1861). Übers. v. Lechner. Sz. 5 (Eva).

Bürgertum. — Bürgertum ist der (der Wall) geheißen, | Schließt sich fest ums Königshaus; | Heil! in solchem Wall von Eisen | Hält es jeden Donner aus.

Justinus Kerner, Dichtungen. Gedichte. Politisches. D. Bürgerwall (ged. 1817).

— Das Bürgertum ist das eigentliche Bildungselement unseres Landes. Erst mit den Städten wuchs die Kultur groß.

Joh. Scherr, Gesch. deutscher Kultur- u. Sitte (1853).

— In dem deutschen Bürgertum liegt die edelste Kraft, die Führerschaft auf dem Gebiet idealer und praktischer Interessen.

Gustav Freytag, Gesammelte Werke (1887—1888). A. neuer Zeit.

Bursche. — Frei ist der Bursch.

Aug. Daniel von Binzer, Stoßt an, Eisenach (Jena) lebe usw. (ged. 1817). Mel. v. Albert Methfessel (1818).

— Kommt ein schlanker Bursch gegangen.

Joh. Friedr. Kind, D. Freischütz (ged. 1817—1818). A. 2, Sz. 2 (Ännchen). Komp. v. Karl Maria von Weber. (Erste Auff. am 18. Juni 1821 in Berlin.)

Burschenherrlichkeit. — O alte Burschenherrlichkeit! | Wohin bist du entschwunden?

Dr. Eugen Höfling (?), O alte Burschenherrlichkeit! (1825). Mel.: Was fang' ich armer Teufel an usw. (vor 1763).

Burschenherz. — Allein, das rechte Burschenherz | Kann nimmermehr erkalten; | Im Ernste wird, wie hier im Scherz, | Der rechte Sinn stets walten.

Dr. Eugen Höfling (?), O alte Burschenherrlichkeit! (1825). Mel.: Was fang' ich armer Teufel an usw. (vor 1763).

Burschenjahre. — Wie soll ich dich nennen, du hohes, rohes, edles, barbarisches, liebliches, unharmonisches, gesangvolles, zurückstoßendes und doch so mild erquickendes Leben der Burschenjahre?

Wilh. Hauff, Phantasien im Bremer Ratskeller (1827).

Burschenleben. — Ich lobe mir das Burschenleben; | Ein jeder lobt sich seinen Stand. Studentenlied (vor 1760). Verfasser unbek. Mel. v. Karl Maria von Weber.

Busch. — Und er schlug sich seitwärts in die Büsche.

Joh. Gottfr. Seume, Gedichte. D. Wilde (1793). Schlußv.

— Was kraucht dort in dem Busch herum? | Ich glaub', es ist Napolium.

Hermann Alexander Pistorius, D. Kutschkelied (ged. 16. Aug. 1870).

— Auf den Busch klopfen (durch geschicktes Ausfragen etwas zu erforschen suchen; — aus der Jägersprache; — man klopft wohl auf einen dichten Busch, um zu erforschen, ob sich ein Tier darin befindet). Sprichwörtl. Redensart.

Busento. — Nächtlich am Busento lispeln bei Cosenza dumpfe Lieder.

Aug. Graf von Platen-Hallermund, Gedichte. Balladen. D. Grab im Busento (ged. 1820).

Buße. — Wer Sündenbuß' fürs Alter spart, | Der hat die Seele schlecht bewahrt. Mittelhochdeutsch: Swer sünden buoze in alter spart, | Der hât die sêl niht wol bewart.

Vridankes Bescheidenheit (1225—1240). Übertr. v. Pannier. Nr. 10. v. sünden.

— Die Buße führt dich nicht in eine Welt voll Leiden; | Gott kennt und liebt dein Glück; sie führt zu deinen Freuden.

Christ. Fürchtegott Gellert, Geistl. Oden u. Lieder (1757). Wider d. Aufschub d. Bekehrung.

— Fromme Büßung kauft den Zorn des Himmels ab.

Friedr. von Schiller, D. Braut v. Messina (1803). Säulenhalle (Cajetan).

— Nicht wieder tun ist die beste Buße.

Sprichwort.

— D' Bueß g'hört uf d' Sünd | Wie d' Luus uf de Grind. Sprichwort. Schweiz.

— Wie gefährlich ist die Buß', | Die der Tod erzwingen muß! Spr. in einer Totenkapelle. Rinn.

Butterbrot. — Etwas für ein Butterbrot (ein Ei und ein Butterbrot) hingeben (etwas für einen sehr geringen Preis hingeben).

Sprichwörtl. Redensart.

C.

Canaille. — Ein zuckersüßes Brüderchen. | In der Tat! Franz heißt die Canaille?

Friedr. von Schiller, D. Räuber (1781). A. 1, Sz. 2 (Schweizer).

— Das ist das Schrecknis in der Welt, schlimmer als der Tod, daß die Canaille Herr ist und Herr bleibt. Wilh. Raabe, D. Schüdderump (1870). Bd. 2.

Capua. — Schön bist du (Wien), doch gefährlich auch | Dem Schüler wie dem Meister; | Entnervend weht dein Sommerhauch, | Du Capua der Geister!

Frz. Grillparzer, Sämtl. Werke. Gedichte. Nr. 2. Im alten Österreich. Abschied v. Wien (ged. 27. Aug. 1843).

Carl. — Der Knabe | Don Carl fängt an, mir fürchterlich zu werden.

Friedr. von Schiller, Don Karlos (1787). A. 1, Sz. 6 (König).

Cäsar. — Du trägst den Cäsar und sein Glück. Griech.: *Καίσαρα φέρεις καὶ τὴν Καίσαρος τύχην συμπλέουσαν.*

Jul. Cäsar (um 100—44 v. Chr.). Plutarch, Über d. Glück d. Römer. Übers. v. Eyth. K. 6.

— Das war ein Cäsar: wann kommt seinesgleichen? Engl.: Here was a Cæsar! when comes such another?

William Shakespeare, Jul. Cäsar (1601). Übers. v. Schlegel. A. 3, Sz. 2 (Antonius).

— Nie zurück, | Fürchte nicht des Kieles Krachen! | Cäsar führst du und sein Glück!

Joh. Gottfr. Kinkel, Gedichte (1843). Cäsar.

— Cäsar am Rubico (man steht vor einer wichtigen Entscheidung). Lat.: Caesar ad Rubiconem.

Bek. Redensart.

Charakter. — Luft (Klima) allein, nicht Seele (Charakter) vertauscht, wer über das Meer rennt. Lat.: Caelum, non animum mutant, qui trans mare currunt.

Quint. Horatius Flacc., Episteln (um 20 v. Chr.). Übers. v. Voß. B. 1, Nr. 11, V. 27.

— Die Geschichte des Menschen ist sein Charakter.

Joh. Wolfg. von Goethe, Wilh. Meisters Lehrjahre (1777—1796).

— In jedes Menschen Charakter sitzt etwas, das sich nicht brechen läßt — das Knochengebäude des Charakters.

Georg Christoph Lichtenberg, Verm. Schriften (1800—1806). Bd. 2, Nr. 2. Bemerk. verm. Inhalts. Nr. 4. Beobachtungen über d. Menschen.

— Über nichts wird flüchtiger geurteilt als über die Charaktere der Menschen, und doch sollte man in nichts behutsamer sein.

Georg Christoph Lichtenberg, Verm. Schriften (1800—1806). Bd. 2, Nr. 2 Bemerk. verm. Inhalts. Nr. 4. Beobachtungen über d. Menschen.

Charakter. — Ich habe durch mein ganzes Leben gefunden, daß sich der Charakter eines Menschen aus nichts so sicher erkennen läßt, wenn alle Mittel fehlen, als aus einem Scherz, den er übelnimmt.

Georg Christoph Lichtenberg, Verm. Schriften (1800—1806). Bd. 2, Nr. 2. Bemerk. verm. Inhalts. Nr. 4. Beobachtungen über d. Menschen.

— Ein Charakter ist ein Fels, an welchem gestrandete Schiffer landen und anstürmende scheitern.

Jean Paul (Joh. Paul Friedr. Richter), Sämtl. Werke (1826—1838).

— Kein Talent, doch ein Charakter!

Heinr. Heine, Atta Troll (1847). K. 24. Schlußv.

— Verstand ist ein zweischneidig Schwert | Aus hartem Stahl mit blankem Schliff. | Charakter ist daran der Griff, | Und ohne Griff ist's ohne Wert.

Friedr. von Bodenstedt, D. Lieder d. Mirza-Schaffy (1851). Lieder u. Spr. d. Weisheit. Nr. 43.

— Je großartiger und sittlicher ein Charakter ist, desto einfacher und klarer sind auch seine Situationen, seine Beziehungen zur Welt.

Bogumil Goltz, Typen d. Gesellschaft (1860).

— Der Charakter ist der größte Multiplikator menschlicher Fähigkeiten.

Kuno Fischer, Akademische Reden (1862).

— Die Kraft des Charakters läßt sich durchaus nicht ersetzen, weder durch Beten noch durch Singen, weder durch Geduld noch durch Demut, ja nicht einmal durch die Blüte des Lebens im Gemüt, die Frömmigkeit selbst.

Friedr. Adolf Wilh. Diesterweg (1790—1866).

— Vor seinem Tode, sagt Solon, ist niemand glücklich zu schätzen — und wir dürfen auch sagen: Vor seinem Tode ist niemand als Charakter zu preisen. Heinr. Heine, Sämtl. Werke (1861—1868). Gedanken u. Einfälle. Verm. Einfälle.

— Ein Talent können wir nach einer einzigen Manifestation anerkennen — für die Anerkennung eines Charakters bedürfen wir aber eines langen Zeitraumes und beständiger Öffentlichkeit.

Heinr. Heine, Sämtl. Werke (1861—1868). Gedanken u. Einfälle. Verm. Einfälle.

— Obgleich das Genie stets Bewunderung hervorruft, wird doch dem Charakter die meiste Ehrfurcht gezollt. Engl.: Although genius always commands admiration, character most secures respect.

Samuel Smiles, D. Charakter (1871). Übers. v. Dobbert. K. 1. D. Einfluß d. Charakters.

— Auf die Bildung des Charakters haben Zucht und Übung einen bedeutenden Einfluß. Engl.: Nor is moral discipline and drill less influential in the formation of character.

Samuel Smiles, D. Charakter (1871). Übers. v. Dobbert. K. 6. D. Selbstbeherrschung.

Charakter. — Der Charakter eines Menschen läßt sich weniger daraus erkennen, was er wünscht, als wie er es wünscht.

Joh. Jak. Mohr, Gedanken über Leben u. Kunst (1885).

— Zwischen Gelingen und Mißlingen, in Streit, Anstrengung und Sieg bildet sich der Charakter.

Leop. von Ranke, Sämtl. Werke (1867—1890). Engl. Gesch.

Charakterbild. — Von der Parteien Gunst und Haß verwirrt, | Schwankt sein Charakterbild in der Geschichte.

Friedr. von Schiller, Prolog zu Wallensteins Lager (1798).

Charakterfest. — Wer ist so (charakter)fest, den nichts verführen kann? Engl.: For who so firm that cannot be seduced?

William Shakespeare, Jul. Cäsar (1601). Übers. v. Schlegel. A. 1, Sz. 2 (Cassius).

Charakterlos. — . . . zu den Tagen | charakterloser Minderjährigkeit.

Friedr. von Schiller, Gedichte. An Goethe, als er d. Mahomet v. Voltaire auf d. Bühne brachte (ged. 6.—9. Jan. 1800).

Charis. — Und der Eris rauhe Stimme | Waltet, wo die Charis floh.

Friedr. von Schiller, Gedichte. Würde d. Frauen (ged. 1795).

Charon. — Ist die Kraft versauft, | Ist der Wein verbraust, | Folgen, alter Charon, wir dir gern! Brüder, zu d. festlichen Gelagen usw. (vor 1821).

Schlußv. Studentenlied. Verfasser unbek. Mel. v. Albert Methfessel (1823).

Chemiker. — Es klingt fast wie Satire, ist es aber nicht, daß der Chemiker bisher die Schwerter in der Scheide hält und durch seine Erfindungen über Krieg und Frieden entscheidet.

Otto von Bismarck zur Deputation nationalliberaler Reichstagsabg. in Friedrichsruh (19. April 1894).

Christ. — Denn Glaube, Bekenntniß und Creuz gehören auf einander und stehen einem rechten Christen zu.

Dr. Martin Luther, Tischreden oder Colloquia (1566). Nr. 13. Tischreden, daß d. Glaube an Christum allein für Gott gerecht mache. § 84. D. Glaubens Folge.

— Ein Mensch, sonderlich ein Christ, muß ein Kriegsmann seyn und mit den Feinden in Haaren liegen.

Dr. Martin Luther, Tischreden oder Colloquia (1566). Nr. 39. Tischreden v. Heuchlern u. falschen Brüdern. § 16. D. Christen Waffen u. Rüstung.

— Eines rechten frommen Christen Eigenschaft ist, daß er in der höchsten und größten Schwachheit am stärksten, in der größten Thorheit am weisesten ist.

Dr. Martin Luther, Tischreden oder Colloquia (1566). Nr. 39. Tischreden v. Heuchlern u. falschen Brüdern. § 22. Eines Christen Eigenschaft.

— So sollen alle Christen | Das Hönig waarer Lieb' | Ohn Haß und Neid gelüsten | Aus freyem Hertzens-trieb.

Georg Phil. Harsdörffer, Nathan, Jotham u. Simson (1651). D. Immen.

Christ. — Unverzagt und ohne Grauen | Soll ein Christ, | Wo er ist, | Stets sich lassen schauen.

Paul Gerhardt, Geistl. Andachten. Christliches Freudenlied (1653).

— Es trägt der echte Christ den Glauben nicht am Rocke | Und hängt die Frömmigkeit nicht an die große Glocke. Franz.: Les bons et vrais dévots qu'on doit suivre à la trace, | Ne sont pas ceux aussi qui font tant de grimace.

Molière (Jean Baptiste Poquelin), D. Tartüff (1667). Übers. v. Graf Baudissin. A. 1, Sz. 6 (Cléante).

— Des Leibes kurtze Freude; | Und was dem Fleisch gefällt: | Der Augen schnöde Weide, | Die Wollust dieser Welt . . . | Das ist dem Christen-Leben | Ein schädlich Seelen-Gifft.

Joh. Frank, Geistl. Sion (1674). Vmb wahre Weißheit.

— Daß ein guter Christ ich bin, | Deß erfreuet sich mein Sinn: | Denn in Not und Ungemach | Folgt ihm Glück und Ruhe nach.

Joh. Martin Miller, Gedichte. Deutsches Lied (1774).

— Den Ägyptern würde es nicht erlaubt gewesen sein, ihren Gott Apis zu verzehren; nur die Christen behandeln den Beherrscher des Universums so.

Friedr. d. Große an Voltaire (19. März 1776).

— Du kennst die Christen nicht, willst sie nicht kennen. | Ihr Stolz ist, Christen sein, nicht Menschen.

Gotthold Ephr. Lessing, Nathan d. Weise (1779). A. 2, Sz. 1 (Sittah).

— Sind Christ und Jude eher Christ und Jude | Als Mensch?

Gotthold Ephr. Lessing, Nathan d. Weise (1779). A. 2, Sz. 5 (Nathan).

— Sei keinem Juden, keinem Muselmanne | Zum Trotz ein Christ!

Gotthold Ephr. Lessing, Nathan d. Weise (1779). A. 4, Sz. 4 (Saladin).

— Nicht mürrisch, finster, ungesellig | Ist, wer ein Christ zu seyn, sich freut.

Joh. Andr. Cramer, Gedichte (1782). Christen-Pflichten.

— Gesandt ist er (der Christ) der Welt zum Retter; | Von jeder Not und jedem Harm | Befreien muß sein starker Arm.

Friedr. von Schiller, Gedichte. D. Kampf mit d. Drachen (ged. 18.—26. Aug. 1798).

— Der Jude meint, er sei ein Christ, | Wenn er nur Schweinebraten ißt. | Er sieht von Christi Wunderlehr' | An vielen Christen auch nicht mehr.

Wilh. Müller, Gedichte (1837). Epigramme. 2. Hundert, Nr. 37. Leichte Bekehrung.

— Es gehört kein Mut, kein Charakter, keine Anstrengung, kein Opfer dazu, Christ zu sein — Christentum und weltlicher Vorteil ist identisch — wohl aber kein Christ zu sein.

Ludw. Feuerbach, Sämtl. Schriften (1845—1866).

— Der Mensch stirbt und verdirbt, | Der Christ stirbt und erwirbt. Alter Spr.

Christ. — Ein Christen sol arbeyten, als wolte er ewig leben, vnd doch gesynnet seyn, als solt er dise stunde sterben. Alter Spr.

— Ich tue als ein guter Christ | Nicht mehr, als mir befohlen ist. Sprichwörtl.

— Er ist ein toller Christ (er ist ein sonderbarer, wunderlicher Mensch). Sprichwörtl. Redensart.

— Das Christenherz auf Rosen geht, | Wenn's mitten unterm Kreuze steht. Wartburgspr.

Christentum. — Luthrisch, Päpstlich und Calvinisch, diese Glauben alle drei | Sind vorhanden; nur ist Zweifel, wo das Christentum dann sei.
Friedr. von Logau, Deutsche Sinn-Getichte (1654).

— Das wahre Christentum stehet in vier Dingen: im Glauben, Leben, Leiden, Sterben. Der Glaube macht, das Leben beweist, das Leiden bewährt, das Sterben krönt den Christen.
Heinr. Müller, Predigten (1663—1675).

— Zu welchem Glück, zu welchem Ruhm | Erhebt uns nicht das Christentum!
Christ. Fürchtegott Gellert, Geistl. Oden u. Lieder (1757). Osterlied.

— Ein täglich tätig Christentum, | Das ist des Glaubens Frucht und Ruhm.
Christ. Fürchtegott Gellert, Geistl. Oden u. Lieder (1757). D. tätige Glaube.

— Und ist denn nicht das ganze Christentum | Aufs Judentum gebaut? Es hat mich oft | Geärgert, hat mir Tränen g'nug gekostet, | Wenn Christen gar so sehr vergessen konnten, | Daß unser Herr ja selbst ein Jude war.
Gotthold Ephr. Lessing, Nathan d. Weise (1779). A. 4, Sz. 7 (Klosterbruder).

— Ich sah bei dieser Gelegenheit, was ich oft gesehen, daß das schlechte und rechte Christentum eine edle Gleichgültigkeit, einen gewissen Liederton im Leben wirkt, der uns bei allem Wechsel und Wandel Ruhe ins Herz weht.
Theod. Gottl. von Hippel, Lebensläufe nach aufsteigender Linie (1778—1781).

— Humanität ist der große führende Zug des milden und wohltuenden Systems des Christentums, und was bewirkt hat, daß es zu einem so unschätzbaren Segen für die Menschheit geworden ist. Engl.: **Humanity is the great leading feature of the mild and beneficent system of Christianity, and what has tended to render it such an inestimable blessing to mankind.**
James Fox, Rede zum Gesetzesvorschlag über d. Aufnahme franz. Untertanen in d. Armee (17. April 1794). Übers. v. Drabig.

— Göttlich muß die Lehre (das Christentum) sein, die die Besten unter den Menschen bekennen, die so mächtig siegt und so wunderbar tröstet.
Friedr. von Schiller, Prosaische Schriften (1793—1802). Philosophische Br.

Christentum. — Wenn das Christentum schuld an allem Unheil wäre, das man bei seinen Priestern und durch seine Priester sieht, so wäre der Stifter der hassenswürdigste der Menschen.
Joh. Gottfr. Seume, Spaziergang nach Syrakus (1802). Rom.

— Wahre Religion, in der Form des Christentums, war der Keim der neuen Welt und ihre Gesamtaufgabe die, diese Religion in die vorhandene Bildung des Altertums zu verflößen und die letzte dadurch zu vergeistigen und zu heiligen.
Joh. Gottl. Fichte, Reden an d. deutsche Nation (1808). Rede 6.

— Wenn das Christentum den Menschen alles ersetzen könnte, wie seine Anhänger behaupten, so wäre es das schönste Geschenk, welches der Himmel ihnen jemals gemacht hat. Franz.: **Si le christianisme pouvait tenir lieu de tout aux hommes, comme ses sectateurs le prétendent, ce serait le plus beau présent que le ciel leur ait fait.**
Napoleon I., Maximen u. Gedanken (1817). Übers. v. Zimmermann.

— Es ist überhaupt in allem, im Religiösen und Moralischen, der wahrhaft unterscheidende Charakter des Christentums, die Scheidewände, die vorher die Völker wie Gattungen verschiedener Geschöpfe trennten, hinweggeräumt, den Dünkel, als gäbe es eine von der Gottheit bevorrechtete Nation, genommen, und ein allgemeines Band der Nächstenpflicht und Nächstenliebe um alle Menschen geschlungen zu haben.
Wilh. von Humboldt, Br. an eine Freundin (6. Dez. 1826).

— Wer das Böse haßt und das Gute liebt, | Dem Bedürftigen gern und willig gibt, | Der hat das Christentum praktisch geübt.
Moritz Doering, Gedichte (1827).

— Nirgends ist die Vatersorge Gottes für jedes einzelne Glück so schön, so wahrhaft beruhigend ausgedrückt als im Christentum und im Neuen Testament. Es enthält die einfachsten, aber auch rührendsten und das Herz am tiefsten ergreifenden Äußerungen darüber.
Wilh. von Humboldt, Br. an eine Freundin (20. Aug. 1829).

— Mag die geistige Kultur nun immer fortschreiten . . . und der menschliche Geist sich erweitern, wie er will, über die Hoheit und sittliche Kultur des Christentums . . . wird er nicht hinauskommen.
Joh. Peter Eckermann, Gespräche mit Goethe in d. letzten Jahren seines Lebens (11. März 1832).

— Auch werden wir alle nach und nach aus einem Christentum des Worts und Glaubens immer mehr zu einem Christentum der Gesinnung und Tat kommen.
Joh. Peter Eckermann, Gespräche mit Goethe in d. letzten Jahren seines Lebens (11. März 1832).

Christentum. — Der Islam predigte . . . Einheit Gottes wie der Mosaismus; nur mißverstandenes Christentum mußte eine Dreiheit haben, die so viele davon zurückschreckte.

Karl Jul. Weber, Demokritos (1832—1840). D. Religion u. d. Religionen. Fortsetzung. Lob d. reinen Christentums.

— Ich habe in dieser Zeit manchen Lichtfreund zu der schnöden Erkenntnis kommen sehen, daß ein gewisser Grad von positivem Christentum dem gemeinen Mann nötig sei, wenn er nicht der menschlichen Gesellschaft gefährlich werden soll.

Otto von Bismarck in d. zweiten Kammer d. preuß. Landtages (15. Nov. 1849).

— Unser Christentum darf und soll keinen nationalen Beigeschmack haben.

Joh. Jos. Ignatius von Döllinger, Kirche u. Kirchen, Papsttum u. Kirchenstaat (1861).

— Ein Blutstrom fließt durch achtzehn Jahrhunderte, und an seinen Ufern wohnt das Christentum. Ludw. Börne (Löb Baruch), Gesammelte Schriften (1862—1863).

— Das Christentum ist eine Idee und als solche unzerstörbar und unsterblich wie jede Idee.

Heinr. Heine, Sämtl. Werke (1861—1868). Über Deutschland. Deutschland bis Luther.

— Im Christentum kommt der Mensch zum Selbstbewußtsein des Geistes durch den Schmerz — Krankheit vergeistigt selbst die Tiere.

Heinr. Heine, Sämtl. Werke (1861—1868). Gedanken u. Einfälle. Religion u. Philosophie.

— Bricht einst mein Lebensmut, | Dann könnt ihr vielleicht mich erwerben; | Denn eure Lehr' (das Christentum) ist gut | Zu nichts auf der Welt als zum Sterben.

Friedr. Rückert, Gesammelte poetische Werke (1867—1869). Pantheon. Bruchstück 5. Zahme Xenien. Bekehrung.

— Der Kern des Christentums ist treue Pflichterfüllung in unserm Berufe und selbstlose Aufopferung für andere.

Friedr. von Bodenstedt, D. Herrenhaus im Eschenwalde (1872).

— Das Heidentum hielt den am höchsten, der die meisten Vorzüge, das Christentum den, der die wenigsten Fehler hat.

Frz. Grillparzer, Sämtl. Werke (1872). Studien zur Philosophie u. Religion.

— Das Christentum hat die Welt aus der Barbarei zur Gesittung emporgehoben. Es hat in hundertjährigem Wirken die Sklaverei beseitigt, die Arbeit geadelt, die Frau emanzipiert und den Blick in die Ewigkeit geöffnet.

Hellmuth von Moltke, Gesammelte Schriften (1891—1893).

— Wen das Christentum nicht innerlich befreit und zur Schönheit und Menschenfreundlichkeit geleitet, der hat es weder begriffen, noch sich zu eigen gemacht.

Dagobert von Gerhardt-Amyntor, D. Plauderer an d. Jahrhundertwende (1900). Sonniges Christentum.

Christlich. — Keine Religion als die christliche hat gelehrt, daß der Mensch als Sünder geboren wird. Franz.: Nulle religion que la chrétienne n'a enseigné que l'homme naît en péché.

Blaise Pascal, Gedanken über d. Religion (1670). Übers. v. Merschmann. Kennzeichen d. wahrhaften Religion.

— . . . so hoffe ich es noch zu erleben, daß das Narrenschiff der Zeit an dem Felsen der christlichen Kirche scheitert.

Otto von Bismarck in d. zweiten Kammer d. preuß. Landtages (15. Nov. 1849).

— Christlich zu leben und fromm zu sein | Bestreb' dich ohne Heuchelschein!

Spr. an einem Hause.

Christus. — Christus siegt, Christus regiert, Christus triumphiert! Lat.: Christus vincit, Christus regnat, Christus triumphat!

Wahlspr. Karls d. Großen (reg. 768—814).

— Wieviel dieses Märchen von Christus uns und den Unseren genützt hat, ist allbekannt. Lat.: Quantum nobis nostrisque haec fabula de Christo profuerit, notum est.

Angeblicher Ausspr. d. Papstes Leo X. (gest. 1521).

— Laß brausen und sausen Wind' und Meer, | Laß toben Welt und höllisch Heer! | Die dir, Herr Christ, eingeliebet sein, | Wirst du dennoch beschützen sein. Spr. an einem Hause. Hameln (1541).

— Das walt' unser Herr Jesu Christ | Mit dem Vater, der über uns ist; | Wer stärker ist als dieser Mann, | Der komm' und tu' ein Leid mir an!

Wahlspr. d. Albr. Alkibiades (reg. 1522—1577), Markgrafen zu Brandenburg-Bayreut.

— Faß Christi göttlich Wort und Lehr', | So wird dich dürsten nimmermehr.

Spr. an einem Brunnen. Basel (1593).

— Wer Christum liebt, geht in sein Haus; | Wer Christum haßt, der bleibt gar auß.

Spr. an einer Kirche. Basel (1596).

— Im Kreutz nichts liebers mag gesein | Denn oft betrachten Christi pein.

Spr. in einer Kirche. Stendal (1607).

— Wann mir gleich alle Welt stürb ab, | Gnug, daß ich Christum bey mir hab.

Joh. Heermann, Hauß- v. Hertz-Musika (1639). Oster-Gesang.

— Warum sollt ich mich denn grämen? | Hab ich doch | Christum noch; | Wer will mir den nehmen? Paul Gerhardt, Geistl. Andachten. Christliches Freudenlied (1653).

— Christus hat durch erstes Kommen | Uns des Teufels Reich genommen; | Kommt er jetzt nicht bald hernieder, | Kriegt der Teufel alles wieder.

Friedr. von Logau, Deutsche Sinn-Getichte (1654). D. Zukunft Christi.

— Und nach seinen (Christi) Rosen-Wangen | Reiche Lust mich übergeht, | Wann sein Zucker-Athem weht.

Ernst Christoph Homburg, Geistl. Lieder (1659). T. 2. Clios Verbannung.

Christus. — Freude, Freude über Freude! | Christus wehret allem Leide. | Wonne, Wonne über Wonne! | Er ist die Genadensonne!

Christ. Keymann (1607—1662), Freut euch!

— Jedoch, Christe, deine Beulen, | Ja; ein einzig Tropfflein Blut, | Das kan meine Wunden heilen, | Leschen meiner Sünden Gluth.

Joh. Frank, Geistl. Sion (1674). V. d. Buße.

— Wär' Christus tausendmal zu Bethlehem geboren | Und nicht in dir, du bleibst doch ewiglich verloren.

Angelus Silesius (Joh. Scheffler), Cherubinischer Wanders=Mann (1675).

— Sieh, darum mußte Christus leiden, | Damit du könntest selig sein!

Christ. Fürchtegott Gellert, Geistl. Lieder u. Oden (1757). D. Güte Gottes.

— Wohl ihnen (den Christen), daß er (Christus) ein so guter Mensch | Noch war! Wohl ihnen, daß sie seine Tugend | Auf Treu' und Glauben nehmen können!

Gotthold Ephr. Lessing, Nathan d. Weise (1779). A. 2, Sz. 1 (Sittah).

— Ja, solltest du (Christus) dir's gar erlauben, | Nicht, wie's ihr stolzer Wahn befahl, | Nicht so wie sie an dich zu glauben, | Sie kreuzigten dich noch einmal!

Christoph Aug. Tiedge, An Christus am Karfreitage 1790 (1792). Schlußv.

— ... den Christus in der Hand, | Die Hoffart und die Weltlust in dem Herzen.

Friedr. von Schiller, Maria Stuart (1800). A. 1, Sz. 1 (Paulet). Schlußv.

— Wenn ich ihn (Christus) nur habe, | Wenn er mein nur ist, . . .

Novalis (Friedr. Ludw. Freiherr von Hardenberg), Schriften (1802). Geistl. Lieder. Nr. 5. Mel. v. Luise Reichardt u. Heinr. Karl Breidenstein.

— Ich glaube von Grund meiner Seele und nach der reifsten Überlegung, daß die Lehre Christi, gesäubert vom Pfaffengeschmiere und gehörig nach unserer Art sich auszudrücken verstanden, das vollkommenste System ist, das ich mir wenigstens denken kann.

Georg Christoph Lichtenberg, Verm. Schriften (1800—1806). Bd. 2, Nr. 2. Bemerk. verm. Inhalts. Nr. 1. Philosophische Bemerk.

— ... das Mädchen und der Knabe lerne, daß es etwas Höheres gebe im Meere als seine Wogen, nämlich einen Christus, der sie beschwört!

Jean Paul (Joh. Paul Friedr. Richter), Levana oder Erzieh=Lehre (1807). Bd. 1, Bruchstück 2, K. 3, § 35.

— Du lieber, heil'ger, frommer Christ, | Der für uns Kinder kommen ist, | Damit wir sollen weis' und rein | Und rechte Kinder Gottes sein!

Ernst Moritz Arndt, Gedichte. Gebet eines kleinen Knaben an d. hl. Christ (geb. 1811). Mel. v. Gottlob Siegert.

— Christus ist der Schlüssel der Weltgeschichte: die alte schloß er ab, die neue schloß er auf.

Joh. von Müller, Sämtl. Werke (1810—1819).

Christus. — Sei gegrüßet (Christus), schönste Blume, | Aller Menschheit Blume du!

Joh. Gottfr. von Herder, Sämtl. Werke (1805—1820). Gedichte. Christliche Hymnen u. Lieder. Jesus. Nach Val. Andreä.

— Kommt zu ihm (Christus), die ihr mühselig | Und beladen; suchet Ruh'! | Er, er wird euch Geistesleben, | Unschuld, Liebe, süße Kraft, | Herzenssaft, | Gottes Ruh' wird er euch geben!

Joh. Gottfr. von Herder, Sämtl. Werke (1805—1820). Gedichte. Christliche Hymnen u. Lieder. Jesus. Nach Val. Andreä.

— Denn sobald man die reine Lehre und Liebe Christi, wie sie ist, wird begriffen und in sich eingelebt haben, so wird man sich als Mensch groß und frei fühlen.

Joh. Peter Eckermann, Gespräche mit Goethe in d. letzten Jahren seines Lebens (11. März 1832).

— So wird sich finden einst hienieden | Der Kirche traulicher Verein, | Wo Licht und Stärke, Freud' und Frieden | In Christo allen wird gemein.

Nikolaus Lenau (Niembsch, Edler von Strehlenau), Savonarola (1837). Weihnacht.

— Gottmensch, Erlöser, Christus ist die Seele | Der Welt, der Menschheit innerstes Geschick.

Nikolaus Lenau (Niembsch, Edler von Strehlenau), D. Albigenser (1842). Ritter u. Mönch.

— Christus ist der Fokus der Weltgeschichte.

Frz. Xaver von Baader, Sämtl. Werke (1851—1860).

— Die Christusmythe ist schön und erhaben zugleich.

Heinr. Heine, Sämtl. Werke (1861—1868). Verm. Schriften. Gedanken u. Einfälle. Kunst u. Literatur.

— Wie dünkt euch um Christo?

Matth., K. 22, V. 42.

— Einer ist euer Meister, Christus.

Matth., K. 23, V. 8.

— Gnade sei mit euch und Friede von Gott, unserm Vater und dem Herrn Jesu Christo!

Röm., K. 1, V. 7.

— Ich schäme mich des Evangeliums von Christo nicht. Röm., K. 1, V. 16.

— Jesus Christus, gestern und heute, und derselbige auch in Ewigkeit. Ebr., K. 13, V. 8.

— Gott aber sei Dank, der uns den Sieg gegeben hat durch unsern Herrn Jesum Christum.

1. Kor., K. 15, V. 57.

— Halte im Gedächtnis Jesum Christum!

2. Timotheus, K. 2, V. 8.

— Das Blut Jesu Christi macht uns rein von aller Sünde. 1. Joh., K. 1, V. 7.

— Herr Jesus Christ, | Wo du nicht bist, | Alles verloren ist. Sprichwort.

— Durch deine Kraft, Herr Jesu Christ, | Bewahr' dies Haus, und segne, was darinnen ist.

Spr. an einem Hause. Hannover.

Christus. — Herr Christ, bewahr' die Stadt und Haus, | Sonst ist's mit uns ganz und gar aus.
Spr. an einem Hause. Hannover.

Coriolan. — Ach, Coriolan! vorüber | Ist das Ringen, wilde Pochen.
Nikolaus Lenau (Niembsch, Edler von Strehlenau), Neuere Gedichte (1838). Beethovens Büste.

Coriolan. — Die Coriolane sind in Deutschland nicht selten; es fehlt ihnen nur an Volskern.
Otto von Bismarck im preuß. Landtage (30. Jan. 1869).

Couleur. — Dieselbe Kulör in Jrün (ganz dasselbe).
Berliner Redensart.

D.

Dach. — Wo kein Tach ist, da ist erlaubt | Den Vögeln, jm zuthun auffs haupt.
Joh. Friedr. Fischart, D. Philosophisch Ehzuchtbüchlin (1578). D. Schiltkrot art v. eygenschafft.

— Er stand auf seines Daches Zinnen.
Friedr. von Schiller, Gedichte. D. Ring d. Polykrates (ged. 24. Juni 1797).

— Die Tauben, so unter Dach bleiben, sind vor dem Stoßvogel sicher.
Alter Spr.

— Jemandem aufs Dach steigen (jemanden bedrängen; — einem Manne, der sich seines Weibes nicht erwehren konnte, wurde im Mittelalter durch Rechtsspruch das Dach seines Hauses abgehoben).
Sprichwörtl. Redensart.

— Unter Dach und Fach kommen (fertig werden; — man ist mit einem Hause erst fertig, wenn es mit einem Dach versehen ist).
Sprichwörtl. Redensart.

Dachstein. — Hoch vom Dachstein an, wo der Aar noch haust, . . .
Jak. Dirnböck, Hoch v. Dachstein (ged. 1844). Mel. v. Ludw. Karl Seydler (komp. 1844).

Dagewesen. — Alles schon dagewesen!
Karl Ferd. Gutzkow, Uriel Acosta (1847). A. 4, Sz. 2 (Ben Akiba).

Daheim. — „Ich bin daheim, ich will nun heim!" Das tröstet baß. Mittelhochdeutsch: „Ich bin heime", odr „ich wil heim", das troestet baz.
Walter v. d. Vogelweide (um 1170—1230), Gedichte. Übertr. v. Pannier.

— Mancher ist überall daheim, wo es jhm wol gehet.
Christoph Lehmann, Politischer Blumen=Garten (1662). T. 1. Daheim. Nr. 19.

— Ja, wohl dem, der sein Feld bestellt in Ruh' | Und ungekränkt daheim sitzt bei den Seinen.
Friedr. von Schiller, Wilh. Tell (1804). A. 4, Sz. 3 (Stüssi).

— Keiner hat uns lieb da draußen, | Keiner drückt so warm die Hand, | Und kein Kindlein will mir lächeln | Wie daheim im Schweizerland.
Joh. Rudolf Wyß d. Jüngere, Schwytzer=Heimweh (ged. 1811). Mel. v. Friedr. Glück (1814).

— Das Seefahren hat für diese Menschen einen großen Reiz; und dennoch, glaube ich, daheim ist ihnen allen am wohlsten zumute.
Heinr. Heine, Reisebilder. Norderney (1826).

Daheim. — O, welche Zauber liegen | In diesem kleinen Wort: Daheim.
Emanuel Geibel, Juniuslieder (1848). Verm. Gedichte. Daheim.

— Daheim! daheim! ist doch das süßeste Wort, welches die Sprache hat.
Heribert Rau, Beethoven (1859).

— Ach, in Vaters Haus daheim! Alles Leben draußen ist nur wie ein Schlafen in Kleidern, — daheim erst liegt man im Bett, dann drückt kein Band mehr.
Berth. Auerbach, Gesammelte Schriften (1864).

— Das Beste, was man auf der Welt haben kann, ist daheim sein.
Berth. Auerbach, Auf d. Höhe (1865).

— Daheim gütig, | Im Streit mütig.
Alter Spr.

— Daheim ist ein Mann zwei. Alter Spr.

— Daheim | Ist's geheim. Alter Spr.

— Daheim bin ich König. Sprichwort.

— 's ist nirgends schöner als daheim, und wenn d' Heimat nur a Saustall ist.
Sprichwort. Schwaben.

— Der Hund ist daheim am stolzesten. Dän.: Hunden er hjemme rigest. Sprichwort.

— Der Köhler ist Herr daheim. Franz.: Charbonnier est maître chez-soi. Sprichwort.

— Daheim werden verständige Männer am wenigsten geschätzt. Isländisches Sprichwort.

— Am Don ist's schön, aber daheim ist's besser. Russisches Sprichwort.

Dahin. — Dahin! dahin! | Möcht' ich mit dir, o mein Geliebter, ziehn!
Joh. Wolfg. von Goethe, Gedichte. Balladen. Mignon (ged. um 1784). Mel. v. Joh. Friedr. Reichardt (komp. 1795), Ludw. van Beethoven (1810), Rob. Schumann (1849), Heinr. Himmel u. a.

Dalberg. — Ist kein Dalberg da?
So fragte bei jeder Kaiserkrönung in Deutschland d. Herold, worauf ein anwesender Dalberg als erster zum Reichsritter geschlagen wurde. Dies geschah zum ersten Male bei d. Krönung Friedr. III. (1452).

Damals. — Ach, daß es noch wie damals wär'! | Doch kommt die schöne Zeit nicht wieder her.
Aug. Kopisch, Allerlei Geister (1848). D. Heinzelmännchen. Schluß.

Damals. — Das war alles damals! — Damals schien die Sonne in der rechten Weise; damals machte der Regen auf die rechte Art naß.

Wilh. Raabe, D. Schüdderung (1870). Bd. 2.

Damaskus. — Seinen Tag von Damaskus erleben (bekehrt werden).

Nach Apostelgesch., K. 9. — Sprichwörtl. Redensart.

Dame. — Und rings auf hohem Balkone | Die Damen in schönem Kranz.

Friedr. von Schiller, Gedichte. D. Handschuh (ged. 19. Juni 1797).

— Zwar auch unsre Damen preis' ich, | Denn sie blühen wie der Mai, | Lieben auch und üben fleißig | Tanzen, Sticken, Malerei.

Heinr. Heine, Sämtl. Werke. Dichtungen. D. Buch d. Lieder. Anhang älterer Gedichte (ged. 1816—1824). Zu d. Traumbildern. Deutschland, ein Traum.

— Die Dame, die ich liebe, nenn' ich nicht, | Doch hab' ich ihre Farben mir erkoren!

Feodor Löwe, Gedichte. D. Fahnenwacht (ged. 1847). Mel. v. Peter von Lindpaintner (komp. 1847).

— . . . was die Damen erfaßt haben, das haftet viel besser im Lande als alles andere, und das findet durch die Kinderstube seinen Weg in die Zukunft.

Otto von Bismarck zu d. Vertretern Ostfrieslands in Friedrichsruh (5. Mai 1895).

Damm. — Der Damm zerreißt, das Feld erbraust, | Die Fluten spülen, die Fläche saust.

Joh. Wolfg. von Goethe, Gedichte. Kantaten. Johanna Sebus (ged. 11.—12. Mai 1809). Mel. v. Karl Friedr. Zelter (komp. 1809).

— Auf dem Damme sein (gesund, wohl sein; — Damm = Straße; wer auf der Straße ist, befindet sich wohl).

Sprichwörtl. Redensart.

Danaer. — Was es auch sei, mir bangt vor dem Danaer, bring' er Geschenk' auch. Lat.: Quidquid id est, timeo Danaos et dona ferentes.

Publ. Vergilius Maro (um 70 v. Chr.—19 n. Chr.), Aeneis. Übers. v. Voß. B. 2, V. 49.

Dänemark. — Etwas ist faul im Staate Dänemarks. Engl.: Something is rotten in the state of Denmark.

William Shakespeare, Hamlet (1601—1602). Übers. v. Schlegel. A. 1, Sz. 4 (Marcellus).

Dänenroß. — Knapp', sattle mir mein Dänenroß, | Daß ich mir Ruh' erreite!

Gottfr. Aug. Bürger, Gedichte. D. Entführung (ged. Jan. 1778).

Dank. — Rechter Danck | Wird nicht kranck, | Pflegt im Dancken | Nie zu wancken.

Friedr. von Logau, Deutsche Sinn-Getichte (1654). Danckbarkeit.

— Ja, Menschen Danck | Ist schwach und kranck, | Verschwindet mit den Jahren.

Joh. Rist, Geistl. Poetische Schriften (1657—1659). Sonderbahre himlische Lieder. Ein Danck- u. Bittlied.

— Und Dank von Herzog Alba?

Friedr. von Schiller, Don Karlos (1787). A. 2, Sz. 5 (Karlos).

Dank. — Dank, der Gaben nicht vergüten kann, | Weist die Schulden auf die Gottheit an.

Joh. Christoph Friedr. Haug, Sinngedichte (1791).

— Den Dank, Dame, begehr' ich nicht!

Friedr. von Schiller, Gedichte. D. Handschuh (ged. 19. Juni 1797).

— Wer Dank mit Belohnung verwechseln kann, hat nur die letztere verdient.

Aug. von Kotzebue, D. Korsen (1799).

— Dank vom Haus Östreich!

Friedr. von Schiller, Wallensteins Tod (1799). A. 2, Sz. 6 (Buttler).

— Fahr' hin! Ich hab' auf Dank ja nie gerechnet. Friedr. von Schiller, Wallensteins Tod (1799). A. 3, Sz. 7 (Wallenstein).

— Wer treulos sich des Dankes will entschlagen, | Dem fehlt des Lügners freche Stirne nicht.

Friedr. von Schiller, D. Jungfrau v. Orleans (1801). A. 2, Sz. 2 (Burgund).

— Begegnet uns jemand, der uns Dank schuldig ist, gleich fällt es uns ein. Wie oft können wir jemand begegnen, dem wir Dank schuldig sind, ohne daran zu denken.

Joh. Wolfg. von Goethe, D. Wahlverwandtschaften (1808—1809). T. 2, K. 4. A. Ottiliens Tageb.

— Wer sich ganz dem Dank entzieht, | Der erniedrigt den Beschenkten, | Freund, indem er sich erhebt!

Frz. Grillparzer, D. Ahnfrau (1817). A. 1 (Graf).

— Nur weil es dem Dank sich eignet, | Ist das Leben schätzenswert.

Joh. Wolfg. von Goethe, Poetische u. prosaische Werke (1836—1837). Gedichte. A. d. Nachlaß. An Personen. D. Großherzog Karl Aug. zu Neujahr 1828.

— Dank mit dem Mund: hat wenig Grund, | Im Herzen Dank: ist guter Klang, | Dank mit der Tat: das ist mein Rat.

Rob. Reinick, Gesammelte Lieder (1852).

— Wer für alles gleich Dank begehrt, | Der ist selten des Dankes wert.

Joh. Trojan, Beschauliches (1870). Unbesorgt!

— Man darf wohl eine Bitte abweisen, aber nimmermehr darf man einen Dank abweisen oder, was dasselbe ist, ihn kalt und konventionell annehmen. Dies beleidigt tief.

Friedr. Nietzsche, Gesammelte Werke (1895—1897).

— Opfre Gott Dank, und bezahle dem Höchsten deine Gelübde! Ps. 50, V. 14.

— . . . was Danks habt ihr davon?

Luk., K. 6, V. 32.

— Später Dank, schlechter Dank. Sprichwort.

— Schön Dank! seggt Johann | Un steckt de Näs in de Kann. Sprichwörtl. Redensart. Mecklenburg.

Dankbar. — Der ist nie recht dankbar gewesen, der aufhört, dankbar zu sein.

Kaiser Friedr. I. Barbarossa (reg. 1152—1190).

— Dankbare Menschen sind wie fruchtbare Felder; sie geben das Empfangene zehnfach zurück.

Aug. von Kotzebue, Lohn d. Wahrheit (1801).

Dankbar. — Und bin ich König nicht von Mazedonien, | Kann ich auf meine Art doch dankbar sein.

Heinr. von Kleist, D. zerbrochene Krug (1811). Sz. 1 (Adam).

— Du kannst durch Wort und Tat nicht immer dankbar sein, | Doch in Gedanken stets, und meiden Undanks Schein.

Friedr. Güll, Leitstern auf d. Lebensfahrt (1881).

— Dankbar sein | Bricht kein Bein.

Sprichwort.

Dankbarkeit. — Ich hasse jeden, dessen Dankbarkeit erlischt. Griech.: *Χάριν δὲ γηράσκουσαν ἐχθαίρω.*

Euripides (um 480—406 v. Chr.), D. rasende Herakles. Übers. v. Minckwitz. V. 1223 (Theseus).

— Nichts erwirbt so sicher allgemeine Gunst als Dankbarkeit. Lat.: Quid tam populare quam gratia? Ambrosius (um 340—397), V. d. Pflichten. Übers. v. Schulte. B. 2, K. 7, § 37.

— Die Dankbarkeit ist von allen Tugenden am meisten zu loben. Ital.: La gratitudine tra l'altre virtu è sommamente da commendare.

Giovanni Boccaccio (gest. 1375), Decamerone. Einleitung. Übers. v. Pozzoni.

— Danckbarkeit ist ein schöne Tugend, | Zieret das Alter und die Jugend; | Wen man undanckbar nennen kan, | Dem hänget alle Laster an!

Georg Rollenhagen, Froschmäuseler (1595). B. 1, T. 1, K. 2.

— Danckbarkeit ist lang todt geschlagen, | Niemand will von Wohlverdienst wissen.

Georg Rollenhagen, Froschmäuseler (1595). B. 1, T. 2, K. 19.

— Denckt, wer aus danckbarkeit so viel gibt, als er kan, | Und sey es noch so schlecht, der hat genug gethan.

Andr. Tscherning, Deutscher Getichte Früling (1642). An Herrn Joh. Tscherning. Schlußv.

— Es gibt in der Welt selten ein schöneres Übermaß als das in der Dankbarkeit. Franz.: Il n'y a guère au monde un plus bel excès que celui de la reconnaissance.

Jean de La Bruyère, Charaktere (1688). Übers. v. Hamel. Vom Herzen.

— Die schwerste Tugend auszuüben, | Ist die der Dankbarkeit!

Joh. Wilh. Ludw. Gleim, D. goldenen Spr. d. Pythagoras (1786).

— . . . und was ist | Vergeßlicher als Dankbarkeit! Friedr. von Schiller, Don Karlos (1787). A. 3, Sz. 5 (König).

— Die Dankbarkeit ist eine Last, und jede Last will abgeschüttelt sein. Franz.: La reconnaissance est un fardeau, et tout fardeau est fait pour être secoué.

Denis Diderot, Werke (1798). Rameaus Neffe. Übers. v. Goethe.

— Dankbarkeit gefällt, | Undank haßt die ganze Welt. Sprichwort.

Dankbarkeit. — Dankbarkeit und Weizen gedeihen nur auf gutem Boden. Sprichwort.

Danken. — Vom Danckhab schmeltzt man kein Supp.

Christoph Lehmann, Politischer Blumen-Garten (1662). T. 1. Danck. Nr. 7.

— Nvn dancket alle Gott!

Martin Rinckart, Jesu Hertz-Büchlein (1663). Tisch-Gebetlein.

— Dem, den Gott liebt, | Er auch ein Herz zum Danken gibt. Spr. an einem Hause. Chur (1728).

— Dank's deinem Engel, Piccolomini!

Friedr. von Schiller, D. Piccolomini (1799). A. 5, Sz. 1 (Oktavio).

— Widerwille gegen das Danken, Erwiderung einer Wohltat durch unmutiges und verdrießliches Wesen ist sehr selten und kommt nur bei vorzüglichen Menschen vor.

Joh. Wolfg. von Goethe, A. meinem Leben. Dichtung u. Wahrheit (1809—1831).

— Danket dem Herrn, denn er ist freundlich, und seine Güte währet ewiglich!

Ps. 106, V. 1. — Allgem. Tischgebet nach d. Essen.

— . . . er möchte dir übel danken.

Jes. Sir., K. 8, V. 22.

— Nun danket alle Gott, der große Dinge tut!

Jes. Sir., K. 50, V. 24.

— Es ist keiner so reich, | Der Arme ist ihm mit Danken gleich. Alter Spr.

— Danken kostet nichts und gefällt Gott und Menschen wohl. Sprichwort.

Darben. — Es gehen viel Strassen zur Armuth vnnd auff die wüsten Häuser Darbstett vnd Mangelburg.

Christoph Lehmann, Politischer Blumen-Garten (1662). T. 1 Arm. Nr. 42.

— Wer nie gedarbt, ist ohne Freude reich.

Albr. von Haller, Versuch schweizerischer Gedichte. Sehnsucht nach d. Vaterlande (ged. Febr. 1726).

Darlehen. — Sich und den Freund verliert das Darlehn oft. Engl.: For loan oft loses both itself and friend.

William Shakespeare, Hamlet (1601—1602). Übers. v. Schlegel. A. 1, Sz. 3 (Polonius).

Darstellungskunst. — Derjenige, welcher an seinen Freund schrieb: „Ich habe nicht Zeit gehabt, mich kürzer zu fassen," wußte, daß in der Kunst der Darstellung nicht das Viele, sondern das Wenige schwer ist.

Joh. Joachim Winckelmann, Werke (1808—1825). Fähigkeit d. Empfindung d. Schönen in d. Kunst.

Darüber. — . . . was drüber ist, das ist vom Übel. Matth., K. 5, V. 37.

Dasein. — Gäbst du dahin als Preis der ganzen Erde Reiche, | Um einen Tag wird doch dein Sein (Dasein) vermehret nicht.

A. d. Persischen d. Sadi, Fruchtgarten (1257). Übers. v. Graf.

Dasein. — Nach ewigen, eh'rnen, | Großen Gesetzen | Müssen wir alle | Unseres Daseins | Kreise vollenden.

Joh. Wolfg. von Goethe, Gedichte. Verm. Gedichte. D. Göttliche (ged. um 1782).

— Warum denn nicht das Dasein wegwerfen, wenn es des Behaltens nicht wert ist und niemandem nützt? Engl.: Why not put a period to a being, which, were it to continue, would render me miserable?

David Hume, Essay über d. Selbstmord (1783). Übers. v. Paulsen.

— Dies ganze Dasein ist ein Spiegel, | In den ein blasses Bild der hellern Zukunft fiel; | Und fort reißt uns die Zeit mit ihrem raschen Flügel. | Wohin? Ein ewig Dort ist ihr entferntes Ziel.

Christoph Aug. Tiedge, Urania (1800). Ges. 3. Leben, Glückseligkeit, Wahrheit.

Langweilige Dasselbigkeit des Daseins!

Friedr. von Schiller, Demetrius (1805). A. 1 (Marina).

— Glaubst du, das Dasein hänge von der Zeit ab? | Das tut es freilich; — aber Handlungen | Sind unsere Epochen. Engl.: Think'st thou existence doth depend on time? | It doth; but actions are epochs.

George Gordon Lord Byron, Manfred (1817). Übers. v. Heichen. A. 2, Sz. 1 (Manfred).

— Ist Dasein solch ein freundliches Geschick, Daß, weil du bist, Du fortzudauern strebst? Engl.: To know | Thou art? Is this a boom so kindly given, | That being, thou would'st be again?

George Gordon Lord Byron, Harolds Pilgerfahrt (1812—1818). Übers. v. Heichen. Ges. 2, Str. 4, V. 2.

— „Traurige Träume verkündigen Glück!" So deutet die Hoffnung | Freundlich des Daseins Traum hin auf die künftige Welt.

Karl Gustav von Brinkmann, Elegien u. Arabesken (1820).

— Die Entwickelung aller Keime aber, die in der individuellen Anlage eines Menschenlebens liegen, halte ich für den wahren Zweck des irdischen Daseins, nicht gerade das Glück.

Wilh. von Humboldt, Br. an eine Freundin (26. Juni 1832).

— Das bloße Dasein hat noch keinen Wert. | ... Den Seinen Freude machen, Freude sein | Den Seinigen, das ist der goldne Kern, | ... Das macht die Seinen und die Welt ihm lieb.

Leop. Schefer, Laienbrevier (1834).

— Kampf ums Dasein. Engl.: Struggle for life.

Charles Rob. Darwin, Schlußworte d. Titels eines Werkes (1859).

— Wenn du des Daseins Kranz zu erwerben, Wenn du dich selbst zu vollenden begehrst, | Leb', als müßtest du morgen sterben, | Streb', als ob du unsterblich wärst!

Emanuel Geibel, Gedichte u. Gedenkblätter (1864). Spr. Nr. 2.

Dasein. — Der Kampf ums Dasein ist der naturgemäße Zustand der Menschheit; er ist der Motor der Weiterentwickelung, ohne ihn stockt und stirbt alles; er treibt, belebt, zeugt, bewegt, und eben deshalb ist er auch unsere Aufgabe.

Rob. Byr (Rob. Bayer), D. Kampf ums Dasein (1869).

— In dem Kampfe um das Dasein | Schlägt man oder wird erschlagen.

Karl Knortz, Gedichte (1874).

— Mach' dich vertraut mit dem Gedanken, | Daß doch das Letzte kommen muß, | Und statt in Trübsinn hin zu kranken, | Wird dir das Dasein zum Genuß.

Theod. Fontane, Gedichte (1875).

— Des Daseins Kelch kredenzt bald süß, bald herb den Trank; | Der herbe heilt oft den, der von dem süßen krank.

Anastasius Grün (Anton Alexander Graf von Auersperg), Gesammelte Werke (1877). Gedichte. Spr.

— Geheimnis bleibt dem tiefsten Geist, | Was Dasein heißt. | Gott hat das Rätsel ausgesprochen, Sich selbst darüber den Kopf zerbrochen, | Bis er in Scherben ist zerschellt; | Die nennt man nun: die Welt.

Paul Heyse, Spruchbüchlein (1885). Gott u. Welt.

Daseinsfreude. — Das ist der wahre Stein der Weisen: | Des Daseins stets sich zu erfreun!

Karl Müchler, Gedichte (1802). D. Stein d. Weisen. Mel. v. Albert Methfessel.

Dasselbe. — Wenn zwei dasselbe tun, so ist es nicht dasselbe. Lat.: Duo cum faciunt idem, non est idem.

Nach Publ. Terentius Afer (um 185—155 v. Chr.), D. Brüder. Übers. v. Donner. A. 5, Sz. 3, V. 37 (Micio). — Sprichwörtl.

Dauer. — Wie ein Gewölk das andre treibet: So ist kein Ding, das Dauer hält. | So wie kein Strom derselbe bleibet: | So ändern wir uns und die Welt.

Friedr. Karl Kasimir Freiherr von Creuz, Oden u. andere Gedichte. Neujahrs-Gedanken (geb. 1753).

Dauern. — Noch dauern wird's in späten Tagen | Und rühren vieler Menschen Ohr.

Friedr. von Schiller, Gedichte. D. Lied v. d. Glocke (ged. Sept. 1799).

— Nichts ist dauernd als der Wechsel.

Ludw. Börne (Löb Baruch), Gesammelte Schriften. Erz., Reisen, verm. Aufsätze. Nr. 24. Denkrede auf Jean Paul, vorgetragen im Museum zu Frankfurt (2. Dez. 1825).

— Was lange dauern soll, sei lang' erwogen.

Frz. Grillparzer, D. Meeres u. d. Liebe Wellen (1840).

Daumen. — Den Daumen rühren (zahlen; — mit dem Daumen und Zeigefinger faßt man das Geldstück an, wenn man zahlt).

Sprichwörtl. Redensart.

Daumen. — Jemandem Daumschrauben aufsetzen (jemandem energisch zusetzen; — die Redensart stammt aus dem Mittelalter, wo den Verbrechern Daumschrauben aufgesetzt wurden, damit sie ihre Vergehen eingestehen sollten).

Sprichwörtl. Redensart.

— Jemandem den Daumen aufs Auge drücken (jemanden mit Gewalt zu etwas zwingen; — dem im Zweikampfe Unterlegenen drohte man das Auge mit dem Daumen einzudrücken, wenn er sich nicht für besiegt erklärte). Sprichwörtl. Redensart.

— Jemandem den Daumen halten (ihn unterstützen, ihm seine Teilnahme ausdrücken; — die Redensart stammt von den römischen Gladiatorenkämpfen; drückten die Zuschauer die Daumen nieder, so wurde dem besiegten Gladiator das Leben geschenkt). Sprichwörtl. Redensart.

— Das — ist der Daumen, | Der — schüttelt die Pflaumen, | Der — liest sie, | Der — ißt sie, | Und der sagt: wart', ich will's der Mutter sagen.

Kinderspielv.

David. — David und Salomo waren große Sünder, | Sie hatten schöne Weiber lieb und zeugten viele Kinder; | Da kamen sie ins Alter, | Machte der eine Sprüch' und der andre Psalter.

Spr. in einem Hause. Neuweiler.

Davus. — Davus bin ich, nicht Ödipus (ich kann keine Rätsel lösen wie Ödipus). Lat.: **Davus sum, non Oedipus.**

Publ. Terentius Afer (um 185—155 v. Chr.), D. Mädchen v. Andros. Übers. v. Donner. A. 1, Sz. 2, V. 23 (Davos).

Dazwischenkunft. — Nichts ist bedeutender in jedem Zustand als die Dazwischenkunft eines Dritten.

Joh. Wolfg. von Goethe, D. Wahlverwandtschaften (1808—1809). T. 1, K. 1.

Decke. — Des nym war vnd acht der decken, | Das du dich wißst darnach zů strecken. | Es stůndt gar kalt in dynem huß, | Streckstu die füß zůr decken vß.

Thomas Murner, Narrenbeschwerung (1512). Nr. 69. Nach d. deck sich strecken.

— Wer sich nicht nach der Decke streckt, | Dem bleiben die Füße unbedeckt.

Joh. Wolfg. von Goethe, Gedichte. Sprichwörtl. (geb. 1812—1814).

— Mit jemandem unter einer Decke stecken (mit jemandem im Einverständnis sein; — im vollsten Einverständnis sollen Gatten miteinander leben; diese schliefen, wie auch jetzt noch in manchen Gegenden, in Einem Bette, unter Einer Decke).

Sprichwörtl. Redensart.

— Sich nach der Decke strecken (sich nach seinen Verhältnissen richten). Sprichwörtl. Redensart.

Defension. — Es gibt keine rechtschaffene Defension ohne Offension. Militärisches Sprichwort.

Degen. — Ohn' Vrsach' sollen wir nie zücken unsern Degen; | Ohn' Ehre sollen wir ihn dann nicht niederlegen.

Friedr. von Logau, Deutsche Sinn-Getichte (1654). D. Schwert.

— Komm', du blanker Weihedegen, | Freier Männer freie Wehr!

D. Landesvater. Nach alten Vorlagen v. Aug. Niemann in 6 T. u. 27 Str. ged. (1781). Mel. v. H. Langer.

— Ein Degen hält den andern in der Scheide.

Militärisches Sprichwort.

Deinesgleichen. — Kannst du das Höchste nicht erreichen, | Sei nur der Erste von deinesgleichen! Joh. Georg Keil, Lyra u. Harfe (1834).

Deingedenken. — Dein gedenk' ich, rötet sich der Morgen.

Karl Müchler, Gedichte (1786). An Lina. Mel. v. Friedr. Frz. Hurka (1802) u. Jos. Augustin Gürlich (1802).

— Ich denke dein, wenn sich im Blütenregen | Der Frühling malt.

Friederike Brun, Ich denke dein (ged. 1792). Mel. v. Karl Friedr. Zelter (komp. 29. Nov. 1794) u. Joh. Friedr. Reichardt (1797).

— Ich denke dein, wenn mir der Sonne Schimmer | Vom Meere strahlt.

Joh. Wolfg. von Goethe, Gedichte. Lieder. Nähe d. Geliebten (ged. April 1795). Mel. v. Joh. Friedr. Reichardt (1796), Ludw. van Beethoven (komp. 1810), Frz. Schubert (1815) u. a.

— Durch die tiefste Seele geht | Mir ein süßes Deingedenken, | Wie ein stilles Nachtgebet!

Nikolaus Lenau (Niembsch, Edler von Strehlenau), Gedichte. B. 1. Sehnsucht. Schilflieder (ged. 1831). Nr. 5. Schlußv.

Dekolletieren. — Je schamprer (schamloser) yetz, ye bessers ist; | Den frowen yetz vil schamen brist (an Scham gebricht). | Vnzucht ist worden also groß, | Das sy sich zieren alle bloß (daß sie sich dekolletieren).

Thomas Murner, Narrenbeschwerung (1512). Nr. 26. Hewschrecken v. flöch sunnen.

Demagog. — Könige wollen das Gute, die Demagogen desgleichen, | Sagt man; doch irren sie sich: Menschen, ach, sind sie wie wir. | Nie gelingt es der Menge, für sich zu wollen; wir wissen's; | Doch wer verstehet, für uns alle zu wollen; er zeig's!

Joh. Wolfg. von Goethe, Gedichte. Epigramme (ged. Venedig 1790). Nr. 51.

Dementieren. — Ick dementiere mir selber.

Generalfeldmarschall Friedr. Heinr. Ernst Wrangel bei d. wiederholt auftauchenden Gerücht v. seinem Tode (1877).

Demokrat. — Gegen Demokraten | Helfen nur Soldaten!

Wilh. von Merckel, 20 patriotische Lieder. D. fünfte Zunft (1848).

Demokratie. — Ich will die Demokratie nicht gerade das Reich der Geister nennen, aber die Geister, die verneinen, gehören ihr.

Otto von Bismarck im deutschen Parlament zu Erfurt (17. April 1850).

— Die Quelle der Wissenschaft ist der Tempel der Demokratie. Engl.: The hall of science is the temple of democracy.

Henry Thomas Buckle, Gesch. d. Zivilisation (1858—1861). Übers. v. Ritter. K. 14.

Demokratisch. — Wenn es ein Volk von Göttern gäbe, so würde es demokratisch regiert werden. Eine so vollkommene Regierung paßt nicht für Menschen. Franz.: S'il y avait un peuple de dieux, il se gouvernerait démocratiquement. Un gouvernement si parfait ne convient pas à des hommes.

Jean Jacques Rousseau, Gesellschaftsvertrag (1762). Übers. v. Merkel.

— Es wird kein Haupt über Deutschland leuchten, das nicht mit einem vollen Tropfen demokratischen Öls gesalbt ist.

Ludw. Uhland im Frankfurter Parlament (22. Jan. 1848).

Demut. — Doch ist des Teufels Herzeleid | Demut, Treu', Geduldigkeit. Mittelhochdeutsch: So ist des tiuvels herzeleit | Dêmuot, triuwe, gedultecheit.

Vrîdankes Bescheidenheit (1225—1240). Übertr. v. Pannier. Nr. 8. v. hôchverte.

— Die Demut, sie ererbt das Land, | Der Hochmut läuft hinaus mit Schand'.

Joh. Friedr. Fischart, Bündnuß v. Verain d. Freien Stätt Zürich, Bern v. Straßburg (1588).

— Zu viel Demuth ist ein schalckhaffter Hochmut.

Christoph Lehmann, Politischer Blumen-Garten (1662). T. 1. Demuth. Nr. 20.

— Die Demut ist der Altar, auf dem Gott will, daß man ihm Opfer bringe. Franz.: L'humilité est l'autel sur lequel Dieu veut, qu'on lui offre des sacrifices.

François Herzog von La Rochefoucauld, Reflexionen oder moralische Sentenzen u. Maximen (1665). Übers. v. Zimmermann.

— Der allernächste Weg zur wahren Heiligkeit | Ist Demut auf dem Pfad der keuschen Reinigkeit.

Angelus Silesius (Joh. Scheffler), Cherubinischer Wanders-Mann (1675). B. 3, Nr. 126. D. Weg zur Heiligkeit.

— Wahre, unverstellte Demut ist sehr lieblich.

Matthias Claudius, Sämtl. Werke d. Wandsbecker Boten, T. 4 (1783). Paul Erdmanns Fest.

— Und keiner wird zur Demut aufwärts schweben, | Der nicht zuvor um seinen Stolz gewußt.

Joh. Ludw. Tieck, Romantische Dichtungen (1799—1800). Leben u. Tod d. hl. Genoveva.

— Es öffnet sich das diamantne Tor (der Himmel) | Der Demut nur, dem Glauben und der Liebe.

Ludw. Theobul Kosegarten, Dichtungen (1800).

Demut. — Schamhafte Demut ist der Reize Krone.

Friedr. von Schiller, D. Braut v. Messina (1803). Garten (Don Zesar).

— Demut und die mit ihr verwandte Geduld sind Eselstugenden, die die Spitzköpfe den Plattköpfen gar zu gern einprägen. Demut, Mut zu dienen! Ich habe nie gehört oder gelesen, daß humilitas oder *ταπείνωσις* bei den Alten unter die Tugenden gerechnet worden wären. Demut ist der erste Schritt zur Niederträchtigkeit.

Joh. Gottfr. Seume, Sämtl. Werke (1826). Apokryphen.

— Das ist die echte Demut nicht, | Daß man sich glaubt ein schlechter Wicht; | Die echte Demut der nur hegt, | Der echten Stolz im Busen trägt.

Friedr. von Sallet, Gedichte (1835). Epigrammatisches u. Lehrhaftes. Nr. 9.

— Heil dem, der Demut lernt nicht durch Demütigungen, | Der, ohne daß die Welt ihn zwang, sich hat bezwungen. | Den Niedern bläht Besitz, und Armut macht ihn zahm, | Den Edeln macht sie stolz und Reichtum demutsam.

Friedr. Rückert, D. Weisheit d. Brahmanen (1836—1839). B. 1, Nr. 40. (Stufe 2. Stimmung. Nr. 6.)

— Wahre Herzensdemut kann nur der Gedanke an Gott und der Blick in die große Natur geben, und gerade dieses Gefühls sind die Wenigsten fähig.

Karl Jul. Weber, Demokritos (1832—1840). D. Selbstsucht. D. Fortsetzung.

— Wer laut von seiner Demut spricht, | Wird wohl in seines Herzens Falten | Ein schön Stück Hochmut verborgen halten.

Karl Weitbrecht, Sonnenwende (1890). Nr. 17.

— . . . durch Demut achtet euch untereinander einer den andern höher denn sich selbst.

Phil., K. 2, V. 3.

— Demut, diese schöne Tugend, | Ziert das Alter wie die Jugend. Sprichwort.

— Demut ist eine Mutter der Ehre. Sprichwort.

— Hoffart verderbet alle Tugend, | Vnd zieret Demut die Jugend.

Spr. in einem Hause. Basel (1573).

Demütig. — Sei überaus demütig; denn des Menschen Ende ist der Wurm. Talmud (3. Jahrh.).

— Bist demütig, hab maß dar mit | Zu viel halt man vor narrisch sit (Sitte). Alter Spr.

Demütigen, sich. — Je höher du bist, je mehr dich demütige! Jes. Sir., K. 3, V. 20.

— So demütiget euch unter die gewaltige Hand Gottes! 1. Petri, K. 5, V. 6.

Demütigung. — Durch Demütigungen habe ich mehr gelernt als durch alle Siege.

Kaiser Wilh. I. (1887).

Denkart. — Die alte Denkart tauscht kein Ehrenmann | Auf einem höhern Posten.

Friedr. von Schiller, Iphigenie in Aulis (ged. 1788). A. 2, Sz. 2 (Menelaos).

Denkart. — In gärend Drachengift hast du | Die Milch der frommen Denkart mir verwandelt.
Friedr. von Schiller, Wilh. Tell (1804). A. 4, Sz. 3 (Tell).

Denken. — Er denkt zuviel: die Leute sind gefährlich. Engl.: **He thinks too much: such men are dangerous.**
William Shakespeare, Jul. Cäsar (1601). Übers. v. Schlegel. A. 1, Sz. 2 (Cäsar).

— Ich denke, also bin ich. Franz.: **Je pense, donc je suis.**
René Descartes, Philosophische Grundgedanken (1644). Übers. v. Kirchmann. B. 1, K. 7.

— Das Denken gibt uns ein so reines und so lebhaftes Vergnügen, daß, wer es nur einmal in seinem Leben gekostet hat, es nie wieder entbehren kann. Joh. Jak. Engel, D. Philosoph für d. Welt (1775—1777). T. 1, Stück 17. D. Weihnachtsgeschenk. Schlußwort.

— Um ruhig zu sein, muß der Mensch nicht denken, sondern träumen.
Joh. Jak. Engel, D. Philosoph für d. Welt (1775—1777). T. 2, Stück 28. Über d. Tod. Erste Unterredung.

— Was ich sonst | Vermute, denke oder weiß, gehört | Mir eigen zu. Es sind geheiligte | Besitzungen, die der verkaufte Sklave, | Wie der Vasall, den Königen der Erde | Zurückzuhalten Vorrecht hat. Friedr. von Schiller, Don Karlos (1787). A. 3, Sz. 3 (Alba).

— Ich bin | Gefährlich, weil ich über mich gedacht. Friedr. von Schiller, Don Karlos (1787). A. 3, Sz. 10 (Marquis).

— Frei will ich sein im Denken und im Dichten, | Im Handeln schränkt die Welt genug uns ein.
Joh. Wolfg. von Goethe, Torquato Tasso (1789). A. 4, Sz. 2 (Tasso).

— Und doch ist schon die bloße Übung des Verstandes ein Hauptmoment bei dem Jugendunterricht, und an dem Denken selbst liegt in den meisten Fällen mehr als an dem Gedanken.
Friedr. von Schiller, Über d. notwendigen Grenzen beim Gebrauch schöner Formen (1795).

— Laßt die Menschen nur ein Menschenalter hindurch nicht mehr laut miteinander denken dürfen, und seid gewiß, sie haben ihre Denkkraft verloren! Joh. Jak. Engel, Fürstenspiegel (1798). Denkfreiheit.

— Aber das denkt wie ein Seifensieder.
Friedr. von Schiller, Wallensteins Lager (1798). Sz. 11 (Erster Jäger).

— Es bleibt wohl nichts weiter übrig, das zu tun, was unsre Vorfahren getan haben: nicht zu handeln und zu beobachten, ohne zu denken, und nicht zu denken, ohne zu handeln und zu beobachten.
Joh. Wolfg. von Goethe, Briefwechsel mit Friedr. Heinr. Jakobi (16. Aug. 1799.)

Denken. — Man kann den Menschen nicht verwehren, | Zu denken, was sie wollen.
Friedr. von Schiller, Maria Stuart (1800). A. 1, Sz. 8 (Paulet).

— Laßt uns hell denken, so werden wir feurig lieben!
Friedr. von Schiller, Prosaische Schriften (1793—1802). Philosophische Br.

— Wenn man die Menschen lehrt, wie sie denken sollen, und nicht ewighin, was sie denken sollen, so wird auch dem Mißverständnis vorgebeugt.
Georg Christoph Lichtenberg, Verm. Schriften (1800—1806). Bd. 1, Nr. 3. Bemerk. verm. Inhalts. Nr. 1. Philosophische Bemerk.

— Die Menschen denken über die Vorfälle des Lebens nicht so verschieden, wie sie darüber sprechen.
Georg Christoph Lichtenberg, Verm. Schriften (1800—1806). Bd. 2, Nr. 2. Bemerk. verm. Inhalts. Nr. 4. Beobachtungen über d. Menschen.

— Wir denken feiner, reden feiner und — faseln feiner.
Georg Christoph Lichtenberg, Verm. Schriften (1800—1806). Bd. 3, Nr. 9. Über Physiognomik wider d. Physiognomen. Einleitung zur zweiten Auflage.

— Denken und tun, tun und denken, das ist die Summe aller Weisheit.
Joh. Wolfg. von Goethe, Wilh. Meisters Wanderjahre (1807—1821).

— Nur wen'ge sind's, die das zu zeigen wagen, | Was Schlimmstes oder Bestes sie gedacht. Engl.: **Few men dare show their thoughts of worst or best.**
George Gordon Lord Byron, Don Juan (1819—1824). Übers. v. Güldemeister. Ges. 15, Str. 3, V. 5.

— Denkst du daran, mein tapfrer Lagienka?
Karl von Holtei, D. alte Feldherr (ged. 1826).

— Tief und ernstlich denkende Menschen haben gegen das Publikum einen bösen Stand.
Joh. Wolfg. von Goethe, Werke (1827—1830). Maximen u. Reflexionen. Abteilung 1.

— Wer kann was Dummes, wer was Kluges denken, | Das nicht die Vorwelt schon gedacht?
Joh. Wolfg. von Goethe, Faust, II (1831). A. 2. Hochgewölbtes, enges gotisches Zimmer (Mephistopheles).

— Denken und Wissen sollten immer gleichen Schritt halten. Das Wissen bleibt sonst tot und unfruchtbar.
Wilh. von Humboldt, Br. an eine Freundin (7. Mai 1832).

— Mein Kind! ich hab' es klug gemacht, | Ich habe nie über das Denken gedacht.
Joh. Wolfg. von Goethe, Nachgelassene Werke (1833). Gedichte. Zahme Xenien. Nr. 7.

— Laß nur den Menschen denken, | Gott wird es dennoch lenken. | Nein, mag auch Gott es lenken, | Der Mensch soll dennoch denken.
Wilh. Müller, Gedichte (1837). Epigramme. 3. Hundert, Nr. 72. D. Mensch denkt, Gott lenkt.

— Nur wer denkt, ist frei und selbständig.
Ludw. Feuerbach, D. Wesen d. Christentums (1841).

Denken. — Es ist ein gewisses Verhältnis nötig, zwischen denen, die vornehmlich zum Denken, und zwischen denen, die vornehmlich zur Tätigkeit geneigt sind. Engl.: **There should be a certain ratio between those who are most inclined to think, and those who are most inclined to act.**

Henry Thomas Buckle, Gesch. d. Zivilisation (1858—1861). Übers. v. Ritter. K. 11, Abschnitt 5.

— Wie kommt bei vielen das schiefe Denken, | Die reich doch mit Verstand beschenkt? | Man kann sich das Gehirn verrenken, | Wie man die Beine sich verrenkt.

Friedr. von Bodenstedt, A. d. Nachlasse Mirza=Schaffys (1874). B. 3. B. d. Spr. Nr. 6.

— Denken ist graben und mit einem Senkblei messen. Viele Menschen haben keine Kräfte zum Graben, auch andere keinen Mut und Gewohnheit, das Blei ins Tiefe sinken zu lassen.

Rahel (Antonie Friederike Varnhagen von Ense), Br. (1877).

— Nur wer selber richtig denken gelernt, | Findet sich in einen andern Denker; | Nur wer selber tüchtig lenken gelernt, | Fügt sich auch in einen andern Lenker.

Friedr. Güll, Leitstern auf d. Lebensfahrt (1881).

— An sich denken, ist ganz recht; | Nur an sich denken, das ist schlecht. Alter Spr.

— Leben ohne Denken | Ist Dürsten ohne Schenken. Sprichwort.

— Wegen dem Denken | Kann man einen nicht henken, | Aber wegen dem Sagen | Gar oft aufs Maul schlagen. Sprichwort.

— Denken duhn de Narren, kluge Leute wissen schon. Berliner Redensart.

— Frei denken ist schön, richtig denken ist besser. Inschrift an d. Universität Upsala.

Denker. — Der abstrakte Denker hat daher gar oft ein kaltes Herz, weil er die Eindrücke zergliedert, die doch nur als ein Ganzes die Seele rühren.

Friedr. von Schiller, Über d. ästhetische Erziehung d. Menschen, in einer Reihe v. Br. (1795). Br. 6.

— Schon unmittelbar der Denker, wie er seinen Gedanken in der Sprache bezeichnet, welches . . . nicht anders denn sinnbildlich geschehen kann, und zwar über den bisherigen Umkreis der Sinnbildlichkeit hinaus neu erschaffend, ist Dichter; und falls er dies nicht ist, wird ihm schon beim ersten Gedanken die Sprache und beim Versuchen des zweiten das Denken selber ausgehen.

Joh. Gottl. Fichte, Reden an d. deutsche Nation (1808). Rede 5.

Denkmal. — Denkmal steht, was ich schuf, ewiger als Metall. Lat.: **Exegi monumentum aere perennius.**

Quint. Horatius Flacc., Oden (um 23 v. Chr.). Übers. v. Voß. B. 3, Nr. 30, V. 1.

Denkmal. — Das ist ein elendes Volk an Heldenmut und Verstand, wo bei jeder Kleinigkeit eine Ehrensäule (ein Denkmal) muß aufgerichtet werden.

Wilh. Heinse, Ardinghello u. d. glückseligen Inseln (1787). Bd. 1.

— Was setzt ihr ihnen Bilder von Stein (Denkmäler), | Als könnten sie jemals vergessen sein? | Wollt ihr sie aber wirklich ehren, | So folgt ihrem Beispiel und horcht ihren Lehren!

Frz. Grillparzer, Sämtl. Werke (1872). Gedichte. Nr. 5. Poesie u. Poeten. Schiller=Goethe=Denkmal.

Denkungsart. — Im Schatten kühler Denkungsart.

Hans Adolf von Thümmel (gest. 1851).

Denkzettel. — Jemandem einen Denkzettel geben (jemandem eine bleibende, meist unangenehme Erinnerung hinterlassen). Sprichwörtl. Redensart.

Denunziant. — Der größte Lump im ganzen Land, | Das ist und bleibt der Denunziant.

Aug. Heinr. Hoffmann von Fallersleben, Lyrische Gedichte (1890).

Deputat. — Der hat sein Deputat (er hat das erhalten, was ihm zukommt, seinen Anteil). Sprichwörtl. Redensart.

Derjenige. — Allemal derjenige, welcher.

Louis Angely, Vaudevilles u. Lustspiele (1828—1834). D. Fest d. Handwerker (Hähnchen).

Derselbe. — Immer derselbe. Lat.: **Semper idem.**

Marc. Tull. Cicero, Tuskulanische Unterredungen (um 44 v. Chr.). Übers. v. Sonne. B. 3, K. 15, § 31.

Despot. — Jeden | Despoten fordr' ich in meine Schranken. Engl.: **. . . and of Thoughts foes by far most rude, | Tyrants and sycophants have been and are.**

George Gordon Lord Byron, Don Juan (1819—1824). Übers. v. Gildemeister. Ges. 9, Str. 24, V. 3.

— Lächelnd scheidet der Despot, | Denn er weiß, nach seinem Tod | Wechselt Willkür nur die Hände, | Und die Knechtschaft hat kein Ende.

Heinr. Heine, Romancero (1851). B. 1. Historien. König David.

Despotisch. — Wollen die Wilden in Luisiana Früchte haben, so fällen sie den Baum an der Wurzel und sammeln die Früchte. Das ist die despotische Regierung. Franz.: **Quand les sauvages de la Louisiane veulent avoir du fruit, ils coupent l'arbre au pied et cueillent le fruit. Voilà le gouvernement despotique.**

Montesquieu (Charles de Secondat), Über d. Geist d. Gesetze (1748). Übers. v. Kästner. K. 5, § 13.

— Der despotische Thron ist die hervorragende Turmspitze eines von Bergen verschütteten Dorfes.

Jean Paul (Joh. Paul Friedr. Richter), Sämtl. Werke (1826—1828). Gesammelte Aufsätze u. Dichtungen.

Despotismus. — . . . denn Despotismus ist der schwarze Punkt in aller Menschen Herzen.

Karl Jul. Weber, Demokritos (1832—1840). D. Staat u. seine Formen. D. Fortsetzung.

Despotismus. — Dasselbe Tor, durch welches der Despotismus und die Willkür einziehen, steht auch dem auswärtigen Feind offen.

Rudolf von Ihering, D. Kampf ums Recht (1872).

— Nur ein entnervtes Geschlecht läßt die Schmach des Despotismus über sich ergehen.

Gustav Adolf Lindner, D. Problem d. Glücks (1892).

Deutlichkeit. — Die größte Deutlichkeit war mir immer die größte Schönheit.

Gotthold Ephr. Lessing, Sämtl. Schriften. Theologische Streitschriften. D. Testament Joh. (1777).

Deutsch. — Deutsches Ungestüm. Lat.: **Furor teutonicus.**

Marc. Annaeus Lucanus (um 39—65), Pharsalia. Übers. v. Bothe. B. 1, V. 255.

— Ein recht deutsch Herz trachtet nach Reichtum nicht, sondern nach Ehre und Glimpf.

Kaiser Friedr. I. Barbarossa (reg. 1152—1190).

— Deutsche Zucht geht vor in allen. Mittelhochdeutsch: Tiuschiu zuht gât vor in allen.

Walter v. d. Vogelweide (um 1170—1230), Gedichte. Übertr. v. Pannier.

— Deutscher Mann ist wohl gezogen, | Und wie Engel sind die Frauen schön; | Wer sie tadelt, hat gelogen, | Anders kann ich's wahrlich nicht verstehn. Mittelhochdeutsch: Tiusche man sint wol gezogen. | Rehte als engel sint diu wîp getân. | Swer si schildet, derst betrogen; | Ich enkan sîn anders niht verstân.

Walter v. d. Vogelweide (um 1170—1230), Gedichte. Übertr. v. Pannier.

— Gott stärck dem Edeln Teutschen Gblüt | Solch anererbt Teutsch Adlersgmüt!

Joh. Friedr. Fischart, Ernstliche Ermanung an d. lieben Teutschen (1581).

— Freiheit die schönste Blume heißt. | Gott lasse diese werte Blume | Stets blühn im deutschen Kaisertume | Zu Fried' und Freude, Ruh' und Ruhme!

Joh. Friedr. Fischart, Bündnuß v. Verain d. Freien Stätt Zürich, Bern v. Straßburg (1588).

— So straff, O Teutsches hertz vnd hand, | Nu die Tyrannen vnd die bösen! | Die Freyheit vnd das Vatterland | Must du auff dise weiß erlösen. Georg Rudolf Weckherlin, Gaistl. v. Weltliche Gedichte (1641). Ode. Schlußv.

— Gebe Gott, daß deutsches Wesen sei, wie es vor alters war!

Friedr. von Logau, Deutsche Sinn-Getichte (1654). D. alte Jahr.

— Ist die deutsche Sprache rauh? Wie, daß so kein Volck sonst nicht | Von dem liebsten Thun der Welt, von der Liebe, lieblich spricht?

Friedr. von Logau, Deutsche Sinn-Getichte (1654). D. deutsche Sprache.

— Halt't euch brav, ihr deutschen Brüder, | Greift den Feind nur herzhaft an!

Prinz Eugen (1717). Verfasser unbek. Volksweise.

Deutsch. — O, was ist die deutsch Sprak für ein arm Sprak! für ein plump Sprak!

Gotthold Ephr. Lessing, Minna v. Barnhelm (1763). A. 4, Sz. 2 (Riccaut).

— Ich bin ein deutsches Mädchen! | Mein Aug' ist blau und sanft mein Blick, | Ich hab' ein Herz, | Das edel ist und stolz und gut.

Friedr. Gottl. Klopstock, Oden. Vaterlandslied (ged. 1770). Mel. v. Karl Phil. Emanuel Bach (1774) u. Joh. Abraham Peter Schulz (1785).

— Und jeder echte deutsche Mann | Soll Freund und Bruder heißen!

Matthias Claudius, Sämtl. Werke d. Wandsbecker Boten. Deutsches Weihelied (ged. 1772). Mel. v. Albert Methfessel (komp. 1811).

— Dein Herz ist deutsch, und deutsch mein Herz! | Es liebt dich! Wiß es ganz! Verflucht, | Was Franzensitte lehrt!

Joh. Friedr. Hahn, Teuthard an Minnehold (1773).

— So geh, du deutscher Bär! so geh!

Gotthold Ephr. Lessing, Nathan d. Weise (1779). A. 1, Sz. 6 (Daja).

— Groß und deutsch sei unser Mut!

D. Landesvater. Nach alten Vorlagen v. Aug. Niemann in 6 T. u. 27 Str. ged. (1781). Mel. v. H. Langer.

— Ein deutscher Gruß ist Goldeswert.

Friedr. Bouterwek, Gedichte. D. Gruß (ged. 1789). Mel. v. Albert Methfessel (1818).

— Der Deutsche ist redlicher als jede (andere) Nation; nur er darf die Phrase: „deutsch handeln" für „gerade handeln" nehmen.

Jean Paul (Joh. Paul Friedr. Richter), Freiheitsbüchlein (1805).

— Es (das deutsche Volk) ist durch Begeisterung zu jedweder Begeisterung und jedweder Klarheit leicht zu erheben, und seine Begeisterung hält aus für das Leben und gestaltet dasselbe um.

Joh. Gottl. Fichte, Reden an d. deutsche Nation (1808). Rede 6.

— Der Hang zur Wohltätigkeit ist noch immer ... unter keinem Drucke der Not in deutschen Gemütern erloschen.

Joh. Gottl. Fichte, Reden an d. deutsche Nation (1808). Rede 11.

— Ist in dem, was in diesen Reden dargelegt worden, Wahrheit, so seid unter allen neueren Völkern ihr (das deutsche Volk) es, in denen der Keim der menschlichen Vervollkommnung am entschiedensten liegt, und denen der Vorschritt in der Entwicklung derselben aufgetragen ist.

Joh. Gottl. Fichte, Reden an d. deutsche Nation (1808). Rede 14.

— Es ist daher kein Ausweg; wenn ihr (das deutsche Volk) versinkt, so versinkt die ganze Menschheit mit, ohne Hoffnung einer einstigen Wiederherstellung.

Joh. Gottl. Fichte, Reden an d. deutsche Nation (1808). Rede 14. Schlußwort.

Deutsch. — Mich drängt's, den Grundtext aufzuschlagen, | Mit redlichem Gefühl einmal | Das heilige Original | In mein geliebtes Deutsch zu übertragen. Joh. Wolfg. von Goethe, Faust, I (1808). Studierzimmer (Faust).

— Von allen Ländern in der Welt | Das deutsche mir am besten gefällt, | Es träuft von Gottes Segen.

Georg Phil. Schmidt von Lübeck, Lieder. D. deutsche Land (ged. 1810). Mel. v. Karl Groos (komp. 1817), Albert Methfessel (1818), Frz. Schubert u. a.

— Nicht in kalten Marmorsteinen, | Nicht in Tempeln, dumpf und tot, | In den frischen Eichenhainen | Webt und rauscht der deutsche Gott.

Ludw. Uhland, Gedichte u. Dramen. Gedichte. Lieder. Freie Kunst (ged. 24. Mai 1812). Schlußv. Mel. v. Christ. Schulz (komp. um 1825), Karl Gottl. Reissiger u. Konradin Kreutzer.

— Deutsche Freiheit, deutscher Gott, | Deutscher Glaube ohne Spott, | Deutsches Herz und deutscher Stahl | Sind vier Helden allzumal.

Ernst Moritz Arndt, Lieder für Teutsche. Deutscher Trost (ged. 1813). Mel. v. Albert Methfessel (1818) u. Friedr. Wilh. Berner.

— Ewig lebe deutsche Treue! | Ewig blühe deutsches Land!

Ernst Moritz Arndt, Gedichte. Lieder a. d. Katechismus für d. deutschen Wehrmann (ged. 1813). Nr. 7. D. Fahnenschwur.

— Freiheit, holdes Wesen, | Gläubig, kühn und zart, | Hast ja lang' erlesen | Dir die deutsche Art.

Max von Schenkendorf, Gedichte. Abteilung 2. Vaterland. Freiheit (ged. 1813). Schlußv. Mel. v. Karl Groos (komp. 1818) u. Bernh. Klein (1818).

— Deutsches Volk, du herrlichstes von allen, | Deine Eichen stehn, du bist gefallen!

Theod. Körner, Leier u. Schwert (1814). D. Eichen. Schlußv. Mel. v. Friedr. Silcher (1823).

— Deutsches Volk, du konntest fallen, | Aber sinken kannst du nicht!

Theod. Körner, Leier u. Schwert (1814). Was uns bleibt.

— Und mag umwuchern dich das schöne | Hesperien voll milder Aun, | Wo findest du die deutschen Töne? | Wo findest du die deutschen Fraun?

Aug. Graf von Platen-Hallermund, Gedichte. Lieder u. Romanzen. Erinnerung (ged. 1814). Nr. 3.

— Es klingt ein heller Klang | Ein schönes deutsches Wort | In jedem Hochgesang | Der deutschen Männer fort.

Max von Schenkendorf, Gedichte. Abteilung 2. Vaterland. D. Lied v. Rhein (ged. 1814). Mel. v. Hans Georg Nägeli (1818).

— Es sind die alten deutschen Ehren, | Die wieder ihren Schein bewähren; | Der Väter Zucht und Mut und Ruhm, | Das heil'ge, deutsche Kaisertum.

Max von Schenkendorf, Gedichte. Abteilung 2. Vaterland. D. Lied v. Rhein (ged. 1814). Mel. v. Hans Georg Nägeli (1818).

Deutsch. — Deutsch der Strom und deutsch der Wein! | Deutsche Sprach' und deutsche Sitte | Von dem Throne bis zur Hütte!

Aloys Wilh. Schreiber, Poetische Werke. Gedichte. Rheinweinlied, auf d. Rhein zu singen (ged. 1816). Mel. v. Friedr. Silcher (1823).

— Lernt Deutsch, ihr Jünglinge! denn ihr seid Deutsche.

Joh. Gottfr. von Herder, Sämtl. Werke (1805—1820). Zur Philosophie u. Gesch. T. 2, K. 3.

— Es liegt in der deutschen Natur, alles Ausländische in seiner Art zu würdigen und sich fremder Eigentümlichkeit zu bequemen.

Joh. Peter Eckermann, Gespräche mit Goethe in d. letzten Jahren seines Lebens (10. Jan. 1825).

— Frei, auf deutschem Grunde walten | Laßt uns, nach dem Brauch der Alten, | Seines Segens selbst uns freun; | Oder unser Grab ihn sein!

Heinr. von Kleist, Gesammelte Schriften (1826). Gedichte. Germania an ihre Kinder (Chor).

— Im Deutschen lügt man, wenn man höflich ist.

Joh. Wolfg. von Goethe, Faust, II (1831). A. 2. Hochgewölbtes, enges gotisches Zimmer (Bakkalaureus).

— Die deutsche Nation war stets in Erfindung nützlicher Künste und Gewerbe die erste, weil sie die geduldigste und arbeitsamste ist.

Karl Jul. Weber, Demokritos (1832—1840). D. Erfindungen.

— Überall hat das deutsche Volk den Ruf, vor andern rechtlich und ehrlich zu sein.

Karl Jul. Weber, Demokritos (1832—1840). Höflichkeit u. Grobheit. Fortsetzung u. Schluß.

— Deutsche Frauen, deutsche Treue, | Deutscher Wein und deutscher Sang | Sollen in der Welt behalten | Ihren alten schönen Klang!

Aug. Heinr. Hoffmann von Fallersleben, Lyrische Gedichte. Nr. 4. Volksleben. Vaterland u. Heimat. D. Lied d. Deutschen (ged. 26. Aug. 1841). Mel. Gott erhalte Frz. d. Kaiser v. Jos. Haydn (komp. Jan. 1797).

— . . weiter als die Lorbeern und die Eichen | Dehnt sich das deutsche Vaterland.

Georg Herwegh, Gedichte eines Lebendigen (1841—1843). Arndts Wiedereinsetzung.

— Seit ich auf deutsche Erde trat, | Durchströmen mich Zaubersäfte — | Der Riese hat wieder die Mutter berührt, | Und es wuchsen ihm neu die Kräfte.

Heinr. Heine, Deutschland. Ein Wintermärchen (1844). K. 1. Schlußv.

— Wo deutsche Berge hoch ins Blau | Und deutsche Dome ragen, | Mit einem Wort: am schönsten ist's, | Wo deutsche Herzen schlagen.

Joh. Nepomuk Vogl, Deutsche Lieder (1845).

— Teutsch soll Max werden, ein Bayer, aber teutsch vorzüglich, nie Bayer zum Nachteil der Teutschen.

König Ludw. I. v. Bayern (reg. 1825—1848).

Deutsch. — Und es mag am deutschen Wesen | Einmal noch die Welt genesen.

Emanuel Geibel, Heroldsrufe. Deutschlands Beruf (ged. 1861). Schlußv.

— Welche Sprache darf sich mit der deutschen messen? welche andere ist so reich und mächtig, so mutig und anmutig, so schön und so mild als unsere?

Ludw. Börne (Löb Baruch), Gesammelte Schriften (1862—1863). Erz., Reisen, verm. Aufsätze. Nr. 35. D. Narr im weißen Schwan. K. 5.

— Aus deutschem Boden sind alle jenen großen Ideen hervorgegangen, die von geschicktern, unternehmendern oder glücklichern Völkern ins Werk gesetzt und benutzt worden sind.

Ludw. Börne (Löb Baruch), Gesammelte Schriften (1862—1863).

— Es muß ein eigentümlicher Zauber in diesem Worte „Deutsch“ liegen.

Otto von Bismarck im Abg.-Haus d. preuß. Landtages (22. Jan. 1864).

— Nur zur Abwehr, nicht zum Angriff einigen sich die deutschen Stämme.

König Wilh. in d. Thronrede zur Eröffnung d. norddeutschen Reichstages (24. Febr. 1867).

— . . . die Unabhängigkeit, die staatliche Freiheit, die nationale Ehre geht einem Volke wie das unsere (das deutsche) über alles; ihr bringen selbst diese Armen freudig ihr Opfer.

Otto von Bismarck im Abg.-Haus d. preuß. Landtages (11. Dez. 1867).

— . . . dem Herrn Vorredner . . . gebe ich zu bedenken, daß ein Appell an die Furcht in deutschen Herzen niemals ein Echo findet!

Otto von Bismarck im deutschen Zollparlament (18. Mai 1868).

— . . . da im deutschen Volke der Mut anerkannt eine populäre Eigenschaft ist.

Otto von Bismarck im norddeutschen Reichstage (16. März 1869).

— Wir deutschen Soldaten fechten | Für das deutsche Vaterland. | Wir sind mit Leib und Leben | Ihm bis zum Tod ergeben.

Aug. Heinr. Hoffmann von Fallersleben, Lyrische Gedichte. Wir sind da! (ged. 20. Juli 1870).

— Mein deutsches Volk, o dir ist viel gegeben, | Bewahre treu dein anvertrautes Pfund, | Vor allen Völkern will dich Gott erheben, | Drum beuge dich und halte seinen Bund!

Karl Gerok, Deutsche Ostern (1871).

— Deutsche Arbeit, mutig weiter | Kämpfe für dein Heimatrecht! | Sieh! es wächst die Schar der Streiter, | Und schon neigt sich das Gefecht. | Webstuhl sause, Ambos sprühe, | Segenspendend fort und fort! | Deutsche Arbeit, wachse, blühe: | Deutschen Reiches Grund und Hort!

Ernst Scherenberg, Gedichte (1875). Deutsche Arbeit.

— . . . in unserem deutschen Nationalcharakter, der immer das Beste will und darüber das Gute oft verliert.

Otto von Bismarck im Reichstage (13. März 1877).

Deutsch. — Ihr fühlt's, wie deutsch dies Land und Volk, kerndeutsch seit Urweltzeiten. | Deutsch ist sein Blut, deutsch ist sein Herz und deutsch sein Sinn und Treiben. | Deutsch sind wir noch und wollen deutsch trotz dem und dem auch bleiben.

Anastasius Grün (Anton Alexander Graf von Auersperg), Gesammelte Werke (1877). Gedichte. Zum Schützentag in Wien 1868.

— Der deutsche Sinn für wahre Poesie und Musik ist keine Fabel.

Richard Wagner, Gesammelte Schriften u. Dichtungen (1871—1883).

— Deutsch sein heißt eine Sache um ihrer selbst willen treiben.

Richard Wagner, Gesammelte Schriften u. Dichtungen (1871—1883).

— In unserer (deutschen) Jugend ist ein ganz anderer nationaler Schwung und eine großartigere Auffassung des politischen Lebens als in allen meinen Altersgenossen . . .

Otto von Bismarck im Reichstage (14. März 1885).

— Ob sie dem Licht den Sieg mißgönnen, | Die Nacht wird's nicht bezwingen können, | Solang' der Feldruf der Jugend heißt: | Hie deutsches Gewissen und deutscher Geist!

Paul Heyse, Spruchbüchlein (1885). Politik.

— Es fördert sinnend, still und hehr | Sein Werk der deutsche Geist.

Rob. Hamerling, Blätter im Winde (1887).

— O, wenn je dem deutschen Namen | Feindlich sich der Tag erweist, | Finden wird von Meer zu Meere | Seine Bahn der deutsche Geist.

Rob. Hamerling, Blätter im Winde (1887).

— In jede Rinde schnitt ich's gerne ein, | Auf jede deutsche Türe möcht' ich's schreiben, | Das beste Mittel, deutsch zu bleiben | Ist: — deutsch zu sein.
Rob. Hamerling, Homunculus (1888).

— Hier ist das deutsche Reich zu Ende, | Und drüben gilt ein andres Geld, | Doch deutscher Geist und deutsche Hände, | Die gelten in der ganzen Welt.

Inschrift an d. Prinz Heinr.-Baude im Riesengebirge (1889).

— Das Verwachsen mit der Scholle ist eben ein Grundzug deutschen Charakters und eine Wurzel seiner Kraft.

Otto von Bismarck zu d. Vertretern Stuttgarts in Friedrichsruh (12. Juni 1890).

— Denn ewig lebt in deutscher Erde Söhnen | Und ewig lebt in deutscher Leiern Klang | Das große, heil'ge Heimweh nach dem Schönen.

Ludw. Fulda, Gedichte (1890). Episteln. Nr. 4. An Paul Heyse.

— Wir müssen als Grundlage für das Gymnasium das Deutsche nehmen; wir sollen junge Deutsche national erziehen und nicht junge Griechen und Römer.

Kaiser Wilh. II. bei d. Eröffnung d. Schul-Konferenz (4. Dez. 1890).

Deutsch. — Wenn ein so großes Volk wie das deutsche in Zorn gerät und aufsteht in Masse, muß Frankreich zittern, und wenn es zehn Napoleons I. hätte.

Hellmuth von Moltke, Gesammelte Schriften (1891—1893).

— Es ist eine alte deutsche Neigung zu warten, daß andere das machen möchten, wobei man selbst Hand anlegen sollte.

Otto von Bismarck zu d. Vertretern Lippes in Friedrichsruh (8. Juli 1893).

— Mütter, werdet deutsch! Lehrt eure Kinder von frühesten Tagen an Wahrheit und Treue; pflanzt in sie das Bewußtsein der Pflicht; unterdrückt die Keime der Ich- und Genußsucht! Pflegt in ihnen die Kraft des Gemüts, weist sie auf Gott! Erzieht die Knaben zu Männern, die Töchter zu echten Müttern! Das Vaterland wird euch dafür segnen.

Otto von Leixner, A. meinem Zettelkasten (1896). Vaterland. Deutschtum.

— Den Willen fest, warm das Gemüt — | So sei und bleib', du deutsch Geblüt!

Otto von Leixner, A. meinem Zettelkasten (1896). Vaterland. Deutschtum.

— . . . die deutsche Eiche steht noch aufrecht und wird noch durch die Jahrtausende in Herrlichkeit und Pracht grünen und blühen und alle Götter unter ihrem Schatten versammeln.

Wilh. Raabe, Gesammelte Erz. (1896—1900). Nach d. großen Kriege.

— Auf, traute Brüder, stimmet ein: | Es lebe deutsche Sitte!

D. Zeiten sind wahrhaftig gut. Verfasser u. Komponist unbek.

— Das Schlechte soll versinken, | Die Männlichkeit soll blinken, | Das deutsche Reich bestehn | Bis Erd' und All vergehn!

Morgenlied d. Schwarzen. Soldatenlied.

— Deutscher Handschlag, deutsches Wort, | Deutsche Treue starker Hort. Alter Spr.

— Treu und standhaft | Machen deutsche Verwandtschaft. Alter Spr.

— Deutschland oder Teutschland? Was liegt daran? | Nur deutsch gedacht und deutsch getan. Sprichwort.

— Mit jemandem deutsch reden (jemandem rücksichtslos die Wahrheit sagen; — der Deutsche ist als offen bekannt). Sprichwörtl. Redensart.

— Jetzt bin ich deutsch (jetzt habe ich dich verstanden). Tiroler Redensart.

— Das is nix deutsch! (Das ist sinnlos!) Jüd. Redensart.

— Deutsches Haus, deutsches Land — | Schirm' es Gott mit starker Hand!

Spr. an einem Hause. Hannover.

Deutsche, der. — Es ist der Deutschen Brauch, daß sie dem Feinde redlich unter die Augen ziehen, denselben männlich und nicht meuchlings überwinden. Kaiser Heinr. II. (reg. 1002—1024).

Deutsche, der. — Es ist, by gott, ein kleine ere | Aller tütschen nation, das ir den künig also lon (daß ihr im Stiche laßt den König)! | Wers noch ein mal, in tüfels namen, | So müß der tütsch sich des beschamen.

Thomas Murner, Narrenbeschwörung (1512). Nr. 92. D. grosse geselschafft.

— Secht (seht), was die Treu hat für gros kraft, | Die ain stark Freuntschaft stärker schaft. | Deshalb sich Teutscher Treu geflissen, | Vm die stäts warn die Teutschen gprisen, | Vnd welcher aus der art will schlagen, | Den soll kain Teutschen sein mann sagen.

Joh. Friedr. Fischart, D. Glückhafft Schiff v. Zürich (1576). Samstag, den 23. Junij.

— Der ist ein Teutscher wol geboren, | Der von betrug vnd falschheit frey, | Hat weder redlichkeit, noch trew, | Noch glauben, noch freyheit verlohren.

Georg Rudolf Weckherlin, Gaistl. v. Weltliche Gedichte (1641). Ode.

— Der ist ein teutscher ehrenwehrt, | Der wacker, hertzhafft, vnverzaget | Für die Freyheit mit seinem schwert | In die gröste gefahr sich waget.

Georg Rudolf Weckherlin, Gaistl. v. Weltliche Gedichte (1641). Ode.

— Der Deutschen ihr Papier | War ihres Feindes Leder; | Der Degen war die Feder; | Mit Blute schrieb man hier.

Friedr. von Logau, Deutsche Sinn-Getichte (1654). D. alten Deutschen Schrift.

— Deutsche mühen sich jetzt hoch, Deutsch zu reden fein vnd rein! | Wer von Hertzen redet Deutsch, wird der beste Deutsche seyn!

Friedr. von Logau, Deutsche Sinn-Getichte (1654). D. Deutsche Sprache.

— Narrenkappe samt den Schellen, wenn ich ein Franzose wär', | Wollt' ich tragen; denn die Deutschen gingen stracks wie ich daher.

Friedr. von Logau, Deutsche Sinn-Getichte (1654). Franzosenfolge.

— Der Deutsche kennt den Deutschen bald | Am offenen Gesicht, | Am Feuer, das vom Auge wallt, | Am Ton, worin er spricht.

Joh. Martin Miller, Gedichte. Minnehold an Teuthard (1773).

— Denn ein echter Deutscher ist | Immer auch ein guter Christ.

Joh. Martin Miller, Gedichte. Deutsches Lied (1774).

— Nach fernem Golde dürstete nie | Der Deutsche, Sklaven fesselt' er nie; | Immer ein Schild des Verfolgten | Und des Drängenden Untergang! | Ich bin ein Deutscher! (Stürzet herab, | Der Freude Tränen, daß ich es bin!)

Friedr. Leop. Graf zu Stolberg, Gedichte. Mein Vaterland (1775).

— Verkennt denn euer Vaterland, | Undeutsche Deutsche! steht und gafft | Mit blöder Bewundrung großem Auge | Das Ausland an!

Friedr. Gottl. Klopstock, Werke. Oden. Überschätzung d. Ausländer (ged. 1781).

Deutsche, der. — Die alten Deutschen waren | Nicht schmeidig wie der Aal.

Aug. Friedr. Ernst Langbein, Sämtl. Gedichte. An d. Redlichkeit (ged. 1784). Mel. v. Siegfried Schmied (1790).

— Die Deutschen sind doch brave Leut'; | Sie haben Geist und Mut.

Christ. Friedr. Daniel Schubart, Sämtl. Gedichte (1787). Kaplied.

— Laßt uns Deutsche sein und bleiben, | Deutscher Handschlag steht uns wohl! | Was wir denken, reden, schreiben, | Das sei deutschen Herzens voll! Joh. Wilh. Ludw. Gleim, Zeitgedichte. An Lobredner d. Auslandes (ged. 20. Mai 1792).

— Freunde, treibet nur alles mit Ernst und Liebe; die beiden | Stehen dem Deutschen so schön, den ach! so vieles entstellt.

Joh. Wolfg. von Goethe, Gedichte. Vier Jahreszeiten (ged. 1796). Herbst. Nr. 43.

— Was in Frankreich vorbei ist, das spielen Deutsche noch immer, | Denn der stolzeste Mann schmeichelt dem Pöbel und kriecht.

Joh. Wolfg. von Goethe, Gedichte. A. d. Nachlaß. Xenien (1796). Verlegene Ware. Nr. 10.

— Denn er war am Ende doch ein Deutscher, und diese Nation gibt sich gerne Rechenschaft von dem, was sie tut.

Joh. Wolfg. von Goethe, Wilh. Meisters Lehrjahre (1777—1796).

— Ringe, Deutscher, nach römischer Kraft, nach griechischer Schönheit! | Beides gelang dir; doch nie glückte der gallische Sprung.

Friedr. von Schiller, Gedichte. Deutscher Genius (ged. 1796).

— Denn, ihr Deutschen, auch ihr seid | Tatenarm und gedankenvoll.

Friedr. Hölderlin, Gedichte. An d. Deutschen (1799).

— . . . ungleich dem Süden ist er (der Deutsche) weniger ein redseliges, als ein schreibseliges Volk, wie seine Registraturen und Bücherschränke ansagen.

Jean Paul (Joh. Paul Friedr. Richter), Levana oder Erzieh-Lehre (1807). Bd. 1, Bruchstück 1, K. 2, § 12.

— . . . der Gipfel aber unsers Triumphs ist es, wenn man uns gar nicht mehr für Deutsche, sondern etwa für Spanier oder Engländer hält, je nachdem nun einer von diesen gerade am meisten Mode ist.

Joh. Gottl. Fichte, Reden an d. deutsche Nation (1808). Rede 5.

— Es gibt nämlich Völker, welche, indem sie selbst ihre Eigentümlichkeiten beibehalten und dieselben geehrt wissen wollen, auch den andern Völkern die ihrigen zugestehen und sie ihnen gönnen und verstatten; zu diesen gehören ohne Zweifel die Deutschen.

Joh. Gottl. Fichte, Reden an d. deutsche Nation (1808). Rede 13.

Deutsche, der. — Dem Deutschen deutsch am besten gefällt, | Er hält sich selbst in Ehren | Und läßt den Nachbar links und rechts, | Weß Landes, Glaubens und Geschlechts, | Nach Herzenslust gewähren.

Georg Phil. Schmidt von Lübeck, Lieder. D. deutsche Land (ged. 1810). Schlußv. Mel. v. Karl Groos (komp. 1817), Albert Methfessel (1818), Frz. Schubert u. a.

— Alles muß der Mensch lernen, der auf Bildung Anspruch machen will; nur seine Sprache will der Deutsche nicht lernen, die soll ihm von selbst kommen.

Ernst Moritz Arndt, Über Volkshaß u. über d. Gebrauch einer fremden Sprache (1813).

— Ein Land, ein Volk, ein Herz, ein Heer, | Wir wollen Deutsche heißen.

Ernst Moritz Arndt, Gedichte. D. Freudenklang (ged. 1813).

— Doch die Treue ehrenfest | Und die Liebe, die nicht läßt, | Einfalt, Demut, Redlichkeit | Stehn dir wohl, o Sohn vom Teut (dem Deutschen).

Ernst Moritz Arndt, Lieder für Teutsche. Deutscher Trost (ged. 1813). Mel. v. Albert Methfessel (1818) u. Friedr. Wilh. Berner.

— Und jeder Deutsche lebe | Dem allgemeinen Wohl!

Aug. Graf von Platen-Hallermund, Gesammelte Werke. Gedichte. Verm. u. Gelegenheitsgedichte. An Jos. v. Xylander (ged. 1815).

— Der Deutsche ehrt' in allen Zeiten | Der Fürsten heiligen Beruf, | Doch liebt er, frei einherzuschreiten | Und aufrecht, wie ihn Gott erschuf.

Ludw. Uhland, Gedichte u. Dramen. Gedichte. Vaterländische Gedichte. Am 18. Okt. 1815 (ged. 1815).

— Teutsche bleiben deutsch und frei!

Aloys Wilh. Schreiber, Poetische Werke. Gedichte. Rheinweinlied, auf d. Rhein zu singen (ged. 1816). Mel. v. Friedr. Silcher (1823).

— Und daß der Erbfeind nichts erreicht | Ist aller Deutschen Sache.

Joh. Wolfg. von Goethe, Gedichte. Epigrammatisch. D. 31. Okt. 1817 (ged. 1817).

— . . . scheltet mir nicht die Deutschen! Wenn sie auch Träumer sind, so haben doch manche unter ihnen so schöne Träume geträumt, daß ich sie kaum vertauschen möchte gegen die wachende Wirklichkeit unserer Nachbarn.

Heinr. Heine, Reisebilder. Engl. Fragmente (1828). Nr. 1. Gespräch auf d. Themse.

— Tausend Ausdrücke hat der Araber für ein Schwert, der Franzose für die Liebe, der Engländer für das Hängen, der Deutsche für Trinken und der neuere Athener (der Münchener) sogar für die Orte, wo er trinkt.

Heinr. Heine, Reisebilder. Italien (1828—1829). Nr. 1. Reise von München nach Genua. K. 4.

— Während aber die Deutschen sich mit Auflösung philosophischer Probleme quälen, lachen uns die Engländer mit ihrem großen praktischen Verstande aus und gewinnen die Welt.

Joh. Peter Eckermann, Gespräche mit Goethe in d. letzten Jahren seines Lebens (1. Sept. 1829).

Deutsche, der. — Ich bin ein Deutscher und Gelehrter, | Und die beobachten auch in der Hölle, | Auch in dem Schoß von Gottes Herrlichkeit | Und dann auch, wenn sie rasen!

Christ. Dietr. Grabbe, Don Juan u. Faust (1829). A. 3, Sz. 2 (Faust).

— Die Deutschen sind recht gute Leut', | Sind sie einzeln, sie bringen's weit; | Nun sind ihnen auch die größten Taten | Zum erstenmal im ganzen geraten.

Joh. Wolfg. von Goethe, Poetische u. prosaische Werke (1836—1837). Gedichte. Zahme Xenien. Nr. 9.

— Durch den welschen Lügenwitz | Schreitet stramm der Deutsche fort, | Hinter seiner Nasenspitz' | Aller Ehrlichkeiten Sitz, | Biderb, immer grade aus.

Jos. Freiherr von Eichendorff, Gedichte (1837). Zeitlieder. Hermanns Enkel.

— Die Schritte der Deutschen sind nicht immer langsam; sie marschieren vorwärts mit Bedachtsamkeit, und das ist besser als Laufen; — am wenigsten taugt Fliegen.

Karl Jul. Weber, Demokritos (1832—1840). Subjektiver Unterschied d. Lächerlichen in Ansehung d. Temperamente. D. Fortsetzung.

— Deutsche opferten sich recht eigentlich für die Menschheit, gaben ihren Nationalcharakter preis, um Weltbürgerrollen zu spielen und wurden — nichts!

Karl Jul. Weber, Demokritos (1832—1840). Grabmal, d. weiland hl. römischen Reich errichtet.

— Der Deutsche, bieder (ursprünglich: Der deutsche Jüngling), fromm und stark, | Beschirmt die heil'ge Landesmark.

Max Schneckenburger, Deutsche Lieder. D. Wacht am Rhein (ged. Nov. 1840). Mel. v. Karl Wilhelm (komp. 10. März 1854).

— Seid stark im Lieben, werdet schwach im Hassen! | So wird Gott seine Deutschen nicht verlassen. Ernst Moritz Arndt, Gedichte. D. Rheinfahrt (ged. 1851). Schlußv.

— Es muß uns Söhnen Teuts (uns Deutschen) erst einmal sehr schlecht gehen, ehe wir Courage haben; solange wir noch etwas zu verlieren haben, fürchten wir uns; sind wir ausgezogen und durchgeprügelt, so ist jeder ein Löwe.

Otto von Bismarck, Br. An Gerlach (15. Dez. 1854).

— So sind sie (die Deutschen)! Ja, das ist so ihre Art! | Was lebt mit ihnen, achten sie gering, | Und zerren dran und treten es mit Füßen! | Was ist, gilt nichts, nur was da war, ist heilig; | Des Deutschen Größe wächst nur aus dem Grab!

Friedr. Halm (Elegius Frz. Jos. Freiherr von Münch-Bellinghausen), D. Fechter v. Ravenna (1857). A. 1. (Thusnelda).

— . . . und es ist eine alte, nationale Gewohnheit, diese Kritik bei uns (bei den Deutschen).

Otto von Bismarck im Abg.-Haus d. preuß. Landtages (29. Jan. 1863).

Deutsche, der. — Man muß mit ihnen (den Deutschen) alles übertreiben, sie haben eine Elefantenhaut, zarten Kitzel fühlen sie nicht, man muß ihnen eine Stange in die Rippen stoßen.

Ludw. Börne (Löb Baruch), Gesammelte Schriften (1862—1863). Erz., Reisen, verm. Aufsätze. Nr. 35. D. Narr im weißen Schwan. K. 2.

— Ich bin ein Deutscher und bin stolz darauf, es zu sein; doch immer erröte ich dessen, wenn ich höre, daß Deutsche selbst ihr Vaterland verachten.

Ludw. Börne (Löb Baruch), Gesammelte Schriften (1862—1863). Erz., Reisen, verm. Aufsätze. Nr. 35. D. Narr im weißen Schwan. K. 5.

— Der Britte ist nur Britte, der Spanier nur Spanier, der Franzose nur Franzose; Mensch ist der Deutsche allein.

Ludw. Börne (Löb Baruch), Gesammelte Schriften (1862—1863). Erz., Reisen, verm. Aufsätze. Nr. 35. D. Narr im weißen Schwan. K. 5.

— . . . und ein immer junges Herz ward nur dem Deutschen gegeben.

Ludw. Börne (Löb Baruch), Gesammelte Schriften (1862—1863). Erz., Reisen, verm. Aufsätze. Nr. 35. D. Narr im weißen Schwan. K. 5.

— Sein ganzes Wissen vergeudet der Franzose in dem Gespräche einer Stunde; aber weil er alles spricht, was er weiß, sagt er mehr als er weiß und macht Geistesschulden. Der Deutsche denkt mehr als er spricht; aber er reicht aus, und man sieht nie den Boden seines Wissens.

Ludw. Börne (Löb Baruch), Gesammelte Schriften (1862—1863). Erz., Reisen, verm. Aufsätze. Nr. 35. D. Narr im weißen Schwan. K. 5.

— Der echte Deutsche wird verlegen, wenn man ihn über einem witzigen Einfall ertappt; keuschen Geistes errötet er bei den buhlerischen Küssen der Phantasie.

Ludw. Börne (Löb Baruch), Gesammelte Schriften (1862—1863). Fragmente u. Aphorismen. Nr. 61.

— Der Deutsche ist keusch und fordert von jedem, der sich mit einer Idee vermählt, eheliche Treue.

Ludw. Börne (Löb Baruch), Gesammelte Schriften (1862—1863). Fragmente u. Aphorismen. Nr. 205.

— Die Deutschen . . . sind nur einig, wo es etwas zu leiden gibt, wo zu tun, niemals.

Ludw. Börne (Löb Baruch), Gesammelte Schriften (1862—1863).

— Ein seltsam Volk (die Deutschen)! . . . | Urkraft mit Herz und Phantasie verschwistert . . . | Damit erobert, wer da will, die Welt!

Rob. Hamerling, Ahasver in Rom (1866). Ges. 6. Ahasver.

— Ist Ihnen das nichts wert, meine Herren, zu hören, daß unsere Landsleute in so fernen Gegenden jetzt mit uns stolz auf das Vaterland blicken und mit Selbstgefühl sagen: „Wir sind Deutsche!"

Otto von Bismarck im Abg.-Haus d. preuß. Landtages (11. Dez. 1867).

Deutsche, der. — Die alten Deutschen, sie wohnen | Auf beiden Seiten des Rheins, | Sie liegen auf Bärenhäuten | Und trinken immer noch eins.

William Ruer, Tazitus u. d. alten Deutschen (ged. 1871). Mel. v. Vinzenz Lachner.

— Der Deutsche hat an und für sich eine starke Neigung zur Unzufriedenheit. Ich weiß nicht, wer von uns einen zufriedenen Landsmann kennt.

Otto von Bismarck im Reichstage (9. Okt. 1878).

— ... bei dem wenig ausgebildeten nationalen Sinn der Deutschen.

Otto von Bismarck im Reichstage (14. Juni 1882).

— Der Deutsche ist konservativ ... Ihm liegt am Erhalten mehr als am Gewinnen; das gewonnene Neue hat ihm nur dann Wert, wenn es zum Schmucke des Alten dient.

Richard Wagner, Gesammelte Schriften u. Dichtungen (1871—1883).

— Der Deutsche ist eckig und ungelenk, wenn er sich manierlich geben will; aber er ist erhaben und allen überlegen, wenn er in das Feuer gerät.

Richard Wagner, Gesammelte Schriften u. Dichtungen (1871—1883).

— Ein Deutscher, der sein Vaterland abstreift wie einen alten Rock, ist für mich kein Deutscher mehr.

Otto von Bismarck im Reichstage (26. Juni 1884).

— Es liegt eine eigentümliche prophetische Voraussicht in unserem alten nationalen Mythus, daß sich, so oft es den Deutschen gut geht, wenn ein deutscher Völkerfrühling wieder ... anbricht, daß dann auch stets der Loki nicht fehlt, der seinen Hödur findet, einen blöden, dämlichen Menschen, den er mit Geschick veranlaßt, den deutschen Völkerfrühling zu erschlagen, respektive niederzustimmen.

Otto von Bismarck im Reichstage (2. März 1885).

— Jeder Deutsche durchlebt eine Phase, | Wo er mit Macht Politik treibt | Und ein historisches Drama schreibt. | Zu beidem braucht's nur den Mut der Phrase.

Paul Heyse, Spruchbüchlein (1885). Politik.

— ... ein so gemäßigter Sieger wie der christliche Deutsche ist in der Welt nicht mehr vorhanden.

Otto von Bismarck im Reichstage (11. Jan. 1887).

— Es ist ja eine historische und betrübende Wahrheit, daß es eine größere Kampfesfreude für den kampfesmutigen Deutschen überhaupt nicht gibt als den Streit mit dem eigenen Landsmann.

Otto von Bismarck im Herrenhaus d. preuß. Landtages (23. März 1887).

— Wir können durch Liebe und Wohlwollen leicht bestochen werden — vielleicht zu leicht — aber durch Drohungen ganz gewiß nicht! Wir Deutsche fürchten Gott, aber sonst nichts in der Welt.

Otto von Bismarck im Reichstage (6. Febr. 1888).

Deutsche, der. — ... und das ist beim Deutschen recht schwer, denn er ist dem Nationalhaß an sich unzugänglicher als irgend eine andere Nation.

Otto von Bismarck im Reichstage (6. Febr. 1888).

— Wiß, daß man zwölf Parteien find't, | Wo nur ein Dutzend Deutsche sind, | Und, wenn sie sich erst unterhalten, | Da woll'n sie sich noch weiter spalten.

Daniel Sanders, 366 Spr. (1892). Nr. 111. Parteien.

— Wir Deutsche sind in unserm Zusammenhange wie ein Ehepaar; wenn alles ruhig und still ist, zankt man sich wohl ein wenig, so wie es bei Mann und Frau ist. Wenn aber ein Nachbar sich einmischt, fallen Mann und Frau vereint über ihn her.

Otto von Bismarck zu d. Mitgliedern d. Barmer Gesangvereins Orpheus in Kissingen (18. Aug. 1893).

— Treu dem Heer und seinem Gott, | Stürzt der Deutsche in den Tod. Soldatenlied.

— Wenn man Deutsche verderben will, so nimmt man Deutsche dazu. Alter Spr.

— Wer im Krieg will Unglück han, | Der fang' ihn mit den Deutschen an! Sprichwort.

— Unbeweglich wie ein Deutscher. Ital.: Duro (immobile) come un Tedesco.

Sprichwörtl. Redensart.

— Was dem Russen gesund ist, das bringt dem Deutschen den Tod. Russisches Sprichwort.

— Die Spanier erscheinen weise und sind Narren; die Franzosen erscheinen und sind Narren; die Italiener erscheinen und sind weise; die Deutschen scheinen Narren und sind weise. Span. Sprichwort.

— Schwer ist der Teutsche in Harnisch zu treiben, | Doch ist er erst drin, so wird er drin bleiben. Spr. an einem Hausgerät.

— Die alten Deutschen waren | Stets Löwen in Gefahren | Und Lämmer — bei Pokalen.

Inschrift im Berliner Ratskeller. Bierlokal.

Deutschland. — Tugend, reines Minnen, | Wer die suchen will, | Komm' nach unserm Lande (nach Deutschland), da ist Wonne viel. | Ewig möcht' ich leben drinnen! Mittelhochdeutsch: Tugent und reine minne, | Swer die suochen wil, | Der sol komen in unser lant: dast wünne vil. | Lange müeze ich leben dar inne!

Walter v. d. Vogelweide (um 1170—1230). Gedichte. Übertr. v. Pannier.

— Das römsch rich (Deutschland) blibt, so lang got wil; | Got hat im gsetzt sin zeit und moß. | Der geb, das es noch werd so groß, | Das im all erd sie undertan, | Als es von recht und gsetz solt han.

Seb. Brant, D. Narrenschif (1494). Nr. 56. V. end d. gewaltes. Schlußv.

— Man meint etwan, es wer kein ler | Dan zů Athenas über mer; | Darnoch man si bin Walhen (den Welschen) fand, | Jetz sicht mans ouch in tütschem land.

Seb. Brant, D. Narrenschif (1494). Nr. 92. Überhebung d. hochfart.

Deutschland. — Deutschland ist wie ein schöner, weidlicher Hengest, der Futter und Alles gnug hat, was er bedarf. Es fehlet ihm aber an einem Reuter.

Dr. Martin Luther, Tischreden oder Colloquia (1566). Nr. 76. Tischreden v. Landen u. Städten. § 9. Deutschland fehlets an einem guten Regenten.

— Wan Teutschland wolt witzig werden | Vnd vorsichtig vmb sich sehen, | Nicht nach Alamode gehen, | Nicht nach Farben vnd Gebärden, | Welschland müßt' Ohnmächtig wanken; | Das es aber jetzt obsiegt, | Euch in ewrem Land bekriegt, | Das habt ihr euch selbst zu dancken.

Joh. Mich. Moscherosch, Wunderliche v. Warhafftige Gesichte Philanders v. Sittewalt (1643). T. 2, Gesichte 1. A la mode. Kehrauß. Deß Alamode Abzug.

— Teutschland ist nach langem Morden | Mit jhm selber eins geworden, | Wird's auch bleiben ewiglich.

Sigmund Betulius von Birken, D. Fried=erfreute Teutonie (1652). Lied.

— Mein Vaterland (Deutschland) ... | Nie war gegen das Ausland | Ein anderes Land gerecht wie du!

Friedr. Gottl. Klopstock, Oden. Mein Vaterland (ged. 1768).

— Einfältiger Sitte bist du (Deutschland) und weise, | Bist ernstes, tieferes Geistes. Kraft ist dein Wort, | Entscheidung dein Schwert.

Friedr. Gottl. Klopstock, Oden. Mein Vaterland (ged. 1768).

— Wollte Gott, es gäbe keine unruhige Köpfe in ganz Deutschland! Wir würden noch immer zu tun genug finden.

Joh. Wolfg. von Goethe, Götz v. Berlichingen (1773). A. 3. Saal (Götz).

— O Land der alten Treue (Deutschland)! Voll Muts | Sind deine Männer, sanft und gerecht; | Rosicht die Mädchen und sittsam, | Blitze Gottes die Jünglinge! | In deinen Hütten sichert die Zucht | Den Bund der Ehe! Rein ist das Bett | Zärtlicher Gatten und fruchtbar | Ihre keuschen Umarmungen.

Friedr. Leop. Graf zu Stolberg, Gedichte. Mein Vaterland (1775).

— O Kaiser! du von neunundneunzig Fürsten | Und Ständen, wie des Meeres Sand, | Das Oberhaupt, gib uns, wornach wir dürsten, | Ein deutsches Vaterland!

Joh. Gottfr. von Herder, Sämtl. Werke. Gedichte. An d. Kaiser (ged. 1778).

— Große Monarchen erzeugtest du und bist ihrer würdig, | Den Gebietenden macht nur der Gehorchende groß. | Aber versuch' es, o Deutschland, und mach' es deinen Beherrschern | Schwerer, als Könige groß, leichter, nur Menschen zu sein.

Friedr. von Schiller, Gedichte. Deutschland u. seine Fürsten (ged. 1795).

Deutschland. — O Deutschland, heil'ges Vaterland! | O deutsche Lieb' und Treue! | Du hohes Land! Du schönes Land!

Ernst Moritz Arndt, Lieder für Teutsche. Vaterlandslied (ged. 1812). Mel. v. Albert Methfessel (1818).

— Das ist des Deutschen Vaterland! | Wo Eide schwört der Druck der Hand, | Wo Treue hell vom Auge blitzt | Und Liebe warm im Herzen sitzt — | Das soll es sein! | Das, wackrer Deutscher, nenne dein!

Ernst Moritz Arndt, Gedichte. D. Deutschen Vaterland (ged. 1813). Mel. v. Joh. Cotta (komp. 1815) u. Gustav Reichardt (komp. 1825).

— Ewig lebe deutsche Treue! | Ewig blühe deutsches Land!

Ernst Moritz Arndt, Gedichte. Lieder a. d. Katechismus für d. deutschen Wehrmann (ged. 1813). Nr. 7. D. Fahnenschwur.

— In Deutschland stand der Freiheit Haus, | Wir bau'n es tapfer wieder | In Fahr und Todesflammen, | Wir bau'n es kühn zusammen, | Kein Teufel reißt es nieder.

Ernst Moritz Arndt, Gedichte. D. Freudenklang (ged. 1813). Schlußv.

— Deutsches Land, du wonnig Land!

Joh. Gottfr. Pfund, D. deutsche Land (ged. 1813). Mel. v. Karl Friedr. Rungenhagen.

— ... und daß, wenn Deutschland einig blieb, | Es einer Welt Gesetze schrieb.

Theod. Körner, Leier u. Schwert (1814). Unsere Zuversicht.

— Segen Gottes auf den Feldern, | In des Weinstocks heil'ger Frucht; | Manneslust in grünen Wäldern, | In den Hütten frohe Zucht; | In der Brust ein frommes Sehnen, | Ew'ger Freiheit Unterpfand; | Liebe spricht in zarten Tönen | Nirgends wie im deutschen Land.

Max von Schenkendorf, Sämtl. Gedichte. Abteilung 2. Vaterland. Frühlingsgruß an d. Vaterland (ged. 1814).

— Wer dich nur schauet, muß entbrennen | In Liebesglut und Andacht gleich; | So laß mich deinen Namen nennen: | Mein heiliges, mein deutsches Reich!

Max von Schenkendorf, Sämtl. Gedichte. Abteilung 2. Vaterland. Seiner Herrin (ged. 1814).

— Es (Deutschland) geh', durch Tugenden bewundert, | Geliebt durch Redlichkeit und Recht, | Stolz von Jahrhundert zu Jahrhundert, | An Kraft und Ehren ungeschwächt!

Ernst Moritz Arndt, Gedichte. Bundeslied (ged. 1815). Mel. v. Georg Friedr. Hanitsch (komp. 1815).

— Schau' ich jetzt von meinem Berge | In das deutsche Land hinab, | Seh' ich nur ein Völklein Zwerge | Kriechend auf der Riesen Grab.

Heinr. Heine, Sämtl. Werke. Dichtungen. D. B. d. Lieder. Anhang älterer Gedichte. Zu d. Traumbildern. Deutschland. Ein Traum (ged. 1816).

Deutschland. — O Deutschland, Weh! Es bricht der Wolf | In deine Hürde ein, und deine Hirten streiten | Um eine Handvoll Wolle sich.

Heinr. von Kleist, Hinterlassene Schriften (1821). D. Hermannsschlacht. A. 1, Sz. 1 (Wolf).

— Nur in Deutschland, da wohnet Freud' und Wonne.

Aug. Heinr. Hoffmann von Fallersleben, Lyrische Gedichte. Nr. 4. Volksleben. Vaterland u. Heimat. Nur in Deutschland (ged. 1824). Schlußv. Mel. v. Justus Wilh. Lyra (1843).

— O Deutschland! Vaterland! Die Träne hängt | Mir an der Wimper, wenn ich dein gedenke! | Kein Land, das herrlicher als du, kein Volk, | Das mächt'ger, edler als wie deines!

Christ. Dietr. Grabbe, Don Juan u. Faust (1829). A. 1, Sz. 2 (Faust).

— Deutschland! Vaterland! . . . | Du bist Europas Herz — ja, ja, zerrissen, | Wie nur ein Herz es sein kann!

Christ. Dietr. Grabbe, Don Juan u. Faust (1829). A. 1, Sz. 2 (Faust).

— Deutschland verehrt zu vielerlei Pagoden, | Und einer stets bekämpft des andern Meinung; | Dies trübe Chaos tausendfacher Moden, | In welchem Punkte fänd' es je Vereinung?

Aug. Graf von Platen-Hallermund, D. Abbassiden (ged. 1830). Prolog.

— Und, Sire, ein Teil unseres (des französischen) europäischen Einflusses beruht auf der fortdauernden Zerstücktheit Deutschlands.

Christ. Dietr. Grabbe, Napoleon oder d. hundert Tage (1831). A. 2, Sz. 4 (d'Ambray).

— Das junge Deutschland.

Ludolf Christ. Wienbarg, Ästhetische Feldzüge (1834). Widmung.

— Und als ich auf dem Sankt Gotthard stand, | Da hört' ich Deutschland schnarchen; | Es schlief da unten in sanfter Hut | Von sechsunddreißig Monarchen.

Heinr. Heine, Neue Gedichte. D. Tannhäuser. Eine Legende (ged. 1836). Nr. 3.

— Frankreich ist das Modenland, England das Land der Launen, Spanien das Ahnenland, Italien das Prachtland, Deutschland das — Titelland. Immanuel Kant, Werke (1838—1839).

— Werden wir (Deutschland) je Nation werden? alle die deutsche Muttersprache sprechen? Wer uns zur Nation machte, machte sich zum Diktator Europens!

Karl Jul. Weber, Demokritos (1832—1840). Grabmal, d. weiland hl. römischen Reich errichtet.

— Unsere herrlichen Kaiser des Mittelalters hätten uns (Deutschland) zur Nation gemacht, wäre ihre Kraft nicht vergeudet worden jenseits der Alpen gegen Priester.

Karl Jul. Weber, Demokritos (1832—1840). Grabmal, d. weiland hl. römischen Reich errichtet.

Deutschland. — Deutschland, Deutschland über alles, | Über alles in der Welt!

Aug. Heinr. Hoffmann von Fallersleben, Lyrische Gedichte. Nr. 4. Volksleben. Vaterland u. Heimat. D. Lied d. Deutschen (ged. 26. Aug. 1841). Mel. Gott erhalte Frz. d. Kaiser v. Jos. Haydn (komp. Jan. 1797).

— O Deutschland, meine ferne Liebe, | Gedenk' ich deiner, wein' ich fast! | Das muntre Frankreich scheint mir trübe, | Das leichte Volk wird mir zur Last.

Heinr. Heine, Neue Gedichte. Romanzen (ged. 1839—1842). Nr. 8. Anno 1839.

— Kein Österreich, kein Preußen — ein einiges freies Deutschland. Erzherzog Joh. (1842).

— Herr Gott im Himmel, welche Wunderblume | Wird einst vor allen dieses Deutschland sein!

Ferd. Freiligrath, Ein Glaubensbekenntnis. Zeitgedichte. Nr. 2. Am Baum der Menschheit drängt sich Blüt' an Blüte usw. (ged. Jan. 1844).

— Deutschland und Freiheit über alles!

Ferd. Freiligrath, Ein Glaubensbekenntnis. Zeitgedichte. Nr. 2. Feldmusik (ged. Febr. 1844). Schlußv.

— Deutschland ist Hamlet! Ernst und stumm | In seinen Toren jede Nacht | Geht die begrabne Freiheit um | Und winkt den Männern auf der Wacht.

Ferd. Freiligrath, Ein Glaubensbekenntnis. Zeitgedichte. Nr. 2. Hamlet (ged. April 1844).

— Gegrüßt, du Land der Treue, | Du deutsches Vaterland!

Joh. Nepomuk Vogl, Deutsche Lieder. Gruß an d. Vaterland (ged. 1844). Mel. v. Hans Georg Nägeli (1848).

— . . . bisher steht die Freiheit Deutschlands nicht so niedrig im Preise, daß es nicht der Mühe lohnte, dafür zu sterben.

Otto von Bismarck im ersten vereinigten Landtage (15. Juni 1847).

— Eins muß jetzt der Teufel holen — | Deutschland oder seine Feinde — | Aber vorweg recht geschwinde | Den, der noch was anderes meinte!

Adolf von Herzog im Parlamentsalbum (1849).

— . . . der besonnensten aller europäischen Nationen (Deutschland) . . .

Otto von Bismarck im deutschen Parlament zu Erfurt (15. April 1850).

— Die Neigung, sich für fremde Nationalitäten und Nationalbestrebungen zu begeistern, auch dann, wenn dieselben nur auf Kosten des eigenen Vaterlandes verwirklicht werden können, ist eine politische Krankheitsform, deren geographische Verbreitung sich auf Deutschland leider beschränkt.

Otto von Bismarck im Abg.-Haus d. preuß. Landtages (26. Febr. 1863).

— Der Bau des deutschen Landes wird einst vollendet werden — und dann, auf Jahrtausende gegründet, wird er alle Staaten überdauern.

Ludw. Börne (Löb Baruch), Gesammelte Schriften (1862—1863). Erz., Reisen, verm. Aufsätze. Nr. 35. D. Narr im weißen Schwan. K. 5.

Deutschland. — Deutschland ist die Quelle aller europäischen Revolutionen, die Mutter jener Entdeckungen, welche die Gestalt der Welt verändert haben.

Ludw. Börne (Löb Baruch), Gesammelte Schriften (1862—1863).

— Einst mächtig, groß und geehrt, weil einig und von starken Händen geleitet, sank das deutsche Reich, nicht ohne Mitschuld von Haupt und Gliedern, in Zerrissenheit und Ohnmacht.

König Wilh. in d. Thronrede zur Eröffnung d. Norddeutschen Reichstages (24. Febr. 1867).

— . . . arbeiten wir rasch! Setzen wir Deutschland, sozusagen, in den Sattel! Reiten wird es schon können.

Otto von Bismarck im Norddeutschen Reichstage (11. März 1867).

— Uns aber und unseren Nachfolgern an der Kaiserkrone wolle Gott verleihen, allzeit Mehrer des Deutschen Reiches zu sein, nicht an kriegerischen Eroberungen, sondern an Gütern und Gaben des Friedens auf dem Gebiete nationaler Wohlfahrt, Freiheit und Gesittung.

Kaiser Wilh. I. in d. Proklamation bei d. Verkündigung d. Deutschen Reiches u. d. Annahme d. Kaiserwürde in Versailles (18. Jan. 1871).

— Das neue Deutschland, wie es aus der Feuerprobe des gegenwärtigen Krieges hervorgegangen ist, wird ein zuverlässiger Bürge des europäischen Friedens sein, weil es stark und selbstbewußt . . . ist.

Kaiser Wilh. I. in d. Thronrede zur Eröffnung d. Reichstages (21. März 1871).

— . . . ein Land (Deutschland), mit hervorragender Freude an der Kritik, namentlich wenn sie die Regierung betrifft, ein Land, in dem der Angriff auf einen Minister, das Tadeln eines Ministers noch heut für eine Tat gilt, als ob wir noch Anno 30 lebten — ein Land, wo die Anerkennung für irgend etwas, was die Regierung tut, gleich in den Verdacht des Servilismus bringt . . .

Otto von Bismarck im Reichstage (9. Okt. 1878).

— O Deutschland, was dich herrlich macht, | Sind deines Herzens starke Triebe | Zu Dichtung, Frauen, Liederpracht; | Dein bestes Teil ist deine Liebe. | Und wie um trotz'ger Eichen Schaft | Sich wilde Rosen blühend ranken, | So schlingt um deutsche Reckenkraft | Die Schönheit ihre Lenzgedanken.

Prinz Emil von Schönaich-Carolath, Dichtungen (1883). Gruß an Deutschland.

— Deutschland bedarf weder neuen Kriegsruhms, noch irgend welcher Eroberungen, nachdem es sich die Berechtigung, als einige und unabhängige Nation zu bestehen, endgültig erkämpft hat.

Kaiser Wilh. II. in d. Thronrede zur Eröffnung d. Reichstages (25. Juni 1888).

Deutschland. — Stoßt an! Ein Hoch dem Deutschen Reich! | An Kühnheit reich, dem Adler gleich | Mög's täglich neu sich stärken. | Doch Gott behüt's vor Klassenhaß | Und Rassenhaß und Massenhaß | Und derlei Teufelswerken!

Jos. Viktor von Scheffel, Gedichte (1888). Vaterlandslied.

— Das größte Glück für Deutschland ist der Friede, und ich glaube nicht, daß je ein deutscher Kaiser mit einem Blick auf die Landkarte napoleonische Eroberungsgelüste hegen wird.

Otto von Bismarck zu d. Vertretern d. technischen Hochschulen in Friedrichsruh (22. Mai 1890).

— Allezeit | Treu bereit | Für des Reiches (für Deutschlands) | Herrlichkeit.

Wahlspr. d. Generalfeldmarschalls Grafen Hellmuth von Moltke (1800—1891).

— Der Soldat und die Armee, nicht Parlamentsmajoritäten und -beschlüsse haben das Deutsche Reich zusammengeschmiedet.

Kaiser Wilh. II. bei d. Fahnennagelung (18. April 1891).

— Wir leben in einem Übergangszustande! Deutschland wächst allmählich aus den Kinderschuhen heraus, um in das Jünglingsalter einzutreten. Da wäre es wohl an der Zeit, daß wir uns von unsern Kinderkrankheiten freimachten.

Kaiser Wilh. II. im brandenburgischen Provinzial-Landtage (24. Febr. 1892).

— . . . darin wurde ich überzeugt, daß außerhalb der dynastischen Anhänglichkeit in Deutschland überhaupt kein Heil ist.

Otto von Bismarck in Erwiderung auf d. Rede Kaiser Wilh. II. in Friedrichsruh (26. März 1895).

— . . . unser Gott läßt keinen Deutschen zugrunde gehen, am allerwenigsten Deutschland.

Otto von Bismarck zu d. Rektoren d. deutschen Universitäten in Friedrichsruh (1. April 1895).

Dezember. — Dezember kalt mit Schnee | Gibt Korn auf jeder Höh'. Bauernregel.

— Dezember veränderlich und lind, | Der ganze Winter ein Kind. Bauernregel.

— Friert's am kürzesten Tage (am 21. Dezember), fällt das Korn im Preise; ist es gelindes Wetter, steigt der Preis. Bauernregel.

— Wie der Dezember, so der Frühling.

Bauernregel. Luzern.

Diadem. — Ein Diadem erkämpfen ist groß. Es wegwerfen | Ist göttlich.

Friedr. von Schiller, D. Verschwörung d. Fiesko zu Genua (1783). A. 2, Sz. 19 (Fiesko).

Diamant. — Du hast Diamanten und Perlen, | Hast alles, was Menschenbegehr, | Und hast die schönsten Augen — | Mein Liebchen, was willst du noch mehr?

Heinr. Heine, D. B. d. Lieder. D. Heimkehr (geb. 1823—1824). Nr. 64.

— Ein wilder Elefant wird nur durch Elefanten ergriffen. | Ein roher Diamant wird nur durch Diamanten geschliffen.

Leop. Jakoby, Cunita (1884).

Diana. — Groß ist die Diana der Epheser!
Apostelgesch., K. 19, V. 28.
Joh. Wolfg. von Goethe, Gedichte. Kunst. Groß ist d. Diana d. Epheser! (ged. April 1812).

— Es leben alle Damen, | Diana doch zuvor!
Frz. Ritter von Kobell, Wildanger (1859). Jagd u. Pirsch.

Dicht. — Der kann nicht dichte halten (er kann nichts für sich behalten; — wenn ein Gefäß nicht dicht hält, tropft die Flüssigkeit heraus).
Berliner Redensart.

Dichten. — Wenn ich nicht sinnen oder dichten soll, | So ist das Leben mir kein Leben mehr.
Joh. Wolfg. von Goethe, Torquato Tasso (1789). A. 5, Sz. 2 (Tasso).

— Bei vielen Menschen ist das Versemachen (Dichten) eine Entwickelungskrankheit des menschlichen Geistes.
Georg Christoph Lichtenberg, Verm. Schriften (1800—1806).

— Zum Dichten braucht man Bequemlichkeit und zum Ausarbeiten Zeit.
Gotthold Ephr. Lessing, Sämtl. Schriften (1796—1808). D. Religion.

— Dichten ist ein Übermut!
Joh. Wolfg. von Goethe, Westöstlicher Diwan. B. d. Sängers. Derb u. tüchtig (ged. 26. Juli 1814).

— Dichten zwar ist Himmelsgabe, | Doch im Erdeleben Trug.
Joh. Wolfg. von Goethe, Werke (1827—1830). Westöstlicher Diwan. D. Schenkenb. Hatem.

— Wer jetzt noch dichtet fürs Publikum, | Den heißen die klugen Leute dumm — | Mir aber ist das ein Jammerpoet, | Dem nicht immer sein Volk vor Augen steht.
Gottfr. Kinkel, Gedichte (1843). Spr. Nr. 15.

— Willst du dichten — sammle dich, | Sammle dich wie zum Gebete, | Daß dein Geist andächtiglich | Vor das Bild der Schönheit trete, | Daß du seine Züge klar, | Seine Fülle tief erschauest | Und es dann getreu und wahr | Wie in reinen Marmor hauest.
Ludw. Adolf Stöber, Gedichte (1845). An Dichter u. Leser.

— Wer sich auf Dichten peint, folgt dunkeln Geistern | Und wird dem Weltlauf windsbrautgleich entführt; | Ihr Joch ist rauh, doch wen sie niemals meistern, | Der hat des Schöpfers Odem nie verspürt.
Jos. Viktor von Scheffel, Frau Aventiure (1863). Auf wilden Bergen.

— Dichten ist zeugen. Die gleiche Heißglut, die das Leben zeugt, zeugt auch das Lied.
Felix Dahn, Friggas Ja (1888).

— Können wir nicht alle dichten, | So wollen wir doch alle richten.
Alter Spr.

Dichter. — Muß doch der Dichter auch die Lieder, die er schafft, | In froher Stimmung schaffen; hat er diese nicht, | So kann auch andre, bei selbsteigner Kümmernis, | Er nicht ergötzen. Griech.: *Τόν θ' ὑμνοποιὸν αὐτὸς ἂν τίκτῃ μέλη | Χαίροντα τίκτειν· ἢν δὲ μὴ πάσχῃ τόδε | Οὔτοι δύναιτ' ἂν οἴκοθέν γ' ἀτώμενος | Τέρπειν ἂν ἄλλους.*
Euripides, D. Schutzflehenden (um 418 v. Chr.). Übers. v. Binder. V. 180—83 (Adrastos).

— Doch Schändliches soll sorgfältig verbergen der Dichter, | Nicht ziehen ans Licht, noch der Bühne vertraun! Griech.: *Ἀλλ' ἀποκρύπτειν χρὴ τὸ πονηρὸν τόν γε ποιητήν, | Καὶ μὴ παράγειν μηδὲ διδάσκειν.*
Aristophanes, D. Frösche (um 406 v. Chr.). Übers. v. Minckwitz. V. 1053—54 (Äschylos).

— Bald auf Nützliches schaut und bald auf Vergnügen der Dichter. Lat.: Aut prodesse volunt aut delectare poetae.
Quint. Horatius Flacc., Dichtkunst (um 20 v. Chr.). Übers. v. Voß. V. 333.

— Die reizbare Verseler=Sippschaft (die Dichter). Lat.: . . . genus irritabile vatum.
Quint. Horatius Flacc., Episteln (um 20 v. Chr.). Übers. v. Voß. B. 2, Nr. 2, V. 102.

— Ins Unermeßliche schweift die geschwätzige Freiheit der Dichter, | Auch durch geschichtliche Treu' achten sie nicht sich beschränkt. Lat.: Exit in immensum fecunda licentia vatum, | Obligat historica nec sua verba fide.
Publ. Ovidius Naso (um 43 v. Chr.—17 n. Chr.), Liebeslieder. Übers. v. Voß. B. 3, Nr. 12, V. 40—41.

— Wenn das Talent es versagt, dann macht die Entrüstung den Dichter. Lat.: Si natura negat, facit indignatio versum.
Decimus Junius Juvenalis, Sat. (um 100). Übers. v. Weber. Nr. 1, V. 79.

— Viel lügen die Dichter. Griech.: *Πολλὰ ψεύδονται ἀοιδοί.*
Nach Plutarch (um 50—120), Wie ein Jüngling Dichter lesen soll. Übers. v. Eyth. — Sprichwörtl.

— Nur ein Abglanz des Prophetentumes | Ist der Dichtkunst heilig ernster Schleier, | Vor und nach reihn sich des Geistes Größen; | Den Propheten folgt die Schar der Dichter. | Beide sind Vertraute eines Freundes; | Kern jedoch sind jene, diese Hülle.
A. d. Persischen d. Nizâmî (um 1137—1200). Magazin d. Geheimnisse. Übers. v. Bacher. Nr. 2.

— Des Dichters Aug', in schönem Wahnsinn rollend . . . Engl.: The poets eye, in a fine frenz rolling . . .
William Shakespeare, Ein Sommernachtstraum (1594). Übers. v. Schlegel. A. 5, Sz. 1 (Theseus).

— Über seinen Schatten springen | Kan dem Leichtsten nicht gelingen; | Dichtern aber kans gelingen, | Über ihren Tod zu springen.
Friedr. von Logau, Deutsche Sinn=Getichte (1654). V. Poeten.

Dichter. — Gebt den Dichtern für das Kränzen, | Was im Beutel pflegt zu glänzen.

Friedr. von Logau, Deutsche Sinn-Getichte (1654).

— Den Dichter wähle, wie du einen Freund wählst! Engl.: And choose an author as you choose a friend!

Earl of Roscommon, Essay über übersetzte Poesie (1717). Übers. v. Drabig.

— O Dichter, denkt an Philomelen, | Singt nicht, solang' ihr singen wollt! | Natur und Geist, die euch beseelen, | Sind euch nur wenig Jahre hold.

Christ. Fürchtegott Gellert, Fab. u. Erz. (1746). B. 1. D. Nachtigall u. d. Lerche.

— Wer, sprecht ihr, will den Dichter zwingen? | Er bindet sich an keine Zeit. | So fahrt denn fort, noch alt zu singen, | Und singt euch um die Ewigkeit! Christ. Fürchtegott Gellert, Fab. u. Erz. (1746). B. 1. D. Nachtigall u. d. Lerche. Schlußv.

— Und sie, die Armut, ist sie denn etwa nur das Schicksal der Dichter und nicht vielmehr auch aller andern Gelehrten? So viel sie mir arme Dichter nennen können, ebenso viel will ich Ihnen arme Weltweise, arme Ärzte, arme Sternkundige usw. nennen.

Gotthold Ephr. Lessing, Schriften. Br. (1753). Br. 1.

— Man schätzt jeden nach seinen Kräften. Einen elenden Dichter tadelt man gar nicht; mit einem mittelmäßigen verfährt man gelinde; gegen einen großen ist man unerbittlich.

Gotthold Ephr. Lessing, Schriften. Br. (1753). Br. 15.

— ... weil nach des Schicksals ew'gem Schluß | Ein jeder Dichter darben muß.

Gotthold Ephr. Lessing, Schriften (1753—1755). Sinngedichte. B. 1, Nr. 9. D. geizige Dichter.

— Der leichte Dichter eines fröhlichen Trinkliedes, eines kleinen, verliebten Gesanges ist mehr ein Genie als der schwunglose Schreiber einer langen Hermanniade.

Gotthold Ephr. Lessing, Fab. (1759). B. 1, Nr. 19. D. Sperling u. d. Strauß.

— Das ist unter allen Nationen ... immer ein sehr vortrefflicher Dichter, von dessen Gedichten ein Dritteil gut ist.

Gotthold Ephr. Lessing, Sämtl. Schriften. Br., d. neueste Litteratur betreffend (1759—1765). Br. 43.

— Der Dichter ist Herr über die Geschichte.

Gotthold Ephr. Lessing, Sämtl. Schriften. Br., d. neueste Litteratur betreffend (1759—1765).

— Bei dem Dichter ist ein Gewand kein Gewand; es verdeckt nichts; unsre Einbildungskraft sieht überall hindurch.

Gotthold Ephr. Lessing, Laokoon (1766).

— Ich liebe es, wenn ein junger Dichter etwas wagt. Gotthold Ephr. Lessing, Sämtl. Schriften. Hamburgische Dramaturgie. Stück 9 (29. Mai 1767).

Dichter. — Ich habe es lange schon geglaubt, daß der Hof der Ort eben nicht ist, wo ein Dichter die Natur studieren kann. Aber wenn Pomp und Etikette aus Menschen Maschinen macht, so ist es das Werk des Dichters, aus diesen Maschinen wieder Menschen zu machen.

Gotthold Ephr. Lessing, Sämtl. Schriften. Hamburgische Dramaturgie. Stück 59 (24. Nov. 1767).

— ... so wie der Maler sich von niemandem gern tadeln läßt, der den Pinsel ganz und gar nicht zu führen weiß, so auch der Dichter.

Gotthold Ephr. Lessing, Sämtl. Schriften. Hamburgische Dramaturgie. Stück 101—104 (19. April 1768).

— Ein belohnter Dichter ist zu unseren Zeiten eine Seltenheit! Aber diese Seltenheit wird noch weit größer, wenn der Dichter ein Deutscher ist, und wenn seine Gesänge nichts als Religion und Tugend atmen.

Gotthold Ephr. Lessing, Sämtl. Schriften. Hamburgische Dramaturgie (1767—1768).

— So fühl' ich denn in dem Augenblick, was den Dichter macht: ein volles, ganz von einer Empfindung volles Herz.

Joh. Wolfg. von Goethe, Götz v. Berlichingen (1773). A. 1. Jaxthausen (Frz.).

— Man findet Könige und Fürsten zum Überfluß, aber Virgile und Voltaires (Dichter) nur selten. Friedr. d. Große, Br. An Voltaire (29. März 1774).

— Es bleibt ewig wahr: sich zu beschränken, einen Gegenstand, wenige Gegenstände recht bedürfen, so auch recht lieben, an ihnen hängen, sie auf alle Seiten wenden, mit ihnen vereinigt werden, das macht den Dichter, den Künstler — den Menschen.

Joh. Wolfg. von Goethe, Br. an Frau v. Stein (22. Juli 1776).

— Der Dichter, der das Laster in seiner natürlichen Häßlichkeit darstellt, bessert oft mehr als ein andrer, der nur immer ... durch Aufstellung sanfter, unschuldiger, großmütiger Gemälde für die Tugend einnehmen will.

Joh. Jak. Engel, D. Philosoph für d. Welt (1775—1777). T. 1, Stück 10. Über Emilia Galotti. Br. 1.

— Phantasie, Fiktionsvermögen, Witz, empfindliches Herz machen den Dichter.

Joh. Jak. Engel, D. Philosoph für d. Welt (1775—1777). T. 2, Stück 24. V. d. moralischen Nutzen d. Dichtkunst.

— Es ist leider bekannt genug, daß Dichter am frühesten verblühen.

Friedr. von Schiller, Br. (30. April 1789).

— Die tausendfältigen Gedanken vieler | Verschiedner Menschen, die im Leben sich | Und in der Meinung widersprechen, faßt | Der Dichter klug in eins und scheut sich nicht, | Gar manchem zu mißfallen, daß er manchem | Um desto mehr gefallen möge.

Joh. Wolfg. von Goethe, Torquato Tasso (1789). A. 5, Sz. 2 (Alphons).

Dichter. — Dichter lieben nicht zu schweigen, | Wollen sich der Menge zeigen.

Joh. Wolfg. von Goethe, Schriften (1787—1790). Gedichte. Lieder. An d. Günstigen.

— Den Geist des Dichters adelt die Natur.

Aug. Wilh. von Schlegel, Gedichte. An einen Kunstrichter (1792).

— Wer tiefes, eignes Leben in sich trägt, | Der atm' es aus und frage keinen Richter, | Und wisse dann, er sei's, nicht der sei Dichter, | Des weiser Kopf Gefühle mißt und wägt.

Aug. Wilh. von Schlegel, Gedichte. An einen Kunstrichter (1792). Schlußv.

— Der Dichter ist der einzig wahre Mensch, und der beste Philosoph ist nur eine Karikatur gegen ihn.

Friedr. von Schiller, Br. An Goethe (7. Jan. 1795).

— . . . und so ist der Dichter zugleich Lehrer, Wahrsager, Freund der Götter und Menschen.

Joh. Wolfg. von Goethe, Wilh. Meisters Lehrjahre (1777—1796).

— Die Dichter sind überall, schon ihrem Begriffe nach, die Bewahrer der Natur . . . sie werden also entweder Natur sein, oder sie werden die verlorene suchen.

Friedr. von Schiller, Prosaische Schriften. Über naive u. sentimentalische Dichtung (1795—1796).

— Weil ein Vers dir gelingt in einer gebildeten Sprache, | Die für dich dichtet und denkt, glaubst du schon Dichter zu sein?

Friedr. von Schiller, Gedichte. Votivtafeln. Nr. 51. Dilettant (ged. 1796).

— . . . ein wandernd Leben | Gefällt der freien Dichterbrust.

Aug. Wilh. von Schlegel, Gedichte. Romanzen. Arion (ged. 1797).

— Worte sind des Dichters Waffen.

Joh. Wolfg. von Goethe, Gedichte. Kantaten. Deutscher Parnaß (ged. Juni 1798).

— Der Dichter, auch wenn er die vollkommensten sittlichen Muster vor unsere Augen stellt, hat keinen andern Zweck und darf keinen andern haben als uns durch Betrachtung derselben zu ergötzen.

Friedr. von Schiller, Prosaische Schriften (1793—1802). Über d. Pathetische.

— Eine notwendige Operation des Dichters ist Idealisierung seines Gegenstandes, ohne welche er aufhört, seinen Namen zu verdienen.

Friedr. von Schiller, Prosaische Schriften (1793—1802). Über Bürgers Gedichte.

— Ein Dichter nehme sich ja in acht, mitten im Schmerz den Schmerz zu besingen!

Friedr. von Schiller, Prosaische Schriften (1793—1802). Über Bürgers Gedichte.

— Kein Dach ist so niedrig, keine Hütte so klein | Er (der Dichter) führt einen Himmel voll Götter hinein.

Friedr. von Schiller, Gedichte. D. vier Weltalter (ged. 1802).

Dichter. — So drückt er (der Dichter) ein Bild des unendlichen All | In des Augenblicks flüchtig verrauschenden Schall.

Friedr. von Schiller, Gedichte. D. vier Weltalter (ged. 1802).

— . . . nichts beschränkt die freie Dichterkraft.

Friedr. von Schiller, D. Huldigung d. Künste (ged. 4.—8. Nov. 1804).

— Jeder Mensch ohne Ausnahme hat jährlich wenigstens drei Augenblicke der Genialität, und der größte Dichter hat vor keinem unter uns etwas voraus als die häufigere Wiederkehr solcher Augenblicke und die besonnene Auffassung derselben.

Georg Christoph Lichtenberg, Verm. Schriften (1800—1805).

— Wodurch bewegt er (der Dichter) alle Herzen? | Wodurch besiegt er jedes Element? | Ist es der Einklang nicht, der aus dem Busen dringt, | Und in sein Herz die Welt zurückeschlingt?

Joh. Wolfg. von Goethe, Faust, I (1808). Vorspiel auf d. Theater (Dichter).

— . . . nur ein Dichter ist so unverschämt galant.

Theod. Körner, D. grüne Domino (ged. Dez. 1811). Sz. 3 (Pauline).

— Es ist das höchste von des Dichters Rechten, | Daß er da redet, wo die Menge schweigt.

Theod. Körner, Sämtl. Werke. Nachtrag a. d. Dichters Nachlasse. Verm. Gedichte. Beim Alexanderfeste (ged. Nov. 1812).

— So kommt denn auch das Dichtergenie | Durch die Welt und weiß nicht wie.

Joh. Wolfg. von Goethe, Gedichte. Sprichwörtl. (ged. 1812—1814).

— Wenn des Dichters Mühle geht, | Halte sie nicht ein; | Denn wer einmal uns versteht, | Wird uns auch verzeihn.

Joh. Wolfg. von Goethe, Westöstlicher Diwan. B. d. Sängers. Derb u. tüchtig (ged. 26. Juli 1814). Schlußv.

— . . . Allah gab die Gabe jedem Dichter; | Mißbraucht er sie im Wandel seiner Sünden, | So seh' er zu, mit Gott sich abzufinden!

Joh. Wolfg. von Goethe, Westöstlicher Diwan. B. Hafis. Fetwa (ged. Juli 1814). Schlußv.

— Dichter ist umsonst verschwiegen, | Dichten selbst ist schon Verrat.

Joh. Wolfg. von Goethe, Westöstlicher Diwan. D. Schenkenbuch. Schenke (ged. Okt. 1814). Schlußv.

— Jung' und Alte, groß und klein, | Gräßliches Gelichter! | Niemand will ein Schuster sein, | Jedermann ein Dichter.

Joh. Wolfg. von Goethe, Gedichte. Epigrammatisch. Auf d. Kauf (ged. 21. Nov. 1814).

— Eh' er singt und eh' er aufhört, | Muß der Dichter leben.

Joh. Wolfg. von Goethe, Westöstlicher Diwan. B. d. Sängers. Dreistigkeit (ged. 23. Dez. 1814).

Dichter. — Der Dichter macht den Menschen zu einem höheren Wesen, an das man glaubt, weil er sein Gewebe, gesponnen aus der Wirklichkeit und der inneren höheren Achtung in uns, an eben dieselbe knüpft.

Friedr. Maximilian von Klinger, Werke (1809—1815).

— Der Dichter ist das Herz der Welt.

Jos. Freiherr von Eichendorff, Ahnung u. Gegenwart (1815). An d. Dichter.

— . . . der schöne Liebling der Natur (der Dichter). Jos. Freiherr von Eichendorff, Ahnung u. Gegenwart (1815). An d. Dichter.

— Zu preisen liebt der Dichter, | Zu schelten liebt er nicht.

Aug. Graf von Platen=Hallermund, Sämtl. Werke. Gedichte. Verm. Gedichte u. Gelegenheitsgedichte. An Jos. v. Xylander (geb. 1815).

— Du lebtest kummervoll, | Du hast dich aufgezehret, | Recht wie ein Dichter soll.

Ludw. Uhland, Dramen u. Gedichte. Gedichte. Lieder. Auf einen verhungerten Dichter (geb. 17. Okt. 1816).

— Und für die Kränkungen der Wirklichkeit | Sucht man sich Heilung in des Dichters Träumen.

Ludw. Uhland, Ernst Herzog v. Schwaben (1818). Prolog.

— Wo ein Held und Heiliger starb, wo ein Dichter gesungen, | Uns im Leben und Tod ein Beispiel trefflichen Mutes, | Hohen Menschenwertes zu hinterlassen, da knieen | Billig alle Völker in Andachtswonne, verehren | Dorn und Lorbeerkranz, und was ihn geschmückt und gepeinigt.

Joh. Wolfg. von Goethe, Werke (1815—1819). Gedichte. Antiker Form sich nähernd. D. Kränze. Schlußv.

— Wer das Dichten will verstehen, | Muß ins Land der Dichtung gehen; | Wer den Dichter will verstehen, | Muß in Dichters Lande gehen.

Joh. Wolfg. von Goethe, Westöstlicher Diwan (1819). Noten u. Abhandlungen zu besserem Verständnis d. Westöstlichen Diwans. Motto.

— Der Dichter steht viel zu hoch, als daß er Partei machen sollte.

Joh. Wolfg. von Goethe, Noten u. Abhandlungen zu besserem Verständnis d. westöstlichen Diwans (1819). Eingeschaltetes.

— Der Dichter, steht er allzu nah dem Thron, | Verkümmert. Engl.: The Bard too near the throne | Quails from his inspiration.

George Gordon Lord Byron, Prophezeiung Dantes (1820). Übers. v. Heichen. Ges. 3, V. 85.

— Mägdlein mit den goldnen Zöpfen, | Dichterherzen sind nicht schwer.

Wilh. Müller, Siebenundsiebzig Gedichte a. d. hinterlassenen Papieren eines reisenden Waldhornisten (1821). Nr. 6. Musterkarte. Fastnachtslied v. d. goldenen Zöpfen.

— Ich bin ein deutscher Dichter, | Bekannt im deutschen Land; | Nennt man die besten Namen, | So wird auch der meine genannt.

Heinr. Heine, D. B. d. Lieder. D. Heimkehr (geb. 1823—1824). Nr. 15.

Dichter. — Die größten Dichter der Welt sind nach großen, öffentlichen Unglücksfällen erstanden. Franz.: Les plus grands poètes du monde sont venus après de grandes calamités publiques.

Viktor Hugo, Vorrede zur zweiten Ausgabe seiner Oden u. Balladen (1824). Übers. v. Zimmermann.

— Der Dichter prangt nicht mit der Leier nur, | Auf eine scharfe Geißel trotzt er auch | Und schwinget sie mit angeborner Kraft.

Friedr. Leop. Graf zu Stolberg, Gesammelte Werke (1820—1825). Gedichte.

— Der Dichter ist der Tröster der Menschheit; er ist es, wenn der Himmel selbst ihn bevollmächtigt, wenn ihm Gott sein Siegel auf die Stirn gedrückt, und wenn er nicht um schnöden Botenlohn die himmlische Botschaft bringt.

Ludw. Börne (Löb Baruch), Gesammelte Schriften. Erz., Reisen, verm. Aufsätze. Nr. 24. Denkrede auf Jean Paul, vorgetragen im Museum zu Frankfurt (2. Dez. 1825).

— Die Trostbedürftigen zu trösten und als befruchtender Himmel dürstende Seelen zu erquicken — dazu allein ward der Dichter nicht gesendet. Er soll auch der Richter der Menschheit sein und Blitz und Sturm, die eine Erde voll Dunst und Moder reinigen.

Ludw. Börne (Löb Baruch), Gesammelte Schriften. Erz., Reisen, verm. Aufsätze. Nr. 24. Denkrede auf Jean Paul, vorgetragen im Museum zu Frankfurt (2. Dez. 1825).

— Fürchtet den Dichter nicht, wenn er edel zürnet; sein Buchstab' | Tötet, aber es macht Geister lebendig der Geist.

Friedr. Hölderlin, Gedichte (1826). D. zürnende Dichter.

— Denn was ist ein Dichter ohne jene tiefe Harmonie, | Welche dem berauschten Hörer, dessen Ohr und Sinn sie füllt, | Eines rein gestimmten Busens innerste Musik enthüllt?

Aug. Graf von Platen=Hallermund, D. verhängnisvolle Gabel (1826). A. 1 (Schmuhl).

— Und des Himmels Lampen löschen mit dem letzten Dichter aus!

Aug. Graf von Platen=Hallermund, D. verhängnisvolle Gabel (1826). A. 1 (Schmuhl). Schlußv.

— Wen die Natur zum Dichter schuf, dem lehrt sie auch zu paaren | Das Schöne mit dem Kräftigen, das Neue mit dem Wahren; | Dem leiht sie Phantasie und Witz in üppiger Verbindung | Und einen quellenreichen Strom unendlicher Empfindung.

Aug. Graf von Platen=Hallermund, D. verhängnisvolle Gabel (1826). A. 2 (Schmuhl).

— Und naht ein Dichter, eure Lust zu mehren, | So lernt ihn auch in vollem Maß genießen, | Anstatt sein Tun beständig zu verneinen: | Was soll der Mond denn anders tun als scheinen?

Aug. Graf von Platen=Hallermund, D. verhängnisvolle Gabel (1826). A. 3 (Schmuhl). Schlußv.

Dichter. — Man wird aus einem Dichter nie etwas anderes machen, als was die Natur in ihn gelegt hat. Wollt ihr ihn zwingen, ein anderer zu sein, so werdet ihr ihn vernichten.

Joh. Peter Eckermann, Gespräche mit Goethe in d. letzten Jahren seines Lebens (14. Febr. 1830).

— Die Macht des Dichters ist nicht wild und eigensinnig; sie ist eine milde Größe und hebt den Menschen nur zu den Göttern empor, um ihm eine höhere Menschlichkeit wiederzugeben.

Wilh. Freiherr von Humboldt, Briefwechsel zwischen Schiller u. Wilh. von Humboldt (1830).

— Viele Menschen lieben den Dichter bloß so, wie sie den Käse lieben, d. h. sie finden ihn nur dann erst gut, wenn er von den Würmern angegangen ist.

Moritz Gottl. Saphir, Humoristische Abende (1830).

— Sowie ein Dichter politisch wirken will, muß er sich einer Partei hingeben, und sowie er dieses tut, ist er als Poet verloren.

Joh. Peter Eckermann, Gespräche mit Goethe in d. letzten Jahren seines Lebens (März 1832).

— Jeder ficht mit eigner Wehre, | Priester kämpft mit dem Brevier, | Krieger mit dem Schwert und Speere, | Mit Gesang und Reimen wir (die Dichter).

Anastasius Grün (Anton Alexander Graf von Auersperg), Spaziergänge eines Wiener Poeten (1831). An Ludw. Uhland.

— Auf der Erde nur sind Dichter, | Da wo Schmerz zerreißt die Brust! | In dem Himmel ist kein Dichter, | Wenn im Himmel nur ist Lust.

Justinus Kerner, Dichtungen (1834). Lieder d. Schmerzes. An einen Dichterfreund. Schlußv.

— Ewig jung ist der Ruhm, den treffliche Dichter erringen, | Weder im Alter geschwächt, weder im Tode getilgt.

Peter von Bohlen, Bhartriharis Spr. (1835).

— Nicht Träume sind's und leere Wahngesichte, | Was von dem Volk den Dichter unterscheidet. | Was er inbrünstig bildet, liebt und leidet, | Es ist des Lebens wahrhafte Geschichte.

Jos. Freiherr von Eichendorff, Gedichte (1837). Sängerleben. D. Dichter. Nr. 5.

— Und die Freude sagt kein Mund, | Die Gott wunderbar gelegt | In des Dichters Herzensgrund.

Jos. Freiherr von Eichendorff, Gedichte (1837). Frühling u. Liebe. D. Dichter.

— Also spielen Liebesträume | Perlend in des Dichters Brust; | Seine Leiden sind nur Schäume, | Und sein Lied ist seine Lust.

Wilh. Müller, Gedichte (1837). Lieder a. Franzensbad bei Eger. An d. Ungünstigen. Schlußv.

— Der Dichter und der Ehemann, wie das sich reimen soll! | Ein Weibchen für den Ehemann, neun Mädchen für Apoll.

Wilh. Müller, Gedichte (1837). Epigramme. 2. Hundert, Nr. 82. D. Dichter u. d. Ehemann.

Dichter. — Verwehre dem Dichter zu trinken und zu lieben — | Pegasus, wo sind deine Flügel geblieben? | Verwehre dem Dichter zu lieben und zu trinken — | Pegasus lernt wie ein Karrengaul hinken.

Wilh. Müller, Gedichte (1837). Deutsche Reimspr. Nr. 4. Pegasus.

— Täuscht dich der Weise, so gibt er dir einen Nebel der Erde, der sich in Regen verdichtet; täuscht dich der Dichter, so gibt er dir einen Nebelfleck des Himmels, der sich in Sonnen zerlegt.

Jean Paul (Joh. Paul Friedr. Richter), Sämtl. Werke (1826—1838).

— Der Dichter ist ein König, ein verbannter, | Von denen, die sich hier in Purpur kleiden, | Ein nicht für ihresgleichen anerkannter; | Drum soll er ihre Höfe meiden.

Friedr. Rückert, Gesammelte Gedichte (1834—1838). Pantheon. Bruchstück 5. Zahme Xenien. Vierzeilen. 1. Hundert, Nr. 11.

— Wer echter Dichter sein will, kann nicht immer präzis eintreffen, wenn die Post abfährt.

Karl Gutzkow, Blasedow u. seine Söhne (1838). T. 2.

— Begeistrung ziemt euch Dichtern.

Ferd. Freiligrath, Zwischen d. Garben. Eine Nachlese. Baurede für Rolandseck (geb. Juli 1840).

— Kunst und Natur und Welt und Gemüt, er (der Dichter) beherrsche sie alle; | Aber der Tor nur verlangt, daß ein Gelehrter er sei.

Emanuel Geibel, Gedichte (1840). Jugendgedichte. B. 2. Sonette u. Distichen. Distichen a. Griechenland. Nr. 13. Schlußv.

— Der Dichter steht auf einer höhern Warte, | Als auf den Zinnen der Partei.

Ferd. Freiligrath, Ein Glaubensbekenntnis. Zeitgedichte. Nr. 1. A. Spanien (geb. Nov. 1841).

— Umsonst! Das ist nun einmal so, | Kein Dichter reist inkognito.

Jos. Freiherr von Eichendorff, Gedichte. Wanderlieder. Wandernder Dichter (1841).

— Gesang und Liebe sind des Dichters Leben, | Das ohne diese grau und öde ganz, | Wie nächt'ger Himmel ohne Sternenglanz.

Mich. Jurjewitsch Lermontow, Gedichte (geb. 1829—1841).

— Der Freiheit Priester, der Vasall des Schönen, | So wird der Dichter in die Welt gesandt.

Georg Herwegh, Gedichte eines Lebendigen (1841—1843). Bd. 2. Dichterberuf.

— Einsamkeit, des Dichters Braut, | Mutter Natur ihn groß anschaut, | Geschichte, die Ahnfrau, hebt ihn hinauf | Über des Lebens gemeinen Lauf; — | Da rauscht das Lied aus starkem Busen. | Die drei, das sind die echten Musen.

Gottfr. Kinkel, Gedichte (1843). Spr. Nr. 8.

— Mit dem Volke soll der Dichter gehen — | Also les' ich meinen Schiller heut!

Ferd. Freiligrath, Ein Glaubensbekenntnis. Zeitgedichte. Nr. 2. Guten Morgen (geb. Jan. 1844). Schlußv.

Dichter. — Analysis ist nicht die Sache des Dichters. Sein Beruf ist es zu malen, nicht zu sezieren. Engl.: Analysis is not the business of the poet. His office is to portray, not to dissect.

Thomas Babington Lord Macaulay, Kritische u. historische Essays (1846). Milton. Übers. v. Steger.

— So steckt Musik in Flut und Stein, | In Feu'r und Luft und allen Dingen; | Aber willst du vernehmen das Klingen, | Mußt du eben ein Dichter sein.

Emanuel Geibel, Juniuslieder (1848). Spr. Nr. 2.

— O Freund, man kann ein lyrischer Dichter | Und doch ein dummer Teufel sein.

Emanuel Geibel, Juniuslieder (1848). Spr. Nr. 24.

— Nicht dürft ihr (Dichter) euch vor Thronen beugen, | Noch knien, wo der Pöbel kniet; | Die ew'ge Wahrheit braucht der Zeugen, | Und Opferfeuer sei das Lied!

Emanuel Geibel, Juniuslieder. D. Dichtern (geb. 1849).

— Wo sich der Dichter versteigt ins Unendliche, | Lege sein Liederbuch schnell aus der Hand, — | Vieles gemeinem Verstand Unverständliche | Hat seinen Urquell im Unverstand.

Friedr. von Bodenstedt, D. Lieder d. Mirza-Schaffy (1851). Lieder u. Spr. d. Weisheit. Nr. 16.

— Wer seine Augen stets am rechten Orte hat, | Zum rechten Sinne stets die rechten Worte hat, | Der ist der wahre Dichter, der den Schlüssel, | Den rechten Schlüssel zu der rechten Pforte hat.

Friedr. von Bodenstedt, D. Lieder d. Mirza-Schaffy (1851). Lieder u. Spr. d. Weisheit. Nr. 28.

— Im Hintergrunde muß der Dichter eine Versöhnung in sich selber tragen. Er soll kämpfen für die Freiheit des Geistes, für Maß und Zucht, gegen den allgemeinen Feind der Menschen, das Übermaß der Leidenschaft.

Georg Gervinus, Gesch. d. deutschen Dichtung (1853).

— Im Leben Leid — ist Dichterlos auf Erden.

Jul. Grosse, Gedichte (1857).

— Nur vom Überfluß lebt das Schöne; dies merke dir, Dichter; | Hast du nicht etwas zuviel, hast du mit nichten genug.

Friedr. Hebbel, Gedichte (1857). Epigramme u. Verwandtes. Nr. 3. Kunst. Grundbedingung d. Schönen.

— Dichter, ergreife die Stunde, sobald sie dir lächelt, sie kehrt zwar | Immer wieder, jedoch nie mit dem nämlichen Gold.

Friedr. Hebbel, Gedichte (1857). Epigramme u. Verwandtes. Nr. 3. Kunst. An d. Dichter.

— Andre schaffen, damit sie das Leben sich sichern; dem Dichter | Muß es gesichert sein, eh' er zu schaffen vermag.

Friedr. Hebbel, Gedichte (1857). Epigramme u. Verwandtes. Nr. 3. Kunst. D. Situation d. Dichters.

Dichter. — ... die großen Weltdichter schütten aus ihren Füllhörnern die goldenen Weihnachtsfrüchte herab und sind mit ihren Wiegenliedern stets da, wenn häßliche, schwarze Kobolde erschreckend dazwischen gelugt haben.

Wilh. Raabe, D. Chronik d. Sperlingsgasse (1857).

— Noch kein Dichter hat die schönen Augen seiner eigenen Frau schön besungen.

Ludw. Börne (Löb Baruch), Gesammelte Schriften (1862—1863). Kritiken. Nr. 24.

— Nur der bewegte Dichter kann dem bewegten Herzen Ruhe geben.

Ludw. Börne (Löb Baruch), Gesammelte Schriften (1862—1863). Kritiken.

— Bezeichnend für den Wert | Des Dichters ist: | In welchem Alter man | Ihn gerne liest.

Jos. Sami Tauber, Quinten (1864). Bezeichnend.

— Das ist des Dichters reinstes Glück, | Gibt ihm als frohen Wiederklang | Sein Volk mit Dank ein Lied zurück, | Das er sich selbst zur Freude sang.

Jul. Sturm, B. d. Pilgerfahrt (1868).

— Dichter zu belohnen | Sind Orden und Titel | Die besten Mittel: | Für Fiktionen — | Illusionen!

Frz. Grillparzer, Sämtl. Werke (1872). Gedichte. Hofratstitel.

— Die Dichter gleichen den einsamen Botenläufern, die morgens in aller Winterfrühe, wenn noch kaum die Hähne gekräht haben, auf den nachts verschütteten Wegen die ersten Fußstapfen wieder eindrücken müssen.

Karl Gutzkow, Gesammelte Werke (1873).

— Und singend einst und jubelnd | Durchs alte Erdenhaus | Zieht, als der letzte Dichter, | Der letzte Mensch hinaus.

Anastasius Grün (Anton Alexander Graf von Auersperg), Gesammelte Werke (1877). Gedichte. D. letzte Dichter.

— Wissenschaft und Poesie | Sind getrennte Kreise; | Frieden kennt der Dichter nie, | Unglück nie der Weise.

Hieronymus Lorm (Heinr. Landesmann), Gedichte (1880).

— Das Können des Dichters ist aber das vollkommene Aufgehen der Absicht in das Kunstwerk, die Gefühlswerdung des Verstandes.

Richard Wagner, Gesammelte Schriften (1871—1883).

— Die Meister in der Poesie, | Sie sind allein berufne Richter, | Doch was da sagt die Galerie, | Hat keinen Wert im Reich der Dichter.

Paul Baehr, Neues B. d. Lieder (1885).

— Nur sein eignes Leben | Singt der Dichter im Lied; | Aus der Brust will er heben, | Was im Innern er sieht.

Paul Baehr, Neues B. d. Lieder (1885).

— Der Dichter soll, vom Gott besessen, | Über dem Werk sich selbst vergessen.

Paul Heyse, Spruchbüchlein (1885). Theater.

Dichter. — Ihr kennt des Dichters stolzen Sonnenflug, | Nicht seine ird'schen Leidensstationen, | Ihr wisset, was das Leben ihm geboten, | Doch, was es ihm versagt — weiß er allein.

Rob. Hamerling, Blätter im Winde (1887).

— Mit Dichtern, Malern und Musikern ist es wie mit Pilzen: für einen guten zehntausend schlechte. A. d. Chinesischen.

— Wer will ein rechter Singmann (Dichter) sein, | Der stelle die Welt in den Sonnenschein; | Dazu braucht es nichts an Liedern und Gründen, | Das Menschentum in Sümpfen zu finden.

Wartburgspr. Architektenstüblein.

Dichterin. — Pegasus liebt Damen- oder Quersättel (Dichterinnen) nicht besonders.

Karl Jul. Weber, Demokritos (1832—1840). D. Dichter.

Dichterisch. — Der dichterische Geist ist unsterblich und unverlierbar in der Menschheit.

Friedr. von Schiller, Prosaische Schriften (1793—1802). Über naive u. sentimentalische Dichtung.

Dichterwort. — Wisset nur, daß Dichterworte | Um des Paradieses Pforte | Immer leise klopfend schweben, | Sich erbittend ew'ges Leben.

Joh. Wolfg. von Goethe, Westöstlicher Diwan. B. d. Sängers. Hegire (ged. 24. Dez. 1814). Schlußv.

— Wunder wirkt oft im Gemüte | Ein geweihtes Dichterwort.

Friedr. von Bodenstedt, A. d. Nachlasse Mirza-Schaffys (1874). B. 3. B. d. Spr. Nr. 62. Schlußv.

Dichtkunst. — Die Dichtkunst eine redende Malerei, die Malerei aber eine stumme Dichtkunst. Griech.: *Ζωγραφίαν μὲν εἶναι φθεγγομένην τὴν ποίησιν, ποίησιν δὲ σιγῶσαν τὴν ζωγραφίαν.*

Nach Plutarch (um 50—120), Wie ein Jüngling Dichter lesen soll. Übers. v. Eyth.

— Herzlos sind wie Gold die Dichterlinge, | Denen feil um Gold die hohe Kunst ist.

A. d. Persischen d. Nizâmî (um 1137—1200). Magazin d. Geheimnisse. Übers. v. Bacher.

— Die Dichtkunst gleicht dem Baumharz, das entquillt, | Wo's Nahrung hat. Engl.: Our poesy is as a gum, which oozes | From whence 'tis nourish'd.

William Shakespeare, Timon v. Athen (1604—1608[?]). A. 1, Sz. 1 (Dichter). Übers. v. Dorothea Tieck.

— . . . der Dichtkunst ganze Kraft | Bestehet in Natur, Geschmack und Wissenschaft! | Wem eins von diesen fehlt, wird niemals göttlich singen.

Christ. Fürchtegott Gellert, Sendschreiben an d. jungen Herrn v. H. (1743).

— O Dichtkunst, die das Leben lindert! | Wie manchen Gram hast du vermindert, | Wie manche Fröhlichkeit vermehrt!

Friedr. von Hagedorn, Sämtl. poetische Werke (1757). Oden u. Lieder. B. 1. An d. Dichtkunst.

Dichtkunst. — Die wahren Kenner der Dichtkunst sind zu allen Zeiten, in allen Ländern ebenso rar als die wahren Dichter selbst gewesen.

Gotthold Ephr. Lessing, Sämtl. Schriften. Br., d. neueste Literatur betreffend (1759—1765). T. 1, Br. 10.

— Treuherzigkeit und ehrliche Lehrgabe war von jeher unser Charakter, so wie im Leben, so auch im Schreiben und der Dichtkunst.

Joh. Gottfr. von Herder, Stimmen d. Völker in Liedern. Vorrede d. Volkslieder (1778).

— Gleich einer lichten Wolke mit goldnem Saum | Erschwebt die Dichtkunst jene gewölbte Höh' | Der Heitre (Heiterkeit), wo, wen sie emporhub, | Reines Gefühl der Entzückung atmet.

Friedr. Gottl. Klopstock, Werke. Oden. Verschiedene Zwecke (ged. 1778).

— . . . wer der Dichtkunst Stimme nicht vernimmt, | Ist ein Barbar, er sei auch, wer er sei.

Joh. Wolfg. von Goethe, Torquato Tasso (1789). A. 5, Sz. 1 (Alphons).

— Der Dichtkunst heilige Magie | Dient einem weisen Weltenplane; | Still lenke sie zum Ozeane | Der großen Harmonie!

Friedr. von Schiller, Gedichte. D. Künstler (ged. 1789).

— Glaubt mir, es ist kein Märchen, die Quelle der Jugend, sie rinnet | Wirklich und immer. Ihr fragt, wo? In der dichtenden Kunst.

Friedr. von Schiller, Gedichte. Quelle d. Verjüngung (ged. 1796).

— Dichtkunst ist ein Spiel der Sinnlichkeit, durch den Verstand geordnet.

Immanuel Kant, Anthropologie (1798).

— Aller Götter Stimmen sind verklungen | Vor dem Jammerton der Sklaverei; | Und Homer (der Vater der Dichtkunst), er hätte nie gesungen! | Doch sein Griechenland war frei!

Theod. Körner, Leier u. Schwert (1814). Was uns bleibt.

— Wisse, daß mir sehr mißfällt, | Wenn so viele singen und reden! | Wer treibt die Dichtkunst aus der Welt? | Die Poeten!

Joh. Wolfg. von Goethe, Westöstlicher Diwan (1819). B. d. Spr. Nr. 56.

— Wem ich der dichtenden Kunst Erscheinung vergleiche? Der Leiter, | Die im Traume vordem sah der prophetische Mann. | Hoch zu dem Himmel empor von der Erde die Göttliche reichen | Sah er, und Engel des Lichts stiegen hinauf und hinab.

Karl Phil. Conz, Gedichte (1824). Epigramme.

— Jeder Schlag des Herzens schlägt uns eine Wunde, und das Leben wäre ein ewiges Verbluten, wenn nicht die Dichtkunst wäre. Sie gewährt uns, was uns die Natur versagt: eine goldene Zeit, die nicht rostet, einen Frühling, der nicht abblüht, wolkenloses Glück und ewige Jugend.

Ludw. Börne (Löb Baruch), Gesammelte Schriften. Erz., Reisen, verm. Aufsätze. Nr. 24. Denkrede auf Jean Paul, vorgetragen im Museum zu Frankfurt (2. Dez. 1825).

Dichtkunst. — ... was geht über die Begeisterung an der vestalischen Quelle der Dichtkunst?

Karl Jul. Weber, Demokritos (1832—1840). D. Einfachheit u. Lebensweisheit. D. Fortsetzung.

— Orpheus Leier (die Dichtkunst) hat mehr getan als Herkules' Keule; sie machte Unmenschen zu Menschen, und daher steht sie auch unter den Sternen.

Karl Jul. Weber, Demokritos (1832—1840). D. Dichter.

— Die Dichtkunst schmücket selbst den Sarg mit Blumen, | Und in die Gräber gießt sie Rosenlicht.

Jos. Freiherr von Auffenberg, Sämtl. Werke (1846). D. Löwe v. Kurdistan. A. 4, Sz. 4.

— O Dichtkunst! welch ein schmerzliches Geschenk des Himmels bist du!

Heinr. Laube, D. Karlsschüler (1847). A. 5, Sz. 2 (Schiller).

— Oft schon hört' ich das Wort, aus dem Leid nur quelle die Dichtkunst. | Nimmer! Die Wonne nur ist ewig ihr einziger Quell. | Selbst wo gänzlich sie scheint aus dem bittersten Leid zu entspringen, | Quillt sie in Wahrheit doch nur aus der Wonne des Leids.

Rob. Hamerling, Sinnen u. Minnen (1859). Quell d. Gesanges.

— Man darf allenfalls sagen: ich bin Architekt, Bildhauer, Maler oder Komponist, aber ein Dichter darf niemals sagen: ich bin ein Dichter; deshalb scheint doch die Dichtkunst die vornehmste Kunst zu sein. Ernst Jul. Hähnel, Lit. Reliquien (1883).

— O schöne Kraft der Dichtkunst, die es vermag, das Niederige zu erhöhen und das Hohe uns nahe zu bringen, ohne es zu erniedrigen!

Joh. Jak. Mohr, Gedanken über Leben u. Kunst (1885).

Dichtung. — Ich stelle mir vor, — jede Dichtung ist nichts anderes, als eine enthusiastische Freundschaft oder platonische Liebe zu einem Geschöpf unseres Kopfes.

Friedr. von Schiller, Briefwechsel Schillers mit seiner Schwester Christophine u. seinem Schwager Reinwald (14. April 1783).

— Empfange hier, was ich dir lang' bestimmt, | Dem Glücklichen kann es an nichts gebrechen, | Der dies Geschenk mit stiller Seele nimmt: | Aus Morgenduft gewebt und Sonnenklarheit, | Der Dichtung Schleier aus der Hand der Wahrheit.

Joh. Wolfg. von Goethe, Gedichte. Zueignung (ged. 8. Aug. 1784).

— Wie auf dem spiegelhellen Bach | Die bunten Ufer tanzend schweben, | Das Abendrot, das Blütenfeld, | So schimmert auf dem dürft'gen Leben | Der Dichtung munt're Schattenwelt.

Friedr. von Schiller, Gedichte. D. Künstler (ged. 1789).

— ... und so ist denn diese (die Dichtung) der zweite Hauptzweig der geistigen Bildung eines Volkes.

Joh. Gottl. Fichte, Reden an d. deutsche Nation (1808). Rede 5.

Dichtung. — In bunten Bildern wenig Klarheit, | Viel Irrtum und ein Fünkchen Wahrheit (in der Dichtung), | So wird der beste Trank gebraut, | Der alle Welt erquickt und auferbaut.

Joh. Wolfg. von Goethe, Faust, I (1808). Vorspiel auf d. Theater (Lustige Person).

— Ein jedes weltlich Ding hat seine Zeit. | Die Dichtung lebet ewig im Gemüte.

Ludw. Uhland, Gedichte. Sonette, Oktaven, Glossen. Ges. u. Krieg. Nr. 1 (ged. 29. Jan.—3. Febr. 1813).

— Der Dichtung Rosenhaine, | Erstieg ich als rüst'ger Steiger; | Der Liebe Feuerscheine, | Sie waren mir Pfadeszeiger.

A. d. Persischen d. Hussein Ali Mirza (geb. 1814). Alkoran d. Liebe. Übers. v. Altmann.

— Auf dem vergifteten Baume der Welt voll bitterer Früchte | Blühen zwo Blüten, vom Tau himmlischer Güte betaut; | Dichtung die eine, sie labet den Geist mit Wasser des Lebens; | Freundschaft die andre, sie stärkt, heilt und erquicket das Herz.

Joh. Gottfr. von Herder, Sämtl. Werke (1805—1820). Blumenlese a. morgenländischen Dichtern. Nr. 4. Gedanken einiger Brahmanen. Zwei Blüten.

— Auch schreibe nicht für Nachwelt, schreib' für Pöbel, | Der Knalleffekt sei deiner Dichtung Hebel, — | Und bald wird dich die Galerie vergöttern.

Heinr. Heine, Sämtl. Werke. D. B. d. Lieder. Anhang älterer Gedichte (ged. 1816—1824). Zu d. Sonetten. An Fritz Steinmann. Schlußv.

— Und ewig flammt das Morgenrot der Dichtung. Ludw. Bechstein, Faustus (1833). Prolog.

— Das Reich der Dichtung ist das Reich der Wahrheit.

Adelbert von Chamisso (Louis Charles Adelaide Chamisso de Boncourt), Gedichte. Gelegenheitsgedichte. Nachhall (ged. 1833).

— Wer Tonkunst nicht und Dichtung ehrt, | Der ist des Namens Mensch nicht wert.

Peter von Bohlen, Bhartriharis Spr. (1835).

— Der Dichtung Flamm' ist allezeit ein Fluch!

Ferd. Freiligrath, Gedichte (1838). Gelegentliches. Bei Grabbes Tod.

— Das Mal der Dichtung ist ein Kainsstempel! Ferd. Freiligrath, Gedichte (1838). Gelegentliches. Bei Grabbes Tod.

— Was stets und allerorten | Sich ewig jung erweist, | Ist in gebundnen Worten (in der Dichtung) | Ein ungebundner Geist.

Aug. Graf von Platen-Hallermund, Gesammelte Werke (1839). Gedichte. Sonette. Motto.

— Frisch und ureigen | Mußt du dich zeigen, | Wie im Gefühle, so in der Dichtung.

Friedr. von Bodenstedt, D. Lieder d. Mirza-Schaffy (1851). Lieder u. Spr. d. Weisheit. Nr. 18.

— Echte Dichtung macht den Menschen frisch und gesund. Jos. Viktor von Scheffel, Ekkehard (1855).

Dichtung. — Eh' sie (die Dichtung) diente, der Volkspartei'n | Zwietracht weiterzutragen, | Lieber wollt' ich am nächsten Stein | Diese Harfe zerschlagen.

Emanuel Geibel, Heroldsrufe. Zur Antwort (ged. 1865). Schlußv.

Dichtwerk. — Eile mit Weile und laß dich's nicht verdrießen, dein Werk zwanzigmal umzuarbeiten. Franz.: **Hâtez-vous lentement; et, sans perdre courage, | Vingt fois sur le métier remettez votre ouvrage.**

Nicolas Boileau, Dichtkunst (1674). Ges. 1, V. 171. Übers. v. Zimmermann.

— Wer nicht um ihrentwillen Phöbus Kunst | Mit Liebe pflegt, erblüht nicht Phöbus Gunst. | Des Dichters Werk soll seinem Schöpfer lohnen. | Sein goldner Pfeil ereilet rasch das Ziel, | Und ihm genügt sein stilles Selbstgefühl.

Aug. Wilh. von Schlegel, Gedichte. Dichtersinn (ged. 1788). Schlußv.

— Ein poetisches Werk muß sich selbst rechtfertigen, und wo die Tat nicht spricht, wird das Wort nicht viel helfen.

Friedr. von Schiller, D. Braut v. Messina (1803). Über d. Gebrauch d. Chors in d. Tragödie.

— Jede große poetische Arbeit (jedes Dichtwerk) fordert eine Stimmung und Sammlung des Gemüts.

Wilh. Freiherr von Humboldt (1767—1835), Br.

— Ein gestaltendes Dichtwerk ohne das Ethisch-Häßliche ist ebensowenig denkbar, wie eine Schlacht ohne den Feind. Ernst Eckstein, Ringkämpfe (1886).

Dick. — . . . es war ein dicker Mann, folglich ein guter Mann, sagt Cervantes.

Heinr. Heine, Reisebilder. D. Harzreise (1824).

— Etwas dick haben (einer Sache überdrüssig sein; — dick angefüllt mit etwas sein, es daher satt haben). Sprichwörtl. Redensart.

Dicktun. — Dicktun ist mein Reichtum, zwei Pfennige mein Vermögen.

Fritz Reuter an Bismarck (1868).

— Dicktun ist mein Reichtum; Bruder, leih' mir 'n Pfennig. Sprichwörtl. Redensart.

— Deit se schon wedder dicke? | Seggt Jungfer Fricke. Sprichwörtl. Redensart. Hildesheim.

Dieb. — Privatdiebe fesselt man auf Lebenszeit in Kerker, und öffentliche Diebe gehen in Gold und Purpur. Lat.: **Fures privatorum furtorum in nervo atque in compedibus aetatem agunt, fures publici in auro atque in purpura.**

Cato d. Ältere (um 234—149 v. Chr.), Reden. Rede 70, § 1. Übers. v. Grau.

— Mäuse soll man fangen, | Diebe soll man hangen. Mittelhochdeutsch: Miuse sol man vâhen, | Diebe sol man hâhen.

Vrîdankes Bescheidenheit (1225—1240). Übertr. v. Pannier. Nr. 13. v. dieben.

Dieb. — Angst erfaßt des Diebs Gemüt, | Wenn er viel Leute flüstern sieht. Mittelhochdeutsch: Der diep ist gar ân angest niht, | Swâ er vil gerûnen siht.

Vrîdankes Bescheidenheit (1225—1240). Übertr. v. Pannier. Nr. 13. v. dieben.

— Die kleinen Dieb, die müssen hangen; | Die großen mit güldnen ketten prangen.

Georg Rollenhagen, Froschmäuseler (1595). B. 2, T. 2, K. 12.

— Kleine Dieb hänckt man; vor den grossen thut man den Hut ab.

Christoph Lehmann, Politischer Blumen-Garten (1662). T. 1. Diebstal. Nr. 4.

— Kleine Dieb hänckt man an Galgen, die grossen an gülden Ketten.

Christoph Lehmann, Politischer Blumen-Garten (1662). T. 1. Diebstal. Nr. 4.

— Wenn alle Diebe gehangen würden, die Galgen müßten dichter stehen.

Gotthold Ephr. Lessing, D. Juden (1749). Sz. 1 (Michel Stich).

— Kleine Diebe hängt man so weg; es haben die großen | Starken Vorsprung, mögen das Land und die Schlösser verwalten.

Joh. Wolfg. von Goethe, Reineke Fuchs (1794). Ges. 8.

— Man findet allzeit mehr Diebe als Galgen. Alter Spr.

— Die heimlichen Diebe sind auf den Galeeren und die öffentlichen Diebe in Palästen. Franz.: **Les voleurs privés sont aux galères et les voleurs publics dans les palais.** Sprichwort.

Diebstahl. — Wer einen kleinen Diebstahl tut, | Der stähl' auch leicht ein größer Gut. Mittelhochdeutsch: Swer ein kleine diube tuot, | Der stäle ouch lîhte ein grözer guot.

Vrîdankes Bescheidenheit (1225—1240). Übertr. v. Pannier. Nr. 13. v. dieben.

Dienen. — Der vocht (jagt) zwen hasen uf einmol, | Wer meint zwein herren dienen wol | Und richten uß me (aus mehr), dann er sol.

Seb. Brant, D. Narrenschif (1494). Nr. 18. V. dienst zweier herren.

— Wer auff gnad dienet, dem lonet man mit barmhertzigkeit.

Joh. Agricola, Drey hundert Gemeyner Sprichwörtter (1529). Nr. 268.

— Wer dient, biß daß er wird unwerth, | Dem ist Undanck zum Lohn beschert.

Georg Rollenhagen, Froschmäuseler (1595). B. 1, T. 2, K. 20.

— Wer allen Heyligen dient, der dient niemand. Christoph Lehmann, Politischer Blumen-Garten (1662). Dienst. Nr. 78.

— Leichter dient sich einem Glücklichen.

Joh. Wolfg. von Goethe, Elpenor (1781). A. 1, Sz. 1 (Evadne).

Dienen. — Niemand dient einem andern aus freien Stücken; weiß er aber, daß er damit sich selber dient, so tut er es gern.

Joh. Peter Eckermann, Gespräche mit Goethe in d. letzten Jahren seines Lebens (6. April 1829).

— Wer leben will, muß dienen! | Das ist der Lauf der Welt!

Friedr. Halm (Elegius Frz. Jos. Freiherr von Münch-Bellinghausen), D. Fechter v. Ravenna (1857). A. 1 (Glabrio).

— Ich aber und mein Haus wollen dem Herrn dienen.

Josua, K. 24, V. 15. — Wahlspr. Friedr. Wilh. IV. (reg. 1840—1861).

— Niemand kann zween Herren dienen.

Matth., K. 6, V. 24.

— Wer dienet der Zeit, der dienet wohl.

Alter Spr.

— Wer fleißig dient und treu hält aus, | Der baut sich schon sein eigen Haus. Alter Spr.

Diener. — Neue Besen kehren wohl, | Eh' sie Staubes werden voll; | Der neue Diener auch so tut, | Gar willig ist zuerst sein Mut. Mittelhochdeutsch: Der niuwe beseme keret wol, | Ê daz er stoubes werde vol. | Alsam der niuwe dienest tuot; | Vil willic ist sîn êrster muot.

Vridankes Bescheidenheit (1225—1240). Übertr. v. Pannier. Nr. 15. v. dieneste.

— Wer einen trewen diener hat, der hat einen schatz ym hauß.

Joh. Agricola, Drey hundert Gemeyner Sprichwörtter (1529). Nr. 102.

— Wann diener löblich rathen, | So sinds der Herren Thaten; | Wann Herren gräßlich fehlen, | Ists Dienern zuzuzehlen.

Friedr. von Logau, Deutsche Sinn-Getichte (1654). Fürsten-Diener.

— Die neuen Diener können gar viel, | Sie treffen zehn Kegel in jedem Spiel.

Wilh. Müller, Gedichte (1837). Epigramme. 2. Hundert, Nr. 92. Neue Diener.

— Getreuer Diener ist ein verborgener Schatz.

Sprichwort.

— Wer Diener hat, hat unverhohlene Feinde. Portug.: Quem tem criados, tem inimigos não escusados.

Sprichwort.

— Flinke Füße, treue Hände, | Wahrer Mund und rüst'ger Fleiß; | Wer die vier vereinigt fände, | Hätte aller Diener Preis. Spr. in einem Hause.

Dienst. — Treuer Dienst heischt seinen Lohn, | Ob er gleich nicht sagt davon.

Friedr. von Logau, Deutsche Sinn-Getichte (1654). Lohn für Dienst.

— Wenn du wilt haben, der dir Dienste thut, So ist der alte Spruch: Bezahle gutt!

Hans Aßmann Freiherr von Abschatz, Poetische Gedichte u. Übersetzungen (1704). Sprüchwörter.

— Des Dienstes immer gleichgestellte Uhr . . .

Friedr. von Schiller, D. Piccolomini (1799). A. 1, Sz. 4 (Max).

Dienst. — Was steht dem Herrn zu Diensten?

Joh. Wolfg. von Goethe, Faust, I (1808). Studierzimmer (Mephistopheles).

— Dienstjahre sind keine Herrenjahre.

Sprichwort.

— Ein Dienst ist des andern wert.

Sprichwort.

— Ungebetner Dienst ist henkenswert.

Sprichwort.

Dienstbarkeit. — Verflucht sey nun die Dienstbarkeit, | Hochgelobt die edle Freyheit!

Georg Rollenhagen, Froschmäuseler (1595). B. 2, T. 1, K. 6.

Diensteid. — Eenen uf'n Diensteid nehmen (einen trinken).

Berliner Redensart.

Dilettant. — Er (der Dilettant) nimmt das Dunkle für das Tiefe, das Wilde für das Kräftige, das Unbestimmte für das Unendliche, das Sinnlose für das Übersinnliche.

Friedr. von Schiller, Prosaische Schriften. Über d. notwendigen Grenzen beim Gebrauch schöner Formen (1795).

— Es ist leichter tadeln als hervorbringen . . . wüßten es nur die allzeit fertigen Urteiler und die leichtfertigen Dilettanten, was es kostet, ein ordentliches Werk zu erzeugen!

Friedr. von Schiller, Briefwechsel zwischen Schiller u. Goethe (31. Mai 1799).

— Ein Dilettant hat es geschrieben, | Und Dilettanten spielen's auch.

Joh. Wolfg. von Goethe, Faust, I (1808). Walpurgisnacht (Servibilis).

— Verfluchte Dilettanten!

Joh. Wolfg. von Goethe, Faust, I (1808). Walpurgisnachtstraum (Kapellmeister).

— Das ist aber das Wesen der Dilettanten, daß sie die Schwierigkeiten nicht kennen, die in einer Sache liegen, und daß sie immer etwas unternehmen wollen, wozu sie keine Kräfte haben.

Joh. Peter Eckermann, Gespräche mit Goethe in d. letzten Jahren seines Lebens (21. Jan. 1827). Schlußwort.

— Der Dilettant verhält sich zur Kunst wie der Pfuscher zum Handwerk.

Joh. Wolfg. von Goethe, Nachgelassene Werke (1832—1842). Über d. sogenannten Dilettantismus oder d. praktische Liebhaberei in d. Künsten.

— Dilettant heißt der kuriose Mann, | Der findet sein Vergnügen dran, | Etwas zu machen, was er nicht kann.

Paul Heyse, Spruchbüchlein (1885). Literatur u. Kunst.

— Dilettanten beneid' ich von Herzen: | Ihnen ist großes Heil verliehn: | Kinder gebären sie ohne Schmerzen | Und brauchen hernach sie nicht zu erziehn. Paul Heyse, Spruchbüchlein (1885). Literatur u. Kunst.

Dilettantismus. — Das einzige Verhältnis gegen das Publikum, das einen nicht reuen kann, ist der Krieg, und ich bin sehr dafür, daß auch der Dilettantismus mit allen Waffen angegriffen wird.

Friedr. von Schiller, Briefwechsel zwischen Schiller u. Goethe (25. Juni 1799).

Dimension. — Eine vierte Dimension ist den Geistern eigen. Lat.: Quarta dimensio admittenda est, quae proprie competit spiritibus.

Henry More, Enchiridium metaphysicum (1671). T. 1, K. 28, § 7. Übers. v. Zimmermann.

Ding. — Das Ding an sich.

Imanuel Kant, D. Kritik d. reinen Vernunft (1781).

— Ja, Dinge gibt's, die du nur halb bewußt | Träumen und wagen und vollbringen mußt. Engl.: Yes — there be things which we must dream and dare, | And execute ere thought be half aware.

George Gordon Lord Byron, Lara (1814). Ges. 1, Abschnitt 28, V. 13. Übers. v. Heichen.

Diogenes. — Diogenes war ein Hauptmucker.

David Kalisch, Junger Zunder u. alter Plunder (1851). Mel. v. Aug. Schäffer (komp. um 1850).

Diplomat. — Diplomaten sind Leute, die man auf Reisen schickt, um zum Besten ihres Landes zu lügen. Engl.: An ambassador is an honest man sent to lie abroad for the commonwealth.

Sir Henry Wotton, Reliquiae Wottonianae (1651). Lobschrift auf König Karl. Übers. v. Drabig.

— Mögen die Federn der Diplomaten nicht wieder verderben, was das Volk mit so großen Anstrengungen errungen!

Feldmarschall Fürst Blücher auf einem Feste nach d. Schlacht bei Waterloo (18. Juni 1815).

— Diplomaten sehen mit den Ohren; die Luft ist ihr Element, nicht das Licht. Darum lieben sie Stille und Dunkelheit.

Ludw. Börne (Löb Baruch), Gesammelte Schriften (1862—1863). Fragmente u. Aphorismen. Nr. 4.

Dirne. — Einer Dirne schön Gesicht | Muß allgemein sein, wie's Sonnenlicht!

Friedr. von Schiller, Wallensteins Lager (1798). Sz. 7 (Zweiter Jäger).

Disziplin. — Nichts, ihr Herrn, gegen die Disziplin!

Friedr. von Schiller, Wallensteins Lager (1798). Sz. 11 (Erster Kürassier).

— Eine strenge Disziplin in der Jugend, welche dem Menschen Entbehrung und Kampf auflegt, hat die größten Männer gebildet.

Friedr. Adolf Wilh. Diesterweg (1790—1866).

— Autorität von oben und Gehorsam von unten; mit einem Worte, Disziplin ist die ganze Seele der Armee.

Hellmuth von Moltke (1872).

Disziplin. — Worin liegt das Geheimnis, daß wir oft in geringer Anzahl dem Gegner überlegen sind? In der Disziplin. Was ist Disziplin? Das einheitliche Zusammenwirken, der einheitliche Gehorsam. Kaiser Wilh. II. (1894).

— Wenn es wiederum heißt, sich sammeln unter der Fahne des deutschen Vaterlandes, dann müssen die alten Soldaten bewähren, was es heißt, die Disziplin erlernt zu haben. Denn nur mit der Disziplin sind sie imstande, tapfer zu sein.

Großherzog Friedr. von Baden (1895).

Dogmatik. — Soll ewig denn als Pförtnerin | Am Kirchtor die Dogmatik stehen? | Gönnt endlich jedem einzugehen, | Der sich bekennt zu eures Heilands Sinn.

Emanuel Geibel, Gedichte u. Gedenkblätter (1864). Spr. Nr. 41.

Dogmatismus. — Verleumdung ist die Huldigung, welche der Dogmatismus stets dem Gewissen gezollt hat. Engl.: Calumny is the homage which dogmatism has ever paid to conscience.

William Edward Hartpoole Lecky, Gesch. d. Ursprungs u. Einflusses d. Aufklärung in Europa (1868). Übers. v. Jolowicz. B. 2, K. 4.

Dohle. — Sollen dich die Dohlen nicht umschrein, | Mußt nicht Knopf auf dem Kirchenturm sein.

Joh. Wolfg. von Goethe, Werke (1827—1830). Gedichte. Zahme Xenien. Nr. 5.

Doktor. — . . . junger Doktor muß haben | Ein neuen Kirchhoff zum begraben.

Georg Rollenhagen, Froschmäuseler (1695). B. 1, T. 1, K. 9.

— Gottlob! begrub man dieses Jahr, | So häufig das Erkranken war, | Vier Kinder nur, und einen Greisen; | Denn unser Doktor ist — auf Reisen.

Joh. Christoph Friedr. Haug, Hundert Epigramme auf Ärzte, d. keine sind (1806). Nr. 36. Nachricht.

— Dir steckt der Doktor noch im Leib.

Joh. Wolfg. von Goethe, Faust, I (1808). Wald u. Höhle (Mephistopheles).

— Geiz ist vom Doktor Leiche fern, | Er heilet unentgeltlich gern. | Man darf ihm gar nichts geben, | Und man bezahlt den guten Herrn | Nur einzig mit dem Leben.

Ignaz Frz. Castelli, Werke (1844). D. wohltätige Arzt.

— En Dokter mueß en Adleraug und e Frauehand ha. Sprichwort. Schweiz.

— O Gott, bewahre dieses Haus, | Daß Doktor und Afkaten bleiben 'raus.

Spr. an einem Hause. Hillershausen, Waldeck.

Dolch. — Was wolltest du mit dem Dolche? Sprich! Friedr. von Schiller, Gedichte. D. Bürgschaft (ged. 27.—30. Aug. 1798).

Dollar. — Der allmächtige Dollar. Engl.: The almighty dollar.

Washington Irving, D. Kreolendorf (1837). Übers. v. Spiker.

Donner. — Donner und Doria!

Friedr. von Schiller, D. Verschwörung d. Fiesko zu Genua (1783). A. 1, Sz. 5 (Gianettino).

— Zerstücke den Donner in seine einfachen Silben, und du wirst Kinder damit in den Schlummer singen; schmelze sie zusammen in einen plötzlichen Schall, und der monarchische Laut wird den ewigen Himmel bewegen.

Friedr. von Schiller, D. Verschwörung d. Fiesko zu Genua (1783). A. 3, Sz. 2 (Fiesko).

— ... auch aus entwölkter Höhe | Kann der zündende Donner schlagen.

Friedr. von Schiller, D. Braut v. Messina (1803). Säulenhalle (Erster Chor. Cajetan).

— Donner im Winterquartal | Bringt uns Kälte ohne Zahl. Bauernregel. Ostpreußen.

— Donner über dem kahlen Baum bedeutet kein gut Frühjahr. Bauernregel. Westfalen.

— Donner über Wald ohne Laub, | Füllt Keller und Boden. Bauernregel.

— Je mehr Donnerwetter, je fruchtbarer das Jahr. Bauernregel. Lausitz.

— Wenn Donner im Dezember hausen, | Im nächsten Jahr viel Winde brausen. Bauernregel.

Donnergepolter. — Hurtig mit Donnergepolter entrollte der tückische Marmor. Griech.: *Αὖτις ἔπειτα πέδονδε κυλίνδετο λᾶας ἀναιδής.*

Homer, Odyssee. Übers. v. Voß. Ges. 11, V. 598.

Donnerhall. — Es braust ein Ruf wie Donnerhall, | Wie Schwertgeklirr und Wogenprall.

Max Schneckenburger, Deutsche Lieder. D. Wacht am Rhein (ged. Nov. 1840). Mel. v. Karl Wilhelm (komp. 10. März 1854).

Doppelt. — Doppelt genäht hält gut. Sprichwort.

— Doppelt reißt nicht. Sprichwort.

Dorf. — Von Dürfen wurden wol die Dörfer einst genannt; | Denn nichts als Dürftigkeit ist Dörfern jetzt bekannt.

Friedr. von Logau, Deutsche Sinn-Getichte (1654). Dörfer.

— Komm, mein Freund, laß uns auf das Feld hinausgehen, und auf den Dörfern bleiben!

Hohelied Sal., K. 7, V. 11.

Dorn. — Nicht Rosen bloß, auch Dornen hat der Himmel.

Friedr. von Schiller, D. Piccolomini (1799). A. 3, Sz. 4 (Gräfin).

— Viel sind Dornen am Lebenswege, doch keine der Dornen | Ritze von deiner Hand eines Mitwanderers Herz!

Joh. Gottfr. von Herder, Sämtl. Werke (1805—1820). Blumenlese a. morgenländischen Dichtern. Nr. 2. D. Rosental. V. 3. D. Dornen am Wege.

— Er ist ihm ein Dorn im Auge (er kann ihn nicht leiden, mag ihn nicht sehen).

Nach 4. Mos., K. 33, V. 55. — Sprichwörtl. Redensart.

— Unter Dornen wachsen Rosen. Sprichwort.

— Unter Dornen sitzen (Leid erdulden, in dornenvoller Lage sein). Sprichwörtl. Redensart.

Dorn. — Daß man der Dornen acht't, | Das haben die Rosen gemacht.

Spr. im Berliner Rathause. Erster Stock.

Dornenkrone. — Blumenkränze entführt dem Menschen der leiseste Westwind, | Dornenkronen jedoch nicht der gewaltigste Sturm.

Friedr. Hebbel, Gedichte (1857). Epigramme u. Verwandtes. Nr. 2. Gnomen. Blumen u. Dornen.

Drachen. — Ick lass' mein' Drachen steijen (ich gehe mit meiner Frau spazieren).

Berliner Redensart.

Drama. — Eh' noch der Held den Dolch, die Heldin Gift erkohr, | Starb schon das Drama selbst den sanftern Tod: Erfror.

Abraham Gotthelf Kästner, Gesammelte poetische u. prosaische schönwissenschaftliche Werke. Bd. 1. Sinngedichte. Tragische Todesarten (1783).

— ... denn die Natur des Dramas duldet den Finger des Ungefährs oder der unmittelbaren Vorsehung nicht.

Friedr. von Schiller, D. Verschwörung d. Fiesko zu Genua (1783). Vorrede.

— ... ein dramatisches Werk aber kann und soll nur die Blüte eines einzigen Sommers sein.

Friedr. von Schiller, Prosaische Schriften. Br. über Don Carlos (1788). Br. 1.

— Tugend gibt keinen Charakter; sittliche Handlungen, nicht sittliche Gesinnungen können Stoffe des Dramas sein.

Ludw. Börne (Löb Baruch), Gesammelte Schriften (1829—1834). Dramaturgische Blätter. Nr. 42. D. deutsche Hausfrau.

Dramatiker. — Ein großer dramatischer Dichter, ... wenn er zugleich produktiv ist und ihm eine mächtige edle Gesinnung beiwohnt, die alle seine Werke durchdringt, kann erreichen, daß die Seele seiner Stücke zur Seele des Volks wird.

Joh. Peter Eckermann, Gespräche mit Goethe in d. letzten Jahren seines Lebens (1. April 1827).

— Schwache dramatische Dichter tun wohl, sich starke historische Personen zum Gegenstande zu wählen.

Ludw. Börne (Löb Baruch), Gesammelte Schriften (1829—1834). Dramaturgische Blätter. Nr. 3. Saul.

Drang. — Und dieses Dranges ist kein Ziel zu sehn. Friedr. von Schiller, Wilh. Tell (1804). A. 1, Sz. 4 (Stauffacher).

Draußen. — Da draußen, stets betrogen, | Saust die geschäft'ge Welt.

Jos. Freiherr von Eichendorff, Ahnung u. Gegenwart. B. 1. Im Walde d. Heimat (ged. 1810). Mel. v. Felix Mendelssohn-Bartholdy.

Drei. — Was drey wyssen, das erfaren hundert.

Joh. Agricola, Drey hundert Gemeyner Sprichwörtter (1529). Nr. 195.

— Aller guten Dinge sind drei. Sprichwort.

— Nicht bis drei zählen können (dumm sein). Sprichwörtl. Redensart.

— Aller guten Dinge sind drei, sagte Peter Möffert, als er dem Jungen die dritte Watsche gab. Sprichwörtl. Redensart. Schlesien.

Dreieinigkeit. — In der Dreieinigkeit Stärke. Lat.: In trinitate robur.
Wahlspr. d. Bismarck.

Dreier. — Seinen Dreier dazu geben (seine unbedeutende Meinung sagen; — der Dreier, als Dreipfennigstück eine Münze von geringem Werte).
Sprichwörtl. Redensart.

Dreifaltigkeit. — Die Hochheiligst drey Valtigkheit | Sey gelobt Und gebenedeyt | In Alle Ewigkheit.
Spr. an einem Hause. Böls, Eisaktal (1687).

Dreißig. — Schier dreißig Jahre bist du alt, | Hast manchen Sturm erlebt.
Karl von Holtei, Lenore. Mantellied (ged. 1827). Mel. v. Max Eberwein (komp. 1827).

Dressur. — . . . und alles ist Dressur.
Joh. Wolfg. von Goethe, Faust, I (1808). Vor d. Tor (Faust).

Drohen. — Wer nüt dan (als) troen dût all tag, | Do sorg man nit, das er vast (fest) schlag.
Seb. Brant, D. Narrenschif (1494). Nr. 39. V. offlichem anschlag.

— Wer drawet, der beitzt mit eim todten Falcken.
Christoph Lehmann, Politischer Blumen-Garten (1662). Drawen. Nr. 2.

— Ein Droher verschießt sein Pulver umsonst.
Militärisches Sprichwort.

— Wer lange droht, | Macht dich nicht tot.
Sprichwort.

Drohung. — Drohlärm ist Eselsgeschrei. Lat.: Minarum strepitus, asinorum crepitus.
Wahlspr. Kaiser Friedr. II. (reg. 1218—1250).

— Leere Drohung, übler Brauch, | Wird des Feindes Hohn nur schärfen; | Kannst du keine Blitze werfen, | Freund, so laß das Donnern auch!
Emanuel Geibel, Gedichte u. Gedenkblätter (1864). Spr. Nr. 30.

— Mehr sind der Drohungen als der Verwundeten. Span.: Mas son los amenazados que los heridos.
Sprichwort.

Drucken. — Meinetwegen dürft ihr's drucken lassen. Joh. Wolfg. von Goethe, Götz v. Berlichingen (1773). A. 4. Rathaus (Götz).

Ducken, sich. — Dück dich, laß forüber gahn, | Das Wetter will sein Willen han.
Christoph Lehmann, Politischer Blumen-Garten (1662). T. 2. Vnglück. Nr. 15.

Duell. — . . . die Duelle, obgleich sie von den Staatsgesetzen, von der Religion und selbst von der Vernunft mißbilligt werden, sind dennoch eine Blüte schöner Menschlichkeit.
Heinr. Heine, Sämtl. Werke. Engl. Fragmente (1828). Nr. 7. Körperliche Strafe in England.

— Man umarmt sich nach dem Duell; Narren! warum nicht lieber zuvor?
Karl Jul. Weber, Demokritos (1832—1840). D. Gebräuche.

Duell. — Im siebenjährigen Kriege war ewige Rauferei (Duelle) unter den hitzigen Franzosen; sie schlugen aber nie den Feind.
Karl Jul. Weber, Demokritos (1832—1840). D. Gebräuche.

— . . . aber Menschen werden, wider Willen, zum tödlichen Kampfe (Duell) aufeinandergehetzt, durch den lächerlichen Aberglauben des absurden Prinzips der ritterlichen Ehre und durch dessen bornierte Vertreter und Verwalter, welche ihnen die Verpflichtung auflegen, wegen irgend einer Lumperei wie Gladiatoren miteinander zu kämpfen.
Artur Schopenhauer, Parerga u. Paralipomena (1851).

— Es gibt Fälle, | Wo unvermeidlich sind die Duelle. Heinr. Heine, Sämtl. Werke (1861—1868). Letzte Gedichte. Duelle.

— Das Duellwesen privilegiert den Ehrabschneider. G. von Below (1896).

— Es steht fest, daß die gänzliche Abschaffung der Duelle auf dem Wege der Gesetzgebung nicht zu erreichen ist, sondern nur auf dem Wege des Fortschritts der Kultur und der Gesittung und auf dem Boden der Religion.
Justizminister Schönstedt (1896).

Duften. — Berührt dich eines Ambrahändlers Hand, | So duftet lang' davon noch dein Gewand.
A. d. Persischen d. Firdusi (um 940—1020). Sat. auf Sultan Mahmud. Übers. v. Schack.

Dulden. — Ausduldenden Mut verlieh den Menschen das Schicksal. Griech.: *Τλητὸν γὰρ μοῖρα θυμὸν θέσαν ἀνθρώποισιν.*
Homer, Ilias. Übers. v. Voß. Ges. 24, V. 49.

— Dulde nur still, mein Herz! Schon Schnöderes hast du erduldet. Griech.: *Τέτλαθι δή, κραδίη· καὶ κύντερον ἄλλο ποτ' ἔτλης.*
Homer, Odyssee. Übers. v. Voß. Ges. 20, V. 18.

— Wer gar nichts duldet, wird gehaßt, | Wer alles duldet, wird verachtet.
Christian Wernicke, Uberschriffte Oder Epigrammata (1697).

— Duldet mutig, Millionen! | Duldet für die bessre Welt! | Droben überm Sternenzelt | Wird ein großer Gott belohnen.
Friedr. von Schiller, Gedichte. An d. Freude (ged. 1785). Mel. v. Friedr. Frz. Hurka (1789), Karl Friedr. Zelter (komp. 1. März 1792), Joh. Friedr. Reichardt (komp. 1795) u. a.

— Doch große Seelen dulden still.
Friedr. von Schiller, Don Carlos (1787). A. 1, Sz. 4 (Marquis).

— Bist du bestimmt zu dulden, | Wohlan, so duld', o Herz! | Schmerz ohne dein Verschulden | Ist nur ein halber Schmerz.
Leop. Friedr. Günther von Göckingk, Gedichte. Zuruf (1800).

— Wer am besten dulden kann, der kann am besten handeln. Engl.: Who best can suffer, best can do.
Samuel Smiles, D. Charakter (1871). Übers. v. Dobbert. K. 12. D. Schule d. Erfahrung.

Dulden. — Duldet, was ihr dulden sollt, | Als beherzte Leute!

Heil d. Manne, d. sich freut! Verfasser unbek.

— Was Gott tut, das ist wohlgetan, | Greift es uns auch schmerzlich an; | Dulden ist der Menschen Pflicht, | Drum, o Kind, nimm zur Ruh' | Unsern Segen noch dazu, | Ewig trennt der Tod uns nicht. Grabschrift. Lanersbach, Dux.

Duldsam. — Gebildete und erfahrene Männer sind stets die nachsichtigsten und duldsamsten, während unwissende und engherzige Personen nachtragen und keine Rücksichten kennen. Engl.: **Men of culture and experience are invariably found the most forbearant and tolerant, as ignorant and narrowminded persons are found the most unforgiving and intolerant.**

Samuel Smiles, D. Charakter (1871). Übers. v. Dobbert. K. 6. D. Selbstbeherrschung.

Duldsamkeit. — Im Notwendigen Einheit, im Zweifelhaften Freiheit, in allem aber Duldsamkeit. Lat.: **In necessariis unitas, in dubiis libertas, in omnibus caritas.**

Rupertus Meldenius (etwa 1622).

— Duldsamkeit in der Religion wird machen, daß Sie von Ihren Untertanen angebetet, Verfolgung, daß Sie von ihnen verabscheut werden.

Friedr. d. Große, Sämtl. Werke (1789). An Karl v. Württemberg.

— O Duldsamkeit! Du über alles bist — | Sie sagen's — ihnen lieb und teuer. | Doch wer nicht ihrer Meinung ist: | Anathema! Für den das Feuer! Joh. Trojan, V. drinnen u. draußen. Zeitgedichte. D. kleinen Tyrannen (1885).

— Einigkeit macht Duldsamkeit, | Duldsamkeit macht Einigkeit. Alter Spr.

Dumm. — Mir wird von alledem so dumm, | Als ging' mir ein Mühlrad im Kopf herum.

Joh. Wolfg. von Goethe, Faust, I (1808). Studierzimmer (Schüler).

— Jeder dumme Teufel ist zugleich ein Besessener, von der Idee nämlich, er sei kein Dummer. Christ. Ernst Karl Graf von Bentzel-Sternau, Weltansichten (1816).

— Besser, auf des Berges Gipfeln | Mit den wilden Tieren weilen, | Als des Paradieses Hallen | Mit den dummen Menschen teilen.

Peter von Bohlen, Bhartriharis Spr. (1835).

— Die Dummen werden nicht alle. Sprichwort.

— Die dümmsten Bauern haben die größten Kartoffeln. Sprichwort.

— Die dümmsten Bauern kriegen die größten Speckkartoffeln. Sprichwort. Westfälisch.

— Die Dümmsten | Sind überall die Schlimmsten. Sprichwort.

— Das Glück ist der Dummen Vormund. Dän.: **Lykken es de Dummes Formynder.** Sprichwort.

— Der Dumme trägt sein Zeugnis auf seinem Nacken. Arabisches Sprichwort.

Dumm. — Wer dumm von Geburt ist, kauft sich auch in Paris nicht Verstand.

Polnisches Sprichwort.

— Dumm geboren, dumm gewachsen, dumm gestorben. Sprichwörtl. Walachisch.

— Dumm wie die Nacht — und stolz wie a Laus auf'm Teller. Sprichwörtl. Redensart. Eisaktal.

— So dumm wie ein Hinterviertel vom Schafe. Sprichwörtl. Hamburg.

— Er ist nicht so dumm, wie er aussieht. Redensart.

— Der is ooch dümmer wie de Polizei erloobt. Berliner Redensart.

— Det muß doch 'n dummen Menschen jesagt wer'n (das kann ich doch nicht wissen).

Berliner Redensart.

— Wer den vor dumm kooft, schmeißt sein Jeld weg. Berliner Redensart.

— Mit tumben tump, mit wisen wis, | Das was in der werlte pris.

Wartburgspr. Margaretengang.

Dummheit. — Für Görgen ist mir gar nicht bange, | Der kömmt gewiß durch seine Dummheit fort.

Christ. Fürchtegott Gellert, Fab. u. Erz. (1746). B. 2. D. sterbende Vater. Schlußv.

— In der Dummheit ist eine Zuversicht, worüber man rasend werden möchte.

Heinr. Friedr. Jakobi, Auserlesener Briefwechsel (15. März 1781).

— Das Menschenpack fürchtet sich vor nichts mehr als vor dem Verstande; vor der Dummheit sollten sie sich fürchten, wenn sie begriffen, was fürchterlich ist.

Joh. Wolfg. von Goethe, Wilh. Meisters Lehrjahre (1777—1796).

— Mit der Dummheit kämpfen Götter selbst vergebens.

Friedr. von Schiller, D. Jungfrau v. Orleans (1801). A. 3, Sz. 6 (Talbot).

— Faulheit ist Dummheit des Körpers und Dummheit — Faulheit des Geistes.

Joh. Gottfr. Seume, Sämtl. Werke (1826). Apokryphen.

— Doch lieber will ich unter Qualen bluten, Als glücklich sein aus Dummheit!

Christ. Dietr. Grabbe, Don Juan u. Faust (1829). A. 1, Sz. 2 (Faust).

— Da dumme Leute gemeiniglich aufgeblasen sind, und Hochmuth erniedrigt zu werden verdient, so muß das Wort Dummheit auf einen aufgeblasenen Einfältigen und nicht auf einen guten, ehrlichen Einfältigen, sondern auf einen eingebildeten Narren angewendet werden.

Immanuel Kant, Werke (1838—1839). Menschenkunde.

— Die Dummheit paßt zur Finsternis, | Die gehen traut mitsammen, | Sie brennen beide ganz gewiß | In gleichen Liebesflammen.

Ludw. Bechstein, Neue Naturgesch. d. Stubenvögel (1846).

Dummheit. — Mit wilder Narrheit will ich lieber kämpfen | Als mit der Dummheit, die geregelt ist.

Jos. Freiherr von Auffenberg, Sämtl. Werke (1843—1847). Unvergoldete Pillen.

— Dummheit ist Gottesgabe, und die dümmste, | Glaubt mir, mein Fürst, ist lange nicht die schlimmste.

Paul Heyse, D. Feenkind (ged. 1868). Ges. 3.

— Jede Dummheit findet einen, der sie macht.

Alter Spr.

— Dummheit und Stolz | Wachsen auf Einem Holz. Sprichwort.

— Dummheit ist stets Natur, Klugheit ist Kunstprodukt. Sprichwörtl.

— Dummheit is ooch 'ne Jabe Jottes — aber man muß se nich mißbrauchen.

Berliner Redensart.

Dummkopf. — Ein Dummkopf bleibt ein Dummkopf nur | Für sich in Feld und Haus. | Doch wie du ihn zu Einfluß bringst, | Wird gleich ein Schurke draus.

Frz. Grillparzer, Sämtl. Werke (1872). Gedichte. Nr. 2. Im alten Österreich. Gefährliches Avancement.

Dünger. — Viel Acker und wenig Dünger | Bringt alle Jahr winger (weniger). Bauernregel.

Dunkel. — Im duncklen ist gut munckeln.

Joh. Mich. Moscherosch, Wunderliche v. Warhafftige Gesichte Philanders v. Sittewalt (1643). T. 1, Gesichte 3. Venus-Narren.

— Erscheinen uns denn aber die schönsten Farben des Lebens nur auf dunkelm Grunde? Und müssen Tropfen fallen, wenn wir entzückt werden sollen?

Joh. Wolfg. von Goethe, Wilh. Meisters Lehrjahre (1777—1796).

— Mein Vater war ein dunkler Ehrenmann.

Joh. Wolfg. von Goethe, Faust, I (1808). Vor d. Tor (Faust).

— Herrlich! Etwas dunkel zwar — | Aber 's klingt recht wunderbar.

Pius Alexander Wolff, Preciosa (1823). A. 1, Sz. 5 (Fernando u. Franzisco).

— Glaub': — Aus dem dunkelsten Tag quillt plötzlich das lieblichste Licht auf!

Joh. Kaspar Lavater, Sämtl. Werke (1834). Worte d. Herzens. Denkspr.

— Die das Dunkel nicht fühlen, werden sich nie nach dem Lichte umsehen. Engl.: They who do not feel the darkness, will never look for the light.

Henry Thomas Buckle, Gesch. d. Zivilisation (1858—1861). Übers. v. Ritter. K. 7, Abschnitt 4.

— Nichts ist so dunkel, einst wird's offenbar.

Gerhart Hauptmann, D. arme Heinr. (1902). A. 1, Sz. 8 (Heinr.).

Dünkel. — Wer in dünckel felt, kompt staubig herauß.

Christoph Lehmann, Politischer Blumen-Garten (1662). T. 2. Meynung. Nr. 62.

Dünkel. — Den leeren Schlauch bläst der Wind auf; | Den leeren Kopf der Dünkel.

Matthias Claudius, Sämtl. Werke d. Wandsbecker Boten. T. 1 (1775). Denkspr. alter Weisen.

— Bei Bornierten und geistig Dunkeln findet sich der Dünkel; bei geistig Klaren und Hochbegabten aber findet er sich nie. Bei solchen findet sich höchstens ein freudiges Gefühl ihrer Kraft; da aber diese Kraft wirklich ist, so ist dieses Gefühl alles andere, aber kein Dünkel.

Joh. Peter Eckermann, Gespräche mit Goethe in d. letzten Jahren seines Lebens (5. April 1830).

— Wer sich groß weiß, belächle die Gerngroßfratze! | Verlaßt euch darauf, daß, je höher die Blase | Des Dünkels schwillt, desto schneller sie platze. Wilh. Jordan, Letzte Lieder (1892). Tenzonen. An d. Deutschen in . . .

— Dünkel geht auf Stelzen. Sprichwort.

— Wo Dünkel über den Augen liegt, da kann kein Licht hinein. Sprichwort.

Dunkelmänner. — Ja, hier (in Köln) hat einst die Klerisei | Ihr frommes Wesen getrieben; | Hier haben die Dunkelmänner geherrscht, | Die Ulrich von Hutten beschrieben.

Heinr. Heine, Deutschland. Ein Wintermärchen (1844). K. 4.

Dünken. — Mich dünckt, ich wehn, ich meyn, ich halt | Thut offt der Warheit groß Gewalt. Georg Rollenhagen, Froschmäuseler (1595). B. 2, T. 6, K. 2.

— Wer ein Ding mit düncken anfängt, dem gehets mit Rewen auß.

Christoph Lehmann, Politischer Blumen-Garten (1662). T. 2. Meynung. Nr. 8.

— Mit dünken verkürzt man das Recht.

Alter Spr.

Dünken, sich etwas. — Wer sich nicht zu viel dünkt, ist viel mehr, als er glaubt.

Joh. Wolfg. von Goethe, Werke (1827—1830). Maximen u. Reflexionen. Abteilung 2.

Dunst. — Jemandem blauen Dunst vormachen (jemandem etwas vorreden, weismachen; — das Erzählte vergeht wie Rauch und Dunst, oder: die reine Wahrheit wird verhüllt, wie Rauch und Dunst etwas verhüllt). Sprichwörtl. Redensart.

Durch. — Drunter durch sein (verloren sein, vor allem durch eigene Schuld).

Sprichwörtl. Redensart.

Dürfen. — Ich darf, das ist zugleich die Inschrift bei dem Siegel, | Beim aufgetanen Tor der Freiheit auch ein Riegel.

Friedr. Rückert, D. Weisheit d. Brahmanen (1836—1839).

Dürftig. — . . . die Dürftigen im Lande müssen sich verkriechen. Hiob, K. 24, V. 4.

— . . . verziehe die Gabe dem Dürftigen nicht! Jes. Sir., K. 4, V. 3.

— O Tod, wie wohl tust du dem Dürftigen!

Jes. Sir., K. 41, V. 3.

Durst. — Mich plagt ein Dämon, Durst genannt, | Doch, um ihn zu verscheuchen, | Nehm' ich mein Deckelglas zur Hand | Und laß mir Rheinwein reichen.

Karl Müchler, D. Kritikaster u. d. Trinker (1802). D. Mann im Keller. Mel. v. Ludw. Fischer (1802).

— Man spricht vom vielen Trinken stets, | Doch nie vom vielen Durste.

Jos. Viktor von Scheffel, Gaudeamus (1868). D. Lieder v. Rodenstein. D. drei Dörfer.

— Durst ist der beste Kellner. Sprichwort.

— Durst macht aus Wasser Wein. Sprichwort.

— Es trinken Tausend sich den Tod, | Eh' einer stirbt von Durstes Not. Sprichwort.

— Die Glut des Durstes schließet | Kein Trank, noch Zauberwort, | Je mehr man sie begießet, | Je toller brennt sie fort.

Inschrift im Berliner Ratskeller. Bierlokal.

— Wie ich's auch dreh' und wend', | Nicht alles hat „ein" End': | Zwei Enden hat die Wurst, | Unendlich ist der Durst!

Inschrift im Ratskeller zu Wiesbaden. Verfasser Friedr. Fischbach.

Dürsten. — Wer durstet, wenn ihm der Becher schäumt, | Wer jagen kann und es versäumt, | Wer lieben kann und es verträumt, | Wie sonst gemacht sein Ruf auf Erden, | Es kann doch noch ein Narr draus werden.

Frz. Ritter von Kobell, Wildanger (1859).

— Mich dürstet. Evang. Joh., K. 19, V. 28.

Durstig. — Was ist das für ein durstig Jahr!

Ludw. Uhland, Gedichte. Lieder. Trinklied (ged. 8.—10. April 1816). Mel. v. Karl Friedr. Zelter (komp. 14. Okt. 1823) u. Konradin Kreutzer (komp. 1824).

— Ob Heide, Jud' oder Christ, | Herein, was durstig ist! Inschrift im Ratskeller zu Wiesbaden.

Düster. — Durch ein Vexierglas erscheinen verzerrt die Dinge dir alle: | Also ein düsteres Herz sieht eine düstere Welt.

Friedr. Hebbel, Gedichte. Nachlese. Jugendgedichte (ged. 1829—1833). Flocken. Blick auf d. Welt.

Dynastie. — Der Deutsche hängt an seinen Dynastien, und die Dynastien hängen auch an Deutschland.

Otto von Bismarck zu d. Vertretern Thüringens in Kissingen (2. Aug. 1893).

E.

Echt. — Sehr viele widersetzen sich dem Echten nur deshalb, weil sie zugrunde gehen würden, wenn sie es anerkennten.

Joh. Wolfg. von Goethe, Briefwechsel zwischen Schiller u. Goethe (11. März 1801).

— Das Echte bleibt der Nachwelt unverloren.

Joh. Wolfg. von Goethe, Faust, I (1808). Vorspiel auf d. Theater (Dichter).

— Was man zu jeder Zeit mit echter Lust Genießen kann, das ist gewiß das Echte.

Otto Roquette, Waldmeisters Brautfahrt (1851). Prinzessin Rebenblüte.

— Leiste Rechtes, | Ob dich drum auch niemand ehrt; | Wahrhaft Echtes | Ist des späten Schätzers wert.

Martin Greif (Friedr. Heinr. Frey), Gedichte (1883). Sinngedichte. Spr.

— Echtes ehren, Schlechtem wehren, Schweres üben, | Schönes lieben!

Paul Heyse, Spruchbüchlein (1885). Lebensweisheit. Wahlspr.

Eckart. — Willst du der getreue Eckart sein Und jedermann vor Schaden warnen, | 's ist auch eine Rolle, sie trägt nichts ein; | Sie laufen dennoch nach den Garnen.

Joh. Wolfg. von Goethe, Gedichte. Epigrammatisch. Vergebliche Müh' (ged. 21. Juni 1814).

— Ein getreuer Eckart sein (ein treuer Ratgeber sein, der vor Schaden bewahrt; — schon bei Johann Agricola (1584) erwähnt).

Sprichwörtl. Redensart.

Ecke. — Um die Ecke gehen (verloren, zugrunde gehen; — wer um eine Ecke geht, entschwindet den Augen des ihm Nachsehenden).

Sprichwörtl. Redensart.

Eckstein. — Des Guten Grundstein, | Des Bösen Eckstein, | Der Besten Edelstein.

Joh. Wilh. Süvern (1775—1829). Denkspr. auf d. Freiherrn Heinr. Friedr. Karl v. u. zum Stein.

Edel. — Edel macht das Gemüt | Und nicht das Geblüt.

Christoph Lehmann, Politischer Blumen-Garten (1662). T. 1. Edel. Nr. 6.

— Je edeler ein Ding, je mehr ist es gemein. | Das spüret man an Gott und seiner Sonnen Schein. Angelus Silesius (Joh. Scheffler), Cherubinischer Wanders-Mann (1675). B. 3, Nr. 172. D. Edelste d. Gemeinste.

— Edle Taten verleihen Geburt und wirken das Leben; | Selbst nach der Asche verbleibt ewig verlängert ihr Ruf. Lat.: Dant benefacta genus, benefactis vita paratur | Famaque post cineres perpetuata manet.

Inschrift im Artushof zu Danzig (1690).

— Edel sei der Mensch, | Hülfreich und gut!

Joh. Wolfg. von Goethe, Gedichte. Verm. Gedichte. D. Göttliche (ged. um 1782).

— Ein edler Mensch zieht edle Menschen an | Und weiß sie festzuhalten.

Joh. Wolfg. von Goethe, Torquato Tasso (1789). A. 1, Sz. 1 (Leonore).

Edel. — Das Edle zu erkennen, ist Gewinst, | Der nimmer uns entrissen werden kann.

Joh. Wolfg. von Goethe, Torquato Tasso (1789). A. 3, Sz. 2 (Leonore).

— So wirkt mit Macht der edle Mann | Jahrhunderte auf seinesgleichen: | Denn was ein guter Mensch erreichen kann, | Ist nicht im engen Raum des Lebens zu erreichen.

Joh. Wolfg. von Goethe, Schriften (1787—1790). Gedichte. Künstlers Apotheose.

— Wer ist der edlere Mann in jedem Stande? Der stets sich | Neiget zum Gleichgewicht, was er auch habe voraus.

Joh. Wolfg. von Goethe, Vier Jahreszeiten (ged. 1796). Herbst. Nr. 66.

— Ein edler Sinn liebt edlere Gestalten.

Friedr. von Schiller, Gedichte. D. Mädchen v. Orleans (ged. 1801).

— Ein edles Herz | Bekennt sich gern von der Vernunft besiegt.

Friedr. von Schiller, D. Jungfrau v. Orleans (1801). A. 2, Sz. 2 (Talbot).

— Ein edles Herz glänzt hell und hold, | Ein gutes ist gediegen Gold.

Matthias Claudius, Sämtl. Werke d. Wandsbecker Boten. T. 7 (1803). Ein gülden ABC.

— Wenn ein Edler gegen dich fehlt, | So tu', als hättest du's nicht gezählt; | Er wird es in sein Schuldbuch schreiben | Und dir nicht lange im Debet bleiben.

Joh. Wolfg. von Goethe, Gedichte. Sprichwörtl. (ged. 1812—1814).

— Das Wirken des Edlen ist an keine Zeit gebunden, und seine Taten fließen durch die Ewigkeit.

Friedr. Maximilian von Klinger, Werke (1809—1815).

— Das edle Metall muß durch die Flamme geläutert werden, und ging es zugrunde, so war es nicht edel.

Christ. Ernst Karl Graf von Bentzel-Sternau, Weltansichten (1816).

— Im Glücke wird der Edlen Sinn wie Lotus zart; | Im Ungemach erstarket er wie Felsen hart.

Peter von Bohlen, Bhartriharis Spr. (1835).

— Edel werden ist viel mehr | Denn edel sein von Eltern her. | Der ist recht edel in der Welt, | Der Tugend liebt und nicht das Geld.

Karl Heinr. Wilh. Wackernagel, Deutsches Lesebuch (1835—1836). T. 2.

— Leicht überschätzt der edle Mann | Das, was er selbst nicht machen kann; | Verkleinernd unter das Seine | Herabzieht's der Gemeine.

Emanuel Geibel, Gedichte u. Gedenkblätter (1864). Spr. Nr. 35.

Edelstein. — Edel bleibet der Edelgestein, und läg' er im Staube; | Flög' er gen Himmel empor, bleibet der Staub was er ist.

Joh. Gottfr. von Herder, Sämtl. Werke (1805—1820). Blumenlese a. morgenländischen Dichtern. Nr. 2. D. Rosental. B. 1. Staub u. Edelgestein.

Edelstein. — . . . die Fassung der Edelsteine erhöht ihren Preis, nicht ihren Wert.

Ludw. Börne (Löb Baruch), Gesammelte Schriften. Erz., Reisen, verm. Aufsätze. Nr. 24. Denkrede auf Jean Paul, vorgetragen im Museum zu Frankfurt (2. Dez. 1825).

— Ein leuchtend Farb- und Glanzgestein erhöht | Die Schönheit wie die Majestät.

Joh. Wolfg. von Goethe, Faust, II (1831). A. 1. Kaiserliche Pfalz. Saal d. Thrones (Mephistopheles).

— Ich kenn' ein'n hellen Edelstein | Von köstlich hoher Art.

Ernst Jul. Otto d. Jüngere, Gesellenfahrten, Ernst u. Scherz (1849). Nr. 6. D. treue, deutsche Herz. Mel. v. Ernst Jul. Otto d. Älteren (1849).

Egal. — Is all egal, is ganz egal, seggt Vetter Steffen. Sprichwörtl. Redensart. Hamburg.

Egoismus. — Egoisten sind wir alle; der eine mehr, der andere weniger! Der eine läßt seinen Egoismus nackend laufen, der andere hängt ihm ein Mäntelchen um.

Aug. von Kotzebue, Menschenhaß u. Reue (1789).

— Von dem Tage an, wo der Mensch anfängt, durch Ich zu sprechen, bringt er sein geliebtes Selbst, wo er nur darf, zum Vorschein, und der Egoismus schreitet unaufhaltsam fort.

Immanuel Kant, Anthropologie (1798).

— . . . Egoismus ist Roheit.

Ernst Freiherr von Feuchtersleben, Zur Diätetik d. Seele (1838). Nr. 5. Verstand, Bildung.

— Ein reiner und edler Egoismus ist erforderlich, um heiter und gesund zu bleiben. Wer nicht sich selbst zu Liebe und Dank arbeitet, liebt und lebt, der ist übel dran.

Ernst Freiherr von Feuchtersleben, Zur Diätetik d. Seele (1838). Tagebuchblätter.

— Egoismus sitzt so fest wie die Filzlaus; denn verdient das Hauptlaster meiner Zeit ein edleres Bild?

Karl Jul. Weber, Demokritos (1832—1840). D. Selbstsucht.

— Es gibt drei Arten von Egoismus: derjenige, der ganz kurz „ich" sagt, dann der, welcher „ich und die Meinen", endlich der, welcher „die Meinen und ich" sagt. Franz.: Il y a trois sortes d'égoïsme: celui qui dit „moi" tout court, celui qui dit „moi et les miens", celui enfin qui dit „les miens et moi".

Alexander Vinet, Erziehung, Familie u. Gesellschaft (1855). Übers. v. Zimmermann.

— Es gibt nur Ein Gutes — es ist die Liebe, nur Ein Böses — es ist der Egoismus. — Liebe wahrhaft, und dir fallen alle Tugenden von selbst zu!

Ludw. Feuerbach, Sämtl. Werke (1844—1866).

— Wer seinen Egoismus überwindet, der entledigt sich des bedeutendsten Hindernisses, welches jeder wahren Größe und jedem wahren Glücke den Weg verrammelt.

Jos. Baron von Eötvös, Gedanken (1867).

Egoismus. — Im allgemeinen halte man aber an dem Satze fest, daß Egoismus, Faulheit und Eitelkeit die einzigen Triebfedern im Menschen sind, auf die man sich stets und unbedingt verlassen kann.

Dr. Hanns Groß, Kriminalpsychologie (1898). Subjektiv. D. psychische Tätigkeit d. Richters. Aufnehmende Momente. Nr. 2. Psychologisch Edukatives. Egoismus.

Egoist. — Es kann der Mann der Wissenschaft | Fürwahr ein Egoist nicht sein; | Er fühlt, vollführet wird nur durch gesamte Kraft | Das Werk und nicht durch ihn allein.

Friedr. Rückert, Gesammelte Gedichte (1834—1838). Pantheon. Bruchstück 5. Zahme Xenien. Vierzeilen. 1. Hundert, Nr. 48.

— . . . seitdem finden wir die gröbsten Schlinge (Egoisten) gerade da, wo die wenigste Bildung herrscht.

Karl Jul. Weber, Demokritos (1832—1840). D. Höflichkeit u. Grobheit. Fortsetzung u. Schluß.

— Egoisten sind alle. Der schlimmste aber ist jener, | Welcher nicht glaubt, es zu sein, weil es am Maß ihm gebricht.

Friedr. Hebbel, Gedichte (1857). Epigramme u. Verwandtes. Nr. 5. Ethisches. D. schlimmste Egoist.

Egoistisch. — Denn welcher Edle denkt nicht auch an sich selbst (ist nicht egoistisch)? Griech.: *Τίς γὰρ ἐσθλὸς οὐχ αὑτῷ φίλος;*

Sophokles (um 496—406 v. Chr.), Ödipus in Kolonos. Übers. v. Jordan. V. 302 (Ödipus).

Ehe, die. — Nichts ist besser und wünschenswerter auf Erden, | Als wenn Mann und Weib, in herzlicher Liebe vereinigt (in der Ehe), | Ruhig ihr Haus verwalten, dem Feind ein kränkender Anblick, | Aber Wonne dem Freund. Griech.: *Οὐ μὲν γὰρ τοῦ γε κρεῖσσον καὶ ἄρειον, | Ἢ ὅθ' ὁμοφρονέοντε νοήμασιν οἶκον ἔχητον | Ἀνὴρ ἠδὲ γυνή· πολλ' ἄλγεα δυσμενέεσσιν, | Χάρματα δ' εὐμενέτῃσι.*

Homer, Odyssee. Übers. v. Voß. Ges. 6, V. 182—85.

— Die Ehe bindet Mann und Weib mit Götterband | Und gilt, bewacht vom Rechte, mehr als Eidesschwur. Griech.: *Εὐνὴ γὰρ ἀνδρὶ καὶ γυναικὶ μόρσιμος | Ὅρκου 'στὶ μείζων τῇ δίκῃ φρουρουμένη.*

Äschylus, D. Orestie (um 458 v. Chr.). Übers. v. Minckwitz. D. Eumeniden. V. 215—16 (Apollo).

— Nie sprech' ich es aus, daß der Ehstand uns | Mehr Freudengenuß als Trübsal bringt. Griech.: *Οὔποτε φήσω γάμον εὐφραίνειν | Πλέον ἢ λυπεῖν.*

Euripides, Alcestis (um 438 v. Chr.). Übers. v. Minckwitz. V. 239—40 (Chor).

— Und so sprech' ich es aus, daß Sterbliche, die | Nie Ehe gekannt, nie Kinder begehrt, | Weit glücklicher sind, als Eltern es sind, | Von Erzeugten umringt! Griech.: *Καί φημι βροτῶν οἵτινές εἰσιν | Πάμπαν ἄπειροι μηδ' ἐφύτευσαν | Παῖδας, προσφέρειν εἰς εὐτυχίαν | Τῶν γειναμένων.*

Euripides, Medea (um 431 v. Chr.). Übers. v. Minckwitz. V. 1090—93 (Chor).

Ehe. — Doch ich verabscheu' jede (jedes Weib), die, des vor'gen Manns | Beim neuen Bund (der zweiten Ehe) vergessend, einen andern liebt. Griech.: *Ἀπέπτυσ' αὐτήν, ἥτις ἄνδρα τὸν πάρος | Καινοῖσι λέκτροις ἀποβαλοῦσ' ἄλλον φιλεῖ.*

Euripides (um 480—406 v. Chr.), D. Troerinnen. Übers. v. Binder. V. 662—63 (Andromache).

— Der Mensch, dem glücklich fiel der Ehe Los, verlebt | Ein selig Leben; aber wem es traurig fiel, | Der ist ein Kind des Unglücks, draußen wie daheim. Griech.: *Γάμοι δ' ὅσοις μὲν εὖ καθεστᾶσιν βροτῶν, | Μακάριος αἰών· οἷς δὲ μὴ πίπτουσιν εὖ, | Τά τ' ἔνδον εἰσὶ τά τε θύραζε δυστυχεῖς.*

Euripides (um 480—406 v. Chr.), Orestes. Übers. v. Binder. V. 602—4 (Orestes).

— Merket, wie die Welt nun stehe: | Selten sieht man rechte Ehe. Mittelhochdeutsch: Merket, wie diu werlt nu stê: | Man siht nu lützel rehter ê.

Vrîdankes Bescheidenheit (1225—1240). Übertr. v. Pannier. Nr. 31. v. d. künegen u. vürsten.

— Wer durch kein ander ursach me, | Dan durch gůts willen, grift zůr e, | Der hat vil zanks, leid, hader, we.

Seb. Brant, D. Narrenschif (1494). Nr. 52. Wiben (heiraten) durch gůts willen.

— Mancher gryfft yetz zů der ee, | Hett er syn frow erkennet e, | Er nem sy für ein magt nit an, | Die er můß für ein frowen han.

Thomas Murner, Narrenbeschwerung (1512). Nr. 70. Vber d. seil werffen.

— Das ist die gröste sünd vff erden, | Wann vß dem e (der Ehe) ein x (ein Kreuz) wil werden!

Thomas Murner, Narrenbeschwerung (1512). Nr. 80. Ein luten schlaher im hertzen hon.

— Die Familie ist die Quelle des Segens und Unsegens der Völker, die Ehe der Grund und Schlußstein der Familie.

Dr. Martin Luther, Alle V. u. Schriften (1539—1559).

— Gott hat ein Creuz uber den Ehestand gemacht.

Dr. Martin Luther, Tischreden oder Colloquia (1566). Nr. 43. Tischreden v. Ehestande. § 15. Gott erhält d. Ehestand.

— . . . die Ehe ist nicht ein natürlich Ding, sondern Gottes Gabe, das allersüßeste und lieblichste, ja keuscheste Leben, . . wenn es wol geräth; da es aber auch übel geräth, so ists die Hölle.

Dr. Martin Luther, Tischreden oder Colloquia (1566). Nr. 43. Tischreden v. Ehestande. § 28. Ein gute oder böse Ehe.

— Darüm ist das ein heiliger Mann, der ein gute Ehe hat, wiewol es ein seltsame Gabe ist.

Dr. Martin Luther, Tischreden oder Colloquia (1566). Nr. 43. Tischreden v. Ehestande. § 32. V. Einigkeit oder Uneinigkeit zwischen Eheleuten.

Ehe. — Und (Luther) fing an, den Ehestand zu loben, daß er Gottes Ordnung und der allerbeste und heiligste Stand sey.

Dr. Martin Luther, Tischreden oder Colloquia (1566). Nr. 43. Tischreden v. Ehestande. § 35. D. Ehestands Lob.

— Eine jegliche Person in der Ehe soll ihr Amt thun, was ihr gebührt. Der Mann soll erwerben, das Weib aber soll ersparen.

Dr. Martin Luther, Tischreden oder Colloquia (1566). Nr. 43. Tischreden v. Ehestande. § 45. Welchs eines jeglichen Ehegatten Amt ist.

— Ehesachen gehen die Gewissen nicht an, sondern gehören fur die weltliche Oberkeit; drüm schlage sich euer keiner drein, die Oberkeit befehle es denn.

Dr. Martin Luther, Tischreden oder Colloquia (1566). Nr. 43. Tischreden v. Ehestande. § 52. Ehesachen gehören fur weltliche Oberkeit.

— Es ist kein lieblicher, freundlicher noch holdseliger Verwandtniß, Gemeinschaft und Gesellschaft denn eine gute Ehe, wenn Eheleute miteinander in Fried und Einigkeit leben.

Dr. Martin Luther, Tischreden oder Colloquia (1566). Nr. 43. Tischreden v. Ehestande. § 143. Eheliche Verwandtniß.

— Denn zum Regiment kann man nicht kommen, mag auch dasselbige nicht erhalten denn durch den Ehestand.

Dr. Martin Luther, Tischreden oder Colloquia (1566). Nr. 72. Tischreden v. Studien. § 2. V. Comödien.

— Dann bei vngleichem wesen | Sint vngleich Sinn vnd Eh.

Joh. Friedr. Fischart, D. Philosophisch Ehzuchtbüchlin (1578). Tanz Liedlin.

— Eine gute Ehe strebt nach dem Bilde der Freundschaft. Franz.: Un bon mariage tache à représenter les conditions de l'amitié.

Michel Eyquem de Montaigne, Essays (1580). Übers. v. Titus. B. 3, K. 5.

— Mit den Ehen ist es wie mit den Vogelbauern: die Vögel, die nicht darin sind, wollen mit aller Gewalt hinein, und die, welche darin sind, wieder heraus. Franz.: Il est des mariages comme des cages; les oiseaux qui en sont dehors meurent d'envie d'y entrer, ceux qui sont dedans, meurent d'envie d'en sortir.

Michel Eyquem de Montaigne (1533—1592). Gedanken. Übers. v. Zimmermann.

— Was ist gezwungne Eh', als eine Hölle, | Ein Leben voll von Zwist und stetem Hader? | Indes das Gegenteil mir Segen bringt | Und Vorbild von des Himmels Frieden ist. Engl.: What is wedlock forced, but a hell, | An age of discord and continual strife? | Whereas the contrary bringeth bliss, | And is a pattern of celestial peace.

William Shakespeare, König Heinr. VI. (1591—1592[?]). Übers. v. Schlegel. T. 1, A. 5, Sz. 5 (Suffolk).

Ehe. — Doch übereilte Eh' tut selten gut. Engl.: Yet hasty marriage seldom proveth well.

William Shakespeare, König Heinr. VI. (1591—1592[?]). Übers. v. Schlegel. T. 3, A. 4, Sz. 1 (Gloster).

— O Ehestand! o Wehestand! Engl.: A jealous-hood, a jealous-hood!

William Shakespeare, Romeo u. Julia (1593). Übers. v. Schlegel. A. 4, Sz. 4 (Kapulet).

— Das, was die Bande zweiter Ehe flicht, | Ist schnöde Sucht nach Vorteil, Liebe nicht. | Es tötet noch einmal den toten Gatten, | Dem zweiten die Umarmung zu gestatten. Engl.: The instances, that second marriage move, | Are base respects of thrift, but none of love: | A second time I kill my husband dead, | When second husband kisses me in bed.

William Shakespeare, Hamlet (1601—1602). Übers. v. Schlegel. A. 3, Sz. 2 (Königin).

— Der Ehestand kommt aus Schicksals Hand, | Das Horn wächst von Natur. Engl.: Your marriage comes by destiny, | Your cuckoo sings by kind.

William Shakespeare, Ende gut, alles gut (1602[?]). Übers. v. Graf Baudissin. A. 1, Sz. 3 (Narr).

— Gott hat Man vnd Weib geschaffen | Vnd den Ehestand eingesetzt | Als der Keuschheit wehr vnd waffen.

Joh. Mich. Moscherosch, Wunderliche v. Warhafftige Gesichte Philanders v. Sittewalt (1643). T. 2, Gesichte 3, Weiber-Lob. Dr. Erhard. V. 3.

— Der Seegen deß Ehestands kompt auß Freundschafft her.

Christoph Lehmann, Politischer Blumen-Garten (1662). T. 1. Ehestand. Additio. Nr. 3.

— Ehe ist Weh; früh Ehe, früh Wehe.

Christoph Lehmann, Politischer Blumen-Garten (1662). T. 1. Ehestand. Nr. 18.

— Gezwungene Ehe thut selten gut | Vnnd ist im Hertzen höllische Glut.

Christoph Lehmann, Politischer Blumen-Garten (1662). T. 1. Ehestand. Nr. 154.

— In der Ehe geht, wie auch sonst, Zufriedenheit über Reichtum. Franz.: En mariage, comme ailleurs, contentement passe richesse.

Molière (Jean Baptiste Poquelin), D. Arzt wider Willen (1666). Übers. v. Graf Baudissin. A. 2, Sz. 2 (Jacqueline).

— Ehestand, Wehestand: so man der Kinder nicht recht wahrnimmt.

Heinr. Müller, Predigten (1663—1675).

— Der erste Monat der Ehe ist der Monat des Honigs, und der zweite der Monat des Absinths. Franz.: Le premier mois du mariage est la lune du miel et le second la lune de l'absinthe.

Voltaire (François Marie Arouet), Memnon (1747). Übers. v. Mylius.

Ehe. — Das Recht der Ehen | Bleibt heilig, alt und allgemein.

Friedr. von Hagedorn, Sämtl. poetische Werke (1757). Fab. u. Erz. B. 2. Drei Taube.

— Daß du sie liebtest, das war natürlich; daß du ihr die Ehe versprachst, war eine Narrheit, und wenn du Wort gehalten hättest, wär's gar Raserei gewesen.

Joh. Wolfg. von Goethe, Clavigo (1774). A. 1. Clavigos Wohnung (Carlos).

— . . . das Thermometer der Moralität war von jeher die Ehe: so wie es mit den Ehen stand, so standen auch die Aktien der Sittlichkeit.

Theod. Gottl. von Hippel, Über d. Ehe (1774). K. 1. Klagen über d. Vorurteile beim Heiraten. Traum zur Abhelfung.

— Mann und Frau sind in einer jeden wohlgeratenen Ehe sich wechselseitige Lehrer, und nur ein Paar, Mann und Weib, machen einen vollständigen Menschen aus.

Theod. Gottl. von Hippel, Über d. Ehe (1774). K. 4. Über d. Treue in d. Ehe. D. Männer.

— Bei Ehen, die mit Kindern begabt sind, ist es ausgemacht, daß sie im Himmel geschlossen worden, und daß Mann und Frau füreinander geschaffen sind.

Theod. Gottl. von Hippel, Über d. Ehe (1774). K. 4. Über d. Treue in d. Ehe. D. Weiber.

— . . . die Zeugung — kann ich es oft genug sagen? — ist der Leib; Erziehung die Seele in der Ehe.

Theod. Gottl. von Hippel, Über d. Ehe (1774). K. 4. Über d. Treue in d. Ehe. D. Weiber.

— In der Tat, ich getraue mir zu behaupten, daß die Männer und nicht die Weiber an den meisten unglücklichen Ehen schuld sind.

Theod. Gottl. von Hippel, Über d. Ehe (1774). K. 4. Über d. Treue in d. Ehe. D. Weiber. Schlußwort.

— . . . wo wäre eine Ehe, die völlig Takt hielte?

Theod. Gottl. von Hippel, Über d. Ehe (1774). K. 6. Zum Besten d. Jünglinge.

— . . . die Ehe ist recht dazu gemacht, die Flügel der Einbildungskraft zu beschneiden und uns auf die Erde zu bringen.

Theod. Gottl. von Hippel, Über d. Ehe (1774). K. 7. Für d. Mädchen.

— . . . in der Ehe ist gesunde Prosa immer besser als Poesie.

Theod. Gottl. von Hippel, Über d. Ehe (1774). K. 7. Für d. Mädchen.

— Der Staat sollte auf nichts ein so wachsames Auge haben als auf Abstellung aller Vorurteile, welche Ehen hindern können; denn die Ehe ist ein kleiner Staat.

Theod. Gottl. von Hippel, Über d. Ehe (1774).

— Keine Eh' im Himmel, und, o wehe! | Auch kein Himmel in der Ehe!

Joh. Christoph Friedr. Haug, Sinngedichte (1791). Röschens Klage.

Ehe. — Die Liebe gefällt mehr als die Ehe, wie für die meisten ein Roman unterhaltender ist als Geschichte. Franz.: L'amour plaît plus que le mariage, par la raison que les romans sont plus amusants que l'histoire.

Seb. Chamfort, Maximen u. Gedanken (1796). Übers. v. Stahl. K. 6.

— Die Ehe folgt auf die Liebe wie der Rauch der Flamme. Franz.: L'Hymen vient après l'amour comme la fumée après la flamme.

Seb. Chamfort, Maximen u. Gedanken (1796). Übers. v. Stahl. K. 6.

— Geheimnisse in der Ehe sind gefährlich und nichtig; ihre Scheide bedeckt immer einen Dolch, den die Zeit endlich zieht.

Jean Paul (Joh. Paul Friedr. Richter), Clavis Fichtiana seu Leibgerberiana (1800).

— Die Ehe erschöpft bald den weiblichen Kopf, aber kein Herz ist zu erschöpfen.

Jean Paul (Joh. Paul Friedr. Richter), Vorschule d. Ästhetik (1804). Abteilung 3.

— Wünscht bis zum Hochzeitsglücke | Den Freiern Argusblicke; | Doch in der Ehe taugen | Am besten Maulwurfsaugen.

Joh. Christoph Friedr. Haug, Epigramme u. verm. Gedichte (1805).

— War doch | Der Argwohn stets der zweiten Ehe Frucht!

Friedr. von Schiller, Phädra (1805). A. 2, Sz. 5 (Hippolyt).

— Was die wahre Freundschaft und noch mehr das glückliche Band der Ehe so entzückend macht, ist die Erweiterung seines Ichs.

Georg Christoph Lichtenberg, Verm. Schriften (1800—1806). Bd. 2, Nr. 2. Bemerk. verm. Inhalts. Nr 3. Moralische Bemerk.

— Wer das heil'ge Band der Ehe | Flieht, o König, der verleugnet | Feige, wie ein Überläufer Väter und Religion.

Joh. Gottfr. von Herder, D. Cid (1806). B. 1, Ges. 13.

— . . . denn die Ehe fordert Heiterkeit.

Jean Paul (Joh. Paul Friedr. Richter), Levana oder Erzieh-Lehre (1807). Bd. 2, Bruchstück 4, K. 4, § 99.

— . . . im Ehestand muß man sich manchmal streiten, denn dadurch erfährt man was voneinander.

Joh. Wolfg. von Goethe, D. Wahlverwandtschaften (1808—1809). T. 1, K. 2.

— Wer mir den Eh'stand angreift, . . . wer mir durch Wort, ja durch Tat, diesen Grund aller sittlichen Gesellschaft untergräbt, der hat es mit mir zu tun!

Joh. Wolfg. von Goethe, D. Wahlverwandtschaften (1808—1809). T. 1, K. 9.

— Die Ehe ist der Anfang und der Gipfel aller Kultur. Sie macht den Rohen mild, und der Gebildetste hat keine bessere Gelegenheit seine Milde zu beweisen.

Joh. Wolfg. von Goethe, D. Wahlverwandtschaften (1808—1809). T. 1, K. 9.

Ehe. — Unauflöslich muß sie (die Ehe) sein, denn sie bringt so vieles Glück, daß alles einzelne Unglück dagegen gar nicht zu rechnen ist.

Joh. Wolfg. von Goethe, D. Wahlverwandtschaften (1808—1809). T. 1, K. 9.

— Die meisten glücklichen Ehen werden seufzend geschlossen, die meisten unglücklichen im Rausche des Entzückens.

Aug. von Kotzebue, D. verbannte Amor (1810).

— Die gute Ehe ist ein ew'ger Brautstand.

Theod. Körner, D. Sühne (ged. Febr. 1812). Sz. 6 (Konrad).

— Wie saurer Essig wird aus süßen Weinen, | So Eh' aus Liebe, und es schärft die Zeit | Den duft'gen Trank voll himmlischer Gerüche | Zu einem niedrigen Gewürz der Küche. Engl.: **Marriage from love, like vinegar from wine | A sad, sour, sober beverrage — by time | Is sharpen'd from its high celestial flavour | Down to a very homely household savour.**

George Gordon Lord Byron, Don Juan (1819—1824). Übers. v. Gildemeister. Ges. 3, Str. 5, V. 5.

— So ist auch der Begriff der Heiligkeit der Ehe eine solche Kulturerrungenschaft des Christentums und von unschätzbarem Werte, obgleich die Ehe eigentlich unnatürlich ist.

Joh. Wolfg. von Goethe, Goethes Unterhaltungen mit d. Kanzler Müller (April 1830).

— Was liegt daran, ob einige Paare sich prügeln und das Leben verbittern, wenn nur der allgemeine Begriff der Heiligkeit der Ehe aufrecht bleibt.

Joh. Wolfg. von Goethe, Goethes Unterhaltungen mit d. Kanzler Müller (April 1830).

— Die Frische der Jugend ist die wahre Grundlage der Ehe.

Wilh. Freiherr von Humboldt, Br. an eine Freundin (2. Aug. 1832).

— Der Ehestand ist gut bestellt, | Wo jedes Teil sein Szepter hält. | Die Frau regiere Herz und Topf, | Der Mann den Becher und den Kopf!

Wilh. Müller, Gedichte (1837). Epigramme. 1. Hundert, Nr. 83. Geteilte Gewalt.

— In einer guten Eh' ist wohl das Haupt der Mann, | Jedoch das Herz das Weib, das er nicht missen kann.

Friedr. Rückert, D. Weisheit d. Brahmanen (1836—1839). B. 16, Abteilung 1, Nr. 52. (Stufe 5. Leben. Nr. 52.)

— Ehen, aus leidenschaftlicher, blinder Liebe geschlossen, geraten selten.

Karl Jul. Weber, Demokritos (1832—1840). D. Liebe. D. Fortsetzung.

— Die Liebe ist die singende, sich in der Luft tummelnde Lerche. In der Ehe muß der Vogel gebraten auf der Schüssel liegen.

Karl Jul. Weber, Demokritos (1832—1840). D. Liebe. D. Schluß.

Ehe. — Das dürftigste Schicksal, das kläglichste, entwickelt sich in den Ehen, in welchen das Weib höher steht als der Mann.

Joh. Ludw. Tieck, Vittoria Accorombona (1840). T. 1, B. 1, K. 2.

— Zwei Dinge sind notwendig zu einer glücklichen Ehe: Vertrauen und Aufrichtigkeit von beiden Seiten, aber notwendig wie frische Luft im Zimmer! viel notwendiger als Übereinstimmung der Neigungen ꝛc. Die sind ein angenehmer Luxus — jene tägliches Brod.

Ida Gräfin von Hahn-Hahn, Ulrich (1841). Bd. 1.

— Kein Mittelweg ist in der Ehe; | Entweder hebt das Weibchen euch | Hinauf zur höchsten Himmelshöhe, | Wo nicht — stürzt ihr ins Höllenreich; | Denn Gott und Teufel hat im Leib | Zugleich das Weib. Ignaz Frz. Castelli, Werke (1844).

— Jedoch ein treues Weib | Hält bei uns aus, weil in der Ehe alles | Gemeinsam ist, und keinen mehr für sich | Allein Glück oder Unglück treffen kann. Phil. Eduard Devrient, D. graue Männlein (1846).

— Ich nahm 'ne Witwe — arg von bösen Zungen | Geschmäht — als Perl' der Kochkunst anerkannt. | Ja, wer nie einen guten Tisch errungen, | Der knüpfe, denk' ich, nie der Ehe Band.

Frz. Bernh. Heinr. Wilh. Freiherr von Gaudy, Sämtl. Werke (1844—1847). Lieder.

— Einzig die Ehe, die wahrhafte nur, macht uns heimisch auf Erden,— | Erst im Doppelverein fühlt sich die Menschheit als ganz.

Ernst Freiherr von Feuchtersleben, Sämtl. Werke (1851—1853). Gedichte.

— Das Band der Ehe sollte nur der Tod lösen. Ja, nicht einmal der Tod. In ältester Zeit folgte die deutsche Witwe, wie bis in unsere Tage herein die indische, dem Gatten ins Grab, ein Brauch, der sich im Norden viel länger erhielt als in Deutschland.

Joh. Scherr, Gesch. deutscher Kultur u. Sitte (1853).

— Wo die Ehe eine wahre, eine geistig ebenbürtige und sittlich vollgültige ist, da weben stets zwei Personen in den vornehmsten Gedanken und Gesinnungen des Mannes — er selbst und seine Frau. Wilh. Heinr. Riehl, Die Familie (1855).

— Ohne Ehe hängt unsere Sittlichkeit in der Luft; im Familienleben allein gewinnt sie festen Boden, den echt menschlichen Charakter, ein Gemüt, das sich in den Geschichten von Liebe und Treue dem Himmel entgegenbildet.

Bogumil Goltz, Zur Charakteristik u. Naturgesch. d. Frauen (1859).

— Ohne Ehe ist der Mensch überall und nirgend zu Hause.

Bogumil Goltz, Zur Charakteristik u. Naturgesch. d. Frauen (1859).

Ehe. — Wer ein witzroutiniertes Frauenzimmer zur Ehe nimmt, kommt gegen sie nicht auf. Und was ist das für ein fluchwürdiges Verhältnis, wenn man die Person, der unsere Zärtlichkeit gewidmet sein soll, profan abtrumpfen oder sich von ihr selbst mit Übermut traktieren lassen muß!

Bogumil Goltz, Zur Charakteristik u. Naturgesch. d. Frauen (1859).

— Daß wir nicht als Barbaren zur Welt kommen und von der Welt als Barbaren scheiden; daß uns von Kindesbeinen an sittliches Element umfängt, unter dem Mutterherzen zeitigt, und in der Muttermilch nährt, daß wir uns im Leben und im Tode als Menschen fühlen: diese unermeßlichen Wohltaten verdanken wir der Ehe.

Bogumil Goltz, Zur Charakteristik u. Naturgesch. d. Frauen (1859).

— Die Ehe besteht in dem täglichen Austausch des Gedankens, des Willens, in der beständigen Durchdringung und Harmonie zweier Seelen. Franz.: Le mariage consiste dans l'échange quotidien de la pensée, de la volonté, dans le mélange et l'accord permanent des deux âmes.

Jules Michelet, D. Frau (1859). Übers. v. Spielhagen.

— Nur in der Ehe, nur im Familienleben wird der Zweck der Menschheit erreicht.

Ludw. Börne (Löb Baruch), Gesammelte Schriften (1862—1863).

— Das ist die rechte Ehe, | Wo zweie sind gemeint, | Durch alles Glück und Wehe | Zu pilgern treu vereint; | Der eine Stab des andern | Und liebe Last zugleich, | Gemeinsam Rast und Wandern | Und Ziel das Himmelreich.

Emanuel Geibel, Gedichte u. Gedenkblätter (1864). Verm. Gedichte. B. 2. Ehespr.

— O wie manche Ehe mag nach so überstandenem Sturme glücklicher und segensreicher geworden sein als sie vorher war!

Friedr. Ernst Daniel Schleiermacher, Sämtl. Werke (1836—1865).

— Die rechte christliche Ehe muß ein so ruhiges Gleichgewicht . . . in der Seele hervorrufen, daß auch, was etwa andere Verhältnisse Störendes und Feindseliges herbeiführen, an einer so befestigten Seele gar bald seine Gewalt verlieren müßte.

Friedr. Ernst Daniel Schleiermacher, Sämtl. Werke (1836—1865).

— Das höhere Ziel der Ehegemeinschaft ist dieses, daß einer den andern heilige und sich von ihm heiligen lasse.

Friedr. Ernst Daniel Schleiermacher, Sämtl. Werke (1836—1865).

— Die Ehe ist ein Hafen im Sturm, öfters aber ein Sturm im Hafen. Franz.: Le mariage est un port dans la tempête; mais plus souvent une tempête dans le port.

Petit Senn, Geistesfunken u. Gedankensplitter (1865). Übers. v. Zimmermann.

Ehe. — Die Ehe ist eine recht hübsche Sache, nur dauert sie ein bißchen lange; deshalb kann auch nur derjenige sich darin zufrieden fühlen, der sich beim Eingehen dieses Verhältnisses durch Eigenschaften bestimmen ließ, welche von Dauer sind.

Jos. Baron von Eötvös, Gedanken (1867).

— Die Ehe ist die einzige wirkliche Leibeigenschaft, die unser Gesetz kennt. Es gibt keine Sklaven mehr, außer den Herrinnen jedes Hauses. Engl.: Marriage is the only actual bondage known to our law. There remain no legal slaves, except the mistress of every house.

John Stuart Mill, D. Hörigkeit d. Frau (1869). Übers. v. Gomperz. K. 4.

— Die erste Stelle im Paradiese werden diejenigen einnehmen, die sich in der Ehe getäuscht haben und doch ausharrten.

Karl Gutzkow, Gesammelte Werke (1873).

— Geben soll seliger sein als nehmen; aber in der Ehe soll das Weib, wenn es sein Alles hingibt, mehr als sein Alles zurückempfangen.

Paul Heyse, D. Kinder d. Welt (1873).

— Die Ehe ist ein konzentrierter Umgang.

Rahel (Antonie Friederike Varnhagen von Ense), Br. (1877).

— So mancher Mensch, der seinen Mittelpunkt vergebens in sich selber suchte, fand ihn erst in der Ehe; dahin verlegte ihn die Mutter Natur.

Adolf Wilbrandt, Fridolins heimliche Ehe (1877).

— Jedes brave eheliche Verhältnis endet mit Freundschaft.

Marie von Ebner-Eschenbach, Aphorismen (1890).

— Nicht alle Ehen werden im Himmel, aber in den meisten Ehen wird der Himmel geschlossen.

Ernst Jul. Hähnel, Lit. Reliquien (1890).

— Soweit die Erde Himmel sein kann, soweit ist sie es in einer glücklichen Ehe.

Marie von Ebner-Eschenbach, Aphorismen (1893).

— Ehen werden im Himmel geschlossen, aber daß sie gut geraten, darauf wird dort nicht gesehen.

Marie von Ebner-Eschenbach, Aphorismen (1893).

— Die Ehe soll ehrlich gehalten werden bei allen! Ebr., K. 13, V. 4.

— Die Eh' ein Ehr- und Lehrstand ist, | Drin man viel lernt zu aller Frist. Alter Spr.

— Es werd' kein' Ehe jemalen vollbracht, | Sie war zuvor im Himmel gemacht. Alter Spr.

— Nim zu der Ehe ein Gemahl schon, | Die dir von sitten gleich sey gethon, | So du mit friedt wollest das leben dein | Biß zum endt woll führen sein. Alter Spr.

— Soll die Ehe lang bestahn, | Sei blind das Weib und taub der Mann! Alter Spr.

— Zwei sein von Lieb' und eins von Mut | Macht alles Unglück im Ehestand gut. Alter Spr.

— Der Ehestand ist eine Prozession, wo immer das Kreuz vorangeht. Sprichwort. Österreich.

— Die Ehen werden im Himmel geschlossen. Sprichwort.

Ehe. — Ehestand, Wehestand, | Wenn du freist mit Unverstand; | Wählst du wohl, ist er gewiß | Dir ein irdisch Paradies. Sprichwort.

— Gezwungene Ehe, | Des Herzens Wehe. Sprichwort.

— Wer entbehrt der Ehe, | Lebt weder wohl noch wehe. Sprichwort.

— Ehe ist ein Vorlegeschloß. Engl.: Wedlock is a padlock. Sprichwort.

— Gehst du in den Krieg, so bete einmal, gehst du zur See zweimal, in die Ehe — dreimal! Russisches Sprichwort.

— Liebe leiht Flügel; es sind aber wächserne, die an der Fackel der Ehe schmelzen. Russisches Sprichwort.

— Selbst eine gute Ehe ist Bußzeit. Russisches Sprichwort.

— Ob der Ehstand nur Juhestand, | Oder ob er nur ein Wehstand, | Fragt nicht lange; nur herein! | Soldaten und Bürger müssen sein! Inschrift im Ratskeller zu Wiesbaden.

— Dirndl, wånns d'heiråtst, | Tue's wol betråcht'n; | Denn der Ehstånd is lång, | Und wås thunst denn åft'n (hernach). Kärntner Schnaderhüpfl.

Ehebett. — . . das Ehebette (soll) unbefleckt (gehalten werden). Ebr., K. 13, V. 4.

Ehebrechen. — Ebrechen wigt man als gering, | Als ob man schnellt ein kiseling.
Seb. Brant, D. Narrenschif (1494). Nr. 33. V. ebruch.

— Aber der mit einem Weibe die Ehe bricht, der ist ein Narr. Spr. Sal., K. 6, V. 32.

— Du sollst nicht ehebrechen! Matth., K. 5, V. 27.

— Verlöre, wer die Ehe bricht, | Flugs seine Nas im Angesicht, | So könnten viele Teller lecken, | Statt ihre Nas in alles stecken. Sprichwort.

Ehebrecher. — Wer die Ehe bricht mit jemandes Weibe, der soll des Todes sterben, beide, Ehebrecher und Ehebrecherin! 3. Mos., K. 20, V. 10.

— . . . die Kinder der Ehebrecher gedeihen nicht. Wsh. Sal., K. 3, V. 16.

Ehebrecherin. — Wenn die Ehebrecherinnen auch leise treten, so knarrt ihnen doch der Pantoffel. Alter Spr.

Ehebruch. — Aus der Prunkpaläste Reich | Nahm ihren Anlauf diese Pest der Frauenwelt (der Ehebruch). Griech.: *Ἐκ δὲ γενναίων δόμων Τόδ' ἦρξε θηλείαισι γίγνεσθαι κακόν.*
Euripides, Hippolyt (um 428 v. Chr.). Übers. v. Minckwitz. V. 408—9 (Phädra).

— Ehescheidungen erschweren ist eins der wirksamsten Mittel, Ehebrüche zu verhindern.
Theod. Gottl. von Hippel, Über d. Ehe (1774). K. 4. Über d. Treue in der Ehe. D. Weiber.

Ehebruch. — Der Schäferstunde Schlag sind immer Klagen | Von Täuschungen, verfehltem Liebesglück, | Von Trostbedürftigkeit — mit solchen Glocken | Wird eingeläutet jeder Ehebruch!
Rob. Hamerling, Ahasver in Rom (1866). Ges. 2. D. Bachanal.

— Wan es wehrn der brauch und sitt, | Das man umb Ehebruch nasen abschnitt, | So müsten manche Fraw und Mann | Im Land umbher ohn Nasen gahn. Alter Spr.

Ehebund. — Der größte Segen, wahrlich, auf dem Erdenrund, | Wenn Weib und Gatten treuer Eintracht Band umschlingt! Griech.: *Ἥπερ μεγίστη γίγνεται σωτηρία, | Ὅταν γυνὴ πρὸς ἄνδρα μὴ διχοστατῇ.*
Euripides, Medea (um 431 v. Chr.). Übers. v. Minckwitz. V. 14—15 (Amme).

— Glücklicher Bund, wo der Gatte das Haupt, die Gattin das Herz ist.
Joh. Christoph Friedr. Haug, Sinngedichte (1791).

— Denn das Band der Ehgenossen | Ist ein zart vertraulich Band.
Joh. Gottfr. von Herder, D. Cid (1806). B. 3, Ges. 48.

Eheleute. — Wie sich zusammen reimen | Neglin vnd Rosmarein, | Weinreben zu Rüstbeumen, | Köstliche Wurtz im Wein; | So schicken sich zusammen | Ein Mann vnd ehlich Weib (Eheleute), | Die werden in Gotts nahmen | Ein Sinn, ein Seel, ein Leib.
Peter Denaisius, Hochzeitlied (1624).

— Wan der Mann vnd das Weib (Eheleute), | Weil sie beide sind Ein Leib, | Sich wohl begehen im Leiden, | Nicht von einander scheiden. | Daß thut Gott wohl gefallen | Vnd frommen Christen allen.
Joh. Mich. Moscherosch, Wunderliche v. Warhafftige Gesichte Philanders v. Sittewalt (1643). T. 2, Gesichte 3. Weiber-Lob. Vier Gesätzlein. Nr. 3.

— Die zufriedensten Eheleute spielen Liebhaberrollen am schlechtesten; desto sicherer ist von beiden Seiten ihr Eheband.
Theod. Gottl. von Hippel, Über d. Ehe (1774). K. 4. Über d. Treue in d. Ehe. D. Männer.

— Arm in Arme (als Eheleute) fest verschlungen | Geht sich's durch die Dämmerungen | Dieses Lebens leicht und schön.
Aug. Mahlmann, Sämtl. Schriften (1839—1840). Deutscher Rundgesang. Mel. v. J. J. Rößler.

Ehelich. — Der Frieden ist die Grundlage des ehelichen Glückes. Talmud (3. Jahrh.).

— Eheliche Eintracht ist eine zarte Blume; sie welkt schnell, wenn der Sonnenschein der Liebe oder die Nahrung der Hochachtung ihr mangelt.
Aug. von Kotzebue, Kleine Romane, Erz., Anekdoten u. Miszellen (1805—1806).

Ehelos. — Eheloser Stand, der Cölibat und Hurerey, sind der Regiment und Welt Pestilenz und Gift.

Dr. Martin Luther, Tischreden oder Colloquia (1566). Nr. 72. Tischreden v. Studien. § 2. V. Comödien.

— Geh' in die Gefängnisse, wo du willst, du wirst den größten Teil Ehelose finden.

Theod. Gottl. von Hippel, Über d. Ehe (1774). K. 1. Klagen über d. Vorurteile beim Heiraten. Traum zur Abhelfung.

— Die alten großen Meister sind meistens ehelos geblieben.

Anselm Feuerbach, Ein Vermächtnis (1882).

Ehelosigkeit. — Lieblosigkeit und Ehelosigkeit nenne ich mit Jean Paul die beiden Sakramente des Teufels.

Karl Jul. Weber, Demokritos (1832—1840). D. Selbstsucht. D. Fortsetzung.

Ehepaar. — Ein Paar, Ein Trieb und Lieb, | Gebet und Arbeit gleich | Wird von dem Herrn des Heils | Beglückt und segensreich.

Spr. auf einer Hochzeitsmedaille (1597).

— Ein Leib sind Mann und Weib! — Kein Sprichwort ist so wahr, | Bewiesen wird es uns durch manches Ehepaar; | Denn er ist sie, und sie ist er, | Er ist das Weib und sie der Herr.

Ignaz Frz. Castelli, Werke (1844).

— Gleiches Blut, gleiches Gut und gleiche Jahre | Geben die besten Ehepaare. Sprichwort.

— Bei einem jungen Ehepaar ist der erste Monat Honigmonat oder Schmitz=Schmatz, der zweite Hierhin und Dorthin oder Atz und Fratz, der dritte Pitsch=Patsch, der vierte: es komme in Teufelsacht, wer dich und mich zusammengebracht. Engl.: **When a couple are newly married, the first month is honeymoon, or smick-smack; the second is hither and thither; the third is thwick-thwack; the fourth, the devil take them that brought thee and I together.** Sprichwort.

Ehering. — Wer sich von dem goldnen Ring (dem Ehering) | Goldne Tage nur verspricht, | O, der kennt den Lauf der Dinge | Und das Herz des Menschen nicht.

Friedr. Wilh. Gotter, Gedichte (1787—1802). Mütterliche Warnung.

Ehescheidung. — Der Stifter der christlichen Religion verwarf alle Ehescheidung, außer die einzige nicht, des Ehebruchs halben.

Theod. Gottl. von Hippel, Über d. Ehe (1774). K. 4. Über d. Treue in d. Ehe. D. Weiber.

Ehrabschneiden. — Den Tisch wohl eher meiden, | Als andrer Ehr' abschneiden.

Sprichwort.

Ehrabschneider. — Nie hat Ehre noch erstritten, | Der sie andern abgeschnitten.

Joh. Christoph Friedr. Haug, Sinngedichte (1791).

Ehrbar. — Nur was ehrbar, ist gut. Lat.: **Sola bona, quae honesta.**

Wahlspr. Kaiser Ludw. IV. d. Bayer (reg. 1314—1347).

Ehrbegierde. — Wie selten kennt die Ehrbegierde | Das Glück, das sie zu wünschen pflegt!

Christ. Fürchtegott Gellert, Fab. u. Erz. (1746). B. 1. D. Füllen.

— Warum von der Göttinnen schlimmster dich, | Dich von der Ehrbegier beherrschen lassen? | O, meide die Abscheuliche!

Friedr. von Schiller, Sz. a. d. Phönizierrinnen d. Euripides (ged. 1788). (Jokasta).

— Auf die durchwachten Nächte der Ehrbegierde folgen schlaflose Nächte der Reue, daß man sich die Mühe geben konnte, solchen Phantomen nachzulaufen.

Friedr. Gottl. Klopstock, Sämtl. Werke (1798—1821).

— Ein mächt'ger Laut wohnt unsrer Seele inne, | Die Ehrbegier.

Emerich Madách, D. Tragödie d. Menschen (1861). Übers. v. Lechner. Sz. 5 (Eva).

Ehre. — Nichts hat hienieden Dauer! Ehr' und Ruhm verblüht. Griech.: *Οὐκ ἔστιν οὐδὲν πιστὸν οὔτ' εὐδοξία.*

Euripides, Hekabe (um 425 v. Chr.). Übers. v. Minckwitz. V. 957 (Polymestor).

— Ouch hân ich selbe wol gelesen, | Daz êre wil das lîbes nôt (Leibesnot). | Gemach, daz ist der êren tôt.

Gottfr. von Straßburg, Tristan u. Isolt (ged. um 1210).

— Ein Mann um Ehre werben soll; | Will er, kann er sie lassen wohl; | Gewinnt er aber Schande viel, | Die läßt er nimmer, wenn er will. Mittelhochdeutsch: Ein man umb êre werben sol; | Swenner wil, die lât er wol. | Ob er gewinnet lasters vil, | Des enlât er niht, swenner wil.

Vrîdankes Bescheidenheit (1225—1240). Übertr. v. Pannier. Nr. 34. v. d. êre.

— Mit des Mannes Ehr' ist es bestellt | Danach, wie er sich selber hält. Mittelhochdeutsch: Von rehte des mannes êre stât | Dar nâch, als er sich selben hât.

Vrîdankes Bescheidenheit (1225—1240). Übertr. v. Pannier. Nr. 34. v. d. êre.

— Ein Mann soll Gut und Ehr' erjagen | Und dennoch Gott im Herzen tragen. Mittelhochdeutsch: Ein man sol lop und êre bejagen | Unt doch got in herzen tragen.

Vrîdankes Bescheidenheit (1225—1240). Übertr. v. Pannier. Nr. 34. v. d. êre.

— Die Seele Gott, | Das Herz den Frauen, | Das Leben dem König, | Die Ehr' ist mein.

Wahlspr. Bayards (1476—1524).

— Gut verloren, vnverdorben, | Mut verloren, halb verdorben, | Ehr verloren, gar verdorben.

Reimspr. (16. Jahrh.).

— Denn das bringt Ehr', | Was vns wird schwer. Joh. Friedr. Fischart, D. Glückhafft Schiff v. Zürich (1576[?]).

Ehre. — Die Ehr' ist nur ein unsichtbares Wesen, | Und oft besitzt sie der, der sie nicht hat. Engl.: Her honour is an essence that's not seen; | They have it very oft that have it not.

William Shakespeare, Othello (1601—1605). Übers. v. Schlegel. A. 4, Sz. 1 (Jago).

— Das Leben gilt uns teu'r; doch teurer Mut | Hält Ehr' um vieles teurer, als das Leben. Engl.: Life every man holds dear; but the brave man | Holds honour far more precious—dear.

William Shakespeare, Troilus u. Cressida (1609 [?]). Übers. v. Schlegel. A. 5, Sz. 3 (Hektor).

— O, 's ist 'ne Bürde (die Ehre), Cromwell, eine Bürde. Engl.: O, 'tis a burden, Cromwell, 'tis a burden.

William Shakespeare, Heinr. VIII. (1613). Übers. v. Schlegel. A. 3, Sz. 2 (Wolsey).

— Wer hoch in Ehren sitzt, muß hohe Sorgen tragen.

Andr. Gryphius, Sonette, Oden, Epigramme (1643). D. Welt Wollust.

— So leicht das Reh entwischt, so schnell entfleucht die Ehr', | Und ist sie einmal hin, so kommt sie selten mehr.

Georg Phil. Harsdörffer, Nathan, Jotham u. Simson (1651).

— Ehre, Geiz, Leid, Wein vnd Liebe | Sind des Menschen Lebensdiebe.

Friedr. von Logau, Deutsche Sinn=Getichte (1654). D. menschlichen Lebens Wegelagerer.

— Man hat kein andres Mittel, das so süße Gut | Der Ehre zu erhalten, als Gehirn vnd Blut.

Friedr. von Logau, Deutsche Sinn=Getichte (1654). Lob v. Ehre.

— Wo kein' Ehr' ist, muß man Geld in die Lücken stellen.

Christoph Lehmann, Politischer Blumen=Garten (1662). T. 1. Ehr. Nr. 14.

— Zu Ehren gehören starcke Bein.

Christoph Lehmann, Politischer Blumen=Garten (1662). T. 1. Ehr. Nr. 47.

— Ehr | Ist ein böß Geschwer.

Christoph Lehmann, Politischer Blumen=Garten (1662). T. 1. Ehr. Nr. 53.

— Diß ist ein rechte Ehr vnnd Lob, welche herkompt von dem, der selbsten in Ehren lebt.

Christoph Lehmann, Politischer Blumen=Garten (1662). T. 1. Ehr. Additio. Nr. 17.

— Ehr verlohrn ist alles verlohren.

Christoph Lehmann, Politischer Blumen=Garten (1662). T. 1. Discurß v. d. Ehr v. Lob. Nr. 21.

— Die Ehre gleicht einer abschüssigen, unzugänglichen Insel; man kann nicht wieder zu ihr zurück, wenn man sie einmal verlassen hat. Franz.: L'honneur est comme une île escarpée et sans bords; | On n'y peut plus rentrer, dès qu'on en est dehors.

Nicolas Boileau, Sat. (1669). Übers. v. Abel. Nr. 10. D. Frauen. V. 66.

Ehre. — Wer nicht sterben wollte, um seine Ehre zu retten, der wäre ehrlos. Franz.: Qui ne mourrait pour conserver son honneur, celui-là serait infâme.

Blaise Pascal, Gedanken (1670). Übers. v. Kleuker. V. d. menschlichen Eitelkeit.

— Wer in sich Ehre hat, der sucht sie nicht von außen; | Suchst du sie in der Welt, so hast du sie noch draußen.

Angelus Silesius (Joh. Scheffler), Cherubinischer Wanders=Mann (1675).

— Ehr' ist ein Schatten, der nicht währt. | Gold ist nur rohter Koht und Erd.

Sigmund Betulius von Birken, D. Norische Parnaß (1677). Floridans Lied.

— Dem König soll man Gut und Leben weihen. Die Ehre aber ist Eigentum der Seele, und die Seele gehört Gott allein. Span.: Al rey la hacienda y la vida. | Se ha de dar, pero el honor | Es patrimonio del alma, | Y el alma solo es de Dios.

Don Pedro Calderon de la Barca (1600—1681), D. Alkalde v. Zalamea.

— Ach, wie nichtig, ach, wie flüchtig | Ist der Menschen Ehre! | Über den, dem man hat müssen | Heut die Hände höflich küssen, | Geht man morgen gar mit Füßen!

Mich. Frank, V. d. Eitelkeit (1688).

— Geschätztes Nichts der eiteln Ehre!

Albrecht von Haller, Versuch Schweizerischer Gedichte (1732).

— . . . der Ehre glänzend Nichts.

Joh. Andr. Cramer, Sämtl. Gedichte. D. Ehre (1743).

— O über die wilden, unbiegsamen Männer, die nur immer ihr stieres Auge auf das Gespenst der Ehre heften! für alles andere Gefühl sich verhärten!

Gotthold Ephr. Lessing, Minna v. Barnhelm (1763). A. 4, Sz. 6 (D. Fräulein).

— . . . der Ehre Heiligtum | Liegt voll falscher Netze.

Joh. Peter Uz, Sämtl. Werke (1768). Gedichte. D. Wünsche.

— Ehre fordert Schweiß.

Gottlob Wilh. Burmann, Kleine Lieder für kleine Mädchen u. kleine Jünglinge (1773). Arbeit.

— Denn Ehr' und Reichtum treibt und bläht, | Hat mancherlei Gefahren, | Und vielen hat's das Herz verdreht, | Die weiland wacker waren.

Matthias Claudius, Sämtl. Werke d. Wandsbecker Boten. T. 3 (1778). Täglich zu singen.

— Des Nächsten Ehre schmälern, | Entehrt mein Christentum.

Joh. Adolf Schlegel, Verm. Gedichte (1787—1789). Bd. 2. Ein Morgengesang.

— Die Ehre des Mannes besteht darin, was die Leute denken, des Frauenzimmers aber, was sie sprechen. Immanuel Kant, Anthropologie (1798).

— Ja, übers Leben geht noch die Ehr'!

Friedr. von Schiller, Wallensteins Lager (1798). Sz. 11 (Beide Jäger).

Ehre. — Ehre und Vaterland. Franz.: Honneur et patrie.

Inschrift d. franz. Ordens d. Ehrenlegion (gestiftet 1802).

— Die Ehr', die ihm gebührt, geb' ich ihm gern; | Das Recht, das er sich nimmt, verweigr' ich ihm. Friedr. von Schiller, Wilh. Tell (1804). A. 2, Sz. 1 (Rudenz).

— Den Entehrten flieht die Freude, | Flieht die Zuversicht und Hoffnung; | Alle kehren mit der Ehre | Froh und jugendlich zurück.

Joh. Gottfr. von Herder, D. Cid (1806). B. 1, Ges. 4.

— Wenn auch alle Völker wanken, | Ruh' die Erde ganz verläßt, | Alle Rechte brechend schwanken, | Steht die Ehre dennoch fest.

Friedr. Schlegel, Gedichte. Ges. d. Ehre (ged. Sommer 1806).

— Heil dem Mann, der darnach handelt, | Diesen Stern im Auge hält, | Stern der Ehre, der nie wandelt, | Fiel' in Trümmer auch die Welt!

Friedr. Schlegel, Gedichte. Ges. d. Ehre (ged. Sommer 1806).

— Halt' auf die Ehr', doch überhör' | Ein Wort, das leicht vom Munde streicht!

Ludw. Achim von Arnim, D. Wintergarten (1809). Soldaten-Katechismus.

— Nur Eines steht, ein Felsenberg, | Der nie von seiner Stätte rücket; | Das Herz, das nimmer überzwerch | Vom graden Pfad der Ehre blicket.

Ernst Moritz Arndt, Gedichte. Willkommen (ged. 1811).

— Die Ehre ist mein Auge, | Das kleinste Stäubchen, das hineindringt, macht | Mich blind und wild vor Schmerz!

Christ. Dietr. Grabbe, Don Juan u. Faust (1829). A. 1, Sz. 1 (D. Gouverneur).

— Ehre | Wird nicht geschaffen. Echte Kraft entsteht | Aus ihr nur.

Christ. Dietr. Grabbe, Don Juan u. Faust (1829). A. 4, Sz. 3 (Donna Anna).

— Laß das Ringen nach der Ehre! | Lieber all dein heißes Streben | In den eignen Busen kehre, | Und du lebst ein schönres Leben.

Nikolaus Lenau (Niembsch, Edler von Strehlenau), Gedichte (1832). B. 1. Verm. Gedichte. Einem Ehrsüchtigen.

— Wer sich nicht achtet, ehrt die Frauen nicht; | Wer nicht die Frauen ehrt, kennt er die Liebe? | Wer nicht die Liebe kennt, kennt er die Ehre? | Wer nicht die Ehre kennt, was hat er noch?

Leop. Schefer, Laienbrevier (1834). März. Nr. 25.

— — die Ehre! | Was ist ihr Wesen? Wo sind ihre Grenzen? | Habt ihr ein Maß für Schatten? | Werden sie | Nicht nach des Lichtes Stellung groß und klein? Ernst Raupach, D. Hohenstaufen (1837). Kaiser Friedr. II. Tod. A. 2, Sz. 6.

Ehre. — Wenn du nach Ehre strebst, die dir die Welt soll geben, | So mußt du, statt dir selbst, ihr zu Gefallen leben. | Nicht leben in der Tat, nur leben auf den Schein; | Nicht was du selber willst, was sie will, mußt du sein.

Friedr. Rückert, D. Weisheit d. Brahmanen (1836—1839). B. 14, Nr. 89.

— Mit der Ehre geht es wie mit der Religion; wer sich nicht selbst ehrt und nicht religiös ist im Herzen, den macht das Urteil anderer so wenig zum Ehrenmann als ein seidenes Band und Kreuzchen im Knopfloche oder eine päpstliche Bulle den armen Sünder zum Heiligen.

Karl Jul. Weber, Demokritos (1832—1840). D. Ehrgeiz.

— Die Ehre? Was die Welt meistens unter diesem Namen versteht: Titel, Orden, Gold usw., ach, das ist ein gar kleines, vergängliches Ding; aber die Ehre der Ehrlichkeit, das ist etwas viel Höheres, es ist eben deutsche Ehre, Ehre eines ganzen großen Volkes.

Ernst Moritz Arndt, Notgedrungener Bericht a. seinem Leben (1847).

— Die Ehre ist das äußere Gewissen und das Gewissen die innere Ehre.

Arthur Schopenhauer, Parerga u. Paralipomena (1851). K. 1, Nr. 5. Paränesen u. Maximen.

— Ruhm muß erworben werden; die Ehre hingegen braucht bloß nicht verloren zu werden.

Arthur Schopenhauer, Parerga u. Paralipomena (1851). K. 1, Nr. 5. Paränesen u. Maximen.

— Wenn jemand deines Nächsten Ehre | Verkleinern oder schmähen will, | So setze dich für ihn zur Wehre, | Schweig' nicht aus blöder Vorsicht still! Hermann von Lingg, Gedichte (1854). Lyrisches.

— Die Wahrheit ist die Grammatik des Lebens, und die Ehre ein Examen mit Nr. 1.

Bogumil Goltz, Typen d. Gesellschaft (1860).

— Sobald sich der Gedanke im Gemüte festgesetzt hat, daß die Quelle der Ehre von außen, nicht von innen entspringt, wird die äußerliche Auszeichnung dem Gefühl innerer Kraft vorgezogen werden. Engl.: When the notion is once firmly implanted in the mind, that the source of honour is from without, rather than from within, it must invariably happen that the possession of external distinction will be preferred to the sense of internal power.

Henry Thomas Buckle, Gesch. d. Zivilisation (1858—1861). Übers. v. Ritter. K. 10, Abschnitt 14.

— Die Ehre, | Einmal erkrankt und dann nicht rasch geheilt, | Steht niemals wieder von den Toten auf. Friedr. Hebbel, D. Nibelungen (1862). T. 2, A. 2, Sz. 8 (Hagen).

— Der Ruhm glänzt, wie die Sonne, mit eignem Licht; die Ehre gleicht der Erde, die mit geborgten Strahlen leuchtet; die Eitelkeit ist der Mond dieser Erde, der Ehre kühler und kleiner Trabant. Ludw. Börne (Löb Baruch), Gesammelte Schriften (1862—1863).

Ehre. — Die Ehre hat ihre tiefste Wurzel in der Selbsterhaltung, aber eben dieser Ursprung tritt in ihr geläutert auf.
Berth. Auerbach, Sämtl. Schwarzwälder Dorfgesch. (1871). Lucifer.

— Ehre und Nutzen liegen nicht immer in demselben Sack. Engl.: **Honour and profit do not always lie in the same sack.**
Samuel Smiles, D. Charakter (1871). Übers. v. Dobbert. K. 6. D. Selbstbeherrschung. Motto.

— Man merkt erst, wenn die Ehre gestürzt ist, wie weit und in welchem Grunde ihre Wurzeln gehen. Berth. Auerbach, Waldfried (1874).

— . . . meine Ehre steht in niemandes Hand als in meiner eigenen, und man kann mich damit nicht überhäufen; die eigene, die ich in meinem Herzen trage, genügt mir vollständig, und niemand ist Richter darüber und kann entscheiden, ob ich sie habe.
Otto von Bismarck im Reichstage (28. Nov. 1881).

— Ich kann nicht zugeben, daß der Offizierstand eine besondere Ehre habe; der Begriff Ehre ist ein absoluter, keiner Steigerung fähiger, die Ehre des Arbeiters, Handwerkers, Kaufmannes, Juristen ist dieselbe wie die des Offiziers.
Abg. Lenzmann im Reichstage (19. Nov. 1896).

— Es gibt eins, von dem man um so weniger besitzt, je mehr man davon anderen raubt: die Ehre. Otto von Leixner, A. meinem Zettelkasten (1896). Beiträge zur Menschenkenntnis.

— Deine echte innere Ehre ist unverletzbar. Will einer dich in ihr beleidigen, so kannst du ruhig lächeln. Befleckt werden kann nur die äußere, bürgerliche Ehre.
Otto von Leixner, A. meinem Zettelkasten (1896). Erziehung u. Selbsterziehung.

— Seiner Ehre einen Schandfleck anhängen.
Nach Jes. Sir., K. 47, V. 21.

— Ehre sei Gott in der Höhe und Friede auf Erden und den Menschen ein Wohlgefallen!
Luk., K. 2, V. 14.

— Ehre, dem die Ehre gebühret.
Röm., K. 13, V. 7.

— Ehre, Glaub' und Auge vertragen keinen Spaß. Alter Spr.

— Ehre kannst du nirgends borgen, | Dafür mußt du selber sorgen. Alter Spr.

— Ehr und pracht | Hat kein macht, | Und der Welt ruhm | Ist ein wisenblum. Alter Spr.

— Ein Man, der grosse Ehr wilt han, | Der ist sorgen nimmer ohn. Alter Spr.

— Es ist kein Glück beständiger und keine Ehre sicherer, als wenn sie die Verdienste und Geschicklichkeit eines Menschen nicht übertreffen, sondern ihnen gleichen. Alter Spr.

— Nach ehr und gut nit streben, | Macht ein ruhig leben. Alter Spr.

— Wer entbehrt der Ehre, | Dem fehlt die beste Wehre. Alter Spr.

Ehre. — Ehr' und Eid | Gilt mehr als Land und Leut'. Sprichwort.

— Ehr' und Geld | Treibt alle Welt. Sprichwort.

— Je mehr Ehr', | Je mehr Beschwer. Sprichwort.

— Verloren Ehr' | Kehrt nimmermehr. Sprichwort.

— Viel Ehr', viel Mut. Sprichwort.

— Wer zu Ehren kommen will, muß zuvor leiden. Sprichwort.

— Ehre und Behaglichkeit sind selten Schlafkameraden. Engl.: **Honour and ease are seldom bedfellows.** Sprichwort.

— Aller Menschen Sinn und Mut | Geht auf Ehre, Geld und Gut, | Und wenn sie's haben und erwerben, | Dann legen sie sich hin und sterben!
Inschrift an Häusern. Weit verbreitet.

— Bewahr' dein' Ehr', hüt' dich vor Schand', | Ehr' ist fürwahr dein höchstes Pfand. | Wirst du die Schanz' einmal versehn, | So ist es um dein' Ehr' geschehn. Spr. im Schloß Ortenstein.

— Mein Herz den Frauen, mein Leben dem König, Gott meine Seele, die Ehre für mich!
Inschrift am königlichen Schloß in Berlin.

— Wo man nicht zur Belohnung hat | Die Ehr', geschicht kein rühmlich Tat.
Wartburgspr. Reformationsgang.

— Ehr' hat Gefahr, | Ist teure War', | Dauert kurze Jahr', | Ist wandelbar.
Spr. an einem Hausgerät.

— Die Ehre ist eine Last. Lat.: **Honor est onus.** Wahlspr. d. Lanfranchy.

— Leben und Ehre sind eines. Lat.: **Vita et honor idem.** Wahlspr. d. Ehrenhielm.

— Das Leben hat sein Maß, die Ehre nimmermehr. Span.: **La vida tiene conpas, la honora nunča jamas.** Wahlspr. d. La Serna.

Ehren. — Mancher uf erden würt geert, | Der noch sim tod zur hellen fert.
Seb. Brant, D. Narrenschif (1494). Nr. 29. D. ander lüt urteilt.

— Billig ehret den jederman, | Dem Gott ehrliche Gaben gan.
Georg Rollenhagen, Froschmäuseler (1595). B. 2, T. 1, K. 5.

— Der jeden ehrt, der ist Ehren werth.
Christoph Lehmann, Politischer Blumen-Garten (1662). T. 1. Ehr. Nr. 7.

— . . . wer nicht ehren kann, | Der kann nicht adeln. Joh. Wolfg. von Goethe, Werke (1827—1830). Gedichte. Zahme Xenien. Nr. 5.

— Dich ehrt, wer dich, wo du's verdienst, zu tadeln wagt, | Und liebt, wer lieber Gut- als Böses von dir sagt.
Friedr. Rückert, D. Weisheit d. Brahmanen (1836—1839). B. 9, Nr. 34. (Stufe 4. Schule. Nr. 123.)

Ehrenhaft. — Leben ehrenhaft, oder den Tod. Lat.: **Aut mors, aut vita decora.**
Wahlspr. Otto I. (reg. 936—973).

Ehrenmann. — Gott segne jeden Ehrenmann | Und straf' die Schmeichler! Amen!

Matthias Claudius, Sämtl. Werke d. Wandsbecker Boten. T. 4. Lied nach d. Frieden (geb. 1779). Schlußv.

— Mein Vater war ein dunkler Ehrenmann.

Joh. Wolfg. von Goethe, Faust, I (1808). Vor d. Tor (Faust).

Ehrenpunkt. — Die Ehre gebar nach und nach ein Unding und lieh ihm einen Namen, für welchen der Deutsche noch heute kein Wort hat: Point d'honneur (Ehrenpunkt).

Aug. von Kotzebue, V. Adel (1792).

Ehrenschulden. — ... Ehrenschulden, ein Wort, wo die Ehre furchtbar mißbraucht wird.

Karl Jul. Weber, Demokritos (1832—1840). D. Ehrgeiz.

Ehrenstellen. — Achte, willstu glücklich seyn, | Ehrenstellen nicht zu klein; | Wer, was hoch ist, gar nicht schätzet, | Der wird selten hochgesetzet.

Friedr. von Logau, Deutsche Sinn-Getichte (1654).

Ehrenwert. — Denn Brutus ist ein ehrenwerter Mann, | Das sind sie alle, alle ehrenwert. Engl.: **For Brutus is an honourable man, | So are they all, all honourable men.**

William Shakespeare, Jul. Cäsar (1601). Übers. v. Schlegel. A. 3, Sz. 2 (Antonius).

Ehrenwort. — Ehrenworte kosten wenig.

Joh. Gottfr. von Herder, D. Cid (1806). B. 4, Ges. 53.

Ehrenzeichen. — Und, seiner Freiheit ungetreu, | Eilt man nach stolzen Ehrenzeichen | Und desto tiefrer Sklaverei.

Christ. Fürchtegott Gellert, Fab. u. Erz. (1746). B. 1. D. Füllen. Schlußv.

— Es ist nicht etwas so Seltenes, daß einer seine Ehre für ein Ehrenzeichen verkauft.

Christ. Friedr. Wilh. Jakobs, Ährenlese (1823—1825). Bd. 2.

Ehrfurcht. — Zutraulichkeit an der Stelle der Ehrfurcht ist immer lächerlich.

Joh. Wolfg. von Goethe, D. Wahlverwandtschaften (1808—1809). T. 2, K. 5. A. Ottiliens Tageb.

— Die wahre Ehrfurcht geht niemals aus der Furcht hervor.

Marie von Ebner-Eschenbach, Aphorismen (1893).

Ehrgefühl. — Das Ehrgefühl, als Hilfsmittel in den Händen der Tugend, ist eines der kräftigsten, den Menschen vor schlechten und verwerflichen Handlungen zu bewahren und zu großen, guten Gesinnungen und Taten zu begeistern.

Heinr. Daniel Zschokke, Stunden d. Andacht (1809—1816). T. 1.

Ehrgeiz. — Er siecht am Ehrgeiz freilich, einem schlimmen Fluch. Griech.: ***Φιλοτιμία μὲν ἐνέχεται, δεινῷ κακῷ.***

Euripides, Iphigenie in Aulis (um 407 v. Chr.). Übers. v. Minckwitz. V. 527 (Menelaos).

Ehrgeiz. — Denn das eigentliche Wesen des Ehrgeizes ist nur der Schatten eines Traumes. Engl.: **For the very substance of the ambitious is merely the shadow of a dream.**

William Shakespeare, Hamlet (1601—1602). Übers. v. Schlegel. A. 2, Sz. 2 (Güldenstern).

— Wie glücklich ist ein Leben, wenn es mit der Liebe beginnt und mit dem Ehrgeiz endet! Franz.: **Qu'une vie est heureuse quand elle commence par l'amour et qu'elle finit par l'ambition.**

Blaise Pascal, Gedanken (1670). Übers. v. Kleuker. Über d. Leidenschaften d. Liebe.

— Die Leidenschaften tyrannisieren den Menschen; der Ehrgeiz aber hält in ihm die übrigen Leidenschaften zurück und gibt ihm eine Zeitlang den Anschein aller Tugenden.. Franz.: **Les passions tyrannisent l'homme; et l'ambition suspend en lui les autres passions, et lui donne pour un temps les apparences de toutes les vertus.**

Jean de La Bruyère, Charaktere (1688). Übers. v. Hamel. V. d. Glücksgütern.

— Und was der Ehrgeiz für Unglück stiftet, braucht keines Beweises.

Ewald Christ. von Kleist, Sämtl. Werke (1760). Prosaische Aufsätze. Nr. 6.

— Ehrgeiz ist ein großes — | Ein weites Wort, worin unendlich viel | Noch liegen kann.

Friedr. von Schiller, Don Carlos (1787). A. 3, Sz. 3 (Alba).

— Kleiner Ehrgeiz beugt sich unter das harte Joch des Zwanges weit lieber, als unter die sanfte Herrschaft eines überlegenen Geistes.

Friedr. von Schiller, Gesch. d. Abfalls d. vereinigten Niederlande v. d. spanischen Regierung (1788).

— Ein der Liebe offenes Herz ist über niedern Ehrgeiz erhaben.

Friedr. d. Große, Sämtl. Werke (1789).

— Der Ehrgeiz ergreift kleine Seelen leichter als große, wie das Feuer leichter das Strohdach der Hütte als die Paläste erfaßt. Franz.: **L'ambition prend aux petites âmes plus facilement qu'aux grandes, comme le feu prend plus aisément à la paille, aux chaumières qu'aux palais.**

Seb. Chamfort, Maximen u. Gedanken (1796). Übers. v. Stahl. K. 1.

— Laß dich den Ehrgeiz nicht verführen!

Friedr. von Schiller, Maria Stuart (1800). A. 2, Sz. 7 (Paulet).

— Heftigen Ehrgeiz und Mißtrauen habe ich noch allemal beisammen gesehen.

Georg Christoph Lichtenberg, Verm. Schriften (1800—1806). Bd. 1, Nr. 3. Bemerk. verm. Inhalts. Nr. 4. Beobachtungen über d. Menschen.

— Eh'r Geiz ist zu sättigen als Ehrgeiz.

Friedr. Rückert, D. Makamen d. Hariri (1826).

— Ehrgeiz ist nur eine besondere Form der allgemeinen Menschensehnsucht nach Glück.

Paul Heyse, D. Kinder d. Welt (1873).

Ehrgeiz. — Ehrgeiz und Geldgeiz ist ein Brunn alles Übels. Sprichwort.

— Wer sein Herz dem Ehrgeiz öffnet, verschließt es der Ruhe. A. d. Chinesischen.

Ehrgeizig. — Die Ehrgeizigen erklimmen die Höhe wie die Schornsteinfeger, auf Händen und Füßen, kriechen durch dunkle, garstige Kanäle und machen sich nichts daraus, wenn sie schwarz aussehen. Karl Jul. Weber, Demokritos (1832—1840). D. Ehrgeiz.

— Wenn ehrgeizige Menschen nicht schöpferisch sein können, treten sie als Zerstörer auf.
Ernst Jul. Hähnel, Lit. Reliquien (1882).

Ehrlich. — Ja, Herr, ehrlich sein heißt, wie es in dieser Welt her geht, ein Auserwählter unter Zehntausenden sein. Engl.: **Ay, sir; to be honest, as this world goes, is to be one man picked out of ten thousand.**
William Shakespeare, Hamlet (1601—1602). Übers. v. Schlegel. A. 2, Sz. 2 (Hamlet).

— Hier ehrlich, dort selig, | Nicht mehr begehr' ich. Anna von Eltingen (1612).

— Wer ehrlich hat gelebt vnd selig ist gestorben, | Hat einen Himmel hier vnd einen dort erworben.
Friedr. von Logau, Deutsche Sinn-Getichte (1654). Ein ehrliches Leben v. ein seliger Tod.

— Ein ehrlicher Nam steht auff der Leut Wahn.
Christoph Lehmann, Politischer Blumen-Garten (1662). T. 1. Ehr. Nr. 3.

— O, man ist auch verzweifelt wenig, wenn man weiter nichts ist als ehrlich.
Gotthold Ephr. Lessing, Minna v. Barnhelm (1763). A. 3, Sz. 2 (Franziska).

— Die Vorsicht . . . hält den ehrlichen Mann immer schadlos, und öfters schon im voraus.
Gotthold Ephr. Lessing, Minna v. Barnhelm (1763). A. 4, Sz. 6 (D. Fräulein).

— . . . ein ehrlicher Mann mag stecken in welchem Kleide er will, man muß ihn lieben.
Gotthold Ephr. Lessing, Minna v. Barnhelm (1763). A. 5, Sz. 13 (D. Graf).

— Schöppen und Gerichte | Nennen mich ein ehrlich Blut, | Und das hat Gewichte.
Gottlob Wilh. Burmann, Lieder (1774). D. lustige Hans. Mel. v. Joh. Abraham Peter Schulz (1779).

— . . . die's ehrlich meinen, | Die grüß' ich all' aus Herzensgrund!
Jos. Freiherr von Eichendorff, Ahnung u. Gegenwart (1815). A. d. Dichter. Schlußv.

— Ehrlich sein | Ist doch das beste. | War es nur kümmerlich, | So steht es feste.
Joh. Wolfg. von Goethe, Westöstlicher Diwan. B. d. Betrachtungen. Wie ich so ehrlich war usw. (1827). Schlußv.

— Ganz ehrlich meint jeder es am Ende doch nur mit sich selbst und höchstens noch mit seinem Kinde. Arthur Schopenhauer, Parerga u. Paralipomena (1851). K. 1. Paränesen u. Maximen.

Ehrlich. — Ehrlich macht reich, aber langsam geht's her. Alter Spr.

— Besser ehrlich gestorben | Als schändlich verdorben. Sprichwort.

— Ehrlich währt am längsten. Sprichwort.

— Ehrlich währt am längsten, wird aber nicht viel strapliziert, sagt der alte Vogt.
Sprichwörtl. Redensart. Werra.

Ehrlichkeit. — Der Lump und der Edle — sonderbar— | Schätzen die Ehrlichkeit beide gering; | Dem einen ist sie unfaßbar, | Dem andern ein selbstverständlich Ding.
Max Haushofer in d. Münchener Neuesten Nachrichten (1900).

— Ehrlichkeit kann nicht weichen, | Sie ist Holz von Eichen. Sprichwort.

— Ehrlichkeit ist die beste Politik. Engl.: **Honesty is the best policy.** Sprichwort.

Ehrlos. — Nur das ist Schmach für Menschen edler Art, | Dem Tode vorzuziehn ein ehrlos Leben. Griech.: *Ζῆν αἰσχρὸν αἰσχρῶς τοῖς καλῶς πεφυκόσιν.*
Sophokles (um 496—406 v. Chr.), Elektra. Übers. v. Jordan. V. 980 (Elektra).

— Besser gutlos denn ehrlos. Sprichwort.

Ehrsucht. — Sie (die Ehrsucht) ist | Ein frevelhaftes Götterweib. Griech.: . . . *τῆς κακίστης δαιμόνων . . . | φιλοτιμίας.*
Euripides (um 480—406 v. Chr.), D. Phönicierinnen. Übers. v. Minckwitz. V. 531—32 (Jokaste).

— Doch oft bestätigt sich's, | Die Demut ist der jungen Ehrsucht Leiter; | Wer sie hinanklimmt, kehrt den Blick ihr zu; | Doch hat er erst die höchste Sproff' erreicht, | Dann kehret er der Leiter seinen Rücken, | Schaut himmelan, verschmäht die niedern Tritte, | Die ihn hinaufgebracht. Engl.: **But 'tis a common proof, | That lowliness is young ambition's ladder, | Whereto the climber-upwards turns his face; | But when he once attains the upmost round, | He then unto the ladder turns his back, | Looks in the clouds, scorning the base degrees | By which he did ascend.**
William Shakespeare, Jul. Cäsar (1601). Übers. v. Schlegel. A. 2, Sz. 1 (Brutus).

— Cromwell, bei deinem Heil, wirf Ehrsucht von dir! | Die Sünde hat die Engel selbst betört | Wie frommte sie dem Menschen, Gottes Bilde? Engl.: **I charge thee, fling away ambition: | By that sin fell the angels; how can man then, | The image of his Maker, hope to win by't?**
William Shakespeare, Heinr. VIII. (1613). Übers. v. Graf Baudissin. A. 3, Sz. 2 (Wolsey).

— Von allen Gefühlen, welche unsere Seele tyrannisieren, gibt es kein verderblicheres . . . als eine ungezügelte Ehrsucht, ein übertriebenes Verlangen nach falschem Ruhm.
Friedr. d. Große, Antimachiavelli (1795).

Ehrsucht. — Weh' dem, den aus der Seinen stillem Kreise | Des Ruhms, der Ehrsucht eitler Schatten lockt!

Frz. Grillparzer, Sappho (1822). A. 1, Sz. 5 (Sappho).

— Ehrsucht — | Ehrflucht. Sprichwörtl.

Ei. — Vom Ei an (von Anfang an). Lat.: **Ab ovo.** (Vgl. Seite 19, Spalte 1. Anfang, 2. Stelle.)

Quint. Horatius Flacc., Dichtkunst (um 20 v. Chr.). V. 147. Übers. v. Grau.

— Jedem ein Ei, | Dem frommen Schweppermann zwei.

Ludw. d. Bayer am Abend nach d. Schlacht bei Mühldorf (28. Sept. 1322).

— Der Behutsame gehet, als wann er auff Eyer oder Kolen gieng; gehet leiß, er fürcht, er trett in ein Glaß.

Christoph Lehmann, Politischer Blumen-Garten (1662). T. 1. Behutsambkeit. Nr. 20.

— Es gibt Leute, welche den Vogel ganz genau zu kennen glauben, weil sie das Ei gesehen, woraus er hervorgekrochen.

Heinr. Heine, Sämtl. Werke (1861—1868). Verm. Schriften. Gedanken u. Einfälle. Verm. Einfälle.

— Aus ungelegten Eiern schlüpfen keine Hühner. Alter Spr.

— Bös Ei, bös Küchlein. Sprichwort.

— Das Ei will klüger sein als die Henne. Sprichwort.

— Ein faules Ei | Verderbt den ganzen Brei. Sprichwort.

— Wie's Ei, so's Hennele. Sprichwort. Schwäbisch.

— Das Ei des Kolumbus (dies sagt man zu jemandem, der etwas nicht hat ausführen können, dann aber, wenn man ihm gezeigt, wie es zu machen ist, die Sache sehr einfach findet; — dem Kolumbus wurde in einer Gesellschaft vorgeworfen, daß die Entdeckung Amerikas ganz einfach gewesen wäre; die hätte jeder von den Anwesenden gemacht, wenn sie nur früher daran gedacht hätten; Kolumbus nahm ein Ei und forderte die Gäste auf, es auf einem seiner Enden zum Stehen zu bringen; keiner vermochte es; Kolumbus schlug das eine Ende des Eies ein, so daß die Spitze glatt gedrückt wurde, und stellte es auf). Sprichwörtl. Redensart.

— Sich gleichen wie ein Ei dem anderen (sich sehr ähnlich sehen). Sprichwörtl. Redensart.

— Sich um ungelegte Eier kümmern (sich um etwas kümmern, was einen nichts angeht). Sprichwörtl. Redensart.

— Wie auf Eiern gehen (sehr vorsichtig gehen; eigentlich: wie zwischen Eiern durchgehen; — wenn man keins zertreten will, muß man sehr vorsichtig gehen). Sprichwörtl. Redensart.

— Wie aus dem Ei geschält (sehr sauber; — ein frisch geschältes Ei ist völlig rein). Sprichwörtl. Redensart.

Eiche. — Frei und unerschütterlich | Wachsen unsre Eichen.

Aug. Heinr. Hoffmann von Fallersleben, Lyrische Gedichte. Nr. 4. Volksleben. Vaterland u. Heimat. Bundeszeichen (ged. 2. Okt. 1842). Mel. Gaudeamus igitur usw.

— Es fällt keine Eiche | Vom ersten Streiche. Sprichwort.

— Stark und fest wie unsre Eichen. Spr. Ostfriesland.

Eichwald. — Der Eichwald brauset, | Die Wolken ziehn.

Friedr. von Schiller, Gedichte. D. Mädchens Klage (ged. 1798). Mel. v. Joh. Friedr. Reichardt (1810), Joh. Rudolf Zumsteeg, Frz. Schubert u. a.

Eid. — Eid, Treu' und Ehr | Vergeßt nimmermehr! Spr. auf einer Münze (1598).

— Den frevler bindet nicht der allerstärkste eyd, | Der eyd des biedermanns ist seine rechtlichkeyt.

Andr. Tscherning, Deutscher Getichte Frühling (1642). Epigramme.

— Der Gedankenvorbehalt des Eidleistenden. Lat.: **Reservatio mentalis.**

Jesuitenpater Hermann Busenbaum, Kern d. Moraltheologie (1650). B. 3, Traktat 2, K. 2.

— Wer einen Eid von einem Gottlosen begehrt, der macht sich des Meineides schuldig.

Christoph Lehmann, Politischer Blumen-Garten (1662).

— Ewigkeit geschwornen Eiden!

Friedr. von Schiller, Gedichte. An d. Freude (ged. 1785). Mel. v. Friedr. Frz. Hurka (1789), Karl Friedr. Zelter (komp. 1. März 1792), Joh. Friedr. Reichardt (komp. 1795) u. a.

— Die Juristen nennen mit Recht den Eid eine Tortur der Seele.

Jean Paul (Joh. Paul Friedr. Richter), Auswahl a. d. Teufels Papieren (1788).

— Wo das Wort nicht mehr gilt und der Eid nicht geachtet ist, hört die Ehre auf und Redlichkeit; die menschliche Gesellschaft zerrottet sich in Banden, und das Menschenleben ist ein ewiges Spitzbübern.

Friedr. Ludw. Jahn, Deutsches Volkstum (1810).

— . . . der Eid macht ein Ende alles Haders. Ebr., K. 6, V. 16.

— Gezwungner Eid | Ist Gott leid. Sprichwort.

— Stäch' ein Eid wie ein Dorn, | Es würde nicht soviel geschworn. Sprichwort.

Eiertanz. — Auf Eiern tanzen und mit Weibern umgehen muß gelernt werden sieben Jahre und einen Tag. Sprichwort.

Eifer. — Zu großer Eifer setzt sich leicht Gefahren aus. Griech.: *Τὸ πολλὰ πράσσειν οὐκ ἐν ἀσφαλεῖ βίον.*

Euripides, Hippolyt (um 428 v. Chr.). Übers. v. Minckwitz. V. 784 (Zweiter Halbchor).

— Wo kein Eyffer ist, da ist kein lieb.

Christoph Lehmann, Politischer Blumen-Garten (1662). T. 1. Lieb. Nr. 72.

Eifer. — Blinder Eifer schadet nur.
Magnus Gottfr. Lichtwer, Vier B. Äsopischer Fab. (1748). B. 1, Nr. 21. Schlußv.

— Der Eifer auch, der gute, kann verraten.
Friedr. von Schiller, Wilh. Tell (1804). A. 2, Sz. 2 (Rösselmann).

— Der Eifer ist wohl ein guter Diener, aber ein böser Herr. Alter Spr.

— Eifer regt das Blut auf.
Arabisches Sprichwort.

— Zeit und Eifer trocknen Sümpfe aus.
Lettisches Sprichwort.

Eifersucht. — Die Eifersucht ist allen Frau'n ins Blut gepflanzt, | Und Nebenbuhlerinnen trifft ihr ärgster Haß. Griech.: *Ἐπίφθονόν τι χρῆμα θηλειῶν ἔφυ | Καὶ ξυγγάμοισι δυσμενὲς μάλιστ' ἀεί.* Euripides, Andromache (um 420 v. Chr.). Übers. v. Minckwitz. V. 181—82 (Chor).

— Des ifers zit ist nit die best, | Er vörcht (fürchtet) ein andern gouch im nest.
Seb. Brant, D. Narrenschif (1494). Nr. 89. V. dorechtem wechsel.

— O Herr, bewahret Euch vor Eifersucht, | Dem Ungeheuer mit den grünen Augen, | Das mit dem Fraße spielt, von dem es lebt. Engl.: O, beware, my lord, of jealousy; | It is the green-ey'd monster, which doth mock | The meat it feeds on.
William Shakespeare, Othello (1601—1605[?]). Übers. v. Graf Baudissin. A. 3, Sz. 3 (Jago).

— Dinge, leicht wie Luft, | Sind für die Eifersucht Beweise, stark | Wie Bibelsprüche. Engl.: Trifles, light as air, | Are to the jealous confirmations strong | As proofs of holy writ.
William Shakespeare, Othello (1601—1605[?]). Übers. v. Graf Baudissin. A. 3, Sz. 3 (Jago).

— Eifersucht ist — entweder unnötig oder — unnütz. Weidner, Apophthegmata (1653).

— Die Eifersucht wächst heran unter Zweifeln, und sie wird rasend oder stirbt dahin, sobald der Zweifel der Gewißheit weicht. Franz.: La jalousie se nourrit dans les doutes; elle devient fureur, ou elle finit, sitôt qu'on passe du doute à la certitude.
François, Herzog von La Rochefoucauld, Reflexionen oder moralische Sentenzen u. Maximen (1665). Nr. 32. Übers. v. Zimmermann.

— Bei der Eifersucht zeigt sich mehr Eigenliebe als Liebe. Franz.: Il y a dans la jalousie plus d'amour-propre que d'amour.
François, Herzog von La Rochefoucauld, Reflexionen oder moralische Sentenzen u. Maximen (1665). Nr. 324. Übers. v. Zimmermann.

Eifersucht. — Die Eifersucht ist das größte Übel und erweckt doch gerade bei den Personen, die es verursachen, am wenigsten Mitleid. Franz.: La jalousie est le plus grand de tous les maux, et celui qui fait le moins de pitié aux personnes qui le causent.
François, Herzog von La Rochefoucauld, Reflexionen oder moralische Sentenzen u. Maximen (1665). Nr. 503. Übers. v. Zimmermann.

— . . . die schlimmste aller Grillen. | Der ärgste Feind, der je sich aus der Hölle schlich (die Eifersucht). Christoph Martin Wieland, Oberon (1780). Ges. 6, Str. 49—50.

— O, der alles vergrößernden Eifersucht!
Friedr. von Schiller, D. Verschwörung d. Fiesco zu Genua (1783). A. 1, Sz. 1 (Rosa).

— Eifersucht ist das Laster eines beschränkten, Vertrauen die Tugend eines großfühlenden Herzens. Engl.: Jealousy is the vice of narrow minds; — confidence the virtue of enlarged ones.
Jeremy Bentham, Grundlagen d. internationalen Rechtes (1786—1789). Übers. v. Beneke. Essay 4, These 13.

— O Raserei der Eifersucht, des Neides!
Friedr. von Schiller, D. Braut v. Messina (1803). Säulenhalle (Isabella).

— Die Liebe | Wird leicht zur Wut in heftigen Naturen. | Wenn in den aufgehäuften Feuerzunder | Des alten Hasses auch noch dieser Blitz, | Der Eifersucht feindsel'ge Flamme, schlug.
Friedr. von Schiller, D. Braut v. Messina (1803). D. Säulenhalle (Isabella).

— Mehr liebt, wen Eifersucht entflammt; | Doch besser liebt, wer sie verdammt.
Joh. Christoph Friedr. Haug, Epigramme u. verm. Gedichte (1805). B. 4, Nr. 21.

— Psui aber, ohne Liebe Eifersucht | Aus feiger Kälte! Dreimal sei verflucht!
Joh. Gottfr. von Herder, Stimmen d. Völker in Liedern (1807). Abteilung 1, B. 2, Nr. 32. D. Gräfin Linda. Franz.

Wie scharf der Trompete Schmettern Ohr und Eingeweid' | Zerreißend anfaßt, also krallt sich Eifersucht | Im Busen fest des Mannes, der das nie vergißt, | Was einst er besaß und nun verlor, nicht mehr besitzt.
Joh. Wolfg. von Goethe, Faust, II (1831). A. 3. Vor d. Palaste d. Menelas zu Sparta (Phorkyas).

— Eifersucht ist eine Leidenschaft, | Die mit Eifer sucht, | Was Leiden schafft.
Friedr. Ernst Daniel Schleiermacher, . . . ? . . . (1768—1834).

— Die Eifersucht ist ein verzehrend Feuer, | Ein Tiger, der nicht seine Beut' allein, | Der auch sein eigen grimmig Herz zerfleischt.
Michael Beer, Sämtl. Werke (1835). Schwert u. Hand. A. 3, Sz. 4.

— . . . sie (die Eifersucht) ist die Schwester der Liebe, wie der Teufel der Bruder des Engels.
Karl Jul. Weber, Demokritos (1832—1840). D. Eifersucht.

Eifersucht. — Eifersucht macht scharfsinnig und blind | Sieht wie ein Schütz und trifft wie ein Kind.

Emanuel Geibel, Juniuslieder (1848). Gelegenheitsgedichte, Spr., Scherze. Spr. Nr. 50.

— Vor lauter Liebe sich nicht Liebe gönnen, | Vor lauter Liebe hassen können: | Sie pflegen's Eifersucht zu nennen.

Ernst Freiherr von Feuchtersleben, Sämtl. Werke (1851—1853). Gedichte.

— Die Liebe ist jene Flamme, welche die Götter den Sterblichen mißgönnen, und die Eifersucht ist der fressende Geier, der den Diebstahl furchtbar rächt. Ludw. Börne (Löb Baruch), Gesammelte Schriften (1862—1863). Erz., Reisen, verm. Aufsätze, Nr. 25. Fastenpredigt über d. Eifersucht.

— Die Eifersucht macht den Mann dumm, lächerlich und setzt ihn in der Liebe und Achtung des Weibes herab; das Weib macht sie geistreicher, liebenswürdiger, und sie steigert die Empfindung des Mannes.

Ludw. Börne (Löb Baruch), Gesammelte Schriften (1862 — 1863). Erz., Reisen, verm. Aufsätze. Nr. 25. Fastenpredigt über d. Eifersucht.

— Doch einen Schmerz gibt es, der mit der Freude die schreckliche Gemeinschaft hat, daß auch er den ganzen Menschen ausfüllt und ins Blut des Lebens verwandelt wird — es ist die Eifersucht. Ludw. Börne (Löb Baruch), Gesammelte Schriften (1862—1863). Erz., Reisen, verm. Aufsätze. Nr. 25. Fastenpredigt über d. Eifersucht.

— Verschmähte Liebe ist Tod. Eifersucht ist mehr, sie ist die Furcht des Todes.

Ludw. Börne (Löb Baruch), Gesammelte Schriften (1862 — 1863). Erz., Reisen, verm. Aufsätze. Nr. 25. Fastenpredigt über d. Eifersucht.

— Eifersucht ist der einzige, verlorene Schmerz, die alleinigen Wehen in der ganzen Natur, welchen nie eine Geburt nachfolgt.

Ludw. Börne (Löb Baruch), Gesammelte Schriften (1862 — 1863). Erz., Reisen, verm. Aufsätze. Nr. 25. Fastenpredigt über d. Eifersucht.

— Wäre die Eifersucht nicht immer ein Gemisch von Haß und Liebe, so wäre sie nicht, was sie ist, die rätselhafteste, unergründlichste aller Leidenschaften.

Karl von Holtei, D. letzte Komödiant (1863).

— Eifersucht ist Beschämung — Beschämung, die Rechnung ohne den Wirt gemacht zu haben. Unsre Wünsche, unsre Neigung brachten wir in Anschlag, nicht die des andern.

Rahel (Antonie Friederike Varnhagen von Ense). Br. (1877).

— Die Eifersucht ist die Zitronensäure der Liebe. Gustav Adolf Lindner, Problem d. Glücks (1892).

— Ohne Eifersucht keine Liebe. Sprichwort.

— Då droben auf der Ålm | Tuet 's Gamsl scherz'n; | Wo koa Eifersucht ist, | Geht koa' Lieb von Herzen. Tiroler Schnaderhüpfl.

Eifersüchtig. — Das gift'ge Schrei'n der eifersücht'gen Frau | Wirkt tödlicher als tollen Hundes Zahn. Engl.: **The venom clamours of a jealous woman | Poison more deadly than a mad dog's tooth.**

William Shakespeare, Komödie d. Irrungen (1591—1592[?]). Übers. v. Graf Baudissin. A. 5, Sz. 1 (Äbtissin).

— Doch welche Höllenstunden zählt der Mann, | Der liebt, doch zweifelt, argwöhnt und doch schwärmt! (eifersüchtig ist). Engl.: **But, O, what damned minutes dells he o'er | Who dotes, yet doubts: suspects, yet strongly loves.**

William Shakespeare, Othello (1601—1605[?]). Übers. v. Graf Baudissin. A. 3, Sz. 3 (Jago).

— Ihr Eifersüchtigen, die ihr ein Mädchen plagt, | Denkt euren Streichen nach, dann habt das Herz und klagt!

Joh. Wolfg. von Goethe, D. Laune des Verliebten (1768). Sz. 9 (Egle). Schlußv.

— Kein Weib hält übrigens ihren Mann für echt klug, wenn er eifersüchtig ist; er habe dazu Ursache oder nicht.

Theod. Gottl. von Hippel, Über d. Ehe (1774). K. 4. Über d. Treue in d. Ehe. D. Weiber.

— Ins Tollhaus führt den Eifersüchtler Till, | Der immer sucht, was er nicht finden will.

Joh. Christoph Haug, Sinngedichte (1791).

— Wer eifersüchtig ist, liebt weder, noch | Wird er geliebt.

Christ. Dietr. Grabbe, Don Juan u. Faust (1829). A. 1, Sz. 1 (Don Juan).

— Wenn die Lieb' ist eifersüchtig, so bekommt sie hundert Augen: | Doch es sind nicht zwei darunter, die gradaus zu sehen taugen.

Wilh. Müller, Gedichte (1837). Epigramme. 1. Hundert, Nr. 14. Eifersüchtige Liebe.

— Eine Eifersüchtige ist durch kein Handeln und kein Sprechen zu heilen, sie gleicht der Pauke, die unter allen Instrumenten am schwersten zu stimmen ist und sich am kürzesten in Stimmung erhält. Jean Paul (Joh. Paul Friedr. Richter), Sämtl. Werke (1826—1838).

— Der eifersüchtige Mann ist ein zorniger Löwe; er ist edel, und nur der Hunger zwingt ihn, seine Beute zu zerreißen. Das eifersüchtige Weib ist eine erboste Schlange; sie ist eitel, und die Lüsternheit allein verführt sie zum Stechen.

Ludw. Börne (Löb Baruch), Gesammelte Schriften (1862 — 1863). Erz., Reisen, verm. Aufsätze. Nr. 25. Fastenpredigt über d. Eifersucht.

— . . . wo er (der Eifersüchtige) weilt, da hausen Schlangen unter den Rosen der geselligen Freude. Ludw. Börne (Löb Baruch), Gesammelte Schriften (1862—1863). Erz., Reisen, verm. Aufsätze. Nr. 25. Fastenpredigt über d. Eifersucht.

Eigen. — Für das eigene Haus. Lat.: **Pro domo.** Oratio pro domo = Selbstverteidigungsrede oder für seinen eigenen Vorteil reden.

Nach Marc. Tull. Cicero, Titel einer Rede (57 v. Chr.). Übers. v. Schmitt.

Eigen. — Ein Kind, ein junger Mensch, die auf ihrem eigenen Wege irre gehen, sind mir lieber, als manche, die auf fremdem Wege recht wandeln.

Joh. Wolfg. von Goethe, Wilh. Meisters Lehrjahre (1777—1796).

— Etwas muß er sein eigen nennen, | Oder der Mensch wird morden und brennen.

Friedr. von Schiller, Wallensteins Lager (1798). Sz. 11 (Erster Kürassier).

— Die Sonnen also scheinen uns nicht mehr, | Fortan muß eignes Feuer uns erleuchten.

Friedr. von Schiller, D. Piccolomini (1799). A. 2, Sz. 2 (Wallenstein).

— Steh' und falle mit eignem Kopfe, | Tu' das Deine und tu' es frisch! | Besser stolz an dem irdnen Topfe, | Als demütig am goldnen Tisch.

Ernst Moritz Arndt, Gedichte. Lebenslied (ged. 1800).

— Ach, wenn du wärst mein eigen!

Ida Gräfin von Hahn-Hahn, Gedichte (1835). Wenn du wärst mein eigen usw. Mel. v. Friedr. Wilh. Kücken.

— Ein jeder baue nur mit Lust sein eignes Zelt; | Durch Gottes Segen wird daraus ein Bau der Welt. Friedr. Rückert, D. Weisheit d. Brahmanen (1836—1839). B. 9, Nr. 16.

— Es ist kein vögelin so klein, | Sein eigen nest wils haben rein und fein. Alter Spr.

— Besser eignes Brot als fremder Braten. Sprichwort.

— Eigen Nest | Hält wie Mauer fest. Sprichwort.

— Eigner Rauch und Hausgemach | Geht über jede andre Sach'. Sprichwort.

— Eigene Hand ist immer die treueste. Dän.: **Egen Haand er altid huldest.** Sprichwort.

— Jeder Mann ist ein Löwe in seiner eignen Sache. Engl.: **A man is a lion in his own cause.** Sprichwort.

— Man hält seine eigenen Gänse für Schwäne. Engl.: **A man thinks his own geese swans.** Sprichwort.

— Jeder leitet das Wasser auf seine eigene Mühle. Ital.: **Ognuno tira l'acqua al suo molino.** Sprichwort.

— Kein größer Gemach | Als eigen Dach. Niederl.: **Geen grooter gemak | Dan eigen dak.** Sprichwort.

— Es kratzt meine Haut nur mein eigener Fingernagel (es bekümmert sich niemand so um mein Wohl, wie ich selbst). Arabisches Sprichwort.

— Gut ist's, im eignen Garten zu grasen. Isländisches Sprichwort.

— Die fremde Flasche wird leer in drei Zügen, die eigne nicht in zehn. Lettisches Sprichwort.

— Der Narr weiß mehr im eigenen Hause, als der Weise in denen anderer. Niederl. Sprichwort.

— Besser ein eignes Auge als zwei fremde. Polnisches Sprichwort.

Eigen. — Rascher ist sein eigener Esel als des anderen Araber. Serbisches Sprichwort.

— Niemand ist weise in seinem eigenen Stück. Vlämisches Sprichwort.

— Jeder bringt die Kohle an seine eigene Sardelle. (Es denkt jeder in seinen Sack; — jeder scharrt auf seinen Kuchen.) Portug.: **Cada hum chega a braza à sua sardinha.**

A. d. Seemannssprache. — Sprichwörtl. Redensart.

Eigendünkel. — Der Eigendünkel ist unsere natürliche Erbkrankheit. Das jämmerlichste, zerbrechlichste Geschöpf unter allen ist der Mensch, und zu gleicher Zeit das hochmütigste. Franz.: **La présumption est notre maladie naturelle et originelle. La plus calamiteuse et fragile de toutes les créatures, c'est l'homme, et quand et quand la plus orgueilleuse.**

Michel Eyquem de Montaigne, Essays (1580). Übers. v. Titus.

— Der Eigendünkel ist zu nennen Geheimerat der ganzen Welt; | Er findet in der ärmsten Hütte für sich ein Kabinett bestellt.

Wilh. Müller, Gedichte (1837). Epigramme. 3. Hundert, Nr. 34. D. Eigendünkel.

Eigenheit. — Eigenheiten, die werden schon haften; | Kultiviere deine Eigenschaften!

Joh. Wolfg. von Goethe, Gedichte. Sprichwörtl. (ged. 1812—1814).

— Jedermann hat seine Eigenheiten und kann sie nicht los werden; und doch geht mancher an seinen Eigenheiten, oft an den unschuldigsten, zugrunde. Joh. Wolfg. von Goethe, Werke (1827—1830). Maximen u. Reflexionen. Abteilung 2.

Eigenliebe. — Die Eigenliebe ist ein mit Wind gefüllter Ball, woraus Stürme hervorbrechen, wenn man hineinsticht. Franz.: **L'amour-propre est un ballon gonflé de vent, dont il sort des tempêtes quand on lui fait une piqûre.**

Voltaire (François Marie Arouet), Zadig oder d. Schicksal (1748). Übers. v. Mylius.

— Die Eigenliebe läßt uns sowohl unsre Tugenden als unsre Fehler viel bedeutender, als sie sind, erscheinen.

Joh. Wolfg. von Goethe, Wilh. Meisters Lehrjahre (1777—1796).

— Man liebt weder Vater, noch Mutter, noch Frau, noch Kind, sondern die angenehmen Empfindungen, die sie uns machen; es schmeichelt immer etwas unserem Stolze und unserer Eigenliebe. Georg Christoph Lichtenberg, Verm. Schriften (1800—1806). Bd. 2, Nr. 2. Bemerk. verm. Inhalts. Nr. 1. Philosophische Bemerk.

— Eigenliebe ist die Leidenschaft, | Die sich selbst in tausend andern straft.

Gotthilf Aug. von Maltitz, Sonnenblicke am Wolkenhimmel d. Lebens (1830).

— . . . Bequemlichkeit und Eigenliebe . . . zweien Eigenschaften, die man nicht ohne die Menschheit ablegt.

Immanuel Kant, Werke (1838—1839). Bd. 5.

Eigenliebe. — Allerdings ist die Eigenliebe das Motiv vieler unserer Handlungen, aber es gibt auch eine Eigenliebe höherer, edlerer Art, und daß diese schweige, heißt verlangen, daß etwas anderes in uns wirke als wir selbst.

Joh. Jak. Mohr, Gedanken über Leben u. Kunst (1885).

— Liebe macht blind, und am allermeisten, wenn man in sich selbst verliebt ist (Eigenliebe hegt). Peter Sirius, Tausend u. Ein Gedanken (1899). Liebe u. Ehe.

— Eigenliebe | Macht Augen trübe. Alter Spr.

Eigenlob. — So doch der wis man gibt urkund, | Das lob stink uß eim eigenen mund.

Seb. Brant, D. Narrenschif (1494). Nr. 46. V. d. gwalt d. narren.

— Sich selber schelten, | Sich selber loben, | Thun Kluge selten, | Thun nur, die toben.

Friedr. von Logau, Deutsche Sinn-Getichte (1654). Eigenlob v. Eigenschmach.

— Man sagt: eitles Eigenlob stinket. Das mag sein; was aber fremder und ungerechter Tadel für einen Geruch haben, dafür hat das Publikum keine Nase.

Joh. Wolfg. von Goethe, Werke (1827—1830). Maximen u. Reflexionen. Abteilung 2.

— Eigenlob stinkt. Sprichwort.

— Wer sich lobt alleine, | Des Ehre ist gar kleine. Sprichwort.

Eigennutz. — Wem nit der gmein nutz ist als wert | Als eigennutz, des er begert, | Den halt ich für ein närschen gouch; | Was gmein ist, das ist eigen ouch. Seb. Brant, D. Narrenschif (1494). Nr. 10. V. worer früntschaft.

— Eigener Nutz, heimlicher Haß und junger Leute Rat | Verderbet manche gute Stadt.

Spr. am Rathaus in Stendal (1581).

— Wor unter Menschenkindern | Hans Eigen Man regirt, | Daselbst bleibt weit dahinden, | Was gmeinen Nutz fovirt (vorteilhaft ist).

Joh. Doman, Lied v. d. Hause (1618).

— Den Eygen-Nutz last herrschen nicht, | Sonst strafft euch Gott in seim Gericht.

Joh. Mich. Moscherosch, Wunderliche v. Warhafftige Gesichte Philanders v. Sittewalt (1643). T. 2, Gesichte 1. A la Mode. Kehrauß. Rath v. Gerichts Lehr. Nr. 1.

— Eigener Nutz | Ist ein böser Putz.

Christoph Lehmann, Politischer Blumen-Garten (1662). T. 2. Nutz. Nr. 31.

— Der Eigennutz spricht jede Sprache und spielt jede Rolle, selbst die der Uneigennützigkeit. Franz.: **L'intérêt parle toutes sortes de langues et joue toutes sortes de personnages, même celui de désintéressé.**

François, Herzog von La Rochefoucauld, Reflexionen oder moralische Sentenzen u. Maximen (1665). Nr. 39. Übers. v. Zimmermann.

Eigennutz. — Die Tugenden verlieren sich im Eigennutz, wie die Ströme sich in das Meer verlieren. Franz.: **Les vertus se perdent dans l'intérêt, comme les fleuves se perdent dans la mer.**

François, Herzog von La Rochefoucauld, Reflexionen oder moralische Sentenzen u. Maximen (1665). Nr. 171. Übers. v. Zimmermann.

— Mitleidig ist die ganze Welt, | Sobald nicht Eigennutz das Urteil fällt.

Karl Wilh. Ramler, Fabellese (1783). Menschlichkeit u. Mitleid.

— Was innere Zufriedenheit gewähren soll, darf nicht mit Eigennutz gemischt erscheinen.

Aug. von Kotzebue, D. Hasses u. d. Liebe Rache (1816).

— Da aigner nutz erst ward erdacht, | Das hat die welt in kumer bracht. Alter Spr.

— Der Eigennutz ist die Spindel am Rocken. Alter Spr.

— Eigennutz erwürget auch den Freund. Sprichwort.

— Eigennutz | Ist der beste Butz. Sprichwort.

— Wo man mit Eigennutz düngt, kann die Tugend nicht gedeihen. Sprichwort.

— Das Wort Gottes wär' nit so schwer, | Wenn nur der Eigennutz nit wär'.

Spr. im Berliner Rathause. Zweiter Stock.

— Wenn aufhört Geiz und Eigennutz, | Will ich losdrücken meinen Stutz.

Spr. an d. Steinbilde eines im Anschlage liegenden Schützen an einem Schießstande. Tirol.

Eigennützig. — Eigennützig, | Keinem nützlich. Sprichwort.

Eigensinn. — Beim Eigensinn | Ist kein Gewinn. Sprichwort.

— Eigensinn ist die Energie der Dummen. Sprichwörtl.

Eigensinnig. — Die Pflanze gleicht den eigensinnigen Menschen, von denen man alles erhalten kann, wenn man sie nach ihrer Art behandelt. Joh. Wolfg. von Goethe, D. Wahlverwandtschaften (1808—1809). T. 2, K. 9.

— Leute ohne Bildung beharren um so eigensinniger bei ihrem Willen, je weniger sie dafür zu sagen wissen. Jer. Gotthelf (Albert Bitzius), D. Bauernspiegel (1836).

— Eigensinnig ist ärger als unsinnig. Sprichwort.

Eigentum. — Eigentum war nie fromm.

Christoph Lehmann, Politischer Blumen-Garten (1662).

— Ich nehme mein Eigentum, wo ich es finde. Franz.: **Je prends mon bien, où je le trouve.** Molière (Jean Baptiste Poquelin) bei d. Abfassung d. Betrügereien Scapins (1671).

— Sei gewiß, daß nichts dein Eigentum sei, was du nicht inwendig in dir hast!

Matthias Claudius, Sämtl. Werke d. Wandsbecker Boten (1775—1812). Morgengespräch.

Eigentum. — Eigentum ist Diebstahl. Franz.: La propriété c'est vol.

Pierre Jos. Proudhon, Was ist d. Eigentum? (1840). Übers. v. Bernstein u. Kautsky. K. 1, Abs. 1.

— Eigentum, | Familie wird eure Welt bewegen | Und allen Glücks und Jammers Quelle sein.

Emerich Madách, D. Tragödie d. Menschen (1861). Übers. v. Lechner. Sz. 3 (Luzifer).

— Nicht das Eigentum hat die menschliche Ungleichheit erzeugt, sondern es ist aus der ewigen menschlichen Ungleichheit entstanden.

Finanzminister von Miquel im Reichstage (27. Nov. 1893).

— Eigentum bringt Schmerzen.

Arabisches Sprichwort.

— Ehrfurcht dem Altertum, | Achtung dem Eigentum, | Ruhe den Toten!

Inschrift am Eingangstor d. alten Judenkirchhofes zu Prag.

Eigenwert. — Kämpf' und erkämpf' dir eignen Wert; | Hausbacken Brot am besten nährt.

Matthias Claudius, Sämtl. Werke d. Wandsbecker Boten. T. 7 (1803). Ein gülden ABC.

Eigenwille. — Der Eigenwille wird niemals befriedigt, wenn er auch alles hätte, was er wünscht; man ist aber befriedigt, sobald man entsagen kann. Franz.: La propre volonté ne se satisferait jamais quand elle aurait tout ce qu'elle souhaite. Mais on est satisfait dès l'instant qu'on y renonce.

Blaise Pascal, Gedanken (1670). Übers. v. Kleuker. Christliche Gedanken.

— Bezwing' den Eigenwillen! Es wird dir nicht an Gelegenheit fehlen, deine Fähigkeit besser zu zeigen als im Trotz.

Aug. Graf von Platen-Hallermund, Gesammelte Werke (1839). Lebensregeln.

— Eigenwill' muß gebrochen werden.

Sprichwort.

— Eigenwille brennt in der Hölle.

Holländisches Sprichwort.

Eile. — Maßlose Eile Schaden tut, | Maßvolle Weile, die ist gut. Mittelhochdeutsch: Unrehtiu gähe schaden tuot, | Reht gebite diu ist guot.

Vridankes Bescheidenheit (1225—1240). Übertr. v. Pannier. Nr. 38. v. erkanntnisse.

— Eyle brach den halß.

Joh. Agricola, Drey hundert Gemeyner Sprichwörtter (1529). Nr. 92.

— Wer Eile hat, der gehe langsam!

Alter Spr.

— Nicht zu geschwind, | Die Eile macht blind.

Sprichwort.

— Eile ist des Teufels Bote.

Serbisches Sprichwort.

— Wenn du vorhast ein' wichtig' Sach', | So sieh' dich für und tu' gemach; | Mit Eil' man nit soll heben an, | Daß man nachher nit reden kann.

Spr. an einem Hausgerät.

Eilen. — Eile mit Weile! Lat.: Festina lente. Griech.: Σπεῦδε βραδέως.

Nach Gajus Suetonius, Augustus (120). Übers. v. Stahr. K. 25.

— Die zu sehr eylen, haben spath Feyrabend.

Christoph Lehmann, Politischer Blumen-Garten (1662). T. 1. Eylfertigkeit. Nr. 12.

— Wems Hauß brennt, dem ist Eylen gut, sonst nicht.

Christoph Lehmann, Politischer Blumen-Garten (1662). T. 1. Eylfertigkeit. Nr. 28.

— Eilen hilft nicht; zur rechten Zeit fortgehen, das ist die Hauptsache. Franz.: Rien ne sert de courir; il faut partir à point.

Jean de Lafontaine, Fab. (1668). Übers. v. Dohm. B. 6, Nr. 10, V. 1.

— Ihr eilet ja, als wenn ihr Flügel hättet.

Friedr. von Schiller, Maria Stuart (1800). A. 3, Sz. 1 (Kennedy).

— Von eilen kam nie kein guts. Alter Spr.

Eilig. — Du bist sehr eilig, meiner Treu! | Du suchst die Tür und läufst vorbei.

Joh. Wolfg. von Goethe, Gedichte. Sprichwörtl. (ged. 1812—1814).

— Die eilige Hündin wirft blinde Junge.

Litauisches Sprichwort.

Ein. — Der eine pflanzt den Baum, | Der andre ißt die Pflaum'. Sprichwort.

— Ein Brand alleine brennt nicht lange.

Sprichwort.

— Ein Gott, ein Rock, ein Weib.

Sprichwort.

— Ein Keil treibt den andern. Sprichwort.

— Ein Mann, kein Mann. Sprichwort.

— Ein Pfennig klingt nicht. Sprichwort.

— Lade nicht alles in ein Schiff! Sprichwort.

— Rom ward nicht an einem Tag erbaut.

Sprichwort.

— So geht es in der Welt: der eine hat den Beutel, der andre hat das Geld. Sprichwort.

— Der Fuchs weiß mehr als ein Loch. Dän.: Raeven har flere, end eet Hul. Sprichwort.

— Einer allein ist nicht einmal gut im Paradiese. Ital.: Unu sulu mancu è bonu 'mparadisu. Sprichwort.

— Ein Eisen (Schwert) wetzt das andere. Lat.: Ferrum ferro acuitur. Sprichwort.

— Des einen Tod, des andern Brot. Lat.: Mors tua, vita mea. Franz.: L'un meurt dont l'autre vit. Sprichwort.

— Ein Brand kann nicht brennen, ein Weib kann nicht schelten. Norwegisch: Ein Brand kann inkje brenna, ei Kjering kann inkje skjella.

Sprichwort.

— Ein Jude macht keinen Jahrmarkt.

Kroatisches Sprichwort.

— Ein Finger macht keine Hand, | Ein Balken noch keine Wand, | Ein Schwälblein noch keinen Sommer. Sprichwörtl.

Einbildung. — Der Thron der Phantasie ist ein Luftballon, und das meiste in der Welt — Einbildung.

Karl Jul. Weber, Demokritos (1832—1840). D. geistige Lachen. Einbildungskraft.

Einbildungskraft. — Nichts hat der Mensch in sich so sehr zu bezähmen als seine Einbildungskraft, die beweglichste und zugleich die gefährlichste aller menschlichen Gemütsgaben.

Joh. Gottfr. von Herder u. Liebeskind, Palmblätter (1787—1800). Vorrede.

— Einbildungskraft wird nur durch Kunst, besonders durch Poesie geregelt. Es ist nichts fürchterlicher als Einbildungskraft ohne Geschmack.

Joh. Wolfg. von Goethe, Werke (1827—1830). Maximen u. Reflexionen. Abteilung 1.

— Höchst sachverständig nennt Kant die Einbildungskraft in ihrer Tätigkeit eine Motion des Gemütes, die zur Gesundheit diene.

Ernst Freiherr von Feuchtersleben, Zur Diatetik d. Seele (1838). Tagebuchblätter.

Einbläsereien. — Einbläsereien sind des Teufels Redekunst.

Joh. Wolfg. von Goethe, Faust, II (1831). A. 1. Kaiserliche Pfalz. Rittersaal (Mephistopheles).

Einbrocken, sich etwas. — Du hast dir's eingebrockt; nun mußt du's auch ganz ausessen. Lat.: **Tute hoc instricti; tibi omne est exedendum.**

Publ. Terentius Afer (um 185—155 v. Chr.). Phormio. Übers. v. Donner. A. 2, Sz. 2, V. 4 (Phormio).

— Was einer eingebrockt sich hat, | Davon muß er sich fressen satt.

Joh. Friedr. Fischart, Kehrab (1576 [?]).

Eindämmen. — Je mehr du's dämmst, je heller flammt es auf. Engl.: **The more thou damm'st it up, the more it burns.**

William Shakespeare, D. beiden Veroneser (1592—1593 [?]). Übers. v. Dorothea Tieck. A. 2, Sz. 7 (Julia).

Einer. — Einer von vielen. Lat.: **Unus | Multorum.**

Quint. Horatius Flacc., Sat. (um 35 v. Chr.). B. 1, Nr. 9, V. 71—72. Übers. v. Grau.

Einfach. — Das Einfache ist Siegel der Wahrheit. Lat.: **Simplex sigillum veri.**

Wahlspr. d. Boerhave (1686—1738).

— Laß uns die Götter bitten um ein einfach Herz, | Gar leicht erträgt sich dann ein einfach Los!

Frz. Grillparzer, D. goldene Vlies (1822).

— Bunt Aneinandergereihtes ergötzt zwar; doch es ermüdet | Bald, Einfaches erquickt ewig das Auge des Geists.

Aug. Graf von Platen-Hallermund, Gesammelte Werke (1839). Gedichte. Epigramme. Reichtum u. Einfalt.

Einfachheit. — Ungekünstelte und ungemachte Einfachheit gefällt. Franz.: **La simplicité plaît sans étude et sans art.**

Nicolaus Boileau, Episteln (1676). Übers. v. Abel. Nr. 9, V. 81.

Einfachheit. — ... die größte Tugend der Alten und eine der Hauptquellen des Frohsinns — Einfachheit.

Karl Jul. Weber, Demokritos (1832—1840). D. Einfachheit u. Lebensweisheit.

— Der Einfachheit folgt Ruhe und Friede im Gemüt, und alle, die ein hohes Alter erreichten, waren Leute von einfachen Sitten.

Karl Jul. Weber, Demokritos (1832—1840). D. Einfachheit u. Lebensweisheit. D. Fortsetzung.

Einfall. — O, der Einfall | War kindisch, aber göttlich schön!

Friedr. von Schiller, Don Carlos (1787). A. 1, Sz. 2 (Carlos).

— Einfälle sind keine Gedanken. | Der Gedanke kennt die Schranken, | Der Einfall setzt sich darüber weg | Und kommt in der Ausführung nicht vom Fleck.

Frz. Grillparzer, Sämtl. Werke (1872). Gedichte.

— Er hat Einfälle wie ein altes Haus.

Sprichwörtl. Redensart.

Einfallen. — Fällt mir ja nich in Traum in (ich tue es auf keinen Fall).

Berliner Redensart.

Einfalt. — O heilige Einfalt! Lat.: **O sancta simplicitas!**

Angeblicher Ausruf d. Joh. Hus (1415) auf d. Scheiterhaufen, als er einen glaubenseifrigen Bauern Holz in d. Flammen werfen sah.

— Daß doch | Die Einfalt immer recht behält!

Gotthold Ephr. Lessing, Nathan d. Weise (1779). A. 1, Sz. 5 (Tempelherr).

— Ach, daß die Einfalt, daß die Unschuld nie | Sich selbst und ihren heil'gen Wert erkennt!

Joh. Wolfg. von Goethe, Faust, I (1808). Garten (Faust).

— Einfalt | Hat schöne Gestalt.

Alter Spr.

Einfältig. — Selig sind die Einfältigen, hat er (Christus) gesagt. Ich verstehe dies Wort so: einfältig ist der, dessen Seele nur einmal gefaltet, glatt und rein ist wie ein Spiegel, und einfältig waren die größten Weisen und die am höchsten Gesinnten.

Georg Moritz Ebers, Ein Wort (1883).

— Die Klugen haben wahrhaftig lange nicht so viel Behaglichkeit in die Welt gebracht und so viel Glückliche drin gemacht wie die Einfältigen.

Wilh. Raabe, Stopfkuchen (1891).

Einfluß. — Mit hocherhabnen, hochbeglückten Männern | Gewalt'ges Ansehn, würd'gen Einfluß teilen! | Für edle Seelen reizender Gewinn!

Joh. Wolfg. von Goethe, D. natürliche Tochter (1803). A. 1, Sz. 6 (Eugenie).

Eingang. — Unsern Eingang segne Gott, Unsern Ausgang gleichermaßen.

Hartmann Schenk (1634—1681).

— Der Engel Gottes zu allen Zeiten | Wolle meinen Ein- und Ausgang geleiten!

Spr. an einem Hause. St. Gallen.

Eingestehen. — Der schlimmste Schritt ist, den man eingesteht.

Friedr. von Schiller, Maria Stuart (1800). A. 2, Sz. 5 (Elisabeth).

Eingeweide. — Es schwindelt mir, es brennt | Mein Eingeweide.

Joh. Wolfg. von Goethe, Wilh. Meisters Lehrjahre. B. 4, K. 11. Lied (ged. Juni 1785). Mel. v. Joh. Friedr. Reichardt (1795), Ludw. van Beethoven (komp. 1810), Frz. Schubert (1827), Rob. Schumann (komp. 1849) u. a.

Einheit. — Strebe nach Einheit, aber suche sie nicht in der Einförmigkeit!

Friedr. von Schiller, Prosaische Schriften (1792—1802).

— Die Einheit ist die erste Bedingung unserer nationalen Wohlfahrt.

Otto von Bismarck zu d. Vertretern Süddeutschlands in Kissingen (24. Juli 1892).

— Einheit, Kraft, Ausdauer!

Spr. im Berliner Rathause. Dritter Stock.

Einhelligkeit. — Einhelligkeit in der gemein — | Uswachsen die bald all ding macht, | Aber durch mißhell und zwitracht | Werden auch grosse ding zerstört.

Seb. Brant, D. Narrenschif (1494). Nr. 99. V. abgang d. glouben.

Einig. — Wenn allen ein Gedanke deuchte schön und klug, | Nie raste zweifelbunter Streit auf Erden dann. Griech.: *Εἰ πᾶσι ταὐτὸν καλὸν ἔφυ σοφόν θ' ἅμα, | Οὐκ ἦν ἂν ἀμφίλεκτος ἀνθρώποις ἔρις.*

Euripides (um 480—406 v. Chr.), D. Phönizerinnen. Übers. v. Minckwitz. V. 499 (Eteokles).

— Wenn man mit sich selbst einig ist und mit seinem Nächsten, das ist auf der Welt das beste.

Joh. Wolfg. von Goethe, Br. an Christiane Vulpius (3. Okt. 1799).

— Wir sind Ein Volk, und einig wollen wir handeln. Friedr. von Schiller, Wilh. Tell (1804). A. 2, Sz. 2 (Alle).

— Seid einig — einig — einig!

Friedr. von Schiller, Wilh. Tell (1804). A. 4, Sz. 2 (Attinghausen).

— Nimmer wird das Reich zerstöret, | Wenn ihr einig seid und treu!

Max von Schenkendorf, Gedichte. Abteilung 2. Vaterland. Frühlingsgruß an d. Vaterland (ged. 1814). Mel. v. Bernh. Klein (1818).

— Seid eins, so donnert seinen Segen | Der Herr der Herrn vom Himmel drein, | Und sprechen mögt ihr allerwegen: | Hie deutsches Schwert! so soll es sein!

Emanuel Geibel, Heroldsrufe. Seid eins! (ged. 1859). Schlußv.

— Wir wollen sein ein einig Volk! Was wir in Kampf und Arbeit gewonnen, das halten wir fest!

Otto von Bismarck zu d. Vertretern Dresdens in Dresden (18. Juni 1892). Schlußwort.

— Laßt uns nur einig sein, | So haben wir genug allgemein. Alter Spr.

Einig. — Drei Dinge sind nie eins im Haus: | Zwei Hähne, die Katze mit der Maus, | Der Weiberrock und Mannesklaus. Sprichwörtl.

Einigkeit. — ... im Frieden und im Krieg | Behält die Einigkeit den Sieg.

Georg Rollenhagen, Froschmäuseler (1595). B. 3, T. 1, K. 17.

— Also vermehrt und stercket | All Ding die Einigkeit, | Wie man nichts guts vermercket | Auß der Zweyhelligkeit.

Joh. Doman, Lied v. d. Hanse (1618).

— Die Einigkeit ist die Kunst der Freiheit. Lat.: **Unitas libertatis ars.**

Wahlspr. Heinr. v. d. Burch, Erzbischofs v. Cambrey (um 1647).

— Eynigkeit ist ein fest Band, | Das helt zusammen Leut vnnd Land.

Christoph Lehmann, Politischer Blumen-Garten (1662). T. 1. Eynigkeit. Nr. 4.

— Einigkeit und Recht und Freiheit | Für das deutsche Vaterland! | Danach laßt uns alle streben | Brüderlich mit Herz und Hand!

Aug. Heinr. Hoffmann von Fallersleben, Gedichte. Nr. 4. Volksleben. Vaterland u. Heimat. D. Lied d. Deutschen (ged. 26. Aug. 1841). Mel. Gott erhalte Frz. d. Kaiser usw. v. Jos. Haydn (komp. Jan. 1797).

— Gut Einigkeit all' Ding erhält, | Uneinigkeit zerstört die Welt. Alter Spr.

— Wo Einigkeit ist, wohnt Gott. Sprichwort.

— Keine festere Mauer | Denn Einigkeit.

Wartburgspr. Architektenstüblein.

— Durch Einigkeit und Eifer gedeihen Künste und Wissenschaft. Lat.: **Concordia et studio artes et scientia crescunt.**

Wahlspr. d. Akademie d. freien Künste zu Augsburg.

Einkünfte. — Die Einkünfte geben die Ehren und Freundschaft; nur der Arme liegt überall am Boden. Lat.: **Dat census honores, | Census amicitias: pauper ubique iacet.**

Publ. Ovidius Naso (um 43 v. Chr. — 17 n. Chr.), Festkalender. B. 1, V. 217—18. Übers. v. Grau.

Einmal. — Alles auf einmal tun zu wollen, zerstört alles auf einmal.

Georg Christoph Lichtenberg, Verm. Schriften (1800—1806). Bd. 9, Nr. 4. Fragmentarische Bemerk. über physikalische Gegenstände. Nr. 2. Über d. Studium d. Naturlehre überhaupt.

— Semel (einmal) ist ein Nachbar von Nunquam (niemals). Alter Spr.

— Einmal, | Keinmal. Sprichwort.

— Eins (einmal) ist wie nichts, zwei (zweimal) wie zehn. Isländisches Sprichwort.

Einmischen, sich. — Er mengt (mischt) sich, wie Pilatus, ins Credo. Polnische Redensart.

Eins. — Eins, aber einen Löwen. Griech.: *Ἕνα, ἀλλὰ λέοντα.* (Antwort der Löwin zum Fuchs, der ihr vorwirft, daß sie nur Ein Junges geboren habe.)

Äsop (6. Jahrh. v. Chr.), Fab. Übers. v. Schulz. Nr. 240. D. Löwin u. d. Fuchs.

Eins. — Eins ist not, ach, Herr, dies eine | Lehre mich erkennen doch!
Albert Knapp (1798—1864).

— So ist es je besser zwei denn eins.
Pred. Sal., K. 4, V. 9.

— 1, 2, Polizei. | 3, 4, Unteroff'zier. | 5, 6, Alte Hex'. | 7, 8, Jute Nacht. | 9, 10, Schlafenjehn. | 11, 12, Hinter das Jewölb, | Da ist eine Maus, | Die muß raus! Berliner Abzählvers.

— Eins, zwei, drei, | Picke, packe pei, | Picke, packe Hasenbrot, | Ick schlag' dir mit de Keule dodt.
Berliner Abzählvers.

— Eins, zwei, drei, vier, | Komm' mit nach Vier, | Fall' nich in Dreck, | Sonst bist du weg.
Berliner Abzählvers.

— Eins, zwei, drei, vier, fünf, sechs, sieben, | Eine alte Bauernfrau kocht Klieben, | Eine alte Bauernfrau kocht Speck, | Ich oder du bist weg.
Abzählvers.

— Eins, zwei (usw. bis) sieben, | Heute bin ich nachjeblieben; | Da war Vater ärjerlich, | Nahm den Stock un haute mich. Berliner Abzählvers.

— Eins, zwei (usw. bis) sieben, | Onkel hat 'n Brief jeschrieben, | Einen an mich, | Einen an dich, | Einen an Onkel Ladewig. Berliner Abzählvers.

— Eins, zwei, drei, (usw. bis) zwanzig, | Die Franzosen zogen vor Danzig; | Danzig fing an zu brennen, | Die Franzosen mußten rennen, | Ohne Strump und ohne Schuh' | Rannten sie nach Frankreich zu. Abzählvers.

Einsam. — Ein wahrer Mensch muß fern von Menschen (einsam) sein.
Ewald Christ. von Kleist, Gedichte. Sehnsucht nach d. Ruhe (1745).

— Zweimal muß man in seinem Leben einsam sein: in der Jugend, um vieles zu lernen und eine Denkart zu erwerben, die Stich hält durchs Leben, und noch einmal im Alter, um alles zu überdenken, was uns begegnete.
Joh. Georg Ritter von Zimmermann, Betrachtungen über d. Einsamkeit (1756).

— Und kann ich nur einmal | Recht einsam sein, | Dann bin ich nicht allein.
Joh. Wolfg. von Goethe, Wilh. Meisters Lehrjahre. B. 2, K. 13. Lied d. Harfners (ged. um 1783).

— . . . nur um den Einsamen schleichen Gespenster.
Jean Paul (Joh. Paul Friedr. Richter), Hesperus (1795).

— Einsam in die Wüste tragen | Muß ich mein gequältes Herz.
Friedr. von Schiller, Gedichte. Kassandra (ged. 1802).

— Einsam bin ich nicht alleine.
Pius Alexander Wolff, Preciosa (ged. 1820). A. 2, Sz. 2 (Preciosa). Komp. v. Karl Maria von Weber. (Erste Auff. am 14. März 1821 in Berlin.)

— Der ist nicht einsam, der noch Schmerzen fühlet. Ludw. Tieck, Gedichte (1821—1823). Einsamkeit.

Einsam. — . . . auch . . . fand ich Mittel, mich zu isolieren und war oft mitten in der Gesellschaft einsam. Man lernt das sehr gut, wenn man nur ein innerliches Interesse hat, das genug die ganze Seele einnimmt.
Wilh. Freiherr von Humboldt, Br. an eine Freundin (15. Mai 1823).

— Wenn du einsam bist, so sammle Kraft für Geräusche, | Und im Geräusche lerne Geschmack an der Einsamkeit finden!
Joh. Kaspar Lavater, Werke (1834). Denkzeilen an Freunde nach meinem Tode.

— Du bist nicht glücklich, wenn du einsam bist.
Ludw. Börne (Löb Baruch), Gesammelte Schriften (1862—1863).

— Genuß und Leid des Alltags ist gemeinsam, | Der höchste Stolz, der tiefste Schmerz blieb einsam. Anastasius Grün (Anton Alexander Graf von Auersperg), Gesammelte Werke (1877). Gedichte. Spr. u. Spruchartiges. Einsam.

— Einsam Leben ist wohl schön, doch fehlt dem Stahl der Feuerstein.
Ernst Jul. Hähnel, Lit. Reliquien (1882).

— Man ist immer am einsamsten in großen Städten, am Hofe, im Parlamente, unter seinen Kollegen; dort fühlt man sich mitunter wie unter Larven die einzig fühlende Brust.
Otto von Bismarck zu einer Abordnung v. Frauen a. d. Bergischen Landen in Friedrichsruh (26. April 1894).

Einsamkeit. — Denn wo eine solitudo und Einsamkeit ist, da hat der Teufel locum et occasionem (Zeit und Gelegenheit), die Leute in Sünde zu führen.
Dr. Martin Luther, Tischreden oder Colloquia (1566). Nr. 26. Tischreden v. Anfechtungen. § 82. Was Einsamkeit fur Schaden bringe.

— Die Einsamkeit ist noth, doch sey nur nicht gemein, | So kannstu überall in einer Wüsten seyn.
Angelus Silesius (Joh. Scheffler), Cherubinischer Wanders=Mann (1675). B. 2, Nr. 117. D. Einsamkeit.

— O wie seelig ist zu schätzen, | Welcher ausser allem Streit, | Seine Sinne kan ergötzen | In beliebter Einsambkeit.
Daniel Georg Morhof, Teutsche Gedichte (1700). T. 2. V. d. Zufriedenheit.

— Einsamkeit ist dem Geiste das, was Diät ist für den Leib. Franz.: La solitude est à l'esprit ce que la diète est au corps.
Marquis de Vauvenargues, Reflexionen u. Maximen (1746). Nr. 598. Übers. v. Zimmermann.

— Zwischen Weltumgang und Einsamkeit liegt die wahre Weisheit in der Mitte.
Joh. Georg Ritter von Zimmermann, Betrachtungen über d. Einsamkeit (1756).

— Wer sich der Einsamkeit ergibt, | Ach! der ist bald allein.
Joh. Wolfg. von Goethe, Wilh. Meisters Lehrjahre. B. 2, K. 13. Lied d. Harfners (ged. um 1783).

Einsamkeit. — Ist dir die Einsamkeit gute Gesellschaft, dann, Glücklicher, zähle | Zu den Glücklichsten dich; aber verschweige dein Glück!

Friedr. Bouterwek, Neue Vesta (1803—1811). Sinnspr.

— Nur Einsamkeit ist Vollgenuß des Lebens; | Wo sind zwei Herzen, die sich ganz verstehen?

Aug. Graf von Platen-Hallermund, Gedichte. Verm. u. Gelegenheitsgedichte. In Rousseaus Stube auf d. Petersinsel (ged. 1816).

— Einen Becher der Freude hat in der Rechten, in der Linken | Einen wütenden Dolch die Einsamkeit, reicht dem Beglückten | Ihren Becher, dem Leidenden reicht sie den wütenden Dolch hin.

Friedr. Gottl. Klopstock, Sämtl. Werke (1798—1821).

— Es ist ein herrlich Ding um die Einsamkeit! Aber wir brauchen immer ein Wesen, dem wir sagen können: Es ist ein herrlich Ding um die Einsamkeit!

Friedr. von Matthisson, Schriften (1825—1829).

— Die Einsamkeit tut fast, was die Jugend getan; oder verjüngt sicherlich den Geist, stärkt und befeuert die Phantasie . . . Ital.: La solitudine fa quasi l'ufficio della gioventù: o certo ringiovanisce l'animo, ravvalora e rimette in opera l'immaginazione . . .

Giacomo Leopardi, Werke (1845). Torquato Tasso u. sein Spiritus familiaris. Übers. v. Pozzoni.

— Einsamkeit ist das Los aller hervorragenden Geister.

Arthur Schopenhauer, Parerga u. Paralipomena (1851). Paränesen u. Maximen.

— Ein Hauptstudium der Jugend sollte sein, die Einsamkeit ertragen zu lernen, weil sie eine Quelle des Glückes und der Gemütsruhe ist.

Arthur Schopenhauer, Parerga u. Paralipomena (1851). Paränesen u. Maximen.

— Die Einsamkeit gibt dem Geiste Selbstgefühl.

Bettina (Elisabeth) von Arnim, Sämtl. Schriften (1853).

— Mag jeder so das beste Los sich wählen, | Wie es der Gott im Innern ihm gebeut! | Laßt ohne Groll sich auf die Seite stehlen, | Wen Einsamkeit, die selige, erfreut!

Rob. Prutz, Gedichte (1857).

— Einsamkeit ist bitter.

Rob. Hamerling, Sinnen u. Minnen (1860). Weltleben u. Einsamkeit.

— Die Einsamkeit ist wie der Duft einer Giftpflanze, süß, aber betäubend und mit der Zeit geradezu verderblich, selbst für die stärksten Konstitutionen.

Friedr. Spielhagen, Problematische Naturen (1861—1862).

— Mutter bist du (Einsamkeit) und doch Jungfrau: dem einen Maria, die Allbeseligende; dem andern die eiserne Gestalt des Mittelalters, deren Arme zerfleischende Messer verbergen.

Wilh. Raabe, D. Leute a. d. Walde (1863).

Einsamkeit. — Es trocknen in der Einsamkeit die Säfte des Gemütes; es stockt der Gedankenlauf; ich muß hinaus in mancherlei Gemeinschaft mit den andern Geistern.

Friedr. Ernst Daniel Schleiermacher, Sämtl. Werke (1835—1865).

— Ist die Einsamkeit für große Geister eine Nahrungsquelle, so ist sie für kleine eine Qual. Engl.: Though solitude may be the nurse of great spirits, it is the torment of small ones.

Samuel Smiles, D. Charakter (1871). Übers. v. Dobbert. K. 12. D. Schule d. Erfahrung.

— Die Einsamkeit nimmt uns freundlich und willig auf, wenn wir als Gast und Flüchtling zu ihr kommen; wir dürfen aber nicht auf die Dauer bei ihr wohnen wollen.

Joh. Jak. Mohr, Gedanken über Leben u. Kunst (1885).

— Einsamkeit gleicht einem reinigenden Bade. Wer aber immer in der Wanne säße, verweichlichte sich.

Otto von Leixner, A. meinem Zettelkasten (1896). Erziehung u. Selbsterziehung.

— Einsamkeit ist schwere Last, | Wenn du Gott nicht bei dir hast.

Alter Spr.

— Will garnichts mehr dich glücklich machen, | Wird's die Einsamkeit noch und ein stilles Lachen.

Wartburgspr. Architektenstüblein.

Einschenken. — Die Lust der Lieder und der Waffen, | Die Lust der Liebe schenkt mir ein!

Ernst Moritz Arndt, Gedichte. D. Feuerlied (ged. 1817). Mel. v. Verfasser (1818) u. Albert Methfessel (1818).

Einschlagen. — Es schlägt nicht immer ein, wenn es blitzt.

Sprichwort.

Einsehen. — Selbst ein Blinder sieht das ein. Lat.: Apparet id quidem etiam caeco.

Tit. Livius (um 59 v. Chr.—17 n. Chr.). Römische Gesch. Übers. v. Ostertag. B. 32, K. 34, § 3.

Einseitigkeit. — Was der Mensch der Einseitigkeit abgewinnt, das verliert er an Kraft. Wer sich auf mehrere Gegenstände verbreitet, wirkt schwächer auf alle. So stehen Kraft und Bildung ewig in umgekehrtem Verhältnis.

Wilh. Freiherr von Humboldt, Ideen über Staatsverfassung (1851).

Einsicht. — Spät kommen die Phrygier zur Einsicht, wofern sie nur zur Einsicht kommen. Lat.: Sero sapiunt Phryges, dummodo sapiant.

Nach Marc. Tull. Cicero (um 106—43 v. Chr.), Br. an d. Freunde. Übers. v. Wieland. B. 7, Br. 16, § 1.

Einsiedler. — Dås Einsiedlerleben | Dås geht mir nit ein, | I wollt' schon viel lieber | A Zweisiedler sein.

Tiroler Schnaderhüpfl.

Eintracht. — Durch Eintracht wächst das Kleine, durch Zwietracht zerfällt das Größte. Lat.: Concordia parvae res crescunt, discordia maxumae dilabuntur.

Gajus Sallustius (um 86—35 v. Chr.), D. Jugurthinische Krieg. Übers. v. Neuffer. K. 10, § 6.

Eintracht. — Uneinige Eintracht. Lat.: Concordia discors.

Quint. Horatius Flacc., Episteln (um 20 v. Chr.). Übers. v. Voß. B. 1, Nr. 12, V. 19.

— Konkordia (Eintracht)! — durch dich rollt jede Sphäre, | Und wo dein Fuß ein Land betrat, | Da zeichneten volkreiche Städte, Tänze, Chöre | Der Jungfraun deinen Pfad.

Karl Wilh. Ramler, Werke. An d. Göttin d. Eintracht (ged. 1762).

— Zur Eintracht, zu herzinnigem Vereine | Versammle sie die liebende Gemeine!

Friedr. von Schiller, Gedichte. D. Lied v. d. Glocke (ged. Sept. 1799).

— Die Eintracht der vereinten Kraft, | Sie ist es, die das Werk erschafft.

Wilh. Müller, Gedichte (1837). Vaterländisches. Zur Einweihung eines Brüdertempels.

— Wer Eintracht in der Gemeinde stiftet, | Dem wird sie selber mit entsprießen, | Und wer mit Zwietracht das Volk vergiftet, | Der bekommt sie mit zu genießen.

Friedr. Rückert, Erbauliches u. Beschauliches a. d. Morgenlande (1837—1838). Arabisch.

— Deutsche Eintracht, deutsche Treue | Hat die Deutschen groß gemacht.

Karl Gerok, Blumen u. Sterne (1868).

— Eintracht baut das Haus; die Zwietracht reißt es nieder. Sprichwort.

— Eintracht | Bringt Macht. Sprichwort.

— Eintracht daheim; draußen Friede! Lat.: Concordia domi; foris pax.

Inschrift am Holstentore zu Lübeck.

— Eintracht trägt ein.

Wartburgspr. Wirtschaft. — Sprichwort.

— Wo Eintracht herrschet in den Landen, | Sind Glück und Freude auferstanden. Wartburgspr.

— Stat un Landes eendrächtigheit | Is ee beste ehren Kleid.

Inschrift an einem Stuhl im Rathause zu Bremen.

— Die Eintracht leiht den Brüdern Waffen. Lat.: Armat concordia fratres.

Wahlspr. d. Grafen von Hohenlohe.

Eintreffen. — Dat trüff in, säd' de Jung un smitt den Ganten (Gänserich) dat Ôg (Auge) ût. Sprichwörtl. Redensart. Pommern.

Eintreten. — Tretet ein, denn auch hier sind Götter. Griech.: Ἐκέλευσε αὐτοὺς εἰςιέναι θαῤῥοῦντας εἶναι γὰρ ἐνταῦθα θεούς. Lat.: Introite, nam et heic Dii sunt.

Heraklit (um 500 v. Chr.) wärmte sich einst im Backofen u. forderte mit diesen Worten einen Besucher auf, sich zu ihm zu setzen. In d. lat. Fassung setzte Lessing d. Spr. vor seinen Nathan.

— Lasset alle Hoffnung draußen, ihr, die ihr hier eintretet! Ital.: Lasciate ogni speranza voi ch'entrate!

Dante Alighieri, Göttliche Komödie (1300—1321). Hölle. Ges. 3, V. 9.

Einwohner. — Zum Verjnüjen der Einwohner (nach der Inschrift am Potsdamer Stadttheater: Dem Vergnügen der Einwohner).

Berliner Redensart.

Einzeln. — Und ein einzelner Mann kann gegen mehrere wenig, | Sei er noch so stark; sie behalten immer den Vorrang. Griech.: Πρῆξαι δ' ἀργαλέον τι μετὰ πλεόνεσσιν ἐόντα | Ἄνδρα καὶ ἴφθιμον, ἐπεὶ ἦ πολὺ φέρτεροί εἰσιν.

Homer, Odyssee. Übers. v. Voß. Ges. 16, V. 88—89.

— Leicht zerbrochen sind einzelne Pfeile, nicht so, verbunden. Lat.: Facile singula rumpuntur jacula, coniuncta non item.

Wahlspr. Kaiser Otto III. (reg. 983—1002).

— Ehret ihr immer das Ganze! Ich kann nur einzelne achten; | Immer im einzelnen nur hab' ich das Ganze erblickt.

Friedr. von Schiller, Gedichte. D. Ehrwürdige (ged. 1796).

— Jeder, sieht man ihn einzeln, ist leidlich klug und verständig; | Sind sie in corpore, gleich wird euch ein Dummkopf daraus.

Friedr. von Schiller, Gedichte. Gelehrte Gesellschaften (ged. 1796).

— . . . der einzelne schadet sich selber, | Der sich hingibt, wenn sich nicht alle zum Ganzen bestreben.

Joh. Wolfg. von Goethe, Hermann u. Dorothea (1797). Euterpe.

— Beim Schiffbruch hilft der einzelne sich leichter. Friedr. von Schiller, Wilh. Tell (1804). A. 1, Sz. 3 (Tell).

— Das einzelne Schaf ist in Gefahr vor dem Wolf. Engl.: The lone sheep is in danger of the wolf. Sprichwort.

— Einzelne Hähne frißt der Fuchs. Niederl.: Verdeelde hanen eet de vos. Sprichwort.

Eis. — Jemanden aufs Eis (Glatteis) führen (jemanden in eine Lage bringen, in der er leicht zugrunde gehen kann; — auf dem glatten Eise stürzt man leicht). Sprichwörtl. Redensart.

Eisen. — Das Eisen, dünckt mich, ist weit mehr als Gold zu preisen: | Ohn' Eisen kommt nicht Gold, Gold bleibt auch nicht ohn' Eisen.

Friedr. von Logau, Deutsche Sinn-Getichte (1654).

— Das Eisen muß | Geschmiedet werden, weil es glüht. Friedr. von Schiller, D. Piccolomini (1799). A. 3, Sz. 1 (Illo).

— Wo das Eisen wächst in der Berge Schacht, | Da entspringen der Erde Gebieter.

Friedr. von Schiller, D. Braut v. Messina (1803). Säulenhalle (Chor. Manfred).

— Bleib', Eisen, Männern hold; | Laß Knechte Gold begehren!

Ernst Moritz Arndt, Gedichte. Lob d. Eisens (ged. 1806).

— Der Gott, der Eisen wachsen ließ, | Der wollte keine Knechte.

Ernst Moritz Arndt, Lieder für Teutsche. Vaterlandslied (ged. 1812). Mel. v. Albert Methfessel (1818).

Eisen. — Nicht durch Reden und Majoritätsbeschlüsse werden die großen Fragen der Zeit entschieden . . ., sondern durch Eisen und Blut.

Otto von Bismarck in d. Kommissionssitzung d. preuß. Landtags (30. Sept. 1862).

— Man soll das Eisen schmieden, so lange es heiß ist. Sprichwort.

— Etwas zum alten Eisen werfen (etwas oder jemanden für veraltet, nutzlos erklären; — außer Gebrauch gesetzte eiserne Geräte kommen in die Rumpelkammer). Sprichwörtl. Redensart.

Eisenbart. — Ich bin der Doktor Eisenbahrt . . .

Doktor Eisenbahrt (vor 1745). Verf. unbek. Eigene Melodie.

Eitel. — Wenn du von außen ausgestattet bist, | So wird sich alles zu dir drängen; | Ein Kerl, der nicht ein wenig eitel ist, | Der mag sich auf der Stelle hängen!

Joh. Wolfg. von Goethe, Paralipomena zu Faust. Bruchstücke u. Entwürfe (ged. um 1788).

— Ein eitler Mann ist zwar höflich, aber nie bescheiden. Gotthold Ephr. Lessing, Sämtl. Schriften (1796—1808). Br.

— Wie kann ein junger Mensch sich bilden, wenn er nicht eitel ist? . . . Der tüchtige Mensch wird sich schon bald von außen nach innen bilden.

Joh. Wolfg. von Goethe, Wilh. Meisters Wanderjahre (1807—1821).

— Um zu gefallen, muß man eitel sein; man lernt der Eitelkeit anderer nur an sich selbst schmeicheln.

Ludw. Börne (Löb Baruch), Gesammelte Schriften (1862—1863). Fragmente u. Aphorismen. Nr. 274.

— Wenn die Weiber nicht eitel wären, | Die Männer könnten sie's lehren.

Paul Heyse, Spruchbüchlein (1885). Frauen.

— Taube Nüsse und eitle Herrn | Klappern, aber han kein' Kern'. Alter Spr.

Eitel (Nichts). — Wer nach dem Eitlen tracht't | Und Gottes Wort veracht't, | Bestraft des Höchsten Macht. Inschrift auf d. Taler d. Äbtissin Anna Sophie v. Quedlinburg (1677).

— Was unterm Monde liegt, ist eitel!

Christoph Martin Wieland, Musarion (1768). B. 1.

— Hoheit, Ehre, Macht und Ruhm sind eitel! | Eines Weltgebieters stolzen Scheitel | Und ein zitternd Haupt am Pilgerstab | Deckt mit Einer Dunkelheit das Grab.

Friedr. von Matthisson, Schriften. Gedichte. Elegie, in d. Ruinen eines alten Bergschlosses geschrieben (1787). Schlußv.

— Gedenk' des weisen Salomon, | Gedenk' des Spruches: Alles eitel!

Ernst Moritz Arndt, Gedichte. Warum ruf' ich? (ged. 1837).

— Es ist alles ganz eitel!

Pred. Sal., K. 1, V. 1.

— Es sind zwar alle Menschen natürlich eitel.

Wsh. Sal., K. 13, V. 1.

Eitelkeit. — Aller Welt Rath, Macht, Trotz und Streit | Ist lauter Tand und Eitelkeit.

Georg Rollenhagen, Froschmäuseler (1595). B. 3, T. 3, K. 12.

— Nim weg die Eitelkeit von allen vnsren Wercken, | Was wird dir übrig seyn vnd gültig zu vermercken? Friedr. von Logau, Deutsche Sinn-Getichte (1654). Eitelkeit.

— Wer mit Eitelkeit schwanger geht, der gebieret Lügen.

Christoph Lehmann, Politischer Blumen-Garten (1662).

— Wenn die Eitelkeit auch nicht gerade alle Tugenden umwirft, so erschüttert sie doch alle. Franz.: Si la vanité ne renverse pas entièrement les vertus, du moins elle les ébranle toutes. François, Herzog von La Rochefoucauld, Reflexionen oder moralische Sentenzen u. Maximen (1665). Nr. 388. Übers. v. Zimmermann.

— Wenn Gott ein Feuer ist, so ist mein Herz ein Herd, | Auf welchem er das Holz der Eitelkeit verzehrt.

Angelus Silesius (Joh. Scheffler), Cherubinischer Wanders-Mann (1675).

— Markt der Eitelkeit. Engl.: Vanity Fair.

John Bunyan, Pilgerreise (1678 u. 1684). T. 1.

— Jedermann besitzt gerade soviel Eitelkeit, als er Verstand braucht. Engl.: Every man has just as much vanity as he wants understanding.

Alexander Pope (1688—1744). Gedanken über verschiedene Gegenstände. Übers. v. Olckers u. Böttger.

— Ein jeder Mensch besitzt grade soviel Eitelkeit, als ihm Verstand und Beurteilungskraft fehlt. Engl.: Every man has just as much vanity as he wants understanding.

Jonathan Swift (1667—1745), Gedanken über verschiedene Gegenstände. Nr. 6. Übers. v. Drabig.

— Nur hört man stets mit Wohlgefallen | Aus andrer Mund das Urteil widerhallen', | Womit uns innerlich die Eitelkeit beehrt.

Christoph Martin Wieland, Musarion (1768). B. 2.

— Wie verfährt die Natur, um Hohes und Niedres im Menschen | Zu verbinden? Sie stellt Eitelkeit zwischen hinein.

Joh. Wolfg. von Goethe, Gedichte. Vier Jahreszeiten (ged. 1796). Herbst. Nr. 60.

— Wo Eitelkeit und Prunksucht anfängt, hört der innere Wert auf.

Joh. Gottfr. Seume, Sämtl. Werke (1826). Apogryphen.

— Eitelkeit baut sich von Schaum ein Schloß auf; strahlen die Sonnen, | Funkelt es hell, doch zerstiebt's leicht vor dem Hauche des Winds.

Karl Ludw. von Knebel, Lebensblüten in Distichen (1827).

— Das ist des Menschen Eitelkeit, | Die ihn zu Trug und Lug verleit't. | Will mancher lieber ein Laster haben, | Hätt' er nur andre glänzende Gaben. Wilh. Hauff, Werke (1830). Gedichte.

Eitelkeit. — Wer hat die Eitelkeit! Die Klugen wie die Gecken; | Doch diese zeigen sie, weil jene sie verstecken.

Friedr. Rückert, D. Weisheit d. Brahmanen (1836—1839). B. 16, Abteilung 2, Nr. 56. (Stufe 5. Leben. Nr. 156.)

— Eitelkeit ist die Klippe, an der die meisten Großen, gar viele Gelehrte und alle Weiber scheitern.

Karl Jul. Weber, Demokritos (1832—1840). D. Eitelkeit.

— . . . die Erbsünde Eitelkeit spricht sich am schönsten . . . in dem größten aller Ansprüche aus, daß wir Ebenbilder Gottes sein wollen.

Karl Jul. Weber, Demokritos (1832—1840). D. Eitelkeit. D. Fortsetzung.

— Die absolute Gewalt zertrümmert alle Saiten der menschlichen Seele und läßt nur eine einzige erklingen, die verstimmteste von allen: die Eitelkeit. Franz.: **Le pouvoir absolu brise toutes les cordes de l'âme humaine, pour n'en laisser vibrer qu'une seule, la plus basse de toutes: la vanité.**

Pierre Clément Eugène Pelletan, D. neue Babylon (1863). Übers. v. Wildberg.

— Man kann niemandem beibringen, wie er es anstellen soll, nicht eitel zu sein. Man kann nur lehren, Eitelkeit zu verbergen.

Karl Gutzkow, Gesammelte Werke (1873).

— Der Ehrgeiz ist nur männlich; das Weib ist nur der Eitelkeit fähig; deshalb sind eitle Männer nichts als Weiber.

Ernst Jul. Hähnel, Lit. Reliquien (1885).

— Es gibt nichts Böses, freilich auch kaum etwas Gutes, das nicht schon aus Eitelkeit getan worden wäre.

Marie von Ebner-Eschenbach, Aphorismen (1893).

— Die eigentliche Eitelkeit ist nur Frauensache oder die von weibischen Männern.

Dr. Hanns Groß, Kriminalpsychologie (1898). Objektiv. D. psychische Tätigkeit d. Vernommenen. Unterscheidende Momente. Nr. 1. Allgemein Differenzierendes. Sexuelles. Versteckt Sexuelles.

— Sintemal die Kreatur unterworfen ist der Eitelkeit . . . Röm., K. 8, V. 20.

— Eitelkeit | Ein schlimmes Kleid. Sprichwort.

— Heft' dein Herz nicht an Eitelkeit, | Weil darauf folgt die Ewigkeit.

Spr. in einem Hause. Oberhaugstett.

Elefant. — Den Elefanten spielen (die Aufmerksamkeit von einem andern ab und auf sich lenken; — der Elefant fällt durch seine gewaltige Größe vor allen anderen Tieren auf).

Sprichwörtl. Redensart.

Element. — Denn die Elemente hassen | Das Gebild der Menschenhand.

Friedr. von Schiller, Gedichte. D. Lied v. d. Glocke (ged. Sept. 1799).

Element. — Vier Elemente, | Innig gesellt, | Bilden das Leben, | Bauen die Welt.

Friedr. von Schiller, Gedichte. Punschlied (ged. 1803). Mel. v. Joh. Friedr. Reichardt (1804) u. Max Eberwein (1813).

— O Unvernunft des blinden Elements! | Mußt du, um einen Schuldigen zu treffen, | Das Schiff mitsamt dem Steuermann verderben!

Friedr. von Schiller, Wilh. Tell (1804). A. 4, Sz. 1 (Fischer).

Elend. — Sich elend zu sehn | Durch eigene, nicht durch anderer Schuld, | Das bereitet die bittersten Qualen. Griech.: *Τὸ γὰρ ἐσλεύσσειν οἰκεῖα πάθη | Μηδενὸς ἄλλου παραπράξαντος, | Μεγάλας ὀδύνας ὑποτείνει.*

Sophokles (um 496—406 v. Chr.), Ajas. Übers. v. Jordan. V. 258—60 (Tekmessa).

— Wer sich elend weiß, ist immer boshaft und mit Neid erfüllt. Lat.: **Est miserorum, ut malevolentes sint atque invideant bonis.**

Tit. Marc. Plautus (um 254—184 v. Chr.), D. Kriegsgefangenen. Übers. v. Köpke. A. 3, Sz. 4, V. 51 (Tyndarus).

— Wie elend ist der doch, der seine eigene Schuld auf andere lädt! Lat.: **Quam malus est, culpam qui suam alterius facit!**

Publilius Syrus (um 50 v. Chr.), Spruchverse. V. 543. Übers. v. Grau.

— Die Gegenwart des Elenden ist dem Glücklichen zur Last, und ach! der Glückliche dem Elenden noch mehr. Joh. Wolfg. von Goethe, Stella (1775). A. 3 (Madame Sommer).

Elend, das. — Doch, wer einst glücklich war, und nun in Elend stürzt, | Kommt nie zur Ruh', wenn er des frühern Glücks gedenkt. Griech.: *Ὁ δ' εὐτυχήσας εἰς τὸ δυστυχὲς πεσὼν | Ψυχὴν ἀλᾶται τῆς παροιθ' εὐπραξίας.*

Euripides (um 480—406 v. Chr.), D. Troerinnen. Übers. v. Binder. V. 634—35 (Andromache).

— Dem Elend wolle nie mit Spötterworten nahen; | Wer glaubte wohl sein Glück von ewigem Bestand? Franz.: **Il ne se faut jamais moquer des misérables. | Car, qui peut s'assurer d'être toujours heureux?**

Jean de Lafontaine, Fab. (1668). Übers. v. Dohm. B. 5, Nr. 17. D. Hase u. d. Rebhuhn. V. 1—2.

— Das Elend besteht nicht im Nichtvorhandensein der Dinge, sondern im Bedürfnis nach ihnen. Franz.: **La misère ne consiste pas dans la privation des choses, mais dans le besoin qui s'en fait sentir.**

Jean Jacques Rousseau, Emil (1762). Übers. v. Reimer.

— . . . glänzendes Elend.

Joh. Wolfg. von Goethe, Leiden d. jungen Werthers (1773). B. 2. Am 24. Dez.

— Sich selbst als Urheber seines Elends denken! . . . wie grauenvoll, wie entsetzlich ist das!

Joh. Jak. Engel, D. Philosoph für d. Welt (1775—1777). T. 2, Stück 30. D. Irrenhaus.

Elend. — . . . in der kleinen Brust eines Menschen kann sich gar viel Elend verstecken.

Heinr. Heine, Sämtl. Werke. Reisebilder. Ideen. D. B. Le Grand (1826). K. 19.

— Elend, du weichst nimmer vom Leben des Menschen, das merk' ich; | Lehre die Wissenschaft mich, die mit Geduld dich erträgt!

Karl Ludw. von Knebel, Lebensblüten in Distichen (1827).

— Was schreckt | Den Sohn des Elends?

Ferd. Freiligrath, Gedichte (1838). Übersetzungen. A. d. Engl. Rob. Burns. Lieder. Nr. 4.

— Jemanden ins Elend stoßen (ihn unglücklich machen, ihn verkommen lassen; — Elend hier in der ursprünglichen Bedeutung Fremde, Ausland; der Deutsche ist nur glücklich in der Heimat).

Sprichwörtl. Redensart.

Elle. — Denn wird de Elle länger wie der Kram (die Kosten sind größer, als die Sache wert ist).

Berliner Redensart.

— Ick weeß schon, wat de Elle davon kost'! (auf deine Redensarten gebe ich nichts).

Berliner Redensart.

Elterlich. — Die meisten elterlichen und hofmeisterlichen Gebote gleichen der Inschrift auf gewissen Türen: „Tür zu!" welche dann gerade nicht zu lesen ist, wenn man die Tür offen gelassen und an die Wand gelehnet hat.

Jean Paul (Joh. Paul Friedr. Richter), Levana oder Erzieh=Lehre (1807). Kom. Anhang u. Epilog d. ersten Bd.

Eltern. — Haltet die Eltern ein jeder sonach in dem Glanz heiliger Achtung! Griech.: *Πρὸς τάδε τις τοκέων σέβας εἶ προτίων.*

Äschylus, D. Orestie (um 458 v. Chr.). Übers. v. Minckwitz. D. Eumeniden. V. 536 (Chor).

— Zum Knecht erniedrigt fühlt sich selbst der keckste Mann, | Wofern ihn Schmach von Mutter oder Vater (von den Eltern) drückt. Griech.: *Δουλοῖ γὰρ ἄνδρα, κἂν θρασυσπλαγχνός τις ᾖ, | Ὅταν ξυνειδῇ μητρὸς ἢ πατρὸς κακά.*

Euripides, Hippolyt (um 428 v. Chr.). Übers. v. Minckwitz. V. 424—25 (Phädra).

— Doch was | Ist süßer als der Eltern Angesicht? Griech.: *Ἀλλ' ὅμως | Τὰ τῶν τεκόντων ὄμμαθ' ἥδιστον βλέπειν.*

Sophokles (um 496—406 v. Chr.), König Ödipus. Übers. v. Jordan. V. 988 (Ödipus).

— Man muß vergessen, | Daß Mühe für die Eltern Mühe ist. Griech.: *Τοῖς τεκοῦσι γὰρ | Οὐδ' εἰ πονεῖ τις, δεῖ πόνου μνήμην ἔχειν.*

Sophokles (um 496—406 v. Chr.), Ödipus in Kolonos. Übers. v. Jordan. V. 501—2 (Ismene).

— Kein schönres Erbteil gibt es, als entstammt zu sein | Von edlen, wackern Eltern. Griech.: *Οὐκ ἔστι τοῦδε παισὶ κάλλιον γέρας, | Ἢ πατρὸς ἐσθλοῦ κἀγαθοῦ πεφυκέναι.*

Euripides (um 480—406 v. Chr.), D. Herakliden. Übers. v. Minckwitz. V. 297—98 (Jolaos).

Eltern. — An Kindern hängt voll Liebe jeglich Elternherz. Griech.: *Πᾶσιν γὰρ ἀνθρώποισι φιλότεκνος βίος.*

Euripides (um 480—406 v. Chr.), D. Phönizierinnen. Übers. v. Minckwitz. V. 965 (Kreon).

— Doch lebt der selb nit lang uf ert, | Wem vater, mûter (die Eltern) sint unwert; | In mit der vinster lescht das liecht, | Wer vater und mûter ert nicht.

Seb. Brant, D. Narrenschif (1494). Nr. 90. Ere vater u. mûter.

— Denn die Ehre gebühret allein Gott. Nur teilet er die Ehre Vater und Mutter mit; darum auch keine größere Herrschaft auf Erden ist, denn der Eltern Herrschaft.

Dr. Martin Luther, Alle B. u. Schriften (1519—1559).

— Der Eltern Liebe ist ein Gleichnis der Gottheit, so menschlichen Herzen eingedrückt ist.

Phil. Melanchthon (1497—1560).

— Die Eltern haben die jüngsten Kinder allezeit am liebsten.

Dr. Martin Luther, Tischreden oder Colloquia (1566).

— Kurz, er bewies den Satz, | Daß Eltern ihre Kinder hassen, | Wofern sie ihnen nichts als Reichtum hinterlassen.

Christ. Fürchtegott Gellert, Fab. u. Erz. (1746). B. 1. D. baronisierte Bürger. Schlußv.

— Für wohlgeratene Kinder können Eltern nicht zuviel tun. Aber wenn sich ein blöder Vater für einen ausgearteten Sohn das Blut vom Herzen zapft, dann wird Liebe zur Torheit.

Gotthold Ephr. Lessing, Fab. (1759). B. 1, Nr. 25. D. Pelekan.

— . . . das größte Glück . . ., wofür ein Mensch der Vorsehung nur danken kann, von edlen Eltern erzeugt zu sein und eine edle Erziehung zu finden . . .

Joh. Jak. Engel, D. Philosoph für d. Welt (1775—1777). T. 2, Stück 28. Über d. Tod. Erste Unterredung.

— Weh' dem, der fern von Eltern und Geschwistern | Ein einsam Leben führt! Ihm zehrt der Gram | Das nächste Glück von seinen Lippen weg.

Joh. Wolfg. von Goethe, Iphigenie auf Tauris (1787). A. 1, Sz. 1 (Iphigenie).

— Es erbt der Eltern Segen, nicht ihr Fluch.

Joh. Wolfg. von Goethe, Iphigenie auf Tauris (1787). A. 2, Sz. 1 (Pylades).

— . . . ihr Eltern, lehrt lieben, so braucht ihr keine zehn Gebote; lehrt lieben, so hat euer Kind ein reiches, gewinnendes Leben; . . . Lehrt lieben, sagt' ich, das heißt, liebt!

Jean Paul (Joh. Paul Friedr. Richter), Levana oder Erzieh=Lehre (1807). Bd. 2, Bruchstück 5, K. 3, § 121.

— Der Mensch ist ein verlorner Ball des Lebens, | Der an der Eltern Tugend zweifeln muß.

Theod. Körner, Rosamunde (ged. 26. Okt.—8. Nov. 1812). A. 3, Sz. 3 (Heinr.).

— Die Freude der Eltern über ihre Kinder ist die heiligste Freude der Menschheit.

Joh. Heinr. Pestalozzi, Sämtl. Schriften (1819—1826).

Eltern. — Man könnt' erzogene Kinder gebären, | Wenn die Eltern erzogen wären.
Joh. Wolfg. von Goethe, Werke (1827—1830). Gedichte. Zahme Xenien. Nr. 4.

— Jedes gutgesinnte Gemüt, geschweige denn zart und edel fühlende, bewahrt durch das ganze Leben willig gezollte Dankbarkeit für die Pfleger der Kindheit (die Eltern).
Wilh. Freiherr von Humboldt, Br. an eine Freundin (1. Jan. 1832).

— Was ein Mensch in der Welt auch tue, und sei es noch so groß und weitwirkend, — hat er nicht seine Pflicht gegen seine Eltern erfüllt, so ist alles andere hinfällig.
Berth. Auerbach, Gesammelte Schriften (1892).

— Das gibt sich, sagen schwache Eltern von den Fehlern ihrer Kinder. O nein, es gibt sich nicht, es entwickelt sich!
Marie von Ebner-Eschenbach, Aphorismen (1893).

— Eins der kostbarsten Erbstücke, das Eltern den Kindern hinterlassen können, ist die Erinnerung an ein reines, friedfertiges Eheleben.
Otto von Leixner, A. meinem Zettelkasten (1896). Erziehung u. Selbsterziehung.

— Ihr Kinder, seid gehorsam euren Eltern in dem Herrn, denn das ist billig! Eph., K. 6, V. 1.

— Wer seine Eltern ehrt, | Dem ein langes leben widderfehrt. Alter Spr.

— Wer seiner Eltern raht nit will han, | Der muß zu letz mit dem Hencker gan. Alter Spr.

— An Eltern und Schulmeistern ist viel gelegen. Sprichwort.

— Der Eltern Tugend ist der Kinder bestes Erbteil. Sprichwort.

— Die besten Eltern haben oft ungeratene Kinder. Sprichwort.

— Die Kinder müssen der Eltern Schuld bezahlen. Sprichwort.

— Eltern und Lehrer ziehen die Kinder, aber Gott gibt das Geraten. Sprichwort.

— Gott, Eltern und Lehrern kann man nicht genug danken. Sprichwort.

— Gott, Eltern und Lehrmeistern kann man gleiches nicht vergelten. Sprichwort.

— Kinder sehen mehr darauf, was die Eltern tun, als was sie sagen. Sprichwort.

— Wer den Eltern nicht folgt, muß endlich dem Büttel folgen. Sprichwort.

— Wer die Eltern ehrt, den ehrt Gott wieder. Sprichwort.

— Der Kinder Wohlsein geht zugleich die Eltern an; | Was Kindern Leid's geschieht, wird Eltern angetan. Arabisches Sprichwort.

— Det is nich von schlechte Eltern! (das ist gut). Berliner Redensart.

— Man kann in der Wahl seiner Eltern nich vorsichtig jenug sein. Berliner Redensart.

Elternliebe. — Zunächst der Elternliebe ist die Vaterlandsliebe der stärkste natürliche und moralische Instinkt, der im Menschen besteht: — in der Tat ein Instinkt, der sich bis auf die unvernünftigen Geschöpfe erstreckt. Engl.: Next to the love of parents for their children, the strongest instinct both natural and moral that exists in man is the love of his country: — an instinct indeed, which extends even to the brute creation.
Edmund Burke, Rede zur Anklage gegen Warren Hastings (1788). Übers. v. Arnold.

Elternschmerz. — Kein Schmerz gleicht dem um ein im Leben verlorenes Kind.
Berth. Auerbach, Gesammelte Schriften (1892).

Elysium. — Uns gaben die Götter | Auf Erden Elysium!
Joh. Wolfg. von Goethe, Gedichte. A. d. Nachlaß. An Personen. Elysium (ged. Frühjahr 1772).

— Freude, schöner Götterfunken, | Tochter aus Elysium . . .
Friedr. von Schiller, Gedichte. An d. Freude (ged. 1785). Mel. v. Friedr. Frz. Hurka (1789), Karl Friedr. Zelter (komp. 1. März 1792), Joh. Friedr. Reichardt (komp. 1795) u. a.

Emanzipation. — Wenn es eine Emanzipation der Frauen gibt, so ist es die, daß sie sich einen Schmuck, der ihre Stirn zieren könnte, nicht rauben lassen, daß sie jenes Szepter der Gesellschaft, welches ihnen die moderne Bildung seit einem Jahrhundert überantwortete, nach wie vor in Händen halten.
Karl Gutzkow, Skizzenb. (1839).

— Wenn das Wort eines Philosophen, daß das Familienleben die innere Geschichte der Nation sei, auch in der politischen Praxis zu Ehren und Anerkennung gekommen ist, dann ist die echte „Emanzipation der Frauen" vollzogen.
Wilh. Heinr. Riehl, D. Familie (1855).

Empfangen. — Im selben Maß du willst empfangen, mußt du geben; | Willst du ein ganzes Herz, so gib ein ganzes Leben!
Friedr. Rückert, Gesammelte Gedichte (1834—1838). Pantheon. Bruchstück 5. Zahme Xenien. Angereihte Perlen.

Empfehlen, sich. — Sich französisch (polnisch) empfehlen (sich ohne Abschied entfernen; — vielfach auch auf andere Völkerschaften angewendet).
Sprichwörtl. Redensart.

Empfinden. — Kannst du nicht schön empfinden, dir bleibt doch, vernünftig zu wollen | Und als ein Geist zu tun, was du als Mensch nicht vermagst.
Friedr. von Schiller, Gedichte. Votivtafeln. Nr. 7. D. moralische Kraft (ged. 1796).

— Es hat mir immer unmöglich geschienen, daß, was einmal in mir denkt und empfindet, je aufhören könnte zu denken und zu empfinden.
Wilh. Freiherr von Humboldt, Br. an eine Freundin (15. Mai 1823).

Empfinden. — Empfinden können alle Menschen gleich; — | Das Schaun und Schaffen nur sind Künstlergaben. Georg Ebers, Elifén (1894).

Empfindsam. — Aber so geht es den Empfindsamen! Die Liebe spielt ihnen immer die schlimmsten Streiche.

Gotthold Ephr. Lessing, Emilia Galotti (1772). A. 1, Sz. 6 (Marinelli).

— Auf das empfindsame Volk hab' ich nie was gehalten; es werden, | Kommt die Gelegenheit, nur schlechte Gesellen daraus.

Joh. Wolfg. von Goethe, Gedichte. Vier Jahreszeiten (ged. 1796). Herbst. Nr. 61.

— Der Empfindsame ist der Waffenlose unter lauter Bewaffneten.

Berth. Auerbach, Auf d. Höhe (1865).

Empfindung. — Empfindung haßt der Reime kalte Menge | Und wünscht unausposaunt zu sein.

Gotthold Ephr. Lessing, Schriften (1753—1755). Oden. B. 1, Nr. 3. Abschied eines Freundes.

— Die wahrsten Empfindungen sind immer die allernatürlichsten.

Matthias Claudius, Sämtl. Werke d. Wandsbecker Boten. T. 4 (1783). Ernst u. Kurzweil v. meinem Vetter an mich.

— Die Welt der Empfindungen ist ein Geister-, oft ein Atomenreich; nur die Hand des Schöpfers vermag daraus Gestalten zu ordnen.

Joh. Gottfr. von Herder, Ideen zur Gesch. u. Kritik d. Poesie u. d. bildenden Künste (1794—1796).

— . . . wir korrigieren unsere Empfindungen immer durch Schlüsse.

Georg Christoph Lichtenberg, Verm. Schriften (1800—1806). Bd. 9, Nr. 4. Fragmentarische Bemerk. über physikalische Gegenstände. Nr. 9. Über d. Licht.

— Fliehe den Mann, der mit schiefem Verstand der Empfindungen spottet, | Mehr noch ein witziges Weib, das mit Empfindungen spielt!

Karl Gustav von Brinckmann, Elegien u. Arabesken (1820).

— Im Reiche der Empfindungen muß nichts länger leben, als es innere Kraft zu leben hat.

Wilh. Freiherr von Humboldt, Br. an eine Freundin (6. April 1831).

Emporsteigen. — Ein iedes ding, wan es ufkunt (emporsteigt) | Zům höchsten, fellt es selbst zů grunt. Seb. Brant, D. Narrenschif (1494). Nr. 37. V. glückesfall.

— Wer hoch zu steigen denckt, erreicht der nicht die Spitze, | Kommt er durch Steigen doch mehr fort, als ob er sitze.

Friedr. von Logau, Deutsche Sinn-Getichte (1654). Versuchen.

— Wer zu hoch will steigen, | Muß zum Falle neigen.

Hans Aßmann von Abschatz, Poetische Übersetzungen u. Gedichte (1704). Sprüchwörter.

Emporsteigen. — Du steigst durch seinen Fall. Octavio; | Das will mir nicht gefallen.

Friedr. von Schiller, Wallensteins Tod (1799). A. 2, Sz. 7 (Max).

— Bistu hoch gestiegen mit wunder | Mit grossern schaden fälstu herunder. Alter Spr.

— Nur auf Stufen steigt man zur Höhe der Treppe. Türkisches Sprichwort.

— Steig' immer auf und denk' daran, | Daß auch der Höchste fallen kann!

A. einem alten Trinkbuche.

Empörung. — Empörung! Knabe, kennst du denn die Pest, | Kennst du den ganzen Jammer des Gedankens, | Der mit dem Worte durch die Seele heult?

Theodor Körner, Rosamunde (ged. 26. Okt.—8. Nov. 1812). A. 2, Sz. 2 (Richard).

Emsigkeit. — Die Emsigkeit allzeit bestehet, | Da die gschwindigkeit vergehet.

Joh. Friedr. Fischart, D. Philosophisch Ehzuchtbüchlin (1578). D. Schiltkrot art v. eygenschafft.

Ende. — Das Ende krönt das Werk. Lat.: Finis coronat opus. Sprichwort. — Auch: Exitus acta probat.

Publ. Ovidius Naso (um 43 v. Chr.—17 n. Chr.), Heroiden. B. 2, V. 85. Übers. v. Grau.

— Hier hat die Mär' ein Ende; das ist der Nibelungen Leid! Mittelhochdeutsch: Hie hât daz maere ein ende; daz ist der Nibelunge nôt!

D. Nibelunge Nôt (12. Jahrh.). Übertr. v. Junghans. 39. Âventiure, wie Gunther u. Hagene u. Kriemhilt wurden erslagen. Schlußv.

— Wer das endt bedencket wol, | Das mittel, als er billich sol, | Der darff nit geben narren zol.

Thomas Murner, Narrenbeschwerung (1512). Nr. 84. Vff d. zan vß gon.

— Dann was ein nerrisch endt wil han, | Das fanget selten weißlich an.

Joh. Friedr. Fischart, Eulenspiegel Reimensweiß (1571). K. 1. Wie Tyl Eulenspiegel geboren v. zu dreyen malen getaufft ward.

— Mensch, was du thust, bedenk das End, | Das wird die höchst' Weisheit genennt.

Hans Sachs, Sehr herrliche Schöne v. warhaffte Gedicht (1558—1579).

— Wie auch der Lauf, das Ende wird ihn lohnen. Engl.: Whate'er the course, the end is the renown.

William Shakespeare, Ende gut, alles gut (1602[?]). Übers. v. Graf Baudissin. A. 4, Sz. 4 (Helena).

— Anfangs bedenck das Endt!

Christoph Lehmann, Politischer Blumen-Garten (1662). T. 1. Anfang. Nr. 10.

— Lieber ein Ende mit Schrecken, als ein Schrecken ohne Ende!

Ferd. von Schill in Arneburg an d. Elbe zu seiner Freischar (12. Mai 1809).

Ende. — So ist die Eitelkeit der Welt! | Ist keines Reich so fest gestellt, | Ist keine Erdenmacht so groß, | Fühlt alles doch sein Endelos.
Joh. Wolfg. von Goethe, Werke (1827—1830). Neueröffnetes moralisch=politisches Puppenspiel.

— Gewöhnlich geht's am Ende scharf.
Joh. Wolfg. von Goethe, Faust, II (1831). A. 4. Auf d. Vorgebirg (Mephistopheles).

— . . . aller Dinge Ende ist ihr Höchstes.
Leop. Schefer, Laienbrevier (1834). Sept. Nr. 15.

— Anfang und Ende sind wohl unter sich verwandt, | Doch ist der Anfang blind, das Ende hat's erkannt.
Friedr. Rückert, D. Weisheit d. Brahmanen (1836—1839). B. 16, Abteilung 4, Nr. 31. (Stufe 5. Leben. Nr. 331.)

— Ei, wer das End' will, muß den Anfang wollen!
Friedr. Halm (Elegius Frz. Jos. Freiherr von Münch=Bellinghausen), D. Sohn d. Wildnis (1842). A. 4 (Parthenia).

— Sei leicht der Anfang oder schwer, | Das Ende nur bringt Lob und Ehr'.
Anastasius Grün (Anton Alexander Graf von Auersperg), Gesammelte Werke (1877). Gedichte. Bilder u. Gestalten. Gute Lehren.

— Die Komödie ist zu Ende. Ital.: La commedia è finita.
Ruggiero Leoncavallo, D. Bajazzo (1892).

— Ein Ende mit Schrecken nehmen.
Nach Ps. 73, V. 19.

— Und siehe, ich bin bei euch alle Tage bis an der Welt Ende. Matth., K. 28, V. 20.

— Das ist ein gute Sache gar, | Die ein gut ende nimpt fürwar. Alter Spr.

— All Ding hat ein Ende, und die Mettwurst hat zwei. Sprichwort.

— Das dicke Ende kommt nach. Sprichwort.

— Das Ende bewährt alle Dinge. Sprichwort.

— Das Ende trägt die Last. Sprichwort.

— Ende gut, alles gut. Sprichwort.

— Im Schwanze (am Ende) ist das Hindernis. Franz.: En la coue est li encumbres.
Altfranz. Sprichwort.

— Im Schwänzchen (im Ende) liegt das Gift. Niederl.: Int steertken light het fenyn.
Sprichwort.

Enden. — Noch keinen sah ich fröhlich enden, | Auf den mit immer vollen Händen | Die Götter ihre Gaben streun.
Friedr. von Schiller, Gedichte. D. Ring d. Polykrates (ged. 24. Juni 1797).

— Wohl angefangen ist gut; wohl enden ist besser. Sprichwort.

Energie. — Meiner Idee nach ist Energie die erste und einzige Tugend des Menschen.
Wilh. Freiherr von Humboldt, Gesammelte Werke (1841—1852). Sittenverbesserung.

Energie. — Die Energie — der Mittelpunkt des Willens — schafft die Wunder der Begeisterung zu allen Zeiten. Überall ist sie Triebfeder dessen, was wir Charakterstärke nennen, und die erhaltende Kraft jeder großen Tat. Engl.: It is energy — the central element of which is will — that produces the miracles of enthusiasm in all ages. Everywhere it is the mainspring of what is called force of character, and the sustaining power of all great action.
Samuel Smiles, D. Charakter (1871). Übers. v. Dobbert. K. 5. D. Mut.

Eng. — Im engen Kreis verengert sich der Sinn; | Es wächst der Mensch mit seinen größern Zwecken. Friedr. von Schiller, Wallensteins Lager. Prolog (ged. 1793).

— Eng ist die Welt, und das Gehirn ist weit. | Leicht beieinander wohnen die Gedanken, | Doch hart im Raume stoßen sich die Sachen.
Friedr. von Schiller, Wallensteins Tod (1799). A. 2, Sz. 2 (Wallenstein).

— O selig, wer im engen Kreis, | Umringt von seines Feldraums Hecken, | Zu leben, zu genießen weiß!
Christ. Dietr. Grabbe, Don Juan u. Faust (1829). A. 4, Sz. 2 (D. Gnomen).

— Wenn man sich dagegen zu lange in engen, kleinen Verhältnissen herumdrückt, so leidet der Geist und Charakter; man wird zuletzt großer Dinge unfähig und hat Mühe sich zu erheben.
Joh. Peter Eckermann, Gespräche mit Goethe in d. letzten Jahren seines Lebens (12. Sept. 1830).

Enge. — Gekeilt in drangvoll fürchterliche Enge . . . Friedr. von Schiller, Wallensteins Tod (1799). A. 4, Sz. 10 (Hauptmann).

Engel. — . . . dem Menschen ist | Ein Mensch noch immer lieber als ein Engel.
Gotth. Ephr. Lessing, Nathan d. Weise (1779). A. 1, Sz. 1 (Nathan).

— Es ist was Gemeines, daß Menschen fallen und Paradiese verloren werden; aber wenn die Pest unter den Engeln wütet, so rufe man Trauer aus durch die ganze Natur!
Friedr. von Schiller, Kabale u. Liebe (1784). A. 5, Sz. 7 (Ferd.).

— Laß dich den guten Engel warnen | Und nicht vom bösen dich umgarnen!
Gottfr. Aug. Bürger, Gedichte (1796—1797). D. wilde Jäger.

— Euch sandte | Mein guter Engel.
Friedr. von Schiller, Maria Stuart (1800). A. 1, Sz. 6 (Maria).

— O, hat der Himmel keine Engel mehr?
Friedr. von Schiller, D. Jungfrau v. Orleans (1801). A. 5, Sz. 11 (Johanna).

— Es geht durch alle Lande ein Engel still umher. Karl Ludw. Theod. Lieth, Kindergedichte für d. zarte Alter (1824). D. Kindes Engel. Mel. v. Karl Gotthelf Gläser.

Engel. — Es zieht ein stiller Engel | Durch dieses Erdenland.

Karl Spitta, Psalter u. Harfe. Geduld (geb. 1832). Volksweise.

— Der gute Engel. Nach Tob., K. 5, V. 29.

— Posaunenengel. Nach Matth., K. 24, V. 31.

— Mit Engelzungen reden.

Nach 1. Kor., K. 13, V. 1.

— Halte jeden für einen Engel und schließ' die Sachen vor ihm wie vor einem Diebe!

Sprichwort.

— Die Engel im Himmel pfeifen (singen) hören (wenn man sich in unangenehmer Lage befindet, höchsten Schmerz empfindet; — ursprünglich entgegengesetzte Bedeutung: Selig sein, wie man es sein muß, wenn man sich im Himmel befindet und dem Gesang der himmlischen Heerscharen zuhört).

Sprichwörtl. Redensart.

— Es fliegt ein Engel durchs Zimmer (es tritt eine Pause in der Unterhaltung ein).

Sprichwörtl. Redensart.

England. — . . . Frankreich und England, deren Küsten selbst | Vor Neid erblassen bei des andern Glück . . . Engl.: **France and England, whose very shores look pale | With envy of each other's happiness . . .**

William Shakespeare, König Heinr. V. (1599). Übers. v. Schlegel. A. 5, Sz. 2 (König Karl).

Engländer. — Wenn man mit dem dümmsten Engländer über Politik spricht, so wird er doch immer etwas Vernünftiges zu sagen wissen. Sobald man aber das Gespräch auf Religion lenkt, wird der gescheiteste Engländer nichts als Dummheiten zutage fördern.

Heinr. Heine, Sämtl. Werke. Reisebilder. Engl. Fragmente (1828). K. 11. D. Emanzipation d. Katholiken.

— . . . aus jedem Engländer entwickelt sich ein gewisses Gas, die tödliche Stickluft der Langeweile. Heinr. Heine, Ludw. Börne. B. 2. Br. a. Helgoland über d. Julirevolution. Br. 1. (1. Juli 1830).

— Und den Engländern mögen Sie vorwerfen, was Sie wollen, aber dumm in Handelssachen sind sie nicht. Otto von Bismarck im Reichstage (13. März 1885).

Enkel. — Heim falle die (Sorge) um Einigung unseren Enkeln. Lat.: **Maneat nostros ea cura nepotes.** Publ. Vergilius Maro (um 70 v. Chr.— 19 n. Chr.). Aeneis. Übers. v. Voß. B. 3, V. 505.

— Weh dir, daß du ein Enkel bist!

Joh. Wolfg. von Goethe, Faust, I (1808). Schülersz. (Mephistopheles).

Entbehren. — Entbehre gern, was du nicht hast! Christ. Fürchtegott Gellert, Geistl. Oden u. Lieder (1757). Zufriedenheit mit seinem Zustande.

Entbehren. — Allein, wer andre wohl zu leiten strebt, | Muß fähig sein, viel zu entbehren.

Joh. Wolfg. von Goethe, Gedichte. An Personen. Ilmenau (geb. 31. Aug.—3. Sept. 1783).

— Wer mich | Entbehren kann, wird Wahrheit für mich haben.

Friedr. von Schiller, Don Carlos (1787). A. 3, Sz. 5 (D. König). Schlußv.

— Damit du nichts entbehrst, war Katos weise Lehre, | Entbehre!

Joh. Heinr. Voß, Sämtl. Gedichte (1802). Bd. 4. Epigramme. Nr. 51.

— Entbehren sollst du! sollst entbehren! | Das ist der ewige Gesang, | Der jedem an die Ohren klingt, | Den, unser ganzes Leben lang, | Uns heiser jede Stunde singt.

Joh. Wolfg. von Goethe, Faust, I (1808). Studierzimmer (Faust).

— Wer lebt und wohl geneußt: die Götter werden ihn | Zum frohen Mahle führen; | Wer tut und froh entbehrt: die Götter werden ihn | Zum Throne führen.

Joh. Gottfr. von Herder, Sämtl. Werke (1805—1820). Gedichte. Stufen.

— Fortwährendem Entbehren folgt Stumpfheit ebenso gewiß wie übermäßigem Genuß.

Marie von Ebner-Eschenbach, Aphorismen (1893).

— Hunger und Durst, Hitze und Kälte, alles kann ich entbehren, nur den Schlaf nicht. Redensart.

— Ach, wollt' mir der Himmel an Geld und Gut | Ein wenig mehr, als ich brauche, gewähren; | Dann wollt' ich ja gern mit frohem Mut | Die schwersten Strapazen des Lebens — entbehren.

Inschrift im Berliner Ratskeller. Bierlokal.

Entbehrlich. — Man kann die Erfahrung nicht früh genug machen, wie entbehrlich man in der Welt ist. Joh. Wolfg. von Goethe, Wilh. Meisters Lehrjahre (1777—1796).

— Lebe in einer großen Stadt; sie gibt dir täglich die Lehre: du bist entbehrlich.

Berth. Auerbach, Gesammelte Schriften (1892).

Entdeckung. — Keine große Wahrheit, einmal entdeckt, ist je wieder verloren gegangen, und keine wichtige Entdeckung ist jemals gemacht worden, die nicht am Ende alles mit sich fortgerissen hätte. Engl.: **No greath truth, which has once been found, has afterwards been lost; nor has any important discovery yet been made which has not eventually carried everything before it.**

Henry Thomas Buckle, Gesch. d. Zivilisation (1858—1861). Übers. v. Ritter. K. 4. Letzter Abschnitt.

— Die Taten schlechter Menschen bringen nur zeitweilige Übel hervor, die Taten guter nur zeitweiliges Gutes. Aber die Entdeckungen großer Männer verlassen uns nie; sie sind unsterblich. Engl.: **The actions of bad men produce only temporary evil, the actions of good men only temporary good. But the discoveries of great men never leave us; they are immortal.**

Henry Thomas Buckle, Gesch. d. Zivilisation (1858—1861). Übers. v. Ritter. K. 4. Letzter Abschnitt.

Entdeckung. — Nur die Völker, die Entdeckungen machen, haben eine Zukunft der Kultur.
Berth. Auerbach, Tausend Gedanken d. Kollaborators (1875).

Ente. — Von blawen enten predigen (lügen).
Thomas Murner, Narrenbeschwerung (1512). Nr. 32. V. blawen enten predigen.

Entehrt. — Völker, wie einzelne werden nie entehrt, wenn sie sich selbst treu bleiben. Engl.: With nations as with individuals, none are dishonoured if they are true to themselves.
Henry Thomas Buckle, Gesch. d. Zivilisation (1858—1861). Übers. v. Ritter. K. 15.

Entfliehen. — Entflieh' mit mir und sei mein Weib | Und ruh' an meinem Herzen aus; | Fern in der Fremde sei mein Herz | Dein Vaterland und Vaterhaus!
Heinr. Heine, Neue Gedichte. D. Tannhäuser. Tragödie (ged. 1826—1828). Nr. 1. Mel. v. Felix Mendelssohn-Bartholdy (1836).

Entgöttert. — Gleich dem toten Schlag der Pendeluhr, | Dient sie knechtisch dem Gesetz der Schwere — | Die entgötterte Natur.
Friedr. von Schiller, Gedichte. D. Götter Griechenlands (ged. Frühjahr 1788).

Enthaltsam. — Prüft das Geschick dich, weiß es wohl, warum; | Es wünschte dich enthaltsam. Folge stumm!
Joh. Wolfg. von Goethe, Westöstlicher Diwan (1819). B. d. Spr. Nr. 7.

Enthaltsamkeit. — Wie Begehrlichkeit der Anfang der Sünde war, so sei Enthaltsamkeit der Anfang der Tugend! Papst Leo I. (440—461).

— Enthaltsamkeit ist die beste List, | Die in der Ärzte Büchern ist. Mittelhochdeutsch: Enthabunge ist der beste list, | Der an den arzâtbuochen ist.
Brîdankes Bescheidenheit (1225—1240). Übertr. v. Pannier. Nr. 23. v. arzâten u. siechen.

— Nur wer den Geist befreit | Aus der Begierde Stricken | Durch die Enthaltsamkeit, | Wird selber sich beglücken.
Peter von Bohlen, Bhartriharis Spr. (1835).

Enthusiast. — Ein Enthusiast sein ist das Liebenswürdigste, Edelste und Beste sein, was ein Sterblicher sein kann.
Christoph Martin Wieland, Sämtl. Werke (1794—1802). Verm. Schriften.

Entlaubt. — Da steh' ich, ein entlaubter Stamm!
Friedr. von Schiller, Wallensteins Tod (1799). A. 3, Sz. 13 (Wallenstein).

Entmenscht. — Des freut sich das entmenschte Paar.
Friedr. von Schiller, Gedichte. D. Gang nach d. Eisenhammer (ged. 22.—25. Sept. 1797).

Entrinnen. — EnträNN' er jetzo kraftlos meinen Händen, | Ich habe keinen zweiten zu versenden. Friedr. von Schiller, Wilh. Tell (1804). A. 4, Sz. 3 (Tell).

Entsagen. — Leicht, wie Schnee, auf diesen Felsenlagen, | Leicht, wie Schaum, den hier die Ströme schlagen, | Schmilzt das Glück, und jeder muß entsagen.
Aug. Graf von Platen-Hallermund, Gedichte. Lieder u. Romanzen. Hier noch an d. Gotthardts alten Seen usw. (ged. 1816).

— . . . jeder muß entsagen lernen, | Bis er dem Leben selbst entsagt!
Aug. Graf von Platen-Hallermund, Gedichte. Lieder u. Romanzen. Sich v. d. Menschen fern zu halten usw. (ged. 1822). Schlußv.

— Schweigen und entsagen lernen, | Das ist unser Erdenlauf; | Tönend blühn in sel'gen Fernen | Einst die stummen Saaten auf.
Friedr. Baron de la Motte Fouqué, Gedichte (1835—1840).

Entsagung. — Die schwere Lebenskunst, die wir im Lauf | Der Jahr' erst lernen müssen, heißt Entsagung.
Ernst Raupach, D. Hohenstaufen (1837). Kaiser Friedr. II. Tod. A. 4, Sz. 7.

— Es ist in allen Dingen auf Erden Bescheidenheit nötig und Entsagung.
Gustav Freytag, D. verlorene Handschrift (1864).

— Ich suchte die Unendlichkeit des Glücks — | Vielleicht beginnt sie erst mit der Entsagung!
Rob. Hamerling, Ahasver in Rom (1866). Ges. 6. Ahasver.

— . . . aller Größe Keim, | Er heißt Entsagung. Theod. Fontane, Gedichte (1875).

Entscheidung. — Wo eine | Entscheidung soll geschehen, da muß vieles | Sich glücklich treffen und zusammenfinden.
Friedr. von Schiller, D. Piccolomini (1799). A. 2, Sz. 6 (Illo).

— Bei jedem großen Werke steht der Mensch | Am Rubikon (vor der Entscheidung), und freilich überschreitet | Der Mut nur den verhängnisvollen Strom.
Ernst Raupach, D. Hohenstaufen (1837). Kaiser Friedr. II. Tod. Vorspiel. Sz. 5.

Entschließen, sich. — Wer sich entschließen kann, besiegt den Schmerz.
Joh. Wolfg. von Goethe, Torquato Tasso (1789). A. 3, Sz. 2 (Leonore).

Entschließung. — Der angebornen Farbe der Entschließung | Wird des Gedankens Blässe angekränkelt. Engl.: And thus the native hue of resolution | Is sicklied o'er with the pale cast of thought.
William Shakespeare, Hamlet (1601—1602). Übers. v. Schlegel. A. 3, Sz. 1 (Hamlet).

— Die ersten Entschließungen sind nicht immer die klügsten, aber gewöhnlich die redlichsten.
Gotthold Ephr. Lessing, Sämtl. Schriften (1796—1808).

Entschlossen. — Wer schnell entschlossen ist, der strauchelt leicht. Griech.: *Φρονεῖν γὰρ οἱ ταχεῖς οὐκ ἀσφαλεῖς.*

Sophokles (um 496—406 v. Chr.), König Ödipus. Übers. v. Jordan. V. 610 (Chor).

— Ein entschlossener Mann ermangelt nimmer der Waffe. Engl.: A wight man never wants a weapon. Wahlspr. d. Wightman.

Entschlossenheit. — Vertrauen zu dir folgt, Entschlossenheit | Ist deine Venus! Der Malefikus, | Der einz'ge, der dir schadet, ist der Zweifel.

Friedr. von Schiller, D. Piccolomini (1799). A. 2, Sz. 6 (Illo).

— Entschlossenheit gibt ein starkes Regiment, und ein starkes Regiment ist, wenn auch nicht das beste, doch das sicherste.

Heinr. Laube, Gräfin Chateaubriant (1843). T. 2.

— Entschlossenheit gibt die Kraft, fest zu stehen, wo die geringste Nachgiebigkeit der erste Schritt zum Ruin sein mag. *Engl.: Decision gives the power of standing firmly, when to yield, however slightly, might be only the first step in a downhill course to ruin.

Samuel Smiles, D. Charakter (1871). Übers. v. Dobbert. K. 5. D. Mut.

Entschluß. — Man muß gewisse Entschlüsse in diesem Augenblick ausführen aus Furcht, sie möchten uns in den zukünftigen gereuen.

Joh. Anton Leisewitz, Jul. v. Tarent (1776). A. 3, Sz. 3.

— Es ist das köstliche Geschenk des Himmels, Entschluß in dem geltenden Augenblick, wo die gepreßte Brust nur durch etwas Unerhörtes sich Luft macht.

Friedr. von Schiller, Kabale u. Liebe (1784). A. 2, Sz. 5 (Ferd.).

— Seien Sie fest in ihren Entschlüssen; wägen Sie das Für und Wider vorher ab: aber wenn Ihr Wille einmal erklärt ist, so gehen Sie um alles in der Welt nicht davon ab.

Friedr. d. Große, Sämtl. Werke (1789). An Karl v. Württemberg.

— Denn nach langer Beratung ist doch ein jeder Entschluß nur | Werk des Moments.

Joh. Wolfg. von Goethe, Hermann u. Dorothea (1797). Polyhymnia.

— Das Mögliche soll der Entschluß | Beherzt sogleich beim Schopfe fassen; | Er will es dann nicht fahren lassen | Und wirket weiter, weil er muß.

Joh. Wolfg. von Goethe, Faust, I (1808). Vorspiel auf d. Theater (Direktor).

— Vollkommener Ernst und reifer Entschluß bei einer Unternehmung ist schon ein großer Schritt zu ihrer Vollendung.

Ulrich Hegner, Gesammelte Schriften (1828). Gedanken, Meinungen, Urteile.

— Ein Esel ist, wer nicht kommt zum Entschluß deswegen, | Weil Für und Wider er nicht kann aufs Lot abwägen.

Friedr. Rückert, D. Weisheit d. Brahmanen (1836—1839). B. 8, Nr. 64.

Entschluß. — Zu fassen den Entschluß, muß Gottes Geist dich rühren; | Du überlegest nur, wie er sei auszuführen.

Friedr. Rückert, D. Weisheit d. Brahmanen (1836—1839). B. 16, Abteilung 2, Nr. 6. (Stufe 5. Leben. Nr. 106.)

— Nur zu Einem frisch entschlossen, | Sei es Dulden, Tat, Genuß! | Aus dem Zweifel, träg, verdrossen, — | Stets beglückend hebt dich der Entschluß.

Gottfr. Kinkel, Gedichte (1843). Spr. 58.

— Man sage nicht, das Schwerste sei die Tat; | Da hilft der Muth, der Augenblick, die Regung; | Das Schwerste dieser Welt ist der Entschluß.

Frz. Grillparzer, Libussa (1873). A. 3 (Primislaus).

— Suchst du das Glück? — Ach, es ist nur des Zufalls schönere Hälfte. | Aber der Zufall selbst hört auf den Namen: Entschluß!

Hans von Hopfen, Gedichte (1883). Gelegenheitsgedichte. Einem Suchenden.

— Gibt es nicht Entschlüsse, die nur dann die richtigen sind, wenn sie im ersten Moment der Anregung gefaßt und auch ausgeführt werden? Zu lange Überlegung lähmt sie nur, und sie sind dann selten mehr nachzuholen.

Oskar Freiherr von Redwitz, Hymnen (1885).

— In der raschen Ausführung des Entschlusses liegt die Kraft. Lat.: In concilio celeriter exequendo robur.

Wahlspr. d. Le Chevallier.

Entschuldigen. — Ich bitte dich, entschuldige mich! Luk., K. 14, V. 18.

— Entschuldigen Se, det Se mir jetreten haben! Berliner Redensart.

— Entschuldigen Se man, det ick jeborn bin! Berliner Redensart.

Entschuldigen, sich. — Wer sich entschuldigt, eh' man klaget, | Der gibt sich selbst zum Täter an.

Magnus Gottfr. Lichtwer, Vier B. Äsopischer Fab. (1748). B. 1, Nr. 13. D. Löwe u. d. Wolf. Schlußv.

— Der Lord läßt sich | Entschuldigen: er ist zu Schiff nach Frankreich.

Friedr. von Schiller, Maria Stuart (1800). A. 5, Sz. 15 (Kent). Schlußv.

Entschuldigung. — Eine faule Entschuldigung ist so viel nutz als Adams Feygenbletter zu Hosentuch.

Christoph Lehmann, Politischer Blumen=Garten (1662). T. 1. Entschuldigen. Nr. 30.

Entsetzen. — Stellt euch mein Entsetzen für!

Nach Gotthold Ephr. Lessing, Schriften. Lieder. B. 2, Nr. 16. D. Tod (ged. 1747). Komponist unbek.

Entstehen. — . . . alles, was entsteht, | Ist wert, daß es zugrunde geht; | Drum besser wär's, daß nichts entstünde.

Joh. Wolfg. von Goethe, Faust, I (1808). Studierzimmer (Mephistopheles).

Entwaffnung. — Man mutet uns zu, großmütig das erste Beispiel der Entwaffnung zu geben. Hat der deutsche Michel überhaupt jemals das Schwert gezogen, als wenn er sich seiner Haut wehrte? Hellmuth von Moltke (1880).

Entweder. — In der Welt ist es sehr selten mit dem Entweder Oder getan.
Joh. Wolfg. von Goethe, Leiden d. jungen Werthers (1773). B. 1. Am 8. Aug.

— Zwischen Entweder und Oder führt noch manches Sträßlein.
Jos. Viktor von Scheffel, Ekkehard (1855). K. 9.

— Entweder Kapuziner oder Starost.
Polnische Redensart.

Entwurf. — Der Entwurf | Ist teuflisch, aber wahrlich — göttlich.
Friedr. von Schiller, Don Carlos (1787). A. 5, Sz. 8 (Alba).

Entzückt. — Bis in den dritten Himmel entzückt sein. Nach 2. Kor., K. 12, V. 2.

Entzweien. — Entzwei' und gebiete!
Joh. Wolfg. von Goethe, Gedichte. Sprichwörtl. (ged. 1812—1814).
Lat.: Divide et impera! Sprichwort.

Entzweien, sich. — Wenn Männer sich entzweien, hält man billig | Den Klügsten für den Schuldigen.
Joh. Wolfg. von Goethe, Torquato Tasso (1789). A. 2, Sz. 5 (Alphons).

Epigone. — Nennt Epigonen uns immer! Ein Tor nur schämt sich des Namens, | Der an die Pflicht ihn mahnt, würdig der Väter zu sein.
Emanuel Geibel, Spätherbstblätter (1877). Distichen a. d. Wintertageb. Nr. 3.

Epigramm. — Seid doch nicht so frech, Epigramme! — Warum nicht! Wir sind nur | Überschriften; die Welt hat die Kapitel des Buchs.
Joh. Wolfg. von Goethe, Gedichte. Epigramme (ged. Venedig 1790). Nr. 59.

— Daß ich mit Epigrammen wieder spiele, | Ich, armer Willebald, | Das macht, wie ich an mehrerm fühle, | Das macht, ich werde alt.
Gotthold Ephr. Lessing, Sämtl. Schriften (1796—1808). Sinngedichte. B. 2, Nr. 32. Warum ich wieder Epigramme mache.

— Bald ist das Epigramm ein Pfeil, | Trifft mit der Spitze; | Ist bald ein Schwert, | Trifft mit der Schärfe; | Ist manchmal auch (die Griechen liebten's so) | Ein klein Gemäld', ein Strahl, gesandt Zum Brennen nicht, nur zum Erleuchten.
Friedr. Gottl. Klopstock, Sämtl. Werke (1798—1821).

Epikur. — Glaubt doch nur, | Epikur | Macht die klügsten Weisen!
Joh. Christ. Günther, Gedichte (1746). Studentenlied.

Erbarmen, das. — Erbarmen ziemt im Leid | Jedwedem Staubgebornen. Griech.: *Οἰκτρὰ γὰρ τὰ δυστυχῆ | Βροτοῖς ἅπασι.*
Euripides, Andromache (um 420 v. Chr.). Übers. v. Minckwitz. V. 421—22 (Chor).

Erbarmen, das. — Wer nicht den Druck gefühlt von mächt'gen Armen, | Erglüht nicht gegen Schwache von Erbarmen.
A. d. Persischen d. Sadi, Fruchtgarten (1257). Übers. v. Graf.

— Erbarmen sprießt, wo Tränen sich ergießen!
A. d. Persischen d. Rûmi (um 1207—1273). Mesnewi. Übers. v. Rosen.

— Um aller Götter willen | Dieß Klaußner-Mitleid (das Erbarmen) laß bei unsrer Mutter! Engl.: For the love of all the gods, | Let's leave the hermit pity with our mothers.
William Shakespeare, Troilus u. Kressida (um 1609). Übers. v. Graf Baudissin. A. 5, Sz. 3 (Troilus).

— Auf Erden wohnt kein Erbarmen.
Friedr. Müller, Balladen (1776). Genovefa im Turme (Genovefa).

— Siehe, die Gottheit ermüdet nicht im Erbarmen, und wir armseligen Würmer gehen schlafen mit unserm Groll.
Friedr. von Schiller, D. Räuber (1781). A. 5, Sz. 2 (D. alte Moor).

— Mann des Erbarmens! Stehst du noch immer da?
Friedr. von Schiller, Kabale u. Liebe (1784). A. 4, Sz. 9 (Lady).

Erbarmen, sich. — Wer keinen Menschen zu fürchten braucht, wird er sich eines Menschen erbarmen?
Friedr. von Schiller, D. Verschwörung d. Fiesko zu Genua (1783). A. 4, Sz. 14 (Leonore).

— Wie sich ein Vater über Kinder erbarmet, so erbarmet sich der Herr über die, so ihn fürchten. Ps. 103, V. 13.

Erbe. — Das Weinen des Erben ist ein maskiertes Lachen (danach: Lachende Erben). Lat.: Heredis fletus sub persona risus est.
Publilius Syrus (um 50 v. Chr.), Sentenzen. Übers. v. Friedrich. V. 221.

— Wer ausſparet dem Erben zulieb und allzu genau kargt, | Wohnet dem Tollen nicht fern. Lat.: Parcus ob heredis curam nimiumque severus | Ad Assidet insano.
Quint. Horatius Flacc., Episteln (um 20 v. Chr.). Übers. v. Voß. B. 1, Nr. 5, V. 13—14.

— Wann Erben reicher Leute die Augen wässrig machen, | Sind solcher Leute Thränen nur Thränen von dem Lachen.
Friedr. von Logau, Deutsche Sinn-Getichte (1654). Lachende Erben.

— . . . wer der Väter Erbe fahren läßt, | Der schmähet, ein unwürd'ger Sohn und Enkel, | Die Toten noch in ihrer Gruft.
Ernst Raupach, Corona v. Saluzzo (1840). A. 2, Sz. 1.

— Der Erben Weinen ist oft ein heimlich Lachen. Sprichwort.

Erben. — Was du ererbt von deinen Vätern hast, | Erwirb es, um es zu besitzen!
Joh. Wolfg. von Goethe, Faust, I (1808). Nacht (Faust).

Erben. — Wer sich verläßt aufs Erben, | Mag als ein Narr versterben! Sprichwort.

Erbschaft. — Man soll nicht auf eines Toten Schuhe rechnen (auf die Erbschaft). Franz.: Qui s'attend aux souliers d'un mort, court risque de marcher longtemps nu-pieds.

Sprichwort.

Erbsen. — Da hat der Deibel Erbsen druf jedroschen (sagt man von einem pockennarbigen Gesicht). Berliner Redensart.

Erbteil. — Schäme dich, das Erbteil und Morgengabe zu entwenden! Jes. Sir., K. 42, V. 26.

Erdboden. — Am Erdboden kleben.

Nach Ps. 44, V. 26.

Erde. — Gemein ist Erd' und Himmel allen Sterblichen. Griech.: *Κοινὸς γάρ ἐστιν οὐρανὸς πᾶσιν βροτοῖς | Καὶ γαῖ'.*

Euripides (um 480—406 v. Chr.), Helena. Übers. v. Binder. V. 906—7 (Helena).

— Leicht sei deiner Asche die Erde (danach: Leicht sei dir die Erde). Lat.: Et sit humus cineri non onerosa tuo (danach: Levis sit tibi terra).

Publ. Ovidius Naso (um 43 v. Chr.—17 n. Chr.), Liebeslieder. B. 3, Nr. 9, V. 68.

— O binde nicht dein Herz an diese Herbergsstätte (die Erde); | Ein Wandrer baut ein Haus, das er entbehret, nicht.

A. d. Persischen d. Sadi, Fruchtgarten (1257). Übers. v. Graf.

— Wir han nur Herberg hie auff Erdn. | Im Himmel wir ewig wohnen werden.

Spr. an einem Hause. Hildesheim (1609).

— Die Herrlichkeit der Erden | Muß Rauch und Aschen werden, | Kein Fels, kein Ertz kan stehn.

Andr. Gryphius, Sonette, Oden, Epigramme (1643). Vanitas! Vanitatum Vanitas!

— Wie nichtig, wie flüchtig ist alles auf Erden; | Was lebet, was webet, hat keinen Bestand. Ernst Christoph Homburg, Geistl. Lieder (1659). T. 2. Alles nichtig u. flüchtig.

— O wunderschön ist Gottes Erde, | Und wert, darauf vergnügt zu sein!

Ludw. Hölty, Gedichte. Aufmunterung zur Freude (geb. 1776). Mel. v. Joh. Friedr. Reichardt (1781).

— Sonst geht es ganz erträglich schlecht | Auf dieser Erdenbühne.

Friedr. von Schiller, Gedichte. D. Weltweisen (geb. 1795).

— Nur ein Fremdling, sagt man mit Recht, ist der Mensch hier auf Erden.

Joh. Wolfg. von Goethe, Hermann u. Dorothea (1797). Urania.

— Ja, du bist schön und golden, Mutter Erde, | Schön in deinen rosigen Abendlocken, | Duftig in deines Erwachens Silberschimmer, | Bräutlich und züchtig.

Ernst Moritz Arndt, Gedichte. Freude (geb. 1797).

Erde. — Der ist der Herr der Erde, | Wer ihre Tiefen mißt | Und jeglicher Beschwerde | In ihrem Schoß vergißt.

Novalis (Friedr. Ludw. Freiherr von Hardenberg), Schriften. Heinr. v. Ofterdingen. Bergmannsleben (geb. 1800). Mel. v. Luise Reichardt (komp. um 1811).

— Betrüglich sind die Güter dieser Erden!

Friedr. von Schiller, Maria Stuart (1800). A. 5, Sz. 6 (Maria).

— Wer hielte ohne Freud' im Himmel, | Wer hielte da auf Erden aus?

Novalis (Friedr. Ludw. Freiherr von Hardenberg), Schriften (1802). Geistl. Lieder. Nr. 1.

— Wirklich ist es allerliebst | Auf der lieben Erde. Joh. Wolfg. von Goethe, Gedichte. Gesellige Lieder. Tischlied (geb. 1802). Mel. v. Max Eberwein (1810), Wilh. Ehlers (1817) u. Joh. Friedr. Reichardt.

— Raum für alle hat die Erde!

Friedr. von Schiller, Gedichte. D. Alpenjäger (geb. 1804). Mel. v. Joh. Friedr. Reichardt (1810).

— Ich find' es dort (auf der Erde), wie immer, herzlich schlecht.

Joh. Wolfg. von Goethe, Faust, I (1808). Prolog im Himmel (Mephistopheles).

— Die Erde hat mich wieder!

Joh. Wolfg. von Goethe, Faust, I (1808). Nacht (Faust).

— Aus dieser Erde quillen meine Freuden, | Und diese Sonne scheinet meinen Leiden.

Joh. Wolfg. von Goethe, Faust, I (1808). Studierzimmer (Faust).

— Blumen und Blüten wie licht und das Glorienlaub um die Bäume! | Bleib' nur, Himmel, bewölkt! Erde hat eigenen Glanz.

Ludw. Uhland, Gedichte. Sinngedichte. Im Mai (geb. 4. Juni 1809).

— Eine große Landstraß' ist unsre Erd', | Wir Menschen sind Passagiere; | Man rennet und jaget, zu Fuß und zu Pferd, | Wie Läufer oder Kuriere.

Heinr. Heine, D. B. d. Lieder. Junge Leiden (geb. 1817—1821). Romanzen. Lebensgruß.

— Was ist der Erde Glück? — Ein Schatten! Was ist der Erde Ruhm? — Ein Traum!

Frz. Grillparzer, D. goldene Vlies (1822).

— . . . ich weiß nicht, | Ist sie (die Erde) ein Tollhaus oder Krankenhaus.

Heinr. Heine, D. B. d. Lieder. D. Heimkehr (geb. 1823—1824). Götterdämmerung.

— Die Erde ist so allerliebst, daß mir | Vor lauter Lust und Wonne Zeit fehlt, um | An den zu denken, der sie schuf.

Christ. Dietr. Grabbe, Don Juan u. Faust (1829). A. 3, Sz. 1 (Don Juan).

— Die Erde ist ein Prüfungs- und Bildungsort, eine Stufe zu Höherm und Besserm; man muß hier die Kraft gewinnen das Überirdische zu fassen.

Wilh. Freiherr von Humboldt, Br. an eine Freundin (1. Jan. 1832).

Erde. — Wie ist doch die Erde so schön, so schön!
Rob. Reinick, Lieder eines Malers. Juchhe! (geb. 1833). Mel. v. Ferd. Sieber.

— Wer nicht ein Vaterland auf Erden fühlt, | Der wird im Himmel keinen Himmel haben.
Leop. Schefer, Laienbrevier (1834).

— Mich rühret nicht die Erde an; | Gar leicht kann ihre Schwere tragen, | Wer leicht ihr Nichts erfassen kann.
Justinus Kerner, Dichtungen (1834). An einzelne Personen u. Orte. Nach d. Seherin Tod. Schlußv.

— . . . keines Seufzers ist | Die Erde wert.
Ital.: . . . nè di sospiri è degna | La terra.
Giacomo Leopardi, Gedichte. An sich selbst (1836). Übers. v. Heyse.

— In tausend Blumen steht die Liebesschrift geprägt: | Wie ist die Erde schön, wenn sie den Himmel trägt!
Friedr. Rückert, Gesammelte Gedichte (1834—1838). Pantheon. Bruchstück 5. Zahme Xenien. Angereihte Perlen.

— Jeder Mensch ist ein Antäus; jeden stärkt und belebt bis zur Unüberwindlichkeit die mütterliche Erde, wenn er an ihr liebend festhält.
Ernst Freiherr von Feuchtersleben, Zur Diätetik d. Seele (1838).

— Du hättest gern zugleich den Himmel und die Erde; | Ich fürchte, daß dir so von beiden keines werde.
Friedr. Rückert, D. Weisheit des Brahmanen (1836—1839). B. 13, Nr. 97. (Stufe 7. Erkenntnis. Nr. 147.)

— Schaubühne der Eitelkeit (die Erde).
Immanuel Kant, Werke (1838—1839). Bd. 6.

— Mensch, hier auf Erden erreichst du kein Ziel.
Ernst Moritz Arndt, Gedichte. Ermannung (geb. 1849). Schlußv.

— Erde gleist auf Erden | In Gold und in Pracht; | Erde wird Erde, | Bevor es gedacht; | Erde türmt auf Erden | Schloß, Burg, Stein, | Erde spricht zu Erde: | Alles wird mein!
Theod. Fontane, Gedichte (1875). Nach einer engl. Grabschrift.

— Erde bist du, wirst zu Erde, | Von der Seele gilt dies nicht. Engl.: Dust thou art, to dust returnest, | Was not spoken of the soul.
Henry Wadsworth Longfellow (1807—1882). Gedichte. Ein Ps. d. Lebens. Übers. v. Niels. Str. 2, V. 3.

— Von Erde zu Erde — was soll ich klagen? . . . | Hat doch dazwischen so überviel Segen, | Sonne, Leben und Liebe gelegen.
Karl Busse, Neue Gedichte (1901). Grabspr.

— Furcht und Bangen | Ist hier auf Erden unser aller Teil.
Gerhart Hauptmann, D. arme Heinrich (1902). A. 2, Sz. 2 (Brigitte).

— . . . du bist Erde und sollst zu Erde werden!
1. Mos., K. 3, V. 19.

— . . . die Erde, . . . die unser aller Mutter ist.
Jes. Sir., K. 40, V. 1.

— Ich bin ein Gast auf Erden.
Ps. 119, V. 19.

Erde. — Unser Leben auf Erden ist wie ein Schatten und ist kein Aufhalten.
1. Chronika, K. 29, V. 15.

— Wer die Freude sucht auf Erden, | Dem wird im Himmel bange werden.
Alter Spr.

— Der Himbel ist ja alles werth, | Ein Dunst nur ist, was giebt die Erdt.
Inschrift in einer Totenkapelle. Völs.

— Ein Traum ist alles hier auf Erden.
Spr. an einem Wirtshaus. Aldrans.

Erdengott. — Wer sich verläßt auf Erdengötter, | Schaut im Kalender nach dem Wetter.
Sprichwort.

Erdengröße. — Wie des Dampfes Säule weht, | Schwinden alle Erdengrößen, | Nur die Götter bleiben stet!
Friedr. von Schiller, Gedichte. D. Siegesfest (geb. 1803).

Erdengüter. — Ich weiß, daß der Besitz der Güter dieser Erden, | Der Seele nie das wahre Glück verleiht.
Christ. Fürchtegott Gellert, Geistl. Oden u. Lieder (1757). D. natürliche Verderben d. Menschen.

— Wohl dem, der bessre Schätze liebt, | Als Schätze dieser Erden!
Christ. Fürchtegott Gellert, Geistl. Oden u. Lieder (1757). Wider d. Geiz.

— Nicht an die Güter hänge dein Herz, | Die das Leben vergänglich zieren! | Wer besitzt, der lerne verlieren, | Wer im Glück ist, der lerne den Schmerz!
Friedr. von Schiller, D. Braut v. Messina (1803). D. Säulenhalle (Erster Chor. Cajetan).

Erdenleben. — Unser Erdenleben ist nur eine kleine Strecke auf der ganzen Bahn unsrer Existenz.
Matthias Claudius, Sämtl. Werke d. Wandsbecker Boten. T. 4 (1783). Ernst u. Kurzweil v. meinem Vetter an mich.

Erdenleid. — Ach, Kind, vergiß dein irdisch Leid | Und denk' an Gott und Seligkeit!
Gottfr. Aug. Bürger, Gedichte. Lenore (geb. 1773).

— Sklavenketten sind der Erde Leiden, | Öfters, ach! zerreißt sie nur der Tod! | Blumenkränzen gleichen ihre Freuden, | Die ein Westhauch zu entblättern droht!
Friedr. von Matthisson, Schriften (1825—1829). Gedichte. D. Vollendung.

Erdenlos. — Ach! es ist der Erde Los: Blühen, tragen und zerfallen!
Justinus Kerner, Gedichte (1826). Lieder d. Schmerzes. V. morschen Baume. Schlußv.

Erdenlust. — Aus ird'scher Lust und Zauberei, | Die freud- und leidvoll dich umgarnen, | Strecke zu Gott die Arme frei!
Jos. Freiherr von Eichendorff, Gedichte (1837). Geistl. Lieder. D. Gebet.

Erdenschoß. — Dem dunkeln Schoß der heil'gen Erde | Vertrauen wir der Hände Tat, | Vertraut der Sämann seine Saat | Und hofft, daß sie entkeimen werde | Zum Segen nach des Himmels Rat.

Friedr. von Schiller, Gedichte. D. Lied v. d. Glocke (ged. Sept. 1799).

Erdentag. — Es kann die Spur von meinen Erdentagen | Nicht in Äonen untergehn.

Joh. Wolfg. von Goethe, Faust, II (1831). A. 5. Großer Vorhof d. Palasts (Faust).

Erdentraum. — Entstehen, Sein und Tod! — Verhängnisvolle Worte, | Ihr seid der Inhalt jedes Erdentraums! | Des feierlichen Throns, sowie des Hüttenraums!

Christoph Aug. Tiedge, Urania (1800). Ges. 4. Unsterblichkeit.

Erdentreiben. — Das Erdetreiben, wie's auch sei, | Ist immer doch nur Plackerei.

Joh. Wolfg. von Goethe, Faust, II (1831). A. 2. Klassische Walpurgisnacht. Felsbuchten d. Ägäischen Meeres (Proteus).

Erdenwallen. — Streiten und Schreiten und Stehen und Fallen, | So klingt der Spruch von dem irdischen Wallen.

Ernst Moritz Arndt, Gedichte. Ermannung (ged. 1849).

Erduldung. — Was es auch sei, zu bestehn ist jegliches Los durch Erduldung. Lat.: Quidquid erit, superanda omnis fortuna ferendo est.

Publ. Vergilius Maro (um 70 v. Chr. — 19 n. Chr.), Äneis. Übers. v. Voß. B. 5, V. 710.

Ereifern. — Benedettig! | Sie ereifern sich unnötig, | Brauchen Sie man nur Verstand! (Unterredung König Wilhelms mit dem französischen Gesandten Benedetti, Bad Ems, Juni 1870.)

Dr. Kreußler, König Wilh. saß ganz heiter usw. (ged. Aug. 1870). Volksweise.

Ereignen, sich. — In wenig Tagen kann sich viel ereignen.

Friedr. von Schiller, D. Piccolomini (1799). A. 5, Sz. 2 (Octavio).

Ereignis. — Künftige Ereignisse werfen ihre Schatten voraus. Engl.: Coming events cast their shadows before.

Thomas Campbell (1777—1844), Lochiels Warnung. Übers. v. Lackmann.

Erfahren. — Glaubt dem Erfahrenen! Lat.: Experto credite!

Publ. Vergilius Maro (um 70 v. Chr. — 19 n. Chr.), Äneis. B. 11, V. 283. Übers. v. Grau.

— Es gibt viele Menschen, die sich einbilden, was sie erfahren, das verstünden sie auch.

Joh. Wolfg. von Goethe, Werke (1827—1830). Maximen u. Reflexionen. Abteilung 7.

— Erfahren ward seit tausend Jahren, | Doch du verfolgst umsonst die Spur. | Dir paßt nicht, was für sich ein anderer erfuhr, | Du mußt es wieder für dich selbst erfahren.

Friedr. Rückert, Gesammelte Gedichte (1834—1838). Vierzeilen. 1. Hundert, Nr. 35.

Erfahren. — Erfahren muß man stets, Erfahrung wird nie enden, | Und endlich fehlt die Zeit, Erfahrnes anzuwenden.

Friedr. Rückert, D. Weisheit d. Brahmanen (1836—1839). B. 15, Nr. 96. (Stufe 5. Leben. Nr. 550.)

— Lehr' nur die Jungen weisheitsvoll, | Wirst ihnen keinen Irrtum sparen; | Was ihnen gründlich helfen soll, | Das müssen sie eben selbst erfahren.

Emanuel Geibel, Juniuslieder (1848). Gelegenheitsgedichte. Spr. Scherze. Spr. Nr. 13.

— Nicht immer am besten erfahren ist, | Wer am ältesten an Jahren ist.

Friedr. von Bodenstedt, D. Lieder d. Mirza=Schaffy (1851). Lieder d. Klage. Nr. 6.

— An Erfahr'ne isch über an G'lehrte.

Sprichwort. Vorarlberg.

Erfahrenheit. — Erfahrenheit | Macht Narren g'scheidt. Sprichwort. Tirol.

Erfahrung. — Eigene Erfahrung muß sehr viel leyden.

Christoph Lehmann, Politischer Blumen=Garten (1662). T. 1. Erfahrung. Nr. 3.

— Groß Klugheit ohne Erfahrung ist Maulwitz.

Christoph Lehmann, Politischer Blumen=Garten (1662). T. 1. Erfahrung. Nr. 28.

— Es ist ein allgemeiner Wahn, | Daß man nach Jahren Klugheit mißt: | Erfahrung ohne Klugheit ist | Ein Blinder auf gewohnter Bahn.

Christ. Wernicke, Uberschriffte Oder Epigrammata (1697).

— Erfahrung ist der Schmuck für ein bereistes Haupt | Und macht, daß seinem Wort die rohe Jugend glaubt.

Magnus Gottfr. Lichtwer, D. Recht d. Vernunft (1758). B. 2.

— Was nützt die Erfahrung, wenn sie nicht durch Nachdenken fruchtbar gemacht wird? Die Erfahrung erfordert eine gründliche Untersuchung...

Friedr. d. Große, Sämtl. Werke (1789).

— Die ganze Weisheit junger Toren | Ist keinen Tag Erfahrung wert.

Gottl. Konrad Pfeffel, Poetische Versuche (1789—1790). Fab.

— Erfahrung bleibt des Lebens Meisterin.

Joh. Wolfg. von Goethe, D. natürliche Tochter (1803). A. 4, Sz. 2 (Eugenie).

— Das kleinste Kapitel eigener Erfahrung ist mehr wert als Millionen fremder Erfahrung.

Gotthold Ephr. Lessing, Sämtl. Schriften (1796—1808).

— Wohl! die Erfahrung sei, wer leugnet es? Spiegel des Lebens. | Doch was strahlete je Blinden der Spiegel zurück?

Karl Gustav von Brinckmann, Elegien u. Arabesken (1820).

— Je weiter man in der Erfahrung fortrückt, desto näher kommt man dem Unerforschlichen.

Joh. Wolfg. von Goethe, Werke (1827—1830). Maximen u. Reflexionen.

Erfahrung. — Erfahrung ohne Klugheit tritt als blinder Gaul ein Rad; | Laß es auf krummer Straße gehn, und sieh, ob's Augen hat!

Wilh. Müller, Gedichte (1837). Epigramme. 3. Hundert, Nr. 36. Erfahrung ohne Klugheit.

— Erfahrung kann auf zweierlei Weise benützt werden: entweder insofern sie Modelle, oder insofern sie Prinzipien liefert.

Friedr. von Gentz, Gesammelte Schriften (1838—1840). Politische Schriften.

— Gedanken ohne Erfahrungen sind Trugschlüsse. Ida Gräfin von Hahn-Hahn, Zwei Frauen (1845). Bd. 1.

— Die Haushaltungsbücher der Erfahrung sind darum so schwer zu benutzen, weil die Geschichte nur die einzelnen Posten bemerkt, aber nie Summe und Transport zieht.

Ludw. Börne (Löb Baruch), Gesammelte Schriften (1862—1863). Fragmente u. Aphorismen. Nr. 146.

— Die Erfahrung bereitet uns vorsorglich harte und trockene Lehren, welche, als Schiffszwieback für das menschliche Herz, ausdauern zur langen Seefahrt des Lebens. Wir müssen uns daran sättigen oder verhungern.

Ludw. Börne (Löb Baruch), Gesammelte Schriften (1862—1863). Fragmente und Aphorismen. Nr. 173.

— ... die Schule der Erfahrung wird auf dem Kirchhof gehalten, und der Tod fragt uns nicht, was wir im Leben gelernt.

Ludw. Börne (Löb Baruch), Gesammelte Schriften (1862—1863). Erz., Reisen, verm. Aufsätze. Nr. 16. Über d. Umgang mit Menschen.

— Die Erfahrung gleicht einer unerbittlichen Schönen. Jahre gehen vorüber, bis du sie gewinnst, und ergibt sie sich endlich, seid ihr beide alt geworden, und ihr könnt euch nicht mehr brauchen.

Ludw. Börne (Löb Baruch), Gesammelte Schriften (1862—1863). Erz., Reisen, verm. Aufsätze. Nr. 35. D. Narr im Weißen Schwan. K. 2.

— Keine Lehre, keine noch so hohe, ändert der Menschen Sinn. Nur das Leben, Anschauen, die Erfahrung der Tatsachen an sich und anderen, nur das bekehrt.

Berth. Auerbach, Auf d. Höhe (1865).

— Praktische Weisheit kann nur durch die Schule der Erfahrung erlernt werden. Regeln und Vorschriften sind, soweit sie reichen, wohl nützlich, allein ohne Zucht des realen Lebens haben sie nur einen theoretischen Wert. Engl.: Practical wisdom is only to be learnt in the school of experience. Precepts and instructions are useful so far as they go, but, without the discipline of real life, they remain of the nature of theory only.

Samuel Smiles, D. Charakter (1871). Übers. v. Dobbert. K. 12. D. Schule d. Erfahrung.

Erfahrung. — Erfahrung heißt reich werden durch Verlieren.

Ernst von Wildenbruch, Christoph Marlow (1884). A. 1, Sz. 4 (Marlow).

— Kaum, daß vom Buch du dich entfernt, | Läßt seine Weisheit dich im Stiche; | Nur was Erfahrung dir gelernt, | Bringt dir den „Bruch“ und Wild der Küche.

Wahrmund Riegler, Gedicht'ln u. Spruchreime über Wald, Wild u. Waidwerk (1887). Nr. 2. Spruchreime.

— Erfahrung ist ein überreiches Bergwerk, | Dem viele Menschen Lebensschätze ausgraben.

A. d. Ungarischen d. Petöfi.

— Erfahrung ist ein langer Weg.

Sprichwort.

— Von aller Kunst zu jeder Frist | Erfahrung die größte Meisterin ist. Sprichwort.

— Erfahrung ist die Mutter der Wissenschaft.

Sprichwort.

— Erfahrung ist eine teure Schule.

Sprichwort.

Erfinden. — Selbst erfinden ist schön; doch glücklich von andern Gefundnes | Fröhlich erkannt und geschätzt, nennst du das weniger dein?

Joh. Wolfg. von Goethe, Gedichte. A. d. Nachlaß. Antiker Form sich nähernd. Selbst erfinden ist schön usw. (1830).

— Was ist das Erfinden? | Es ist der Abschluß des Gesuchten.

Joh. Wolfg. von Goethe, Werke (1827—1830). Maximen u. Reflexionen. Abteilung 7.

Erfinder. — Vergraben ist in ewige Nacht | Der Erfinder großer Name zu oft.

Friedr. Gottl. Klopstock, Oden. D. Eislauf (ged. 1764).

— ... denn sie (die Erfinder) sind die wahren Wohltäter der Menschheit und verdienen größere Ehre als die, welche beweinenswerte Schlachten lieferten und große Länder eroberten, ohne zu verstehen ihr eigenes Land glücklich zu machen.

Karl Jul. Weber, Demokritos (1832—1840). D. Erfindungen.

Erfindung. — ... wie das mit den Erfindungen ist, man findet sie nicht, sondern sie finden uns.

Matthias Claudius, Sämtl. Werke d. Wandsbecker Boten. T. 4 (1783). Neue Erfindung.

— Das große Los der Erfindungslotterie der Menschen ist, gottlob! noch nicht gezogen. Wer es gewinnen wird, läßt sich freilich nicht sagen; aber soviel scheint gewiß zu sein, daß es kein Kompilator und astronomischer Konstabler gewinnen wird.

Georg Christoph Lichtenberg, Verm. Schriften (1800—1806). Bd. 2, Nr. 2. Bemerk. verm. Inhalts. Nr. 17. Allerhand.

Erfolg. — Der Erfolg ist der Lehrer des Toren. Lat.: Eventus stultorum magister est.

Tit. Livius (um 59 v. Chr. — 17 n. Chr.), Römische Gesch. Übers. v. Ostertag. B. 22, K. 39, § 10.

Erfolg. — Mittelmäßig und kriechend ist der Weg zum Erfolg. Franz.: **Médiocre et rampant, et l'on arrive à tout.**

Pierre Augustin Caron de Beaumarchais, D. Hochzeit d. Figaro (1784). Übers. v. Dingelstedt. A. 3, Sz. 5 (Figaro).

— Der Erfolg ist offenbar, | Die Absicht aber ist niemals klar, | Drum wird man alle Menschengeschichten | Ewig nach dem Erfolge richten.

Friedr. Rückert, Gesammelte Gedichte (1834—1838). Vierzeilen.

— Anstrengung und Erfolg sind ungetrennt ein Paar. Friedr. Rückert, D. Weisheit d. Brahmanen (1836—1839).

— Dein ist die Saat und der Fleiß, darum dein der Lohn des Bewußtseins; | Aber, wie Regen und Tau, träuft aus den Höhn der Erfolg.

Frz. Grillparzer in d. „Deutschen Dichtung" (24. Dez. 1839).

— . . . die Welt richtet nach dem Erfolge und nennt ihn Gottesgericht.

Heinr. Laube, D. Karlsschüler (1847). A. 5, Sz. 5 (Herzog).

— Wie der Erfolg, so der Wert? Die Sibyllinischen Bücher | Waren in Rom wohl gesucht wie ein Pasquill auf August!

Friedr. Hebbel, Gedichte. Dichtungen (1857—1863). Epigramme. D. Erfolg.

— Am Mute hängt der Erfolg.

Theod. Fontane, Stine (1890).

— Um große Erfolge zu erreichen, muß etwas gewagt werden.

Hellmuth von Moltke, Gesammelte Schriften (1891—1893).

— Der Ruhm der kleinen Leute heißt Erfolg.

Marie von Ebner-Eschenbach, Aphorismen (1893).

— Erfolg verbindet, Mißerfolg trennt.

Alter Spr.

Erforschen. — Das schönste Glück des denkenden Menschen ist, das Erforschliche erforscht zu haben und das Unerforschliche ruhig zu verehren.

Joh. Wolfg. von Goethe, Werke (1827—1830). Maximen u. Reflexionen.

Erfreuen. — Die Kunst sich zu erfreun | Ist für den Sterblichen die Kunst beglückt zu sein.

Joh. Peter Uz, Gedichte. Versuch über d. Kunst stets fröhlich zu sein (1760).

— Wenn du kommst um zu erfreuen, | Wirst du stets willkommen sein. — | Bist du traurig, bleib' allein, | Wenige zählen zu den Treuen.

Friedr. von Bodenstedt, Gedichte (1852).

Erfüllung. — Gut ist der Vorsatz, aber die Erfüllung schwer.

Joh. Wolfg. von Goethe, Paläophron u. Neoterpe (1803). (Paläophron).

— Die größte Wahrscheinlichkeit der Erfüllung läßt noch einen Zweifel zu; daher ist das Gehoffte, wenn es in der Wirklichkeit eintritt, jederzeit überraschend.

Joh. Wolfg. von Goethe, Werke (1827—1830). Maximen u. Reflexionen. Abteilung 3.

Ergeben, sich. — Wo Widerstreben | Vorm Untergang das Schiff nicht retten kann, | Da wird ein weiser Steuermann | Mit guter Art sich in den Wind ergeben.

Christoph Martin Wieland, Musarion (1768). B. 1.

— Ich hab' mich ergeben | Mit Herz und mit Hand. Hans Ferd. Maßmann, Gelübde (ged. 1820). Volksweise.

Ergebung. — Still seh' ich, wie zu seiner Mündung | Des Lebens Wellenspiel mich reißt. | Erhöht die Schwermut die Empfindung, | So hebt Ergebung meinen Geist.

Joh. Gaudenz von Salis-Seewis, Gedichte (1793). Ergebung. Schlußv.

— Ergebung in sein Schicksal ist die erste Forderung der Natur an den Menschen.

Maximilian von Klinger, Gesammelte Werke (1809—1815).

— Ergebung und Genügsamkeit sind es vor allem, die sicher durch das Leben führen.

Wilh. Freiherr von Humboldt, Br. an eine Freundin (13. Nov. 1824).

— Ergebung ist nur durch Erhebung möglich — | Erhebung zu des Geistes großem Sein, | Dem Göttlichen, Unsterblichen und Guten.

Leop. Schefer, Laienbrevier (1834). März. Nr. 13.

Ergötzen. — Nichts schafft hienieden dauerndes Ergötzen. Ital.: **Nulla quaggiù diletta e dura.**

Francesco Petrarca, Sämtl. Werke (1554). Sonette u. Kanzonen. Übers. v. Pozzoni.

Ergründen. — Wer will denn alles gleich ergründen! | Sobald der Schnee schmilzt, wird sich's finden.

Joh. Wolfg. von Goethe, Gedichte. Epigrammatisch. Kommt Zeit, kommt Rat (ged. 1814).

Erhaben. — . . . Freunde, im Raum wohnt das Erhabene nicht.

Friedr. von Schiller, Gedichte. Votivtafeln. Nr. 27. An d. Astronomen (ged. 1796). Schlußv.

— Es liebt die Welt, das Strahlende zu schwärzen | Und das Erhab'ne in den Staub zu ziehn. Friedr. von Schiller, Gedichte. D. Mädchen v. Orleans (ged. 1801).

— Wisset, ein erhabner Sinn | Legt das Große in das Leben, | Und er sucht es nicht darin!

Friedr. von Schiller, D. Huldigung d. Künste (ged. 4.—8. Nov. 1804). (Genius).

— Vom Erhabenen zum Lächerlichen ist nur ein Schritt. Franz.: **Du sublime au ridicule il n'y a qu'un pas.**

Napoleon I. auf d. Flucht a. Rußland (Dez. 1812). Übers. v. Zimmermann.

Erhalten. — Neigung zum Erhalten und Geschicklichkeit zum Verbessern sind die beiden Elemente, deren Vereinigung in meinen Augen den Charakter des großen Staatsmannes bildet. Engl.: **A disposition to preserve, and an ability to improve, taken together, would be my standard of a statesman.**

Edmund Burke, Betrachtungen über d. Revolution in Frankreich (1790). Übers. v. Genz. Abs. 255.

Erheben, sich. — Und was sind wir denn alle, daß wir uns viel erheben dürfen!

Joh. Wolfg. von Goethe, Briefwechsel mit Friedr. Heinr. Jacobi (5. Mai 1776).

Erholung. — Gewähre Erholung; der Acker, der sich erholte, gibt reichlich, was er dir schuldet, zurück. Lat.: Da requiem; requietus ager bene credita reddit.

Publ. Ovidius Naso (um 43 v. Chr. — 17 n. Chr.), D. Kunst zu lieben. Übers. v. Voß. B. 2, V. 351.

— Die Erholung ist die Würze der Arbeit. Griech.: Ἡ ἀνάπαυσις τῶν πόνων ἐστὶν ἄρτυμα.

Plutarch (um 50—120), Moralische Abhandlungen. Erziehung. Übers. v. Eyth. K. 9.

— Erholung besteht weder in Untätigkeit noch in bloßem Sinnengenuß, sondern im Wechselgebrauch unserer Körper- und Geisteskräfte, den die Vernunft veredelt.

Karl Jul. Weber, Demokritos (1832—1840). Rede in d. zweiunddreißig Winde an Jünglinge u. meine Zeit.

— Erholung tut Leib und Seele wohl.

Sprichwort.

Erhörung. — Zwar kommt Erhörung oft geschritten | Mit ihrer himmlischen Gewalt, | Doch dann erst hört sie unsre Bitten, | Wenn unsre Bitten lang verhallt.

Aug. Graf von Platen-Hallermund, Gedichte. Lieder u. Romanzen. Oft, wenn wir lang im Dunkel schweifen usw. (ged. 1820). Schlußv.

— Gott schickt oft zu den Leidenden | Erhörung spät herab; doch schickt er sie.

Friedr. Gottl. Klopstock, Sämtl. Werke (1798—1821).

Erinnern, sich. — Künftig vielleicht ist dies auch zu denken (sich daran zu erinnern) behaglich. Lat.: Forsan et haec olim meminisse iuvabit.

Publ. Vergilius Maro (um 70 v. Chr. — 19 n. Chr.), Aeneis. Übers. v. Voß. B. 1, V. 203.

— Es ist eine schöne Empfindung, . . . wenn wir uns alter Zeiten und alter unschädlicher Irrtümer erinnern.

Joh. Wolfg. von Goethe, Wilh. Meisters Lehrjahre (1777—1796). B. 1, K. 3.

Erinnerung. — Alles, was ich erfuhr, ich würzt' es mit süßer Erinn'rung, | Würzt' es mit Hoffnung; sie sind lieblichste Würzen der Welt.

Joh. Wolfg. von Goethe, Gedichte. Epigramme (ged. Venedig 1790). Nr. 103.

— Gedächtnis haben kalte Seelen; | Die fühlenden — Erinnerung.

Joh. Christoph Friedr. Haug, Sinngedichte (1791).

— Die Erinnerung ist das einzige Paradies, woraus wir nicht vertrieben werden können. Sogar die ersten Eltern waren nicht daraus zu bringen.

Jean Paul (Joh. Paul Friedr. Richter), D. unsichtbare Loge (1793). T. 1, K. 13.

Erinnerung. — Mir willkommen im Schleier der Trauer! | Willkommen im heitern Silberflor! | Rasch entfleucht der Gegenwart Freude; | Du (Erinnerung), sinnende Trösterin, weilst!

Joh. Gaudenz von Salis-Seewis, Gedichte (1793). An d. Erinnerung. Schlußv.

— Welche Wohltat der Natur, daß die Erinnerung an überstandene Leiden denselben Genuß gewährt — und vielleicht einen größeren — als die Erinnerung an Freuden der Vergangenheit!

Aug. von Kotzebue, D. merkwürdigste Jahr meines Lebens (1801).

— Wie Geruch zu Geschmack, so verhält sich Erinnerung zu Gegenwart.

Jean Paul (Joh. Paul Friedr. Richter), Kom. Anhang zum Titan (1800—1803). Bd. 2.

— Ja, die Zeit ist hingeflogen, | Die Erinn'rung weichet nie; | Als ein lichter Regenbogen | Steht auf trüben Wolken sie.

Ludw. Uhland, Gedichte. Balladen u. Romanzen. Entsagung (ged. 18.—19. Febr. 1805).

— Erinnerung im Feuerkleide | Schmückt die blütenlose Heide, | Greise werden jung; | Der Liebe und des Lebens Freude | Ist Erinnerung.

Aug. von Kotzebue, Ubaldo (1808).

— Entflieh', du alter Traum, entflieh'! | Führt mich zu Lethe's dunklen Bächen! | Erinnerung, erwache nie! — | Sei still, mein Herz! — sonst mußt du brechen! — Engl.: Away! away! my early dream. | Remembrance never must awake | Oh! where is Lethe's fabled stream? | My foolish heart be still, or break.

George Gordon Lord Byron, Gelegenheitssachen. Übers. v. Heichen. Wohl, du bist glücklich! (ged. 2. Nov. 1808). Schlußv.

— Zierlich Denken und süß Erinnern | Ist das Leben im tiefsten Innern.

Joh. Wolfg. von Goethe, Gedichte. Sprichwörtl. (ged. 1812—1814).

— Erinnerung, o welche Zeit | Entrückst du der Vergessenheit!

Aug. Graf von Platen-Hallermund, Gedichte. Lieder u. Romanzen. Erinnerung (ged. 1814). Schlußv.

— Der ist beglückt, dem ewig unveraltet | Erinnerung stets zur Hoffnung sich gestaltet.

Ernst Schulze, D. bezauberte Rose (1818).

— Auch die Erinn'rung ist süß. Mit vollendeten Seelen zu leben, | Himmlische Freundin, ist Trost, ist der Andenkenden Ruh'.

Joh. Gottfr. von Herder, Sämtl. Werke (1805—1820). Gedichte. Grabschriften. Nr. 2.

— Holde Vergessenheit, du und du, des Guten Erinn'rung, | Liebliche Schwestern, o macht beide das Leben mir süß! | Du verdunkle das Böse mit deinem umhüllenden Schleier, | Du erneue das Glück mir mit verdoppelter Lust!

Joh. Gottfr. von Herder, Sämtl. Werke (1805—1820). Schriften zur griech. Literatur. Nr. 1. Blumen a. d. griech. Anthologie. B. 1. Vergessenheit u. Erinnerung.

Erinnerung. — Gemildert zeigt Erinnerung das Leben | Im wehmutsvollen, aber ruh'gen Lichte, | Wo Hell und Dunkel ineinanderschweben.

Aug. Graf von Platen-Hallermund, Gedichte. Verm. u. Gelegenheitsgedichte. Episteln. Nr. 7 (ged. 1822).

— Die Vergangenheit und Erinnerung haben eine unendliche Kraft, und wenn auch schmerzliche Sehnsucht daraus quillt, sich ihnen hinzugeben, so liegt darin doch ein unaussprechlich süßer Genuß.

Wilh. Freiherr von Humboldt, Br. an eine Freundin (18. Mai 1829).

— Dies Doppelwesen (Erinnerung); das so wie ein Glas | Aus Bergkristall: Kristall ist — und ein Glas!

Leop. Schefer, Laienbrevier (1834). Dez. Nr. 18.

— Mein ist, was dir längst entschwunden, | Froh verweb' ich (Erinnerung) Zeit mit Zeit, | Und ich trag' in trüben Stunden | Stets ein Regenbogenkleid.

Aug. Heinr. Hoffmann von Fallersleben, Gedichte (1837).

— Nur die Erinn'rung redet wahr, | Die Hoffnung ist ein Traum im Wachen.

Christoph Aug. Tiedge, Werke (1841). Bd. 6.

— In Erinn'rung nur zu schweben | Wie im Wind ein welkes Blatt, | Hüte dich! Nur das heißt Leben, | Wenn dein Heut' ein Morgen hat.

Emanuel Geibel, Gedichte u. Gedenkblätter (1864). Spr. Nr. 27.

— Erinnerung ist eine milde Göttin; | Vergangne Freuden ruft sie dir zurück, | Und selbst vergangnes Leid läßt sie erscheinen, | Verklärt im Abendrotlicht fast wie Glück.

Daniel Sanders, 366 Spr. (1892). Nr. 223. Erinnerung.

Erkälten, sich. — Man erkältet sich geschwinde | In Ermanglung eines Schals.

Heinr. Heine, Neue Gedichte. Verschiedene (ged. 1832—1839). Angelique. Nr. 8. Schlußv.

Erkämpfen. — Sie zu erkämpfen, hab' | Ich Riesenkraft; sie zu verlieren, keine.

Friedr. von Schiller, Don Carlos (1787). A. 1, Sz. 5 (Carlos).

Erkenntlichkeit. — Wenn Eigennutz den Dank gebeut, | So rechnet auf Erkenntlichkeit!

Gottl. Konrad Pfeffel, Poetische Versuche (1789—1790). T. 2. Gedichte.

Erkenntnis. — Nur die Erkenntnis ist es, woran sich dieses sinnliche Leben knüpft, und welche mit demselben entsteht und fortwächst. Diese entwickelt sich nur langsam und allmählich, im Fortlaufe der Zeit.

Joh. Gottl. Fichte, Reden an d. deutsche Nation (1808). Rede 10.

— Den Durst nach seiner Erkenntnis | Stillet gewiß, der uns mit diesem Durste geschaffen.

Friedr. Gottl. Klopstock, Sämtl. Werke (1798—1821).

Erkenntnis. — ... im Durchschnitt bestimmt die Erkenntnis des Menschen, von welcher Art sie auch sei, sein Tun und Lassen.

Joh. Wolfg. von Goethe, Werke (1827—1830). Maximen u. Reflexionen. Abteilung 1.

— Erkenntnis ist eine Sonne, die den Menschengeist erleuchtet; sie breitet nach allen Richtungen hin ihre glänzenden Radien aus; sie erfüllt mit ihrer Klarheit die Welt, und der Geist schwimmt auf ihren hellen Strahlen und badet sich im Lichtmeer.

Ludw. Bechstein, Arabesken (1831).

— Du Macht (Erkenntnis), die tausend Welten am Himmel wandeln heißt, | O, einen Strahl nur sende dem Geist von deinem Geist! | Und hast du kein Erhören für mein inbrünstig Flehn, | So sende — deinen Blitzstrahl, und laß mich schnell vergehn!

Ludw. Bechstein, Faustus (1833).

— Erkenntnis ist nicht bloß der höchste Preis, sie ist auch die breiteste Grundlage eines menschenwürdigen Lebens.

Jak. Moleschott, D. Kreislauf d. Lebens (1852).

— Wo die Natur dir Erkenntnis vergönnt und Einsicht ins Wesen? | Wo sie deiner bedarf! Das ist nur selten der Fall.

Friedr. Hebbel, Gedichte (1857). Epigramme u. Verwandtes. Nr. 2. Gnomen. D. Grenze d. Menschen.

— Die Erkenntnis wird nur durch den Verlust der Unschuld des Lebens erkauft.

Ludw. Feuerbach, Sämtl. Werke (1845—1866). Aphorismen).

— Keine Erkenntnis vermag die Gemütsbedürfnisse, aus denen alle Religion entspringt, zu ersetzen oder zu zerstören.

Paul Heyse, D. Kinder d. Welt (1873).

— Das ist das alte Lied und Leid, | Daß dir Erkenntnis erst gedeiht, | Wenn Mut und Kraft verrauchen; | Die Jugend kann, das Alter weiß, | Du kaufst nur um des Lebens Preis | Die Kunst, das Leben recht zu brauchen.

Emanuel Geibel, Spätherbstblätter (1877). Gelegenheitsgedichte. Spr. Nr. 6.

— Tausend schöne, täuschende Genien umschweben unsere Jugend; nach und nach entschwindet das Gedränge, und die Aussicht wird freier: das nennen wir dann Erkenntnis.

Joh. Jak. Mohr, Gedanken über Leben u. Kunst (1885).

— ... zur Erkenntnis der Wahrheit kommen.

1. Timotheus, K. 2, V. 4.

Erlangen. — ... nichts erlangen wird, wer nicht den Arm ausstreckt, | Und der verrenket ihn, wer ihn zu weit ausreckt.

Friedr. Rückert, D. Weisheit d. Brahmanen (1836—1839). B. 11, Nr. 39. (Stufe 6. Prüfung. Nr. 229.)

Erlaubt. — Erlaubt ist, was gefällt.

Joh. Wolfg. von Goethe, Torquato Tasso (1789). A. 2, Sz. 1 (Tasso).

— Erlaubt ist, was sich ziemt.

Joh. Wolfg. von Goethe, Torquato Tasso (1789). A. 2, Sz. 1 (Prinzessin).

Erlaubt. — Was nicht verboten ist, ist erlaubt.

Friedr. von Schiller, Wallensteins Lager (1798). Sz. 6 (Erster Jäger).

Erlaucht. — Den wird man für erlaucht erkennen, | Der von dem Recht erleuchtet ist.

Ludw. Uhland, Gedichte. Vaterländische Gedichte. D. Landständen zum Christophstag 1817 (ged. 14. März 1817).

Erleben. — Wie wenig ist am Ende der Bahn daran gelegen, was wir erlebten, und wie wichtig, wie unendlich viel, was daraus hervorging.

Wilh. Freiherr von Humboldt, Br. an eine Freundin (14. Febr. 1826).

— Reiche Herzen erleben viel in kurzer Zeit.

Friedr. Spielhagen, Problematische Naturen (1861—1862).

— Was du erlebt, kann dir kein Gott mehr rauben! Rob. Hamerling, Ahasver in Rom (1866). Ges. 2. D. Bachanal.

— Erdachtes mag zu denken geben, | Doch nur Erlebtes wird beleben.

Paul Heyse, Spruchbüchlein (1885). Philosophie.

Erleuchtung. — Es werde Licht! das erst' Gebot; | Erleuchtung tut uns allen not.

Inschrift im Ratskeller zu Wiesbaden.

Erliegen. — Erliegen kann ein Mann, nicht sich unmännlich halten; | Erlöschen kann ein Feu'r, doch nie kann es erkalten.

Friedr. Rückert, D. Weisheit d. Brahmanen (1836—1839). B. 16, Abteilung 2, Nr. 14. (Stufe 5. Leben. Nr. 114.)

— Nicht immer | Ist, wer erlag, der kleinere Held.

Anastasius Grün (Anton Alexander Graf von Auersperg), D. Pfaff v. Kahlenberg (1850).

Erlöser. — Ich weiß, daß mein Erlöser lebt, | Das soll mir niemand nehmen!

Paul Gerhardt, Geistl. Andachten (1667). Ich weiß, daß mein Erlöser lebt usw.

— Aber ich weiß, daß mein Erlöser lebet.

Hiob, K. 19, V. 25.

Erlösung. — Sing', unsterbliche Seele, der sündigen Menschen Erlösung, | Die der Messias auf Erden in seiner Menschheit vollendet!

Friedr. Gottl. Klopstock, D. Messias (1749). Ges. 1.

Ermahnen. — Erst ermahnen, dann ermannen | Treibt den Teufel frisch von dannen.

Spr. in einem Hause.

Ermuntern. — Ermuntre dich, mein schwacher Geist! Joh. Rist, Himmlische Lieder (1652).

Ernähren, sich. — Willst ehrlich du und redlich dich ernähren, | Darfst du dein Haus nicht allzusehr vermehren.

A. d. Persischen d. Dschâmi (1414—1492). Beharistan. Übers. v. Schlechta-Wssehrt.

Erniedrigen, sich. — Denn wer sich selbst erhöhet, der wird erniedriget, und wer sich selbst erniedriget, der wird erhöhet.

Matth., K. 23, V. 12.

Ernst. — Zum Werke, das wir ernst bereiten, | Geziemt sich wohl ein ernstes Wort.

Friedr. von Schiller, Gedichte. D. Lied v. d. Glocke (ged. Sept. 1799).

— Ernst liegt das Leben vor der ernsten Seele. Friedr. von Schiller, D. Piccolomini (1799). A. 3, Sz. 8 (Thekla).

— So ernst, mein Freund? Ich kenne dich nicht mehr. Friedr. von Schiller, Wilh. Tell (1804). A. 1, Sz. 2 (Gertrud).

Ernst, der. — Was die Stund' anbietet, empfah mit Freud', und lege den Ernst ab! Lat.: **Dona praesentis cape laetus horae ac Linque severa.**

Quint. Horatius Flacc., Oden (um 23 v. Chr.). Übers. v. Voß. B. 3, Nr. 8. V. 27—28.

— Mit Ernst, o Menschenkinder, | Das Herz in euch bestellt!

Val. Thilo (1607—1662), Adventslied.

— . . . dem Ernst, den keine Mühe bleichet . . .

Friedr. von Schiller, Gedichte. D. Ideal u. d. Leben (ged. 1795).

— Was kündigt dieser feierliche Ernst mir an?

Friedr. von Schiller, D. Jungfrau v. Orleans (1801). A. 1, Sz. 9 (Karl).

— Farbe nur sei dir die Freude, der Ernst sei dir Zeichnung des Lebens; | Beide vollenden das Bild einer bezaubernden Kunst.

Karl Gustav von Brinckmann, Elegien u. Arabesken (1820).

— Der Ernst tritt um so gewaltiger hervor, wenn der Spaß ihn angekündigt.

Heinr. Heine, Sämtl. Werke. Reisebilder. Engl. Fragmente (1828). K. 13. D. Befreiung.

— Der Ernst und selbst der größte des Lebens ist etwas sehr Edles und Großes, aber er muß nicht störend in das Wirken im Leben eingreifen. Er bekommt sonst etwas Bitteres, das Leben selbst Verleidendes.

Wilh. Freiherr von Humboldt, Br. an eine Freundin (Jan. 1828).

Ernte. — Nur wer gesät, wird eine Ernte haben. A. d. Persischen d. Sadi, Fruchtgarten (1257). Übers. v. Graf.

— Der Sünden Herz ist schwer von Müh' und Sorgen; | Wie ruhig schlafen sie am Erntemorgen! A. d. Persischen d. Sadi, Fruchtgarten (1257). Übers. v. Graf.

— Doch goldnes Korn und Erntesegen | Reift nur heran bei Sonnenlicht.

Theod. Fontane, Gedichte (1875).

— So lange die Erde stehet, soll nicht aufhören Same und Ernte! 1. Mos., K. 8, V. 22.

— . . . wer in der Ernte schläft, wird zuschanden. Spr. Sal., K. 10, V. 5.

— Man muß die Ernte nicht schon verkaufen, wenn die Saat erst schoßt. Bauernregel.

Ernten. — . . . lerne fortan erst quid iuris verstehn! | Denn wenn man will ernten, so muß man auch sä'n.

Gottfr. Aug. Bürger, Gedichte. D. Kaiser u. d. Abt (geb. 1785).

Erobern. — Zu erobern, | König, ist wohl nicht das Hauptwerk; | Das Eroberte erhalten, | Dieses ist das Schwerere.

Joh. Gottfr. von Herder, D. Cid (1806). B. 3, Ges. 41.

— Erobern selbst ist leicht; Eroberungen zu behaupten, schwer.

Friedr. Ludw. Jahn, Deutsches Volkstum (1810).

Eroberung. — Es ist Unsinn, von neuen Eroberungen zu sprechen, wenn man nicht einmal Kräfte genug hat, sich im Besitze der schon gemachten zu erhalten.

Gotthold Ephr. Lessing, Miß Sara Sampson (1755). A. 2, Sz. 1 (Marwood). Schlußwort.

— In Deutschland muß Preußen moralische Eroberungen machen.

Kaiser Wilh. I. als Prinzregent (8. Nov. 1858).

Eroberungskrieg. — Drüber hinaus zu fechten aus Eroberungsbedürfnis . . . ist mir als eine Ruchlosigkeit erschienen, ich möchte sagen, eine bonapartistische Ruchlosigkeit, eine ausländische, die nicht in unserem germanischen Gerechtigkeitsgefühl liegt.

Otto von Bismarck zu deutschen Studenten in Friedrichsruh (1. April 1895).

Eros. — Eros spottet aller Schranken, die Menschenhände ihm entgegenstellen.

Georg Ebers, Eine ägyptische Königstochter (1864).

Erquickung. — Erquickung hast du nicht gewonnen, | Wenn sie dir nicht aus eigner Seele quillt.

Joh. Wolfg. von Goethe, Faust, I (1808). Nacht (Faust).

Erreichbar. — Was unerreichbar ist, das rührt uns nicht; | Doch was erreichbar, sei uns goldne Pflicht!

Gottfr. Keller, Gesammelte Werke (1889—1890). Gedichte.

Erreichen. — Du hast's erreicht, Octavio!

Friedr. von Schiller, Wallensteins Tod (1799). A. 3, Sz. 13 (Wallenstein).

— Es sucht, was er erreichen kann, | Nach seiner Weise jedermann.

Peter von Bohlen, Bhartriharis Spr. (1835).

Erringen. — Erringen quält, Errungnem droht Verlust.

Aug. Graf von Platen-Hallermund, Gedichte. Lieder u. Romanzen. Was ruhst du hier am Blütensaum usw. (geb. 1820).

— Was ich mir erringe, | Ist ehrlich mein. Dies macht mich stark und stolz.

Emerich Madách, D. Tragödie d. Menschen (1861). Übers. v. Lechner. Sz. 3 (Adam).

Erröten. — Wozu dies Erröten? Scham ist nur ein einfältiges Kind. Engl.: What need you blush? shame's a baby.

William Shakespeare, Troilus u. Kressida (um 1609). Übers. v. Graf Baudissin. A. 3, Sz. 2 (Pandarus).

Erröten. — Erröte wenigstens, Lucinde, | Daß nichts mehr dich erröten macht!

Gotthold Ephr. Lessing, Schriften (1753—1755). Sinngedichte. B. 1, Nr. 10. Auf Lucinden.

— Erröten macht die Häßlichen so schön, | Und sollte Schöne nicht noch schöner machen?

Gotthold Ephr. Lessing, Nathan d. Weise (1779). A. 5, Sz. 7 (Saladin).

— Errötend folgt er ihren Spuren.

Friedr. von Schiller, Gedichte. D. Lied v. d. Glocke (geb. Sept. 1799).

— Wird man wohl vor Scham rot im Dunkeln? Daß man vor Schrecken im Dunkeln bleich wird, glaube ich, aber das erstere nicht. Denn bleich wird man seiner selbst, rot seiner selbst und anderer wegen.

Georg Christoph Lichtenberg, Verm. Schriften (1800—1806). Bd. 2, Nr. 2. Bemerk. verm. Inhalts. Nr. 4. Beobachtungen über d. Menschen.

Erschließen, sich jemandem. — Und wer dir seine Brust erschließt, | O tu ihm, was du kannst, zulieb! | Und mach ihm jede Stunde froh, | Und mach ihm keine Stunde trüb!

Ferd. Freiligrath, Zwischen d. Garben (1849). Eigenes. O lieb, solang' du lieben kannst!

Erschrocken. — Ein erschrocknes und verzagtes Herz.

Nach 1. Makk., K. 4, V. 32.

Ersparen. — Was man erspart, ist auch gewonnen.

Christoph Lehmann, Politischer Blumen-Garten (1662). T. 2. Sparsam. Nr. 1.

Erstaunen. — Das Höchste, wozu der Mensch gelangen kann, ist das Erstaunen, und wenn ihn das Urphänomen in Erstaunen setzt, so sei er zufrieden; ein Höheres kann es ihm nicht gewähren, und ein weiteres soll er nicht dahinter suchen; hier ist die Grenze.

Joh. Peter Eckermann, Gespräche mit Goethe in d. letzten Jahren seines Lebens (18. Febr. 1829).

Erste, der. — . . . immer der Erste zu sein und vorzustreben vor andern. Griech.: . . . *αἰὲν ἀριστεύειν καὶ ὑπείροχον ἔμμεναι ἄλλων.*

Homer, Ilias. Übers. v. Voß. Ges. 6, V. 208.

— Aber viele, die da sind die Ersten, werden die Letzten, und die Letzten werden die Ersten sein.

Matth., K. 19, V. 30.

— Der Erst' uf der Müli schütt uuf. (Wer zuerst kommt, mahlt zuerst.)

Sprichwort. Schweiz.

— Dem Ersten gebührt der Ruhm, wenn auch die Nachfolger es besser gemacht haben.

Arabisches Sprichwort.

— Wer der Erste, der der Beste.

Polnisches Sprichwort.

Erste, die. — Sie ist die Erste nicht.

Joh. Wolfg. von Goethe, Faust, I (1808). Trüber Tag. Feld (Mephistopheles).

Erstgeburt. — Seine Erstgeburt verkaufen.

Nach 1. Mos., K. 25, V. 31.

Ertappen. — Auf frischer Tat ertappen. Lat.: In flagranti.

Codex Justinianeus (529). B. 13, K. 9, § 1. Übers. v. Grau.

Ertragen. — Allein der Mensch muß tragen, was der Götter Macht | Auflegend sendet. Griech.: Ὅμως δ' ἀνάγκη πημονὰς βροτοῖς φέρειν | Θεῶν διδόντων.

Äschylus, D. Perser (um 472 v. Chr.). Übers. v. Minckwitz. V. 291—92 (Atossa).

— Tragen muß der Sohn des Staubes, was der Himmel auferlegt. Griech.: Τὰς γὰρ ἐκ θεῶν ἀνάγκας θνητὸν ὄντα δεῖ φέρειν.

Euripides (um 480—406 v. Chr.), D. Phönizierinnen. Übers. v. Minckwitz. V. 1763 (Ödipus).

— Was trägst du denn, was mehr als menschlich wäre? Griech.: Τί γὰρ τὸ μεῖζον ἢ κατ' ἄνθρωπον νοσεῖς;

Sophokles (um 496—406 v. Chr.), Ödipus in Kolonos. Übers. v. Jordan. V. 594 (Theseus).

— Trag' und dulde! Lat.: Perfer et obdura!

Publ. Ovidius Naso (um 43 v. Chr. — 17 n. Chr.), D. Kunst zu lieben. Übers. v. Voß. B. 2, V. 178.

— Was alle trifft, erträgt man leicht.

Karl Wilh. Ramler, Fabellese (1783). B. 5, Nr. 11. D. Hirsch, d. sich über sein Schicksal beklagt.

— Das ertrage, wem's gefällt!

Lorenzo da Ponte, Don Juan. Übers. v. Joh. Friedr. Rochlitz. A. 1, Sz. 1. Komp. v. Wolfg. Amadeus Mozart. (Erste Auff. am 27. Sept. 1787 in Prag.)

— Tragen muß der Mensch, | Was ihm die Götter senden.

Friedr. von Schiller, Sz. a. d. Phönizierinnen d. Euripides (ged. 1788). (Jokasta).

— Was die Schickung schickt, ertrage!

Joh. Gottfr. von Herder, Sämtl. Werke. Legenden. D. wiedergefundenen Söhne (ged. 1801).

— Mit Fassung ertrage, was dich erwartet, | Mit männlicher Seele den tödlichen Schmerz!

Friedr. von Schiller, D. Braut v. Messina (1803). D. Säulenhalle (Chor. Bohemund).

— Ertragen muß man, was der Himmel sendet; | Unbilliges erträgt kein edles Herz.

Friedr. von Schiller, Wilh. Tell (1804). A. 1, Sz. 2 (Gertrud).

— Soll man ertragen, was unleidlich ist?

Friedr. von Schiller, Wilh. Tell (1804). A. 1, Sz. 3 (Stauffacher).

— Alles in der Welt läßt sich ertragen, | Nur nicht eine Reihe von schönen Tagen.

Joh. Wolfg. von Goethe, Gedichte. Sprichwörtl. (ged. 1812—1814).

— Anfangs wollt' ich fast verzagen, | Und ich glaubt', ich trüg' es nie, | Und ich hab' es doch getragen, — | Aber fragt mich nur nicht: wie?

Heinr. Heine, D. B. d. Lieder. Junge Leiden (ged. 1817—1821). Lieder. Nr. 8.

— Es weiß kein Mensch, wieviel er tragen kann, | Bis er von der Notwendigkeit es lernt.

Ernst Raupach, Tassos Tod (1835). A. 3, Sz. 1.

Ertragen. — Ja, oft geschieht es, daß, vergangnes Leid | Zurück uns rufend, wir nicht mehr begreifen, | Wie wir's ertragen, wie es überlebt.

Ernst Raupach, Tassos Tod (1835). A. 3, Sz. 1.

— Was einer tragen kann an Leid und auch an Lust, | Das wird erst einem Mann, wenn er's erfuhr, bewußt.

Friedr. Rückert, D. Weisheit d. Brahmanen (1836—1839). B. 16, Abteilung 1, Nr. 99. (Stufe 5. Leben. Nr. 99.)

— Und traf dich seine (des Herrn) Hand auch schwer, | In Demut nimm es an; | Er legt auf keine Schulter mehr, | Als sie ertragen kann.

Friedr. Halm (Elegius Frz. Jos. Freiherr von Münch-Bellinghausen), Gedichte (1850).

Erwägen. — All Ding hat sein Vmstände, | Die man erwegen sol; | So kan man dann behende | Zum Ziele gelangen wol.

Joh. Doman, Lied. v. d. Hanse (1618).

— Erwägen! Erwägen! Ich erwäge, daß hier nichts zu erwägen ist.

Gotthold Ephr. Lessing, Emilia Galotti (1772). A. 5, Sz. 3 (Odoardo).

— Halt', Seele, halt' auch Leib in gutem Gleichgewicht, | Und etwas nicht sehr reif Erwog'nes tue nicht!

Joh. Wilh. Ludw. Gleim, Sämtl. Werke (1811—1813). D. goldenen Spr. d. Pythagoras.

— Man muß, sprach Sixt, die Ding' erwägen | Von zweien Seiten allerwegen.

Karl Immermann, Tristan u. Isolde (1841). St. Patricks Schiff.

Erwarten. — Auff was gutes ist gut warten, | Vnd der Tag kommt nie zu spat, | Der was gutes in sich hat. | Schnelles Glück hat schnelle Fahrten.

Friedr. von Logau, Deutsche Sinn-Getichte (1654). Hoffnung.

— Das Erwartete bleibt gewöhnlich unter der Erwartung. Aug. von Kotzebue, Falsche Scham (1798).

— Was du erwartest, schätzest du zu sehr.

Joh. Wolfg. von Goethe, D. natürliche Tochter (1803). A. 1, Sz. 6 (Herzog).

— Erwarten ist selbständig Glück für sich. | In der Erwartung liegt das ganze Bild | Von dem, was du erwartest, hundertfach.

Leop. Schefer, Laienbrevier (1834). April. Nr. 13.

Erwartung. — In der Erwartung liegt ... immer mehr als in der Erfüllung, oder langes Schmachten des Bedürfnisses erhöht auch den Wert des Ersehnten unmäßig.

Joh. Jak. Engel, D. Philosoph für d. Welt (1775—1777). T. 2, Stück 23. D. Ätna.

— ... schöner | Selbst als der vollste Besitz ist die Erwartung des Glücks.

Emanuel Geibel, Gesammelte Werke (1883). Dichtungen in antiker Form. Ein B. Elegien. Nr. 7. Schluß.

Erwerben. — Das Erworbene wahren. Lat.: Parta tueri.

Publ. Ovidius Naso (um 43 v. Chr.—17 n. Chr.), D. Kunst zu lieben. Übers. v. Voß. B. 2, V. 13.

— Wer früh erwirbt, lernt früh den hohen Wert | Der holden Güter dieses Lebens schätzen.

Joh. Wolfg. von Goethe, Torquato Tasso (1789). A. 1, Sz. 3 (Alphons).

— ... von dem, was man erworben, | Ist das beste die Erinnerung, | Wie man's erworben.

Aug. von Kotzebue, Gustav Wasa (1801).

— Denn das Erworbne, — wär's mit einem Tropfen Schweiß | Auch nur erworben, — ist uns mehr als das | Gesundne wert.

Heinr. von Kleist, Gesammelte Schriften (1826). An Wilhelmine.

— Nicht allein das Angeborene, sondern auch das Erworbene ist der Mensch.

Joh. Wolfg. von Goethe, Werke (1827—1830). Maximen u. Reflexionen. Abteilung 7.

— Mehr als Erworbnes gilt, wie wir's erworben haben.

Friedr. Rückert, D. Weisheit d. Brahmanen (1836—1839). B. 9, Nr. 71. (Stufe 4. Schule. Nr. 150.)

— Was leicht erworben, scheint nicht teuer; | Was sauer ward, ist doppelt euer.

Spr. an einem Hause.

— Wer nicht erwirbt, | Verdirbt.

Spr. im Berliner Rathause. (Wappenschild d. Schlossers.)

Erz. — In rauhes Erz sollst du die Glieder schnüren, | Mit Stahl bedecken deine zarte Brust!

Friedr. von Schiller, D. Jungfrau v. Orleans (1801). Prolog, Sz. 4 (Johanna). Mel. v. Joh. Rudolf Zumsteeg (1803).

Erzählen. — Da hat Er gar nicht übel dran getan; | Verzähl' Er doch weiter, Herr Urian!

Matthias Claudius, Sämtl. Werke d. Wandsbecker Boten. T. 5. Urians Reise um d. Welt mit Anmerkungen (1786). Mel. v. Ludw. van Beethoven (komp. 1786) und Karl Friedr. Zelter (komp. 1793).

— Niemand erzählt bloße Tatsachen; Urteil und Schluß schleicht sich immer ein.

Dr. Hanns Groß, Kriminalpsychologie (1898). Objektiv. D. psychische Tätigkeit d. Vernommenen. Unterscheidende Momente. Nr. 1. Allgemein Differenzierendes. Einzelne Eigenschaften d. Frau. Auffassung.

Erziehen. — Der Mensch, der nicht geschunden wird, wird nicht erzogen. Griech.: Ὁ μὴ δαρεὶς ἄνθρωπος οὐ παιδεύεται.

Menander (um 342—290 v. Chr.), Monostichen. Gnome 422. Übers. v. Schulz.

— Wer nicht wird in der Furcht erzogen, | An dem ist alle Tugend betrogen. Mittelhochdeutsch: Swer âne vorhte wirt erzogen, | An dem ist manec tugent betrogen.

Vrîdankes Bescheidenheit (1225—1240). Übertr. v. Pannier. Nr. 18. v. edele u. tugende.

Erziehen. — Also bleibt das Sprichwort wahr: Was Vater und Mutter nicht ziehen kann, das ziehe der Henker oder Teufel, die sind unsers Herrn Gottes Scharfrichter.

Dr. Martin Luther, Tischreden oder Colloquia (1566).

— Man fragte den Adler: Warum erziehest du deine Jungen so hoch in der Luft? Der Adler antwortete: Würden sie sich, erwachsen, so nahe zur Sonne wagen, wenn ich sie tief an der Erde erzöge? Gotthold Ephr. Lessing, Fabeln (1759). B. 3, Nr. 25. D. Adler.

— Die Umstände erziehen alle Menschen, und man mache, was man will, die verändert man nicht.

Joh. Wolfg. von Goethe, Briefwechsel d. Großherzogs Karl Aug. mit Goethe (8. März 1779).

— Was für die Zeit erzogen wird, wird schlechter als die Zeit.

Jean Paul (Joh. Paul Friedr. Richter), Levana oder Erzieh-Lehre (1807).

— Man erziehe die Knaben zu Dienern und die Mädchen zu Müttern, so wird es überall wohl stehn.

Joh. Wolfg. von Goethe, D. Wahlverwandtschaften (1808—1809). T. 2, K. 7.

— Eltern erziehen gemeiniglich ihre Kinder nur so, daß sie in die gegenwärtige Welt, sei sie auch verderbt, passen. Sie sollten sie aber besser erziehen, damit ein zukünftiger besserer Zustand dadurch hervorgebracht werde.

Immanuel Kant, Werke (1838—1839). Bd. 9.

— Wer erziehen will, muß selbst erzogen sein.

Geheimrat Hinzpeter. V. Kaiser Wilh. II. in d. Eröffnungsrede zur Schulkonferenz zitiert (4. Dez. 1890).

— Hast du Kinder, so ziehe sie!

Jes. Sir., K. 7, V. 25.

— Wo nicht Vernunft innen ist, da läßt sich nicht ziehen. Jes. Sir., K. 21, V. 14.

— Wer erzieht, der regiert. Sprichwort.

— Wohl erzogen | Hat selten gelogen.

Sprichwort.

— Wie man zeucht die jungen Knaben, | So wird man sie erwachsen haben. Sprichwort.

Erzieher. — Der Erzieher verdient den Namen Vater mehr als der Erzeuger.

Talmud (3. Jahrh.).

— Wo Knechte die Erzieher sind, | Da verdirbt manch edel Kind. Mittelhochdeutsch: Swâ schalke magezogen sint, | Dâ verderbent edeliu kint.

Vrîdankes Bescheidenheit (1225—1240). Übertr. v. Pannier. Nr. 15. v. dieneste.

— ... nichts ist wahrer, als jener mutatis mutandis veränderte königliche Gedanke, daß man seinem Erzieher mehr, als seinem Erzeuger zu danken habe.

Theod. Gottl. von Hippel, Über d. Ehe (1774). K. 3. Warum d. Ehen heilig genannt werden.

— Weiber sind die ersten Erzieherinnen des menschlichen Geschlechtes.

Theod. Gottl. von Hippel, Über d. Ehe (1774). K. 3. Warum d. Ehen heilig genannt werden.

Erzieher. — Himmel, warum find' ich in Erziehbüchern stets etwas Gutes und an Erziehern selten dergleichen?

Jean Paul (Joh. Paul Friedr. Richter), Levana oder Erzieh-Lehre (1807). Kom. Anhang u. Epilog d. ersten Bd.

— Die Zukunft habet ihr, ihr habt das Vaterland, | Ihr habt der Jugend Herz, Erzieher, in der Hand.

Friedr. Rückert, D. Weisheit d. Brahmanen (1836—1839). B. 5, Nr. 243. (Stufe 4. Schule. Nr. 53.)

— . . . der erste Erzieher ist der Hunger; dann sehen wir sogleich Priester.

Karl Jul. Weber, Demokritos (1832—1840). Einfluß d. Erziehung.

— Zum Erzieher muß man eigentlich geboren sein wie zum Künstler.

Karl Jul. Weber, Demokritos (1832—1840). Einfluß d. Erziehung.

— . . . und die öftere Wiederkehr ungerechter Behandlung erstickt im Kinde das Vertrauen und die Achtung vor dem Erzieher, verbittert sein Gemüt und erzieht es künstlich zu Trotz und Verstocktheit. Eduard von Hartmann, Phänomenologie d. sittlichen Bewußtseins (1879).

— Wer sich an seine eigene Kindheit nicht deutlich erinnert, ist ein schlechter Erzieher.

Marie von Ebner-Eschenbach, Aphorismen (1893).

Erziehung. — . . . die rechte Erziehung ist die Quelle und der Grund aller Rechtschaffenheit. Griech.: *Πηγὴ γὰρ καὶ ἡ ῥίζα καλοκαγαθίας τὸ νομίμον τυχεῖν παιδείας.*

Plutarch (um 50—120), Moralische Abhandlungen. Übers. v. Eyth. Erziehung. K. 4.

— Es erhellt, daß die Menschen von Natur zu Haß und Neid geneigt sind, und die Erziehung befördert dies. Denn die Eltern pflegen die Kinder nur durch die Reizmittel der Ehre und des Neides zur Tugend anzuhalten.

Baruch Spinoza, Ethik (1677).

— Man veredelt die Pflanzen durch Zucht und die Menschen durch Erziehung. Franz.: On façonne les plantes par la culture, et les hommes par l'éducation.

Jean Jacques Rousseau, Emil (1762). Übers. v. Reimer.

— Überlaßt mir die Erziehung, und in einem Jahrhundert ist Europa umgestaltet.

Gottfr. Wilh. von Leibniz, Werke (1768).

— Durch Erziehung werden wir, was wir sind: dem Unterricht verdanken wir, was wir wissen.

Theod. Gottl. von Hippel, Über d. Ehe (1774). K. 3. Warum d. Ehen heilig genannt werden. — Spr. im Berliner Rathaus. Dritter Stock.

— Mir beweist meine Erfahrung, daß die Erziehung viel über den Menschen vermag, daß man ihn bessern, ihn aufmuntern kann; und täglich finde ich mehr, daß die Strafen und Belohnungen gleichsam die Schutzmauern der bürgerlichen Gesellschaft sind.

Friedr. d. Große, Sämtl. Werke (1789).

Erziehung. — Der Zweck aller Erziehung ist: tugendhafte, verständige und gesunde Kinder zu ziehen. Inwieweit stimmt dieses mit unserer Methode überein?

Georg Christoph Lichtenberg, Verm. Schriften (1800—1806). Bd. 2, Nr. 2. Bemerk. verm. Inhalts. Nr. 6. Pädagogische Bemerk.

— Ich fürchte, unsere allzu sorgfältige Erziehung liefert uns Zwergobst.

Georg Christoph Lichtenberg, Verm. Schriften (1800—1806). Bd. 2, Nr. 2. Bemerk. verm. Inhalts. Nr. 6. Pädagogische Bemerk.

— Wann fängt die geistige Erziehung ihr Werk an? Beim ersten Atemzug des Kindes, aber nicht früher.

Jean Paul (Joh. Paul Friedr. Richter), Levana oder Erzieh-Lehre (1807). Bd. 1, Bruchstück 3, K. 1, § 39.

— Eine stürmende Mutter ist ein Widerspruch in der Erziehung, da Beispiele der Milde alles gegen die Heftigkeit der Kinder tun, und Lehren und Verbote nichts.

Jean Paul (Joh. Paul Friedr. Richter), Levana oder Erzieh-Lehre (1807). Bd. 2, Bruchstück 4, K. 4, § 92.

— Eine sichere und besonnene Kunst, einen festen und unfehlbaren Willen im Menschen zu bilden, soll also die von mir vorgeschlagene Erziehung sein, und dieses ist ihr erstes Merkmal.

Joh. Gottl. Fichte, Reden an d. deutsche Nation (1808). Rede 2.

— Das Wohlgefallen am Rechten und Guten um seiner selbst willen soll durch die neue Erziehung an die Stelle der bisher gebrauchten sinnlichen Hoffnung oder Furcht gesetzt werden.

Joh. Gottl. Fichte, Reden an d. deutsche Nation (1808). Rede 10.

— Eine Absonderung dieser Geschlechter in besondere Anstalten für Knaben und Mädchen würde zweckwidrig sein und mehrere Hauptstücke der Erziehung zum vollkommenen Menschen aufheben.

Joh. Gottl. Fichte, Reden an d. deutsche Nation (1808). Rede 10.

— Möchte man jenen trefflichen Hang endlich vorzüglich auf diejenige Wohltat richten, die aller Not und aller fernern Wohltätigkeit ein Ende macht, auf die Wohltat der Erziehung.

Joh. Gottl. Fichte, Reden an d. deutsche Nation (1808). Rede 11.

— Das ist der eigentliche Zweck der Erziehung, sofern sie von Kunst und Regeln abhängt: die freien Kräfte des Zöglings zu entwickeln und zu bilden.

Joh. Gottl. Fichte, Reden an d. deutsche Nation (1808).

— Erziehung gibt dem Menschen nichts, was er nicht auch aus sich selbst haben könnte, nur geschwinder und leichter.

Gotthold Ephr. Lessing, Sämtl. Schriften (1796—1808). Theologische Streitschriften.

— Fähigkeiten werden vorausgesetzt; sie sollen zu Fertigkeiten werden. Dies ist der Zweck aller Erziehung.

Joh. Wolfg. von Goethe, D. Wahlverwandtschaften (1808—1809). T. 1, K. 5.

Erziehung. — Unsere gewöhnliche Erziehung jagt die Kinder ohne Not nach so vielen Seiten hin und ist schuld an so viel falschen Richtungen, die wir an Erwachsenen bemerken.

Joh. Wolfg. von Goethe, Briefwechsel zwischen Goethe u. Knebel (Sept. 1817).

— Nur unsere zweideutige, zerstreute Erziehung macht die Menschen ungewiß.

Joh. Wolfg. von Goethe, Wilh. Meisters Wanderjahre (1807—1821).

— Man muß aus dem Menschen etwas herausbringen und nicht in ihn hinein (bei der Erziehung).

Friedr. Fröbel, D. Menschenerziehung (1826).

— Die erste Regel der Erziehung ist die: die Erziehung soll die Willenskraft zur Tätigkeit veranlassen. Karl Sal. Zachariae von Lingenthal, Vierzig B. v. Staate (1820—1832).

— Für die Erziehung muß man geboren sein.

Karl Gutzkow, Seraphine (1837).

— Das Sprichwort sagt, daß Art von Art nicht lass'; ich glaube, | Daß durch Erziehung nie zum Adler ward die Taube.

Friedr. Rückert, D. Weisheit d. Brahmanen (1836—1839). B. 2, Nr. 13. (Stufe 8. Weltseele. Nr. 10.)

— Zwangsmäßig muß die Erziehung sein; aber sklavisch darf sie deshalb nicht sein.

Immanuel Kant, Werke (1838—1839). Bd. 9.

— Der Mensch kann nur Mensch werden durch Erziehung.

Immanuel Kant, Werke (1838—1839). Bd. 9.

— Eines der größesten Probleme der Erziehung ist, wie man die Unterwerfung unter den gesetzlichen Zwang mit der Fähigkeit, sich seiner Freiheit zu bedienen, vereinigen könne. Denn Zwang ist nötig! Immanuel Kant, Werke (1838—1839). Bd. 9.

— Die Menschheit geben uns Vater und Mutter; die Menschlichkeit aber gibt nur die Erziehung.

Karl Jul. Weber, Demokritos (1832—1840). Einfluß d. Erziehung.

— Wenn, wie bekannt, mit Schwierigkeit | Erziehung ist verbunden, | Wird durch zu viele Künstelei'n | Sie stets verfehlt befunden.

Ludw. Bechstein, Neue Naturgesch. d. Stubenvögel (1846).

— Der Mensch bedarf der Erziehung. Nicht als ob er ohne Erziehung nicht gedeihen könnte, sondern weil es nicht dem Zufall überlassen bleiben soll, ob er gedeihen werde.

Joh. Friedr. Herbart, Sämtl. Werke (1850—1852).

— Die Erziehung ist Sache der Familie; von da geht sie aus, und dahin kehrt sie größtenteils zurück.

Joh. Friedr. Herbart, Sämtl. Werke (1850—1852).

Erziehung. — Die Erziehung des Knaben im modernen Sinne läuft darauf hinaus: eine Kraft zu organisieren, eine produktive, wirksame Kraft, einen Arbeiter zu schaffen. Die Erziehung des Mädchens: eine Harmonie zu schaffen, eine Religion zu schaffen. Franz.: **L'éducation du garçon, dans l'idée moderne, c'est d'organiser une force, force efficace et productrice, de créer un créateur. L'éducation de la fille est de faire une harmonie, d'harmoniser une religion.**

Jules Michelet, D. Frau (1859). Übers. von Spielhagen.

— Stets hat die erste, von einer zärtlichen und tugendhaften Mutter geleitete Erziehung auf unsere Zukunft ebensoviel Einfluß, wie die trefflichste natürliche Anlage. Franz.: **La première éducation, donnée par une mère tendre et vertueuse, a toujours autant d'influence sur notre avenir que les qualités naturelles les plus précieuses.**

Napoleon III., Jul. Cäsar (1865—1866). Übers. v. Ritschel.

— Bei nichts mehr als bei der Erziehung muß es heißen: Und hätte ich alle Weisheit und hätte die Liebe nicht, so wäre ich nichts nütze.

Friedr. Rückert, Gesammelte Werke (1867—1869). Bilder ohne Rahmen.

— Mit den sozialen Fragen eng verbunden erachte Ich die der Erziehung der heranwachsenden Jugend zugewandte Pflege.

Kaiser Friedr. III. (1888).

— Die beste Erziehung ist jene, die einen festen, gesunden Grund legt zur Selbsterziehung.

Otto von Leixner, A. meinem Zettelkasten (1896). Erziehung und Selbsterziehung.

— Manch Knabe guter Art | Durch Erziehung verdorben ward. Sprichwort.

— Natur geht über Erziehung. Engl.: **Nature passes nurture.** Sprichwort.

— Erziehung übertrifft Natur. Franz.: **Nourriture passe nature.** Sprichwort.

— Die Erziehung tut alles. Ital.: **L'educazion fa gni cosa.** Sprichwort.

Erziehungsaufgabe. — Die Erziehungsaufgabe betrifft die gesamte Menschennatur in ihrer normalen Ausgestaltung; dazu gehört ein gesunder und wohlgeübter Körper, ein kenntnisreicher und denkender Geist, ein sittlich reiner und tatkräftiger Wille, ein heiteres und für das Schöne empfängliche Gemüt, eine vernünftige Religiosität.

Friedr. Dittes, Gesammelte Schriften (seit 1893).

Erziehungsfrage. — Die Erziehungsfrage ist für die jetzige Gesellschaft eine Frage des Lebens oder des Todes, eine Frage, von welcher die Zukunft abhängt. Franz.: **La question de l'éducation est pour les sociétés modernes une question de vie ou de mort, une question d'où dépend l'avenir.**

Ernest Renan, Intellektuelle u. moralische Reform (1871). Übers. v. Kalt.

Erziehungskunst. — Ein Prinzip der Erziehungskunst . . . ist: Kinder sollen nicht dem gegenwärtigen, sondern dem zukünftig möglich bessern Zustande des menschlichen Geschlechts, das ist: der Idee der Menschheit . . . erzogen werden.
Immanuel Kant, Werke (1838—1839). Bd. 6.

Erziehungswesen. — Wenn das Ungefähr nicht mit seiner geschickten Hand in unser Erziehungswesen hinein arbeitete, was würde aus unserer Welt geworden sein?
Georg Christoph Lichtenberg, Verm. Schriften (1800—1806). Bd. 2, Nr. 2. Bemerk. verm. Inhalts. Nr. 6. Pädagogische Bemerk.

Erziehungswort. — Hofmeister suchen, wie der Anatom ... ihren Ruhm darin, Gerippe zu präparieren durch Entfleischen und sie dann zu bleichen ... Kräftigen und Kraft lassen wird ... erstes und letztes Erziehwort sein.
Jean Paul (Joh. Paul Friedr. Richter), Levana oder Erzieh=Lehre (1807). Kom. Anhang u. Epilog d. ersten Bd.

Erzogen. — Die schlecht Erzogenen bleiben ohne Ehre. Mittelhochdeutsch: Des sint die ungebâtten gar ân ère,
Walter v. d. Vogelweide (um 1170—1230), Gedichte. Übertr. v. Pannier.

— Wer unter uns die Freuden und Leiden des Lebens am besten zu ertragen vermag, der ist meines Erachtens am besten erzogen. Franz.: Celui d'entre nous qui sait le mieux supporter les biens et les maux de cette vie est à mon gré le mieux élevé.
Jean Jacques Rousseau, Emil (1762). Übers. v. Reimer.

Esel. — Der Esel beim Lauteschlagen. Lat.: Asinus ad Lyram.
Publ. Terentius Afer (185—155 v. Chr.), Varro. A. 3, Sz. 16, V. 13. Übers. v. Donner.

— Den Sack schlägt man, den Esel meint man. Lat.: Qui asinum non potest, stratum caedit.
Petronius Arbiter (1. Jahrh.), Sat. Übers. v. Gröniger. Nr. 45.

— Der Esel auf dem Dache. Lat.: Asinus in tegulis.
Petronius Arbiter (1. Jahrh.), Sat. Übers. v. Gröninger. Nr. 63, § 1.

— Wenn den esel zu wol ist, so geet er auffs eyß tantzen vnd bricht ein beyn.
Joh. Agricola, Drey hundert Gemeyner Sprichwörtter (1529). Nr. 81.

— Wo immer er auch ist, so ist er unverloren, | Man kennt Asinium (den Esel) sogleich an seinen Ohren.
Friedr. von Logau, Deutsche Sinn=Getichte (1654). Asinius.

— Es seynd viel Esel, die nicht Säck tragen.
Christoph Lehmann, Politischer Blumen=Garten (1662). T. 1. Esel. Nr. 3.

— Es seynd viel Esel, die nur auff zwey Beinen gehen.
Christoph Lehmann, Politischer Blumen=Garten (1662). T. 1. Esel. Additio. Nr. 8.

Esel. — Denn was von mir ein Esel spricht, | Das acht' ich nicht!
Joh. Wilh. Ludw. Gleim, Fab. (1756). D. Löwe u. d. Fuchs.

— Es ist ein wunderlicher streit, | Wen ein Esel den andern reit.
Alter Spr.

— Den Esel kennt man bei den Ohren, | Am Angesicht den Mohren | Und bei den Worten den Toren.
Sprichwort.

— Den Esel schick', wohin du willt, | Kein Pferd wird draus, das etwas gilt.
Sprichwort.

— Ein Esel schilt den andern Langohr.
Sprichwort.

— Wer sich zum Esel macht, dem will jeder seine Säcke auflegen.
Sprichwort.

— Was hat der Esel mit der Lyra zu tun? Franz.: Qu'a de commun l'âne avec la lyre?
Sprichwort.

— Der Esel behält seine Ohren, wenn er auch griechische Disteln frißt.
Dän. Sprichwort.

— Zu etwas passen wie der Esel zum Lautenschlagen (gar nicht zu etwas passen; — schon aus altgriechischer Zeit).
Sprichwörtl. Redensart.

— Du büst 'n Essel, sagt der Essel taun Essel.
Sprichwörtl. Redensart. Lüneburg.

— Der Esel geht vor (sagt man zu einem, der in der Rede sich anderen voranstellt).
Bek. Redensart.

— Er läutet dem Esel z'Grab (wenn einer mit den Füßen baumelt).
Bek. Redensart.

Eselstrab. — Wär' Eselstrab auch nur von Dauer.
Gotthold Ephr. Lessing, Sämtl. Schriften (1796—1808). Sinngedichte. B. 2, Nr. 43. Sittenspr.

Eselstritt. — Der Esel schlug ihm mit dem Fuße die Stirn ein (danach: Eselstritt). Lat.: Asinus calcibus frontem extudit.
Phädrus (um 30), Fab. Übers. v. Siebelis. B. 1, Nr. 21. D. alte Löwe, d. Eber, Stier u. Esel.

Essen. — Adam, iß!
Joh. Agricola, Siebenhundert v. Fünfftzig Deutscher Sprichwörtter (1534).

— Im Essen bist du schnell, im Gehen bist du faul, | Iß mit den Füßen, Freund, und nimm zum Gehn das Maul!
Gotthold Ephr. Lessing, Schriften (1753—1755). Sinngedichte. B. 1, Nr. 114. Auf einen unnützen Bedienten.

— Wenn ihr gegessen und getrunken habt, seid ihr wie neu geboren; seid stärker, mutiger, geschickter zu euerm Geschäft.
Joh. Wolfg. von Goethe, Götz v. Berlichingen (1773). A. 1. Herberge im Walde (Martin).

— Sage mir, was du ißt, und ich sage dir, was du bist. Franz.: Dis-moi ce que tu manges, je te dirai ce que tu es.
Anthelme Brillat=Savarin, Physiologie d. Geschmacks (1825). Lehrspr. d. Lehrers. Nr. 4. Übers. v. Vogt.

Essen. — Beim Essen ist Musik ein guter Prüfstein — | Denn ist das Essen gut, so hört man die | Musik nicht!

Christ. Dietr. Grabbe, Don Juan u. Faust (1829). A. 4, Sz. 4 (Don Juan).

— Viel, gar viel hängt vom Kloster Maulbrunn (vom Essen) ab.

Karl Jul. Weber, Demokritos (1832—1840). D. Nahrung.

— Der Mensch ist, was er ißt.

Ludw. Feuerbach in d. Anzeige v. Moleschotts „Lehre d. Nahrungsmittel für d. Volk" (1850).

— Wer stark zu essen pflegt, ist ohne Tücke.

Paul Heyse, D. Feenkind (1868). Ges. 3.

— Liebe Seele, du hast einen großen Vorrat auf viele Jahre; habe nun Ruhe, iß, trink' und habe guten Mut! Luk., K. 12, V. 19.

— Wer werden wilt ein alter Man, | Der sol in essen masse han. Alter Spr.

— Es ist kein Tierlein so vergessen, | Es ruht ein Stündlein auf sein Essen. Sprichwort.

— Essen und Trinken hält Leib und Seele zusammen. Sprichwort.

— Nach dem Essen sollst du stehen | Oder tausend Schritte gehen. Sprichwort.

— Selber essen macht feist (auch: fett).

Sprichwort.

— Wenn das Essen am besten schmeckt, soll man aufhören. Sprichwort.

— Wer mit will essen, | Muß auch mit dreschen. Sprichwort.

— Wie einer ißt, so arbeitet er auch.

Sprichwort.

— Essen und nicht getrunken, ist gesunken, | Trinken ohne Essen, ist zwischen zwei Stühlen gesessen. Spr. an einem Hausgerät.

— Iß, was gar ist, | Trink', was klar ist, | Sprich, was wahr ist, | Zahl', was bar ist!

Spr. an einem Hausgerät.

— Willst du leben lang und gesund, | Iß wie die Katz, trink' wie der Hund!

Inschrift in einer Weinstube zu Zürich.

— Ex faustibus essen (aus der Hand, nicht von Tellern, mit Messer oder Gabel essen).

Berliner Redensart.

Essig. — Zu Essig werden (mißraten, schlecht werden; — Wein, der lange unverkorkt liegt, wird schlecht, sauer wie Essig). Sprichwörtl. Redensart.

— Damit is't Essig (damit ist es nichts).

Berliner Redensart.

Eugen. — Prinz Eugenius, der edle Ritter, | Wollt' dem Kayser wied'rum kriegen | Stadt und Festung Belgarad.

Prinz Eugen. Historisches Volkslied (1717). Volksweise.

Eule. — Eulen nach Athen tragen (etwas Überflüssiges tun). Eulen bringt man nach Athen? Griech.: *Τίς γλαῦκ' Ἀθήναζ' ἤγαγεν;*

Nach Aristophanes, D. Vogelstaat (um 421 v. Chr.). Übers. v. Minckwitz. V. 301 (Euelpides).

Europa. — Ein Kanadier, der noch Europens | Übertünchte Höflichkeit nicht kannte . . .

Joh. Gottfr. Seume, Gedichte (1801). D. Wilde.

— Europa, du falsche Kreatur!

Jos. Freiherr von Eichendorff, Gedichte (1837). Wanderlieder. D. Auswanderer.

Europamüde. — Wir möchten gerne wissen, Ob Sie vielleicht europamüd', | Von Weltschmerz so zerrissen?

Jos. Freiherr von Eichendorff, Gedichte (1837). Wanderlieder. D. Auswanderer.

Eva. — O Gott geb du eym jden | Das jm sein Eva werd!

Joh. Friedr. Fischart, D. Philosophisch Ehzuchtbüchlin (1578). Tanz Liedlin. Schlußv.

Evangelisch. — Unsere evangelischen Kirchen werden viel zu sehr als Orte, die zum Predigen bestimmt sind, angesehen, und auf die religiöse Erhebung des Gemüts in Gebet und Nachdenken wird zu wenig gedacht.

Wilh. Freiherr von Humboldt, Br. an eine Freundin (29. Mai 1830).

Evangelium. — Wenn das Evangelium nicht angefochten und verfolgt wird, so verrostet es gar und kann seine Gewalt und Kraft nicht an den Tag geben.

Dr. Martin Luther, Alle B. u. Schriften (1539—1559).

— Dennoch halte ich die Evangelien alle vier für durchaus echt, denn es ist in ihnen der Abglanz einer Hoheit wirksam, die von der Person Christi ausging und die so göttlicher Art, wie nur je auf Erden das Göttliche erschienen ist.

Joh. Peter Eckermann, Gespräche mit Goethe in d. letzten Jahren seines Lebens (11. März 1832).

— Das rechte Evangelium | Bedarf des Schutzes unsrer Schwerter nicht.

Joh. Friedr. Bahrdt, Dramatische Dichtungen (1834). D. Lichtensteiner. Vorspiel. Sz. 3.

— . . . es (das Evangelium) ist eine Kraft Gottes. Röm., K. 1, V. 16.

— Die das Evangelium verkündigen, sollen sich vom Evangelio nähren! 1. Kor., K. 9, V. 14.

— Das Licht des Evangeliums ist unvergänglich, unser Gott. Lat.: **Lumen evangelii perenne Deus noster.** Wahlspr. d. Stadt Worms.

Evasapfel. — Evenäpfel locken noch | Manchen Adam unters Joch, | Wo er nichts von Paradeis, | Nur von lauter Hölle weiß.

Friedr. von Logau, Deutsche Sinn-Getichte (1654). Evenäpfel.

Evastochter. — Trau' keiner Tochter Evas viel, | Sie treiben all ihr arges Spiel. Sprichwort.

Ewig. — Ewig, ewig ist lange Zeit!

Georg Rollenhagen, Froschmäuseler (1595).

— O ewich is so lanck.

Inschrift auf einem Kirchhofe. Oldenburg.

Ewige, das. — Güter, Ehren und Jugend haschet die Zeit hinweg; | Täuschungen sind sie, verschwunden im Augenblick. | Lerne das Ewige kennen | Und faß es in dein Herz!

Joh. Gottfr. von Herder, Sämtl. Werke (1805—1820). Zerstreute Blätter.

— Das Ewige regt sich fort in allen; | Denn alles muß in nichts zerfallen, | Wenn es im Sein beharren will.

Joh. Wolfg. von Goethe, Gedichte. Gott u. Welt. Eins u. alles (1823). Schlußv.

Ewigkeit. — Reiß ein auf deines Herzens Plan Vergänglichkeits Palast, | Da du zum Bau der Ewigkeit den Grund zu legen hast.

A. d. Persischen d. Dschâmî (1414—1492). Diwane. Übers. v. Wickenhauser.

— Wilang bistu, o Ewigkeit! | Du bist ein Ring unendlich weit, | Dein Mittel-Punct heisst allezeit, | Dein runder Umkreis Nimahls heisst, | Dieweil er in kein Ende weist.

Lüneburger Gesangb. (1661). V. d. Ewigkeit.

— O Ewigkeit, du Donner Wohrt . . .

Joh. Rist, Geistl. Poetische Schriften (1657—1659). T. 1. Himmlische Lieder. Betrachtung d. unendlichen Ewigkeit.

— Man red't von Zeit und Ort, von Nun und Ewigkeit; | Was ist dann Zeit und Ort, und Nun und Ewigkeit?

Angelus Silesius (Joh. Scheffler), Cherubinischer Wanders-Mann (1675). B. 1, Nr. 177. Im Grund ist alles eins.

— Zwei Augen hat die Seel': eins schauet in die Zeit, | Das andre richtet sich hin in die Ewigkeit. Angelus Silesius (Joh. Scheffler), Cherubinischer Wanders-Mann (1675). B. 3, Nr. 228. D. Augen d. Seele.

— Unter dem Gesichtspunkt der Ewigkeit (etwas betrachten). Lat.: Sub specie aeternitatis.

Nach Baruch Spinoza, Ethik (1677).

— Morgenglanz der Ewigkeit, | Licht vom unerschöpften Lichte . . .

Christ. Ant. Phil. Knorr von Rosenroth, Geistl. Sittenlieder (1684). Morgenglanz.

— Nach einer Prüfung kurzer Tage | Erwartet uns die Ewigkeit.

Christ. Fürchtegott Gellert, Geistl. Oden u. Lieder (1757). Trost d. ewigen Lebens.

— Sagt man nicht, es gebe eine bessere Welt, wo die Traurigen sich freuen und die Liebenden sich wieder erkennen? — Ja, eine Welt, wo die Schleier hinwegfallen . . . Ewigkeit heißt ihr Name. Friedr. von Schiller, D. Räuber (1781). A. 4, Sz. 4 (Amalia u. Moor).

Ewigkeit. — Ob Ewigkeit hienieden sei? Zeigt Jahr- und Tageslauf; | Die Sonne, die jetzt niedergeht, geht morgen wieder auf.

Joh. Gottfr. von Herder, Stimmen d. Völker in Liedern (1807). Abteilung 1, B. 2, Nr. 11. Frühlingslied. Ital.

— Das dunkle Rätsel dieser Zeit | Löst herrlich einst die Ewigkeit.

Joh. Heinr. Daniel Zschokke, Stunden d. Andacht (1809—1816).

— Wo die Vergangenheit und Zukunft ist geschwunden | In Gegenwart, da hast du Ewigkeit empfunden. | Wo du Vergangenheit und Zukunft hast empfunden | Als Gegenwart, da ist die Ewigkeit gefunden.

Friedr. Rückert, D. Weisheit d. Brahmanen (1836—1839). B. 5, Nr. 114. (Stufe 12. Frieden. Nr. 46.) Schlußv.

— Ewigkeit ist Erhabenheit über die Zeit, nicht eine unbewegliche und starre Gegenwart.

Frz. Xaver von Baader, Sämtl. Werke (1851—1860).

— So not tut es den lebenssüchtigen Menschen, sich eine Ewigkeit zu denken, daß sie, wenn ihnen die Brücke der Hoffnung verwehrt ist, auf der Brücke der Furcht hinübergehen.

Ludw. Börne (Löb Baruch), Gesammelte Schriften (1862—1863). Fragmente u. Aphorismen. Nr. 262.

— Ein Ende hat Kreuz, Gram und Leid; | Kein Ende hat die Ewigkeit. Alter Spr.

— Schnell flieht die Zeit, | Halt' dich bereit! O Mensch, bedenk' die Ewigkeit, | Halt' dich bereit!

Spr. an einem Hause.

Exempel. — Man hat Exempel von Beispielen (auch Bleistiften). Berliner Redensart.

Exerzieren. — Daß wir so exerzieren, | Mit steifen Knien marschieren | In diesem Sklavenhaus. | Ach, wär' ich einmal raus!

Soldatenlos. Soldatenlied.

Existieren. — . . . daß dasjenige, was sich nicht durch eigene Kraft erhalten kann, auch kein Recht hat zu existieren.

Heinr. Heine, Sämtl. Werke. Reisebilder. Norderney (1826).

Exmatrikulieren. — Ach, das Exmatrikulieren | Ist ein böses Ding ja ja . . .

Wilh. Gabriel, Studentenlied (nach 1805). Studentenweise.

Extreme. — Die Extreme berühren sich. Franz.: Les extrêmes se touchent.

Louis Seb. Mercier, Bilder v. Paris (1782—1788). B. 4, K. 348. Übers. v. Zimmermann.

— In phantasiereichen Menschen liegen, wie in heißen Ländern oder auf Bergen, alle Extreme enger aneinander.

Jean Paul (Joh. Paul Friedr. Richter), D. unsichtbare Loge (1793). T. 2.

F

F. — Etwas aus dem ff verstehen (etwas sehr gut verstehen; — im kaufmännischen Verkehr bezeichnet man mit „ff" sehr feine, gute Ware; — vielleicht auch von Fortissimo (= ff in der Musik.)
Sprichwörtl. Redensart.

Fabel. — Schön ist die Fabel, die allein | Als Fabel gilt dem Sinn; | Doch wenn sie Wahrheit möchte sein, | Dann wird sie Mörderin!
Aug. Graf von Platen-Hallermund, Gesammelte Werke. Gedichte. Verm. u. Gelegenheitsgedichte. In Palermo (ged. 1835). Schlußv.

Fabelland. — Schöne Wesen aus dem Fabelland.
Friedr. von Schiller, Gedichte. D. Götter Griechenlands (ged. Frühjahr 1788).

Faden. — . . . daß ein roter Faden durch das Ganze durchgeht . . .
Joh. Wolfg. von Goethe, D. Wahlverwandtschaften (1808—1809). T. 2, K. 2.

— Denselben Faden, nur eine andere Nummer.
Soll Otto von Bismarck über Minister Falk gesagt haben (4. Mai 1880).

— Den Faden verlieren (aus dem Zusammenhang kommen; — aus der griechischen Sage; Ariadne, die Tochter des Königs Minos, gab Theseus einen Faden, als er in das Labyrinth ging, um den Minotaurus zu töten; an diesem Faden fand er sich wieder aus den Irrgängen heraus).
Sprichwörtl. Redensart.

Fähigkeit. — Jede, auch die geringste Fähigkeit wird uns angeboren, und es gibt keine unbestimmte Fähigkeit.
Joh. Wolfg. von Goethe, Wilh. Meisters Wanderjahre (1807—1821).

— Der geringste Mensch kann komplett sein, wenn er sich innerhalb der Grenzen seiner Fähigkeiten und Fertigkeiten bewegt.
Joh. Wolfg. von Goethe, Wilh. Meisters Wanderjahre (1807—1821).

Fahnenwacht. — Der Sänger hält im Feld die Fahnenwacht; | In seinem Arme ruht das Schwert, das scharfe.
Feodor Löwe, D. Fahnenwacht (ged. 1847).
Mel. v. Peter von Lindpaintner.

Fahren. — Besser schlecht fahren als stolz laufen.
Sprichwort.

Fahren lassen. — Las fahren dahin!
Dr. Martin Luther, D. 46. Ps. Ein feste burg ist vnser Gott usw. (ged. 15.—16. April 1521 in Oppenheim).
Mel. v. Verfasser.

— Ich dencke, was im Liede stehet: | Laß fahren, was nicht bleiben will!
Martin Opitz, Weltliche Poemata (1644).
Auff, auff, wer Teutsche Freyheit liebet usw.

— Laß fahren! Hin ist hin!
Gottfr. Aug. Bürger, Gedichte (1796—1797).
D. Bruder Graurock u. d. Pilgerin.

Fahren lassen. — Warum weinet die Dirn' und zergrämet sich schier? | Laß fahren dahin, laß fahren!
Friedr. von Schiller, Gedichte. Reiterlied (ged. 1797).
Mel. v. Christ. Jak. Zahn (komp. 1797).

— Herr, nun lässest du deinen Diener in Frieden fahren.
Luk., K. 2, V. 29.

Fährmann. — Einen Nachen seh' ich schwanken, | Aber ach! der Fährmann fehlt.
Friedr. von Schiller, Gedichte. Sehnsucht (ged. 1801).
Mel. v. Joh. Friedr. Reichardt (1810), Frz. Schubert, Konradin Kreutzer u. a.

Fall. — Nun lerne, wenn dich's nicht verdrießt, | Wie nah' der Fall dem Sichern ist!
Christ. Fürchtegott Gellert, Fab. u. Erz. (1746).
B. 3. D. Wachtel u. d. Hänfling. Schlußv.

— Der moralische Gang des Menschen gleicht seinem physischen, | Der nichts ist als ein fortgesetzter Fall.
Jean Paul (Joh. Paul Friedr. Richter), Leben Quint. Fixlein (1796).

— Weg über meinen Nacken schreitet er; | Mein Fall muß ihm die Rettungsbrücke bauen.
Friedr. von Schiller, Maria Stuart (1800).
A. 4, Sz. 4 (Mortimer).

— O, das bedeutet einen tiefen Fall!
Friedr. von Schiller, D. Jungfrau v. Orleans (1801).
Prolog. Sz. 2 (Thibaut).

— Wer hoch zu stehen wähnt, ist seinem Falle nah.
Christoph Martin Wieland, Sämtl. Werke (1794—1802). Gedichte. D. Wasserkufe.

— . . . hinter den großen Höhen | Folgt auch der tiefe, der donnernde Fall.
Friedr. von Schiller, D. Braut v. Messina (1803).
Säulenhalle (Erster Chor. Cajetan).

— In seinem Fall Geschlechter, Völker, Welten | Mit sich hinunterreißen, heißt nicht fallen, | Heißt auferstehen.
Ernst Raupach, D. Hohenstaufen (1837).
Kaiser Friedr. II. Tod. A. 5, Sz. 3.

— Bleiben im Tal | Ist gut für den Fall.
Sprichwort.

Fall, den — setzen. — Positus, ich setz' den Fall.
Louis Angely, Vaudevilles u. Lustspiele (1828—1834). D. Fest d. Handwerker (Kluck).

Fallen. — Denn es sei ja Brauch | Des Menschen, daß er Gefallene gern noch tiefer stößt.
Griech.: *Ὥστε σύγγονον | Βροτοῖσι τὸν πεσόντα λακτίσαι πλέον.*
Äschylus, D. Orestie (um 458 v. Chr.). Agamemnon.
Übers. v. Mindwitz. V. 848—49 (Klytämnestra).

— Grausam ist's, | Den Fallenden zu drängen.
Engl.: 'tis a cruelty | To load a falling man.
William Shakespeare, König Heinr. VIII. (1613).
Übers. v. Schlegel. A. 5, Sz. 2 (Cromwell).

Fallen. — Wenn der Baum fällt, so bricht jedermann Holz.

Christoph Lehmann, Politischer Blumen-Garten (1662).

— Der sehe zu, daß er nicht falle, | Der, wenn sein Nächster fällt, noch steht.

Christ. Fürchtegott Gellert, Geistl. Oden u. Lieder (1757). D. Wachsamkeit.

— Da fiel der große Esel hin, | So lang und dick er war.

Matthias Claudius, Sämtl. Werke d. Wandsbecker Boten. T. 3 (1778). D. Gesch. v. Goliath u. David, in Reime bracht.

— Wo Einer fiel, seh' jeder seinen Fall!

Joh. Wolfg. von Goethe, Schriften. Gedichte. Verm. Gedichte. Auf Miedings Tod (ged. Anfang Febr. — 16. März 1782).

— Fallen seh' ich Zweig' auf Zweige.

Frz. Grillparzer, D. Ahnfrau (1817). A. 1 (D. Graf).

— Wer fällt, steht wieder auf; deswegen nimmt im Wallen | Sich doch kein Kluger vor, um aufzustehn, zu fallen.

Friedr. Rückert, D. Weisheit d. Brahmanen (1836—1839). B. 15, Nr. 85. (Stufe 5. Leben. Nr. 539.)

— Wer da fällt, | Über den läuft alle Welt.

Sprichwort.

— Es fällt auch das Pferd, das vier Beine hat. Ital.: E cade anche un cavallo, che ha quattro gambe.

Sprichwort.

— Fallen ist keine Schande, | Aber Liegenbleiben. Spr. im Berliner Rathause. Zweiter Stock. — Sprichwort.

Fallstrick. — So schadet meist der böse Rath | Demselb'n, der ihn gegeben hat. | Denn wer ein'n andern Fallstrick legt, | Sich selbst darin zu fangen pflegt.

Georg Rollenhagen, Froschmäuseler (1595). B. 1, T. 2, K. 26.

— Jemandem Fallstricke legen (jemanden hinterlistig ins Verderben zu bringen suchen; — man fängt Tiere durch Fallstricke, die man heimlich anlegt, so daß sie unvermutet sich fangen).

Sprichwörtl. Redensart.

Falsch. — Ich kann nicht wahr sein mit der Zunge, mit | Dem Herzen falsch.

Friedr. von Schiller, D. Piccolomini (1799). A. 5, Sz. 3 (Max).

— Er ist stark, und falsch sind nur | Die Schwachen.

Friedr. Halm (Elegius Frz. Jos. Freiherr von Münch-Bellinghausen), D. Sohn d. Wildnis (1842). A. 5 (Myron).

— Ein falsches Herz ist wie ein Lockvogel auf dem Kloben und lauret, wie es dich fangen möge.

Jes. Sir., K. 11, V. 31.

— . . . falsche, böse Mäuler sind verflucht.

Jes. Sir., K. 28, V. 15.

— . . . was falsch ist, wie kann das wahr sein?

Jes. Sir., K. 34, V. 4.

— Wohl dem Menschen, . . . in des Geist kein Falsch ist!

Ps. 32, V. 2.

Falsch. — Falsch wie nachgemachtes Geld.

Sprichwort.

— Se is so falsk as Schum (Schaum) up 't Water (Wasser). A. d. Seemannssprache. Ostfriesland.

Falsche, das. — Wer bestünd', wer Falsches sprach und tat, | Wenn der Tag sich des Gerichtes naht? A. d. Persischen d. Sadi (um 1184—1286). Pend-nameh. Übers. v. Wollheim.

Falsche, der. — Denn eine Zeit wird kommen, | Da macht der Herr ein End', | Da wird den Falschen genommen | Ihr unrechtes Regiment.

Jos. Freiherr von Eichendorff, Gedichte. Zeitlieder. Klage (ged. 1809).

Falschheit. — Schmach und Entehrung sind Früchte, die Falschheit stets träget.

A. d. Persischen d. Sadi (um 1184—1286). Pend-nameh. Übers. v. Wollheim.

— Falschheit zu meiden wird immer als Weisheit betrachtet, | Weil es dem Lügner an Achtung der Menschen gebricht.

A. d. Persischen d. Sadi (um 1184—1286). Pend-nameh. Übers. v. Wollheim.

— Falschheit regiert die gantze Welt.

Georg Rollenhagen, Froschmäuseler (1595). B. 1, T. 1, K. 6.

— O, wie der Falschheit Außenseite glänzt! Engl.: O, what a goodly outside falsehood hath! William Shakespeare, D. Kaufmann v. Venedig (um 1594—1596). Übers. v. Schlegel. A. 1, Sz. 3 (Antonio).

— Die Falschheit herrschet, die Hinterlist | Bei dem feigen Menschengeschlechte.

Friedr. von Schiller, Gedichte. Reiterlied (ged. 1797). Mel. v. Christ. Jak. Zahn (komp. 1797).

— Wenn Falschheit brinnete als Für (Feuer), | So wär' das Holz nit halb so tür (teuer).

Spr. an einem Hause. Ermatingen am Bodensee.

Fama. — Fama, behende von Schwung, wie sonst kein anderes Scheusal. | Rührigkeit mehrt ihr Gedeihn, und kräftiger wird sie im Fortgehn. Lat.: Fama malum qua non aliud velocius ullum; | Mobilitate viget, viresque adquirit eundo.

Publ. Vergilius Maro (um 70 v. Chr.—19 n. Chr.), Äneis. Übers. v. Voß. B. 4, V. 174—75.

Familie. — Die für das gesamte tägliche Leben bestehende Gemeinschaft ist also naturgemäß das Haus oder die Familie. Griech.: *Ἡ μὲν οὖν εἰς πᾶσαν ἡμέραν συνεστηκυῖα κοινωνία κατὰ φύσιν οἶκός ἐστιν.*

Aristoteles (um 384—322 v. Chr.), Politik. Übers. v. Susemihl. B. 1, K. 2.

— Die Familie ist die Quelle des Segens und Unsegens der Völker.

Dr. Martin Luther, Tischreden oder Colloquia (1566).

— Wo lebt sich's besser, als im Schoße der Familie? Franz.: Où peut-on être mieux | Qu'au sein de sa famille?

Jean François Marmontel, Lucile (1769). A. 1, Sz. 4 (Ensemble). Übers. v. Zimmermann.

Familie. — Aus glücklichen Familien besteht das Wohl des Staates; oder seine Glückseligkeit ist Scheingröße.

Joh. Gottfr. von Herder, Sämtl. Werke (1805—1820).

— Es gibt kein schöneres Bild menschlichen Wohlseins als eine Familie, die durch den Geist der Liebe belebt wird, kein schrecklicheres, als ein durch Uneinigkeit zerrüttetes Hauswesen.

Joh. Mich. Sailer, Sämtl. Schriften (1830—1846).

— Es ist beileibe nicht gesagt, daß jeder sich verheiraten sollte; aber einer Familie angehören, in einem Hause, zum mindesten in einer familienartigen Genossenschaft leben, sollte ein jeder.

Wilh. Heinr. Riehl, D. Familie (1855).

— Das Menschenherz, die Erde schwankt, | Die Seele, die Gesellschaft krankt; | Nur eins steht fest in Sturm und Graus: | Die Familie! — das Haus! —

Eduard von Bauernfeld, Gesammelte Schriften (1871—1873). Verm. Gedichte. Xenien.

— Ein eigner Herd, eine Familie, in diesem Kreise ist der Mensch vor dem Ärgsten bewahrt; in diesem Kreise entwickelt sich leicht die Arbeitsamkeit, die Opferwilligkeit, das Selbstvertrauen und die Zufriedenheit.

Peter Rosegger, D. Schriften d. Waldschulmeisters (1875).

— Vater, Mutter und Kind (die Familie), das ist der ewig alte und immer neue Dreiklang, der die Welt zusammenhält.

Ernst Wichert, Ein starkes Herz (1878).

— In der Zaubermacht der Familie, die man nirgends so wiederfindet, beruht die Hauptstärke Deutschlands.

Konrad Telmann (Zitelmann), Moderne Ideale (1886).

— Eine glückliche Stunde inmitten seiner Familie wiegt die Unsterblichkeit auf.

A. d. Ungarischen d. Maurus Jókai.

Familienglück. — Im Familienglück lebt die Vaterlandsliebe, und der Hochaltar unsres Volkstums steht im Tempel der Häuslichkeit.

Friedr. Ludw. Jahn, Deutsches Volkstum (1810).

— Familienglück, du bist die Lebenssonne, | In deren Strahl der reinste Frieden blüht.

Ludw. Bechstein, D. Sonntag (1833).

Familienleben. — Der Reiz des Familienlebens ist das beste Gegengift gegen den Verfall der Sitten. Franz.: L'attrait de la vie domestique est le meilleur contre-poison des mauvaises mœurs.

Jean Jacques Rousseau, Emil (1762). Übers. v. Reimer.

Fanatiker. — So lange es noch Fanatiker in der Welt geben wird, ist kein Bubenstück so gräßlich, das nicht irgend ein betrogner Wahnsinniger in majorem Dei gloriam zu verüben fähig sein sollte.

Christoph Martin Wieland, Sämtl. Werke (1794—1802). Verm. Schriften.

Fanatiker. — Die Fanatiker verfehlen nie, zur Rechtfertigung der Verfolgung auf die Laster hinzuweisen, welche die Verfolgung erzeugt hat. Engl.: **The bigots never fail to plead in justification of persecution the vices which persecution has engendered.**

Thomas Babington Lord Macaulay, Reden. Übers. v. Bauer. Über d. Judenfrage (17. April 1833).

Fanatismus. — Der Fanatismus ist für den Aberglauben, was das Delirium für das Fieber, was die Raserei für den Zorn. Franz.: **Le fanatisme est à la superstition ce que le transport est à la fièvre, ce que la rage est à la colère.**

Voltaire (François Marie Arouet), Philosophisches Wörterb. (1764). Übers. v. Mylius.

— Die schlecht aufgefaßte Religion gleicht einem Fieber, das bei der geringsten Gelegenheit in Raserei ausartet. Es ist dem Fanatismus eigen, daß er die Köpfe erhitzt. Franz.: **La religion mal entendue est une fièvre que la moindre occasion fait tourner en rage. Le propre du fanatisme est d'échauffer les têtes.**

Voltaire (François Marie Arouet), Philosophisches Wörterb. (1764). Übers. v. Mylius.

— Hüten Sie sich vor dem Fanatismus in der Religion, welcher Verfolgungen hervorruft. Wenn elende Sterbliche dem höchsten Wesen gefallen können, so ist es durch Wohltaten, welche sie unter den Menschen austeilen, und nicht durch Gewalttätigkeiten.

Friedr. d. Große, Sämtl. Werke (1789). Fürstenspiegel.

Fangen. — Wer nicht jagt, der fähet nichts.

Christoph Lehmann, Politischer Blumen-Garten (1662). T. 1. Fleiß. Nr. 2.

— Man muß im Walde streifen, | Wenn man ihn fahen will.

Ludw. Uhland, Gedichte. Balladen u. Romanzen. D. Schenk v. Limburg (ged. 28.—29. Sept. 1816).

— Fische fahet man mit Angeln, Leute mit Worten. Alter Spr.

Farbe. — Farbe bekennen (seine wahre Meinung offen kundgeben; — aus dem Kartenspiel: bei vielen Spielen muß „Farbe bekannt", das richtige Kartenblatt gegeben werden).

Sprichwörtl. Redensart.

— Nichts Bessres gibt's auf dieser Welt | Als einen Mann, der Farbe hält.

Inschrift am Hause eines Malers. Hamburg.

Fasching. — Solange | Der Fasching währt, verehren wir die Lüge, | Der Rolle treu, mit lächerlichem Ernst, | Den süßen Rausch des Hausens nicht zu stören.

Friedr. von Schiller, Don Carlos (1787). A. 1, Sz. 9 (Carlos).

— Wie die Faschingstage schalten, | So werden sich die drei Ostertage halten. Bauernregel.

Faselhans. — Ich war ein rechter Faselhans | In meiner Jugendzeit.

Verfasser unbek. (um 1790). Volksweise.

Faß. — Das schlägt dem Fasse den Boden aus (macht es völlig unbrauchbar; ich ertrage das nicht mehr, meine Geduld ist vorüber; — aus der Handwerkersprache; wenn die Böttcher beim Anlegen der Reifen um ein Faß nicht vorsichtig klopfen, gehen die Reifen entzwei, und der Boden des Fasses fällt heraus). Sprichwörtl. Redensart.

Fast. — Das fast ist ein recht nützliches Wörtchen, wenn man etwas Ungereimtes sagen und zugleich auch nicht sagen will.

Gotthold Ephr. Lessing, Rettungen d. Horaz (1754).

Fasten. — Drum eßt nur, Pfaffen, Hühner, trinket Wein | Und laßt die dummen, deutschen Laien — fasten! Mittelhochdeutsch: Ir pfaffen, ezzent hüenr und trinkent wîn, | Unde lânt die tiutschen . . . vasten.

Walter v. d. Vogelweide (um 1170—1230), Gedichte. Übertr. v. Pannier.

— Der helt Gott ein angeneme fast, | Wer frommer wird, und die sund (Sünde) verlast. Alter Spr.

Fastnacht. — Fasten ohne Regen | Verkünden ein Jahr mit viel Segen. Bauernregel.

— Gibt es an Fastnacht viel Sterne, | Legen die Hennen gerne. Bauernregel. Kreuznach.

— Grüne Fastnacht, weiße Ostern. Bauernregel.

— Wenn an Fastnacht läuft das Wasser im Wagenreif, | So wächst der Flachs lang wie Pferdeschweif. Bauernregel.

Faul. — . . . weil faule weiß nie gutes bracht.

Hans Sachs, Sehr herrliche Schöne v. wahrhaffte Gedicht. B. 1 (1589). D. Schlauraffenland. Schlußv.

— Wer aber recht bequem ist und faul, | Flög' dem eine gebratne Taube ins Maul, | Er würde höchlich sich's verbitten, | Wär' sie nicht auch geschickt zerschnitten.

Joh. Wolfg. von Goethe, Gedichte. Sprichwörtl. (geb. 1812—1814).

— Ein fauler Mensch ist gleich wie ein Stein, der im Kot liegt. Jes. Sir., K. 22, V. 1.

— Ein fauler Kopf, ein faules Ei, | Zwei Dinge, doch ganz einerlei. Alter Spr.

— Die Erde ist stets gefroren für faule Schweine. Dän.: **Jorden er altid frossen for trevne Svin.** Sprichwort.

— Faulhans geht voran, Schmalhans kommt nach. Norwegisch: **Han Late-Hans gjeng fyre, han Smale-Hans kjem etter.** Sprichwort.

— Er ist faul und genäschig wie ein Lakai. Polnisches Sprichwort.

— Wer Lob und Ehr' erlangen will, | Muß nicht am Ofen liegen still; | Denn aus der faulen Rott' und Art | Nie keiner zu einem Ritter ward.

Spr. am Schlosse Bodwoo in Malans.

Faule, der. — Der Faul sucht ein Herrn, der jhme in der Wochen sieben Feyertag gibt.

Christoph Lehmann, Politischer Blumen=Garten (1662). T. 1. Faul. Nr. 8.

Faule, der. — Ein fauler schaffet nichts und frißt doch in die wette; | Deßwegen schadt er mehr, als läg' er krank zu bette.

Joh. Grob, Dichterische Versuchgabe (1678). B. 1, Nr. 52. Faulkeit.

— Den Faulen wird man nicht zur Arbeit zwingen, | Er fürchtet jede Schwierigkeit; | Dem Bessern wird der Anfang nur gelingen, | Dann schreckt ihn ab die Schwierigkeit; | Der Fleißige wird jedes Werk vollbringen, | Er achtet nicht der Schwierigkeit.

Peter von Bohlen, Bhartriharis Spr. (1835).

— Die Hölle des Lebens ist das Wünschen des Faulen; er kann nichts als wünschen.

Berth. Auerbach, Gesammelte Schriften (1892).

— Der Faule begehrt und kriegt es doch nicht. Spr. Sal., K. 13, V. 4.

— Der Weg des Faulen ist dornicht. Spr. Sal., K. 15, V. 19.

— Der Faule verbirgt seine Hand im Topf. Spr. Sal., K. 19, V. 24.

— . . . der Faule . . . muß . . . in der Ernte betteln. Spr. Sal., K. 20, V. 4.

— Der Faule stirbt über seinem Wünschen. Spr. Sal., K. 21, V. 25.

— Des Faulen Werktag ist immer morgen, sein Ruhetag heute. Alter Spr.

— Die Faulen und die Dreisten | Schrei'n am meisten. Spr. im Berliner Rathause. Erdgeschoß.

Faulenzen. — Faulenz' und schrei', | Du bekommst für zwei. | Arbeit' und schweige, | Dir bleibt die Neige.

Wilh. Müller, Gedichte (1837). Epigramme. 2. Hundert, Nr. 91. Arbeitsregel.

— Man kann sich eher zu Tode faulenzen als zu Tode arbeiten. Sprichwort.

Faulenzer. — Der Faulenz und das Lüderli | Sind zwei Zwillingsbrüderli. Sprichwort.

Faulheit. — Fulkeit erdenkt ein wörwort balt. Seb. Brant, D. Narrenschif (1494). Nr. 97. V. trakeit u. fulheit.

— Faulheit und Lässigkeit sind Feindinnen der guten Gelegenheiten. Ital.: **Affermava la pigrizia e la tardità essere nemica delle occasioni.** Jacopo Nardi, Leben d. Antonio Giacomini. (1549). Übers. v. Pozzoni.

— Die schimlig faulkait vnd wollüst | Ligen vergraben inn dem Mist.

Joh. Friedr. Fischart, D. Glückhafft Schiff v. Zürich (1576[?]).

— Faulheit ist Dummheit des Körpers und Dummheit — Faulheit des Geistes.

Joh. Gottfr. Seume, Sämtl. Werke (1826). Apokryphen.

— Die Faulheit erzeugt die Fäulnis.

Ernst Jul. Hähnel, Lit. Reliquien (1890).

— Wan du nur Faulheit von dir treibst, | Von vilen Sünden du sicher bleibst. Alter Spr.

— Der Faulheit Acker steht voll Disteln. Sprichwort.

Faulheit. — Die sich auf Faulheit legen, | Gehen einer traurigen Arbeit entgegen.
Sprichwort.

— Fleiß bringt Brot, | Faulheit Not.
Sprichwort.

— Nach Faulheit folgt Krankheit. Sprichwort.

Fäulnis. — Überall, wo Fäulnis ist, stellt sich ein Leben ein, welches man nicht mit reinen Glacéhandschuhen anfassen kann.
Otto von Bismarck im preuß. Landtage (30. Jan. 1869).

Faulpelz. — Dem Faulpelz geht die Arbeit von der Hand | Wie das Pech von der Wand.
Sprichwort.

— Ein Faulpelz ist des Teufels Kopfkissen. Niederl.: **Een luijaard is des duivels oorkussen.**
Sprichwort.

Februar. — Die Fasnacht uns der Hornung (Februar) bringt, | Zum Feldbaw der Ackermann ringt. D. zwölf Monate (1584). Febr.

— Im Februar ist Schnee besser als Kot.
Bauernregel.

— Im Februar muß d' Lerch' auf die Haid', | Mag's sein lieb oder leid. Bauernregel.

— Ist der Februar sehr warm, | Friert man zu Ostern bis in den Darm. Bauernregel.

— Nordwind im Februar treibt das Korn ins Land. Bauernregel.

— Wenn der Mistwagen im Februar stäubt, dann der Erntewagen im August sickert.
Bauernregel. Sauerland.

— Wenn im Februar die Mücken schwärmen, | Muß man im März die Ohren wärmen.
Bauernregel.

Fechten. — Nicht ungerochen stirbt, wer männlich fechten kann! Lat.: **Nunquam omnes hodie moriemur inulti.**
Publ. Vergilius Maro (um 70 v. Chr.—19 n. Chr.), Aneis. B. 2, V. 670. Übers. v. Schiller, D. Zerstörung v. Troja. V. 113.

— Die Hand ficht ritterlich, die Seele ruft zu Gott; | So kommt der Sieg herab, fürüber geht die Not. Inschrift auf einer Fahne d. Regiments Estachius Löser (1637).

— Mit Streichen, nicht mit Worten laßt uns fechten! Friedr. von Schiller, D. Jungfrau v. Orleans (1801). A. 2, Sz. 10 (Burgund).

— Glücklicher Mann! Ihr geht, gegen Soldaten zu fechten; ich aber bleibe hier, um Mönche und Nonnen zu bekämpfen. Ital.: **Uomo fortunato! Voi audate a combattere soldati, ma io resto qui a contrastare con frati e monache!**
König Viktor Emanuel zum General La Marmora (1855). Übers. v. Pozzoni.

— Wer fechten will, der muß der Streiche warten. Alter Spr.

Feder. — Ob kühne Faust vnd blancker Degen | Gleich Würd' vnd Ruhm zu bringen pflegen, | So muß doch Würd' vnd Ruhm sich legen, | Stützt kluge Feder nicht den Degen.
Friedr. von Logau, Deutsche Sinn=Getichte (1654). Degen v. Feder.

— Zum Kampf gerüstet ward vom Schicksal jeder: | Das Schwert schwingt dieser, jener schwingt die Feder. Friedr. von Bodenstedt, D. Sänger v. Schiras (1880).

— Die Feder in der Hand ist auch ein Schwert, das wir zu des Vaterlandes Ehre und zu unsres Volkes Wohlfahrt ziehen.
Konrad Telmann (Zitelmann), Moderne Ideale (1886).

— An den Federn erkennt man den Vogel.
Sprichwort.

Federlesen. — Nicht viel Federlesens machen (keine weiteren Umstände machen; — vornehmen Herrschaften las man die Federn vom Gewande, um sich bei ihnen beliebt zu machen).
Sprichwörtl. Redensart.

Fehde. — All fehde hat nu ein ende.
Nicolaus Decius, Gloria in excelsis Deo (1540).

Fehdehandschuh. — Jemandem den Fehdehandschuh hinwerfen (jemandem Fehde ankündigen; — die Ritter warfen bei der Herausforderung zum Kampfe einen Handschuh dem Gegner vor die Füße, der ihn zum Zeichen der Annahme der Herausforderung aufnahm).
Sprichwörtl. Redensart.

Fehlen. — Drinnen sowohl wird gefehlt in Ilios Mauern wie auswärts. Lat.: **Iliacos intra muros peccatur et extra.**
Quint. Horatius Flacc., Episteln (um 20 v. Chr.). Übers. v. Voß. B. 1, Nr. 2, V. 16.

— Ich habe menschlich, jugendlich gefehlt.
Friedr. von Schiller, Maria Stuart (1800). A. 3, Sz. 4 (Maria).

— Fehlst du, laß dich's nicht betrüben; | Denn der Mangel führt zum Lieben; | Kannst dich nicht vom Fehl befreien, | Wirst du andern gern verzeihen. Joh. Wolfg. von Goethe, Gedichte. Zahme Xenien. Nr. 3 (1824).

— Wer kann merken, wie oft er fehlet? Verzeihe mir die verborgenen Fehler! Ps. 19, V. 13.

— ... große Leute fehlen auch. Ps. 62, V. 10.

Fehler. — Frei war nimmer der Fehl' ein Geborener; | Besserer Mann ist, wen die Minderen lasten. Lat.: **Nam vitiis nemo sine nascitur; optimus ille est, | Qui minimis urguetur.**
Quint. Horatius Flacc., Sat. (um 35 v. Chr.). Übers. v. Voß. B. 1, Nr. 3, V. 68—69.

— Wenn andre nicht den Fehler bei dir schelten, | So wird der Fehler dir als Tugend gelten. A. d. Persischen d. Sadi, Fruchtgarten (1257). Übers. v. Graf.

— Willstu fremde Fehler zählen, heb' an deinen an zu zählen; | Ist mir recht, wird dir die Muße zu den fremden Fehlern fehlen.
Friedr. von Logau, Deutsche Sinn=Getichte (1654). Selbsterkenntniß.

Fehler. — Eines andern Fehler | Ist ein guter Lehrer.
Christoph Lehmann, Politischer Blumen-Garten (1662). T. 1. Irren, Irrthumb. Nr. 17.

— Alle Fehler, die man hat, sind verzeihlicher als die Mittel, welche man anwendet, sie zu verbergen. Franz.: **On n'a guère de défauts qui ne soient plus pardonnables que les moyens dont on se sert pour les cacher.**
François, Herzog von La Rochefoucauld, Reflexionen oder moralische Sentenzen u. Maximen (1665). Nr. 411. Übers. v. Zimmermann.

— Das ist mehr als ein Verbrechen, das ist ein Fehler. Franz.: **C'est plus qu'un crime, c'est une faute.**
Polizeiminister Fouché bei d. Hinrichtung d. Herzogs d'Enghien durch d. Konsul Bonaparte (20. März 1804). Übers. v. Zimmermann.

— Überdies wird man dadurch nicht besser, daß man seine Fehler verbirgt; vielmehr gewinnt unser moralischer Wert durch die Aufrichtigkeit, mit der wir sie gestehen.
Georg Christoph Lichtenberg, Verm. Schriften (1800—1806). Bd. 1. Vorbericht.

— Der Pöbel freilich sieht allein | Die Schuld und die verdiente Pein; | Der schärfre Blick erkennt im Fehle | Das edle Blut, die stolze Seele. Engl.: **The common crowd but see the gloom | Of wayward deeds, and fitting doom; | The close observer can espy | A noble soul and lineage high.**
George Gordon Lord Byron, D. Giaur (1813). Übers. v. Heichen. Abschnitt 18, V. 35.

— Von Natur besitzen wir keinen Fehler, der nicht zur Tugend, keine Tugend, die nicht zum Fehler werden könnte.
Joh. Wolfg. von Goethe, Wilh. Meisters Wanderjahre (1807—1821).

— Wer meine Fehler überträgt, ist mein Herr, und wenn's mein Diener wäre.
Joh. Wolfg. von Goethe, Werke (1827—1830). Maximen u. Reflexionen. Abteilung 3.

— An den Fehlern erkennt man den Menschen, an den Vorzügen den einzelnen.
Joh. Wolfg. von Goethe, Werke (1827—1830). Maximen u. Reflexionen. Abteilung 5.

— Ein angewöhnter Fehler gleicht der Fliege. | Du jagst sie hundertmal in Zwischenräumen | Hinweg, und dennoch kehrt sie immer wieder | Und plagt dich immer ärger.
Leop. Schefer, Laienbrevier (1834). Aug. Nr. 22.

— Wer einen Fehler flieht, der hüte sich vor allen, | Vor diesem auf der Flucht in jenen nicht zu fallen!
Friedr. Rückert, D. Weisheit d. Brahmanen (1836—1839). B. 16, Abteilung 1, Nr. 90. (Stufe 5. Leben. Nr. 90.)

Fehler. — Die Fehler, die an dir du selbst nicht sehen kannst, | Siehst du an andern. Weißt, was du daran gewannst? | Nicht bessern kannst du sie an andern, doch vielleicht | An dir; das ist der Dienst, den dir ein Spiegel reicht. | Der Spiegel dient, dir selbst die Flecken zu entdecken; | Am Spiegel wische nicht, an dir wisch' ab die Flecken!
Friedr. Rückert, D. Weisheit d. Brahmanen (1836—1839). B. 18, Nr. 25. (Stufe 7. Erkenntnis. Nr. 203.)

— Ein jeglicher kann fehlen; wie er aber | Des Fehlers Folgen trägt, das unterscheidet | Den edlen Geist von dem gemeinen Geiste.
Ernst Raupach, Corona v. Saluzzo (1840). A. 4, Sz. 2.

— Nicht Fehler finden, sondern Fehlern gerecht werden, zeigt den Menschenkenner.
Peter Sirius, Tausend u. Ein Gedanken (1899). Kritik u. Urteil.

— Ein Fehler, den man erkennt, ist schon halb gebessert. Sprichwort.

— Alle haben Fehler. Ital.: **Tutt gh'an al sò difètt.** Emilianisches Sprichwort.

— Es ist kein Fisch ohne Gräte und kein Mensch ohne Fehler. Norwegisch: **D'er ingen Fisk utan Bein, | Og ingen Mann utan Mein.**
Sprichwort.

— Für eigne Fehler sind wir Maulwürfe, für fremde Luchse. Sprichwörtl.

— Nur mit den Augen der andern kann man seine Fehler gut sehen. A. d. Chinesischen.

Fehlerlos. — Leblos, | Fehlerlos. Engl.: **Lifeless, | Faultless.** Schottisches Sprichwort.

Fehltritt. — Ein Fehltritt ist genug zum Fall. Aug. von Kotzebue, D. Graf v. Burgund (1798).

— Auf ebnem Boden straucheln ist ein Scherz, | Ein Fehltritt stürzt vom Gipfel dich hinab.
Joh. Wolfg. von Goethe, D. natürliche Tochter (1803). A. 4, Sz. 2 (Gerichtsrat).

— Des reifen Mannes Fehltritt ist Verbrechen, | Des Jünglings Fehltritt ein verfehlter Tritt, | Den man zurückzieht und ihn besser macht.
Frz. Grillparzer, Medea (1822). A. 3.

— Wer einen Fehltritt tat, verzeih' ihm, lieber Mann! | Bedenk', auch einen Fuß hast du, der straucheln kann.
Friedr. Rückert, D. Weisheit d. Brahmanen (1836—1839). B. 1, Nr. 40. (Stufe 2. Stimmung. Nr. 6.)

— Bei einem Fehltritt hat man immer Siebenmeilenstiefel an.
Peter Sirius, Tausend u. Ein Gedanken (1899). Tugend u. Schwäche.

Feiern. — Wenn solche Köpfe feiern, | Wieviel Verlust für meinen Staat!
Friedr. von Schiller, Don Carlos (1787). A. 3, Sz. 10 (König).

Feiertag. — Denn immer ist nicht Feiertag, | Es kommt einmal ein Feuertag.
Joh. Friedr. Fischart, Flöh Hatz, Weiber Tratz (1577).

Feiertag. — Es gibt nichts so Selbstisches und Herzloses, als wenn Vornehme und Reiche mit Mißfallen oder wenigstens mit einem gewissen verschmähenden Ekel auf Sonn- und Feiertage zurückblicken.

Wilh. Freiherr von Humboldt, Br. an eine Freundin (2. Mai 1827).

— . . . und morgen ist's Feiertag.

Gustav Schwab, Gedichte (1828—1829). D. Gewitter. Schlußv.

Feig. — Feiger Gedanken | Bängliches Schwanken, | Weibisches Zagen, | Ängstliches Klagen | Wendet kein Elend, | Macht Dich nicht frei. | Allen Gewalten | Zum Trutz sich erhalten, | Nimmer sich beugen, | Kräftig sich zeigen, | Rufet die Arme | Der Götter herbei!

Joh. Wolfg. von Goethe, Gedichte. A. d. Nachlaß. Verm. Gedichte. Sehnsucht. Feiger Gedanken usw. (ged. 1777).

Feige, der. — Der Feige stirbt schon vielmal, eh' er stirbt! Engl.: Cowards die many times before their deaths.

William Shakespeare, Jul. Cäsar (1601). Übers. v. Schlegel. A. 2, Sz. 2 (Cäsar).

— Der Feige droht nur, wo er sicher ist.

Joh. Wolfg. von Goethe, Torquato Tasso (1789). A. 2, Sz. 3 (Antonio).

— Nur dem Feigen ist es Nacht.

Joh. Wolfg. von Goethe, Neue Schriften (1792—1800). Gedichte. Lieder. An d. Erwählte.

— Der Feige stirbt tausendmal, der Mutige nur Einmal. Karl Jul. Weber, Demokritos (1832—1840). Furcht u. Feigheit; d. Mut.

— . . . wahrhaft elend ist allein der Feige.

Nikolaus Lenau (Niembsch, Edler von Strehlenau), D. Albigenser (1842). D. Büßer.

— Dem Feigen weist das Glück den Rücken.

Sprichwort.

— Einem Feigen kann selbst unser Herrgott keine Hilfe zeigen. Militärisches Sprichwort.

Feigheit. — Durch Feigheit allein gehen Länder verloren. Franz.: On ne perd les États que par timidité.

Voltaire (François Marie Arouet), Mahomet (1742). Übers. v. Mylius. A. 1, Sz. 1 (Zopire).

— Ihr nennt mich einen Feigling, wenn ich so vernünftig bin, eine Herausforderung abzulehnen. Welchen Begriff habt ihr denn eigentlich von der Feigheit? Wenn das Vermeiden unnützer Gefahr Feigheit heißt, dann gibt es wohl keinen Mutigen auf der Welt. Franz.: Vous dites, que je suis un lâche quand j'ai le bon sens de refuser un cartel; mais selon vous, la lâcheté, qu'est-ce donc? Si la lâcheté consiste à reculer devant un danger inutile, où trouverez-vous un homme courageux?

Claude Tillier, Mein Onkel Benj. (1846). Übers. v. Bergfeldt.

Feigling. — Und jeder Mann, der Gutes übet, scheuet sich | Ein Feigling je zu heißen. Griech.: *Αἰσχύνεται δὲ τἀγάθ' ἀσκήσας ἀνὴρ | Κακὸς κεκλῆσθαι πᾶς τις.*

Euripides, D. Schutzflehenden (um 418 v. Chr.). Übers. v. Binder. V. 912—13 (Adrostos).

Feile. — Die letzte Feile an etwas legen (etwas vollständig fertig machen; — aus der Handwerkersprache; der Schlosser muß einen Gegenstand zum Schluß feilen, glätten.) Sprichwörtl. Redensart.

Fein. — Der feine Griff und der rechte Ton . . .

Friedr. von Schiller, Wallensteins Lager (1798). Sz. 6 (Wachtmeister).

— Man kann nicht von allem Flachs feine Seide spinnen. Holländisches Sprichwort.

Feind. — Des Feindes Gab' ist Gift. Griech.: *Ἐχθρῶν ἄδωρα δῶρα κοὐκ ὀνήσιμα.*

Sophokles (um 496—406 v. Chr.), Ajas. Übers. v. Jordan. V. 656 (Ajas).

— Nicht weiter soll | Man hassen seinen Feind, als würd' er einst | Zum Freunde noch. Griech.: *Ὅτι | Ὁ τ' ἐχθρὸς ἡμῖν ἐς τοσόνδ' ἐχθαρτέος, | Ὡς καὶ φιλήσων αὖθις.*

Sophokles (um 496—406 v. Chr.), Ajas. Übers. v. Jordan. V. 669—71 (Ajas).

— Kurz ist vorm Feind die Rede; Greife zu der Wehr! Griech.: *Ἁπλοῦς ἐπ' ἐχθροῖς μῦθος ὁπλίζειν χέρα.*

Euripides (um 480—406 v. Chr.), Rhesos. Übers. v. Binder. V. 84 (Hektor).

— Wer dem Verderben entgehen will, muß treue Freunde oder erbitterte Feinde haben. Jene belehren, diese schelten ihn. Griech.: *Τῷ μέλλοντι σῴζεσθαι δεῖ φίλους ἀγαθοὺς ἢ διαπύρους ἐχθροὺς ὑπάρχειν· οἱ μὲν γὰρ διδάσκουσιν, οἱ δ' ἐλέγχουσιν.*

Diogenes (um 412—323 v. Chr.). Nach Plutarch, Moralische Abhandlungen. Übers. v. Cyth. Freunde u. Schmeichler. K. 36.

— Oft ist der Mensch selbst sein größter Feind. Lat.: Sed tamen nihil inimicius (homini) quam sibi ipse!

Marc. Tullius Cicero (um 106—43 v. Chr.), Br. an Atticus. Übers. v. Wieland. B. 10, Br. 12, § 3.

— Gegen den Feind soll man viel Hände, aber wenig Köpfe brauchen, d. i. viel Kriegsleute, aber wenig Ratgeber.

Kaiser Ludw. II. (reg. 855—875).

— Gerätst du in die Mitte zweier Feinde, | Mach', daß sie zankend auseinandergehen! | Hetz' auf den Wolf den Tiger dir zum Heile; | Aus zweier Steine Reibung ziehst das Mehl du.

A. d. Persischen d. Nizâmî (1137—1200). Spr. Übers. v. Bacher.

— Die mit Verachtung auf den Feind nur blicken, | Sie werden einst zur Flucht vor ihm sich schicken.

A. d. Persischen d. Ferid-ed-dîn Attar (um 1119—1229). Pend-nameh. Übers. v. Graf.

Feind. — O pein'ge nicht, hast du ihn überwunden, | Den Feind; er hat schon Schmerz genug empfunden; | Lebend'ger Feind in Hut ist besser als | Des toten Feindes Blut auf deinen Hals.
A. d. Persischen d. Sadi, Fruchtgarten (1257). Übers. v. Graf.

— Zů schaden ist kein böser vind, | Dan die stäts bi eim wonent sind.
Seb. Brant, D. Narrenschif (1494). Nr. 39. V. offlichem anschlag.

— Der alt böse feind | Mit ernst ers itzt meint; | Gros macht vnd viel list | Sein grausam rüstung ist; | Auff erd ist nicht seins gleichen.
Dr. Martin Luther, D. 46. Ps. Ein feste burg ist vnser Gott usw. (ged. 15.—16. April 1521 in Oppenheim). Mel. v. Verfasser.

— Viel Feind, viel Ehr.
Wahlspr. Georgs v. Frundsberg (1475—1528).

— Ein Narr ist, der sein Feind veracht.
Georg Rollenhagen, Froschmäuseler (1595). B. 1, T. 1, K. 4.

— Sein Feind soll man nimmermehr trauen; | Es wolt ein'm denn hernach gerauen.
Georg Rollenhagen, Froschmäuseler (1595). B. 1, T. 2, K. 25.

— Im Fall der Gegenwehr ist es am besten, | Den Feind für mächt'ger halten, als er scheint. Engl.: In cases of defence, 'tis best to weigh | The enemy more mighty than he seems.
William Shakespeare, König Heinr. V. (1599). Übers. v. Schlegel. A. 2, Sz. 4 (Dauphin).

— Gib, daß ich meinen Feind mit Sanfftmuth überwind!
Joh. Heermann, Hauß- v. Hertz-Musica (1639). Ein täglich Gebet.

— Dein kleinster feind ist der, der dir von außen droht; | Der dir im busen wohnt, verursacht größre noth.
Andr. Tscherning, Deutscher Getichte Früling (1642). Epigramme.

— Ein versöhnter Feind, | Ein erkaufter Freund | Sind zu einer Brücke | Ungeschickte Stücke.
Friedr. von Logau, Deutsche Sinn-Getichte (1654). Verdächtige Sachen.

— Den lebendigen Feind fliehen vnd den todten schelten, ist eines so vnlöblich als das ander.
Christoph Lehmann, Politischer Blumen-Garten (1662). T. 1. Feind. Nr. 21.

— Einem außgesöhnten Feind ist nicht zu trawen.
Christoph Lehmann, Politischer Blumen-Garten (1662). T. 1. Feind. Nr. 28.

— Ich drücke meinen Feind ans Herz, doch um ihn zu ersticken. Franz.: J'embrasse mon rival, mais c'est pour l'étouffer.
Jean Baptiste Racine, Britannicus (1669). Übers. v. Viehoff. A. 4, Sz. 3 (Nero).

— Mit Sturm und Ringen | Die Feinde bezwingen, | Gibt Ehr und Preiß.
Hans Aßmann Freiherr von Abschatz, Poetische Übersetzungen u. Gedichte (1704). Deutscher Ehren-Preiß. Schlußv.

Feind. — Ein kleiner Feind, dies lerne sein, | Will durch Geduld ermüdet sein.
Christ. Fürchtegott Gellert, Fab. u. Erz. (1746). B. 3. D. Knabe u. d. Mücken.

— Die offenbaren Feinde | Sind arg, noch ärger die, die still und heimlich gehn; | Doch wißt, die lobenden sind ärger als die zween.
Magnus Gottfr. Lichtwer, Vier B. Äsopischer Fab. (1748). B. 4, Nr. 16. D. Krähe u. d. Elster.

— Doch sterben für der Feinde Heil, | Das ist die höchste Tugend.
Christ. Fürchtegott Gellert, Geistl. Oden u. Lieder (1757). Osterlied.

— Kein kluger Streiter hält den Feind gering.
Joh. Wolfg. von Goethe, Iphigenie auf Tauris (1787). A. 5, Sz. 3 (Iphigenie).

— Feinde ringsum!
Karl Gottl. Cramer, Hermann v. Nordenschild, genannt v. Unstern (1792). Bd. 2. Soldatenlied. Mel. v. Carl Ludw. Traugott Gläser (1792).

— Feindes Mund frommt selten.
Joh. Wolfg. von Goethe, Reineke Fuchs (ged. 1793—1794). Ges. 1.

— Teuer ist mir der Freund, doch auch den Feind kann ich nützen; | Zeigt mir der Freund, was ich kann, lehrt mich der Feind, was ich soll.
Friedr. von Schiller, Gedichte. Votivtafeln. Nr. 32. Freund u. Feind (ged. 1796).

— Dich kann mein Mund nicht glücklich sprechen, | Solang' des Feindes Auge wacht.
Friedr. von Schiller, Gedichte. D. Ring d. Polykrates (ged. 24. Juni 1797).

— Drum, wenn's vor den Feind geht, ist das allerbeste | Dreinschlagen! Dreinschlagen, ja, das ist das beste!
Aug. Kopisch, Gedichte (1836). Soldatenlied. Mel. v. Wilh. Speyer.

— Die Feinde sind stets die gefährlichsten, | Die uns recht freundlich hassen.
Jos. Freiherr von Auffenberg, Sämtl. Werke (1843—1847). Gedichte. Unvergoldete Pillen.

— Willst du dem Feind zu Leibe gehn, | Ins Feindeslager mußt du spähn.
Anastasius Grün (Anton Alexander Graf von Auersperg), D. Pfaff v. Kahlenberg (1850).

— Ehrst du den Feind, der ehrenwert, | Du lähmst in seiner Hand das Schwert.
Anastasius Grün (Anton Alexander Graf von Auersperg), D. Pfaff v. Kahlenberg (1850).

— Der antike Satz, daß der Feind rechtlos sei, wird von dem heutigen Völkerrecht als unmenschlich verworfen.
Joh. Kaspar Bluntschli, D. moderne Völkerrecht als Rechtsbuch (1868).

— Traue deinem Feinde nimmermehr!
Jes. Sir., K. 12, V. 9.

— Liebet eure Feinde! Matth., K. 5, V. 44.

— Ein Fiendt, der mit dir ist im hauß, Tuht grosseren schaden, dan der ist drauß.
Alter Spr.

Feind. — Besser offener Feind als zweideutiger Freund. Sprichwort.

— Dem fliehenden Feinde baue goldene Brücken! Sprichwort.

— Der Feinde Fehler soll man kennen, | Aber nicht nennen. Sprichwort.

— Feindes Geschenke | Haben Ränke. Sprichwort.

— Wer drei Feinde hat, muß sich mit zweien vertragen. Sprichwort.

— Wer zu schwach ist, dir als Freund zu nützen, ist stark genug, dir als Feind zu schaden. Sprichwort.

— Ein Feind von der Feder | Ist schlimmer als einer vom Leder. Militärisches Sprichwort.

— Wenn dein Feind um Verzeihung fleht, so gehört das Schwert in die Scheide. Militärisches Sprichwort.

— Ist dein Feind nur wie eine Ameise, so rechne ihn doch unter die Elefanten! Dän.: **Er din Fjende kun som en Myre, saa regn ham dog blandt Elephanterne.** Sprichwort.

— Tausend Freunde, das ist wenig; ein Feind, das ist viel. Türkisches Sprichwort.

— Alle, die der Tag beschienen, | Haben ihren Feind in ihnen (in sich selbst). Spr. an einem Hause.

— Hol' wacker aus, schlag' mutig drein, | Fürcht' keinen Feind als dich allein! Wartburgspr.

Feindesland. — Auch dem Beherztesten | Dünkt alles grauenvoll, wenn er den Fuß | In Feindes Land gesetzt.

Friedr. von Schiller, Sz. a. d. Phönizierinnen d. Euripides (geb. 1788). (Polynices).

Feindlich. — . . . bitter feind . . .

2. Makk., K. 14, V. 39.

Feindschaft. — . . . ich halts für ein große Tugend, | Die wohl ansteht Alter und Jugend, | Daß man nicht leicht Feindschafft auffnehm, | Sondern sey friedlich und bequem.

Georg Rollenhagen, Froschmäuseler (1595). B. 1, T. 2, K. 6.

— Die gröste Freundschafft gebiehret die höchste Feindschafft.

Christoph Lehmann, Politischer Blumen-Garten (1662). T. 1. Feind. Additio. Nr. 3.

— Dadrum keene Feindschaft nich.

Louis Angely, Vaudevilles u. Lustspiele (1828—1832). D. Fest d. Handwerker (Kluck).

— Alte Feindschaft wird leicht neu. Sprichwort.

— Versöhnter Feindschaft und geflickter Freundschaft ist wenig zu trauen. Sprichwort.

Feinschmecker. — Feinschmecke (Gutschmecke) | Macht Bettelsäcke. Sprichwort.

Feinsliebchen. — Was hab' ich denn meinem Feinsliebchen getan? | Es geht ja vorüber und schaut mich nicht an. Untreue. Volkslied u. -weise.

Feld. — Das felt mus er behalten.

Dr. Martin Luther, D. 46. Ps. Ein feste burg ist vnser Gott usw. (geb. 15.—16. April 1521 in Oppenheim). Mel. v. Verfasser.

— Im Felde | Da dringt die Gegenwart — Persönliches | Muß herrschen, eignes Auge sehn.

Friedr. von Schiller, D. Piccolomini (1799). A. 1, Sz. 4 (Max).

— Das Feld behaupten (nicht wanken; — aus der Soldatensprache; wer das Schlachtfeld behauptet, ist Sieger). Sprichwörtl. Redensart.

— Das steht noch in weitem Felde (das wird sich so bald nicht entscheiden; — es ist noch gar nicht ins Gesichtsfeld getreten, so weit ist es noch entfernt). Sprichwörtl. Redensart.

Feldherr. — Einen wohlbedächtigen Feldherrn zieh' ich einem kecken vor. Griech.: *Ἀσφαλὴς γάρ ἐστ' ἀμείνων ἢ θρασὺς στρατηλάτης.*

Euripides (um 480—406 v. Chr.), D. Phönizierinnen. Übers. v. Minckwitz. V. 599 (Polyneikes).

— Weil kluge Vorsicht mehr als toller Mut | Dem Feldherrn ziemt.

Friedr. von Schiller, Sz. a. d. Phönizierinnen d. Euripides (geb. 1788). (Polynices).

— Es braucht | Der Feldherr jedes Große der Natur; | So gönne man ihm auch, in ihren großen | Verhältnissen zu leben!

Friedr. von Schiller, D. Piccolomini (1799). A. 1, Sz. 4 (Max).

— Manch blutig Treffen wird um nichts gefochten, | Weil einen Sieg der junge Feldherr braucht. Friedr. von Schiller, D. Piccolomini (1799). A. 2, Sz. 7 (Wallenstein).

— Wo Adlerflug sich eint mit Löwenmut | In der Person des Feldherrn, muß das Heer | Wohl gleich dem Blitzstrahl sich am Ziele finden.

Joh. Friedr. Bahrdt, Dramatische Dichtungen (1834). D. Grabesbraut. A. 3, Sz. 8.

— Der Prüfungstag | Für einen Feldherrn ist der Tag der Schlacht.

Ernst Raupach, D. Hohenstaufen (1837). Manfred, Fürst v. Tarent. A. 3, Sz. 6.

— Über den Ruf eines Feldherrn entscheidet allerdings vor allem der Erfolg.

Hellmuth von Moltke (1870).

— Vier G dürfen einem Feldherrn nicht fehlen: Geld, Geduld, Genie und Glück.

Hellmuth von Moltke, Gesammelte Schriften (1891—1893).

— Ein guter Feldherr ist so gut wie eine halbe Armee. Militärisches Sprichwort.

Fell. — Jemandem das Fell über die Ohren ziehen (jemanden betrügen, besonders von Kaufleuten, die arglose Kunden übervorteilen, sie „ausziehen"; — aus der Jägersprache; man zieht erlegtem Wilde das Fell beim Ausbalgen über die Ohren). Sprichwörtl. Redensart.

— 't is man'n Övergang! säd' de Voß, dôr treckten (zogen) se em dat Fell av.

Sprichwörtl. Redensart. Niederrhein.

Fell. — Den ha'm wir't Fell lose jemacht (den haben wir verprügelt). Berliner Redensart.

Fels. — Vom Fels zum Meer.
Inschrift d. königlichen Hausordens von Hohenzollern (gestiftet 1854).

Fenster. — Liebchen, öffne mir dein Fenster!
Volkslied u. -weise (um 1790).

— Wann i am Fenster steh', | So in die Nacht h'nei seh', | So ganz alleine, | Da muß i weine.
Phil. Düringer, Künstlerhauche. D. Mädchens Klage (ged. um 1830). Volksweise a. Steiermark.

Ferdinand. — Du hast mehr Jlück wie Fer — dinand (für Verstand).
Berliner Redensart.

Fern. — Das sei ferne von uns!
Josua, K. 22, V. 29.

— Von fernen Taten denkt man groß.
Polnisches Sprichwort.

Ferne, das. — Der kluge Mann schweift nicht nach dem Fernen, | Um Nahes zu finden, | Und seine Hand greift nicht nach den Sternen, | Um Licht anzuzünden.
Friedr. von Bodenstedt, D. Lieder d. Mirza-Schaffy (1851). Lieder u. Spr. d. Weisheit. Nr. 17.

Ferne, die. — Hinaus in die Ferne mit lautem Hörnerklang!
Albert Methfessel, Kommers- u. Liederbuch. Marschlied für d. freiwilligen Scharfschützen d. Gesamthauses Schwarzburg (ged. 1813). Mel. v. Verfasser.

— Wer weiß, wo in der Ferne mein Glück mir noch blüht!
Emanuel Geibel, Neue Gedichte. D. Mai ist gekommen usw. (ged. 1835—1841). Mel. v. Justus Wilh. Lyra (1843).

— Keine Ferne darf uns kränken, | Denn uns hält ein froh Gedenken.
Emanuel Geibel, Neue Gedichte (1856). Ada. Tagebuchblätter. Mag auch heiß d. Scheiden brennen usw. Schlußv.

— Laß mich, Mutter, in die Ferne, daß ich mich rühme der Geburt! Serbisches Sprichwort.

Fersengeld. — Fersengeld geben (die Flucht ergreifen; — wer vor dem Feinde floh, ihm die Fersen zeigte, mußte nach alemannischem Rechte eine Geldstrafe erlegen). Sprichwörtl. Redensart.

Fertig. — Wer fertig ist, dem ist nichts recht zu machen; | Ein Werdender wird immer dankbar sein. Joh. Wolfg. von Goethe, Faust, I (1808). Vorspiel auf d. Theater (Lustige Person).

— Dös wär fertig bis aufs Leime, sagt der Schreiner. Sprichwörtl. Redensart. Schwaben.

Fest. — Sey nur in allen Handel | Ohn Wandel! | Steh feste!
Paul Fleming, Teutsche Poemata (1642). Oden. B. 1, Nr. 1. Geistl. Lied.

Fest. — Gut ist's fest zu sein aus Temperament und beugsam aus Überlegung. Franz.: Il est bon d'être ferme par tempérament, et flexible par réflexion.
Marquis de Vauvenargues, Reflexionen u. Maximen (1746). Nr. 191. Übers. v. Zimmermann.

— Ein fester Sinn wirkt gleich einem geladenen Konduktor. Jeder fürchtet den elektrischen Schlag und meidet die Berührung.
Karl Christ. Ernst Graf von Bentzel-Sternau, Weltansichten (1816).

— Fest allezeit | In Freud und Leid.
Wartburgspr. Wirtschaft.

Fest, das. — Nach dem Fest kommen wir (zu spät). Griech.: *Κατόπιν ἑορτῆς ἥκομεν.* Lat.: Post festum.
Platon (um 427—347 v. Chr.), Gorgias. Übers. v. Müller. § 1 (Sokrates).

— Nicht alle Tage führt das Glück | Als freies, herrenloses Gut Festkuchen euch entgegen! Griech.: *Ὡς οὐχὶ πᾶσαν ἡμέραν | Πλακοῦσιν ἔστιν ἐντυχεῖν πλανωμένοις ἐρήμοις.*
Aristophanes, D. Friedensfest (um 421 v. Chr.). Übers. v. Minckwitz. V. 1313—14 (Trygäos).

— Daher der Feste Würd' und Herrlichkeit, | Weil sie so selten uns das Jahr gewährt. Engl.: Therefore are feasts so solemn and so rare, | Since, seldom coming, in the long year.
William Shakespeare, Sonette (1609). Übers. v. Bodenstedt. Abteilung 2, Nr. 64.

— Sie sind vorbei, die Festestage. Franz.: Ils sont passés, ces jours de fête.
Anseaume, D. sprechende Bild (1769). Sz. 5.

— Man muß die Feste feiern, wie sie fallen.
Hermann Salingré, Graupenmüller (1865).

— Schmücket das Fest mit Maien!
Ps. 118, V. 27.

— Je größer das Fest, je schlimmer der Teufel.
Sprichwort.

Festhalten. — Wer was weiß, der schweig! | Wem wol ist, der bleib! | Wer was hat, der behalte! | Unglück, das kömmt balde.
Dr. Martin Luther, Tischreden oder Colloquia (1566). Nr. 78. Tischreden v. Beruf. § 3. Doktor Martin Luthers Reim.

— Halte den Hut fest; es wird mehr als einer seine Kraft daran setzen, ihn dir vom Kopfe zu pusten.
Wilh. Raabe, D. Leute a. d. Walde, ihre Sterne, Wege u. Schicksale (1863). Bd. 2.

— Halten wir, was wir haben!
Otto von Bismarck zu deutschen Studenten in Friedrichsruh (1. April 1895).

Festmahl. — Geselliges Vergnügen, munteres | Gespräch muß einem Festmahl Würze geben.
Friedr. von Schiller, Macbeth (1801). A. 3, Sz. 8 (Lady).

Feststehen. — . . . laß die Leute sagen; | Steh wie ein fester Turm, dem nimmermehr | Die Spitze schwankt in sturmbewegten Tagen. Ital.: . . . lascia dir le genti; | Sta come torre ferma, che nou crolla | Giammai la cima per soffiar de' venti.

Dante Alighieri, Göttliche Komödie (1300—1321). Übers. v. Gildemeister. Purgatorio. Ges. 5, V. 13—15.

— Es steht nichts fest auf Erden.

Friedr. von Schiller, Wilh. Tell (1804). A. 4, Sz. 3 (Tell).

— Feststehn immer, | Stillstehn nimmer!

Spr. im Berliner Rathause. Erster Stock.

Festung. — Die beste Festung, die es gibt, ist, nicht von dem Volke gehaßt werden. Ital.: La migliore fortezza che sia è non essere odiato dal populo.

Niccolò Machiavelli, D. Fürst (1513). K. 19. Übers. v. Pozzoni.

Feuer. — Vom Feuer, Feuer. Lat.: Ab igne ignem.

Nach Marc. Tull. Cicero, B. d. Pflichten (um 44 v. Chr.). Übers. v. Kloß. B. 1, K. 16, § 52.

— Leicht wird ein kleines Feuer ausgetreten, | Das, erst geduldet, Ströme nicht mehr löschen. Engl.: A little fire is quickly trodden out; | Which, being suffer'd, rivers cannot quench.

William Shakespeare, König Heinr. VI. (1591—1592). Übers. v. Schlegel. T. 3, A. 4, Sz. 8 (Clarence).

— Wer ein Fewer muß löschen, der löscht viel leichter anfangs die Funcken.

Christoph Lehmann, Politischer Blumen-Garten (1662). T. 1. Anfang. Nr. 12.

— Denn seit das Feuer mir | So nahe kam, dünkt mich im Wasser sterben | Erquickung, Labsal, Rettung.

Gotthold Ephr. Lessing, Nathan d. Weise (1779). A. 1, Sz. 2 (Recha).

— Dies Feuer | Ist lobenswert.

Friedr. von Schiller, Don Carlos (1787). A. 3, Sz. 10 (König).

— Kein Feuer, keine Kohle kann brennen so heiß, | Als heimliche Liebe, von der niemand nichts weiß.

Volkslied u. -weise (um 1790).

— Wohltätig ist des Feuers Macht, | Wenn sie der Mensch bezähmt, bewacht.

Friedr. von Schiller, Gedichte. D. Lied v. d. Glocke (ged. Sept. 1799).

— Man kann kein Feuer so tief am Boden machen, es schlägt der Rauch in die Höhe.

Alter Spr.

— Feuer und Wasser sind zwei gute Diener, aber schlimme Herren.

Sprichwort.

— Wer das Feuer haben will, muß den Rauch leiden.

Sprichwort.

— Wer ins Feuer bläst, dem fliegen die Funken in die Augen.

Sprichwort.

— Feuer dahinter machen (die Betreibung einer Sache beschleunigen; — mit Feuereifer an etwas gehen).

Sprichwörtl. Redensart.

Feuer. — Feuer und Flamme sein (für etwas sehr begeistert, angefeuert, entflammt sein).

Sprichwörtl. Redensart.

— Für jemanden durchs Feuer gehen (alles, selbst das Schwerste, für jemanden tun; — buchstäblich zu nehmen; vielleicht auch von den Gottesurteilen, Ordalen, im Mittelalter herstammend).

Sprichwörtl. Redensart.

— Zwischen zwei Feuer kommen (von zwei Seiten bedroht sein; — aus der Soldatensprache).

Sprichwörtl. Redensart.

— Da muß ick mal 'n bisken Feier hinter machen (antreiben).

Berliner Redensart.

— Gib acht aufs Feuer und aufs Licht, | Denk' nicht, ein Funke schadet nicht! | Ein Feuer, auch noch so klein, | Das äschert Städt' und Dörfer ein.

Spr. an einem Ofen.

— He dragt (trägt) in de ene Hand Für un in de andern Water (man darf ihm nicht trauen).

A. d. Seemannssprache.

Feuerprobe. — Die Feuerprobe bestehen (sich bewähren; — von den mittelalterlichen Feuerproben, Gottesurteilen, herstammend).

Sprichwörtl. Redensart.

Feuerwerk. — Während ein Feuerwerk abgebrannt wird, sieht niemand nach dem gestirnten Himmel.

Marie von Ebner-Eschenbach, Aphorismen (1893).

Fiasko. — Fiasko machen (mit etwas keinen Erfolg haben; — das italienische far fiasco (Flasche) bedeutet ebenso Durchfallen; — die Veranstalter eines Fiasko im Theater zerschlugen wohl Flaschen wie beim Polterabend).

Sprichwörtl. Redensart.

Fibel. — Jemanden seit der Fibel kennen (jemanden von Anfang an, von Kindesbeinen an kennen; — die Fibel ist das erste Buch des Lernenden).

Sprichwörtl. Redensart.

Fichte. — Ein Fichtenbaum steht einsam | Im Norden auf kahler Höh'.

Heinr. Heine, D. B. d. Lieder. Lyrisches Intermezzo (ged. 1822—1823). Nr. 33.

Fieber. — Ich streue diesen Samen | In Gottes Namen; | So dieser Same wird aufgehn, | Will ich mein Fieber wiedersehn.

Heilspr. gegen Fieber, wobei man eine Handvoll Salz ins Wasser wirft.

Finanzen. — Die Finanzen sind der Nerv des Landes. Wenn Sie diese recht verstehen, wird das übrige ganz in Ihrer Gewalt sein.

Friedr. d. Große, Sämtl. Werke (1789). An Karl v. Württemberg.

Finden. — Ich hab's gefunden. Griech.: *Εὕρηκα*.

Archimedes (geb. um 287 v. Chr.), als er d. Gesetz d. spezifischen Gewichts entdeckt hatte.

— Man findet häufig mehr, als man zu finden glaubt. Franz.: On trouve bien souvent plus qu'on ne croit trouver.

Pierre Corneille, D. Lügner (1643). Übers. v. Kummer. A, 4, Sz. 1 (Doromte).

Finden. — Fundus (gefunden)! sä' de Düwel, da funn (fand) he sin Großmôder besapen in 'n Rönnstên (Rinnstein).
Sprichwörtl. Redensart. Mecklenburg.

Finden, sich. — Schöne Seelen finden sich | Zu Wasser und zu Land.
Ein Kaufmann, d. sich Schulze nennt usw. (um 1850). Schlußv. Verfasser unbek. Studentenweise.

Finger. — Das ist Gottes Finger.
2. Mos., K. 8, V. 19.

— Durch die Finger sehen (nachsichtig sein; — wenn man die Hand vor die Augen hält und durch die Finger sieht, sieht man nicht genau, oder will man nicht genau auf etwas acht geben).
Sprichwörtl. Redensart.

— Er läßt sich um den Finger wickeln (wie ein Faden Garn; man kann mit ihm machen, was man will).
Sprichwörtl. Redensart.

— Lange (krumme) Finger machen (stehlen; — der Dieb, der etwas stehlen will, macht die Finger lang, um den zu stehlenden Gegenstand zu erreichen; oder er macht sie krumm, um den Gegenstand zu fassen).
Sprichwörtl. Redensart.

— Sich die Finger verbrennen (vorschnell und mit Schaden handeln).
Sprichwörtl. Redensart.

— Sich etwas an den Fingern abzählen können (etwas leicht, mühelos begreifen können; — die Anfänge der Rechenkunst lernt man, indem man an den Fingern abzählt).
Sprichwörtl. Redensart.

— Sich etwas aus den Fingern saugen (eine falsche Nachricht usw. erfinden und verbreiten; — man kann an den Fingern saugen, soviel man will, man wird nichts herausbekommen; — das Kind, das am Daumen saugt, täuscht sich selbst).
Sprichwörtl. Redensart.

— Ihr beide seid Finger und Daumen. Engl.: You two are finger and thumb.
Sprichwörtl. Redensart.

Finster. — Finstres macht, daß desto mehr jedermann das Liechte lobe.
Friedr. von Logau, Deutsche Sinn=Getichte (1654). Bücher.

Finsternis. — Was irgend gut ist und von oben kommt, | Ist allgemein und ohne Vorbehalt; | Doch in den Falten wohnt die Finsternis!
Friedr. von Schiller, D. Jungfrau v. Orleans (1801). A. 3, Sz. 4 (Johanna).

Finsternis. — Allenthalben ist es nur die Unklarheit und die Finsternis, die da schreckt.
Joh. Gottl. Fichte, Reden an d. deutsche Nation (1808). Rede 12.

— . . . die Macht der Finsternis.
Luk., K. 22, V. 53.

— . . . die Menschen liebten die Finsternis mehr denn das Licht.
Evang. Joh., K. 3, V. 19.

— . . . laßt uns ablegen die Werke der Finsternis!
Röm., K. 13, V. 12.

Fisch. — Ach, wüßtest du, wie's Fischlein ist | So wohlig auf dem Grund . . .
Joh. Wolfg. von Goethe, Gedichte. Balladen. D. Fischer (ged. 1778). Mel. v. Siegmund Freiherrn von Seckendorff (1779), Joh. Friedr. Reichardt (1781), Frz. Schubert (1821) u. a.

— Gesund wie ein Fisch im Wasser (völlig gesund und wohl; — das Wasser ist das Lebenselement des Fisches).
Sprichwörtl. Redensart.

— Weder Fisch noch Fleisch (nicht kalt, nicht warm).
Sprichwörtl. Redensart.

— He grêp (greift) den Fisch bi 'n Kop an (an der rechten Stelle anpacken).
A. d. Seemannssprache.

Fischen. — Vor dem Netze fischen (etwas Widersinniges tun).
Thomas Murner, Narrenbeschwerung (1512). Nr. 90. Vor d. berren vischen.

— Im Trüben fischen (unbeobachtet einem unredlichen Gewinnst nachgehen).
Sprichwörtl. Redensart.

— He moot (muß) achter 't Net (hinterm Netz) fisken (er muß vergebliche Arbeit tun).
A. d. Seemannssprache. Ostfriesland.

Fiskus. — Was übrig läßt Christus, | Das holt der Fiskus.
Alter Spr.

Flachshaarig. — Du flachshåårets Dirndl | I håb di so gern, | I möcht' weg'n dein' Flåchshåår | A Spinnradl wer'n.
Tiroler Schnaderhüpfl.

Flamme. — Flamme, empor! Flamme, empor! | Steige mit loderndem Scheine!
Christ. Nonne, Verm. Gedichte u. Parabeln. Beim Feuer am 18. Okt. (ged. 1814). Mel.: Feinde ringsum usw. v. Karl Ludw. Traugott Gläser (1792).

Fläschchen. — Ich und mein Fläschchen sind immer beisammen.
Aug. Langbein, Deutscher Liederkranz. D. Zecher (ged. 1810). Mel. v. Albert Methfessel (komp. 1815).

Flasche. — Mehr dünkt ein Zug aus der Flasche mich wert als aller Erdenruhm, | Als Kobads mächtiger Herrscherthron, als Chosrus' Königtum.
A. d. Persischen d. Omar Chijam (um d. 12. Jahrh.). Vierzeilen. Übers. v. Schack.

— Das Silber in der Tasche | Wird Gold in der Flasche, | Das Gold in dem Glase | Wird Kupfer in der Nase.
Spr. im Ratskeller zu Wiesbaden. Verfasser Friedr. Fischbach.

Fleck. — Die Welt sagt nicht Schecke, wenn kein Fleck da ist. Ital.: El mond no'l dis mai vaca, | Che no ghe'n sia na taca.
Sprichwort.

Flehen. — Leise flehen meine Lieder | Durch die Nacht zu dir.
Ludw. Rellstab, Gedichte (1827). Ständchen. Mel. v. Frz. Schubert (1829).

Flehen, das. — . . . laß deine Ohren merken auf die Stimme meines Flehens!
Ps. 130, V. 2.

Fleisch. — Fleisch hört kein Warnen an. Engl.: **Flesh stays no further reason.**

William Shakespeare, Sonette (1609). Übers. v. Bodenstedt. Abteilung 1, Nr. 13.

— Alles Feisch ist Heu. Jesaias, K. 40, V. 6.

Fleischlich. — Aber fleischlich gesinnet sein, ist der Tod. Röm., K. 8, V. 6.

Fleischtopf. — Wollte Gott, wir wären in Ägypten gestorben, . . . da wir bei den Fleischtöpfen saßen. 2. Mos., K. 16, V. 3.

Fleiß. — Alles besieget | Unablässiger Fleiß und die Not des drückenden Mangels. Lat.: **Labor omnia vincit | Improbus et duris urgens in rebus egestas.**

Publ. Vergilius Maro (um 70 v. Chr.—19 n. Chr.), Georgica. Übers. v. Voß. B. 1, V. 145.

— Liebe den Fleiß; er ist ein großer Schatz! Koran (Mitte d. 7. Jahrh.).

— . . . von ernsthitzigem fleis | Mus der Stal schmelzen wie das Eis.

Joh. Friedr. Fischart, D. Glückhafft Schiff v. Zürich (1576[?]).

— Hie lehrnet, daß der ernsthafft fleiß | Hab vor leibs gschwindigkeit den preiß, | Vnd das der fleisig ernst meh thu | Dann gschwindigkeit, so schafft vnruh.

Joh. Friedr. Fischart, D. Philosophisch Ehzuchtbüchlin (1578). D. Schiltkrot art v. eygenschafft.

— Hilff, daß ich thu mit Fleiß, was mir zu thun gebühret! Joh. Heermann, Hauß- v. Hertz-Musica (1639). Ein täglich Gebet.

— Du liebest Ehr' vnd Preiß, | Nicht aber Müh' vnd Fleiß; | Wer nicht die Beine bricht, | Erhält ihr Marck auch nicht.

Friedr. von Logau, Deutsche Sinn-Getichte (1654). Fleiß.

— Gott, Fleiß vnd die Gelegenheit | Beherrschen Menschen, Welt und Zeit.

Friedr. von Logau, Deutsche Sinn-Getichte (1654). Weltbeherrscher.

— Fleiß greifft auch darneben.

Christoph Lehmann, Politischer Blumen-Garten (1662). T. 1. Fleiß. Nr. 17.

— Fleiß ernehret, arbeit ehret.

Joh. Grob, Dichterische Versuchgabe (1678). B. 1, Nr. 30. Fleiß bringt zu ehren.

— Was ich erspare, das erhält, | Und was ich mir durch Fleiß erwerbe, | Vergrößert meinen Stand in dieser Welt. | Die Sparsamkeit, die nichts dazu gewinnt, | Ist nur ein abgefundnes Kind | Des Glücks, Fleiß aber ist der Erbe.

Christ. Wernicke, Uberschrifft Oder Epigrammata (1697).

— Seines Fleißes darf sich jedermann rühmen.

Gotthold Ephr. Lessing, Hamburgische Dramaturgie. Stück 101—104 (19. April 1768).

— Das Glück ist eine Sklavin des Fleißes.

Aug. von Kotzebue, Graf Benjowsky (1795).

Fleiß. — Ehrt den König seine Würde, | Ehret uns der Hände Fleiß.

Friedr. von Schiller, Gedichte. D. Lied v. d. Glocke (ged. Sept. 1799).

— Fleiß und Mühe sind | Der rechte Mosesstab, der aus dem Felsen | Die Labequelle schlägt.

Aug. von Kotzebue, Gustav Wasa (1801).

— Dem Fleiß ist keine Wand zu fest, | Dem Mut kein Abgrund unzugänglich.

Novalis (Friedr. Ludw. Freiherr von Hardenberg), Schriften (1802). Heinr. v. Ofterdingen. Ich kenne wo ein festes Schloß usw.

— Die Götter helfen nur | Durch Tugend und durch Fleiß. Joh. Ludw. Gleim, Sämtl. Werke (1811—1813). Gedichte.

— Eigner Fleiß beglückt.

Joh. Wolfg. von Goethe, Werke (1827—1830). Gedichte. Festzug. Drei Dichtarten.

— Die Hauptsache ist der Fleiß; denn dieser gibt nicht nur die Mittel des Lebens, sondern er gibt ihm auch seinen alleinigen Wert.

Friedr. von Schiller, Schillers Briefwechsel mit Körner (1847).

— Als Gebilde bloßen Fleißes | Wuchs nie eine Ros' im Garten!

Friedr. von Bodenstedt, A. d. Nachlasse Mirza-Schaffys (1874). B. 2. Reben u. Leben. Nr. 8. Schlußv.

— Bau' Hoffnungsfeld mit Gebet und Fleiß, | Sä' drein Geduld; bringst Ehrenpreis. Alter Spr.

— Hanß ohn fleiß wirt nimmer weiß (weise). Alter Spr.

— Fleiß erwirbt, | Faulheit verdirbt. Sprichwort.

— Fleiß ist des Glückes rechte Hand, Mäßigkeit die Linke. Sprichwort.

— Fleiß ist des Glückes Vater. Sprichwort.

— Ohne Fleiß | Kein Preis. Sprichwort.

— Um Fleiß und Mühe | Gibt Gott Schaf' und Kühe. Sprichwort.

— Der Müßiggang bringt Schand' und Not, | Der Fleiß hingegen Ehr' und Brot. Sprichwörtl.

— Des Menschen Fleiß gar nichts gelingt, | Wenn Gott nicht seinen Segen bringt.

Spr. an einem Hause. Schweiz.

— Hast du Arbeit, frisch daran! | Fleiß und Kunst liebt jedermann. Spr. an einem Ofen.

— Ich sag' es frei, | Gott steht allem Fleiße bei. Spr. in einem Hause.

Fleißig. — Überfluß für Fleißige. Lat.: **Abundantia diligentibus.**

Wahlspr. d. Kardinals v. Givry-Longwy (gest. 1612).

— Wer immer angelt (fleißig ist), | Dem nimmer mangelt.

Friedr. von Logau, Deutsche Sinn-Getichte (1652). Fleiß.

— Sieh' nicht aus nach dem Entfernten, | Was dir nah' liegt, mußt du tun; | Säen mußt du, willst du ernten, | Nur die fleiß'ge Hand wird ruhn! Karl Spitta, Psalter u. Harfe (1833). Sammlung 1. Zum Tagwerk.

Fleißig. — . . . der Fleißigen Hand macht reich. Spr. Sal., K. 10, V. 4.

— Fleißige Hand wird herrschen.
Spr. Sal., K. 12, V. 24.

— Einen . . . fleißigen Arbeiter halte nicht übel! Jes. Sir., K. 7, V. 22.

— Fleißige Hand | Geht durch alle Land'.
Alter Spr.

— Dem Fleißigen guckt der Hunger wohl zuweilen ins Fenster, aber ins Haus darf er nicht kommen. Sprichwort.

— Dem fleißigen Hamster schadet der Winter nichts. Sprichwort.

— Einer fleißigen Dirne tunkt der Herr selbst den Bissen ein. Bauernregel.

— Fleißig jäten | Ist besser als beten.
Bauernregel.

Flicken. — Flicke soviel du willst von den alten Lumpen zusammen; | Doch aus den Lumpen dir wird nimmer ein haltbares Kleid.
Ludw. Feuerbach, Satirisch-theologische Distichen (1830).

Fliege. — Zwei Fliegen mit Einer Klappe schlagen (zwei Sachen durch einmaliges Handeln erledigen; — vielleicht dem deutschen Märchenschatz, aus dem Märchen vom tapferen Schneiderlein, entnommen). Sprichwörtl. Redensart.

Fliegen. — . . . was da kreucht und fleucht.
Friedr. von Schiller, Wilh. Tell (1804). A. 3, Sz. 1 (Walter). Schlußv. Mel. v. Anselm Weber (1804).

— Das Fliegen muß man den Vögeln überlassen. Georg Christoph Lichtenberg, Verm. Schriften (1800—1806). Bd. 2, Nr. 2. Bemerk. verm. Inhalts. Nr. 10. Ästhetische Bemerk.

— Willst fliegen und bist vorm Schwindel nicht sicher?
Joh. Wolfg. von Goethe, Faust, I (1808). Trüber Tag. Feld (Mephistopheles).

— Fliege nicht, ehe dir die Federn gewachsen sind! Sprichwörtl. Redensart.

Fliehen. — Dann wer da fleicht, den soll man jagen.
Joh. Friedr. Fischart, Flöh Hatz, Weiber Tratz (1573). D. Nütwendige v. Böständige Verantwortung d. Weiber.

— . . . denn es ist besser: ehrlich gestorben als schändlich geflohen!
Friedr. III. d. Fromme, Pfalzgraf bei Rhein (1515—1576).

— Es fliehen nicht alle, die den Rücken wenden.
Christoph Lehmann, Politischer Blumen-Garten (1662). T. 1. Fliehen, Flucht. Nr. 17.

— Wer flieht, kann später doch noch siegen; | Ein toter Mann bleibt ewig liegen. Engl.: Those that fly may fight again | Which he can never do that's slain.
Samuel Butler, Hudibras (1663—1678). Übers. v. Eiselein. T. 3, Ges. 3, V. 245.

Fließen. — Alles fließt. Griech.: *Πάντα ῥεῖ.*
Heraklit (um 500 v. Chr.). Nach Aristoteles, V. Himmel. Übers. v. Susemihl. B. 3, K. 1.

Flinte. — Die Flinte in's Korn werfen (mutlos etwas aufgeben; — aus der Soldatensprache; wenn die Krieger den Kampf aufgeben, werfen sie die Flinte auf das zum Schlachtfelde gewordene Kornfeld). Sprichwörtl. Redensart.

— Himmel, haste keene Flinte! Schieß mir mal acht Groschen vor! (Nach der alten Münze, wo 24 Groschen auf 1 Taler gingen.)
Berliner Redensart.

Flitter. — Wirf nicht für eiteln Glanz und Flitterschein | Die echte Perle deines Wertes hin!
Friedr. von Schiller, Wilh. Tell (1804). A. 2, Sz. 1 (Attinghausen).

Flitterwochen. — Nach den Flitterwochen | Kommen die Zitterwochen. Sprichwort.

Floh. — Es war einmal ein König, | Der hatt' einen großen Floh.
Joh. Wolfg. von Goethe, Faust, I (1808). Auerbachs Keller in Leipzig (Mephistopheles). Mel. v. Karl Friedr. Zelter (komp. 1813).

— Jemandem einen Floh ins Ohr setzen (jemanden durch Reden, Vorspiegelungen usw. beunruhigen). Sprichwörtl. Redensart.

Florian. — Heiliger Florian, beschütz dies Haus, czynd andre an!
Unterschrift zu einer Floriansfigur. Tirol.

— Heiliger Florian, du sakrischer Schwanz, | Wir brauchen dich nimmer, wir haben Assekuranz.
Spr. an einem Hause. Franken.

Flötenspiel. — Unglückseliges Flötenspiel!
Friedr. von Schiller, Kabale u. Liebe (1784). A. 5, Sz. 3 (Ferd.).

Flotte. — Sie kömmt, sie kömmt, des Mittags stolze Flotte. Friedr. von Schiller, Gedichte. D. unüberwindliche Flotte (ged. 1786).

Fluch. — . . . unverdienter Fluch trifft nicht.
Spr. Sal., K. 26, V. 2.

— Der Fluch fährt zum Maul heraus und zur Nase wieder herein. Lettisches Sprichwort.

Fluchen. — Wer lästert got mit fluchen, schweren, | Der lebt mit schand und stirbt on eren.
Seb. Brant, D. Narrenschif (1494). Nr. 87. V. gotteslestern.

— Wer aber haßt und flucht in Gottes Namen, | Treibt mit dem Heiligen verwegnen Spott!
Friedr. von Bodenstedt, D. Lieder d. Mirza-Schaffy (1851). Glaube u. Leben. Nr. 2.

— Wer Vater oder Mutter fluchet, der soll des Todes sterben! 2. Mos., K. 21, V. 17.

— Segnet, die euch fluchen!
Matth., K. 5, V. 44.

— Er flucht ihm die Nase aus dem Gesicht.
Alte Redensart.

— Fluchen läutet dem Teufel zur Messe.
Sprichwort.

— Mit Fluchen läutet man den Teufel ein.
Sprichwort. Unterinntal.

Fluchen. — Fluche nicht in meinem Haus, | Oder geh' bald zur Tür hinaus; | Gott möchte sonst dich und mich | Verfluchen ewiglich.

Spr. an einem Hause. Halberstadt.

— Führe den Flucher hinaus vor das Lager!

3. Mos., K. 24, V. 14.

Flügel. — Die Flügel hängen lassen (entmutigt sein, verzagt etwas aufgeben; — der ermattete Vogel läßt die Flügel hängen und gibt den Flug auf). Sprichwörtl. Redensart.

Flügelkleid. — Als ich noch im Flügelkleide (bisher unaufgeklärt) | In die Mädchenschule ging . . .

Verfasser unbek. (vor 1790). Mel. nach d. Menuett a. Wolfg. Amadeus Mozarts Oper Don Juan (1787).

Fluß. — Wie eine Straße ist ein Fluß, | Die einem jeden dienen muß. | Er ist wie ein gemeiner Bronnen, | Draus alle schöpfen, die dran wohnen.

Joh. Friedr. Fischart, Bündnuß v. Verain d. Freien Stätt Zürich, Bern v. Straßburg (1588).

Flut. — Die hohe Flut ist's, die das schwere Schiff | Vom Strande hebt.

Friedr. von Schiller, D. Piccolomini (1799). A. 2, Sz. 6 (Illo).

— Na hogen (hohen) Floden kämt lage (tiefe) Ebben. A. d. Seemannssprache.

Folge. — Wer die Folgen ängstlich zuvor erwägt, | Der beugt sich, wo die Gewalt sich regt.

Aug. Daniel von Binzer, Stoßt an! Jena soll leben! (geb. 1817). Mel. v. Albert Methfessel (1818).

Folie. — Zur Folie sich dienen lassen (durch etwas die eigene Erscheinung hervorheben; — aus der Handwerkersprache; der Goldschmied nennt das Blättchen, das unter dem Edelstein liegt, Folie = Glanzblatt). Sprichwörtl. Redensart.

Folter. — Auf die Folter spannen (die Erwartung, Neugier usw., auf das höchste, quälende Maß spannen; — im Mittelalter suchte man bekanntlich durch qualvolle Folterwerkzeuge ein Geständnis des Angeklagten zu erzwingen).

Sprichwörtl. Redensart.

Fordern. — Fordere und erwarte wenig von den Menschen; fordere und erwarte viel von dir!

Friedr. Maximilian von Klinger, Werke (1809—1815).

— Fordere viel, um genug zu erhalten!

Ludw. Börne (Löb Baruch), Gesammelte Schriften (1862—1863). Fragmente u. Aphorismen.

— Artige Kinder fordern nichts; artige Kinder kriegen nichts.

Otto von Bismarck im Reichstage (12. Febr. 1885).

Form. — Der Meister kann die Form zerbrechen.

Friedr. von Schiller, Gedichte. D. Lied v. d. Glocke (geb. Sept. 1799).

— . . . nicht von dieser Welt sind diese Formen.

Friedr. von Schiller, Maria Stuart (1800). A. 1, Sz. 6 (Mortimer).

— Gebrauch und Form sind Puppen für die Welt; | Wer vor der Welt sich fürchtet, mag sie achten! Ernst Raupach, D. Hohenstaufen (1837). Kaiser Friedr. II. Tod. A. 1, Sz. 3.

Form. — Die Tyrannei der Form ist schrecklich; aber außer der Form ist Barbarei.

Heinr. Laube, Gräfin Chateaubriant (1843). Bd. 1.

— Jede Form ist ein Kerker.

Friedr. Hebbel, Gedichte (1857). Epigramme u. Verwandtes. Nr. 2. Gnomen. D. Triumph d. Natur.

Forscher. -- Der Blick des Forschers fand | Nicht selten mehr, als er zu finden wünschte.

Gotthold Ephr. Lessing, Nathan d. Weise (1779). A. 2, Sz. 7 (Tempelherr).

Forschung. — . . . und daß ein der Forschung entbehrendes Leben nicht wert ist, daß ein Mensch es führe. Griech.: . . . ὁ δὲ ἀνεξέταστος βίος οὐ βιωτὸς ἀνθρώπῳ.

Platon (um 427—347 v. Chr.), Verteidigungsrede d. Sokrates. Übers. v. Müller. § 28 (Sokrates).

Fortdauer. — Ich möchte keineswegs das Glück entbehren, an eine künftige Fortdauer zu glauben.

Joh. Peter Eckermann, Gespräche mit Goethe in d. letzten Jahren seines Lebens (25. Febr. 1824).

— . . . wer eine Fortdauer glaubt, der sei glücklich im stillen, aber er hat nicht Ursache, sich darauf etwas einzubilden.

Joh. Peter Eckermann, Gespräche mit Goethe in d. letzten Jahren seines Lebens (25. Febr. 1824).

— Die Naturforschung kennt keine individuelle Fortdauer der Seele nach dem Tode des Körpers.

Karl Vogt, Altes u. Neues a. d. Tier- u. Menschenleben (1859).

— Gott hat nichts manifestiert, was auf eine Fortdauer nach dem Tode hinwiese; auch Moses redet nicht davon. Es ist Gott vielleicht gar nicht recht, daß die Frommen die Fortdauer so fest annehmen.

Heinr. Heine, Sämtl. Werke (1861—1868). Verm. Schriften. Gedanken u. Einfälle. Religion u. Kunst.

Forteilen. — Fort eil' ich, nicht mit dir zu sterben.

Friedr. von Schiller, Gedichte. D. Ring d. Polykrates (geb. 24. Juni 1797).

Fortkommen. — Alles Tun auf Gott gebaut, | Keinem Menschen recht getraut, | Nicht zu groß und nicht zu klein, | Höflich, doch nicht zu gemein, | Viel Geduld bei wenig Geld: | So kommt man fort in aller Welt. Spr. an einem Hause. Franken.

Fortleben. — Es heißt nicht sterben, lebt man in den Herzen | Der Menschen fort, die man verlassen muß. Engl.: To live in hearts we leave behind, | Is not to die.

Samuel Smiles, D. Charakter (1871). Übers. v. Dobbert. K. 3. Gesellschaft u. Beispiel.

Fortschreiten. — Aber ich will mich auf diesen berechtigten Einwand nicht zurückziehen, daß ein Mensch, der nicht lernt, nicht fortschreitet mit seiner Zeit und also auch der Zeit nicht gewachsen bleibt; der bleibt zurück, wer feststeht auf dem Standpunkt, den er einmal gehabt hat.

Otto von Bismarck im Reichstage (24. Febr. 1881).

Fortschritt. — Der gehemmte Fortschritt und der beförderte Rückschritt.

Dr. Jul. Bartsch v. d. Rossebändiger vor d. königlichen Schlosse in Berlin (um 1851).

— Der einzige Fortschritt, der ein wahrhaft wirksamer ist, hängt nicht von dem Reichtum der Natur, sondern von der Tatkraft des Menschen ab. Engl.: The only progress which is really effective depends not upon the bounty of nature, but upon the energy of man.

Henry Thomas Buckle, Gesch. d. Zivilisation (1858—1861). Übers. v. Ritter. K. 2, Abschnitt 8.

— Der größte Feind des Fortschritts ist nicht der Irrtum, sondern die Trägheit. Engl.: The great enemy of knowledge is not error, but inertness.

Henry Thomas Buckle, Gesch. d. Zivilisation (1858—1861). Übers. v. Ritter. K. 20. Abschnitt 78.

— Es kann ein heilbringender Fortschritt nur gedacht werden, wenn man, nach besonnener und ruhiger Prüfung der Zeitlage, die wirklichen Bedürfnisse zu befriedigen und die lebensfähigen Elemente in den bestehenden Einrichtungen zu benutzen weiß.

Kaiser Wilh. I. (1862).

— Ich glaube an den Fortschritt; ich glaube, die Menschheit ist zur Glückseligkeit bestimmt.

Heinr. Heine, Sämtl. Werke (1861—1868). Über Deutschland. Zur Gesch. d. Religion u. Philosophie in Deutschland. B. 1. Deutschland bis Luther.

— Zwar folgt auf den Fortschritt ewig der Rückschlag; | Doch er verbraust, und es bleibt immer ein Rest des Gewinns.

Emanuel Geibel, Gesammelte Werke (1883). Dichtungen in antiker Form. Distichen v. Strande d. See. Nr. 11.

Fortuna. — Fortuna, froh grausamer Geschäftigkeit, | Fort spielt sie rastlos Spiele des Übermuts. Lat.: Fortuna saevo laeta negotio et | Ludum insolentem ludere pertinax.

Quint. Horatius Flacc., Oden (um 23 v. Chr.). Übers. v. Voß. B. 3, Nr. 29, V. 49—50.

— Leicht ist's folgen dem Wagen, | Den Fortuna führt.

Joh. Wolfg. von Goethe, Gedichte. Verm. Gedichte. Harzreise im Winter (ged. 1.—10. Dez. 1777).

— Frau Fortuna, ganz umsunst | Tust du spröde! Deine Gunst | Weiß ich mir durch Kampf und Ringen | Zu erbeuten, zu erzwingen.

Heinr. Heine, Neue Gedichte. Romanzen (ged. 1839—1842). Nr. 19. Fortuna.

Frage. — Frag' und weise Lehre | Bringen große Ehre. Mittelhochdeutsch: Vrâge unt wîsiu lêre | Die vüegent michel êre.

Vridankes Bescheidenheit (1225—1240). Übertr. v. Pannier. Nr. 32. v. d. wîsen u. tôren.

— Wie die Frag', so ist die Antwort.

Christoph Lehmann, Politischer Blumen=Garten (1662). T. 1. Fragen. Nr. 15.

Fragen. — Frag' nur vernünftig, und du hörst Vernünftiges. Griech.: Σὺ δ' ἦν γ' ἐρωτᾷς εἰκότ', εἰκότ' ἂν κλύοις.

Euripides, Iphigenie in Aulis (um 407 v. Chr.). Übers. v. Minckwitz. V. 1135 (Agamemnon).

— Vnd fragt der narr von hohen sinnen | Me (mehr), dann viertzig gelerter kinnen | Antwurt geben vnd berichten, | Die krummen fragen wider schlichten.

Thomas Murner, Narrenbeschwerung (1512). Nr. 61. D. gestryflet ley.

— Wer fragt, der gibt nicht gern.

Christoph Lehmann, Politischer Blumen=Garten (1662). T. 1. Fragen. Nr. 4.

— Wer sich Fragens schämet, der schämet sich deß Lernens.

Christoph Lehmann, Politischer Blumen=Garten (1662). T. 1. Fragen. Nr. 6.

— Wer viel fragt, der macht sich vnwerth; der geth Irr.

Christoph Lehmann, Politischer Blumen=Garten (1662). T. 1. Fragen. Nr. 10.

— Fragen kost nichts; es wird keinem kein Zahn darvon stumpff.

Christoph Lehmann, Politischer Blumen=Garten (1662). T. 1. Fragen. Nr. 13.

— Sie frug den Zug wohl auf und ab | Und frug nach allen Namen.

Gottfr. Aug. Bürger, Gedichte. Lenore (ged. Winter 1773).

— Aber fragt mich nur nicht: wie?

Heinr. Heine, D. B. d. Lieder. Junge Leiden (ged. 1817—1821). Lieder. Nr. 8.

— Fragst du viel, so bist du schlecht beraten.

Joh. Wolfg. von Goethe, Werke (1827—1830). Gedichte. Maskenzug russischer Nationen. Brautlied.

— Sie frug wohl dies, sie frug wohl das, | Verfängliche Fragen mitunter.

Heinr. Heine, Deutschland. Ein Wintermärchen (1844). K. 20.

— Fragen, lernen und lehren | Bringt manchen zu Ehren. Alter Spr.

— Mehr kan fragen ein Geck ohn verstandt, | Dan zehen weisen zu antworten handt. Alter Spr.

— Mit Fragen kommt man nach Rom. Alter Spr.

— Besser zweimal fragen, als einmal irre gehen. Sprichwort.

— Durch Fragen wird man klug, aber unwert. Sprichwort.

— Mit Fragen kommt man durch die Welt. Sprichwort.

— Wer fragt, der lernt. Sprichwort.

— Wer viel fragt, kriegt viel Antwort. Sprichwort.

— Mit Frage lehrt ma (lernt man). Sprichwort. Schweiz.

Fraktion. — Eine Fraktion ist gewissermaßen eine Satire auf das Arndtsche Lied: „Das deutsche Vaterland muß größer sein; das ganze Deutschland soll es sein!" Otto von Bismarck im Reichstage (12. Juni 1882).

— ... und in der Fraktion ... verliert der Volksvertreter den Blick für das Allgemeine.
Otto von Bismarck im Reichstage (12. Juni 1882).

— Es lebe die Fraktion, wenn auch die Welt darüber zugrunde geht. Lat.: **Vivat fractio, pereat mundus.** Otto von Bismarck im Reichstage (9. Mai 1884).

Frankfurt. — Es, es, es und es, es ist ein harter Schluß, | Weil, weil, weil und weil, weil ich aus Frankfurt muß!
Handwerksburschenabschied. Volkslied u. -weise.

Frankreich. — Frankreich ist eine absolute, durch Gassenhauer gemäßigte Monarchie. Franz.: **La France est une monarchie absolue, tempérée par des chansons.**
Nach Seb. Chamfort, Charaktere u. Anekdoten (1796). K. 8. Übers. v. Zimmermann.

— Nach Frankreich zogen zwei Genadier'.
Heinr. Heine, D. B. d. Lieder. Junge Leiden. Romanzen. Nr. 6. D. Grenadiere (ged. 1819). Mel. v. Karl Gottl. Reissiger, Rob. Schumannn, Wilh. Heiser u. a.

— Zwischen Frankreich und dem Böhmerwald, | Da wachsen unsre Reben.
Aug. Heinr. Hoffmann von Fallersleben, Lyrische Gedichte. Nr. 4. Volksleben. Vaterland u. Heimat. Nur in Deutschland! (ged. 1824). Mel. v. Justus Wilh. Lyra (1843).

— Frankreich marschiert an der Spitze der Zivilisation. Franz.: **La France marche à la tête de la civilisation.**
Nach François Pierre Guillaume Guizot, Gesch. d. Zivilisation in Europa (1828).

— Nie etwas Gutes aus Österreich für Frankreich! Christ. Dietr. Grabbe, Napoleon oder d. hundert Tage (1831). A. 1, Sz. 1 (Herr v. Villeneuve).

— Frankreich ist das Zifferblatt Europas.
Ludw. Börne (Löb Baruch)), Gesammelte Schriften (1862—1863).

Franzose. — ... und fluchen wie Franzosen ...
D. Knaben Wunderhorn. Ein neu Klagelied eines alten deutschen Kriegsknechts (1555).

— Ein echter deutscher Mann mag keinen Franzen leiden, | Doch ihre Weine trinkt er gern.
Joh. Wolfg. von Goethe, Faust, I (1808). Auerbachs Keller in Leipzig (Brander).

— Ihr sprecht schon fast wie ein Franzos' (so zynisch). Joh. Wolfg. von Goethe, Faust, I (1808). Straße (Mephistopheles).

— Ohne Flitter geht's bei den Franzosen nicht ab.
Christ. Dietr. Grabbe, Napoleon oder d. hundert Tage (1831). A. 4, Sz. 4 (Gneisenau).

Franzose. — ... die kriegerischste und unruhigste Nation, die Franzosen ...
Otto von Bismarck im Reichstage (6. Febr. 1888).

— Seit 1871 aber haben wir doch so ziemlich Ruhe vor diesem Nachbar (den Franzosen), den uns Gott gegeben, damit wir uns wachsam erhalten.
Otto von Bismarck zu d. Vertretern Thüringens in Kissingen (20. Aug. 1893).

Französisch. — Französisch ist recht die Sprache der Welt, wert, die allgemeine Sprache zu sein, damit sie sich nur alle untereinander recht betrügen und belügen können!
Joh. Wolfg. von Goethe, Wilh. Meisters Lehrjahre (1777—1796).

— ... ewig bleibt es wahr! Französisch Blut | Und englisch kann sich redlich nie vermischen.
Friedr. von Schiller, D. Jungfrau v. Orleans (1801). A. 2, Sz. 1 (Lionel).

— So 'n bißchen Französisch, | Das ist doch ganz wunderschön.
David Kalisch, Lustige Werke. D. gebildete Hausknecht (1858).

Frau (als sittliche Kraft). — Als ein Symbol für die Frauen, daß sie schweigen und zu Hause bleiben sollen (hatte Phidias eine auf eine Schildkröte tretende Venus verfertigt). Griech.: *Οἰκουρίας σύμβολον ταῖς γυναιξὶ καὶ σιωπῆς.*
Phidias (geb. um 500 v. Chr.). Nach Plutarch, Moralische Abhandlungen. Übers. v. Eyth. Pflichten d. Ehegatten. K. 32.

— Aber dies tut nicht Geld, nicht Juwelen, nicht Purpur, sondern alles das (schmückt die Frau), was sie mit dem Glanze der Ehrbarkeit, Unschuld und Schamhaftigkeit umgibt. Griech.: *Ποιεῖ δὲ τοιαύτην οὔτε χρυσὸς οὔτε σμάραγδος οὔτε κόκκος, ἀλλ' ὅσα σεμνότητος εὐταξίας αἰδοῦς ἔμφασιν περιτίθησιν.*
Krates (4. Jahrh. v. Chr.). Nach Plutarch, Moralische Abhandlungen. Übers. v. Eyth. Pflichten d. Ehegatten. K. 26.

— O Zeus, wie (unselig) hast der Frauen Art erschaffen du! Griech.: *Ὦ Ζεῦ, γυναικῶν οἷον ὤπασας γένος.*
Äschylus, Sieben vor Theben (um 471 v. Chr.). Übers. v. Minckwitz. V. 238 (Eteokles).

— ... und es keine Frau'n | Auf Erden gäbe; glücklich wäre rings die Welt. Griech.: *... θῆλυ δ' οὐκ εἶναι γένος· | Χοὕτως ἂν οὐκ ἦν οὐδὲν ἀνθρώποις κακόν.*
Euripides, Medea (um 431 v. Chr.). Übers. v. Minckwitz. V. 574—75 (Jahre).

— Der Stand der Frauen, wahrlich, ist ein harter Stand | Den Männern gegenüber. Griech.: *Τὰ γὰρ γυναικῶν δυσχερῆ πρὸς ἄρσενας.*
Euripides, Jon (um 425 v. Chr.). Übers. v. Minckwitz. V. 398 (Kreusa).

— Viel Kluges kam doch schon von Frauen. Griech.: *Πολλά γ' ἐστὶ κἀπὸ θηλειῶν σοφά.*
Euripides, D. Schutzflehenden (um 418 v. Chr.). Übers. v. Binder. V. 294 (Theseus).

Frau (als sittliche Kraft). — Denn unverschämter als die Frau'n ist kein Geschöpf zu finden. Griech.: *Οὐδὲν γὰρ ὧδὶ θρέμμ' ἀναιδές ἐστιν ὡς γυναῖκες.*

Aristophanes, Lysistrate (um 411 v. Chr.). Übers. v. Minckwitz. V. 369 (Chorführer).

— Denn sich wechselseits | Nur giftig anzuschwärzen, ist der Frauen Lust. Griech.: *Ἡδονὴ δέ τις | Γυναιξὶ μηδὲν ὑγιὲς ἀλλήλαις λέγειν.*

Euripides (um 480—406 v. Chr.), D. Phönizierinnen. Übers. v. Minckwitz. V. 201 (Hofmeister).

— Denn einer häßlichen Frau bringt es Ehre, wenn sie mehr wegen der Denkungsart als wegen der Schönheit geliebt wird. Griech.: *Τῇ γὰρ αἰσχρᾷ σεμνὸν εἰ φιλεῖται διὰ τὸ ἦθος ἢ τὸ κάλλος.*

Plutarch (um 50—120), Moralische Abhandlungen. Übers. v. Eyth. Pflichten d. Ehegatten. K. 25.

— Viel Frauen, viel Aberglauben.

Talmud (3. Jahrh.).

— Der Maie kommt mit Schalle, | Die Vöglein singen alle, | Von mancher Farbe reich | Ist die Heide wonnegleich. | Das mag sich nicht vergleichen | Den süßen wonnigleichen | Reinen Frauen gut, | Die vor Falsche sind behut.

Christ. von Hamle (13. Jahrh.).

— Wer Zucht und Ehre minne, | Der habe in seinem Sinne, | Daß er von Frauen soll | Zu allen Zeiten sprechen wohl.

Christ. von Hamle (13. Jahrh.).

— Vier Dinge sind, o Bruder, voll Gefahr; . . . | Dem Sultan nahn, den Bösen viel vertrauen, | Nach Weltgut streben, umgehn mit den Frauen.

A. d. Persischen d. Ferid-ed-din Attar (1119—1229 [?]). Pend-nameh. Übers. v. Graf.

— Darum wisset, daß man Ehr' | Allen Frauen soll erweisen, | Doch den besten stets noch mehr. Mittelhochdeutsch: Dâ von sol man wizzen daz, | Daz man elliu wîp sol êren, | Und iedoch die besten baz.

Walter v. d. Vogelweide (um 1170—1230), Gedichte. Übertr. v. Pannier.

— Es schadet Frauen, schadet Pfaffen, | Wenn sie mit den Bösen gehn. Mittelhochdeutsch: Sich krenkent frowen unde pfaffen, | Daz si sich niht scheiden lânt.

Walter v. d. Vogelweide (um 1170—1230), Gedichte. Übertr. v. Pannier.

— Daß die Männer übel sind — | Die Frauen sind schuld daran; 's ist leider so. Mittelhochdeutsch: Daz die man als übel tuont, | Daſt gar der wîbe schult: dêst leider sô.

Walter v. d. Vogelweide (um 1170—1230), Gedichte. Übertr. v. Pannier.

— Wer Böses von den Frauen spricht, | Erkannte ihre Freuden nicht. Mittelhochdeutsch: Swer wîben sprichet valschiu wort, | Der hât vröuden niht bekort.

Vrîdankes Bescheidenheit (1225—1240). Übertr. v. Pannier. Nr. 37. v. minne u. wîben.

Frau (als sittliche Kraft). — Was Gut's und Böses je vollführt, | Den Frauen auch ihr Teil gebührt, | Vom Besten und vom Bös'sten, | Vom Kleinsten und vom Größten. Mittelhochdeutsch: Swaz guots und übels ist geschehen, | Des muoz man ein teil den wîben jehen | Des besten unt des boesten, | Des niedersten unt des hoesten.

Vrîdankes Bescheidenheit (1225—1240). Übertr. v. Pannier. Nr. 37. v. minne u. wîben.

— Vom Freun die Fraun sind zubenannt; | Ihre Freud' erfreuet alles Land. | Wie wohl das Freuen der erkannte, | Der sie zum ersten Frauen nannte! Mittelhochdeutsch: Durch vröude vrouwen sint genant; | Ir vröude ervröuwet elliu lant. Wie wol er vröude erkante, | Der si êrste vrouwen nante!

Vrîdankes Bescheidenheit (1225—1240). Übertr. v. Pannier. Nr. 37. v. minne u. wîben.

— **Femina** (Frau) kommt von Fele und Minus (noch geringer als eine Katze).

Nach Sprenger, Hexenhammer (1489).

— Wer mit frouen hat vil credentz (vertrauten Umgang), | Dem würt verbrent sin conscientz.

Seb. Brant, D. Narrenschif (1494). Nr. 13. V. bûlschaft.

— Ein hübsch frou, die ein närrin ist, | Ist glich eim roß, dem oren gbrist; | Wer mit derselben eren (ackern) wil, | Der machet krumber furchen vil.

Seb. Brant, D. Narrenschif (1494). Nr. 32. V. frouen hueten.

— Wer frouen glust (Frauengelüste) will hengen noch, | Den frürt gar dick, so er spricht: schoch! (Ausruf bei Hitze).

Seb. Brant, D. Narrenschif (1494). Nr. 82. V. bürischem ufgang (bäurischem Aufwande).

— Es ist kein Rock noch Kleid, das einer Frau oder Jungfrau übler ansteht, als wenn sie klug sein will.

Dr. Martin Luther, Tischreden oder Colloquia (1566).

— Die Fraun gehn über alle List.

Joh. Friedr. Fischart, Flöh Hatz, Weiber Tratz (1577).

— Dieweil die frawen haben leider | Ein kurtzen mut (Sinn) und lange Kleider.

Hans Sachs, Sehr herrliche Schöne v. wahrhaffte Gedicht (1558—1579).

— Die Tugend ist's, warum man sie (die Frauen) bewundert. Engl.: 'Tis virtue that doth make them (women) most admir'd.

William Shakespeare, König Heinr. VI. (1591—1592). Übers. v. Schlegel. T. 3, A. 1, Sz. 4 (York).

— . . . sei versichert, daß kein Liebesmäkler in der Welt einen Mann den Frauen kräftiger empfehlen kann als der Ruf der Tapferkeit. Engl.: . . . **assure thyself, there is no love-broker in the world can more prevail in man's commendation with woman, than report of valour.**

William Shakespeare, Was ihr wollt (um 1598—1600). Übers. v. Schlegel. A. 3, Sz. 2 (Junker Tobias).

Frau (als sittliche Kraft). — Fraun sind Engel stets, geworben; | Ahnung ist Lust, doch im Genuß erstorben. Engl.: Women are angels, wooing: | Things won are done.

William Shakespeare, Troilus u. Cressida (1609[?]). Übers. v. Schlegel. A. 1, Sz. 2 (Cressida).

— Für eine Frau ist keine Grenzensperre. Engl.: No barricado for a belly.

William Shakespeare, D. Wintermärchen (1610—1611). Übers. v. Dorothea Tieck. A. 1, Sz. 2 (Leontes).

— Wer ihnen (den Frauen) traut, pflügt in die Winde, | Und seet auff die wüste See, | Misst deß verborgnen Meeres Gründe.

Paul Fleming, Teutsche Poemata (1642). D. güldne Freyheit.

— Wenn eine Frau die Gabe hat zu schweigen, so besitzt sie Eigenschaften, die sie weit über das Gewöhnliche erheben. Franz.: Ah, depuis qu'une femme a le don de se taire, | Elle a des qualités au dessus du vulgaire.

Pierre Corneille, D. Lügner (1643). Übers. v. Kummer. A. 1, Sz. 4 (Clito).

— Vertraue dich der See, dem Frauenzimmer nicht, | Dieweil kein Glas so bald als dessen Gunst zerbricht. | Es gibt kein gutes Weib, gibt's eines oder zwei, | So weiß ich nicht, wie Böses mal gut geworden sei.

Martin Opitz, Sämtl. Werke (1644). Epigramme.

— Frauenmünze heilt viel Leid, | Wer sie braucht mit Maß und Zeit.

Friedr. von Logau, Deutsche Sinn-Getichte (1654). Münze wider Traurigkeit.

— Wer einen Aal beim Schwanz und Weiber faßt bei Worten, | Wie feste der gleich hält, hat nichts an beiden Orten.

Friedr. von Logau, Deutsche Sinn-Getichte (1654). Weiberverheiß.

— Ohne Frawen vnd Wein | Kan man selten frölich seyn.

Christoph Lehmann, Politischer Blumen-Garten (1662). T. 2. Weib. Nr. 7.

— Frauen sind extrem — besser oder schlechter als die Männer. Franz.: Les femmes sont extrêmes; elles sont meilleures ou pires que les hommes.

Jean de La Bruyère, Charaktere (1688). Übers. v. Hamel. V. d. Frauen.

— Sehr wenig Frauen haben Grundsätze. Die meisten werden nur von ihrem Herzen geleitet, und ihre Tugend hängt von der Gesinnung ihrer Liebhaber ab. Franz.: La plupart des femmes n'ont guère de principes; elles se conduisent par le cœur, et dépendent pour leurs mœurs de ceux qu'elles aiment.

Jean de La Bruyère, Charaktere (1688). Übers. v. Hamel. V. d. Frauen.

Frau (als sittliche Kraft). — Es giebt bey Mühlen und Frauen | Sich immer ein Mangel zu schauen.

Hans Aßmann Freiherr von Abschatz, Poetische Übersetzungen u. Gedichte (1704). Sprüchwörter.

— Wie die Frauen den Rätseln darin gleichen, daß sie unverständlich sind, so stimmen sie mit ihnen auch darin überein, daß sie uns nicht mehr gefallen, wenn wir sie einmal recht kennen. Engl.: Women, as they are like riddles in being unintelligible, so generally resemble them in this, that they please us no longer when once we know them.

Alexander Pope (1688—1744), Gedanken über verschiedene Gegenstände. Übers. v. Ölckers u. Böttger.

— Doch eine Frau aus ihrem Staat zu bringen, | Wieviel erfordert dies nicht Zeit!

Christ. Fürchtegott Gellert, Fab. u. Erz. (1746). B. 1. D. kranke Frau.

— Alle Völker, die Gesittung hatten, haben die Frauen geachtet. Franz.: Tous les peuples, qui ont eu des mœurs, ont respecté les femmes.

Jean Jacques Rousseau, Emil (1762). Übers. v. Reimer.

— Die Frau hat mehr Geist, der Mann mehr Genie. Die Frau beobachtet, und der Mann schließt. Franz.: La femme a plus d'esprit, et l'homme plus de génie; la femme observe et l'homme raisonne.

Jean Jacques Rousseau, Emil (1762). Übers. v. Reimer.

— Auf der Ehre: keusch und züchtig beruhet der ganze moralische Wert eines Frauenzimmers.

Theod. Gottl. von Hippel, Über d. Ehe (1774). K. 6. Zum Besten d. Jünglinge.

— Frauenzimmer sind wie ein heller Spiegel, der auch von dem geringsten Hauche anläuft.

Theod. Gottl. von Hippel, Über d. Ehe (1774). K. 7. Für d. Mädchen.

— Und ach! die (die Frau) einmal fällt, die fällt für allemal.

Christoph Martin Wieland, Oberon (1780). Ges. 6, Str. 51.

— Durch einer Nadel Öhr | Ein Schiffsseil durchzuzwingen, | Ist wahrlich nicht so schwer, | Als eine Frau zum Schweigen nur zu bringen.

Aug. von Kotzebue, D. Leiden d. Ortenbergischen Familie (1785).

— Mein Bestes, schwur einst Frau Natur, | Im Weibe mögt ihr's schauen: | Mit Lehrlingshand schuf ich den Mann, | Mit Meisterhand die Frauen. Engl.: Auld Nature swears, the lovely dears | Her noblest work she classes, O: | Her prentice han' she try'd on man, | An' then she made the lasses, O.

Rob. Burns, Gedichte u. Lieder (1787). Übers. v. Wilhelmine Pringshorn. Bd. 1, Nr. 33.

— Der Frauen Zustand ist beklagenswert.

Joh. Wolfg. von Goethe, Iphigenie auf Tauris (1787). A. 1, Sz. 1 (Iphigenie).

Frau (als sittliche Kraft). — Sind die Frauen gut, so stehen sie zwischen dem Mann und dem Engel; sind sie schlecht, so stehen sie zwischen dem Mann und dem Teufel!

Aug. von Kotzebue, Ildegerte (1788).

— Willst du genau erfahren, was sich ziemt, | So frage nur bei edlen Frauen an!

Joh. Wolfg. von Goethe, Torquato Tasso (1789). A. 2, Sz. 1 (Prinzessin).

— Wo Sittlichkeit regiert, regieren sie (die Frauen), | Und wo die Frechheit herrscht, da sind sie nichts.

Joh. Wolfg. von Goethe, Torquato Tasso (1789). A. 2, Sz. 1 (Prinzessin).

— Jede Frau ist feiner als ihr Stand.

Jean Paul (Joh. Paul Friedr. Richter), Hesperus (1795).

— So schlecht ein Mann auch über die Frauen denken mag, es gibt doch keine Frau, die über diesen Gegenstand nicht noch schlechter dächte als er. Franz.: Quelque mal qu'un homme puisse penser des femmes, il n'y a pas de femme qui n'en pense encore plus mal que lui.

Seb. Chamfort, Maximen u. Gedanken (1796). Übers. v. Stahl. K. 6. Über Frauen.

— Aus der bezaubernden Einfalt der Züge (der Frauen) | Leuchtet der Menschheit Vollendung und Wiege, | Herrschet des Kindes, des Engels Gewalt.

Friedr. von Schiller, Gedichte. Würde d. Frauen (ged. 1796). (Nur in d. ersten Fassung d. Gedichtes enthalten.)

— Ehret die Frauen! Sie flechten und weben | Himmlische Rosen ins irdische Leben.

Friedr. von Schiller, Gedichte. Würde d. Frauen (ged. 1796).

— Frauen, richtet mir nie des Mannes einzelne Taten; | Aber über den Mann sprechet das richtende Wort!

Friedr. von Schiller, Gedichte. Forum d. Weibes (ged. 1796).

— Die Frauen tragen ihre Beweise im Herzen, die Männer im Kopfe.

Aug. von Kotzebue, Falsche Scham (1798).

— Drum soll auch ein ewiges, zartes Band | Die Frauen, die Sänger umflechten, | Sie wirken und weben, Hand in Hand, | Den Gürtel des Schönen und Rechten.

Friedr. von Schiller, Gedichte. D. vier Weltalter (ged. 1802).

— Eine Frau, deren erste Triebfeder die Herrschsucht ist, ist eines jeden Verbrechens fähig.

Christoph Martin Wieland, Sämtl. Werke (1794—1802). Julia.

— Die Natur hat die Frauenzimmer so geschaffen, daß sie nicht nach Prinzipien, sondern nach Empfindung handeln sollen.

Georg Christoph Lichtenberg, Verm. Schriften (1800—1806). Bd. 2, Nr. 2. Bemerk. verm. Inhalts. Nr. 4. Beobachtungen über d. Menschen.

Frau (als sittliche Kraft). — Junger Mann, die Frauen kennen | Ist dir nützlich; dieses Wissen | Übersteiget jedes andre; | Doch zu weithin — forsche nicht!

Joh. Gottfr. von Herder, D. Cid (1806). B. 1, Ges. 12.

— Frauen zeigen mehr Geschmack, wenn sie eine andere, als wenn sie sich anzukleiden haben, aber eben, weil es ihnen mit ihrem Körper geht wie mit ihrem Herzen; im fremden lesen sie besser als im eignen.

Jean Paul (Joh. Paul Friedr. Richter), Levana oder Erzieh-Lehre (1807). Bd. 2, Bruchstück 4, K. 3, § 81. Schlußwort.

— . . . daher der Weltmann sie (die Frauen) so liebt und so nennt, wie jene langen, dünnen Weingläser, die man impossibles heißt, weil man sie nicht austrinkt, so hoch man sie auch aufhebt.

Jean Paul (Joh. Paul Friedr. Richter), Levana oder Erzieh-Lehre (1807). Bd. 2, Bruchstück 4, K. 3, § 82.

— Gleich dem Piano-Forte möchte man sie (die Frauen) Pianissimo-Fortissimi nennen; so unverfälscht und stark geben sie die Extreme des Zufalls wieder.

Jean Paul (Joh. Paul Friedr. Richter), Levana oder Erzieh-Lehre (1807). Bd. 2, Bruchstück 4, K. 3, § 82.

— Den Mann treibt Leidenschaft, die Frau Leidenschaften; jenen ein Strom, diese die Winde.

Jean Paul (Joh. Paul Friedr. Richter), Levana oder Erzieh-Lehre (1807). Bd. 2, Bruchstück 4, K. 3, § 82.

— Die Frau verliert . . . sich und, was sie hat von Herz und Glück, in den Gegenstand hinein, den sie liebt.

Jean Paul (Joh. Paul Friedr. Richter), Levana oder Erzieh-Lehre (1807). Bd. 2, Bruchstück 4, K. 3, § 83.

— Mit Frauen soll man sich nie unterstehn zu scherzen!

Joh. Wolfg. von Goethe, Faust, I (1808). Garten (Mephistopheles).

— Denn bei dem Volk, wie bei den Frauen, | Steht immerfort die Jugend obenan.

Joh. Wolfg. von Goethe, Faust, I (1808). Walpurgisnacht (General).

— Die Frau ist ein reizender Naturfehler. Engl.: What is woman? only one of Nature's agreeable blunders.

Hannah Cowley (1749—1809), Wer ist d. Narr? A. 2, Sz. 2. Übers. v. Drabig.

— . . . die Frauen, gewohnt sich jederzeit zu bändigen, behalten in den außerordentlichsten Fällen immer noch eine Art von scheinbarer Fassung.

Joh. Wolfg. von Goethe, D. Wahlverwandtschaften (1808—1809). T. 1, K. 10.

— Verheiratete Frauen, wenn sie sich auch untereinander nicht lieben, stehen doch stillschweigend miteinander, besonders gegen junge Mädchen, im Bündnis.

Joh. Wolfg. von Goethe, D. Wahlverwandtschaften (1808—1809). T. 1, K. 10.

— Der Umgang mit Frauen ist das Element guter Sitten.

Joh. Wolfg. von Goethe, D. Wahlverwandtschaften (1808—1809). T. 2, K. 5. A. Ottiliens Tageb.

Frau (als sittliche Kraft). — Frauen sind unüberwindlich, wenn sie verständig sind, daß man nicht widersprechen kann; liebevoll, daß man sich gern hingibt; gefühlvoll, daß man ihnen nicht weh tun mag, und ahnungsvoll, daß man erschrickt.

Joh. Wolfg. von Goethe, D. Wahlverwandtschaften (1808—1809).

— Die liebenswürdigste der Frauen | Wird immer auch die schönste sein.

Aug. von Kotzebue, D. neue Frauenschule (1811).

— Ja! in schöner Frauen Armen | Höre, was die Klugheit spricht: | Freudig darf dein Herz erwarmen, | Deine Ruhe opfre nicht!

Theod. Körner, Poetischer Nachlaß (1815). Gedichte. Nachtrag, Ungedrucktes. Leichter Sinn.

— Eine schöne Frau gefällt den Augen, eine gute Frau dem Herzen; die eine ist ein Kleinod, die andere ein Schatz. Franz.: Une belle femme plaît aux yeux, une bonne femme plaît au cœur; l'une est un bijou, l'autre un trésor.

Napoleon I., Maximen u. Gedanken (1817). Übers. v. Zimmermann.

— Behandelt die Frauen mit Nachsicht! | Aus krummer Rippe ward sie erschaffen; | Gott konnte sie nicht ganz grade machen.

Joh. Wolfg. von Goethe, Westöstlicher Diwan (1819). B. d. Betrachtungen.

— Die Abgeschiedenheit spannt alle Vermögen eines weiblichen, in sich zarten und tiefen Gemüts höher, läutert die Seele und zieht sie ab von den kleinlichen, zerstreuenden Rücksichten, worein Frauen leichter verfallen als Männer.

Wilh. Freiherr von Humboldt, Br. an eine Freundin (Juli 1822).

— Der zürnende Mann ragt wenigstens mit dem Kopfe über die Wolken seines Zornes hinaus; das eheliche Gewitter grollt nur unter seinen Füßen; die Frau aber steht mit dem Kopfe unter dem donnernden Gewölke, und kein Strahl des Friedens beleuchtet ihr finsteres Gesicht.

Ludw. Börne (Löb Baruch), Gesammelte Schriften. Erz., Reisen, verm. Aufsätze. Nr. 17. Über d. Schmollen d. Weiber (1823).

— Euch, ihr Fraun, ist's eigen: | Nichts bei meinem Eid | Wißt ihr zu verschweigen, | Als wie alt ihr seid.

Joh. Christoph Friedr. Haug, Gedichte (1827).

— . . . ich liebe keine Religionsverächterinnen. Schöne Frauen, die keine Religion haben, sind wie Blumen ohne Duft; sie gleichen jenen kalten, nüchternen Tulpen.

Heinr. Heine, Sämtl. Werke. Reisebilder. Italien (1828—1829). Nr. 3. D. Stadt Lucca. K. 11.

— Eine tugendhafte Frau hat im Herzen eine Fiber mehr oder weniger, als die anderen; sie ist entweder dumm oder erhaben. Franz.: Une femme vertueuse a dans le cœur une fibre de moins ou de plus que les autres femmes: elle est stupide ou sublime.

Honoré de Balzac, Physiologie d. Ehe (1829). Übers. v. Zimmermann.

Frau (als sittliche Kraft). — Denn das Naturell der Frauen | Ist so nah' mit Kunst verwandt.

Joh. Wolfg. von Goethe, Faust, II (1831). A. 1. Weitläufiger Saal (Gärtnerinnen).

— Denn immerfort sind vornen an die Frauen, | Wo's was zu gaffen, was zu naschen gibt.

Joh. Wolfg. von Goethe, Faust, II (1831). A. 1. Weitläufiger Saal (Geiz).

— Frau'n, gewöhnt an Männerliebe, | Wählerinnen sind sie nicht, | Aber Kennerinnen.

Joh. Wolfg. von Goethe, Faust, II (1831). A. 3. Vor d. Palaste d. Menelas zu Sparta (Chor).

— Allein auch in Frauen bewahrt das Alter vieles, was man in ihrer Jugend vergebens suchen würde, und was jeder Mann von Sinn und Gefühl vorzugsweise schätzen wird.

Wilh. Freiherr von Humboldt, Br. an eine Freundin (4. Jan. 1831).

— Nur wer die Liebe kennt, der kennt die Frauen.

Leop. Schefer, Laienbrevier (1834). Febr. Nr. 13.

— Entzücken bringen uns die schönen Frauen, | Allein sie nehmen auch die Ruh'.

Peter von Bohlen, Bhartriharis Spr. (1835).

— Aus der Liebe schöpft die Frau ihr edles Sein. Engl.: It is from love that woman drinks her nobler nature.

Edward George Earle Lord Bulwer Lytton, Rienzi (1835). Übers. v. Roth. B. 7, K. 9

— Ohne Freiheit und Zartheit zum Genusse gedeiht den Frauen keine Lebensstunde.

Wilh. Freiherr von Humboldt (1767—1835), Br.

— Schöne Frauen haben seit undenklichen Zeiten das Vorrecht, dumm sein zu dürfen.

Ida Gräfin von Hahn-Hahn, Ulrich (1841). Bd. 2.

— Denn gleich dem Eppich, welcher sendet | Den Trieb bis in der Ulme Mark | Und mit ihr lebt und mit ihr endet, | Liebt eine Fraue bis zum Sarg. | Sie lebt von ihres Liebsten Leben, | Stirbt, wenn sie auf die Bahr' ihn heben.

Karl Immermann, Tristan u. Isolde (1841). Rivalin u. Blancheflur.

— Das ist der Frauen feine Kriegskunst, | Daß sie, den Kampf ablehnend, dennoch siegen.

Ernst Raupach, D. Schule d. Lebens (1841). A. 3, Sz. 7.

— Welches Ding in der Welt hat nur einen Schatten oder ein Tausendstel von der Vollkommenheit, die ihr an den Frauen zu finden wähnt? Ital.: Qual cosa del mondo ha pure un'ombra o una millesima parte della perfezione che voi pensate che abbia ad essere nelle donne?

Giacomo Leopardi, Werke (1845). Tasso u. sein Spiritus familiaris. Übers. v. Pozzoni.

Frau (als sittliche Kraft). — Eine Frau ist nicht immer glücklich mit dem, den sie liebt, aber sie ist immer unglücklich mit dem, den sie nicht liebt. Franz.: La femme n'est pas toujours heureuse avec celui qu'elle aime, mais elle est toujours malheureuse avec celui qu'elle n'aime pas.

Claude Tillier, Mein Onkel Benj. (1846). Übers. v. Bergfeldt.

— Im richtigen und tiefen Seelengefühl des Wahren übertreffen die Frauen, welche unverdorben und zum Guten und Schönen gebildet sind, bei weitem die meisten Männer.

Aug. Wilh. von Schlegel, Sämtl. Werke (1846).

— Die reine Frau ist wie ein frischer Quell, | Der uns entgegensprudelt klar und hell, | Wie eine lautre Gottesoffenbarung.

Friedr. von Bodenstedt, D. Lieder d. Mirza-Schaffy (1851). Verm. Gedichte u. Spr. Nr. 38.

— Logik gibt's für keine Frau.

Friedr. von Bodenstedt, D. Lieder d. Mirza-Schaffy (1851). Verm. Gedichte u. Spr. Nr. 40.

— Die Frauen sind wohl mitleidig, aber in allem, was Gerechtigkeit, Redlichkeit und skrupulose Gewissenhaftigkeit anbetrifft, stehen sie hinter dem Manne zurück. Ungerechtigkeit ist der Hauptfehler des Weibes.

Artur Schopenhauer, Parerga u. Paralipomena (1851).

— Die Frauen geben wenig auf ein schönes Gesicht; was sie verführt, ist Kraft und Mut; intellektuelle Eigenschaften üben keinen unmittelbaren Einfluß auf sie; Dummheit ist durchaus kein Hindernis in der Erlangung der Weibergunst, wohl aber höhere Intelligenz oder gar Genie.

Artur Schopenhauer, Parerga u. Paralipomena (1851).

— Die Natur hat den Frauen nur Ein Mittel gegeben, sich zu verteidigen und zu schützen, die Verstellung; diese ist ihnen angeboren und ihre Verwendung so natürlich, wie für das Tier die Anwendung seiner Waffen; ja, sie fühlt sich hierbei bis zu einem gewissen Grade im Recht.

Artur Schopenhauer, Parerga u. Paralipomena (1851).

— ... was das Höchste bleibt hienieden, | Des Ew'gen nur geahnte Spur, | Was Schönheit, Poesie und Frieden, | Das lehren dich die Frauen nur! Jul. Rodenberg, Lieder (1853). D. reinen Frauen. Schlußv.

— Jede Torheit der Frau ist eine Dummheit des Mannes. Franz.: Toute folie de la femme est une sottise de l'homme.

Jules Michelet, D. Liebe (1858). Übers. v. Spielhagen. Einleitung.

— Welche Mission hat die Frau? Zum ersten, zu lieben; zweitens, einen einzigen zu lieben, und drittens, immer zu lieben. Franz.: Quelle est la mission de la femme? La première, aimer; la seconde, aimer un seul; la troisième, aimer toujours.

Jules Michelet, D. Liebe (1858). Übers. v. Spielhagen.

Frau (als sittliche Kraft). — Selbst gebildete Frauen vertragen nicht immer andauernd gleichmäßiges Glück und fühlen einen unbegreiflichen Antrieb zu Teufeleien und Narrheiten, durch die Abwechslung ins Leben kommt.

Bogumil Goltz, Zur Charakteristik u. Naturgesch. d. Frauen (1859).

— Frauen vermengen unaufhörlich das Geringfügigste mit dem Wichtigsten, die Nebensachen und die Hauptpointen, die Person und die Sache.

Bogumil Goltz, Zur Charakteristik u. Naturgesch. d. Frauen (1859).

— Kein Frauenzimmer will etwas, weil sie es eben will; sie will es so und nur so; aber sie will es nie so absolut, daß sie es nicht sollte anders wollen können, sobald sie es einmal anders will.

Bogumil Goltz, Zur Charakteristik u. Naturgesch. d. Frauen (1859).

— Der Mann kann reden, was er will; das Wort ist für ein richtiges Frauenzimmer keine geistige Macht. Sie hört nicht auf Gründe, sie gelten ihr als unausstehliche Zumutung, als eine Beeinträchtigung ihres Gefühls und ihrer Herrschaft durch weiblichen Instinkt.

Bogumil Goltz, Zur Charakteristik u. Naturgesch. d. Frauen (1859).

— Der Eigensinn einer Frau ist auf eine ganz wunderliche Art befestigt. Der Graben ist hinter dem Walle, und hat man die steilsten Einwendungen erstiegen und glaubt, jetzt wäre alles geschehen, entdeckt man erst, daß das Schwerste noch zu tun sei.

Ludw. Börne (Löb Baruch), Gesammelte Schriften (1862—1863). Fragmente u. Aphorismen. Nr. 9.

— Eine Frau von innerer Güte ist immer liebenswürdig befunden worden, und eine, die noch nach drei Tagen häßlich gefunden wird, ist gewiß nicht liebenswürdig.

Ludw. Börne (Löb Baruch), Gesammelte Schriften (1862—1863).

— Gilt's Frauen zur Vernunft zu bringen, | So laß den allgemeinen Ton; | Wie klug sie reden von den Dingen, | Sie meinen stets nur die Person.

Emanuel Geibel, Gedichte u. Gedenkblätter (1864). Spr. Nr. 36.

— Der Rechtssinn ist ohne Zweifel stärker in den Männern als in den Frauen... Aber an zähem und lebhaftem Rechtsgefühl stehen die Frauen den Männern nicht nach.

Joh. Kaspar Bluntschli, D. moderne Völkerrecht (1868).

— Sieh', es ist die Frau | Der Sauerteig im großen Brei der Schöpfung, | Ein Reiz, ein allbelebend Element, | Das, gleich dem Feuer, segensvoll erwärmt | Oder vernichtet. Jenem ist die Frau | Ein tötlich Gift, dem wieder Arzenei.

Prinz Emil von Schönaich-Carolath, Dichtungen (1883). D. Sphinx.

Frau (als sittliche Kraft). — Hüte dich, wahllos einzustimmen, | Wenn Lästerzungen die Frauen kränken! | Man kann nicht schlimm genug von den schlimmen, | Nicht gut genug von den guten denken.
Paul Heyse, Spruchbüchlein (1885). Frauen.

— Nie wird das zartere Geschlecht (die Frauen) | Zum Amt der Richter passen. | Sie glauben schon, sie seien höchst gerecht, | Wenn sie verdammen ohne zu hassen.
Paul Heyse, Spruchbüchlein (1885). Frauen.

— Frau'n sind oft Rätsel von jener Art, | Die, wenn wir die Lösung wissen, | Bereuen lassen, daß wir so hart | Die Zähne daran zerbissen.
Paul Heyse, Spruchbüchlein (1885). Frauen.

— Eine gescheite Frau hat Millionen geborener Feinde: — alle dummen Männer.
Marie von Ebner-Eschenbach, Aphorismen (1893).

— Man fordre nicht Wahrhaftigkeit von den Frauen, so lange man sie in dem Glauben erzieht, ihr vornehmster Lebenszweck sei — zu gefallen.
Marie von Ebner-Eschenbach, Aphorismen (1893).

— Die Überzeugung einer Frau ist nicht so veränderlich; sie entsteht langsam, nicht leicht; entstand sie aber einmal, so ist sie weniger leicht zu erschüttern.
Otto von Bismarck zu Damen a. Baden, Hessen u. d. Pfalz in Friedrichsruh (30. März 1894).

— Ein Mann, ein Wort; | Eine Frau, viel Worte. Daniel Sanders, Zitatenlexikon (1902). Frau.

— Wende dein Angesicht von schönen Frauen!
Jes. Sir., K. 9, V. 8.

— Aufsichtig, aufrichtig | Macht Frauen tüchtig.
Alter Spr.

— Drey frawen, drey Ganß und drey Froesch dabey | Machen ein Jahrmarckt mit jren geschrey.
Alter Spr.

— Sol uch (euch) gut geschien (geschehen) mit truwen, | Das muß uch komen von fruwen.
Alter Spr.

— Wer schmähet Frawenbild, | Auff Erd kein Heller gilt. Alter Spr.

— Einer Frau und einem Glas | Drohet jede Stund' etwas. Sprichwort

— Gewehren und Frauen | Ist nicht zu trauen.
Militärisches Sprichwort.

— Frau, Mühle und Schiff mangelt immer etwas. Dän.: Qvinde, Mølle og Skip fattes altid noget. Sprichwort.

— Die Frauen haben immer anderthalbmal recht. Franz.: Les femmes ont toujours raison une fois et demie. Sprichwort.

— Wer eine Frau zu bewachen hat, ist keines Tages sicher. Franz.: Qui a femme à garder | N'a pas journée assurée. Sprichwort.

Frau (als sittliche Kraft). — Wer eine Uhr im Gang erhalten und eine junge Frau nach Wunsch bedienen, ein altes Haus instand erhalten will, wird nie ohne Arbeit sein, sowie beim Unterstützen armer Verwandten immer wieder von vorn anzufangen ist. Franz.: Qui bot relotgé mainteny, | E a grat serby iœne hemne, | Un biel houstau entreteny, | Nou sera sans fatigue pene, | Com a praubez parens aida, | Sera toustems recommenssa. Sprichwort. Gascogne.

— Im Dunkeln sind alle Frauen gleich. Ital.: A e lon dé bur tótt al donn agli è cumpagni. Sprichwort. Romagnola (Sicilien).

— Vor dem Ochsen vorn, vor dem Maultier hinten und vor der Frau von allen Seiten (muß man sich hüten). Ital.: Dal bo davanti; dal mulo dadrio, e da la dona da tute le bande.
Altvenetianisches Sprichwort.

— Die Frau weiß einen Punkt mehr als der Teufel. Ital.: La donna ne sa un punto più del diavolo. Sprichwort.

— Es gibt keinen Flachs ohne Abfall, noch eine Frau ohne Fehl. Ital.: Non è lin senza resca, nè donna senza pecca. Sprichwort.

— Frauen sind das Paradies der Augen, das Fegefeuer des Beutels und die Hölle der Seele.
Span. Sprichwort.

— Wie aus dem Meer das Salz, so von der Frau das Übel. Span. Sprichwort.

— Die Frauen ehrt nur, wer selber ehrenwert, und verachtet nur, wer selber verachtenswert.
Arabisches Sprichwort.

— Die Mühlen gehen mit, die Frauen sogar gegen den Strom. Finnisches Sprichwort.

— Die Frau hat tausend Seelen.
Jüd. Sprichwort.

— Die Frau verführt zum Guten wie zum Bösen, verführt aber immer. Jüd. Sprichwort.

— E Fraa is leicht zu überrede'.
Jüd. Sprichwort.

— Safran kannst du nicht hecheln und die Frauen nicht überzeugen. Polnisches Sprichwort.

— Der Geist der Frauen ist von Quecksilber, ihr Herz von Wachs. A. d. Chinesischen.

— Zeit, Wind, Frau und Glück | Verändern sich im Augenblick.
Inschrift im Berliner Ratskeller. Bierlokal.

Frau (als Gattin). — Wo gibt's Jammergraus, | Welchen du nicht bereits schufest, o Bett der Frau'n, Quell des Leids? | Wahrlich, unsäglich Weh' | Brachtest du schon der Welt! Griech.: *Τί δῆτ' οὖν γένοιτ' ἂν ἔτι δεινόν; ὦ | Γυναικῶν λέχος πολύπονον, | Ὅσα βροτοῖς ἔρεξας ἤδη κακά.* Euripides, Medea (um 431 v. Chr.). Übers. v. Minckwitz. V. 1290—92 (Chor).

Frau (als Gattin). — Wir Frauen kranken allerdings | An dieser Krankheit (der Unersättlichkeit im Ehegenuß) schlimmer als das Männerherz, | Allein die gute Sitte legt uns Zügel an. Griech.: *Καίτοι χεῖρον᾽ ἀρσένων νόσον | Ταύτην νοσοῦμεν, ἀλλὰ προὔστημεν καλῶς.*

Euripides, Andromache (um 420 v. Chr.). Übers. v. Minckwitz. V. 220—21 (Andromache).

— (. . . am meisten wird die Frau geehrt werden), von der unter Männern, gut oder schlecht, am wenigsten gesprochen wird. Griech.: . . . *ἧς ἂν ἐπ᾽ ἐλάχιστον ἀρετῆς πέρι ἢ ψόγου ἐν τοῖς ἄρσεσι κλέος ᾖ.*

Thukydides (um 454—396 v. Chr.), Werke. Übers. v. Müller. B. 2, K. 45.

— Eine Frau darf keine eigene Leidenschaft haben; sie muß Ernst und Scherz, Tiefsinn und Lachen mit ihrem Manne teilen. Griech.: *Οὕτω μὲν γυναῖκα μηδὲν ἴδιον πάθος ἔχειν, ἀλλὰ κοινωνεῖν τῷ ἀνδρὶ καὶ σπουδῆς καὶ παιδιᾶς καὶ συνοίας καὶ γέλωτος.*

Plutarch (um 50—120), Moralische Abhandlungen. Übers. v. Eyth. Pflichten d. Ehegatten. K. 14.

— Wer hat die Hölle schon auf dieser Welt? Der Gatte einer bösen Frau. Talmud (3. Jahrh.).

— Wer von seiner Frau beherrscht wird, verschuldet sein Unglück selbst. Talmud (3. Jahrh.).

— Doch an rechter Freud' ist der ein Kind, | Dem sie nicht von Frauen wird gewährt. Mittelhochdeutsch: Er ist rehter fröide gar ein kint, | Der ir niht von wîbe wirt gewert.

Walter v. d. Vogelweide (um 1170—1230), Gedichte. Übertr. v. Pannier.

— Freundin ist ein süßes Wort, | Aber Frau, das ehret immerfort. Mittelhochdeutsch: Friundîn daſt ein süezez wort, | Doch sô tiuret frowe unz an daz ort.

Walter v. d. Vogelweide (um 1170—1230), Gedichte. Übertr. v. Pannier.

— Wer gedrückt von stillem Leide, | Der gedenke guter Frau'n — er wird befreit. Mittelhochdeutsch: Swer verholne sorge trage, | Der gedenke an guotiu wîp; er wirt erlôst.

Walter v. d. Vogelweide (um 1170—1230), Gedichte. Übertr. v. Pannier.

— Wenn einen Fehltritt Frau'n getan, | Des Mannes Bitt' war schuld daran; | Auch ein Mann dasselbe täte, | Wenn man ihn so innig bäte. Mittelhochdeutsch: Swâ wîp durch minne missetete, Daz kam von der manne bete; | Ein man ouch missetaete, | Der in sô tiure baete.

Vrîdankes Bescheidenheit (1225—1240). Übertr. v. Pannier. Nr. 37. v. minne u. wîben.

— Die bösen Frau'n man hüten soll, | Die guten hüten selbst sich wohl. Mittelhochdeutsch: Der boesen wîp man hüeten sol, | Die vrumen hüetent ir selber wol.

Vrîdankes Bescheidenheit (1225—1240). Übertr. v. Pannier. Nr. 37. v. minne u. wîben.

Frau (als Gattin). — Wie vertraut ein Mann mit Frauen sei, | Es bleibt viel Fremdes doch dabei. Mittelhochdeutsch: Swie heimlich man den wîben sî, | Da ist doch grôziu vremde bî.

Vrîdankes Bescheidenheit (1225—1240). Übertr. v. Pannier. Nr. 37. v. minne u. wîben.

— Je größer Lieb', je mehrer Leid kommt von den schönen Frauen.

Oskar von Wolkenstein (1367—1445).

— Der hüt der heuschreck an der sunn | Und schüttet wasser in ein brunn, | Wer hütet, das sin frou blib frum. Seb. Brant, D. Narrenschif (1494). Nr. 32. V. frouen hueten.

— Vil narrentag und selten gůt | Hat, wer sinr frouen hüten důt; | Dan welch wol wil, die důt selb recht, | Welch übel wil, die macht bald schlecht.

Seb. Brant, D. Narrenschif (1494). Nr. 32. V. frouen hueten.

— Der sprech allein, das er noch si | Vor btrügniß siner frouen fri; | Der hab sin frou ouch lieb und holt, | Den sin frou nie betriegen wolt. Seb. Brant, D. Narrenschif (1494). Nr. 32. V. frouen hueten.

— Der ist ein narr, der heimlicheit | Einr frouen oder iemans seit (sagt).

Seb. Brant, D. Narrenschif (1494). Nr. 51. Heimlikeit verswigen.

— Es sint gar wenig Boos me (Es gibt wenig Boas mehr), | Die Ruth (eine Frau) begeren zu der e. Seb. Brant, D. Narrenschif (1494). Nr. 52. Wiben durch gůts willen.

— Wan man die wisheit ganz durchgründt, | Kein bittrer krut uf erd man findt | Dan frouen, der herz ist ein garn | Und strick, darin vil doren farn (Toren fahren).

Seb. Brant, D. Narrenschif (1494). Nr. 64. V. bosen wibern.

— Eim rinnend tach zů winters frist | Ist glich ein frou, die zänkisch ist; | Hell und vägtüfel (Hölle und Teufel) hat genůg, | Wer mit einr solchen züht im pflůg. Seb. Brant, D. Narrenschif (1494). Nr. 64. V. bosen wibern.

— Wer aber frouen tůn wil recht, | Der můß sin etwan me dan knecht; | Dan sie gar oft durch blödikeit | Me tůn dan durch ir listigkeit.

Seb. Brant, D. Narrenschif (1494). Nr. 92. Ueberhebung d. hochfart.

— Die man findt offt selb schuldig dran, | Das sich die frowen schinden lan | Vnd vß dem weg zů zytten gan.

Thomas Murner, Narrenbeschwerung (1512). Nr. 60. Ein gůtten magen haben.

— Auch thun es die (die Frauen) gar grob verkeren, | Die langsam sein, von Schnecken lehren, | Langsam vom Bett, Bad, Tantz vnd Tisch, | Vnd langsam sind zur Arbeit gerüst.

Joh. Friedr. Fischart, D. Philosophisch Ehzuchtbüchlin (1578). Hausschneck, Schneckenhaus.

Frau (als Gattin). — Also soll auch ein Ehefraw meiden, | Was sie von Häußlichkeit will scheiden.

Joh. Friedr. Fischart, D. Philosophisch Ehzuchtbüchlin (1578). Hausschneck, Schneckenhaus.

— Darumb that jener Bräutgam wol, | Welcher gab seiner Gspons (Frau) einmol | Ein Gmalring (Ehering), darauff stund erhaben | Ein Schneckenhäußlin schön gegraben, | Daran zusehen für vnd für, | Was sey jhr Ampt vnd Ehegebür.

Joh. Friedr. Fischart, D. Philosophisch Ehzuchtbüchlin (1578). Hausschneck, Schneckenhaus.

— O trocknes Mühn! O allzu schwere Lasten | Studieren, keine Frau sehn, wachen, fasten. Engl.: O, these are barren tasks, too hard to keep, — | Not to see ladies, study, fast, not sleep!

William Shakespeare, Verlorne Liebesmüh (1591—1592[?]). Übers. v. Graf Baudissin. A. 1, Sz. 1 (Biron).

— Ich würde der Mann nicht geworden sein, der ich doch bin, wenn mich das Frauenzimmer nicht vollends zugestutzt hätte.

Gotthold Ephr. Lessing, D. junge Gelehrte (1747). A. 1, Sz. 2 (Chrysander).

— . . du bleibst bei mir! — Bis in den Tod! — Wen Gott lieb hat, dem geb' er so eine Frau!

Joh. Wolfg. von Goethe, Götz v. Berlichingen (1773). A. 3. Jaxthausen (Götz, Elisabeth, Götz).

— Was wäre des Mannes Leben wert, | Wenn es nicht Frauen gäbe? Engl.: What signifies the life o' man | An' 'twere na for the lasses.

Rob. Burns, Gedichte u. Lieder (1787). Übers. v. Wilhelmine Pringshorn. B. 1, Nr. 33.

— Ein edler Mann wird durch ein gutes Wort | Der Frauen weit geführt.

Joh. Wolfg. von Goethe, Iphigenie auf Tauris (1787). A. 1, Sz. 2 (Arkas).

— Ich habe nichts als Worte, und es ziemt | Dem edlen Mann, der Frauen Wort zu achten.

Joh. Wolfg. von Goethe, Iphigenie auf Tauris (1787). A. 5, Sz. 3 (Iphigenie).

— Allein die Tränen, die unendlichen, | Der überbliebnen, der verlassnen Frau | Zählt keine Nachwelt, und der Dichter schweigt | Von tausend durchgeweinten Tag' und Nächten.

Joh. Wolfg. von Goethe, Iphigenie auf Tauris (1787). A. 5, Sz. 6 (Iphigenie).

— Geh! Ihr seid der Frauen nicht wert! Wir tragen die Kinder | Unter dem Herzen, und so tragen die Treue wir auch; | Aber ihr Männer, ihr schüttet mit eurer Kraft und Begierde | Auch die Liebe zugleich in den Umarmungen aus!

Joh. Wolfg. von Goethe, Gedichte. Elegien (ged. 1788—1790). Nr. 6.

— Am Grab der Gattin sprach zum trauernden Geleite | Der Leichenredner viel vom Wiedersehn; | Beim Heimweg sprach der Mann zum Pastor: „Scherz beiseite, | Wird meine Frau denn wirklich auferstehn?

Gottl. Konrad Pfeffel, Poetische Versuche (1789—1790).

Frau (als Gattin). — Fort! Adam, aus dem Paradies! — | Der Sünder ging und trug's gelassen. | Doch als der Engel nun auch seine Frau verwies, | Da wußt' er sich vor Jammer nicht zu fassen.

Joh. Christoph Friedr. Haug, Sinngedichte (1791). Zur beliebigen Erklärung.

— Sein Kreuz soll jeder auf sich nehmen? — | Wie wenig Frauen da zu Fuße kämen!

Joh. Christoph Friedr. Haug, Sinngedichte (1791). Bibelexegese.

— Wer sich sein eigenes Leiden klagt, klagt es sicherlich vergeblich; wer es der Frau klagt, klagt es einem Selbst, das helfen kann und schon durch die Teilnahme hilft.

Georg Christoph Lichtenberg, Verm. Schriften (1800—1806). Bd. 2, Nr. 2. Bemerk. verm. Inhalts. Nr. 3. Moralische Bemerk.

— Eine stille, ernsthafte Frau ist übel daran mit einem lustigen Manne. Ein ernsthafter Mann nicht so mit einer lustigen Frau.

Joh. Wolfg. von Goethe, Zu Riemer (März 1809).

— Welche Frau hat einen guten Mann, | Der sieht man's am Gesicht wohl an.

Joh. Wolfg. von Goethe, Gedichte. Sprichwörtl. (ged. 1812—1814).

— Ich liebe überall die Arbeitsamkeit, sie ist mir besonders an Frauen sehr schätzenswert.

Wilh. Freiherr von Humboldt, Br. an eine Freundin (31. Jan. 1825).

— Diejenigen Arbeiten, welche Frauen vorzunehmen pflegen, haben noch das Einladende und Reizende, daß sie erlauben, dabei vielmehr in Empfindungen und Ideen zu leben.

Wilh. Freiherr von Humboldt, Br. an eine Freundin (31. Jan. 1825).

— Denn bei den Arbeiten der Frauen wird das stille Sein der Seele für sich viel seltener durch die Arbeit gestört. Beides geht nebeneinander fort, und der Wert der Gedanken und Gefühle wird mehr empfunden.

Wilh. Freiherr von Humboldt, Br. an eine Freundin (19. Juli 1827).

— Was wär' die Erde ohne Frauen? | Das fühlt das Herz, ists Auge blind; | Ein Garten wär' sie anzuschauen, | In welchem keine Blumen sind.

Justinus Kerner, Dichtungen (1834). Lyrische Gedichte. Frauen.

— . . . wo die Frau schweigt, hat sie schweres Unrecht.

Leop. Schefer, Laienbrevier (1834). Okt. Nr. 25.

— Frauen sind genannt vom Freuen, | Weil sich freuen kann kein Mann | Ohn' ein Weib, das stets vom neuen | Seel' und Leib erfreuen kann.

Friedr. Rückert, Gesammelte Gedichte (1834—1838). Haus u. Jahr. Erste Reihe. Kleines Frauenlob.

Frau (als Gattin). — Die Mission der Frau ist: des Mannes Herz zu erquicken. Von ihm beschützt und ernährt, nährt sie ihn mit Liebe. Die Liebe ist ihre Arbeit, und eigentlich die einzige, die sie zu verrichten hat. Franz.: La mission de la femme c'est de refaire le cœur de l'homme. Protégée, nourrie par lui, elle le nourrit d'amour. L'amour c'est son travail propre, et le seul qui lui soit essentiel.

Jules Michelet, D. Liebe (1858). Übers. v. Spielhagen. K. 3.

— Das Herz der Frauen wird leer geboren, und nichts darin hat dem Bilde eines geliebten Mannes erst den Platz zu räumen. Aber die Seele des letzteren ist voll und belebt, und er muß eine Welt verdrängen, um den Gegenstand seiner Liebe aufzunehmen.

Ludw. Börne (Löb Baruch), Gesammelte Schriften (1862—1863). Erz., Reisen, verm. Aufsätze. Nr. 25. Fastenpredigt über d. Eifersucht.

— Das größte, häusliche Unglück, das einem Manne begegnen kann, ist, wenn seine Frau einmal gegen ihn Recht hat, nachdem er es ihr abgestritten. Dieses einzige kleine Recht dient ihr wie ein Fläschchen Rosenöl; damit macht sie zwanzig Jahre all' ihr Geräte und Gerede wohlriechend.

Ludw. Börne (Löb Baruch), Gesammelte Schriften (1862—1863). Fragmente u. Aphorismen. Nr. 10.

— Die Geliebte hat einen Preis, die Frau nur einen Wert.

Ludw. Börne (Löb Baruch), Gesammelte Schriften (1862—1863).

— Die du hüten mußt, die Frau, | Ist des Hütens nicht mehr wert.

Anastasius Grün (Anton Alexander Graf von Auersperg), Gesammelte Werke (1877). Gedichte. Spr.

— Ein Lieb' und nicht mehr | Wär' allen Frauen ein' Ehr'.

Gottfr. Keller, Gesammelte Werke (1889—1890). Gedichte.

— Weh' der Frau, die nicht im Falle der Not ihren Mann zu stellen vermag.

Marie von Ebner-Eschenbach, Aphorismen (1893).

— Die Frau, die ihren Mann nicht beeinflussen kann, ist ein Gänschen. Die Frau, die ihn nicht beeinflussen will, — eine Heilige.

Marie von Ebner-Eschenbach, Aphorismen (1893).

— . . . jede Frau, die über Vernachlässigung durch ihren Mann klagt, ist eine Ehebrecherin oder mindestens auf dem Wege, eine zu werden.

Dr. Hanns Groß, Kriminalpsychologie (1898). Objektiv. D. psychische Tätigkeit d. Vernommenen. Unterscheidende Momente. Nr. 1. Allgemein Differenzierendes. Einzelne Eigenschaften d. Frau. Beurteilung.

— Laß . . . der Frau . . . nicht Gewalt über dich! Jes. Sir., K. 33, V. 20.

Frau (als Gattin). — Wenn die Henne kräht vor dem Hahn, | Die Frau redet vor dem Mann, | So soll man die Henne kochen, | Die Frau mit einem guten Prügel pochen. Alter Spr.

— Eine nicht geschlagene Frau ist wie ungesalzener Kohl. Sprichwort. Pommern.

— Eine tote Frau ist so gut wie zweihundert Taler Geld. Sprichwort. Niedersachsen.

— Wem die Frauen gut sterben, und die Bienen gut schwärmen, der wird bald reich.

Sprichwort. Ostpreußen.

— Wo keine Frau, da geschieht dem Kranken weh'. Sprichwort.

— Der Tod der Frauen und das Leben der Schafe machen Leute reich. Engl.: The death of wives and the life of sheep make men rich.

Sprichwort.

— Wer eine Frau hat, hat einen Meister. Engl.: He that has a wife, has a maister.

Schottisches Sprichwort.

— Durch Gesundheit des Viehes und Sterben der Frauen findet ein armer Mann Hilfe. Ital.: Con sanità de bèsti e mort de dònn el tröva la risorsa on pover òm.

Lombardisches Sprichwort.

— Frauen und Ochsen aus deinem Orte. Ital.: Donne e buoi de' paesi fuoi.

Toskanisches Sprichwort.

— Solange die Frau wäscht, kriegt der Mann kein gutes Wort. Niederl.: Zoo lang de vrouw wascht, krijgt de man geen goed word.

Sprichwort.

— Vertrau' der Frau ein Geheimnis, aber schneid' ihr die Zunge ab! Jüd. Sprichwort.

— Wer ohne Frau lebt, ist ohne Wohl, ohne Hilfe, ohne Freude. Jüd. Sprichwort.

— Die erste Frau von Gott, die zweite vom Menschen, die dritte vom Teufel.

Polnisches Sprichwort.

— Auf der Welt ist nichts elender als eine reiche Frau zu haben. Russisches Sprichwort.

— Schlage die Frau mit dem Hammer, und sie wird wie Gold. Russisches Sprichwort.

— In Häusern, wo Bildung herrscht und Sitte, | Da gehen die Frauen zuerst, die Männer folgen ihrem Schritte. Sprichwörtl.

— Ein schilt für allez herzeleid, | Daz bis du frowe, saelic wig.

Wartburgspr. Margarethengang.

— Welcher Mann den Frauen dienen will, | Der gelob' ihnen wenig, halt' ihnen viel!

Spr. an einem Hausgerät.

Frau (als Mutter). — Es ist ausgemacht, daß eine schlechte Erziehung der Frauen viel mehr Unheil erzeugt als die der Männer. Franz.: Il est constant que la mauvaise éducation des femmes fait plus de mal que celle des hommes.

Fénélon, Töchtererziehung (1689). Übers. v. Arnstädt. Abschnitt 3, § 4.

Frau (als Mutter). — Verächtlich ist eine Frau, die Langeweile haben kann, wenn sie Kinder hat.

Jean Paul (Joh. Paul Friedr. Richter), Levana oder Erzieh=Lehre (1807). Bd. 2, Bruchstück 4, K. 2, § 80.

— ... keine Frau kann zu gleicher Zeit ihr Kind und die vier Weltteile lieben, aber der Mann kann es.

Jean Paul (Joh. Paul Friedr. Richter), Levana oder Erzieh=Lehre (1807). Bd. 2, Bruchstück 4, K. 3, § 83.

— Für die vorzüglichste Frau wird diejenige gehalten, welche ihren Kindern den Vater, wenn er abgeht, zu ersetzen imstande wäre.

Joh. Wolfg. von Goethe, Werke (1827—1830). Maximen u. Reflexionen. Abteilung 7.

— .. ich sehe in der häuslichen Tradition der deutschen Mutter und Frau eine festere Bürgschaft für unsere politische Zukunft als in irgend einer Bastion unserer Festungen.

Otto von Bismarck zu Damen a. Baden, Hessen u. d. Pfalz in Friedrichsruh (30. März 1894).

— Halten die Frauen fest zur Politik, so halte ich die Politik für gesichert, nicht bloß für den Augenblick, sondern auch für die Kinder, welche von den Frauen erzogen werden.

Otto von Bismarck zu Damen a. Schlesien in Friedrichsruh (13. Mai 1895).

— Die Frauen halten zumeist viel mehr an den Standesunterschieden fest als die Männer... Nur wenn beide kranke Kinder haben, verstehen sie sich sogleich. Die Mütterlichkeit beseitigt den Standesunterschied.

Otto von Leixner, A. meinem Zettelkasten (1896). Weib. Liebe. Ehe.

Frau (im Hause). — Alle Frauen wünsch' ich weit hinweg von mir, | Sowohl in Unglückstagen als in froher Zeit. | Denn toll und ausgelassen sind sie stets im Glück, | In Furcht ein größres Übel nur für Haus und Stadt. Griech.: *Μήτ' ἐν κακοῖσι μήτ' ἐν εὐεστοῖ φίλῃ | Ξύνοικος εἴην τῷ γυναικείῳ γένει· | Κρατοῦσα μὲν γὰρ οὐχ ὁμιλητὸν θράσος, | Δείσασα δ' οἴκῳ καὶ πόλει πλέον κακόν.*

Äschylus, D. Sieben vor Theben (um 471 v. Chr.). Übers. v. Minckwitz. V. 170—73 (Eteokles).

— Wenn die Frau sittsam und tugendhaft ist, gleicht sie dem Weinstock, der die köstliche Frucht reift; denn es heißt: dein Weib wie ein grünender Weinstock an der Seite deines Hauses.

Talmud (3. Jahrh.).

— Also sind Haußfrawen kein Haußfrawen, | Sonder Außfrawen, wenn sie drauß schawen.

Joh. Friedr. Fischart, D. Philosophisch Ehzuchtbüchlin (1578). D. Schiltkrot art v. eygenschafft.

— X Jar Kindischer art. | XX Jar ein Jungfrau zart. | XXX Jar im hauß die Frau. | XL Jar ein Matron genau. | L Jar ein großmuter. | LX Jar deß Alters Schuder. | LXX Jar alt Ungestalt. | LXXX Jar, wüst und erkalt. | XC Jar ein Marterbildt. | C Jar das Grab außfüllt. Reimspr. (16. Jahrh.). D. zehen Alter d. Weiber. Mitgeteilt v. Joh. Friedr. Fischart (1587).

Frau (im Hause). — Eine verständige, fleißige, tiefreligiöse Frau ist die Seele eines ganzen, großen Hauses; sie ordnet es in bezug auf zeitliche und ewige Güter. Franz.: **Une femme judicieuse appliquée et pleine de religion est l'âme de toute une grande maison, elle y met l'ordre pour les biens temporels et pour le salut.**

Fénélon, Töchtererziehung (1689). Übers. v. Arnstädt. Abschnitt 2, § 2.

— ... daß eine Frau, die das Hauswesen recht zusammenhalte, ihrem Manne jede kleine Phantasie nachsehen und von seiner Rückkehr jederzeit gewiß sein könne.

Joh. Wolfg. von Goethe, Wilh. Meisters Lehrjahre (1777—1796).

— ... das Gesinde mag sein, wie es will; wenn die Frau nicht hinten und vorne ist, so kommt doch nichts zustande.

Joh. Wolfg. von Goethe, Was wir bringen (1802). Sz. 1 (Mutter Martha).

— Da seh' ich dich, du Krone aller Frauen, | In weiblich reizender Geschäftigkeit | In meinem Haus den Himmel mir erbauen | Und, wie der Frühling seine Blumen streut, | Mit schöner Anmut mir das Leben schmücken | Und alles rings beleben und beglücken!

Friedr. von Schiller, Wilh. Tell (1804). A. 3, Sz. 2 (Rudenz).

— ... die Frau ist zur Vesta oder Vestalin des Hauses, nicht zur Ozeanide des Weltmeers bestimmt.

Jean Paul (Joh. Paul Friedr. Richter), Levana oder Erzieh=Lehre (1807). Bd. 2, Bruchstück 4, K. 4, § 100.

— ... so gedeiht auch einzig in Beschränkung, | In strenger Zucht die Frau zum Glück des Hauses.

Ernst Raupach, D. Märchen im Traum (1836). A. 2, Sz. 4.

— Wo leer zur Essenszeit im Hause sind die Töpfe, | Die werfen Mann und Frau einander an die Köpfe.

Friedr. Rückert, D. Weisheit d. Brahmanen (1836—1839). B. 14, Nr. 7, Spr. 9. (Stufe 7. Erkenntnis. Nr. 136. Spr. 26.)

— Die Frau, welche das Haus nicht erbaut, reißt das Haus nieder.

Wilh. Heinr. Riehl, D. Familie (1855).

— Die eigenste Weise des Hauses, sein individueller Charakter, wird fast immer bestimmt durch die Frau.

Wilh. Heinr. Riehl, D. Familie (1855).

— Vom Streit des Tags durch ihren Herd geschieden, | Sei sie (die Frau) den Ihren Freude, Trost und Frieden.

Paul Heyse, D. Braut v. Cypern (1856). Ges. 6.

Frau (im Hause). — In einer Welt, in welcher alles schwankt, bedarf es eines festen Punktes, auf den man sich stützen kann. Dieser Punkt ist der häusliche Herd; der Herd aber ist kein fester Stein, wie die Leute sagen, sondern ein Herz, und zwar das Herz einer Frau. Franz.: Dans un monde où tout remue, il faut avoir un point fixe où l'on puisse bien s'appuyer. Or, ce point, c'est le foyer. Le foyer n'est pas une pierre, comme on le dit souvent, c'est un cœur, et c'est le cœur d'une femme.

Jules Michelet, D. Liebe (1858). Übers. v. Spielhagen. K. 2.

— Des Mannes Sache ist es, zu verdienen; Sache der Frau richtig, auszugeben. Franz.: L'affaire de l'homme est de gagner, celle de la femme de dépenser. Jules Michelet, D. Liebe (1858). Übers. v. Spielhagen. K. 4.

— Das Bild einer sorgenden, zärtlichen, arbeitsamen, jungen Hausfrau schleicht sich in das kälteste Manneshërz ein.

Bogumil Goltz, Zur Charakteristik u. Naturgesch. d. Frauen (1859).

— Glauben Sie mir Eines: jede Frau, die ihren engen Kreis verlassen, die herbes Schicksal, tolle Laune, heißes Fühlen, ein starker Geist aus ihren Grenzen trieb, die findet nirgends mehr einen Halt.

Ada Christen (Christine Friederik), Faustina (1871).

— Die Frauen sind die Hauptträger der religiösen Überlieferung, die treuen Hüter der Sitte wie der Unsitte, die fanatischen Verteidiger der ererbten Vorurteile und Mißbräuche.

Eduard von Hartmann, Phänomenologie d. sittlichen Bewußtseins (1878).

— Was bei uns bis in die Häuslichkeit der Frau durchgedrungen ist, das sitzt fest, viel fester als das aus Parteikämpfen im öffentlichen Leben hervorgehende und mit der Kampfstellung wechselnde Urteil der Männer.

Otto von Bismarck zu Damen a. Baden, Hessen u. d. Pfalz in Friedrichsruh (30. März 1894).

— Ist eine liebe Frau im Haus, | So lacht die Freude zum Fenster hinaus. Alter Spr.

— Die Frau muß selber sein wie die Magd, | Soll's gehen, wie es ihr behagt. Sprichwort.

— Die Hausfrau hat fünf K zu besorgen: Kinder, Kammer, Küche, Keller und Kleider. Sprichwort.

— Eine gute Hausfrau kann aus der Kartoffel viel Gerichte machen. Sprichwort.

— Ist eine liebe Frau im Haus, | So lacht die Freude zum Fenster hinaus. Sprichwort.

— Was die Frau erspart, ist so gut, als was der Mann erwirbt. Sprichwort.

— Wenn die Frau tanzt, so hüpft die Magd. Sprichwort.

— Wo die Frau schwärmt aus dem Haus, | Da geht alles bunt und kraus. Sprichwort.

— Frauens un Üöwens (Öfen) söllt nich alltid utgaohn (ausgehn). Sprichwort. Münsterisch.

Frau (im Hause). — Wao de Frau gued wäthschoppt (wirtschaftet), wäss (wächst) dat Speck up'n Balken (Hausboden). Sprichwort. Münsterisch.

— Frauen und Hühner verlieren sich, wenn sie zuviel gehen. Ital.: Femmine e galline per andar troppo si perdono. Sprichwort.

— Wenn die Frau die Kühe füttert, so geben selbst die Hörner Milch. Bauernregel.

— Wo die Magd soll lehren die Frau, | Da geht's mit der Wirtschaft flau. Bauernregel.

Frau (in der Gesellschaft). — Ein fromme frou sol haben gberd, | Jr ougen schlagen zů der erd | Und nit hofwort mit iederman | Triben und ieden gäfflen an, | Noch hören als, das man ir seit. Seb. Brant, D. Narrenschif 1494). Nr. 32. V. frouen hueten.

— Also soll auch ein züchtig Fraw | Den Leib nicht stellen auff die Schaw, | Sonder auß scham sie diß verhüll, | Was die Natur lehrt halten still.

Joh. Friedr. Fischart, D. Philosophisch Ehzuchtbüchlin (1578). D. Schiltkrot art v. eygenschafft.

— Wenn sie streben zu gefallen, | Sind dem Fallen nah die Frauen.

Friedr. Rückert, Gesammelte Gedichte (1834—1838). Chinesisches Liederb.

— Was vermag man über eine Frau in der Gesellschaft? Nichts! In der Einsamkeit? Alles! Franz.: Que peut-on sur la femme dans la société? Rien! Dans la solitude? Tout!

Jules Michelet, D. Liebe (1858). Übers. v. Spielhagen. K. 4.

— Als die Messe gesungen war, da war die Frau geschmückt. Franz.: Quand la messe fut chantée, | Si fut la dame parée. Sprichwort.

Frau (in Kunst und Wissenschaft). — Der Frauen Geist und Treue sind gering; | Trau' sorglos nie auf solch ein flüchtig Ding; | Bau' nicht auf sie, wenn schlecht sie im Gemüte, | Und sind sie gut, bau' nicht auf ihre Güte!

A. d. Persischen d. Dschâmî (1414—1492). Beharistan. Übers. v. Schlechta-Wssehrt.

— Ich liebe die gelehrten Frauen nicht. | Wohl seh' ich's gern, wenn eine Dame Einsicht | In alles hat; allein mich stört die Sucht | Gelehrt zu sein, nur um dafür zu gelten. Franz.: Les femmes docteurs ne sont point de mon goût. | Je consens qu'une femme ait des clartés de tout; | Mais je ne lui veux point la passion choquante | De se rendre savante afin d'être savante.

Molière (Jean Baptiste Poquelin), D. gelehrten Frauen (1672). Übers. v. Graf Baudissin. A. 1, Sz. 3 (Clitandre).

— Die Frauen im allgemeinen lieben keine Kunst, verstehen keine Kunst und haben kein Genie. Franz.: Les femmes en général n'aiment aucun art, ne se connaissent en aucun, et n'ont aucun génie.

Jean Jacques Rousseau, Br. an Herrn d'Alembert (1758). Übers. v. Große u. Hanschmann.

Frau (in Kunst und Wissenschaft). — Wie kann ein Mann ein Ding lieben, das ihm zum Trotze auch denken will? Ein Frauenzimmer, das denket, ist ebenso ekel als ein Mann, der sich schminket.

Gotthold Ephr. Lessing, Emilia Galotti (1772). A. 4, Sz. 3 (Orsina).

— Über eine gelehrte Frau (die der gütige Himmel von allen, die ihn lieben, in Gnaden abwenden wolle!) lächeln, die in einer Entfernung von ihr stehen.

Theod. Gottl. von Hippel, Über d. Ehe (1774). K. 6. Zum Besten d. Jünglinge.

— Ein starker Geist in einem zarten Leib, | Ein Zwitter zwischen Mann und Weib, | Gleich ungeschickt zum Herrschen und zum Lieben, | Ein Kind mit eines Riesen Waffen, | Ein Mittelding von Weisen und von Affen (die gelehrte Frau).

Friedr. von Schiller, Gedichte. D. berühmte Frau (geb. 1788).

— „Gelehrte" Frauen brauchen ihre Bücher etwa so wie ihre Uhr, bloß um sie zu tragen, damit sie gesehen werde, obschon sie meist stille steht oder doch nicht nach der Sonne richtig gestellt ist.

Immanuel Kant, Anthropologie (1798).

— Laßt die Damen mir zufrieden; daß sie schreiben, find' ich rätlich, | Führt die Frau die Autorfeder, wird sie wenigstens nicht schädlich.

Heinr. Heine, Reisebilder. Norderney (1826).

— Das Buch, in dem die Frau schreiben will, das einzige Buch, ist das Herz des Mannes. Franz.: **Le livre où veut écrire la femme, le seul livre, c'est le cœur de l'homme.**

Jules Michelet, D. Liebe (1858). Übers. v. Spielhagen. Einleitung.

— Eine Frau, die Geist und Talent hat, steht unter ihrem Geschlecht einsam. Vergebt ihr, wenn sie sich zu den Männern flüchtet!

Karl Gutzkow, Gesammelte Werke (1873).

— Ob eine Frau schreiben soll? Wenn sie Zeit hat; wenn sie Talent hat; wenn's ihr Mann befiehlt — wird's eheliche Pflicht sogar — wenn er's leidet, gerne sieht; wenn es sie von Schlechterem abhält usw., und sie muß es, wenn sie ein großer Autor ist.

Rahel (Antonie Friederike Varnhagen von Ense), Br. (1877).

— All' deine poetischen Siebensachen, | Ich schätze sie nicht ein Pfifferlein; | Nicht sollen die Frauen Gedichte machen, | Sie sollen versuchen, Gedichte zu sein.

Oskar Blumenthal, V. d. Bank d. Spötter (1885). Einer Dichterin.

— Ein philosophisches System in geschlossnem Zusammenhang aus einem Prinzip zu entwickeln und es als Denkmal in der Geschichte des menschlichen Geistes aufzustellen, ist bis jetzt einer Frau so wenig gelungen als ein Epos oder Drama von Bedeutung für die Weltliteratur.

Moriz Carriere, Gesammelte Werke (1886). D. Frauen u. d. Philosophie.

Frau (in Kunst und Wissenschaft). — ... studieren sie (die Frauen) aber kurz geschoren in Zürich, so mögen sie meinetwegen auch in Männerhosen den Montblanc erklettern; Esel sind die, welche sie sich wieder herunterholen.

Wilh. Raabe, Kloster Lugau (1894).

— Die meisten gelehrten Frauen gleichen einem Kaufmann, der alle Waren in die Schaufenster aufstellt und den Laden leer hat.

Otto von Leixner, A. meinem Zettelkasten (1896). Weib. Liebe. Ehe.

Frauenauge. — Aus Frauenaugen zieh' ich diese Lehre: . . . | Sie sind der Grund, das Buch, die hohe Schule, | Aus der Prometheus' echtes Feu'r entglüht. Engl.: **From women's eyes this doctrine I derive: . . . | They are the ground, the books, the Academes, | From whence doth spring the true Promethean fire.**

William Shakespeare, Verlorne Liebesmüh (1591—1592[?]). Übers. v. Graf Baudissin. A. 4, Sz. 3 (Biron).

— Es gibt gewisse Dinge, wo ein Frauenzimmerauge immer schärfer sieht, als hundert Augen der Mannspersonen.

Gotthold Ephr. Lessing, D. Freigeist (1749). A. 2, Sz. 3 (Theophan).

— ... nein, eine Schlacht, | Um schöne Augen einer Frau verloren, | Wiegt eure Sieg' auf, Roms Triumphatoren! Engl.: **If Anthony be well remember'd yet, | 'T is not his conquests keep his name in fashion, | But Actium, lost for Cleopatra's eyes, | Outbalances all Caesar's victories.**

George Gordon Lord Byron, Don Juan (1819—1824). Übers. v. Gildemeister. Ges. 6, Str. 4, V. 5.

— Wer der Frauen Auge scheuet, | Hat die Freude nie geschaut.

Friedr. Rückert, Gesammelte Gedichte (1834—1838). Haus u. Jahr. Erste Reihe. Kleines Frauenlob.

— Der Frauen Augen kochen wohl, die der Magd nicht.

Sprichwort.

— Das Auge der Frau macht das Zimmer rein. Niederl.: **Het oog van de vrouw maekt de kamer net.**

Sprichwort.

Frauenbestimmung. — Durch Liebe zu beglücken und zu nützen | Und in dem Kreise, welchen um sie her | Die Liebe schafft, ihr eignes Glück zu finden, | Das ist der Frau'n Bestimmung.

Ernst Raupach, D. Schule d. Lebens (1841). A. 1, Sz. 3.

Frauenfrage. — Als eine Frau lesen lernte, trat die Frauenfrage in die Welt.

Marie von Ebner-Eschenbach, Aphorismen (1893).

Frauengemüt. — Frawengemüte . . . | Würffel, ros und vederspil | Triegent ofte, wer es merken wil.

Hugo von Trimberg, D. Renner (1300).

Frauengemüt. — Ahnend sagt dir ein weiblich Gemüt, was gut und was schön sei; | Doch mißtraue der Frau, wenn sie mit Gründen dir kommt! Emanuel Geibel, Gesammelte Werke (1883). Dichtungen in antiker Form. Kleinigkeiten. Nr. 3.

Frauengeschlecht. — Frawlichen geschlecht redt übel nit, | Sonder ehre das zu aller zeit! Alter Spr.

Frauengrillen. — Über Wetter- und Herrenlaunen | Runzle niemals die Augenbraunen; | Und bei den Grillen der hübschen Frauen | Mußt du immer vergnüglich schauen!

Joh. Wolfg. von Goethe, Gedichte. Epigrammatisch. Lebensart (ged. 1814).

Frauengunst. — Ich seh' wohl, daß man Herrengut und Weibesgruß (Frauengunst) | Gewaltiglich und ungestüm sich jetzt erwerben muß. Mittelhochdeutsch: Ich sihe wol, daz man hêrren guot und wîbes gruoz | Gewalteclîch und ungezogenlîch erwerben muoz.

Walter v. d. Vogelweide (um 1170—1230), Gedichte. Übertr. v. Pannier.

— Die glatte Gunst der falschen Frauen | Ist ein zerbrüchig schlipfrich Eyß.

Paul Fleming, Teutsche Poemata (1642). D. güldne Freyheit.

— Jedoch es ist ein Schatz, den man allein | Dem Hochverdienten gerne gönnen mag, | Ein andrer, den man mit dem Höchstverdienten | Mit gutem Willen niemals teilen wird — | Und fragst du mich nach diesen beiden Schätzen: | Der Lorbeer ist es und die Gunst der Frauen.

Joh. Wolfg. von Goethe, Torquato Tasso (1789). A. 3, Sz. 4 (Antonio).

— Der Frauen Gunst wird nicht so leicht verscherzt.

Joh. Wolfg. von Goethe, Torquato Tasso (1789). A. 4, Sz. 2 (Leonore).

— Nur der verdient die Gunst der Frauen, | Der kräftigst sie zu schützen weiß.

Joh. Wolfg. von Goethe, Faust, II (1831). A. 3. Vor d. Palaste d. Menelas zu Sparta. Innerer Burghof (Faust).

— Frauengunst | War nie umsunst. Sprichwort.

— Wer bei Frauen will Gunst behalten, | Leg' nie's Gesicht in ernste Falten! Sprichwörtl.

Frauenhaar. — Wie daß das Frauenvolk so lange Haare führen? | Sie sind der Zaum, womit der Mann sie kann regieren.

Friedr. von Logau, Deutsche Sinn-Getichte (1654). Weiberhaare.

— Die vrouwen haben langez hâr | Und kurz gemüete, daz is wâr. Alter Spr.

— Lange Haare, kurzer Verstand. Sprichwort.

Frauenhaß. — Wenn die Frau | Den Mann haßt, ist das Leben selber ihr verhaßt. Griech.: *Ἀλλ' ὅταν πόσις πικρὸς | Ξυνῇ γυναικί, καὶ σῶν ἔστιν πικρόν.*

Euripides (um 480—406 v. Chr.), Helena. Übers. v. Binder. V. 296—97 (Helena).

— Wenn dich eine Frau haßt, so hat sie dich geliebt, liebt dich oder wird dich lieben. Alter Spr.

Frauenherz. — Doch weich und tränensüchtig ist der Frauen Herz. Griech.: *Γυνὴ δὲ θῆλυ κἀπὶ δακρύοις ἔφυ.*

Euripides, Medea (um 431 v. Chr.). Übers. v. Minckwitz. V. 928 (Medea).

— Das Herz einer Frau ist ein Teil des Himmels, | Aber wie das Firmament wechselt es auch Tag und Nacht. Engl.: **The heart is like the sky, a part of heaven, | But changes night and day, too, like the sky.**

George Gordon Lord Byron, Don Juan (1819—1824). Übers. v. Gildemeister. Ges. 2, Str. 214, V. 1.

— Nichts Tieferes, Leiseres, Unerforschlicheres als eines Weibes Herz.

Theod. Mundt, D. Delphin (1837—1838).

— Was die Perle für die Muschel, das ist die Liebe für manches Frauenherz — sein einziger Schatz, aber auch seine unheilbare Krankheit.

Jos. Baron von Eötvös, Gedanken (1867).

— Es gibt zweierlei Frauen in der Welt: solche, die ein Herz haben, und diese lieben Einen, dann solche, welche kein Herz haben, und diese lieben Hunderte.

Jos. Baron von Eötvös, Gedanken (1867).

— Bei dem Mann liegt die Kraft im Gehirn, bei der Frau im Herzen; und wenn der Kopf auch regiert, so ist es doch das Herz, welches gewinnt. Engl.: **Man excels in power of brain, woman in qualities of heart; and though the head may rule, it is the heart that influences.**

Samuel Smiles, D. Charakter (1871). Übers. v. Dobbert. K. 11. Genossenschaft in d. Ehe.

— O, welch ein Wunder hat unser Herrgott in der Frauen Herz gelegt, wenn sie bloß von der richtigen Art sind! Wie ein Druckfehlerverzeichnis hat er sie an sein großes Weltbuch, in welches ihm der Teufel so viel Unverständlichkeiten und falsche Wörter und Zahlen gesäet hat, angehängt!

Wilh. Raabe, Prinzessin Fisch (1883).

— Was Frauenherzen still ersinnen, | Und Gott geduldig läßt beginnen, | Dagegen gibt es kein Entrinnen. A. d. Ungarischen d. Maurus Jókai.

Frauenkrone. — Die Frauenkrone hast du nie besessen, | Nie hast du liebend einen Mann beglückt! Friedr. von Schiller, Maria Stuart (1800). A. 2, Sz. 6 (Mortimer).

Frauenlachen. — Meiner Frauen süßes Lachen | Kann uns fröhlicher noch machen | Als der blütenreiche Hag. D. Kanzler (um 1300).

Frauenlachen. — Eine Frau lacht, wann sie kann, und weint, wann sie will. Franz.: Femme rit quand elle peut et pleure quand elle veut. Sprichwort.

Frauenleben. — Preis jeder Stunde, wo gegeben | Gott dieser Welt ein weiblich Kind | Zu lichtem, warmen Frauenleben, | Und wenn es noch so viele sind!

Justinus Kerner, Dichtungen (1834). Lyrische Gedichte. Frauen. Schlußv.

Frauenliebe. — Lieb' oder Haß, — ein drittes gibt's bei Frauen nicht. Lat.: Aut amat aut odit mulier, nil est tertium.

Publilius Syrus (um 50 v. Chr.), Sentenzen. Übers. v. Friedrich. V. 6.

— Es ist kurz, mein Prinz. — | Wie Frauenliebe. Engl.: Tis brief, my lord. — | As woman's love.

William Shakespeare, Hamlet (1601—1602). Übers. v. Schlegel. A. 3, Sz. 2 (Ophelia u. Hamlet).

— Die Frawen seind mit der Lieb pracht, | Vnd mit der Schönheit höchsten macht | So vnvermeydenlich gezieret, | Daß jhr holdseelige gestalt | Allein regierend, ohn gewalt | Vber die hertzen triumfieret.

Georg Rudolf Weckherlin, Gaistl. u. Weltliche Gedichte (1641). Ode. Anakreontisch. Schlußv.

— Es gibt wenige Frauen, welche fähig sind, den Mann um des Genius willen zu lieben. Es ist die Person und der Erfolg, was sie begehren. Anselm Feuerbach, Ein Vermächtnis (1882).

— Die Frau verliert in der Liebe zu einem ausgezeichneten Manne das Bewußtsein ihres eigenen Wertes; der Mann kommt erst recht zum Bewußtsein des seinen durch die Liebe einer edlen Frau.

Marie von Ebner-Eschenbach, Aphorismen (1893).

— . . . und glücklich, wer an Frauenliebe glaubt; | In ihr das Paradies, die Gottheit sieht.

A. d. Rumänischen d. Basile Alexandri.

— Frauenlieb ist fahrende hab; | Heut lieb, morgen schabab. Alter Spr.

Frauenlist. — Nichts übertrifft doch Frauenlist im Ränkespiel. Griech.: *Δειναὶ γὰρ αἱ γυναῖκες εὑρίσκειν τέχνας.*

Euripides (um 480—406 v. Chr.), Iphigenie auf Tauris. Übers. v. Minckwitz. V. 1032 (Orestes).

— Weißt du nicht, daß Frauenlist | Doppelt ist? | Vierfach zählt zu jeder Zeit | Ihre Unbesonnenheit. | Achtfach wirkt bei jung und alt | Ihrer Liebe Allgewalt.

Leop. Jacoby, Cunita (1884).

— Mans list ist behend, | Frawen list hat kein end; | Selig ist der Man, | Der sich für Frawen list behuten kan. Alter Spr.

Frauenlob. — Wenn ich guter Frauen Lob gesungen, | Ward ich, war ich traurig, froh. Mittelhochdeutsch: Ich gesprach ie wol von guoten wîben, | Was mir leit, ich wurde frô.

Walter v. d. Vogelweide (um 1170—1230), Gedichte. Übertr. v. Pannier.

— Der ist fürwar ein esel grob, | Der schmecht (schmäht) vnd mindret wyber lob.

Thomas Murner, Narrenbeschwerung (1512). Nr. 10. V. esel gürten.

Frauenmund. — Aus der Frauen Rosenmunde | Kommt, was tief im Herzensgrunde | Jeden Mann erfreuen mag. D. Kanzler (um 1300).

— Frauenmund ist eine Blume, | Und die Blüte dieser Blume | Ist das Wort: Ich liebe dich.

Rob. Hamerling, Sinnen u. Minnen (1860). Stammbuchblätter. Frauenmund.

Frauenphantasie. — Frauenphantasie ist wunderbar; . . . | Wenn sie einmal entzückt sind, sind die Damen | So große Meisterinnen im Verklären, | Als ob sie lauter Rafaele wären. Engl.: Women's imagination is astonishing; . . . | If once their phantasies be brought to bear | Upon an object, whether sad or playful, | They can transfigure brighter than a Raphael.

George Gordon Lord Byron, Don Juan (1819—1824). Übers. v. Gildemeister. Ges. 15, Str. 16, V. 3.

— Die Frauen haben zuviel Phantasie und Erregbarkeit, um viel Logik zu haben. Frauen sind gründefest.

Ludw. Börne (Löb Baruch), Gesammelte Schriften (1862—1863).

Frauenrat. — Frauenrat soll niemand verschmähen. Norwegisch: Kjeringa-Raad skal ingen forsmaa. Sprichwort.

Frauenregiment. — Es ist sonderbar, daß man es dem Manne verargt, der eine Frau an die höchste Stelle setzen will, die sie einzunehmen fähig ist; und welche ist höher als das Regiment des Hauses?

Joh. Wolfg. von Goethe, Wilh. Meisters Lehrjahre (1777—1796).

— Und drinnen waltet | Die züchtige Hausfrau, | Die Mutter der Kinder, | Und herrschet weise | Im häuslichen Kreise.

Friedr. von Schiller, Gedichte. D. Lied v. d. Glocke (ged. Sept. 1799).

— Wenn ein kluger Mann der Frau befiehlt, Dann sei es um ein Großes gespielt; | Will die Frau dem Mann befehlen, | So muß sie das Große im kleinen wählen.

Joh. Wolfg. von Goethe, Gedichte. Sprichwörtl. (ged. 1812—1814).

— Je größer der Gehorsam der Frau ist, desto sicherer ist ihre Herrschaft. Franz.: Plus la femme obéira, plus elle est sûre de gouverner.

Jules Michelet, D. Liebe (1858). Übers. v. Spielhagen. K. 4.

Frauenregiment. — Die Männer regieren die Welt und die Frauen ihre Männer. Was wollen sie noch mehr?

Bogumil Goltz, Zur Charakteristik u. Naturgesch. d. Frauen (1859).

— Der Herd ist nicht erniedrigend; er kann ein Thron werden, von welchem eine Frau die Welt regiert. A. d. Ungarischen d. Maurus Jókai.

— Wo die Frau im Haus regiert, ist der Teufel Hausknecht. Sprichwort.

— Wo die Frau herrscht, wird alles unrein. Ital.: Dove donna domina, tutto si contamina.

Toskanisches Sprichwort.

Frauenreinheit. — Auf reinen Frauen nur ruht das Glück auf Erden. | Drum mag ihr Lob stets hoch gepriesen werden. | Was Gott je schuf in diesem Leben, | Übergolden reine Frauen noch. Reinmar von Zweter (13. Jahrh.).

Frauenschändung. — Ein esel wil syn haben ere, | Das er der wyber schanden mere.

Thomas Murner, Narrenbeschwerung (1512). Nr. 10. V. esel gürten.

Frauenschicksal. — Ein unnütz Leben ist ein früher Tod; | Dies Frauenschicksal ist vor allem meins.

Joh. Wolfg. von Goethe, Iphigenie auf Tauris (1787). A. 1, Sz. 2 (Iphigenie).

Frauenschönheit. — Wer ist reich? Wer eine schöne Frau hat; schön besonders an Charakter. Talmud (3. Jahrh.).

— Wer Frauenschönheit recht ermißt, | Erwarb sich immer Preis und Dank. Mittelhochdeutsch: Swâ man noch wîbes güete maz, | Dâ wart ir ie der habedanc.

Walter v. d. Vogelweide (um 1170—1230), Gedichte. Übertr. v. Pannier.

— Wehe denen, die so manche schöne Frau'n | Schon in bösen Ruf gebracht! Mittelhochdeutsch: Wê den selben, die sô manegen schönen lîp | Habent ze bösen mären brâht!

Walter v. d. Vogelweide (um 1170—1230), Gedichte. Übertr. v. Pannier.

— Weibes Schönheit manchen hat | Verführt zu großer Missetat. Mittelhochdeutsch: Wîbes schoene mangen hât | Verleit ûf grôze missetât.

Vrîdankes Bescheidenheit (1225—1240). Übertr. v. Pannier. Nr. 37. v. minne u. wîben.

— Großen Herren und schönen Frauen | Soll man gern dienen und wenig trauen.

Georg Rollenhagen, Froschmäuseler (1595).

— . . . denn die (die Frauen), welche sie (Fortuna) schön macht, macht sie selten ehrbar, und die, welche sie ehrbar macht, macht sie sehr häßlich. Engl.: . . . Those that she (Fortune) makes fair, she scarce makes honest; and those that she makes honest, she makes very ill-favouredly.

William Shakespeare, Wie es euch gefällt (um 1599). Übers. v. Schlegel. A. 1, Sz. 2 (Celia).

Frauenschönheit. — . . . wenn Frauen jung und schön nur sind, | So haben sie die Gabe, es zu wissen. Engl.: And says, if ladies be but young and fair, | They have the gift to know it.

William Shakespeare, Wie es euch gefällt (um 1599). Übers. v. Schlegel. A. 2, Sz. 7 (Jacques).

— Verflucht sei Schönheit, | Wo kein Erbarmen wohnt, | Wenn Grausamkeit | Im Weibe thront. Friedr. (Maler) Müller, Balladen (1776). Genovefa im Turme (Golo).

— Frauenschönheit will nichts heißen, | Ist gar zu oft ein starres Bild.

Joh. Wolfg. von Goethe, Faust, II (1831). A. 2. Klassische Walpurgisnacht. Peneios (Faust).

— Der wahren Frauenschönheit holder Macht | Kann widerstehen keine Macht auf Erden.

Nikolaus Lenau (Niembsch, Edler von Strehlenau), Faust (1836). D. Maler.

— O Frauenschönheit! Vieles ist zu preisen | An dir, in ewig unerschöpften Weisen; | Das ist dein Schönstes: daß in deiner Nähe | Auch wilde Sünderherzen weicher schlagen, | Daß ein Gefühl sie faßt mit dunklem Wehe | Aus ihrer Unschuld längst verlornen Tagen.

Nikolaus Lenau (Niembsch, Edler von Strehlenau), Faust (1836). D. Maler.

— Dem Mann magst wohl ein Schiff vertrauen, | Aber dein Herz nicht schönen Frauen, | Denn sie viel unbeständiger sind, | Denn als das Meer und auch der Wind. Alter Spr.

— Schöne Tage soll man abends loben und schöne Frauen morgens. Alter Spr.

— Die Frau ist wie die Kastanie, auswendig schön, inwendig schlecht. Franz.: La femme est comme une chataigne: belle en dehors, mauvaise en dedans. Sprichwort.

— Schöne Frau, entweder töricht oder eitel. Ital.: Dòna bèla, | O mata o vanerèla.

Lombardisches Sprichwort.

— Diendle, dei' Schönheit | Geht wol a' schon zum End | Wie 's Blüeml auf'n Feld, | Wänns der Reif amål brennt. Tiroler Schnaderhüpfl.

Frauenschoß. — In der Frauen Schoß | Liegt des Hauses Los. Alter Spr.

Frauenseele. — O seht, wie treulos alle Frauenseelen sind! Griech.: Ὁρᾶτ', ἄπιστον ὡς γυναικεῖον γένος.

Euripides (um 480—406 v. Chr.), Iphigenie auf Tauris. Übers. v. Minckwitz. V. 1298 (Bote).

— Der Blick in eine Frauenseele | Ist wie ein Blick ins Himmelreich.

Jul. Rodenberg, Lieder (1853). D. reinen Frauen.

Frauensinn. — Frauensinn ist wohl zu beugen, | — Ist der Mann ein Mann und schlau — | Aber nicht zu überzeugen: | Logik gibt's für keine Frau; | Sie kennt keine andren Schlüsse, | Als Krämpfe, Tränen und Küsse.

Friedr. von Bodenstedt, D. Lieder d. Mirza-Schaffy (1851). Verm. Lieder u. Spr. Nr. 40.

Frauensinn. — Flackernd wie eine Flamme im Winde, | Wie gleicht doch Frauensinn dem Kinde! Leop. Jacoby, Cunita (1884).

Frauensitte. — Versagen ist der Frauen Sitte, | Doch lieben sie, daß man sie bitte. Mittelhochdeutsch: Verzîhen ist der wîbe site, | Doch ist in liep, daz man si bite.

Vridankes Bescheidenheit (1225—1240). Übertr. v. Pannier. Nr. 37. v. minne u. wîben.

Frauenträne. — O Frauenträne, Zauber voll Gefahr, | Unwiderstehlich du und wunderbar, | Du Wehr der Schwachen, welche, wenn es gilt, Schirmt oder herrscht, zugleich ihr Speer und Schild. Engl.: Oh! too convincing — dangerously dear — | In woman's eye the unanswerable tear! | That weapon of her weakness she can wield, | To save, subdue — at once her spear and shield.

George Gordon Lord Byron, D. Korsar (1814). Übers. v. Heichen. Ges. 2, Abschnitt 15, V. 9.

— Eine Frau, die weint, ist ebenso zu erbarmen wie eine Gans, die barfuß geht. Engl.: It is as great pity to see a woman weep as a goose to go barefoot. Sprichwort.

— Hinken beim Hunde und Tränen bei Frauen, | Wer will dem trauen? Span.: Cojera de perro y llanto de mujer | No hay que creer. Sprichwort.

— Frauentränen — Katzentränen. Kroatisches Sprichwort.

Frauentreue. — . . . das höchste aber | Von allen Gütern ist der Frauen Schönheit. — | Der Frauen Treue gilt noch höhern Preis.

Friedr. von Schiller, D. Jungfrau v. Orleans (1801). A. 3, Sz. 3 (Burgund u. Sorel).

Frauentugend. — Wir sind Heldinnen, wenn wir unsere Tugend sicher wissen; — wenn wir sie verteidigen, Kinder! Furien, wenn wir sie rächen.

Friedr. von Schiller, D. Verschwörung d. Fiesko zu Genua (1783). A. 4, Sz. 12 (Julia).

— Und etwas lebt noch in des Weibes Seele, | Das über allen Schein erhaben ist | Und über alle Lästerung — es heißt | Weibliche Tugend.

Friedr. von Schiller, Don Carlos (1787). A. 3, Sz. 10 (Mortimer).

— Wer teutscher Weiber Tugend ehrt, | Sei ewig unsrer Freundschaft wert!

Christ. Gottlob Otto, Im Kreise froher, kluger Zecher usw. (vor 1808).

— Für Männer ist Wissen über Tugend; für Frauen ist Tugend: dem Wissen entsagen. A. d. Chinesischen.

Frauenunschuld. — Und Frauenunschuld, Frauenlieb', | Steht noch als höchstes Gut, | Wo deutscher Ahnen Sitte blieb | Und deutscher Jünglingsmut. Theod. Körner, Leier u. Schwert (1814). Trost.

Frauenuntreue. — Wenn ein Mann ungetreu ist, so ist es unrecht; wenn es aber eine Frau ist, unnatürlich und gottlos.

Theod. Gottl. von Hippel, Über d. Ehe (1774). K. 4. Über d. Treue in d. Ehe. D. Weiber.

Frauenurteil. — Warmblüt'ge Fehler finden insgesamt | Ein mildes Urteil bei den guten Frauen. Paul Heyse, D. Feenkind (1868). Ges. 1.

Frauenwürde. — Das ist die scham, darumb man ert | Der frowen zierd würd ouch gemert.

Thomas Murner, Narrenbeschwerung (1512). Nr. 26. Hewschrecken v. flöch sunnen.

Frauenzorn. — Weiber sind zum Zürnen hurtig, und ihr Zorn ist nicht zu sagen, | Wenn der Mann aus ihrer Küche Feuer will in fremde tragen.

Friedr. von Logau, Deutsche Sinn=Getichte (1654).

— Der meisten Schönen (der Frauen) Zorn gleicht ihrer Zärtlichkeit; | Sie dauern beide kurze Zeit. Christ. Fürchtegott Gellert, Fab. u. Erz. (1746). B. 1. Chloris.

Frauenzunge. — Der Frauen Zungen ja nimmer ruhn.

Adelbert von Chamisso (Louis Charles Adelaide Chamisso de Boncourt), Gedichte. Lieder u. lyrisch=epische Gedichte. D. Sonne bringt es an d. Tag (ged. 1827).

Fräulein. — Bin weder Fräulein, weder schön, | Kann ungeleitet nach Hause gehn.

Joh. Wolfg. von Goethe, Faust, I (1808). Straße (Margarete).

Frech. — Frech es (als, wie) ne Wanze. Sprichwörtl. Redensart. Münsterisch.

— Frech wie Oskar! Berliner Redensart.

Frechheit. — Frechheit und Tücke werden | Stets herrschen nebst der Mittelmäßigkeit | Und oben auf sein. Ital.: . . . Ardir protervo e frode, | Con mediocrità, regneran sempre | A galleggiar sortiti.

Giacomo Leopardi, Palinodie (1836). Übers. v. Heyse.

Frei. — Kein Mann der Erde, wahrlich, ist ein freier Mann! Griech.: *Οὐκ ἔστι θνητῶν ὅστις ἐστ' ἐλεύθερος.*

Euripides, Hekabe (um 425 v. Chr.). Übers. v. Minckwitz. V. 864 (Hekabe).

— Nicht wer Monarch ist, dünkt den Weisen frei; | Monarch ist, wer der Wünsche Drang verlor.

A. d. Persischen d. Ibn Jemin (gest. 1344). Übers. v. Schlechta=Wssehrt.

— . . . wer nicht mehr hat denn den freien Willen und die guten Werk, der trabe nur gen Höll!

Dr. Martin Luther, Tischreden oder Colloquia (1566). Nr. 10. Tischreden v. freien Willen. § 10a. Ein Anders.

— Lieb'r will ich arm seyn und mein Mann (frei), | Denn etwan reich an deiner Ketten stahn.

Georg Rollenhagen, Froschmäuseler (1595). B. 2, T. 1, K. 6.

Frei. — Der Mensch wurde frei geboren, und dennoch liegt er überall in Ketten. Franz.: **L'homme est né libre, et partout il est dans les fers.**

Jean Jacques Rousseau, Gesellschaftsvertrag (1762). Übers. v. Merkel.

— Es sind | Nicht alle frei, die ihrer Ketten spotten.

Gotthold Ephr. Lessing, Nathan d. Weise (1779). A. 4, Sz. 4 (Tempelherr).

— Ein freies Leben führen wir, | Ein Leben voller Wonne.

Friedr. von Schiller, D. Räuber (1781). A. 4, Sz. 5 (D. Räuber).

— Ein freies Leben ist ein paar knechtischer Stunden wert.

Friedr. von Schiller, D. Verschwörung d. Fiesko zu Genua (1783). A. 3, Sz. 5 (Verrina).

— . . . sie glauben sich nicht frei, wenn sie sich nicht selbst und andern schaden können.

Joh. Wolfg. von Goethe, Egmont (1788). A. 4. D. Culenburgische Palast (Alba).

— Sie wollen frei sein und verstehen nicht gerecht zu sein. Franz.: **Ils veulent être libres et ne savent pas être justes.**

Emanuel Jos. Sieyès in d. Nationalversammlung (10. Aug. 1789). Übers. v. Zimmermann.

— Willst du, mein Sohn, frei bleiben, so lerne was Rechtes, und halte | Dich genügsam, und nie blicke nach oben hinauf!

Joh. Wolfg. von Goethe, Gedichte. Vier Jahreszeiten (ged. 1796). Herbst. Nr. 65.

— Der Mensch ist frei geschaffen, ist frei, | Und würd' er in Ketten geboren.

Friedr. von Schiller, Gedichte. D. Worte d. Glaubens (ged. 1797).

— Vor dem Sklaven, wenn er die Kette bricht, | Vor dem freien Menschen erzittert nicht!

Friedr. von Schiller, Gedichte. D. Worte d. Glaubens (ged. 1797).

— Laß mich in vollen, in durstigen Zügen | Trinken die freie, die himmlische Luft.

Friedr. von Schiller, Maria Stuart (1800). A. 3, Sz. 1 (Maria).

— Die Torheit wähnt sich frei, wenn sie das Unrecht darf. Christoph Aug. Tiedge, Urania (1800). Ges. 6. Freiheit, Wiedersehn.

— Wenn er kein Weiser ist, so ist kein König frei. Christoph Aug. Tiedge, Urania (1800). Ges. 6. Freiheit, Wiedersehn.

— Der moralisch gebildete Mensch, und nur dieser, ist ganz frei.

Friedr. von Schiller, Prosaische Schriften (1793—1802).

— . . . ich bin nicht frei; | Ein eh'rnes Schicksal waltet über mir, | Und unaufhaltsam reißt es mich dahin, | Und eisern fällt und trifft das grause Los.

Adelbert von Chamisso (Louis Charles Adelaide Chamisso de Boncourt), Gedichte. In dramatischer Form. Faust (ged. 1803).

Frei. — Es liebt ein jeder frei sich selbst | Zu leben nach dem eigenen Gesetz; | Die fremde Herrschaft wird mit Neid ertragen.

Friedr. von Schiller, D. Braut v. Messina (1803). Säulenhalle (Isabella).

— Das Haupt zu heißen eines freien Volks, | Das dir aus Liebe nur sich herzlich weiht, | Das treulich zu dir steht in Kampf und Tod — | Das sei dein Stolz, des Adels rühme dich!

Friedr. von Schiller, Wilh. Tell (1804). A. 2, Sz. 1 (Attinghausen).

— Denn dieses ist der Freien einz'ge Pflicht, | Das Reich zu schirmen, das sie selbst beschirmt — | Was drüber ist, ist Merkmal eines Knechts.

Friedr. von Schiller, Wilh. Tell (1804). A. 2, Sz. 2 (Stauffacher u. Melchthal).

— Wir wollen frei sein, wie die Väter waren, | Eher den Tod als in der Knechtschaft leben.

Friedr. von Schiller, Wilh. Tell (1804). A. 2, Sz. 2 (Rösselmann).

— Niemand ist mehr Sklave, als der sich für frei hält, ohne es zu sein.

Joh. Wolfg. von Goethe, D. Wahlverwandtschaften (1808—1809). T. 2, K. 5. A. Ottiliens Tageb.

— Ein freies Herz ist Goldes wert, | Das müßt ihr fest erhalten.

Theod. Körner, Poetischer Nachlaß. Verm. Gedichte. Trinklied (ged. 1810). Mel. v. Aug. Daniel von Binzer (1819).

— Pfeiler, Säulen kann man brechen, | Aber nicht ein freies Herz.

Joh. Wolfg. von Goethe, Gedichte. D. Epimenides Erwachen (ged. Juni 1814). Gesang d. Genien.

— Wir wollen freie Deutsche sein, frei in unserem Hasse, frei in unserer Liebe.

Ludw. Börne (Löb Baruch), Gesammelte Schriften. Erz., Reisen, verm. Aufsätze. Nr. 40. Was wir wollen (Juli 1814).

— Die Erde kann neben uns untergehn; | Wir woll'n als freie Männer bestehn.

Theod. Körner, Leier u. Schwert (1814). Letzter Trost.

— Wer edel, uneigennützig, großmütig denkt, ist überall frei; wer niederträchtig, eigennützig, kriechend denkt, ist überall Sklave.

Friedr. Maximilian von Klinger, Werke (1809—1815).

— Und Freie seid ihr nicht geworden, | Wenn ihr das Recht nicht festgestellt.

Ludw. Uhland, Gedichte. Vaterländische Gedichte. Am 18. Okt. 1816 (ged. 15.—17. Okt. 1816).

— Frei ist der Bursch!

Aug. Daniel von Binzer, Stoßt an! Eisenach lebe usw. (ged. 1817). Mel. v. Albert Methfessel (1818).

— Nur ein freies Volk ist würdig eines Aristophanes.

Aug. Graf von Platen-Hallermund, D. verhängnisvolle Gabel (1826). A. 4 (Schmuhl).

Frei. — Nicht das macht frei, daß wir nichts über uns anerkennen wollen, sondern eben, daß wir etwas verehren, das über uns ist.

Joh. Peter Eckermann, Gespräche mit Goethe in d. letzten Jahren seines Lebens (18. Jan. 1827).

— Das freie Roß ist ein Gerippe; | Fett wird's, gefesselt an die Krippe!

Christ. Dietr. Grabbe, Don Juan u. Faust (1829). A. 4, Sz. 2 (Faust).

— Frei das Wort, frei der Gedanke!

Anastasius Grün (Anton Alexander Graf von Auersperg), Spaziergänge eines Wiener Poeten (1831). An d. Kaiser.

— Frei muß ich denken, sprechen und atmen Gottes Luft, | Und wer die drei mir raubet, der legt mich in die Gruft.

Adelbert von Chamisso (Louis Charles Adelaide Chamisso de Boncourt), Gedichte. Lieder u. lyrisch-epische Gedichte. Abba Glosk Leczeka (ged. 1832).

— Der Mensch ist frei wie der Vogel im Käfig; er kann sich innerhalb gewisser Grenzen bewegen.

Joh. Kaspar Lavater, Sämtl. Werke (1834).

— Wer in der Welt ist frei von allen Banden? | Wir sind gebunden alle, wie wir sind.

Ernst Raupach, Tassos Tod (1835). A. 3, Sz. 4.

— Nur die Vernunft darf fordern frei zu sein.

Ernst Raupach, D. Hohenstaufen (1837). Kaiser Friedr. I. Abschied. A. 2, Sz. 1.

— Mancher wähnt sich frei und siehet | Nicht die Bande, die ihn schnüren.

Friedr. Rückert, Gesammelte Gedichte (1834—1838). Wanderung. Nr. 3.

— Frei glauben sie (die Menschen) zu sein, wenn sie ihren Gelüsten gehorchen dürfen.

Ernst Freiherr von Feuchtersleben, Zur Diätetik d. Seele (1838). K. 7. Lehre v. d. Affekten.

— Frei ist kräftiges Volk, das weise sich selber regieret; | Frei der gebildete Mensch, welcher sich selber beherrscht.

Aug. Mahlmann, Sämtl. Schriften (1839—1840). Gedichte. A. d. Leben.

— Ich bin ein freier Mann und singe | Mich wohl in keine Fürstengruft.

Georg Herwegh, Gedichte eines Lebendigen. Leicht Gepäck (ged. 1840). Mel. v. A. Scharschmidt (1848).

— Willst du leben, mußt du dienen; willst du frei sein, mußt du sterben.

Friedr. Hegel, Werke (1832—1842).

— Raum, ihr Herren, dem Flügelschlag | Einer freien Seele.

Georg Herwegh, Gedichte eines Lebendigen (1841—1843). A. d. Bergen.

— Wer sich nicht beherrschen kann — der will frei sein? und wer es kann — ist er es nicht?

Ernst Freiherr von Feuchtersleben, Sämtl. Werke (1851—1853). Konfessionen.

— Wer frei sein soll, der muß die Freiheit wollen! | Und wer ein Knecht ist, bleibt es, wo er sei!

Friedr. Halm (Elegius Frz. Jos. Freiherr von Münch-Bellinghausen), D. Fechter v. Ravenna (1857). A. 4 (Merowig).

Frei. — Wahrhaft frei kann nur dasjenige Leben sein, welches über der Zeit sich befindet.

Frz. Xaver von Baader, Sämtl. Werke (1851—1860).

— . . . nicht der Geist, das Herz macht frei.

Ludw. Börne (Löb Baruch), Gesammelte Schriften (1862—1863). Kritiken. Nr. 26. D. ewige Jude.

— Frei sein wollen heißt frei sein.

Ludw. Börne (Löb Baruch), Gesammelte Schriften (1862—1863). Kritiken. Nr. 26. D. ewige Jude.

— Leben heißt frei sein.

Ludw. Börne (Löb Baruch), Gesammelte Schriften (1862—1863).

— Der Gedanke, daß der Mensch frei sei, ist schwieriger zu finden gewesen, als der, daß die Erde sich um die Sonne bewege; für ersteren läßt sich kein Kopernikus nennen.

Rudolf von Ihering. D. Geist d. römischen Rechts (1852—1865).

— Der eine fragt: Was kommt danach? | Der andre fragt nur: Ist es recht? | Und also unterscheidet sich | Der Freie von dem Knecht.

Theod. Storm, Sämtl. Schriften (1868). Gedichte. Spr.

— Nur der Mensch ist frei, der sich seine eigenen Gedanken im Kopfe ausbildet, niemand etwas nachspricht, was er nicht versteht und selber einsieht; der die Gesetze kennt, die Gott in seine Brust geschrieben hat, und ohne Menschenfurcht ihnen gerecht zu werden strebt.

Berth. Auerbach, D. Schatzkästlein d. Gevattersmanns (1875).

— Kein Ding, o Freund, ist des Besitzens wert, | Und frei nur ist, wer nichts ersehnt, entbehrt.

Prinz Emil von Schönaich-Carolath, Dichtungen (1883). Fatthûme. Nr. 7.

— Es gibt kaum ein Wort heutzutage, mit dem mehr Mißbrauch getrieben wird, als mit dem Worte „frei".

Otto von Bismarck im Reichstage (15. März 1884).

— Ich traue dem Worte (frei) nicht, aus dem Grunde, weil keiner die Freiheit für alle will; jeder will sie für sich, aber nur so frei, daß die anderen ihm zu gehorchen und zu folgen haben.

Otto von Bismarck im Reichstage (15. März 1884).

— Gib's allen frei, nach ihrer Art | Zu tun, was ihr Pläsir ist, | So merkst du bald, daß von Natur | Der Mensch ein wildes Tier ist.

Wilh. Jordan, Letzte Lieder (1892). Tenzonen. Übermild.

— Freier Mann haßt den Zwang.

Sprichwort.

— Freies Feld haben (unbehindert sein).

Redensart.

— In allen deinem Tun und Lassen frei | Bitt' Gott, daß er dein Helfer sei!

Spr. auf einem Richtschwert.

Freier, der. — Außen blank und innen rein, | Fleißig, fromm und sittsam sein, | Locket wackre Freier.

Gottfr. Aug. Bürger, Gedichte. Spinnerlied (ged. 1775). Schlußv. Mel. v. Friedr. Wilh. Weiß (1777).

Freigebig. — Der ist ein weiser Mann, der beides wohl ermißt | Und mild (freigebig) in rechter Zeit, in rechter sparsam ist.

Martin Opitz, Sämtl. Werke (1644). Epigramme.

— Freigebig ist nicht, wer nur gibt, | Wo ihm kein Mangel droht; | Freigebig ist, wer Hunger hat | Und teilt mit dir sein Brot.

Friedr. Rückert, Erbauliches u. Beschauliches a. d. Morgenlande (1837—1838). Arabische Volkslieder.

— Frei fühlt sich vom Besitz nur der freigeb'ge Mann.

Friedr. Rückert, D. Weisheit d. Brahmanen (1836—1839). B. 8, Nr. 85. (Stufe 4. Schule. Nr. 103.)

Freigebigkeit. — Ein Reicher ohne Freigebigkeit ist ein Baum, der weder Früchte noch Schatten gibt.

Christ. Friedr. Wilh. Jacobs, Ährenlese (1823—1825). Bd. 2.

Freigeist. — Beide (der Rechtgläubige wie der Freigeist) fürchten sich, durch den geringsten Zweifel ihr System gleichsam anzubrechen, um nicht am Ende die Kränkung zu haben, es gänzlich verzehrt zu sehen.

Joh. Jak. Engel, D. Philosoph für d. Welt (1775—1777). T. 1, Stück 5. Shaftesbury an Bayle.

— **Freiheit.** — O Hüttchen Freiheit, deiner Schwelle Staub | Scheint heil'ges Salböl jedem, der kein Tor.

A. d. Persischen d. Ibn Jemin (gest. 1344). Übers. v. Schlechta-Wssehrt.

— Darumb sein eigen freyheit haben, | Ist gwiß ein nicht der geringsten gaben.

Joh. Friedr. Fischart, D. Philosophisch Ehzuchtbüchlin (1578). D. Schiltkrot art v. eygenschafft.

— Freiheit die schönste Blume heißt.

Joh. Friedr. Fischart, Bündnuß v. Verain d. Freien Stätt Zürich, Bern v. Straßburg (1588).

— Denn Liebe zu der Freiheit Gut | Im Menschen tief begründet ruht, . . . | Daß er sie wie sein Leben achtet, | Das Leben ohne sie verachtet.

Joh. Friedr. Fischart, Bündnuß v. Verain d. Freien Stätt Zürich, Bern v. Straßburg (1588).

— Den freien Mut spürt man erst dann, | Wenn man die Freiheit greifet an.

Joh. Friedr. Fischart, Bündnuß v. Verain d. Freien Stätt Zürich, Bern v. Straßburg (1588).

— Und Freiheit ist ein Hochgefühl, | Daß jeder das tut, was er will, | Nach Billigkeit und Recht der Alten, | Daß ihn nichts kann zurückehalten.

Joh. Friedr. Fischart, Bündnuß v. Verain d. Freien Stätt Zürich, Bern v. Straßburg (1588).

— Nächst Gott, nächst einem guten Muth, | Ist mein' Freyheit mein höchstes Guth.

Georg Rollenhagen, Froschmäuseler (1595). B. 2, T. 1, K. 6.

— Freyheit ists best nächst Gottes Gnad.

Georg Rollenhagen, Froschmäuseler (1595). B. 2, T. 1, K. 6.

Freiheit. — Freyheit geht vor golt, | Sagt der vogel, flog ins Holt (Holz = Wald).

Reimspr. (16. Jahrh.).

— Wie Überfüllung strenge Fasten zeugt, | So wird die Freiheit, ohne Maß gebraucht, | In Zwang verkehrt. Engl.: As surfeit is the father of much fast, | So every scope by the immoderate use | Turns to restraint.

William Shakespeare, Maß für Maß (1604). Übers. v. Graf Baudissin. A. 1, Sz. 3 (Claudio).

— Wo dieses Freiheit ist, frei thun nach aller Lust, | So sind ein freies Volk die Säu in ihrem Wust.

Friedr. von Logau, Deutsche Sinn-Getichte (1654). D. Freiheit.

— Es ist kein schärffer Schwerd als das, so vor die Freyheit streitet.

Christoph Lehmann, Politischer Blumen-Garten (1662). T. 1. Freyheit. Nr. 7.

— Freyheit besteht darinn, daß man nach gesunder Vernunfft lebe.

Christoph Lehmann, Politischer Blumen-Garten (1662). T. 1. Freyheit. Nr. 49.

— Freyheit ist über Gold vnd Silber, Knechtheit dem Tod gleich.

Christoph Lehmann, Politischer Blumen-Garten (1662). T. 1. Freyheit. Additio. Nr. 2.

— Die menschliche Freiheit besteht lediglich darin, daß sich die Menschen ihres Wollens bewußt und der Ursachen, von denen sie bestimmt werden, unbewußt sind.

Baruch Spinoza, Posthume Werke (1670).

— Wer Freiheit liebt, liebt Gott. Wer sich in Gott versenkt | Und alles von sich stößt, der ist's, dem Gott sie schenkt.

Angelus Silesius (Joh. Scheffler), Cherubinischer Wanders-Mann (1675).

— Man muß, will man ein Glück genießen, | Die Freiheit zu behaupten wissen.

Christ. Fürchtegott Gellert, Fab. u. Erz. (1746). B. 3. D. Wachtel u. d. Hänfling.

— Der Freiheit hab' ich mich ergeben, | Sie bleibt mein letztes Unterpfand.

Ich lobe mir das Burschenleben usw. (vor 1760). Verfasser unbek. Mel. v. Karl Maria von Weber.

— O Freiheit, | Silberton dem Ohre, | Licht dem Verstand und hoher Flug zu denken, | Dem Herzen groß Gefühl!

Friedr. Gottl. Klopstock, Oden u. Epigramme. D. neue Jahrhundert (ged. 1760).

— Auf seine Freiheit verzichten, heißt auf seine Menschenwürde, Menschenrechte, selbst auf seine Pflichten verzichten. Franz.: **Renoncer à sa liberté c'est renoncer à sa qualité d'homme, aux droits de l'humanité, même à ses devoirs.**

Jean Jacques Rousseau, Gesellschaftsvertrag (1762). Übers. v. Merkel.

Freiheit. — Dich, Freiheit, du dreifach liebliche und milde Gottheit, verehren alle öffentlich oder geheim; dein Geschmack ist köstlich und wird es sein, es wäre denn, daß die Natur selbst sich nicht gleich bliebe. Engl.: 'Tis thou, thrice sweet and gracious goddess, Liberty, whom all in public or in private worship, whose taste is grateful, and ever will be so, till Nature herself shall change.

Laurence Sterne, D. sentimentale Reise (1768). Übers. v. Eitner. K. 41. D. Paß. D. Hotel in Paris.

— Es lebe die Freiheit! — Und wenn die uns überlebt, können wir ruhig sterben.

Joh. Wolfg. von Goethe, Götz v. Berlichingen (1773). A. 3. Saal (Alle u. Götz).

— Freiheit! Freiheit! — Nur droben, droben bei dir. Die Welt ist ein Gefängnis.

Joh. Wolfg. von Goethe, Götz v. Berlichingen (1773). A. 5. Gärtchen am Turm (Götz u. Elisabeth).

— Das Gesetz hat noch keinen großen Mann gebildet; aber die Freiheit brütet Kolosse und Extremitäten aus.

Friedr. von Schiller, D. Räuber (1781). A. 1, Sz. 2 (Moor).

— Auch die Freiheit muß ihren Herrn haben. Ohne Oberhaupt ging Rom und Sparta zugrunde.

Friedr. von Schiller, D. Räuber (1781). A. 1, Sz. 2 (Roller).

— In Freiheit leben heißt erst leben.

Karl Wilh. Ramler, Fabellese (1783). B. 4, Nr. 36. D. beiden Nachtigallen.

— Die bürgerliche Freiheit ist die Fähigkeit, seine natürlichen Fähigkeiten im Rahmen des Gesetzes anzuwenden. Ital.: La libertà civile è la facoltà di adoperare le sue naturali facoltà secondo la legge.

Mario Pagano, Politische Essays (1783). B. 5, K. 15. Übers. v. Pozzoni.

— Freiheit gibt dem Menschen Freude, | Freude gibt ihm freien Geist! | Frechheit führt ihn zu dem Leide, | Das ihn aller Freud' entreißt.

Joh. Wilh. Ludw. Gleim, D. goldenen Spr. d. Pythagoras (1786).

— Sehen Sie sich um | In seiner herrlichen Natur! Auf Freiheit | Ist sie gegründet — und wie reich ist sie | Durch Freiheit!

Friedr. von Schiller, Don Carlos (1787). A. 3, Sz. 10 (Marquis).

— Freiheit? Ein schönes Wort, wer's recht verstände. Was wollen sie für Freiheit? Was ist des Freiesten Freiheit? — Recht zu tun!

Joh. Wolfg. von Goethe, Egmont (1788). A. 4. D. Culenburgische Palast (Alba).

— Kein Gefühl ist von unserem Wesen so unzertrennlich als das der Freiheit. Von dem wohlgesittetsten Menschen an bis auf den barbarischsten sind alle ohne Unterschied davon durchdrungen.

Friedr. d. Große, Sämtl. Werke (1789). Antimachiavelli. K. 9.

Freiheit. — Ich wünsche ein edles, kühnes, freidenkendes Volk zu beherrschen, ein Volk, das Macht und Freiheit hätte, zu denken und zu handeln, zu schreiben und zu sprechen, zu siegen oder zu sterben.

Friedr. d. Große, Sämtl. Werke (1789).

— Tun wollen, was man tun darf, folgen, wo Natur und Herz gebieten, das ist die Freiheit des Weisen.

Aug. von Kotzebue, Bruder Moritz d. Sonderling (1791).

— Der Baum der Freiheit wächst nur, begossen mit dem Blut des Tyrannen. Franz.: L'arbre de la liberté ne croît qu'arrosé par le sang des tyrans.

Bertrand Barère im franz. Konvent (1792). Übers. v. Zimmermann.

— O Freiheit, welche Verbrechen begeht man in deinem Namen! Franz.: O liberté, que de crimes on commet en ton nom!

Jeanne Roland de la Platière auf d. Richtplatze vor d. Statue d. Freiheit (8. Nov. 1793). Übers. v. Zimmermann.

— Wer nicht für Freiheit sterben kann, | Der ist der Kette wert.

Gottfr. Aug. Bürger, Gedichte. Straflied beim schlechten Kriegsanfang d. Gallier (1793).

— Freiheit! du bist wie das Brot; jedem Stande und jedem Alter Bedürfnis. Brot ist des Körpers Nahrung und Freiheit Seelenspeise.

Aug. von Kotzebue, Graf Benjowsky (1795).

— Kein Staat ist frei, als der sich liebt; das Maß der Vaterlandsliebe ist das Maß der Freiheit.

Jean Paul (Joh. Paul Friedr. Richter), Hesperus (1795).

— Freiheit wünschest du dir und klagst alltäglich und zürnest, | Daß dir Freiheit fehlt über Despotengewalt? — | Lern' entbehren, o Freund! Beut' Trotz dem Schmerz und dem Tode! | Und kein Gott des Olymps fühlt sich freier als du.

Gottfr. Aug. Bürger, Gedichte (1796—1797). Freiheit.

— Sprech' er (der Mensch) doch nie von Freiheit, als könn' er sich selber regieren! | Losgebunden erscheint, sobald die Schranken hinweg sind, | Alles Böse, das tief das Gesetz in die Winkel zurücktrieb.

Joh. Wolfg. von Goethe, Hermann u. Dorothea (1797). Klio.

— Aus der Welt die Freiheit verschwunden ist; | Man sieht nur Herren und Knechte.

Friedr. von Schiller, Wallensteins Lager. Sz. 11. Reiterlied (ged. 1797). Mel. v. Christ. Jak. Zahn (1798).

— Freiheit liebt das Tier der Wüste, | Frei im Äther herrscht der Gott.

Friedr. von Schiller, Gedichte. D. Eleusische Fest (ged. 1798).

— Freiheit ist bei der Macht allein.

Friedr. von Schiller, Wallensteins Lager (1798). Sz. 11 (Zweiter Jäger).

Freiheit. — Wo viel Freiheit, ist viel Irrtum; | Doch sicher ist der schmale Weg der Pflicht.
Friedr. von Schiller, Wallensteins Tod (1799). A. 4, Sz. 2 (Buttler).

— Die Welt der Freiheit trägt der Mensch in seinem Innern, | Und Tugend ist der Freiheit Götterkind. Christoph Aug. Tiedge, Urania (1800). Ges. 6. Freiheit. Wiedersehn.

— Auf, ihr Brüder, singet Lieder | Auf der goldnen Freiheit Wohl!
Verfasser unbek. (vor 1801). Volksweise.

— Freiheit ist nur in dem Reich der Träume.
Friedr. von Schiller, Gedichte. D. Antritt d. neuen Jahrhunderts (ged. 1801).

— Mehr als das Leben lieb' ich meine Freiheit.
Friedr. von Schiller, D. Jungfrau v. Orleans (1801). A. 2, Sz. 2 (Isabeau).

— Die schönsten Träume von Freiheit werden im Kerker geträumt.
Friedr. von Schiller, Prosaische Schriften (1793—1803). Br. über Don Carlos. Br. 2.

— Die wahre Freiheit ist nichts anderes als Gerechtigkeit.
Joh. Gottfr. Seume, Mein Spaziergang nach Syrakus (1803). T. 2.

— In dir ein edler Sklave ist, | Dem du die Freiheit schuldig bist.
Matthias Claudius, Sämtl. Werke d. Wandsbecker Boten. T. 7 (1803). Ein gülden ABC.

— Das Haus der Freiheit hat uns Gott gegründet. Friedr. von Schiller, Wilh. Tell (1804). A. 1, Sz. 3 (Tell).

— . . . wenn wir unser Blut dran setzen sollen, | So sei's für uns — wohlfeiler kaufen wir | Die Freiheit als die Knechtschaft ein.
Friedr. von Schiller, Wilh. Tell (1804). A. 2, Sz. 1 (Attinghausen).

— Es ist ein Feind, vor dem wir alle zittern, | Und eine Freiheit macht uns alle frei!
Friedr. von Schiller, Wilh. Tell (1804). A. 3, Sz. 2 (Bertha). Schlußv.

— Wie sind wohl die Menschen zu dem Begriff von Freiheit gelangt? Es war ein großer Gedanke. Georg Christoph Lichtenberg, Verm. Schriften (1800—1806). Bd. 2, Nr. 2. Bemerk. verm. Inhalts. Nr. 1. Philosophische Bemerk.

— Der höchste Grad von politischer Freiheit liegt unmittelbar am Despotismus an.
Georg Christoph Lichtenberg, Verm. Schriften (1800—1806). Bd. 2, Nr. 2. Bemerk. verm. Inhalts. Nr. 7. Politische Bemerk.

— Was die wahre Freiheit und den Gebrauch derselben am deutlichsten charakterisiert, das ist der Mißbrauch derselben.
Georg Christoph Lichtenberg, Verm. Schriften (1800—1806).

— Es lebe die Freiheit! Es lebe der Wein!
Joh. Wolfg. von Goethe, Faust, I (1808). Auerbachs Keller in Leipzig (Altmayer).

Freiheit. — Freiheit, auch in den Regungen des äußerlichen Lebens, ist der Boden, in welchem die höhere Bildung keimt.
Joh. Gottl. Fichte, Reden an d. deutsche Nation (1808). Rede 8.

— Wird unser äußeres Wirken in hemmende Fesseln geschlagen, laßt uns desto kühner unsern Geist erheben zum Gedanken der Freiheit, zum Leben in diesem Gedanken!
Joh. Gottl. Fichte, Reden an d. deutsche Nation (1808).

— Vollkommenes Gedeihen und Freiheit sind unzertrennliche Ideen auch in der Natur.
Alexander Freiherr von Humboldt, Ansichten d. Natur (1808).

— Für die Freiheit eine Gasse! | Dacht' ein Held in Todesmut.
Max von Schenkendorf, Sämtl. Gedichte. Abteilung 2. Vaterland. Schill (ged. 1809).

— Freiheit, ja, ich fühle | Deine Liebesglut; | Du bist der Gefühle | Herz und Lebensblut; | Sprich aus dem Gesange, | Rausch' in Adlers Klange, | Atme deutschen Mut!
Friedr. von Schlegel, Gedichte (1809). Freiheit. Schlußv.

— Die Freiheit kann nicht untergehn, | Solange Schmiede Eisen hämmern.
Ernst Moritz Arndt, Gedichte. Willkommen (ged. 1811).

— Gott schuf für die Freiheit, die Tugend, die Welt. Ernst Moritz Arndt, Gedichte. Marsch (ged. 1812).

— Ich schwöre dir, o Freiheit, auch | Zu dienen bis zum letzten Hauch | Mit Herz und Seele, Mut und Blut, — | Du bist des Mannes höchstes Gut.
Ernst Moritz Arndt, Gedichte. D. deutschen Knaben Robert Schwur (ged. 1813). Mel. v. Albert Methfessel (1818).

— Denn Freiheit ist das höchste Gut, | Ob's tausend Leben gilt.
Theod. Körner, Leier u. Schwert. Jägerlied (ged. 1813).

— Der Freiheit Hauch weht mächtig durch die Welt. | Ein freies, frohes Leben uns wohlgefällt.
Albert Methfessel, Marschlied für d. freiwilligen Scharfschützen d. Gesamthauses Schwarzburg (ged. 1813). Mel. v. Verfasser (komp. 1813).

— Freiheit, die ich meine, | Die mein Herz erfüllt, | Komm' mit deinem Scheine, | Süßes Engelsbild!
Max von Schenkendorf, Sämtl. Gedichte. Abteilung 2. Freiheit (ged. 1813). Mel. v. Karl Groos (komp. 1818).

— Das Leben gilt nichts, wo die Freiheit fällt.
Theod. Körner, Leier u. Schwert (1814). Letzter Trost.

— O weh' dir, schnöde Welt! | Wo keine Freiheit blüht, | Von Treuen los und bar von Ehren!
Max von Schenkendorf, Sämtl. Gedichte. Abteilung 2. D. Lied v. Rhein (ged. 1814). Mel. v. Hans Georg Nägeli (komp. 1816).

Freiheit. — Das Dritte, deutscher Männer Weide! | Am hellsten soll's geklungen sein! | Die Freiheit heißet deutsche Freude, | Die Freiheit führt den deutschen Reih'n.

Ernst Moritz Arndt, Gedichte. Bundeslied (ged. 1815). Mel. v. Georg Friedr. Hanitsch (1817).

— Urgeist der kettenlosen Seelenkraft! | Am hellsten, Freiheit! strahlst du in der Fron | Des Kerkers, — denn da ist das Herz dein Thron, | Das allem Zwang, nur dir sich nicht entrafft. Engl.: Eternal Spirit of the chainless Mind! | Brightest in dungeon, Liberty! thou art, | For there thy habitation is the heart — | The heart which love of thee alone can bind.

George Gordon Lord Byron, D. Gefangene v. Chillon (1816). Übers. v. Heichen. Sonett auf Chillon. Str. 1.

— Die Freiheit besteht darin, daß man alles das tun kann, was einem andern nicht schadet.

Matthias Claudius, Sämtl. Werke d. Wandsbecker Boten (1816). Erklärung d. Menschenrechte.

— Freiheit heißt nun meine Fee, | Und mein Ritter heißet Recht.

Ludw. Uhland, Gedichte. Lieder. D. neue Märchen (ged. 8. Sept. 1816).

— Süßestes von allen Dingen, | Dir, o Freiheit, will ich's bringen | In dem Wein!

Ernst Moritz Arndt, Gedichte. Trinklied (ged. 1817). Mel. v. Verfasser.

— Erharret ruhig und bedenket: | Der Freiheit Morgen stieg herauf, | Ein Gott ist's, der die Sonne lenket, | Und unaufhaltsam ist ihr Lauf!

Ludw. Uhland, Gedichte. Vaterländische Gedichte. D. Landständen zum Christophstag 1817 (ged. 14. März 1817). Schlußv.

— Die Freiheit, für die man kämpft, ist eine Geliebte, um die man sich bewirbt; die Freiheit, die man hat, ist eine Gattin, die uns unbestritten bleibt. Glauben Sie, daß ein braver Mann sein Weib nicht liebt, weil sein Herz still und friedlich ist?

Ludw. Börne (Löb Baruch), Gesammelte Schriften. Schilderungen a. Paris (1822—1823). Nr. 15. D. Estaminets.

— Des Menschen Freiheit ist sein innrer Wert, | Und seine Schuld allein kann sie ihm rauben.

Mich. Beer, Klytemnestra (1823). A. 1, Sz. 3.

— Die Freiheit ist die ewige Jugend der Völker. Span.: La libertad es la juventud eterna de las naciones.

General Foy (1775—1825).

— O Freiheit! Sonnenwärme dem Herzen! Licht | Dem Geiste! Mut der Männer entzündet sich | An deinem Strahl! Auf deinem Herde | Steiget die Flamme der kühnen Wahrheit.

Friedr. Leop. Graf zu Stolberg, Gesammelte Werke (1820—1825). Gedichte.

— Freiheit und Gleichheit lehrt der Humor und das Christentum — beide vergebens.

Ludw. Börne (Löb Baruch), Gesammelte Schriften. Erz., Reisen, verm. Aufsätze. Nr. 24. Denkrede auf Jean Paul, vorgetragen im Museum zu Frankfurt (2. Dez. 1825).

Freiheit. — Schlägt das Herz für Freiheit, so ist ein Schlag des Herzens ebensogut wie ein Ritterschlag.

Heinr. Heine, Reisebilder. Norderney (1826).

— Auf die Frage: Was ist Freiheit? antwortete ein Weiser: Ein gutes Gewissen.

Theod. Gottl. von Hippel, Sämtl. Werke (1827—1828).

— Als ob die Freiheit nicht ebensogut eine Religion wäre als jede andere!

Heinr. Heine, Reisebilder. Engl. Fragmente (1828). Nr. 13. D. Befreiung.

— Die Freiheit ist eine neue Religion, die Religion unserer Zeit.

Heinr. Heine, Reisebilder. Engl. Fragmente (1828). Nr. 13. D. Befreiung.

— Beglückt der Sklav' in Ketten, | Kennt er die Freiheit nicht!

Christ. Dietr. Grabbe, Don Juan u. Faust (1829). A. 3, Sz. 3 (Faust).

— Alle Menschen, wie sie zur Freiheit gelangen, machen ihre Fehler gelten: die Starken das Übertreiben, die Schwachen das Vernachlässigen.

Joh. Wolfg. von Goethe, Werke (1827—1830). Maximen u. Reflexionen.

— Das Wort Freiheit klingt so schön, daß man es nicht entbehren könnte, und wenn es einen Irrtum bezeichnete.

Joh. Wolfg. von Goethe, A. meinem Leben. Dichtung u. Wahrheit (1809—1831).

— Nur der verdient sich Freiheit wie das Leben, | Der täglich sie erobern muß.

Joh. Wolfg. von Goethe, Faust, II (1831). Großer Vorhof d. Palasts (Faust).

— Freiheit ist die große Losung, deren Klang durchjauchzt die Welt.

Anastasius Grün (Anton Alexander Graf von Auersperg), Spaziergänge eines Wiener Poeten (1831). Sieg d. Freiheit.

— Aber siegen muß sie (die Freiheit) immer! Dies bleibt ihre Art und Macht | Über Herzen in dem Hause, über Speere in der Schlacht.

Anastasius Grün (Anton Alexander Graf von Auersperg), Spaziergänge eines Wiener Poeten (1831). Sieg d. Freiheit.

— Segelreich und breit und mächtig durch die Gau'n des Vaterlands | Wird der Strom der Freiheit rauschen einst voll Majestät und Glanz!

Anastasius Grün (Anton Alexander Graf von Auersperg), Spaziergänge eines Wiener Poeten (1831).

— Nie fehlen ihr (der Freiheit) Verteidiger; | Nie mangelt ihr ein Schwert; | Und wer sie recht gekostet hat, | Geht in den Tod für sie!

Aug. Graf von Platen-Hallermund, Gedichte. Verm. u. Gelegenheitsgedichte. An einen deutschen Staat (ged. 1832).

— Holde Freiheit, schöne Frauen, | Grüß dich Gott viel tausendmal!

Jos. Freiherr von Eichendorff, Gedichte (1837). Zeitlieder. D. Freiheit Wiederkehr. Nr. 2. Schlußv.

Freiheit. — Wenn Freiheit du begehrst, des Menschen höchste Zierde, | Herrsch' über Leidenschaft und Neigung und Begierde! | Doch bilde dir nicht viel auf diese Herrschaft ein; | Des freien Willens Stolz ist Gott gehorsam sein.

Friedr. von Rückert, D. Weisheit d. Brahmanen (1836—1839). B. 18, Nr. 62. (Stufe 6. Prüfung. Nr. 344.)

— Der Mensch hat aber von Natur einen so großen Hang zur Freiheit, daß, wenn er erst eine Zeitlang an sie gewöhnt ist, er ihr alles aufopfert.

Immanuel Kant, Gesammelte Werke (1838—1839). Bd. 9.

— Freiheit gibt uns Mannsinn.

Karl Jul. Weber, Demokritos (1832—1840). D. Einfachheit u. Lebensweisheit. D. Fortsetzung.

— Freiheit ist ein Gut; aber Regierung, d. h. zweckmäßige, menschlich beschränkte, natürliche Freiheit ist ein noch höheres Gut.

Karl Jul. Weber, Demokritos (1832—1840). D. Staat u. seine Formen.

— Wo der Silberton — Freiheit erklingt, horcht jedes menschliche Ohr auf, und jedes Herz wird rege. Ihre Stimme ist die Stimme der Natur. Friedr. von Gentz, Gesammelte Schriften (1838—1840). Politische Freiheit.

— Ein gewisser Grad von Freiheit findet sich in jeder Staatsverfassung; der höchste Grad in keiner. Friedr. von Gentz, Gesammelte Schriften (1838—1840). Politische Freiheit.

— Stärke des Charakters und Erleuchtung des Kopfes müssen sich vereinigen, wenn politische Freiheit in großem Maße vorhanden sein soll, ohne eine Nation zugrunde zu richten.

Friedr. von Gentz, Gesammelte Schriften (1838—1840). Politische Freiheit.

— Freiheit lautet das Schrein im Tumult wild tobender Menge! | Dem hochklingenden Wort opfert man Ströme von Blut. | Aber, was Freiheit sei, für welche die Opfer gefallen, | Ist nur wenigen klar, nimmer der Menge bekannt.

Aug. Mahlmann, Sämtl. Schriften (1839—1840). Gedichte. A. d. Leben.

— Nach Freiheit rufen sie männiglich | Und sind der eigenen Lüste Knechte; | Sie reden vom ewigen Menschenrechte | Und meinen doch nur ihr kleines Ich. Emanuel Geibel, Zeitstimmen (1841). Barbarossas Erwachen (Jüngling).

— Bei uns ist Freiheit; Freiheit ist im Freien; | Im Walde wohnt sie, auf den Bergen weht | Ihr Atemzug!

Friedr. Halm (Elegius Frz. Freiherr von Münch-Bellinghausen). D. Sohn d. Wildnis (1842). A. 2 (Ingomar).

— Doch muß man um sie (die Freiheit) werben, | Wo's immer sei. | Doch muß man für sie sterben, | Dann wird man frei.

Georg Herwegh, Gedichte eines Lebendigen (1841—1843).

Freiheit. — Den Wein der Freiheit nippt man nicht; man trinkt ihn aus dem Vollen.

Rob. Prutz, Politische Wochenstube (1843). Freiheitsgelüste.

— Drum gib, o Herr, daß ich die Lebensamme, | Die heil'ge Freiheit, nie mit jenem Weibe | Im blut'gen, aufgeschürzten Kleid verdamme! Emanuel Geibel, Gesammelte Werke. Sonette. Deutsche Sonette v. Jahre 1844 (ged. 1844). Nr. 4.

— Soll sich das Vaterland erheben, | So braucht es „freien, deutschen" Sinn. | Die Freiheit wird mir nicht gegeben, | Wenn ich ein Knecht mit Willen bin.

Karl Simrock, Gedichte (1844). Zu d. Gedichten.

— Manche Politiker unserer Zeit pflegen es als einen sich von selbst verstehenden Satz hinzustellen, daß kein Volk frei sein dürfe, bis es geschickt sei, seine Freiheit zu gebrauchen. Dieser Grundsatz ist des Toren in der alten Fabel würdig, der beschloß, nicht eher ins Wasser zu gehen, als bis er schwimmen gelernt habe. Engl.: Many politicians of our time are in the habit of laying it down as a self-evident proposition, that no people ought to be free till they are fit to use their freedom. The maxim is worthy of the fool in the old story, who resolved not to go into the water till he had learnt to swim.

Thomas Babington Lord Macaulay, Kritische u. historische Essays (1846). Übers. v. Steger. Milton.

— Das erste Gesetz des guten Tones ist: Schone fremde Freiheit; das zweite: Zeige selbst Freiheit!

Friedr. von Schiller, Briefwechsel mit Körner (1847).

— In unbeschränkter Freiheit gehen die Menschen nicht dutzendweise, sondern zu Tausenden zugrunde.

Jer. Gotthelf (Albert Bitzius), Jakobs d. Handwerksgesellen Wanderungen durch d. Schweiz (1847).

— Auf Erden werden Herrn und Diener sein, Solang' sich Berge türmen, Täler tiefen; | Doch Eine Freiheit ist, die ich begehre, | Daß man im Menschen Gottes Bildnis ehre.

Emanuel Geibel, Julian (ged. 1850). Ges. 3.

— Die Freiheit und nicht die Theologie ist die Begeisterung des neunzehnten Jahrhunderts. Engl.: Liberty and not theology is the enthusiasm of the nineteenth century.

William Edward Hartpole Lecky, D. Rationalismus in Europa (1858). Übers. v. Jolowicz. Bd. 2, K. 5.

— Die Freiheit eines jeden hat als logische Grenzen die Freiheit der anderen. Franz.: La liberté de chacun a pour limites logiques la liberté des autres.

Alphonse Karr, Allerlei Kleinigkeiten. Philosophische Aufsätze (1859). K. 4. Übers. v. Zimmermann.

— Wer für die Freiheit ficht, | Scheut Tod und Wunden nicht.

Ernst Moritz Arndt, Gedichte (1860). D. Himmel, unser Hort.

Freiheit. — Nicht die Freiheit, sondern, was scharf zu unterscheiden ist, die individuelle Willkür hat ihre Grenze, eine Grenze, die gerade durch das positive und substantielle Wesen der menschlichen Freiheit an ihr gesetzt wird.

Ferd. Lassalle, D. System d. erworbenen Rechte (1860).

— Die Menschen können nicht frei werden, ohne zur Freiheit erzogen zu sein. Und diese Erziehung findet man nicht in Schulen und erlangt man nicht aus Büchern, sondern sie besteht aus Selbstbeherrschung, aus Selbstgefühl und aus Selbstregierung. Engl.: Men can never be free, unless they are educated to freedom. And this is not the education which is to be found in schools, or gained from books, but it is that which consists in self-discipline, in self-reliance, and in self-government.

Henry Thomas Buckle, Gesch. d. Zivilisation (1858—1861). Übers. v. Ritter. K. 9.

— Es gibt keinen Menschen, der nicht die Freiheit liebte; aber der Gerechte fordert sie für alle, der Ungerechte nur für sich allein.

Ludw. Börne (Löb Baruch), Gesammelte Schriften (1862—1863). Erz., Reisen, verm. Aufsätze. Nr. 35. D. Narr im weißen Schwan. K. 2.

— Der Unterschied zwischen Freiheit und Freiheiten ist so groß als zwischen Gott und Göttern.

Ludw. Börne (Löb Baruch), Gesammelte Schriften (1862—1863). Fragmente u. Aphorismen. Nr. 54.

— Ob man seine Freiheit wohlfeil oder teuer verkaufe, ob man einem guten oder bösen Herrn diene; — man hat seine Freiheit immer zu wohlfeil verkauft; man dient immer, wem man auch dient.

Ludw. Börne (Löb Baruch), Gesammelte Schriften (1862—1863). Erz., Reisen, verm. Aufsätze.

— Das Recht der Herrschaft ist man gewohnt auf Treu und Glauben anzunehmen: nur von dem Rechte der Freiheit fordert man Beweise durch echte Urkunden und gültige Zeugen.

Ludw. Börne (Löb Baruch), Gesammelte Schriften (1862—1863).

— Und die Freiheit ist auch die Ehre der Völker.

Ludw. Börne (Löb Baruch), Gesammelte Schriften (1862—1863).

— Man kann eine Idee durch eine andere verdrängen, nur die der Freiheit nicht.

Ludw. Börne (Löb Baruch), Gesammelte Schriften (1862—1863).

— Das Volk hat nur da die Freiheit mißbraucht, wo es sie sich genommen, nicht da, wo man sie ihm gegeben.

Ludw. Börne (Löb Baruch), Gesammelte Schriften (1862—1863).

— Freiheit ist das Schönste und Höchste in Leben und Kunst. Möge das deutsche Vaterland sich diese Freiheit um jeden Preis bewahren!

Ludw. Börne (Löb Baruch), Gesammelte Schriften (1862—1863).

Freiheit. — Die Freiheit und abermals die Freiheit, sage ich und wiederhole es unaufhörlich, sie ist die Panacee der Politik sowohl als der Moral. Franz.: La liberté, et encore la liberté, je le dis et je le redis sans cesse: voilà la panacée en politique aussi bien qu'en morale.

Pierre Clément Eugène Pelletan, D. neue Babylon (1863). Übers. v. Wildberg.

— So ist es, war's und wird es sein: | Gebt Freiheit! rufen die Partei'n, | Mit was für Farben sie sich schmücken; | Das heißt: Gebt uns das Reich allein, | Daß wir die andern unterdrücken! | So ist es, war's und wird es sein!

Emanuel Geibel, Gedichte u. Gedenkblätter (1864). Spr. Nr. 29.

— Die Freiheit wird einem nicht angeboren; sie wird nicht geschenkt, sie will erarbeitet sein; sie ist eine Folge des geistig durchgebildeten Charakters.

Adolf Diesterweg (1790—1866).

— Ihr seid frei, und diese Freiheit, welche euch zu ganz besondern, im Weltall bevorzugten Wesen macht, ist die Befestigung eurer Würde, der Grundstein eurer Rechte und Pflichten, die Richtschnur und der Zweck eures Daseins. Franz.: Vous êtes libres et cette liberté qui fait de vous des êtres à part, des êtres privilégiés dans l'univers, est le titre de votre dignité, le fondement de vos droits et de vos devoirs, la règle et la fin de votre destinée.

Victor Cousin (1792—1867). Politische Diskurse. Übers. v. Zimmermann.

— Der Knecht singt gern ein Freiheitslied | Des Abends in der Schenke.

Heinr. Heine, Sämtl. Werke (1861—1868). Gedichte. A. d. Nachlaß. An einen politischen Dichter.

— Wenn auch der Freiheit letzte Kämpfer fielen, | Doch bliebe die Natur mit ihr im Bunde, | Es würden Wüstenei'n ihr zu Asylen, | Das Meer blieb ihre Wiege bis zum Grunde, | Und Berg' und Berge würden Thermopylen; | Der Willkür schlug, der Knechtschaft letzte Stunde.

Hermann von Lingg, Gedichte (1870). Sonette. Str. 35.

— Gibt es noch eine Freiheit, wenn man jemand recht lieb hat?

Jul. Grosse, D. neue Abälard (1871).

— Bewahrt euch den Sinn für die Freiheit, die echte, wahre; denn die Freiheit ist das höchste Gut der Menschheit.

Roderich Benedix, Gesammelte dramatische Werke (1846—1874). D. bemooste Haupt oder d. lange Israel. A. 4, Sz. 1 (Alsdorff).

— . . . dem Weltlaufkundigen geht kein Gut mehr | Über die Freiheit.

Emanuel Geibel, Spätherbstblätter (1877). Verm. Gedichte. Lebensstimmung.

— Frei sein kann gar nichts anders heißen, als seiner innersten Natur sklavisch folgen zu dürfen. Absolute Freiheit ist etwas Unmenschliches.

Rahel (Antonie Friederike Varnhagen von Ense), Br. (1877).

Freiheit. — Freiheit ist die schöne Stimmung, | Mit Behagen, mit Vergnügen, | In Verzicht auf eignen Willen, | Fremdem Willen sich zu fügen. Friedr. Wilh. Weber, Dreizehn Linden (1878).

— Die Freiheit ist ein gemeinsames Gut für alle. Ernst Eckstein, Prusias (1883).

— Die Freiheit ist ein vager Begriff.
Otto von Bismarck im Reichstage (15. März 1884).

— Meiner Erfahrung nach versteht jeder unter „Freiheit" nur die Freiheit für sich selbst und nicht die für andere, sowie die Verpflichtung der anderen, sich jeder Beschränkung der Freiheit des Empfindenden absolut zu enthalten.
Otto von Bismarck im Reichstage (15. März 1884).

— Ohne die Freiheit gibt es keinen Fortschritt.
Rudolf von Gottschall, Verschollene Größen (1886).

— Nur streng sittlich religiöse Menschen sind der Freiheit fähig und würdig.
Ernst Jul. Hähnel, Lit. Reliquien (1886).

— Die heutigen Verkünder der Freiheitsideen gehen mit dem Volke um wie Kinder mit Streichhölzern.
Ernst Jul. Hähnel, Lit. Reliquien (1889).

— Echte Freiheit ist vernünftig, darum untersteht sie Gesetzen. Freiheit, die nur Willkür anerkennt, ist vernunftlos. Und diese falsche Freiheit gilt heute der großen Menge als Leitbild der Zukunft.
Otto von Leixner, A. meinem Zettelkasten (1896). Öffentliches Leben. Zeitgeist.

— Freiheit nur kann Freude geben, | Lebten wir nur ewig frei! Studentenleben. Verfasser unbek.

— Gott lasse die werte Freiheitsblum' | In Deutschland blühen um und um; | So wächst dann Fried', Freud', Ruh' und Ruhm. Alter Spr.

— Die größte Freiheit ist, keines Lasters Knecht sein. Sprichwort.

— Freiheit und eigner Herd | Sind großes Geldes wert. Sprichwort.

— Schwarz Brot und Freiheit.
Sprichwort. Schweiz.

— Wem mehr Freiheit gestattet wird, als vernünftig ist, der wird noch mehr begehren, als ihm gestattet ist. Engl.: Who is allowed more liberty, than is reasonable, will desire more than is allowed. Sprichwort.

— Besser eine Unze Freiheit als zehn Pfund Gold. Ital.: Meglio un' oncia di libertà che dieci libbre d'oro. Sprichwort.

— Freiheit gewähr' ich, | Frieden erklär' ich, | Recht verbürg' ich, | Missetat würg' ich.
Rolandsinschrift in Hameln.

— Freiheit ist der Ehren Hort, | Überkrönet Werk und Wort. Spr. an einem Hause.

— Das Vaterland ist mir teuer, noch teurer die Freiheit. Lat.: Cara patria, carior libertas
Wahlspr. d. Arciszewski u. d. Beynaguet.

— Durch Arbeit zur Freiheit. Lat.: Laborando libertatem. Wahlspr. d. Herring.

Freiheit. — Für freie Menschen ist die Freiheit die erste Sorge. Lat.: Libertas liberis curae.
Wahlspr. d. Stadt Bern.

— Wo die Freiheit ist, da ist das Vaterland. Lat.: Ubi libertas ibi patria.
Wahlspr. d. Baillie, Beverley u. a.

Freiheitsapostel. — Alle Freiheitsapostel, sie waren mir immer zuwider; | Willkür suchte doch nur jeder am Ende für sich.
Joh. Wolfg. von Goethe, Gedichte. Epigramme (geb. Venedig 1790). Nr. 50.

Freiheitskampf. — Der Freiheit Kampf, einmal begonnen, | Vom Vater blutend auf den Sohn vererbt, | Wird immer, wenn auch schwer, gewonnen. Engl.: For freedom's battle, once begun, | Bequeath'd by bleeding Sire to Son, | Though baffled oft, is ever won.
George Gordon Lord Byron, D. Giaur (1813). Übers. v. Heichen. Abschnitt 1, V. 123.

— Für die Freiheit kämpfen, das heißt noch nicht frei sein, das heißt nur zeigen, daß man der Freiheit würdig sei.
Ludw. Börne (Löb Baruch), Gesammelte Schriften (1862—1863).

Freiheitsliebe. — O ernste Lieb' zur Freiheit, schönes Werben, | Wenn ihre Spur genügt, dafür zu sterben!
Nikolaus Lenau (Niembsch, Edler von Strehlenau), D. Albigenser (1842). Schlußges.

Freiheitsrecht. — Sie streiten sich, so heißt's, um Freiheitsrechte; | Genau besehn, sind's Knechte gegen Knechte.
Joh. Wolfg. von Goethe, Faust, II (1831). A. 2. Laboratorium (Mephistopheles).

Freiheitstod. — Wir siegen oder sterben hier | Den süßen Tod der Freien.
Ernst Moritz Arndt, Gedichte. Vaterlandslied (geb. 1812). Mel. v. Albert Methfessel (1818).

Freimut. — Ich gäbe meinen freien Mut | Nicht hin auch um das größte Gut. Mittelhochdeutsch: Ich engaebe mînen vrîen muot | Umbe keiner slahte guot.
Vridankes Bescheidenheit (1225—1240). Übertr. v. Pannier. Nr. 41. v. guote u. übele.

Freisinnig. — Deshalb hat mich dieses Wort überall, wo ich „frei" vor einem anderen Adjektiv lese, argwöhnisch gemacht, auch das Wort „freisinnig"; — sinnig, das mag wohl sein.
Otto von Bismarck im Reichstage (15. März 1884).

Freitag. — Wer Freitags tut Geschäfte machen, | Des Feinde sich ins Fäustchen lachen.
Sprichwort.

— Der Freitag hält es nicht mit der Woche.
Bauernregel.

— Die ganze Woche wunderlich, | Des Freitags ganz absonderlich. Bauernregel.

— Was der Sonntag will für Wetter ha'n, | Das fängt schon am Freitag (Mittag) an.
Bauernregel.

Freiwillig. — Wie viel Menschen mögen denn das freiwillig zugestehen, was sie am Ende doch müssen?

Joh. Wolfg. von Goethe, D. Wahlverwandtschaften (1808—1809). T. 2, K. 7.

Fremd. — Mancher lobt ein fremdes Schwert, | Hätt' er's daheim, wär's ihm nicht wert. Mittelhochdeutsch: Maneger lobt ein vremde swert, | Heterz dâ heime, ez waere unwert.

Vrîdankes Bescheidenheit (1225—1240). Übertr. v. Pannier. Nr. 25. v. lobe.

— Dann wirst du spüren, nach wie salz'gen Teigen | Das fremde Brot schmeckt, und wie hart es ist, | Die fremden Treppen auf und abzusteigen. Ital.: Tu proverai come sa di sale | Lo pane altrui, e com' è duro calle | Lo scendere e il salir per l'altrui scale.

Dante Alighieri, Göttliche Komödie (1300—1321). Übers. v. Gildemeister. Paradies. Ges. 17, V. 58—60.

— Was fremd ist, muß allweg besser sein.

Christoph Lehmann, Politischer Blumen-Garten (1662).

— Der ist nicht fremd, wer teilzunehmen weiß.

Joh. Wolfg. von Goethe, D. natürliche Tochter (1803). A. 4, Sz. 2 (Gerichtsrat).

— Fremd ist elend. Sprichwort. Schweiz.

— 's fremd Brot ist ein herbes Brot.

Sprichwort. Schwaben.

— Aus fremdem Leder ist leicht Riemen schneiden. Sprichwörtl.

Fremde, das. — O unglücksel'ge Stunde, da das Fremde | In diese still beglückten Täler kam, | Der Sitten fromme Unschuld zu zerstören!

Friedr. von Schiller, Wilh. Tell (1804). A. 2, Sz. 1 (Attinghausen).

— Verwünschte Gier, die uns nach Fremdem spornt, | Indes schmachvoll das Heimische verdirbt!

Ludw. Uhland, Gedichte. Dramatische Dichtungen. Konradin (ged. 4.—9. Dez. 1819). (Truchseß).

— Das Fremde siehst du unter dem Walde, und das deinige siehst du nicht unter deiner Nase.

Galizisches Sprichwort.

Fremde, der. — Wenn Fremde sich in unsre Lage fühlen, | Sind sie wohl näher als die Nächsten, die | Oft unsern Gram, als wohlbekanntes Übel, | Mit lässiger Gewohnheit übersehn?

Joh. Wolfg. von Goethe, D. natürliche Tochter (1803). A. 4, Sz. 2 (Gerichtsrat).

Fremde, die. — In der Fremde, armer Fremdling, | Mußt du meiden, was der Stadt | Widerwärtig, und in Ehren | Halten, was ihr heilig ist. Griech.: *Ξεῖνος ἐπὶ ξείνης, | Ὦ τλάμων, ὅ τι καὶ πόλις | Τέτροφεν ἄφιλον, ἀποστυγεῖν, | Καὶ τὸ φίλον σέβεσθαι.*

Sophokles (um 496—406 v. Chr.), Ödipus in Kolonos. Übers. v. Jordan. V. 178—81 (Antigone).

— Selbst der letzte Knecht, | Der an den Herd der Vatergötter streifte, | Ist uns in fremdem Lande hoch willkommen.

Joh. Wolfg. von Goethe, Iphigenie auf Tauris (1787). A. 3, Sz. 1 (Iphigenie).

Fremde, die. — O, schwer ist's, in der Fremde sterben unbeweint!

Friedr. von Schiller, D. Jungfrau v. Orleans (1801). A. 2, Sz. 7 (Montgomery).

— Und dieses Herdenreihens Melodie, | Die du in stolzem Überdruß verschmähst, | Mit Schmerzenssehnsucht wird sie dich ergreifen, | Wenn sie dir anklingt auf der fremden Erde.

Friedr. von Schiller, Wilh. Tell (1804). A. 2, Sz. 1 (Attinghausen).

— Dort in der fremden Welt stehst du allein, | Ein schwankes Rohr, das jeder Sturm zerknickt. Friedr. von Schiller, Wilh. Tell (1804). A. 2, Sz. 1 (Attinghausen).

— Es ist so elend, in der Fremde schweifen.

Joh. Wolfg. von Goethe, Faust, I (1808). Kerker (Margarete).

— Zwar ist's schön im fremden Lande, | Doch zur Heimat wird es nie!

Joh. Rudolf Wyß d. Jüngere, Schwyzer-Heimweh (ged. 1811). Mel. v. Friedr. Glück (komp. 1814).

— Ach, wie trüb ist meinem Sinn, | Wenn ich in der Fremde bin.

Max von Schenkendorf, Gedichte. Abteilung 2. Vaterland. Muttersprache (ged. 1814).

— Was soll ich in der Fremde tun?

Joh. Val. Adrian, Entschlüsse (ged. 1823). Nr. 2. Mel. v. Peter von Lindpaintner (1829).

— Wie dringt es balsamisch durchs Herz, im fremden Lande, und sei es das schönste, den Bruder, die Schwester des rauheren wiederzufinden, gleichsam in der zweiten Welt den verwandten Erdensohn!

Jean Paul (Joh. Paul Friedr. Richter), Sämtl. Werke (1826—1828).

— Du mußt im fremden Land die Augen offen haben, | Sonst stolperst du und fällst in jeden Straßengraben.

Friedr. Rückert, D. Weisheit d. Brahmanen (1836—1839). B. 15, Nr. 2. (Stufe 1. Einkehr. Nr. 65.)

— Suche nicht das Heil im Westen! | In der Fremde wohnt kein Glück.

Aug. Heinr. Hoffmann von Fallersleben, Zeitgedichte. Unpolitische Lieder. T. 1. Gedichte a. Gent (ged. 8.—12. Sept. 1839). Nr. 1. An Vlämisch-Belgien.

— O Tor, der du in fremden Ländern | Geglaubt dein Schicksal zu verändern; | Es bleibt dasselbe überall.

Friedr. von Bodenstedt, Gedichte (1852).

— Als ich arm, doch froh, fremdes Land durchstrich, | Königsglanz mit deinen (der Heimat) Bergen maß, | Thronenflitter bald ob dir vergaß, | Wie war da der Bettler stolz auf dich!

Gottfr. Keller, Gesammelte Werke (1889—1890). Gedichte. An mein Vaterland.

— Daderheim is mei Schatzerl, | In der Fremd bin i hier, | Und es fragt halt kei Katzerl | Und kei Hunderl nach mir.

Kommt a Vogerl geflogen usw. Bek. Volkslied u. -weise.

Fremde, die. — Besser ist's im eignen Lande | Wasser aus dem Schuh zu trinken, | Als im fernen, fremden Lande | Honigtrank aus goldner Schale.
A. d. Finnischen.

— In der Fremde bellt der Hund sieben Jahre nicht. Hebräisches Sprichwort.

Fremdling. — Hostis (Feind) und Fremdling war gleichbedeutend, wie im alten Deutschland die fremden Gassen — Elendsgäßchen — im Elend heißen.
Karl Jul. Weber, Demokritos (1832—1840). D. Vaterlandsstolz.

— Verflucht sei, wer das Recht des Fremdlings . . . beuget! 5. Mos., K. 27, V. 19.

Fremdsprache. — Menschen, die mit Leichtigkeit fremde Sprachen erlernen, haben gewöhnlich einen starken Charakter.
Ludw. Börne (Löb Baruch), Gesammelte Schriften (1862—1863). Fragmente u. Aphorismen. Nr. 273.

Fressen. — Man frißt und säuft, erbricht sich und geht zu Stuhle.
Ulrich von Hutten am Schluß seiner Abhandlung: V. d. Höfen (um 1516).

— O Herr, er will mich fressen!
Tob., K. 6, V. 3. — Scherzhafte Redensart, wenn jem. gähnt.

— Fressen und Saufen macht die Ärzte reich.
Sprichwort.

— Friß, Vogel, oder stirb! Sprichwort.

— Das ist ein gefundenes Fressen (das kommt gerade zu rechter Zeit und billig).
Sprichwörtl. Redensart.

— He frätt, es (als) wenn he hangen söll.
Sprichwörtl. Redensart. Münsterisch.

Freude. — Die Freuden sind . . . der Anfang unseres Leidens. Lat.: Gaudia principium nostri sunt . . doloris.
Publ. Ovidius Naso (um 43 v. Chr.—17 n. Chr.), Metamorphosen. B. 7, V. 796. Übers. v. Grau.

— O geize nie nach eines andern Freuden, | Denn viele gibt es, die dein Los beneiden.
A. d. Persischen d. Rudegi (um 950). Übers. v. Schlechta-Wssehrt.

— Was ich immer hab' gesehn an Herzensfreud', | Herzeleid war stets dabei. Mittelhochdeutsch: Herzeliebes, swaz ich des noch ie gesach, | Dâ was herzeleide bî.
Walter v. d. Vogelweide (um 1170—1230), Gedichte. Übertr. v. Pannier.

— Ich stehe gern der Froh'n verständ'ger Freude bei | Und lache ungern, so man bei mir weinet. Mittelhochdeutsch: Ich bin den frôn bescheidenlicher fröide bî | Und lache ungerne, sô man bî mir weinet. Walter v. d. Vogelweide (um 1170—1230), Gedichte. Übertr. v. Pannier.

— Nie fand ich stät die Freude mein, | Sie schied von mir eh'r, als mir lieb. Mittelhochdeutsch: In vant sô staete fröide nie, | Si wolte mich, ê ich si lân.
Walter v. d. Vogelweide (um 1170—1230). Gedichte. Übertr. v. Pannier.

Freude. — Kurz freüd, vol leid steckt uberal.
Seb. Brant, D. Narrenschif (1494). Nr. 43. Verachtung ewiger freüd.

— Kein zitlich wollust (keine Erdenfreude) würt so süß, | Dovon nit gall zů letst ußfließ. | Der ganzen welt wollustikeit | End sich zů letst mit bitterkeit.
Seb. Brant, D. Narrenschif (1494). Nr. 50. V. wollust.

— Jungen Leuten ist Freude und Ergötzen so hoch vonnöten wie Essen und Trinken.
Dr. Martin Luther, Alle B. u. Schriften (1539—1559).

— So strömet Freud' und Leid, wie Zeiten wandeln. Engl.: So cares and joys abound, as seasons fleet.
William Shakespeare, König Heinr. VI. (1591[?]). Übers. v. Schlegel. T. 2, A. 2, Sz. 4 (Gloster).

— Keine Freud ist auff Erden gantz; | Die Freud wird versaltzen mit Leyd; | Honig wird mit Gallen bereit.
Georg Rollenhagen, Froschmäuseler (1595). B. 1, T. 2, K. 25.

— Freud, Leyd auff Erd ist vnser bscheid; | Wol dem, ders tragt mit bscheidenheit. | Im Leyd sey gtrost; in Freud förcht Gott; | Wirst weder hie noch dort zu spott. Andr. von Spyr (gest. 1596).

— Schweigen ist der beste Herold der Freude. Engl.: Silence is the perfectest herald of joy.
William Shakespeare, Viel Lärm um nichts (1598[?]). Übers. v. Graf Baudissin. A. 2, Sz. 1 (Claudio).

— Was kan die Frewde machen, | Die Einsamkeit verheelt? | Das giebt ein duppelt Lachen, | Was Freunden wird erzehlt.
Simon Dach, Perstet amicitiae semper venerabile faedus! (1652).

— Was ist doch hier für Frewde, | Die nicht zugleich dabey | Mit Eitelkeit, mit Leide, | Mit Müh' vermischet sey?
Joh. Peter Titz, In coelis Sancti Jubila vera canunt (1652).

— Freude, Mäßigkeit und Ruh | Schleußt dem Arzt die Türe zu.
Friedr. von Logau, Deutsche Sinn-Getichte (1654). D. beste Arznei.

— Freud und Leid, das Buhlerpaar, | Hängt zusammen immerdar.
Friedr. von Logau, Deutsche Sinn-Getichte (1654). Lust u. Schmerz.

— Freud und Leid sind Reiseleute, ziehen immer aus und ein; | Doch wil dieses immer länger, jenes kürzer bei uns sein.
Friedr. von Logau, Deutsche Sinn-Getichte (1654). Lust u. Schmerz.

— Die Freude mit Leide sich gattet in allen, | Das Glücke spielt Tücke, nicht ändert den Sinn; | Sein Unbestand, wie bekand, bleibet beständig.
Ernst Christoph Homburg, Geistl. Lieder (1659). T. 2. Alles nichtig u. flüchtig.

Freude. — Sehen Sie, . . . daß auch die Freude ihre Tränen hat? Hier rollen sie, diese Kinder der süßesten Wollust!

Gotthold Ephr. Lessing, Miß Sara Sampson (1755). A. 2, Sz. 3 (Marwood).

— Kraft der Seelen! Halbes Leben! (die Freude) | Ach! was kann das Glück uns geben, | Wenn man dich nicht auch gewinnt?

Friedr. von Hagedorn, Sämtl. poetische Werke (1757). An d. Freude.

— Große Herren haben Vergnügungen, das Volk hat Freude. Franz.: Les grands seigneurs ont des plaisirs, le peuple a de la joie.

Montesquieu (Charles de Secondat), Werke (1757). Verschiedene Gedanken. Übers. v. Zimmermann.

— Mitleiden, Großmut, Dankbarkeit, | Und Menschenlieb' und Edelmut | Wirkt Freud', und Freude nur ist Glück.

Ewald Christ. von Kleist, Sämtl. Werke (1760). Gedichte. Geburtslied.

— Die Freude dieses Tages muß künftigem Vergnügen | Nicht selbst im Wege stehn; der Tor kauft teuer ein, | Kauft einer Stunde Lust mit Jahren voller Pein.

Joh. Peter Uz, Sämtl. Werke (1768). Gedichte.

— Nicht im Getümmel, nein, im Schoße der Natur, | Am stillen Bach, in unbelauschten Schatten, | Besuchet uns die holde Freude nur.

Christoph Martin Wieland, Musarion (1768). B. 1.

— Die Freuden, die man übertreibt, | Verwandeln sich in Schmerzen.

Justin Bertuch, Wiegenliederchen (1772). D. Lämmchen. Schlußv.

— So eine wahre, warme Freude ist nicht in der Welt, als eine große Seele zu sehen, die sich gegen Einen öffnet.

Joh. Wolfg. von Goethe, Leiden d. jungen Werthers (1773). B. 2. Am 26. Nov. 1771.

— Edeln Seelen | Kann's an Freuden nirgends fehlen.

Joh. Martin Miller, Gedichte. Abschiedslied an Esmarch (geb. 1773)

— Freuden der Seele fliehn der Welt Getöse, | Sind der Ruhe Gespielen!

Friedr. Leop. Graf zu Stolberg, Gedichte. An d. Weende bei Göttingen (geb. 1773).

— Freuden sind | Nur Schatten, die vorüberfliegen; Schmerz | Ist Wesen.

Joh. Ludw. Gleim, Halladat oder d. rote B. (1774).

— . . . die besten Freuden der Welt sind nicht ganz rein; die höchste Wonne wird auch durch unsere Leidenschaften, durch das Schicksal unterbrochen. Joh. Wolfg. von Goethe, Clavigo (1774). A. 3. Guilberts Wohnung (Clavigo).

— Die Freuden andrer locken nach und nach | Uns aus uns selbst zu neuen Freuden hin.

Joh. Wolfg. von Goethe, Elwin u. Elmire (1774). A. 1, Sz. 2.

Freude. — Der Freuden Quelle rinnet dem Manne zwar | So wie dem Jüngling, aber ergiebiger | Und heller diesem.

J. Ä. Klöntrup, An Friedr. Hahn (geb. 1776).

— Die zarteste der Freuden | Stirbt wie ein Schmetterling, | Der hangend an der Blume | Verging, verging.

Joh. Gottfr. von Herder, Volkslieder (1778—1779). Nordisch.

— Niemand tritt auf diese Welt, | Dem nicht von beiden (Freude und Schmerz) mancherlei bereitet wäre, | Und den Großen mit großem Maße.

Joh. Wolfg. von Goethe, Elpenor (1781). A. 1, Sz. 6 (Antiope).

— Wo nur eine Träne der Freude liegt, liegen tausend Tränen der Verzweiflung begraben.

Friedr. von Schiller, Prosaische Schriften. D. Spaziergang unter d. Linden (1782).

— Bettler werden Fürstenbrüder (Spätere Fassung: Alle Menschen werden Brüder), | Wo dein (der Freude) sanfter Flügel weilt.

Friedr. von Schiller, Gedichte. An d. Freude (geb. 1785). Mel. v. Friedr. Frz. Hurka (1789), Karl Friedr. Zelter (komp. 1. März 1792), Joh. Friedr. Reichardt (komp. 1792) u. a.

— Freude trinken alle Wesen | An den Brüsten der Natur; | Alle Guten, alle Bösen | Folgen ihrer Rosenspur.

Friedr. von Schiller, Gedichte. An d. Freude (geb. 1785). Mel. v. Friedr. Frz. Hurka (1789), Karl Friedr. Zelter (komp. 1. März 1792), Joh. Friedr. Reichardt (komp. 1795) u. a.

— Freude heißt die starke Feder | In der ewigen Natur. | Freude, Freude treibt die Räder | In der großen Weltenuhr.

Friedr. von Schiller, Gedichte. An d. Freude (geb. 1785). Mel. v. Friedr. Frz. Hurka (1789), Karl Friedr. Zelter (komp. 1. März 1792), Joh. Friedr. Reichardt (komp. 1795) u. a.

— Wer eines Menschen Freude stört, | Der Mensch ist keiner Freude wert.

Joh. Wilh. Ludw. Gleim, D. goldenen Spr. d. Pythagoras (1786).

— So laß mich sterben! Die Welt hat keine Freuden auf diese!

Joh. Wolfg. von Goethe, Egmont (1788). A. 3. Klärchens Wohnung (Klärchen). Schlußwort.

— Glücklich, wer im holden Bunde | Mit der Göttin Freude lebt!

Rundgesang. Verfasser unbek. Mel. v. Karl Gottl. Hering (komp. 1789).

— Lieber durch Leiden | Möcht' ich mich schlagen, | Als so viel Freuden | Des Lebens ertragen.

Joh. Wolfg. von Goethe, Schriften (1787—1790). Gedichte. Lieder. Rastlose Liebe.

— Öffnet die Seele dem Lichte der Freude, | Horcht! ihr ertönet des Hänflings Gesang. | Atmet! sie duftet im Rosengestäude, | Fühlet! sie säuselt am Bächlein entlang!

Joh. Gaudenz Freiherr von Salis-Seewis, Gedichte. Ermunterung (1790).

Freude. — Freunde, wir sollen, wir sollen uns freuen; | Freud' ist des Vaters erhabnes Gebot. | Freude der Unschuld kann niemals gereuen, | Lächelt durch Rosen dem nahenden Tod!

Joh. Gaudenz Freiherr von Salis-Seewis, Gedichte. Ermunterung (1790). Schlußv.

— Wer darf sagen, daß er an der Freude verzweifle, solange noch Arbeiten lohnen und Hoffnungen einschlagen?

Friedr. von Schiller, D. Menschenfeind (1790). Sz. 1 (Biber).

— Mich fliehen alle Freuden.

Giovanni Paesiello, D. schöne Müllerin (geb. um 1791). Ges. Rachelinas.

— Indem du das Haus der Freude meidest, laß deine Füße nicht zu den Grenzen der betrübten Wohnung dich leiten, sondern verfolge mit Sorgfalt den Mittelweg, welcher dich über eine sanfte Anhöhe zur Hütte der Zufriedenheit führen wird. B. d. Weisheit u. d. Tugend (1793).

— Wir sind die Könige der Welt, | Wir sind's durch unsre Freude.

Gotthelf Wilh. Christof Starke, Trinklied (geb. 1794). Mel. v. Frz. Seydelmann (1796).

— Es gibt doch viele Freuden in unseres lieben Herrgotts seiner Welt! Nur muß man sich aufs Suchen verstehen, — sie finden sich gewiß, — und das Kleine nicht verschmähen. Wie viele Freuden werden zertreten, weil die Menschen meist nur in die Höhe gucken und, was zu ihren Füßen liegt, nicht achten.

Goethes Mutter an ihren Sohn (28. Febr. 1796).

— Sahst du die Freude nie in einem schönen Gesichte, | Niemals hast du die Freude gesehn.

Friedr. von Schiller, Gedichte. D. schönste Erscheinung (geb. 1796).

— Immer treibe die Furcht den Sklaven mit eisernem Stabe; | Freude, führe du mich immer an rosigtem Band!

Friedr. von Schiller, Gedichte. D. Triebfedern (geb. 1796).

— Die meisten Freuden des Menschen sind bloße Zurüstungen zur Freude.

Jean Paul (Joh. Paul Friedr. Richter), Siebenkäs (1796—1797). Bd. 2.

— Des Lebens ungemischte Freude | Ward keinem Irdischen zuteil.

Friedr. von Schiller, Gedichte. D. Ring d. Polykrates (geb. 24. Juni 1797).

— Tief in dem Herzen fließt, da strömet die Quelle der Freude | Oder rieselt auch nur; | Aber auch ihr Rieseln ist süß, und beginnende Weste | Atmen mit seinem Getön.

Friedr. Gottl. Klopstock, Oden u. Epigramme. An meinen Bruder Viktor Ludewig (geb. 1797).

— . . . die Freude ruft nur ein Gott auf sterbliche Wangen.

Friedr. von Schiller, Gedichte. D. Glück (geb. 1798).

Freude. — Freude soll jedes Auge verklären.

Friedr. von Schiller, Gedichte. D. Eleusische Fest (geb. 1798).

— Freude hat mir Gott gegeben!

Friedr. von Schiller, Gedichte. D. Lied v. d. Glocke (geb. Sept. 1799).

— Griesgram sieht alles grau, | Freude malt grün und blau; | Rings wo der Himmel taut, | Frohsinn sein Nestchen baut.

Georg Phil. Schmidt von Lübeck, Lieder. Zitherbubens Morgenlied (geb. 1801). Mel. v. Karl Bornhardt (1810).

— O, der gute Mittelstand | Wäre zu beklagen, | Käme Freud' und Fröhlichkeit | Nur aus Gaum' und Magen!

Daniel Jäger (1762—1802), O, wie lieblich ist's im Kreis usw. Mel. v. Frz. Anton Hoffmeister.

— Freude war in Trojas Hallen.

Friedr. von Schiller, Gedichte. Kassandra (geb. 1802).

— In ew'gem Wechsel wiegt ein Wohl das Weh' | Und schnelle Leiden unsre Freuden auf.

Joh. Wolfg. von Goethe, D. natürliche Tochter (1803). A. 4, Sz. 2 (Gerichtsrat).

— Die Zeit ist schlecht; mit Sorgen trägt | Sich mancher ohne Mut; | Doch, wo ein Herz voll Freude schlägt, | Da ist die Zeit noch gut.

Aug. Mahlmann, Sämtl. Schriften. Gedichte. D. Reich d. Freude (geb. 1803). Komponist unbek.

— Die Zeiten sind jetzt schwer, | Drum muß der Mensch die Freude leicht ergreifen.

Friedr. von Schiller, Wilh. Tell (1804). A. 4, Sz. 3 (Stüssi).

— . . . der Freude | Botschaft, sie verbirgt sich schwer. Joh. Gottfr. von Herder, D. Cid (1806). B. 3, Ges. 48.

— Lasset die Freud' uns im Flug' erhaschen!

Leberecht Nöller, Wein, Ges. u. Kuß (geb. 1806). Mel. v. Friedr. Schneider.

— Das Fiedeln, Schreien, Kegelschieben | Ist mir ein gar verhaßter Klang; | Sie toben wie vom bösen Geist getrieben | Und nennen's Freude, nennen's Gesang.

Joh. Wolfg. von Goethe, Faust, I (1808). Vor d. Tor (Wagner).

— Freud' muß Leid, Leid muß Freude haben.

Joh. Wolfg. von Goethe, Faust, I (1808). D. Nachbarin Haus (Mephistopheles).

— Wahre Freude macht froh und gut und fromm; doch nur der Reingestimmte genießt sie; darum können sich so wenig Menschen mehr herzinnig freuen.

Friedr. Ludw. Jahn, Deutsches Volkstum (1810).

— Leid löscht die Kraft und den Verstand; | Die Freud' ist Gottes Feuerbrand!

Ernst Moritz Arndt, Gedichte. Trost (geb. 1811).

— Nicht ist alles Gold, was gleißt, | Glück nicht alles, was so heißt, | Nicht alles Freude, was so scheint, | Damit hab' ich gar manches gemeint.

Joh. Wolfg. von Goethe, Gedichte. Inschriften, Denk- u. Sendeblätter. Rhein u. Main (geb. 1814—1815).

Freude. — Freude sollte ein Kapital der Menschheit sein und ist leider so oft nur ein Almosen für den Menschen. Wohl dem, der sich einen unabhängigen, unbekannten Sparpfennig davon sammelt.

Christ. Ernst Karl Graf von Bentzel-Sternau, Weltansichten (1816).

— Farbe nur sei die Freude, der Ernst sei die Zeichnung des Lebens; | Beide vollenden das Bild einer bezaubernden Kunst.

Karl Gustav von Brinkmann, Elegien u. Arabesken (1820).

— Wir müssen manchen Dorn ertragen, | Eh' uns der Kranz der Freude schmückt.

Aug. Graf von Platen-Hallermund, Gesammelte Werke. Gedichte. Lieder u. Romanzen. Oft, wenn wir lang im Dunkel schweifen usw. (ged. 1820).

— Das war doch stets das Los | Der armen Sterblichen, daß Bitterkeit | Sich selbst in ihre besten Freuden mischte.

Friedr. Gottl. Klopstock, Sämtl. Werke (1798—1821).

— Was anders wäre Freud', als Freude machen? Engl.: What else can joy be, but the spreading joy?

George Gordon Lord Byron, Kain (1821). Übers. v. Heichen. A. 1, Sz. 1 (Adah).

— Das hat die Freude mit dem Schmerz gemein, | Daß sie die Menschen der Vernunft beraubt!

Aug. Graf von Platen-Hallermund, D. gläserne Pantoffel (1823). A. 1. Im Hause d. Carmosines (Cephise).

— Unsre Freuden, unsre Wehen, | Alles eines Irrlichts Spiel!

Wilh. Müller, Lieder d. Lebens u. d. Liebe (1824). Nr. 2. D. Winterreise. D. Irrlicht.

— Rasch im Fluge die Freud' umarmen, leise | Nur den Mund ihr berühren, wie die Biene | Nektarblumen berührt, o Freund! versetzt uns | Unter die Götter!

Friedr. von Matthisson, Schriften (1827—1830). Gedichte. Genuß d. Gegenwart. Schlußv.

— Wer Freude will, besänftige sein Blut!

Joh. Wolfg. von Goethe, Faust, II (1831). A. 1. Kaiserliche Pfalz. Saal d. Thrones (Astrolog).

— Wollest mit Freuden | Und wollest mit Leiden | Mich nicht überschütten! | Doch in der Mitten | Liegt holdes Bescheiden.

Eduard Mörike, Gedichte. Gebet (ged. 1832).

— Freude ist ein Abendstern, | Der von Vatershuld erzählt, | Und die Glücklichen, die Reinen, | Führt auch Freude zu dem Herrn.

Ludw. Bechstein, D. Sonntag (1833).

— Möge jeder still beglückt | Seiner Freuden warten! | Wenn die Rose selbst sich schmückt, | Schmückt sie auch den Garten.

Friedr. Rückert, Gedichte. Welt u. Ich (1834).

— Echte, dauernde Freude ist nur die Tochter der Weisheit, | Welche das Beste sucht und die besseren Mittel zum Besten.

Joh. Kaspar Lavater, Werke (1834). Worte d. Herzens. Freude.

Freude. — Nur Zufriedenheit und Ruhe | Bringen ungetrübte Freuden.

Peter von Bohlen, Bhartriharis Spr. (1835).

— Die Freude, das schöne, leichtgläubige Kind, | Es wiegt sich in Abendwinden.

Jos. Freiherr von Eichendorff, Gedichte (1837). Frühling u. Liebe. Elfe.

— Freude ist der Affekt, welcher den Geist zu höherer Vollkommenheit erhebt; was ihn seiner Tatkraft beraubt, ist Traurigkeit.

Ernst Freiherr von Feuchtersleben, Zur Diätetik d. Seele (1838). K. 7. Lehre v. d. Affekten.

— Freud' und Liebe, wo ihr fehlt, | Find' ich eine Lücke. | An des Lebens Horizont | Seid ihr Sonnenblicke.

Aug. Friedr. Ernst Langbein, Sämtl. Gedichte (1838).

— Die Freude kennst du nicht, wenn du nur Freuden kennest; | Dir fehlt das ganze Licht, wenn du's in Strahlen trennest.

Friedr. Rückert, D. Weisheit d. Brahmanen (1836—1839). B. 8, Nr. 108. (Stufe 12. Frieden. Nr. 93.)

— Und wenn das Herz hundert Tore hätte wie Theben, so lasset die Freude herein zu allen hundert Toren, damit sie aus dem Garten der Jugend recht viel von den Gütern mitnehme in das Ackerfeld männlicher Tätigkeit.

Karl Jul. Weber, Demokritos (1832—1840). Lob- u. Hülfsmittel d. Frohsinns.

— Das Einlaßbillet zur Freude ist ein gutes, ruhiges Herz.

Karl Jul. Weber, Demokritos (1832—1840). Lob- u. Hülfsmittel d. Frohsinns. D. Fortsetzung.

— Freude und Leid sind Kameraden; selbst der höchste Genuß hienieden endet mit Seufzen und Konvulsionen.

Karl Jul. Weber, Demokritos (1832—1840). Lob- u. Hülfsmittel d. Frohsinns. D. Fortsetzung.

— Wahrer Freude folgt Nachgenuß und Aufgewecktheit; | Ausgelassenheit aber rächt sich mit Katzenjammer.

Karl Jul. Weber, Demokritos (1832—1840). D. Einfachheit u. Lebensweisheit. D. Fortsetzung.

— Blumen gab der Herr der Imme, | Liebesklang der Nachtigall | Und dem Menschen eine Stimme | Tiefer Brust für Freudenschall.

Ernst Moritz Arndt, Gedichte. Frühlingslied an d. Frömmler (ged. 1843).

— Es trifft die Freude, trifft der Schmerz | Mit Pfeilen beide unser Herz. | Doch Freude trifft nur wie zum Spiel, | Der Bolzen haftet nicht am Ziel. | Des Schmerzes Pfeil, wen der durchdrang, | Der schleppt ihn nach sein Leben lang.

Friedr. Halm (Elegius Frz. Jos. Freiherr von Münch-Bellinghausen), Gedichte (1850).

— Und mit all meiner Freud', | Was fang ich doch an?

Rob. Reinick, Gesammelte Lieder. Wohin mit d. Freud? (ged. 1850). Mel. v. Friedr. Silcher (komp. 1852).

Freude. — Die Grazien sind am liebsten bei der Freude!

Jul. Hammer, Schau um dich u. schau in dich (1851). Junges Leben. D. ernste weiße Ros' an deiner Brust usw.

— Wenn dir die Freude zu trinken beut, | Tu' einen herzhaften Zug für heut'; | Willst du den Kelch bis zum Grunde genießen, | So wird dir die Hefe dazwischen fließen.

Emanuel Geibel, Neue Gedichte (1856). Verm. Gedichte. B. 1. Spr. Nr. 16.

— Bringet Kerzen, Wein und Saiten, | Doch dann laßt dem Ding den Lauf! | Freude läßt sich nicht bereiten; | Wie die Blume geht sie auf.

Emanuel Geibel, Neue Gedichte (1856). Verm. Gedichte. B. 2. A. d. Schenkenb. Nr. 4.

— Brüder, so auch wollen wir | Unsern Gruß der Freude bringen!

Aug. Heinr. Hoffmann von Fallersleben, Lyrische Gedichte. Nr. 4. Volksleben. Allerlei Klänge a. d. Volksleben. Wanderlust! hohe Lust (ged. 2. Nov. 1858).

— Die Freude ist des Lebens höchstes Ziel!

Rob. Hamerling, Ahasver in Rom (1866). Ges. 2. D. Bacchanal.

— Besser die Lust wird zu Grabe getragen, | Ehe dein Herz an die Kost sich gewöhnt. | Süßeste Freuden werden zu Plagen, | Wo sie kein Ende mit Ewigkeit krönt.

Wilh. Jordan, Strophen u. Stäbe (1871). Zuruf.

— Und war die Freude noch so süß, — | Ein Wölkchen kommt gezogen, | Und vom geträumten Paradies | Ist jede Spur verflogen.

Emanuel Geibel, Gesammelte Werke (1883). Jugendgedichte. B. 1. Lieder. Nr. 36.

— Um den vermodernden Stumpf schwebt bunt in der Sonne der Falter; | Arglos über dem Tod gaukelt die Freude dahin.

Emanuel Geibel, Gesammelte Werke (1883). Dichtungen in antiker Form. Distichen v. Strande d. See. Dritter Tag. Nr. 5.

— Freude macht uns Unsterblichen gleich. Das Siegel der Menschheit | Drückt uns der Schmerz auf die Stirn, wenn er uns beugt und erhebt.

Emanuel Geibel, Gesammelte Werke (1883). Dichtungen in antiker Form. Kleinigkeiten. Nr. 43.

— Wenn du an dir nicht Freude hast, | Die Welt wird dir nicht Freude machen.

Paul Heyse, Spruchbüchlein (1885). Lebensweisheit. Was not tut.

— Ganz mühlos läßt sich Freude nicht erjagen. | Wer Blumen pflanzt, der muß viel Wasser tragen. Frida Schanz, Ährenlese (1894).

— Es ist | Ein stolzes Ding, die Lust verstehen und Herr | Der Freude sein.

Gerhart Hauptmann, D. arme Heinr. (1902). A. 5, Sz. 12 (Heinr.).

Freude. — Lebt der Freude, die euch kam, | Zittert nicht vor morgen!

Heil d. Manne, d. sich freut usw. Verfasser u. Komponist unbek.

— . . . auf Freud' kommt Leid.

Spr. Sal., K. 14, V. 13.

— Eine böse Stunde macht, daß man aller Freude vergisset. Jes. Sir., K. 11, V. 28.

— Siehe, ich verkündige euch große Freude!

Luk., K. 2, V. 10.

— Demut in Freuden, | Geduld in Leiden.

Alter Spr.

— Wer die frewde sucht auff Erden, | Der wirdt daroben bang werden. Alter Spr.

— Es ist eine schlechte Freud', | Die Reue hat zum Geleit. Sprichwort.

— Freud' und Leid sind einander zur Ehe gegeben. Sprichwort.

— Keine Freud' | Ohne Leid. Sprichwort.

— Zwischen Freud' und Leid | Ist die Brücke nicht breit. Sprichwort.

— Wenn die Freude in der Stube ist, ist die Sorge im Hausflur. Dän.: Naar Glaeden er i Stuen, er Sorgen i Forstuen. Sprichwort.

— Es ist ein altgesprochen Wort | Mehr denn vor hundert Jahren: | Wer niemals Leid versuchet hat, | Wie mag der Freud' erfahren?

Spr. an Häusern.

— Die holdeste Freude, die herrlichste Pracht, | Wenn man sie wendet, wird Trug und Nacht; | Drum soll man es wenden und also drehn, | Daß Freude und Seligkeit obenan stehn.

Wartburgspr. Architektenstüblein.

— Suchst du nach Freud', du hast sie bald, | So viel Bäume stehn im Wartburgwald! | Und willst du es haben, so findest du Weh, | So viel Fischlein schnappen im Bodensee!

Wartburgspr. Architektenstüblein.

— Håb zwaerlei Fläsch'n, | Is an jede von Gläs, | Für die Freud' ane, fürs Leid ane, | Håltet jede a Måß. Kärntner Schnaderhüpfl.

— Mei' Diendl håt a Freud' mit mir, | Dås waß i eh', | Håt's ka' Freud, wånn i kimm', | Håt's a Freud', wånn i geh'.

Kärntner Schnaderhüpfl.

Freudig. — Wem wohl das Glück die schönste Palme beut? | Wer freudig tut, sich des Getanen freut.

Joh. Wolfg. von Goethe, Gedichte. Sprichwörtl. (ged. 1812—1814).

Freudigkeit. — . . . die Freudigkeit ist die Mutter aller Tugenden.

Joh. Wolfg. von Goethe, Götz v. Berlichingen (1773). A. 1. Herberge im Wald (Martin).

— Und was ist Wärme für das Menschenküchlein? — | Freudigkeit.

Jean Paul (Joh. Paul Friedr. Richter), Levana oder Erzieh-Lehre (1807). Bd. 1, Bruchstück 3, K. 1, § 42.

Freudlos. — Ganz freudlos geht kein Mensch durch diese Welt, | Wie wenige dauernd glücklich auch zu preisen. | Selbst wer kein Erdenglück für möglich hält, | Hat seine Freude dran, dies zu beweisen.

Friedr. von Bodenstedt, A. d. Nachlasse Mirza=Schaffys (1874). B. 3. B. d. Spr. Nr. 65.

Freudvoll. — Freudvoll | Und leidvoll, | Gedankenvoll sein . . .

Joh. Wolfg. von Goethe, Egmont (1788). A. 3. Klärchens Wohnung (Klärchen). Mel. v. Joh. Friedr. Reichardt (komp. 1798).

— Zählt man die Zeit im Jahr, | Drin freudvoll war ein Herz, | Sind's wen'ge Stunden nur, | Die andern trug es Schmerz.

Justinus Kerner, Dichtungen (1834). Lieder d. Schmerzes. Im Regen.

Freuen, sich. — Jüngling, trauerst du in Jahren, | Wo die Pflicht sich freuen heißt? — | Schäme dich! so frisch an Haaren, | Jüngling, und so schwach an Geist!

Gotthold Ephr. Lessing, Schriften (1753—1755). Lieder. B. 1, Nr. 28. Nachahmung d. 47. Ode Anakreons.

— Die Kunst sich zu erfreuen, | Ist für den Sterblichen die Kunst, beglückt zu sein.

Joh. Peter Uz, Versuch über d. Kunst stets frölich zu sein (1760).

— . . . freue dich nur mit mir! Es ist so traurig, sich allein zu freuen.

Gotthold Ephr. Lessing, Minna v. Barnhelm (1763). A. 2, Sz. 3 (D. Fräulein).

— Freunde, wir sollen, wir sollen uns freuen; | Freud' ist des Vaters erhabnes Gebot. | Freude der Unschuld kann niemals gereuen; | Lächelt durch Rosen dem nahenden Tod.

Joh. Gaudenz Freiherr von Salis=Seewis, Gedichte. Ermunterung (1790). Mel. v. Joh. Rudolf Zumsteeg.

— Freut euch des Lebens, | Weil noch das Lämpchen glüht!

Joh. Martin Usteri, Dichtungen in Versen u. Prosa. Gedichte. Tischlied (ged. 1793). Mel. v. Hans Georg Nägeli (komp. 1794).

— Vom Storche bis zum Spatz sich freut, | Vom Karpfen bis zum Stint! Danach: Sich freuen wie ein Stint.

Friedr. Wilh. Aug. Schmidt zu Werneuchen, Gedichte. Der Mai 1795 (ged. 1795).

— . . . laßt uns freuen und fröhlich . . . sein!

Ps. 118, V. 24.

— Freuet euch mit den Fröhlichen!

Röm., K. 12, V. 15.

— Wer sich heute freuen kann, der soll nicht warten bis morgen. Sprichwörtl.

— Er freut sich wie 'n Schneekönig (Erklärung unbekannt). Bek. Redensart.

Freund. — Nicht geringer fürwahr als selbst ein leiblicher Bruder | Ist ein treuer Freund, verständig und edler Gesinnung. Griech.: *Ἐπεὶ οὐ μέν τι κασιγνήτοιο χερείων | Γίγνεται, ὅς κεν ἑταῖρος ἐὼν πεπνυμένα εἰδῇ.*

Homer, Odyssee. Übers. v. Voß. Ges. 8, V. 585—86.

— Da ja nur ein Wicht stets wechselt die Freunde. Griech.: *Δειλός τοι ἀνὴρ φίλον ἄλλοτε ἄλλον ποιεῖται.*

Hesiod (8. Jahrh. v. Chr.), Werke u. Tage. Übers. v. Uschner. V. 713.

— So scheinst du auch keinen Freund zu haben, (wenn du keinen Feind hast). Griech.: *Σὺ μηδὲ φίλον ἔχειν.*

Chilon (7. Jahrh. v. Chr.). Nach Plutarch, Moralische Abhandlungen. Übers. v. Eyth. Menge d. Freunde. K. 7.

— Du zählst im Elend keinen Freund. Griech.: *Ὦ τέκνον, οὐδεὶς δυστυχοῦντί σοι φίλος.*

Euripides, Elektra (um 416 v. Chr.). Übers. v. Minckwitz. V. 605 (Greis).

— Du siegst, wenn dich dein Freund besiegt. Griech.: *Κρατεῖς τοι τῶν φίλων νικώμενος.*

Sophokles (um 496—406 v. Chr.), Ajas. Übers. v. Jordan. V. 1341 (Odysseus).

— Wer einen edeln Freund verstößt, der stößt | Sein eignes vielgeliebtes Leben fort. Griech.: *Φίλον γὰρ ἐσθλὸν ἐκβαλεῖν, ἴσον λέγω, | Καὶ τὸν παρ' αὑτῷ βίοτον, ὃν πλεῖστον φιλεῖ.*

Sophokles (um 496—406 v. Chr.), König Ödipus. Übers. v. Jordan. V. 604—5 (Kreon).

— Wer zählt in Mißgeschickes Tagen Freunde wohl? Griech.: *Φίλοι γάρ εἰσιν ἀνδρὶ δυστυχεῖ τινές;*

Euripides (um 480—406 v. Chr.), D. rasende Herakles. Übers. v. Minckwitz. V. 559 (Megare).

— Wer Hab' und Reichtum, Macht und Größe höher stellt | Als wackrer Freunde seltnen Schatz, der ist ein Tor! Griech.: *Ὅστις δὲ πλοῦτον ἢ σθένος μᾶλλον φίλων | Ἀγαθῶν πεπᾶσθαι βούλεται, κακῶς φρονεῖ.*

Euripides (um 480—406 v. Chr.), D. rasende Herakles. Übers. v. Minckwitz. V. 1425—26 (Herakles).

— Auf Freund im Unglück rechne nie! Griech.: *Τὰ φίλων δ' οὐδέν, ἤν τις δυστυχῇ.*

Euripides (um 480—406 v. Chr.), D. Phönizierinnen. Übers. v. Minckwitz. V. 403 (Polyneikes).

— Den Namen Freund nur trägt, — der Tat nach ist er's nicht, — | Wer nicht im Mißgeschick auch sich als Freund bewährt. Griech.: *Ὄνομα γάρ, ἔργον δ' οὐκ ἔχουσιν οἱ φίλοι | Οἱ μὴ 'πὶ ταῖσι συμφοραῖς ὄντες φίλοι.*

Euripides (um 480—406 v. Chr.), Orestes. Übers. v. Binder. V. 454—55 (Orestes).

— Denn gemeinsam ist alles den Freunden. Griech.: *Κοινὰ γὰρ τὰ τῶν φίλων.*

Platon (um 427—347 v. Chr.), Phädros. Übers. v. Müller. § 147.

Freund. — Ich kann nicht zugleich dein Freund und ein Schmeichler sein. Griech.: *Οὐ δύνασαί μοι καὶ φίλῳ χρῆσθαι καὶ κόλακι.*

Phokion (geb. um 402 v. Chr.). Nach Plutarch, Moralische Abhandlungen. Übers. v. Eyth. Pflichten d. Ehegatten. K. 29.

— Alles ist lieb, was da von Freunden kommt. Griech.: *Πάντα δὲ τίματα τὰ πὰρ φίλων.*

Theokrit (geb. um 300 v. Chr.), Idyllen. Übers. v. Notter. D. Spinnrocken. V. 25.

— Den sicheren Freund erkennt man in unsicherer Sache. Lat.: **Amicus certus in re incerta cernitur.**

Ennius (um 239—169 v. Chr.). Nach Marc. Tull. Cicero, Lälius oder über d. Freundschaft. K. 17, § 64. Übers. v. Grau.

— Ein Freund ist gleichsam ein zweites Ich. Lat.: **Est enim is (amicus), qui est tamquam alter idem.**

Marc. Tull. Cicero, Lälius oder über d. Freundschaft (um 44 v. Chr.). Übers. v. Klotz. K. 21, § 80.

— Behandle deinen Freund so, als wenn er eines Tages dein Feind werden könnte. Lat.: **Amicum ita habeas, posse ut fieri hunc inimicum scias.**

Laberius (um 107—43 v. Chr.). Übers. v. Grau.

— Weit, wie der edlen Matron' und der Buhlerin Farb' und Gesinnung | Ungleich sind, so steht vom belistenden Schranzen (Schmeichler) der Freund ab. Lat.: **Ut matrona meretrici dispar erit atque | Discolor, infido scurrae distabit amicus.**

Quint. Horatius Flacc., Episteln (um 20 v. Chr.). Übers. v. Voß. B. 1, Nr. 18, V. 3—4.

— Während im Glücke du lebst, wirst viele der Freunde du zählen; | Wenn die Zeiten getrübt werden, so stehst du allein. Lat.: **Donec eris felix (sospes), multos numerabis amicos; | Tempora si fuerint nubila, solus eris.**

Publ. Ovidius Naso (um 43 v. Chr.—17 n. Chr.), Klagelieder. Übers. v. Berg. B. 1, Nr. 9, V. 5—6.

— Der Name Freund ist häufig, aber Treue ist rar. Lat.: **Vulgare amici nomen, sed rara est fides.**

Phädrus, Fab. (um 30). Übers. v. Siebelis. B. 3, Nr. 9. Sokrates über d. Freunde. V. 1.

— Lieber einen Freund verlieren, als einen Witz. Lat.: **Potius amicum, quam dictum perdendi.**

Marc. Fab. Quinctilianus (um 35—95), Lehrb. d. Rhetorik. B. 6, K. 3, § 28. Übers. v. Grau.

— Tadele den irrenden Freund, aber laß auch den unschuldig angegriffenen Freund niemals im Stich! Lat.: **Errantem amicum corripe, innocentem amicum ne deseras.**

Ambrosius (um 340—397), B. d. Pflichten. Übers. v. Schulte. B. 3, K. 22, § 27.

— An der Türe des Speisehauses sind alle Freunde; vor der Türe der Armut flieht die Freundschaft.

Talmud (3. Jahrh.).

Freund. — Dieweil ein Freund dem Freunde mit Dienste helfen soll.

Gudrun (um 1200—1210). Übertr. v. Junghans. Abenteuer 23. Str. 1157.

— Auch hört' ich stets dem Worte Wahrheit zugestehn: | Gewissen (sicheren) Freund, erprobtes Schwert wird man in Nöten sehn. Mittelhochdeutsch: Ouch hôrte ich ie die liute des mit volge jehen: | Gewissen friunt, versuochtiu swert sol man ze noeten sehen.

Walter v. d. Vogelweide (um 1170—1230), Gedichte. Übertr. v. Pannier.

— Freundes Lachen, das sei spiegelrein und treu, | Lauter wie das Abendrot, das heitern Morgen kündet. Mittelhochdeutsch: Friundes lachen sol sîn âne missetât, | Süeze als der âbentrôt, der kündet lûter maere.

Walter v. d. Vogelweide (um 1170—1230), Gedichte. Übertr. v. Pannier.

— Gar wohl befreundet ist der Mann, wie's in der Welt nun geht, | Dem unter zwanzig Vettern treu Ein guter Freund zur Seite steht. Mittelhochdeutsch: Er ist ein wol gefriunder man, alsô diu welt nû stât, | Der under zwênzic mâgen einen guoten friunt getriuwen hât.

Walter v. d. Vogelweide (um 1170—1230), Gedichte. Übertr. v. Pannier.

— Wer hochgesippt, an Freunden schwach, | Den ich nicht glücklich preisen mag. Mittelhochdeutsch: Man hôhgemâc, an friunden kranc, | Daz ist ein swacher habedanc.

Walter v. d. Vogelweide (um 1170—1230), Gedichte. Übertr. v. Pannier.

— Laß Einen sein entstammt von Königs Rippe, | Doch gänzlich ohne Freund, was hilft ihm das? Mittelhochdeutsch: Lâ einen sîn geborn von küneges rippe, | Er enhabe friunt, waz hilfet daz?

Walter v. d. Vogelweide (um 1170—1230), Gedichte. Übertr. v. Pannier.

— Ein Freund ist nützer nahebei | Als in der Ferne ihrer drei. Mittelhochdeutsch: Ein vriunt ist nützer nâhe bî | Dan hin dan verre drî.

Vridankes Bescheidenheit (1225—1240). Übertr. v. Pannier. Nr. 36. v. vriunden.

— Gewisser Freund, erprobtes Schwert, | Die sind in Nöten Goldes wert. Mittelhochdeutsch: Gewisse vriunt, versuochtiu swert, | Diu sint ze noete goldes wert.

Vridankes Bescheidenheit (1225—1240). Übertr. v. Pannier. Nr. 36. v. vriunden.

— Wohl ihm, dem's nicht an Freunden fehlt; | Weh' ihm, der zu sehr auf sie zählt! Mittelhochdeutsch: Wol im, der vil vriunde hât; | Wê im, des trôst gar an in stât!

Vridankes Bescheidenheit (1225—1240). Übertr. v. Pannier. Nr. 36. v. vriunden.

Freund. — Der Freunde hab' ich wahrlich viel, | Solang' ich sie nicht brauchen will. Mittelhochdeutsch: Vriunde hân ich iemer vil, | Unz ich ir niht bedurfen wil.

Vrîdankes Bescheidenheit (1225—1240). Übertr. v. Pannier. Nr. 36. v. vriunden.

— Solang' die Beutel klingen, | Herzu die Freunde dringen; | Verlieren sie das Klingen, | So lässet nach das Dringen. Mittelhochdeutsch: Die wîle die seckel klingent, | Die vriunt dar gerne dringent; | Verliuset er sîn klingen, | Sô wirt dar kleine dringen.

Vrîdankes Bescheidenheit (1225—1240). Übertr. v. Pannier. Nr. 36. v. vriunden.

— Ir sult rechte merken daz: | Er ist niht ein wîse man, | Der sich ze vil wil verlân (verlassen) | An helfe der vriunde sîn (auf Freundeshilfe).

Ulrich von Eschenbach, Alexander (um 1284).

— Drei erkennt man in drei Fällen: den Demütigen im Zorn, den Helden in der Schlacht, den Freund in der Not.

D. B. d. Frommen (13. Jahrh.).

— Ein Hund ist höher als ein Mensch zu schätzen, | Der seiner Freunde Herzen kann verletzen. A. d. Persischen d. Hafis (um 1300—1389). Übers. v. Rosenzweig.

— Ein Freund, der größte Schatz des Lebens. Lat.: Amicus optima vitae possessio.

Wahlspr. Kaiser Albr. II. (reg. 1437—1439).

— Wer, ob sein Freund stets bittrer ihn betrübe, | Stets heißer glüht, ist wahrer Freund allein. | Manch tausendmal traf ihn des Unrechts Stein, | Doch fester stets türmt er den Bau der Liebe.

A. d. Persischen d. Dschâmî (um 1414—1492). Beharistan. Übers. v. Schlechta-Wssehrt.

— Wer sinem frund üt ubels dût, | Der all sin hofnung, trü und mût | Allein gesetzet hat uf in, | Der ist ein narr und ganz on sin.

Seb. Brant, D. Narrenschif (1494). Nr. 10. V. worer früntschaft.

— Wer mit worten ist ein fründt, | Der yetzund vil vff erden sindt, | Der würdt in nöten mich bezalen | Mit fründtschafft schon vff der nuß schalen. Thomas Murner, Narrenbeschwerung (1512). Nr. 88. Fründtlicher dienst vff d. nußschalen.

— Freunde sind gut; aber weh dem, der jr bedarff in der not!

Joh. Agricola, Drey hundert Gemeyner Sprichwörtter (1529). Nr. 68.

— Eyn guter freunde ist besser denn sylber vnd goldt.

Joh. Agricola, Drey hundert Gemeyner Sprichwörtter (1529). Nr. 139.

— . . . gute Freunde, getreue Nachbarn.

Dr. Martin Luther, D. kleine Katechismus (1529). D. dritte Hauptstück. D. vierte Bitte.

— Freundt in der noth, | Freundt in dem todt, | Freundt hinder rücken | Seyndt drey starcke brücken. Reimspr. (16. Jahrh.).

Freund. — Freund in der not | Tûn zwelff ein lot; | Vnd wann sie soln behilfflich sin, | Gant vier vnd zweintzig vf ein Quintlin.

Reimspr. (16. Jahrh.).

— Den besten Freund, den du magst ha'n, | Der wird dich auch im Tod nicht lah'n. | Das ist Gottes Lieb, der ihn begehrt; | Die andern Freund' sein gar nichts wert.

Spr. an einem Hause in Duderstadt (16. Jahrh.).

— . . . von Freud gnant sind die freund, | Gleich wie von Fehde sind die Feind.

Joh. Friedr. Fischart, D. Glückhafft Schiff v. Zürich (um 1576).

— . . . tröstlich soll man sein den Freunden.

Joh. Friedr. Fischart, D. Glückhafft Schiff v. Zürich (um 1576). Donnerstag, d. 21. Junij.

— Denn Leid und Freud' ist Freunden gemein, | Und Freud' und Leid trägt keiner allein.

Joh. Friedr. Fischart, Flöh Hatz, Weiber Tratz (1577).

— Denn Freund' nichts Gut's allein genießen.

Joh. Friedr. Fischart, Flöh Hatz, Weiber Tratz (1577).

— O treuer Freund, ein seltzam Gast, | Wer dich findet, halte dich fast (fest)! | Ich meynt, du wärst ein Eichen Ast, | So bist du kaum ein Linden Bast.

Georg Rollenhagen, Froschmäuseler (1595). B. 1, T. 2, K. 23.

— Es sollt' ein Freund des Freundes Schwächen tragen! Engl.: A friend should bear his friend's infirmities.

William Shakespeare, Jul. Cäsar (1601). Übers. v. Schlegel. A. 4, Sz. 3 (Cassius).

— Dem Freund, der dein, und dessen Wahl erprobt, | Mit eh'rnem Reifen klammr' ihn an dein Herz! Engl.: The friends thou hast, and their adoption tried, | Grapple them to thy soul with hoops of steel.

William Shakespeare, Hamlet (1601—1602). Übers. v. Schlegel. A. 1, Sz. 3 (Polonius).

— Gebt (Götter), daß ich nie so töricht sei, | Zu traun der Menschen Schwur und Treu', | Noch der Dirne, wenn sie weint . . . | Noch dem Freunde in Bedrängnis. Engl.: Grant I may never prove so fond, | To trust man on his oath or bond; | Or a halot, for her weeping . . ., | Or my friends if I should need them.

William Shakespeare, Timon v. Athen (um 1604—1608). Übers. v. Dorothea Tieck. A. 1, Sz. 2 (Apemantus).

— Die Augen, längst entwöhnt des Weinens, feuchten | Sich an bei toter Freund' Erinnerungen. Engl.: Then can I drown an eye unus'd to flow, | For precious friends hid in death's dateless night.

William Shakespeare, Sonette (1609). Übers. v. Bodenstedt. Abteilung 2, Nr. 57.

— Seien wir Freunde, Cinna! Franz.: Soyons amis, Cinna!

Pierre Corneille, Cinna (1640). Übers. v. Strehlke. A. 5, Sz. 3 (Augustus).

Freund. — Fleuch Meineid alß wie Gifft! Nichts kan mich arger schmertzen | Alß eben dieser Freund, der Feindschafft trägt im Hertzen. | Die Klippe, so ein Schiff nur in die Augen kriegt, | Schafft nicht so grosse Noth, alß die verborgen liegt.

Andr. Tscherning, Deutscher Getichte Frühling (1642). Treue Liebe.

— Weil du mich, Freund, beschenkst mit dir, | So dank ich billig dir mit mir; | Nimm hin deswegen mich für dich, | Ich sei dir du, sei du mir ich!

Friedr. von Logau, Deutsche Sinn-Getichte (1654). An einen Freund.

— Niemand sei dir erkiest, | Der Freund ihm (sich) selbst nicht ist. | Der Freund ihm (sich) selbst nur ist, | Sei niemand dir erkiest!

Friedr. von Logau, Deutsche Sinn-Getichte (1654). Freundes-Kur.

— O, welch ein Glück hat der, dem gar liegt in dem Schoß | Ein Freund, dem sich ein Mann kan kühnlich geben bloß!

Friedr. von Logau, Deutsche Sinn-Getichte (1654). Leid — Trost.

— Freunde pflegt man zu erwählen | Nur nach Wägen, nicht nach Zählen.

Friedr. von Logau, Deutsche Sinn-Getichte (1654). Freunde.

— Rühmlich ist es, Freunde haben; | Kläglich, dürfen (bedürfen) ihrer Gaben.

Friedr. von Logau, Deutsche Sinn-Getichte (1654). Freunde.

— Ein Freund, der nie mir hilft, ein Feind, der nichts mir tut, | Sind beid' in Einer Zunft, sind beide gleiche gut.

Friedr. von Logau, Deutsche Sinn-Getichte (1654). Freund u. Feind.

— Weistu, wer ein guter Freund wirklich ist und billich heißt? | Der sich, wann du ihn nicht siehst, deinem Namen Freund erweist.

Friedr. von Logau, Deutsche Sinn-Getichte (1654). Ein Freund.

— Freunde, die in Noth man liebet, haßt im Glück man unverhohlen.

Friedr. von Logau, Deutsche Sinn-Getichte (1654). Geänderte Gunst.

— Freunde, die das Glücke macht, sind kein rechtes Meisterstücke, | Wann sie nicht zuvor beschaut und bewährt das Unglücke.

Friedr. von Logau, Deutsche Sinn-Getichte (1654). Freunde.

— Alten Freund für neuen wandeln, | Heißt für Früchte Blumen handeln.

Friedr. von Logau, Deutsche Sinn-Getichte (1654). Freundschaft.

— Was sind jetzt gute Freunde? | Sie sind vermummte Feinde; | Wenn von mir weicht das Glücke, | Entblößt sich ihre Tücke.

Friedr. von Logau, Deutsche Sinn-Getichte (1654). Freunde.

Freund. — Das ist ein Freund, der vorn freundlich vnd hinterrucks getrew ist.

Christoph Lehmann, Politischer Blumen-Garten (1662). T. 1. Freund. Nr. 16.

— Wer ein guten Freund macht, der hat ein groß Capital angelegt.

Christoph Lehmann, Politischer Blumen-Garten (1662). T. 1. Freund. Nr. 36.

— Aller Menschen Freund ist der meine nicht. Franz.: L'ami du genre humain n'est point du tout mon fait.

Molière (Jean Baptiste Poquelin), D. Menschenhasser (1666). Übers. v. Graf Baudissin. A. 1, Sz. 1 (Alceste).

— Freunde sind in Wohltat lieblich und behülflich in der Not; | Ohne wackre Freunde leben, ist fürwahr der halbe Tod.

Joh. Grob, Dichterische Versuchgabe (1678).

— Wann dat Smeer verdropen | Un dat Glas is utgesopen, | So heft sik ok de Freund verlopen. (Wenn das Fett ist vertropft und das Glas ist ausgetrunken, so haben sich auch die Freunde verlaufen.)

N. einem alten Trinkb. Verfasser Erich von Zweifel (geb. 11. Febr. 1699).

— Hoffe in niemand einen Freund zu finden, | Als wer einen Freund in dir gefunden hat! Engl.: Nor hope to find | A friend, but what has found a friend in thee.

Edward Young, Nachtgedanken (1742). Übers. v. Graf von Bentzel-Sternau. Nacht 2, V. 556.

— Wenn dich das Glück auf seinen Flügeln hebt, | So kann man nichts der Freunde Huld vergleichen. | Wenn Unglück stürmt, daß Mast und Steuer bebt, | O! wie dem Froste dann die Schwalben weichen!

Ewald Christ. von Kleist, Gedichte. Sehnsucht nach d. Ruhe (1745).

— Wer dir als Freund nichts nützen kann, | Kann allemal als Feind dir schaden.

Christ. Fürchtegott Gellert, Fab. u. Erz. (1746). B. 1. D. Pferd u. d. Bremse. Schlußv.

— . . . das Fürsten oft den Hirten lassen müssen, | Das Glück, von einem Freund sich treu geliebt zu wissen.

Christ. Fürchtegott Gellert, Fab. u. Erz. (1746). B. 2. D. Vermächtnis.

— Freunde weichen wie das Laub, | Welches Wind und Herbst verjagen.

Joh. Christ. Günther, Gedichte (1746). Über d. Worte: Ich hatte viel Bekümmernis usw.

— Ein treu erfundner Freund, das ist der größte Schatz.

Magnus Gottfr. Lichtwer, Vier B. Äsopischer Fab. (1748). B. 4, Nr. 18. Damon u. Pythias. Schlußv.

— Mein Freund muß kein Freund der ganzen Welt sein. Gotthold Ephr. Lessing, D. Freigeist (1749). A. 1, Sz. 1 (Adrast).

— Und wahre Freunde werden keinem fehlen, der sie zu haben wert und selbst ein Freund zu sein fähig ist.

Ewald Christ. von Kleist, Sämtl. Werke (1760). Prosaische Aufsätze. Nr. 6.

Freund. — Wer in Gesellschaft seiner Freunde immer Worte wägt, ist selten ein wahrer Freund und selten der Freundschaft fähig.

Ewald Christ. von Kleist, Sämtl. Werke (1760). Prosaische Aufsätze. Nr. 9. Gedanken über verschiedene Gegenstände.

— Wir haben, solange unser Freund hat.

Gotthold Ephr. Lessing, Minna v. Barnhelm (1763). A. 3, Sz. 7 (Werner).

— Was nötig ist, hab' ich zum Leben; | Will mir der Himmel mehr noch geben, | So geb' er mir nur Einen Freund!

Joh. Wilh. Ludw. Gleim, Werke. Gedichte. Lob d. Landlebens (ged. 1764).

— O trübe, sonnelose Tage! | Fluch=gleiches Glück, fehlt uns ein Freund, | Der's mit uns fühlt und auch die Plage, | Die nach ihm folgt, mit uns beweint!

Joh. Kaspar Lavater, Werke. Gedichte. D. Freundschaft (ged. 1768).

— Sobald nicht mehr der goldne Regen rinnt, | Ist keine Danae; sobald im trocknen Becher | Der Wein versiegt, ist kein Patroklus mehr. | Was Fliegen lockt, das lockt auch Freunde her.

Christoph Martin Wieland, Musarion (1768). B. 1.

— . . . dafür | Besitzt er was, was jedem Midas fehlet, | Was der Monarch mit Gold zu kaufen fälschlich meint, | Was, wer es kennt, vor einer Krone wählet, | Das höchste Gut des Lebens, einen Freund.

Christoph Martin Wieland, Musarion (1768). B. 1.

— Zum Holen sind zwar oft die guten Freunde da; | Doch einen, der was bringt, den hab' ich noch zu sehen!

Joh. Wolfg. von Goethe, D. Mitschuldigen (1769). A. 1, Sz. 2 (Sophie).

— Im Busen eines Freundes widerhallend | Verliert sich nach und nach des Schmerzes Ton.

Joh. Wolfg. von Goethe, Erwin u. Elmire (1774). A. 1, Sz. 2 (Valerio).

— Wachst (zusammen) zu Einem Freund', ihr Freunde! | Ach, Seligkeit des Himmels | Träufelt nieder dem, | Der des Geliebten Busen umschlingt!

Friedr. Müller, Werke. Gedichte. Nach Hahns Abschied (1776).

— Wer Freunde sucht, ist sie zu finden wert; | Wer keinen hat, hat keinen noch begehrt.

Gotthold Ephr. Lessing, Gesammelte Werke. Sinngedichte. B. 2, Nr. 38. In ein Stammb. (ged. 1779).

— Ein jeder sucht im Arm des Freundes Ruh'; | Dort kann die Brust in Klagen sich ergießen.

Joh. Wolfg. von Goethe, Wilh. Meisters Lehrjahre. B. 5, K. 16. Mignon (ged. um 1785).

— Wem der große Wurf gelungen, | Eines Freundes Freund zu sein . . . | Mische seinen Jubel ein!

Friedr. von Schiller, Gedichte. An d. Freude (ged. 1785). Mel. v. Friedr. Frz. Hurka (1789), Karl Friedr. Zelter (komp. 1. März 1792), Joh. Friedr. Reichardt (komp. 1795) u. a.

Freund. — Der wahre Freund ist Freund in Worten und in Werken.

Joh. Wilh. Ludw. Gleim, D. goldenen Spr. d. Pythagoras (1786).

— Wirf deinen schärfsten Blick auf deines Freundes Taten; | Zu deinem Tun jedoch laß Freundes Weisheit raten!

Joh. Wilh. Ludw. Gleim, D. goldenen Spr. d. Pythagoras (1786).

— Wie köstlich ist des gegenwärt'gen Freundes | Gewisse Rede, deren Himmelskraft | Ein Einsamer entbehrt und still versinkt.

Joh. Wolfg. von Goethe, Iphigenie auf Tauris (1787). A. 4, Sz. 4 (Iphigenie).

— Es macht | Der Freund des Freundes Kummer zu dem seinen.

Friedr. von Schiller, Iphigenie in Aulis (ged. 1788). A. 2, Sz. 2 (Menelaus).

— Mit Freunden ist's vorbei in schlimmen Tagen. Friedr. von Schiller, Sz. a. d. Phönizierinnen d. Euripides (ged. 1788). (Polynices).

— Es will der Feind — es darf der Freund nicht schonen.

Joh. Wolfg. von Goethe, Torquato Tasso (1789). A. 1, Sz. 2 (Alphons).

— Wer nicht die Welt in seinen Freunden sieht, | Verdient nicht, daß die Welt von ihm erfahre.

Joh. Wolfg. von Goethe, Torquato Tasso (1789). A. 1, Sz. 3 (Tasso).

— Es ist so schwer im Freunde sich verdammen.

Joh. Wolfg. von Goethe, Torquato Tasso (1789). A. 3, Sz. 2 (Prinzessin).

— Allein bei Freunden läßt man frei sich gehn, | Man ruht in ihrer Liebe, man erlaubt | Sich eine Laune; ungezähmter wirkt | Die Leidenschaft, und so verletzen wir | Am ersten die, die wir am zärtsten lieben.

Joh. Wolfg. von Goethe, Torquato Tasso (1789). A. 3, Sz. 4 (Antonio).

— Vielleicht wirst du erkennen . . ., welchen Wert | Die Treue wahrer Freunde hat, und wie | Die weite Welt die Nächsten nicht ersetzt.

Joh. Wolfg. von Goethe, Torquato Tasso (1789). A. 4, Sz. 2 (Leonore).

— Gar freundliche Gesellschaft leistet uns | Ein ferner Freund, wenn wir ihn glücklich wissen.

Joh. Wolfg. von Goethe, Torquato Tasso (1789). A. 4, Sz. 2 (Leonore).

— Wer jedes Freund sein will, ist niemands Freund.

Gottl. Konrad Pfeffel, Poetische Versuche (1789—1790). D. Chamäleon u. d. Vögel.

— Nie kannst du Freundesherzen trennen, | O Schicksal, nie! | Sie lernen uns im Glücke kennen, | In Not wir sie.

Joh. Christoph Friedr. Haug, Sinngedichte (1791).

Freund. — Wie unser Schatten ist so mancher treue Freund, | Er bleibt so lang', als uns des Glückes Sonne scheint.

Ephr. Mos. Kuh, Hinterlassene Gedichte (1792). Epigramme.

— Leihst du einem Freunde Geld, | Mußt du dich sogleich entschließen — | Leider ist's der Lauf der Welt — | Eins von beiden einzubüßen.

Ephr. Mos. Kuh, Hinterlassene Gedichte (1792). Epigramme.

— Wie, fürchtest du denn nicht, — ich muß dich ernstlich fragen, — | An so viel Freunden allzuschwer zu tragen.

Friedr. von Schiller, Gedichte. In d. Folio-Stammb. eines Kunstfreundes (ged. 1793). Schlußv.

— Dem Glücklichen sagt man: | Bleibet lange gesund! er findet Freunde die Menge. | Aber wem es übel gerät, der mag sich gedulden!

Joh. Wolfg. von Goethe, Reineke Fuchs (1794). Ges. 12.

— Zürnet dein Freund mit dir, so verschaff' ihm eine Gelegenheit, dir einen großen Gefallen zu erweisen; darüber muß sein Herz zerfließen, und er wird dich wieder lieben.

Jean Paul (Joh. Paul Friedr. Richter), Hesperus (1795).

— Freunde können und müssen Geheimnisse voreinander haben; sie sind einander doch kein Geheimnis.

Joh. Wolfg. von Goethe, Wilh. Meisters Lehrjahre (1777—1796).

— Mein Freund kannst du nicht weiter sein.

Friedr. von Schiller, Gedichte. D. Ring d. Polykrates (ged. 24. Juni 1797).

— In der Not pflegt die Taubheit epidemisch unter Freunden einzureißen.

Aug. von Kotzebue, D. Versöhnung (1798).

— Einen kritischen Freund an der Seite kommt man immer schneller vom Fleck.

Joh. Wolfg. von Goethe, Briefwechsel zwischen Goethe u. Knebel (31. Dez. 1798).

— Aufmerksamkeit verdient ein alter Freund.

Friedr. von Schiller, D. Piccolomini (1799). A. 1, Sz. 4 (Octavio).

— Der Freunde Eifer ist's, der mich | Zugrunde richtet, nicht der Haß der Feinde.

Friedr. von Schiller, Wallensteins Tod (1799). A. 3, Sz. 16 (Wallenstein). Schlußv.

— Denn über alles Glück geht doch der Freund, | Der's fühlend erst erschafft, der's teilend mehrt.

Friedr. von Schiller, Wallensteins Tod (1799). A. 5, Sz. 3 (Wallenstein).

— O selig, wer sein Erdenleben | An lieben Freundes Arm durchwallt! | Ihm wird zum leisen Frühlingssäuseln | Der Donner, der sein Haupt umhallt! | Ihm wird der Schwermut Rabendunkel | Zu lichtem Morgensonnenglanz, | Zu Maienregen Hagelwetter, | Und Dorngeflecht zum Blumenkranz.

Ludw. Theobul Kosegarten, Dichtungen (1800).

Freund. — Wir wissen den getreuen Freund zu ehren. | Dem falschen wehren, ist der Klugheit Pflicht.

Friedr. von Schiller, D. Jungfrau v. Orleans (1801). A. 2, Sz. 2 (Talbot).

— . . . auf der Größe Gipfel | Vergiß nicht, was ein Freund wiegt in der Not!

Friedr. von Schiller, D. Jungfrau v. Orleans (1801). A. 3, Sz. 4 (Johanna).

— Sein ganz Verbrechen ist, mein Freund zu sein.

Friedr. von Schiller, Turandot (1801). A. 4, Sz. 1 (Barak).

— Die Neigung gibt | Den Freund, es gibt der Vorteil den Gefährten.

Friedr. von Schiller, D. Braut v. Messina (1803). Säulenhalle (Isabella).

— Wie wenige Freunde würden Freunde bleiben, wenn einer die Gesinnungen des andern im ganzen sehen könnte!

Georg Christoph Lichtenberg, Verm. Schriften (1800—1806).

— Wenn zwei gute Freunde sind, | Die einander kennen, | Sonn' und Mond bewegen sich, | Ehe sie sich trennen.

D. Knaben Wunderhorn (1806—1808). Lebewohl. Mel. v. Friedr. Silcher (komp. 1827).

— Im Lenze der Jugend, da träumt das Gemüt | Und schwärmet von Freundschaft, die nimmer verblüht; | Ich schwärmte! — wer schwärmt nicht? — Nun geb' ich es zu, | Daß Freunde, o Wein! nicht so treu sind wie du. Engl.: In the days of my youth, when the heart's in its spring, | And dreams that affection can never take wing, | I had friends! — who has not? — but what tongue will avow, | That friends, rosy wine! are so faithful as thou.

George Gordon Lord Byron, Gelegenheitssachen (1809—1810). Übers. v. Heichen. Füll d. Becher noch einmal usw. Str. 3.

— Einen Freund, o Gott, nur Einen! | Wer die Menge hat, hat keinen!

Joh. Wilh. Ludw. Gleim, Sämtl. Werke (1811—1813). Gedichte.

— Wer ohne Freund ist, geht wie ein Fremdling über die Erde, der niemandem gehört.

Joh. Heinr. Daniel Zschokke, Stunden d. Andacht (1809—1816).

— Was man durch einen gleichgesinnten Freund erfährt, ist nahezu, als wenn man es selbst erfahren hätte.

Joh. Wolfg. von Goethe, Briefwechsel mit d. Gebrüdern v. Humboldt. An Wilh. v. Humboldt (26. Mai 1819).

— Zu seinem Freunde wird wohl jeder lieber den Redlichen, den Gutmütigen, ja selbst den Gefälligen, Nachgiebigen und leicht Beistimmenden wählen als den bloß Geistreichen.

Artur Schopenhauer, D. Welt als Wille u. Vorstellung (1819).

Freund. — Fache den Funken nicht an, der zwischen Freunden erglimmt ist; | Leicht versöhnen sie sich, und du bist beiden verhaßt.

Joh. Gottfr. von Herder, Sämtl. Werke (1805—1820). Blumenlese a. morgenländischen Dichtern. Nr. 5. Verm. Stücke a. verschiedenen morgenländischen Dichtern. Feindschaft zwischen Freunden.

— Von allem Kummer, welcher des Sterblichen | Kurzsichtig Leben nervenlos niederwirft, | Bist du, des Freundes Tod, der trübste.

Friedr. Gottl. Klopstock, Sämtl. Werke (1798—1821). Bd. 1.

— Am meisten ist und wahrsten der mein Freund, | Der warm, nicht heiß, das Gute, das ich habe, | Und streng nicht, doch genau, den Fehl auch sieht.

Friedr. Gottl. Klopstock, Sämtl. Werke (1798—1821). Bd. 6.

— Freunde offenbaren einander gerade das am deutlichsten, was sie einander verschweigen.

Joh. Wolfg. von Goethe, Wilh. Meisters Wanderjahre (1807—1821).

— Murr' nicht, wenn deine Freund' abfallen! Droht | Der erste Sturm, so fallen auch die Blätter. Engl.: Let no man grumble when his friends fall off, | As they will do like leaves at the first breeze.

George Gordon Lord Byron, Don Juan (1819—1824). Übers. v. Gildemeister. Ges. 14, Str. 48, V. 5.

— Liebe den Freund, doch suche dir den, der gütig und ernst ist; | Wen dein Fehler nicht kränkt, nimmer hat er dich geliebt.

Karl Ludw. von Knebel, Lebensblüten in Distichen (1827).

— Echte Freunde trennet der Tod, kein trennendes Schicksal!

Joh. Kaspar Lavater, Werke (1834). Worte d. Herzens. Freundschaft.

— Wer an des Freundes Seite weilt | Und Freud' und Kummer mit ihm teilt, | Wer wohltut mit verborgner Hand: | Ein solcher Freund wird echt genannt.

Peter von Bohlen, Bhartriharis Spr. (1835).

— Der Narr wirft bei der ersten Wärme hinweg sein altes Winterkleid; | Vergiß nicht, wenn das Glück dir dämmert, den guten Freund aus böser Zeit! Wilh. Müller, Gedichte (1837). Epigramme. 1. Hundert, Nr. 64. Nicht zu früh!

— Freunde sind nichts als unerträgliche Herren, | Besonders sogenannte Freunde in der Not. Ernst Raupach, D. Hohenstaufen (1837). Kaiser Friedr. I. u. Heinr. d. Löwe. Vorspiel. Sz. 1.

— Wenn du vom Freunde seinen Stand nicht abzuziehn | Vermagst, so ist kein Freund dir auf der Welt verliehn.

Friedr. Rückert, D. Weisheit d. Brahmanen (1836—1839). B. 16, Abteilung 1, Nr. 7. (Stufe 5. Leben. Nr. 7.)

Freund. — Glück gibt Gefährten; Gefahr bewährt den Freund.

Friedr. Halm (Elegius Frz. Jos. Freiherr von Münch-Bellinghausen), Imelda Lambertazzi (1842).

— Kein Frühling weiß so traut und wohl zu klingen, | Als wenn zum Herzen Freundesworte dringen; | So tönt kein Lied in kummervollen Stunden, | Wie wenn der Freund das rechte Wort gefunden.

Nikolaus Lenau (Niembsch, Edler von Strehlenau), D. Albigenser (1842). Roger, Vicomte v. Beziers.

— Ich will nicht sagen Pyladesse und Pirithousse, aber gute, herzliche Freunde finden sich wirklich in der Welt und sind gar nicht selten. Ital.: Non dico Piladi o Piritoi, ma buoni amici e cordiali, si trovano veramente nel mondo e non sono pochi.

Giacomo Leopardi, Werke (1845). Gedanken. Übers. v. Pozzoni.

— Und gute Freunde gibt's, die peinlich sind, | Dem Knopf am Schnupftuch gleich; wenn man vergaß, | Warum er ward gebunden.

Jos. Freiherr von Auffenberg, Sämtl. Werke (1843—1847). Unvergoldete Pillen.

— Wem der Himmel keinen Freund beschert, | Weh ihm! der Mann ist keines Grußes wert!

Friedr. von Bodenstedt, D. Lieder d. Mirza-Schaffy (1851). Verm. Gedichte u. Spr. Nr. 4. Schlußv.

— Freunde hast du so viele, wie Tage im Jahre; doch leider | Schließt der Plural hier meistens den Singular aus.

Friedr. Hebbel, Gedichte (1857). Epigramme u. Verwandtes. Nr. 7. Buntes. Fatale Konsequenz.

— Jedermann will einen Freund haben, aber niemand gibt sich die Mühe, auch einer zu sein. Franz.: Chacun veut avoir un ami, personne ne s'occupe d'en être un.

Alphonse Karr, Allerlei Kleinigkeiten. Philosophische Aufsätze (1859). K. 2. Übers. v. Zimmermann.

— „Freund in der Not" will nicht viel heißen; | Hilfreich möchte sich mancher erweisen. | Aber die neidlos ein Glück dir gönnen, | Die darfst du wahrlich „Freunde" nennen.

Paul Heyse, Gesammelte Werke (1872). Gedichte. Spr.

— Mancher große Mann hätte nie an sich geglaubt, wenn ihn nicht gute Freunde entdeckt hätten. Paul Heyse, D. Kinder d. Welt (1873).

— Es gibt wenig aufrichtige Freunde; — die Nachfrage ist auch gering.

Marie von Ebner-Eschenbach, Aphorismen (1893).

— Ein wahrer Freund trägt mehr zu unserem Glück bei als tausend Feinde zu unserem Unglück.

Marie von Ebner-Eschenbach, Aphorismen (1893).

— Will man einen Freund haben, so muß man auch für ihn Krieg führen wollen; und um Krieg zu führen, muß man Feind sein können.

Friedr. Nietzsche, Gesammelte Werke (1895—1897).

Freund. — Laß adlermutig deine Blicke schweifen | Bis dicht an die Unmöglichkeit hinan; | Kannst du des Freundes Tun nicht mehr begreifen, | So fängt der Freundschaft frommer Glaube an!

Felix Dahn, Sämtl. Werke poetischen Inhalts (1898). Gedichte. Lehrhaftes. D. Glaube d. Freundschaft.

— Freundesrat, | Früh und spat! | Freundestat, | Seltne Saat! | Aber der Freundschaft Opfer bringen, | Zählt zu den Wundern und heiligen Dingen. Viktor Blüthgen, Einfälle u. Ausfälle (1905). Freundschaftliches.

— Glücklich, wer auf seinem Pfad | Einen Freund gefunden hat.

Deutscher Trank u. deutsche Treue. Verfasser unbek. Studentenweise.

— Freunde sind ein kostbarer Luxus, und wenn man sein Kapital für einen Beruf und eine Mission hier im Leben einsetzt, so hat man nicht die Mittel, Freunde zu halten.

A. d. Norwegischen d. Henrik Ibsen.

— . . . die Reichen haben viele Freunde.

Spr. Sal., K. 14, V. 20.

— Ein treuer Freund liebt mehr und steht fester bei denn ein Bruder.

Spr. Sal., K. 18, V. 24.

— Laß dich nicht bewegen, daß du deinem Freunde gram werdest! Jes. Sir., K. 6, V. 1.

— Ein treuer Freund ist ein starker Schutz.

Jes. Sir., K. 6, V. 14.

— Ein treuer Freund ist mit keinem Geld noch Gut zu bezahlen. Jes. Sir., K. 6, V. 15.

— Ein treuer Freund ist ein Trost des Lebens.

Jes. Sir., K. 6, V. 16.

— Übergib einen alten Freund nicht!

Jes. Sir., K. 9, V. 14.

— Ein neuer Freund ist ein neuer Wein.

Jes. Sir., K. 9, V. 15.

— Wenn es aber übel gehet, so weichen auch die Freunde. Jes. Sir., K. 12, V. 8.

— Wenn der Reiche fallen will, so helfen ihm seine Freunde auf; wenn der Arme fällt, stoßen ihn auch seine Freunde zu Boden.

Jes. Sir., K. 23, V. 25.

— Laß . . . dem Freunde nicht Gewalt über dich! Jes. Sir., K. 33, V. 20.

— Der König ist eim bettler gleich, | So kein frewnd hat im gantzen Reich. Alter Spr.

— Ein freund ist des andern spiegel fürwar, | Darin er sich besehet fein und klar. Alter Spr.

— Ein trewen (treuen) freund du lieben solt, | Für alles silber und goldt. Alter Spr.

— Neuen Freunden und altem Haß ist nicht wohl zu trauen. Alter Spr.

— Treuer Freund ein seltsam Gast, | Den Melonen gleich zu schätzen; | Fünfzig Körner mußt du setzen, | Eh du einen guten hast. Alter Spr.

— Wem ein getrewer freund beystaht, | Kein Artz gibt ihm einen besseren rath. Alter Spr.

Freund. — Wer keinen Freund hat, | Wird bald des Lebens satt. Alter Spr.

— An der Tafel des Gastmahls gibt's mehr Freunde als an der Tür des Kerkers.

Sprichwort.

— Es gehen viel Freunde in ein kleines Haus.

Sprichwort.

— Freunde tun mehr not, | Als Feuer, Wasser und Brot. Sprichwort.

— Gute Freunde findet man nicht am Wege.

Sprichwort.

— Gute Freunde hab' ich viel, | Bis ich sie gebrauchen will. Sprichwort.

— Jedesmanns Freund, jedermanns Narr.

Sprichwort.

— Wer ohne Freund lebt, lebt nur halb.

Sprichwort.

— Ein Gott und nicht mehr, | Aber Freund' ein ganzes Heer. Engl.: One God, no more, | But friends good store. Sprichwort.

— Alte Freunde, alte Taler. Franz.: Vieux amis, | Vieux écus. Sprichwort.

— Kein besserer Spiegel als der alte Freund. Ital.: Non c'è migliore specchio | Dell' amico vecchio. Sprichwort.

— Wer weder Freund noch Bruder hat, der hat weder im Arm noch in der Hand Kraft. Ital.: Chi non ha amico, o germano, | Non ha forza nè in braccio, nè in mano.

Toskanisches Sprichwort.

— Es sind nicht alle jemands Freunde, die ihm zulachen. Niederl.: 't Zyn niet al iemands vrienden, die hem toelachen. Sprichwort.

— Wohl Brotfreunde, aber keine Notfreunde. Niederl.: Wel broodvrienden, maar geene noodvrienden. Sprichwort.

— Freund alt, Speck und Wein überjährig. Span.: Amigo viejo, | Tocino y vino añejo.

Sprichwort.

— Mach' mit allen Kontrakt und mit deinem Freunde vier! Portug.: Com todos faze pacto e com ten amigo quatro. Sprichwort.

— Nächst dir selbst kommt die Ehre deines Freundes. Arabisches Sprichwort.

— Wer Freunde ohne Fehler sucht, bleibt ohne Freund. Orientalisches Sprichwort.

— In böser Zeit | Sind Freunde weit.

Polnisches Sprichwort.

— Ein törichter Freund ist eine größere Plage als ein weiser Feind. Türkisches Sprichwort.

— Man kann die Menschen entbehren, aber man bedarf eines Freundes. A. d. Chinesischen.

— An deinen Freund häng' ganz dein Herz | Und teile mit ihm Freud' und Schmerz!

Spr. an Häusern u. Geräten.

— Der alte Freund sei nicht geschmäht, | Man weiß nicht, wie der neue gerät.

Spr. an einem Hausgerät.

Freund. — Gewisse Freunde, versuchtes Schwert, | Die sind in Nöten Goldes wert.
Spr. an Häusern u. Geräten.

— Niemandes Gesell' | Bleib' fern von meiner Schwell'! | Und Allemanns Freund | Sei mir nicht vereint! Spr. an einem Hause.

— Wer einen guten Freund will finden, | Der muß bei hellem Sonnenschein ein Licht anzünden.
Spr. an einem Hausgerät.

— Daz ist ein wolgefriunter man, | So unstät ist die welt, | Der unter zwanzig vettern | Einen triuwen friund behält.
Wartburgspr. Margarethengang.

— Den suoch ich an des jamers tor, | Der sinen lieben vriunt verlor. Wartburgspr.

— Vriunde ich gerne haben wil | Und doch gesellen nicht ze vil. Wartburgspr. Margarethensaal.

— Genug an einem Freunde, wenn er mir hold ist. Lat.: Sat amico, si mihi felix.
Wahlspr. d. Law.

— Prüfe den Freund; liebe den Erprobten! Lat.: Amicum proba; probatum ama!
Wahlspr. d. Bettschart.

Freundestreue. — Kann etwas besser sein | Als stete Freundestreue?
Gudrun (um 1200—1210). Übertr. v. Junghans. Abenteuer 30, Str. 1585.

— . . . Freundes Treue prüft man erst im Sturme. Theod. Körner, Alfred d. Große (1812). A. 2, Sz. 4 (Alfred).

Freundlich. — Freundlich mit Worten, geschwind mit dem Hut, | Das kostet wenig und ist gar gut. Reimspr. (17. Jahrh.).

— Zucker und sich freundlich weisen, | Dient zur Würtz in alle Speisen.
Hans Aßmann Freiherr von Abschatz, Poetische Übersetzungen u. Gedichte (1704). Sprüchwörter.

— Wenn der schwer Gedrückte klagt, | Hilfe, Hoffnung sei versagt, | Bleibet heilsam fort und fort | Immer noch ein freundlich Wort.
Joh. Wolfg. von Goethe, Westöstlicher Diwan. B. d. Spr. Nr. 10 (ged. 1818).

— Pfeifen und Harfen lauten wohl, aber eine freundliche Rede besser denn die beide.
Jes. Sir., K. 41, V. 21.

— Bis (sei) allen leuten freuntlich | Und nit allen heimlich (vertraut). Alter Spr.

— Freundlich Angesicht ist halb Zugemüse.
Alter Spr.

— Ein freundlich Gesicht, | Das beste Gericht.
Inschrift im Berliner Ratskeller. Bierlokal.

Freundlichkeit. — Also bricht und nimmt ein auch der Feinde Herzen, so willens sind, einem Böses zu tun, Holdseligkeit, Freundlichkeit und Mildigkeit.
Dr. Martin Luther, Tischreden oder Colloquia (1566).

Freundlichkeit. — Laß dir's gesagt sein, daß Freundlichkeit gegen jedermann die erste Lebensregel ist, die uns manchen Kummer sparen kann.
Hellmuth von Moltke, Gesammelte Schriften (1891—1893). Br.

— Freundlichkeit macht, | Daß man Schönheit nicht acht't. Sprichwort.

Freundschaft. — Der Freundschaft Hafen trügt nur allzu oft. Griech.: *Τοῖς πολλοῖσι γὰρ | Βροτῶν ἄπιστός ἐσθ' ἑταιρείας λιμήν.*
Sophokles (um 496—406 v. Chr.), Ajas. Übers. v. Jordan. V. 673—74 (Ajas).

— Wahre Freundschaften sind ewig. Lat.: Verae amicitiae sempiternae sunt.
Marc. Tull. Cicero, Lälius oder über d. Freundschaft (um 44 v. Chr.). Übers. v. Klotz. K. 9, § 32.

— Die älteste Freundschaft muß uns, wie die Weine, welche Jahre zählen, die lieblichste sein. Lat.: . . . veterrima quaeque (amicitia), ut ea vina, quae vetustatem ferunt, esse debet suavissima.
Marc. Tull. Cicero, Lälius oder über d. Freundschaft (um 44 v. Chr.). Übers. v. Kühner. K. 19, § 67.

— Ohne Freundschaft kein Leben. Lat.: Sine amicitia vitam esse nullam.
Marc. Tull. Cicero, Lälius oder über d. Freundschaft (um 44 v. Chr.). Übers. v. Klotz. K. 23, § 86.

— Dasselbe wollen und nicht wollen, das erst ist feste Freundschaft. Lat.: Idem velle atque idem nolle, ea demum firma amicitia est.
Gajus Sallustius (um 86—35 v. Chr.), Catilina. Übers. v. Neuffer. K. 20, § 4.

— Die Freundschaft soll nicht das Zollamt sein, um pflichtmäßige Abgaben durch sie zu erlangen, sondern eine Quelle für wahre Freude und Verschönerung des Lebens. Lat.: Non vectigalis amicitia est, sed plena decoris, plena gratiae. Ambrosius (um 340—397), V. d. Pflichten. Übers. v. Schulte. B. 3, K. 22, § 133.

— Früntschaft, wann es gat an ein not, | Gant vier und zweinzig uf ein lot; | Und well die besten meinen sin (welche die besten zu sein meinen), Gant siben wol uf ein quintin (Quentlein).
Seb. Brant, D. Narrenschif (1494). Nr. 10. V. worer früntschaft. Schlußv.

— Dis sei der Freuntschaft aigenschaft: | Zur fräud herzhaft, zur not standhaft.
Joh. Friedr. Fischart, D. Glückhafft Schiff v. Zürich (um 1576).

— Denn was die Freundschaft ganz vergiftet, | Ist Mißtraun, das der Teufel stiftet.
Joh. Friedr. Fischart, Flöh Hatz, Weiber Tratz (1577).

— Laß mich mit iederman in Fried unn Freundschafft leben, | So weit es Christlich ist!
Joh. Heermann, Hauß- v. Hertz-Musica (1639). Ein täglich Gebet.

— Mit dem du Freundschaft hast, errege keinen Streit; | Der Zorn gebieret Haß; Gunst kommt aus Einigkeit.
Martin Opitz, Sämtl. Werke (1644). Epigramme.

Freundschaft. — Gleiche Sinnen, gleiche Herzen, | Gleiche Freuden, gleiche Schmerzen, | Sind die nicht der Freundschaft Band, | Welches ewig hat Bestand? Stammbuchinschrift (1653).

— Die Freundschaft, die der Wein gemacht, | Wirkt, wie der Wein, nur eine Nacht.

Friedr. von Logau, Deutsche Sinn-Getichte (1654). Wein — Freundschaft.

— Hände küssen, Hüte rücken, | Kniee beugen, Häupter bücken, | Worte schrauben, Rede schmücken, | Wer, daß diese Gaukelei, | Meinet, rechte Freundschaft sei, | Kennet nicht Betrügerei.

Friedr. von Logau, Deutsche Sinn-Getichte (1654). Geschminkte Freundschaft.

— Soll Freundschaft feste sein? Nicht mach' sie mit der Zeit, | Mach' aber, bist du klug, sie mit der Ewigkeit!

Friedr. von Logau, Deutsche Sinn-Getichte (1654). Vollkommene Freundschaft.

— Freundschaft ist ein teurer Schatz; immer hört man davon sagen. | Selten rühmt sich Einer recht, daß er ihn davongetragen.

Friedr. von Logau, Deutsche Sinn-Getichte (1654). Freundschaft.

— Der die Freundschaft auf kan heben, | Hat sie nie recht angegeben.

Friedr. von Logau, Deutsche Sinn-Getichte (1654). Gewandelte Freundschaft.

— Wo Nutz sich nicht erzeigt, wo kein Gewinn sich weist, | Ist Freundschaft nicht daheim, ist über Land gereist.

Friedr. von Logau, Deutsche Sinn-Getichte (1654). Freundschaft.

— So selten treue Liebe ist, treue Freundschaft ist noch seltner. Franz.: **Quelque rare que soit le véritable amour, il l'est encore moins que la véritable amitié.**

François Herzog von La Rochefoucauld, Reflexionen oder moralische Sentenzen u. Maximen (1665). Nr. 473. Übers. v. Zimmermann.

— Freundschaft gründet sich auf Hochachtung, folglich auf Eigenschaften des Gemüts; Liebe aber auf die Eigenschaften des Körpers.

Ewald Christ. Kleist, Sämtl. Werke (1760). Prosaische Aufsätze. Nr. 9. Gedanken über verschiedene Gegenstände.

— Zug um Zug ist eine Regel in der Handlung, aber nicht in der Freundschaft; aber Freundschaft leidet auch keinen Handel und Wandel.

Gotthold Ephr. Lessing, Br., d. neueste Literatur betreffend (1759—1765). B. 51.

— Nein, keine große Seele lebte, | Die nicht nach edler Freundschaft strebte. | Nein! wer nicht lieben kann, ist klein.

Joh. Kaspar Lavater, Werke. Gedichte. D. Freundschaft (ged. 1768).

Freundschaft. — Die kleinen Gefälligkeiten der Freundschaft sind tausendmal werter, als jene blendenden Geschenke, wodurch uns die Eitelkeit des Gebers erniedrigt.

Joh. Wolfg. von Goethe, Leiden d. jungen Werthers (1773).

— Ungeheuchelte Hochachtung ist die Basis wahrer Freundschaft, und ungeheuchelte Hochachtung kann ohne ungeheuchelten Tadel, da, wo Tadel Platz findet, nicht bestehen.

Friedr. Heinr. Jacobi, Auserlesener Briefwechsel. An Wieland (11. Aug. 1773).

— Freundschaft gab uns alles Gutes, | Freundschaft macht' uns hohes Mutes!

Joh. Martin Miller, Gedichte. Abschiedslied. An Esmarch (ged. 1773).

— So schreibet unsrer Freundschaft | Nur gleich den Scheidebrief!

Gotthold Ephr. Lessing, Nathan d. Weise (1779). A. 1, Sz. 3 (Derwisch).

— Selbst der Freundschaft und der Liebe Glück | Läßt auf Erden keine Spur zurück.

Friedr. von Matthisson, Gedichte. Elegie, in d. Ruinen eines alten Bergschlosses geschrieben (1787).

— Die wahre Freundschaft zeigt sich im Versagen | Zur rechten Zeit, und es gewährt die Liebe | Gar oft ein schädlich Gut, wenn sie den Willen | Des Fordernden mehr als sein Glück bedenkt. Joh. Wolfg. von Goethe, Torquato Tasso (1789). A. 4, Sz. 4 (Antonio).

— Freundschaft ist die Blüte eines Augenblicks und die Frucht der Zeit.

Aug. von Kotzebue, D. Indianer in England (1790).

— Nur der Freundschaft Harmonie | Mildert die Beschwerden; | Ohne diese Sympathie | Ist kein Glück auf Erden.

Emanuel Schikaneder, D. Zauberflöte (1790). A. 2, Sz. 5 (Sarastro). Komp. v. Wolfg. Amadeus Mozart. (Erste Auff. am 30. Sept. 1791 in Wien.)

— Ewig zerstört und vernichtet die Zeit! — O göttliche Freundschaft, | Deine Bande nur knüpft fester und inniger sie.

Joh. Christoph Friedr. Haug, Sinngedichte (1791).

— Sie (die Freundschaft) ist des Lebens schönstes Band, | Gibt Brüdern traulich Hand um Hand. | So wallt man froh, so wallt man leicht | Ins beßre Vaterland.

Joh. Martin Usteri, Tischlied (ged. 1793). Mel. v. Hans Georg Nägeli (1798).

— Nur uns Armen, die wir wenig oder nichts besitzen, ist es gegönnt, das Glück der Freundschaft in reichem Maße zu genießen . . . Wir haben nichts als uns selbst. Dieses ganze Selbst müssen wir hingeben.

Joh. Wolfg. von Goethe, Wilh. Meisters Lehrjahre (1777—1796).

— Ohne Aufopferung läßt sich keine Freundschaft denken.

Joh. Wolfg. von Goethe, Wilh. Meisters Lehrjahre (1777—1796).

Freundschaft. — Nur flüchtige Minuten währet | Der Wollust Honigsüßigkeit; | Allein der Freundschaft Segen nähret | Das Herz durch alle Lebenszeit.

Gottfr. Aug. Bürger, Gedichte (1796—1797). D. Königin v. Golkonde.

— Ohne persönliche Anhänglichkeit aber und ohne wahre, herzliche Teilnahme gibt's keine Freundschaft.

Joh. Jak. Engel, D. Fürstenspiegel (1798). Freundschaft.

— Die Freundschaft ist die heiligste der Gaben, | Nichts Heiligers konnt' uns ein Gott verleihn. | Sie würzt die Freud' und mildert jede Pein, | Und einen Freund kann jeder haben, | Der selbst versteht ein Freund zu sein.

Christoph Aug. Tiedge, Urania (1801).

— Wenn die Armut ihren Klagegesang anstimmt, so hat die Freundschaft gewöhnlich tacet (sie schweigt). Aug. von Kotzebue, D. Besuch (1801).

— Jedes zu große Übergewicht von einer Seite stört die Freundschaft.

Adolf Freiherr von Knigge, Schriften (1804—1806).

— Nicht für die kurze Zeit, | Freundschaft ist für die Ewigkeit!

D. Knaben Wunderhorn (1806—1808). D. heiße Afrika.

— Die Lieb' ist eine hübsche Blume, | Die Freundschaft eine süße Frucht.

Aug. von Kotzebue, D. neue Frauenschule (1811).

— Der stolzen Brust wird Freundschaft nicht entsprossen.

Joh. Wolfg. von Goethe, Westöstlicher Diwan. B. d. Betrachtungen. Fünf Dinge (ged. 15. Dez. 1814).

— Ohne Selbstschätzung hat die Freundschaft nicht viel Wert.

Friedr. Maximilian von Klinger, Gesammelte Werke (1809—1815).

— Sei gerecht und behutsam und zerreiße nicht mit dem forschenden Hacken des Mißtrauens das zarte Gewebe anschmiegender Freundschaft!

Christ. Ernst Karl Graf von Bentzel-Sternau, Weltansichten (1816).

— Alles sinkt im Strom der Zeiten, | Nur der Freundschaft Blume blühet | Unverstörbar auf den Wellen; | Und wie schön jenseits des Stromes!

Joh. Gottfr. von Herder, Sämtl. Werke (1805—1820). Gedichte.

— Wie der Schatte früh am Morgen | Ist die Freundschaft mit den Bösen: | Stund' auf Stunde nimmt sie ab. | Aber Freundschaft mit den Guten | Wächset wie der Abendschatte, | Bis des Lebens Sonne sinkt.

Joh. Gottfr. von Herder, Sämtl. Werke (1805—1820). Blumenlese a. morgenländischen Dichtern. Nr. 4. Gedanken einiger Brahmanen. Freundschaft.

Freundschaft. — Freundschaft und Pflicht, die nur handelt und nicht redet, | Sei von allem, was uns veredelt, | Unser geliebteres Ziel.

Friedr. Gottl. Klopstock, Sämtl. Werke (1798—1821). Bd. 5.

— Was wäre die Freundschaft, wofern sie unsterblich nicht wäre?

Friedr. Gottl. Klopstock, Sämtl. Werke (1798—1821). Bd. 7.

— Leute, die sich in ihren Begriffen von der Freundschaft nicht höher schwingen können, als daß sie alle gute Bekannte für Freunde halten, denken, daß nichts gewöhnlicher in der Welt als die Freundschaft sei! Wie betrügen sie sich!

Friedr. Gottl. Klopstock, Sämtl. Werke (1798—1821). Bd. 9.

— Die Freundschaft und die Liebe sind zwei Pflanzen an Einer Wurzel. Die letztere hat nur einige Blumen mehr.

Friedr. Gottl. Klopstock, Sämtl. Werke (1798—1821). Bd. 9.

— Freundschaft und Liebe bedürfen des Vertrauens, des tiefsten und eigentlichsten, aber bei großartigen Seelen nie der Vertraulichkeiten.

Wilh. Freiherr von Humboldt, Br. an eine Freundin (27. Dez. 1822).

— Doch, was alle Freundschaft bindet, | Ist, wenn Geist zu Geist sich findet.

Ludw. Uhland, Gedichte. Lieder. Auf d. Überfahrt (ged. 9. Okt. 1823).

— ... bei rauhem Wetter | Ist Freundschaft meist ein trauriger Pilot, | Ein Arzt, der teuer ist und selten Retter. Engl.: Friends are but bad pilots when the weather's rough, | Doctors less famous for their cures than fees.

George Gordon Lord Byron, Don Juan (1819—1824). Übers. v. Gildemeister. Ges. 14, Str. 48, V. 3.

— Freundschaft, Liebe, Stein der Weisen, | Diese dreie hört' ich preisen, | Und ich pries und suchte sie, | Aber, ach! ich fand sie nie.

Heinr. Heine, Sämtl. Werke. Dichtungen. D. B. d. Lieder. Anhang älterer Gedichte (ged. 1816—1824). Zum lyrischen Intermezzo. Nr. 5.

— ... Freundschaft und Liebe ... teilen miteinander das innere Seelenleben, worin zwei Wesen einander entgegenkommen, und indem sie jeder seine Art zu sein in dem anderen aufzugeben scheinen, dieselbe reiner und klarer zurückempfangen.

Wilh. Freiherr von Humboldt, Br. an eine Freundin (8. März 1825).

— Eigentliche Freundschaft ... erfordert wirkliche Übereinstimmungen in den Hauptcharakterseiten.

Wilh. Freiherr von Humboldt, Br. an eine Freundin (1. Dez. 1825).

— In der Freundschaft ist der Mann wie in der Lieb' die Frau, — und umgekehrt —; nämlich mehr den Gegenstand suchend als die Empfindung für ihn.

Jean Paul (Joh. Paul Friedr. Richter), Sämtl. Werke (1826—1828).

Freundschaft. — Freundschaft, echte Freundschaft ist eine Schaumünze, die man nur im höchsten Notfalle angreift. Umgang ist Ausgabegeld, für das wir das tägliche Brot kaufen.

Theod. Gottl. von Hippel, Sämtl. Werke (1827—1828).

— Freundschaft und Liebe erzeugen das Glück des menschlichen Lebens, | Wie zwei Lippen den Kuß, welcher die Seelen entzückt.

Friedr. Hebbel, Gedichte. Jugendgedichte (geb. 1829—1833). Neue Flocken. Freundschaft u. Liebe.

— Das ist der Armen Ärmster, der nimmer Freundschaft fand; | Denn Freundschaft ist dem Guten ein teures Heimatland.

Ludw. Bechstein, Faustus (1833).

— Achtung, Liebe, Vertraun, Grundzüge im Dasein der Freundschaft; | Treue, Weisheit und Mut und Geduld und Liebe — sind Freundschaft!

Joh. Kaspar Lavater, Werke (1834). Worte d. Herzens. Freundschaft.

— Wenn die Armut durch die Türe kommt geschlichen in das Haus, | Stürzt auch schon die falsche Freundschaft aus dem Fenster sich heraus.

Wilh. Müller, Gedichte (1837). Epigramme. 3. Hundert, Nr. 29. Armut u. Freundschaft.

— Übermaß der Wohltaten schwächt die Freundschaft statt sie zu stärken.

Ernst Raupach, D. Hohenstaufen (1837). Kaiser Friedr. I. u. Heinr. d. Löwe. Vorspiel. Sz. 2.

— Hat man die Liebe durchgeliebt, | Fängt man die Freundschaft an.

Heinr. Heine, Neue Gedichte. Verschiedene (geb. 1832—1839). Angelique. Nr. 12.

— O brich den Faden nicht der Freundschaft rasch entzwei! | Wird er auch neu geknüpft, ein Knoten bleibt dabei.

Friedr. Rückert, D. Weisheit d. Brahmanen (1836—1839). B. 16, Abteilung 3, Nr. 50. (Stufe 5. Leben. Nr. 250.)

— Die rechte Freundschaft ist von hinten wie von vorne, | Nicht Ros' ins Angesicht und hinterm Rücken Dorne.

Friedr. Rückert, D. Weisheit d. Brahmanen (1836—1839). B. 16, Abteilung 5, Nr. 27. (Stufe 5. Leben. Nr. 429.)

— Die Liebe scheint der zarteste der Triebe, | Das wissen selbst die Blinden und die Tauben; | Ich aber weiß, was wen'ge Menschen glauben, | Daß wahre Freundschaft zarter ist als Liebe.

Aug. Graf von Platen-Hallermund, Gesammelte Werke (1839). Sonette. Nr. 70.

— . . . die Liebe gleicht dem Schatten des Morgens, der immer kleiner wird, echte Freundschaft, im Geiste der Alten, dem Schatten des Abends, der wächst, bis die Sonne des Lebens hinabsinkt.

Karl Jul. Weber, Demokritos (1832—1840). D. Liebe.

Freundschaft. — O Kindermärchen, Freundschaft!

Friedr. Halm (Elegius Frz. Jos. Freiherr von Münch-Bellinghausen), D. Sohn d. Wildnis (1842). A. 1 (Parthenia).

— Die Freundschaft leuchtet wie der stille Mond | Am Firmament, eh' sich die Sonne zeigt: | Doch gleich erblaßt sie vor dem Strahl der Liebe.

Otto Fürst zu Lynar, D. Mediceer (1842). A. 1, Sz. 5.

— Nur das mag, wie mit festem Erz, | In Freundschaft zwei Genossen binden, | Wenn Geist und Geist sich, Herz und Herz | In einem höhern Dritten finden.

Emanuel Geibel, Gedichte u. Gedenkblätter (1864). Spr. Nr. 4.

— Keine Freundschaft ist echt, die nicht auf ihre Fahne schreibt: „Gegenseitige Duldung".

Adolf Wilbrandt, Geister u. Menschen (1864).

— Nie kann man die Stelle eines Freundes ersetzen; wer glücklich genug ist, deren mehrere zu haben, dem ist jeder einzelne etwas anderes; eine Doublette in der Freundschaft hat gewiß niemand.

Friedr. Ernst Daniel Schleiermacher, Sämtl. Werke (1835—1865).

— Freundschaft überlebt eher den Tod als die Abwesenheit. Franz.: L'amitié survit mieux à la mort qu'à l'absence.

Petit-Senn, Geistesfunken u. Gedankensplitter (1865). Übers. v. Zimmermann.

— Welch ein Unterschied zwischen Freundschaft und Liebe! . . . die eine ein lichter Tempel, die andere ein ewig verhülltes Mysterium.

Eduard von Hartmann, Philosophie d. Unbewußten (1869).

— Der treuen Freundschaft heil'ge Weihe, | Sie biete Trost in Gram und Schmerz! | Der Welt die Stirn, die trotz'ge, freie, | Der Welt die Stirn, dem Freund' das Herz!

Emil Rittershaus, Neue Gedichte (1871). Verm. Gedichte. Schmerz. Schlußv.

— Hat einmal eine Freundschaft den Höhepunkt ihrer Bewährung erreicht, allein durch ein großes, von ihr gebrachtes Opfer, so tritt sie in eine gefahrvolle Krisis, die nur zwei edle Menschen überstehen können.

Karl Gutzkow, Gesammelte Werke (1873).

— Zart ist die Blume der Freundschaft, benagt vom Wurme des Mißtrauens, | Senkt sie traurig das Haupt, trocknet von innen und stirbt.

Emanuel Geibel, Gesammelte Werke (1883). Gedichte.

— Wo Freundschaft ist, da ist der Erdengüter Gemeinschaft. Paul Heyse, B. d. Freundschaft (1883).

— Gerade diejenigen, die von der allgemeinen Menschenliebe überfließen . . . haben die geringste Anlage . . . nach dem, was allein des hohen Namens „Freundschaft" würdig ist.

Paul Heyse, B. d. Freundschaft (1883).

Freundschaft. — Es gibt Kameradschaft; möge es Freundschaft geben!

Friedr. Nietzsche, Gesammelte Werke (1895—1897).

— Beichten ohne Reu', | Freundschaft ohne Treu', | Gaben nur zum Schein, | Gar faule Werke sein. Alter Spr.

— Dieweil der Fleischtopf sieden thut, | Solange währt die Freundschaft gut. Alter Spr.

— Gehet es nach gluck mit reichen schal, | So finden sich freunde ohne zall; | So bald aber sich das gluck wendt, | Ist ale freundschafft auß behendt. Alter Spr.

— Keines freundschafft man verachten sol, | Er sey dan böß und schalckheit vol. Alter Spr.

— Freundschaft, die ein Ende fand, | Niemals echt und rein bestand. Sprichwort.

— Freundschaft geht vor allem Ding! | Das lügst du, sagt der Pfenning, | Denn wo ich kehr' und wende, | Hat Freundschaft gar ein Ende. Sprichwort.

— Freundschaft ist Liebe mit Verstand. Sprichwort.

— Geflickte Freundschaft wird selten wieder ganz. Sprichwort.

— Wahre Freundschaft ist nur unter Guten. Sprichwort.

— Freundschaft ist Liebe ohne Flügel. Franz.: L'amitié est de l'amour sans ailes. Sprichwort.

— Ohne Rücksichten keine Freundschaft. Span. Sprichwort.

— Wie Risen miteinander so fest verbund, | So soll auf Erden die Freundschaft sein, hier zu aller Stund. Spr. am Neustift in Stubai.

— Die Freundschaft ist das Salz des Lebens. Lat.: **Vitae sal amicitia.** Wahlspr. d. Salinas.

— Rosen, Tulpen, Nelken, | Alle Blumen welken; | Stahl und Eisen bricht, | Aber unsre Freundschaft nicht. Stammbuchv.

— Unsre Freundschaft, die soll brennen | Wie ein dickes Dreierlicht; | Freunde wollen wir uns nennen, | Bis der Kater Junge kriegt. Stammbuchv.

Frevel. — Des Frevels Acker trägt den Tod als Erntelohn. Griech.: *Ἄτης ἄρουρα θάνατον ἐκκαρπίζεται.*

Äschylus, Sieben vor Theben (um 471 v. Chr.) Übers. v. Minckwitz. V. 584 (Eteokles).

— Was wer auff Erden für ein leben, | Wa (wo) wirt die Grechtigkeit da schweben, | Wann jedes Freuel, arge list | Gedult wird vnd nicht auch verdüst (gebüßt).

Joh. Fried. Fischart, Flöh Hatz, Weiber Tratz (1577). D. Nütwendige v. Wöständige Verantwortung d. Weiber.

— Vor großen Freveln gehen andre stets | Vorher; wer einmal aus den Schranken trat, | Der kann zuletzt das Heiligste verletzen.

Friedr. von Schiller, Phädra (1805). A. 4, Sz. 2 (Hippolyt).

Freveln. — Wer frevelte, büßt! | So gebeut urgraue Verkündung. Griech.: *Δράσαντι παθεῖν, | Τριγέρων μῦθος τάδε φωνεῖ.*

Äschylus, D. Orestie (um 458 v. Chr.). Übers. v. Minckwitz. D. Totenspenderinnen. V. 305—6 (Chor).

Freveltat. — Denn wo die böse Tat | Zur Mutter die Gesinnung hat, da folgen | Ihr als Geschwister andre böse Taten. Griech.: *Οἷς γὰρ ἡ γνώμη κακῶν | Μήτηρ γένηται, τἄλλα παιδεύει κακά.* Sophokles (um 496—406 v. Ch.), Philoktet. Übers. v. Jordan. V. 1361—62 (Philoktet).

— Und eine Frevelhandlung faßt die andre | In enggeschlossner Kette grausend an.

Friedr. von Schiller, Wallensteins Tod (1799). A. 3, Sz. 18 (Max).

— Böses Werk muß untergehen; | Rache folgt der Freveltat.

Friedr. von Schiller, Gedichte. D. Siegesfest (geb. 1803).

Frieden. — Denn jener (der Friede) ist der Musen allerliebster Freund, | Feind aller Not, freut wohlgeratner Kinder sich, | Ist froh bei Reichtum. Griech.: *Ἡ πρῶτα μὲν Μούσαισι προσφιλεστάτη, | Γόοισι δ' ἐχθρά, τέρπεται δ' εὐπαιδίᾳ, | Χαίρει δὲ πλούτῳ.*

Euripides, D. Schutzflehenden (um 418 v. Chr.). Übers. v. Binder. V. 489—91 (Herold).

— Besser und sichrer ist ein gewisser Friede als ein erhoffter Sieg. Lat.: **Melior tutiorque est certa pax quam sperata victoria.**

Tit. Livius (um 59 v. Chr.—17 n. Chr.), Römische Gesch. Übers. v. Örtel. B. 30, Kap. 30, § 19.

— Doch ist Fried' auch zuweilen, Vertraun ist nimmer zum Frieden. Lat.: **Pax tamen interdum est, pacis fiducia nunquam.**

Publ. Ovidius Naso (um 43 v. Chr.—17 n. Chr.), Klagelieder. Übers. v. Berg. B. 5, Nr. 2, V. 71.

— Zögling des Friedens, gedeiht Ceres im Frieden allein. Lat.: **Pax Cererem nutrit; pacis alumna Ceres.**

Publ. Ovidius Naso (um 43 v. Chr.—17 n. Chr.), Festkalender. Übers. v. Klußmann. B. 1, V. 704.

— Kein besseres Füllhorn des Segens als den Frieden. Talmud (3. Jahrh.).

— Willst du Frieden haben, sei kriegsbereit! Lat.: **Si vis pacem, para bellum!**

Nach Flavius Vegetius Renatus (um 450). Kriegskunst. Übers. v. Lipowsky. B. 3, Prolog.

— Allen den Frieden, den Lastern den Krieg! Lat.: **Cum omnibus pacem, adversus vitia bellum.** Wahlspr. Kaiser Otto II. (reg. 973—983).

— Das wäre eine heil'ge Zeit, | Wo der Wolf den Schafen Frieden beut. Mittelhochdeutsch: Daz mac wol sîn ein heilgiu zît, | Sô der wolf den schâfen vride gît.

Vrîdankes Bescheidenheit (1225–1240). Übertr. v. Pannier. Nr. 43. v. tieren.

Frieden. — Der wahre Friede des Herzens wird gefunden, nicht indem man seinem eigenen Willen und seinen eigenen Begierden folget und dienet, sondern indem man ihnen widerstrebet. Lat.: **Resistendo passionibus invenitur pax vera cordis, non autem serviendo eis.**

Thomas a Kempis, Nachfolge Christi (um 1410). Übers. v. Arnd. B. 1, K. 6, § 7.

— Es kan keiner lenger friede haben denn sein nachbawer wil.

Joh. Agricola, Drey hundert Gemeyner Sprichwörtter (1529). Nr. 241.

— Im Frieden nur kann Glück und Heil bestehen, | Drum heißt's: in ihm ruht aller Wohlergehen. A. d. Persischen d. Scheich Hilali (gest. 1529). König u. Derwisch. Übers. v. Ethé.

— Das ist der rechte Friede, der das Herz zufrieden stellet und stillet.

Dr. Martin Luther, Alle B. u. Schrifften (1539—1559).

— Das Regiment war wohl bedacht, | Das beim Frieden den Krieg bedacht.

Georg Rollenhagen, Froschmäuseler (1595).

— Der Friede ist zu nichts, als Eisen zu rosten, Schneider zu vermehren und Bänkelsänger zu schaffen. Engl.: **This peace is nothing, but to rust iron, increase tailors, and breed ballad-makers.** William Shakespeare, Coriolan (um 1605). Übers. v. Dorothea Tieck. A. 4, Sz. 5 (Zweiter Diener).

— Sicherheit macht Frieden krank, | Zu sichre Sicherheit. Engl.: **The wound of peace is surety, | Surety secure.**

William Shakespeare, Troilus u. Cressida (um 1609). Übers. v. Schlegel. A. 2, Sz. 2 (Hektor).

— Dencket, daß der Friede nehrt, | Dencket, daß der Krieg verzehrt.

Paul Fleming, Teutsche Poemata (1642). Neue-Jahrs-Ode.

— Liebet friede, legt zur seiten | Haß vnd streiten | Als den Brunquell aller pein!

Andr. Tscherning, Deutscher Getichte Früling (1642). Liebet friede!

— Verleih vns Frieden gnädiglich, | Herr Gott zu vnsern Zeiten; | Es ist doch ja kein andrer nicht, | Der für vns köndte streiten.

Joh. Mich. Moscherosch, Wunderliche v. Warhafftige Gesichte Philanders v. Sittewalt (1643). T. 1, Gesichte 7. Hoffschule.

— Ist Friede da mit Gott, wird Friede Friede sein; | Ist Friede nicht mit Gott, ist Friede nur ein Schein.

Friedr. von Logau, Deutsche Sinn-Getichte (1654).

— Wer im Frieden will walten, | Der muß leyden vnd still halten.

Christoph Lehmann, Politischer Blumen-Garten (1662). T. 1. Fried. Nr. 11.

— Fried ist offt voll Mißtrawen.

Christoph Lehmann, Politischer Blumen-Garten (1662). T. 1. Fried. Nr. 51.

Frieden. — Fried bringt Reichthumb, | Reichthumb macht Vbermuth, | Vbermuth bringt Krieg, | Krieg macht Armuth, | Armuth macht Demuth, | Demuth macht Fried.

Christoph Lehmann, Politischer Blumen-Garten (1662). T. 1. Fried. Nr. 52. — Spr. im Berliner Rathause. Erdgeschoß.

— Am Frieden ist mehr gelegen dann am Recht; dann die Recht sind vmbs Friedens willen gemacht.

Christoph Lehmann, Politischer Blumen-Garten (1662). T. 1. Fried. Nr. 56.

— Ein Ey im Frieden ist besser als ein Ochß im Kriege.

Christoph Lehmann, Politischer Blumen-Garten (1662). T. 1. Fried. Additio Nr. 11.

— Der Friede macht die Völker glücklicher, die Menschen schwächer. Franz.: **La paix rend les peuples plus heureux et les hommes plus faibles.** Marquis de Vauvenargues, Reflexionen u. Maximen. (1746). Nr. 389. Übers. v. Zimmermann.

— Doch kann das Frieden seyn, was sich auf Mißtraun stützet? | Des Zwistes Funken glimmt in kalter Asche fort.

Joh. Jak. Dusch, Sämtl. poetische Werke (1765—1767). T. 1. V. d. Schwächen d. Vernunft.

— Der ewige Friede paßt als Aufschrift über Kirchhofspforten, denn nur die Toten schlagen sich nicht mehr; — die Lebenden sind in anderer Stimmung. Gottfr. Wilh. von Leibniz, Werke (1768).

— Ruh' und Frieden! Ich glaub's wohl! Den wünscht jeder Raubvogel, die Beute nach Bequemlichkeit zu verzehren.

Joh. Wolfg. von Goethe, Götz v. Berlichingen (1773). A. 1. Jarthausen (Götz).

— Ein stiller Friede kommt auf mich, | Weiß nicht, wie mir geschehn.

Joh. Wolfg. von Goethe, Gedichte. Lieder. Jägers Abendlied (ged. 1775). Mel. v. Joh. Friedr. Reichardt (1781).

— Süßer Friede, | Komm', ach komm' in meine Brust! Joh. Wolfg. von Goethe, Gedichte. Lieder. Wandrers Nachtlied (ged. 12. Febr. 1776). Mel. v. Joh. Friedr. Reichardt (1781).

— Das arme Herz, hinieden | Von manchem Sturm bewegt, | Findt nirgends wahren Frieden, | Nur wo es nicht mehr schlägt.

Joh. Gaudenz Freiherr von Salis-Seewis, Gedichte. D. Grab (ged. 1783). Schlußv.

— Wenn man einen ewigen Frieden stiften will, muß man sich in eine ideale Welt begeben, wo das Mein und Dein nichts gelten, wo Fürsten, Minister und Untertanen von keinen Leidenschaften beherrscht werden und nur nach Vernunft gehandelt wird. Friedr. d. Große, Sämtl. Werke (1789).

— Bald, es kenne nur jeder den eigenen, gönne dem andern | Seinen Vorteil, so ist ewiger Friede gemacht. Joh. Wolfg. von Goethe, Gedichte. Vier Jahreszeiten (ged. 1796). Herbst. Nr. 74.

Frieden. — Holder Friede, | Süße Eintracht, | Weilet, weilet | Freundlich über dieser Stadt!
Friedr. von Schiller, Gedichte. D. Lied v. d. Glocke (ged. Sept. 1799).

— Friede sei ihr erst Geläute!
Friedr. von Schiller, Gedichte. D. Lied v. d. Glocke (ged. Sept. 1799). Schlußv.

— Du hast den Frieden nie gesehn! Es gibt | Noch höhern Wert . . . als kriegerischen.
Friedr. von Schiller, D. Piccolomini (1799). A. 1, Sz. 4 (Oktavio).

— Der Friede ist immer die letzte Absicht des Krieges. Christoph Martin Wieland, Sämtl. Werke (1794—1802). Verm. Schriften.

— Schön ist der Friede! Ein lieblicher Knabe | Liegt er gelagert am ruhigen Bach.
Friedr. von Schiller, D. Braut v. Messina (1803). Säulenhalle (Chor. Manfred).

— Denn der Mensch verkümmert im Frieden; | Müßige Ruh' ist das Grab des Muts.
Friedr. von Schiller, D. Braut v. Messina (1803). Säulenhalle (Chor. Manfred).

— Es kann der Frömmste nicht im Frieden bleiben, | Wenn es dem bösen Nachbar nicht gefällt.
Friedr. von Schiller, Wilh. Tell (1804). A. 4, Sz. 3 (Tell).

— Was auch der Krieg verderbe, | Es heilt's Irene (der Friede) klug; | Die Künste, die Gewerbe | Begleiten ihren Zug.
Aug. Graf von Platen-Hallermund, Gedichte. Verm. u. Gelegenheitsgedichte. An Jos. v. Xylander (ged. 1815).

— Zuerst ist . . . der Friede das Werk der Gerechtigkeit; er ist unmöglich ohne strenge Pflichterfüllung, unmöglich in jedem, da Strenge der Pflichterfüllung das Erste und Nächste ist.
Wilh. Freiherr von Humboldt, Br. an eine Freundin (2. Mai 1827).

— Auf diese Weise hängt der innere Friede immer vom Menschen selbst ab; der Mensch braucht zu seinem Glücke im wahren Verstande nichts als ihn, und er braucht, um ihn zu besitzen, nichts als sich. Wilh. Freiherr von Humboldt, Br. an eine Freundin (2. Mai 1827).

— Fruchtlos hienieden | Ringst du nach Frieden! | Täuschende Schimmer | Winken dir immer.
Friedr. von Matthisson, Schriften (1825—1829). Gedichte. Lebenslied.

— . . . denn der Friedenszustand ist allein der unter Gesetzen gesicherte Zustand des Mein und Dein in einer Menge einander benachbarter Menschen.
Immanuel Kant, Werke (1838—1839). Bd. 9.

— Wenn die Vollendung der Absicht des ewigen Friedens auch immer ein frommer Wunsch bliebe, so betrügen wir uns doch gewiß nicht mit der Annahme der Maxime, dahin unablässig zu arbeiten, denn diese ist Pflicht.
Immanuel Kant, Werke (1838—1839).

Frieden. — Denn Friede wird dem Herzen nur beschieden, | Das ihn verdient mit mutig freien Schlägen.
Jul. Hammer, Schau um dich u. schau in dich (1851). Heiße Tage. Sag' nicht v. Leben, daß ein Glück es sei usw.

— Ich will Frieden haben mit meinem Volke.
König Maximilian II. von Bayern (1859).

— Nur aus Streit erblüht der heil'ge Friede, | Und aus Heldenmut die Macht.
Ernst Moritz Arndt, Gedichte (1860).

— Die unwandelbare Freundschaft und der ewige Friede zwischen allen Völkern, sind es denn Träume? Nein, der Haß und der Krieg sind Träume, aus denen man einst erwachen wird.
Ludw. Börne (Löb Baruch), Gesammelte Schriften (1862—1863).

— Die Idee des ewigen Friedens ist rein christlich, und das Abenteuerliche, das man darin hat finden wollen, liegt nur in der Art, wie man versucht hat, sie zu realisieren.
Friedr. Ernst Daniel Schleiermacher, Sämtl. Werke (1835—1865).

— Ein Friede, der der Befürchtung ausgesetzt ist, jeden Tag, jede Woche gestört zu werden, hat nicht den Wert eines Friedens; ein Krieg ist oft weniger schädlich für den allgemeinen Wohlstand als ein solch unsicherer Friede.
Otto von Bismarck im Abg.-Hause d. preuß. Landtages (30. Jan. 1869).

— . . . daß jeder Staat . . . sich bewußt sein muß, daß sein Friede und seine Sicherheit auf seinem eigenen Degen beruht.
Otto von Bismarck im Norddeutschen Reichstage (22. Mai 1869).

— Es stritt mit uns im Gliede | Kein Freund als Gott allein, | So soll denn auch der Friede | Ein deutscher Friede sein!
Emanuel Geibel, Heroldsrufe. Deutsche Siege (ged. Aug. 1870). Schlußv.

— Wir tragen eben den Frieden wie ein Gewand, an dem wir vorn flicken, während es hinten reißt. — Der Stoff hält sich eben nicht.
Wilh. Raabe, Horacker (1876).

— Ich teile die Hoffnung und den Wunsch nach dauerndem Frieden, aber die ausgesprochene Zuversicht teile ich nicht. Hellmuth von Moltke (1877).

— . . . aber fortgesetzte Zweifel an der Beständigkeit des Friedens finden ab und zu . . . schließlich doch einigen Glauben, und dadurch wird der Friede mit der Zeit erschüttert.
Otto von Bismarck im Reichstage (14. März 1885).

— . . . den Frieden zwischen zwei benachbarten Nationen zu stören, . . . das ist eine große Ruchlosigkeit, zu der man gar keinen Grund hat.
Otto von Bismarck im Reichstage (13. Jan. 1887).

— Die Frage indes, ob ein Frieden ewig dauern werde oder nicht, hat noch nie jemand in der Welt abgehalten, einen Frieden zu schließen.
Otto von Bismarck im Abg.-Hause d. preuß. Landtages (22. April 1887).

Frieden. — Ich wollte, der europäische Friede läge allein in meiner Hand. Ich würde jedenfalls dafür sorgen, daß er nimmer gestört würde.
Kaiser Wilh. II. in Düsseldorf (4. Mai 1891).

— Ziehet hin mit Frieden!
B. d. Richter, K. 18, V. 6.

— . . . die zum Frieden raten, machen Freude.
Spr. Sal., K. 12, V. 20.

— Friede auf Erden und den Menschen ein Wohlgefallen. Luk., K. 2, V. 14.

— Friede sei mit euch! Luk., K. 24, V. 36.

— Die Waffen soll man werfen weit, | Nach Frieden trachten allezeit; | Da es aber nicht kann anders sein, | So schlag' man alsdann mit Freuden drein! Alter Spr.

— Ein Friede ist besser als zehn Viktorien.
Alter Spr.

— Friede hab mit jedermann, | Krieg sollst du nur mit Lastern han. Alter Spr.

— O friedt, wie bistu so ein edler Schatz, | Und hast bey den leuthen so wenig platz.
Alter Spr.

— Friede ernährt, | Unfriede verzehrt.
Sprichwort.

— Fried und Einigkeit haben all' Städt' erbaut.
Sprichwort.

— Unbilliger Frieden ist besser als gerechter Krieg. Sprichwort.

— Man muß Frieden machen, wenn man noch kämpfen kann. Militärisches Sprichwort.

— Willst auf Frieden du bestehen, | Laß dich nur geharnischt sehen! Militärisches Sprichwort.

— Es ist am besten, Frieden mit gezogenem Schwert zu machen. Dän.: Det er bedst, at gjøre Fred med draget Svaerd. Sprichwort.

— Begehrst du Fried' und gute Tag', | So sieh und hör', schweig' und vertrag'!
Spr. an einem Hausgerät.

— Das Hertze fröhlich, der Mut recht ehrlich, | Die Rede züchtig, die Taten richtig, | Auf Gott vertrauen und auf ihn bauen; | Das sind die Waffen, die Frieden schaffen.
Spr. an einem Hausgerät.

— Diese Güter sind den Staaten als die hauptsächlichsten zu wünschen: Friede, Freiheit, Eintracht. Lat.: Haec optanda civitatibus bona maxima: pax, libertas, concordia.
Inschrift am Hohen Tor zu Danzig.

— Freude machen diese drei: | Fried', Weisheit und genug dabei. Spr. an einem Hausgerät.

— Wo Liebe ist, da ist auch Friede, | Wo Friede ist, da ist auch Gott.
Spr. an einem Hause in Alleringhausen.

— Wer nit Friede ihm (sich) selbst will geben, | Der hat auf Erden ein übel Leben.
Spr. an einem Hause. Schweiz.

— Wo Strafe, da Zucht; | Wo Friede, da Frucht. Spr. im Berliner Rathause. Dritter Stock.

Frieden. — Der Friede wird durch die Waffen errungen. Lat.: Pax armis acquiritur.
Wahlspr. d. Arrat.

— Die Waffen sind die Stützen des Friedens. Lat.: Arma pacis fulcra.
Wahlspr. d. engl. Artillerie.

Friedensmarsch. — O schöner Tag, wenn endlich der Soldat | Ins Leben heimkehrt, in die Menschlichkeit, | Zum frohen Zug die Fahnen sich entfalten, | Und heimwärts schlägt der sanfte Friedensmarsch.
Friedr. von Schiller, D. Piccolomini (1799). A. 1, Sz. 4 (Max).

Friedensschluß. — Ein Friedensschluß erfüllt niemals alle Wünsche, wird niemals allen Berechtigungen gerecht.
Otto von Bismarck im Herrenhause d. preuß. Landtages (22. Dez. 1866).

— . . . daß nichts in der Welt dauernd ist, weder die Friedensschlüsse noch die Gesetze.
Otto von Bismarck im Herrenhause d. preuß. Landtages (23. März 1887).

Frieden stiften. — Gesegnet, die auf Erden Frieden stiften! Engl.: Blessed are the peacemakers on earth.
William Shakespeare, König Heinr. VI. (um 1590—1591). Übers. v. Schlegel. T. 2, A. 2, Sz. 1 (König Heinr.).

Friedfertig. — Ein friedfertiger Mensch ist mehr nütze als ein gelehrter Mensch. Lat.: Homo pacificus plus prodest quam bene doctus.
Thomas a Kempis, Nachfolge Christi (um 1410). Übers. v. Arnd. B. 2, K. 3, § 2.

— Selig sind die Friedfertigen, denn sie werden Gottes Kinder heißen. Matth., K. 5, V. 9.

Friedlich. — Weshalb mordet einer stets | Den andern? Hört doch auf, laßt von dem Treiben ab, | Bewahrt die Städte friedlich unter Friedlichen! Griech.: *Τί . . . κατ' ἀλλήλων φόνους | Τίθεσθε; παύσασθ'· ἀλλὰ λήξαντες πόνων | Ἄστη φυλάσσεσθ' ἥσυχοι μεθ' ἡσύχων.*
Euripides, D. Schutzflehenden (um 418 v. Chr.). Übers. v. Binder. V. 950—52 (Adrastos).

— Dem Friedlichen gewährt man gern den Frieden. Friedr. von Schiller, Wilh. Tell (1804). A. 1, Sz. 3 (Tell).

— Friedlich, wie er war gesunnen, | Trank er seinen Krähnchenbrunnen.
Dr. Wolrad Kreusler, König Wilh. saß ganz heiter usw. (geb. Aug. 1870). Volksweise.

Friedrich der Große. — Fridericus Rex, unser König und Herr, | Der rief seine Soldaten allesamt ins Gewehr.
Wilibald Alexis (Georg Wilh. Heinr. Häring), Cabanis (1832). Fridericus Rex.

Frisch. — Frisch, frei, fröhlich, fromm!
Turnerwahlspr.; findet sich zuerst in einer Handschrift (1574).

Frisch. — Vom frischen Geiste fühl' ich mich durchdrungen; | Gestalten groß, groß die Erinnerungen. Joh. Wolfg. von Goethe, Faust, II (1831). A. 2. Klassische Walpurgisnacht. Pharsalische Felder (Faust).

— Ein frisch Gemüt mag wohl die Welt bezwingen.

Jos. Freiherr von Eichendorff, Gedichte (1837). Geistl. Gedichte. Jugendsehnen.

— Frisch dran | Töt' halb den Mann.

Sprichwort.

— Frische Fische, gute Fische. Sprichwort.

— Frisch und fröhlich zu seiner Zeit, | Fromm und treu in Ewigkeit. Sprichwort.

Froh. — Und wer da niemand froh kann schauen, | Der soll sich selber sein ein Grauen!

Joh. Friedr. Fischart, Kehrab (um 1577).

— Seid von Herzen froh! | Das ist das A und O.

Joh. Wolfg. von Goethe, Claudine v. Villa Bella (1788). A. 1 (Vagabunden).

— Die Menschen sollen sich einander bei den Händen fassen und nicht nur gut sein, sondern auch froh. Die Freude ist der Sommer, der die inneren Früchte färbt und schmilzt.

Jean Paul (Joh. Paul Friedr. Richter), Palingenesien (1798).

— Die Völker und die einzelnen Menschen sind nur am besten, wenn sie am frohesten sind, und verdienen den Himmel, wenn sie ihn genießen.

Jean Paul (Joh. Paul Friedr. Richter), Levana oder Erzieh=Lehre (1807).

— Wir wollen froh durchs Leben gehn | Und einst uns besser wiedersehn!

Christ. Gottlob Otto, Im Kreise froher, kluger Zecher usw. (vor 1808). Schlußv.

— Und was auch der Filz von dem Leibe sich schmorgt, | So bleibt für den Heitern doch immer gesorgt, | Weil immer dem Frohen der Fröhliche borgt.

Joh. Wolfg. von Goethe, Gedichte. Gesellige Lieder. Ergo bibamus! (ged. März 1810). Mel. v. Karl Friedr. Zelter (komp. 4. April 1810). Bek. Mel. v. Max Eberwein (komp. 1813).

— Es ist überall gut wohnen, soweit sich Gottes schöner Himmel wölbt; und wo ein frohes Herz im reinen Busen schlägt, da ist des Erdbewohners Eden.

Matthias Claudius, Sämtl. Werke d. Wandsbecker Boten (1816).

— Dem frohen Tage folgt ein trüber, | Doch alles wiegt zuletzt sich auf.

Aug. Graf von Platen=Hallermund, Gedichte. Lieder u. Romanzen. Antwort (ged. 1822).

— Nur solch ein Wesen kann ich preisen, | Das froh und lebenslustig quillt.

Joh. Wolfg. von Goethe, Faust, II (1831). A. 2. Klassische Walpurgisnacht. Peneios (Chiron).

Froh. — Allwärts fröhliche Gesellen | Trifft der Frohe und sein Glück.

Jos. Freiherr von Eichendorff, Gedichte (1837). Wanderlieder. Wanderspr. Nr. 2.

— Froh zu werden, sei erst gut! | Die Güte nur gibt freudigen Mut.

Anastasius Grün (Anton Alexander Graf von Auersperg), D. Pfaff v. Kahlenberg (1850). Vorspiel.

— Ein frohes Herz, gesundes Blut | Ist besser als viel Geld und Gut. Sprichwörtl.

— Froh mit den Fröhlichen sein, | Treu mit den Treuen sein | Und in den Sonnenschein | Tragen nicht Übel und Pein!

Wartburgspr. Architektenstüblein.

Fröhlich. — Wahrlich, unser Leben währt nur kurz, | Durchmeßt denn seine Bahnen auf das fröhlichste! Griech.: Ἀλλ' . . . μικρὰ μὲν τὰ τοῦ βίου· | Τοῦτον δ' ὅπως ἥδιστα διαπεράσετε.

Euripides (um 480—406 v. Chr.), D. rasende Herakles. Übers. v. Minckwitz. V. 303—4 (Amphitryon).

— Ich leb und waiß nit, wie lang, | Ich stirb und waiß nit wann, | Ich far und waiß nit wahin, | Mich wundert, das ich froelich bin.

Grabschrift d. Magisters Martinus v. Bibrach zu Heilbronn (gest. 1498).

— . . . wenn's Herz fröhlich ist, so hat es mit dem Leibe nicht noth!

Dr. Martin Luther, Tischreden oder Colloquia (1566). Nr. 26. Tischreden v. Anfechtungen. § 64. Trost für einen Kranken.

— Denn ein Herz, das voll Freuden ist, was es siehet, das ist ihm Alles fröhlich; aber ein traurig Herz, dem ist Alles traurig, was es siehet.

Dr. Martin Luther, Tischreden oder Colloquia (1566). Nr. 49. Tischreden v. d. Todten Auferstehung u. d. ewigen Leben. § 5. Im ewigen Leben werden alle Creaturen lieblich u. d. Leiber verkläret sein.

— Vil laids verscherzt ain frölichs herz.

Joh. Friedr. Fischart, Podagrammisch Trostbüchlin (1577).

— Und ein fröhliches Herz lebt am längsten. Engl.: And a merry heart lives long—a.

William Shakespeare, König Heinr. IV. (1597—1598). Übers. v. Schlegel. T. 2, A. 5, Sz. 3 (Stille).

— Seid fröhlich denn, die Fröhlichkeit schmückt Feste. Engl.: Prepare for mirth, for mirth becomes a feast.

William Shakespeare, Pericles (1609). Übers. v. Benda. A. 2, Sz. 3 (Simonides).

— Was kann der Schöpfer lieber sehen als ein fröhliches Geschöpf!

Gotthold Ephr. Lessing, Minna v. Barnhelm (1763). A. 2, Sz. 7 (D. Fräulein).

— Was man fröhlich tut, gerät | Und wird kaum empfunden.

Gottlob Wilh. Burmann, Lieder in drei B. (1774). D. lustige Hans. Mel. v. Joh. Abraham Peter Schulz (1779).

— Lasset uns fröhlich die Schöpfungen sehen; | Gottes Natur ist entzückend und hehr!

Joh. Gaudenz Freiherr von Salis=Seewis, Gedichte. Ermunterung (1790). Mel. v. Joh. Rudolf Zumsteeg.

Fröhlich. — Nur dem Fröhlichen blüht der Baum des Lebens.

Ernst Moritz Arndt, Gedichte. Freude (ged. 1797).

— Wir sitzen so fröhlich beisammen | Und haben einander so lieb.

Aug. von Kotzebue, Gesellschaftslied (ged. 1802). Mel. v. Friedr. Heinr. Himmel (komp. 1803).

— Wir sitzen so fröhlich zusammen.

Soldatenlied (um 1815).

— Wer fröhlich sein will sein Lebenlang, | Lasse der Welt ihren tollen Gang!

Friedr. Rückert, Jan. u. Febr. 1833. Vorschrift.

— Nur das fröhliche Herz allein ist fähig, Wohlgefallen an dem Guten zu empfinden.

Immanuel Kant, Werke (1838—1839).

— So einer will recht fröhlich sein, | Der schlag' der Welt ein Schnippchen | Und bleibe fein für sich allein — | Kein Rippchen um ein Püppchen!

Adolf Bekk, Ranken (1863).

— Wer schaffen will, muß fröhlich sein.

Theod. Fontane, Gedichte (1875). Lieder u. Spr.

— Ein fröhliches Herz macht ein fröhliches Angesicht. Spr. Sal., K. 15, V. 13.

— . . . sei fröhlich, doch mit Gottesfurcht!

Jes. Sir., K. 9, V. 23.

— . . . ein fröhliches Herz ist des Menschen Leben. Jes. Sir., K. 30, V. 23.

— Seid fröhlich in Hoffnung!

Röm., K. 12, V. 12.

— Allzeit fröhlich ist gefährlich; | Allzeit traurig ist beschwerlich; | Allzeit glücklich ist betrüglich; | Eins ums andre ist vergnüglich. Alter Spr.

— Es hat einer gut frölich sein, | Wan alles glücklich gehet herein. Alter Spr.

— Fröhlich Gemüt | Gibt gesund Geblüt.

Alter Spr.

— Iß, trink, sei fröhlich hier auf Erd'; | Denk nur nicht, daß es besser werd'! Alter Spr.

— Drin und drauß' | Schau fröhlich in die Welt hinaus! Spr. an einem Hause. Rhental.

— Ein fröhliches Herz | Macht's Leben lustig.

Wartburgspr. Wirtschaft.

— Ein fröhlich Gemüt und ein edler Wein, | Die mögen hier oftmals beisammen sein.

Spr. in einem Hause. Lübeck.

Fröhlichkeit. — Die Fröhlichkeit ist ein Affekt, welcher des Körpers Macht zu handeln vermehrt und unterstützt; die Traurigkeit ist dagegen ein Affekt, welcher des Körpers Macht zu handeln mindert oder hemmt; — folglich ist die Fröhlichkeit geradzu gut. Baruch Spinoza, Ethik (1677).

— Wie sich wechseln Stund und Zeiten, | Liecht und Dunckel, Fried und Streiten; | So sind unsre Fröligkeiten. Mich. Frank, V. d. Eitelkeit (1688).

— Wir lieben deutsches Fröhlichsein | Und alte deutsche Sitten.

Nach Matthias Claudius, Sämtl. Werke d. Wandsbecker Boten. T. 1. Mein Neujahrslied (ged. 1772). Mel. v. Albert Methfessel (komp. 1811).

Fröhlichkeit. — Der Mensch ist nicht zur Fröhlichkeit gemacht, | Drum weint sein Auge stets, so oft er heftig lacht.

Joh. Friedr. Aug. Kazner, Fab., Epigramme u. Erz. (1786).

— Heute Fröhlichkeit! | Morgen Herzeleid!

Aug. Heinr. Hoffmann von Fallersleben, Lyrische Gedichte. Nr. 4. Volksleben. Allerlei Klänge a. d. Volksleben. Allerlei. Heute u. Morgen (ged. Sommer 1821). Mel. v. Maria Nathusius (1848).

— Ein Kerker ist die Erde | Für den, der nie sich freut; | Zum Paradiese werde | Sie uns durch Fröhlichkeit!

Aug. Langbein, Sämtl. Gedichte (1838).

— Fröhlichkeit und Mäßigkeit sind die zwei besten Ärzte. Sprichwort.

Frohmut. — Dan ein frischer, gsunder mut | Kompt an gsundheit dem leib zu gut.

Joh. Friedr. Fischart, Podagrammisch Trostbüchlin (1577).

— Willst du dir das Beste geben? | Gib dir immer frohen Mut, | Armer Grübelnder! — Wer's tut, | Gibt sich Wahrheit, Licht und Leben.

Joh. Wilh. Ludw. Gleim, Episteln (1783).

— Dein zugewog'nes Glücksteil, das ist dein froher Mut.

Adelbert von Chamisso (Louis Charles Adelaide Chamisso de Boncourt), Gedichte. Lieder u. lyrisch-epische Gedichte. Abba Glosk Leczeka (ged. 1832).

— Zufriedenheit und froher Mut | Hilft jedes Übel tragen.

D. Zeiten sind wahrhaftig gut usw. Verfasser unbek.

— Bei frohem Gemüt | Jed' Übel entflieht.

Sprichwort.

Frohsinn. — Ein heitrer Geist, ein froher Sinn, | Sie sind der Menschheit beste Gabe, | Und wird die Weisheit früh die Gutsverwalterin, | So reicht der Vorrat bis zum Grabe.

Gottl. Konrad Pfeffel, Poetische Versuche (1789—1790).

— Und was soll ich auch erjagen? | Wenig spendet nur die Welt. | Glücklich, wer in jungen Tagen | Seinen heitern Sinn erhält.

Aug. Heinr. Hoffmann von Fallersleben, Gedichte (1827).

— Frohsinn ist der Genius, der uns über die Mordfelder des Lebens geleitet, frei und lächelnd wie der glückliche Feldherr, vor dem die Fahnen des Sieges flattern.

Karl Jul. Weber, Demokritos (1832—1840). D. Frohsinn.

— Mit einem Pfennig Frohsinn vertreibt man ein Pfund Sorge. Sprichwort.

— Ein Pfennig Frohsinn ist ein Pfund Kummer wert. Engl.: An ounce of mirth is worth a pound of sorrow. Sprichwort.

— Frohsinn und Heiterkeit würzt jede Mahlzeit. Inschrift im Berliner Ratskeller. Weinlokal.

Frohsinnig. — Frohsinnig, | Herzminnig, | Gottinnig. Spr. im Kloster Ölenberg. Elsaß.

Fromm. — Eynes frummen mans kan man vil geniessen.

Joh. Agricola, Drey hundert Gemeyner Sprichwörtter (1529). Nr. 32.

— Ein frommes weybe kan man mit golde nicht vberwegen (bezahlen).

Joh. Agricola, Drey hundert Gemeyner Sprichwörtter (1529). Nr. 36.

— Wenn wir ein Mal aufhören werden zu lügen, trügen, stehlen, morden, rauben, ehebrechen, als denn so werden wir fromm werden, das ist, wenn man uns mit Schaufeln in die Erd verscharret. Dr. Martin Luther, Tischreden oder Colloquia (1566). Nr. 13. Tischreden, daß d. Glaube an Christum allein für Gott gerecht mache. § 43. Wie man recht fromm wird.

— Siccus ist ein frommer Mann, und es geht die Sage, | Wenn er nichts zu beißen hat, fast' er manche Tage.

Friedr. von Logau, Deutsche Sinn=Getichte (1654). Siccus.

— Umsonst ist keiner gerne fromm; wenn Tugend nur was trägt, | So wird sie, weil sie Früchte bringt, geachtet und gepflegt.

Friedr. von Logau, Deutsche Sinn=Getichte (1654).

— Wer fromm will sein | Muß in der Pein | Und Jammerstraße wallen. | Doch steht ihm bei | Des Höchsten Treu | Und hilft ihm aus dem allen.

Paul Gerhardt, Geistl. Andachten. Wenn Gott d. Hilfe lange verzeucht (1661).

— Von fromb seyn hat man nichts zu essen.

Christoph Lehmann, Politischer Blumen=Garten (1662). T. 1. Frombkeit. Nr. 7.

— Fromm seyn schadt nicht; | Gar fromm reichet nicht; | Halb fromm, halb ein Schalck | Nehrt wol vnd verdirbt nicht bald.

Christoph Lehmann, Politischer Blumen=Garten (1662). T. 1. Frombkeit. Nr. 38.

— Ein frommer wird ehe böß dann ein Böser fromm.

Christoph Lehmann, Politischer Blumen=Garten (1662). T. 1. Frombkeit. Nr. 78.

— Ich glaube nicht, daß die sogenannten wahrhaft frommen Leute gut sind, weil sie fromm sind, sondern fromm, weil sie gut sind.

Georg Christoph Lichtenberg, Verm. Schriften (1800—1806). Bd. 2, Nr. 2. Bemerk. verm. Inhalts. Nr. 4. Beobachtungen über d. Menschen.

— Fromm sein ist ein schönes Kleid, | Je mehr man's trägt, je besser es steht.

Joh. Gottfr. von Herder, Stimmen d. Völker in Liedern (1807). Abteilung 2, B. 5. Deutsche Lieder. Nr. 28. Einige Spr.

— Dem frommen Mut deucht alles gut; | Es geht ihm nimmer schlecht.

Ernst Moritz Arndt, Gedichte. Wer ist ein Mann? (geb. 1813). Mel. v. Albert Methfessel (1818).

— Ein frommer Mut gewinnt.

Friedr. Baron de la Motte Fouqué, Gedichte. Kriegslied f. d. freiwilligen Jäger (geb. 1813).

Fromm. — In unsers Busens Reine wogt ein Streben, | Sich einem Höhern, Reinern, Unbekannten | Aus Dankbarkeit freiwillig hinzugeben, | Enträtselnd sich den ewig Ungenannten; | Wir heißen's: fromm sein!

Joh. Wolfg. von Goethe, Gedichte. Lyrisches. Trilogie d. Leidenschaft. Elegie (ged. 5.—12. Sept. 1823).

— Ei, du frommer und getreuer Knecht!

Matth., K. 25, V. 21.

— From Vndt nicht zu from, | Damit ich Vberall durch Kom.

Alter Spr. Verfasser: Zeugleutenandt Andr. Kieser.

— Es sind nicht alle fromm, die in die Kirche gehen. Sprichwort.

— Fromme Leut' sind dünn gesät. Sprichwort.

— Fromme Leute sitzen weit auseinander. Sprichwort.

— Fromm, gut und rein | Sind drei Edelstein. Sprichwort.

— Wer fromm gelebt, | Hat lange gelebt. Sprichwort.

— Wer in der Welt fortkommen will, | Nicht immer fromm sein kann und still. Sprichwort.

— Fromm hat die Kuh gestohlen. Niederl.: Vroom heeft de koe gestolen. Sprichwort.

— Je frömmer die Zeit, | Je böser der Streit.

Inschrift im Berliner Ratskeller. Bierlokal.

— Walle fromm, denke frei, | Handle froh, trage frisch!

Spr. im Berliner Rathause. Dritter Stock.

Fromme, der. — Hold sind Frommen die Götter und ehren die Ehrenden wieder. Lat.: Cura pii dis sunt, et qui coluere, coluntur.

Publ. Ovidius Naso (um 43 v. Chr.—17 n. Chr.), Metamorphosen. Übers. v. Voß. B. 8, V. 724.

— . . . ein Gebetbuch in der Hand, | Die wahre Zier, woran man Fromme kennt. Engl.: . . . a book of prayer in his hand; | True ornament to know a holy man.

William Shakespeare, Richard III. (1592). Übers. v. Schlegel. A. 3, Sz. 7 (Buckingham).

— Wer Gutes thut und hält sich zu den Frommen, | Der wird Ehr und Gut bekommen.

Spr. in einem Hause. Fallersleben (1595).

— Das Wen'ge, das durch Gottes Gnad | Ein Frommer und Gerechter hat, | Ist vielmal mehr geehret, | Als alles Geld, | Davon die Welt | Mit frechem Herzen zehret.

Paul Gerhardt, Geistl. Andachten (1667). Gebet um zeitliche u. ewige Wohlfahrt.

— O wie selig seyd ihr doch, ihr Frommen, | Die ihr durch den Tod zu Gott gekommen!

Simon Dach, Poetische Wercke (1696). Tod d. Frommen.

— . . . der Fromme schmeckt auf Erden | Schon manchen sel'gen Augenblick.

Christ. Fürchtegott Gellert, Geistl. Oden u. Lieder (1757). Trost d. ewigen Lebens.

Fromme, der. — Werde vom Frommen ein Weiser! Der Fromme rettet sich selbst nur, | Aber der Weise hilft, wem und worin er es kann.

Joh. Gottfr. von Herder, Sämtl. Werke (1805—1820). Blumenlese a. morgenländischen Dichtern. Nr. 2. D. Rosenthal. B. 1. D. Fromme u. d. Weise.

— Heil den Frommen, ew'ges Heil! | Jenes Leben ist sein Teil.

Friedr. Gottl. Klopstock, Sämtl. Werke (1798—1821).

— Ein Frommer ist der einzig Freie, Starke; | Ein Freier ist der einzig Gute, Fromme; | Er will, daß jeder frei sei so wie er.

Leop. Schefer, Laienbrevier (1834). Dez. Nr. 8.

— Wer ist der Fromme? Der von Menschen wohl, | Doch nichts von Christen oder Heiden weiß.

David Friedr. Strauß, D. alte u. d. neue Glaube (1873).

— Zur Ewigkeit | Sei stets bereit; | Dem Frommen lohnen | Dort ewige Kronen.

Spr. an einem Hause.

Frömmelei. — ... mit der Andacht Mienen | Und frommem Wesen überzuckern wir | Den Teufel selbst. Engl.: That with devotion's visage, | And pious action, we do sugar o'er | The devil himself.

William Shakespeare, Hamlet (1601—1602). Übers. v. Schlegel. A. 3, Sz. 1 (Polonius).

— Wirst du die frommen Wahrheitswege gehen, | Dich selbst und andere triegst du nie. | Die Frömmelei läßt Falsches auch bestehen; | Derwegen haff' ich sie.

Joh. Wolfg. von Goethe, Werke (1827—1830). Gedichte. Zahme Xenien. Nr. 4.

— Der Gott, der ewig rastlos wirkt und schafft, | Will nicht ein träge frömmelndes Versenken, | Kein blödes Kreuzanstaunen. Wache Kraft | Will er und Heldenmut in Tat und Denken.

Friedr. von Sallet, Laien-Evangelium (1842).

Frömmigkeit. — Es stirbt der Mensch, doch nicht die Frömmigkeit; | Er lebe oder sterbe, sie besteht. Griech.: *Οὐ γὰρ εὐσέβεια συνθνήσκει βροτοῖς· | Κἂν ζῶσι, κἂν θάνωσιν, οὐκ ἀπόλλυται.*

Sophokles (um 496—406 v. Chr.), Philoktet. Übers. v. Jordan. B. 1446—47 (Herakles).

— Frömmigkeit bringet nicht den Runzeln und dem Drang des Alters Zögerung, noch unbezwungenem Tode. Lat.: Nec Pietas moram | Rugis et instanti senectae | Afferet indomitaeque morti.

Quint. Horatius Flacc., Oden (um 23 v. Chr.). Übers. v. Voß. B. 2, Nr. 14, B. 2—4.

— Denn soweit ihr Nutzen reicht, reicht ihre Frömmigkeit. Griech.: *Ὅπου γὰρ τὸ συμφέρον, ἐκεῖ καὶ τὸ εὐσεβές.*

Epiktet (geb. um 50), Handbüchlein d. Moral. Übers. v. Conz. K. 31.

— Menschen ohne Frömmigkeit sind wie Bäume ohne Blätter. Papst Leo I. (440—461).

Frömmigkeit. — Man sagt: das ist ein fromm Mann, | Und läst ihn dennoch betteln gahn. | Es wird seiner auch gar vergessen; | Niemand kan von Frömmigkeit essen.

Georg Rollenhagen, Froschmäuseler (1595). B. 1, T. 2, K. 12.

— Trag', ehe du sie prüffst, vor allen Lastern Scheu, | Und denke, Frömmigkeit sei nützlicher als Reu!

Christ. Wernicke, Uberschriffte Oder Epigrammata (1697).

— Freilich eine täglich und stündlich durchgeführte Frömmigkeit werde zuletzt nur Zeitvertreib und wirke wie eine Art von Polizei auf den äußeren Anstand, aber nicht mehr auf den tiefen Sinn.

Joh. Wolfg. von Goethe, Wilh. Meisters Wanderjahre (1807—1821).

— Frömmigkeit verbindet sehr, | Aber Gottlosigkeit noch viel mehr.

Joh. Wolfg. von Goethe, Werke (1827—1830). Gedichte. Zahme Xenien. Nr. 5.

— Frömmigkeit ist kein Zweck, sondern ein Mittel, um durch die reinste Gemütsruhe zur höchsten Kultur zu gelangen.

Joh. Wolfg. von Goethe, Werke (1827—1830). Maximen u. Reflexionen. Abteilung 1.

— ... die Blüte des Lebens im Gemüt, die Frömmigkeit. Adolf Diesterweg (1790—1866).

— Frömmigkeit ist der beste Zehrpfennig.

Sprichwort.

— Frömmigkeit faßt im Gebet als Zunder die Flamme des Himmels; | Treue Geleit'rin allein ist sie für Himmel und Erd'. Lat.: Alma precum pietas coelestes fomite flammas | Concipit; illa solo fide poloque comes.

Inschrift im Rathause zu Danzig.

— Gerechtigkeit und Frömmigkeit sind die beiden Grundlagen aller Herrschaft. Lat.: Iustitia et pietas duo sunt regnorum omnium fundamenta. Inschrift am Hohen Tor zu Danzig.

Frömmler. — Ein Frömmler wandelst du | Den Himmelsweg — der Hölle zu.

Joh. Christoph Friedr. Haug, Sinngedichte (1791). D. Heuchler.

— Wer Gebete plärrt und verstehet sie nicht, | Den Frömmler spielt und scheuet das Licht, | Der erwarte mit Schrecken das jüngste Gericht!

Moritz Doering, Gedichte (1827).

Frosch. — Der frosch hüpfet wider in pful, | Setz er gleich auf ei'm golden stul.

Georg Rollenhagen, Froschmäuseler (1595).

— Setz' einen Frosch auf einen weißen Stuhl, | Er hüpft doch wieder in den schwarzen Pfuhl.

Wilh. Müller, Gedichte (1837). Epigramme. 2. Hundert, Nr. 84. D. Element.

— Wo Frösche sind, da sind auch Störche.

Sprichwort.

Frost. — Vor **Nachtfrost** bist du sicher nicht, | Bis daß herein Servatius (13. Mai) bricht.
Bauernregel. Mecklenburg.

— Du hast wol **Frost** in Kopp? (du bist wohl verrückt?). Berliner Redensart.

Frucht. — An den **Früchten** merkt man, wie des Baums gewartet ist. Jes. Sir., K. 27, V. 7.

— An ihren **Früchten** sollt ihr sie erkennen!
Matth., K. 7, V. 16.

— Die **Frucht** ist wie der Baum. Sprichwort.

— Nur nach dem Baum, der **Früchte** trägt, wirft man mit Steinen. Arabisches Sprichwort.

Fruchtbar. — Seid **fruchtbar** und mehret euch! 1. Mos., K. 1, V. 28.

Früh. — **Früh** zu Bett, **früh** auf der Reise | Macht gesund und reich und weise. Engl.: Early to bed and early to rise | Makes a man healthy, wealthy and wise.
John Clarkes, Parämiologia (1639).

— **Frühe** auf und langsam nieder | Bringt verloren Gut schon wieder. Alter Spr.

— Was Einer **früh** um viere tut, | Das kommt ihm nachts um neune gut. Sprichwort.

— Mag's, wie es will, geraten, | Das **Frühe** gehet vor dem Spaten. Bauernregel.

— Ein Wörtlein merk' für alle Tat: | Besser **früh** als spat. Wartburgspr. Architektenstüblein.

Früh, zu. — Vnd wem **zu früh** stets düncket, | Der kompt gewiß zu spat.
Joh. Doman, Lied v. d. Hanse (1618).

Frühling. — Der **Frühling** ist zwar schön; doch wann der Herbst nicht wär, | Wär zwar das Auge satt, der Magen aber leer.
Friedr. von Logau, Deutsche Sinn=Getichte (1654). Frühling u. Herbst.

— Was der **Frühling** nicht säete, kann der Sommer nicht reifen, der Herbst nicht ernten, der Winter nicht genießen.
Joh. Gottfr. von Herder u. Liebeskind, Palmblätter (1787—1800). Vorrede.

— Wer die Blume pflückt, die den **Frühling** ziert, | Der verstehet die glücklichste Kunst.
Ernst Moritz Arndt, Gedichte. Frühlingslied. (geb. 1802).

— Alles freuet sich und hoffet, | Wenn der **Frühling** sich erneut.
Friedr. von Schiller, Gedichte. D. Jüngling am Bache (geb. 1803). Mel. v. Joh. Friedr. Reichardt (1810).

— Der **Frühling** webt schon in den Birken, | Und selbst die Fichte fühlt ihn schon; | Sollt' er nicht auch auf unsre Glieder wirken?
Joh. Wolfg. von Goethe, Faust, I (1808). Walpurgisnacht (Faust).

— Horch, wie brauset der Sturm und der schwellende Strom in der Nacht hin! | Schaurigsüßes Gefühl! Lieblicher **Frühling**, du nahst!
Ludw. Uhland, Gedichte. Sinngedichte. Märznacht (geb. 1. Febr. 1810).

Frühling. — Der **Frühling** machet fröhlich, | Und fröhlich macht der Wein.
Aug. Heinr. Hoffmann von Fallersleben, Lyrische Gedichte. Nr. 2. Liebesleben. Einzelne Gedichte zum „Liebesleben" gehörig. Meieli (geb. 10. Juni 1822).

— Wohl blühet jedem Jahre | Sein **Frühling**, mild und licht; | Auch jener große, klare, | Getrost! er fehlt dir nicht; | Er ist dir noch beschieden | Am Ziele deiner Bahn; | Du ahnest ihn hienieden, | Und droben bricht er an.
Ludw. Uhland, Gedichte. Lieder. Frühlingslieder. Nr. 7. Künftiger Frühling (geb. 1827).

— . . . das Schönste auf Erden, | Der **Frühling** und die Liebe, | Es muß zuschanden werden.
Heinr. Heine, Neue Gedichte. Neuer Frühling (geb. 1828—1831). Nr. 30.

— Schöner **Frühling**, komm' doch wieder, | Lieber **Frühling**, komm' doch bald! | Bring' uns Blumen, Laub und Lieder, | Schmücke wieder Feld und Wald!
Aug. Heinr. Hoffmann von Fallersleben, Lyrische Gedichte. Nr. 3. Kinderleben. D. vier Jahreszeiten. Nr. 1. D. Frühling. Sehnsucht nach d. Frühling (geb. 1835).

— Lasset uns singen, | Tanzen und springen! | **Frühling, Frühling** wird es nun bald.
Aug. Heinr. Hoffmann von Fallersleben, Lyrische Gedichte. Nr. 3. Kinderleben. D. vier Jahreszeiten. Nr. 1. D. Frühling. Frühlingsbotschaft (geb. 1835).

— **Frühling, Frühling** ist es wieder | Und ein Jauchzen überall.
Jos. Freiherr von Eichendorff, Gedichte (1837). Frühling u. Liebe. D. Schalk.

— Es muß doch **Frühling** werden.
Emanuel Geibel, Zeitstimmen (1841). Hoffnung.

— Es ist ein inniges Erneuen | Im Bild des **Frühlings** offenbart. | Was dürr war, grünt im Weh'n der Lüfte; | Jung wird das Alte fern und nah; | Der Odem Gottes sprengt die Grüfte, — | Wacht auf! der Ostertag ist da.
Emanuel Geibel, Juniuslieder (1848). Zeitgedichte. Ostermorgen.

— Lieb Seelchen, laß das Fragen sein: | Was wird der **Frühling** bringen? | Lichtgrünes Gras, Waldmeisterlein | Und Veilchen vor allen Dingen. | Auch Herzeleid und Frauenhuld | Gedeiht in diesen Tagen, | Ein bißchen Glück, ein bißchen Schuld! | — Lieb Seelchen, laß das Fragen!
Hans von Hopfen, Gedichte (1883). Zwischenreich. Laß das Fragen!

— Auch der Pfahl hofft bei des **Frühlings** | Rückkehr, daß er grünen werde.
Finnisches Runenwort.

— Der **Frühling** erneyet, | Der Sommer befreiet, | Der Herbst gibt Wein, | Daß man im Winter kann lustig sein.
Spr. auf vier Gläsern, mit Darstellungen d. vier Jahreszeiten.

— Der **Frühling** ist kumman, | Es blüht schon der Wald; | Jetz muß i mei' Diendl frag'n, | Ob's mi no' b'halt. Kärntner Schnaderhüpfl.

Frühlingslied. — Leise zieht durch mein Gemüt | Liebliches Geläute; | Klinge, kleines Frühlingslied! | Kling' hinaus ins Weite!

Heinr. Heine, Neue Gedichte. Neuer Frühling (ged. 1828—1831). Nr. 6. Mel. v. Felix Mendelssohn-Bartholdy (komp. 1830).

Frühlingswonne. — Ach, daß ein Herz von Frühlingswonne | Stets träumt, wenn ihrer es entbehrt!

Anastasius Grün (Anton Alexander Graf von Auersperg), D. letzte Ritter. Seinem Freunde Jos. Fellner (ged. Herbst 1837).

Frühlingszeichen. — Scheint's doch kein übles Frühlingszeichen, | Daß schon die alten Kater miaun!

Anastasius Grün (Anton Alexander Graf von Auersperg), D. letzte Ritter. Seinem Freunde Jos. Fellner (ged. Herbst 1837).

Frühlingszeit. — O, wie wunderschön | Ist die Frühlingszeit!

Friedr. von Bodenstedt, D. Lieder d. Mirza-Schaffy (1851). Zuléikha. Nr. 14.

Frühreif. — Frühzeitig wußt' ein Kind soviel als mancher Greis, | Frühzeitig lag das Wunder auf der Bahre. | Sein Bruder sah den mörderischen Fleiß, | Ward Sekretär und lebt' an achtzig Jahre.

Abraham Gotthelf Kästner, Sinngedichte (1781). D. gelehrte Kind.

— Ja einmal recht gründlich zu untersuchen, warum das Blühen ohne Früchte zu tragen so sehr gemein ist, nicht bloß an den Obstbäumen. Bei unsern gelehrten (frühreifen) Kindern ist es ebenso: sie blühen vortrefflich und tragen keine Früchte.

Georg Christoph Lichtenberg, Verm. Schriften (1800—1806). Bd. 2, Nr. 2. Bemerk. verm. Inhalts. Nr. 6. Pädagogische Bemerk.

— Viel lieber mit alten Narren verkehren, | Als weise (frühreife) Kinder predigen hören!

Wilh. Müller, Gedichte (1837). Epigramme. 2. Hundert, Nr. 17. Wahl.

— Früh weis' (frühreif) | Wird bald ein Greis. Sprichwort.

— Frühwitzige (frühreife) Kinder leben nicht lange, aber Spätobst liegt lange. Sprichwort.

— Wer küchleinklug (frühreif) ist, wird nicht huhnalt. Dän.: Hoem der er kyllingklog, bliver ikke høngammel. Sprichwort.

— Frühreifer Knabe, Eigentum des Himmels. Ital.: Piccinum anticipadu, roba de su chelu.

Sizilianisches Sprichwort.

Frühreife, die. — Die unselige Frühreife meiner Zeit zerstört Leib und Seele.

Karl Jul. Weber, Demokritos (1832—1840). D. Luxus.

— Die Frühreife des Selbstbewußtseins ist das moderne Unglück.

Karl Gutzkow, Gesammelte Werke (1845). Philosophie d. Tat.

Frühreife, die. — Nichts ist weniger verheißend als Frühreife; die junge Distel sieht einem zukünftigen Baume viel ähnlicher als die junge Eiche.

Marie von Ebner-Eschenbach, Aphorismen (1893).

Frühzeitig. — Auf zeit'gen Frühling währt der Sommer wenig. Engl.: Short summers lightly have a forward spring.

William Shakespeare, Richard III. (1592). Übers. v. Schlegel. A. 3, Sz. 1 (Gloster).

Fuchs. — Der Fuchs wechselt den Balg, nicht die Sitten. Lat.: Vulpes pilum mutat, non mores. Nach Gajus Suetonius, Vespasian (um 120). Übers. v. Stahr. K. 16.

— Wer Fuchs mit Füchsen fangen soll, | Muß kennen ihre Schliche wohl. Mittelhochdeutsch: Swer vuhs mit vuhse vâhen sol, | Der muoz ir stîge erkennen wol.

Vridankes Bescheidenheit (1225—1240). Übertr. v. Pannier. Nr. 43. v. tieren.

— Ein Fuchs riecht den andern.

Friedr. von Schiller, D. Verschwörung d. Fiesko zu Genua (1783). A. 2, Sz. 4 (Fiesko).

— Stirbt der Fuchs, so gilt der Balg.

Sprichwort.

Joh. Wolfg. von Goethe, Gedichte. Lieder. Stirbt d. Fuchs, so gilt d. Balg (ged. 1789).

— Fuchs, du hast die Gans gestohlen.

Ernst Anschütz, Warnung (ged. 1824). Volksweise.

— Den Fuchs muß man mit Füchsen fangen. Sprichwort.

— Der Fuchs verkehrt wohl seine Haut, aber nicht sein Gemüt. Sprichwort.

Fügen, sich. — Es ist ebenso nutzlos als töricht, sich nicht in das Unabänderliche ruhig und still zu fügen.

Wilh. Freiherr von Humboldt, Br. an eine Freundin (22. Juni 1830).

Fühlen. — Was man zu heftig fühlt, fühlt man nicht allzulang'.

Joh. Wolfg. von Goethe, D. Laune d. Verliebten (1767). Sz. 3 (Egle).

— Unter Larven die einzige fühlende Brust.

Friedr. von Schiller, Gedichte. D. Taucher (ged. 14. Juni 1797).

— Wenn ihr's nicht fühlt, ihr werdet's nicht erjagen. Joh. Wolfg. von Goethe, Faust, I (1808). Nacht (Faust).

— Was ich gefühlt, gesagt, getan, gelitten, | Es sei nicht, selbst in der Erinnrung nicht!

Frz. Grillparzer, Sappho (1822). A. 1, Sz. 5 (Sappho).

— Was ich grenzlos fühle, muß | Ich grenzlos zu erringen auch vermögen. | Denn warum fühlt' ich's sonst?

Christ. Dietr. Grabbe, Don Juan u. Faust (1829). A. 3, Sz. 2 (Faust).

Fühlen. — Jede Seele aber, die zu tief fühlt, ist ein Ballon, der in den Himmel steigen möchte, und der die Grenzen der Atmosphäre nicht überschreiten kann. Franz.: Or, toute âme qui sent trop, c'est un ballon qui voudrait monter au ciel et qui ne peut dépasser les limites de l'atmosphère. Claude Tillier, Mein Onkel Benj. (1846). Übers. v. Bergfeldt.

— Das Denken sucht sich nach außen Raum, | Im Fühlen sind wir daheim; | Und all unsres Wissens stolzer Baum | Hat im Herzen den fruchtbaren Keim.
Frz. Grillparzer, Sämtl. Werke (1872). Gedichte. Nr. 6. Verm. Gedichte. Epigrammatisches. Denken u. Fühlen.

— Det fühlt ooch 'ne blinde Frau mit'n Krückstock. Berliner Redensart.

Fühlen, sich. — Ich fühle mich. Was Ihre Alba leisten, | Das kann auch Karl, und Karl kann mehr! Friedr. von Schiller, Don Carlos (1787). A. 2, Sz. 2 (Carlos).

Führer. — Durch der Führer Unverstand | Liefen oft, gleich wie ein Schiff | Scheitert am Korallenriff, | Ganze Staaten auf den Sand.
Moritz Doering, Gedichte (1827).

— Der große Führer zieht Männer verwandten Charakters an, wie der Magnet das Eisen. Engl.: The great leader attracts to himself men of kindred character, drawing them towards him as the loadstone draws iron.
Samuel Smiles, D. Charakter (1871). Übers. v. Dobbert. K. 1. D. Einfluß d. Charakters.

Führung. — Welch eine Wendung durch Gottes Führung!
König Wilh. I. nach d. Schlacht v. Sedan (2. Sept. 1870).

Fünf. — Das fünfte Rad am Wagen sein (überflüssig sein). Sprichwörtl. Redensart.

— Fünf (auch wohl: drei) gerade sein lassen (etwas nicht genau nehmen).
Sprichwörtl. Redensart.

— Nicht bis fünf (auch wohl: drei) zählen können (sehr dumm sein). Sprichwörtl. Redensart.

Funke. — Ein einz'ger Funke, wenn er angefacht, | Hat einer Welt oft Untergang gebracht.
A. d. Persischen d. Ferid-ed-dîn Attar (um 1119—1229). Pend-nameh. Übers. v. Graf.

— Fewer fangt von Funcken an; | Von Funcken brents Hauß.
Christoph Lehmann, Politischer Blumen-Garten (1662). T. 1. Anfang. Nr. 49.

Fürbitte. — Man sagt, wer für den andern bitt', | Der löse selber sich damit. Mittelhochdeutsch: Merket, swer vür den andern bite, | Sich selben loeset er dâ mite.
Vridankes Bescheidenheit (1225—1240). Übertr. v. Pannier. Nr. 10. v. sünden.

— ... bittet für die, so euch beleidigen und verfolgen! Matth., K. 5, V. 44.

— Zuerst tue Bitte, Gebet, Fürbitte und Danksagung! 1. Timotheus, K. 2, V. 1.

Furcht. — Furcht gibt Sicherheit. Engl.: Best safety lies in fear.
William Shakespeare, Hamlet (1601—1602). Übers. v. Schlegel. A. 1, Sz. 3 (Laertes).

— Wir hassen bald, was oft uns Furcht erregt. Engl.: In time we hate that which we often fear.
William Shakespeare, Antonius u. Kleopatra (1607—1608). Übers. v. Schlegel. A. 1, Sz. 3 (Charmian).

— Die Furcht macht Teufel aus Engeln; sie sieht nie richtig. Engl.: Fears make devils of cherubims; they never see truly.
William Shakespeare, Troilus u. Cressida (um 1609). Übers. v. Schlegel. A. 3, Sz. 2 (Troilus).

— Furcht und Hoffnung sind Gespielen; | Diese wird geliebt von vielen; | Und wer dies' ihm hat genummen, | Dem ist jene selbsten kummen.
Friedr. von Logau, Deutsche Sinn-Getichte (1654). Hoffnung u. Furcht.

— Furcht redet nur sehr selten wahr; | Lügt meistens, wo nicht immerdar.
Friedr. von Logau, Deutsche Sinn-Getichte (1654). Furcht.

— Die Furcht stellt Wölfe groß als Stiere, | Geschwader groß wie Heere vor.
Magnus Gottfr. Lichtwer, Vier B. Äsopischer Fab. (1748). B. 1, Nr. 23. D. Hirte u. d. Herde. Schlußv.

— Die Furcht hat ihren besonderen Sinn!
Gotthold Ephr. Lessing, Emilia Galotti (1772). A. 2, Sz. 6 (Claudia).

— Rede, rede! ich bin der Mann der bleichen Furcht nicht.
Friedr. von Schiller, D. Räuber (1781). A. 4, Sz. 5 (Moor).

— Betrüglich schloß die Furcht mit der Gefahr | Ein enges Bündnis; beide sind Gesellen.
Joh. Wolfg. von Goethe, Iphigenie auf Tauris (1787). A. 4, Sz. 4 (Pylades).

— ... denn alles, was aus Furcht oder Angst geschieht, trägt auch das Gepräge davon.
Friedr. d. Große, Sämtl. Werke (1789). Antimachiavelli. K. 17.

— ... es beschleichet die Furcht gar bald die Herzen der Menschen | Und die Sorge, die mehr als selbst mir das Übel verhaßt ist.
Joh. Wolfg. von Goethe, Hermann u. Dorothea (1797). Kalliope.

— Furcht, sagt Lucrez, hat die Götter geschaffen; | Aber wer schuf diese allmächtige Furcht?
Georg Christoph Lichtenberg, Verm. Schriften (1800—1806). Bd. 5, Nr. 25. Miscellaneen. Nr. 16. Etwas Stoff zu Montagsandachten.

— Die Furcht malt das Verschwiegne nur viel schwärzer. Theod. Körner, Zriny (geb. Juni 1812). A. 1, Sz. 9 (Zriny).

— Furcht ... ist der Weisheit Anfang.
Rob. Prutz, Karl v. Bourbon (1845). A. 2, Sz. 2 (König).

— Es ist nichts zu fürchten als die Furcht.
Ludw. Börne, Gesammelte Schriften (1862—1863). Kritiken.

Furcht. — Zuviel Furcht zerbricht das Glas.
Alter Spr.

— Furcht bewârt dat Holt (Holz = Wald), seggt de Föster (Förster). Sprichwörtl. Redensart. Hildesheim.

— Furcht hat er, aber keene Besserung.
Berliner Redensart.

— Fürchte dich vor der Furcht! Lat.: Time, ne timeas! Wahlspr. d. Jan de Vicq.

Fürchten. — Mögen sie mich hassen, wenn sie mich nur fürchten. Lat.: Oderint, dum metuant.
Accius (um 170—104 v. Chr.), Atreus. Nach Marc. Tull. Cicero, Rede für Sestius. Übers. v. Klotz. K. 48 u. Lucius Annäus Seneca, Über d. Zorn. Übers. v. Klotz. B. 1, K. 20, § 4.

— Der můß vil vörchten, der do wil, | Das in ouch söllen vörchten vil.
Seb. Brant, D. Narrenschif (1494). Nr. 37. V. glückes fall.

— Das Schlimmste fürchten heilt oft das Schlimmste. Engl.: To fear the worst oft cures the worse.
William Shakespeare, Troilus u. Cressida (um 1609). Übers. v. Schlegel. A. 3, Sz. 2 (Cressida).

— Wer nichts fürchtet, ist nicht weniger mächtig als der, den alles fürchtet.
Friedr. von Schiller, D. Räuber (1781). A. 1, Sz. 1 (Frz.).

— Was soll der fürchten, der den Tod nicht fürchtet? Friedr. von Schiller, D. Räuber (1781). A. 3, Sz. 2 (Kosinsky).

— Wenn ich einmal zu fürchten angefangen, | Hab' ich zu fürchten aufgehört.
Friedr. von Schiller, Don Karlos (1787). A. 1, Sz. 6 (König).

— Nicht eine Welt in Waffen fürchten wir.
Friedr. von Schiller, D. Jungfrau v. Orleans (1801). A. 1, Sz. 10 (La Hire).

— Etwas fürchten und hoffen und sorgen | Muß der Mensch für den kommenden Morgen.
Friedr. von Schiller, D. Braut v. Messina (1803). Säulenhalle (Chor. Cajetan).

— Währt ein Gewitter zu lange, so hört man auf sich zu fürchten; | Aber man zittert sogleich, fällt nur ein Ziegel vom Dach.
Friedr. Hebbel, Gedichte. Dichtungen (1857—1863). Epigramme. Währt ein Gewitter zu lange usw.

— Die hertzen könnens nicht lassen; | Den sie fürchten, müss'n sie hassen. Alter Spr.

— Hüet sich, wer sich hüeten kan; | Fürchten ist ein gefangener Mann. Alter Spr.

Fürchten, sich. — Wer sich förcht, der stößt an allen Dreck, der im Weg ligt.
Christoph Lehmann, Politischer Blumen-Garten (1662). T. 1. Furcht. Nr. 50.

— Der wackre Schwabe forcht sich nit.
Ludw. Uhland, Gedichte. Balladen u. Romanzen. Schwäbische Kunde (geb. 6. Dez. 1814).

Fürchterlich. — Der Knabe | Don Karl fängt an, mir fürchterlich zu werden.
Friedr. von Schiller, Don Carlos (1787). A. 1, Sz. 6 (König).

Fürchterlich. — Da unten aber ist's fürchterlich.
Friedr. von Schiller, Gedichte. D. Taucher (ged. 14. Juni 1797).

Furchtlos. — Zerschellte hoch des Äthers Wölbung, | Schreckenlos (furchtlos) steht er, umkracht von Trümmern. Lat.: Si fractus inlabatur orbis | Inpavidum ferient ruinae.
Quint. Horatius Flacc., Oden (um 23 v. Chr.). Übers. v. Voß. B. 3, Nr. 3, V. 7—8.

— Furchtlos und treu.
Inschrift d. Ordens d. Württembergischen Krone, gestiftet v. König Wilh. I. (1818).

— Furchtlos und beharrlich!
Wahlspr. Kaiser Friedr. III. (1831—1888).

Furchtsam. — Ein furchtsamer Mann | Fangt keine gute That an.
Christoph Lehmann, Politischer Blumen-Garten (1662). T. 1. Furcht. Nr. 51.

— Unsere Seeleute . . . sind aber ein unerschrockenes Volk . . . es kennt keine andere Furcht als die, für furchtsam gehalten zu werden.
Georg Christoph Lichtenberg, Verm. Schriften (1800—1806). Bd. 5, Nr. 25. Miscellaneen. Nr. 2. Lieutenant Riou.

— Bist du ein Kleingläubiger, so bist du auch ein Furchtsamer; bist du ein Furchtsamer, so bist du auch ein Kraftloser.
Joh. Heinr. Bernh. Dräseke (1774—1849).

— Dem Furchtsamen rauschen alle Blätter.
Sprichwort.

Furor teutonicus. — . . . wenn wir angegriffen werden. Dann wird das ganze Deutschland . . . wie eine Pulvermine aufbrennen und von Gewehren starren, und es wird kein Feind wagen, mit diesem furor teutonicus . . . es aufzunehmen.
Otto von Bismarck im Reichstage (6. Febr. 1888).

Fürst. — Es ist nicht leicht für Fürsten fromm zu sein. Griech.: *Τόν τοι τύραννον εὐσεβεῖν οὐ ῥάδιον.* Sophokles (um 496—406 v. Chr.), Ajas. Übers. v. Jordan. V. 1338 (Agamemnon).

— (Ein Fürst ist am glücklichsten), wenn er es dahin bringt, daß die Untertanen nicht ihn, sondern für ihn fürchten. Griech.: *Εἰ τοὺς ὑπηκόους ὁ ἄρχων παρασκευάσειε φοβεῖσθαι μὴ αὐτὸν ἀλλ' ὑπὲρ αὐτοῦ.*
Pittakus. Nach Plutarch (um 50—120), Moralische Abhandlungen. Übers. v. Eyth. Gastmahl. K. 7.

— Welch Fürst der Milde geben kann, | Dem gibt sie, was er nie gewann. Mittelhochdeutsch: Swelch künec der milte geben kan, | Si gît im daz er nie gewan.
Walter v. d. Vogelweide (um 1170—1230). Gedichte. Übertr. v. Pannier.

— Ein Fürst, der Fried' und Recht begehrt, | Wird Gott und allen Menschen wert. Mittelhochdeutsch: Swelch vürste vrides unt rehtes gert, | Der wirt got unt der werlde wert.
Frîdankes Bescheidenheit (1225—1240). Übertr. v. Pannier. Nr. 31. v. d. künegen u. vürsten.

Fürst. — Ich kenne nirgends Fürsten drei, | Deren einer von Gottes Gnaden sei. Mittelhochdeutsch: Jne weiz niender vürsten drî, | Der einr durch got vürste sî.

Vrîdankes Bescheidenheit (1225—1240). Übertr. v. Pannier. Nr. 31. v. d. künegen u. vürsten.

— Wer gerne hätte seine Ruh', | Geselle sich nicht Fürsten zu! Mittelhochdeutsch: Swer mit gemache gerne sî, | Der wone den vürsten selten bî.

Vrîdankes Bescheidenheit (1225—1240). Übertr. v. Pannier. Nr. 31. v. d. künegen u. vürsten.

— Um froh einst aus dem Chaos: „Welt" zu scheiden, | Braucht nichts der Fürst als Unrechtsfluch zu meiden.

A. d. Persischen d. Dschâmî (um 1414—1492). Beharistan. Übers. v. Schlechta-Wssehrt.

— Einem Fürsten wird es nie an gesetzlichen Gründen fehlen, den Wortbruch zu beschönigen. Ital.: Mai ad un principe mancheranno cagioni legittime di colorare l'inosservanza.

Niccolò Machiavelli, D. Fürst (1513).

— Es steht keinem Fürsten zu, welcher da Rat soll schaffen | Einem ganzen Land, daß er eine ganze Nacht soll schlafen.

Schrieb Friedr. d. Weise (1463—1525) über seine Schlafkammer.

— Es ist ein Fürst wol so seltzsam im hymel, als ein hyrsch in eynes armen mannes kuchen (Küche).

Joh. Agricola, Drey hundert Gemeyner Sprichwörtter (1529). Nr. 263.

— Keyn grösser tugent an einem herren vnd Fürsten, denn eynem yeden schwetzer vnd ohrenbleser nicht glauben.

Joh. Agricola, Drey hundert Gemeyner Sprichwörtter (1529). Nr. 279.

— Die Fürsten geben mir vollauf, wenn sie mir nichts nehmen, und tun mir Gutes genug, wenn sie mir nichts Übles tun; weiter begehre ich von ihnen nichts. Franz.: Les princes me donnent beaucoup, s'ils ne m'ostent rien, et me font assez de bien quand ils ne me font point de mal; c'est tout ce que j'en demande.

Michel Eyquem de Montaigne, Essays (1580). Übers. v. Titus.

— Ich entschuldige an einem Fürsten viel mehr Fehler, als man gewöhnlich zu tun pflegt, in Erwägung der ungeheuren Last seiner Pflichten. Franz.: J'excuse plus de faultes aux princes qu'on ne faict communement, en considération de l'horrible poids de leur charge.

Michel Eyquem de Montaigne, Essays (1580). Übers. v. Titus.

— Nur Titel sind der Prinzen (Fürsten) Herrlichkeiten, | Ein äußrer Glanz für eine innre Last. Engl.: Princes have but their titles for their glories, | An outward honour for an inward toil.

William Shakespeare, Richard III. (1592). Übers. v. Schlegel. A. 1, Sz. 4 (Brackenburg).

Fürst. — Ein Fürst ist zwar ein Herr, doch herrscht er gut und recht, | So ist er seinem Volk nur ein getreuer Knecht.

Friedr. von Logau, Deutsche Sinn-Getichte (1654). D. Fürsten Amt.

— Fürsten schencken nach Behagen, | Gnade treibet Sie allein, | Nicht Verdienst, das Sie thun sollen; | Nein, Sie herrschen frey und wollen | Sie auch ungebunden seyn.

Simon Dach, Poetische Werke (1696). Unterthänigste letzte Fleh-Schrift an Seine Fürstliche Durchlaucht meinen gnädigsten Churfürsten u. Herrn.

— Glückselig ist der Fürst, der solche Diener findet, | Die sonder Eigennutz ihm treu; | Der klüger, der sie sich durch Wohltun so verbindet, | Daß es, ihm treu zu sein, ihr eigner Nutzen sei.

Christ. Wernicke, Uberschriffte Oder Epigrammata (1697).

— Ich bin der Fürst von Thoren . . .

Verfasser unbek. (um 1710). Studentenweise.

— Gerechtigkeit und Frömmigkeit sind der starke Gürtel des Fürsten. Lat.: Justitia et pietas cinctura est principis arcta.

Wahlspr. d. Landgrafen Carl v. Hessen (gest. 1730).

— O, ein Fürst hat keinen Freund! kann keinen Freund haben!

Gotthold Ephr. Lessing, Emilia Galotti (1772). A. 1, Sz. 6 (D. Prinz).

— Ist es, zum Unglücke so mancher, nicht genug, daß Fürsten Menschen sind; müssen sich auch noch Teufel in ihren Freund verstellen?

Gotthold Ephr. Lessing, Emilia Galotti (1772). A. 5, Sz. 8 (D. Prinz).

— Wo Fürsten wie Tyrannen wüten, | Wenn man nicht glaubt, was sie gebieten, | Und Dummheit den Verdiensten dräut, | Da herrschet die eiserne Zeit.

Christ. Felix Weiße, Kleine lyrische Gedichte (1772). Bd. 1. Scherzhafte Lieder. D. goldne u. eiserne Zeitalter.

— Wenn ich das Unglück hätte, als Fürst geboren zu sein . . . Franz.: Si j'avais le malheur d'être né prince . . .

Jean Jacques Rousseau (1712—1778). Br. an Herzog Friedr. Egon v. Würtemberg. Übers. v. Zimmermann.

— Ein fröhlich, fröhlich Jahr den Fürsten, | Die nach Gerechtigkeit, | Nach Menschlichkeit und Wohltun dürsten, | Der Fürsten Ehrenkleid!

Matthias Claudius, Sämtl. Werke d. Wandsbecker Boten. T. 3 (1778). Görgeliana. Nr. 1. D. alten, lahmen Invaliden Görgel sein Neujahrswunsch.

— Es taugt nun freilich nichts, | Wenn Fürsten Geier unter Äsern sind. | Doch, sind sie Äser unter Geiern, taugt's | Noch zehnmal weniger.

Gotthold Ephr. Lessing, Nathan d. Weise (1779). A. 1, Sz. 3 (Derwisch).

— Ein Fürst soll einzeln nicht erzogen werden. | Einsam lernt niemand je sich selbst, | Noch wen'ger anderen gebieten.

Joh. Wolfg. von Goethe, Elpenor (1781). A. 1, Sz. 2 (Evadne).

Fürst. — Wer alt mit Fürsten wird, lernt vieles, lernt | Zu vielem schweigen.

Joh. Wolfg. von Goethe, Elpenor (1781). A. 1, Sz. 2 (Evadne).

— Der erste Fürst war ein Mörder und führte den Purpur ein, die Flecken seiner Tat in dieser Blutfarbe zu verstecken.

Friedr. von Schiller, D. Verschwörung d. Fiesko zu Genua (1783). A. 5, Sz. 16 (Verrina).

— Der Fürst ist ein öffentlicher Mann; er muß es vor allem sein, aber nur um sich zu sagen, daß er nichts tun dürfe, was er verbergen müßte. Franz.: **Le prince est un homme public; il doit l'être partout; mais seulement pour se dire de ne rien faire dont il ait à se cacher.**

Honoré Gabriel Riqueti, Graf Mirabeau, Ratschläge für einen jungen Fürsten (1788). Übers. v. Zimmermann.

— Es ist kein schönrer Anblick in der Welt, | Als einen Fürsten sehn, der klug regieret.

Joh. Wolfg. von Goethe, Torquato Tasso (1789). A. 1, Sz. 4 (Antonio).

— Ein Feldherr ohne Heer scheint mir ein Fürst, | Der die Talente nicht um sich versammelt.

Joh. Wolfg. von Goethe, Torquato Tasso (1789). A. 5, Sz. 1 (Alphons).

— Ein Fürst ist keineswegs ein unumschränkter Herr der Völker, die unter seiner Botmäßigkeit stehen. Weit gefehlt: Er ist nur ihr vornehmster Diener. Friedr. d. Große, Sämtl. Werke (1789). Antimachiavelli. K. 1.

— Das Gefühl, das einen Fürsten vor allem beseelen soll, ist Vaterlandsliebe.

Friedr. d. Große, Sämtl. Werke (1789). Antimachiavelli. K. 13.

— Gute Fürsten sehen diese unbegrenzte Macht über das Leben ihrer Untertanen als die schwerste Last ihrer Krone.

Friedr. d. Große, Sämtl. Werke (1789). Antimachiavelli. K. 17.

— Die Wohlfahrt des Staates ist das Gesetz der Fürsten, und zwar ein unveränderliches Gesetz.

Friedr. d. Große, Sämtl. Werke (1789).

— Ein Fürst ist gegen sein Volk, was das Herz dem Körper ist.

Friedr. d. Große, Sämtl. Werke (1789).

— Erdengötter sind die Fürsten. Glaubt es, mancher Diener spricht's; | Und wie viele Kreaturen schaffet nicht ihr Wort aus nichts?

Ephr. Mos. Kuh, Hinterlassene Gedichte (1792). Epigramme.

— Nicht Ross', nicht Reisige | Sichern die steile Höh', | Wo Fürsten stehn.

Preuß. Nationalhymne. Ged. nach Heinr. Harries v. Balthasar Gerhard Schumacher (1793). Mel. v. Henry Carey (vor 1743).

— Wer ist denn wirklich ein Fürst? Ich hab' es immer gesehen, | Der nur ist wirklich Fürst, der es vermochte zu sein.

Joh. Wolfg. von Goethe, Gedichte. Vier Jahreszeiten (geb. 1796). Herbst. Nr. 71.

Fürst. — Mangel an Geistesgegenwart bei unerwarteten widrigen Vorfällen ist einer der größten Fehler an einem Fürsten.

Joh. Jak. Engel, D. Fürstenspiegel (1798). Fassung.

— Wahrlich! es ist keine Untugend an Fürsten, etwas schwergläubig zu sein; denn nie oder selten fehlt es, daß sie nicht mit feinern oder gröbern Kabalen umsponnen wären.

Joh. Jak. Engel, D. Fürstenspiegel (1798). Vertrauen.

— Gar viele Widersacher hat ein Fürst.

Joh. Wolfg. von Goethe, D. natürliche Tochter (1803). A. 1, Sz. 5 (König).

— Aber der Fürsten | Einsame Häupter | Glänzen erhellt, | Und Aurora berührt sie | Mit den ewigen Strahlen | Als die ragenden Gipfel der Welt.

Friedr. von Schiller, D. Braut v. Messina (1803). Säulenhalle (Zweiter Chor. Roger).

— Durch weiser Fürsten Mund spricht Gott.

Zacharias Werner, Martin Luther (1807). A. 1, Sz. 2.

— Die Wahrheit ist, daß ihr (Fürsten) ebenso unwissend geboren werdet als wir andern alle, und daß ihr hören müßt und lernen gleich wie auch wir, wenn ihr herauskommen sollt aus dieser natürlichen Unwissenheit.

Joh. Gottl. Fichte, Reden an d. deutsche Nation (1808). Rede 14.

— . . . der nur, Sohn, der ist der größte Fürst, | Der sich den Thron baut in der Menschen Herzen. Theod. Körner, Rosamunde (geb. 26. Okt.— 8. Nov. 1812). A. 4, Sz. 5 (Nesle).

— Wenn Fürsten weinen, so bluten Völker; sind die Berghöhen umwölkt, so überregnet es die Ebene. Aber ihr Fürsten bedenkt, daß Augen leichter zu trocknen sind als Wunden, und die Höhen schneller als die Ebene.

Jean Paul (Joh. Paul Friedr. Richter), Herbst=Blumine (1810—1820). Bd. 3.

— Der Fürst, der einen Weisen nährt und ihn nicht fragt um Rat, | Ist gleich dem Krüppel, der kein Bein und doch ein Reitpferd hat.

Wilh. Müller, Gedichte (1837). Epigramme. 1. Hundert, Nr. 82. Unnütze Besoldung.

— Ihr Fürsten, die ihr euch der Erde Götter nennt, | Was seid ihr, wenn ihr nicht der Menschheit Würd' erkennt?

Friedr. Rückert, D. Weisheit d. Brahmanen (1836—1839). (Stufe 3. Kampf. Nr. 127. Fürstenspiegel. Nr. 48.)

— Ihr Fürsten, denen Gott verlieh des Purpurs und der Krone Zier, | O dämmet nicht am Strom der Zeit; die Zeit ist mächtiger als ihr. | Nein, weis' und mächtig steuernd nutzt, indem ihr sie beherrscht, die Flut; | Gebt frei das Wort! Vertraut dem Volk! Fürwahr das Volk ist treu und gut. Emanuel Geibel, Zeitstimmen (1841). Auf d. Rhein.

Fürst. — Ein großes Wort gekrönter Richter | Klingt fort wie Sang unsterblicher Träumer, | Ein schwacher Fürst ist ein schlechter Reimer, | Ein großer Fürst auch ein großer Dichter.

Anastasius Grün (Anton Alexander Graf von Auersperg), D. Pfaff v. Kahlenberg (1850).

— Wohl gibt es Fürsten, | Die nach Wahrheit dürsten; | Doch wenigen ward ein so gesunder Magen, | Sie zu vertragen.

Friedr. von Bodenstedt, D. Lieder d. Mirza=Schaffy (1851). Verm. Gedichte u. Spr. Nr. 2.

— Hofgastmähler sind dieselben | Überall; es gähnt dieselbe | Souveräne Langeweile | An der Tafel aller Fürsten.

Heinr. Heine, Romanzero (1851). B. 2. Lamentationen. Span. Atriden.

— Fürsten haben lange Arme, | Pfaffen haben lange Zungen, | Und das Volk hat lange Ohren.

Heinr. Heine, Dichtungen (1861). Zeitgedichte. Nr. 4.

— Zu ihren Lustbarkeiten laden die Fürsten nur Edelleute ein; aber wenn das Unglück über sie kommt, bitten sie auch ihre Bürger zu Gaste.

Ludw. Börne, Gesammelte Schriften (1862—1863).

— ... in demjenigen Dünkel, mit dem Gott öfters die Fürsten schlägt ...

Otto von Bismarck im Norddeutschen Reichstage (11. März 1867).

— Arm sind wir Fürsten, wissen das Geheime; | Allein das Offenkund'ge, was der Bettler weiß, | Der Tagelöhner, bleibt uns ein Geheimnis.

Frz. Grillparzer, Ein Bruderzwist in Habsburg (1873). A. 3 (Rudolf).

— Welche andere Hilfe haben Fürsten, die gegen übermächtig beschränkende Privilegien in Kampf gerieten, jemals angewendet als die Teilnahme und Mitwirkung der unteren Stände!

Leop. von Ranke, Serbien u. d. Türkei im 19. Jahrh. (1879).

— Manche Fürsten sind unsterblich geworden mit den Talenten, welchen sie zur Unsterblichkeit verholfen haben.

Anselm Feuerbach, Ein Vermächtnis (1882).

— Wie Wir dem Fürsten Kronenamt | Und Würde niemals neiden, | So soll auch Er nach Unserm Recht | In Treuen sich bescheiden! | Wir hören Schwäbisch, Bayrisch gern, | Westfälisch und Berlinisch; | Sogar Gesächsel ist uns recht, | Nur nimmer Byzantinisch.

Wilh. Jordan, Letzte Lieder (1892). Tenzonen. Deutsche Art.

— Verlasset euch nicht auf Fürsten; sie sind Menschen, die können ja nicht helfen.

Ps. 146, V. 3.

— ... noch (gib) den Fürsten starkes Getränk!

Spr. Sal., K. 31, V. 4.

— ... einen weisen Fürsten (loben) seine Händel.

Jes. Sir., K. 9, V. 24.

— Es schäme sich ... ein Fürst und Herr der Lügen!

Jes. Sir., K. 41, V. 20.

Fürst. — Ein guter Fürst ist besser als ein gutes Gesetz.

Alter Spr.

— Eins Fürsten Wort sol stohn | Fest wie das Evangelion.

Alter Spr.

— Fürsten kommen in den Himmel, wenn sie in der Wiege sterben.

Alter Spr.

— Des Fürsten Schatz liegt am sichersten in des Volkes Händen.

Sprichwort.

— Fürsten sollen geduldige Ohren haben.

Sprichwort.

— Wenn der Fürst seinen Untertanen einen Apfel nimmt, so nehmen die Diener den ganzen Baum.

Sprichwort.

Fürstendiener. — Ich kann nicht Fürstendiener sein.

Friedr. von Schiller, Don Carlos (1787). A. 3, Sz. 10 (Marquis).

Fürstendienst. — Gewisse Dienste Königen zu leisten, | Ist mißlich.

Friedr. von Schiller, Don Carlos (1787). A. 2, Sz. 10 (Domingo).

— Der Mensch ist nicht geboren, frei zu sein, | Und für den Edlen ist kein schöner Glück, | Als einem Fürsten, den er ehrt, zu dienen.

Joh. Wolfg. von Goethe, Torquato Tasso (1789). A. 2, Sz. 1 (Tasso).

— Rühme dich nicht des Dienstes, den du dem König erzeigest; | Gnade hält er es dir, daß er zum Dienst dich gebraucht.

Joh. Gottfr. von Herder, Sämtl. Werke (1805—1820). Blumenlese a. morgenländischen Dichtern. Nr. 2. D. Rosental. B. 2. Königes Dienst.

Fürstengunst. — Und eines großen Königs Gunst dünkt mir | Der Frage wert. An diesem goldnen Angel | Hat manche starke Tugend sich verblutet.

Friedr. von Schiller, Don Carlos (1787). A. 4, Sz. 4 (Lerma).

— Fürstengunst, Aprilenwetter, | Frauenlieb' und Rosenblätter, | Würfelspiel und Kartenglück | Wechseln jeden Augenblick.

Sprichwort.

Fürstenlaster. — Der Undank | Ist der Fürsten allgemeines Laster!

Aug. Graf von Platen=Hallermund, D. Abassiden (1829). Ges. 4.

Fürstenruhm. — Nur Völkerglück ist wahrer Fürstenruhm!

Aug. von Kotzebue, Rudolf v. Habsburg u. Ottokar v. Böhmen (1816).

Fürstentod. — Kometen sieht man nicht, wann Bettler sterben; | Der Himmel selbst flammt Fürstentod herab. Engl.: When beggars die, there are no comets seen; | The heavens themselves blaze forth the death of princes.

William Shakespeare, Jul. Cäsar (1601). Übers. v. Schlegel. A. 2, Sz. 2 (Calpurnia).

Fürstentugend. — Des Fürsten größte Tugend ist, die Seinen zu kennen. Lat.: Principis est virtus maxima nosse suos.

Marc. Valerius Martialis, Epigramme (um 93). B. 8, Nr. 15, V. 8. Übers. v. Grau.

Fürstenwort. — Dürres Blatt und Fürstenwort | Nimmt ein jeder Wind mit fort. Alter Spr.

Fürstin. — Eine ungläubige Fürstin ist fast ebenso selten als ein gläubiger Fürst.

Jean Paul (Joh. Paul Friedr. Richter), Levana oder Erzieh=Lehre (1807). Bd. 2, Bruchstück 4, K. 5, § 101.

Fürstlich. — An jedem fürstlichen Paradebett richtet das Volk.

Aug. von Kotzebue, Sämtl. dramatische Werke (1828—1829). Klios Blumenkörbchen.

Füsilier. — Wir sind die Füsiliere, | Des deutschen Heeres Zierde, | Und groß ist unser Ruhm. Füsilier=Lied.

Fuß. — Auf großem Fuße leben (großen Aufwand machen; — stammt aus den mittelalterlichen Zeiten, wo man sehr große Schuhe trug, Schnabelschuhe, die vielfach auf das kostbarste geschmückt waren). Sprichwörtl. Redensart.

G

Gabe. — Und kleine Gaben erfreun auch. Griech.: *Δόσις δ' ὀλίγη τε φίλη τε.*

Homer, Odyssee. Übers. v. Voß. Ges. 6, V. 208.

— Dan got sicht ouch des gab nit an, | Der nit mit freüden schenken kan.

Seb. Brant, D. Narrenschif (1494). Nr. 96. Schenken oder beruen (bereuen).

— Viel hilft ein kleine Gabe!

Georg Rollenhagen, Froschmäuseler (1595). B. 1, T. 2, K. 21.

— Der gut Will macht die Gab angenehm.

Christoph Lehmann, Politischer Blumen=Garten (1662). T. 1. Geben. Nr. 31.

— Nie zufrieden, daß | Er nur den Mangel kenne, wollt' er auch | Des Mangels Ursach' wissen, um die Gabe | Nach dieser Ursach' filzig abzuwägen.

Gotthold Ephr. Lessing, Nathan d. Weise (1779). A. 1, Sz. 3 (Derwisch).

— . . . der Wille | Und nicht die Gabe macht den Geber.

Gotthold Ephr. Lessing, Nathan d. Weise (1779). A. 1, Sz. 5 (Klosterbruder).

— Nicht was, nein! wem man gibt, das ehrt die Gabe. Leop. Schefer, Laienbrevier (1834). Aug. Nr. 9.

— . . . eine unfreundliche Gabe ist verdrießlich. Jes. Sir., K. 18, V. 18.

— Alle gute Gabe und alle vollkommene Gabe kommt von oben herab. Jak., K. 1, V. 17.

— Ein unwillige Gab ist eben | So vil, als wer keine gegeben. Alter Spr.

— Wiltu, das deine gaben gefallen, | Geb die mit lachen und freundtlich kallen; | Wan du gibst und weinst darab, | Verlehres (verlierst) du allen danck und gab. Alter Spr.

— Gaben macht der Wille gut. Sprichwort.

— Schnelle Gabe, | Doppelte Labe. Sprichwort.

Gaffen. — Zum Gaffen hat das Volk die Augen: laßt sie! Engl.: Men's eyes were made to look, and let them gaze.

William Shakespeare, Romeo u. Julia (1593). Übers. v. Schlegel. A. 3, Sz. 1 (Mercutio).

Galanterie. — Du bist die unbedeutende Sprache der Galanterie zu wenig gewohnt. Eine Höflichkeit wird in ihr zur Empfindung; eine Schmeichelei zur Beteurung; ein Einfall zum Wunsche; ein Wunsch zum Vorsatze. Nichts klingt in dieser Sprache wie alles; und alles ist in ihr soviel als nichts.

Gotthold Ephr. Lessing, Emilia Galotti (1772). A. 2, Sz. 6 (Claudia).

— Alle Galanterie, wenn sie nicht als Blüte einer großen und weiten Lebensweise hervortritt, muß beschränkt, stationär und aus gewissen Gesichtspunkten vielleicht albern erscheinen.

Joh. Wolfg. von Goethe, A. meinem Leben. Dichtung u. Wahrheit (1809—1831).

Galgen. — Was zum Galgen geboren ist, ersäuft nicht. Sprichwort.

Galgenfrist. — Das ist nur noch eine Galgenfrist (eine ganz kurze Zeit, ein Aufschub; — dem zum Tode Verurteilten wurde früher noch eine Gnadenfrist gewährt). Sprichwörtl. Redensart.

Galgenvogel. — Ein rechter Galgenvogel sein (ein Bösewicht sein, der am Galgen hängen müßte). Sprichwörtl. Redensart.

Galle. — Ihm läuft die Galle über (er wird bitterböse, ärgerlich; seine Geduld ist vorbei). Sprichwörtl. Redensart.

— Keine Galle haben (nicht bitterböse, ärgerlich werden können). Sprichwörtl. Redensart.

Galopp. — Und als sie saßen, hop! hop! hop! | Ging's fort im sausenden Galopp, | Daß Roß und Reiter schnoben | Und Kies und Funken stoben. Gottfr. Aug. Bürger, Gedichte, Lenore (ged. Winter 1773).

— Hopp! hopp! hopp! | Pferdchen lauf Galopp!

Karl Hahn, D. Steckenpferd (ged. 1807). Mel. v. Karl Hering (komp. 1807).

Gang. — Mönchlein, Mönchlein, du gehst jetzt einen schweren Gang!

Soll Dr. Martin Luther auf d. Wege zum Reichstage zu Worms (1521) zugerufen worden sein.

Gang. — Ich gehe, mit Don Philipp | Jetzt einen öffentlichen Gang zu tun.

Friedr. von Schiller, Don Carlos (1787). A. 5, Sz. 11 (Carlos).

Gäng u. gäbe. — Gäng und gäbe sein (allgemein gebräuchlich sein; — Gäng = es geht; von kaufmännischen Artikeln gebraucht; gäbe = dargegeben werden, angeboten werden, weil es beliebt ist; ursprünglich von Münzen gebraucht).

Sprichwörtl. Redensart. — Nach 1. Mos., K. 23, V. 26.

Gängelband. — Da ihr noch die schöne Welt regieret | An der Freude leichtem Gängelband . . .

Friedr. von Schiller, Gedichte. D. Götter Griechenlands (ged. Frühjahr 1788).

— Jemanden am Gängelband führen (jemanden nach seinem Willen leiten wie ein kleines Kind).

Sprichwörtl. Redensart.

Gans. — Ein gans vber meer, | Ein gans wider her; | Ein gans vber Rhein, | Ein gans wider heim. Reimspr. (16. Jahrh.).

— Es flog ein Gänslein über Meer, | Und kam als Gickgack wieder her. Sprichwort.

— Eene jute, jebratene Jans is eene jute Jabe Jottes. Berliner Redensart.

— Suse, liebe Suse, was raschelt im Stroh? | Das sind die Wule-Wulegänschen, die haben keine Schuh. | Der Schuster hat Leder, keine Leisten dazu, | Drum gehn die Wule-Wulegänschen und haben keine Schuh. Kinderspielv.

— Wer die Gans gestohlen hat, | Der ist ein Dieb, | Und wer sie mir dann wiedergibt, | Den hab' ich lieb. — | Da steht der Gänsedieb!

Kinderspielv.

Gänsehaut. — Eine Gänsehaut kriegen (von Kälte, Grauen plötzlich ergriffen werden, daß ein merkwürdig prickelndes Gefühl einem über den Rücken läuft; — die Haut wird rauh, ähnlich wie die einer gerupften Gans).

Sprichwörtl. Redensart.

Gänsemarsch. — Im Gänsemarsch gehen (einer hinter dem anderen gehen, wie die Gänse hintereinander herwatscheln). Sprichwörtl. Redensart.

Ganz. — Auch der Geringste, wenn er ganz ist, kann glücklich und in seiner Art vollkommen sein.

Joh. Wolfg. von Goethe, Br. an Frau v. Stein (9. Juni 1787).

— Werde ganz, so wirst du stark; | All dein Handeln, Denken, Dichten | Quell' aus Einem Lebensmark!

Emanuel Geibel, Neue Gedichte (1856). Spr. Nr. 42.

— Viel hier lehren die Trümmer, doch Eins, was nirgend gelehrt wird, | Selten im Leben und nie spricht man in Schulen davon: | Ganz sein! Wenn du es Einmal warst, so mögen Barbaren | Trümmern und bröckeln an dir, deine Gestalt — sie besteht. Paul Heyse, Spruchbüchlein (1885). Literatur u. Kunst. In Rom.

— Ganzer Mann und ganze Tat! | Wahre Ehre hat keine Naht.

Ernst Ziel, Moderne Xenien (1889). Spr.

Ganze, das. — Alles sind Teile nur eines unendlichen Ganzen, | Dessen Körper die Welt und dessen Seele die Gottheit. Engl.: All are but parts of one stupendous whole, | Whose body Nature is, and God the soul.

Alexander Pope, Essay über d. Menschen (1733). Übers. v. Ölckers u. Böttger. Epistel 1, V. 267.

— Immer strebe zum Ganzen, und kannst du selber kein Ganzes | Werden, als dienendes Glied schließ' an ein Ganzes dich an!

Joh. Wolfg. von Goethe, Gedichte. Vier Jahreszeiten (ged. 1796). Herbst. Nr. 45.

— Seht, ihr Herrn, das ist all recht gut, | Daß jeder das Nächste bedenken tut; | Aber, pflegt der Feldherr zu sagen, | Man muß immer das Ganze überschlagen.

Friedr. von Schiller, Wallensteins Lager (1798). Sz. 11 (Wachtmeister).

— Wisse, daß ein Weiser | Nicht sich, daß er dem Ganzen lebt.

Christoph Martin Wieland, Sämtl. Werke (1794—1802). D. Leben ein Traum. Ges. 8.

— Denn, wer den Sinn aufs Ganze hält gerichtet, | Dem ist der Streit in seiner Brust geschlichtet. Friedr. von Schiller, D. Huldigung d. Künste (ged. 4.—8. Nov. 1804). (Schauspielkunst).

— Willst du dich am Ganzen erquicken, | So mußt du das Ganze im Kleinsten erblicken!

Joh. Wolfg. von Goethe, Gedichte. Gott, Gemüt u. Welt (ged. 1812—1814).

— Gerät aber am Ganzen etwas nicht, so ist es als Ganzes mangelhaft, so gut einzelne Partien auch sein mögen.

Joh. Peter Eckermann, Gespräche mit Goethe in d. letzten Jahren seines Lebens (18. Sept. 1823).

— Stell' dich in Reih' und Glied, das Ganze zu verstärken, | Mag auch, wers Ganze sieht, dich nicht darin bemerken . . . | Das Ganze wirkt, und du bist drin mit deinen Werken.

Friedr. Rückert, D. Weisheit d. Brahmanen (1836—1839). B. 1, Nr. 13. (Stufe 3. Kampf. Nr. 1.)

— Wie groß für dich du seist, vorm Ganzen bist du nichtig; | Doch als des Ganzen Glied bist du als kleinstes wichtig.

Friedr. Rückert, D. Weisheit d. Brahmanen (1836—1839).

— Soll dir frommen ein Schlag, das merke, | Führ' ihn gleich mit entscheidender Stärke! | Nur nichts Halbes, wo dir bewußt, | Daß du das Ganze vertreten mußt!

Emanuel Geibel, Spätherbstblätter (1877). Gelegenheitsgedichte. Spr. Nr. 29.

— Der Mensch nur kann im Geist zum Lichte streben, | Erkennt sein Blick im kleinsten Teil das Ganze.

Friedr. von Bodenstedt, A. Morgenland u. Abendland (1882).

Ganze, das. — Wir müssen vorwärts streben, wir müssen arbeiten und im Innern kämpfen. Aber wenn das Ganze gedeihen soll, so seien Sie sich dessen klar, müssen hie und da im Einzelinteresse Opfer gebracht werden.

Kaiser Wilh. II. (1891).

— Ein Ganzes tun und Ein Rechtes machen | Ist besser als hundert betändelte Sachen.

Wartburgspr. Architektenstüblein.

Garde. — Die Garde stirbt, aber sie ergibt sich nicht! Franz.: La garde meurt et ne se rend pas!

Soll General Cambronne in d. Schlacht bei Waterloo (18. Juni 1815) gesagt haben, ist aber v. ihm bestritten worden. Übers. v. Zimmermann.

Gardinenpredigt. — Jemandem eine Gardinenpredigt halten (jemanden abkanzeln, ihm Vorwürfe machen, wie etwa eine Frau, die dem spät heimkehrenden Gatten hinter den Gardinen des Bettes hervor Vorwürfe macht).

Sprichwörtl. Redensart.

Garn. — Jemanden ins Garn locken (jemanden fangen wollen; — vom Vogelsang hergeleitet).

Sprichwörtl. Redensart.

Gärung. — Fürchtet nicht die edle Gärung; gärt ja doch auch unser Wein, | Daß er zwiefach dann erquicke, doppelt golden, süß und rein.

Anastasius Grün (Anton Alexander Graf von Auersperg), Spaziergänge eines Wiener Poeten (1831). Sieg d. Freiheit.

Gasse. — Durch diese hohle Gasse muß er kommen; | Es führt kein andrer Weg nach Küßnacht.

Friedr. von Schiller, Wilh. Tell (1804). A. 4, Sz. 3 (Tell).

— Nun leb' wohl, du kleine Gasse!

Albert Graf von Schlippenbach, In d. Ferne (ged. vor 1833). Mel. v. Friedr. Silcher (1853—1855).

Gast. — Mit sieben Gästen | Geht's fast zum Besten; | Der achte Gast | Ist eine Last.

Friedr. von Logau, Deutsche Sinn-Getichte (1654). Zahl d. Gäste.

— Der liebe Gast kompt selbst.

Christoph Lehmann, Politischer Blumen-Garten (1662). T. 1. Gast. Nr. 38.

— Hier wendet sich der Gast mit Grausen.

Friedr. von Schiller, Gedichte. D. Ring d. Polykrates (ged. 24. Juni 1797).

— Ein werter, teurer Gast; — kein beßrer Mann | Ist über diese Schwelle noch gegangen.

Friedr. von Schiller, Wilh. Tell (1804). A. 1, Sz. 4 (Walther Fürst).

— Solange dein Gast weilt, heiß' ihn nicht eilen, | Noch weilen, wenn du ihn siehest eilen.

Friedr. Rückert, D. Verwandlungen d. Abu Seid v. Serug oder d. Makamen d. Hariri (1826).

Gast. — Ein Wunsch in deiner Brust, in deinem Haus ein Gast, | Drei Tage eine Lust, am vierten eine Last.

Friedr. Rückert, D. Weisheit d. Brahmanen (1836—1839). B. 16, Abteilung 3, Nr. 63. (Stufe 5. Leben. Nr. 263.)

— Dort ist der Gast noch hochgeehrt, | Wo selten Fremde grüßt der Herd.

Gottfr. Kinkel, Otto d. Schütz (1846). 9. Abenteuer.

— Ich bin ein Gast auf Erden.

Ps. 119, V. 19.

— Dein Gast sei dir heilig! Alter Spr.

— Dreitägiger Fisch | Taugt auf keinem Tisch; | Und dreitägiger Gast | Wird einem oft zur Last.

Sprichwörtl.

— Ungeladner Gast | Ist eine Last.

Sprichwort.

— Wenn der Gast am liebsten ist, soll er wandern! Sprichwort.

— Der Gast ist wie der Fisch; am Ende von drei Tagen stinkt er. Ital.: L'ospite è come il pesce; iri capo a tre giorni puzza. Sprichwort.

— Drêdägige (dreitägige) Gäste und Fischke, | De süht me nit gêrne bî Dischke.

A. d. Seemannssprache.

— Ein froher Gast, | Ist niemands Last.

Wartburgspr. Wirtschaft.

Gasten. — Viel fahren und gasten | Leert Keller und Kasten. Sprichwörtl.

Gastfrei. — Einen gastfreien Mann loben die Leute. Jes. Sir., K. 31, V. 28.

— Seid gastfrei untereinander ohne Murmeln!

1. Petri, K. 4, V. 9.

— Gastfrei zu sein vergesset nicht!

Ebr., K. 13, V. 2.

Gastfreundschaft. — Wer Gastfreundschaft übt, bewirtet gleichsam Gott selbst.

Talmud (3. Jahrh.).

Gastlichkeit. — O, auch die schönen, freien Regungen | Der Gastlichkeit, der frommen Freundestreue | Sind eine heilige Religion dem Herzen. Friedr. von Schiller, Wallensteins Tod (1799). A. 3, Sz. 21 (Max).

Gastrecht. — An dem frevelnden Geschlecht | Rächet Zeus das Gastesrecht, | Wägend mit gerechten Händen.

Friedr. von Schiller, Gedichte. D. Siegesfest (ged. 1804).

— O wie können Rosen duften, Saat und Frucht noch schwellen dicht, | Saft'ge Reben lockend winken, wo des Gastes Recht man bricht?

Anastasius Grün (Anton Alexander Graf von Auersperg), Spaziergänge eines Wiener Poeten (1831).

Gatte. — Der erste Gatte war der erste Hintergangene. Franz.: Premier époux fut le premier trompé.

Voltaire (François Marie Arouet), Werke (1785—1789). D. Ursprung d. Handwerke. Übers. v. Mylius.

Gatte. — Der Gatte zieht sein Weib unwiderstehlich | In seines Kreises abgeschlossene Bahn.

Joh. Wolfg. von Goethe, D. natürliche Tochter (1803). A. 4, Sz. 4 (Eugenie).

— Alexander, mein Gatte, | Im Schlafrock von Watte! Louis Schneider, Fröhlich (1839). Parodie auf: Mein Hüon, mein Gatte! a. James Robinson Planchés Oberon, übers. v. Theod. Hall.

— Was Gatten innig aneinanderknüpft, | Es ist ein zartes Band, es heißt Vertrauen!

Jos. Ritter von Weilen, Dramatische Dichtungen (1868—1870). Rosamunde.

Gattin. — Wer's aber mit sich selbst gut meint, der nehme | Ja eine Gattin, die gefällig ist | Und sanften Herzens — oder lieber keine!

Friedr. von Schiller, Iphigenie in Aulis (ged. 1788). A. 3, Sz. 4 (Agamemnon). Schlußv.

— Ach! die Gattin ist's, die teure.

Friedr. von Schiller, Gedichte. D. Lied v. d. Glocke (ged. Sept. 1799).

— Glücklich, wem der Gattin Treue | Rein und keusch das Haus bewahrt! | Denn das Weib ist falscher Art, | Und die Arge liebt das Neue.

Friedr. von Schiller, Gedichte. D. Siegesfest (ged. 1804).

— Selig, wer in seinen Armen | Eine treue Gattin hält!

Aug. Mahlmann, Sämtl. Schriften (1839—1840). Gedichte. Deutscher Rundges.

— Kein Spiegel, den eigenen Wert zu schauen, | Ist wahrer, als deiner Gattin Vertrauen.

Jul. Hammer, Schau um dich u. schau in dich (1851). Inneres Glück. Jungfrau als Mutter bleiben usw.

— Wie du die Braut geehrt, so ehr' auch jetzt die Gattin! Finnisches Sprichwort.

Gaudeamus. — Freuen wir uns, solange wir jung sind! Lat.: Gaudeamus igitur, | Juvenes dum sumus.

Altes Studentenlied, teilweise einem Bußges. (1257) entnommen. D. jetzige Fassung ist v. Christ. Wilh. Kindleben (1781).

Gaukelspiel. — Zu kühn wird mir dies Gaukelspiel.

Friedr. von Schiller, Don Carlos (1787). A. 2, Sz. 2 (Phil.).

Gebären. — Mit Schmerzen sollst du Kinder gebären, sagte Gott zu dem pflichtvergessenen Weibe. Aber was haben ihm die Weibchen der Tiere getan, die auch mit Schmerzen gebären? Franz.: Tu engendreras dans la douleur, dit Dieu à la femme prévaricatrice. Et, que lui ont fait les femelles des animaux qui engendrent aussi dans la douleur?

Denis Diderot, Philosophische Gedanken (1746). K. 37. Übers. v. Zimmermann.

— . . . du sollst mit Schmerzen Kinder gebären! 1. Mos., K. 3, V. 16.

— Selig sind . . . die Leiber, die nicht geboren haben! Luk., K. 23, V. 29.

Gebäude. — Stein auf Stein, mit Vorbedacht, gibt zuletzt auch ein Gebäude.

Joh. Wolfg. von Goethe, Briefwechsel zwischen Goethe u. Zelter (8. Mai 1824).

Geben. — Doppelt gibt, wer schnell gibt. Lat.: Bis dat, qui dat celeriter (cito dat).

Nach Publilius Syrus, Sentenzen (um 50 v. Chr.). Übers. v. Friedrich. Nr. 235.

— Der gibt viel, der wenig gibt mit Freundlichkeit. Talmud (3. Jahrh.).

— Du solltest lieber freudig geben tausend Pfund | Als dreißigtausend ohne Freud'. Dir ist nicht kund, | Wie man mit Gab' erringet Preis und Ehren. Mittelhochdeutsch: Dû möhtest gerner dankes geben tûsent pfunt | Dan drîzec tûsent âne danc. Dir ist niht kunt, | Wie man mit gâbe erwirbet prîs und êre.

Walter v. d. Vogelweide (um 1170—1230), Gedichte. Übertr. v. Pannier.

— Den Herrn, der alles gleich gewährt, | Ist nicht des Gebens Kunst gelehrt. Mittelhochdeutsch: Swelch hêrre nieman niht versaget, | Der ist an gebender kunst verschraget.

Walter v. d. Vogelweide (um 1170—1230), Gedichte. Übertr. v. Pannier.

— Wer gibt, was er nur schwer entbehrt, | Die Gab' ist hohen Lohnes wert. Mittelhochdeutsch: Swer gît, des er unsanfte enbirt, | Diu gâbe baz vergolten wirt.

Vridankes Bescheidenheit (1225—1240). Übertr. v. Pannier. Nr. 38. v. erkantnisse.

— Des Menschen Finger sind gespalten, | Daß er soll geben und nit behalten.

Hugo von Trimberg, D. Renner (um 1300).

— . . . frei einfältig soll man geben, aus lauter Liebe, willig!

Dr. Martin Luther, Tischreden oder Colloquia (1566). Nr. 14. Tischreden v. guten Werken. § 13. Geben soll a. freiem Herzen u. einfältiglich geschehen, ohn allen Genieß.

— Die Art, wie man gibt, ist mehr wert, als was man gibt. Franz.: La façon de donner vaut mieux que ce qu'on donne.

Pierre Corneille, D. Lügner (1643). Übers. v. Kummer. A. 1, Sz. 1 (Clito).

— Wer bald gibt, der gibt gedoppelt.

Christoph Lehmann, Politischer Blumen-Garten (1662). T. 1. Geben. Nr. 42.

— . . . geben ist Sache des Reichen.

Joh. Wolfg. von Goethe, Hermann u. Dorothea (1797). Kalliope.

— Der gibt doppelt, der gleich, zu rechter Zeit, ungebeten und mit Freuden gibt.

Adolf Freiherr von Knigge, Schriften (1804—1806).

— Nur der ist froh, der geben mag.

Joh. Wolfg. von Goethe, Faust, I (1808). Vor d. Tor (Bettler).

— Tut dir niemand was zulieb, | Nur geschwinde, gib nur, gib!

Joh. Wolfg. von Goethe, Gedichte. Sprichwörtl. (ged. 1812—1814).

Geben. — Mann mit zugeknöpften Taschen, | Dir tut niemand was zulieb'; | Hand wird nur von Hand gewaschen; | Wenn du nehmen willst, so gib!

Joh. Wolfg. von Goethe, Gedichte. Epigrammatisch. Wie du mir, so ich dir (ged. 1814).

— Gib, indem du empfängst, und lerne im Geben empfangen!

Joh. Caspar Lavater, Werke (1834). Worte d. Herzens. Denkzeilen an einen Freund nach meinem Tode.

— Doch wenn ich nichts mehr geben kann, | Fürwahr, daß man mein Grab mir grabe, | Die beste, höchste Zeit ist's dann.

Anastasius Grün (Anton Alexander Graf von Auersperg. D. letzte Ritter. Seinem Freunde Jos. Fellner (ged. Herbst 1837). Schlußv.

— Gib, was du geben willst, eh' man darum dich bat; | Es ist nur halb geschenkt, was man erbeten hat.

Friedr. Rückert, D. Weisheit d. Brahmanen (1836—1839). B. 16, Abteilung 2, Nr. 87. (Stufe 5. Leben. Nr. 187.)

— Wenn du gibst, gib ungesehn, | Ganz dem Freund und mild dem Armen; | Tu's aus innigem Erbarmen | Und vergiß es, wenn's geschehn!

Emanuel Geibel, Neue Gedichte (1864). Spr. Nr. 14.

— Der Herr hat es gegeben, der Herr hat es genommen; der Name des Herrn sei gelobet!

Hiob, K. 1, V. 21.

— Wer den Armen gibt, dem wird es nicht mangeln. Spr. Sal., K. 28, V. 27.

— Hast du viel, so gib reichlich!

Tob., K. 4, V. 9.

— Den Leuten dient man mit Geben, unserm Herrgott mit Nehmen und Danken. Alter Spr.

— Mit Geben wuchert man am besten.

Alter Spr.

— Wiltu dienen mir und geben etwas, | Frag nicht; wilstu haben das? Alter Spr.

— Geben ist seliger denn Nehmen. Sprichwort.

— Was die Rechte gibt, soll die Linke nicht wissen. Sprichwort.

— Wem man gibt, der schreibt's in Sand; wem man nimmt, der schreibt's in Stahl und Eisen. Sprichwort.

— Wer gerne gibt, fragt nicht lange.

Sprichwort.

— Metdeelen (mitteilen) un wat giewen mäk nich aam (arm). Sprichwort. Münsterisch.

— Geben ist ein guter Bursche, aber er wird bald müde. Engl.: Gie is a gude fellow, but he soon wearies. Schottisches Sprichwort.

— 's ist: „Vetter, Vetter!" so lang' ich gebe.

Holländisches Sprichwort.

— Jede Hand ist schön, welche gibt.

Polnisches Sprichwort.

— Swer git (wer gibt), der ist liep; | Zu rechten zite geben | Kan viele not uf heben.

Wartburgspr. Verbindungsgang.

Geber. — ... der Anblick des Gebers ist, wie die Gaben, erfreulich.

Joh. Wolfg. von Goethe, Hermann u. Dorothea (1779). Erato.

— ... einen fröhlichen Geber hat Gott lieb.

2. Kor., K. 9, V. 7.

Gebet. — Das Gebet allein besiegt selbst Gott den Herrn. Lat.: Sola est oratio, quae Deum vincit. Quint. Septimius Florentinus Tertullianus (um 145—220), Über d. Gebet. Übers. v. Besnard. K. 24.

— Gebet ohne Andacht ist ein Leib ohne Seele.

Talmud (3. Jahrh.).

— Gott höret deine Gebetsworte nicht, es sei denn, daß du sie zuvor selber hörtest.

Bernh. von Clairvaux (1091—1153).

— Gewinn bringt das Gebet zum Glück und Heile; | Ein Panzer ist es für des Unglücks Pfeile.

A. d. Persischen d. Sadi, Fruchtgarten (1257). Übers. v. Graf.

— Das Gebet ist die Himmelsleiter, auf der wir zu unserm Vater emporsteigen; beten heißt ja, im Geiste pilgern zu Gott.

Joh. Gerhard (1582—1637).

— Wer mit dem Munde, nicht mit Herzen zum Gebete sich wil schicken, | Der kehrt dem, zu dem er betet, nicht Gesichte, sondern Rücken.

Friedr. von Logau, Deutsche Sinn=Getichte (1654). Beten.

— Im Gebet ist Einfalt großer Witz vor Gott;| Wer ihm recht vertraut, nennet bloß die Not.

Friedr. von Logau, Deutsche Sinn=Getichte (1654).

— Gott und das liebe Gebet | Ist mein Reichthum auf dieser Erd. Stammbuchinschrift (1669).

— Welch Glück, so hoch geehrt zu werden | Und im Gebet vor Gott zu stehn!

Christ. Fürchtegott Gellert, Geistl. Oden u. Lieder (1757). D. Gebet.

— Ein einziger dankbarer Gedanke gen Himmel ist das vollkommenste Gebet!

Gotthold Ephr. Lessing, Minna v. Barnhelm (1763). A. 2, Sz. 7 (D. Fräulein).

— Ich fühle es, Gott gibt Regen und Sonnenschein nicht unsern ungestümen Bitten.

Joh. Wolfg. von Goethe, Leiden d. jungen Werthers (1773).

— Das Gebet kann keinen objektiven Erfolg, sondern nur eine subjektive Rückwirkung haben, nämlich Beruhigung und Aufrichtung des Gemütes.

Immanuel Kant, Religion innerhalb d. Grenzen d. bloßen Vernunft (1793).

— Ach die Beglückten, die das froh geteilte Gebet versammelt in dem Haus des Herrn!

Friedr. von Schiller, Maria Stuart (1800). A. 5, Sz. 7 (Maria).

— Gebet aus dem Herzen ist Vorgefühl der Seligkeit.

Christ. Ernst Karl Graf von Bentzel=Sternau, Weltansichten (1816).

Gebet. — Leise, leise, fromme Weise, | Schwing' dich auf zum Sternenkreise! | Lied erschalle! Feiernd walle | Mein Gebet zur Himmelshalle!

Friedr. Kind, D. Freischütz. Gebet (ged. 1817). Komp. v. Karl Maria von Weber. (Erste Auff. 18. Juni 1821 in Berlin.)

— Ein Wunsch, der still für uns und andre fleht, | Ein Seufzer, der dem Herzen leis entweht, | Den keine Lippe spricht, ist ein Gebet.

Joh. Gottfr. von Herder, Sämtl. Werke (1805—1820). Gedichte. In d. Gesangb. d. Frau v. **

— Wer aus ganzer Seele fleht, | Des Gebet wird Gott erhören.

Friedr. Gottl. Klopstock, Sämtl. Werke (1798—1821). Bd. 5.

— Das Werk, glaubt mir, das mit Gebet beginnt, | Das wird mit Heil und Ruhm und Sieg sich krönen!

Heinr. von Kleist, Hinterlassene Schriften (1821). Prinz Friedr. v. Homburg. A. 2, Sz. 2 (Obrist Kottwitz).

— Wundertätig ist die Liebe, | Die sich im Gebet enthüllt.

Joh. Wolfg. von Goethe, Werke. Novelle. A. d. Gruben, hier im Graben usw. (ged. 1826).

— Das Gebet macht rein; es ist eine Selbstpredigt.

Jean Paul (Joh. Paul Friedr. Richter), Werke (1826—1828). Gesammelte Aufsätze u. Dichtungen.

— Das Gebet ist der Spiegel, durch welchen wir im Dunkeln Gott sehen.

Theod. Gottl. von Hippel, Sämtl. Werke (1827—1828).

— Ein recht Gebet bricht Banden bald und Mauern.

Jos. Freiherr von Eichendorff, Gedichte (1837). Geistl. Gedichte. Jugendsehnen.

— Zum Himmel über Zaubereien | Geht ewig siegreich das Gebet.

Jos. Freiherr von Eichendorff, Gedichte (1837). Geistl. Gedichte. Das Gebet. Schlußv.

— Gebet führt halben Wegs zum Paradies; die Stärke | Des Glaubens klopft ans Tor, das auftun Liebeswerke.

Friedr. Rückert, D. Weisheit d. Brahmanen (1836—1839). B. 16, Abteilung 5, Nr. 38. (Stufe 5. Leben. Nr. 440.)

— Unter Gebet kann ich mir nichts anders denken als einen Durchbruch der Empfindungen von Gott und seiner Güte, das da, wo das Herz spricht, mit einem: O Gott! am natürlichsten abgetan ist.

Karl Jul. Weber, Demokritos (1832—1840). Religionsschwärmerei u. Mystizismus.

— Das Gebet gibt dir Mut und Freudigkeit ins Herz, Kraft ins Gebein und auch Licht in den Kopf.

Jos. Christoph Biernatzki, D. braune Knabe (1840).

— Die Macht des Gebetes liegt in der Ruhe, die nach ihm auf unser Inneres sich breitet.

Karl Gutzkow, D. Ritter v. Geiste (1850—1851).

Gebet. — Gebet macht stark; doch sei's nicht bloß ein Bitten!

Jul. Hammer, Schau um dich u. schau in dich (1851). Liebe deinen Nächsten wie dich selbst. Gebet macht stark usw.

— Der Gebete allerbestes richten | An Gott wir mit Erfüllung unsrer Pflichten.

Wilh. Jordan, Andachten (1877).

— Strecke die Hand nur empor im Gebet! Gott faßt sie von oben, | Und die Berührung durchströmt dich mit geheiligter Kraft.

Emanuel Geibel, Gesammelte Werke (1883). Gedichte. Dichtungen in antiker Form. Ethisches u. Ästhetisches in Distichen. Nr. 59.

— Sehr weislich pflegt die Menge beim Gebet | Gott in Hausvatertracht zu stecken. | Erschien' er ihr in voller Majestät, | Wie Semele erläge sie dem Schrecken. Paul Heyse, Spruchbüchlein (1885). Gott u. Welt.

— Das Gebet der Elenden dringet durch die Wolken. Jes. Sir., K. 35, V. 21.

— Haltet an am Gebet! Röm., K. 12, V. 12.

— Der Gerechten Gebet vermag viel, wenn es ernstlich ist. Jak., K. 5, V. 16.

— Weihrauch und Gebet sind gut, | Aber kraftlos ohne Glut. Alter Spr.

— Das Gebet ist ein Rauchwerk, das dem Teufel Kopfweh macht. Sprichwort.

— Das Gebet ohne Andacht ist ein Körper ohne Seele. Sprichwort.

— Gebet auf, Segen nieder. Sprichwort.

— Gebet ohne das Herz dringt nicht zum Himmel. Sprichwort.

— Kurz Gebet, tiefe Andacht. Sprichwort.

— Jemanden ins Gebet nehmen (jemanden tadeln, verweisen). Sprichwörtl. Redensart.

— Meinen Vater, Geschwister und Verwandten | Und alle, die mich kannten, | Bitte ich um ein Gebet, | Weil dies einzig vor Gott besteht.

Marterlinschrift auf d. Tummelplatz bei Amras.

— Wer dem Gebätt ist hold | Und braucht das für und für, | Ein Schlüssel rein von Gold | Hat er zur Himmelstür. Spr. in einem Hause. Tirol.

Gebeugt. — Gebeugt erst zeigt der Bogen seine Kraft! Frz. Grillparzer, Sappho (1822). A. 5, Sz. 6 (Sappho).

Gebiet. — Nicht einen Zoll von unserem Gebiet, nicht einen Stein von unseren Festungen. Franz.: **Pas un pouce de notre territoire, pas une pierre de nos forteresses!**

Jules Favre zu Otto von Bismarck in Ferrières (18. Sept. 1870). Übers. v. Zimmermann.

Gebieten. — Soviel ich habe bemerken können, weiß man nur zu verbieten, zu hindern und abzulehnen; selten aber zu gebieten, zu befördern und zu belohnen.

Joh. Wolfg. von Goethe, Wilh. Meisters Lehrjahre (1777—1796).

Gebieter. — Der ist kein Tapf're, kein Ehrenmann, | Der den Gebieter läßt verachten.

Friedr. von Schiller, D. Braut v. Messina (1803). Säulenhalle (Zweiter Chor. Bohemund).

Gebildet. — ... wer ist so gebildet, daß er nicht seine Vorzüge gegen andre manchmal auf eine grausame Weise geltend machte?

Joh. Wolfg. von Goethe, D. Wahlverwandtschaften (1808—1809). T. 1, K. 2.

— Ein gebildeter Mensch ist nicht der, den die Natur verschwenderisch behandelt hat; ein gebildeter Mensch ist der, der die Gabe, die er hat, gütig, weise und richtig und auf die höchste Weise gebraucht. Rahel (Antonie Friederike Varnhagen von Ense), Br. (1877).

— Der kluge und gebildete Mensch macht wenig Frage- und Ausrufungszeichen.

Joh. Jak. Mohr, Gedanken über Leben u. Kunst (1885).

— Der Gebildete hat ein bewaffnetes Auge.

Berth. Auerbach, Gesammelte Schriften (1892).

Gebirge. — Ich komme vom Gebirge her, | Die Dämmrung liegt auf Wald und Meer.

Georg Phil. Schmidt von Lübeck, Lieder. D. Fremdlings Abendlied (ged. 1807). Mel. v. Frz. Schubert.

Geboren. — Nicht geboren werden ist das allerbeste. Griech.: *Μὴ γίγνεσθαι μὲν ἄριστον πάντων.*

Aristoteles (um 384—322 v. Chr.). Nach Plutarch, Moralische Abhandlungen. Übers. v. Eyth. Trostrede. K. 27.

— Alles wird darümm gebohren, | Daß es wider sey verlohren. | Nichts bleibt allzeit, was so ist.

Paul Flemming, Teutsche Poemata (1642). Oden. Auff Herren Timothei Poli neugebohrnen Töchterleins Christinen Ihr Absterben.

— Das Leben ist mehr Lust als Schmerz. — | Wohl dir, daß du geboren bist!

Ewald Christ. von Kleist, Sämtl. Werke (1760). Gedichte. Geburtslied.

— Es ist kein leerer, schmeichelnder Wahn, | Erzeugt im Gehirne der Toren; | Im Herzen kündet es laut sich an: | Zu was Besserm sind wir geboren.

Friedr. von Schiller, Gedichte. Hoffnung (ged. 1797). Mel. v. Joh. Friedr. Reichardt (1810).

— O, wär' ich nie geboren!

Joh. Wolfg. von Goethe, Faust, I (1808). Kerker (Faust).

— Niemals das Licht zu schauen (geboren werden) | War wohl das beste. Ital.: Ma non veder la luce | Era, credo, il miglior.

Giacomo Leopardi, Auf ein antikes Grab-Basrelief (1836). Übers. v. Heyse.

— Man wird ja einmal nur geboren!

Albert Lortzing, D. Waffenschmied (1846). A. 1, Sz. 2 (Georg). (Erste Auff. am 30. Mai 1846 in Wien.)

— Wohl geboren und wohl gefreit, | Wohl gestorben zu rechter Zeit; | Das sind drei Dinge auf Erden, | Die für die besten gehalten werden.

Alter Spr.

— Wie einer ist geboren, | So wird er geschoren. Sprichwort.

Gebot. — Deine Gebote sind eitel Wahrheit.

Ps. 119, V. 86.

— ... Gottes Gebot lehret klüglich fahren in allem Handel. Jes. Sir., K. 19, V. 18.

— ... das ist die Liebe zu Gott, daß wir seine Gebote halten; und seine Gebote sind nicht schwer.

1. Joh., K. 5, V. 3.

Gebrauch. — Es nützt durch Gebrauch sich der Ring ab. Lat.: Consumitur anulus usu.

Publ. Ovidius Naso (um 43 v. Chr. — 17 n. Chr.), Br. a. d. Pontus. Übers. v. Berg. B. 4, Nr. 10, V. 5.

— Alles muß uns erst gegeben werden; nur der Gebrauch ist unser.

Frz. Xaver von Baader, Sämtl. Werke (1851—1860).

— Gebrauch tut mehr | Als Meisterlehr'.

Sprichwort.

Gebrechen. — Gegen unsere Vorzüge sind wir gleichgültig; über unsere Gebrechen suchen wir uns so lange zu täuschen, bis wir sie endlich für Vortrefflichkeiten halten.

Heinr. Heine, D. B. d. Lieder. Vorrede zur zweiten Auflage (1837).

Gebunden. — Ja selbst die ew'gen Geister sind gebunden; denn ein Gesetz muß sein, nach dem sie sind. Ernst Raupach, Tassos Tod (1835). A. 3, Sz. 4.

Geburt. — Wir schrei'n bei der Geburt, zur großen Bühne | Des Narrentums zu kommen. Engl.: When we are born, we cry that we are come | To this great stage of fools.

William Shakespeare, König Lear (1605—1606). Übers. v. Schlegel. A. 4, Sz. 6 (Lear).

— Die Geburt ist nichts, wo die Tugend fehlt. Franz.: **La naissance n'est rien où la vertu n'est pas.**

Molière (Jean Baptiste Poquelin), Don Juan oder d. Gastmahl d. Pierre (1665). Übers. v. Graf Baudissin. A. 4, Sz. 6 (Don Louis).

— So hoch Geburt und Blut vor andern dich erhob, | So hoch erhebe du durch eignen Wert dein Lob! Christ. Fürchtegott Gellert, Sendschreiben an d. jungen Herrn v. H. (1743).

— Beiseit' mit der Geburt; ich frage: Was du bist? | Man ist ja das nicht selbst, was man geboren ist! **Joh.** Wilh. Ludw. Gleim, D. goldenen Spr. d. Pythagoras (1786).

— Es macht die Geburt uns | Weder edel noch gut, noch kann sie zur Schande gereichen. | Aber Tugend und Laster, sie unterscheiden die Menschen.

Joh. Wolfg. von Goethe, Reineke Fuchs (1794). Ges. 8.

— Ich gestehe: mit dem herkömmlichen Ausdruck „von Geburt sein", wenn damit ein angeborener Vorzug bezeichnet sein soll, habe ich nie einen vernünftigen, sittlichen Begriff verbinden können, denn in der Geburt sind sich alle Menschen ohne Ausnahme gleich.

Königin Luise von Preußen (1776—1810).

Geburt. — Die Verschiedenheit der Geburt gibt und nimmt keinen Vorzug; alles kommt dabei auf persönliche Würdigkeit an.

König Friedr. Wilh. III. (1790—1840).

— Nicht die Geburt macht schlecht und gut; | Von Adel ist, wer edel tut. Sprichwort.

— Tugend steht höher als Geburt. Lat.: Potior origine virtus. Wahlspr. d. Scott.

Geck. — Ich Geck! | Ich eines Gecken Geck!

Gotthold Ephr. Lessing, Nathan d. Weise (1779). A. 1, Sz. 3 (Derwisch).

Gedächtnis. — Das Gedächtnis schwindet, ... wenn man es nicht übt. Lat.: Memoria minuitur, ... nisi eam exerceas.

Marc. Tull. Cicero, Cato d. Ältere über d. Greisenalter (um 44 v. Chr.). Übers. v. Schmitt. K. 7, § 21.

— Ein Kopf ohne Gedächtnis ist eine Festung ohne Besatzung. Franz.: Une tête sans mémoire est une place sans garnison.

Napoleon I. (1769—1821). Tageb. v. St. Helena. Übers. v. Zimmermann.

— Das Gedächtnis ist eine gute Tasche; aber sie zerreißt, wenn man zuviel hineinstopft.

Sprichwort.

Gedanke. — Gedanken sind zollfrei. Lat.: Liberae sunt nostrae cogitationes.

Marc. Tull. Cicero, Rede für Milo (um 52 v. Chr.). Übers. v. Klotz. K. 29, § 79. — Sprichwort.

— Dazu sind die Gedanken frei, | Daß die Welt nicht müßig sei. Mittelhochdeutsch: Dar umbe sint gedanke vrî, | Daz diu werlt unmünzec sî.

Vrîdankes Bescheidenheit (1225—1240). Übertr. v. Pannier. Nr. 38. v. erkantnisse.

— Wie man nicht wehren kann, daß einem die Vögel nicht über den Kopf herfliegen, aber wohl, daß sie nicht auf dem Kopfe nisten, so kann man auch bösen Gedanken nicht wehren, aber wohl, daß sie nicht in uns einwurzeln und böse Taten hervorbringen. Dr. Martin Luther, Alle B. u. Schrifften (1539—1559).

— Nur der Gedank' ist unser, nicht das Ziel. Engl.: Our thoughts are ours, their ends none of our own.

William Shakespeare, Hamlet (1601—1602). Übers. v. Schlegel. A. 3, Sz. 2 (König im Schauspiel).

— ... denn unumschränkt | Fliegt der Gedanke über Meer und Lande, | Erreicht sein Ziel, so schnell er es nur denkt. Engl.: For nimble thought can jump both sea and land, | As soon as think the place where he would be.

William Shakespeare, Sonette (1609). Übers. v. Bodenstedt. Abteilung 2, Nr. 71.

— Gedanken sind frei. Engl.: Thought is free.

William Shakespeare, D. Sturm (um 1612). Übers. v. Schlegel. A. 3, Sz. 2 (Stephano).

— An Gedancken geht viel ein wie am rohen Duch.

Christoph Lehmann, Politischer Blumen-Garten (1662). T. 1. Gedancken. Nr. 45.

Gedanke. — Fluch jener argen Politik, die, ohne Schranken, | Despotisch herrschen möcht' auch über die Gedanken! Franz.: Périsse à jamais l'affreuse politique | Qui prétend sur les cœurs un pouvoir despotique.

Voltaire (François Marie Arouet), Henriade (1726). Übers. v. Mylius. Ges. 1, V. 243.

— Nichts ist freier als der Gedanke des Menschen. Engl.: Nothing is more free than the imagination of man.

David Hume, Eine Untersuchung über d. menschlichen Verstand (1748). Übers. v. Nathansohn. Abschnitt 5, T. 2.

— Gedanke voller Majestät!

Christ. Fürchtegott Gellert, Geistl. Oden u. Lieder (1757). Weihnachtslied.

— Mit Jedermanns-Gedanken bleibt man am klügsten zu Hause.

Gotthold Ephr. Lessing, Hamburgische Dramaturgie (1767—1769).

— Ich weiß, daß mir nichts angehört | Als der Gedanke, der ungestört | Aus meiner Seele will fließen, | Und jeder günstige Augenblick, | Den mich ein liebendes Geschick | Von Grund aus läßt genießen. Joh. Wolfg. von Goethe, Gedichte. Lieder. Eigentum (ged. 1774).

— Kühn durchs Weltall steuern die Gedanken, | Fürchten nichts — als seine Schranken.

Friedr. von Schiller, Gedichte. Melancholie an Laura (ged. 1781).

— Es scheint, Gedanken lassen sich durch Gedanken locken, und unsere Geisteskräfte müssen, wie die Saiten eines Instrumentes, durch Geister gespielt werden.

Friedr. von Schiller, Briefwechsel Schillers mit seiner Schwester Cristophine u. seinem Schwager Reinwald (21. Febr. 1783).

— ... ein guter Gedanke stählet des Mannes Herz und zeigt sich heldenmäßig dem Tage.

Friedr. von Schiller, D. Verschwörung d. Fiesco zu Genua (1783). A. 2, Sz. 19 (Fiesco).

— Jetzt fiel der Tierheit dumpfe Schranke, | Und Menschheit trat auf die entwölkte Stirn; | Und der erhabne Fremdling, der Gedanke, | Sprang aus dem staunenden Gehirn.

Friedr. von Schiller, Gedichte. D. Künstler (ged. 1789).

— Hoch über der Zeit und dem Raume webt | Lebendig der höchste Gedanke.

Friedr. von Schiller, Gedichte. D. Worte d. Glaubens (ged. 1797).

— Wär' der Gedank' nicht so verwünscht gescheit, | Man wär' versucht, ihn herzlich dumm zu nennen. Friedr. von Schiller, D. Piccolomini (1799). A. 2, Sz. 7 (Wallenstein).

— Was sind Gedanken | In dir, als Abbildungen dessen, was | Von außen du vernimmst und in dir ordnest?

Joh. Gottfr. von Herder, Sämtl. Werke. Gedichte. Arist am Felsen (ged. 1801).

Gedanke. — . . . welchen Sturm gefährlicher Gedanken | Weckst du mir in der stillen Brust!
Friedr. von Schiller, Wilh. Tell (1804). A. 1, Sz. 2 (Stauffacher).

— Einer erzeugt den Gedanken, der andere hebt ihn aus der Taufe, der dritte zeugt Kinder mit ihm, der vierte besucht ihn am Sterbebette, und der fünfte begräbt ihn.
Georg Christoph Lichtenberg, Verm. Schriften (1800—1806).

— Die Gedanken sind frei, | Wer kann sie erraten; | Sie rauschen vorbei | Wie nächtliche Schatten. | Kein Mensch kann sie wissen, | Kein Jäger sie schießen; | Es bleibet dabei: | Die Gedanken sind frei.
D. Knaben Wunderhorn (1806—1808). Lied d. Verfolgten im Turm.

— Es fliegt ein großer Gedanke | Feurig gen Himmel zu dem empor, von dem er gedacht ward.
Friedr. Gottl. Klopstock, Sämtl. Werke (1798—1821). Bd. 1.

— Wie dem Mädchen, das dem Bade entsteigt, das Gewand anliegt, so sollt' es die Sprache den Gedanken. Friedr. Gottl. Klopstock, Sämtl. Werke (1798—1821). Bd. 8.

— Krieg schwör' ich jedem, wenigstens in Reden, | Vielleicht in Taten einst, der den Gedanken | Bekriegt, und jeden Sykophanten, jeden | Despoten fordr' ich in meine Schranken. Engl.: **I will war, at least in words (and — should | My chance so happen — deeds) with all who war | With Thought; — and of Thought's foes by far most rude, | Tyrants and sycophants have been and are.**
George Gordon Lord Byron, Don Juan (1819—1824). Übers. v. Gildemeister. Ges. 9, Str. 24, V. 1.

— Klein ist und eng, was Zeit und Raum nennt seine Schranke; | Nur göttlich weit ist ein gottfassender Gedanke.
Friedr. Rückert, D. Weisheit d. Brahmanen (1836—1839).

— Fließend Wasser ist der Gedanke, | Aber durch die Kunst gebannt | In der Form gedieg'ne Schranke | Wird er blitzender Demant.
Emanuel Geibel, Juniuslieder (1848). Gelegenheitsgedichte. Spr. Scherze. Spr. Nr. 6.

— Der Gedanke ist eine Bewegung des Stoffes.
Jak. Moleschott, D. Kreislauf d. Lebens (1852).

— Der Gedanke ist die unsichtbare Natur, die Natur der sichtbare Gedanke.
Heinr. Heine, Sämtl. Werke (1861—1868). Verm. Schriften. Gedanken u. Einfälle. Religion u. Philosophie.

— Weise erdenken die neuen Gedanken, und Narren verbreiten sie.
Heinr. Heine, Sämtl. Werke (1861—1868). Verm. Schriften. Gedanken u. Einfälle. Verm. Einfälle.

— Ein großer Gedanke voll Schöpferkraft | Wirkt sonnenhaft.
Friedr. von Bodenstedt, Einkehr u. Umschau (1876).

Gedanke. — Im Geist des Menschen schlummern die Gedanken | Verborgen wie im Samenkorn die Ranken, | Und wie die Sterne hold ob ihnen walten, | Wird Blatt und Blüte sich und Frucht entfalten.
Friedr. Güll, Leitstern auf d. Lebensfahrt (1881).

— Ein scheues Wild die Gedanken sind. | Jag' ihnen nach, sie fliehen geschwind. | Siehst du sie hellen Auges an, | Zutraulich wagen sie sich heran. | Ein stiller Wanderer kann sie zähmen, | Das Futter ihm aus der Hand zu nehmen.
Paul Heyse, Spruchbüchlein (1885). Lebensweisheit. Motto.

— Man liebt zu bemänteln allerorten | Schwache Gedanken mit starken Worten.
Paul Heyse, Spruchbüchlein (1885). Politik.

— . . . aber ein Gedanke, der richtig ist, kann auf die Dauer nicht niedergelogen werden.
Otto von Bismarck im Reichstage (12. Juni 1889).

— Gedanken, die schockweise kommen, sind Gesindel. Gute Gedanken erscheinen in kleiner Gesellschaft. Ein göttlicher Gedanke kommt allein.
Marie von Ebner-Eschenbach, Aphorismen (1893).

— . . . Gott ist Zeuge über alle Gedanken.
Wsh. Sal., K. 1, V. 6.

— . . . der sterblichen Menschen Gedanken sind mißlich. Wsh. Sal., K. 9, V. 14.

— Die Bande konnte niemand erfinden, | Damit man möchte die Gedanken binden. Alter Spr.

— Aus bösen Gedanken entspringen böse Taten.
Sprichwort.

— Gute Gedanken und gute Werke sind Geschwisterkinder, die einander immer bei der Hand führen. Sprichwort.

— Gedanken sein zollfrei, — aber nit höllenfrei.
Sprichwort. Tirol.

— In Gedanken sein (in tiefes Sinnen verloren sein). Sprichwörtl. Redensart.

— Sich über etwas Gedanken machen (besorgt sein, voll Sorgen über etwas nachdenken).
Sprichwörtl. Redensart.

— 'n Gedanke von Schiller (ein guter Gedanke).
Bek. Redensart.

Gedankenarm. — Gedankenarm — ein traurig Los! | Viel lieber doch gedankenlos.
Paul Heyse, Spruchbüchlein (1885). Literatur u. Kunst.

Gedankenfreiheit. — Geben Sie | Gedankenfreiheit! Friedr. von Schiller, Don Carlos (1787). A. 3, Sz. 10 (Marquis).

Gedankenfreund. — Eile nicht, bleib', Gedankenfreund (der Mond)!
Friedr. Gottl. Klopstock, Oden. D. frühen Gräber (geb. 1764).

Gedankenlos. — . . . Übles tut, wer gedankenlos, | So gut, als wer herzlos ist!
Ferd. Freiligrath, Neuere politische u. soziale Gedichte. Zweites Heft (1851). D. Dame Traum.

Gedärm. — Ach, was haben die Herrn doch für ein kurzes Gedärm!

Friedr. von Schiller, Gedichte. D. Sonntagskinder (geb. 1796).

Gedenken. — Sollt' ein schönes Glück mich kränken, | Weil es allzurasch entfloh? | Kurz Begegnen, lang Gedenken | Macht die Seele reich und froh.

Emanuel Geibel, Gedichte u. Gedenkblätter (1864). Spr. Nr. 1.

Gedicht. — Der Abschnitt (des Gedichtes)? — Gut. Der Vers? — Fließt wohl. Der Reim? — Geschickt. | Das Wort? — In Ordnung. Nichts als der Verstand verrückt.

Christ. Wernicke, Uberschriffte Oder Epigrammata (1697).

— Ein jeder . . . | Zieh' sich daraus die gute Lehre, | Daß kein Gedicht so elend ist, | Das nicht zu etwas nützlich wäre.

Christ. Fürchtegott Gellert, Fab. u. Erz. (1746). B. 1. D. Gespenst.

— Nicht bloß der Dichter, auch sein Gedicht wird geboren und nicht gemacht.

Jean Paul (Joh. Paul Friedr. Richter), Grönländische Prozesse (1783—1784).

— Von ihrer Zeit verstoßen, flüchte | Die ernste Wahrheit zum Gedichte | Und finde Schutz in der Kamönen Chor! Friedr. von Schiller, Gedichte. D. Künstler (geb. 1789).

— Die göttlichste der Musen | Ist Wahrheit. Ohne sie ist dein Gedicht nur Schall.

Aug. Wilh. von Schlegel, Gedichte. An einen Kunstrichter (1792).

— Weil ein Gedicht entweder vortrefflich sein oder gar nicht existieren soll . . .

Joh. Wolfg. von Goethe, Wilh. Meisters Lehrjahre (1777—1796). B. 2, K. 2.

— Zart Gedicht, wie Regenbogen, | Wird nur auf dunklen Grund gezogen; | Darum behagt dem Dichtergenie | Das Element der Melancholie.

Joh. Wolfg. von Goethe, Gedichte. Sprichwörtl. (geb. 1812—1814).

— Fehlt das äußre, freie Wesen, | Leicht erkrankt auch das Gedicht.

Ludw. Uhland, Gedichte. Vorwort (geb. 28.—29. Aug. u. 12. Sept. 1814).

— O, laßt (ihr Dichter) unedle Mühe fahren, | O klingelt, gleißt und spielet nicht | Mit Licht und Gnad', so ihr erfahren, | Zur Sünde macht ihr das Gedicht.

Jos. Freiherr von Eichendorff, Ahnung u. Gegenwart (1815). An d. Dichter.

— Ein Gedicht ohne Handlung und Leidenschaft ist Leib ohne Seele.

Friedr. Gottl. Klopstock, Sämtl. Werke (1798—1821). Bd. 8.

— Gedichte sind gemalte Fensterscheiben.

Joh. Wolfg. von Goethe, Werke (1827—1830). Gedichte. Parabolisch. Nr. 1.

Gedicht. — Es gab schon manchen Ehrenmann, | Der auch Gedichte machte, | Desungeachtet aber doch | Was Blankes vor sich brachte.

Friedr. Hebbel, Gedichte. Jugendgedichte (geb. 1829—1833). Redliche Warnung eines ehrlichen u. achtbaren Bürgersmannes an einen jungen Poeten.

— Nicht das Geräusch, nicht der Überfluß, ja, um es offen zu sagen, nicht das Glück schafft das Gedicht; aus der Träne, aus dem Entbehren, aus der Einsamkeit quillt es.

Heinr. Laube, Moderne Charakteristiken (1835).

— Die Seele still, die Bilder drin im Licht, | Dann erst wird dein Gebilde zum Gedicht.

Friedr. von Sallet, Gesammelte Gedichte (1843). Naturleben u. junge Liebe. D. alte Dichter. Schlußv.

— Willst du lesen ein Gedicht, | Sammle dich, wie zum Gebete, | Daß vor deine Seele licht | Das Gebild des Dichters trete!

Ludw. Adolf Stöber, Gedichte (1845). An Dichter u. Leser.

— Ein Dichter würde sich vergebens mit der moralischen Absicht seines Werkes entschuldigen, wenn sein Gedicht ohne Schönheit wäre.

Friedr. von Schiller, Briefwechsel mit Körner (1847).

— Die schöne Form macht kein Gedicht, | Der schöne Gedanke tut's auch noch nicht; | Es kommt drauf an, daß Leib und Seele | Zur guten Stunde sich vermähle.

Emanuel Geibel, Juniuslieder (1848). Gelegenheitsgedichte. Spr. Scherze. Spr. Nr. 5.

— Setzt ihr aus Spiegeln den Spiegel zusammen? Warum denn aus Bildern | Eure Gedichte? An sich ist ein Gedicht ja ein Bild!

Friedr. Hebbel, Gedichte (1857). Epigramme u. Verwandtes. Nr. 3. Kunst. Bilderpoesie.

— Wie wunderbar so manch Gedicht, | Vergleichbar nur, erklärlich nicht: | Eine Nachtigall im Rosenstrauch, | Ein Falter schwebend im Blumenhauch, | Glühwurm im Moos, Goldfisch im Teich, | Ein Lilienkelch, ein Myrtenzweig, | In goldnen Bechern goldner Wein, | Eine Perlmuschel, ein Edelstein. Friedr. Güll, Leitstern auf d. Lebensfahrt (1881).

— Jede Zeit und jeder Ort | Wird dir zum Gedichte taugen, | Sagst du stets mit eignem Wort, | Was du sahst mit eignen Augen.

Paul Heyse, Spruchbüchlein (1885). Literatur u. Kunst.

— Wer sein Gedicht erklärt, | Verrät geheime Schwächen. | Ist es der Rede wert, | Wird's für sich selber sprechen.

Paul Heyse, Spruchbüchlein (1885). Literatur u. Kunst.

Gedränge. — Wer im gedränge steht, der leidet manchen stoß.

Joh. Grob, Dichterische Versuchgabe (1678). Aufschriften oder Kurzgedichte. B. 1, Nr. 2.

Geduld. — Geduld ist aller Schmerzen Arzenei. Lat.: Cuivis dolori remedium est patientia. Publilius Syrus, Sentenzen (um 50 v. Chr.). Übers. v. Friedrich. Nr. 96.

Geduld. — Geduld schaffet erträglicher, | Was zu wenden ein Gott verbeut. Lat.: . . . levius fit patientia | Quicquid corrigere est nefas.
Quint. Horatius Flacc., Oden (um 23 v. Chr). Übers. v. Voß. B. 1, Nr. 19, V. 19—20.

— Jedermann lobt die Geduld, wiewohl wenige sind, die leiden wollen. Lat.: Patientiam omnes recommendant, quamvis pauci tamen pati velint. Thomas a Kempis, Nachfolge Christi (um 1410). Übers. v. Arnd. B. 2, K. 12, § 60.

— Gedult ist besser in armût | Dan aller welt glück, richtum, gût.
Seb. Brant, D. Narrenschif (1494). Nr. 23. V. überhebung glücks.

— Geduld ich trag, | Als lang ich mag.
Spr. auf einer Münze (1529).

— Geduld ist die beste Tugend, so in der heiligen Schrift vom heiligen Geist hoch gelobt und gerühmet wird.
Dr. Martin Luther, Tischreden oder Colloquia (1566). Nr. 14. Tischreden v. guten Werken. § 24. V. Geduld.

— Geduld ist gut für Memmen. Engl.: Patience is for poltroons.
William Shakespeare, König Heinr. VI. (um 1591—1592). Übers. v. Schlegel. T. 3, A. 1, Sz. 1 (Clifford).

— Wie arm sind die, die nicht Geduld besitzen! Engl.: How poor are they that have not patience!
William Shakespeare, Othello (um 1601—1605). Übers. v. Schlegel. A. 2, Sz. 3 (Jago).

— Geduld, du junger, rosenwangiger Cherub! Engl.: Patience, thou young and rose-lipp'd cherubin.
William Shakespeare, Othello (um 1601—1605). Übers. v. Schlegel. A. 4, Sz. 2 (Othello).

— Das Schicksal muß ertragen werden; im Ertragen aber bringt Geduld die Siegespalme. Lat.: Fata ferenda, ferendo parit patientia palmam. Wahlspr. Phil. Jul., Herzogs v. Pommern (gest. 1625).

— Kreuz und Trübsal vertreibet Lachen, | Geduld überwindet alle Sachen.
Anna Gräfin zu Oldenburg (1629).

— Doch was man nicht kan wenden, | Wird leichter durch Gedult.
Martin Opitz, Weltliche Poemata (1644). Auch an Jhn. Schlußv.

— Leichter träget, was er träget, | Wer Geduld zur Bürde leget.
Friedr. von Logau, Deutsche Sinn=Getichte (1654). Geduld.

— Gedult ist vnsers Herr Gottes Esel.
Christoph Lehmann, Politischer Blumen=Garten (1662). T. 1. Gedult. Nr. 3.

— Wer nicht Gedult hat, der hat Mangel an der Weißheit.
Christoph Lehmann, Politischer Blumen=Garten (1662). T. 1. Gedult. Nr. 65.

Geduld. — Geduld das Beste ist in allem Kreuz und Leiden, | Macht, daß von Gottes Huld kein Trübsal uns mag scheiden.
Spr. an einem Hause in Bülach (1675).

— Geduld ist die Kunst zu hoffen. Franz.: La patience est l'art d'espérer.
Marquis de Vauvenargues, Reflexionen u. Maximen (1746). Nr. 251. Übers. v. Zimmermann.

— Geduld! Geduld! Wenn's Herz auch bricht!
Gottfr. Aug. Bürger, Gedichte. Lenore (ged. Winter 1773).

— Brenn' einem das Haus ab, daran er zehen Jahre gebauet hat, und schick' ihm einen Beichtvater, der ihm die christliche Geduld empfiehlt!
Joh. Wolfg. von Goethe, Clavigo (1774). A. 4. Clavigos Wohnung (Carlos).

— Duldende stärket gelaßne Geduld.
Joh. Gaudenz Freiherr von Salis=Seewis, Gedichte. Ermunterung (1790). Mel. v. Joh. Rudolf Zumsteeg.

— Wie die magnetische Nadel im Ungestüme des Weltmeers, | Wird des Menschen Geduld auch in der Trübsal erkannt.
Joh. Christoph Friedr. Haug, Sinngedichte (1791).

— Geduld ist eine Kunst und eine von den schweren; | Die Weiber können sie nicht lernen, aber lehren. Friedr. Christoph Weißer, Sinngedichte (1805—1806).

— Glaube nur, du hast viel getan, | Wenn dir Geduld gewöhnest an!
Joh. Wolfg. von Goethe, Gedichte. Sprichwörtl. (ged. 1812—1814).

— Geduld ist die Pforte der Freude.
Christ. Friedr. Wilh. Jacobs, Ährenlese (1823—1825). Bd. 2.

— Geduld! Laß kreisen Sonne, Mond und Sterne, | Und Regenschauer mit der Sonnenglut | Abwechseln über dir; Geduld erlerne!
Adelbert von Chamisso (Louis Charles Adelaide Chamisso de Boncourt), Gedichte. Sonette u. Terzinen. Sales y Gomez (ged. 1829). D. letzte Schiefertafel.

— Es zieht ein stiller Engel | Durch dieses Erdenland, | Zum Trost für Erdenmängel | Hat ihn der Herr gesandt. | In seinem Blick ist Frieden | Und milde, sanfte Huld, | O folg' ihm stets hienieden | Dem Engel der Geduld!
Karl Joh. Phil. Spitta, Psalter u. Harfe (1833). Sammlung 1. Geduld.

— Geduld, die seligste der Tugenden, | Ist nicht umsonst! Leop. Schefer, Laienbrevier (1834). Jan. Nr. 25.

— Nicht Dulden ist Geduld! Mit reinem Herzen, | Mit Himmelsseele Erdgeschicke tragen, | Sich selber fühlend, über ihnen lebend, | Wie über Wolken klar die Sonne scheint — | Das ist Geduld! Leop. Schefer, Laienbrevier (1834). Okt. Nr. 3.

— Geduld ist nur der besten Menschen Schmuck, | Mondregenbogenschön, so schön und selten. Leop. Schefer, Laienbrevier (1834). Okt. Nr. 3. Schlußv.

Geduld. — Nimm ote Geduld als Magd ins Haus, | Sie hilft dir ein, sie hilft dir aus; | Doch hüt' dich, wenn sie herrschen will, | So steht die ganze Wirtschaft still.
Ludw. Robert, Schriften (1835).

— Es ist Geduld ein rauher Strauch, | Mit Dornen aller Enden.
Wilh. Wackernagel, Deutsches Lesebuch (1835—1836).

— Geduld! ernstere Schwester der Hoffnung, wohltätiger Balsam der heilenden Natur des Geistes; wundervolle, tief-innere Kraft des Wollens — nicht zu wollen, wirkend durch Leiden!
Ernst Freiherr von Feuchtersleben, Zur Diätetik d. Seele (1838). Tagebuchblätter.

— . . . die gemeine Geduld ist meist Gefühllosigkeit, Trägheit und Feigheit; nur diejenige Geduld, die dem Druck der Umstände klug entgegenwirkt und die Zeit abwartet, wenn Mut und Stärke nicht jetzt zum Ziele führen, ist allein Tugend, die sich selbst belohnt.
Karl Jul. Weber, Demokritos (1832—1840). D. Fortsetzung. D. Geduld.

— Wird die Luft auch trüb und trüber, | Wandellos bleibt Gottes Huld; | Leide dich nur, es geht vorüber, | Wenn du eins gelernt: Geduld.
Emanuel Geibel, Neue Gedichte (1856). B. 1. Spr. Nr. 46.

— Geduld! Was ist Geduld? Sie ist ein gläubig Neigen, | Ein liebend Tragen und ein hoffend Stilleschweigen. | Und sonst ist der Geduld auf Erden nichts beschieden? | Mit Gott und mit sich selbst und mit den Menschen Frieden.
Friedr. Güll, Leitstern auf d. Lebensfahrt (1881).

— Wer Geduld sagt, sagt Mut, Ausdauer, Kraft. Marie von Ebner-Eschenbach, Aphorismen (1893).

— . . . das Wichtigste ist die Geduld, dieser Schlüssel jedes Erfolges.
Dr. Hanns Groß, Kriminalpsychologie (1898). Subjektiv. D. psychische Tätigkeit d. Richters. Aufnehmende Momente. Nr. 2. Psychologisch Edukatives. Richtigkeit d. Aussage.

— Habe Geduld, Gott wird dir bald helfen!
Tob., K. 5, V. 14.

— An der Geduld kennt man den Mann.
Alter Spr.

— Der ist ein rechter siegesmann, | Der mit gedult überwinden kann. | Wiltu obliegen, so leide zuvor, | Ehr wird gewis dich heben empor.
Alter Spr.

— Es heißt geduld das kreutlein gut, | Wechst nicht in allen gerten. Alter Spr.

— Hast du die Geduld verloren, | Suche sie vor allen Toren! Alter Spr.

— Kurze Geduld bringt langen Frieden.
Alter Spr.

— Geduld frißt den Teufel. Sprichwort.

— Geduld ist stärker denn Diamant.
Sprichwort.

— Geduld überwindet alles. Sprichwort.

Geduld. — Geduld und Batzen gehen viel in einen Sack. Sprichwort.

— Die Geduld ist der Schlüssel der Freude.
Arabisches Sprichwort.

— Mit Geduld bekommst du von den unreifen Trauben Sirup. Arabisches Sprichwort.

— Die Kunst zu hoffen heißt Geduld, | Sie tilgt die allergrößte Schuld. Sprichwörtl.

— Demut, Treue, Geduldigkeit, | Sind des Teufels Herzeleid.
Spr. im Berliner Rathause. Zweiter Stock.

— Der Kredit ist närrisch geworden, | Und das Gewissen hängt an der Wand, | Nur die Geduld überwindet alles. Spr. an einem Hause in Meran.

— Gedult ein kreutlein gut genant, | Brichs ab, brichs recht, machs dir bekant!
Spr. an einem Hause in Kolmar.

— Gott, gib Geduld, | Sonst, was du wullt!
Spr. an einem Hause.

— Schweig', leid' und lach', | Geduld überwindet alle Sach'. A. einem alten Stammb. Tirol.

Gedulden, sich. — Dulde, gedulde dich fein! | Über ein Stündlein | Ist deine Kammer voll Sonne! Paul Heyse, Gesammelte Werke (1872). Jugendlieder. Über ein Stündlein.

Geduldig. — Der gute Mensch nur kann geduldig sein, | Geduldig werdend wird er gut zugleich. Leop. Schefer, Laienbrevier (1834). Jan. Nr. 25.

— Ein Geduldiger ist besser denn ein Starker.
Spr. Sal., K. 16, V. 32.

— Ein geduldiger Geist ist besser denn ein hoher Geist. Pred. Sal., K. 7, V. 9.

— Geduldiger Schafe gehen viel in Einen Stall — ungeduldiger noch mehr. Sprichwort.

— Wer geduldig ist, erreicht das Gewünschte, und wer ungeduldig ist, lästert Gott.
Arabisches Sprichwort.

— Es ist leicht, geduldig zu sein, wenn man Schaf ist. Sprichwörtl.

Gefahr. — Besser wer fliehend entrann der Gefahr, als wen sie ereilet! Griech.: *Βέλτερον, ὃς φεύγων προφύγῃ κακόν, ἠὲ ἁλώῃ.*
Homer, Ilias. Übers. v. Voß. Ges. 14, V. 81.

— Nie darf ein Jüngling sagen, daß Gefahr ihn schreckt. Griech.: *Μόχθος γὰρ οὐδεὶς τοῖς νέοις σκῆψιν φέρει.*
Euripides (um 480—406 v. Chr.), Iphigenie bei d. Tauriern. Übers. v. Minckwitz. V. 122 (Orestes).

— Gefahr im Verzuge. Lat.: Periculum in mora. Nach Tit. Livius (um 59 v. Chr. — 17 n. Chr.), Römische Gesch. Übers. v. Ostertag. B. 38, K. 25, § 13.

— Denn wer Gefährlichkeit tut lieben, | Der wird darinnen aufgerieben.
Joh. Friedr. Fischart, Flöh Hatz, Weiber Tratz (1577).

— Wer Gefahr liebt, wird drin umkommen!
Georg Rollenhagen, Froschmäuseler (1595). B. 1, T. 2, K. 6.

Gefahr. — Findt sich Gefährlichkeit, so laß mich nicht verzagen; | Gieb einen Helden=Muth!
Joh. Heermann, Hauß= v. Hertz=Musica (1639). Ein täglich Gebet.

— Gefahr spitzt den Kopff vnd harnischt das Hertz. Christoph Lehmann, Politischer Blumen=Garten (1662). T. 1. Gefahr. Nr. 6.

— Die Tugend des Menschen, der nach den Geboten der Vernunft lebt, zeigt sich gleich groß in Vermeidung, wie in Überwindung der Gefahren.
Baruch Spinoza, Ethik (1677).

— Wen die Natur zu der Gefahr bestimmt, | Dem hat sie auch den Mut zu der Gefahr gegeben.
Christ. Fürchtegott Gellert, Fab. u. Erz. (1746). B. 1. D. junge Ente. Schlußv.

— Zum Wachsamsein verbarg Gott die Gefahr.
Gotthold Ephr. Lessing, Schriften (1753—1755). Oden. B. 1, Nr. 5. D. Tod eines Freundes.

— Vergnügen sucht der Mann sich in Gefahren.
Joh. Wolfg. von Goethe, Elpenor (1781). A. 1, Sz. 2 (Elpenor).

— Wer edel ist, den suchet die Gefahr, | Und er sucht sie; so müssen sie sich treffen.
Joh. Wolfg. von Goethe, Elpenor (1781). A. 1, Sz. 4 (Antiope).

— Außerordentliche Mittel | Erlaubt die dringende Gefahr. Friedr. von Schiller, Don Carlos (1787). A. 4, Sz. 12 (König).

— Wer die Gefahr verheimlicht, ist ein Feind.
Joh. Wolfg. von Goethe, D. natürliche Tochter (1803). A. 1, Sz. 6 (Herzog).

— Dem Ungemeßnen beugt sich die Gefahr; | Beschlichen wird das Mäßige von ihr.
Joh. Wolfg. von Goethe, D. natürliche Tochter (1803). A. 1, Sz. 6 (Eugenie).

— Das Glück | Und nicht die Sorge bändigt die Gefahr. Joh. Wolfg. von Goethe, D. natürliche Tochter (1803). A. 1, Sz. 6 (Eugenie).

— Wo aber Gefahr ist, wächst | Das Rettende auch. Friedr. Hölderlin, Gedichte. Patmos (ged. 1803).

— Wer Gefahr und Tod nicht scheut, | Ist Herr der Erde, Herr der Geister.
Joh. Wolfg. von Goethe, D. Epimenides Erwachen (1815). A. 1, Sz. 5.

— Der Furchtsame erschrickt vor der Gefahr, der Feige in ihr, der Mutige nach ihr.
Jean Paul (Joh. Paul Friedr. Richter), Herbstblumine (1810—1820).

— Im Kampf mit Gefahr | Erhebt sich, wie machtvoll zur Sonne der Aar, | Der Geist aus kerkernden Schranken | Zu Göttergedanken.
Friedr. von Matthisson, Schriften (1825—1829). Gedichte. Alpenreise.

— . . . die Weisesten die rechte Mitt' erzielen, | Weder Gefahr zu scheun, noch mit Gefahr zu spielen.
Friedr. Rückert, D. Weisheit d. Brahmanen (1836—1839). B. 13, Nr. 93. Schlußv. (Stufe 3. Kampf. Nr. 96.)

Gefahr. — Wo du nicht der Gefahr kannst aus den Wegen gehn, | Da bleibt dir nichts als ihr mit Mut entgegengehn.
Friedr. Rückert, D. Weisheit d. Brahmanen (1836—1839). B. 16, Abteilung 2, Nr. 78. (Stufe 5. Leben. Nr. 178.)

— Gefahr ist's, die vereint, Märtyrer zeugt | Und Kraft verleiht.
Emerich Madách, D. Tragödie d. Menschen (1861). Übers. v. Lechner. Sz. 7 (Luzifer).

— Wer sich in Gefahr begibt, kommt darin um.
Nach Jes. Sir., K. 3, V. 27.

— Ist die Gefahr vorüber, wird der Heilige ausgelacht. Sprichwort.

— Gefahr vorüber, Heiliger verspottet. Ital.: Passato il pericolo, gabbato il santo.
Sprichwort.

Gefährlich. — Ei, du mein lieber Schiffsmann mein, | Ob's weit noch bis zum Strudel mag sein? | Aber gesteh' mir auch ehrlich, | Ob's nit ist gefährlich!
Schifferlied. Volkslied. Bayrische Volksweise.

— Hab dir man nich so jefährlich! (Tue nur nicht so!) Berliner Redensart.

Gefährte. — Nimmer schließe zu eng dich an Gefährten; | Mit weniger Freude fühlst du auch weniger Kummer. Lat.: Nulli te facias nimis sodalem, | Gaudebis minus et minus dolebis.
Marc. Valerius Martialis, Epigramme (um 101). Übers. v. Berg. B. 12, Nr. 34, V. 10.

— Ein lustiger Gefährte ist ein Rollwagen auf der Wanderschaft.
Joh. Wolfg. von Goethe, Werke (1827—1830). Maximen u. Reflexionen. Abteilung 2.

Gefallen. — Zehnmal wiederholt wird es noch gefallen. Lat.: Decies repetita placebit.
Quint. Horatius Flacc., Dichtkunst (um 20 v. Chr.). V. 365. Übers. v. Grau.

— Dem großen Hausen gefallen, ist nichts anderes, als dem Weisen mißfallen. Griech.: *Τὸ γὰρ τοῖς πολλοῖς ἀρέσκειν τοῖς σοφοῖς ἐστιν ἀπαρέσκειν.*
Plutarch (um 50—120), Moralische Abhandlungen. Übers. v. Eyth. Erziehung. K. 6.

— Besser Einem Rechtschaffenen gefallen als tausend Schlechten. Lat.: Praestat uni probo, quam mille improbis placere.
Wahlspr. Kaiser Friedr. I. (reg. 1152—1190).

— Es geht also in der Welt, | Einm jedem seine Weiß gefällt.
Georg Rollenhagen, Froschmäuseler (1595). B. 1, T. 1, K. 6.

— Wohl zu gefallen aller Welt, | Gelingt nur dem ohn' allen Zweifel, | Der Recht und Krumm und Schwarz und Weiß und Gott und Teufel | Für gleichbedeutend hält.
Friedr. von Logau, Deutsche Sinn=Getichte (1654).

Gefallen. — Die Kunst zu gefallen ist die Kunst zu betrügen. Franz.: L'art de plaire est l'art de tromper.

Marquis de Vauvenargues, Maximen u. Reflexionen (1746). Nr. 329. Übers. v. Zimmermann.

— Euch zu gefallen, war mein höchster Wunsch, | Euch zu ergetzen, war mein letzter Zweck.

Joh. Wolfg. von Goethe, Torquato Tasso (1789). A. 1, Sz. 3 (Tasso).

— . . . vielen gefallen ist schlimm.

Friedr. von Schiller, Gedichte. Votivtafeln. Nr. 45. Wahl (ged. 1796).

— Wollt ihr zugleich den Kindern der Welt und den Frommen gefallen? | Malet die Wollust — nur malet den Teufel dazu!

Friedr. von Schiller, Gedichte. D. Kunstgriff (ged. 1796).

— Oktavio, | Das will mir nicht gefallen!

Friedr. von Schiller, Wallensteins Tod (1799). A. 2, Sz. 7 (Max).

— Was den Vortrefflichen gefällt, ist gut; was allen ohne Unterschied gefällt, ist es noch mehr. Friedr. von Schiller, Prosaische Schriften (1793—1802). Über Bürgers Gedichte.

— Suche in der Welt weniger selbst zu glänzen, als anderen Gelegenheit zu geben, sich von ihrer vorteilhaften Seite zu zeigen, wenn du gefallen willst. Adolf Freiherr von Knigge, Schriften (1804—1806).

— Allen immer gefallen ist ein Glücksspiel, | Wenigen gefallen ein Werk der Tugend, | Wenn's die Besseren sind. Gefallen niemand | Schmerzet und kränket. | Soll ich wählen? Ich möchte gern die Mitte, | Wenigen gefallen und nur den Besten.

Joh. Gottfr. von Herder, Sämtl. Werke (1805—1820). Gedichte.

— Der kann's weit bringen in der Welt, | Der gar nicht fragt, ob er gefällt.

Gottfr. Kinkel, Gedichte (1843). Spr.

— Wer Tausenden gefallen will, | Gefällt nicht Einem recht!

Friedr. von Bodenstedt, D. Lieder d. Mirza-Schaffy (1851). Verm. Gedichte u. Spr. Nr. 23.

— Jung gefallen wollen, wer wird's schelten? | Alt gefallen können, mehr wird's gelten.

Anastasius Grün (Anton Alexander Graf von Auersperg), Gesammelte Werke (1877). Spr.

— Wer thun will, was allen gefallt, | Muß Athem haben warm und kalt. Alter Spr.

— Lieber, sag' doch, wo ist der Mann, | Der jedermann gefallen kann? | Niemand ist er genannt, | Nunquam ist sein Vaterland.

Wartburgspr.

— Wo stand wohl je ein Pferd im Stall, | Das allen Leuten wohlgefall?

Spr. an einem Pferdestall. Mecklenburg.

Gefällig. — Wer det sagt, der is jefälligst 'n Esel! Berliner Redensart.

Gefecht. — . . . und das Herz und dessen Stimmung ist ja alles im Gefecht.

Otto von Bismarck zu d. Mitgliedern d. Barmer Gesangvereins Orpheus in Kissingen (18. Aug. 1893).

Geflügelt. — Geflügelte Worte. Griech.: Ἔπεα πτερόεντα.

Homer, Ilias. Übers. v. Voß. Ges. 1, V. 201 u. öfters.

— Auch wenn der Vogel geht, merkt man, daß er geflügelt ist. Franz.: Même quand l'oiseau marche, on sent, qu'il a des ailes.

A. M. Lemierre (1723—1793). Fasten. Übers. v. Zimmermann.

Gefühl. — Mein erst Gefühl sei Preis und Dank! Christ. Fürchtegott Gellert, Geistl. Oden u. Lieder (1757). Morgenges.

— Mein erst Gefühl sei Preuß'sch Courant!

Parodie auf Christ. Fürchtegott Gellerts Morgenges.: Mein erst Gefühl sei Preis u. Dank usw. in d. Geistl. Oden u. Liedern (1757).

— Ein Augenzeugnis, ein erhaschtes Wort, | Ein Blatt Papier fällt schwerer in die Wage, | Als mein lebendigstes Gefühl.

Friedr. von Schiller, Don Carlos (1787). A. 2, Sz. 10 (Domingo).

— . . . das höchste der Gefühle.

Emanuel Schikaneder, D. Zauberflöte (1790). Komp. v. Wolfg. Amadeus Mozart. (Erste Auff. am 30. Sept. 1791 in Wien.)

— . . . auf schwanker Leiter der Gefühle.

Friedr. von Schiller, Gedichte. D. Macht d. Ges. (ged. 1795).

— Gefühle tanzen gern, im holden Zauberschimmer | Der Phantasie, mit unserm Herzen hin; | Allein die ernstere Vernunft sei immer | Die richtende Gebieterin.

Christoph Aug. Tiedge, Urania (1800). Ges. 6. Freiheit. Wiedersehn.

— O du Falschmünzer der Gefühle!

Heinr. von Kleist, D. Familie Schroffenstein (1803). A. 1, Sz. 1 (Ottokar).

— Vernunft und Gefühl sind die Sonne und der Mond am moralischen Firmament. Immer nur in der heißen Sonne würden wir verbrennen; immer nur im kühlen Mond würden wir erstarren.

Friedr. Maximilian von Klinger, Betrachtungen über Gegenstände d. Welt u. Literatur (1802—1805).

— Man kann ein klarer Denker ohne Gefühl, aber kein starker, kühner Denker ohne dasselbe sein.

Friedr. Maximilian von Klinger, Betrachtungen über Gegenstände d. Welt u. Literatur (1802—1805).

— Die uns das Leben gaben, herrliche Gefühle, | Erstarren in dem irdischen Gewühle.

Joh. Wolfg. von Goethe, Faust, I (1808). Nacht (Faust).

— Gefühl ist alles; | Name ist Schall und Rauch, | Umnebelnd Himmelsglut.

Joh. Wolfg. von Goethe, Faust, I (1808). Marthens Garten (Faust).

Gefühl. — Gerade das aber zeigt sich recht oft, daß die besten, edelsten, aufopferndsten Gefühle gerade die sind, die in unglückliche Schicksale führen.
Wilh. Freiherr von Humboldt, Br. an eine Freundin (10. Sept. 1826).

— Jedes schöne Gefühl hat seine Tränen.
Ludw. Bechstein, Arabesken (1832).

— Was auch behaupte die Philosophie, | Trau' dem Gefühl! es täuscht dich nie, | Es ist das Rechte, wie das Beste; | Nur halt' am rechten Gefühl auch feste! Friedr. von Sallet, Gedichte (1835). Epigrammatisches u. Lehrhaftes.

— Jedes würdige und erhebende Gefühl gewinnt erst eigentlich recht durch die Dauer.
Wilh. Freiherr von Humboldt (1767—1835). Br.

— Allzugroße Zartheit der Gefühle ist ein wahres Unglück.
Karl Jul. Weber, Demokritos (1832—1840). D. Mode=Temperament.

— Das Gefühl erwacht bei einem in der Musik, beim andern in der Poesie, bei den meisten in sinnlichen Religionskulten.
Karl Gutzkow, Gesammelte Werke (1845). Friedr. Hurter.

— Gefühl macht Glauben. Sprichwort.

Gefühllos. — Sei gefühllos! | Ein leichtbewegtes Herz | Ist ein elend Gut | Auf der wankenden Erde.
Joh. Wolfg. von Goethe, Gedichte. A. d. Nachlaß. An Personen. Drei Oden an meinen Freund Behrisch (ged. 1767). Nr. 3.

— . . . denn fühllos, wie das Eisen, war | Das Herz in ihrer Brust.
Friedr. von Schiller, Gedichte. D. Gang nach d. Eisenhammer (ged. 25. Sept. 1797).

— Erstarren kann nur, was verflacht ist, | Die Well' an Welle friert nicht ein; | Wer sich zu rühren stets bedacht ist, | Wird nimmer kalt und fühllos sein. Jul. Hammer, Schau um dich u. schau in dich (1851). Im Tode Leben. D. Strom, sonst reich an vollen Wogen usw.

Gegend. — Doch 'ne scheene Jejend (nämlich Leipzig. — Antwort einer Frau auf die Bemerkung einer andern, daß ihr Sohn bei Leipzig gefallen sei).
Adolf Glaßbrenner, Berlin, wie es ist — u. trinkt (1832—1850).

Gegengift. — Wo Gegengift ist, bringt nicht Gift den Tod.
A. d. Persischen d. Sadi, Fruchtgarten (1257). Übers. v. Graf.

Gegenliebe. — Da wirste keene Jejenliebe finden (man wird darauf nicht eingehen).
Berliner Redensart.

Gegenpartei. — Ein weises Wort ist jenes, das die Menschen lehrt, | Die Reden anzuhören auch des andern Teils (der Gegenpartei). Griech.: *Σοφόν τι χρῆμα τοῦ διδάξαντος βροτοὺς | Λόγους ἀκούειν τῶν ἐναντίων πάρα.*
Euripides, Andromache (um 420 v. Chr.). Übers. v. Minckwitz. V. 957—58 (Orestes).

Gegensatz. — Der Gegensatz gehört zum Menschendasein, | Um uns mit allen Wesen zu verbinden | Und ihres Wesens teilhaft uns zu machen. Leop. Schefer, Laienbrevier (1834). Febr. Nr. 20.

— Wer fühlt, daß er als Satz nichts gelten kann, | Der will als Gegensatz sich wichtig machen.
Ernst Raupach, D. Hohenstaufen (1837). Kaiser Friedr. II. u. Gregor. A. 2, Sz. 3.

Gegenwart. — Die Menschen werden weit mehr ergriffen von der Gegenwart als von der Vergangenheit. Ital.: Li uomini sono molto più presi dalle cose presenti che dalle passate.
Niccolò Machiavelli, D. Fürst (1513). K. 24. Übers. v. Pozzoni.

— Auch in der Ferne zeigt sich alles reiner, | Was in der Gegenwart uns nur verwirrt.
Joh. Wolfg. von Goethe, Torquato Tasso (1789). A. 4, Sz. 2 (Leonore).

— Die Gegenwart ist eine mächt'ge Göttin; | Lern' ihren Einfluß kennen!
Joh. Wolfg. von Goethe, Torquato Tasso (1789). A. 4, Sz. 4 (Antonio).

— Für den Menschen, das Geschöpf der Zeit, ist die Gegenwart immer wenig, die Zukunft alles. Jos. Jak. Engel, D. Fürstenspiegel (1798). Nachruhm.

— Die Vorwelt einzig darf die Nachwelt richten, | Die Gegenwart tappt taumelnd fort mit Blinden.
Ernst Moritz Arndt, Gedichte. Klinglieder (ged. 1810). Nr. 1.

— O Gegenwart, wie bist du schnelle, | Zukunft, wie bist du morgenhelle, | Vergangenheit so abendrot! | Das Abendrot soll ewig stehen, | Die Morgenhelle frisch drein wehen, | So ist die Gegenwart nicht tot!
Jos. Freiherr von Eichendorff, Gedichte. Zeitlieder. Symmetrie (ged. 1810).

— Eile freudig vorzuziehn | Gegenwart vor dem Gedächtnis!
Joh. Wolfg. von Goethe, Westöstlicher Diwan. B. d. Betrachtungen. U. was im Pend=nameh steht usw. (ged. 26. Juli 1814). Schlußv.

— Mußt stets die Gegenwart genießen, | Besonders keinen Menschen hassen | Und die Zukunft Gott überlassen.
Joh. Wolfg. von Goethe, Gedichte. Epigrammatisch. Lebensregel (ged. 1814).

— Greife schnell zum Augenblicke; | Nur die Gegenwart ist dein!
Theod. Körner, Poetischer Nachlaß (1815). Gedichte. Nachtrag, Ungedrucktes. Leichter Sinn. Schlußv.

— Denn wie der Jüngling in der Zukunft lebt, | So lebt der Mann mit der Vergangenheit; | Die Gegenwart weiß keiner recht zu leben.
Frz. Grillparzer, Medea (1822). A. 2.

— Die Gegenwart ist falsch, das Leben lügt.
Adelbert von Chamisso (Louis Charles Adelaide Chamisso de Boncourt), Gedichte. Sonette u. Terzinen. Traum (ged. 1828).

Gegenwart. — Gibt es Zukunft, Ewigkeiten, | So ist's die Gegenwart, in welcher man | Sie findet.

Christ. Dietr. Grabbe, Don Juan u. Faust (1829). A. 3, Sz. 2 (Faust).

— Im Leben ist nichts Gegenwart.

Joh. Wolfg. von Goethe, Werke (1827—1830). Gedichte. A. fremden Sprachen. Monolog a. Byrons Manfred.

— Die Gegenwart ist eine große Göttin und selten schnöde gegen den, der sie mit einem gewissen heitern Mute behandelt.

Wilh. Freiherr von Humboldt (1767—1835). Br.

— Man muß die Zukunft abwarten und die Gegenwart genießen oder ertragen.

Wilh. Freiherr von Humboldt (1767—1835). Br.

— Die Gegenwart allein ist wahr und wirklich; sie ist die real erfüllte Zeit, und ausschließlich in ihr liegt unser Dasein.

Arthur Schopenhauer, Parerga u. Paralipomena (1851). Aphorismen zur Lebensweisheit. K. 5.

— Bei allem schweren Denken in die Ferne fordern die Gegenwart und der Tag ihr Recht.

Berth. Auerbach, Waldfried (1874).

— Wer, ein Schwimmer wetterhart, | Den Gebirgsstrom Gegenwart | Unermüdlich hat bezwungen, | Läutert sich vom Jugendstreit | In dem See Vergangenheit, | Plätschernd in Erinnerungen.

Ludw. Fulda, Gedichte (1890). Spr. Nr. 11.

— Sich der Gegenwart erfreuen, | Nichts Vergangenes bereuen, | Doch's in Zukunft besser machen, — | Wiss', das sind die rechten Sachen!

Daniel Sanders, 366 Spr. (1892). Nr. 214. Gegenwart, Vergangenheit u. Zukunft.

— Die Gegenwart ist unser. Sprichwort.

Gegenwärtig. — Das Vergangene beträchtlich erachten, | Das Zukünftige wohl und reif betrachten, | Das Gegenwärtige wohl ordinieren, | So kann man ein ruhiges Leben führen.

Alter Spr.

Gegner. — O, achte wohl auf eines Gegners Wort, | Sonst reißt er schnell dich ins Verderben fort. | Das Wasser kann ein kleines Feuer dämpfen; | Ist es entflammt, wer will es dann bekämpfen?

A. d. Persischen d. Ferid=ed=dîn Attar (um 1119—1229). Pend=nameh. Übers. v. Graf.

— Je stärkrer Gegenpart, je größrer Sieg. Engl.: **The harder match'd, the greater victory.**

William Shakespeare, König Heinr. VI. (1591—1592). Übers. v. Schlegel. T. 3, A. 5, Sz. 1 (König Eduard).

— Der beßre Gegner weckt den größern Mut.

Theod. Körner, Zriny (ged. Juni 1812). A. 1, Sz. 4 (Ali).

— Lernen wir doch Überzeugungstreue an den Gegnern achten!

Otto von Bismarck im Abg.=Haus d. preuß. Landtages (27. Jan. 1863).

Gegrüßt. — Sei mir gegrüßt, Gesegneter des Herrn!

Friedr. Kind, D. Freischütz (ged. 1817—1818). A. 3 (Ottokar). Komp. v. Karl Maria von Weber. (Erste Auff. am 18. Juni 1821 in Berlin.)

Gehege. — Jemandem ins Gehege kommen (jemanden benachteiligen, urspr.: indem man in seinem Jagdgehege wildert; übertr.: indem man seine Kreise stört). Sprichwörtl. Redensart.

Geheimnis. — Birg dein Geheimnis vor dem liebsten Freunde, | Sonst sagt er's denen, die ihm die Liebsten sind.

A. d. Persischen d. Sadi (um 1184—1286). Aphorismen. Übers. v. Bacher.

— Der prophet sprach, ich will allein | Min heimlicheit han, nit gemein.

Seb. Brant, D. Narrenschif (1494). Nr. 51. Heimlicheit verswigen. Schlußv.

— Einem weybe sol man nichts heymlichs sagen, denn sie künnen nicht schweygen.

Joh. Agricola, Drey hundert Gemeyner Sprüchwörtter (1529). Nr. 201.

— . . . denn wenn etwas Heimliches drey wissen, so wissens hundert.

Dr. Martin Luther, Tischreden oder Colloquia (1566). Nr. 78. Tischreden v. Beruf. § 8. Daß man nicht leichtlich gläuben u. Jedermann vertrauen soll.

— Nichts drückt schwerer als ein Geheimnis. Franz.: **Rien ne pèse tant qu'un secret.**

Jean de Lafontaine, Fab. (1678). Übers. v. Dohm. B. 8, Nr. 6. D. Frauen u. d. Geheimnis. V. 1.

— Die Geheimnisse bewahrt am besten ein Toter. Span.: **Que los secretos, un muesto es quien los guarda mejor.**

Pedro Calderon de la Barca (1600—1681).

— Das öffentliche Geheimnis. Ital.: **Il pubblico secreto.**

Carlo Gozzi, Titel eines Lustspieles (1769).

— Heiß mich nicht reden, heiß mich schweigen, | Denn mein Geheimnis ist mir Pflicht.

Joh. Wolfg. von Goethe, Wilh. Meisters Lehrjahre. B. 5, K. 16. Mignon (ged. um 1785).

— Vom alten Bande löset ungern sich | Die Zunge los, ein langverschwiegenes | Geheimnis endlich zu entdecken.

Joh. Wolfg. von Goethe, Iphigenie auf Tauris (1787). A. 1, Sz. 3 (Iphigenie).

— Die engsten Bande sind's, | Die zärtesten, die das Geheimnis stiftet!

Friedr. von Schiller, Maria Stuart (1800). A. 2, Sz. 5 (Elisabeth). Schlußv.

— Wer verrät, er verwahre ein Geheimnis, hat schon dessen Hälfte ausgeliefert; und die zweite wird er nicht lange behalten.

Jean Paul (Joh. Paul Friedr. Richter), Levana oder Erzieh=Lehre (1807). Bd. 3, Bruchstück 6, K. 4, § 129.

Geheimnis. — Auch den vertrautesten Freund verschone mit deinem Geheimnis! | Forderst du Treue von ihm, die du dir selber versagst?
Joh. Gottfr. von Herder, Sämtl. Werke (1805—1820). Blumenlese a. morgenländischen Dichtern. Nr. 5. Verm. Stücke, a. verschiedenen morgenländischen Dichtern. Verschwiegenheit.

— Geheimnisse sind noch keine Wunder.
Joh. Wolfg. von Goethe, Werke (1827—1830). Maximen u. Reflexionen. Abteilung 3.

— Ein Geheimnis ist wie ein Loch im Gewande. Je mehr man es zu verbergen sucht, um so mehr zeigt man es.
Carmen Sylva (Elisabeth, Königin von Rumänien), Stürme (1885). K. 19.

— . . . wer Heimlichkeit offenbaret, mit dem ist es aus. Jes. Sir., K. 27, V. 24.

— . . . kündlich groß (allgemein bekannt) ist das gottselige Geheimnis. 1. Timotheus, K. 3, V. 16.

— Durch Sagen und Wiedersagen | Wird ein Geheimnis durch die Stadt getragen.
Sprichwort.

— Sage deinem Freunde dein Geheimnis, und er wird dir den Fuß auf das Genick setzen! Span.: Di á tu amigo tu secreto, y tenerte ha el pie en el pescuezo. Sprichwort.

— Man kann seinen Kopf hingeben, sein Geheimnis niemals. Türkisches Sprichwort.

— Wenn ein Geheimnis wissen drei, | So wird es bald gemein Geschrei. Sprichwörtl.

Gehen. — Er ging, machte sich fort, er entschlüpfte, entrann. Lat.: Abiit, excessit, evasit, erupit. Marc. Tull. Cicero, Reden gegen Catilina (um 63 v. Chr.). Übers. v. Klotz. Nr. 2, K. 1, § 1.

— 's wird schon gehen. Franz.: Ça ira!
Benj. Franklin auf d. Frage nach d. Stande d. amerikanischen Freiheitskämpfe (1776). Übers. v. Zimmermann.

— Ich geh' und geh' vergnügter, als ich kam.
Gotthold Ephr. Lessing, Nathan d. Weise (1779). A. 1, Sz. 5 (Klosterbruder).

— So ging es und geht es noch heute.
Joh. Wolfg. von Goethe, Gedichte. Balladen. Hochzeitlied (ged. 1802). Schlußv.

— Nun geh' ich. — Und wann kehrst du wieder?
Heinr. von Kleist, D. Familie Schroffenstein (1803). A. 3, Sz. 1 (Agnes u. Ottokar).

— Klug ist, wer stets zur rechten Stunde kommt, | Doch klüger, wer zu gehn weiß, wann es frommt. Emanuel Geibel, Neue Gedichte (1856). Spr. Nr. 31.

Gehen, in sich. — Wer niemals außer sich geriet, | Wird niemals gründlich in sich gehen.
Paul Heyse, Spruchbüchlein (1885). Lebensweisheit. Heimkehr.

Gehetzt. — Mit allen Hunden gehetzt sein (sehr erfahren sein, aus jeder Verlegenheit einen Ausweg wissen; — aus der Jägersprache; der Fuchs rettet sich meistens durch seine Schlauheit, wenn er auch von den Hunden gehetzt wird).
Sprichwörtl. Redensart.

Gehirn. — Mein Gehirn | Treibt öfters wundersame Blasen auf.
Friedr. von Schiller, Don Carlos (1787). A. 2, Sz. 8 (Carlos).

— Wer kein Gehirn hat, habe Beine! Ital.: Chi non ha cervello, abbia gambe. (Was einer nicht im Kopfe hat, muß er in den Beinen haben.)
Sprichwort.

Gehorchen. — Auch ist gehorchen viel sicherer denn befehlen. Lat.: Multo tutius est stare in subjectione, quam in praelatura.
Thomas a Kempis, Nachfolge Christi (um 1410). Übers. v. Goßner. B. 1, K. 9, § 2.

— Gehorchen mag, wer nicht zu herrschen weiß. Engl.: Let them obey, that know not how to rule.
William Shakespeare, König Heinr. VI. (1591—1592). Übers. v. Schlegel. T. 2, A. 5, Sz. 1 (York).

— Und da | Gehorcht Ihr denn auch, ohne viel zu klügeln? — | Wär's sonst gehorchen, lieber Herr?
Gotthold Ephr. Lessing, Nathan d. Weise (1779). A. 1, Sz. 5 (Tempelherr u. Klosterbruder).

— Lerne nun gehorchen, daß du herrschen lernst! Joh. Wolfg. von Goethe, Elpenor (1781). A. 1, Sz. 4 (Antiope).

— Gar leicht gehorcht man einem edlen Herrn, | Der überzeugt, indem er uns gebietet.
Joh. Wolfg. von Goethe, Torquato Tasso (1789). A. 2, Sz. 5 (Antonio). Schlußv.

— Lieblos Gebot lähmt des Gehorchens Pflicht.
Jul. Hammer, Schau um dich u. schau in dich (1851). Liebe deinen Nächsten wie dich selbst! Treu Dienendem sei doppelt liebevoll!

— Man muß Gott mehr gehorchen denn den Menschen. Apostelgesch., K. 5, V. 29.

Gehorsam. — Unbedingter Gehorsam setzt bei dem Gehorchenden Unwissenheit voraus. Franz.: L'extrême obéissance suppose de l'ignorance dans celui qui obéit.
Montesquieu (Charles de Sécondat), V. Geist d. Gesetze (1748). Übers. v. Kästner. K. 4, § 3.

— Ist Gehorsam im Gemüte, | Wird nicht fern die Liebe sein.
Joh. Wolfg. von Goethe, Gedichte. Balladen. D. Gott u. d. Bajadere (ged. 7.—9. Juni 1797).

— Gehorsam ist die erste Pflicht.
Friedr. von Schiller, Gedichte. D. Kampf mit d. Drachen (ged. 18.—26. Aug. 1798).

— Mut zeiget auch der Mameluck; | Gehorsam ist des Christen Schmuck.
Friedr. von Schiller, Gedichte. D. Kampf mit d. Drachen (ged. 18.—26. Aug. 1798).

Gehorsam. — Das Wort ist frei, | Die Tat ist stumm, der Gehorsam blind.

Friedr. von Schiller, Wallensteins Lager (1798). Sz. 6 (Wachtmeister).

— Gehorsam durch Schläge einzubläuen, ist etwas Tierisches und entzieht dem Menschen das Schönste, was er hat, das Bewußtsein einer freien Unterwerfung unter das Gesetz. Daher haben die Alten auch nur ihre Sklaven geschlagen.

Christ. Friedr. Wilh. Jacobs, Ährenlese (1823—1825). Bd. 2.

— Gehorsam ist der Anfang aller Weisheit; gehorchen muß, wer einst gebieten will und soll.

Friedr. Hegel, Werke (1832—1842).

— Gehorsam ist die höchste Tugend, die Kardinaltugend des Kindes, aus welcher sich die übrigen Tugenden leicht entwickeln.

Adolf Diesterweg (1790—1866).

— Ohne Erziehung zum Gehorsam ist keine Bildung zu einem charakterfesten Menschen, zu einem Manne denkbar.

Adolf Diesterweg (1790—1866).

— Wo Verstand besiehlt, ist der Gehorsam leicht. Theod. Fontane, Quitt (1891). K. 14.

— Es sind zwei Empfindungen, auf die wir den größten Wert legen müssen, daß sie anerzogen werden, das ist die Liebe, die größer ist als alles übrige in der Welt, und der Gehorsam.

Großherzog Friedr. von Baden (1896).

— Wo ich nur Lebendiges fand, da hörte ich auch die Rede vom Gehorsam. Alles Lebendige ist ein Gehorchendes.

Friedr. Nietzsche, Gesammelte Werke (1895—1897). Also sprach Zarathustra.

Gehuppt. — Das ist gehuppt wie gesprungen (das ist ganz gleich; — gehuppt = gehüpft).

Sprichwörtl. Redensart.

Geige. — Die erste Geige spielen (tonangebend sein; — die erste Geige hat fast stets die führende Stimme im Orchester). Sprichwörtl. Redensart.

— Nach jemandes Geige (auch: Pfeife) tanzen müssen (nach dem Willen jemandes handeln müssen).

Sprichwörtl. Redensart.

Geist. — Unsterblich ist der Geist. Lat.: Morte carent animae.

Publ. Ovidius Naso (um 43 v. Chr.—17 n. Chr.), Metamorphosen. B. 15, V. 158.

— Man laß die Geister aufeinander platzen und treffen!

Dr. Martin Luther, An d. Fürsten zu Sachsen v. d. aufrürischen Geiste (21. Aug. 1524).

— Denn nur der Geist macht unsern Körper reich. Engl.: For 'tis the mind that makes the body rich.

William Shakespeare, D. Widerspenstigen Zähmung (um 1595). Übers. v. Schlegel. A. 4, Sz. 3 (Petruchio).

— O, welch ein edler Geist ist hier zerstört! Engl.: O, what a noble mind is here o'erthrown!

William Shakespeare, Hamlet (1601—1602). Übers. v. Schlegel. A. 3, Sz. 1 (Ophelia).

Geist. — Keiner soll Geist haben als wir und unsere Freunde. Franz.: Nul n'aura de l'esprit, hors nous et nos amis!

Molière (Jean Baptiste Poquelin), D. weisen Frauen (1672). Übers. v. Graf Baudissin. A. 3, Sz. 2 (Armande).

— Schleuß mich (den Geist) so streng du wilt in tausend Eisen ein, | Ich werde doch gantz frey und ungefässelt seyn.

Angelus Silesius (Joh. Scheffler), Cherubinischer Wanders=Mann (1675). B. 1, Nr. 118. D. Geist bleibt allzeit frey.

— Wer zählt das Heer der lichten Sterne? | Wer mißt der Sonne schnellen Lauff? | Wer dringt in ungemeßne Ferne | Und deckt des Himmels Ordnung auf? | Ists nicht des Geistes Wunderstärcke?

Karl Friedr. Drollinger, Gedichte (1743). Über d. Unsterblichkeit d. Seele.

— Er (der Geist) wünscht, geneußt und wünscht aufs neue, | Durchirrt der Güter lange Reihe | Und kan bey keinem stille ruhn.

Karl Friedr. Drollinger, Gedichte (1743). Über d. Unsterblichkeit d. Seele.

— Unglückliches Geschick der Menschen! Kaum ist der Geist zu seiner Reife gelangt, beginnt der Körper dahinzuwelken. Franz.: Malheureuse condition des hommes! à peine l'esprit est-il parvenu à sa maturité, que le corps commence à s'affaiblir.

Montesquieu (Charles de Sécondat), Werke (1757). Verschiedene Gedanken. Übers. v. Zimmermann.

— Der Geist der grauen Haare spricht aus dir.

Friedr. von Schiller, Semele (ged. 1784). Sz. 1 (Semele).

— Denn der Geist gedeiht durch Weisheit, | Und das Herz gedeiht durch Schönheit; | Dieser Einklang rauscht in Stärke, | Dieser Adel führt zum Ziele | Dauernder Glückseligkeit.

Gottfr. Aug. Bürger, Ges. am hl. Vorabend d. funfzigjährigen Jubelfestes d. Georgia Augusta (ged. 1787).

— Ich bin lüstern, | Ein Wort mit diesem Geist zu reden. Friedr. von Schiller, Don Carlos (1787). A. 5, Sz. 9 (König).

— Die ich rief, die Geister, | Werd' ich nun nicht los. Joh. Wolfg. von Goethe, Gedichte. Balladen. D. Zauberlehrling (ged. Frühjahr 1797).

— Frisch auf! eh' der Geist noch verdüstet!

Friedr. von Schiller, Wallensteins Lager. Sz. 11. Reiterlied (ged. 1797). Mel. v. Christ. Jak. Zahn (1798).

— Wir können nur raten und meinen. | Du kerkerst den Geist in ein tönend Wort, | Doch der Freie wandelt im Sturme fort.

Friedr. von Schiller, Gedichte. D. Worte d. Wahns (ged. 1799).

— . . . ich weiß, | Wie dieser böse Geist zu bannen ist.

Friedr. von Schiller, D. Piccolomini (1799). A. 1, Sz. 3 (Octavio).

— Es ist der Geist, der sich den Körper baut.

Friedr. von Schiller, Wallensteins Tod (1799). A. 3, Sz. 13 (Wallenstein).

Geist. — Nur kühn den Stempel des Geistes jeder Handlung eingeprägt, damit die Nahen dich finden; nur kühn hinaus in die Welt geredet des Herzens Meinung, daß auch die Fernen dich hören!

Friedr. Ernst Daniel Schleiermacher, Monologen (1800).

— Es gibt für mich keine Einöde in der ganzen Natur mehr. Wo ich einen Körper entdecke, da ahnde ich einen Geist.

Friedr. von Schiller, Prosaische Schriften (1793—1802). Philosophische Br. Theosophie d. Julius. D. Welt u. d. denkende Wesen.

— Der Geist! | Des Menschen Geist, dem nichts verloren geht, | Was er von Wert mit Sicherheit besessen.

Joh. Wolfg. von Goethe, D. natürliche Tochter (1803). A. 3, Sz. 4 (Weltgeistlicher).

— Tropfen des Geistes | Gießet hinein! | Leben dem Leben | Gibt er allein.

Friedr. von Schiller, Gedichte. Punschlied (ged. 1803). Mel. v. Joh. Friedr. Reichardt (1804) u. Max Eberwein (komp. 1813).

— Lassen wir nur nicht mit unserm Körper zugleich auch unsern Geist niedergebeugt und unterworfen und in die Gefangenschaft gebracht werden!

Joh. Gottl. Fichte, Reden an d. deutsche Nation (1808).

— Ach! zu des Geistes Flügeln wird so leicht | Kein körperlicher Flügel sich gesellen.

Joh. Wolfg. von Goethe, Faust, I (1808). Vor d. Tor (Faust).

— . . . ich finde nicht die Spur | Von einem Geist, und alles ist Dressur.

Joh. Wolfg. von Goethe, Faust, I (1808). Vor d. Tor (Faust).

— Der Geist ist immer Autochthone (Erdgeborenes, nichts Erschaffenes).

Joh. Wolfg. von Goethe, Gedichte. Parabolisch. Drei Palinodien. Nr. 2. Geist u. Schönheit im Streit. Ἄλλως (ged. 1814).

— Der echte Geist schwingt sich empor | Und rafft die Zeit sich nach.

Ludw. Uhland, Gedichte. Vaterländische Gedichte. Gespräch (ged. 3. Sept. 1816).

— Wenn heut' ein Geist herniederstiege!

Ludw. Uhland, Gedichte. Vaterländische Gedichte. Am 18. Okt. 1816 (ged. 15.—17. Okt. 1816).

— Aus Feuer ist der Geist geschaffen, | Drum schenkt mir süßes Feuer ein!

Ernst Moritz Arndt, Gedichte. D. Feuerlied (ged. 1817). Mel. v. Albert Methfessel (1818).

— Der Geist lebt in uns allen, | Und unsre Burg ist Gott!

Aug. Daniel von Binzer, Lied bei d. Auflösung d. Burschenschaft (1819). Schlußv.

— . . . das Leben ist die Liebe | Und des Lebens Leben Geist.

Joh. Wolfg. von Goethe, Westöstlicher Diwan (1819). B. Suleika. Suleika.

— Denn das Herrlichste, das Beste, | Bringt allein dem Geist Gewinn.

Joh. Wolfg. von Goethe, Gedichte. Kunst. Antike (1821).

Geist. — Der Geist ist der Arm; das Herz ist der Wille.

Ludw. Börne, Gesammelte Schriften. Erz., Reisen, verm. Aufsätze. Nr. 15. D. Kunst, in drei Tagen ein Original=Schriftsteller zu werden (1823).

— Nun, so schau' mich an, mein Kindchen, | Küsse mich und schaue dreist; | Denn ich selber bin ein solcher | Ritter von dem heil'gen Geist.

Heinr. Heine, D. B. d. Lieder. A. d. Harzreise (ged. 1824). Berg=Idylle. Nr. 2. Schlußv.

— Der Geist hat seine ewigen Rechte; er läßt sich nicht eindämmen durch Satzungen.

Heinr. Heine, Reisebilder. Norderney (1826).

— Deines Geistes | Hab' ich einen Hauch verspürt. Ludw. Uhland, Gedichte. Balladen u. Romanzen. Bertran de Born (ged. 1829).

— Es ist unglaublich, . . . wie viel der Geist zur Erhaltung des Körpers vermag. . . . Der Geist muß nur dem Körper nicht nachgeben!

Joh. Peter Eckermann, Gespräche mit Goethe in d. letzten Jahren seines Lebens (21. März 1830).

— Den Geist, das Licht, die Sonne vernichten sie doch nicht.

Adelbert von Chamisso (Louis Charles Adelaide Chamisso de Boncourt), Gedichte. Lieder u. lyrisch=epische Gedichte. Abba Glosk Leczeka (ged. 1832).

— Begegnen sich die Geister verwandt im Lichtrevier, | Das ist des Lebens Freude, das ist des Lebens Zier.

Adelbert von Chamisso (Louis Charles Adelaide Chamisso de Boncourt), Gedichte. Lieder u. lyrisch=epische Gedichte. Abba Glosk Leczeka (ged. 1832).

— In plumpe Fesseln wollt den Geist ihr schlagen, | Der gottgesandt wie Wolk' und Regenbogen; | Die Wolke wettert, ihr könnt sie nicht jagen, | Und knebeln nicht könnt ihr den Regenbogen.

Anastasius Grün (Anton Alexander Graf von Auersperg), Schutt (1835). D. Turm am Strande. Nr. 5.

— Nur der Geist beschwört die Geister!

Ferd. Freiligrath, Gedichte (1838). Verm. Gedichte. Geisterschau.

— Wenn sich der Geist auf Andachtsschwingen | Zum Himmel hebt . . .

Heinr. Weismann, D. deutsche Lied (ged. Juli 1838). Mel. v. Joh. Wenzel Kalliwoda.

— Ein Säugling ist der Geist; Natur ist seine Amme; | Sie nährt ihn, bis er fühlt, daß er von ihr nicht stamme.

Friedr. Rückert, D. Weisheit d. Brahmanen (1836—1839). B. 1, Nr. 16. (Stufe 8. Weltseele. Nr. 3.)

— Wäre der Geist nicht frei, dann wär' es ein großer Gedanke, | Daß ein Gedankenmonarch über die Seelen regiert.

Aug. Graf von Platen=Hallermund, Gesammelte Werke (1839). Gedichte. Epigramme. Papsttum.

— Ein Morgenstrahl aus finstrer Nacht, | Ein Blitz, der trifft und zündet, | Das ist des Geistes Göttermacht, | Der sich in Taten kündet.

Rob. Prutz, Gedichte (1841).

Geist. — Der Geist ist stärker als die Klingen.
Emanuel Geibel, Gedichte. Zeitstimmen. An Georg Herwegh (ged. Febr. 1842).

— Wo der Held die Bande des Geistes bricht, | Fehlt auch der Tor, der frevelnde, nicht, | Der von der Fessel zwar los sich reißt, | Doch mit der Fessel zugleich vom Geist.
Nikolaus Lenau (Niembsch, Edler von Strehlenau), D. Albigenser (1842). Foix.

— Die Ritter vom Geiste.
Karl Gutzkow, Titel eines Romanes (1850—1851).

— Geist und Natur verhalten sich wie Zentrum und Peripherie. In der Peripherie tritt das Zentrum aus seinem Mysterium hervor.
Frz. Xaver von Baader, Sämtl. Werke (1851—1860).

— Dort, wo der Geist, ist auch der Sieg.
Emerich Madách, D. Tragödie d. Menschen (1861). Übers. v. Lechner. Sz. 7 (Adam).

— Denn erdwärts lastet jedes ird'sche Ding, | Der Geist nur und die Flamme strebt nach oben!
Rob. Hamerling, Ahasver in Rom (1866). Ges. 4. D. Brand.

— Die Welt erobert sich der Geist; | Den Himmel schenkt das Herz.
Emil Rittershaus, Neue Gedichte (1871). Verm. Gedichte. Herz u. Geist. Schlußv.

— Der Geist ist's, der die Welt besiegt, | Das All durchleuchtend wie die Sonnen.
Friedr. von Bodenstedt, A. d. Nachlasse Mirza=Schaffys (1874). B. 3. B. d. Spr. Nr. 61.

— Unsinnige Pedanterei, | Will stets der Geist die Sinne meistern! | Am echten Geiste werden frei | Gesunde Sinne sich begeistern.
Paul Heyse, Spruchbüchlein (1885). Gott u. Welt.

— Die Hauptsache ist, daß der Geist der Sache erfaßt wird und nicht die bloße Form.
Kaiser Wilh. II., Rede über d. Reform höherer Schulen (4. Dez. 1890).

— Gegen die Befreier des Geistes sind die Menschen am unversöhnlichsten im Haß, am ungerechtesten in Liebe.
Friedr. Nietzsche, Gesammelte Werke (1895—1897).

— Die Leuchte des Geistes ohne Wärme des Herzens wird oft zum Irrlicht.
Peter Sirius, Tausend u. Ein Gedanken (1899). Geist u. Herz.

— Der böse Geist Asmodi.
Nach Tob., K. 3, V. 8.

— Der Geist ist willig, aber das Fleisch ist schwach. Matth., K. 26, V. 41.

— Wisset ihr nicht, welches Geistes Kinder ihr seid? (Danach: Wes Geistes Kind?)
Luk., K. 9, V. 55.

— Der Geist ist es, der da lebendig macht.
Evang. Joh., K. 6, V. 63.

— ... der Buchstabe tötet, aber der Geist macht lebendig. 2. Kor., K. 3, V. 6.

— ... der Geist ist es, der da zeuget, daß Geist Wahrheit ist. 1. Joh., K. 5, V. 6.

— Dienstbarer Geist. Nach Ebr., K. 1, V. 14.

Geist. — Nahrung des Geistes. Lat.: **Nutrimentum spiritus.**
Sehr spätlat. Inschrift an d. königlichen Bibliothek zu Berlin.

— Der Geist herrscht. Lat.: **Animus imperat.**
Wahlspr. d. Grandpré.

Geist, Heiliger. — Kom, heiliger Geist, Herre Gott!
Dr. Martin Luther, Veni sancte Spiritus (1524).

— O heiliger Geist, du gröstes gut, | Du aller heilsampst Tröster.
Nikolaus Decius, Gloria in excelsis Deo (1540).

— Der heilige Geist wird nicht faulen und (nicht) unachtsamen, sondern betenden Herzen gegeben.
Valerius Herberger (1562—1627).

— Doch Euch des Schreibens ja befleißt, | Als diktiert' Euch der heilig' Geist!
Joh. Wolfg. von Goethe, Faust, I (1808). Studierzimmer (Mephistopheles).

— Wer aber den heiligen Geist lästert, der hat keine Vergebung. Mark., K. 3, V. 29.

Geisterkampf. — Das Beßre auf den Trümmern aufzuführen, | Muß sich nun Geisterkampf lebendig rühren. Jos. Freiherr von Eichendorff, Gedichte. Zeitlieder. An d. Freunde (ged. 1815).

Geisterreich. — Leicht aufzuritzen ist das Reich der Geister; | Sie liegen wartend unter dünner Decke, | Und leise hörend stürmen sie herauf.
Friedr. von Schiller, D. Jungfrau v. Orleans (1801). Prolog. Sz. 2 (Thibaut).

Geisterwelt. — Die Geisterwelt ist nicht verschlossen; | Dein Sinn ist zu, dein Herz ist tot! | Auf, bade, Schüler, unverdrossen | Die ird'sche Brust im Morgenrot!
Joh. Wolfg. von Goethe, Faust, I (1808). Nacht (Faust).

Geistesarbeit. — Jedem Ehre, jedem Preis! | Ehre jeder Hand voll Schwielen! | Ehre jedem Tropfen Schweiß, | Der in Hütten fällt und Mühlen! | Ehre jeder nassen Stirn | Hinter'm Pfluge! — doch auch dessen, | Der mit Schädel und mit Hirn (mit Geistesarbeit) | Hungernd pflügt, sei nicht vergessen!
Ferd. Freiligrath, Neuere politische u. soziale Gedichte. Erstes Heft. Requiescat (ged. Febr. 1846).

Geistesarm. — Selig sind, die da geistlich (geistig) arm sind. Matth., K. 5, V. 3.

Geistesarmut. — Die Armuht uns'res Geist's besteht in Innigkeit, | Da man sich aller Ding' und seiner selbst verzeiht.
Angelus Silesius (Joh. Scheffler), Cherubinischer Wanders=Mann (1675). B. 4, Nr. 210. Was d. Armuht d. Geistes ist.

— Armut des Geistes Gott erfreut, | Armut und nicht Armseligkeit.
Matthias Claudius, Sämtl. Werke d. Wandsbecker Boten. T. 7 (1803). Ein gülden ABC.

Geistesband. — Ein jedes Band, das noch so leise | Die Geister aneinander reiht, | Wirkt fort auf seine stille Weise | Durch unberechenbare Zeit.

Aug. Graf von Platen-Hallermund, Gesammelte Werke, Gedichte. Verm. u. Gelegenheitsgedichte. Ein jedes Band usw. (ged. 1821).

Geistesbesitz. — Das Große vergeht, und das Schöne verwelkt; aber der geistige Erwerb bleibt; die Fackel, die erloschen ist, hat andere entzündet, und ihr holder Schein leuchtet von Geschlecht zu Geschlecht.

Joh. Jak. Mohr, Gedanken über Leben u. Kunst (1885).

Geistesblüte. — Ich gestehe dir, Imperator, daß es mir außer der Macht auch des größten Beherrschers scheint, den Zeitpunkt der Geistesblüten bei einem Volke herbeizuführen.

Joh. Jak. Engel, D. Philosoph für d. Welt (1775—1777). T. 2, Stück 32. Mäcen an August.

Geistesentwickelung. — Ein Irrtum bekämpft den andern; jeder zerstört seinen Widersacher, und die Wahrheit springt hervor. Dies ist der Verlauf menschlicher Geistesentwickelung. Engl.: One error conflicts with another; each destroys its opponent, and truth is evolved. This is the course of the human mind.

Henry Thomas Buckle, Gesch. d. Zivilisation (1858—1861). Übers. v. Ritter. K. 20.

Geistesflug. — Auch selbst des kühnsten Geistes Flug ermattet, | Wenn ihm zur Tat die ird'schen Mittel fehlen.

Ernst Raupach, D. Hohenstaufen (1837). Kaiser Friedr. II. u. Gregor. A. 2, Sz. 5.

Geistesfreiheit. — Beherrschung der Triebe durch die moralische Kraft ist Geistesfreiheit, und Würde heißt ihr Ausdruck in der Erscheinung.

Friedr. von Schiller, Über Anmut u. Würde (1793). Würde.

— Die Geistesfreiheit hebt den Schwung der großen Seele; | Sie feiert in der Nacht der dunkeln Kerkerhöhle | Des Sokrates ein lichtes Götterfest.

Christoph Aug. Tiedge, Urania (1800). Ges. 6. Freiheit. Wiedersehn.

Geistesgegenwart. — Viel Rettungsmittel bietest du! was heißt's? | Die beste Rettung: Gegenwart des Geists!

Joh. Wolfg. von Goethe, Gedichte. Sprichwörtl. (ged. 1812—1814).

Geistesgröße. — . . . aber Geistesgröße mit des Herzens Güte | Ganz in eins verflößt, | Bildet einen Mann für Erd' und Himmel.

Christ. Friedr. Daniel Schubert, Sämtl. Gedichte (1785—1786).

Geistesgröße. — Der Geist, der Menschen überragt und beugt, | Schaut unter sich die Welt im Hasse toben. | Strahlt auch der Sonnenglanz des Ruhmes oben, | Ob unten Erd' und Ozean sich breiten; | Rings um ihn sind des Felsens eis'ge Kloben, | Sein nacktes Haupt umtost der Stürme Streiten; — | Dies ist der Mühen Lohn, die auf zum Gipfel leiten! Engl.: He who surpasses or subdues mankind, | Must look down on the hate of those below. | Though high above the sun of glory glow, | And far beneath the earth and ocean spread, | Round him are icy rocks, and loudly blow | Contending tempests on his naked head | And thus reward the toils which to those summits led.

George Gordon Lord Byron, Harolds Pilgerfahrt (1812—1818). Übers. v. Heichen. Ges. 3, Str. 45, V. 3.

— Vergänglich ist die Majestät des Zepters, die kriegerische Macht, Reichtum und Würden; nur was groß ist an Geist und Gemüt, ist wahrhaft groß und ewig wie die Menschheit.

Joh. von Müller, Sämtl. Werke (1810—1819).

— Ein Siegelbrief des ewigen Erdenrechtes | Der Geistesgröße: anders nichts zu sein, | Als, nun gekreuzigt, nun gekrönt, nur ein | Idol des wechselnd rohen Götzenknechtes.

Wilh. Jensen, Stimmen d. Lebens (1881). Im Jura 1878. Nr. 7.

Geistesheroen. — Was wäre die Menschengeschichte ohne Heroen, die uns den weiten Blick ins Geistesreich geben? Etwas vom freien, reinen Atem der Berge zieht in uns ein, wenn wir uns neben die Heroen des Geistes versetzen.

Berth. Auerbach, Tausend Gedanken d. Kollaborators (1876).

Geistesschutz. — Wenn in dem langen Lauf der Geschichte irgend etwas klar ist, so ist es dies, daß wo nur eine Regierung die Beschützung der geistigen Arbeiten unternimmt, sie diese fast immer am unrechten Orte beschützen und die unrechten Leute belohnen wird. Engl.: If in the long course of history there is one thing more clear than another, it is, that whenever a government undertakes to protect intellectual pursuits, it will almost always protect them in the wrong place and reward the wrong men.

Henry Thomas Buckle, Gesch. d. Zivilisation (1858—1861). Übers. v. Ritter. K. 11.

Geistesstärke. — Man kann sich täuschen — glaube mir, man kann das für Stärke des Geistes halten, was doch am Ende Verzweiflung ist.

Friedr. von Schiller, D. Räuber (1781). A. 3, Sz. 2 (Moor).

Geisteswelt. — Auch in der geistigen Welt geht kein Atom verloren; was je war, verharrt unvertilgbar. In unsern Geistern leben die Geister aller Verstorbenen aller Zeiten.

Heymann Steinthal, Mythos u. Religion (1870).

Geistlich. — Gerne vertrau' ich, mein Freund, Euch Seel' und Geist und Gemüt an; | Aber Leib und Gebein ist nicht zum besten verwahret, | Wenn die geistliche Hand der weltlichen Zügel sich anmaßt.
Joh. Wolfg. von Goethe, Hermann u. Dorothea (1797). Klio.

— Er sieht so jeistlich aus (er sieht so blaß aus; — besonders von dünnem Kaffee gebraucht).
Berliner Redensart.

Geistlicher. — Wo die Landsknecht sieden vnd braten, | Vnd die geistliche zu weltlichen Sachen rathen, | Vnd die Weiber führen das Regiment, | Daraus wird selten ein gutes end.
Inschrift an einem Hause in Heidelberg (1588).

— Lieb' und Nachsicht, Lord, | Ziemt frommen Hirten (Geistlichen) mehr als Sucht der Ehre. Engl.: **Love and meekness, lord, | Become a churchman better than ambition.**
William Shakespeare, Heinr. VIII. (1613). Übers. v. Schlegel. A. 5, Sz. 2 (Cranmer).

— Den Geistlichen wird man verehren, | In dem sich regt der freie Geist.
Ludw. Uhland, Gedichte. Vaterländische Gedichte. D. Landständen zum Christophstag 1817 (ged. 14. März 1817).

— Es gibt nichts Verächtlicheres unter der Sonne als einen Geistlichen, der im Staube kriecht vor den Großen der Erde und die Religion zur schmutzigen Hantierung einer gemeinen Polizeimagd zwingt.
Ludw. Börne, Gesammelte Schriften (1862—1863).

Geistlichkeit. — Die Macht der Geistlichkeit gründet sich auf die Meinung und Leichtgläubigkeit der Völker. Man kläre die letzteren auf, und der Zauber hat ein Ende.
Friedr. d. Große an Voltaire (24. März 1767).

— Die goldene Zeit der Geistlichkeit fiel immer in die Gefangenschaft des menschlichen Geistes.
Friedr. von Schiller, Gesch. d. Abfalls d. vereinigten Niederlande v. d. span. Regierung (1788).

— Verfolgung der Andersdenkenden ist überall das Monopol der Geistlichkeit.
Heinr. Heine, Sämtl. Schriften. Reisebilder. Engl. Fragmente (1828). K. 11. D. Emanzipation d. Katholiken.

— Die hohe, reichdotierte Geistlichkeit fürchtet nichts mehr als die Aufklärung der untern Massen.
Joh. Peter Eckermann, Gespräche mit Goethe in d. letzten Jahren seines Lebens (11. März 1832).

— Eine vermehrte Macht der Geistlichkeit verträgt sich nicht mit den Interessen der Zivilisation. Engl.: **The increase of the power of the clergy is incompatible with the interests of civilisation.**
Henry Thomas Buckle, Gesch. d. Zivilisation (1858—1861). Übers. v. Ritter. K. 12.

Geistlichkeit. — Wir wissen, daß die Geistlichkeit für das Volk und nicht das Volk für die Geistlichkeit da ist. Engl.: **We know that the clergy are made for the people, and not the people for the clergy.**
Henry Thomas Buckle, Gesch. d. Zivilisation (1858—1861). Übers. v. Ritter. K. 12.

— Die Geistlichkeit herrschte im Dunkeln durch die Verdunkelung des Geistes.
Heinr. Heine, Sämtl. Werke (1861—1868). Novellistische Fragmente. D. Rabbi v. Bacharach. K. 1.

— Die Herren von der Klerisei (der Geistlichkeit) | Versalzen uns gar oft den Brei.
Sprichwörtl.

Geistreich. — . . . es ist keine Kunst geistreich zu sein, wenn man vor nichts Respekt hat.
Joh. Peter Eckermann, Gespräche mit Goethe in d. letzten Jahren seines Lebens (29. Nov. 1826).

— Es ist ein altes, gutes Sprichwort — ich fürchte leider, ein französisches —: „Um geistreich zu sein, braucht man nur vor nichts mehr Respekt zu haben."
Otto von Bismarck im Reichstage (9. Mai 1885).

— Oft ist's nur der totgeschlagne Geist, | Was man recht klug und geistreich heißt.
Wartburgspr. Architektenstüblein.

Geiz. — Oft verbirgt sich der Geiz unter dem Namen der Sparsamkeit, die Verschwendung unter dem Namen der Freigebigkeit. Lat.: **Saepe sub parsimoniae nomine se tenacia palliat, contraque se effusio sub appellatione largitatis occultat.**
Gregor d. Große (um 540—604), Pastoralregel. Übers. v. Kranzfelder. B. 2, K. 9.

— Der Grund von aller Missetat | Ist, wenn man Geiz und Kargheit hat. Mittelhochdeutsch: Swer gîtecheit und erge hât, | Deist gruntveste aller missetât.
Vrîdankes Bescheidenheit (1225—1240). Übertr. v. Pannier. Nr. 33. v. d. milten u. kargen.

— Und Geiz und Unersättlichkeit | Gebiert im Kopf Unsinnigkeit.
Joh. Friedr. Fischart, Flöh Hatz, Weiber Tratz (1577).

— Ich halte, daß der Geiz ein' solche Freude bringt, | Als wann der Durstige viel Salz mit Wasser trinkt.
Georg Phil. Harsdörffer, Nathan, Jotham u. Simson (1651).

— Geytz ist sein eygene Stiffmutter.
Christoph Lehmann, Politischer Blumen=Garten (1662). T. 1. Geytz. Nr. 48.

— Itzt bist du überzeugt, der Geiz sey nimmer satt | Und, da er mehr begehrt, verlier' er, was er hat.
Magnus Gottfr. Lichtwer, Vier B. Äsopischer Fab. (1748). B. 2. Einleitung.

— Der Geiz erniedrigt unser Herz, | Erstickt die edlern Triebe. | Die Liebe für ein schimmernd Erz | Verdrängt der Tugend Liebe.
Christ. Fürchtegott Gellert, Geistl. Oden u. Lieder (1757). Wider d. Geiz.

Geiz. — Geiz ist Grausamkeit gegen die Dürftigen, und die Verschwendung ist es nicht weniger.

Christ. Fürchtegott Gellert, Sämtl. Schriften (1769).

— Der Geiz ist eine der unedelsten, schändlichsten Leidenschaften. Man kann sich keine Niederträchtigkeit denken, deren ein Geizhals nicht fähig wäre, wenn seine Begierde nach Reichtümern ins Spiel kommt.

Adolf Freiherr von Knigge, Schriften (1804—1806).

— Bin männlichen Geschlechts, der Geiz!

Joh. Wolfg. von Goethe, Faust, II (1831). A. 1. Kaiserliche Pfalz. Weitläufiger Saal (D. Abgemagerte).

— Ein vorteilischer Mensch ... kann vor Geiz nicht gedeihen. Jes. Sir., K. 14, V. 9.

— So tötet nun eure Glieder ... Unreinigkeit ... und den Geiz! Kolosser, K. 3, V. 5.

— ... Geiz ist eine Wurzel alles Übels.

1. Timotheus, K. 6, V. 10.

— Dem Geiz fehlt nicht mehr wie alles.

Sprichwort.

— Den Geiz und die Augen kann niemand füllen. Sprichwort.

— Der Geiz und der Bettelsack sind bodenlos.

Sprichwort.

— Der Geiz ist wie das Feuer: je mehr Holz man anlegt, je mehr brennt es. Franz.: L'avarice est comme le feu, plus on y met du bois, plus il brûle. Sprichwort.

— Von den Lastern ist der Geiz König. Ital.: Dei vizi è regina l'avarizia. Sprichwort.

— Geiz wird nicht satt, bevor er nicht den Mund voll Erde hat. Niederl.: Gierigheid is niet verzadigd, voor zij den mond vol aarde heeft.

Sprichwort.

Geizhals. — Den Geizhals und ein fettes Schwein | Schaut man im Tod erst nützlich sein.

Friedr. von Logau, Deutsche Sinn-Getichte (1654). Geizhals.

— Wenn ein Geizhals ist gestorben, hebt sein Schatz erst an zu leben; | Jeder wil bei diesem Kinde willig einen Pathen geben.

Friedr. von Logau, Deutsche Sinn-Getichte (1654). Ein Geiziger.

— So lang' ein Geizhals lebt, so lebt nicht seine Gabe; | Steigt er ins Grab hinein, so steigt sie aus dem Grabe.

Daniel Georg Morhof, Teutsche Gedichte (1700).

— Der Geizhals bleibt im Tode karg. | Zween Blicke wirft er auf den Sarg, | Und tausend wirft er mit Entsetzen | Nach den mit Angst verwahrten Schätzen.

Christ. Fürchtegott Gellert, Fab. u. Erz. (1746). B. 1. D. Hund.

— Denn welcher Geizhals stirbt wohl gern?

Christ. Fürchtegott Gellert, Fab. u. Erz. (1746). B. 3. D. reiche Geizhals.

Geizhals. — Avar (der Geizhals) ist Hängens wert, wenn er nicht Hungers stirbt; | Er raubt sich Tag für Tag, was er an Geld erwirbt.

Joh. Christoph Friedr. Haug, Sinngedichte (1791). Avar.

Geizig. — Wer reich und geitzich ist allzeit, | Hat wider rhaum noch sicherheit. Alter Spr.

Geizige, der. — Die Geiz'gen und die Reichen | Kann man dem Meer vergleichen: | Wie viel des Wassers geh' zum Meer, | Es hätte gern noch Wassers mehr. Mittelhochdeutsch: Die gîtegen unt die rîchen | Sol man dem mer gelîchen: | Swie vil zem mere wazzers gê, | Es hete doch gerne wazzers mê.

Vrîdankes Bescheidenheit (1225—1240). Übertr. v. Pannier. Nr. 11. v. d. rîchen u. armen.

— Der Geizige wird nimmer satt. Lat.: Avarus non implebitur.

Wahlspr. d. Papstes Innocenz XI. (gest. 1689).

— ... der Geizige segnet sich und lästert den Herrn. Ps. 10, V. 3.

— Dem Geizigen mangelt sowohl, was er hat, als was er nicht hat. Alter Spr.

— Het der Geitzig die gantze erden, | So möcht im doch gnug nicht werden. | Drumb er auch bey seym grossen gut | Allzeit hat mangel und armut. Alter Spr.

— Der Geizige ist das Roß, das Wein fährt und Wasser säuft. Sprichwort.

— Wo der Geizige schneidet, ist das Ährensammeln umsonst. Sprichwort.

— Der Milde gibt sich reich, der Geizige nimmt sich arm. Sprichwörtl.

Gelage. — Brüder! Zu den festlichen Gelagen | Hat ein guter Gott uns hier vereint.

Studentenlied (vor 1821). Verfasser unbek. Mel. v. Albert Methfessel (1823).

Gelassenheit. — Fahr' hin, lammherzige Gelassenheit!

Friedr. von Schiller, Maria Stuart (1800). A. 3, Sz. 4 (Maria).

Geläufig. — Gewöhnlich verachten wir, was uns geläufig ist, legen uns nachdrücklicher bei, was wir nicht haben und stellen auch anderen als unerreichbar dar, was wir nicht ganz erreichen zu können glauben.

Georg Gervinus, Gesch. d. deutschen Dichtung (1853).

Geläute. — Schwermutsvoll und dumpfig hallt Geläute.

Ludw. Hölty, Gedichte. Elegien. Elegie auf d. Tod eines Landmädchens (ged. 1774). Mel. v. Joh. Abraham Peter Schulz (1779).

Geld. — Er (,der das Geld ersand,) gebar den Haß der Brüder | Und Verachtung gegen Eltern; | Er erregte Mord und Fehde; | Und — das Schlimmste — er versperrte | Zu den Herzen uns die Wege. Griech.: *Διὰ τοῦτον οὐκ ἀδελφός, | Διὰ τοῦτον οἱ τοκῆες, | Πόλεμοι φόνοι δι' αὐτόν· | Τὸ δὲ χεῖρον, ὀλλύμεσθα | Διὰ τοῦτον οἱ φιλοῦντες.*

Anakreon (6. Jahrh. v. Chr.), Lieder. Übers. v. Jordan. D. harte Schicksal.

Geld. — Der ärgste Fluch der Menschen ist das Geld. Griech.: *Οὐδὲν γὰρ ἀνθρώποισιν οἷον ἄργυρος | Κακὸν νόμισμ' ἔβλαστε.*

Sophokles (um 496—406 v. Chr.), Antigone. Übers. v. Jordan. V. 297—98 (Kreon).

— Jeglicher hält im Busen die Hand und sinnt wie das Geld ihm | Wuchere; traun, er verschenkte nicht ein verrostetes Scherflein. Griech.: *Πᾶς δ' ὑπὸ κόλπῳ χεῖρας ἔχων πόθεν οἴσεται ἀθρεῖ | Ἄργυρον, οὐδέ κεν ἰὸν ἀποτρίψας τινὶ δοίη.*

Theokrit (geb. um 300 v. Chr.), Idyllen. Übers. v. Mörike. D. Chariten. V. 16—17.

— Tugend ist und Geschlecht, wenn Gut (Geld) fehlt, schnöder denn Meergras. Lat.: **Et genus et virtus, nisi cum re, vilior alga est.**

Quint. Horatius Flacc., Sat. (um 30 v. Chr.). Übers. v. Voß. B. 2, Nr. 5, V. 8.

— Zum anwachsenden Geld' eilet die Sorg' heran, | Und des Größeren Durst. Lat.: **Crescentem sequitur cura pecuniam | Maiorumque fames.**

Quint. Horatius Flacc., Oden (um 23 v. Chr.). Übers. v. Voß. B. 3, Nr. 16, V. 17—18.

— Bürger, wohlan, o Bürger! gesucht muß werden das Geld erst; | Tugend nach dem Metall. Lat.: **O cives, cives, quaerenda pecunia primum est; | Virtus post nummos!**

Quint. Horatius Flacc., Episteln (um 20 v. Chr.). Übers. v. Voß. B. 1, Nr. 1, V. 53—54.

— Siehe, begüterte Gattin und Treu' und Glauben und Freunde, | Schönheit selbst und Geschlecht gibt alles der große Monarch Geld. Lat.: **Scilicet uxorem cum dote fidemque et amicos | Et genus et formam regina Pecunia donat.**

Quint. Horatius Flacc., Episteln (um 20 v. Chr.). Übers. v. Voß. B. 1, Nr. 6, V. 36—37.

— Das Recht ist, wo das meiste Geld ist. Lat.: **Ibi fas, ubi proxima merces.**

Marc. Annäus Lucanus (um 39—65), Pharsalia. Übers. v. Bothe. B. 10, V. 408.

— Es (das Geld) stinkt nicht. Lat.: **Non olet.**

Nach Gajus Suetonius, Vespasian (um 120). Übers. v. Stahr. K. 23.

— Mit dem wachsenden Gelde wächst auch die Liebe zum Gelde. Lat.: **Crescit amor nummi, quantum ipsa pecunia crevit.**

Decimus Junius Juvenalis, Sat. (um 127). Übers. v. Berg. Nr. 14, V. 139.

— Geld stellt den Menschen auf die Füße.

Talmud (3. Jahrh.).

— Magst du auch Geld und Gut endlos zusammentragen, | Du wirst doch nackt und bloß zuletzt ins Grab getragen.

A. d. Persischen d. Ferid=ed=din Attar (um 1119—1229). Pend=nameh. Übers. v. Graf.

— Pfennigsalbe (Geld) Wunder tut, | Erweichet manchen harten Mut. Mittelhochdeutsch: Pfenninc=salbe wunder tuot, | Si weichet manegen herten muot. Vrîdankes Bescheidenheit (1225—1240). Übertr. v. Pannier. Nr. 44. v. schatze u. pfenninge.

Geld. — Besser Mann ohne Geld, als Geld ohne Mann. Lat.: **Praestat vir sine pecunia, quam pecunia sine viro.**

Wahlspr. Kaiser Adolfs von Nassau (reg. 1292—1298).

— Verlange nicht nach Gelde und Würden dieser Welt; | Die Würde ist ein Brunnen, und Schlangen gleicht das Geld.

A. d. Persischen d. Hafis (um 1300—1389). Übers. v. Rosenzweig.

— Wo ietz gelt ist, do ist hochmůt.

Seb. Brant, D. Narrenschif (1494). Nr. 82. V. bürischem ufgang (v. bäurischem Aufwand).

— Geltnarren sint ouch über al | So vil, das man nit findt ir zal, | Die lieber haben gelt dan er.

Seb. Brant, D. Narrenschif (1494). Nr. 83. V. verachtung armůt.

— All bosheit findt man ietz um gelt.

Seb. Brant, D. Narrenschif (1494). Nr. 83. V. verachtung armůt.

— Das gelt hat vns so gar verblendt, | Das manch böser lecker wendt (Bube wähnt), | Hat er gelt, so hab er ere.

Thomas Murner, Narrenbeschwerung (1512). Nr. 82. Ein esel vmb gelt schinden.

— Zum Kriegführen sind drei Dinge nötig: Geld, Geld und nochmal Geld.

Marschall Gian=Jacopo Trivulzio (1448—1518). Nach Lodovico Guicciardini, D. Stunde d. Wiedergeburt (1565).

— Bald der guldin (das Geld) im Kasten klinget | Die Seel sich auff gen hymel schwinget. Danach: Sobald das Geld im Kasten klingt, | Die Seele aus dem Fegfeuer springt.

Hans Sachs, Die Wittembergisch Nachtigall usw. (1523).

— Nymmer gelt, nymmer gesell.

Joh. Agricola, Drey hundert Gemeyner Sprichwörtter (1529). Nr. 66.

— Geldt machet den marckt.

Joh. Agricola, Drey hundert Gemeyner Sprichwörtter (1529). Nr. 246.

— Mangelt im Beutel die Bar (das Geld) — | Mangelt's an jeglichem — schaft. Lat.: **Deficiente pecu — deficit omne — nia.**

François Rabelais, Gargantua u. Pantagruel (1546). Übers. v. Regis. B. 3, K. 41.

— Zu dem macht das Geld niemand recht fröhlich, sondern macht einen viel mehr betrübt und voller Sorgen.

Dr. Martin Luther, Tischreden oder Colloquia (1566). Nr. 2. Tischreden v. Gottes Werken. § 33. Gott u. nicht Geld erhält d. Welt.

— **Qui non habet in nummis** (wer kein Geld hat), | Dem hilft nicht, daß er fromm ist.

Dr. Martin Luther, Tischreden oder Colloquia (1566). Einige Tischreden, so in unten angezeigte Abschnitte gehören. § 13. Was Geld für Gewalt in d. Welt hab.

Geld. — ... daß ich weiß ... wem's an Geld, Gut und Genügen gebricht, daß dem drei gute Freunde fehlen. Engl.: ... that I know, ... and that he that wants money, means, and content, is without three good friends.

William Shakespeare, Wie es euch gefällt (um 1599). Übers. v. Schlegel. A. 3, Sz. 2 (Corimnus).

— Alle Menschen in der Welt, | Streben nur nach Gut und Geld; | Und wenn sie es dann erwerben, | Legen sie sich hin und sterben.

Reimspr. (16. Jahrh.).

— Frömmigkeit hat einen schlechten Platz, | Geld ist doch der Welt bester Schatz.

D. Knaben Wunderhorn. Übersichtigkeit (1560—1600).

— ... tu' Geld in deinen Beutel! Engl.: Put money in thy purse.

William Shakespeare, Othello (um 1601—1605). Übers. v. Schlegel. A. 1, Sz. 3 (Jago).

— Das Leben ist ein Meer, der Fehrman ist das Gelt; | Wer disen nicht besitzt, schifft vbel durch die Welt.

Georg Rudolf Weckherlin, Gaistl. v. Weltliche Gedichte (1641). Epigramme.

— O Geld, du Sorgenkind, du Vater falscher Herzen, | Dich haben, bringt Gefahr, nicht haben, bringet Schmerzen.

Martin Opitz, Geistl. u. Weltliche Poemata (1646). Epigramme.

— Ist denn der Teufel in dem Geld, | Daß ohne Geld man nichts erhält?

Joh. Mich. Moscherosch, Wunderliche v. Warhafftige Gesichte Philanders v. Sittewalt (1643).

— Amor vincet omnia (die Liebe besiegt die Welt). | „Das leugst du," spricht pecunia (das Geld). | „Denn wo ich, pecunia, nicht bin, | Da kommt amor selten hin."

Spr. an einem Hausgerät (1644).

— Der Menschen Geist und Blut ist jetzund Gut und Geld; | Wer dies nicht hat, der ist ein Toter in der Welt.

Friedr. von Logau, Deutsche Sinn-Getichte (1654). Geld.

— Wozu ist Geld doch gut? | Wer's nicht hat, hat nicht Muth; | Wer's hat, hat Sorglichkeit; | Wer's hat gehabt, hat Leid.

Friedr. von Logau, Deutsche Sinn-Getichte (1654). Geld.

— Daß man ohne Sorgen lebe, sorgt man stets um Gut und Geld, | Das doch den, der es erhält, immerdar in Sorgen hält.

Friedr. von Logau, Deutsche Sinn-Getichte (1654). Güter.

— Das ansehen thut alles, vnd Gelt macht das ansehen.

Christoph Lehmann, Politischer Blumen-Garten (1662). T. 1. Ansehen v. Gestalt. Nr. 14.

— Wer Geld hat, ist fromm genug.

Christoph Lehmann, Politischer Blumen-Garten (1662). T. 1. Geld. Nr. 11.

Geld. — Geld, das lahm ist, | Macht gerad, was krumm ist.

Christoph Lehmann, Politischer Blumen-Garten (1662). T. 1. Geld. Nr. 22.

— Geld, gewalt vnd Herrngunst | Bricht Ehr, Recht vnd alle Kunst.

Christoph Lehmann, Politischer Blumen-Garten (1662). T. 1. Geld. Nr. 41.

— Geld behelt das Feld, | Ist Meister in der Welt.

Christoph Lehmann, Politischer Blumen-Garten (1662). T. 1. Geld. Nr. 44.

— Salb mit Geld, so muß gehen, vnd wer es so rauch (rauh) wie ein Igel!

Christoph Lehmann, Politischer Blumen-Garten (1662). T. 1. Geschenck. Nr. 2.

— Das Geld beherrscht als König die ganze Welt. Lat.: Imperat in toto regina pecunia mundo.

Wahlspr. d. Herzog Friedr. zu Sachsen (gest. 1691).

— Hast du Geld, so giltst du viel; | Wer nichts hat, taugt nicht ins Spiel.

Hans Aßmann Freiherr von Abschatz, Poetische Übersetzungen u. Gedichte (1704). Sprüchwörter.

— Geld, der Meister aller Sachen, | Weiß aus Nein offt Ja zu machen.

Hans Aßmann Freiherr von Abschatz, Poetische Übersetzungen u. Gedichte (1704). Sprichwörter.

— Das Geld erkauft den Sieg | Unzweifelhaft sowohl in Lieb' als Kriege.

Friedr. von Hagedorn, Sämtl. poetische Werke (1757). Gedichte.

— Was fang ich armer Teufel an? | Die Gelder sind verzehret.

Studentenlied (vor 1763). Verfasser unbek.

— Und all das Geld und all das Gut | Gewährt zwar viele Sachen; | Gesundheit, Schlaf und guten Mut | Kann's aber doch nicht machen.

Matthias Claudius, Sämtl. Werke d. Wandsbecker Boten. T. 3 (1778). Täglich zu singen.

— Was, wenn ich's habe, mir so überflüssig, | Und hab' ich's nicht, so unentbehrlich scheint ... | Das leidige, verwünschte Geld!

Gotthold Ephr. Lessing, Nathan d. Weise (1779). A. 2, Sz. 1 (Saladin).

— Das böse Geld! die böse Welt! | Traut keiner Außenseite! | Die Leute machen falsches Geld! | Das Geld macht falsche Leute.

Joh. Christoph Friedr. Haug, Sinngedichte (1791). Geld.

— Das Geld ist freilich alles vermögend.

Joh. Wolfg. von Goethe, Reineke Fuchs (1794). Ges. 8.

— Bringst du Geld, so findest du Gnade; sobald es dir mangelt, | Schließen die Türen sich zu.

Joh. Wolfg. von Goethe, Reineke Fuchs (1794). Ges. 8.

Geld. — Der Mensch begehrt alles an sich zu reißen, um nur nach Belieben damit schalten und walten zu können; das Geld, das er nicht selbst ausgibt, scheint ihm selten wohl angewendet.

Joh. Wolfg. von Goethe, Wilh. Meisters Lehrjahre (1777—1796).

— . . . es herrscht der Erde Gott, das Geld.

Friedr. von Schiller, Gedichte. An d. Freunde (ged. 1802).

— Auch selbst den weisesten unter den Menschen sind die Leute, die Geld bringen, mehr willkommen, als die, die welches holen.

Georg Christoph Lichtenberg, Verm. Schriften (1800—1806). Bd. 2, Nr. 2. Bemerk. verm. Inhalts. Nr. 5. Physiognomische u. pathognomische Beobachtungen u. Bemerk.

— Im Deutschen reimt sich Geld auf Welt; es ist kaum möglich, daß es einen vernünftigern Reim gebe; ich biete allen Sprachen Trotz!

Georg Christoph Lichtenberg, Verm. Schriften (1800—1806). Bd. 2, Nr. 2. Bemerk. verm. Inhalts. Nr. 17. Allerhand.

— Laß dir das Glück wie das Geld nur dienen und lern' es beherrschen; | Acht' es für das, was es ist: Mittel zu schönerem Zweck!

Friedr. Bouterwek, Neue Vesta (1803—1811). Sinnspr.

— Soll man dich nicht aufs schmählichste berauben, | Verbirg' dein Geld, dein Weggehn, deinen Glauben!

Joh. Wolfg. von Goethe, Westöstlicher Diwan (1819). B. d. Spr. Nr. 26.

— Geld in des Armen Hand und Geduld in des Liebenden Seele | Und das Wasser im Sieb eilet und fließet davon.

Joh. Gottfr. von Herder, Sämtl. Werke (1805—1820). Blumenlese a. morgenländischen Dichtern. Nr. 2. D. Rosental. B. 3. D. Flüchtige.

— Aber Eins verleihst du, o himmlisches Geld, was wenige, die dich besitzen, | Zu besitzen verstehn, zu genießen verstehn, was ist dies Eine? Die Freiheit.

Aug. Graf von Platen-Hallermund, D. verhängnisvolle Gabel (1826). A. 3 (Schmuhl).

— . . . Geld nur gilt, wie schon die Sprache lehret, | Und Gold allein gibt stracks dem Manne Wert.

Joh. Gottfr. Seume, Sämtl. Werke (1826). Gedichte. Guter Rat.

— Der Herrschaft Zauber aber ist das Geld; | Ich weiß mir Beßres nichts auf dieser Welt | Als Gift und Geld.

Adelbert von Chamisso (Louis Charles Adelaide Chamisso de Boncourt), Gedichte. Lieder u. lyrisch-epische Gedichte. D. Giftmischerin (ged. 1828).

— . . . da nur, wo | Das Geld zur Neige geht, wünscht man's am meisten.

Christ. Dietr. Grabbe, Don Juan u. Faust (1829). A. 3, Sz. 3 (Leporello).

— Drei sind der Wege des Geldes: Verlieren, Genießen und Spenden; | Wer nicht genießt oder gibt, würdig ist, daß er verliert.

Peter von Bohlen, Bhartriharis Spr. (1835).

Geld. — Geld und Gewalt, Gewalt und Geld, | Daran kann man sich freuen; | Gerecht- und Ungerechtigkeit, | Das sind nur Lumpereien.

Joh. Wolfg. von Goethe, Poetische u. prosaische Werke (1836—1837). Gedichte. Zahme Xenien. Nr. 9.

— Geld — Welt ist der vernünftigste Reim.

Karl Jul. Weber, Demokritos (1832—1840). D. Geiz.

— Und der Geldsack ist kein leerer Schall, | Der Mensch kann ihn brauchen im Leben, | Und ob er auch dumm ist überall, | Dem Reichtum wird alles vergeben, | Und worauf kein Verstand des Verständigen fällt, | Das übet in Einfalt ein Tölpel ums Geld.

Karl Jul. Weber, Demokritos (1832—1840). D. Geldstolz.

— In Geldsachen hört die Gemütlichkeit auf.

Nach David Hansemann im Vereinigten Landtage (8. Juni 1847).

— Doch, Ärmste, hast du einst kein Geld, | Dreht dir den Rücken die ganze Welt.

Heinr. Heine, Romanzero (1851). B. 2. Lamentationen. Hoffahrt.

— . . . wer den Daumen auf dem Beutel hat (wer über Geld zu sagen hat), hat die Macht.

Otto von Bismarck im Norddeutschen Reichstage (21. Mai 1869).

— Ich hasse die großen Worte am meisten in Geldsachen.

Otto von Bismarck im Norddeutschen Reichstage (21. Mai 1869).

— Viel Geld erwerben ist eine Tapferkeit; Geld bewahren erfordert eine gewisse Weisheit und Geld schön ausgeben ist eine Kunst.

Berth. Auerbach, D. Landhaus am Rhein (1869). Bd. 1, K. 7.

— Was frommt's nach Geld und Gut zu haschen; | Das Leichenkleid hat keine Taschen.

Betty Paoli (Elisabeth Glück), Neueste Gedichte (1870). Sinnspr.

— Eine Assoziation, die Geld hat, viel Geld hat, das ist eine Macht.

Otto von Bismarck im Reichstage (28. Nov. 1885).

— Geld und Krone gelten wenig | In der Mutter Erde Schoß. Studentenlied. Verfasser unbek.

— 's ist mir alles eins, | Ob ich Geld hab' oder keins. Volkslied u. -weise.

— Wer Geld liebt, wird Geldes nimmer satt. Pred. Sal., K. 5, V. 9.

— Verliere gerne dein Geld um deines Bruders und Nächsten willen und vergrabe es nicht unter einen Stein! Jes. Sir., K. 29, V. 13.

— Viele kommen zu Unfall um des Geldes willen. Jes. Sir., K. 31, V. 6.

— Geld und Gut macht Mut.

Jes. Sir., K. 40, V. 26.

— Die Ehr', die Wollust und das Geld | Sind die Götzen dieser Welt. Alter Spr.

— Geld ist weder bös noch gut; | Es liegt an dem, der's brauchen tut. Alter Spr.

Geld. — Geld will wuchern oder prangen. Alter Spr.

— Gestolen und fromb Gelt | Gleich gilt durch alle welt. Alter Spr.

— Je lenger hie ein mensch lebt, | Je mehr er nach Gelde strebt. Alter Spr.

— Kannst du Geld brauchen, so bist du sein Herr — wo nicht, sein Knecht. Alter Spr.

— Man findet eher einen, der das Geld tadelt, als der es verschmäht. Alter Spr.

— Was sol Gelt, | Das nicht wandert durch die Welt? Alter Spr.

— Eine Handvoll Geld ist schwerer als ein Sack voll Recht und Wahrheit. Sprichwort.

— Geld | Behält das Feld; | Spielt den Meister in der Welt. Sprichwort.

— Geld ist die beste Ware. Sie gilt Winter und Sommer. Sprichwort.

— Geld ist die Welt, | Und die Welt ist Geld. Sprichwort.

— Geld macht nicht reich; | Es sei denn reich | Das Herz zugleich. Sprichwort.

— Geld vor, Recht nach. Sprichwort.

— Mit Geld, Latein und einem guten Gaul kommt man durch ganz Europa. Sprichwort.

— Wer Geld hat, hat auch Glauben (Vertrauen). Sprichwort.

— Wie einem wächset Geld und Gut, | So wächst damit ihm auch der Mut. Sprichwort.

— Wo Geld die Braut ist, hat der Teufel ein Ei in die Wirtschaft gelegt. Sprichwort.

— Zuerst Geld, dann erst Herr Vetter. Sprichwort.

— D' Welt bliibt Welt und riißt si ums Geld. Sprichwort. Schweiz.

— 's Geld hat an' halen (glatten) Schwaaf. Sprichwort. Pustertal.

— Well (wer) Geld hett, kann den Düwel danzen seihen. Sprichwort. Münsterisch.

— Geld spricht mehr als zwölf Gerichtsleute. Dän.: **Penge tale Mere end tolv Tingmaend.** Sprichwort.

— Gesundheit ohne Geld ist ein halbes Fieber. Engl.: **Health without wealth is half an ague.** Sprichwort.

— Worte sind nur Sand; | Geld kauft das Land. Engl.: **Words are but sands, | 't is money buys lands.** Sprichwort.

— Über Gold und Silber (Geld) gibt's keine Verwandte. Franz.: **Sur or et argent, | N'y a point de parent.** Sprichwort.

— Wer Geld hat, findet Vettern. Ital.: **Chi ha danari, trova cugini.** Sprichwort.

— Das Geld ist, wenn du es zu brauchen weißt, Knecht, wo nicht, ist es Herr. Ital.: **La pecunia, se la sai usare, è ancella; se no, è donna.** Sprichwort.

— Geld ist das Maß für alle Dinge. Portug.: **Dinheiro he a medida de todas as cousas.** Sprichwort.

Geld. — Der beste Glaube ist bares Geld. Holländisches Sprichwort.

— Zahle das Geld her, so kommt die Braut. Arabisches Sprichwort.

— Geld ist ein Mörder. Litauisches Sprichwort.

— Geld macht Lotterbuben. Polnisches Sprichwort.

— Viel Geld, große Sünde; aber wenig Geld noch größere. Russisches Sprichwort.

— Geld ist ein Seelenverderber. Serbisches Sprichwort.

— Viel tut die Liebe, aber mehr noch das Geld. Serbisches Sprichwort.

— Hast du Geld, so bist du weise, hast du keins, bist du ein Tor. Türkisches Sprichwort.

— Wer das Geld gibt, bläst die Pfeife. Türkisches Sprichwort.

— Alles Schnickschnack — ohne Geld! Sprichwörtl.

— Hast du Geld, so bist du lieb, | Du seist Schelm oder Dieb. Sprichwörtl.

— Das Geld zum Fenster hinaus werfen (das Geld unnütz verschwenden). Sprichwörtl. Redensart.

— Kein Geld, kein Schweizer (ohne Entgelt oder Gegenleistung gibt es nichts; — stammt aus Frankreich; als Franz I. von Frankreich Mailand belagerte, verließen ihn die schweizerischen Hilfstruppen mit diesen Worten, als er ihnen keine Löhnung geben konnte). Sprichwörtl. Redensart.

— Er hocket uf em Gäld wie der Tüfel uf ere=n arme Seel. Sprichwörtl. Redensart. Schweiz.

— Jeld alleene macht nich glücklich; man muß ooch wat haben. Berliner Redensart.

— Jeld is bei mir immer det wenigste. Berliner Redensart.

— Das Geld der neuen Welt | Hat die alte Welt | Zu den Narren gesellt. Spr. an einem Hausgerät.

— Geld, das fünfte Element, | Jetzt regieret alle Stand'; | Ein jeder spricht, hätt' ich nur Geld! | Geld ist die Losung in der Welt. Inschrift auf einer Denkmünze.

— Git (Geld) macht viel Freunde. Wartburgspr. Wirtschaft.

— So geht die Welt; | Ihr Gott ist Geld. Inschrift auf einer Denkmünze, wo ein Krebs d. Erdkugel trägt.

— A Bua ohne Geld | Is a Nuß ohne Kern, | Wie—r—a Kerz'n ohne Liecht | In—are (in einer) Latern. Kärntner Schnaderhüpfl.

— I hält nix aufs Reichsein, | I hält nix aufs Geld, | A feins, a treu's Herzl | Ist's Best auf der Welt. Tiroler Schnaderhüpfl.

Geldheirat. — Wer durch kein ander ursach me, | Dan durch gůts willen grift zůr e (um Geld heiratet), | Der hat vil zanks, leid, hader, we. Seb. Brant, D. Narrenschif (1494). Nr. 52. Wiben durch gůts willen.

Geldheirat. — Ein Frauenzimmer, das einen jungen Menschen des Geldes wegen heiratet, setzet sich selbst zur Konkubine herab.

Theod. Gottl. von Hippel, Über d. Ehe (1774). K. 7. Für d. Mädchen.

— Nach reichen Weibern frei'n (um Geld heiraten), . . . | Wird manchen noch gereu'n.

Gottfr. Aug. Bürger, Gedichte (1796—1797). D. Raubgraf.

— Eltern, die eine junge, blühende Tochter zwingen, einen alten Mann seines Geldes wegen zu heiraten, sind Seelenmörder, die der innere Richter niemals freisprechen wird.

Otto von Leixner, A. meinem Zettelkasten (1896). Weib, Liebe, Ehe.

Gelegen. — Graf! Dieser Mortimer starb euch sehr gelegen.

Friedr. von Schiller, Maria Stuart (1800). A. 4, Sz. 6 (Burleigh).

Gelegenheit. — Die Göttin Gelegenheit hat Haare an der Stirne, am Hinterhaupt ist sie kahlköpfig; faßt man sie an der Vorderlocke, so kann man sie festhalten; aber wenn man sie entwischen läßt, so ist Jupiter selbst nicht mehr imstande, sie einzufangen. Lat.: **Comosa fronte, nudo occipitio, | (Quem si occuparis, teneas; elapsum semel | Non ipse possit Juppiter reprehendere) | Occasionem rerum significat brevem.** Phädrus (um 30), Fab. Übers. v. Siebelis. B. 5, Nr. 8. D. Zeit. V. 2.

— Die Occasio (Gelegenheit) grüßet dich und reichet dir die Haar, als sollte sie sagen: Siehe, da hast du mich, ergreife mich! O! denkst du, sie kömmt wol wieder. Wolan, spricht sie, willt du nicht, so greif mir (mit Züchten) in den Hintern!

Dr. Martin Luther, Tischreden oder Colloquia (1566). Nr. 78. Tischreden v. Beruf. § 5. Daß man Occasiones oder Gelegenheit nicht versäumen solle.

— . . . und müssen, wenn der Strom uns hebt (bei günstiger Gelegenheit), ihn nutzen, | Wo nicht, verlieren wir des Zufalls Gunst. Engl.: **And we must take the current, when it serves, | Or lose our ventures.** William Shakespeare, Jul. Cäsar (1601). Übers. v. Schlegel. A. 4, Sz. 3 (Brutus).

— Ergreif' es alsobald, nimmst du was Gutes wahr, | Denn die Gelegenheit hat an der Stirn nur Haar. Martin Opitz, Sämtl. Werke (1644). Epigramme.

— Wann die Gelegenheit einen grüsset, soll er jhr dancken.

Christoph Lehmann, Politischer Blumen=Garten (1662). T. 1. Gelegenheit. Nr. 7.

— In den großen Angelegenheiten soll man sich weniger bemühen, Gelegenheiten zu schaffen, als aus denjenigen Nutzen zu ziehen, welche sich darbieten. Franz.: **Dans les grandes affaires, on doit moins s'appliquer à faire naître des occasions qu'à profiter de celles qui se présentent.**

François, Herzog von La Rochefoucauld, Reflexionen oder moralische Sentenzen u. Maximen (1665). Nr. 453. Übers. v. Zimmermann.

Gelegenheit. — Die Gelegenheit ist der größte Dieb, ein Teufel über alle Teufel. Sie betört die Weisesten, befleckt die Keuschesten, hintergeht die Behutsamsten und verführt die Heiligsten.

Abraham a Santa Clara (Ulrich Megerle) (1644—1709), Sämtl. Werke.

— Die Gelegenheit hat nur an der Stirne Haar, hinten ist sie kahl.

Friedr. Maximilian von Klinger, Fausts Leben, Taten u. Höllenfahrt (1791).

— Hier | Vollend' ich's. — Die Gelegenheit ist günstig. Friedr. von Schiller, Wilh. Tell (1804). A. 4, Sz. 3 (Tell).

— Gelegenheit macht nicht Diebe allein, sie macht auch große Männer.

Georg Christoph Lichtenberg, Verm. Schriften (1800—1806). Bd. 3, Nr. 9. Über Physiognomik wider d. Physiognomen. Über Physiognomik.

— Der Gott, der Bub' und Mädchen schuf, | Erkannte gleich den edelsten Beruf, | Auch selbst Gelegenheit zu machen.

Joh. Wolfg. von Goethe, Faust, I (1808). Wald u. Höhle (Mephistopheles).

— Gelegenheit macht Verhältnisse, wie sie Diebe macht.

Joh. Wolfg. von Goethe, D. Wahlverwandtschaften (1808—1809). T. 1, K. 4.

— Ohne Gelegenheit ist die Hand des Starken in Fesseln; | Nützet dem Löwen die Kraft, dem man die Klaue geraubt?

Joh. Gottfr. von Herder, Sämtl. Werke (1805—1820). Blumenlese a. morgenländischen Dichtern. Nr. 5. Verm. Stücke a. verschiedenen morgenländischen Dichtern. Nutzlose Kraft.

— Nimm die Gelegenheit vorn bei dem kurzen Haar; | Sonst beut sie hinten dir den kahlen Nacken dar.

Friedr. Rückert, D. Weisheit d. Brahmanen (1836—1839). B. 16, Abteilung 4, Nr. 69. (Stufe 5. Leben. Nr. 369.)

— Gelegenheit macht man nicht im Ärmel. Alter Spr.

— Anschauen macht Liebe; | Gelegenheit Diebe. Sprichwort.

— Das Loch ruft den Dieb herbei (Gelegenheit macht Diebe). Hebräisches Sprichwort.

Gelegenheitsgedicht. — Die Welt ist so groß und reich und das Leben so mannigfaltig, daß es an Anlässen zu Gedichten nie fehlen wird. Aber es müssen alles Gelegenheitsgedichte sein; das heißt, die Wirklichkeit muß die Veranlassung und den Stoff dazu hergeben.

Joh. Peter Eckermann, Gespräche mit Goethe in d. letzten Jahren seines Lebens (18. Sept. 1823).

Gelehrsamkeit. — Die kalte Buchgelehrsamkeit, die sich | Mit toten Zeichen ins Gehirn nur drückt . . .

Gotthold Ephr. Lessing, Nathan d. Weise (1779). A. 5, Sz. 6 (Recha).

Gelehrsamkeit. — Nur der Geschmack genießt, was die Gelehrsamkeit pflanzt.

Friedr. von Schiller, Gedichte. Votivtafeln. Nr. 14. D. gelehrte Arbeiter (geb. 1796).

— Der allzuschnelle Zuwachs an Kenntnissen, der mit zu wenigem eigenen Zutun erhalten wird, ist nicht sehr fruchtbar. Die Gelehrsamkeit kann auch ins Laub treiben, ohne Früchte zu tragen.

Georg Christoph Lichtenberg, Verm. Schriften (1800—1806). Bd. 1, Nr. 3. Bemerk. verm. Inhalts. Nr. 1. Philosophische Bemerk.

— Kenntnis der Mittel ohne eine eigentliche Anwendung, ja ohne Gabe und Willen sie anzuwenden, ist was man jetzt gemeiniglich Gelehrsamkeit nennt.

Georg Christoph Lichtenberg, Verm. Schriften (1800—1806). Bd. 2, Nr. 2. Bemerk. verm. Inhalts. Nr. 1. Philosophische Bemerk.

— Tote Gelehrsamkeit bringt's im Leben nicht weit. Sprichwort.

— Gelehrsamkeit krönt. Lat.: Doctrina coronat. Inschrift an d. Trinitatiskirche zu Danzig.

Gelehrt. — ... ich sags fürwar, | Nüt schedlichers dann ein gelerter Narr.

Thomas Murner, Narrenbeschwerung (1512). Nr. 5. Gelerte narren schinden.

— Wie kompt es, das man spricht: Je gelerter | Je verrüchter vnd verkerter?

Thomas Murner, Narrenbeschwerung (1512). Nr. 5. Gelerte narren schinden.

— Jung gelehrt, | Alt geehrt.

Spr. auf einer Münze (1638).

— Gelehrte Hasen fallen stets in die Schulgarn.

Christoph Lehmann, Politischer Blumen-Garten (1662). T. 1. Geschicklichkeit, Gelährt. Nr. 55.

— Halb gelehret sind Störer bey Gelehrten Meistern.

Christoph Lehmann, Politischer Blumen-Garten (1662). T. 1. Lehr. Nr. 9.

— Ich lernte einsehen, die Bücher würden mich wohl gelehrt, aber nimmermehr zu einem Menschen machen.

Gotthold Ephr. Lessing, Sämtl. Schriften (1796—1808). Br.

— Daran erkenn' ich den gelehrten Herrn! | Was ihr nicht tastet, steht euch meilenfern; | Was ihr nicht faßt, das fehlt euch ganz und gar; | Was ihr nicht rechnet, glaubt ihr, sei nicht wahr; | Was ihr nicht wägt, hat für euch kein Gewicht; | Was ihr nicht münzt, das, meint ihr, gelte nicht.

Joh. Wolfg. von Goethe, Faust, II (1831). A. 1. Kaiserliche Pfalz. Saal d. Thrones (Mephistopheles).

— Gelehrte schreiben schlecht. Lat.: Docti male pingunt. Sprichwort.

— Wer werden will ein gelerter man, | Mit drey tugenden soll fangen an: | Soll demütig, züchtig, mässig sein | Im gantzen Leben sein.

Alter Spr.

— Gelehrten ist gut predigen. Sprichwort.

— Je gelehrter, | Je verkehrter. Sprichwort.

Gelehrt. — Auch die Gelehrten fehlen mitunter. Ital.: Ancu l'ommi dotti peccanu d'intervallu. Korsisches Sprichwort.

— Ein gelehrter Kopf redet auch nach dem Tode. Sprichwörtl.

Gelehrte, der. — Die Tinte des Gelehrten und das Blut des Märtyrers haben vor dem Himmel gleichen Wert. Koran (7. Jahrh.).

— Die Gelehrten, die Verkehrten.

Dr. Martin Luther, Tischreden oder Colloquia (1566). Nr. 66. Tischreden v. Juristen. § 40. D. Gelehrten, d. Verkehrten.

— Wenn Gott zörnete und alle Gelehrten aus der Welt wegnähme, so würden die Leute gar zu Bestien und wilden Tieren.

Dr. Martin Luther, Tischreden oder Colloquia (1566). Nr. 73. Tischreden v. Gelehrten. § 2. Welt kann ohn gelehrte Leute nicht regiert werden.

— Ein Gelehrter weiß mehr in einem Item, den (denn) der ander in Summa Summarum.

Christoph Lehmann, Politischer Blumen-Garten (1662). T. 1. Geschickligkeit, Gelährt. Nr. 7.

— Ein Bawer giebt nicht ein Wurst vmb aller Gelehrten Kunst.

Christoph Lehmann, Politischer Blumen-Garten (1662). T. 1. Geschicligkeit, Gelährt. Nr. 53.

— Ein gelehrter ist ein getüncht Hauß; wenns dawider hagelt, schneyt vnd regnet, so felt die angestrichene farb ab vnd guckt der Leymen herfür.

Christoph Lehmann, Politischer Blumen-Garten (1662). T. 1. Geschicligkeit, Gelährt. Nr. 79.

— Ein Gelehrter ... ist für die ganze Welt; er ist ein Kosmopolit; er ist eine Sonne, die den ganzen Erdkreis erleuchten muß.

Gotthold Ephr. Lessing, D. junge Gelehrte (1747). A. 2, Sz. 4 (Damis).

— Die Gabe, sich widersprechen zu lassen, ist wohl überhaupt eine Gabe, die unter den Gelehrten nur die Toten haben.

Gotthold Ephr. Lessing, Schriften (1753—1755). Rettungen d. Horaz.

— Nichts ist gewöhnlicher, als daß sich die Gelehrten den gebildeten Weltleuten gegenüber in Urteilen über die Schönheit die lächerlichsten Blößen geben, und daß besonders die Kunstrichter vom Handwerk der Spott aller Kenner sind.

Friedr. von Schiller, Prosaische Schriften (1793—1802). Über naive u. sentimentalische Dichtung. Idylle.

— Es ist zum Erstaunen, wie manche Gelehrte in Deutschland Kenntnisse anhäufen, bloß um sie vorzuzeigen.

Georg Christoph Lichtenberg, Verm. Schriften (1800—1806). Bd. 2, Nr. 2. Bemerk. verm. Inhalts. Nr. 8. Litterärische Bemerk.

— ... mancher unserer sehr mittelmäßigen Gelehrten hätte ein größerer Mann werden können, wenn er nicht so viel gelesen hätte.

Georg Christoph Lichtenberg, Verm. Schriften (1800—1806). Bd. 2, Nr. 2. Bemerk. verm. Inhalts. Nr. 8. Litterärische Bemerk.

Gelehrte, der. — Die Arbeit des Gelehrten und das Tagwerk seines Lebens wird eben jenes einsame Nachdenken sein; zu dieser Arbeit ist er nun sogleich anzuführen, die andere mechanische Arbeit ihm dagegen zu erlassen.

Joh. Gottl. Fichte, Reden an d. deutsche Nation (1808). Rede 10.

— Man findet tausend Gelehrte, bis man auf einen weisen Mann stößt.

Friedr. Maximilian von Klinger, Gesammelte Werke (1809—1815).

— Ein junger Gelehrter hat gern seine Privathypothese.

Heinr. Heine, Reisebilder. Norderney (1826).

— Die Gelehrten sind meist gehässig, wenn sie widerlegen; einen Irrenden sehen sie gleich als ihren Todfeind an.

Joh. Wolfg. von Goethe, Werke (1827—1830). Maximen u. Reflexionen. Abteilung 2.

— Es ist wahr, die eigentlichen Gelehrten bei uns bilden sich eine eigene Sprache; sie konnten sich aus dem früheren Jargon nicht gleich in das ehrliche Deutsch finden; . . . und es ist kein Wunder, daß man Kant ins Deutsche übersetzt hat.

Wilh. Hauff, Sämtl. Schriften (1830—1831). Freie Stunden am Fenster.

— Gehe mit Gelehrten um, so wirst du Gott immer mehr zu danken haben.

Heinr. Leberecht Fleischer, Alis Spr. (1837).

— Die Gelehrten sind die, welche in den Büchern gelesen haben; die Denker, die Genies, die Welterleuchter und Förderer des Menschengeschlechts sind aber die, welche unmittelbar in dem Buch der Welt gelesen haben.

Arthur Schopenhauer, Parerga u. Paralipomena (1851). Über Lesen u. B.

— Der Gelehrte ist in seiner Heimat wie das Gold in seinem Schachte. Arabisches Sprichwort.

Gelehrtheit. — Gelahrtheit, Kind, das heißt: | Mehr sagen, als du weißt. | Weniger sagen, als wissen, | Das heißt der Weisheit beflissen.

Wilh. Müller, Gedichte (1837). Epigramme. 3. Hundert, Nr. 40. Gelahrtheit u. Weisheit.

Geleit. — Mein schönes Fräulein, darf ich wagen, | Meinen Arm und Geleit Ihr anzutragen?

Joh. Wolfg. von Goethe, Faust, I (1808). Straße (Faust).

Geliebt werden. — Denn dem Glück geliebt zu werden, | Gleicht kein ander Glück auf Erden.

Joh. Gottfr. von Herder, D. Cid (1806). B. 2, Ges. 27.

Geliebte, der. — Wo ich ihn (den Geliebten) nicht hab', | Ist mir das Grab; | Die ganze Welt | Ist mir vergällt.

Joh. Wolfg. von Goethe, Faust, I (1808). Gretchens Stube (Margarete).

— Welchen Wert, sprich, hat dein Leib, wenn ihn | Des Geliebten Arme nicht umfangen?

Friedr. von Bodenstedt, Tausend u. Ein Tag im Orient (1849).

Geliebte, die. — Schön ist keine grüne Wiese, keine Luft in Hainen, | Wenn nicht Liebchen dort mit Wangen, Tulpen gleich, erscheinen.

A. d. Persischen d. Hafis (um 1300—1389). Ghaselen. Übers. v. Rosenzweig.

— Dir (der Geliebten) steht alles gut, | Der Fehler wird durch dich zum Schmuck erhoben. Engl.: Both grace and faults are lov'd of more or less: | Thou mak'st faults graces that to thee resort.

William Shakespeare, Sonette (1609). Übers. v. Bodenstedt. Abteilung 1, Nr. 36.

— Denn auch seiner Geliebten sein Glück nicht wollen zu danken haben, ist Stolz, unverzeihlicher Stolz!

Gotthold Ephr. Lessing, Minna v. Barnhelm (1763). A. 3, Sz. 12 (D. Fräulein).

— Wonniglich ist's, die Geliebte verlangend im Arme zu halten, | Wenn ihr klopfendes Herz Liebe zuerst dir gesteht.

Joh. Wolfg. von Goethe, Gedichte. Epigramme (ged. Venedig 1790). Nr. 102.

— Wenn's Liebchen ruht an meiner Brust, | Dünk' ich mich Fürst zu sein.

Joachim Perinet, D. Schwestern v. Prag (1794). Komp. v. Wenzel Müller. Ich hab' d. ganzen Vormittag usw. Str. 2.

— Auch ein Klaglied zu sein im Mund der Geliebten, ist herrlich.

Friedr. von Schiller, Gedichte. Nänie (ged. 1799).

— Wär' ich lieber schon gestorben, | Eh' ich mir ein Schatz (Lieb) erworben; | Wär' ich jetzo nicht betrübt. D. Knaben Wunderhorn (1806—1808). So viel Stern' am Himmel stehen usw.

— . . . wer zu seinem Liebchen reist, | Dem wird kein Weg zu schwer, | Der läuft bei Tag und läuft bei Nacht | Und ruht sich nimmermehr.

Wilh. Müller, Gedichte a. d. hinterlassenen Papieren eines reisenden Waldhornisten. Nr. 3. Reiselieder. Wanderlieder eines rheinischen Handwerksburschen. Nr. 1. Auszug (ged. 1818). Mel. v. Theod. Fröhlich.

— Mein Liebchen, was willst du noch mehr?

Heinr. Heine, D. B. d. Lieder. Lyrisches Intermezzo (ged. 1822—1823). Nr. 64. Mel. v. Stigelli (Georg Stiegele).

— Mein Lieb' ist eine Alplerin, | Gebürtig aus Tirol.

Eduard Maria Öttinger, B. d. Liebe. Emmely, d. Tirolerin (ged. um 1833). Mel. v. Karl Karow (1836).

— Und der Liebsten goldne Locken, | Füllt's nicht schön ein Leben aus?

Anastasius Grün (Anton Alexander Graf von Auersperg), Gedichte. D. Deserteur (1837).

— Mein Lieb ist eine rote Ros'.

Ferd. Freiligrath, Gedichte (1838). Übersetzungen. A. d. Engl. Rob. Burns. Lieder. Nr. 8.

— Ich habe dich (die Geliebte) — das ist die Fülle! | Ich habe dich — mein Wünschen ruht!

Ferd. Freiligrath, Zwischen d. Garben. Eigenes. Ruhe in d. Geliebten (ged. 1840).

Geliebte, die. — Dein (der Geliebten) Arm ist meiner Unrast Wiege, | Vom Mohn der Liebe süß umglüht; | Und jeder deiner Atemzüge | Haucht mir ins Herz ein Schlummerlied!
Ferd. Freiligrath, Zwischen d. Garben. Eigenes. Ruhe in d. Geliebten (ged. 1840).

— Wenn sie (die Geliebte) das Haupt bewegt und die Hand hebt, so schreibt sie den Grazien Gesetze vor. Bogumil Goltz, Zur Charakteristik u. Naturgesch. d. Frauen (1859).

— Es bringen Grüße mir von ihr (der Geliebten) | Die Rosen und die Sterne; | Ihr süßes Bild, es folget mir | In alle Näh' und Ferne.
Rob. Hamerling, Sinnen u. Minnen (1860).

— Wenn ich an sie (die Geliebte) gedenke, | Verschwunden ist all mein Leid.
Sehnsucht nach ihr. Volkslied u. -weise.

— Die Würzburger Glöckli ha'n schönes Geläut', | Un je ferner die Liebste, je größer die Freud'. Ländler.

— Nie schien ein Gefängnis schön, noch eine Geliebte häßlich. Engl.: Never seem'd a prison fair nor a mistress foul. Sprichwort.

— Kein häßlich Lieb noch reiner Kohlensack. Niederl.: Geen leelijk lief noch schoonen koolzak. Sprichwort.

— Alle Dinge sind gut; hat die Liebste kein gelb Haar, so hat sie einen gelben Hut.
Holländisches Sprichwort.

Gelingen. — Wer will, daß 's ihm geling', | Seh' selber zu seinem Ding!
Spr. an einem Hausgerät.

Gellert. — Das (Gellert) ist ein andrer Mann als Gottsched. — Er hat so etwas Kulantes in seinen Versen.
Friedr. d. Große über Gellert (1760).

Geloben. — Es ist besser, du gelobest nichts, denn daß du nicht hältst, was du gelobest.
Pred. Sal., K. 5, V. 4.

— Geloben ist ehrlich, | Halten beschwerlich.
Alter Spr.

Gelobt. — . . . gelobet sei, der da kommt in dem Namen des Herrn! Matth., K. 21, V. 9.

Gelten. — Jeder Mensch gilt in dieser Welt nur so viel, als er sich selbst gelten macht.
Adolf Freiherr von Knigge, Über d. Umgang mit Menschen (1788).

— Was gelten soll, muß wirken und muß dienen. Joh. Wolfg. von Goethe, Torquato Tasso (1789). A. 1, Sz. 4 (Alphons).

— Ob ich liebe, ob ich hasse, | Nur soll ich nicht schelten. | Wenn ich die Leute gelten lasse, | Läßt man mich gelten.
Joh. Wolfg. von Goethe, Poetische u. prosaische Werke (1836—1837). Gedichte. Zahme Xenien. Nr. 7.

— Wer etwas will gelten, | Der komme selten!
Sprichwort.

Geltung. — „Wie soll ich mich im großen Schwalle | Zur Geltung bringen, sag' mir's an!" | Mach' Eins nur trefflicher als alle, | Nur Eins, was so kein andrer kann.
Emanuel Geibel, Neue Gedichte (1856). Spr. Nr. 30.

Gelübde. — Taub sind die Götter raschen, tör'gen Eiden (Gelübden). Engl.: The gods are deaf to hot and peevish vows.
William Shakespeare, Troilus u. Cressida (um 1609). Übers. v. Schlegel. A. 5, Sz. 3 (Kassandra).

— Ein Gelübde zu tun ist eine größere Sünde als es zu brechen.
Georg Christoph Lichtenberg, Verm. Schriften (1800—1806). Bd. 2, Nr. 2. Bemerk. verm. Inhalts. Nr. 3. Moralische Bemerk.

Gemach. — „Geh' gemach" und „lebe lang" sind Brüder. Sprichwort.

— Gemach in die Kohlen geblasen, | So fährt dir kein Staub in die Nasen. Sprichwort.

— Gemach geht auch weit. Sprichwort.

Gemahlin. — Denn ein treues Gemahl zu verlieren, was ist | Schmerzvoller dem Mann? Griech.: *Τί γὰρ ἀνδρὶ κακὸν μεῖζον ἁμαρτεῖν | Πιστῆς ἀλόχου;*
Euripides, Alkestis (um 438 v. Chr.). Übers. v. Minckwitz. V. 879—80 (Admetos).

— Die geschwätzige Gemahlin | Zieht den Mann in ihr Geschwätz, | Macht dabei sich selbst verächtlich. Joh. Gottfr. von Herder, D. Cid (1806). B. 3, Ges. 48.

Gemälde. — Wer hat je bei einem Gemälde geweint? Friedr. Gottl. Klopstock, Sämtl. Werke (1798—1821). Bd. 8.

Gemeinde. — Wo der Bürgermeister schenckt Wein, | Die fleischhawer im rath seyn, | Der Becker wieg selb das brot, | Da leid die gmeind elend vnd noth. Reimspr. (16. Jahrh.).

— Herr, segne dieses Haus, schütz' gnädig es | Für Brand, Sturm, Wind und Wettersnot, | Dazu auch Stadt und Land! | Laß, lieber Gott, die ganze Gemein | In Gnaden dir befohlen sein!
Spr. im Berliner Rathause. Dritter Stock.

Gemeine, das. — . . . und das Gemeine ist der Tod des Schönen. Engl.: And sweets grown common lose their dear delight.
William Shakespeare, Sonette (1609). Übers. v. Bodenstedt. Abteilung 4, Nr. 146.

— Nur das Gemeine | Verkennt man selten. — Und das Seltene | Vergißt man schwerlich.
Gotthold Ephr. Lessing, Nathan d. Weise (1779). A. 2, Sz. 5 (Nathan u. Tempelherr).

— Der Mensch ist so geneigt, sich mit dem Gemeinsten abzugeben.
Joh. Wolfg. von Goethe, Wilh. Meisters Lehrjahre (1777—1796).

— . . . das Gemeine geht klanglos zum Orkus hinab. Friedr. von Schiller, Gedichte. Nänie (ged. 1799). Schlußv.

Gemeine, das. — Und hinter ihm, in wesenlosem Scheine, | Lag, was uns alle bändigt, das Gemeine.

Joh. Wolfg. von Goethe, Gedichte. Verm. Gedichte. Epilog zu Schillers Glocke (ged. Juli 1805).

— Im Lauf der Welt | Ist das Gemeine des Erhabnen Schatten, | Und am Thersites krankt ein jeder Held. Paul Heyse, D. Feenkind (1868). Ges. 3.

— Glaubst du, man könne kosten vom Gemeinen? | Du mußt es hassen oder dich ihm einen.

Frz. Grillparzer, Sämtl. Werke (1872). Gedichte. Nr. 1. Leben u. Lieben. Epigrammatisches. Den Halben.

— Wo Edles und Gemeines sich bekriegen, | Wird nur zu häufig das Gemeine siegen, | Weil ihm das schlecht'ste Mittel nicht zu schlecht ist, | Sein Ziel der Vorteil nur und nicht das Recht ist.

Friedr. von Bodenstedt, A. d. Nachlasse Mirza-Schaffys (1874). B. 3. B. d. Spr. Nr. 29.

— Mit großen und schönen Vorstellungen sollen wir gerüstet sein; denn überall umgibt uns das Gemeine wie eine Atmosphäre, sofort bereit in jede Lücke hineinzudringen.

Joh. Jak. Mohr, Gedanken über Leben u. Kunst (1885).

Gemeine, der. — Wer den Gemeinen aus dem Staub erhebt | Und Dank für seine Müh'n von ihm erstrebt, | Der zieht sich eine Schlange groß mit Liebe; | Das Wasser fängt er auf in einem Siebe.

A. d. Persischen d. Firdusi (um 940—1020). Sat. auf Sultan Mahmud. Übers. v. Schack.

Gemeingefühl. — Das Gemeingefühl ist die höchste Gewalt auf Erden.

Heinr. Jos. König, D. Waldenser (1836).

Gemeinheit. — An Stolz fehlt's der Gemeinheit nie. | Die Kohle | Will sich des Diamanten Schwester nennen.

Jos. Freiherr von Auffenberg, Sämtl. Werke (1843—1847). Gedichte. Unvergoldete Pillen.

Gemeinnutz. — Derwegen last euch lehren, | . . . daß bey Arm und Reichen | Privat gesuch und Geld | Dem gmeinen Nutz muß weichen, | Wanns sol sein recht bestelt.

Joh. Doman, Lied v. d. Hanse (1618).

— Vertrawligkeit vnd gemeiner Nutzen seind zwey redliche Männer gewesen, die zur Zeit deß Realisten gelebt vnd seynd mit jhnen verscharrt vnd begraben.

Christoph Lehmann, Politischer Blumen-Garten (1662). T. 2. Vertrawligkeit v. Trew. Nr. 6.

— Der Bürgermeister und Rat woll'n als treue Regenten | Auf den gemeinen Nutz ihr Ratschläge wenden. Spr. im Rathause zu Chur.

Gemeinnützig. — Der Gemeinnützige ragt weit empor. Inschrift auf einer Denkmünze (1682).

— Was folgt dir, wenn du heute stirbst? | Die Würden, die dir Menschen gaben? | Der Reichtum? Nein, das Glück, der Welt genützt zu haben.

Christ. Fürchtegott Gellert, Fab. u. Erz. (1746). B. 3. D. Testament.

Gemeinplatz. — Respekt vor dem Gemeinplatz! Er ist seit Jahrhunderten aufgespeicherte Weisheit. Marie von Ebner-Eschenbach, Aphorismen (1893).

Gemeinsinn. — Gemeinsinn fehlt, nicht der gemeine Sinn.

Jul. Mosen, Cola Rienzi, d. letzte Volkstribun d. Römer (1842). A. 2, Sz. 2.

Gemeinwohl. — Sehr weislich geschieht alles, was für das Gemeinwohl geschieht. Lat.: Sapientissime fiunt omnia, quae pro republica fiunt. Inschrift am Hohen Tor zu Danzig.

— Wenn ein jeder das Gemein'(wohl) | Läßt sein' höchste Sorge sein, | Wird der Segen wohl genähret, | Alles mit Gott und Ehr' gemehret.

Spr. im Rathause zu Malans.

— Nicht was du, sondern was das öffentliche Wohl erheischt. Lat.: Non tua te, sed publica vota. Wahlspr. d. Alleyne.

Gemüt. — Werde munter mein Gemühte!

Joh. Rist, Geistl. Poetische Schriften (1657—1659). T. 1. Himmlische Lieder. Ein Abendges.

— Besser blind an den Augen als blind am Gemüth.

Christoph Lehmann, Politischer Blumen-Garten (1662). T. 1. Blind. Additio. Nr. 5.

— Man kann arm sein bei großem Gut. Im Gemüt liegt Reichtum und Armut.

Heinr. Müller, Predigten (1663—1675).

— Rein wie das feinste Gold, steif wie ein Felsenstein, | Ganz lauter wie Kristall soll dein Gemüte sein.

Angelus Silesius (Joh. Scheffler), Cherubinischer Wanders-Mann (1675).

— Was ist ein guter Gemütscharakter anders als gute Begriffe von Schönheit, Tugend, Glückseligkeit? von dem, was edel und groß ist und die Harmonie der Welt befördert?

Ewald Christ. Kleist, Sämtl. Werke (1760). Prosaische Aufsätze. Nr. 9. Gedanken über verschiedene Gegenstände.

— Ohne Umschweife | Begreife, | Was dich mit der Welt entzweit; | Nicht will sie Gemüt, will Höflichkeit.

Joh. Wolfg. von Goethe, Gedichte. Sprichwörtl. (ged. 1812—1814).

— Gemüt ist mehr als Geist, denn das Gemüt besteht | Als Wurzel, wenn der Geist wie Blütenduft vergeht.

Friedr. Rückert, D. Weisheit d. Brahmanen (1836—1839). B. 16, Abteilung 5, Nr. 7. (Stufe 5. Leben. Nr. 409.)

— Des Menschen Gemüt ist sein Geschick.

Ferd. Lassalle, D. Philosophie Herakleitos d. Dunkeln (1857). Bd. 2.

— Es gibt eine Tiefe im menschlichen Gemüte, die tiefer ist, als der Eimer reicht, mit dem die Philosophie ihre Weisheit schöpft.

Jer. Gotthelf (Albert Bitzius), Gesammelte Werke (1855—1858).

Gemüt. — Mit erfrornen Fingern macht man keinen Knoten auf; mit erkältetem Gemüt wird Leichtes schwer vollbracht.

Jer. Gotthelf (Albert Bitzius), Gesammelte Werke (1855—1858).

— Der erste Stoff kommt aus Gottes Hand, | Draus spinnt seine Fäden der Verstand; | Doch soll das Gespinst dir Nutzen geben, | Muß neu das Gemüt es zu Stoffe weben.

Frz. Grillparzer, Sämtl. Werke (1872). Gedichte. Nr. 5. Poesie u. Poeten. Künstlers Handwerksregeln. Nr. 3.

— Beutst du dem Geiste seine Nahrung, | So laß nicht darben dein Gemüt; | Des Lebens höchste Offenbarung | Doch immer aus dem Herzen blüht.

Theod. Fontane, Gedichte (1875). Lieder u. Spr.

— Die Leute mit viel Verstand kommen sich stets bedeutender vor, als es die mit viel Gemüt sind. Wenn sie aber elend werden, dann muß gar oft Verstand zum Gemüt um eine Gabe betteln gehen. Otto von Leixner, A. meinem Zettelkasten (1896). Allerlei Randbemerk.

— Sey wie ein lew im gemute dein, | Im Leben wie ein Schäfflein (Schäfchen)! Alter Spr.

Gemütlichkeit. — Es sind erhaben ob Raum und Zeit | Die Ritter von der Gemütlichkeit.

Adolf Krummacher, D. Gemütlichkeitsritter (vor 1850). Mel.: Wohlauf, Kameraden usw.

Gemütsbewegung. — Luft und Well', Elementengeister, | Können nicht widerstehn der Erregung; | Aber des Menschen Geist kann Meister | Werden seiner Gemütsbewegung.

Friedr. Rückert, Gesammelte Gedichte (1834—1838). Vierzeilen. 2. Hundert, Nr. 33.

Gemütskrankheit. — Die Krankheit des Gemütes löset sich | In Klagen und Vertrau'n am leicht'sten auf.

Joh. Wolfg. von Goethe, Torquato Tasso (1789). A. 3, Sz. 2 (Leonore).

Gemütsruhe. — Was mir gebricht an Gold vnd grossen Schätzen, | Muß mein Gemüht vnd dessen goldne Ruh | Durch freyes Thun vnd Fröligkeit ersetzen, | Die schleusst vor mir das Hauß der Sorgen zu.

Simon Dach, Horto recreamur amoeno (1652).

— Die Ruhe deß Gemühts besteht in dem allein, | Daß es vollkömmlich ist mit Gott ein ein'ges Ein.

Angelus Silesius (Joh. Scheffler), Cherubinischer Wanders=Mann (1675). B. 5, Nr. 321. Worinn d. Ruhe d. Gemühtes bestehe.

— Ruhe des Gemüts ist die Tochter der Weisheit; aber wo diese finden, wenn die Mutter noch nicht gefunden ist?

Karl Jul. Weber, Demokritos (1832—1840). D. Leidenschaften.

Genau. — ... ich seh' es genau, | Es scheinen die alten Weiden so grau.

Joh. Wolfg. von Goethe, Gedichte. Balladen. Erlkönig (ged. 1782). Mel. v. Frz. Schubert (komp. 1815), Karl Löwe (komp. 1817) u. a.

Genau. — Det is nischt Jenaues! (ich trau' dem Frieden nicht). Berliner Redensart.

General. — Auf dem Wohle des alten Generals Knusemong (général ce que nous aimons).

Fritz Reuter, Ut mine Stromtid (1864). B. 3, K. 41.

— Dem General von je gebührt, | Was mutig der Soldat vollführt. Militärisches Sprichwort.

Genial. — Der geniale Mensch ist der, der Augen hat für das, was ihm vor den Füßen liegt.

Joh. Jak. Mohr, Gedanken über Leben u. Kunst (1885).

Genialisch. — Alles Genialische ist eigentlich unendlich und unerschöpflich. Aber es ist schon ein Genuß, sich ihm nur in einiger Entfernung angenähert zu haben.

Joh. Gottl. Fichte, Sämtl. Werke (1845—1846). Grundzüge d. gegenwärtigen Zeit.

Genialität. — Ohne Leidenschaft gibt es keine Genialität. Theod. Mommsen, Römische Gesch. (1854—1856). Bd. 3.

Genie. — Genie ist nichts als eine bedeutende Anlage zur Geduld. Franz.: Le génie n'est autre chose qu'une grande aptitude à la patience.

George Louis Leclerc Buffon, Antrittsrede in d. Akademie (1753). Übers. v. Zimmermann.

— ... ein glückliches Genie vermag viel über sein Volk.

Gotthold Ephr. Lessing, Hamburgische Dramaturgie. Stück 14 (16. Junius 1767).

— ... vieles muß das Genie erst wirklich machen, wenn wir es für möglich erkennen sollen.

Gotthold Ephr. Lessing, Hamburgische Dramaturgie. Stück 21 (10. Julius 1767). Schlußwort.

— Das Genie liebt Einfalt, der Witz Verwicklung.

Gotthold Ephr. Lessing, Hamburgische Dramaturgie. Stück 30 (11. Aug. 1767).

— Nicht jeder Kunstrichter ist Genie; aber jedes Genie ist ein geborner Kunstrichter. Es hat die Probe aller Regeln in sich.

Gotthold Ephr. Lessing, Hamburgische Dramaturgie. Stück 96 (1. April 1768).

— Dem Genie ist es vergönnt, tausend Dinge nicht zu wissen, die jeder Schulknabe weiß; nicht der erworbene Vorrat seines Gedächtnisses, sondern das, was es aus sich selbst, aus seinem eigenen Gefühl hervorzubringen vermag, macht seinen Reichtum aus.

Gotthold Ephr. Lessing, Hamburgische Dramaturgie. (1767—1768).

— Gleich dem Amor ist das Genie zwar geflügelt, aber auch blind.

Jean Paul (Joh. Paul Friedr. Richter), Grönländische Prozesse (1783—1784).

— Große Genies erreichen das Ziel mit Einem Schritt, wohin sich gemeine Geister durch eine lange Reihe von Schlüssen müssen leiten lassen.

Mos. Mendelssohn, An d. Freunde Lessings (1786).

Genie. — Doch hat Genie und Herz vollbracht, | Was Lock' und Des Cartes nie gedacht; | Sogleich wird auch von diesen | Die Möglichkeit bewiesen.

Friedr. von Schiller, Gedichte. D. Weltweisen (ged. 1795).

— Warum will sich Geschmack und Genie so selten vereinen? | Jener fürchtet die Kraft; dieses verachtet den Zaum.

Joh. Wolfg. von Goethe, Gedichte. Vier Jahreszeiten (ged. 1796). Herbst. Nr. 54.

— Das Genie schlägt bei den Deutschen mehr in die Wurzel, bei den Italienern in die Krone, bei den Franzosen in die Blüte und bei den Engländern in die Frucht.

Immanuel Kant, Anthropologie (1798).

— Naiv muß jedes wahre Genie sein, oder es ist keines.

Friedr. von Schiller, Prosaische Schriften (1793—1802). Über naive u. sentimentalische Dichtung.

— Nur dem Genie ist es gegeben, außerhalb des Bekannten noch immer zu Hause zu sein und die Natur zu erweitern, ohne über sie hinauszugehen.

Friedr. von Schiller, Prosaische Schriften (1793—1802). Über naive u. sentimentalische Dichtung.

— Es ist ein Glück, daß das wahre Genie auf die Fingerzeige nicht viel achtet, die man ihm, aus besserer Meinung als Befugnis, zu erteilen sich sauer werden läßt.

Friedr. von Schiller, Prosaische Schriften (1793—1802). Über d. Pathetische.

— Der Mensch ist verloren, der sich früh für ein Genie hält.

Georg Christoph Lichtenberg, Verm. Schriften (1800—1806). Bd. 2, Nr. 2. Bemerk. verm. Inhalts. Nr. 8. Litterärische Bemerk.

— Gott gibt uns die Seele; aber das Genie müssen wir durch die Erziehung bekommen.

Gotthold Ephr. Lessing, Sämtl. Schriften (1796—1808). Abhandlungen über d. Fab. Nr. 5. V. einem besondern Nutzen d. Fab. in d. Schulen.

— Er weiß von selbst, daß das Genie seinen Eigensinn hat, daß es den Regeln selten mit Vorsatz folget; und daß diese seine wollüstigen Auswüchse zwar beschneiden, aber nicht hemmen sollen.

Gotthold Ephr. Lessing, Sämtl. Schriften (1796—1808). Abhandlungen über d. Fab.

— Für das praktische Leben ist das Genie so brauchbar wie ein Stern-Teleskop im Theater.

Arthur Schopenhauer, D. Welt als Wille u. Vorstellung (1819).

— Jedes Kind ist gewissermaßen ein Genie und jedes Genie gewissermaßen ein Kind.

Arthur Schopenhauer, D. Welt als Wille u. Vorstellung (1819).

— Immer erzieht am Spalier, wie den Fruchtbaum, so den Geschäftsmann; | Frei nur laßt, wie des Walds Eiche, den Sohn des Genies.

Karl Gustav von Brinckmann, Elegien u. Arabesken (1820).

Genie. — Verstand ist mechanischer, Witz ist chemischer, Genie organischer Geist.

Friedr. von Schlegel, Sämtl. Werke (1822—1825).

— . . . was ist Genie anders als jene produktive Kraft, wodurch Taten entstehen, die vor Gott und in der Natur sich zeigen können, und die eben deswegen Folge haben und von Dauer sind?

Joh. Peter Eckermann, Gespräche mit Goethe in d. letzten Jahren seines Lebens (11. März 1828).

— . . . es gibt kein Genie ohne produktiv fortwirkende Kraft.

Joh. Peter Eckermann, Gespräche mit Goethe in d. letzten Jahren seines Lebens (11. März 1828).

— Das Genie bleibt sich immer selbst das größte Geheimnis.

Friedr. von Schiller, Briefwechsel zwischen Schiller u. Goethe (1828—1829).

— Das Erste und Letzte, was vom Genie gefordert wird, ist Wahrheitsliebe.

Joh. Wolfg. von Goethe, Werke (1827—1830). Maximen u. Reflexionen. Abteilung 7.

— Und das Genie, es will gleich obenaus.

Joh. Wolfg. von Goethe, Faust, II (1831). A. 5. Grablegung (Mephistopheles).

— Das selbstschaffende Genie hat nicht die Weile des ruhigen Auffassens.

Wilh. Freiherr von Humboldt (1767—1835), Br.

— Daran erkenne ich vorzüglich das Gepräge des Genies, daß es so fruchtbar ist, selbst wieder neue Ideen weckt.

Wilh. Freiherr von Humboldt (1767—1835), Br.

— Talent ist Form, Genie Stoff.

Karl Gutzkow, Über Goethe im Wendepunkte zweier Jahrh. (1836). Abschnitt 3.

— Völlige Ablösung und Sonderung des Intellekts vom Willen und seinem Dienst ist der Vorzug des Genies. Genialität ist Objektivität.

Arthur Schopenhauer, Über d. Willen in d. Natur (1836).

— . . . soll ich ein Geheimnis ausplaudern, welches ebenso nahe liegt und ebenso schwer gefunden wird als die Kunst mit dem Ei des Kolumbus, so wisset, daß das, was ihr als Genie bewundert, nichts ist als — Wahrheit.

Ernst Freiherr von Feuchtersleben, Zur Diätetik d. Seele (1838). K. 10. Natur, Wahrheit.

— Genies gehen ihren eigenen Gang wie Ziegen; daher nennt sie auch der Italiener capricciosi (Sonderlinge, eigentlich Sprüngemacher von capra = Ziege); sie klettern über Höhen und Abgründe leicht hinweg, während Schafe ruhig dem Leithammel folgen.

Karl Jul. Weber, Demokritos (1832—1840). Über Bücher.

— Zwischen Wissen und Tun liegen tiefe Klüfte, welche nur das Genie rücksichtslos überfliegt.

Heinr. Laube, Gräfin Chateaubriant (1843). Bd. 1.

Genie. — Auch ein Mensch von Genie und Tugend ist nur ein Mensch. Alle seine Gaben können nicht gleichmäßig entwickelt sein. Engl.: A man of genius and virtue is but a man. All his powers cannot be equally developed.

Thomas Babington Lord Macaulay, Kritische u. historische Essays (1846). Übers. v. Steger. Leben u. Schriften v. Addison.

— Wahre Prinzen aus Genie=Land | Zahlen bar, was sie verzehrt; | Schiller, Goethe, Lessing, Wieland | Haben nie Kredit begehrt.

Heinr. Heine, Romanzero (1851). B. 2. Lamentationen. Plateniden.

— Das Talent arbeitet, das Genie schafft.

Rob. Schumann, Musik u. Musiker (1854).

— Wir können nicht alle Genies sein; die Genies sind die Luxuspersonen der Menschheit.

Bogumil Goltz, Typen d. Gesellschaft (1860).

— Bewegliche Konsequenz ist das Erste und Letzte aller Genies.

Frz. Grillparzer, Sämtl. Schriften (1872). Ästhetische Studien. Zur Literargesch.

— Gaben, wer hätte sie nicht, Talente, Spielzeug für Kinder; | Erst der Ernst macht den Mann, erst der Fleiß das Genie.

Theod. Fontane, Gedichte (1875). Lieder u. Spr.

— Glücklich das Genie, dem nie das Glück lächelte! — Es ist sich selbst so ungeheuer viel; was soll ihm das Glück noch sein?

Richard Wagner, Gesammelte Schriften (1871—1883). Künstler u. Öffentlichkeit.

— Ein Mensch mit Genie ist unausstehlich, wenn er nicht mindestens noch zweierlei dazu besitzt: Dankbarkeit und Reinlichkeit.

Friedr. Nietzsche, Gesammelte Werke (1895—1897).

— Zu den Blitzen des Genies machen die Talente den Donner.

Peter Sirius, Tausend u. Ein Gedanken (1899). Genie u. Talent.

— Das Genie macht die Fußstapfen, und das nachfolgende Talent tritt in dieselben hinein, tritt sie aber schief.

Wilh. Raabe, Gesammelte Erz. (1896—1900). Frau Salome.

Genieren. — Det geniert 'n jroßen Jeist nich; — un 'n kleenen jeht's nischt an!

Berliner Redensart.

Genießen. — Jedes Ding | Wird mit mehr Trieb erjaget als genossen. Engl.: All things that are | Are with more spirit chased, than enjoy'd.

William Shakespeare, D. Kaufmann v. Venedig (um 1594—1596). Übers. v. Schlegel. A. 2, Sz. 5 (Graziano).

— Genieße, was dir Gott beschieden, | Entbehre gern, was du nicht hast! | Ein jeder Stand hat seinen Frieden, | Ein jeder Stand auch seine Last. Christ. Fürchtegott Gellert, Geistl. Oden u. Lieder (1757). Zufriedenheit mit seinem Zustande.

Genießen. — Was hilft es mir, daß ich genieße? | Wie Träume fliehn die wärmsten Küsse, | Und alle Freude wie ein Kuß.

Joh. Wolfg. von Goethe, Gedichte. Lieder. Glück u. Traum (ged. 1768). Schlußv.

— Genießt den Reiz des Lebens! | Man lebt ja nur Einmal.

Joh. Friedr. Jünger, Philosophie d. Lebens (ged. 1780). Mel. v. Joh. Ludw. Böhner.

— Wer früh genießt, entbehrt in seinem Leben | Mit Willen nicht, was er einmal besaß.

Joh. Wolfg. von Goethe, Torquato Tasso (1789). A. 1, Sz. 3 (Alphons).

— Die Natur will von Zeit zu Zeit stärkere Erregungen der Lebenskraft, um die Tätigkeit des Menschen aufzufrischen, damit er nicht im bloßen Genießen das Gefühl des Lebens gar einbüße.

Immanuel Kant, Anthropologie (1798).

— Selbst Epiktet gibt uns den Unterricht: | „Genießen, was die Götter geben, | Sei aller frommen Menschen Pflicht!"

Christoph Martin Wieland, Sämtl. Werke (1794—1802). D. Leben ein Traum.

— Der allein ist weise, | Der, beides eingedenk, im Sparen zu | Genießen, im Genuß zu sparen weiß.

Christoph Martin Wieland, Sämtl. Werke (1794—1802).

— Doch alles, was ich frisch genieße, | Ist das drum weniger mein?

Joh. Wolfg. von Goethe, Faust, I (1808). Studierzimmer (Mephistopheles).

— Denn es ziemt, des Tags Vollendung | Mit Genießern zu genießen.

Joh. Wolfg. von Goethe, Westöstlicher Diwan. B. d. Sängers. Im Gegenwärtigen Vergangnes (ged. 26. Juli 1814). Schlußv.

— Fürwahr, es wechselt Pein und Lust; | Genieße, wenn du kannst, und leide, wenn du mußt!

Joh. Wolfg. von Goethe, Maskenzug bei Anwesenheit d. Kaiserin Mutter (18. Dez. 1818). Musarion.

— Lasset uns des flücht'gen Tags genießen, | Gilt's vielleicht doch, morgen schon zu sterben!

Adelbert von Chamisso (Louis Charles Adelaide Chamisso de Boncourt), Gedichte. Übersetzungen. Idylle (ged. 1827).

— Genieße mäßig Füll' und Segen; | Vernunft sei überall zugegen, | Wo Leben sich des Lebens freut!

Joh. Wolfg. von Goethe, Gedichte. Gott u. Welt. Vermächtnis (ged. 1829).

— Ich genieße alles dankbar, was von außen kommt, aber ich hänge an nichts.

Wilh. Freiherr von Humboldt, Br. an eine Freundin (6. Okt. 1830).

— Genießen macht gemein.

Joh. Wolfg. von Goethe, Faust, II (1831). A. 4. Hochgebirg (Faust).

— . . . reiner und wahrer genießt niemand als der freiwillig Entbehrende.

Ernst Freiherr von Feuchtersleben, Zur Diätetik d. Seele (1838). K. 8. Oszillation.

Genießen. — Genießen ist keine Kunst, aber mit Weisheit genießen bringt allein noch Blumen im Schnee des Alters und ist der heitere Himmel zwischen Regenwolken.

Karl Jul. Weber, Demokritos (1832—1840). Lob- u. Hülfsmittel d. Frohsinns. D. Fortsetzung.

— Genießt die Minute, solange sie glüht! | Der Frühling verwelkt, und die Liebe verblüht.

Emanuel Geibel, Gesammelte Werke. Gedichte. B. 3. Athen (ged. 1838—1840). Beim Feste. Schlußv.

— Proben gibt es zwei, darinnen | Sich der Mann bewähren muß: | Bei der Arbeit recht Beginnen, | Beim Genießen rechter Schluß.

Emanuel Geibel, Juniuslieder (1848). Gelegenheitsgedichte, Spr., Scherze. Spr. Nr. 52.

— Genieße still zufrieden | Den sonnig heitern Tag; | Du weißt nicht, ob hienieden | Ein gleicher kommen mag. Jul. Sturm, Gedichte (1850). Guter Rat.

— Und ist doch für jeden, der zu genießen weiß, | Alles so herrlich gemacht und bestellt hier!

Friedr. von Bodenstedt, D. Lieder d. Mirza-Schaffy (1851). Mirza-Jussuf. Nr. 5.

— Das Denken | Ist Traum und alles Handeln Stümperwerk, | Nur das Genießen ist das echte Tun! Rob. Hamerling, Ahasver in Rom (1866). Ges. 2. D. Bacchanal.

— Solang' man lebt mit menschlichen Organen, | Wär's doch die beste der Unendlichkeiten, | Das Endliche unendlich zu genießen!

Rob. Hamerling, Ahasver in Rom (1866). Ges. 5. D. goldene Haus.

— Zwei Dinge sind's, die alle Kunst, | Des Menschseins in sich schließen: | Entsagen können starken Sinns | Und rechten Sinns genießen.

Peter Sirius, Tausend u. Ein Gedanken (1899). Erfahrung u. Lebensweisheit.

— Vergebens besitzt, wer nicht genießt. Lat.: Frustra, qui non utitur. Wahlspr. d. Cabreras.

Genius. — Wem anvertraut ward heiliger Genius, | Den läutre Wahrheit ewiger Kraft, zu schaun, | Was gut und schön sei, was zum Äther | Hebe von Wahn und Gelüst des Staubes!

Joh. Heinr. Voß, Sämtl. poetische Werke. D. Bundeseiche (ged. 1772).

— Aus dir spricht mein böser Genius.

Joh. Wolfg. von Goethe, Egmont (1788). A. 4. D. Culenburgische Palast (Alba).

— Und es ist vorteilhaft, den Genius | Bewirten; gibst du ihm ein Gastgeschenk, | So läßt er dir ein schöneres zurück.

Joh. Wolfg. von Goethe, Torquato Tasso (1789). A. 1, Sz. 1 (Leonore).

— Mit dem Genius steht die Natur in ewigem Bunde; | Was der eine verspricht, leistet die andre gewiß. Friedr. von Schiller, Gedichte. Columbus (ged. 1795). Schlußv.

Genius. — Wiederholen zwar kann der Verstand, was da schon gewesen; | Was die Natur gebaut, bauet er wählend ihr nach. | Über Natur hinaus die Vernunft, doch nur in das Leere; | Du nur, Genius, mehrst in der Natur die Natur.

Friedr. von Schiller, Gedichte. Votivtafeln. Nr. 38. D. Genius (ged. 1796).

— Gutes aus Gutem, das kann jedweder Verständige bilden; | Aber der Genius ruft Gutes aus Schlechtem hervor.

Friedr. von Schiller, Gedichte. Votivtafeln. Nr. 39. D. Nachahmer (ged. 1796).

— Wodurch gibt sich der Genius kund? Wodurch sich der Schöpfer | Kund gibt in der Natur, in dem unendlichen All. | Klar ist der Äther und doch von unermeßlicher Tiefe, | Offen dem Aug', dem Verstand bleibt er doch ewig geheim.

Friedr. von Schiller, Gedichte. Votivtafeln. Nr. 40. Genialität (ged. 1796).

— Und dennoch — wenn mit Dulden, Leiden | Und Schmerz man ihn erkaufen muß, | Wer, um des Unglücks Preis, mit Freuden | Empfinge nicht den Genius? Franz.: Pourtant, fallût-il être en proie | A l'injustice, à la douleur, | Qui n'accepterait avec joie | Le génie au prix du malheur? Viktor Hugo, Oden (1822). D. Genie. Übers. v. Freiligrath.

— Schlechtes verbietest du leicht; doch gegen des Genius Werke | Sind ohnmächtig und schwach Scherge, Minister, Despot.

Aug. Graf von Platen-Hallermund, Gesammelte Werke (1839). Gedichte. Epigramme. Fruchtlose Zwangsanstalt.

— Ein großer Genius bildet sich durch einen andern großen Genius, weniger durch Assimilierung als durch Reibung. Ein Diamant schleift den andern.

Heinr. Heine, Sämtl. Werke (1861—1868). Über Deutschland. V. Luther bis Kant.

— Geweckt wird der Genius durch Not, aber nur das Behagen erhält ihn.

Karl Gutzkow, Gesammelte Werke (1873).

— Der Genius wird geboren, aber Übung macht den Meister.

Otto Gumprecht, Musikalische Charakterbilder (1869—1876). Schumann.

— Des Genius Bruder ist der Fleiß.

Ernst Eckstein, Murillo (1880).

— Was die Epoche besitzt, das verkündigen hundert Talente; | Aber der Genius bringt ahnend hervor, was ihr fehlt.

Emanuel Geibel, Gesammelte Werke (1883). Dichtungen in antiker Form. Ethisches u. Ästhetisches in Distichen. Nr. 3.

Genosse. — Auf stillem Teich wird leicht dich tragen, | Den einzelnen Mann, der schmale Kahn; | Doch durch den stürm'schen Ozean | Mußt du nach mächt'germ Fahrzeug fragen | Und mit Genossen dich vertragen.

Anastasius Grün (Anton Alexander Graf von Auersperg), Gesammelte Werke (1877). Gedichte. Spr.

Genosse. — Der Teufel selbst hat einen Genossen nötig. Tamilisches Sprichwort.

Genug. — Für diesmal genug. Lat.: Sed haec hactenus.

Marc. Tull. Cicero, V. d. Pflichten (um 44 v. Chr.). Übers. v. Kloß. B. 1, K. 39, § 140.

— Laßt, Vater, genug sein das grausame Spiel!

Friedr. von Schiller, Gedichte. D. Taucher (ged. 14. Juni 1797).

— Genug ist besser als zu viel. Sprichwort.

— Der hat genug! Lat.: Hoc habet! (So riefen in Rom die Zuschauer, wenn ein Gladiator tödlich verwundet war.) Sprichwörtl.

Genüge. — Gnüge ist besser denn zu viel, | Wenn mans nur recht bedencken will.

Georg Rollenhagen, Froschmäuseler (1595). B. 1, T. 1, K. 9.

— Zur Genüge gehört viel. Alter Spr.

Genügen. — Genügen ist | Ein reicher Tisch.

Spr. an einem Hausgerät.

Genügen, sich — lassen. — Ein jeder laß sich an dem g'nügen, | Was sich zu seinm Handel will fügen.

Georg Rollenhagen, Froschmäuseler (1595). B. 1, T. 1, K. 10.

— Ein jeder las sich an dem begnügen, | Das sich zu seinem wunsch wil fügen; | Wirt er vber das zuuil begeren, | So mus er grosses vnd kleines entbern. Reimspr. (16. Jahrh.).

— Genüge dir und bettle nicht | Um Gunst und eitles Brot, | Und tauche nie dein Angesicht | Vor Großen in den Kot!

Friedr. Bouterwek, Gedichte (1802).

— . . . lasset euch genügen an dem, das da ist! Ebr., K. 13, V. 5.

— Der ist reych genug, der jm (sich) genügen lässet. Alter Spr.

— Ich setze meinem Gott kein Ziel, | Er geb' mir wenig oder viel; | Wohl dem, der sich genügen läßt, | Der lebt kontent aufs allerbest!

Spr. an einem Hause. Franken.

Genügsam. — Seid begnüglich, seid bescheiden! | Freude lächelt dann euch hold.

Joh. Georg Jacobi, Gedichte. Schifferlied. Auf d. Düsselbach (ged. 1775). Mel. v. Joh. Friedr. Reichardt (1796).

— Dem Genügsamen raucht sein Herd.

Friedr. Hölderlin, Gedichte (1826).

Genügsamkeit. — Mag sich Dschâmî auch lebenslang im Armutsgau ergehen, | Sein Reichtum wird im Stolze der Genügsamkeit bestehen.

A. d. Persischen d. Dschâmi (um 1414—1492). Diwane. Übers. v. Wickenhauser.

— Die wahre Ruhe der Gemüter | Ist Tugend und Genügsamkeit.

Christ. Fürchtegott Gellert, Geistl. Oden u. Lieder (1757). Zufriedenheit mit seinem Zustande.

— Viel weiser hätte sie . . . | Gelehrt, Genügsamkeit sei reich bei Brot und Wasser, | Und eine ganze Welt zu arm für einen Prasser.

Joh. Jak. Dusch, Sämtl. poetische Werke (1765—1767). T. 1. V. d. Schwächen d. Vernunft.

Genügsamkeit. — O Freund, das wahre Glück | Ist die Genügsamkeit, | Und die Genügsamkeit | Hat überall genug.

Joh. Wolfg. von Goethe, Gedichte. Verm. Gedichte. Adler u. Taube (1774).

— Wer Neid und Mißgunst sorgsam flieht, | Und Gnügsamkeit im Gärtchen zieht, | Dem schießt sie schnell zum Bäumchen auf, | Das goldne Früchte trägt!

Joh. Martin Usteri, Dichtungen in V. u. Prosa. Gedichte. Tischlied (ged. 1793). Mel. v. Hans Georg Nägeli (komp. 1794).

— Ja, Freunde, das stille Glück des häuslich frohen Lebens, — | Dies einzig wahre Glück, — schenkt nur Genügsamkeit.

Joh. Georg Jacobi, Sämtl. Werke (1807). Gedichte. Antwort.

— Die Genügsamkeit ist ein groß's Ding und steht fest; sie hat keine Neider und Verfolger, und deswegen scheint sie uns auch den Göttern am ähnlichsten zu machen.

Matthias Claudius, Sämtl. Werke d. Wandsbecker Boten (1816). Br. an Andres.

— Ergebung und Genügsamkeit sind es vor allem, die sicher durch das Leben führen.

Wilh. Freiherr von Humboldt, Br. an eine Freundin (13. Nov. 1824).

— . . . Genügsamkeit ist natürlicher Reichtum.

Karl Jul. Weber, Demokritos (1832—1840). D. Luxus.

Genuß. — Bedenke, tust du nur, was dir Genuß bringt, | Daß stets die Buße folgt, die dir Verdruß bringt. Griech.: *Δρῶντες ἂν ἡδώμεθα, | Οὐκ ἀντιτίσειν αὖθις ἂν λυπώμεθα.*

Sophokles (um 496—406 v. Chr.), Ajas. Übers. v. Jordan. V. 1073—74 (Menelaus).

— Des Genusses wandelbare Freuden | Rächet schleunig der Begierde Flucht.

Friedr. von Schiller, Gedichte. D. Ideal u. d. Leben (ged. 1795).

— Die Probe eines Genusses ist seine Erinnerung.

Jean Paul (Joh. Paul Friedr. Richter), D. Kampanertal (1798). K. 1.

— Je geistiger ein Genuß ist, desto dauernder ist er. Joh. Gottfr. von Herder, Sämtl. Werke (1805—1820).

— Kein Genuß der Gegenwart ist vollkommen, dem nicht Erinnerung und Hoffnung zur Folie dienen. Christ. Friedr. Wilh. Jakobs, Ährenlese (1823—1825). Bd. 2.

— Wer genießt, der grüble nicht zu viel! | Der Genuß kann selten Licht vertragen.

Klamer Eberhard Schmidt, Werke (1826—1828). Gedichte. Gereimtes u. Ungereimtes.

— Dem Unersättlichen in jeglichem Genuß | Wird selbst das Glück zum Überfluß.

Ludw. Bechstein, D. Totentanz (1831).

Genuß. — Das schale Einerlei des Genusses lehrt durch Sättigung ... den Wert der Arbeit, und die Begierde, für welche Himmel und Erde nicht genug haben, führt den Toren zur Verzweiflung, den Besonnenen zur Genügsamkeit.

Ernst Freiherr von Feuchtersleben, Zur Diätetik d. Seele (1838). K. 8. Oscillation.

— Die Seele vom Genuß, o Freund, ist dessen Kürze.

Friedr. Rückert, D. Weisheit d. Brahmanen (1836—1839). B. 5, Nr. 131. (Stufe 12. Frieden. Nr. 52.)

— Genuß verhält sich zur Freude wie Tier zu Mensch und ist, nach Jean Paul, eine sich selbst verzehrende Rakete.

Karl Jul. Weber, Demokritos (1832—1840). Rede in d. zweiunddreißig Winde an Jünglinge u. meine Zeit.

— Der Tor läuft den Genüssen des Lebens nach und sieht sich betrogen; der Weise vermeidet die Übel.

Arthur Schopenhauer, Parerga u. Paralipomena (1851). Aphorismen zur Lebensweisheit.

— Unsres Lebens heil'ge Drei, | Anfang, Mitt' und Schluß, | Sei nur Eins und Einerlei | Bleibend durch Genuß.

Aug. Heinr. Hoffmann v. Fallersleben, Gesammelte Werke (1890). Maikäferiade.

Genußsucht. — Genußsucht hat in dieser argen Zeit | Die Herzen angesteckt wie eine Seuche, | Und gegen eine Seuche, das ist sicher, | Hilft keine Weltweisheit!

Rob. Hamerling, Ahasver in Rom (1866). Ges. 5. D. goldene Haus.

Gerade. — Ich schätze den, der tapfer ist und g'rad.

Joh. Wolfg. von Goethe, Iphigenie auf Tauris (1787). A. 2, Sz. 1 (Orest).

— Denn das Gute liebt sich das Gerade; | Böse Früchte trägt die böse Saat.

Friedr. von Schiller, D. Braut v. Messina (1803). Säulenhalle (Cajetan).

— Der gerade Weg ist der beste. Sprichwort.

Geradeaus. — Bergauf sachte! | Bergab achte! | G'radaus trachte!

Eduard von Bauernfeld, Gesammelte Schriften (1871—1873). Gedichte.

— Zwischen rechts und links gibt's noch ein g'radeaus. Alter Spr.

— G'radaus bei Licht und Sonnenschein, | Das heißt auf Deutsch: ein Menschlein sein!

Wartburgspr. Architektenstüblein.

Geradezu. — Wer wenig irren wil, er thu' gleich, was er thu, | Der schweife weit nicht um; er gehe gradezu!

Friedr. von Logau, Deutsche Sinn-Getichte (1654). Aufrichtigkeit.

— Geradezu gibt guten Renner. Sprichwort.

Geradheit. — ... G'radheit ist 'ne Törin, | Die das verfehlt, wonach sie strebt. Engl.: For honesty's a fool, | And loses that it works for.

William Shakespeare, Othello (um 1601—1605). Übers. v. Schlegel. A. 3, Sz. 3 (Jago).

— Gott hat die G'radheit selbst ans Herz genommen; | Auf g'radem Weg ist niemand umgekommen.

Joh. Wolfg. von Goethe, Werke (1827—1830). Gedichte. Zahme Xenien. Nr. 4.

Geratewohl, aufs. — Aufs Geratewohl ist kühn, aber nicht klug.

Christoph Lehmann, Politischer Blumen-Garten (1662).

Gerecht. — Daß du erkennest im Herzen und andern auch es verkündest, | Wie viel besser es sei, gerecht als böse zu handeln. Griech.: *Ὄφρα γνῷς κατὰ θυμόν, ἀτὰρ εἴπησθα καὶ ἄλλῳ, | Ὡς κακοεργίης εὐεργεσίη μέγ' ἀμείνων.*

Homer, Odyssee. Übers. v. Voß. Ges. 22, V. 373—74.

— Gerechte Sache gibt auch Selbstgefühl. Griech.: *Ξὺν τῷ δικαίῳ γὰρ μέγ' ἔξεστιν φρονεῖν.*

Sophokles (um 496—406 v. Chr.), Ajas. Übers. v. Jordan. V. 1113 (Teukros).

— Es kann keiner gerecht sein, der nicht menschlich ist. Franz.: On ne peut être juste, si on n'est pas humain.

Marquis de Vauvenargues, Reflexionen u. Maximen (1746). Nr. 28. Übers. v. Zimmermann.

— Wolle nicht immer großmütig sein; aber gerecht sei immer!

Matthias Claudius, Sämtl. Werke d. Wandsbecker Boten. T. 7. An meinen Sohn Joh. (1799).

— ... der sollte gerecht sein, der vom Weibe geboren? Hiob, K. 15, V. 14.

— Jeder ist vor Gott ein Sünder, und keiner ist vor dem Kaiser gerecht. Russisches Sprichwort.

— Willst du gerecht vollkommen sein, | Verkaufe gleich alles, was immer dein!

Spr. an einem Hause zu Thaur, Inntal.

Gerechte, der. — Licht ist und Wärme des Gerechten Handeln; | Doch Schlechtheit ist und Trug des Schlechten Handeln.

A. d. Persischen d. Rûmî (um 1204—1273). Mesnewi. Übers. v. Rosen.

— Seid fröhlich, ihr Gerechten! | Der Herr hilft seinen Knechten.

Christ. Fürchtegott Gellert, Geistl. Oden u. Lieder (1757). Vertrauen auf Gottes Vorsehung. Schlußv.

— Strauchelt der Gute, und fällt der Gerechte, | Dann jubilieren die höllischen Mächte.

Friedr. von Schiller, Macbeth (1800). A. 1, Sz. 1 (Zweite u. dritte Hexe).

— Aber der Gerechten Pfad glänzet wie ein Licht. Spr. Sal., K. 4, V. 18.

— Des Gerechten Zunge ist köstliches Silber. Spr. Sal., K. 10, V. 20.

— Der Gerechte muß viel leiden. Ps. 34, V. 20.

— Dem Gerechten muß das Licht immer wieder aufgehen. Ps. 97, V. 11.

Gerechte, der. — Der Gerechte aber wird des Glaubens leben. Ebr., K. 10, V. 38.

— Gott, der gerechte! Jüd. Ausruf.

Gerechtigkeit. — Die Gerechtigkeit aber stammt erst vom Staate her, denn das Recht ist die Ordnung der staatlichen Gemeinschaft. Griech.: *Ἡ δὲ δικαιοσύνη πολιτικόν· ἡ γὰρ δίκη πολιτικῆς κοινωνίας τάξις ἐστίν.*

Aristoteles (um 384—322 v. Chr.), Politik. Übers. v. Susemihl. B. 1, K. 2.

— Gerechtigkeit gibt jedem das Seine, maßt sich nichts Fremdes an, setzt den eigenen Vorteil zurück, wo es gilt, das Wohl des Ganzen zu wahren. Lat.: Justitia suum cuique tribuit, alienum non vindicat, utilitatem propriam neglegit, ut communem aequitatem custodiat.

Ambrosius (um 340—397). V. d. Pflichten. Übers. v. Lichter. B. 1, K. 24.

— Viel Gerechtigkeit, viel Frieden.

Talmud (3. Jahrh.).

— Besser für die Gerechtigkeit sterben als fliehen und ehrlos leben. Lat.: Statius est ratione aequitatis mortem oppetere, quam fugere et inhoneste vivere.

Wahlspr. Kaiser Ottos I. (reg. 936—973).

— Wer grechtikeit halt in der hant, | Des gwalt mag haben gůt bestand.

Seb. Brant, D. Narrenschif (1494). Nr. 37. V. glückes fall.

— Gerechtigkeit bin ich genannt; | Gift und Galle sind mir unbekannt; | Ich seh' nicht an die Person arm oder reich; | Ich wäge dem Kaiser und dem armen Mann gleich.

Spr. an einem Hause zu Hannover (1541).

— Was ist der Welt Gerechtigkeit anders, denn daß jedermann tue in seinem Stande, was er schuldig ist?

Dr. Martin Luther, Alle B. u. Schrifften (1539—1559).

— Der Gerechtigkeit ihren Lauf, und sollte auch die Welt darüber untergehen! Lat.: Fiat justitia, et pereat mundus.

Wahlspr. Kaiser Ferd. I. (reg. 1558—1564).

— Veritas (Wahrheit), die ist gantz und gar todt; | Justitia (Gerechtigkeit) leidet große Noth; | Fallacia (Täuschung) ist geboren; | Fides (Treue) hat den Streit verloren.

Spr. an d. Ratsstube zu Stendal (1581).

— Verachtet Gott nicht, lieben Leut, | Und strebet nach Gerechtigkeit!

Georg Rollenhagen, Froschmäuseler (1595). B. 1, T. 2, K. 13.

— In einer hat das Schwert, in andrer Hand die Schalen | Gerechtigkeit; denn so sieht man sie meistens malen. | Wie so? Weil sich zur Wag' ein Schwacher gerne kehrt, | Ein Starker aber nicht, der gerne faßt das Schwert.

Friedr. von Logau, Deutsche Sinn=Getichte (1654). Gerechtigkeit.

Gerechtigkeit. — Daß Gerechtigkeit bestehe, dazu muß man Köpfe haben; | Teils die kluge Leute führen, teils der Henker gibt den Raben.

Friedr. von Logau, Deutsche Sinn=Getichte (1654). Gerechtigkeit.

— Wer mit Recht sein Gerechtigkeit in der vnrechten Welt will erhalten, der bedarff groß Glück.

Christoph Lehmann, Politischer Blumen=Garten (1662). T. 2. Recht. Nr. 72.

— Gerechtigkeitsliebe ist bei den meisten Menschen nur Besorgnis, Ungerechtigkeiten zu leiden. Franz.: L'amour de la justice n'est, en la plupart des hommes, que la crainte de souffrir l'injustice.

François, Herzog von La Rochefoucauld, Maximen oder moralische Sentenzen u. Reflexionen (1665). Nr. 78. Übers. v. Zimmermann.

— Schau alle Tugenden, ist ein' ohn unterscheid: | Wiltu den Namen hör'n? sie heist Gerechtigkeit.

Angelus Silesius (Joh. Scheffler), Cherubinischer Wanders=Mann (1675). B. 5, Nr. 172. Alle Tugenden sind eine Tugend.

— Es hält, der Wage nach, die Frau Gerechtigkeit | Noch überall nach alter Art Gerichte. | Ist ja bei uns ein kleiner Unterscheid, | So ist es etwan im Gewichte.

Christoph Heinr. Amthor, Gedichte (1734).

— Wenn die Gerechtigkeit ihre ganze Strenge in Anwendung brächte, würde die Erde bald eine Wüste sein. Ital.: Se la giustizia usasse — Di tutto il suo rigor, sorebbe presto — Un deserto la terra.

Pietro Metastasio, D. Milde d. Kaisers Titus (1734). A. 1, Sz. 8. Übers. v. Pozzoni.

— In deinem Busen möge Gerechtigkeit thronen, auf deinen Lippen Wahrheit. Ital.: Giustizia entro al tuo seno — Sieda e sul labbro il vero.

Giuseppe Parini, Erziehungslehre (1764). Übers. v. Pozzoni.

— Die Gerechtigkeit ist nichts anderes als die Nächstenliebe des Weisen.

Gottfr. Wilh. von Leibniz, Werke (1768).

— Die ewige Gerechtigkeit zu sühnen | Starb an dem Holze Gottes Sohn.

Friedr. von Schiller, Don Carlos (1787). A. 5, Sz. 10 (Großinquisitor).

— Auch die Gerechtigkeit trägt eine Binde | Und schließt die Augen jedem Blendwerk zu.

Joh. Wolfg. von Goethe, Torquato Tasso (1789). A. 2, Sz. 3 (Tasso).

— . . . der Schein regiert die Welt, und die Gerechtigkeit ist nur auf der Bühne.

Friedr. von Schiller, D. Parasit (1803). A. 5, Sz. 8 (Narbonne). Schlußwort.

Gerechtigkeit. — Denn da, wo die Gerechtigkeit regiert, | Da freut sich jeder, sicher seines Erb's, | Und über jedem Hause, jedem Thron | Schwebt der Vertrag wie eine Cherubswache.

Friedr. von Schiller, Demetrius (Mai 1805). A. 1 (Demetrius).

— Gerechtigkeit | Heißt der kunstreiche Bau des Weltgewölbes, | Wo alles Eines, Eines alles hält, | Wo mit dem Einen alles stürzt und fällt.

Friedr. von Schiller, Demetrius (Mai 1805). A. 1 (Demetrius).

— Gerechtigkeit wird, gleich der Seele, allenthalben als notwendig gefühlt; aber wo beide sich eigentlich aufhalten, ist trotz aller Körper und Corporum juris das noch nicht aufgelöste Rätsel.

Christ. Ernst Karl Graf von Bentzel-Sternau, Weltansichten (1816).

— Die Tugend großer Seelen ist Gerechtigkeit.

Aug. Graf von Platen-Hallermund, D. verhängnisvolle Gabel (1826). A. 4 (Mopsus).

— Wer den ersten Gedanken der Gerechtigkeit hatte, war ein göttlicher Mensch; aber noch göttlicher wird der sein, der ihn wirklich ausführt.

Joh. Gottfr. Seume, Sämtl. Werke (1826). Apokryphen.

— Wo man von Gerechtigkeiten und Freiheiten redet, soll man durchaus nicht von Gerechtigkeit und Freiheit sprechen.

Joh. Gottfr. Seume, Sämtl. Werke (1826). Apokryphen.

— Zwar eine schöne Tugend ist die Treue, | Doch schöner ist Gerechtigkeit!

Aug. Graf von Platen-Hallermund, Gedichte. Verm. u. Gelegenheitsgedichte. An einen Ultra (ged. 1831).

— Je stumpfer das Schwert der Gerechtigkeit wird, desto schärfer werden die Messer; und je feiger die Richter sind, desto frecher wird das Pack.

Jer. Gotthelf (Albert Bitzius), Bauernspiegel (1836).

— Nur wo Gerechtigkeit und Liebe sich verbündet, | Ist Menschenschuld gesühnt und irdi'scher Sinn entsündet.

Friedr. Rückert, D. Weisheit d. Brahmanen (1836—1839). B. 8, Nr. 96. Schlußv. (Stufe 3. Kampf. Nr. 127. Fürstenspiegel. Nr. 33.)

— Jedenfalls stände es besser um die Menschheit, wenn man sich weniger auf Gnade und dergleichen Tugenden und Schwächen verließe, sich desto entschiedener aber auf Gerechtigkeit stützte.

Immanuel Kant, Werke (1838—1839).

— Gerechtigkeit ist mehr die männliche, Menschenliebe mehr die weibliche Tugend.

Arthur Schopenhauer, D. beiden Grundprobleme d. Ethik (1841). Einleitung.

— Ihr werdet euch dem Himmelreich nicht nähern, | So ihr nicht heget bessere Gerechtigkeit, | Als ihr sie findet bei den Pharisäern | Und Schriftgelehrten bis zu dieser Zeit.

Friedr. von Sallet, Laien-Evangelium (1842).

Gerechtigkeit. — In der unverbrüchlichen Handhabung der Gerechtigkeit besteht vor allem die Majestät und Heiligkeit des Staates.

Friedr. Jul. Stahl, Staatslehre (1847).

— Gerechtigkeit gegen alle bedeutet die wahre Liebe zu dem Einen.

Bettina (Elisabeth) von Arnim, Sämtl. Schriften (1853).

— Dem Wasser gleichet Gerechtigkeit; sie fällt schnell herab und steiget nie hinauf.

Ludw. Börne, Gesammelte Schriften (1862—1863).

— Gerechtigkeit und Liebe müssen überall zusammenstimmen, wie sie eins sind im göttlichen Urbilde.

Friedr. Ernst Daniel Schleiermacher, Sämtl. Werke (1835—1865).

— Immer Gerechtigkeit für andere; Mut für uns selbst. Das sind die zwei Tugenden, worin alle andern bestehen.

Rahel (Antonie Friederike Varnhagen von Ense), Br. (1877).

— Nichts kränkt den Menschen tiefer, als wenn er da, wo er Liebe und Wohlwollen erwarten darf, nicht einmal die einfachste Gerechtigkeit findet und eine ungerechte Behandlung sich gefallen lassen muß.

Eduard von Hartmann, Phänomenologie d. sittlichen Bewußtseins (1878).

— In der Jugend meinen wir, das Geringste, das die Menschen uns gewähren können, sei Gerechtigkeit. Im Alter erfahren wir, daß es das Höchste ist.

Marie von Ebner-Eschenbach, Aphorismen (1893).

— . . wer Gerechtigkeit säet, das ist gewisses Gut. Spr. Sal., K. 11, V. 18.

— . . . Gerechtigkeit fördert zum Leben. Spr. Sal., K. 11, V. 19.

— . . . die Gerechtigkeit ist unsterblich. Wsh. Sal., K. 1, V. 15.

— . . . der Gerechtigkeit Frucht wird Friede sein. Jes., K. 32, V. 17.

— Selig sind, die da hungert und dürstet nach der Gerechtigkeit. Matth., K. 5, V. 6.

— Selig sind, die um Gerechtigkeit willen verfolgt werden. Matth., K. 5, V. 10.

— Wenn man die Gerechtigkeit biegt, so bricht sie. Sprichwort.

— Eine Stunde Gerechtigkeit geübt gilt mehr als siebzig Jahre Gebet. Türkisches Sprichwort.

— Ei, du liebe Gerechtigkeit, | Liegst im Bett und hast kein Kleid. Sprichwörtl. Schweiz.

— Alles prüft bis aufs Korn der Gerechtigkeit sorgliche Wage; | Sie nur schlichtet den Streit haderndem Menschengeschlecht. Lat.: Justitia exiguis examinat omnia granis. | Sola potens hominum conciliare genus.

Inschrift im Rathause zu Danzig.

Gerechtigkeit. — Die Gerechtigkeit ist fein, | Wenn sie gibt jedermann das Sein'; | Er sei jung, arm, alt oder reich, | So urteilt sie jedem gleich.
Spruch an einem Hause. Inntal.

— Durch Gerechtigkeit muß das Land bestehen, | Durch Unrecht wird es ganz vergehen.
Spr. auf einem Richtschwert.

— Gerechtigkeit war stets der Grund, | Darauf ein tapfrer Mann bestund. Wartburgspr.

— Die Gerechtigkeit ist schärfer denn ein gezücktes Schwert. Lat.: Justitia acutior ense elato. Wahlspr. d. Champneys.

Gerede. — Und man kommt ins Gered', wie man sich immer stellt.
Joh. Wolfg. von Goethe, Faust, I (1808). Garten (Marta).

Gericht. — Rat und gericht hat keinen frünt.
Seb. Brant, D. Narrenschif (1494). Nr. 46. V. d. gwalt d. narren.

— Es ist, es ist noch ein Gerichte; | Die Zukunft führet Lohn und Schwert | Und reicht mit billigem Gewichte | Den Thaten den verdienten Werth.
Karl Friedr. Drollinger, Gedichte (1743). Über d. Unsterblichkeit der Seele.

— . . . überlaßt dem Höchsten das Gericht!
Adelbert von Chamisso (Louis Charles Adelaide Chamisso de Boncourt), Gedichte. Sonette u. Terzinen. A. d. Vendee. Nr. 1. Im Jahre 1832 (ged. 1832). Schlußv.

— Ihr sollt nicht unrecht handeln am Gericht!
3. Mos., K. 19, V. 15.

— . . . eines jeglichen Gericht kommt vom Herrn. Spr. Sal., K. 29, V. 26.

— . . . richtet ein rechtes Gericht!
Evang. Joh., K. 7, V. 24.

— Wie gar unbegreiflich sind seine Gerichte!
Röm., K. 11, V. 33.

— Wer vom Gericht bringt heile Haut, | Der mag wohl jauchzen überlaut. Sprichwort.

— Wenn man vom Gericht kommt, ist man weise. Franz.: Au retour des plaids on est sage. Sprichwort.

— Liebe, Furcht, Haß und Eigennutz | Verkehren oft Gericht und Schutz.
Inschrift unter d. Gemälde: Sal. Urteil im Rathause zu Bremen.

Gericht, das jüngste. — Da (Der) wachtet (wartet) all (schon) up't jüngste Gerichte (er ist längst tot). Sprichwörtl. Redensart. Münsterisch.

— Seid wachsam stets, weil ihr nicht wißt, | Wenn euch der Herr ruft zu Gericht; | Wer jederzeit bereitet ist, | Den schreckt des Herren Donner nicht. Marterlinschrift am Jaufenberg.

Gering. — Sie loben ewig das Geringe, | Weil sie das Gute nie gekannt.
Christ. Fürchtegott Gellert, Fab. u. Erz. (1746). B. 1. D. beiden Hunde.

— Geringes ist die Wiege des Großen.
Sprichwort.

Gering halten. — Man muß sich für nichts zu gering halten!
Georg Christoph Lichtenberg, Verm. Schriften (1800—1806). Bd. 2, Nr. 2. Bemerk. verm. Inhalts. Nr. 15. Gute Vorschläge u. Maximen.

Geringste, der. — Auch der Geringste kann dir einst von Nutzen sein. Franz.: On a souvent besoin d'un plus petit que soi.
Jean de Lafontaine, Fab. (1668). Übers. v. Dohm. B. 2, Nr. 11. D. Löwe u. d. Maus. V. 2.

Germane. — Der Franzose ist ja viel regierbarer als der Germane.
Otto von Bismarck im Reichstag (18. Mai 1889).

— Diese Tugenden sind in hohem Maße den Germanen eigen, welche als schönste Eigenschaften die Treue der Mannen gegen den König und des Königs gegen die Mannen hochhielten.
Kaiser Wilh. II. in Christiania (2. Juli 1890).

Germania. — Wie lang' zerfleischt mit eigner Hand | Germanien sein Eingeweide?
Joh. Peter Uz, Sämtl. Werke (1768). Gedichte. D. bedrängte Buch.

— Der Einklang ist's von tausend Tönen, | Der mächtig in Germaniens Söhnen | Zu der Begeistrung Wogen schwillt.
Wilh. Hauff, Kriegs- u. Volkslieder (1824). Beim Burschenmahl. Mel. v. Christ. Gottlob Neefe.

— Du bist nicht fern, du bist nicht nah'; | Wo find' ich dich, Germania?
Gustav Kühne, Gedichte (1862). Lied d. Studenten a. Kaiser Friedr. in Prag. Mel. v. Heinr. Marschner.

— Hurra, du stolzes, schönes Weib, | Hurra, Germania!
Ferd. Freiligrath, Gesammelte Dichtungen. Neueres u. Neuestes. Hurra, Germania! (ged. 25. Juli 1870). Mel. v. Leop. Damrosch u. a.

— Meines Herzens Flamme lodert | Einzig dir, Germania! | Drum, wenn einst mein Leib vermodert, | Sei mein Staub den Vätern nah!
Max Schneckenburger, Gedichte. Deutsche Lieder (1870).

Germanisch. — Das ist eben der Vorzug des germanischen Charakters unter allen übrigen, daß er seine Befriedigung in der eigenen Anerkennung des eigenen Wertes findet und kein Bedürfnis nach Vorrecht, nach Herrschaft hat, daß er sich selbst lebt.
Otto von Bismarck zu deutschen Studenten in Friedrichsruh (1. April 1895).

Gern tun. — Wenn jemand etwas sehr gerne tut, so hat er fast immer etwas in der Sache, was die Sache nicht selbst ist.
Georg Christoph Lichtenberg, Verm. Schriften (1800—1806).

Gerstensaft. — Und bei dem edlen Gerstensaft | Träum' ich von Kron' und Kaiserschaft.
Joachim Perinet, D. Schwestern v. Prag (1794). Komp. v. Wenzel Müller. Ich hab' d. ganzen Vormittag usw. Str. 2.

Gerstensaft. — Um den Gerstensaft, ihr edlen Seelen, | Dreht sich unser ganzer Staat herum.

Alexander Wollheim, Sind wir nicht zur Herrlichkeit geboren usw. (um 1835). Mel. Brüder, zu d. festlichen Gelagen usw.

— Genießt im edlen Gerstensaft | Des Weines Geist, des Brotes Kraft!

Inschrift am Saale d. Berliner Tivolibrauerei. Verfasser: Hogarten (1869).

Gerstenwein. — Auf Deutschlands hohen Schulen, | Da trinken des Gerstenweins | Altdeutschlands Völkerschaften, | Ein Glas und immer noch eins.

Dr. A. Kunitz, Tacitus u. d. alten Deutschen (ged. 1871). Mel. v. Vincenz Lachner.

Geruch. — Nichts Reell'res in der Welt, als der | Geruch; — er zaubert uns im Augenblick | Ins Reich der Wirklichkeit.

Christ. Dietr. Grabbe, Don Juan u. Faust (1829). A. 4, Sz. 4 (Don Juan).

— In gutem Geruche stehen (gut angeschrieben sein). Nach 2. Mos., K. 5, V. 21.

Gerüche. — Ward einmal er getränkt noch neu, die Gerüche bewahrt er | Lange, der Topf. Lat.: Quo semel est imbuta recens, servabit odorem | Testa diu.

Quint. Horatius Flacc., Episteln (um 20 v. Chr.). Übers. v. Voß. B. 1, Nr. 2, V. 69—70.

Gerücht. — Wahrheit gerne mit Falschheit | Mengt und aus kleinem Beginn durch eigene Lügen emporwächst das Gerücht. Lat.: Fama ... veris addere falsa | Gaudet et e minimo sua per mendacia crescit.

Publ. Ovidius Naso (um 43 v. Chr.—17 n. Chr.), Metamorphosen. Übers. v. Voß. B. 9, V. 139—40.

— ... und Kräfte bekommt es (das Gerücht) durchs Gehen. Lat.: ... viresque adquirit eundo.

Publ. Vergilius Maro (um 70 v. Chr.—19 n. Chr.), Äneis. B. 4, V. 175. Übers. v. Grau.

— Bös Gerücht nimmt immer zu; | Gut Gerücht kommt bald zur Ruh. Mittelhochdeutsch: Diu boesen maere werdent wît, | Daz guote maere schier gelît.

Frîdankes Bescheidenheit (1225—1240). Übertr. v. Pannier. Nr. 42. v. unkünde.

— Was der Spiegel dem Gesicht, | Ist den Sinnen das Gerücht.

Friedr. von Logau, Deutsche Sinn-Getichte (1654).

— ... das Gerücht erscholl ... durch alle umliegende Örter. Luk., K. 4, V. 14.

— Ein gemein gerucht ist selten erlogen. Alter Spr.

— Es ist nicht gar ohne, was jedermann spricht (das Gerücht). Sprichwort.

Gerührt. — Na, sein Se jerührt! (Geben Sie sich zufrieden!) Berliner Redensart.

Gerüst. — Fall' nich von't Jerüste! (Verunglücke nicht! [im übertragenen Sinne.])

Louis Angely, Vaudevilles u. Lustspiele (1828—1834). D. Fest d. Handwerker.

Gerüstet. — Sie sollen alles lernen. Wer durchs Leben | Sich frisch will schlagen, muß zu Schutz und Trutz | Gerüstet sein.

Friedr. von Schiller, Wilh. Tell (1804). A. 3, Sz. 1 (Tell).

Gesandter. — Verstand und weiser Sinn sei dem Gesandten eigen; | Er muß beherzten Mut und Kraft im Reden zeigen! | Auf Fragen halt' er stets die Antwort so bereit, | Daß von des Rechtes Pfad er weicht zu keiner Zeit! | Er spreche offen sich und gerade aus, nicht krumm, | Stets so, wie sich's geziemt vor dem Kollegium. | Wohl manchen gab's, von dem ein Wort nur, rauh und scharf, | Mit Mordluft eine Welt in Schutt und Trümmer warf. | Doch zwischen Feinden selbst hat oft schon milde Rede | Der Freundschaft Grund gelegt, getilgt die blut'ge Fehde.

A. d. Persischen d. Amvari-Soheili (gest. 1501). Streit d. Elefanten u. Hasen. Übers. v. Ethé.

Gesang. — Denn der neuste Gesang erhält von allen Gesängen | Immer das lauteste Lob der aufmerksamen Versammlung. Griech.: *Τὴν γὰρ ἀοιδὴν μᾶλλον ἐπικλείουσ' ἄνθρωποι, | Ἥ τις ἀκουόντεσσι νεωτάτη ἀμφιπέληται.*

Homer, Odyssee. Übers. v. Voß. Ges. 1, V. 351—52.

— Gesang, der Sterblichen süßestes Labsal. Griech.: *Εἶναι βροτοῖς ἥδιστον ἀείδειν.*

Musäos (um 425 v. Chr.). Nach Aristoteles, Politik. Übers. v. Susemihl. B. 5, K. 5.

— Denn der Gesang ist den Göttern willkommenstes aller Geschenke. Griech.: *Γεράων δὲ θεοῖς κάλλιστον ἀοιδαί.*

Theokrit (geb. um 300 v. Chr.), Idyllen. Übers. v. Notter. D. Dioskuren. V. 223.

— Himmlische sühnt der Gesang, der Gesang selbst Mächte des Orkus. Lat.: Carmine di superi placantur, carmine manes.

Quint. Horatius Flacc., Episteln (um 20 v. Chr.). Übers. v. Voß. B. 2, Nr. 1, V. 138.

— Gesang vermindert dunkele Sorgen. Lat.: Minuentur atrae | Carmine curae.

Quint. Horatius Flacc., Oden (um 18 v. Chr.). Übers. v. Voß. B. 4, Nr. 11, V. 35—36.

— Ein gutes Gesang wischt den Staub vom Hertzen.

Christoph Lehmann, Politischer Blumen-Garten (1662). T. 1. Frewd. Nr. 34.

— Laß den Gesang vor unserm Ohr | Im Saale widerhallen!

Joh. Wolfg. von Goethe, Gedichte. Balladen. D. Sänger (ged. 1783). Mel. v. Joh. Friedr. Reichardt.

— Eines war, | Was in der Einsamkeit mich schön ergetzte, | Die Freude des Gesangs .. | Da wurde Leiden oft Genuß und selbst | Das traurige Gefühl zur Harmonie.

Joh. Wolfg. von Goethe, Torquato Tasso (1789). A. 3, Sz. 2 (Prinzessin).

Gesang. — So rafft von jeder eiteln Bürde, | Wenn des Gesanges Ruf erschallt, | Der Mensch sich auf zur Geisterwürde | Und tritt in heilige Gewalt.

Friedr. von Schiller, Gedichte. D. Macht d. Gesanges (ged. 1795).

— Gesang und Liebe in schönem Verein, | Sie erhalten dem Leben den Jugendschein.

Friedr. von Schiller, Gedichte. D. vier Weltalter (ged. 1802). Schlußv.

— Gesang verschönt das Leben.

Verfasser unbek. (vor 1803). Mel. v. Karl Friedr. Zelter u. a.

— Es lebt in melodienvoller Stille, | Hoch über Sonnenreichen der Gesang.

Theod. Körner, Knospen (1810). An Goethe.

— Singe, wem Gesang gegeben, | In dem deutschen Dichterwald! | Das ist Freude, da ist Leben, | Wenn's von allen Zweigen schallt.

Ludw. Uhland, Gedichte. Lieder. Freie Kunst (ged. 24. Mai 1812). Mel. v. Christ. Schulz (um 1825), v. Karl Gottl. Reissiger, Konradin Kreutzer u. a.

— Jede Seligkeit des Lebens | Hat nicht Worte, nur Gesang.

Theod. Körner, Hedwig (ged. Sept. 1812). A. 3, Sz. 2 (Hedwig).

— Denn eine Brust, wo Sang und Lieder hausen, | Schließt immer treu sich vor dem Schlechten zu.

Theod. Körner, D. Bergknappen (ged. 1812). A. 1, Sz. 6 (Walther). Komp. v. Helwig.

— Spät erklingt, was früh erklang; | Glück und Unglück wird Gesang.

Joh. Wolfg. von Goethe, Werke (1815—1819). Gedichte. Lieder. Motto.

— Die Freude, die in unsrer Brust erklang, | Die neu sich fühlt mit Jubel, Preis und Dank, | Zum Himmel steigt sie auf und wird Gesang.

Joh. Gottfr. von Herder, Sämtl. Werke (1805—1820). Gedichte. In d. Gesangb. d. Frau v. **.

— Auf Flügeln des Gesanges, | Herzliebchen, trag' ich dich fort.

Heinr. Heine, D. B. d. Lieder. Lyrisches Intermezzo (ged. 1822—1823). Nr. 9. Mel. v. Felix Mendelssohn-Bartholdy (komp. 1834).

— Rundgesang und Gerstensaft lieben wir ja alle.

Studentenlied (um 1823).

— Wir kommen, uns in dir zu baden, | Gesang, in dein kristallnes Haus.

Gustav Schwab, Gedichte. An d. Gesang (ged. 1824). Mel. Im Kreise froher, kluger Zecher usw.

— Es singe, wem ein Gott Gesang gegeben!

Adelbert von Chamisso (Louis Charles Adelaide Chamisso de Boncourt), Gedichte. Gelegenheits-Gedichte. Zur Einleitung d. deutschen Musenalmanachs 1833 (ged. 1832).

Gesang. — So wachse denn und treibe fröhlich Blüte, | Du kräftig grüner, deutscher Sangesbaum! | Rausch' nur erfrischend fort mir ins Gemüte | Aus deiner Wipfel klarem Himmelsraum!

Jos. Freiherr von Eichendorff, Gedichte (1837). Sängerleben. Treue.

— Überall in deutschen Landen | Blühet kräftig der Gesang.

Heinr. Weismann, Sängermarsch 1838 (ged. 1838). Mel. v. Jos. Stuntz.

— Ein gemeinsamer Gesang tut Wunder.

Karl Jul. Weber, Demokritos (1832—1840). D. Tonkunst.

— Willst du den Geist im Gesang erspüren | Und dich erfreuen an seinem Duft, | Laß dich nicht von eitlem Klang verführen, | Suche der Erde Gold nicht in der Luft!

Friedr. von Bodenstedt, D. Lieder d. Mirza-Schaffy (1851). Lieder u. Spr. d. Weisheit. Nr. 21.

— Der Erde bunten Herrlichkeiten | Wend' ich den Rücken stolzen Gangs, | Bleibt mir allein das Gold der Saiten, | Bleibt mir die Perle des Gesangs.

Rob. Prutz, A. goldenen Tagen (1861).

— Der Gesang ist die in höchster Leidenschaft erregte Rede; die Musik ist die Sprache der Leidenschaft.

Richard Wagner, Gesammelte Schriften (1871—1883). D. Judentum in d. Musik.

— Selig ist, wem des Gesanges | Trost ein milder Gott verlieh!

Adolf Graf von Schack, Gesammelte Werke (1882—1883). Lotusblätter.

— Der Gesang ist die Weltsprache.

A. d. Ungarischen d. Maurus Jókai.

— . . . also zieret ein Gesang das Mahl.

Jes. Sir., K. 32, V. 7.

— Und mi' freut gråd a G'sangl, | Recht frisch und verdraht, | Und a Tanzl, daß der Staub | Von der Stub'n aufwaht.

Tiroler Schnaderhüpfl.

Geschäft. — Glücklich jener, der entfernt dem Weltgeschäft. Lat.: Beatus ille, qui procul negotiis.

Quint. Horatius Flacc., Epoden (um 30 v. Chr.). Übers. v. Voß. Nr. 2, V. 1.

— Ist das Geschäft vollbracht, kommt Zeit zum Schmuck.

Joh. Wolfg. von Goethe, Elpenor (1781). A. 1, Sz. 1 (Evadne).

— Das wär so'n Geschäft | Für mein'n Vater sein'n Sohn.

David Kalisch, Lustige Werke (1870—1871). Ein gebildeter Hausknecht.

— Ob Christian oder Itzig, | 's Jeschäft bringt's mal so mit sich.

David Kalisch, Lustige Werke (1870—1871). Berlin bei Nacht.

— Erst das Geschäft und dann das Vergnügen.

Bek. Redensart.

Geschehen. — Was einmal geschehen, kann ungeschehn nie wieder werden. Griech.: *Ἀλλὰ τὰ μὲν προβέβηκεν, ἀμήχανόν ἐστι γενέσθαι ἀργά.*
Theognis (um 550 v. Chr.), Elegien. Übers. v. Binder. V. 583.

— Geschehenes wird nimmer ungeschehn. Griech.: *Οὐ γὰρ γένοιτ' ἂν ταῦθ' ὅπως οὐχ ὧδ' ἔχειν.* Sophokles (um 496—406 v. Chr.), Ajas. Übers. v. Jordan. V. 374 (Chor).

— Inzwischen wird schon irgend etwas geschehen. Lat.: Interim fiet aliquid.
Publ. Terentius Afer (um 185—155 v. Chr.), D. Mädchen v. Andros. Übers. v. Donner. A. 2, Sz. 1, V. 14 (Charinus).

— Geschehene Ding soll man zum besten wenden, | Daß sich schaden mit Nutz mög enden.
Christoph Lehmann, Politischer Blumen=Garten (1662). T. 1. Geschehene Ding. Nr. 1.

— Zu geschehenen Dingen soll man das best reden.
Christoph Lehmann, Politischer Blumen=Garten (1662). T. 1. Geschehene Ding. Nr. 2.

— Was geschehen, ist geschehen, | Dies nur kann ich übersehen; | Was geschehn kann, weiß ich nicht.
Christ. Felix Weiße, Kleine lyrische Gedichte (1772). Bd. 3. D. Aufschub.

— Da war's um ihn geschehn.
Joh. Wolfg. von Goethe, Gedichte. Balladen. D. Fischer (ged. 1778). Mel. v. Siegmund Freiherr von Seckendorff (1779), Joh. Friedr. Reichardt (1781), Frz. Schubert (1821) u. a.

— . . . ins Gescheh'ne fügt sich jedermann.
Joh. Wolfg. von Goethe, D. natürliche Tochter (1803). A. 2, Sz. 5 (Eugenie).

— Wenn es geschehen ist, kann man nichts mehr daran verderben. Alter Spr.

— Nachdem ein Ding geschehen ist, sind alle Gräben voll Weisheit. Sprichwort.

Gescheit. — Alles Gescheite ist schon gedacht worden; man muß nur versuchen, es noch einmal zu denken.
Joh. Wolfg. von Goethe, Werke (1827—1830). Maximen u. Reflexionen. Abteilung 1.

— Gescheite Leute sind immer das beste Konversationslexikon.
Joh. Wolfg. von Goethe, Werke (1827—1830). Maximen u. Reflexionen. Abteilung 3.

— Wenn die Menschen werden gescheiter, | Macht der Teufel die Hölle weiter.
Wilh. Müller, Gedichte (1837). Epigramme. 2. Hundert, Nr. 40. Höllenerweiterung.

— Gescheit gedacht und dumm gehandelt, | So bin ich meine Tage durchs Leben gewandelt.
Frz. Grillparzer, Sämtl. Werke (1872). Gedichte. Biographisch.

— Der Gescheitere gibt nach! Eine traurige Wahrheit. Sie begründet die Vielherrschaft der Dummheit.
Marie von Ebner=Eschenbach, Aphorismen (1893).

— Der Gescheitere gibt nach. Sprichwort.

Gescheit. — Gescheite Hähne frißt der Fuchs auch. Sprichwort.

— Der Gescheitere gibt nach, sagte der Ochs, da zog er an. Sprichwörtl. Redensart. Salzburg.

Geschenk. — Geschenkte Gabe soll man nicht | Schelten, was doch oft geschicht. Mittelhochdeutsch: Man sol vergebene gâbe niht | Schelten, daz doch vil geschiht.
Vrîdankes Bescheidenheit (1225—1240). Übertr. v. Pannier. Nr. 26. v. scheltenne.

— Allein uß friem herzen gat | Die Schenk, die iedem wol anstat.
Seb. Brant, D. Narrenschif (1494). Nr. 96. Schenken oder beruen (bereuen).

— Kleines Geschenk ist der Angelhaken des größeren Geschenkes. Franz.: Petit don est le hain du plus grand don. Sprichwort.

— Gschenk macht eige. Sprichwort. Schweiz.

Geschenke. — Geschenke locken, heißt's, die Götter selbst. Griech.: *Πείθειν δῶρα καὶ θεοὺς λόγος.*
Euripides, Medea (um 431 v. Chr.). Übers. v. Minckwitz. V. 964 (Medea).

— Glaub' mir nur, Geschenke berücken Menschen und Götter! | Ein Jupiter selbst wird durch Geschenke versöhnt. Lat.: Munera, crede mihi, capiunt hominesque deosque, | Placatur donis Jupiter ipse datis.
Publ. Ovidius Naso (um 43 v. Chr. — 17 n. Chr.), D. Kunst zu lieben. Übers. v. Voß. B. 3, V. 653—54.

— Schenck vnd Gaben sind Zeugen der Lieb.
Christoph Lehmann, Politischer Blumen=Garten (1662). T. 1. Geben. Nr. 33.

— . . . wer Geschenke gibt, nimmt sie auch wieder an.
Christ. Fürchtegott Gellert, Fab. u. Erz. (1746). B. 2. D. Kandidat.

— . . . wer aber Geschenke hasset, der wird leben. Spr. Sal., K. 15, V. 27.

— Geschenke . . . verblenden die Weisen.
Jes. Sir., K. 20, V. 31.

— Geschenke . . . legen . . . einen Zaum ins Maul. Jes. Sir., K. 20, V. 31.

— Geschenke | Bringen Ränke. Sprichwort.

— Geschenke | Machen dem Wort Gelenke. Sprichwort.

— Kleine Geschenke erhöhen die Freundschaft. Sprichwort.

Geschenkt. — Geschencktem Gaul | Sicht man nicht ins Maul.
Christoph Lehmann, Politischer Blumen=Garten (1662). T. 1. Geschenck. Nr. 38.

— Der geschenkte saure Apfel gilt für süß. Lettisches Sprichwort.

Geschichte. — Die Geschichte ist eine durch Beispiele lehrende Philosophie. Engl.: History is philosophy teaching by examples.
Henry St. John, Viscount Bolingbroke, Br. über d. Erlernung u. d. Gebrauch d. Gesch. (1752). Übers. v. Bergmann. Br. 2.

Geschichte. — Geschichte muß doch wohl allein auf Treu' | Und Glauben angenommen werden? — Nicht?

Gotthold Ephr. Lessing, Nathan d. Weise (1779). A. 3, Sz. 7 (Nathan).

— Wer erdichten will, dichte ganz; wer Geschichte schreiben will, habe das Herz, die Wahrheit nackt zu zeigen!

Joh. Gottfr. von Herder u. Liebeskind, Palmblätter. Vorrede (1786).

— O schade . . . | Daß Menschen nur — nicht Wesen höh'rer Art — | Die Weltgeschichte schreiben! Friedr. von Schiller, Don Carlos (1787). A. 3, Sz. 10 (Marquis).

— Die Geschichte der Welt ist sich selbst gleich, wie die Gesetze der Natur, und einfach wie die Seele des Menschen.

Friedr. von Schiller, Gesch. d. Abfalls d. vereinigten Niederlande v. d. span. Regierung (1788).

— Fruchtbar und weitumfassend ist das Gebiet der Geschichte; in ihrem Kreise liegt die ganze moralische Welt.

Friedr. von Schiller, Was heißt u. zu welchem Ende studiert man Universalgesch.? (1789).

— Die Quelle aller Geschichte ist Tradition, und das Organ der Tradition ist die Sprache.

Friedr. von Schiller, Was heißt u. zu welchem Ende studiert man Universalgesch.? (1789).

— Aus der Geschichte erst werden Sie lernen, einen Wert auf die Güter zu legen, denen Gewohnheit und unangefochtener Besitz so gern unsere Dankbarkeit rauben.

Friedr. von Schiller, Was heißt u. zu welchem Ende studiert man Universalgesch.? (1789).

— Der größte Teil der Geschichte enthält die Schilderungen des mannigfaltigen Elends, welches Stolz, Ehrsucht, Geiz, Rachgier, blinde Lust, Empörungsgeist, Heuchelei, ausschweifender Eifer und das ganze Heer der ungezügelten Neigungen über die Welt gebracht haben . . . Engl.: History consists, for the greater part, of the miseries brought upon the world by pride, ambition, avarice, revenge, lust, sedition, hypocrisy, ungoverned zeal, and all the train of disorderly appetites.

Edmund Burke, Betrachtungen über d. Revolution in Frankreich (1790). Übers. v. Genz. Abs. 235.

— . . . die Geschichte soll keine Lobrednerei sein.

Friedr. von Schiller, Prosaische Schriften (1793—1802). D. Gesetzgebung d. Lykurgus u. Solon. Solon.

— Aber die Geschichte wird schon zu ihrer Zeit aufstehen und reden; und wenn sie geredet hat, so kommt alles vorhergegangene Geschwätz nicht mehr in Betracht. Friedr. Gottl. Klopstock, Sämtl. Werke (1798—1821). Bd. 8.

— Es ist eine alte Geschichte, | Doch bleibt sie immer neu; | Und wem sie just passieret, | Dem bricht das Herz entzwei.

Heinr. Heine, D. B. d. Lieder. Lyrisches Intermezzo (ged. 1822—1823). Nr. 39. Schlußv.

Geschichte. — . . . die Geschichte hat die Menschheit nie | Gebessert!

Christ. Dietr. Grabbe, Don Juan u. Faust (1829). A. 1, Sz. 2 (Faust).

— Geschichte schreiben ist eine Art, sich das Vergangene vom Halse zu schaffen.

Joh. Wolfg. von Goethe, Werke (1827—1830). Maximen u. Reflexionen. Abteilung 2.

— Das Beste, was wir von der Geschichte haben, ist der Enthusiasmus, den sie erregt.

Joh. Wolfg. von Goethe, Werke (1827—1830). Maximen u. Reflexionen. Abteilung 1.

— Die Geschichte ist nicht unparteiisch wie der Spiegel, der nur den Gegenstand selbst zurückstrahlt; sie ist unparteiisch wie der Richter, der sieht, hört und seinen Spruch erläßt. Franz.: L'impartialité de l'histoire n'est pas celle du miroir qui reflète seulement les objets; c'est celle du juge qui voit, qui écoute et qui prononce.

Alphonse de Lamartine, Gesch. d. Girondisten (1842). Übers. v. Herwegh.

— Wie die Philosophie nach dem ersten Grunde der Dinge, die Kunst nach dem Ideale der Schönheit, so strebt die Geschichte nach dem Bilde des Menschenschicksals in treuer Wahrheit, lebendiger Fülle und reiner Klarheit.

Wilh. Freiherr von Humboldt, Gesammelte Werke (1841—1852). D. Aufgabe d. Geschichtsschreibers.

— Die Geschichte soll die Lehrerin der Menschheit sein; und wenn sie es nicht wird, so tragen die Jugendlehrer der Geschichte einen großen Teil der Schuld.

Joh. Friedr. Herbart, Sämtl. Werke (1850—1852).

— Wer das Naturgesetz auch in der Geschichte kennt und anerkennt, der kann prophezeien; wer nicht, weiß nicht, was morgen geschieht, und wäre er Minister.

Ludw. Börne, Gesammelte Schriften (1862—1863). Erz., Reisen, verm. Aufsätze. Nr. 35. D. Narr im weißen Schwan. K. 2.

— Man betrachte die Geschichte der Vergangenheit nicht als ein düsteres Memento mori, sondern als ein freundliches Vergißmeinnicht, dessen Lehre man sich mit Liebe erinnern soll.

Ludw. Börne, Gesammelte Schriften (1862—1863). Fragmente u. Aphorismen. Nr. 161.

— Es gibt Sonnen- und Mondfinsternisse in der Geschichte wie in der Natur. Die unkundige Menge bebt bei ihrem Anblick und wähnt, es stünde der Welt ihr Untergang bevor. Der Weise lächelt und weiß, daß sie vorübergehen.

Ludw. Börne, Gesammelte Schriften (1862—1863).

— Leidenschaftliche Ergüsse, auch wenn sie aus patriotischem Gefühl fließen, erreichen nicht das Ziel aller geschichtlichen Forschung, die Wahrheit. Hellmuth von Moltke, D. Feldzug v. 1866 (1867—1868). Vorwort.

Geschichte. — Ein gutes Blatt Geschichte | Ist mehr als tausend Gedichte.

Joseph Viktor von Scheffel auf ein (1876) empfangenes Schreiben v. Bismarck.

— Historische Porträts erwecken stets Interesse, selbst wenn sie an sich keine Kunstwerke sind; man glaubt, in den Zügen großer Persönlichkeiten ihr Schicksal und ihre Taten zu lesen.

Hellmuth von Moltke, Br. a. Rußland (1877).

— Geschichte und Ortskunde ergänzen sich wie die Begriffe von Zeit und Raum.

Hellmuth von Moltke, Wanderb. (1879).

— Je mehr und eifriger und eingehender die Geschichte dem Volke eingeprägt wird, desto sicherer wird es Verständnis für seine Lage gewinnen und dadurch in einheitlicher Weise zu großartigem Denken und Handeln erzogen werden.

Kaiser Wilh. II. zu Deputierten d. Universität Göttingen (15. Sept. 1889).

Geschichten. — Ich bin stets | Ein Freund gewesen von Geschichtchen, gut | Erzählt.

Gotthold Ephr. Lessing, Nathan d. Weise (1779). A. 3, Sz. 7 (Saladin).

— Die Geschichten der Völker und Staaten haben den Geschichtschreibern und den Buchhändlern, die ihre Werke verlegt, etwas Geld eingebracht; was sie sonst noch genützt, das weiß ich nicht.

Ludw. Börne, Gesammelte Schriften (1862—1863). Erz., Reisen, verm. Aufsätze. Nr. 35. D. Narr im weißen Schwan. K. 2.

Geschichtenträger. — Doch hab' ich immer sagen hören, daß | Gebärdenspäher und Geschichtenträger | Des Übels mehr auf dieser Welt getan, | Als Gift und Dolch in Mörders Hand nicht konnten.

Friedr. von Schiller, Don Carlos (1787). A. 1, Sz. 1 (Carlos).

Geschichtsschreiber. — Denn wer wüßte nicht, daß es das erste Gesetz der Geschichtsschreibung ist, daß er (der Historiker) nicht wage, etwas Falsches zu sagen, sich aber auch nicht scheue, etwas Wahres zu sagen. Lat.: Nam quis nescit primam esse historiae legem ne quid falsi dicere audeat? deinde ne quid veri non audeat.

Marc. Tull. Cicero, V. Redner (um 55 v. Chr.). Übers. v. Kloß. B. 2, K. 15, §62.

— Der Geschichtsschreiber erfindet, wenn er auf neue Art darstellt, und entdeckt, wenn er das wirklich Geschehene herausbringt. Wer den Namen eines Geschichtsschreibers mit Recht führen will, muß beides vereinigen.

Friedr. Gottl. Klopstock, Sämtl. Werke (1798—1821). Bd. 8.

— Das erste Gesetz, das Cicero dem Geschichtsschreiber auferlegt, ist schwer zu erfüllen: Ne quid falsi dicere audeat, ne quid veri non audeat (daß er sich weder etwas Falsches zu sagen getraue, noch etwas Wahres zu sagen sich nicht getraue). Karl Jul. Weber, Demokritos (1832—1840). D. Historiker.

Geschichtsunterricht. — Gut unterrichten besteht in der Kunst, die Zöglinge mit Vergnügen lernen zu lassen. Nirgend leichter wie beim Geschichtsunterricht wird dies erreicht werden.

Friedr. d. Große, Sämtl. Werke (1789).

Geschichtswahrheiten. — Zufällige Geschichtswahrheiten können der Beweis von notwendigen Vernunftswahrheiten nie werden.

Gotthold Ephr. Lessing, Sämtl. Schriften. Theologische Streitschriften. Über d. Beweis d. Geistes u. d. Kraft. (1777).

Geschick. — Prüft das Geschick dich, weiß es wohl warum: | Es wünschte dich enthaltsam; folge stumm!

Joh. Wolfg. von Goethe, Werke (1827—1830). Westöstlicher Diwan. B. d. Spr. Nr. 7.

— Dem Tier der Wildnis gleich kommt das Geschick, | Voll Tücke, lauernd aus dem Hinterhalt gekrochen, — | Schau' fest und kühn ihm in das Angesicht, | Und siehe — seine Übermacht ist jäh gebrochen!

Gertrud Triepel, In stiller Stunde (1891). Daheim u. draußen. Was bezwingt.

Geschlecht. — Erhalten | Muß ein Edler sein Geschlecht.

Joh. Gottfr. von Herder, D. Cid (1806). B. 1, Ges. 13.

— Es erben sich Gesetz' und Rechte | Wie eine ew'ge Krankheit fort; | Sie schleppen von Geschlecht sich zum Geschlechte | Und rücken sacht von Ort zu Ort.

Joh. Wolfg. von Goethe, Faust, I (1808). Studierzimmer (Mephistopheles).

Geschmack. — Es ist einem jeden vergönnt, seinen eigenen Geschmack zu haben; und es ist rühmlich, sich von seinem eigenen Geschmacke Rechenschaft zu geben suchen.

Gotthold Ephr. Lessing, Hamburgische Dramaturgie (1767—1768).

— . . den Geschmack kann man nicht am Mittelgut bilden, sondern nur am Allervorzüglichsten.

Joh. Peter Eckermann, Gespräche mit Goethe in d. letzten Jahren seines Lebens (26. Febr. 1824).

— Der Geschmack ist das literarische Gewissen der Seele. Franz.: Le goût est la conscience littéraire de l'âme.

Joubert, Gedanken u. Maximen (1838). Übers. v. Zimmermann.

— Geschmäcke und Maulschellen sind verschieden. Sprichwort. Steiermark.

— Jeder nach seinem Geschmack. Franz.: Chacun à son goût. Sprichwort.

— So viel Häuser, so viel Dächer; so viel Mäuler, so viel Geschmäcke. Niederl.: Zooveel huizen, zooveel deken; zooveel monden, zooveel smaken. Sprichwort.

Geschmeidig. — Willst du dich bei Großen fördern, | Sei geschmeidig, sei verbindlich!

Aug. Graf von Platen-Hallermund, Gedichte. Verm. u. Gelegenheitsgedichte. Spr. u. Bilder (ged. 1821).

Geschmiert. — Mit allen Salben geschmiert (durchtrieben) sein. Sprichwörtl. Redensart.

Geschnitten. — Sich geschnitten (sich empfindlich geirrt) haben. Sprichwörtl. Redensart.

— Wie aus dem Gesicht geschnitten (sagt man, wenn sich zwei sehr ähnlich sind). Jüd. Redensart.

Geschoß. — Das ist Tells Geschoß.
Friedr. von Schiller, Wilh. Tell (1804). A. 4, Sz. 3 (Geßler).

Geschrei. — Geschrei macht den Wolf größer, als er ist. Sprichwort.

— Viel Geschrei und wenig Wolle (viel Aufhebens einer unbedeutenden Sache wegen machen). Sprichwörtl. Redensart.

Geschrieben. — Wo stehet das geschrieben?
Dr. Martin Luther, D. kleine Katechismus (1529). V. Sakrament d. Taufe.

— Denn, was man schwarz auf weiß (geschrieben) besitzt, | Kann man getrost nach Hause tragen. Joh. Wolfg. von Goethe, Faust, I (1808). Studierzimmer (Schüler).

— Was geschrieben ist, ist geschrieben. Engl.: What is writ is writ.
George Gordon Lord Byron, Harolds Pilgerfahrt (1812—1818). Übers. v. Heichen. Ges. 4, Str. 185, V. 5.

— Was ich geschrieben habe, das habe ich geschrieben. Griech.: *Ο γέγραφα, γέγραφα.*
Evang. Joh., K. 19, V. 22.

— Einmal geschrieben ist so gut als zehnmal gelesen. Sprichwort.

Geschwätz. — Uß unnütz red kein nutz entspringt, | Schwätzen me schad dann frommen bringt. Seb. Brant, D. Narrenschif (1494). Nr. 19. V. vil schwetzen.

— Es gibt eine Art von leerem Geschwätz, dem man durch Neuigkeit des Ausdrucks und unerwartete Metaphern das Ansehen von Fülle gibt.
Georg Christoph Lichtenberg, Verm. Schriften (1800—1806). Bd. 1, Nr. 3. Bemerk. verm. Inhalts. Nr. 11. Allerhand.

— Lasset kein faul Geschwätz aus eurem Munde gehen! Eph., K. 4, V. 29.

Geschwätzig. — Ein geschwätziger Mund verwirrt alles. Lat.: Os garrulum intricat omnia.
Wahlspr. Kaiser Karls d. Dicken (reg. 876—887).

— Scheint sie euch geschwätzig, laßt sie; denn es ist ein alter Brauch, | Gerne plaudern ja die Basen und die Parabasen auch.
Aug. Graf von Platen-Hallermund, D. verhängnisvolle Gabel (1826). A. 1 (Schmuhl).

Geschwind. — Geschwind gewinnt.
Wahlspr. Jos. von Hormayrs (1782—1848).

— Er ist gschwind wie en bleierne Vogel.
Sprichwörtl. Redensart. Schweiz.

Geschwindigkeit. — Es ist ein grosser vnterscheyd | Inn gschwindigkeit vnd Emsigkeit.
Joh. Friedr. Fischart, D. Philosophisch Ehzuchtbüchlin (1578). D. Schiltkrot art v. eygenschafft.

— Geschwindigkeit ist keine Hexerei.
Sprichwörtl. Redensart.

Geschwister. — Ein Bruder und eine Schwester (Geschwister), | Nichts Treueres kennt die Welt; | Kein Goldkettlein hält fester, | Als eins am andern hält. Paul Heyse, Gesammelte Werke (1872). Gedichte. Jugendlieder. Treueste Liebe.

Gesellen, sich. — Zu wem du dich gesell'st, deß Wesen sauffstu ein; | Bey Gotte wirstu Gott, beym Teuffel Teuffel seyn.
Angelus Silesius (Joh. Scheffler), Cherubinischer Wanders-Mann (1675). B. 5, Nr. 76. Wie d. Gesellschafft, so d. Gesellte.

Gesellig. — Es ist dem geselligen Menschen ganz gleichgültig, ob er nutzt oder schadet, wenn er nur unterhalten wird.
Joh. Wolfg. von Goethe, A. meinem Leben. Dichtung u. Wahrheit (1809—1831).

Geselligkeit. — Du hast das nicht, was andre haben, | Und andern mangeln deine Gaben; | Aus dieser Unvollkommenheit | Entspringet die Geselligkeit.
Christ. Fürchtegott Gellert, Fab. u. Erz. (1746). B. 1. D. Blinde u. d. Lahme.

— Liebe zur Geselligkeit ist uns von Natur gegeben; | Wer mit niemand Umgang hält, | Schilt auf die verdorbne Welt. | Sagt es doch nur deutsch heraus: | Herrn! ihr wisset nicht zu leben.
Magnus Gottfr. Lichtwer, Vier B. Äsopischer Fab. (1748). B. 4, Nr. 21. D. Eule unter d. Vögeln. Schlußv.

— Je verbreiteter die Geselligkeit, desto frostiger die Herzen.
Karl Jul. Weber, Demokritos (1832—1840). Rede in d. zweiunddreißig Winde an Jünglinge u. meine Zeit.

— Geselligkeit will uns nicht glücken, | Uns fehlen dazu der Anmut Gaben. | Nie harmlos sich in andre schicken, | Das heißt in Deutschland: Charakter haben.
Paul Heyse, Spruchbüchlein (1885). Lebensweisheit. D. Ungeselligen.

Gesellschaft. — Nie hat Gesellschaft wohl Bestand, | Wenn gleicher Sinn nicht schlingt das Band. Mittelhochdeutsch: Ez enhât dekein geselleschaft | Mit ungelichem muote kraft.
Bridankes Bescheidenheit (1225—1240). Übertr. v. Pannier. Nr. 27. v. gesellen.

— Denn Gesellschaft, sagt die Schrift, ist die Glückseligkeit des Lebens. Engl.: For society (saith the text) is the happiness of life.
William Shakespeare, Verlorne Liebesmüh (um 1591—1592). Übers. v. Schlegel A. 4, Sz. 2 (Ehrn Nathaniel).

— Wenn die Menschen einander nicht schmeicheln würden, gäbe es keine Gesellschaft. Franz.: Si les hommes ne se flattaient pas les uns les autres, il n'y aurait guère de société.
Marquis de Vauvenargues, Reflexionen u. Maximen (1746). Nr. 580. Übers. v. Zimmermann.

Gesellschaft. — Sobald man in Gesellschaft ist, nimmt man vom Herzen den Schlüssel ab und steckt ihn in die Tasche; die, welche ihn stecken lassen, sind Dummköpfe.

Joh. Wolfg. von Goethe zu Lavater (Juni 1774).

— Ein Ball ist eine Gesellschaft von Füßen, ein Gastmahl eine Gesellschaft von Magen. Es gibt nicht viel Gesellschaften von Köpfen und noch weniger von Herzen.

Abraham Gotthelf Kästner, Verm. Schriften (1783). Kleine prosaische Aufsätze. Zweierlei Paroxysmen.

— Man soll nie vergessen, daß die Gesellschaft lieber unterhalten als unterrichtet sein will.

Adolf Freiherr von Knigge, Über d. Umgang mit Menschen (1788).

— Der Mensch liebt die Gesellschaft, und sollte es auch nur die von einem brennenden Rauchkerzchen sein.

Georg Christoph Lichtenberg, Verm. Schriften (1800—1806). Bd. 2, Nr. 2. Bemerk. verm. Inhalts. Nr. 4. Beobachtungen über d. Menschen.

— Aber die Gesellschaft, die Gesellschaft! wie verhärtet sie das Herz, wie frivol macht sie den Geist! wie macht sie uns nur dafür leben, was man von uns sagen wird! Franz.: Mais la société, la société! comme elle rend le cœur dur et l'esprit frivole! comme elle fait vivre pour ce que l'on dira de vous!

Frau von Staël, Corinna (1807). Übers. v. Schlegel.

— Die schlechteste Gesellschaft läßt dich fühlen, | Daß du ein Mensch mit Menschen bist.

Joh. Wolfg. von Goethe, Faust, I (1808). Studierzimmer (Mephistopheles).

— Es tut mir lang' schon weh, | Daß ich dich in der Gesellschaft seh'.

Joh. Wolfg. von Goethe, Faust, I (1808). Martens Garten (Margarete).

— Niemand würde viel in Gesellschaft sprechen, wenn er sich bewußt wäre, wie oft er die andern mißversteht.

Joh. Wolfg. von Goethe, D. Wahlverwandtschaften (1808—1809). T. 2, K. 4. A. Ottiliens Tageb.

— Man kann der Gesellschaft alles aufdringen, nur nicht, was eine Folge hat.

Joh. Wolfg. von Goethe, D. Wahlverwandtschaften (1808—1809). T. 2, K. 5. A. Ottiliens Tageb.

— Was wir in Gesellschaft singen, | Wird von Herz zu Herzen dringen.

Joh. Wolfg. von Goethe, Werke (1815—1819). Gedichte. Gesellige Lieder. Motto.

— Aus einer großen Gesellschaft heraus | Ging einst ein stiller Gelehrter zu Haus. | Man fragte: „Wie seid Ihr zufrieden gewesen?" — | „Wären's Bücher," sagt er, „ich würd' sie nicht lesen." Joh. Wolfg. von Goethe, Werke (1815—1819). Gedichte. Epigrammatisch. Gesellschaft.

Gesellschaft. — Doch was der Mensch auch ergreife und handhabe, der einzelne ist sich nicht hinreichend; Gesellschaft bleibt eines wackeren Mannes höchstes Bedürfnis.

Joh. Wolfg. von Goethe, Wilh. Meisters Wanderjahre (1807—1821).

— Von der besten Gesellschaft sagte man: ihr Gespräch ist unterrichtend, ihr Schweigen bildend.

Joh. Wolfg. von Goethe, Werke (1827—1830). Maximen u. Reflexionen. Abteilung 3.

— Bist du betrübt, beseligt, Herz, | So meide der Gesellschaft Fratzen; | Dein höchstes Glück, dein tiefster Schmerz | Sind ihnen nichts als Stoff zum Schwatzen.

Emanuel Geibel, Neue Gedichte (1856). Spr. Nr. 20.

— Wo diese (die Gesellschaft) faul ist, — wuchern alle Laster.

Emerich Madách, D. Tragödie d. Menschen (1861). Übers. v. Lechner. Sz. 11 (Adam).

— Eines Gesellschaft ist keines Gesellschaft; | Zweier Gesellschaft — göttliche Gesellschaft; | Dreier Gesellschaft — Königs Gesellschaft; | Vierer Gesellschaft — Teufels Gesellschaft. Alter Spr.

— Wiltu wissen, wer sey ein man, | So sehe nur seine geselschafft an; | Ein jeder helt sich zu seines gleichen, | Arm zu arm, Reich zu reichen. Alter Spr.

— Böse Gesellschaft verdirbt gute Sitten. Sprichwort.

— Willst du wissen, wer der Mann, | So sieh' nur seine Gesellschaft an! Sprichwort.

— Kleine Gesellschaft, heiteres und frohes Leben. Franz.: Petite compagnie, | Vie alègre et lie. Sprichwort.

Gesellschaften. — Die angenehmsten Gesellschaften sind die, in welchen eine heitere Ehrerbietung der Glieder gegeneinander obwaltet.

Joh. Wolfg. von Goethe, D. Wahlverwandtschaften (1808—1809). T. 2, K. 4. A. Ottiliens Tageb.

Gesetz. — Denn häufig sind diese beiden, die Natur und das Gesetz, in Widerspruch. Griech.: *Ὡς τὰ πολλὰ δὲ ταῦτα ἐναντία ἀλλήλοις ἐστιν, ἥ τε φύσις καὶ νόμος.*

Platon (um 427—347 v. Chr.), Gorgias. Übers. v. Müller. § 84 (Kallikles).

— Denn wie der Mensch in seiner Vollendung das edelste aller Menschengeschöpfe ist, so wiederum losgerissen von Gesetz und Recht das schlimmste von allen. Griech.: *Ὥσπερ γὰρ καὶ τελεωθὲν βέλτιστον τῶν ζῴων ὁ ἄνθρωπός ἐστιν, οὕτω καὶ χωρισθὲν νόμου καὶ δίκης χείριστον πάντων.*

Aristoteles (um 384—322 v. Chr.), Politik. Übers. v. Susemihl. B. 1, K. 2.

— Was doch ohne der Sitten Zucht | Frommt das eitle Gesetz? Lat.: Quid leges sine moribus | Vanae proficiunt?

Quint. Horatius Flacc., Oden (um 23 v. Chr.). Übers. v. Voß. B. 3, Nr. 24, V. 35—36.

Gesetz. — Nichts hält mehr das Gesetz in Kraft, als die allgemeine Beobachtung desselben, welche keine Ausnahme zuläßt. Ital.: Niuna cosa più manteneva la legge in vigore, quanto l'osservanza generale senza esentar alcuno.

Paolo Sarpi, Br. an Doge Priuli (26. Nov. 1621). Übers. v. Pozzoni.

— Welch ein künstlich Netz | Ist doch das Gesetz; | Kleines ist gefangen, | Großes durchgegangen. Friedr. von Logau, Deutsche Sinn-Getichte (1654).

— Eim newen Gesatz folgt newer Betrug.

Christoph Lehmann, Politischer Blumen-Garten (1662). T. 1. Gesatz. Nr. 1.

— Für Bös' ist das Gesetz; wäre kein Gesetz geschrieben, | Die Frommen würden doch Gott und den Nächsten lieben.

Angelus Silesius (Joh. Scheffler), Cherubinischer Wanders-Mann (1675).

— Was hilft Gesetz, was helfen Strafen, | Wenn Obrigkeit und Fürsten schlafen?

Magnus Gottfr. Lichtwer, Vier B. Äsopischer Fab. (1748). B. 4, Nr. 3. D. Flinte u. d. Hase. Schlußv.

— Gesetz und unumschränkte Gewalt sind in ewiger Feindschaft. Engl.: Law and arbitrary power are in eternal enmity.

Edmund Burke, Rede zur Anklage gegen Warren Hastings (1788). Übers. v. Arnold.

— . . . sobald das Gesetz vorhanden ist, gibt es auch nur Eins, was not tut, nur Eins, was die Wohlfahrt des Staates dringend verlangt — Gehorsam. Friedr. von Gentz, Deklaration d. Rechte (1791).

— Des Gesetzes strenge Fessel bindet | Nur den Sklavensinn, der es verschmäht.

Friedr. von Schiller, Gedichte. D. Ideal u. d. Leben (ged. 1795).

— Freundliche Schrift des Gesetzes, des menschenerhaltenden Gottes, | Seit aus der ehernen Welt fliehend die Liebe verschwand!

Friedr. von Schiller, Gedichte. D. Spaziergang (ged. 1795).

— . . . das Auge des Gesetzes wacht.

Friedr. von Schiller, Gedichte. D. Lied v. d. Glocke (ged. Sept. 1799).

— Ihn (den Menschen) hält | In Schranken nur das deutliche Gesetz | Und der Gebräuche tiefgetretne Spur.

Friedr. von Schiller, Wallensteins Tod (1799). A. 4, Sz. 2 (Gordon).

— Was ist Gesetz und Ordnung? Können sie | Der Unschuld Kindertage nicht beschützen?

Joh. Wolfg. von Goethe, D. natürliche Tochter (1803). A. 4, Sz. 2 (Eugenie).

— Das Gesetz ist der Freund des Schwachen, | Alles will es nur eben machen, | Möchte gerne die Welt verflachen; | Aber der Krieg läßt die Kraft erscheinen.

Friedr. von Schiller, D. Braut v. Messina (1803). Säulenhalle (Chor. Manfred).

Gesetz. — Wir wollen es, das sei Gesetz!

Friedr. von Schiller, Wilh. Tell (1804). A. 2, Sz. 2 (Alle).

— Es bringt die Zeit ein anderes Gesetz.

Friedr. von Schiller, Wilh. Tell (1804). A. 4, Sz. 2 (Melchthal).

— Das Gesetz hat keine Augen; das Gesetz hat keine Hände; das Gesetz ist nichts, nichts als ein Stück Papier, bis die öffentliche Meinung dem toten Buchstaben den Lebensatem einhaucht. Engl.: The law has no eyes: the law has no hands: the law is nothing, nothing but a piece of paper, till public opinion breathes the breath of life into the dead letter.

Thomas Babington Lord Macaulay, Reden. Übers. v. Beseler. Parlamentarische Reform (10. Okt. 1831).

— Das Recht ist stark nur in des Starken Hand, | Und das Gesetz nur gültig für den Schwachen.

Ernst Raupach, D. Hohenstaufen (1837). Kaiser Friedr. I. u. Heinr. d. Löwe. A. 5, Sz. 1.

— Das Gesetz verbindet die, welchen es schwer fällt, nicht minder als die, welche es begünstigt.

Friedr. von Gentz, Gesammelte Schriften (1838—1840). Moralität in d. Staatsrevolutionen.

— Das Gesetz ist nichts, wenn es nur der Ausdruck des menschlichen Willens ist. Um es zu heiligen, muß es zum Ausdruck des göttlichen Willens gemacht werden. Franz.: La loi n'est rien, si elle n'est que l'expression de la volonté humaine. Il faut, pour la rendre sainte, qu'elle soit l'expression de la volonté divine.

Alphonse de Lamartine, Gesch. d. Girondisten (1847). Übers. v. Herwegh.

— Nur der ist frei vom Zwange des Gesetzes, der in dessen Geiste lebt.

Frz. Xaver von Baader, Sämtl. Werke (1851—1860).

— . . . das Gesetz richtet nur Zorn an.

Röm., K. 4, V. 15.

— . . . wo kein Gesetz ist, da achtet man der Sünde nicht. Röm., K. 5, V. 13.

— . . . ohne das Gesetz war die Sünde tot.

Röm., K. 7, V. 8.

— So ist nun die Liebe des Gesetzes Erfüllung. Röm., K. 13, V. 10.

— Also ist das Gesetz unser Zuchtmeister gewesen auf Christum. Galater, K. 3, V. 24.

— Hastu geben anderen ein Gesetz, | Sehe, das es durch dich nit werd verletz! Alter Spr.

— Gesetz ohne Strafe, Glocke ohne Klöppel.

Sprichwort.

— Je mehr Gesetz, je mehr Sünde.

Sprichwort.

— Sobald Gesetz ersonnen, | Wird Betrug begonnen. Sprichwort.

— Sobald Gesetz ersonnen, | Wird Betrug gesponnen. Ital.: Fatta la legge, trovata la malizia. Sprichwort.

Gesetze. — Wo Gesetze schriftlich aufgezeichnet sind, | Genießt der Schwache mit dem Reichen gleiches Recht. Griech.: *Γεγραμμένων δὲ τῶν νόμων ὅ τ' ἀσθενὴς | Ὁ πλούσιός τε τὴν δίκην ἴσην ἔχει.*

Euripides, D. Schutzflehenden (um 418 v. Chr.). Übers. v. Binder. V. 434—35 (Theseus).

— In dem verdorbensten Staate gibt es die meisten Gesetze. Lat.: Perditissima republica plurimae leges.

Cornelius Tacitus (um 55—120), Annalen. Übers. v. Becher. B. 3, K. 27.

— Denn alle Gesetz sollen der Liebe weichen und nach Billigkeit und Umständen gedeutet werden.

Dr. Martin Luther, Tischreden oder Colloquia (1566). Nr. 27. Tischreden v. Antichrist oder Papste. § 14. V. Papsts Gregorii allzu mönchischer Frömmkeit.

— Darum gehören die Gesetze und Rechte fur den Pöbel und gemeinen Mann und großen Hausen in der Welt; Vernunft aber, Verstand und Weisheit fur sonderliche, einzele Leute.

Dr. Martin Luther, Tischreden oder Colloquia (1566). Nr. 67. Tischreden v. Schulen u. Universitäten. § 15. Eine andere Frage.

— ... denn ohne Verstand, Weisheit und Gesetze können weder Türken noch Tartaren leben und haushalten.

Dr. Martin Luther, Tischreden oder Colloquia (1566). Nr. 73. Tischreden v. Gelehrten. § 2. Welt kann ohn gelehrte Leute nicht regiert werden.

— Sind es Menschen, so müssen sie Rechte, Gesetze und Ordnung haben; wo nicht, so werdens Bäre, Wolfe, Löwen und Bestien, ohne Oeconomey und Policey, da kein häuslich und weltlich Regiment und Zucht ist.

Dr. Martin Luther, Tischreden oder Colloquia (1566). Nr. 73. Tischreden v. Gelehrten. § 2. Welt kann ohn gelehrte Leute nicht regiert werden.

— Das Gehirn kann Gesetze für das Blut aussinnen; aber eine hitzige Natur springt über eine kalte Vorschrift hinaus. Engl.: The brain may devise laws for the blood; but a hot temper leaps o'er a cold decree.

William Shakespeare, D. Kaufmann v. Venedig (um 1594—1596). Übers. v. Schlegel. A. 1, Sz. 2 (Porzia).

— Neue Gesetz machen ist leicht; aber der Meister, der Handhaben machen kan, ist gestorben.

Christoph Lehmann, Politischer Blumen-Garten (1662). T. 1. Gesatz. Nr. 55.

— Um den Menschen Gesetze zu geben, wären Götter nötig. Franz.: Il faudrait des Dieux pour donner des lois aux hommes.

Jean Jacques Rousseau, Gesellschaftsvertrag (1762). Übers. v. Merkel.

— Viele Gesetze machen viele Richter und mindestens dreimal so viele Ratgeber.

Theod. Gottl. von Hippel, Über d. Ehe (1774). K. 2. D. Endzweck d. Ehe.

Gesetze. — Der Charakter eines ganzen Volkes ist der treueste Abdruck seiner Gesetze und also auch der sicherste Richter ihres Werts und Unwerts.

Friedr. von Schiller, Prosaische Schriften (1793—1802). D. Gesetzgebung d. Lykurgus u. Solon. Solon.

— Das sind die rechten Gesetze, welche nicht ein Ideal voraussetzen, sondern was war und ist und sein kann. Joh. von Müller, Sämtl. Werke (1810—1819).

— Gute Sitte ist mehr denn Gesetze; aber Gesetze müssen sein.

Friedr. Gottl. Klopstock, Sämtl. Werke (1798—1821). Bd. 8.

— Alle Gesetze sind von Alten und Männern gemacht. Junge und Weiber wollen die Ausnahme, Alte die Regel.

Joh. Wolfg. von Goethe, Werke (1827—1830). Maximen u. Reflexionen. Abteilung 6.

— Ein Volk ohne Gesetze gleicht einem Menschen ohne Grundsätze.

Karl Salomo Zachariae von Lingenthal, Vierzig B. v. Staate (1820—1832).

— Das Reich der Gesetze ist das ruhige Abbild der existierenden oder erscheinenden Welt.

Friedr. Hegel, Werke (1832—1842). Logik.

— ... die Gesetze eines Volkes sind nur zu oft das Werk weniger mächtiger Individuen, die zu dem Willen der Nation in Opposition stehen. Engl.: The laws of a people are too often the work of a few powerful individuals, in opposition to the national will.

Henry Thomas Buckle, Gesch. d. Zivilisation (1858—1861). Übers. v. Ritter. K. 15.

— Am grünen Tische, im bequemen Armstuhl | Ist's leicht, Gesetze schreiben.

Emerich Madách, D. Tragödie d. Menschen (1861). A. d. Ungar. übers. v. Lechner. Sz. 11 (Adam).

— Hätte die Natur so viele Gesetze als der Staat, Gott selbst könnte sie nicht regieren.

Ludw. Börne, Gesammelte Schriften (1862—1863). Erz., Reisen, verm. Aufsätze. Nr. 35. D. Narr im weißen Schwan. K. 2.

— Die Gesetze sind nur der klarste und wirksamste Ausdruck, aber keineswegs die einzige Quelle des Rechts. Joh. Kaspar Bluntschli, D. moderne Völkerrecht (1868).

— ... Gesetze sind wie Arzneien; sie sind gewöhnlich nur Heilung einer Krankheit durch eine geringere oder vorübergehende Krankheit.

Otto von Bismarck im Herrenhause d. preuß. Landtages (6. März 1872).

— ... daß nichts in der Welt dauernd ist, weder die Friedensschlüsse noch die Gesetze.

Otto von Bismarck im Herrenhause d. preuß. Landtages (23. März 1887).

— All Gesetz und Recht seind geben, | Das man mag in frieden leben. Alter Spr.

— Je strenger die Gesetze, je schlechter die Menschen. Sprichwort.

— Not, Person und Zeit | Machen die Gesetze eng und weit. Sprichwort.

Gesetze. — Die Gesetze gleichen Spinnweben: die großen Hummeln brechen durch, die Fliegen aber bleiben hängen. Polnisches Sprichwort.

Gesetzgeber. — Der Geist der Mäßigung muß der Geist des Gesetzgebers sein. Franz.: L'esprit de modération doit être celui du législateur.

Montesquieu (Charles de Sécondat), V. Geist d. Gesetze (1748). Übers. v. Kästner. K. 29, § 1.

Gesetzgebung. — Die Gesetzgebung geht von dem Prinzipe aus, die Freiheit eines jeden auf die Bedingungen einzuschränken, unter denen sie mit jedes andern Freiheit nach einem allgemeinen Gesetze zusammen bestehen kann.

Immanuel Kant, Religion innerhalb d. Grenzen d. bloßen Vernunft (1793).

— Die ganze Richtung und Absicht der neueren Gesetzgebung ist, die Dinge wieder in das natürliche Bett ihres Verlaufes zurückzuleiten, aus welchem die Unwissenheit früherer Gesetzgebung sie herausgerissen hat. Engl.: The whole scope and tendency of modern legislation is, to restore things to that natural channel from which the ignorance of preceding legislation has driven them.

Henry Thomas Buckle, Gesch. d. Zivilisation (1858—1861). Übers. v. Ritter. K. 5, Abschnitt 33.

— Man muß aber doch schon sehr kindlich und vertrauensvoll sein, um von der Gesetzgebung eine Verbesserung der persönlichen Lage zu hoffen.

Otto von Bismarck im Reichstage (26. Nov. 1884).

Gesicht. — Wie Vollmond glänzte sein feistes Gesicht; | Drei Männer umspannten den Schmerbauch ihm nicht. Gottfr. Aug. Bürger, Gedichte. D. Kaiser u. d. Abt (1785).

— Es gibt noch keine Kunst, die innerste | Gestalt des Herzens im Gesicht zu lesen.

Friedr. von Schiller, Macbeth (1800). A. 1, Sz. 7 (König).

— Das Gesicht ist das Protokoll des Charakters.

Karl Jul. Weber, Demokritos (1832—1840). Subjektiver Unterschied d. Lächerlichen in Ansehung d. Temperamente. D. Fortsetzung.

— In jedes Menschen Gesichte | Steht seine Geschichte, | Sein Hassen und Lieben | Deutlich geschrieben; | Sein innerstes Wesen, | Es tritt hier ans Licht; — | Doch nicht jeder kann's lesen, | Verstehn jeder nicht.

Friedr. von Bodenstedt, D. Lieder d. Mirza-Schaffy (1851). Verm. Gedichte u. Spr. Nr. 26.

— He (Er) mäk 'n Gesicht, es (wie) acht Dage Riägenwiädder (Regenwetter).

Sprichwörtl. Redensart. Münsterisch.

— Er macht es Gsicht wie en Pfaff am Charfritig. Redensart. Schweiz.

— Er macht es Gsicht, wie wen er dem Petrus den Essig verschüttet helt.

Redensart. Schweiz.

Gesichter. — Der Charakter der Menschen ist ihren Gesichtern eingepräget. Alle Leidenschaften verursachen besondre Züge in dem Gesichte.

Ewald Christ. von Kleist, Sämtl. Werke (1760). Prosaische Aufsätze. Nr. 9. Gedanken über verschiedene Gegenstände.

— Schöne Gesichter | Haben viele Richter.

Sprichwort.

Gesichtszüge. — . . . wo die Züge schnell verändert wanken, | Verrät sich stets der Zweifel der Gedanken. Friedr. von Schiller, Macbeth (1800). A. 1, Sz. 11 (Lady).

Gesinde. — Wo man von der Verderbnis des Gesindes redet, da soll man zuerst Nachfrage halten nach der Verderbnis der Herrschaft.

Wilh. Heinr. Riehl, D. bürgerliche Gesellschaft (1851).

— Sei . . . nicht ein Wüterich gegen dein Gesinde! Jes. Sir., K. 4, V. 35.

Gesindel. — Mit solchem Gesindel muß ich mich herumschlagen.

Friedr. d. Große zum Major v. Wedel in d. Schlacht bei Zorndorf (25. Aug. 1758), als zerlumpte, kriegsgefangene Kosaken vorübergeführt wurden.

Gesinnung. — Das Antlitz nicht, nur die Gesinnung und | Die Tat, die von ihr ausgeht, macht den Menschen.

Ernst Raupach, D. Hohenstaufen (1837). Kaiser Friedr. II. u. Gregor. A. 5, Sz. 2.

— Ein Begriff füllt den Menschen nicht aus, macht ihn nicht handeln, beruhigt ihn nicht. Dieses alles wirkt nur die Gesinnung.

Ernst Freiherr von Feuchtersleben, Zur Diätetik d. Seele (1838). Tagebuchblätter.

— Mit einer guten Gesinnung erhebt man sich leicht über den Schmutz der Erde; doch über die täuschende Atmosphäre, die alles irdische Dasein umgibt, — auch mit der besten nicht.

Ludw. Börne, Gesammelte Schriften (1862—1863). Kritiken. Nr. 5. Nouvelles lettres Provinciales. Schlußwort.

— Die Zeit übt einen mildernden Einfluß auf unsere Gesinnung, durch beständige Beschäftigung mit dem Gegensatz.

Heinr. Heine, Sämtl. Werke (1861—1868). Verm. Schriften. Gedanken u. Einfälle. Verm. Einfälle.

— Hoch steht über aller Begeisterung, allem Enthusiasmus, selbst über allem Genie und Talent — die Gesinnung.

Rahel (Antonie Friederike Varnhagen von Ense), Br. (1877).

Gesinnungen. — Es wandelt niemand ungestraft unter Palmen, und die Gesinnungen ändern sich gewiß in einem Lande, wo Elefanten und Tiger zu Hause sind.

Joh. Wolfg. von Goethe, D. Wahlverwandtschaften (1808—1809). T. 2, K. 7. A. Ottiliens Tageb.

Gespenster. — Der größte Hause hört beim hellen Tage mit Vergnügen über die Gespenster spotten und bei dunkler Nacht mit Grausen davon erzählen.

Gotthold Ephr. Lessing, Hamburgische Dramaturgie (1767—1768).

— Wenn die Götter ihr verjagt, | Kommen die Gespenster.

Emanuel Geibel, Gedichte u. Gedenkblätter (1864). Spr. Nr. 44.

Gestalt. — Du kommst in so fragwürdiger Gestalt. Engl.: Thou com'st in such a questionable shape.

William Shakespeare, Hamlet (1601—1602). Übers. v. Schlegel. A. 1, Sz. 4 (Hamlet).

— . . . die Gestalt des Menschen ist der Text zu allem, was sich über ihn empfinden und sagen läßt.

Joh. Wolfg. von Goethe, Stella (1775). A. 2 (Stella).

— Ich liebe dich, mich reizt deine schöne Gestalt.

Joh. Wolfg. von Goethe, Gedichte. Balladen. Erlkönig (ged. 1782). Mel. v. Frz. Schubert (komp. 1815), Karl Löwe (komp. 1817) u. a.

— Glücklich, wem doch Mutter Natur die rechte Gestalt gab! | Denn sie empfiehlet ihn stets, und nirgends ist er ein Fremdling.

Joh. Wolfg. von Goethe, Hermann u. Dorothea (1797). Klio.

— Schöne Gestalt | Hat große Gewalt.

Alter Spr.

Gestern. — Gestern war ich Spaniens König, | Heute hab' ich keinen Turm mehr, | Den ich kann mein eigen nennen.

Don Miguel de Cervantes, Don Quijote de la Mancha (1605—1615). T. 2, K. 26.

— Gestern noch auf stolzen Rossen.

Wilh. Hauff, Kriegs- u. Volkslieder (1824). Reiters Morgenlied. Volksweise.

— Wer in dem Gestern Heute sah, | Dem geht das Heute nic,t allzunah'; | Und wer im Heute sieht das Morgen, | Der wird sich rühren, wird nicht sorgen.

Joh. Wolfg. von Goethe, Werke (1827—1830). Gedichte. Zahme Xenien. Nr. 4.

— Liegt dir Gestern klar und offen, | Wirkst du heute kräftig frei, | Kannst auch auf ein Morgen hoffen, | Das nicht minder glücklich sei.

Joh. Wolfg. von Goethe, Werke (1827—1830). Gedichte. Zahme Xenien. Nr. 4.

— Wollt nicht stets das Gestern loben! | Nicht Vertraun auf Morgen setzt! | Herz im Busen, Gott da droben, | Handelt im lebend'gen Jetzt. Engl.: Trust no future, howe'er pleasant! | Let the dead Past bury its dead! | Act, act in the living present! | Heart within, and God o'erhead!

Henry Wadsworth Longfellow (1807—1882). Ein Ps. d. Lebens. Übers. v. Niels. Str. 6.

— . . . wir sind von gestern her und wissen nichts. Hiob, K. 8, V. 9.

Gestern. — Ik sin nich van gistern und fraoge nix nao üöwermuorn (übermorgen).

Sprichwörtl. Redensart. Münsterisch.

— Der is nich von jestern (der ist gescheit).

Berliner Redensart.

Gestiefelt. — Gestiefelt und gespornt (wie zum Kampfe gerüstet) sein. Sprichwörtl. Redensart.

Gestohlen. — Süß ist erstlich das gestolen brot, | Aber zuletzt der bitter tod.

Georg Rollenhagen, Froschmäuseler (1595).

Gestorben. — Gestorbene sind gestorben! Griech.: *Τεθνᾶσιν οἱ θανόντες.*

Euripides, Alkestis (um 438 v. Chr.). Übers. v. Minckwitz. V. 541 (Admetos).

Gestrig. — Den gestrigen Tag suchen (etwas Unnützes tun). Sprichwörtl. Redensart.

Gestrige, das. — Nicht, was lebendig, kraftvoll sich verkündigt, | Ist das gefährlich Furchtbare. Das ganz | Gemeine ist's, das ewig Gestrige, | Was immer war und immer wiederkehrt, | Und morgen gilt, weil's heute hat gegolten!

Friedr. von Schiller, Wallensteins Tod (1799). A. 1, Sz. 4 (Wallenstein).

Gesund. — Gesunde Seele in gesundem Körper. Lat.: Mens sana in corpore sano.

Decimus Junius Juvenalis, Sat. (um 117). Übers. v. Weber. Nr. 10, V. 356.

— Gesunden Leib gieb mir, und daß in solchem Leib | Ein unverletzte Seel und rein Gewissen bleib!

Joh. Heermann, Hauß- v. Hertz-Musica (1639). Ein täglich Gebet.

— Wer am Leibe nicht Gebrechen, im Gemüthe Lüste fund, | Dieser kan sich billich rühmen, daß er völlig sei gesund.

Friedr. von Logau, Deutsche Sinn-Getichte (1654). Gesundheit.

— Der ist vor gesund zu schätzen, dem vmbs Hertz wol vnd warm ist.

Christoph Lehmann, Politischer Blumen-Garten (1662). T. 1. Gesundheit. Nr. 8.

— Gesund an leib und wol zu muht, | Ist doch der beste schaz.

Joh. Grob, Dichterische Versuchgabe (1678). Als er sich in einem walde ergieng.

— Gibt Gott mir nur gesundes Blut, | So hab' ich frohen Sinn.

Joh. Martin Miller, Gedichte. Zufriedenheit (1777). Mel. v. Christ. Gottl. Neefe.

— Ich bin gesund, das heißt: ich bin nicht krank. Joh. Wolfg. von Goethe, Torquato Tasso (1789). A. 3, Sz. 2 (Prinzessin).

— Ein gesunder Körper ist gerne gepaart mit einer heitern Seele.

Aug. von Kotzebue, Menschenhaß u. Reue (1789). A. 2, Sz. 2.

— Selbst sein Gott ist ein gesunder Mann.

Gottfr. Aug. Bürger, Gedichte (1796—1797). Vorgefühl d. Gesundheit. Schlußv.

Gesund. — Der Mensch ist nur dann an Leib und Seele gesund ... wenn ihm alle seine Verrichtungen, geistige und körperliche, zum Spiele werden.
Christoph Martin Wieland, Sämtl. Werke (1794—1802).

— Gesund an Leib und Seele sein, | Das ist der Quell des Lebens.
Joh. Heinr. Voß, Sämtl. poetische Werke (1815).

— Erkläre dich für gesund, — und du magst es werden.
Ernst Freiherr von Feuchtersleben, Zur Diätetik d. Seele (1838).

— Gesund und frisch sein ist besser denn Gold.
Jes. Sir., K. 30, V. 14.

— Es ist kein Reichtum zu vergleichen einem gesunden Leibe.
Jes. Sir., K. 30, V. 16.

— Die Gesunden bedürfen des Arztes nicht.
Luk., K. 5, V. 31.

— Ein gesunder Leib, | Ein fröhlich, freundlich Weib | Und Freund', die einander sind gleich, | Sind drei Stück' vom Himmelreich.
Alter Spr.

— Ein gesunder, starker Leib, | Ein schön, gottselig Weib, | Gut Geschrei (Ruf) und bar Geld | Ist das Best in dieser Welt.
Alter Spr.

— Besser ein gesunder Bauer als ein kranker Kaiser.
Sprichwort.

— Gesunder Mann, reicher Mann; | Kranker Mann, armer Mann.
Sprichwort.

— Gesund | Hat zum Klagen keinen Grund.
Sprichwort.

— Gesund und gescheit sind zwei große Gnaden.
Sprichwort.

— Wer will bleiben gesund, | Nehm' nicht zu voll den Mund!
Sprichwort.

— Besser a g'sunder Esel als a krank's Roß.
Sprichwort. Vorarlberg.

Gesundheit. — Die allervortrefflichste und angenehmste Würze ist die Gesundheit. Griech.: *Ἀληθέστερον γὰρ ἂν τις εἴποι τὴν ὑγίειαν ἥδυσμα θειότατον εἶναι καὶ προσηνέστατον.*
Plutarch (um 50—120), Moralische Abhandlungen. Übers. v. Cyth. Diätetik. K. 8.

— Gesundheit will bei Armen als Reichen lieber stehn; | Wie so? Sie hasset Prassen und stetes Müßiggehn.
Friedr. von Logau, Deutsche Sinn-Getichte (1654). Gesundheit.

— Gesundheit ist der beste Schmuck; den wirft man über Haufen | Durch Geilheit, Mutwill, Müßiggang, durch Fressen und durch Saufen | Und meint, es sei dann gut gemacht durch schöner Kleider Kaufen.
Friedr. von Logau, Deutsche Sinn-Getichte (1654). Kleider.

— Nur die Gesundheit ist das Leben.
Friedr. von Hagedorn, Sämtl. poetische Werke (1757). Epigrammatische Gedichte. An Hygin, einen gesunden Alten. Schlußv.

Gesundheit. — Nicht größres Glück, nicht fern geholter Wein | Macht seliger die Erdengäste; | Bleibt mäßige Gesundheit mein, | So feiret mein Gesang der Freundschaft Freudenfeste.
Anna Louisa Karschin, Auserlesene Gedichte (1764). An d. Reichsgrafen zu Stolberg-Wernigerode. Schlußv.

— Gesundheit, Herr Nachbar, mein Gläschen ist leer.
Christ. Aug. Vulpius, Hokus Pokus. D. Gott d. Reben vertrau' ich mein Glück usw. (ged. 1790). Komp. v. Karl Ditters von Dittersdorf (komp. 1790).

— Das wahre Glück des Menschen ist Gesundheit und froher Mut.
Joh. Gottfr. von Herder u. Liebeskind, Palmblätter (1797—1800). T. 2.

— Das Gefühl von Gesundheit erwirbt man sich nur durch Krankheit.
Georg Christoph Lichtenberg, Verm. Schriften (1800—1806). Bd. 2, Nr. 2. Bemerk. verm. Inhalts. Nr. 4. Beobachtungen über d. Menschen.

— Gesundheit, Himmelskind! | Der besten Gaben Quelle du, | Aus der uns Segen, Lust und Ruh' | In süßen Strömen rinnt.
Joh. Gottfr. von Herder, Stimmen d. Völker in Liedern (1807). Abteilung 2, B. 3, Nr. 41. Lied an d. Gesundheit. Engl.

— Wer nie war krank, | Weiß kaum für sein Gesundsein Dank.
Joh. Gottfr. von Herder, Sämtl. Werke (1805—1820). Gedichte.

— ... Gesundheit ist nichts anderes als Schönheit, Sittlichkeit und Wahrheit.
Ernst Freiherr von Feuchtersleben, Zur Diätetik d. Seele (1838). K. 9. Resumé.

— Drei Dinge nur vermag ich ganz zu loben, | Die stets zu echtem Heil den Grund geleget: | Gesundheit, Mut und heitern Blick nach oben.
Emanuel Geibel, Juniuslieder (1848). Sonette. Herbstblätter. Nr. 6. Schlußv.

— Das Fundament aller Anlage ist die körperliche Gesundheit.
Joh. Friedr. Herbart, Sämtl. Werke (1850—1852).

— Gesundheit ist das Gefäß jeder Tugend.
Ludw. Börne, Gesammelte Schriften (1862—1863).

— Nach der Gesundheit leben ist ein elend Leben.
Alter Spr.

— Gesundheit ist der größte Reichtum.
Sprichwort.

— Gesundheit ist eine Tochter der Arbeit.
Sprichwort.

— Gesundheit ist leichter verloren als wieder gewonnen.
Sprichwort.

— Gesundheit schätzt man erst, wenn man krank wird.
Sprichwort.

— Wer Gesundheit entbehrt, | Für den haben andere Schätze keinen Wert.
Sprichwort.

Getränk. — ... starkes Getränk macht wild.
Spr. Sal., K. 20, V. 1.

Getränk. — Der Gelehrten dranck sol sein | Jederzeit der beste Wein; | Der Ungelehrter sol drincken Bier, | Wasser alle andern Tier.

Alter Spr.

Getrauen. — Viel getrauen ist nicht gut, | Keiner kennt des andern Mut.

Spr. an einem Hausgerät.

Getreten. — Der kleinste Wurm, getreten, windet sich. Engl.: The smallet worm will turn, when trodden on.

William Shakespeare, König Heinr. VI. (um 1591—1592). Übers. v. Schlegel. T. 3, A. 2, Sz. 2 (Clifford).

Getreu. — In allem dem Könige getreu, und sollten wir auch den Bettelsack tragen müssen. Franz.: En tout fidèles au roi jusques à porter la besasse. Wahlspr. d. Geusen (1565).

— Getreu der Fahne, der ich zugeschworen!

Feodor Löwe, Gedichte. D. Fahnenwacht (ged. 1847). Mel. v. Peter von Lindpaintner (komp. 1847).

— Sei getreu bis an den Tod, so will ich dir die Krone des Lebens geben!

Offenb. Joh., K. 2, V. 10.

— Bist du getreu in allen Dingen, | Wird die geeinte Tat gelingen. Wartburgspr.

Getümmel. — Welch Getümmel | Straßen auf! Friedr. von Schiller, Gedichte. D. Lied v. d. Glocke (ged. Sept. 1799).

Gevatter. — Gevatter Schneider und Handschuhmacher.

Friedr. von Schiller, Wallensteins Lager (1798). Sz. 10 (erster Jäger).

Gevatterschaft. — Gevatterschaft is e Ehr, | Macht den Beutel leer. Jüd. Sprichwort.

Gewähren. — Bedenke nicht; gewähre, wie du's fühlst!

Joh. Wolfg. von Goethe, Iphigenie auf Tauris (1787). A. 5, Sz. 3 (Iphigenie).

Gewalt. — Von Göttin Scham wohnt himmelweit Gewalt entfernt. Griech.: *Αἰδᾶ γ'; ἀποικεῖ τῆς δὲ τῆς θεοῦ πρόσω.*

Euripides (um 480—406 v. Chr.), D. rasende Herakles. Übers. v. Minckwitz. V. 557 (Megara).

— Gewalt, die siegt; Recht vor Gerichten schwindet. | Wohlauf! und bessert euch bei Zeiten! Mittelhochdeutsch: Gewalt gêt ûf; reht vor gerichte swindet. | Wol ûf! hie ist ze vil gelegen.

Walter v. d. Vogelweide (um 1170—1230). Gedichte. Übertr. v. Pannier.

— Wer ein gwalt vff erden treit (besitzt), | Der sy zů gůttem byspil bereit.

Thomas Murner, Narrenbeschwerung (1512). Nr. 52. Krieg v. hessen (Häfen) zerbrechen.

— Wer die Gewalt hat, doch ihr Wirken hemmt, . . | Der ist des Himmels Liebling. Engl.: They that do not do the thing they most do show, . . They rightly do inherit heaven's graces.

William Shakespeare, Sonette (1609). Übers. v. Bodenstedt. Abteilung 4, Nr. 152.

Gewalt. — Mit Gewalt ist nichts zu machen. | Also werden hohe Sachen | Zum erwünschten Ziel gebracht | Eh' durch Weisheit, als durch Macht.

Jul. Wilh. Zincgreff, D. Teutschen scharpfsinnige kluge Spr., Apophthegmata genannt (1626—1631).

— Gewalt vnd Zwang | Hat kein Fortgang | Vnd wäret nit lang.

Christoph Lehmann, Politischer Blumen-Garten (1662). T. 2. Zwang, Tyranney. Nr. 1.

— Gewalt | Ist für den Schwachen jederzeit ein Riese.

Friedr. von Schiller, Don Carlos (1787). A. 1, Sz. 4 (Marquis).

— Der Mißbrauch angeborner Gewalt drückt weniger schmerzhaft als der Mißbrauch empfangener.

Friedr. von Schiller, Gesch. d. Abfalls d. vereinigten Niederlande v. d. span. Regierung (1788).

— Fehlet die Einsicht oben, der gute Wille von unten, | Führt sogleich die Gewalt, oder sie endet den Streit.

Joh. Wolfg. von Goethe, Gedichte. Vier Jahreszeiten (ged. 1796). Herbst. Nr. 72.

— Wer seid denn ihr, die ihr mit leerem Stolz | Durchs Recht Gewalt zu bänd'gen euch berühmt?

Joh. Wolfg. von Goethe, D. natürliche Tochter (1803). A. 4, Sz. 2 (Eugenie).

— Schrecklich immer, | Auch in gerechter Sache, ist Gewalt. Friedr. von Schiller, Wilh. Tell (1804). A. 2, Sz. 2 (Reding).

— Ich glaube nicht an die Gewalt; ich glaube nur an die Gerechtigkeit.

Königin Luise von Preußen (1776—1810).

— Herrschaft und Gewalt, | Ob du sie wen'gen wünschest oder vielen, | Mißbrauchen wird sie stets, wer sie besitzt, | Wie er auch heiße. Ital.: . . . Imperio e forze | Quanto più vogli o cumolate o sparse, | Abuserà chiunque avralle e sotto | Qualunque nome.

Giacomo Leopardi, Palinodia (1836). Übers. v. Heyse.

— Nur das steht fest im ew'gen Wühlen: | Wer die Gewalt hat, übt Gewalt, | Und wieder: wer nicht hören will, muß fühlen.

Emanuel Geibel, Neue Gedichte (1856). Verm. Gedichte. B. 1. Historische Studien (Mephistopheles).

— Überall, wo Gewalt | Statt des Rechtes galt, | Ward die Gewalt | Niemals recht alt.

Daniel Sanders, 366 Spr. (1892). Nr. 305. Gewalt.

— Alle irdische Gewalt beruht auf Gewalttätigkeit. Marie von Ebner-Eschenbach, Aphorismen (1893).

— Die Kraft verleiht Gewalt, die Liebe leiht Macht. Marie von Ebner-Eschenbach, Aphorismen (1893).

— Es bleibt eben immer dasselbe in der Welt. Wer die oberste Hand (die Gewalt) hat, verwendet sie selten zum Streicheln, sondern gebraucht sie lieber fest als Faust.

Wilh. Raabe, Hastenbeck (1899).

Gewalt. — Es gehet Gewalt über Recht.
Habakuk, K. 1, V. 3.

— Mir ist gegeben alle Gewalt im Himmel und auf Erden. Matth., K. 28, V. 18.

— . . . überhebe dich deiner Gewalt nicht zu sehr! 2. Makk., K. 7, V. 37.

— Wenn die Gewalt kommt, geht das Recht auf Krücken. Alter Spr.

— Gewalt macht schnellen Vertrag.
Sprichwort.

— Gewalt und Lügen | Nicht lange trügen.
Sprichwort.

— Läßt Gewalt sich blicken, | Geht das Recht auf Krücken. Sprichwort.

Gewaltige, der. — . . . dem Gewaltigen, dem Klugen | Steht alles wohl, und er erlaubt sich alles. Joh. Wolfg. von Goethe, Torquato Tasso (1789). A. 2, Sz. 1 (Tasso).

— . . . die Gewaltigen nennt man gnädige Herren. Luk., K. 22, V. 25.

Gewalttat. — Alle gewaltsame Tat mißfällt den seligen Göttern. Griech.: *Οὐ μὲν σχέτλια ἔργα θεοὶ μάκαρες φιλέουσιν.*
Homer, Odyssee. Übers. v. Voß. Ges. 14, V. 83.

— Die Gottheit haßt Gewalttat. Griech.: *Μισεῖ γὰρ ὁ θεὸς τὴν βίαν.*
Euripides (um 480—406 v. Chr.), Helena. Übers. v. Binder. V. 903 (Helena).

Gewandt. — So swank es 'n Jesel (Esel) up 'n Prumenbaum (Pflaumenbaum).
Sprichwörtl. Redensart. Münsterisch.

Gewarnt. — Ein Gewarnter ist zweie wert. Franz.: Un adverty en vaut deux. Sprichwort.

Gewaschen. — Mit allen Wassern gewaschen (gewitzt, gerieben) sein. Sprichwörtl. Redensart.

— Sich gewaschen haben (vor jedermann bestehen können). Sprichwörtl. Redensart.

Gewerbe, das. — Jeder Mensch ist König in seinem Gewerbe. Arabisches Sprichwort.

— Wahre deines Gewerbes, | So wahrt es dich!
Spr. im Berliner Rathause. Wappenschild d. Böttcher.

Gewerbe, die. — Arme Gewerbe — arme Kaufleute!
Otto von Bismarck zu d. Vertretern d. deutschen Handelskammern in Friedrichsruh (9. Juli 1893).

— Viel Gewerbe, wenig Geld.
Arabisches Sprichwort.

Gewesen. — Für das, was gewesen, gibt der Jude nichts. Sprichwörtl.

Gewinn. — Doch manchen stürzte schon | Die Hoffnung auf Gewinn in sein Verderben. Griech.: *Ἀλλ' ὑπ' ἐλπίδων | Ἄνδρας τὸ κέρδος πολλάκις διώλεσεν.*
Sophokles (um 496—406 v. Chr.), Antigone. Übers. v. Jordan. V. 223—24 (Kreon).

— Gut ist der Geruch des Gewinns aus jeglichem Dinge. Lat.: Lucri bonus est odor ex re | Qualibet.
Decimus Junius Juvenalis, Sat. (um 127). Übers. v. Weber. Nr. 14, V. 204.

Gewinn. — Nach Minne und Gewinne | Stehn aller Welt die Sinne. Mittelhochdeutsch: Ûf minne und ûf gewinne | Stânt al der werlde sinne. Frîdankes Bescheidenheit (1225—1240). Übertr. v. Pannier. Nr. 21. v. gewinne u. guote.

— Sie habens kein gewin.
Dr. Martin Luther, D. 46. Ps. Ein feste burg ist vnser Gott usw. (geb. 15.—16. April 1521 in Oppenheim). Mel. v. Verfasser.

— Wenn Menschen alles wagen, | Tun sie's in Hoffnung köstlichen Gewinns. Engl.: Men that hazard all | Do it in hope of fair advantages.
William Shakespeare, D. Kaufmann v. Venedig (um 1594—1596). Übers. v. Schlegel. A. 2, Sz. 6 (Marocco).

— Jeden, ohne Unterschied, reizt der nahe Gewinn, aber nur große Seelen wird das entfernte Gute bewegen.
Friedr. von Schiller, Gesch. d. Dreißigjährigen Krieges (1793).

— Wo kein Gewinn zu hoffen, droht Verlust.
Friedr. von Schiller, D. Braut v. Messina (1803). Säulenhalle (Don Manuel).

— Was doch der Mensch nicht wagt für den Gewinn!
Friedr. von Schiller, Demetrius (Mai 1805). A. 2, Sz. 1 (Alexia).

— Wer kleinen gewinn verachten thut, | Der bekomet nimmer grosses gut. Alter Spr.

— Bei großem Gewinn ist großer Betrug.
Sprichwort.

— Minne, schatz, groz gewinn | Verkerent guotes mannes sinn.
Wartburgspr. Verbindungsgang.

Gewinnen. — Gar oft ist ohne Recht zerronnen, | Was ohne Recht man hat gewonnen. Mittelhochdeutsch: Vil dicke âne reht zergât, | Swaz unreht gewonnen hât.
Frîdankes Bescheidenheit (1225—1240). Übertr. v. Pannier. Nr. 16. v. rehte u. unrehte.

— Wie gewunnen, so verthon, | Wie es kompt, so wider gon.
Thomas Murner, Narrenbeschwerung (1512). Nr. 80. Ein luten schlaher im hertzen hon.

— Viel kann verlieren, wer gewinnt.
Aug. Wilh. von Schlegel, Gedichte. Romanzen. Arion (1798).

— Was der Mensch auch gewinne, er muß es teuer bezahlen, | Wär' es auch nur mit der Furcht, ob er's nicht wieder verliert.
Friedr. Hebbel, Gedichte (1857). Epigramme u. Verwandtes. Nr. 2. Gnomen. Menschenlos.

— Allzeit gewinnen macht verdächtlich, | Allzeit verlieren macht verächtlich. Alter Spr.

— Wie gewonnen, | So zerronnen.
Sprichwort.

— Das unrecht Gewonnene holt der Teufel. Portug.: O mal ganhado, leva-o o diabo.
Sprichwort.

Gewiß. — Nichts ist Menschen gewiß. Lat.: Nil homini certum est.

Publ. Ovidius Naso (um 43 v. Chr.—17 n. Chr.), Klagelieder. Übers. v. Berg. B. 5, Nr. 5, V. 27.

— Stad (Ruhig) und g'wiß (sicher) | Sein die besten Schüß'. Sprichwort. Oberinnthal.

— Nichts Jewisses weiß man nich.

Berliner Redensart.

Gewissen. — Welche Strafe ist größer als die Wunde des Gewissens? Lat.: Quae poena gravior quam interioris vulnus conscientiae?

Ambrosius (um 340—397), B. d. Pflichten. Übers. v. Lichter. B. 3, K. 4.

— Die Ehre eines frommen Menschen ist ein Zeugnis eines guten Gewissens. Lat.: Gloria boni hominis testimonium bonae conscientiae.

Thomas a Kempis, Nachfolge Christi (um 1410). Übers. v. Arnd. B. 2, K. 6, § 1.

— Doktor Martinus Luther sagete ein Mal . . . daß es ein zart, schwach Ding wäre um ein böses Gewissen, denn es könne sich nicht bergen.

Dr. Martin Luther, Tischreden oder Colloquia (1566). Nr. 9. Tischreden v. d. Sünde. § 64. V. einem bösen Gewissen.

— Das Gewissen sind tausend Zungen, und einer, der etwas auf seinem Gewissen hat, dem dünket, alle Leute reden von ihm.

Dr. Martin Luther, Tischreden oder Colloquia (1566).

— Es (das Gewissen) ist ein gefährlich Ding; es macht einen zur Memme. Engl.: It (conscience) is a dangerous thing, it makes a man a coward.

William Shakespeare, Richard III. (1592). Übers. v. Schlegel. A. 1, Sz. 4 (Zweiter Mörder).

— Gewissen ist ein Wort für Feige nur, | Zum Einhalt für den Starken erst erdacht. Engl.: Conscience is but a word that cowards use, | Devis'd at first to keep the strong in awe.

William Shakespeare, Richard III. (1592). Übers. v. Schlegel. A. 5, Sz. 3 (Richard).

— Rein Gewissen sorgt fürs Vaterland | Und reicht der Unschuld treue Hand.

Spr. im Rathause zu Basel (1611).

— Euer saffian=zärtliches Gewissen... Engl.: Your soft cheveril conscience . . .

William Shakespeare, Heinr. VIII. (1613). Übers. v. Schlegel. A. 2, Sz. 3 (Hofdame).

— Ein böses Gewissen ist ein böses Tier; es macht, daß der Mensch sein eigner Feind wird. Niemand in der Welt kann ihn ärger quälen.

Valerius Herberger (1562—1627).

— Die Alten hatten ein Gewissen ohne Wissen; wir heutzutag haben das Wissen ohne Gewissen.

Jul. Wilh. Zincgreff, D. Teutschen scharpffsinnige kluge Spr., Apophthegmata genannt (1626—1631).

— Es entgehet einer oft der straff, aber dem bösen gewissen nicht.

Christoph Lehmann, Politischer Blumen=Garten (1662). T. 1. Gewissen. Nr. 5.

Gewissen. — Ein gut, rein Gewissen | Ist in aller Freud der best Bissen.

Christoph Lehmann, Politischer Blumen=Garten (1662). T. 1. Gewissen. Nr. 28.

— Mensch, wenn du irre gehst, so frage dein Gewissen; | Du wirst ohn all'n Verzug die straff' erkennen müssen.

Angelus Silesius (Joh. Scheffler), Cherubinischer Wanders=Mann (1675). B. 5, Nr. 175. D. Gewissen ist ein Wegweißer.

— Das Gewissen ist doch mehr als eine ganze, uns verklagende Welt.

Gotthold Ephr. Lessing, Miß Sara Sampson (1755). A. 1, Sz. 1 (Waitwell).

— Besitz' ich nur | Ein ruhiges Gewissen, | So ist für mich, wenn andre zagen müssen, | Nichts Schreckliches in der Natur.

Christ. Fürchtegott Gellert, Geistl. Oden u. Lieder (1757). D. Glück eines guten Gewissens.

— Das Gewissen ist die Stimme der Seele; die Leidenschaften sind die Stimme des Körpers. Franz.: La conscience est la voix de l'âme; les passions sont la voix du corps.

Jean Jacques Rousseau, Emil (1762). Übers. v. Reimer.

— Die Qual, die das Gewissen einem Menschen verursacht, der bereits unrecht gehandelt hat, ist bald überwunden. Das Gewissen ist feig; und wenn es nicht stark genug ist, das Unrecht zu vermeiden, so ist es selten so gerecht, sich selber anzuklagen. Engl.: The pain which conscience gives the man who has already done wrong, is soon got over. Conscience is a coward, and those faults it has not strength enough to prevent, it seldom has justice enough to accuse.

Oliver Goldsmith, D. Landprediger v. Wakefield (1766). Übers. v. Susemihl. K. 13.

— Ein böses Gewissen ist ein Ofen, der immer raucht, ein Gewitter ohne Regen. Es ist Kläger, Richter, Henker in Einer Person. Die Nachtigall singt dir: du bist ein Dieb, die Lerche: du hast gestohlen!

Theod. Gottl. von Hippel, Lebensläufe nach aufsteigender Linie (1778—1781).

— Es ist ein Gott; sein Bevollmächtigter ist das Gewissen.

Theod. Gottl. von Hippel, Lebensläufe nach aufsteigender Linie (1778—1781).

— Was für ein Los wir fürchten müssen, | Sagt uns das eigene Gewissen.

Karl Wilh. Ramler, Fabellese (1783). B. 1, Nr. 18. D. Ziege, d. Lamm u. d. Schwein.

— Tötet euer Gewissen, denn es ist der größte Feind eines jeden, der sein Glück machen will. Franz.: Tuez votre conscience, c'est le plus grand ennemi de tout homme qui veut promptement parvenir.

Honoré Gabriel Riqueti, Graf Mirabeau, Werke (1791—1792). Politische Diskurse. Übers. v. Zimmermann.

Gewissen. — Niemand wird in der Welt leichter betrogen — nicht einmal die Weiber und die Fürsten — als das Gewissen.

Jean Paul (Joh. Paul Friedr. Richter), Siebenkäs (1796—1797). Bd. 4.

— Denn das selbständige Gewissen | Ist Sonne deinem Sittentag.

Joh. Wolfg. von Goethe, Gedichte. Gott u. Welt. Vermächtnis (ged. Febr. 1829).

— Einen Richter gibt's, der Rache schafft, | Gewissen heißet.

Adelbert Chamisso (Louis Charles Adelaide Chamisso de Boncourt), Gedichte. Sonette u. Terzinen. Ein Baal Teschuba (ged. 1832).

— Hast du ein gut Gewissen in der Brust, | So sind die Zeiten gut, wie sie auch kommen.

Ernst Raupach, Genoveva (1834). A. 4, Sz. 1.

— Das Gewissen ist der elastischste Stoff von der Welt. Heute kannst du es nicht über einen Maulwurfshügel spannen; morgen bedeckt es einen Berg. Engl.: The conscience is the most elastic material in the world. To-day you cannot stretch it over a mole-hill; to-morrow it hides a mountain.

Edward George Earle Lord Bulwer Lytton, Ernst Maltravers (1837). Übers. v. Czarnowski. B. 1, K. 7.

— Des Menschen Schuldbuch ist sein eigenes Gewissen; | Darin durchstrichen wird kein Blatt, noch ausgerissen.

Friedr. Rückert, D. Weisheit d. Brahmanen (1836—1839). B. 17, Nr. 11. (Stufe 4. Schule. Nr. 234.)

— Wer kein reines Gewissen hat, den flieht jene stille, innere Heiterkeit, die wie ein unbewölkter Sonnenblick der Seele zurückstrahlt auf das Äußere.

Karl Jul. Weber, Demokritos (1832—1840). Lob- u. Hülfsmittel d. Frohsinns. D. Fortsetzung.

— Das Gewissen ist das Gesetz der Gesetze. Franz.: La conscience est la loi des lois.

Alphonse de Lamartine, Gesch. d. Girondisten (1847). Übers. v. Herwegh.

— Ein Gewissen ohne Gott ist ein Tribunal ohne Richter. Das Licht des Gewissens ist nichts anderes, als der Abglanz der Idee Gottes in der Seele des Menschen. Verlöscht den Glauben an Gott, und es wird Nacht in der Seele des Menschen. Franz.: Une conscience sans Dieu, c'est un tribunal sans juge. La lumière de la conscience n'est autre chose que la réverbération de l'idée de Dieu dans l'âme du genre humain. Éteignez Dieu, il fait nuit dans l'homme.

Alphonse de Lamartine, Gesch. d. Girondisten (1847). Übers. v. Herwegh.

— Kein Gewissen zu haben, bezeichnet das Höchste und Tiefste; | Denn es erlischt nur im Gott, doch es verstummt auch im Tier.

Friedr. Hebbel, Gedichte (1857). Epigramme u. Verwandtes. Nr. 2 Gnomen. D. Höchste u. d. Tiefste.

Gewissen. — Gewissen ist ein Vorrecht der Alltagswelt; | Wen's Schicksal treibt, der hat nicht Zeit zur Umschau.

Emerich Madách, D. Tragödie d. Menschen (1861). A. d. Ungar. übers. v. Lechner. Sz. 9 (Adam).

— Das Gewissen ist der unbestechliche und unfehlbare Richter, welcher sein Urteil in jedem Augenblick spricht, wo wir ihn hören wollen, und dessen Stimme auch endlich den erreicht, der sich ihr verschließt, wie sehr er sich dagegen sträubt.

Hellmuth von Moltke, Gesammelte Schriften (1891—1893).

— . . . ein erschrocken Gewissen versiehet sich immer des Ärgsten. Wsh. Sal., K. 17, V. 11.

— Auff Erden ist kein edler Haab, | Den das man gut gewissen hab. Alter Spr.

— Es ist besser Gewissen ohne Wissen, als Wissen ohne Gewissen. Alter Spr.

— Bös Gewissen, böser Gast, | Weder Ruhe noch Rast. Sprichwort.

— Das Gewissen ist des Menschen Schuldbuch. Sprichwort.

— Ein bös Gewissen ist ein rechter Henker. Sprichwort.

— Ein dürr Blatt kann ein bös Gewissen erschrecken. Sprichwort.

— Ein gut Gewissen | Ist ein sanftes Ruhekissen. Sprichwort.

— Er hat ein Gewissen wie ein Rohrstuhl. Sprichwort.

— En Gewietten, es (wie) ne lange Wiske (Wiese) un 'n Gewietten es 'n Eekerndöppken (Eichelkelch) düeget (taugt) beide nich. Sprichwort. Münsterisch.

— Gut Gewissen hat den Spielmann im Busen. Dän.: God Samvittighed har Spillemanden i Barmen. Sprichwort.

— Ein gut Gewissen, ein fortwährendes Fest. Engl.: A good conscience, a continual feast. Sprichwort.

— Ein gutes Gewissen ist eine eherne Mauer. Lat.: Murus aeneus conscientia sana.

Wahlspr. d. Williamson.

Gewissenhaft. — Tut nicht ein braver Mann genug, | Die Kunst, die man ihm übertrug, | Gewissenhaft und pünktlich auszuüben?

Joh. Wolfg. von Goethe, Faust, I (1808). Vor d. Tor (Wagner).

Gewissensbiß. — Gewissensbiß, bewundernswürdiges Wort! Es ist ein Glück, daß unsere Väter es erfunden haben, denn es ist nicht sicher, ob wir es finden würden. Franz.: Le remords, admirable mot! Il est heureux que nos pères l'aient inventé, car il n'est pas sûr, que nous le trouverions.

Alexander Vinet in d. Pariser Zeitschrift Sämann (1831—1847). Bd. 5. Übers. v. Zimmermann.

Gewitter, das. — Gewitter ohne Regen | Ist ohne Segen. Bauernregel.

Gewitter, das. — Wenn die Schwalben fischen, kommt ein Gewitter. Bauernregel.

— Wenn es am Morgen ein Gewitter hat, so gibt es auf den Abend wieder eins.
Bauernregel.

Gewitter, die. — Bei rotem Mond und hellem Sterne | Sind Gewitter nicht gar ferne.
Bauernregel.

— Wenn die Kuh das Maul nach oben hält im Lauf, | So ziehen Gewitter herauf. Bauernregel.

Gewöhnen. — Ein jedes Kind danach sich sehnt, | Woran die Mutter es gewöhnt. Mittelhochdeutsch: Ein ieglich kint sich dâ nâch sent, | Als ez diu muoter hât gewent.
Vrîdankes Bescheidenheit (1225—1240). Übertr. v. Pannier. Nr. 38. v. erkantnisse.

Gewöhnen, sich an etwas. — Selbst das Unangenehme, woran wir uns gewöhnten, vermissen wir ungern.
Joh. Wolfg. von Goethe, Wilh. Meisters Wanderjahre (1807—1821).

Gewohnheit. — Die Gewohnheit ist gleichsam eine zweite Natur. Lat.: Consuetudo quasi altera quanda natura.
Marc. Tull. Cicero, V. höchsten Gut u. Übel (um 45 v. Chr.). Übers. v. Kirchmann. B. 5, K. 25, § 74.

— Gewohnheit ohne Wahrheit ist nur ein alter Irrtum. Lat.: Consuetudo sine veritate vetustas erroris est.
Cyprian (um 200—258), Br. Übers. v. Goldhorn. Br. 74, § 9.

— Gewohnheit und Natur, die beiden, | Wie weit sie ihre Macht ausbreiten! Mittelhochdeutsch: Natûre unt gewonheit | Der beider kraft ist harte breit.
Vrîdankes Bescheidenheit (1225—1240). Übertr. v. Pannier. Nr. 38. v. erkantnisse.

— Gewonheit ist ein leichte Bürde.
Christoph Lehmann, Politischer Blumen-Garten (1662). T. 1. Gewonheit. Nr. 2.

— Die Gewohnheit ist eine zweite Natur, welche die ursprüngliche zerstört. Franz.: La coutume est une seconde nature qui détruit la première.
Blaise Pascal, Gedanken (1670). Übers. v. Kleuker. Über d. Menschen.

— Gewohnheit macht den Fehler schön, | Den wir von Jugend auf gesehn.
Christ. Fürchtegott Gellert, Fab. u. Erz. (1746). B. 1. D. Land d. Hinkenden.

— ... die Gewohnheit, der große Führer im Leben ... Engl.: Custom is the great guide of human life.
David Hume, Eine Untersuchung über d. menschlichen Verstand (1748). Übers. v. Nathanson. Abschnitt 5, T. 1.

— Denn aus Gemeinem ist der Mensch gemacht, | Und die Gewohnheit nennt er seine Amme.
Friedr. von Schiller, Wallensteins Tod (1799). A. 1, Sz. 4 (Wallenstein).

Gewohnheit. — Das kommt nur auf Gewohnheit an. | So nimmt ein Kind der Mutter Brust | Nicht gleich im Anfang willig an, | Doch bald ernährt es sich mit Lust.
Joh. Wolfg. von Goethe, Faust, I (1808). Studierzimmer (Mephistopheles).

— In der Gewohnheit ruht das einzige Behagen des Menschen.
Joh. Wolfg. von Goethe, Wilh. Meisters Wanderjahre (1807—1821).

— Ach, die Gewohnheit ist | Ein lästig Ding, selbst an Verhaßtes fesselt sie!
Frz. Grillparzer, Sappho (1822). A. 4, Sz. 3 (Sappho).

— Gewohntes wünsch' ich mir, doch mach' ich zum Bedinge, | Daß aus Gewohnheit nie Gleichgültigkeit entspringe.
Friedr. Rückert, D. Weisheit d. Brahmanen (1836—1839). B. 16, Abteilung 5, Nr. 2. (Stufe 5. Leben. Nr. 404.)

— Die Gewohnheit macht die Handlungen leicht, die Angewohnheit notwendig.
Immanuel Kant, Werke (1838—1839).

— Wie bald macht uns der Dinge Lauf und Drang, | Was uns unmöglich schien, erst zur Gewohnheit, | Dann zur Natur und also zum Vergnügen! Ernst Raupach, D. Schule d. Lebens (1841). A. 3, Sz. 4.

— Gewohnheit ist eine subjektive Notwendigkeit. Friedr. Hegel, Werke (1832—1842).

— Alte Gewohnheit ist stärker als Brief und Siegel. Sprichwort.

— Die Gewohnheit herrscht. Sprichwort.

— Gewohnheit ist König über den Verstand.
Sprichwort.

— Die Gewohnheit ist die fünfte Natur.
Arabisches Sprichwort.

Gewohnheiten. — Wir vermissen ungern gering scheinende Gewohnheiten; aber schmerzlich empfinden wir erst ein solches Entbehren in bedeutenden Fällen.
Joh. Wolfg. von Goethe, D. Wahlverwandtschaften (1808—1809). T. 1, K. 17.

Gewöhnliche, das. — Nimmer die Menge | Hoffe zu heben, | Nirgend die Strenge | Wird dir vergeben. | Nur das Versöhnliche | Ist's, was gefällt, | Und das Gewöhnliche | Meistert die Welt.
Martin Greif, Gedichte (1883). Sinngedichte. Zur Beherzigung.

Gewohnt. — Was man gewohnt war, bleibt ein Paradies.
Joh. Wolfg. von Goethe, Faust, II (1831). A. 2. Klassische Walpurgisnacht. Am obern Peneios (Mephistopheles).

— Jung gewohnt, alt getan. Sprichwort.

Geziemen. — Wenn es sich geziemt, gefällt's. Ital.: Piaccia, se lice.
Giovanni Battista Guarini, D. treue Hirte (1585). Übers. v. Pozzoni.

Gezwungen. — Was man gezwungen thut, | Das brengt selten gut. Alter Spr.

Gezwungen. — Gezwungene Sache war nie heilig. Franz.: Choze contraincte | Ne fut oncques sainte.
Sprichwort.

Gift. — . . . wisse, mein Kind, daß ein Gift, welches nicht gleich wirket, darum kein minder gefährliches Gift ist.
Gotthold Ephr. Lessing, Emilia Galotti (1772). A. 2, Sz. 6 (Claudia).

— Ein Gift, das durch seine Süßigkeit den Geschmack reizt, ist nicht weniger Gift, und man muß nur um desto mehr davor warnen.
Joh. Jak. Engel, D. Philosoph für d. Welt (1775—1777). T. 1, Stück 3. D. Höhle auf Antiparos.

— Da will ich Gift (auch: das Abendmahl) drauf nehmen (gebraucht man zur Beteuerung einer Behauptung; — aus den mittelalterlichen Gottesurteilen herstammend).
Sprichwörtl. Redensart.

Gigant. — Die groß geschaut und groß gebaut, sie schlummern in den Särgen; | Auf ihren Gräbern kriechen wir, als ein Geschlecht von Zwergen. | Nichts blieb uns als die schlimme Kunst, zu zweifeln und zu richten. | Und wenn sich ein Gigant erhebt, so ist er's im Vernichten.
Emanuel Geibel, Zeitstimmen (1841). Was uns fehlt.

Gipfel, der. — . . . es schlägt des Berges Gipfel der Donner. Lat.: Feriuntque summos | Fulgura montes.
Quint. Horatius Flacc., Oden (um 23 v. Chr.). Übers. v. Voß. B. 2, Nr. 10, V. 11—12.

— Hast du den Gipfel des Turmes erlangt, so gedenke nicht über die Spitze!
Christoph Lehmann, Politischer Blumen=Garten (1662).

— Wer den höchsten Gipfel erstieg, ist zu stolz, auf dem zweiten | Sich zu zeigen.
Friedr. Gottl. Klopstock, Sämtl. Werke (1798—1821). Bd. 4.

— Kannst du nicht wie der Adler fliegen, | Klettre nur Schritt für Schritt bergan; | Wer mit Mühe den Gipfel gewann, | Hat auch die Welt zu Füßen liegen.
Viktor Blüthgen, Einfälle u. Ausfälle (1905). Vierzeiler.

Gipfel, die. — . . . die Gipfel der Menschheit werden glänzen, wenn noch feuchte Nacht in den Tälern liegt.
Friedr. von Schiller, Prosaische Schriften. Über d. ästhetische Erziehung d. Menschen, in einer Reihe von Br. (1795). Br. 9.

Glanz. — Wer sich seinen Glanz von außen holt, bei dem ist es gewöhnlich inwendig dunkel.
Aug. von Kotzebue, D. Epigramm (1801).

— Wie kommt mir solcher Glanz in meine Hütte? Friedr. von Schiller, D. Jungfrau v. Orleans (1801). Prolog. Sz. 2 (Thibaut).

Glänzen. — Es ist nit alles goldt fürwar, | Das an der sunnen glitzet clar.
Thomas Murner, Narrenbeschwerung (1512). Nr. 45. In d. grindt lusen.

Glänzen. — Manch einer glänzt im zweiten Rang, der im ersten verschwindet. Franz.: Tel brille au second rang, qui s'éclipse au premier.
Voltaire (François Marie Arouet), Henriade (1726). Übers. v. Mylius. Ges. 1, V. 31.

— Was glänzt, ist für den Augenblick geboren.
Joh. Wolfg. von Goethe, Faust, I (1808). Vorspiel auf d. Theater (Dichter).

— Was glänzt dort vom Walde im Sonnenschein? | Hör's näher und näher brausen.
Theod. Körner, Leier u. Schwert. Lützows wilde Jagd (ged. 24. April 1813). Mel. v. Karl Maria von Weber (komp. 13. Sept. 1814).

— Fällt einmal etwas in den Schmutz, das glänzt, | So sieht's die Menge stets mit Schadenfreude | Und überhäuft's mit Hohn, als wollte sie | Dadurch den eignen Schmutz entschuldigen.
Emerich Madách, D. Tragödie d. Menschen (1861). A. d. Ungar. übers. v. Lechner. Sz. 5 (Eva).

— Es ist nicht alles Gold, was glänzt.
Sprichwort.

Glas. — Dieses Glas dem guten Geist!
Friedr. von Schiller, Gedichte. An d. Freude (ged. 1785). Mel. v. Friedr. Frz. Hurka (1789), Karl Friedr. Zelter (komp. 1. März 1792), Joh. Friedr. Reichardt (komp. 1795) u. a.

— Und dem vollen Glas entschweben | Liebe und Begeisterung.
Rundgef. Verfasser unbek. Mel. v. Karl Gottl. Hering (komp. 1789).

— Denn jeder Stand hat aufgehört, | Wenn wir das erste Glas geleert.
Christ. Gottlob Otto, Im Kreise froher, kluger Zecher usw. (vor 1808).

— Wir sind nicht mehr am ersten Glas, | Drum denken wir gern an dies und das, | Was rauschet und was brauset.
Ludw. Uhland, Gedichte. Lieder. Trinklied (ged. 1. Jan. 1812). Mel. v. Konradin Kreutzer (1820).

— Das Glas in der Rechten, | Die Flasch' in der Linken . .
Aug. Heinr. Hoffmann von Fallersleben, Lyrische Gedichte. Nr. 4. Volksleben. Wein u. Ges. Trinklied (ged. Juni 1829). Mel. v. Konstantin Decker (1833).

— Glück und Glas, | Wie bald bricht das.
Sprichwort.

— Feuersnot ist große Not, | Oft groß der Brand beim Glas; | Die eine färbt den Himmel rot, | Der andere die Nas!
Inschrift im Ratskeller zu Wiesbaden.

Gläschen. — Was kümmert mich die ganze Welt, | Wenn's liebe Gläschen winkt.
Ludw. Hölty, Gedichte. Lieder. Trinklied beim Rheinwein (ged. 1775). Mel. v. Joh. Friedr. Reichard (1797).

— Ich nehm' mein Gläschen in die Hand, vive la Compagneia!
Studentenlied (vor 1815). Verfasser unbek.

— Wer will uns verwehren | Ein Gläschen in Ehren | Und ganz unter uns?
Wartburgspr. Wirtschaft.

Gläser. — Von allen Tönen in der Welt | Ist keiner, der mir baß gefällt, | Als voller Gläser Klingen.

Wilh. Müller, Lieder d. Lebens u. d. Liebe (geb. 1822). Nr. 1. Tafellieder für Liedertafeln. D. schönsten Töne.

Glatt. — Unter den Menschen und Borsdorferäpfeln sind nicht die glatten die besten, sondern die rauhen mit einigen Warzen.

Jean Paul (Joh. Paul Friedr. Richter), Hesperus (1795). Bd. 2.

Glatteis. — Jemanden aufs Glatteis führen (jemanden im Scherze oder in Wirklichkeit täuschen).

Sprichwörtl. Redensart.

Glaube. — Der Glaube und die Unschuld sind zu finden | Nur bei den Kleinen. Ital.: Fede ed innocenza son reperte | Solo nei parvoletti.

Dante Alighieri, Göttliche Komödie (1300—1321). Paradies. Übers. v. Gildemeister. Ges. 27, V. 127—28).

— Der Glaube macht Götter, das ist: Gottes Kinder und Wundertäter. Das Zweifeln macht Menschen, das ist: Kinder des Elends.

Dr. Martin Luther, Alle B. u. Schrifften (1539—1559).

— Glaube ohne Liebe ist nichts wert.

Dr. Martin Luther, Alle B. u. Schrifften (1539—1559).

— ... wo der Glaube ist, da kann er sich nicht halten; er beweiset sich, bricht heraus durch gute Werk.

Dr. Martin Luther, Tischreden oder Colloquia (1566). Nr. 12. Tischreden v. Gesetz u. Euangelio. §67. Worum den Gläubigen kein Gesetz gegeben.

— Die Vernunft ist der Eitelkeit unterworfen, wie alle andere Creaturen Gottes, nehmlich dem Narrenwerk; aber der Glaube sondert ab die Eitelkeit vom Wesen.

Dr. Martin Luther, Tischreden oder Colloquia (1566). Nr. 13. Tischreden, daß d. Glaube an Christum allein für Gott gerecht mache. §19. Frage: Worum brauchen d. Christen d. Vernunft usw.

— Was für ein Glaube muß das sein, den Verzagtheit und Schwäche des Herzens in uns pflanzen und gründen? Das muß mir eine saubere Religion sein, wo man nur glaubt, weil man nicht das Herz hat, daran zu zweifeln. Franz.: Quelle foy doibt ce estre, que la lascheté et la foiblesse de cœur plantent en nous et establissent? plaisante foy, qui ne croid ce qu'elle croid, que pour n'avoir pas le courage de le descroire!

Michel Eyquem de Montaigne, Essays (1580). Übers. v. Titus.

— O Mensch, erkenn dein vnvermügen, | Das dein Weißheit vnd kräfft nit tügen | Nach zuforschen Göttlichem willen; | Laß den Glauben dein hertze stillen!

Hans Sachs, Sehr herrliche Schöne v. wahrhaffte Gedicht. B. 1 (1589). Sanct Peter mit d. Geiß (1589).

Glaube. — Drum ist rechter Glaub' jetzunder | Für sich selbst ein großes Wunder.

Friedr. von Logau, Deutsche Sinn-Getichte (1654). Wunderwerke.

— Man merkt, wie gegen Gott der Glaube sei bestellt | Aus dem, wie Glaub' und Treu man seinem Nächsten hält.

Friedr. von Logau, Deutsche Sinn-Getichte (1654). Geistl. u. weltlicher Glaube.

— Hastu einen Engelsglauben, treibstu aber Teufelswerke, | Glaub' ich gar nicht, daß dein Glaubn, wie du vorgibst, hat die Stärke.

Friedr. von Logau, Deutsche Sinn-Getichte (1654). Glauben u. Werke.

— Wer kann doch durch Gewalt den Sinn zum Glauben zwingen? | Verleugnen kann wohl Zwang, nicht aber Glauben bringen.

Friedr. von Logau, Deutsche Sinn-Getichte (1654). D. Glauben.

— Schlecht ist es mit dem Glauben an Gott bestellt, | Wenn man nicht Treu' und Glauben dem Nächsten hält.

Friedr. von Logau, Deutsche Sinn-Getichte (1654).

— Glaube und Liebe sind Mutter und Tochter. Die Mutter ist arm, nimmt immer. Die Tochter ist reich, gibt immer. Die Mutter ist so hoffärtig, daß ihr Gott und Engel aufwarten müssen; die Tochter ist so demütig, daß sie sich dem Geringsten unter die Füße wirft. Die Mutter muß endlich sterben, die Tochter lebt ewiglich.

Heinr. Müller, Predigten (1663—1675).

— Jeden Glauben darum zu versagen, weil es außer unserer Macht liegt, alles bestimmt zu wissen, das hieße: seine Füße nicht brauchen und in Trägheit vergehen, weil es an Flügeln zum Fluge fehle. Engl.: If we will disbelieve every thing, because we cannot certainly know all things, we shall do much as wisely as he, who would not use his legs, but sit still and perish, because he had no wings to fly.

John Locke, Essay über d. menschlichen Verstand (1690). Übers. v. Kirchmann. B. 1, K. 1, § 5.

— Ist der Glaube, der nicht handelt, ein aufrichtiger Glaube? Franz.: La foi qui n'agit point, est-ce une foi sincère?

Jean Baptiste Racine, Athalie (1716). Übers. v. Viehoff. A. 1, Sz. 1 (Joad).

— Der Glaube baut eine Brücke über den Abgrund des Todes, um den Sturm seiner Wogen, dem die blinde Natur nicht ausweichen kann, zu brechen und den Gedanken an jenes Ufer sanft hinüber zu bringen. Engl.: Faith builds a bridge across the gulph of death, | To break the shock blind nature cannot shun, | And lands thought smoothly on the farther shore.

Edward Young, Nachtgedanken (1742). Übers. v. Graf Bentzel-Sternau. Nacht 4, V. 725.

— Ein Herz, dem nicht der Glaube fehlet, | Dem fehlet auch die Liebe nicht.

Christ. Fürchtegott Gellert, Geistl. Oden u. Lieder (1757). V. d. Quelle d. guten Werke.

Glaube. — Gott! Gott! worauf können Menschen einen Glauben gründen, durch den sie ewig glücklich zu werden hoffen!

Gotthold Ephr. Lessing, Sämtl. Schriften. Theologische Streitschriften. Eine Duplik (1778). Zehnter Widerspruch.

— Nun, wessen Treu und Glauben zieht man denn | Am wenigsten in Zweifel? doch der Seinen? | Doch deren Blut wir sind?

Gotthold Ephr. Lessing, Nathan d. Weise (1779). A. 3, Sz. 7 (Nathan).

— ... wer ist von Eitelkeit so frei, | Um nicht für seinen Glauben gern zu werben?

Friedr. von Schiller, Don Carlos (1787). A. 4, Sz. 3 (Marquis).

— Vor dem Glauben | Gilt keine Stimme der Natur.

Friedr. von Schiller, Don Carlos (1787). A. 5, Sz. 10 (Großinquisitor).

— Keimt ein Glaube neu, | Wird oft Lieb' und Treu' | Wie ein böses Unkraut ausgerauft.

Joh. Wolfg. von Goethe, Gedichte. Balladen. D. Braut v. Korinth (ged. 4.—5. Juni 1797).

— Haltet am Glauben fest und fest an dieser Gesinnung; | Denn sie macht im Glücke verständig und sicher; im Unglück | Reicht sie den schönsten Trost und belebt die herrlichste Hoffnung.

Joh. Wolfg. von Goethe, Hermann u. Dorothea (1797). Kalliope.

— ... alles wanket, wo der Glaube fehlt.

Friedr. von Schiller, Wallensteins Tod (1799). A. 2, Sz. 7 (Max).

— Das Wort ist tot, der Glaube macht lebendig.

Friedr. von Schiller, Maria Stuart (1800). A. 5, Sz. 7 (Melvil).

— ... ein irdisch Pfand bedarf der Glaube, | Das hohe Himmlische sich anzueignen.

Friedr. von Schiller, Maria Stuart (1800). A. 5, Sz. 7 (Maria).

— ... nur der Glaube aller stärkt den Glauben; | Wo Tausende anbeten und verehren, | Da wird die Glut zur Flamme, und beflügelt | Schwingt sich der Geist in alle Himmel auf.

Friedr. von Schiller, Maria Stuart (1800). A. 5, Sz. 7 (Maria).

— Mach' keines Glauben deinen Spott; | Ein jeder glaubet sich und Gott.

Matthias Claudius, Sämtl. Werke d. Wandsbecker Boten. T. 7 (1803). Ein silbern ABC.

— ... mich hat mein Glaube nicht betrogen!

Friedr. von Schiller, Wilh. Tell (1804). A. 3, Sz. 2 (Bertha).

— Vor dem Glauben Berge schwanden, | Glaube macht die Schwachen stark. | Ja, aus Erd- und Todesbanden | Ist der Gläub'ge schon erstanden; | Glaub' ist unsers Lebens Mark.

Aug. Wilh. von Schlegel, Poetische Werke. Gedichte. Glaube (ged. 1807).

Glaube. — Wenn in eurer letzten Stunde ... alles im gebrochenen Geiste abblüht und herabstirbt, Dichten, Denken, Streben, Freuen, so grünt endlich nur noch die Nachtblume des Glaubens fort und stärkt mit Duft im letzten Dunkel.

Jean Paul (Joh. Paul Friedr. Richter), Levana oder Erzieh-Lehre (1807). Bd. 1, Bruchstück 3, K. 9, § 72. Schlußwort.

— Mag auch der Glaube zagen! | Ein Tag des Lichtes naht!

Friedr. Adolf Krummacher, Festbüchlein (1808). Mag auch d. Liebe weinen usw. Mel. v. Friedr. Schneider (um 1844).

— Dem Vergänglichen ergeben | Ist der Menschheit niedrer Sinn; | Unser Wollen, unser Streben | Geht auf bleibenden Gewinn. | Vieles wird dem Tag zum Raube, | Nimmer aber unser Glaube.

Aloys Schreiber, Gedichte. Lied d. Weihe (ged. 1812). Mel. v. Friedr. Silcher (1823).

— Die Kreuze schlägt man frevelnd ein; | Doch bleibt der Glaube stehn.

Theod. Körner, Leier u. Schwert (1814). Trost.

— Nicht leichten Kampfes siegt der Glaube; | Solch Gut will schwer errungen sein.

Theod. Körner, Leier u. Schwert (1814). Unsere Zuversicht.

— Der Glaube, der deines Gemüts ist, | Ist dir besser, o Freund, als des Fremden besserer Glaube.

Joh. Gottfr. von Herder, Sämtl. Werke (1805—1820). Blumenlese a. morgenländischen Dichtern.

— Glaube ist weder Wissen noch Ahnen, weder ein bloßes Hoffen noch Wünschen; er ist eine stille Zuversicht des Unsichtbaren nach dem Maßstabe des Sichtbaren, ein Ergreifen der Zukunft.

Joh. Gottfr. von Herder, Sämtl. Werke (1805—1820).

— Glauben gewährt dem Volk die Natur, andächtigen Zweiflern | Wünsche, dem wunden Gefühl Hoffnung der künftigen Welt.

Karl Gustav von Brinckmann, Elegien u. Arabesken (1820).

— Nach höh'rem Ziel verweist der höh're Glaube; | Hier ist es nicht, wo jedes Ding verletzt; | Jenseits des Lebens ward dein Ziel hinausgesetzt!

Aug. Graf von Platen-Hallermund, Gedichte. Lieder u. Romanzen. Was ruhst du hier am Blütensaum usw. (ged. 1820).

— Die Welt wird Prosa mehr und mehr; | Der Glaube selbst ist ohne Wehr; | Was hat das Ewige verschuldet, | Daß man's nur nebenher noch duldet?

Aug. Graf von Platen-Hallermund, Gedichte. Verm. u. Gelegenheitsgedichte. D. Welt wird Prosa mehr u. mehr usw. (ged. 1821).

— Glaube steht dem am schönsten, der zugleich hochgebildet im Wissen ist.

Wolfg. Menzel, Deutsche Streckverse (1823).

Glaube. — . . . der Glückliche bedarf den Glauben, um nicht übermütig zu werden; der Nichtglückliche aber als Halt und der Unglückliche, um nicht zu erliegen.

Wilh. Freiherr von Humboldt, Br. an eine Freundin (28. Jan. 1827).

— Die Sonne für das Gemüt ist der Wille. Allein, wenn dies sehr leidet, reicht er nicht aus. Wir bedürfen dann Glauben.

Wilh. Freiherr von Humboldt, Br. an eine Freundin (Dez. 1827).

— Glaube kann uns allein über das kleinliche, tägliche Leben und irdische Treiben erheben, der Seele eine Richtung aufs Höhere geben und auf Gegenstände und Ideen, die allein Wert und Wichtigkeit haben.

Wilh. Freiherr von Humboldt, Br. an eine Freundin (Dez. 1827).

— Wer Gott fürchtet und seinen Nächsten liebt und die Sünde mehr fürchtet als den Tod, der hat den rechten Glauben.

Christ. Friedr. Wilh. Jakobs, Verm. Schriften (1822—1828).

— Berge versetzt der Glaube. Jawohl! Die schweren Probleme | Löset der Glaube nicht auf, sondern verschiebet sie nur.

Ludw. Feuerbach, Satirisch-theologische Distichen (1830).

— Auf der höchsten Potenz steht jetzt in den Frommen der Glaube! | Denn es wird ja sogar selber der Glaube geglaubt.

Ludw. Feuerbach, Satirisch-theologische Distichen (1830).

— Der Glaube ist ein häuslich, heimlich Kapital, . . . woraus man in Tagen der Not einzelnen ihr Bedürfnis reicht.

Joh. Wolfg. von Goethe, Werke (1827—1830). Maximen u. Reflexionen. Abteilung 2.

— Der Glaube ist nicht der Anfang, sondern das Ende alles Wissens.

Joh. Wolfg. von Goethe, Werke (1827—1830). Maximen u. Reflexionen.

— Es bleibt höchst merkwürdig, daß die Formen des Glaubens und Aberglaubens bei allen Völkern und zu allen Zeiten immer dieselben geblieben sind.

Joh. Wolfg. von Goethe, A. meinem Leben. Dichtung u. Wahrheit (1809—1831). T. 3.

— Der Glaube war zu allen Zeiten die Stärke der Schwachen und das Heil der Unglücklichen. Franz.: La foi fut en tout temps la force des faibles et le salut des malheureux.

Alexander Vinet, Diskurse über einige religiöse Fragen (1831). Übers. v. Zimmermann.

— Zu dem Adler sprach die Taube: | Wo das Denken aufhört, da beginnt der Glaube; | Recht, sprach jener, mit dem Unterschied jedoch, | Wo du glaubst, da denk' ich noch.

Ludw. Robert, Schriften (1835). D. Glaube.

Glaube. — Was von oben stammt, will keine Frage, | Fordert Glauben als ein göttlich Recht.

Joh. Christoph Biernatzki, D. Hallig (1836).

— Der Glaub' ist ewig; irdisch ist die Form.

Ernst Raupach, D. Hohenstaufen (1837). Kaiser Friedr. II. Tod. A. 3, Sz. 7.

— Als wie der Mensch, so ist sein Gott, so ist sein Glaube; | Aus geist'gem Äther bald — und bald aus Erdenstaube.

Friedr. Rückert, D. Weisheit d. Brahmanen (1836—1839). B. 1, Nr. 6. (Stufe 2. Stimmung. Nr. 1.)

— Halt ein paar Freund' im Haus, das Wissen und den Glauben, | Und laß von keinem dir des andern Freundschaft rauben! | Vom einen sei genährt dein Geist und aufgeklärt, | Vom andern dir in Not und Zweifel Trost gewährt!

Friedr. Rückert, D. Weisheit d. Brahmanen (1836—1839). B. 9, Nr. 139. (Stufe 6. Prüfung. Nr. 184.)

— Das Wissen all weiß nichts, und nur der Glaube weiß.

Friedr. Rückert, D. Weisheit d. Brahmanen (1836—1839). B. 10, Nr. 53. (Stufe 6. Prüfung. Nr. 197.)

— Dies Richtmaß halte fest! Der Glaube wird zum Toren, | Zum Narr'n die Wissenschaft, wo sie das Maß verloren.

Friedr. Rückert, D. Weisheit d. Brahmanen (1836—1839). B. 13, Nr. 98. Schlußv. (Stufe 9. Dämmerklarheit. Nr. 117.)

— Der Glaube einer gottesdienstlichen Religion ist ein Fron- und Lohnglaube (fides mercenaria, servilis) und kann nicht für den seligmachenden angesehen werden, weil er nicht moralisch ist. Denn dieser muß ein freier, auf lauter Herzensgesinnungen gegründeter Glaube (fides ingenua) sein.

Immanuel Kant, Werke (1838—1839). Bd. 10.

— Wirklicher Glaube gebiert Schönes und Herrliches nur.

Aug. Graf von Platen-Hallermund, Gesammelte Werke (1839). Gedichte. Epigramme. Kunstverfall.

— Also Vernunft, die Erderleuchterin, hellet die Nähe, | Aber verbirgt uns das Land, welches dem Glauben nur strahlt.

Joh. Gaudenz Freiherr von Salis-Sewis, Gedichte (1839). Vernunft u. Glaube.

— Der große Haufen bekümmert sich wenig um Moral; der Glaube ist ihm bequemer.

Karl Jul. Weber, Demokritos (1832—1840). D. Freigeisterei.

— Nie laß den Glauben dir nehmen, den Anker bekümmerter Herzen! | Wissen der Menschen ersetzt nimmer die göttliche Kraft.

Aug. Mahlmann, Sämtl. Schriften (1839—1840). Gedichte. A. d. Leben.

— Was ist es denn, das uns mit Gott vereint? — | Der Glaube ist die hehre Himmelsleiter.

Peter Friedr. Engstfeld, Zeugnisse a. d. verborgenen Leben (1840).

Glaube. — Glaube wird nicht untergehn; | Glaubenslehren sind kein Glaube. | Gott herrscht in den ew'gen Höhn | Und der Meinungskampf im Staube.

Ludw. Bechstein, Neue Naturgesch. d. Stubenvögel (1846).

— Sein Glaube ist so groß, daß, wenn er fällt, | Glaubt er: gefallen sei die ganze Welt.

Friedr. von Bodenstedt, D. Lieder d. Mirza=Schaffy (1851). Glaube u. Leben. Nr. 10.

— Der Glaube ist wie die Liebe: er läßt sich nicht erzwingen. Daher ist es ein mißliches Unternehmen, ihn durch Staatsmaßregeln einführen oder befestigen zu wollen.

Arthur Schopenhauer, Parerga u. Paralipomena (1851).

— Der Glaube, womit die Religion glaubt, nicht das, was dieser Glaube glaubt, ist die Bedeutung der Religion.

Friedr. Theod. Vischer, Ästhetik oder Wissenschaft d. Schönen (1847—1858).

— Sehnt sich das Erdenkind nach einem höheren, seligeren Glück, seiner weiteren, unbekannten Heimat, so nennt es sein Sehnen — Glaube; sehnt es sich nach einem verlornen, irdischen Glück, so nennt es sein Sehnen — Heimweh!

Wilh. Raabe, Halb Mähr, halb mehr (1859).

— Überdies hat der Staat nicht das Recht, sich um den Glauben der Menschen zu bekümmern und sich in die Formen der Gottesverehrung, die sie annehmen, einzumischen. Engl.: The state has no concern with the opinions of men, and no right to interfere, even in the slightest degree, with the form of worship which they may choose to adopt.

Henry Thomas Buckle, Gesch. d. Zivilisation (1858—1861). Übers. v. Ritter. K. 5, Abs. 23.

— Bequem ist die Ergebung in den Glauben; | Schön, aber schwer auf eignen Füßen stehn!

Emerich Madách, D. Tragödie d. Menschen (1861). A. d. Ungar. übers. v. Lechner. Sz. 2 (Lucifer).

— Unvermeidlich schlägt die Stunde, wo der Gefühlsglaube durch den Verstandesglauben ersetzt wird. Engl.: A time inevitably arrives when emotional faith is supplanted by intellectual.

John William Draper, Intellektuelle Entwickelung Europas (1862). Übers. v. Bartels. Bd. 2, K. 6.

— Dein Verstand ist schwankend, wird er nicht auf die Sinne gebaut; dein Glaube ist dunkel, wenn ihn die Vernunft nicht beleuchtet.

Ludw. Börne, Gesammelte Schriften (1862—1863).

— O schöner Tod des Helden, der für einen Glauben stirbt! Alles für nichts gewonnen.

Ludw. Börne, Gesammelte Schriften (1862—1863).

— Was ist selbst der glücklichste Mensch ohne Glauben? Eine schöne Blume in einem Glase Wasser, ohne Wurzel und ohne Dauer.

Ludw. Börne, Gesammelte Schriften (1862—1863).

Glaube. — Zum Glauben geht der Weg über den Unglauben.

Ludw. Börne, Gesammelte Schriften (1862—1863).

— Wir fassen alles Überirdische nicht durch den Begriff, sondern durch den Glauben.

Berth. Auerbach, Sämtl. Schwarzwälder Dorfgesch. (1871). Ivo, d. Hajrle.

— Es ist dumm, über irgend einen Glauben zu spotten, denn keiner ist so plump, daß er nicht in seinem Kerne den ewigen Demant der Gottesweisheit berge!

Albert Emil Brachvogel, D. Fels v. Erz (1872).

— Man spricht jetzt viel von dem Glauben; | Der eine wünscht zu glauben, | Der andre glaubt zu glauben, | Der Dritte hat den Glauben. | Allein der Glaube hat keinen. | Was mein ist, ist nur Meinen. Frz. Grillparzer, Gedichte (1873).

— Ein Leben ohne Glauben | Ist wie Reben ohne Trauben.

Friedr. von Bodenstedt, A. d. Nachlasse Mirza=Schaffys (1874). B. 1. Lieder d. Liebe. Verschiedene. Nr. 6.

— Laß ab von diesem Zweifeln, Klauben, | Vor dem das Beste selbst zerfällt, | Und wahre dir den vollen Glauben | An diese Welt trotz dieser Welt!

Theod. Fontane, Gedichte (1875). Lieder u. Spr. Nr. 2.

— Es ist der Glaub' ein schöner Regenbogen, | Der zwischen Erd' und Himmel aufgezogen, | Ein Trost für alle, doch für jeden Wandrer, | Je nach der Stelle, da er steht, ein andrer.

Emanuel Geibel, Spätherbstblätter (1877). Gelegenheitsgedichte. Spr. Nr. 18.

— Der Glaube, tief von Nacht umstellt, | Kann eine beßre Welt nur hoffen; | Der Geist, die hellen Augen offen, | Ist selbst schon eine beßre Welt.

Hieronymus Lorm (Heinr. Landesmann), Gedichte (1880).

— Stets hab' ich mit der Schrift gedacht, | Daß nur der Glaube selig macht, | Wenn ich zu streng das Wort auch finde: | „Was nicht aus Glauben geschieht, ist Sünde." | Mit diesem Bekenntnis laßt mich wohnen | Abseits von allen Konfessionen.

Paul Heyse, Spruchbüchlein (1885). Gott u. Welt.

— In religiösen Dingen ist das Wort Glaube gleichbedeutend mit Überzeugung.

Moritz von Egidy, Ernste Gedanken (1890).

— Wer seinen Glauben mit Gründen verteidigt, kann mit Gründen widerlegt werden.

Rob. Hamerling, D. Atomistik d. Willens (1891).

— Wenn es einen Glauben gibt, der Berge versetzen kann, so ist es der Glaube an die eigne Kraft. Marie von Ebner=Eschenbach, Aphorismen (1893).

— Treue und Glauben halten.

Nach Jesaias, K. 33, V. 8.

— Der Glaube macht selig.

Nach Marc., K. 16, V. 16.

— Nun aber bleibet Glaube, Hoffnung, Liebe, diese drei; aber die Liebe ist die größeste unter ihnen. 1. Kor., K. 13, V. 13.

Glaube. — Ein Herr, Ein Glaube, Eine Taufe.
Eph., K. 4, V. 5.

— ... der Glaube ist nicht jedermanns Ding.
2. Theff., K. 3, V. 2.

— Am Glauben Schiffbruch erleiden.
Nach 1. Timotheus, K. 1, V. 19.

— Kämpfe den guten Kampf des Glaubens!
1. Timotheus, K. 6, V. 12.

— ... unser Glaube ist der Sieg, der die Welt überwunden hat. 1. Joh., K. 5, V. 4.

— Es ist aber der Glaube eine gewisse Zuversicht des, daß man hoffet und nicht zweifelt an dem, das man nicht siehet. Ebr., K. 11, V. 1.

— ... ohne Glauben ist es unmöglich, Gott zu gefallen. Ebr., K. 11, V. 6.

— ... der Glaube, wenn er nicht Werke hat, ist er tot an ihm selber. Jak., K. 2, V. 17.

— Hetten wir alle einen glawben, | Got und den gemeynen nutz vor augen, | Guten friede und recht gerichte, | Eine elle, maß und gewichte, | Eine müntze und gut gelt, | So stunde es wol in aller Welt. Alter Spr.

— Ein Glaube ohne Tat | Ist ein Feld ohne Saat. Sprichwort.

— Glaube, Auge und Glimpf | Leiden keinen Schimpf. Sprichwort.

— Wo Glaube, da Liebe; wo Liebe, da Friede; wo Friede, da Gott; wo Gott, keine Not.
Sprichwort.

— Wo weder Glauben an Himmel und Hölle, | Da zieht der Teufel alle Gefälle. Sprichwort.

— Der Glaub' ist ein gar neuer Sinn, | Weit über die fünf Sinne hin. Wartburgspr. Lutherstube.

— Der Glaub' verlasset sich auf Gott, | Der rechte Glaub' geht bis in' Tod; | Fürchtet kein teuflisch Abenteuer, | Besteht Schwert, Wasser und Feuer. Spr. im Schlosse Ortenstein.

— Glaube, Liebe, Treu' und Recht, | Diese vier haben sich schlafen gelegt; | Wenn sie werden auferstehn, | Wird's in der Welt mit Recht zugehn.
Spr. an einem Hause. Elleringhausen, Waldeck.

— Christus ist der Baum des Lebens; die Früchte genießen wir durch den Glauben. Lat.: **Arbor vitae Christus; fructus per fidem gustamus.**
Wahlspr. d. Fruchthändlerinnung in London.

— Die der Glaube vereint, erhält der Glaube. Lat.: **Quos fides adunat, hos fides conservat.**
Wahlspr. d. Kantons Uri.

Glauben. — Die Menschen glauben das gern, was sie wünschen. Lat.: **Libenter homines id, quod volunt, credunt.**
Gajus Jul. Cäsar (um 100—44 v. Chr.), Gallischer Krieg. Übers. v. Strack. B. 3, K. 18.

— Das glaub' der Jude Apella! Lat.: **Credat Judaeus Apella!**
Quint. Horatius Flacc., Sat. (um 35 v. Chr.). Übers. v. Voß. B. 1, Nr. 5, V. 100.

Glauben. — Ich glaube es, weil es widersinnig ist. Lat.: **Credo, quia absurdum.**
Nach Quint. Septimus Florentinus Tertullianus (um 145—220), Über d. Fleisch Christi. Übers. v. Besnard. K. 5.

— Ich begreife nicht, um zu glauben, sondern ich glaube, um zu begreifen. Lat.: **Non intelligo ut credam, sed credo ut intelligam.**
Wahlspr. Anselms von Canterbury (1033—1109).

— Glauben können ist die größte Kraft.
Nikolaus von Cusa, Schriften (1514).

— Ich wil glauben, wie der koler (Köhler) glaubt.
Joh. Agricola, Drey hundert Gemeyner Sprichwörtter (1529). Nr. 234.

— Was die Kirche glauben heißt, | Soll man glauben ohne Wanken? | Ei! so braucht man keinen Geist, | Braucht nicht Sinne, nicht Gedanken.
Friedr. von Logau, Deutsche Sinn-Getichte (1654).

— Man glaubet, was man wünscht; das Herz legt ein Gewicht | Den leichtern Gründen bei; es fälscht der Sinne Klarheit, | Und Lüge, die gefällt, ist schöner als die Wahrheit.
Albrecht von Haller, Versuch Schweizerischer Gedichte (1732).

— Was viele glauben, glaubet nicht!
Christ. Fürchtegott Gellert, Fab. u. Erz. (1746). B. 2. D. Freigeist.

— Wer in göttlichen Dingen nichts glaubt, als was er mit seinem Verstande ausmessen kann, der verkleinert die Idee von Gott.
Gottfr. Wilh. von Leibnitz, Werke (1768).

— Wie kann ich meinen Vätern weniger | Als du den deinen glauben?
Gotthold Ephr. Lessing, Nathan d. Weise (1779). A. 3, Sz. 7 (Nathan).

— Genieße, wer nicht glauben kann! Die Lehre | Ist ewig wie die Welt. Wer glauben kann, entbehre!
Friedr. von Schiller, Gedichte. Resignation (ged. 1785).

— Der Mensch soll in seinen künftigen Zustand nicht hineinschauen, sondern sich hineinglauben.
Joh. Gottfr. von Herder, Ideen zur Philosophie d. Gesch. d. Menschheit (1784—1791). T. 1, B. 5, Hauptstück 6.

— Glaube nicht allzu schnell, nicht keinem, nicht allen, nicht alles! | Forsche, vergleich', erwäg's; finde die Wahrheit heraus!
Joh. Christoph Friedr. Haug, Sinngedichte (1791).

— Nichts ist so bequem, als etwas zu glauben, das ein anderer meint, und dieser hat seine Meinung gewöhnlich auch nur vom Hörensagen.
Ludw. Tieck, Straußfedern (1796—1798). Ein Tageb.

— Wenn du die Freveltat verdammst, | Dann glaubst du, Freund, an einen Himmel.
Christoph Aug. Tiedge, Urania (1800). Ges. 5. Tugend.

Glauben. — Du mußt glauben, du mußt wagen, | Denn die Götter leihn kein Pfand; | Nur ein Wunder kann dich tragen | In das schöne Wunderland.

Friedr. von Schiller, Gedichte. Sehnsucht (ged. 1801). Mel. v. Joh. Friedr. Reichardt (1810) u. Konradin Kreutzer.

— Man wird es bald müde, nichts mehr zu glauben. Christoph Martin Wieland, Sämtl. Werke (1794—1802).

— Wer es glaubt, dem ist das Heil'ge nah.

Friedr. von Schiller, Gedichte. Thekla (ged. 1803). Mel. v. Friedr. Ludw. Seidel (1805).

— Es gibt Leute, die können alles glauben, was sie wollen; das sind glückliche Geschöpfe!

Georg Christoph Lichtenberg, Verm. Schriften (1800—1806). Bd. 2, Nr. 2. Bemerk. verm. Inhalts. Nr. 4. Beobachtungen über d. Menschen.

— Wer darf ihn (Gott) nennen? | Und wer bekennen: | Ich glaub' ihn.

Joh. Wolfg. von Goethe, Faust, I (1808). Marthens Garten (Faust).

— Man muß von dem Grundsatz ausgehen, daß Wissen und Glauben nicht dazu da sind, einander aufzuheben, sondern einander zu ergänzen.

Joh. Wolfg. von Goethes Gespräche mit Falk (Jan. 1813).

— Hoffe und glaube! Bei der Erde Stürmen | Werden des Himmels Mächte dich beschirmen.

Christ. Christoph Hohlfeldt, Harfenklänge (1823). Aufschwung.

— Selig die, die schwach | Genug sind, um vom Schein geblendet, Schein | Für Licht zu halten, — blindlings glauben, weil | Sie blindlings hoffen!

Christ. Dietr. Grabbe, Don Juan u. Faust (1829). A. 1, Sz. 2 (Faust).

— „Alle Kühe sind schwarz in der Nacht"; drum mußt du nur glauben, | Was dir bei Tag ist ein Mensch, wird dir zur Venus bei Nacht.

Ludw. Feuerbach, Satirisch-theologische Distichen (1830).

— Nicht genug glauben ist ebensogut ein Zeichen von Unkenntnis wie zu viel glauben. Franz.: Ne pas croire assez est aussi bien une marque d'ignorance que de trop croire.

Claude Tillier, Mein Onkel Benj. (1846). Übers. v. Bergfeldt.

— Nur was wir selber glauben, glaubt man uns. Karl Gutzkow, Uriel Acosta (1847). A. 1, Sz. 2 (Uriel).

— Glauben und Wissen verhalten sich wie die zwei Schalen einer Wage; in dem Maße, als die eine steigt, sinkt die andere.

Arthur Schopenhauer, Parerga u. Paralipomena (1851). Aphorismen zur Lebensweisheit.

— Wer vor der letzten Folgerung erschrickt, soll nicht forschen; er soll glauben!

Jak. Moleschott, D. Kreislauf d. Lebens (1852).

Glauben. — Wenn eine Zeit zu viel glaubt, ist es nur eine natürliche Reaktion, daß eine andere zu wenig glaubt. Engl.: If one age believes too much, it is but a natural reaction that another age should believe too little.

Henry Thomas Buckle, Gesch. d. Zivilisation (1858—1861). Übers. v. Ritter. K. 7.

— Sinnlich beginnt der Mensch, dann denkt er, endlich glaubt er.

Ludw. Börne, Gesammelte Schriften (1862—1863).

— . . . glaube nicht alles, was du hörest!

Jes. Sir., K. 19, V. 15.

— Alle Dinge sind möglich dem, der da glaubet.

Mark., K. 9, V. 23.

— Wer's glaubt, wird selig.

Nach Mark., K. 16, V. 16.

— Wenn ihr nicht Zeichen und Wunder sehet, glaubet ihr nicht. Evang. Joh., K. 4, V. 48.

— Wer an mich glaubt, der wird leben, ob er gleich stürbe. Evang. Joh., K. 11, V. 25.

— . . . wer da lebet und glaubet an mich, der wird nimmermehr sterben.

Evang. Joh., K. 11, V. 26.

— Glaube nicht alles, was du hörst; | Liebe nicht alles, was du siehst; | Rede nicht alles, was du weißt; | Tue nicht alles, was du willst!

Alter Spr.

— Glaub' nicht alles, was du hörst; | Sag' nicht alles, was du weißt; | Tu' nicht alles, was du magst! Alter Spr.

— Glauben ist leichter als Denken.

Sprichwort.

— Wer niemand glaubt und jedermann, | Hat beiderseits nicht wohl getan. Sprichwort.

— Wer's nicht glaubt, ist drum kein Ketzer.

Sprichwort.

— Wie man glaubt, so lebt man; | Wie man lebt, so stirbt man; | Wie man stirbt, so fährt man; | Wie man fährt, so bleibt man.

Sprichwort.

— Wer am meisten weiß, am wenigsten glaubt. Ital.: Chi più sa, meno crede.

Toskanisches Sprichwort.

— Wer das glaubt, zahlt einen Taler (gilt als Warnung vor zu großer Leichtgläubigkeit).

Sprichwörtl. Redensart.

— Snelle to hören, avers langsam to geloven.

Inschrift im Rathause zu Lübeck.

— Trinke dich neu; | Glaube dich treu; | Lebe dich frei! Wartburgspr. Architektenstüblein.

Glaubensfehden. — Wenn ich es höre, wie sie reden | Von Gott und ihren Glaubensfehden, | Wie Haß und Wahn die Welt entzweiten, | Wie Fabeln gegen Märchen streiten; | O grauser Abscheu, tödlich kalt, | Der mir die Brust zusammenkrallt!

Nikolaus Lenau (Niembsch, Edler von Strehlenau), D. Albigenser (1842). Alfar.

Glaubensfreiheit. — Ich huldige von Hause aus dem Grundsatze, daß jede Konfession bei uns die volle Freiheit ihrer Bewegung, die volle Glaubensfreiheit haben muß.

Otto von Bismarck im Abg.=Haus d. preuß. Landtages (30. Jan. 1872).

Glaubenslehren. — Die Vervollkommnung der Glaubenslehren und der Systeme ist oftmals eher alles, nur nicht Vervollkommnung der Religion; ja nicht selten schreitet jene fort ohne die geringste Gemeinschaft mit dieser.

Friedr. Ernst Daniel Schleiermacher, Sämtl. Werke (1835—1865).

Glaubenslehrer. — Die meisten Glaubenslehrer verteidigen ihre Sätze nicht; nicht, weil sie von der Wahrheit derselben überzeugt sind, sondern weil sie die Wahrheit derselben einmal behauptet haben.

Georg Christoph Lichtenberg, Verm. Schriften (1800—1806). Bd. 2, Nr. 2. Bemerk. verm. Inhalts. Nr. 8. Litterärische Bemerk.

Glaubensmeer. — Auf dem Grund des Glaubenmeeres | Liegt die Perle der Erkenntnis. | Heil dem Taucher, der sie findet!

Friedr. von Bodenstedt, Ada, d. Lesghierin (1853).

Glaubenspfad. — Dein Wissen und dein Tun, es wirft nichts ab im Paradies; | Drum schlag' die rechte Richtung ein, des Glaubens Pfad erkies!

A. d. Persischen d. Dschâmi (um 1414—1492). Divane. Übers. v. Wickenhauser.

Glaubensreich. — Das Reich des Glaubens ist geendet, | Zerstört ist alte Herrlichkeit, | Die Schönheit weinend abgewendet; | So gnadenlos ist unsre Zeit.

Jos. Freiherr von Eichendorff, Gedichte (1837). Sängerleben. An d. Dichter.

Glaubensruf. — Dem Menschen ist zur Pilgerschaft durchs Leben | Ein Gottgefühl, ein Ruf des Glaubens mitgegeben, | Der, wo er schrecklich ihn auch mißverstand, | Doch nie und nirgend ganz aus seinem Busen schwand.

Christoph Aug. Tiedge, Urania (1800). Ges. 2. Gott.

Glaubenssätze. — An Glaubenssätzen laßt Zeloten klauben: | Wer rechtlich lebt, hat auch den rechten Glauben. Engl.: For modes of faith let graceless zealots fight; | His can't be wrong whose life is in the right.

Alexander Pope, Essay über d. Menschen (1733). Übers. v. Ölckers u. Böttger. Epistel 3, V. 305.

Glaubensstreit. — . . . durch den Kampfeszorn, in den der Deutsche mit Vorliebe sich versetzt, namentlich, wenn es sich um theoretische, um Glaubensstreitigkeiten handelt.

Otto von Bismarck im Herrenhause d. preuß. Landtages (23. März 1887).

Glaubenstrost. — Such nicht den Trost des Glaubens | In der Philosophie; | Wer Gott erst suchen mußte, | Der fand ihn wahrlich nie.

Jos. Sami Tauber, Quinten (1864). D. Glaube.

Gläubig. — Bist du schon gut, weil du gläubig bist? | Der Teufel ist sicher kein Atheist.

Paul Heyse, Spruchbüchlein (1885). Gott u. Welt.

— Eine feste Burg für jeden Schmerz, | Das ist ein gläubiges Menschenherz.

Wartburgspr. Architektenstüblein.

Gläubige, der. — Das Ende ist's, wo stets der Gläub'ge siegt, | Das Jenseits, wo der Heuchler unterliegt.

A. d. Persischen d. Rûmî (um 1207—1273). Mesnewi. Übers. v. Rosen.

— . . . der Gläubigen ist wenig unter den Menschenkindern. Ps. 12, V. 2.

Gleich. — Wahrlich, das heißt wohl recht, ein Taugenicht führet den andern! | Wie doch stets den Gleichen ein Gott gesellet zum Gleichen! Griech.: *Νῦν μὲν δὴ μάλα πάγχυ κακὸς κακὸν ἡγηλάζει,* | *Ὡς αἰεὶ τὸν ὁμοῖον ἄγει θεὸς ὡς τὸν ὁμοῖον.*

Homer, Odyssee. Übers. v. Voß. Ges. 17, V. 217—18.

— Dan gleich vnd gleich | Gesellt sich gleich; | Vngleich gepräuch | Trennen eyn Reich.

Joh. Friedr. Fischart, D. Philosophisch Ehzuchtbüchlin (1578). Tanz Liedlin.

— Vielleicht ist es nicht wahr; aber es geht die Sage, daß die Menschen eines Tages gleich waren. Ital.: Forse vero non è; ma un giorno è fama | Che fur gli uomini eguali.

Giuseppe Parini, D. Mittag (1765). V. 250—51. Übers. v. Pozzoni.

— Solange es noch Verstand und Dummheit, Güte und Bosheit, Stärke und Schwäche in der Welt gibt, solange werden die Menschen sich nie gleich sein.

Aug. von Kotzebue, D. weibliche Jakobinerklub (1792).

— Gleich und gleich! so allein ist's recht!

Joh. Wolfg. von Goethe, Gedichte. Balladen. D. Edelknabe u. d. Müllerin (ged. 26. Aug. 1797).

— Gleich zu sein unter Gleichen, | Das läßt sich schwer erreichen; | Du müßtest ohne Verdrießen | Wie der Schlechteste zu sein dich entschließen.

Joh. Wolfg. von Goethe, Gedichte. Sprichwörtl. (ged. 1812—1814).

— Gleiches wird durch Gleiches geheilt. Lat.: Similia similibus curantur.

Friedr. Samuel Hahnemann (1755—1843). Grundsatz d. v. ihm begründeten Homöopathie.

— Gleiche Brüder, gleiche Kappen.

Sprichwort.

— Gleich und gleich fängt keinen Krieg an.

Sprichwort.

— Gleich und gleich gesellt sich gern.

Sprichwort.

— Wenn alle Leute wären reich, | Und alle Leute wären gleich, | Und wären all zu Tisch gesessen, | Wer wollt' auftragen Trinken und Essen?

Sprichwort.

— Gleich und gleich g'sellt si'; | Paar und Paar stellt si'. Sprichwort. Oberinntal.

Gleich. — Wir werden alle gleich in unsern Gräbern liegen. Engl.: We shall lie all alike in our graves.

Sprichwort.

— Gleich zu Gleich; Maria für Johann. Span.: Pal para tal, Maria para Juan.

Sprichwort.

— Glîch bi glîch! sacht der Düwel, du sprong he op'n Kohlegits (Kohlenbrenner).

Sprichwörtl. Redensart. Aachen.

Gleich (sofort). — Es muß ja nicht gleich sein, | Es hat ja noch Zeit.

Joh. Nepomuk Nestroy, Anfang eines Couplets in Friedr. Kaisers Posse Verrechnet (1851).

Gleichgesinnt. — Mit wahrhaft Gleichgesinnten kann man sich auf die Länge nicht entzweien; man findet sich immer wieder einmal zusammen.

Joh. Wolfg. von Goethe, Werke (1827—1830). Maximen u. Reflexionen. Abteilung 7.

Gleichgültigkeit. — Gleichgültigkeit an die Stelle der Liebe? — Das heißt: Nichts an die Stelle von etwas.

Gotthold Ephr. Lessing, Emilia Galotti (1772). A. 4, Sz. 3 (Orsina).

— Wo Mäßigung ein Fehler ist, da ist Gleichgültigkeit ein Verbrechen.

Georg Christoph Lichtenberg, Verm. Schriften (1800—1806). Bd. 2, Nr. 2. Bemerk. verm. Inhalts. Nr. 4. Bemerk. über d. Menschen.

— Gleichgültigkeit ist der eigentliche Tod.

Ernst Freiherr von Feuchtersleben, Zur Diätetik d. Seele (1838). K. 6. Temperament, Leidenschaft.

— Die Schwester der Gleichgültigkeit ist die entsetzliche Langeweile, — ihr Bruder der Müßiggang; eine furchtbare Sippschaft.

Ernst Freiherr von Feuchtersleben, Zur Diätetik d. Seele (1838). K. 6. Temperament, Leidenschaft.

Gleichheit. — O bring' der Gleichheit lieber deine Huldigung, | Mein Sohn, der Göttin, welche Freund mit Freund verknüpft | Und Stadt mit Stadt und Bundesglied mit Bundesglied. Griech.: *Κεῖνο κάλλιον, τέκνον, | Ἰσότητα τιμᾶν, ἣ φίλους ἀεὶ φίλοις | Πόλεις τε πόλεσι συμμάχους τε συμμάχοις | Συνδεῖ.*

Euripides (um 480—406 v. Chr.), D. Phönizierinnen. Übers. v. Minckwitz. V. 535—38 (Jokaste).

— Falsch ist die Behauptung, daß Gleichheit Naturgesetz sei. Die Natur hat keine Gleichheit. Ihr oberstes Gesetz bildet der Gehorsam und die Abhängigkeit. Franz.: Il est faux que l'égalité soit une loi de la nature. La nature n'a rien fait d'égal. Sa loi souveraine est la subordination et la dépendance.

Marquis von Vauvenargues, Reflexionen u. Maximen (1746). Nr. 227. Übers. v. Zimmermann.

— Gleichheit ist das heilige Gesetz | Der Menschheit. Dem Vermögenderen lebt | Ein ewiger Gegner in dem Ärmern, stets | Bereit, ihn zu bekriegen.

Friedr. von Schiller, Sz. a. d. Phönizierinnen d. Euripides (ged. 1788). (Jokasta).

Gleichheit. — Freiheit! Gleichheit! Brüderlichkeit! Franz.: Liberté! Égalité! Fraternité!

Losung d. franz. Revolution (1789).

— Die Gleichheit ist nicht in Wahrheit ein Recht, aber sie ist doch das natürliche Maß und der natürliche Schutz der Rechte. Ital.: L'eguaglianza non è veramente un diritto, ma bensì essa è la misura e la salvaguardia naturale dei diritti.

Giandomenico Romagnosi, Was ist d. Gleichberechtigung? (1792). Übers. v. Pozzoni.

— Die Gleichheit ist für den sozialen Menschen nur die der Rechte. Franz.: L'égalité pour l'homme social n'est que celle des droits.

Pierre Victurnien Vergniaud (1753—1793), Politische Diskurse. Übers. v. Zimmermann.

— Freiheit und Gleichheit! hört man schallen.

Friedr. von Schiller, Gedichte. Das Lied v. d. Glocke (ged. Sept. 1799).

— Freiheit! Gleichheit! Diese Lehren | Sind so neu nicht, als du denkst. | O es predigt', wollt's gleich niemand hören, | Jeder Kirchhof sie vorlängst.

Karl Friedr. Kretschmann, Sämtl. Werke (1784—1805). Epigramme.

— Eine völlige Gleichheit aller Menschen ... läßt sich gar nicht denken.

Georg Christoph Lichtenberg, Verm. Schriften (1800—1806). Bd. 2, Nr. 2. Bemerk. verm. Inhalts. Nr. 7. Politische Bemerk.

— Eine Gleichheit und Freiheit festsetzen, so wie sie sich jetzt viele Menschen gedenken, das hieße ein eilftes Gebot geben, wodurch die übrigen zehn aufgehoben würden.

Georg Christoph Lichtenberg, Verm. Schriften (1800—1806). Bd. 2, Nr. 2. Bemerk. verm. Inhalts. Nr. 7. Politische Bemerk.

— Die Gleichheit, die der Mensch hier verlangen kann, ist sicherlich: der erträglichste Grad der Ungleichheit.

Georg Christoph Lichtenberg, Verm. Schriften (1800—1806). Bd. 5, Nr. 25. Miscellaneen. Nr. 16. Etwas Stoff zu Montags-Andachten.

— Gleichheit ist immer der Probestein der Gerechtigkeit; und beide machen das Wesen der Freiheit. Joh. Gottfr. Seume, Sämtl. Werke (1826). Apokryphen.

— Das Gefühl der Gleichheit liegt bei den Menschen lange erstickt darnieder, aber wenn es erwacht, wird es zur Wildheit. Franz.: Le sentiment d'égalité demeure longtemps étouffé chez les hommes, mais lorsqu'il se réveille, il est très fougueux.

Louis Adolphe Thiers, D. franz. Revolution (1823—1827). Übers. v. Jordan.

— Freiheit und Gleichheit bestehen darin, daß jeder einzelne Mensch in seiner Lebenssphäre, sei nun dieser Kreis so eng gezogen, als man wolle, Despot sein darf.

Ludw. Börne, Gesammelte Schriften (1862—1863).

Gleichmut. — Gleichmut ist das beste Linderungsmittel. Lat.: Animus aequus optumumst aerumnae condimentum.

Tit. Maccius Plautus (um 254—184 v. Chr.), Rudens. Übers. v. Binder. A. 2, Sz. 3, V. 71.

— Erhalte sorgsam, waltet die böse Zeit, | Dein Herz in Gleichmut! Lat.: Aequam memento rebus in arduis | Servare mentem.

Quint. Horatius Flacc., Oden (um 23 v. Chr). Übers. v. Voß. B. 2, Nr. 3, V. 1—2.

Gleichnis. — Herr Graf! dies Gleichnis machen Sie — nicht ich.

Friedr. von Schiller, D. Piccolomini (1799). A. 1, Sz. 2 (Questenberg).

Gleichnisse. — Gleichnisse dürft ihr mir nicht verwehren; | Ich wüßte mich sonst nicht zu erklären.

Joh. Wolfg. von Goethe, Gedichte. A. d. Nachlaß. Invektiven. Voß contra Stollberg (ged. 1820).

— Durch Gleichnisse reden.

Nach Matth., K. 13, V. 3.

Gleis. — Bleib' im Gleise, so fährst du sicher!

Sprichwort.

— Etwas ins (richtige) Gleis bringen (etwas in Ordnung bringen). Sprichwörtl. Redensart.

Gleisnerei. — Gleisnerei | Hat bös Geschrei.

Sprichwort.

Glimpf. — Glimpf | Wird oft gelohnt mit Schimpf. Sprichwort.

Glocke. — Fest gemauert in der Erden | Steht die Form, aus Lehm gebrannt. | Heute muß die Glocke werden!

Friedr. von Schiller, Gedichte. D. Lied v. d. Glocke (ged. Sept. 1799).

— Glocke, du klingst fröhlich.

Aloys Schreiber, An d. Glocke (ged. 1816). Mel. v. Friedr. Ernst Feska.

— Die Glocke muß den Klöppel han, | Wenn sie den Schall soll von sich lahn. Sprichwort.

— Etwas an die große Glocke hängen (etwas in aller Leute Mund bringen; — allgemeine Bekanntmachungen werden in kleinen Städten noch heute auf der Straße verlesen, nachdem der Stadtdiener mit einer Glocke geläutet und so Zuhörer angelockt hat). Sprichwörtl. Redensart.

Glocken. — Nun laßt die Glocken | Von Turm zu Turm | Durchs Land frohlocken | Im Jubelsturm!

Emanuel Geibel, Heroldsrufe. Am dritten September (ged. 1870).

Glorienschein. — Was oft als Glorienschein ein Haupt verklärt, | Abglanz der Glut ist's, die ein Herz verzehrt.

Rob. Hamerling, Blätter im Winde (1887).

Glück. — Im Glück sei nicht übermütig und nicht verzagt im Unglück! Griech.: *Εὐτυχῶν μὴ ἴσθι ὑπερήφανος, ἀπορήσας μὴ ταπτινοῦ.*

Kleobulos, Tyrann v. Lindos (um 600 v. Chr.). Nach Diogenes Laertius, Leben, Ansichten u. Aussprüche berühmter Philosophen.

Glück. — Wem indessen fiel | Ein ewig blauer Himmel (dauerndes Glück), außer Göttern, zu? Griech.: *Τίς δὲ πλὴν θεῶν | Ἅπαντ' ἀπήμων τὸν δι' αἰῶνος χρόνον;*

Äschylus, D. Orestie (um 458 v. Chr.). Übers. v. Minckwitz. Agamemnon. V. 531—32 (Herold).

— Kein Sterblicher fühlt an des Glückes Genuß | Sich gesättiget. Griech.: *Τὸ μὲν εὖ πράττειν ἀκόρεστον ἔφυ | Πᾶσι βροτοῖσιν.*

Äschylus, D. Orestie (um 458 v. Chr.). Übers. v. Minckwitz. Agamemnon. V. 1285—86 (Chorführer).

— Denn dunkel ist des Glückes launenhafter Gang, | Ein unbegreifbar, unergründlich Rätselspiel. Griech.: *Τὸ τῆς τύχης γὰρ ἀφανὲς οἷ προβήσεται | Κἄστ' οὐ διδακτὸν οὐδ' ἁλίσκεται τέχνῃ.*

Euripides, Alkestis (um 438 v. Chr.). Übers. v. Minckwitz. V. 785—86 (Herakles).

— Das Glück, geteilt von Freunden, ist uns doppelt süß, | Wie auch im Unglück (bleib' es fern!) ein Trost es ist, | Wenn unser Blick ein wohlgesinntes Auge trifft. Griech.: *Σὺν τοῖς φίλοις γὰρ ἡδὺ μὲν πράσσειν καλῶς· | Ὃ μὴ γένοιτο δ', εἴ τι τυγχάνοι κακόν, | Εἰς ὄμματ' εὔνου φωτὸς ἐμβλέψει γλυκύ.*

Euripides, Jon (um 425 v. Chr.). Übers. v. Minckwitz. V. 730—32 (Kreusa).

— Milch von dem Huhn (das größte Glück). Griech.: *Γάλα τ' ὀρνίθων.*

Aristophanes, D. Vogelstaat (um 421 v. Chr.). Übers. v. Minckwitz. V. 733 (Chorführer).

— Zeus, der allmächtige Herrscher | Selbst, beschied ja den Menschen | Niemals schmerzloses Glück. Griech.: *Ἀνάλγητα γὰρ οὐ- | δ' ὁ πάντα κραίνων βασιλεὺς | Ἐπέβαλε θνατοῖς Κρονίδας.*

Sophokles (um 496—406 v. Chr.), D. Trachinierinnen. Übers. v. Jordan. V. 126—28 (Chor).

— Welcher Mensch besitzt an Glück | Mehr, als ihm der Wahn verleiht, | Bis der Wahn verschwindet? Griech.: *Τίς γάρ, τίς ἀνὴρ πλέον | Τᾶς εὐδαιμονίας φέρει | Ἢ τοσοῦτον ὅσον δοκεῖν, | Καὶ δόξαντ' ἀποκλῖναι;*

Sophokles (um 496—406 v. Chr.), König Ödipus. Übers. v. Jordan. V. 1174—77 (Chor).

— Denn was zum Glück erhebt, ins Unglück stürzt, | Ist immer nur ein blindes Ungefähr. Griech.: *Τύχη γὰρ ὀρθοῖ καὶ τύχη καταῤῥέπει | Τὸν εὐτυχοῦντα, τόν τε δυστυχοῦντ' ἀεί.*

Sophokles (um 496—406 v. Chr.), Antigone. Übers. v. Jordan. V. 1144—45 (Bote).

— Wer im Glücke lebt, | Bewache drum sein Leben desto mehr; | Sonst merkt er's nicht und ist bereits verdorben. Griech.: *Χὤταν τις εὖ ζῇ, τηνικαῦτα τὸν βίον | Σκοπεῖν μάλιστα, μὴ διαφθαρεὶς λάθῃ.*

Sophokles (um 496—406 v. Chr.), Philoktet. Übers. v. Jordan. V. 506—7 (Philoktet).

Glück. — Wer nicht buhlt um des Glückes Gunst, | Dem fällt selbst es zu Füßen. Griech.: *Γνώμα δ' οἷς μὲν ἄκαιρος ὄλ- | βου, τοῖς δ' εἰς μέσον ἥκει.*

Euripides (um 480—406 v. Chr.), Iphigenie bei d. Tauriern. Übers. v. Minckwitz. V. 419—20 (Chor).

— Im Leben regiert das Glück, nicht die Weisheit. Lat.: Vitam regit fortuna, non sapientia.

Theophrastus (um 372—287 v. Chr.), Kallisthenes oder über d. Trauer. Nach Marc. Tull. Cicero, Tusculanische Unterredungen (um 44 v. Chr.). Übers. v. Klotz. B. 5, K. 9, § 25.

— Dann erst erkennen stets wir Menschen unser Glück, | Wenn wir verloren haben, was einst unser war. Lat.: Tum denique homines nostra intellegimus bona, | Quom quae in potestate habuimus, ea amisimus.

Tit. Maccius Plautus (um 254—184 v. Chr.), D. Kriegsgefangenen. Übers. v. Köpke. A. 1, Sz. 2, V. 39 (Ergasilus).

— Das Glück ist blind. Lat.: Fortuna caeca est. Marc. Tull. Cicero, Lälius oder über d. Freundschaft (um 44 v. Chr.). Übers. v. Klotz. K. 15, § 54.

— Was soll mir das Glück, wenn unvergönnt der Gebrauch ist? Lat.: Quo mihi fortunam, si non conceditur uti?

Quint. Horatius Flacc., Episteln (um 20 v. Chr.). Übers. v. Voß. B. 1, Nr. 5, V. 12.

— Wen anlachendes Glück zu schwindelnden Freuden erhob, den | Senket der Wechsel in Gram. Lat.: Quem res plus nimio delectavere secundae, | Mutatae quatient.

Quint. Horatius Flacc., Episteln (um 20 v. Chr.). Übers. v. Voß. B. 1, Nr. 10, V. 30—31.

— Übermütig sind meist in guten Zeiten die Herzen; | Schwer ist's, Tage des Glücks tragen mit ruhigem Sinn. Lat.: Luxuriant animi rebus plerumque secundis; | Nec facile est aequa commoda mente pati.

Publ. Ovidius Naso (um 43 v. Chr.—17 n. Chr.), D. Kunst zu lieben. Übers. v. Voß. B. 2, V. 437.

— Vielen gibt das Glück allzu viel, keinem genug. Lat.: Fortuna multis dat nimis, satis nulli. Marc. Valerius Martialis, Epigramme (um 101). B. 12, Nr. 10. Übers. v. Grau.

— Das Glück trügt, wenn es schmeichelt. Lat.: Fortuna quum blanditur, fallit.

Wahlspr. Kaiser Konrads I. (reg. 911—918).

— Das Glück ist wetterwendisch und rund gleich wie ein Ball.

Gudrun (um 1210). Übertr. v. Junghans. Abenteuer 12, Str. 649.

— Im Glücke geht ein wunderliches Walten! | Viel besser magst du's finden, als behalten.

Gottfr. von Straßburg (um 1210), Tristan u. Isolt.

Glück. — Das Glück, es gleichet einem Balle; | Wer steigt, der fürchte, daß er falle! Mittelhochdeutsch: Gelücke ist rehte als ein bal; | Swer stîget, der sol vürhten val.

Vridankes Bescheidenheit (1225—1240). Übertr. v. Pannier. Nr. 38. v. erkantnisse.

— Aus Ziegeln und aus Lehm erbaut zerfällt des Glücks Palast; | Den Baustein schaff' zur Seligkeit, solang' du Zeit noch hast!

A. d. Persischen d. Dschâmî (um 1414—1492). Divane. Übers. v. Wickenhauser.

— Wer meint, das im ganz nütz gebrest (garnichts fehlt), | Und er glück hab ufs aller best, | Den trift der klüpfel (Donnerkeil) doch zu lest.

Seb. Brant, D. Narrenschif (1494). Nr. 23. V. überhebung glücks.

— ... wer verloßt sich uf sin glück, | Der fellt oft in eim ougenblick.

Seb. Brant, D. Narrenschif (1494). Nr. 37. V. glückes fall. Schlußv.

— Glück und gwalt wert nit lange jor.

Seb. Brant., D. Narrenschif (1494). Nr. 56. V. end d. gewaltes.

— Ich urteile wohl so, es ist besser, heftig anstürmend als rücksichtsvoll und scheu sein, denn das Glück ist ein Weib, und man muß es, will man es unterhalten, schlagen und stoßen. Ital.: Jo iudico bene questo, che sia meglio essere impetuoto che respettivo, perchè la fortuna è donna; et è necessario, volendola tenere sotto, batterla e urtarla.

Niccolò Machiavelli, D. Fürst (1513). K. 25. Übers. v. Pozzoni.

— Glück und Unglück sind eines. Franz.: Fortune, infortune, font une.

Wahlspr. d. Margarete v. Österreich, Herzogin v. Savoyen (gest. 1530).

— Dann weil selbst ist ein schalk das glück, | So hilfft es auch den schälcken (so!) dick.

Joh. Friedr. Fischart, Eulenspiegel Reimensweiß (1569). K. 1. Wie Tyl Eulenspiegel geboren v. zu dreyen malen getaufft ward.

— ... man sagt, wem dz Glück wol will, | Der danzt auch on ain Saitenspil.

Joh. Friedr. Fischart, D. Glückhafft Schiff v. Zürich (um 1576).

— Vnd welchen das Glück an thut lachen, | Der kan auch andre lachen machen.

Joh. Friedr. Fischart, D. Glückhafft Schiff v. Zürich (um 1576).

— Glück währt nicht lang, so sprechen die Alten, | Wenn man hier mitten ist in Freude, | So schlägt sie schließlich aus zu Leide.

Joh. Friedr. Fischart, Flöh Hatz, Weiber Tratz (1577).

— Zu gutem Glück ists nicht zu spät.

Georg Rollenhagen, Froschmäuseler (1595). B. 1, T. 2, K. 22.

Glück. — Wer das Glück hat, führt die Braut heim. Engl.: Happy man be his dole!

William Shakespeare, D. Widerspenstigen Zähmung (um 1595). Übers. v. Schlegel. A. 1, Sz. 1 (Hortensio).

— Des Glücks Gewalt | Wie Mondsgestalt | Sich ändern thut, | Drum habs in Hut!

Reimspr. (16. Jahrh.).

— Im Schoße des Glücks? O, sehr wahr; sie ist eine Metze. Engl.: In the secret parts of fortune? O, most true; she is a strumpet.

William Shakespeare, Hamlet (1601—1602). Übers. v. Schlegel. A. 2, Sz. 2 (Hamlet).

— Fortuna (das Glück), die arge Hur', | Tut auf den Reichen nur. Engl.: Fortune, that arrant whore, | Ne'er turns the key to the poor.

William Shakespeare, König Lear (1605—1606). Übers. v. Schlegel. A. 2, Sz. 4 (Narr).

— . . . das falsche Weib Fortuna (das Glück) . . . Engl.: . . . the false housewife Fortune . . .

William Shakespeare, Antonius u. Kleopatra (1607—1608). Übers. v. Schlegel. A. 4, Sz. 14 (Kleopatra).

— Und doch, wo ist das Glück, dem nichts gebricht? Engl.: But what's so blessed-fair that fears no blot?

William Shakespeare, Sonette (1609). Übers. v. Bodenstedt. Abteilung 4, Nr. 128.

— Das Glück hat oben Flügel | Vnd fleugt geschwind daher, | Vnd weils steht auff der Kugel, | Wancken sein Füsse sehr; | Darumb es in der mitten | Wil angegriffen sein, | Gemeistert vnd geritten | Vnd nicht geförchtet sein.

Joh. Doman, Lied v. d. Hanse (1618).

— Das Glück hat keine Füße, sondern nur Hände und Flügel. Wenn es nun einem die Hände bietet, läßt es sich darum nicht gleich auch bei den Flügeln greifen.

Jul. Wilh. Zincgref, D. Teutschen scharpfsinnige kluge Spr., Apophthegmata genannt (1626—1631).

— Fortune (das Glück) setzt uns auf ein Rad; | Wer heut den Lustsitz oben hat, | Liegt morgen unten. Bist du klug, | So schicke dich in den Betrug!

Jul. Wilh. Zincgref, D. Teutschen scharpfsinnige kluge Spr., Apophthegmata genannt (1626—1631).

— Das Glück hat vilen, vmb wol zu leben, | Zu vil, doch keinem genug gegeben.

Georg Rudolf Weckherlin, Gaistl. v. Weltliche Gedichte (1641). Epigramme.

— Wo Lust ist und Gefahr beysammen, | Da ist das Glück' ohn Wandel nie.

Paul Fleming, Teutsche Poemata (1642). D. güldne Freyheit.

— Es ist umsonst, daß dir das Glück gewogen ist, | Wenn du nicht selbst erkennst, wie sehr du glücklich bist.

Andr. Tscherning, Deutscher Getichte Früling (1642). Epigramme.

— Schnelles Glück hat schnelle Fahrten.

Friedr. von Logau, Deutsche Sinn-Getichte (1654). Hoffnung.

Glück. — Glücke kennt man nicht, drinne man geboren; | Glücke kennt man erst, wenn man es verloren.

Friedr. von Logau, Deutsche Sinn-Getichte (1654). Gegenwärtiger u. vergangener Zustand.

— Die das Glücke stürzen will, hat es gerne vor erhoben.

Friedr. von Logau, Deutsche Sinn-Getichte (1654). Glück u. Neid.

— Wer sein Glück auf Menschen baut, dieser hat es ganz vergessen, | Daß in kurzem diesen Grund Würm' und Schlangen fressen.

Friedr. von Logau, Deutsche Sinn-Getichte (1654). Zuversicht auf Menschen.

— Man malt das Glück uns wie ein Weib schon her aus alter Zeit, | Weil es beständig wie ein Weib in Unbeständigkeit.

Friedr. von Logau, Deutsche Sinn-Getichte (1654). D. Glück.

— Wer sich dessen, was da kommt, im voraus versehn, | Diesem ist kein Possen je, Glück, von dir geschehn.

Friedr. von Logau, Deutsche Sinn-Getichte (1654). D. Glück.

— Ein zu schnell gekommes Glück | Flieht oft schneller noch zurück.

Friedr. von Logau, Deutsche Sinn-Getichte (1654).

— Es ist kein Glück ohne Tück.

Christoph Lehmann, Politischer Blumen-Garten (1662). T. 1. Glück. Nr. 7.

— Wer Glück hat, dem kälbert ein Ochs; der wird schlaffend reich.

Christoph Lehmann, Politischer Blumen-Garten (1662). T. 1. Glück. Nr. 26.

— Wen das Glück erhebt, den stürzt es wieder zu boden.

Christoph Lehmann, Politischer Blumen-Garten (1662). T. 1. Glück. Nr. 34.

— Deß einen Glück ist deß andern Vnglück.

Christoph Lehmann, Politischer Blumen-Garten (1662). T. 1. Glück. Nr. 52.

— Glück vnd Vnglück | Tragen ein ander auffm Rück.

Christoph Lehmann, Politischer Blumen-Garten (1662). T. 1. Glück. Nr. 73.

— Glück fragt nicht nach Recht vnd Billigkeit.

Christoph Lehmann, Politischer Blumen-Garten (1662). T. 1. Glück. Nr. 81.

— Wem das Glück die Hand beut, dem schlägts offt ein Fuß vnter.

Christoph Lehmann, Politischer Blumen-Garten (1662). T. 1. Glück. Nr. 86.

— Leide, meide, schweige und ertrage; | Deine Not niemandem klage; | An Gott, deinem Schöpfer nicht verzage; | Denn Glück kommt alle Tage.

Spr. an einem Hause (1664).

Glück. — Das Glück liegt im Geschmack, nicht in der Sache; und der Besitz dessen, was man selbst gerne hat, nicht dessen, was andere gern haben, macht glücklich. Franz.: La félicité est dans le goût, et non pas dans les choses; et c'est par avoir ce qu'on aime qu'on est heureux, et non par avoir ce que les autres trouvent aimables.

François, Herzog von La Rochefoucauld, Reflexionen oder moralische Sentenzen u. Maximen (1665). Nr. 48. Übers. v. Zimmermann.

— Das Glück scheint nur denjenigen blind, denen es nichts Gutes tut. Franz.: La fortune ne paraît jamais si aveugle qu'à ceux à qui elle ne fait point de bien.

François, Herzog von La Rochefoucauld, Reflexionen oder moralische Sentenzen u. Maximen (1665). Nr. 391. Übers. v. Zimmermann.

— Mit dem Glück muß man es machen wie mit der Gesundheit; es genießen, wenn es günstig, Geduld haben, wenn es ungünstig ist, und zu gewaltsamen Mitteln nur im äußersten Notfalle greifen. Franz.: Il faut gouverner la fortune comme la santé; en jouir quand elle est bonne, prendre patience quand elle est mauvaise, et ne faire jamais de grands remèdes sans un extrême besoin.

François, Herzog von La Rochefoucauld, Reflexionen oder moralische Sentenzen u. Maximen (1665). Nr. 392. Übers. v. Zimmermann.

— Dem Glück nicht thu' vertrauen lang; | Dann hier sieh' her, so ist sein Gang.

Görg Boob (15. Jan. 1674).

— Wie sich eine Kugel drehet, | Die bald da, bald dorten stehet, | So ist unser Glücke, sehet!

Mich. Frank, V. d. Eitelkeit (1688).

— Die Unbeständigkeit des Glücks ist unser Glück.

Christ. Wernicke, Uberschrifften Oder Epigrammata (1697).

— Das Glück ist blind; ein Glücklicher ist taub.

Christ. Wernicke, Uberschrifften Oder Epigrammata (1697).

— Willst du dich in dem Glück nicht ausgelassen freun, | Im Unglück nicht unmäßig kränken, | So lern' so klug wie Eulenspiegel sein, | Im Unglück gern ans Glück, im Glück ans Unglück denken.

Christ. Fürchtegott Gellert, Fab. u. Erz. (1746). B. 2. Till. Schlußv.

— Klag' nicht, es kommt gewiß ein günst'ger Augenblick; | Allein bitt' um Verstand, dich seiner zu bedienen, | Denn dieses ist das größte Glück.

Christ. Fürchtegott Gellert, Fab. u. Erz. (1746). B. 3. D. Arme u. d. Glück. Schlußv.

— Du, der sein Glück der ganzen Welt entdeckt, | O Schwätzer! lern' ein Gut genießen, | Das, weil es wenig Neider wissen, | Uns sichrer bleibt und süßer schmeckt!

Christ. Fürchtegott Gellert, Fab. u. Erz. (1746). B. 3. D. Elster u. d. Sperling. Schlußv.

Glück. — Ich sah manch eisernes Geschicke | Schon über meine Scheitel gehn | Und hinter manchem falschem Glücke | Den Unfall, sich verbergend, stehn.

Friedr. Karl Casimir Freiherr von Creuz, Oden u. andere Gedichte. Neujahrs-Gedanken (1753).

— Ist nicht ein ungestörtes Glück | Weit schwerer oft zu tragen, | Als selbst das widrige Geschick, | Bei dessen Last wir klagen?

Christ. Fürchtegott Gellert, Geistl. Oden u. Lieder (1757). Vertrauen auf Gottes Vorsehung.

— Auf ein gewisses Glück kann niemand Rechnung machen.

Friedr. von Hagedorn, Sämtl. poetische Werke (1757). Fab. u. Erz. B. 2. D. Falke.

— Das wahre Glück, das Eigentum der Weisen, | Steht fest, indes Fortunens Kugel rollt.

Christoph Martin Wieland, Musarion (1768). B. 1.

— Das Glück fängt mir an wetterwendisch zu werden.

Joh. Wolfg. von Goethe, Götz v. Berlichingen (1773). A. 3. Jaxthausen (Götz).

— Glück macht Mut.

Joh. Wolfg. von Goethe, Götz v. Berlichingen (1773). A. 4. Ein großer Saal auf d. Rathaus (Sickingen).

— Ein großes Glück ist eine Posaune der Ewigkeit und sollte jeden Menschen aufmerksam machen.

Theod. Gottl. von Hippel, Lebensläufe nach aufsteigender Linie (1778—1781). T. 3.

— Das Glück macht alles gleich, | Den Faulen und den Tät'gen, — Arm und Reich.

Joh. Wolfg. von Goethe, Gedichte. Verm. Gedichte. Auf Miedings Tod (ged. Anfang Febr. — 16. März 1782).

— Auch so das Glück | Tappt unter die Menge, | Faßt bald des Knaben | Lockige Unschuld, | Bald auch den kahlen, | Schuldigen Scheitel.

Joh. Wolfg. von Goethe, Gedichte. Verm. Gedichte. D. Göttliche (ged. 1782).

— . . . schön begleitet, | Gleich einem Fürsten, pflegt das Glück zu nahn.

Joh. Wolfg. von Goethe, Iphigenie auf Tauris (1787). A. 4, Sz. 4 (Pylades).

— Das beste Glück, des Lebens schönste Kraft, | Ermattet endlich!

Joh. Wolfg. von Goethe, Iphigenie auf Tauris (1787). A. 4, Sz. 5 (Iphigenie).

— Das Glück ist eigensinnig, oft das Gemeine, das Nichtswürdige zu adeln und wohlüberlegte Taten mit einem gemeinen Ausgang zu entehren.

Joh. Wolfg. von Goethe, Egmont (1788). A. 4. D. Culenburgische Palast (Alba).

— Das vollkommene Glück ist unbekannt; für den Menschen ist es nicht geschaffen. Franz.: Le bonheur parfait est inconnu; pour l'homme il n'est pas fait.

Voltaire (François Marie Arouet), Werke (1785—1789). D. Spröde. Übers. v. Mylius.

Glück. — Das Glück geht unter und geht auf; | Sein Fußgestell ist rund.
Samuel Gottl. Bürde, Verm. Gedichte (1789). D. Glück d. Menschenwelt. Mel. v. Karl Spazier (komp. 1793).

— Willst du immer weiter schweifen? | Sieh', das Gute liegt so nah. | Lerne nur das Glück ergreifen, | Denn das Glück ist immer da!
Joh. Wolfg. von Goethe, Gedichte. Lieder. Erinnerung (ged. 1789).

— Damit mein Glück nicht ganz vollkommen werde, | Nimmst du mir gleich den schönsten Teil hinweg.
Joh. Wolfg. von Goethe, Torquato Tasso (1789). A. 1, Sz. 4 (Antonio).

— . . . denn seine (des Glückes) Wahl ist blind.
Joh. Wolfg. von Goethe, Torquato Tasso (1789). A. 2, Sz. 3 (Antonio).

— Es gibt ein Glück, allein wir kennen's nicht; | Wir kennen's wohl und wissen's nicht zu schätzen.
Joh. Wolfg. von Goethe, Torquato Tasso (1789). A. 3, Sz. 2 (Prinzessin). Schlußv.

— Leichter ist's im Unglück nie verzagen, | Als bescheiden großes Glück zu tragen.
Joh. Christoph Friedr. Haug, Sinngedichte (1791).

— In jedes gute Herz ist das edle Gefühl von der Natur gelegt, daß es für sich allein nicht glücklich sein kann, daß es sein Glück in dem Wohl der andern suchen muß.
Joh. Wolfg. von Goethe, D. Groß=Cophta (1792). A. 3, Sz. 5 (Ritter).

— . . . dem Blöden | Wird das Glück nicht zu teil. Joh. Wolfg. Goethe, Reineke Fuchs (1794). Ges. 9.

— Was ist das höchste Glück des Menschen, als daß wir ausführen, was wir als recht und gut einsehen, daß wir wirklich Herren über die Mittel zu unsern Zwecken sind?
Joh. Wolfg. von Goethe, Wilh. Meisters Lehrjahre (1777—1796).

— Das Glück ist die Göttin der lebendigen Menschen, und um ihre Gunst wahrhaft zu empfinden, muß man leben und Menschen sehen, die sich recht lebendig bemühen und recht sinnlich genießen.
Joh. Wolfg. von Goethe, Wilh. Meisters Lehrjahre (1777—1796).

— So sauer ringt die kargen Lose | Der Mensch dem harten Himmel ab; | Doch leicht erworben, aus dem Schoße | Der Götter fällt das Glück herab. Friedr. von Schiller, Gedichte. D. Geheimnis (ged. 1796).

— Die Welt wird nie das Glück erlauben, | Als Beute wird es nur gehascht; | Entwenden mußt du's oder rauben, | Eh' dich die Mißgunst überrascht! Friedr. von Schiller, Gedichte. D. Geheimnis (ged. 1796).

Glück. — Ein jeglicher versucht sein Glück; | Doch schmal nur ist die Bahn zum Rennen; | Der Wagen rollt, die Achsen brennen; | Der Held dringt kühn voran, der Schwächling bleibt zurück, | Der Stolze fällt mit lächerlichem Falle; | Der Kluge überholt sie alle. Friedr. von Schiller, Gedichte. D. Spiel d. Lebens (ged. 1796).

— Glück ist das Ziel, nach dem wir streben, | Glück ist das große Losungswort.
Karl Müchler, D. Stein d. Weisen (ged. 1797). Mel. v. Albert Methfessel.

— Doch warn' ich dich dem Glück zu trauen.
Friedr. von Schiller, Gedichte. D. Ring d. Polykrates (ged. 24. Juni 1797).

— Dein Glück ist heute gut gelaunet, | Doch fürchte seinen Unbestand!
Friedr. von Schiller, Gedichte. D. Ring d. Polykrates (ged. 24. Juni 1797).

— Dem Glück bezahlt' ich meine Schuld.
Friedr. von Schiller, Gedichte. D. Ring d. Polykrates (ged. 24. Juni 1797).

— Drum, willst du dich vor Leid bewahren, | So flehe zu den Unsichtbaren, | Daß sie zum Glück den Schmerz verleihn!
Friedr. von Schiller, Gedichte. D. Ring d. Polykrates (ged. 24. Juni 1797).

— O grausam spielt das Glück | Mit mir!
Friedr. von Schiller, Wallensteins Tod (1799). A. 3, Sz. 16 (Wallenstein).

— Der ist ein Rasender, der nicht das Glück | Festhält in unauflöslicher Umarmung, | Wenn es ein Gott in seine Hand gegeben.
Friedr. von Schiller, Maria Stuart (1800). A. 3, Sz. 6 (Mortimer).

— Der hat nie das Glück gekostet, | Der die Frucht des Himmels nicht | Raubend an des Höllenflusses | Schauervollem Rande bricht.
Friedr. von Schiller, Gedichte. Hero u. Leander (ged. 1801).

— Das Glück | Wohnt droben in dem Schoß des ew'gen Vaters.
Friedr. von Schiller, D. Jungfrau v. Orleans (1801). A. 3, Sz. 4 (Johanna).

— Entlasse | Das Glück, das dir als Sklave hat gedient, | Eh' es sich zürnend selbst befreit; es haßt | Die Treu', und keinem dient es bis ans Ende. Friedr. von Schiller, D. Jungfrau v. Orleans (1801). A. 3, Sz. 9 (Schwarzer Ritter).

— Aus den Wolken muß es fallen, | Aus der Götter Schoß das Glück.
Friedr. von Schiller, Gedichte. D. Gunst d. Augenblicks (ged. 1802). Mel. v. Joh. Friedr. Reichardt (1810).

— Ach! aus dem Glück entwickelt oft sich Schmerz.
Joh. Wolfg. von Goethe, D. natürliche Tochter (1803). A. 2, Sz. 3 (Hofmeisterin).

— Das Glück auf einer Kugel steht | Und wunderbar regiert.
Aug. Mahlmann, Sämtl. Schriften. Gedichte. D. Reich d. Freude (ged. 1803). Studentenweise.

Glück. — Ohne Wahl verteilt die Gaben, | Ohne Billigkeit das Glück; | Denn Patroklus liegt begraben, | Und Thersites kommt zurück.
Friedr. von Schiller, Gedichte. D. Siegesfest (ged. 1803).

— Weil das Glück aus seiner Tonnen | Die Geschicke blind verstreut, | Freue sich und jauchze heut', | Wer das Lebenslos gewonnen!
Friedr. von Schiller, Gedichte. D. Siegesfest (ged. 1803).

— . . . unsicher, los und wandelbar | Sind alle Bande, die das leichte Glück | Geflochten.
Friedr. von Schiller, D. Braut v. Messina (1803). Säulenhalle (Isabella).

— Geflügelt ist das Glück und schwer zu binden. Friedr. von Schiller, D. Braut v. Messina (1803). Säulenhalle (Don Manuel).

— Auf den ewigen, alten Säulen | Wanket das Glück und will nicht weilen.
Friedr. von Schiller, D. Braut v. Messina (1803). Säulenhalle (Chor. Cajetan).

— Sie (Fortuna, das Glück) spielt mit Zepter, Herrlichkeit und Kronen; | Blind geht sie hin, wo irgend Menschen wohnen; | Unglück und Leid, wie Tränen oder Lachen, | Begleiten sie, den Hofstaat ihr zu machen; | Sie kümmert's nicht, wer jammert, wer gewinnt; | Sie kömmt und flieht, forteilend wie der Wind.
Ludw. Tieck, Kaiser Oktavianus (1803). D. Aufzug d. Romanze (Eine Pilgerin).

— Hebt mich das Glück, so bin ich froh | Und sing' in dulci jubilo; | Senkt sich das Rad und quetscht mich nieder, | So denk' ich: nun, es hebt sich wieder!
Joh. Wolfg. von Goethe, Gedichte. Epigrammatisch. D. Narr epilogiert (ged. 1804).

— Ihr zeiget mir das höchste Himmelsglück | Und stürzt mich tief in Einem Augenblick.
Friedr. von Schiller, Wilh. Tell (1804). A. 3, Sz. 2 (Rudenz).

— Daurendes Glück ist nur in Aufrichtigkeit zu finden.
Georg Christoph Lichtenberg, Verm. Schriften (1800—1806). Bd. 1, Nr. 1. Nachrichten u. Bemerk. d. Verfassers v. u. über sich selbst.

— Ein langes Glück verliert schon bloß durch seine Dauer.
Georg Christoph Lichtenberg, Verm. Schriften (1800—1806). Bd. 1, Nr. 3. Bemerk. verm. Inhalts. Nr. 11. Allerhand.

— Ach, warum, ihr Götter, ist unendlich | Alles, alles! — endlich unser Glück nur!
Joh. Wolfg. von Goethe, Pandora (1807).

— Freunde, nie dem Glück sich beugen, | Heißet zu den Göttern steigen.
Joh. Gottfr. von Herder, Stimmen d. Völker in Liedern (1807). Abteilung 1, B. 2, Nr. 9. D. Sorge. Ital.

Glück. — Kurzes Leben! lange Hoffnung! | Nichtig Glück und daurend Unglück!
Joh. Gottfr. von Herder, Stimmen d. Völker in Liedern (1807). Abteilung 1, B. 2, Nr. 28. Glück u. Unglück. Span.

— Da, wo du nicht bist, ist das Glück!
Georg Phil. Schmidt von Lübeck, Lieder. D. Fremdlings Abendlied (ged. 1807). Schlußv. Mel. v. Frz. Schubert.

— Dein Glück steht nicht vor dir, | Was dir auf Erd' beschaffen; | Schau' nur, wenn's vor der Tür, | Daß du's nicht tust verschlafen, | Brauch' Mittel, Zeit und Waffen!
D. Knaben Wunderhorn (1806—1808). Spr. zum Glück.

— Ach! so ist der Menschen Geschlecht; — wir sehnen und hoffen, | Und das ersehnte Glück wird uns errungen zur Last.
Theod. Körner, Poetischer Nachlaß. Gedichte. Verm. Gedichte. Erinnerungen an Karlsbad 1811 (ged. 1811). Nr. 12. Findläters Tempel. Schlußv.

— Das Glück ergriffen, so wie es kömmt, | Sonst wird man es ewig verscherzen.
Theod. Körner, Poetischer Nachlaß. Gedichte. Verm. Gedichte. Erinnerungen an Karlsbad 1811 (ged. 1811). Nr. 21. Rundges. auf d. Belvedere.

— Im Glück nicht jubeln und im Sturm nicht zagen, | Das Unvermeidliche mit Würde tragen, | Das Rechte tun, am Schönen sich erfreuen, | Das Leben lieben und den Tod nicht scheuen | Und fest an Gott und beßre Zukunft glauben | Heißt leben, heißt dem Tod sein Bittres rauben.
Karl Streckfuß, Gedichte (1811). Denkspr.

— Nicht so betrüglich ist die Flut | Als Erdenglück und Erdengut.
Theod. Körner, Poetischer Nachlaß. Gedichte. Verm. Gedichte. Morgenlied für Schiffer (ged. 18. Okt. 1812).

— Hier ist das Glück vergänglich wie der Tag, | Dort ist es ewig wie die Liebe Gottes.
Theod. Körner, Zriny (ged. Juni 1812). A. 2, Sz. 8 (Juranitsch).

— „Nein! heut' ist mir das Glück erbost!" | Du, sattle gut und reite getrost!
Joh. Wolfg. von Goethe, Gedichte. Sprichwörtl. (ged. 1812—1814).

— Der Mensch erfährt, — er sei auch, wer er mag, — | Ein letztes Glück und einen letzten Tag.
Joh. Wolfg. von Goethe, Gedichte. Sprichwörtl. (ged. 1812—1814).

— Das Glück deiner Tage | Wäge nicht mit der Goldwage! | Wirst du die Krämerwage nehmen, | So wirst du dich schämen und dich bequemen.
Joh. Wolfg. von Goethe, Gedichte. Sprichwörtl. (ged. 1812—1814).

— Was gibt uns wohl den schönsten Frieden, | Als frei am eignen Glück zu schmieden?
Joh. Wolfg. von Goethe, Gedichte. Sprichwörtl. (ged. 1812—1814).

Glück. — Daß Glück ihm günstig sei, | Was hilft's dem Stöffel? | Denn regnet's Brei, | Fehlt ihm der Löffel.

Joh. Wolfg. von Goethe, Gedichte. Sprichwörtl. (ged. 1812—1814).

— Mein Glück ist groß, da es still ist.

Friedr. Maximilian von Klinger, Gesammelte Werke (1809—1815).

— Verstand und Glück sind meist im Widerspruch. Karl Ludw. von Knebel, Sammlung kleiner Gedichte (1815).

— Der hat nie das Glück gekostet, | Der's in Ruh' genießen will.

Theod. Körner, Poetischer Nachlaß (1815). Gedichte. Nachtrag. Ungedrucktes. Leichter Sinn.

— Mutig nach dem flücht'gen Glücke, | Nach durch Sturm und Sonnenschein! | Greife schnell zum Augenblicke; | Nur die Gegenwart ist dein!

Theod. Körner, Poetischer Nachlaß (1815). Gedichte. Nachtrag, Ungedrucktes. Leichter Sinn. Schlußv.

— Das Glück ist der echte Prüfstein des Wertes oder Unwertes der Menschen.

Joh. Heinr. Daniel Zschokke, Stunden d. Andacht (1809—1816).

— Glück ist ohne Frieden nicht.

Adolf Müllner, D. Schuld (1816). A. 1, Sz. 6 (Jerta).

— Nicht durch Streben allein erlangt man Ehren und Reichtum; | Mehr als alle Gewalt fördert ein günstiges Glück.

Joh. Gottfr. von Herder, Sämtl. Werke (1805—1820). Blumenlese a. morgenländischen Dichtern. Nr. 2. D. Rosental. B. 3. Kunst u. Glück.

— Glück, Hoheit, Macht und Reichtum gehn vorüber.

Joh. Gottfr. von Herder, Sämtl. Werke (1805—1820). Blumenlese a. morgenländischen Dichtern. Nr. 5. Verm. Stücke a. verschiedenen morgenländischen Dichtern. D. gute Name.

— Das Glück tut's nicht allein, sondern der Sinn, der das Glück herbeiruft, um es zu regeln.

Joh. Wolfg. von Goethe, Wilh. Meisters Wanderjahre (1807—1821).

— ... gerade das wahre Glück bauet sich jeder nur dadurch, daß er sich durch seine Gefühle unabhängig vom Schicksale macht.

Wilh. Freiherr von Humboldt, Br. an eine Freundin (10. Juli 1822).

— Das Glück vergeht und läßt in der Seele kaum eine flache Spur zurück und ist oft gar kein Glück zu nennen, da man dauernd dadurch nicht gewinnt. Das Unglück vergeht auch, — und das ist ein großer Trost, — läßt aber tiefe Spuren zurück, und wenn man es wohl zu benutzen weiß, heilsame, und ist oft ein sehr hohes Glück, das es läutert und stärkt.

Wilh. Freiherr von Humboldt, Br. an eine Freundin (Juli 1822).

Glück. — Dann ist es eine eigene Sache im Leben, daß, wenn man gar nicht an ein Glück oder Unglück denkt, sondern nur an strenge, sich nicht schonende Pflichterfüllung, das Glück sich von selbst, auch bei entbehrender, mühevoller Lebensweise, einstellt.

Wilh. Freiherr von Humboldt, Br. an eine Freundin (Juli 1822).

— Glück und Unglück verliert von seinem Wert, wenn es den Kreis der innern Empfindung verläßt.

Wilh. Freiherr von Humboldt, Br. an eine Freundin (26. Mai 1823).

— Mir kommt es immer vor, daß die Art, wie man die Ereignisse des Lebens nimmt, ebenso wichtigen Anteil an unserm Glück und Unglück hätte, als diese Ereignisse selbst.

Wilh. Freiherr von Humboldt, Br. an eine Freundin (12. Jan. 1824).

— ... habe ich gefühlt, daß man des Glückes, bis auf einen gewissen Grad wenigstens, immer sicher ist ... so wie man lernt, Freude aus allem Erfreulichen in Menschen und Dingen zu ziehen, aber in Menschen und Dingen nichts eigentlich zu bedürfen.

Wilh. Freiherr von Humboldt, Br. an eine Freundin (April 1824).

— Jeder strebt, das eigne Glück zu finden, | Jeder sucht den Urquell eigner Lust; | Und wo fließt er? In den heil'gen Gründen, | In den Tiefen der geliebten Brust.

Luise Brachmann, Auserlesene Dichtungen (1824).

— ... wir wissen auch, daß ein Glück, das wir der Lüge verdanken, kein wahres Glück ist, und daß wir in den einzelnen Momenten eines gottgleicheren Zustandes, einer höheren Geisteswürde mehr Glück empfinden können als in den lang hinvegetierten Jahren eines dumpfen Köhlerglaubens. Heinr. Heine, Reisebilder. Norderney (1826).

— Der Mensch soll mit der Mühe Pflugschar sich | Des Schicksals harten Boden öffnen, soll | Des Glückes Erntetag sich selbst bereiten | Und Taten in die offnen Furchen streun.

Heinr. Kleist, Gesammelte Schriften (1826). Gedichte. An Wilhelmine.

— Fliegt dir das Glück vorbei einmal, | So faſſ' es beim Zipfel! | Auch rat' ich dir, bau' dein Häuschen im Tal, | Und nicht auf dem Gipfel!

Heinr. Heine, D. B. d. Lieder (1827). Anhang. Zwei Spr. Nr. 1.

— Der Mensch kann immer sehr viel für sein inneres Glück tun und, was er äußern Ursachen sonst abbetteln müßte, sich selbst geben. Es kommt nur auf Kraft des Entschlusses und auf einige Gewöhnung zur Selbstüberwindung an.

Wilh. Freiherr von Humboldt, Br. an eine Freundin (21. Sept. 1827).

Glück. — Wer im eigenen Herzen sein Glück sucht, wird es nicht fehlen; | Ewig quillet der Quell, dessen der Gute sich lebt.

Karl Ludw. von Knebel, Lebensblüten in Distichen (1827).

— Sie sind gewandert hin und her, | Sie haben gehabt weder Glück noch Stern; | Sie sind verdorben, gestorben.

Heinr. Heine, Neue Gedichte. Tragödie (ged. 1826—1828). Nr. 2. Mel. v. Felix Mendelssohn-Bartholdy (1836).

— Es ist überhaupt eine sehr gewisse Sache im Leben, daß das Glück am meisten ungerufen kommt, je mehr man es gleichsam zurückstößt.

Wilh. Freiherr von Humboldt, Br. an eine Freundin (30. Sept. 1829).

— Glück ist die Bescheidenheit, | Mit der der Wurm nicht weiter strebt zu kriechen, | Als seine Kraft ihn trägt.

Christ. Dietr. Grabbe, Don Juan u. Faust (1829). A. 1, Sz. 2 (D. Ritter).

— Glück ist es, gleich | Dem Don Juan (von dem du viel magst lernen) | Stets zu genießen und den Magen nicht | Verderben.

Christ. Dietr. Grabbe, Don Juan u. Faust (1829). A. 1, Sz. 2 (Ritter).

— . . . fühlt, wie das reinste Glück der Welt | Schon eine Ahnung von Weh enthält!

Joh. Wolfg. von Goethe, Werke (1827—1830). Gedichte. Verm. Gedichte. D. ewige Jude.

— . . . es bleibt immer ein sehr wahrer Ausspruch, daß das Glück im Menschen selbst liegt.

Wilh. Freiherr von Humboldt, Br. an eine Freundin (26. Jan. 1830).

— Es tut nichts, wenn man nicht über alles gleich denkt, und jeder muß sein inneres Glück auf seine eigene Weise bauen.

Wilh. Freiherr von Humboldt, Br. an eine Freundin (17. März 1830).

— Ich dächte . . . jeder müsse bei sich selber anfangen und zunächst sein eigenes Glück machen, woraus denn zuletzt das Glück des Ganzen unfehlbar entstehen wird.

Joh. Peter Eckermann, Gespräche mit Goethe in d. letzten Jahren seines Lebens (20. Okt. 1830).

— Und hat er Glück, so hat er auch Vasallen.

Joh. Wolfg. von Goethe, Faust, II (1831). A. 4. Hochgebirg (Mephistopheles).

— O Menschenherz, was ist dein Glück? | Ein rätselhaft geborner, | Und, kaum gegrüßt, verlorner, | Unwiederholter Augenblick!

Nikolaus Lenau (Niembsch, Edler von Strehlenau), Gedichte (1832). B. 1. Verm. Gedichte. Frage.

— Das Glück, es ist ein Jesuit, | Es nahet sich mit Heuchlerschritt | Und lächelt aus dem Antlitz feist | Und knixt und blinzelt, kriecht und gleißt; | Doch wirft man ihm an Busen sich, | So gibt's uns bald — den letzten Stich.

Moritz Gottl. Saphir, Neueste Schriften (1832). Violen.

Glück. — Ausdauer und Geduld | Gewinnen des Glückes Huld. Georg Keil, Lyra u. Harfe (1834).

— Da streiten sich die Leut' herum | Oft um den Wert des Glücks, | Der eine heißt den andern dumm, | Am End weiß keiner nix.

Ferd. Raimund, D. Verschwender (1834). A. 3, Sz. 10 (Valentin). Komp. v. Konradin Kreutzer. (Erste Auff. am 20. Febr. 1834 in Wien.)

— Wenn du ein beßres Glück erwartest — morgen — | Dann scheint dir heut' die hellste Sonne düster.

Leop. Schefer, Laienbrevier (1834). März. Nr. 8.

— Glas ist der Erde Stolz und Glück.

Ludw. Uhland, Gedichte. Balladen u. Romanzen. D. Glück v. Edenhall (ged. 16. Juli 1834).

— Es ist das Glück ein flüchtig Ding | Und war's zu allen Tagen; | Und jagtest du um der Erde Ring, | Du möchtest es nicht erjagen.

Emanuel Geibel, Gesammelte Werke. Jugendgedichte. B. 1. Lübeck u. Bonn (ged. 1834—1835). Lieder. Nr. 34.

— Wahrlich, das Glück ist ein Weib, und im Sturme wird es errungen, | Sei's auf der Liebe Gebiet, sei's mit dem Schwert in der Hand.

Peter von Bohlen, Bhartriharis Spr. (1835).

— Glück und Schmerzlosigkeit müssen wir dankbar annehmen und genießen, aber nie fordern.

Wilh. Freiherr von Humboldt, Br. an eine Freundin (Dez. 1834—2. Jan. 1835).

— Laß dich von dem Glücke suchen! | Fehlt's den Weg, so mag es fluchen; | Aber suchst du selbst das Glück, | Kommst du fluchend oft zurück.

Wilh. Müller, Gedichte (1837). Epigramme. 1. Hundert, Nr. 42. D. Glück.

— Über dein Unglück triumphieren | Ist leichter, als dein Glück regieren.

Wilh. Müller, Gedichte (1837). Epigramme. 1. Hundert, Nr. 53. Glück u. Unglück.

— Macht und Tüchtigkeit zwingen das Glück, und wo das Glück ist, da ist auch am Ende das Recht. Ernst Raupach, D. Hohenstaufen (1837). Kaiser Friedr. I. u. Alexander. A. 3, Sz. 1.

— Rechne niemals auf ein Glück! | Oft ja bleibt im Garten | Das Erwartete zurück | Hinter dem Erwarten. | Wenn du darauf rechnest nicht, | Wird's von freien Stücken | Kommen und wie Sonnenlicht | Doppelt dich beglücken.

Friedr. Rückert, Gesammelte Gedichte (1834—1838).

— Das Glück, das gestern mich geküßt, | Ist heute schon zerronnen.

Heinr. Heine, Neue Gedichte. Verschiedene (ged. 1832—1839). Kitty. Nr. 6.

— Vergängliches Glück! Schon morgen klirrt | Die Sichel über den Saaten.

Heinr. Heine, Neue Gedichte. Verschiedene (1832—1839). Katharina. Nr. 9.

— . . . kehr' in dich still zurück, | Ruh' in dir selber aus, so fühlst du höchstes Glück!

Friedr. Rückert, D. Weisheit d. Brahmanen (1836—1839). B. 7, Nr. 30. (Stufe 8. Weltseele. Nr. 59.)

Glück. — In nächster Zukunft scheint das goldne Glück zu liegen, | Und wird sie Gegenwart, so sehn wir's weiterfliegen.

Friedr. Rückert, D. Weisheit d. Brahmanen (1836—1839). B. 13, Nr. 14. (Stufe 7. Erkenntnis. Nr. 120.)

— Das ist kein Glück, was ich mit Herzblut muß erkaufen; | Glück ist, was zu mir kommt und läßt nach sich nicht laufen.

Friedr. Rückert, D. Weisheit d. Brahmanen (1836—1839). B. 16, Abteilung 4, Nr. 7. (Stufe 5. Leben. Nr. 307.)

— Vorgestern Hoffnungen, in Knospen eingeschlossen; | Und gestern Blütenfüll', in Duft und Glanz ergossen; | Am Boden liegen welk die Rosenblätter heut': | Das ist dein Glück, o Welt, und was ein Herz erfreut!

Friedr. Rückert, D. Weisheit d. Brahmanen (1836—1839).

— Das goldne Glück, das süße Wohlgefallen, | Sie eilen, — treu ist nur der Schmerz, — von hinnen.

Aug. Graf von Platen=Hallermund, Gesammelte Werke (1839). Gedichte. Sonette. Nr. 42.

— Suchst du deines Glückes Besten, | Kehre in dich selbst zurück!

Aug. Heinr. Hoffmann von Fallersleben, Unpolitische Lieder. T. 1. Gedichte a. Gent (ged. 8. u. 12. Sept. 1839). Nr. 1. An Vlämsch=Belgien.

— Im Menschen wohnt ein ewiges Streben nach Genuß und Glück, und zwei Wege führen dahin: Viel erwerben und wenig brauchen.

Karl Jul. Weber, Demokritos (1832—1840). Rede in d. zweiunddreißig Winde an Jünglinge u. meine Zeit.

— In der Müh' und Sorgen harter Schale | Entdecken wir des Glückes süßen Kern.

Ernst Raupach, D. Schule d. Lebens (1841). A. 3, Sz. 4.

— Ich geh' auf flinken Sohlen, | Doch schneller reit't das Glück; | Ich mag es nicht einholen, | Es läßt mich arg zurück.

Emanuel Geibel, Gesammelte Werke. Jugendgedichte. B. 4. Escheberg, St. Goar (ged. 1842—1843). Lieder eines fahrenden Schülers. Nr. 1.

— Einmal kommt das Glück dir nahe, | Winket dir mit offner Hand; | Wer es einmal scheiden sahe, | Hat es ewig fortgebannt.

Joh. Christoph Biernatzki, Gedichte (1844).

— Trotz aller unserer Wanderungen ist das Glück stets nur in einem engen Kreise und mitten unter Gegenständen zu finden, welche in unserem unmittelbaren Bereich liegen. Engl.: Whatever our wanderings, our happiness will always be found within a narrow compass, and amidst the objects more immediately within our reach.

Edward George Earle Lord Bulwer Lytton, D. Caxtons (1850). Übers. v. Czarnowski. Vorwort.

Glück. — Zweierlei laß dir gesagt sein, | Willst du stets in Weisheit wandeln | Und von Torheit nie geplagt sein: | Laß das Glück nie deine Herrin, | Nie das Unglück deine Magd sein!

Friedr. von Bodenstedt, D. Lieder d. Mirza=Schaffy (1851). Verm. Gedichte u. Spr. Nr. 12.

— Das Glück, das dir von außen kommt, | Ist leicht wie dürre Spreu; | Nur was aus deiner Seel' erwachsen, | Bleibt deiner Seele treu.

Jul. Hammer, Schau um dich u. schau in dich (1851). Kampf u. Sieg. Was zagst du ohne Trost u. Mut usw.

— Das Glück ist eine leichte Dirne | Und weilt nicht gern am selben Ort; | Sie streicht das Haar dir von der Stirne | Und küßt dich rasch und flattert fort. | Frau Unglück hat im Gegenteile | Dich liebefest ans Herz gedrückt; | Sie sagt, sie habe keine Eile, | Setzt sich zu dir ans Bett und strickt.

Heinr. Heine, Romanzero (1851). B. 2. Lamentationen. Motto.

— Das Glück läßt sich nicht jagen | Von jedem Jägerlein; | Mit Wagen und Entsagen | Muß drum gestritten sein.

Jos. Viktor von Scheffel, D. Trompeter v. Säkkingen (1854). Ges. 14. Werners Lieder a. Welschland. Nr. 1.

— Höchstes Glück ist kurzes Blitzen, | Fühl's und sprich: auf Wiederkehr! | Ließ es dauernd sich besitzen, | Wär' es höchstes Glück nicht mehr.

Emanuel Geibel, Neue Gedichte (1856). Spr. Nr. 37.

— Glück, sie nennen dich blind und werden nicht müde zu schelten. | Frage doch endlich zurück: Könnt ihr denn selber auch sehn?

Friedr. Hebbel, Gedichte (1857). Epigramme u. Verwandtes. Nr. 2. Gnomen. An d. Glück.

— Ich glaube wirklich, | Ein lachend Glück ist gar kein wahres Glück. | Es mischt in unsre süßesten Momente | Ein Tropfen sich von unnennbarem Weh.

Emerich Madách, D. Tragödie d. Menschen (1861). A. d. Ungar. übers. v. Lechner. Sz. 6 (Eva).

— Niemand auf Erden kann Glück finden in den gegebenen Verhältnissen, der nicht Mut, Geduld, Besonnenheit und Milde mitbringt zum Überwinden der Leiden.

Julie Burow (Pfannenschmidt), Herzensworte (1862).

— Halte das Glück wie den Vogel: so leise und lose wie möglich! | Dünkt er sich selber nur frei, bleibt er dir gern in der Hand.

Friedr. Hebbel, Gedichte. Dichtungen (ged. 1857—1863). Epigramme. An meine Frau.

— Mit Koffern, Schachteln, Reisesäcken | Dein Glück zu suchen ziehst du aus? | Freund, nimm den leichten Wanderstecken, | Du bringst es wahrlich eh'r nach Haus!

Emanuel Geibel, Gedichte u. Gedenkblätter (1864). Spr. Nr. 16.

— Ist dir so unbekannt, daß nicht zum Unglück | Allein, daß auch zum Glücke Mut gehört?

Rob. Hamerling, Ahasver in Rom (1866). Ges. 2. D. Bacchanal.

Glück. — Glück hat auf die Dauer doch zumeist wohl nur der Tüchtige.

Hellmuth von Moltke, Strategie (1870).

— Ungerührt von Klagen, Weinen, | Wie's auch lange zögern mag, | Einmal wird es (das Glück) doch erscheinen, | Einmal kommt der Wonnetag.

Rob. Hamerling, Gesammelte kleinere Dichtungen (1871).

— Sich selbst in andrer Herzen finden, | Das ist das einzig wahre Glück.

Emil Rittershaus, Neue Gedichte (1871). Liebe. Gefunden.

— Positives Glück gibt es auf Erden nicht. Irdisches Glück heißt —: das Unglück besucht uns nicht zu regelmäßig.

Karl Gutzkow, Gesammelte Werke (1873).

— Das wahre Glück kann nichts anderes sein, als sich hinzugeben, ohne sich zu verlieren, weil man sich wiederfindet in etwas Besserem, als man selber ist. Paul Heyse, D. Kinder d. Welt (1873).

— Weiß doch keiner, was ihm frommt | Hier auf dunklem Pfade; — | Keiner zwingt das Glück, es kommt | Unverhofft als Gnade.

Friedr. von Bodenstedt, A. d. Nachlasse Mirza=Schaffys (1874). B. 6. Lieder d. Trostes. Nr. 8. Herbstlied. Schlußv.

— Das Glück, kein Reiter wird's erjagen, | Es ist nicht dort und ist nicht hier; | Lern' überwinden, lern' entsagen, | Und ungeahnt erblüht es dir. Theod. Fontane, Gedichte (1875). Lieder u. Spr. Nr. 1.

— Ich achte den Menschen höher, der der göttlichen Hilfe im Glück bedarf, als denjenigen, der sich im Unglück von ihr trösten läßt.

Anselm Feuerbach, Ein Vermächtnis (1882).

— Glück ist wie ein Sonnenblick; | Erst wenn es vergangen, | Erst in Leid und Bangen | Denkt ein Herz und fühlt es klar, | Daß es einmal glücklich war.

Martin Greif, Gedichte (1883). Lieder. Glück.

— Es ist nicht der Sonnenschein des Glücks, der die besten und reinsten Gedanken und Empfindungen der Menschen zeitigt.

Joh. Jak. Mohr, Gedanken über Leben u. Kunst (1885).

— Starke Beine wirkt die Last, | Schwächung jede Krücke; | Was du bist, nicht was du hast, | Hilft zu rechtem Glücke.

Wilh. Jordan, Letzte Lieder (1892). Spr. Nr. 1.

— Es ist ein großes Glück, — läßt's Glück sich von dir finden, | Ein größres, — läßt du dich von ihm nicht überwinden.

Daniel Sanders, 366 Spr. (1892). Nr. 63. Großes Glück.

— Erwartetes Glück verliert durchs Warten, | Wenn's endlich kommt, an Schimmer und Glanz. Wird's aber unverhofft beschert uns, | Dann ist das Glück erst voll und ganz.

Daniel Sanders, 366 Spr. (1892). Nr. 170. Glück.

Glück. — Daß manches dir das Glück versagt, | Das werde nicht von dir beklagt! | Wenn jeder Wunsch erfüllt dir würde, | Wie trügst du deines Glückes Bürde?

Daniel Sanders, 366 Spr. (1892). Nr. 172. Versagtes Glück.

— Wir klagen ob des Schicksals Tücke, | Es sei das Glück niemals zu finden; | Doch liegt die Schuld oft nicht am Glücke, | Nur an uns selbst, den Blöden, Blinden.

Daniel Sanders, 366 Spr. (1892). Nr. 257. D. Glück.

— Das Glück ist nie ganz ohne Leid; | Zum Begleiter hat es stets den Neid.

Daniel Sanders, 366 Spr. (1892). Nr. 272. Neid.

— Wo stets die Sonne brennend scheint, | Dort wird auch reiches Land zur Wüste. | Kein Mensch wird tragen stetes Glück, | Der's nicht durch Herzversandung büßte.

Otto von Leixner, A. meinem Zettelkasten (1896). Schmerz u. Freude.

— Geträumtes Glück scheint unermessen. | Sobald du's hast, ist oft vergessen, | Wie tief im Grund das Herz dir bebte, | Als es im Traum sein Glück erlebte.

Otto von Leixner, A. meinem Zettelkasten (1896). Schmerz u. Freude.

— Erdenglück währt kurze Zeit, | Kommt und ist verschwunden.

Heil d. Manne, d. sich freut usw. Verfasser unbek.

— Ich will mein Glück probieren, | Marschieren.

Handwerksburschenabschied. Volkslied u. =weise.

— Allzu großes Glücken | Muß in sich ersticken.

Alter Spr.

— Das Glück ist gut und fromm! Gleich teilt es seine Gaben; | Die Reichen läßt es Furcht, die Armen Hoffnung haben. Alter Spr.

— Das glück ist rund; | Es laufft dem einen inn den Mund, | Dem andern inn den strund | Und endert sich zu aller stund. Alter Spr.

— Das Glück muß man regieren, | Das Unglück überwinden. Alter Spr.

— Das wirdt erfahren offt und duck (dick), | Je arger Schalck, je besser gluck. Alter Spr.

— Dem Glück ist niemand stark genug.

Alter Spr.

— Ich wart uff Glück. Alter Spr.

— Im großen Glück erheb' dich nicht! | Im kleinen Glück betrüb' dich nicht! | Gedenke, daß Gott sei der Mann, | Der Glück und Unglück wenden kann. Alter Spr.

— Kompt dir ein gluck, nimbs an; | Jetz ist da, bald ist dar van. Alter Spr.

— Laß dich das glück nicht betriegen; | Es kan waltzen, schwimmen und fliegen. Alter Spr.

— Wie dich das Glück auch trügen mag, | Jed's Schwein hat seinen Martinstag. Alter Spr.

Glück. — Begehre nie ein Glück zu groß und nie ein Weib zu schön, | Sonst könnte dir's in seinem Zorn der Himmel zugestehn. Alte Inschrift.

— Das Glück hat Flügel. Sprichwort.

— Das Glück hilft denen nicht, die sich nicht selbst helfen. Sprichwort.

— Das Glück ist kugelrund; | Es trifft wohl manchen Pudelhund. Sprichwort.

— Das Glück ist leichter gefunden | Als gebunden. Sprichwort.

— Das Glück kommt von Ungefähr | Wohl über neunzig Meilen her. Sprichwort.

— Das Glück schenkt nichts, leiht nur. Sprichwort.

— Glück in der Liebe, Unglück im Spiel. Sprichwort.

— Glück ist blind und macht blind. Sprichwort.

— Glück ist der Dummen Vormund. Sprichwort.

— Glück kommt alle Tag, | Wer warten mag. Sprichwort.

— Glück und Unglück sind zwei Eimer im Galgenbrunnen. Sprichwort.

— Glück und Weiber haben die Narren lieb. Sprichwort.

— Jeder ist seines Glückes Schmied. Sprichwort.

— Mehr Glück als Verstand. Sprichwort.

— Mit Wachen und mit Wagen | Muß man das Glück erjagen. Sprichwort.

— Wo Glück aufgeht, da geht Demut unter. Sprichwort.

— A Hand voll Glück ist besser als a Butten (Bütte) voll Verstand. Sprichwort. Unterinntal.

— Je ärger 't Stück, | Je grötter 't Glück. Sprichwort. Münsterisch.

— Ein Zoll guten Glücks ist ein Klafter Voraussicht wert. Engl.: An inch o' gude luck is worth a fathom o' forecast. Schottisches Sprichwort.

— Gebt einem Manne Glück und werft ihn in die See! Engl.: Give a man luck and throw him into the sea. Sprichwort.

— Wer Glück hat, dem wächst ein Zitronenbaum, wenn er einen Pfahl pflanzt. Ital.: Ci g'à 'l caegiù, se l'impianta na söca, ghe nass iin limù. Lombardisches Sprichwort.

— Glück und schlafe! Ital.: Fortuna e dormi. Sprichwort.

— Wer's Glück hat, dem fliegen gebratene Enten ins Maul. Niederl.: Die het geluk heeft, gebraaden eenden vliegen hem in den mond. Sprichwort.

— Gott behüte uns vor großem Glück! Niederl.: God behoede ons voor groot geluk. Sprichwort.

Glück. — Er ist in St. Galperts Nacht geboren, drei Tage vor dem Glück. Niederl.: Hij is geboren op Sint Galperts nacht, drie dagen voor't geluk. Sprichwort.

— Ein wenig Hilfe will das Glück gern haben. Norwegisch: Ei liti Hjelp vil Lukka gjerne hava. Sprichwort.

— Mit dem Netz der Feigheit werden | Nie gefischt des Glückes Störe. Finnisches Sprichwort.

— Das Glück geht wohl auch den Krebsgang. Holländisches Sprichwort.

— Selten kommen großes Glück und Verstand zusammen. Kroatisches Sprichwort.

— Glück ist ein Buckel, der schwer zu tragen ist. Russisches Sprichwort.

— Wer Glück hat, der wird Hetmann (Führer der Kosaken). Russisches Sprichwort.

— Wer's Glück hat, dem legt sein Hahn. Russisches Sprichwort.

— Das Glück ist eine blinde Kuh | Und läuft dem dummsten Ochsen zu. Spr. in einem Hause.

— Dem einen leucht' der Sonnenschein, | Dem andern schlägt der Hagel ein; | Das liegt nicht an Kunst und Verstand, | Das Glück hat es in seiner Hand. Spr. in einem Hause.

— Die jetzige Stund' und das zeitliche Glück | Schleicht hin in einem Augenblick. Inschrift an d. Sonnenuhr in Thun.

— Gäb's nicht im Leben viel Essig und Ärger, | Woran kenntest du Glück und Johannisberger? Inschrift im Bremer Ratskeller.

— Glück und Zufriedenheit | Ist des Lebens Seligkeit. Inschrift auf einer alten Truhe. Steiermark.

— Herz, verzag' nicht; | Maul, klag' nicht; | Fortuna (Glück) stirbt nicht. Spr. an einem Hausgerät.

— Ich hoff uff glück und wart der zit. Wartburgspr. Margaretengang.

— In glickh, o mentsch, iber nimb dich nit; | In unglikh verzage nit; | Gott ist ein solicher man, | Der glickh und Unglick wenden khan. Inschrift in einer Totenkapelle. Völs.

— Je schlimmer der Schelm, je größer das Glücke; | Je krummer das Holz, je besser die Krücke. Spr. an einem Hausgerät.

— Sei gelassen in dem Glücke, | Traue selbem nicht zu viel, | Sonst erfährst du seine Tücke | Und wirst ihm zum Spott und Spiel. Spr. in einem Hause. Unterinnthal.

— Wirb! | Das Glück ist mürb'. Spr. an einem Hausgerät.

Glücklich. — Denn keiner ist glückselig auf dem Erdenrund. Griech.: *Θνητῶν γὰρ οὐδεὶς ἐστιν εὐδαίμων ἀνήρ.*
Euripides, Medea (um 431 v. Chr.). Übers. v. Minckwitz. V. 1225 (Bote).

Glücklich. — Keinen staubgebornen Menschen dürft ihr preisen als beglückt, | Der noch auf den allerletzten seiner Lebenstage harrt, | Bis er einst am Ziel des Daseins ohne Trübsal angelangt. Griech.: *Ὥστε θνητὸν ὄντα κείνην τὴν τελευταίαν ἰδεῖν | Ἡμέραν ἐπισκοποῦντα μηδέν᾽ ὀλβίζειν, πρὶν ἂν | Τέρμα τοῦ βίου περάσῃ, μηδὲν ἀλγεινὸν παθών.*

Sophokles (um 496—406 v. Chr.), König Ödipus. Übers. v. Jordan. V. 1503—5 (Chor). Schlußv.

— Glücklich lebt mit Wenigem, wem auf kleinem | Tische glänzt, vom Vater geerbt, das Salzfaß; | Wem nicht Angst, noch schnöde Begier den leichten | Schlummer entführet. Lat.: Vivitur parvo bene, cui paternum | Splendet in mensa tenui salinum, | Nec leves somnos timor aut cupido | Sordidus aufert.

Quint. Horatius Flacc., Oden (um 23 v. Chr.). Übers. v. Voß. B. 2, Nr. 16. V. 13—16.

— Freilich leider muß man erst den letzten Tag des Menschen abwarten und | glücklich soll man niemanden vor seinem | Tode und Begräbnis nennen. Lat.: Sed scilicet ultima semper | Expectanda dies homini est dicique beatus | Ante obitum nemo supremaque funera debet.

Publ. Ovidius Naso (um 43 v. Chr.—17 n. Chr.), Metamorphosen. B. 3, V. 135—37. Übers. v. Grau.

— Lernt doch, daß die am mind'sten glücklich sind, | Die euch am meisten glücklich scheinen!

Christ. Fürchtegott Gellert, Fab. u. Erz. (1746). B. 2. D. junge Drescher. Schlußv.

— Wer wäre glücklicher als du, | Wenn du gewußt, dich in dein Glück zu schicken?

Christ. Fürchtegott Gellert, Fab. u. Erz. (1746). B. 3. D. Arme u. d. Glück.

— Ach, daß keiner | Der Sterblichen sich selig nenne, keiner | Sich glücklich bis ans Ende!

Friedr. von Schiller, Iphigenie in Aulis (ged. 1788). A. 1, Sz. 1 (Agamemnon).

— Glücklich? | Wer ist denn glücklich?

Joh. Wolfg. von Goethe, Torquato Tasso (1789). A. 3, Sz. 2 (Prinzessin).

— Der Mensch ist nicht eher glücklich, als bis sein unbedingtes Streben sich selbst seine Begrenzung bestimmt.

Joh. Wolfg. von Goethe, Wilh. Meisters Lehrjahre (1777—1796).

— Wer ist der glücklichste Mensch? Der fremdes Verdienst zu empfinden | Weiß und am fremden Genuß sich wie am eignen zu freun.

Joh. Wolfg. von Goethe, Gedichte. A. d. Nachlaß. Antiker Form sich nähernd. Wer ist d. glücklichste Mensch (ged. Aug. 1805).

— Sich recht anschauend vorstellen zu lernen, daß niemand vollkommen glücklich ist, ist vielleicht der nächste Weg, vollkommen glücklich zu werden. Georg Christoph Lichtenberg, Verm. Schriften (1800—1806). Bd. 1, Nr. 3. Bemerk. verm. Inhalts. Nr. 3. Moralische Bemerk.

Glücklich. — Es ist, glaube ich, keine Frage, daß bei aller Ungleichheit der Stände die Menschen alle gleich glücklich sein können; man suche nur jeden so glücklich als möglich zu machen.

Georg Christoph Lichtenberg, Verm. Schriften (1800—1806). Bd. 2, Nr. 2. Bemerk. verm. Inhalts. Nr. 7. Politische Bemerk.

— Wer glücklich ist, kann glücklich machen; | Wer's tut, vermehrt sein eignes Glück.

Joh. Ludw. Wilh. Gleim, Sämtl. Werke (1811—1813). Gedichte.

— Willst du glücklich sein, so lerne über dein eigenes Glück verschwiegen sein!

Joh. Heinr. Daniel Zschokke, Stunden d. Andacht (1809—1816). T. 3.

— Glücklich wäre vielleicht, wer es nur nicht immer zu werden | Strebete, flüchtig hinaus über den stillen Genuß. Karl Gustav von Brinckmann, Elegien u. Arabesken (1820).

— Wer nicht fürchtet, nicht hofft, nur der ist glücklich. Friedr. Gottl. Klopstock, Sämtl. Werke (1798—1821). Bd. 4.

— Du lebe glücklich, wenn ein Sterblicher | Je glücklich lebte! Ital.: Vivi felice, se felice in terra | Visse nato mortal.

Giacomo Leopardi, Sapphos letzter Ges. (1824). Übers. v. Heyse.

— ... das Glücklichsein, sich innerlich Glücklichfühlen ist eine Gabe des Schicksals und kommt nicht von außen. Man muß es sich, wenn es dauernd sein soll, immer selbst erkämpfen. Das ist aber auch tröstend, denn man kann es auch immer erkämpfen.

Wilh. Freiherr von Humboldt, Br. an eine Freundin (17. Juni 1830).

— Der ist der glücklichste Mensch, der das Ende seines Lebens mit dem Anfang in Verbindung setzen kann.

Joh. Wolfg. von Goethe, Werke (1827—1830). Maximen u. Reflexionen. Abteilung 2.

— En Tischken, En Spindken, En Stübken, En Stuhl; | Mehr braucht man nich, um glücklich zu sein, | Und das wird den Hals ja nich kosten.

Louis Angely, Vaudevilles u. Lustspiele (1828—1834). D. Fest d. Handwerker. Sz. 5 (Lenchen).

— Glücklich ist, wer weise genießt und nicht grübelt, keine Blume auf dem Pfade des Lebens zertritt und alle pflückt, die er erreichen kann.

Karl Jul. Weber, Demokritos (1832—1840). D. Frohsinn. D. Fortsetzung.

— ... glücklich kann kein Gott und König euch machen, wenn ihr es nicht selbst könnt.

Karl Jul. Weber, Demokritos (1832—1840). Rede in d. zweiunddreißig Winde an Jünglinge u. meine Zeit.

— Glücklich, wem die Tage fließen | Wechselnd zwischen Freud' und Leid, | Zwischen Schaffen und Genießen, | Zwischen Welt und Einsamkeit.

Emanuel Geibel, Juniuslieder (1848). Gelegenheitsgedichte, Spr., Scherze. Spr. Nr. 55.

Glücklich. — Wer glücklich ist, der ist auch gut, | Das zeigt auf jedem Schritt sich; | Denn wer auf Erden Böses tut, | Trägt seine Strafe mit sich!

Friedr. von Bodenstedt, D. Lieder Mirza-Schaffys (1851). Glaube u. Leben. Nr. 4.

— Bist du glücklich, wenn du dein Glück gemacht? das ist zu unterscheiden.

Ludw. Börne, Gesammelte Schriften (1862—1863). Erz., Reisen, Verm. Aufsätze. Nr. 35. D. Narr im weißen Schwan. K. 2.

— Kein König kann euch glücklich machen, | Wenn ihr es selbst nicht könnt.

Friedr. von Bodenstedt, A. d. Nachlasse Mirza-Schaffys (1874). B. 3. B. d. Spr. Nr. 25.

— Wenn man glücklich ist, soll man nicht noch glücklicher sein wollen.

Theod. Fontane, Unwiederbringlich (1892). K. 1.

— Sprich, wer ist glücklich in der Welt? | Nur der, der sich für glücklich hält.

Daniel Sanders, 366 Spr. (1892). Nr. 61. Glücklich.

— Glückliche Stunden | Werden im Menschenleben gefunden; | Doch ein ganzes glückliches Leben | Hat's nicht gegeben und wird es nicht geben.

Daniel Sanders, 366 Spr. (1892). Nr. 69. Glückliches Leben.

— Himmelslust ist glücklich sein. | Glücklich gewesen sein | Ist Höllenpein.

Daniel Sanders, 366 Spr. (1892). Nr. 245. Himmel u. Hölle.

— . . . kurz, es ist mir eine mehr subjektive als objektive Erkenntnis, ob man glücklich ist oder nicht.

Otto von Bismarck zu d. Vertretern d. Verbandes alter Korpsstudenten in Friedrichsruh (27. April 1895).

— Beglücke du, so wirst du glücklich sein!

Viktor Blüthgen, Einfälle u. Ausfälle (1905). Vierzeiler.

— Menschen, wollt ihr glücklich sein, | Seid's durch euer Herz! | Alles andre ist nur Schein, | Ist wie Schnee im März. Volkslied u. -weise.

— Nur glücklich ist, wer das vergißt, | Was einmal nicht zu ändern ist.

Nur guten Mut! Volkslied u. -weise.

— Du fragst dich, werd' ich glücklich sein? | Du bist es, bild' es dir nur ein! Alter Spr.

— Glücklich ist, wer vergißt, | Was nicht mehr zu ändern ist. Sprichwort.

— Gut sein ist glücklich sein. Engl.: To be good is to be happy. Wahlspr. d. Kalkstein.

Glückliche, der. — Den Glücklichen | Umhüpfen stets Herolde. Griech.: *Ἐπὶ τὸν εὐτυχῆ | Πηδῶσ' ἀεὶ κήρυκες.*

Euripides (um 480—406 v. Chr.), Orestes. Übers. v. Binder. V. 895—96 (Bote).

Glückliche, der. — Der Glückliche glaubt nicht, | Daß noch Wunder geschehn; denn nur im Elend erkennt man | Gottes Hand und Finger, der gute Menschen zum Guten | Leitet.

Joh. Wolfg. von Goethe, Hermann u. Dorothea (1797). Terpsichore.

— Die Uhr schlägt keinem Glücklichen.

Friedr. von Schiller, D. Piccolomini (1799). A. 3, Sz. 3 (Max).

— Furcht soll das Haupt des Glücklichen umschweben, | Denn ewig wanket des Geschickes Wage.

Friedr. von Schiller, Wallensteins Tod (1799). A. 5, Sz. 4 (Gordon).

— Endlos liegt die Welt vor deinen Blicken, | Und die Schiffahrt selbst ermißt sie kaum; | Doch auf ihrem unermeßnen Rücken | Ist für zehen Glückliche nicht Raum.

Friedr. von Schiller, Gedichte. D. Antritt d. neuen Jahrh. (ged. 1801).

— Ein jeder Wechsel schreckt den Glücklichen.

Friedr. von Schiller, D. Braut v. Messina (1803). Säulenhalle (Don Manuel).

— Wehe mir! | Ich darf nicht weilen bei den Glücklichen.

Friedr. von Schiller, Wilh. Tell (1804). A. 5, Sz. 2 (Parricida).

— Der Glückliche, der Behagliche hat gut reden . . . aber schämen würde er sich, wenn er einsähe, wie unerträglich er dem Leidenden wird.

Joh. Wolfg. von Goethe, D. Wahlverwandtschaften (1808—1809). T. 1, K. 18.

— So bin ich gewohnt, mich als einen Glücklichen anzusehen, und habe Mut, aber nur immer wie einer, den das Glück auch in jedem Augenblicke verlassen kann.

Wilh. Freiherr von Humboldt, Br. an eine Freundin (12. Juli 1823).

— Den Glücklichen nur kann ein Unglück treffen. Christ. Dietr. Grabbe, Don Juan u. Faust (1829). A. 2, Sz. 2 (D. Ritter).

— Dem Glücklichen schlägt keine Stunde.

Sprichwort.

Glückselig. — Nur der Glückselige lebt, wie er will; glückselig aber ist keiner, als nur der Gerechte. Lat.: **Nisi beatus non vivit ut vult, et nullus beatus nisi iustus.**

Augustinus (um 354—430), V. d. Stadt Gottes. Übers. v. Silbert. B. 4, K. 25.

— Glückselig nenne ich den, der, um zu genießen, nicht nötig hat, unrecht zu tun, und um recht zu tun, nicht nötig hat, zu entbehren.

Friedr. von Schiller, Prosaische Schriften (1793—1802).

Glückseligkeit. — Drum schweig' mir von Glückseligkeit! | Denn jedem ist sein Spinn' bereit, | Und den Spinnen ihr Spinnenstecher; | Es hat ein jedes seinen Rächer.

Joh. Friedr. Fischart, Flöh Hatz, Weiber Tratz (1577).

Glückseligkeit. — Seliges Geschöpf, das den Mangel seiner Glückseligkeit einem irdischen Hindernis zuschreiben kann!

Joh. Wolfg. von Goethe, Leiden d. jungen Werthers (1773).

— Glückseligkeit — ein süßes Wort! allein | Vielleicht ein leerer Ton, vielleicht ein falscher Schein. Ludw. Heinr. von Nicolay, Verm. Gedichte (1778—1786). Br. Nr. 1.

— Sei glücklich! Was ist Menschenglückseligkeit? | Vollen Herzens zu sein, offner und treuer Brust; | Tränen tauschen um Tränen, | Lieb' um Liebe und Glut um Glut.

Ludw. Theobul Kosegarten, Dichtungen (1800).

— Die Natur hat gewollt, daß der Mensch ... keiner andern Glückseligkeit oder Vollkommenheit teilhaftig werde, als die er sich selbst, frei von Instinkt durch eigene Vernunft, verschafft hat.

Immanuel Kant, Gesammelte Werke (1838—1839). Bd. 7.

— Ich lass' es mir nicht ausreden. Glückseligkeit ist in, außer, neben uns, durch uns und ohne uns zu finden.

Rahel (Antonie Friederike Varnhagen von Ense), Br. (1877).

— Ruhige Kontinuität ist das Prinzip der menschlichen Glückseligkeit.

Gustav Adolf Lindner, D. Problem d. Glücks (1892).

Glücksgaul. — Der Glücksgaul liebt das Ausschlagen. Lettisches Sprichwort.

Glücksgüter. — Das beste aller Glücksgüter, wenn es überhaupt dergleichen gibt, ist die Ruhe, die Zurückgezogenheit und ein Plätzchen, das man sein Eigentum nennen kann. Franz.: Le meilleur de tous les biens, s'il y a des biens, c'est le repos, la retraite, et un endroit qui soit son domaine.

Jean de La Bruyère, Charaktere (1688). Übers. v. Hamel. B. Hofe.

Glückskind. — Glückskind. Lat.: Fortunae filius.

Quint. Horatius Flacc., Sat. (um 35 v. Chr.). Übers. v. Voß. B. 2, Nr. 6, V. 49.

Glückspilz. — Du Glückspilz!

Rheinländische Redensart.

Glücksrad. — Es stehet an des Glückes Rade | So leicht ein Nutzen wie ein Schade. Mittelhochdeutsch: Daz stât an glückes rade, | Eist als lîhte guot als schade.

Bridankes Bescheidenheit (1225—1240). Übertr. v. Pannier. Nr. 38. v. erkantnisse.

— Wer sitzet uf des glückes rad, | Der ist ouch warten fall mit schad, | Und das er etwan näm ein bad.

Seb. Brant, D. Narrenschif (1494). Nr. 37. V. glückes fall.

Glühen. — Eh' es verdüftet, | Schöpfet es schnell! | Nur wenn er glühet, | Labet der Quell.

Friedr. von Schiller, Gedichte. Punschlied (ged. 1803). Schlußv. Mel. v. Joh. Friedr. Reichardt (1804).

Gnade. — ... denn Gnade wird dir, wenn du Gnade übest.

A. d. Persischen d. Rûmî (um 1207—1273). Mesnewi. Übers. v. Rosen.

— Die Gnad zu Hoff wär kranck und lahm, | Darum währts lang, eh sie ankam; | Die Ungnad wär gesund, starck, frisch, | Darum lieff sie und sprünge risch, | Daß wenig ihr mochten entlauffen.

Georg Rollenhagen, Froschmäuseler (1595). B. 1, T. 2, K. 20.

— Die Art der Gnade weiß von keinem Zwang; | Sie träufelt, wie des Himmels milder Regen, | Zur Erde unter ihr, zwiefach gesegnet: | Sie segnet den, der gibt, und den, der nimmt. Engl.: The quality of mercy is not strain'd, | It droppeth as the gentle rain from heaven | Upon the place beneath: it is twice bless'd, | It blesseth him that gives, and him that takes.

William Shakespeare, D. Kaufmann v. Venedig (um 1594—1596). Übers. v. Schlegel. A. 4, Sz. 1 (Porzia).

— Gnad hat kein warumb, hat sein Zu- vnd Ablauff wie das Meer.

Christoph Lehmann, Politischer Blumen-Garten (1662). T. 1. Gunst, Gnad. Nr. 30.

— Wer voller Unschuld ist, will nichts von Gnade wissen.

Joh. Christoph Gottsched, D. sterbende Cato (1732). A. 3 (Cato).

— Ich brauche keine Gnade; ich will Gerechtigkeit. Gotthold Ephr. Lessing, Minna v. Barnhelm (1763). A. 4, Sz. 6 (v. Tellheim).

— Frei, wie das Firmament die Welt umspannt, | So muß die Gnade Freund und Feind umschließen.

Friedr. von Schiller, D. Jungfrau v. Orleans (1801). A. 3, Sz. 4 (Johanna).

— Laß mich behauen meinen Stein | Und deiner Gnade nicht begehren!

Adelbert von Chamisso (Louis Charles Adelaide Chamisso de Boncourt), Gedichte. Lieder u. lyrisch-epische Gedichte. D. neue Diogenes (ged. 1828). Schlußv.

— Gnade gehört lediglich für Verbrecher; dem Biedermann aber keine Gnaden, sondern Gerechtigkeit. Aus Gnaden wollte Seume nicht einmal selig werden.

Karl Jul. Weber, Demokritos (1832—1840). D. Titulaturen.

— Und sind noch dunkel deine Pfade, | Und drückt dich schwer die eigne Schuld, | O glaube, größer ist die Gnade, | Und unergründlich ist die Huld. Emanuel Geibel, Juniuslieder (1848). Verm. Gedichte. Frohe Botschaft.

— Hinweg mit dir! spricht das Gebot, | Das tatest du, dein ist der Tod. | Aber die Gnade ruft: komm' her | Und sündige fortan nicht mehr!

Emanuel Geibel, Juniuslieder (1848). Gelegenheitsgedichte, Spr., Scherze. Spr. Nr. 47.

Gnade. — . . . uns bliebe | Nichts als trostlos Selbstgericht, | Wär' auf Erden nicht die Liebe | Und die Gnad' im Himmel nicht.

Emanuel Geibel, Neue Gedichte (1856). Lieder a. alter u. neuer Zeit. Nr. 17. Schlußv.

— Gnade kann nur Sklaven freuen, aber Männer brauchen Recht; | Nur das Recht kann sie erfreuen; jener andre Lohn ist schlecht.

Anastasius Grün (Anton Alexander Graf von Auersperg), Gesammelte Werke (1877). Gedichte.

— Ohne Gnade und Barmherzigkeit.

Nach Jer., K. 16, V. 5.

— Ist es aber aus Gnaden, so ist es nicht aus Verdienst der Werke; sonst würde Gnade nicht Gnade sein. Ist es aber aus Verdienst der Werke, so ist die Gnade nichts; sonst wäre Verdienst nicht Verdienst. Röm., K. 11, V. 6.

Gnadenbrot. — Wer das Gnadenbrot seiner Nächsten essen muß, dem verfinstert sich die Welt.

Talmud (3. Jahrh.).

— Solang' ein edler Biedermann | Mit Einem Glied sein Brot verdienen kann, | So lange schäm' er sich, nach Gnadenbrot zu lungern! | Doch tut ihm endlich keins mehr gut, | So hab' er Stolz genug und Mut, | Sich aus der Welt hinaus zu hungern. Gottfr. Aug. Bürger, Gedichte. Mannstrotz (1788).

Gold. — Und mehr als tausend Gründe wiegt des Goldes Macht. Griech.: *Χρυσὸς δὲ κρείσσων μυρίων λόγων βροτοῖς.*

Euripides, Medea (um 431 v. Chr.). Übers. v. Minckwitz. V. 965 (Medea).

— Des Goldes Macht, Fülle des Glücks | Betört so leicht sterblichen Sinn | Und stärkt die Hand zum Frevel. Griech.: *Ὁ χρυσὸς ἅ τ' εὐτυχία | Φρενῶν βροτοὺς ἐξάγεται, | Δύνασιν ἄδικον ἐφέλκων.*

Euripides (um 480—406 v. Chr.), D. rasende Herakles. Übers. v. Minckwitz. V. 774—76 (Chor).

— Ist Gold in eines Unverständ'gen Händen, | So kann er's nur vergeuden und verschwenden.

A. d. Persischen d. Ferid-ed-din Attar (um 1119—1229). Pend-nameh. Übers. v. Graf.

— Silber und Gold habt ihr zum Gott gemacht! Ital.: **Fatto v'avete Dio d'oro e d'argento.** Dante Alighieri, Göttliche Komödie (1300—1321). Übers. v. Gildemeister. Hölle. Ges. 19, V. 112.

— Da ist dein Gold, ein schlimmres Gift den Seelen | Der Menschen, das in dieser ekeln Welt | Mehr Mord verübt, als diese armen Tränkchen, | Die zu verkaufen dir verboten ist. Engl.: **There is thy gold; worse poison to men's souls, | Doing more murders in this loathsome world, | Than these poor compounds that thou mayst not sell.**

William Shakespeare, Romeo u. Julia (1593). Übers. v. Schlegel. A. 5, Sz. 1 (Romeo).

Gold. — Glaub' nur, wir tun für Gold, was du verlangst! Engl.: **Believe't, that we will do anything for gold!**

William Shakespeare, Timon v. Athen (um 1604—1608). Übers. v. Schlegel. A. 4, Sz. 3 (Phrynia).

— O, welch ein Gott | Ist Gold, daß man ihm dient im schlechtern Tempel, | Als wo das Schwein haust! Engl.: **What a god's gold, | That he is worshipp'd in a baser temple, | Than where swine feed!**

William Shakespeare, Timon v. Athen (um 1604—1608). Übers. v. Schlegel. A. 5, Sz. 1 (Timon).

— Der gelbe Kern der Erde, das Gold, hat alle Macht, | Daß Alles sonst für ihme wie Schalen wird geacht.

Friedr. von Logau, Deutsche Sinn-Getichte (1654). Gold.

— Gold vnd Silber sind liebe gäst; | Hast du grund, behalt den fest!

Christoph Lehmann, Politischer Blumen-Garten (1662). T. 1. Gelt. Nr. 21.

— Gott sei dein Herr, Gold dein Knecht. Gott bleibt da, wenn Gold dich läßt.

Heinr. Müller, Predigten (1663—1675).

— Gold, der gelbe Koth der Erden . . .

Daniel Georg Morhof, Teutsche Gedichte (1700). T. 2. Ode, V. d. Zufriedenheit.

— Ruhm und du, geflügelt Gold, | Ich entsag' euch beiden; | Wenn ihr selbst mich suchen wollt, | Will ich euch nicht meiden.

Inschrift an einem Hause in Minden (1752).

— Unseliges Gold, bist du denn immer das Verderben der Tugend!

Gotthold Ephr. Lessing, Philotas (1759). Sz. 6 (Philotas).

— Gold kauft die Stimme großer Haufen; | Kein einzig Herz erwirbt es dir.

Joh. Wolfg. von Goethe, Gedichte. A. d. Nachlaß. Verm. Gedichte. Wahrer Genuß (ged. Dez. 1767).

— Gold zieht magnetischer als Schönheit, Witz und Jugend; | Ist eure Hand, ist eure Tafel leer, | So flieht der Näscher Schwarm, und Lais spricht von Tugend.

Christoph Martin Wieland, Musarion (1768). B. 1.

— Nur Gold genug, so ist die Welt zu Kauf; | Ein goldner Schlüssel, Herr, schließt alle Schlösser auf! Christoph Martin Wieland, Oberon (1780). Ges. 11, Str. 42.

— Allmächtig ist doch das Gold . . . auch Mohren kann's bleichen.

Friedr. von Schiller, D. Verschwörung d. Fiesko zu Genua (1783). A. 2, Sz. 4 (Mohr).

— Verdammter Durst nach Gold, | Wohin bringst du die Herzen! | Und o, verdammte Herzen, | Wohin bringt ihr das Gold!

Karl Friedr. Kretschmann, Sämtl. Werke (1784—1805). Epigramme.

— Gold! ach wärest du nicht, wir genössen des goldenen Alters! | Du nur, leidiges Gold, brachtest die eiserne Zeit.

Joh. Christoph Friedr. Haug, Epigramme (1805).

Gold. — Gold schreit die feige Welt, | Und Gold macht feige Knechte, | Des Tapfern Herz verstellt | Und schwächt des Starken Rechte.

Ernst Moritz Arndt, Gedichte. Lob d. Eisens (geb. 1806).

— Gold, des Herzens böser Strick.

Joh. Gottfr. von Herder, Stimmen d. Völker in Liedern (1807). Abteilung 2, B. 3, Nr. 22. Elisabeths Trauer im Gefängnis. Engl.

— Nach Golde drängt, | Am Golde hängt | Doch alles. Ach, wir Armen!

Joh. Wolfg. von Goethe, Faust, I (1808). Abend (Margarethe). Schlußv.

— Das goldene Zeitalter war damals, als das Gold noch nicht herrschte. Franz.: L'âge d'or était l'âge où l'or ne régnait pas.

Adrien Lézay de Marnézia (1770—1814). Epistel an meinen Pfarrer. Übers. v. Zimmermann.

— Das Gold, den Mammon, diese Erdenmacht, | An welcher sich das Alter liebt zu sonnen ...

Adelbert von Chamisso (Louis Charles Adelaide Chamisso de Boncourt), Gedichte. Sonette u. Terzinen. Salas y Gomez (geb. 1829). D. zweite Schiefertafel.

— Dem Golde muß Tugend zurückestehn.

Peter von Bohlen, Bhartriharis Spr. (1835).

— Das Gold ist nur Schimäre. Franz.: L'or est une chimère.

Eugen Scribe, Rob. d. Teufel (1836). Übers. v. Mendel. A. 1, Sz. 7 (Rob.). Komp. v. Meyerbeer.

— Wenn man Gold braucht, ist es so schwierig, etwas zu finden. Franz.: Quand on a besoin d'or, il est si difficile d'en trouver.

Eugen Scribe, Rob. d. Teufel (1836). Übers. v. Mendel. A. 2, Sz. 3 (Guillaume). Komp. v. Meyerbeer.

— Gold ist in glaubensleerer Zeit | Des Lebens Blut und Saft; die Hölle selbst | Hat Ehrfurcht vor dem Golde, weil sie's braucht, | Den Frevlern ihre Seelen abzukaufen.

Ernst Raupach, D. Hohenstaufen (1837). Kaiser Friedr. II. u. Gregor. A. 3, Sz. 6.

— Mit Golde pflastert man den Weg zur Macht.

Ernst Raupach, D. Prinz u. d. Bäuerin (1840). A. 1, Sz. 3.

— Gold, mit dem Zauber deiner Züge, | Du bist die Schuld, du bist die Lüge! | Es werfen dich des Himmels Mächte | Vorahnend in die tiefsten Schächte.

Karl Beck, Lieder v. armen Mann (1846).

— Es ist nicht alles Gold, was glänzt.

Sprichwort.

— Gold geht durch alle Türen, ausgenommen durch die Himmelstüre. Sprichwort.

— Wenn Gold redet, schweigt alle Welt.

Sprichwort.

— Wo das Gold spricht, schweigt jede Zunge. Ital.: Dove l'oro parla ogni lingua tace.

Sprichwort.

Gold. — Ohne Gold ist selbst das Licht finster.

Litauisches Sprichwort.

Golden. — Goldnen Dummkopf | Duckt der gelehrte Schädel. Engl.: The learned pate | Ducks to the golden fool.

William Shakespeare, Timon v. Athen (um 1604—1608). Übers. v. Schlegel. A. 4, Sz. 3 (Timon).

— . . goldene Äpfel in silbernen Schalen.

Spr. Sal., K. 25, V. 11.

— Eine goldene Ader | Ist der Same zu allem Hader. Alter Spr.

— Goldener Hammer bricht eisernes Tor.

Sprichwort.

— Goldener Schlüssel macht jedes Schloß auf.

Sprichwort.

— Mit güldenen Sporen und silbernen Klingen | Man alles leichtlich tut bezwingen.

Sprichwort.

— Auf einer goldenen Schaukel kann man bis in den Himmel fliegen. Russisches Sprichwort.

— Ein goldener Schlüssel schließt auch des Zaren Herz auf. Russisches Sprichwort.

Goldhunger. — Wozu zwingst nicht du der Sterblichen Herzen, | Scheußlicher Hunger nach Gold? Lat.: Quid non mortalia pectora cogis, | Auri sacra fames?

Publ. Vergilius Maro (um 70 v. Chr.—19 n. Chr.), Aeneis. Übers. v. Voß. B. 3, V. 56—57.

Goldschmied. — Sie sind Goldschmied, Herr Josse. (Zur Bezeichnung eigennützigen Rats.) Franz.: Vous êtes orfèvre, monsieur Josse.

Molière (Jean Baptiste Poquelin), D. Liebe als Arzt (1665). Übers. v. Graf Baudissin. A. 1, Sz. 1 (Sganarelle).

Goldwage. — Etwas auf die Goldwage legen (etwas übergenau prüfen und kritisieren; speziell gebraucht von Worten).

Sprichwörtl. Redensart. — Nach Jes. Sir., K. 21, V. 27.

Goliath. — War einst ein Riese Goliath, | Ein gar gefährlich Mann.

Matthias Claudius, Sämtl. Werke d. Wandsbecker Boten. T. 3 (1778). D. Gesch. v. Goliath u. David, in Reime bracht.

— Riese Goliath. Nach 1. B. Sal., K. 17, V. 4.

Gönner, die. — Beseht die Gönner in der Nähe! | Halb sind sie kalt, halb sind sie roh.

Joh. Wolfg. von Goethe, Faust, I (1808). Vorspiel auf d. Theater (Direktor).

Gordisch. — Den gordischen Knoten durchhauen (eine schier unlösbare Schwierigkeit gewaltsam lösen). Sprichwörtl. Redensart.

Goethe. — Gegen Goethe bin ich und bleib' ich ein poetischer Lump.

Friedr. von Schiller, Briefwechsel mit Körner (27. Juni 1796).

Goethe. — Bei weitem der ansehnlichste aller Schriftsteller, für die letzten hundert Jahre, ist Goethe... unser auserkorenstes Muster des Helden als Schriftsteller würde Goethe sein. Engl.: For the last hundred years, by far the notablest of all Literary Men is Goethe... Our chosen specimen of the Hero as Literary Man would be (this) Goethe.

Thomas Carlyle, Über Helden, Heldenverehrung u. d. Heldentümliche in d. Gesch. (1840). Übers. v. Neuberg. Vortrag 5.

— Schmält mir Goethen nicht und Schiller, | Ihr, des engen Eifers heiß; | Alle eure Jammertriller | Geb' ich gern für solche preis.

Ernst Moritz Arndt, Gedichte. Frühlingslied an d. Frömmler (geb. 1843).

Gott. — Aber der Mensch entwirft, und Zeus (Gott) vollendet es anders. Griech.: *Ἀλλ' οὐ Ζεὺς ἄνδρεσσι νοήματα πάντα τελευτᾷ.*

Homer, Ilias. Übers. v. Voß. Ges. 18, V. 328.

— Du bist ein Tor, wenn du den Gott betrügen willst. Griech.: *Σκαῖος πέφυκας τοῦ θεοῦ πλεῖω φρονῶν.*

Euripides (um 480—406 v. Chr.), D. Herakliden. Übers. v. Minckwitz. V. 258 (Demophon).

— In uns wohnet der Gott; wir erglühn, wenn er uns beseelet. Lat.: Est deus in nobis; agitante calescimus illo.

Publ. Ovidius Naso (um 43 v. Chr.—17 n. Chr.), Festkalender. Übers. v. Klußmann. B. 6, V. 5.

— ... Gott gefallen, | Das Wichtigste von allen. Mittelhochdeutsch: ... gotes hulde | Der zweier übergulde.

Walter v. d. Vogelweide (um 1170—1230), Gedichte. Übertr. v. Pannier.

— Wer sich zu Gott gesindet, | Entflieht der Höll' im Tod. Mittelhochdeutsch: Swer sich ze gote gesindet, | Der mac der helle engân.

Walter v. d. Vogelweide (um 1170—1230), Gedichte. Übertr. v. Pannier.

— Got gibt uns alles, das er wil; | Er weißt, was recht ist, was zů vil, | Ouch was uns nütz si und kum wol, | Woruß uns schad entspringen sol.

Seb. Brant, D. Narrenschif (1494). Nr. 26. V. unnützem wünschen.

— Got weiß (,dem es allein zustat), | Warum er all ding gordnet hat.

Seb. Brant, D. Narrenschif (1494). Nr. 57. Fürwissenheit gottes.

— All unser wort, werk, tůn und lon | Uß got, in got allein sol gon.

Seb. Brant, D. Narrenschif (1494). Nr. 65. V. verachtung d. gstirns.

— Wer meint, got well in strofen nit | Darum, das er beit (wartet) lange zit, | Den schlecht der tunder (Donner) dick noch hüt (heute).

Seb. Brant, D. Narrenschif (1494). Nr. 86. V. verachtung gottes.

Gott. — Ein feste burg ist vnser Gott, | Ein gute wehr vnd waffen.

Dr. Martin Luther, D. 46. Ps. (geb. 15.—16. April 1521 in Oppenheim). Mel. v. Verfasser.

— Vergebens, das jr frü auffsteht, | Dazu mit hunger schlaffen geht | Vnd esset ewr brod mit vngemach; | Denn wems Gott günt, gibt ers im schlaff.

Joh. Kohlros, D. 128. Ps. (1525). So Gott zum haus nicht gibt sein gunst usw.

— Got bescheret vber nacht.

Joh. Agricola, Drey hundert Gemeyner Sprichwörtter (1529). Nr. 1.

— Wer Got zum freunde hat, dem schadet kein creatur.

Joh. Agricola, Drey hundert Gemeyner Sprichwörtter (1529). Nr. 3.

— Got hilfft dem sterckisten.

Joh. Agricola, Drey hundert Gemeyner Sprichwörtter (1529). Nr. 5.

— Was einem got bescheret, das nimbt ym S. Peter nicht.

Joh. Agricola, Drey hundert Gemeyner Sprichwörtter (1529). Nr. 7.

— Got begegnet manchen, wer yhn grüssen kundt.

Joh. Agricola, Drey hundert Gemeyner Sprichwörtter (1529). Nr. 13.

— Gott verlesset die seinen nicht.

Joh. Agricola, Drey hundert Gemeyner Sprichwörtter (1529). Nr. 99.

— Du (Gott) bist der Edle — ich dein armer Knecht; | Dein ist des Königs, mein des Bettlers Recht.

A. d. Persischen d. Scheich Hilâlî (gest. 1529). König u. Derwisch. Übers. v. Ethé.

— O du (Gott), das Sein, der Urgrund aller Wesen, | Der ist, sein wird und immerdar gewesen, | Ob hoch, ob niedrig, — du schaffst alles sein, | Das All ist nichts, — nur du bestehst allein.

A. d. Persischen d. Scheich Hilâlî (gest. 1529). König u. Derwisch. Übers. v. Ethé.

— Allein Gott jnn der höhe sey ehr | Vnd danck fur seine gnade!

Nicolaus Decius, Gloria in excelsis Deo (1540).

— Gott lebt noch.

Inschrift auf einer Denkmünze (1546).

— Gib Gott, bitt' Gott, dank' Gott!

Inschrift auf einer Denkmünze (1551).

— Gott ist eine leere Tafel, auf der | Nichts weiter steht, als was du selbst | Darauf geschrieben.

Dr. Martin Luther, Alle B. u. Schrifften (1539—1559).

— Wissen wir denn nicht, daß er (Gott) wohnet in einem Licht, dazu man nicht kommen kann? Und gleichwol gehen wir herzu, ja vermessen uns dazu zu gehen!

Dr. Martin Luther, Tischreden oder Colloquia (1566). Nr. 2. Tischreden v. Gottes Werken. §162. V. Gottes unausforschlicher Majestat.

Gott. — Schweig, leid, meid und vertrag, | Dein Noth allein Gotte klag!

Dr. Martin Luther, Tischreden oder Colloquia (1566). Nr. 14. Tischreden v. guten Werken. § 29. Uber d. Spr. d. Ps.: „Besihle deinen Weg d. Herrn u. hoffe auf ihn" machte Doctor Martinus Luther diese Vers.

— An Gott je nicht verzag, | Dein Glück kömmet alle Tag!

Dr. Martin Luther, Tischreden oder Colloquia (1566). Nr. 14. Tischreden v. guten Werken. § 29. Uber d. Spr. d. Ps.: „Besihle deinen Weg d. Herrn u. hoffe auf ihn" machte Doctor Martinus Luther diese Vers.

— . . . doch was Gott ist, bleibt unverständlich | Dem Geist des Menschen, der ja doch nur endlich. A. d. Portug. d. Camões (um 1525—1579).

— In aller thath | Ist Gott mein rath, | Der mich noch nie verlassen hatt | Uf den auch noch mein hofnung stahet.

A. d. Stammb. d. Dr. Minderlin (1588).

— Was Gott nicht hält, das geht zu Grund, | Wenns gleich auff eisern Mauren stünd; | Was aber Gott auch will ernähren, | Das kan je kein Unfall verzehren.

Georg Rollenhagen, Froschmäuseler (1595). B. 1, T. 2, K. 1.

— Was Gott wil erquicken, | Kan niemant vnderdrücken; | Was Gott wil erretten, | Kan niemant vndertretten. Reimspr. (16. Jahrh.).

— An Gott ist es gelegen, | Solt ihr recht werden froh, | Dann ohne seinen Segen | All Hände dreschen Stroh.

Joh. Doman, Lied v. d. Hanse (1618).

— Ich suche in mir den Gott, den ich außer mir überall finde. Joh. Kepler (1571—1630).

— Gott ist ein unaussprechlicher Seufzer, im Grunde der Seelen gelegen.

Seb. Frank. Nach Jul. Wilh. Zincgreff, D. Teutschen scharpfsinnige kluge Spr., Apophthegmata genannt (1626—1631).

— Gott, der ist mein Schutz allein, | In ihm werd ich sicher sein.

Joachim Ernst, Herzog zu Schleswig-Holstein (1633).

— Dann was Gott haben wil, | Das kan niemand verhindern | Aus allen Menschen Kindern, | So viel ihr sind im Spiel.

Joh. Heermann, Hauß- v. Hertz-Musica (1639). Gott verlässet keinen.

— Er (Gott) muß zu allen Dingen | Sols anders wol gelingen, | Selbst geben Raht und That.

Paul Fleming, Teutsche Poemata (1642). Nach d. 6. Psalmens Weise.

— Gott ist mein Trost und Zuversicht, | Von dem mihr alles Guts geschicht. | Und weren meiner Feinde noch so viel, | Geschieht doch, wieß Gott haben will. Spr. an einem Hause in Hildesheim (1649).

— Gott des Himmels vnd der Erden, | Vater, Sohn vnd Heilger Geist . . .

Heinr. Albert, Poetisch musikalisch Lustwäldlein (1652). Morgen-Lied.

Gott. — Nirgends als von dir (Gott) allein | Kan ich recht bewahret sein.

Heinr. Albert, Poetisch musikalisch Lustwäldlein (1652). Morgen-Lied.

— Mit diesem Bunds-Gesellen (mit Gott) | Verlach' ich Pein vnd Noht, | Geh' auff den Grund der Hellen | Vnd breche durch den Tod.

Simon Dach, Perstet amicitiae semper venerabile faedus (1652).

— Gottes Mühlen mahlen langsam, mahlen aber trefflich klein; | Ob aus Langmut er sich säumet, bringt mit Schärf' er alles ein.

Friedr. von Logau, Deutsche Sinn-Getichte (1654). Göttliche Rache.

— Gott ist der rechte Wundermann, | Der bald erhöhn, bald stürtzen kan.

Georg Neumark, Fortgepflanzter Poetischer Lustwald (1657). Trostlied.

— Bist du doch nicht Regente, | Der alles führen soll; | Gott sitzt im Regimente | Und führet alles wohl.

Paul Gerhardt, Geistl. Andachten. Befiehl d. Herrn deine Wege u. hoffe auf ihn, er wirds wohl machen (1659).

— Der Herr (Gott) ist allen denen nah, | Die sich zu ihme finden.

Paul Gerhardt, Geistl. Andachten. Wenn Gott d. Hilfe lange verzeucht (1661).

— Gott schläft nicht, daß du ihn aufwecken müßtest mit Geschrei.

Christoph Lehmann, Politischer Blumen-Garten (1662).

— In Not, in Kampf, in Stürmen | Sei fest und unverzagt, | Dein Gott wird dich beschirmen.

Paul Gerhardt, Geistl. Andachten (1667). Vertrau auf Gott.

— Sollt' ich meinem Gott nicht singen?

Paul Gerhardt, Geistl. Andachten (1667).

— Denn Gott ist Licht; er wohnt allein im Licht. Engl.: (Since) God is light, | And never but in unapproached light | Dwelt from eternity. Joh. Milton, Verlorenes Paradies (1667). Übers. v. Schumann. B. 3, V. 3.

— Es gibt nur Eine, alle Determination und Negation von sich ausschließende, unendliche Substanz, welche Gott genannt wird und das Eine Sein in allem Dasein ist.

Baruch Spinoza, Posthume Werke (1670).

— Gott hat es Alles wohl bedacht, | Und Alles, Alles recht gemacht! | Gebt unserm Gott die Ehre!

Joh. Jak. Schütz, Sei Lob u. Ehr d. höchsten Gut usw. (1673). Schlußv.

— Wo ist doch wol ein Gott, dir zu vergleichen? | Wer hat wol je verübet solche Zeichen | Wie du, o Gott? Dir muß der Sonnenschein, | Wind, Regen, Blitz stets zu Geboten seyn.

Joh. Frank, Geistl. Sion (1674). Dancksagung vor gnädigen Regen.

— Was Gott thut, das ist wohl gethan.

Samuel Rodigast, Was Gott thut, d. ist wohl gethan (1675). Mel. v. Severius Gastorius.

Gott. — Es kann in Ewigkeit kein Ton so lieblich sein, | Als wenn des Menschen Herz mit Gott stimmt überein.

Angelus Silesius (Joh. Scheffler), Cherubinischer Wanders=Mann (1675).

— Mensch, gibst du Gott dein Herz, er gibt dir seines wieder. | Ach, welch ein werter Tausch: du steigest auf, er nieder.

Angelus Silesius (Joh. Scheffler), Cherubinischer Wanders=Mann (1675).

— Ich möchte wohl von einem nüchternen, maßvollen, gerechten Menschen die Aussage hören: es ist kein Gott. Er würde wenigstens ohne Haß und Liebe sprechen. Aber ein solcher Mensch findet sich nicht. Franz.: Je voudrais voir un homme sobre, modéré, chaste, équitable, prononcer qu'il n'y a point de Dieu; il parlerait du moins sans intérêt, mais cet homme ne se trouve point.

Jean de La Bruyère, Charaktere (1688). Übers. v. Hamel. V. starken Geistern.

— Die Unmöglichkeit, worin ich mich befinde, zu beweisen, daß es keinen Gott gebe, tut mir eben seine Existenz dar. Franz.: L'impossibilité où je suis de prouver que Dieu n'est pas, me découvre son existence.

Jean de La Bruyère, Charaktere (1688). Übers. v. Hamel. V. starken Geistern.

— Neidt, Haß, wie du wilt, | Gott bleibet doch mein schilt; | Der gebe ferner segen, | Woran sehr viel gelegen.

Spr. an einem Hause in Hildesheim (1695).

— Du (Gott) bist meines Lebens Leben, | Meine Hoffnung, Fels und Trutz.

Christ. Gryphius, Poetische Wälder (1698). An seinem Geburts=Tage.

— Ohn dich (Gott) hilfft nichts unser Sorgen; | Bey dir steht das Heut und Morgen.

Gustav Adolf, Herzog zu Mecklenburg, Geistl. Reimgedichte (1699). Morgen=Lied.

— So schrieb unser aller Verhängnis auf eherne Tafeln | Der im Himmel (Gott) und schwieg.

Friedr. Gottl. Klopstock, Oden. An Giseke (geb. 1748).

— Gott geht unter den Menschen | Seinen verborgenen Weg mit stillem Wandeln, doch endlich, | Wenn er dem Ziele sich naht, mit dem Donnergang der Entscheidung.

Friedr. Gottl. Klopstock, D. Messias (1749).

— Bin ich, so ist auch Gott. Er ist von mir zu trennen, | Ich aber nicht von ihm.

Gotthold Ephr. Lessing, Schriften (1753—1755). Gedichte. Fragmente. A. einem Gedichte über d. menschliche Glückseligkeit.

— Der Herr (Gott) hat mein noch nie vergessen; | Vergiß mein Herz auch seiner nicht!

Christ. Fürchtegott Gellert, Geistl. Oden u. Lieder (1757). D. Güte Gottes.

— Gott ist die Lieb'; an seinem Heil | Hat ohne Liebe niemand teil.

Christ. Fürchtegott Gellert, Geistl. Oden u. Lieder (1757). D. tätige Glaube. Schlußv.

Gott. — Gott ist mein Lied! | Er ist der Gott der Stärke; | Hehr ist sein Name, groß sind seine Werke.

Christ. Fürchtegott Gellert, Geistl. Oden u. Lieder (1757). Gottes Macht u. Vorsehung.

— Er herrscht als Gott, und seines Thrones Veste | Ist Wahrheit und Gerechtigkeit.

Christ. Fürchtegott Gellert, Geistl. Oden u. Lieder (1757). Gottes Macht u. Vorsehung.

— Ein Mensch, der Gott gehorcht, erwählt das beste Teil; | Ein Mensch, der Gott verläßt, verläßt sein eignes Heil.

Christ. Fürchtegott Gellert, Geistl. Oden u. Lieder (1757). Wider d. Aufschub d. Bekehrung.

— Gott erfüllt, was er verspricht; | Dies ist meine Zuversicht.

Christ. Fürchtegott Gellert, Geistl. Oden u. Lieder (1757). Osterlied.

— Sichtbar, wie du (Gott) es Sterblichen sein kannst; | Ja! das bist du, sichtbar, Unendlicher!

Friedr. Gottl. Klopstock, Oden. D. Frühlingsfeier (geb. 1759).

— Groß ist der Herr (Gott)! die Himmel ohne Zahl | Sind Säle seiner Burg; | Sein Wagen Sturm und donnernde Gewölk', | Und Blitze sein Gespann.

Ewald Christ. von Kleist, Sämtl. Werke (1760). Gedichte. Hymne. Mel. v. Joh. Abraham Peter Schulz.

— Du Gott der Langmut, gehe nicht ins Gericht | Mit deinem Knechte! Dir ist des Sünders Tod | Nicht Wohlgefallen! Nie verschloß sich | Neuigen Tränen dein Herz, o Vater!

Joh. Friedr. Hahn, An Gott (geb. 1772). Schlußv.

— Hilf, Gott! hilf! Wer den Vater kennt, | Der weiß, er hilft den Kindern.

Gottfr. Aug. Bürger, Gedichte. Lenore (geb. Winter 1773).

— Mit Gott im Himmel hadre nicht!

Gottfr. Aug. Bürger, Gedichte. Lenore (geb. Winter 1773).

— Hebe, liebendes Herz, dem Erschaffenden dich! | Sei mein Herr du, mein Gott! du Alliebender, du, | Der die Sonne, den Mond und die Stern' | Schuf, Erde und Himmel und mich.

Joh. Wolfg. von Goethe, Ges. a. d. geplanten Drama Mahomet (1773).

— Wen Gott niederschlägt, der richtet sich selbst nicht auf.

Joh. Wolfg. von Goethe, Götz v. Berlichingen (1773). A. 5. Heilbronn im Turn (Götz).

— Unzufrieden mit Gott hieße unzufrieden mit allem sein, was vollkommen und gut ist; und wie kann das eine denkende Seele?

Joh. Jak. Engel, D. Philosoph für d. Welt (1775—1777). T. 2, Stück 28. Über d. Tod.

— Wann ist der Witz des Menschen erfinderischer, oder wann ist seine Zunge beredter gewesen, als wenn es darauf ankam, seinen Gott zu richten?

Joh. Jak. Engel, D. Philosoph für d. Welt (1775—1777). T. 2, Stück 28. Über d. Tod.

Gott. — Ein Kleid, Ein Schwert, Ein Pferd, — und Einen Gott! | Was brauch' ich mehr?
Gotthold Ephr. Lessing, Nathan d. Weise (1779). A. 2, Sz. 2 (Saladin).

— „Sein, sein Gott! für den er kämpft!" | Wem eignet Gott? Was ist das für ein Gott, | Der einem Menschen eignet, der für sich | Muß kämpfen lassen?
Gotthold Ephr. Lessing, Nathan d. Weise (1779). A. 3, Sz. 1 (Recha).

— Der Gedanke Gott weckt einen fürchterlichen Nachbar auf: sein Name heißt Richter.
Friedr. von Schiller, D. Räuber (1781). A. 5, Sz. 1 (Moser).

— Was nah ist und was ferne, | Von Gott kommt alles her, | Der Strohhalm und die Sterne, | Der Sperling und das Meer.
Matthias Claudius, Sämtl. Werke d. Wandsbecker Boten. T. 4. Paul Erdmanns Fest. D. Bauernlied (ged. 1782).

— . . . in unsers Vaters (Gottes) Apotheke sind viele Rezepte.
Joh. Wolfg. von Goethe an Lavater (4. Okt. 1782).

— Gott ist ein Einziger; warum demnach | Als Vater, Sohn und heil'gen Geist ihn grüßen?
A. d. Persischen d. Ahmed Hatif (gest. 1783). Hymnus auf d. göttliche Einheit u. Liebe. Übers. v. Schlechta-Wssehrt.

— Nur Einer ist und nichts als dieser Eine, | Ein einz'ger Gott, sonst keine Gottheit, keine!
A. d. Persischen d. Ahmed Hatif (gest. 1783). Hymnus auf d. göttliche Einheit u. Liebe. Übers. v. Schlechta-Wssehrt.

— Und gäb' es keinen Gott, so müßt' man ihn erfinden. Franz.: Si Dieu n'existait pas, il faudrait l'inventer.
Voltaire (François Marie Arouet), Werke 1785—1789). Epistel an d. Verfasser d. B. d. drei Verleumder. Übers. v. Mylius.

— Um Erden wandeln Monde, | Erden um Sonnen; | Aller Sonnen Heere wandeln | Um eine große Sonne; | Vater (Gott) unser, der du bist im Himmel!
Friedr. Gottl. Klopstock, Oden. Ps. (ged. 1789).

— Allen gehört, was du denkst; dein eigen ist nur, was du fühlest. | Soll er dein Eigentum sein, fühle den Gott, den du denkst.
Friedr. von Schiller, Gedichte. Votivtafeln. Nr. 17. D. eigene Ideal (ged. 1796).

— Dem lieben Gotte weich' nicht aus, | Find'st du ihn auf dem Weg!
Friedr. von Schiller, Gedichte. D. Gang nach d. Eisenhammer (ged. 25. Sept. 1797).

— . . . ein Gott ist, ein heiliger Wille lebt, | Wie auch der menschliche wanke; | Hoch über der Zeit und dem Raume webt | Lebendig der höchste Gedanke. | Und ob alles in ewigem Wechsel kreist, | Es beharret im Wechsel ein ruhiger Geist.
Friedr. von Schiller, Gedichte. D. Worte d. Glaubens (ged. 1797).

Gott. — Blut'ge Tigermahle netzen | Eines Gottes Lippen nicht. | Reine Opfer will er haben.
Friedr. von Schiller, Gedichte. D. Eleusische Fest (ged. 1798).

— Schiffe ruhig weiter, wenn der Mast auch bricht; | Gott ist dein Begleiter, er vergißt dich nicht.
Christoph Aug. Tiedge, Urania (1800).

— Alle Vollkommenheiten im Universum sind vereinigt in Gott.
Friedr. von Schiller, Prosaische Schriften (1793—1802). Philosophische Br. Gott.

— . . . Gott | Ist überall, wo man das Recht verwaltet.
Friedr. von Schiller, Wilh. Tell (1804). A. 2, Sz. 2 (Rösselmann).

— O denket, daß ein Gott im Himmel ist, | Dem ihr müßt Rede stehn für eure Taten.
Friedr. von Schiller, Wilh. Tell (1804). A. 3, Sz. 3 (Rösselmann).

— Es lebt ein Gott zu strafen und zu rächen.
Friedr. von Schiller, Wilh. Tell (1804). A. 4, Sz. 3 (Tell).

— Gott schuf den Menschen nach seinem Bilde; das heißt vermutlich, der Mensch schuf Gott nach dem seinigen.
Georg Christoph Lichtenberg, Verm. Schriften (1800—1806). Bd. 1, Nr. 3. Bemerk. verm. Inhalts. Nr. 1. Philosophische Bemerk.

— Befiehl dich Gott; | Sei stark in Not; | Bedenk' den Tod; | Gib Armen Brot!
Joh. Gottfr. von Herder, Stimmen d. Völker in Liedern (1807). Abteilung 2, B. 5, Nr. 27. Ein Spr. Deutsch.

— Schweig', leid', meid' und vertrag'; | Dein' Not niemand klag'; | An Gott nicht verzag'; | Sein' Hilf' kommt alle Tag'.
Joh. Gottfr. von Herder, Stimmen d. Völker in Liedern (1807). Abteilung 2, B. 5, Nr. 28. Einige Spr. Deutsch.

— Solange das Wort Gott in einer Sprache noch dauert und tönt, so richtet es das Menschenauge nach oben auf.
Jean Paul (Joh. Paul Friedr. Richter), Levana oder Erzieh-Lehre (1807). Bd. 1, Bruchstück 2, K. 3, § 34.

— Ohne Gott ist das Ich einsam durch die Ewigkeiten hindurch; hat es aber seinen Gott, so ist es wärmer, inniger, fester vereinigt als durch Freundschaft und Liebe.
Jean Paul (Joh. Paul Friedr. Richter), Levana oder Erzieh-Lehre (1807). Bd. 1, Bruchstück 2, K. 4, § 37.

— Nur keine Furcht erschaffe den Gott der Kindheit!
Jean Paul (Joh. Paul Friedr. Richter), Levana oder Erzieh-Lehre (1807). Bd. 1, Bruchstück 2, K. 4, § 38.

— Der Allumfasser (Gott), | Der Allerhalter, | Faßt und erhält er nicht | Dich, mich, sich selbst?
Joh. Wolfg. von Goethe, Faust, I (1808). Marthens Garten (Faust).

— Halb Kinderspiele, | Halb Gott im Herzen.
Joh. Wolfg. von Goethe, Faust, I (1808). Dom (Böser Geist).

— Der alte Gott im Himmel hoch, | Der lebet und regieret noch.
Ernst Moritz Arndt, Gedichte. Trost (ged. 1811).

Gott. — Nicht der Götze macht den Götzendiener; nicht der wahre Gott den wahren Anbeter!

Friedr. Heinr. Jacobi, V. d. göttlichen Dingen u. ihrer Offenbarung (1811).

— Gott hat alles wohl gemacht!

Joh. Wilh. Ludw. Gleim, Sämtl. Werke (1811—1813). Gedichte. D. Eiche u. d. Kürbiß. Schlußv.

— Gott, du bist meine Zuversicht, | Mein Schirm und meine Waffen, | Du hast den heil'gen Trieb nach Licht | Und Recht in mir geschaffen.

Ernst Moritz Arndt, Gedichte. Lieder a. d. Katechismus für d. deutschen Wehrmann (geb. 1813). Nr. 1. Trostlied.

— Und wenn die schwarze Hölle sich | Mit ihrem Gift ergösse . . . | Gott bleibt mein Mut, | Gott macht es gut | Im Tode und im Leben; | Mein Recht wird oben schweben.

Ernst Moritz Arndt, Gedichte. Lieder a. d. Katechismus für d. deutschen Wehrmann (geb. 1813). Nr. 1. Trostlied.

— Der Gott des Lichts | Ist nicht ein Gott des Bösewichts.

Ernst Moritz Arndt, Gedichte. Lieder a. d. Katechismus für d. deutschen Wehrmann (geb. 1813). Nr. 2. Ein zweites.

— Der alte Gott, der lebet noch! | Was willst du, Herz, verzagen?

Ernst Moritz Arndt, Gedichte. Trostlied (1813).

— Wie lieblich klingt, wie heiter | Der Losung Bibelton: | Hie Wagen Gottes, Gottes Reiter, | Hie Schwert des Herrn und Gideon!

Max von Schenkendorf, Gedichte. Abteilung 2. Vaterland. Landsturm (geb. 1813).

— Sogar dies Wort hat nicht gelogen: | Wen Gott betrügt, der ist wohl betrogen.

Joh. Wolfg. von Goethe, Gedichte. Gott, Gemüt u. Welt (geb. 1812—1814).

— Was wär' ein Gott, der nur von außen stieße, | Im Kreis das All am Finger laufen ließe! | Ihm ziemt's, die Welt im Innern zu bewegen, | Natur in sich, sich in Natur zu hegen, | So daß, was in ihm lebt und webt und ist, | Nie seine Kraft, nie seinen Geist vermißt.

Joh. Wolfg. von Goethe, Gedichte. Gott, Gemüt u. Welt (geb. 1812—1814).

— Im Innern ist ein Universum auch; | Daher der Völker löblicher Gebrauch, | Daß jeglicher das Beste, was er kennt, | Er Gott, ja seinen Gott benennt, | Ihm Himmel und Erden übergibt, | Ihn fürchtet und womöglich liebt.

Joh. Wolfg. von Goethe, Gedichte. Gott, Gemüt u. Welt (geb. 1812—1814).

— Nicht jeden Wochenschluß | Macht Gott die Zeche. Joh. Wolfg. von Goethe, Gedichte. Sprichwörtl. (geb. 1812—1814).

— Gottes ist der Orient! | Gottes ist der Occident! | Nord- und südliches Gelände | Ruht im Frieden seiner Hände.

Joh. Wolfg. von Goethe, Gedichte. Westöstlicher Diwan. B. d. Sängers. Talismane (geb. Mai 1815).

Gott. — Wem soll der erste Dank erschallen? | Dem Gott, der groß und wunderbar . . . | . . . auf den Sternen waltend sitzet | Von Ewigkeit zu Ewigkeit.

Ernst Moritz Arndt, Gedichte. Bundeslied (geb. 1815). Mel. v. Georg Friedr. Hanitsch (1817).

— Über viele Dinge kann ich nur mit Gott reden. Joh. Wolfg. von Goethe zu Boisserée (1815).

— Wir haben Willen, Gott hat Rat; | Der Mensch die Absicht, Gott die Tat.

Joh. Heinr. Daniel Zschokke, Stunden d. Andacht (1809—1816). T. 3.

— Will einer merken lassen, | Daß er mit Gott es hält, | So muß er keck erfassen | Die arge, böse Welt. Ludw. Uhland, Gedichte. Lieder. Bitte (geb. 18. Juni 1816).

— Allenthalben irret umher, wen Gott von der Tür stößt; | Wem er sie öffnet, den nimmt jeder mit Gütigkeit auf.

Joh. Gottfr. von Herder, Sämtl. Werke (1805—1820). Blumenlese a. morgenländischen Dichtern. Nr. 2. D. Rosental. B. 3. D. Verstoßene.

— Die Leute traktieren ihn . . ., als wäre das unbegreifliche, gar nicht auszudenkende höchste Wesen nicht viel mehr als ihresgleichen. Sie würden sonst nicht sagen: der Herr Gott, der liebe Gott, der gute Gott!

Joh. Peter Eckermann, Gespräche mit Goethe in d. letzten Jahren seines Lebens (31. Dez. 1823).

— Er (Gott) wird ihnen, besonders den Geistlichen, die ihn täglich im Munde führen, zu einer Phrase, zu einem bloßen Namen, wobei sie sich auch gar nichts denken. Wären sie aber durchdrungen von seiner Größe, sie würden verstummen und ihn vor Verehrung nicht nennen mögen.

Joh. Peter Eckermann, Gespräche mit Goethe in d. letzten Jahren seines Lebens (31. Dez. 1823).

— Was Gott dir bescheidet, trage | Rüstig mit den Kräften, die er gab: | Sorge nicht; der Lenker hält die Wage, | Schließet einst gewiß die Rechnung ab. Joh. Gottfr. Seume, Sämtl. Werke (1826). Gedichte.

— Noch lebt ein Gott, der meines Elends denkt! Adelbert von Chamisso (Louis Charles Adelaide Chamisso de Boncourt), Gedichte. Sonette u. Terzinen. Salas y Gomez (geb. 1829). D. andere Schiefertafel.

— . . . es gab einst einen Gott, der ward | Zerschlagen — wir sind seine Stücke — Sprache | Und Wehmut — Lieb' und Religion und Schmerz | Sind Träume nur von ihm.

Christ. Dietr. Grabbe, Don Juan u. Faust (1829). A. 4, Sz. 3 (Faust).

— O Freund, der Mensch ist nur ein Tor, | Stellt er sich Gott als seinesgleichen vor.

Joh. Wolfg. von Goethe, Werke (1827—1830). Gedichte. D. ewige Jude.

— Wie einer ist, so ist sein Gott; | Darum ward Gott so oft zu Spott.

Joh. Wolfg. von Goethe, Werke (1827—1830). Gedichte. Zahme Xenien. Nr. 4.

Gott. — „Ich glaube einen Gott!" Dies ist ein schönes, löbliches Wort; aber Gott anerkennen, wo und wie er sich offenbare, das ist eigentlich die Seligkeit auf Erden.

Joh. Wolfg. von Goethe, Werke (1827—1830). Maximen u. Reflexionen. Abteilung 7.

— Ich frage nicht . . . ob dieses höchste Wesen (Gott) Verstand und Vernunft habe, sondern ich fühle, es ist der Verstand, es ist die Vernunft selber.

Joh. Peter Eckermann, Gespräche mit Goethe in d. letzten Jahren seines Lebens (23. Febr. 1831).

— Gott heißt Vergeltung in der Weltgeschichte | Und läßt die Saat der Sünde nicht verkümmern.

Adelbert von Chamisso (Louis Charles Adelaide Chamisso de Boncourt), Gedichte. Sonette u. Terzinen. D. Verbannten (ged. 1831). Woinarowski.

— Und Gott ist das, — was wir nicht fassen können!

Leop. Schefer, Laienbrevier (1834). März. Nr. 7.

— Kein Wort des Heilands wird verwehn; | Gott läßt sich seine Welt nicht rauben, | Und seine Kirche wird erstehn.

Nicolaus Lenau (Niembsch, Edler von Strehlenau), Savonarola (1837). Weihnacht.

— Gott ist die Geistersonn' und die Natur sein Glanz.

Friedr. Rückert, D. Weisheit d. Brahmanen (1836—1839). B. 1, Nr. 45. Schlußv. (Stufe 1. Einkehr. Nr. 7.)

— Woher ich kam, wohin ich gehe, weiß ich nicht; | Nur dies: von Gott zu Gott ist meine Zuversicht.

Friedr. Rückert, D. Weisheit d. Brahmanen (1836—1839). B. 5, Nr. 158. Schlußv. (Stufe 12. Frieden. Nr. 57.)

— Wer Gott nicht fühlt in sich und allen Lebenskreisen, | Dem werdet ihr ihn nicht beweisen mit Beweisen.

Friedr. Rückert, D. Weisheit d. Brahmanen (1836—1839). B. 8, Nr. 45. (Stufe 11. Im Anschauen Gottes. Nr. 44.)

— Gott, Vorsehung, Unsterblichkeit sind die höchsten Menschenideen und zugleich das höchste Maß menschlicher Unwissenheit.

Karl Jul. Weber, Demokritos (1832—1840). D. Religion u. d. Religionen.

— . . . wo ist dein Gott? | In deiner Brust! o, du beglückte Seele, | Er ist in dir! Du bist ihm ewig nah'!

Aug. Mahlmann, Sämtl. Schriften (1839—1840). Gedichte. Ali's Lehren. Schlußv.

— Was dem Menschen Gott ist, das ist sein Geist, seine Seele, und was des Menschen Geist, seine Seele, sein Herz, das ist sein Gott.

Ludw. Feuerbach, D. Wesen d. Christentums (1841).

Gott. — Schuf Gott so stümperhaft denn die Natur, | Daß er, um seinen Geist zu offenbaren, | Muß, ewige Offenbarung störend nur, | Mit Taschenspielerkunst dazwischen fahren?

Friedr. von Sallet, Laien-Evangelium (1842).

— Stets kommt zu seinen Lieben | Der Vater alles Lichts (Gott).

Aug. Heinr. Hoffmann von Fallersleben, Gedichte (1843). Morgenlied.

— Wie eine Mutter mit Erbarmen | Die Schmerzen stillt dem kranken Kind, | So hält dich Gott in milden Armen, | Die nie dem Flehn geschlossen sind.

Gottfr. Kinkel, Gedichte (1843).

— Jede Hoffnung wird zur Wahrheit | In der gottgeweihten Brust; | Denn wer Gottes sich bewußt, | Dem ist jede Zukunft Klarheit.

Joh. Christoph Biernatzki, Gedichte (1844).

— Gott herrscht in den ew'gen Höh'n | Und der Meinungskampf im Staube.

Ludw. Bechstein, Neue Naturgesch. d. Stubenvögel (1846).

— Der da bei Weihrauch und bei Kerzenscheine | Sich gängeln läßt durch Murmeln und durch Bücken, | Der wandelbare Gott ist nicht der meine. | Den Willen meines Gotts kann nichts verrücken, | Mein Gott ist das Gesetz, das ewig Eine! | Zerschellt, ihr des Gebetes morsche Krücken!

Oskar Freiherr von Redwitz, Amaranth (1849).

— Ich denke Gott mir, sprach die Mücke, | Viel tausendmal so groß als mich; | In ewigem Glanz, in ewigem Glücke | Susurrend, tanzt und sonnt er sich.

Joh. Viktor von Scheffel, D. Trompeter v. Säckingen (1854). Lieder d. Katers.

— Wisse, daß dich Gott nicht läßt, | So du nicht dich selbst verlassen.

Emanuel Geibel, Heroldsrufe. Einst geschieht's (ged. 1859).

— Der Instinkt, der einen Gott verlangt, ist erhabener als die Spitzfindigkeit, die ihn verwirft. Franz.: L'instinct qui réclame un dieu est plus imposant que la subtilité qui le rejette.

Alexander Vinet, Moralisten d. 16. u. 17. Jahrh. (1859). Übers. v. Zimmermann.

— Gott mit uns!

Wahlspr. d. Könige v. Preußen. Devise d. Kronenordens (gestiftet 1861).

— Gott ist alles, was da ist, und Zweifel an ihm ist Zweifel an dem Leben selbst; es ist der Tod.

Heinr. Heine, Sämtl. Werke (1861—1868). Deutschland. Nr. 1. Zur Gesch. d. Religion u. Philosophie in Deutschland. B. 3. V. Kant bis Hegel.

— Der Herr hat Großes | An uns getan. | Ehre sei Gott in der Höhe!

Emanuel Geibel, Heroldsrufe. Am dritten Sept. (ged. 1870).

— Wenn ich nicht auf meinen Gott rechnete, so gäbe ich gewiß nichts auf irdische Herren.

Otto von Bismarck (28. Sept. 1870).

Gott. — O richte nicht das Fernrohr himmelwärts, | Um Gott zu suchen; denn das Menschenherz | Ist seine Stätte.

Wilh. Jordan, Andachten (1877).

— Was Gott ist, wird in Ewigkeit | Kein Mensch ergründen; | Doch wird er treu sich allezeit | Mit uns verbünden.

Konrad Ferd. Meyer, Gedichte (1882). Gott ist d. Liebe.

— Alltagsmenschen suchen den Himmel; Sonntagsmenschen aber, die tiefen und auserwählten Geister, suchen Gott.

Peter Rosegger, D. Gottsucher (1883).

— Wär' einer (ein Gott) droben in Wolkenhöh'n | Und würde das Schauspiel mit anseh'n, | Wie mitleidlos, wie teuflisch wild | Tier gegen Tier und Menschenbild, | Mensch gegen Tier und Menschenbild | Wütet mit Zahn, mit Gift, mit Stahl, | Mit ausgesonnener Folterqual, | Sein Vaterherz würd' es nicht ertragen; | Mit Donnerkeilen würd' er drein schlagen; | Mit tausend heiligen Donnerwettern | Würd' er die Henkersknechte zerschmettern.

Friedr. Theod. Vischer, Lyrische Gänge (1886).

— Gott ist nicht wählerisch in seinen Boten und Werkzeugen, und die irren sich, die da meinen, daß er die Welt mit spitzen Fingern anfasse und das nämliche von ihnen verlange.

Wilh. Raabe, Im alten Eisen (1887).

— Der Gott, der nur in deinem Denken lebt, | Ein Schemen ist, das mit dem Wort verschwebt; | Er muß in das Gemüt hinuntersteigen, | Soll er in Taten seine Kräfte zeigen.

Otto von Leixner, A. meinem Zettelkasten (1896). Glaube, Religion, Gott.

— Sein Messer schleift sich unser Herrgott selber, aber den Schleifstein drehen ihm die Menschen.

Wilh. Raabe, D. Akten der Vogelsangs (1896).

— Allein Gott führt, | Wenn er nur will, zu seiner Ehre alles | Herrlich hinaus, und sei es noch so sehr | In Schwachheit gezeuget und in Sünden empfangen.

Gerhart Hauptmann, D. arme Heinr. (1902). A. 2, Sz. 1 (Benedikt).

— . . . ich, der Herr, dein Gott, bin ein eifriger Gott. 2. Mos., K. 20, V. 5.

— Höre, Israel, der Herr, unser Gott, ist ein einiger Herr. 5. Mos., K. 6, V. 4.

— Danket dem Herrn (Gott), denn er ist freundlich, und seine Güte währet ewiglich!

1. Chronika, K. 16, V. 34.

— Der Herr (Gott) hat es gegeben, der Herr hat es genommen; der Name des Herrn sei gelobet! Hiob, K. 1, V. 21.

— . . . segne Gott und stirb! Hiob, K. 2, V. 9.

— . . . Gott ist groß und unbekannt.

Hiob, K. 36, V. 26.

— . . . die des Herrn (Gottes) harren, werden das Land erben. Ps. 37, V. 9.

— . . . die Gott suchen, denen wird das Herz leben. Ps. 69, V. 33.

Gott. — Herr, Gott, du bist unsere Zuflucht für und für. Ps. 90, V. 2.

— Ehe denn die Berge worden . . . bist du, Gott, von Ewigkeit zu Ewigkeit. Ps. 90, V. 2.

— Der Herr (Gott) ist nahe allen, die ihn anrufen. Ps. 145, V. 18.

— . . . euer Gott ist ein Gott über alle Götter. Daniel, K. 2, V. 47.

— Es sind zwar alle Menschen natürlich eitel, so von Gott nichts wissen.

Wsh. Sal., K. 12, V. 1.

— . . . dein Leben lang habe Gott vor Augen und im Herzen! Tob., K. 4, V. 6.

— Ehre sei Gott in der Höhe!

Luk., K. 2, V. 14.

— . . . das Wort war bei Gott, und Gott war das Wort. Evang. Joh., K. 1, V. 1.

— Niemand hat Gott je gesehen.

Evang. Joh., K. 1, V. 18.

— . . . in ihm (in Gott) leben, weben und sind wir. Apostelgesch., K. 17, V. 28.

— Ist Gott für uns, wer mag wider uns sein?

Röm., K. 8, V. 31.

— . . . es sind mancherlei Kräfte; aber es ist Ein Gott. 1. Kor., K. 12, V. 6.

— Irret euch nicht, Gott läßt sich nicht spotten!

Galater, K. 6, V. 7.

— . . . es ist Ein Gott und Ein Mittler zwischen Gott und dem Menschen.

1. Timotheus, K. 2, V. 5.

— . . . Gott ist die Liebe. 1. Joh., K. 4, V. 8.

— Gott ist die Liebe; und wer in der Liebe bleibet, der bleibet in Gott und Gott in ihm.

1. Joh., K. 4, V. 16.

— Heilig, heilig, heilig ist Gott, der Herr!

Offenb. Joh., K. 4, V. 8.

— An Gott sind schon viele Narren irre geworden. Alter Spr.

— Auf Gott den Sinn | Durch alles hin!

Alter Spr.

— Ich achte nicht, wer die Schafe schiert; | Gott weiß, wem die Woll' gebührt. Alter Spr.

— Laß Gottes Teilung dir gefallen; | Derselbe gibt nicht alles allen; | Er wirft nicht alles auf Einen Ort; | Eins gibt er hier, ein andres dort.

Alter Spr.

— Ohn Gott kein nutz noch ehr uns ist kundt; | Such Gott vor erst und alle stundt! Alter Spr.

— Wer zum Freund hat Gott, | Der hat keine Not. Alter Spr.

— Geld verloren — viel verloren; | Ehre verloren — mehr verloren; | Gott verloren — alles verloren. Sprichwort.

— Gibt Gott Häschen, | So gibt er auch Gräschen. Sprichwort.

— Gott gibt's den Seinen im Schlafe.

Sprichwort.

— Man kann Gott belügen, | Aber nicht betrügen. Sprichwort.

Gott. — Man muß Gott nicht in seine Ratstube steigen. Sprichwort.

— Mit Gott läßt sich nicht spotten. Sprichwort.

— Wenn Gott erhöhen will, so legen alle Heiligen die Hände an die Leiter. Sprichwort.

— Gott kommt mit bleiernen Füßen, schlägt aber mit ehernen Händen. Engl.: God cometh with leaden feet, but striketh with iron hands. Sprichwort.

— Gott schlägt von der einen Seite; | Von der anderen salbt er. Franz.: D'un costé Dieu poingt; | De l'autre il oingt. Sprichwort.

— Gott ist größerer Verzeiher, als der Mensch Sünder ist. Franz.: L'homme péche beaucoup, mais Dieu pardonne plus encore. Sprichwort.

— Unser Herrgott macht die Rechnungen nicht jeden Sonnabend. Ital.: Messer Domine Dio non fa i conti ogni sabato.
Sprichwort. Nord-Italien.

— Gott sitzt hoch, aber sieht weit.
Kroatisches Sprichwort.

— Der Herrgott ist ein alter Hausvater.
Polnisches Sprichwort.

— Gott gedenkt nicht bloß an des Popen Honig; er denkt auch an der Bienen Wälder.
Russisches Sprichwort.

— Gott gibt nicht allein den Kwas (bierähnliches Getränk); er gibt auch die Tonne.
Russisches Sprichwort.

— Gott verteilt das Glück und der Küchenmeister die Suppe. Serbisches Sprichwort.

— Alles mit Gott! Sprichwörtl.

— Einen Rock und Einen Gott haben.
Sprichwörtl.

— Der fragt nix nach Gott und der Welt.
Jüd. Redensart.

— Gott saß auf seinem Thron | Und sprach zu seinem Sohn: | Steh' von deinem Sitze auf | Und laß den sel'gen Stuckart drauf!
Grabschrift in Petersberg bei Hersfeld.

— Here Gott bis du mein Zuversicht, | So min Munt kein Wort mehr spricht.
Spr. an einem Hause in Hannover.

— Mit Gott fang' an, mit Gott hör' auf; | Das ist der schönste Lebenslauf. Spr. an Häusern.

— Mit Gott in einer jeden Sach' | Den Anfang und das Ende mach'! | Mit Gott gerät der Anfang wohl; | Fürs Ende man ihm danken soll!
Spr. an einem Hause in Rinteln.

— Nit Spott | Mit Gott.
Spr. an einem Hause in Rolandseck.

— Trage Holz und laß den lieben Gott kochen!
Spr. im Berliner Rathause. Erdgeschoß.

— Was hilft Wächter, Rat, Beistand, Macht, | Wenn Gott nicht stehet, schützt und wacht?
Spr. an einem Hause. Niedersachsen.

— Welt, wie du willt, | Gott ist mein Schild.
Wartburgspr.

Gott. — Wer ist wie Gott? Lat.: Quis est ut deus? Spr. an d. Nicolaikirche zu Danzig.

— Ein Gott, Ein Recht, Eine Wahrheit.
Inschrift d. Oldenburgischen Haus- u. Verdienstordens.

Gott, Flucht vor. — Vor Gott ist keine Flucht als nur zu ihm.
Friedr. Rückert, Erbauliches u. Beschauliches a. d. Morgenlande (1837—1838). B. 2, Nr. 47.

Gott, Hoffnung auf. — Darumb auff Gott wil hoffen ich, | Auff mein verdienst nicht bawen. | Auff jn mein hertz soll (ver-)lassen sich | Vnd seiner güte trawen. Dr. Martin Luther, D. 130. Ps. (1525).
A. tieffer not schrey ich zu dir usw.

— Auff Gott hoffen nimmer gereuet; | Wer Gott vertraut, hat wohl gebauet; | Wer auff Gott hoffet hie auff Erden, | Wird nimmermehr zu Schanden werden.
Georg Rollenhagen, Froschmäuseler (1595). B. 1, T. 2, K. 26.

Gott, Liebe zu. — Lieb' Gott, so wirst du ewig wohl bestehen! Mittelhochdeutsch: Minne got, sô maht dû frô beliben.
Walter v. d. Vogelweide (um 1170—1230), Gedichte. Übertr. v. Pannier.

— Gott lieben heißt, das Geheimnis zu leben gefunden haben. Franz.: Aimer dieu, c'est avoir trouvé le secret de vivre.
Alexander Vinet, Diskurse über einige religiöse Fragen (1831). Übers. v. Zimmermann.

— Einen Gott erkennen, ist der Freude Anfang; einen Gott anbeten, der Freude Wachstum; einen Gott lieben, ist der Freude völlige Reife.
Ludw. Bechstein, Arabesken (1832).

— . . . die Liebe zu Gott, der reinste, beste und stärkste aller Affekte.
Ernst Freiherr von Feuchtersleben, Zur Diätetik d. Seele (1838). K. 7. Lehre v. d. Affekten.

— Die Liebe Gottes kann so werden übertrieben, | Daß sie für Sünd' es hält, den Menschen auch zu lieben.
Friedr. Rückert, D. Weisheit d. Brahmanen (1836—1839).

— Gott lieben, das ist die allerschönste Weisheit. Jes. Sir., K. 1, V. 14.

— Hab' Gott lieb, red' von Frauen wohl, | Sei männlich da, wo man es soll! Wartburgspr.

Gottähnlichkeit. — Dir wird gewiß einmal bei deiner Gottähnlichkeit bange!
Joh. Wolfg. von Goethe, Faust, I (1808). Studierzimmer (Mephistopheles).

Götter. — Worin die Natur aller übereinstimmt, das muß wahr sein; zweifellos gibt es darum Götter. Lat.: De quo omnium natura consentit, id verum esse necesse est; esse igitur deos confitendum est.
Marc. Tull. Cicero, Über d. Natur d. Götter (um 44 v. Chr.). Übers. v. Kloß. B. 1, K. 17, § 44.

Götter. — Daß Götter sind, ist so augenscheinlich, daß ich meine, wer es leugnet, könne kaum recht bei Sinnen sein. Lat.: **Esse deos ita perspicuum est, ut, id qui neget, vix eum sanae mentis existimem.**

Marc. Tull. Cicero, Über d. Natur d. Götter (um 44 v. Chr.). Übers. v. Klotz. B. 2, K. 16, § 44.

— Wer soll gegen Götter stehen im Kampf? Lat.: **Contra quis ferat arma deos?**

Albius Tibullus (um 54—19 v. Chr.), Elegien. Übers. v. Bernstädt. B. 1, Nr. 6, V. 30.

— Götter aus geringeren Geschlechtern. Lat.: **Di minorum gentium.**

Nach Tit. Livius (um 59 v. Chr. — 17 n. Chr.), Römische Gesch. Übers. v. Ostertag. B. 1, K. 35, § 6.

— Bleiben die Oberen (die Götter) mir unbewegt, in den Acheron (die Hölle) stürm' ich. Lat.: **Flectere si nequeo Superos, Acheronta movebo.**

Publ. Vergilius Maro (um 70 v. Chr. — 19 n. Chr.), Äneis. Übers. v. Voß. B. 7, V. 312.

— Die Furcht hat zuerst in der Welt Götter geschaffen. Lat.: **Primus in orbe deos fecit timor.**

Publ. Papirius Statius (um 45—96), Thebais. Ges. 3, V. 661. Übers. v. Grau.

— Ach, wenn Götter uns betören, | Können Menschen widerstehn?

Joh. Wolfg. von Goethe, Claudine v. Villa Bella (1774). Sz. 1 (Pedro).

— Denn mit Göttern | Soll sich nicht messen | Irgend ein Mensch!

Joh. Wolfg. von Goethe, Gedichte. Verm. Gedichte. Grenzen d. Menschheit (ged. um 1780).

— Den Göttern gleich zu sein, ist Edler Wunsch.

Joh. Wolfg. von Goethe, Elpenor (1781). A. 1, Sz. 4 (Elpenor).

— . . . die Götter wohnen überall! | Sie anzuflehn steht schwachen Menschen schön.

Friedr. von Schiller, Semele (ged. 1784). Sz. 1 (Juno).

— Wollust ist's | Den Göttern, Menschen zu beglücken; zu verderben | Die Menschen, ist den Göttern Schmerz.

Friedr. von Schiller, Semele (ged. 1784). Sz. 2 (Merkur).

— Stark ist des Menschen Arm, wenn ihn die Götter stützen.

Friedr. von Schiller, Semele (ged. 1784). Sz. 2 (Semele).

— Es fürchte die Götter | Das Menschengeschlecht!

Joh. Wolfg. von Goethe, Iphigenie auf Tauris (1787). A. 4, Sz. 5 (Iphigenie).

— Da die Götter menschlicher noch waren, | Waren Menschen göttlicher.

Friedr. von Schiller, Gedichte. D. Götter Griechenlands (ged. 1788).

— . . . der Mensch versuche die Götter nicht!

Friedr. von Schiller, Gedichte. D. Taucher (ged. 14. Juni 1797).

Götter. — Die Götter leben; | Erkenne sie, die dich furchtbar umschweben!

Friedr. von Schiller, D. Braut v. Messina (1803). D. Säulenhalle (Bohemund).

— So wie die Völker sich bessern, bessern sich auch ihre Götter.

Georg Christoph Lichtenberg, Verm. Schriften (1800—1806).

— Auch Götter fallen, — nichts, was ewig währt: | Erst Zeus, dann Allah, und ein künft'ger Chor | Preist neue Namen, — bis der Mensch erfährt, | Daß nutzlos all sein Weihrauch steigt empor, — | Des Todes blindes Kind, das Hoffnung stützt auf Rohr. Engl.: **Even gods must yield — religions take their turn: | 'T was Jove's — 't is Mahomet's — and other creeds | Will rise with other years, till man shall learn | Vainly his incense soars, his victim bleeds; | Poor child of Doubt and Death, whose hope is built on reeds.**

George Gordon Lord Byron, Harolds Pilgerfahrt (1812—1818). Übers. v. Heichen. Ges. 2, Str. 3, V. 5.

— Götter wohnen nur in Götterhallen.

Joh. Christoph Biernatzki, Gedichte (1844).

— Du sollst keine anderen Götter neben mir haben! 2. Mos., K. 20, V. 3.

Götterbeschluß. — Anders der Götter Beschluß! Lat.: **Dis aliter visum.**

Publ. Vergilius Maro (um 70 v. Chr. — 19 n. Chr.), Äneis. Übers. v. Voß. B. 2, V. 428.

Götterbilder. — Die Götterbilder wanken. Franz.: **Les dieux s'en vont.**

François Auguste de Chateaubriand, D. Märtyrer (1809). Übers. v. Zimmermann.

Götterdienst. — Denn wenn ein Land in traurige Verödung sinkt, | Krankt aller Dienst der Götter; niemand ehrt sie mehr. Griech.: *Ἐρημία γὰρ πόλιν ὅταν λάβῃ κακή, | Νοσεῖ τὰ τῶν θεῶν οὐδὲ τιμᾶσθαι θέλει.*

Euripides (um 480—406 v. Chr.), D. Troerinnen. Übers. v. Binder. V. 26—27 (Poseidon).

Götterfurcht. — Als Schönstes acht' ich Frömmigkeit und Götterfurcht | Zu pflegen; sicher ist es auch das weiseste | Der Erdenziele, das ein Mensch sich stecken kann. Griech.: *Τὸ σωφρονεῖν δὲ καὶ σέβειν τὰ τῶν θεῶν | Κάλλιστον· οἶμαί γ' αὐτὸ καὶ σοφώτατον | Θνητοῖσιν εἶναι χρῆμα τοῖσι χρωμένοις.*

Euripides (um 480—406 v. Chr.), D. Bachenfest. Übers. v. Mindwitz. V. 1150—52 (Bote).

Göttergaben. — Noch keinen sah ich fröhlich enden, | Auf den mit immer vollen Händen | Die Götter ihre Gaben streun.

Friedr. von Schiller, Gedichte. D. Ring d. Polykrates (ged. 24. Juni 1797).

— So wie das Brot, das uns die Erde spendet, | Den Starken stärkt, des Kranken Siechtum wehrt, | So sind der Götter hohe Gaben alle, | Dem Guten gut, dem Argen zum Verderben.

Frz. Grillparzer, D. Argonauten (1822). A. 2.

Göttergericht. — Denn rasch ereilt | Den Frevelsinn der Götter Strafgericht. Griech.: *Συντέμνουσι γὰρ | Θεῶν ποδώκεις τοὺς κακόφρονας βλάβαι.*

Sophokles (um 496—406 v. Chr.), Antigone. Übers. v. Jordan. V. 1091—92 (Chor).

Göttergnade. — Ach, niemand schmeichle sich, im Dünkel großer Taten | Der Götter Gnade zu entraten! Lat.: Heu nihil invitis fas quemquam fidere divis!

Publ. Vergilius Maro (um 70 v. Chr. — 19 n. Chr.), Äneis. B. 2, V. 402. Übers. v. Schiller, D. Zerstörung Trojas. Str. 70.

Götterhand. — Ich hab' es in der Götter Hand gelegt. — | Sie pflegen Menschen menschlich zu erretten.

Joh. Wolfg. von Goethe, Iphigenie auf Tauris (1787). A. 4, Sz. 2 (Iphigenie u. Arkas).

Götterhilfe. — Wenn der Mensch das Seine tut, | Dann helfen ihm die Götter um so gnädiger! Griech.: *Ἢν δέ τις πρόθυμος ᾖ, | Σθένειν τὸ θεῖον μᾶλλον εἰκότως ἔχει.*

Euripides (um 480—406 v. Chr.), Iphigenie bei d. Tauriern. Übers. v. Minckwitz. V. 910—11 (Orestes).

Göttermacht. — Ich seh' der Götter Macht, die hoch das Nichtige | Erheben — und verderben, was sich mächtig dünkt. Griech.: *Ὁρῶ τὰ τῶν θεῶν, ὡς τὰ μὲν πυργοῦσ' ἄνω | Τὸ μηδὲν ὄντα, τὰ δὲ δοκοῦντ' ἀπώλεσαν.*

Euripides (um 480—406 v. Chr.), D. Troerinnen. Übers. v. Binder. V. 608—9 (Hekabe).

Götterwort. — Wer der Götter Wort vernimmt | Und ihm das Ohr verschließen will, | Der ist ein Tor. Griech.: *Τοῖσι τῶν θεῶν λόγοις | Ὅστις κλύων ἄπιστος, οὐκ ὀρθῶς φρονεῖ.*

Euripides (um 480—406 v. Chr.), Iphigenie bei d. Tauriern. Übers. v. Minckwitz. V. 1475—76 (Thoas).

Götterworte. — Wen Götterworte nicht erheben, | . . . den erdrücken sie.

Paul Heyse, Meleager (geb. 1854). A. 1 (Kleopatra).

Gottesallgegenwart. — Überall ist Gott zugegen. Koran (um 650).

— Ich hebe mein Aug' auf und seh', | Und siehe, der Herr (Gott) ist überall!

Friedr. Gottl. Klopstock, Oden. D. Allgegenwärtigen (geb. 1758).

Gottesallmacht. — Zum Unmöglichen findet den Weg ein Gott. Griech.: *Τῶν δ' ἀδοκήτων πόρον εὗρε θεός.*

Euripides (um 480—406 v. Chr.), Helena. Übers. v. Binder. V. 1691 (Chor).

— Bei Gott ist kein Ding unmöglich. Lat.: Nihil est, quod deus efficere non possit.

Marc. Tull. Cicero, V. Wesen d. Götter (um 44 v. Chr.). Übers. v. Schröder. B. 3, K. 39, § 92.

— Wir sind seiner (Gottes) Allmacht Ruhm, | Seine Schaaff und Eigenthumb.

Joh. Frank, Geistl. Sion (1674). Alle Welt, was kreucht u. webet usw.

Gottesallwissenheit. — Fasse Mut, noch lebt im Himmel | Zeus (Gott), der alles schaut und kann. Griech.: *Θάρσει, τέκνον. | Ἔστι μέγας οὐρανῷ | Ζεύς, ὃς ἐφορᾷ πάντα καὶ κρατύνει.*

Sophokles (um 496—406 v. Chr.), Elektra. Übers. v. Jordan. V. 169—71 (Chor).

— Vor Gott kann nichts verborgen sein; | Er schaut in jedes Herz hinein. Mittelhochdeutsch: Gote ist niht verborgen vor; | Er siht durch aller herzen tor. Vrîdankes Bescheidenheit (1225—1240). Übertr. v. Pannier. Nr. 1. v. gote.

— Dieser allwissende Gott, den du Tor und Bösewicht mitten aus seiner Schöpfung zernichtest, braucht sich nicht durch den Mund des Staubes zu rechtfertigen. Er ist ebenso groß in deinen Tyranneien als irgend in einem Lächeln der siegenden Tugend. Friedr. von Schiller, D. Räuber (1781). A. 5, Sz. 1 (Moser).

— Und ob auch ein Haar nur falle | Von dem Haupt, er (Gott) weiß es ja; | Liebt und schätzt und segnet alle | Und ist stets mit Hilfe nah.

Theod. Winkler, Sängers Reise (1816). Vertrauen. Mel. v. Friedr. Schneider.

Gottesauge. — . . . keine Gaukelkunst berückt | Das Flammenauge (Gottes), das ins Innre blickt!

Friedr. von Schiller, Maria Stuart (1800). A. 5, Sz. 7 (Melvil).

— Gottes Auge schläft nicht. Sprichwörtl.

— Gottes Auge alles sieht, | Was in der still und Gheim geschieht.

Spr. an einem Hause in Wattens, Tirol.

Gottesbarmherzigkeit. — Wer spricht, das got barmherzig si | Allein und nit gerecht dar bi, | Der hat vernunft wie gens und sü (Gänse und Schweine). Seb. Brant, D. Narrenschif (1494). Nr. 14. V. vermessenheit gots.

— Ich kans mit meinen Sinnen nicht erreichen, | Mit was doch dein (Gottes) Erbarmung zu vergleichen.

Joh. Heermann, Hauß- v. Hertz-Musica (1639). Trost a. Jesu Liebe u. Gnade.

— Siehe, der Erst' und der Letzte, der ist er (Gott) und ewig Erbarmer!

Friedr. Gottl. Klopstock, D. Messias (1749). Ges. 1.

— Was Gott tut, das ist wohl getan; | Gott, Gott erbarmt sich unser!

Gottfr. Aug. Bürger, Gedichte. Lenore (ged. Winter 1773).

— Vivat die Barmherzigkeit Gottes, die immer suchet die Menschen an sich zu ziehen!

Grabschrift in Lanersbach bei Dux, Tirol.

Gottesbegriff. — Ist denn wohl unser Begriff von Gott etwas anders als personifizierte Unbegreiflichkeit?

Georg Christoph Lichtenberg, Verm. Schriften (1800—1806). Bd. 2, Nr. 2. Bemerk. verm. Inhalts. Nr. 1. Philosophische Bemerk.

Gottesdasein. — Wer mit freiem Blick und einem Geist voll Klarheit | Sich in das Ganze wagt, den rührt die höchste Wahrheit, | Dem macht unzweifelhaft der tausendfache Mund | Der zeugenden Natur das Dasein Gottes kund.

Christoph Martin Wieland, D. Natur d. Dinge (1752).

— Das Dasein Gottes beweisen, sowie bezweifeln, heißt das Dasein des Daseins beweisen oder bezweifeln.

Jean Paul (Joh. Paul Friedr. Richter), Levana oder Erzieh=Lehre (1807). Bd. 1, Bruchstück 2, K. 4, § 38.

— Wenn auch alle Lichter der Welt erlöschen, der Lichtgedanke lebt doch: es gibt einen Gott!

A. d. Norwegischen d. Henrik Ibsen.

Gottesdienst. — Gott recht dienen, heißet, daß ein Jeder in seinem Beruf bleibe, er sey so geringe es wolle, und höre erstlich auf Gottes Wort in der Kirchen, darnach auf die Oberkeit, Herrschaft oder der Eltern Wort, und demselbigen folge.

Dr. Martin Luther, Tischreden oder Colloquia (1566). Nr. 78. Tischreden v. Beruf. §4. D. Martini Luthers Auslegung über d. Spr. Ps. 45, V. 10: In deinem Schmuck gehen daher d. Könige Töchter.

— Mit reinem Herzen diene Gott | Und halt' vor Augen sein Gebot; | Mit starkem Glauben auf ihn bau', | Mit gutem Gewissen ihm vertrau'!

Spr. an einem Hause in Güstrow (1583).

— Im Gottesdienst, | Wo ist ein Irrwahn, den ein ehrbar Haupt | Nicht heiligte, mit Sprüchen nicht belegte | Und bärge die Verdammlichkeit durch Schmuck? Engl.: In religion, | What damned error, but some sober brow | Will blessit, and approve it with a text, | Hiding the grossness with fair ornament?

William Shakespeare, D. Kaufmann v. Venedig (um 1594—1596). Übers. v. Schlegel. A. 2, Sz. 3 (Bassiano).

— Wahn und Tollheit ist's, | Den Dienst zu machen größer als den Gott! Engl.: 'Tis mad idolatry, | To make the service greater than the god.

William Shakespeare, Troilus u. Cressida (um 1609). Übers. v. Schlegel. A. 2, Sz. 2 (Hektor).

— Es ist ja nichts so frei, nichts also ungedrungen | Als wohl der Gottesdienst; sobald er wird erzwungen, | So ist er nur ein Schein, ein hohler, falscher Ton; | Gut(es) von sich selber tun, das heißt Religion.

Martin Opitz, Geistl. u. Weltliche Poemata (1646).

— Das Wort Gottesdienst sollte verlegt und nicht mehr vom Kirchengehen, sondern bloß von guten Handlungen gebraucht werden.

Georg Christoph Lichtenberg, Verm. Schriften (1800—1806). Bd. 2, Nr. 2. Bemerk. verm. Inhalts. Nr. 3. Moralische Bemerk.

— Gott aus Eigennutz dienen, setzet dem Krämer gleich; aus Furcht, dem Sklaven. Der freie und edle Mann dient ihm aus Dankbarkeit und Liebe.

Christ. Friedr. Wilh. Jacobs, Ährenlese (1823—1825).

Gottesdienst. — Ich aber und mein Haus wollen dem Herrn dienen.

Josua, K. 24, V. 15. — Wahlspr. Friedr. Wilh. IV. (reg. 1840—1861).

— Dienen aber soll man nur Gott, das heißt: allem, allen und sich selber; denn alles, alle und wir selbst sind in Gott, und Gott ist in allem, in allen und in uns.

Ludw. Börne, Gesammelte Schriften (1862—1863).

— Dienet dem Herrn mit Freuden!

Ps. 100, V. 2.

— Die Furcht des Herrn ist der rechte Gottesdienst.

Jes. Sir., K. 1, V. 17.

— Lang Mundwerk, schlechter Gottesdienst!

Alter Spr.

— Gote dienen ane wanc | Ist alles wisheit anevanc (Anfang).

Wartburgspr. Verbindungsgang.

Gotteserkenntnis. — Gott und sich im Grunde kennen, | Ist der höchste Witz zu nennen.

Friedr. von Logau, Deutsche Sinn=Getichte (1654).

— Ein endlicher Verstand kann Gott nie ganz entdecken.

Christ. Fürchtegott Gellert, Geistl. Oden u. Lieder (1757). Ermunterung, d. Schrift zu lesen.

— Wir finden Gott zweimal, einmal in, einmal außer uns; in uns als Auge, außer uns als Licht.

Jean Paul (Joh. Paul Friedr. Richter), Levana oder Erzieh=Lehre (1807). Bd. 3, Bruchstück 6, K. 1, § 103.

— Gott, ich erkenne dich! | So im herbstlichen Rauschen der Blätter, | Als im Schlachtendonnerwetter, | Urquell der Gnade, erkenn' ich dich.

Theod. Körner, Leier u. Schwert. Gebet während d. Schlacht (ged. Mai 1813). Mel. v. Karl Maria von Weber (komp. 19. Nov. 1814).

— Gott müßt ihr im Herzen suchen und finden.

Jean Paul (Joh. Paul Friedr. Richter), Selina (1827).

— Die Freude aber, womit wir alles umfassen, weil wir in Gott die Ursache von allem erkennen, muß eine ewige Liebe in uns gebären. Sie überwindet alles, weil sie selbst unüberwindlich ist.

Ernst Freiherr von Feuchtersleben, Zur Diätetik d. Seele (1838). K. 7. Lehre v. d. Affekten.

— Wer Gott will finden dort, der muß ihn mit sich bringen; | Nur, wenn er ist in dir, siehst du ihn in den Dingen.

Friedr. Rückert, D. Weisheit d. Brahmanen (1836—1839). B. 8, Nr. 33. Schlußv. (Stufe 11. Im Anschauen Gottes. Nr. 43.)

— Nichts als die Höllenfahrt der Selbsterkenntnis bahnt uns den Weg zur Himmelfahrt der Gotteserkenntnis.

Joh. Mich. Sailer, Sämtl. Werke (1830—1846). Spr. mit u. ohne Glossen.

— Wir können Gott mit dem Verstande suchen, aber finden können wir ihn nur mit dem Herzen.

Jos. Baron von Eötvös, Gedanken (1867).

Gotteserkenntnis. — Wer Gott im Kleinsten nicht wiedererkennt, | Hat ihn im Großen nicht verstanden. Rob. Hamerling, Blätter im Winde (1887).

— Suchst du Gott? Du wirst ihn nur finden, wenn das in dir, was ihn sucht, er selber ist.

Rob. Hamerling, Atomistik d. Willens (1891). K. 2.

— Je weiter unsere Erkenntnis Gottes dringt, je weiter weicht Gott vor uns zurück.

Marie von Ebner-Eschenbach, Aphorismen (1893).

— Nur den Gott besitzest du, den du suchend gefunden hast. Jeder findet aber nur den Gott, der der Geistes- und Herzensbildung des Suchenden entspricht.

Dagobert von Gerhardt-Amyntor, D. Plauderer an d. Jahrhundertwende (1900). Gott.

— Den ihr gefunden und uns aufgedrungen, | Der ist nicht Gott; doch den wir rastlos suchen | Mit ewig nie ermattendem Verlangen, | Und den wir jubelnd ahnen: der ist Gott.

Otto Ernst (Schmidt), Gedichte (1902). D. Dogma.

Gottesfriede. — . . . der Friede Gottes, welcher höher denn alle Vernunft, bewahre eure Herzen! Philipper, K. 4, V. 7.

Gottesfügung. — Sey stille; | Wie Gott es fügt, | So sey vergnügt | Mein Wille!

Paul Fleming, Teutsche Poemata (1642). Oden. B. 1, Nr. 1. Geistl. Lied.

— Gotes vügen | Min genügen.

Wartburgspr. Margaretengang.

Gottesführung. — Führe mich, o Herr, vnd leite | Meinen Gang nach deinem Wort; | Sey vnd bleibe du auch heute | Mein Beschützer vnd mein Hort!

Heinr. Albert, Poetisch musikalisch Lustwäldlein (1652). Morgenlied.

— Ein Herz, das richtig ist | Und folget Gottes Leiten, | Das kann sich recht bereiten; | Zu dem kommt Jesus Christ.

Val. Thilo (1607—1662), Adventslied.

Gottesfurcht. — Wer alle Scheu | Vor Zeus (Gott) vergißt, büßt des Frevels Keckheit. Griech.: *Τὸ πᾶν Διὸς σέβας παρεκ — | βάντες οὐ θεμιστῶς.*

Äschylus, D. Orestie (um 458 v. Chr.). Übers. v. Minckwitz. D. Totenspenderinnen. V. 626—27 (Chor).

— Wer ohne Furcht, du höchster Gott, | Will sprechen deine zehn Gebot' | Und bricht sie doch, das ist nicht wahre Minne. Mittelhochdeutsch: Swer âne vorhte, hêrre got, | Wil sprechen dîniu zehen gebot | Und brichet diu, daz ist niht rehtiu minne.

Walter v. d. Vogelweide (um 1170—1230), Gedichte. Übertr. v. Pannier.

— Wir soll'n mit allen Sinnen | Gott fürchten und ihn minnen. Mittelhochdeutsch: Wir suln mit allen sinnen | Got vürhten unde minnen.

Vridankes Bescheidenheit (1225—1240). Übertr. v. Pannier. Nr. 1. v. gote.

Gottesfurcht. — Wer Gott des Herren Furcht in seinem Herzen trägt, | Versorgt ist, wenn er aufsteht und sich niederlegt.

Bernh., Herzog zu Sachsen-Weimar (1630).

— Gott hat den, der ihn fürchtet, lieb, | Sieht zu, daß ihn kein Unfall trüb, | Hat Lust zu seinen Wegen.

Paul Gerhardt, Geistl. Andachten (1667). Gebet um zeitliche u. ewige Wohlfahrt.

— Ich kenne Furcht vor Gott, lieber Abner, doch keine andere Furcht. Franz.: Je crains Dieu, cher Abner, et n'ai point d'autre crainte.

Jean Baptiste Racine, Athalie (1716). Übers. v. Viehoff. A. 1, Sz. 1 (Joad).

— Ihn (Gott) fürchten, das ist Weisheit nur, | Und Freiheit ist's, sie wählen.

Christ. Fürchtegott Gellert, Geistl. Oden u. Lieder (1757). D. Kampf d. Tugend.

— Mit dem Aufhören der Gottesfurcht beginnt die Entfesselung aller Leidenschaften und die Herrschaft einer Sinnesart, welche die Welt mit einer Sündflut von Blut überschwemmen wird.

Gottfr. Wilh. von Leibniz, Werke (1768).

— Fürchteten Gott wir so, wie wir die Könige fürchten, | Engel wären wir dann, machten zum Himmel die Welt.

Joh. Gottfr. von Herder, Sämtl. Werke (1805—1820). Blumenlese a. morgenländischen Dichtern. Nr. 2. D. Rosental. B. 3. Gottes u. d. Könige Furcht.

— Alles schwindet, alles wankt hienieden, | Nur die Gottesfurcht und Weisheit nicht.

Peter von Bohlen, Bhartriharis Spr. (1835).

— Sohn, fürchte Gott, damit dein Innres furchtlos sei; | Denn Gottesfurcht nur macht von Menschenfurcht dich frei.

Friedr. Rückert, D. Weisheit d. Brahmanen (1836—1839). B. 16, Abteilung 2, Nr. 80. (Stufe 5. Leben. Nr. 180.)

— Ich fand, daß keinen Halt der Mensch besaß, | Wenn ich's erwog, als Gottesfurcht und Maß.

Friedr. Rückert, Hamasa (1846).

— Des Herrn Furcht ist Anfang zu lernen.

Spr. Sal., K. 1, V. 7.

— Wer den Herrn fürchtet, der gehet auf rechter Bahn. Spr. Sal., K. 14, V. 2.

Gottesgabe. — Alles, was Gott gibt, muß noch ebenso durch den Menschen und sein eignes Tun gehen, als wäre es einzig und allein sein Werk.

Wilh. Freiherr von Humboldt (1767—1835), Br.

Gottesgaben. — O Gott, du frommer Gott, du Brunnqvell guter Gaben, | Ohn denn nichts ist, was ist! Von dem wir alles haben . . .

Joh. Heermann, Hauß- v. Hertz-Musica (1639). Ein täglich Gebet.

Gottesgang. — Gottes Gang ist in der Nacht | Im Heer der Sterne; und ein Sternengang | Voll ew'ger Harmonien.

Joh. Gottfr. von Herder, Sämtl. Werke (1805—1820). Gedichte. D. Schicksal d. Menschheit.

Gottesgebot. — Der Mensch, der lebt nach Gott's Gebot, | In dem ist Gott und er in Gott. Mittelhochdeutsch: Swelch mensche lebt in gotes gebote, | In dem ist got und er in gote.

Vrîdankes Bescheidenheit (1225—1240). Übertr. v. Pannier. Nr. 1. v. gote.

Gottesgerechtigkeit. — Doch diesen Satz kan nichts zertreiben: | Gott ist gerecht. Die Seelen bleiben. | Was hier gebricht, wird dort erfüllt.

Karl Friedr. Drollinger, Gedichte (1743). Über d. Unsterblichkeit d. Seele.

— Er (Gott), der einzige Gerechte, | Will für jedermann das Rechte. | Sei von seinen hundert Namen | Dieser hochgelobet! Amen.

Joh. Wolfg. von Goethe, Gedichte. Westöstlicher Diwan. B. d. Sängers. Talismane (ged. Mai 1815).

Gottesgericht. — Langsam, aber gewissen Schritts, | Naht göttlicher Allmacht | Strafgericht den Sterblichen sich! Griech.: *Ὁρμᾶται μόλις, ἀλλ' ὅμως | Πιστὸν τό γε θεῖον | Σθένος.*

Euripides (um 480—406 v. Chr.), D. Bachenfest. Übers. v. Minckwitz. V. 882—84 (Chor).

— Das sint die urteil gots heimlich, | Der ursach weiß nieman genzlich.

Seb. Brant, D. Narrenschif (1494). Nr. 57. Fürwissenheit gottes.

— Wolan, Gott kann einem wol eine gute Zeche borgen, aber darnach kömmet er und fodert ernste Rechnung, daß man weder Haut noch Haer behält. Denn solche stolze Vermessenheit ist noch nie ungestrafet blieben.

Dr. Martin Luther, Tischreden oder Colloquia (1566). Nr. 4. Tischreden v. d. Welt u. ihrer Art. § 64. An d. Welt hilft keine Strafe.

— Wir haben drei Richter: die Welt, uns selbst, Gott. Dem Gerichte der Welt entläufst du vielleicht, nimmermehr aber dem Gottesgericht und dem Selbstgerichte. Joh. Gerhard (1582—1637).

— Das göttlich Gericht | Verschonet nicht.

Sprichwort.

Gottesgerichte. — Seine (Gottes) schrecklichsten Gerichte | Sind gerecht; was wend' ich ein? | O, vor seinem Angesichte | Sind die Engel selbst nicht rein!

Joh. Peter Uz, Sämtl. Werke (1768). Gott, ein Erretter.

— O, die Gerichte Gottes sind gerecht!

Friedr. von Schiller, Wilh. Tell (1804). A. 1, Sz. 4 (Walter Fürst).

— Wunderbar sind, Gott, deine Gerichte, dein ewiger Weg ist | Dunkel vor uns, du aber bist heilig und ewig dir selbst gleich!

Friedr. Gottl. Klopstock, Sämtl. Werke (1798—1821). Bd. 1.

Gottesgewalt. — In Gottes Gewalt | Haben wir es gestalt.

Hochzeitsmedaille Kaiser Maximilians I. (1477).

— In Gotts gewalt | Hab ichs gestalt.

Reimspr. (16. Jahrh.).

Gottesglauben. — Wir gleuben all an Einen Gott, | Schöpffer himels vnd der erden.

Dr. Martin Luther, D. deutsche patrem (1525).

— Der Glaube an einen Gott ist Instinkt; er ist dem Menschen natürlich, so wie das Gehen auf zwei Beinen.

Georg Christoph Lichtenberg, Verm. Schriften (1800—1806). Bd. 2, Nr. 2. Bemerk. verm. Inhalts. Nr. 3. Moralische Bemerk.

— ... wer darf sagen: | Ich glaub' an Gott?

Joh. Wolfg. von Goethe, Faust, I (1808). Marthens Garten (Faust).

— Der Glaube an Gott, an die Welt der Geister und an das Jenseits darf nur Feiergedanke sein, nie Alltagsgedanke werden.

Karl Jul. Weber, Demokritos (1832—1840). D. Freigeisterei.

Gottesgnade. — Keinen lässet Gottes Gnad', | Der sich nicht selbst verloren hat. Mittelhochdeutsch: Nieman got verkiuset, | Dan der selbe sich verliuset.

Vrîdankes Bescheidenheit (1225—1240). Übertr. v. Pannier. Nr. 4. v. d. menschen.

— Ich verläugne nicht die Schuld, | Aber deine (Gottes) Gnad und Huld | Ist viel grösser als die Sünde, | Welch' ich stets in mir befinde.

Joh. Rist, Geistl. Poetische Schriften (1657—1659). T. 1. Himmlische Lieder. Ein Abendges.

— Dein' ewge Treu und Gnade, | O Vater (Gott)! weiß und sieht, | Was gut sei oder schade | Dem sterblichen Geblüt.

Paul Gerhardt, Geistl. Andachten. Befiehl d. Herrn deine Wege u. hoffe auf ihn; er wirds wohl machen (1659).

— ... der da mit dem Gnaden-Hammer | Klopfft an deines Hertzens-Kammer.

Joh. Frank, Geistl. Sion (1674). Vorbereitung zum hl. Abendmahl.

— Denn der Herr (Gott) ist jederzeit | Voller Gnad' und Freundligkeit.

Joh. Frank, Geistl. Sion (1674). Alle Welt, was kreucht u. webet usw.

— Die Gnade Gottes überschwänglich | Ist über alle gleich; | Doch minder oder mehr empfänglich | Macht mehr und minder reich. | Aus Wolken fließt der gleiche Segen; | Allein der Gartenflur | Erblühen Tulpen von dem Regen, | Der Wüste Disteln nur.

Friedr. Rückert, Erbauliches u. Beschauliches a. d. Morgenlande (1837—1838).

— Die Gnade aber des Herrn währet von Ewig'eit zu Ewigkeit über die, so ihn fürchten.

Ps. 103, V. 17.

— ... deine Gnade reichet, soweit der Himmel ist. Ps. 108, V. 5.

— ... es sollen wohl Berge weichen und Hügel hinfallen, aber meine Gnade soll nicht von dir weichen. Jesaias, K. 54, V. 10.

— Auf Gottes Gnad, der Welt zum Trutz, | Trau ich allzeit, er ist mein Schutz.

Spr. im Berliner Rathause. Dritter Stock.

Gottesgnade. — Gottes Gnad' und gesunder Leib; | Saubres Bett und schönes Weib; | Täglich Brot und guter Wein; | Was kann auf Erden Bessres sein?

Spr. an einem Hausgerät. Tirol.

Gottesgnaden. — Wunderbar sind die Gnaden des Herrn, unzählbar, und neue dürfen wir stets erwarten.

Friedr. Gottl. Klopstock, Sämtl. Werke (1798—1821). Bd. 2.

Gottesgunst. — Gottes Gunst, | Gute Kunst, | Wahrer Mund, | Leib gesund, | Frommes Herz | Sind das Beste allerwärts.

Spr. an einem Hausgerät.

Gottesgüte. — Sagent mir, an wölchem ort, | An wölchem endt, an wölcher statt | Der güttig gott nit gehalten hatt, | Das er üch hat verheissen ye? | Solchs hatt er übertretten nie | Vnd hat üch hundert fach bezalt.

Thomas Murner, Narrenbeschwerung (1512). Nr. 64. D. tüfel zwey liecht anzinden.

— Wohin die Augen stehn, | Ist deine grosse Güte | Vnd Vätterlichs Gemüthe | Mit Wollust anzusehn.

Georg Greflinger, Seladons Beständige Liebe (1644). Auff d. Ruh in Preussen.

— Ach, ich Wurm, ich Staub und Made, | Was bewegt, o Vater, dich, | So unendlich gut zu seyn?

Gustav Adolf, Herzog zu Mecklenburg, Geistl. Reimgedichte (1699). Morgen-Lied.

— Wie groß ist des Allmächt'gen Güte! | Ist der ein Mensch, den sie nicht rührt?

Christ. Fürchtegott Gellert, Geistl. Oden u. Lieder (1757). D. Güte Gottes.

— O Gott! laß deine Güt' und Liebe | Mir immerdar vor Augen sein! | Sie stärk' in mir die guten Triebe, | Mein ganzes Leben dir zu weihn.

Christ. Fürchtegott Gellert, Geistl. Oden u. Lieder (1757). D. Güte Gottes.

— Gott, deine Güte reicht so weit, | So weit die Wolken reichen.

Christ. Fürchtegott Gellert, Geistl. Oden u. Lieder (1757). Preis d. Schöpfers.

— Herr (Gott), wie sind deine Werke so groß und viel! Du hast sie alle weislich geordnet, und die Erde ist voll deiner Güte. Ps. 104, V. 24.

Gotteshand. — In Gottes Hand verschlossen | Steht alle Ding allein; | Darumb seyd unverdrossen, | Rufft an den Nahmen sein!

Joh. Doman, Lied v. d. Hanse (1618).

— Meinen Leib vnd meine Seele | Sampt den Sinnen vnd Verstand, | Grosser Gott, ich Dir befehle | Vnter deine starcke Hand!

Heinr. Albert, Poetisch musikalisch Lustwäldlein (1652). Morgen-Lied.

— Wohl aus des Vogts Gewalt errett' ich euch, | Aus Sturmes Nöten muß ein andrer helfen. | Doch besser ist's, Ihr fallt in Gottes Hand | Als in der Menschen!

Friedr. von Schiller, Wilh. Tell (1804). A. 1, Sz. 1 (Tell).

Gotteshand. — Gestern stürmt's, noch und am Morgen | Blühet schon das ganze Land. Will auch nicht für morgen sorgen; | Alles steht in Gottes Hand.

Jos. Freiherr von Eichendorff, Gedichte (1837). Geistl. Gedichte. Walt' Gott!

— Allwissenheit ist das Auge, Güte das Herz, Wahrheit der Mund, Allmacht die Hand Gottes.

Joh. Mich. Sailer, Sämtl. Schriften (1830—1846). Spr. mit u. ohne Glossen.

— Du kamst, du gingst mit leiser Spur, | Ein flücht'ger Gast im Erdenland; | Woher? wohin? wir wissen nur: | Aus Gottes Hand in Gottes Hand. Ludw. Uhland, Gedichte. Sinngedichte. Auf d. Tod eines Kindes (ged. 1859).

— Sei unverzagt! Sei stark und wisse, | Daß fest dich führet Gottes Hand | Durch Zweifel, Sturm und Finsternisse | In das gelobte neue Land. A. d. Russischen d. Iwan Aksakow.

Gotteshände. — Seine (Gottes) Hände streuen | Segens gnug umher.

Christ. Adolf Overbeck, Sammlung verm. Gedichte. Trost für mancherlei Tränen (ged. 1780). Mel. v. Joh. Abraham Peter Schulz (1782).

Gotteshaus. — Zum Hause Gottes kommt man nicht uneingeladen; | Er schickt dir halben Wegs entgegen seine Gnaden.

Friedr. Rückert, D. Weisheit d. Brahmanen (1836—1839). B. 16, Abteilung 5, Nr. 8. (Stufe 5. Leben. Nr. 410.)

— Herr (Gott), ich habe lieb die Stätte deines Hauses. Ps. 26, V. 8.

Gotteshilfe. — Der Mensch erhebt sein Haupt zu Gott; | Gott hilfft ihm auch aus Noth und Tod. Georg Rollenhagen, Froschmäuseler (1595). B. 1, T. 1, K. 7.

— Wo du (Gott) nicht hilfst und deine Gunst, | Da ist mein Tun und Werk umsunst.

Paul Gerhardt, Geistl. Lieder u. Ps. (1653). Gebet um Weisheit.

— Hofft auf den Herrn! | Er hilft uns gern.

Christ. Fürchtegott Gellert, Geistl. Oden u. Lieder (1757). Vertrauen auf Gottes Vorsehung.

— Gott hilft nur dann, wenn Menschen nicht mehr helfen. Friedr. von Schiller, Wilh. Tell (1804). A. 2, Sz. 2 (Reding).

— Wir haben einen Gott, der da hilft.

Ps. 68, V. 21.

— Ihe naher wir dem Vnglück sein, | Ihe naher kompt Gottes hulff herein. Alter Spr.

— Zu Gottes Hilfe gehört Arbeit.

Alter Spr.

— Des Herren Hilfe läßt sich sehn, | Wenn die Ochsen am Berge stehn.

Spr. an einem Hause in Anspach.

— Durch Gottes Hilf' und Menschenhände | Kommt manches schwere Werk zu Ende.

Spr. an einem Hause in Elsfleth.

— In Lieb und Leid | Ist Gott allzeit | Mein Hülff, mein Trost, mein Seligkeit.

Spr. an einem Hause in Hameln.

Gotteshöhen. — Schmal ist der Weg zu Gottes Höh'n, | Und wenige sind, die ihn gehn; | Die Pfort' ist eng, und der nur dringt | Durch sie zu Gott empor, der ringt.

Friedr. Gottl. Klopstock, Sämtl. Werke (1798—1821). Bd. 5.

Gotteshuld. — Der Weise minnet nichts so sehr | Als Gottes Huld und seine Ehr'. Mittelhochdeutsch: Der wîse minnet niht sô sêre | Alsam die gotes hulde unt êre.

Walter v. d. Vogelweide (um 1170—1230), Gedichte. Übertr. v. Pannier.

— Es sollt' auf Gottes Huld und Ehr' | Der Menschen Streben ganz sich richten. Mittelhochdeutsch: Ja enist ez niht wan gotes hulde und êre, | Dar nâch diu welt sô sêre vihtet.

Walter v. d. Vogelweide (um 1170—1230), Gedichte. Übertr. v. Pannier.

— Sei stille, Herz, nur stille! | Dort oben waltet Vaters Huld; | Der neige sich dein Wille!

Max von Schenkendorf, Gedichte. Abteilung 1. Leben u. Liebe. An d. Herz (ged. 1816).

Gotteshut. — Gah fröhlich in, | Gah fröhlich ut, | Sei draus und drin | In Gottes Hut!

Spr. an einem hannöverschen Bauernhause.

— Gott bewahr' dies Haus, Feld, Vieh und Säu', | Jakob Baumann und Barbara Frey.

Spr. an einem Hause in Kammersrohr bei Solothurn.

Gotteskinder. — Mensch, wirst du nicht ein Kind, so gehst du nimmer ein, | Wo Gottes Kinder sind; die Tür ist gar zu klein.

Angelus Silesius (Joh. Scheffler), Cherubinischer Wanders-Mann (1675).

— Vier Stücke sind's. Wer diese hat, | Der ist von Gottes Kindern; | Wer Freude am Gerechten hat | Und Nachsicht mit den Sündern, | Den fördert, der dahinten bleibt, | Ihn vorwärts treibt, | Und den, der vorwärts geht, nicht sucht zu hindern.

Friedr. Rückert, Erbauliches u. Beschauliches a. d. Morgenlande (1837—1838).

Gotteskraft. — Kein Medizin, Kunst, Meisterschaft | Mag keinem hier gelingen, | Der nicht erkennet Gottes Kraft, | In seiner Kraft kann schwingen.

D. Knaben Wunderhorn (1806—1808). Algerius.

Gotteslästerung. — Gottes Kränkung ist die ärgste. Engl.: God's wrong is most of all.

William Shakespeare, Richard III. (1592). Übers. v. Schlegel. A. 4, Sz. 4 (Elisabeth).

Gottesleugner. — Man versteht unter Gott die verständige Ursache der Welt; also ist nur der ein Gottesleugner, der behauptet, daß die Welt keine Ursache, oder diese Ursache keinen Verstand habe. Karl Jul. Weber, Demokritos (1832—1840). D. Freigeisterei.

Gottesliebe. — Den besten Frundt (Freund), den du magst han, | Der wird dich auch im dot (Tode) nit lan: | Das ist Gottes Lieb, der ihn begert. | Die andern Frundt sein gar nichts werth.

Grabschrift auf d. Kirchhofe in Duderstadt (16. Jahrh.).

Gottesliebe. — Seine (Gottes) Huld vnd Liebe machet, | Daß ich also frölich bin, | Daß mein Mund nur singt vnd lachet | Vnd wirfft alles Trawren hin.

Heinr. Albert, Poetisch musikalisch Lustwäldlein (1652). Dominus mea sola voluptas.

— Alles Ding währt seine Zeit; | Gottes Lieb in Ewigkeit.

Paul Gerhardt, Geistl. Andachten (1667). Sollt' ich meinem Gott nicht singen?

— Nein! Seine (Gottes) Liebe zu ermessen | Sei ewig meine größte Pflicht!

Christ. Fürchtegott Gellert, Geistl. Oden u. Lieder (1757). D. Güte Gottes.

— Sie (die Liebe Gottes) tröste mich zur Zeit der Schmerzen; | Sie leite mich zur Zeit des Glücks; | Und sie besieg' in meinem Herzen | Die Furcht des letzten Augenblicks!

Christ. Fürchtegott Gellert, Geistl. Oden u. Lieder (1757). D. Güte Gottes. Schlußv.

— O, wer kann die Wunderwerke deiner (Gottes) Liebe g'nug erheben! | Du machst uns im Unglück glücklich, du bist unsers Lebens Leben. | Zweifler, rührt euch nicht die Liebe, o, so fürchtet Gottes Macht, | Zittert wie verscheuchte Sklaven, wenn des Herren Grimm erwacht!

Ewald Christ. von Kleist, Sämtl. Werke (1760). Gedichte. Lob d. Gottheit.

— Es ist ein lieber Gott | Und meint's mit Menschen gut!

Joh. Martin Miller, Gedichte. Zufriedenheit (ged. 1776). Mel. v. Christ. Gottl. Neefe (1777).

— Heilig, heilig, heilig bist du, Gott der Grüfte! | Wir verehren dich mit Grau'n! | Erde mag zurück in Erde stäuben, | Fliegt der Geist doch aus dem morschen Haus! | Seine Asche mag der Sturmwind treiben, | Seine Liebe dauert ewig aus. Friedr. von Schiller, Gedichte. Elegie auf d. Tod eines Jünglings (ged. 1781).

— Weiß nicht, woher ich gekommen; | Weiß nicht, wohin ich werd' genommen; | Doch weiß ich fest, daß über mir ist | Eine Liebe, die mich nie vergißt. Justinus Kerner, Dichtungen (1834).

— Kann auch der Sonne Kraft ein irrer Stern entwallen? | Wie könnte denn ein Mensch aus Gottes Liebe fallen!

Friedr. Rückert, Gesammelte Gedichte (1834—1838). Pantheon. Bruchstück 5. Zahme Xenien. Angereihte Perlen.

— Ach, wie flüchtig ist die Zeit! | Gottes Lieben | Ist geblieben, | Und es bleibt in Ewigkeit. Georg Christ. Dieffenbach, Gedichte (1857).

— Wie kann Gott lieben, wer nicht seine Werke liebt!

Ludw. Börne, Gesammelte Schriften (1862—1863). Erz., Reisen, Verm. Aufsätze. Nr. 35. D. Narr im weißen Schwan. K. 5.

Gottesliebe. — Unter Menschen gibt's Findelkinder, die ihren Vater nicht kennen, Väter, die ihre Kinder verlernen; Gott aber kennt und liebt alle seine Kinder, auch die verlorenen.

Ludw. Börne, Gesammelte Schriften (1862—1863).

— Mit seiner Liebe wohnt Gott ewig in der Welt, | Doch schaut die Liebe nur, wen Gottes Geist erhellt. Jul. Sturm, B. d. Pilgerfahrt (1868).

— Also hat Gott die Welt geliebet, daß er seinen eingebornen Sohn gab, auf daß alle, die an ihn glauben, nicht verloren werden, sondern das ewige Leben haben. Evang. Joh., K. 3, V. 16.

Gotteslob. — Herr Gott, dich loben wir! Lat.: Te deum laudamus!

Ambrosianischer Lobgesang. Nicht v. Ambrosius (um 340—397), sondern erst im 5. Jahrh. entstanden.

— Lob, Ehr und Preiß sey Gott, | Dem Vater und dem Sohne, | Vnd dem der beyden gleich | Im höchsten Himmels-Throne!

Martin Rinckart, Jesu Hertz-Büchlein (1663). Tisch-Gebetlein.

— Sei Lob und Ehr dem höchsten Gut (Gott), | Dem Vater aller Güte!

Joh. Jak. Schütz, Sei Lob u. Ehr (1673).

— Lobe Gott über alles! Niederl.: Lof God van al! Spr. auf einer Tischglocke (um 1700).

— Gott loben wollen wir vereint, | Bis daß der lichte Morgen scheint!

Jos. Freiherr von Eichendorff, Gedichte (1837). Geistl. Gedichte. Nachtlied. Schlußv.

— Den ewigen Gott in seiner Majestät | Sollen wir loben früh und spät, | Denn er mit seiner Hilf' und Gnad' | Uns allen gnädiglich bistat | Und uns nimmermehr verlat.

Spr. an einem Hause. Schweiz.

Gottesmacht. — Gantz vngemessen ist deine (Gottes) macht, | Fort gschicht, was dein will hat erdacht; | Wol vns des feinen Herren!

Nicolaus Decius, Gloria in excelsis Deo (1540).

— Das Volk beurteilt die Macht Gottes nach der der Priester. Franz.: La populace juge de la puissance de dieu par celle des prêtres.

Napoleon I., Maximen u. Gedanken (1817). Übers. v. Zimmermann.

— Gott ist mächtig in dem Schwachen.

Adelbert von Chamisso (Louis Charles Adelaide Chamisso de Boncourt), Gedichte. Lieder u. lyrisch-epische Gedichte. Vergeltung (geb. 1829).

Gottesnamen. — Herr! . . . Herr! . . . Gott! . . . | Barmherzig und gnädig! | Angebetet, gepriesen | Sei dein herrlicher Name!

Friedr. Gottl. Klopstock, Oden. D. Frühlingsfeier (geb. 1759).

— Wer mit sich selber eins, ist eins mit Gott; — | Wer aber haßt und flucht in Gottes Namen, | Treibt mit dem Heiligen verweg'nen Spott!

Friedr. von Bodenstedt, D. Lieder d. Mirza-Schaffy (1851). Glaube u. Leben. Nr. 2.

Gottesnamen. — Der Weise nennt mit Ehrfurcht Gottes Namen; | Er weiß, daß er das Wesen nicht erfaßt. | Der Tor malt Gottes Bild, wie es zum Rahmen | Des engen Torenhirnes paßt.

Friedr. von Bodenstedt, A. d. Nachlasse Mirza-Schaffys (1874). B. 3. B. d. Spr. Nr. 1.

Gottesoffenbarung. — Die unmittelbare Erscheinung und Offenbarung Gottes ist die Liebe.

Joh. Gottl. Fichte, Reden an d. deutsche Nation (1808). Rede 3.

Gottesrat. — In allen meinen Thaten | Laß ich den Höchsten rahten, | Der alles kan und hat.

Paul Fleming, Teutsche Poemata (1642). Nach deß 6. Ps. Weise.

— Auf Gott und nicht auf meinen Rat | Will ich mein Glücke bauen.

Christ. Fürchtegott Gellert, Geistl. Oden u. Lieder (1757). Vertrauen auf Gottes Vorsehung.

— Wer Gottes Rat | Vor Augen hat, | Dem wird ein gut Gewissen | Die Trübsal auch versüßen.

Christ. Fürchtegott Gellert, Geistl. Oden u. Lieder (1757). Vertrauen auf Gottes Vorsehung.

— Du (Gott) selber wollst mir raten | In allen meinen Taten! | Mich selbst zum Besten leiten! | Mich stets mehr vollbereiten!

Friedr. Gottl. Klopstock, Geistl. Lieder (1758). Wach' auf, mein Herz, u. singe usw.

— Wo der Mensch, der Gottes Ratschluß prüfte? Friedr. von Schiller, Gedichte. Elegie auf d. Tod eines Jünglings (geb. 1781).

— Denn gerecht in Himmelshöhen | Waltet des Kroniden Rat.

Friedr. von Schiller, Gedichte. D. Siegesfest (geb. 1803).

Gottesreich. — Trachtet am ersten nach dem Reich Gottes und nach seiner Gerechtigkeit, so wird euch solches alles zufallen!

Matth., K. 6, V. 33.

Gottessegen. — Segne meiner Sinnen Tichten, | Meiner Hände mühsam Thun; | Laß bey ämbsigem verrichten | Deinen Gnaden-Segen ruhn!

Christ. Gryphius, Poetische Wälder (1698). An seinem (Christi) Geburts-Tage.

— Laß deinen Segen auf mir ruhn, | Mich deine Wege wallen; | Und lehre du mich selber tun | Nach deinem Wohlgefallen!

Christ. Fürchtegott Gellert, Geistl. Oden u. Lieder (1757). Morgenges.

— Begleite mich mit Segen | Auf allen meinen Wegen! | Dein Wort sei meine Speise | Auf meiner Pilgerreise!

Friedr. Gottl. Klopstock, Geistl. Lieder (1758). Wach' auf, mein Herz, u. singe usw.

— Der Segen des Herrn macht reich ohne Mühe. Spr. Sal., K. 10, V. 22.

— An Gottes Segen | Ist alles gelegen.

Sprichwort.

— Gott gesegne dieses Haus | Und die gehen ein und aus; | Gottes Segen und Gnad' | Ist mein bester Hausrath.

Spr. an einem Hause in Walchsee, Baiern.

Gottessegen. — Wer Gottes Segen nicht hat, | Kommt zu allem zu spat.

Spr. an einem Hause.

Gottessohn. — Gott Vater einen Sohn gebar; | Doch ziemt zu denken nimmerdar | Und fragen, wie er ihn gebar, | Bevor noch eine Mutter war. Mittelhochdeutsch: Got vater einen sun gebar; | Gedanc noch vrâge hoert nicht dar, | Wie er den sun gebaere, | Ê ie kein muoter waere.

Vrîdankes Bescheidenheit (1225—1240). Übertr. v. Pannier. Nr. 1. v. gote.

Gottesspur. — Wohin ich mich wende, | Find' ich des Ewigen (Gottes) Spur, des Allgegenwärtigen Nähe.

Friedr. Gottl. Klopstock, Sämtl. Werke (1798—1821). Bd. 1.

— Im schönen Tempel der Natur | Siehest du des großen Gottes Spur. | Willst du ihn noch größer sehn, | So bleib' bei seinem Kreuze stehn!

Spr. an einem Hause. Loisachtal, Tirol.

Gottesstrafe. — Gott straft, wo er nicht spricht.

Holländisches Sprichwort.

Gottesstreiter. — Die Palme winkt dem starken Gottesstreiter.

Adelbert von Chamisso (Louis Charles Adelaide Chamisso de Boncourt), Gedichte. Sonette u. Terzinen. D. Kruzifix (geb. 1830). Nr. 3.

Gottesverehrung. — Der kennt und ehret Gott, der ihm zu gleichen trachtet | Und seine Stimme nie in der Natur verachtet.

Christoph Martin Wieland, Sämtl. Werke (1794—1802). Gedichte. Epigramme.

— Die Gottheit ehren heißt sich menschlich freun.

Joh. Gottfr. Seume, Sämtl. Werke (1826). Gedichte.

— Die wahre Gottesverehrung besteht darin, daß man nach Gottes Willen handelt, und dies muß man den Kindern beibringen.

Immanuel Kant, Werke (1838—1839). Bd. 9.

— ... ein rohes, ungebildetes Volk muß etwas Sinnliches haben, das oft weiter wirkt als die Gesetze des Staates; daher ein kluger Staat jede Art Gottesverehrung schützen und bloß zu verhüten suchen muß, daß sie nicht ausarte in scheußlichen Fanatismus, schändlichen Priestertrug und trübsinnigen Mystizismus, der mit der Bürgerpflicht kollidiert.

Karl Jul. Weber, Demokritos (1832—1840). D. Religion u. d. Religionen.

Gotteswalten. — Wer nur den lieben Gott läßt walten ...

Georg Neumark, Fortgepflanzter Poetischer Lustwald (1657). T. 1. Trostlied.

— Drum walt' es Gott, der alles kann, | Der Vater in den Höhen! | Er ist der rechte Held und Mann | Und wird es wohl verstehen.

Ernst Moritz Arndt, Gedichte. Lieder a. d. Katechismus für d. deutschen Wehrmann (geb. 1813). Nr. 1. Trostlied.

Gotteswalten. — Den lieben Gott laß ich nur walten, | Der Bächlein, Lerchen, Wald und Feld | Und Erd' und Himmel will erhalten; | Hat auch mein' Sach' aufs best' bestellt!

Jos. Freiherr von Eichendorff, Gedichte. Wanderlieder. D. frohe Wandersmann (geb. 1822). Schlußv. Mel. v. Felix Mendelssohn-Bartholdy u. Theod. Fröhlich (1833).

— Das walt Gott — und kei alt Wiib.

Schweizer Redensart.

— Ich lobe Gott und laß ihn walten, | Mach' neue Schuh und reparier' die alten.

Spr. am Hause eines Schusters in Graupen bei Teplitz.

Gottesweg. — Gott gehet unter den Menschen | Seinen verborgnen Weg mit stillem Wandeln, doch endlich, | Wenn er dem Ziele sich naht, mit dem Donnergang der Entscheidung.

Friedr. Gottl. Klopstock, Sämtl. Werke (1798—1821). Bd. 3.

Gotteswege. — Er (Gott) braucht nicht krumme, unrechtmäß'ge Wege, | Um die, so ihn beleidigt, wegzuräumen. Engl.: He (God) needs no indirect or lawless course, | To cut off those that have offended him.

William Shakespeare, Richard III. (1592). Übers. v. Schlegel. A. 1, Sz. 4 (Clarence).

— Sing, bet und geh auf Gottes Wegen, | Verricht das deine nur getreu, | Und trau des Himmels reichem Segen, | So wird Er bey dir werden neu.

Georg Neumark, Fortgepflanzter Poetischer Lustwald (1657). T. 1. Trostlied.

— ... weiche keinen Finger breit | Von Gottes Wegen ab!

Ludw. Hölty, Gedichte. Lieder. D. alte Landmann an seinen Sohn (geb. 1775).

— Eingehüllt in feierliches Dunkel | Sind die Wege, Gott, die du uns führst.

Verfasser unbek. (um 1810).

— Ganz unerforschlich sind des Höchsten Wege, | Dazu auch wunderlich.

Gerhart Hauptmann, D. versunkene Glocke (1898). A. 1 (Pfarrer).

Gotteswesen. — Dein (Gottes) Wesen ist und bleibt den Sinnen Unerforschlichkeit. Mittelhochdeutsch: Sô ist ez, als ez ie was, unseren sinnen unbereit.

Walter v. d. Vogelweide (um 1170—1230), Gedichte. Übertr. v. Pannier.

Gotteswille. — Doch was ein Gott nicht will, | Vermag der Mensch ihm doch nicht abzuzwingen. Griech.: Ἀλλ' ἀναγκάσαι θεοὺς | Ἂν μὴ θέλωσιν οὐδ' ἂν εἷς δύναιτ' ἀνήρ.

Sophokles (um 496—406 v. Chr.), König Ödipus. Übers. v. Jordan. V. 275—76 (Ödipus).

— Mensch, ich kann es leichtlich gläuben, | Daß du wünschst, ich möchte bleiben; | Nicht dein Will', auch meiner nicht, | Gottes Wille nur geschicht.

Heinr. Albert, Musikalische Kürbs-Hütte (1641).

Gotteswille. — Was mein Gott will, das ist mein Ziel, | Darauf ich leben und sterben will.
Auf einer Votivtafel in d. St. Justinakapelle in Eppan, Südtirol (1644).

— Der beste Will' ist Gottes Will'; | Auf diesem ruht man sanft und still.
Paul Gerhardt, Geistl. Andachten (1667).

— Darum still | Füg' ich mich, wie Gott es will.
Wilh. Hauff, Kriegs- u. Volkslieder (1824). Reiters Morgenlied. Mel. v. Friedr. Silcher (1824—1825).

— Es waltet stille, | Nach ewigem Gesetz durchs All ein heil'ger Wille, | Der Schlag auf Schlag den Trotz zerbricht, bis daß er schweigt, | Doch jede Stirn erquickt, die sich in Demut neigt.
Emanuel Geibel, Juniuslieder (1848). Gelegenheitsgedichte, Spr., Scherze. Auf eine Einsame.

— . . . unser Gott ist im Himmel; er kann schaffen, was er will. Ps. 115, V. 3.

— Dein Wille geschehe auf Erden wie im Himmel! Matth., K. 6, V. 10.

— . . . doch nicht mein, sondern dein Wille geschehe! Luk., K. 22, V. 42.

— Wenn Gott will, | So grünt ein Besenstiel.
Sprichwort.

— Wenn Gott nicht will, können die Heiligen nicht. Ital.: Quando Iddio non vuole, i santi non possono. Sprichwort.

Gotteswort. — Niemand aber fälschen mag | Gottes Wort und lichten Tag. Mittelhochdeutsch: Nieman doch gevelschen mac | Gotes wort unt liehten tac.
Vridankes Bescheidenheit (1225—1240). Übertr. v. Pannier. Nr. 31. v. d. künegen u. vürsten.

— O Christenhait merck eben | Auff das war Gottes wort! | In jm so ist das leben | Der seelen hie vnd dort.
Hans Sachs, Ain schöne Tageweyß (1526).

— Die Majestat und Herrlichkeit des göttlichen Worts ist unaussprechlich, und wir können Gott nimmermehr dafür danken.
Dr. Martin Luther, Tischreden oder Colloquia (1566). Nr. 1. Tischreden v. Gottes Wort oder d. hl. Schrift. § 34. Majestat u. Herrlichkeit d. göttlichen Worts, daß Gott dadurch mit uns redet.

— Denn Gottes Wort bleibt ewiglich | Und theilt uns mit das Himmelrich . . . | Und stärket uns in Sterbens Noth | Und hilft uns aus dem ewigen Tod.
Dr. Martin Luther, Tischreden oder Colloquia (1566). Nr. 1. Tischreden v. Gottes Wort oder d. hl. Schrift. § 64. Reime Doctor Martin Luthers v. d. Neuen Testamentb.

— Almosen geben armet nicht; | Kirchen gehen säumet nicht; | Vnrecht gut faselt nicht; | Gottes Wort treugt (trügt) nicht. Reimspr. (16. Jahrh.).

— All Dingk wert vergahn, | Gotts Wort blift ewig stahn.
Spr. an einem Hause in Hamburg (1647).

Gotteswort. — Dein (Gottes) Wort sei meine Speise, | Bis ich gen Himmel reise!
Paul Gerhardt, Geistl. Andachten. Wach' auf, mein Herz, u. singe (1649). Schlußv.

— Denn dein (Gottes) Wort bleibt ewig stehen, | Muß Gleich Erd' und Lufft vergehen.
Joh. Frank, Geistl. Sion (1674). Umb fruchtbaren Regen.

— Dein (Gottes) Wort sei meine Speise | Auf meiner Pilgerreise!
Friedr. Gottl. Klopstock, Geistl. Lieder (1758). Wach' auf, mein Herz, u. singe usw. Schlußv.

— Und was auch rings in Trümmer geht, | Wir wissen's, daß dein (Gottes) Wort besteht.
Theod. Körner, Leier u. Schwert (1814). Unsere Zuversicht.

— Im Buch der Bücher offenbar | Steht Gottes Wort. Doch sagt, ihr Frommen, | Ist Gott durch so viel tausend Jahr | Sonst nie zu Wort gekommen?
Paul Heyse, Spruchbüchlein (1885). Gott u. Welt.

— Dein (Gottes) Wort ist meines Fußes Leuchte und ein Licht auf meinem Wege. Ps. 119, V. 105.

— . . . nehmet das Schwert des Geistes, welches ist das Wort Gottes! Eph., K. 6, V. 17.

— Die zeitliche frewdt dieser Welt vergehet, | Allein Gottes wort ewig bestehet. Alter Spr.

— So kümmt Gotts Wurt in Schwung! säd' de Düwel un smitt de Bibel oewern Tûn (Zaun).
Sprichwörtl. Redensart. Holstein.

— Gottes Wort und Luthers Lehr' | Vergeht nun und nimmermehr.
Inschrift im Lutherhause zu Eisleben.

— Nichts auf Erd', | Was ewig währt! | Nur Gottes Wort | Währt ewig fort.
Spr. in einer Kirche. Tirol.

Gottgefällig. — In der Kirche andächtig, | Zu Hofe prächtig, | In Sachen richtig, | Bei Frauen vorsichtig, | Bei Tische fröhlich, | Im Bette freundlich; | Wer dies alles hält, | Der gefällt | Gott und der Welt. Alter Spr.

— Mund, Hand und Herz und Haus halt' rein, | Willst du dem Herrn gefällig sein.
Spr. an einem Hause in Oberbronn.

Gottheit. — O Tochter, welch ein unerforschlich Wesen ist, | Wie rätselhaft die Gottheit! Griech.: *Ὦ θύγατερ, ὁ θεὸς ὡς ἔφυ τι ποικίλον | Καὶ δυστέκμαρτον.*
Euripides (um 480—406 v. Chr.), Helena. Übers. v. Binder. V. 711—12 (Bote).

— Ich weiß wohl, daß die Gottheit | So hoch ist, tief und lang und breit, | Daß kein Gedanke, daß kein Mund | Ermisset ihrer Wunder Grund. Mittelhochdeutsch: Ich weiz wol, daz diu goteheit | Sô hôch ist, tief, lanc unde breit, | Daz gedanc noch mundes wort | Mac gahten sîner wunder ort.
Vrîdankes Bescheidenheit (1225—1240). Übertr. v. Pannier. Nr. 2. v. d. messe.

Gottheit. — Wer die Gottheit wollt' ergründen, | Könnt' doch zuletzt nicht Worte finden. Mittelhochdeutsch: Swer ergründen wil die gotheit, | Der enweiz ze jungest, was er seit.

Vrîdankes Bescheidenheit (1225—1240). Übertr. v. Pannier. Nr. 42. v. unkünde.

— Tod und Verderben ist der Gottheit Siegel.

Friedr. von Schiller, Semele (ged. 1784). Sz. 2 (Zeus).

— Nehmt die Gottheit auf in euern Willen; | Und sie steigt von ihrem Weltenthron.

Friedr. von Schiller, Gedichte. D. Ideal u. d. Leben (ged. 1795).

— Ohne eine Gottheit gibt's für den Menschen weder Zweck, noch Ziel, noch Hoffnung, nur eine zitternde Zukunft, ein ewiges Bangen vor jeder Dunkelheit.

Jean Paul (Joh. Paul Friedr. Richter), Selina (1827).

— Auch der einzelne vermag seine Verwandtschaft mit der Gottheit nur dadurch zu betätigen, daß er sich unterwirft und anbetet.

Joh. Wolfg. von Goethe, A. meinem Leben. Dichtung u. Wahrheit (1809—1831).

— Im Herzen kündet sich die Gottheit an | So still, so leis, so heimlich wie ein Geist.

Leop. Schefer, Laienbrevier (1834). Jan. Nr. 28.

— Den vernünftigsten Altar der Gottheit fand schon Apostel Paulus zu Athen: Dem „unbekannten Gott". Karl Jul. Weber, Demokritos (1832—1840). D. Religion u. d. Religionen.

— Der Denker verehrt die Gottheit; sie spricht zu seinem Kopf wie zu seinem Herzen; der große Haufe verehrt bloß die, welche sich dem Priester geoffenbart hat, und Priester sind ja — Menschen.

Karl Jul. Weber, Demokritos (1832—1840). D. Freigeisterei.

— O wie schön und wie göttlich ist die Berührung zweier Seelen, die sich auf ihrem Wege zur Gottheit begegnen!

Friedr. von Schiller, Briefwechsel mit Körner (1847).

— In den Fällen, wo ein rasches Eingreifen der Gottheit tausendfältiges Elend verhindern könnte, versteckt sie sich und ist nicht zu finden. Und wenn der Mensch nach unsagbaren Kämpfen sich selbst geholfen hat, dann sagen die Menschen: Das hat Gott getan; das kommt von Gott.

Anselm Feuerbach, Ein Vermächtnis (1882).

Göttlich. — Alles ist göttlich, was wahr, heilig und untrüglich ist.

Ulrich (Huldreich) Zwingli, Sämtl. Werke (1533).

— Was göttlich ist, verdirbet nicht.

Karl Friedr. Drollinger, Gedichte (1743). Über d. Unsterblichkeit d. Seele.

Göttliche, das. — Alles Göttliche auf Erden | Ist ein Lichtgedanke nur.

Friedr. von Schiller, Gedichte. D. Gunst d. Augenblicks (ged. 1802). Mel. v. Joh. Friedr. Reichardt (1810).

— Das hohe Göttliche, es ruht in ernster Stille; | Mit stillem Geist will es empfunden sein!

Friedr. von Schiller, D. Huldigung d. Künste (ged. 4.—8. Nov. 1804). (Tanz).

Göttliche, das. — ... was wissen wir denn von der Idee des Göttlichen, und was wollen denn unsere engen Begriffe vom höchsten Wesen sagen!

Joh. Peter Eckermann, Gespräche mit Goethe in d. letzten Jahren seines Lebens (8. März 1831).

— Der Mensch muß ein Höheres, ein Göttliches anerkennen — ob in sich, über sich, gleichviel. Ohne einen Blick auf ein solches fällt er vorn über und läuft auf vieren.

Rob. Hamerling, Danton u. Robespierre (1870).

— Du willst mit nüchternem Verstand | Das Göttliche beweisen? | Das heißt nach einem Fabelland | Auf Eisenbahnen reisen.

Otto von Leixner, A. d. Vogelschau (1889).

Gottlos. — Die Götter sehn und richten, wenn auch spät, | Wer gottlos wird und sich zur Torheit wendet. Griech.: *Θεοὶ γὰρ εὖ μὲν, ὀψὲ δ' εἰσορῶσ', ὅταν | Τὰ θεῖ' ἀφεὶς τις εἰς τὸ μαίνεσθαι τραπῇ.*

Sophokles (um 496—406 v. Chr.), Ödipus in Kolonos. Übers. v. Jordan. V. 1532—33 (Ödipus).

— ... denn gottlos ist jeder, welcher meint, die Menschen könnten handeln ohne Gott.

Ludw. Börne, Gesammelte Schriften (1862—1863).

— ... du bist nicht ein Gott, dem gottlos Wesen gefällt. Ps. 5, V. 5.

Gottlosen, die. — Wohl dem, der nicht wandelt im Rat der Gottlosen! Ps. 1, V. 1.

— ... aber der Gottlosen Weg vergehet.

Ps. 1, V. 6.

— Der Gottlosen Weg aber ist wie Dunkel.

Spr. Sal., K. 4, V. 19.

— ... Feuer und Würmer ist Rache über die Gottlosen. Jes. Sir., K. 7, V. 19.

Gott-Natur. — Was kann der Mensch im Leben mehr gewinnen, | Als daß sich Gott-Natur ihm offenbare, | Wie sie das Feste läßt zu Geist verrinnen, | Wie sie das Geisterzeugte fest bewahre!

Joh. Wolfg. von Goethe, Gedichte. Bei d. Betrachtung v. Schillers Schädel (ged. Sept. 1826).

Gottseligkeit. — ... wie Gottseligkeit mächtiger ist denn alle Dinge.

Wsh. Sal., K. 10, V. 12.

Gottverächter. — Endlich und am rechten Tag | Ereilt des Gottverächters Haupt das Strafgericht. Griech.: *Χρόνῳ τοι κυρίῳ τ' ἐν ἡμέρᾳ | Θεοὺς ἀτίζων τις βροτῶν δώσει δίκην.*

Äschylus, D. Schutzflehenden (um 472 v. Chr.). Übers. v. Minckwitz. V. 698—99 (Danaos).

Gottvertrauen. — Aber selig ist der Man, | Der auff Gott trawen kan.

Wahlspr. d. Casimir Aquila (1547).

— Ach Gott, wie gern ich wissen wollt', | Wem ich auf Erden vertrauen sollt'. | Ich will vertrauen dem lieben Gott, | Er wird mir helfen aus aller Not. Stammbuchinschrift (1618).

Gottvertrauen. — Sei nicht betrübt, Gott ist mit uns, | Vor ihm besteht kein Mensch, noch Kunst; | Kein Mensch mag je verlassen sein, | Der nur auf Gott vertraut allein.

Kirchenges. (1625). D. Königstochter a. Engelland.

— Trau! schau! wem? Gott trau, | In der Welt hingegen schau!

Friedr. von Logau, Deutsche Sinn-Getichte (1654). Trau! schau! wem?

— Wer Gott, dem Allerhöchsten, traut, | Der hat auf keinen Sand gebaut.

Georg Neumark, Fortgepflanzter Poetischer Lustwald (1657). T. 1. Trostlied.

— Wer ihm (Gott) vertraut, | Stets auff ihn baut | Und festiglich kan hoffen, | Der hat das Ziel | Auff disem Spiel | Zum allerbesten troffen.

Joh. Rist, Geistl. Poetische Schriften (1657—1659). T. 2. Sonderbahre himmlische Lieder. Ein Danck- u. Bittlied.

— Dem Herren mußt du trauen, | Wenn dirs soll wohl ergehn!

Paul Gerhardt, Geistl. Andachten. Befiehl d. Herrn deine Wege u. hoffe auf ihn; er wirds wohl machen (1659).

— Im Herzen rein, | Hinauf gen Himmel schauen | Und sagen: Gott! du Gott, bist mein Vertrauen! | Welch Glück, o Mensch, kann größer sein?

Christ. Fürchtegott Gellert, Geistl. Oden u. Lieder (1757). D. Glück eines guten Gewissens.

— Mein Sprüchlein heißt: Auf Gott vertrau', | Arbeite brav und leb' genau!

Gottfr. Aug. Bürger, Gedichte (1796—1797). D. Raubgraf.

— Vertrau' auf Gott und rette den Bedrängten! Friedr. von Schiller, Wilh. Tell (1804). A. 1, Sz. 1 (Tell).

— Wir wollen trauen auf den höchsten Gott | Und uns nicht fürchten vor der Macht der Menschen!

Friedr. von Schiller, Wilh. Tell (1804). A. 2, Sz. 2 (Rösselmann).

— Das heißt | Nicht Gott vertrauen! Das heißt Gott versuchen!

Friedr. von Schiller, Wilh. Tell (1804). A. 3, Sz. 1 (Hedwig).

— Wer Gott vertraut, | Hat wohl gebaut | Im Tode und im Leben; | Sein Recht wird oben schweben.

Ernst Moritz Arndt, Gedichte. Lieder a. d. Katechismus für d. deutschen Wehrmann (ged. 1813). Nr. 1. Trostlied. Schlußv.

— Wer Gott vertraut, | Ist schon auserbaut.

Joh. Wolfg. von Goethe, Gedichte. Gott, Gemüt u. Welt (ged. 1812—1814).

Gottvertrauen. — . . . doch groß ist das Vertrauen | Auf den gerechten Gott! | Wo seine Engel ihre Vesten bauen, | Sind Höllenkünste Spott.

Theod. Körner, Leier u. Schwert (1814). Lied d. schwarzen Jäger.

— Enkel, fest ist mein Vertrauen! | Wenn's dem lieben Gott gefällt, | Kann er uns die Mauer bauen; | Was er will, ist wohl bestellt.

Clemens Brentano, Schneeglöckchen (1819). D. Gottesmauer.

— Ich frug: was hat erhalten dich? | Da sprach das Herz: — das, kannst drauf bauen, | Daß mit dem Blute immer mich | Durchfloß ein Balsam, Gottvertrauen.

Justinus Kerner, Dichtungen (1834). Gedichte. Lieder d. Schmerzes. D. Balsam d. wunden Herzens. Schlußv.

— Drei Pflanzen pfleg' in deinem Garten: Gott über alles vertrauen, | Auf eignes Können bauen | Und von den Menschen nichts erwarten.

Ernst Ziel, Moderne Xenien (1889). Ethisches. Nr. 36.

— Wer Gott vertraut | Und feste um sich haut, | Wird nimmermehr zuschanden.

Alter Reiterspr., v. Kaiser Wilh. II. unter ein d. Hofprediger Frommel gewidmetes Bild geschrieben (1895).

— Echtes Gottvertrauen ist wie das tiefe Meer im Tagesschimmer: es leuchtet im Sonnenglanze der Liebe und spiegelt den Himmel, trotzdem alle gescheiterten irdischen Hoffnungen in seinen Tiefen versunken ruhen.

Otto von Leixner, A. meinem Zettelkasten (1896). Glaube. Religion. Gott.

— Vertraue Gott, so wird er dir aushelfen!

Jes. Sir., K. 2, V. 6.

— . . . wer dem Herrn vertrauet, dem wird nichts mangeln! Jes. Sir., K. 32, V. 28.

— Bete rein, | Traw Gott allein! | Arbeite fein, | Die sorg laß Gott befohlen sein! | Wer Gott hertzlich vertrawen kan, | Der ist ein vnverdorben man. Spr. an einem Hause in Rostock.

— Im Unglück hab' einen guten Mut; | Trau' Gott, es wird wohl wieder gut! Wartburgspr.

— Wer Gott dem Herrn allzeit tut trauen, Der wird im Himmel und auf Erden bauen.

Spr. an einem Hause. Schweiz.

Götze. — Hau' deinen Götzen mutig um, | Es sei Geld, Wollust oder Ruhm!

Matthias Claudius, Sämtl. Werke d. Wandsbecker Boten. T. 7 (1803). Ein gülden ABC.

— Wer nur sein eigner Götze war, | Geht unter in dem Staube.

Aug. Graf von Platen-Hallermund, Gedichte. Verm. u. Gelegenheitsgedichte. Osterlied (ged. 1820).

— Nicht der Priester, die Anbetung schafft den Götzen.

Ludw. Börne, Gesammelte Schriften (1862—1863). Kritiken. Nr. 26. D. ewige Jude.

Götzenmacher. — . . . die Götzenmacher müssen allesamt mit Schanden und Hohn bestehen.

Jesaias, K. 45, V. 16.

Grab. — Kein Begegnis findet ihn (den Menschen) ratlos. | Dies eine nur erzwingt er sich nie: | Zu entrinnen der Gruft (dem Grab). Griech.: *Ἄπορος ἐπ' οὐδὲν ἔρχεται | Τὸ μέλλον· Ἅιδα μόνον | Φεῦξιν οὐ πεπάσεται.*

Sophokles (um 496—406 v. Chr.), Antigone. Übers. v. Jordan. V. 359—61 (Chor).

— Gleiches Erdreich (das Grab) | Schließt dem armen Mann sich auf | Und Königskindern. Lat.: **Aequa tellus | Pauperi recluditur | Regumque pueris.**

Quint. Horatius Flacc., Oden (um 23 v. Chr.). Übers. v. Voß. B. 2, Nr. 18, V. 32—34.

— Sorge dafür, daß man dir am Grabe Gutes nachsagen kann! Talmud (3. Jahrh.).

— Entgehen konnte keiner noch diesem Aufenthalt (dem Grabe), | Wer Bettler oder König, wer jünger oder alt.

A. d. Persischen d. Hafis (um 1300—1389). Übers. v. Rosenzweig.

— Der Baum verdirbt, die Frucht fällt ab; | Gott hat die Seel', den Leib das Grab.

Grabspr. auf d. Kirchhofe zu Basel (1571).

— Hier (im Grabe) lauert kein Verrat, hier schwillt kein Neid, | Wächst kein verhaßter Zwist, kein Sturm für euch, | Kein Lärm; nur Schweigen und ein ew'ger Schlaf. Engl.: **Here (in the tomb) lurks no treason, here no envy swells! | Here grow no damned grudges; here are no storms, | No noise, but silence and eternal sleep.**

William Shakespeare, Titus Andronicus (1590—1591). Übers. v. Schlegel. A. 1, Sz. 1 (Titus).

— Bedenkt den lauf, | Man geht heut' auf | Und morgen wieder ab, | Man muß darvon, | Der letste lohn | Ist nur ein kaltes grab.

Joh. Grob, Dichterische Versuchgabe (1678). Als er sich in einem walde ergieng.

— Das Leben lebt erst jenseits des Grabes. Engl.: **Life lives beyond the grave.**

Edward Young, Nachtgedanken (1742). Übers. v. Graf Bentzel-Sternau. Nacht 3, V. 512.

— Grab und Bahre warten nicht.

Joh. Christ. Günther, Gedichte (1746). Studenten-Lied.

— Tritt im Geist zum Grab oft hin, | Siehe dein Gebein versenken; | Sprich: Herr, daß ich Erde bin, | Lehre du mich selbst bedenken!

Christ. Fürchtegott Gellert, Geistl. Oden u. Lieder (1757). V. Tode.

— . . . Ehre, Glück und Habe | Verläßt mich einst im Grabe.

Christ. Fürchtegott Gellert, Geistl. Oden u. Lieder (1757). Vertrauen auf Gottes Vorsehung.

— Wir wandern wenig Jahre | Sehr mühsam auf der Welt, | Bis uns die Todten Bahre | Ins Grab zusammengesellt.

Spr. an einem Hause. Unterinntal (1769).

— Nimmer gibt das Grab zurück.

Friedr. von Schiller, Gedichte. Eine Leichenphantasie (ged. 1780). Schlußv.

Grab. — Das Grab ist tief und stille, | Und schauderhaft sein Rand.

Joh. Gaudenz Freiherr von Salis-Seewis, Gedichte. D. Grab (ged. 1783). Mel. v. Hans Georg Nägeli (komp. 1822).

— Nur durch die dunkle Pforte (das Grab) | Geht man der Heimat zu.

Joh. Gaudenz Freiherr von Salis-Seewis, Gedichte. D. Grab (ged. 1783). Mel. v. Hans Georg Nägeli (komp. 1822).

— Das sind nur Schauer, die sich um das Wort (Grab) herumlagern. — Weg mit diesen, und es liegt ein Brautbette da, worüber der Morgen seinen goldenen Teppich breitet und die Frühlinge ihre bunten Girlanden streuen.

Friedr. von Schiller, Kabale u. Liebe (1784). A. 5, Sz. 1 (Luise).

— Hoheit, Ehre, Macht und Ruhm sind eitel! | Eines Weltgebieters stolze Scheitel | Und ein zitternd Haupt am Wanderstab | Deckt mit Einer Dunkelheit das Grab!

Friedr. von Matthisson, Schriften. Gedichte. Elegie, in d. Ruinen eines alten Bergschlosses geschrieben (1787).

— Im Schoß der Erde (im Grabe) ruht sich's wohl, | So still und ungestöret; | Hier ist das Herz oft kummervoll, | Dort wird's durch nichts beschweret.

Herm. Wilh. Frz. Ültzen, Gedichte. D. Liedchen v. d. Ruhe (1788). Mel. v. Joh. Daniel Gerstenberg (komp. 1788) u. Ludw. van Beethoven.

— Im Grabe ist Ruh'!

Christ. Erhard Langhansen, Gedichte. D. Ruhe im Grabe (ged. 1791). Mel. v. Georg Karl Claudius (1780).

— Alle Pfade, die zum Leben führen, | Alle führen zum gewissen Grab.

Friedr. von Schiller, Gedichte. D. Ideal u. d. Leben (ged. 1795). (Nur in d. ersten Fassung d. Gedichtes enthalten.)

— Er gräbt und schaufelt, solang' er lebt, | Und gräbt, bis er endlich sein Grab sich gräbt.

Friedr. von Schiller, Wallensteins Lager. Sz. 11. Reiterlied (ged. 1797). Mel. v. Christ. Jak. Zahn (1798).

— Droben bringt man sie zu Grabe, | Die sich freuten in dem Tal. | Hirtenknabe! Hirtenknabe! | Dir auch singt man dort einmal.

Ludw. Uhland, Gedichte. Lieder. D. Kapelle (ged. 21. Sept. 1805). Schlußv. Mel. v. Konradin Kreutzer (komp. 1824).

— Kränzet die Tore des Todes mit Palmen! | Und singet der ewigen Freiheit Psalmen! | Und steuert mutig zum Hafen hinein! | Das Grab, das Grab soll Triumphtor sein!

Aug. Mahlmann, Sämtl. Schriften. Gedichte. D. Grab (ged. 1806). Schlußv. Mel. v. Aug. Harder (1807).

— Nur der, der keine Liebe hinterläßt, hat wenig Freude vom Grabe. Ital.: **Sol chi non lascia eredità d'affetti — | Poca gioia ha dell' urna.**

Ugo Foscolo, D. Gräber (1806—1807). Übers. v. Pozzoni.

Grab. — Warm konnt' ich hoffen und unnennbar lieben, | Und treu beharrt' ich, wo ich Liebe gab. | Was ist von allen tröstend mir geblieben, | Von Lieb' und Hoffnung? — Nur ein einsam Grab. Grabspr. Halle (1822).

— . . . in allen Menschen die Ahnung liegt, jenseits des Grabes die wiederzufinden, die vorangegangen sind, und die um sich zu versammeln, die nach uns übrig bleiben.
Wilh. Freiherr von Humboldt, Br. an eine Freundin (9. Mai 1826).

— Der Antwort ernsteste ist doch das Grab.
Joh. Wolfg. von Goethe, Werke (1827—1830). Gedichte. A. fremden Sprachen.

— Nur am Grabe zeigt sich's, ob das Leben | Uns die Wahrheit, wie den Schein gegeben.
Gotthilf Aug. Freiherr von Maltitz, Sonnenblicke am Wolkenhimmel des Lebens (1830).

— Das Grab verdienen ist die höchste Ehre | Des Menschen.
Leop. Schefer, Laienbrevier (1834). Sept. Nr. 11.

— Ruhm, Jugend, Stolz, — das Grab weiß alle zu erfassen! Franz.: Gloire, jeunesse, orgueil, biens que la tombe emporte.
Viktor Hugo, Dämmerungsges. (1835). Übers. v. Geibel.

— Das allein Beständ'ge ist das Grab.
Anastasius Grün (Anton Alexander Graf von Auersperg), Schutt (1836).

— Überm Grabe fällt der Schleier; | Heil uns, Brüder, mit ihm fällt | Jedes Gaukelspiel der Welt!
Aug. Mahlmann, Sämtl. Schriften (1839—1840). Gedichte. Deutscher Rundges. Mel. v. J. J. Rößler.

— . . . das Höchste, | Was sich der Mensch auf dieser Erd' erwirbt, | Ist doch ein Grab, betaut von Liebestränen.
Ernst Raupach, Corona v. Saluzzo (1840). A. 4, Sz. 2.

— . . . was ist das Grab? | Ein Tor zu bessern Zonen, | Wo ruhen wird der Bettlerstab | Vertraut bei Kaiserkronen.
Aug. Langbein, Sämtl. Gedichte (1841). Bd. 1. D. Abenteuer d. Pfarrers Schmolke u. Schulmeisters Bakel.

— Geht nun hin und grabt mein Grab, | Denn ich bin des Wanderns müde!
Ernst Moritz Arndt, Gedichte. Geistl. (geb. 1807—1843). Grablied.

— O Grab, du bist das Paradies | Für pöbelscheue, zarte Ohren. — | Der Tod ist gut, doch besser wär's, | Die Mutter hätt' uns nie geboren.
Heinr. Heine, Sämtl. Werke. Letzte Gedichte (1853—1856). Ruhelechzend. Schlußv.

— Ob wir spotten oder ernst sind, kriechen oder hüpfen, zaudern oder fortstürmen, hoffen oder fürchten, glauben oder zweifeln, — am Grabe begegnen wir uns alle.
Ludw. Börne, Gesammelte Schriften (1862—1863).

Grab. — Den Dornpfad von der Wiege bis zum Grab | Muß jeder gehn, ob mit, ob ohne Stab; | Die Einen unterscheiden sich von andern | Nur durch die Art, wie sie durchs Leben wandern.
Friedr. von Bodenstedt, A. d. Nachlasse Mirza-Schaffys (1874). B. 3. B. d. Spr. Nr. 10.

— Wie geht's in der Welt? | Bald so, bald so, Bald hier, bald do, | Bergauf, bergab — | Zuletzt ins Grab.
Viktor Blüthgen, Einfälle u. Ausfälle (1905). Butzenscheiben. Nr. 2. Paraphrasen.

— Wer im Grabe liegt, dem ist wohl gebettet. Sprichwort.

— Er dreht sich im Grabe herum (wird von einem Toten gesagt, wenn dessen Reden, Werke oder Taten in durchaus falscher Weise angeführt werden, oder wenn man sonst dagegen sich versündigt). Sprichwörtl. Redensart.

— Mit einem Fuße im Grabe stehen (schwer krank sein). Sprichwörtl. Redensart.

— In diesem Grab liegt Anich Peter; | Die Frau begrub man hier erst später. | Man hat sie neben ihm begraben; | Wird er die ewige Ruh' nun haben? Grabspr. Oberperfuß, Tirol.

— Wie eine Blume fällt, so fällt der Mensch ins Grab. Inschrift in d. Johanniskirche zu Danzig.

Gräber. — . . . o Mensch, | Genießest über Gräbern!
Joh. Wolfg. von Goethe, Gedichte. Kunst. D. Wandrer (geb. 1771).

— Was heißt die Zukunft, die uns Gräber decken? | Die Ewigkeit, mit der du eitel prangst? | Ehrwürdig nur, weil Hüllen sie verstecken, | Der Riesenschatten unsrer eignen Schrecken | Im hohlen Spiegel der Gewissensangst.
Friedr. von Schiller, Gedichte. Resignation (geb. 1784).

— Die Stunde kommt, die Stunde kommt, | Wo du an Gräbern stehst und klagst!
Ferd. Freiligrath, Zwischen d. Garben (1849). Eigenes. O lieb', so lang du lieben kannst!

— Wehe euch, . . . die ihr seid wie die übertünchten Gräber! Matth., K. 23, V. 27.

Gräberschmuck. — Das was ein groß dorheit der welt, | Das man leit ein so mähtig gelt | An gräber, do man würfet hein | Den äschsack und die schelmenbein, | Und gab so grossen kosten uß, | Das man den würmen macht ein hus, | Und durch der selen willen nüt | Düt, die doch leben müß alzit. Seb. Brant, D. Narrenschif (1494). Nr. 85. Nit fürsehen d. tod.

Grabeslinnen. — Sei Kaiser, Sultan, Papst! In Grabeslinnen | Gewickelt bist du und ein nackter Leib; | Heut' oder morgen mußt du drin erkalten. Gerhart Hauptmann, D. arme Heinr. (1902). A. 2, Sz. 6 (Heinr.).

Grabesmoos. — Ein Kraut nur heilt Menschenwunden, | Menschenwunden klein und groß; | Ein Tuch nur hält sie verbunden, — | Leichentuch und Grabesmoos.

Justinus Kerner, Dichtungen (1834). Gedichte. Medizinisches. D. Kranke an d. Arzt. Schlußv.

Grabesmund. — Wenn je sein Schweigen bräche | Des Grabes Mund, | Wenn je der Tote spräche, | Er gäbe kund: | „Das einzig friedensvolle, | Das höchste Gut, | Das ist die Erdenscholle, | Die auf mir ruht."

Hieronymus Lorm (Heinr. Landesmann), Gedichte (1880).

Grabesnacht. — Soll hell sein wie der Tag die Grabnacht dir; | Zünd' an die Leuchte guter Werke hier!

A. d. Persischen d. Sadi, Fruchtgarten (1257). Übers. v. Graf.

Grabgesang. — Von dem Dome, | Schwer und bang, | Tönt die Glocke | Grabgesang.

Friedr. von Schiller, Gedichte. D. Lied v. d. Glocke (ged. Sept. 1799).

Grabhügel, der. — Schätze haben Flügel; | Ehr' hat keinen Zügel; | Lust kommt aus dem Bügel; | Alles deckt ein Hügel. Spr. an einem Hausgerät.

Grabschrift. — Ich gehöre zu den Leuten, die Wert auf eine gute Grabschrift legen und auf ein gutes Zeugnis meiner Mitbürger.

Otto von Bismarck zu d. Oberbürgermeistern Badens in Friedrichsruh (12. Juni 1895).

— Er ist verlogner als eine Grabschrift. Ital.: È più bugiardo d'un epitaffio.

Sprichwörtl. Redensart.

Grabschriften. — Auf Grabschriften stehen auch die größten Lügen.

Karl Jul. Weber, Demokritos (1832—1840). Über kom. Grabschriften.

Grabsteine. — Die Lüge, Mensch! ist dein Vergnügen; | Du lehrst sogar die Steine lügen.

Joh. Christoph Friedr. Haug, Sinngedichte (1791). Über Grabschriften auf d. Gottesacker.

Gracchen. — Wer mag dulden die Gracchen, um Aufruhr Klage erhebend (da sie ja selbst Aufrührer sind)? Lat.: Quis tulerit Gracchos de seditione querentes?

Decimus Junius Juvenalis, Sat. (um 100). Übers. v. Hanckermann. Nr. 2, V. 24.

Gram. — Im Gram verharren zeugt von niedrem Sinne.

A. d. Persischen d. Rûmî (um 1207—1273). Diwan. Übers. v. Rosenzweig.

— Den wilden Gram macht die Gewohnheit zahm. Engl.: But that still use of grief makes wild grief tame.

William Shakespeare, Richard III. (1592). Übers. v. Schlegel. A. 4, Sz. 4 (Elisabeth).

— Hör' auf mit deinem Gram zu spielen, | Der wie ein Geier dir am Leben frißt!

Joh. Wolfg. von Goethe, Faust, I (1808). Studierzimmer (Mephistopheles).

Gram. — Es hat der Gram sein Alter, wie die Jahre. Frz. Grillparzer, D. goldene Vlies (1822).

— . . . zerstreuen lassen sich tiefe Gemüter nicht, sie finden vielmehr sich selbst und mit sich die Ruhe dadurch wieder, daß sie sich absichtlich mit den Gegenständen ihres Grams beschäftigen.

Wilh. Freiherr von Humboldt, Br. an eine Freundin (14. Juni 1833).

— Gram! wärest du ein Tiger doch! | Das Herz zerrissest du im Sturm. | Gram! bist fühlloser, — bist ein Wurm!

Justinus Kerner, Dichtungen (1834). Lieder d. Schmerzes. Wurm u. Tiger.

— Du wirst es nie zu Tücht'gem bringen | Mit trüben Grames Träumerein; | Die Tränen lassen nichts gelingen; | Wer schaffen will, muß fröhlich sein.

Theod. Fontane, Gedichte (1875). Lieder u. Spr.

Grämen. — Doch selbst beraubst du dich durch nutzlos Grämen. Engl.: He robs himself, that spends a bootless grief.

William Shakespeare, Othello (um 1601—1605). Übers. v. Graf Baudissin. A. 1, Sz. 3 (Doge).

Grämen, sich. — Der muß sich selbst auff fressen, | Der in geheim sich nagt (sich grämt).

Simon Dach, Perstet amicitiae semper venerabile faedus (1652).

— Der Mensch stirbt mehr alß Einen Todt, ! Der sich zur Vnzeit grämet.

Rob. Roberthin, Mey=Lied (1652).

— Warum sollt' ich mich denn grämen?

Paul Gerhardt, Geistl. Andachten. Christliches Freudenlied (1653).

Grammatik. — Die Grammatik, welche sogar die Könige zu beherrschen weiß. Franz.: La grammaire qui sait régenter jusqu'aux rois.

Molière (Jean Baptiste Poquelin), D. gelehrten Frauen (1672). Übers. v. Graf Baudissin. A. 2, Sz. 6 (Philaminte).

Gras. — Jedes Gras wird Stroh. Ital.: Ogni erba divien paglia.

Toskanisches Sprichwort.

— Darüber ist längst Gras gewachsen (das ist längst vorüber, vergessen). Sprichwörtl. Redensart.

— Das Gras wachsen hören (überklug sein).

Sprichwörtl. Redensart.

— Ins Gras beißen (sterben) müssen.

Sprichwörtl. Redensart.

Grau. — Grau, teurer Freund, ist alle Theorie | Und grün des Lebens goldner Baum.

Joh. Wolfg. von Goethe, Faust, I (1808). Studierzimmer (Mephistopheles).

— Vor einem grauen Haupt sollst du aufstehen! 3. Mos., K. 19, V. 32.

— Graue Haare sind Kirchhofsblumen.

Sprichwort.

— Das geht ins Aschgraue (ins Unglaubliche). Sprichwörtl. Redensart.

— In der grauen Vorzeit. Sprichwörtl.

Grauen, das. — O Grau'n! Lat.: Mirabile dictu.

Publ. Vergilius Maro (um 70 v. Chr. — 19 n. Chr.), Äneis. Übers. v. Voß. B. 4, V. 182.

Grauen, sich. — Heinrich! Mir graut's vor dir! Joh. Wolfg. von Goethe, Faust, I (1808). Kerker (Margarete).

Grausam. — Es ist grausam, menschlich zu handeln, und menschlich, grausam zu sein. Ital.: È crudel cosa agire da uomini, ed é da uomini l'esser crudele.

Katharina von Medici beim Hugenotten-Gemetzel nach d. Predigt d. Bischofs Muis (1572). Übers. v. Pozzoni.

— Wer sich nicht auf Mienen versteht, ist immer grausamer oder gröber als andere Leute; deswegen kann man auch gegen kleine Tiere eher grausam sein.

Georg Christoph Lichtenberg, Verm. Schriften (1800—1806). Bd. 1, Nr. 3. Bemerk. verm. Inhalts. Nr. 2. Psychologische Bemerk.

Grausamkeit. — Aber im Menschen liegt eine furchtbare Grausamkeit: so wie das Mitleiden bis zum Schmerze, so kann das strafende Leiden-Machen bis zur Süßigkeit anwachsen.

Jean Paul (Joh. Paul Friedr. Richter), Levana oder Erzieh-Lehre (1807). Bd. 1, Bruchstück 3, K. 7, § 64.

Grausen. — Mir graust, der Atem stockt, zu Berge steigt mein Haar! Lat.: Obstipui, steteruntque comae et vox faucibus haesit!

Publ. Vergilius Maro (um 70 v. Chr. — 19 n. Chr.), Äneis. Übers. v. Schiller. B. 2, V. 774.

Grazie. — Mit Grazie in infinitum.

Joh. Wolfg. von Goethe, Gedichte. Gesellige Lieder. Frühlingsorakel (ged. 1802).

— Wenn Venus ihr Gespiel Grazie nicht hat bei sich, so ist sie wie ein Bauernmensch.

Alter Spr.

Grazien. — ... der ungezogene | Liebling der Grazien (Aristophanes).

Joh. Wolfg. von Goethe, D. Vögel (1787). Epilog.

— ... haben alle Götter sich versammelt | Geschenke seiner Wiege darzubringen: | Die Grazien sind leider ausgeblieben.

Joh. Wolfg. von Goethe, Torquato Tasso (1789). A. 2, Sz. 1 (Tasso).

Greis. — Die Jugend sei nicht übermütig gegen einen Greis; denn was wir sind, ist er gewesen, und was er ist, das werden wir einst sein. Lat.: Non insolescant juvenes contra senes, quia, quod sumus, iste fuit; erimus quandoque, quod hic est.

Innocenz III. (1161—1216), Über d. Elend d. menschlichen Lebens. Übers. v. Rudolf. B. 1, K. 10.

— Wo bey der Jugend leichten Tänzen | Der Greis gekrönt mit Rosenkränzen | Sich der genoßnen Jugend freut, | Da blühet die goldene Zeit.

Christ. Felix Weiße, Kleine lyrische Gedichte (1772). Bd. 1. D. goldne u. eiserne Zeitalter. Schlußv.

Greis. — Niemand hört es gern, | Daß man ihn Greis nennt.

Joh. Wolfg. von Goethe, Faust, II (1831). A. 2. Klassische Walpurgisnacht. Pharsalische Felder (Greif).

— Laßt (o Götter) mich ein Greis werden, der die Jugend liebt und trotz der Altersschwäche noch immer teil nimmt an ihren Spielen und Gefahren!

Heinr. Heine, D. B. d. Lieder. Vorrede zur zweiten Auflage (Frühjahr 1837).

— ... das Urteil des Greises zittert weniger als sein Haupt.

Karl Jul. Weber, Demokritos (1832—1840). D. Alter. D. Fortsetzung.

— Der Genuß der Ruhe und heitern Betrachtungen ersetzt dem Greise besserer Art alles Feuer seiner Jugend; und je stürmischer seine Leidenschaften waren, desto höher schätzt er die Unabhängigkeit von der Welt.

Karl Jul. Weber, Demokritos (1832—1840). D. Alter. D. Schluß.

— Schön ist's, wenn bei der Jugend Ränken | Ein Greis sich ruhig weiß zu lenken | Und, statt daß er mit Poltern schilt, | Durch Scherze zwingt unflügge Toren.

Karl Immermann, Tristan u. Isolde (1841). D. Schwalben.

— Ehrwürdig ist der Greis, von dem man sagt: | Er ist ein Mann, auch noch so hochbetagt.

Jul. Hammer, Schau um dich u. schau in dich (1851). Junges Leben. D. Jugend, wenn du alterst, zu beneiden usw.

— Alles was den Greis entkräftet, das stärkt den Jüngling. Heinr. Heine, Verm. Schriften (1854).

— Was macht unerträglich der Jugend den Greis? | Wenn er durchaus nicht mehr sich zu erinnern weiß, | Daß er in seinen jungen Tagen | Auch manchmal über die Stränge geschlagen.

Daniel Sanders, 366 Spr. (1892). Nr. 189. Unerträgliches am Greise.

— Die Leber ist vom Hecht und nicht von einer Geiß; | Dem Greis gebührt der Stab, dem Kind das Birkenreis. Leberreim.

Greisenalter. — Das Greisenalter, das alle zu erreichen wünschen, klagen alle an, wenn sie es erreicht haben. Lat.: Senectus, quam ut adipiscantur omnes optant, eandem accusant adepti.

Marc. Tull. Cicero, Cato d. Ältere über d. Greisenalter (um 44 v. Chr.). Übers. v. Klotz. K. 2, § 4.

Greisentum. — Wertlos, ungesellig, schwach, | Freundlos kommt das Greisentum, | Die Vereinigung sämtlicher Übel. Griech.: *Ἀκρατὲς, ἀπροσόμιλον, | Γῆρας ἄφιλον, ἵνα πρόπαντα | Κακὰ κακῶν ξυνοικεῖ.*

Sophokles (um 496—406 v. Chr.), Ödipus in Kolonos. Übers. v. Jordan. V. 1232—34 (Chor).

Greisentum. — Indem wir trinken, uns | Um Kränze, Salben, Liebelei bemühn, | Beschleicht unmerklich uns das Greisentum. Lat.: Dum bibimus, dum serta, unguenta, puellas | Poscimus, obrepit non intellecta senectus.
Decimus Junius Juvenalis, Sat. (um 100). Übers. v. Weber. Nr. 9, V. 128—29.

Grenadiere. — Nach Frankreich zogen zwei Grenadier', | Die waren in Rußland gefangen.
Heinr. Heine, D. B. d. Lieder. Junge Leiden. Romanzen. Nr. 6. D. Grenadiere (ged. 1819). Mel. v. Karl Gottl. Reissiger, Rob. Schumann, Wilh. Heiser u. a.

Grenzen. — Und der Mensch hat seine Grenzen, | Grenzen, über die hinaus | Sich sein Mut im Staube windet, | Seiner Klugheit Aug' erblindet, | Seine Kraft wie Binsen bricht | Und sein Innres zagend spricht: | Bis hierher und weiter nicht!
Frz. Grillparzer, D. Ahnfrau (1817). A. 2 (Jaromir).

Greuel. — Greuel der Verwüstung.
Nach Daniel, K. 9, V. 27.

Grieche. — Traue keinen Schritt dem Griechen! Griech.: *Πιστὸν Ἑλλὰς οἶδεν οὐδέν.*
Euripides (um 480—406 v. Chr.), Iphigenie bei d. Tauriern. Übers. v. Minckwitz. V. 1205 (Iphigenie).

Griechen. — Und an dem Ufer steh' ich lange Tage, | Das Land der Griechen mit der Seele suchend.
Joh. Wolfg. von Goethe, Iphigenie auf Tauris (1787). A. 1, Sz. 1 (Iphigenie).

— Unter allen Völkerschaften haben die Griechen den Traum des Lebens am schönsten geträumt.
Joh. Wolfg. von Goethe, Werke (1827—1830). Maximen u. Reflexionen. Abteilung 3.

Grillen. — Fahret hin, fahret hin, | Grillen, geht mir aus dem Sinn!
Verfasser unbek. (um 1700). Volksweise.

— Sich mit Grillen plagen, | Ist den Blöden süß!
Friedr. (Maler) Müller, Gedichte. Freudenlied (1776).

— Wer wollte sich mit Grillen plagen, | Solang' uns Lenz und Jugend blühn?
Ludw. Hölty, Gedichte. Lieder. Aufmunterung zur Freude (ged. 1776). Mel. v. Joh. Friedr. Reichardt (1781).

— Kommen Grillen, die dich plagen, | Wiege sie mit Liedern ein!
Emanuel Geibel, Gesammelte Werke (1883). B. 3. Athen (ged. 1838—1840). Leichter Sinn.

— Grillen fangen (mißmutig sein).
Sprichwörtl. Redensart.

Grimm. — ... großer Grimm bringt Schaden.
Spr. Sal., K. 19, V. 19.

Grob. — Zum neuen Jahre Glück und Heil! | Auf Weh und Wunden gute Salbe! | Auf groben Klotz ein grober Keil! | Auf Einen Schelmen anderthalbe!
Joh. Wolfg. von Goethe, Gedichte. Sprichwörtl. (ged. 1812—1814).

Grob. — Überall will jeder obenauf sein, | Wie's eben in der Welt so geht. | Jeder sollte freilich grob sein, | Aber nur in dem, was er versteht.
Joh. Wolfg. von Goethe, Westöstlicher Diwan. B. d. Spr. Nr. 19 (ged. 1814).

— Du weißt wohl nicht, mein Freund, wie grob du bist?
Joh. Wolfg. von Goethe, Faust, II (1831). A. 2. Hochgewölbtes, enges, gotisches Zimmer (Mephistopheles).

— Grobe Säcke muß man nicht mit Seide nähen.
Sprichwort.

— Grob wie Bohnenstroh.
Sprichwörtl. Redensart.

— Er ist so grob wie en Schwarzwälder.
Schweizer Redensart.

Grobheit. — Göttliche Grobheit.
Nach Friedr. von Schlegel, Lucinde (1799).

— Würd' mit Grobheit | Ist Unsinn.
Christ. Dietr. Grabbe, Don Juan u. Faust (1829). A. 4, Sz. 4 (Don Juan).

— Höflichkeit scheinen viele mit Kriecherei zu verwechseln und Grobheit mit Männerstolz und Männerwürde.
Jer. Gotthelf (Albert Bitzius), Gesammelte Werke (1855—1858).

— Wackrer, heimatlicher Grobheit | Setze deine Stirn entgegen! | Artigen Leutseligkeiten | Gehe schweigend aus den Wegen!
Theod. Storm, Sämtl. Schriften (1868). Gedichte. Für meinen Sohn.

Grobheiten. — So wie es selten Komplimente gibt ohne alle Lügen, so finden sich auch selten Grobheiten ohne alle Wahrheit.
Gotthold Ephr. Lessing, Hamburgische Dramaturgie (1767—1768).

Grobian. — ... das Ding muß solchem Grobian | Grob zu verstehen geben man!
Joh. Friedr. Fischart, Kehrab (um 1576).

— ... selten hat ein Grobian Galle.
Gotthold Ephr. Lessing, Minna v. Barnhelm (1763). A. 1, Sz. 2 (Just).

Grobschmied. — Ein Grobschmied hat ein' Gesellen gehabt.
Volkslied.

— Ein Grobschmied saß in guter Ruh', | Raucht' seine Pfeif' Tabak dazu.
Altes Studentenlied.

Groll. — Zwischen Männern wirkt der Groll | Anziehender zuweilen als die Liebe.
Aug. Graf von Platen-Hallermund, D. Schatz d. Rhampsinit (1824). A. 5 (Rhampsinit).

Grollen. — Ich grolle nicht, und wenn das Herz auch bricht.
Heinr. Heine, D. B. d. Lieder. Lyrisches Intermezzo (ged. 1822—1823). Nr. 18. Mel. v. Rob. Schumann.

— Warum dir der und jener grollt? | Weil er dir eigentlich danken sollt'!
Karl Weitbrecht, Sonnenwende (1890). Abschnitt 3.

Groß. — Wahrhaft groß sein heißt: | Nicht ohne großen Gegenstand sich regen; | Doch einen Strohhalm selber groß verfechten, | Wenn Ehre auf dem Spiel. Engl.: Rightly to be great, | Is not to stir without great argument, | But greatly to find quarrel in a straw, | When honour's at the stake.

William Shakespeare, Hamlet (1601—1602). Übers. v. Schlegel. A. 4, Sz. 4 (Hamlet).

— Große Herren tun wohl sich zu befleißen, | Den Armen als den Reichen Recht zu leisten.

Friedr. Wilh., Kurfürst v. Brandenburg (1643).

— In einer großen Seele ist alles groß. Franz.: Dans une grande âme tout est grand.

Blaise Pascal, Gedanken (1670). Übers. v. Kleuker. V. d. Leidenschaften d. Liebe.

— Man mißt den Mann nicht nach der Elen aus; | Offt hat ein grosser Geist ein kleines Haus.

Hans Aßmann Freiherr von Abschatz, Poetische Übersetzungen u. Gedichte (1704). Sprüchwörter.

— Der ist groß, dessen Name die ganze Welt erfüllt. Lat.: Hic ille est magnus, qui toti inscribitur orbi.

Wahlspr. Ludw. XIV., Königs v. Frankreich (reg. 1661—1715).

— Bei Lebzeiten und ein halb Jahrhundert nach dem Tode für einen großen Geist gehalten werden, ist ein schlechter Beweis, daß man es ist; durch alle Jahrhunderte aber hindurch dafür gehalten werden, ist ein unwidersprechlicher.

Gotthold Ephr. Lessing, Schriften. Rettungen d. Horaz (1754).

— Nicht Erbrecht noch Geburt, das Herz macht groß und klein; | Ein Kaiser könnte Sklav', ein Sklave Kaiser sein.

Friedr. von Hagedorn, Sämtl. poetische Werke (1757). Moralische Gedichte. D. Glückseligkeit.

— Also warst du ein außerordentlicher Mann, wie alle berühmten Räuber auch waren, aber kein großer Mann; denn dieser muß zugleich redlich und tugendhaft sein.

Ewald Christ. von Kleist, Sämtl. Werke (1760). Prosaische Aufsätze. Nr. 3. Charon u. Catilina.

— Denn zu einem großen Mann gehört beides: Kleinigkeiten als Kleinigkeiten und wichtige Dinge als wichtige Dinge zu behandeln.

Gotthold Ephr. Lessing, Hamburgische Dramaturgie (1767—1768).

— Es ist eine Wollust, einen großen Mann zu sehn.

Joh. Wolfg. von Goethe, Götz v. Berlichingen (1773). A. 1. Herberge im Walde (Martin).

— So gewiß ist der allein glücklich und groß, der weder zu herrschen noch zu gehorchen braucht, um etwas zu sein!

Joh. Wolfg. von Goethe, Götz v. Berlichingen (1773). A. 1. Jaxthausen (Weislingen).

— Der große Mann braucht überall viel Boden; | Und mehrere, zu nah' gepflanzt, zerschlagen | Sich nur die Äste.

Gotthold Ephr. Lessing, Nathan d. Weise (1779). A. 2, Sz. 5 (Nathan).

Groß. — Bei einem großen Kopf ist jeder Gegenstand der Größe fähig.

Friedr. von Schiller, Briefwechsel mit Körner (18. Jan. 1788).

— Denn nur der große Gegenstand vermag | Den tiefen Grund der Menschheit aufzuregen.

Friedr. von Schiller, Wallensteins Lager. Prolog (ged. 1793).

— Ein Mensch, den die Sonnennähe eines großen Menschen nicht in Flammen und außer sich bringt, ist nichts wert.

Jean Paul (Joh. Paul Friedr. Richter), Hesperus (1795). B. 5, Nr. 14.

— Die großen Männer verdanken ein Viertel ihres Ruhmes der Kühnheit, zwei Viertel dem Glück und das letzte Viertel ihren Verbrechen. Ital.: La fama degli eroi spetta un quarto alla loro audacia, due quarti alla sorte, e l'altro quarto ai loro delitti.

Ugo Foscolo, Letzter Br. an J. Ortis (1802). Übers. v. Pozzoni.

— Ein geglaubter großer Mensch ist doch der einzige Vorgeschmack des Himmels.

Jean Paul (Joh. Paul Friedr. Richter), Flegeljahre (1804—1805).

— Man kann die Fehler eines großen Mannes tadeln, aber man muß nur nicht den Mann deswegen tadeln.

Georg Christoph Lichtenberg, Verm. Schriften (1800—1806). Bd. 1, Nr. 3. Bemerk. verm. Inhalts. Nr. 3. Moralische Bemerk.

— Unser Maßstab der Größe bleibe der alte: daß groß sei nur dasjenige, was der Ideen, die immer nur Heil über die Völker bringen, fähig sei und von ihnen begeistert!

Joh. Gottl. Fichte, Reden an d. deutsche Nation (1808). Rede 13.

— Wahrhaft große Männer sind immer einfach; ihr Betragen ist immer ohne Kunst und ohne Schminke.

Friedr. Maximilian von Klinger, Gesammelte Werke (1809—1815).

— Großer Menschen Werke zu sehn, | Schlägt einen nieder; | Doch erhebt es auch wieder, | Daß so etwas durch Menschen geschehn.

Friedr. Rückert, Östliche Rosen (1822).

— Wie von des Widders Glockenschell' begleitet | Die Schafe sich zum langen Zug vereinen, | Also beherrscht der große Mann die kleinen. Engl.: As a bell-wether forms the flock's connection | By tinkling sounds, when they go forth to victual; | Such is the sway of your great men o'er little.

George Gordon Lord Byron, Don Juan (1819—1824). Übers. v. Gildemeister. Ges. 7, Str. 48, V. 6.

— Was groß und göttlich ist, besteht.

Friedr. Hölderlin, Gedichte (1826). D. Schicksal.

— Denkt er ewig sich ins Rechte, | Ist er ewig schön und groß!

Joh. Wolfg. von Goethe, Gedichte. Verm. Gedichte. Dornburg (ged. Sept. 1828).

Groß. — Es kann viele Menschen geben, die groß wären, wenn sich ein Anlaß zeigte. Die wirklich großen aber sind die, welche selbst den Anlaß machen.

Ulrich Hegner, Gesammelte Schriften (1828). Gedanken, Meinungen, Urteile.

— Wer gar nichts wünschen, gar nichts hoffen könnte, | Der wäre groß!

Leop. Schefer, Laienbrevier (1834). März. Nr. 5.

— Wenn man einem durchaus und wahrhaft großen Charakter lange zur Seite steht, geht wie ein Hauch von ihm auf uns nieder.

Wilh. Freiherr von Humboldt (1767—1835), Br.

— Sie ist groß in ihrem Genre, aber ihr Genre ist klein. Franz.: **Elle est grande dans son genre, mais son genre est petit.**

Ausspr. d. Sängerin Angelica Catalani (1782—1849) über d. Sängerin Henriette Sonntag.

— Es gibt Naturen, die durch das groß sind, was sie erreichen, andere durch das, was sie verschmähen. Hermann Grimm, Essays (1859).

— Die in der Weltchronik | Als groß verzeichnet stehn und mächtig wirkten, | Sie haben ihr Jahrhundert wohl begriffen, | Doch die Ideen nimmer selbst gezeugt.

Emerich Madách, D. Tragödie d. Menschen (1861). A. d. Ungar. übers. v. Lechner. Sz. 7 (Luzifer).

— Nur große Herzen, dem Weltmeere gleich, gefrieren nie; dafür stürmen sie, und ihre Liebe ist gefahrvoller als der Haß der kleinen.

Ludw. Börne, Gesammelte Schriften (1862—1863).

— Ein Volk, daß die großen Männer seiner Geschichte nicht hochhält, ist wie ein Mensch, der seine Eltern verleugnet.

Berth. Auerbach, Tausend Gedanken d. Kollaborators (1876).

— Wer groß sich dünkt, sucht kleine Geister, | Aus niedrem Kreis sich selbst zu heben; | Wer klein sich fühlt, wählt große Meister, | An sie geschmiegt emporzustreben.

Anastasius Grün (Anton Alexander Graf von Auersperg), Gesammelte Werke (1877). Gedichte. Spr.

— Merkmal großer Menschen ist, daß sie an andere weit geringere Anforderungen stellen als an sich selbst.

Marie von Ebner-Eschenbach, Aphorismen (1893).

— Groß sein tut's nicht allein, | Sonst holte die Kuh den Hasen ein.

Spr. im Berliner Rathause. Erdgeschoß.

— Groot schip, groot water.

A. d. Seemannssprache.

Große, das. — Wer Großes vorhat, läßt sich gerne Zeit. Griech.: *Φιλεῖ γαρ ὀκνεῖν πρᾶγμ' ἀνὴρ πράσσων μέγα.*

Sophokles (um 496—406 v. Chr.), Elektra. Übers. v. Jordan. V. 313 (Chor).

Große, das. — Fast alles Große in der Welt ist durch das Genie und die Festigkeit eines einzelnen Mannes bewirkt worden, der gegen die Vorurteile der Menge ankämpfte, oder ihr welche beibrachte. Franz.: **Il ne s'est presque jamais rien fait de grand dans le monde que par le génie et la fermeté d'un seul homme qui lutte contre les préjugés de la multitude ou qui lui en donne.**

Voltaire (François Marie Arouet), Essay über d. Sitten d. Völker (1756). Übers. v. Mylius. K. 4.

— Es darf uns nicht niederschlagen, wenn sich uns die Bemerkung aufdringt, das Große sei vergänglich; vielmehr, wenn wir finden, das Vergangene sei groß gewesen, muß es uns aufmuntern, selbst etwas von Bedeutung zu leisten.

Joh. Wolfg. von Goethe, Ital. Reise (1786—1788).

— Wer etwas Großes leisten will, muß tief eindringen, scharf unterscheiden, vielseitig verbinden und standhaft beharren.

Friedr. von Schiller, Prosaische Aufsätze. Über d. notwendigen Grenzen beim Gebrauch schöner Formen (1795).

— Gewaltig kämpft und drängt das Würdige, das Große, | Zum Leben sich herauf.

Christoph Aug. Tiedge, Urania (1800). Ges. 5. Tugend.

— Wer Großes will, muß sich zusammenraffen.

Joh. Wolfg. von Goethe, Was wir bringen (1803). Sz. 19 (Nymphe).

— Wisset, ein erhabner Sinn | Legt das Große in das Leben, | Und er sucht es nicht darin.

Friedr. von Schiller, D. Huldigung d. Künste (ged. 4.—8. Nov. 1804). (Genius).

— Das Große nur bleibt ewig, unvergessen | Und hat kein Ende in dem Grab der Welt.

Theod. Körner, Zriny (ged. Juni 1812). A. 4, Sz. 4 (Soliman).

— Alles Große muß im Tod bestehen!

Theod. Körner, Leier u. Schwert (1814). D. Eichen. Mel. v. Friedr. Silcher (1823).

— Das wahre Große hebt uns über uns selbst hinaus und leuchtet uns vor wie ein Stern.

Joh. Wolfg. von Goethe, Wilh. Meisters Wanderjahre (1807—1821).

— Das Große bleibt frisch, erwärmend, belebend; | Im Kleinlichen fröstelt der Kleinliche bebend.

Joh. Wolfg. von Goethe, Gedichte. Epigrammatisch. Panacée (ged. 1823).

— Der Demant wird nur an dem Demant hell; | Der große Geist nur an dem Großen groß; | Das reine Herz bewährt sich nur am Reinen. Karl Phil. Conz, Gedichte (1824).

— Wollt ihr etwas Großes leisten, setzet euer Leben dran!

Aug. Graf von Platen-Hallermund, D. verhängnisvolle Gabel (1826). A. 1 (Schmuhl).

— Alles Große bildet, sobald wir es gewahr werden.

Joh. Peter Eckermann, Gespräche mit Goethe in d. letzten Jahren seines Lebens (16. Dez. 1828).

Große, das. — So pflegen Kinder und Volk das Große, das Erhabene in ein Spiel, ja in eine Posse zu verwandeln; und wie sollten sie auch sonst imstande sein, es auszuhalten und zu ertragen.

Joh. Wolfg. von Goethe, A. meinem Leben. Dichtung u. Wahrheit (1809—1831). B. 2.

— Um das Große zu schätzen und lieben, | Mußt du dich erst an dem Kleinen üben.

Georg Keil, Lyra u. Harfe (1834).

— Wer jemals Großes, Herrliches vollbracht, | War seiner Zeit ein Greuel, ein Zerstörer! | Abtrünnig, wert des Schierlingsbechers, wert | Des Kreuzes — und dann göttlicher Verehrung.

Leop. Schefer, Laienbrevier (1834). Jan. Nr. 18. Schlußv.

— Sich zu Großem hinaufzuschrauben, | Großes zu sich herabzuziehn, | Eins von beiden mußt du dem erlauben, | Dem eigne Größe nicht ist verliehn.

Friedr. Rückert, Gesammelte Gedichte (1834—1838). Vierzeilen. 1. Hundert, Nr. 78.

— Aus dem Kleinsten setzt | Sich Großes zusammen zuletzt, | Und keins darf fehlen von allen, | Wenn nicht das Ganze soll fallen.

Friedr. Rückert, Gesammelte Gedichte (1834—1838). Lyrische Gedichte. Vaterland.

— Ich denke, das wahre Große in der Welt | Ist immer nur das, was nicht gleich gefällt. | Und wen der Pöbel zum Gotte weiht, | Der steht auf dem Altar nur kurze Zeit.

Aug. Mahlmann, Sämtl. Schriften (1839—1840). Gedichte.

— Denn in sich ganz und einfach ist das Große.

Emanuel Geibel, Juniuslieder (1848). Sonette. Herbstblätter. Nr. 11. Schlußv.

— Das Schicksal liebt es oft, das Große | Aus scheinbar Kleine anzuketten; | Doch werden Gänse nicht zu Adlern, | Wenn sie das Kapitol auch retten.

Jul. Hammer, Schau um dich u. schau in dich (1851). Heiße Tage. D. Weltgesch. zu verstehen usw.

— Wer im Großen siegen will, | Sei im Kleinen fleißig; | Von ein, zwei kommt man zu drei, | Von dem Drei zum Dreißig.

Ernst Moritz Arndt, Gedichte (1860). Denkspr., Erinnerungsblätter. Nr. 12.

— Alles wahrhaft Große geht in der Welt nicht unter, und ob es schon scheinbar unterginge, es senkt wie die Pflanze, wenn sie abstirbt, das Samenkorn in die Erde, aus der es seinerzeit ... verjüngt wieder hervorgeht.

Rudolf von Ihering, D. Geist d. römischen Rechts (1852—1865).

— ... Großes wächst erst dann, wenn es verneint wird; | Dann faßt sich's selbst in seiner ganzen Kraft | Und bäumt sich auf in seiner ganzen Größe.

Rob. Hamerling, Ahasver in Rom (1866). Ges. 4. D. Brand.

Große, das. — Nur aus der Liebe heiligem Schoße, | Nur aus dem Herzen her stammt alles Große.

Ernst Eckstein, Murillo (1880).

Große, der. — Mit dem Mächtigen steigt der Geringe zugleich, | Und der Große gewinnt vom Kleineren Kraft. Griech.: *Μετὰ γὰρ μεγάλων βαιὸς ἄριστ' ἂν | Καὶ μέγας ὀρθοῖθ' ὑπὸ μικροτέρων.*

Sophokles (um 496—406 v. Chr.), Ajas. Übers. v. Jordan. V. 160—61 (Chor).

— Wie leicht wird es einem Großen, die Gemüter zu gewinnen! Wie leicht eignet er sich die Herzen zu. Ein gefälliges, bequemes, nur einigermaßen menschliches Betragen tut Wunder, und wie viele Mittel hat er, die einmal erworbenen Geister festzuhalten.

Joh. Wolfg. von Goethe, Wilh. Meisters Lehrjahre (1777—1796).

— Denn niemals werden Groß und Klein sich anziehn und ertragen.

Friedr. Hebbel, Gedichte (1857). D. Dichters Testament. Prolog zu Goethes hundertjähriger Geburtsfeier.

Größe. — Allein wer Adel nicht, noch Größe kennt, | Der zittert, wenn man große Namen nennt.

A. d. Persischen d. Firdusi (um 940—1020). Sat. auf Sultan Mahmud. Übers. v. Schack.

— Zwar, Größe, wenn sie mit dem Glück zerfällt, | Zerfällt mit Menschen auch. Engl.: 'Tis certain, greatness, once fallen out with fortune, | Must fall out with men too.

William Shakespeare, Troilus u. Cressida (um 1609). Übers. v. Schlegel. A. 3, Sz. 3 (Achilles).

— Die wahre Größe ist ungezwungen, vertraulich, leutselig. Sie läßt sich nahe kommen und mit sich umgehen; sie verliert nichts, wenn man sie in der Nähe sieht; je mehr man sie kennen lernt, desto mehr bewundert man sie. Franz.: La véritable grandeur est libre, douce, familière, populaire. Elle se laisse toucher et manier; elle ne perd rien à être vue de près; plus on la connaît, plus on l'admire.

Jean de La Bruyère, Charaktere (1688). Übers. v. Hamel. V. persönlichen Verdienst.

— Und was ist Größe ...? ... Wenn dein Herz nicht größer ist als andrer Herzen; wenn du nicht imstande bist, dich gelassen über Verhältnisse hinauszusetzen, die einen gemeinen Menschen ängstigen würden, so bist du mit allen deinen Bändern und Sternen, bist mit der Krone selbst nur ein gemeiner Mensch.

Joh. Wolfg. von Goethe, Clavigo (1774). A. 4. Clavigos Wohnung (Carlos).

— ... es ist eine Qual, der einzige große Mann zu sein. — Größe ist dem Schöpfer zur Last gefallen, und er hat Geister zu Vertrauten gemacht.

Friedr. von Schiller, D. Verschwörung d. Fiesko zu Genua (1783). A. 3, Sz. 1 (Verrina).

— Jeder Mensch schafft sich seine eigene Größe. Zwerge bleiben Zwerge, wenn sie auch auf Alpen sitzen. Aug. von Kotzebue, Lohn d. Wahrheit (1801).

Größe. — . . . worauf beruht denn alle menschliche Größe außer auf der Selbständigkeit und Ursprünglichkeit der Person.

Joh. Gottl. Fichte, Reden an d. deutsche Nation (1808). Rede 12.

— Nichts ist äußre Größe! | Wohl dem, der dann, wenn diese falsche scheidet, | In seiner Brust die wahre Größe findet, | Die jedem Schicksal, die dem Tode trotzt.

Heinr. Jos. von Collin, Sämtl. Werke (1812—1814).

— Wohl dem, dessen Taten jene stille Größe in sich tragen, die den Lohn in sich selbst findet und ohne Dank bei der Mitwelt, ohne Ansprüche auf die Nachwelt entsteht, ins Leben tritt, — verschwindet. Wilh. Hauff, Lichtenstein (1826).

— Die wahre Größe gibt Ruhm, Macht, jeden Außenschein für Ehre, Recht und inneres Glück dahin.

Christ. Dietr. Grabbe, Napoleon oder D. hundert Tage (1831). A. 1, Sz. 3 (Herzogin v. Angoulême).

— Ach, irdische Größe erlischt wie ein Traum.

Albert Lortzing, Zar u. Zimmermann. A. 3, Sz. 14 (Zar). (Erste Auff. am 22. Dez. 1837 in Leipzig.)

— Die wahre Größe kann nie außerhalb dem Gebote der Pflicht liegen.

Aug. Mahlmann, Sämtl. Schriften (1839—1840). Urne.

— . . . ruhige Kraft in Schwierigkeit, dies erste Merkmal wahrer Größe. Engl.: . . . calm force for difficulty; the first characteristic of true greatness.

Thomas Carlyle, Über Helden, Heldenverehrung u. d. Heldentümliche in d. Gesch. (1840). Übers. v. Neuberg. Vortrag 5.

— Der Glaube an die eigene Größe: darin besteht die Größe der großen Menschen; die kleinen wollen, daß andere an sie glauben sollen.

Ida Gräfin von Hahn-Hahn, Zwei Frauen (1845). Bd. 1.

— Der Stern der echten Männergröße | Erhebt sich, wenn Fortunas Sonne schwindet.

Jos. Freiherr von Auffenberg, Sämtl. Werke (1843—1847).

— Das also, worauf die ganze Größe des Menschen zuletzt beruht, . . . ist Eigentümlichkeit der Kraft und der Bildung.

Wilh. Freiherr von Humboldt, Ideen zu einem Versuch, d. Grenzen d. Wirksamkeit d. Staates zu bestimmen (1851).

— In Hinsicht auf die Schätzung der Größe eines Menschen gilt für die geistige das umgekehrte Gesetz der physischen: diese wird durch die Ferne verkleinert, jene vergrößert.

Arthur Schopenhauer, Parerga u. Paralipomena (1851).

— Es gibt keine Größe, die nicht auf wahrer Sittlichkeit beruht.

Berth. Auerbach, Auf d. Höhe (1865).

Größe. — Denn keine Größe kann gedeihn, die nicht | Die Wurzel hat im Herzen ihrer Zeit.

Rob. Hamerling, Ahasver in Rom (1866). Ges. 5. D. goldene Haus.

— Glücklich der Mensch, der fremde Größe fühlt | Und sie durch Liebe macht zu seiner eigenen.

Frz. Grillparzer, Sämtl. Werke (1872). Gedichte.

— Erwäget Eines zu jeder Frist, | Daß jegliche Größe menschlich ist, | Und daß nach ewigem Schicksalsschluß | Der Mensch das Höchste erkämpfen muß. Ernst Eckstein, Murillo (1880).

— Damit ein Ereignis Größe habe, muß zweierlei dazu kommen: der große Sinn derer, die es vollbringen, und der große Sinn derer, die es erleben.

Friedr. Nietzsche, Gesammelte Werke (1895—1897).

— Die Größe tut es nicht, sonst überliefe die Kuh den Hasen. Sprichwort.

Großen, die. — Es schleicht sich der Neid an die Großen heran. Griech.: *Πρὸς γὰρ τὸν ἔχονθ' ὁ φθόνος ἕρπει.*

Sophokles (um 496—406 v. Chr.), Ajas. Übers. v. Jordan. V. 157 (Chor).

— So wenig Stärke ist allein | Den Hoh'n und Großen nur gemein, | So wenig haben Rat und Witz | Allein in Hohen ihren Sitz.

Joh. Friedr. Fischart, Flöh Hatz, Weiber Tratz (1577).

— Die Großen fressen die Kleinen auf. Engl.: The great ones eat up the little ones.

William Shakespeare, Perikles (1609). Übers. v. Benda. A. 2, Sz. 1 (Erster Fischer).

— Wen ich brauchen kann, versetzte der Löwe, dem kann ich ja wohl meine Seite gönnen. So denken die Großen alle, wenn sie einen Niedrigen ihrer Gemeinschaft würdigen.

Gotthold Ephr. Lessing, Fab. (1759). B. 2, Nr. 7. D. Löwe mit d. Esel.

— Die Dienste der Großen sind gefährlich und lohnen der Mühe, des Zwanges, der Erniedrigung nicht, die sie kosten.

Gotthold Ephr. Lessing, Minna v. Barnhelm (1763). A. 5, Sz. 9 (v. Tellheim).

— Ich hasse die Großen; ich hasse ihren Stand, ihre Härte, ihre Vorurteile, ihre Kleinlichkeit und alle ihre Laster; und ich würde sie noch viel mehr hassen, wenn ich sie weniger verachtete. Franz.: Je hais les grands; je hais leur état, leur dureté, leurs préjugés, leur petitesse, et tous leurs vices, et je les haïrais bien davantage, si je les méprisais moins.

Jean Jacques Rousseau, Bekenntnisse (1781 u. 1788). Übers. v. Knigge.

— O, was sind wir Großen auf der Woge der Menschheit? Wir glauben sie zu beherrschen, und sie treibt uns auf und nieder, hin und her.

Joh. Wolfg. von Goethe, Egmont (1788). A. 1. Palast d. Regentin (Regentin).

— Die Großen sind nicht die Weisesten.

Hiob, K. 32, V. 9.

Größer. — Je höher der Berg, je tiefer das Tal; | Je größer der Mann, | je härter der Fall.
Sprichwort.

— Je größer das Haupt, je stärker der Kopfschmerz. Serbisches Sprichwort.

— Der ist größer als die andern, der besser ist. Lat.: Ceteris maior, qui melior.
Wahlspr. d. Radcliffe.

Großmut. — Gemeinhin wird Großmütigkeit | Bei Hohen zur Hochmütigkeit.
Joh. Friedr. Fischart, Flöh Hatz, Weiber Tratz (1577).

— Was ist schöner als schön? . . . die Großmut im Kleide der Demut.
Joh. Kaspar Lavater, Sämtl. Werke (1834). Worte d. Herzens. Denkzeilen an Freunde nach meinem Tode.

— Des reichen Mannes Herz, das keine Großmut fasset, | Ist ein verrostet Schloß, darein kein Schlüssel passet.
Friedr. Rückert, D. Weisheit d. Brahmanen (1836—1839). B. 16, Abteilung 4, Nr. 46. (Stufe 5. Leben. Nr. 346.)

Großmütig. — Leute, die es von Natur sind, merken selten, daß es etwas ist, großmütig zu sein.
Georg Christoph Lichtenberg, Verm. Schriften (1800—1806). Bd. 1, Nr. 3. Bemerk. verm. Inhalts. Nr. 4. Beobachtungen über d. Menschen.

Großmutter. — Großmutter heißen ist kaum minder lieb | Als einer Mutter innig süßer Name. Engl.: A grandam's name is little less in love, | Than is the doting title of a mother.
William Shakespeare, Richard III. (1592). Übers. v. Schlegel. A. 4, Sz. 4 (Richard).

Großsprecher. — Großsprecher und Dünckelgut | Zu Hoff allzeit das beste thut.
Georg Rollenhagen, Froschmäuseler (1595). B. 1, T. 2, K. 7.

Großstadt. — Wer von uns hat nicht in seinem Leben den Eindruck gehabt, daß man nirgends einsamer ist, als in einer Stadt von ein paarmal Hunderttausend Einwohnern, von denen man keinen Menschen kennt; — man ist im einsamsten Walde nicht so einsam.
Otto von Bismarck im Herrenhause d. preuß. Landtages (16. Febr. 1881).

— Wehe, wehe! die große Stadt Babylon!
Offenb. Joh., K. 18, V. 10.

Großstädte. — Wol dem, der weit von grossen Stätten | Ein dienstbefreites Leben führt; | Er wird sich von viel Sünden retten | Und geben Gott, was Gott gebührt.
Georg Phil. Harsdörffer, Nathan, Jotham u. Simson (1651). T. 2. D. Wald.

Großtat. — So glänzend eine Handlung auch sei, kann sie nicht für eine große Tat gelten, wofern sie nicht aus einer großartigen Absicht entspringt. Franz.: Quelque éclatante que soit une action, elle ne doit pas passer pour grande, lorsqu'elle n'est pas l'effet d'un grand dessein.
François, Herzog von La Rochefoucauld, Reflexionen oder moralische Sentenzen u. Maximen (1665). Nr. 160. Übers. v. Zimmermann.

— Die große Tat ist wie des Himmels Donner, | Der eines ganzen Landes Schläfer weckt.
Ernst Raupach, D. Hohenstaufen (1837). Kaiser Friedr. I. u. Mailand. A. 4, Sz. 9.

Größte, der. — Der größte Mann ist der, der seines Geistes Schranken | Erweiterte mit größtem Fleiß, | Und der bei Tausenden Gedanken | In Taten zu verwandeln weiß!
Joh. Ludw. Wilh. Gleim, Episteln (1783).

— Der ist der Größte unter euch, der der menschlichste ist.
Friedr. Gottl. Klopstock, Sämtl. Werke (1798—1821). Bd. 6.

— Was der Größte sich denkt? Dies denkt er: Hole der Teufel | Euer ganzes Geschlecht, wenn ich das bin, was ihr glaubt!
Friedr. Hebbel, Gedichte (1857). Epigramme u. Verwandtes. Nr. 12. Gnomen. D. Größte.

Größten, die. — Die größten Menschen hängen immer mit ihrem Jahrhundert durch eine Schwachheit zusammen.
Joh. Wolfg. von Goethe, D. Wahlverwandtschaften (1808—1809). T. 2, K. 5. A. Ottiliens Tageb.

— Die größten Männer eines Volkes sind diejenigen, welche es zum Tode verurteilt. Franz.: Les plus grands hommes d'une nation sont ceux qu'elle met à la mort.
Ernest Renan, D. Leben Jesu (1861). Übers. v. Kalt.

— Die großen Ochsen ziehen nicht die größten Furchen. Franz.: Ce ne sont pas les plus grands bœufs qui creusent les plus profonds sillons. Sprichwort.

Großtun. — Großtun kann nur der Kleine.
Peter Sirius, Tausend u. Ein Gedanken (1899). Art u. Charakter.

Großvater. — Als der Großvater die Großmutter nahm, | Da wußte man nichts von Mamsell und Madam.
Aug. Langbein, Deutscher Liederkranz. D. Großvaterlied (ged. 1812). Mel. v. Karl Gottl. Hering (1823).

Großvaterzeiten. — O gäbe den Deutschen ein holdes Geschick | Die glücklichen Großvaterzeiten zurück!
Aug. Langbein, Deutscher Liederkranz. D. Großvaterlied (ged. 1812). Mel. v. Karl Gottl. Hering (1823).

Grube. — Wer eine Grube macht, der wird darein fallen. Spr. Sal., K. 26, V. 27.

— Wer andern eine Grube gräbt, fällt selbst hinein. Sprichwort.

Grübelei. — Anhaltend tiefe Grübelei verzehrt | Die raschen Lebensgeister des Gehirns; | Wie dauernder Bewegung Tätigkeit | Abspannt die Nervenkraft des Wanderers. Engl.: Why, universal plodding prisons up | The nimble spirits in the arteries; | As motion, and long-during action, | The sinewy vigour of the traveller tires.

William Shakespeare, Verlorne Liebesmüh (um 1591—1592). Übers. v. Schlegel. A. 3, Sz. 3 (Biron).

Grübeln. — Von schwacher Hoffnung müß'ges Grübeln spricht; | Die Schlacht sitzt ob dem Ausgang zu Gericht. Engl.: Thoughts speculative their unsure hopes relate; | But certain strokes must arbitrate.

William Shakespeare, Macbeth (1606). Übers. v. Dorothea Tieck. A. 5, Sz. 4 (Siward).

— Nimm alles leicht! Das Träumen laß und Grübeln! | So bleibst du wohlbewahrt vor tausend Übeln.

Ludw. Uhland, Gedichte. Fortunat u. seine Söhne. B. 1 (ged. 26. Sept. 1814—30. Jan. 1815).

— Das Grübeln ist der Tod der frischen Tat.

Emerich Madách, D. Tragödie d. Menschen (1861). A. d. Ungar. übers. v. Lechner. Sz. 2 (Luzifer).

Grün. — In Grün will ich mich kleiden.

Wilh. Müller, Gedichte a. d. hinterlassenen Papieren eines reisenden Waldhornisten. Nr. 1. D. schöne Müllerin. D. liebe Farbe (ged. 1818). Mel. v. Frz. Abt u. Frz. Schubert.

— Mein Schatz hat's Grün so gern.

Wilh. Müller, Gedichte a. d. hinterlassenen Papieren eines reisenden Waldhornisten. Nr. 1. D. schöne Müllerin. Die liebe Farbe (ged. 1818). Mel. v. Frz. Abt u. Frz. Schubert.

— Auf keinen grünen Zweig kommen (kein Glück haben, es zu nichts bringen; — aus dem alten deutschen Recht herstammend; wer Grundbesitz erwarb, erhielt als Symbol einen grünenden Zweig). Sprichwörtl. Redensart.

— Jemandem nicht grün sein (jemandem nicht gewogen sein, ihn nicht leiden können).

Sprichwörtl. Redensart.

Grund. — Sophist! zu tun, was inn're Triebe fordern, | Ist nicht so leicht gefunden als — ein Grund. Rob. Hamerling, Ahasver in Rom (1866). Ges. 5. D. goldene Haus.

Gründe. — Gründe sind eine stärkende Arznei.

Joh. Anton Leisewitz, Jul. v. Tarent (1776). A. 3, Sz. 2.

— Vernünft'ge Gründe können viel.

Friedr. von Schiller, Iphigenie in Aulis (ged. 1788). A. 4, Sz. 3 (Achilles).

Grunde, zu — richten. — Und (du) hast mich zugrunde gerichtet — | Mein Liebchen, was willst du noch mehr?

Heinr. Heine, D. B. d. Lieder. Heimkehr (ged. 1823—1824). Nr. 64. Schlußv.

Grundlagen. — Auf den breitesten Grundlagen.

König Friedr. Wilh. IV. in einer Antwort an eine Deputation (22. März 1848).

Gründlich. — Bei deinem Tun gedenk' des Sprüchleins stündlich: | Eins nach dem andern, aber gründlich!

Spr. im Berliner Rathause. Dritter Stock.

Grundsatz. — Fest wie der Eichbaum wurzle, dem Sturm unerschüttert; ein Grundsatz, | Der dir im Unglück selbst ruhige Würde bewahrt.

Karl Gustav von Brinckmann, Elegien u. Arabesken (1820).

Grundsätze. — Der Mensch wird ohne Grundsätze, aber mit der Fähigkeit geboren, sie alle in sich aufzunehmen. Franz.: L'homme n'est né avec aucun principe, mais avec la faculté de les recevoir tous.

Voltaire (François Marie Arouet), Philosophisches Wörterb. (1764). Übers. v. Mylius.

— Man ehrt den Mann, der nach Grundsätzen handelt; allein man liebt ihn nicht.

Theod. Gottl. von Hippel, Über d. Ehe (1774). K. 3. Warum d. Ehen hl. genannt werden.

— Es finden sich zu allen Dingen Grundsätze; allein dabei muß es nicht verbleiben, sondern man muß sich bemühen, über diese Sache selbst zu denken, auch sie fleißig üben, um in diesen Grundsätzen geschickt und geläufig zu werden. Friedr. d. Große, Sämtl. Werke (1789).

— Fern von Menschen wachsen Grundsätze; unter ihnen Handlungen.

Jean Paul (Joh. Paul Friedr. Richter), D. unsichtbare Loge (1793). T. 2.

— Unsre Grundsätze sind nur ein Supplement zu unsern Existenzen. Wir hängen unsern Fehlern gar zu gern das Gewand eines gültigen Gesetzes um.

Joh. Wolfg. von Goethe, Wilh. Meisters Lehrjahre (1777—1796).

— Ganz anders arbeitet man aus Grundsätzen als aus Instinkt, und eine Abweichung, von deren Notwendigkeit man überzeugt ist, kann nicht zum Fehler werden.

Joh. Wolfg. von Goethe, Briefwechsel zwischen Schiller u. Goethe (30. Dez. 1797).

— Der Kämpe waffne sich, eh' er zum Kampfe geht; | Es ist zu spät, wann er in Feindes Mitten steht. | So mit Grundsätzen magst du wappnen dich und schirmen | Vor Leidenschaften, eh' sie selber dich bestürmen.

Friedr. Rückert, D. Weisheit d. Brahmanen (1836—1839).

— Ohne Grundsätze leben, oder in den Fesseln verderblicher Grundsätze durchs Leben rasseln, ist eine gleich erbärmliche Existenz.

Christ. Friedr. Daniel Schubart, Gesammelte Schriften (1839—1840).

— Die sogenannten Grundsätze haben keine Kraft; die bewegende Kraft wird entweder durch eigene Triebe regiert oder durch fremde Personen.

Jer. Gotthelf (Albert Bitzius), Gesammelte Werke (1855—1858).

Grundsätze. — Ohne Grundsätze ist der Mensch wie ein Schiff ohne Steuer und Kompaß, das von jedem Winde hin und her getrieben wird. Engl.: **Without principles, a man is like a ship without rudder or compass, left to drift hither and thither with every wind that blows.**

Samuel Smiles, D. Charakter (1871). Übers. v. Dobbert. K. 1. D. Einfluß d. Charakters.

— Von ihren Grundsätzen reden ist am meisten denen eigen, die gerade unter der Herrschaft nur ihres Naturells stehen.

Karl Gutzkow, Gesammelte Werke (1873).

Gruß. — Liebes Vogerl, flieg' weiter, | Nimm a Gruß mit un Kuß, | Und i kann di nit b'gleiten, | Weil i hier bleiben muß.

Kommt a Vogerl geflogen usw. Volkslied u. =weise.

— Guter Gruß, gute Antwort. Sprichwort.

— Guter Gruß, guter Dank. Sprichwort.

Grüß Gott. — Grüß Gott! tritt ein, | Bring' Glück herein! Spr. an einem Hause in Meran.

Grüßen. — Gegrüßet seid mir, edle Herrn, | Gegrüßt ihr, schöne Damen!

Joh. Wolfg. von Goethe, Gedichte. Balladen. D. Sänger (ged. 1783). Mel. v. Joh. Friedr. Reichardt (1795).

— Wenn du eine Rose schaust, | Sag', ich laß sie grüßen!

Heinr. Heine, Neue Gedichte. Neuer Frühling (ged. 1828—1831). Nr. 6. Schlußv. Mel. v. Felix Mendelssohn=Bartholdy (komp. 1830) u. a.

— Gegrüßet seist du, Rabbi!

Matth., K. 26, V. 49.

Gunst. — Gunst, die kehrt sich nach dem Glücke. | Geld und Reichthum, das zerfteubt.

Paul Fleming, Teutsche Poemata (1642). D. treue Hertz.

— Gunst ist besser dann Silber vnd Goldt.

Christoph Lehmann, Politischer Blumen=Garten (1662). T. 1. Gunst, Gnad. Nr. 24.

— Ein Tag der Gunst ist wie ein Tag der Ernte; | Man muß geschäftig sein, sobald sie reift.

Joh. Wolfg. von Goethe, Torquato Tasso (1789). A. 4, Sz. 4 (Antonio).

— Gegengunst erhöhet Gunst, | Gegenliebe nähret Liebe | Und entflammt zu Feuersbrunst, | Was sonst Aschenfünkchen bliebe.

Gottfr. Aug. Bürger, Gedichte (1796—1797). Gegenliebe. Schlußv.

— Auf Gunst nicht bau'; | Sei nicht genau!

Joh. Gottfr. von Herder, Stimmen d. Völker in Liedern (1807). Abteilung 2, B. 5, Nr. 27. Ein Spr. Deutsch.

— Wem Gott will rechte Gunst erweisen, | Den schickt er in die weite Welt.

Jos. Freiherr von Eichendorff, Gedichte. Wanderlieder. D. frohe Wandersmann (ged. 1822). Mel. v. Felix Mendelssohn=Bartholdy u. Theod. Fröhlich (1833).

— Die wahre Gunst ist flücht'ger als ein Blitz.

Aug. Graf von Platen=Hallermund, D. gläserne Pantoffel (1823). A. 3 (Diodat).

— Kunst bringt Gunst. Sprichwort.

Gunst. — Eine Unze Gunst ist mehr wert als ein Pfund Gerechtigkeit. Franz.: **Une once de faveur vaut mieux qu'une livre de justice.**

Sprichwort.

— Die erste Gunst ist Gunst, die zweite schon Verpflichtung. A. d. Chinesischen.

— Ein Löffel Gunst, | Ein Scheffel Kunst | Ist ungleich gemessen. | Doch macht die Gunst, | Daß wir die Kunst | Oftmal gar vergessen.

Spr. in einem Hause.

Guß. — Wohl! nun kann der Guß beginnen.

Friedr. von Schiller, Gedichte. D. Lied v. d. Glocke (ged. Sept. 1799).

— Aus Einem Gusse sein (einheitlich sein; — stammt von der Glockengießerei her; die Speise muß ununterbrochen in die Form fließen).

Sprichwörtl. Redensart.

Gut. — Was gut, segensreich, glücklich und günstig sein möge! Lat.: **Quod bonum, faustum, felix fortunatumque sit!**

Römischer Segensspr. — Marc. Tull. Cicero, V. d. Weissagung (um 44 v. Chr.). Übers. v. Jacobs. B. 1, K. 45, § 102.

— Cato wollte lieber gut sein als scheinen. Lat.: **Cato esse, quam videri, bonus malebat.**

Gajus Sallustius (um 86—35 v. Chr.), D. Verschwörung d. Catilina. Übers. v. Neuffer. K. 54, § 6.

— Ein guter Mensch bleibt immer ein Anfänger. Lat.: **Semper homo bonus tiro est.**

Marc. Valerius Martialis, Epigramme (um 100). Übers. v. Berg. B. 12, Nr. 51, V. 2.

— . . . denn an sich ist nichts weder gut noch böse; das Denken macht es erst dazu. Engl.: **For there is nothing either good or bad, but thinking makes it so.**

William Shakespeare, Hamlet (1601—1602). Übers. v. Schlegel. A. 2, Sz. 2 (Hamlet).

— So glaube doch, die gute Sache | Ist hundert=tausent Köpffe werth.

Martin Opitz, Geistl. u. Weltliche Poemata (1646). Auff, auff, wer Teutsche Freyheit liebet usw.

— Was ist es, das die Welt nennt mit dem Namen Gut? | Gemeinlich ist es das, was jeder wil und thut.

Friedr. von Logau, Deutsche Sinn=Getichte (1654). Gutes.

— Ich weiß, wie gute Menschen denken, weiß, | Daß alle Länder gute Menschen tragen.

Gotthold Ephr. Lessing, Nathan d. Weise (1779). A. 2, Sz. 5 (Nathan).

— Der edle Mensch | Sei hülfreich und gut! | Unermüdet schaff' er | Das Nützliche, Rechte; | Sei uns ein Vorbild | Jener geahneten Wesen!

Joh. Wolfg. von Goethe, Gedichte. Verm. Gedichte. D. Göttliche (ged. 1782). Schlußv.

— Die Stätte, die ein guter Mensch betrat, | Ist eingeweiht; nach hundert Jahren klingt | Sein Wort und seine Tat dem Enkel wieder.

Joh. Wolfg. von Goethe, Torquato Tasso (1789). A. 1, Sz. 1 (Leonore).

Gut. — So wirkt mit Macht der edle Mann | Jahrhunderte auf seinesgleichen; | Denn was ein guter Mensch erreichen kann, | Ist nicht im engen Raum des Lebens zu erreichen. | Drum lebt er auch nach seinem Tode fort | Und ist so wirksam, als er lebte; | Die gute Tat, das schöne Wort, | Es strebt unsterblich, wie es sterblich strebte.

Joh. Wolfg. von Goethe, Schriften (1787—1790). Gedichte. Künstlers Apotheose.

— Wer selbst gut ist, hegt einen unüberwindlichen Trieb, die Menschen zu lieben; wer selbst böse ist, sie zu hassen.

Joh. Jak. Engel, D. Fürstenspiegel (1798). Menschenwürdigung.

— Dies eine haltet fest und ungezweifelt im Herzen, daß dem guten Mann kein Böses begegnet weder im Leben noch im Tode; die Augen der Götter stehen unverwandt über ihn und seine Schicksale offen.

Matthias Claudius, Sämtl. Werke d. Wandsbecker Boten (1816). D. Apologie d. Sokrates.

— Wer gut ist, findet Gutes | Im Leben und im Tod.

Joh. Heinr. Voß, Sämtl. poetische Werke (1835). Gedichte. Empfang d. Neujahrs.

— Jener Alte bemühte sich mehr Mensch zu sein als zu scheinen; die Welt aber verlangt, ein guter Mensch zu scheinen, aber nicht zu sein. Ital.: Quell' antico si studiava più d'esser uomo che di parere: ma il mondo ordina di parere uomo da bene ma di non essere.

Giacomo Leopardi, Werke (1845). Gedanken. Übers. v. Pozzoni.

— Hast du keine Sünde begangen, | Werden dich die Sünder hangen; | Wenn die Tugend du verlassen, | Werden dich die Frommen hassen. | So du weder gut noch schlecht, | Bist du meistens allen recht. Levin Schücking, Welt u. Zeit (1855).

— An sich arbeiten; klar machen, was uns verwirrt und drückt; und wären es die größten Schmerzen; — heißt gut sein.

Rahel (Antonie Friederike Varnhagen von Ense), Br. (1877).

— Jenseits von Gut und Böse.

Friedr. Nietzsche, Titel einer Schrift (1886).

— ... werdet ... wissen, was gut und böse ist. 1. Mos., K. 3, V. 5.

— Herr, hier ist gut sein! Matth., K. 17, V. 4.

— Guter Wein preist sich selbst. Niederl.: Goede wijn roept zich zelpen uit. Sprichwort.

— Er ist so gut wie Wein und Brot. Niederl.: Hij is zoo goed als wijn en brod. Sprichwort.

— Zum guten Brunnen ist der Weg betreten. Galizisches Sprichwort.

— Allzugut ist seines Nachbarn Geck. Holländisches Sprichwort.

— 't muß jut jehn, bis 't besser wird. Berliner Redensart.

— Man wirt bi guoten liuten guot, | Bi übeln übel, so man tuot. Wartburgspr. Verbindungsgang.

Gut, das. — Unrecht Gut gedeihet nicht. Lat.: Male partum male disperit.

Sprichwort. — Tit. Maccius Plautus (um 254—184 v. Chr.), Poenulus. Übers. v. Binder. A. 4, Sz. 2, V. 22 (Syncerastus).

— Wer fremdes Gut begehrt, verdient das eigene zu verlieren. Lat.: Amittit merito proprium qui alienum adpetit.

Phädrus (um 30), Fab. Übers. v. Siebelis. B. 1, Nr. 4. D. Hund, d. Fleisch durch d. Fluß tragend. V. 1.

— Begehr' nicht allzusehr nach ird'schem Gute; | Doch laß dir's auch nicht unwert sein! Mittelhochdeutsch: Dû lâ dir niht ze wê sîn nâch dem guote, | Lâ dirz ouch niht zun maere sîn.

Walter v. d. Vogelweide (um 1170—1230), Gedichte. Übertr. v. Pannier.

— ... Ehr' und irdisch Gut, | Das oft einander Schaden tut. Mittelhochdeutsch: ... ēre und varnde guot, | Daz dicke ein ander schaden tuot.

Walter v. d. Vogelweide (um 1170—1230), Gedichte. Übertr. v. Pannier.

— Leicht gewonnen Gut | Schaffet Übermut. Mittelhochdeutsch: Sanfte gewunnen guot | Machet überigen muot.

Vrîdankes Bescheidenheit (1225—1240). Übertr. v. Pannier. Nr. 21. v. gewinne u. guote.

— Der Mann ist einsam ohne Gut, | Was er auch kann, und was er tut. Mittelhochdeutsch: Der man ist ellende âne guot, | Swaz er kan od swaz er tuot.

Vrîdankes Bescheidenheit (1225—1240). Übertr. v. Pannier. Nr. 21. v. gewinne u. guote.

— Man soll nach Gute werben, | Als müßte nie man sterben, | Um es so recht dann hinzugeben, | Als sollt' man keine Woche leben. Mittelhochdeutsch: Man sol nâch guote werben, | Sam nieman müge ersterben, | Unt sol ez dann mit vollen gebn, | Sam nieman sül ein wochen lebn.

Vrîdankes Bescheidenheit (1225—1240). Übertr. v. Pannier. Nr. 21. v. gewinne u. guote. Schlußv.

— Der ist ein narr, der samlet gůt | Und hat darbi kein frid noch můt | Und weiß nicht, wem er solches spart, | So er zum finstren keller (ins Grab) fart. Seb. Brant, D. Narrenschif (1494). Nr. 3. V. gitikeit.

— Vbel gut, das reychert nicht.

Joh. Agricola, Drey hundert Gemeyner Sprichwörtter (1529). Nr. 295.

— Unrecht Gut hilft nicht.

Spr. Sal., K. 10, V. 2.

— Gut macht Mut.

Nach Jes. Sir., K. 40, V. 26.

— Unrecht Gut, wenn es schon blüht, | Trägt kein Frucht, wie man sich müht. Alter Spr.

— Gut macht Mut; | Mut macht Hochmut; | Hochmut macht Neid; | Neid macht Streit; | Streit macht Armut; | Armut macht Demut. Sprichwort.

— Gut will zu Gut. Sprichwort.

— Unrecht Gut gedeihet nicht. Sprichwort.

— Unrecht Gut hat kurze Währ; | Der dritte Erbe sieht's nicht mehr. Sprichwort.

Gut, das. — Wie einem wächst das Gut, | So wächst ihm auch der Mut. Sprichwort.

Gute, das. — Das Gute jedoch sei siegreich! Griech.: *Τὸ δ' εὖ νικάτω.*

Äschylus, D. Orestie (um 458 v. Chr.). Übers. v. Minckwitz. Agamemnon. V. 117 (Chor).

— Das Gute kennen, fühlen und verstehen wir; | Allein wir handeln nicht danach. Griech.: *Τὰ χρήστ' ἐπιστάμεσθα καὶ γιγνώσκομεν, | Οὐκ ἐκπονοῦμεν δ'.*

Euripides, Hippolyt (um 428 v. Chr.). Übers. v. Minckwitz. V. 379—80 (Phädra).

— Denn alles Gute ist nützlich. Griech.: *Πάντα γὰρ τἀγαθὰ ὠφέλιμα.*

Platon (um 427—347 v. Chr.), Menon. Übers. v. Müller. § 23 (Sokrates).

— Wer Gutes hofft von schändlichen Gesellen, | Wer Labetrunk begehrt von gift'gen Quellen, | Gilt denen gleich an Torheit allenthalben, | Die sich mit Staub anstatt mit Balsam salben.

A. d. Persischen d. Firdusi (um 940—1020). Sat. auf Sultan Mahmud. Übers. v. Schack.

— Es mangelt nie Gelegenheit, was Gutes zu verrichten; | Es mangelt nie Gelegenheit, was Gutes zu vernichten.

Friedr. von Logau, Deutsche Sinn=Getichte (1654). D. Gelegenheit.

— Besser Gutes nicht belohnen, | Als das Böse wo verschonen.

Friedr. von Logau, Deutsche Sinn=Getichte (1654). Lohn u. Strafe.

— Ich sehe das Gute, aber ich folge dem Gegenteil. Franz.: Je vois le bon parti, mais je suis le contraire.

Jean François Regnard, D. Spieler (1696). A. 4, Sz. 1 (Angelika). Übers. v. Zimmermann.

— Sollt ich Gutes wohl verschieben? | Nein, meine Zeit, es auszuüben, | Ist kurz, und sie verfliegt geschwind.

Christ. Fürchtegott Gellert, Geistl. Oden u. Lieder (1757). Beständige Erinnerung d. Todes.

— Sie werden sagen, daß ich eine besondere Gabe habe, etwas Gutes an etwas Schlechtem zu entdecken. Die habe ich allerdings; und ich bin stolzer darauf, als auf alles, was ich weiß und kann.

Gotthold Ephr. Lessing, Br. an Madame König (25. Okt. 1770).

— Allerdings ist überall und allezeit das Gute selten.

Joh. Gottfr. von Herder, Stimmen d. Völker in Liedern. Nr. 3. Vorrede d. Volkslieder (1778—1779).

— Das Gute in der Welt ist viel schmäler gesät, als man denkt; was man hat, muß man halten. Joh. Wolfg. von Goethe an Christine Vulpius (22. Juni 1793).

— Wirke Gutes, du nährst der Menschheit göttliche Pflanze; | Bilde Schönes, du streust Keime der göttlichen aus.

Friedr. von Schiller, Gedichte. Votivtafeln. Nr. 4. Zweierlei Wirkungsarten (ged. 1796).

Gut, das. — . . . erst verlangt er (der Mensch) das Neue, | Suchet das Nützliche dann mit unermüdetem Fleiße; | Endlich begehrt er das Gute, das ihn erhebet und wert macht.

Joh. Wolfg. von Goethe, Hermann u. Dorothea (1797). Kalliope.

— Eher schätzet man das Gute | Nicht, als bis man es verlor.

Joh. Gottfr. von Herder, D. Cid (1806). B. 3, Ges. 44.

— Wenn ich von etwas Gutem überzeugt bin, was geschehen könnte und sollte, so habe ich keine Ruhe, bis ich es getan sehe.

Joh. Wolfg. von Goethe, D. Wahlverwandtschaften (1808—1809). T. 1, K. 6.

— Preis dem Mächtigen! Preis dem Hort! | Es steht sein Wort: | Das Gute sieget hier und dort.

Ernst Moritz Arndt, Gedichte. Lieder a. d. Katechismus für d. deutschen Wehrmann (ged. 1813). Nr. 2. Ein zweites.

— . . . das Gute wird immer den Sieg über das Schöne behaupten.

Heinr. Heine, Sämtl. Werke. Verm. Schriften. Br. a. Berlin. Br. 1 (26. Jan. 1822).

— Angedenken an das Gute | Hält uns immer frisch bei Mute.

Joh. Wolfg. von Goethe, Gedichte. Zahme Xenien. Nr. 8. Angedenken (1829).

— Wer Gutes will, der sei erst gut!

Joh. Wolfg. von Goethe, Faust, II (1831). A. 1. Kaiserliche Pfalz. Saal d. Thrones (Astrolog).

— Man muß das Gute auch am Rande des Abgrunds nicht aufgeben.

Wilh. Freiherr von Humboldt (1767—1835), Br.

— Und so wird jedem Guten in der Welt | Von irgend einem Übel nachgestellt.

Peter von Bohlen, Bhartriharis Spr. (1835).

— Das Gute spricht in schlichten, klaren Worten; | Das Böse hüllt sich gern in Rätsel ein.

Ernst Raupach, Corona v. Saluzzo (1840). A. 1, Sz. 5.

— Das Gute nur ist wirklich, ewig wahr; | Das Böse nichts, der Schlummer nur des Guten. | Das Licht ist's, das die Finsternis gebar, | Doch nur, sie siegend einst zu überfluten.

Friedr. von Sallet, Laien=Evangelium (1842). Bd. 1.

— Kannst du das Schöne nicht erringen, | So mag das Gute dir gelingen; | Ist nicht der große Garten dein, | Wird doch für dich ein Blümlein sein.

Eduard von Bauernfeld, Gesammelte Schriften (1871—1873). Gedichte.

— Warum habt ihr Gutes mit Bösem vergolten? 1. Mos., K. 44, V. 4.

— Das Gute wird erben auf Kindeskind.

Spr. Sal., K. 13, V. 22.

— Das Gute dankt sich selbst.

Polnisches Sprichwort.

— Tu' Gutes: dein Nachbar erfährt es nie. | Tu' Böses: man weiß es auf hundert Li (Meilen).

A. d. Chinesischen.

Gute, der. — Dem Schlechten folgt es (das Glück) mit Liebesblick; | Nicht dem Guten gehöret die Erde. | Er ist ein Fremdling; er wandert aus | Und suchet ein unvergänglich Haus.

Friedr. von Schiller, Gedichte. D. Worte d. Wahns (geb. 1799).

— Dem Guten ist sein Lohn bereitet.

Ludw. Uhland, Gedichte. Altfranz. Gedichte. Graf Richard Ohnefurcht. Nr. 2 (geb. 21. Okt. 1810).

Güte. — Zwei Feinde lagern so im menschlichen Gemüte | Sich, immerdar im Kampf: verderbter Will' und Güte. Engl.: **Two such opposed kings encamp them still | In man as well as herbs, — grace and rude will.**

William Shakespeare, Romeo u. Julia (1593). Übers. v. Schlegel. A. 2, Sz. 3 (Lorenzo).

— Die Güte, welche die Krone der Schönheit ist, macht Schönheit gering neben der Güte. Engl.: **The goodness that is cheap in beauty, makes beauty brief in goodness.**

William Shakespeare, Maß für Maß (1604). Übers. v. Graf Baudissin. A. 3, Sz. 1 (Herzog).

— Wo Güt' und Treu' sich küssen, | Liegst du, o Neid, zu Füßen.

Inschrift auf einer Friedensdenkmünze (1650).

— Mit der süssen Güte Kunst | Kriegt man aller Hertzen Gunst.

Simon Dach, . . . bonus obtingit coelesti munere Princeps (1652).

— Die Güte ziemt dem großen Mann, | Nicht eitle Lorbeerreiser.

Matthias Claudius, Sämtl. Werke d. Wandsbecker Boten. T. 4. Ein Lied nach d. Frieden in Annó 1779 (geb. 1779).

— Was ein Schwert | Ausrichten mag, tut auch ein Wort der Güte.

Friedr. von Schiller, Sz. a. d. Phönizierinnen d. Euripides (geb. 1788). (Eteokles).

— Nur zwei Tugenden gibt's; — o wären sie immer vereinigt, | Immer die Güte auch groß, immer die Größe auch gut!

Friedr. von Schiller, Gedichte. Güte u. Größe (geb. 1796).

— Wie dem Geiste nichts zu groß ist, so ist der Güte nichts zu klein.

Jean Paul (Joh. Paul Friedr. Richter) an d. Kaiser Alexander v. Rußland (9. Febr. 1815).

— Stärker als alle Gewalt ist ein nachgebender Geist; | Güte bezwang die Welt.

Joh. Gottfr. von Herder, Sämtl. Werke (1805—1820). Gedichte.

— Güte wahr' als Kern dir im Gemüte!

Jul. Hammer, Schau um dich u. schau in dich (1851). Liebe deinen Nächsten wie dich selbst. Schonen durch Schweigen ist gefährlich usw.

— Echte Güte ist die größte Kraft.

Frz. Xaver von Baader, Sämtl. Werke (1851—1860).

— Glückselige, gottbegnadete Welt, in der trotz alles Undanks Güte und Treue nie ausstirbt.

Peter Rosegger, Höhenfeuer (1887).

Güte. — Es lautet aller Meister Lehr: | Man gewinnt mit Güte mehr. Sprichwort.

— Güte bricht einem kein Bein. Sprichwort.

— Güte macht ungütige Knechte. Sprichwort.

— Güte kriecht, wo sie nicht gehen kann. Engl.: **Kindness will creep whar it mauna gang.** Schottisches Sprichwort.

— Die Güte lockt die Schlange aus der Erde. Türkisches Sprichwort.

Guten, die. — . . . welch ein Band ist sichrer als der Guten?

Joh. Wolfg. von Goethe, Torquato Tasso (1789). A. 3, Sz. 2 (Prinzessin).

— Heget nur männliches, hohes Vertrauen; | Guten ergeht es am Schlusse doch gut.

Joh. Freiherr Gaudenz von Salis-Seewis, Gedichte. Ermunterung (1790). Mel. v. Joh. Rudolf Zumsteeg.

— Die Guten wandeln Hand in Hand | Frohlockend in ein Lebensland, | Wo niemand weiter fällt.

Gottfr. Aug. Bürger, Gedichte. Feldjägerlied (geb. 1794). Mel. v. Friedr. Wilh. Berner (komp. 1821).

— Wie viel auch Teufel trügen, | Die Guten sollen siegen.

Ernst Moritz Arndt, Gedichte. Lieder a. d. Katechismus für d. deutschen Wehrmann (geb. 1813). Nr. 1. Trostlied.

Güter. — Du Narr, wer lebt davon, daß er viel Güter hat? | Was trotzest du? . . . Sieh! heute wirst du sterben; | Du sammlest ohne Ruh. Wem? Undankbaren Erben!

Joh. Adolf Schlegel, Fab. u. Erz. D. Geizhals (1743). Schlußv.

— O schwere Last der Eitelkeit! | Um schlecht zu leben, schwer zu sterben, | Sucht man sich Güter zu erwerben; | Verdient ein solches Glück wohl Neid?

Christ. Fürchtegott Gellert, Fab. u. Erz. (1746). B. 1. D. Hund. Schlußv.

Güterverteilung. — Wunderbar sind die Schätze verteilt: der Arme hat wenig; | Nichts der Bettler; zu viel der Reiche; genug? — o, nicht einer!

Joh. Friedr. Aug. Kazner, Fab., Epigramme u. Erz. (1786).

Gutes sagen. — Willst du, daß andre Gutes von dir sagen, tu' es nie selber! Franz.: **Voulez-vous qu'on dise du bien de vous? N'en dites point!**

Blaise Pascal, Gedanken (1670). Übers. v. Kleuker. Verschiedene Gedanken.

Gutes tun. — Wer einer Ameise Gewicht Gutes vollbracht, wird's froh erschauen, | Und, wer einer Ameise Gewicht Böses beging, wird's sehen mit Grauen. Koran (um 650).

— In beiden Welten trifft der Gutes an, | Der Gottes Volke Gutes hier getan.

A. d. Persischen d. Sadi, Fruchtgarten (1257). Übers. v. Graf.

— Thů nun das böst in allen Dingen; | Dir würdt zů letst nach dynem ringen!

Thomas Murner, Narrenbeschwerung (1512). Nr. 81. D. kindt mit d. bad vß schitten.

Gutes tun. — Wer Gutes tut und hält sich zu den Frommen, | Der wird Ehr' und Gut bekommen.

Spr. an einem Hause in Fallersleben (1595).

— Wer heimlich Gutes wirkt, sein Geld austeilt verhohlen, | Der hat das Himmelreich gar meisterlich gestohlen.

Angelus Silesius (Joh. Scheffler), Cherubinischer Wanders=Mann (1675).

— Begreifst du aber, | Wie viel andächtig schwärmen leichter als | Gut handeln ist?

Gotthold Ephr. Lessing, Nathan d. Weise (1779). A. 1, Sz. 2 (Nathan).

— Der Wunsch, Gutes zu tun, ist ein kühner, stolzer Wunsch; man muß schon sehr dankbar sein, wenn einem ein kleiner Teil davon gewährt wird.

Joh. Wolfg. von Goethe an Kraft (13. Juli 1779).

— Um Gut's zu tun, braucht's keiner Überlegung.

Joh. Wolfg. von Goethe, Iphigenie auf Tauris (1787). A. 5, Sz. 3 (Iphigenie).

— Für was du Gutes hier getan, | Nimm keinen Lohn von Menschen an!

Matthias Claudius, Sämtl. Werke d. Wandsbecker Boten. T. 7 (1803). Ein gülden ABC.

— Wenn ich je eine Predigt drucken lasse, so ist es über das Vermögen Gutes zu tun, das jeder besitzt.

Georg Christoph Lichtenberg, Verm. Schriften (1800—1806). Bd. 2, Nr. 2. Bemerk. verm. Inhalts. Nr. 3. Moralische Bemerk.

— Der Henker hole unser Dasein hienieden, wenn nur allein der Kaiser Gutes tun könnte. Jeder ist ein Kaiser in seiner Lage.

Georg Christoph Lichtenberg, Verm. Schriften (1800—1806). Bd. 2, Nr. 2. Bemerk. verm. Inhalts. Nr. 3. Moralische Bemerk.

— Des Guten Tun ist lauter Gutestun.

Leop. Schefer, Laienbrevier (1834). Okt. Nr. 20.

— Tu's, willst du Gutes tun, und frage kein Orakel; | Des edlen Mannes Herz ist Gottes Tabernakel.

Friedr. Rückert, D. Weisheit d. Brahmanen (1836—1839). B. 16, Abteilung 4, Nr. 74. (Stufe 5. Leben. Nr. 374.)

— Das Gute tust du nicht, um zu empfinden Lust; | Die Lust empfindest du, weil du das Gute tust.

Friedr. Rückert, D. Weisheit d. Brahmanen (1836—1839). B. 16, Abteilung 2, Nr. 8. (Stufe 5. Leben. Nr. 108.)

— Heißt dein Herz dich Gutes tun, | Tu' es rein um deinetwillen; | Läßt das Schöne dich nicht ruhn, | Bild' es, deinen Trieb zu stillen; | Doch das lasse dich ungeirrt, | Was die Welt dazu sagen wird.

Emanuel Geibel, Neue Gedichte (1856). Spr. Nr. 10.

— Niemals magst du reinsten Mutes | Schönes bilden, Gutes tun, | Wenn dir Schönes nicht und Gutes | Auf demselben Grunde ruhn.

Emanuel Geibel, Neue Gedichte (1856). Spr. Nr. 42.

Gutes tun. — Schönes läßt sich nicht erzwingen; | Gutes kannst du heut' auch tun.

Emanuel Geibel, Gedichte u. Gedenkblätter (1864). Spr. Nr. 12.

— Das Höchste bleibt ein freier Wille, | Der, unverwirrt von Fleisch und Blut, | Sich selbst getreu in Sturm und Stille | Das Gute, weil es gut ist, tut.

Emanuel Geibel, Gedichte u. Gedenkblätter (1864). Spr. Nr. 48.

— . . . lasset uns Gutes tun an jedermann, allermeist aber an des Glaubens Genossen!

Galater, K. 6, V. 10.

— . . . werdet nicht verdrossen, Gutes zu tun!

2. Thess., K. 3, V. 13.

— Kanstu nichts guts thun, | Zum wenigts solstu reden schon. Alter Spr.

— Wer nichts Gutes tut, tut schon Böses genug. Sprichwort.

— Tu' Gutes und wirf das Brot ins Meer; | Sieht es der Fisch nicht, so sieht's doch der Herr! Orientalisches Sprichwort.

Gut gehen. — So geht 't gôd, seggt Jahlbeck, un liggt mit 'n Rüggen (Rücken) in 'n Boot (sagt man von faulen Leuten).

Sprichwörtl. Redensart. Mecklenburg.

Gütig. — Ein güt'ger Herr tut seine Pforten auf | Für alle Gäste; keinen schließt er aus.

Friedr. von Schiller, D. Jungfrau v. Orleans (1801). A. 3, Sz. 4 (Johanna).

— Ein gütiges Herz ist des Leibes Leben.

Spr. Sal., K. 14, V. 30.

— Ein gut (gütiges) Auge wird gesegnet.

Spr. Sal., K. 22, V. 9.

Gütlich. — Sich gütlich tun.

Nach Pred. Sal., K. 3, V. 12.

Guttat. — Denn jedem guten Werke liegt auch ein schönes Lob bereit.

Nibelungenlied (Ende d. 12. Jahrh.). Abenteuer 5, Str. 274. Übertr. v. H. A. Junghans.

— Wie weit die kleine Kerze Schimmer wirft! | So scheint die gute Tat in arger Welt. Engl.: How far that little candle throws his beams! | So shines a good deed in a naughty world.

William Shakespeare, D. Kaufmann v. Venedig (um 1594—1596). Übers. v. Schlegel. A. 5, Sz. 1 (Porzia).

— Was Menschen Übles tun, das überlebt sie; | Das Gute (die Guttat) wird mit ihnen oft begraben. Engl.: The evil that men do lives after them; | The good is oft interred with their bones.

William Shakespeare, Jul. Cäsar (1601). Übers. v. Schlegel. A. 3, Sz. 2 (Antonius).

— Die gute Tat, die ungepriesen stirbt, würgt tausend andre, die sie zeugen könnte. Engl.: One good deed, dying | Slaughters a thousand waiting upon that.

William Shakespeare, D. Wintermärchen (1610—1611). Übers. v. Dorothea Tieck. A. 1, Sz. 2 (Hermione).

Guttat. — . . . Gott lohnt Gutes, hier | Getan, auch hier noch.
Gotthold Ephr. Lessing, Nathan d. Weise (1779). A. 1, Sz. 2 (Nathan).

— Wie aus Einer guten Tat, | Gebar sie auch schon bloße Leidenschaft; | Doch so viel andre gute Taten fließen!
Gotthold Ephr. Lessing, Nathan d. Weise (1779). A. 3, Sz. 7 (Saladin).

— Und eine gute Tat getan zu haben, | Beschützt wie eine Götterhand den Menschen, | Führt ihn durch Unheil ruhig bis zum Tode.
Leop. Schefer, Laienbrevier (1834). Dez. Nr. 22.

— Wer Guttat sendet aus, wie lang sie auf den Wegen | Mag bleiben, endlich kehrt sie heim zu ihm mit Segen.
Friedr. Rückert, D. Weisheit d. Brahmanen (1836—1839). Bd. 16, Abteilung 4, Nr. 13. (Stufe 5. Leben. Nr. 313.)

Guttat. — Ob einer viel des Guten tu' | Und eine Missetat dazu, | Der Guttat wird vergessen, | Die Missetat gemessen. Alter Spr.

— Eine Guttat, die bei Zeit geschicht, | Dieselb' ist doppelt ausgericht't.
Wartburgspr. Reformationsgang.

Guttaten. — Der Lohn guter Werke ist wie Datteln: spät reifend und süß.
Talmud (3. Jahrh.).

— Ach, der Wonne, vor Gott gelebt zu haben! | Gute Taten um sich, in vollen Scharen | Zu erblicken! Sie folgen, Jüngling, ihm (dem König) nach | In das ernste Gericht!
Friedr. Gottl. Klopstock, Oden. Für d. König (ged. 1753).

— Die Sitten der Völker sind verschieden, aber gute Handlungen werden überall als solche anerkannt werden.
Heinr. Heine, Ludw. Börne (1840). B. 2, Helgoland, d. 18. Julius.

H

Haar. — Ein graues Haar steckt all die andern an! Rob. Hamerling, Ahasver in Rom (1866). Ges. 5. D. goldene Haus.

— . . . graues Haar ist der Alten Schmuck.
Spr. Sal., K. 20, V. 29.

— Klugheit unter den Menschen ist das rechte graue Haar. Wsh. Sal., K. 4, V. 9.

— Haar und Unglück wächst über Nacht.
Sprichwort.

— Krauses Haar, krauser Sinn. Sprichwort.

— An jemandem kein gutes Haar lassen (jemandem nur Schlechtes nachsagen).
Sprichwörtl. Redensart.

— Ein Haar in etwas finden (etwas Unangenehmes in einer Sache entdecken).
Sprichwörtl. Redensart.

— Mit Haut und Haar (ungeteilt).
Sprichwörtl. Redensart.

— Es ist kein gutes Haar an ihm (er taugt durchaus nichts). Sprichwörtl. Redensart.

— Niemandem ein Haar krümmen (niemand etwas zuleide tun). Sprichwörtl. Redensart.

Haare. — Die roten Haare deuten auf ein Feuerherz.
Aug. Graf von Platen-Hallermund, D. verhängnisvolle Gabel (1826). A. 2 (Sirmio).

— Und da der Geist vor mir über ging, standen mir die Haare zu Berge an meinem Leibe.
Hiob, K. 4, V. 15.

— Graue Haare sind Kirchhofsblumen.
Alter Spr.

— Lange Haare, kurzer Sinn. Sprichwörtl.

— Bei etwas Haare lassen (gerupft werden).
Sprichwörtl. Redensart.

Haare. — Darüber lasse ich mir keine grauen Haare wachsen (deshalb mache ich mir keine Sorgen). Sprichwörtl. Redensart.

— Etwas an den Haaren (gewaltsam) herbeiziehen. Sprichwörtl. Redensart.

— Haare auf den Zähnen haben (furchtlos und schlagfertig reden können).
Sprichwörtl. Redensart.

— Haare spalten (Kleinigkeitskrämerei treiben).
Sprichwörtl. Redensart.

— Sich in die Haare geraten (miteinander raufen). Sprichwörtl. Redensart.

Habe, die. — Einen Blick | Nach dem Grabe | Seiner Habe | Sendet noch der Mensch zurück.
Friedr. von Schiller, Gedichte. D. Lied v. d. Glocke (ged. Sept. 1799).

Haben. — Was du itzt hast, halt stets für gut | Und streb nach dem, das besser thut!
Georg Rollenhagen, Froschmäuseler (1595). B. 1, T. 1, K. 9.

— Und wie man dran kommt, Haben ist doch Haben. Engl.: And have is have, however men do catch.
William Shakespeare, König Joh. (um 1594—1596). Übers. v. Schlegel. A. 1, Sz. 1 (Bastard).

— Was man schon hat, | Macht nicht satt; | Man zählt und zählt, | Wieviel noch fehlt.
Jos. Sami Tauber, Quinten (1864). Besitz.

— Man hat es ja, es is ja da.
David Kalisch, Lustige Werke (1870—1871). D. Aktienbudiker.

— . . . wer da hat, dem wird gegeben.
Matth., K. 13, V. 12.

Haben. — Habe gehabt ist ein armer Mann.
Sprichwort.

— Der Wett' (ich wollt') und der Hatt' (ich hätt') | Hat nie nix g'hatt (gehabt); | Der Hab und der Han (Haben) | Ist a braver Mann.
Sprichwort. Oberinntal.

— „Hätt' ich Fisch" ist gut ohne Senf. Engl.: „Had I fish" is good without mustard.
Sprichwort.

— Was haste, was kannste (in höchster Eile).
Bek. Redensart.

— Hat ihm schon! Berliner Redensart.

— Der beste Fisch ist der Fisch „Go" (hab' ich). Ital.: El megio pesse l'è pesse go („Go" ist ein Seefisch). A. d. Seemannssprache.

— Ich sahe auf Erden nie einen Mann, | Der hatte, das er wollte han.
Wartburgspr. Reformationsgang.

Haben, sich. — Jott, hab' dir man nich (tu nicht so groß)! Berliner Redensart.

Habgier. — Die Habgier zerreißt den Sack. Franz.: La convoitise rompt le sac.
Sprichwort.

— Es ist schwer, einen Meeresstrom zu stopfen oder Habgier zu befriedigen.
Isländisches Sprichwort.

Habich. — Ein Habich freut wohl seinen Herrn | Und kann sein besser ihm nützen | Als tausend Hättich, die hoch und fern | Auf Dächern und Bäumen sitzen.
Aug. Langbein, Sämtl. Gedichte (1838). Habich u. Hättich.

— Der Habich ist besser als der Hättich.
Sprichwort.

— Wenn „Hätt ich" kommt, ist „Hab ich" weg. Holländisches Sprichwort.

Habsucht. — Uß gitikeit (Habsucht) als laster kunt.
Seb. Brant, D. Narrenschif (1494). Nr. 95. V. verfürung am firtag. Schlußv.

— Weißt du, was nie zu ersättigen ist? Das Auge der Habsucht; | Alle Güter der Welt füllen die Höhle nicht aus.
Joh. Gottfr. von Herder, Sämtl. Werke (1805—1820). Blumenlese a. morgenländischen Dichtern. Nr. 2. D. Rosental. B. 3. D. Unersättliche.

— Der Armut fehlt einiges, der Habsucht alles.
Christ. Friedr. Wilh. Jacobs, Ährenlese (1823—1825). Bd. 2.

— Habsucht macht arm bei allem Reichtum.
Sprichwort.

— Habsucht macht, daß der Sack platzt und das Korn verschüttet wird. Sprichwort.

Hader. — Hader, wie ein Pferd | Voll mut'ger Nahrung, das sich losgerissen, | Rennt alles vor sich nieder. Engl.: Contention, like a horse | Full of high feeding, madly hath broke loose.
William Shakespeare, König Heinr. IV. (1597—1598). Übers. v. Schlegel. T. 2, A. 1, Sz. 1 (Northumberland).

Hader. — Des langen Haders müde.
Gottfr. Aug. Bürger, Gedichte. Lenore (geb. Winter 1773).

— Es ist dem Manne eine Ehre, vom Hader bleiben. Spr. Sal., K. 20, V. 3.

— Was Hader ist, man wohl erfährt, | Wenn man Schwert und Kerker wert; | Er nimmt dein Geld zu Buß und Straf' | Und wirft den Beutel hinten nach. Alter Spr.

Hadern. — Mit den Mächtigen bleibt's | Übel stets zu hadern. Griech.: *Τὰ δὲ τοῖς δυνατοῖς | Οὐκ ἐριστὰ πλάθειν.*
Sophokles (um 496—406 v. Chr.), Elektra. Übers. v. Jordan. V. 214—15 (Chor).

— Mit Hadern verliert jedermann, mit Ausnahme der Papiermacher und Advokaten.
Alter Spr.

— Um eine Heringsnase hadern (um nichts).
A. d. Seemannssprache.

Haderwasser. — Das ist das Haderwasser.
4. Mos., K. 20, V. 13.

Hafer. — Das Pferd, das den Hafer verdient, kriegt ihn nicht. Sprichwort.

— Ihn sticht der Hafer (er ist ausgelassen, übermütig, weil's ihm zu wohl geht).
Sprichwörtl. Redensart.

— Der Hafer ist ein Doktor fürs Land.
Bauernregel.

Hagestolz. — Der Hagestolz lebt ohne Freude, ohne Segen, ohne Glück. Talmud (3. Jahrh.).

— Hat der Hagestolze Verwandte, so hat er Kinder; besitzt er Menschenliebe, so hat er Erben die Hülle und Fülle.
Theod. Gottl. von Hippel, Über d. Ehe (1774). K. 1. Klagen über d. Vorurteile beim Heiraten.

— Und sich als Hagestolz allein zum Grab zu schleifen, | Das hat noch keinem wohl getan.
Joh. Wolfg. von Goethe, Faust, I (1808). Garten (Marthe).

— Die armen Weiber sind doch übel dran; | Ein Hagestolz ist schwerlich zu bekehren.
Joh. Wolfg. von Goethe, Faust, I (1808). Garten (Marthe).

Hagestolze. — Ein ausgestopfter Kuckuck gehört auf der Hagestolzen Sarg, kein jungfräulicher Kranz.
Friedr. Ludw. Jahn, Deutsches Volkstum (1810).

Hahn. — Der Hahn, der als Trompete dient dem Morgen ... Engl.: The cock that is the trumpet to the morn ...
William Shakespeare, Hamlet (1601—1602). Übers. v. Schlegel. A. 1, Sz. 1 (Horatio).

— Wohl gefällt der Hahn | Sich auf seinem Mist, | Wo ihm untertan | Jede Henne ist.
Friedr. Rückert, Erbauliches u. Beschauliches a. d. Morgenlande (1837—1838). Arabische Volkslieder.

— Den roten Hahn aufs Dach setzen (das Haus in Brand stecken). Sprichwörtl. Redensart.

— Der Hahn im Korbe sein (der von Mädchen Gesuchteste sein). Sprichwörtl. Redensart.

Hahn. — Es kräht kein Hahn danach (es ist ganz bedeutungslos). Sprichwörtl. Redensart.

— Der Hahn ist des Bauern Uhr und Kalender. Bauernregel.

Hahnrei. — Gehörnter Mann (Hahnrei) ist nur ein Vieh, ein Untier. — | So gibt es manches Vieh in großen Städten, | Und manch vornehmes Untier. Engl.: A horned man's a monster, and a beast. — | There's many a beast, then, in a populous city | And many a civil monster.

William Shakespeare, Othello (um 1601—1605). Übers. v. Graf Baudissin. A. 4, Sz. 1 (Othello u. Jago).

Häkchen. — Was ein Häkchen werden will, das krümmt sich beizeiten. Sprichwort.

Haken. — Die Sache hat einen Haken (es findet sich eine versteckte Schwierigkeit dabei).

Sprichwörtl. Redensart.

Halb. — Sie wissen es nicht, daß halb viel besser als ganz ist. (Hesiod, den sein Bruder Perses um sein Erbteil geschmälert hat, meint, es sei besser, ein kleines, aber rechtmäßiges Gut zu besitzen, als ein großes, unrechtmäßig erworbenes Vermögen.) Griech.: *Οὐδὲ Fίσασιν ὅσῳ πλέον ἥμισυ παντός.*

Hesiod (8. Jahrh. v. Chr.), Werke u. Tage. Übers. v. Uschner. V. 40.

— Nichts halb zu tun ist edler Geister Art.

Christoph Martin Wieland, Oberon (1780). Ges. 5, Str. 30.

Halbbildung. — Ganz dumm ist nicht so schlimm, als halb nur aufgeklärt!

Joh. Wilh. Ludw. Gleim, D. goldenen Spr. d. Pythagoras (1786).

Halbe, das. — Willst du Absolution | Deinen Treuen geben, | Wollen wir nach deinem Wink | Unablässig streben, | Uns vom Halben zu entwöhnen, | Und im ganzen, guten, schönen | Resolut zu leben.

Joh. Wolfg. von Goethe, Gedichte. Gesellige Lieder. Generalbeichte (geb. 1802).

— Niemals nur in Kunst und Leben | Schlechtem, Halbem Raum gegeben!

Gottfr. Kinkel, Gedichte (1843). Spr.

Halbheit. — Eines recht wissen und ausüben, gibt höhere Bildung als Halbheit im Hundertfältigen.

Joh. Wolfg. von Goethe, Wilh. Meisters Wanderjahre (1807—1821).

Halbtalente. — Die Dummen sind dir bloß beschwerlich, | Die Halbtalente sind gefährlich. | Weil selber sie nichts machen können, | Will's auch dem Genie ihr Neid nicht gönnen.

Gottfr. Kinkel, Gedichte (1843). Spr. Nr. 30.

Halbwisser. — Toren und gescheite Leute sind gleich unschädlich. Nur die Halbnarren und Halbweisen, das sind die Gefährlichsten.

Joh. Wolfg. von Goethe, D. Wahlverwandtschaften (1808—1809). T. 2, K. 5. A. Ottiliens Tageb.

Halbwisser. — Leicht ist zu lenken der Tor und leichter mit Gründen der Weise; | Aber den Halbwisser lenkt selber die Gottheit nicht mehr.

Peter von Bohlen, Bhartriharis Spr. (1835).

Hälfte. — Meine bessere Hälfte. Engl.: My better half. Phil. Sydney, Arcadia (1590). B. 3. Übers. v. Drabig.

Hallen. — In diesen heil'gen Hallen | Kennt man die Rache nicht.

Emanuel Schikaneder, D. Zauberflöte (1791). A. 1 (Sarastro). Komp. v. Wolfg. Amadeus Mozart. (Erste Auff. am 30. Sept. 1791 in Wien.)

Hals. — Einem etwas auf den Hals laden (aufhalsen; einem etwas aufbürden).

Sprichwörtl. Redensart.

— Es hängt mir zum Halse heraus (ich habe die Sache längst überdrüssig).

Sprichwörtl. Redensart.

— Hals über Kopf (das oberste zu unterst; in größter Hast). Sprichwörtl.

— Hals und Beine brechen!

Jägerglückwunsch.

Halsabschneider. — Halsabschneider und Güterschlächter. Lat.: Sectores collorum et bonorum.

Marc. Tull. Cicero, Rede für Roscius (um 80 v. Chr.). Übers. v. Klotz. K. 29, § 80.

Halsgericht. — Kein armer Verbrecher fühlt mehr Schwulität, | Der vor hochnotpeinlichem Halsgericht steht.

Gottfr. Aug. Bürger, Gedichte. D. Kaiser u. d. Abt (1785).

Halsstarrigen, die. — Ihr Halsstarrige und Unbeschnittene an Herzen und Ohren!

Apostelgesch., K. 7, V. 51.

Halten. — Halte, was du geredet hast!

Jes. Sir., K. 29, V. 3.

Hammer. — Der Hammer und der Amboß | Geben sich harten Gegenstoß. Mittelhochdeutsch: Der hamer unt der anebôz, | Die hânt herten widerstôz.

Vridankes Bescheidenheit (1225—1240). Übertr. v. Pannier. Nr. 41. v. guote u. übele.

— Unter den Hammer (des Auktionators) kommen (zwangsweise verkauft werden).

Sprichwörtl. Redensart.

Hand. — Hand vom Bild! Lat.: Manum de tabula!

Apelles (gest. um 308 v. Chr.). Nach Plinius, Naturgesch. B. 35, K. 36, § 10.

— . . . denn es gibt kein besser Zeichen von einem wackern Gemüt als eine harte Hand. Engl.: . . . for there's no better sign of a brave mind, than a hard hand.

William Shakespeare, König Heinr. VI. (1591—1592). Übers. v. Schlegel. T. 2, A. 4, Sz. 2 (Georg).

— Reich' mir die Hand, mein Leben!

Lorenzo da Ponte, Don Juan (1787). A. 1, Sz. 9. Komp. v. Wolfg. Amadeus Mozart. (Erste Auff. am 29. Sept. 1787 in Prag.)

Hand. — Kann dir die Hand nicht geben; | Bleib' du im ew'gen Leben | Mein guter Kamerad!
Ludw. Uhland, Gedichte. Balladen u. Romanzen. D. gute Kamerad (ged. 1809). Schlußv. Mel. v. Friedr. Silcher (komp. 1825).

— Hand wird nur von Hand gewaschen.
Joh. Wolfg. von Goethe, Gedichte. Epigrammatisch. Wie du mir, so ich dir (ged. 1814).

— Eine schöne Hand ziert den ganzen Menschen.
Heinr. Heine, Sämtl. Werke (1861—1868). Novellistische Fragmente. D. Rabbi v. Bacharach. K. 2.

— Auf eine weiche, weiße Hand wie viele | Dagegen zählst du mit der harten Schwiele!
Anastasius Grün (Anton Alexander Graf von Auersperg), Gesammelte Werke (1877). Gedichte. Spr. Nr. 17.

— Seine Hand abziehen von jemandem.
Nach 4. Mos., K. 14, V. 34. — Sprichwörtl. Redensart.

— Wescht die ein Handt die ander fein, | So werden sie alle beyde rein. Alter Spr.

— Aus der Hand in den Mund | Gibt schlechte Nahrung kund. Sprichwort.

— Eine Hand wäscht die andere. Sprichwort.

— Herzhafte Hand | Nährt Leut' und Land. Sprichwort.

— Kalte Hand, warme Liebe. Sprichwort.

— Auf der Hand liegen (ganz klar sein). Sprichwörtl. Redensart.

— Aus der Hand fressen (zahm sein; wird auch von Menschen gebraucht). Sprichwörtl. Redensart.

— Aus der Hand in den Mund leben (das verdiente Geld gleich zum Unterhalt hergeben müssen). Sprichwörtl. Redensart.

— Die Hand auf etwas legen (von etwas Besitz ergreifen). Sprichwörtl. Redensart.

— Eine lange Hand haben (weitgehende Gewalt besitzen). Sprichwörtl. Redensart.

— Etwas unter der Hand tun (heimlich tun). Sprichwörtl. Redensart.

— Etwas von der Hand weisen (etwas zurückweisen). Sprichwörtl. Redensart.

— Hand und Fuß haben (leichtfaßlich, verständig, richtig ausgeführt sein). Sprichwörtl. Redensart.

— In fester Hand (in festem, dauernden Besitze) sein). Sprichwörtl. Redensart.

— Jemandes rechte Hand sein (die beste Hilfe und Stütze jemandes sein). Sprichwörtl. Redensart.

— Hand von der Butten (Bütte)!
Abwehr d. Wiener Wäscherinnen.

Handbewegung. — Nichts gibt mehr Ausdruck und Leben, als die Bewegung der Hände; im Affekte besonders ist das sprechendste Gesicht ohne sie unbedeutend.
Gotthold Ephr. Lessing, Laokoon (1766).

Hände. — Heut' ballt man nur die Hände, man faltet sie nicht mehr!
Ferd. Freiligrath, Neuere politische u. soziale Gedichte. Erstes Heft. Wien (ged. 3. Nov. 1848).

Hände. — Jemanden auf den Händen tragen (jemanden zärtlich lieben und alle Sorge für ihn tragen).
Nach Ps. 91, V. 12. — Sprichwörtl. Redensart.

— An schmierigen Händen bleibt viel hängen. Alter Spr.

— Viele Hände machen leichte Bürde. Sprichwort.

Handel. — Ein bürgerlicher und rechtmäßiger Handel wird von Gott gesegenet, daß einer von zwänzig Pfennigen einen hat; aber ein gottloser und unleidlicher Gewinn im Handel wird verflucht.
Dr. Martin Luther, Tischreden oder Colloquia (1566). Nr. 4. Tischreden v. d. Welt u. ihrer Art. § 111. V. Händeln u. Wucher.

— Der Handel war es, der recht eigentlich die Welt aus ihrer Barbarei gezogen hat, die alte wie die neue Welt.
Karl Jul. Weber, Demokritos (1832—1840). D. eigentliche Nährstand.

— Es ist ein Irrtum, wenn man Handel und Gewerbe und Landwirtschaft voneinander trennen will. Wir müssen zusammen gedeihen, oder wir gehen zusammen zugrunde.
Otto von Bismarck zu d. Vertretern d. deutschen Handelskammern (9. Juli 1893).

— Kein Handel ohne Weinkauf (der abgeschlossene Handel muß durch ein Trinkgelage gefeiert werden). Sprichwörtl. Redensart.

Händel. — Hüte dich, | In Händel zu geraten; bist du drin, | Führ' sie, daß sich dein Feind vor dir mag hüten! Engl.: Beware | Of entrance to a quarrel; but being in, | Bear't, that th' opposed may beware of thee.
William Shakespeare, Hamlet (1601—1602). Übers. v. Schlegel. A. 1, Sz. 3 (Polonius).

— Händel gleichen Fischerreusen: leichtlich kommt man drein, | Aber wieder draus zu kommen, wird so leicht nicht sein.
Friedr. von Logau, Deutsche Sinn-Getichte (1654). Händel.

— ... stecke dich nicht in mancherlei Händel!
Jes. Sir., K. 11, V. 10.

Handeln. — Wilt handlen? thus mit gutem Rath, | Sonst wird dichs rewen nach der That.
Joh. Mich. Moscherosch, Wunderliche v. Warhafftige Gesichte Philanders v. Sittewalt (1643). T. 2, Gesichte 1. A la Mode. Kehrauß. Rath v. Gerichts Lehr.

— Wir handeln alle nach dem Maße unsrer Einsichten und Kräfte.
Gotthold Ephr. Lessing, Theologische Streitschriften. Eine Duplik (1778). Vorwort.

— Handelt! Durch Handlungen zeigt sich der Weise; | Ruhm und Unsterblichkeit sind ihr Geleit.
Joh. Gaudenz Freiherr von Salis-Sewis, Gedichte. Ermunterung (1790). Mel. v. Joh. Rudolf Zumsteeg.

— Der Geist, aus dem wir handeln, ist das Höchste.
Joh. Wolfg. von Goethe, Wilh. Meisters Lehrjahre (1777—1796).

Handeln. — Ihr pflegt zu schwatzen, eh' Ihr handelt, | Und seid die Glocken Eurer Taten. Das | Ist Eure Weise, Lord. Die meine ist: | Erst handeln und dann reden.

Friedr. von Schiller, Maria Stuart (1800). A. 4, Sz. 6 (Leicester).

— Der Mensch ist selbst sein Gott, und sein Beruf ist: Handeln!

Christoph Aug. Tiedge, Urania (1800). Ges. 6, Freiheit, Wiedersehn.

— Sprecht nicht: wir wollen leiden; denn ihr müßt. Sprecht aber: wir wollen handeln; denn ihr müßt nicht.

Jean Paul (Joh. Paul Friedr. Richter), Dr. Katzenbergers Badereise (1809).

— Die Ruhe tötet; nur wer handelt, lebt.

Theod. Körner, Zriny (ged. Juni 1812). A. 4, Sz. 4 (Soliman).

— Man muß handeln können, wie man will, um zu handeln, wie man soll.

Karl Salomo Zachariae von Lingenthal, Vierzig B. v. Staate (1820—1832).

— Man soll nicht bloß handeln, sondern es auch mit der Zuversicht tun, als hänge der Erfolg lediglich von einem selbst ab.

Wilh. Freiherr von Humboldt (1767—1835), Br.

— Wer handeln will, muß freie Hände haben.

Ernst Raupach, D. Hohenstaufen (1837). Kaiser Friedr. I. u. Alexander. Vorspiel.

— Handle in jeder Gemeinschaft so, daß innere Anregung und äußere Aufforderung zusammentreffen!

Friedr. Ernst Daniel Schleiermacher, Sämtl. Werke (1835—1865). Philosophische Sittenlehre.

— Handle so, wie du kannst wollen, | Daß auch andre handeln sollen.

Friedr. von Bodenstedt, A. d. Nachlasse Mirza-Schaffys (1874). B. 3. B. d. Spr. Nr. 15.

— Die Zeit zum Handeln jedesmal verpassen | Nennt ihr: die Dinge sich entwickeln lassen. | Was hat sich denn entwickelt, sagt mir an, | Das man zur rechten Stunde nicht getan?

Emanuel Geibel, Spätherbstblätter (1877). Gelegenheitsgedichte. Spr. Nr. 15.

— Göttlich denken, menschlich handeln.

Moritz von Egidy, Ernste Gedanken (1890).

— Wer handelt recht nach Billigkeit, | Bei dem ist Gott in Lieb' und Leid. Alter Spr.

— Handeln macht den Mann; die Rede ist ein Weiblein. Sprichwort.

Handelnde, der. — Der Handelnde wirkt durch das, was er hat; der Leidende leidet durch das, was er nicht hat. Baruch Spinoza, Ethik (1677).

— Der Handelnde ist immer gewissenlos; es hat niemand Gewissen als der Betrachtende.

Joh. Wolfg. von Goethe, Werke (1827—1830). Maximen u. Reflexionen. Abteilung 2.

Handelsgeist. — Es ist der Handelsgeist, der mit dem Kriege nicht zusammenbestehen kann, und der früher oder später sich jedes Volkes bemächtigt.

Immanuel Kant, Werke (1838—1839). Bd. 7.

Handelsleute. — Sagt mir keine Lügen; das schickt sich nur für Handelsleute. Engl.: Let me have no lying: it becomes none but tradesmen.

William Shakespeare, D. Wintermärchen (1610—1611). Übers. v. Dorothea Tieck. A. 4, Sz. 3 (Autolycus).

Handkuß. — Jungfern, euch die Hände küssen, | Pflegt euch heimlich zu verdrießen, | Weil man läppisch zugewandt, | Was dem Mund gebührt, der Hand.

Friedr. von Logau, Deutsche Sinn-Getichte (1654). Handkuß.

Handlungen. — Die besten, ja die einzig korrekten Handlungen sind diejenigen, die keiner Erklärung und keiner Entschuldigung bedürfen.

Berth. Auerbach, Auf d. Höhe (1865).

— Unsere Handlungen sind die Kinder unseres Geistes. Einmal empfangen, gezeugt, wissen wir nicht mehr, was aus ihnen wird, und wie sie auch werden, müssen wir uns sie gefallen lassen.

Rahel (Antonie Friederike Varnhagen von Ense), Br. (1877).

Handschuhe. — Katze, zieh die Handschuh aus, | Sonsten fängst du keine Maus.

Hans Aßmann Freiherr von Abschatz, Poetische Übersetzungen u. Gedichte (1704). Sprüchwörter.

— Jetzt weiß ich auch, daß man in der Welt sich mit allem befassen kann, wenn man nur die dazu nötigen Handschuhe anzieht.

Heinr. Heine, D. B. d. Lieder. Vorrede zur zweiten Auflage (Frühjahr 1837).

Handwerk. — Allem Leben, allem Tun, aller Kunst muß das Handwerk vorausgehen, welches nur in der Beschränkung erworben wird.

Joh. Wolfg. von Goethe, Wilh. Meisters Wanderjahre (1807—1821).

— Kein ehrliches Handwerk — ist ein Schandwerk.

Friedr. Rückert, D. Verwandlungen d. Abu Seid v. Serug oder d. Makamen d. Hariri (1826).

— Das Handwerk sinkt wohl, aber es stirbt nicht. Sprichwort.

— Es ist ein schlechter Arbeitsmann, | Der nicht vom Handwerk reden kann. Sprichwort.

— Handwerk hat goldenen Boden. Sprichwort.

— Ein Handwerk ist eine Grafschaft. Niederl.: Een handwerk is een graafschap. Sprichwort.

— Jemandem das Handwerk legen (jemandem sein schlechtes Tun verleiden).

Sprichwörtl. Redensart.

Handwerke. — Jeder knecht meister werden wil, | Des sint ietz aller hantwerk vil.

Seb. Brant, D. Narrenschif (1494). Nr. 48. Ein gesellenschiff.

Handwerke. — Domit die hantwerk gont vast ab; | Mögent nit wol erneren sich.

Seb. Brant, D. Narrenschif (1494). Nr. 48. Ein gesellenschiff.

— Wer vil handtwercke zu gleych lernet, der lernet selten eyns wol.

Joh. Agricola, Drey hundert Gemeyner Sprichwörtter (1529). Nr. 144.

— Vierzehn Handwerke, fünfzehn Unglücke.

Sprichwort.

— Wer viel Handwerke kann, | Wird zuletzt Bettelmann. Sprichwort.

— Hans von allen Handwerken hat keins. Engl.: Jack of all trades is of no trade.

Sprichwort.

Handwerker, der. — Handwerker hat Beschäftigung und Kapital. Portug.: Official tem officio e cabedal. Sprichwort.

Handwerker, die. — Wer Geld zum Wegwerfen hat, nehme die Handwerker und bleibe nicht da! Ital.: Chi ha denari da buttar via, | Metta gli operai e non vi stia. Sprichwort.

Handwerksmann. — Gar oft verdürbt ein hantwerksman, | Der vil gewerb und hantwerk kann. Seb. Brant, D. Narrenschif (1494). Nr. 18. V. dienst zweier herren.

— Wenn in der Welt ein Handwerksmann | Sein Mut und Fleiß tut wenden an, | Tragt solches ihm sein Nahrung ein, | Wie immer mag das Wetter sein. Spr. an einem Hause in Tegernsee.

Hang. — . . . was Verstand und Vernunft nicht immer vermögen, vermag oft | Solch ein glücklicher Hang, der unwiderstehlich uns leitet.

Joh. Wolfg. von Goethe, Hermann u. Dorothea (1797). Kalliope.

Hannibal. — Hannibal an den Toren! Lat.: Hannibal ad portas!

Marc. Tull. Cicero, V. höchsten Gut u. Übel (um 45 v. Chr.). Übers. v. Kirchmann. B. 4, K. 9, §22.

Hans. — Hans Worst (großer Tölpel).

Seb. Brant, D. Narrenschif. Niederdeutsche Übersetzung (1519). Nr. 76. V. grossen ruemen.

— Hans, der Träumer. Engl.: John-a-dreams.

William Shakespeare, Hamlet (1601—1602). Übers. v. Schlegel. A. 2, Sz. 2 (Hamlet).

— Hans ging, wie er gekommen. Franz.: Jean s'en alla, comme il était venu.

Selbstverfaßte Grabschrift Jean de Lafontaine's (gest. 1695). Übers. v. Zimmermann.

— Und der Hans schleicht umher, | Trübe Augen, blasse Wangen . . .

Verfasser unbek. (um 1845). Mel. v. Frz. von Woyna (komp. um 1845).

— Hans Dampf in allen Gassen.

Joh. Heinr. Daniel Zschokke, Gesammelte Schriften (1851). Titel einer Novelle.

— Hans auf dem Berge, Hans im Tal.

Lettisches Sprichwort.

— Hans in allen Gassen! Sprichwörtl.

Hänschen. — Was Hänschen versäumet, holt Hans nicht mehr ein.

Gottfr. Aug. Bürger, Gedichte. D. Kaiser u. d. Abt (1785).

— Was Hänschen nicht lernt, lernt Hans nimmermehr. Sprichwort.

Harke. — Jemandem zeigen, was eine Harke ist (ihn nachdrücklich zurechtweisen).

Sprichwörtl. Redensart.

Harm. — Gebt den Harm und Grillenfang, | Gebet ihn den Winden!

Ludw. Hölty, Gedichte. Lieder. Lebenspflichten (ged. 1776). Mel. v. Joh. Friedr. Reichardt (1779).

— Harm, der nicht spricht, erstickt das volle Herz | Und macht es brechen.

Friedr. von Schiller, Macbeth (1800). A. 4, Sz. 7 (Malcolm).

Harmonie. — Es ist keine bessere Harmonie, als wenn Herz und Mund übereinstimmen.

Jul. Wilh. Zincgreff, D. Teutschen scharpffsinnige kluge Spr., Apophthegmata genannt (1626—1631). T. 1.

— Bei einer wahren Harmonie der Gemüter begegnet man einander immer wieder, wenn man noch so weit auseinanderzugehen scheint.

Joh. Wolfg. von Goethe, Briefwechsel d. Großherzogs Karl Aug. mit Goethe (25. Jan. 1788).

— Nimm Einen Ton aus einer Harmonie, | Nimm Eine Farbe aus dem Regenbogen, | Und alles, was dir bleibt, ist nichts, solang' | Das schöne All der Töne bleibt und Farben.

Friedr. von Schiller, Gedichte. D. verschleierte Bild zu Sais (ged. 1795).

— Die Welt ist nichts als ein Orchester; | Wir sind die Instrumente drin; | Die Harmonie ist unsre Schwester; | Sie gibt uns wahren Menschensinn. Aug. von Kotzebue, D. Leiermädchen (ged. 1803). Mel. v. Friedr. Heinr. Himmel (1805).

— Was soll der Nachklang schöner Lieder | Dem Herzen ohne Harmonie?

Aug. Graf von Platen-Hallermund, Gedichte. Lieder u. Romanzen. D. alte Glut, was kann sie frommen usw. (ged. 1818).

— Bleib' uns getreu und verlaß du uns nie | Segenverleiherin Harmonie!

Aug. Mahlmann, Sämtl. Schriften. Gedichte. Festges. bei d. fünfzigjährigen Stiftungsfeier d. Gesellschaft d. Harmonie zu Leipzig (1826). Schlußv.

Harnisch. — Jemanden in Harnisch bringen (jemanden zum Zorne reizen).

Sprichwörtl. Redensart.

Harren. — Was bringt in Schulden? | Harren und Dulden!

Joh. Wolfg. von Goethe, Westöstlicher Diwan (1819).

— Hoffen und harren | Macht manchen zum Narren. Sprichwort.

Hart. — Läuft harter Stein auf hartem Stein, | Wird selten das Getreide rein. Mittelhochdeutsch: Zwêne glîche herte steine | Malent selten reine.

Bridankes Bescheidenheit (1225—1240). Übertr. v. Pannier. Nr. 41. v. guote u. übele.

Hart. — Dieser Republikaner ist hart wie Stahl!

Friedr. von Schiller, D. Verschwörung d. Fiesko zu Genua (1783). A. 1, Sz. 7 (Fiesko). Schlußwort.

— Landgraf werde hart! (Dem Landgrafen Ludwig dem Eisernen von Thüringen in seiner Jugend zugerufen.)

Wilh. Gerhard, Gedichte. D. Edelacker (1817).

— Nicht hart sei, nein, sei nur fest; | Das beste Schwert am leichtesten sich biegen läßt.

Esaias Tegnér, Frithjof=Sage (1825).

— Harter Stein auf harten Stein | Gibt keine Mauer; | Weicher Mörtel mittenein | Macht erst die Dauer.

Friedr. Rückert, Erbauliches u. Beschauliches a. d. Morgenlande (1837—1838).

— . . . ein hart Wort richtet Grimm an.

Spr. Sal., K. 15, V. 1.

— Auf einen harten Klotz gehört ein harter Keil. Sprichwort.

— Hart gegen hart | Nimmer gut ward.

Sprichwort.

— Hart mit hart macht nicht die Steinmauer. Engl.: Hard with hard makes not the stonewall.

Sprichwort.

— Zwei harte Steine | Mahlen selten kleine.

Wartburgspr.

Härte. — Die allerglücklichsten und allerunglücklichsten Menschen sind in gleichem Maße zur Härte geneigt. Franz.: Les hommes extrêmement heureux et les hommes extrêmement malheureux sont également portés à la dureté.

Montesqieu (Charles, de Sécondat), V. Geist d. Gesetze (1748). Übers. v. Kästner. K. 6, § 9.

— Möge doch jede bessere, zarte Natur auch jene materielle Härte an sich ausbilden, die in dem Kampfe mit den irdischen Mächten nun einmal unerläßlich ist!

Ernst Freiherr von Feuchtersleben, Zur Diätetik d. Seele (1838). Tagebuchblätter.

Hartnäckig. — Hartnäckig wie ein Esel. Ital.: Testardo come un asino.

Sprichwörtl. Redensart.

Haruspex. — Es ist wunderbar, daß ein Haruspex nicht lacht, wenn er einen Haruspex sieht. Lat.: Mirabile videtur, quod non rideat haruspex, cum haruspicem viderit.

Cato (um 234—149 v. Chr.). Nach Marc. Tull. Cicero, Über d. Natur d. Götter. Übers. v. Klotz. B. 1, K. 26, § 71.

Hase. — Mein Name ist Hase, ich weiß von nichts. Nach Viktor von Hase (1855).

— Da liegt der Hase im Pfeffer (darin liegt die Hauptsache). Sprichwörtl. Redensart.

— Da liegt der Has im Busch! (da sitzt die Schwierigkeit). Sprichwörtl. Redensart. Schwäbisch.

— Wissen, wie der Hase läuft (Bescheid wissen).

Sprichwörtl. Redensart.

Hasenfuß. — Ein Hasenfuß sein (ängstlich sein). Sprichwörtl. Redensart.

Hasenherz. — Ein Hasenherz haben (furchtsam sein). Sprichwörtl. Redensart.

Hasenpanier. — Das Hasenpanier (die Flucht) ergreifen. Sprichwörtl. Redensart.

Haß. — Hassen und Neiden | Muß der Biedre leiden. | Es erhöht des Mannes Wert, | Wenn der Haß sich auf ihn kehrt.

Gottfr. von Straßburg, Tristan u. Isolt (um 1210).

— O streue nie in deine Brust des Übermutes Samen aus | Und bau' in deinem Herzen auch dem Hasse nie ein wohnlich Haus!

A. d. Persischen d. Anwari=Soheili (gest. 1501). Streit d. Elefanten u. Hasen. Übers. v. Ethé.

— Der Haß, den man auf verlosch'ne Freundschaft pfropfet, muß unter allen die tödlichsten Früchte bringen.

Gotthold Ephr. Lessing, Philotas (1759). Sz. 3 (Philotas).

— Der Haß ist eine läst'ge Bürde; | Er senkt das Herz tief in die Brust hinab | Und legt sich wie ein Grabstein schwer auf alle Freuden.

Joh. Wolfg. von Goethe, Elpenor (1781). A. 1, Sz. 6 (Antiope).

— Der Mensch bedarf in seinem engen Wesen | Der doppelten Empfindung: Lieb' und Haß.

Joh. Wolfg. von Goethe, Torquato Tasso (1789). A. 4, Sz. 2 (Tasso).

— Der größte Haß ist, wie die größte Tugend und die schlimmsten Hunde, still.

Jean Paul (Joh. Paul Friedr. Richter), Hesperus (1795).

— Bezwingt des Herzens Bitterkeit! Es bringt | Nicht gute Frucht, wenn Haß dem Haß begegnet.

Friedr. von Schiller, Maria Stuart (1800). A. 3, Sz. 3 (Shrewsbury).

— Ist Frieden stiften, Haß | Versöhnen ein Geschäft der Hölle?

Friedr. von Schiller, D. Jungfrau v. Orleans (1801). A. 2, Sz. 10 (Johanna).

— Der Haß gewährt gewiß den süßern Trank; | Wir lieben flüchtig, aber hassen lang. Engl.: Now hatred is by far the longest pleasure; | Men love in haste, but they detest at leisure.

George Gordon Lord Byron, Don Juan (1819—1824). Übers. v. Gildemeister. Ges. 13, Str. 6, V. 7.

— Fast sorglicher noch, als unsern Haß, suchen wir unsere Liebe zu verbergen.

Ludw. Börne, Gesammelte Schriften. Erz., Reisen, Verm. Aufsätze. Nr. 24. Denkrede auf Jean Paul, vorgetragen im Museum zu Frankfurt (2. Dez. 1825).

— Nur wer geliebt hat, kennt den Haß, den Zorn.

Christ. Dietr. Grabbe, Don Juan u. Faust (1829). A. 3, Sz. 3 (Faust).

— Frei | Die Liebe, Sklaverei der Haß.

Christ. Dietr. Grabbe, Don Juan u. Faust (1829). A. 4, Sz. 3 (Donna Anna).

— Der Haß ist ein aktives Mißvergnügen, der Neid ein passives; deshalb darf man sich nicht wundern, wenn der Neid so schnell in Haß übergeht. Joh. Wolfg. von Goethe, Werke (1827—1830). Maximen u. Reflexionen. Abteilung 2.

Haß. — Und wirfst du tausendmal den Haß hinaus, | Er kehrt dir tausendmal zurück ins Haus.

Moritz Gottl. Saphir, Neueste Schriften (1832). Violen.

— . . . denn | Alles auf der Welt hat seine Grenzen, | Und von der Lieb' zum Haß' ist's nur ein Schritt.

Joh. Friedr. Bahrdt, Dramatische Dichtungen (1834). D. Lichtensteiner. A. 1, Sz. 1.

— Liebe ist nichts anderes als Freude, von der Vorstellung einer äußern Ursache begleitet, — Haß nichts anderes als Traurigkeit, von einer solchen Vorstellung veranlaßt.

Ernst Freiherr von Feuchtersleben, Zur Diätetik d. Seele (1838). K. 7. Lehre v. d. Affekten.

— Fühlst du dein Herz durch Haß von Menschen weggetrieben, | Tu' ihnen Gutes! schnell wirst du sie wieder lieben.

Betty Paoli (Elisabeth Glück), Gedichte (1841). Nächstenliebe.

— Ungöttlich ist der Haß | Und göttlich nur die Liebe!

Friedr. von Bodenstedt, D. Lieder d. Mirza-Schaffy (1851). Glaube u. Leben. Nr. 3. Schlußv.

— Dein Haß ist deine Strafe.

Friedr. von Bodenstedt, D. Lieder d. Mirza-Schaffy (1851). Glaube u. Leben. Nr. 4. Schlußv.

— Wen du der Liebe nicht würdigst, den würdige auch nicht des Hasses; | Sache nur sei er für dich, aber mit nichten Person!

Friedr. Hebbel, Gedichte (1857). Epigramme u. Verwandtes. Nr. 2. Gnomen. Haß u. Liebe.

— Des Gegners Haß, er wäre zu verschmerzen; | Doch wie die Stacheln, unbewußt getrieben | In unsre Brust von denen, die uns lieben? | Von treuer Hand gehn Pfeile tief zu Herzen!

Rob. Hamerling, Sinnen u. Minnen (1859).

— Jede Stunde, dem Hasse vergeudet, | Ist eine Ewigkeit, der Liebe entzogen.

Ludw. Börne, Gesammelte Schriften (1862—1863). Fragmente u. Aphorismen. Nr. 191.

— Wer Haß und Verachtung in der Seele trägt, ist schwer belastet und kann nie frei aus sich atmen. Berth. Auerbach, Auf d. Höhe (1865).

— Für jene mag man Haß empfinden, | In deren Freveln noch die Spur, | Ein leiser Schimmer noch zu finden | Der ewig menschlichen Natur. | Allein der Schlangen falsch Gezücht, | Das, wenn es giftig uns verwundet, | Nur seine Eigenart bekundet, | Zertritt man, doch man haßt es nicht.

Betty Paoli (Elisabeth Glück), Neueste Gedichte (1870).

— Alles kann die Gottheit vergeben, nur nicht den Haß des Menschen gegen den Menschen.

Georg Ebers, Uarda (1877).

— Meine Liebe mag die Freunde erfreun; | Meinen Haß genieß' ich für mich allein.

Paul Heyse, Spruchbüchlein (1885). Persönliches.

— Wisset, die euch Haß predigen, erlösen euch nicht!

Marie von Ebner-Eschenbach, Aphorismen (1893).

Haß. — . . . daß der wirkliche, echte Haß nur drei Quellen hat: Schmerz, Eifersucht oder Liebe.

Dr. Hanns Groß, Kriminalpsychologie (1898). Objektiv. D. psychische Tätigkeit d. Vernommenen. Unterscheidende Momente. Nr. 2. Besondere Einflüsse. Leidenschaft u. Affekt.

— Es ist besser ein Gericht Kraut mit Liebe | Denn ein gemästerter Ochse mit Haß.

Spr. Sal., K. 15, V. 17.

— Haß und Neid | Macht die Hölle weit.

Alter Spr.

— Kein Haß ist je so groß und schwer, | Als der von Lieb' ist kommen her. Alter Spr.

— Neuen Freunden und altem Haß ist nicht wohl zu trauen. Alter Spr.

— Es ist kein Haß so bitter wie Religionshaß.

Sprichwort.

— Die Liebe ist einäugig, aber Haß gänzlich blind. Dän.: Kjaerlighed er eenøiet, men Had aldeles blind. Sprichwort.

— Liebe ist der Morgen der Tugenden, Haß der Abend der Sünden. Lettisches Sprichwort.

— Wenn Neid und Haß brennte wie Feuer, | So wär' das Holz nicht halb so teuer.

Spr. an einem Hause in Stallikon.

Hassen. — Nicht mitzuhassen, mitzulieben bin ich da. Griech.: *Οὔτοι συνέχθειν, ἀλλὰ συμφιλεῖν ἔφυν.* Sophokles (um 496—406 v. Chr.), Antigone. Übers. v. Jordan. V. 521 (Antigone).

— Mögen sie mich hassen, wenn sie mich nur fürchten. Lat.: **Oderint, dum metuant.**

Accius (um 170—104 v. Chr.), Atreus. Nach Lucius Annaeus Seneca, Über d. Zorn. B. 1, K. 20, § 4.

— Herzlich hassen, mündlich lieben | Ist der Menschen meistes Üben.

Friedr. von Logau, Deutsche Sinn-Getichte (1654). Falschheit.

— Muß denn der Mensch eines von beiden, hassen oder lieben?

Gotthold Ephr. Lessing, D. Freigeist (1749). A. 1, Sz. 1 (Adrast).

— Du magst mich lieben oder hassen. | Den Trost, den mir dein Mund verspricht, | Die laue Freundschaft, will ich nicht.

Joh. Elias Schlegel, Werke (1766). T. 4. An Chloris.

— Wo alles liebt, kann Carl allein nicht hassen.

Friedr. von Schiller, Don Carlos (1787). A. 1, Sz. 1 (Domingo).

— Siehe, wir hassen, wir streiten, es trennet uns Neigung und Meinung; | Aber es bleichet indes dir sich die Locke wie mir.

Friedr. von Schiller, Gedichte. D. gemeinsame Schicksal (ged. 1796).

— Ich bin überzeugt, man liebt sich nicht bloß in andern, sondern haßt sich auch in andern.

Georg Christoph Lichtenberg, Verm. Schriften (1800—1806). Bd. 1, Nr. 3. Bemerk. verm. Inhalts. Nr. 4. Beobachtungen über d. Menschen.

Hassen. — Wie könnt' er so unsäglich hassen, hätt' | Er früher nicht so ungeheu'r geliebt.

Christ. Dietr. Grabbe, Don Juan u. Faust (1829). A. 2, Sz. 2 (D. Ritter).

— Ein Kerl, den alle Menschen hassen, | Der muß was sein!

Joh. Wolfg. von Goethe, Gedichte. Poetische u. prosaische Werke (1836—1837). Zahme Xenien. Nr. 9.

— Zweien, die sich hassen, ist die Welt zu enge.

Heinr. Leberecht Fleischer, Alis Spr. (1837).

— Wer haßt, ist zu bedauern, | Und mehr fast noch, wer liebt.

Wilh. Waiblinger, Gesammelte Werke (1839—1840). Gedichte. D. Kirchhof.

— Man haßt nicht, solange man noch geringschätzt, sondern erst, wenn man gleich oder höher schätzt.

Friedr. Nietzsche, Gesammelte Werke (1895—1897).

— Christlich lieben, niemand hassen, | Leben und auch leben lassen. Alter Spr.

Hassen, das. — Zum Hassen oder Lieben | Ist alle Welt getrieben, | Es bleibet keine Wahl; | Der Teufel ist neutral.

Clemens Brentano, Viktoria u. ihre Geschwister (1817). Soldatenlied.

— Nichts hat uns die Räuberbrut gelassen | Als im Herzen tödlich bittres Hassen.

Nikolaus Lenau (Niembsch, Edler von Strehlenau), Gedichte (1834). Reiseblätter. Nr. 1. D. drei Indianer.

Hasser, der. — Der Hasser lehrt uns immer wehrhaft bleiben.

Joh. Wolfg. von Goethe, D. natürliche Tochter (1803). A. 2, Sz. 5 (Eugenie).

Hasseslust. — Wie Liebeslust, wenn schon ihr Drang gebüßt, | Nachschwelgend noch mit trunknen Lippen küßt, | So zückt, nicht satt von ihrem Todesstreiche, | Die Hasseslust den Stahl noch auf die Leiche.

Nikolaus Lenau (Niembsch, Edler von Strehlenau), D. Albigenser (1842). Carcassonne.

Häßlich. — So häßlich ist kein Mann der Welt, | Daß er nicht doch für schön sich hält. Mittelhochdeutsch: So übele nieman ist getân, | Ern habe zuo der schoene wân.

Vrîdankes Bescheidenheit (1225—1240). Übertr. v. Pannier. Nr. 40. v. wâne.

— Bist du schön, so brauche fleiß, | Mit laster dich nicht zu beflecken; | Bist du häßlich, suche weiß' | Mit Tugenden den fehl zu decken!

Georg Rudolf Weckherlin, Gaistl. v. Weltliche Gedichte (1641). Epigramme.

— Nichts ist so häßlich zu ergründen, | Es wird ein paar Verehrer finden.

Magnus Gottfr. Lichtwer, Vier B. Äsopischer Fab. (1748). B. 4, Nr. 20. D. ungestalte Tochter. Schlußv.

— Was hilft die Kunst der Friseurin bei einem häßlichen Gesicht? Arabisches Sprichwort.

Häßlichkeit. — . . . Häßlichkeit bei einem Weibe ist schon der halbe Weg zur Tugend.

Heinr. Heine, Sämtl. Werke (1861—1868). Verm. Schriften. Gedanken u. Einfälle. Nr. 6. Verm. Einfälle.

— Häßlichkeit entstellet immer | Auch das schönste Frauenzimmer.

Studentenlied. Verfasser unbek.

— Häßlichkeit nimmt einer jungen Frau alle Fehler der Schönen und gibt ihr die Tugenden, die jene niemals haben. A. d. Chinesischen.

Hast. — Zu große Hast ist schlimmer noch als Trägheit.

Ludw. Tieck, Romantische Dichtungen (1799—1800). Leben u. Tod d. hl. Genoveva.

— Sei huldig, wenn du einen Gast hast, | Geduldig, wenn du eine Last hast; | Sei rastig nie auch, wo du Rast hast, | Und hastig nie auch, wo du Hast hast; | Denn seine Ruhe liebt, wer Hast haßt. Friedr. Rückert, D. Verwandlungen d. Abu Seid v. Serug oder d. Makamen d. Hariri (1826).

— Nichts mit Hast! — als Flöhe fangen.

Sprichwort.

Hastig. — Wer hastig läuft, der fällt; drum eile nur mit Weil'! Engl.: Wisely, and slow: they stumble that run fast.

William Shakespeare, Romeo u. Julia (1593). Übers. v. Schlegel. A. 2, Sz. 3 (Lorenzo).

— Hastige Sput | Tut selten gut.

Holländisches Sprichwort.

Haube. — Jemanden unter die Haube bringen (jemanden verheiraten). Sprichwörtl. Redensart.

Hauen. — Haut ihm, daß die Lappen fliegen, | Daß sie all die Kränke kriegen | In das klappernde Gebein.

Dr. Wolrad Kreusler, König Wilh. saß ganz heiter usw. (geb. Aug. 1870). Volksweise.

— He haude drup, es (wie) up old Isen (alt Eisen). Sprichwörtl. Redensart. Münsterisch.

— Hau' ihm, Lukas! Er hat 'n Majistrat jeschumpfen! (Ursprüngl. beim Whistspiel: Trumpfe ihn ab!) Berliner Redensart.

— Ick hau dir eene, dette denken sollst, Ostern un Pfingsten fällt uf eenen Dag.

Berliner Redensart.

Hauen, über sich. — Wer über sich haut, weißt du das nicht, | Dem fallen die Späne ins Gesicht. Joh. Friedr. Fischart, Kehrab (um 1577).

Haufe. — Der Haufe ist immer befangen von dem Scheine und dem Ausgange der Sache; und in der Welt ist nichts als eben der Haufe. Ital.: El vulgo ne va preso con quello che pave e con lo evento della cosa: e nel mondo non è se non vulgo.

Niccolò Machiavelli, D. Fürst (1513). K. 18. Übers. v. Pozzoni.

— Wer dem Hauffen folgt, der hat viel Gesellen.

Christoph Lehmann, Politischer Blumen-Garten (1662). T. 1. Bequemen. Nr. 8.

Hause. — Der große Hause ist allerwärts Ochs mit den beiden Hörnern Aberglaube und Intoleranz.

Karl Jul. Weber, Demokritos (1832—1840). D. Aufklärung.

— Der große Hause hat Augen und Ohren, aber nicht viel mehr, zumal blutwenig Urteilskraft und selbst wenig Gedächtnis.

Arthur Schopenhauer, Parerga u. Paralipomena (1851).

— Wer dem Haufen folgt, hat viel Gesellen.

Alter Spr.

Haupt. — Was ist der Körper, wenn das Haupt ihm fehlt? Engl.: What is the body, when the head is off?

William Shakespeare, König Heinr. VI. (1591—1592). Übers. v. Schlegel. T. 3, A. 5, Sz. 1 (König Eduard).

— O Haupt voll Blut und Wunden, | Voll Schmerz und voller Hohn!

Paul Gerhardt, Geistl. Andachten. An d. Angesicht d. Herrn Jesu (1659).

— ... wie soll man die Knechte loben? | Kömmt doch das Ärgernis von oben! | Wie die Glieder, so auch das Haupt!

Friedr. von Schiller, Wallensteins Lager (1798). Sz. 8 (Kapuziner).

— Wenn Haupt und Glieder sich trennen, | Da wird sich zeigen, wo die Seele wohnte.

Friedr. von Schiller, Wallensteins Tod (1799). A. 3, Sz. 13 (Wallenstein).

— Wohltat ist's und weise Vorsicht | In diesen schweren Zeiten der Parteiung | Sich anzuschließen an ein mächtig Haupt.

Friedr. von Schiller, Wilh. Tell (1804). A. 2, Sz. 1 (Rudenz).

— Was, ohne Haupt, was förderten die Glieder? Joh. Wolfg. von Goethe, Faust, II (1831). A. 4. Auf d. Vorgebirg (Faust).

— ... wenig fragt die Sohle | Nach einer Last, die auf den Körper drückt; | Nur Haupt und Schultern sind es, die sie fühlen.

Ernst Raupach, D. Hohenstaufen (1837). Kaiser Friedr. I. u. Mailand. A. 1, Sz. 7.

Häupter. — Er zählt die Häupter seiner Lieben, | Und sieh! ihm fehlt kein teures Haupt.

Friedr. von Schiller, Gedichte. D. Lied v. d. Glocke (geb. Sept. 1799).

Hauptfehler. — Der Hauptfehler des Menschen bleibt, daß er so viele kleine hat.

Jean Paul (Joh. Paul Friedr. Richter), Siebenkäs (1796—1797). Bd. 1.

Hauptmann. — Ein freudiger Hauptmann macht freudig Kriegsvolk. Militärisches Sprichwort.

Haus. — Denn das Haus ist ein Teil des Staates. Griech.: *Μόριον γάρ οἰκία πόλεώς ἐστι.*

Theophrast (um 372—287 v. Chr.), Haushaltung. Übers. v. Hartung. K. 1.

— In seinem Hause ist selbst der Arme ein Fürst. Talmud (3. Jahrh.).

— Kommt das Glück des Hauses, so kommt das Glück der Welt. Talmud (3. Jahrh.).

Haus. — So Gott zum haus nicht gibt sein gunst, | So erbeit jedermann vmbsonst.

Joh. Kohlros, D. 128. Ps. (1525).

— Also geht auch zu grund diß Hauß, | Wo das Weib bleibet vil darauß.

Joh. Friedr. Fischart, D. Philosophisch Ehzuchtbüchlin (1578). Hausschneck, Schneckenhaus.

— Ein hauß ist ein gut sicherheit, | Ein zuflucht beid zu fräud' vnd leyd.

Joh. Friedr. Fischart, D. Philosophisch Ehzuchtbüchlin (1578). D. Schiltkrot art v. eygenschafft.

— Inn seim hauß ist ein jedes frei, | Außwendig verlassen, forchtsam, scheu.

Joh. Friedr. Fischart, D. Philosophisch Ehzuchtbüchlin (1578). D. Schiltkrot art v. eygenschafft.

— ... das hauß ein freyheit ist, | Macht eins keck, wie den Han sein Mist.

Joh. Friedr. Fischart, D. Philosophisch Ehzuchtbüchlin (1578). D. Schiltkrot art v. eygenschafft.

— Mein Haus ist meine Burg. Engl.: For a man's house is his castle. (Auch: My house my castle. Sprichwort.)

Edward Coke, D. Institutionen (1628—1644). Institution 3. Übers. v. Drabig.

— Ein Haus ohne Jugend scheint gleichher, | Als wenn im Jahr kein Frühling wär'.

Spr. an einem Hause (1663).

— Das Glück des Hauses, | Das Glück der Welt. Inschrift auf einer Denkmünze (1674).

— Kräht die Henn und schweigt der Hahn, | Ist das Hauß gar übel dran.

Hans Aßmann Freiherr von Abschatz, Poetische Übersetzungen u. Gedichte (1704). Sprichwörter.

— Glückselig der, dessen Welt innerhalb des Hauses ist!

Joh. Wolfg. von Goethe an Kestner (24. Juni 1784).

— Der ist am glücklichsten, er sei | Ein König oder ein Geringer, dem | In seinem Hause Wohl bereitet ist.

Joh. Wolfg. von Goethe, Iphigenie auf Tauris (1787). A. 1, Sz. 3 (Thoas).

— O, wie glücklich ist der, dem Vater und Mutter das Haus schon | Wohlbestellt übergeben, und der mit Gedeihen es auszier!

Joh. Wolfg. von Goethe, Hermann u. Dorothea (1797). Terpsichore.

— Sieht man am Hause doch gleich so deutlich, wes Sinnes der Herr sei!

Joh. Wolfg. von Goethe, Hermann u. Dorothea (1797). Thalia.

— Die Räume wachsen, es dehnt sich das Haus.

Friedr. von Schiller, Gedichte. D. Lied v. d. Glocke (geb. Sept. 1799).

— Gott bewahr' das Haus!

Friedr. von Schiller, Gedichte. D. Lied v. d. Glocke (geb. Sept. 1799).

— Im Hause, wo der Gatte sicher waltet, | Da wohnt allein der Friede, den vergebens | Im weiten du da draußen suchen magst.

Joh. Wolfg. von Goethe, D. natürliche Tochter (1803). A. 4, Sz. 2 (Gerichtsrat).

Haus. — Unruh'ge Mißgunst, grimmige Verleumdung, | Verhallendes parteiisches Bestreben, | Nicht wirken sie auf diesen heil'gen Kreis (des Hauses)! | Vernunft und Liebe hegen jedes Glück, | Und jeden Unfall mildert ihre Hand.

Joh. Wolfg. von Goethe, D. natürliche Tochter (1803). A. 4, Sz. 2 (Gerichtsrat).

— Bist du in deinem Hause Fürst? — Ich bin's.

Joh. Wolfg. von Goethe, D. natürliche Tochter (1803). A. 4, Sz. 2 (Eugenie u. Gerichtsrat).

— Wohl steht das Haus gezimmert und gefügt, | Doch ach, es wankt der Grund, auf dem wir bauten. Friedr. von Schiller, Wilh. Tell (1804). A. 1, Sz. 2 (Stauffacher).

— Und doch ruhet auf der Achtung | Eines Hauses seine Macht.

Joh. Gottfr. von Herder, D. Cid (1806). B. 3, Ges. 48.

— Am Abend schätzt man erst das Haus.

Joh. Wolfg. von Goethe, Faust, I (1808). Vor d. Tor (Wagner).

— Wenn das Haus nicht ein heiliger Tempel Gottes ist, wenn die Mutter nicht Herz und Kopf des Kindes naturgemäß belebt, dann ist jede weitere durchgreifende Reform der sozialen Zustände unmöglich. Joh. Heinr. Pestalozzi, Sämtl. Schriften (1819—1826).

— So leb' denn wohl, du stilles Haus!

Ferd. Raimund, D. Alpenkönig u. d. Menschenfeind (1828). A. 1, Sz. 20 (Familie Glühwurm). Komp. v. Wenzel Müller. (Erste Auff. am 17. Okt. 1828 in Wien.)

— Drum ist das Haus der heiligste der Orte, | Der Liebe Altar und des Himmels Tempel.

Leop. Schefer, Laienbrevier (1834).

— Jeder Bettler ist ein König | In dem eignen kleinen Haus. | Tritt, daß du nicht werdest frönig, | Nicht aus deiner Grenz' hinaus!

Friedr. Rückert, Erbauliches u. Beschauliches a. d. Morgenlande (1837—1838). Arabische Volkslieder.

— Du klagest, junger Freund, unfreundlich sei dein Haus, | Und denkst dir mancherlei, dem abzuhelfen, aus. | Ich rate dir, hinein ein freundlich Weib zu führen, | So wirst du Freundlichkeit in allen Ecken spüren.

Friedr. Rückert, D. Weisheit d. Brahmanen (1836—1839). B. 20, Nr. 21. (Stufe 6. Prüfung. Nr. 353.)

— Des Gottesfriedens Heimat ist das Haus.

Joh. Heinr. Bernh. Dräseke (1774—1849).

— Was ist doch aller Feste Pracht | Gen meines Hauses Liebesruh?

Oskar Freiherr von Redwitz, Amaranth (1849).

— Das Haus ist die Zitadelle der Sitte.

Wilh. Heinr. Riehl, D. Familie (1855).

— Ob Sommersonne — ob Winterbraus — | Lenz sei es stets in diesem Haus!

Ernst Scherenberg, Gedichte (1875). Hausspr.

— Ach, das Köstlichste auf Erden | Ist das stille Glück im Haus! | Mag es draußen Winter werden, | Hier ist's Lenz, jahrein, jahraus.

Paul Baehr, Neues B. d. Lieder (1885).

Haus. — Du sollst nicht begehren deines Nächsten Haus! 5. Mos., K. 5, V. 21.

— Sein Haus auf den Sand bauen.

Nach Matth., K. 7, V. 26.

— . . . auf daß mein Haus voll werde!

Luk., K. 14, V. 23.

— Des Hauses Schmuck ist Reinlichkeit; | Des Hauses Glück Genügsamkeit; | Des Hauses Ehr' Gastfreundlichkeit; | Des Hauses Segen Frömmigkeit. Alter Spr.

— Es ist dem Hauß ein groß verdriet, | Dar das Hun kreht (kräht) und der Han niet.

Alter Spr.

— Haus ohne Mann, Haus ohne Rat; | Haus ohne Frau, Haus ohne Staat. Alter Spr.

— Putzen, Naschen, Weibergesang | Sind des Hauses Untergang. Alter Spr.

— Kein Haus | Ohne Maus. Sprichwort.

— Wär' auch ein Haus so groß wie der Rhein, | G'hört doch nur Ein Herr und Eine Frau hinein. Sprichwort.

— E fridlechs Habermues im ägne Huus | Ist besser als Brate im Schänkhuus.

Sprichwort. Schweiz.

— Wer sein Haus will rein erhalten, | Darf weder Weib, noch Pfaff, noch Tauben halten. Franz.: Qui veut tenir nette sa maison, | N'y mette ni femme ni prêtre ni pigeon.

Sprichwort.

— Jeder Hund ist Löwe in seinem Hause. Ital.: Ogni cane è lione a casa sua.

Sprichwort.

— Mein Haus, mein Wille.

Kroatisches Sprichwort.

— Das größte Haus ist klein, | Das kleinste Haus ist weit, | Wenn dort regiert der Schein | Und hier Zufriedenheit.

Spr. an einem Hause in Kassel.

— Drei Ding im Haus sind ungelegen: | Der Rauch, ein böses Weib und Regen; | Das vierte beschwert es überaus: | Viel Kinder und kein Brot im Haus. Spr. an einem Hause.

— Eine kleine Kirch' sei jedes Haus, | Nichts Böses darin, Guts komme draus!

Spr. an einem Hause in Basel.

— Hab' ich ein Haus und etwas Feld, | So ist es gut für mich bestellt, | Nehme den Pflug und Spaten dazu, | Arbeite fleißig und lebe in Ruh'.

Spr. an einem Hause in Crailsheim.

— Hast du ein Haus, | So denke nicht draus!

Spr. an einem Hause. Schweiz.

— In Nord und Süd, | De Welt is wit. | In Ost und West, | Dat Hus ist best.

Spr. an einem Hause in Oldenburg.

Hausaltäre. — Der für seine Hausaltäre | Kämpfend sank, ein Schirm und Hort, | Auch in Feindes Munde fort | Lebt ihm seines Namens Ehre.

Friedr. von Schiller, Gedichte. D. Siegesfest (geb. 1803).

Häuschen. — Ganz aus dem Häuschen (sehr ausgelassen, auch: sehr aufgeregt) sein.
Sprichwörtl. Redensart.

Hause, zu. — Kein Streit so nahe gehen kann, | Als den zu Hause hat der Mann. Mittelhochdeutsch: Dehein urliuge als nâhe gât, | Als diu ein man dâ heime hât.
Vrîdankes Bescheidenheit (1225—1240). Übertr. v. Pannier. Nr. 38. v. erkantnisse.

— Wer stets zu Haus bleibt, hat nur Witz fürs Haus. Engl.: Home-keeping youth have ever homely wits.
William Shakespeare, D. beiden Veroneser (um 1592—1593). Übers. v. Dorothea Tieck. A. 1, Sz. 1 (Valentin).

— Man muß nur in die Fremde gehen, um das Gute kennen zu lernen, was man zu Hause besitzt.
Joh. Wolfg. von Goethe an Kirms (24. Aug. 1797).

— Aber das habt ihr ja alles bequemer und besser zu Hause!
Friedr. von Schiller, Gedichte. Shakespeares Schatten (ged. 1796).

— O wären wir weiter, o wär' ich zu Haus!
Joh. Wolfg. von Goethe, Gedichte. D. getreue Eckart (ged. 17. April 1813).

— Überall bin ich zu Hause, | Überall bin ich bekannt.
Studentenlied. Nach Friedr. Hückstädt, Gedichte (1806). Mel. v. Frz. Otto (1836).

— Wem zu Hause nicht wohl ist, dem wird selbst das Vaterland zu enge; er verläuft sich in der Welt als Irrwisch.
Friedr. Ludw. Jahn, Deutsches Volkstum (1810).

— Draußen zu wenig oder zu viel, | Zu Hause nur ist Maß und Ziel.
Joh. Wolfg. von Goethe, Gedichte. Sprichwörtl. (ged. 1812—1814).

— Wenn ich den Freund nun frage: | Wo blüht das Glück? | Zu Hause, zu Hause! | Spricht er mit frohem Blick.
Hermann von Hermannsthal, Mein Lebenslauf in d. Fremde (1837). Hausliedchen. Mel. v. Friedr. Brückner (1837) u. Rudolf Tschirch.

— Die schönste Rede, die man unsern Zeiten halten kann, wäre: Über die Kunst, zu Hause zu bleiben. Karl Jul. Weber, Demokritos (1832—1840). Rede in d. zweiunddreißig Winde an Jünglinge u. meine Zeit.

— Jeder ist Papst zu Hause. Ital.: Ognunu est Paba in domo sua. Sardinisches Sprichwort.

— Nirgends wie zu Hause.
Polnisches Sprichwort.

— Zu Haus ist zu Haus, und sei es unter dem Halme! Litauisches Sprichwort.

Häuser. — Na, so muß 's kommen! sagte Naumann, sieben (überschuldete) Häuser und keine Schlafstelle (Unterkunft).
Sprichwörtl. Redensart. Breslau.

Hausfrau. — O welch ein köstlich Kleinod ist eine wackere Hausfrau! Wo sie wirkt und schafft, da verwischen Jahrhunderte nicht die Segensspuren.
Aug. von Kotzebue, D. Graf v. Burgund (1798).

— Wer eine Hausfrau hat, der bringet sein Gut in Rat. Jes. Sir., K. 36, V. 26.

— Die Frau im Haus, so selber wacht, | Aus einem Pfennig zehne macht. Alter Spr.

— Brave Hausfrau bleibt daheim.
Sprichwort.

— Eine Hausfrau | Sei keine Ausfrau!
Sprichwort.

— Die Hausfrau hat ihr Licht vom Manne wie der Mond von der Sonne. Dän.: Hustruen har sit Lys fra Manden, som Maanen fra Solen. Sprichwort.

Hausfrauen. — Leere Zimmer machen faselige Hausfrauen. Engl.: Empty rooms make giddy housewives. Sprichwort.

Hausfreund. — So treuen Freund (Hausfreund) ich nicht begehr', | Daß gern mit meinem Weib Verkehr | Er wollte haben in Unehren; | Von dem werd' ich geschwind mich kehren. Mittelhochdeutsch: Sô getriuwes friundes ger ich niht, | Der gerne wolte haben pfliht | Mit mîme wîbe nâch unêren; | Von dem wil ich mich kêren.
Vridankes Bescheidenheit (1225—1240). Übertr. v. Pannier. Nr. 36. v. vriunden. Schlußv.

Hausfriede. — Dann jedem frommen Mann gefalt, | Das man den Haußfrieden erhalt.
Joh. Friedr. Fischart, Flöh Hatz, Weiber Tratz (1573). D. Nütwendige v. Böständige Verantwortung d. Weiber.

— Halt dich friedlich mit den Deinen (halte Hausfrieden); | Trau nicht leichtlich fremdem Meinen!
Friedr. von Logau, Deutsche Sinn-Getichte (1654). Hausfriede.

— Haußfried ist Haußfrewd.
Christoph Lehmann, Politischer Blumen-Garten (1662). T. 1. Fried. Nr. 23.

— Zu zweien leben und nicht zu dreien, ist ein wesentlicher Grundsatz, wenn man den Frieden des Hauses bewahren will. Franz.: „Vivre à deux, et non à trois" c'est l'axiome essentiel pour garder la paix du ménage.
Jules Michelet, D. Liebe (1858). Übers. v. Spielhagen.

— Der Hausfriede kommt von der Hausfrau.
Sprichwort.

— De Huusfride ist e täglichs Wolläbe.
Sprichwort. Schweiz.

— Wo Lieb' und Fried' das Haus regiert, | Da wohnet Gottes Segen; | Wo aber Zank das Zepter führt, | Der Satan ist zugegen.
Spr. an einem Hause.

Hausgemach. — Hausgemach | Ist über alle Sach'. Sprichwort.

Hausgesinde. — . . . des Menschen Feinde sind sein eigenes Hausgesinde.
Micha, K. 7, V. 6.

Haushalt. — Der Haushalt ist der beste, worin man nichts Überflüssiges will, nichts Notwendiges entbehrt. Griech.: *Ὡς ἄριστος οἶκός ἐστιν ὁ τῶν περισσῶν μηδενὸς δεόμενος καὶ τῶν ἀναγκαίων μηδενὸς ἐνδεόμενος.*

Pittakos. Nach Plutarch (um 50—120). Moralische Abhandlungen. Übers. v. Eyth. Gastmahl d. sieben Weisen. K. 13.

— Geist ist es keineswegs, was man im Haushalt braucht. Franz.: L'esprit n'est point du tout ce qu'il faut en ménage.

Molière (Jean Baptiste Poquelin), D. gelehrten Frauen (1672). Übers. v. Baudissin. A. 5, Sz. 3 (Martine).

— Es gehört mehr zum Haushalt als vier Beine unter einem Tische. Niederl.: Daar behoort meer tot eene huishouding dan vier beenen onder eene tafel. Sprichwort.

Haushalten. — Mit vielem helt man hauß, | Mit wenigem kumt man auß.

Reimspr. (16. Jahrh.).

— Wer viel hat, gebe viel aus; | Wer wenig hat, halte mit wenigem Haus!

Georg Keil, Lyra u. Harfe (1834).

— Durch ordentliches Haushalten werden die Kammern voll aller köstlicher, lieblicher Reichtümer.

Spr. Sal., K. 24, V. 4.

Haushalter. — Wie ein großes Ding ist es um einen treuen und klugen Haushalter!

Luk., K. 12, V. 42.

Haushaltung. — Zu einer Haußhaltung gehört ein Noth=, ein Zehr= vnd ein Ehr=Pfenning.

Christoph Lehmann, Politischer Blumen=Garten (1662). T. 1. Haußhaltung. Nr. 16.

— . . . wie ein Falke das Gesinde zu beobachten — denn . . . darauf beruht eigentlich der Grund aller Haushaltung.

Joh. Wolfg. von Goethe, Wilh. Meisters Lehrjahre (1777—1796).

— Wenn die Henne nicht ebenso gut scharrt wie der Hahn, | So kann die Haushaltung nicht bestahn. Alter Spr.

— Gute Haushaltung macht kleines Einkommen groß. Sprichwort.

Hausherr. — Denn des Hauses Auge, dünkt mich, ist des Hausherrn Gegenwart. Griech.: *Ὄμμα γὰρ δόμων νομίζω δεσπότου παρουσίαν.*

Äschylus, D. Perser (um 472 v. Chr.). Übers. v. Minckwitz. V. 169 (Atossa).

Hauskreuz. — Krieg wird Zeitvertreib | Bei solchem Hauskreuz und verhaßtem Weib. Engl.: War is no strife | To the dark house and the detested wife.

William Shakespeare, Ende gut, alles gut (um 1602). Übers. v. Schlegel. A. 2, Sz. 3 (Bertram).

Häuslein. — Es ist kein Häuslein, | Es hat sein Kreuzlein. Alter Spr.

Häuslichkeit. — Dann außerhalb dem Haußgeleyt | Hat man kein rechte sicherheit.

Joh. Friedr. Fischart, D. Philosophisch Ehzuchtbüchlin (1578). Hausschneck, Schneckenhaus.

Häuslichkeit. — Häuslichkeit! in deines Glückes Frieden | Liegt allein der Menschheit großes Los.

Joh. Jak. Engel, Sämtl. Werke (1801—1806).

— Nur in stiller Häuslichkeit wird des Lebens Glück, der wahre Stein der Weisen gefunden.

Aug. von Kotzebue, D. arabische Pulver (1810).

— . . . der Hochaltar unsers Volkstums steht im Tempel der Häuslichkeit.

Friedr. Ludw. Jahn, Deutsches Volkstum (1810).

— Aber wiss', o Glücklicher! die Blume | Der ersehnten Herzensruh gedeiht | Unverwelklich nur im Heiligtume | Eng umschränkter Häuslichkeit.

Friedr. von Matthisson, Schriften (1825—1829). Gedichte. Hochzeitlied. Schlußv.

— Häuslichkeit . . . ist der Schutzengel des Ehe= und Familienstandes, Zerstreuung aber die Todfeindin; daher auch Häuslichkeit, Ehe= und Familienglück immer seltener werden.

Karl Jul. Weber, Demokritos (1832—1840). Rede in d. zweiunddreißig Winde an Jünglinge u. meine Zeit.

— Nur in der Häuslichkeit gemeßnem Frieden | Ist uns des Lebens wahres Glück beschieden.

Spr. an einem Hause bei Oelde (1868).

— Es sähe viel besser in unserem öffentlichen Leben aus, wenn die Menschen den Zauber der vier Wände (die Häuslichkeit) mehr würdigten.

Otto von Leixner in d. „Deutschen Romanzeitung" (1890).

— Häuslichkeit ist des Weibes Schönheit. Sprichwort.

Hausrat. — Weh' dem, der an den würdig alten Hausrat | Ihm (dem Menschen) rührt, das teure Erbglück seiner Ahnen!

Friedr. von Schiller, Wallensteins Tod (1799). A. 1, Sz. 4 (Wallenstein).

— Urväter Hausrat.

Joh. Wolfg. von Goethe, Faust, I (1808). Nacht (Faust).

Hausrecht. — Mein gutes Hausrecht hab' ich ausgeübt. Friedr. von Schiller, Wilh. Tell (1804). A. 1, Sz. 1 (Baumgarten).

Haustyrannei. — Haustyrannei geht selten glücklich aus.

Joh. Gottfr. von Herder, Stimmen d. Völker in Liedern (1807). Abteilung 1, B. 2, Nr. 32. D. Gräfin Linda. Franz. Schlußv.

Hausvatertum. — Auf dem Hausvatertum ruht das Deutschtum und das Christentum.

Jer. Gotthelf (Albert Bitzius), Jak. d. Handwerksgesellen Wanderungen durch d. Schweiz (1847).

Hauswesen. — Jeder Mann, der andauernd in einer Familie verkehrt, lernt die Tochter lieben, welche das Hauswesen führt, falls sie nicht entschieden unliebenswürdig ist.

Bogumil Goltz, Zur Charakteristik u. Naturgesch. d. Frauen (1859).

Hauswesen. — Im Haus muß der Mann Bürgermeister sein, die Frau Ratsherr, die Kinder Ja=Herren, die Dienstboten Expeditores; so ist das Hauswesen am besten bestellt.
Alter Spr.

Haut. — Die haut soll man zu Marckt nit tragen, | Man hab denn erst den Beren gschlagen.
Burchard Waldis, Esopus (1557). B. 4, Nr. 88. V. Fuchß v. d. Eichhorn. V. 45—46.

— Seine Haut zu Markte tragen (die Verantwortung für etwas übernehmen, oder die Folgen einer Sache auf sich nehmen).
Sprichwörtl. Redensart.

— In keiner guten Haut stecken (nicht gesund sein).
Sprichwörtl. Redensart.

Hebel. — Alle Hebel ansetzen (alle Mittel aufbieten).
Sprichwörtl. Redensart.

Hecht. — . . . der Hecht ist gar zu blau!
Christ. Fürchtegott Gellert, Fab. u. Erz. (1746). B. 1. D. Widersprecherin.

— Hecht im Karpfenteiche sein (als Raubfisch frißt der Hecht die Karpfen; übertr.: der Herrschende sein, zumal in einem Mädchenkreise).
Sprichwörtl. Redensart.

Hechtsuppe. — Snied (Schneid) dik nich, et is Hechtsuppe (sich' dich vor, du kannst dich leicht an den zahlreichen Gräten des Hechtes stechen).
A. d. Seemannssprache. Hannover.

Heer. — Ich fühl' ein ganzes Heer in meiner Brust!
Theod. Körner, Zriny (ged. Juni 1812). A. 2, Sz. 11 (Zriny).

— Möge Mein Heer stets eingedenk bleiben, daß nur Gottesfurcht, Treue und Gehorsam zu Taten befähigen, wie die waren, welche seine und des Vaterlandes Größe schufen.
Kaiser Wilh. II. (27. Jan. 1895).

Heerscharen. — Und alsobald war da . . . die Menge der himmlischen Heerscharen.
Luk., K. 2, V. 13.

Heft. — Das Heft in den Händen (die Gewalt) haben.
Sprichwörtl. Redensart.

Heftigkeit. — Durch Heftigkeit ersetzt der Irrende, | Was ihm an Wahrheit und an Kräften fehlt.
Joh. Wolfg. von Goethe, Torquato Tasso (1789). A. 4, Sz. 4 (Antonio).

Hehlen. — Hilft ein Dieb dem andern hehlen, | Da weiß ich nicht, wer mehr mag stehlen. Mittelhochdeutsch: Swâ ein diep den andern hilt, | Dane weiz ich weder mê stilt.
Vridankes Bescheidenheit (1225—1240). Übertr. v. Pannier. Nr. 13. v. dieben.

Hehler. — Der Hehler ist schlimmer als der Stehler.
Sprichwort.

— Der, welcher behält (der Hehler), und der, welcher nimmt, ist gleich gut. Norwegisch: Dan som held, og dan som flaer, er like gode.
Sprichwort.

Heidelberg. — Alt Heidelberg, du feine, | Du Stadt an Ehren reich, | Am Neckar und am Rheine | Kein' andre kommt dir gleich.
Jos. Viktor von Scheffel, D. Trompeter v. Säckingen. Alt Heidelberg, du feine usw. (ged. 1853). Mel. v. Anton Zimmermann (komp. 1871—1872).

Heil, das. — Weh' uns, wenn wir das Heil von außen suchen; | In unserm eignen Herzen muß es wohnen.
Ludw. Tieck, Romantische Dichtungen (1799—1800). Leben u. Tod d. hl. Genoveva.

— Helm des Heils.
Nach Eph., K. 6, V. 17.

Heiland. — Denke nur niemand, daß man auf ihn als den Heiland gewartet habe!
Joh. Wolfg. von Goethe, Werke (1827—1830). Maximen u. Reflexionen. Abteilung 7.

— . . euch ist heute der Heiland geboren.
Luk., K. 2, V. 11.

Heilen. — Was Heilmittel nicht heilen, heilt das Messer; was das Messer nicht heilt, heilt das Feuer. Griech.: Ὁκόσα φάρμακα οὐκ ἰῆται, σίδηρος ἰῆται· ὅσα σίδηρος οὐκ ἰῆται, πῦρ ἰῆται.
Hippokrates (um 460—377 v. Chr.), Aphorismen. Übers. v. Grimm.

Heilig. — Was ist heilig? Das ist's, was viele Seelen zusammen | Bindet; bänd' es auch nur leicht wie die Binse den Kranz.
Joh. Wolfg. von Goethe, Gedichte. Vier Jahreszeiten (ged. 1796). Herbst. Nr. 68.

— Was ist das Heiligste? Das, was heut' und ewig die Geister | Tiefer und tiefer gefühlt, immer nur einiger macht.
Joh. Wolfg. von Goethe, Gedichte. Vier Jahreszeiten (ged. 1796). Herbst. Nr. 69.

Heilige, der. — Man glaubt keinem Heyligen, er thu dann Zeichen.
Christoph Lehmann, Politischer Blumen=Garten (1662). T. 1. Glaub. Nr. 21.

— Jeder Heilige will seine Kerze. Ital.: Ogni Santo vuol la sua candela.
Toskanisches Sprichwort.

Heiligen, die. — Die geschnitzten Heiligen haben in der Welt mehr ausgerichtet als die lebendigen.
Georg Christoph Lichtenberg, Verm. Schriften (1800—1806). Bd. 2, Nr. 2. Bemerk. verm. Inhalts. Nr. 17. Allerhand.

— In klerikalen Ländern sieht man oft vor einem Wald von Heiligen den Erlöser nicht.
Ernst Jul. Hähnel, Lit. Reliquien (1887).

— Wenn Gott nicht hilft, so ziehen auch die Heiligen keinen Strang an.
Alter Spr.

— Nicht aus jedem Holze werden die Heiligen gemacht. Ital.: Non de ogni linna si fagent sos Sanctos.
Sardinisches Sprichwort.

Heilsweg. — Fein gern ans Kreuz dich leg', | Denn sonst zum Heil kein Weg.
Spr. an einem Hause in Nassereit, Tirol.

Heilung. — Des abergloub ist ietz so vil, | Domit man gsuntheit (Heilung) süchen wil.
Seb. Brant, D. Narrenschif (1494). Nr. 38. V. kranken, d. nit volgen.

Heim. — Mit tausend Wünschen war er ausgegangen; | Das Ende war — bescheidenes Verlangen. | Ganz leise sprach er nur mit einer Hoffnung Keim: | Ich möchte heim!

Grabspr. auf einem Kirchhofe in Luzern.

Heimat. — Denn nichts ist doch süßer als unsre Heimat und Eltern, | Wenn man auch in der Fern' ein Haus voll köstlicher Güter, | Unter fremden Leuten, getrennt von den Seinen, bewohnet! Griech.: *Ὡς οὐδὲν γλύκιον ἧς πατρίδος οὐδὲ τοκήων | Γίγνεται, εἴ περ καί τις ἀπόπροθι πίονα οἶκον | Γαίῃ ἐν ἀλλοδαπῇ ναίει ἀπάνευθε τοκήων.*

Homer, Odyssee, Übers. v. Voß. Ges. 9, V. 34—36.

— Gibt's kein höheres Übel doch | Als den Verlust der Heimat. Griech.: *Μό- | χθων δ' οὐκ ἄλλος ὕπερθεν ἢ | Γᾶς πατρίας στέρεσθαι.*

Euripides, Medea (um 431 v. Chr.). Übers. v. Minckwitz. V. 649—50 (Chor).

— . . . daß ich muß scheiden, | Muß nun unsre Heimat meiden, | Tief im Herzen tut mir's weh!

Friedr. (Maler) Müller, Balladen (1776). Soldaten-Abschied. Mel. v. Friedr. Fesca (komp. 1822).

— Traute Heimat meiner Lieben, | Sinn' ich still an dich zurück, | Wird mir wohl; und dennoch trüben | Sehnsuchtstränen meinen Blick.

Joh. Gaudenz Freiherr von Salis-Seewis, Gedichte. Lied eines Landmanns in d. Fremde (ged. um 1785). Mel. v. Vinzenz Rhigini (1803).

— . . . nach der Heimat stehen die Gedanken.

Friedr. von Schiller, Sz. a. d. Phönizierinnen d. Euripides (ged. 1788). (Polynices).

— Die Heimat | Ist also wohl das Teuerste, was Menschen | Besitzen! — O, und teurer als die Zunge | Aussprechen kann!

Friedr. von Schiller, Sz. a. d. Phönizierinnen d. Euripides (ged. 1788). (Jokasta u. Polynices).

— Drum erhebe frohe Lieder, | Wer die Heimat wiedersieht! Friedr. von Schiller, Gedichte. D. Siegesfest (ged. 1803).

— . . . hier ist keine Heimat — jeder treibt | Sich an dem andern rasch und fremd vorüber | Und fraget nicht nach seinem Schmerz.

Friedr. von Schiller, Wilh. Tell (1804). A. 4, Sz. 3 (Tell).

— In die Heimat möcht ich wieder, | Aber bald, du Lieber, bald!

Joh. Rudolf Wyß d. Jüngere, Schwytzer-Heimweh (ged. 1811). Mel. v. Friedr. Glück (komp. 1814).

— Nach der Heimat möcht' ich wieder.

Karl Beils, Heimweh (vor 1828). Mel. v. Karl Gottl. Reissiger (komp. 1828).

— In der Heimat wohnt die Liebe, | In der Heimat weilt die Lust.

Karl Beils, Heimweh (vor 1828). Mel. v. Karl Gottl. Reissiger (komp. 1828).

— Verächtlich ist der Stolz des einzelnen; | Doch herrlich, wie die Heimat selbst nur sein mag, | Ist auch der Stolz auf sie!

Christ. Dietr. Grabbe, Don Juan u. Faust (1829). A. 1, Sz. 1 (Don Juan).

Heimat. — Die Heimat nur kann uns beseeligen. Christ. Dietr. Grabbe, Don Juan u. Faust (1829). A. 1, Sz. 2 (Faust).

— Hier in weiter, weiter Ferne, | Wie's mich nach der Heimat zieht!

Albert Graf von Schlippenbach, In d. Ferne (vor 1833). Mel. v. Friedr. Silcher (komp. 1853—1855).

— Möchte wieder in die Gegend (in die Heimat), | Wo ich einst so selig war, | Wo ich lebte, wo ich träumte | Meiner Jugend schönstes Jahr!

Nicolaus Lenau (Niembsch, Edler von Strehlenau), Gedichte (1834). Erinnerung. Einst u. jetzt.

— In die Heimat möcht ich ziehen, | In das Land voll Sonnenschein!

Emanuel Geibel, Gesammelte Werke. Jugendgedichte. B. 1. Lübeck u. Bonn. D. Zigeunerbube im Norden (ged. 1834). Mel. v. Karl Gottl. Reissiger (vor 1855).

— Wo der Eltern Häuser stehn, | In der Heimat ist es schön!

Karl Krebs (?), In d. Heimat ist es schön usw. (um 1835). Mel. v. Andr. Zöllner (komp. um 1840).

— So hat man mich gefraget: | „Was quält dich sehr?" — | „Ich kann nicht nach Hause, | Hab' keine Heimat mehr."

Hermann von Hermannsthal, Mein Lebenslauf in d. Fremde (1837). Hausliedchen. Schlußv. Mel. v. Friedr. Brückner (1837) u. Rudolf Tschirch.

— Die Freuden, die in der Heimat wohnen, | Die suchst du vergebens in fremden Zonen.

Aug. Mahlmann, Sämtl. Schriften (1839—1840). Gedichte. D. Jüngling u. d. Wanderer.

— Mag die Welt auch für das Leben | Bieten uns den Pilgerstab; | Aber Wiege muß und Grab | Nur die Eine Flur (die Heimat) uns geben.

Joh. Christoph Biernatzki, Gedichte (1844).

— Die Heimat bleibt doch immer | Der schönste Fleck der Welt.

Joh. Nepomuk Vogl, Deutsche Lieder (1845).

— Wenn ich mich nach der Heimat sehn' . . .

Jos. Ferd. Nesmüller, D. Zillerthaler (ged. 1848). Mel. v. Verfasser.

— Wohl oft fand ich, was Aug' und Herz ergötzte, | Doch nie, was meine Heimat mir ersetzte!

Friedr. von Bodenstedt, Tausend u. Ein Tag im Orient (1849).

— In meine Heimat kam ich wieder . . .

Hermann von Lingg, Gedichte. Heimkehr (ged. 1849). Mel. v. Aug. Wiltberger (1895).

— Im schönsten Wiesengrunde | Ist meiner Heimat Haus.

Wilh. Ganzhorn, D. stille Tal (um 1850). Volksweise.

— Wenn die Auswanderer alles verlieren, die Liebe zu ihrem Vaterlande, selbst den geläufigen Ausdruck ihrer Muttersprache, die Melodien der Heimat leben unter ihnen länger als alles andere.

Gustav Freytag, Soll u. Haben (1855).

— Wer aus seiner Heimat scheidet, ist sich selten bewußt, was er alles aufgibt; er merkt es vielleicht erst dann, wenn die Erinnerung daran eine Freude seines späteren Lebens wird.

Gustav Freytag, Soll u. Haben (1855).

Heimat. — Die Heimat ist, wo man dich gerne | Erscheinen, ungern wandern sieht; | Sie ist's, ob auch in weiter Ferne | Die Mutter sang dein Wiegenlied.

Emil Rittershaus, Gedichte (1856). D. Heimat.

— Was tönt dem Herzen wohl so voll und weich | Als Heimat, Vaterland und Muttererde?

Jul. Grosse, Gedichte (1857).

— Wenn du noch eine Heimat hast, | So nimm den Ranzen und den Stecken | Und wandre, wandre ohne Rast, | Bis du erreicht den teuren Flecken!

Albert Traeger, Gedichte (1858).

— Und wie mit zärtlichem Erbarmen | Die Mutter das verirrte Kind, | So ziehst auch du (Heimat) mit starken Armen | Mich an den Busen sanft und lind.

Rob. Prutz, A. d. Heimat (1858).

— Himmel leitet die deutsche Sprache von dem alten Wort Heime, Heimat, ab, und des Menschen Heimat ist im Glück.

Wilh. Raabe, Halb Mär, halb mehr (1859).

— Schied auch die Muschel lange schon | Vom Meer, das ihre Heimat war, | In ihrer Tiefe rauscht ein Ton | Wie Meeresheimweh immerdar.

Georg Scherer, Gedichte (1870). Heimweh.

— O Heimat, du heiliger, trauter Ort! . . . Sei gesegnet, sei gesegnet, du stille Heimat!

Berth. Auerbach, Sämtl. Schwarzwälder Dorfgesch. (1871). Ivo, d. Hajrle.

— Dem Land, wo meine Wiege stand (der Heimat), | Ist doch kein andres gleich.

Jul. Sturm, D. B. für meine Kinder (1877). Mein Vaterland. Mel. v. Oskar Schwalm.

— In der Fremde erfährt man, was die Heimat wert ist, und liebt sie dann um so mehr.

Ernst Wichert, Heinr. v. Plauen (1881).

— Doch der rechte Mensch muß eine Heimat haben, daß er und sein Geschlecht stark sei!

Peter Rosegger, Jak. d. Letzte (1888).

— Heimat, Kindheit — wem hätten in Alter und Fremde nicht Glocken sie wieder einmal ins Herz geläutet?

Peter Sirius, Tausend u. Ein Gedanke (1899). Jugend u. Alter.

— Heimat mein, | Was könnt' besser sein?

Sprichwort. Schweiz.

— Es ist lang die Ausfahrt aus der Heimat. Norwegisch: D' er lang Heiman-Reidsla.

Sprichwort.

— Die ursprüngliche Heimat ist eine Mutter, die zweite eine Stiefmutter. Russisches Sprichwort.

Heimaten. — Gibt's andre Heimaten | Als das Geburtsland?

Christ. Dietr. Grabbe, Don Juan u. Faust (1829). A. 2, Sz. 1 (Faust).

Heimatserbe. — Das Meer ist tief und herbe; | Doch tiefer ist die Pein, | Von Freund und Heimatserbe | Allzeit geschieden sein.

Emanuel Geibel, Neue Gedichte (1856). Verm. Gedichte. B. 2. Gudruns Klage.

Heimatsflur. — O du Heimatflur, o du Heimatflur, | Laß zu deinem heil'gen Raum | Mich noch Einmal nur, mich noch Einmal nur | Entfliehn im Traum!

Friedr. Rückert, Gesammelte Gedichte. Ital. Gedichte. A. d. Jugendzeit (ged. 1830). Mel. v. Rob. Radecke.

Heimatsgebirge. — Wie so köstlich wehet die Luft von meinen Heimatgebirgen! wie strömt balsamische Wonne aus euch dem armen Flüchtling entgegen! Friedr. von Schiller, D. Räuber (1781). A. 4, Sz. 1 (Moor).

— Wie wird es in den fremden Wäldern | Euch nach der Heimatberge Grün, | Nach Deutschlands gelben Weizenfeldern, | Nach seinen Rebenhügeln ziehn! Ferd. Freiligrath, Gedichte. Tagebuchblätter. D. Auswanderer (ged. Sommer 1832).

Heimatsgefühl. — Wen sehnsüchtiger Drang nach den Wundern der Fremde hinaustrieb, | Lernt in der Fremde — wie bald! — innigstes Heimatsgefühl.

Emanuel Geibel, Gesammelte Werke (1883). Gedichte. Dichtungen in antiker Form. Distichen v. Strande d. See. 2. Tag, Nr. 14.

Heimatsland. — Nun ade, du mein lieb Heimatland!

Aug. Disselhoft, Nun ade, du mein lieb Heimatland usw. (ged. 1851). Soldatenweise.

Heimatsliebe. — O Heimatliebe, Heimatlust, | Du Born der Sehnsucht unergründet, | Du frommer Strahl, in jeder Brust | Vom Himmel selber angezündet!

Emanuel Geibel, Juniuslieder (1848). Verm. Gedichte. Heimweh.

Heimatslosen, die. — . . . es ist das Kreuz von Golgatha | Heimat für Heimatlose.

Inschrift auf d. Friedhof zu Sylt, wo d. gestrandeten Leichen bestattet werden.

Heimatsprache. — O teurer Laut, o Glück, nach langer Zeit | Auch nur zu hören eines Landsmanns Rede (Heimatsprache). Griech.: Ὦ φίλτατον φώνημα. φεῦ τὸ καὶ λαβεῖν | Πρόσφθεγμα τοιοῦδ' ἀνδρὸς ἐν χρόνῳ μακρῷ.

Sophokles (um 496—406 v. Chr.), Philoktet. Übers. v. Jordan. V. 234—35 (Philoktet).

Heimatstadt. — Du kleiner Ort (Heimatstadt), wo ich das erste Licht gesogen, | Den ersten Schmerz, die erste Lust empfand, | Sei immerhin unscheinbar, unbekannt; | Mein Herz bleibt ewig doch vor allen dir gewogen, | Fühlt überall nach dir sich heimlich hingezogen, | Fühlt selbst im Paradies sich doch aus dir verbannt.

Christoph Martin Wieland, Oberon (1780). Ges. 4, Str. 22.

Heimatstal. — Du heimatliches Tal, | Mir wird so wohl und wehe, | Daß ich dich nun einmal, | Ersehntes! wiedersehe.

Nicolaus Lenau (Niembsch, Edler von Strehlenau), Neuere Gedichte (1838). D. Wiedersehen.

Heimatstrand. — Wie schön ist's, wenn vom fremden Lande | Den Kiel du wendest zum Heimatstrande! Esaias Tegnér, Frithjof-Sage (1825).

Heimatstraum. — Wer wüßte nicht, wie bittersüß | Der Heimatstraum, der Heimatstraum | Sich stiehlt ins Herzensburgverließ, | Trotz Zeit und Raum, trotz Zeit und Raum? Engl.: Who has not felt how sadly sweet | The dream of home, the dream of home, | Steals o'er the heart, too soon to fleet, | When far o'er sea or land we roam?

Thomas Moore (1779—1852), Balladen u. Lieder. Übers. v. Ölckers. D. Heimatstraum. V. 1.

Heimisch. — Es ist ein Naturtrieb — die Liebe zum heimischen Nest. Ital.: È istinto di natura — L'amor del patrio nido.

Pietro Metastasio (gest. 1782), Themistokles. A. 2, Sz. 7. Übers. v. Pozzoni.

Heimweh. — Du ziehst, o milde Heimatlust, | Als Heimweh durch die kranke Brust.

Emanuel Geibel, Juniuslieder (1848). Verm. Gedichte. Heimweh.

Heimzahlen. — Jemandem etwas heimzahlen (jemandem etwas übles zurückgeben).

Sprichwörtl. Redensart.

Heinrich. — Herr Heinrich sitzt am Vogelherd.

Joh. Nepomuk Vogl, Balladen u. Romanzen (1835). Heinr. d. Vogler. Mel. v. Joh. Karl Gottfr. Löwe.

Heirat. — Voll bitterer Plag' ist die Heirat. Griech.: *Γάμοι πλήθουσιν ἀνίας.*

Theokrit (geb. um 300 v. Chr.), Idyllen. Übers. v. Notter. Liebesgespräch. V. 24 (Mädchen).

— Ungleiche Heirat wird man sehn | Gar selten ohne Reu' bestehn. Mittelhochdeutsch: Vil selten âne riuwe ergât | Unreht hîrât.

Vridankes Bescheidenheit (1225—1240). Übertr. v. Pannier. Nr. 31. v. d. künegen u. vürsten.

— Ich kam zur reichen Heirat her nach Padua; | Wenn reich, kam ich zum Glück hierher nach Padua. Engl.: I come to wive it wealthily in Padua; | If wealthily, then happily in Padua.

William Shakespeare, D. Widerspenstigen Zähmung (um 1595). Übers. v. Schlegel. A. 1, Sz. 2 (Petruchio).

— Uns alle pflegt, — ich weiß nicht welche, — Scheu | Beim Anblick neuer Freunde anzuwandeln, | Wenn sie von Heirat sprechen sonderlich.

Friedr. von Schiller, Iphigenie in Aulis (ged. 1788). A. 4, Sz. 2 (Klytämnestra).

— Aber Ausnahmen . . . sind möglich. So ist die Heirat eines jungen Mädchens mit einem bejahrten Manne immer mißlich, und doch habe ich sie recht gut ausschlagen sehen.

Joh. Wolfg. von Goethe, Wilh. Meisters Lehrjahre (1777—1796).

— Todschlag von Räubern | Ist Kleinigkeit; doch Heirat! Heirat! Ha, | Das ist der Winter, der wohl mit der Kraft | Des Eises die bewegte Well' des Bachs | Anfesselt, doch sie auch erstarren macht.

Christ. Dietr. Grabbe, Don Juan u. Faust (1829). A. 3, Sz. 3 (Don Juan).

Heirat. — Mit dem, was man eine gute Heirat nennt, werdet ihr das Anhängsel einer Frau werden, eine Art von Prinz-Gemahl oder der Gatte einer Königin. Franz.: Avec ce qu'on appelle un bon mariage, vous deviendrez quelque chose comme l'appendice d'une femme, une manière de prince-époux ou le mari d'une reine.

Jules Michelet, D. Liebe (1858). Übers. v. Spielhagen.

— Heirat in Eile | Bereuet man mit Weile.

Sprichwort.

— Die Heirat ist a Vogelhaus; | Wer drin ist, der will draus. Sprichwort. Unterinntal.

— Well (Wer) ne guede Frien (Freite = Heirat) mäk, mäk ne guede Reise. Sprichwort. Münsterisch.

— Befind sich hier irgend ein Mann, | Der mit der Wahrheit sprechen kann, | Daß ihm sein Heirat nicht gerauen | Und förcht sich nicht vor seiner Frauen, | Der mag diesen Backen herunter hauen.

Spr. unter einer abgebildeten Speckseite am Roten Turme in Wien.

Heiraten, die. — Ich dächte, man überließe die Liebhaberei, Heiraten zu stiften, Personen, die sich lieb haben.

Joh. Wolfg. von Goethe, Wilh. Meisters Lehrjahre (1777—1796).

— Die Vermischung der Stände durch Heiraten verdienen nur insofern Mißheiraten genannt zu werden, als der eine Teil an der angeborenen, angewohnten und gleichsam notwendig gewordenen Existenz des andern keinen Teil nehmen kann.

Joh. Wolfg. von Goethe, Wilh. Meisters Lehrjahre (1777—1796).

— Wenn Heiraten Frieden stiften können, so sollte man den Großen die Vielweiberei erlauben.

Georg Christoph Lichtenberg, Verm. Schriften (1800—1806). Bd. 2, Nr. 2. Bemerk. verm. Inhalts. Nr. 7. Politische Bemerk.

— Heiraten zwischen gebildeten Männern und Dienstmädchen oder Haushälterinnen nehmen selten ein gutes Ende.

Bogumil Goltz, Zur Charakteristik u. Naturgesch. d. Frauen (1859).

— Es ist jetzt eine bekannte Sache, daß die Heiraten in einem festen und bestimmten Verhältnis zu den Kornpreisen stehen. Engl.: It is now known, that marriages bear a fixed and definite relation to the price of corn.

Henry Thomas Buckle, Gesch. d. Zivilisation (1858—1861). Übers. v. Ritter. K. 1.

Heiraten. — Führe die Gattin dir heim (heirate), wenn reif du geworden an Alter, | Nicht den dreißiger Jahren entfernt noch um vieles, noch weit auch | Darüber hinaus! Griech.: *Ὡραῖος δὲ γυναῖκα τεὸν ποτὶ Ϝοῖκον ἄγεσθαι, | Μήτε τριήκοντα Ϝετέων μάλα πόλλ' ἀπολείπων | Μήτ' ἐπιθεὶς μάλα πολλά.*

Hesiod (8. Jahrh. v. Chr.), Werke u. Tage. Übers. v. Uschner. V. 695—97.

Heiraten. — . . . nur Töchter wackrer Mütter nehmt zur Ehe hin (heiratet)! Griech.: . . . *ἐσθλῆς θυγατέρ᾽ ἐκ μητρὸς λαβεῖν.*

Euripides, Andromache (um 420 v. Chr.). Übers. v. Minckwitz. V. 623 (Peleus).

— Ein kluger Mann muß nur ein wackres, gutes Weib | An seinen Herd sich wählen (heiraten) oder lieber keins. Griech.: *Χρὴ δ᾽ ἐν δόμοισιν ἄνδρα τὸν σοφὸν τρέφειν | Γυναῖκα χρηστὴν κἀγαθήν ἢ μὴ τρέφειν.*

Euripides, Iphigenie in Aulis (um 407 v. Chr.). Übers. v. Minckwitz. V. 749—50 (Agamemnon).

— Nicht möcht' ich eine frei'n (heiraten), die höher steht als ich. Griech.: *Οὐκ ἐξ ἐμαυτοῦ μειζόνων γαμεῖν θέλω.*

Euripides (um 480—406 v. Chr.), Rhesos. Übers. v. Binder. V. 168 (Doloe).

— Er muß keinen Verstand haben, sonst würde er nicht für die Augen heiraten. Griech.: *Οὗτος οὐκ ἔχει λογισμόν· οὐ γὰρ ἂν τοῖς ὀφθαλμοῖς ἔγημε.*

Olympias, Gemahlin Phil. v. Macedonien (um 382—336 v. Chr.). Nach Plutarch, Moralische Abhandlungen. Übers. v. Cyth. Pflichten d. Ehegatten. K. 24.

— Ein notwendiges Übel . . . das Heiraten. Griech.: *Τὸ γαμεῖν . . . ἀναγκαῖον κακόν.*

Menander (um 342—290 v. Chr.). Nach Stobäus, Gespräche.

— Denn wer aus einem vornehmeren Stande heiratet, wird nicht sowohl ein Ehemann, sondern unvermerkt ein Sklave der Mitgift. Griech.: *Ὡς οἵ γε μακρῷ κρείττους ἑαυτῶν λαμβάνοντες οὐ τῶν γυναικῶν ἄνδρες, τῶν δὲ προικῶν δοῦλοι λανθάνουσι γιγνόμενοι.*

Plutarch (um 50—120). Moralische Abhandlungen. Übers. v. Cyth. Erziehung. K. 13.

— Springe, wenn du Äcker kaufen willst; gehe langsam, deine Frau heimzuführen (zu heiraten)! Talmud (3. Jahrh.).

— Wenn du ein Weib wählst (heiratest), steig' eine Stufe hinab; wenn du einen Freund wählst, eine Stufe aufwärts! Talmud (3. Jahrh.).

— Wer ein Weib um des Geldes willen heiratet, bekommt ungeratene Kinder.

Talmud (3. Jahrh.).

— Nie einem schlecht der Wechsel ziemt, | Wer die Gute statt der Schönen nimmt (heiratet). Mittelhochdeutsch: Der wehsel nieman missezimt, | Swer güete vür die schoene nimt.

Bridankes Bescheidenheit (1225—1240). Übertr. v. Pannier. Nr. 37. v. minne u. wîben.

— Es ist besser, eine Frau zu nehmen (zu heiraten). Ital.: È meglio pigliar moglie.

S. Benardino da Siena (gest. 1444), Predigten. Übers. v. Pozzoni.

— Wolt einer gern ein efrou han (heiraten), | Die erst frag ist: „was hat er doch?" | Man fragt der erberkeit nim noch | Oder der wisheit, ler, vernunft. Seb. Brant, D. Narrenschif (1494). Nr. 17. V. unnutzem richtům.

Heiraten. — Wer nympt ein wyb (heiratet) vmb gůt vnd gelt, | Der ist zů einem löffel zelt (den muß man zu den Laffen zählen).

Thomas Murner, Narrenbeschwerung (1512). Nr. 8. Löffel schnyden.

— Wenn einer gefreiet (geheiratet) hat, so verleurt er die besten Tage.

Dr. Martin Luther, Tischreden oder Colloquia (1566). Nr. 27. Tischreden v. Antichrist oder Papste. § 10. V. Papst Julio.

— Wenn ich noch eine freien (heiraten) sollte, so wollte ich mir ein gehorsam Weib aus einem Stein hauen; sonst hab ich verzweifelt an aller Weiber Gehorsam.

Dr. Martin Luther, Tischreden oder Colloquia (1566). Nr. 47. Tischreden v. Ehestande. § 77. V. d. Weiber Ungehorsam.

— Frühe aufstehen und jung freien (heiraten) | Sol Niemands gereuen.

Dr. Martin Luther, Tischreden oder Colloquia (1566).

— Ward je in dieser Laun' ein Weib gefreit (geheiratet)? | Ward je in dieser Laun' ein Weib gewonnen? Engl.: Was ever woman in this humour woo'd? | Was ever woman in this humour won?

William Shakespeare, Richard III. (1592). Übers. v. Schlegel. A. 1, Sz. 2 (Gloster).

— Die alte Sag' ist keine Ketzerei, | Daß Frei'n (Heiraten) und Hängen eine Schickung sei. Engl.: The ancient saying is no heresy, — | Hanging and wiving goes by destiny.

William Shakespeare, D. Kaufmann v. Venedig (um 1594—1596). Übers. v. Schlegel. A. 2, Sz. 9 (Nerissa).

— Doch, wer fraget nach den Jahren? | Was sich soll, das muß sich pahren (heiraten).

Paul Fleming, Teutsche Poemata (1642). Oden. Auff Schörckels Hochzeit.

— Schweiget mir vom Frawen nehmen (heiraten)!

Georg Greflinger, Seladons Beständige Liebe (1644).

— Nicht Einer freit (heiratet), den nicht alsbald die Sorgen drücken! | Sagt Jedermann — und nimmt ein Weib aus freien Stücken.

Martin Opitz, Geistl. u. Weltliche Poemata (1646). Epigramme.

— In des Unglücks Rock hat sich der gekleidet, | Der ihm (sich) nahm ein Weib (heiratete), das Vernunft nicht leidet.

Friedr. von Logau, Deutsche Sinn=Getichte (1654). Ein unbescheiden Weib.

— Wer in Ehstand treten (heiraten) wil, nimmt ihm (sich) meistens vor, | Drein (ein) zu treten, ob er kan, durch das goldne Thor.

Friedr. von Logau, Deutsche Sinn=Getichte (1654). Eine reiche Heirath.

— Nimbt (heiratet) einer ein Weib, der zeucht (zieht) Vnglücks Hosen an.

Christoph Lehmann, Politischer Blumen=Garten (1662). T. 1. Ehestand. Nr. 10.

Heiraten. — Es soll keiner ein Weib nehmen (heiraten), er könne denn zwey ernehren, nemlich Weib vnd Kind.
Christoph Lehmann, Politischer Blumen=Garten (1662). T. 1. Ehestand. Nr. 47.

— Schaff dir ein Hauß, das gemacht ist, vnd (heirate) ein Fraw, die noch zu machen.
Christoph Lehmann, Politischer Blumen=Garten (1662). T. 2. Weib. Nr. 5.

— Es ist besser Weiber begraben, denn zur Kirche führen (heiraten).
Christoph Lehmann, Politischer Blumen=Garten (1662).

— Guter Muth ist halber Leib, | Hüth' dich Narr und nimm ein Weib (heirate)!
Christoph Lehmann, Politischer Blumen=Garten (1662).

— Wer eine Frau sich nimmt (heiratet), eh' er es recht bedacht, | Deß Mutter hat zur Welt kein kluges Kind gebracht.
Joh. Grob, Dichterische Versuchgabe (1678).

— Freien (Heiraten) ist kein Pferdekauf.
Verfasser unbek. (vor 1719). Volksweise.

— So gut man wählt (beim Heiraten), kann man sich doch betrügen.
Christ. Fürchtegott Gellert, Fab. u. Erz. (1746). B. 1. D. gute Rat.

— ... was ist ernsthafter als heiraten.
Gotthold Ephr. Lessing, D. junge Gelehrte (1747). A. 1, Sz. 2 (Chrysander).

— Man fragte Sokrates, was doch das Beste wäre, | Zu freien (heiraten) oder nicht zu frei'n? | Der Weise gab darauf die Lehre: | Tut, was ihr wollt, so wird es euch gereun.
Barthold Heinr. Brockes, Irdisches Vergnügen in Gott (1721—1748).

— Zum Hängen und zum Freien (Heiraten) | Muß niemand Rat verleihen.
Gotthold Ephr. Lessing, Schriften (1753—1755). Sinngedichte. Nr. 94. An ebendenselben.

— Ich war immer der Ansicht, daß der ehrliche Mann, der heiratet und eine zahlreiche Familie erzieht, dem Staate mehr Dienste leistet, als wer unverheiratet bleibt und nur von Bevölkerung redet. Engl.: I was ever of opinion, that the honest man who married, and brought up a large family, did more service than he who continued single, and only talked of population.
Oliver Goldsmith, D. Landprediger v. Wakefield (1766). Übers. v. Susemihl. K. 1.

— ... heirate nicht die Schönste in der Stadt!
Theod. Gottl. von Hippel, Über d. Ehe (1774). K. 7. Zum Besten d. Jünglinge.

— Männlein Adam war älter als Fräulein Eva; wähle dir keine Gehilfin (heirate keine), die älter ist als du! Weiber verbleichen zeitiger als wir.
Theod. Gottl. von Hippel, Über d. Ehe (1774). K. 7. Zum Besten d. Jünglinge.

Heiraten. — Tritt man das erstemal in Hymens Tempel ein | Und nimmt sich eine Frau (heiratet), so ist es zu verzeihn. | Tritt man zum zweitenmal hinein, | Wird man als Wagehals bewundert. | Wer die Dritte freit, verdient zur Strafe hundert.
Joh. Nikolaus Götz, Verm. Gedichte (1785). Epigramme.

— „Du flogst ja Hymens Tempel zu; — | Jetzt ringest du die Hände! | Zu welchem Ende freitest (heiratetest) du?" — | Ach Gott! zu meinem Ende!
Joh. Christoph Friedr. Haug, Sinngedichte (1791). Wortspiel in d. Hymenflug.

— Wenn sich in Amors Reich | Siebzehn mit achtzig paaren (heiraten), | Sind sie zwar nicht an Jahren, | Aber an Tollheit sich gleich.
Joh. Christoph Friedr. Haug, Sinngedichte (1791).

— Heiraten und aufhängen kommt immer zu früh.
Aug. von Kotzebue, Armut u. Edelsinn (1795). A. 2, Sz. 9.

— Hier wird gefreit (geheiratet) und anderswo begraben.
Friedr. von Schiller, Wilh. Tell (1804). A. 4, Sz. 3 (Stüssi).

— Suche, willst du glücklich frein (heiraten), | Nicht, wie tausend Toren, | Nur mit deinen Augen, — nein! | Auch mit deinen Ohren!
Joh. Christoph Friedr. Haug, Epigramme (1805).

— Junger Mann, der Weisheit Regel | Rät, sich zu vermählen (heiraten) — nie.
Joh. Gottfr. von Herder, D. Cid (1806). B. 1, Ges. 12.

— Jüngling, nimm dir eine Freundin (heirate), | So hast Lebensfreude.
Joh. Gottfr. von Herder, Stimmen d. Völker in Liedern (1807). Abteilung 1, B. 1, Nr. 10. Fragmente lettischer Lieder.

— Um der Schönheit willen heiraten ist eben so viel, als um der Rose willen ein Landgut kaufen. Ja, das letztere wäre noch vernünftiger, denn die Rosenzeit kommt doch jährlich wieder.
Aug. von Kotzebue, D. Intermezzo (1809).

— Heiraten, Engel, ist wunderlich Wort; | Ich meint', da müßt ich gleich wieder fort.
Joh. Wolfg. von Goethe, Werke (1806—1810). Gedichte. Epigrammatisch. Vorschlag zur Güte.

— Zu Ostern, übers Jahr, wirst du mich heuern (heiraten).
Heinr. von Kleist, D. Käthchen v. Heilbronn (1810). A. 4, Sz. 2 (Käthchen).

— Liebe ist etwas Ideelles, Heiraten etwas Reelles; und nie verwechselt man ungestraft das Ideelle mit dem Reellen.
Joh. Wolfg. von Goethe, Unterhaltungen mit d. Kanzler Müller (Sept. 1823).

— Wie heißt der Narr, der Mädchen freiet (heiratet) | Und nicht weiß, daß er Hahnrei wird?
Christ. Dietr. Grabbe, Don Juan u. Faust (1829). A. 1, Sz. 1 (Don Juan).

Heiraten. — (Heiraten) das heißt, Nachtigallen zu | Hausvögeln machen.

Christ. Dietr. Grabbe, Don Juan u. Faust (1829). A. 3, Sz. 3 (Don Juan).

— Ha! das Mädchen, das | Ich lieb', umarme, das ich hasse, oder | Das Geld hat, heirat' ich!

Christ. Dietr. Grabbe, Don Juan u. Faust (1829). A. 3, Sz. 3 (Don Juan).

— Jung gefreit (geheiratet), | Macht das Kind zu früh gescheit. | Wer als Greis zum Altar geht, | Wird ein närrisch Kind zu spät.

Wilh. Müller, Gedichte (1837). Epigramme. 3. Hundert, Nr. 79. Hochzeitskalender.

— Auf gleicher Stufe wer nicht freien (heiraten) kann, frei' immer | Um eine tiefer nur, um eine höher nimmer.

Friedr. Rückert, D. Weisheit d. Brahmanen (1836—1839). B. 14, Nr. 7. A. d. Talmud. Nr. 11. (Stufe 7. Erkenntnis. Nr. 136. A. d. Talmud. Nr. 28.)

— Durch ein Weib, das ich vor kurzem | Erst gechelicht (geheiratet), wurd' ich reich; | Liebe Brüder, hütet euch, | Macht nicht auch den dummen Streich; | Pluto ist der Gott des Reichtums, | Doch — der Hölle auch zugleich.

Ignaz Frz. Castelli, Werke (1844). Gedichte.

— Stark will ich trinken, will ich lieben, | Heiraten aber — nein! nein! nein!

Frz. Freiherr von Gaudy, Sämtl. Werke (1844—1847). Lieder.

— Wenn ihr euch ruinieren wollt, so heiratet eine reiche Frau! Franz.: Si vous voulez vous ruiner, épousez une femme riche.

Jules Michelet, D. Liebe (1858). Übers. v. Spielhagen.

— Ein Gelehrter tut für das Ganze besser, seine Haushälterin zu heiraten, wenn sie sonst eine frische, gutgeartete und gescheite Person ist, als eine Gouvernante oder Schriftstellerin.

Bogumil Goltz, Zur Charakteristik u. Naturgesch. d. Frauen (1859).

— Die reine Vernunft tut es beim Heiraten noch weniger als das unvernünftige Herz.

Bogumil Goltz, Zur Charakteristik u. Naturgesch. d. Frauen (1859).

— Jeder, wer heiratet, ist wie der Doge, der sich mit dem Adriatischen Meere vermählt; — er weiß nicht, was drin, was er heiratet: Schätze, Perlen, Ungetüme, unbekannte Stürme.

Heinr. Heine, Sämtl. Werke (1861—1868). Verm. Schriften. Gedanken u. Einfälle. Nr. 5. Frauen, Liebe u. Ehe.

— Wenn man verheiratet ist, ist's aus und vorbei mit dem Eigenwillen.

Berth. Auerbach, Landolin v. Reutershofen (1879). K. 6.

— Heiratet, und ihr werdet den Ernst des Lebens kennen lernen! Eben deshalb soll man aber heiraten.

Ernst Jul. Hähnel, Lit. Reliquien (1882).

Heiraten. — Aus Lieb' oder aus Vernunft zu frei'n (heiraten)? | Wie sollt' das nicht dasselbe sein, | Da es doch nichts so Vernünft'ges gibt, | Als eine zu freien, die man liebt!

Paul Heyse, Spruchbüchlein (1885). Frauen.

— Freien (Heiraten) ist ein gewagtes Spiel, | Gewinne sind drin, doch der Nieten gar viel.

Daniel Sanders, 366 Spr. (1892). Nr. 126. Freien.

— Ob zwei Leute gut getan haben, einander zu heiraten, kann man bei ihrer silbernen Hochzeit noch nicht wissen.

Marie von Ebner-Eschenbach, Aphorismen (1893).

— . . . es ist besser freien (heiraten), denn Brunst leiden! 1. Kor., K. 7, V. 9.

— So du aber freiest (heiratest), sündigest du nicht; und so eine Jungfrau freiet, sündiget sie nicht; doch werden solche leibliche Trübsal haben. 1. Kor., K. 7, V. 28.

— Landleute heiraten nach Land; | Edelleute nach Stand; | Hofleute nach Welt; | Kaufleute nach Geld. Alter Spr.

— Wiltu ein junges Mägdlein han (heiraten), | So siehe zuvor die Mutter an; | Ist dieselbe von guten Sitten, | So magst du wol um die Tochter bitten. Alter Spr.

— Ein Alter nicht mehr freien (heiraten) soll, | Wenn er den Mädchen nicht g'fällt wohl. Sprichwort.

— Freien (Heiraten) ist wie Pferdekauf; | Freier tu' die Augen auf! Sprichwort.

— Freien (Heiraten) und backen gerät nicht immer. Sprichwort.

— Freit (Heiratet) einer ohne Gott und guten Rat, | Den wird sehr bald gereuen seine Tat. Sprichwort.

— Heirat ins Blut | Tut selten gut. Sprichwort.

— Heiraten ist nicht Kappen tauschen. Sprichwort.

— Jung gefreit (geheiratet), | Hat niemand gereut. Sprichwort.

— Wer aus Liebe heiratet, hat gute Nächte und üble Tage. Sprichwort.

— Wer ehrlich ist, freit (heiratet) früh; | Wer klug ist, gar nie. Sprichwort.

— Zwischen Ostern und Pfingsten heiraten die Unseligen. Sprichwort.

— Free (Heirate) din Nawer (Nachbar) Kind, denn weeste, wat du find'st!

Sprichwort. Oldenburg.

— Heiraten an der Hand (eine Bekannte), | Und G'vatterschaft übers Land (weit weg).

Sprichwort. Oberinntal.

— Hürothe ist e verdeckt Esse.

Sprichwort. Schweiz.

— Keiner ist schlimm, bevor er freit (heiratet), und gut, bevor er tot ist. Dän.: Ingen er ond før han frier, og god, før han er død.

Sprichwort.

Heiraten. — Heiraten und Gehangenwerden hängt vom Geschicke ab. Engl.: Marriage and hanging go by destiny. Sprichwort.

— Heirate in Eile und bereue mit Muße! Engl.: Marry in haste and repent at leisure. Sprichwort.

— Wer sich aus Liebe verheiratet, krepiert aus Wut. Ital.: Chi se sposa d'amor, crèpa de rabia. Lombardisches Sprichwort.

— Vor dem Heiraten habe die Wohnung! Ital.: Innanzi il maritare | Abbi l'abitare. Toskanisches Sprichwort.

— Bevor du dich beweibst (heiratest), | Sorg' selbst erst, wo du bleibst! | Haus, Weinberg, Feld und Garten; | Dann kannst du Glück erwarten. Span.: Antes de casar, | Ten casas en que morar, | Y tierras en que labrar | Y viñas en que podar. Sprichwort.

— Heiratest du nach Geld, so verkaufst du dich selbst; | Heiratest du eine Witwe, so kommt der fremde Mann. Russisches Sprichwort.

— Wenn dem Weisen zu wohl ist, heiratet er. Russisches Sprichwort.

— In Freud und Ehren dich ergötz' | Und nimm dir ein Weib (heirate) zu frommer Letz! Spr. im Schloß Trautmannsdorf bei Meran.

— Freien (Heiraten) geht vor Tanzen, sagte das Mädchen, und nahm einen Lahmen. Scherzredensart.

— A niglnåglneus Häusl, | A niglnåglneus Bett | Und a niglnåglneus Diendl', | Sonst heiråt' i net. Salzburger Schnaderhüpfl.

— Bist a schön's Büebl, a bravs Büebl, | Åber mei' Büebl bist nit, | Tätst mi auslåch'n, tätsts mer's Maul måch'n (den Mund wässern machen), | Aber heiråt'n tätst mi nit. Tiroler Schnaderhüpfl.

— Dåß i di går nit måg, | Dås såg' i nit, | A Bisserl zum Lieb'n, | Zum Heiråt'n nit. Tiroler Schnaderhüpfl.

— Wenn Sunn und Mun arschling (rückwärts) geht, | Und der Schneck spinnt, | Und der Ochs Esel werd, | Heiråt' i g'schwind. Tiroler Schnaderhüpfl.

— Heiråt'n måg i nit, | Håb' m'rs verred't, | Das Kinderg'schre leid' i nit | Ummer (herum um) mei' Bett. Kärntner Schnaderhüpfl.

Heiratsangelegenheiten. — Die klugen Frauenzimmer zeigen sich in der Regel in Liebes- und Heiratsangelegenheiten als die kopflosesten und geraten deshalb an die absurdesten und dümmsten Mannesexemplare, die in Stadt und Land aufzutreiben sind.

Bogumil Goltz, Zur Charakteristik u. Naturgesch. d. Frauen (1859).

Heiter. — Und ah! welch eine heitre Ferne schließt | Sich meinen Blicken auf!

Gotthold Ephr. Lessing, Nathan d. Weise (1779). A. 2, Sz. 5 (Nathan).

Heiter. — Nur die heitere, die ruhige Seele gebiert das Vollkommene.

Friedr. von Schiller, Prosaische Schriften (1793—1802). Über Bürgers Gedichte.

— Ich liebe mir den heitern Mann | Am meisten unter meinen Gästen; | Wer sich nicht selbst zum Besten haben kann, | Der ist gewiß nicht von den Besten.

Joh. Wolfg. von Goethe, Gedichte. Epigrammatisch. Meine Wahl (ged. 1814).

— Heitern Sinn und reine Zwecke; | Nun! man kommt wohl eine Strecke.

Joh. Wolfg. von Goethe, Gedichte. Gott u. Welt. Motto (ged. Mai 1817).

— Werde heiter mein Gemüte!

Aug. Heinr. Hoffmann von Fallersleben, Gedichte. Werde heiter mein Gemüte usw. (ged. 1836). Mel. v. Felix Mendelssohn-Bartholdy.

— . . . fürchterlich heiter.

Jos. Freiherr von Eichendorff, Gedichte (1837). Romanzen. D. Reitersmann.

— Immer heiter, | Gott hilft weiter. Reimspr.

Heitere, der. — . . . dem Heitern erscheint die Welt auch heiter.

Joh. Wolfg. von Goethe, Gedichte. Episteln (ged. Okt. — Nov. 1794). Nr. 1.

— Mußt du des Herzens Kummer auf Erden einem vertrauen, | Gehe zum Heitern; er ist auch der barmherzige Mann.

Joh. Gottfr. von Herder, Sämtl. Werke (1805—1820). Blumenlese a. morgenländischen Dichtern. Nr. 2. D. Rosental. B. 3. D. heitere Stirn.

Heiterkeit. — Heiterkeit und Freudigkeit ist der Himmel, unter dem alles gedeihet, Gift ausgenommen.

Jean Paul (Joh. Paul Friedr. Richter), Levana oder Erzieh-Lehre (1807). Bd. 1, Bruchstück 3, K. 2, § 44.

— . . . und manches Übel flüchtet vor der Heiterkeit.

Joh. Wolfg. von Goethe, Theaterreden. Prolog (6. Aug. 1811).

— Nur Heiterkeit und grader Sinn | Verschafft dir endlichen Gewinn.

Joh. Wolfg. von Goethe, Gedichte. Sprichwörtl. (ged. 1812—1814).

— Heiterkeit hat nur der Mensch, Genuß auch das Tier.

Jean Paul (Joh. Paul Friedr. Richter), Museum (1814).

— Ich liebe die Heiterkeit ungemein. Es ist nicht gerade die laute, die sich wie genießende Fröhlichkeit ankündigt, sondern die stille, die sich so recht und ganz über die innere Seele ergießt.

Wilh. Freiherr von Humboldt, Br. an eine Freundin (10. April 1827).

— . . . die Heiterkeit, selbst die wehmütige, macht zu allem Guten aufgelegter und gibt dem Gemüte Kraft, sich selbst mehr aufzuerlegen und mehr für andere zu leisten.

Wilh. Freiherr von Humboldt, Br. an eine Freundin (Nov. — 3. Dez. 1834).

Heiterkeit. — Der Leichtsinn schließt schon den Ausdruck der Heiterkeit aus. Denn dies schöne Wort wird in unserer Sprache nur im edelsten Sinn genommen.

Wilh. Freiherr von Humboldt, Br. an eine Freundin (Febr. 1835).

— Man kann nicht Heiterkeit moralisch gebieten; aber nichtsdestoweniger ist sie die Krone schöner Sittlichkeit.

Wilh. Freiherr von Humboldt, Br. an eine Freundin (Febr. 1835).

— Ungeheure Heiterkeit | Ist meines Lebens Regel.

Ludw. Schneider, D. reisende Student oder d. Donnerwetter (1838).

— . . . Frohsinn und Heiterkeit, die Eltern großer Tugenden.

Karl Jul. Weber, Demokritos (1832—1840). D. Frohsinn.

— Traurigkeit ist Stille, ist Tod; Heiterkeit ist Regsamkeit, Bewegung, Leben.

Marie von Ebner=Eschenbach, Aphorismen (1893).

Hektor. — Will sich Hektor ewig von mir wenden?

Friedr. von Schiller, Gedichte. Hektors Abschied (ged. 1780).

Hekuba. — Was ist ihm Hekuba, was ist er ihr, | Daß er um sie soll weinen? Engl.: What's Hecuba to him, or he to Hecuba, | That he should weep for her?

William Shakespeare, Hamlet (1601—1602). Übers. v. Schlegel. A. 2, Sz. 2 (Hamlet).

Held. — Der Held, der schwererkämpften Lorbeer trug, | Nach tausend Siegen einmal überwunden, | Ist wie gestrichen aus der Ehre Buch, | Sein Tun vergessen und sein Lohn verschwunden. Engl.: The painful warrior famoused for fight, | After a thousand victories once foil'd, | Is from the book of honour razed quite, | And all the rest forgot for which he toil'd.

William Shakespeare, Sonette (1609). Übers. v. Bodenstedt. Abteilung 4, Nr. 156.

— Ja, niemand hieß ein Held, wo nicht sein eigner Degen | Die Proben seines Muts bereit war abzulegen.

Joh. Christoph Gottsched, Beantwortung d. Antrittsrede d. Hanns Carl v. Kirchbach (1727).

— Ein Held wird nicht geformt, er wird geboren.

Christoph Martin Wieland, Musarion (1768). B. 3.

— So stirbt ein Held! — Anbetungswürdig!

Friedr. von Schiller, D. Räuber (1781). A. 3, Sz. 2 (Moor).

— Ein jeglicher muß seinen Helden wählen, | Dem er die Wege zum Olymp hinauf | Sich nacharbeitet.

Joh. Wolfg. von Goethe, Iphigenie auf Tauris (1787). A. 2, Sz. 1 (Pylades).

Held. — Wie macht's der Held? | Vor der Schlacht hochherzig; | Ist sie gewonnen, barmherzig; | Mit hübschen Kindern liebherzig.

Joh. Wolfg. von Goethe, Gedichte. Zahme Xenien (1796).

— Der Held dringt kühn voran; der Schwächling bleibt zurück.

Friedr. von Schiller, Gedichte. D. Spiel d. Lebens (ged. 1796).

— Und menschlich handelt, menschlich fühlt der Held.

Friedr. von Schiller, Gedichte. An Goethe, als er d. Mahomet v. Voltaire auf d. Bühne brachte (ged. 1800).

— Es gibt, sagt man, für den Kammerdiener keinen Helden. Das kommt aber bloß daher, weil der Held nur vom Helden anerkannt werden kann. Der Kammerdiener wird aber wahrscheinlich seinesgleichen zu schätzen wissen.

Joh. Wolfg. von Goethe, D. Wahlverwandtschaften (1808—1809). T. 2, K. 5. A. Ottiliens Tageb.

— Es steht der Held nur hoch über der Strafe, | Weil hoch er stehn muß über aller Schuld!

Theod. Körner, Rosamunde (ged. 26. Okt. — 8. Nov. 1812). A. 2, Sz. 2 (Richard). Schlußv.

— Wann ein Held stirbt, balsamiert man sein Herz ein, nicht sein Gehirn; hingegen bewahrt man gern den Schädel der Dichter, Künstler und Philosophen.

Arthur Schopenhauer, D. Welt als Wille u. Vorstellung (1819).

— Der kühnste Held, den Freiheit, Fug und Recht | Nicht auf der Bahn des Glanzes leitet, | Der nur für Ruhm und nicht für Ehre streitet, | Ist endlich nur ein Lanzenknecht.

Joh. Gottfr. Seume, Sämtl. Werke (1826). Gedichte. Zauber d. Lebens.

— Der ist ein Held der Freien, | Der, wann der Sieg ihn kränzt, | Noch glüht, sich dem zu weihen, | Was frommet und nicht glänzt.

Ludw. Uhland, Gedichte. Balladen u. Romanzen. Tells Tod (ged. 1829).

— Mag der Held im Kampfe siegen, | Oder mag er dort erliegen; | Sind ihm doch das Paradies | Und Unsterblichkeit gewiß.

Peter von Bohlen, Bhartriharis Spr. (1835).

— Ich weiß einen Helden von seltener Art.

Emanuel Geibel, Gesammelte Werke. Gedichte. Jugendgedichte. B. 2. Berlin. D. Ritter v. Rheine (ged. 1837). Mel. v. Vinzenz Lachner.

— Es muß der Held nach altem Brauch | Den tierisch rohen Mächten unterliegen.

Heinr. Heine, Romanzero (1851). B. 2. Lamentationen. Lazarus. Im Okt. 1849.

— Ein Held — hochheiliger Ernst der Natur; eine Heldin — Spiel der Natur.

Marie von Ebner=Eschenbach, Aphorismen (1893).

Helden. — Wer nicht mit Helden ficht, lernt niemals Helden gleichen.

Christ. Fürchtegott Gellert, Sendschreiben an d. jungen Herrn v. H. (1743).

Heldencharakter. — Durch Geduld und Selbstbeherrschung wird der echte Heldencharakter zur Vollendung gebracht. Engl.: It is by patience and self-control that the truly heroic character is perfected.

Samuel Smiles, D. Charakter (1871). Übers. v. Dobbert. K. 6. D. Selbstbeherrschung.

Heldensinn. — Der echte Heldensinn reicht fest, kühn, ruhig der Gefahr die Hand, und weicht sie dem eisernen Drucke nicht, so umfaßt er sie ringend, bis einer von den zweien erliegt.

Christ. Ernst Karl Graf von Bentzel-Sternau, Weltansichten (1816).

Heldenstück. — Das war kein Heldenstück, Octavio!

Friedr. von Schiller, Wallensteins Tod (1799). A. 3, Sz. 9 (Wallenstein).

Heldentum. — Doch schön ist nach dem großen | Das schlichte Heldentum.

Ludw. Uhland, Gedichte. Balladen u. Romanzen. Tells Tod (geb. 1829).

Heldenwangen. — Heldenwangen blühen | Schöner auf im Tod.

Max von Schenkendorf, Gedichte. Abteilung 2. Vaterland. Freiheit (geb. 1813). Mel. v. Bernh. Klein (1818) u. Karl Groos (1818).

Heldenwort. — Wenn was auf Erden heilig ist, so ist es eines Helden Wort.

Aug. Graf von Platen-Hallermund, Gedichte. Balladen. Harmosan (geb. 1830). Schlußv.

Helena. — O, Fluch dem Tag, da dieses Landes Küste | Gastfreundlich diese Helena empfing! Friedr. von Schiller, Maria Stuart (1800). A. 1, Sz. 1 (Paulet).

— Wen Helena paralysiert, | Der kommt so leicht nicht zu Verstande.

Joh. Wolfg. von Goethe, Faust, II (1831). A. 2. Hochgewölbtes enges gotisches Zimmer (Mephistopheles).

Helfen. — Den Seinen hilft der edle Mann. Griech.: *Πέφυκεν ἐσθλός, ὥστ᾽ ἀρκεῖν φίλοις.*

Sophokles (um 496—406 v. Chr.), Elektra. Übers. v. Jordan. V. 315 (Chor).

— Im helffen soll man sehen auff Gottes Gebott vnd auff deß Nächsten Noth!

Christoph Lehmann, Politischer Blumen-Garten (1662). T. 1. Hülff, Helffer. Nr. 66.

— Hilf mir nur erst aus meinen Nöten, Freund; | Die Rede kannst du nachher halten! Franz.: Eh! mon ami, tire-moi de danger, | Tu feras après ta harangue.

Jean de Lafontaine, Fab. (1668). Übers. v. Dohm. B. 1, Nr. 19. D. Kind u. d. Schulmeister. V. 26—27.

— Elende Helfer, . . . die nicht helfen können, ohne zugleich zu schaden!

Gotthold Ephr. Lessing, Fab. (1759). B. 2, Nr. 22. D. Fuchs. Schlußsatz.

— Dem Mann kann geholfen werden.

Friedr. von Schiller, D. Räuber (1781). A. 5, Sz. 2 (Moor). Schlußwort.

Helfen. — Wer nicht im Augenblick hilft, scheint mir nie zu helfen.

Joh. Wolfg. von Goethe, Wilh. Meisters Lehrjahre (1777—1796).

— Helft mir, ach! ihr hohen Mächte!

Joh. Wolfg. von Goethe, Gedichte. Balladen. D. Zauberlehrling (geb. Frühjahr 1797).

— Wollen leben und uns freun, | Helfen, fördern, dienstlich sein!

Daniel Jäger (1762—1802), O, wie lieblich ist's im Kreis usw. Schlußv. Mel. v. Frz. Anton Hoffmeister.

— Greif' an mit Gott! Dem Nächsten muß man helfen; | Es kann uns allen Gleiches ja begegnen. Friedr. von Schiller, Wilh. Tell (1804). A. 1, Sz. 1 (Kuoni).

— Hilft Gott uns nicht, kein Kaiser kann uns helfen. Friedr. von Schiller, Wilh. Tell (1804). A. 2, Sz. 1 (Rudenz).

— Samiel, hilf!

Joh. Friedr. Kind, D. Freischütz (geb. 1817—1818). A. 2, Sz. 5 (Kaspar). Komp. v. Karl Maria von Weber. (Erste Auff. am 18. Juni 1821 in Berlin.) — Scherzhafter Hilferuf.

— Man kann nicht allen helfen! sagt der Engherzige und — hilft keinem.

Marie von Ebner-Eschenbach, Aphorismen (1893).

— Arzt, hilf dir selber!

Nach Jes. Sir., K. 18, V. 20.

— Hilft der Starke dem Schwachen, so hat dieser einen Herrn, aber keinen Helfer. Alter Spr.

— Das hilft wie eine Bohne in einem Braukessel. Holländisches Sprichwort.

— Helft! Engl.: Help!

Wahlspr. d. Findlingshospitals in London.

Helgoland. — Grün ist das Land; | Rot ist die Kant; | Weiß ist der Sand; | Das sind die Farben von Helgoland. Sprichwort.

Helios. — Nur Helios vermag's zu sagen, | Der alles Irdische bescheint.

Friedr. von Schiller, Gedichte. D. Kraniche d. Ibykus (geb. 11.—16. Aug. 1797).

Hellas. — Ohne die Freiheit, was wärst du, Hellas? | Ohne dich, Hellas, was wäre die Welt?

Wilh. Müller, Neue Lieder d. Griechen (1823). Hellas u. d. Welt.

Heller. — Heller Hellern beygelegt, | Machen, daß man Thaler trägt.

Hans Aßmann Freiherr von Abschatz, Poetische Übersetzungen u. Gedichte (1704). Sprüchwörter.

— Ein Heller und ein Batzen | War'n allzwei beide mein.

Albert Graf von Schippenbach, Wanderlied (vor 1830). Mel. v. Frz. Kugler (1838).

Helm. — Mein ist der Helm, und mir gehört er zu!

Friedr. von Schiller, D. Jungfrau v. Orleans (1801). Prolog. Sz. 3 (Johanna).

Hemd. — Das Hemd ist mir näher als der Rock. Lat.: Tunica proprior palliost.

Tit. Maccius Plautus (um 254—184 v. Chr.), Trinummus. Übers. v. Binder. A. 5, Sz. 2, V. 30 (Callicles).

Hengst. — Den falben Hengst strichen (schmeicheln).

Alte Redensart. — Seb. Brant, D. Narrenschif (1494). Nr. 100. V. falben hengst strichen.

Henkersdienst. — Zu Henkers Dienst drängt sich kein edler Mann.

Friedr. von Schiller, Wallensteins Tod (1799). A. 4, Sz. 6 (Gordon).

Henkersmahlzeit. — Seine Henkersmahlzeit (die letzte Mahlzeit vor der Hinrichtung) halten.

Sprichwörtl. Redensart.

Henne. — Es steht dem Hause übel an, | Wenn kräht die Henn' und pipt der Hahn. Sprichwort.

— Wenn die Henne krähet vor dem Hahn, | Und das Weib redet vor dem Mann, | So soll man die Henne braten | Und das Weib mit Prügeln beraten. Sprichwort.

Heraus. — Burschen heraus! | Lasset es schallen von Haus zu Haus!

Burschen heraus (vor 1844). Verfasser u. Komponist unbek.

Herbst. — Frisch auf im Herbst, gehabt euch wol, | Trinckt Most genug, all Fass sind vol!

D. zwölf Monate (1584). Okt.

— Im Herbst, da muß man trinken!

Wilh. Aug. Wohlbrück, D. Vampyr. Trinklied (ged. 1827). Komp. v. Heinr. Marschner. (Erste Auff. am 28. März 1828 in Leipzig.)

— Gönne dem Herbst zum Eigentume | Den blassen Kranz doch, der ihn schmückt! | Ist denn die Aster keine Blume, | Weil dich die Rose höher entzückt?

Emanuel Geibel, Neue Gedichte (1856). Spr. Nr. 18.

— Je trockner der Herbst, je kälter der Winter, je besseres Jahr. Bauernregel. Altmark.

— Viel Nebel im Herbst deuten auf einen langen Nachwinter. Bauernregel.

Herbstesruhe. — Was mich süßer fast wie du, | Lenz, erquickt und tränkt? | Sonnenklare Herbstesruh', | Welche dein gedenkt.

Emanuel Geibel, Gedichte u. Gedenkblätter (1864). Spr. Nr. 13.

Herd. — (Wir streiten nämlich) für Altar und häuslichen Herd. Lat.: (Est enim mihi tecum) pro aris et focis (certamen).

Marc. Tull. Cicero, V. Wesen d. Götter (um 44 v. Chr.). Übers. v. Schröder. B. 3, K. 40, § 94.

— Für Herd und Altar sterben. Lat.: Pro patria perire.

Nach Quint. Horatius Flacc., Oden (um 18 v. Chr.). Übers. v. Voß. B. 4, Nr. 9, V. 12.

— Der eigen Herd ist goldes werd; | Wer nirgends wont, wird offt beschwärt.

Joh. Friedr. Fischart, D. Philosophisch Ehzuchtbüchlin (1578). D. Schiltkrot art v. eygenschafft.

Herd. — Allzu fetter Heerd | Selten lange währt.

Hans Aßmann Freiherr von Abschatz, Poetische Übersetzungen u. Gedichte (1704). Sprüchwörter.

— Ein eigner Herd, | Ein braves Weib, sind Gold und Perlen wert.

Joh. Wolfg. von Goethe, Faust, I (1808). Garten (Mephistopheles).

— . . der Herd aber ist kein fester Stein, wie die Leute sagen, sondern ein Herz, und zwar das Herz einer Frau. Franz.: Le foyer n'est pas une pierre, comme on le dit souvent, c'est un cœur, et c'est le cœur d'une femme.

Jules Michelet, D. Liebe (1858). Übers. v. Spielhagen.

— Es ist kein Hirt so treu und unermüdlich, | Der nicht ein Lamm verlor; | Es ist kein Herd so sturmgeschützt und friedlich, | Ein Stuhl steht leer davor. Engl.: There is no flock, however watched and tended, | But one dead lamb is there; | There is no fireside, howsoe'er defended, | But has one vacant chair.

Henry Wadsworth Longfellow (1807—1882), Gedichte. Übers. v. Neidhardt. Ergebung.

— Häuslicher Herd (erinnert an Karl Gutzkows „D. Unterhaltungen am häuslichen Herd" [1852]).

— Einsam Brot — | Gnade Gott! | Hagestolz — | Kinderspott. | Eigner Herd | Ist Goldes wert. Victor Blüthgen, Einfälle u. Ausfälle (1905). Butzenscheiben. Nr. 2. Paraphrasen.

— Eigener Herd | Ist Goldes wert; | Ist er schon arm, | Ist er doch warm.

Spr. in einem Hause. Thüringen.

— Kraft im Arm, | Herz ohne Harm, | Herd, traut und warm | Braucht kein Erbarm.

Spr. in einem Hause.

Herde. — . . . wird Eine Herde und Ein Hirte werden. Evang. Joh., K. 10, V. 16.

Herein. — Laßt mir herein den Alten!

Joh. Wolfg. von Goethe, Gedichte. Balladen. D. Sänger (ged. 1782). Mel. v. Joh. Friedr. Reichardt (1795).

Hering. — Ein Hering liebt eine Auster.

Viktor von Scheffel, Ein Hering liebt eine Auster usw. (ged. 1848).

— Der Hering, der aus fernen Zonen | Sich in den Ozean verirrt, | Ahnt nicht, daß man zu grünen Bohnen | Einst seinen Leichnam legen wird. Parodie.

— He braadt (bratet) sien Härings gern bi andermans Für. (Er läßt andere für sich die Kastanien aus dem Feuer holen.)

A. d. Seemannssprache. Ostfriesland.

— Sien Häring braadt dor neet. (Sein Glück blüht da nicht.) A. d. Seemannssprache. Ostfriesland.

Herkommen. — Wo kommst du her in dem roten Kleid?

Ernst Moritz Arndt, Gedichte. D. Leipziger Schlacht (ged. 1813).

Herkunft. — Nach guten Weines und tapferen Mannes Herkunft soll man nicht zu genau fragen.
Kaiser Ferd. I. (reg. 1558—1564).

— Wenn es ein Glück ist, von guter Herkunft zu sein, so ist es kein geringeres, so geartet zu sein, daß man nicht danach fragt, ob ihr es seid oder nicht. Franz.: **S'il est heureux d'avoir de la naissance, il ne l'est pas moins d'être tel qu'on ne s'informe plus si vous en avez.**
Jean de La Bruyère, Charaktere (1688). Übers. v. Hamel. V. persönlichen Verdienst.

Heroe. — Jedem Heroen stellt sich ein winziger Affe zur Seite, | Der sich die Kränze erschnappt, welche der andre verdient.
Friedr. Hebbel, Gedichte (1857). Epigramme u. Verwandtes. Nr. 2. Gnomen. Heroenschicksal.

Herr. — Wie der Herr, so der Knecht. Lat.: **Qualis dominus, talis et servus.**
Petronius Arbiter (gest. um 66), Sat. Übers. v. Gröninger. Nr. 58, § 2.

— So der hymel luter ist, | Vnd der herr zů lachen gerist (gerüstet, bereit), | Gar liederlichen die zwey ding | Verwandlent sich behendt vnd ring.
Thomas Murner, Narrenbeschwerung (1512). Nr. 55. Vnder d. hietlin spielen.

— Wer syn eigen herr kan syn, | Der gang kein dienst mit herren yn!
Thomas Murner, Narrenbeschwerung (1512). Nr. 55. Vnder d. hietlin spilen.

— Der Herr muß selber seyn der Knecht, | Will ers im Hause schaffen recht. | Die Frau muß selber seyn die Magd, | Will sie im Hause schaffen Rath.
Georg Rollenhagen, Froschmäuseler (1595). B. 2, T. 2, K. 2.

— Ein Haußherr von Linden vnd ein Knecht von Eichen sind gut im Hauß.
Christoph Lehmann, Politischer Blumen-Garten (1662). T. 1. Haußhaltung. Nr. 57.

— Ein jedweder ist Herr in seinem Hauß.
Christoph Lehmann, Politischer Blumen-Garten (1662). T. 1. Herren. Additio. Nr. 2.

— Es ist ehrenvoll, für seinen Herrn | Zu sterben.
Friedr. von Schiller, Iphigenie in Aulis (ged. 1788). A. 2, Sz. 1 (Sklave).

— . . . er soll dein Herr sein!
1. Mos., K. 3, V. 16.

— Wenn der Herr kommt zum gemeinen Mann, | So will er was han.
Alter Spr.

— Besser kleiner Herr als großer Knecht.
Sprichwort.

— Es ist immer Herr über Herr. Niederl.: **Er is altijd heer boven heer.** Sprichwort.

— Här un Mester to wären (werden), iss nich swaor (schwer), owwer 't to bliewen (es zu bleiben).
Sprichwort. Münsterisch.

— Salt (Selbst) Hearr ist a großer Hearr.
Sprichwort. Oberinntal.

Herren. — Wer den herren zu nahe ist, der wil ersticken; vnd wer weyt von ynen ist, der wil erfrieren.
Joh. Agricola, Drey hundert Gemeyner Sprichwörtter (1529). Nr. 270.

— Mit grossen Herren soll man selten oder wenig vnd angenehmes reden.
Christoph Lehmann, Politischer Blumen-Garten (1662). T. 1. Herren. Nr. 1.

— Grossen Herrn vnd schönen Frauen, | Soll man wol dienen vnd übel trauen.
Christoph Lehmann, Politischer Blumen-Garten (1662). T. 1. Herren. Nr. 10.

— Große Herren, große Knechte; hoher Stand, hohe Verantwortung. Je mehr dir anvertraut ist, desto mehr bist du dir genommen und anderen verbunden. Heinr. Müller, Predigten (1663—1675).

— Klarem Himmel und lachenden Herren soll keiner trauen.
Alter Spr.

— Große Herren haben lange Hände.
Sprichwort.

— D' Heara beißa anond' nit.
Sprichwort. Oberinntal.

Herrenauge. — Des Herren Auge macht das Pferd fett. Griech.: *Ὡς οὐδὲν οὕτω πιαίνει τὸν ἵππον ὡς βασιλέως ὀφθαλμός.*
Sprichwort. Nach Plutarch (um 50—120), Moralische Abhandlungen. Übers. v. Cyth. Erziehung. K. 9.

— Des Herren Auge füttert das Pferd wohl.
Sprichwort.

— Der beste und fetteste Mist, der auf den Acker kommt, ist des Herren Auge. Bauernregel.

Herrendienst. — Wohl dem, der sich mit Gott und Ehren | Ohn großer Herren Dienst kan nehren. Georg Rollenhagen, Froschmäuseler (1595). B. 1, T. 1, K. 6.

— Hier wohnt ein fröhlicher Mann, | Der Herrendienst entraten kann.
Spr. an einem Hause. Württemberg.

— Herrendienst und Vögelsang | Tut gar schön, aber währt nicht lang'.
Spr. an einem Hausgerät.

Herrengunst. — Lieber Kittel, reisse nicht; | Herren Gunst erbet nicht. Reimspr. (16. Jahrh.).

— Ja, selig ist derselbige Mann, | Der Herren-Gunst entrathen kan.
Georg Rollenhagen, Froschmäuseler (1595). B. 1, T. 1, K. 6.

— Herrengunst und Vögel sind wohl leicht gefangen; | Herrengunst und Vögel sind geschwind entgangen.
Friedr. von Logau, Deutsche Sinn-Getichte (1654). Hofgunst.

— Herrn-Gunst ist die gröste Tugendt.
Christoph Lehmann, Politischer Blumen-Garten (1662). T. 1. Gunst. Nr. 21.

— Auff Herren gunst soltu nit bawen, | Noch schönem wetter zu vil vertrawen. | Dan wie das wetter nicht bestehet, | Also auch Herren gunst vergehet.
Alter Spr.

Herrengunst. — Herrengunst bis zur Schwelle. Kleinrussisches Sprichwort.

— Wie der Strahl all's, was hoch ist, versehrt, | Also Herrengunst nicht lange währt.
Spr. im Schloß Trautmannsdorf bei Meran.

Herrenhand. — ... herren hant gar lange hend. Seb. Brant, D. Narrenschif (1494). Nr. 19. V. vil schwetzen.

Herrenhof. — Der Umweg, den du um den Herrenhof machst, bringt sich dir ein.
Lettisches Sprichwort.

Herrenhöfe. — Wilstu haben einen guten tag, | Alßbald auß Herrn Höffen dich mach!
Alter Spr.

Herrenlos. — . . herrenlos ist auch der Freiste nicht. Friedr. von Schiller, Wilh. Tell (1804). A. 2, Sz. 2 (Stauffacher).

Herrenrecht. — Das ist unser Herrenrecht | Zu Arras.
Friedr. von Schiller, D. Jungfrau v. Orleans (1801). A. 3, Sz. 3 (Burgund).

Herrenverheißt. — Herren verhais und lerchengesang, | Das lautet wol und wert nit lang.
Hans Sachs, Sehr herrliche Schöne v. wahrhaffte Gedicht (1558—1579).

Herrgott. — Wenn ich einmal der Herrgott wär' . . .
Eduard Amthor, Wenn ich einmal d. Herrgott wär' usw. (ged. 1841). Mel. v. Karl Binder (1853).

Herrliche, das. — Aber alles Herrliche ist schwierig und ist selten.
Ernst Freiherr von Feuchtersleben, Zur Diätetik d. Seele (1858). K. 7. Lehre v. d. Affekten. Schlußwort.

Herrliche, der. — Er, der Herrlichste von allen, | Wie so milde, wie so gut!
Adelbert von Chamisso (Louis Charles Adelaide Chamisso de Boncourt), Gedichte. Lieder u. lyrisch-epische Gedichte. Frauen-Liebe u. Leben (ged. 1830). Nr. 2. Mel. v. Rob. Schumann.

Herrlichkeit. — Sind wir nicht zur Herrlichkeit geboren?
Alexander Wollheim, Vierkönigin (um 1835). Mel. Brüder, zu d. festlichen Gelagen usw.

— . . . so geht die Herrlichkeit der Welt vorbei! Lat.: . . . sic transit gloria mundi!
Ausruf bei d. Krönung eines neuen Papstes.

— Ihre Herrlichkeit ist zunichte worden.
4. Mos., K. 21, V. 30.

Herrschaft. — Glaub' mir, die Herrschaft ist ein Zauber eigner Art, | Und stark genug, den Stärksten zu betören. | Wer oben steht, mag keine Weisheit hören, | Und würde sie von Engelchören | Ihm durch ein Wunder offenbart.
Emanuel Geibel, Neue Gedichte (1856). Verm. Gedichte. B. 1. Historische Studien (Mephistopheles).

— Denn jeder Mensch strebt instinktiv nach Herrschaft.
Emerich Madách, D. Tragödie d. Menschen (1861). A. d. Ungar. übers. v. Lechner. Sz. 4 (Luzifer).

Herrschaft. — Soll Herrschaft sein, ist es besser, sie ist in den Händen eines einzigen als in den Händen vieler; besser, sie ist unwandelbar, als daß sie wechsele.
Ludw. Börne, Gesammelte Schriften (1862—1863). Kritiken. Nr. 5. Nouvelles lettres Provinciales.

— Gab es denn jemals eine Herrschaft, welche denen, die im Besitz derselben waren, nicht natürlich erschien? Engl.: Was there ever any domination which did not appear natural to those who possessed it?
John Stuart Mill, Hörigkeit d. Frau (1867). Übers. v. Gomperz. K. 1.

Herrschbegierde. — Es ist mit der Herrschbegierde wie mit der Eßlust. Bei schwachen Gemütern ist jene oft am stärksten, wie diese oft am größten ist bei Menschen von schwacher Verdauung.
Ludw. Börne, Gesammelte Schriften (1862—1863). Fragmente u. Aphorismen. Nr. 141.

Herrschen. — Denn Herrschen und Beherrschtwerden gehört nicht nur zu den notwendigen, sondern auch zu den nützlichen Dingen. Griech.: *Τὸ γὰρ ἄρχειν καὶ ἄρχεσθαι οὐ μόνον τῶν ἀναγκαίων, ἀλλὰ καὶ τῶν συμφερόντων ἐστί.*
Aristoteles (um 384—322 v. Chr.), Politik. Übers. v. Susemihl. K. 5.

— Wer sich nicht zu verstellen weiß, weiß nicht zu herrschen. Lat.: Qui nescit dissimulare, nescit imperare.
Wahlspr. Kaiser Friedr. I. (reg. 1152—1190).

— Der König herrscht, aber er regiert nicht. Lat.: Rex regnat, sed non gubernat. Franz.: Le roi règne et ne gouverne pas.
Jan Zamojski (gest. 1605) im polnischen Reichstage, später (19. Febr. 1830) v. Adolphe Thiers ausgesprochen. Übers. v. Zimmermann.

— Dem Volk ist's besser, wenn nur Einer herrscht. Joh. Wolfg. von Goethe, Elpenor (1781). A. 1, Sz. 1 (Evadne).

— Ich bin es müde, über Sklaven zu herrschen!
Friedr. d. Große in einer Kabinettsordre (1785).

— Es ist so schön zu herrschen!
Joh. Wolfg. von Goethe, Egmont (1788). A. 3. Palast d. Regentin (Regentin).

— Wer zu herrschen gewohnt ist, wer's hergebracht hat, daß jeden Tag das Schicksal von Tausenden in seiner Hand liegt, steigt vom Throne wie ins Grab.
Joh. Wolfg. von Goethe, Egmont (1788). A. 3. Palast d. Regentin (Regentin).

— Ich will nicht herrschen über Sklavenseelen.
Friedr. von Schiller, Demetrius (ged. Mai 1804). A. 1 (Demetrius).

— Durch Aberglauben herrschten zuerst die Priester, durch die Gewalt des Schwertes der Adel; es war Zeit, daß die Vernunft anfing zu herrschen, das Gemeinwohl und Menschenrecht.
Karl Jul. Weber, Demokritos (1832—1840). D. Staat u. seine Formen.

— Lern dienen und demütig sein, | So wirst du herrschen dermalein. Alter Spr.

Herrschen. — Um zu herrschen ist es wichtig, ein gutes Beispiel zu geben. Ital.: Per governare, l'esempio è la cosa principale.

Sprichwort.

Herrscher, der. — Auf den milden Herrscher schaut | Ein Gott mit gnadenreichem Blick aus ferner Höh'. Griech.: *Τὸν κρατοῦντα μαλθακῶς | Θεὸς πρόσωθεν εὐμενῶς προσδέρκεται.*

Äschylus, D. Orestie (um 458 v. Chr.). Übers. v. Minckwitz. Agamemnon. V. 915—16 (Agamemnon).

— Ein weiser Herre gerne hat | Weite Freundschaft, engen Rat. Mittelhochdeutsch: Ein wîser herre gerne hât | Wîten vriunt und engen rât.

Bridankes Bescheidenheit (1225—1240). Übertr. v. Pannier. Nr. 31. v. d. künegen u. vürsten.

— We! we dem ertrich (Erdreich), das do hat | Einen herren, der in kintheit gat!

Seb. Brant, D. Narrenschif (1494). Nr. 46. V. d. gwalt d. narren.

— Der erste Schluß, den man auf einen Herrscher und seinen Verstand macht, geht von der Betrachtung der Männer aus, welche er um sich hat. Ital.: La prima coniettura che si fa del cervello d'uno signore, è vedere li uomini che lui ha d'intorno.

Niccolò Machiavelli, D. Fürst (1513). K. 22. Übers. v. Pozzoni.

— Ein Herrscher ist den Wissenschaften nicht nur Beachtung schuldig, sondern Ehrfurcht und Liebe. Friedr. d. Große, Sämtl. Werke (1789).

— Mache zum Herrscher sich der, der seinen Vorteil verstehet; | Doch wir wählten uns den, der sich auf unsern versteht.

Joh. Wolfg. von Goethe, Gedichte. Epigramme (geb. Venedig 1790). Nr. 16.

Herrscher, die. — Nachahmend heiliget ein ganzes Volk | Die edle Tat der Herrscher zum Gesetz.

Joh. Wolfg. von Goethe, Iphigenie auf Tauris (1787). A. 5, Sz. 6 (Orest).

— Die schnellen Herrscher sind's, die kurz regieren. Friedr. von Schiller, Wilh. Tell (1804). A. 1, Sz. 3 (Tell).

Herrschermacht. — Was rühmst du solchen Überschwangs die Herrschermacht . . . | Es ist ein Wahn. Griech.: *Τί τὴν τυραννίδ' . . . | Τιμᾷς ὑπέρφευ . . . | Κενὸν μὲν οὖν.*

Euripides (um 480—406 v. Chr.), D. Phönizierinnen. Übers. v. Minckwitz. V. 549—51 (Jokaste).

Herrschsucht. — Herrschsucht zertrümmert die Welt in ein rasselndes Kettenhaus; Liebe träumt sich in jeder Wüste Elysium.

Friedr. von Schiller, D. Verschwörung d. Fiesko zu Genua (1783). A. 4, Sz. 14 (Leonore).

— Herrschsucht ist die Freiheitsliebe einzelner; Freiheitsliebe ist die Herrschsucht aller.

Ludw. Börne, Gesammelte Schriften. Erz., Reisen, Verm. Aufsätze. Nr. 49. D. Gespenst d. Zeit (1821).

Hersehen. — Sieh' her, und bleibe deiner Sinne Meister! Friedr. von Schiller, Turandot (1801). A. 2, Sz. 4 (Turandot).

Herunterkommen. — Ich bin heruntergekommen, | Und weiß doch selber nicht wie.

Joh. Wolfg. von Goethe, Gedichte. Lieder. Schäfers Klagelied (geb. 21. Jan. 1802). Mel. v. Joh. Friedr. Reichardt (1809).

Heruntersteigen. — Man steigt nicht ungestraft vom Göttermahle | Herunter in den Kreis der Sterblichen. | Der Arm, in dem die goldne Leier ruhte, | Er ist geweiht, er fasse Niedres nicht! Frz. Grillparzer, Sappho (1822). A. 5, Sz. 3 (Phaon).

Hervortun, sich. — Wie ich mich hatt' hervorgetan, | Da sahen die Leute scheel mich an; | Hatte keinem recht getan.

Joh. Wolfg. von Goethe, Gedichte. Gesellige Lieder. Vanitas! vanitatum vanitas! (geb. 1806).

Herz. — Die beste Eigenschaft ist ein gutes Herz. Talmud (3. Jahrh.).

— Dû bist mîn, ih bin dîn, | Des solt dû gewis sîn. | Dû bist beslozzen | In mînem herzen; | Verlorn ist daz sluzzelîn, | Dû muost immer darinne sîn. Wernher von Tegernsee (12. Jahrh.).

— Dem Hertzen folgt ein jedes Glied, | Ist frölich oder traurig, mit.

Georg Rollenhagen, Froschmäuseler (1595). B. 2, T. 3, K. 3.

— Von der Natur ward uns ein Herz, das flammt. Engl.: If ever we are nature's, these are ours.

William Shakespeare, Ende gut, alles gut (um 1602). Übers. v. Graf Baudissin. A. 1, Sz. 3 (Gräfin).

— Wach auf, mein Herz, und singe!

Paul Gerhardt, Geistl. Andachten. Wach auf, mein Herz, u. singe! (1649).

— Wer's Herz auf seiner Zunge führt, | Der muß, wann er die Zunge rührt, | Bedachtsamkeit sich wohl befleißen; | Sonst möcht' er ihm (sich) das Herz abbeißen.

Friedr. von Logau, Deutsche Sinn-Getichte (1654). D. Herz auf d. Zunge.

— Der Geist ist immer der Narr des Herzens. Franz.: L'esprit est toujours la dupe du cœur.

François, Herzog von La Rochefoucauld, Reflexionen oder moralische Sentenzen u. Maximen (1665). Nr. 102. Übers. v. Zimmermann.

— Der Geist wird insgemein | Des Herzens Narre sein.

Barthold Heinr. Brockes, Versuch v. Menschen d. Herrn Pope (1740).

— Wer ist der listigste Betrüger? | Ist's nicht des Menschen eignes Herz?

Christ. Fürchtegott Gellert, Fab. u. Erz. (1746). B. 1. D. gute Rat.

— Die großen Gedanken kommen aus dem Herzen. Franz.: Les grandes pensées viennent du cœur.

Marquis de Vauvenargues, Reflexionen u. Maximen (1746). Nr. 127. Übers. v. Zimmermann.

Herz. — Das Herz nimmt keine Gründe an und will in diesem wie in andern Stücken seine Unabhängigkeit von dem Verstande behaupten. Man kann es tyrannisieren, aber nicht zwingen.
Gotthold Ephr. Lessing, D. Freigeist (1749). A. 5, Sz. 3 (Theophan).

— Doch jedes Herz hat seine Welt.
Christ. Fürchtegott Gellert, Geistl. Oden u. Lieder (1757). D. Wachsamkeit.

— Das Herz redet uns gewaltig gern nach dem Maule.
Gotthold Ephr. Lessing, Minna v. Barnhelm (1763). A. 2, Sz. 1 (Franziska).

— Es schlug mein Herz: geschwind zu Pferde!
Joh. Wolfg. von Goethe, Gedichte. Lieder. Willkommen u. Abschied (ged. Frühjahr 1771).

— In meinen Adern, welches Feuer! | In meinem Herzen, welche Glut!
Joh. Wolfg. von Goethe, Gedichte. Lieder. Willkommen u. Abschied (ged. Frühjahr 1771).

— Ach, so gewiß ist's, daß unser Herz allein sein Glück macht.
Joh. Wolfg. von Goethe, Leiden d. jungen Werthers (1773). B. 1, Am 10. Aug.

— Ach, was ich weiß, kann jeder wissen; — mein Herz habe ich allein.
Joh. Wolfg. von Goethe, Leiden d. jungen Werthers (1773). B. 2, Am 9. Mai.

— Nicht in Rom, in Magna Grävia, | Dir im Herzen ist die Wonne da!
Joh. Wolfg. von Goethe, Gedichte. Kunst. Sendschreiben (ged. Dez. 1774).

— Herz, mein Herz, was soll das geben? | Was bedränget dich so sehr?
Joh. Wolfg. von Goethe, Gedichte. Lieder. Neue Liebe, neues Leben (ged. Febr. 1775). Mel. v. Joh. Friedr. Reichardt (1793), Karl Friedr. Zelter u. Ludw. van Beethoven.

— Tiefe Wunden schlägt das Schicksal, aber oft heilbare. Wunden, die das Herz dem Herzen schlägt, das Herz sich selber, die sind unheilbar.
Joh. Wolfg. von Goethe, Stella (1775). A. 5. Saal (Stella).

— Sein Herz wuchs ihm so sehnsuchtsvoll, | Wie bei der Liebsten Gruß.
Joh. Wolfg. von Goethe, Gedichte. Balladen. D. Fischer (ged. 1778). Mel. v. Siegmund Freiherr von Seckendorff (1779), Joh. Friedr. Reichardt (1781), Frz. Schubert (1821) u. a.

— ... dein Herz weiß nichts von diesen Künsten, | Erspare sie!
Friedr. von Schiller, Don Carlos (1787). A. 2, Sz. 2 (König).

— Es liegt um uns herum | Gar mancher Abgrund, den das Schicksal grub; | Doch hier in unserm Herzen ist der tiefste, | Und reizend ist es, sich hinabzustürzen.
Joh. Wolfg. von Goethe, Torquato Tasso (1789). A. 5, Sz. 2 (Alfons).

Herz. — Herz, mein Herz! was will das geben? | Warst ja sonst so still und froh!
Joh. Gaudenz Freiherr von Salis-Seewis, Gedichte. An mein Herz (1789).

— Das Herz bestimmt der Dinge Wert; | An ihm schleift jeder seine Brille.
Gottl. Konrad Pfeffel, Poetische Versuche (1789—1790). D. Schleifstein.

— Mein Herz ist im Hochland, mein Herz ist nicht hier. Engl.: My heart's in the Highlands, my heart is not here.
Rob. Burns (1759—1796), Gedichte. Abschied v. Hochland. Übers. v. Freiligrath. Volksweise.

— Gott nur siehet das Herz. — Drum eben, weil Gott nur das Herz sieht, | Sorge, daß wir doch auch etwas Erträgliches sehn!
Friedr. von Schiller, Gedichte. Votivtafeln. Nr. 31. Inneres u. Äußeres (ged. 1796).

— Stimme des Ganzen ist deine Vernunft, dein Herz bist du selber; | Wohl dir, wenn die Vernunft immer im Herzen dir wohnt!
Friedr. von Schiller, Gedichte. Votivtafeln. Nr. 34. Schöne Individualität (ged. 1796).

— Der schönste Schatz gehört dem Herzen an, | Das ihn erwidern und empfinden kann.
Friedr. von Schiller, Gedichte. Begegnung (ged. 1796). Schlußv.

— Drum prüfe, wer sich ewig bindet, | Ob sich das Herz zum Herzen findet!
Friedr. von Schiller, Gedichte. D. Lied v. d. Glocke (ged. Sept. 1799).

— Dein Urteil kann sich irren, nicht mein Herz.
Friedr. von Schiller, D. Piccolomini (1799). A. 5, Sz. 1 (Max).

— Kein Kaiser hat dem Herzen vorzuschreiben.
Friedr. von Schiller, Wallensteins Tod (1799). A. 2, Sz. 7 (Max).

— O, wenn das Herz euch warnt, folgt seinem Triebe! | Das Herz ist Gottesstimme; Menschenwerk | Ist aller Klugheit künstliche Berechnung.
Friedr. von Schiller, Wallensteins Tod (1799). A. 4, Sz. 8 (Gordon).

— Das Herz und nicht die Meinung ehrt den Mann.
Friedr. von Schiller, Wallensteins Tod (1799). A. 4, Sz. 8 (Gordon).

— O Gott, aus diesen Zügen spricht kein Herz!
Friedr. von Schiller, Maria Stuart (1800). A. 3, Sz. 4 (Maria).

— Das Herz gefällt mir nicht, das streng und kalt | Sich zuschließt in den Jahren des Gefühls.
Friedr. von Schiller, D. Jungfrau v. Orleans (1801). Prolog. Sz. 2 (Thibaut).

— ... der Kopf muß das Herz bilden.
Friedr. von Schiller, Prosaische Schriften (1793—1802). Philosophische Br. Vorerinnerung.

— O Gott, wie schränkt sich Welt und Himmel ein, | Wenn unser Herz in seinen Schranken banget!
Joh. Wolfg. von Goethe, D. natürliche Tochter (1803). A. 4, Sz. 2 (Eugenie).

Herz. — Das schwere Herz wird nicht durch Worte leicht. Friedr. von Schiller, Wilh. Tell (1804). A. 1, Sz. 3 (Tell).

— Ein schönes Herz hat bald sich heimgefunden; | Es schafft sich selbst, still wirkend, seine Welt.
Friedr. von Schiller, D. Huldigung d. Künste (ged. 4.—8. Nov. 1804). (Genius).

— Es muß das Herz an etwas hangen.
Karl Müchler, Gedichte. D. Verlassene an ihr Kind (1807).

— Doch werdet ihr nie Herz zu Herzen schaffen, | Wenn es euch nicht von Herzen geht.
Joh. Wolfg. von Goethe, Faust, I (1808). Nacht (Faust).

— . . . ein Herz, das sucht, fühlt wohl, daß ihm etwas mangle; ein Herz, das verloren hat, fühlt, daß es entbehre.
Joh. Wolfg. von Goethe, D. Wahlverwandtschaften (1808—1809). T. 1, K. 17.

— Verstand und Vernunft sind ein formelles Vermögen; das Herz liefert den Gehalt, den Stoff.
Joh. Wolfg. von Goethe, Gespräch mit Riemer (1810).

— Nur ein enges Herz wächst nicht; aber ein weites wird größer; jenes verengen die Jahre, dieses dehnen sie aus.
Jean Paul (Joh. Paul Friedr. Richter), Über d. Immergrün unserer Gefühle (1819). K. 2.

— Was dem Herzen widerstrebt, läßt der Kopf nicht ein.
Arthur Schopenhauer, D. Welt als Wille u. Vorstellung (1819).

— Du, du, liegst mir im Herzen.
Verfasser unbek. (um 1820). Volksweise.

— Spielt nicht | Das Herz oft mit dem folgsamen Verstande?
Friedr. Gottl. Klopstock, Sämtl. Werke (1798—1821). Bd. 7.

— Große Gedanken und ein reines Herz, das ist's, was wir uns von Gott erbitten sollen.
Joh. Wolfg. von Goethe, Wilh. Meisters Wanderjahre (1807—1821).

— Das Herz erhöht die Hütte sich zum Thron, | Macht harte Kost zur schönsten Feerei, | Spricht Schuldner los und gibt Verdammte frei | Und grüßt als Freund den letzten Erdensohn.
Joh. Gottfr. Seume, Sämtl. Werke (1826). Gedichte. Wohltat d. Herzens.

— Wofür das Herz entbrennt, das führt's hinaus. Karl Immermann, Andr. Hofer (1828). A. 4.

— Das Herz! Das Herz! Vernunft ist rein und klar; | Doch aus dem Herzen steigt der Sturm, | Der sie verdunkelt.
Christ. Dietr. Grabbe, Don Juan u. Faust (1829). A. 4, Sz. 3 (Faust).

— Ist das Herz geleert, ist das Herz geleert, | Wird's nicht mehr voll.
Friedr. Rückert, Gesammelte Gedichte. Ital. Gedichte. A. d. Jugendzeit (ged. 1830). Mel. v. Rob. Radecke.

Herz. — Das Herz liegt uns immer näher als der Geist, und macht uns dann zu schaffen, wenn dieser sich wohl zu helfen weiß.
Joh. Wolfg. von Goethe, A. meinem Leben. Dichtung u. Wahrheit (1809—1831).

— Es krabbelt wohl mir um die Ohren, | Allein zum Herzen dringt es nicht.
Joh. Wolfg. von Goethe, Faust, II (1831). A. 2. Klassische Walpurgisnacht. Pharsalische Felder (Mephistopheles).

— Sprich nicht vom Herzen! das ist eitel.
Joh. Wolfg. von Goethe, Faust, II (1831). A. 2. Klassische Walpurgisnacht. Pharsalische Felder (Sphinxe).

— Denn es muß von Herzen gehen, | Was auf Herzen wirken soll.
Joh. Wolfg. von Goethe, Faust, II (1831). A. 3. Vor d. Palaste d. Menelas zu Sparta. Schattiger Hain (Phorkyas).

— Die tiefste Wunde heilet, | Schmerzt sie auch noch so sehr; | Ein Riß doch, der zerteilet | Das Herz auf einmal gänzlich, | Der heilet nimmermehr.
Justinus Kerner, Dichtungen (1834). Lieder d. Schmerzes. D. Riß durchs Herz.

— Etwas wünschen und verlangen, | Etwas hoffen muß das Herz, | Etwas zu verlieren bangen | Und um etwas fühlen Schmerz.
Friedr. Rückert, Gesammelte Gedichte (1834—1838). Pantheon. Bruchstück 5. Zahme Xenien. Hoffen u. Bangen.

— O Herz, in Lust und Schmerz so trotzig als verzagt, | Du bist ein Jäger, Herz, und bist zugleich gejagt. | Du jagest nach der Zeit, die flüchtig dir entweicht, | Und fliehst die Ewigkeit, die sicher dich erreicht.
Friedr. Rückert, D. Weisheit d. Brahmanen (1836—1839). B. 8, Nr. 115.

— Welch Herz noch etwas liebt, das ist noch nicht verlassen; | Ein Fäserchen genügt, Wurzel in Gott zu fassen.
Friedr. Rückert, D. Weisheit d. Brahmanen (1836—1839).

— Das arme Herz muß stückweis brechen.
Georg Herwegh, Gedichte. Str. a. d. Fremde (1840).

— Wirf ab, Herz, was dich kränket, | Und was dir bange macht! Gottfr. Kinkel, Gedichte (1843).

— Und ist dein Herz ein großes Herz, | Und ist dein Schmerz ein echter Schmerz, | Wird man dich ehren allerwärts.
Friedr. von Sallet, Gesammelte Gedichte (1843). Epigrammatisches u. Lehrhaftes.

— Ein schwungvolles Herz berührt wie ein schwingender Pendel die äußersten Gegensätze.
Heinr. Jos. König, Stationen (1846).

— So viele Rätsel hat der Mensch gelöst; | Nur mit sich selbst kann er nie einig werden. | Der Sterne Lauf, der Weltgesetze Ordnung | Sind ihm bekannter als sein eignes Herz.
Jos. Freiherr von Auffenberg, Sämtl. Werke (1843—1847). D. Syrakuser. A. 2, Sz. 1.

Herz. — Das Herz des Menschen ist nie so unbeugsam wie sein Geist. Franz.: Le cœur de l'homme n'est jamais si inflexible que son esprit.

Alphonse de Lamartine, Gesch. d. Girondisten (1847). Übers. v. Herwegh.

— Glückselig jener, dessen Herz | Verlor kein erstes Lieben!

Moritz Hartmann, Kelch u. Schwert (1851). B. 1. Innere Stimmen. Nächtlicher Ritt.

— Nur Einmal stand dein Herz in Blüte, | Nur Einmal sangest du ein Lied.

Moritz Hartmann, Kelch u. Schwert (1851). B. 5. Verm. Gedichte. Frühes Alter.

— Ach Gott, das druckt das Herz mir ab.

Otto Roquette, Liederb. (1852). Herzensbeklemmung. Mel. v. Verfasser.

— Man hat nur dann ein Herz, | Wenn man es hat für andre.

Friedr. Hebbel, Gedichte (1857). Verm. Gedichte. Winterreise. Schlußv.

— Die sorgfältigsten Ergründer des menschlichen Herzens sind bisher die Dichter gewesen, vornehmlich Homer und Shakespeare. Engl.: The most accurate investigators of the human mind have hitherto been the poets, particularly Homer and Shakespeare.

Henry Thomas Buckle, Gesch. d. Zivilisation (1858—1861). Übers. v. Ritter. K. 1, Anmerkung 22.

— Das Meer ist so tief, und die Welt ist so bunt; | Im Herzen nur findest du Ankergrund.

Sophie Dethleffs, Gedichte (1861).

— Wo Glück und Segen soll gedeihn, | Muß Kopf und Herz beisammen sein.

Friedr. von Bodenstedt, A. d. Nachlasse Mirza=Schaffys (1874). B. 3. B. d. Spr. Nr. 17.

— Kein Weg ist so weit im ganzen Land | Als der von Herz und Kopf zur Hand.

Friedr. von Bodenstedt, A. d. Nachlasse Mirza=Schaffys (1874). B. 3. B. d. Spr. Nr. 37.

— Das Herz ist Urborn aller höchsten Güter; | Verstand ist nur ihr Pfleger und Behüter.

Friedr. von Bodenstedt, A. d. Nachlasse Mirza=Schaffys (1874). B. 5. Morgenländische Gestalten u. Gesch. D. Sufi.

— . . . des Lebens höchste Offenbarung | Doch immer aus dem Herzen blüht.

Theod. Fontane, Gedichte (1875). Lieder u. Spr.

— Das Herz ist die große Uhr, die auf Wohl und Weh zeigt.

Rahel (Antonie Friederike Varnhagen von Ense), Br. (1877).

— Nur wem das Herz seine Schwingen lieh, | Geht ein zu des Ruhmes Toren; | Es hat der bloße Verstand noch nie | Einen großen Gedanken geboren.

Friedr. von Bodenstedt, A. Morgenland u. Abendland (1882).

Herz. — Wenn Kopf und Herz sich widersprach, | Tät doch das Herz zuletzt entscheiden. | Der arme Kopf gibt immer nach, | Weil er der Klügere ist von beiden.

Paul Heyse, Spruchbüchlein (1885). Lebensweisheit. Kopf u. Herz.

— Entfache des Geistes Leuchte zu nie geseh'nem Glanz; | Doch pflege du das Herz auch, pflege den keuschen Kranz | Tiefsinniger Gefühle!

Rob. Hamerling, Blätter im Winde (1887).

— Läßt du dem Herzen seinen Willen, | So murrt der Kopf ob törichter Grillen; | Läßt du aber den Kopf entscheiden, | So klagt das Herz ob unsäglicher Leiden.

Daniel Sanders, 366 Spr. (1892). Nr. 238. Herz u. Kopf.

— Mancher findet sein Herz nicht eher, als bis er seinen Kopf verliert.

Friedr. Nietzsche, Gesammelte Werke (1895—1897).

— Nur ein großes Gefühl kann das Leben lebenswert machen; ein großer Gedanke kann das nicht. Das Kronjuwel der Schöpfung ist das Herz, nicht der Geist.

Dagobert von Gerhardt=Amyntor, D. Plauderer an d. Jahrhundertwende (1900). Herz u. Geist.

— Und schau' ich hin, so schaust du her, | Das macht mein Herz so schwer, so schwer.

Liebesqual. Volkslied.

— Mein Herz ist wie ein Bienenhaus.

Verfasser u. Komponist unbek.

— Und mei Bue ischt der schlimmste, | Ischt so sakrisch lieb! | Ach! er stahl mir mei Herzel, | Der Spitzbue, der Dieb!

D. Tirolerin. Volkslied u. =weise.

— . . . das Dichten des menschlichen Herzens ist böse von Jugend auf. 1. Mos., K. 8, V. 21.

— . . . der Herr aber siehet das Herz an.

1. Sam., K. 16, V. 7.

— Sich etwas zu Herzen nehmen.

Nach 2. Sam., K. 13, V. 20.

— Wer sich auf sein Herz verläßt, ist ein Narr.

Spr. Sal., K. 28, V. 26.

— Es ist das Herz ein trotziges und verzagtes Ding; wer kann es ergründen? Jer., K. 17, V. 9.

— Wes das Herz voll ist, des gehet der Mund über. Matth., K. 12, V. 34.

— . . . aus dem Herzen kommen arge Gedanken. Matth., K. 15, V. 19.

— Ein Herz und Eine Seele.

Nach Apostelgesch., K. 4, V. 32.

— Das Herz fröhlich; | Den Mut tüchtig; | Die Reden ehrlich; | Die Taten richtig. Alter Spr.

— Des Menschen Herz ist von Natur ein Götzenhaus. Alter Spr.

— Das Herz ist nur ein kleines Feld, aber es wächst alles auf ihm. Sprichwort.

— Das Herz ist stärker als der Kopf.

Sprichwort.

— Was nicht von Herzen kommt, das geht nicht zu Herzen. Sprichwort.

Herz. — Das Herz des Unverständigen ist in seinem Munde; | Die Zunge des Verständigen ist im Herzen. Arabisches Sprichwort.

— Wo Herz, da auch Glück.
Polnisches Sprichwort.

— Ein gefährlicher Verführer lebt, | Dem das Herz nur selten widersteht; | Denn das Herz ist selber der Verführer! | Hüte dich vor dem, du schwaches Herz! A. d. Japanischen.

— Aus seinem Herzen keine Mördergrube machen (nichts verschweigen).
Sprichwörtl. Redensart.

— Das Herz auf der Zunge haben (alle seine Gefühle und Empfindungen gleich herausschwatzen).
Sprichwörtl. Redensart.

— Das Herz ist ihm in die Hosen gefallen (er hat den Mut verloren).
Sprichwörtl. Redensart.

— Das Herz läuft ihm mit dem Kopfe davon (er läßt das Gefühl über den Verstand herrschen).
Sprichwörtl. Redensart.

— Etwas auf dem Herzen haben (einen geheimen Wunsch hegen). Sprichwörtl. Redensart.

— Seinem Herzen einen Stoß geben (sich zu etwas entschließen). Sprichwörtl. Redensart.

— Sein Herz ausschütten (alles sagen, was man auf dem Herzen hat). Sprichwörtl. Redensart.

— Een Herz hat jedermann (beim Ausspielen der Farben beim Kartenspiel). Bek. Redensart.

— Laß in dein Herze Sonnenschein; — | Alles andre find't sich von selber ein.
Wartburgspr. Architektenstüblein.

— Wer sich sein Herz zur Heimat macht, | Der braucht nicht zu fürchten Bann und Acht, | Der kann schon durch ein einziges Lachen | Sich zum Kaiser seines Herzens machen.
Wartburgspr. Architektenstüblein.

Herzeleid. — Es ist kein Wehe so groß als Herzeleid. Jes. Sir., K. 25, V. 17.

Hertzen. — ... wer die Hertzen weiß zu wenden, | Der hat das Spiel gar in sein'n Händen | Und gibt die Charten, wie er will.
Georg Rollenhagen, Froschmäuseler (1595). B. 1, T. 2, K. 12.

— Schließt eure Herzen sorgfältiger als eure Tore! Es kommen die Zeiten des Betrugs; es ist ihm Freiheit gegeben. Die Nichtswürdigen werden regieren mit List, und der Edle wird in ihre Netze fallen.
Joh. Wolfg. von Goethe, Götz v. Berlichingen (1773). A. 5. Gärtchen am Turn (Götz).

— Ihr müßt Herzen säen, wollt ihr Herzen ernten.
Ludw. Börne, Gesammelte Schriften. Erz., Reisen, Verm. Aufsätze. Nr. 16. Über d. Umgang mit Menschen (1824).

Herzen. — Das ist süßeste Füll' | Aller Himmelswonnen, | Die nichts anderes will, | Als heimlich und still | Zwei Herzen durchsonnen. | Zwei Herzen, die beid' | Nichts begehren, verlangen, | Als nur allezeit | Sich mit seligem Leid | Im Traum umfangen.
Wilh. Jensen, Stimmen d. Lebens (1881). Frau Venus. Nr. 10.

Herzensbedürfnis. — Was einmal durch ein Bedürfnis des Herzens hervorgerufen worden, und zu dem sich alsdann die Phantasie gesellt hat, das werden wir so leicht nicht wieder los.
Joh. Jak. Mohr, Gedanken über Leben u. Kunst (1885).

Herzensbund. — Nichts kann den Bund zwei treuer Herzen hindern, | Die wahrhaft gleich gestimmt. Engl.: Let me not to the marriage of true minds | Admit impediments.
William Shakespeare, Sonette (1609). Übers. v. Bodenstedt. Abteilung 4, Nr. 140.

— Ganz der deine zu sein, nur in dir und dem Kreise von Guten zu leben, von der Welt entfernt, getrennt alle Wonne zu genießen, die so zwei Herzen einander gewähren! Was ist die Gnade des Fürsten, was der Beifall der Welt gegen diese einfache, einzige Glückseligkeit?
Joh. Wolfg. von Goethe, Götz v. Berlichingen (1773). A. 1. Jaxthausen (Weislingen).

— Wer kann den Bund zweier Herzen lösen oder die Töne eines Akkords auseinanderreißen? Friedr. von Schiller, Kabale u. Liebe (1784). A. 1, Sz. 4 (Ferd.).

— Dei' Herz und mei' Herz | Häb'n mit anänder an' Bund, | Und wänn dei' Herzl krånk is, | Is meins a' nit recht g'sund.
Kärntner Schnaderhüpfl

Herzensflehen. — Ein Flehn aus reinem, guten Herzen | Hat Gott, dein Vater, nie verschmäht.
Christ. Fürchtegott Gellert, Geistl. Oden u. Lieder (1757). D. Gebet.

Herzensfrühling. — Kein Frühling kehret dem Gemüte, | Der Einmal aus dem Herzen schied.
Moritz Hartmann, Kelch u. Schwert (1851). B. 5. Verm. Gedichte. Frühes Alter.

Herzensfülle. — Zum Lichte des Verstandes können wir immer gelangen; aber die Fülle des Herzens kann uns niemand geben.
Joh. Wolfg. von Goethe, Wilh. Meisters Lehrjahre (1777—1796).

Herzensgüte. — Güte des Herzens, ein milder Gesichtszug und tausend andere Dinge ersetzen die Schönheit.
Theod. Gottl. von Hippel, Über d. Ehe (1774). K. 7. Für d. Mädchen.

Herzensneigung. — Alle das Neigen | Von Herzen zu Herzen, | Ach wie so eigen | Schaffet das Schmerzen!
Joh. Wolfg. von Goethe, Gedichte. Lieder. Rastlose Liebe (ged. 6. Mai 1776).

Herzensqualen. — Ich fürchte nicht die Schrecken der Natur, | Wenn ich des Herzens wilde Qualen zähme.

Friedr. von Schiller, Wilh. Tell (1804). A. 5, Sz. 2 (Parricida).

Herzensräume. — In des Herzens heilig stille Räume | Mußt du fliehen aus des Lebens Drang! | Freiheit ist nur in dem Reich der Träume, | Und das Schöne blüht nur im Gesang.

Friedr. von Schiller, Gedichte. D. Antritt d. neuen Jahrh. (geb. 1801).

Herzensreinheit. — Kein Kleid kann dem zum Schaden sein, | Der trägt ein Herze gut und rein; | Und kein Gewand dem Nutzen trägt, | Der ein falsches Herze hegt. Mittelhochdeutsch: Dem schadet keiner slahte kleit, | Der ein reinez herze treit; | Dem vrumt keiner slahte wât, | Der ein valschez herze hât.

Vridankes Bescheidenheit (1225—1240). Übertr. v. Pannier. Nr. 38. v. erkantnisse.

— Gibt's einen Harnisch wie des Herzens Reinheit? Engl.: What stronger breastplate than a heart untainted?

William Shakespeare, König Heinr. VI. (um 1591). Übers. v. Schlegel. T. 2, A. 3, Sz. 2 (König Heinr.).

— Nicht reiner ist des Tages Licht als meines Herzens Grund. Franz.: Le jour n'est pas plus pur que le fond de mon cœur.

Jean Baptiste Racine, Phädra (1677). Übers. v. Viehoff. A. 4, Sz. 2 (Hippolyte).

— Herzensreinheit allein schützt das Allerheiligste des Menschenlebens gegen Frevel und Entweihung.

Friedr. Ludw. Jahn, Deutsches Volkstum (1810).

— O reines Herz, wie ist in droh'ndem Leide | Dein Mut so stark, wie schüchtern in der Freude!

Ernst Schulze, Sämtl. poetische Werke (1818—1820).

— Reines Herzens sein, es ist die letzte, | Steilste Höhe von dem, was Weis' ersannen, | Weisere taten.

Friedr. Gottl. Klopstock, Sämtl. Werke (1798—1821). Bd. 4.

— O, wären wir nur immer rein im Herzen, | Heilten auch schneller und leichter unsre Schmerzen.

Jul. Hammer, Schau um dich u. schau in dich (1851). Kampf u. Sieg. D. Schmerz ist eine Mahnung d. Natur usw.

— Kein Mensch ist würdig zu wirken für das Höchste und Reinste, dessen Hand und Herz nicht rein ist. Berth. Auerbach, Auf d. Höhe (1865).

— Reines Herz und froher Mut | Stehn zu allen Kleidern gut. Sprichwort.

Herzensruhe. — Ehr', Überfluß und Pracht ist Tand; | Ein ruhig Herz ist unser Teil.

Ewald Christ. von Kleist, Sämtl. Werke. Gedichte. Irin (geb. 1757).

— Die Ruhe winkt dem Herzen | Nur, wo es nicht mehr schlägt.

Moritz Doering, Gedichte (1827).

Herzenssprache. — Die Sprache des Herzens kann nur das Herz treffen.

Gotthold Ephr. Lessing, Hamburgische Dramaturgie (1767—1768).

Herzenstrost. — Denn Trost für's Herz ist halbe Heilung.

Joh. Friedr. Fischart, Flöh Hatz, Weiber Tratz (1577).

Herzenswink. — Ach, daß wir doch dem reinen stillen Wink | Des Herzens nachzugehn so sehr verlernen!

Joh. Wolfg. von Goethe, Torquato Tasso (1789). A. 3, Sz. 2 (Prinzessin).

Herzenswinke. — Und so verleugnet ihr das Göttlichste, | Wenn euch des Herzens Winke nichts bedeuten.

Joh. Wolfg. von Goethe, D. natürliche Tochter (1803). A. 2, Sz. 1 (Hofmeisterin).

Herzenszug. — Der Zug des Herzens ist des Schicksals Stimme.

Friedr. von Schiller, D. Piccolomini (1799). A. 3, Sz. 8 (Thekla).

Heuchelei. — Heucheley vnd Betrug haben kurtze Flügel.

Christoph Lehmann, Politischer Blumen-Garten (1662). T. 1. Heucheley. Nr. 1.

— Die Heuchelei ist ein privilegiertes Laster, das mit seiner eigenen Hand aller Welt den Mund verschließt und in Ruhe seiner Ungestraftheit genießt. Franz.: L'hypocrisie est un vice privilégié qui, de sa main, ferme la bouche à tout le monde, et jouit en repos d'une impunité souveraine.

Molière (Jean Baptiste Poquelin), Don Juan oder d. Gastmahl d. Pierre (1665). Übers. v. Graf Baudissin A. 5, Sz. 2 (Don Juan).

— Die Heuchelei ist ein Modelaster und die Modelaster gelten für Tugenden. Franz.: L'hypocrisie est un vice à la mode, et tous les vices à la mode passent pour vertus.

Molière (Jean Baptiste Poquelin), Don Juan oder d. Gastmahl d. Pierre (1665). Übers. v. Graf Baudissin. A. 5, Sz. 2 (Don Juan).

— Heuchelei ist eine Huldigung, vom Laster der Tugend dargebracht. Franz.: L'hypocrisie est un hommage que le vice rend à la vertu.

François, Herzog von La Rochefoucauld, Reflexionen oder moralische Sentenzen u. Maximen (1665). Nr. 218. Übers. v. Zimmermann.

— Die Laster stritten, wer von ihnen | Am eifrigsten gewesen sei, | Dem Bösen in der Welt zu dienen; | Den Sieg erhielt — die Heuchelei.

Joh. Wilh. Ludw. Gleim, Sämtl. Werke (1811—1813). Gedichte. Sinngedichte.

— . . . leget nun ab alle . . . Heuchelei!

1. Petri, K. 2, V. 1.

Heuchelmann. — Heuchelmann | Ist am besten dran.

Christoph Lehmann, Politischer Blumen-Garten (1662). T. 1. Heucheley. Nr. 19.

Heuchelmaul. — . . . ein Heuchelmaul richtet Verderben an. Spr. Sal., K. 26, V. 28.

Heucheln. — Und gilt hier nicht Heuchelns und meuchelns, sondern muß redlich und aufrichtig gehandelt sein.

Dr. Martin Luther, Alle B. u. Schrifften (1539—1559).

— Nichts leichter als dem Dürftigen schmeicheln; | Wer mag aber ohne Vorteil heucheln?

Joh. Wolfg. von Goethe, Gedichte. Sprichwörtl. (ged. 1812—1814).

Heuchelschein. — Erzfeind von allem Heuchelschein, | Sei jedem Auge, was du bist; | Man muß in allen Augen sein, | Was man in Gottes Augen ist.

Joh. Wilh. Ludw. Gleim, Sämtl. Werke (1811—1813). Gedichte. Sinngedichte.

Heuchler, der. — ... die Freude des Heuchlers währet einen Augenblick. Hiob, K. 20, V. 5.

Heuchler, die. — Heuchler und Hunde belecken die Teller: | Jene sind Schmeichler und diese sind Beller; | Diese bewahren, bei denen sie zehren; | Jene verzehren die, welche sie nähren.

Friedr. von Logau, Deutsche Sinn-Getichte (1654). Hofehunde.

— Heuchler sind wie faules Holz, welches des Nachts einen Schein gibt, aber nicht wärmt.

Alter Spr.

Heuschreck. — Was ein g'rechter Heuschreck is ... Wilh. von Cammerloher, D. Heuschreckenlied (um 1845). Volksweise.

Heute. — Auf, mach' dich lustig, trinke frisch, betrachte nur | Das Heut' als dein, sonst alles als vom Glück beherrscht! Griech.: *Εὔφραινε σαυτόν, πῖνε, τὸν καθ' ἡμέραν | Βίον λογίζου σόν, τὰ δ' ἄλλα τῆς τύχης.*

Euripides, Alkestis (um 438 v. Chr.). Übers. v. Minckwitz. V. 788—89 (Herakles).

— Kein Weiser, glaube mir, spricht: Morgen will ich leben. | Der Morgen ist zu spät; heut ziemt sich's anzuheben.

Martin Opitz, Geistl. u. Weltliche Poemata (1646). Epigramme.

— Steht denn nicht auch von dir geschrieben: | Heut' ist er König, morgen tot?

Barthold Heinr. Brockes, Irdisches Vergnügen in Gott (1739). T. 1. D. Blumen.

— Ich sehe, wie, kaum aufgegangen, | Schon unser Heut' ein Gestern ist.

Friedr. Karl Kasimir Freiherr von Creuz, Oden u. andere Gedichte. Bd. 1. Neujahrs-Gedanken (ged. 1753).

— Heute hüpft im Frühlingstanz | Noch der frohe Knabe; | Morgen weht der Totenkranz | Schon auf seinem Grabe.

Ludw. Hölty, Gedichte. Lieder. Lebenspflichten (ged. 1776). Mel. v. Joh. Friedr. Reichardt (1779).

— Und trifft es morgen, so lasset uns heut' | Noch schlürfen die Neige der köstlichen Zeit!

Friedr. von Schiller, Wallensteins Lager. Sz. 11. Reiterlied (ged. 1797). Mel. v. Christ. Jak. Zahn (1798).

Heute. — ... so schreiten auch den großen | Geschicken ihre Geister schon voran, | Und in dem Heute wandelt schon das Morgen.

Friedr. von Schiller, Wallensteins Tod (1799). A. 5, Sz. 3 (Wallenstein).

— Morgen können wir's nicht mehr, | Darum laßt uns heute leben!

Friedr. von Schiller, Gedichte. D. Siegesfest (ged. 1803). Schlußv.

— Was heute war, ist morgen schon verschwunden.

Ludw. Tieck, Kaiser Oktavianus (1803). D. Aufzug d. Romanze (Eine Pilgerin).

— Was heute nicht geschieht, ist morgen nicht getan. Joh. Wolfg. von Goethe, Faust, I (1808). Vorspiel auf d. Theater (Direktor).

— Nur heute, heute nur laß dich nicht fangen, | So bist du hundertmal entgangen.

Joh. Wolfg. von Goethe, Gedichte. Sprichwörtl. (ged. 1812—1814).

— Zwischen heut' und morgen sind Grüfte, — | Und zwischen Versprechen und Erfüllen Klüfte.

Friedr. Rückert, D. Verwandlungen d. Abu Seid v. Serug oder d. Makamen d. Hariri (1826). Nr. 42.

— Nur das erfreut, was sich als ew'ges Heut' erneut.

Friedr. Rückert, D. Weisheit d. Brahmanen (1836—1839). B. 14, Nr. 17. (Stufe 12. Frieden. Nr. 145.) Schlußv.

— Nur das Heute ist das Alte. | Jede Morgenröte weiht | Uns für eine neue Zeit, | Und wer sagt uns, wie sie walte?

Joh. Christoph Biernatzki, Gedichte (1844).

— Heut' heißt der Mann, der ewig Recht behält.

Rob. Prutz, Karl v. Bourbon (1845). A. 5, Sz. 1 (Bourbon).

— Heut' noch sind wir hier zu Haus, | Morgen geht's zum Tor hinaus.

Aug. Heinr. Hoffmann von Fallersleben, Lyrische Gedichte. Nr. 4. Volksleben. Jahre d. politischen Kämpfe. Niemals wieder (ged. 8. Mai 1848).

— Heute muß ich dafür leiden, | Daß ich gestern glücklich war.

Heinr. Heine, Romanzero (1851). B. 2. Lamentationen. K.-Jammer.

— Heute König, morgen tot.

Jes. Sir., K. 10, V. 12.

— Heute schwebt er empor, morgen liegt er danieder. 1. Makk., K. 2, V. 63.

— Heute ist die beste Zeit. Alter Spr.

— Ein Heute ist besser denn zehn Morgen. Sprichwort.

— Heute Herr, morgen Knecht. Sprichwort.

— Heute mir, | Morgen dir! Sprichwort.

— Heute oben, morgen unten. Sprichwort.

— Heute reich, | Morgen eine Leich. Sprichwort.

— Heute rot, | Morgen tot. Sprichwort.

— Heut soll dem Morgen | Nichts borgen. Sprichwort.

Heute. — Heute ist heute; aber morgen ist ein unbegreiflicher Tag. Niederl.: Heden is heden; maar morgen is een onbegrijpelijke dag.
Sprichwort.

— Heute Mensch, morgen schwarze Erde.
Serbisches Sprichwort.

— Heindt an Mier, | Morgen an Dier.
Spr. in d. Totenkapelle in Lengmoos.

Hexameter. — Im Hexameter steigt des Springquells flüssige Säule; | Im Pentameter drauf fällt sie melodisch herab.
Friedr. von Schiller, Gedichte. Kleinigkeiten. Nr. 2. D. Distichon (ged. 1796).

— In Weimar und in Jena macht man Hexameter wie der; | Aber die Pentameter sind doch noch exellenter.
Fürchtegott Christ. Fulda, Trogalien zur Verdauung d. Xenien (1797).

Hexen. — Denn wenn es keine Hexen gäbe, | Wer, Teufel, möchte Teufel sein!
Joh. Wolfg. von Goethe, Faust, II (1831). A. 2. Klassische Walpurgisnacht. Am obern Peneios (Mephistopheles).

Hexenelement. — Ein wahres Hexenelement!
Joh. Wolfg. von Goethe, Faust, I (1808). Walpurgisnacht (Mephistopheles).

Hieb. — Der Hieb ist die beste Deckung.
Ausspr. Wrangels.

— Schade um jeden Hieb, der vorbeizeht.
Berliner Redensart.

Hienieden. — Wir haben keinen Rosen=Garten, | Hie zu gewarten.
Simon Dach, Non caret adversis qui pius esse velit (1652).

— Was wir hie kennen, | Ist nur Müh' und Herzenleid zu nennen.
Simon Dach, Poetische Werke (1696). Tod d. Frommen.

— Hienieden braucht der Mensch nicht viel, | Noch braucht er's lange Zeit. Engl.: Man wants but little here below, | Nor wants that little long.
Oliver Goldsmith, D. Einsiedler (1765). Übers. v. Böttger. Str. 8.

Hilfe. — Die Hülff ist nichts nutz, die weder Hitz noch Wärm gibt.
Christoph Lehmann, Politischer Blumen=Garten (1662). T. 1. Hülff, Helffer. Nr. 15.

— Fromm erflehet Segen euch von oben, | Aber Hilfe schafft euch tätig wirkend | Selber!
Joh. Wolfg. von Goethe, Vorspiel zur Eröffnung d. Weimarischen Theaters (19. Sept. 1807).

— Gehe nicht, wo Hilfe not, erst lang zu Rat; | Beschwingt zu sein ziemt schöner Mannestat.
Feodor Löwe, Gedichte (1860).

— Ein Feigling, wer nach fremder Hilfe heult, | Solang sein Arm gesund ist.
Emerich Madách, D. Tragödie d. Menschen (1861). A. d. Ungar. übers. v. Lechner. Sz. 12 (Cassius).

— Wer hülff bedarff, der ruff zu Gott; | Er verlast ihn in keiner noth.
Alter Spr.

— Freund „Hilf" reitet auf der Schneckenpost.
Sprichwort.

Himmel, der. — Ohne den Himmel erfährst du, o Sterblicher, weder des Segens, | Weder des Fluchs! Griech.: *Οὔτινά φημι θεῶν, ἄτερ ὄλβιον, οὐ βαρύποτμον | Ἄνδρα γενέσθαι.*
Euripides (um 480—406 v. Chr.), D. Herakliden. Übers. v. Minckwitz. V. 608—9 (Chor).

— Nichts ragt Sterblichen allzu steil, | Selbst den Himmel bedrohn Törichte wir. Lat.: Nil mortalibus arduist | Caelum ipsum petimus stultitia.
Quint. Horatius Flacc., Oden (um 23 v. Chr.). Übers. v. Voß. B. 1, Nr. 3, V. 37—38.

— Erkunden wollt' ich, wo der Garten Eden (der Himmel) | Und wo die Hölle sei, der Marterort; | Da hört' ich meinen Meister also reden: | In dir sind beide; such' sie dort!
A. d. Persischen d. Omar Chijam (12. Jahrh.). Vierzeiler. Übers. v. Schack.

— Der hymel vnd das erdterych | Sindt verknüpffet zamen glych; | Das eins nit on das ander ist. | Darumb zů beyden du dich rist!
Thomas Murner, Narrenbeschwerung (1512). Nr. 22. D. beseicht sack.

— Was von himel fellt, dz schadt niemand.
Joh. Agricola, Drey hundert Gemeyner Sprichwörtter (1529). Nr. 6.

— Vom Himel hoch, da kom ich her, | Ich bring euch gute newe mehr; | Der guten mehr bring ich so viel, | Dauon ich singen vnd sagen wil.
Dr. Martin Luther, Ein Kinderlied, auff d. Weihenachten (1535).

— Wir han nur Herberg hie auff Erdn. | Im Himel wir ewig wohnen werden.
Spr. an einem Hause in Hildesheim (1609).

— Im Himmel ist gut Wohnen, | Hinauf steht mein Begier.
Valerius Herberger, Valet will ich dir geben (ged. 1613).

— Der Himmel legt in alles Zweck. Engl.: Heaven has an end in all.
William Shakespeare, Heinr. VIII. (1613). Übers. v. Schlegel. A. 2, Sz. 1 (Buckingham).

— Noch steht der Himmel; droben thront ein Richter, | Den nie ein Fürst bestiecht. Engl.: Heaven is above all yet; there sits a Judge | That no king can corrupt.
William Shakespeare, Heinr. VIII. (1613). Übers. v. Schlegel. A. 3, Sz. 1 (Königin).

— Wer will mir den Himmel rauben, | Den mir schon | Gottes Sohn | Beigelegt im Glauben?
Paul Gerhardt, Geistl. Andachten. Christliches Freudenlied (1653).

— Der Himmel liegt gar weit, ist leichte nicht zu finden; | Die Höll' ist aber nah; es treffen sie die Blinden.
Friedr. von Logau, Deutsche Sinn=Getichte (1654). Himmel u. Hölle.

Himmel, der. — Führ uns durch das Thränenfeld | In das Land der süßen Wonne (in den Himmel), | Da die Lust, die uns erhöht, | Nie vergeht.

Christ. Anton Phil. Knorr von Rosenroth, Neuer Helikon (1684). Morgenglanz. Schlußv.

— Weh' dem, der es nicht fühlt und doch will glücklich werden; | Gott aus dem Himmel treibt, und diesen sucht auf Erden!

Gotthold Ephr. Lessing, Schriften (1753—1755). Fragmente. A. einem Gedichte über d. menschliche Glückseligkeit.

— Der Himmel, prächtig ausgeschmückt, | Preist dich, du Gott der Stärke!

Christ. Fürchtegott Gellert, Geistl. Oden u. Lieder (1757). Preis d. Schöpfers.

— Der du von dem Himmel bist, | Alles Leid und Schmerzen stillest, | Den, der doppelt elend ist, | Doppelt mit Erquickung füllest. | Ach, ich bin des Treibens müde! | Was soll all der Schmerz und Lust? | Süßer Friede, | Komm', ach komm' in meine Brust!

Joh. Wolfg. von Goethe, Gedichte. Lieder. Wandrers Nachtlied (ged. 12. Febr. 1776). Mel. v. Joh. Friedr. Reichardt (1781).

— Den macht das Getümmel | Dieser Welt nicht heiß, | Wer getrost zum Himmel | Aufzuschauen weiß.

Christ. Adolf Overbeck, Sammlung verm. Gedichte. Trost für mancherlei Tränen (ged. 1780). Mel. v. Joh. Abraham Peter Schulz (1782).

— Seht den Himmel, wie heiter!

Joh. Heinr. Voß, Sämtl. poetische Werke. Gedichte. Mailied eines Mädchens (ged. 1781). Mel. v. Joh. Abraham Peter Schulz (1782).

— Welch reicher Himmel! Stern bei Stern! | Wer kennet ihre Namen?

Joh. Wolfg. von Goethe, Gedichte. Balladen. D. Sänger (ged. 1782). Mel. v. Joh. Friedr. Reichardt (1795).

— Schwer liegt der Himmel zu Madrid auf mir. Friedr. von Schiller, Don Carlos (1787). A. 2, Sz. 2 (Carlos).

— Welch einen Himmel öffnest du vor mir, | O Fürstin! Joh. Wolfg. von Goethe, Torquato Tasso (1789). A. 2, Sz. 1 (Tasso).

— Gewiß, welch Unglück uns auch widerfahren mag, der Himmel weiß unendlich mehr als alle Philosophen. Friedr. d. Große, Sämtl. Werke (1789).

— Willst du in meinem Himmel mit mir leben, | So oft du kommst, er soll dir offen sein!

Friedr. von Schiller, Gedichte. D. Teilung d. Erde (ged. 1795).

— Das Auge sieht den Himmel offen, | Es schwelgt das Herz in Seligkeit.

Friedr. von Schiller, Gedichte. D. Lied v. d. Glocke (ged. Sept. 1799).

— Ach, ich sah den Himmel offen, | Und der Sel'gen Angesicht! | Doch auf Erden ist mein Hoffen | Und im Himmel ist es nicht!

Friedr. von Schiller, D. Jungfrau v. Orleans (1801). A. 4, Sz. 1 (Johanna).

Himmel, der. — Laßt das Irdische! | Denkt jetzt, Euch mit dem Himmel zu versöhnen!

Friedr. von Schiller, Wilh. Tell (1804). A. 4, Sz. 3 (Rudolf d. Harras).

— Der Himmel, nah und fern, | Er ist so klar und feierlich, | So ganz, als wollt' er öffnen sich.

Ludw. Uhland, Gedichte. Lieder. Schäfers Sonntagslied (ged. 17. Nov. 1805). Mel. v. Konradin Kreutzer (komp. 1821).

— Ich glaube, sehr viele Menschen vergessen über ihrer Erziehung für den Himmel die für die Erde.

Georg Christoph Lichtenberg, Verm. Schriften (1800—1806). Bd. 2, Nr. 2. Bemerk. verm. Inhalts. Nr. 3. Moralische Bemerk.

— Für Gold erschließt sich dir der Himmel nicht, | Errungen kann er nur, erkauft nicht werden.

Zacharias Werner, Martin Luther (1807). A. 1, Sz. 1.

— Wenn ich einmal den Himmel hab', | Hust' ich auf die Welt herab.

D. Knaben Wunderhorn (1806—1808). Aussicht in d. Ewigkeit.

— Dem Tyrannen steht es wohl an, religiöse Ergebung zu predigen, und die, denen er auf Erden kein Plätzchen verstatten will, an den Himmel zu verweisen; wir andern müssen . . . verhindern, daß man die Erde zur Hölle mache, um eine desto größere Sehnsucht nach dem Himmel zu erregen.

Joh. Gottl. Fichte, Reden an d. deutsche Nation (1808). Rede 8.

— Weil ich nach dem Himmel ziele, | Kann ich ird'sche Feind' besiegen.

Max von Schenkendorf, Sämtl. Gedichte. Abteilung 2. Vaterland. Andr. Hofer (ged. 10. Aug. 1814).

— Ein Geist, der auf zur Gottheit strebt, | Muß zwar vom Staube sich erheben; | Doch kann, wer nicht der Erde lebt, | Auch nicht dem Himmel leben. Joh. Georg Jacobi, Sämtl. Werke (1807—1822). Gedichte.

— Der Himmel hat tausend Pforten, die Hölle hat nur Eine, und seltener, als man denkt, gelingt es Menschen und schwerer, als man glaubt, sich verdammen zu lassen.

Ludw. Börne, Gesammelte Schriften. Erz., Reisen, Verm. Aufsätze. Nr. 18. D. Gott in Höflingen (1823).

— Der Himmel hat uns die Erde verdorben.

Joh. Gottfr. Seume, Sämtl. Werke (1826). Apokryphen.

— Es ist überhaupt nicht auszusprechen, wie viel der Himmel beiträgt, die Erde zu verschönern... Die Erde leuchtet wirklich nur in dem Glanze, den er über sie ausgießt.

Wilh. Freiherr von Humboldt, Br. an eine Freundin (7. Jan. 1833).

— Treu bleibt der Himmel stets dem Treuen!

Jos. Freiherr von Eichendorff, Gedichte (1837). Geistl. Gedichte. D. Gebet.

Himmel, der. — Viele tausend Wegweiser zum Himmel sind geschrieben worden, ehe es einem Salzmann einfiel, eine „Anweisung, den Himmel auf Erden zu suchen" niederzuschreiben.

Karl Jul. Weber, Demokritos (1832—1840). Weitere Religionsbetrachtungen eines einfältigen Laien.

— Was uns die Erde beut an Lieblichkeiten, | An Schmerz — darüber mag der Mensch nicht streiten; | Doch wenn von seinem Himmel ist die Rede, | Erwachen Zwietracht, Haß und wilde Fehde.

Nicolaus Lenau (Niembsch, Edler von Strehlenau), D. Albigenser (1842). D. Interdikt.

— Du weißt, man muß ihn selber bauen | Den Himmel, dran man glauben soll.

Georg Herwegh, Gedichte (1843).

— Den Himmel überlassen wir | Den Engeln und den Spatzen.

Heinr. Heine, Deutschland. Ein Wintermärchen (1844). K. 1.

— Ach du klar blauer Himmel, | Und wie schön bist du heut'!

Rob. Reinick, Gesammelte Lieder. Wohin mit d. Freud? (ged. 1850). Mel. v. Friedr. Silcher (komp. 1852).

— Keiner geht zum Himmel ein, | Der nicht war auf Erden.

Ernst Freiherr von Feuchtersleben, Sämtl. Werke (1851—1853). Gedichte.

— . . . ob all dem Weltgetümmel | Wohnt mir ein treuer Freund in Himmel.

Karl Gerok, Palmblätter. Nr. 2. Hl. Zeiten. Konfirmation (ged. 1858).

— Und weißt du nicht, daß man in Fesseln schlagen, | Doch nimmer aus dem Himmel, den er schaute, | Den Einmal Seligen verstoßen kann?

Rob. Hamerling, Ahasver in Rom (1866). Ges. 2. D. Bacchanal.

— Wenn ich nur dich habe, so frage ich nichts nach Himmel und Erde. Ps. 73, V. 25.

— Himmel und Erde in Bewegung setzen.

Nach Haggai, K. 2, V. 7. — Sprichwörtl. Redensart.

— . . . Herr Himmels und der Erde.

Matth., K. 11, V. 25.

— Den Himmel offen sehen.

Nach Evang. Joh., K. 1, V. 51. — Sprichwörtl. Redensart.

— Das Herz im Himmel, | Den Himmel im Herzen. Alter Spr.

— Der Himmel ist hoch, man kann sich nicht daran halten. Alter Spr.

— Man kann auf keinem Kissen in den Himmel rutschen. Alter Spr.

— Der Weg zum Himmel geht durch Kreuzdorn. Sprichwort.

— Willst du den Himmel gewiß haben, so tauge etwas für die Erde! Sprichwort.

— Dem Himmel ist alles offenbar.

Hebräisches Sprichwort.

— Er will mit Stiefeln und Sporen in den Himmel. Sprichwörtl.

Himmel, der. — Es schreit zum Himmel (eine Tat ist so furchtbar, daß sie selbst gleichsam die Rache des Himmels herunterruft).

Sprichwörtl. Redensart.

— Ihm hängt der Himmel voller Geigen (er sieht nur die guten Seiten des Lebens, ist stets voller Freuden). Sprichwörtl. Redensart.

— Jemanden in den Himmel erheben (jemanden übermäßig loben). Sprichwörtl. Redensart.

— Der Himbel ist ja alles werth, | Ein Dunst nur ist, was gibt die Erdt.

Inschrift in d. Totenkapelle zu Völs.

— Schau' nicht dem Himmel zu; | Auf der Erde steht der Schuh.

Spr. im Berliner Rathause. Wappenschild d. Schusters.

— Wer rüstig schreitet, kommt ans Ziel, | Zum Himmel gibt's der Wege viel.

Spr. an einem Hause.

Himmel, die. — Die Himmel rühmen des Ewigen Ehre.

Christ. Fürchtegott Gellert, Geistl. Oden u. Lieder (1757). D. Ehre Gottes a. d. Natur. Mel. v. Ludw. van Beethoven.

— So tief | Herabgestürzt von allen meinen Himmeln! Friedr. von Schiller, Don Carlos (1787). A. 2, Sz. 8 (Carlos).

— Der seligste von allen Himmeln, | Das ist der Himmel in der Brust!

Georg Phil. Schmidt von Lübeck, Lieder (1847).

— Die Himmel erzählen die Ehre Gottes.

Ps. 19, V. 2.

Himmelan. — Das . . . ist kein Aufenthalt, | Was fördert himmelan.

Friedr. von Schiller, Gedichte. D. Gang nach d. Eisenhammer (ged. 25. Sept. 1797).

Himmelauf. — Aufgeschaut mit Freuden, | Himmelauf, zum Herrn! | Seiner Kinder Leiden | Sieht er gar nicht gern.

Christ. Adolf Overbeck, Sammlung verm. Gedichte. Trost für mancherlei Tränen (ged. 1780). Mel. v. Joh. Abraham Peter Schulz (1782).

Himmelreich. — Zu dem Himmelreich ist der Weg nur Einer, | Das ist der Kreuzweg und sonst keiner. Altes Lied (15. Jahrh.).

— . . . das Himmelreich ist nahe herbeigekommen. Matth., K. 3, V. 2.

Himmelsanblick. — Der Anblick des Himmels hat . . . unter allen Umständen einen unendlichen Reiz.

Wilh. Freiherr von Humboldt, Br. an eine Freundin (25. April 1823).

— Selbst ohne auch religiöse Gedanken an den Anblick des Himmels zu knüpfen, hat es etwas unbeschreiblich Bewegendes, sich in der Unendlichkeit des Luftraums zu verlieren und benimmt so auf einmal alle kleinlichen Sorgen und Begehrungen des Lebens und der Wirklichkeit ihre sonst leicht einengende Wichtigkeit.

Wilh. Freiherr von Humboldt, Br. an eine Freundin (25. April 1823).

Himmelsfügung. — Es ist des Himmels sichtbarliche Fügung.

Friedr. von Schiller, D. Piccolomini (1799). A. 1, Sz. 3 (Questenberg).

Himmelsgaben. — 's ist eine der größten Himmelsgaben, | So ein lieb Ding im Arm zu haben.

Joh. Wolfg. von Goethe, Faust, I (1808). D. Nachbarin Haus (Mephistopheles).

Himmelsgerichte. — Das sind des Himmels furchtbare Gerichte!

Friedr. von Schiller, Wilh. Tell (1804). A. 5, Sz. 1 (Rösselmann).

Himmelsglauben. — Wo weder Glaube an Himmel noch Hölle, | Da zieht der Teufel alle Gefälle. Sprichwort.

Himmelskönigin. — Gegrüßt seist du, o Königin, | Des Himmels und der Erde Herrscherin, | Aus deiner Wurzel Gnadentor | Ging das Licht der Welt hervor.

Spr. in d. Kapelle im Schlosse Wels.

Himmelspfand. — Das Himmelspfand in unsern Händen | Ist — eines Himmels wert zu sein. Christoph Aug. Tiedge, Urania (1800). Ges 5. Tugend.

Himmelspforten. — Schlag an die Himmelspforten | Mit starcken Glaubens-worten, | Da bitte beystand aus! | Daher wird segen flissen | Und reichlich sich ergissen | Auf deinen hof und haus.

Andr. Tscherning, Deutscher Getichte Frühling (1642). Fah' alles mit Gott an!

Himmelsrat. — Was hilft ein Schild, wenn Himmels Rat sich gegen dich verschwor?

A. d. Persischen d. Hafis (um 1310—1389). Ghaselen. Übers. v. Nesselmann.

Himmelsschoß. — Durch einen Ochsenstoß | Kam ich in des Himmels Schoß. | Mußte ich auch gleich erblassen | Und Weib und Kind verlassen, | Kam ich doch zur ewigen Ruh' | Durch dich, du Rindvieh du.

Marterl am Wege nach Salthaus.

Himmelsstand. — Noch keinem ist der Himmelsstand | Durch Scherz und Kurzweil zuerkannt. Alter Spr.

Himmelsweg. — Den Weg zum Himmel sucht der Wandrer schwer, | Doch eine grade Straße führt zur Hölle!

Theod. Körner, Rosamunde (geb. 26. Okt.—8. Nov. 1812). A. 3, Sz. 2 (Richard).

— Der Weg zum Himmel führt beim Tränenkreuz vorbei. Engl.: The way to heaven is by weeping-cross. Sprichwort.

Himmelswege. — Sperre dich, so viel du willst! | Des Himmels Wege sind des Himmels Wege. Gotthold Ephr. Lessing, Nathan d. Weise (1779). A. 3, Sz. 1 (Daja).

Himmelwärts. — In Freud' und Scherz, | In Leid und Schmerz | Dein Sinn und Herz | Gedenk' aufwärts (himmelwärts)!

Joh. Gottfr. von Herder, Stimmen d. Völker in Liedern (1807). Abteilung 2, B. 5, Nr. 27. Ein Spr. Deutsch.

Himmlisch. — Wen himmlisch Feuer versehrt, | Den heilen nicht ird'sche Arzneien.

Anastasius Grün (Anton Alexander Graf von Auersperg), Gesammelte Werke (1877). Gedichte. Zaunkönig.

Himmlischen, die. — Der mißversteht die Himmlischen, der sie | Blutgierig wähnt; er dichtet ihnen nur | Die eignen grausamen Begierden an.

Joh. Wolfg. von Goethe, Iphigenie auf Tauris (1787). A. 1, Sz. 3 (Iphigenie).

Hin. — Hin ist hin, da leiht kein Jude mehr darauf. Sprichwort.

Hinaufsteigen. — Bei großem Hinaufsteigen, großes Hinabsteigen. Ital.: A gran salita, gran discesa. Sprichwort.

Hinaus. — Bleibe nicht am Boden heften, | Frisch gewagt und frisch hinaus! | Kopf und Arm mit heitern Kräften, | Überall sind sie zu Haus.

Joh. Wolfg. von Goethe, Wilh. Meisters Wanderjahre. B. 3, K. 1. Wanderlied (ged. 1815).

Hindernis. — Reizendes Hindernis will die rasche Jugend; ich liebe, | Mich des versicherten Guts lange bequem zu erfreun.

Joh. Wolfg. von Goethe, Gedichte. Elegien. Nr. 1 (ged. Herbst 1788—1790). Nr. 18.

Hindernisse. — . . . und nur ein feuriges Ansprengen wirft große Hindernisse zu Boden.

Joh. Jak. Engel, Lobrede auf d. König (24. Jan. 1781).

— Du kannst nur an den Hindernissen | Der Bahn des Lebens leben lernen.

Wilh. Jordan, Letzte Lieder (1892). Spr. Nr. 13.

Hineinrufen. — Du aber wisse, der in Berge schreit: | Wie man hineinruft, tönt zurück die Kunde. A. d. Persischen d. Ibn Jemin (gest. 1344). Übers. v. Schlechta-Wssehrt.

Hinken. — Wenn Hinkende um die Wette laufen, so bleibt der, welcher von ihnen zuerst an das Ziel kömmt, doch noch ein Hinkender.

Gotthold Ephr. Lessing, Hamburgische Dramaturgie. Stück 7 (22. Mai 1767).

Hinsinken. — Halb zog sie ihn, halb sank er hin.

Joh. Wolfg. von Goethe, Gedichte. Balladen. D. Fischer (ged. 1778). Mel. v. Siegmund Freiherr von Seckendorff (1779), Joh. Friedr. Reichardt (1781), Frz. Schubert (1821) u. a.

Hinterbeine. — Sich auf die Hinterbeine stellen (sich weigern, etwas zu tun).

Sprichwörtl. Redensart.

Hinterbringer. — Verächtlich ist, wer als Verleumder spricht, | Doch noch verächtlicher der Hinterbringer; | Denn der Verleumder schießt den gift'gen Pfeil | Unschädlich ab, weit hinter meinem Rücken, — | Der Hinterbringer nimmt ihn auf in Eil' | Und kommt, ihn freundlich mir ins Herz zu drücken.

Friedr. von Bodenstedt, A. d Nachlasse Mirza-Schaffys (1874). B. 3. B. d. Spr Nr. 27.

Hintertreffen. — Ins Hintertreffen kommen (zurückgedrängt werden). Sprichwörtl. Redensart.

Hintertür. — Die Hintertür verderbet das Haus. Alter Spr.

Hintritt. — O, es ist klar! | Auf meinen Hintritt wird gewartet.
Friedr. von Schiller, Don Carlos (1787). A. 5, Sz. 9 (König).

Hinweg. — Hinweg, o hinweg, Ungeweihte! Lat.: Procul o, procul este, profani!
Publ. Vergilius Maro (um 70 v. Chr.—19 n. Chr.), Aeneis. Übers. v. Voß. B. 6, V. 258.

Hippogryph. — Noch einmal sattelt mir den Hippogryphen!
Christoph Martin Wieland, Oberon (1780). Ges. 1, Str. 1.

Hippokratisch. — Hippokratisches Gesicht (Gesichtsausdruck eines Sterbenden). Lat.: Facies Hippocratica.
Redensart. Nach Hippokrates (um 460—370 v. Chr.), Prognostikon.

Hirn. — Des Menschen Hirn faßt so | Unendlich viel; und ist doch manchmal auch | So plötzlich voll! von einer Kleinigkeit | So plötzlich voll! Gotthold Ephr. Lessing, Nathan d. Weise (1779). A. 3, Sz. 10 (Tempelherr).

Hirte. — Der Herr ist mein Hirte.
Ps. 23, V. 1.

— Schlage den Hirten, so wird die Herde sich zerstreuen! Sacharja, K. 13, V. 7.

— Ich bin ein guter Hirte. Ein guter Hirte läßt sein Leben für die Schafe.
Evang. Joh., K. 10, V. 12.

Hirtenknabe. — Ich bin vom Berg der Hirtenknab', | Seh' auf die Schlösser all' herab.
Ludw. Uhland, Gedichte. Lieder. D. Knaben Berglied (ged. 29. Juni 1806). Mel. v. Karl Aug. Groos (1818).

Historiker. — Der Historiker ist ein rückwärts gekehrter Prophet.
Friedr. von Schlegel, Athenäum (1798). Bd. 1, Stück 2. Fragmente.

— Der Historiker ist immer ein Merlin, er ist die Stimme einer begrabenen Zeit; man befragt ihn und er gibt Antwort, der rückwärtsschauende Prophet.
Heinr. Heine, Sämtl. Werke (1861—1868). Verm. Schriften. Gedanken u. Einfälle. Nr. 3. Kunst u. Literatur.

Hitze. — Bei die Hitze? (als Vorwand gebraucht, wenn man etwas nicht tun will).
Berliner Redensart.

Hoch. — Sei stolz nicht darauf, daß du gütig bist, | Weil du so hoch, ein andrer niedrig ist; | Getroffen ward er von des Schicksals Streichen. | Kann dich des Schicksals Schwert nicht auch erreichen? A. d. Persischen d. Sadi, Fruchtgarten (1257). Übers. v. Graf.

— Die hohen steyger fallen gern; die guten schwimmer ertrincken gern.
Joh. Agricola, Drey hundert Gemeyner Sprichwörtter (1529). Nr. 205.

Hoch. — Dem allzu hohen und plötzlichen Flug pflegt der Sturz nahe zu sein. Ital.: . . . a i voli troppo alti e repentini — sogliono i precipizi esser vicini.
Torquato Tasso, D. befreite Jerusalem (1557). Ges. 2. Übers. v. Pozzoni.

— Was gar zu hoch ist, steht nicht lang!
Georg Rollenhagen, Froschmäuseler (1595). B. 1, T. 2, K. 14.

— Suchst du das Höchste, das Größte? Die Pflanze kann es dich lehren. | Was sie willenlos ist, sei du es wollend; — das ist's!
Friedr. von Schiller, Gedichte. D. Höchste (ged. 1795).

— Alles Höchste, es kommt frei von den Göttern herab.
Friedr. von Schiller, Gedichte. D. Glück (ged. 1798).

— Nichts ist so hoch, wornach der Starke nicht | Befugnis hat die Leiter anzusetzen.
Friedr. von Schiller, D. Piccolomini (1799). A. 4, Sz. 4 (Buttler).

— Wird im quälenden Hunger der Löw' am Grase sich laben? | So auch ein hohes Gemüt sinke nie unter sich selbst!
Joh. Gottfr. von Herder, Sämtl. Werke (1805—1820). Schriften zur griech. Literatur. Nr. 2. Nachlese zur griech. Anthologie. Höhere Natur.

— Je höher ein Mensch, . . . desto mehr steht er unter dem Einfluß der Dämonen, und er muß nur immer aufpassen, daß sein leitender Wille nicht auf Abwege gerate.
Joh. Peter Eckermann, Gespräche mit Goethe in d. letzten Jahren seines Lebens (24. März 1829).

— Das Wetter schlägt gern in die hohen Türme. Sprichwort.

— Hohe Steiger fallen tief. Sprichwort.

— Hoher Baum fängt viel Wind. Sprichwort.

— Je höher die Glocke hängt, je heller sie klingt. Sprichwort.

— Et flügg (fliegt) kin Vüegelken so hauge, et mott (muß) up de Äre (Erde) sin Nahrunk söken (suchen). Sprichwort. Münsterisch.

Hochfahren. — Fahr' nicht zu hoch her, eitler Mann, | Noch hast du's letzte Hemd nicht an.
Matthias Claudius, Sämtl. Werke d. Wandsbecker Boten. T. 7 (1803). Ein silbern A B C.

Hochgeboren. — Gar hochgeboren ist der Mann, | Der seinem Willen leben kann, | Des edler Mut sein Adel ist, | Sein Ruhm die Wahrheit sonder List.
Joh. Gottfr. von Herder, Stimmen d. Völker in Liedern (1807). Abteilung 2, B. 3, Nr. 36. D. Glückliche. Engl.

Hoch hergehen. — Heisa, Juchheia! Dudeldumdei! | Das geht ja hoch her. Bin auch dabei! Friedr. von Schiller, Wallensteins Lager (1798). Sz. 8 (Kapuziner).

Hoch hinaus. — Hast du im Tal ein sichres Haus, | Dann wolle nie zu hoch hinaus!
Karl Förster, Gedichte (1843). Blauveilchen.

— Wer zu hoch hinaus will, stößt gewöhnlich oben an. Sprichwörtl.

Hochmut. — Ein Herz, das Demuth liebet, | Bei Gott am höchsten steht; | Ein Herz, das Hochmuth übet, | Mit Angst zu Grunde geht.

Val. Thilo (1607—1662), Adventslied.

— Der Hochmut und die Eigenheit | Erregen Zorn und Grimmigkeit.

Anmutiger Blumenkranz a. d. Garten d. Gemeinde Gottes (1712). Erziehung durch Leidenschaft.

— Der Großen Hochmut wird sich geben, | Wenn unsre Kriecherei sich gibt.

Gottfr. Aug. Bürger, Gedichte (1796—1797). Mittel gegen d. Hochmut d. Großen.

— Es leben Götter, die den Hochmut rächen!

Friedr. von Schiller, Maria Stuart (1800). A. 3, Sz. 4 (Maria).

— Und Hochmut ist's, wodurch die Engel fielen, | Woran der Höllengeist den Menschen faßt.

Friedr. von Schiller, D. Jungfrau v. Orleans (1801). Prolog. Sz. 2 (Thibaut).

— Der Stolz, eine edle Leidenschaft, ist nicht blind gegen eigene Fehler, aber der Hochmut ist es.

Georg Christoph Lichtenberg, Verm. Schriften (1800—1806). Bd. 2, Nr. 2. Bemerk. verm. Inhalts. Nr. 3. Moralische Bemerk.

— So mancher steigt herum, | Der Hochmut bringt ihn um.

Ferd. Raimund, D. Bauer als Millionär (1826). A. 3, Sz. 8 (Wurzel). Mel. v. Jos. Drechsler.

— Bei Gott und Menschen sind verhaßt des Hochmuts Zeichen.

Friedr. Rückert, D. Weisheit d. Brahmanen (1836—1839). B. 11, Nr. 40. (Stufe 6. Prüfung. Nr. 230.)

— Zu deinem Hochmut sprich: Staub wird, was ist von Erden, | Komm laß uns werden Staub, eh' wir zum Staube werden!

Friedr. Rückert, D. Weisheit d. Brahmanen (1836—1839).

— Der Hochmut ist ein Ansinnen an andere, sich selbst, im Vergleich mit uns, gering zu schätzen.... Der Hochmütige ist das Instrument der Schelme.

Immanuel Kant, Werke (1838—1839).

— Aber fürchte die Schuld und mehr noch fürchte den Hochmut, | Der wie berauschender Wein rasch dir die Sinne verwirrt!

Emanuel Geibel, Juniuslieder (1848). B. d. Betrachtung. Gnomen. Nr. 1.

— Den Hochmut aus den Schlupfwinkeln eines menschlichen Herzens zu vertreiben, dazu ist selbst die himmlische Polizei nicht schlau genug.

Ludw. Börne, Gesammelte Schriften (1862—1863). Fragmente u. Aphorismen. Nr. 51.

— ... Hochmut tut nimmer gut.

Jes. Sir., K. 3, V. 30.

— Hochmut kommt vor dem Falle.

Sprichwort.

— Hochmuts Vater ist die Unwissenheit.

Sprichwort.

— Wenn Hochmut aufgeht, geht Glück unter.

Sprichwort.

Hochmütig. — Von einem hochmütigen Propheten weicht die Prophetie; von einem hochmütigen Weisen weicht die Weisheit.

Talmud (3. Jahrh.).

— Buebl wix, wix, | Weg'n der Schönheit is 's nix, | Mit der hochg'sech'nen Weis | Kimmst du a' no' aufs Eis. Tiroler Schnaderhüpfl.

Hochsinn. — Wer hohes Muts sich rühmen kann, | Den lohnt nicht Gold, den lohnt Gesang.

Gottfr. Aug. Bürger, Gedichte. D. Lied v. braven Manne (ged. Juni 1776).

— Ein hoher Sinn adelt auch niedres Geschlecht. Gottfr. Aug. Bürger, Gedichte (1796—1797). Lenardo u. Blandine.

Hochsitzen. — Auf schlechter ebner Bahn ist gut und sicher wallen; | Wer hoch gesessen ist, hat niedrig nicht zu fallen.

Friedr. von Logau, Deutsche Sinn=Getichte (1654). Hoheit hat Gefahr.

Hochstehen. — Wer hoch steht, den kann mancher Windstoß treffen; | Und wenn er fällt, so wird er ganz zerschmettert. Engl.: They that stand high have many blasts to shake them; | And if they fall, they dash themselves to pieces. William Shakespeare, Richard III. (1592). Übers. v. Schlegel. A. 1, Sz. 3 (Margaretha).

Hochsteigen. — Wer nicht zu hoch uber sich steigt, | Der selden ungemach mit fallen kriegt.

Alter Spr.

Hochstreben. — Streben wir nicht allzuhoch | Hinauf, daß wir zu tief nicht fallen mögen.

Friedr. von Schiller, Wallensteins Tod (1799). A. 3, Sz. 4 (Herzogin).

Hochschwingen. — Wer seinen Sinn nicht hoch will schwingen, | Der kömpt auch nimmer oben an. Gottfr. Finckelthaus, Deutshe Ges. (1633). Ein hoher Sinn.

Hochzeit. — Die Hochzeit ist, bei meiner Treu, | Ein pudelnärrisch Ding.

Volkslied (um 1800). Verfasser unbek.

— Nur selten wird eine Hochzeit gemacht, | Es wird nicht dabei eine neue erdacht.

Sprichwort.

Hochzeitsdinge. — So geht es immer! Tritt zu uns ein lieber Freund | Und fängt von Hochzeitsdingen an, so schämt man sich. Griech.: *Πᾶσιν τόδ' ἐμπέφυκεν, αἰδεῖσθαι φίλους | Καινοὺς ὁρῶσι καὶ γάμου μεμνημένους.*

Euripides, Iphigenie in Aulis (um 407 v. Chr.). Übers. v. Minckwitz. V. 839—40 (Klytämnestra).

Hochzeitsfackel. — Wenn die Hochzeitsfackel lodert, | Sehet, welcher Gott sie hält! | Hymen kommt, wenn man ihn fodert, — | Amor, wenn es ihm gefällt.

Friedr. Ludw. Jahn, Deutsches Volkstum (1810).

Hochzeitsfeier. — Ach! des Lebens schönste Feier | Endigt auch den Lebensmai; | Mit dem Gürtel, mit dem Schleier | Reißt der schöne Wahn entzwei. Friedr. von Schiller, Gedichte. D. Lied v. d. Glocke (ged. Sept. 1799).

Hochzeitsfeier. — Wie oft lodert die Fackel der Hochzeitsfeier und dient nur zum Entflammen des Holzstoßes, auf welchem ein Dasein verzehrt wird.

Christ. Ernst Karl Graf von Bentzel=Sternau Weltansichten (1816).

Hochzeitsfest. — Unter allen Festen ist das Hochzeitsfest das unschicklichste; keines sollte mehr in Stille, Demut und Hoffnung begangen werden als dieses. Joh. Wolfg. von Goethe, Wilh. Meisters Lehrjahre (1777—1796).

Hochzeitshaus. — Ein ernster Gast stimmt nicht zum Hochzeitshaus.

Friedr. von Schiller, Wilh. Tell (1804). A. 4, Sz. 3 (Tell).

Hochzeitstag. — Der Hochzeitstag | Ist für der Liebe süße Freuden | Der Sterbetag.

Ignaz Frz. Castelli, Werke (1844).

— Welch' ein Scheiden ist seliger, | Als zu scheiden von Mädchentagen (am Hochzeitstage)? | Welch' ein Klagen ist fröhlicher, | Als in Myrten um Veilchen klagen?

Paul Heyse, Gesammelte Werke (1872). Gedichte. Margarete. Brautlied.

Hof. — Wem soll ich die vergleichen, die bei Hofe bellen, | Als den Mäusen, die sich selbst verraten mit den Schellen? Mittelhochdeutsch: Ichn weiz, wem ich gelîchen muoz die hovebellen, | Wan den miusen, die sich selbe meldent, tragent sie schellen.

Walter v. d. Vogelweide (um 1170—1230), Gedichte. Übertr. v. Pannier.

— Bei Hof ist immer der ein wackrer Edelmann, | Der Reinkens Hintertheil im Wappen weisen kan.

Friedr. von Logau, Deutsche Sinn=Getichte (1654). Fuchsschwänzer.

— Bei Hofe kan man zu der Gunst langsam dringen; | Bei Hofe kan man von der Gunst leichtlich springen.

Friedr. von Logau, Deutsche Sinn=Getichte (1654). Gunst u. Abgunst.

— Bei Hofe wird kein Greis, | Wer nicht zu heucheln weiß.

Friedr. von Logau, Deutsche Sinn=Getichte (1654). Ein Hofemann.

— Zu Hof gilt ein Quintlein Gunst mehr als zwantzigjährige grosse Arbeit.

Christoph Lehmann, Politischer Blumen=Garten (1662). T. 1. Hof. Nr. 21.

— Wer zu Hof dienet, der wandelt in Garn vnd Stricken.

Christoph Lehmann, Politischer Blumen=Garten (1662). T. 1. Hof. Nr. 60.

— Erreicht den Hof mit Mühe und Not.

Joh. Wolfg. von Goethe, Gedichte. Balladen. Erlkönig (ged. 1781). Mel. v. Corona Schröter (1786), Frz. Schubert (komp. 1815), Karl Löwe (1824) u. a.

Hof. — Drei Dinge sind bei Hofe unentbehrlich: gesunde Beine, ein geschmeidiger Rücken und eine glatte Zunge.

Aug. von Kotzebue, D. Verleumder (1796). A. 2, Sz. 1.

— Wer zu hofe nicht heucheln kan, | Der muß weit dahinden stahn. Alter Spr.

— Wer zu Hoff ungebetten gehet, | Billig hinder der thuren stehet. Alter Spr.

Als Petrus zu Hofe kam, verleugnete er seinen Herrn und Meister. Sprichwort.

— Wer lange will zu Hofe reiten, | Hänge den Mantel nach beiden Seiten! Sprichwort.

Höfe. — Die Schmeichler, von denen die Höfe wimmeln. Ital.: Li adulatori, delli quali le corte sono piene.

Niccolò Machiavelli, D. Fürst (1513). K. 23. Übers. v. Pozzoni.

— Höfe sind der Lieblingssitz der Schmeichler.

Joh. Jak. Engel, D. Fürstenspiegel (1798). Schmeichelei.

Hoffart. — Des Teufels Liebstes alle Zeit | Ist Hoffart, Buhlerei und Neid. Mittelhochdeutsch: Dem tiuvel nie nicht liebers wart, | Danne nît, huor unt hôchvart.

Brîdankes Bescheidenheit (1225—1240). Übertr. v. Pannier. Nr. 8. v. hôchverte.

— Hochfahrt ist der Seele Tod; | Ihre Pein geht vor aller Not. Mittelhochdeutsch: Hôchvart ist der sêle nôt; | Si stirbet êweclîchen tôt.

Brîdankes Bescheidenheit (1225—1240). Übertr. v. Pannier. Nr. 8. v. hôchverte. Schlußv.

— Wer hochfart ist und dût sich loben | Und setzen wil allein vast oben, | Den setzt der tüfel uf sin kloben. Seb. Brant, D. Narrenschif (1494). Nr. 92. Überhebung d. hochfart.

— Wer hochfart tribt, den nidert got; | Demût er alzit ghöhert hat.

Seb. Brant, D. Narrenschif (1494). Nr. 92. Überhebung d. hochfart. Schlußv.

— . . . und doch ist Hoffart ein gemein Laster und regiert in allen Ständen.

Dr. Martin Luther, Alle B. u. Schrifften (1539—1559).

— Aus Hoffart wächst Verderb empor; | Aus Demuth kommt das Heil hervor.

Friedr. von Logau, Deutsche Sinn=Getichte (1654). Hoffart.

— Hoffart ist der Vernunfft Geschwulst vnd Wassersucht.

Christoph Lehmann, Politischer Blumen=Garten (1662). T. 1. Hoffart. Nr. 8.

— Wenn Hoffart kompt ins Regiment, | So lenckt sich alls zum bösen End.

Christoph Lehmann, Politischer Blumen=Garten (1662). T. 1. Hoffart. Nr. 19.

— Nur wo die Torheit wohnt, da kehrt die Hoffart ein. Joh. Grob, Dichterische Versuchgabe (1678).

— Schande hinterm Sattel führt, | Wer in Hoffart galoppirt.

Hans Aßmann Freiherr von Abschatz, Poetische Ubersetzungen u. Gedichte (1704). Sprüchwörter.

Hoffart. — Wir würden, wenn wir nicht selbst voller Hoffart wären, | Uns über andrer Stolz und Hoffart nicht beschweren.

Barthold Heinr. Brockes, Versuch v. Menschen d. Herrn Pope (1740).

— Die Hoffart dieser Zeit, | Die sich mit leerem Hoffnungswahne nährt, | Zu schwatzen liebt und keine Tugend ehrt, | Liegt unter mir. Ital.: Di questa età superba, | Che di vote speranze si nutrica, | Vaga di ciance e di virtù nemica; | Maggior mi sento.

Giacomo Leopardi, D. herrschende Gedanke (1836). Übers. v. Heyse.

— Hoffart ... ist ein Anfang alles Verderbens.
Tob., K. 4, V. 14.

— ... Hoffart treibt zu allen Sünden, und wer darinnen steckt, der richtet viel Greuel an.
Jes. Sir., K. 10, V. 15.

— Arme Hoffart ist ein Spott; | Reiche Demut liebet Gott. Alter Spr.

— Armer Leute Hoffart und Kälbermist | Verriechen gar bald in kurzer Frist. Alter Spr.

— Wie kan der mensch nach hoffart sorgen | Und weiß nit, ob er lebt biß morgen. Alter Spr.

— Wenn Hoffart aufgeht, so geht Glück unter.
Sprichwort.

— Bei seinem Stolz den Narr'n man kennt, | Denn Stolz von stultus wird genennt. | Wir Teutschen ha'n verstanden wohl, | Wie man die Hoffart nennen soll. Spr. an einem Hausgerät.

Hoffen. — Und hoffen darf man alles. Griech.: *Κοὐκ ἔστ' ἄελπτον οὐδέν.*

Sophokles (um 496—406 v. Chr.), Ajas. Übers. v. Jordan. V. 639 (Ajas).

— Hoffen und Harren | Macht manchen zum Narren. Lat.: Fallitur augurio spes bona saepe suo.

Publ. Ovidius Naso (um 43 v. Chr. — 17 n. Chr.), Heroiden. B. 17, V. 234. Übers. v. Grau.

— Hoffen mir den Zeit verdreibt.

Inschrift einer Silberdenkmünze auf Maximilian I. (1494).

— Was du noch hoffen kanst, das wird noch stets gebohren.

Paul Fleming, Teutsche Poemata (1642). Sonette. An Sich.

— Hoff, o du arme Seele, | Hoff und sei unverzagt!

Paul Gerhardt, Geistl. Andachten. Befiehl d. Herrn deine Wege u. hoffe auf ihn; er wirds wohl machen (1659).

— Es ist kein süsser Leiden als hoffen.

Christoph Lehmann, Politischer Blumen=Garten (1662). T. 1. Hoffnung. Nr. 25.

— Das Beste zu hoffen ist fromm und tapfer und weise. Engl.: To hope the best is pious, brave and wise.

Edward Young, Nachtgedanken (1742). Übers v. Graf v. Bentzel=Sternau. Nacht 3, V. 444.

Hoffen. — Wir hoffen immer, und in allen Dingen | Ist besser hoffen, als verzweifeln. Denn | Wer kann das Mögliche berechnen?

Joh. Wolfg. von Goethe, Torquato Tasso (1789). A. 3, Sz. 4 (Antonio).

— ... was die innere Stimme spricht, | Das täuscht die hoffende Seele nicht.

Friedr. von Schiller, Gedichte. Hoffnung (geb. 1797). Schlußv. Mel. v. Joh. Friedr. Reichardt (1810).

— Ach, vielleicht, indem wir hoffen, | Hat uns Unheil schon getroffen!

Friedr. von Schiller, Gedichte. D. Lied v. d. Glocke (ged. Sept. 1799).

— Und hat dich Mißgeschick betroffen, | Und hat dich mancher Schmerz verletzt, | Hör' dennoch nimmer auf zu hoffen, | Und die Erfüllung naht zuletzt.

Aug. Graf von Platen=Hallermund, Gedichte. Lieder u. Romanzen. Oft, wenn wir lang' im Dunkel schweifen usw. (ged. 1820).

— Und was wir hoffen, was wir suchen stets, | Ein leichter Hauch gebiert's, ein leichter Hauch verweht's.

Aug. Graf von Platen=Hallermund, Gedichte. Lieder u. Romanzen. Was ruhst du hier am Blütensaum usw. (ged. 1820).

— Warum hofft der Mensch nur in die Nähe? Da muß er handeln und sich helfen; in die Ferne soll er hoffen und Gott vertrauen!

Joh. Wolfg. von Goethe, Wilh. Meisters Wanderjahre (1807—1821).

— ... darum, solang' du leidest, | So lang' auch hoffe noch! Das größte Glück | Der Sterblichen bleibt immer Hoffnung, Hoffnung!

Leop. Schefer, Laienbrevier (1834). Jan. Nr. 6.

— Drum jeder hoffe, jeder wünsche etwas, | Denn jahrelang genießt er es im Herzen, | Und durch die schweren Tage schifft er leicht.

Leop. Schefer, Laienbrevier (1834).

— Die hoffenden Gedanken, die das Leben möglich machen. Ital.: Le lontane speranze — ove s'appoggia la mortal natura.

Giacomo Leopardi, Monduntergang (1834—1837). Übers. v. Pozzoni.

— Was man kräftig hofft, das geschieht. Ein keckes Wort, was aber wunderbar tröstet.

Ernst Freiherr von Feuchtersleben, Zur Diätetik d. Seele (1838). Tagebuchblätter.

— Schlägt dir die Hoffnung fehl, nie fehle dir das Hoffen! | Ein Tor ist zugetan, doch tausend sind noch offen.

Friedr. Rückert, D. Weisheit d. Brahmanen (1836—1839). B. 16, Abteilung 5, Nr. 57. (Stufe 5. Leben. Nr. 459.)

— Nur die Hoffenden leben.

Friedr. Halm (Elegius Frz. Jos. Freiherr von Münch=Bellinghausen), Iphigenie in Delphi (1864).

Hoffen. — Ob du auch an Erfahrung älter, | Zu hoffen werde nie zu alt; | Dann wird das Herz dir nimmer kälter, | Bis es vom letzten Schlage kalt.

Adolf Böttger, Gesammelte Werke (1865—1867). Verm. Gedichte.

— Wer hofft, das er nit haben mag, | Ist seinem hertzen ein grosse plag. Alter Spr.

— Hoffen und Harren | Macht manchen zum Narren. Sprichwort.

— Wer immer hofft, stirbt singend. Ital.: Chi vive di speranza, muor cantando.

Toskanisches Sprichwort.

— Wenn das Glück auch lange bleibt, | Hoffen mir die Zeit vertreibt. Spr. an einem Hause in Sulz.

Hoffnung. — Die Hoffnung ist das gemeinste; wer auch sonst nichts hat, hat doch wenigstens diese. Griech.: *Ἐλπὶς, καὶ γὰρ οἷς ἄλλο μηδὲν, αὕτη πάρεστι.*

Thales (um 620—543 v. Chr.). Nach Plutarch, Gastmahl. Übers. v. Eyth. K. 9.

— Zum Frommen gereicht so manchem zwar | Die weithin schweifende Hoffnung; | So manchen anderen täuscht sie nur | Durch die Begierden des Leichtsinns. Griech.: *Ἁ γὰρ δὴ πολύπλαγκτος ἐλ- | πὶς πολλοῖς μὲν ὄνασις ἀν- | δρῶν, πολλοῖς δ' ἀπάτα κουφονόων ἐρώτων.*

Sophokles (um 496—406 v. Chr.), Antigone. Übers. v. Jordan. V. 611—13 (Chor).

— Ich zahle keinen Preis für einen Mann, | Der sich an eitler Hoffnung wärmen mag. Griech.: *Οὐκ ἂν ποιοίμην οὐδενὸς λόγου βροτόν, | Ὅστις κεναῖσιν ἐλπίσιν θερμαίνεται.*

Sophokles (um 496—406 v. Chr.), Ajas. Übers. v. Jordan. V. 475—76 (Ajas).

— Des Gehofften Erfolg wird selten erzielt. Griech.: *Τὰ δοκηθέντ' οὐκ ἐτελέσθη.*

Euripides (um 480—406 v. Chr.), D. Bachenfest. Übers. v. Minckwitz. V. 1390 (Chor).

— Hoffnung geht mit dem Leben, im Tod erst endet die Hoffnung. Griech.: *Ἐλπίδες ἐν ζωοῖσιν, ἀνέλπιστοι δὲ θανόντες.*

Theokrit (geb. um 300 v. Chr.), Idyllen. D. Hirten. Übers. v. Mörike. V. 42.

— Wie trügerisch ist die Hoffnung der Menschen, wie gebrechlich ihr Glück, wie nichtig all unser Streben! Lat.: O fallacem hominum spem fragilemque fortunam et inanes nostras contentiones!

Marc. Tull. Cicero, V. Redner (um 55 v. Chr.). Übers. v. Klotz. B. 3, K. 2, § 7.

— Schwankend in Hoffnung und Furcht beben die Herzen zumal. Lat.: Sollicitae mentes speque metuque pavent.

Publ. Ovidius Naso (um 43 v. Chr.—17 n. Chr.), Festkalender. Übers. v. Klußmann. B. 3, V. 362.

Hoffnung. — Die größte Freud', die ich gewann, | Ist Hoffnung und ein lieber Wahn. Mittelhochdeutsch: Diu groeste fröude, die wir hân, | Deist guot gedinge unt lieber wân.

Vrîdankes Bescheidenheit (1225—1240). Übertr. v. Pannier. Nr. 42. v. unkünde.

— Beim Eintritt hier laßt alle Hoffnung fahren! Ital.: Lasciate ogni speranza, voi ch'entrate!

Dante Alighieri, Göttliche Komödie (1300—1321). Übers. v. Gildemeister. Hölle. Ges. 3, V. 9.

— Hoffnung aber ist ein starker Mut und neuer Wille. Dr. Martin Luther, Alle B. u. Schrifften (1539—1559).

— Hoffnung ist schnell und fliegt mit Schwalben-Schwingen; | Aus Kön'gen macht sie Götter, Kön'ge aus Geringen. Engl.: True hope is swift and flies with swallow's wings; | Kings it makes gods, and meaner creatures kings. William Shakespeare, Richard III. (1592). Übers. v. Schlegel. A. 5, Sz. 2 (Richmond). Schlußv.

— Ach! wie offt wird Hoffnung betrogen!

Georg Rollenhagen, Froschmäuseler (1595). B. 2, T. 5, K. 7.

— Im Elend bleibt kein andres Heilungsmittel | Als Hoffnung nur. Engl.: The miserable have | No other medicine, but only hope. William Shakespeare, Maß für Maß (1604). Übers. v. Schlegel. A. 3, Sz. 1 (Claudio).

— Hoffnung ist ein faules Seil, | Bricht in unverhoffter Eil', | Daß uns Armuth bleibt zu Theil.

Friedr. von Logau, Deutsche Sinn-Getichte (1654). Weltliche Hoffnung.

— Hoffnung ist ein fester Stab, | Und Geduld ein Reisekleid, | Da man mit durch Welt und Grab | Wandert in die Ewigkeit.

Friedr. von Logau, Deutsche Sinn-Getichte (1654). Hoffnung u. Geduld.

— Der nichts hat, dem ist noch Rath, | Weil er Hoffnung nur noch hat.

Friedr. von Logau, Deutsche Sinn-Getichte (1654). Hoffnung.

— Hoffnung ist der Menschen Gaukler, der uns immer Kurzweil macht; | Denn wir hoffen stündlich Beßers, bis wir geben gute Nacht.

Friedr. von Logau, Deutsche Sinn-Getichte (1654). D. Hoffnung.

— Hoffnung macht lange Zähn vnd wässerigs Maul.

Christoph Lehmann, Politischer Blumen-Garten (1662). T. 1. Hoffnung. Nr. 13.

— Hoffnung stöst allen das Hertz ab, ist ein lang Seil, daran sich viel zu tod ziehen.

Christoph Lehmann, Politischer Blumen-Garten (1662). T. 1. Hoffnung. Nr. 31.

— Wenn das Glück mich schläget nieder, | Tröstet mich doch Hoffnung wieder.

Karl Friedr. von Wrangel (1662).

Hoffnung. — Die Hoffnung — trügerisch wie sie auch ist — dient wenigstens dazu, uns auf einem angenehmen Weg ans Ende des Lebens zu führen. Franz.: L'espérance, toute trompeuse qu'elle est, sert au moins à nous mener à la fin de la vie par un chemin agréable.

François, Herzog von La Rochefoucauld, Reflexionen oder moralische Sentenzen u. Maximen (1665). Nr. 168. Übers. v. Zimmermann.

— Hoffnung gleichet einem Wilde, | Das ein jeder fangen kan; | Sie ist allen Hertzen milde, | Wer sie will, der trifft sie an.

Hans Aßmann Freiherr von Abschatz, Poetische Übersetzungen u. Gedichte (1704). Hoffnung.

— Die Hoffnung nährt sich mit den Dingen, | Die süß und doch unsichtbar sind.

Anmutiger Blumenkranz a. d. Garten d. Gemeinde Gottes (1712). Gegensatz.

— Teure Hoffnung, du bist schon ein Anfang der Glückseligkeit, die du versprichst!

Christoph Martin Wieland, Gesch. d. Agathon (1766—1767).

— Darf eine einzige fehlgeschlagene Hoffnung uns gegen die Welt so unversöhnlich machen?

Gotthold Ephr. Lessing, Emilia Galotti (1772). A. 5, Sz. 5 (Prinz).

— Hoffnung ist bei den Lebenden.

Joh. Wolfg. von Goethe, Götz v. Berlichingen (1773). A. 5. Weislingens Schloß (Weislingen).

— Hoffnung! O, der süße, einzige Balsam des Lebens bezaubert oft meine Seele.

Joh. Wolfg. von Goethe, Clavigo (1774). A. 4. Guilberts Wohnung (Marie).

— Die edle Treiberin, | Trösterin, Hoffnung!

Joh. Wolfg. von Goethe, Gedichte. Verm. Gedichte. Meine Göttin (ged. 15. Sept. 1780). Schlußv.

— Die Essenz des Lebens ist Wunsch und Hoffnung.

Theod. Gottl. von Hippel, Lebensläufe nach aufsteigender Linie (1778—1781).

— An der Hoffnung Liebesbrust erwarmet | Starrende Verzweifelung.

Friedr. von Schiller, Gedichte. Phantasie an Laura (ged. 1781).

— Zwei Blumen blühen für den weisen Finder; | Sie heißen Hoffnung und Genuß.

Friedr. von Schiller, Gedichte. Resignation (ged. 1784).

— ... die Hoffnung entfernt selbst von dem Grabe sich nicht.

Joh. Wolfg. von Goethe, Gedichte. Antiker Form sich nähernd. D. Ackermann (ged. um 1785).

— Hoffnung ist des Lebens Amme.

Aug. von Kotzebue, Menschenhaß u. Reue (1789).

— Hoffnung ist Labsal dem wundesten Herzen; | Duldende stärket gelaßne Geduld.

Joh. Gaudenz Freiherr von Salis-Seewis, Gedichte. Ermunterung (1790). Mel. v. Joh. Rudolf Zumsteeg.

Hoffnung. — Schwebt Hoffnung doch immer | Mit lieblichem Schimmer | Dem Strahl des kommenden Tages vorauf.

Karl Ludw. Fernow, Gedichte. Spinnelied (1796). Schlußv.

— ... beschließt er (der Mensch) im Grabe den müden Lauf, | Noch am Grabe pflanzt er — die Hoffnung auf.

Friedr. von Schiller, Gedichte. Hoffnung (ged. 1797). Mel. v. Joh. Friedr. Reichardt (1810).

— So weit die Sonne leuchtet, ist die Hoffnung auch.

Friedr. von Schiller, D. Braut v. Messina (1803). D. Säulenhalle (Chor. Cajetan).

— Mut, Ergebung, Geduld, Ihr Gefühle der Trauer! Ihr Gefährten des Unglücks! die flüchtigste Hoffnung schafft mehr Erleichterung als Ihr! Franz.: Le courage, la résignation, la patience, sentiments de deuil! cortège de l'infortune! le plus léger espoir fait plus de bien que vous. Frau von Stael, Delphine (1803). Übers. v. Zimmermann.

— Alles mag das Glück uns rauben, | Freunde, Freuden, Würde, Gut; | Nur umsonst ist Glückes Schnauben, | Wenn uns Hoffnung gütlich tut.

Joh. Gottfr. von Herder, Stimmen d. Völker in Liedern (1807). Abteilung 1, B. 2, Nr. 10. D. Lied d. Hoffnung. Ital.

— Ist des Lebens Baum verdorret, | Will die letzte Blüte fliehn, | Trittst du (Hoffnung), Trösterin, zum Kranken, | Zeigst ihm noch die Wurzel grün.

Joh. Gottfr. von Herder, Stimmen d. Völker in Liedern (1807). Abteilung 1, B. 2, Nr. 10. D. Lied d. Hoffnung. Ital.

— Fluch sei der Hoffnung! Fluch dem Glauben, | Und Fluch vor allen der Geduld!

Joh. Wolfg. von Goethe, Faust, I (1808). Studierzimmer (Faust).

— Geben und nehmen kann uns das Glück, was wir hoffen und lieben; | Aber die Hoffnung beherrscht, so wie die Liebe, das Glück.

Friedr. Bouterweck, Neue Vesta (1803—1811). Sinnspr.

— Wenn dich die Hoffnung flieht, so laß dir den Mut nicht entfliehen! | Hoffnung täuschet uns oft; Mut ist der Atem der Kraft.

Friedr. Bouterweck, Neue Vesta (1803—1811). Sinnspr.

— O Hoffnung, du der Weisheit Kind, | Der nichts auf Erden gleicht!

Joh. Gottfr. von Herder, Sämtl. Werke (1805—1820). Gedichte. D. Blume d. Lebens (Chor).

— Wer auf dem Wagen der Hoffnung fährt, hat Eine Gefährtin | Sicher zur Seite. Das Glück? Nein doch! Die Armut, o Freund!

Joh. Gottfr. von Herder, Sämtl. Werke (1805—1820). Blumenlese a. morgenländischen Dichtern. Nr. 5. Verm. Stücke a. verschiedenen morgenländischen Dichtern. Falsche Hoffnung.

Hoffnung. — Die Hoffnung und Beständigkeit | Gibt Kraft und Trost zu jeder Zeit.
Ernst Anschütz, Schulgesangb. (1824). D. Tannenbaum. Volksweise.

— Rennst du auf dem Wagen der Hoffnung, wisse, dem Wagen | Rennen zwei Läufer zur Seit'! Hüte dich; — Armut und Scham.
Karl Phil. Conz, Gedichte (1824).

— O Hoffnung! holde! gütig geschäftige! | Die du das Haus der Trauernden nicht verschmähst | Und gerne dienend, Edle, zwischen | Sterblichen waltest und Himmelsmächten!
Friedr. Hölderlin, Gedichte (1826). An d. Hoffnung.

— Zum Unglück ist nie ganz erkoren | Der Arme, der noch Hoffnung hegt; | Bleibt auch das Kapital verloren, | Sie ist es, die ihm Zinsen trägt. Ulrich Hegner, Gesammelte Schriften (1828). Gedichte u. Spr. Nr. 17.

— Hoffnung ist die zweite Seele der Unglücklichen.
Joh. Wolfg. von Goethe, Werke (1827—1830). Maximen u. Reflexionen. Abteilung 3.

— So wie im Leben gehn die Sachen, | Ist's am besten, sich keine Hoffnung zu machen.
Georg Keil, Lyra u. Harfe (1834).

— Hoffnung hat kein Ziel, wo Glauben und Liebe kein Ziel hat!
Joh. Kaspar Lavater, Werke (1834). Worte d. Herzens. Hoffnung.

— Runzeln bedecken die Wang', und silberne Haare den Scheitel, | Alt sind die Glieder und schwach; aber die Hoffnung ist jung.
Peter von Bohlen, Bhartriharis Spr. (1835).

— Die Hoffnung ist des Geistes Atemholen; | Und darum fängt der Mensch, sobald ein Tausend | Getäuschter Hoffnungen vollzählig ist, | Ein Tor aus Zwang, das neue Tausend an.
Ernst Raupach, Tassos Tod (1835). A. 2, Sz. 2.

— Sehnen kann von Hoffen nicht, | Himmel nicht von Erde lassen; | Was die Sehnsucht sich verspricht, | Mag die Hoffnung fröhlich fassen.
Max von Schenkendorf, Sämtl. Gedichte (1837). Abteilung 1. Leben u. Liebe. Sehnen u. Hoffen.

— Nur das will ich anführen, daß von allen Affekten Hoffnung der belebendste, also für die Diätetik der Seele der wichtigste ist.
Ernst Freiherr von Feuchtersleben, Zur Diätetik d. Seele (1838). K. 6. Temperament, Leidenschaft.

— Wir sollen uns so behandeln, wie es von Reil gesagt wurde, daß er seine Kranken behandelte; die Unheilbaren verloren das Leben, aber die Hoffnung nie.
Ernst Freiherr von Feuchtersleben, Zur Diätetik d. Seele (1838). Tagebuchblätter.

— . . . Hoffnung läßt nicht untergehn!
Ferd. Freiligrath, Gedichte (1838). Gelegentliches. Bannerspr. Schlußv.

Hoffnung. — Laß jedes Glück verblühn, wenn dir nur Eines bleibt, | Die Hoffnung, die am Zweig stets neue Knospen treibt.
Friedr. Rückert, D. Weisheit d. Brahmanen (1836—1839).

— Hoffnung auf Hoffnung gehet zu Scheiter, | Aber das Herz hofft immer weiter; | Wie sich Wog' über Woge bricht, | Aber das Meer erschöpft sich nicht.
Friedr. Rückert, Gesammelte poetische Werke (1867—1869). Haus u. Jahr. D. Meer d. Hoffnung.

— Der pflückte die Blume der Weisheit ab, | Wer der Hoffnung den Abschied gab.
Leop. Jacoby, Cunita (1884).

— Doch die Hoffnung schwebt, | Die gütig betörende, | Nimmer verscheucht | Mit hellen Schwingen herauf | Und webt unermüdlich | Die grüne Saat der Verheißung | Über bröckelnde Gräber hin. Ludw. Fulda, Gedichte (1890). Stimmungen. Nänie.

— Wenn die Hoffnung uns verläßt, | Geht sie unser Grab zu graben.
Carmen Sylva (Elisabeth, Königin v. Rumänien), Gedichte.

— Was ist Hoffnung? Eine feile Dirne; | Jeden lockt sie, gibt hin allen sich. | Hast du ihr den reichsten Schatz geopfert — | Deine Jugend — da verläßt sie dich. A. d. Ungar. d. Petöfi.

— Wenn die Hoffnung nicht wär', | So lebt ich nicht mehr; | Denn die Hoffnung allein | Kann lindern die Pein. Volkslied u. -weise.

— . . . des Menschen Hoffnung ist verloren.
Hiob, K. 14, V. 19.

— Wohl dem, . . . des Hoffnung auf den Herrn, seinen Gott, steht! Ps. 146, V. 5.

— . . . trotze nicht auf die eitle Hoffnung!
2. Makk., K. 7, V. 34.

— Hoffnung aber läßt nicht zuschanden werden.
Röm., K. 5, V. 5.

— In Hoffnung schweben | Macht süßes Leben.
Alter Spr.

— Lange Hoffnung — langer Schmerz.
Alter Spr.

— Wer nichts hat, dem ist noch Rat, | Wenn er nur noch Hoffnung hat. Alter Spr.

— Wer auf Hoffnung jagt, der fängt Nebel.
Sprichwort.

— Wer von der Hoffnung lebt, der tanzt ohne Musik. Engl.: He that liveth in hope danceth without a fiddle. Sprichwort.

— Auf der Wiese der Hoffnung weiden viele Narren. Russisches Sprichwort.

— Gleichwie Aaronis dürre Rut' | Ward wieder grün und brachte Blut, | Also die Hoffnung treu uns nährt, | Bis einmal mit uns besser werd'.
Spr. an einem Hause in Mühlhausen.

— Hoffnung ist eine Tugendzier; | Auf Hoffnung werden erhalten wir; | Hoffnung spricht, hab' einen starken Mut, | Verzag' nicht, es wird werden gut! Grabschrift auf d. Friedhofe zu Augsburg.

Hoffnung. — Minne besiec den Zorn; | Hoffnung ist des trostes born.

Wartburgspr. Kemenate.

Hoffnungen. — Ich pflanzt' in ihre (der Menschen) Seelen blinde Hoffnungen. — | Ein groß Geschenk, ein segenreiches Himmelslicht. Griech.: *Τυφλὰς ἐν αὐτοῖς ἐλπίδας κατῴκιστα. — | Μεγ' ὀφέλημα τοῦτ' ἐδωρήσω βροτοῖς.*

Äschylus, D. gefesselte Prometheus (um 460 v. Chr.). Übers. v. Minckwitz. V. 253—54 (Prometheus u. Chor).

— Sie (die Hoffnungen) haben stets in Nöten wunderbaren Reiz. Griech.: *Ἔχουσιν Ἀφροδίτην τιν' ἡδεῖαν κακῶν.*

Euripides (um 480—406 v. Chr.), D. Phönizierinnen. Übers. v. Minckwitz. V. 399 (Polyneikes).

— Die Kürze des Lebens verbietet uns, lange Hoffnungen zu haben. Lat.: Vitae summa brevis spem nos vetat incohare longam.

Quint. Horatius Flacc., Oden (um 23 v. Chr.). B. 1, Nr. 4, V. 15. Übers. v. Grau.

— O Gott, was sind die Hoffnungen dieser Erden!

Joh. Wolfg. von Goethe, Götz v. Berlichingen (1773). A. 5. Gärtchen am Turn (Maria).

— Was sind Hoffnungen, was sind Entwürfe, | Die der Mensch, der vergängliche, baut?

Friedr. von Schiller, D. Braut v. Messina (1803). Garten (Chor. Cajetan).

— Die Hoffnungen sind ganz unendlich; | Allein man hofft nur gar zu gern!

Aug. Graf von Platen-Hallermund, Gedichte. Lieder u. Romanzen. Wie werden wir umhergetrieben usw. (ged. 1820).

— Arm an Genuß und noch ärmer durch den Genuß, was haben wir anders als Hoffnungen?

Friedr. Gottl. Klopstock, Sämtl. Werke (1798—1821). Bd. 9.

— Dahingemordet sind all' deine Hoffnungen, | Die tändelnden Kinder des Herzens.

Heinr. Heine, D. B. d. Lieder. D. Nordsee (ged. 1825—1826). Zyklus 2, Nr. 5. D. Ges. d. Okeaniden.

Hoffnungslos. — Hoffnungslos | Weicht der Mensch der Götterstärke.

Friedr. von Schiller, Gedichte. D. Lied v. d. Glocke (ged. Sept. 1799).

Hoffnungslose, das. — Das Hoffnungslose kündet schnell sich an!

Joh. Wolfg. von Goethe, D. natürliche Tochter (1803). A. 4, Sz. 2 (Eugenie). Schlußv.

Höflich. — So sei doch höflich! — Höflich mit dem Pack? | Mit Seide näht man keinen groben Sack.

Joh. Wolfg. von Goethe, Poetische u. prosaische Werke (1836—1837). Gedichte. Zahme Xenien. Nr. 8.

— Zu höflich wird tölpelich. Alter Spr.

— Höfliche Worte vermögen viel und kosten doch wenig. Sprichwort.

— Höflich mit dem Mund und hurtig mit dem Hut, | Kostet nicht viel und ist doch sehr gut. Sprichwort.

— Höflich von Reden, Hand an der Mütze, | Kostet wenig und ist gut. Franz.: Courtois de bouche, main au bonnet, | Peu couste et bon est. Altfranz. Sprichwort.

Höflicher. — Ihr wart zu gut, zu bieder, | Um höflicher zu sein.

Gotthold Ephr. Lessing, Nathan d. Weise (1779). A. 2, Sz. 5 (Nathan).

— Je vornehmer einer ist, je höflicher behandelt er den Niedrigen.

Ludw. Börne, Gesammelte Schriften. Schilderungen a. Paris (1822—1823). Nr. 1. Franz. Sprache.

Höflichkeit. — Höflichkeit verlor den Rock; Falschheit hat ihn angezogen, | Hat darinnen viel geäfft und manch Biederherz betrogen.

Friedr. von Logau, Deutsche Sinn-Getichte (1654). D. Falschheit.

— Die Höflichkeit ist Gold; man hält sie werth und theuer; | Doch hält sie nicht den Strich, taugt wenig in das Feuer.

Friedr. von Logau, Deutsche Sinn-Getichte (1654). Höflichkeit.

— Was Höflichkeit versprochen, | Darauf ist nicht zu pochen; | Sie machet keine Pflicht, | Ihr Band, das bindet nicht.

Friedr. von Logau, Deutsche Sinn-Getichte (1654).

— In einem Städtlein, dessen Namen | Des Dichters Höflichkeit verschweigt ... Danach: Das verschweigt des Sängers Höflichkeit.

Aug. Langbein, Neuere Gedichte. D. Weissagung (ged. 1804).

— Es gibt kein äußeres Zeichen der Höflichkeit, das nicht einen tiefen, sittlichen Grund hätte. Die rechte Erziehung wäre, welche dieses Zeichen und den Grund zugleich überlieferte.

Joh. Wolfg. von Goethe, D. Wahlverwandtschaften (1808—1809). T. 2, K. 5. A. Ottiliens Tageb.

— Es gibt eine Höflichkeit des Herzens; sie ist der Liebe verwandt. Aus ihr entspringt die bequemste Höflichkeit des äußern Betragens.

Joh. Wolfg. von Goethe, D. Wahlverwandtschaften (1808—1809). T. 2, K. 5. A. Ottiliens Tageb.

— Europens | Übertünchte Höflichkeit.

Joh. Gottfr. Seume, Sämtl. Werke (1826). Gedichte. D. Wilde.

— Menschen müssen sich einmal aneinander reiben ... Höflichkeit aber ist das Fett, welches das Unangenehme des Reibens vermindert oder erleichtert.

Karl Jul. Weber, Demokritos (1832—1840). D. Höflichkeit u. Grobheit. Fortsetzung u. Schluß.

— Höflichkeit ist Staatspapier des Herzens, das oft um so größere Zinsen trägt, je unsicherer das Kapital ist.

Ludw. Börne, Gesammelte Schriften (1862—1863). Fragmente u. Aphorismen. Nr. 265.

— Höflichkeit ist Münze, die stets viel galt, | Kennt jeder auch den geringen Gehalt.

Daniel Sanders, 366 Spr. (1892). Nr. 188. Höflichkeit.

Höflichkeit. — Eine Höflichkeit ist der andern wert. Sprichwort.

— Höflichkeit und gute Sitten | Machen wohlgelitten. Sprichwort.

— Höflichkeit und Treue | Bringt immer Reue. Sprichwort.

— Höflichkeit ziert den Mann und kostet nichts. Sprichwort.

Hofsuppen. — Hof-Suppen sind lieblich zu lecken, | Werden aber gewürtzt mit Schrecken.
Georg Rollenhagen, Froschmäuseler (1595). B. 1, T. 1, K. 10.

Hohe, das. — Es gibt noch schöne Herzen, | Die für das Hohe, Herrliche entglühn.
Friedr. von Schiller, Gedichte. D. Mädchen v. Orleans (ged. 1801).

— Wer um Hohes kämpft, muß wagen! | Leben gelt' es oder Tod!
Friedr. von Matthisson, Schriften (1825—1829). Gedichte. Zuruf.

— Wer nicht zu Hohem sich erheben kann, | Der ist fürwahr ein jämmerlicher Mann. Engl.: **Unless above himself he can | Erect himself, how poor a thing is man!**
Samuel Smiles, D. Charakter (1871). Übers. v. Dobbert. K. 1. D. Einfluß d. Charakters. Motto.

Höhe. — Was kommt dort von der Höh?
Lied, beim Fuchsritt zu singen (vor 1722). Verfasser u. Komponist unbek.

— . . . wo große Höh', ist große Tiefe.
Friedr. von Schiller, Wallensteins Tod (1799). A. 4, Sz. 7 (Gordon).

— Wer nach der Höhe strebt, wacht die Nächte durch. Arabisches Sprichwort.

— Endlich kömmt man doch ön e Höcht (in die Höhe), säd de Gringel (Gründling), wie hei an e Angel hung. A. d. Seemannssprache. Preußen.

Hoheit. — In einem Nu und Augenblick verfällt | Allmacht und Hoheit dieser Welt.
Spr. an einem Hause in Ülzen (17. Jahrh.).

Hohen, die. — Es ist der Fluch der Hohen, daß die Niedern | Sich ihres offnen Ohrs bemächtigen.
Friedr. von Schiller, D. Braut v. Messina (1803). Säulenhalle (Don Manuel).

Höhen. — Gar ängstlich steht sich's auf der Menschheit Höhn! Frz. Grillparzer, Sappho (1822). A. 1, Sz. 3 (Sappho).

— Die Höhen trifft der Sturm, | Und trifft sie öfters gar; | Ein niedrig Haus besteht; | Groß Haus hat groß Gefahr.
Spr. an einem Hause in Chur.

Hohenstaufen. — Das Glück war niemals mit den Hohenstaufen.
Ernst Raupach, D. Hohenstaufen (1837). König Enzio. A. 2, Sz. 2 (Enzio).

Höhle. — Ihr wagtet euch bis in des Tigers Höhle? Friedr. von Schiller, Wilh. Tell (1804). A. 2, Sz. 2 (Stauffacher).

Hohngelächter. — Hohngelächter der Hölle.
Gotthold Ephr. Lessing, Emilia Galotti (1772). A. 5, Sz. 2 (Odoardo).

Holdseligkeit. — Holdseligkeit bedarf keines äußern Schmucks, sie ist in ihrer Schmucklosigkeit am meisten geschmückt.
Joh. Gottfr. von Herder u. Liebeskind, Palmblätter (1796—1800). T. 1.

Holland. — Holland in Nöten (ich befinde mich in großer Verlegenheit).
Sprichwörtl. Redensart.

Hölle. — Die Hölle ist kein bloßer Wahn.
Koran (um 650).

— Der Weg zur Hölle ist leicht. Lat.: **Facilis descensus Averni.**
Wahlspr. Kaiser Arnulphs (reg. 887—899).

— Geschaffen hat den Himmel nur der Mensch durch sein Verlangen; | Die Hölle ist ein Schatten nur, den unser Geist voll Bangen | In jenen Abgrund wirft, der bald uns wiederum verschlingt, | Nachdem wir erst vor kurzer Frist aus ihm hervorgegangen.
A. d. Persischen d. Omar Chijam (um 1200). Vierzeilen. Übers. v. Schack.

— Der beste Raub, der je geschach, | Der war, daß Gott die Hölle brach. Mittelhochdeutsch: Der beste roup, der ie geschach, | Der was, dô got die helle brach. Vridankes Bescheidenheit (1225—1240). Übertr. v. Pannier. Nr. 1. v. gote.

— Ich führe zu der Stadt (der Hölle) voll Schmerz und Grausen, | Ich führe zu dem wandellosen Leid, | Ich führe hin, wo die Verlornen hausen. Ital.: **Per me si va nella città dolente, | Per me si va nell'eterno dolore, | Per me si va tra la perduta gente.**
Dante Alighieri, Göttliche Komödie (1300—1321). Übers. v. Gildemeister. Hölle. Ges. 3, V. 1—3.

— Spiegelfechterei der Hölle!
Friedr. von Schiller, D. Verschwörung d. Fiesko zu Genua (1783). A. 5, Sz. 12 (Fiesko).

— Die Hölle ist mit guten Vorsätzen gepflastert. Engl.: **Hell is paved with good intentions.**
Samuel Johnson. Nach James Boswell, Leben Johnsons (1791). Übers. v. Drabig.

— O, du Ausgeburt der Hölle! | Soll das ganze Haus ersaufen?
Joh. Wolfg. von Goethe, Gedichte. Balladen. D. Zauberlehrling (ged. Frühjahr 1797).

— O, die Sprache hat kein Wort | Für diese Hölle! Friedr. von Schiller, Maria Stuart (1800). A. 2, Sz. 8 (Leicester).

— Blendwerk der Hölle!
Friedr. von Schiller, D. Braut v. Messina (1803). Garten (Don Cesar).

— Die Hölle selbst hat ihre Rechte?
Joh. Wolfg. von Goethe, Faust, I (1808). Studierzimmer (Faust).

Hölle. — Die Hölle ist der beste Prediger | Der Christenheit — man fürchtet sie!

Christ. Dietr. Grabbe, Don Juan u. Faust (1829). A. 1, Sz. 2 (Faust).

— Es will ja doch | Zuzeiten sich auch austoben die Hölle.

Rob. Hamerling, Sinnen u. Minnen (1860). Nächtliches Ungewitter.

— Bettete ich mir in die Hölle, siehe, so bist du auch da! Ps. 139, V. 8.

— Hölle, wo ist dein Sieg?

1. Kor., K. 15, V. 55.

— Der Weg zur Hölle ist mit guten Vorsätzen gepflastert. Sprichwort.

— Jemandem die Hölle heiß machen (jemanden durch Drohungen etwas abtrotzen zu wollen).

Sprichwörtl. Redensart.

Höllenangst. — . . . Angst der Hölle.

Ps. 116, V. 3.

Holz. — Nehmet Holz vom Fichtenstamme!

Friedr. von Schiller, Gedichte. D. Lied v. d. Glocke (ged. Sept. 1799).

— Aus demselben Holze geschnitten sein (von der gleichen Art sein). Sprichwörtl. Redensart.

Holzweg. — Sich auf dem Holzwege befinden (einen falschen Weg eingeschlagen haben, sich irren). Sprichwörtl. Redensart.

Homer. — Für alle genug ist Homeros! Griech.: Ἅλις πάντεσσιν Ὅμηρος.

Theokrit (geb. um 300 v. Chr.), Idyllen. D. Chariten. Übers. v. Mörike. V. 20.

— O du glücklicher Jüngling, der du einen Homer zum Verkünder deiner Tapferkeit gefunden hast! Lat.: O fortunate adulescens, qui tuae virtutis Homerum praeconem inveneris!

Marc. Tull. Cicero, Rede für Archias (um 62 v. Chr.). Übers. v. Klotz. K. 10, § 24.

— Unmutsvoll, wenn einmal einnickte der gute Homerus! Lat.: Indignor, quandoque bonus dormitat Homerus.

Quint. Horatius Flacc., Dichtkunst (um 20 v. Chr.). Übers. v. Voß. V. 359.

— . . . die Sonne Homers, siehe! sie lächelt auch uns.

Friedr. von Schiller, Gedichte. D. Spaziergang (ged. 1795). Schlußv.

— Bleibe Gott und Gottes Ehre | In der ewigen Natur! | Sophoklesse und Homere | Sangen seines Geistes nur.

Ernst Moritz Arndt, Gedichte. Frühlingslied an d. Frömmler (ged. 1843).

Homerisch. — In ein homerisches (unauslöschliches, gewaltiges) Gelächter ausbrechen.

Nach Homer, Odyssee. B. 8, V. 326. — Sprichwörtl. Redensart.

Honig. — Wo Honig ist, da ist auch Galle.

Paul Fleming, Teutsche Poemata (1642). D. güldne Freyheit.

Honig. — Handelt einer mit Honig, er leckt zuweilen die Finger.

Joh. Wolfg. von Goethe, Reineke Fuchs (1794). Ges. 8.

— Der Honig ist nicht weit vom Stachel.

Alter Spr.

— Honig im Munde, | Gift im Herzensgrunde.

Sprichwort.

Hopfen. — Da ist Hopfen und Malz verloren (jede Besserung ist ausgeschlossen).

Sprichwörtl. Redensart.

Horchen. — Es ist ein grosser vnuerstand | Aufflosen (zu horchen) an des Nächsten Wand.

Joh. Friedr. Fischart, Flöh Hatz, Weiber Tratz (1573). D. Nütwendige v. Böständige Verantwortung d. Weiber.

— Horchen mit Schalksohren.

Nach Jes. Sir., K. 19, V. 24.

— Was der und jener von dir spricht, | Das hör' mit an, doch horche nicht! Sprichwörtl.

Horcher. — Der Horcher an der Wand | Hört seine eigne Schand. Sprichwort.

Hören. — Viel gejaget, wenig gefangen; | Viel gehöret, wenig verstanden; | Viel gesehn, nichts gemerkt; — | Sind drei vergebliche Werk'.

Joh. Gottfr. von Herder, Stimmen d. Völker in Liedern (1807). Abteilung 2, B. 5, Nr. 28. Einige Spr. Deutsch.

— Du hast zwei Ohren und einen Mund; | Willst du's beklagen? | Gar vieles sollst du hören, und | Wenig drauf sagen.

Friedr. von Rückert, Gesammelte Gedichte (1834—1838). Pantheon. Bruchstück 5. Zahme Xenien. Drei Paare u. Einer.

— Rede, Herr, denn dein Knecht höret!

1. Sam., K. 3, V. 9.

— Wer Ohren hat zu hören, der höre!

Matth., K. 11, V. 15.

— Mit Fiskôhren (Fischohren) tôhörn (nicht zuhören). A. d. Seemannssprache.

Hörensagen. — Hörensagen ist halb gelogen. Sprichwort.

— Vom Hörensagen und Wiedersagen | Ward mancher schon aufs Maul geschlagen. Sprichwort.

Horizont. — Für jeden ist der Horizont ein andrer.

Emerich Madách, D. Tragödie d. Menschen (1861). A. d. Ungar. übers. v. Lechner. Sz. 2 (Luzifer).

Horn. — In Ein Horn blasen (mit jemandem übereinstimmen). Sprichwörtl. Redensart.

Hörner. — Jemandem die Hörner zeigen (jemandem entgegentreten). Sprichwörtl. Redensart.

— Jemandem Hörner aufsetzen (jemanden mit seiner Frau betrügen). Sprichwörtl. Redensart.

— Sich die Hörner noch nicht abgelaufen haben (noch immer nicht Maß halten können; unerfahren sein, voll jugendlicher Torheiten stecken).

Sprichwörtl. Redensart.

Hornberg. — Ausgehen wie's Hornberger Schießen (erfolglos ausgehen).

Sprichwörtl. Redensart.

Hose. — Letzte Hose, die mich schmückte . . .
Jos. Viktor von Scheffel, Gaudeamus. D. letzte Hose (geb. um 1855).

Hosen. — Die Hosen anhaben (Herr im Hause sein). Sprichwörtl. Redensart.

Hufschlag. — Malmend zerstampfet das Feld mit gevierteltem Trabe der Hufschlag. Lat.: Quadrupedante putrem sonitu quatit ungula campum.
Publ. Vergilius Maro (um 70 v. Chr.—19 n. Chr.), Äneis. Übers. v. Voß. B. 8, V. 596.

Huhn. — Ein blindes Huhn findet auch ein Korn. Sprichwort.

Hühnchen. — Mit jemandem ein Hühnchen zu rupfen haben (sich mit jemandem noch auseinanderzusetzen haben). Sprichwörtl. Redensart.

Hühner. — Mit den Hühnern zu Bett gehen (frühzeitig schlafen gehen). Sprichwörtl. Redensart.

Hülle. — Etwas in Hülle und Fülle haben (etwas im Überfluß besitzen).
Sprichwörtl. Redensart.

Humanisieren. — Die Zeiten ändern ohne Kräfte nichts; | Durch Menschen wird der Mensch humanisiert.
Joh. Gottfr. von Herder, Sämtl. Werke (1805—1820). Gedichte. Schwungkräfte d. Menschheit.

Humanität. — Ich halte es für wahr, daß die Humanität endlich siegen wird, nur fürcht' ich, daß zu gleicher Zeit die Welt ein großes Hospital, und einer des andern humaner Krankenwärter werden wird.
Joh. Wolfg. von Goethe, Br. an Frau von Stein (9. Juni 1787).

— Nicht das Predigen der Humanität, sondern das Tun hat Wert.
Joh. Gottfr. Seume, Spaziergang nach Syrakus (1803).

— Das ist echte Humanität, wenn der Geschützte, Behütete und aufrecht Stehende sich des Unbeschützten, Unbehüteten und Gefallenen erbarmt und nicht den Stein der Verwerfung gegen ihn aufhebt. Berth. Auerbach, Auf d. Höhe (1865).

Humor. — Das ist mein wahrer Humor (danach: Das ist der wahre Humor davon.) Engl.: That is my true humour.
William Shakespeare, D. lustigen Weiber v. Windsor (1598). Übers. v. Graf Baudissin. A. 1, Sz. 3 (Nym).

— Der Humor ist keine Gabe des Geistes, er ist eine Gabe des Herzens.
Ludw. Börne, Gesammelte Schriften. Erz., Reisen, Verm. Aufsätze. Nr. 24. Denkrede auf Jean Paul, vorgetragen im Museum zu Frankfurt (2. Dez. 1825).

— Hat so ein Hungermann Humor?
Joh. Wolfg. von Goethe, Faust, II (1831). A. 1. Weitläufiger Saal (Herold).

— Scherz im Schmerz, das gibt Humor.
Moritz Gottl. Saphir, Fliegendes Album (1846).

— Nichts ist so kümmerlich, so kleinlich und so kläglich, | Das nicht Humor und Witz dir machten noch erträglich.
Friedr. Güll, Leitstern auf d. Lebensfahrt (1881).

Humor. — Der Humor trägt die Seele über Abgründe hinweg und lehrt sie mit ihrem eigenen Leid spielen.
Anselm Feuerbach, Ein Vermächtnis (1882).

— Der Humor ist ein „Sich necken" mit dem Ernste des Lebens.
Joh. Jak. Mohr, Gedanken über Leben u. Kunst (1885).

— Witz ist glitzernder Schaum der Oberfläche; Humor ist die Perle aus der Tiefe.
Peter Sirius, Tausend u. Ein Gedanken (1899). Ernst u. Scherz.

— Nur mit Humor dein' Sach' bestellt; | Dann lacht dir froh die ganze Welt.
Inschrift im Berliner Ratskeller. Bierlokal.

Hund. — Der Hund heißt canis, weil er nicht singt. Lat.: Canis a non canendo.
Nach Marc. Terentius Varro (um 116—27 v. Chr.), Über d. lat. Sprache. B. 7, K. 32. Übers. v. Grau.

— Dem Hunde, wenn er gut gezogen, | Wird selbst ein weiser Mann gewogen.
Joh. Wolfg. von Goethe, Faust, I (1808). Vor d. Tor (Wagner).

— Der Knüppel liegt beim Hunde.
Sprichwort.

— Wer sich als Hund ausgibt, muß auch als Hund bellen. Sprichwörtl.

— Auf den Hund kommen (ganz herunter kommen). Sprichwörtl. Redensart.

— Da liegt der Hund begraben! (darauf kommt es an). Sprichwörtl. Redensart.

— Damit lockst du keinen Hund unter den Ofen vor (damit erreichst du durchaus nichts).
Sprichwörtl. Redensart.

— Den Hund nach Bratwürsten schicken (den Ungeeignetsten schicken). Sprichwörtl. Redensart.

— Es nimmt kein Hund ein Stück Brot von ihm (er ist sehr verachtungswürdig).
Sprichwörtl. Redensart.

— Wie Hund und Katze leben (sehr uneinig leben). Sprichwörtl. Redensart.

— Hüte dich vor dem Hunde! Lat.: Cave canem! Inschrift an einem Hause in Pompeji.

Hunde. — Bellende Hunde beißen nicht.
Sprichwort.

— Dann kannst du die Hunde nach Bautzen führen (dann wird es dir schlecht gehen).
Sprichwörtl. Redensart.

— Mit allen Hunden gehetzt sein (schlau und gerieben sein). Sprichwörtl. Redensart.

Hundert. — Vom Hundertsten ins Tausendste kommen (von allem Möglichen reden und dabei das Wichtigste vergessen). Sprichwörtl. Redensart.

Hundstage. — Wenn die Hundstage Regen bereiten, | So kommen nicht die besten Zeiten.
Bauernregel.

Hunger. — Der Hunger ist der beste Koch, | Den's je gegeben und gibt noch. Mittelhochdeutsch: Der hunger ist der beste koch, | Der ie wart oder wirdet noch. Fridankes Bescheidenheit (1225—1240).
Übertr. v. Pannier. Nr. 39. v. d. hunger.

Hunger. — Hunger ist der beste Koch; | Dieses mangelt ihm nur noch, | Daß er, wie sonst andre Sachen, | Sich nicht selbst kann schmackhaft machen.

Friedr. von Logau, Deutsche Sinn-Getichte (1654). Hunger.

— Hunger treibt den Wolff auß dem Wald.

Christoph Lehmann, Politischer Blumen-Garten (1662). T. 2. Noth. Nr. 35.

— ... Hunger ist schärfer als der scharfe Dorn.

Joh. Gottfr. von Herder, Stimmen d. Völker in Liedern (1807). Abteilung 2, B. 3, Nr. 38. D. drei Fragen. Engl.

— Wer auf diese Höhe kroch, | Findet keinen Apfel sauer; | Hunger ist der beste Koch, | Und der Durst der beste Brauer.

Inschrift in d. Prinz Heinr.-Baude im Riesengebirge (1889).

— Der hunger ist der aller beste Koch geacht, | Dan von ihm ist kein Speiß veracht. Alter Spr.

— Fames (Hunger) ist ein gut Condiment, | Die Speis' sei räuchrig oder gebrennt. Alter Spr.

— Der Hunger findet den Doktorhut. Sprichwort.

— Hunger ist der beste Koch. Sprichwort.

— Hunger macht saure Bohnen süß. Sprichwort.

— Hunger lehrt Eierkoken eeten. Sprichwort. Westpreußen.

— Hunger ißt sich durch alles außer einem Suffolker Käse. Engl.: Hunger eats through anything except a Suffolk cheese. Sprichwort.

— Jeder Schmerz ist Schmerz, aber der vom Tische (der Hunger) ist der größte. Ital.: Ogni dolore è dolore, | Ma quello della tavola è il maggiore. Toskanisches Sprichwort.

— Hunger ißt durch steinerne Mauern. Niederl.: Honger eet door steenen muuren. Sprichwort.

— Wenn der Hunger sticht, schmeckt die Bica (eine Fischart) gut. Galizisches Sprichwort.

— Beim Hunger Scham hinter den Balken. Kroatisches Sprichwort.

— Man lernt Lehm essen, ehe man Hungers stirbt. Lettisches Sprichwort.

— 'n Pip Toback ist gôd vör'n (für den) Hunger! säd' de Sonderburger. Sprichwörtl. Redensart. Holstein.

Hungern. — Des Menschen Recht heißt hungern, Freund, und leiden.

Frz. Grillparzer, Ein Bruderzwist in Habsburg (1873). A. 3 (Rudolf).

Hungerpfoten. — An den Hungerpfoten saugen (nichts zu essen haben). Sprichwörtl. Redensart.

Hungersnot. — Du schaffst, Natur, | Im Überflusse Brot; | Ihr Menschen nur | Schafft Hungersnot.

Joh. Christoph Friedr. Haug, Gedichte (1827).

Hungertuch. — Am Hungertuche nagen (nichts zu essen und zu leben haben). Sprichwörtl. Redensart.

Hungrig. — Laß sie betteln gehn, wenn sie hungrig sind!

Heinr. Heine, D. B. d. Lieder. Junge Leiden. Romanzen. Nr. 6. D. Grenadiere (ged. 1819). Mel. v. Karl Gottl. Reissiger, Rob. Schumann, Wilh. Heiser u. a.

— ... einer hungrigen Seele ist alles Bittre süße. Spr. Sal., K. 27, V. 7.

— Ein hungriger Bauch hat keine Ohren. Sprichwort.

— Ein hungriger Mann, ein zorniger Mann. Engl.: A hungry man, an angry man. Sprichwort.

— Ein hungriger Mann sieht weit. Engl.: A hungry man sees far. Schottisches Sprichwort.

— Hungriger Bauer ist halb toll. Franz.: Vilain affamé, | Moitié enragé. Sprichwort.

— Hungriger Hund achtet des Stocks nicht. Ital.: Cane affamato non prezza bastone. Sprichwort.

— Dem hungrigen Fürsten mundet auch wohl der Kartoffelbrei. Kassubisches Sprichwort.

— Hungriges Huhn träumt von Hirse. Kleinrussisches Sprichwort.

— Keine schlimmere Not als ein hungriger Bauch. Serbisches Sprichwort.

Hungrige, der. — Brich dem Hungrigen dein Brot, und die, so im Elend sind, führe in dein Haus! Jesaias, K. 58, V. 7.

Hungrigen, die. — Den Hungrigen ist nicht gut predigen. Sprichwort.

Hurra. — Hurra die Enten! (Beim Eintreffen etwas lang Erwarteten.) Berliner Redensart.

Husaren. — Husaren sind gar wackre Truppen, | Und jedermann ist ihnen hold. Soldatenlied.

— Bei Feind und Freunden, Mädchen, Wein, | Sind die beliebtesten der Scharen, | Sie sollen leben! die Husaren. Soldatenlied. Schlußv.

Husarenleben. — Schönes Leben des Husaren! | Das ist Leben, das allein!

Nicolaus Lenau (Niembsch, Edler von Strehlenau), Gedichte (1834). B. 1. Leben u. Traum. D. Werbung.

Hussiten. — Die Hussiten zogen vor Naumburg | Über Jena her und Kamburg.

Karl Seyferth, D. Hussiten vor Naumburg (ged. 1832). Volksweise.

Hut, der. — Des Menschen Zierat ist der Hut.

Friedr. von Schiller, D. Piccolomini (1799). A. 4, Sz. 5 (Kellermeister).

— Mit dem Hute in der Hand | Kommt man durch das ganze Land. Sprichwort.

— Alle unter Einen Hut bringen (die Meinungen verschiedener vereinigen). Sprichwörtl. Redensart.

— Sik 'n nien Hod verdeinen (neuen Hut verdienen; den Heiratsvermittler spielen). Sprichwörtl. Redensart. Münsterisch.

Hut, die. — Eigne Hut | Am besten tut. Alter Spr.

Hutschnur. — Det jeht mir denn doch über de Hutschnur (das geht zu weit).
Berliner Redensart.

Hütte. — Für eine Freundin hat die kleinste Hütte Raum.
Christoph Martin Wieland, Musarion (1768). B. 1.

— Diese Hütte ist klein; Raum genug zu einer Umarmung.
Joh. Anton Leisewitz, Jul. v. Tarent (1776). A. 2, Sz. 3 (Blanca).

— Raum ist in der kleinsten Hütte | Für ein glücklich liebend Paar.
Friedr. von Schiller, Gedichte. D. Jüngling am Bache (ged. 1803). Schlußv.

Hütten. — Hier ist gut sein; hier laßt uns Hütten bauen! Nach Matth., K. 17, V. 4.

Hymen. — Hymen kömmt, wenn man ihn fodert, | Amor, wenn es ihm gefällt.
Friedr. Wilh. Gotter, Gedichte. Warnung vor Hymen (ged. 1771).

— Trug ist seine (Hymens) sanfte Klage; | Träume sind's, was er verspricht!
Friedr. Wilh. Gotter, Gedichte. Warnung vor Hymen (ged. 1771).

— O, Hymen ist ein gebrechlicher Knabe, wenn er sich nicht links und rechts auf Achtung und Liebe stützt. Aug. von Kotzebue, D. Papagoy (1792).

Hymen. — . . . Hymens ernste Fessel bindet, | Wo Amor leicht und flatternd hüpft.
Friedr. von Schiller, Gedichte. An Demoiselle Slevoigt (ged. 1797).

— . . . des Lebens Wächter, Hymen!
Joh. Gottfr. von Herder, Stimmen d. Völker in Liedern (1807). Abteilung 1, B. 2, Nr. 4. Hochzeitlieder. Griech.

Hypochonder. — Der Hypochonder ist bald kuriert, | Wenn euch das Leben recht kujoniert.
Joh. Wolfg. von Goethe, Gedichte. Sprichwörtl. (ged. 1812—1814).

— Hier ruht mein treuster Genoss' im Land, | Herr Hypochonder zubenannt. | Er starb an frischer Bergesluft, | An Lerchenschlag und Rosenduft.
Anastasius Grün (Anton Alexander Graf von Auersperg), Gesammelte Werke (1877). Gedichte. D. treue Gefährte.

Hypochondrie. — Man könnte die Hypochondrie die Eitelkeit des Befindens nennen.
Ernst Freiherr von Feuchtersleben. Zur Diätetik d. Seele (1838). K. 9. Hypochondrie.

Hypothese. — Majestät, ich bedurfte dieser Hypothese nicht. Franz.: Sire, je n'avais pas besoin de cette hypothèse.
Pierre Simon Laplace auf d. Frage Napoleons, warum in d. „Traité de la mécanique céleste" Gott nicht erwähnt sei. Übers. v. Zimmermann.

Hypothesen. — Hypothesen sind Wiegenlieder, womit der Lehrer seine Schüler einlullt.
Joh. Wolfg. von Goethe, Werke (1827—1830). Über Naturwissenschaft. Nr. 4.

I

Ich. — Ein zweites Ich (ist der Freund). Griech.: Ἄλλος ἐγώ. Lat.: Alter ego.
Zeno (geb. um 340 v. Chr.). Nach Diogenes Laërtius.

— Vier Pronomina machen Unfried in der Welt: Ego (ich), tu (du), meum (mein), tuum (dein).
Christoph Lehmann, Politischer Blumen-Garten (1662).

— Graf Ego (Ich) hört, sieht und tut alles am besten.
Christoph Lehmann, Politischer Blumen-Garten (1662).

— Das Ich ist hassenswert. Franz.: Le moi est haïssable.
Blaise Pascal, Gedanken (1670). Übers. v. Kleuker. Moralische Gedanken.

— Wer sind die tausendmal Tausend, | Wer die Myriaden alle, | Welche den Tropfen bewohnen und bewohnten? | Und wer bin ich?
Friedr. Gottl. Klopstock, Oden. D. Frühlingsfeier (ged. 1759).

— Wie freudeleer ist nicht ein Leben, | Wo wir . . . | Von unserm Ich kein Haarbreit weichen, | Wo uns kein fremdes Glück beglückt.
Joh. Kaspar Lavater, Werke. D. Freundschaft (ged. 1768).

Ich. — Alles was ist, ist Ich.
Joh. Gottl. Fichte, Sämtl. Werke (1845—1846).

— Fort mit dem Ich und seiner Kraft! | Gebeut die Liebe, fort damit!
Georg Friedr. Daumer, Hafis (1846).

— Sei freies, schönes Ich, ein Ich und Du zugleich, | Durch das Gesetz der Liebe in dir und andern reich!
Jul. Hammer, Schau um dich u. schau in dich (1851). Liebe deinen Nächsten wie dich selbst! Wie du dich selber liebest usw.

— O bettelarmes Ich, das nichts besitzt, | Als sein unbändig, maßlos eignes Selbst!
Rob. Hamerling, Ahasver in Rom (1866). Ges. 4. D. Brand.

— Ich suchte die Unendlichkeit des Ichs — | Vielleicht beginnt sie dort erst, wo wir uns | Des eignen Ichs entäußern!
Rob. Hamerling, Ahasver in Rom (1866). Ges. 6. Ahasver.

— „Bitte doch sehr, mich nicht mit der übrigen Welt zu verwechseln: | Ich bin Ich!" — Mehr nicht? Ärmster! Da sind Sie was rechts!
Otto Erich Hartleben, Meine Verse. Genies (ged. Herbst 1885). Nr. 4.

Ich. — Es erquickt ein selbstsuchtmüdes Ich, | Zu ruhn in eines Kindes Eigenwillen, | Und so sich zu verjüngen. Paul Heyse, Spruchbüchlein (1885).

— Wer seine Ernten in die Scheunen des Ichs einsammelt, der wird bei allem Reichtum darben am Brote der Wahrheit.

Otto von Leixner, A. meinem Zettelkasten (1896). D. Nächste.

— Graf Ego (Ich) hat schöne Pferde.

Alter Spr.

— Das Ich und Mich, das Mir und Mein | Regiert in dieser Welt allein. Sprichwort.

— Das Ich ist die Mutter der Götzen.

Arabisches Sprichwort.

— Sein ich, sein mich, sein mir, sein mein | Den Menschen bringt in große Pein.

Spr. in einem Wirtshause. Tirol.

— Ick nich — wer noch? Berliner Redensart.

— Ich und du, | Müllers Kuh; | Müllers Esel, | Der bist du! Abzählv.

Ideal. — Jeder von uns hat seinen idealen Preismenschen in sich, den er heimlich von Jugend auf frei oder ruhig zu machen strebt. Am hellesten schauet jeder diesen heiligen Seelen-Geist an in der Blütezeit aller Kräfte, im Jünglings-Alter.

Jean Paul (Joh. Paul Friedr. Richter), Levana oder Erzieh-Lehre (1807). Bd. 1, Bruchstück 2, K. 1, § 24.

— Wie soll ohne die ideale Jugendglut das Leben reifen?

Jean Paul (Joh. Paul Friedr. Richter), Levana oder Erzieh-Lehre (1807). Bd. 3, Bruchstück 6, K. 2, § 110.

— Wer in der wirklichen Welt arbeiten kann und in der idealen leben, der hat das Höchste errungen.

Ludw. Börne, Gesammelte Schriften (1862—1863).

Ideal, das. — Aus deinem Innern nimm dein Ideal, | Sonst geht dein Selbst an einen Traum verloren.

Aug. Wilh. von Schlegel, Gedichte. An einen Kunstrichter (1792).

— Aus dem Leben heraus sind der Wege zwei dir geöffnet; | Zum Ideale führt einer, der andre zum Tod. | Siehe, daß du beizeiten noch frei auf dem ersten entspringest, | Ehe die Parze mit Zwang dich auf dem andern entführt.

Friedr. von Schiller, Gedichte. Votivtafeln. Nr. 35. D. idealische Freiheit (ged. 1795).

— Nur wer irgend ein Ideal, das er ins Leben ziehen will, in seinem Innern hegt und nährt, ist dadurch gegen die Gifte und Schmerzen der Zeit verwahrt.

Jean Paul (Joh. Paul Friedr. Richter), Herbst-Blumine (1810—1820). Bd. 1.

— Die Quelle des Ideals ist der heiße Durst nach Ewigkeit, die Sehnsucht nach Gott, also das Edelste unserer Natur.

Friedr. von Schlegel, Sämtl. Werke (1822—1825).

Ideal, das. — Den einen ehr' ich, der nach Idealem ringt; | Den andern acht' ich auch, dem Wirkliches gelingt. | Den aber lieb' ich, der nicht dies noch jenes wählt, | Der höchstes Ideal der Wirklichstheit vermählt.

Friedr. Rückert, D. Weisheit d. Brahmanen (1836—1839). B. 3, Nr. 48. (Stufe 6. Prüfung. Nr. 22.)

Ideale, das. — Alles, was wir mit dem Worte „praktisch" bezeichnen, hat es in letzter Instanz doch nur mit dem menschlichen Mangel und Elend zu tun und nur das Ideale mit dem Großen und Guten.

Joh. Jak. Mohr, Gedanken über Leben u. Kunst (1885).

Ideale, die. — Die Ideale sind zerronnen, | Die einst das trunk'ne Herz geschwellt.

Friedr. von Schiller, Gedichte. D. Ideale (ged. 1795).

— Von Illusionen frei — den Idealen treu!

Karl Gerok, Illusionen u. Ideale (1886). Schlußwort.

— Was Wirklichkeit dir immer für goldne Kränze flicht, | Mein Volk, der Ideale Bilder stürze nicht! | Stehn ihre Tempel offen, du walle noch dahin, | In ihrer Sternglut bade sich ewig jung der deutsche Sinn!

Rob. Hamerling, Blätter im Winde (1887).

— Ohne höhere Ideale wäre die Menschheit nichts als ein emsig geschäftiger Ameisenhaufen.

Ernst Jul. Hähnel, Lit. Reliquien (1888).

Idealisierung. — Es hauchet unsern Werken doch gewiß | Nur Idealisierung Seele ein.

Emerich Madách, D. Tragödie d. Menschen (1861). A. d. Ungar. übers. v. Lechner. Sz. 10 (Schüler).

Idealisten. — O ihr verwünschten Idealisten! an euren Theorien ist nichts reell als das Blut, das ihr dafür vergießt!

Rob. Hamerling, Danton u. Robespierre (1870).

Idee. — Gebt mir eine große Idee, daß ich an ihr gesunde!

Joh. Gottfr. von Herder auf d. Sterbebette (18. Dez. 1803).

— Jede Tugend übt Gewalt aus, wie auch jede Idee, die in die Welt tritt, anfangs tyrannisch wirkt. Joh. Wolfg. von Goethe, Gespräch mit Riemer (Febr. 1807).

— Mir bleibt genug! Es bleibt Idee und Liebe!

Joh. Wolfg. von Goethe, Westöstlicher Diwan. B. d. Betrachtungen. D. Jahre nahmen dir usw. (ged. 19. Febr. 1818). Schlußv.

— Jede Idee, deren wir uns bemächtigen, ist eine Eroberung in dem Reiche Gottes.

Christ. Friedr. Wilh. Jacobs, Ährenlese (1823—1825). Bd. 1.

— Jede große Idee, die als ein Evangelium in die Welt tritt, wird dem stockenden, pedantischen Volke ein Ärgernis und einem Viel- aber Leichtgebildeten eine Torheit.

Joh. Wolfg. von Goethe, Werke (1827—1830). Maximen u. Reflexionen. Abteilung 7.

Idee. — Eine jede Idee tritt als ein fremder Gast in die Erscheinung, und wie sie sich zu realisieren beginnt, ist sie kaum von Phantasie und Phantasterei zu unterscheiden.

Joh. Wolfg. von Goethe, Werke (1827—1830). Maximen u. Reflexionen. Abteilung 7.

— Jede Idee muß, um sich Geltung zu verschaffen, Opfer bringen; aus dem Kampfe des Lebens geht man niemals unbefleckt hervor. Franz.: **Toute idée pour réussir a besoin de faire des sacrifices; on ne sort jamais immaculé de la lutte de la vie.**

Ernest Renan, D. Leben Jesu (1861). Übers. v. Kalt.

— Eine Idee muß Wirklichkeit werden können, oder sie ist eine eitle Seifenblase.

Berth. Auerbach, Gesammelte Schriften (1892). Sträflinge.

— Dem Morgenrot einer neuen Idee geht es wie dem Morgenrot überhaupt — die meisten Menschen findet es schlafend.

Peter Sirius, Tausend u. Ein Gedanken (1899). Denken u. Empfinden.

Ideen. — Die Ideen **entzünden** einander wie die elektrischen Funken.

Joh. Jak. Engel, D. Philosoph für d. Welt (1775—1777). T. 1, Stück 17. D. Weihnachtgeschenk.

— Hat man sich einmal an dies Leben in Ideen gewöhnt, so verlieren Kummer und Unglücksfälle ihren Stachel. Man ist wohl wehmütig und traurig, aber nie ungeduldig noch ratlos.

Wilh. Freiherr von Humboldt, Br. an eine Freundin (15. Mai 1825).

— . . . Ideen sind ja nur das einzig wahrhaft Bleibende im Leben.

Wilh. Freiherr von Humboldt, Br. an eine Freundin (9. Febr. 1833).

— Um lederne Ideen rauft man manch heißen Kampf. | Es ist im Grunde alles nur Nebel, Rauch und Dampf.

Jos. Viktor von Scheffel, Gaudeamus. Perkeo (geb. 1846). Mel. v. Stephan Gruwe (1861).

— Die Ideen sind | Wohl stärker als der schlechte Stoff; Gewalt | Kann diesen stürzen, jene leben ewig.

Emerich Madách, D. Tragödie d. Menschen (1861). A. d. Ungar. übers. v. Lechner. Sz. 10 (Adam).

— Sie sind der höchsten Ideen voll, | Zum staunen — oder zum lachen; | Ein jeder weiß, wie man's machen soll, | Doch keiner kann es machen.

Frz. Grillparzer, Gedichte (1873). Nr. 5. Poesie u. Poeten. Neueste Dichterschule. Nr. 3.

Igel. — Es sticht bald, was da wird ein Igel.

Joh. Friedr. Fischart, Eulenspiegel Reimensweiß (1569). Wie Tyl Eulenspiegel geboren v. zu dreyen malen getaufft ward.

Ilium. — Einst wird kommen der Tag, da die heilige Ilios hinsinkt, | Priamos selbst, und das Volk des lanzenkundigen Königs! Griech.: *Ἔσσεται ἦμαρ, ὅτ' ἄν ποτ' ὀλώλῃ Ἴλιος ἱρὴ | Καὶ Πρίαμος καὶ λαὸς ἐυμμελίω Πριάμοιο.*

Homer, Ilias. Übers. v. Voß. Ges. 4, V. 464—65.

Illusionen. — Illusionen sind die Schmetterlinge des Lebensfrühlings.

Peter Sirius, Tausend u. Ein Gedanken (1899). Vorurteil u. Illusion.

Immer. — Ein rasches Pferd nur immer jagen, | Ein saubres Kleid nur immer tragen, | Den nützen Freund nur immer plagen | Hat niemals gute Frucht getragen.

Friedr. von Logau, Teutsche Sinn-Getichte (1654). Nicht zu viel.

Imperativ. — Der kategorische Imperativ ist ein einziger, und zwar dieser: handle nur nach derjenigen Maxime, durch die du zugleich wollen kannst, daß sie ein allgemeines Gesetz werde!

Immanuel Kant, Grundlegung zur Metaphysik d. Sitten (1785).

— Den kategorischen Imperativus fand, | Das weiß ein jedes Kind, Immanuel Kant.

Gustav Schwab, Gedichte. Joh. Kant (geb. 1835).

Imponieren. — Alles was uns imponieren soll, muß Charakter haben.

Joh. Wolfg. von Goethe, Gespräch mit Riemer (Aug. 1808).

— Breite Schultern und pralle Waden mußt du haben und einen kräftigen Baß, und ein jovialer Bursche mußt du sein, ein Prahler, und wo möglich auch ein Taugenichts, dann imponierst du den Leuten, dann nennen sie dich einen Titanen, und ein Genie und weiß Gott was alles.

Rob. Hamerling, Danton u. Robespierre (1870).

— Auf dieser lärmvollen Erde imponiert den Menschen am Ende doch nichts so sehr als einer von ihnen, der gar keinen Spektakel zu verursachen wünscht und doch seinen Willen effektvoll durchsetzt.

Wilh. Raabe, Fabian u. Sebastian (1882).

Individuum. — Man mag sich noch so sehr zum Allgemeinen ausbilden, so bleibt man immer ein Individuum, dessen Natur, indem sie gewisse Eigenschaften besitzt, andere notwendig ausschließt.

Joh. Wolfg. von Goethe, Briefwechsel mit d. Gebrüdern v. Humboldt. An Wilh. v. Humboldt (16. Juli 1798).

Industrie. — Industrie und Landwirtschaft sollten sich decken und ergänzen.

Otto von Bismarck im Reichstage (14. Juni 1882).

Infanterist. — Ein guter Infanterist ist sich selbst genug.

Militärisches Sprichwort.

Inhalt. — Mehr Inhalt, weniger Kunst. Engl.: **More matter, with less art.**

William Shakespeare, Hamlet (1601—1602). Übers. v. Schlegel. A. 2, Sz. 2 (Königin).

Inkognito. — Zwar bin ich sehr gewohnt, inkognito zu gehn. | Doch läßt am Galatag man seinen Orden sehn.

Joh. Wolfg. von Goethe, Faust, I (1808). Walpurgisnacht (Mephistopheles).

Innen. — Ach, eine Brust, die drinnen blutet, | Erschrecken äußre Wunden nicht! | Wer stürzt vom höchsten Glück herab, | Der fragt nicht viel, in welches Grab! Engl.: Alas! the breast that inly bleeds, | Hath nought to dread from outward blow: | Who falls from all he knows of bliss, | Cares little into what abyss.

George Gordon Lord Byron, D. Giaur (1813). Übers. v. Heichen.

Innig. — Innige Naturen glauben immer, sich selbst und der Welt nicht genug tun zu können; sie möchten zu jeder Stunde, mit jedem Atemzuge ein Glück schaffen, einen hohen Gedanken in der Welt befestigen.

Berth. Auerbach, Auf d. Höhe (1865).

Insultieren. — . . . insultieren lasse ich mich nicht, dann insultiere ich wieder.

Otto von Bismarck im Reichstage (18. Mai 1889).

Interessant. — Die Menschen sind die interessantesten, ebenso wie die Frühlingstage, die nicht hell sind, aber wo die Sonne in jedem Moment durchbrechen will.

Ludw. Tieck, Straußfedern (1796—1798). Ulrich, d. Empfindsame.

— Was ist interessant? Was der Moment gebiert, | Was seine Geltung mit dem Augenblick verliert. | Interessant, was heut', schön ist, was ewig freut; | Das Ew'ge tritt zurück, wo Heutiges gebeut.

Friedr. Rückert, D. Weisheit d. Brahmanen (1836—1839). B. 20, Nr. 86. Schlußv. (Stufe 12. Frieden. Nr. 178.)

Interessen. — Interessen | Täglich mit aus der Schüssel essen. Sprichwort.

Interim. — Das Interim | Hat den Schalk hinter ihm (sich). Reimspr. (16. Jahrh.).

— Das Interim | Hat den Schalk hinter ihm. | Wieviel' Schälke muß es geben, | Da wir alle ad Interim leben!

Joh. Wolfg. von Goethe, Gedichte. Sprichwörtl. (ged. 1812—1814).

Intolerant. — Ihr kommt, das Haus mir umzukehren, | Und steckt mir's überm Kopf in Brand; | Und will ich meiner Haut mich wehren, | So schimpft ihr mich intolerant.

Emanuel Geibel, Gedichte u. Gedenkblätter (1864). Spr. Nr. 38.

Intoleranz. — In einem großen Reiche, dessen Herrschaft sich über soviel verschiedene Völker erstreckt, als es verschiedenen Glauben unter den Menschen gibt, wäre Intoleranz der gefährlichste Fehler. Franz.: Dans un grand empire qui étend sa domination sur autant de peuples divers qu'il y a de différentes croyances parmi les hommes, la faute la plus nuisible serait l'intolérance.

Katharina II., Kaiserin v. Rußland (reg. 1762—1796). Übers. v. Zimmermann.

Intoleranz. — Die schreckenvollste Seite, die der Fanatismus jeder Art darbietet, ist die Intoleranz. Friedr. von Gentz, Gesammelte Schriften (1838—1840). Politische Freiheit.

Irdisch. — Rauch ist alles ird'sche Wesen; | Wie des Dampfes Säule weht, | Schwinden alle Erdengrößen; | Nur die Götter bleiben stet.

Friedr. von Schiller, Gedichte. D. Siegesfest (ged. 1803).

— Irdisch Glück wird Irdischen zum Lohne, | Ihnen färbt sich leicht die Rose rot. | Göttlich leben wird zur Dornenkrone, | Göttlich lehren führt zum Kreuzestod. Joh. Christoph Biernatzki, Gedichte (1844).

Irdische, das. — Und wie der Klang im Ohr vergehet, | Der mächtig tönend ihr (der Glocke) entschallt, | So lehre sie, daß nichts bestehet, | Daß alles Irdische verhallt!

Friedr. von Schiller, Gedichte. D. Lied v. d. Glocke (ged. Sept. 1799).

Irland. — „Die Niobe der Nationen!“ (Irland).

Ferd. Freiligrath, Neuere politische u. soziale Gedichte. Erstes Heft (1849). Irland (ged. Febr. 1847).

Irregehen. — Wer jrr gangen ist, der kan andern desto besser den Weg zeigen.

Christoph Lehmann, Politischer Blumen=Garten (1662). T. 1. Irren, Irrthumb. Nr. 4.

— Wir ahnen nur, und suchen, 'n jeder auf seinem Wege, und gehen irre.

Matthias Claudius, Sämtl. Werke d. Wandsbecker Boten. T. 4 (1783). Ernst u. Kurzweil, v. meinem Vetter an mich.

— Wir gingen alle in der Irre wie Schafe.

Jesaias, K. 53, V. 6.

— Wer irre geht und wieder wend't, | Der wird wohl unbillig geschänd't. Alter Spr.

Irren. — Verzeihe liebreich! Irren ist der Menschen Los. Griech.: *Σύγγνωθ'. ἁμαρτεῖν εἰκὸς ἀνθρώπους.*

Euripides, Hippolyt (um 428 v. Chr.). Übers. v. Minckwitz. V. 615 (Amme).

— Lieber . . . will ich mit Plato irren, . . . als mit jenen (den Pythagoreern) das Wahre fühlen. Lat.: Errare . . . malo cum Platone, . . . quam cum istis vera sentire.

Marc. Tull. Cicero, Tusculanische Unterredungen (um 44 v. Chr.). Übers. v. Sonne. B. 1, K. 17, § 39.

— Jeder Mensch kann irren, im Irrtum verharren nur der Tor. Lat.: Cuiusvis hominis est errare, nullius nisi insipientis in errore perseverare.

Marc. Tull. Cicero, Philippische Reden (um 44—43 v. Chr.). Übers. v. Klotz. Nr. 12, K. 2, § 5.

— Irren ist menschlich und Vergeben göttlich. Engl.: To err, is human; to forgive, divine.

Alexander Pope, Essay über Kritiken (1711). Übers. v. Ölckers u. Böttger. T. 2, V. 325.

— Ach, da ich irrte, hatt' ich viel Gespielen; | Da ich dich (die Wahrheit) kenne, bin ich fast allein.

Joh. Wolfg. von Goethe, Schriften (1787—1790). Gedichte. Zueignung.

Irren. — Wage du, zu irren und zu träumen; | Hoher Sinn liegt oft in kind'schem Spiel.

Friedr. von Schiller, Gedichte. Thekla (ged. 1802). Mel. v. Friedr. Ludw. Seidel (1805).

— Wir irren allesamt, nur jeder irret anders.

Georg Christoph Lichtenberg, Verm. Schriften (1800—1806). Bd. 4, Nr. 3. Aufsätze a. d. Göttingischen Taschenbüchern. Nr. 5. Über d. Kopfzeuge. Schlußwort.

— Es irrt der Mensch, so lang' er strebt.

Joh. Wolfg. von Goethe, Faust, I (1808). Prolog im Himmel (D. Herr).

— Der Mensch ist dem Irren unterworfen, und wie er in einer Folge, wie er anhaltend irrt, so wird er sogleich falsch gegen sich und gegen andere, dieser Irrtum mag in Meinungen oder in Neigungen bestehen.

Joh. Wolfg. von Goethe, Gesch. d. Farbenlehre (1810). Abteilung 5, Epoche 1. Newtons Persönlichkeit.

— Wer nicht mehr liebt und nicht mehr irrt, | Der lasse sich begraben!

Joh. Wolfg. von Goethe, Gedichte. Epigrammatisch. D. Beste (ged. 1814).

— Sobald man spricht, beginnt man schon zu irren. Joh. Wolfg. von Goethe, Werke (1815—1819). Gedichte. Epigrammatisch. Spr., Widerspr.

— Irrt der Blinde, so zeigt jeder mitleidig den Weg ihm; | Stürzet der Seher hinab, wird er von allen verlacht.

Joh. Gottfr. von Herder, Sämtl. Werke (1805—1820). Blumenlese a. morgenländischen Dichtern. Nr. 2. D. Rosental. B. 2. D. Rüstung.

— Es gibt Menschen, die gar nicht irren, weil sie sich nichts Vernünftiges vorsetzen.

Joh. Wolfg. von Goethe, Werke (1827—1830). Maximen u. Reflexionen. Abteilung 3.

— Wenn du nicht irrst, kommst du nicht zu Verstand! Joh. Wolfg. von Goethe, Faust, II (1831). A. 2. Klassische Walpurgisnacht. Am obern Peneios (Mephistopheles).

Irren, sich. — Es irrt sich der Priester am Altare. Ital.: **Erra il prete all' altare.**

Sprichwort.

— Jeder Wissende irrt sich, und jedes edle Pferd stolpert. Arabisches Sprichwort.

Irrfahrt. — An diesem Herzen endet meine Irrfahrt.

Friedr. von Schiller, D. Jungfrau v. Orleans (1801). A. 3, Sz. 3 (Burgund).

Irrtum. — Dem Irrtum sind | Die Menschen samt und sonders ausgesetzt. Griech.: *Ἀνθρώποισι γὰρ | Τοῖς πᾶσι κοινόν ἐστι τοὐξαμαρτάνειν.*

Sophokles (um 496—406 v. Chr.), Antigone. Übers. v. Jordan. V. 1011—12 (Tiresias).

— Doch der ist weder unklug noch beschränkt, | Wer nach dem Irrtum sich vom Fall erhebt, | Anstatt im Unrecht trotzig zu verharren. Griech.: *Ἐπεὶ δ' ἁμάρτῃ, κεῖνος οὐκέτ' ἔστ' ἀνὴρ | Ἄβουλος οὐδ' ἄνολβος, ὅστις ἐς κακὸν | Πεσὼν ἀκεῖται, μηδ' ἀκίνητος πέλει.*

Sophokles (um 496—406 v. Chr.), Antigone. Übers. v. Jordan. V. 1013—15 (Tiresias).

Irrtum. — Wer heißt euch, uns den Irrtum rauben, | Den unser Herz mit Lust besitzt, | Und der, so heftig wir ihn glauben, | Uns dennoch minder schad't als nützt?

Christ. Fürchtegott Gellert, Fab. u. Erz. (1746). B. 1. D. süße Traum.

— Sollt' aller Irrtum ganz verschwinden, | So wär' es schlimm, ein Mensch zu sein.

Christ. Fürchtegott Gellert, Fab. u. Erz. (1746). B. 1. D. süße Traum. Schlußv.

— . . . nur der Irrtum ist unser Teil.

Gotthold Ephr. Lessing, Schriften (1753—1755). Gedichte. Fragmente. Nr. 6. D. Religion. Ges. 1. Vorerinnerung.

— Weit besser für das Heil der Welt | Ist frommer Irrtum, der erhält, | Als kalte Weisheit, die zerstöret.

Karl Wilh. Ramler, Fabellese (1783). D. Weise u. d. Tor.

— Ich merke wohl, es steckt der Irrtum an.

Joh. Wolfg. von Goethe, Torquato Tasso (1789). A. 4, Sz. 4 (Antonio).

— Der blinden Welt behagt der Irrtum allzu sehr. | Vernunft ihr predigen, scheint nur ein Irrtum mehr.

Joh. Christoph Friedr. Haug, Sinngedichte (1791). D. Welt.

— Nicht vor Irrtum zu bewahren, ist die Pflicht des Menschenerziehers; sondern den Irrenden zu leiten, ja ihn seinen Irrtum aus vollen Bechern ausschlürfen zu lassen, das ist Weisheit der Lehrer.

Joh. Wolfg. von Goethe, Wilh. Meisters Lehrjahre (1777—1796).

— Schadet ein Irrtum wohl? Nicht immer! Aber das Irren | Immer schadet's. Wie sehr, sieht man am Ende des Wegs.

Joh. Wolfg. von Goethe, Gedichte. Vier Jahreszeiten (ged. 1796). Herbst. Nr. 50.

— Fremde Kinder, wir lieben sie nie so sehr als die eignen; | Irrtum, das eigene Kind, ist uns dem Herzen so nah.

Joh. Wolfg. von Goethe, Gedichte. Vier Jahreszeiten (ged. 1796). Herbst. Nr. 51.

— Irrtum verläßt uns nie; doch ziehet ein höher Bedürfnis | Immer den strebenden Geist leise zur Wahrheit hinan.

Joh. Wolfg. von Goethe, Gedichte. Vier Jahreszeiten (ged. 1796). Herbst. Nr. 52.

— . . . wir müssen den Irrtum — und oft den Unsinn — zuvor erschöpfen, ehe wir uns zu dem schönen Ziel der ruhigen Weisheit hinaufarbeiten.

Friedr. von Schiller, Prosaische Schriften (1793—1802). Philosophische Br. Vorerinnerung.

— Je blendender, je verführender der Irrtum, desto mehr Triumph für die Wahrheit.

Friedr. von Schiller, Prosaische Schriften (1793—1802). Philosophische Br. Vorerinnerung.

Irrtum. — Nur der Irrtum ist das Leben, | Und das Wissen ist der Tod.

Friedr. von Schiller, Gedichte. Kassandra (ged. 1802).

— Nur der Betrug entehrt, der Irrtum nie.

Georg Christoph Lichtenberg, Verm. Schriften (1800—1806). Bd. 4, Nr. 3. Aufsätze a. d. Göttingischen Tagebüchern. Nr. 13. Auffrischung eines veralteten Gemäldes.

— O glücklich, wer noch hoffen kann, | Aus diesem Meer des Irrtums aufzutauchen!

Joh. Wolfg. von Goethe, Faust, I (1808). Vor d. Tor (Faust).

— Menschen irren, aber nur große Menschen erkennen ihren Irrtum.

Aug. von Kotzebue, D. Biene (1808—1809).

— Wahrheit beherrsche den Geist; doch gönne sie schüchternem Irrtum, | Wenn ihn ein schönes Gefühl adelt, sein Recht an das Herz.

Karl Gustav von Brinckmann, Elegien u. Arabesken (1820).

— Männliche, tüchtige Geister werden durch Erkennen eines Irrtums erhöht und gestärkt.

Joh. Wolfg. von Goethe, Wilh. Meisters Wanderjahre (1807—1821).

— Die Wahrheit gehört dem Menschen, der Irrtum der Zeit an.

Joh. Wolfg. von Goethe, Werke (1827—1830). Maximen u. Reflexionen. Abteilung 2.

— Der Irrtum wiederholt sich immerfort in der Tat; deswegen muß man das Wahre unermüdlich wiederholen.

Joh. Wolfg. von Goethe, Werke (1827—1830). Maximen u. Reflexionen. Abteilung 3.

— Der Irrtum verhält sich gegen das Wahre wie der Schlaf gegen das Wachen. Ich habe bemerkt, daß man aus dem Irren sich wie erquickt wieder zu dem Wahren hinwende.

Joh. Wolfg. von Goethe, Werke (1827—1830). Maximen u. Reflexionen. Abteilung 3.

— Je vollständiger des Irrtums Bahnen durchlaufen sind, desto sicherer werden sie auch zurückgemessen und dienen dann nur als Wegweiser auf den rechten Weg.

Joh. Christoph Biernatzki, D. Hallig (1836).

— Ein Irrtum weggeräumt, gibt einen wahren Satz; | So durch Irrtümer selbst wächst stets der Wahrheit Schatz.

Friedr. Rückert, D. Weisheit d. Brahmanen (1836—1839). B. 16, Abteilung 1, Nr. 48. (Stufe 5. Leben. Nr. 48.)

— Allgemeine Regeln und Bedingungen der Vermeidung des Irrtums überhaupt sind: 1. selbst zu denken, 2. sich in der Stelle eines andern zu denken und 3. jederzeit mit sich selbst einstimmig zu denken.

Immanuel Kant, Werke (1838—1839). Bd. 3.

Irrtum. — Lehr' nur die Jungen weisheitsvoll, | Wirst ihnen keinen Irrtum sparen; | Was ihnen gründlich helfen soll, | Das müssen sie eben selbst erfahren.

Emanuel Geibel, Juniuslieder (1848). Gelegenheitsgedichte, Spr., Scherze. Spr. Nr. 13.

— . . . ich halte es für männlich und offen, seinen Irrtum anzuerkennen; aber nicht das halte ich für männlich, dem einen Vorwurf darüber zu machen, der von seinem Irrtum zurückgekommen ist.

Otto von Bismarck in d. zweiten Kammer d. preuß. Landtages (3. Dez. 1850).

— Solang' du wallst auf Erdenbahnen, | Dem Irrtum, Freund, entgehst du nicht; | Doch läßt dich Irrtum Wahrheit ahnen, | Irrtum ist Farbe, Wahrheit Licht.

Emanuel Geibel, Neue Gedichte (1856). Spr. Nr. 1.

— Jeder Irrtum hat drei der Stufen: | Auf der ersten wird er ins Leben gerufen, | Auf der zweiten will man ihn nicht eingestehn, | Auf der dritten macht nichts ihn ungeschehn.

Frz. Grillparzer, Gedichte (1873). Nr. 1. Leben u. Lieben. Epigrammatisches. D. Irrtum.

— Von einem Irrtum erlöst, aber auch so recht von ihm erlöst sein, gewährt größere Freude, als eine Wahrheit gefunden zu haben.

Karl Gutzkow, Gesammelte Werke (1873).

— Der Irrtum strömt, die Wahrheit sickert.

Peter Sirius, Tausend u. Ein Gedanken (1899). Wahrheit u. Lüge.

— Irrtum vorbehalten (ein Irrtum ist nicht ausgeschlossen). Sprichwörtl. Redensart.

Irrtümer. — Die Irrtümer des Menschen machen ihn eigentlich liebenswürdig.

Joh. Wolfg. von Goethe, Werke (1827—1830). Maximen u. Reflexionen. Abteilung 3.

— Mit den Irrtümern der Zeit ist schwer sich abzufinden; widerstrebt man ihnen, so steht man allein; läßt man sich davon befangen, so hat man auch weder Ehre noch Freude daran.

Joh. Wolfg. von Goethe, Werke (1827—1830). Über Naturwissenschaft. Abteilung 1.

Irrweg. — Wie schnell ist von der rechten Bahn | Zum Irrweg oft der Schritt getan.

Friedr. Gottl. Klopstock, Sämtl. Werke (1798—1821). Bd. 5.

— Durch den Irrweg führt sein gutes Glück | Manchen auf die wahre Bahn zurück; | Doch den Irrweg drum zum Führer wählen | Heißt erst recht: den rechten Weg verfehlen.

Anastasius Grün (Anton Alexander Graf von Auersperg), Gesammelte Werke (1877). Gedichte. Spr. Nr. 31.

Isolieren, sich. — Es läßt sich nur etwas Bedeutendes produzieren, wenn man sich isoliert.

Joh. Wolfg. von Goethe, A. meinem Leben. Dichtung u. Wahrheit (1809—1831).

Israel. — Siehe, der Hüter Israels schläft noch schlummert nicht!' Ps. 121, V. 4.

— Verlorne Schafe aus Israel.
Nach Matth., K. 10, V. 6.

Italien. — Italien wird ganz allein fertig werden! Ital.: L'Italia farà da sè!
Angeblicher Ausspr. Paretos (1849). Wahlspr. König Karl Alberts v. Sardinien (1798—1849). Übers. v. Pozzoni.

J (j)

Ja. — Ja soll ja und nein soll nein, | Nein nicht ja, ja nein nicht sein; | Der, der anders reden kann, | Ist nicht Christ noch Biedermann.
Friedr. von Logau, Deutsche Sinn-Getichte (1654). Aufrichtigkeit.

— Ich will einst, bei Ja und Nein! | Vor dem Zapfen sterben.
Gottfr. Aug. Bürger, Gedichte. Zechlied (ged. 1777). Mel. v. Joh. Abraham Peter Schulz (1782).

— Ein schönes Ja, ein schönes Nein, | Nur geschwind! soll mir willkommen sein!
Joh. Wolfg. von Goethe, Gedichte. Sprichwörtl. (ged. 1812—1814).

— Sprich ja und nein, und dreh' und deutle nicht! Rob. Reinick, Lieder (1844).

— Dein Ja sei lang bedacht, doch heilig; | Dein Nein sprich mild, doch nicht zu eilig! | So wird das Ja den Freund erfreuen, | Das Nein dich selber niemals reuen.
Anastasius Grün (Anton Alexander Graf von Auersperg), Gesammelte Werke (1877). Gedichte. Spr. Nr. 1.

— Als Ja und Nein im Brauche ging, | Stand's mit der Welt nicht so gering. Sprichwort.

— Einerlei Ja und einerlei Nein | Macht erst wahrhafte Freunde sein. Sprichwort.

— Ja und Nein scheidet die Leute. Sprichwort.

— Ja und Nein regiert die Welt. Ital.: Si e no governa 'l mondo.
Venetianisches Sprichwort.

— Ja, ja, ja, ja! segt Thomas, da lêwe noch.
Sprichwörtl. Redensart. Hildesheim.

Jacke. — Es ist Jacke wie Hose (es ist einerlei).
Sprichwörtl. Redensart.

Jagd. — Die Jagd ist doch immer was und eine Art von Krieg.
Joh. Wolfg. von Goethe, Götz v. Berlichingen (1773). A. 4. Jaxthausen (Verse).

— Die Jagd kann selbst . . . ein vortreffliches Erziehungsmittel abgeben, die Jugend vor Weichheit und Wollust zu schützen; und Diana war den gerne allegorisierenden Alten die Feindin der Venus und der Liebe.
Karl Jul. Weber, Demokritos (1832—1840). D. Jagdlust.

— Mit Emphase zählen gewisse Herrn | Die Jagd zu den Menschenrechten; | Es ist an der Sache ein rechter Kern, | Doch gehört sie nicht für die Schlechten!
Viktor Merlin, Gedicht'ln u. Spruchreime über Wald, Wild u. Waidwerk (1887). Nr. 2. Spruchreime.

Jagd. — Allah zählt die Tage nicht, die wir auf der Jagd zubringen. Arabisches Sprichwort.

Jagdtag. — Sankt Nimrod selbst gestand es frei, | Nicht jeder schöne Jagdtag sei | Zum Fangtag auserkoren.
Heinr. von Wildungen, Lieder für Forstmänner u. Jäger (1816).

Jagen. — Wer jagen, stechen, schiessen wil, | Der hat klein nutz und kosten vil.
Seb. Brant, D. Narrenschif (1494). Nr. 75. V. bosen schützen. Schlußv.

Jagen, das. — Frisch auf zum fröhlichen Jagen, | Es ist nun an der Zeit.
Friedr. Baron de la Motte Fouqué, Gedichte. Kriegslied für d. freiwilligen Jäger (ged. 1813).

— Die Tale dampfen, die Höhen glühn! | Welch fröhlich Jagen in Waldesgrün!
Helmina von Chezy, Euryanthe. Jägerchor (ged. 1823). Komp. v. Karl Maria von Weber. (Erste Auff. am 25. Okt. 1823 in Wien.)

— Das Jagen würzt den Schlummer, | Das Jagen würzt den Wein, | Und gegen Liebeskummer | Kann auch nichts besser sein.
Frz. Ritter von Kobell, Wildanger (1859). Spruchreime. Nr. 1.

— Der Liebe Lust und Poesie, | Die sind ein flüchtig Spiel, | Und ist's mit deinem Frühling 'rum, | Bedeutet's nicht mehr viel; | Des Jagens Lust und Poesie, | Die haben bessern Halt | Und bleiben sonder Wandel treu, | Ob jung du oder alt. Frz. Ritter von Kobell, Wildanger (1859). Spruchreime. Nr. 2.

Jäger, der. — Es blies ein Jäger wohl in sein Horn, | Wohl in sein Horn; | Und alles, was er blies, das war verlorn.
D. Knaben Wunderhorn (1806—1808). D. schwarzbraune Hexe.

— Es blies ein Jäger wohl in sein Horn | Und wandelte still durch Dickicht und Dorn.
Wilh. Gerhard, Gedichte. Jäger (ged. 1817). Mel. v. Aug. Pohlenz (1843).

— Jäger ist er nicht, aber der Hang zur Übertreibung ist da.
Otto von Bismarck im Reichstage (10. Jan. 1885).

— Bist deswegen ka Jaga, | Hast a Federn am Huat | Und a Büx'n, dö zeitweis | Bumbum machen thuat.
Viktor Merlin, Gedichtl'n u. Spruchreime über Wald, Wild u. Waidwerk (1887). Nr. 2. Spruchreime.

Jäger, der. — Blitzend Aug' und ruhiger Sinn, — | Steckt gewiß ein Jäger drin.

Wilh. Riegler, Gedichtl'n u. Spruchreime über Wald, Wild u. Waidwerk (1887). Nr. 2. Spruchreime.

— Ein Jäger aus Kurpfalz, | Der reitet durch den grünen Wald.

D. Jäger a. Kurpfalz. Volkslied u. =weise.

— Ein Jäger, der nicht raucht und trinkt, | Nicht liebt und frohe Lieder singt | Und niemals spricht ein Wort Latein, — | Das kann kein rechter Jäger sein! Sprichwörtl.

— Der Frühling mit Mai und mit Rosen | Ist für Weiber, Poeten und Franzosen; | September, Oktober mit herbstlichem Wind | Dem deutschen Jäger der Frühling sind.

Inschrift im großen Saale d. Jagdschlosses Promnitz.

— Bin a lustiger Jager, | Geh' außi in grüen' Wåld, | I schieß', wås mi' g'freut, | Und lieb', wås mir g'fällt. Tiroler Schnaderhüpfl.

— Wås braucht denn a Jager? | A Jager braucht nix | Ås a braunaugets Diendl, | An' Hund und a Büchs. Tiroler Schnaderhüpfl.

Jäger, die. — Wo wackre Jäger Helfer sind, | Da ist es wohl bestellt.

Gottfr. Aug. Bürger, Gedichte. Feldjägerlied (1795).

— Es gingen drei Jäger wohl auf die Birsch.

Ludw. Uhland, Gedichte. Balladen u. Romanzen. D. weiße Hirsch (ged. 27. Nov. 1811). Mel. v. Konradin Kreutzer (komp. 1823).

— Mit frohem Mut und heitrem Sinn | Ziehn Jäger wir zum Feinde hin.

Soldatenlied u. =weise (um 1815).

— Es lebe, was auf Erden | Stolziert in grüner Tracht; | Die Wälder und die Felder, | Die Jäger und die Jagd!

Wilh. Müller, Gedichte. Lieder d. Lebens u. d. Liebe. Nr. 3. Ländliche Lieder. Jägers Lust (ged. 1822). Mel. v. Konradin Kreutzer (komp. 1823).

— Die Jäger haben einen guten Schlund, | Sie essen und trinken zu jeder Stund | Und sind dabei immer frisch und gesund. Jägerspr.

Jägerei. — Gar lustig ist die Jägerei | Allhier auf grüner Heid'.

D. Jäger a. Kurpfalz. Volkslied u. =weise.

Jägerleben. — Nur das edle Jägerleben | Ist mit lauter Lust umgeben. Jägerlied.

Jägersmann. — Im Wald und auf der Heide, | Da such' ich meine Freude; | Ich bin ein Jägersmann.

Wilh. Bornemann, Jägerlied (ged. 1816). Volksweise.

Jägerstand. — Um Tigern gleich zu morden | In Wäldern weit und breit, | Hab ich Dianens Orden | Mich wahrlich! nicht geweiht! | Nein — einem edlern Triebe | Dank' ich mein grün Gewand; | Nur dir, Natur, zuliebe | Wählt' ich den Jägerstand. Heinr. von Wildungen, Lieder für Forstmänner u. Jäger (1816).

Jägervergnügen. — Was gleicht wohl auf Erden dem Jägervergnügen?

Friedr. Kind, D. Freischütz (ged. 1817—1818). A. 3, Sz. 4 (Jägerchor). Komp. v. Karl Maria von Weber. (Erste Auff. am 18. Juni 1821 in Berlin.)

Jäh. — Zu jäh | Bringt Weh'. Sprichwort.

Jahr. — Es wird das alte Jahr, das sich nun schleust, gehalten, | Als wanns vergangen wär'; und dieß ist wahr mein Christ, | Wo du ein Neuer Mensch in Gott geworden bist; | Ists nicht, so lebstu noch warhafftig in dem alten.

Angelus Silesius (Joh. Scheffler), Cherubinischer Wanders=Mann (1675). B. 3, Nr. 249. D. Jahrs Beschluß.

— Das Jahr übt eine heiligende Kraft; | Was grau für Alter ist, das ist ihm (dem Menschen) göttlich. Friedr. von Schiller, Wallensteins Tod (1799). A. 1, Sz. 4 (Wallenstein).

— So singen wir, so trinken wir | Uns froh hinein ins neue Jahr.

Aug. Heinr. Hoffmann von Fallersleben, Lyrische Gedichte. Nr. 4. Volksleben. Allerlei Klänge a. d. Volksleben. Jugend= u. Mannesjahre. Neujahrslied (ged. 29. Dez. 1826). Mel. v. Immanuel Sauermann (1828).

— ... das Jahr ist kurz, und lang | Die Stunde.

Christ. Dietr. Grabbe, Don Juan u. Faust (1829). A. 3, Sz. 2 (Faust).

— Das tolle Jahr.

Ludw. Bechstein, Titel eines Romanes (1833). Behandelt d. Wirren d. Jahres 1509 in d. Stadt Erfurt; heute meinen wir mit dieser Redensart d. Jahr 1848.

— Übers Jahr, mein Schatz, übers Jahr...

Dorothea Böttcher, Deutsche Klänge in Amerika. Übers Jahr (ged. 1. Mai 1877). Volksweise.

— Das Jahr hat ein weites Maul und großen Magen. Sprichwort.

— s'Johr het es wit's Muul (weites Maul). Schweizer Sprichwort.

Jahre. — Wie rollen flüchtig, Postumus, Postumus, | Die Jahr' hinunter! Lat.: **Eheu, fugaces, Postume, Postume, | Labuntur anni.**

Quint. Horatius Flacc., Oden (um 23 v. Chr.). Übers. v. Voß. B. 2, Nr. 14, V. 1—2.

— Wer vor zwentzig jaren nicht hübsch wirt, | Vnd vor dreyssig jaren nicht starck, | Vor viertzig jaren nicht witzig, | Vor fünfftzig jaren nicht reych, | An dem ist alle hoffnung verloren.

Joh. Agricola, Drey hundert Gemeyner Sprichwörtter (1529). Nr. 296.

— Zehen jar ein kindt, | Zwentzig jar ein jüngling, | Dreyssig jar ein man, | Viertzig jar wol gethan, | Funfftzig jar stille stan, | Sechtzig jar gehet dichs alter an, | Sibentzig jar ein greyß, | Achtzig jar nymmer weyß, | Neuntzig jar der kinder spott, | Hundert jar gnad dir Gott!

Joh. Agricola, Drey hundert Gemeyner Sprichwörtter (1529). Nr. 297.

— Gleich vollen Segeln fliehn die Jahre | Mit ihren Augenblicken fort.

Friedr. Karl Kasimir Freiherr von Creuz, Oden u. andere Gedichte. Neujahrs=Gedanken (ged. 1753).

Jahre. — Die Jahre fliehen pfeilgeschwind.
Friedr. von Schiller, Gedichte. D. Lied v. d. Glocke (ged. Sept. 1799).

— Hat einer dreißig Jahr' vorüber, | So ist er schon so gut wie tot. | Am besten wär's, Euch zeitig totzuschlagen.
Joh. Wolfg. von Goethe, Faust, II (1831). A. 2. Hochgewölbtes enges gotisches Zimmer (Baccalaureus).

— Wenn er (der Mensch) lange lebt, so lebt er hundert Jahre. Jes. Sir., K. 18, V. 8.

— Jahre lehren mehr als Bücher. Sprichwort.

Jahrhundert. — Wehe dem Jahrhundert, das dich von sich stieß!
Joh. Wolfg. von Goethe, Götz v. Berlichingen (1773). A. 5. Gärtchen am Turn (Maria).

— Arm in Arm mit dir, | So fordr' ich mein Jahrhundert in die Schranken!
Friedr. von Schiller, Don Carlos (1787). A. 1, Sz. 9 (Carlos). Schlußv.

— Das Jahrhundert | Ist meinem Ideal nicht reif. Ich lebe | Ein Bürger derer, welche kommen werden.
Friedr. von Schiller, Don Carlos (1787). A. 3, Sz. 10 (Marquis).

— Lebe mit deinem Jahrhundert, aber sei nicht sein Geschöpf; leiste deinen Zeitgenossen, aber, was sie bedürfen, nicht, was sie loben!
Friedr. von Schiller, Prosaische Schriften. Über d. ästhetische Erziehung d. Menschen, in einer Reihe v. Br. (1795). Br. 9.

— Eine große Epoche hat das Jahrhundert geboren; | Aber der große Moment findet ein kleines Geschlecht.
Friedr. von Schiller, Gedichte. D. Zeitpunkt (ged. 1796).

— Sein Jahrhundert kann man nicht ändern; aber man kann sich dagegen stellen und glückliche Wirkungen vorbereiten.
Joh. Wolfg. von Goethe, Briefwechsel zwischen Schiller u. Goethe (21. Juli 1798).

— Jedes Jahrhundert hat seinen eigenen Geist der Zeit, folglich auch seine eigenen Lächerlichkeiten, die noch dem nachfolgenden erst klar und zum Lachstoff werden.
Karl Jul. Weber, Demokritos (1832—1840). D. Geist d. Zeit.

Jahrmarkt. — Sie halten auch das menschliche Leben für einen Scherz und menschlichen Wandel für einen Jahrmarkt. Danach: Jahrmarkt des Lebens. Wsh. Sal., K. 15, V. 12.

Jahrzehnt. — . . . denn jedes Jahrzehnt des Menschen hat sein eigenes Glück, seine eigenen Hoffnungen und Aussichten.
Joh. Wolfg. von Goethe, D. Wahlverwandtschaften (1808—1809). T. 2, K. 12.

Jähzornig. — Ein gäher billich esel rit.
Seb. Brant, D. Narrenschif (1494). Nr. 35. V. lüchtlich zürnen. Schlußv.

— Jähzornige Leut' sind treue Leut'. Alter Spr.

Jakob. — Det is der wahre Jakob (das ist das richtige Mittel). Berliner Redensart.

Jammer. — Auch der Jammer hat ein Maß. Griech.: *Εἰ μέτρῳ μοχθητέον.*
Euripides (um 480—406 v. Chr.), D. rasende Herakles. Übers. v. Minckwitz. V. 1251 (Herakles).

— Im Himmel wie auf Erden herrscht in jeglichem | Ein großer Wirrwarr; Jammer nur erfüllt die Welt. Griech.: *Πολὺς ταραγμὸς ἔν τε τοῖς θείοις ἔνι | Κἀν τοῖς βροτείοις· ἐν δὲ λυπεῖται μόνον.*
Euripides (um 480—406 v. Chr.), Iphigenie bei d. Tauriern. Übers. v. Minckwitz. V. 572—73 (Orestes).

— Der Menschheit ganzer Jammer faßt mich an.
Joh. Wolfg. von Goethe, Faust, I (1808). Kerker (Faust).

— Der tiefste Jammer ist tränenlos.
Karl Emil Franzos, D. Juden v. Barnow (1877).

Jammern, das. — Doch frommt das Jammern? Tragen muß man Götterschluß. Griech.: *Ἀτὰρ τί ταῦτα; δεῖ φέρειν τὰ τῶν θεῶν.*
Euripides (um 480—406 v. Chr.), D. Phönizierinnen. Übers. v. Minckwitz. V. 383 (Jokaste).

— Niemand heilt durch Jammern seinen Harm. Engl.: But none can cure their harms by wailing them.
William Shakespeare, Richard III. (1592). Übers. v. Schlegel. A. 2, Sz. 2 (Gloster).

Jammertag. — O, muß ich diesen Tag des Jammers schauen!
Friedr. von Schiller, D. Jungfrau v. Orleans (1801). A. 1, Sz. 7 (Sorel).

Januar. — Im Jenner ich wolleben thue, | Brauch Wein vnd Speis mit guter Rhue.
D. zwölf Monate (1584).

— Ohne Schrittschuh und Schellengeläut' | Ist der Januar ein böses Heut'.
Joh. Wolfg. von Goethe, Werke (1827—1830). Gedichte. Epigrammatisch. Jahraus, jahrein.

— Am 10. Jänner Sonnenschein | Bringt viel Korn und Wein. Bauernregel.

— Im Jänner viel Regen, wenig Schnee, | Thut Saaten, Wiesen und Bäumen weh. Bauernregel.

— Im Jänner wenig Wasser, viel Wein; | Bei viel Wasser wird es wenig sein. Bauernregel.

— Ist der Januar hell und weiß, | Wird der Sommer sicher heiß. Bauernregel.

— Januar warm, | Daß Gott erbarm'! Bauernregel.

— Nebel im Januar | Deutet auf ein nasses Frühjahr. Bauernregel.

— Wächst das Korn im Januar, | Wird es auf dem Markte rar. Bauernregel.

— Wenn's im Januar donnert überm Feld, | So kommt später große Kält'. Bauernregel.

Janustempel. — Der Janustempel ist geschlossen (es ist Friede; abgeleitet von dem Gotte Janus, dessen Tempel in Rom nur bei Beginn eines Krieges geöffnet wurde). Bek. Redensart.

Jaromir. — Ja, ich bin's, du Unglücksel'ge, ... | Bin der Räuber Jaromir!

Frz. Grillparzer, D. Ahnfrau (1817). A. 3 (Jaromir).

Jäten. — Fleißig jäten | Ist frommer als beten. Bauernregel.

— Wer nicht jätet früh, | Jätet später mit vergeblicher Müh'. Bauernregel.

Jawort. — Alle guten Väter leben! | Die das Jawort lächelnd geben | Wenn die Liebenden drum flehn! Jugendverein. Verfasser unbek. Mel. v. Karl Gottl. Hering (1789).

— . . . gar vieles zu dulden verbindet ein einziges Jawort.

Joh. Wolfg. von Goethe, Hermann u. Dorothea (1797). Urania.

Jenseits. — Jenseit des Ufers gibt's ein besser Land; | Gefilde voller Lust erwarten euch.

Ewald Christ. Kleist, Sämtl. Werke (1760). Gedichte. D. gelähmte Kranich. Schlußv.

Jenseits, das. — Niemand kann den Schleier wegziehen, den die Vorsehung gewiß mit tiefer Weisheit über das Jenseits gezogen. Aber gewiß kann die Seele nur gewinnen an innerer Freiheit, an Klarheit aller Einsicht in das Tiefste und Höchste, an Wärme und Reinheit des Gefühls, an Reichtum und Schönheit der umgebenden Welt.

Wilh. Freiherr von Humboldt, Br. an eine Freundin (25. Dez. 1825).

— Das Jenseits ist nichts anderes, als die sinnliche, wirkliche Welt, als Welt der Phantasie.

Ludw. Feuerbach, Gedanken über Tod u. Unsterblichkeit (1830). Bd. 3.

Jeremiade. — Jeremiade.

Nach Klagelieder Jer.

Jesuit. — O Trughafts Hütlein mit vier Scheinen, | Schein anderst, als wir es gemeynen; | Ja schein, als werst der Jesus Glider | Vnd sei doch stäts Jesu zu Wider. Danach: Jesuwider.

Joh. Friedr. Fischart, Legend v. Beschreibung d. Viereckechten Hütleins (1580).

— Teuflischer Heuchler (Jesuit)! Du machst mit der Rechten das Zeichen des Kreuzes, | Doch mit der Linken indes schlägst du die Völker ans Kreuz. Aug. Graf von Platen-Hallermund, Gesammelte Werke (1839). Gedichte. Epigramme. An einen Despoten.

— Die deutschen Seelen will es ersticken, | Den deutschen Glauben zermalmen, erdrücken, | Bleierne Luft, giftiger Brodem — | Das ist Loyolas (des Gründers des Jesuitenordens) tödlicher Odem!

Ernst von Wildenbruch, Generalfeldoberst (1889). A. 1, Sz. 8 (Joh. Georg).

Jesuiten. — Nicht ist es diese oder jene meiner Meinungen, um derentwillen ich verfolgt wurde und werde, sondern die Feindschaft der Jesuiten. Ital.: Non è questa nè quella opinione che mi ha fatto e mi fa la guerra, ma l'essere in disgrazia dei Gesuiti.

Galileo Galilei, Br. an Elia Diodati (25. Juli 1634). Übers. v. Pozzoni.

Jesuiten. — Jeder ehrliche Mann sollte Zeter schreien, wenn er Jesuiten in dem Lande eines guten Fürsten erblickt.

Aug. von Kotzebue, Kleine Romane, Erz., Anecdoten u. Miscellen (1805—1806).

— Er schnopert, was er schnopern kann. | Er spürt nach Jesuiten.

Joh. Wolfg. von Goethe, Faust, I (1808). Walpurgisnachtstraum (Neugieriger Reisender).

— . . . der Teufel, der Adel und die Jesuiten existiren nur so lange, als man an sie glaubt.

Heinr. Heine, Reisebilder. Italien (1828—1829). Nr. 1. Reise v. München nach Genua. K. 9.

— Mit Gebeten und Jesuiten zwingt man nicht mehr die Welt.

Christ. Dietr. Grabbe, Napoleon oder D. hundert Tage (1831). A. 3, Sz. 3 (Napoleon).

— . . . (den Jesuiten), dem abscheulichsten aller Mönchsorden . . .

Karl Jul. Weber, Demokritos (1832—1840). D. Sat.

— Mein lieber Abraham nannte, wie alle vernünftigen Männer, Katholiken so gut als Protestanten, jene verruchten Schwarzen (die Jesuiten) nie anders als Jesuwider.

Karl Jul. Weber, Demokritos (1832—1840). D. Wortspiel.

— Mich werden die Jesuiten hassen, aber auch fürchten. Sie werden sie nicht fürchten und doch hassen. Sie wollen nicht schießen, so werden Sie Scheibe sein. Otto von Bismarck zu Andrassy (1871).

— Säet Jesuiten, erntet Revolutionäre! Franz.: Semez du jésuite, moissonez du revolté!

Prinz Napoleon im franz. Parlament (1877). Übers. v. Zimmermann.

— Die Jesuiten sind eine Gefahr für das geringe Maß, für den geringen Rest von Nationalgefühl, der einer großen Mehrzahl von uns Deutschen geblieben ist.

Otto von Bismarck im Reichstage (26. Nov. 1885).

— . . . denn sie (die Jesuiten) haben einen feinen Instinkt für die Zukunft.

Otto von Bismarck im Reichstage (28. Nov. 1885).

— Jesuiten sind des Teufels letzter Krach, mit dem er lange schwanger gegangen. Alter Spr.

— O Herr, b'hüt üs | Vor Jesuite und Gwandlüs. | Bösi Wyber und falsches Geld | Het der Tüfel gsait i d' Welt; | Das sy alls Plaggeister; | Hans Roth Zimmermeister.

Spr. an einem Hause. Oberaargau.

Jesuitenorden. — Es ist dieser Kosmopolitismus, diese Neigung zur Vaterlandslosigkeit, die gerade der Jesuitenorden mehr als irgend ein anderer durch seine Jugenderziehung fördert.

Otto von Bismarck im Reichstage (28. Nov. 1885).

Jesus. — Jesus, den die Juden einst verkauften, | Wär' er auf Erden jetzt, ich glaube, die Getauften | Verkauften ihn zum größten Teile.

Reinmar von Zweter (13. Jahrh.).

Jesus. — Ach, bleib' mit deiner Gnade | Bei uns Herr Jesu Christ!

Josua Stegmann (1588—1632).

— Hertzliebster Jesu, wz hast du verbrochen, | Daß man ein solch scharff Vrtheil hat gesprochen? | Wz ist die schuld? In was für Missethaten | Bist du gerathen?

Joh. Heermann, Hauß= v. Hertz=Musica (1650). Trost a. Jesu Liebe u. Gnade.

— Breit aus die Flügel beide, | O Jesu, meine Freude, | Und nimm dein Küchlein ein!

Paul Gerhardt, Geistl. Andachten. Nun ruhen alle Wälder (1653).

— Wie ein Turtel=Täubelein | In der Wüsten seufftzt und girrt, | Wann es sich befindt allein | Und von seinem Lieb verirrt; | Also ächtzet für vnd für, | Jesu, meine Seel nach dir!

Angelus Silesius (Joh. Scheffler), Hl. Seelen=Lust (1657). D. Psyche seuffzet nach ihrem Jesu wie ein einsames Turtel=Täublein nach seinem Gemahl.

— Von dir (Jesus), Quell aller Güter, | Ist mir viel Guts gethan.

Paul Gerhardt, Geistl. Andachten. An d. Angesicht d. Herrn Jesu (1659).

— Ach! gib, daß ich mich halte | Zu dir (Jesus) und deiner Treu; | Und wann ich nun erkalte, | In dir mein Ende sei!

Paul Gerhardt, Geistl. Andachten. An d. Angesicht d. Herrn Jesu (1659).

— Jesu, meines Lebens Leben, | Jesu, meines Todes Tod.

Ernst Christoph Homburg, Geistl. Lieder (1659). T. 1. An seinen Erlöser u. Heiland.

— Er ist meines Lebens Liecht; | Meinen Jesum laß ich nicht.

Christ. Keymann, Meinen Jesum (1672).

— Jesu, meine Lebens=Sonne! | Jesu, meine Freud' und Wonne! | Jesu, du mein gantz Beginnen, | Lebens=Quell und Licht der Sinnen!

Joh. Frank, Geistl. Sion (1674). Vorbereitung zum hl. Abendmahl.

— Denen, die den Himmel hassen, | Wil ich ihre Welt=Lust lass'n; | Mich verlangt nach dir allein, | Allerschönstes Jesulein!

Joh. Frank, Geistl. Sion (1674). Dv, O schönes Weltgebäude usw.

— Liebster Jesu, wir sind hier, | Dich und dein Wort anzuhören.

Tob. Clausnitzer (1618—1684), Liebster Jesu.

— Alle Macht der grimmsten Plagen, | Aller Wurm, der raast und reißt, | Selbst der Tod ist leicht zutragen, | Wenn es Jesus Libe heißt.

Christ. Gryphius, Poetische Wälder (1698). Buß= u. Abendmahl=Gedancken.

— Halt' im Gedächtniß Jesum Christ, | Der von dem Tod erstanden ist!

Christ. Fürchtegott Gellert, Geistl. Oden u. Lieder (1757). Osterlied.

Jesus. — Mag auch das Jesusbild, der Wiederschein der Sinnen, | Im regen Strom der Zeit verzittern und zerrinnen; | Wenn alle Zeugnisse von Jesus auch zerschellten, | Der Gottmensch ist der Kern, das Herzlicht aller Welten.

Nicolaus Lenau (Niembsch, Edler von Strehlenau), D. Albigenser (1842). D. Höhle.

— Was Jesus begründet, was ewig von ihm bleiben wird, das ist die Lehre von der Freiheit der Seelen. Franz.: Ce que Jésus a fondé, ce qui restera éternellement de lui, c'est la doctrine de la liberté des âmes.

Ernest Renan, D. Leben Jesu (1861). Übers. v. Kalt.

— Niemals ist jemand weniger Priester gewesen als Jesus, niemals ein größerer Feind der Formen, welche die Religion unter dem Vorwande, sie zu beschützen, ersticken. Franz.: Jamais on n'a été moins prêtre que ne le fut Jésus, jamais plus ennemi des formes qui étouffent la religion sous prétexte de la protéger.

Ernest Renan, D. Leben Jesu (1861). Übers. v. Kalt.

— Der Menschengeist wird niemals satt, | Der nicht aus Jesu Fülle hat. Alter Spr.

— Wer will Jesum einquartieren, | Muß sein Herz mit Tugend zieren. Alter Spr.

— Gott vertravwet, hatt woll gebavwet | Im himel vndt auf erden, | Wer sich vor lest zu Jesum christ, | Dem mvs der himel werden.

Spr. an einem Hause in Hildesheim.

— Im Namen Jesu und Marie | Sollen sich beugen alle Knie! Spr. an einem Hause. Oberinntal.

— Jesu, deine Wunden, Striemen, Eiter, Beulen, | Die sind meines Glaubens Säulen.

Inschrift in d. Johanniskirche zu Danzig.

— O liebreiches Jesulein, | Laß uns Dir stätz befohlen seyn; | Kein bessere Treu auf Erden ist, | Als nur bey dir, Herr Jesu Christ.

Spr. auf einem Bildstock. Obersteiermark.

Jetzt. — Wenn nicht jetzt, wann dann?

Talmud (3. Jahrh.).

— Jetzt oder nie! | Ich muß den teuren Augenblick ergreifen.

Friedr. von Schiller, Wilh. Tell (1804). A. 3, Sz. 2 (Rudenz).

Joch. — ... wer des Herren Joch nicht trägt, | Darf sich mit seinem Kreuz nicht schmücken.

Friedr. von Schiller, Gedichte. D. Kampf mit d. Drachen (ged. 26. Aug. 1798).

— Im Joche stehn, ins Joch gehen (die regelmäßige Tätigkeit wieder aufnehmen).

Sprichwörtl. Redensart.

Johann. — Johann, spann an, | Drei Katzen voran, | Drei Pferde vorauf; | Johann sitzt drauf.

Kinderreim.

John. — John Bull (Bezeichnung des englischen Volkes).

John Arbuthnot, Gesch. John Bulls (1712).

Jonathan. — Bruder Jonathan (Bezeichnung der Nordamerikaner).

Nach 1. Makk., K. 10, V. 18.

Jota. — Nicht ein Jota (gar nichts; — das Jota ist der kleinste Buchstabe des griechischen Alphabetes). Nach Matth., K. 5, V. 18.

Journalismus. — Und all das Unheil hat der böse Geist Journalismus angerichtet. Alle Welt klagt über ihn, und jedermann möchte ihn für sich benutzen.

Gustav Freytag, D. Journalisten (1854). A. 3, Sz. 1.

Journalist. — Ich wünsche Sie zu überzeugen, daß auch ein Journalist bedauern kann, Unwahres geschrieben zu haben.

Gustav Freytag, D. Journalisten (1854). A. 3, Sz. 1.

Journalisten. — Die Journalisten sind die Geburtshelfer und Totengräber der Zeit.

Karl Gutzkow, Blasedow u. seine Söhne (1838).

— Aber die Herren Journalisten haben Nerven wie die Frauen. Alles regt Euch auf, jedes Wort, das jemand gegen Euch sagt, empört Euch! Geht mir, Ihr seid empfindliche Leute!

Gustav Freytag, D. Journalisten (1854). A. 1, Sz. 1.

— Die sämtlichen sogenannten Hungerkandidaten, namentlich die Herren Journalisten, das sind vielfach verkommene Gymnasiasten, das ist eine Gefahr für uns.

Kaiser Wilh. II., Rede über Reformen höherer Schulen (4. Dez. 1890).

Jubel. — In süßem Jubel. Lat.: In dulci jubilo.

Anfang eines alten Weihnachtsliedes (14. Jahrh.).

— Ringt um des Jubels Krone! | Dies ist das Weltgebot. | Die trunkenste der Seelen | Wird Gott sich selbst vermählen | Durch sel'gen Freudentod.

Friedr. Hebbel, Gedichte (1857). Lieder. Frühlingslied. Schlußv.

Jubelchöre. — ... die Jubelchöre der Söhne des Lichts! Friedr. Gottl. Klopstock, Oden. D. Frühlingsfeier (ged. 1759).

Jubeljahre. — Alle Jubeljahre einmal (sehr selten). Sprichwörtl. Redensart.

Judas. — Zwölf Apostel und doch nur ein einziger Judas darunter? | Würde der Göttliche heut, zählte er mindestens elf!

Friedr. Hebbel, Gedichte. Dichtungen (1857—1863). Epigramme. Christus u. seine Apostel.

Judaskuß. — Judas Kuß ist geworden neu, | Führt gute Wort, hält falsche Treu; | Der dich anlacht, der reißt dich hin; | Das ist dieser Welt Weis und Sinn.

Georg Rollenhagen, Froschmäuseler (1595). B. 1, T. 2, K. 2.

— Judaskuß. Nach Matth., K. 26, V. 48—49.

— Traue keinem Judaskuß, | Fremdem Hund und Pferdefuß! Sprichwort.

Judaslohn. — Judaslohn.

Nach Matth., K. 26, V. 15.

Jude. — Der Jurist mit seinem Buch, | Der Jud mit seim Gsuch, | Und was unter der Frauen Fürtuch, | Dieselben 3 Gschirr | Machen die ganze Welt irr.

Spr. an einem Hause in Wasserburg (15.—16. Jahrh.).

Jude. — Jud' ist Jude.

Gotthold Ephr. Lessing, Nathan d. Weise (1779). A. 1, Sz. 6 (Tempelherr).

— Der Jude sei mehr oder weniger | Als Jud', ist er nur reich: genug für uns!

Gotthold Ephr. Lessing, Nathan d. Weise (1779). A. 2, Sz. 3 (Sittah).

— Welch ein Jude! — | Und der so ganz nur Jude scheinen will!

Gotthold Ephr. Lessing, Nathan d. Weise (1779). A. 3, Sz. 8 (Tempelherr).

— Tut nichts! der Jude wird verbrannt!

Gotthold Ephr. Lessing, Nathan d. Weise (1779). A. 4, Sz. 2 (Patriarch).

— Das ist ein allgemeiner Brauch, | Ein Jud' und König kann es auch (ungerechtes Gut verdauen). Joh. Wolfg. von Goethe, Faust, I (1808). Spaziergang (Faust).

— Haust du meinen Juden, so hau' ich deinen Juden.

Nach Joh. Peter Hebel, Schatzkästlein d. rheinischen Hausfreundes (1811). D. zwei Postillone.

— Für einen wahren Juden wird die Ehe mit einer Christin ebensogut eine sittliche Unmöglichkeit wie umgekehrt.

Otto von Bismarck in d. zweiten Kammer d. preuß. Landtages (15. Nov. 1849).

— Ist ein Jude ins Wasser gefallen, | Hab' ihn hören plumpen; | Wär' ich nicht dazugekommen, | Wär' der Jud' ertrunken. Kinderreim.

— Kommt der Fuchs zur Heide | Und der Jude zum Eide, | Sind sie frei alle beide. Sprichwörtl.

Juden. — ... mit Disputieren macht man sie (die Juden) nur zorniger und halsstarriger, denn sie sind allzu stolz und vermessen.

Dr. Martin Luther, Tischreden oder Colloquia (1566). Nr. 74. Tischreden v. Juden. § 3. D. Juden Ruhm u. Halsstarrigkeit.

— Summa, den armen Leuten (den Juden) ist nicht zu helfen, sie wollen Gottes Wort nicht hören, sondern nur ihre Gedanken und Fündlein.

Dr. Martin Luther, Tischreden oder Colloquia (1566). Nr. 74. Tischreden v. Juden. § 18. D. Jüden Halsstarrigkeit u. lästerlich Beten.

— Denn Dulden ist das Erbteil unsers Stamms (der Juden). Engl.: For suff'rance is the badge of all our tribe.

William Shakespeare, D. Kaufmann v. Venedig (um 1594—1596). Übers. v. Schlegel. A. 1, Sz. 3 (Shylock).

— Weil Liegen vnd Triegen den Juden zugelassen, tragen die Christen der Jüden Ring an den Fingern.

Christoph Lehmann, Politischer Blumen=Garten (1662). T. 1. Betriegen, Betrug. Additio. Nr. 5.

— Die Juden! Franz.: Les juifs!

Antwort Voltaires (1694—1778) auf d. Frage Friedr. d. Großen nach einem bündigen Beweis für d. Wahrheit d. Christentums. Übers. v. Zimmermann.

Juden. — Alle Menschen sind entweder Juden oder Hellenen, Menschen mit asketischen, bildfeindlichen, vergeistungssüchtigen Trieben oder Menschen von lebensheiterem, enthaltungsstolzem und realistischem Wesen.

Heinr. Heine, Reisebilder. T. 1. Norderney (1826).

— Auch die besten Juden schachern.

Aug. Graf von Platen-Hallermund, D. verhängnisvolle Gabel (1826). A. 1 (Sirmio).

— Wir Juden sind doch die wahren Kosmopoliten, die Weltbürger von Gottes Gnaden, oder, wenn du willst, von Gottes Ungnaden.

Wilh. Raabe, D. Hungerpastor (1864).

— Die Juden waren die einzigen, die bei der Christlichwerdung Europas sich ihre Glaubensfreiheit behaupteten.

Heinr. Heine, Sämtl. Werke (1861—1868). Verm. Schriften. Gedanken u. Einfälle. Nr. 2. Religion u. Philosophie.

— Die Juden, wenn sie gut, sind sie besser, wenn sie schlecht, sind sie schlimmer als die Christen.

Heinr. Heine, Sämtl. Werke (1861—1868). Verm. Schriften. Gedanken u. Einfälle. Nr. 2. Religion u. Philosophie.

— Jedes Land hat die Juden, die es verdient.

Karl Emil Franzos, Halb-Asien (1879). Tote Seelen.

— Die Juden ... erregen immerdar Krieg und Aufruhr. 2. Makk., K. 14, V. 6.

— Juden und Judengenossen.

Apostelgesch., K. 2, V. 11.

— ... ist Gott allein der Juden Gott?

Röm., K. 3, V. 29.

— Wer sein Haus will haben rein, | Laß weder Tauben, noch Juden hinein! Sprichwort.

Jüdeln. — Wie es sich jüdelt, so christelt's sich. Jüd. Redensart.

Judenschule. — Es geht zu wie in einer Judenschule (sehr laut, indem alles durcheinanderschwatzt). Sprichwörtl. Redensart.

Judenspieß. — Mit dem iuden spieß rennen (Wucher treiben).

Thomas Murner, Narrenbeschwerung (1512). Nr. 67. Mit d. iuden spieß rennen.

Jugend. — Keine Trübsal ficht den Sinn der Jugend an. Griech.: *Νέα γὰρ φροντὶς οὐκ ἀλγεῖν φιλεῖ.*

Euripides, Medea (um 431 v. Chr.). Übers. v. Minckwitz. V. 48 (Amme).

— Dich, o Jugend, vertauscht ich nicht | Um Asiens stolzes Zepter; | Traun, nimmer ließ ich dich fahren | Um Häuser schwellend von Gold! Griech.: *Μή μοι μήτ' Ἀσιήτιδος | Τυραννίδος ὄλβος εἴη, | Μὴ χρυσοῦ δώματα πλήρη | Τὰς ἥβας ἀντιλαβεῖν.*

Euripides (um 480—406 v. Chr.), D. rasende Herakles. Übers. v. Minckwitz. V. 642—46 (Chor).

— Drum Taten getan, da die Knie noch grünen (in der Jugend)! Griech.: *Ποιεῖν τι δεῖ, ἄς γόνυ χλωρόν.*

Theokrit (geb. um 300 v. Chr.), Idyllen. D. Liebe d. Kyniska. Übers. v. Mörike. V. 69.

Jugend. — Zurück entflieht die glatte Jugend. Lat.: **Fugit retro | Levis juventas.**

Quint Horatius Flacc., Oden (um 23 v. Chr.). Übers. v. Voß. B. 2, Nr. 11. V. 5—6.

— Weh! wäre doch der Jugend Ehrenkleid | Verbrämet mit dem Saum der Ewigkeit!

A. d. Persischen d. Hafis (um 1310—1389). Ghaselen. Übers. v. Nesselmann.

— Vil getzlichkeit die jugent hat; | Das alter in eim wesen stat.

Seb. Brant, D. Narrenschif (1494). Nr. 26. V. unnützem wünschen.

— Der Jugend soll nur das Beste geboten werden. Phil. Melanchthon (1497—1560).

— Dann was staht baß? dann wann die jugend | Nachschlägt jrer Vorfaren tugend?

Joh. Friedr. Fischart, D. Glückhafft Schiff v. Zürich (um 1576).

— Die Jugend fängt zuweilen an, | Was nie ein Alter hätt' getan. | Drum soll die hitz'ge Jugendtat | Fein mäßigen der Alten Rat.

Joh. Friedr. Fischart, Flöh Hatz, Weiber Tratz (1577).

— Was tut wohl nicht die Jugend doch; | Was ihr verboten, freut sie hoch.

Joh. Friedr. Fischart, Flöh Hatz, Weiber Tratz (1577).

— Sie (die Jugend) denkt nicht weiter, als sie schaut; | Und was sie schaut, darauf sie baut.

Joh. Friedr. Fischart, Flöh Hatz, Weiber Tratz (1577).

— Königtum der Jugend. Engl.: **The kingly state of youth.**

William Shakespeare, Verlorne Liebesmüh (um 1591—1592). Übers. v. Graf Baudissin. A. 4, Sz. 3 (Biron).

— Ach, wie tumkühn ist doch die Jugend!

Georg Rollenhagen, Froschmäuseler (1595). B. 1, T. 2, K. 25.

— Und in der Früh' und frischem Tau der Jugend | Ist gift'ger Anhauch am gefährlichsten. Engl.: **And in the morn and liquid dew of youth | Contagious blastments are most imminent.** William Shakespeare, Hamlet (1601—1602). Übers. v. Schlegel. A. 1, Sz. 3 (Laertes).

— Neue Weine müssen gären; | Wer kann denn der Jugend wehren? | Laß sie toben! Most wird Wein; | Sie wird endlich klüger sein!

Jul. Wilh. Zincgreff, D. Teutschen scharpfsinnige kluge Spr., Apopthegmata genannt (1626—1631).

— Wenn die Jugend eigen wüste | Was das Alter haben müste, | Sparte sie die meisten Lüste.

Friedr. von Logau, Deutsche Sinn-Getichte (1654). Sparsamkeit.

— Jugend ist des Traurens Feind, schicket wider das ins Feld, | Musik, Buhlschaft, Wein und Spiel und den General: das Geld.

Friedr. von Logau, Deutsche Sinn-Getichte (1654). Feinde d. Traurigkeit.

— Was Jugend, was tugend, was scheinbarer Schein? | Des Sterbens, Verderbens, womit wir vmbfangen, | Wird keiner, nicht einer, geübriget seyn.

Ernst Christoph Homburg, Geistl. Lieder (1659). T. 2. Alles nichtig u. flüchtig.

Jugend. — Die Jugend vnd Weisheit ruhen nicht auff einem Stul.

Christoph Lehmann, Politischer Blumen-Garten (1662). T. 1. Jugend. Additio. Nr. 3.

— Die Jugend zeigt den Mann, gleichwie der Morgen den Tag verkündet. Engl.: The childhood shews the man, | As morning shews the day. John Milton, Wiedererobertes Paradies (1671). Übers. v. Böttger. B. 4, V. 220.

— Müh' und tugend hört der jugend, raht und ruh dem alter zu.

Joh. Grob, Dichterische Versuchgabe (1678). Aufschriften oder Kurzgedichte. B. 1, Nr. 30. Fleiß bringt zu ehren.

— Unsre Jugend sammelt | Nur Seufzer für das Alter. Engl.: And our youth only lays up sighs for age.

Edward Young, Ruhmbegierde (1725—1728). Übers. v. Ebert. Sat. 1, V. 194.

— Die Jugend ist so liebenswürdig, daß man sie anbeten müßte, wenn Seele und Geist ebenso vollkommen wären als der Körper. Franz.: La jeunesse est si aimable qu'il faudrait l'adorer, si l'âme et l'esprit étaient aussi parfaits que le corps. Marquise de Sévigné, Br. (1754). Übers. v. Zimmermann.

— Wer wollt' in seinen Blütentagen (in der Jugend) | Die Stirn' in düst're Falten ziehn?

Ludw. Hölty, Gedichte. Lieder. Aufmunterung zur Freude (ged. 1776). Mel. v. Joh. Friedr. Reichardt (1781).

— In der Jugend traut man sich zu, daß man den Menschen Paläste bauen könne, und, wenn's um und an kömmt, so hat man alle Hände voll zu tun, um ihren Mist beiseite bringen zu können. Joh. Wolfg. von Goethe, Br. an Lavater (6. März 1780).

— Die Jugend und die schöne Liebe, alles hat sein Ende. Joh. Wolfg. von Goethe, Egmont (1788). A. 3. Klärchens Wohnung (Mutter).

— Beschränkt und unerfahren hält die Jugend | Sich für ein einzig auserwähltes Wesen | Und alles über alle sich erlaubt.

Joh. Wolfg. von Goethe, Torquato Tasso (1789). A. 2, Sz. 5 (Antonio).

— Daß doch die Jugend immer zwischen den Extremen schwankt!

Joh. Wolfg. von Goethe, Wilh. Meisters Lehrjahre (1777—1796).

— Jugend, ach! ist dem Alter so nah' durchs Leben verbunden, | Wie ein beweglicher Traum Gestern und Heute verband.

Joh. Wolfg. von Goethe, Gedichte. Antiker Form sich nähernd. Schweizeralpe (ged. 1. Okt. 1797).

— Und besonders bedarf die Jugend, daß man sie leite. Joh. Wolfg. von Goethe, Hermann u. Dorothea (1797). Polyhymnia.

Jugend. — So ein vollkommener Körper gewiß verwahrt auch die Seele | Rein, und die rüstige Jugend verspricht ein glückliches Alter.

Joh. Wolfg. von Goethe, Hermann u. Dorothea (1797). Klio.

— Brüder, es lacht ja der Morgen | Uns in der Jugend so schön!

Aug. Mahlmann, Sämtl. Schriften. Gedichte. Aufmunterung zur Freude (ged. 1797). Mel. v. Karl Bornhardt (1799) u. Anton Felix von Beczvarsovsky (1836).

— Die Jugend brauset, das Leben schäumt; | Frisch auf! eh' der Geist noch verdüstet!

Friedr. von Schiller, Wallensteins Lager. Sz. 11. Reiterlied (ged. 1797). Mel. v. Christ. Jak. Zahn (1798).

— Neigungen haben die Götter, sie lieben der grünenden Jugend | Lockigte Scheitel; es zieht Freude die Fröhlichen an.

Friedr. von Schiller, Gedichte. D. Glück (ged. 1798).

— Schnell fertig ist die Jugend mit dem Wort.

Friedr. von Schiller, Wallensteins Tod (1799). A. 2, Sz. 2 (Wallenstein).

— O, kaum bezwingen wir das eigne Herz; | Wie soll die rasche Jugend sich bezähmen!

Friedr. von Schiller, Wilh. Tell (1804). A. 1, Sz. 4 (Walter Fürst).

— Jugend, Frühling, Festpokal, | Mädchen in der holden Blüte, | Heilig sei'n sie allzumal | Unsrem ernsteren Gemüte!

Ludw. Uhland, Gedichte. Lieder. Ges. d. Jünglinge (ged. 17. Sept. 1805). Schlußv.

— Der Strom kommt nicht wieder, der Westwind verweht, | Die Blume verwelket, die Jugend vergeht.

Joh. Gottfr. von Herder, Stimmen d. Völker in Liedern (1807). Abteilung 2, B. 3, Nr. 47. D. trauernde Mädchen. Engl.

— Jugend vergeht, | Wehmut und Trauern im Alter entsteht.

D. Knaben Wunderhorn (1806—1808). Bd. 2. Zueignung.

— Gib ungebändigt jene Triebe, | Das tiefe schmerzenvolle Glück, | Des Hasses Kraft, die Macht der Liebe, | Gib meine Jugend mir zurück!

Joh. Wolfg. von Goethe, Faust, I (1808). Vorspiel auf d. Theater (Dichter).

— Trunken müssen wir alle sein! | Jugend ist Trunkenheit ohne Wein; | Trinkt sich das Alter wieder zur Jugend, | So ist es wundervolle Tugend. Joh. Wolfg. von Goethe, Westöstlicher Diwan. D. Schenkenb. Trunken müssen wir all sein (ged. 1815).

— Die Jugend des Geistes ist ewig; und die Ewigkeit ist die Jugend.

Jean Paul (Joh. Paul Friedr. Richter), Über d. Immergrün unserer Gefühle (1819). Abschnitt 7.

— Die Jugend ist um ihretwillen hier; | Es wäre törig zu verlangen: | Komm', ältele du mit mir! Joh. Wolfg. von Goethe, Gedichte. Zahme Xenien. Nr. 1 (1820).

Jugend. — Wenn auch die Welt im ganzen vorschreitet, die Jugend muß doch immer wieder von vorne anfangen.

Joh. Peter Eckermann, Gespräche mit Goethe in d. letzten Jahren seines Lebens (17. Jan. 1827).

— Komme nur wieder, Jugend, komme wieder!

Jean Paul (Joh. Paul Friedr. Richter), Sämtl. Werke (1826—1828). Neujahrsnacht eines Unglücklichen.

— Die Jugend ist uneigennützig im Denken und Fühlen und denkt und fühlt deshalb die Wahrheit am tiefsten und geizt nicht, wo es gilt eine kühne Teilnahme an Bekenntnis und Tat. Die älteren Leute sind selbstsüchtig und kleinsinnig.

Heinr. Heine, Reisebilder. Italien (1828—1829). Nr. 3. D. Stadt Lucca. K. 17.

— Die Menschen halten sich mit ihren Neigungen ans Lebendige. Die Jugend bildet sich wieder an der Jugend.

Joh. Wolfg. von Goethe, Werke (1827—1830). Maximen u. Reflexionen. Abteilung 3.

— Wenn man der Jugend eine Wahrheit sagt, | Die gelben Schnäbeln keineswegs behagt, | Sie aber hinterdrein nach Jahren | Das alles derb an eigner Haut erfahren, | Dann dünkeln sie, es käm' aus eignem Schopf; | Da heißt es denn: Der Meister war ein Tropf.

Joh. Wolfg. von Goethe, Faust, II (1831). Hochgewölbtes enges gotisches Zimmer (Mephistopheles).

— Den jungen Bäumen giebt man ihre Stützen, | Um einst als grade Stämme frei zu stehn; | Die Jugend mag des Alters Rat benützen, | Sich leiten lassen, bis sie selbst kann gehn.

Friedr. Rückert, Schi-King (1833).

— Blumen fort und Nachtigallen | Und das gute Mädchen auch! | Meine Jugend fort mit ihnen; | Alles wie ein Frühlingshauch!

Nicolaus Lenau (Niembsch, Edler von Strehlenau), Gedichte (1834). B. 1. Erinnerung. Einst u. jetzt. Schluß.

— Unbesonnenheit ziert die Jugend, | Sie will eben vorwärts leben; | Der Fehler wird zur Tugend, | Im Alter muß man auf sich acht geben.

Joh. Wolfg. von Goethe, Poetische u. prosaische Werke (1836—1837). Gedichte. Zahme Xenien. Nr. 7.

— O, ihr Götter, ich bitte euch nicht, mir die Jugend zu lassen, aber laßt mir die Tugenden der Jugend, den uneigennützigen Groll, die uneigennützige Träne!

Heinr. Heine, D. B. d. Lieder. Vorrede zur zweiten Auflage (Frühjahr 1837).

— Vor der Einseitigkeit des eigenen Individuums beständig auf der Hut zu sein, das ist die ewige Jugend.

Ernst Freiherr von Feuchtersleben, Zur Diätetik d. Seele (1838). Tagebuchblätter.

— Die Jugend folgt, ein Rosenblatt, den Winden.

Nicolaus Lenau (Niembsch, Edler von Strehlenau), Neuere Gedichte (1838). Jugend u. Liebe.

Jugend. — Glückliche Jugend! Es wird in der Seele des zärtlichen Schwärmers | Jedes Gefühl Sehnsucht, jeder Gedanke Gefühl.

Aug. Graf von Platen-Hallermund, Gesammelte Werke (1839). Gedichte. Epigramme. Rückblick.

— Jugend ohne helle Vernunft und warmes Gefühl ist eine peinliche, unausstehliche Pedanterie.

Wilh. Waiblinger, Gesammelte Werke (1839—1840). A. Waiblingers Tageb.

— Wer Jugend schilt und Jugend scheucht, Einsam durch mürr'sches Alter kreucht.

Karl Immermann, Tristan u. Isolde (1841). D. Jagd.

— Nicht jedes Maß darf jeden messen, | Nicht jedem mundet jede Kost; | Wer Lust hat, mag Rosinen essen! | Doch für die Jugend ist der Most.

Rob. Prutz, Gedichte (1841).

— Schmähet, schmäht mir nicht die Jugend, | Wie sie auch sich laut verkündigt! | O wie oft hat eure Tugend | An der Menschheit still gesündigt!

Georg Herwegh, Gedichte eines Lebendigen (1841—1843). D. Jungen u. d. Alten.

— Zwanzig Jahre, braune Haare, | Krauser Bart um Lipp' und Kinn, | Leichte Wage, leichte Ware, | Fester Glaube, lock'rer Sinn, | Nie nach Wenn und Aber fragen, | Kraft im Arm, Trotz unter'm Hut, | Statt Beweises zugeschlagen, — | Das ist zwanzigjähr'ges Blut (Jugend).

Frz. von Gaudy, Sämtl. Werke (1844—1847). Gedichte. Lieder.

— Die Jugend soll schaffen und fröhlich sein, soll sich ein Haus bauen aus Lilien und Rosen, so lange Rosen und Lilien blühen.

Ludw. Achim von Arnim, Sämtl. Werke (1839—1848).

— In der Jugend herrscht die Anschauung, im Alter das Denken vor; daher ist jene die Zeit für Poesie, dieses mehr für Philosophie.

Arthur Schopenhauer, Parerga u. Paralipomena (1851).

— Der Jugend sieht man manchmal gern ein Zuviel nach; aber das Beschneiden der Flügel macht Philister, man muß den unsicheren Flug zu lenken verstehen.

Rob. Schumann, Gesammelte Schriften (1854).

— Der Frühling, die Nachtigall, das Morgenrot, des Mädchens holder Blick, — es ist nichts. Alles ist die Jugend.

Ludw. Börne, Gesammelte Schriften (1862—1863).

— Eltern, Schule, Erziehung, der Staat, alle sorgen nur für die Hochbejahrten, und die Jugend ist verdammt, die Magd des Alters zu sein.

Ludw. Börne, Gesammelte Schriften (1862—1863).

— Die Jugend vergoldet sich alles.

Heinr. Laube, D. deutsche Krieg (1863—1866). Nr. 2. Waldstein.

— Verlorne Jugend — schlimmes Wort! | Verlornes Alter — alles fort.

Eduard von Bauernfeld, Gesammelte Schriften (1871—1873). Gedichte.

Jugend. — Fülle die Jugend mit würdigem Stoff, und in froher Begeisterung | Lehre sie glühn! Die Kritik kommt mit den Jahren von selbst.
Emanuel Geibel, Spätherbstblätter (1877). Distichen a. d. Wintertageb. Nr. 2.

— Irre die Mutigen nicht! Oft glückt leichtblütiger Jugend, | Was bei gediegnerer Kraft zweifelnd das Alter nicht wagt.
Emanuel Geibel, Spätherbstblätter (1877). Distichen a. d. Wintertageb. Nr. 4.

— Ich verzeihe gerade der Jugend nichts Schlechtes. Das ist gewiß ein faules Produkt, wo selbst die höchste Gärung nur Schlamm erzeugt. Rahel (Antonie Friederike Varnhagen von Ense), Br. (1877).

— Verscherzte Jugend ist ein Schmerz | Und einer ew'gen Sehnsucht Hort; | Nach seinem Lenze sucht das Herz | In einem fort, in einem fort!
Konrad Ferd. Meyer, Gedichte (1882). Lenzfahrt.

— Grüne Jugend, was prahlst du so? | Ein jeder Halm wird endlich Stroh.
Paul Heyse, Spruchbüchlein (1885). Lebensweisheit. Jahreszeiten.

— Man sagt „in jungen Jahren“ und „in alten Tagen“. Weil die Jugend Jahre, das Alter nur noch Tage vor sich hat?
Marie von Ebner-Eschenbach, Aphorismen (1893).

— Die Jugend fleht zum Himmel: Gib mir Glück! | Leis drängt die Zeit der Wünsche Heer zurück; | Vom Feuer bleibt ein Aschenrest, ein kalter. | Bewahr' uns nur vor Unglück! fleht das Alter. Frida Schanz, Ährenlese (1894).

— Und wenn sich alle Schulmeister der Welt auf den Kopf stellen oder vielmehr fest hinsetzen aufs Katheder; sie erobern die Welt zwischen dem sechzehnten und zwanzigsten Lebensjahre (der Jugend) doch nicht durch moralisch, ethisch und politisch gereinigte Anthologien.
Wilh. Raabe, D. Akten d. Vogelsangs (1896).

— Schönheit führt ein Wanderleben; | Jugend ist ein kurz Geschenk.
Carl Busse, Vagabunden (1901). Liebe. Studentenweisheit.

— O Jugend, o schöne Rosenzeit, | Die Wege, die Stege sind mit Blumen bestreut. | Der Himmel steht offen, | Man sieht die Engelein.
Rheinisches Volkslied.

— Die jugendt schon hat Blomen art, | Dan sie gar kurtzlich hinfahrt. Alter Spr.

— Jugend wild, | Alter mild! Alter Spr.

— Nach Ehr' und Tugend | Tracht in der Jugend, | So wirst du bei den Alten | Lieb und wert gehalten. Alter Spr.

— Der Jugend Tugend | Gibt dem Alter noch Jugend. Sprichwort.

— Die Jugend muß sich austoben.
Sprichwort.

— Die Jugend soll erwerben, was das Alter verzehrt. Sprichwort.

Jugend. — In der Jugend etwas lernen ist der beste Notpfennig. Sprichwort.

— Jugend ist Saatzeit. Sprichwort.

— Jugend sei Rausch ohne Wein, | Alter — Wein ohne Rausch. Sprichwort.

— Jugend und verlorne Zeit | Kommt nicht wieder in Ewigkeit. Sprichwort.

— Was du in der Jugend verbrochen, | Wirst Gott auf deine alten Knochen. Sprichwort.

— Zeitiger Zwang und gute Lehr' | Die Jugend bringt zu großer Ehr'. Sprichwort.

— Arbeit i der Juged streng, | Lebst denn froh und in die Leng. Sprichwort. Schweiz.

— Engel in der Jugend, | Teufel im Alter. Ital.: Angelo nella giovanezza, | Diavolo nella vecchiezza. Sprichwort.

— Die Jugend ist die Zeit der Saat, | Das Alter erntet Früchte; | Wer jung nicht, was er sollte, tat, | Des Hoffnung wird zunichte.
Sprichwörtl.

— Die Jugend hört's, | Das Alter erfährt's.
Spr. in einer Kinderstube zu Konstanz.

— Singen und springen soll die Jugend, | Die Alten walten alter Tugend.
Wartburgspr. Wirtschaft.

— Wer gar verschalket in der Jugend, | Der lehrt unsanft im Alter Tugend.
Spr. an einem Hause. Schweiz.

Jugendalter. — O schilt das goldne Jugendalter nicht! | Der Kopf ist rasch, allein das Herz ist gut! Frz. Grillparzer, D. goldene Vließ (1822).

Jugendauen. — Schwachköpfe, die nach der Jugend Au'n | Mit bangem Sehnen zurücke schaun! | Ein einzig klar Gefühl des Manns | Wiegt auf den ganzen Puppenalfanz.
Gottfr. Kinkel, Gedichte (1868).

Jugendberuf. — Dies ist der Jugend edelster Beruf! | Die Welt, sie war nicht, eh' ich sie erschuf; | Die Sonne führt' ich aus dem Meer herauf; | Mit mir begann der Mond des Wechsels Lauf; | Da schmückte sich der Tag auf meinen Wegen, | Die Erde grünte, blühte mir entgegen; | Auf meinen Wink, in jener ersten Nacht, | Entfaltete sich aller Sterne Pracht. | Wer außer mir, entband Euch aller Schranken | Philisterhaft einklemmender Gedanken? | Ich aber, frei, wie mir's im Geiste spricht, | Verfolge froh mein innerliches Licht | Und wandle rasch, im eigensten Entzücken, | Das Helle vor mir, Finsternis im Rücken.
Joh. Wolfg. von Goethe Faust, II (1831). Hochgewölbtes enges gotisches Zimmer (Baccalaureus).

Jugendblüte. — Die Jugend blüht in ihrem eignen Garten | Vor Regen, Sturm und Sonnenbrand geschützt. Griech.: *Τὸ γὰρ νεάζον ἐν τοιοῖσδε βόσκεται | Χώροισιν αὑτοῦ, καί νιν οὐ θάλπος θεοῦ | Οὐδ' ὄμβρος, οὐδὲ πνευμάτων οὐδὲν κλονεῖ.*
Sophokles (um 496—406 v. Chr.), D. Trachinierinnen. Übers. v. Jordan. V. 143—45 (Dejanira).

Jugendblüte. — Diese Jugend, die uns blühet, | Hat nicht ewigen Bestand, | Zeigt sich Wind- und Vogelleicht, | Ist geflügelt, kömmt und weicht.

Simon Dach, Poetische Werke (1696). Maylied an Dorinden. Schlußv.

— Was grämst du dich, blieb nur der Jugend Blüte | Dir unverwelkt im innersten Gemüte?

Rob. Prutz, Gedichte (1841).

— Kein Frühling kehret dem Gemüte, | Der Einmal aus dem Herzen schied; | Nur Einmal stand dein Herz in Blüte, | Nur Einmal sangest du ein Lied.

Moritz Hartmann, Kelch u. Schwert (1851). B. 5. Verm. Gedichte. Frühes Alter.

Jugendblüten. — Laß, o Jüngling! die Blüten der Jugend vom Sturme verwehen; | Pflege nur sorglich der Frucht, daß sie zur Reife gedeih'! Georg Keil, Lyra u. Harfe (1834).

Jugendblume. — Wappne dich mit Weisheit, | Jüngling; die Blume der Jugend verblüht. Friedr. Gottl. Klopstock, Sämtl. Werke (1798—1821). Bd. 4.

Jugendborn. — Nur dem Fröhlichen blüht der Baum des Lebens, | Dem Unschuldigen rinnt der Born der Jugend | Auch noch im Alter.

Ernst Moritz Arndt, Gedichte. Freude (ged. 1797).

Jugenddrang. — Der Jugend freiem Drang gehört die Welt.

Otto Roquette, Waldmeisters Brautfahrt (1851). Prinzessin Rebenblüte.

Jugendeindrücke. — Niemand glaube, die ersten Eindrücke seiner Jugend verwinden zu können! Joh. Wolfg. von Goethe, Wilh. Meisters Lehrjahre (1777—1796).

Jugenderziehung. — Welches größere und bessere Geschenk können wir dem Staate darbringen, als wenn wir die Jugend unterrichten und erziehen? Lat.: Quod munus rei publicae adferre maius meliusve possumus, quam si docemus atque erudimus iuventutem?

Marc. Tull. Cicero, V. d. Weissagung (um 44 v. Chr.). Übers. v. Jacobs. B. 2, K. 2, § 4.

Jugendeselei. — Doch, wenn ich den Sieg genieße, | Fehlt das Beste mir dabei. | Ist es die verschwund'ne süße, | Blöde Jugend-Eselei?

Heinr. Heine, Neue Gedichte. Verschiedene (ged. 1832—1839). Yolante u. Marie. Nr. 5. Schlußv.

Jugendfehler. — Ein Jugendfehler ist nicht liebenswürdig, als insofern er hoffen läßt, daß er nicht Fehler des Alters sein werde.

Joh. Wolfg. von Goethe, Briefwechsel zwischen Schiller u. Goethe (17. Aug. 1799).

Jugendfeste. — Laßt Lautenspiel und Becherklang nicht rasten, | Solang' es Zeit ist zu der Jugend Festen. | Ist Fasching aus, so folgen dann die Fasten.

Friedr. Rückert, Gesammelte Gedichte (1834—1838). Ital. Gedichte. Ritornelle. Nr. 1.

Jugendfreuden. — Nach Freuden stets die Jugend strebt; | Mit Sorgen weises Alter lebt. Mittelhochdeutsch: Diu jugent ie nâch vröuden strebt, | Mit sorgen witze und alter lebt.

Vrîdankes Bescheidenheit (1225—1240). Übertr. v. Pannier. Nr. 17. V. d. alter.

Jugendfröhlichkeit. — Denkt oft, ihr Brüder, | An unsre Jugendfröhlichkeit; | Sie kehrt nicht wieder, | Die goldne Zeit!

Ça, Ça, geschmauset usw. Verfasser unbek. (vor 1757). Schlußv.

Jugendfrucht. — Drum laß uns jetzt genießen | Der Jugend Frucht; | Eh' als wir folgen müssen | Der Jahre Flucht.

Joh. Gottfr. von Herder, Stimmen d. Völker in Liedern (1807). Abteilung 2, B. 5, Nr. 13. Eile zum Lieben! Deutsch.

Jugendgaben. — Der Jugend Gaben | In Ruhe vergraben, | Steht übel an.

Hans Aßmann Freiherr von Abschatz, Poetische Übersetzungen u. Gedichte (1704). Deutscher Ehren-Preiß.

Jugendgefühl. — Salz und Wasser kühlt | Nicht, wo Jugend fühlt; | Ach! die Erde kühlt die Liebe nicht!

Joh. Wolfg. von Goethe, Gedichte. Balladen. D. Braut v. Korinth (ged. 4.—5. Juni 1797).

— Der Jugend glückliches Gefühl ergreift | Das Rechte leicht.

Friedr. von Schiller, Wallensteins Tod (1799). A. 2, Sz. 2 (Wallenstein).

Jugendglück. — Mehr noch als nach dem Glück unserer Jugend sehnen wir uns im Alter nach den Wünschen unserer Jugend zurück.

Marie von Ebner-Eschenbach, Aphorismen (1893).

Jugendjahre. — Die Jugendjahre sind ein schöner, aber kurzer Traum. Sprichwort.

Jugendkraft. — Zu mächtig fühlt die Jugend ihre Kraft, | Um deren wahres Maß nicht zu verkennen; | Drum spielt sie gern mit Felsenstücken Ball. Ernst Raupach, D. Hohenstaufen (1837). Kaiser Friedr. I. Abschied. A. 2, Sz. 1.

— „Könnte man die Schnellkraft der Jugend mit der Reife des Alters verbinden, — da wäre man geborgen!" — Strebe nur, die erste zu bewahren! da die andere sich von selbst aufdringt, so wird eine Epoche eintreten, in der dein Wunsch erfüllt wird.

Ernst Freiherr von Feuchtersleben, Zur Diätetik d. Seele (1838). Tagebuchblätter.

Jugendkräfte. — Jüngling, weil dir deine Knie | Noch bey grünen Kräfften blühen, | Sey nicht stoltz, gebrauche Sie, | Schone dich nicht zu bemühen!

Andr. Tscherning, Deutscher Getichte Früling (1642). Denck' an Gott!

Jugendkreis. — Im Kreis der Jugend muß man weilen, | Der Jugend Lust und Freuden teilen; | Wer das vermag, der wird bewahren | Ein junges Herz bei grauen Haaren.

Wilh. Jordan, Strophen u. Stäbe (1871). Glückwunsch.

Jugendlehre. — Der Jugend Lehre, | Der Alten Ehre. Sprichwort.

Jugendlich. — Huldigung allem, was jugendlich blüht!

Friedr. von Matthisson, Gedichte. Skolie (1794).

Jugendliebe. — Jugend liebt und wird geliebt. Paul Fleming, Teutsche Poemata (1642). Ermunterung zur Freude.

— Scheiden löst mit gord'schem Hiebe, | Wären's auch demantne Bande; | Wer gedenkt im fremden Lande | Seiner ersten Jugendliebe?

Aug. Graf von Platen-Hallermund, Gedichte. Lieder u. Romanzen. Scheiden löst mit gord'schem Hiebe usw. (geb. 1818).

Jugendlob. — Der Jugend Lob sich mehrt, | Wenn sie das Alter ehrt.

Inschrift im Berliner Ratskeller. Bierlokal.

Jugendpfad. — Erloschen sind die heitern Sonnen, | Die meiner Jugend Pfad erhellt.

Friedr. von Schiller, Gedichte. D. Ideale (geb. 1795).

Jugendreiz. — Der Reiz der Jugend besteht gerade im heitern und unbefangenen Hineinstreben in das Leben; und er wäre dahin, wenn es einem je deutlich würde, daß dies Streben nie um eine Stufe weiterführt.

Wilh. Freiherr von Humboldt, Br. an eine Freundin (25. April 1823).

Jugendrosen. — Trauet nicht den Rosen eurer Jugend!

Friedr. von Schiller, Gedichte. D. Kindesmörderin (geb. 1781).

Jugendsprühen. — Schilt mir nicht der Jugend Sprühen, | Ihrer Triebe wildes Schlagen! | Auch ein Menschenherz muß blühen, | Soll es später Früchte tragen.

Peter Sirius, Tausend u. Ein Gedanken (1899). Jugend u. Alter.

Jugendsünden. — Sünden der Jugend machen das Antlitz häßlich im Alter.

Talmud (3. Jahrh.).

— . . . Sünden meiner Jugend, | Ohne die so leicht kein Mann | Weder zu Verstand noch Tugend | Auf der Welt gelangen kan.

Joh. Christ. Günther, Gedichte (1746). Abschieds-Gedancken bey Gelegenheit einiger schweren Leibes-Zufälle.

— Jugendsünden werden Altersschwächen.

Alter Spr.

— Jugendsünden strafen sich im Alter.

Sprichwort.

Jugendtage. — Die Tage der Jugend, sie glänzen und blühn; | O laßt uns der Jugend genießen! Joh. Wolfg. von Goethe, Erwin u. Elmire (1774).

— Es liebt der Mensch in seiner Jugend Tagen, | Frei wie der Vogel in der Luft zu sein.

Rob. Prutz, Gedichte (1841).

Jugendtorheit. — Wer Jugendtorheit überwunden, | Der hat gute Tag' gefunden. Mittelhochdeutsch: Swer sîne tumpheit überstrebt, | Der hât guoten tac gelebt.

Vrîdankes Bescheidenheit (1225—1240). Übertr. v. Pannier. Nr. 32. v. d. wîsen u. tôren.

Jugendtraum. — Obwohl's vielleicht das Allerschlimmste eben, | Den Märchentraum der Jugend aufzugeben!

Friedr. Halm (Elegius Frz. Jos. Freiherr von Münch-Bellinghausen), D. Sohn d. Wildnis (1842). A. 1 (Parthenia).

Jugendträume. — Unwiderruflich welkt die Rose, | Und ihre Wiege wird ihr Grab; | Die welken Blätter fallen lose, | Der Jugend Träume fallen ab. Moritz Hartmann, Kelch u. Schwert (1851). B. 5. Verm. Gedichte. Frühes Alter.

Jugendwünsche. — Was man in der Jugend wünscht, hat man im Alter die Fülle.

Joh. Wolfg. von Goethe, A. meinem Leben. Dichtung u. Wahrheit (1809—1831). T. 2. Motto.

Jugendzeit. — Heilig ist die Jugendzeit.

Ludw. Uhland, Gedichte. Lieder. Ges. d. Jünglinge (geb. 17. Sept. 1805). Mel. v. Konradin Kreutzer.

— Aus der Jugendzeit, aus der Jugendzeit | Klingt ein Lied mir immerdar; | O, wie liegt so weit, o, wie liegt so weit, | Was mein einst war! Friedr. Rückert, Gesammelte Gedichte. Ital. Gedichte. A. d. Jugendzeit (geb. 1830). Mel. v. Rob. Radecke.

— Gedenke, o wie weit, wie weit | Liegt bald die goldne Jugendzeit!

Wilh. Riehl, Amphion (1856). Mel v. Simon Breu u. Albert Sievert (komp. 1864).

— Labe dich der freudenreiche | Wein, der Kuß der jungen Maid; — | Manche wunderliche Streiche | Ziemen wohl der Jugendzeit.

Friedr. von Bodenstedt, A. d. Nachlasse Mirza-Schaffys (1874). B. 2. Motto.

— O wonnevolle Jugendzeit | Mit Freuden ohne Ende! Dr. Otto Kamp, Filia hospitalis (geb. 1882). Mel. v. Otto Lob.

— Ein Ton aus unserer Jugendzeit wird oft zur Dominante für das ganze Leben.

Peter Sirius, Tausend u. Ein Gedanken (1899). Jugend u. Alter.

— Jugendzeit | Die beste Zeit. Sprichwort.

— Wer seine Jugendzeit verhockt daheim, | Den schickt man alt mit seiner Weisheit heim.

Sprichwörtl.

Jugendzucht. — Der Jugend Zucht, dem Pferde Zügel und Sporen, | Sonst sind beide verloren. Sprichwort.

Juli. — Ich hab' euch im besten Juli verlassen | Und find' euch wieder im Januar.

Heinr. Heine, D. B. d. Lieder. D. Heimkehr (geb. 1823—1824). Nr. 69.

— Wenn es im Juli bei Sonnenschein regnet, | Man viel giftigem Mehltau begegnet. Bauernregel.

Juliregen. — Juliregen | Nimmt den Erntesegen. Bauernregel.

Julisonne. — Die Julisonne arbeitet für zwei. Bauernregel.

Jung. — O weh! wie kläglich tut die junge Welt doch heut'! | Die früher nichts gewußt von Leid und Traurigkeit, | Die kennen jetzt nur Sorgen; weh, was tun sie so? | Wohin auch fällt mein Auge, niemand find' ich froh. Mittelhochdeutsch: Owê wie jaemerlîche junge liute tuont, | Den nû vil riuweclîche ir gemüete stuont! | Die kunnen niuwan sorgen; wê wie tuont si sô? | Swar ich zer werlte kêre, dâ ist nieman frô.

Walter v. d. Vogelweide (um 1170—1230), Gedichte. Übertr. v. Pannier.

— Zieh' deinen Zügel an, schau' um dich, junge Welt! | Denn läßt du laufen deinen Sinn, sein Sprung dich balde fällt. Mittelhochdeutsch: Tumbiu Werlt, ziuch dînen zoum, wart umbe, sich! | Wilt dû lân loufen dînen muot, sîn sprunc, der vellet dich.

Walter v. d. Vogelweide (um 1170—1230), Gedichte. Übertr. v. Pannier.

— Ein junger zwig sich biegen lot; | Wann man ein alten underſtat | Zu biegen, so knellt er entzwei. Seb. Brant, D. Narrenschif (1494). Nr. 6. V. ler d. kind.

— Ein junger man kan neun mal verderben vnd dennoch widerumb genesen.

Joh. Agricola, Drey hundert Gemeyner Sprichwörtter (1529). Nr. 31.

— Ein junger Mensch ist wie ein neuer Most; der lässet sich nicht halten, muß gären und ubergehen, will sich immer sehen lassen und etwas sein fur Andere, kann sich nicht innen halten.

Dr. Martin Luther, Tischreden oder Colloquia (1566). Nr. 3. Tischreden v. d. Schöpfung. § 90. D. Jugend bricht herfür.

— Ein junger Jurist will haben das höchste und schärfeste Recht; ein junger Theologus die größte Heiligkeit und ein junger Regent den größten Gehorsam.

Dr. Martin Luther, Tischreden oder Colloquia (1566). Nr. 66. Tischreden v. Juristen. § 53. Worauf man in Händeln am meisten u. fürnehmlich sehen soll.

— Wie alle jungen Leut' von Wesen, | Die sind fürwitzig, dazu frech | Und wagen es, ob es gleich brech'.

Joh. Friedr. Fischart, Flöh Hatz, Weiber Tratz (1577).

— Jung Blut zerbricht die alte Satzung leicht; | Nicht zu umgehn ist, was uns selbst geboren. Engl.: Young blood doth not obey an old decree: | We cannot cross the cause why we were born.

William Shakespeare, Verlorne Liebesmüh (um 1591—1592). Übers. v. Schlegel. A. 4, Sz. 3 (Biron).

— War so jung und morgenschön!

Joh. Wolfg. von Goethe, Gedichte. Lieder. Heidenröslein (ged. 1771). Nach einem Volkslied a. d. 16. Jahrh.; vgl. Ludw. Uhland, Alte hoch- u. niederdeutsche Volkslieder. Nr. 56. Mel. v. Joh. Friedr. Reichardt (komp. 1793), Frz. Schubert (komp. 19. Aug. 1815), Rob. Schumann u. a.

Jung. — Ewig jung und ewig grün.

Friedr. von Schiller, Gedichte. Sehnsucht (ged. 1801). Mel. v. Joh. Friedr. Reichardt (1810) u. Konradin Kreutzer.

— So raffe denn dich eilig auf! | Du bist ein junges Blut. | In deinen Jahren hat man Kraft | Und zum Erwerben Mut.

Joh. Wolfg. von Goethe, Gedichte. Lieder. Trost in Tränen (ged. um 1801). Mel. v. Karl Friedr. Zelter (komp. 23. Sept. 1803), Joh. Friedr. Reichardt (1809) u. a.

— Alles wiederholt sich nur im Leben, | Ewig jung ist nur die Phantasie; | Was sich nie und nirgends hat begeben, | Das allein veraltet nie.

Friedr. von Schiller, Gedichte. An d. Freunde (ged. 1802). Schlußv.

— Laßt mir die jungen Leute nur, | Und ergötzt euch an ihren Gaben! | Es will doch Großmama Natur | Manchmal einen närrischen Einfall haben. Joh. Wolfg. von Goethe, Gedichte. Sprichwörtl. (ged. 1812—1814).

— Jung, — o wie das hofft und glüht! Franz.: Jeune, on livre à l'espoir sa crédule raison. Victor Hugo, Oden. Übers. v. Geibel. D. zwei Inseln (1822).

— Da ich stets bei Kindern lebte, blieb ich etwas länger jung.

Aug. Graf von Platen-Hallermund, D. verhängnisvolle Gabel (1826). A. 2 (Schmuhl).

— Ewig jung ist, was wir lieben!

Jos. Freiherr von Eichendorff, Gedichte (1837). Sängerleben. Entgegnung.

— Wenn ich nach einigen Jahren eine Person wiedersah, die ich jung gekannt hatte, kam es mir beim ersten Blick immer so vor, als begegnete ich jemand, der irgend ein großes Unglück erlitten hätte. Ital.: Rivedendo in capo di qualche anno una persona che io avessi conosciuta giovane, sempre alla prima mi è paruto vedere uno che avesse sofferto qualche grande sventura. Giacomo Leopardi, Werke (1845). Gedanken. Übers. v. Pozzoni.

— Jung sich enthaltsam preisen, | Alt toll von Sinnen sein, | Wird nie des wahren Weisen | Rat und Beginnen sein.

Friedr. von Bodenstedt, D. Lieder d. Mirza-Schaffy (1851). Lieder u. Spr. d. Weisheit. Nr. 2. Schlußv.

— Sieh', das ist es, was auf Erden | Jung dich hält zu jeder Frist, | Daß du ewig bleibst im Werden, | Wie die Welt im Wandeln ist.

Emanuel Geibel, Neue Gedichte (1856). Lieder a. alter u. neuer Zeit. Nr. 28.

— Altwerden, das ist Gottes Gunst; | Jung bleiben, das ist Lebens Kunst. Alter Spr.

— Jung Leuht weiß (weise) | Ist seltsam Speiß. Alter Spr.

— Junge Gänse haben große Mäuler. Sprichwort.

— Jung gelehrt, | Alt geehrt. Sprichwort.

— Junger Engel, alter Teufel. Sprichwort.

— Jung gebogen, | Alt gezogen. Sprichwort.

Jung. — Jung gewohnt, alt getan.
Sprichwort.

— Jung, | Schön genung. Sprichwort.

— Jung Vöglein, | Weich Schnäblein.
Sprichwort.

— Jung zu bleiben und alt zu werden ist das höchste Gut. Sprichwort.

— Man ist nur Einmal jung. Sprichwort.

— Wer jung nichts taugt, bleibt auch alt ein Taugenichts. Sprichwort.

— Wer jung nicht will graben, | Wird im Alter nichts haben. Sprichwort.

— Auch der Teufel war schön, als er jung war. Franz.: Le diable était beau quand il était jeune. Sprichwort.

— Jedes Pferd will sein Halfter zerreißen; wer es nicht jung zerreißt, zerreißt es im Alter. Ital.: Ogni cavallu vol rompere a so cavezza; | Chi nu la rompe da zitellinu, a rompe a becchiezza.
Korsisches Sprichwort.

— Du bist mir z'jung, sagt der Tierarzt von Frickingen. Sprichwörtl. Redensart. Neresheim.

— Alt werden — steht in Gottes Gunst, | Jung bleiben, — das ist Lebenskunst.
Inschrift im Berliner Ratskeller. Bierlokal.

— Jung verzagt, — alt verzweifelt!
Spr. im Berliner Rathause. Dritter Stock.

— Nur das Feuchte und das Helle | Und das Jungsein, — das ist Eins!
Wartburgspr. Architektenstüblein.

— Derweil m'r jung sein, | Sein m'r lustige Leut'; | Zom Weinen und Sünd'nbüaß'n | Is schon noch Zeit. Kärntner Schnaderhüpfl.

Junge, der. — Ein Junger soll nicht reden, man niese denn, so mag er sagen: Wohl bekomm's!
Alter Spr.

— Der Junge kann sterben, der Alte muß sterben. Sprichwort.

— Wenn der Junge wüßte, wenn der Alte könnte, gäb es nichts, was nicht vollbracht würde. Ital.: Si il giovane sapesse, | Se il vecchio potesse, | Non cosa sarebbe che non di facesse.
Sprichwort.

Jungen, die. — Die Rute fühlten sonst die Jungen | Ob ihrer lästerlichen Zungen; | Nun gilt das für Würdigkeit. Mittelhochdeutsch: Hie vor dô berte man die jungen, | Die dâ pflâgen frecher zungen; | Nû ist ez ir werdekeit.
Walter v. d. Vogelweide (um 1170—1230), Gedichte. Übertr. v. Pannier.

— Für Zeiten stunden Junge den Alten höflich auf; | Jetzt heißt es: Junger, sitze! und alter Greiner, lauf!
Friedr. von Logau, Deutsche Sinn=Getichte (1654). D. Alter.

— Die Jungen können rasch sterben, aber die Alten können nicht lange leben bleiben. Ital.: I giovani possono morir presto, ma i vecchi non possono campar molto. Sprichwort.

Jungfern. — Die Jungfern, welche zu dem Frein | Die Freier selbst wie laden, | Wo diese nicht verlegen sein, | So haben sie doch Schaden.
Friedr. von Logau, Deutsche Sinn=Getichte (1654). Tüchtige Waar.

— Die häßlichste der Jungfern auszusteuern, | Beschloß der Magistrat; allein | So sehr es wimmelte von Freiern, | Nicht Eine wollte häßlich sein!
Joh. Christoph Friedr. Haug, Sinngedichte (1791).

— Büchsen, die nicht krachen, | Jungfern, die nicht lachen, | Vögeln, die nicht singen, | Wer hat Lust zu diesen Dingen? Alter Spr.

— Jungfern und Gläser schweben in steter Gefahr. Sprichwort.

— Rosen und Jungfern sind bald verblättert.
Sprichwort.

— s'Jumpferngschirr | Macht die ganz Welt irr. Sprichwort. Schweiz.

— Wir sind ja unter uns Jumfern.
Berliner Redensart.

Jungfernkranz. — Wir winden dir den Jungfernkranz | Mit veilchenblauer Seide, | Wir führen dich zu Spiel und Tanz, | Zu Glück und Liebesfreude.
Friedr. Kind, D. Freischütz (geb. 1817—1818). A. 3, Sz. 3 (Brautjungfer). Komp. v. Karl Maria von Weber. (Erste Auff. am 18. Juni 1821 in Wien.)

Jungfernschaft. — Die Jungferschaft ist der Mai im Jahr, die Blüte am Baume, der Morgen am Tage.
Theod. Gottl. von Hippel, Über d. Ehe (1774). K. 6. Zum Besten d. Jünglinge.

Jungfernvolk. — Jungfernvolk sind solche Vögel, wer mit ihnen umgegangen, | Weiß, sie sind wohl erstlich wilde, lassen sich doch letzlich fangen.
Friedr. von Logau, Deutsche Sinn=Getichte (1654). Jungfrauen.

Jungfrau. — Denck, was dieses sey für Pein: | Alt vnd doch noch Jungfraw seyn!
Simon Dach, Jung gefreyht | Hat nie gerewt (1652).

— Es ist kein Jungfrau, sie weiß die Straß zum Venus=Berg.
Christoph Lehmann, Politischer Blumen=Garten (1662). T. 1. Jungfraw. Nr. 17.

— Reizende Fülle schwellt der Jungfrau blühende Glieder; | Aber der Stolz bewacht streng, wie der Gürtel, den Reiz.
Friedr. von Schiller, Gedichte. D. Geschlechter (geb. 1796).

— Und herrlich in der Jugend Prangen, | Wie ein Gebild aus Himmelshöh'n, | Mit züchtigen, verschämten Wangen | Sieht er die Jungfrau vor sich stehn.
Friedr. von Schiller, Gedichte. D. Lied v. d. Glocke (geb. Sept. 1799).

Jungfrau. — So die Jungfrau; altet sie öd' im Hause der Ihren. — | Aber hat sie das Band der reifen Ehe vermählet, | Achtet hoch sie der Mann, es achten hoch sie die Eltern.

Joh. Gottfr. von Herder, Stimmen d. Völker in Liedern (1807). Abteilung 1, B. 2, Nr. 6. Hochzeitges. Lat.

— Die Jungfrau aber fühlt die zarte Seele | Vom Kuß der Liebe wunderbar entzückt.

Theod. Körner, Zriny (geb. Juni 1812). A. 2, Sz. 1 (Eva).

— Welche Reize kann eine schöne unschuldige Jungfrau noch borgen, die nicht kleiner wären als ihre eignen?

Jean Paul (Joh. Paul Friedr. Richter), Sämtl. Werke (1826—1828).

— Das Herz einer keuschen Jungfrau bewahrt den Keim der Liebe wie die Rosenknospe, die geschlossen den köstlichen Duft enthält. Franz.: Le cœur d'une vierge contient le germe de l'amour comme le bouton de la rose en recèle le parfum.

Petit-Senn, Geistesfunken u. Gedankensplitter (1865). Übers. v. Zimmermann.

— Eine Jungfrau, ein Auge und der Glaube lassen nicht mit sich scherzen. Sprichwort. Schweiz.

Jungfrauen. — Nicht ziemt es Jungfrauen, unterm Volk umherzugehn. Griech.: *Εἰς ὄχλον ἕρπειν παρθένοισιν οὐ καλόν.*

Euripides (um 480—406 v. Chr.), Orestes. Übers. v. Binder. V. 108 (Elektra).

— Schöne Jungfrau'n grad' und lang, | Rhein'scher Wein und Lautenklang | Vertreibt all' Sorg und Herzeleid, | Wenn man's gebraucht zu rechter Zeit. Alter Spr.

Jungfräulein. — Halte dich rein und acht dich klein, | Sey gern mit Gott und dir allein, | Und mach dich nicht gar zu gemein. | So fromm macht sich das Jungfräulein.

Georg Rollenhagen, Froschmäuseler (1595). B. 1, T. 2, K. 6.

— Ein schön Ding um Lautenschlagen und Singen; | Ein schön Jungfräulein aber geht vor allen Dingen. Alter Spr.

Jungfräulich. — Die jungfräuliche Seele ist eine reife Rose, aus der, sobald ein Blatt gezogen ist, leicht alle gepaarte nachfallen.

Jean Paul (Joh. Paul Friedr. Richter), Sämtl. Werke (1826—1828).

— Jungfräuliche Seelen gibt es, | Die nach grüner Seife riechen. | Und das Laster hat zuweilen | Sich mit Rosenöl gewaschen.

Heinr. Heine, Atta Troll (1847). K. 8.

Junggeselle. — Je länger Junggesell', | Je länger in der Höll'. Sprichwort.

Jüngling. — Es ist der Fehler des Jünglings, sich immer für glücklicher oder unglücklicher zu halten, als er ist.

Gotthold Ephr. Lessing, Philotas (1759). Sz. 2 (Strato).

— Der Jüngling kämpft, damit der Greis genieße. Joh. Wolfg. von Goethe, Elpenor (1781). A. 1, Sz. 4 (Antiope).

Jüngling. — Dann übt der Jüngling streitend seine Kräfte, | Fühlt, was er ist, und fühlt sich bald ein Mann.

Joh. Wolfg. von Goethe, Torquato Tasso (1789). A. 1, Sz. 2 (Alfons).

— Wie leicht der Jüngling schwere Lasten trägt | Und Fehler wie den Staub vom Kleide schüttelt!

Joh. Wolfg. von Goethe, Torquato Tasso (1789). A. 2, Sz. 4 (Antonio).

— Ein Jüngling muß die Flügel regen, | In Lieb' und Haß gewaltsam sich bewegen.

Joh. Wolfg. von Goethe, Schriften (1787—1790). Gedichte. Künstlers Apotheose.

— In den Ozean schifft mit tausend Masten der Jüngling; | Still auf gerettetem Boot treibt in den Hafen der Greis.

Friedr. von Schiller, Gedichte. Erwartung u. Erfüllung (geb. 1796).

— Ich war Jüngling noch an Jahren, | Vierzehn zählte kaum ich nur. Franz.: A peine au sortir de l'enfance | Quartorze ans au plus je comptais.

Alexander Duval, Jos. in Egypten (1807). Romanze. Übersetzer unbek. Komp. v. Etienne Henri Méhül. (Erste Auff. am 17. Febr. 1807 in Paris.)

— Des Menschen Leben lebt im Blut, und wo | Bewegt das Blut sich wie im Jüngling so?

Joh. Wolfg. von Goethe, Faust, II (1831). Hochgewölbtes enges gotisches Zimmer (Baccalaureus).

— Auch ich war ein Jüngling mit lockigem Haar, | An Mut und an Hoffnungen reich.

Albert Lortzing, D. Waffenschmied (1846). A. 3, Sz. 13 (Stadinger). (Erste Auff. am 30. Mai 1846 in Wien.)

— Wie wird ein Jüngling seinen Weg unsträflich gehen? Wenn er sich hält nach deinen Worten. Ps. 119, V. 9.

Jünglinge. — Stets ist Jünglingen ja ihr Herz voll flatternden Leichtsinns. Griech.: *Αἰεὶ δ' ὁπλοτέρων ἀνδρῶν φρένες ἠερέθονται.*

Homer, Ilias. Übers. v. Voß. Ges. 3, V. 108.

— Jünglinge von einigem Geist tragen sich gern mit allerhand großen Erwartungen, mit allerhand stolzen Entwürfen für ihre Zukunft.

Joh. Jak. Engel, D. Fürstenspiegel (1798). Jugendfleiß.

— Tolle Jünglinge, weise Männer. Ital.: Figliuoli matti, uomini savi. Sprichwort.

Jünglingsjahre. — Lustig is 's Bua-Sein, | I tausch' mit koan' Mānn; | Wānn mi' 's Deandl nit g'freut, | Steh' i auf, geh' davon.

Schnaderhüpfl. Steiermark.

Jungmann. — Wenn der Jungmann wüste, was der Alt bedürfftig, so würde er offt den Seckel nicht so weit aufthun.

Christoph Lehmann, Politischer Blumen-Garten (1662). T. 1. Jugend. Nr. 44.

Jüngste, die. — Du jüngste, nicht geringste. Engl.: Although our last, not least.

William Shakespeare, König Lear (1605—1606). Übers. v. Schlegel. A. 1, Sz. 1 (Lear).

Juni. — Brachmon machet uns bekandt, | Was die Schaff für Wolle hant.

D. zwölf Monate (1584). Juni.

— Der Juni macht Heu. Bauernregel.

— Wenn naß und kalt der Juni war, | Verdirbt er meist das ganze Jahr. Bauernregel.

Juniregen. — Juniregen | Bringt reichen Segen. Bauernregel. Westpreußen.

Junker. — Wie gut war es doch, daß Christus sich lieber mit dem Winzer und Säemann verglich als mit einem Junker; der gemeine Mann wäre ganz wie ein Hund angesehen worden.

Karl Jul. Weber, Demokritos (1832—1840). D. Religion u. d. Religionen. Fortsetzung. Lob d. reinen Christentums.

— ... lässest du ihn (den Knecht) müßig, so will er Junker sein. Jes. Sir., K. 33, V. 26.

— Je kahler der Junker, | Je größer der Prunker. Sprichwort.

Junkern. — Wie viel sie auch flittern und flunkern, | Wie viel sie auch gaukeln und junkern, | Doch sieget das ewige Recht.

Ernst Moritz Arndt, Gedichte. Drei Trostlieder an d. Sommer v. 1819 (ged. 1819). Nr. 1. Schlußv.

— Die Wetterauer Bauern, wenn im Korn viele leere Halme hervorragten, sagten: unser Roggen junkert, wie die Schweden vom Müßiggehen Junkerra.

Karl Jul. Weber, Demokritos (1832—1840). D. Geburts= oder Ahnenstolz.

Junkertum. — Meine Herren! was verstehen Sie eigentlich unter Junkertum? ... aber ich glaube, unzertrennbar davon ist die Idee von der Überhebung in Ansprüchen auf Einfluß und Herrschaft, welche gesetzlich nicht begründet sind; ... in diesem Sinne gibt es aber auch ein parlamentarisches Junkertum.

Otto von Bismarck im Abg.=Hause. d. preuß. Landtages (22. Jan. 1864).

Jurisprudenz. — ... allein um mit Sicherheit unrecht tun zu können, muß man die Rechte (Jurisprudenz) studieren.

Georg Christoph Lichtenberg, Verm. Schriften (1800—1806).

Jurist. — Drüm ists eine sonderliche Gnade, wenn ein Jurist soll ein guter Christ seyn, da muß der heilige Geist seyn.

Dr. Martin Luther, Tischreden oder Colloquia (1566). Nr. 66. Tischreden v. Juristen. § 38. Uneinigkeit d. Juristen u. Theologen.

— Es ist ein alt Sprüchwort: Ein Jurist, ein böser Christ. Das ist wahr.

Dr. Martin Luther, Tischreden oder Colloquia (1566). Nr. 66. Tischreden v. Juristen. Nr. 59. Juristen wissen nicht, was d. Kirche ist.

— Ich will mich zwar nicht selber rühmen; | Dies tut kein ehrlicher Jurist.

Christ. Fürchtegott Gellert, Fab. u. Erz. (1746). B. 1. D. Proceß.

— Neuer Jurist muß neuen Galgen haben. Sprichwort.

Juristen. — Darumb seit mans von den iuristen, | Nit, lychnam, syens gůtte christen; | Darumb, das sy das recht verkören.

Thomas Murner, Narrenbeschwerung (1512). Nr. 29. Füß halten.

— Juristen sind wie Schuster; die zerren mit den Zähnen | Das Leder, — sie die Rechte, daß sie sich müßen dehnen.

Friedr. von Logau, Deutsche Sinn=Getichte (1654). Gesetzlinge.

— Es ist daselbst nicht gut, wo viel Juristen leben; | Es muß daselbst viel Zank und wenig Rechtens geben.

Friedr. von Logau, Deutsche Sinn=Getichte (1654). Rechtsverständige.

— Juristen, Ärzte, Prediger sind alle drei beflißen, | Die Leute zu purgieren wol am Säckel, Leib, Gewissen.

Friedr. von Logau, Deutsche Sinn=Getichte (1654). Drei Fakultäten.

— Juristen | Sind böse Christen. Sprichwort.

Justiz. — Die großen Herren ... sollen doch mit der Justiz nicht umgehen, als mit einem Spinn=Geweb, allwo die große Vögel durchbrechen, die kleine Mucken hangen bleiben.

Abraham a Santa Clara (Ulrich Megerle), Judas, d. Ertzschelm (1686—1695).

— ... indem vor der Justiz alle Leute gleich sind. Friedr. d. Große (1712—1786) in Sachen d. Müllers Arnold.

K

Kabale. — Die Kabale lauscht, wie in der Nische | An dem jungen Stamm die Schlange schleift, | Um den Hof, bis sie mit Giftgezische | Ihren Raub zum schnellen Tod ergreift.

Joh. Gottfr. Seume, Sämtl. Werke (1826). Gedichte. Einem mißmütigen Freunde.

Kabinettsgeheimnisse. — Die Geheimnisse des Kabinetts stecken sich gern in die Falten eines Weiberrocks.

Friedr. von Schiller, D. Verschwörung d. Fiesco zu Genua (1783). A. 2, Sz. 15 (Fiesco).

Kahlkopf. — Nicht (um) ein Haar, sagt der Kahlkopf. Sprichwörtl. Redensart.

Kainszeichen. — Er trägt ein Kainszeichen (er ist von Gott gerichtet, so daß man ihn sofort für einen Bösewicht erkennt).
Nach 1. Mos., K. 4, V. 15. — Sprichwörtl. Redensart.

Kaiser. — Einem Kaiser geziemt es stehend zu sterben. Lat.: Decet imperatorem stantem mori. Kaiser Vespasianus (reg. 69—79). Übers. v. Grau.

— Ein Kaiser sei niemand untertan als Gott und der Gerechtigkeit!
Kaiser Friedr. I. Barbarossa (reg. 1152—1190).

— Der Kaiser sterben muß wie ich, | Drum kann ich ihm vergleichen mich. Mittelhochdeutsch: Der keiser sterben muoz als ich, | Des mac ich im wol genôzen mich.
Vrîdankes Bescheidenheit (1225—1240). Übertr. v. Pannier. Nr. 31. v. d. künegen u. vürsten.

— Wie der Saturnus, der oberste Planet, sich am allerlangsamsten umwendet, also soll sich auch ein Kaiser nicht leichtlich bewegen oder verändern lassen. Kaiser Karl V. (reg. 1519—1558).

— Wie die Sonne den Reichen und Armen gleich scheint, so soll auch ein Kaiser jedem zu seinem Rechte behilflich sein.
Kaiser Karl V. (reg. 1519—1558).

— Subtilitäten und Spitzfindigkeiten gehören den Advokaten und Prokuratoren und keinem Kaiser. Kurfürst Moritz von Sachsen (gest. 30. Nov. 1750).

— Gott erhalte Franz, den Kaiser!
Laurenz Leop. Haschka, Gott erhalte d. Kaiser! (ged. 1797). Mel. v. Jos. Haydn (komp. Jan. 1797).

— Des Kaisers Rock ist der höchste Titel.
Friedr. von Schiller, Wallensteins Lager (1798). Sz. 7 (Trompeter).

— Kein Kaiser kann, was unser ist, verschenken.
Friedr. von Schiller, Wilh. Tell (1804). A. 2, Sz. 2 (Stauffacher).

— Es lebe der Kaiser! Franz.: Vive l'empereur!
Franz. Schlachtruf, besonders unter Napoleon I. (um 1800—1814). Übers. v. Zimmermann.

— Die höchste Tugend, wie ein Heiligenschein, | Umgibt des Kaisers Haupt.
Joh. Wolfg. von Goethe, Faust, II (1831). A. 1. Kaiserliche Pfalz. Saal d. Thrones (Kanzler).

— Ist es recht, daß man dem Kaiser Zins gebe oder nicht? Matth., K. 22, V. 17.

— ... gebet dem Kaiser, was des Kaisers ist, und Gotte, was Gottes ist!
Matth., K. 22, V. 21.

— Wo nichts ist, da hat der Kaiser sein Recht verloren. Sprichwort.

— Der Kaiser führt das Schwert, | Der Bauer führt den Pflug; | Und wer nicht beide ehrt, | Der ist ja wohl nicht klug.
Spr. in einem Hause zu Lauterbach.

Kaiser. — Kaiser, König, Edelmann, | Bürger, Bauer, Bettelmann. Abzählv.

Kaiserlos. — ... die kaiserlose, die schreckliche Zeit. Fried. von Schiller, Gedichte. D. Graf v. Habsburg (ged. 25. April 1803).

Kaiserstadt. — 's gibt nur a Kaiserstadt, 's gibt nur a Wien!
Karl von Holtei, D. Wiener in Berlin (1825).

Kaisertum. — Das Kaisertum ist der Friede! Franz.: L'empire, c'est la paix!
Prinz Louis Napoleon auf d. Bankett d. Handelskammer v. Bordeaux (9. Okt. 1852).

— Ich bin eingeschworen auf eine weltliche Leitung eines evangelischen Kaisertums, und dem hänge ich treu an.
Otto von Bismarck auf d. ihm zu Ehren veranstalteten Kommers in Jena (31. Juli 1892).

Kaiserwort. — Eines Kaisers Wort will sich nicht gebühren zu drehen oder zu deutelen.
Kaiser Konrad III. nach d. Eroberung v. Weinberg (1140).

— Ein Kaiserwort | Soll man nicht dreh'n noch deuteln!
Gottfr. Aug. Bürger, Gedichte. D. Weiber v. Weinsberg (ged. 1774). Mel. v. Joh. André (1780).

Kalb. — Das goldene Kalb anbeten (das Geld über alles schätzen).
Nach 2. Mos., K. 32. — Sprichwörtl. Redensart.

— Mit fremdem Kalbe pflügen (die unerlaubten Hilfsmittel eines andern benutzen).
Nach B. d. Richter, K. 14, V. 18. — Sprichwörtl. Redensart.

Kalbfell. — Dem Kalbfell folgen (der Werbetrommel folgen und Soldat werden).
Sprichwörtl. Redensart.

Kalenden. — An den griechischen Kalenden (niemals, da die Griechen keine Kalenden hatten). Lat.: Ad Kalendas graecas.
Gajus Suetonius, Augustus (um 120). Übers. v. Stahr. K. 87.

Kalender. — Die Kalendermacher machen die Kalender, aber Gott macht das Wetter.
Jul. Wilh. Zincgreff, D. Teutschen scharpffsinnige kluge Spr., Apophthegmata genannt (1626—1631).

— Er macht Kalender (er macht sich unnötige Sorgen). Sprichwörtl. Redensart.

Kalle. — Die Kalle kann mir nit gefalle (sagt man von einer häßlichen Braut oder auch von irgend einer Sache). Jüd. Redensart.

Kalt. — Und kalt her bläst es aus dem Wetterloch. Friedr. von Schiller, Wilh. Tell (1804). A. 1, Sz. 1 (Ruodi).

— Der kalten Brust fehlt Kraft und Lust, | Und ihre Tat wird Wind.
Ernst Moritz Arndt, Gedichte. Wer ist ein Mann? (ged. 1813). Mel. v. Albert Methfessel (1818) u. Hans Georg Nägeli (1816).

Kalt. — O wie ist es kalt geworden | Und so traurig, öd' und leer!

Aug. Heinr. Hoffmann von Fallersleben, Lyrische Gedichte. Nr. 3. Kinderleben. D. vier Jahreszeiten. Nr. 1. D. Frühling. Nr. 1. Sehnsucht nach d. Frühling (ged. 1835). Mel. v. Verfasser.

— Nicht kalt und nicht warm sein (einer Sache gleichgültig gegenüberstehen).

Nach Offenb. Joh., K. 3, V. 15.

— Jemanden kalt stellen (jemanden aus irgend einer Tätigkeit, aus seinem Berufe bringen).

Sprichwörtl. Redensart.

Kaltblütig. — Du hast bei der besten Sache schon halb verloren, wenn du nicht kaltblütig bleibst. Adolf Freiherr von Knigge, Über d. Umgang mit Menschen (1788).

Kamel. — Ein schäbiges Kamel trägt immer noch die Lasten vieler Esel.

Joh. Wolfg. von Goethe, Werke (1827—1830). Maximen u. Reflexionen. Abteilung 7.

Kamele. — . . . die ihr Mücken seiget und Kamele verschlucket. Matth., K. 23, V. 24.

Kamerad. — Ich hatt' einen Kameraden, | Einen bessern findst du nit.

Ludw. Uhland, Gedichte. Balladen u. Romanzen. D. gute Kamerad (ged. 1809). Mel. v. Friedr. Silcher (komp. 1825).

Kameraden. — Wohlauf, Kameraden, aufs Pferd, aufs Pferd! | Ins Feld, in die Freiheit gezogen! Friedr. von Schiller, Wallensteins Lager. Sz. 11. Reiterlied (ged. 1797). Mel. v. Christ. Jak. Zahn (1798).

Kamm. — Alle (alles) über einen Kamm scheren (keinen Unterschied in der Person oder Sache machen). Sprichwörtl. Redensart.

— Der Kamm schwillt ihm (er wird übermütig). Sprichwörtl. Redensart.

Kammerdiener, der. — Man muß in hohem Grade Held sein, um es in den Augen seines Kammerdieners zu sein. Franz.: Il faut être bien héros pour l'être aux yeux de son valet de chambre.

Marschall von Catinat (1637—1712), wohl in Anlehnung an Michel Eyquem Montaigne, Essays (1588). B. 3, K. 2. Übers. v. Zimmermann.

Kammerdiener, die. — Die Großen mit ihren langen Armen schaden oft weniger als ihre Kammerdiener mit den kurzen.

Georg Christoph Lichtenberg, Verm. Schriften (1800—1806). Bd. 2, Nr. 2. Bemerk. verm. Inhalts. Nr. 7. Politische Bemerk.

Kampf. — Immer sei zum Kampf bereit! | Suche stets den wärmsten Streit! | Schone des, der wehrlos fleht! | Haue den, der widersteht!

Friedr. Leop. Graf von Stolberg, Gedichte. Lied eines alten schwäbischen Ritters an seinen Sohn (ged. 1774).

— Nur der ew'ge Kampf gewähret | Für des Sieges Ewigkeit.

Friedr. von Schiller, Gedichte. Würde d. Frauen (ged. 1795). (Nur in d. ersten Fassung d. Gedichtes enthalten.)

Kampf. — Sieh', da entbrennen in feurigem Kampf die eisernden Kräfte; | Großes wirket ihr Streit, Größeres wirket ihr Bund.

Friedr. von Schiller, Gedichte. D. Spaziergang (ged. Sept. 1795).

— Beruf zu schwerem Kampf ist Ruf zu größerem Sieg.

Christoph Aug. Tiedge, Urania (1800). Ges. 6. Freiheit. Wiedersehn.

— Doch wird der Kampf nicht von der Welt genommen, | So lang der Mensch sich ernstrem Streben weiht.

Jos. Freiherr von Eichendorff, Gedichte. Zeitlieder. An d. Freunde (ged. 1815).

— Auch Kampf und Abwehr ist schon halber Sieg, | Und was der Tat gebricht, ergänzt der Wille. Leop. Schefer, Laienbrevier (1834).

— Kein Kampf und keine Not, kein Leiden, keine Fahr, | Die zu bestehn du hast, wird bleiben unfruchtbar. | Wenn sie dir andre Frucht und Ausbeut' auch nicht gaben, | Als die Beruhigung, bestanden sie zu haben.

Friedr. Rückert, D. Weisheit d. Brahmanen (1836—1839).

— Je härt'rer Kampf, so rühmlicher der Sieg.

Frz. Grillparzer, D. Meeres u. d. Liebe Wellen (1840). A. 3 (Priester).

— Kampf ums Dasein. Engl.: Struggle for life. Charles Darwin, D. Entstehung d. Arten (1859). Übers. v. Gärtner. Schlußwort d. Titels.

— Es kämpft, was lebt, denn Kraft ist Kampfesfrucht; | Durch Kampf betreibt Natur das Werk der Zucht. Wilh. Jordan, Strophen u. Stäbe (1871). Lose Blätter mit Lücken. Nr. 3.

— Der Kampf ist die Vorbedingung des Sieges. Engl.: It is the struggle that is the condition of victory.

Samuel Smiles, D. Charakter (1871). Übers. v. Dobbert. K. 12. D. Schule d. Erfahrung.

— . . . wo kein Kampf, da ist auch keine Macht. Frz. Grillparzer, D. Jüdin v. Toledo (1873). A. 1 (König).

— Kampf ist überall, ohne Kampf kein Leben; und wollen wir weiterleben, so müssen wir auch auf weitere Kämpfe gefaßt sein.

Otto von Bismarck zu d. Rektoren d. deutschen Universitäten in Friedrichsruh (1. April 1895).

— Kampf frischt die Brust, Sieg stählt. Das heiße Blut | Rollt hurtig. Lustig hüpfen alle Pulse. | Kampf müdet nicht; Kampf gibt Zehnmännerkraft, | Erneut in Lieb' und Haß.

Gerhart Hauptmann, D. versunkene Glocke (1898). A. 4 (Heinr.).

— Ich habe einen guten Kampf gekämpfet.

2. Timotheus, K. 4, V. 7.

— Im Kampfe muß man alles wagen, | Muß Hiebe geben, Hiebe tragen. Militärisches Sprichwort.

— Im Kampf zeigt sich der Mann.

Militärisches Sprichwort.

Kämpfen. — Vor der Menge der Lanzen und Pfeile werdet ihr die Sonne nicht sehen! — Also werden wir im Schatten kämpfen! Lat.: Solem prae iaculorum multitudine et sagittarum non videbitis! — In umbra igitur pugnabimus!

Ausspr. eines Persers u. Antwort eines Spartaners. Nach Marc. Tull. Cicero, Tuskulanische Unterredungen (um 44 v. Chr.). Übers. v. Sonne. B. 1, K. 42, § 101.

— Mit Windmühlen kämpfen. Span.: Molinos de viento acometer.

Nach Miguel de Cervantes, Don Quijote (1605).

— So du kämpfest ritterlich, | Freut dein alter Vater sich.

Friedr. Leop. von Stolberg, Gedichte. Lied eines alten schwäbischen Ritters an seinen Sohn (ged. 1774). Schlußv.

— Gemächlich mag der Wurm im Staube liegen; | Ein edles Herz muß kämpfen und wird siegen. Theod. Körner, Zriny (ged. Juni 1812). A. 5, Sz. 2 (Zriny). Schlußv.

— Laß dir's gesagt sein: kämpfe und vertraue! Emerich Madách, D. Tragödie d. Menschen (1861). A. d. Ungar. übers. v. Lechner. Schlußwort (D. Herr).

Kämpfen, das. — Des Menschen Kraft reicht eben aus | Zum Kämpfen, nicht zum Siegen; | Wir sollen in dem ew'gen Strauß | Nicht stehn und nicht erliegen.

Friedr. Hebbel, Gedichte (1857). Verm. Gedichte. Morgen u. Abend.

Kämpfer. — Wer den Himmel will gewinnen, | Muß ein rechter Kämpfer sein.

Emanuel Geibel, Gesammelte Werke. Gedichte B. 3. Athen (ged. 1838—1840). Vorwärts. Schlußv.

Kampfesfrucht. — Die Frucht jedes echten Kampfes ist Frieden. Georg Ebers, Serapis (1885).

Kampflos. — Nie kampflos wird dir ganz | Das Schöne im Leben geglückt sein; — | Selbst Diamantenglanz | Will seiner Hülle entrückt sein, | Und windest du einen Kranz: | Jede Blume dazu will gepflückt sein.

Friedr. von Bodenstedt, D. Lieder d. Mirza-Schaffy (1851). Verm. Gedichte u. Spr. Nr. 11.

Kannegießer. — Politischer Kannegießer (Bezeichnung für einen politischen Schwätzer).

Ludw. Freiherr von Holberg, D. politische Kannegießer (1722).

Kanone. — Unter aller Kanone (sehr schlecht sein). Sprichwörtl. Redensart.

Kanonen. — Gegen Kanonen gilt das Recht nicht. Ital.: Tra i canun no val la resun.

Lombardisches Sprichwort.

— Die Kanonen sind ultima ratio regum (das letzte Mittel der Könige). Bek. Redensart.

Kanonenkugeln. — Kanonen- und Flintenkugeln sind oft Fleckkugeln zum Reinigen der beschmutzten Welt.

Ludw. Börne, Gesammelte Schriften (1862—1863). Fragmente u. Aphorismen. Nr. 122.

Kanossa. — Seien Sie außer Sorge: Nach Kanossa gehen wir nicht, — weder körperlich noch geistig! Otto von Bismarck im Reichstage (14. Mai 1872).

Kante. — Etwas auf die hohe Kante legen (etwas zurücklegen, sparen). Sprichwörtl. Redensart.

Kanzel. — Politik und Kanzel haben wenig miteinander zu schaffen. In einer Kirche muß kein andrer Schall zu hören sein als die trostreiche Stimme christlicher Liebe. Engl.: Politics and the pulpit are terms that have little agreement. No sound ought to be heard in the church but the healing voice of Christian charity. Edmund Burke, Betrachtungen über d. Revolution in Frankreich (1790). Übers. v. Genz. Abs. 18.

Kapelle. — Droben stehet die Kapelle, | Schauet still ins Tal hinab.

Ludw. Uhland, Gedichte. Lieder. D. Kapelle (ged. 21. Sept. 1805). Mel. v. Konradin Kreutzer (komp. 1824).

Kapitol. — Es ist wenig Entfernung vom tarpejischen Felsen bis zum Kapitol. Franz.: Il est peu de distance de la roche Tarpéienne au Capitole.

Honoré Gabriel Riqueti, Graf Mirabeau (22. Mai 1790). Übers. v. Zimmermann.

Kappe. — Etwas auf seine Kappe nehmen (die Verantwortung für etwas auf sich nehmen).

Sprichwörtl. Redensart.

Karfreitag. — Wenn am Karfreitag Regen war, | Folgt trocknes, aber fruchtbar Jahr.

Bauernregel.

Karikaturen. — Es gehört durchaus eine gewisse Verschrobenheit dazu, um sich gern mit Karikaturen und Zerrbildern abzugeben.

Joh. Wolfg. von Goethe, D. Wahlverwandtschaften (1808—1809). T. 2, K. 7. A. Ottiliens Tageb.

Karnickel. — Der Karnickel hat angefangen. Heinr. Lami, Eigennützige Dienstfertigkeit (1828).

— Das Karnickel sein (der schuldige Teil sein).

Sprichwörtl. Redensart.

Karo. — Karo war 'n Hühnerhund (sagt man beim Ausspielen der Farben beim Kartenspiel).

Bek. Redensart.

Karre. — Die Karre aus dem Dreck ziehen (etwas wieder in den Gang bringen).

Sprichwörtl. Redensart.

Karrieremachen. — Was du immer kannst zu werden, | Arbeit scheue nicht und Wachen; | Aber hüte deine Seele | Vor dem Karrieremachen!

Theod. Storm, Sämtl. Schriften (1868). Gedichte. Für meinen Sohn.

Karte. — Alles auf eine Karte setzen (auf einen einzigen Glücksumstand bauen).

Sprichwörtl. Redensart.

Karten. — Durch Karten und Kanne | Wird mancher zum armen Manne. Alter Spr.

— Mit verdeckten Karten spielen (seine Absicht geheim halten). Sprichwörtl. Redensart.

Karten. — Sich nicht in die Karten sehen lassen (seine Absichten geheim halten).
Sprichwörtl. Redensart.

Kartenspiel. — Kartenspiel und Würfellust | Und ein Kind mit runder Brust | Hilft zum ew'gen Leben!
Friedr. Kind, D. Freischütz (geb. 1817—1818). A. 1, Sz. 4 (Kaspar). Komp. v. Karl Maria von Weber. (Erste Auff. am 18. Juni 1821 in Berlin.)

— Kartenspiel ist des Teufels Brevier.
Sprichwort.

Kartenspiele. — Man sitzt bei Bier oder Bock, | Spielt Ramsch, Skat, auch Tarok (Kartenspiele), | Macht hie und da einen Zwick, | Und mogelt mit mehr oder weniger Glück.
Inschrift im Ratskeller zu Wiesbaden.

Karthago. — Übrigens stimme ich dafür, daß Karthago zerstört werden muß! Lat.: Ceterum censeo Carthaginem esse delendam!
D. ältere Cato (um 234—149 v. Chr.). Nach Marc. Tull. Cicero, Über d. Greisenalter. K. 6, § 18. Übers. v. Grau.

Käse. — Der Käse verrät die Milch.
Lappländisches Sprichwort.

Kassel. — Ab nach Kassel! (fort mit ihm! — nach Kassel wurden die hessischen Landeskinder geführt, die zur Zeit des nordamerikanischen Krieges an England verkauft wurden). Bek. Redensart.

Kastanien. — Die Kastanien aus dem Feuer holen. Franz.: Tirer les marrons du feu.
Jean de Lafontaine, Fab. (1678). Übers. v. Dohm. B. 9, Nr. 17. D. Affe u. d. Katze. V. 17.

Kasteien, sich. — Murrköpfe mögen sich kastein! | Als Sünde unsern Scherz verschrein; | Wir wollen, wir wollen fröhlich sein!
D. Zeiten, Brüder, sind nicht mehr usw. (vor 1772). Schlußv.

Kasus. — Der Kasus macht mich lachen.
Joh. Wolfg. von Goethe, Faust, I (1808). Studierzimmer (Faust).

Kater. — Wer baß singt und trinkt und wirbt, | Den lehrt die Erfahrung; | Auch der grimmste Kater stirbt | Doch am sauren Harung.
Inschrift im Berliner Ratskeller.

Katholik. — Der Katholik muß die Entscheidung, die man ihm gibt, annehmen; der Protestant muß lernen, sich selbst zu entscheiden. Franz.: Le catholique doit adopter la décision qu'on lui donne; le protestant doit apprendre à se décider.
Jean Jacques Rousseau, D. Konfessionen (1781 u. 1788). Übers. v. Knigge.

Katholiken. — Die Katholiken vertragen sich unter sich nicht, aber sie halten immer zusammen, wenn es gegen einen Protestanten geht.
Joh. Peter Eckermann, Gespräche mit Goethe in d. letzten Jahren seines Lebens (7. April 1829).

Katholisch. — Der größte Fehler der katholischen Kirche war, daß sie mit der Reformation abschloß und sich versteinerte.
Karl Immermann, Reisejournal (1833).

— Dem katholischen Priester gegenüber prallt jede weltliche Disziplin vollständig ab.
Otto von Bismarck im Herrenhause d. preuß. Landtages (6. März 1872).

— Die katholische Kirche ist heute der Papst und niemand weiter als der Papst; und wenn Sie von den Rechten der katholischen Kirche sprechen, so würden Sie sich zutreffender ausdrücken, wenn Sie sagen: die Rechte des Papstes.
Otto von Bismarck im Herrenhause d. preuß. Landtages (14. April 1875).

— Katholisch ist Trumpf!
Phil. Hammer auf d. Generalversammlung d. Katholiken Deutschlands zu Bonn (8. Sept. 1881).

— Der katholische Priester ist von dem Augenblick, wo er Priester ist, ein einregimentierter Offizier des Papstes.
Otto von Bismarck im Herrenhause d. preuß. Landtages (12. April 1886).

— ... katholischer als der Papst.
Otto von Bismarck im Abg.-Haus d. preuß. Landtages (21. April 1887).

— Det is ja zum kathol'sch wer'n! (das kommt mir sehr unerwartet und unbequem in die Quere).
Berliner Redensart.

Katholizismus. — Der Katholizismus ist eine gute Sommerreligion.
Heinr. Heine, Reisebilder. T. 2. Italien (1828—1829). Nr. 1. Reise v. München nach Genua.

— Staatsmänner haben daher auch den Katholizismus, dessen Hang zur Allgewalt und Vernunftverfinsterung sie allenfalls begegnen zu können glaubten, als einen guten Volkszaum angesehen.
Karl Jul. Weber, Demokritos (1832—1840). Weitere Religionsbetrachtungen eines einfältigen Laien.

— Der Katholizismus macht den Charakter gewöhnlich weicher, während der Protestantismus ihn festigt; aber jene Weichheit artet oft in Schwäche, jene Festigkeit in Härte aus. Engl.: Catholicism commonly softens, while Protestantism strengthens the character; but the softness of the first often degenerates into weakness, and the strength of the second into hardness.
William Edward Hartpole Lecky, Sittengesch. Englands v. Augustus bis auf Karl d. Großen (1869). Übers. v. Jolowicz. B. 2, K. 5.

— Keine Religion predigt die Nichtigkeit der Sinnlichkeit eindringlicher als der Katholizismus; keine Religion macht aber auch von der Kunst einen weiter gehenden Gebrauch als derselbe.
Gustav Adolf Lindner, D. Problem d. Glücks (1892).

Katze. — Das ist für die Katze (das hat keinen Wert).
Nach Burchard Waldis, Esopus (1548). B. 4, Nr. 62. V. Schmidt v. seiner Katzen. — Sprichwörtl. Redensart.

Katze. — ... wenn die Katz nicht ist zu Hauß, | So hat frey umlauffen die Mauß.
Georg Rollenhagen, Froschmäuseler (1595). B. 1, T. 2, K. 25.

— Die Katze läßt das Mausen nicht. Sprichwort.

— Wenn die Katze fort ist, tanzen die Mäuse. Sprichwort.

— Der Katze die Schelle anhängen (eine mutige Tat vollbringen). Sprichwörtl. Redensart.

— Die Katze im Sacke kaufen (etwas kaufen, ohne sich von der Güte desselben vorher versichert zu haben). Sprichwörtl. Redensart.

— Wie die Katze um den heißen Brei herumgehen (sich nicht recht an etwas herantrauen). Sprichwörtl. Redensart.

— A B C. | Die Katze lief in'n Schnee; | Und als sie wieder raußer kam, | Da hat sie weiße Höschen an. Kinderreim.

Katzen. — Dis sind die gefährliche Katzen, | Die vorn lecken und hinten kratzen.
Georg Rollenhagen, Froschmäuseler (1595). B. 1, T. 2, K. 2.

— Das tun alle bösen Katzen, | Vornen lecken, hinten kratzen. Sprichwörtl.

Kauf. — Denn Probieren weckt die Lust zum Kauf. Griech.: Ἡ γὰρ γεῦμα τὴν ὠνὴν καλεῖ.
Euripides (um 480—406 v. Chr.), Cyklops. Übers. v. Minckwitz. V. 150 (Seilenos).

— Augen auf! | Kauf ist Kauf. Sprichwort.

— Bei jedem Kauf | Heißt's: „Augen auf!" Sprichwort.

— Kauf bricht Miete. Rechtssprichwort.

— Etwas mit in Kauf nehmen (die schlechten Eigenschaften einer Sache um der guten willen übersehen). Sprichwörtl. Redensart.

Kaufen. — Kauff nit von dem, vor dem du dich must neigen vnd den Hut abziehen!
Christoph Lehmann, Politischer Blumen=Garten (1662). T. 1. Kauffmannschafft, Krämerey. Nr. 4.

— Was ich mir dafür kaufe!
David Kalisch, Berlin, wie es weint u. lacht (1858).

— Kaufe nicht, was du nötig hast, sondern was du nicht entbehren kannst! Sprichwort.

— Det haste dir wol jekooft, wie keener in' Laden war? (das hast du wohl gestohlen).
Berliner Redensart.

— Wer im Sacke kaufet | Und sich mit Toren raufet | Und borget ungewisser Zit, | Der singet dicke Klagelied. Wartburgspr. Wirtschaft.

Käufer. — Also steckt auch Sünde zwischen Käufer und Verkäufer. Jes. Sir., K. 27, V. 3.

Kaufleute. — Unsere Kaufleute über See, die unsere besten Pioniere sind ...
Otto von Bismarck zu d. Lehrern höherer Schulen Preußens in Friedrichsruh (8. April 1895).

— An der Hunde Hinken und der Kaufleute Schwören | Soll sich niemand kehren. Niederl.: **An der honde hincken en koopluyden sweren | Sal sich niemant keren.** Sprichwort.

Käuflich. — Das ist yetzundt der weltlich orden, | Das alle Ding sindt käuflich worden.
Thomas Murner, Narrenbeschwerung (1512). Nr. 42. D. rößlin machen lauffen.

Kaufmann. — Euch, ihr Götter, gehört der Kaufmann. Güter zu suchen | Geht er, doch an sein Schiff knüpfet das Gute sich an.
Friedr. von Schiller, Gedichte. D. Kaufmann (ged. 1795). Schlußv.

— Der Kaufmann hat in der ganzen Welt dieselbe Religion.
Heinr. Heine, Verm. Schriften. Br. a. Berlin. Br. 2 (16. März 1822).

— Ein Kaufmann kann sich schwerlich hüten vor Unrecht und ein Krämer vor Sünden.
Jes. Sir., K. 26, V. 28.

— Jeder Kaufmann lobt seine Ware. Sprichwort.

— Kopmanns Gut | Hat Ebbe und Flut. | Kopmanns Hand | Reicht von Land zu Land.
Spr. am Kaufmannshause in Hameln.

Kaufmannschaft. — Es ist ein eigner Pflug, womit Verkäufer pflügen. | Das Feld der Kaufmannschaft; wie heißt er denn? das Lügen.
Friedr. von Logau, Deutsche Sinn=Getichte (1654). Handelsleute.

Käuze. — Natur bringt wunderliche Käuz' ans Licht. Engl.: **Nature hath fram'd strange fellows in her time.**
William Shakespeare, D. Kaufmann v. Venedig (um 1594—1596). Übers. v. Schlegel. A. 1, Sz. 1 (Solanio).

— Es muß auch solche Käuze geben.
Wolfg. von Goethe, Faust, I (1808). Marthens Garten (Faust).

Kaviar. — ... Kaviar fürs Volk. Engl.: **... caviare to the general.**
William Shakespeare, Hamlet (1601—1602). Übers. v. Schlegel. A. 2, Sz. 2 (Hamlet).

— Das ist Kaviar für ihn (das versteht er nicht zu würdigen). Sprichwörtl. Redensart.

Keck. — Klein vnnd keck | Stöst den grossen in Dreck.
Christoph Lehmann, Politischer Blumen=Garten (1662). T. 1. Klein. Nr. 16.

Kehle. — De Kehl | Kost't veel.
Spr. im Saal d. Berliner Unionsbrauerei.

Kehren. — Für seiner Thür kehr jeder fein; | So wirds in der gantzen Stadt rein.
Georg Rollenhagen, Froschmäuseler (1595). B. 1, T. 2, K. 5.

— Ein jeder kehr vor seiner Tür, | Dann braucht er besen gnug; | Schreib seine Fehler auf Papier, | Dann wird er davon klug.
Wartburgspr. Wirtschaft.

Kelch. — Mag dieser Kelch an mir vorübergehen! Nach Matth., K. 26, V. 39.

Keller. — Im kühlen Keller sitz' ich hier | Auf einem Faß voll Reben.
Karl Mühler, D. Kritikaster u. d. Trinker (ged. 1802). Mel. v. Ludw. Fischer (komp. 1802).

Kennen. — Ich kenne dich, Spiegelberg!
Friedr. von Schiller, D. Räuber (1781). A. 2, Sz. 3 (Moor).

— Uly, Uly! | Ich kenne dich nicht mehr.
Friedr. von Schiller, Wilh. Tell (1804). A. 2, Sz. 1 (Attinghausen).

— Jemanden kennen, wie die Fliegen den Bart des Sirupverkäufers. Arabische Redensart.

— Ich kenn' sein' Gäns' un sein' Hühner (seine ganzen Verhältnisse). Jüd. Redensart.

Kennen lehren. — Lehre du | Mich meine Leute kennen!
Friedr. von Schiller, D. Piccolomini (1799). A. 2, Sz. 6 (Wallenstein).

— Lêr du mi Karpen (Karpfen) kennen, min Vater wer sülwst en Fischer.
A. d. Seemannssprache. Holstein.

Kennen, sich. — Nur die Galeerensklaven kennen sich.
Joh. Wolfg. von Goethe, Torquato Tasso (1789). A. 5, S. 5 Tasso).

Kenntnis. — Die Kenntnis liegt unter dem Splitter; die Sache ist nur, den Splitter aufzuheben. Orientalisches Sprichwort.

Kenntnisse. — Es ist vielleicht das schrecklichste Geschenk, das ein feindlicher Genius dem Zeitalter machte: Kenntnisse ohne Fertigkeiten.
Joh. Heinr. Pestalozzi, Sämtl. Schriften (1819—1826).

— Kenntnisse sind die einzige Macht, die man sich verschaffen kann, wenn man sie nicht hat; Macht ist Kraft, und Kraft ist alles.
Rahel (Antonie Friederike Varnhagen von Ense), Br. (1877).

— Da sitzt er nu mit seine Kenntnisse! (er weiß sich nicht zu helfen). Berliner Redensart.

Kerbe. — In dieselbe Kerbe hauen (die gleiche Absicht, dasselbe Ziel haben).
Sprichwörtl. Redensart.

Kerbholz. — Etwas auf dem Kerbholz haben (schlecht angeschrieben bei jemandem sein, sich noch nicht mit jemandem auseinandergesetzt haben). Sprichwörtl. Redensart.

Kerkerwand. — Keines Kerkers Wand so ewig, daß die Zeit sie nicht zerrieb!
Anastasius Grün (Anton Alexander Graf von Auersperg), Spaziergänge eines Wiener Poeten (1831).

Kern. — Zweierlei ist Schal' und Kern! | Den Spruch hab' ich erwandert.
Anastasius Grün (Anton Alexander Graf von Auersperg), Gedichte (1837). Spr. Nr. 16.

— Wer den Kern essen will, muß die Nuß knacken. Sprichwort.

Kette. — Die goldne Kette gib mir nicht!
Joh. Wolfg. von Goethe, Gedichte. Balladen. D. Sänger (ged. um 1782). Mel. v. Joh. Friedr. Reichardt (1795).

Kette. — Glaubst du, du trägst sie allein, die Kette? Dem horchenden Ohre | Klirrt sie vernehmlich genug durch die Geschichte hindurch.
Friedr. Hebbel, Gedichte (1857). Epigramme u. Verwandtes. Nr. 2. Gnomen. An Columbus.

Ketzerei. — Die Ketzerei straft sich am schwersten selbst.
Friedr. von Schiller, D. Jungfrau v. Orleans (1801). A. 3, Sz. 3 (Burgund).

— Alle Ketzerei hat Straußenflügel; sie fliegt schnell, aber nicht hoch. Alter Spr.

Keusch. — Liebe bleibt die Krone für ein jedes Weib. — | Für keusche Frauen! Sonst gebricht ihr jeder Reiz. Griech.: *Γυναιξὶ ταῦτα πρῶτα πανταχοῦ. — | Καλῶς γε χρωμέναισιν. εἰ δὲ μή, οὐ καλά.*
Euripides, Andromache (um 420 v. Chr.). Übers. v. Minckwitz. V. 241—242 (Hermione u. Andromache).

— In bezug auf den geschlechtlichen Umgang halte dich vor der Ehe so keusch wie möglich! Griech.: *Περὶ ἀφροδίσια εἰς δύναμιν πρὸ γάμου καθαρευτέον.*
Epiktet (geb. um 50), Handbüchlein d. Moral. Übers. v. Conz. K. 33.

— Durch Not muß keusch wohl sein ein Weib, | Wenn keiner gehret ihren Leib. Mittelhochdeutsch: Durch nôt muoz kiusche sîn ein wîp, | Der nieman sprichet an den lîp.
Brîdankes Bescheidenheit (1225—1240). Übertr. v. Pannier. Nr. 37. v. minne u. wîben.

— Man darf das nicht vor keuschen Ohren nennen, | Was keusche Herzen nicht entbehren können. Joh. Wolfg. von Goethe, Faust, I (1808). Wald u. Höhle (Mephistopheles).

— Versuch' du mal als ein ehrlicher Mensch und Arbeiter in zwei keuschen Armen auszuruhen, und du wirst sehen, welch ein Strom von Reinheit und Frieden und Kraft über dich herfluten wird.
Hermann Sudermann, Sodoms Ende (1891). A. 3, Sz. 2 (Riemann).

— ... und ist nichts Köstlichers denn ein keusches Weib. Jes. Sir., K. 26, V. 20.

... was keusch, was lieblich, was wohl lautet. Philipper, K. 4, V. 8.

— Keusche Jugend — Lebensbalsam des Alters. Sprichwort.

— Keusch von Mund und treu von Händen, kann frei gehn durch alle Länder.
Niederl. Sprichwort.

— Si kiusch zu allen ziten; | diu wisheit mac dich liten. Wartburgspr. Kemenate.

Keuschheit. — Keuschheit, du bist der Tugend beste Stütze, wie beim Weibe, so beim Mann. Lat.: Virorum pariter ac feminarum praecipuum firmamentum pudicitia.
Valerius Maximus (um 30), Denkwürdigkeiten. Übers. v. Hoffmann. B. 6, K. 1, § 1.

Keuschheit. — Die Schamhaftigkeit ist eine Begleiterin der Keuschheit. Lat.: Est verecundia pudicitiae comes.

Ambrosius (um 340—397), V. d. Pflichten. Übers. v. Binder. B. 1, K. 18.

— Keuschheit, das ist, daß man ein fein nüchtern, mäßig und eingezogen Leben führen und in allen Dingen das rechte Maß halten könne.

Dr. Martin Luther, Alle B. u. Schrifften (1539—1559).

— Die Keuschheit ist ein Schloß, das niemand auf kann schließen; | Was sie im Innern ist, das mag kein Fremder wissen.

Angelus Silesius (Joh. Scheffler), Cherubinischer Wanders=Mann (1675).

— Die Wollust kürzt des Lebens Tage, | Und Seuchen werden ihre Plage, | Da Keuschheit Heil und Leben erbt.

Christ. Fürchtegott Gellert, Geistl. Oden u. Lieder (1757). Warnung vor d. Wollust.

— . . . Reinlichkeit könnte das Symbol der Keuschheit werden.

Theod. Gottl. von Hippel, Über d. Ehe (1774). K. 4. Über d. Treue in d. Ehe. D. Weiber.

— Keuschheit ist die Lebensverlängerin der ehelichen Bräutlichkeit; Psyche selbst verlor den Amor durch Neugier.

Friedr. Ludw. Jahn, Deutsches Volkstum (1810).

— Keuschheit zu aller Frist | Für die höchste Morgengabe zu halten ist. Alter Spr.

Kien. — Er paßt hellisch uf'n Kien (er sieht genau auf die Finger). Berliner Redensart.

Kind. — Heil jeglichem, der nicht Weib, noch Kind | Auf Erden besitzt! | Denn ein einzelner, steht er für sich nur besorgt, | Ein geringerer Harm. Griech.: *Ζηλῶ δ'ἀγάμους ἀτέκνους τε βροτῶν. | Μία γὰρ ψυχή, | Τῆς ὑπεραλγεῖν | μέτριον ἄχθος.*

Euripides, Alkestis (um 438 v. Chr.). Übers. v. Minckwitz V. 882—883 (Admetos).

— Die höchste Achtung sind wir dem Kinde schuldig (das wir erziehen wollen). Lat.: Maxima debetur puero reverentia.

Decimus Junius Juvenalis, Sat. (um 127). Nr. 14, V. 17. Übers. v. Grau.

— Hat man dem Kinde etwas versprochen, so soll man es auch halten; sonst lernt es lügen.

Talmud (3. Jahrh.).

— Wo Weib und Mann zusammen sind, | Da kommt das dritte leicht: ein Kind. Mittelhochdeutsch: Swâ wîp unt man bi ein ander sint, | Dâ wirt vil lîhte daz dritte: ein kint.

Vrîdankes Bescheidenheit (1225—1240). Übertr. v. Pannier. Nr. 37. v. minne u. wiben. Schlußv.

— Das kindt seigt ir (der Mutter) ein ander wyb, | Vff das die brüst an irem lyb | Zart vnd rein belyben stan; | Darumb müß sy ein narren han. Thomas Murner, Narrenbeschwerung (1512). Nr. 4. Narren seyen.

Kind. — Wer seyn kind straffet, zeucht ehr daraus; wer es nicht straffet, der wirdt schande erleben.

Joh. Agricola, Drey hundert Gemeyner Sprichwörtter (1529). Nr. 95.

— Dies Kind ist wie ein Trunkener, weiß nicht, daß es lebet, lebt gar sicher und fröhlich dahin, springet und hüpfet. Und solche Kinder sind gern in großen weiten Gemachen und Wohnungen, da sie Raum haben.

Dr. Martin Luther, Tischreden oder Colloquia (1566). Nr. 3. Tischreden v. d. Schöpfung. § 59. Ein anders v. Kindern.

— Ein frommer Vater hält sein Kind | Am meisten vnter scharffen Ruten.

Simon Dach, Beim Tode d. Frawen Helenen v. Pröhken, Herrn v. Brandten Gemahlin (geb. 1647).

— Es liebet nicht sein Kind, | Der keine Ruthe bindt. | Das Herzeleid belohnet | Den, der der Kinder schonet.

Friedr. von Logau, Deutsche Sinn=Getichte (1654). Kinder=Zucht.

— Ihr Eltern, das heißt nicht für sein Kind sorgen, wenn man nur des Leibes wartet und der Seele vergißt.

Heinr. Müller, Predigten (1663—1675).

— Glückliches Kind! das kein Übel kennt, als wenn die Suppe lang' ausbleibt.

Joh. Wolfg. von Goethe, Götz v. Berlichingen (1773). A. 1. Jaxthausen (Weislingen).

— Der Frauen Liebe nährt das Kind.

Joh. Wolfg. von Goethe, Elpenor (1781). A. 1, Sz. 2 (Evadne).

— Was hat man dir, du armes Kind, getan?

Joh. Wolfg. von Goethe, Gedichte. Balladen. Mignon (ged. um 1782). Mel. v. Joh. Friedr. Reichardt (1795), Frz. Schubert u. a.

— Wenn man von einem Kinde spricht, spricht man niemals den Gegenstand, immer nur seine Hoffnungen aus.

Joh. Wolfg. von Goethe, Wilh. Meisters Lehrjahre (1777—1796).

— Laß mich ein Kind sein, sei es mit!

Friedr. von Schiller, Maria Stuart (1800). A. 3, Sz. 1 (Maria).

— Das Kind ist des Mannes Vater. Engl.: The child is father of the man.

William Wordsworth, Mein Herze hüpft, wenn ich erblicke usw. (1804). Übers. v. Drabig.

— Gegen die Zukunft, ja gegen die eindringende Zeit, ist das Kind mit einem Gegengewichte dreier Kräfte auszurüsten, wider die drei Entkräftungen des Willens, der Liebe, der Religion.

Jean Paul (Joh. Paul Friedr. Richter), Levana oder Erzieh=Lehre (1807). Bd. 1, Bruchstück 2, K. 3, § 35.

— Einen traurigen Mann erduld' ich, aber kein trauriges Kind.

Jean Paul (Joh. Paul Friedr. Richter), Levana oder Erzieh=Lehre (1807). Bd. 1, Bruchstück 3, K. 2, § 43.

Kind. — Das Kind erlerne und erfahre an sich selber das Recht, das es von andern einfodert!

Jean Paul (Joh. Paul Friedr. Richter), Levana oder Erzieh-Lehre (1807). Bd. 1, Bruchstück 3, K. 6, § 62.

— Das dritte Schrei-Weinen ist das fordernde. Hier bleib' es bei Rousseaus Rate, nie das Kind mit diesem Krieggeschrei auch nur einen Zoll Land erfechten zu lassen!

Jean Paul (Joh. Paul Friedr. Richter), Levana oder Erzieh-Lehre (1807). Bd. 1, Bruchstück 3, K. 8, § 69.

— Nur durch Vereinigung männlicher Schärfe und Bestimmtheit mit weiblicher Milde ruht und schifft das Kind wie am Zusammenflusse zweier Ströme.

Jean Paul (Joh. Paul Friedr. Richter), Levana oder Erzieh-Lehre (1807). Bd. 2, Bruchstück 4, K. 2, § 79.

— Zwar Kind ist Kind, und Spiel ist Spiel.

Joh. Wolfg. von Goethe, Faust, I (1808). Abend (Mephistopheles).

— Wer nicht zeitlebens gewissermaßen ein großes Kind bleibt, sondern ein ernsthafter, nüchterner, durchweg gesetzter und vernünftiger Mann wird, kann ein sehr nützlicher und tüchtiger Bürger dieser Welt sein; nur nimmermehr ein Genie.

Arthur Schopenhauer, D. Welt als Wille u. Vorstellung (1819).

— Lustig hüpft das Kind an seiner Krücke umher und verdrießlich schleicht der Greis an seiner fort; was unterscheidet beide Kinder? Die Hoffnung und die Erinnerung.

Jean Paul (Joh. Paul Friedr. Richter), Herbst-Blumine (1810—1820).

— O selig, o selig, ein Kind noch zu sein!

Albert Lortzing, Zar u. Zimmermann, A. 3, Sz. 14 (Zar). (Erste Auff. am 22. Dez. 1837 in Leipzig.)

— Wo gibt's eine Eul' auf dieser Welt, | Die nicht für schön ihr Junges (ihr Kind) hält?

Wilh. Müller, Gedichte (1837). Epigramme. 2. Hundert, Nr. 89. D. Eule u. ihr Junges.

— Man muß es (das Kind) manchmal schreien lassen, ohne darauf zu hören, sonst wird sein Geschrei, das anfangs Bitte war, Befehl, und es entstehen daraus die grands enfants, petits hommes (große Kinder, kleine Männer).

Karl Jul. Weber, Demokritos (1832—1840). D. Eigensinn.

— In jedem Kinde liegt eine wunderbare Tiefe.

Rob. Schumann, Musik u. Musiker (1854).

— Je mehr feste Ordnung das Kind um sich sieht, desto leichter fügt es sich.

Heinr. Thiersch, Über christliches Familienleben (1854).

— Ein Kind in der Hütte ist mehr als ein Greis auf dem Throne.

Ludw. Börne, Gesammelte Schriften (1862—1863). Fragmente u. Aphorismen. Nr. 144.

— Jedes Kind, das zur Welt kommt, predigt sogleich das Evangelium der Liebe.

Karl Gutzkow, Gesammelte Werke (1873).

Kind. — Ein Kind ist ein Buch, aus dem wir lesen und in das wir schreiben sollen.

Peter Rosegger, D. Schriften d. Waldschulmeisters (1875).

— Ich will jedes Kind für ein Wesen ansehen, das mich bei Gott verklagen kann, wenn ich ihm nicht die beste Menschen- und Christenbildung verschaffe, die ich ihm zu verschaffen vermag.

Friedr. Dinter, Ausgewählte Schriften (1880—1881).

— Altern ist einsam wandern und, die du liebest, begraben; | Wohl dir, wenn dir ein Kind hold die Verlornen ersetzt!

Emanuel Geibel, Gesammelte Werke (1883). Gedichte. Dichtungen in antiker Form. Distichen v. Strande d. See. Tag 3, Nr. 21.

— Lieb' es (dein Kind) mit Geduld; | Dann hat es Sonne.

Adolf Wilbrandt, D. Meister v. Palmyra (1890). A. 5, Sz. 4 (Zenobia).

— Schlägst dein Kind du allzustrenge, | Wird's dir schlagen über die Stränge.

Peter Sirius, Tausend u. Ein Gedanken (1899). Eltern u. Kinder.

— Deck' dein Kind mit Blüten zu! | Was du ihm an Glück gegeben, | Wiegt vielleicht einmal in Ruh | Ihm den herbsten Schmerz im Leben.

Victor Blüthgen, Einfälle u. Ausfälle (1905). D. Müttern.

— Wer seiner Rute schonet, der hasset seinen Sohn (sein Kind); wer ihn aber lieb hat, der züchtiget ihn bald. Spr. Sal., K. 13, V. 24.

— Wer sein Kind lieb hat, der hält es stets unter der Rute, daß er hernach Freude an ihm erlebe! Jes. Sir. K. 30, V. 1.

— Je lieber Kindt, je scharpffer ruth. Alter Spr.

— Ein einzig Kind gerät selten. Sprichwort.

— Ein Kind, das nicht spielt, und dem nicht wackelt der Mund, ist nicht gesund. Sprichwort.

— Es ist besser, das Kind weine denn der Vater. Sprichwort.

— Es meint jede Frau, | Ihr Kind sei ein Pfau. Sprichwort.

— Wer dem Kinde die Nase wischt, küßt der Mutter den Backen. Sprichwort.

— Niederes (jedes) Chind bringt si Bündeli Liebi mit uf d' Wält. Sprichwort. Schweiz.

— Schickt Gott 's Hasl (ein Kind), | So gibt er auch's Grasl. Sprichwort. Inntal.

— Einzig Kind, Sorgenkind. Dän.: Enebarn, Sorgebarn. Sprichwort.

— Das Kind beim rechten Namen nennen (etwas nicht beschönigen). Sprichwörtl. Redensart.

— Mit Kind und Kegel (mit der ganzen Familie). Sprichwörtl. Redensart.

Kinder. — Gold und Schätz' und fürstlichen Prunk, | Wahrlich, acht' ich geringer, als | Den herzlieben Schmuck holder Kinder! Griech.: *Ἐμοὶ μὲν πλούτου τε πάρος | Βασιλικῶν θαλάμων τ' εἶεν | Τροφαὶ κήδειοι κεδνῶν τέκνων.*

Euripides, Jon (um 425 v. Chr.). Übers. v. Minckwitz. V. 485—87 (Chor).

Kinder. — In seinen Kindern, wahrlich, lebt der Mensch allein! Griech.: *Πᾶσι δ' ἀνθρώποις ἄρ' ἦν ψυχὴ τέκν'.*
Euripides, Andromache (um 420 v. Chr.). Übers. v. Minckwitz. V. 418—19 (Andromache).

— Läßt für die Sterblichen größeres Leid | Je sich erdenken, | Als sterben zu sehen die Kinder? Griech.: *Τί γὰρ ἂν μεῖζον τοῦδ' ἔτι θνατοῖς | Πάθος ἐξεύροις, | Ἢ τέκνα θανόντ' ἐσιδέσθαι;*
Euripides, D. Schutzflehenden (um 418 v. Chr.). Übers. v. Binder. V. 1120—22. (Chor).

— Beneidenswert, wer Freud' von seinen Kindern hat! Griech.: *Ζηλωτὸς ὅστις εὐτύχησεν εἰς τέκνα.* Euripides (um 480—406 v. Chr.), Orestes. Übers. v. Binder. R. 542—43 (Chor).

— Alle Menschen sind sich gleich! | Der hochgewaltige wie der ganz geringe Mann | Liebt seinen Sprossen. Griech.: *Πάντα τἀνθρώπων ἴσα. | Φιλοῦσι παῖδας οἵ τ' ἀμείνονες βροτῶν | Οἵ τ' οὐδὲν ὄντες.*
Euripides (um 480—406 v. Chr.), D. rasende Herakles. Übers. v. Minckwitz. V. 633—35 (Herakles).

— Wo denkt ihr hin, daß ihren allen Fleiß auf die Erwerbung von Reichtum verwendet, um eure Kinder aber euch nicht bekümmert? Griech.: *Ποῖ φέρεσθε, οἵτινες χρημάτων μὲν κτήσεως περὶ πᾶσαν ποιεῖσθε σπουδήν, τῶν δὲ υἱέων μικρὰ φροντίζετε;*
Krates (4. Jahrh. v. Chr.). Nach Plutarch, Moralische Abhandlungen. Übers. v. Eyth. Erziehung. K. 4.

— Die Kinder zwitschern, wie die Alten sungen. | Das und noch mehr ist mir bekannt. Mittelhochdeutsch: Swaz ir in tuot, daz rechent iuwer jungen. | Daz weiz ich wol und weiz noch mê. Walter v. d. Vogelweide (um 1170—1230), Gedichte. Übertr. v. Pannier.

— Wer sinen kinden übersicht | Irn mûtwil und sie strofet nicht, | Dem selbst zû letzst vil leides gschicht. Seb. Brant, D. Narrenschif (1494). Nr. 6. V. ler d. kind.

— Es darf, das man gar eben lûg, | Was man vor kinden red und tûg; | Dan gwonheit andre natur ist, | Die macht, das kinden vil gebrist.
Seb. Brant, D. Narrenschif (1494). N. 49. Vos exempel d. eltern.

— Der ist ein narr, der kinden git, | Do er sin zit solt leben mit.
Seb. Brant, D. Narrenschif (1494). Nr. 90. Ere vatter u. mûter.

— Welche elter ire kindt, | So sy iung gelersam findt, | Nit biegen, ziehen, leren, züchten | Vnd sy der frumkeit vnderrichten, | Ouch lassent in den zoum zû lang, | Biß das sy gond den galgen gang, | Die kan mein diechten nymmer breysen; | Sy seyendt narren für die weisen.
Thomas Murner, Narrenbeschwerung (1512). Nr. 4. Narren seyen.

Kinder. — Sûchstu an dyn kindern ere, | So gib in in der iugent lere | Vnd straff sy, wyl (solange) sy henßlin heissen; | Dann iunckherr hans wil iagen, beissen.
Thomas Murner, Narrenbeschwerung (1512). Nr. 87. Ein rût vff syn eigen arß machen.

— Reicher, grosser, weyser leutte kinder geradten selten wol.
Joh. Agricola, Drey hundert Gemeyner Sprichwörtter (1529). Nr. 255.

— Je mehr Kinder, je mehr Glücks.
Dr. Martin Luther, Tischreden oder Colloquia (1566). Nr. 3. Tischreden v. d. Schöpfung. § 12. Kinder sind Gottes sonderlicher Segen u. Geschöpf.

— Wiltu dein Kinder Weltlich machen, | So stecks dem Teuffel in den Rachen!
Joh. Friedr. Fischart, Anmanung zu Christlicher Kinderzucht v. nützung volgender Festfragen (1576).

— Kinder seyn lieb, kommen von Hertzen, | Gehn wieder zu Hertzen mit Schmertzen.
Georg Rollenhagen, Froschmäuseler (1595). B. 1, T. 2, K. 6.

— Ach, es gibt keine Kinder mehr! Franz.: Ah, il n'y a plus d'enfants!
Molière (Jean Baptiste Poquelin), D. eingebildete Kranke (1673). Übers. v. Baudissin. A. 2, Sz. 11 (Argan).

— Denn zeugt nicht manches schlechte Haus | Oft Kinder mit den größten Gaben?
Christ. Fürchtegott Gellert, Fab. u. Erz. (1746). B. 3. D. Informator.

— Was macht viel Kinder siech? vielleicht Natur und Zeit? | Nein! mehr der Eltern Weichlichkeit. Christ. Fürchtegott Gellert, Fab. u. Erz. (1746). B. 3. D. Affen u. d. Bären.

— Wer Kinder zeugen will, muß selbst kein Kind mehr sein.
Theod. Gottl. von Hippel, Über d. Ehe (1774). K. 1. Klagen über d. Vorurteile beim Heiraten. Traum zur Abhelfung.

— Wir Kinder sind Narren | Und das ist wohl schön; | Ein Kind ohne Sparren | Ist kläglich zu sehn. Christ. Adolf Overbeck, Fritzchens Lieder. D. Kinderspiel (1777).

— . . . Kinder brauchen Liebe.
Gotthold Ephr. Lessing, Nathan d. Weise (1779). A. 4, Sz. 7 (Klosterbruder).

— „Mit gleicher Liebe lieb' ich meine Kinder!" | Rief unsichtbar ein Genius.
Friedr. von Schiller, Gedichte. Resignation (ged. 1784).

— . . . wir können die Kinder nach unserem Sinne nicht formen; | So wie Gott sie uns gab, so muß man sie haben und lieben, | Sie erziehen aufs beste und jeglichen lassen gewähren.
Joh. Wolfg. von Goethe, Hermann u. Dorothea (1797). Thalia.

— Man lasse die Kinder so viel als möglich tun, und halte sie immer zu ältern, als sie selbst sind! Georg Christoph Lichtenberg, Verm. Schriften (1800—1806). Bd. 1, Nr. 3. Bemerk. verm. Inhalts. Nr. 5. Pädagogische Bemerk.

Kinder. — Die Eltern halten ihre Kinder nicht genug zu dem an, was sie nun erkennen müssen, versäumt zu haben.

Georg Christoph Lichtenberg, Verm. Schriften (1800—1806). Bd. 2, Nr. 2. Bemerk. verm. Inhalts. Nr. 6. Pädagogische Bemerk.

— Die altdeutsche und spartische Sitte, körperschwache Kinder umzubringen, ist nicht viel härter als die, seelenschwache fortzupflanzen.

Jean Paul (Joh. Paul Friedr. Richter), Levana oder Erzieh=Lehre (1807). Bd. 1, Bruchstück 2, K. 1, § 21. Schlußwort.

— Die Kinder, sie hören es gerne.

Joh. Wolfg. von Goethe, Gedichte. Lyrisches. Ballade (ged. Okt. — Nov. 1813). Schlußv.

— Wo Anmaßung mir wohlgefällt? | An Kindern; denen gehört die Welt.

Joh. Wolfg. von Goethe, Gedichte. Sprichwörtl. (ged. 1812—1814).

— O, es ist so süß, so labend, | Das, was uns die Väter gaben, | Seinen Kindern hinzugeben | Und sich selbst zu überleben!

Frz. Grillparzer, D. Ahnfrau (1817). A. 1 (Graf).

— . . . so geht mit guten Kindern | Sel'ger Engel gern zu Rat, | Böses Wollen zu verhindern, | Zu befördern schöne Tat.

Joh. Wolfg. von Goethe, Werke (1827—1830). Novelle. Schlußv.

— Wüchsen die Kinder in der Art fort, wie sie sich andeuten, so hätten wir lauter Genies.

Joh. Wolfg. von Goethe, A. meinem Leben. Dichtung u. Wahrheit (1809—1831). B. 2.

— Kinder, sprach er, ihr seid Kinder, | Unschuldsvoll und keine Sünder!

Karl Seyferth, D. Hussiten vor Naumburg (ged. 1832). Volksweise.

— Geh' fleißig um mit deinen Kindern! habe | Sie Tag und Nacht um dich und liebe sie, | Und laß dich lieben einzig=schöne Jahre!

Leop. Schefer, Laienbrevier (1834). Febr. Nr. 7.

— Viele, die bei Kindern sind, tun ihre Pflicht, aber das Herz ist nicht dabei; das merkt das Kind gleich. Wilh. Freiherr von Humboldt (1767—1835), Br.

— Es ist von der größten Wichtigkeit, daß Kinder arbeiten lernen.

Immanuel Kant, Werke (1838—1839). Bd. 9.

— Was, von Himmelslicht umflossen | Und gewiegt vom lauen Wind, | Einem Wald die jungen Sprossen | Und der Schmuck der Blätter sind, | Das seid ihr der Welt, o Kinder! | Ihr empfangt der Sonne Kuß, | Wiegt euch noch in Himmelslüften, | Die der Stamm entbehren muß. Engl.: What the leaves are to the forest, | With light and air for food, | Ere their sweet and tender juices | Have been hardened into wood, — | That to the world are children; | Through them it feels the glow | Of a brighter and sunnier climate | Than reaches the trunks below. Henry Wadsworth Longfellow, Gedichte (1842). Übers. v. Niels. D. Kinder. V. 5—6.

Kinder. — Kinder sind Rätsel von Gott und schwerer als alle zu lösen; | Aber der Liebe gelingt's, wenn sie sich selber bezwingt.

Friedr. Hebbel, Gedichte (1857). Epigramme u. Verwandtes. Nr. 2. Gnomen. Gottes Rätsel.

— Man versteht die Kinder nicht, ist man nicht selbst kindlichen Herzens; man weiß sie nicht zu behandeln, wenn man sie nicht liebt, und man liebt sie nicht, wenn man nicht liebenswürdig ist.

Ludw. Börne, Gesammelte Schriften (1862—1863). Kritiken.

— Vor allen Kindern, die uns begegnen, sollten wir uns tief und ehrfurchtsvoll verneigen; sie sind unsere Herren, für sie arbeiten wir.

Ludw. Börne, Gesammelte Schriften (1862—1863).

— Je mehr wir unsere Kinder lieben, um desto weniger kann uns das genügen, daß sie nur in unsere Fußtapfen treten; sondern die Kinder sollen besser werden, als die Eltern waren, und so ein jedes heranwachsende Geschlecht sein erziehendes überragen zu seiner Zeit.

Friedr. Ernst Daniel Schleiermacher, Sämtl. Werke (1835—1865).

— Wohl den Kindern, deren Vater nicht zu ernst und deren Mutter nicht zu freundlich ist!

Friedr. Dinter, Ausgewählte Schriften (1880—1881).

— Wer in Gegenwart von Kindern spottet oder lügt, begeht ein todeswürdiges Verbrechen.

Marie von Ebner=Eschenbach, Aphorismen (1893).

— Kinder sind das Gold jeder glücklichen, der Kitt mancher unglücklichen Ehe.

Peter Sirius, Tausend u. Ein Gedanken (1899). Eltern u. Kinder.

— . . . Kinder sind eine Gabe des Herrn. Ps. 127, V. 3.

— . . . besser ohne Kinder sterben, denn gottlose Kinder haben. Jes. Sir., K. 16, V. 4.

— . . . reizet eure Kinder nicht zum Zorn, sondern ziehet sie auf in der Zucht und Vermahnung zum Herrn! Eph., K. 6, V. 4.

— . . . erbittert eure Kinder nicht, auf daß sie nicht scheu werden! Colosser, K. 3, V. 21.

— Böse Kinder machen den Vater fromm. Alter Spr.

— Drei Ding' im Haus sind ungelegen: | Der Rauch, ein böses Weib und Regen; | Das vierte beschwert es überaus: | Viel Kinder und kein Brot im Haus. Alter Spr.

— Keine Kinder, keine Hinderer. Alter Spr.

— Wenn man die Kinder nicht eher lieben sollte, ehe sie es verdienen, sie müßten verderben. Alter Spr.

— Gibt Gott Kinder, | So gibt er auch Rinder. Sprichwort.

— Je mehr Kinder, je mehr Glücks. Sprichwort.

— Kinder und Narren sagen die Wahrheit. Sprichwort.

— Kinder machen große Freud', | Machen auch groß Herzeleid. Sprichwort.

Kinder. — Kinder zu viel lieben, heißt hassen.
Sprichwort.

— Ungeratene Kinder sind Nägel zu der Eltern Sarge. Sprichwort.

— Kinner | Sind Hinner (Hindernisse).
Sprichwort. Münsterisch.

— Soviel Kinner, soviel Paternoster (so viel Grund zum Beten). Sprichwort. Münsterisch.

— Von Kindern und Lappen (Narren) | Kann man die Wahrheit ertappen. Sprichwort. Kärnten.

— Kleine Kinder, kleine Plagen; | Große Kinder, große Plagen. Ital.: Figliuoli piccoli, fastidi piccioli; | Figliuoli grandi, fastidi grandi. Sprichwort.

— Kleine Kinder, Kopfweh; | Große Kinder, Herzweh. Niederl.: Kleine kinderen, hoofdpijn; | Groote kinderen, hartpijn. Sprichwort.

— Die Kinder sind das Knopfloch der Eintracht (zwischen den Eltern). Arabisches Sprichwort.

— Aus Kinder' werden Leut'.
Jüd. Redensart.

Kinderbildung. — . . . indem man die Kinder für einen weiteren Kreis zu bilden gedenkt, treibt man sie leicht ins Grenzenlose, ohne im Auge zu behalten, was denn eigentlich die innere Natur fordert.
Joh. Wolfg. von Goethe, D. Wahlverwandtschaften (1808—1809). T. 2, K. 7.

Kindererziehung. — Nie lasse drum ein Vater, der Verstand besitzt, | Die Köpfe seiner Kinder allzu klug erziehn! Griech.: *Χρὴ δ' οὔποθ' ὅστις ἀρτίφρων πέφυκ' ἀνὴρ | Παῖδας περισσῶς ἐκδιδάσκεσθαι σοφούς.*
Euripides, Medea (um 431 v. Chr.). Übers. v. Minckwitz. V. 294—95 (Medea).

— Wer ungeratne Kinder auferzieht, | Der hat sich selber Ungemach erzogen | Und reiche Schadenfreude seinem Feind. Griech.: *Ὅστις δ' ἀνωφέλητα φιτύει τέκνα | Τί τόνδ' ἂν εἴποις ἄλλο πλὴν αὑτῷ πόνους | Φῦσαι, πολὺν δὲ τοῖσιν ἐχθροῖσιν γέλων;*
Sophokles (um 496—406 v. Chr.), Antigone. Übers. v. Jordan. V. 641—643 (Kreon).

— Wer sein Kind nicht erziehen kann, | Dem zieht es leicht der Henkersmann. Mittelhochdeutsch: Swer sîn kint nicht ziehen kan, | Daz ziuhet sân der lantmann.
Vridankes Bescheidenheit (1225—1240). Übertr. v. Pannier. Nr. 38. v. erkanntnisse.

— Wie kanstu bessere ruh dir schaffen | Vnd friedlicher in Gott entschlaffen, | Dann so du weist, das dein Kind seind | Erzogen wol vnd drumb Gots freund?
Joh. Friedr. Fischart, Anmanung zu Christlicher Kinderzucht v. nützung volgender Festfragen (1576).

— Kinder soll man ziehen, daß der Apfel bei der Rute liege! Sprichwort.

Kinderfreund. — An wen sich Kinder hängen (der Kinderfreund), der hat ein kindlich Herz, dem traut man nichts Böses zu.
Aug. von Kotzebue, D. kluge Frau im Walde (1801).

— Der Blumenvater ist ein Kinderfreund! | Ein Kinderfreund ist aller Freude Freund!
Leop. Schefer, Laienbrevier (1834). Dez. Nr. 25. Schlußv.

Kindergebete. — Kindergebete sind leer und kalt und eigentlich nur Überreste des jüdisch-christlichen Opferglaubens, der durch Unschuldige, statt durch Unschuld, versöhnen und gewinnen will.
Jean Paul (Joh. Paul Friedr. Richter), Levana oder Erzieh-Lehre (1807). Bd. 1, Bruchstück 2, K. 4, § 38.

Kinderherz. — Ein großer Mensch ist derjenige, der sein Kinderherz nicht verliert. Engl.: The great man is he who does not lose his child's heart.
James Legge (geb. 1815), Chinesische Klassiker. Bd. 2. D. Werke d. Mencius. B. 4, T. 2, K. 12. Übers. v. Drabig.

Kinderherzen. — Wenn die Liebe erlosch und das Vertrauen erblich, wo ist dann der Schlüssel, der uns der Kinder Herzen wieder öffnete?
Fried. Ernst Daniel Schleiermacher, Sämtl. Werke (1835—1865).

Kinderkranz. — Legt doch dies den Sterblichen nur | Allüberragenden Heils | Nimmerwankenden Grundstein, | Wenn der Kinder leuchtender Kranz, | Frischblühend, jugendgeschmückt | In den Hallen der Väter emporwächst. Griech.: *Ὑπερβαλούσας γὰρ ἔχει | Θνατοῖς εὐδαιμονίας | Ἀκίνητον ἀφορμᾶν, | Τέκνων οἷς ἂν καρποτρόφοι | Λάμπωσιν ἐν θαλάμοις | Πατρίοισι.*
Euripides, Jon (um 425 v. Chr.). Übers. v. Minckwitz. V. 472—77 (Chor).

Kinderlehre. — Zur Kinderlehre wird's genügen, | Lehrt ihr das A und O verstehn, | Die Mädchen: einen Mann zu kriegen, | Die Buben: ihren Mann zu stehn.
Paul Heyse, Gesammelte Werke (1872). Gedichte. Spr.

Kinderlos. — Apollon weiß es, daß ich ohne Kinder bin! — Du Arme, sonst so reichbeglückt, nicht glücklich doch! Griech.: *Ὁ Φοῖβος οἶδε τὴν ἐμὴν ἀπαιδίαν. — | Ὦ τλῆμον, ὡς τἄλλ' εὐτυχοῦσ' οὐκ εὐτυχεῖς.*
Euripides, Jon (um 425 v. Chr.). Übers. v. Minckwitz. V. 306—7 (Kreusa u. Jon).

Kinderlose, der. — Vier Menschen sind tot bei lebendigem Leibe: der Arme, der Blinde, der Aussätzige, der Kinderlose. Talmud (3. Jahrh.).

— Wer keine Kinder hat, weiß nicht, warum er lebt. Sprichwort.

— Wer keine Kinder hat, weiß nicht, was Liebe ist. Sprichwort.

Kindermund. — O du Kindermund, o du Kindermund, | Unbewußter Weisheit froh, | Vogelsprachekund, vogelsprachekund, | Wie Salomo!
Friedr. Rückert, Gesammelte Gedichte. Ital. Gedichte. A. d. Jugendzeit (ged. 1830). Mel. v. Rob. Radecke.

Kindermund. — Kein Glück ist auf dem Erdenrund | Heilkräft'ger, süßer, reiner, | Als Kindermund an deinem Mund | Und Kinderhand in deiner.

Paul Heyse, Spruchbüchlein (1885). Lebensweisheit. Bestes Glück.

— Nichts Süßeres auf diesem Rund | Als Frauenhand und Kindermund.

Ernst Ziel, Moderne Xenien (1889). D. Gesellschaft.

Kinderrein. — Es ist nicht immer möglich, | Im Leben sich so kinderrein zu halten, | Wie's uns die Stimme lehrt im Innersten.

Friedr. von Schiller, D. Piccolomini (1799). A. 5, Sz. 1 (Oktavio).

Kinderschuhe. — Die Kinderschuhe ausziehen (erwachsen sein). Sprichwörtl. Redensart.

Kinderschulung. — Schulet Kinder durch Kinder! Jean Paul (Joh. Paul Friedr. Richter), Levana oder Erzieh-Lehre (1807). Bd. 1, Bruchstück 3, K. 3, § 52.

Kindersinn. — Es ist nur Ein Sinn, der Teilnahme an dem Messiasreiche und der Gottesregierung möglich macht: einfacher, trugloser Kindersinn.

Joh. Kaspar Lavater, Werke (1834). Worte d. Herzens. Verm.

Kinderspiel. — Das ist kein Kinderspiel (das ist schwer). Sprichwörtl. Redensart.

Kinderspiele. — Die Spiele bei Kindern sollten nicht ihr Zeitvertreib, sondern ihre Arbeit sein, damit in ihren männlichen Jahren die Arbeit ihnen so leicht wie Spielen würde.

Theod. Gottl. von Hippel, Über d. Ehe (1774). K. 7. Für d. Mädchen.

— Ernst sei in den Spielen unserer Kinder, damit sie den Ernst, froh und leicht wie in den Spielen üben.

Ludw. Börne, Gesammelte Schriften (1862—1863).

Kindertränen. — Schaffet die Tränen der Kinder ab! Das lange Regnen in die Blüten ist schädlich.

Jean Paul (Joh. Paul Friedr. Richter), Levana oder Erzieh-Lehre (1807).

Kinderwelt. — In der Kinderwelt steht die ganze Nachwelt vor uns, in die wir, wie Moses ins gelobte Land, nur schauen, nicht kommen.

Jean Paul (Joh. Paul Friedr. Richter), Levana oder Erzieh-Lehre (1807). Bd. 1, Bruchstück 1, K. 1, § 1.

— Nur in der wimmelnden Kinderwelt lebt das schöne unsterbliche Leben; die Alten zählt man, und man vermißt die Toten.

Ludw. Börne, Gesammelte Schriften (1862—1863).

Kinderwille. — Der Kinder Wille steckt in der Rute. Sprichwort.

Kinderzucht. — Der Mann geht nach Geschäften aus, | Das Weib aber bleibt zu Haus; | Darum der Kinder Zucht geht an | Viel mehr das Weib als den Mann.

Spr. an einem Hause bei Erpfendorf an d. Ache.

Kinderzucht. — Eine gute Kinderzucht | Ist besser als die beste Manneszucht.

Spr. im Berliner Rathause. Dritter Stock.

Kindesalter. — Dieses Alter (das Kindesalter) kennt kein Erbarmen. Franz.: Cet âge est sans pitié!

Jean de Lafontaine, Fab. (1678). Übers. v. Dohm. B. 9, Nr. 2. D. beiden Tauben. V. 54.

Kindesauge. — Ein Kindesauge, ein Maientag, | Das sind zwei Himmelsgaben, | An denen Menschenherz sich mag | In Ewigkeit erlaben. Alter Spr.

Kindesaugen. — Süß ist's, den Reiz der Welt zu saugen, | Wenn Herz und Sinn in Blüte steh'n; | Doch süßer noch, mit deines Kindes Augen | Die Welt noch einmal frisch zu seh'n.

Emanuel Geibel, Spätherbstblätter (1877). Gelegenheitsgedichte. Spr. Nr. 5.

Kindesblicke. — O du unschuld'ger Himmel du! | Du lachst aus Kindesblicken.

Clemens Brentano, A. d. Chronika eines fahrenden Schülers (1818). Schlaflied.

Kindesgemüt. — Zur nötigen Strenge muß die Güte und zur Güte noch die Freundlichkeit kommen, wenn man nicht das Gemüt des Kindes erkälten und die Keime des Wohlwollens töten will.

Joh. Friedr. Herbart, Sämtl. Werke (1850—1852).

Kindesliebe. — Du verschmähst der Liebe (Kindesliebe) Band, | Mit Recht entzieht sie dir, was du verkannt. Engl.: You have obedience scanted, | And well are worth the want that you have wanted.

William Shakespeare, König Lear (1605—1606). Übers. v. Graf Baudissin. A. 1, Sz. 1 (Goneril).

Kindespflicht. — ... frommer Liebe heiligstes Gesetz, | Die Kindespflicht, ...

Theod. Körner, Rosamunde (ged. 26. Okt. — 8. Nov. 1812). A. 3, Sz. 2 (Richard).

Kindesseele. — Die Seele eines Kindes ist heilig, und was vor sie gebracht wird, muß wenigstens den Wert der Reinigkeit haben.

Joh. Gottfr. von Herder u. Liebeskind, Palmblätter. Vorrede (1786).

— Eines Kindes Seele ist reiner als ein Altar, vor welchem oft die Wahrheit verhöhnt wird.

Georg Ebers, D. Schwestern (1880).

Kindesseelen. — Die Seelen der Kinder sind dem Wachse gleich; man kann die Lehren, gleich einem Siegel, in dieselben eindrucken. Griech.: *Καθάπερ γὰρ σφραγῖδες τοῖς ἁπαλοῖς ἐναπομάττονται κηροῖς, οὕτως αἱ μαθήσεις ταῖς τῶν ἔτι παιδίων ψυχαῖς ἐναποτυποῦνται.*

Plutarch (um 50—120), Moralische Abhandlungen. Übers. v. Eyth. Erziehung. K. 3.

Kindessinn. — Vergebens strecken sich, — ist er einmal geschieden, | Der zarte, reine Kindessinn, — | Die Arme nach ihm aus, nach seinem süßen Frieden; | Der Engel ist entflohn, sein Himmel ist dahin!

Christoph Aug. Tiedge, Urania (1800). Ges. 5. Tugend.

Kindestugend. — Wie groß und süß, in seines Kindes Tugend, | Unsterblich, unvergänglich fortzudauern, | Wohltätig für Jahrhunderte! — Wie schön | Zu pflanzen, was ein lieber Sohn einst erntet. Friedr. von Schiller, Don Carlos (1787). A. 2, Sz. 2 (Carlos).

Kindeszucht. — Niemand kann erreichen | Kindes Zucht mit Streichen. Mittelhochdeutsch: Nieman kan mit gerten | Kindes zucht beherten.

Walter v. d. Vogelweide (um 1170—1230), Gedichte. Übertr. v. Pannier.

Kindheit. — Ich sah in der Kindheit von jeher das Reich der Unschuld, Wahrheit und Herzenseinfalt, . . . aber auch die Wiege der Menschheit, . . . wo Gutes und Böses, sowohl in der körperlichen als geistigen Natur des Menschen für sein ganzes künftiges Leben gegründet wird.

Christ. Wilh. Hufeland, Guter Rat an Mütter (1779).

— Ach! bis zu Charons Kahne | Schweift unsrer Wünsche Not; | Der Kindheit leichte Plane | Begrenzt das Abendrot; | Wir ahnen Sturm und Klippen | Bei frühlingsheitrer Fahrt; | Sie hängt mit Bienenlippen | Nur an der Gegenwart!

Friedr. von Matthisson, Gedichte (1787). D. Kinderjahre. Schlußv.

— Manche gingen nach Licht und stürzten in tiefere Nacht nur; | Sicher im Dämmerschein wandelt die Kindheit dahin.

Friedr. von Schiller, Gedichte. Einem jungen Freunde, als er sich d. Weltweisheit widmete (ged. 1795). Schlußv.

— Unsere Kindheit ist die einzige unverstümmelte Natur, die wir in der kultivierten Menschheit noch antreffen; daher es kein Wunder ist, wenn uns jede Fußstapfe der Natur außer uns auf unsere Kindheit zurückführt.

Friedr. von Schiller, Prosaische Schriften. Über naive u. sentimentalische Dichtung (1795—1796).

— . . . so wirft im tiefen Stande der Kindheit der erste innerliche oder äußerliche Gegenstand der Liebe, der Ungerechtigkeit usw. Schatten oder Licht unabsichtlich in die Jahre hinein.

Jean Paul (Joh. Paul Friedr. Richter), Levana oder Erzieh=Lehre (1807). Bd. 1, Bruchstück 1, K. 3, § 17.

— Mit einer Kindheit voll Liebe aber kann man ein halbes Leben hindurch für die kalte Welt haushalten.

Jean Paul (Joh. Paul Friedr. Richter), Levana oder Erzieh=Lehre (1807). Bd. 3, Bruchstück 6, K. 4, § 126.

— An dem Menschen sind vorn und hinten, wie an den Büchern, zwei leere, weiße Buchbinderblätter; — Kindheit und Greisenalter.

Jean Paul (Joh. Paul Friedr. Richter), Levana oder Erzieh=Lehre (1807).

Kindheit. — Kürzet das schöne, helldunkle Kindersein nicht durch voreiliges Hineinleuchten ab, sondern gönnt den Freuden, deren Erinnerung das Leben so schön erleuchten, ein langes Entstehen und Bestehen.

Jean Paul (Joh. Paul Friedr. Richter), Levana oder Erzieh=Lehre (1807).

— Solang' man lebt, was auch sich zwischenschiebt, | Der Kindheit Liebe bleibt uns immer nah, | Dem treu, was unser Aug' am ersten sah. Engl.: Both (Neuha and Torquil) | Loved to the last, whatever intervenes | Between us and our childhood's sympathy, | Which still reverts to what first caught the eye.

George Gordon Lord Byron, D. Insel (1823). Übers. v. Heichen. Ges. 2, Abschnitt 12, V. 6.

— Die Behandlung der Kindheit erfordert Geduld, Liebe und Hingebung, und diese Jahre hindurch ihr gewidmet zu sehen, berührt, wie auch übrigens der Mensch sein mag, die weichsten und zartesten Saiten des Busens.

Wilh. Freiherr von Humboldt (1767—1835), Br.

— Ein rechter Baum, der seine guten Früchte trägt, | Der wünscht nicht seine Blüten sich zurücke. | Und wem ein männlich Herz in seinem Busen schlägt, | Seufzt nicht mit Wehmut nach der Kindheit Glücke.

Friedr. Rückert, Gesammelte Gedichte (1834—1838). Vierzeilen.

— Nur allzuoft ist eine unglückliche Kindheit die Einleitung und das Anzeichen einer verderblichen, frühzeitigen Reife. Franz.: Trop souvent une enfance malheureuse est le prélude et le présage d'une maturité funeste.

Alexander Vinet, Notiz über Henri Durand vor dessen „Poesien" (1843). Übers. v. Zimmermann.

— Es trägt wohl mancher Alte, | Des Herz längst nicht mehr flammt, | Im Antlitz eine Falte, | Die aus der Kindheit stammt.

Jul. Hammer, Schau um dich u. schau in dich (1851). Junges Leben. Stör' nicht d. Traum d. Kinder usw.

— Seliges Los der Kindheit, deren Wehn noch die stille Nacht des Schlummers in Vergessenheit einwiegt.

Berth. Auerbach, Sämtl. Schwarzwälder Dorfgesch. (1871). Ivo, d. Hajrle.

— Die Kindheit deutet den Mann an, wie der Morgen den Tag andeutet. Engl.: The childhood shows the man, as morning shows the day.

Samuel Smiles, D. Charakter (1871). Übers. v. Dobbert. K. 2. D. Macht d. Heims.

— Was man in der Kindermütze (in der Kindheit) annimmt, läßt man mit dem Leichentuch. Span.: Lo que entra con el capillo, sale con la mortaja.

Sprichwort.

Kindisch. — Hoher Sinn liegt oft in kind'schem Spiel.

Friedr. von Schiller, Gedichte. Thekla (ged. 1802). Schlußv. Mel. v. Friedr. Ludw. Seidel (1805).

Kindisch. — Den Kindern soll man ihre kindische Weise lassen. Sprichwort.

Kindlein, das. — O Mutter, halte dein Kindlein warm, | Die Welt ist kalt und helle, | Und trag' es fromm in deinem Arm, | An deines Herzens Schwelle!

Clemens Brentano, A. d. Chronika eines fahrenden Schülers (1818). Schlaflied.

— Kann auch ein Weib ihres Kindleins vergessen? Jesaias, K. 49, V. 15.

— 's Stündle | Bringt's Kindle, sagt die Hebamme. Sprichwörtl. Redensart. Schwaben.

Kindlein, die. — Das Leben der Kinderlin ist am aller seligsten und besten, denn sie haben keine zeitliche Sorge.

Dr. Martin Luther, Tischreden oder Colloquia (1566). Nr. 3. Tischreden v. d. Schöpfung. § 57. Ein anders v. Kinderlin.

— Ihr Kindelein kommet, | O kommet doch all'! Christoph von Schmid, Weihnachtslied (vor 1854). Volksweise.

— Lasset die Kindlein, und wehret ihnen nicht zu mir kommen! Matth., K. 19, V. 14.

Kinn. — Spitzes Kinn, | Böser Sinn.

Sprichwort.

Kirche. — Den halt ich für ein wysen man, | Der gott zů kirchen dienen kan | Vnd vß der kirchen ouch der welt.

Thomas Murner, Narrenbeschwerung (1512). Nr. 22. D. beseicht sack.

— Wo vnser Herr Got ein Kyrchen hyn bawet, da Bawet der Teuffel auch ein wirtßhaus darneben. Joh. Agricola, Drey hundert Gemeyner Sprichwörtter (1529). Nr. 23.

— Die rechte, wahre Kirche ist gar ein kleines Häuflein, hat kein oder gar wenig Ansehn, liegt unter dem Kreuze. Aber die falsche Kirche ist prächtig, blühet und hat ein schön groß Ansehen wie Sodom.

Dr. Martin Luther, Alle B. u. Schriften (1539—1559).

— Almosen geben armet nicht; | Kirchen gehen säumet nicht, | Vnrecht gut faselt nicht.

Reimspr. (16. Jahrh.).

— Die Leut lernt man nicht in der Kirch beym Gebett erkennen, sondern im Handel vnd Wandel.

Christoph Lehmann, Politischer Blumen=Garten (1662). T. 2. Wandel. Nr. 40.

— Sie beten nicht alle, die in die Kirche gehen.
Christoph Lehmann, Politischer Blumen=Garten (1662).

— Wir vergessen, daß wir aus der Kirche nur eine glühende Kohle vom Altar heimholen sollen, um im gemeinen Leben Gott Opfer der Gerechtigkeit und der Menschlichkeit zu bringen, die allein ein süßer Geruch vor dem Herrn sind.

Theod. Gottlieb von Hippel, Lebensläufe nach aufsteigender Linie (1778—1781).

Kirche. — Wahrlich, die Kirche ist ein Ort, wo man sich wohl auf Einen Tag den Waffenstillstand in menschlichen Streitigkeiten und Erbitterungen gefallen lassen könnte. Engl.: Surely the church is a place where one day's truce ought to be allowed to the dissensions and animosities of mankind.

Edmund Burke, Betrachtungen über d. Revolution in Frankreich (1790). Übers. v. Genz. Abs. 18.

— Die Kirche ist's, die heilige, die hohe, | Die zu dem Himmel uns die Leiter baut.

Friedr. von Schiller, Maria Stuart (1800). A. 5, Sz. 7 (Maria).

— Die Kirche hat einen guten Magen, | Hat ganze Länder aufgefressen | Und doch noch nie sich übergessen; | Die Kirch' allein, meine lieben Frauen, | Kann ungerechtes Gut verdauen.

Joh. Wolfg. von Goethe, Faust, I (1808). Spaziergang (Mephistopheles).

— Will niemand sein Gefühl und seine Kirche rauben. Joh. Wolfg. von Goethe, Faust, I (1808). Marthens Garten (Faust).

— In die Kirche ging ich morgens, um Komödien zu schauen, | Abends ins Theater, um mich an der Predigt zu erbauen.

Heinr. Heine, Reisebilder. T. 1. Norderney (1826).

— Doch sollt ihr nicht dem Kummer glauben! | Kein Wort des Heilands wird verwehn; | Gott läßt sich seine Welt nicht rauben, | Und seine Kirche wird erstehn.

Nicolaus Lenau (Niembsch, Edler von Strehlenau), Savonarola (1837). Weihnacht.

— Die enge Pforte und der schmale Weg, der zum Leben führt, ist der des guten Lebenswandels; die weite Pforte und der breite Weg, den viele wandeln, ist die Kirche.

Immanuel Kant, Werke (1838—1839). Bd. 10.

— In der Kirche gibt es keinen König und vor Gott keinen Unterschied. Dort sind wir alle einander gleich.

König Friedr. Wilh. III. (1770—1840).

— Über der Mutter, der Kirche, vergaß man rein den Vater im Himmel.

Karl Jul. Weber, Demokritos (1832—1840). D. Religion u. d. Religionen.

— Die Kirche weiß die Schmerzen zu verwalten, | Das Herz bis in die Wurzel aufzuspalten.

Nicolaus Lenau (Niembsch, Edler von Strehlenau), D. Albigenser (1842). D. Interdikt. Schlußv.

— Doch glaubt, ob Menschensatzung mag zerschellen, | Der wahren Kirche dreimal heilig Schiff | Treibt gleich der Arche sicher auf den Wellen.

Emanuel Geibel, Juniuslieder. Zeitgedichte. An d. Gewaltsamen (ged. 1845).

— Seid eins und laßt euch nicht zerspalten | Durch Priesterzorn und Leugnerspott! | Mag jeder seiner Kirche walten; | Wir glauben all an Einen Gott. Emanuel Geibel, Heroldsrufe. Seid eins! (ged. 1859).

Kirche. — Freie Kirche im freien Staat! Ital.: Chiesa libera in libero stato!

Wahlspr. Graf Camillos Benso di Cavours (1810—1861). Übers. v. Pozzoni.

— Ihr habt bei schlimmer Zeit in engen Schranken | Bewahrt die Summe christlicher Gedanken; | Doch diese engen Schranken sind noch drum | Die Kirche nicht und nicht das Christentum. Emanuel Geibel, Gedichte u. Gedenkblätter (1864). Spr. Nr. 40.

— Was einst Trost und Heil den Massen, | Ward zur Satzung dumpf und schwer; | Dieser Kirche Formen fassen | Dein Geheimnis, Herr, nicht mehr.

Emanuel Geibel, Gedichte u. Gedenkblätter (1864). Verm. Gedichte. B. 2. Reformation.

— Wie viel Leute würden nicht zur Kirche gehen, wenn nur Gott allein sie dort sähe. Franz.: Que de gens n'iraient pas à l'église, si Dieu seul les y voyait.

Petit-Senn, Geistesfunken u. Gedankensplitter (1865). Übers. v. Zimmermann.

— Wie mancher ging aus, die Kirche zu schmähen, zu befeinden und änderte plötzlich seinen Sinn und kniete nieder und betete an.

Heinr. Heine, Sämtl. Werke (1861—1868). Verm. Schriften. Gedanken u. Einfälle. Nr. 2. Religion u. Philosophie. Verehrung für Rom.

— Statt sich des Wissens der Welt zu bemächtigen, zieht sich die Kirche | Von den Gedanken des Tags weiter und weiter zurück, | Lebt in vergangener Zeit und spricht in verschollenen Zungen, | Ach, und verwundert sich dann, daß sie der Tag nicht versteht.

Emanuel Geibel, Spätherbstblätter (1877). Distichen a. d. Wintertageb. Nr. 8.

— . . . in allen Konfessionen findet es sehr häufig statt, daß unter „Freiheit der Kirche“ die Herrschaft der Priester verstanden wird; — ich nehme unsere Konfession nicht aus.

Otto von Bismarck im Reichstage (15. März 1884).

— Die Kirche hat viel von der Achtung verloren, die man ihren Dienern entgegentrug, seit diese aus der Kirche herausgetreten sind. Franz.: C'est parce qu'on est sorti de l'église, que l'église a beaucoup perdu du respect qu'on portait aux ministres des cultes.

Leon Gambetta, Diskurse (1881—1885). Übers. v. Zimmermann.

— Wie gegen die Kirche wir auch uns wehren, | Der Andacht können wir nicht entbehren.

Paul Heyse, Spruchbüchlein (1885). Gott u. Welt.

— Die Grenzen zwischen Staat und Kirche lassen sich nicht festlegen, weil beide Teile von Hause aus von verschiedenen Überzeugungen dabei ausgehen.

Otto von Bismarck im Abg.-Hause d. preuß. Landtages (4. Mai 1886).

— Wer sich an die Kirche lehnt, dem fällt leicht ein Götze auf den Kopf. Alter Spr.

Kirche. — Wo Gott eine Kirche baut, stellt der Teufel eine Kapelle daneben. Sprichwort.

— Ma muß machen, daß die Kirchen im Dorf bleibt (daß der Frieden erhalten bleibe).

Sprichwort. Tirol.

— Die Kirche ums Dorf tragen (über Selbstverständliches viele Worte machen).

Sprichwörtl. Redensart.

Kirchen. — Man kan zwar alle Kirchen schließen, | Doch nie die Kirchen im Gewissen.

Friedr. von Logau, Deutsche Sinn-Getichte (1654). D. Herzens-Kirche.

— Wir halten Kirchen für Häuser, bei welchen man die Durchganggerechtigkeit nur in schlechtem Wetter ausübt.

Jean Paul (Joh. Paul Friedr. Richter), Sämtl. Werke (1826—1828).

— Religion ist Gottes Verklärung im irdischen Dasein; | Aber der Mensch und die Zeiten haben die Kirchen gebaut!

Aug. Mahlmann, Sämtl. Schriften (1839—1840). Gedichte. A. d. Leben.

— Sie betten (beten) nit alle, die in die Kirchen gehen; | Mancher wil da seine Bulschafft sehen.

Alter Spr.

Kirchenamt. — Aber syt der tüfel hatt | Den adel bracht in kirchen stat, | Syt man kein bischoff me wil han, | Er sy dann gantz ein edelman, . . . | Daruß vil gůts nit mag entspringen.

Thomas Murner, Narrenbeschwerung (1512). Nr. 35. D. heiligen gůt.

Kirchengesänge. — Diese wahre Volksmäßigkeit ist ein hauptsächliches Erfordernis guter und zweckmäßiger Kirchengesänge.

Wilh. Freiherr von Humboldt, Br. an eine Freundin (14. März—4. April 1834).

Kirchengeschichte. — Mit Kirchengeschichte was hab' ich zu schaffen? | Ich sehe weiter nichts als Pfaffen; | Wie's um die Christen steht, die Gemeinen, | Davon will mir gar nichts erscheinen.

Joh. Wolfg. von Goethe, Poetische u. prosaische Werke (1836—1837). Gedichte. Zahme Xenien. Nr. 9.

— Glaubt nicht, daß ich fasele, daß ich dichte; | Geht hin und findet mir andre Gestalt! | Es ist die ganze Kirchengeschichte | Mischmasch von Irrtum und von Gewalt.

Joh. Wolfg. von Goethe, Poetische u. prosaische Werke (1836—1837). Gedichte. Zahme Xenien. Nr. 9.

Kirchenglaube. — . . . ein jeder Kirchenglaube, so ferne er bloß statutarische Glaubenslehren für wesentliche Religionslehren ausgibt, hat eine gewisse Beimischung von Heidentum; denn dieses besteht darin, das Äußerliche der Religion für wesentlich auszugeben.

Immanuel Kant, Werke (1838—1839). Bd. 10.

Kirchengut. — Kirchengut hat eiserne Zähne.

Sprichwort.

Kirchenlicht. — Oft pflegt es mehr Ruhm und Wert einzutragen, | Hinauszuschreien, was andere sagen; | Und mancher mundbewanderte Wicht | Ward so ganz billig zum Kirchenlicht.

Wartburgspr. Architektenstüblein.

Kirchensatzungen. — Es ist gar viel Dummes in den Satzungen der Kirche. Aber sie will herrschen, und da muß sie eine bornierte Masse haben, die sich duckt und die geneigt ist, sich beherrschen zu lassen.

Joh. Peter Eckermann, Gespräche mit Goethe in d. letzten Jahren seines Lebens (11. März 1832).

Kirchenschoß. — Wollt ihr in der Kirche Schoß | Wieder die Zerstreuten sammeln, | Macht die Pforten breit und groß, | Statt sie selber zu verrammeln!

Emanuel Geibel, Spätherbstblätter (1877). Gelegenheitsgedichte. Spr. Nr. 21.

Kirchenweg. — Welcher Abstand zwischen dem, der durch die enge Pforte der Moralität eingehet, und dem, der die weite Pforte, den Kirchenweg, bequemer findet!

Karl. Jul. Weber, Demokritos (1832—1840). D. Religion u. d. Religionen.

Kirchhof. — In des Geisterreiches Stille (auf dem Kirchhofe) | Tobt kein Sturm der Leidenschaft.

Joh. Gaudenz Freiherr von Salis-Seewis, Gedichte. D. Gottesacker im Vorfrühling (1798).

— Wenn einer wallt am Kirchhof durch der Brüder | Zerfall'ne Leichen, Stein vorbei zu Stein, | Kalt rieselt der Gedank' ums Haupt ihm nieder: | Staub warst du einst, Staub wirst du wieder sein!

Anastasius Grün (Anton Alexander Graf von Auersperg), Schutt (1835). Fünf Ostern.

— Die da tanzen, die da fahren, | Hier (auf dem Kirchhofe) doch ruhen alle aus!

Jos. Freiherr von Eichendorff, Gedichte (1837). Wanderlieder. Lied d. Armen. Schlußv.

Kirchlein. — Ein Kirchlein steht im Blauen.

Wilh. Kilzer, Feierklänge. D. Kirchlein (ged. 1824). Volksweise.

Kläffer. — Ich bin mit der Zeit ein gutes Postpferd geworden, lege meine Station zurück und bekümmere mich nicht um die Kläffer, die auf der Landstraße bellen.

Friedr. d. Große, Br. (1789). An Voltaire.

Klage. — Klage geziemt nicht dem Starken. Im Kampf mit dem eisernen Schicksal | Siegt nur die rüstige Tat; Worte sind Beute des Sturms.

Friedr. von Matthisson, Gedichte (1787). Stummes Dulden.

— Klag' ist ein Mißton im Chore der Sphären! Trägt denn die Schöpfung ein Trauergewand?

Joh. Gaudenz Freiher von Salis-Seewis, Gedichte. Ermunterung (1790). Mel. v. Joh. Rudolf Zumsteeg.

Klagen. — Feiger Gedanken | Bängliches Schwanken, | Weibisches Zagen, | Ängstliches Klagen | Wendet kein Elend, | Macht dich nicht frei.

Joh. Wolfg. von Goethe, Gedichte. A. d. Nachlaß. Verm. Gedichte. Feiger Gedanken | Bängliches Schwanken usw. (ged. 1777).

— Klaget nicht, daß ich gefallen!

Max von Schenkendorf, Sämtl. Gedichte. Abteilung 2. Vaterland. Schill. Eine Geisterstimme (ged. 1809). Mel. v. Enzelling.

— Eitles Klagen und Wimmern | Wird dir die Not nur verschlimmern; | Lege nur gleich die Hände an, | So hast du das Schlimmste schon abgetan!

Georg Keil, Lyra u. Harfe (1834).

— Mit dem Klagen, mit dem Zagen, | Wie verdarbst du's, ach, so oft! | Lerne Trübes heiter tragen, | Und dein Glück kommt unverhofft!

Emanuel Geibel, Juniuslieder (1848). Gelegenheitsgedichte, Spr., Scherze. Spr. Nr. 45.

— Klag ich dem Nachbar mein Leid, | Wird es noch einmal so breit.

Alter Spr.

— Klag's dem Stein; | Behalt's allein!

Alter Spr.

— Klagen | Füllt nicht den Magen.

Sprichwort.

Klagen, die. — Weg mit den Klagen! Lat.: Tolle querellas!

Quint. Horatius Flacc., Episteln (um 20 v. Chr.). Übers. v. Voß. B. 1, Nr. 12, V. 3.

— Nun fangen an die schmerzerfüllten Klagen. Ital.: Ora incominician le dolenti note.

Dante Alighieri, Göttliche Komödie (1300—1321). Übers. v. Gildemeister. Hölle. Ges. 5, V. 25.

— Und alle Klagen bringen | Nicht Einen Kuß zurück.

Aug. Graf von Platen-Hallermund, Gedichte. Lieder u. Romanzen. Auf ewig fliehn d. Scherze (ged. 1820).

— Teurer Mensch, so wenig sind deine Klagen gegründet, | Daß du so leicht nicht dein Los gegen ein andres vertauscht.

Karl Ludw. von Knebel, Lebensblüten in Distichen (1827).

Kläger. — Wo kein Kläger, da ist auch kein Richter.

Sprichwort.

— Ein Kläger muß drei Säcke haben: einen mit Geld, einen mit Papier und einen mit Geduld. Franz.: Un plaignant doit avoir trois sacs: un plein d'argent, le second de papier et le dernier de patience.

Sprichwort.

Klang. — Es klingt ein heller Klang, | Ein schönes, deutsches Wort . . .

Max von Schenkendorf, Sämtl. Gedichte. Abteilung 2. Vaterland. D. Lied v. Rhein (ged. 1814). Mel. v. Hans Georg Nägeli (komp. 1816).

Klar. — Und durch mein ganzes Wesen | Ward's unaussprechlich klar.

Jos. Freiherr von Eichendorff, Gedichte. Wanderlieder. Abschied (ged. 1810). Mel. v. Felix Mendelssohn-Bartholdy (1843).

— Das ist klipp und klar (es stimmt).

Sprichwörtl. Redensart.

Klar. — Det is klar wie Stiebelwichse.
Berliner Redensart.

Klären. — Was sich zum Geist soll klären, | Muß kochen erst und gären.
Inschrift im Berliner Ratskeller. Bierlokal.

Klarheit. — Nur die Fülle führt zur Klarheit; | Und im Abgrund wohnt die Wahrheit.
Friedr. von Schiller, Gedichte. Spr. d. Konfuzius (ged. 1799).

— Nur in der Dämmerung schaust du hier die Wahrheit; | Droben ist Klarheit.
Christ. Christoph Hohlfeldt, Harfenklänge (1823). Aufschwung.

— . . . wo Klarheit herrscht, ist auch Ruhe oder entsteht doch nach und nach von selbst.
Wilh. Freiherr von Humboldt, Br. an eine Freundin (16. Juli 1825).

Klassisch. — Das Klassische nenne ich das Gesunde und das Romantische das Kranke.
Joh. Peter Eckermann, Gespräche mit Goethe in d. letzten Jahren seines Lebens (2. April 1829).

Klatsch. — Der Dörfer und der Städte Plage, | Verwünscht seist du, gemeine Sage (Klatsch)!
Christ. Fürchtegott Gellert, Fab. u. Erz. (1746). B. 2. D. Mißgeburt.

Klatschen. — Wenn sie zusammenkommen, Margrete, Kathrine, Sybille, | Fangen sie an zu klatschen von diesem und dieser und jener. Lat.: **Quando conveniunt Margretha, Catharina, Sybilla, | Garrire incipiunt et ab hoc et ab hac et ab illa.**
Friedr. Taubmann, Kurtzweiliger Zeitvertreiber (1666).

Klatschzungen. — Und wär' ich der Herrgott, so ließ ich auf Erden | Zu Dornen und Disteln die Klatschzungen werden; | Da fräß' sie der Esel und hätt's keine Not, | Und weinte mein Schatz sich die Augen nicht rot.
Emanuel Geibel, Gesammelte Werke. Gedichte. Jugendgedichte. B. 4. Escheberg, St. Goar (ged. 1842—1843). Lieder eines fahrenden Schülers. Nr. 3. Schlußv.

Klause. — Öffne dich, du stille Klause, | Denn die Ahnfrau geht nach Hause.
Frz. Grillparzer, D. Ahnfrau (1817). A. 5 (Ahnfrau).

Klausel. — Mit oder ohne Klausel! gilt mir gleich. Friedr. von Schiller, D. Piccolomini (1799). A. 4, Sz. 4 (Buttler).

Kleid. — Was ist das, was uns deckt, und gleichwohl auch entdeckt? | Das Kleid, es deckt den Mann und zeigt, was in ihm steckt.
Friedr. von Logau, Deutsche Sinn-Getichte (1654).

— Gehört man selbst zur Welt, so ist es nicht zu meiden, | Ins Kleid, das sie begehrt, die äußre Form zu kleiden. Franz.: **Mais, quand on est du monde, il faut bien que l'on rende | Quelques dehors civils que l'usage demande.**
Molière (Jean Baptiste Poquelin), D. Menschenhasser (1666). Übers. v. Graf Baudissin A. 1, Sz. 1 (Philinte).

Kleid. — Kein stumpfes Schwert | Empfängt den Wert | Von seiner schönen Scheide; | Kein Mann von seinem Kleide.
Ephr. Mos. Kuh, Hinterlassene Gedichte (1792). Epigramme.

— An dem Kleide den Mann; — wer sich albern kleidet, ist albern.
Christ. Dietr. Grabbe, Napoleon oder D. hundert Tage (1831). A. 3, Sz. 1 (Schneidermeister).

— Sein Kleid zerreißen (zum Zeichen der Trauer). Nach 1. Mos., K. 37, V. 29.

— Ein hochzeitlich Kleid.
Nach Matth., K. 22, V. 11.

— Das Kleid ziert den Mann; | Wer es hat, der zieh' es an! Sprichwort.

— Ein schönes und auch teures Kleid | Ist oft gefüttert mit Herzeleid. Sprichwort.

— Wer seine Verdienste im Kleide hat, dem fressen sie die Motten. Sprichwort.

Kleiden. — . . . so du einen nackend siehest, so kleide ihn! Jesaias, K. 58, V. 7.

— Bekleide den Strunk, so wird er hübsch!
Arabisches Sprichwort.

Kleiden, sich. — . . . wozu die Außenseite | Von einem Diogen? wozu ein wilder Bart? | Mich deucht, ein weiser Mann trägt (kleidet sich) wie andre Leute!
Christoph Martin Wieland, Musarion (1768). B. 1.

— . . . der kleidete sich mit Purpur und köstlicher Leinwand. Luk., K. 16, V. 19.

— Auf deine Weise magst du essen; aber auf andrer Leute Art mußt du dich kleiden.
Alter Spr.

— Man wird geschätzt, wie man gekleidet geht. Ital.: **Si è stimati cumme si va bestiti.**
Sizilianisches Sprichwort.

Kleider. — Kleider machen Leute. Lat.: **Vestis virum reddit.**
Marc. Fabius Quinctilianus (um 35—95), Lehrb. d. Rhetorik. B. 8, K. 5. Übers. v. Grau.

— Lange kleyder, kurtzer syn.
Joh. Agricola, Drey hundert Gemeyner Sprichwörtter (1529). Nr. 203.

— Kleider machen Leute; trifft es richtig ein, | Werdet ihr, ihr Schneider, Gottes Pfuscher sein.
Friedr. von Logau, Deutsche Sinn-Getichte (1654). Kleider.

— Seyden Kleyder machen eine kalte Küchen, leschen das Fewer auffm Heerd.
Christoph Lehmann, Politischer Blumen-Garten (1662). T. 1. Kleyder. Nr. 38.

— Wer sich mit kleideren hoflich ziert | Und in Weibischer art stolziert, | Wirt hoch gehalten zu jeder frist, | Ob er gleich ein Esel ist. Alter Spr.

— Wenn die Kleider ab wären, wären alle gleich. Norwegisch: **Naar Klaedi var av, var alle like.** Sprichwort.

Kleidung. — Dann die geberden vnd die Kleidung | Sind des Sinns vnd Gemüts andeitung.

Joh. Friedr. Fischart, D. Philosophisch Ehzuchtbüchlin (1578). D. Schiltkrot art v. eygenschafft.

— Die Kleidung kostbar, wie's dein Beutel kann, | Doch nicht ins Grillenhafte; reich, nicht bunt; | Denn es verkündigt oft die Tracht den Mann. Engl.: Costly thy habit as thy purse can buy, | But not express'd in fancy; rich not gaudy: | For the apparel oft proclaims the man.

William Shakespeare, Hamlet (1601—1602). Übers. v. Schlegel. A. 1, Sz. 3 (Polonius).

— Die Wirkung der Kleidung auf den Geist beweisen die Uniformen, die Kutten, der Priesterrock und bei gar vielen selbst die Livree.

Karl Jul. Weber, Demokritos (1832—1840). D. Mode. D. Schluß.

— Man muß sich nicht auf die Aufschrift des Sackes verlassen (nur auf die Kleidung sehen). Franz.: Il ne faut pas s'en rapporter à l'étiquette du sac. Sprichwort.

Klein. — Aus kleinem Anfang entspringen alle Dinge. Lat.: Omnia rerum principia parva sunt.

Marc. Tull. Cicero, V. höchsten Gut u. Übel (um 45 v. Chr.). Übers. v. Kirchmann. B. 5, K. 21, § 58.

— Aus kleinem Funken große Bränd' entstehn. Ital.: Poca favilla gran fiamma seconda.

Dante Alighieri, Göttliche Komödie (1300—1321). Übers. v. Gildemeister. Paradies. Ges. 1, V. 34.

— Klein Wasser machen niemand reich; | Best fischen ist im grossen Teich.

Georg Rollenhagen, Froschmäuseler (1595). B. 1, T. 2, K. 7.

— Denk' nicht, der kleinste Busch sei, weil er klein ist, leer; | Wie, wenn ein Tiger drinnen wär'!

Joh. Gottfr. von Herder, Sämtl. Werke. Gedichte. Alte Fab. mit neuer Anwendung (ged. 1773). Nr. 16.

— Wir sind nicht klein, wenn Umstände uns zu schaffen machen; nur wenn sie uns überwältigen.

Joh. Wolfg. von Goethe, Clavigo (1774). A. 4. Clavigos Wohnung (Carlos).

— . . . man findet | Manchen kleinen Mann voll List und Weisheit, die manchem | Großen fremd ist.

Joh. Wolfg. von Goethe, Reineke Fuchs (1794). Ges. 2.

— Mit leichtem Mute knüpft der arme Fischer | Den kleinen Nachen an im sichern Port, | Sieht er im Sturm das große Meerschiff stranden.

Friedr. von Schiller, Wallensteins Tod (1799). A. 5, Sz. 4 (Gordon).

— Alles Große beginnt | Kleinen Beginns; | Also dann endet's auch.

Joh. Gottfr. von Herder, Sämtl. Werke (1805—1820). Gedichte.

Klein. — Du mußt klein sein, willst du kleinen Menschen gefallen.

Ludw. Börne, Gesammelte Schriften. Erz., Reisen, Verm. Aufsätze. Nr. 16. Über d. Umgang mit Menschen (1824).

— Wie fruchtbar ist der kleinste Kreis, | Wenn man ihn wohl zu pflegen weiß!

Joh. Wolfg. von Goethe, Werke (1827—1830). Gedichte. Zahme Xenien. Nr. 6.

— Das kleinste Haar wirft seinen Schatten.

Joh. Wolfg. von Goethe, Werke (1827—1830). Maximen u. Reflexionen. Abteilung 2.

— Der große Fritz war auch mal klein.

Karl von Holtei, Deutsche Lieder (1834). D. Haude=Spenerschen Zeitung Entstehen.

— Das kleine Pfefferkorn sieh' für gering nicht an; | Versuch' es nur, und sieh', wie scharf es beißen kann.

Friedr. Rückert, D. Weisheit d. Brahmanen (1836—1839). B. 16, Abteilung 3, Nr. 19. (Stufe 5. Leben. Nr. 219.)

— An kleinen Dingen muß man sich nicht stoßen, | Wenn man zu großen auf dem Wege ist.

Friedr. Hebbel, Demetrius (1864).

— Auch das kleinste Licht hat sein Atmosphärchen.

Marie von Ebner=Eschenbach, Aphorismen (1893).

— . . ein kleines Feuer, welch einen Wald zündet es an! Jacobi, K. 3, V. 5.

— Die klein Wasser allgemein | Lauffen in die grossen hinein. Alter Spr.

— Kleine Glöcklein klingen auch. Sprichwort.

— Klein und munter | Tut's Große unter.

Sprichwort. Alpenländer.

— Nix iss so klein spunnen (gesponnen), | Es kümp (kommt) an de Sunnen.

Sprichwort. Münsterisch.

— Es ist kein Haar so klein, es hat seinen Schatten. Engl.: There's nae hair sae sma' but has its shadow. Schottisches Sprichwort.

— Klein ist auch der Pfeffer, und doch macht er sich fühlbar. Ital.: È chiucu ancu u pevaru, e po si face sente. Korsisches Sprichwort.

— Kleiner Regen läßt großen Wind aufhören. Ital.: Piccola pioggia fa cessar gran vento.

Sprichwort.

— Die Mücke ist nie so klein, daß sie nicht dem Pferde zur Beschwerde ist. Norwegisch: Myet er aldri so smaatt, dat si er Merri til Møda.

Sprichwort.

— Die Weide ist ein kleiner Baum; aber sie dient dazu, die andern Bäume zu binden.

Dän. Sprichwort.

— Von den großen Hummeln kommt der Talg, von den kleinen Bienen das Wachs.

Lettisches Sprichwort.

— Kleiner Stein verwundet am Kopfe.

Türkisches Sprichwort.

— Van lütjen Visken (kleinen Fischen) wärt (werden) de Hekede (Hechte) grôt.

A. d. Seemannssprache. Bremen.

Kleine, das. — Denn wenn Kleines auch nur zu Kleinigkeiten du zulegst, | Aber zum öftern es tust, wird groß in kurzem auch dies sein. Griech.: *Εἰ γάρ κεν καὶ σμικρὸν ἐπὶ σμικρῷ καταθεῖο, | Καὶ θαμὰ τοῦτ᾽ ἔρδοις, τάχα κεν μέγα καὶ τὸ γένοιτο.*

Hesiod (8. Jahrh. v. Chr.), Werke u. Tage. Übers. v. Uschner. V. 361—62.

— Sofern man so Kleines mit Großem vergleichen darf. Griech.: *Σμικρὰ ταῦτα μεγάλοισι συμβαλεῖν.*

Herodot (um 484—428 v. Chr.), Ägyptische Gesch. Übers. v. Stein. Euterpe. K. 10.

— Wenn es mir gestattet ist, Kleines mit Großem zu vergleichen. Lat.: **Si componere magnis | Parva mihi fas est.**

Publ. Ovidius Naso (um 43 v. Chr.—17 n. Chr.), Metamorphosen. B. 5, V. 416—17. Übers. v. Grau.

— Kurzum, das Kleine kommt auch zu statten; | Ein Härlein gibt auch einen Schatten.

Joh. Friedr. Fischart, Flöh Hatz, Weiber Tratz (1577).

— Wer sich zu viel mit dem Kleinen abgibt, der wird gewöhnlich unfähig fürs Große. Franz.: **Ceux qui s'appliquent trop aux petites choses, deviennent ordinairement incapables des grandes.**

François, Herzog von La Rochefoucauld, Reflexionen oder moralische Sentenzen u. Maximen (1665). Nr. 41. Übers. v. Zimmermann.

— Beim Kleinen beginnt alles, und je größer und mächtiger etwas werden soll, desto langsamer und scheinbar mühsamer wächst es.

Jer. Gotthelf (Albert Bitzius), Gesammelte Werke (1855—1858).

— Im Kleinen steckt das Große.

Emerich Madách, D. Tragödie d. Menschen (1861). A. d. Ungar. übers. v. Lechner. Sz. 12 (Gelehrter).

— Wer nicht vom kleinen hebet an, | Daß groß nit erlangen kann. Alter Spr.

— Ein Haar von hier und ein Haar von da, machen den Bart. (Aus Kleinem setzt sich Großes zusammen.) Arabisches Sprichwort.

— Das Kleine achte nicht gering, | Eh' du bekömmest große Ding! Sprichwörtl.

Kleine, der. — Der Kleine kann sich leicht verstecken; | Der Große ist nur schwer zu decken.

Joh. Friedr. Fischart, Flöh Hatz, Weiber Tratz (1577).

— Wißt ihr, wie auch der Kleine was ist? Er mache das Kleine | Recht; der Große begehrt, just so das Große zu tun.

Joh. Wolfg. von Goethe, Gedichte. Vier Jahreszeiten (ged. 1796). Herbst. Nr. 67.

Kleinen, die. — Mit Kleinen tut man kleine Taten; | Mit Großen wird der Kleine groß.

Joh. Wolfg. von Goethe, Faust, II (1831). A. 2. Klassische Walpurgisnacht. Am obern Peneios (Thales).

— Die Kleinen heben sich auf die Zehen | Und glauben, alles besser zu sehen, | Meinen wohl gar, nun Riesen zu sein. | Doch bleiben sie auch auf den Zehen klein. Georg Keil, Lyra u. Harfe (1834).

Kleingläubig. — O, ihr Kleingläubigen!

Matth., K. 6, V. 30.

Kleinigkeit. — Jede Kleinigkeit, zu sehr | Verschmäht, die rächt sich.

Gotthold Ephr. Lessing, Nathan d. Weise (1779). A. 3, Sz. 4 (Sittah).

Kleinigkeiten. — Das, was mir wichtig scheint, hältst du für Kleinigkeiten; | Das, was mich ärgert, hat bei dir nichts zu bedeuten.

Joh. Wolfg. von Goethe, D. Laune d. Verliebten (1767—1768). Sz. 3 (Eridon).

— Hab' mich nie mit Kleinigkeiten abgegeben.

Friedr. von Schiller, D. Räuber (1781). A. 5, Sz. 1 (Frz.).

Kleinigkeitsgeist. — So unermeßlich ist, so unendlich erhaben der Himmel! | Aber der Kleinigkeitsgeist zog auch den Himmel herab.

Friedr. von Schiller, Gedichte. Votivtafeln. Nr. 28. Astronomische Schriften (ged. 1796).

Kleinlich. — O, es ist | Den kleinen Seelen eigen, wenn sie leiden, | Auch andre zu verletzen.

Paul Heyse, Elisabeth Charlotte (1859). A. 4, Sz. 1 (Maintenon).

Kleinmütig. — Es gibt gegen eine Stunde des Muts und Vertrauens immer zehn, wo ich kleinmütig bin.

Friedr. von Schiller, Briefwechsel zwischen Schiller u. Goethe (1828—1829).

Kleinste, das. — In dem Kleinsten der Schöpfung zeiget | Sich des Schöpfers Macht und Huld am größten.

Joh. Gottfr. von Herder, Sämtl. Werke (1805—1820). Gedichte. Legenden. D. Cicada.

Kleinste, der. — Nimm dich voll Menschenhuld der Kleinsten willig an! | Auch wisse, daß dir oft der Kleinste nützen kann!

Karl Wilh. Ramler, Fabellese (1783). B. 1, Nr. 11. D. Biene u. d. Taube.

Klerikalismus. — Der Klerikalismus, das ist der Feind! Franz.: **Le cléricalisme, voilà l'ennemi!**

Peyrat (gest. 1891). Übers. v. Zimmermann.

Klettern. — Das ist, um auf die Bäume zu klettern (das ist unerhört, unglaublich).

Sprichwörtl. Redensart.

Klingen. — Das klinget so herrlich, das klinget so schön!

Emanuel Schikaneder, D. Zauberflöte (1790). A. 1, Sz. 8 (Monostatos u. Sklaven). Komp. v. Wolfg. Amadeus Mozart. (Erste Auff. am 30. Sept. 1791 in Wien.)

— Da hört er ein Klingen, | Wie Flöten so süß, | Wie Stimmen der Engel | Im Paradies.

Friedr. von Schiller, Wilh. Tell (1804). A. 1, Sz. 1 (Fischerknabe).

Kloster. — Wie oft der Wolf ins Kloster fährt, | Der Schafe er doch stets begehrt. Mittelhochdeutsch: Swie dicke ein wolf gemünchet wirt, | Diu schâf er drumbe nicht verbirt.

Vridankes Bescheidenheit (1225—1240). Übertr. v. Pannier. Nr. 43. v. tierer.

Kloster. — Was weder Gott noch den Menschen nutz ist, das gehört in ein Kloster.

Christoph Lehmann, Politischer Blumen-Garten (1662).

— Ein werktätiger Heiliger zu werden, dazu gibt es im Leben mit der Welt mehr Gelegenheit als im Kloster.

Ernst Jul. Hähnel, Lit. Reliquien (1888).

— Wo das Kloster ein Stück Land hat, hat der Teufel einen Pflug darin. Alter Spr.

Klosterschatten. — Im Klosterschatten gedeiht kein gutes Kraut. Alter Spr.

Klotz. — Denn wie der Dreck ist, so weicht man ein; | Und wie der Klotz der Keil muß sein.

Joh. Friedr. Fischart, Kehrab (um 1576).

Kluft. — Eine unüberbrückbare Kluft.

Nach Luk., K. 16, V. 26.

Klug. — Armen Mann mit klugen Sinnen | Soll man vor dem Reichen minnen, | Der nach Tugend nicht begehrt. Mittelhochdeutsch: Armen man mit guoten sinnen, | Sol man für den rîchen minnen, | Ob er êren nicht engert.

Walter v. d. Vogelweide (um 1170—1230), Gedichte. Übertr. v. Pannier.

— Ich freue mich, wenn kluge Männer sprechen, | Daß ich verstehen kann, wie sie es meinen.

Joh. Wolfg. von Goethe, Torquato Tasso (1789). A. 1, Sz. 1 (Prinzessin).

— Es gehört schon etwas dazu, wenn ein einziger Mensch klug und reich werden soll, und meistens wird er es auf Unkosten der anderen.

Joh. Wolfg. von Goethe, Wilh. Meisters Lehrjahre (1777—1796).

— Da steh' ich nun, ich armer Tor! | Und bin so klug als wie zuvor.

Joh. Wolfg. von Goethe, Faust, I (1808). Nacht (Faust).

— Alt wird man wohl, wer aber klug?

Joh. Wolfg. von Goethe, Faust, II (1831). A. 2. Klassische Walpurgisnacht. Am obern Peneios (Mephistopheles).

— O, ich bin klug und weise, | Und mich betrügt man nicht.

Albert Lortzing, Zar u. Zimmermann. (Erste Auff. am 22. Dez. 1837 in Leipzig.)

— Um die Menschen klug zu machen, muß man klug sein; sie dumm zu machen, muß man dumm scheinen.

Ludw. Börne, Gesammelte Schriften (1862—1863). Kritiken. Nr. 29. Über etwas, was d. Heilkunst not tut.

— Allzu klug macht närrisch. Sprichwort.

— Das ist ein kluger Mann, | Der sich in Menschen schicken kann. Sprichwort.

— Kluge Hühner legen auch in die Nesseln.

Sprichwort.

— Es ist keiner so witzig (klug), der nicht mit allen Vieren könnte ins Kot fallen.

Sprichwort. Schweiz.

— Oft muß ein kluger Mann | Nicht sehen, was er siehet, | Muß schlafen wie ein Leu, | Der schweren Atem ziehet.

Spr. in einem Hause zu Malans.

Kluge, der. — Den Sieg erringt sich überall der Kluge. Griech.: *Ἀλλ' οἱ φρονοῦντες εὖ κρατοῦσι πανταχοῦ.*

Sophokles (um 496—406 v. Chr.), Ajas. Übers. v. Jordan. V. 1240 (Agamemnon).

— Vergebens wird's ein Kluger wagen | Und, daß wir töricht sind, uns sagen. | Wir selber halten ihn dafür, | Bloß weil er klüger ist als wir.

Christ. Fürchtegott Gellert, Fab. u. Erz. (1746). B. 1. D. Land d. Hinkenden. Schlußv.

— Den Weisen kannst du an der Wahl der Zweck' entdecken, | Den Klugen an der Wahl der Mittel zu den Zwecken.

Friedr. Rückert, D. Weisheit d. Brahmanen (1836—1839). B. 16, Abteilung 2, Nr. 5 (Stufe 5. Leben. Nr. 105.)

Klugen, die. — Ich höre gern dem Streit der Klugen zu.

Joh. Wolfg. von Goethe, Torquato Tasso (1789). A. 1, Sz. 1 (Prinzessin).

Klüger. — Du Narr willst klüger sein als wir?

Christ. Fürchtegott Gellert, Fab. u. Erz. (1746). B. 1. D. Tanzbär.

Klügere, der. — Der Klügere gibt nach.

Sprichwort.

Klugheit. — Durch Klugheit und Überlegung siegt die Kraft. Lat.: Prudentia ac consilio praestat robur.

Wahlspr. d. Admirals Martin Harpertzoon Tromp (1597—1653).

— Wie mancher stürzet seine Seel | Durch Klugheit, wie Ahitophel, | Und nimmt, weil er dich (Gott) nicht richtig kennt, | Mit seinem Witz ein schrecklich End.

Paul Gerhardt, Geistl. Andachten. Gebet um Weisheit (1653).

— Groß Klugheit ohne Erfahrung ist Maulwitz.

Christoph Lehmann, Politischer Blumen-Garten (1662). T. 1. Erfahrung. Nr. 28.

— Was ist der Menschen Klugheit, wenn sie nicht | Auf jener Willen droben achtend lauscht?

Joh. Wolfg. von Goethe, Iphigenie auf Tauris (1787). A. 2, Sz. 1 (Pylades).

— Die Klugheit sich zur Führerin zu wählen, | Das ist es, was den Weisen macht.

Friedr. von Schiller, Iphigenie in Aulis (ged. 1788). A. 4, Sz. 3 (Chor).

— Wer wird die Klugheit tadeln? Jeder Schritt | Des Lebens zeigt, wie sehr sie nötig sei.

Joh. Wolfg. von Goethe, Torquato Tasso (1789). A. 2, Sz. 3 (Tasso).

— Die Superklugheit ist eine der verächtlichsten Arten von Unklugheit.

Georg Christoph Lichtenberg, Verm. Schriften (1800—1806). Bd. 2, Nr. 2. Bemerk. verm. Inhalts. Nr. 3. Moralische Bemerk.

— Klugheit ist oft lästig wie ein Nachtlicht im Schlafzimmer.

Ludw. Börne, Gesammelte Schriften (1862—1863). Fragmente u. Aphorismen. Nr. 276.

Klugheit. — Klugheit erwirbt auch das Tier. Weisheit ist die Klugheit der Hochgesinnten.
Georg Ebers, Ein Wort (1883).

— Klugheit ist ein lebendiger Brunnen dem, der sie hat. Spr. Sal., K. 16, V. 22.

— Ein Lot Klugheit ist ein Pfund Witz wert. Engl.: An ounce of discretion is worth a pound of wit. Sprichwort.

— Meth ist nicht in jedem Kruge; | Klugheit nicht in jedem Kopfe. Finnisches Sprichwort.

— Wie der Mensch vom Affen verschieden ist, so ist's die Klugheit von der List. Sprichwörtl.

— Menschenklugheit und Hennenei | Brechen beim ersten Stoß entzwei.
Wartburgspr. Architektenstüblein.

Knabe. — . . . ein nasser knab (ein schlechter Mensch).
Thomas Murner, Narrenbeschwerung (1512). Nr. 60. Ein gütten magen haben.

— Den Knaben ziehn am besten Männer.
Joh. Wolfg. von Goethe, Elpenor (1781). A. 1, Sz. 2 (Evadne).

— Für einen Knaben stirbt | Ein Posa nicht.
Friedr. von Schiller, Don Carlos (1787). A. 5, Sz. 9 (König).

— Gönne dem Knaben zu spielen, in wilder Begierde zu toben; | Nur die gesättigte Kraft kehret zur Anmut zurück.
Friedr. von Schiller, Gedichte. D. Geschlechter (ged. 1796).

— Vom Mädchen reißt sich stolz der Knabe.
Friedr. von Schiller, Gedichte. D. Lied v. d. Glocke (ged. Sept. 1799).

— Der Knabe wird dem Jünglinge, der Jüngling dem Manne, der Mann dem Greise aufgeopfert. Ludw. Börne, Gesammelte Schriften (1862—1863).

— Auch kennet man einen Knaben an seinem Wesen, ob er fromm und redlich werden will.
Spr. Sal., K. 20, V. 11.

— Torheit steckt dem Knaben im Herzen.
Spr. Sal., K. 22, V. 15.

— . . . ein Knabe, ihm selbst gelassen, schändet seine Mutter. Spr. Sal., K. 29, V. 15.

— Ein junger Knab' viel leiden muß, | Eh' aus ihm wird ein Dominus. Sprichwort.

— En unprüglete Bueb (Knabe) ist en ungsalzni Suppe. Sprichwort. Schweiz.

Knaben. — Die Knaben kommen aus dem Augiasstall des Welttreibens mit ein wenig Stallgeruch davon. Jene aber (die Mädchen) sind zarte weiße Paris=Äpfelblüten, Stubenblumen, von welchen man den Schimmel nicht mit der Hand, sondern mit feinen Pinseln kehren muß.
Jean Paul (Joh. Paul Friedr. Richter), Levana oder Erzieh=Lehre (1807). Bd. 2, Bruchstück 4, K. 4, § 91.

— Viel Buben (Knaben), viel Segen Gottes; | Viel Madlen, viel Unheil.
Sprichwort. Oberinntal.

Knabenfreundschaft. — . . . die Knabenfreundschaft wächst doch nicht so fest wie die des Jünglings.
Otto von Bismarck zu d. Vertretern alter Korpsstudenten in Friedrichsruh (27. April 1895). Schlußwort.

Knabenherz. — Nur Größen spannen das Knabenherz gesund; welche aber dehnt, außer der Wissenschaft, es besser aus, als ein Vaterland, die Liebe dafür, zumal im Demantmörser der jetzigen Zeit?
Jean Paul (Joh. Paul Friedr. Richter), Levana oder Erzieh=Lehre (1807). Bd. 3, Bruchstück 6, K. 1, § 108.

Knabenwille. — Knabenwille ist Windeswille, | Jünglings=Gedanken lange Gedanken.
Joh. Gottfr. von Herder, Stimmen d. Völker in Liedern (1807). Abteilung 1, B. 1. D. Fahrt zur Geliebten. Lappländisch.

Knapp. — Knapp is't man! segt Jungken.
Sprichwörtl. Redensart. Mecklenburg.

Knauser. — Einem Knauser stehet nicht wohl an, daß er reich ist. Jes. Sir., K. 14, V. 3.

Knecht. — Lieber Fürst in der Hölle als Knecht im Himmel. Engl.: Better to reign in hell than serve in heaven.
John Milton, Verlorenes Paradies (1667). Übers. v. Schuhmann, B. 1, V. 263.

— Ein frommer Knecht war Fridolin.
Friedr. von Schiller, Gedichte. D. Gang nach d. Eisenhammer (ged. 25. Sept. 1797).

— Dem Buben und dem Knecht die Acht! | Der fütt're Kräh'n und Raben!
Ernst Moritz Arndt, Gedichte. Vaterlandslied (ged. 1812). Mel. v. Albert Methfessel (1818).

— Wenn du dich selber machst zum Knecht, | Bedauert dich niemand, geht's dir schlecht.
Joh. Wolfg. von Goethe, Gedichte. Epigrammatisch. Keins v. allen (ged. 1814).

— . . . wer sich willig knechten läßt, verurteilt selber sich zum Knecht.
Emanuel Geibel, Zeitstimmen (1841). Auf d. Rhein.

— Einen treuen Knecht und fleißigen Arbeiter halte nicht übel! Jes. Sir., K. 7, V. 22.

— . . . einen bösen Knecht (beugen) Stock und Knüttel! Jes. Sir., K. 33, V. 27.

— Allermanns Knecht | Kann's nicht jedem machen recht. Sprichwort.

— Am Knecht kann man wohl den Herrn erkennen. Bauernregel.

— Dem Knecht gebührt sein Brot, Straf' und Arbeit. Bauernregel.

— Einem willigen Knecht soll man nicht zu viel aufbürden. Bauernregel.

— Einem witzigen Knecht müssen auch Edelleut' dienen. Bauernregel.

— Ein guter Knecht muß stumm sein.
Bauernregel.

— Ein Knecht soll viel hören und wenig reden, die Ohren offen und das Maul zu haben.
Bauernregel.

Knecht. — Ein treuer Knecht verdient doppelten Sold, | Denn er macht aus Blei und Kupfer Gold.
Bauernregel.

— Es ist kein Knecht so gut, | Er bedarf der Hut. Bauernregel.

— Je lieber Knecht, je schärfer Zucht.
Bauernregel.

— Man muß keinen Knecht mieten, wenn man etwas allein machen kann. Bauernregel.

— Von einem verständigen Knecht nimm auch einen guten Rat! Bauernregel.

— Wenn man dem Knecht die Zügel zu lang läßt, so will er bald Junker werden. Bauernregel.

— Wer nie Knecht gewesen, kann auch kein guter Herr sein. Bauernregel.

— Wer sich von seinem Knecht läßt duzen, | Kann sich selber die Stiefel putzen. Bauernregel.

Knechte. — Manches sind geborne Knechte, die nur folgen fremden Sinnen; | Manches sind geborne Herren, die sich selbsten leiten künnen.
Friedr. von Logau, Deutsche Sinn-Getichte (1654). Knechte u. Herren.

— Lade den Knechten auf, als seiest du auch ein Knecht! Bauernregel.

— Manche möchten gerne Knechte haben wie die Hähne, die früh singen aber übel (wenig) fressen.
Bauernregel.

Knechtschaft. — Goldene Freiheit ist niemals mit Gelde erkaufbar; | Freiheit dem Menschengeschlecht, Knechtschaft den Tieren geziemt. Lat.: Aurea libertas nullo mercabilis aere; | Conveniens homini, non tribuenda (?) feris.
Inschrift im Rathause zu Danzig.

Knechtschaftstand. — Der Knechtschaftstand ist hart, doch besser jederzeit | Als ein ganz freyer Stand, doch ohne Sicherheit.
Magnus Gottfr. Lichtwer, Vier B. Äsopischer Fab. (1748). B. 4, Nr. 19. D. Pferd. Schlußv.

Kneipe. — Je schlimmer das Weib, | Desto schöner die Kneip'; | Und je schöner die Kneip', | Desto schlimmer fürs Weib!
Inschrift im Ratskeller zu Wiesbaden.

Knie, das. — Mir ist näher das Knie als das Schienbein. Griech.: *Ἀπωτέρω ἢ γόνυ κνάμα.*
Theokrit (geb. um 300 v. Chr.), Idyllen. D. Chariten. Übers. v. Mörike. V. 18.

— Etwas übers Knie brechen (etwas flüchtig, ohne Sorgfalt tun). Sprichwörtl. Redensart.

Knie, die. — . . . was in Augenblicken der Entzückung | Die Kniee beugt, ist auch ein süß Gefühl.
Joh. Wolfg. von Goethe, D. natürliche Tochter (1803). A. 1, Sz. 5 (Eugenie).

Knochen. — Du kannst met sine Knuoken Biären assmieten (Birnen abschmeißen) (er ist längst tot). Sprichwörtl. Redensart. Münsterisch.

— Nu numerier' dir man de Knochen! (sagt man vor einer Schlägerei zum Gegner).
Berliner Redensart.

Knopfloch. — Wer das erste Knopfloch verfehlt, kommt mit dem Zuknöpfen nicht zu Rande.
Joh. Wolfg. von Goethe, Werke (1827—1830). Maximen u. Reflexionen. Abteilung 7.

Knotenstock. — Ein Mann mit einem Knotenstock im Blicke. Scherzhaft für: Ein Mann mit Knotenstock, im Blicke | Mehr tiefer Gram als Herzenstücke . . .
Friedr. Engelschall (1739—1797), Schnell eine Erz., d. nicht erdichtet ist.

Knüppel. — Der Knüppel liegt beim Hunde (etwas, was man gern möchte, nicht tun können oder dürfen). Sprichwörtl. Redensart.

Knurren. — Knurre nicht, Pudel!
Joh. Wolfg. von Goethe, Faust, I (1808). Studierzimmer (Faust).

Knüttel. — Mit Knütteln dreinschlagen (rücksichtslos streng vorgehen).
Sprichwörtl. Redensart.

Koch. — Ein guter Koch ist ein guter Arzt.
Alter Spr.

Köder. — Ohne Köder ist schlimm Fische fangen. A. d. Seemannssprache.

Kohl. — Immer wieder aufgewärmter Kohl tötet die armen Schullehrer. Lat.: Occidit miseros crambe repetita magistros.
Decimus Junius Juvenalis, Sat. (um 118). Übers. v. Weber. Nr. 7, V. 154.

Kohlen. — Feurige Kohlen auf jemandes Haupt sammeln (Böses mit Gutem vergelten).
Nach Röm., K. 12, V. 20. — Sprichwörtl. Redensart.

— Wie auf Kohlen sitzen (sehr unruhig und ungeduldig, aufs Höchste gespannt sein).
Sprichwörtl. Redensart.

Köhlerglaube. — Das ist ein Köhlerglaube (ein naiver, kindlicher Glaube im Gegensatz zur wissenschaftlichen Erkenntnis). — Der Teufel fragte einen Köhler, was er glaube. Dieser antwortete: „Was die Kirche glaubt." Auf die weitere Frage, was diese glaube, entgegnete der Köhler: „Das, was ich glaube."
Sprichwörtl. Redensart.

Kokette, die. — . . . denn wo der echte Mann und Adam erscheint, ist die Kokette eben nur Weib und Eva.
Bogumil Goltz, Zur Charakteristik u. Naturgesch. d. Frauen (1859).

Kollegium. — Drei bilden ein Kollegium. Lat.: Tres faciunt collegium.
Nach Plinius, d. Jüngere (um 62—113), Werke. B. 87, K. 50, § 16. Übers. v. Grau.

— Es hatten drei Gesellen | Ein fein Kollegium. Elias Salomon, Fiducit (ged. 1834). Mel. v. Aug. Wilh. Briesewitz (1843).

Koller. — Der Koller gibt sich mit den Jahren. Friedr. von Schiller, Gedichte. Pegasus im Joche (ged. 1795).

Koloß. — Koloß auf tönernen Füßen.
Nach Daniel, K. 2, V. 33.

Kommen. — Ich kam, sah, Gott aber überwand. Lat.: Veni, vidi, Deus vicit.

Kaiser Karl V. nach d. Einnahme Wittenbergs (1547).

— Er kam, und niemand weiß, woher. | Er ging, und niemand weiß, wohin.

Gotthold Ephr. Lessing, Nathan d. Weise (1779). A. 1, Sz. 1 (Daja).

— Ich komme — | Und wann gehst du wieder?

Friedr. von Schiller, D. Räuber (1781). A. 3, Sz. 1 (Frz. u. Amalia).

— Wer kommt? — Was seh' ich? — O, ihr guten Geister! | Mein Roderich!

Friedr. von Schiller, Don Carlos (1787). A. 1, Sz. 2 (Carlos).

— Dahin | Ist es gekommen! — Spanier!

Friedr. von Schiller, Don Carlos (1787). A. 5, Sz. 5 (Alba).

— Was kommen mußte, kam.

Friedr. von Schiller, D. Braut v. Messina (1803). Säulenhalle (Isabella).

— 's kommt älles, sagte der Buttelmann, kalt Wetter und koi Schua.

Sprichwörtl. Redensart. Schwaben.

— Nu kâm ik, segt Bärbôm und fêl in 'n Keller. Sprichwörtl. Redensart. Mecklenburg.

— Wie Senf nach dem Essen kommen (zu spät kommen). Sprichwörtl. Redensart. Niederrhein.

Komödiant. — Ich hab' es öfters rühmen hören, | Ein Komödiant könnt' einen Pfarrer lehren. Joh. Wolfg. von Goethe, Faust, I (1808). Nacht (Wagner).

Komödie. — Ihr (der Komödie) wahrer allgemeiner Nutzen liegt in dem Lachen selbst; in der Übung unserer Fähigkeit, das Lächerliche zu bemerken; es unter allen Bemäntelungen der Leidenschaft und der Mode, es in allen Vermischungen mit noch schlimmern oder mit guten Eigenschaften, sogar in den Runzeln des feierlichen Ernstes, leicht und geschwind zu bemerken.

Gotthold Ephr. Lessing, Hamburgische Dramaturgie. Stück 29 (7. Aug. 1767).

— Bis auf den letzten Augenblick spielen wir Komödie mit uns selber.

Heinr. Heine, Reisebilder. T. 1. Ideen. D. B. Le Grand (1826). K. 20.

Komödien. — Und Christen sollen Comödien nicht ganz und gar fliehen, darum, daß bisweilen grobe Zoten und Buhlerei darinnen seien, da man doch um derselben willen auch die Bibel nicht dürfte lesen.

Dr. Martin Luther, Tischreden oder Colloquia (1566). Nr. 68. Tischreden v. Studien. § 2. V. Comödien.

Komplimente. — Indes ihr Komplimente drechselt, | Kann etwas Nützliches geschehn.

Joh. Wolfg. von Goethe, Faust, I (1808). Vorspiel auf d. Theater (Direktor).

— Komplimente sind wie Münze, deren innerer Wert nie dem Stammwerte gleich ist.

Karl Jul. Weber, Demokritos (1832—1840). D. Höflichkeit u. Grobheit.

Komplimente. — In Komplimenten ist Sparsamkeit höflich. Alter Spr.

Kompromiß. — Keine Verfassung kann ohne Kompromiß existieren.

Otto von Bismarck im Reichstage (12. Jan. 1887).

Kompromisse. — Ein Leben der Praxis muß, wenn es nützlich sein soll, ein Leben voll Kompromisse sein. Engl.: A life of action, if it is to be useful, must be a life of compromise.

Thomas Babington Lord Macaulay, Kritische u. historische Essays (1846). Übers. v. Steger. D. span. Erbfolgekrieg.

Konfessionell. — . . . denn wir kommen in politischen Angelegenheiten so zarter Natur, wie es die konfessionellen sind, mit der Leidenschaftlichkeit nicht weit.

Otto von Bismarck im Abg.-Hause d. preuß. Landtages (30. Jan. 1872).

— . . denn in konfessionellen Fragen gehen die Leidenschaften so hoch, daß sie das Urteil für die Stellung, die der Gegner einnimmt, doch in sehr hohem Grade trüben.

Otto von Bismarck im Abg.-Hause d. preuß. Landtages (29. Jan. 1886).

Konfisziert. — Ein konfiszierter widriger Kerl, als hätt' ihn irgend ein Schleichhändler in die Welt meines Herrgotts hineingeschachert.

Friedr. von Schiller, Kabale u. Liebe (1784). A. 1, Sz. 2 (Miller).

Konfusion. — Det muß allens seine jehörige Konfusion haben! (das muß seine Ordnung haben). Berliner Redensart.

König. — Es soll aber der König ein Wächter darüber sein, daß sowohl die Besitzenden kein Unrecht erleiden, als auch andererseits das Volk in nichts übermütig und gewalttätig behandelt wird. Griech.: *Βούλεται δὲ ὁ βασιλεὺς εἶναι φύλαξ, ὅπως οἱ μὲν κεκτημένοι τὰς οὐσίας μηδὲν ἄδικον πάσχωσιν, ὁ δὲ δῆμος μὴ ὑβρίζηται μηδέν.*

Aristoteles (um 384—322 v. Chr.), Politik. Übers. v. Susemihl. B. 8, K. 10.

— Der König ist das lebendige Gesetz. Lat.: Rex viva lex.

Marc. Aurel (reg. 161—180). Übers. v. Grau.

— Leut' und Land verdorben sind, | Wo der König ist ein Kind. Mittelhochdeutsch: Lant unt liute girret sind, | Swâ der künec ist ein kint.

Vridankes Bescheidenheit (1225—1240). Übertr. v. Pannier. Nr. 31. v. d. künegen u. vürsten.

— Wie vil dem armen volck gebrist, | Des künig noch ein kindlin ist!

Thomas Murner, Narrenbeschwerung (1512). Nr. 27. Stiel vff d. benck setzen.

— Ja, jeder Zoll ein König. Engl.: Ay, every inch a king.

William Shakespeare, König Lear (1605—1606). Übers. v. Graf Baudissin. A. 4, Sz. 6 (Lear).

König. — Beglückter König! der durch seine Herrschaft | Von seinen Untertanen sich erwarb | Den Namen eines Guten. Engl.: He is a happy king, since he gains from his subjects the name of good by his government.

William Shakespeare, Pericles (1609). Übers. v. Benda. A. 2, S. 1 (Pericles).

— Er wird ein großer König werden; er sagt kein Wort von dem, was er denkt. Franz.: Il sera un grand roi; il ne dit pas mot de ce qu'il pense.

Mazarin (1602—1661) über Ludw. XIV. Übers. v. Zimmermann.

— Allein das ist das Höchste, | Was des Sterblichen Auge | Sehn kann: Ein König, der Glückliche macht!

Friedr. Gottl. Klopstock, Oden. Für d. König (geb. 1753).

— Als König denken, leben und sterben. Franz.: Penser, vivre et mourir en roi.

Friedr. d. Große an Voltaire (9. Okt. 1757).

— Glaubt ihr, Menschen, daß man es nicht satt wird (König zu sein)?

Gotthold Ephr. Lessing, Philotas (1759). Sz. 8 (Aridäus). Schlußwort.

— Ein Frömmler an der Spitze eines Staates (als König) oder ein Ehrgeiziger, der sich aus Eigennutz mit der Kirche verbindet, wird an Einem Tage umstürzen, was zwanzig Jahre Arbeit mühsam aufgebaut haben.

Friedr. d. Große an Voltaire (10. März 1771).

— . . . wo ein guter König thronet, | Der Bosheit straft, der Tugend lohnet, | Die Künste hebt und gern verzeiht; | Da blühet die goldene Zeit.

Christ. Felix Weiße, Kleine lyrische Gedichte (1772). Bd. 1. D. goldne u. eiserne Zeitalter.

— Es war ein König in Thule, | Gar treu bis an das Grab.

Joh. Wolfg. von Goethe, Faust, I. Abend (Margarete). D. König in Thule (geb. Frühjahr 1774). Mel. v. Siegmund Freiherr von Seckendorff (1782), Karl Friedr. Zelter (komp. 1812), Frz. Schubert u. a.

— Ich danke Gott mit Saitenspiel, | Daß ich kein König worden; | Ich wär' geschmeichelt worden viel, | Und wär' vielleicht verdorben.

Matthias Claudius, Sämtl. Werke d. Wandsbecker Boten. T. 3 (1778). Täglich zu singen.

— Er war vielleicht würdig, nicht als König geboren zu werden. Ital.: Di non nascer re forse era degno.

Vittorio Alfieri beim Tode Friedr. d. Großen (1786). Übers. v. Pozzoni.

— Dem König sollte nichts Geheimnis sein.

Joh. Wolfg. von Goethe, Iphigenie auf Tauris (1787). A. 1, Sz. 2 (Arkas).

— Und ist der gute Wille eines Volks nicht das sicherste, das edelste Pfand? Bei Gott! Wann darf sich ein König sicherer halten, als wenn sie alle für Einen, Einer für alle stehn?

Joh. Wolfg. von Goethe, Egmont (1788). A. 4. D. Culenburgische Palast (Egmont).

König. — Wie selten kommt ein König zu Verstand! Joh. Wolfg. von Goethe, Egmont (1788). A. 4. D. Culenburgische Palast (Egmont).

— Kopf macht den Herrn. Es sei der Erste, Beste, | Der Einsichtsvolle! Er soll König sein!

Friedr. von Schiller, Iphigenie in Aulis (geb. 1788). A. 2, Sz. 2 (Menelaus).

— . . . für einen König | Und Feldherrn gibt's der Sorgen so gar viele.

Friedr. von Schiller, Iphigenie in Aulis (geb. 1788). A. 3, S. 3 (Agamemnon).

— Ich behaupte, daß jeder König, dessen Politik nur das Ziel verfolgt, sich gefürchtet zu machen, über Sklaven herrschen wird.

Friedr. d. Große, Antimachiavelli (1789). K. 17.

— Und stets der Herrschverständigste, beliebt' ihm | Zu sagen, sollte Herrscher sein und König.

Friedr. von Schiller, Wallensteins Tod (1799). A. 1, Sz. 5 (Wrangel).

— O, der ist noch nicht König, der der Welt | Gefallen muß! Nur der ist's, der bei seinem Tun | Nach keines Menschen Beifall braucht zu fragen. Friedr. von Schiller, Maria Stuart (1800). A. 4, Sz. 10 (Elisabeth).

— Für seinen König muß das Volk sich opfern; Das ist das Schicksal und Gesetz der Welt.

Friedr. von Schiller, D. Jungfrau v. Orleans (1801). A. 1, Sz. 5 (Dunois).

— Man kann ein sehr guter Mann und doch kein guter König sein.

Georg Christoph Lichtenberg, Verm. Schriften (1800—1806). Bd. 2, Nr. 2. Bemerk. verm. Inhalts. Nr. 7. Politische Bemerk.

— Freilich ging wohl mancher König | Irre durch zu viele Lehren; | Aber der war stets verloren, | Dem kein Rat gefällig war.

Joh. Gottfr. von Herder, D. Cid (1806). B. 4, Ges. 53.

— Der König rief, und alle, alle kamen, | Die Waffen mutig in der Hand.

Heinr. Clauren (Karl Gottlob Samuel Heun), Gesammelte Schriften. Gedichte. Der König rief, u. alle, alle kamen usw. (geb. 1813). Mel. v. Albert Philipsborn (komp. 24. Juni 1813).

— König | Und Adler, niedrig schwebend, taugen schlecht!

Ludw. Uhland, Gedichte. Dramatische Dichtungen. Konradin (geb. 4.—9. Dez. 1819). (Konradin).

— Weisere Männer bedürfen minder der Könige Freundschaft, | Als der König des Rats weiserer Männer bedarf.

Joh. Gottfr. von Herder, Sämtl. Werke (1805—1820). Blumenlese a. morgenländischen Dichtern. Nr. 2. D. Rosental. B. 2. Könige u. Weise.

— Die Vorstellung von einem guten Könige ist eine der größten Gedanken der Menschlichkeit und Freude, die man haben kann.

Friedr. Gottl. Klopstock, Sämtl. Werke (1798—1821). Bd. 9.

— Es lebe der König! Franz.: Vive le roi!

Schlachtruf (besonders um 1814—1830.) Übers. v. Zimmermann.

König. — Ach, wenn's nur der König auch wüßt', | Wie wacker mein Schätzelein ist!

Eduard Mörike, Gedichte. Die Soldatenbraut (ged. vor 1833). Mel. v. Friedr. Silcher (komp. 1840—1842) u. Rob. Schumann (komp. 1847).

— König und Ehrenmann. Ital.: **Rè galantuomo.** Victor Emanuel in d. Volkszählungsliste zu Turin unter Stand u. Stellung (1849).

— Es ist mein Geschäft, König zu sein. Franz.: **Je suis roi, c'est mon métier.**

König Victor Emanuel, als er sich am Todestage seiner Mutter d. Staatsgeschäften widmen mußte (1855).

— Das Schicksal macht nie einen König matt, ehe es ihm Schach geboten.

Ludw. Börne, Gesammelte Schriften (1862—1863). Fragmente u. Aphorismen. Nr. 5.

— Und höret, was ein Weiser spricht: | Schießt ja auf keinen König nicht!

D. Höllenmaschine. Studentenlied. Verfasser unbek.

— Ein König . . . zerstreuet alles Arge mit seinen Augen. Spr. Sal., K. 20, V. 8.

— Fromm und wahrhaftig sein behütet den König. Spr. Sal., K. 20, V. 28.

— Ein König richtet das Land auf durch das Recht. Spr. Sal., K. 29, V. 4.

— Wehe dir, Land, des König ein Kind ist! Pred. Sal., K. 10, V. 16.

— Ein wüster König verderbet Land und Leute. Jes. Sir., K. 10, V. 3.

— Fürchtet Gott! Ehret den König! 1. Petri, K. 2, V. 17.

— Selig ist der man fürwar, | Der seinen Landherren (König) nur ein mal sehet im jahr. Alter Spr.

— Neuer König, neu Gesetz. Sprichwort.

— Ein guter König ist der Schatten Gottes auf Erden. Arabisches Sprichwort.

Könige. — Ist unsers Lebens Führer doch der leere Stolz; | Wir (Könige) sind des Pöbels Sklaven nur. Griech.: *Προστάτην δὲ τοῦ βίου | Τὸν ὄγκον ἔχομεν τῷ τ' ὄχλῳ δουλεύομεν.*

Euripides, Iphigenie in Aulis (um 407 v. Chr). Übers. v. Minckwitz. V. 449—50 (Agamemnon).

— Was unkluge Gebieter (Könige) versehn, das büßen die Völker. Lat.: **Quicquid delirant reges, plectuntur Achivi.**

Quint. Horatius Flacc., Episteln (um 20 v. Chr.). Übers. v. Voß. B. 1, Nr. 2, V. 14.

— Bei Kön'gen findet Freundschaft keinen Ort, | Die Weisen sagen's; glaube diesem Wort!

A. d. Persischen d. Ferid-ed-din Attar (um 1119—1229). Pend-nameh. Übers. v. Graf.

— . . . sie heißt Zufriedenheit, | Und selten freu'n sich Kön'ge dieser Krone. Engl.: **My crown is call'd content, | A crown it is, that seldom kings enjoy.**

William Shakespeare, König Heinr. VI. (1591—1592). Übers. v. Schlegel. T. 3, A. 3, Sz. 1 (König Heinr.).

Könige. — . . . den Kön'gen . . ., | Die auch nur Menschen sind und irren können. Engl.: **. . . fits kings, as they are men, for they may err.**

William Shakespeare, Pericles (1609). Übers. v. Benda. A. 1, Sz. 2 (Helicanus).

— Die guten Könige sind Sklaven, und ihre Völker sind frei. Franz.: **Les bons rois sont esclaves, et leurs peuples sont libres.**

Marie Leszcinska, Gemahlin Ludw. XV. v. Frankreich (1715—1774). Übers. v. Zimmermann.

— Gibt es keinen Gott? Was? Dürfen | In seiner Schöpfung Könige so hausen?

Friedr. von Schiller, Don Carlos (1787). A. 5, Sz. 4 (Carlos).

— Die Könige tun nichts Niedriges.

Joh. Wolfg. von Goethe, Egmont (1788). A. 2. Egmonts Wohnung (Oranien).

— Und so waren von jeher die Könige ein Spielzeug ihrer eigenen Leidenschaften und der Ränke eines Jeden, der ihnen nahe genug ist, um ihre schwache Seite auszufinden, und schlau und schlechtdenkend genug, sie zu mißbrauchen.

Christoph Martin Wieland, Gesch. d. Philosophen Danischmend (1795).

— Die Geschichte ist für Könige eine treffliche Lehrerin, die aber so unglücklich ist, etwas unachtsame Schüler zu haben.

Joh. Jak. Engel, D. Fürstenspiegel (1798). Gesch.

O Könige bezwingt eure Begierden! beherrscht euch selbst! So wird es nur ein Spiel sein, die Welt zu beherrschen.

Joh. Gottfr. von Herder u. Liebeskind, Palmblätter (1796—1800). D. Bibliothek d. Königs v. Indien.

— Die Könige sind nur Sklaven ihres Standes; | Dem eignen Herzen dürfen sie nicht folgen.

Friedr. von Schiller, Maria Stuart (1800). A. 2, Sz. 2 (Elisabeth).

— Gute Kön'ge sind auf Erden | Gottes Bild.

Joh. Gottfr. von Herder, D. Cid (1806). B. 1, Ges. 9.

— Könige stiften schon viel Gutes, wenn sie nur nichts Böses stiften.

Karl Jul. Weber, Demokritos (1832—1840). D. Staat u. seine Formen. D. Fortsetzung.

— Ihr Könige, gebt acht!

Ernst Moritz Arndt, Gedichte. Ihr Könige, gebt acht! (ged. 3. Mai 1849).

— Ehrfurcht ist die Leibwache der Könige gewesen, Furcht war es, Gewohnheit ist es, Liebe wird es sein.

Ludw. Börne, Gesammelte Schriften (1862—1863). Fragmente u. Aphorismen. Nr. 251.

Königin. — . . . Flitter machen | Die Königin nicht aus. | Man kann sie niedrig | Behandeln, nicht erniedrigen.

Friedr. von Schiller, Maria Stuart (1800). A. 1, Sz. 2 (Maria).

Königinnen. — Die Königinnen lieben schlecht; — ein Weib, | Das lieben kann, versteht sich schlecht auf Kronen.

Friedr. von Schiller, Don Carlos (1787). A. 2, Sz. 8 (Prinzessin).

Königlich. — Nein, stammst du von dem königlichen Adler, | So zeig' es auch durch Schauen in die Sonne! Engl.: Nay, if thou be that princely ragle's bird, | Show thy descent by gazing 'gainst the sun.

William Shakespeare, König Heinr. VI. (1591—1592). Übers. v. Schlegel. T. 3. A. 2, Sz. 1 (Richard).

— . . . Von allen jenen königlichen Trieben, | Gerechtigkeit, Wahrheit, Enthaltsamkeit, | Geduld und Demut, Güte, Frömmigkeit, | Herzhaftigkeit und Großmut . . . Engl.: The king becoming graces, | As justice, verity, temperance, stableness, | Bounty, perseverance, mercy, howliness, | Devotion, patience, courage, fortitude . . . William Shakespeare, Macbeth (1606). Übers. v. Schiller. A. 4, Sz. 3 (Malcolm).

— . . . Gnade bringt die königliche Nähe.

Friedr. von Schiller, Maria Stuart (1800). A. 2, Sz. 4 (Burleigh).

— Ein königliches Herz fühlt königlich.

Friedr. von Schiller, Turandot (1801). A. 3, Sz. 2 (Adelma).

Königsdienste. — Jeder Edle ist dem König | Dienste schuldig; dem Gerechten | Leistet man sie pflichtenmäßig; | Undankbaren schenkt man sie.

Joh. Gottfr. von Herder, D. Cid (1806). B. 3, Ges. 48.

Königsfluch. — Es ist der Kön'ge Fluch, bedient von Sklaven | Zu sein. Engl.: It is the curse of kings, to be attended | By slaves.

William Shakespeare, König Joh. (um 1594—1596). Übers. v. Schlegel. A. 4, Sz. 2 (König Joh.).

— O Fluch der Könige, der ihren Worten | Das fürchterliche Leben gibt, dem schnell | Vergänglichen Gedanken gleich die Tat, | Die fest unwiderrufliche, ankettet!

Friedr. von Schiller, Wallensteins Tod (1799). A. 5, Sz. 11 (Oktavio).

— Das ist das Fluchgeschick der Könige, | Daß sie, entzweit, die Welt in Haß zerreißen | Und jeder Zwietracht Furien entfesseln.

Friedr. von Schiller, Maria Stuart (1800). A. 3, Sz. 4 (Maria).

Königsgnade. — . . . des Königs . . . Gnade ist wie Tau auf dem Grase.

Spr. Sal., K. 19, V. 12.

Königsgnaden. — Wie ein Meer sind Königsgnaden, | Perlen fischt man, wo es ruht; | Aber hüte dich vor Schaden, | Wenn ein Sturm erregt die Flut!

Friedr. Rückert, Erbauliches u. Beschauliches a. d. Morgenlande (1837—1838). Arabische Volkslieder.

Königsgrimm. — Des Königs Grimm ist ein Bote des Todes. Spr. Sal., K. 16, V. 14.

Königsgunst. — Ist des Königs Gunst ein so schmaler Grund? — So schmal nicht, aber schlüpfrig.

Joh. Wolfg. von Goethe, Egmont (1788). A. 2. Egmonts Wohnung (Egmont u. Oranien).

Königshand. — Weißt du nicht, daß der Könige Hand weit reichet? Lat.: An nescis longas regibus esse manus?

Publ. Ovidius Naso (um 43 v. Chr.—17 n. Chr.), Heroiden. Übers. v. Wolff. B. 17, V. 166.

— Denk' Saladins, als mild bekannt, | Der sprach, durchlöchert müßte sein der Kön'ge Hand (freigebig), | So würden sie gefürchtet und gewinnet. Mittelhochdeutsch: Denk an den milten Salatîn, | Der jach daz küneges hende dürkel solten sîn, | Sô wurden sie erforht und ouch gewinnet.

Walter v. d. Vogelweide (um 1170—1230), Gedichte. Übertr. v. Pannier.

Königshuld. — Traue des Königes Huld wie der hellen Stimme des Knaben; | Jene zerstöret ein Wahn, diese verändert ein Traum.

Joh. Gottfr. von Herder, Sämtl. Werke (1805—1820). Blnmenlese a. morgenländischen Dichtern. N. 2. D. Rosental. B. 3. Freundschaft d. Könige.

Königskinder. — Es waren zwei Edelkönigs-Kinder, | Die beiden, die hatten sich lieb.

D. Knaben Wunderhorn (1806—1808). Edelkönigs-Kinder. Volksweise.

Königskronen. — Königskronen | Sind Dornenkronen. Sprichwort.

Königsmund. — Weissagung ist in dem Munde des Königs. Spr. Sal., K. 16, V. 10.

Königsrecht. — Das göttliche Recht der Könige schlecht zu regieren. Engl.: The right divine of kings to govern wrong.

Alexander Pope, D. neue Dunciade (1742—1743). Übers. v. Ölckers u. Böttger. V. 188.

Königsschätze. — Die Herzen ihrer Untertanen sind die Schätze der Könige. Lat.: Opes regum cordia subditorum.

Wahlspr. Kaiser Leop. II. (reg. 1790—1792).

Königsschicksal. — Ach, der Kön'ge hartes Schicksal! | Daß, wenn man sie nicht mehr fürchtet, | Dann nur ihnen Wahrheit spricht!

Joh. Gottfr. von Herder, D. Cid (1806). B. 2, Ges. 32.

Königsunglück. — Das ist das Unglück der Könige, daß sie die Wahrheit nicht hören wollen!

Joh. Jacoby als Sprecher einer Deputation d. Berliner Nationalversammlung zu Friedr. Wilh. IV. (2. Nov. 1848).

Königsvertraute. — Vertraute der Könige! Rühme sich Keiner! | Je näher den Großen der Erde, je kleiner!

Joh. Christoph Friedr. Haug, Sinngedichte (1791). Höflinge.

Königswort. — Das letzte Wort der Könige. Lat.: Ultimo ratio regum.

Inschrift sämtl. franz. Kanonen, d. Richelieu während seiner Amtsführung (1624—1642) gießen ließ.

Königswort. — Gesprochen ist gesprochen, das Königswort besteht, | Und zwar von keinem Kanzler zerdeutelt und zerdreht.

Adelbert von Chamisso (Louis Charles Adelaide Chamisso de Boncourt), Gedichte. Lieder u. lyrisch-epische Gedichte. Deutsche Volkssagen (geb. 1831). Nr. 5. D. Weiber v. Winsperg.

Königtum. — Das Königtum ist die nach dem Bilde Gottes gemachte Regierung; sie ist Traum. Die Republik ist die nach dem Bilde des Menschen gemachte Regierung; sie ist die politische Wirklichkeit. Franz.: La royauté, c'est le gouvernement fait à l'image de dieu: c'est le rêve. La république est le gouvernement fait à l'image de l'homme: c'est la réalité politique.

Alphonse de Lamartine, Gesch. d. Girondisten (1847). Übers. v. Herwegh.

Können. — Nicht Alles können wir Alle. Lat.: Non omnia possumus omnes.

Lucilius (gest. um 103 v. Chr.). Nach Macrobius, Saturnalien. B. 6, K. 1, § 35. Übers. v. Grau.

— Man kann, weil zu können man scheinet. Lat.: Possunt, quia posse videntur.

Publ. Vergilius Maro (um 70 v. Chr.—19 n. Chr.), Äneis. Übers. v. Voß. B. 5, V. 231.

— Daß sie können, | Was sie zu müssen eingesehn, hat mich | Mit schaudernder Bewunderung durchdrungen.

Friedr. von Schiller, Don Carlos (1787). A. 3, Sz. 10 (Marquis).

— Ich kann, das ist das Maß der mir verlieh'nen Kraft, | Der Tat, der Fertigkeit, der Kunst und Wissenschaft.

Friedr. Rückert, D. Weisheit d. Brahmanen (1836—1839). B. 3, Nr. 55.

— Tu, was du kannst, und laß das andre dem, der's kann; | Zu jedem ganzen Werk gehört ein ganzer Mann.

Friedr. Rückert, D. Weisheit d. Brahmanen (1836—1839).

— Du kannst, denn du sollst.

Immanuel Kant, Werke (1838—1839).

— Was Sie tun können, wissen Sie nur zu gut; aber bevor Sie lernen, was Sie nicht können, werden Sie weder etwas Bedeutendes ausrichten, noch innern Frieden genießen. Engl.: You know only too well what you can do; but till you have learned what you cannot do, you will neither accomplish anything of moment, nor know inward peace.

Samuel Smiles, D. Charakter (1871). Übers. v. Dobbert. K. 12. D. Schule d. Erfahrung.

— Singen kannst du? Sing! | Springen? spring! | Treib, was du kannst, | Das ist ein fein Ding. Alter Spr.

— Wer tut, was er kann, tut so viel, wie der Papst in Rom. Sprichwort.

— Wer was kann, den hält man wert; | Den Ungeschickten niemand begehrt. Sprichwort.

Können. — „Kann wull" iss begrawen, owwer (aber) „Mag wull" liäwt (lebt) noch.

Sprichwort. Münsterisch.

— Ma' muß tun, wie ma' kann, nit wie ma' mag. Sprichwort. Unterinntal.

— Was ma' ka' (kann), frißt ka Heu (das kostet nichts). Sprichwort. Vorarlberg.

— Erst können vor Lachen! Berliner Redensart.

— Wer etwas kann, hat lobes vil; | Ein schand ist's, wer nichts lernen will.

Spr. in einem Glasfenster im Kunstgewerbemuseum zu Berlin.

Können, das. — Über sein Können hinaus ist niemand verpflichtet. Lat.: Ultra posse nemo obligatur.

Nach Celsus, d. Jüngeren (um 100 n. Chr.), Bürgerliches Recht. Digesten. B. 5, Titel 17. Übers. v. Grau.

— Können, das ist große Sache, | Damit das Wollen etwas mache.

Joh. Wolfg. von Goethe, Werke (1827—1830). Gedichte. Zahme Xenien. Nr. 5.

— Wohl hat das Wissen hohen Wert, | Doch deinen Wert gibt dir dein Können!

Emil Rittershaus, Neue Gedichte (1871). Verm. Gedichte. Wissen u. Können.

— Zwischen Können und Tun liegt ein Meer und auf seinem Grunde die gescheiterte Willenskraft.

Marie von Ebner-Eschenbach, Aphorismen (1893).

Konnexion. — Konnexion ist viel; | Verstand, Verbrechen, Recht sind gar nichts. Lieber | Verstand verlieren als die Konnexion.

Christ. Dietr. Grabbe, Don Juan u. Faust (1829). A. 4, Sz. 1 (Leporello).

Konstitutional. — Ich bin kein Gegner des konstitutionellen Systems; im Gegenteil, ich halte es für die einzige mögliche Regierungsform.

Otto von Bismarck im Reichstage (9. Juli 1879).

Konventionell. — Konventionelle Lüge.

Max Nordau, D. konventionellen Lügen d. Kulturmenschheit (1883).

Konvertiten. — Es geht hier wie mit allen Konvertiten und Renegaten, die ja viel schärfer in der neuen Richtung arbeiten und wirken als einer, der als Franzose geboren ist; der kann ein ganz vorurteilsfreier Mann sein.

Otto von Bismarck im Reichstage (28. Nov. 1885).

Konzept. — Aus dem Konzepte kommen (verwirrt werden, den Zusammenhang verlieren).

Sprichwörtl. Redensart.

Kopf. — Der Kopf faßt kein Kunstprodukt als nur in Gesellschaft mit dem Herzen.

Joh. Wolfg. von Goethe, Briefwechsel zwischen Schiller u. Goethe (19. Nov. 1796).

— Von jeher aber ging bei Völkern der Kopf dem Herzen oft um Jahrhunderte voraus wie bei dem Negerhandel; ja um Jahrtausende wie vielleicht bei dem Kriege.

Jean Paul (Joh. Paul Friedr. Richter), Levana oder Erzieh-Lehre (1807). Bd. 1, Bruchstück 2, K. 3, § 34.

Kopf. — Zur Lehre hat uns Gott den Kopf gegeben; | Und was ein Mann sich in den Kopf gesetzt, | Da setzt er fröhlich auch den Kopf daran.
Zacharias Werner, Martin Luther (1807). A. 1, Sz. 1.

— Ich bin's gewohnt, den Kopf recht hoch zu tragen.
Heinr. Heine, D. B. d. Lieder. Junge Leiden (geb. 1817—1821). Sonette. An meine Mutter B. Heine. Nr. 1.

— Wo Glück und Segen soll gedeihn, | Muß Kopf und Herz beisammen sein.
Friedr. von Bodenstedt, A. d. Nachlasse Mirza-Schaffys (1874). B. 3. B. d. Spr. Nr. 17.

— Ein grober Kopff, was der behelt, | Gar schwerlich im das widder entfelt. Alter Spr.

— Den Kopf halt' kühl, die Füße warm; | Das macht den besten Doktor arm. Sprichwort.

— Was man nicht im Kopfe hat, muß man in den Beinen haben. Sprichwort.

— Wer mit dem Kopf will oben aus, | Der tut viel Schaden und richt't nichts aus. Sprichwort.

— Den döet (tut) de Kopp nich mehr weh (er ist tot). Sprichwörtl. Redensart. Münsterisch.

— Wenn der Kopf ein Narr ist, so muß es der ganze Leib entgelten. Sprichwort. Schweiz.

— Den Kopf oben behalten (den Mut nicht verlieren). Sprichwörtl. Redensart.

— Er ist nicht auf den Kopf gefallen (er ist anschlägig, schlau, hat gesunden Menschenverstand). Sprichwörtl. Redensart.

— Er will mit dem Kopf durch die Wand (er will mit Gewalt erreichen, was unmöglich ist). Sprichwörtl. Redensart.

— Jemandem den Kopf waschen (ihn schelten, tadeln). Sprichwörtl. Redensart.

— Du kannst dir uf'n Kopp stellen! (es hilft dir nichts). Berliner Redensart.

— Wer weeß, wen denn der Kopp noch weh duht! (ob wir das noch erleben?). Berliner Redensart.

Köpfe. — So viel Köpfe, so viel Sinne. Sprichwort.

— Viele Köpfe, vieles Sinnen. | Wer macht's recht in allen Dingen?
Inschrift an einer Eisackbrücke bei Collmann. Tirol.

Kopfschmerz. — Will man sich nicht um einen Kopfschmerz kümmern, | So wird sich bald der ganze Leib verschlimmern.
A. d. Persischen d. Ferid-ed-dîn Attar (um 1119—1229). Pend-nameh. Übers. v. Graf.

Kopfschütteln. — Über diese Antwort des Kandidaten Jobses | Geschah allgemeines Schütteln des Kopfes.
Karl Arnold Kortum, Jobsiade (1784). T. 1, K. 19.

Korb. — Jemandem einen Korb geben (jemandem etwas abschlagen). Sprichwörtl. Redensart.

Korinth. — Nicht ist jeglichem Manne die Reise vergönnt nach Korinthus (vergönnt, etwas Großes zu erreichen). Lat.: **Non cuivis homini contingit adire Corinthum.**
Quint. Horatius Flacc., Episteln (um 20 v. Chr.). Übers. v. Voß. B. 1, Nr. 17, V. 36.

Korn. — Etwas aufs Korn nehmen (auf ein bestimmtes Ziel seine Aufmerksamkeit richten). Sprichwörtl. Redensart.

— Vor finstrer Sonne in der Blüte | Der liebe Gott das Korn behüte! Bauernregel. Westpreußen.

Körper. — Nichts ist für die Philosophie eines Menschen bezeichnender als der Fuß, auf welchem er mit seinem Körper steht. Der Zyniker vernachlässigt seinen Körper, der Sybarite beutet ihn aus, der Trappist verleugnet ihn, der Idealist vergißt ihn. Gustav Adolf Lindner, D. Problem d. Glücks (1892).

Körperstrafe. — Der stolze Herr der Erde, der hohe Geist, der das Meer beherrscht und die Gesetze der Sterne erforscht, wird gewiß durch nichts so sehr gedemütigt als durch körperliche Strafe.
Heinr. Heine, Engl. Fragmente (1828). K. 7. Körperliche Strafe in England.

Korporal. — Und wer's zum Korporal erst hat gebracht, | Der steht auf der Leiter zur höchsten Macht. Friedr. von Schiller, Wallensteins Lager (1798). Sz. 7 (Wachtmeister).

Korpsgeist. — Ohne diese Armee, ohne diesen Korpsgeist würde die deutsche Einheit niemals errungen worden sein; ohne ihn gäbe es weder ein Deutsches Reich und noch weniger einen deutschen Reichstag. Figaro (25. Nov. 1896).

Korydon. — O weh mir armen Korydon!
Gottfr. Aug. Bürger, Gedichte. D. Weiber v. Weinsberg (geb. 1774). Mel. v. Joh. André (1780).

Kraft. — Über die Kraft kann keiner, wie sehr er auch eifere, kämpfen. Griech.: *Παρ δύναμιν δ' οὐκ ἔστι καὶ ἐσσύμενον πολεμίζειν.*
Homer, Ilias. Übers. v. Voß. Ges. 13, V. 787.

— Kraft sonder Klugheit stürzet durch eigene Last; | Kraft, die sich mäßigt, schwingen die Götter auch | Zum Größern; doch sie hassen Kräfte, | Die nach Verbrechen nur stehn und Greuel. Lat.: **Vis consili expers mole ruit sua; | Vim temperatam Di quoque provehunt | In majus; idem odere vires | Omne nefas animo moventes.** Quint. Horatius Flacc., Oden (um 23 v. Chr.). Übers. v. Voß. B. 3, Nr. 4, V. 65—68.

— Ach, 's ist groß | Des Riesen Kraft besitzen; doch tyrannisch, | Dem Riesen gleich sie brauchen. Engl.: **O! it is excellent | To have a giant's strength; but it is tyrannous | To use it like a giant.** William Shakespeare, Maß für Maß (1604). Übers. v. Schlegel. A. 2, Sz. 2 (Isabella).

— ... die Ohnmacht | Hat die Regel für sich, aber die Kraft den Erfolg.
Friedr. von Schiller, Gedichte. Votivtafeln. Nr. 44. D. Naturgesetz (geb. 1796).

Kraft. — Nach der Kraft gibt es nichts so Hohes als ihre Beherrschung.
Jean Paul (Joh. Paul Friedr. Richter), Titan (1800—1803).

— Hier sind die starken Wurzeln deiner Kraft.
Friedr. von Schiller, Wilh. Tell (1804). A. 2, Sz. 1 (Attinghausen).

— . . . die Kraft ist schwach, allein die Lust ist groß. Joh. Wolfg. von Goethe, Faust, I (1808). Auerbachs Keller in Leipzig (Mephistopheles).

— Wo Kraft und Mut in deutscher Seele flammen . . . Karl Hinkel, Erste Saitenklänge. Kraft u. Mut (geb. 1815).

— Was die geringe Kraft vollführen kann, | Daran soll sich die größre nicht verschwenden.
Ernst Raupach, D. Schule d. Lebens (1841). A. 4, Sz. 1.

— Kraft ist eine Eigenschaft des Stoffs.
Jak. Moleschott, D. Kreislauf d. Lebens (1852).

— Die höchste Kraft, | O siehe, sie ist auch immer gesellt der tiefsten Sehnsucht | Nach Ruhe.
Rob. Hamerling, Sinnen u. Minnen (1859). Hymnen. D. Vögel.

— Kraft, | Die nicht wirkt, erschlafft.
Sprichwort.

— Wie die Kraft, so das Ziel. Sprichwort.

— Die Kraft vergeht nach Zentnern und kommt lotweise zurück. Arabisches Sprichwort.

Kräfte. — Kräfte lassen sich nicht mitteilen, sondern nur wecken.
Ludw. Büchner, Kraft u. Stoff (1855).

Kragen. — Es geht ihm an den Kragen (er kommt nicht mit dem Leben davon).
Sprichwörtl. Redensart.

Krähe. — Eine Krähe hackt der andern die Augen nicht aus. Lat.: Cornix cornici nunquam oculos effodit.
Ambrosius Theodosius Macrobius, Saturnalien (um 430). B. 7, K. 5. Übers. v. Grau.

— Wenn die Krähe schreit, | Ist der Regen nicht weit. Bauernregel.

Krähen. — Es kräht weder Huhn noch Hahn danach. Sprichwörtl. Redensart.

Krähwinkel. — Immer langsam voran! | Daß der Krähwinkler Landsturm nachkommen kann! D. Krähwinkler Landsturm (1813). Volksweise.

Kram. — In den Kram passen (zurecht kommen, ganz gelegen kommen).
Sprichwörtl. Redensart.

Krambambuli. — Krambambuli, so heißt der Titel | Des Tranks, der sich bei uns bewährt.
Crescentius Koromandel (Christoph Friedr. Wedekind), D. Krambambulist (vor 1745). Studentenweise.

Krämer, der. — Der Bettler schlägt kein Almosen, der Hund keine Bratwurst, der Krämer keine Lüge aus. Sprichwort.

— Schwören muß des Krämers Gut verkaufen.
Sprichwort.

Krämer, die. — Betrug | Ist der Krämer Acker und Pflug. Alter Spr.

Krämervolk. — . . . das ganze Krämervolk ist dahin. Zephanja, K. 1, V. 11.

Krank. — Wer krank ist und lit in der not! Und volget nit eins arztes rot, | Der hab den schaden, wie es got.
Seb. Brant, D. Narrenschif (1494). Nr. 38. V. kranken, d. nit volgen.

— Wenn der Teuffel kranck wird, so will er ein Münch werden.
Christoph Lehmann, Politischer Blumen=Garten (1662). T. 1. Krankheit. N. 21.

— Was nützte mir der ganzen Erde Geld? | Kein kranker Mensch genießt die Welt.
Joh. Wolfg. von Goethe, Gedichte. A. d. Nachlaß. An Personen. An Mademoiselle Oeser zu Leipzig (geb. 6. Nov. 1768).

— . . . kranke Menschen sind immer wahrhaft vornehmer als gesunde; denn nur der kranke Mensch ist ein Mensch, seine Glieder haben eine Leidensgeschichte; sie sind durchgeistet.
Heinr. Heine, Reisebilder. T. 2. Italien (1828—1829). Nr. 1. Reise v. München nach Genua. K. 27.

— Wir haben unter unseren Händen einen kranken Mann (den Türken), — einen sehr kranken Mann. — Es wird ein großes Unglück werden, wenn er uns nächster Tage entwischt, bevor die nötigen Arrangements getroffen sind. Engl.: We have on our hands a sick man, — a very sick man. It will be a great misfortune if, one of these days, he should slip away from us before the necessary arrangement have been made.
Graf Nesselrode zu Hamilton Seymour über d. Türkei (Jan. 1853).

— Krank sein ist oft nichts anderes als schwach im Wollen sein.
Otto von Leixner, A. meinem Zettelkasten (1896). Beiträge zur Menschenkenntnis.

— Se sind wol krank, brustkrank? (Sie sind wohl verrückt?) Berliner Redensart.

Kranke, der. — Des Kranken Ohr hört nicht auf Saitenklang, | Er mag im Lenz auf Rosen liegen; | Doch singt der Nachtigall Gesang | Ihm keinen Schlaf ins Aug', ins Herze kein Vergnügen.
Anna Louisa Karschin, Auserlesene Gedichte (1764). An d. Reichsgrafen zu Stolberg=Wernigerode.

— . . . es ist gewiß, daß der Kranke viel zur Aufrechterhaltung seiner Kräfte und zu seiner Heilung beitragen kann.
Wilh. Freiherr von Humboldt, Br. an eine Freundin (3. Sept. 1832).

— Gedenkt auch bei des Kranken Schmerzen | Der Wunder, die der Glaube schafft!
Justinus Kerner, Dichtungen (1834). Medizinisches. An d. ärztlichen Genossen.

— . . . das Gebet des Glaubens wird dem Kranken helfen. Jak., K. 5, V. 15.

— Den Kranken ärgert die Fliege an der Wand. Sprichwort.

Kranke, der. — Der Kranke spart nichts als die Schuhe. Sprichwort.

Kranken, die. — O Freund, wer so gesund kann leben, | Kann guten Trost den Kranken geben; | Doch ein Gesunder glaubet nicht | Dem Kranken, wie ihn Schmerz anficht.

Joh. Friedr. Fischart, Flöh Hatz, Weiber Tratz (1577).

— Denn Kranke sind | So launisch wie Aprillenwind. Karl Immermann, Tristan u. Isolde (1841). Tristan, d. Sieche.

Kränken. — Doch ein gekränktes Herz erholt sich schwer.

Joh. Wolfg. von Goethe, Torquato Tasso (1789). A. 4, Sz. 4 (Tasso).

Krankende, der. — Ihr seid glücklich und froh, wie sollt' ein Scherz euch verwunden? | Doch der Krankende fühlt auch schmerzlich die leise Berührung. Joh. Wolfg. von Goethe, Hermann u. Dorothea (1797). Urania.

Krankheit. — Der Krankheit Schlaf ist wacher Schlaf. Griech.: *Ὡς πάντων ἐν νόσῳ εὐδρακὴς | Ὕπνος ἄυπνος λεύσσειν.*

Sophokles (um 496—406 v. Chr.), Philoktet. Übers. v. Jordan. V. 849—50 (Chor).

— Wer wil der krankheit bald entgan, | Der soll dem anfang widerstan.

Seb. Brant, D. Narrenschif (1494). Nr. 38. V. kranken, d. nit volgen.

— . . . wenn die Krankheit | Verzweifelt ist, kann ein verzweifelt Mittel | Nur helfen oder keins. Engl.: Diseases, desperate grown, | By desperate appliance are reliev'd | Or not at all.

William Shakespeare, Hamlet (1601—1602). Übers. v. Schlegel. A. 4, Sz. 3 (König).

— Die Krankheit, weit entfernt von armer Nüchternheit, | Besuchet nur den Tisch der blassen Üppigkeit, | Auf welchen die Natur von allen ihren Schätzen | Zuletzt gezwungen wird, die giftigsten zu setzen.

Joh. Jak. Dusch, Sämtl. poetische Werke (1765—1767). T. 1. V. d. Schwächen d. Vernunft.

— Vor der gründlichen Entschuldigung: „ich habe nicht Zeit, krank zu sein", hat jede Krankheit tiefe Achtung; nur da macht sie Wohnung, wo sie mit aller Bequemlichkeit auf- und angenommen, wo sie gehegt und gepflegt wird.

Theod. Gottl. von Hippel, Über d. Ehe (1774). K. 5. Über d. Herrschaft in d. Ehe.

— Feige nur fürchten den Tod! Doch graut mir vor Krankheit und Alter; | Götter! versetzt an den Styx mich in der Fülle der Kraft!

Friedr. von Matthisson, Schriften (1825—1829). Gedichte. Alcibiades an d. Götter.

— Der Tod ist besser denn ein sieches Leben oder stete Krankheit. Jes. Sir., K. 30, V. 17.

— In Krandheit man alles verspricht; | Her nach will man gedencken nicht. Alter Spr.

— Krankheit kommt libratim | Und geht weg unciatim. Alter Spr.

— Krankheit kommt zu Pferde und geht zu Fuß weg. Sprichwort.

Krankheiten. — . . . wenn sich die Menschen recht darauf legen wollten, die mikroskopischen Krankheiten zu studieren, sie würden die Satisfaktion haben, alle Tage krank zu sein.

Georg Christoph Lichtenberg, Verm. Schriften (1800—1806). Bd. 2, Nr. 2. Bemerk verm. Inhalts. Nr. 4. Beobachtungen über d. Menschen.

— Die Unruhe, die gewisse Krankheiten mit sich führen, mindert sich, wenn man ihr moralische Ruhe entgegensetzt.

Wilh. Freiherr von Humboldt, Br. an eine Freundin (3. Sept. 1832).

— Und wie viele Krankheiten könnten wir uns nicht aus dem Sinne schlagen oder vergehen, verfasten, verschlafen und verbeißen, wie die Soldaten auf der Parade den Husten.

Karl Jul. Weber, Demokritos (1832—1840). D. Ärzte.

Kranz. — Windet zum Kranze die goldenen Ähren, | Flechtet auch blaue Cyanen hinein!

Friedr. von Schiller, Gedichte. D. Eleusische Fest (geb. 1798).

Kraut. — Ins Kraut schießen (schnell überhandnehmen, dabei untauglich, auch gefährlich sein). Sprichwörtl. Redensart.

— Wie Kraut und Rüben (völlig durcheinander, ohne jede Ordnung). Sprichwörtl. Redensart.

Krebse. — Krebse man nicht gerne ißt, | Wenn ein r im Monat ist. Sprichwort.

Krebsgang. — Niemals lehrst du den Krebs, wie er nicht mehr schreite den Krebsgang. Griech.: *Οὔποτε ποιήσεις τὸν καρκίνον ὀρθὰ βαδίζειν.*

Aristophanes, D. Friedensfest (um 421 v. Chr.). Übers. v. Minckwitz. V. 1083 (Hierokles).

— Den Krebsgang gehen (herunterkommen, zurückgehen). Sprichwörtl. Redensart.

Kredit. — Wer auff Credit verkaufft, der hat guten vertrieb, aber sein Gut gehet in Stich.

Christoph Lehmann, Politischer Blumen-Garten (1662). T. 1. Kauffmannschafft, Krämerey. Nr. 8.

— Kredit ist mausetodt; | Bankrot ist à la mode. Spr. auf einer Münze (1716).

— Mit Mädchen sich vertragen, | Mit Männern rumgeschlagen | Und mehr Kredit als Geld, | So kommt man durch die Welt.

Joh. Wolfg. von Goethe, Claudine v. Villa Bella (1788). Studentenweise.

— Kredit ist besser denn bar Geld. Sprichwort.

Kreide. — Bei jemandem in Kreide stehen (Schulden bei ihm haben). Sprichwörtl. Redensart.

Krepanse. — Det is, um de Krepanse zu kriegen (um zu krepieren). Berliner Redensart.

Kreter. — Die Kreter sind immer Lügner, böse Tiere und faule Bäuche. Griech.: *Κρῆτες ἀεὶ ψεῦσται, κακὰ θηρία, γαστέρες ἀργαί.*

Epimenides (um 596 v. Chr.). Nach Tit., K. 1, V. 12.

Kreusa. — Wo hat dich denn der Teufel? | Kreusa! — Schatzkind! — Rabenvieh!

Aloys Blumauer, Abenteuer d. frommen Helden Aeneas (1784—1788). Bd. 2, Str. 54.

Krethi. — Krethi und Plethi (verächtlich für allerlei Volk und Pöbel benutzt).

2. Sam., K. 8, V. 18. — Sprichwörtl. Redensart.

Kreuz. — In allem Kreuz und Elend bald zum Herrn sich wenden, das ist die höchste Klugheit auf Erden. Valerius Herberger (1562—1627).

— Kein Stand, kein Ort, kein Mensch ist seines Creutzes frey.

Andr. Gryphius, Sonette, Oden, Epigramme (1643). D. Welt Wollust.

— Der es (das Kreuz) schickt, der wird es wenden; | Er weiß wohl, | Wie er soll | All mein Unglück enden.

Paul Gerhardt, Geistl. Andachten. Christliches Freudenlied (1653).

— Creutz ist schwer, ehe es gefast wird; aber wol gefast ist halb getragen.

Christoph Lehmann, Politischer Blumen=Garten (1662). T. 2. Vnglück. Nr. 21.

— Creutz soll man nicht suchen vnnd wenns da ist, nicht fliehen.

Christoph Lehmann, Politischer Blumen=Garten (1662). T. 2. Vnglück. Nr. 23.

— Das Kreuz zwar bitter ist, doch endlich süße wird, | Wenn uns daraus erlöst Christ der getreue Hirt.

Ernst d. Fromme, Herzog zu Sachsen=Gotha u. Altenburg (1601—1675), mit Bezug auf seinen Namen „D. Bittersüße" in d. „Fruchtbringenden Gesellschaft".

— Nach Kreuz und ausgestandnen Leiden ...

Nicolaus Sturm (Marcellinus), Nach Kreuz u. ausgestandnen Leiden usw. (vor 1786). Mel. v. Verfasser.

— Kreuz ist ein Kraut, wenn man es pflegt, | Das ohne Blüte Früchte trägt.

Matthias Claudius, Sämtl. Werke d. Wandsbecker Boten. T. 7 (1803). Ein gülden ABC.

— ... es ist doch alles Kreuz, Jammer und Elend; aber das beste Kreuz ist doch immer das des Königs (das eiserne Kreuz).

Christ. Dietr. Grabbe, Napoleon oder D. hundert Tage (1831). A. 4, Sz. 4 (Blücher).

— Nur dem Kreuz entsproßt der Glaube, | Nur dem Streit des Friedens Gut.

Justinus Kerner, Dichtungen (1834). Lieder d. Schmerzes. An einen Dichterfreund.

— ... und so mag und wird das Kreuz, mit Rosen umschlungen, das tiefste Symbol unseres Lebens bleiben.

Ernst Freiherr von Feuchtersleben, Zur Diätetik d. Seele (1838). K. 8. Oscillation.

— Unterm Kreuze ging dein Pfad, | Bei dem Kreuze fandst du Gnad, | Für das Kreuz, da kämpftest du, | Mit dem Kreuz gingst du zur Ruh, | Durch das Kreuz schwand deine Nacht, | In dem Kreuz hast du vollbracht.

Inschrift auf d. Jerusalemer Kirchhof zu Berlin (1839).

Kreuz. — Sein Kreuz auf sich nehmen.

Nach Matth., K. 10, V. 38.

— Das Kreuz wohl gefaßt ist halb getragen. Sprichwort.

— So groß und klein ist keine Tür, | Es steht ein Kreuz dafür. Sprichwort.

— Hat ma' ka' Kreuz, so macht ma' si' ei's. Sprichwort. Inntal.

— Jeder Mensch muß eine Metze Asche essen (Kreuz und Leid tragen), ehe er stirbt. Engl.: Every man must eat a peck of ashes before he dies. Sprichwort.

— Jeder trägt sein Kreuz. Ital.: Ognuno porta la sua croce. Sprichwort.

— Jedes Haus hat sein Kreuz.

Holländisches Sprichwort.

— Dat wöll wi stån låten! säd' de Düwel un ging bi't Krüz vörbi.

Sprichwörtl. Redensart. Holstein.

— Ein Kreuz am Weg, | Gehst du vorbei, | Gedenk', was dessen | Deitung sei! | Zieh' ab den Hut, | Du bist ein Krist, | Der durch den Herrn | Erlöset ist.

Inschrift an einem Kreuze zwischen Mathon u. Gallthür, Paznaun.

— Im Kreuze leben: guter Teil; | Im Kreuze sterben: ewiges Heil; | Beim Kreuze schlafen: ohne Sorgen; | Beim Kreuz erwachen: goldner Morgen. Inschrift auf d. Kirchhofe in Igels.

— Kreuz und Leiden | Das schreib' ich mit der Kreiden. | Wer kein Kreuz und Leiden hat, | Der wisch' mir diesen Reimen ab.

Spr. an einem Hause. Franken.

Kreuzigen. — Die wenigen, die was davon erkannt, | Die töricht g'nug ihr volles Herz nicht wahrten, | Dem Pöbel ihr Gefühl, ihr Schauen offenbarten, | Hat man von je gekreuzigt und verbrannt. Joh. Wolfg. von Goethe, Faust, I (1808). Nacht (Faust).

— Kreuzige ihn! Mark., K. 15, V. 13.

Kriechen. — Wer nicht kriechen will und hündisch wedeln, | Bette früh sich bei den Totenschädeln!

Aug. Graf von Platen=Hallermund, Gedichte. Lieder u. Romanzen. Mut u. Unmut (geb. 1820). Nr. 1.

— Die vor denen kriechen, welche über ihnen stehen, treten stets diejenigen mit Füßen, welche unter ihnen stehen. Engl.: They who crouch to those who are above them, always trample on those who are below them.

Henry Thomas Buckle, Gesch. d. Zivilisation (1858—1861). Übers. v. Ritter. K. 18.

Krieg. — Nicht deucht es genehm den unsterblichen, seligen Göttern, | Eher zu enden den Krieg, bis der Wolf mit dem Schaf sich vermählet. Griech.: *Οὐ γάρ πω τοῦτ' ἐστι φίλον μακάρεσσι θεοῖσιν, | Φυλόπιδος λῆξαι, πρὶν κεν λύκος οἶν ὑμεναιοῖ.*

Aristophanes, D. Friedensfest (um 421 v. Chr.). Übers. v. Minckwitz. V. 1075—76 (Hierokles).

Krieg. — Den Krieg vermeiden muß jedweder kluge Mann. Griech.: *Φεύγειν μὲν οὖν χρὴ πόλεμον, ὅστις εὖ φρονεῖ.*

Euripides (um 480—406 v. Chr.), D. Troerinnen. Übers. v. Binder, V. 400 (Kassandra).

— Siegt doch im Krieg auch allezeit die Partei sofort, | Die Plutos unter seinen schützenden Flügel nimmt. Griech.: *Κρατοῦσι γοῦν κἀν τοῖς πολέμοις ἑκάστοτε, | Ἐφ' οἷς ἂν οὗτος ἐπικαθέζηται μόνον.*

Aristophanes, Plutos (um 388 v. Chr.). Übers. v. Minckwitz. V. 184—85 (Karion).

— ... daß alle mit allen im Kriege sich befinden. Griech.: ... *πολεμίους εἶναι πάντας πᾶσι.*

Plato (um 427—347 v. Chr.), D. Gesetze. Übers. v. Müller. B. 1, § 3 (Kleinias).

— Im Kriege schweigen die Gesetze. Lat.: Silent leges inter arma.

Marc. Tull. Cicero, Rede für Milo (um 52 v. Chr.). Übers. v. Klotz. K. 4, § 10.

— Möge der Krieg dem Frieden nachstehen, der Lorbeer dem Lobe! Lat.: Cedant arma togae, concedat laurea laudi.

Marc. Tull. Cicero, V. d. Pflichten (um 44 v. Chr.). Übers. v. Klotz. B. 1, K. 22, § 77.

— Krieg und Frieden in den Falten seiner Toge tragen. Lat.: Sinu ex toga facto: Hic, inquit, vobis bellum et pacem portamus.

Tit. Livius (um 59 v. Chr. — 17 n. Chr.), Römische Gesch. Übers. v. Ostertag. B. 21, K. 18, § 13.

— Nicht ist Heil in dem Krieg'; um Frieden nur flehn wir gesamt dir. Lat.: Nulla salus bello; pacem te poscimus omnes.

Publ. Vergilius Maro (um 70 v. Chr. — 19 n. Chr.), Äneis. Übers. v. Voß. B. 11, V. 362.

— Was du mit Güte kannst überkommen, da erlaß dich des Kriegs!

Kaiser Karl IV. (reg. 1347—1378).

— Der ird'schen Güter bestes ist der Frieden; | Nichts Schlimmres gibt es als den Krieg hienieden.

A. d. Persischen d. Scheich Hilali (gest. 1529). König u. Derwisch. Übers. v. Ethé.

— Laßt uns bitten, daß uns Gott vor Krieg behüte! Wiewol Krieg ist ein rechtmäßig und ordentlich Ding und Werk der Oberkeit, nicht allein eine Defension und Nothwehr, sich vor unrechter Gewalt zu schützen, sondern auch eine Rache.

Dr. Martin Luther, Tischreden oder Colloquia (1566). Nr. 77. Tischreden v. d. Stadt Rom. § 1. V. d. gräulichen Bosheit u. d. Regimente zu Rom.

— Deshalb der Krieg ich sag | Ist lautter straff vnd plag.

Hans Sachs, Sehr herrliche Schöne v. wahrhaffte Gedicht. B. 1 (1589), T. 3. Lands Knecht Spiegel.

— Im Krieg ist's Sitte, jeden Vorteil nützen. Engl.: It is war's prize to take all vantages.

William Shakespeare, König Heinr. VI. (1591—1592). Übers. v. Schlegel. T. 3, A. 1, Sz. 4 (Northumberland).

— Frid ist besser dan krieg, | Diweil ungwiß ist der sig.

Reimspr. (16. Jahr.).

Krieg. — Ich bin für den Krieg, sage ich; er übertrifft den Frieden wie der Tag die Nacht; er ist lustig, wachsam, gesprächig, immer was Neues; Friede ist Stumpfheit, Schlafsucht, dick, faul, taub, unempfindlich. Engl.: Let me have war, say I; it exceeds peace as far as day does night: it's sprightly, waking, audible, and full of vent. Peace is a very apoplexy; mulled, deaf, sleepy, insensible.

William Shakespeare, Coriolan (um 1605). Übers. v. Schlegel. A. 4, Sz. 5 (Erster Diener).

— Ist Satzung (Gesetz) herb, so ist der Krieg noch herber. Engl.: For law is strict, and war is nothing more.

William Shakespeare, Timon v. Athen (um 1604—1608). Übers. v. Dorothea Tieck. A. 3, Sz. 5 (Alcibiades).

— Es schweigen zwar unter den Waffen (im Kriege) die Gesetze; aber nur die des Verkehrs, der Gerichte und des Friedens, aber nicht jene ewigen und für alle Zeiten geltenden Gesetze.

Hugo Grotius, Recht d. Krieges u. Friedens (1625).

— Krieg verzehret; Friede nährt.

Andr. Tscherning, Deutscher Getichte Früling (1642). Liebet Friede! Schlußv.

— Ein Krieg ist köstlich gut, der auff den Frieden dringt; | Ein Fried' ist schändlich arg, der neues kriegen bringt.

Friedr. von Logau, Deutsche Sinn-Getichte (1654). Friede v. Krieg.

— Die Ruh hat guten Fried' und Friede gute Ruh; | Die Welt läuft immer noch dem Kriege weiter zu.

Friedr. von Logau, Deutsche Sinn-Getichte (1654). Friede u. Ruh.

— Kummer, der das Mark verzehret, | Raub, der Hab und Gut verheeret, | Jammer, der den Sinn verkehret, | Elend, das den Leib beschweret, | Grausamkeit, die Unrecht kehret, | Sind die Frucht, die Krieg gewähret.

Friedr. von Logau, Deutsche Sinn-Getichte (1654). D. Krieges Buchstaben.

— Der Krieg macht Sinnen voller Lüste, | Die Länder macht er öd und wüste; | Wann aber dieses nur nicht wär: | Er machet auch den Himmel leer.

Friedr. von Logau, Deutsche Sinn-Getichte (1654). Krieg.

— Krieg ist Gottes Besem, damit er Land vnd Leut außfegt.

Christoph Lehmann, Politischer Blumen-Garten (1662). T. 1. Krieg. Nr. 4.

— Wann Krieg anfängt, so muß der Teuffel die Höll vmb hundert tausent Klaffter weiter machen.

Christoph Lehmann, Politischer Blumen-Garten (1662). T. 1. Krieg. Nr. 54.

— Gered,te Sach ist nicht genug zum Krieg.

Christoph Lehmann, Politischer Blumen-Garten (1662). T. 1. Krieg. Nr. 119.

Krieg. — Es gab nie einen guten Krieg oder einen schlechten Frieden. Engl.: There never was a good war or a bad peace.

Benj. Franklin an Josiah Quincy (11. Sept. 1773). Übers. v. Wenzel.

— Krieg! Krieg! Wißt ihr auch, was ihr ruft? Daß es euch leicht vom Munde geht, ist wohl natürlich; wie lumpig aber unser einem dabei zumute ist, kann ich nicht sagen.

Joh. Wolfg. von Goethe, Egmont (1788). A. 1. Armbrustschießen (Jetter).

— Krieg ist Unheil im größten Maßstabe. Engl.: War is mischief upon the largest scale.

Jeremy Bentham, Grundlagen d. Internationalen Rechtes (1786—1789). Übers. v. Beneke. Essay 3.

— Es ist nicht zu leugnen, daß der Krieg ein Übel ist, aber er läßt sich nicht vermeiden, weil es keinen Gerichtshof gibt, der die Streitigkeiten schlichten könnte.

Friedr. d. Große, Sämtl. Werke (1789).

— Ihr deklamiert gegen den Krieg. Er ist an und für sich unheilbringend, aber er ist ein Übel wie andere Geißeln des Himmels, die man in der Weltordnung für notwendig halten muß, weil er periodisch wiederkehrt und kein Jahrhundert bis jetzt sich rühmen kann, davon verschont geblieben zu sein. Friedr. d. Große, Sämtl. Werke (1789).

— Der Krieg ist eine große Kraft, weil sie Reiche gegründet und Reiche umgestoßen hat. Darum soll uns der Krieg zum Nachdenken, der Friede zur Übung führen.

Friedr. d. Große, Sämtl. Werke (1789).

— Krieg den Palästen! Friede den Hütten! Franz.: Guerre aux châteaux! Paix aux chaumières!

Seb. Chamfort (1746—1794). Parole d. franz. Revolution. Übers. v. Zimmermann.

— Wenn wir vor der Alternative stehen, entweder Krieg zu führen oder von unsern Grundsätzen zu lassen, müssen wir unbedingt das Erstere wählen. Engl.: If there is no other alternative than either to make war or depart from our principles, rather than recede from our principles a war was preferable to a peace.

William Pitt, Parlamentsrede (12. Febr. 1796). Übers. v. Drabig.

— Keiner bescheidet sich gern mit dem Teile, der ihm gebühret; | Und so habt ihr den Stoff immer und ewig zum Krieg.

Joh. Wolfg. von Goethe, Gedichte. Vier Jahreszeiten (ged. 1796). Herbst. Nr. 75.

— . . . der Krieg hat kein Erbarmen.

Friedr. von Schiller, Wallensteins Lager (1798). Sz. 6 (Zweiter Jäger).

— Der Krieg mit allen seinen Übeln ist einem Frieden vorzuziehen, in dem man nur Anmaßung und Ungerechtigkeit findet. Engl.: War, with all its evils, is better than a peace in which there is nothing to be seen but usurpation and injustice. William Pitt, Parlamentsrede (7. Juni 1799). Übers. v. Drabig.

Krieg. — Der Krieg ernährt den Krieg.

Friedr. von Schiller, D. Piccolomini (1799). A. 1, Sz. 2 (Illo).

— Es ist der Krieg ein roh gewaltsam Handwerk. Friedr. von Schiller, D. Piccolomini (1799). A. 1, Sz. 2 (Illo).

— Im Kriege selber ist das letzte nicht der Krieg. Friedr. von Schiller, D. Piccolomini (1799). A. 1, Sz. 4 (Oktavio).

— . . . im Krieg gilt jeder Vorteil.

Friedr. von Schiller, Wallensteins Tod (1799). A. 1, Sz. 5 (Wrangel).

— Der Krieg ist schrecklich, wie des Himmels Plagen, | Doch ist er gut, ist ein Geschick wie sie.

Friedr. von Schiller, Wallensteins Tod (1799). A. 2, Sz. 2 (Max).

— Loslassen | Kann der Gewaltige den Krieg, doch nicht | Gelehrig, wie der Falk sich aus den Lüften | Zurückschwingt auf des Jägers Hand, gehorcht | Der wilde Gott dem Ruf der Menschenstimme.

Friedr. von Schiller, D. Jungfrau v. Orleans (1801). A. 3, Sz. 3 (Erzbischof).

— Ja, der Krieg verschlingt die Besten!

Friedr. von Schiller, Gedichte. D. Siegesfest (ged. 1803).

— Aber der Krieg auch hat seine Ehre, | Der Beweger des Menschengeschicks.

Friedr. von Schiller, D. Braut v. Messina (1803). Säulenhalle (Chor. Manfred).

— Aber der Krieg läßt die Kraft erscheinen, | Alles erhebt er zum Ungemeinen, | Selber dem Feigen erzeugt er den Mut.

Friedr. von Schiller, D. Braut v. Messina (1803). Säulenhalle (Chor. Manfred).

— Ein furchtbar wütend Schrecknis ist | Der Krieg; die Herde schlägt er und den Hirten.

Friedr. von Schiller, Wilh. Tell (1804). A. 1, Sz. 2 (Stauffacher).

— Es schont der Krieg | Auch nicht das zarte Kindlein in der Wiege.

Friedr. von Schiller, Wilh. Tell (1804). A. 1, Sz. 2 (Stauffacher).

— Der Krieg ist der Kaiserschnitt der Menschheit; er entbindet gewaltsam die Geister.

Jean Paul (Joh. Paul Friedr. Richter), Freiheitsbüchlein (1805). Bd. 3.

— Der Krieg ist in Wahrheit eine Krankheit, wo die Säfte, die zur Gesundheit und Erhaltung dienen, nur verwendet werden, um ein Fremdes, der Natur Ungemäßes, zu nähren.

Joh. Wolfg. von Goethe zu Riemer (Dez. 1806).

— . . . dem Kriege, diesem ältesten Barbarismus der Menschheit.

Jean Paul (Joh. Paul Friedr. Richter), Levana oder Erzieh-Lehre (1807). Bd. 1, Bruchstück 2, K. 3, § 34.

— Die Pulvermühle des Kriegs treiben Glücksräder.

Jean Paul (Joh. Paul Friedr. Richter), Levana oder Erzieh-Lehre (1807). Bd. 2, Bruchstück 5, K. 1, § 102.

Krieg. — Der Krieg ist die stärkende Eisenkur der Menschheit und zwar mehr des Teils, der ihn leidet, als des, der ihn führt.

Jean Paul (Joh. Paul Friedr. Richter), Friedenspredigt in Deutschland (1808).

— Im längsten Frieden spricht der Mensch nicht soviel Unsinn und Unwahrheit als im kürzesten Kriege.

Jean Paul (Joh. Paul Friedr. Richter), Friedenspredigt in Deutschland (1808)

— Es ist kein Krieg, von dem die Kronen wissen; | Es ist ein Kreuzzug, ist ein heil'ger Krieg!

Theod. Körner, Leier u. Schwert. Aufruf (ged. März 1813). Mel. v. Karl Bornhardt (1819).

— Mit Gott dem Herrn zum Krieg! | Denn Gott allein kann Helfer sein, | Von Gott kommt Glück und Sieg.

Ernst Moritz Arndt, Gedichte. Wer ist ein Mann? (ged. 1813). Schlußv. Mel. v. Albert Methfessel (1818).

— Laß uns vor dir bestehen, | Und gib uns heute Sieg; | Die Christenbanner wehen, | Dein ist, o Herr! der Krieg.

Max von Schenkendorf, Sämtl. Gedichte. Abteilung 2. Vaterland. Soldaten-Morgenlied (ged. 1813).

— Krieg ist, wenn ihn das Recht nicht heilig macht, | Bloß Hirnzerschmettern und Luftröhrenschneiden. Engl.: War's a brain-spattering, windpipe-slitting art, | Unless her cause by right be sanctified.

George Gordon Lord Byron, Don Juan (1819—1824). Übers. v. Gildemeister. Ges. 9, Str. 4, V. 3.

— Denn ach! Der Krieg verwüstet Saat und Reben | Und Korn und Most; vertilget Frucht und Stamm; | Erwürgt die frommen Mütter, die die Milch uns geben, | Erwürgt das kleine, fromme Lamm. | Mit unsern Rossen fährt er Donnerwagen, | Mit unsern Sicheln mäht er Menschen ab; | Den Vater hat er jüngst, er hat den Mann erschlagen, | Nun fodert er den Knaben ab.

Karl Wilh. Ramler, Werke (1825). Gedichte. An d. Frieden.

— Der Krieg, dieser schneidende und bohrende Wundensucher der Völker, ist dem Trunk und Wahnsinn gleich, der (nach Seneca) nur die Sünden enthüllt, nicht erzeugt.

Jean Paul (Joh. Paul Friedr. Richter), Sämtl. Werke (1826—1828).

— Jeder Irrtum hat seine Schule, sein Auditorium. Keiner kann so übertünchet werden als die Idee vom Kriege. Wahrlich! ein übertünchtes Grab! Theod. Gottl. von Hippel, Sämtl. Werke (1827—1828).

— So furchtbar auch der Krieg ist, so bekundet er doch die geistige Größe des Menschen, der seinem mächtigsten Erbfeind, dem Tode, zu trotzen vermag. Heinr. Heine, Sämtl. Werke. Reisebilder (1826—1830).

Krieg. — Der Angriffskrieg ohne tatsächliche Gründe ist ein Attentat gegen die Menschheit. Franz.: La guerre d'invasion sans motifs plausibles est un attentat contre l'humanité!

Henri Jomini, V. Kriege (1830). Übers. v. Zimmermann.

— Schon wieder Krieg! der Kluge hört's nicht gern. Joh. Wolfg. von Goethe, Faust, II (1831). A. 4. Hochgebirg (Faust).

— Die Trommel schlägt, zum Krieg hinaus!

Aug. Heinr. Hoffmann von Fallersleben, Lyrische Gedichte. Nr. 4. Volksleben. Wein u. Ges. Schwabenkrieg (ged. 1836). Volksmelodie.

— Der Krieg ist gleichen Alters mit dem Leben.

Ernst Raupach, D. Hohenstaufen (1837). Kaiser Friedr. I. u. Alexander. A. 4, Sz. 2.

— Und brauset der Sturmwind des Krieges heran, | Und wollen die Welschen ihn haben ...

Ernst Moritz Arndt, Gedichte. Als Thiers d. Welschen aufgerührt hatte (ged. Herbstmond 1841).

— Der Krieg erhebt ein hohes Kraftgefühl | In jeder Brust.

Jos. Freiherr von Auffenberg, Sämtl. Werke (1843—1847). D. Bartholomäusnacht. A. 2, Sz. 7.

— Der Krieg ist schlimm und frißt viel Leut', | Samt Vieh und Häusern weit und breit.

Aug. Kopisch, Allerlei Geister (1848). D. Historchen.

— Durch Krieg den Volksschmerz heilen — heißt: | Enthaupten den, den Zahnschmerz plagt.

Anastasius Grün (Anton Alexander Graf von Auersperg), D. Pfaff v. Kahlenberg (1850).

— ... aber wehe dem Staatsmann, der sich in dieser Zeit nicht nach einem Grunde zum Kriege umsieht, der auch nach dem Kriege noch stichhaltig ist. Otto von Bismarck in d. zweiten Kammer d. preuß. Landtages (3. Dez. 1850).

— Der frische, fröhliche Krieg.

Nach Heinr. Leo, Volksblatt für Stadt u. Land (1853). Nr. 61.

— Eine Regierung hat nicht das Recht, das Land, dessen Schicksal ihr anvertraut ist, gegen eine von Hause aus erdrückende Übermacht ohne Not ins Feld (in den Krieg) zu führen.

Otto von Bismarck im Abg.-Haus d. preuß. Landtages (22. Jan. 1864).

— Der Krieg wird zwischen den Staaten geführt und nicht unter und mit den Privatpersonen.

Joh. Kaspar Bluntschli, Modernes Völkerrecht (1868).

— Man kann nur noch aus nationalen Gründen ... Krieg führen.

Otto von Bismarck im norddeutschen Reichstage (22. Aug. 1869).

— Ich betrachte auch einen siegreichen Krieg an sich immer als ein Übel, welches die Staatskunst den Völkern zu ersparen bemüht sein muß.

Otto von Bismarck in seinem Rundschreiben an d. Vertreter d. Norddeutschen Bundes (29. Juli 1870).

Krieg. — Es wird eine Zeit kommen, wo Nationalstolz ebenso angesehen werden wird wie Eigenliebe und andre Eitelkeit; und Krieg wie Schlägerei.

Rahel (Antonie Friederike Varnhagen von Ense), Br. (1877).

— Der Krieg ist ein Element der von Gott eingesetzten Ordnung.

Hellmuth von Moltke an Professor Bluntschli (11. Dez. 1880).

— Der ewige Friede ist ein Traum, und nicht einmal ein schöner . . . Ohne den Krieg würde die Welt im Materialismus versumpfen.

Hellmuth von Moltke an Professor Bluntschli (11. Dez. 1880).

— . . . denn jeder Krieg, auch der siegreiche Krieg, ist immer ein großes Unglück für das Land, das ihn führt.

Otto von Bismarck im Reichstage (26. Juni 1884).

— . . . es ist doch fast in jedem Jahrhundert Einmal ein großer deutscher Krieg gewesen, der die deutsche Normaluhr richtiggestellt hat für hundert Jahre.

Otto von Bismarck im Reichstage (14. März 1885).

— Je stärker wir sind, desto unwahrscheinlicher ist der Krieg.

Otto von Bismarck im Reichstage (11. Jan. 1887).

— . . . ich halte es für frivol oder ungeschickt, wenn wir uns in einen weiteren Krieg einlassen würden, ohne durch fremde Angriffe dazu gezwungen zu sein.

Otto von Bismarck auf d. ihm zu Ehren veranstalteten Kommers in Jena (31. Juli 1892).

— Ihr sagt, die gute Sache sei es, die sogar den Krieg heilige? Ich sage euch: der gute Krieg ist es, der jede Sache heiligt. Der Krieg und der Mut haben mehr große Dinge getan als die Nächstenliebe. Nicht euer Mitleiden, sondern eure Tapferkeit rettete bisher die Verunglückten.

Friedr. Nietzsche, Gesammelte Werke (1895—1897).

— Der Krieg zwischen zwei gebildeten Völkern ist ein Hochverrat an der Zivilisation.

Carmen Sylva (Elisabeth, Königin v. Rumänien), V. Amboß (1900).

— . . . Krieg soll man mit Vernunft führen.

Spr. Sal., K. 20, V. 18.

— Der Krieg leidet kein Probestück. Alter Spr.

— Wem Krieg und unruh wohl behagt, | Liebt Jesum nicht, ob ers gleich sagt. Alter Spr.

— Lieber as (ein) Ei im Frieda as (als) a Henna im Chrieg. Sprichwort. Vorarlberg.

— Wer Chrieg predigt, ist s' Tüfels Fäldprediger. Sprichwort. Schweiz.

— Der Krieg hilft manchem auf die Beine, daß aus einem Reiter ein Fußgänger wird.

Sprichwörtl.

— Im Krieg und in der Lotterie, | Wer gewinnt, das weiß man nie. Sprichwörtl.

Krieg. — Glückselig der Staat, welcher in Friedenszeiten den Krieg fürchtet, — unselig der, welcher ihn in Friedenszeiten nährt.

Inschrift im Breslauer Rathaussaale.

Kriege. — Entstehen uns doch alle Kriege um des Geldes Besitz. Griech.: *Διὰ γὰρ τὴν τῶν χρημάτων κτῆσιν πάντες οἱ πόλεμοι ἡμῖν γίγνονται.* Platon (um 427—347 v. Chr.), Phädon. Übers. v. Müller. § 30 (Sokrates).

— Ein Volk, das Kriege führt nicht Friedens wegen, ist | Ein Volk, das seine Kinder frißt.

Joh. Wilh. Ludwig Gleim, Sinngedichte (1769).

— Die am meisten zu bedauernden Kriege sind zweifelsohne die Religionskriege. Franz.: **Les guerres les plus déplorables sont sans doute celles de religion.**

Henri Jomini, V. Kriege (1830). Übers. v. Zimmermann.

— Mancherlei Kriege gibt es und mancherlei Heldenruhm; das vornehmste Lob gebührt denen, welche der Kultur der Menschheit durch siegreiche Waffen neue Schauplätze eröffnet und die Barbarei an bedeutender Stelle überwältigt haben.

Leop. von Ranke, Franz. Gesch. (1852—1861).

— Ich glaube, jede Nation, die sich zu Kabinettskriegen zwingen läßt, hat nie einen nachhaltigen Erfolg gehabt. Eine solche Nation hat auch nicht die richtige Verfassung.

Otto von Bismarck auf d. ihm zu Ehren veranstalteten Kommers in Jena (31. Juli 1892).

— „Gesittete Völker", der Name kann ihnen nicht gebühren, | So lange sie miteinander noch Kriege führen. Daniel Sanders, 366 Spr. (1892). Nr. 210. Gesittete Völker.

Krieger, der. — Dem verwundeten, aber unbesiegten Krieger. Lat.: Laeso et invicto militi.

Inschrift am Berliner Invalidenhause (1748).

— Ein Krieger bleibt der größ're Mann zeitlebens, | Er kämpf' mit Rede, Büchern oder Schwert.

Jos. Freiherr von Eichendorff, Gedichte. Zeitlieder. An d. Freunde (ged. 1815).

— . . . des Kriegers Tapferkeit | Muß stets sich mit der Bürgerehre einen.

Joh. Friedr. Bahrdt, Dramatische Dichtungen (1834). D. Grabesbraut, A. 3, Sz. 12.

Krieger, die. — Junge Krieger, alte Kriecher.

Friedr. von Logau, Deutsche Sinn=Getichte (1654). Ein alter Soldat.

Kriegserklärung. — Ich bin versichert, wenn die Monarchen ein wahres und treues Bild des Elends sehen sollten, in welches eine einzige Kriegserklärung die Völker stürzt; nimmermehr könnten sie dagegen gleichgültig sein.

Friedr. d. Große, Sämtl. Werke (1789).

Kriegsgarten. — Im Kriegsgarten wachsen Unglücksblumen. Sprichwort.

Kriegsgenossen. — Wohlan, geht tapfer an, ihr meine Kriegsgenossen!

Joh. Gottfr. von Herder, Stimmen d. Völker in Liedern (1807). Abteilung 2, B. 5, Nr. 2. Schlachtlied. Deutsch.

Kriegsgott. — Ares (der Gott des Krieges), o Ares voll Mord! Bluttriefender, Mauerenzertrümmrer! Griech.: Ἄρες, Ἄρες βροτολοιγέ, μιαιφόνε, τειχεσιπλῆτα.

Homer, Ilias. Übers. v. Voß. Ges. 5, V. 31.

— Mars (der Gott des Krieges) ist blind und des Gesichts beraubt; | Er wühlet wie ein Schwein stets alles Unglück auf. Griech.: Τυφλὸς γάρ, οὐδ᾽ ὁρῶν Ἄρης | Συὸς προσώπῳ πάντα τυρβάζει κακά.

Sophokles (um 496—406 v. Chr.). Nach Plutarch, Wie ein Jüngling Dichter lesen soll. Übers. v. Eyth.

— . . . Biß Mars (der Gott des Krieges) mich da trieb' aus, der Unhold aller Kunst.

Paul Fleming, Teutsche Poemata (1642). Elegie.

Kriegshalbkunst. — Von allen Spielen ist das verlierendste | Der Kriegshalbkunst trauriges Würfelspiel; | Denn, welcher Wurf auch falle, fällt doch | Selber dem Siegenden Tod und Elend.

Friedr. Gottl. Klopstock, Sämtl. Werke (1798—1821). Bd. 5.

Kriegshandwerk. — Für denjenigen, welcher sich dem Kriegshandwerk widmet, muß der Frieden die Zeit des Nachdenkens und der Krieg derjenige Zeitpunkt sein, in welchem er seine Studien zur Ausführung bringt.

Friedr. d. Große, Sämtl. Werke (1789).

Kriegsheer. — Zu einem recht vollkommenen Kriegsheer pflege ich gern zu nehmen ein italienisches Haupt, spanische Hände und Arme, ein deutsches Herz, den Bauch und die Füße aber aus den übrigen Völkern. Kaiser Karl V. (reg. 1519—1558).

Kriegshorden. — Möge nie der Tag erscheinen, | Wo des rauhen Krieges Horden | Dieses stille Tal durchtoben!

Friedr. von Schiller, Gedichte. D. Lied v. d. Glocke (ged. Sept. 1799).

Kriegsleiden. — Die Leiden eines Krieges, und selbst eines siegreichen, ohne Not über Deutschland zu verhängen, würde Ich mit Meinem christlichen Glauben und mit den Pflichten, die Ich als Kaiser gegen das deutsche Volk übernommen habe, nicht verträglich finden.

Kaiser Wilh. II. in d. Thronrede zur Eröffnung d. Reichstages (22. Nov. 1888).

Kriegsmacht. — . . . es genügt nicht, daß man eine große Kriegsmacht hat, mit der man zuschlagen kann, sondern es ist notwendig, daß man die moralische Autorität hat, um den Krieg zu vermeiden. Otto von Bismarck zu Besuchern a. Braunschweig in Friedrichsruh (21. Juli 1893).

Kriegsschwert. — Die Weltgeschichte spottet jener Sagen | Der blassen Friedensdichter, daß ein Hirt | In ferner Zeit, in blauen Zukunftstagen | Ein Schwert, versteckt in Rosen, finden wird. | . . . Solang' des Zeitenwebstuhls Arme weben, | Solang' die Menschheit lebt von Pol zu Pol, | Bleibt Trauerspiel das große Völkerleben | Und hat ein (Kriegs-)Schwert zum ewigen Symbol!

Alfred Meißner, Ziska (1846). Eingang.

Kriegstanz. — In dem wilden Kriegestanze | Brach die schönste Heldenlanze, | Preußen, euer General.

Max von Schenkendorf, Sämtl. Gedichte. Abteilung 2. Vaterland. Auf Scharnhorsts Tod (ged. 1813). Volksweise.

Kriegstoben. — Nicht das Weltmeer hemmt des Krieges Toben.

Friedr. von Schiller, Gedichte. D. Antritt d. neuen Jahrh. (ged. 1801).

Kriegsursache. — Wer nicht lust zum Friden hat, der find leicht Vrsach zum Krieg.

Christoph Lehmann, Politischer Blumen-Garten (1662). T. 1. Krieg. Nr. 101.

— Das ist ein redliche Vrsachen zum Krieg, wann man sich wehren muß.

Christoph Lehmann, Politischer Blumen-Garten (1662). T. 1. Krieg. Nr. 106.

Kriegsursachen. — Solange Menschen Menschen sind, werden sich die möglichen Ursachen des Krieges niemals ganz aus der Welt wegschaffen lassen. Professor Pfleiderer (3. Aug. 1895).

Kriegswandel. — Entweder gestorben | Oder Heil euch erkämpft! Denn das ist der Wandel des Krieges. Griech.: Ἤ ἀπολέσθω | Ἠὲ σαωθήτω· ἡ γὰρ πολέμου ὀαριστύς.

Homer, Ilias. Übers. v. Voß. Ges. 17, V. 227—28.

Kriegszweck. — Was ist des Krieges Zweck? den Feind zu schwächen, | Wenn man ihn nicht zu Boden schlagen kann.

Ernst Raupach, D. Hohenstaufen (1837). Kaiser Friedr. II. u. Gregor. A. 1, Sz. 3.

Kritik. — Das Genie lacht über alle die Grenzscheidungen der Kritik.

Gotthold Ephr. Lessing, Hamburgische Dramaturgie. Stück 7 (22. Mai 1767).

— Alles, was sie (die Kritik) vermag, aber glücklicherweise auch alles, was das Genie bedarf, sind Winke, Warnungen, Fingerzeige.

Joh. Jak. Engel, D. Philosoph für d. Welt (1775—1777). T. 2, Stück 31. Zwei Gespräche, d. Wert d. Kritik betreffend. Zweites Gespräch: Zwischen Mos. Mendelssohn u. einem jungen Dichter.

— Das Genie ist das Meer und die Kritik die Sonne. Jean Paul (Joh. Paul Friedr. Richter), Grönländische Prozesse (1783—1784).

— Ich lasse mich nicht irre schrei'n, | Nicht durch Kritik noch Zweifel.

Joh. Wolfg. von Goethe, Faust, I (1808). Walpurgisnachtstraum (Dogmatiker).

— Die Werke des Geistes sind ewig feststehend, aber die Kritik ist etwas Wandelbares; sie geht hervor aus den Ansichten der Zeit.

Heinr. Heine, Reisebilder. T. 1. Norderney (1826).

— Gegen die Kritik kann man sich weder schützen noch wehren; man muß ihr zum Trutz handeln, und das läßt sie sich nach und nach gefallen. Joh. Wolfg. von Goethe, Werke (1827—1830). Maximen u. Reflexionen. Abteilung 3.

Kritik. — Gute Kritik ist nötig wie Brot drum tüchtig gesäuert, | Daß uns das Gute noch mehr schmecke; hinweg mit der Spreu!

Wilh. Waiblinger, Gesammelte Werke (1839—1840). Gedichte. Künstler u. Liebhaber.

— Alle Erweiterung in der Kunst muß vom Genie kommen; die Kritik führt bloß zur Fehlerlosigkeit.

Friedr. von Schiller, Briefwechsel mit Körner (1847).

— Das ist klarste Kritik von der Welt, | Wenn neben das, was ihm mißfällt, | Einer was Eigenes, Besseres stellt.

Emanuel Geibel, Juniuslieder (1848). Gelegenheitsgedichte, Spr., Scherze. Spr. Nr. 28.

— Wie reich du dich in Lob (bei der Kritik) ergehst, | Das wird des Künstlers Mut nicht stärken; | Nein, tadle gern an seinen Werken, | Doch zeig' ihm, daß du ihn verstehst!

Emanuel Geibel, Juniuslieder (1848). Gelegenheitsgedichte, Spr., Scherze. Spr. Nr. 33.

— Das Unkraut der Kritik wird immer grünen | An Hoftheatern wie an Winkelbühnen.

Paul Heyse, Schlechte Gesellschaft (1865). K. 1.

— Nur gegen absolute Unfähigkeit, gegen gespreizte Dummheit und unverbesserliche Faulheit hat eine gesunde Kritik schonungslos Front zu machen.

Alfred von Wolzogen, Über Theater u. Musik (1866).

— Ich bin dankbar für die schärfste Kritik, wenn sie nur sachlich bleibt.

Otto von Bismarck im Reichstage (30. Nov. 1874).

— Die Kritik ist bekanntlich leicht, und die Kunst ist schwer.

Otto von Bismarck im Reichstage (15. März 1884).

— Also die Kritik ist außerordentlich leicht! aber das Bessermachen!

Otto von Bismarck im Reichstage (26. Nov. 1884).

— Dichterwerk und Publikum sind wie Stoffe, die sich nur durch unmittelbaren Kontakt ergreifen; das Medium der Kritik bringt keine Verbindung zuwege. Joh. Jak. Mohr, Gedanken über Leben u. Kunst (1885).

— . . . aber jeder . . . hat doch das Recht der Kritik. Er muß es nur mit Anstand gebrauchen und nicht mit der schrillenden Pfeife.

Otto von Bismarck zu d. Vertretern Berlins in Friedrichsruh (23. Juni 1890).

— Geben Sie sich dem deutschen Bedürfnis der Kritik nicht zu sehr hin!

Otto von Bismarck zu deutschen Studenten in Friedrichsruh (1. April 1895).

Kritikaster. — Vor Kritikastern hüte dich; | Wer Pech angreift, besudelt sich.

Matth. Claudius, Sämtl. Werke d. Wandsbecker Boten. T. 7 (1803). Ein silbern ABC.

— Laß dich nicht irren von Kritikastern, | Und wie du bist, so gib dich ganz! | Trägst du nicht Rosen, so trägst du Astern, | Sie finden wohl auch ihre Stell' im Kranz.

Emanuel Geibel, Spätherbstblätter (1877). Gelegenheitsgedichte. Spr. Nr. 1.

Kritiken. — Ich bin meines Lebens keinem Dinge gramer gewesen als den Kritiken über Gedichte.

Gotthold Ephr. Lessing, Schriften (1753—1755). Br. 15. Klopstocks Messias.

— Kritiken sind wie Testamente; | Das letzte gilt allein.

Joh. Christoph Friedr. Haug, Sinngedichte (1791). Widerruf.

Kritiker, der. — Es haben oft zugleich der Leser und der Dichter | Und auch der Kritikus kein zuverlässig Ohr.

Friedr. von Hagedorn, Sämtl. poetische Werke (1757). Fab. u. Erz. B. 2. Drei Taube.

— . . . das wäre zuviel von einem Kritiker verlangt, mit seinem Urteil bloß darum zurückzuhalten, weil der Schriftsteller übel dabei fährt.

Friedr. von Schiller, Prosaische Schriften (1793—1802). Br. über Don Carlos. Br. 11.

— Sie (die Wahrheit) wollte klagen noch viel mehr, | Ein Türlein tät erklingen, | Ein Kritikus kam grad' daher, | Davon tat sie sich schwingen.

D. Knaben Wunderhorn (1806—1808). D. Wahrheit.

— Ein weiches und empfindungsreiches Herz | Wird von dem höchsten Wahn der Leidenschaft begeistert, | Indes ein Kritiker den Schmerz | Mit Lineal und Senkblei meistert.

Jos. Freiherr von Hammer-Purgstall, Schirin (1809). T. 1, Ges. 6.

— Ein Kritiker ist ein Mann, der in der Literatur und in den Künsten bankerott gemacht hat. Engl.: You know who critics are?—the men who have failed in literature and art.

Benj. Disraeli Lord Beaconsfield, Lothar (1870). K. 35. Übers. v. Drabig.

— Man kann sehr scharfer Kritiker sein und doch kein Künstler; und selbst der Meister aller Kritiker, Lessing, würde es nie unternommen haben, einen Lakoon zu machen.

Otto von Bismarck im Reichstag (15. März 1884).

— Schlechtes richte (Kritiker)! | Rechtes sichte! | Echtes — acht' es! | Ächt' Gemachtes!

Peter Sirius, Tausend u. Ein Gedanken (1899). Kritik u. Urteil.

Kritiker, die. — Ein klares Exempel, daß es den Kriticis gleichviel ist, ob sie ihren Schriftsteller etwas Ungereimtes sagen lassen oder nicht, wenn sie nur ihre Belesenheit auskramen können!

Gotthold Ephr. Lessing, Schriften (1753—1755). Rettungen d. Horaz.

— Schnell wird ein Dichter alt, dann hat er ausgesungen; | Doch manche Kritici, die bleiben immer Jungen.

Abraham Gotthelf Kästner, Sinngedichte (1781).

— Blutegel und Ottern, beide beißen, jener gibt aber Gesundheit dem Kranken, diese den Tod; so auch der wohlmeinende, bescheidene Kritiker und der junge, eingebildete oder veraltete, pedantische Rezensent.

Karl Jul. Weber, Demokritos (1831—1840). D. Sat.

Kritisch. — Das Vergnügen an kritischer Betrachtung beraubt uns des Vergnügens, durch die schönsten Gegenstände lebhaft ergriffen zu werden. Franz.: **Le plaisir de la critique nous ôte celui d'être vivement touché de très belles choses.**

Jean de La Bruyère, Charaktere (1688). Übers. v. Hamel. V. d. Werken d. Geistes.

— Mir wird bei meinem kritischen Bestreben | Doch oft um Kopf und Busen bang.

Joh. Wolfg. von Goethe, Faust, I (1808). Nacht (Wagner).

Kritisieren. — Es ist leicht, ein Werk zu kritisieren; aber es ist schwer, es zu würdigen. Franz.: **Il est aisé de critiquer un auteur, mais il est difficile de l'apprécier.**

Marquis de Vauvenargues, Reflexionen u. Maximen (1746). Nr. 264. Übers. v. Zimmermann.

— O! kritisieren, lieber Herr, ist federleicht, | Doch Bessermachen schwierig.

Aug. Graf von Platen-Hallermund, D. romantische Ödipus (1828). A. 5 (Publikum).

— Können wir nicht alle dichten, | So wollen wir doch alle richten (kritisieren). Alter Spr.

Krokodilstränen. — Krokodilstränen weinen (Tränen heucheln; — das Krokodil soll der Sage nach wie ein kleines Kind weinen, um Opfer an sich zu locken). Sprichwörtl. Redensart.

Krone. — Es ist schimpflich, eine volle Börse zu leeren; — es ist frech, eine Million zu veruntreuen, aber es ist namenlos groß, eine Krone zu stehlen.

Friedr. von Schiller, D. Verschwörung d. Fiesko zu Genua (1783). A. 3, Sz. 2 (Fiesko).

— Muß Unrecht sein, so sei's um eine Krone, | In allem andern sei man tugendhaft!

Friedr. von Schiller, Sz. a. d. Phönizierinnen d. Euripides (geb. 1788). (Eteokles).

— Dem Mann, der eine Krone trägt, | Beneiden wir sie nicht.

Samuel Gottl. Bürde, Verm. Gedichte (1789). D. Glück d. Menschenwelt.

— Ist denn die Krone ein so einzig Gut? | Ist es so bitter schwer, davon zu scheiden?

Friedr. von Schiller, D. Jungfrau v. Orleans (1801). A. 1, Sz. 6 (Karl).

— Nimm, ich kann sie nicht verdienen, | Deine Krone, nimm sie hin!

Friedr. von Schiller, D. Jungfrau v. Orleans (1801). A. 4, Sz. 1 (Johanna).

— Nicht nur streiten, überwinden | Muß, wer nach der Krone ringt.

Friedr. Gottl. Klopstock, Sämtl. Werke (1798—1821). Bd. 5.

— Keine Krone hilft vor Kopfweh. Sprichwort.

Kronen. — Wer nach den Kronen dieser Erde greift, | Der muß das Höchste an das Höchste setzen.

Theod. Körner, D. Sühne (ged. Febr. 1812). Sz. 9 (Konrad).

Kronen. — Die Kronen sind nicht ohne Bürden, | Sind nicht ohn' Gefahren, Kind! | Und es gibt für Menschenkinder Würden, | Die noch größer sind.

Matthias Claudius, Sämtl. Werke d. Wandsbecker Boten (1816). Krone u. Zepter.

— Die goldnen Kronen drücken schwer, | 'S isch net, als wenn's a Strohhut wär'.

Joh. Peter Hebel, Sämtl. Werke (1832—1834). Gedichte.

— Verdiente Kronen schmücken, | Unverdiente drücken. Friedr. Rückert, Gesammelte Gedichte (1834—1838). Vierzeilen. 1. Hundert, Nr. 83.

Krücken. — Wenn man auch seiner Krücken spottet, so kann man darum doch nicht besser gehen.

Heinr. Heine, Sämtl. Werke (1861—1868). Deutschland. T. 1. Zur Gesch. d. Religion u. Philosophie in Deutschland. B. 3. V. Kant bis Hegel.

Krug. — Im Krug zum grünen Kranze, | Da kehrt' ich durstig ein.

Wilh. Müller, Siebenundsiebzig Gedichte a. d. hinterlassenen Papieren eines reisenden Waldhornisten (1821). Nr. 3. Reiselieder. Wanderlieder eines rheinischen Handwerksburschen. Nr. 4. Brüderschaft. Volksweise.

— Der Krug geht so lange zu Wasser, bis er bricht. Sprichwort.

— Im Krug kommen mehrere um als im Krieg. Sprichwort.

Krumm. — Etwas krumm nehmen (sich über etwas beleidigt fühlen, es übelnehmen).

Sprichwörtl. Redensart.

— Er macht e krumme Hand (er ist bestechlich). Jüd. Redensart.

— Er ist krumm, wenn er sich bückt (er ist geizig). Bek. Redensart.

Krummstab. — Under einem krummen staben | Ist gutt seine wohnung haben.

Alter Spr.

Krüppel. — Krüppel will immer voran tanzen. Alter Spr.

Küche. — Rechten, spielen, prächtig bauen, | Bürge werden, viel vertrauen, | Über seinen Stand sich zieren, | Gäste halten, bankettieren, | Unnütz Ross', viel Hund' und Wind, | Übrig großes Hausgesind, | Gleichfalls löffeln, buhlen, naschen, | Macht leer Küche, Keller, Taschen. Alter Spr.

— Fette Küche, magere Erbschaft. Sprichwort.

— Die kleine Küche macht das Haus groß. Ital.: **La cucina piccola fa la casa grande.**

Toskanisches Sprichwort.

— In des Teufels Küche kommen (einer schlimmen Behandlung ausgesetzt werden).

Sprichwörtl. Redensart.

Kuchen. — Backe, backe Kuchen, | Bäcker hat gerufen; | Hat gerufen die ganze Nacht, | Kindlein hat kein' Teig gebracht, | Nun kriegt's keinen Kuchen. Kinderreim.

Kuckuck. — Drum tanzen auch der Kuckuck und sein Küster | Auf ihm (dem Philister) die Kreuz und Quer.

Matthias Claudius, Sämtl. Werke d. Wandsbecker Boten. T. 3. Rheinweinlied (ged. 1785). Mel. v. Joh. André (komp. 1776).

— Der Kuckuck und der Esel, | Die hatten großen Streit.

Aug. Heinr. Hoffmann von Fallersleben, Lyrische Gedichte. Nr. 3. Kinderleben. Jugend- u. Mannesjahre. Kindheit. Wettstreit (ged. 1835).

— Kuckuck, Kuckuck ruft aus dem Wald.

Aug. Heinr. Hoffmann von Fallersleben, Lyrische Gedichte. Nr. 3. Kinderleben. D. vier Jahreszeiten. Nr. 1. D. Frühling. Nr. 5. Frühlingsbotschaft (ged. 1835).

— Der Kuckuck ruft seinen eigenen Namen.

Sprichwort.

Kugel. — Denn wenn die Kugel los ist aus dem Lauf, | Ist sie kein totes Werkzeug mehr, sie lebt. Friedr. von Schiller, Wallensteins Tod (1799). A. 3, Sz. 21 (Max).

— Nun adjö, Lowise, wisch' ab das Gesicht; | Eine jede Kugel die trifft ja nicht. | Denn träf' jede Kugel apart ihren Mann, | Wo kriegten die Könige ihre Soldaten dann!

Wilibald Alexis (Georg Wilh. Heinr. Häring), Cabanis (1832). Fridericus Rex.

Kuh. — Er weiß so viel davon, wie die Kuh vom Sonntage. Sprichwort.

— Vor etwas wie die Kuh vor neuem Tor stehen (etwas dumm verwundert betrachten).

Sprichwörtl. Redensart.

— Wer die Kuh spannt in den Pflug, | Dem gibt sie nichts in den Krug. Bauernregel.

— Er weeß druf zu loosen wie de Kuh uf'n Appelboom. Berliner Redensart.

Kühe. — Die Kühe, die am meisten brüllen, geben am wenigsten Milch. Bauernregel.

Kuhfuß. — Den Kuhfuß tragen (Soldat sein; — Kuhfuß ist der Spottname für das Gewehr). Sprichwörtl. Redensart.

Kuhhandel. — Im Kuhhandel braucht man drei Augen. Bauernregel.

Kuhhaut. — Das geht auf keine Kuhhaut (das läßt sich gar nicht alles sagen, beschreiben; es ist zu viel; auf keine Kalbshaut, nicht einmal auf eine Kuhhaut kann man das schreiben; — auf Kalbs- und Schafsleder wurde früher viel geschrieben).

Sprichwörtl. Redensart.

Kühl. — Kühl bis ans Herz hinan.

Joh. Wolfg. von Goethe, Gedichte. Balladen. D. Fischer (ged. 1778). Mel. v. Siegmund Freiherr von Seckendorff (1779), Joh. Friedr. Reichardt (1781), Frz. Schubert (1821) u. a.

Kühn. — Nur eine rasche, kühne Hand ergreift die vorüberfliehende Gelegenheit, und nur ein feuriges Ansprengen wirft große Hindernisse zu Boden. Joh. Jak. Engel, Lobrede auf d. König (24. Jan. 1781.)

Kühne, der. — Dem Kühnen gelinget | Jedes Beginnen am besten. Griech.: Θαρσαλέος γὰρ ἀνὴρ ἐν πᾶσιν ἀμείνων | Ἔργοισιν τελέθει.

Homer, Odyssee. Übers. v. Voß. Ges. 7, V. 51—52.

— Dem Kühnen helfen Glück und Liebe. Lat.: Audentem Forsque Venusque juvat.

Publ. Ovidius Naso (um 43 v. Chr.—17 n. Chr.), D. Kunst zu lieben. B. 1, V. 608. Übers. v. Grau.

— Der kühnsten Taten Keim ist Selbstvertrauen, | Und nur dem Kühnen lacht das Glück.

Aug. von Kotzebue, Gisela (1818).

— Ist dir so unbekannt . . . | Daß nur der Kühne sich vom Baum des Lebens | Der Freude Hesperidenäpfel pflückt?

Rob. Hamerling, Ahasver in Rom (1866). Ges. 2. D. Bachanal.

Kühnheit. — Kühnheit gegen Kühne ist gefährlich. Lat.: In audaces non est audacia tuta.

Publ. Ovidius Naso (um 43 v. Chr.—17 n. Chr.), Metamorphosen. B. 10, V. 544. Übers. v. Grau.

— Kühnheit ist bei der Ausführung, nicht bei der Beratung an ihrem Orte. Jedoch Torheit ist's zu fragen, ob man tun soll, was man schon getan hat. Karl Salomo Zachariä von Lingenthal, Vierzig B. v. Staate (1820—1832).

— . . . Kühnheit gibt den Schein verborgner Kraft.

Ernst Raupach, D. Hohenstaufen (1837). Kaiser Friedr. I. u. Alexander. Vorspiel.

— Hier ist die Kühnheit Klugheit.

Emanuel Geibel, Sophonisbe (1868). A. 3, Sz. 5 (Sarkas).

Kühnste, der. — Millionen sind die Flieger; | Nur der Schnellste bleibt der Sieger, | Nur der Kühnste greift den Kranz.

Ernst Moritz Arndt, Gedichte. Lust d. freien Geistes (ged. 1842). Schlußv.

Kuhschluck. — Einen Kuhschluck trinken, jemandem einen Kuhschluck vorkommen (einen großen, tiefen Schluck). A. d. Studentensprache.

Kultur. — Die Kultur soll den Menschen in Freiheit setzen und ihm dazu behilflich sein, seinen ganzen Begriff zu erfüllen. Sie soll ihn also fähig machen, seinen Willen zu behaupten; denn der Mensch ist das Wesen, welches will.

Friedr. von Schiller, Prosaische Schriften (1793—1802). Über d. Erhabene.

— Niemand wird kultiviert, sondern jeder hat sich selbst zu kultivieren. Alles bloß leidende Verhalten ist das gerade Gegenteil der Kultur.

Joh. Gottl. Fichte, Rede an d. deutsche Nation (1808).

— Auch die Kultur, die alle Welt beleckt, | Hat auf den Teufel sich erstreckt.

Joh. Wolfg. von Goethe, Faust, I (1808). Hexenküche (Mephistopheles).

Kultur. — Natur ist körperliche und geistige Beschaffenheit und Veranlagung im weitesten Umfang; Kultur ist Erziehung, Umgebung, Studien, Angelerntes und Erlebtes, ebenfalls alles im weitesten Umfang.

Dr. Hanns Groß, Kriminalpsychologie (1898). Objektiv. D. physische Tätigkeit d. Vernommenen. Unterscheidende Momente. Nr. 1. Allgemein Differenzierendes. Natur u. Kultur.

— Die derbe wuchtige Urkraft, | Recht eigen des Germanen Natur, | Genährt, gepflegt durch Kunst und Wissenschaft, | Fördert der weiten Welt neue Kultur.
A. d. Japanischen d. Vicomte Aoki.

Kulturkampf. — Kulturkampf.

Rudolf Virchow in einem v. ihm verfaßten Wahlprogramm d. Fortschrittspartei (1873).

Kümmelbulle. — Du, Barthel, gib mir mal die Kümmelbulle her!

D. Krähwinkler Landsturm (1813). Volksweise.

Kummer. — Bei wem bleibt Kummer gerne, zeucht auch am liebsten ein? | Bei denen, die ihn warten und fleißig bei ihm sein.

Friedr. von Logau, Deutsche Sinn-Getichte (1654). Sorgen.

— Schlagt den Kummer nieder! | Es wird alles gut!

Christ. Adolf Overbeck, Sammlung verm. Gedichte. Trost für mancherlei Tränen (ged. 1780). Mel. v. Joh. Abraham Peter Schulz (1782).

— Ein schwerer Unglücksfall kann stolzen Seelen neue Kräfte verleihen, aber unausgesetzter Kummer vergiftet alle Tugenden und alle Talente. Die Schnellkraft der Seele läßt durch die Gewohnheit des Leidens gänzlich nach. Franz.: Un revers éclatant peut donner de nouvelles forces à une âme fière, mais un chagrin continuel est le poison de toutes les vertus, de tous les talents, et les ressorts de l'âme s'affaissent entièrement par l'habitude de la souffrance.

Frau von Staël, Delphine (1803). Übers. v. Zimmermann.

— Drückt euch ein Kummer, werft ihn frisch vom Herzen! | Nehmt mit, was kommt! Die Zeiten sind jetzt schwer. | Drum muß der Mensch die Freude leicht ergreifen.
Friedr. von Schiller, Wilh. Tell (1804). A. 4, Sz. 3 (Stüssi).

— Kein Kummer kommt, wo echte Liebe weilt, | Nein, er erhöht sie höchstens und verschwindet, | Da sie vor ihm nicht flieht. Engl.: Grief cannot come where perfect love exists, | Except to heighten it, and vanish from | That which it could not scare away.

George Gordon Lord Byron, Sardanapal (1821). Übers. v. Heichen. A. 2, Sz. 1 (Sardanapal).

— Heller lernen wir das Gute sehen, | Wenn das Herz sich nach dem Kummer freut.

Joh. Gottfr. Seume, Sämtl. Werke (1826). Gedichte. Einem mißmütigen Freunde.

Kummer. — ... der Kummer, der nach Hilfe oder Trost verlangt, ist nicht der höchste und kommt nicht aus dem Tiefsten des Herzens.

Wilh. Freiherr von Humboldt, Br. an eine Freundin (7. Sept. 1830).

— Hoffnungsloser Kummer ist ein Phantast.

Nicolaus Lenau (Niembsch, Edler von Strehlenau), Neuere Gedichte (1838). D. Blockhaus.

— ... Kummer Eines Tages macht alt für ein Jahr.
Karl Jul. Weber, Demokritos (1832—1840). Lob- u. Hilfsmittel d. Frohsinns.

— Die Freuden, die rosigen Tänzerinnen, | Mit Kränzen und Fackeln, mit Spiel und Gesang, | Wie fliehn sie auf schimmernden Sohlen von hinnen! | Aber der Kummer hat schleichenden Gang.
Emanuel Geibel, Gedichte u. Gedenkblätter (1864). Lieder a. alter u. neuer Zeit. Nr. 18.

— Es gibt keinen Menschen ohne Kummer; gibt es einen solchen, dann ist er kein Mensch.

Türkisches Sprichwort.

— Kummer macht alt vor den Jahren.

Sprichwörtl.

— Lust und freude sterben bald; | Der kummer wird hundert jahre alt.

Wartburgspr. Verbindungsgang.

Kunde. — Stets zu spät kommt gute Kunde, | Schlechte Kunde stets zu frühe.

Friedr. von Bodenstedt, Ada, d. Lesghierin (1853).

Künftig. — Es reden und träumen die Menschen viel | Von bessern künftigen Tagen.

Friedr. von Schiller, Gedichte. D. Hoffnung (ged. 1797). Mel. v. Joh. Friedr. Reichardt (1810).

Kunst. — Denn wo die Kunst nach Brote geht, da sinkt die Kunst. Griech.: *Οὔτε γὰρ ὁ μισθὸς οὐδὲν ἔστ' οὔθ' ἡ τέχνη.*

Aristophanes, Plutos (um 388 v. Chr.). Übers. v. Minckwitz. V. 408 (Chremylos).

— Auf Wissenschaft und Kunst verleg' dich nicht, | Sonst bettelst du dich durch als armer Wicht!
A. d. Persischen d. Emveri (gest. 1152). Ermahnung. Übers. v. Hammer.

— Wer uns Freude wieder brächte, | Die der rechten Kunst entspräche, | Hei! wie rühmend sein man dächte, | Nie es ihm an Ruhm gebräche! Mittelhochdeutsch: Der uns fröide wider braehte, | Diu reht und gefüege wäre, | Hei! wie wol man des gedaehte, | Swâ man von im seite maere!

Walter v. d. Vogelweide (um 1170—1230), Gedichte. Übertr. v. Pannier.

— Die Kunst steckt wahrhaftig in der Natur; wer sie heraus kann reißen, der hat sie.

Albrecht Dürer (1471—1528).

— So wohlfeil ist jetzt die Kunst, daß sie schier muß nach Brod gehen.

Dr. Martin Luther, Tischreden oder Colloquia (1566). Nr. 2. Tischreden v. Gottes Werken. § 17. Daß Gott wol könnte reich werden.

Kunst. — Die Kunst wechst auf eim reis, | Haißt uebung, müe (Mühe) und fleis.

Hans Sachs, Sehr herrliche Schöne v. wahrhaffte Gedicht (1558—1579).

— Der gröst Schimpff der Kunst widerfährt, | Wenn sie dem dient, ders ist unwerth.

Georg Rollenhagen, Froschmäuseler (1595). B. 1, T. 1, K. 6.

— . . . die Natur ist wunderlich; | Jeder hat sein Kunst sonderlich, | Nachdem sie Gott ihm offenbart. | Ohn Gott kein Kunst erfunden ward.

Georg Rollenhagen, Froschmäuseler (1595). B. 1, T. 2, K. 16.

— . . . wie die Sonn hilfft dem Gesicht, | So ist die Kunst der Seelen Licht.

Georg Rollenhagen, Froschmäuseler (1595). B. 2, T. 2, K. 2.

— Ein ander halt' auff Geld vnd Guth; | Ich liebe Kunst vnd freyen Muth.

Simon Dach, Besser Kunst als Gut (1652).

— Wie bald kan Reichthumb dich verlassen, | So bist du elend gnug daran! | Kunst aber wird dich stets vmbfassen, | Sie nähret trewlich jhren Mann. Simon Dach, Besser Kunst als Gut (1652).

— Muß gleich die Kunst nach Brod jetzt gehen, | Wie man von ihr verächtlich schwätzt, | So wil ich dennoch bey jhr stehen, | Weil sie mich inniglich ergetzt.

Simon Dach, Besser Kunst als Gut (1652).

— Es geht für Kunst Verstand, | Weil dieser jen' erfand; | Wer nicht versteht ihr Ziel, | Den hilft die Kunst nicht viel.

Friedr. von Logau, Deutsche Sinn=Getichte (1654). Verstand.

— Wo der Geldsack ist daheim, ist die Kunst verreiset. Friedr. von Logau, Deutsche Sinn=Getichte (1654). Reich u. grob.

— Wo hat die Kunst ihr Haus? Ihr Haus ist rund gebauet, | Steht so, daß über ihm man stets die Sonne schauet.

Friedr. von Logau, Deutsche Sinn=Getichte (1654).

— Der Kunst ist niemand gram, als der sie nicht kan. Christoph Lehmann, Politischer Blumen=Garten (1662). T. 1. Kunst. Nr. 15.

— Die Kritik ist leicht, und die Kunst ist schwer. Franz.: **La critique est aisée, et l'art est difficile.**

Phil. Néricault Destouches, D. Ruhmredige (1732). Übers. v. Schlegel. A. 2, Sz. 5 (Philinte).

— Die Kunst sei noch so groß, die dein Verstand besitzet, | Sie bleibt doch lächerlich, wenn sie der Welt nicht nützet. | Verdient, ruft ein Pedant, mein Fleiß denn keinen Dank? | Nein! denn er hilft nichts mehr als andrer Müßiggang.

Christ. Fürchtegott Gellert, Fab. u. Erz. (1746). B. 1. D. Spinne. Schlußv.

— . . . es ist gut, | Mehr als Eine Kunst zu **wissen.** Magnus Gottfr. Lichtwer, Vier B. Äsopischer Fab. (1748). B. 4, Nr. 24. D. Kröte u. d. Wassermaus. Schlußv.

Kunst. — Kunst und Natur | Sei auf der Bühne Eines nur; | Wenn Kunst sich in Natur verwandelt, | Dann hat Natur mit Kunst gehandelt.

Gotthold Ephr. Lessing, Schriften (1753—1755). Gedichte. Sinngedichte. B. 2, Nr. 41. In eines Schauspielers Stammb.

— . . . **es muß uns notwendig ekeln, in der Kunst das wiederzufinden, was wir aus der Natur wegwünschten.**

Gotthold Ephr. Lessing, Hamburgische Dramaturgie. Stück 70 (1. Jan. 1768).

— Prinz, die Kunst geht nach Brot.

Gotthold Ephr. Lessing, Emilia Galotti (1772). A. 1, Sz. 2 (Conti).

— Geschieht wohl, daß man einen Tag | Weder sich noch andre leiden mag, | Will nichts dir nach dem Herzen ein; | Sollt's in der Kunst wohl anders sein?

Joh. Wolfg. von Goethe, Gedichte. Kunst. Guter Rat (ged. 1773).

— Kunst ist die rechte Hand der Natur. Diese hat nur Geschöpfe, jene hat Menschen gemacht.

Friedr. von Schiller, D. Verschwörung d. Fiesko zu Genua (1783). A. 2, Sz. 17 (Fiesko).

— . . . in der Kunst ist das Beste gut genug.

Joh. Wolfg. von Goethe, Ital. Reise (Neapel, d. 3. März 1787).

— Es hat doch im Grund niemand einen rechten Begriff von der Schwierigkeit der Kunst als der Künstler selbst. Joh. Wolfg. von Goethe, Ital. Reise (1786—1788).

— Im Fleiß kann dich die Biene meistern, | In der Geschicklichkeit ein Wurm dein Lehrer sein; | Dein Wissen teilest du mit vorgezog'nen Geistern, | Die Kunst, o Mensch, hast du allein.

Friedr. von Schiller, Gedichte. D. Künstler (ged. 1789).

— Der fortgeschritt'ne Mensch trägt auf erhob'nen Schwingen | Dankbar die Kunst mit sich empor; | Und neue Schönheitswelten springen | Aus der bereicherten Natur hervor.

Friedr. von Schiller, Gedichte. D. Künstler (ged. 1789).

— Die Kunst bleibt Kunst! Wer sie nicht durchgedacht, | Der darf sich keinen Künstler nennen.

Joh. Wolfg. von Goethe, Schriften (1787—1790). Gedichte. Künstlers Apotheose.

— Man muß die Kunst und nicht das Muster lieben. Joh. Wolfg. von Goethe, Schriften (1787—1790). Gedichte. Künstlers Apotheose.

— Natur ist eins und alles (in der Kunst).

Aug. Wilh. von Schlegel, Gedichte. An einen Kunstrichter (1792).

— Schwer ist die Kunst, vergänglich ist ihr Preis. Friedr. von Schiller, Wallensteins Lager. Prolog (ged. 1793).

— Ernst ist das Leben, heiter ist die Kunst.

Friedr. von Schiller, Wallensteins Lager. Prolog (ged. 1793). Schlußv.

Kunst. — Die Kunst muß den Geist ergötzen und der Freiheit gefallen.

Friedr. von Schiller, Prosaische Schriften. Über d. Pathetische (1793)

— Göttlich nennst du die Kunst? Sie ist's, versetzte der Weise; | Aber das war sie, mein Sohn, eh' sie dem Staat noch gedient.

Friedr. von Schiller, Gedichte. Archimedes u. d. Schüler (ged. 1795).

— Wer um die Göttin (die Kunst) freit, suche in ihr nicht das Weib!

Friedr. von Schiller, Gedichte. Archimedes u. d. Schüler (ged. 1795). Schlußv.

— . . . die Kunst ist eine Tochter der Freiheit, und von der Notwendigkeit der Geister, nicht von der Notdurft der Materie will sie ihre Vorschrift empfangen.

Friedr. von Schiller, Prosaische Schriften. Über d. ästhetische Erziehung d. Menschen, in einer Reihe v. Br. (1795). Br. 2.

— Nur ein Teil der Kunst kann gelehrt werden; der Künstler braucht sie ganz.

Joh. Wolfg. von Goethe, Wilh. Meisters Lehrjahre (1777—1796).

— Denn dort, wo Sklaven knien, Despoten walten, | Wo sich die eitle Aftergröße bläht, | Da kann die Kunst das Edle nicht gestalten, | Von keinem Ludwig wird es ausgesät; | Aus eigner Fülle muß es sich entfalten, | Es borget nicht von ird'scher Majestät; | Nur mit der Wahrheit wird es sich vermählen, | Und seine Glut durchflammt nur freie Seelen.

Friedr. von Schiller, Gedichte. An Goethe, als er d. Mahomet v. Voltaire auf d. Bühne brachte (ged. 1800).

— Der Schein soll nie die Wirklichkeit erreichen; | Und siegt Natur, so muß die Kunst entweichen. Friedr. von Schiller, Gedichte. An Goethe, als er d. Mahomet v. Voltaire auf d. Bühne brachte (ged. 1800).

— . . . an dem ist Eure Kunst verloren!

Friedr. von Schiller, Maria Stuart (1800). A. 1, Sz. 3 (Paulet). Schlußv.

— Natur und Kunst, sie scheinen sich zu fliehen, | Und haben sich, eh' man es denkt, gefunden. Joh. Wolfg. von Goethe, Gedichte. Kunstgedichte u. Gedichte zu Bildern. Natur u. Kunst usw. (ged. vor 1802).

— Es gibt . . . Fälle, wo das Niedrige auch in der Kunst gestattet werden kann, da nämlich, wo es Lachen erregen soll.

Friedr. von Schiller, Prosaische Schriften (1793—1802). Gedanken über d. Gebrauch d. Gemeinen u. Niedrigen in d. Kunst.

— Aber hat Natur uns viel entzogen, | War die Kunst uns freundlich doch gewogen; | Unser Herz erwarmt an ihrem Licht.

Friedr. von Schiller, Gedichte. An d. Freude (ged. 1802).

— Auch die Kunst ist Himmelsgabe, | Borgt sie gleich von ird'scher Glut.

Friedr. von Schiller, Gedichte. Punschlied (ged. 1803).

Kunst. — Alle Kunst ist der Freude gewidmet, und es gibt keine höhere und keine ernsthaftere Aufgabe, als die Menschen zu beglücken.

Friedr. von Schiller, D. Braut v. Messina (1803). Über d. Gebrauch d. Chors in d. Tragödie.

— Ach Gott! die Kunst ist lang! | Und kurz ist unser Leben. Joh. Wolfg. von Goethe, Faust, I (1808). Nacht (Wagner).

— Die Zeit ist kurz, die Kunst ist lang.

Joh. Wolfg. von Goethe, Faust, I (1808). Studierzimmer (Mephistopheles).

— Den höchsten Vorwurf der Kunst für denkende Menschen ist der Mensch.

Joh. Joachim Winckelmann, Werke (1808). Kleine Aufsätze.

— Man weicht der Welt nicht sicherer aus als durch die Kunst, und man verknüpft sich nicht sicherer mit ihr als durch die Kunst.

Joh. Wolfg. von Goethe, D. Wahlverwandtschaften (1808—1809). T. 2, K. 5. A. Ottiliens Tageb.

— Die Kunst beschäftigt sich mit dem Schweren und Guten.

Joh. Wolfg. von Goethe, D. Wahlverwandtschaften (1808—1809). T. 2, K. 5. A. Ottiliens Tageb.

— Die Kunst ausrotten, wäre nichts andres, als die Quelle der Wissenschaft versiegen zu machen und aller Wissenschaft den Tod bringen.

Joh. Friedr. Delbrück, Ein Gastmahl (1809).

— Denn wo die Kunst sich zur Natur gestaltet, | Da wird des Lebens schönste Pracht entfaltet.

Theod. Körner, Knospen (1810). Erinnerung an Schlesien. Nr. 3. Buchwald. Schlußv

— Würdig ehren wir die Meister; | Aber frei ist uns die Kunst.

Ludw. Uhland, Gedichte. Lieder. Freie Kunst (ged. 24. Mai 1812). Mel. v. Christ. Schulz (komp. um 1825), Karl Gottl. Reissiger, Konradin Kreutzer u. a.

— . . . die Kunst verlangt ein Vaterland!

Theod. Körner, Leier u. Schwert (1814). Was uns bleibt.

— Die Kunst ist zwar nicht das Brot, aber der Wein des Lebens.

Jean Paul (Joh. Paul Friedr. Richter), Museum (1814).

— Gesetze, Zeiten, Völker überleben sich mit ihren Werken, nur die Sternbilder der Kunst schimmern in alter Unvergänglichkeit über den Kirchhöfen der Zeit.

Jean Paul (Joh. Paul Friedr. Richter), Museum (1814).

— Der gute Wille ist in der Moral alles; aber in der Kunst ist er nichts: da gilt, wie schon das Wort andeutet, allein das Können.

Arthur Schopenhauer, D. Welt als Wille u. Vorstellung (1819).

— Die höchste Liebe, wie die höchste Kunst, | Ist Andacht. Dem zerstreuten Gemüt | Erscheint die Wahrheit und die Schönheit nie.

Joh. Gottfr. von Herder, Sämtl. Werke (1805—1820). Legenden. D. Bild d. Andacht.

Kunst. — Wer sich einer strengen Kunst ergibt, muß sich ihr fürs Leben widmen.
Joh. Wolfg. von Goethe, Wilh. Meisters Wanderjahre (1807—1821).

— Die Kunst versöhnt der Sitten Widerstreit, | In ihren Kreisen waltet Einigkeit.
Joh. Wolfg. von Goethe, Theaterreden (1821).

— Dem ergibt die Kunst sich völlig, der sich völlig ihr ergibt, | Der die Freiheit heißer, als er Not und Hunger fürchtet, liebt.
Aug. Graf von Platen-Hallermund, D. verhängnisvolle Gabel (1826). A. 1 (Schmuhl).

— Auch das Beste, was ihr bildet, ist ein ewiger Versuch; | Nur wenn Kunst es adelt, bleibt es stereotyp im Zeitenbuch.
Aug. Graf von Platen-Hallermund, D. verhängnisvolle Gabel (1826). A. 1 (Schmuhl).

— Die Kunst ist keine Dienerin der Menge.
Aug. Graf von Platen-Hallermund, D. verhängnisvolle Gabel (1826). A. 3 (Schmuhl).

— Die Kunst kann niemand fördern als der Meister. Gönner fördern den Künstler, das ist recht und gut; aber dadurch wird nicht immer die Kunst gefördert.
Joh. Wolfg. von Goethe, Werke (1827—1830). Maximen u. Reflexionen. Abteilung 2.

— Es gibt keine patriotische Kunst und keine patriotische Wissenschaft.
Joh. Wolfg. von Goethe, Werke (1827—1830). Maximen u. Reflexionen. Abteilung 6.

— Eigentümlichkeit des Ausdrucks ist Anfang und Ende aller Kunst.
Joh. Wolfg. von Goethe, Werke (1827—1830). Verschiedenes Einzelne über Kunst. Deutsches Theater.

— Kunst ist eine Zentralsonne, um die sich gleich Sternen Millionen feurige Herzen drehen und ihre Strahlen trinken wie Blumen den Morgentau. Ludw. Bechstein, Arabesken (1832).

— Nicht freuen soll die Kunst und nicht belehren, | Entflammen soll sie und verzehren.
Gotthard Oswald Marbach, Gedichte (1836).

— Die Kunst erfreut, es nützt die Wissenschaft; | Wo aber ist ein Nutzen ohne Freude, | Wo eine Freude, die nicht nützlich ist?
Ernst Raupach, D. Hohenstaufen (1837). Friedr. II. u. Gregor. A. 5, Sz. 3.

— Es ist die Kunst, die freundlich uns der kalten, | Verhängnisvollen Gegenwart entrückt!
Aug. Mahlmann, Sämtl. Schriften (1839—1840). Gedichte. An d. Kunst.

— Abtragen ist des Handwerks, der Kunst nur ist das Bau'n; | Wohlfeiler Witz ist Zweifel, doch heil'ge Tat Vertrau'n.
Anastasius Grün (Anton Alexander Graf von Auersperg), Nibelungen im Frack (1843).

— Als Luxus darf die Kunst nicht betrachtet werden; in allem drücke sie sich aus, sie gehe über ins Leben; — nur dann ist sie, was sie sein soll.
König Ludw. I. v. Bayern (reg. 1825—1848).

Kunst. — Die Kunst hat es eigen, daß sie den Menschen stille, ruhig und friedlich macht.
Georg Gervinus, Gesch. d. deutschen Dichtung (1853).

— Eigner Sang erfreut den Biedern, | Denn die Kunst ging längst ins Breite; | Seinen Hausbedarf an Liedern | Schafft ein jeder selbst sich heute.
Jos. Viktor von Scheffel, D. Trompeter v. Säkkingen (1854). Ges. 14. Lieder d. Katers Hiddigeigei. Nr. 1.

— Wem die Kunst zu eigen ward, der hat die echte blaue Blume.
Jos. Viktor von Scheffel, Ekkehard (1855).

— Irrational erscheint das Leben; | Die Kunst soll keine Brüche geben.
Emanuel Geibel, Neue Gedichte (1856). Spr. Nr. 35.

— Die Kunst allein ist es, die die Blüte der Völker bezeichnet. Hermann Grimm, Essays (1859).

— Die Kunst spricht vom Geiste zum Geiste, der Stoff ist nur die Straße, die den Verkehr vermittelt. Hermann Grimm, Essays (1859).

— In der Moral wie in der Kunst ist Reden nichts, Tun alles. Franz.: Dans la morale comme dans l'art dire n'est rien, faire est tout.
Ernest Renan, D. Leben Jesu (1861). Übers. v. Kalt.

— Die Kunst ist auch dann am vollkommensten, | Wenn sie sich so verbirgt, daß man von ihr | Nichts merkt.
Emerich Madách, D. Tragödie d. Menschen (1861). A. d. Ungar. übers. v. Lechner. Sz. 10 (Adam).

— Die Kunst ist doch das Edelste am Menschen; sie weiht selbst den ärmsten Namen.
Albert Emil Brachvogel, Ein neuer Falstaff (1862).

— Das Drama ist Abbild des Lebens, und ist das Leben klein, ist es die Kunst auch.
Ludw. Börne, Gesammelte Schriften (1862—1863). Kritiken.

— Weil Kunst die Geburt des Könnens, das Geschöpf des schöpferischen Menschen ist, die christliche Kunst aber Duldung und Ohnmacht darstellt, so ist sie keine.
Ludw. Börne, Gesammelte Schriften (1862—1863).

— Nur zu oft vom Born entfernt | Trübt die Welle sich, die klare; | Heil, wem das Unmittelbare | Blieb, als er die Kunst gelernt!
Emanuel Geibel, Gedichte u. Gedenkblätter (1864). Spr. Nr. 8.

— Die Daguerreotypie ist ein Zeugnis gegen die irrige Ansicht, daß die Kunst eine Nachahmung der Natur sei.
Heinr. Heine, Sämtl. Schriften (1861—1868). Verm. Schriften. Gedanken u. Einfälle. Nr. 3. Kunst u. Literatur.

— Zerging das heil'ge römische Reich in Dunst, | Uns bliebe doch die heil'ge deutsche Kunst!
Richard Wagner, D. Meistersinger (1868).

— Sieh, was das Leben dir entzogen, | Ob dir's ersetzen kann die Kunst.
Frz. Grillparzer, Gedichte (1873). D. Bann.

— Soll ich die Kunst ein Bild des Lebens nennen? | Ein Bild im Bache, ja; doch eins im Spiegel nicht. Frz. Grillparzer, Gedichte (1873).

Kunst. — Wenn Sie eine Kunst haben wollen, so haben Sie eine.

Nach Richard Wagner, Anrede an d. Publikum (18. Aug. 1876).

— Kunst erfordert das gesündeste, vollständigste Naturgefühl, ungeschwächte Sinne und ein reges, bewegliches Gemüt.

Rahel (Antonie Friederike Varnhagen von Ense), Br. (1877).

— Die Kunst soll ein Beten sein voll Inbrunst und Andacht.

Ernst Jul. Hähnel, Lit. Reliquien (1878).

— Ach, führt uns rings im Erdenrunde | Ein Pfad zum heiligsten Liebesbunde, | Ein Pfad, der alles überbrückt, . . . | . . . So ist's der Lorbeerpfad der Kunst. Ernst Eckstein, Murillo (1880).

— Die Kunst erhebt den Geist zu lichten Bahnen, | Läßt Ewiges in zeitlicher Bezirkung, Vollkommnes hinter Unvollkommnem ahnen, | Zeigt Endliches unendlich in der Wirkung.

Friedr. von Bodenstedt, A. Morgenland u. Abendland (1882).

— Die Kunst gedeiht nur in des Lebens Gunst.

Friedr. von Bodenstedt, A. Morgenland u. Abendland (1882).

— Um große Kunst nachempfinden zu können, braucht es in erster Linie Herz und Phantasie. Der Verstand kann nachher kommen und sich die Sache zurechtlegen.

Anselm Feuerbach, Ein Vermächtnis (1882).

— Die Kunst übersetzt die göttliche Schöpfungskraft ins Menschliche; die Wissenschaft reproduziert das Geschaffene im Geiste. Kann man sich eine größere Verschiedenheit der Aufgaben denken?

Anselm Feuerbach, Ein Vermächtnis (1882).

— Die Kunst ist Freude an sich, am Dasein, an der Allgemeinheit.

Richard Wagner, Gesammelte Schriften (1871—1883).

— . . . die wahre Kunst ist höchste Freiheit, und nur die höchste Freiheit kann sie aus sich kund geben; kein Befehl, keine Verordnung, kurz kein außerkünstlerischer Zweck kann sie entstehen lassen. Richard Wagner, Gesammelte Schriften (1871—1883).

— Das Leben ist ein dorniger Rosenstock und die Kunst seine Blüte.

Georg Ebers, Ein Wort (1883).

— Die Kunst ist eine duft'ge Blüte, | Und wo sie Gott erblühen ließ, | Erwacht die Sehnsucht im Gemüte | Nach dem verlornen Paradies.

Jul. Sturm, Ich bau' auf Gott (1883).

— Die Kunst ist eine Brücke, die uns mit der Gottheit verbindet. Georg Ebers, Serapis (1885).

— Vermische Kunst und Leben nicht, | Mach' nicht dein Leben zum Gedicht; | Du möchtest sonst die Kraft verbrauchen, | Der Dichtung Leben einzuhauchen. Paul Heyse, Spruchbüchlein (1885).

Literatur u. Kunst.

Kunst. — Sonne und Kunst beleuchten am schönsten das Ferne.

Joh. Jak. Mohr, Gedanken über Leben u. Kunst (1885).

— Kunst und Wirklichkeit sind wie Pole: die ungleichartigen ziehen sich an, die gleichartigen stoßen sich ab.

Joh. Jak. Mohr, Gedanken über Leben u. Kunst (1885).

— Die Kunst ist der Riese Antäus, der immer durch die Berührung mit seiner Mutter Erde sich neue Kraft holen muß.

Joh. Jak. Mohr, Gedanken über Leben u. Kunst (1885).

— Die Kunst populär zu machen, heißt, sie herabziehen, um sie im Schlamm zu betten.

Ernst Jul. Hähnel, Lit. Reliquien (1887).

— Die wahre, ideale Kunst ist immer symbolisch, wie die Abendmahlslehre der Reformation sagt: Es bedeutet, und nicht: Es ist.

Ernst Jul. Hähnel, Lit. Reliquien (1887).

— In der Kunst vor allem gilt: Trachtet nach der Schönheit, und alles andere wird euch werden!

Berth. Auerbach, Gesammelte Schriften (1892).

— Der Gottesdienst ist ohne Kunst | Ein Himmel ohne Gestirne; | Und Kunst ist ohne Gottesdienst | Eine hübsche, käufliche Dirne.

Wilh. Jordan, Letzte Lieder (1892). Spr. Nr. 20.

— Selbst die Religion, deren ausgesprochenes Ziel doch die Erhebung des Geistes nach dem Übersinnlichen ist, kann die goldene Brücke nicht entbehren, welche die Kunst von dem Materiellen nach dem Geistigen hinüberschlägt.

Gustav Adolf Lindner, D. Problem d. Glücks (1892).

— Wir wären kaum in gleich enger Verbindung mit Wien geblieben, wenn nicht Haydn, Mozart, Beethoven dort gelebt und ein gemeinsames Band der Kunst zwischen dem Niederrhein und Wien geschaffen hätten.

Otto von Bismarck zu d. Mitgliedern d. Barmer Gesangvereins Orpheus in Kissingen (18. Aug. 1893).

— Wenn der Kunst kein Tempel mehr offen steht, dann flüchtet sie in die Werkstatt.

Marie von Ebner-Eschenbach, Aphorismen (1893).

— . . . nach unserer ganzen Geschichte, nach unserer Dichtkunst, nach unserer Kunst überhaupt wird sich immer der Deutsche wieder zum Deutschen finden.

Otto von Bismarck zu d. Deputierten d. deutschen Künstlerschaft in Friedrichsruh (17. April 1895).

— . . . die große Kunst macht dich rasend.

Apostelgesch., K. 26, V. 24.

— Kunst hat ein bitter wurtzel und süsse frucht.

Alter Spr.

— Kunst niemand schwert, | Vorhin er auch verkehrt.

Alter Spr.

— Kunst soltu für (mehr als) Gelt und gut lieben, | Den sie ist sicher für (vor) die Dieben.

Alter Spr.

— Nicht Gunst macht Kunst, | Kunst macht Gunst.

Alter Spr.

— Ohne Glück ist selbst die Kunst | Hier auf Erden eitler Dunst.

Alter Spr.

Kunst. — Wer allzeit suchet Feyrtag, | Nimmer kunst erlangen mag. Alter Spr.

— Kunst hält fest, | Wenn alles verläßt. Sprichwort.

— Kunst ist ein Kräutlein | Nicht für alle Leutlein. Sprichwort.

— Wo Kunst und Natur zusammenkommen, da gibt's gute Meister. Sprichwort.

— Kunst findet überall Nahrung. Dän.: Kunst finder alsteds Føde. Sprichwort.

— Kein besser Reisegeld als die Kunst. Niederl.: Geen beter reisgeld dan de kunst. Sprichwort.

— Auch eine Kunst! hat selbige Frau mit der Drehorgel gesagt. Sprichwörtl. Redensart. Schwaben.

— Die Kunst ist lang, das Leben ewig.
Inschrift an d. Königsberger Universität.

— Kunst | Bringt Gunst.
Spr. an einem Hause in Hamburg.

— Ohne Glück und Gunst | Ist Kunst umsunst.
Wartburgspr.

Kunstaufgabe. — Die höchste Aufgabe einer jeden Kunst ist, durch den Schein die Täuschung einer höheren Wirklichkeit zu geben.
Joh. Wolfg. von Goethe, A. meinem Leben. Dichtung u. Wahrheit (1809—1831).

Künste. — Treue Hingebung an das Studium der Künste und Wissenschaften bildet die Sitten und duldet keinerlei Roheit. Lat.: Adde, quod ingenuas didicisse fideliter artes | Emollit mores nec sinit esse feros.
Publ. Ovidius Naso (um 43 v. Chr. — 17 n. Chr.), Br. a. d. Pontus. Übers. v. Berg. B. 2, Nr. 9, V. 47—48.

— Es seindt all Künste Gottes gaben.
Burchhard Waldis, Esopus (1548). B. 2, Nr. 21. V. Fuchß v. d. Katzen. V. 70.

— In Gegenden, wo die Künste geblüht haben, sind auch die schönsten Menschen gezeugt worden.
Joh. Joachim Winckelmann, Gedanken über d. Nachahmungen d. griech. Werke in d. Malerei u. Bildhauerkunst (1754).

— Die Künste sind das, wozu wir sie machen wollen. Es liegt nur an uns, wenn sie uns schädlich sind. Gotthold Ephr. Lessing, Schriften (1753—1755). Br. Br. 9.

— Es sei Fabel oder Geschichte, daß die Liebe den ersten Versuch in den bildenden Künsten gemacht habe; so viel ist gewiß, daß sie den großen alten Meistern die Hand zu führen nicht müde geworden.
Gotthold Ephr. Lessing, Laokoon oder Über d. Grenzen d. Malerei u. Poesie (1766). T. 1, K. 2.

— In den Künsten, wer nicht das Beste hat, hat nichts. Joh. Wolfg. von Goethe an Joh. Friedr. Reichardt (2. Nov. 1789).

— Es scheint niemand einzusehen, welchen hohen Grad von Wirkung die Künste in Verbindung mit den Wissenschaften, Handwerk und Gewerbe in einem Staate hervorbringen.
Joh. Wolfg. von Goethe, Briefwechsel d. Großherzogs Karl Aug. mit Goethe (12. Sept. 1799).

Künste. — Der Künste Chor | Tritt nie behaglich auf, wofern er nicht bequem | Gebahnte Wege findet.
Joh. Wolfg. von Goethe, Was wir bringen (1802). Sz. 16 (Merkur).

— Wir (die Künste) hassen die Falschen, | Die Götterverächter; | Wir suchen der Menschen | Aufricht'ge Geschlechter; | Wo kindliche Sitten | Uns freundlich empfahn, | Da bauen wir Hütten | Und siedeln uns an!
Friedr. von Schiller, D. Huldigung d. Künste (geb. 4.—8. Nov. 1804). (Chor d. Künste).

— Künste und Wissenschaften verherrlichen eine Regierung vielleicht mehr, wenigstens dauerhafter als die Waffen.
Aug. von Kotzebue, D. Biene (1808—1809).

— Es bleibt doch jeder reine Geist | Ihr (der Künste) ewiger Altar.
Theod. Körner, Leier u. Schwert (1814). Trost.

— Die Mutter der nützlichen Künste ist die Not; die der schönen der Überfluß.
Artur Schopenhauer, D. Welt als Wille u. Vorstellung (1819).

— Im allgemeinen sind die schönen Künste mehr ein Gegenstand der Phantasie, die Wissenschaften des Verstandes. Engl.: Speaking generally, the fine arts are addressed more to the imagination; the sciences to the intellect.
Henry Thomas Buckle, Gesch. d. Zivilisation (1858—1861). Übers. v. Ritter. K. 2.

— Die Künste preist ihr salbungsvoll, | Doch warnt ihr vor Sinnenreizen? | Wenn euch der Ofen wärmen soll, | So, denk' ich, müßt ihr ihn heizen. Paul Heyse, Gesammelte Werke (1872). Gedichte. Spr. An d. Nazarener.

— Künste sind Brunnquellen alles Guten.
Sprichwort.

— Bei sieben Künsten geht man betteln; | Bei Einer kann man Altmeister werden.
Spr. im Berliner Rathause. Dritter Stock.

— Gute Künste soll man loben und ehren, | Sie sind ein' Gab' von Gott dem Herrn.
Spr. im Schloß Trautmannsdorf bei Meran.

Kunstenthusiasmus. — Ohne Enthusiasmus wird nichts Rechtes in der Kunst zu Wege gebracht. Rob. Schumann, Musik u. Musiker (1854).

Kunstgattungen. — Alle Kunstgattungen sind gut, ausgenommen die langweilige Kunstgattung. Franz.: Tous les genres sont bons, hors le genre ennuyeux.
Voltaire (François Marie Arouet), D. verlorene Sohn (1738). Übers. v. Mylius. Vorrede.

Kunstgebiet. — Man rettet gern aus trüber Gegenwart | Sich in das heitere Gebiet der Kunst, | Und für die Kränkungen der Wirklichkeit | Sucht man sich Heilung in des Dichters Träumen. Ludw. Uhland, Ernst, Herzog v. Schwaben. Prolog (geb. 27. Okt. 1819).

Künstler, der. — Erfindung macht den Künstler groß | Und bei der Nachwelt unvergessen.

Christ. Fürchtegott Gellert, Fab. u. Erz. (1746). B. 1. D. Gesch. v. d. Hute.

— . . . (der Künstler) hat es gern, daß man über sein Werk urteilt; schal oder gründlich, links oder rechts, gutartig oder hämisch, alles gilt ihm gleich; und auch das schalste, linkste, hämischste Urteil ist ihm lieber als kalte Bewunderung.

Gotthold Ephr. Lessing, Hamburgische Dramaturgie. Stück 73 (12. Jan. 1768).

— Der denkende Künstler ist noch eins so viel wert.

Gotthold Ephr. Lessing, Emilia Galotti (1772). A. 1, Sz. 4 (D. Prinz).

— O, Sie wissen es ja wohl, Conti, daß man den Künstler dann erst recht lobt, wenn man über sein Werk sein Lob vergißt.

Gotthold Ephr. Lessing, Emilia Galotti (1772). A. 1, Sz. 4 (D. Prinz).

— Wenn wir ihn über dem Gemälde vernachlässigen, findet sich ja der Künstler am feinsten gelobt.

Friedr. von Schiller, Kabale u. Liebe (1784). A. 1, Sz. 3 (Louise).

— Ich aber soll zum Meißel mich erniedern, | Wo ich der Künstler könnte sein?

Friedr. von Schiller, Don Carlos (1787). A. 3, Sz. 10 (Marquis).

— Die Menge macht den Künstler irr' und scheu.

Joh. Wolfg. von Goethe, Torquato Tasso (1789). A. 1, Sz. 3 (Tasso).

— Der Künstler ist zwar der Sohn seiner Zeit, aber schlimm für ihn, wenn er zugleich ihr Zögling oder gar noch ihr Günstling ist!

Friedr. von Schiller, Prosaische Schriften. Über d. ästhetische Erziehung d. Menschen, in einer Reihe v. Br. (1795). Br. 9.

— Jener behauptete, . . . der Künstler müsse goldene Äpfel in silbernen Schalen seinen Gästen reichen.

Joh. Wolfg. von Goethe, Wilh. Meisters Lehrjahre (1777—1796). B. 5, K. 4.

— Es ist, wie man weiß, niemals der Stoff, sondern bloß die Behandlungsweise, was den Künstler und Dichter macht.

Friedr. von Schiller, Prosaische Schriften (1793—1802). Über Matthissons Gedichte.

— Es ist nicht wahr, was man gewöhnlich behaupten hört, daß das Publikum die Kunst herabzieht; der Künstler zieht das Publikum herab, und zu allen Zeiten, wo die Kunst verfiel, ist sie durch die Künstler gefallen.

Friedr. von Schiller, D. Braut v. Messina (1803). Über d. Gebrauch d. Chors in d. Tragödie.

— Der Künstler muß mit Feuer entwerfen und mit Phlegma ausführen.

Joh. Joachim Winckelmann, Werke (1808). Kleinere Aufsätze.

— Selbst im Augenblick des höchsten Glücks und der höchsten Not bedürfen wir des Künstlers.

Joh. Wolfg. von Goethe, D. Wahlverwandtschaften (1808—1809). T. 2, K. 5. A. Ottiliens Tageb.

Künstler, der. — Zu erfinden, zu beschließen, | Bleibe, Künstler, oft allein!

Joh. Wolfg. von Goethe, Gedichte. Kunst. Künstler-Lied (ged. 27.—28. Dez. 1816).

— Wohl erfunden, klug ersonnen, | Schön gebildet, zart vollbracht, | So von jeher hat gewonnen | Künstler kunstreich seine Macht.

Joh. Wolfg. von Goethe, Gedichte. Kunst. Künstler-Lied (ged. 27.—28. Dez. 1816).

— Denken soll freilich der Künstler bei der Anordnung seines Werkes; aber nur das Gedachte, was geschaut wurde, ehe es gedacht war, hat nochmals, bei der Mitteilung, anregende Kraft und wird dadurch unvergänglich.

Arthur Schopenhauer, D. Welt als Wille u. Vorstellung (1819).

— Heilig ist das Gesetz, so dem Künstler Schönheit gebietet.

Friedr. Gottl. Klopstock, Sämtl. Werke (1798—1821). Epigramme. D. beiden Gesetze.

— Künstler! dich selbst zu adeln, | Mußt du bescheiden prahlen; | Laß dich heute loben, morgen tadeln | Und immer bezahlen!

Joh. Wolfg. von Goethe, Werke (1827—1830). Gedichte. Zahme Xenien. Nr. 4.

— Man sagt: Studiere, Künstler, die Natur! Es ist aber keine Kleinigkeit, aus dem Gemeinen das Edle, aus der Unform das Schöne zu entwickeln.

Joh. Wolfg. von Goethe, Werke (1827—1830). Maximen u. Reflexionen. Abteilung 3.

— Die Kunst an und für sich selbst ist edel; deshalb fürchtet sich der Künstler nicht vor dem Gemeinen.

Joh. Wolfg. von Goethe, Werke (1827—1830). Verschiedenes Einzelne über Kunst. Naivetät u. Humor.

— Ein gutes Kunstwerk kann und wird zwar moralische Folgen haben, aber moralische Zwecke vom Künstler fordern, heißt ihm sein Handwerk verderben.

Joh. Wolfg. von Goethe, A. meinem Leben. Dichtung u. Wahrheit (1809—1831).

— Sobald ein Künstler zu einer gewissen Höhe von Vortrefflichkeit gelangt ist, wird es ziemlich gleichgültig, ob eins seiner Werke etwas vollkommener geraten ist als ein anderes.

Joh. Wolfg. von Goethe, Gespräch mit Soret (1832).

— Alles Künstlerische und Dichterische trägt zwar den Charakter des Freiwilligen an sich, darum aber fällt doch auch dem Künstler und Dichter nicht ganz ohne Mühe ihr glückliches Los. Auch sie bedürfen der Arbeit, nur einer Arbeit ganz eigener Natur.

Wilh. Freiherr von Humboldt (1767—1835). Br.

— Und darum mein' ich, | Wie dem Gelehrten nicht die Kunst, so muß | Nicht fremd die Wissenschaft dem Künstler sein.

Ernst Raupach, D. Hohenstaufen (1837). Friedr. II. u. Gregor. A. 5, Sz. 3.

Künstler, der. — Der echte Künstler kann etwas, was Tausende nicht können; daher sagen wir von Dingen, die jeder kann: das ist keine Kunst!
Karl Jul. Weber, Demokritos (1832—1840). D. Künste. D. Theater.

— Bist du als Künstler, als Poet gesendet, | O laß dich nicht vom Preis des Marktes leiten! | Denn sinnlos hat die Welt zu allen Zeiten | An Mittelmäß'ges ihre Gunst verschwendet.
Emanuel Geibel, Gesammelte Werke. Jugendgedichte. B. 3. Athen (geb. 1838—1840). Neue Sonette. Unbekümmert.

— Das Schaffen selbst ist eitel Bewegung, | Das stümpert sich leicht in kurzer Frist; | Jedoch der Plan, die Überlegung, | Das zeigt erst, wer ein Künstler ist. Heinr. Heine, Neue Gedichte (1844). Schöpfungslieder. Nr. 4.

— Wer in weltlichen Dingen auf geistige Weise vermittelt? | Freilich tut es ein Papst, aber der Künstler ist Papst.
Friedr. Hebbel, Gedichte (1857). Epigramme u. Verwandtes. Nr. 2. Gnomen. D. ewige Papst.

— Künstler, nie mit Worten, mit Taten begegne dem Feinde! | Schleudert er Steine nach dir, mache du Statuen draus!
Friedr. Hebbel, Gedichte (1857). Epigramme u. Verwandtes. Nr. 3. Kunst. Richtschnur.

— So Lob als Tadel unverdrossen | Laß, Künstler, über dich ergehn! | Du weißt, der Schaum ist bald zerflossen, | Doch was du tüchtig schufst, bleibt stehn.
Emanuel Geibel, Gedichte u. Gedenkblätter (1864). Spr. Nr. 19.

— Der echte Künstler gleicht dem Hausvater im Evangelium, der sein Gastmahl rüstet, ohne zu fragen, was für Gäste sich zu Tische setzen werden.... Es ist ein wahres Glück, daß er eine Freundin hat, die ihn tröstet und für alles entschädigt: die Kunst. Aug. Wilh. Ambros, Bunte Blätter (1871).

— Das Höchste, was der Künstler | Und was Natur erschafft, | Ist unbewußte Anmut | Und selbstbewußte Kraft.
Friedr. Halm (Elegius Frz. Jos. Freiherr von Münch-Bellinghausen), Neueste Gedichte (1872).

— Das Beste, was der Künstler gibt | Ist Abglanz dessen, was er liebt.
Ernst Eckstein, Murillo (1880).

— Der Künstler wendet sich an das Gefühl und nicht an den Verstand; wird ihm mit dem Verstande geantwortet, so wird hiermit gesagt, daß er eben nicht verstanden worden ist.
Rich. Wagner, Gesammelte Schriften (1871—1883).

— Wissenschaft, stolzragender Bau, dran Tausende rastlos | Durch Jahrhunderte fort ewiglich wechselnd sich mühn! | Selbst dem Gewaltigen stellt sich ein anderer bald auf die Schultern; | Aber der Künstler beginnt, merk' es, und schließt mit sich selbst!
Emanuel Geibel, Gesammelte Werke (1883). Dichtungen in antiker Form. Ethisches u. Ästhetisches in Distichen. Nr. 2.

Künstler, der. — Halte nur Maß im Geltenlassen, | Stumpfe nicht ab dein Lieben und Hassen! | Willst du zum Künstler dich erziehn, | Hebe den Mut deiner Antipathien!
Paul Heyse, Spruchbüchlein (1885). Kritik.

— Mit dem Künstler, der seine Ideale hinopfert, . . . um Brot zu verdienen, hat keiner Erbarmen, und kaum Einer versteht die Größe solchen Opfers. Den aber, den es trifft, beugt es nieder wie der Wetterstrahl aus dunkler Höhe.
Konrad Telman (Zitelmann), Moderne Ideale (1886).

— Ein Künstler — ein Priester.
Marie von Ebner-Eschenbach, Aphorismen (1893).

Künstler, die. — Künstler seynd jmmer die ersten im Narrenschiff.
Christoph Lehmann, Politischer Blumen-Garten (1662). T. 1. Kunst. Nr. 19.

— Künstler! zeiget nur den Augen | Farbenfülle, reines Rund! | Was den Seelen möge taugen; | Seid gesund und wirkt gesund!
Joh. Wolfg. von Goethe, Gedichte. Zahme Xenien. Nr. 3 (1824).

— Es gibt auch Afterkünstler, Dilettanten und Spekulanten; jene treiben die Kunst um des Vergnügens, diese um des Nutzens willen.
Joh. Wolfg. von Goethe, Werke (1827—1830). Maximen u. Reflexionen. Abteilung 3.

— Ich mag die Künstler nicht, deren Leben mit ihren Werken nicht im Einklange steht.
Rob. Schumann, Musik u. Musiker (1854).

Künstlerart. — Der lebendigen Wirklichkeit ihr Schönes abzulauschen, ist der verständigen Künstler Art. Rob. Hamerling, Aspasia (1878).

Künstleraufgabe. — Im Positiven die Poesie festzuhalten, scheint mir die Aufgabe des Künstlers zu sein.
Anselm Feuerbach, Ein Vermächtnis (1882).

Künstlerauge. — Ich bin überzeugt, daß das Auge des Künstlers größtenteils viel scharfsichtiger ist als das scharfsichtigste seiner Betrachter.
Gotthold Ephr. Lessing, Hamburgische Dramaturgie. Stück 73 (12. Jan. 1768).

Künstlerberuf. — Licht senden in die Tiefe des menschlichen Herzens, — des Künstlers Beruf. Rob. Schumann, Musik u. Musiker (1854).

Künstlerbildung. — Glücklich der Künstler, der Bildung hat! | Mit einer Klausel indessen; | Wenn es kommt zur schaffenden Tat, | Muß er auf seine Bildung vergessen.
Frz. Grillparzer, Gedichte (1873).

Künstlerblick. — Des Künstlers Blick, taucht er den Griffel nicht | Zur Schöpfung in des Himmels Flammen, | Schreibt Totes nur aus der Natur zusammen, | Schroff, starr und ohne Lebenslicht. Joh. Gottfr. Seume, Sämtl. Werke (1826). Gedichte. Zauber d. Lebens.

Künstlereitelkeit. — Die Eitelkeit ist der notwendige Fehler aller großen Leute, namentlich derer, welche die Welt mit Worten oder mit Tönen erobern. Ein Künstler, der nicht eitel ist, gleicht einem Weibe, das nicht gefallen will; — beide sind langweilig.

Heinr. Laube, Moderne Charakteristiken (1835).

Künstlereitelkeiten. — Man muß Künstlern kleine Eitelkeiten verzeihen.

Gotthold Ephr. Lessing, Hamburgische Dramaturgie. Stück 16 (23. Junius 1767).

Künstlerhand. — Der Menschheit Würde ist in eure (der Künstler) Hand gegeben; | Bewahret sie! | Sie sinkt mit euch! Mit euch wird sie sich heben! Friedr. von Schiller, Gedichte. D. Künstler (ged. 1789).

Künstlerheirat. — Die gefährlichste Klippe im Leben des Künstlers ist die Heirat, am meisten eine sogenannte glückliche Heirat.

Anselm Feuerbach, Ein Vermächtnis (1882).

— Zu einer Künstlerheirat gehört viel Liebe, viel Verstand, viel Geduld und sehr viel Geld. Kleinliche Sorgen sind der Tod des künstlerischen Schaffens. Anselm Feuerbach, Ein Vermächtnis (1882).

Kunstprodukt. — Schön ist ein Naturprodukt, wenn es in seiner Kunstmäßigkeit frei erscheint. Schön ist ein Kunstprodukt, wenn es ein Naturprodukt frei darstellt.

Friedr. von Schiller, Briefwechsel mit Körner (20. Juni 1797).

Kunstrichter. — . . . bei den Bemerkungen des Kunstrichters beruhet das meiste in der Richtigkeit der Anwendung auf den einzelnen Fall.

Gotthold Ephr. Lessing, Laokoon oder Über d. Grenzen d. Malerei u. Poesie (1766). T. 1. Vorrede.

— Der wahre Kunstrichter folgert keine Regeln aus seinem Geschmacke, sondern hat seinen Geschmack nach den Regeln gebildet, welche die Natur der Sache erfodert.

Gotthold Ephr. Lessing, Hamburgische Dramaturgie. Stück 19 (3. Julius 1767).

— Auch ist ein Mann von Geschmack noch lange kein Kunstrichter.

Gotthold Ephr. Lessing, Br. antiquarischen Inhalts (1768—1769). T. 2, Br. 51.

— Der Kunstrichter, der gegen alle nur Einen Ton hat, hätte besser gar keinen.

Gotthold Ephr. Lessing, Br. antiquarischen Inhalts (1768—1769). T. 2, Br. 57.

Kunstrichterei. — Gut Werk ist Dichterei, die feine wie die plumpe, | Und nur Kunstrichterei ist ein Geschäft für Lumpe.

Friedr. Rückert, Gesammelte Gedichte (1843).

Kunstsinn. — Wer . . . nicht Sinn für Kunst oder nicht wahren und echten für Musik oder Poesie besitzt, der wird überhaupt schwer Ideen fassen und in keiner gerade das wahrhaft empfinden, was darin Idee ist.

Wilh. Freiherr von Humboldt, Br. an eine Freundin (8. März 1833).

Kunsturteil. — Gut sei jeglicher Mensch, nicht jeder ein Künstler! und deshalb | Sei man im Kunsturteil streng und im sittlichen mild!

Aug. Graf von Platen-Hallermund, Gesammelte Werke (1839). Gedichte. Epigramme. Schonung u. Nichtschonung.

Kunstwelt. — Die Welt der Kunst ist eine Welt des Traumes.

Ernst Raupach, D. Hohenstaufen (1837). Kaiser Friedr. II. u. Gregor. A. 5, Sz. 2.

Kunstwerk. — In einem wahrhaft schönen Kunstwerk soll der Inhalt nichts, die Form aber alles tun; denn durch die Form allein wird auf das Ganze des Menschen, durch den Inhalt hingegen nur auf einzelne Kräfte gewirkt.

Friedr. von Schiller, Prosaische Schriften. Über d. ästhetische Erziehung d. Menschen, in einer Reihe v. Br. (1795). Br. 22.

— Kannst du nicht allen gefallen durch deine Tat und dein Kunstwerk, | Mach' es wenigen recht; vielen gefallen ist schlimm.

Friedr. von Schiller, Gedichte. Votivtafeln. Nr. 45. Wahl (ged. 1796).

— In einem echten Kunstwerk wird selbst das, was nur Schmuck und hinzugefügte Zierde scheint, innigst vom Geiste des Ganzen beseelt sein.

Karl Friedr. Wilh. von Schlegel, Historische u. kritische Versuche über d. klassische Altertum (1797).

— Ein getötetes oder verstümmeltes Kunstwerk ist Raub an der Ewigkeit.

Jean Paul (Joh. Paul Friedr. Richter), Freiheitsbüchlein (1805). Bd. 3, Abschnitt 8.

— Es ist ein großer Vorteil für ein Kunstwerk, wenn es selbständig, wenn es geschlossen ist.

Joh. Wolfg. von Goethe, Werke (1827—1830). Schriften über bildende Kunst. Über Laokoon.

— Der größte Vorzug des Kunstwerkes ist, die in der wirklichen Erscheinung verdunkelte innere Wahrheit der Gestalten offenbar zu machen.

Wilh. Freiherr von Humboldt, Gesammelte Werke (1841—1852). D. Aufgabe d. Geschichtschreibers.

— In einer vorwiegend politischen Zeit wird selten ein reines Kunstwerk entstehen.

Heinr. Heine, Sämmtl. Werke (1861—1868). Verm. Schriften. Gedanken u. Einfälle. Nr. 3. Kunst u. Literatur.

— Das echte Kunstwerk bildet uns, indem wir es genießen. Mangel an Erklärung befördert bekanntlich den Kunstgenuß sehr.

Anselm Feuerbach, Ein Vermächtnis (1882).

— Schaffst du ein Werk der Kunst, gib acht, | Daß nicht die letzte Hand der ersten schade! | Den letzten Schritt mach' mit so straffer Wade, | Wie du den ersten einst gemacht.

Paul Heyse, Spruchbüchlein (1885). Literatur u. Kunst.

— Jedes echte Kunstwerk ist ein Zauberspiegel, in dem sich die eigene Seele verschönt erblickt. Joh. Jak. Mohr, Gedanken über Leben u. Kunst (1885).

Kunstwerke. — Das Schwerste in allen Werken der Kunst ist, daß dasjenige, was sehr ausgearbeitet worden, nicht ausgearbeitet scheine.

Joh. Joachim Winckelmann, Gedanken über d. Nachahmungen d. griech. Werke in d. Malerei u. Bildhauerkunst (1754).

Kunstzweck. — Der Endzweck der Künste ... ist Vergnügen.

Gotthold Ephr. Lessing, Laokoon oder Über d. Grenzen d. Malerei u. Poesie (1766). T. 1, K. 2.

— .. der Zweck der Kunst ist zu vergnügen.

Friedr. von Schiller, Prosaische Schriften. Zerstreute Betrachtungen über verschiedene ästhetische Gegenstände (1793).

Kupferstecher. — Lieber Freund und Kupferstecher!

Sprichwörtl. Redensart.

Kupido. — Kupido mit seinem Geschoß, | Ob er schon ist ein Kind und bloß, | Bezwinget doch so Jung und Alt, | Dazu die Götter mannigfalt'.

Spr. an einem Hausgerät.

Kuppelpelz. — Sich einen Kuppelpelz verdienen (eine Heirat vermitteln; — der Gatte mußte für die Überlassung der Rechte über die Frau dem Vermittler einen Pelz geben).

Sprichwörtl. Redensart.

Kuppler. — Dem Kuppler ein paar Schuh | Und die Hölle dazu!

Sprichwort.

Kupplerwesen. — Das ist ein Weib wie auserlesen | Zum Kuppler- und Zigeunerwesen!

Joh. Wolfg. von Goethe, Faust, I (1808). Straße (Mephistopheles).

Kurpfuscher. — Wer arzeni sich niemet an | Und doch kein presten (Gebreste) heilen kan, | Der ist ein gůter goukelmann (Kurpfuscher).

Seb. Brant, D. Narrenschif (1494). Nr. 55. V. narrechter arzni.

Kurz. — Kurze Liedlen sind bald g'sungen.

Sprichwort. Unterinntal.

Kurz angebunden. — Wie sie kurz angebunden war, | Das ist nun zum Entzücken gar!

Joh. Wolfg. von Goethe, Faust, I (1808). Straße (Faust).

Kürze. — Kürze begehr' ich, | Und ich verirr' in das Dunkel. Lat.: Brevis esse laboro, | Obscurus fio.

Quint. Horatius Flacc., Dichtkunst (um 20 v. Chr.) Übers. v. Voß. V. 25—26.

— Weil Kürze dann des Witzes Seele ist, | Weitschweifigkeit der Leib und äuß're Zierat, | Faß' ich mich kurz. Engl.: Therefore, since brevity is the soul of wit, | And tediousness the limbs and outward flourishes, | I will be brief.

William Shakespeare, Hamlet (1601—1602). Übers. v. Schlegel. A. 2, Sz. 2 (Polonius).

Kürzere, der. — Den Kürzeren ziehen (unterliegen; — beim Auslosen mit Halmstücken verlor der, der das kürzere zog).

Sprichwörtl. Redensart.

Kuß. — Ein Kuß heißt nichtige Ware. — | Liebliche Wonne gewährt auch selber der nichtige Kuß schon. Griech.: Κενὸν τὸ φίλαμα λέγοντι· — | Ἔστι καὶ ἐν κενεοῖσι φιλάμασιν ἁδέα τέρψις.

Theokrit (geb. um 300 v. Chr.), Idyllen. Übers. v. Rother. Liebesgespräch. V. 5—6 (Mädchen u. Hirte).

— Wer den Kuß sich genommen und nicht auch das andre hinzunimmt, | Ist unwürdig gewiß auch der erhaltenen Gunst. Lat.: Oscula qui sumpsit, si non et cetera sumpsit, | Haec quoque, quae data sunt, perdere dignus erit.

Publ. Ovidius Naso (um 43 v. Chr. — 17 n. Chr.), D. Kunst zu lieben. Übers. v. Voß. B. 1, V. 669—70).

— Ein Kuß von rotem Munde, | Der freuet an Herzensgrunde, | Dazu ein Umefang | Von zwei schönen Armen blank.

Christ. von Hamle (um 1210).

— Kuß nehmen ist viel besser als Kuß geben. Engl.: The kiss you take is better than you give.

William Shakespeare, Troilus u. Cressida (um 1609). Übers. v. Graf Baudissin. A. 4, Sz. 5 (Cressida).

— Eu'r Lob ist unser (der Weiber) Lohn; eh' treibt ihr uns | Mit einem sanften Kusse tausend Meilen, | Als mit dem Sporn zehn Schritt nur. Eng.: Our praises are our wages: you may ride us | With one soft kiss a thousand furlongs, ere | With spur we heat an acre.

William Shakespeare, D. Wintermärchen (1610—1611). Übers. v. Schlegel. A. 1, Sz. 2 (Hermione).

— Die süße Näscherei, ein lieblich Mündleinkuß | Macht zwar niemanden satt, stillt aber viel Verdruß.

Friedr. von Logau, Deutsche Sinn-Getichte (1654). Ein Kuß.

— Man meint, ein abgestohlner Kuß sei minder angenehme? | Der Kuß wird süßer, wenn man schaut, wie sie so schön sich schäme, | Und was man leichte haben kan, ist selten sehr bequeme.

Friedr. von Logau, Deutsche Sinn-Getichte (1654). Ein geraubter Kuß.

— Ein Kuß, den Lesbia mir reichet, | Den kein Verräter sehen muß, | Und der dem Kuß der Tauben gleichet, | Ja, so ein Kuß, das ist ein Kuß.

Gotthold Ephr. Lessing, Schriften (1753—1755). Lieder. B. 1, Nr. 3. D. Küsse. Schlußv.

— Einen Kuß in Ehren | Kann auch niemand wehren!

Ludw. Hölty, Gedichte. Lieder. Frühlingslied (ged. 1773).

— Ist dieser Kuß Sünde, | So schwör ich: | Den Himmel zieret diese schöne Sünde.

Friedr. (Maler) Müller, Balladen (1776). Genovefa im Turme (Golo).

— Seid umschlungen, Millionen! | Diesen Kuß der ganzen Welt!

Friedr. von Schiller, Gedichte. An d. Freude (ged. 1785). Mel. v. Friedr. Frz. Hurka (1789), Karl Friedr. Zelter (komp. 1. März 1792), Joh. Friedr. Reichardt (komp. 1795) u. a.

Kuß. — Der Kuß eines keuschen Weibes ist das Zeichen, womit die Natur ihren Segen sprüht.
Aug. von Kotzebue, D. Verleumder (1796). A. 3, Sz. 5.

— Kuß, Freudenmahl und Becherklang | Entweihen keinen frommen Sang.
Gottfr. Aug. Bürger, Gedichte (1796—1797). Danklied.

— Fried', ihr Herren! Ein Kuß ist frei!
Friedr. von Schiller, Wallensteins Lager (1799). Sz. 7 (Wachtmeister). Schlußv.

— Wer für sein Lieb nicht sterben kann, | Ist keines Kusses wert.
Theod. Körner, Leier u. Schwert (1814). Trost.

— Einen Kuß von rosigen Lippen, | Und ich fürchte nicht Sturm und nicht Klippen.
Nach Wilh. Gerhard, Gedichte. Matrose (ged. 1817). Mel. v. Aug. Pohlenz (komp. 1823).

— Doch mundet um so süßer, | Je flüchtiger ein Kuß.
Aug. Graf von Platen-Hallermund, Gedichte. Lieder u. Romanzen. Leichtsinn (ged. 1822). Schlußv.

— A Buss'l is a g'schboassigs Ding.
Ignaz Frz. Castelli, Gedichte in niederösterreichischer Mundart (1828). 's Buss'l. Volksweise.

— Die einz'ge Speise, deren man nicht satt | Kann werden, ist der Kuß.
Christ. Dietr. Grabbe, Don Juan u. Faust (1829). A. 1, Sz. 1 (Don Juan).

— Scheiden Herzen, die sich teuer, | Letzter Lust- und Schmerzerguß. — | Gibt's 'ne Sprache wahrer, treuer | Als die deine, laut'rer Kuß? Engl.: Sorrowing joy, Adieu's last action, | (Lingering lips must now dispoin), | What words can ever speak affection | So thrilling and sincere as thine!
Rob. Burns, Gedichte. Übers. v. Pringsheim. D. Abschiedskuß (1838). V. 3.

— Jetzo weiß ich, überflüssig, | Wie so manches, ist der Kuß, | Und mit leichtern Sinnen küss' ich | Glaubenlos im Überfluß.
Heinr. Heine, Neue Gedichte. Verschiedene (ged. 1832—1839). Hortense. Nr. 1. Schlußv.

— Das Weib wird durch den Kuß ganz Herz vom Scheitel bis zur Fußsohle. Da ist keine Fieber, kein Nerv, der nicht jubelte, oder — jammervoll zuckte.
Karl Immermann, Münchhausen (1838—1839).

— Heißer Kuß und würz'ger Wein, | Das macht doppelt selig sein!
Friedr. Halm (Elegius Frz. Jos. Freiherr von Münch-Bellinghausen), D. Fechter v. Ravenna (1857). A. 4 (Lycisca).

— Es liegt der Preis von eines Kusses Honig | In der Verstimmung, die dem Kusse folgt.
Emerich Madách, D. Tragödie d. Menschen (1861). A. d. Ungar. übers. v. Lechner. Sz. 3 (Adam).

— Wohl bringt die Liebe uns zuletzt auch Leid, | Doch all' die bittren Tränen, die ich weine, | Sind durch den ersten Kuß voraus bezahlt.
Friedr. Hebbel, D. Nibelungen (1862).

Kuß. — Ein Kuß der Liebe ist Segen.
Rudolf von Gottschall, D. Fräulein v. St. Amaranthe (1881).

— Der erste Kuß der Liebe, — | O kurzes, stummes Glück! | An dich mit Lust und Freude | Denkt noch der Greis zurück.
Paul Baehr, Neues B. d. Lieder (1885).

— Einen Kuß in Ehren | Mag niemand wehren.
Sprichwort.

— Diendl låß dir koa Bussl geb'n, | Bussle geb'n Moaln (Flecken), | Die kånn dir koa' Dokter | Und koa Bäder mehr hoaln.
Tiroler Schnaderhüpfl.

— Mein Herz is an Uhr, | Bleibt ma' dånn und wånn stehn; | A Bussl vom Diendl | Mächt's glei' wieder gehn.
Tiroler Schnaderhüpfl.

— O du dälketer (ungeschickter) Bua, | Kimmst vor Fråg'n nit dazua; | Wenn's d' a Bussl willst håb'n, | Mueßt nit so lång fråg'n.
Salzburger Schnaderhüpfl.

— Und a Busserl und a Druckerl | Dås ist jå ka Sünd, | Dås håt mir mei' Muetter g'lernt | Als a kloans Kind.
Tiroler Schnaderhüpfl.

Küßchen. — Ein braver Bursch, 'ne schöne Maid, | Wo die sich treffen alle Zeit, | Da soll ein Küßchen in Ehren | Ihnen kein Narr verwehren.
Emanuel Geibel, Gesammelte Werke. Jugendgedichte. Bd. 1. Lübeck u. Bonn (ged. 1834—1835). Einkehr. Schlußv.

Küsse. — Schön sind rosengleiche Leiber, Lippen, zuckersüße, | Doch nur, wenn sie das Umarmen dulden und die Küsse.
A. d. Persischen d. Hafis (um 1310—1389). Ghaselen. Übers. v. Rosenzweig.

— In deinen Küssen, welche Wonne!
Joh. Wolfg. von Goethe, Gedichte. Lieder. Willkommen u. Abschied (ged. Frühjahr 1771).

— Küsse geben, Küsse rauben | Ist der Welt Beschäftigung.
Ludw. Hölty, Gedichte. Lieder. Mailied (ged. 1772). Schlußv.

— Wer die Süße | Treuer Küsse | Nicht gekostet hat, | Irret wie verloren | Auf dem Lebenspfad, | Ist noch ungeboren.
Ludw. Hölty, Gedichte. Lieder. Huldigung (ged. 1773).

— Ach! lieber, so lang es | Auf Erden noch geht, | Bekränzt mich mit Rosen, | Und holt mir ein Mädchen, | Das Küsse versteht!
Klamer Eberhard Schmidt, Gedichte. Neuer Vorsatz (ged. 1781).

— Küsse, Bisse, | Das reimt sich, und wer recht von Herzen liebt, | Kann schon das eine für das andre greifen.
Heinr. von Kleist, Penthesilea (1808). Sz. 24 (Penthesilea).

— O Worte! Worte! Ach, nur da, | Wo Küsse euch ersticken, lebt sich's selig!
Christ. Dietr. Grabbe, Don Juan u. Faust (1829). A. 1, Sz. 1 (Don Juan).

— Küsse sind der Liebe Sprache.
Georg Keil, Lyra u. Harfe (1834).

Küssen. — Küßt und halst ein Mann ein Weib, | Das entflammt ihm Sinn und Leib. Mittelhochdeutsch: Triutet odr halst ein man ein wîp, | Sich enpfenget al sîn lîp.

Vrîdankes Bescheidenheit (1225—1240). Übertr. v. Pannier. Nr. 37. V. minne u. wîben.

— Komm denn, Liebchen, küß mich herzig! | Jugend hält so kurze Zeit. Engl.: Then come kiss me, sweet and twenty, | Youth's a stuff will not endure.

William Shakespeare, Was ihr wollt (um 1598—1600). Übers. v. Schlegel. A. 2, Sz. 3 (Narr).

— Halb gebissen, halb gehaucht, | Halb die Lippen eingetaucht, | Nicht ohn Unterscheid der Zeiten, | Mehr alleine, denn bey Leuten (muß man küssen).

Paul Fleming, Teutsche Poemata (1642). Wie Er wolle geküsset seyn.

— Jungfern, wenn des Liebsten Mund, | Sich zu eurem Munde schickt (wenn er euch küßt), | Haltet still; es ist der Grund, | Drauf die Lieb' ihr Siegel drückt.

Friedr. von Logau, Deutsche Sinn=Getichte (1654). Ein Kuß.

— Wer küssen will, küß auf den Mund, das andre gibt nur halb genießen; | Gesichter nicht, nicht Hals, Hand, Brust, der Mund allein kann wieder küssen.

Friedr. von Logau, Deutsche Sinn=Getichte (1654). Küssen.

— Bienen küssen schöne Blumen, und die Blumen bleiben schön; | Schöne Jungfern laßt euch küssen, dadurch wird euch nichts abgehn.

Friedr. von Logau, Deutsche Sinn=Getichte (1654). Küssen.

— Es müst einen sehr gelüsten, daß er eine Alte küßte, da er ein Jungfraw wüste.

Christoph Lehmann, Politischer Blumen=Garten (1662). T. 1. Ehestand. Nr. 54.

— Welcher Mann oder Frau zwei Mäuler küßt, dem stinkt eines.

Christoph Lehmann, Politischer Blumen=Garten (1662).

— Lebe, bis du satt geküßt | Und des Trinkens müde bist!

Gotthold Ephr. Lessing, Schriften. Lieder. B. 2, Nr. 16. D. Tod (ged. 1747). Komponist unbek.

— Es küßt sich so süße die Lippe der Zweiten, | Als kaum sich die Lippe der Ersten geküßt.

Joh. Wolfg. von Goethe, Gedichte. Lieder. Wechsel (ged. 1768). Schlußv.

— Schön ist Selinde, wenn sie lächelt . . . | Schön, wenn sie singt; schön, wenn sie liest; | Schön, wenn sie Lieb' und Mitleid fühlet; | Am allerschönsten, wenn sie küßt!

Christ. Felix Weiße, Kleine lyrische Gedichte (1772). Selinde.

— Wer ein Mädchen um Verzeihung bittet, wenn er es geküßt hat, erhält keine.

Theod. Gottl. von Hippel, Über d. Ehe. (1774.) K. 1. Klagen über d. Vorurteile beim Heiraten. Traum zur Abhelfung.

Küssen. — Ach dürft' ich fassen | Und halten ihn, | Und küssen ihn, | So wie ich wollt', | An seinen Küssen | Vergehen sollt'!

Joh. Wolfg. von Goethe, Faust, I (1808). Gretchens Stube (Gretchen).

— Küsse mich! | Sonst küss' ich dich!

Joh. Wolfg. von Goethe, Faust, I (1808). Kerker (Margarete).

— Ich will küssen! Küssen! sag' ich.

Joh. Wolfg. von Goethe, Westöstlicher Diwan. B. Suleika. Vollmondnacht (ged. 24. Okt. 1815). Schlußv.

— Man kann in solch einer ganzen Nacht | Viel küssen und selig sein.

Heinr. Heine, D. B. d. Lieder. Anhang älterer Gedichte (ged. 1816—1824). Zur Heimkehr. Nr. 5.

— Was siehst mich an so wunniglich? | Wenn du das Herz hast, küsse mich!

Eduard Mörike, Gedichte. Schön Rohtraut (ged. 1837.) Mel. v. Rob. Schumann u. für Männerchor v. Heinr. Veit.

— Küsse nahm ich, und ich küßte | So mit Ernst in jener Zeit, | Als ob ich erfüllen müßte | Taten der Notwendigkeit.

Heinr. Heine, Neue Gedichte. Verschiedene (ged. 1832—1839). Hortense. Nr. 1.

— Warum küssen sich die Menschen? | 's ist nicht Haß, sie beißen nicht, | Hunger nicht, sie fressen sich nicht. | 's kann auch kein zweckloser, blinder | Unverstand sein, denn sie sind sonst | Klug und selbstbewußt im Handeln, | Warum also, frag' umsonst ich, | Warum küssen sich die Menschen?

Jos. Viktor von Scheffel, D. Trompeter v. Säkkingen (1854). Ges. 14. Lieder d. Katers Hidigeigei.

— Selig ist es, sich zu schmiegen fest und dicht an volle Lippen (küssen), | Doch nicht minder selig ist es, nur zu kosten, nur zu nippen.

Rob. Prutz, A. goldenen Tagen (1861).

— Dann ist zum Küssen die rechte Stunde, | Wenn das Herz dich treibt, wenn die Sehnsucht glüht | Auf dem lieblich schwellenden Munde.

Rob. Prutz, A. goldenen Tagen (1861).

— Wo zwei Menschen sich küssen, da schleichen die andern vorüber; | Wo sie sich prügeln, da steh'n alle als Chorus herum.

Friedr. Hebbel, Gedichte. Dichtungen (ged. 1857—1863). Epigramme. Ein Ausspr. S. E—s.

— Geist wird nie den Mund ersetzen, | Der sich feurig küssen läßt.

Emanuel Geibel, Gedichte u. Gedenkblätter (1864). Lieder a. alter u. neuer Zeit. Nr. 16.

— Und nicht minder glücklich ist, | Wen sein holdes Mädchen küßt.

Brüder, hier steht Bier statt Wein usw. Studentenlied.

— Geküßter Mund | Wird nicht wund.

Alter Spr.

— Wer eine Junge wüßte | Und eine Alte küßte, | Müßt' haben groß Gelüste. Sprichwörtl.

— An' sure Holzäpfel, | An bittere Kern, | Wie küssa die Buebe | Die Maidli so gern.

Schweizer Schnaderhüpfl.

Küssen. — Daß's Busslgeben håårig macht, | Dås is ållweil nit wåhr, | Sonnst hätt' jå mei' Diendl | 's gånze G'sicht voller Håår.

Tiroler Schnaderhüpfl.

Küssen, das. — So sagt, empfangt ihr oder nehmt im Küssen? — Ich nehm' und geb' im Kusse. Engl.: In kissing, do you render or receive? Both take and give.

William Shakespeare, Troilus u. Cressida (um 1609). Übers. v. Schlegel. A. 4, Sz. 5 (Cressida u. Patroklus).

— Der Mund ist ein Altar; das Opfer ist das Küssen; | Das Priestertum allhier will jedermann genießen. Friedr. von Logau, Deutsche Sinn-Getichte (1654). Ein Kuß.

Küssen, das. — Mein Freund, so kurz von mir entfernt | Und hast's Küssen verlernt?

Joh. Wolfg. von Goethe, Faust, I (1808). Kerker (Margarete).

— Drum leb', wer das Küssen und Lieben | Und Trinken und Singen erdacht!

Theod. Körner, Gedichte. Verm. Gedichte. D. drei Sterne (ged. 1809). Schlußv.

Kutscher. — Das kann Lehmanns Kutscher auch (das ist so leicht, das kann jeder).

Sprichwörtl. Redensart.

L

Lächeln. — Unter Tränen lächelnd. Griech.: *Δακρυόεν γελάσασα.*

Homer, Ilias. Übers. v. Voß. Ges. 6, V. 484. — Sprichwörtl. Redensart.

— Und Manche, so da lächeln, fürcht' ich, tragen | Im Herzen tausend Unheil. Engl.: And some that smile, have in their hearts, I fear, | Millions of mischiefs.

William Shakespeare, Jul. Cäsar (1601). Übers. v. Schlegel. A. 4, Sz. 1 (Oktavius). Schlußv.

— Du siehst mich lächelnd an, Eleonore.

Joh. Wolfg. von Goethe, Torquato Tasso (1789). A. 1, Sz. 1 (Prinzessin).

— Man lächle, wie man will: die Geliebte lächelt schöner, aber doch niemand so schön als ein einjähriges Kind.

Jean Paul (Joh. Paul Friedr. Richter), Sämtl. Werke (1826—1828).

Lächeln, das. — Und manches Lächeln lächelt da zumeist, | Wo des Gewissens Qual die Brust zerreißt. Engl.: And many a withering thought lies hid, not lost | In smiles that least befit who wear them most.

George Gordon Lord Byron, D. Korsar (1814). Übers. v. Heichen. Ges. 3, Abschnitt 21, V. 16.

Lachen. — Wie's Gott gefällt, muß jeder lachen, weinen. Griech.: *Ξύν τοι θεῷ πᾶς καὶ γελᾷ κῳδύρεται.*

Sophokles (um 496—406 v. Chr.), Ajas. Übers. v. Jordan. V. 379 (Chor).

— Wer Freitag lacht, der wird vielleicht schon Sonntag weinen. Franz.: Tel qui rit vendredi, dimanche pleurera.

Jean Baptiste Racine, D. Prozeßsüchtigen (1668). Übers. v. Viehoff. A. 1, Sz. 1 (Petit Jean).

— Schlagen Sie mich lieber, aber lassen Sie mich lachen! Franz.: Battez-moi plutôt, et me laissez rire!

Molière (Jean Baptiste Poquelin), D. Bürger als Edelmann (1670). Übers. v. Graf Baudissin. A. 3, Sz. 2 (Nikolas).

Lachen. — Man muß lachen, ehe man glücklich war; sonst möchte man sterben, ohne gelacht zu haben. Franz.: Il faut rire avant que d'être heureux, de peur de mourir sans avoir ri.

Jean de La Bruyère, Charaktere (1688). Übers. v. Hamel. V. Herzen.

— Unter allen Dingen | Lacht der Mensch allein.

Joh. Arnold Ebert, Episteln u. verm. Gedichte. T. 1. Trinklied (ged. 1740).

— Kann man denn auch nicht lachend sehr ernsthaft sein?

Gotthold Ephr. Lessing, Minna v. Barnhelm (1763). A. 4, Sz. 6 (D. Fräulein).

— Wer lacht da? Bei Gott, ich glaub', ich war es selbst.

Gotthold Ephr. Lessing, Emilia Galotti (1772). A. 5, Sz. 6 (Odoardo).

— Derjenige Tag ist ganz und gar verloren, an dem man nicht gelacht hat. Franz.: La plus perdue de toutes les journées est celle où l'on n'a pas ri.

Seb. Chamfort, Maximen u. Gedanken (1796). Übers. v. Stahl. K. 1.

— Je mehr ein Mensch des ganzen Ernstes fähig ist, desto herzlicher kann er lachen.

Arthur Schopenhauer, D. Welt als Wille u. Vorstellung (1819).

— Wer nicht mehr lacht, der ist nur halb noch Mensch. Ernst Raupach, D. Hohenstaufen (1837). Kaiser Friedr. I. A. 1, Sz. 6.

— . . . oft habe ich in Gesellschaft oder Theatern Männer von berühmten Namen beobachtet, über was sie lachten oder nicht lachten, und selten in ihrem wahren Charakter geirrt.

Karl Jul. Weber, Demokritos (1832—1840). D. geistige Lachen. Einbildungskraft.

— Banausisch nenne ich, wenn man von der Sache, über die man lacht, nichts versteht.

Otto von Bismarck im Reichstage (9. Mai 1884).

— Die Sonne, die zu frühe lacht, | Sieht man am Mittag weinen.

Nur guten Mut! Volkslied u. -weise.

Lachen. — Sich ins Fäustchen lachen.
Nach Jes. Sir., K. 12, V. 19. — Sprichwörtl. Redensart.

— Lach selden und ein kurtze Frist; | Viel lachen gar närrisch ist. Alter Spr.

— Wer zuletzt lacht, lacht am besten. Sprichwort.

— Eenmaol lachen helpt biätter (besser) es (als) dreimaol Medzin niemen. Sprichwort. Münsterisch.

— Das herze weinet manege stunt, | So doch lachen muoz der munt.
Wartburgspr. Verbindungsgang.

— Schweigen, dulden, lachen | Hilft zu manchen Sachen. Spr. an einem Hausgerät.

Lachen, das. — Enthieltet ihr, Freund', euch des Lachens? Lat.: **Risum teneatis, amici?**
Quint. Horatius Flacc., Dichtkunst (um 20 v. Chr.). Übers. v. Voß. V. 5.

— Lachen, Weinen, Lust und Schmerz | Sind Geschwisterkinder.
Joh. Wolfg. von Goethe, Gedichte. A. fremden Sprachen. Neugriech. Liebe-Skolien (ged. 3.—4. Juni 1825). Nr. 2. Schlußv.

— Gar lieblich ist das Lachen | In Gottes schöner Welt. | Doch weil es oft uns Schwachen | Zu kühn die Seele schwellt, | Ward Schmerz ihm beigesellt. Friedr. de la Motte Fouqué, Gedichte (1816—1827). Totenklagen.

— Lachen ist ein Glück, ihr Brüder; | Denkt, Homer läßt Götter lachen!
Ludw. Bechstein, Neue Naturgesch. d. Stubenvögel (1846).

— Das Lachen ist der Regenbogen, | Der dunklem Grund des Sturms entsteigt.
Anastasius Grün (Anton Alexander Graf von Auersperg), D. Pfaff v. Kahlenberg (1850). Vorspiel.

— Man spricht viel zu leichtfertig vom Lachen in der Welt; ich halte es für eine der ernsthaftesten Angelegenheiten der Menschheit.
Wilh. Raabe, D. Dräumling (1872).

— Fröhliches Lachen ist eine der schönsten Künste von allen, die man üben kann. Wer es verstände, sie gut zu lehren, wäre einer der größten Wohltäter der erwachsenen Menschheit.
Otto von Leixner, A. meinem Zettelkasten (1896). Allerlei Randbemerk.

— Nach dem Lachen kommt Trauren.
Spr. Sal., K. 14, V. 13.

— . . . euer Lachen verkehre sich in Weinen!
Jak., K. 4, V. 9.

— Am Lachen und Plarren | Erkennt man den Narren. Sprichwort.

— Könne vor Lache, hat's Mädle g'sagt.
Sprichwörtl. Redensart. Schwaben.

Lächerlich. — Man macht sich wenig daraus, ein Bösewicht zu sein, aber lächerlich sein will niemand. Franz.: **On veut bien être méchant, mais on ne veut point être ridicule.**
Molière (Jean Baptiste Poquelin), Tartuffe (1667). Übers. v. Graf Baudissin. Vorwort.

Lächerlich. — Die Welt verzeiht dir eher, wenn du lasterhaft, als wenn du lächerlich bist, und, — es ist fürchterlich wahr! — fast jeder Mensch gilt lieber für lasterhaft als für lächerlich, wenn er nur die Wahl zwischen beiden hat.
Aug. von Kotzebue, D. jüngsten Kinder meiner Laune (1787—1791).

— Durch nichts bezeichnen die Menschen mehr ihren Charakter als durch das, was sie lächerlich finden.
Joh. Wolfg. von Goethe, D. Wahlverwandtschaften (1808—1809). T. 2, K. 4. A. Ottiliens Tageb.

— Der Verständige findet fast alles lächerlich, der Vernünftige fast nichts.
Joh. Wolfg. von Goethe, D. Wahlverwandtschaften (1808—1809). T. 2, K. 4. A. Ottiliens Tageb.

— Vom Erhabenen zum Lächerlichen ist nur Ein Schritt. Franz.: **Du sublime au ridicule il n'y a qu'un pas.**
Napoleon I. auf d. Flucht a. Rußland zum Gesandten de Pradt (Warschau, Dez. 1812).

— Vor zwei Dingen hüte dich im Weltverkehr: nicht lächerlich und nicht beklagenswert zu erscheinen! Friedr. Maximilian von Klinger, Gesammelte Werke (1809—1815).

— Wir sind doch törichte Menschen! Wie oft durchkreuzt die Furcht vor dem Lächerlichwerden unsre innigsten, zartesten Gefühle!
Wilh. Raabe, D. Chronik d. Sperlingsgasse (1857).

— Beweinenswerter ist ja wohl niemand als der Mensch, dem das Lob zugeteilt ward, lächerlich zu sein.
Ludw. Börne, Gesammelte Schriften (1862—1863).

Lächerlichkeit. — Mehr als Gesetz wird Ridicül (Lächerlichkeit) gescheut. Engl.: **. . . the boldest . . . | . . . shrink from ridicule, though not from law.**
George Gordon Lord Byron, Engl. Barden u. Schottische Krittler (1809). Übers. v. Heichen. V. 32 u. 35.

— Die Lächerlichkeit tötet in Frankreich sicherer als jede Waffe. Franz.: **Le ridicule en France tue tout.** Sprichwort.

Lackiert. — Ick bin der lackierte Europäer (ich bin der Hereingefallene). Berliner Redensart.

Laie. — Der gestryflet ley (der gestreifte Laie; einer der mehr zu sein scheinen will, als er ist; — die Laien durften im Mittelalter buntfarbige Kleider tragen im Gegensatz zu den Geistlichen, denen nur schwarze Kleider gestattet waren).
Thomas Murner, Narrenbeschwerung (1512). Nr. 61. D. gestryflet ley.

Lamm. — Wer sich zum Lamm macht, den fressen die Wölfe. Sprichwort.

Lämmchen. — Ein junges Lämmchen, weiß wie Schnee . . .
Friedr. Justin Bertuch, Wiegenliederchen (1772). D. Lämmchen.

— Willst du nicht das Lämmlein hüten? | Lämmlein ist so fromm und sanft.
Friedr. von Schiller, Gedichte. D. Alpenjäger (ged. 1804). Mel. v. Joh. Friedr. Reichardt (1810).

Land. — Kennst du das Land, wo die Zitronen blühn, | Im dunkeln Laub die Goldorangen glühn?

Joh. Wolfg. von Goethe, Gedichte. Balladen. Mignon (ged. um 1784). Mel. v. Joh. Friedr. Reichardt (komp. 1795), Ludw. van Beethoven (1810), Rob. Schumann (1849), Heinr. Himmel u. a.

— Aufs Land, da steht mein Sinn | So einzig, ach, so einzig hin.

Christ. Friedr. Voigt, Lieder für d. Herz (1799). Aufs Land, da steht mein Sinn usw. Mel. Ich hab' ein kleines Hüttchen nur usw.

— Wir stehn für unser Land, | Wir stehn für unsre Weiber, unsre Kinder!

Friedr. von Schiller, Wilh. Tell (1804). A. 2, Sz. 2 (Stauffacher).

— Wo bist du, mein gelobtes Land, | Gesucht, geahnt und nie gekannt? | Das Land, das Land so hoffnungsgrün, | Das Land, wo meine Rosen blühn?

Georg Phil. Schmidt von Lübeck, Lieder. D. Fremdlings Abendlied (ged. 1807). Mel. v. Frz. Schubert.

— Kennt ihr das Land so wunderschön | In seiner Eichen grünem Kranz? | Das Land, wo auf den sanften Höhn | Die Traube reift im Sonnenglanz? | Das schöne Land ist uns bekannt, | Es ist das deutsche Vaterland.

Veit Weber d. Jüngere, Unser Vaterland (ged. 1814). Mel. v. Hans Georg Nägeli (1848).

— Wehe dem Lande, das sich vor Reden und Rednern zu fürchten hat!

Christ. Dietr. Grabbe, Napoleon oder D. hundert Tage (1831). A. 1, Sz. 1 (Herzog v. Orleans).

— Freund, bleib' im Land | Und redlich nähre dich; | Es wagt um Fabeltand | Ein Narr nur weiter sich.

Nicolaus Lenau (Niembsch, Edler von Strehlenau), Neuere Gedichte (1838). Zweierlei Vögel.

— Ein Land, darinnen Milch und Honig fließet. 2. Mos., K. 3, V. 8.

— Gut Land, böf' Leut' (auch: Feist Land, faule Leute). Lat.: Bona terra, mala gens. Dän.: Godt Land, onde Folk. Ital.: Paesi fecondi | Rendon molti vagabondi. (Fruchtbare Länder machen viele Herumtreiber). Sprichwort.

— Land blivt Land. A. d. Seemannssprache.

Landen. — Führt mich ein großes Schiff, trägt mich ein kleiner Kahn, | Ich fahre gleich so gut, land' ich nur sicher an.

Hans Aßmann Freiherr von Abschatz, Poetische Übersetzungen u. Gedichte (1704). Sprüchwörter.

Landesbrauch. — Landesbrauch ist Landes Recht. Sprichwort.

Landessitten. — Wohin man kommt, da soll man halten | Des Landes Sitten und der Alten. Sprichwörtl.

Landesvater. — Landesvater, Schutz und Rather . . .

Altes Studentenlied (vor 1770). Studentenweise.

Landesverteidigung. — . . . eine schlechte Anstalt für die Landesverteidigung straft sich in sich selbst. Otto von Bismarck im Abg.-Hause d. preuß. Landtages (4. Febr. 1868).

Landesweise. — Des Landes Weise ist des Landes Ehre. Niederl.: 's Lands wijs, 's lands eer. Sprichwort.

Landgraf. — Landgraf, werde hart!

Wilh. Gerhard, Gedichte. D. Edelacker (1817).

Landleben. — O selig Leben auf dem Lande! Joh. Wilh. Ludw. Gleim, Werke. Gedichte. Lob d. Landlebens (ged. 1764).

Landleute. — . . . Ruhe und Besonnenheit, die uns Landleute charakterisiert im Gegensatz zur hauptstädtischen Bevölkerung.

Otto von Bismarck zu Herren u. Damen a. Oldenburg in Friedrichsruh (27. April 1895).

Ländlich. — Ländlich, sittlich. Sprichwort.

Landmann. — O du (Landmann) bist selig, o du Weiser! | In deiner ungestörten Ruh, | Viel seliger als alle Kaiser | Und alle Könige bist du!

Joh. Wilh. Ludw. Gleim, Werke. Gedichte. D. Landmann (1777). Schlußv.

— Der Landmann ist der geborne Freund der Ordnung und des Rechtes.

Karl Salomo Zachariae von Lingenthal, Vierzig B. v. Staate (1820—1832).

Der Landmann ist, trotz aller Plackereien, der Glücklichste; — wodurch? durch Einfachheit.

Karl Jul. Weber, Demokritos (1832—1840). Rede in d. zweiunddreißig Winde an Jünglinge u. meine Zeit.

— Ich lebe als Landmann zufrieden | Und lache die Städter es aus. Volkslied u. -weise.

Landprediger. — Die schätzenswerteste Reliquie dieser Zeiten aber bleibt ein Stand, worüber man vieles vergessen kann, der Stand der Landprediger, wenn er das ist, was er sein soll, nicht Theolog, sondern Lehrer der Moral, Religion und guter, einfacher Sitten unter einem rohen Haufen, der ihn achtet. Sie können die ersten im Dorfe sein, was Cäsar sich bloß wünschte.

Karl Jul. Weber, Demokritos (1832—1840). D. Theologen. Anmerkung.

Landsleute. — . . . nie wird ein großer Mensch so weit die Gefühle seiner Seele verleugnen können, daß er das Unglück seiner Landsleute mit indifferenter Ruhe ansehen und sogar vermehren könnte.

Heinr. Heine, Sämtl. Werke. Engl. Fragmente (1828). K. 11. D. Emanzipation d. Katholiken.

Landtag. — Des Landtags Inbegriff faßt sich in diesem Reim: | Kommt und bewilligt Geld und schert euch wieder heim! Sprichwörtl.

Landvolk. — Glückliches Volk der Gefilde! noch nicht zur Freiheit erwachet, | Teilst du mit deiner Flur fröhlich das enge Gesetz. | Deine Wünsche beschränkt der Ernten ruhiger Kreislauf, | Wie dein Tagewerk, gleich, windet dein Leben sich ab!

Friedr. von Schiller, Gedichte. D. Spaziergang (ged. 1795).

Landwirtschaft. — Landwirtschaft und Industrie gehören zusammen und dürfen sich nicht entgegenarbeiten in der Gesetzgebung.

Otto von Bismarck zu d. Vertretern d. deutschen Handelskammern in Friedrichsruh (9. Juli 1893).

— . . . und (ich) sehe in ihm (dem Gewerbe der Landwirtschaft) auch heute noch die unentbehrlichste Grundlage der ganzen wirtschaftlichen Verhältnisse unseres Landes.

Otto von Bismarck zu Herren u. Damen a. Oldenburg in Friedrichsruh (27. April 1895).

Lange. — Wie lange noch, (Catilina), wirst du unsere Geduld mißbrauchen? Lat.: Quousque tandem, (Catilina), abutere patientia nostra?

Marc. Tull. Cicero, Reden gegen Catilina (um 63 v. Chr.). Übers. v. Klotz. Nr. 1, K. 1, § 1.

— Es ist schon lange her. — | Das freut uns um so mehr!

Albert Lortzing, Zar u. Zimmermann. A. 3, Sz. 13 (Bürgermeister). (Erste Auff. am 22. Dez. 1837 in Leipzig.)

— Lang, lang ist's her! Engl.: Long, long ago! Thomas Haynes Bayly (1797—1839), Irisches Volkslied. Sag' mir d. Wort usw. Mel. v. Verfasser. Übers. v. Weidling.

— Was lange währt, wird gut. Sprichwort.

Länge. — Seiner Länge eine Elle zu setzen.

Nach Matth., K. 6, V. 27.

— Die Länge trägt die Last. Sprichwort.

Länger. — Je länger, je lieber. Sprichwort.

Langeweile. — Der Langeweil' Rezept ist: Laß nichts ungesagt! Franz.: Le secret d'ennuyer est celui de tout dire.

Voltaire (François Marie Arouet), Diskurs über d. Menschen (1738). Übers. v. Mylius.

— Langeweile, du bist ärger als ein kaltes Fieber. Joh. Wolfg. von Goethe, Götz v. Berlichingen (1773). A. 2. Bamberg (Adelheid).

— Langeweile! du bist, Mutter der Musen, gegrüßt! Joh. Wolfg. von Goethe, Gedichte. Epigramme (ged. Venedig 1790). Nr. 27.

— Langeweile ist ein böses Kraut; | Aber auch eine Würze, die viel verdaut.

Joh. Wolfg. von Goethe, Gedichte. Sprichwörtl. (ged. 1812—1814).

— Wie die Not die beständige Geißel des Volkes ist, so die Langeweile die der vornehmen Welt. Im bürgerlichen Leben ist sie durch den Sonntag, wie die Not durch die sechs Wochentage repräsentirt.

Arthur Schopenhauer, D. Welt als Wille u. Vorstellung (1819).

— Bloß die lange Weile nenn' ich Zeitverlust, und diese kaum; | Denn sie lehrt, wie lang das Leben, das uns dünkt ein kurzer Traum.

Aug. Graf von Platen-Hallermund, D. romantische Ödipus (1828). A. 3 (Ödipus).

— Langeweile hat alle Künste des Schönen und allen Luxus erschaffen.

Karl Jul. Weber, Demokritos (1832—1840). D. Langeweile.

Langeweile. — Unbedeutende Menschen kennen die Langeweile nur wenig und die Tiere noch weniger oder gar nicht. Ital.: La noia è poco nota agli uomini di nessun momento, e pochissimo o nulla agli animali.

Giacomo Leopardi, Werke (1845). Gedanken. Übers. v. Pozzoni.

— . . . cherchez l'ennui (sucht die Langeweile)! — und ihr findet hundertmal die Lösung.

Dr. Hanns Groß, Kriminalpsychologie (1898). Objektiv. D. psychische Tätigkeit d. Vernommenen. Unterscheidende Momente. Nr. 1. Allgemein Differenzierendes. Nr. 3. Sexuelles. Versteckt Sexuelles.

Langsam. — Wer heute nicht kommt, kommt morgen gewiß. | Nur langsam wächst die Eiche; | Und chi va piano, va sano heißt | Das Sprichwort im römischen Reiche.

Heinr. Heine, Deutschland. Ein Wintermärchen (1844). K. 15. Schlußv.

— Langsam hat bald Feierabend. Sprichwort.

— Langsam und zweimal!

Sprichwort. Schweiz.

— Wer langsam geht, geht weit. Ital.: Ci vae chianu, | Vae utanu. Apulisches Sprichwort.

— Langsam, aber zur rechten Zeit. Lat.: Lente, sed opportune. Wahlspr. d. Campbell.

Langweilen. — Wir verzeihen oft denen, die uns langweilen; aber denen können wir nicht verzeihen, die wir langweilen. Franz.: Nous pardonnons souvent à ceux qui nous ennuient; mais nous ne pouvons pardonner à ceux que nous ennuyons.

François, Herzog von La Rochefoucauld, Reflexionen oder moralische Sentenzen u. Maximen (1665). Nr. 304. Übers. v. Zimmermann.

— Wer mich verwundet, — klagt ein lebhafter, beweglicher Autor, — hat nur meinen Körper verletzt; wer mich aber langweilt, ermordet meine Seele.

Ernst Freiherr von Feuchtersleben, Zur Diätetik d. Seele (1838). K. 6. Temperament, Leidenschaft.

Langweilig. — Gott behüt' uns vor Regen und Wind | Und vor Gesellen, die langweilig sind. Spr. an einem Hause.

Lanze. — Eine Lanze für jemanden oder für etwas brechen (für jemanden oder für etwas eifrig eintreten; — aus der Ritterzeit, wo im Turnier mit Lanzen um den Siegespreis gekämpft wurde).

Sprichwörtl. Redensart.

Lappen. — Durch die Lappen gehen (entkommen; — aus der Jägersprache; man hängt bunte Lappen auf, um bei einer Treibjagd das Hindurchbrechen des Wildes zu verhindern).

Sprichwörtl. Redensart.

Lärm. — So viel Lärm um einen Eierkuchen mit Speck! Franz.: Tant de bruit pour une omelette au lard!

Nach Desbarreaux (1602—1675). (Desbarreaux bestellte an einem Fasttage Eierkuchen mit Speck. Während ein Gewitter heraufzog, wird derselbe bereitet, und als der Wirt widerstrebend das Gericht auftrug, erdröhnte zufällig ein furchtbarer Donnerschlag. Der fromme Wirt fiel entsetzt nieder. Um ihn zu beruhigen warf Desbarreaux den Eierkuchen mit obigen Worten zum Fenster hinaus). Übers. v. Zimmermann.

— Einen Heidenlärm machen.

Sprichwörtl. Redensart.

Larven. — Der Erde schöner grüner Teppich soll | Kein Tummelplatz für Larven sein.

Joh. Wolfg. von Goethe, Iphigenie auf Tauris (1787). A. 2, Sz. 1 (Orest).

Lassen, jemanden. — Ach, wie ist's möglich dann, | Daß ich dich lassen kann!

Wilhelmine von Chezy, Eginhart u. Emma. Lied d. Gisela (ged. 1812). Mel. v. Friedr. Kücken.

Lässig. — Lässige Hand macht arm.

Spr. Sal., K. 10, V. 4.

Last. — Gott legt uns eine Last auf; aber er hilft uns auch. Ps. 68, V. 20.

— Einer trage des andern Last!

Galater, K. 6, V. 2.

— Eine Last, wohl gefaßt, | Ist nur eine halbe Last. Sprichwort.

Laster, das. — Ohne Fackel verbrennt es (das Laster), bringt dich zum früheren Alter. Griech.: *Ευει ἄτερ δαλοῦ καὶ ὠμῷ γήραϊ δῶκε.*

Hesiod (9. Jahrh. v. Chr.), Werke u. Tage. Übers. v. Uschner. V. 705.

— Des Lasters Wurm sucht gern die schönste Blüte. Engl.: For canker vice the sweetest buds doth love.

William Shakespeare, Sonette (1609). Übers. v. Bodenstedt. Abteilung 2, Nr. 85.

— . . . wer Ein Laster liebt, der liebt die Laster alle. Christ. Fürchtegott Gellert, Fab. u. Erz. (1746). B. 2. Herodes u. Herodias.

— Dem kleinsten Laster vorzuwehren, | Die Tugend ewig zu verehren | Sei niemand eifriger als du (Jugend)!

Christ. Fürchtegott Gellert, Fab. u. Erz. (1746). B. 2. Herodes u. Herodias.

— Von mancher Tat, die die Natur entehrte, | War oft der Grund ein edler Trieb, | Der in ein Laster sich verkehrte, | Bloß weil er ungebildet blieb. Christ. Fürchtegott Gellert, Fab. u. Erz. (1746). B. 3. D. beiden Schwarzen. Schlußv.

— . . . das (das Laster) soll ewig sich nicht freu'n!

Gotthold Ephr. Lessing, Schriften (1753—1755). Oden. B. 1, Nr. 2. Auf eine vornehme Vermählung.

— Des Lasters Bahn ist anfangs zwar | Ein breiter Weg durch Auen; | Allein sein Fortgang wird Gefahr, | Sein Ende Nacht und Grauen.

Christ. Fürchtegott Gellert, Geistl. Oden u. Lieder (1757). D. Kampf d. Tugend.

Laster, das. — So süß ein Laster ist, so gibt's doch keinen Frieden. | Der Tugend nur allein hat Gott dies Glück beschieden.

Christ. Fürchtegott Gellert, Geistl. Oden u. Lieder (1757). Wider d. Aufschub d. Bekehrung.

— Was ist dem Laster Kirch' und Altar?

Gotthold Ephr. Lessing, Emilia Galotti (1772). A. 2, Sz. 6 (Emilia).

— Aber daß fremdes Laster uns wider unsern Willen zu Mitschuldigen machen kann!

Gotthold Ephr. Lessing, Emilia Galotti (1772). A. 2, Sz. 6 (Emilia).

— Es ist wahr, man darf die Tugend nur kennen, um sie zu lieben; aber um sie recht feurig zu lieben, muß man noch mehr, muß man auch noch das Laster kennen.

Joh. Jak. Engel, D. Philosoph für d. Welt (1775—1777). T. 1, Stück 10. Über Emilia Galotti. Br. 1.

— Schnell wirkt des Lasters Gift. | Nichts, nichts sei mir verhaßter; | Doch daß mein Haß das Laster, | Nicht meinen Mitknecht, trifft.

Joh. Adolf Schlegel, Verm. Gedichte (1787—1789). Bd. 2. Ein Morgenges.

— Ein zarter Sinn hat vor dem Laster sich gesträubt, | Eh' noch ein Solon das Gesetz geschrieben, | Das matte Blüten langsam treibt.

Friedr. von Schiller, Gedichte. D. Künstler (ged. 1789).

— Wenn sich das Laster erbricht, setzt sich die Tugend zu Tisch.

Friedr. von Schiller, Gedichte. Shakespeares Schatten (ged. 1796). Schlußv.

— Das Laster flieht zu seinen Finsternissen, | Wenn sich die Tugend naht. Was ihren Blick umflammt, | Ist ein erscheinendes Gewissen, | Das schweigend den Verworfenen verdammt.

Christoph Aug. Tiedge, Urania (1800). Ges. 5. Tugend.

— Weisheit und Wissenschaft sind Waffen gegen das Laster; | Du, ein gewaffneter Mann, willt sein Gefangener sein?

Joh. Gottfr. von Herder, Sämtl. Werke (1805—1820). Blumenlese a. morgenländischen Dichtern. Nr. 2. D. Rosental. B. 2. D. Rüstung.

— Das Laster sättigt sich im Überdrusse, | Und Gift wird sein Genuß schon im Genusse.

Friedr. Hebbel, Gedichte. Jugendgedichte (ged. 1829—1833). An d. Unterdrückten.

— Fehlt zu Haus' ihm volle Kost, läuft der Hund in andre Gassen; | Wenn ein Laster dich verläßt, sage nicht: Ich hab's entlassen!

Wilh. Müller, Gedichte (1837). Epigramme. 3. Hundert, Nr. 5. Lasterentledigung.

— Wie unendlich wichtig ist es aber nicht, die Kinder von Jugend auf das Laster verabscheuen zu lehren, nicht gerade allein aus dem Grunde, weil Gott es verboten hat, sondern weil es in sich selbst verabscheuungswürdig ist.

Immanuel Kant, Werke (1838—1839). Bd. 9.

Laster, das. — Sieh' tapfer in des Lasters Auge, | Daß Mut dein Herz zum Kampfe sauge!
Anastasius Grün (Anton Alexander Graf von Auersperg), D. Pfaff v. Kahlenberg (1850).

— Daß das Laster sich oft als der Befreier des Geistes erwiesen hat, ist eine der demütigendsten, aber gleichzeitig eine der unumstößlichsten Tatsachen der Geschichte. Engl.: That vice has often proved an emancipator of the mind, is one of the most humiliating, but, at the same time, one of the most unquestionable, facts in history.
William Edward Hartpole Lecky, D. Nationalismus in Europa (1893). Übers. v. Jolowicz. B. 2, K. 4.

— Bleibt gleich ein Laster lang verborgen, | Die straff komt doch wohl heut oder morgen.
Alter Spr.

— Ein laster an dir ungestalt | Befleckt alle tugendt baldt.
Alter Spr.

— Es ist kein Fehl und Laster, | Es gibt dafür ein Pflaster.
Sprichwort.

— Halte für gering kein Laster, um es zu begehen, | Keine Tugend zu gering, sie zu übersehen!
A. d. Chinesischen.

— Der Jugend treu, dem Laster Feind, | Und es mit allen gut gemeint.
Spr. im Berliner Rathause. Dritter Stock.

— Wenn einer tausend Tugend übt | Und nur ein einzig's Laster liebt, | Der Tugend wird vergessen, | Das Laster wird gemessen.
Spr. in einem Hause. Aargau.

Laster, die. — Sobald der Sitten Zucht ermangelt, | Schänden, was edel entsproß, die Laster. Lat.: Utcumque defecere mores, | Dedecorant bene nata culpae.
Quint. Horatius Flacc., Oden (um 18 v. Chr.). Übers. v. Voß. B. 4, Nr. 4, V. 35—36.

— Mit den Menschen Frieden, mit den Lastern Krieg. Lat.: Cum omnibus pacem, adversus vitia bellum.
Wahlspr. Kaiser Otto II. (reg. 973—983).

— Aller Laster Laster ist: sich für keinem Laster scheuen, | Mit den Lastern rühmen sich und die Laster nicht bereuen.
Friedr. von Logau, Deutsche Sinn=Getichte (1654). Unverschämt.

— Tugend läßt sich nicht begraben, Laster sterben auch mit nichte; | Diese leben durch die Schande, jene durch ein gut Gerüchte.
Friedr. von Logau, Deutsche Sinn=Getichte (1654). Tugend u. Laster.

— Von allen Lastern sollst du rein, | Zu aller Tugend willig sein!
Christ. Fürchtegott Gellert, Geistl. Oden u. Lieder (1757). D. Wachsamkeit.

— Die, die sich ihrer Laster freun, | Trifft die kein Schmerz hinieden? | Sie sind die Sklaven eigner Pein | Und haben keinen Frieden.
Christ. Fürchtegott Gellert, Geistl. Oden u. Lieder (1757). D. Kampf d. Tugend.

Laster, die. — Laster, die zur Gewohnheit geworden sind, sind nicht auszurotten.
Ewald Christ. von Kleist, Sämtl. Schriften (1760). Prosaische Aufsätze. Nr. 9. Gedanken über verschiedene Gegenstände.

— Die Laster wie die Tugenden sind sich innig verwandt; jedes trägt den Samen der übrigen in sich.
Joh. Jak. Engel, D. Fürstenspiegel (1798). Sittenwert.

— . . . es lösen | Sich alle Bande frommer Scheu; | Der Gute räumt den Platz dem Bösen, | Und alle Laster walten frei.
Friedr. von Schiller, Gedichte. D. Lied v. d. Glocke (ged. Sept. 1799).

— Alle Laster sind Krankheiten des Sterblichen, welche die Macht des Geistes lähmen.
Joh. Heinr. Daniel Zschokke, Novellen u. Dichtungen (1851). T. 2. D. Verklärungen.

— Das Fehlen großer Laster ist die kleine Tugend gar vieler Leute. Franz.: L'absence des grands vices est la petite vertu de bien des gens.
Petit=Senn, Geistesfunken u. Gedankensplitter (1865). Übers. v. Zimmermann.

— Den lasteren thu widerstandt bey der zeit, | Den übel leßt ab böse gewonheit.
Alter Spr.

— Man muß die Laster schlagen wie die Parther ihre Feinde — durch Fliehen.
Alter Spr.

— Die Laster stehlen der Tugend die Kleidung.
Sprichwort.

— Frühe Laster stürzen in frühe oder späte Reue.
Sprichwort.

— Laster, die man nicht tadelt, säet man.
Sprichwort.

Lästerer. — Will Gott, daß jemand beschämt erscheine, | So macht er ihn zum Lästrer gegen Reine.
A. d. Persischen d. Rûmî (um 1207—1273). Mesnewi. Übers. v. Rosen.

— Ist einem Raben nicht ein Lästrer zu vergleichen? | Er frißt die Lebenden und jener nur die Leichen.
Hans Aßmann Freiherr von Abschatz, Poetische Übersetzungen u. Gedichte (1704). Sprüchwörter.

Lästern. — Denn ich bin nichts, wenn ich nicht lästern darf. Engl.: For I am nothing, if not critical.
William Shakespeare, Othello (um 1601—1605). Übers. v. Schlegel. A. 2, Sz. 1 (Jago).

Lästernden, die. — Wüßten die Menschen, o ewiger Gott, von Menschen, was du weißt, | Niemand der Lästernden mehr hätte vor Lästernden Ruh'.
Joh. Gottfr. von Herder, Sämtl. Werke (1805—1820). Blumenlese a. morgenländischen Dichtern. Nr. 2. D. Rosental. B. 2. Gott u. d. Mensch.

Lastervoll. — Ein üppig lastervolles Leben büßt sich | In Mangel und Erniedrigung allein.
Friedr. von Schiller, Maria Stuart (1800). A. 1, Sz. 1 (Paulet).

Lästerzunge. — Wann dich die Lästerzunge sticht, | So laß dir dies zum Troste sagen: | Die schlechtsten Früchte sind es nicht, | Woran die Wespen nagen.

Gottfr. Aug. Bürger, Gedichte. Trost (1787).

Latein. — Wenig Latein, noch weniger Griechisch. Engl.: Small Latin, and less Greek.

Ben Jonson, D. Gedächtnisse d. Autors, meines geliebten William Shakespeares, in d. Folioausgabe Shakespeares (1623). Übers. v. Tieck.

— Latein hat keinen Sitz noch Land wie andre Zungen, | Ihm ist die Bürgerschaft durch alle Welt gelungen.

Friedr. von Logau, Deutsche Sinn-Getichte (1654). D. lat. Sprache.

Lateinisch. — Versteh' ich gleich nichts von lateinischen Brocken, | So weiß ich den Hund doch vom Ofen zu locken.

Gottfr. Aug. Bürger, Gedichte. D. Kaiser u. d. Abt (1785).

Laufen. — Besser laufen als faulen.

Joh. Wolfg. von Goethe, Reineke Fuchs (1794). Ges. 11.

— Von Pontius zu Pilatus laufen (nutzlos hin und her laufen).

Nach Luk., K. 23. — Sprichwörtl. Redensart.

— He wett drup te laupen, es (wie) de Koh (Kuh) up 'n Appelbaum.

Sprichwörtl. Redensart. Münsterisch.

— Nimm dine Beene unner'n Aam (untern Arm) un laup, wat du kannst!

Sprichwörtl. Redensart. Münsterisch.

Laufenburg. — Nach Laufenburg appellieren (ausreißen). Sprichwörtl. Redensart.

Laufpaß. — Jemandem den Laufpaß geben (nichts mehr wissen wollen von jemanden, ihn laufen lassen). Sprichwörtl. Redensart.

Laune. — So schafft sich jede Laune ihr Vergnügen, | Das ihr vor allen andern wohlgefällt. Engl.: And every humour hath his adjunct pleasure, | Wherein it finds a joy above the rest. William Shakespeare, Sonette (1609). Übers. v. Bodenstedt. Abteilung 4, Nr. 143.

— . . . nennen Sie mir den Menschen, der übler Laune ist und so brav dabei, sie zu verbergen, sie allein zu tragen, ohne die Freude um sich her zu zerstören!

Joh. Wolfg. von Goethe, Leiden d. jungen Werthers (1773). B. 1, Am 1. Julius.

— Üble Laune, inn're Fehde | Peinigt mehr als äuß'rer Schmerz.

Samuel Gottl. Bürde, Verm. Gedichte (1789).

— Nicht Wünschelruten, nicht Alraune, | Die beste Zauberei liegt in der guten Laune.

Joh. Wolfg. von Goethe, Paralipomena zu Faust. Mephistopheles (ged. um 1789).

— Das jüngste Kind meiner Laune.

Nach Aug. von Kotzebue, D. jüngsten Kinder meiner Laune (1787—1791).

Laune. — Du bist in deiner angenehmen Laune, | Ich will dich nicht drin stören.

Friedr. von Schiller, D. Jungfrau v. Orleans (1801). A. 1, Sz. 2 (Karl).

— Laune löst, was Laune knüpfte.

Friedr. von Schiller, D. Braut v. Messina (1803). Säulenhalle (Isabella).

Lauschen. — Rings im Kreise lauscht die Menge | Bärtiger Magyaren froh.

Nicolaus Lenau (Niembsch, Edler von Strehlenau), Gedichte (1832). D. Werbung.

Läuten. — Er hat etwas läuten hören (er hat etwas gehört, ist aber nicht genau unterrichtet darüber). Sprichwörtl. Redensart.

Lauterbach. — Zu Lauterbach hab' ich mein Strumpf verlor'n. Volkslied u. -weise.

Leben. — Das Licht des Tages schauen (leben) ist das Süßeste | Für Menschenkinder und die Unterwelt ein Nichts. Griech.: *Τὸ φῶς τόδ' ἀνθρώποισιν ἥδιστον βλέπειν, | Τὰ νέρθε δ' οὐδέν.*

Euripides, Iphigenie in Aulis (um 407 v. Chr.). Übers. v. Minckwitz. V. 1250—51 (Iphigenie).

— Nur schön zu leben oder schön zu sterben | Geziemt dem Edlen. Griech.: *Ἀλλ' ἢ καλῶς ζῆν ἢ καλῶς τεθνηκέναι | Τὸν εὐγενῆ χρή.*

Sophokles (um 496—406 v. Chr.), Ajas. Übers. v. Jordan. V. 477—78 (Ajas).

— Nein, das beste ist, | Zu leben, wie man grade leben kann. Griech.: *Εἰκῆ κράτιστον ζῆν, ὅπως δύναιτό τις.*

Sophokles (um 496—406 v. Chr.), König Ödipus. Übers. v. Jordan. V. 968—69 (Jokaste).

— Jeder Mensch, und sei er Sklav' auch, freuet sich, das Licht zu schaun (zu leben). Griech.: *Πᾶς ἀνήρ, κἂν δοῦλος ᾖ τις, ἥδεται τὸ φῶς ὁρῶν.*

Euripides (um 480—406 v. Chr.), Orestes. Übers. v. Binder. V. 1523 (D. Phryger).

— Schlechte Leute leben nur um zu essen; die guten aber essen, um zu leben. Griech.: *Τοὺς μὲν φαύλους ζῆν τοῦ ἐσθίειν ἕνεκα, τοὺς δ' ἀγαθοὺς ἐσθίειν ἕνεκα τοῦ ζῆν.*

Sokrates (um 469—399 v. Chr.). Nach Plutarch, Wie ein Jüngling Dichter lesen soll. Übers. v. Eyth.

— Der lebt wohl, der verborgen lebt. Lat.: Bene qui latuit, bene vixit.

Publ. Ovidius Naso (um 43 v. Chr.—17 n. Chr.), Klagelieder. Übers. v. Berg. B. 3, Nr. 4, V. 25.

— Leben . . . heißt kämpfen. Lat.: Vivere . . . militare est.

Lucius Annaeus Seneca d. Jüngere (um 4—65), Br. Br. 96, V. 5. Übers. v. Grau.

— Wer wünschen well, das er reht leb, | Der wünsch, das im got darzû geb | Ein gsunden sinn, lib und gemüt, | Und in vor vorcht des todes bhüt, | Vor zorn, begir und bösem git.

Seb. Brant, D. Narrenschif (1494). Nr. 26. V. unnützem wünschen.

— Leben wie Gott in Frankreich.

Nach Kaiser Maximilian I. (reg. 1493—1519).

Leben. — Wolt ihr euch aber hoch bewerben, | So lebt so, daß ihr wohl mögt sterben!
Georg Rollenhagen, Froschmäuseler (1595). B. 1, T. 2, K. 26.

— Was da lebet, muß verderben, | Soll es anders werden neu.
Joh. Georg Albinus (1624—1679), Welt=Eitelkeit.

— Es gibt für den Menschen nur drei Ereignisse: entstehen, leben und sterben; er ist sich des Entstehens nicht bewußt, er leidet beim Sterben und er vergißt zu leben. Franz.: Il n'y a pour l'homme que trois évènements, naître, vivre, et mourir: il ne se sent pas naître, il souffre à mourir, et il oublie de vivre.
Jean de La Bruyère, Charaktere (1688). Übers. v. Hamel. V. Menschen.

— Er lebte, nahm ein Weib und starb.
Christ. Fürchtegott Gellert, Fab. u. Erz. (1746). B. 1. D. Greis. Schlußv.

— Kann mich der Tod so bald entseelen, | Was nützt mir alles Glück der Welt? | Um froh zu sterben, will ich leben.
Christ. Fürchtegott Gellert, Fab. u. Erz. (1746). B. 2. Alcest.

— Lebe, wie du, wenn du stirbst, | Wünschen wirst, gelebt zu haben.
Christ. Fürchtegott Gellert, Geistl. Oden u. Lieder (1757). V. Tode.

— Freund, versäume nicht zu leben, | Denn die Jahre fliehn; | Und es wird der Saft der Reben | Uns nicht lange glühn!
Ewald Christ. von Kleist, Sämtl. Werke. Gedichte. Dithyrambe (1757).

— Leben heißt nicht atmen, sondern handeln. Franz.: Vivre ce n'est pas respirer, c'est agir.
Jean Jacques Rousseau, Emil (1762). Übers. v. Reimer.

— Nicht der Mensch hat am meisten gelebt, welcher die höchsten Jahre zählt, sondern derjenige, welcher sein Leben am meisten empfunden hat. Franz.: L'homme qui a le plus vécu n'est pas celui qui a compté le plus d'anneés; mais celui qui a le plus senti la vie.
Jean Jacques Rousseau, Emil (1762). Übers. v. Reimer.

— Hurtig leben ist mein Rat; | Flüchtig ist die Zeit! Joh. Wilh. Ludw. Gleim, Werke. Gedichte. An Leukon (ged. 1764). Schlußv. Mel. v. Karl Spazier (komp. 1793).

— Noch lebt Admet in deinem Herzen!
Christoph Martin Wieland, Alceste (1773). A. 4, Sz. 2.

— . . . man lebt nur Einmal in der Welt.
Joh. Wolfg. von Goethe, Clavigo (1774). A. 1. Clavigos Wohnung (Carlos).

— Leben heißt träumen; weise sein . . . heißt angenehm träumen.
Friedr. von Schiller, D. Verschwörung d. Fiesko zu Genua (1783). A. 1, Sz. 6 (Fiesko).

Leben. — Ich höre auf zu leben, aber ich habe gelebt.
Joh. Wolfg. von Goethe, Egmont (1788). A. 5. Gefängnis (Egmont).

— Der raset, der den Tod herbeiwünscht! Besser | In Schande leben, als bewundert sterben.
Friedr. von Schiller, Iphigenie in Aulis (ged. 1788). A. 5, Sz. 3 (Iphigenie).

— Weinend grüßt du das Erdenrund, | Lächelnd küsset dich der Freunde Mund; | Lebe so, daß einst du beim Erblassen | Lächelnd mögest weinende Freunde lassen! Gottl. Konrad Pfeffel, Poetische Versuche (1789—1790).

. . . wer den Besten seiner Zeit genug | Getan, der hat gelebt für alle Zeiten.
Friedr. von Schiller, Wallensteins Lager. Prolog (ged. 1793).

— Ist Leben doch des Lebens höchstes Gut! | Ein Rasender, der es umsonst verschleudert!
Friedr. von Schiller, Maria Stuart (1800). A. 3, Sz. 6 (Mortimer).

— Heilige Mutter, hilf uns erwerben, | Fromm zu leben und selig zu sterben!
Spr. an einem Hause in Oberlängenfeld (1804).

— Gut gelebt und selig gestorben, | Ist dem Teufel die Rechnung verdorben.
D. Knaben Wunderhorn (1806—1808). D. krumme Peter.

— Und lernen leben in Gesellschaft wir, | Ist Einsamkeit es, die uns sterben lehrt. Engl.: If from society we learn to live, | 'T is solitude should teach us how to die.
George Gordon Lord Byron, Harolds Pilgerfahrt (1812—1818). Übers. v. Heichen. Ges. 4, Str. 33, V. 6.

— Wohl ihm, der bis auf die Neige | Rein gelebt sein Leben hat.
Joh. Gottfr. von Herder, Sämtl. Werke (1805—1820). Gedichte. Lied d. Lebens.

— Laßt uns denn nach heil'gern Räumen | Mutig und getröstet streben, | Weil wir träumen, wenn wir leben, | Weil wir leben, wenn wir träumen! Aug. Graf von Platen=Hallermund, Gedichte. Lieder u. Romanzen. D. Leben ein Traum (ged. 1820). Schlußv.

— Das Leben gehört den Lebendigen an, und wer lebt, muß auf Wechsel gefaßt sein.
Joh. Wolfg. von Goethe, Wilh. Meisters Wanderjahre (1807—1821).

— Du lebst, und du mußt ewig leben. Glaub' nicht, | Die Erde, welche deine Hülle ist, | Sei Dasein; — sie vergeht, und — du wirst bleiben | Nicht wen'ger, als du bist. Engl.: Thou livest and must live for ever: think not | The earth, which is thine outward cov'ring, is | Existence — it will cease, and thou wilt be | No less than thou art now.
George Gordon Lord Byron, Kain (1821). Übers. v. Heichen. A. 1, Sz. 1 (Lucifer).

Leben. — . . . Leben ist ja doch des Lebens höchstes Ziel.

Frz. Grillparzer, Sappho (1822). A. 1, Sz. 3 (Sappho).

— Ich lebe und bin noch stärker, | Als alle Toten sind!

Heinr. Heine, D. B. d. Lieder. D. Heimkehr (geb. 1823—1824). Nr. 23. Schlußv.

— Leben heißt wirken und vernünftig wirken. Nach unserer Weise heißt es leiden und unvernünftig leiden. Joh. Gottfr. Seume, Sämtl. Werke (1826). Apokryphen.

— Wer aus sich heraus lebt, tut immer besser, als wer in sich hinein lebt.

Joh. Gottfr. Seume, Sämtl. Werke (1826). Apokryphen.

— Wir leben | In Lebens Überdruß, in Scheu des Todes.

Joh. Wolfg. von Goethe, Werke (1827—1830). Gedichte. A. fremden Sprachen. Monolog a. Byrons Manfred.

— Man kann nicht für jedermann leben, besonders für die nicht, mit denen man nicht leben möchte.

Joh. Wolfg. von Goethe, Werke (1827—1830). Maximen u. Reflexionen. Abteilung 3.

— Denn leben hieß: sich wehren.

Joh. Wolfg. von Goethe, Faust, II (1831). Hochgebirg (Mephistopheles).

— . . . so lange man lebt, muß man das Leben erhalten, sich ihm nicht entfremden, sondern darein eingreifen, wie es die Kräfte und die Gelegenheit erlauben.

Wilh. Freiherr von Humboldt, Br. an eine Freundin (1. Jan. 1832).

— Du lebst nicht, kannst du nicht mit andern leben; | Du lebst nicht, können sie es nicht mit dir; | Ihr lebt nicht, wenn nicht mit Vernunft und Liebe.

Leop. Schefer, Laienbrevier (1834). Okt. Nr. 22.

— Man lebt nicht zweimal, und wie groß ist deren Zahl, | Die leben auf der Welt auch Einmal nicht einmal!

Friedr. Rückert, D. Weisheit d. Brahmanen (1836—1839). B. 16, Abteilung 5, Nr. 33. (Stufe 5. Leben. Nr. 435.)

— So möcht' ich leben, daß ich hätte, wenn ich scheide, | Gelebet mir zur Lust und andern nicht zu Leide.

Friedr. Rückert, D. Weisheit d. Brahmanen (1836—1839). B. 16, Abteilung 5, Nr. 99. (Stufe 5. Leben. Nr. 501).

— . . . um selig einst zu sterben, | Denkt bei allem mir ans Ende! | Doch, wollt Ihr, ein Tücht'ger, leben, | So erwägt und prüft den Anfang; | Denn das Ende kommt von selber.

Frz. Grillparzer, D. Traum ein Leben (1840). A. 2 (Zanga).

— Noch lebst du, bald bist du ein Weiland.

Karl Immermann, Tristan u. Isolde (1841). D. Splitter.

Leben. — Ich lebe wieder! Leben heißt genießen.

Friedr. Halm (Elegius Frz. Jos. Freiherr von Münch-Bellinghausen), D. Fechter v. Ravenna (1857). A. 2 (Caligula).

— Leben heißt, tief einsam sein.

Friedr. Hebbel, Gedichte (1857).

— Ich lebe wieder! | Ich fühl' es, weil ich leide.

Emerich Madách, D. Tragödie d. Menschen (1861). A. d. Ungar. übers. v. Lechner. Sz. 13 (Adam).

— Der Mensch wird in der Fremde geboren; leben heißt die Heimat suchen, und denken heißt leben. Ludw. Börne, Gesammelte Schriften (1862—1863).

— Nur das heißt leben, | Wenn dein Heut' ein Morgen hat.

Emanuel Geibel, Gedichte u. Gedenkblätter (1864). Spr. Nr. 27.

— Der Mensch lebt nicht voll, wenn er nur für sich lebt und sein Dasein bewahrt.

Berth. Auerbach, Auf d. Höhe (1865).

— Wer weiß zu leben? Wer zu leiden weiß.

David Friedr. Strauß, D. alte u. d. neue Glaube (1872).

— Die Kunst gedeiht nur in des Lebens Gunst, | Und recht zu leben ist auch eine Kunst, | So schwer wie alle Künste im Vereine | Im steten Kampfe gegen das Gemeine.

Friedr. von Bodenstedt, A. Morgenland u. Abendland (1882).

— Da du einst geboren warst ans Licht, | Weintest du, es freuten sich die Deinen. | Lebe so, daß, wenn dein Auge bricht, | Du dich freust, die Menschen aber weinen!

Karl Gerok, Auf einsamen Gängen (1887).

— Für andere und mit anderen leben, heißt überhaupt nur leben!

Hermann Heiberg, Menschen untereinander (1888).

— Herrlich und in Freuden leben.

Nach Luk., K. 16, V. 19. — Sprichwörtl. Redensart.

— Gott soltu und nit der Welt nach leben; | Hab guten Muth, den Todt bedenk eben!

Alter Spr.

— Leben und nichts erlangen | Heißt fischen und nichts fangen. Alter Spr.

— Leben ist eine Kunst. Sprichwort.

— Man lebt nur Einmal in der Welt.

Sprichwort.

— Wer im Galopp lebt, fährt im Trab zum Teufel. Sprichwort.

— Alli Thierli lebe gern. Sprichwort. Schweiz.

— In den Tag hinein leben (sorglos, ohne an die Zukunft zu denken). Sprichwörtl. Redensart.

— Die Ewigkeit erwartet dich, | Behuetsamb löb, dich wohl versich!

Inschrift in d. Totenkapelle zu Völs.

— Genieße deine Kraft; | Man lebt nur, wenn man schafft.

Spr. im Berliner Rathause. Dritter Stock

Leben. — Red einer schlecht von dir, — sei's ihm erlaubt, | Doch du, du lebe so, daß keiner es ihm glaubt! Spr. in einem Hause in Zürich.

— Wir leben so dahin | Und nehmen nicht in acht, | Daß jeder Augenblick | Das Leben kürzer macht. Spr. an einem Hause. Inntal.

— He leevt wie den Kaptain sin Hund (wie Gott in Frankreich). A. d. Seemannssprache.

— Leben Se so wohl als auch janz besonders! Berliner Redensart.

Leben, das. — Ach, ewiglich beut nie rastenden Leids | Stromwoge das menschliche Dasein. Griech.: *Πᾶς δ' ὀδυνηρὸς βίος ἀνθρώπων | Κοὐκ ἔστι πόνων ἀνάπαυσις.*

Euripides, Hippolyt (um 428 v. Chr.). Übers. v. Minckwitz. V. 189—90 (Amme).

— Ob es Süßeres sonst als das Leben noch gibt? Griech.: *Ἀλλ ὅ τι τοῦ ζῆν φίλτερον;*

Euripides, Hippolyt (um 428 v. Chr). Übers. v. Minckwitz. V. 191 (Amme).

— Ein schlechtes Leben besser als ein schöner Tod. Griech.: *Κακῶς ζῆν κρεῖσσον ἢ καλῶς θανεῖν.*

Euripides, Iphigenie in Aulis (um 407 v. Chr.). Übers. v. Minckwitz. V. 1252 (Iphigenie).

— Das Leben ist, so süß das Wort auch klingen mag, | Doch nichts als Müh' und Not! Griech.: *Ὁ βίος γὰρ ὄνομ' ἔχει βίον μόρος γεγώς.*

Euripides (um 480—406 v. Chr.). Nach Plutarch, Moralische Abhandlungen. Übers. v. Eyth. Trostrede. K. 34.

— Sei mit dem Leben, o Mensch, doch sparsam! . . . | Du hast Vorrat an Dasein nicht viel. Griech.: *Ἄνθρωπε, ζωῆς περιφείδεο . . . | Καὶ ὡς οὐ πολὺς ἀνδρὶ βίος.*

Theokrit (geb. um 300 v. Chr.), Epigramme. Übers. v. Notter. Nr. 9.

— Wie nichtig ist doch das Leben! Lat.: **O quantum est in rebus inane!**

Aul. Persius Flacc. (um 34—62), Sat. Übers. v. Weber. Nr. 1, V. 1.

— Ein glückseliges Leben ist der Genuß der Gegenwart; das ewige Leben ist die Hoffnung der Zukunft. Lat.: **Vita beata fructus praesentium; vita aeterna spes futurorum est.**

Ambrosius (um 340—397), B. d. Pflichten. Übers. v. Schulte. B. 2, K. 5, § 18.

— Nicht Eines Leben ist so frei, | Daß es ganz ohne Fehde sei. Mittelhochdeutsch: Dehein leben ist sô vrî, | Dazz gar âne urliuge sî.

Vrîdankes Bescheidenheit (1225—1240). Übertr. v. Pannier. Nr. 38. v. erkantnisse.

— Das Leben ist so schön, doch ach, es währet nicht; | Drum fuß' auf dem, was sich so schnell verzehret, nicht!

A. d. Persischen d. Sadi, Fruchtgarten (1257). Übers. v. Graf.

Leben, das. — Nicht, daß ihr wie das Vieh lebt, habt ihr Leben, | Vielmehr, daß ihr nach Ruhm und Wissen ringt. Ital.: **Fatti non foste a viver come bruti | Ma per seguir virtute e conoscenza.**

Dante Alighieri, Göttliche Komödie (1300—1321). Übers. v. Gildemeister. Hölle. Ges. 26, V. 118—19.

— O, unser Leben! Immer bist | Du voll von Sorgen. Ital.: **O nostra vita | Piena sempre d'affanni!**

Giangiorgio Trissino, Sofonista. Abschied (1523—1526). Übers. v. Pozzoni.

— . . Niemand wollte es (das Leben) gerne lassen und sterben, da doch immer ein Unglück über das andere käme und wäre da kein Aufhören bis in den Tod.

Dr. Martin Luther, Tischreden oder Colloquia (1566). Nr. 48. Tischreden v. Tode. § 21. Dieses Lebens Art.

— . . . du (das Leben) bist nur Narr des Todes, | Denn durch die Flucht strebst du ihm zu entgehn | Und rennst ihm ewig zu. Engl.: **Merely, thou art death's fool; | For him thou labour'st by thy flight to shun, | And yet run'st toward him still.**

William Shakespeare, Maß für Maß (1604). Übers. v. Schlegel. A. 3, Sz. 1 (Herzog).

— Was ist Leben? | Ein Schatten, der vorüberstreicht; ein armer Gaukler, | Der seine Stunde lang sich auf der Bühne | Zerquält und tobt; dann hört man ihn nicht mehr. | Ein Märchen ist es, das ein Tor erzählt, | Voll Wortschwall und bedeutet nichts! Engl.: **Life's but a walking shadow; a poor player, | That struts and frets his hour upon the stage, | And then is heard no more: it is a tale | Told by an idiot, full of sound and fury, | Signifying nothing.**

William Shakespeare, Macbeth (1606). Übers. v. Schiller. A. 5, Sz. 5 (Macbeth).

— Man sagt, es sey im Leben, | Wie mit dem Würffelspiel; | Wann nicht thut fallen eben, | Was man woll haben wil, | So muß man, was gefallen, | Gedultig nehmen an.

Joh. Doman, Lied v. d. Hanse (1618).

— Dieses Leben ist eine Schiffahrt, der Tod ist der sicherste Hafen. — Unser Erdenleben ist ein Gefängnis für die Seele, der Tod ist die Befreiung daraus. Joh. Gerhard (1582—1673).

— Das Leben gleicht dem Stahle; braucht man ihn, so glänzt er; läßt man ihn still liegen, so frißt ihn der Rost. Rasten heißt rosten. Liebst du Glanz und Ehren, so liebe die Arbeit!

Heinr. Müller, Predigten (1663—1675).

— Das Leben ein Traum. Span.: **La vida es sueño.**

Don Pedro Calderon (1600—1681), Titel eines Lustspiels.

Leben, das. — Ist das Leben elend, so ist es eine Pein, es zu ertragen; ist es glücklich, so bebt man vor seinem Verluste; — es kommt beides auf eins hinaus. Franz.: Si la vie est misérable, elle est pénible à supporter; si elle est heureuse, il est horrible de la perdre: l'un revient à l'autre.
Jean de La Bruyère, Charaktere (1688). Übers. v. Hamel. V. Menschen.

— Das Leben stirbt, sobald es verglichen wird. | Das Leben lebt erst jenseits des Grabes. Engl.: Life dies compared! life lives beyond the grave.
Edward Young, Nachtgedanken (1742). Übers. v. Graf Bentzel=Sternau. Nacht 3, V. 512.

— Welch Fabelwerk ist unser Leben? | Halb ist's ein Wesen, halb ein Schein; | Zu kurz, nach eitlem Glück zu streben, | Zu lang, ohn eitles Glück zu sein.
Friedr. Karl Kasimir Freiherr von Creuz, Oden u. andere Gedichte. Bd. 1. Neujahrs=Gedanken (1753).

— Du sollst es (das Leben) lieben, weislich nützen, | Es dankbar, als ein Glück, besitzen, | Verlieren, als verlörst du's nicht!
Christ. Fürchtegott Gellert, Geistl. Oden u. Lieder (1757). Beständige Erinnerung d. Todes.

— Es wird einem sauer gemacht, das bißchen Leben und Freiheit!
Joh. Wolfg. von Goethe, Götz v. Berlichingen (1773). A. 1. Herberge im Walde (Götz).

— Ein Leben, wie im Paradies . .
Ludw. Hölty, Gedichte. Lieder. Trinklied beim Rheinwein (ged. 1775). Mel. v. Joh. Friedr. Reichardt (1797).

— Ein kleiner Ring | Begrenzt unser Leben, | Und viele Geschlechter | Reihen sich dauernd | An ihres Daseins | Unendliche Kette.
Joh. Wolfg. von Goethe, Gedichte. Verm. Gedichte. Grenzen d. Menschheit (ged. vor 1781). Schlußv.

— Wie sind wir so töricht, wenn's Leben noch steigt, | Wie müd und wie trübe, wenn's abwärts sich neigt! Engl.: How foolish, or worse, till our summit is gain'd! | And downward, how weaken'd, how darken'd, how pain'd!
Rob. Burns, Lieder u. Balladen (1786). Übers. v. Pringhorn.

— Frei atmen macht das Leben nicht allein.
Joh. Wolfg. von Goethe, Iphigenie auf Tauris (1787). A. 1, Sz. 2 (Iphigenie).

— O, Gott, das Leben ist doch schön!
Friedr. von Schiller, Don Carlos (1787). A. 4, Sz. 21 (Marquis). Schlußv.

— Wenn ihr das Leben gar zu ernsthaft nehmt, was ist denn dran?
Joh. Wolfg. von Goethe, Egmont (1788). A. 2. Egmonts Wohnung (Egmont).

— Süßes Leben! schöne, freundliche Gewohnheit des Daseins und Wirkens! von dir soll ich scheiden! Joh. Wolfg. von Goethe, Egmont (1788). A. 5. Gefängnis (Egmont).

Leben, das. — Das Leben lehret jedem, was er sei.
Joh. Wolfg. von Goethe, Torquato Tasso (1789). A. 2, Sz. 3 (Antonio).

— Zwischen der Wieg' und dem Sarg wir schwanken und schweben | Auf dem großen Kanal sorglos durchs Leben dahin.
Joh. Wolfg. von Goethe, Gedichte. Epigramme (ged. Venedig 1790). Nr. 8.

— . . . es bildet | Nur das Leben den Mann, und wenig bedeuten die Worte.
Joh. Wolfg. von Goethe, Gedichte. Episteln (ged. Okt.—Nov. 1794). Erste Epistel.

— O das Leben ist ein langer, langer Seufzer vor dem Ausgehen des Atems.
Jean Paul (Joh. Paul Friedr. Richter), Hesperus (1795).

— Wem zu glauben ist, redlicher Freund, das kann ich dir sagen; | Glaube dem Leben! es lehrt besser als Redner und Buch.
Joh. Wolfg. von Goethe, Gedichte. Vier Jahreszeiten (ged. 1796). Herbst. Nr. 47.

— Das Leben ist ein Würfelspiel.
Karl Friedr. Hensler, D. Schlangenfest in Sangora (1796). Komp. v. Wenzel Müller.

— Ein Traum, ein Traum ist unser Leben | Auf Erden hier. | Wie Schatten auf den Wogen schweben | Und schwinden wir. | Und messen unsre trägen Tritte | Nach Raum und Zeit; | Und sind (und wissen's nicht) in Mitte | Der Ewigkeit.
Joh. Gottfr. von Herder, Sämtl. Werke. Gedichte. Amor u. Psyche auf einem Grabmal (ged. 1796).

— Das Leben gleicht jener beschwerlichen Art zu wallfahrten, wo man drei Schritte vor und zwei zurücktun muß.
Joh. Wolfg. von Goethe, Br. an Heinr. Meyer (28. April 1797).

— Auch das Leben verlangt ruhige Blätter im Kranz. Joh. Wolfg. von Goethe, Gedichte. Elegien. Nr. 2. D. neue Pausias u. sein Blumenmädchen (ged. 22. Mai 1797).

— Heilig sei dir der Tag; doch schätze das Leben nicht höher | Als ein anderes Gut, und alle Güter sind trüglich.
Joh. Wolfg. von Goethe, Hermann u. Dorothea (1797). Urania.

— Und setzet ihr nicht das Leben ein, | Nie wird euch das Leben gewonnen sein.
Friedr. von Schiller, Wallensteins Lager. Sz. 11. Reiterlied (ged. 1797). Schlußv. Mel. v. Christ. Jak. Zahn (1798).

— Alles entsteht und vergeht nach Gesetz; doch über des Menschen | Leben, dem köstlichen Schatz, herrschet ein schwankendes Los.
Joh. Wolfg. von Goethe, Gedichte. Elegien. Nr. 2. Euphrosyne (ged. Okt. 1797—13. Juni 1798).

— Ich habe nichts als mein Leben; | Das muß ich dem Könige geben!
Friedr. von Schiller, Gedichte. D. Bürgschaft (ged. 27.—30. Aug. 1798).

Leben, das. — Von der Vernunftshöhe herunter sieht das ganze Leben wie eine böse Krankheit und die Welt einem Tollhaus gleich.

Joh. Wolfg. von Goethe an Voigt (19. Dez. 1798).

— Sehnsucht, Liebe, Hoffnung, Verlangen, das ist wahres Leben.

Aug. von Kotzebue, D. Graf v. Burgund (1798).

— Das Leben, diese kurze Erdpartie, ist nur ein kurzer, schwüler Dezembertag; — unsere Freuden sind Torsos, — unsere Erinnerungen Ruinen, — unsere Liebe ist eine ewige Sehnsucht und unsere Jugend nur ein süßerer Seufzer.

Jean Paul (Joh. Paul Friedr. Richter), Palingenesien (1798).

— Es ist so köstlich, Hand in Hand | Das Leben zu durchwallen.

Gotthelf Wilh. Starke, Gedichte. Lied eines Friedlichen (ged. 1799). Mel. v. Joh. Sörensen.

— Nicht seine Freudenseite kehrte dir | Das Leben zu. Friedr. von Schiller, Maria Stuart (1800). A. 2, Sz. 3 (Talbot).

— Das Leben ist das einz'ge Gut des Schlechten.

Friedr. von Schiller, Maria Stuart (1800). A. 4, Sz. 4 (Mortimer).

— Das Leben, Kriton, wird zu teuer | Dem Unrecht abgekauft. Der Tod ist ein Befreier; | Und Ketten trägt die Freveltat.

Christoph Aug. Tiedge, Urania (1800). Ges. 5. Tugend.

— Was ist Leben? | Ein Schatten, der vorüberstreicht; ein armer Gaukler, | Der seine Stunde lang sich auf der Bühne | Zerquält und tobt; dann hört man ihn nicht mehr. | Ein Märchen ist es, das ein Tor erzählt, | Voll Wortschwall und bedeutet nichts. Friedr. von Schiller, Macbeth (1801). A. 5, Sz. 6 (Macbeth). Schlußv.

— Das Leben wird, der Traube gleich, | Gekeltert und gepreßt.

Aug. Mahlmann, Sämtl. Schriften. Gedichte. D. Reich d. Freude (ged. 1803). Komponist unbek.

— Drum erhebe frohe Lieder, . . . | Wem noch frisch das Leben blüht!

Friedr. von Schiller, Gedichte. D. Siegesfest (ged. 1803).

— Das Leben ist der Güter höchstes nicht!

Friedr. von Schiller, D. Braut v. Messina (1803). D. Säulenhalle (Chor. Cajetan).

— . . . aus der Kräfte schön vereintem Streben | Erhebt sich, wirkend, erst das wahre Leben.

Friedr. von Schiller, D. Huldigung d. Künste (ged. 4.—8. Nov. 1804). (Alle Künste). Schlußv.

— Müh' ist das Leben, ach! und fleucht | Wie ein verschoss'ner Pfeil.

Joh. Gottfr. von Herder, Stimmen d. Völker in Liedern (1807). Abteilung 1, B. 2, Nr. 11. Frühlingslied. Ital.

— Das Leben, besonders das sittliche, hat Flug, dann Sprung, dann Schritt, endlich Stand.

Jean Paul (Joh. Paul Friedr. Richter), Levana oder Erzieh=Lehre (1807). Bd. 1, Bruchstück 1, K. 3, § 17.

Leben, das. — Man schmeichelt sich ins Leben hinein, aber das Leben schmeichelt uns nicht. Wie viel Menschen mögen denn das freiwillig zugestehen, was sie am Ende doch müssen?

Joh. Wolfg. von Goethe, D. Wahlverwandtschaften (1808—1809). T. 2, K. 7.

— Man sieht die Blumen welken und die Blätter fallen, aber man sieht auch Früchte reifen und neue Knospen keimen. Das Leben gehört den Lebendigen an, und wer lebt, muß auf Wechsel gefaßt sein. Joh. Wolfg. von Goethe, D. Wahlverwandtschaften (1808—1809). T. 2, K. 8.

— Des Lebens Unverstand mit Wehmut zu genießen | Ist Tugend und Begriff.

Hans Adolf von Thümmel (um 1810).

— O Menschen! Menschen! faßt das Leben schnell, | Laßt keiner Stunde Zeigerschlag vorüber, | Wo ihr nicht sagt: der Augenblick war mein, | Ich habe seine Freuden ausgekostet.

Theod. Körner, Zriny (ged. Juni 1812). A. 2, Sz. 2 (Zriny).

— Gibt's mehr, als Einen Silberblick im Leben?

Theod. Körner, Zriny (ged. Juni 1812). A. 2, Sz. 8 (Juranitsch).

— Das Leben gilt nur großen Männern viel; | Im Staube kriechen heißt ja so nicht leben.

Theod. Körner, Zriny (ged. Juni 1812). A. 3, Sz. 4 (Soliman).

— Willst du dir ein hübsch Leben zimmern, Mußt dich um's Vergangne nicht bekümmern; | Das Wenigste muß dich verdrießen; | Mußt stets die Gegenwart genießen, | Besonders keinen Menschen hassen | Und die Zukunft Gott überlassen!

Joh. Wolfg. von Goethe, Gedichte. Epigrammatisch. Lebensregel (ged. 1814).

— Im Atemholen sind zweierlei Gnaden: | Die Luft einziehen, sich ihrer entladen; | Jenes bedrängt, dieses erfrischt; | So wunderbar ist das Leben gemischt. | Du danke Gott, wenn er dich preßt, | Und dank' ihm, wenn er dich wieder entläßt!

Joh. Wolfg. von Goethe, Westöstlicher Diwan. B. d. Sängers. Talismane (ged. Anfang 1815).

— Weite Welt und breites Leben, | Langer Jahre redlich Streben, | Stets geforscht und stets gegründet, | Nie geschlossen, oft geründet, | Ältestes bewahrt mit Treue, | Freundlich aufgefaßtes Neue, | Heitern Sinn und reine Zwecke: | Nun! man kommt wohl eine Strecke.

Joh. Wolfg. von Goethe, Gedichte. Gott u. Welt. Motto (ged. Mai 1817).

— Ist das Leben doch so schön, | Aller Güter erstes, höchstes; | Und wer alles setzt daran, | Wahrlich, der hat recht getan!

Frz. Grillparzer, D. Ahnfrau (1817). A. 2 (Jaromir).

— Wie auch die Töne sich verweben, | Nur Ein Akkord regiert das Leben; | Gesetz und Kraft, Gefühl und Gott.

Ernst Schulze, Sämtl. poetische Werke (1818—1820).

Leben, das. — Dieses Leben ist Schlaf, aus dem ein letzter uns aufweckt.
Friedr. Gottl. Klopstock, Sämtl. Werke (1798—1821). Bd. 2.

— Dieses Leben | Ist reich genug an Qual, des Denkens Kreis | Ganz auszufüllen.
Friedr. Gottl. Klopstock, Sämtl. Werke (1798—1821). Bd. 7.

— Ein Held ist, wer das Leben Großem opfert; | Wer's für ein Nichts vergeudet, ist ein Tor! Frz. Grillparzer, D. goldene Vließ (1822).

— Es kann zwar sein, daß das nicht so in jeder Natur ist, aber der meinigen ist es sogar mehr, als billig ist, eigen, das Leben wie ein Schauspiel anzusehen, und selbst wenn ich in Lagen war, wo ich ernsthaft selbst mithandeln mußte, hat mich diese Freude am bloßen Zusehen der Entwickelungen der Menschen und Ereignisse nie verlassen. Wilh. Freiherr von Humboldt, Br. an eine Freundin (18. Okt. 1823).

— Das nachdenkende, betrachtende, forschende Leben ist eigentlich das Höchste; allein in gewisser Art läßt es sich doch nur im höhern Alter vollkommen genießen.
Wilh. Freiherr von Humboldt, Br. an eine Freundin (9. Juni 1824).

— Was ist dies Leben wert? Daß wir's verachten; | Nur glücklich, wenn, umgeben von Gefahren, | Wir es vergessen. Ital.: **Nostra vita a che val? solo a spregiarla. | Beata allor che, ne' perigli avvolta, | Sè stessa oblia.**
Giacomo Leopardi, Auf einen Sieger im Ballonspiel (1824). Übers. v. Heyse.

— Einer sternigen Nacht gleichet das Leben, Freund! | Schatten hüllen uns ein; aber von oben winkt | Himmelsschimmer und leitet | Durch die Schatten die Weiseren.
Friedr. Leop. Graf zu Stolberg, Gesammelte Werke (1820—1825). Gedichte.

— Das Leben ist der Weg des Todes. Es ist eine Brücke, die aus dem dunkeln Lande der Bewußtlosigkeit über die Kluft des Zweifels zur Erkenntnis führt.
Christ. Friedr. Wilh. Jakobs, Ährenlese (1823—1825). Bd. 2.

— Das Leben ist der Güter höchstes, und das schlimmste Übel ist der Tod.
Heinr. Heine, Reisebilder. T. 1. Ideen. D. B. Le Grand (1826). K. 3.

— . . . alle kräftige Menschen lieben das Leben. Heinr. Heine, Reisebilder. T. 1. Ideen. D. B. Le Grand (1826). K. 3.

— Wie dem Wein das Leben gleiche? | Sauer wird es, geht's zur Neige.
Moritz Doering, Gedichte (1827).

— Das Leben gleicht einem Buche: Toren durchblättern es flüchtig, der Weise liest es mit Bedacht, weil er weiß, daß er es nur Einmal lesen kann. Jean Paul (Joh. Paul Friedr. Richter), Sämtl. Werke (1826—1828).

Leben, das. — Ein Werk mit lauter Anfangsbuchstaben ist gedruckt schwer zu lesen: so ein Leben voll Sonntage.
Jean Paul (Joh. Paul Friedr. Richter), Sämtl. Werke (1826—1828).

— Warum erfreun wir uns am Klang der Leier, | Am Spiel des Glücks, an tausend süßen Trieben, | Wenn stets im Hintergrund die Furie lauert, | Und unser Leben zwo Sekunden dauert?
Aug. Graf von Platen=Hallermund, D. romantische Ödipus (1828). A. 4 (Ödipus).

— Das Leben ist eine Gabe, die immer so viel Schönes für einen selbst, und wenn man es nur will, so viel Nützliches für andere enthält, daß man sich wohl in der Stimmung erhalten kann, es nicht nur in Heiterkeit und innerer Genugtuung fortzuspinnen, sondern daß man auch aus wahrer Pflicht alles tun muß, was von einem selbst abhängt, es sich zu verschönern und es sich und andern nützlich zu machen.
Wilh. Freiherr von Humboldt, Br. an eine Freundin (Jan. 1828).

— Das Leben ist eine Krankheit, die ganze Welt ein Lazarett! Und der Tod ist unser Arzt.
Heinr. Heine, Reisebilder. T. 2. Italien (1828—1829). Nr. 3. D. Stadt Lucca. K. 5.

— Vier Leben endet Ein Schlag; — | Und morgen ist's Feiertag.
Gustav Schwab, Gedichte (1828—1829). D. Gewitter. Schlußv.

— . . . leben wir allein für dieses Leben, so sind wir die elendsten aller erschaffenen Wesen.
Wilh. Freiherr von Humboldt, Br. an eine Freundin (12. Juni 1829).

— . . . daß das Lebende dem Leben angehören und darauf gerichtet sein soll.
Wilh. Freiherr von Humboldt, Br. an eine Freundin (24. Dez. 1829).

— Nur frischen Sinns durchs Leben hin, | Vor nichts gebeugt den stolzen Sinn, | Mit Freude jede Maid geküßt, | Mit Hochmut jeden Narr'n gegrüßt, | So wirst du glücklich, wirst du groß | Und schaffest dir ein eignes Los!
Christ. Dietr. Grabbe, Don Juan u. Faust (1829). A. 4, Sz. 4 (Don Juan).

— Das Leben ist ein Nichts, wenn es nicht allem, | Was ihm begegnet, Stirne bietet!
Christ. Dietr. Grabbe, Don Juan u. Faust (1829). A. 4, Sz. 4 (Don Juan).

— Wir leiden alle am Leben.
Joh. Wolfg. von Goethe, Werke (1827—1830). Maximen u. Reflexionen. Abteilung 5.

— . . . um des Lebens willen ist man doch auf der Welt, und nur, was man in seinem Gemüt durch das Leben errungen hat, nimmt man mit hinweg. Wilh. Freiherr von Humboldt, Br. an eine Freundin (26. Jan. 1830).

Leben, das. — Das Leben ist dem Menschen von Gott gegeben, um es auf eine ihm wohlgefällige, pflichtgemäße Weise anzuwenden und im Bewußtsein dieser Anwendung zu genießen.

Wilh. Freiherr von Humboldt, Br. an eine Freundin (2. Juli 1831).

— In höhern Jahren ist doch ein betrachtendes Leben das angemessenste.

Wilh. Freiherr von Humboldt, Br. an eine Freundin (26. Juni 1832).

— Ruhe und Fassung in jedem Geschicke und sonst Heiterkeit oder Wehmut, das macht das Leben ertragen und hebt die Seele über den Wechsel der Ereignisse.

Wilh. Freiherr von Humboldt, Br. an eine Freundin (12. Jan. 1834).

— Das Leben lehren, ist der Weisen Arbeit; | Das Leben können ist des Wissens Ziel.

Leop. Schefer, Laienbrevier (1834). März. Nr. 29.

— Nur für Opfer zahlt das Leben.

Joh. Christoph Biernatzki, D. Hallig (1836).

— Du mußt entweder dieses Erdenleben | Vertaumeln dumpf in viehischer Geduld; | Wo nicht, dich als entschloss'ner Mann erheben | Und kühn zur Wahrheit dringen durch die Schuld.

Nicolaus Lenau (Niembsch, Edler von Strehlenau), Faust (1836). D. Besuch (Mephistopheles).

— Das Leben ist wirklich Unglück. Ital.: Il vivere è sventura.

Giacomo Leopardi, Auf ein antikes Grab-Basrelief (1836). Übers. v. Pozzoni.

— Wer mit dem Leben spielt, | Kommt nie zurecht; | Wer sich nicht selbst befiehlt, | Bleibt immer ein Knecht.

Joh. Wolfg. von Goethe, Poetische u. prosaische Werke (1836—1837). Gedichte. Zahme Xenien. Nr. 8.

— Halt' hoch dich über dem Leben; | Sonst geht's über dich fort!

Jos. Freiherr von Eichendorff, Gedichte (1837). Sängerleben. Spr. Nr. 6.

— O Leben, wie bist du schnelle, | O Leben, wie bist du schön!

Jos. Freiherr von Eichendorff, Gedichte (1837). Zeitlieder. Sängerfahrt.

— Ein wildes Roß ist's Leben, | Die Hufe Funken geben, | Wer's ehrlich wagt, bezwingt es, | Und wo es tritt, da klingt es!

Jos. Freiherr von Eichendorff, Gedichte (1837). Zeitlieder. Lieber alles. Schlußv.

— Wie ein Kind, das von dem Vater ließ auf einen Gaul sich heben, | Also reitest du, o Bruder, also reit' ich durch das Leben. | Weil des Rosses Zaum wir halten, glaubst du, daß wir es regieren? | Sieh', der Vater geht daneben, an der Halfter es zu führen!

Wilh. Müller, Gedichte (1837). Epigramme. 3. Hundert, Nr. 8. Menschenfreiheit.

Leben, das. — Leben, willst du deinen Menschen ungetrübte Freude geben, | O so lehre sie vergessen, daß sie auf der Erde leben!

Wilh. Müller, Gedichte (1837). Epigramme. 3. Hundert, Nr. 16. Ungetrübte Lebensfreude.

— Groß ist des Menschen Kraft und lang das Leben, | Wenn man nur beides recht zu brauchen weiß. Ernst Raupach, D. Hohenstaufen (1837). Kaiser Friedr. I. u. Mailand. A. 3, Sz. 3.

— Ein lieber Weg wird einem nicht lang; | Gern geht man gewohnte Straßen. | Das Leben ist ein solcher Gang, | Man lebt es gewohntermaßen. Friedr. Rückert, Gesammelte Gedichte (1834—1838). Lieder u. Spr. Nr. 83.

— Man lerne einsehen, daß das Leben zwar eine Gabe, vor allem aber ein Auftrag ist; eine Vollmacht zu Rechten, aber nur im geheiligten Namen der Pflicht!

Ernst Freiherr von Feuchtersleben, Zur Diätetik d. Seele (1838). K. 5. Verstand, Bildung.

— Dieses Leben ist ja doch nur eine Spannung, mehr oder weniger gewaltsam; jedes Nachlassen ist ein Erkranken, ein Ersterben.

Ernst Freiherr von Feuchtersleben, Zur Diätetik d. Seele (1838). Tagebuchblätter.

— Dreifach haben sie mir gezeigt, | Wenn das Leben uns nachtet, | Wie man's verraucht, verschläft, vergeigt, | Und es dreimal verachtet.

Nicolaus Lenau (Niembsch, Edler von Strehlenau), Neuere Gedichte (1838). D. drei Zigeuner.

— Das Leben ist nur dem an steten Wonnen reich, | Der frohbewußt es sich und andern lebt zugleich. Friedr. Rückert, D. Weisheit d. Brahmanen (1836—1839). B. 9, Nr. 43. (Stufe 6. Prüfung. Nr. 158.)

— Je mehr es abwärts geht, je reicher wird das Leben. Friedr. Rückert, D. Weisheit d. Brahmanen (1836—1839). B. 15, Nr. 52. (Stufe 6. Prüfung. Nr. 280.)

— Das Leben ist ein Raub, das Leben eine Beute; | Wer weiß, wer's morgen nimmt? wer's hat, genieß' es heute!

Friedr. Rückert, D. Weisheit d. Brahmanen (1836—1839). B. 16, Abteilung 5, Nr. 47. (Stufe 5. Leben. Nr. 449.)

— Nur jenen ist das Leben schön und teuer, | Die frank und ungefesselt mit ihm scherzen, | Und ihnen ruft ein Gott: die Welt ist euer!

Aug. Graf von Platen-Hallermund, Gesammelte Werke (1839). Gedichte. Sonette. Nr. 17. Schlußv.

— . . . und ist das längste Leben mehr als ein Spaziergang vor den Pforten der Ewigkeit?

Karl Jul. Weber, Demokritos (1832—1840). Rede in d. zweiunddreißig Winde an Jünglinge u. meine Zeit.

Das Leben wird gegen Abend, wie die Träume gegen Morgen immer klarer und geordneter, und das ist eine wahre Wohltat.

Karl Jul. Weber, Demokritos (1832—1840). D. Alter. D. Schluß.

Leben, das. — Wer siegen will, muß sterben können; | Ja, soll das Leben recht gedeihn, | Muß man dem Tode auch was gönnen.
Rob. Prutz, Gedichte (1841).

— Das Leben ist ein muntres Weib | In ew'ger Jugendschöne. Rob. Prutz, Gedichte (1841).

— Unser Leben ist der aufzuckende Schmerz einer Wunde. Friedr. Hebbel, Genovefa (1843).

— Die Natur selbst ist Betrug gegen den Menschen und bereitet ihm das Leben angenehm und erträglich hauptsächlich nur mittels Einbildung und Täuschung. Ital.: **La natura medesima è impostura verso l'uomo, nè gli rende la vita amabile e sopportabile, se non per mezzo principalmente d'immaginazione e di inganno.**
Giacomo Leopardi, Werke (1845). Gedanken. Übers. v. Pozzoni.

— Das Leben ist ein Darlehn, keine Gabe.
Friedr. von Bodenstedt, D. Lieder d. Mirza-Schaffy (1851). Verm. Gedichte u. Spr. Nr. 5.

— Gewöhne dich, — da stets der Tod dir dräut, — | Dankbar zu nehmen, was das Leben beut. Friedr. von Bodenstedt, D. Lieder d. Mirza-Schaffy (1851). Verm. Gedichte u. Spr. Nr. 5.

— Das Leben, das in Wahrheit so zu nennen, | Ist eine Arbeit, die dir aufgegeben; | Als solche wag' es freudig zu erkennen, | Um dich zum Meister würdig zu erheben.
Jul. Hammer, Schau um dich u. schau in dich (1851). Heiße Tage. Sag' nicht v. Leben, daß ein Glück es sei usw.

— Das Leben nur ist Unglück, Last und Pein, | Das tatlos kränkelnd sich nicht selbst bestimmt, | Und, wie ein farbeloser Dämmerschein, | Im Zwielicht zwischen Traum und Wachen schwimmt.
Jul. Hammer, Schau um dich u. schau in dich (1851). Heiße Tage. Sag' nicht v. Leben, daß ein Glück es sei usw.

— Nicht träumen sollt ihr euer Leben, | Erleben sollt ihr, was ihr träumt!
Otto Roquette, Waldmeisters Brautfahrt (1851). D. wilde Jäger.

— Das Leben wird der Tod verschlingen | Und ein Gesetz der Liebe sein.
Emanuel Geibel, Neue Gedichte (1856). Verm. Gedichte. B. 2. D. Sehnsucht d. Weltweisen. Schlußv.

— Nimm die Traube, wie die Beere, | Nimm das Leben, wie den Tag! | Was es auch zuletzt beschere, | Immer bleibt's ein Lustgelag.
Friedr. Hebbel, Gedichte (1857). Verm. Gedichte. An einen Freund.

— Alles Leben ist Raub; | Funken, die Sonnen entflammen, | Lodern, das All zu durchflammen, | Da verschluckt sie der Staub.
Friedr. Hebbel, Gedichte (1857). D. Schmerz sein Recht. Nr. 10.

Leben, das. — Wer langes Leben wünscht im ird'schen Gewimmel, | Der weiß nicht, was er tut: er kürzt sich ja den Himmel.
Friedr. Hebbel, Gedichte (1857). Spr. Nr. 4. Hüben u. drüben.

— Im Leben, wie im Märchen, darf man sich nicht umsehen, wenn man sicher durch die Schrecknisse des Weges gelangen will. Sieh' gerade aus oder nach oben, und die Schemen weichen, du gehst ungefährdet durch; blicke zurück, und du wirst zu Stein! Wilh. Raabe, Ein Frühling (1857).

— Hinein mit voller Jugendlust, | Mit vollem, frischem Mut ins Leben! | Stahl in das Herz! Stahl in die Brust! | Die Tapfern finden ihre Heben. Ernst Moritz Arndt, Gedichte (1860). Denkspr., Erinnerungsblätter. Nr. 53.

— Die herrschende Idee | Ist: Wie das Leben fristen? Emerich Madách, D. Tragödie d. Menschen (1861). A. d. Ungar. übers. v. Lechner. Sz. 12 (Gelehrter).

— Das Leben ist ein ABC-Buch. Ein bißchen Goldschaum auf dem Einbande ist all unser Glück, unsere Weisheit nichts als ba, be, bi, und sobald wir buchstabieren gelernt, müssen wir sterben, und die Unwissenheit fängt von neuem an.
Ludw. Börne, Gesammelte Schriften (1862—1863).

— Das Leben, weiß ich, | Behauptet ewig vor dem Tod sein Recht, | Und rascher, wo das Schicksal mächtig drängt, | Erlischt der Anspruch der Vergangenheit. Emanuel Geibel, Sophonisbe (1868). A. 4, Sz. 2 (Scipio).

— Das Leben mit andern ist gut, aber das Leben mit sich selbst ist besser.
Berth. Auerbach, D. Landhaus am Rhein (1869).

— Laß das lange Vorbereiten, | Fang' dein Leben an bei Zeiten!
Eduard von Bauernfeld, Gesammelte Schriften (1871—1873). Gedichte.

— Dulde! Lerne beizeiten dulden! | Ist doch Leiden des Lebens Name, | Wenige Stunden, und es ist vollbracht!
Frz. Grillparzer, Gedichte (1873). Nr. 7. Jugendgedichte. D. Musik.

— Ein Leben ohne Liebe | Ist wie Reben ohne Triebe; | Ein Leben ohne Glauben | Ist wie Reben ohne Trauben; | Drum, ob dir sonst nichts bliebe, | Laß beides dir nicht rauben!
Friedr. von Bodenstedt, A. d. Nachlasse Mirza-Schaffys (1874). B. 1. Lieder d. Liebe. Verschiedene. Nr. 6.

— Der predigt von des Lebens Nichtigkeit | Und jener von des Lebens Wichtigkeit; | Hör' beides wohl, mein Sohn, und merke dir: | Halb hat's mit beiden seine Richtigkeit!
Friedr. von Bodenstedt, A. d. Nachlasse Mirza-Schaffys (1874). B. 3. B. d. Spr. Nr. 2.

— Mag nur ein Hauch das Leben sein, | Sei's doch ein Hauch des Wohlgeruchs!
Friedr. von Bodenstedt, A. d. Nachlasse Mirza-Schaffys (1874). B. 4. Cypressen u. Rosen. Nr. 8. Schlußv.

Leben, das. — Wem's Leben viel gegeben, | Dem gab es Müh' und Not; | Der Tod nur ist das Leben | Und alles Leben — Tod.

Theod. Fontane, Gedichte (1875).

— Die Asketik der Kirche betrachtet das Leben aus dem Gesichtspunkte des Todes, die freie, tatenfrohe Erkenntnis dagegen aus dem Gesichtspunkte des heitern Schaffens.

Berth. Auerbach, Tausend Gedanken d. Kollaborators (1876).

— Sei ein Weiser mit den Alten, | Mit den Jungen sei ein Tor! | Also nehmen, also geben | Dir die Jahre, was gerecht, | Und du führst ein zwiefach Leben; | Und das Leben ist nicht schlecht.

Wilh. Jensen, Stimmen d. Lebens (1881). Im Wechsel d. Zeit. Vierzig.

— Sag' mir nicht mit herbem Kummer, | „Leben sei ein eitler Traum!" | Tot sind Seelen nur im Schlummer | Und die Welt kein leerer Schaum! Engl.: **Tell me not, in mournful numbers, | „Life is but an empty dream!" | For the soul is dead that slumbers, | And things are not what they seem.**

Henry Wadsworth Longfellow (1807—1882), Gedichte. Übers. v. Niels. Ein Ps. d. Lebens. Str. 1.

— Es ist kein Leben davon befreit, | Ein jedes hat seine Regenzeit | Und Tage trüb und traurig. Engl.: **Into each life some rain must fall, | Some days must be dark and dreary.**

Henry Wadsworth Longfellow (1807—1882), Gedichte. Übers. v. Neidhardt. D. Regentag.

— Wie nutzlos, durch dieses Leben zu wandern, | Wär's nicht die Brücke zu einem andern.

Friedr. von Bodenstedt, A. Morgenland u. Abendland (1882).

— Das Leben ist ein großer Wandersflug | Nach der Begierden endlicher Erfüllung, | Und was die Welt erschüttert und durchbebt, | Der Notschrei ist's nach tiefer Durstesstillung.

Prinz Emil von Schönaich-Carolath, Dichtungen (1883). D. Sphinx.

— Das Leben ist eine Maskerade, wobei den Teilnehmern ihr Name in Zeichen auf der Larve geschrieben steht, die wenigstens der Kluge zu lesen versteht.

Joh. Jak. Mohr, Gedanken über Leben u. Kunst (1885).

— „Was lehrt das Leben? Gib | Mir bündigen Bescheid!" — | Hingeben, was dir lieb, | Hinnehmen, was dir leid.

Paul Heyse, Spruchbüchlein (1885). Lebensweisheit. Schule d. Lebens.

— Der Teppich, den die Parze webt (das Leben) | Wird mit den Jahren bunt und bunter; | Verschlungne Muster, reich belebt, | Sinnsprüche laufen deutungsvoll mit unter; | Aber die Fäden von goldnem Schein | Webt sie immer seltner hinein.

Paul Heyse, Spruchbüchlein (1885). Lebensweisheit. Reicher u. bleicher.

Leben, das. — Es ist ein Trost in mancher Not | Zu denken, das lumpige Leben | Sei ein Kontrakt mit dem lieben Gott, | Einseitig aufzuheben. Paul Heyse, Spruchbüchlein (1885). Gott u. Welt.

— Wer aber lebt, muß es klar sich sagen: | Durch dies Leben sich durchzuschlagen, | Das will ein Stück Roheit. | Wohl dir, wenn du's hast erfahren | Und kannst dir dennoch retten und wahren | Der Seele Hoheit. | In Seelen, die das Leben aushalten | Und Mitleid üben und menschlich walten, | Mit vereinten Waffen | Wirken und schaffen | Trotz Hohn und Spott, | Da ist Gott.

Friedr. Theod. Vischer, Lyrische Gänge (1886).

— Das Leben ist kein Scherz und kein Spiel, das Leben ist auch kein Genuß . . . das Leben ist eine schwere Arbeit. Entsagung, beständige Entsagung, — das ist sein geheimer Sinn, das ist sein Rätselwort. A. d. Russischen d. Iwan Turgenjew.

— Aber, Herr, lehre mich doch, daß . . . mein Leben ein Ziel hat! Ps. 39, V. 5.

— Unser Leben währet siebenzig Jahr, und wenn es hoch kommt, so sind es achtzig Jahre, und wenn es köstlich gewesen ist, so ist es Mühe und Arbeit gewesen. Ps. 90, V. 10.

— Unser Leben . . . zergeht wie ein Nebel.

Wsh. Sal., K. 2, V. 4.

— Ein elend jämmerliches Ding um aller Menschen Leben von Mutterleibe an.

Jes. Sir., K. 40, V. 1.

— . . der Weg ist schmal, der zum Leben führet. Matth., K. 7, V. 14.

— Ich bin der Weg und die Wahrheit und das Leben. Evang. Joh., K. 14, V. 6.

— Ein geruhiges und stilles Leben führen.

Nach 1. Timotheus, K. 2, V. 2. — Sprichwörtl. Redensart.

— Denn was ist euer Leben? Ein Dampf ist es, der eine kleine Zeit währet, danach aber verschwindet. Jak., K. 4, V. 14.

— Das Leben thut den Schatten gleichen, | Wanns am besten ist, so thuts weichen. Alter Spr.

— Fasten, betten, almossen geben | Ist der rechte weg zum ewigen leben. Alter Spr.

— Lebt ein Mensch gleich vil hundert jahr, | So wurdt er doch am endt gewar, | Daß diß leben gleicht dem windt, | Der hin fert und verbirgt sich geschwindt. Alter Spr.

— Unser Leben ist Lernen und Vergessen.

Sprichwort.

— Das Leben des Menschen ist ein Tagebuch, in welches er nur gute Taten eintragen sollte.

Arabisches Sprichwort.

— Das Leben gleicht dem Feuer; es beginnt mit Rauch und endigt mit Asche.

Arabisches Sprichwort.

— Das Leben ist eine Quarantäne fürs Paradies. Arabisches Sprichwort.

— Der Tag geht vorüber, das Leben fließt dahin, und doch freut der Narr sich auf den Feiertag. Türkisches Sprichwort.

Leben, das. — He hett (hat) 'n Liäwen es (wie) 'n Domhär (Domherr).

Sprichwörtl. Redensart. Münsterisch.

— 'n Leben wie in' Sommer. Bek. Redensart.

— Das Leben is schön aber kostspielig.

Berliner Redensart.

— Wat kann det schlechte Leben helfen! 't Vermöjen is doch bald alle! Berliner Redensart.

— Das Leben ein Kriegsdienst. Lat.: **Vita militia.** Inschrift im Rathause zu Danzig.

— Herr Christ, laß uns das Stündelein | Anwenden zu dem Lobe dein! | Gleichwie der Sand im Glas behend', | Also mein Leben läuft zu End'. Spr. an d. Sanduhr im Rathause zu Leipzig.

— Und wer des Lebens Unverstand | Mit Wehmut will genießen, | Der lehne sich an eine Wand | Und strample mit den Füßen!

Inschrift eines Kandidaten d. Theologie im Fremdenb. d. Rudelsburg.

Lebende, der. — Und der Lebende hat recht.

Friedr. von Schiller, Gedichte. An d. Freunde (ged. 1802).

Lebenden, die. — Lebende rufe ich. Tote beklage ich. Blitze zerbreche ich. Lat.: **Vivos voco. Mortuos plango. Fulgura frango.**

Friedr. von Schiller, Gedichte. D. Lied v. d. Glocke (ged. Sept. 1799). Motto.

Lebendig. — Ich will lieber ein lebendiger Hund sein als ein toter Löwe.

Heinr. Heine, Reisebilder. T. 1. Ideen. D. B. Le Grand (1826). K. 3.

— Man ist nur eigentlich lebendig, wenn man sich des Wohlwollens anderer erfreut.

Joh. Wolfg. von Goethe, Werke (1827—1830). Maximen u. Reflexionen. Abteilung 1.

Lebendige, das. — Kehret die Sonne zurück, so verdampfet vom Steine die Wohltat; | Nur das Lebendige hält Gabe der Göttlichen fest.

Joh. Wolfg. von Goethe, Gedichte. Weissagungen d. Bakis (ged. 1798). Nr. 17.

— Entzieht euch dem verstorbnen Zeug; | Lebend'ges laßt uns lieben!

Joh. Wolfg. von Goethe, Gedichte. Zahme Xenien. Nr. 3 (1824).

Lebendige, der. — Es bleiben tot die Toten, | Und nur der Lebendige lebt.

Heinr. Heine, D. B. d. Lieder. A. d. Harzreise (ged. 1824). D. Ilse.

Lebendigen, die. — Was ehret ihr die Toten? Hatten die | Doch ihren Lohn und Freude, da sie lebten; | Und wenn ihr uns bewundert und verehrt, | So gebt auch den Lebendigen ihr Teil!

Joh. Wolfg. von Goethe, Torquato Tasso (1789). A. 1, Sz. 3 (Alfons).

Lebensalter. — In jedem Alter glauben wir vernünftig zu sein und sehen die Vernunft des verflossenen Alters als Leidenschaft an.

Ludw. Börne, Gesammelte Schriften (1862—1863).

Lebensanschauungen. — Bei entgegengesetzten sittlichen Lebensanschauungen kann überhaupt keine Freundschaft bestehen. Lat.: **Inter dispares mores non potest esse amicitia.**

Ambrosius (um 340—397), B. d. Pflichten. Übers. v. Schulte. B. 3, K. 22, § 132.

Lebensart. — Wie kann der Charakter, die Eigentümlichkeit des Menschen, mit der Lebensart bestehen?

Joh. Wolfg. von Goethe, D. Wahlverwandtschaften (1808—1809). T. 2, K. 5. A. Ottiliens Tageb.

— Die wahre feine Lebensart, welche mehr tut, als mit Blitzesschnelle eine gefallene Stricknadel aufheben, entspringt entweder aus der Tiefe des Geistes, oder aus der Fülle des Herzens, und weder der Tanzmeister lehrt sie, noch Chesterfield.

Ludw. Börne, Gesammelte Schriften (1862—1863).

Lebensbahn. — Auf des Lebens Bahn dahin | Fleugt der Mensch mit Sturmeseile; ! Dann in treuer Freunde Sinn | Dauert er noch kurze Weile.

Ludw. Uhland, Gedichte. Lieder. Harfnerlied am Hochzeitsmahle (ged. 13.—14. März 1805).

Lebensbecher. — Wer den Lebensbecher bis auf den Grund ausleeren will, muß sich vernünftigerweise auf die gewöhnliche Hefe gefaßt machen. Karl Jul. Weber, Demokritos (1832—1840). D. Alter. D. Fortsetzung.

Lebensberg. — Man steigt den grünen Berg des Lebens hinauf, um oben auf dem Eisberge zu sterben. Jean Paul (Joh. Paul Friedr. Richter), Sämtl. Werke (1826—1828).

Lebensbuch. — Im Buche des Lebens hat fast jedes Blatt einen Trauerrand.

Paul Nikolaus Cossmann, Aphorismen (1898). Menschen, Leben u. Welt.

Lebensbürde. — Trage frisch des Lebens Bürde; | Arbeit heißt des Mannes Würde; | Kurzer Bach fließt Erdenleid; | Langer Strom die Ewigkeit. Ernst Moritz Arndt, Gedichte (1860). Denkspr., Erinnerungsblätter. Nr. 27.

Lebensdauer. — Alles, was lebt, hat gleiche Lebensdauer; | Der hundertjähr'ge Baum, die Eintagsfliege | Kommt zu Bewußtsein, freut sich, liebt und stirbt, | Wenn's Tagewerk vollbracht, der Trieb befriedigt.

Emerich Madách, D. Tragödie d. Menschen (1861). A. d. Ungar. übers. v. Lechner. Sz. 3 (Luzifer).

Lebensdeutung. — Wer das Leben tropfenweis genießet, | Hat des Lebens Deutung nicht erkannt.

Brüder, zu d. festlichen Gelagen usw. (vor 1821). Komponist unbek.

Lebensdrang. — Des Lebens Drang, — es ist ein grimmer Riese! | Dem Ernsten Ehre, der ihn treu bestand!

Ferd. Freiligrath, Gedichte. Tagebuchblätter. Roland (geb. Juli 1839).

Lebensende. — . . . in engerm stets und engerm Kreis | Beweg' ich mich, dem engesten und letzten, | Wo alles Leben still steht, langsam zu.

Friedr. von Schiller, Wilh. Tell (1804). A. 2, Sz. 1 (Attinghausen).

— . . . so erscheint mir das Ende des Lebens, so lange es von Krankheit und Schmerz frei ist, . . . vielleicht der schönste und heiterste Teil.

Wilh. Freiherr von Humboldt, Br. an eine Freundin, (25. Dez. 1825).

— . . . gewiß endigt sich zunächst nur das Leben in völliger Bewußtlosigkeit. Die Natur wirft einen dichten Schleier über ihre Verwandlungen.

Wilh. Freiherr von Humboldt, Br. an eine Freundin (5. Mai 1832).

— Darum sollst du niemand rühmen vor seinem Ende! Jes. Sir., K. 11, V. 29.

— . . . denke an das Ende und vergiß des nicht! Jes. Sir., K. 38, V. 21.

— Betracht das endt und ienes feur, | Wo man die sindt (Sünde) bezallet Theur.

Inschrift in einer Totenkapelle zu Völs.

Lebenserkenntnis. — Um das Leben zu erkennen, muß man sich vom Leben absondern.

Ludw. Feuerbach, Schriftsteller u. Mensch (1834).

— Wer wußte je das Leben recht zu fassen, | Wer hat die Hälfte nicht davon verloren | Im Traum, im Fieber, im Gespräch mit Toren, | In Liebesqual, im leeren Zeitverprassen?

Aug. Graf von Platen-Hallermund, Gesammelte Werke (1839). Gedichte. Sonette. Nr. 79.

— Das Leben ist so schwer nicht zu begreifen, | Du mußt es nur durchleben, nicht durchschweifen.

Theod. Graf Heussenstamm, Gedichte (1845).

— Der hat das Leben nie verstanden, | Dem nur die Dauer wohl behagt; | Nur der ist frei von allen Banden, | Der froh genießt und froh entsagt. Feodor Löwe, Gedichte (1860).

Lebensfieber. — Der Reiz ist hin, der Zauber bricht! | So ist des Lebens wildes Fieber; | Delirium, das uns besticht; | Wir sollten schrein und lachen lieber. Engl.: The spell is broke, the charm is flown! | Thus is it with life's fitful fever; | We madly smile when we should groan, | Delirium is our best deceiver.

George Gordon Lord Byron, Gelegenheitssachen. Übers. v. Heichen. D. Reiz ist hin, d. Zauber bricht (geb. 16. Jan. 1810). Str. 1.

Lebensflucht. — Denn das Leben flieht im Umschwung | Wie das Rad am Siegeswagen. Griech.: *Τρόχος ἅρματος γὰρ οἷα | Βίοτος τρέχει κυλισθεὶς.* Anakreon (6. Jahrh. v. Chr.), Lieder. Übers. v. Jordan. Lebensgenuß.

— Heimlich und hastig entschlüpft unbemerkt uns das flüchtige Leben, | Schneller ist nichts als die Jahre. Lat.: Labitur occulte fallitque volatilis actas, | Et nihil est annis velocius

Publ. Ovidius Naso (um 43 v. Chr.—17 n. Chr.), Metamorphosen. Übers. v. Voß. B. 10, V. 519—20.

— Unsers Lebens schnelle Flucht | Leidet keinen Zügel. | Und des Schicksals Eyfersucht | Macht ihr stetig Flügel.

Joh. Christ. Günther, Gedichte (1724). Studenten-Lied.

— . . . das Leben | Ist so erstaunlich schnell dahin. Friedr. von Schiller, Don Carlos (1787). A. 3, Sz. 8 (Marquis).

— Wie zu dem Meere der Fluß, so fließt zu dem Tode das Leben; | Denn das Leben ist süß, bitter hingegen der Tod.

Moritz Doering, Gedichte (1827).

Lebensflut. — Rastlos rauscht die Flut des Lebens, | Jede Woge eine Welt. | Was verschlägt es dir, wenn diese | Sinkt und jene höher schwellt?

Emerich Madách, D. Tragödie d. Menschen (1861). A. d. Ungar. übers. v. Lechner. Sz. 11 (Chor).

Lebensfreude. — Freut euch des Lebens, | Weil noch das Lämpchen glüht!

Joh. Martin Usteri, Dichtungen in V. u. Prosa. Gedichte. Tischlied (geb. 1793). Mel. v. Hans Georg Nägeli (komp. 1794).

— So lang' es Gott gefällt, ihr lieben Brüder, | Woll'n wir uns dieses Lebens freun!

Heinr. Christ. Schnorr, V. hoh'n Olymp herab ward uns d. Freude usw. (vor 1795). Mel. v. Verfasser.

— Wer erfreute sich des Lebens, | Der in seine Tiefen blickt?

Friedr. von Schiller, Gedichte. Kassandra (geb. 1802).

— Mensch, freu' dich heut' des Lebens, | Denn morgen geht's ins Grab!

Friedr. Hebbel, Gedichte (1857). Verm. Gedichte. Memento vivere.

— O Freund, da dich der Gedanke durchschauert, | Daß die Seele im Körper nicht lange dauert, | Erfreu' dich des Lebens im frischen Grün, | Eh' Blumen aus deinem Staube erblühn!

Friedr. von Bodenstedt, Lieder u. Spr. d. Omar Chajjâm (1881). B. 6, Nr. 25.

Lebensfreuden. — Zu des Lebens Freuden | Schuf uns die Natur; | Aber Gram und Leiden | Schaffen wir uns nur.

Friedr. von Köpken, Hymnus auf Gott nebst anderen verm. Gedichten. Beruf zur Freude (geb. 1789). Mel. v. Friedr. Wilh. Zachariä (1799).

— Millionen Menschen müssen so viele Freuden des Lebens entbehren, weil die Hunderte, die sie genießen, sie nur dann genießen, wenn Millionen sie entbehren.

Ludw. Börne, Gesammelte Schriften (1862—1863).

Lebensfroh. — Was braucht man mehr, um froh zu leben, | Als Leichtsinn, Liebe, Lied und Wein.

Friedr. Hornfeck, Schenkenb. Rhein- u. Weinlied (geb. 1864). Mel. Ihr Brüder, wenn ich nicht mehr trinke usw.

Lebensgarten. — Der Garten des Lebens | Ist lieblich und schön.

Joh. Gaudenz Freiherr von Salis-Sewis, Gedichte. D. Garten d. Lebens (1784).

Lebensgehalt. — Nicht der Tummelplatz des Lebens, — sein Gehalt bestimmt seinen Wert.

Friedr. von Schiller, D. Verschwörung d. Fiesko zu Genua (1783). A. 3, Sz. 2 (Fiesko).

Lebensgenuß. — Dann erst genieß' ich meines Lebens recht, | Wenn ich mir's jeden Tag aufs neu' erbeute.

Friedr. von Schiller, Wilh. Tell (1804). A. 3, Sz. 1 (Tell).

— Laßt, was auch das Leben sei, | Ungenutzt auf alle Fälle, | Ungenossen nichts vorbei!

Ernst Wolfg. Behrisch (1738—1809), Lebensfassung.

— Laß uns die Bahn, | Die gemessen uns ward, mit Fröhlichkeit wallen, des Lebens | Uns genießen, uns freun | Unsrer Freuden!

Friedr. Gottl. Klopstock, Sämtl. Werke (1798—1821). Bd. 4.

— Das Leben froh genießen, ist eine Kunst, gar wert, | Die Professorenweisheit, Magisterwitz nicht lehrt. | Mußt sie vom Leben lernen, das lehrt ohn' Unterlaß, | Dann wird das Universum dir Universitas.

Ludw. Bechstein, Faustus (1833).

— Das Leben muß wie ein kostbarer Wein mit gehörigen Unterbrechungen Schluck für Schluck genossen werden. Auch der beste Wein verliert für uns allen Reiz, wir wissen ihn nicht mehr zu schätzen, wenn wir ihn wie Wasser hinunterschütten.

Ludw. Feuerbach, Schriftsteller u. Mensch (1834).

Lebensgüter. — Was sind dieses Lebens Güter? | Eine Hand | Voller Sand, Kummer der Gemüter.

Paul Gerhardt, Geistl. Andachten. Christliches Freudenlied (1653).

— Ungleich verteilt sind des Lebens Güter | Unter der Menschen flücht'gem Geschlecht.

Friedr. von Schiller, D. Braut v. Messina (1803). Säulenhalle (Erster Chor. Cajetan).

— Schatten sind des Lebens Güter, | Schatten seiner Freuden Schar, | Schatten Worte, Wünsche, Taten; | Die Gedanken nur sind wahr | Und die Liebe, die du fühlest, | Und das Gute, das du tust; | Und kein Wachen als im Schlafe, | Wenn du einst im Grabe ruhst.

Frz. Grillparzer, Gedichte. Nr. 1. Leben u. Lieben. Träumen u. Wachen (ged. 1818).

— Weh! wie schwankend sind die Güter des irdischen Lebens. | Schnell naht stürmischen Schritts allen der finstere Tod. Lat.: **Heu quam praesenti sunt lubrica omnia vitae | Quam cunctis rapida mors venit atra pede.**

Inschrift in d. Oberpfarrkirche zu St. Marien in Danzig.

Lebenshälfte. — Des Lebens eine Hälfte: fröhlich leben, | Die andre: nach gutem Namen streben.

A. d. Persischen d. Sadi (um 1184—1286). Aphorismen. Übers. v. Bacher.

Lebenshaß. — Wähntest du etwa, | Ich sollte das Leben hassen, | In Wüsten fliehen, | Weil nicht alle | Blütenträume reiften?

Joh. Wolfg. von Goethe, Gedichte. Verm. Gedichte. Prometheus (ged. Herbst 1774)

Lebenshaß. — Das Leben hassen, den Tod verlangen, | Vorm Tode beben und am Leben hangen, | Das Leben hassen und beben vor dem Tod: | Die drei Dinge machen schlimme Not.

Alter Spr.

Lebensherrlichkeit. — Was ist des Lebens Herrlichkeit? | Wie bald ist sie verschwunden!

Christ. Fürchtegott Gellert, Geistl. Oden u. Lieder (1757). Vertrauen auf Gottes Vorsehung.

Lebensinhalt. — Kraft ist des Lebens Inhalt; wenn sie flieht, | So ist es uns ein Schwertgriff ohne Klinge, | Ein leerer Köcher, und wir werfen's weg!

Friedr. Halm (Elegius Frz. Jos. Freiherr von Münch-Bellinghausen), D. Sohn d. Wildnis (1842). A. 2 (Ingomar).

Lebenskampf. — Ein steter Kampf ist unser Leben. Griech.: *Παλαίσμαθ' ἡμῶν ὁ βίος.*

Euripides, D. Schutzflehenden (um 418 v. Chr). Übers. v. Binder. V. 550 (Theseus).

— Mein Leben ist ein Kampf. Franz.: **Ma vie est un combat.**

Voltaire (François Marie Arouet), D. Fanatismus oder Mahomet d. Prophet (1739). Übers. v. Mylius. A. 2, Sz. 4 (Mahomet).

— . . . die einzige | Ausbeute, die wir aus dem Kampf des Lebens | Wegtragen, ist die Einsicht in das Nichts | Und herzliche Verachtung alles dessen, | Was uns erhaben schien und wünschenswert.

Friedr. von Schiller, D. Jungfrau v. Orleans (1801). A. 3, Sz. 6 (Talbot). Schlußv.

— Mutige Streiter führt der Kampf hienieden | Droben zum Frieden.

Christ. Christoph Hohlfeldt, Harfenklänge (1823). Aufschwung.

— Das Leben ist ein steter Kampf der Zukunft | Mit ihrer Mutter, der Vergangenheit.

Ernst Raupach, D. Hohenstaufen (1837). König Konradin. A. 5, Sz. 1.

— Das Leben ist ein Kampf, und ohne innere Kämpfe kämen wir zuletzt zur Versteinerung.

Otto von Bismarck zu deutschen Studenten in Friedrichsruh (1. April 1895).

— Im Kampfe des Lebens wird jeder Streiter schließlich mit dem Kreuze dekoriert.

Peter Sirius, Tausend u. Ein Gedanken (1899). Streit u. Widerspr.

Lebenskelch. — Du hast erst den Kelch des Lebens an die Lippen gesetzt; jetzt betäubt dich der erste Schauder vor der Bitterkeit des Trankes; — herunter damit, — die Betäubung wird weichen. Es setzt doch niemand das Glas ab, ehe die Neige geleert ist.

Wilh. Raabe, D. Leute a. d. Walde, ihre Sterne, Wege u. Schicksale (1863). Bd. 2.

Lebenskern. — Herb ist des Lebens | Innerster Kern.

Friedr. von Schiller, Gedichte. Punschlied (ged. 1803). Mel. v. Joh. Friedr. Reichardt (1804) u. Max Eberwein (komp. 1813).

Lebenskreise. — Immer enger, leise, leise, | Ziehen sich die Lebenskreise, | Schwindet hin, was prahlt und prunkt, | Schwindet Hoffen, Hassen, Lieben, | Und ist nichts in Sicht geblieben | Als der letzte dunkle Punkt.

Theod. Fontane, Gedichte (1875).

Lebenskunst. — Jeden Augenblick des Lebens, er falle, aus welcher Hand des Schicksals er wolle, uns zu, den günstigen sowie den ungünstigen zum bestmöglichen zu machen, darin besteht die Kunst des Lebens und das eigentliche Vorrecht eines vernünftigen Wesens.

Georg Christoph Lichtenberg, Verm. Schriften (1800—1806). Bd. 2, Nr. 2. Bemerk. verm. Inhalts. Nr. 15. Gute Vorschläge u. Maximen.

— Es verrät keiner dem andern die Handgriffe einer Kunst oder eines Handwerks, geschweige denn die Kunst vom Leben.

Joh. Wolfg. von Goethe, Gespräch mit Riemer (Aug. 1810).

— Fragst du nach der Kunst zu leben? Lern' mit Narr und Sünder leben! | Mit dem Weisen und dem Guten wird es sich von selber geben.

Wilh. Müller, Gedichte (1837). Epigramme. 3. Hundert, Nr. 17. Lebenskunst.

— Das ist die wahre Lebenskunst, | Des frohen Augenblickes Gunst | Auch fröhlich zu genießen; | Ein blöder Tor, der sinnt und träumt, Um über das, was längst versäumt, | Noch Tränen zu vergießen. Albert Traeger, Gedichte (1870).

— Die Kunst des Lebens fängt da an, wo dessen Natürlichkeit aufhört.

Karl Gutzkow, Gesammelte Werke (1873).

Lebenskürze. — Das Leben ist kurz, die Kunst ist lang. Griech.: Ὁ βίος βραχύς, ἡ δὲ τέχνη μακρή.

Hippokrates (um 460—377 v. Chr.), Aphorismen. Übers. v. Grimm.

Leben lassen. — Leben, ôk leben lâten, säd' de Bettelmann un smêt sîn Wams voller Läus hinnern Zaun. Sprichwörtl. Redensart. Danzig.

Lebenslauf. — Sein schöner Lebenslauf war Liebe. Friedr. von Schiller, Don Carlos (1787). A. 5, Sz. 4 (Carlos).

— Mein Lebenslauf ist Lieb' und Lust | Und lauter Liedersang.

Aug. Mahlmann, Sämtl. Schriften. Gedichte. D. Reich d. Freude (ged. 1803). Komponist unbek.

Lebenslicht. — Jemandem das Lebenslicht ausblasen (jemanden töten). Sprichwörtl. Redensart.

— Bläst uns, o Welt, in deinem Haus, | Der Tod des Lebens Lichtchen aus, | Wird am Geruch es offenbar, | Wer Talglicht oder Wachslicht war. Spr. an einem Hause in Tuttlingen.

Lebenslotto. — . . . dieses bunte Lotto des Lebens, worein so mancher seine Unschuld und — seinen Himmel setzt, einen Treffer zu haschen, und, — Nullen sind der Auszug, — am Ende war kein Treffer darin.

Friedr. von Schiller, D. Räuber (1781). A. 3, Sz. 2 (Moor).

Lebenslüge. — Nehmen Sie einen Durchschnittsmenschen die Lebenslüge, so nehmen Sie ihm gleichzeitig das Glück.

A. d. Norwegischen d. Henrik Ibsen.

Lebenslust. — Was ist des Lebens höchste Lust? | Die Liebe und der Wein.

Joachim Perinet, D. Schwestern v. Prag (1794). Ich hab' d. ganzen Vormittag usw. Str. 2. Komp. v. Wenzel Müller.

— Die Lebenslust hat nicht den Grund im bloßen Sein, | Im steten Werden liegt des Lebens Reiz allein.

Friedr. Güll, Kinderheimat in Liedern u. Bildern (1836).

Lebensmai. — Des Lebens Mai blüht einmal und nicht wieder; | Mir hat er abgeblüht.

Friedr. von Schiller, Gedichte. Resignation (ged. 1784).

Lebensmaßstab. — Der Maßstab des Lebens ist das Wohlverhalten, nicht aber die Länge der Zeit. Griech.: Μέτρον γὰρ τοῦ βίου τὸ καλὸν οὐ τὸ τοῦ χρόνου μῆκος.

Plutarch (um 50—120), Moralische Abhandlungen. Übers. v. Eyth. Trostrede. K. 17.

Lebensmorgen. — . . . wer nicht raschen, muntern Tritts gleich am Morgen des Lebens ausgeht, der mag sehen, wie früh vor Abend er ankömmt!

Joh. Jak. Engel, D. Fürstenspiegel (1798). Jugendfleiß.

Lebensperiode. — In jeder Periode existiert der Mensch ganz. Aber in jeder schimmert nur Ein Funken seines Wesens hell und leuchtend.

Wilh. Freiherr von Humboldt, Ideen über Staatsverfassung (1851).

Lebenspfad. — Voll Dornen ist des Lebens Pfad, | Wer könnt' es anders sagen, | Nur läßt zum Glück sie Gottes Rat | Mitunter Rosen tragen.

Friedr. Halm (Elegius Frz. Jos. Freiherr von Münch-Bellinghausen), Werke (1856—1864). Gedichte.

Lebenspfade. — Der kühne Mut, der Weltgebieter Stärke, | Entschlossenheit und Lust an Dem, was ist, | Und Phantasie, hold dienend, wie sie soll, | Sie schmücken dieses Lebens rauhe Pfade, | Und leben ist ja doch des Lebens höchstes Ziel!

Frz. Grillparzer, Sappho (1822). A. 1, Sz. 3 (Sappho).

Lebenspfand. — Das Leben ist des Lebens Pfand; es ruht | Nur auf sich selbst und muß sich selbst verbürgen.

Joh. Wolfg. von Goethe, D. natürliche Tochter (1803). A. 1, Sz. 6 (Herzog).

Lebenspsalter. — A und O von dieses Lebens Psalter, | Trübe Jugend sind's und trübes Alter.

Aug. Graf von Platen-Hallermund, Gedichte. Lieder u. Romanzen. Mut u. Unmut (ged. 1820). Nr. 1.

Lebensrätsel, das. — Ein ewig Rätsel ist das Leben, | Und ein Geheimnis bleibt der Tod.

Emanuel Geibel, Gedichte u. Gedenkblätter (1864). Lieder a. alter u. neuer Zeit. Nr. 28. Schlußv.

Lebensrätsel, die. — Woher? Wohin? Wozu? Du fragst vergebens, | Der Tod nur löst die Rätsel dieses Lebens.

Friedr. von Bodenstedt, Einkehr u. Umschau (1876).

Lebensraum. — Durchforschet, Sterbliche, des Lebens kurzen Raum! | Was kommen soll, ist Nacht. Was hin ist, ist ein Traum. | Der gegenwärt'ge Punkt ist allzu kurz zur Freude, | Und doch, so kurz er ist, nur allzu lang zum Leide.

Gotthold Ephr. Lessing, Schriften (1753—1755). Fragmente. Nr. 6. D. Religion. Ges. 1.

Lebensreise. — Auf halbem Wege dieser Lebensreise | Fand ich in einem dunklen Walde mich, | Weil ich verirrt war von dem rechten Gleise. Ital.: Nel mezzo del cammin di nostra vita | Mi ritrovai per una selva oscura, | Chè la diritta via era smarrita.

Dante Alighieri, Göttliche Komödie (1300—1321). Übers. v. Gildemeister. Hölle. Ges. 1, V. 1—3.

— Wer gut schmiert, der fährt auch gut | Auf der Lebensreise.

Gottfr. Aug. Bürger, Gedichte. Zechlied (ged. 1777). Mel. v. Joh. Abraham Peter Schulz (1782).

Lebensreiz. — Genießt den Reiz des Lebens, | Man lebt ja nur Einmal.

Joh. Friedr. Jünger, Vetter Jak. Launen. Bd. 5. Philosophie d. Lebens (ged. 1780). Mel. v. Joh. Ludw. Böhner.

Lebensreize. — O! das Leben, Vater, | Hat Reize, die wir nie gekannt.

Friedr. von Schiller, D. Piccolomini (1799). A. 1, Sz. 4 (Max).

Lebensschicksale. — Die Schicksale des Lebens gehen ihren Gang, scheinbar fühllos, fort.

Wilh. Freiherr von Humboldt, Br. an eine Freundin (1. Jan. 1832).

Lebensschiff. — Des Lebens Schiff lauft stets; kurz lauf es oder lang, | So lauft es nirgend hin als gegen Niedergang.

Friedr. von Logau, Deutsche Sinn=Getichte (1654). Lebenslauf.

Lebenssonne. — Des Lebens Sonne scheint nur kurz, doch scheint sie süß. Griech.: Τὸ δὲ ζῆν σμικρόν, ἀλλ' ὅμως γλυκύ.

Euripides, Alkestis (um 438 v. Chr.). Übers. v. Minckwitz. V. 693 (Pheres).

Lebensspiel. — Des Lebens wechselvolles Spiel. Friedr. von Schiller, Gedichte. D. Lied v. d. Glocke (ged. Sept. 1799).

— Das Spiel des Lebens sieht sich heiter an, | Wenn man den sichern Schatz im Herzen trägt.

Friedr. von Schiller, D. Piccolomini (1799). A. 3, Sz. 4 (Thekla).

Lebensstunde. — Zähl' jede frohe Stund' im Leben, | Zähl' deine Tage frei von Pein, | Und wisse, was sie dir auch geben: | Noch besser ist es, nicht zu sein! Engl.: **Count o'er the joys thine hours have seen, | Count o'er thy days from anguish free, | And know, whatever thou hast been, | 'T is something better not to be.**

George Gordon Lord Byron, Gelegenheitssachen. Übers. v. Heichen. Euthanasia (1811—1813).

Lebensstunden. — Es wechseln ohne Rast des Lebens Stunden, | Fortuna rennt unstätig durch die Welt | Und weiß nicht wo, weiß nicht, wann einer fällt.

Ludw. Tieck, Kaiser Oktavianus (1803). D. Aufzug d. Romanze (Eine Pilgerin).

Lebenssturm. — Vor Menschen ein Adler, vor Gott ein Wurm, | So stehst du fest im Lebenssturm. | Nur wer vor Gott sich fühlet klein, | Kann vor den Menschen mächtig sein.

Ernst Moritz Arndt, Gedichte (1860). Denkspr., Erinnerungsblätter. Nr. 26.

Lebenstage. — Das längste Ziel von Lebenstagen | Ist siebenzig bis achtzig Jahr; | Ein Inbegriff von tausend Plagen, | Auch wenn es noch so glücklich war. | Geflügelt eilt mit uns die Zeit | Zu einer langen Ewigkeit.

Grabschrift auf einen achtzigjährigen Bauern in Ötz.

Lebenstragödie. — Die Tragödie des Lebens sucht man hinter der komischen Maske zu spielen, die Komödie hinter der tragischen; man ist ein Betrüger und Selbstquäler zugleich!

Wilh. Raabe, D. Chronik d. Sperlingsgasse (1857).

Lebenstraum. — Schnell, wie des Stromes | Wechselnde Woge | Schwindet des Lebens | Ängstender Traum.

Friedr. von Matthisson, Schriften (1825—1829). Gedichte.

Lebensuhr. — Welch Schicksal stellt die Uhr des Lebens | Und rückt den Zeiger unsrer Zeit? | Der Kindheit Sorgen sind vergebens, | Des Alters Sorgen Eitelkeit.

Friedr. Karl Kasimir Freiherr von Creuz, Oden u. andere Gedichte. Bd. 1. Neujahrs=Gedanken (1753).

Lebensverlängerung. — Es gibt eine Art das Leben zu verlängern, die ganz in unserer Macht steht: Früh aufstehen, zweckmäßiger Gebrauch der Zeit, Wählung der besten Mittel zum Endzweck, und wenn sie gewählt sind, muntre Ausführung. Georg Christoph Lichtenberg, Verm. Schriften (1800—1806).

— Eine Kunst, das Leben zu verlängern? — Lehrt den, der es kennen gelernt, lieber die Kunst, es zu ertragen!

Ernst Freiherr von Feuchtersleben, Zur Diätetik d. Seele (1838). Tagebuchblätter.

— Das ganze Geheimnis, sein Leben zu verlängern besteht darin, es nicht zu verkürzen.

Ernst Freiherr von Feuchtersleben, Zur Diätetik d. Seele (1838). Tagebuchblätter.

Lebenswandel. — Alles, was außer dem guten Lebenswandel der Mensch noch tun zu können vermeint, um Gott wohlgefällig zu werden, ist bloßer Religionswahn und Afterdienst Gottes.

Immanuel Kant, Religion innerhalb d. Grenzen d. bloßen Vernunft (1793).

Lebensweg. — Wer Dornen seines Wegs zertritt, ist mir der rechte Wandrer; | Er lobt sich seinen rauhen Pfad, nicht Blumenwiesen andrer.

A. d. Persischen d. Dschâmi (um 1414—1492). Diwane. Übers. v. Wickenhauser.

Lebenswege. — Viel Wege auch durchs Leben gehn; — | Mußt immer den dir ausersehn, | Ob mancher auch sonst dich locken möchte, | Von dem das Herz sagt: der ist der rechte.

Joh. Trojan, V. Drinnen u. Draußen (1888). Verm. Gedichte. D. rechte Weg.

Lebensweisheit. — Lebensweisheit hat noch keiner besessen vor der Zeit; aber sie ist ein Baum, den schon der Jüngling pflanzen und warten muß, damit er für die größere Hälfte des Lebens der Früchte genieße.

Karl Jul. Weber, Demokritos (1832—1840). Rede in d. zweiunddreißig Winde an Jünglinge u. meine Zeit.

Lebenswerk. — Wer untergeht im Werk all seines Lebens, | Der stirbt wohl zwiefach, ach, und lebt vergebens!

Anastasius Grün (Anton Alexander Graf von Auersperg), Schutt (1835).

Lebenswert. — . . . im Grunde sind es doch die Verbindungen mit Menschen, welche dem Leben seinen Wert geben.

Wilh. Freiherr von Humboldt, Br. an eine Freundin (21. Sept. 1827).

— . . . da nur, wo | Es in Gefahr gerät, bekommt das Leben | Ein wenig Wert.

Christ. Dietr. Grabbe, Don Juan u. Faust (1829). A. 3, Sz. 3 (Don Juan).

Lebenszeit. — Jedem steht sein letzter Tag bevor; kurz und unwiederbringlich ist für alle die Zeit des Lebens. Lat.: **Stat sua cuique dies. | Breve et inreparabile tempus omnibus est vitae.**

Publ. Vergilius Maro (um 70 v. Chr.—19 n. Chr.), Aeneis. Übers. v. Voß. B. 10, V. 467—68.

— Meine Lebenszeit verstreicht; | Stündlich eil' ich zu dem Grabe.

Christ. Fürchtegott Gellert, Geistl. Oden u. Lieder (1757). V. Tode.

— Rosen auf den Weg gestreut | Und des Harms vergessen! | Eine kurze Spanne Zeit (Lebenszeit) | Ward uns zugemessen.

Ludw. Hölty, Gedichte. Lieder. Lebenspflichten (ged. 1776). Mel. v. Joh. Friedr. Reichardt (1779).

— Des Lebens | Zeit ist flüchtig und kurz, ist ein Traum, ein Flug, ein Gedanke.

Friedr. Gottl. Klopstock, Sämtl. Werke (1798—1821). Bd. 2.

Lebenszoll. — Ach, du fliehst vergebens, | Was dich härmt und kränkt; | Keinem wird des Lebens | Bittrer Zoll geschenkt.

Emanuel Geibel, Gedichte u. Gedenkblätter (1864). Verm. Gedichte. B. 2. Lied.

Lebenszweck. — Der Zweck des Lebens ist das Leben selbst.

Joh. Wolfg. von Goethe an Meyer (8. Febr. 1796).

— Das Ziel ist's Ende des glorreichen Ringens, | Die Todesruh', ein steter Kampf das Leben, | Und nur der Kampf selbst unser Lebenszweck.

Emerich Madách, D. Tragödie d. Menschen (1861). A. d. Ungar. übers. v. Lechner. Sz. 13 (Adam).

Lebenszweck. — Wäre des Lebens Zweck nur das Leben, so könnte es einen erbärmlicheren nicht geben.

Otto von Leixner, A. meinem Zettelkasten (1896). Beiträge zur Menschenkenntnis.

Leber. — Ihm ist die Laus über die Leber gelaufen (er ist zornig). Sprichwörtl. Redensart.

— Von der Leber weg reden (rückhaltslos reden). Sprichwörtl. Redensart.

Lebe wohl. — Leb' wohl, leb' ewig wohl, Belide!

Ignaz Frz. Castelli, Poetische Kleinigkeiten. Bd. 2 (1816). D. Lebewohl. Volksweise.

— Lebe wohl, mein flandrisch Mädchen!

Albert Lortzing, Zar u. Zimmermann. A. 2, S. 9 (Marquis). (Erste Auff. am 22. Dez. 1837 in Leipzig.)

Leder. — Jemandem das Leder (Fell) vergerben (ihn prügeln). Sprichwörtl. Redensart.

Ledig. — Wer ledig ist, hat seine Plage, | Und eine Haushaltung ist auch mit Noth verknüpft.

Magnus Gottfr. Lichtwer, Vier B. Äsopischer Fab. (1748). B. 4, Nr. 22. D. Schnecke u. d. Grille. Schlußv.

— Jüngling, der du einsam (ledig) lebest, | Hast nur Leid und Plage.

Joh. Gottfr. von Herder, Stimmen d. Völker in Liedern (1807). Abteilung 1, B. 1, Nr. 10. Fragmente lettischer Lieder.

— In dem Wasser schnalzt der Fisch; | Lustig, wer noch ledig ist! Volkslied.

— Lediger Stand | Hat Ruh' im Land. Sprichwort.

— A ledige Himmelfahrt ist ah (auch) ka Schinderfahrt. Sprichwort. Pitztal.

— Lieber will ich ledig leben, | Als der Frau die Hosen geben. Spr. an einem Hausgerät.

Leer. — Läere Kornehrn stehen empor, die vollen sincken.

Christoph Lehmann, Politischer Blumen-Garten (1662) T. 1. Hoffart. Nr. 23.

— Ein leerer Sack steht nicht gut aufrecht. Engl.: **It is hard for an empty bag to stand upright.**

Benj. Franklin, D. Weg zum Reichtum (1732—1757). Übers. v. Schenck. Abs. 12.

— Leer ist die Trommel und hohl, darin das große Geräusch.

Peter von Bohlen, Bhartriharis Spr. (1835).

— Stößt du an ein leeres Faß, dröhnend wälzt sich's um und um; | Ist mit Wein es angefüllt, bleibt es liegen fest und stumm.

Wilh. Müller, Gedichte (1837). Epigramme. 2. Hundert, Nr. 19. Leer lärmt am meisten.

— Leere Töpfe klingen hell. Sprichwort.

— Ein leerer Halm spreizt si'. Sprichwort. Unterinntal.

— Leerer Kopf und leeres Faß, | Leeres Herz, — wie hohl klingt das!

Inschrift im Berliner Ratskeller. Bierlokal.

Leergebrannt. — Leergebrannt | Ist die Stätte. Friedr. von Schiller, Gedichte. D. Lied v. d. Glocke (ged. Sept. 1799).

Legion. — Ihre Zahl ist Legion.
Nach Mark., K. 5, V. 9.

Legionen. — Varus, gib mir meine Legionen wieder! Lat.: Vare, legiones redde!
Kaiser Augustus nach d. Schlacht im Teutoburger Walde (9). Nach Suetonius, Augustus, K. 23.

Lehre. — Lehre fördert innerer Tugend Keim. Lat.: Doctrina ... vim promovet insitam. Quint. Horatius Flacc., Oden (um 18 v. Chr.). Übers. v. Voß. B. 4, Nr. 4, V. 33.

— Wessen Leben ist nicht recht, | Dessen Lehre ist leicht schlecht. Mittelhochdeutsch: Swes lebn ist wandelbaere, | Des lêre ist lîhte unmaere.
Vridankes Bescheidenheit (1225—1240). Übertr. v. Pannier. Nr. 30. v. d. pfaffen.

— Darumb ist nützt undötlich mer | Und blib-lich bi uns dan die ler.
Seb. Brant, D. Narrenschif (1494). Nr. 6. V. ler d. kind.

— Dů vor die werk, darnoch die ler, | Wilt du verdienen lob und er!
Seb. Brant, D. Narrenschif (1494). Nr. 21. V. strofen u. selb tůn.

— Lehre | Gibt Ehre.
Inschrift auf d. Züricher Schulpfennig (1586).

— Lehr ist ein Blaßbalg, die Funcken der Natur brennendt zu machen.
Christoph Lehmann, Politischer Blumen-Garten (1662). T. 1. Lehr. Nr. 5.

— Die Lehre | Ist ewig wie die Welt.
Friedr. von Schiller, Gedichte. Resignation (ged. 1784).

— Durch die Gewohnheit, immer süße Lehre leicht zu empfangen, erschlappt bei den meisten das Talent, selbst zu suchen.
Georg Christoph Lichtenberg, Verm. Schriften (1800—1806). Bd. 4. Aufsätze a. d. Göttingischen u. Hannöverischen Magazin. Nr. 2. Vorschlag zu einem Orbis pictus usw.

— Die Lehre | Wandelt ein schlechtes Gemüt nie in ein treffliches um.
Christ. Friedr. Wilh. Jacobs, Griech. Blumenlese (1824).

— An guter Lehr' | Trägt keiner schwer.
Alter Spr.

— Das Leben wirkt mehr als die Lehre.
Sprichwort.

Lehren. — Was man auch den Kuckuck lehrt, | Seinen Sang er nicht verkehrt. Mittelhochdeutsch: Swaz man den gouch gelêret, | Sînen sanc er niht verkêret.
Vrîdankes Bescheidenheit (1225—1240). Übertr. v. Pannier. Nr. 43. v. tieren.

— On strafung selten iemens lert.
Seb. Brant, D. Narrenschif (1494). Nr. 6. V. ler d. kind.

Lehren. — Lertstu ein esel tusent ior | Vnd seitst ims für vnd schribst ims vor, | So bringstu doch nit mer in in | Dann ita sprechen zů latyn.
Thomas Murner, Narrenbeschwerung (1512). Nr. 72. Ein esel latyn leren.

— Der Priester muß lehren, die Oberkeit wehren, die Bauerschaft nähren.
Erasmus Alberus, Predigt v. Ehestand (1546).

— Gebt Achtung, wenn ihr Kinder lehrt! | Daß ihr auf Einmal nicht sie allzu stark beschwert; | Es geht der Jugend, wie den Alten, | Wer alles fassen soll, wird endlich nichts behalten.
Magnus Gottfr. Lichtwer, Vier B. Äsopischer Fab. (1748). B. 4, Nr. 12. D. Kameel. Schlußv.

— Wer andere lehren will, kann wohl oft das Beste verschweigen, was er weiß, aber er darf nicht halbwissend sein.
Joh. Wolfg. von Goethe, Wilh. Meisters Wanderjahre (1807—1821).

— Die Menschen soll keiner belehren, als einer, der sie recht herzlich liebt.
Jean Paul (Joh. Paul Friedr. Richter), Sämtl. Werke (1826—1828).

— Lehren heißt zweimal lernen. Franz.: Enseigner, c'est apprendre deux fois.
Joubert, Gedanken u. Maximen (1838). Übers. v. Zimmermann.

— Niemand hört dir gläubig zu, | Wenn du beginnst, ich bin klüger als du! | Drum: wenn du andre willst belehren, | Mußt du dich erst zu ihnen bekehren!
Friedr. von Bodenstedt, D. Lieder d. Mirza-Schaffy (1851). Verm. Gedichte u. Spr. Nr. 10.

— Drum soll, wer (die Menge) lehrt, die Worte sparen | Und sich durch Handeln offenbaren.
Friedr. von Bodenstedt, A. d. Nachlasse Mirza-Schaffys (1874). B. 7. Welträtsel. D. Schulen d. Weisen.

— Lerne zuvor selbst, ehe du andere lehrest!
Jes. Sir., K. 18, V. 19.

— Wer einen Narren lehret, der flickt Scherben zusammen. Jes. Sir., K. 22, V. 7.

— ... gehet hin und lehret alle Völker!
Matth., K. 28, V. 19.

— Wer andere thut Lehren, | Bey dem sich Kunst thut mehren. Alter Spr.

— Lehren ohne Zucht ist eine Suppe ohne Salz. Sprichwort.

— Drei Arbeiten sind schwer: Regiere, gebäre und lehre. Sprichwort. Schweiz.

— Der Stotterer will in Kiew die Beredtsamkeit lehren. Kleinrussisches Sprichwort.

Lehren, die. — Es nimmt ein weiser Mann, | Der Lehren gibt, noch lieber Lehren an.
Friedr. von Hagedorn, Sämtl. poetische Werke (1757). Moralische Gedichte. Horaz.

— Wer nicht durch ein erfreulich Leben | Weiß guten Lehren Reiz zu geben, | Dem wäre besser, daß er schwiege!
Friedr. von Bodenstedt, A. d. Nachlasse Mirza-Schaffys (1874). B. 7. Welträtsel. D. Schulen d. Weisen.

Lehrer, der. — Den wackern Lehrer kränze stets der reichste Lohn! Griech.: *Χρὴ γὰρ ἐπιθαυμάζειν τι τὸν διδάσκαλον.*

Aristophanes, D. Wolkengöttinnen (um 423 v. Chr.). Übers. v. Minckwitz. V. 1147 (Strepsiades).

— Es ist aber als so viel in einer Stadt an einem Schulmeister (Lehrer) gelegen als am Pfarrherrn.

Dr. Martin Luther, Tischreden oder Colloquia (1566). Nr. 22. Tischreden v. d. Predigtamt oder Kirchendienern. § 84. Ausn Schulen soll man Prediger nehmen.

— Verlangt ein Lehrer jetzt verdienten Dank zu haben, | Der suche schwarzen Schnee und fange weiße Raben!

Christ. Gryphius, Poetische Wälder (1698).

— Ein Wort, das vielleicht ein Lehrer im heiligen Enthusiasmus verlor, fällt nicht auf die Erde. Der Jüngling faßt es: Aus dem Meeresschaum wird eine Venus.

Theod. Gottl. von Hippel, Lebensläufe nach aufsteigender Linie (1778—1781).

— Der Mensch ist des Menschen erster und vorzüglichster Lehrer.

Joh. Gottfr. von Herder u. Liebeskind, Palmblätter. Vorrede (1786).

— Der Lehrer in strengster Bedeutung muß sich nach der Bedürftigkeit richten; er geht von der Voraussetzung des Unvermögens aus.

Friedr. von Schiller, Prosaische Schriften. Über d. notwendigen Grenzen beim Gebrauch schöner Formen (1795).

— Ein Lehrer auf Schulen und Universitäten kann keine Individuen erziehen; er erzieht bloß Gattungen.

Georg Christoph Lichtenberg, Verm. Schriften (1800—1806). Bd. 2, Nr. 2. Bemerk. verm. Inhalts. Nr. 6. Pädagogische Bemerk.

— Kein Volkslehrer bleibt sich so gleich als das lehrende Volk.

Jean Paul (Joh. Paul Friedr. Richter), Levana oder Erzieh=Lehre (1807). Bd. 1, Bruchstück 1, K. 2, § 7.

— Ist das Leben ein Krieg, so sei der Lehrer ein Dichter, der den Knaben dazu mit nötigen Gesängen begeistert!

Jean Paul (Joh. Paul Friedr. Richter), Levana oder Erzieh=Lehre (1807). Bd. 3, Bruchstück 6, K. 1, § 108.

— Was heißt das für ein Leben führen (als Lehrer), | Sich und die Jungens ennuyieren? ... | Das Beste, was du wissen kannst, | Darfst du den Buben doch nicht sagen.

Joh. Wolfg. von Goethe, Faust, I (1808). Studierzimmer (Mephistopheles).

— Ein Lehrer, der das Gefühl an einer einzigen guten Tat, an einem einzigen guten Gedicht erwecken kann, leistet mehr als einer, der uns ganze Reihen untergeordneter Naturbildungen der Gestalt und dem Namen nach überliefert.

Joh. Wolfg. von Goethe, D. Wahlverwandtschaften (1808—1809). T. 2, K. 7. A. Ottiliens Tageb.

Lehrer, der. — Es ist nichts schrecklicher als ein Lehrer, der nicht mehr weiß, als die Schüler allenfalls wissen sollen. Wer andere lehren will, kann wohl oft das Beste verschweigen, was er weiß, aber er darf nicht halbwissend sein.

Joh. Wolfg. von Goethe, Wilh. Meisters Wanderjahre (1807—1821). B. 1, K. 4.

— Der Lehrer gleiche nicht einem Raubvogel, der Eier aus einem Neste holen will, worein noch keine gelegt sind.

Joh. Heinr. Pestalozzi, Sämtl. Schriften (1819—1826).

— ... denn welcher Lehrer spricht | Die Wahrheit uns direkt ins Angesicht? | Ein jeder weiß zu mehren wie zu mindern, | Bald ernst, bald heiter klug, zu frommen Kindern.

Joh. Wolfg. von Goethe, Faust, II (1831). A. 2. Hochgewölbtes enges gotisches Zimmer (Baccalaureus).

— Das Gelingen eines jeden Unterrichts ist durch die Individualität des Lehrers bedingt. Vergeblich ist die Hoffnung, öffentliche Schulen durch Gesetze zu einem blühenden Zustande zu bringen.

Karl Salomo Zachariae von Lingenthal, Vierzig B. v. Staate (1820—1832).

— Der Lehrer strebe nur, sich selber zu entfalten; | Der Schüler lerne nur sein Eignes zu gestalten!

Friedr. Rückert, D. Weisheit d. Brahmanen (1836—1839).

— Der Lehrer muß ... keine Liebe des Vorzuges gegen ein Kind besonders zeigen ... Sobald das Kind sieht, daß sich nicht alle übrigen auch demselben Gesetze unterwerfen müssen, so wird es aufsätzig.

Immanuel Kant, Werke (1838—1839). Bd. 9.

— An der lieben Dorfjugend kann man sogleich erkennen, ob das Dorf einen guten oder schlechten Schullehrer hat.

Karl Jul. Weber, Demokritos (1832—1840). D. Höflichkeit u. Grobheit. Fortsetzung u. Schluß.

— Der größte Lehrer kann dich nicht umgestalten, | Er kann dich befrei'n; du mußt dich entfalten!

Ernst Freiherr von Feuchtersleben, Sämtl. Werke (1851—1853). Gedichte.

— Der Lehrer ist nie fertig.

Friedr. Adolf Wilh. Diesterweg (1790—1866).

— So ist es auch für den Lehrer eine Befriedigung seines Selbstgefühls, welches bei diesen Herren in hohem Grade ausgebildet ist.

Otto von Bismarck im Abg.=Hause d. preuß. Landtages (4. Febr. 1881).

— Nur der ist ein geborener Lehrer, welcher die Begeisterung seiner Schüler erwecken kann.

Ernst Jul. Hähnel, Lit. Reliquien (1889).

— Das Beste, was ein Lehrer leistet, kommt aus ihm persönlich, aus dem reinen Naturtriebe.

Berth. Auerbach, Gesammelte Schriften (1892).

— ... unterwinde sich nicht jedermann, Lehrer zu sein!

Jak., K. 3, V. 1.

— Der Lehrer wird hochgeehrt, | Der selber tut, was er andern lehrt.

Sprichwort.

Lehrer, der. — Der Schulmeister (Lehrer) muß sein wie eine Türe in der Offenbarung Johannis, die vorn und hinten voller Augen war.

Sprichwort.

— Wie der Lehrer, so die Schule. Sprichwort.

Lehrer, die. — Die, welche viele zur Tugend anleiten, werden glänzen wie die Sterne. Damit sind die Lehrer gemeint. Talmud (3. Jahrh.).

— Das sind die besten Lehrer, die aus den Trauerweiden, die sie über sich selbst pflanzten, ihre Ruten schneiden. Mit ihrem Hunger sättigen sie, mit ihrer Blöße bekleiden sie.

Karl Gutzkow, Seraphine (1837).

— . . . die Lehrer werden mit viel Segen geschmückt. Ps. 84, V. 7.

— Gehorchet euren Lehrern und folget ihnen! Ebr., K. 13, V. 17.

Lehrerpflicht. — Es fragt die Welt nach lauten Taten, | Und stille schafft des Lehrers Pflicht. Wilh. Müller, Gedichte (1837). Vaterländisches. Bei Überreichung eines silbernen Bechers an einen Jubellehrer.

Lehrerstand. — Und wenn ich kein Prediger wäre, so weiß ich keinen Stand auf Erden, den ich lieber haben wollte (als den Lehrerstand).

Dr. Martin Luther, Tischreden oder Colloquia (1566). Nr. 22. Tischreden v. d. Predigtamt oder Kirchendienern. § 84. Ausn Schulen soll man Prediger nehmen.

Lehrertugenden. — Die Hauptsumme aller Lehrertugenden ist Liebe und frohe Laune.

Joh. Mich. Sailer, Sämtl. Schriften (1830—1846)

Lehrjahre. — Lehrjahre — | Schwerjahre.

Sprichwort.

— Lehrjahre sind keine Meisterjahre.

Sprichwort.

Lehrmeister. — Wer sein eigener Lehrmeister sein will, hat einen Narren zum Schüler.

Sprichwort.

Leib. — Wer nur gemächlich sucht den Leib zu pflegen, | Dem ist der Ochs und Esel überlegen!

A. d. Persischen d. Ferid-ed-din Attar (um 1119—1229). Pend-nameh. Übers. v. Graf.

— Mein bester Freund, mein Leib, der ist mein ärgster Feind; | Er bindt und hält mich auff, wie gut ers immer meint. | Ich haß und lieb ihn auch: und wann es kombt zum scheiden, | So reiß ich mich von ihm mit Freuden und mit Leiden.

Angelus Silesius (Joh. Scheffler), Cherubinischer Wanders-Mann (1675). B. 4, Nr. 79. D. beste Freund u. Feind.

— Du weißt, daß der Leib ein Kerker ist; | Die Seele hat man hinein betrogen, | Da hat sie nicht freie Ellebogen.

Joh. Wolfg. von Goethe, Westöstlicher Diwan. D. Schenkenb. Warum du nur oft so unhold bist usw. (ged. 24. Mai 1815).

— Dem Leib gehorchen, zehrt auf das Mark; | Den Leib bezähmen, macht stählern und stark.

Theod. Fontane, Gedichte (1875).

Leib. — Ein gütiges Herz ist des Leibes Leben. Spr. Sal., K. 14, V. 30.

— . . . laßt uns . . . unsers Leibes brauchen, weil er jung ist! Wsh. Sal., K. 2, V. 6.

— Augen und Händt wasch früh gar rein, | Mit gehen beweg dein Leib und Bein, | Kemme dein haar, dein Zän auch reib, | Diß sterckt das Hirn und den ganzen leib. Alter Spr.

— Wir sollen des Leibes pflegen wie ein Lahmer der Krücken. Alter Spr.

— Ein Leib und Eine Seele sein (völlig einig sein). Sprichwörtl. Redensart.

Leibesfrucht. — . . . Leibesfrucht ist ein Geschenk. Ps. 127, V. 3.

Leiche. — Nur über meine Leiche geht der Weg. Theod. Körner, Hedwig (ged. Sept. 1812). A. 3, Sz. 10 (Hedwig).

Leichenpredigt. — Leichenpredigt, Lügenpredigt. Sprichwort.

Leichenreden. — Halte keine Leichenreden (jammere nicht nutzlos, rede nicht soviel)!

Sprichwörtl. Redensart.

Leichnam. — Toter Leichnam. Engl.: Dead corse. William Shakespeare, Hamlet (1601—1602). Übers. v. Schlegel. A. 1, Sz. 4 (Hamlet).

— Ein Leichnam, ach, und schön! | Was für ein Widerspruch!

Emerich Madách, D. Tragödie d. Menschen (1861). A. d. Ungar. übers. v. Lechner. Sz. 4 (Adam).

Leichtbewegt. — Ein leichtbewegtes Herz | Ist ein elend Gut | Auf der wankenden Erde.

Joh. Wolfg. von Goethe, Werke (1827—1830). Gedichte.

Leichtfertigkeit. — Leichtfertigkeit und Ehr' | Stimmen miteinander schwer. Sprichwort.

Leichtgläubig. — Du solt allen geistern nit glauben! Joh. Agricola, Drey hundert Gemeyner Sprichwörtter (1529). Nr. 22.

— Wer leichtlich gläubt, wird leicht betrogen.

Georg Rollenhagen, Froschmäuseler (1595). B. 2, T. 1, K. 2.

— Wer bald glaubt, der ist leichtfertig.

Jes. Sir., K. 19, V. 4.

— Wer bald glaubt, . . . tut sich . . . selbst Schaden. Jes. Sir., K. 19, V. 4.

— Wasser schöpft in der Getreideschwinge, wer leichthin glaubt. Portug. Sprichwort.

Leichtgläubigkeit. — . . . die Leichtgläubigkeit steht an des Glaubens Türen; | Der Zweifel aber kann nur zur Verzweiflung führen.

Friedr. Rückert, D. Weisheit d. Brahmanen (1836—1839). B. 10, Nr. 127. Schlußv. (Stufe 9. Dämmerklarheit. Nr. 85.)

Leichtsinn. — Doch das größte Glück im Leben | Und der reichlichste Gewinn | Ist ein guter, leichter Sinn.

Joh. Wolfg. von Goethe, Gedichte. Lieder. Antworten bei einem gesellschaftlichen Fragespiel (ged. 1785). D. Zufriedne.

Leichtsinn. — Wir Menschen werden wunderbar geprüft; | Wir könnten's nicht ertragen, hätt' uns nicht | Den holden Leichtsinn die Natur verliehen.

Joh. Wolfg. von Goethe, Torquato Tasso (1789). A. 2, Sz. 4 (Tasso).

— Unverzeihlich find' ich den Leichtsinn; doch liegt er im Menschen.

Joh. Wolfg. von Goethe, Hermann u. Dorothea (1797). Kalliope.

— Wenn hinein ihr stürmet mit Leichtsinn, | Spät, an der Klugheit Hand, hinkt ihr verdrießlich heraus. Karl Gustav Brinckmann, Elegien u. Arabesken (1820).

— Bei großen Unternehmungen, wie bei großen Gefahren, muß der Leichtsinn verbannt sein.

Joh. Wolfg. von Goethe, Wilh. Meisters Wanderjahre (1807—1821).

— Der Leichtsinn ist ein Schwimmgürtel für den Strom des Lebens.

Ludw. Börne, Gesammelte Schriften (1862—1863). Fragmente u. Aphorismen. Nr. 121.

— Leichtsinn und Torheit sind Nachbarn.

Sprichwort.

— Det sagen Sie so in Ihren jugendlichen Leichtsinn! Berliner Redensart.

Leichtsinnig. — Eine einzige Handlung, unbedacht und leichtsinnig vollbracht, als unbedeutend geachtet, kann entscheidend für ein ganzes Leben werden.

Jer. Gotthelf (Albert Bitzius), Gesammelte Werke (1855—1858).

Leid. — O König, vielgestaltig ist der Menschen Leid. Griech.: *Ἄναξ . . . αἰόλ' ἀνθρώπων κακά.* Äschylus, D. Schutzflehenden (um 472 v. Chr.). Übers. v. Minckwitz. V. 314 (Chor).

— Wer immer Leid erduldet, das nicht Schande bringt, | Der mag es tragen! . . . | Doch Leid mit Schmach verbunden, rühme nimmermehr! Griech.: *Εἴπερ κακὸν φέροι τις αἰσχύνης ἄτερ, | Ἔστω . . . | Κακῶν δὲ κἀσχρῶν οὔτιν' εὔκλειαν ἐρεῖς.*

Äschylus, Sieben vor Theben (um 471 v. Chr.). Übers. v. Minckwitz. V. 666—68 (Eteokles).

— Nicht nachgeben dem Leid, nein noch kühnherziger angehn! Lat.: **Tu ne cede malis, sed contra audentior ito!**

Publ. Vergilius Maro (um 70 v. Chr. — 19 n. Chr.), Aeneis. Übers. v. Voß. B. 6, V. 95.

— Ich mag traun allen Leuten das schwere Leid nicht sagen, | Das muß ich im geheimen in meinem Herzen tragen; | Man soll bewährten Freunden nur klagen Herzensnot. Mittelhochdeutsch: Jane mag ich allen liuten die swaere niht gesagen, | Die ich muoz tougenliche in mîme herzen tragen; | Man sol staeten vriwenden klagen herzen nôt.

D. Nibelunge Nôt (um 1200). Übertr. v. Junghans. Aventiure 4, Str. 156.

Leid. — Gar le… das Leid zu tragen ist, | Woran du selber schuldig bist; | Doch das Leid muß zu Herzen gehn, | Das unverdient dir ist geschehn. Mittelhochdeutsch: Sanfte ze tragene ist daz leit, | Daz ein man von schulden treit; | Daz leit dem herzen nâhe gât, | Daz man unverdienet hât.

Vrîdankes Bescheidenheit (1225—1240). Übertr. v. Pannier. Nr. 28. v. zorne.

— Wer Herzeleid allein muß tragen, | Kann wohl von Herzensnöten sagen. Mittelhochdeutsch: Swer herzeleit muoz eine tragen, | Der mac wol von noeten sagen.

Vrîdankes Bescheidenheit (1225—1240). Übertr. v. Pannier. Nr. 37. v. minne u. wîben.

— Jede Zeit hat ihre Zeit; | Leid nach Lust viel Trauer leiht. Mittelhochdeutsch: Ein ieglich zît hât sîn zît; | Leit nâch vröuden trûren gît.

Vrîdankes Bescheidenheit (1225—1240). Übertr. v. Pannier. Nr. 38. v. erkantnisse.

— Denn Herzeleid ist der Tod selbst.

Dr. Martin Luther, Tischreden oder Colloquia (1566). Nr. 7. Tischreden v. d. Herrn Christo. § 38. V. d. Blutschwitzen u. anderen geistl. Leiden d. Herrn Christi im Garten.

— Dann gleich wie sein zeit hat das leyd, | Also hat sein zeit auch die freud.

Joh. Friedr. Fischart, D. Glückhafft Schiff v. Zürich (1577).

— Das Leid wird leidlicher damit, | Wenn man es sagt und teilet mit.

Joh. Friedr. Fischart, Flöh Hatz, Weiber Tratz (1577).

— Fühl' andres Leid, das wird dein Leiden mindern! Engl.: **One desperate grief cures with another's languish.**

William Shakespeare, Romeo u. Julia (1593). Übers. v. Schlegel. A. 1, Sz. 2 (Benvolio).

— Freud', Leid auf Erd' ist unser Bescheid, | Wohl dem, der's trägt mit Bescheidenheit! | Im Leid sei getrost, in Freud' fürcht' Gott, | So wirst du nicht hie, nicht dort zu Spott.

Grabschrift auf d. Kirchhofe zu Basel (1596).

— Ich sehe, Leid steckt an. Engl.: **Passion, I see is catching.**

William Shakespeare, Jul. Cäsar (1601). Übers. v. Schlegel. A. 3, Sz. 1 (Antonius).

— Jedweder Augenblick gebiert ein neues (Leid). Engl.: **Each minute teems a new one (grief).**

William Shakespeare, Macbeth (1606). Übers. v. Schiller. A. 4, Sz. 3 (Rosse).

— Ein nasses Leid (folgt) auff truckneS lachen.

Paul Fleming, Teutsche Poemata (1642). D. güldne Freyheit.

— Der kan sein Leid vergessen, | Der es von Hertzen sagt. Simon Dach, **Perstet amicitiae semper venerabile faedus (1652).**

— Die Weltweisheit besieget ohne Müh' | Ein schon vergangnes Leid, auch wohl die Pein, | Die noch zukünftig ist; allein | Die gegenwärtige besiegt sie nie. Barthold Heinr. Brockes, Versuch v. Menschen d. Herrn Pope (1740).

Leid. — Entsagt betörtem Leide! | Naturberuf ist Freude.

Friedr. Bouterwek, Gedichte (1802).

— Es stillt die Zeit ja alles Leid, | Sie stillt dir's sicherlich.

Joh. Gottfr. von Herder, Stimmen d. Völker in Liedern (1807). Abteilung 2, B. 3, Nr. 11. D. nußbraune Mädchen. Schottisch.

— Leid frißt das Herz und frißt den Mut.

Ernst Moritz Arndt, Gedichte. Trost (ged. 1811).

— Leid löscht die Kraft und den Verstand; | Die Freud' ist Gottes Feuerbrand.

Ernst Moritz Arndt, Gedichte. Trost (ged. 1811).

— Leid schleicht im Finstern wie ein Dieb; | Der Freude ist die Sonne lieb.

Ernst Moritz Arndt, Gedichte. Trost (ged. 1811).

— Echtes Leid spaßt oft zum besten, | Kennt nicht eiteln Tränendurst.

Ludw. Uhland, Gedichte. Vorwort zu d. ersten Auflage 1815 (ged. 28.—29. Aug. u. 12. Sept. 1814).

— Von der Königshalle bis zum Kerker | Ist die allgemeine Losung Leid.

Joh. Gottfr. Seume, Sämtl. Werke (1826). Gedichte. Einem mißmütigen Freunde.

— Seit Anbeginn der Welt sind Leid und Freud' | In Wort und Tat vermählt die treuste Ehe, | Die je gewesen.

Christ. Dietr. Grabbe, Don Juan u. Faust (1829). A. 2, Sz. 1 (Don Juan).

— Vergangnes Leid ist kaum ein Leid.

Emanuel Geibel, Gesammelte Werke. Gedichte. B. 1. Lübeck u. Bonn (ged. 1834—1835). Lieder. Nr. 35.

— Was ist Leben ohne Leid, | Helle sonder Dunkel? | Ewig Tages goldne Zeit, | Nimmer Sterngefunkel? Ludw. Giesebrecht, Gedichte (1836). B. d. Frühlings. Frühling.

— Und du willst, Menschenkind, der Zeit | Verzagend unterliegen? | Was ist dein kleines Erdenleid? | Du mußt es übersliegen!

Joh. Freiherr von Eichendorff, Gedichte (1837). Wanderlieder. Wanderspr. Nr. 4.

— Von allen guten Schwingen | Zu brechen durch die Zeit, | Die mächtigste im Ringen, | Das ist ein rechtes Leid.

Jos. Freiherr von Eichendorff, Gedichte (1837). Sängerleben. Spr. Nr. 3.

— Herr, schicke, was du willst, | Ein Liebes oder Leides; | Ich bin vergnügt, da beides | Aus deinen Händen quillt. Eduard Mörike, Gedichte (1838).

— Der aus den kahlen Dornenhecken | Die rote Rose glühend schafft, | Der kann und will auch dich erwecken | Aus tiefem Leid zu junger Kraft.

Emanuel Geibel, Juniuslieder (1848). Verm. Gedichte. Frohe Botschaft.

— Gönnt nur der jungen Brust ihr Wogen | Von Leid in Lust, von Lust in Pein! | Tränen der Lieb' und froher Hoffnung Schein, | Das gibt des Lebens schönsten Regenbogen.

Emanuel Geibel, Juniuslieder (1848). Gelegenheitsgedichte, Spr., Scherze. Spr. Nr. 18.

Leid. — Freude schweift in die Welt hinaus, | Bricht jede Frucht und kostet jeden Wein; | Riefe dich nicht das Leid nach Haus, | Du kehrtest nimmer bei dir selber ein.

Emanuel Geibel, Neue Gedichte (1856). Spr. Nr. 2.

— Von keinem Leid, so schwer es sei, | Laß stimmen deine Seele trüber; | Geht auch dein Leiden nicht vorbei, | So gehst du doch vorüber.

Moritz Hartmann, Gesammelte Werke (1873—1875). Gedichte. Trost.

— . . . stolz wird das Herz, und die Seele wird weit, | Von Ahnung durchschauert: Ein großes Leid | Sei das Höchste auf Erden.

Wilh. Jensen, Stimmen d. Lebens (1881). Im Wechsel d. Zeit. Allein.

— Durchs Sonnenland von sel'gen Freudentagen | Scheint dich ein Schnellzug eilend hinzutragen. | Im Leid wird dir kein Aufenthalt erspart. | Wieviel Stationen doch! Wie endlos lang die Fahrt? Frida Schanz, Vierblätter (1893).

— O klage nicht, daß Not und Fährde | Zernichte jedes Glück der Erde! | Des Menschseins wahrer Segen taut | Nur dem, der auch sein Leid geschaut. Peter Sirius, Tausend u. Ein Gedanken (1899). Glück u. Leid.

— Klag' niemand dein Leid, | So wird es nicht breit. Sprichwort.

— Leid | Ist ohne Neid. Sprichwort.

— Me vergißt vil Leids i vierezwänzg Stunde.

Sprichwort. Schweiz.

— Das schönste Kleid | Ist auch gefüttert mit Herzeleid. Wartburgspr.

— Halt' aus im Leid; | Halt' ein im Genuß!

Spr. im Berliner Rathause. Erdgeschoß.

— Ist das Leid heftig, | Sei das Herz kräftig!

Spr. an einem Hausgerät.

Leiden. — Leide und meide! Griech.: *Ἀνέχου καὶ ἀπέχου.* Epiktet (geb. um 50). Nach Aul. Gellius. B. 17, K. 19, § 6.

— Der leidet wahrhaft, der keinen Zeugen seines Leidens hat. Lat.: **Ille dolet vere, qui sine teste dolet.**

Marc. Valerius Martialis, Epigramme (um 85). Übers. v. Berg. B. 1, Nr. 33, V. 4.

— Das Herbste trägt ein Mensch, der einsam leidet | Und sich von Glücklichen und Frohen scheidet; | Doch kann das Herz viel Leiden überwinden, | Wenn sich zur Qual und Not Genossen finden. Engl.: **Who alone suffers, suffers most i' the mind, | Leaving free things and happy shows behind; | But then the mind much sufferance doth o'er-skip, | When grief hath mates, and bearing fellowship.**

William Shakespeare, König Lear (1605—1606). Übers. v. Graf Baudissin. A. 3, Sz. 6 (Edgar).

— Wer nicht zu leiden versteht, der hat kein großes Herz. Franz.: **Quiconque ne sçait pas souffrir, n'a point un grand cœur.**

Fénélon, Abenteuer d. Telemach (1717). Übers. v. Mylius.

Leiden. — Unschuldig leiden, entrüstet; schuldig leiden, schlägt nieder.

Immanuel Kant, Anthropologie (1798).

— Ein Sohn der Erde | Bin ich, zu lieben gemacht, zu leiden.

Friedr. Hölderlin, Gedichte. D. Heimat (1799). Schlußv.

— Für das Geliebte leiden ist so süß.

Frz. Grillparzer, Sappho (1822). A. 4, Sz. 2 (Sappho).

— Vielleicht heißt „leiden" nichts anderes, als ein tieferes Leben führen. Franz.: Peut-être que souffrir n'est autre chose, que vivre plus profondément.

Alexander Vinet in d. „Schweizer Revue" zu Lausanne (1838—1847). Übers. v. Zimmermann.

— Eine geheime Vorliebe für das, wofür wir einstmals gekämpft und gelitten, bleibt immer in unserm Herzen.

Heinr. Heine, Sämtl. Werke (1861—1868). Deutschland. T. 1. Zur Gesch. d. Religion u. Philosophie in Deutschland. B. 2. V. Luther bis Kant.

— Lerne zu leiden, ohne zu klagen; das ist das einzige, was ich dich lehren kann.

Kaiser Friedr. III. zum Kronprinzen Wilh. (April 1888).

— Andre mögen sich erquicken, | Ich muß leiden für und für | Und, wenn andre Rosen pflücken, | Brech' ich scharfe Dornen mir. Rheinisches Volkslied.

— Leid und meid, | Der Christen Kreid (Losung).

Alter Spr.

— Leiden ist heilig, wer's kennt. Sprichwort.

— Der, welcher leidet, kennt Kopfweh und Fieber. Tamulisches Sprichwort.

— Viel leiden, | Viel meiden, | Gern scheiden.

Spr. im Kloster Oelenburg. Elsaß.

Leiden, das. — Es klingt wie Spott, einen Schmerz durch die Erwägung, daß man zum Leiden geboren sei, besänftigen zu wollen. Franz.: C'est se moquer de vouloir adoucir un mal, par la considération que l'on est né misérable.

Montesquieu (Charles de Sécondat), Persische Br. (1721). Übers. v. Strodtmann. Nr. 1, § 25.

— Was ist das Leiden dieser Zeit? | Wie bald ist's überwunden!

Christ. Fürchtegott Gellert, Geistl. Oden u. Lieder (1757). Vertrauen auf Gottes Vorsehung.

— Festen Mut in schwerem Leiden, | Hilfe, wo die Unschuld weint, | Ewigkeit geschwor'nen Eiden, | Wahrheit gegen Freund und Feind!

Friedr. von Schiller, Gedichte. An d. Freude (ged. 1785). Mel. v. Friedr. Frz. Hurka (1789), Karl Friedr. Zelter (komp. 1. März 1792), Joh. Friedr. Reichardt (komp. 1795) u. a.

— Wie bald ist's überwunden, | Das Leiden dieser Zeit! | Auf wenig bange Stunden | Folgt Glück der Ewigkeit.

Joh. Adolf Schlegel, Verm. Gedichte (1787—1789). Bd. 2. Ein Morgenges.

Leiden, das. — Nirgends sucht der Grieche in der Abstumpfung und Gleichgültigkeit gegen das Leiden seinen Ruhm, sondern in Ertragung desselben bei allem Gefühl für dasselbe.

Friedr. von Schiller, Prosaische Schriften (1793—1802).

— Nur im Leiden empfinden wir recht vollkommen alle die großen Eigenschaften, die nötig sind, um es zu ertragen.

Joh. Wolfg. von Goethe, D. Wahlverwandtschaften (1808—1809).

— Wofür ich Allah höchlich danke? | Daß er Leiden und Wissen getrennt. | Verzweifeln müßte jeder Kranke | Das Übel kennend, wie der Arzt es kennt. Joh. Wolfg. von Goethe, Westöstlicher Diwan. B. d. Spr. Nr. 39 (ged. Jan. 1815).

— Denk' im Leiden: Das Leiden ist Mittel, sein Zweck ist Vollendung!

Joh. Kaspar Lavater, Werke (1834). Worte d. Herzens. Denkspr.

— Ins Leben schleicht das Leiden | Sich heimlich wie ein Dieb.

Jos. Freiherr von Eichendorff, Gedichte (1837). Geistl. Gedichte. Ergebung.

— Das Leiden ist, von der einen Seite betrachtet, ein Unglück und, von der andern betrachtet, eine Schule. Engl.: Suffering is a misfortune as viewed from the one side, and a discipline as viewed from the other.

Samuel Smiles, D. Charakter (1871). Übers. v. Dobbert. K. 12. D. Schule d. Erfahrung.

— Wenn man jung ist, glaubt man mit dem geringsten Leiden nicht leben zu können. Wenn man alt ist, lernt man mit beständigem Leiden leben. Berth. Auerbach, Gesammelte Schriften (1892).

— Ohne Feuer nur roh; | Ohne Leiden nicht froh. Spr. an einem Hausgerät.

Leiden, die. — Leiden sind Lehren. Griech.: *Παθήματα — μαθήματα.*

Äsop (6. Jahrh. v. Chr.), Fab. Übers. v. Binder. Nr. 232. D. Hund u. d. Koch.

— Auf und nieder im Zirkel, | Gleich den Sternen des Wagens (großen Bären) | Kreisen über uns allen | Wechselnd Leiden und Lust. Griech.: *Ἀλλ' ἐπὶ πῆμα καὶ χαρὰ | Πᾶσι κυκλοῦσ' οἷον ἄρκτου | Στροφάδες κέλευθοι.*

Sophokles (um 496—406 v. Chr.), D. Trachinierinnen. Übers. v. Jordan. V. 129—131 (Chor).

— Vergangne Leiden wiegen minder schwer. Griech.: *Φρούδου γὰρ ἤδη τοῦ κακοῦ μείων λόγος.*

Sophokles (um 496—406 v. Chr.), Ajas. Übers. v. Jordan. V. 262 (Chor).

— Ach, Ungeduld begleitet wahre Leiden! Engl.: O, but impatience waiteth on true sorrow.

William Shakespeare, König Heinr. VI. (1591—1592). Übers. v. Schlegel. T. 3, A. 3, Sz. 3 (Margaretha).

Leiden, die. — ... wenn die Leiden kommen, | So kommen sie wie einzle Späher nicht, | Nein, in Geschwadern. Engl.: **When sorrows come, they come not single spies, | But in battalions.**

William Shakespeare, Hamlet (1601—1602). Übers. v. Schlegel. A. 4, Sz. 5 (König).

— Man lindert seine Leiden, indem man sie erzählt. Franz.: **A raconter ses maux, souvent on les soulage.**

Pierre Corneille, Polyeucte (1642). Übers. v. Dill. A. 1, Sz. 3 (Stratonice).

— Mutig! auch Leiden, sind einst sie vergangen, | Laben die Seele wie Regen die Au'.

Joh. Gaudenz Freiherr von Salis-Seewis, Gedichte. Ermunterung (1790). Mel. v. Joh. Rudolf Zumsteeg.

— Die Leiden sind wie die Gewitterwolken; in der Ferne sehen sie sich schwarz an, über uns kaum grau. Jean Paul (Joh. Paul Friedr. Richter), Hesperus (1795).

— Drum sind die Leiden uns zur Welt gegeben, | Drum herrscht in uns so Neid wie böse Lust, | Daß wir im Streit mit uns und diesem Leben | Zum künft'gen Morgen läutern unsre Brust.

Ludw. Tieck, Romantische Dichtungen (1799—1800). Leben u. Tod. d. hl. Genoveva.

— Nichts lebt in mir in diesem Augenblick | Als meiner Leiden brennendes Gefühl.

Friedr. von Schiller, Maria Stuart (1800). A. 3, Sz. 3 (Maria).

— Wir lächeln über das Kind, das den Stuhl schlägt, an dem es sich gestoßen hat, und klagen doch mit einer völlig ähnlichen Philosophie im Alter das Schicksal gegen Leiden an, woran wir selbst schuld haben.

Georg Christoph Lichtenberg, Verm. Schriften (1800—1806). Bd. 8, Nr. 4. Beobachtung eines schönen Meteors. Schlußsatz.

— Gehest du furchtsam und zart mit deinen Leiden um, so stechen sie heißer wie Brennesseln, wenn man sie bloß leise berührt. Aber gleich ihnen verletzen sie wenig, wenn du sie herzhaft und derb handhabst.

Jean Paul (Joh. Paul Friedr. Richter), Levana oder Erzieh-Lehre (1807). Ergänzblatt. Thesis 8.

— Leiden sollen läutern, sonst hat man gar nichts von ihnen.

Jean Paul (Joh. Paul Friedr. Richter), Gesammelte Werke (1826—1828). Brocardica.

— Gott schickt am End' uns Leiden, | Auf daß uns diese Welt, | Wenn wir nun von ihr scheiden, | Nicht mehr so mächtig hält.

Justinus Kerner, Dichtungen (1834). Religiöses. Gott schickt am End' uns Leiden.

— Ohne Leiden bildet sich kein Charakter, ohne Vergnügen kein Geist. Der Mensch soll also wohl an beiden reifen.

Ernst Freiherr von Feuchtersleben, Zur Diätetik d. Seele (1838). K. 8. Oszillation.

Leiden, die. — Leiden sich als Prüfungen vorzustellen, bleibt ewig der schönste und fruchtbarste Anthropomorphismus. Er macht uns sittlich und gibt uns Kraft.

Ernst Freiherr von Feuchtersleben, Zur Diätetik d. Seele (1838). Tagebuchblätter.

— Vielen teile deine Freuden, | Allen Munterkeit und Scherz, | Wenig Edlen deine Leiden, | Auserwählten nur dein Herz!

Joh. Gaudenz Freiherr von Salis-Seewis, Gedichte (1839).

— Wo ist das Leben, das je glänzend und heiter über die Erde hingezogen wäre ohne Leiden, die läutern und dann vorüber ziehen wie Wolken vor dem Monde?

Karl Jul. Weber, Demokritos (1832—1840). Rede in d. zweiunddreißig Winde an Jünglinge u. meine Zeit.

— In leiden froh! | Wer's kann, der thu also! Alter Spr.

— Leiden sollen läutern, sonst nützen sie nichts. Sprichwort.

Leidende, der. — Zeigt sich der Glückliche mir, ich vergesse die Götter des Himmels; | Aber sie stehn vor mir, wenn ich den Leidenden seh'.

Friedr. von Schiller, Gedichte. Teophanie (geb. 1795).

— Das ganze Leben wird dem Glücklichen zu kurz. | Dem Leidenden nimmt Eine Nacht kein Ende.

Christ. Friedr. Wilh. Jacobs, Griech. Blumenlese (1824).

— Oft übt der Leidende des eignen Henkers Pflicht, | Er macht sich selbst das Rad, auf das er selbst sich flicht. A. d. Polnischen d. Adam Mickiewicz.

Leidensfrei. — Leidensfrei | Ward keiner noch geboren!

Friedr. von Schiller, Iphigenie in Aulis (geb. 1788). A. 1, Sz. 1 (Agamemnon).

Leidenschaft. — Jeden reißt seine Leidenschaft hin. Lat.: **Trahit sua quemque voluptas.**

Publ. Vergilius Maro (um 70 v. Chr. — 19 n. Chr.), Eklogen. Übers. v. Voß. B. 2, V. 65 (Corydon).

— Die Leidenschaft, | Sie ist der Grund des größten Jammers auf der Welt. Griech.: *θυμός ... | Ὅσπερ μεγίστων αἴτιος κακῶν βροτοῖς.*

Euripides, Medea (um 431 v. Chr.). Übers. v. Minckwitz. V. 1080 (Medea).

— Die böse Leidenschaft ist zuerst ein Gast; gewährst du ihr Gastrecht, so macht sie sich bald zum Hausherrn. Talmud (3. Jahrh.).

— Gebt mir den Mann, den seine Leidenschaft | Nicht macht zum Sklaven, und ich will ihn hegen | Im Herzensgrund, ja in des Herzens Herzen, | Wie ich dich hege! Engl.: **Give me that man | That is not passion's slave, and I will wear him | In my heart's core, ay, in my heart of heart, | As I do thee!**

William Shakespeare, Hamlet (1601—1602). Übers. v. Schlegel. A. 3, Sz. 2 (Hamlet).

Leidenschaft. — Wo Leidenschaft den Vorsatz hingewendet, | Entgeht das Ziel uns, wenn sie selber endet. Engl.: **What to ourselves in passion we propose, | The passion ending, doth the purpose lose.**

William Shakespeare, Hamlet (1601—1602). Übers. v. Schlegel. A. 3, Sz. 2 (König im Schauspiel).

— Der Zweifel und der Teufel, wen die einmal anfassen, den lassen sie nicht los. — Wer nicht an den Teufel glaubt, mag dafür die Leidenschaft hersetzen. Jak. Hack (1579—1636).

— Oft denkt, wenn wir der Stille pflegen, | Das Herz im stillen tugendhaft. | Kaum lachet uns die Welt entgegen, | So regt sich unsre Leidenschaft.

Christ. Fürchtegott Gellert, Geistl. Oden u. Lieder (1757). D. Wachsamkeit.

— Der Mensch ist Mensch, und das Bißchen Verstand, das einer haben mag, kommt wenig oder nicht in Anschlag, wenn Leidenschaft wütet und die Grenzen der Menschheit einen drängen.

Joh. Wolfg. von Goethe, Leiden d. jungen Werthers (1773).

— Wir fassen ein Gesetz begierig an, | Das unsrer Leidenschaft zur Waffe dient.

Joh. Wolfg. von Goethe, Iphigenie auf Tauris (1787). A. 5, Sz. 3 (Iphigenie).

— Wie können Menschen zum allgemeinen Besten raten, die das Opfer ihrer eigenen Leidenschaft sind?

Friedr. von Schiller, Gesch. d. Abfalls d. vereinigten Niederlande v. d. span. Regierung (1788).

— Die Leidenschaft macht die besten Beobachtungen und die elendesten Schlüsse.

Jean Paul (Joh. Paul Friedr. Richter), Hesperus (1795).

— Unstet treiben die Gedanken | Auf dem Meer der Leidenschaft.

Friedr. von Schiller, Gedichte. Würde d. Frauen (ged. 1795).

— Es ist in der Welt nichts schätzbarer als ein Herz, das der Liebe und Leidenschaft fähig ist.

Joh. Wolfg. von Goethe, Wilh. Meisters Lehrjahre (1777—1796).

— Leidenschaft wünscht sich kein Mensch. Denn wer will sich in Ketten legen lassen, wenn er frei sein kann?

Immanuel Kant, Anthropologie (1798).

— Die Leidenschaft flieht, | Die Liebe muß bleiben; | Die Blume verblüht, | Die Frucht muß treiben.

Friedr. von Schiller, Gedichte. D. Lied v. d. Glocke (ged. Sept. 1799).

— Uns alle | Bewegt der Wunsch, die Leidenschaft. Friedr. von Schiller, Wallensteins Tod (1799). A. 3, Sz. 21 (Max).

— Das Äußerste liegt der Leidenschaft zu allernächst.

Joh. Wolfg. von Goethe, D. Wahlverwandtschaften (1808—1809). T. 1, K. 16.

Leidenschaft. — Nicht acht' ich den für groß, den Leidenschaft | Zum Guten wie zum Bösen wirbelnd reißt, | Und zeigten Riesenkraft auch seine Taten.

Heinr. Jos. von Collin, Sämtl. Werke (1812—1814).

— Doch was wir auch sinnen und vorhaben, geschehe nicht aus Leidenschaft, noch aus irgend einer anderen Nötigung, sondern aus einer dem besten Rat entsprechenden Überzeugung.

Joh. Wolfg. von Goethe, Wilh. Meisters Wanderjahre (1807—1821).

— Die Leidenschaft bringt Leiden!

Joh. Wolfg. von Goethe, Gedichte. Lyrisches. Trilogie d. Leidenschaft. Aussöhnung (ged. 16.—18. Aug. 1823).

— Doch bin ich weit entfernt, darum selbst wahre Leidenschaft, wenn sie wirklich aus der Tiefe des Gemüts stammt und auf einen guten Zweck gerichtet ist, gewissermassen zu verurteilen.

Wilh. Freiherr von Humboldt, Br. an eine Freundin (14. Febr. 1826).

— Die Leidenschaft erhöht und mildert durchs Bekennen.

Joh. Wolfg. von Goethe, Werke (1827—1830). Maximen u. Reflexionen. Abteilung 5.

— Herber als des Menschen äußre Qualen | Sind die Dornen innrer Leidenschaft.

Gotthilf Aug. Freiherr von Miltitz, Sonnenblicke am Wolkenhimmel d. Lebens (1830).

— Die Leidenschaft ist das eigentliche Leiden; das besonnene Leben die wahre Tätigkeit.

Ernst Freiherr von Feuchtersleben, Zur Diätetik d. Seele (1838). Tagebuchblätter.

— Der Affekt wirkt auf die Gesundheit wie ein Schlagfluß, die Leidenschaft wie eine Schwindsucht. Immanuel Kant, Werke (1838—1839).

— Glühe in jauchzender Leidenschaft, | Morgen bist du zum Tod erschlafft! | Trinkst du besonnen des Lebens Quell, | Fühlst du dich morgen nicht minder hell.

Gottfr. Kinkel, Gedichte (1843). Spr. Nr. 128.

— Jede Leidenschaft hat drei Kennzeichen: sie macht lichtscheu, — bleibt nie allein, sondern erzeugt andere Begierden, — eilet, wenn sie sich selbst überlassen wird, schnell vom Minimum zum Maximum.

Joh. Mich. Sailer, Sämtl. Schriften (1830—1846).

— Die Leidenschaft verschlechtert, aber sie erhebt auch. Franz.: **La passion déprave, mais elle élève aussi.**

Alphonse de Lamartine, Gesch. d. Girondisten (1847). Übers. v. Herwegh.

— Die Leidenschaft wohnt in des Menschen Brust, | Auf daß sie ihn zu großen Taten wecke; | Allein nur wecken darf sie ihn, nicht leiten, | Den Mut nur stählen, nicht das Werk vollbringen.

Ernst Christoph Freiherr von Houwald, Sämtl. Werke (1851).

Leidenschaft. — Durch Leidenschaft nur genießen wir unser Dasein, nur durch Leidenschaft wird nach dem Guten gestrebt, wird es erreicht und verbreitet.

Ludw. Börne, Br. d. jungen Börne an Henriette Herz (1861).

— . . . in ihrer (der Leidenschaft) Glut | Wird alles, was die Welt bewegt, geboren; | Sie gießt in dürre Adern neues Blut!

Paul Heyse, Novellen in V. (1863).

— Heilloser in seinen Wirkungen ist nichts auf Erden als die menschliche Leidenschaft.

Albert Emil Brachvogel, D. Fels v. Erz (1872).

— Leidenschaft ist ein süßer Wein | Geschlürft aus glühendem Becher. | Er labt bis ins innerste Mark hinein | Und versengt die Lippe dem Zecher.

Paul Heyse, Spruchbüchlein (1885). Frauen.

— Die Leidenschaft ist immer ein Leiden, auch die befriedigte.

Marie von Ebner-Eschenbach, Aphorismen (1893).

Leidenschaften. — Alle die Leidenschaften sind nur verschiedene Grade der Wärme und der Kälte des Blutes. Franz.: Toutes les passions ne sont autre chose que les divers degrés de la chaleur et de la froideur du sang.

François, Herzog von La Rochefoucauld, Reflexionen oder moralische Sentenzen u. Maximen (1665). Nr. 13. Übers. v. Zimmermann.

— Unsere Leidenschaften gleichen Krampfanfällen, welche uns zwar zeitweilig stärker machen mögen, uns aber stets für die Folge schwächen. Engl.: Our passions are like convulsion-fits, which, though they make us stronger for the time, leave us the weaker ever after.

Alexander Pope (1658—1744), Gedanken über verschiedene Gegenstände. Übers. v. Ölckers u. Böttger.

— Der Leidenschaften Art vergleicht sich muntern Pferden; | Im Zaume sind sie gut, wild, wenn sie ledig werden.

Magnus Gottfr. Lichtwer, D. Recht d. Vernunft (1758). B. 2.

— Aber wehe dem, der sich heftigen Leidenschaften überläßt! er kann nicht glücklich sein; und eine unfehlbare Verzweiflung ist endlich, über lang oder kurz, das Ende seines Unglücks.

Ewald Christ. von Kleist, Sämtl. Werke (1760). Prosaische Aufsätze. Nr. 9. Gedanken über verschiedene Gegenstände.

— Widerstehe nur gleich anfangs ungeregelten Leidenschaften, und du wirst fähig werden, den Ungestüm, auch der rasendsten zu zügeln!

Gottfr. Wilh. von Leibniz, Werke (1768).

— Verzärtelt eure Leidenschaften; | So herrschen sie zuletzt; sie bleiben ewig haften; | Ein diamantnes Band knüpft sie an euer Herz.

Joh. Peter Uz, Sämtl. Werke (1768). Bd. 1. Theodizee.

— . . . Leidenschaften mißhandeln die Lebenskraft. Friedr. von Schiller, D. Räuber (1781). A. 2, Sz. 1 (Frz.).

Leidenschaften. — Nichts verdunkelt unsere Erkenntnis mehr als die Leidenschaften.

Gotthold Ephr. Lessing, Sämtl. Schriften (1796—1808). Abhandlungen über d. Fab. Nr. 2. V. d. Gebrauche d. Tiere in d. Fab.

— Die Leidenschaften sind Mängel oder Tugenden, nur gesteigerte.

Joh. Wolfg. von Goethe, D. Wahlverwandtschaften (1808—1809). T. 2, K. 4. A. Ottiliens Tageb.

— Unsre Leidenschaften sind wahre Phönixe. Wie der alte verbrennt, steigt der neue sogleich wieder aus der Asche hervor.

Joh. Wolfg. von Goethe, D. Wahlverwandtschaften (1808—1809). T. 2, K. 4. A. Ottiliens Tageb.

— Große Leidenschaften sind Krankheiten ohne Hoffnung. Was sie heilen könnte, macht sie erst recht gefährlich.

Joh. Wolfg. von Goethe, D. Wahlverwandtschaften (1808—1809). T. 2, K. 4. A. Ottiliens Tageb.

— Philosophie für die Leidenschaften, — Harmonie für die Tauben.

Friedr. Maximilian von Klinger, Gesammelte Werke (1809—1815).

— Erwäge jeden Schritt, den du vorhast, sobald deine Leidenschaften mit im Spiele sind!

Aug. Graf von Platen-Hallermund, Gesammelte Werke. Lebensregeln (1817). Nr. 28.

— Sanfte Leidenschaften erheitern den Horizont des Daseins; bewegen, ohne zu ermüden; erwärmen ohne zu verzehren . . . Sie sind die Insignien wahrer Stärke, welche das Zepter der Geistesherrschaft nie aus den Händen läßt.

Ernst Freiherr von Feuchtersleben, Zur Diätetik d. Seele (1838). K. 6. Temperament, Leidenschaft.

— Aber was wären wir wieder ohne Leidenschaften? Sie sind das wahre Lebensprinzip, ohne welches nie etwas Großes geschehen ist.

Karl Jul. Weber, Demokritos (1832—1840). D. Leidenschaften.

— Leidenschaften sind die Pferde am Wagen des Lebens; aber wir fahren nur gut, wenn der Fuhrmann Vernunft die Zügel lenkt.

Karl Jul. Weber, Demokritos (1832—1840). D. Leidenschaften.

— Man heilt Leidenschaften nicht durch Verstand, sondern nur durch andere Leidenschaften.

Ludw. Börne, Gesammelte Schriften (1862—1863). Fragmente u. Aphorismen. Nr. 89.

— Der rechte Mensch muß der Leidenschaften zugleich fähig und mächtig sein.

Heribert Rau, D. Fluch unserer Zeit (1863).

— Im Grunde brauchen wir unsere Leidenschaften nicht zu bekämpfen, sondern ihnen nur die Richtung zum Hohen, Edlen und Schönen zu geben.

Ludw. von Habicht, Vor d. Gewitter (1874).

— Die Leidenschaften vernichten das Beste und die Besten.

Heinr. Laube, Gesammelte Schriften (1875—1880). Junker Hans.

Leidenschaften. — Große Leidenschaften sind wie Naturkräfte; ob sie nützen oder schaden, hängt bloß von der Richtung ab, die sie nehmen.
Joh. Jak. Mohr, Gedanken über Leben u. Kunst (1885).

— Die Leidenschaften sind eine Hauptquelle der Affekte, der Verbrechen, des leiblichen Siechtums und der Geistesstörungen.
Friedr. Dittes, Gesammelte Schriften (1893).

— Leidenschaften gleichen Blendlaternen; sie werfen alles Licht nach Einer Richtung, während alles andre rings im Dunkel bleibt.
Peter Sirius, Tausend u. Ein Gedanken (1899). Leidenschaft.

Leidenskelch. — Leidenskelch.
Nach Matth., K. 26, V. 39.

Leides tun. — Wo einer dir ein leids gethan, | Sollst du ein kurz gedächtniß han!
Wartburgspr. Verbindungsgang.

Leier. — ... ohne die Leier im himmlischen Saal | Ist die Freude gemein auch beim Nektarmahl. Friedr. von Schiller, Gedichte. D. vier Weltalter (geb. 1802).

Leihbibliotheken. — Die Leihbibliotheken studiere, wer den Geist des Volkes kennen lernen will! Wilh. Hauff, Sämtl. Schriften (1830—1831). D. B. u. d. Leserwelt.

Leihen. — Leihest du, so kriegst du es nicht wieder. Gibt man dir's wieder, so geschieht's doch nicht so bald und so wohl und gut. Geschieht's aber, so verlierst du einen guten Freund.
Dr. Martin Luther, Tischreden oder Colloquia (1566). Nr. 4. Tischreden v. d. Welt u. ihrer Art. § 125. Leihen.

— Borgen ist | Viel besser nicht als betteln; so wie leihen, | Auf Wucher leihen, nicht viel besser ist | Als stehlen.
Gotthold Ephr. Lessing, Nathan d. Weise (1779). A. 2, Sz. 9 (Al-Hafi).

— Wer seinem Nächsten leihet, der tut ein Werk der Barmherzigkeit. Jes. Sir., K. 29, V. 1.

— Leihe deinem Nächsten, wenn er es bedarf!
Jes. Sir., K. 29, V. 2.

— Wer leihet, der kauft sich einen Feind mit seinem eignen Gelde. Alter Spr.

— Leihen macht Freunde, | Wiederfordern Feinde. Sprichwort

— Beim Leihen Gott, beim Wiedergeben Teufel. Franz.: Au prester dieu, au rendre diable.
Sprichwort.

— Wer leiht, reißt sich den Bart aus. Span.: Quien presta, sus barbas mesa. Sprichwort.

— Leihen und borgen ist die größte Schande.
Arabisches Sprichwort.

— Wollt ihr wissen, was ein Dukaten wert ist, sucht einen zu leihen! Holländisches Sprichwort.

Leim. — Auf den Leim gehen (sich betrügen, täuschen lassen; — vom Vogelfang; die Vögel werden auf Leimruten gefangen).
Sprichwörtl. Redensart.

Leim. — Aus dem Leime gehen (auseinander, entzwei gehen). Sprichwörtl. Redensart.

Leine. — Enen an't Lintjen kriegen (jemanden zum Besten haben).
A. d. Seemannssprache. Holstein.

Leineweber. — Die Leineweber haben eine saubere Zunft.
Volkslied (vor 1833). Verfasser unbek.

Leipzig. — Mein Leipzig lob' ich mir! | Es ist ein klein Paris und bildet seine Leute.
Joh. Wolfg. von Goethe, Faust, I (1808). Auerbachs Keller in Leipzig (Frosch).

— Leipzig soll mir keiner schimpfen! — Brave Leute fand ich dort.
Aug. Graf von Platen-Hallermund, D. verhängnisvolle Gabel (1826). A. 1 (Damon u. Schmuhl).

— In der großen Seestadt Leipzig ...
Gustav Jul. Friedr. Hansen, In d. großen Seestadt Leipzig usw. (vor 1847). Mel. v. Karl Blum (1847).

Leisten. — Wer etwas Treffliches leisten will, | Hätt' gern was Großes geboren, | Der sammle still und unerschlafft | Im kleinsten Punkte die höchste Kraft!
Friedr. von Schiller, Gedichte. Breite u. Tiefe (geb. 1797).

Leisten, der. — Alles über einen Leisten schlagen (alles nach einer Art behandeln).
Sprichwörtl. Redensart.

— Schuster, bleib' bei deinem Leisten! (tu nur das, was du kannst). Sprichwörtl. Redensart.

Leiten. — Wer Schwache leiten will, der sey | Von ihrer Schwachheit selber frey!
Magnus Gottfr. Lichtwer, Vier B. Äsopischer Fab. (1748). B. 4, Nr. 4. D. Fuchs u. d. Marder.

— Der kann sich manchen Wunsch gewähren, | Der kalt sich selbst und seinem Willen lebt; | Allein wer andre wohl zu leiten strebt, | Muß fähig sein, viel zu entbehren.
Joh. Wolfg. von Goethe, Gedichte. An Personen Ilmenau (geb. 31. Aug. — 3. Sept. 1783).

Leiter. — Wehe euch, verblendete Leiter!
Matth., K. 23, V. 16.

Leitstern. — Einem Leitstern soll jeder Mensch durchs ganze Leben bis zum Tode folgen: derselbe besteht in dem Ideal, nach einer Vervollkommnung zu streben, um würdig und gern sterben zu können! Ernst Jul. Hähnel, Lit. Reliquien (1888).

Lektüre. — Laß dich deine Lektüre nicht beherrschen, sondern herrsche über sie!
Georg Christoph Lichtenberg, Verm. Schriften (1800—1806). Bd. 2, Nr. 2. Bemerk. verm. Inhalts. Nr. 15. Gute Vorschläge u. Maximen.

Lenken. — Die schmale Geißel lenkt den breiten Stier. Griech.: Μέγας δὲ πλευρὰ βοῦς ὑπὸ σμικρᾶς ὅμως | Μάστιγος ὀρθὸς εἰς ὁδὸν πορεύεται.
Sophokles (um 496—406 v. Chr.), Ajas. Übers. v. Jordan. V. 1241—42 (Agamemnon).

Lenore. — Lenore fuhr ums Morgenrot | Empor aus schweren Träumen.

Gottfr. Aug. Bürger, Gedichte. Lenore (geb. Winter 1773).

Lenz. — Der lentz bringt, das der vogel singt, | Der Sommer, das alles vorherspringt, | Der herpst gibt, das man sich ernehrt, | Der winter hilfft, das man verzehrt.

Ofenschrift in Zürich (1655).

— Der Lenz belebet die Natur, | Die Schöpfung wird uns neu.

Joachim Perinet, Kaspar, d. Fagottist oder d. Zauberzither (1791). Komp. v. Wenzel Müller.

— Auf, hascht am Rosensaume | Den Lenz, eh' er verblüht!

Nikolaus Peter Stampeel, Trinklied (geb. 1791). Volksweise.

— Ist der holde Lenz erschienen? | Hat die Erde sich verjüngt?

Friedr. von Schiller, Gedichte. Klage d. Ceres (geb. 1796).

— Der neue Lenz bringt neue Saaten mit.

Friedr. von Schiller, D. Jungfrau v. Orleans (1801). Prolog. Sz. 3 (Thibaut).

— Was kann schöner sein, | Was kann mehr erfreun, | Als ein Abend in den Lenzen?

Aug. Zarnack, Deutsche Volkslieder. T. 1, Nr. 32. Was kann schöner sein? (geb. 1803). Volksweise.

— Der Lenz ist angekommen; | Habt ihr es nicht vernommen?

Christ. Aug. Vulpius (?), Lenzlied (vor 1811). Mel. v. Jos. Beer.

— Ach seht doch, wie sich alles freut; | Es hat die Welt sich schön erneut! | Der Lenz ist angekommen! Christ. Aug. Vulpius (?), Lenzlied (vor 1811). Schlußv. Mel. v. Jos. Beer.

— Süß ist, fröhlicher Lenz, deiner Begeisterung Hauch. Friedr. Gottl. Klopstock, Sämtl. Werke (1798—1821). Bd. 4.

— Doch mag man immerhin die Eich' entblättern | Und sie des grünen Schmuckes rings berauben, — | Kommt neuer Lenz, wird sie sich neu belauben. Heinr. Heine, D. B. der Lieder. Junge Leiden (geb. 1817—1821). Sonette. An H. Str. Schlußv.

— . . . Lenz, der fröhliche Rebell! | Sonnenstrahlen seine Schwerter, grüne Halme seine Speer'! | O wie ragen und wie blitzen Speer' und Schwerter rings umher!

Anastasius Grün (Anton Alexander Graf von Auersperg), Spaziergänge eines Wiener Poeten (1831). Sieg d. Freiheit.

— Wem wachen nicht, beginnt der Lenz den Lauf, | Entschlaf'ne Hoffnungen wie Blumen wieder auf! Ludw. Bechstein, D. Totentanz (1831).

— Da kommt der Lenz, der schöne Junge, | Den alles lieben muß, | Herein mit einem Freudensprunge, | Und lächelt seinen Gruß.

Nicolaus Lenau (Niembsch, Edler von Strehlenau), Gedichte (1832). D. Lenz.

Lenz. — Der Lenz hat Rosen angezündet | An Leuchtern von Smaragd im Dom; | Und jede Seele schwillt und mündet | Hinüber in den Opferstrom.

Nicolaus Lenau (Niembsch, Edler von Strehlenau), Gedichte (1832). Liebesfeier. Schlußv.

— O darum ist der Lenz so schön | Mit Duft und Strahl und Lied, | Weil singend über Tal und Höh'n | So bald er weiterzieht.

Emanuel Geibel, Gesammelte Werke. Jugendgedichte. B. 1. Lübeck u. Bonn (geb. 1834—1835). Vorüber!

— Lenz muß doch wiederkommen | Und alles auferstehn!

Jos. Freiherr von Eichendorff, Gedichte (1837). Wanderlieder. D. Vögel Abschied. Schlußv.

— Blast nur, ihr Stürme, blast mit Macht, | Mir soll darob nicht bangen; | Auf leisen Sohlen über Nacht | Kommt doch der Lenz gegangen!

Emanuel Geibel, Zeitstimmen (1841). Hoffnung.

— O wie schön ist die Zeit, wenn schalkhaft hinter dem Winter | Schon der Lenz sich versteckt!

Friedr. Hebbel, Mutter u. Kind (1859). Ges. 5.

Leonore. — . . . wenn er seinen Gegenstand benennt, | So gibt er ihm den Namen Leonore.

Joh. Wolfg. von Goethe, Torquato Tasso (1789). A. 1, Sz. 1 (Prinzessin).

Lerche. — . . . o fromme, bescheidne Lerche, | Du über Beifall und Stolz erhobne, | Du muntre Freundin des frühen Fleißes!

Joh. Gottfr. von Herder, Sämtl. Werke (1805—1820). Gedichte. D. Lerche.

— An ihren bunten Liedern klettert | Die Lerche selig in die Luft.

Nicolaus Lenau (Niembsch, Edler von Strehlenau), Gedichte (1832). Liebesfeier.

Lernen. — Nicht für die Schule lernen wir, sondern für das Leben. Lat.: **Non scholae, sed vitae discimus.**

Nach Lucius Annaeus Seneca (um 4—65), Br. Br. 106. Übers. v. Grau.

— Wenn du viel gelernt hast, bilde dir nichts darauf ein, denn das ist deine Bestimmung!

Talmud (3. Jahrh.).

— Wer das nicht handelnd übt, was er gelernt, | Hat sich vom wahren Wege weit entfernt.

A. d. Persischen d. Ferid-ed-dîn Attar (um 1119—1229). Pend-nameh. Übers. v. Graf.

— Wer do lernt, das nie was gůt | Vnd prediget, das er selb nit důt, | Der ergert manchen frummen man | Vnd fohet naren seyenn an (fängt Narren zu säen an).

Thomas Murner, Narrenbeschwerung (1512). Nr. 4. Narren seyen.

— Liebes Kind, lernest du wohl, so wirst du guter Hühner voll; | Lernest du aber übel, so mußt du mit den Sauen essen aus dem Kübel.

Dr. Martin Luther, Tischreden oder Colloquia (1566). Nr. 43. Tischreden v. Ehestande. § 157. Ein Latein, so Doctor Martin Luther seinen Kindern zu lernen befohlen hat, auf daß sie Gott fürchten.

Lernen. — Wer Was gelernt, schewt keiner Waffen. Simon Dach, Besser Kunst als Gut (1652).

— Wenn einer meint, er lerne noch, so kömmt sein Witz empor; | Wenn einer meint, er sei gelehrt, so wird er jetzt ein Thor.

Friedr. von Logau, Deutsche Sinn-Getichte (1654). Gelehrt.

— Komm', Knabe, lerne weise zu sein! Lat.: Veni, puer, disce sapere!

Anfang d. alten Orbis pictus (1657).

— Man lernt mehr mit Ohren als mit Augen.

Christoph Lehmann, Politischer Blumen-Garten (1662). T. 1. Lehr. Nr. 10.

— Wer etwas kann, hat Lobes viel; | Ein Schand' ist, wer nichts lernen will.

Spr. in einem Hause (1682).

— Ihr Kinder, lernet jetzt genug, | Ihr lernt nichts mehr in alten Tagen.

Gottl. Konrad Pfeffel, Poetische Versuche. Fab. D. zween Hunde (1782). Schlußv.

— Sie (die Bourbonen) haben nichts gelernt und nichts vergessen! Franz.: Ils n'ont rien appris ni rien oublié!

De Panat an Mallet du Pan (1796). Übers. v. Zimmermann.

— Man sollte sich nicht schlafen legen, ohne sagen zu können, daß man an dem Tage etwas gelernt hätte.

Georg Christoph Lichtenberg, Verm. Schriften (1800—1806). Bd. 2, Nr. 2. Bemerk. verm. Inhalts. Nr. 15. Gute Vorschläge u. Maximen.

— In älteren Jahren nichts mehr lernen können, hängt mit dem in älteren Jahren sich nichts mehr befehlen lassen wollen zusammen, und zwar sehr genau.

Georg Christoph Lichtenberg, Verm. Schriften (1800—1806).

— Das Lernen z. B. führt seinen Reiz und seine Belehrung in sich selber.

Joh. Gottl. Fichte, Reden an d. deutsche Nation (1808). Rede 10.

— Sich selbst hat niemand ausgelernt.

Joh. Wolfg. von Goethe, Gedichte. Sprichwörtl. (geb. 1812—1814).

— Hefte durch Lernen und Lehren des Lebens schnelle Momente!

Joh. Kaspar Lavater, Werke (1834). Worte d. Herzens. Denkzeilen an Freunde nach meinem Tode.

— Als Knabe hab' ich spät und früh | Lernend über den Büchern gesessen; | Nun macht es mir von neuem Müh', | Das Gelernte zu vergessen.

Georg Keil, Lyra u. Harfe (1834).

— Immer aufmerken, immer denken, immer lernen, — darauf beruht der Anteil, den wir am Leben nehmen, — das erhält die Strömung des unsern und bewahrt es vor Fäulnis.

Ernst Freiherr von Feuchtersleben, Zur Diätetik d. Seele (1838). Tagebuchblätter.

Lernen. — Lern' alles was du magst! nichts ist ganz unerheblich; | Auch das Vergebliche gelernt ist nicht vergeblich. | Du lerntest wenigstens die große Kunst daran, | Zu lernen. Alles lernt, was erst das Lernen kann.

Friedr. Rückert, D. Weisheit d. Brahmanen (1836—1839). B. 10, Nr. 142. Schlußv. (Stufe 12. Frieden. Nr. 116.)

— Ach, wir lernen und lernen, mit Eifer und Mühe und rastlos; | Was zu lernen und wie, — lernen wir leider zuletzt.

Joh. Emanuel Hilscher, Dichtungen (1840).

— Es ist des Lernens kein Ende.

Rob. Schumann, Gesammelte Schriften (1854).

— Lernen kann ein jeder von jedem, durch jeden, der gelebt hat.

Karl von Holtei, D. letzte Komödiant (1863).

— . . . daß ich mich glücklich schätze, überhaupt nicht zu den Leuten zu gehören, die mit den Jahren und mit den Erfahrungen nichts lernen.

Otto von Bismarck im Norddeutschen Reichstage (13. März 1867).

— Der grauen Scheitel fällt das Lernen schwer. Emanuel Geibel, Sophonisbe (1870). A. 3, Sz. 1 (Severus).

— Nicht zu früh mit der Kost buntscheckigen Wissens, ihr Lehrer, | Nähret den Knaben mir auf; selten gedeiht er davon. | Kräftigt und übt ihm den Geist an wenigen würdigen Stoffen; | Euer Beruf ist erfüllt, wenn er zu lernen gelernt.

Emanuel Geibel, Spätherbstblätter (1877). Distichen a. d. Wintertageb. Nr. 6.

— Was der Lernende selbst finden kann, das soll man ihm nicht geben.

Christ. Friedr. Dinter, Ausgewählte Schriften (1880—1881).

— . . . ich lerne vom Leben, ich lerne so lange ich lebe, ich lerne noch heute.

Otto von Bismarck im Reichstage (12. Febr. 1885).

— Der Hans, der etwas erlernte, was Hänschen nicht gelernt, der weiß es gut.

Marie von Ebner-Eschenbach, Aphorismen (1893).

— . . . wer viel lehren (lernen) muß, der muß viel leiden. Pred. Sal., K. 1, V. 18.

— Du aber bleibe in dem, das du gelernet hast! 2. Timotheus, K. 3, V. 14.

— Fragen und lehren (lernen) | Brengt manchen zu ehren. Alter Spr.

— Noch kein Meister geborn wardt, | Er muß lehrnen in der Jugendt hardt. Alter Spr.

— Wer im lehrnen wenig außricht, | Bleibt er ein Bettler, ist wunder nicht. Alter Spr.

— Wer nichts weiß, der lerne was; | So mehret sich Weißheit ohn maß. Alter Spr.

— Wilstu ein ehrlich Alter erjagen, | So lehrne was in Jungen tagen! Alter Spr.

— Wir lernen so viel, als wir leben, und wissen so viel, als wir wirken. Alter Spr.

— Am längsten behält man das, was man in der Jugend gelernt hat. Sprichwort.

Lernen. — Das Lernen hat kein Narr erfunden.
Sprichwort.

— Lerne was, so kannst du was! Sprichwort.

— Niemand ist alt, | Zu lernen mannichfalt.
Sprichwort.

— Was Hänschen nicht lernt, das lernt Hans nimmermehr.
Sprichwort.

— Was man jung lernt, das bleibt.
Sprichwort.

— Wer zuviel lernen will, der lernt nichts.
Sprichwort.

— Man wird alt wie eine Kuh | Und lernt immer mehr dazu.
Sprichwort. Niederrhein.

— Wer nid gelehrt het, mueß Söu (Säue) hüete.
Sprichwort. Schweiz.

— Was man in der Wiege lernt, währt bis zum Grabe. Franz.: Ce qu'on apprend au berceau, | Dure jusqu'au tombeau. Sprichwort.

— Lernt, als wenn ihr immer wenig wüßtet! Ital.: Imparate come se sempre sapeste poco.
Sprichwort.

— Der Mensch lernt nur auf eigene Kosten.
Arabisches Sprichwort.

— Menschen von dem ersten Preise | Lernen kurze Zeit und werden weise; | Menschen von dem zweiten Range | Werden weise, lernen aber lange; | Menschen von der letzten Sorte | Bleiben dumm und lernen nur Worte.
A. d. Chinesischen d. Schi-King.

— Jugend ist zum Lernen tüglich, | In dem Alter ist's unmüglich. Spr. an einem Hause.

— Eene Tene Tintenfaß, | Jeh nach Schule un lerne was! | Lernste was, denn kannste was, | Kannste was, denn biste was, | Biste was, denn haste was, | Eene Tene Tintenfaß.
Berliner Kinderreim.

Lesen. — Wer wird das lesen? Lat.: Quis leget haec?
Gajus Lucilius (um 180—103 v. Chr.), Sat. Übers. v. Binder.

— Lesen ohne Nachdenken macht stumpf; Nachdenken ohne Lesen geht irre.
Bernh. von Clairvaux (1091—1153).

— Denn mancherlei Bücher lesen, machet mehr Verwirrung, denn daß man etwas Gewisses und Standhaftiges daraus lernet.
Dr. Martin Luther, Tischreden oder Colloquia (1566). Nr. 72. Tischreden v. Studien. § 1. Gute B. u. der wenig soll man oft lesen.

— Wer wird nicht einen Klopstock loben? | Doch wird ihn jeder lesen? — Nein! | Wir wollen weniger erhoben | Und fleißiger gelesen sein.
Gotthold Ephr. Lessing, Schriften (1753—1755). Sinngedichte. B. 1, Nr. 1. D. Sinngedichte an d. Leser.

— Man pfleget in einem wichtigen Werk zu blättern, ehe man es ernstlich zu lesen anfängt.
Gotthold Ephr. Lessing, Laokoon oder Über d. Grenzen d. Malerei u. Poesie (1766). T. 1, K. 26.

Lesen. — Lesen heißt borgen; daraus erfinden, abtragen.
Georg Christoph Lichtenberg, Verm. Schriften (1800—1806). Bd. 1, Nr. 3. Bemerk. verm. Inhalts. Nr. 11. Allerhand.

— Vieles Lesen macht stolz und pedantisch; viel Sehen macht weise, verträglich und nützlich.
Georg Christoph Lichtenberg, Verm. Schriften (1800—1806). Bd. 2, Nr. 2. Bemerk. verm. Inhalts. Nr. 2. Psychologische Bemerk.

— Es gibt wirklich sehr viele Menschen, die bloß lesen, damit sie nicht denken dürfen.
Georg Christoph Lichtenberg, Verm. Schriften (1800—1806). Bd. 2, Nr. 2. Bemerk. verm. Inhalts. Nr. 4. Beobachtungen über d. Menschen.

— Viel muß man lesen, nicht vielerlei ... Ich meine nicht Vieles, sondern viel: ein Weniges, aber mit Fleiß.
Gotthold Ephr. Lessing, Sämtl. Schriften (1796—1808).

— Zwar sind sie an das Beste nicht gewöhnt, | Allein, sie haben schrecklich viel gelesen.
Joh. Wolfg. von Goethe, Faust, I (1808). Vorspiel auf d. Theater (Direktor).

— An Zerstreuung läßt es uns die Welt nicht fehlen; wenn ich lese, will ich mich sammeln.
Joh. Wolfg. von Goethe, Werke (1827—1830). Maximen u. Reflexionen. Abteilung 4.

— Man liest viel zu viel geringe Sachen, ... womit man die Zeit verdirbt und wovon man weiter nichts hat. Man sollte eigentlich immer nur das lesen, was man bewundert.
Joh. Peter Eckermann, Gespräche mit Goethe in d. letzten Jahren seines Lebens (9. März 1831).

— Unmöglich kann einer große Kenntnisse erwerben, der nur liest, was gefällt. Franz.: Il est impossible de devenir très instruit, si on ne lit que ce qui plaît.
Joubert, Gedanken u. Maximen (1838). Übers. v. Zimmermann.

— Wahrlich, ich sage euch, gehet mit dem Lesen etymologisch um; — legere bedeutet auswählen!
Karl Jul. Weber, Demokritos (1832—1840). Über B. Schlußsatz.

— Lies nicht um zu widersprechen oder zu glauben, sondern um zu prüfen und zu erwägen! Engl.: Read not to contradict, nor to believe, but to weigh and consider.
Thomas Babington Lord Macaulay, Kritische u. historische Essays (1846). Übers. v. Steger. Lord Bacon.

— Vom Schlechten kann man nie zu wenig und das Gute nie zu oft lesen.
Arthur Schopenhauer, Parerga u. Paralipomena (1851). Bd. 2, K. 26. Über Lesen u. B. § 303.

— Lesen soll man nur dann, wenn die Quelle der eigenen Gedanken stockt, was auch beim besten Kopfe oft genug der Fall sein wird.
Arthur Schopenhauer, Parerga u. Paralipomena (1851).

— Je mehr man liest, je mehr man lernt.
Sprichwort.

Lesen. — Lesen ohne Verstand | Versäumt und ist 'ne Schand'. Sprichwort.

— Viel lesen und nicht durchschauen | Ist viel essen und übel verdauen. Sprichwort.

— Lies dann und wann ein gutes Buch, | Das frommet mehr als manch' Besuch.

Spr. an einem Hausgerät.

Lesenswert. — Was nicht zweimal lesenswert gewesen, | Das war nicht Einmal lesenswert. Friedr. Rückert, Gesammelte Gedichte (1834—1838). Pantheon. Bruchstück 5. Zahme Xenien.

Leser. — Leser, wie gefall ich dir? | Leser, wie gefellst du mir?

Friedr. von Logau, Deutsche Sinn=Getichte (1654). An d. Leser.

— Welchen Leser ich wünsche? Den Unbefangensten, der mich, | Sich und die Welt vergißt und in dem Buche nur lebt.

Joh. Wolfg. von Goethe, Gedichte. Vier Jahreszeiten (ged. 1796). Herbst. Nr. 56.

— Der rechte Leser ist kein Kind.

Friedr. Gottl. Klopstock, Sämtl. Werke (1798—1821). Bd. 8.

— Der Zuschauer und der Leser, | Über nichts sind sie böser, | Als wenn es der Poet nicht macht | Genau so, wie sie sich's gedacht.

Paul Heyse, Spruchbüchlein (1885). Kritik.

Letzte, der. — Dem Letzten die Knochen. Franz.: Au dernier les os. Sprichwort.

Leu. — Gefährlich ist's, den Leu zu wecken.

Friedr. von Schiller, Gedichte. D. Lied v. d. Glocke (ged. Sept. 1799).

Leugnen. — Hast du etwas getan, so leugne! Lat.: Si quid fecisti, nega!

Altjesuitischer Grundsatz.

Leumund. — Guter Leumund ist ein zweites Erbteil. Alter Spr.

Leutnant. — Jetzt bezahlt ein Leutnant seine Schulden (sagt man, wenn in der Unterhaltung eine Pause eintritt). Sprichwörtl. Redensart.

Leutnants. — Die Lieutenants und die Fähnderichs, | Das sind die klügsten Leute.

Heinr. Heine, D. B. d. Lieder. Heimkehr (ged. 1823—1824). Nr. 68.

Leutselig. — Leutselig macht das Mißgeschick, die Schuld.

Friedr. von Schiller, Wallensteins Tod (1799). A. 4, Sz. 2 (Gordon).

Leviten. — Jemandem die Leviten lesen (jemanden scheltend ermahnen).

Sprichwörtl. Redensart.

Liberal. — Nicht die Koalition hat mich gestürzt, sondern meine Sünden gegen liberale Ideen. Napoleon auf Elba (1814).

— Liberal zu sein, — ja, da schwimmt man eben mit dem Strom.

Otto von Bismarck im Reichstage (18. Mai 1889).

Liberalismus. — Der Liberalismus gerät immer weiter, als seine Träger wollen.

Otto von Bismarck im Reichstage (29. Nov. 1881).

Liberalität. — Die wahre Liberalität ist Anerkennung.

Joh. Wolfg. von Goethe, Werke (1827—1830). Maximen u. Reflexionen. Abteilung 7.

Licht. — Lieb ist wohl allen das Licht; aber am liebsten denen, die lange in finsterer Nacht wandelten. Bernh. von Clairvaux (1091—1153).

— Licht, ob als Blitz es aus den Wolken rann, | Ob es vom Glühwurm strömt, vom dunklen Meer, | Ob Mond, ob Stern, die Sonne facht es an, | Licht, wo du immer glühst, ich bet' dich an.

A. d. Persischen d. Feisi (16. Jahrh.). Serre. Übers. v. Hart.

— Preis dem Ew'gen, der uns gab das Licht, | Daß es spiegle uns sein Angesicht!

A. d. Persischen d. Feisi (16. Jahrh.). Serre. Übers. v. Hart.

— Ein Liecht zündet das ander an.

Christoph Lehmann, Politischer Blumen=Garten (1662). T. 2. Nutz. Nr. 86.

— Wo viel Licht ist, ist starker Schatten.

Joh. Wolfg. von Goethe, Götz v. Berlichingen (1773). A. 1. Jaxthausen (Götz).

— Es freue sich, | Wer da atmet im rosigten Licht! Friedr. von Schiller, Gedichte. D. Taucher (ged. 14. Juni 1797).

— Weh' denen, die dem Ewigblinden | Des Lichtes Himmelsfackel leihn!

Friedr. von Schiller, Gedichte. D. Lied v. d. Glocke (ged. Sept. 1799).

— Licht, Liebe, Leben!

Joh. Gottfr. von Herder (1744—1803). Wahlspr. u. Grabschrift.

— Alle Wesen leben | Vom Lichte, jedes glückliche Geschöpf; — | Die Pflanze selbst kehrt freudig sich zum Lichte.

Friedr. von Schiller, Wilh. Tell (1804). A. 1, Sz. 4 (Melchthal).

— . . . suche Licht, so find'st du Licht!

Ernst Moritz Arndt, Gedichte. Frischauf! (ged. 1819).

— Licht, vom Himmel flammt es nieder, | Licht, empor zum Himmel flammt es; | Licht, es ist der große Mittler | Zwischen Gott und zwischen Menschen.

Aug. Graf von Platen=Hallermund, Gedichte. Lieder u. Romanzen. Licht (ged. 1820).

— Keine Nacht war noch so dunkel, der nicht obgesiegt das Licht.

Anastasius Grün (Anton Alexander Graf von Auersperg), Spaziergänge eines Wiener Poeten (1831).

— Mehr Licht!

Joh. Wolfg. von Goethes letzte Worte (22. März 1832)

— Das Licht, das ist das Gute; die Finsternis die Nacht, | Das ist das Reich der Sünde und ist des Bösen Macht.

Adelbert von Chamisso (Louis Charles Adelaide Chamisso de Boncourt), Gedichte. Lieder u. lyrisch=epische Gedichte. Abba Glosk Leczeka (ged. 1832).

Licht. — Die schönste und natürlichste Gottheit aller Völker auf den ersten Stufen der Kultur . . . war das Licht, die Sonne.

Karl Jul. Weber, Demokritos (1832—1840). D. Religion u. d. Religionen.

— Licht und Wärme ist das höchste Ideal der Menschheit. Friedr. von Schiller, Briefwechsel mit Körner (1847).

— Die das Dunkel nicht fühlen, werden sich nie nach dem Lichte umsehen. Engl.: **They who do not feel the darkness, will never look for the light.** Henry Thomas Buckle, Gesch d. Zivilisation (1858—1861). Übers. v. Ritter. K. 7.

— Es gibt keinen Glanz ohne Licht; das ist die erste Regel, welche sich jeder Schriftsteller vor Augen halten soll.

Jos. Baron von Eötvös, Gedanken (1861).

— Etwas mehr Licht! Ital.: **Un poco più di luce!** Titel einer Schrift v. Lamarmora (1873).

— Im Anfang war das Licht.

Anastasius Grün (Anton Alexander Graf von Auersperg), Gesammelte Werke (1877). Im Pfarrhause. Nachtgedanken.

— Licht ist Gottes heil'ge Fahne, seine Allmacht, sein Gezelt; | Sonn' und Mond und Sterne schenken ihre Strahlen stets der Welt.

Anastasius Grün (Anton Alexander Graf von Auersperg), Gesammelte Werke (1877). Gedichte.

— Wer erfahren hat, wie merkwürdig schwarz die Nacht unter Umständen sein kann, der weiß auch, welch ein Licht ein einziger Johanniskäfer in den Busch zu werfen vermag.

Wilh. Raabe, Gesammelte Erz. (1896—1900). Drei Federn. B. 2.

— Es werde Licht! Und es ward Licht.

1. Mos., K. 1, V. 3.

— . . . denen ist ein Licht aufgegangen.

Matth., K. 4, V. 16.

— Sein Licht unter den Scheffel stellen.

Nach Matth., K. 5, V. 15. — Sprichwörtl. Redensart.

— . . . ein Licht, zu erleuchten die Heiden.

Luk., K. 2, V. 32.

— Was hat das Licht für Gemeinschaft mit der Finsternis? 2. Kor., K. 6, V. 14.

— Kinder des Lichts. Eph., K. 5, V. 9.

— Das Licht hilft dem Schatten. Alter Spr.

— Jemandem ein Licht aufstecken (jemanden über etwas aufklären). Sprichwörtl. Redensart.

— Jemanden hinters Licht führen (jemanden täuschen). Sprichwörtl. Redensart.

— Sich selbst im Lichte stehen (sich selbst schaden). Sprichwörtl. Redensart.

— Licht ist Licht, | Und sieht's der Blind' auch nicht. Wartburgspr. Lutherstube.

Lieb. — Was lieb, kommt selten ohne Leid. Mittelhochdeutsch: Liep wird selten âne leit.

Vridankes Bescheidenheit (1225—1240). Übertr. v. Pannier. Nr. 32. v. d. wîsen v. tôren.

Lieb. — Sie mußten beide sterben, | Sie hatten sich viel zu lieb.

Heinr. Heine, Neue Gedichte. Neuer Frühling (geb. 1828—1831). Nr. 21. Schlußv.

— Ich weiß wohl etwas Liebes | Auf Gottes weiter Welt.

Ferd. Humbert, D. teure Vaterhaus (zwischen 1844—1851). Mel. v. Verfasser.

— Heute lieb, morgen leid; | Das ist der Welt Unstätigkeit. Alter Spr.

— Du bist mer so lieb, | Wie dem Müller der Dieb. Sprichwort. Schweiz.

Liebe (als Allgemeinbegriff). — Weh! Weh! wie ist die Liebe für die Welt ein Fluch! — | Ein Fluch und Segen, mein' ich, wie der Himmel will. Griech.: *Φεῦ, φεῦ· βροτοῖς ἔρωτες ὡς κακὸν μέγα.— | Ὅπως ἂν, οἶμαι, καὶ παραστῶσιν τύχαι.*

Euripides, Medea (um 431 v. Chr.). Übers. v. Minckwitz. V. 330—31 (Medea u. Kreon).

— Was für ein Ding ist's, das die Junge Liebe nennt? — | Ein süßes, Tochter, und zugleich ein schmerzliches! Griech.: *Τί τοῦθ' ὃ δὴ λέγουσιν ἀνθρώπους ἐρᾶν; — | Ἥδιστον, ὦ παῖ, ταὐτὸν ἀλγεινὸν θ' ἅμα.*

Euripides, Hippolytos (um 428 v. Chr.). Übers. v. Minckwitz. V. 347—48 (Phädra u. Amme).

— Denn wir erklärten die Liebe für eine Art Wahnsinnes. Griech.: *Μανίαν γάρ τινα ἐφήσαμεν εἶναι τὸν Ἔρωτα.*

Platon (um 427—347 v. Chr.), Phädros. Übers. v. Müller. § 107 (Sokrates).

— In der Lieb' ist das Übel einmal: Krieg, | Friede darauf. Lat.: **In amore haec sunt mala: bellum | Pax rursum.**

Quint. Horatius Flacc., Sat. (um 30 v. Chr.). Übers. v. Voß. B. 2, Nr. 3, V. 267—68.

— Wer will der Liebe ein Gesetz auflegen? | Die Liebe ist sich selbst das größeste Gesetz. Lat.: **Quis legem det amantibus? | Maior lex amor est sibi.**

Manlius Torquatus Boëtius (um 473—525), Trost d. Philosophie. Übers. v. Weingarten. B. 3, K. 12.

— Die ganze Welt ein Marktplatz ist der Liebe; | Ist wohl ein Ding, das fern der Liebe bliebe?

A. d. Persischen d. Ferid=ed=din Attar (um 1119—1229). Kleinod d. Substanz. Übers. v. Tholuck.

— Lieb' ist ein Kobold; Liebe ist ein Teufel; es gibt keinen bösen Engel als die Liebe. Engl.: **Love is a familiar; Love is a devil; there is no evil angel but Love.**

William Shakespeare, Verlorne Liebesmüh (um 1591—1592). Übers. v. Graf Baudissin. A. 1, Sz. 2 (Armado).

Liebe (als Allgemeinbegriff). — Lieb' ist ein Rauch, erzeugt aus Seufzershauch; | Geschürt, ist sie ein funkelnd Feu'r im Aug'; | Gequält, ein Meer, von Tränen angeschwellt. | Was ist sie sonst? Verständ'ge Raserei | Und süße Gall' und ekle Spezerei. Engl.: Love is a smoke raised with the fume of sighs; | Being purg'd, a fire sparkling in lover's eyes; | Being vex'd, a sea nourish'd with lover's tears; | What is it else? a madness most discreet, | A choking gall, and a preserving sweet. William Shakespeare, Romeo u. Julia (1593). Übers. v. Schlegel. A. 1, Sz. 1 (Romeo).

— Lieb ist ein solch gefährlich Gifft, | Wen sie recht in das Hertz trifft, | Daß sie brennet durch Marck und Bein | Wie der Donner durch Stal und Stein. Georg Rollenhagen, Froschmäuseler (1595). B. 1, T. 1, K. 8.

— So voll von Phantasien ist Liebe, | Daß sie allein schon hochphantastisch ist. Engl.: So full of shapes is fancy, | That it alone is high-fantastical.

William Shakespeare, Was ihr wollt (um 1598—1600). Übers. v. Schlegel. A. 1, Sz. 1 (Herzog).

— Es (die Liebe) ist nichts als eine Aufwallung des Blutes und eine Nachgiebigkeit des Willens. Engl.: It (love) is merely a lust of the blood, and a permission of the will.

William Shakespeare, Othello (um 1601—1605). Übers. v. Graf Baudissin. A. 1, Sz. 3 (Jago).

— Sie (die Liebe) ist ein ewig festes Ziel. . . . Ein Stern für jeder irren Barke Kiel. Engl.: It is an ever-fixed mark, | . . . It is the star to every wandering bark.

William Shakespeare, Sonette (1609). Übers. v. Bodenstedt. Abteilung 4, Nr. 140.

— Lieb ist der Vernunfft Reyter.

Christoph Lehmann, Politischer Blumen=Garten (1662). T. 1. Lieb. Nr. 2.

— Lieb hat weder Gesetz noch Zaum.

Christoph Lehmann, Politischer Blumen=Garten (1662). T. 1. Lieb. Nr. 12.

— Es ist schwer zu sagen, was Liebe ist. Man weiß von ihr nur, daß sie in der Seele die Leidenschaft ist, zu herrschen, im Verstande Sympathie und im Körper ein versteckter, geheimnisvoller Drang, zu besitzen, was man liebt. Franz.: Il est difficile de définir l'amour; ce qu'on peut dire est, que, dans l'âme, c'est une passion de régner; dans les esprits c'est une sympathie; et dans le corps, ce n'est qu'une envie cachée et délicate de posséder ce que l'on aime.

François, Herzog von La Rochefoucauld, Reflexionen oder moralische Sentenzen u. Maximen (1665). Nr. 68. Übers. v. Zimmermann.

— Der Stände Gleichheit ist der Liebe Possenspiel.

Christ. Hoffmann von Hoffmannswaldau, Deutsche Übersetzungen U. Getichte (1673). Eginhard an Emma.

Liebe (als Allgemeinbegriff). — Drauff fühlt ich einen Trieb (die Liebe) vermischt von Lust und Leiden, | Den ich bekennen muß, doch nicht zu nennen weiß. | Ein Mengsel von Begier, Bedencken, Furcht und Freuden, | Bald ward mir wohl, bald weh, bald kalt, bald wieder heiß. Christ. Hoffmann von Hoffmannswaldau, Deutsche Übersetzungen U. Getichte (1673). Emma an Eginhard.

— Gleichheit ist der Liebe Mutter; sie eint harmonische Seelen.

Heinr. Müller, Predigten (1663—1675).

— Die Lieb' ist's schnellste Ding; sie kann für sich allein | In Einem Augenblick im höchsten Himmel sein.

Angelus Silesius (Joh. Scheffler), Cherubinischer Wanders=Mann (1675).

— . . . der Liebe, der schönsten der Tugenden . . .

Friedr. Gottl. Klopstock, Oden. D. künftige Geliebte (ged. 1748).

— Die Liebe ist der Hauptschlüssel, der alles beim Menschen aufschließt.

Theod. Gottl. von Hippel, Über d. Ehe (1774). K. 4. Über d. Treue in d. Ehe. D. Männer.

— Krone des Lebens, | Glück ohne Ruh', | Liebe, bist du!

Joh. Wolfg. von Goethe, Gedichte. Lieder. Rastlose Liebe (ged. 6. Mai 1776). Schlußv.

— Drum Lieb' ist wohl wie Wind im Meer; | Sein Sausen ihr wohl hört, | Allein ihr wisset nicht, woher, | Wißt nicht, wohin er fährt.

Gottfr. Aug. Bürger, Gedichte. Schön Suschen (ged. 1776). Schlußv. Mel. v. Joh. Abraham Peter Schulz (1785).

— Sie (die Liebe) ist | Das Einzige auf diesem Rund der Erde, | Das keinen Käufer leidet als sich selbst. Friedr. von Schiller, Don Carlos (1787). A. 2, Sz. 8 (Prinzessin).

— In der Liebe ist es anders. Du verdienst sie, weil du dich nicht darum bewirbst, — und die Leute erhalten sie auch meist allein, die nicht danach jagen.

Joh. Wolfg. von Goethe, Egmont (1788). A. 3. Klärchens Wohnung (Egmont).

— Liebe nennen sie diesen schmeichelnden Wahnsinn. Hüte dich, an dieses Blendwerk zu glauben, das uns die Dichter so lieblich malen.

Friedr. von Schiller, D. Menschenfeind (1790). Sz. 8 (v. Hutten).

— Sie (die Liebe) ist eine so starke Würze, daß selbst schale und ekle Brühen davon schmackhaft werden.

Joh. Wolfg. von Goethe, Wilh. Meisters Lehrjahre (1777—1796).

— Nichts als Zeitverderb ist die Liebe!

Joh. Wolfg. von Goethe, Wilh. Meisters Lehrjahre (1777—1796).

Liebe (als Allgemeinbegriff). — Die Fabel ist der Liebe Heimatwelt, | Gern wohnt sie unter Feen, Talismanen, | Glaubt gern an Götter, weil sie göttlich ist.

Friedr. von Schiller, D. Piccolomini (1799). A. 3, Sz. 4 (Max).

— Die Liebe will ein freies Opfer sein.

Friedr. von Schiller, Wilh. Tell (1804). A. 5, Sz. 1 (Walter Fürst).

— Königin der Götter, Liebe!

Joh. Gottfr. von Herder, Stimmen d. Völker in Liedern (1807). Abteilung 1, B. 2, Nr. 4. Hochzeitlieder. Griech.

— Die Liebe ist der Grundbestandteil des Menschen; diese ist da, sowie der Mensch da ist, ganz und vollendet, und es kann ihr nichts hinzugefügt werden.

Joh. Gottl. Fichte, Reden an d. deutsche Nation (1808). Rede 10.

— . . . so ist die Liebe beschaffen, daß sie allein Rechte zu haben glaubt, und alle anderen Rechte vor ihr verschwinden.

Joh. Wolfg. von Goethe, D. Wahlverwandtschaften (1808—1809). T. 1, K. 12.

— Ja, Lieb' ist höher Leben im gemeinen.

Ludw. Uhland, Gedichte. Sonette, Oktaven, Glossen. Erstorbene Liebe (geb. 3. Dez. 1809).

— Ja, Lieb' ist Licht, vom Himmel stammend . . . | Ein Strahl vom Urquell aller Sonnen, | Ein Glorienschein um Erdenwonnen. Engl.: Yes, love indeed is light from heaven; . . . | A Ray of him who form'd the whole; | A Glory circling round the soul!

George Gordon Lord Byron, D. Giaur (1813). Übers. v. Heichen. Abschnitt 22, V. 33 u. 41—42.

— Die Liebe ist des Argwohns Schmied. Ital.: Amore è di sospetti fabbro.

Silvio Pellico, Francesca da Rimini (1818).

— Die Engel, die nennen es Himmelsfreud', | Die Teufel, die nennen es Höllenleid, | Die Menschen, die nennen es — Liebe!

Heinr. Heine, D. B. d. Lieder. Junge Leiden (geb. 1817—1821). Traumbilder. Nr. 8.

— Liebe ist die ältest neu'ste | Einz'ge Weltbegebenheit.

Friedr. Rückert, Liebesfrühling (1821). Zweiter Strauß. Nr. 2.

— Lieb' ist Eitelkeit, | Und Selbstsucht ist ihr Anfang und ihr Ende. Engl.: Love is vanity, | Selfish in its beginning as its end.

George Gordon Lord Byron, Don Juan (1819—1824). Übers. v. Gildemeister. Ges. 9, Str. 73, V. 1.

— Die Liebe empfängt nicht sowohl den Eindruck von dem Gegenstande, als sie den letztern vielmehr selbst in den Glanz kleidet, der ihr angemessen ist.

Wilh. Freiherr von Humboldt, Br. an eine Freundin (1. Dez. 1825).

— O Glück, o Himmelswunder, Liebe! | Du Atemzug der Seligkeit!

Esaias Tegnér, Frithjof-Sage (1825).

Liebe (als Allgemeinbegriff). — Lieb' ist die einz'ge, schöpferische Allmacht!

Christ. Dietr. Grabbe, Don Juan u. Faust (1829). A. 3, Sz. 2 (Faust).

— Das Glück ist die Liebe, die Lieb' ist das Glück, | Ich hab' es gesagt und nehm's nicht zurück.

Adelbert von Chamisso (Louis Charles Adelaide Chamisso de Boncourt), Gedichte. Lieder u. lyrisch-epische Gedichte. Frauen-Liebe u. Leben (geb. 1830). Nr. 7. Mel. v. Rob. Schumann.

— Liebe bleibt die goldne Leiter, | Drauf das Herz zum Himmel steigt.

Emanuel Geibel, Gesammelte Werke. Gedichte. Jugendgedichte. B. 1. Lübeck u. Bonn (geb. 1834—1835). Lieder. Nr. 1. Schlußv.

— Die Liebe gleicht dem April: | Bald Frost, bald fröhliche Strahlen, | Bald Blüten in Herzen und Talen, | Bald stürmisch und bald still, | Bald heimliches Ringen und Dehnen, | Bald Wolken, Regen und Tränen; — | Im ewigen Schwanken und Sehnen, | Wer weiß, was werden will!

Emanuel Geibel, Gesammelte Werke. Gedichte. Jugendgedichte. B. 1. Lübeck u. Bonn (geb. 1834—1835). Lieder. Nr. 8.

— Die Liebe ist das Geschäft der Müßigen, aber der Müßiggang der Geschäftigen. Engl.: Love is the business of the idle, but the idleness of the busy.

Eward George Earle Lord Bulwer Lytton, Rienzi (1835). Übers. v. Roth. B. 7, K. 4.

— Wären Flüss' und Meere Tinte, wär' der Himmel mein Papier, | Wüchsen Federn wie die Ähren auf der weiten Erde mir, | Hülfen mir die Engel schreiben um die Wette Tag und Nacht, | Sag', wann wär' es ausgeschrieben, was die Lieb' in mir gedacht?

Wilh. Müller, Gedichte (1837). Lieder a. d. Meerbusen v. Salerno. Reime a. d. Inseln d. Archipelagus. Wer kann d. Liebe ausschreiben?

— Frage, was die Liebe sei, | Frage den, der liebefrei, | Frag' ihn, den die Liebe kost, | Frag' ihn, den die Lieb' erbost, | Lieb' und frage deine Brust; — | Hat's ein andrer recht gewußt?

Wilh. Müller, Gedichte (1837). Epigramme. 1. Hundert, Nr. 9. Was ist Liebe?

— Das Recht sagt: Jedem das Seine! | Die Liebe: Jedem das Deine!

Wilh. Müller, Gedichte (1837). Epipramme. 1. Hundert, Nr. 16. Recht u. Liebe.

— Die Liebe ist der Säckel des Fortunat; | Je mehr sie gibt, desto mehr sie hat.

Wilh. Müller, Gedichte (1837). Epigramme. 1. Hundert, Nr. 17. Bodenlose Liebe.

— Liebe ist ein wahrer Fieber-Paroxismus, nur daß dieser mit Kälte anfängt und mit Hitze endet, die Liebe aber den umgekehrten Weg geht.

Karl Jul. Weber, Demokritos (1832—1840). D. Liebe.

— Liebe ist und bleibt die höchste Naturpoesie; schade, daß sie der Aloe gleicht, die nur Einmal blüht.

Karl Jul. Weber, Demokritos (1832—1840). D. Liebe. D. Fortsetzung.

Liebe (als Allgemeinbegriff). — Liebe würzt den Saft der Reben, | Lieb' erheitert Menschensinn, | Lieb' ist Weltenkönigin.

Aug. Mahlmann, Sämtl. Schriften (1839—1840). Gedichte. Deutscher Rundges. Mel. v. J. J. Rößler.

— Die Liebe? . . . Wen lieben? . . . Nur flüchtig? — Der Mühe nicht wert! | Um ewig zu lieben unmöglich . . . | Ein Blick in das Herz, — jede Spur des Vergangenen verheert! | Die Lust und die Qual, — wie eitel, wie kläglich!

Michail Jurjewitsch Lermontow, Gedichte. Übers. v. Fiedler. U. einsam u. traurig usw. (ged. 1840).

— Die Lieb' ist Demut! Und sie sagt und klaget: | Bin ich wohl würdig, des Olymps Genoß | Zu werden?

Karl Immermann, Tristan u. Isolde (1841). Rivalin u. Blancheflur.

— Denn Liebe, sagt man, ist nur Hoffen | Und wird, gewährt, vom Tod betroffen.

Karl Immermann, Tristan u. Isolde (1841). D. Meerfahrt.

— Du fragst mich, Kind, was Liebe ist? | Ein Stern in einem Haufen Mist.

Heinr. Heine, Neue Gedichte. Romanzen (ged. 1839—1842). Unstern.

— Lieb' sei ein Stern, zum Himmel uns zu führen, | Ein grüner Fleck in dürrem Heideland, | Ein Körnchen Gold im grauen Lebenssand.

Friedr. Halm (Elegius Frz. Jos. Freiherr von Münch-Bellinghausen), D. Sohn d. Wildnis (1842). A. 2 (Parthenia).

— . . . als einst die Götter, müde dieser Welt, | Sich flüchteten hinauf ins Sternenzelt, | Mitnehmend, was auf Erden sie besessen, | Da hätten sie die Liebe hier vergessen.

Friedr. Halm (Elegius Frz. Jos. Freiherr von Münch-Bellinghausen), D. Sohn d. Wildnis (1842). A. 2 (Parthenia).

— Mein Herz, ich will dich fragen: | Was ist denn Liebe? Sag'! — | „Zwei Seelen und Ein Gedanke, | Zwei Herzen und Ein Schlag!"

Friedr. Halm (Elegius Frz. Jos. Freiherr von Münch-Bellinghausen), D. Sohn d. Wildnis (1842). A. 2 (Parthenia).

— Und sprich: woher kommt Liebe? — | „Sie kommt, und sie ist da!" | Und sprich: wie schwindet Liebe? — | „Die war's nicht, der's geschah!"

Friedr. Halm (Elegius Frz. Jos. Freiherr von Münch-Bellinghausen), D. Sohn d. Wildnis (1842). A. 2 (Parthenia).

— „Was ist die Liebe? Sag' es mir, | Der du so vieles weißt! | Du bist ein Dichter: frage an | Bei deinem Dichtergeist!" | Ich weiß es wohl, doch kann ich's nicht | In Worten dir vertraun; | Ein Mittel gibt es: liebe mich, | Da wirst du's deutlich schaun!

Friedr. Hebbel, Gedichte. Nachlese (1842). Frage u. Antwort.

Liebe (als Allgemeinbegriff). — . . . Lieb' ist Wunder, Lieb' ist Gnade, | Die wie der Tau vom Himmel fällt.

Emanuel Geibel, Gesammelte Werke. Gedichte. Jugendgedichte. B. 4. Escheberg, St. Goar (ged. 1842—1843). Minnelied.

— Die Liebe ist der Dichtung Stern, | Die Liebe ist des Lebens Kern; | Und wer die Lieb' hat ausgesungen, | Der hat die Ewigkeit errungen.

Friedr. Rückert, Gesammelte Gedichte (1843). Frühlingslied.

— Liebe ist ein kleines Bienchen, | Süßen Honig auf den Flügeln; | Doch, wer ihren Honig schlürfet, | Muß auch ihren Stachel fühlen.

Greguß, Ungarische Volkslieder (1846).

— Die Stände, wie die Rassen, vermischen sich mehr und mehr. Alle alten Schranken werden fallen vor dem allmächtigen Mittler, dem souveränen Gleichmacher: der Liebe. Franz.: Les classes, ainsi que les races, vont peu à peu se fondant. Toutes les anciennes barrières tomberont devant le tout-puissant médiateur, maître en égalité: l'Amour.

Jules Michelet, D. Liebe (1858). Übers. v. Spielhagen.

— Die Liebe ist der Quell der Begeisterungen, der Jugenden, der Heldentaten, der Religionen.

Bogumil Goltz, Zur Charakteristik u. Naturgesch. d. Frauen (1859).

— Liebe ist kein Ding der Freiheit, — der Reflexion, der Schulvernünftigkeit, sondern eine Naturmacht, ein Verhängnis im Herzen.

Bogumil Goltz, Zur Charakteristik u. Naturgesch. d. Frauen (1859).

— Liebe ist Opfer. Aber bei ihrem Selbstopfer weiß die wahre Liebe so wenig von Selbstvernichtung als von Selbstsucht.

Frz. Xaver von Baader, Sämtl. Werke (1851—1860).

— Die Liebe ist göttlichen Ursprungs, sie wirkt wie der Sonnenstrahl, alles durchdringend, erwärmend, erleuchtend, verklärend, belebend; sie ist die Sonne der Seele.

Julie Burow (Pfannenschmidt), Herzensworte (1862).

— O! Liebe, Liebe! köstliches Arom!

Rob. Hamerling, Ahasver in Rom (1866). Ges. 2. D. Bachanal.

— Die Lieb' ist wie ein Wiegenlied, | Es lullt dich lieblich ein; | Doch schläfst du kaum, so schweigt das Lied, | Und du erwachst allein.

Theod. Storm, Sämtl. Schriften (1868). Gedichte. D. Liebe.

— Denn Liebe gleicht der scheuesten der Frauen; | Ihr eigen Antlitz schämt sie sich zu schauen, | Ein Rätsel will sie bleiben oder sterben.

Theod. Storm, Sämtl. Schriften (1868). Gedichte.

— Die Liebe ist Verlust, Entäußerung; sie ist dann am reichsten, wenn sie alles verschenkt hat.

Karl Gutzkow, Gesammelte Werke (1873).

— Die Liebe ist des Lebens Blüte.

Friedr. von Bodenstedt, Einkehr u. Umschau (1876).

Liebe (als Allgemeinbegriff). — Mitteilen, beweisen läßt sich die Liebe nicht. Jeder liebt allein, wie man allein betet.

Rahel (Antonie Friederike Varnhagen von Ense), Br. (1877).

— Liebst du mich? — | Wenn Liebe ist, was so in dunklen Tiefen | Aus Widerstreben und allmächt'gem Drang, | Aus Scheu geboren wird und aus Bewund'rung.

Ernst von Wildenbruch, D. Karolinger (1881). A. 3, Sz. 1 (Bernh. u. Judith).

— Liebe, das ist der große Strom der Wonne, | An dem die Blumen unsres Lebens blühn!

Ernst von Wildenbruch, Christoph Marlow (1884). A. 2, Sz. 5 (Marlow).

— Die Liebe ist die Krone jedes Lebens; sie krönt auch das niedrigste Haupt.

Berth. Auerbach, Gesammelte Schriften (1892).

— Liebe ist Qual, Lieblosigkeit ist Tod.

Marie von Ebner-Eschenbach, Aphorismen (1893).

— Die Lieb' ist Gab' und Güte, | Die Lieb' ist keine Pflicht, | Die Lieb' ist eine Blüte, | Verblüht und bleibet nicht. Volkslied u. -weise.

— Und Liebe, lauter Liebe war | Das große Schöpfungswort. Freimaurerlied.

— Die Liebe ist Sehnsucht, und gestillte Sehnsucht vergeht. A. d. Dän. d. Hans Christ. Andersen.

— Gott gab seiner Schöpfung nur einen einzigen Pfeiler: die Liebe.

A. d. Rumänischen d. Carmen Sylva (Elisabeth, Königin v. Rumänien).

— . . . und dieses welterhaltende und weltzerstörende Element heißt Liebe.

A. d. Ungar. d. Maurus Jókai.

— Honig ist der Bienen Ehre; Liebe: Zier der Menschenseele. Finnisches Sprichwort.

— Liebe ist ein Glas, das zerbricht, wenn man es zu unsicher oder zu fest faßt.

Russisches Sprichwort.

— Die Lieb' hat Gottes Eigenschaft, | Freundlich, lieblich mit Tugendkraft. | Sie verträgt all' Ding' mit Sitt', | Sie erduldet alles im Fried'.

Spr. im Schloß Wetzikon.

— Die Lieb ist wie's Wetter, | Båld stürmisch, båld still; | A Nårr, der durch's Bitten | Wås ausrichten will. Kärntner Schnaderhüpfl.

— Und d'Lieb is a Haus, | Då geht d'Freud ein und aus, | Und i woaß nit, wås s'treibt, | Dåß s'nit ållweil drin bleibt. Tiroler Schnaderhüpfl.

Liebe zu Gott und den Menschen. — Nimm aus dem Leben der Menschen die Liebe, dann hast du der Welt ihre Sonne entrissen. Lat.: **Tolle ex usu hominum benevolentiam, tamquam solem e mundo sustuleris.**

Ambrosius (um 340—397), V. d. Pflichten. Übers. v. Lichter. B. 1, K. 32.

— O grosse Lieb! O Lieb ohn alle masse!

Joh. Heermann, Hauß- v. Hertz-Musica (1639). Trost.

Liebe zu Gott und den Menschen. — Schlacht vnd Streit jagt Schrecken ein; | Liebe kömpt durch gütig seyn.

Simon Dach, . . . bonus obtingit coelesti munere princeps (1652).

— Nenne mir den weiten Mantel, drunter alles sich verstecket! | Liebe tut's, die alle Mängel gerne hüllt und fleißig decket.

Friedr. von Logau, Deutsche Sinn-Getichte (1654). D. Liebe.

— Liebe dir ergeb' ich mich, | Dein zu bleiben ewiglich!

Angelus Silesius (Joh. Scheffler), Hl. Seelen-Lust (1657). Sie ergibet sich d. ewigen Liebe.

— Die Lieb beherrschet all's; auch die Dreyeinigkeit | Ist selbst ihr Unterthan gewest von Ewigkeit. Angelus Silesius (Joh. Scheffler), Cherubinischer Wanders-Mann (1675). B. 5, Nr. 241. D. Liebe ist alles unterthan.

— Wo ist, o Liebe, deine Tiefe, | Der Urgrund deiner Wunderkraft? . . . | O, wer in diesem tiefen Meer | Gleich einem Tröpflein sich verlör!

Anmutiger Blumenkranz a. d. Garten d. Gemeinde Gottes (1712). Erziehung durch Leidenschaft.

— Erfüllt die Liebe nicht dein Herz, | So bist du bei den größten Gaben, | Bei dem Verstand, den Engel haben, | Vor Gott doch nur ein tönend Erz. Christ. Fürchtegott Gellert, Geistl. Oden u. Lieder (1757). V. d. Quelle d. guten Werke.

— Sie (die Liebe) hofft und gläubt und duldet alles, | Sie ist's, die dir den Mut verleiht, | Des Höchsten Wort gern zu erfüllen, | Macht seinen Sinn zu deinem Willen | Und folgt dir in die Ewigkeit.

Christ. Fürchtegott Gellert, Geistl. Oden u. Lieder (1757). V. d. Quelle d. guten Werke. Schlußv.

— Es eifre jeder seiner unbestochnen | Von Vorurteilen freien Liebe nach!

Gotthold Ephr. Lessing, Nathan d. Weise (1779). A. 3, Sz. 7 (Nathan).

— Den Pfad des Strebens schreite und als Zehrung | O, woll' zur Reise Liebe mit dir nehmen! A. d. Persischen d. Ahmed Hatif (gest. 1783). Hymnus auf d. göttliche Einheit u. Liebe. Übers. v. Schlechta-Wssehrt.

— Die Liebe sagt: Verdammet nicht, | Daß man euch nicht verdammet!

Gottfr. Aug. Bürger, Gedichte (1796—1797). Frau Schnips. Schlußv.

— Lange währte der Zweifel, es konnte keiner ihn schlichten, | Mancher schöne Kristall brach in dem feindlichen Stoß. | Nur die Liebe besitzt den Talisman ewigen Friedens. — | Da nur, wo sie erscheint, fließen die Massen in Eins.

Novalis (Friedr. von Hardenberg), Schriften. Blumen (1798). D. Ende d. Haders.

Liebe zu Gott und den Menschen. — Als Gott die Welten schuf und dich, sein Bild, o Liebe, | Zur Königin den Welten gab, | Kam im Gefolg der reinsten Triebe | Die Seligkeit mit dir von seinem Thron herab.

Christoph Martin Wieland, Sämtl. Werke (1794—1802).

— Lieb' sei ferne, | Ist doch immer da, | Gleich dem Licht der Sterne | Ewig fern und nah.

Ernst Moritz Arndt, Gedichte. Liebesnähe (ged. 1808).

— Mag auch die Liebe weinen, | Es kommt ein Tag des Herrn.

Friedr. Adolf Krummacher, Festbüchlein (1808). Bd. 1. Mag auch d. Liebe weinen! Mel. v. Friedr. Schneider (komp. um 1844).

— Warm schlägt das Blut ja überall; die Sonne | Färbt nur die Haut, die Seelen färbt sie nicht, | Und Lieb' und Mitleid hängt an keiner Farbe. Theod. Körner, Toni (ged. Jan. 1812). A. 1, Sz. 3 (Gustav).

— Liebe spricht in zarten Tönen | Nirgends wie im deutschen Land.

Max von Schenkendorf, Sämtl. Gedichte. Abteilung 2. Vaterland. Frühlingsgruß an d. Vaterland (ged. 1814).

— Jeder hat in seinem Leben einen schönen Kindertag, wo er, wie die ersten Menschen im Paradiese die Früchte des Feldes, so auch Liebe ohne Sorgen und Mühe findet. Ist dieser Tag aber vorüber, erwirbst du, wie dein Brot, so auch Liebe nur im Schweiße deines Angesichts.

Ludw. Börne, Gesammelte Schriften. Erz., Reisen, Verm. Aufsätze. Nr. 16. Über d. Umgang mit Menschen (1824).

— Die wahre Liebe, der sich selber Engel neigen, | Zeigt wie in Wort und Tat sich göttlich oft im Schweigen.

Ulrich Hegner, Gesammelte Schriften (1828). Gedichte u. Spr.

— Die Herzen werden sich versöhnen | Einst unter Einem Freudenzelt, | Und die Natur wird sich verschönen, | In Liebe atmen wird die Welt!

Nicolaus Lenau (Niembsch, Edler von Strehlenau), Savonarola (1837). Weihnacht.

— Und blitzt der Haß die Welt entlang, | So wandelt sicher oen alten Gang, | Hoch über den Wolken, die Liebe.

Georg Herwegh, Gedichte eines Lebendigen (1841—1843).

— Und sorge, daß dein Herze glüht | Und Liebe hegt und Liebe trägt, | Solang' ihm noch ein ander Herz | In Liebe warm entgegenschlägt!

Ferd. Freiligrath, Zwischen d. Garben (1849). Eigenes. O lieb', solang' du lieben kannst usw.

— Des Menschen Geist ist frei, | Kann gelten lassen alles, was in ihm, | Es bindet ihn nur Ein Gebot: die Liebe.

Emerich Madách, D. Tragödie d. Menschen (1861). A. d. Ungar. übers. v. Lechner. Sz. 6 (Apostel Petrus).

Liebe zu Gott und den Menschen. — Barmherzig geht die Liebe ins Gericht; | Der Mutter Hufschlag schmerzt das Fohlen nicht.

Betty Paoli (Elisabeth Glück), Neueste Gedichte (1870). Sinnspr.

— Die Liebe eines edlen und innigen Menschenherzens vergoldet selbst das unscheinbarste Gesicht.

Paul Heyse, Roman d. Stiftsdame (1886).

— Was aus Liebe getan wird, geschieht immer jenseits von Gut und Böse.

Friedr. Nietzsche, Gesammelte Werke (1895—1897). Jenseits v. Gut u. Böse.

— Sie soll uns Schwert und Lichtes sein, | Die reine Siegerin allein | In Nacht- und Sturmgetriebe: | Die Liebe.

Otto Ernst (Schmidt), Gedichte (1902). Neujahrsgruß.

— Die Menschen leben nicht davon, daß sie für sich selbst sorgen; sie leben von der Liebe, die in dem Menschen ist. In wem Liebe ist, in dem ist Gott. Gott ist in ihm, weil er die Liebe ist.

A. d. Russischen d. Grafen Leo Tolstoi.

— Es ist besser ein Gericht Kraut mit Liebe denn ein gemästeter Ochse mit Haß.

Spr. Sal., K. 15, V. 17.

— Wenn ich mit Menschen- und Engelzungen redete und hätte der Liebe nicht, so wäre ich ein tönendes Erz oder eine klingende Schelle.

1. Kor., K. 13, V. 1.

— Sie (die Liebe) . . . glaubet alles, sie hoffet alles, sie duldet alles. 1. Kor., K. 13, V. 7.

— . . . die Hauptsumme des Gebots ist Liebe von reinem Herzen. 1. Timotheus, K. 1, V. 5.

— . . wer in der Liebe bleibet, der bleibet in Gott und Gott in ihm. 1. Joh., K. 4, V. 16.

— Gott im Herzen, die Lieb' im Arm | Lindert Schmerzen und hält sein warm. Alter Spr.

— Liebe erfüllet die Welt und mehret den Himmel. Alter Spr.

— De Leve is langmütig und frundlick, se is nich afgünstig.

Inschrift im Audienzsaal d. Lübecker Rathauses.

Liebe des Mannes. — Zweifle an der Sonne Klarheit, | Zweifle an der Sterne Licht, | Zweifl', ob lügen kann die Wahrheit, | Nur an meiner Liebe nicht! Engl.: **Doubt thou the stars are fire; | Doubt that the sun doth move; | Doubt truth to be a liar, | But never doubt I love.**

William Shakespeare, Hamlet (1601—1602). Übers. v. Schlegel. A. 2, Sz. 2 (Polonius).

— Greif' zu, hat dir die Zeit was Liebes zugewandt! | Die Lieb' erfordert Mut und eine schnelle Hand.

Andr. Tscherning, Deutscher Getichte Früling (1642).

— Der größte Fehler in der Liebe, | O Jüngling, ist die Furchtsamkeit.

Christ. Fürchtegott Gellert, Fab. u. Erz. (1746). B. 1. D. erhörte Liebhaber.

Liebe des Mannes. — Ohne Liebe | Lebe, wer da kann! | Wenn er auch ein Mensch schon bliebe, | Bleibt er doch kein Mann.

Gotthold Ephr. Lessing, Schriften (1753—1755). Lieder. B. 2, Nr. 15. D. Liebe.

— Die Liebe kann wohl viel, allein die Pflicht noch mehr. Joh. Wolfg. von Goethe, D. Mitschuldigen (1769). A. 1, Sz. 2 (Sophie).

— Laß, lieber Jüngling, das Auge immerhin den Geschäftsträger, den Machthaber deiner Liebe sein; die Vernunft aber bleibe der Prinzipal, der Machtgeber!

Theod. Gottl. von Hippel, Über d. Ehe (1774). K. 6. Zum Besten d. Jünglinge.

— Bei Männern, welche Liebe fühlen, | Fehlt auch ein holdes Weibchen nicht.

Emanuel Schikaneder, D. Zauberflöte (1790). A. 1. Komp. v. Wolfg. Amadeus Mozart. (Erste Auff. am 30. Sept. 1791 in Wien.)

— Das Schönste sucht er auf den Fluren, | Womit er seine Liebe schmückt.

Friedr. von Schiller, Gedichte. D. Lied v. d. Glocke (ged. Sept. 1799).

— Des Jünglings Leidenschaft ist nur Dampf und Rauch; des Mannes Liebe ist die reine Flamme, und noch als Greis wärmt er sich an den Kohlen. Aug. von Kotzebue, D. silberne Hochzeit (1799).

— In der Liebe mag man nie | Helfer und Gesellen. Joh. Wolfg. von Goethe, Westöstlicher Diwan. B. d. Betrachtungen. Wenn du auf d. Guten ruhst usw. (ged. 26. Juli 1814).

— In der Liebe gibt es kein Mittelding. Wer die Frau nicht stark und mächtig umfängt, wird von ihr weder geachtet noch geliebt. Er langweilt sie, und Langeweile ist bei ihr nicht fern von Haß. Franz.: Il n'y a rien de moyen ni de médiocre dans le mariage. Celui qui ne s'empare pas fortement, puissamment de la femme, n'en est ni estimé ni aimé. Il l'ennuie, et l'ennui chez elle n'est pas bien loin de la haine. Jules Michelet, D. Liebe (1858). Übers. v. Spielhagen.

— Über eines edlen Recken Liebe | Geht nichts auf dieser Welt.

Friedr. Hebbel, D. Nibelungen (1862). Abteilung 1, A. 3 (Ute).

— Warauff einer seine lieb setzt, | Furs aller schonst (schönste) er das schetzt. Alter Spr.

— Das setzt neue Liebe, segt Brand un slêt sin' Frû mit 'n Bessenstêl (Besenstiel).

Sprichwörtl. Redensart. Mecklenburg.

Liebe der Frau. — Liebe bleibt die Krone für ein jedes Weib. Griech.: Γυναιξὶ ταῦτα πρῶτα πανταχοῦ.

Euripides, Andromache (um 420 v. Chr.). Übers. v. Minckwitz. V. 241 (Hermione).

Liebe der Frau. — Es ward an vielen Weiben ersehn mit klarem Schein, | Wie Liebe nur mit Leide zuletzt belohnen kann. Mittelhochdeutsch: Ez ist an manegen wîben vil dicke worden scîn, | Wie liebe mit leide ze jungest lônen kan.

D. Nibelunge Nôt (um 1200). Übertr. v. Junghans. Âventiure 1, Str. 17.

— Einen nur | Wird meine Liebe glücklich machen. — Einen. — | Doch diesen Einzigen zum Gott. Friedr. von Schiller, Don Carlos (1787). A. 2, Sz. 8 (Prinzessin).

— Die Liebe vermindert die weibliche Feinheit und verstärkt die männliche.

Jean Paul (Joh. Paul Friedr. Richter), Titan (1800—1803).

— . . . die Lieb' allein | Macht sicher in Gefahr; | Sie gibt dem Weib auch Mannesleib | Und Mannesherz fürwahr.

Joh. Gottfr. von Herder, Stimmen d. Völker in Liedern (1807). Abteilung 2, B. 3, Nr. 11. D. nußbraune Mädchen. Schottisch.

— Willst du ein Herz mit Golde überwiegen | Und Liebe kaufen mit dem Glanz der Macht?

Theod. Körner, D. Bergknappen (ged. 1810). A. 2, Sz. 5 (Röschen). Komp. v. Helwig.

— Wenn das Leben des Mannes ohne echte Liebe eine Einöde ist, so wird es für das Weib eine Wüste.

Christ. Ernst Karl Graf von Bentzel-Sternau, Weltansichten (1816).

— Laßt mir den Glauben nur an seine Liebe, | Und ich will preisen mein Geschick und fröhlich | Die Einsamkeit, ach, einsam nicht, bewohnen.

Frz. Grillparzer, Sappho (1822). A. 4, Sz. 2 (Sappho).

— O wie selig ist's zu träumen, | Wo ich meine Liebe fand!

Wilhelmine von Chezy, Euryanthe (1823). Komp. v. Karl Maria von Weber. (Erste Auff. am 25. Okt. 1823 in Wien.)

— Die Liebe macht dich herrlich und nicht schuldig! | In kaiserlich Gewand, in Purpur hüllt | Sie deine Wange!

Christ. Dietr. Grabbe, Don Juan u. Faust (1829). A. 2, Sz. 1 (Don Juan).

— Des Vaters Segen hilft zur Liebe just | Soviel als Katzen bei dem Fischfang!

Christ. Dietr. Grabbe, Don Juan u. Faust (1829). A. 2, Sz. 1 (Don Juan).

— In der Liebe haben alle Frauen Geist. Franz.: En amour toutes les femmes ont de l'esprit. Honoré de Balzac, Physiologie d. Ehe (1829). Übers. v. Zimmermann.

— Die Lieb' umfaßt des Weibes volles Leben, | Sie ist ihr Kerker und ihr Himmelreich! | Die sich in Demut liebend hingegeben, | Sie dient und herrscht zugleich.

Adelbert von Chamisso (Louis Charles Adelaide Chamisso de Boncourt), Gedichte. Lieder u. lyrisch-epische Gedichte. Lebens-Lieder u. Bilder (ged. 1831). Nr. 19.

Liebe der Frau. — Zwei Häuser hat die Liebe für des Geliebten Bild: | Erst wohnet es im Auge, bis dieses überschwillt | Vom Tränenstrom der Schmerzen und zwingt zur Flucht den Gast; | Dann steigt ins Herz er nieder und findet sichre Rast. Wilh. Müller, Gedichte (1837). Epigramme. 1. Hundert, Nr. 11. D. doppelte Wohnung d. Liebe.

— Nur das Weib weiß, was Liebe ist, in Wonne und Verzweiflung. Bei dem Manne bleibt sie zum Teil Phantasie, Stolz, Habsucht.
Karl Immermann, Münchhausen (1838—1839).

— Die Liebe des Weibes ist maßlos und reich, sie gibt das Herz und das Leben; | Die Liebe des Mannes, die sich nur gibt, wie steht sie so dürftig daneben! Rudolf von Gottschall, Carlo Zeno (1854).

— Doch Eins ist, was dauert im Wechsel und nicht wankt in der Bewegung, — die Liebe . . . und dieser Liebe Wort und Offenbarung ist das Weib. Ludw. Börne, Gesammelte Schriften (1862—1863).

Liebe zum anderen Geschlecht. — In der Liebe gilt nicht Abkunst. Griech.: *Γένος οὐδὲν εἰς Ἔρωτα.*
Anakreon (6. Jahrh. v. Chr.), Lieder. Übers. v. Jordan. D. harte Schicksal.

— Was suchen alle Wesen emsig? Liebe! | Und folgen sie nicht dem Verbindungstriebe, | So sprechen mit sich selbst sie von der Liebe.
A. d. Persischen d. Ferid-ed-din Attar (um 1119—1229). Kleinod d. Substanz. Übers. v. Tholuck.

— Gott sende sie zusammen, | Die sich in liebe wollen sein! D. Kürenberger (12. Jahrh.).

— Wenn Liebe spricht, dann lullt der Götter Stimme | Den Himmel ein durch ihre Harmonie. Engl.: And, when Love speaks, the voice of all the gods | Makes heaven drowsy with the harmony. William Shakespeare, Verlorne Liebesmüh (um 1591—1592). Übers. v. Graf Baudissin. A. 4, Sz. 1 (Biron).

— Doch das sind lauter Lügen: die Menschen sind von Zeit zu Zeit gestorben, . . . aber nicht aus Liebe. Engl.: But these are all lies: men have died from time to time, . . . but not for love. William Shakespeare, Wie es euch gefällt (um 1599). Übers. v. Schlegel. A. 4, Sz. 1 (Rosalinde).

— In lieb vnd frölichkeiten | Mehrt eins deß andern frewdt. Peter Denaisius, Hochzeitlied (1624).

— Krandheit, Verfälgung, Bedröfnos on Pihn | Sal vnsrer Löve Vernöttinge syn.
Simon Dach, Trewe Lieb ist jederzeit | Zugehorsamen bereit (geb. 1637). Mel. v. Heinr. Albert (1644). Bek. Mel. v. Friedr. Silcher (1826).

— Husten, Liebe, Feuer, Sorgen | Halten sich nicht lang verborgen.
Georg Rudolf Weckherlin, Gaistl. v. Weltliche Gedichte (1641). Epigramme.

Liebe zum anderen Geschlecht. — In der Liebe gibt es fast keinen andern Grund, sich nicht mehr zu lieben, als daß man sich zu sehr geliebt hat. Franz.: En amour, il n'y a guère d'autre raison de ne s'aimer plus, que de s'être trop aimés.
Jean de La Bruyère, Charaktere (1688). Übers. v. Hamel. V. Herzen.

— Ein flüchtiger Geschmack, ein Nichts, ein eitles Spiel | Der Phantasie, regiert uns oft im Wählen (bei der Liebe); | Das Schöne selbst verliert auf kurze Zeit | Den Reiz für uns; wir wissen, daß wir fehlen, | Und finden Grazien bis in der Häßlichkeit.
Christoph Martin Wieland, Musarion (1768). B. 1.

— Die Liebe war's. — Wer lehrt so gut wie sie? Christoph Martin Wieland, Musarion (1768). B. 3.

— O Lieb', o Liebe! | So golden schön | Wie Morgenwolken | Auf jenen Höhn!
Joh. Wolfg. von Goethe, Gedichte. Lieder. Mailied (geb. 1771). Mel. v. Joh. Friedr. Reichardt (1781), Ludw. van Beethoven u. a.

— Laß uns durch Liebe glücklich seyn! | So darf uns doch im Herbst des Lebens | Des Lebens Frühling nicht gereun.
Christ. Felix Weiße, Kleine lyrische Gedichte (1772). Bd. 1. D. Linde. Schlußv.

— Simson hatte Stärke und Salomo Weisheit; beide verloren durch die Liebe.
Theod. Gottl. von Hippel, Über d. Ehe (1774). K. 1. Klagen über d. Vorurteile beim Heiraten. Traum zur Abhelfung.

— Liebe, Liebe, laß mich los!
Joh. Wolfg. von Goethe, Gedichte. Lieder. Neue Liebe, neues Leben (geb. 1775). Schlußv. Mel. v. Joh. Friedr. Reichardt (1793), Karl Friedr. Zelter u. Ludw. van Beethoven.

— Liebe säuseln die Blätter, | Liebe duften die Blüten, | Liebe rieselt die Quelle, | Liebe flötet die Nachtigall.
Ludw. Hölty, Gedichte. Lieder. Maiges. (geb. 1776).

— Hektors Liebe stirbt im Lethe nicht.
Friedr. von Schiller, Gedichte. Hektors Abschied (geb. 1780). Schlußv.

— Selig durch die Liebe, | Götter, — durch die Liebe | Menschen Göttern gleich! | Liebe macht den Himmel | Himmlischer, — die Erde | Zu dem Himmelreich. Friedr. von Schiller, Gedichte. D. Triumph d. Liebe (geb. 1781).

— Liebe, Liebe lispelt nur | Auf der Laute der Natur. Friedr. von Schiller, Gedichte. D. Triumph d. Liebe (geb. 1781).

— Liebe hat Tränen und kann Tränen verstehen! Herrschsucht hat eherne Augen, worin ewig nie die Empfindung perlt.
Friedr. von Schiller, D. Verschwörung d. Fiesco zu Genua (1783). A. 4, Sz. 14 (Leonore).

Liebe zum anderen Geschlecht. — Ha! wer kennte wohl die Liebe | Nicht am dämmernden Gesicht, | An den Augen, matt und trübe, | Und der Wangen Blässe nicht?

Joh. Gaudenz Freiherr von Salis=Seewis, Gedichte. An mein Herz (1789).

— Die Liebe, ach die Liebe | Hat mich so weit gebracht!

D. schöne Müllerin (um 1791). Ges. Rachelinas. Komp. v. Giovanni Paesiello.

— Einstweilen, bis den Bau der Welt | Philosophie zusammenhält, | Erhält sie das Getriebe | Durch Hunger und durch Liebe.

Friedr. von Schiller, Gedichte. D. Weltweisen (ged. 1795). Schlußv.

— Göttliche Liebe, du bist's, die der Menschheit Blumen vereinigt! | Ewig getrennt, sind sie doch ewig verbunden durch dich.

Friedr. von Schiller, Gedichte. D. Geschlechter (ged. 1796). Schlußv.

— ... es löset die Liebe, das fühl' ich, jegliche Bande, | Wenn sie die ihrigen knüpft.

Joh. Wolfg. von Goethe, Hermann u. Dorothea (1797). Euterpe.

— Betrug ist überall und Heuchelschein | Und Mord und Gift und Meineid und Verrat; | Der einzig reine Ort ist unsre Liebe, | Die unentweihte, in der Menschlichkeit.

Friedr. von Schiller, Wallensteins Tod (1799). A. 2, Sz. 7 (Max).

— ... den größten Abstand weiß die Liebe, Die Erde mit dem Himmel, auszugleichen.

Joh. Wolfg. von Goethe, D. natürliche Tochter (1803). A. 4, Sz. 2 (Gerichtsrat).

— Die Liebe | Wird leicht zur Wut in heftigen Naturen.

Friedr. von Schiller, D. Braut v. Messina (1803). D. Säulenhalle (Isabella).

— Hochweise Männer gebieten, | Um sich vor Liebe zu hüten: | „Die Mädchen und Frau'n | Nicht anzuschau'n". | — Allein noch Weisere rieten, | Um sich vor Liebe zu hüten: | „Die Mädchen und Frau'n | Recht anzuschau'n".

Jos. Christoph Friedr. Haug, Epigramme (1805).

— ... denn es ist bewährt, | Daß Lieb' zusamm'n vereinigt bald | Sinn, Herz, Gemüt mit ganz'r Gewalt, | Ob Zwei nur hätten Ein' Gestalt.

Joh. Gottfr. von Herder, Stimmen d. Völker in Liedern (1807). Abteilung 2, B. 5, Nr. 15. Liebe. Deutsch.

— Besser, daß das Herz dir bricht | Von dem Kuß der Rose, | Als du kennst die Liebe nicht | Und stirbst liebelose.

D. Knaben Wunderhorn (1806—1808).

— Ich wollt', daß alle Felder wären Papier, | Und alle Studenten schrieben hier, | Sie schrieben ja hier die liebe lange Nacht, | Sie schrieben uns beiden die Liebe doch nicht ab.

D. Knaben Wunderhorn (1806—1808). Unbeschreibliche Freude.

Liebe zum anderen Geschlecht. — Da ward's so eng ihr in der Welt, | Als hätte sie Lieb' im Leibe.

Joh. Wolfg. von Goethe, Faust, I (1808). Auerbachs Keller in Leipzig (Brander).

— Am schönsten ist die Rose, wenn ihre Knospe bricht, | So tagt aus Furcht empor der Hoffnung schönstes Licht; | Am süßesten glüht Rose, vom Morgentau gefeuchtet, | Am lieblichsten blickt Liebe, wenn sie durch Tränen leuchtet. Engl.: The rose is fairest when 'tis budding new, | And hope is brightest when it dawns from fears; | The rose is sweetest washed with morning dew, | And love is loveliest when enbalmed in tears.

Walter Scott, D. Dame v. See (1810). Übers. v. Viehoff. Ges. 4, Str. 1, V. 1—4.

— Stirbt Blum' und Hoffnung gleich, | Sind wir an Liebe reich, | Denn die stirbt nie bei mir, | Das glaube mir!

Wilhelmine von Chezy, Eginhart u. Emma. Lied d. Gisela (ged. 1812). Mel. v. Friedr. Kücken.

— Wohl ist's ein köstliches Gefühl, die Liebe,... | Doch ohne Vater=, ohne Muttersegen | Versöhnt kein Frieden diesen wilden Sturm.

Theod. Körner, Zriny (geb. Juni 1812). A. 1, Sz. 7 (Helene).

— Liebe sei vor allen Dingen | Unser Thema, wenn wir singen.

Joh. Wolfg. von Goethe, Westöstlicher Diwan. B. d. Sängers. Elemente (ged. 22. Juli 1814).

— Rat ist in der Liebe gewöhnlich nur ein Titularrat.

Aug. von Kotzebue, Almanach dramatischer Spiele (1802—1819). Üble Laune.

— ... was gilt der Lieb' ein Wo, | Ein Wie, ein Was? | Zu lieben und zu schweigen, o | Wie lieb' ich das!

Aug. Graf von Platen=Hallermund, Gedichte. Lieder u. Romanzen. Du scheust, mit mir allein zu sein usw. (ged. 1819).

— Wenn man die wichtige Rolle betrachtet, welche die Geschlechtsliebe ... spielt, ... da wird man veranlaßt auszurufen: Wozu der Lärm? Wozu das Drängen, Toben, die Angst und die Not? Es handelt sich ja bloß darum, daß jeder Hans seine Grete finde.

Arthur Schopenhauer, D. Welt als Wille u. Vorstellung (1819).

— Die Liebe sei dem Wahn der Erde feind, | Frei von Begier, von des Genusses Schmerzen, | Ein süßer Traum, worin dem zarten Herzen | Sein eignes Bild in fremder Form erscheint!

Ernst Schulze, Sämtl. poetische Werke (1818—1820). T. 4. Episteln.

— Mag die erstarrte Vernunft auch die Liebe verschmäh'n und die Muse, | Dennoch dichtet und liebt ewig das menschliche Herz.

Karl Gustav von Brinckmann, Elegien u. Arabesken (1820).

Liebe zum anderen Geschlecht. — O, die Liebe macht uns selig, | O, die Liebe macht uns reich.

Heinr. Heine, D. B. d. Lieder. Junge Leiden (geb. 1817—1821). Lieder. Zum Polterabend. Nr. 3.

— Die Liebe . . . gehört rein der Gesinnung und dem Gefühle an und ist überall aufopfernd, gehorchend und hingebend.

Wilh. Freiherr von Humboldt, Br. an eine Freundin Br. 28 (Anfang 1824).

— Denn auf krummen und geraden, | Breiten oder engen Pfaden | Geht's in Amors (des Gottes der Liebe) Kanaan.

Wilh. Müller, Lieder d. Lebens u. d. Liebe (1824). Nr. 1. Tafellieder für Liedertafeln. Vergangenheit.

— Das Erste in der Liebe ist der Sinn füreinander und das Höchste der Glaube aneinander.

Friedr. von Schlegel, Sämtl. Werke (1822—1825).

— In jedes Haus, wo Liebe wohnt, | Da scheint hinein auch Sonn' und Mond.

Aug. Heinr. Hoffmann von Fallersleben, Lyrische Gedichte. Nr. 2. Liebesleben. Einzelne Gedichte, zum Liebesleben gehörig. Liebesglück (ged. 1828). Mel. v. Ernst Richter u. Friedr. Silcher.

— Liebe, menschlich zu beglücken, | Nähert sie ein edles Zwei; | Doch zu göttlichem Entzücken | Bildet sie ein köstlich Drei.

Joh. Wolfg. von Goethe, Faust, II (1831). A. 3. Vor d. Palaste d. Menelas zu Sparta (Helena).

— Der Gedanke der Trennung ist das Bindende in der Liebe. Zu besitzen ist nichts; aber zu verlieren ist alles.

Karl Gutzkow, Seraphine (1837).

— Es hat sich gegen Liebe die Vernunft ermannt | Und als Empörungsfahne Weisheit aufgesteckt. | Die Liebe hat zum Angriff einen Hauch gesandt, | Und die Vernunft hat zitternd das Gewehr gestreckt.

Friedr. Rückert, Gesammelte Gedichte (1834—1838). Vierzeilen. 1. Hundert, Nr. 2.

— Wo still ein Herz von Liebe glüht, | O rühret, rühret nicht daran! | Den Gottesfunken löscht nicht aus! | Fürwahr, es ist nicht wohl getan.

Emanuel Geibel, Gesammelte Werke. Gedichte. Jugendgedichte. B. 4. Escheberg, St. Goar (ged. 1842—1843). Rühret nicht daran!

— Der Widerstand verschafft der Liebe immer kräftigere Waffen. Franz.: **Résister à l'amour, c'est lui fournir de nouvelles armes.**

George Sand (Baronin von Dudevant), D. Gräfin v. Rudolstadt (1843—1845). Übers. v. Scherr.

— In der Liebe dominiert dauernd immer derjenige, der am wenigsten liebt; mehr noch! der vielleicht gar nicht liebt und sich nur mit Grazie lieben läßt. Wo die Leidenschaft, ist nie die Herrschaft; bei der Berechnung ist sie.

Ida Gräfin von Hahn=Hahn, Zwei Frauen (1845).

Liebe zum anderen Geschecht. — Armsel'ge, die ihr Liebe nie genossen; | Zieht hin, zieht in den Berg der Venus ein!

Richard Wagner, Tannhäuser oder D. Sängerkrieg auf Wartburg (1845). (Erste Auff. am 19. Okt. 1845 in Dresden.)

— . . . eigennützig ist ja alle Liebe; | Der liebe Gott wird's wohl so haben wollen.

Phil. Eduard Devrient, D. graue Männlein (1846). A. 1, Sz. 1.

— Wen Liebe nie zu weit getrieben, | Den trieb sie auch nie weit genug!

Friedr. von Bodenstedt, D. Lieder d. Mirza=Schaffy (1851). Verm. Gedichte u. Spr. Nr. 15.

— Kleines, sehr kleines Häuschen! und doch, wenn die Liebe es erbaut hat, wie gut wird es zusammengesetzt, wie sinnreich, wie kunstvoll geordnet sein. Franz.: **Petite, bien petite maison! Mais si c'est la passion qui l'ait construite, elle sera si bien combinée, si ingénieusement, si artificieusement disposée.**

Jules Michelet, D. Liebe (1858). Übers. v. Spielhagen.

— So unterhaltlich deine Lieb' zu Zweien, | So abgeschmackt ist sie für einen Dritten.

Emerich Madách, D. Tragödie d. Menschen (1861). A. d. Ungar. übers. v. Lechner. Sz. 7 (Luzifer).

— Auch Liebe wird uns manchmal unbequem, | Wenn wir sie herzlich auch zu schätzen wissen; | Sie wird im Übermaß zur Tyrannei.

Rob. Hamerling, Ahasver in Rom (1866). Ges. 2. D. Bacchanal.

— Das Edelste in der Liebe ist das Vertrauen zu einander. Jul. Grosse, Untreu a. Mitleid (1868).

— In Wasser, Erd' und Luft | Lassen will nichts | Von Lieb' und Weib.

Richard Wagner, Rheingold (1869). (Loge).

— Wem Liebe nicht das Herz erweckt, | Wird nichts Verborgnes offenbar.

Friedr. von Bodenstedt, A. Morgenland u. Abendland (1882).

— Wer die Liebe nie gewonnen, | Steht verbannt vom Lebensbronnen.

Isolde Kurz, Gedichte (1889).

— Die Liebe hat nicht nur Rechte, sie hat auch immer recht.

Marie von Ebner=Eschenbach, Aphorismen (1893).

— Hätte mein Herz der Liebe nicht, | Wie könnt' es selig glühn?

Ach, wem ein rechtes Gedenken blüht usw. Volkslied u. =weise.

— Laß ab von der Liebe, sie ist dir nicht gesund! Was hab' ich denn meinem Feinsliebchen getan usw. Volkslied u. =weise.

— In der Liebe gibt es keine Gleichheit, keine sogenannte Vereinigung der Seelen und der übrigen von den deutschen Professoren in ihren Mußestunden erdachten Abstraktionen.

A. d. Russischen d. Iwan Turgenjew.

— . . . deine Liebe ist lieblicher denn Wein.

Hohelied Sal., K. 1, V. 2.

Liebe zum anderen Geschlecht. — Ein Zaun dazwischen | Mag die Liebe erfrischen!
Alter Spr.

— Liebe ist arm und reich, | Fordert und gibt zugleich. Alter Spr.

— Mein Lieb hat einen Höcker und den Grind | Und ist auf beiden Augen blind, | Doch kann ich sie nicht vergessen. Alter Spr.

— Unser beider Liebe soll nicht werden klein, | Es wachsen denn drei Rosen auf einem Mühlstein; | Und wenn die drei Rosen tragen Wein, | Soll unser beider Liebe aus sein. Alter Spr.

— Liebe und Husten läßt sich nicht verbergen.
Sprichwort.

— Liebe und Rausch | Schaut zum Fenster aus. Sprichwort.

— Die Liebe, die thuit's (gibt sich hin); | Wenn sie's net thuit, | Jst sie net guit.
Sprichwort. Pustertal.

— Sowie die Liebe ihre Kette fühlt, begreift sie auch, daß sie enden muß. Franz.: Dès qu'en amour on sent la chaîne, on comprend que cela doit finir. Sprichwort.

— Liebe und Grind sehen nicht, wo sie sich hinsetzen. Ital.: Amore e tigna nun guardanu duve si mette. Sprichwort.

— Weder Liebe, noch Herrschaft wollen Gesellschaft. Ital.: Nè amore, nè signoria non voglion compagnia. Sprichwort.

— Liebe entsteht aus Abwesenheit.
Arabisches Sprichwort.

— Als die Liebe noch jung und stark war, konnten wir auf der Breite eines Schwertes sitzen; jetzt haben wir nicht auf einem sechzig Ellen breiten Diwan Platz. Hebräisches Sprichwort.

— Die Liebe hat ihre eigene Sprache; die Ehe kehrt zur Landessprache zurück.
Russisches Sprichwort.

— Die Liebe entsteht aus dem Anblick.
Türkisches Sprichwort.

— Gott im Herzen, die Lieb' im Arm | Lindert Schmerzen und hält fein warm.
Spr. an einem Hausgerät.

— J und mei' Schatz | Håb'n a Lieb, a kloani, | Wenn mer öfter z'sammkömmen, | Werd s'schon größer, moan' i. Tiroler Schnaderhüpfl.

— Wånn i noch so a Wageln hiett', | So fåhret' i nie; | Dås schönste bei'n ieder Lieb' | Js immer die Müeh. Kärntner Schnadahüpfl.

— Weit Scheid'n von der Lieb | Js a bitteres Kraut, | Wånn i wisset, wo's wåchsen thuet, | Gråbet' i's aus. Kärntner Schnaderhüpfl.

Liebe, Flüchtigkeit der. — Nur Eines hab' ich immer tief betrauert, | Daß auch die schönste Blum' auf unsern Wegen, | Die Liebe, selbst nur zwei Minuten dauert.
Emanuel Geibel, Gesammelte Werke. Gedichte. Jugendgedichte. B. 2. Berlin (ged. 1836—1837). Sonette u. Distichen. Vergänglichkeit. Schlußv.

Liebe, Flüchtigkeit der. — . . . laß uns wieder von der Liebe reden, | Wie einst im Mai!
Hermann von Gilm, Gedichte. B. 2. Allerseelen (ged. 1844). Mel. v. Eduard Lassen (1885).

— D'Liab bluäht nur amal, | Und nacha is gar. Anton Freiherr von Klesheim, Schwarzblatl a. 'n Weanerwald. 's Mailüfterl (ged. 1846). Mel. v. Jos. Kreipl (1853).

— Acht Tåg' ist a Wochen, | Zwölf Monat a Jåhr; | Kaum håt die Lieb ång'hebt, | Js s' schon wieder går. Tiroler Schnaderhüpfl.

— Wås nutzt's a', wånn d'Liab sitzt | In ieda Fålt'n? | Dein Herz is a Sieb, | Kånn die Liab' nit hålt'n. Steirisches Schnaderhüpfl.

Liebe, Macht der. — . . . aller Schranken spottet, wenn sie brausend naht, | Die mächtige Kypris (die Göttin der Liebe). Griech.: *Κύπρις γὰρ οὐ φορητός, ἢν πολλὴ ῥυῇ.*
Euripides, Hippolytos (um 428 v. Chr.). Übers. v. Minckwitz. V. 443 (Amme).

— Liebe besieget die Welt; auch uns laßt weichen der Liebe! Lat.: Omnia vincit Amor; et nos cedamus Amori!
Publ. Vergilius Maro (um 70 v. Chr. — 19 n. Chr.), Ländliche Gedichte. Übers. v. Voß. Ecloge 10, V. 69 (Gallus).

— Liebe, du Graun, was nicht von der Sterblichen Herzen erzwingst du? Lat.: Improbe amor, quid non mortalia pectora cogis?
Publ. Vergilius Maro (um 70 v. Chr. — 19 n. Chr.), Aeneis. Übers. v. Voß. B. 4, V. 412.

— Folgst ihrer (der Liebe) Leitung du mit treuem Sinn, | So wird dich Roheit nie bemeistern. Mittelhochdeutsch: Wolt er ir geleite volgen mite, | Daz in unfuoge niht erslüege.
Walter v. d. Vogelweide (um 1170—1230), Gedichte. Übertr. v. Pannier.

— Zum Himmel kann die Lieb' begeistern; | Ihr folge ich als Führerin. Mittelhochdeutsch: Minn ist ze himel sô gefüege, | Daz ich si dar geleites bite.
Walter v. d. Vogelweide (um 1170—1230), Gedichte. Übertr. v. Pannier.

— . . . wo die Lieb' erwachet, stirbt | Das Ich, der dunkele Despot.
A. d. Persischen d. Rûmî (um 1207—1275). Diwan. Übers. v. Rückert.

— Die Liebe, die umschwinget Sonn' und Sterne. Ital.: L'amor che move il sole e l'altre stelle.
Dante Alighieri, Göttliche Komödie (1300—1321). Übers. v. Gildemeister. Paradies. Ges. 33, V. 145. Schlußv.

— Hoffnung, Liebe und Glaube, | Die schönen Schwestern drei, | Wenn ich die Lieb' anschaue, | Ich sag', die größte sie sei.
Gassenhauer=, Reuter= u. Bergliedlein (1571).

Liebe, Macht der. — Doch Liebe leiht die Macht, trotz Schicksalstücken, | Zu mildern höchstes Leid durch höchst Entzücken. Engl.: But passion lends them power, time means to meet, | Tempering extremities with extreme sweet.

William Shakespeare, Romeo u. Julia (1593). Übers. v. Schlegel. A. 1, Sz. 5 (Chorus).

— Kein steinern Bollwerk kann der Liebe wehren; | Und Liebe wagt, was Liebe irgend kann. Engl.: Stony limits cannot hold love out; | And what love can do, that dares love attempt.

William Shakespeare, Romeo u. Julia (1593). Übers. v. Schlegel. A. 2, Sz. 2 (Romeo).

— Dem schlecht'sten Ding', an Art und an Gehalt, | Leiht Liebe dennoch Ansehn und Gestalt. Engl.: Things base and vile, holding no quantity, | Love can transpose to form and dignity.

William Shakespeare, Ein Sommernachtstraum (1594). Übers. v. Schlegel. A. 1, Sz. 1 (Helena).

— Wenn die Liebe recht stark ist, kann nichts sie aufhalten. Franz.: Quand l'amour est bien fort, rien ne peut l'arrêter.

Molière (Jean Baptiste Poquelin), D. verliebte Trotz (1656). Übers. v. Graf Baudissin. A. 2, Sz. 1 (Askagne).

— Wer die Lieb verbeut, der gürtet jhr die Sporen an.

Christoph Lehmann, Politischer Blumen=Garten (1662). T. 1. Lieb. Nr. 4.

— Die Liebe macht zum Goldpalast die Hütte.

Ludw. Hölty, Gedichte. Verm. Gedichte. D. Seligkeit d. Liebenden (ged. 1776). Mel. v. Joh. Abraham Peter Schulz (1779) u. Friedr. Heinr. Himmel (komp. 1805).

— Beherrscht doch Liebe die ganze Natur.

Friedr. (Maler) Müller, Balladen (1776). Genovefa im Turme (Golo).

— Weisheit mit dem Sonnenblick, | Große Göttin, tritt zurück, | Weiche vor der Liebe!

Friedr. von Schiller, Gedichte. D. Triumph d. Liebe (ged. 1781).

— Die Liebe macht die Herzen weicher | Und offener für jede Pflicht. | An Großgefühl wird jede Seele reicher, | Wenn ihr die Liebe nicht gebricht.

Christ. Friedr. Daniel Schubart, Sämtl. Gedichte (1785—1786). Verm. Gedichte. B. 1.

— Große Seelen macht | Die Liebe größer.

Friedr. von Schiller, Don Carlos (1787). A. 4, Sz. 5 (Carlos).

— In Einem Augenblick gewährt die Liebe, | Was Mühe kaum in langer Zeit erreicht.

Joh. Wolfg. von Goethe, Torquato Tasso (1789). A. 2, Sz. 3 (Tasso).

— Die Lieb' versüßet jede Plage, | Ihr opfert jede Kreatur.

Emanuel Schikaneder, D. Zauberflöte (1790). A. 1, Sz. 7. Komp. v. Wolfg. Amadeus Mozart. (Erste Auff. am 30. Sept. 1791 in Wien.)

Liebe, Macht der. — Denn es wahrlich am Tage liegt: | Die Lieb' überwindet alle Dinge | In dieser betrübten Zeit.

Aug. Gottl. Meißner, D. Graf u. d. Königstochter (ged. Juni 1794).

— Was ist der eitle Ruhm, wenn Liebe spricht?

Friedr. von Schiller, Turandot (1801). A. 3, Sz. 2 (Zelima).

— Liebe greift auch in die Ferne; | Liebe fesselt ja kein Ort.

Friedr. von Schiller, D. Huldigung d. Künste (ged. 4.—8. Nov. 1804). (Genius).

— Über Fluten und Seen, | In der Abgründe Steg, | Über Felsen, über Höhen | Find't Liebe den Weg!

Joh. Gottfr. von Herder, Stimmen d. Völker in Liedern (1807). Abteilung 2, B. 3, Nr. 32. Weg d. Liebe. Engl. T. 1.

— Kommt Liebe, sie wird siegen | Und finden den Weg!

Joh. Gottfr. von Herder, Stimmen d. Völker in Liedern (1807). Abteilung 2, B. 3, Nr. 32. Weg d. Liebe. Engl. T. 1. Schlußv.

— Gegen große Vorzüge eines andern gibt es kein Rettungsmittel als die Liebe.

Joh. Wolfg. von Goethe, D. Wahlverwandtschaften (1808—1809). T. 2, K. 5. A. Ottiliens Tageb.

— Vermag die Liebe alles zu dulden, so vermag sie noch viel mehr, alles zu ersetzen.

Joh. Wolfg. von Goethe, D. Wahlverwandtschaften (1808—1809). T. 2, K. 14.

— Die Liebe hat kein Maß der Zeit; sie keimt | Und blüht und reift in Einer schönen Stunde.

Theod. Körner, Toni (ged. Jan. 1812). A. 2, Sz. 2 (Gustav).

— Die Liebe wächst am mächtigsten im unentweihten Boden auf.

Christ. Ernst Karl Graf von Bentzel=Sternau, Weltansichten (1816).

— Die Liebe hemmet nichts; sie kennt nicht Tür noch Riegel | Und drängt durch alles sich; | Sie ist ohn' Anbeginn, schlug ewig ihre Flügel | Und schlägt sie ewiglich.

Matthias Claudius, Sämtl. Werke d. Wandsbecker Boten (1816). Segen d. Liebe.

— ... wie die Rose blüht im Dorn, | So blüht und glüht die Lieb' im Zorn.

Ernst Moritz Arndt, Gedichte. Zorn u. Liebe (ged. 1819). Schlußv.

— Liebe bricht die Macht der Zeit, | Knüpft zur Ewigkeit zusammen | Zukunft und Vergangenheit.

Wilh. Müller, Gedichte. Verm. Gedichte. D. elterlichen Brautpaare (ged. Mai 1821).

— Liebe macht, wie listig, so kühn gegen jeden und nur gegen das Geliebte scheuer und einfacher.

Jean Paul (Joh. Paul Friedr. Richter), D. Komet (1820—1822).

Liebe, Macht der. — O Liebe! Zaub'rin! die mit arger List | Du Schwache stärkst und Starke niedertrittst! Engl.: **Oh Love! how perfect is thy mystic art, | Strengthening the weak, and trampling on the strong.**

George Gordon Lord Byron, Don Juan (1819—1824). Übers. v. Gildemeister. Ges. 5, Str. 106, V. 3.

— ... gibt's | Denn bei der Liebe ein Warum?

Christ. Dietr. Grabbe, Don Juan u. Faust (1829). A. 4, Sz. 3 (Donna Anna).

— Hat dich die Liebe so kleinlich gemacht, | Die Liebe, sie hebt dich wieder.

Heinr. Heine, Neue Gedichte. Neuer Frühling (ged. 1828—1831). Nr. 3. Schlußv.

— Nichts kann die Liebe hemmen! | Das ist wie ein wilder Wasserfall; | Du kannst seine Fluten nicht dämmen!

Heinr. Heine, Neue Gedichte. D. Tannhäuser (ged. 1836). Nr. 2.

— Denn wem die Liebe bettet, ruhet gut.

Adelbert von Chamisso (Louis Charles Adelaide Chamisso de Boncourt), Gedichte. Gelegenheitsgedichte. Wer hat's getan? (ged. 1838). Schlußv.

— Alles Fehlen, alles Irren, | Liebe weiß es zu entwirren. Rob. Prutz, Gedichte (1841). Liebe.

— Als ich zuerst empfunden, | Daß Liebe brechen mag, | Mir war's, als sei verschwunden | Die Sonn' am hellen Tag.

Emanuel Geibel, Gesammelte Werke. Gedichte. Jugendgedichte. B. 4. Escheberg, St. Goar (ged. 1842—1843). Wenn sich zwei Herzen scheiden.

— Die Liebe nur | Löst alle Rätsel eures strengen Willens | Und läßt auch aus der unheilvollsten Tat, | Aus Fluch und Jammer Heil und Segen blühn.

Paul Heyse, D. Sabinerinnen (1858). A. 5, Sz. 7 (Pinarius). Schlußv.

— Was doch die Liebe alles kann! | Macht blind und taub den Auerhahn | Und selbst den wildesten Weidemann | Zum allergehorsamsten Untertan. Frz. Ritter von Kobell, Wildanger (1859). Wasserjagd. Spruchreime. Nr. 5.

— Die Liebe gibt uns Kraft, jedes Opfer darzubringen, nicht, — jedes anzunehmen.

Jos. Baron von Eötvös, Gedanken (1861).

— Durch Liebe steigt aus den Ruinen | Ein Leben, das in Trümmern lag.

Adolf von Schack, Gesammelte Werke (1882—1883). Lotusblätter.

— Auf zwei Rädern die Welt rollt, | Das eine ist Liebe, das andere Gold.

Leop. Jacoby, Cunita (1884).

— Liebe bringt uns um Allerhand: | Um Zeit, Geld, Reputation und Verstand. | Wer nur mit dem Bankrott nicht endet, | Hat nie einträglicher verschwendet.

Paul Heyse, Spruchbüchlein (1885). Frauen.

Liebe, Macht der. — ... Liebe ist stark wie der Tod, und Eifer ist fest wie die Hölle. Ihre Glut ist feurig und eine Flamme des Herrn, daß auch viele Wasser nicht mögen die Liebe auslöschen, noch die Ströme sie ersäufen. Wenn einer alles Gut in seinem Hause um die Liebe geben wollte, so gälte es alles nichts.

Hohelied Sal., K. 8, V. 6—7.

— Liebe braucht nicht Roß und Bügel; | Vor ihr schützt nicht Schloß und Riegel. Alter Spr.

— Es ist kein Weg zu weit, | Wenn die Liebe treibt. Sprichwort.

— Die Liebe kriecht, wo sie nicht gehen kann. Engl.: **Love will creep, where it cannot go.** Sprichwort.

Liebe, Mangel an. — Weh' denen, welche Liebe nie gekannt, | Nie ihre Lust gefühlt und ihre Leiden, | Und deren Augen keine teure Hand | Zudrückt, wenn sie von dieser Erde scheiden!

A. d. Persischen d. Omar Chijam (12. Jahrh.). Vierzeiler. Übers. v. Schack.

— ... wenn Lieb' erkrankt und schwindet, | Nimmt sie gezwung'ne Höflichkeiten an. Engl.: **When love begins to sicken and decay, | It useth an enforcèd ceremony.**

William Shakespeare, Jul. Cäsar (1601). Übers. v. Schlegel. A. 4, Sz. 2 (Brutus).

— Viel besser, ohne Glück, als ohne Liebe sein.

Christ. Fürchtegott Gellert, Fab. u. Erz. (1746). B. 3. D. Glück u. d. Liebe. Schlußv.

— ... was ist unserem Herzen die Welt ohne Liebe! Was eine Zauberlaterne ist ohne Licht!

Joh. Wolfg. von Goethe, Leiden d. jungen Werthers (1773). B. 1, Am 18. Julius.

— Ohne Liebe kehrt kein Frühling wieder; | Ohne Liebe preist kein Wesen Gott!

Friedr. von Schiller, Gedichte. Phantasie an Laura (ged. 1781).

— Was ist ohne Liebe Ehre? | Was der Himmel ohne sie?

Friedr. von Schiller, Semele (ged. 1784). Sz. 1 (Juno).

— Freiwillige Abhängigkeit ist der schönste Zustand, und wie wäre der möglich ohne Liebe!

Joh. Wolfg. von Goethe, D. Wahlverwandtschaften (1808—1809). T. 2, K. 5. A. Ottiliens Tageb.

— Ein Leben ohne Liebe, ohne die Nähe des Geliebten ist nur ... ein schlechtes Schubladenstück.

Joh. Wolfg. von Goethe, D. Wahlverwandtschaften (1808—1809). T. 2, K. 9. A. Ottiliens Tageb.

— Wer keine Liebe fühlt, muß schmeicheln lernen, sonst kommt er nicht aus.

Joh. Wolfg. von Goethe, Werke (1827—1830). Maximen u. Reflexionen. Abteilung 3.

— Die Welt ist öd' und leer und grenzenlos der Raum, | Wo nicht die Liebe wohnt mit einem Himmelstraum.

Friedr. Rückert, D. Weisheit d. Brahmanen (1836—1839). B. 11, Nr. 42. (Stufe 12. Frieden. Nr. 121.)

— Ohne Liebe ist das Leben der Tod.

Bogumil Goltz, Zur Charakteristik u. Naturgesch. d. Frauen (1859).

Liebe, Mangel an. — Was ist denn ohne Liebe, ohne Kampf | Das Dasein wert?

Emerich Madách, D. Tragödie d. Menschen (1861). A. d. Ungar. übers. v. Lechner. Sz. 13 (Adam).

— Wem Licht und Liebe bleibt verloren, | Der wäre besser nie geboren!

Friedr. von Bodenstedt, A. d. Nachlasse Mirza-Schaffys (1874). B. 1. Lieder d. Liebe. Verschiedene. Nr. 7.

— Die welterhaltende Kraft ist nicht ohne Liebe und die die Menschen beglückende Liebe nicht ohne Gottheit zu denken.

Georg Ebers, D. Schwestern (1880).

— Ein finstrer Hof, drein nie die Sonne brennt, | Des Herzens Bild, das keine Liebe kennt!

Gertrud Triepel, In stiller Stunde (1891). Frauen, Liebe, Freundschaft. Ein leeres Herz.

— Wie öde ein Garten, | Wo keine Nachtigall schlägt; | Wie traurig ein Leben, | Das keine Liebe bewegt.

Griech. Volkslied.

Liebe und Feuer. — Die Liebe kann, wie das Feuer, nicht ohne beständiges Anfachen bestehen, und sie stirbt, sobald sie zu hoffen oder zu fürchten aufhört. Franz.: **L'amour, aussi bien que le feu, ne peut subsister sans un mouvement continuel; et il cesse de vivre, dès qu'il cesse d'espérer ou de craindre.**

François, Herzog von La Rochefoucauld, Reflexionen oder moralische Sentenzen u. Maximen (1665). Nr. 75. Übers. v. Zimmermann.

— Die Trennung ist der Liebe, was dem Feuer der Wind ist; | Das Kleine löscht er aus und entzündet das Große. Franz.: **L'absence est à l'amour ce qu'est au feu le veut. | Il éteint le petit, il allume le grand.**

Roger Graf von Bussy-Rabutin (1618—1693), Epigramme. Übers. v. Zimmermann.

— Das Feuer kann man löschen, | Das Feuer brennt so sehr; | Die Liebe nicht vergessen | Je nun und nimmermehr.

D. Knaben Wunderhorn (1806—1808). Auch ein Schicksal.

— Der Liebe und dem Feuer muß man beizeiten wehren.

Sprichwort.

— Wenn dat Füer up'n Hääd (Herd) utgeit (ausgeht), geit de Leiwe düör'n Schuotsteen fleigen (durch den Schornstein fliegen).

Sprichwort. Münsterisch.

Liebe und Freundschaft. — Was kann wohl Leid mehr lindern, . . . | Als Freundschaft tun und Liebe? Wer die erlangen kann | Und sich ein Herz erwählet, das ihm zu Rechte kommt, | Der hat in seiner Trübsal, was seiner Seele einzig frommt. Mittelhochdeutsch: Waz mac ergetzen leides . . . | Wan friuntlîche liebe, swer die kan begân | Unt der dan einen kiuset, der im ze rehte kumet? | Vor herzenlîcher leide niht sô groezlîche frumet.

D. Nibelunge Nôt (um 1200). Übertr. v. Junghans. Âventiure 20, Str. 1234.

Liebe und Freundschaft. — Die Liebe und die Freundschaft schließen sich gegenseitig aus. Franz.: **L'amour et l'amitié s'excluent l'un l'autre.**

Jean de La Bruyère, Charaktere (1688). Übers. v. Hamel. V. Herzen.

— Liebe nur zürnt und versöhnt sich geschwind; die bescheidene Freundschaft | Schweigt bei verletztem Gefühl, aber auf immer — und stirbt.

Karl Gustav von Brinckmann, Elegien u. Arabesken (1820).

— Freundschaft und Liebe bedürfen des Vertrauens, des tiefsten und eigentlichsten, aber bei großartigen Seelen nie der Vertraulichkeiten.

Wilh. Freiherr von Humboldt, Br. an eine Freundin (27. Dez. 1822).

— . . . so ist der Hang und die Sehnsucht nach wahrer Freundschaft und Liebe doch nur ein Vorrecht zarter und innerlich gebildeter Seelen.

Wilh. Freiherr von Humboldt, Br. an eine Freundin (8. März 1825).

— Unter sich aber sind Liebe und Freundschaft doch immer und unter allen Umständen in der Art verschieden, daß die erste immer zugleich eine sinnliche Farbe an sich trägt.

Wilh. Freiherr von Humboldt, Br. an eine Freundin (8. März 1825).

— Die Liebe bricht herein wie Wetterblitzen, | Die Freundschaft kommt wie dämmernd Mondenlicht; | Die Liebe will erwerben und besitzen, | Die Freundschaft opfert, doch sie fordert nicht.

Emanuel Geibel, Gesammelte Werke. Gedichte. Jugendgedichte. B. 1. Lübeck u. Bonn (ged. 1834—1835). D. beiden Engel.

— Freundschaft bindet nur das Gleiche; | Ungleich aber kann mit Ungleich | Nur in Liebe sich vereinen.

Ernst Raupach, D. Märchen im Traum (1836). A. 2, Sz. 3.

— Es gibt nur da Liebe und Freundschaft, wo sich einer dem andern beugt! Und nicht immer das Schwache vor dem Starken, — auch das Starke vor dem Schwachen.

Karl Gutzkow, Gesammelte Werke (1873).

— Ohne Freundschaft, ohne Liebe | Fehlt die Krone jedem Streben; | Nicht der Mühe lohnt's zu leben | Ohne Freundschaft, ohne Liebe.

Span. Sprichwort.

Liebe und Gegenliebe. — Denn stets gebiert ja Liebe Gegenliebe. Griech.: *Χάρις χάριν γάρ ἐστιν ἡ τίκτουσ' ἀεί.*

Sophokles (um 496—406 v. Chr.), Ajas. Übers. v. Jordan. V. 520 (Tekmessa).

— Lieb' ist Gegen-liebe wehrt.

Paul Fleming, Teutsche Poemata (1642). Will sie nicht.

Liebe und Gegenliebe. — Lieb' eilt zu Lieb' wie Schüler weg vom Buch; | Lieb' schleicht von Lieb' wie Schüler hin zum Buch. Engl.: Love goes toward love, as school-boys from their books; | But love from love, toward school with heavy looks.

William Shakespeare, Romeo u. Julia (1593). Übers. v. Schlegel. A. 2, Sz. 2 (Romeo).

— Was Liebe spricht, nimmt Liebe arglos hin. Engl.: Love takes the meaning in love's conference.

William Shakespeare, Ein Sommernachtstraum (1594). Übers. v. Schlegel. A. 2, Sz. 2 (Lysander).

— Liebe und Liebe allein ist das Darlehn für Liebe. Engl.: Love and love only, is the loan for love.

Edward Young, Nachtgedanken (1742). Übers. v. Graf Bentzel-Sternau. Nacht 2, V. 555.

— Empfinde hier, wie mit allmächt'gem Triebe | Ein Herz das andre zieht, | Und daß vergebens Liebe | Vor Liebe flieht!

Joh. Wolfg. von Goethe, Gedichte. A. d. Nachlaß. An Personen. An Lili (ged. 1776).

— Die Liebe ist der Liebe Preis. Sie ist | Der unschätzbare Diamant, den ich | Verschenken oder, ewig ungenossen, | Verscharren muß.

Friedr. von Schiller, Don Carlos (1787). A. 2, Sz. 8 (Prinzessin).

— . . . der verdient | Die Liebe nur, der um der Ehre willen | Im süßen Augenblicke von der Liebe | Entschlossen-hoffend sich entfernen kann.

Joh. Wolfg. von Goethe, Claudine v. Villa Bella (1788).

— Nur Liebe darf der Liebe Blumen brechen.

Friedr. von Schiller, Gedichte. Begegnung (ged. 1796).

— Wohl darf die Liebe werben um die Liebe.

Friedr. von Schiller, D. Piccolomini (1799). A. 3, Sz. 4 (Max).

— Nie soll weiter sich ins Land | Lieb' von Liebe wagen, | Als sich blühend in der Hand | Läßt die Rose tragen.

Nicolaus Lenau (Niembsch, Edler von Strehlenau), Gedichte (1832). An d. Entfernte. Nr. 1. Mel. v. Mendelssohn-Bartholdy.

— Wer Liebe sucht, muß Liebe geben, | Um Liebe tauscht man Liebe ein; | So muß der Liebe selig Leben | Ein Geben und Empfangen sein. Georg Christ. Dieffenbach, Gedichte (1857).

— Wer Lieb' haben will, muß Lieb' lassen.

Alter Spr.

— Eine Liebe ist der andern wert. Sprichwort.

— Die Liebe zu tragen ist keine Pein, | Wenn Liebe mit Liebe belohnt mag sein.

Holländisches Sprichwort.

— Wenn Lieb' bei Lieb' ist, | So weiß Lieb' nicht, was Lieb' ist; | Wenn aber Lieb' von Lieb' kommen ist, | So weiß erst Lieb', was Lieb' gewesen ist. Spr. an einem Hausgerät.

Liebe und Glück. — Kypris (die Göttin der Liebe), . . . | Sie, deren Huld den Menschen schenkt das höchste Glück. Griech.: *Κύπρις . . . | Ὅθεν βροτοῖσι γίγνεται τὰ φίλτατα.*

Äschylus, D. Orestie (um 458 v. Chr.). Übers. v. Minckwitz. D. Eumeniden. V. 213—14 (Apollon).

— Nur wer zum Spielbrett Liebe hat erwählt, | Kann mit dem Wurf des höchsten Glückes prahlen.

A. d. Persischen d. Ibn Jemin (gest. 1344). Übers. v. Schlechta-Wssehrt.

— Frei ist nur, wen sie (die Liebe) bezwungen, | Glücklich nur, wen sie beglückt, | Mächtig nur, wen sie durchdrungen, | Und nur schön, wen sie geschmückt.

Jul. Sturm, V. d. Pilgerfahrt (1868).

Liebe und Haß. — Der Haß ist parteiisch, aber die Liebe ist es noch mehr.

Joh. Wolfg. von Goethe, D. Wahlverwandtschaften (1808—1809). T. 1, K. 13.

— Liebe und Haß, das sind die tiefsten Gründe unseres Lebens.

Ernst Freiherr von Feuchtersleben, Zur Diätetik d. Seele (1838). K. 6. Temperament, Leidenschaft.

— Liebe und Haß ist genau dasselbe, nur ist das eine positiv, das andere negativ.

Dr. Hanns Groß, Kriminalpsychologie (1898). Objektiv. D. psychische Tätigkeit d. Vernommenen. Unterscheidende Momente. Nr. 1. Allgemein Differenzierendes. Einzelne Eigenschaften d. Frauen. Liebe, Haß u. Freundschaft.

— Liebe geht über die Linie, und Haß geht über die Linie. Hebräisches Sprichwort.

Liebe und Jugend. — Mit der Liebe ist's wie mit den Pocken; wer sie in seiner Jugend nicht gehabt hat, bekommt sie selten oder nie, und wenn er sie bekommt, sind sie desto gefährlicher.

Aug. von Kotzebue, Falsche Scham (1798).

— Noch leichter als die Jugend flieht die Liebe.

Nicolaus Lenau (Niembsch, Edler von Strehlenau), Neuere Gedichte (1838). Jugend u. Liebe.

— Kind, Jugend, Schönheit, Lust entschwindet, | Nur Liebe blüht ein ew'ger Mai.

Ernst Moritz Arndt, Gedichte (1860). Denkspr., Erinnerungsblätter. Nr. 35. Schlußv.

— In der Jugend ist die Liebe stürmischer, aber nicht so stark, so allmächtig wie später.

Heinr. Heine, Sämtl. Schriften (1861—1868). Verm. Schriften. Gedanken u. Einfälle. Nr. 5. Frauen, Liebe u. Ehe.

Liebe und Klugheit. — Ferner steht er (der Gott der Liebe) zwischen Weisheit und Unverstand mitten inne. Griech.: *Σοφίας τε αὖ καὶ ἀμαθίας ἐν μέσῳ ἐστίν.*

Platon (um 427—347 v. Chr.), Gastmahl. Übers. v. Müller. § 29 (Sokrates).

— Ei, Liebe sieht mit mehr als fünfzig Augen. Engl.: Why, lady, love hath twenty pair of eyes.

William Shakespeare, D. beiden Veroneser (um 1592—1593). Übers. v. Schlegel. A. 2, Sz. 4 (Val.).

Liebe und Klugheit. — Wer in der Liebe lebt, ist bei Vernunft doch toll; | Wer in der Liebe lebt, ist nüchtern dennoch voll.

Friedr. von Logau, Deutsche Sinn=Getichte (1654). D. Liebe.

— Wo Liebe kommt ins Haus, | Da zieht die Klugheit aus.

Friedr. von Logau, Deutsche Sinn=Getichte (1654). Liebe.

— Die Liebe siht, sie siht auch nicht; sie sihet meistens nicht | Auf Tugendglanz, der stets besteht, siht auf vergänglich Licht.

Friedr. von Logau, Deutsche Sinn=Getichte (1654). D. Liebe.

— O Liebe, wenn du uns gefesselt hältst, kann man ruhig rufen: Adieu Klugheit! Franz.: Amour! amour! quand tu nous tiens | On peut bien dire: «Adieu prudence».

Jean de Lafontaine, Fab. (1668). Übers. v. Dohm. B. 4, Nr. 1. D. verliebte Löwe. V. 59—60.

— In der Liebe gilt Schweigen oft mehr als Sprechen. Es wirkt gut, wenn der Liebende in seiner Erregung nicht Worte finden kann. Es gibt eine Beredsamkeit des Schweigens, die tiefer eindringt, als es das Sprechen könnte. Franz.: En amour un silence vaut mieux qu'un langage. Il est bon d'être interdit; il y a une éloquence de silence qui pénètre plus que la langue ne saurait faire.

Blaise Pascal, Gedanken (1670). Übers. v. Kleuker. Über d. Leidenschaften d. Liebe.

— Wer aus Liebe närrisch wird, der wäre es früher oder später auch ohne Liebe geworden.

Nach Gotth. Ephr. Lessing, Emilia Galotti (1772). A. 1, Sz. 6 (D. Prinz).

— Was ist so leicht zu überzeugen | Als Liebe? Ein Blick, Ein Kuß ist ihr ein Glaubensgrund.

Christoph Martin Wieland, Oberon (1780). Ges. 6, Str. 26.

— Wer über die Liebe nachdenkt, der liebt nicht mehr.

Aug. von Kotzebue, D. jüngsten Kinder meiner Laune (1787—1791).

— Liebe denkt in süßen Tönen, | Denn Gedanken stehn zu fern. | Nur in Tönen mag sie gern | Alles, was sie will, verschönen.

Ludw. Tieck, Gedichte. Glosse (ged. 1803).

— Der ist ein Narr von Mutterleibe, | Den Lieb' in Narretei verstört!

Karl Immermann, Tristan u. Isolde (1841). Wirt u. Gast.

— Lieben ist ein Denken ohne Gedanken, ein Sinnen mit den Organen des Lebens, die Zirkulation des süßen Saftes im Maienbaum, ein Denken mit der Seele Adams und Evas vor dem Sündenfall.

Bogumil Goltz, Zur Charakteristik u. Naturgesch. d. Frauen (1859).

Liebe und Klugheit. — Wenn Liebe das Schulmeistern anfängt, hat sie bald Ferien.

Peter Sirius, Tausend u. Ein Gedanken (1899). Liebe u. Ehe.

— Wenn die Liebe ihr eigenes Wesen ergründet, dann geht sie zugrunde.

A. d. Norwegischen d. Henrik Ibsen.

— In der Liebe ist der Doktor ein Esel. Engl.: When love is in the case, the doctor's an ass.

Sprichwort.

— In der Liebe ist Narrheit Weisheit.

Holländisches Sprichwort.

— A Lieb', die recht stärk is, | Die plaudert net gern, | Wie's Wässer, dås tief is, | Nit rauschen wirst hör'n.

Kärntner Schnaderhüpfl.

Liebe und Leben. — Doch überwiegt das Leben alles, | Wenn die Liebe in seiner Schale liegt.

Joh. Wolfg. von Goethe, Elpenor (1781). A. 1, Sz. 6 (Antiope).

— O Liebe, wo du gegenwärtig, | Da ist das eigne Leben aus, | Die Seele ist dann reisefertig, | Du trägst sie in ein andres Haus.

Ludw. Achim von Arnim, Sämtl. Werke (1839—1840). Bd. 7. D. kranke Knabe.

— Und wäre nicht das Tröpflein Liebe, — | Das Leben wär' nicht Lebens wert.

Karl Egon Ritter von Ebert, Gedichte (1845). Natur u. Liebe.

— Ein schweres Rätsel ist das Leben, | Allein die Liebe löst es auf.

Rudolf von Gottschall, Neue Gedichte (1858). Stille Klänge. D. Rätsel.

— Wild, o Tod, sind deine Schauer, | Stark, o Leben, deine Triebe, — | Aber stärker ist die Liebe.

Rob. Hamerling, Sinnen u. Minnen (1860).

— Es ist so süß, an eine Seele glauben! | Das Leben und die Liebe sind so schön!

Hans von Hopfen, Gedichte (1883). Gusti. Ahnung.

Liebe und Leid. — Wem nie durch Liebe Leid geschah, | Dem ward auch Lieb' durch Lieb' nie nah; | Leid kommt wohl ohne Lieb' allein, | Lieb' kann nicht ohne Leiden sein.

Gottfr. von Straßburg, Tristan u. Isolt (um 1210).

— Liebe schaffet Leiden, | Wenn sich zweie scheiden. Mittelhochdeutsch: Liep beginnet leiden, | Sô si sich wellent scheiden.

Frîdankes Bescheidenheit (1225—1240). Übertr. v. Pannier. Nr. 38. v. erkantnisse.

— Seit man leit nach liebe hat, | So sol auch liep nach leit ergan.

Ulrich von Lichtenstein (13. Jahrh.).

— Es wohnet Lieb' bei Liebe, | Dazu groß Herzeleid.

Fliegendes Blatt (1506). Wächter, hüth' dich bas!

— Lieb ist deß leydes Anfang, | Es stehe kurtz oder lang.

Christoph Lehmann, Politischer Blumen=Garten (1662). T. 1. Lieb. Nr. 46.

Liebe und Leid. — O Liebe, süßes Labsal aller Leiden | Der Sterblichen, du wonnevoller Rausch | Vermählter Seelen, welche Freuden | Sind deinen gleich?

Christoph Martin Wieland, Oberon (1780). Ges. 7, Str. 41.

— O Lust und Leiden sind nur farblos, klein, | Wo Liebe nicht ergriffen hat das Steuer.

Jos. Freiherr von Eichendorff, Gedichte (1837). A. d. Span. Echte Liebe.

— Wem nie von Liebe Leid geschehen, | Geschah von Lieb' auch Liebes nicht.

Karl Immermann, Tristan u. Isolde (1841). Vorspiel.

— Und doch, wiewohl sie Leiden | Allzeit zum Lohne gibt, | Nie mag von Liebe scheiden, | Wer Einmal recht geliebt.

Emanuel Geibel, Neue Gedichte (1856). Verm. Gedichte. B. 1. Lieder zu Volksweisen. Nr. 3. Lieb u. Leid.

— . . . die Liebe lohnt mit Leid | Immerdar am Ende. Emanuel Geibel, Neue Gedichte (1856). Lieder a. alter u. neuer Zeit. Nr. 9. Schlußv.

— Ich hörte stets, daß Liebe kurze Lust | Und langes Leid zu bringen pflegt.

Friedr. Hebbel, D. Nibelungen (1862). Abteilung 1, A. 3 (Kriemhild).

— Leid kann wohl ohne Lieb' allein, | Doch Lieb' nicht ohne Leiden sein. Alter Spr.

— Liebe und wider leyd | Ist verlohren arbeit. Alter Spr.

Liebe und Schmerz. — Wieviel Muscheln am Strande, so viel Schmerzen bietet die Liebe. Lat.: **Litore quot conchae tot sunt in amore dolores.** Publ. Ovidius Naso (um 43 v. Chr.— 17 n. Chr.), D. Kunst zu lieben. B. 2, V. 519. Übers. v. Grau.

— Du (Liebe), kannst freudenreichen Mut | Also in Verwirrung bringen, | Daß dein Zwingen | Wohl und wehe tut. Mittelhochdeutsch: Dû kanst fröidenrîchen muot | Sô verworrenlîche verkêren, | Daz dîn sêren | Sanfte unsanfte tuot.

Walter v. d. Vogelweide (um 1170—1230), Gedichte. Übertr. v. Pannier.

— Der hat nie wahren Schmerz erlebt, | Der nicht der Liebe bittres Weh gefühlt. Ital.: **Null' uomo puó saver, che sia doglienza | Se non provando lo dolor d'Amore.**

Dante da Majano (13. Jahrh.). Übers. v. Pozzoni.

— . . . das Weinen ist mir näher . . . | Um deines Herzens Qual. — | Das ist der Liebe Unbill nun einmal. Engl.: **I had rather weep | At thy good heart's oppression. | Why such is love's transgression.**

William Shakespeare, Romeo u. Julia (1593). Übers. v. Schlegel. A. 1, Sz. 1 (Benvolio u. Romeo).

Liebe und Schmerz. — Der Anfang in der Lieb' ist süß, ihr Ende Galle; | Frau Venus kömt gelacht, geht traurig nach dem Falle.

Paul Fleming, Teutsche Poemata (1642). Epigramme.

— Lieb' erwecket | Lust vnd schmecket | Anfangs einem ieden gut; | Bald sich wendet, | Wollust endet, | Martert, daß es wehe thut.

Ernst Christoph Homburg, Tragico-Comödia v. d. verliebten Schäfferin Dulcimunda (1643). (Chorus).

— Der Schmerz um Liebe, wie die Liebe, bleibt | Unteilbar und unendlich.

Joh. Wolfg. von Goethe, D. natürliche Tochter (1803). A. 3, Sz. 2 (Herzog).

— Recht' Lieb' zu haben, bringt nicht Pein, | Wann beid' Herz Eines sein.

Joh. Gottfr. von Herder, Stimmen d. Völker in Liedern (1807). Abteilung 2, B. 5, Nr. 15. Liebe. Deutsch.

— Sie duftet und weinet und zittert | Vor Liebe und Liebesweh.

Heinr. Heine, D. B. d. Lieder. Lyrisches Intermezzo (ged. 1822—1823). Nr. 10. Schlußv. Mel. v. Rob. Schumann.

— Weshalb, o Liebe, ist im Erdenstaube | Geliebt zu werden Unheil und Verderben? | Ach, mit Cypressen schmückst du deine Laube | Und lässest uns mit Seufzern um dich werben. Engl.; **Oh, Love! what is it in this world of ours | Which makes it fatal to be loved? Ah why | With cypress branches hast thou wreathed thy bowers, | And made thy best interpreter a sigh?** George Gordon Lord Byron, Don Juan (1819—1824). Übers. v. Gildemeister. Ges. 3, Str. 2, V. 1.

— Ach! lebt von Schmerzen die Liebe nicht, | Und nicht von Liebe das Leben!

Adelbert von Chamisso (Louis Charles Adelaide Chamisso de Boncourt), Gedichte. Lieder u. lyrisch-epische Gedichte. D. Klapperstorch (ged. 1832). Nr. 2.

— Wermut sind die letzten Tropfen | In der Liebe Goldpokale.

Heinr. Heine, Neue Gedichte. Verschiedene (ged. 1832—1839). Hortense. Nr. 5.

— O Liebe! was soll es bedeuten, | Daß du vermischest mit Todesqual | All' deine Seligkeiten?

Heinr. Heine, D. B. d. Lieder. Vorrede zur dritten Auflage (20. Febr. 1839).

— Lieb' ohne Lust, — o welche Pein! | Lust ohne Liebe, — wie gemein! | Die beiden aber im Verein | Gewähren uns das höchste Sein.

Georg Friedr. Daumer, Hafis (1846).

— Ach, wohl mag der Menschenbrust | Lieb' ein Himmel scheinen, | Doch nach allzu flücht'ger Lust | Gibt sie langes Weinen.

Emanuel Geibel, Juniuslieder (1848). Lieder. Zu Volksweisen. Nr. 3. Russisch.

— Mit heißem Herzen sehnt sich | Der Mensch nach Liebe und erreicht nur Qual.

Emerich Madách, D. Tragödie d. Menschen (1861). A. d. Ungar. übers. v. Lechner. Sz. 7 (Luzifer).

Liebe und Schmerz. — Heut' in sonniger Freude, | Morgen pochend im Schmerz; — | Hast du, Liebe, für beide | Nur dies einzige Herz?

Hermann Kletke, Gedichte (1873). Nr. 5. Natur u. Herz. Ein Herz.

— Jagd und Krieg und Lieb' ich seh', | Eine Lust und tausend Weh'. Span. Sprichwort.

Liebe und Tod. — Denn Liebe ist ein solcher Notzwang, | Sie schuf, daß mancher in den Tod sank. Joh. Friedr. Fischart, Flöh Hatz, Weiber Tratz (1577).

— Sie (die Liebe) nur kann euch freudenreich | Diese Wallfahrt machen, | Sie nur führet lächelnd euch | Zu dem schwarzen Nachen.

Friedr. Wilh. Gotter, Gedichte. Lied (ged. 1771). Schlußv. Mel. v. Joh. David Scheidler (1787).

— Ach, die Erde kühlt die Liebe nicht!

Joh. Wolfg. von Goethe, Gedichte. Balladen. D. Braut v. Korinth (ged. 4.—5. Juni 1797).

— Als Zwillinge des Schicksals Schoß entsprossen | Sind Lieb' und Tod Genossen. Ital.: **Fratelli, a un tempo stesso, Amore e Morte | Ingenerò la sorte.**

Giacomo Leopardi, Liebe u. Tod (1836). Übers. v. Heyse.

— Die Liebe macht den letzten Tag des Lebens | Wohl einst zum letzten Lebensfrühlingstage. Emil Rittershaus, Neue Gedichte (1871). Liebe. Am letzten Lenztag in d. Heimat. Schlußv.

— Nur Liebe überblüht die Kluft, | Die zwischen Sein und Nichtsein droht, | Daß, wie gepflückter Blumen Duft, | Doch etwas überlebt den Tod!

Friedr. von Bodenstedt, A. d. Nachlasse Mirza-Schaffys (1874). B. 1. Lieder d. Liebe. Vorklänge. Nr. 2.

— I wer' gänz dumm, dumm, dumm, | D'Lieb' bringt mi' um, um, um; | Und wånn i stiab, stiab, stiab (sterbe), | G'schiecht's älls weg'n der Liab.

Salzburger Schnaderhüpfl.

Liebe und Treue. — Glückseelig muß man preisen, | Die gleiche Lieb vnd trew | Einander thun erweisen | Stetigs vnd ohne rew.

Peter Denaisius, Hochzeitlied (1624).

— Nur wo die Liebe blüht, da reift die wahre Treue, | Sonst schließt der kurze Traum mit einer langen Reue.

Theod. Körner, D. Braut (ged. Dez. 1811). Sz. 9 (Vater). Schlußv.

— Liebe schwärmt auf allen Wegen, | Treue wohnt für sich allein; | Liebe kommt euch rasch entgegen, | Aufgesucht will Treue sein.

Joh. Gottfr. von Herder, Sämtl. Werke (1805—1820). Gedichte. Bilder u. Spr. Nr. 28.

— Liebe verlangt Treue, und Treue verlangt Festigkeit. Ital.: **Amor vuol fede, e fede vuol fermezza.** Toscanisches Sprichwort.

— A Bisserl a Lieb | Und a Bisserl a Treu | Und a Bisserl a Fälschheit | Ist ållweil dabei.

Tiroler Schnaderhüpfl.

Liebe und Tugend. — Lieb' ist selig allezeit | Ein Ringen so voll Seligkeit, | Daß ohne ihre Lehre | Nicht Tugend ist noch Ehre.

Gottfr. von Straßburg, Tristan u. Isolt (um 1210).

— Viele Dinge sind's, | Die wir mit Heftigkeit ergreifen sollen; | Doch andre können nur durch Mäßigung | Und durch Entbehren unser eigen werden. | So, sagt man, sei die Tugend, sei die Liebe, | Die ihr verwandt ist.

Joh. Wolfg. von Goethe, Torquato Tasso (1789). A. 2, Sz. 1 (Prinzessin). Schlußv.

— Wahrheit, Tugend und Liebe finden ihren Preis nicht in den Diamantgruben von Golconda. Erwerben kann man sie, aber nicht kaufen.

Aug. von Kotzebue, D. Epigramm (1801).

— In der Liebe gibt es keine andere Religion und Tugend als das Lieben.

Bogumil Goltz, Zur Charakteristik u. Naturgesch. d. Frauen (1859).

Liebe und Wein. — Ewig soll mich Lieb' und Wein, | Ewig Wein und Lieb' erfreun!

Gotthold Ephr. Lessing, Schriften. Lieder. B. 2, Nr. 16. D. Tod (ged. 1747). Schlußv. Komponist unbek.

— . . . ohne Lieb' und ohne Wein, | Sprich, Mensch, was bleibst du noch? — Ein Stein!

Gotthold Ephr. Lessing, Schriften (1753—1755). Lieder. B. 2. D. drei Reiche d. Natur. Schlußv.

— Ohne Lieb' und ohne Wein, | Was wär' unser Leben?

Christ. Felix Weisse, Kleine lyrische Gedichte. Bd. 1. Scherzhafte Lieder. Liebe u. Wein (ged. 1766). Mel. v. Joh. Adam Hiller (1766).

— Was ist des Lebens höchste Lust? | Die Liebe und der Wein.

Joachim Perinet, D. Schwestern v. Prag (1794). Komp. v. Wenzel Müller. Ich hab' d. ganzen Vormittag usw. Str. 2.

— Es blinken drei freundliche Sterne | Ins Dunkel des Lebens hinein; | Die Sterne, sie funkeln so traulich, | Sie heißen Lied, Liebe und Wein.

Theod. Körner, Poetischer Nachlaß. Verm. Gedichte. D. drei Sterne (geb. 1809).

— Ohne Wein und Brot | Leidet Liebe Not.

Inschrift im Berliner Ratskeller. Weinlokal.

Liebe, allmächtige. — Allmächtige Liebe! Göttliche! Wohl nennt | Man dich mit Recht die Königin der Seelen! | Dir unterwirft sich jedes Element . . . | Nichts lebt, was deine Hoheit nicht erkennt.

Friedr. von Schiller, D. Braut v. Messina (1803). Zimmer im Palast (Don Manuel).

— So ist es die allmächtige Liebe, | Die alles bildet, alles hegt.

Joh. Wolfg. von Goethe, Faust, II (1831). A. 5. Bergschluchten, Wald, Fels, Einöde (Pater profundus).

Liebe, alte. — Alte Lieb' und alter Span | Brennen leichtlich wieder an. Alter Spr.

— Alte Liebe rostet nicht. Sprichwort.

Liebe, alte. — Alte Liebe rostet nicht, | Brennt sie nicht, so glüht sie doch. Sprichwörtl.

Liebe, befriedigte. — Kennst du die herrliche Wirkung der endlich befriedigten Liebe? | Körper verbindet sie schön, wenn sie die Geister befreit. Joh. Wolfg. von Goethe, Gedichte. Vier Jahreszeiten (geb. 1796). Sommer. Nr. 31.

Liebe, beständige. — Eine feste und beständige Liebe beginnt stets mit einer Beredsamkeit, die sich handelnd kund gibt; die Augen tun das meiste dabei. Franz.: Un amour ferme et solide commence toujours par l'éloquence d'action; les yeux y ont la meilleure part.

Blaise Pascal, Gedanken (1670). Übers. v. Kleuker. Über d. Leidenschaften d. Liebe.

Liebe, betrogene. — Betrogene Liebe ist wie Menschenblut; sie schreiet aufwärts um Rache.

Matthias Claudius, Sämtl. Werke d. Wandsbecker Boten (1816). Nähere Untersuchung d. neuen Systems.

Liebe, blinde. — Wen die Liebe blendet, wie kann der recht sehn? Mittelhochdeutsch: Den diu minne blendet, wie mac der gesehen?

Walter v. d. Vogelweide (um 1170—1230), Gedichte. Übertr. v. Pannier.

— Die Lieb' ist blind, das Dunkel ist ihr recht. Engl.: Blind is his love, and best befits the dark.

William Shakespeare, Romeo u. Julia (1593). Übers. v. Schlegel. A. 2, Sz. 1 (Benvolio).

— Der Liebe war die Blindheit immer eigen, | Daher man ihr zur steten Führerin | Die Torheit gab.

Friedr. von Hagedorn, Sämtl. poetische Werke (1757). Fab. u. Erz. B. 1. D. Einbildung u. d. Glück.

— Die Liebe wird wie die Katze blind geboren, aber die Ehe ist eine Staarnadel in der geübtesten Hand. Ludw. Börne, Gesammelte Schriften (1862—1863).

— Die Liebe ist blind; sie geht, wohin man sie nicht sendet Holl.: De liefde is blind; zij gaat daar men haar niet zendt. Sprichwort.

— Die Liebe ist blind, aber sieht von weitem. Ital.: Amor è cieco, ma vede da lontano.

Toscanisches Sprichwort.

Liebe, blöde. — Allein, macht die Begier verwegen, | So macht die Liebe blöd.

Christoph Martin Wieland, Musarion (1768). B. 1.

— Blind sein heißt, wenn von Glück, Liebe und Gerechtigkeit die Rede ist, nicht stockblind, sondern bedeutet bloß blöde Augen.

Theod. Gottl. von Hippel, Über d. Ehe (1774). K. 2. D. Endzweck d. Ehe.

Liebe, echte. — Die echte Liebe blüht nur auf, wo sie sich unbelauscht weiß, sich selbst ein dunkel=süßes Geheimnis bleibt.

Jul. Grosse, Untreu a. Mitleid (1868).

— Echte Liebe sitzt tief verborgen wie Gold im Schachte und wächst langsam wie Kernholz, wenn sie fest werden und aushalten soll fürs lange Leben. Jul. Wolff, D. Raubgraf (1884).

Liebe, edle. — Und was hat mehr das Recht, Jahrhunderte | Zu bleiben und im stillen fortzuwirken | Als das Geheimnis einer edlen Liebe, | Dem holden Lied bescheiden anvertraut?

Joh. Wolfg. von Goethe, Torquato Tasso (1789). A. 2, Sz. 1 (Tasso).

— Edle Liebe reinigt, wie die Tragödie, die Leidenschaften des Menschen, indem sie solche erregt.

Jean Paul (Joh. Paul Friedr. Richter), Werke (1826—1828). Gesammelte Aufsätze u. Dichtungen.

Liebe, erste. — Ach, wer bringt die schönen Tage, | Jene Tage der ersten Liebe, | Ach, wer bringt nur Eine Stunde | Jener holden Zeit zurück! Joh. Wolfg. von Goethe, Gedichte. Lieder. Erster Verlust (geb. 1789). Mel. v. Joh. Friedr. Reichardt (1792), Hans Georg Nägeli (1797) u. a.

— O zarte Sehnsucht, süßes Hoffen, | Der ersten Liebe gold'ne Zeit, | Das Auge sieht den Himmel offen, | Es schwelgt das Herz in Seligkeit.

Friedr. von Schiller, Gedichte. D. Lied v. d. Glocke (geb. Sept. 1799).

— Was die erste Liebe genannt wird, lebt fort in der zweiten, in jeder folgenden, wird in jeder späteren neu geboren; denn die Liebe ist ewig und eins.

Friedr. Ludw. Jahn, Deutsches Volkstum (1810).

— Doch süßer noch als jenes und als dies | Ist erste Liebe! einzig bleibt sie stehn, | Wie Adams Rückblick auf das Paradies; | Gepflückt ist der Erkenntnis Frucht, — wir seh'n! | Und alles ist, was je die Menschheit pries, | Nichts gegen dies ambrosische Vergehn, — | Sünd' ist es, sagt die Fabel, — wie der Strahl, | Den einst Prometheus aus dem Himmel stahl. Engl.: But sweeter still than this, than these, than all, | Is first and passionate love — it stands alone, | Like Adam's recollection of his fall; | The tree of knowledge has been pluck'd — all's known — | And life yields nothing further to recall | Worthy of this ambrosial sin, so shown, | No doubt in fable, as the unforgiven | Fire which Prometheus filch'd for us from heaven.

George Gordon Lord Byron, Don Juan (1819—1824). Übers. v. Gildemeister. Ges. 1, Str. 127, V. 1.

— Und darum ist so süß der Traum, | Den erste Liebe webt, | Weil schneller wie die Blüt' am Baum | Er hinwelkt und verschwebt.

Emanuel Geibel, Gesammelte Werke. Gedichte. Jugendgedichte. B. 1. Lübeck u. Bonn (geb. 1834—1835). Vorüber!

— Dem schönen Lenz gleicht recht die erste Liebe.

Jos. Freiherr von Eichendorff, Gedichte (1837). Frühling u. Liebe. Trennung. Nr. 2.

— Deshalb ist auch Nichts flüchtiger, Nichts traumhafter, Nichts unbeständiger als solch eine erste Liebe; wie selten führt sie zum wahrhaft beglückenden Ziel. Elise Polko, Pilgerfahrt (1863)

Liebe, erste. — Die erste Liebe, die ins Herz einzieht, ist die letzte, die aus dem Gedächtnis schwindet. Franz.: **Le premier amour qui entre dans le cœur, est le dernier qui sorte de la mémoire.**

Petit-Senn, Geistesfunken u. Gedankensplitter (1865). Übers. v. Zimmermann.

— Das ist das Seligste an der seligen Zeit der ersten Liebe, daß diese Liebe so ganz und gar nicht klügelt, daß ihr das Wunderbarste einfach erscheint und das Einfachste als ein Wunder.

Karl Emil Franzos, D. Juden v. Barnow (1877).

— Von Brotsuppe und Liebe ist das Erste das Beste. Portug. Sprichwort.

Liebe, erzwungene. — Erzwungene Liebe | Wird oft zum Diebe. Mittelhochdeutsch: Betwungeniu liebe | Wirt dicke zuo diebe.

Vrîdankes Bescheidenheit (1225—1240). Übertr. v. Pannier. Nr. 37. v. minne u. wîben.

— Sei Faust, | Sei Gott; — wähnst du, du könntest Lieb' erzwingen?

Christ. Dietr. Grabbe, Don Juan u. Faust (1829). A. 3, Sz. 2 (Donna Anna).

— Gemachte farb und gezwungen lieb | Verschleichen sich heimlich un bald wie die dieb.

Alter Spr.

— Gezwungene Liebe und gemalte Wangen dauern nicht. Sprichwort.

— Wer Lieb erzwingt, wo keine ist, | Der bleibt ein Narr zu aller Frist. Sprichwort.

Liebe, ewige. — Toren sind's, die von ewiger Liebe schwatzen. Ewiges Einerlei widersteht, Veränderung nur ist das Salz des Vergnügens.

Friedr. von Schiller, Kabale u. Liebe (1784). A. 5, Sz. 7 (Ferd.).

— Nur im Tausche der Herzen, | Nur im Kuß und Umfangen | Allverlangender, | Allerfüllender | Ewiger Liebe | Wohnet des Lebens, | Ruhet der Seele | Ganzes Glück.

Martin Greif, Gedichte (1883). Naturbilder. Hymnus an d. Frühling.

Liebe, falsche. — Entsinnst du dich der kleinsten Torheit nicht, | In welche dich die Liebe je gestürzt, | So hast du nicht geliebt. Engl.: **If thou remember'st not the slightest folly | That ever love did make thee run into, | Thou hast not lov'd.**

William Shakespeare, Wie es euch gefällt (um 1599). Übers. v. Schlegel. A. 2, Sz. 4 (Sylvius).

— Lieb' ist nicht Liebe, | Die Trennung oder Wechsel könnte mindern, | Die nicht unwandelbar im Wandel bliebe. Engl.: **Love is not love, | Which alters when it alteration finds, | Or bends with the remover to remove.**

William Shakespeare, Sonette (1609). Übers. v. Bodenstedt. Abteilung 4, Nr. 140.

— Es ist ja nicht Liebe, wenn Liebe verläßt.

Joh. Gottfr. von Herder, Stimmen d. Völker in Liedern (1807). Abteilung 2, B. 3, Nr. 47. D. traurende Mädchen. Engl. Schlußv.

Liebe, fasche. — Das haben wir beid' erfahren, | Was falsche Liebe tut.

Joh. Gottfr. von Herder, Stimmen d. Völker in Liedern (1807). Abteilung 2, B. 5, Nr. 8. D. Lied v. eifersüchtigen Knaben. Deutsch. Schlußv.

— Rosendornen stechen sehr; | Falsche Liebe noch viel mehr.

D. Knaben Wunderhorn (1806—1808). Gute Lehre.

— Die Liebe, die sterben konnte, war keine Liebe. Berth. Auerbach, Gesammelte Schriften (1892).

— In der falschen Liebe ist mehr Galle, als in der wahren Honig sein kann.

Holländisches Sprichwort.

Liebe, fürchtende. — Die fürchtende Liebe sieht weit.

Gotthold Ephr. Lessing, Emilia Galotti (1772). A. 5, Sz. 1 (Marinelli).

Liebe, gekränkte. — Mädchen, kannst du ewig hassen? | Verzeiht gekränkte Liebe nie?

Friedr. von Schiller, Don Carlos (1787). A. 4, Sz. 15 (Carlos).

Liebe, gemeine. — Flüchtig ist gemeine Liebe, flüchtig wie der Wolke Gang.

Aug. Graf von Platen-Hallermund, D. romantische Ödipus (1828). A. 2 (Diagoras).

Liebe, getäuschte. — Sag', womit ist zu vergleichen der getäuschten Liebe Pein? — | Frag' den Garten, dessen Blumen schneien in dem Frühling ein!

Wilh. Müller, Gedichte (1837). Epigramme. 1. Hundert, Nr. 4. Getäuschte Liebe.

Liebe, glückliche. — Die glückliche Liebe ist ein Verbrechen, die unglückliche verbrecherischer Wunsch.

Ludw. Börne, Gesammelte Schriften (1862—1863).

Liebe, halberloschene. — Und halberlosch'ne Liebe, frisch genährt, | Noch heller flammt als in der ersten Pracht. Engl.: **And ruin'd love, when it is built anew, | Grows fairer than at first, more strong, far greater.**

William Shakespeare, Sonette (1609). Übers. v. Bodenstedt. Abteilung 4, Nr. 130.

Liebe, heilige. — Über das menschliche Herz sind liebliche Saiten gezogen, | Leicht von der Freude bewegt oder von zärtlichem Gram; | Mächtig erschüttert sie alle zugleich nur heilige Liebe, | Aber die zartesten sprengt oft auch ihr stürmendes Spiel. Karl Gustav von Brinckmann, Elegien u. Arabesken (1820).

Liebe, heimliche. — Kein Feuer, keine Kohle | Kann brennen so heiß, | Als heimliche Liebe, | Von der niemand nichts weiß.

Volkslied (um 1790). Verfasser unbek.

— Geheime Liebe fordert Schweigen; | Und Edelsinn ist dem nicht eigen, | Der laut und prahlend davon spricht.

Aug. Langbein, Sämtl. Gedichte (1841).

Liebe, heimliche. — Aber süßer, ach, vielleicht | Ist die Liebe, die zum Herzen | Wie ein scheuer Frevler schleicht; | Die im Jubel ihrer Schmerzen | Nie entrinnt und unerreicht | Um des Glückes Altarkerzen | Wie ein nächt'ger Falter schleicht. Wilh. Jensen, Stimmen d. Lebens (1881). Frau Venus. Nr. 15.

— Heimliche Lieb' ist ein scharfes Schwert; | Treue Lieb' ist aller Ehren wert; | Reine Lieb' und freundlich dabei | Deucht mir auf Erden das Beste zu sein. Alter Spr.

Liebe, hoffnungslose. — Keyn gröser leyd, | Dan mit vndanck vnd schmertzen | Lieb haben on bescheyd.

Joh. Friedr. Fischart, D. Philosophisch Ehzuchtbüchlin (1578). Tanz Liedlin.

— Liebe | Kennt der allein, der ohne Hoffnung liebt.

Friedr. von Schiller, Don Carlos (1787). A. 2, Sz. 8 (Carlos).

— Willst zu der Qual der Qualen mich verdammen, | Zur hoffnungslosen Liebe?

Christ. Dietr. Grabbe, Don Juan u. Faust (1829). A. 3, Sz. 2 (Faust).

— Hoffnungslose Liebe macht den Mann kläglich und die Frau beklagenswert.

Marie von Ebner-Eschenbach, Aphorismen (1893).

Liebe, junge. — Dan was bald anfällt, fällt bald ab, | Vnd Junge lieb ist farend Hab.

Reimspr. (16. Jahrh.).

— O daß sie ewig grünen bliebe, | Die schöne Zeit der jungen Liebe!

Friedr. von Schiller, Gedichte. D. Lied v. d. Glocke (ged. Sept. 1799).

Liebe, laue. — Die laue Liebe ist ein Feuer, das ohne Glanz und Wärme brennt; | Wollt ihr den echten Verliebten erkunden, so wißt: ein solcher ist nur der, | Der Monde, Jahre, zu allen Stunden, kaum seiner eignen Sinne Herr, | Das Weib beseufzend, das ihm teuer, nicht Rast, noch Speise, noch Schlummer kennt.

A. d. Persischen d. Omar Chijam (12. Jahrh.). Vierzeiler. Übers. v. Schack.

Liebe, letzte. — Die letzte Liebe, die wahre.

Russisches Sprichwort.

Liebe, neue. — Die neue Liebe lockert stets das alte Band. Griech.: *Παλαιὰ καινῶν λείπεται κηδευμάτων.*

Euripides, Medea (um 431 v. Chr.). Übers. v. Minckwitz. V. 76 (Hofmeister).

— Die Liebe, wenn sie neu, praust wie ein junger Wein; | Je mehr sie alt und klar, je stiller wird sie seyn.

Angelus Silesius (Joh. Scheffler), Cherubinischer Wanders-Mann (1675). B. 5, Nr. 210. D. neue u. alte Liebe.

Liebe, neue. — O weh, weh, wann die Lieb' ist wonnig, | Ein' Weile nur, weil sie ist neu! | Wird sie erst alt, so wird sie kalt | Und ist wie Morgentau vorbei.

Joh. Gottfr. von Herder, Stimmen d. Völker in Liedern (1807). Abteilung 2, B. 3, Nr. 10. O Weh! O Weh! Schottisch.

— Die alte Lieb rost't nit, | Is ällweil die best'; | Die neue Lieb wackelt, | Steht selten recht fest. Salzburger Schnaderhüpfl.

Liebe, nichtswürdige. — Es ist eine nichtswürdige Liebe, die kein Bedenken trägt, ihren Gegenstand der Verachtung auszusetzen.

Gotthold Ephr. Lessing, Minna v. Barnhelm (1763). A. 4, Sz. 6 (v. Tellheim).

Liebe, rechte. — Kein Unfall, keine Zeit wird rechte Liebe trennen; | Die Liebe, so zergeht, war Liebe nicht zu nennen.

Andr. Tscherning, Deutscher Getichte Früling (1642). Beständige Liebe.

— Liebe, die von Herzen liebt, | Ist am reichsten, wenn sie gibt; | Liebe, die von Opfern spricht, | Ist schon rechte Liebe nicht.

Emanuel Geibel, Gedichte u. Gedenkblätter (1864). Spr. Nr. 42.

Liebe, reine. — Wer von reiner Lieb' entbrannt, | Wird vom lieben Gott erkannt.

Joh. Wolfg. von Goethe, Westöstlicher Diwan. B. d. Betrachtungen. Märkte reizen dich zum Kauf usw. (1827).

— Zornesmut und reine Liebe | Sind die heil'gen Urgewalten; | Ohne sie, — o sagt, was bliebe, | Dieses Lebens Bau zu halten?

Jul. Hammer, Schau um dich u. schau in dich (1851). Liebe deinen Nächsten wie dich selbst! Zwei Dämonen schlossest du usw.

Liebe, sanfte. — Der sanften Lieb' unschimpflich Joch | Ward auch vom Tapfersten im Lorbeerkranz getragen.

Gotthold Ephr. Lessing, Schriften (1753—1755). Oden. B. 1, Nr. 2. Auf eine vornehme Vermählung.

Liebe, stille. — Doch ungestand'ne, stille Liebe, — | Noch unempfangen, ungesegnet | Von Blick und Wort und heißen Armen, — | Die ist ein Engel, der vom Himmel | Herabgestiegen glühend harret, | Bis ihn ein Laut ruft: Komm', o komme! Leop. Schefer, Koran d. Liebe (1854).

Liebe, süße. — Ach, was ist die Liebe für ein süßes Ding!

Friedr. Wilh. Gotter, Gedichte. D. Liebe (ged. 1780). Mel. v. Friedr. Fleischmann (1796), Joh. Rudolf Zumsteeg (1798), Joh. Friedr. Reichardt (1798) u. a.

— Süß' Lieb', süß' Lieb', wie bist du schön! | Ach, hätt'st du keine Flügel!

Jos. Freiherr von Eichendorff, Gedichte (1837). Romanzen. D. Knabe. Schluß.

Liebe, süße. — Wer sich am Süßen der Liebe will laben, | Ohne das Bittre genossen zu haben, | Will im Tempel zu Mekka ruhn, | Ohne das Pilgerkleid anzutun.

Friedr. Rückert, Gesammelte Gedichte (1834—1838). Vierzeilen. 1. Hundert, Nr. 13.

— Die Liebe ist süß, jedoch nur mit Brot.

Jüd. Sprichwort.

Liebe, treubewährte. — An treubewährter Liebe reiner Quelle | Bleibt jung das Herz und unser Auge helle.

Friedr. von Bodenstedt, Einkehr u. Umschau (1876).

Liebe, treue. — O welch ein Glück ist treue Liebe!

Ewald Christ. von Kleist, Sämtl. Werke (1760). Gedichte. Milon u. Iris (Milon).

— Treu geliebt und still geschwiegen! | Treue Liebe spricht nicht viel.

Justus Friedr. Zehelein, Verm. Gedichte (1790). Mel. v. Peter von Lindpaintner.

— Kann treue Lieb' nicht bewahren.

Friedr. von Schiller, Wallensteins Lager. Sz. 11. Reiterlied (ged. 1797). Mel. v. Christ. Jak. Zahn (1798).

— Treuer Liebe ist nichts gering, | Was sie durch treue Lieb' erwand, | Nicht feil ist ihr um Stern und Ring | Ein Blümlein aus geliebter Hand. Ludw. Theobul Kosegarten, Dichtungen (1800).

— . . . treue Lieb' hilft alle Lasten heben.

Friedr. von Schiller, D. Jungfrau v. Orleans (1801). Prolog. Sz. 1 (Thibaut).

— . . . treue Lieb' fürcht Dornen nicht.

D. Knaben Wunderhorn (1806—1808). Wechselges.

— Schlaf' ruhig, mein Liebchen, schlafe; | Treu' Lieb' wird ewig bestehn!

Jos. Freiherr von Eichendorff, Gedichte (1837). Wanderlieder. In d. Fremde. Nr. 4. Schlußv.

— Treu' Lieb' ist unverloren.

Jos. Freiherr von Eichendorff, Gedichte (1837). Totenopfer. An einen Offizier, d. als Bräutigam starb.

— Treue Liebe kann zwischen Menschen von sehr verschiedenem, dauernde Freundschaft nur zwischen Menschen von gleichem Werte bestehen. Aus diesem Grunde ist die zweite viel seltener als die erste.

Marie von Ebner-Eschenbach, Aphorismen (1893).

— Treue Liebe, Schlittenfahren und Sperberfang dauern nicht lange. Polnisches Sprichwort.

Liebe, unbefriedigte. — Kennst du das herrliche Gift der unbefriedigten Liebe? | Es versengt und erquickt, zehret am Mark und erneut's.

Joh. Wolfg. von Goethe, Gedichte. Vier Jahreszeiten (ged. 1796). Sommer. Nr. 30.

Liebe, unheilbare. — Elend bin ich; warum ist Liebe nicht heilbar durch Kräuter! Lat.: Me miseram, quod amor non est medicabilis herbis!

Publ. Ovidius Naso (um 43 v. Chr.—17 n. Chr.), Heroiden. Übers. v. Wolff. B. 5, V. 149.

Liebe, unschuldige. — Unschuldige Liebe erfreut die Gottheit, statt sie zu beleidigen.

Joh. Wolfg. von Goethe, Götz v. Berlichingen (1773). A. 1. Jarthausen (Weislingen).

Liebe, unsterbliche. — Ach Liebe, du wohl unsterblich bist! | Nicht kann Verrat und hämische List | Dein göttlich Leben töten.

Joh. Wolfg. von Goethe, Gedichte. Balladen. D. Müllerin Reue (ged. 6. Sept. 1797).

Liebe, unwiderstehliche. — Denn das Spiel Aphroditens (der Göttin der Liebe) | Ist unwiderstehlich. Griech.: Ἄμαχος γάρ ἐμ- | παίζει θεὸς Ἀφροδίτα.

Sophokles (um 496—406 v. Chr.), Antigone. Übers. v. Jordan. V. 793—94 (Chor).

Liebe, verlorene. — Verlor'ne Liebe! wo ist da Ersatz für?

Joh. Wolfg. von Goethe, Stella (1775). A. 2 (Stella).

Liebe, vorsichtige. — Vorsicht'ge Liebe liebt verschloßne Türen.

Christ. Dietr. Grabbe, Don Juan u. Faust (1829). A. 2, Sz. 1 (Leporello).

Liebe, wandelbare. — Die Welt vergeht; es ist nicht wunderbar, | Daß mit dem Glück selbst Liebe wandelbar; | Denn eine Frag' ist's, die zu lösen bliebe, | Ob Lieb' das Glück führt oder Glück die Liebe. Engl.: This world is not for aye; nor 'tis not strange, | That even our love should with our fortunes change; | For 'tis a question left us yet to prove, | Whether love lead fortune, or else fortune love.

William Shakespeare, Hamlet (1601—1602). Übers. v. Schlegel. A. 3, Sz. 2 (König im Schauspiel).

— Die Liebe tut wanken | Wie ein Schiff auf der See.

D. Knaben Wunderhorn (1806—1808). Tanzreime.

Liebe, wahre. — Zum edlen Herzen nur flüchtet wahre Liebe. Ital.: Al cor gentil ripara sempre amore.

Guido Guinicelli (um 1240—1276), Kanzonen. Übers. v. Pozzoni.

— Doch glüht ein Herz von wahrer Liebe, | Bringt selbst es sich zum Opfer gern; | Und nur ein Herz, das kalt und nüchtern, | Hält sich von jedem Opfer fern.

A. d. Persischen d. Hafis (um 1310—1389). Ghaselen. Übers. v. Bodenstedt.

— Wahrer Liebe treue Pflicht | Wendet sich durch abseyn (Trennung) nicht.

Paul Fleming, Teutsche Poemata (1642). Trost in d. Trennung.

— Wisse, daß kein Vngemach | Trenne wahres Lieben; | Liebe, die nicht ist erticht, | Sieht, noch hört, noch gläubet nicht.

Jonas Daniel Koschwitz, Abschieds-Liedchen (1652). Schlußv.

— Die Regung edler Triebe | Sucht nichts als wahre Liebe.

Inschrift auf einer Nürnberger Hochzeitsmedaille (1762).

Liebe, wahre. — Das ist die wahre Liebe, die immer und immer sich gleich bleibt, | Wenn man ihr alles gewährt, wenn man ihr alles versagt.

Joh. Wolfg. von Goethe, Gedichte. Vier Jahreszeiten (geb. 1796). Sommer. Nr. 32.

— Denn, o Zaida, wahre Liebe | Wird sehr spät nur unbeständig.

Joh. Gottfr. von Herder, Stimmen d. Völker in Liedern (1807). Abteilung 1, B. 2, Nr. 16. Zaid an Zaida. Span. Schlußv.

— Die Liebe, die wahrhaftig Liebe sei und nicht bloß eine vorübergehende Begehrlichkeit, haftet nie auf Vergänglichem, sondern sie erwacht und entzündet sich und ruht allein in dem Ewigen.

Joh. Gottl. Fichte, Reden an d. deutsche Nation (1808). Rede 8.

— Allein es ist sehr richtig, da, wenn die Gesinnung wahrer Liebe da ist, die Werke von selbst aus ihr entspringen.

Wilh. Freiherr von Humboldt, Br. an eine Freundin. Br. 28 (Anfang 1824).

— Die wahre Liebe, die ihrer höhern Abstammung treu bleibt und gewiß ist, erwärmt gleich der Sonne, soweit ihre Strahlen reichen, und erhellt verklärend alles in ihrem lautern Glanz.

Wilh. Freiherr von Humboldt, Br. an eine Freundin (17. Okt. 1825).

— Die wahre Liebe würdigt ihren Gegenstand; aber das ist die wahre Liebe nicht, die nur das Würdige liebt.

Ludw. Börne, Gesammelte Schriften (1862—1863).

— Spar', wenn du liebst, des Mundes Hauch | Und brauch' ihn nur am rechten Orte; | Wie helles Feuer wenig Rauch, | Hat wahre Liebe wenig Worte.

Friedr. von Bodenstedt, A. d. Nachlasse Mirza-Schaffys (1874). B. 3. B. d. Spr. Nr. 16.

— Was kein Verstand erfaßt, keine menschliche Weisheit erreicht, das ist der wahren Liebe zu allen Zeiten möglich; ihr Quell ist unversiegbar.

Henriette Davidis, D. Beruf d. Jungfrau (1886).

— Aus der Ätherhöhe des Gedankens steigt der Mensch sehnsuchtsvoll erdenwärts, wo ihn das Glück umfängt, das nur Glück ist: — Liebe, — echte, wahre, heilige Liebe.

Konrad Telmann (Zitelmann), Dunkle Existenzen (1886).

Liebeleer. — Ein liebeleeres Menschenleben | Ist wie ein Quell, versiegt im Sand, | Weil er den Weg zum Meer nicht fand, | Wohin die Quellen alle streben.

Friedr. von Bodenstedt, D. Lieder d. Mirza-Schaffy (1851). Tiflis. Verschiedenes. Nr. 12. Ein liebeleeres Menschenleben.

— . . . einer öden Wüste gleich | Ist öd' ein liebeleeres Herz.

Jul. Sturm, Ich bau' auf Gott (1883).

Lieben. — Nicht recht hat der geliebt, der nicht beständig liebt. Griech.: *Οὐκ ἔστ' ἐραστὴς ὅστις οὐκ ἀεὶ φιλεῖ.*

Euripides (um 480—406 v. Chr.), D. Troerinnen. Übers. v. Binder. V. 1051 (Hekabe).

— Unglückselig, wer liebt! Griech.: *Σχέτλιοι οἱ φιλέοντες.*

Theokrit (geb. um 300 v. Chr.), Idyllen. Übers. v. Notter. Hylas. V. 66.

— Lieben und dabei vernünftig sein ist kaum einem Gotte gegeben. Lat.: Amare et sapere vix deo conceditur.

Publilius Syrus, Sentenzen (um 50 v. Chr.). Übers. v. Friedrich. V. 22.

— Um geliebt zu werden, sei liebenswürdig! Lat.: Ut ameris, amabilis esto!

Publ. Ovidius Naso (um 43 v. Chr.—17 n. Chr.), D. Kunst zu lieben. B. 2, V. 107. Übers. v. Grau.

— Liebe nichts zu viel, so wirst du über nichts trauern! Lat.: Nihil impense ames, ita fiet, ut in nullo contristeris.

Wahlspr. Kaiser Heinr. II. (reg. 1002—1024).

— Ein Herz, das liebt, ragt an des Himmels Zinne. A. d. Persischen d. Rûmî (um 1207—1273). Diwan. Übers. v. Rosenzweig.

— Die Liebe läßt auch die Weisesten vom rechten Wege abweichen, und je mehr einer liebt, desto weniger versteht er, Maß zu halten. Ital.: Amor fa disviare li più saggi, | E chi più ama meno ha in sè misura.

Guido delle Colonne (gest. um 1280), Kraft u. Wirkung d. Liebe. Übers. v. Pozzoni.

— Wenig lieben heißt es, sagen zu können, wie man liebt. Ital.: Chi può dir com' egli arde, è in picciol fuoco.

Francesco Petrarca, Sämtl. Werke (1554). Sonette. Übers. v. Pozzoni.

— Keyn gröser freud, | Als wo zwey gleiche Herzen | Eynander lieben beyd.

Joh. Friedr. Fischart, D. Philosophisch Ehzuchtbüchlin (1578). Tanz Liedlin.

— Wer liebt, des Auge schaut den Adler blind; | Wer liebt, des Ohr vernimmt den schwächsten Laut, | Wo selbst des Diebs argwöhnisch Horchen taub. Engl.: A lover's eyes will gaze an eagle blind; | A lover's ear will hear the lowest sound; | When the suspicious head of theft is stopp'd.

William Shakespeare, Verlorne Liebesmüh (um 1591—1592). Übers. v. Graf Baudissin. A. 4, Sz. 1 (Biron).

— Drum liebe mäßig, solche Lieb' ist stät; | Zu hastig und zu träge kommt gleich spät. Engl.: Therefore, love moderately; long love doth so; | Too swift arrives as tardy as too slow.

William Shakespeare, Romeo u. Julia (1593). Übers. v. Schlegel. A. 2, Sz. 6 (Lorenzo).

— Wer liebte je und nicht beim ersten Blick? Engl.: Whoever loved, that loved not at first sight? Christopher Marlowe, Hero u. Leander (1598). Übers. v. Bülow. Sestiade 1, V. 176.

Lieben. — Wer liebte je und nicht beim ersten Blick? Engl.: Who ever lov'd, that lov'd not at first sight?

William Shakespeare, Wie es euch gefällt (um 1599). Übers. v. Schlegel. A. 3, Sz. 5 (Phoebe).

— Lieber Kröte sein | Und von den Dünsten eines Kerkers leben, | Als daß Ein Winkel im geliebten Wesen | Für andre sei. Engl.: I had rather be a toad, | And live upon the vapour of a dungeon, | Than keep a corner in the thing I love, | For others' uses.

William Shakespeare, Othello (um 1601—1605). Übers. v. Schlegel. A. 3, Sz. 3 (Othello).

— . . . denn weise sein und lieben | Vermag kein Mensch, nur Götter können's üben. Engl.: For to be wise, and love, | Exceeds man's might; that dwells with gods above.

William Shakespeare, Troilus u. Cressida (um 1609). Übers. v. Schlegel. A. 3, Sz. 2 (Cressida).

— Lieben vnd geliebet werden | Ist das beste von der Welt.

Simon Dach, Jung gefreyht | Hat nie gerewt (1652).

— Was nicht lieben will noch kan, | Wo zu taug es vmb vnd an?

Simon Dach, Jung gefreyht | Hat nie gerewt (1652).

— Wenn wir lieben, erscheinen wir uns selbst ganz anders, als wir früher gewesen. Franz.: Quand nous aimons, nous paraissons à nous-mêmes tout autres que nous n'étions auparavant. Blaise Pascal, Gedanken (1670). Übers. v. Kleuker. Über d. Leidenschaften d. Liebe.

— Ihr dauert mich, ihr armen Toren, | Ihr liebet nicht, ihr trinkt nicht Wein; | Zu Eseln seid ihr auserkoren.

Crescentius Koromandel (Christof Friedr. Wedekind), D. Krambambulist (vor 1745). Studentenweise.

— . . . was man liebt, geliebt besitzen können, | In einem treuen Arm sich seines Lebens freun, | Ist, Menschen, dies kein Glück zu nennen, | So muß gar keins auf Erden sein.

Christ. Fürchtegott Gellert, Fab. u. Erz. (1746). B. 2. D. neue Ehepaar.

— O schweig! das heißt nicht lieben, | Läßt uns die Liebe klug.

Gotthold Ephr. Lessing, Schriften (1753—1755). Lieder. B. 1, Nr. 5. D. Betrübnis (D. Dichter).

— Es ist kein Verbrechen, geliebt haben; noch viel weniger ist es eines, geliebt worden sein.

Gotthold Ephr. Lessing, Miß Sara Sampson (1755). A. 4, Sz. 8 (Marwood).

— Man muß ganz uneigennützig lieben.

Gotthold Ephr. Lessing, Minna v. Barnhelm (1763). A. 4, Sz. 6 (D. Fräulein).

— Nein! Wer nicht lieben kann, ist klein, | Muß, hätt' er sonst auch Engelsgaben, | Nein! — keine Menschenseele haben; | Muß jedes Lasters fähig sein. Joh. Kaspar Lavater, Werke. D. Freundschaft (geb. 1768).

— Wer nicht geliebt wird, liebet nicht.

Joh. Kaspar Lavater, Werke. D. Freundschaft (geb. 1768).

Lieben. — Und doch welch Glück, geliebt zu werden! | Und lieben, Götter, welch ein Glück!

Joh. Wolfg. von Goethe, Gedichte. Lieder. Willkommen u. Abschied (geb. Frühjahr 1771). Schlußv.

— Jeder Jüngling sehnt sich so zu lieben, | Jedes Mädchen, so geliebt zu sein; | Ach, der heiligste von unsern Trieben, | Warum quillt aus ihm die grimme Pein?

Joh. Wolfg. von Goethe, Gedichte. Parabolisch u. Epigrammatisch. Zu d. Leiden d. jungen Werthers (geb. 1775).

— Wer mit Gegenliebe liebt, | Freue sich von Herzen! | Wen sein Mädchen noch betrübt, | Hoffe Trost nach Schmerzen!

Friedr. Leop. Graf zu Stolberg, Gedichte. Rundges. (geb. 1775). Mel. v. D. Weiß (1777).

— Kinderchen, liebt euch!

Gotthold Ephr. Lessing, Sämtl. Schriften. Theologische Streitschriften. D. Testament Joh. (1777).

— Jeder liebt sich selber nur | Am meisten.

Gotthold Ephr. Lessing, Nathan d. Weise (1779). A. 3, Sz. 7 (Nathan).

— Alles liebt und paart sich wieder, | Liebend steigt der Lenz hernieder | Und umarmt die junge Flur. Wilh. Gottl. Becker, Taschenb. zum geselligen Vergnügen. Frühlingsempfindung (geb. 1781). Mel. v. Joh. Frz. Xaver Sterkel.

— Ach, ich liebte, war so glücklich!

Christof Friedr. Bretzner, Belmont u. Constanze oder D. Entführung a. d. Serail (1781). Komp. v. Joh. André. (Erste Auff. am 12. Juli 1782 in Wien.)

— Ha! so liebt Jupiter?

Friedr. von Schiller, Semele (geb. 1784). Sz. 2 (Semele).

— Ach! der mich liebt und kennt, | Ist in der Weite.

Joh. Wolfg. von Goethe, Wilh. Meisters Lehrjahre. B. 4, K. 11. Lied (geb. Juni 1785). Mel. v. Joh. Friedr. Reichardt (1795), Ludw. van Beethoven (komp. 1810), Frz. Schubert (1827), Rob. Schumann (komp. 1849) u. a.

— . . . ich weiß, | Wie Philipp lieben kann!

Friedr. von Schiller, Don Carlos (1787). A. 1, Sz. 5 (Carlos).

— . . . er liebt, was er nicht sollte.

Friedr. von Schiller, Don Carlos (1787). A. 2, Sz. 9 (Prinzessin).

— Glücklich allein | Ist die Seele, die liebt.

Joh. Wolfg. von Goethe, Egmont (1788). A. 3. Klärchens Wohnung (Klärchen). Mel. v. Joh. Friedr. Reichardt (komp. 1798).

— Was lieb sich hat mit Treuen, | Das sucht ein einsam Örtchen gern, | Wo's heimlich sich kann freuen, | Von Lerm und Lauschern fern.

Friedr. Wilh. Aug. Schmidt zu Werneuchen, Gedichte. D. Gärtchen d. Liebe (1791).

— O selig, wer liebt! | Die Grazien schlingen mit segnender Hand | Um ihn und das Weltall ein inniges Band. | O selig, wer liebt!

Friederike Brun, Gedichte (1795). Liebe in Allem. Schlußv. Mel. v. Joh. Abraham Peter Schulz.

Lieben. — Leben muß man und lieben; es endet Leben und Liebe. | Schnittest du, Parze, doch nur beiden die Fäden zugleich!

Joh. Wolfg. von Goethe, Gedichte. Vier Jahreszeiten (geb. 1796). Sommer. Nr. 37.

— Ich hab' genossen das irdische Glück; | Ich habe gelebt und geliebet!

Friedr. von Schiller, Gedichte. D. Mädchens Klage (geb. 1798). Mel. v. Joh. Friedr. Reichardt (1810), Joh. Rudolf Zumsteeg, Frz. Schubert u. a.

— Herr Bruder, was wir lieben!

Friedr. von Schiller, D. Piccolomini (1799). A. 4, Sz. 1 (Isolani).

— Weiß wohl, du hast mich nie geliebt.

Friedr. von Schiller, D. Piccolomini (1799). A. 4, Sz. 7 (Illo).

— O, es ist schön, von einem Helden sich geliebt | Zu sehn; — es ist noch schöner, ihn zu lieben.

Friedr. von Schiller, D. Jungfrau v. Orleans (1801). A. 4, Sz. 2 (Sorel).

— Seid vollkommen, wie euer Vater im Himmel vollkommen ist, sagt der Stifter unsers Glaubens. Die schwache Menschheit erblaßte bei diesem Gebote; darum erklärte er sich deutlicher: Liebet euch untereinander!

Friedr. von Schiller, Prosaische Schriften (1793—1802). Philosophische Br. Theosophie d. Jul. Gott.

— Wer nicht dann noch lieben kann, | Wenn die Hoffnungen verwehen, | Schwingt sich zu den Himmelshöhen | Wahrer Liebe nie hinan.

Friedr. Bouterwek, Gedichte (1802).

— Willst du nach den Nachtigallen fragen, | Die mit seelenvoller Melodie | Dich entzückten in des Lenzes Tagen? | Nur, solang' sie liebten, waren sie.

Friedr. von Schiller, Gedichte. Thekla (geb. 1802). Mel. v. Friedr. Ludw. Seidel (1805).

— Wie süß ist's, das Geliebte zu beglücken | Mit ungehoffter Größe Glanz und Schein!

Friedr. von Schiller, D. Braut v. Messina (1803). Säulenhalle (Don Manuel).

— Wer gute Menschen liebt, kann wenigstens nicht ganz verdorben sein.

Gotthold Ephr. Lessing, Sämtl. Schriften (1796—1808).

— Es steht ihm an der Stirn' geschrieben, | Daß er nicht mag Eine Seele lieben.

Joh. Wolfg. von Goethe, Faust, I (1808). Marthens Garten (Margarethe).

— Was wir hoffen, was wir lieben!

Joh. Wolfg. von Goethe, Faust, I (1808). Walpurgisnacht (Faust, Mephistopheles, Irrlicht).

— Wenn sich zweie lieben sollen, | Braucht man sie nur zu scheiden.

Joh. Wolfg. von Goethe, Faust, I (1808). Walpurgisnachtstraum (Oberon).

Lieben. — Man muß nur Ein Wesen recht von Grund aus lieben, da kommen einem die übrigen alle liebenswürdig vor.

Joh. Wolfg. von Goethe, D. Wahlverwandtschaften (1808—1809). T. 1, K. 12.

— Dich liebt' ich immer, dich lieb' ich noch heut', | Und werde dich lieben in Ewigkeit.

Ludw. Uhland, Gedichte. Balladen u. Romanzen. D. Wirtin Töchterlein (geb. 24. Dez. 1809). Schlußv.

— Ich liebte! — wer liebt nicht? — und was ist der Schluß? | Wo die Leidenschaft weilt, da besteht kein Genuß. Engl.: I have loved! — who has not? — but what heart can declare, | That pleasure existed while passion was there?

George Gordon Lord Byron, Gelegenheitssachen. Übers. v. Heichen. Füll' d. Becher wieder! (1809—1810). Str. 2.

— Welch ein Glück, geliebt zu werden! | Glaube mir, daß nichts auf Erden, | Nichts im Himmel drüber geht!

Theod. Körner, D. Bergknappen (geb. 1810). A. 1, Sz. 2 (Duett). Komp. v. Helbig.

— Was wir lieben, gnäd'ger Herr! Stoßt an!

Heinr. von Kleist, D. zerbrochene Krug (1811). Sz. 10 (Adam).

— Hast du der Erde höchste Seligkeit, | Der Erde höchste Schmerzen schon empfunden? | Hast du geliebt? Theod. Körner, Toni (geb. Febr. 1812). A. 1, Sz. 12 (Gustav).

— Erst seit ich liebe, ist das Leben schön; | Erst seit ich liebe, weiß ich, daß ich lebe.

Theod. Körner, Zriny (geb. Juni 1812). A. 2, Sz. 8 (Helene).

— Träumen von Glück, aufstehn zu Sorgen, | Ist jedes Los, der lebt und liebt. Engl.: To dream of joy and wake to sorrow | Is doom'd to all who love or live.

George Gordon Lord Byron, Gelegenheitssachen. Übers. v. Heichen. Stanzen. Du bist nicht falsch (1811—1813). Str. 3, V. 1.

— Ich habe geliebet; nun lieb' ich erst recht!

Joh. Wolfg. von Goethe, Gedichte. Gesellige Lieder. Gewohnt, getan (geb. 19. April 1813).

— . . . wer nicht liebet und haßt, lebt den erbärmlichsten Tod.

Ernst Moritz Arndt, Gedichte. Lug ins Leben (geb. 1813). Nr. 39.

— Wer liebt, rast. Engl.: Who loves, raves.

George Gordon Lord Byron, Ritter Harolds Pilgerfahrt (1812—1818). Übers. v. Heichen. Ges. 4, Str. 123, V. 1.

— Wie werden wir umhergetrieben | In dieser wandelbaren Welt! | Warum so ferne, was wir lieben, | Warum so nahe, was mißfällt!

Aug. Graf von Platen-Hallermund, Gedichte. Lieder u. Romanzen. Wie werden wir umhergetrieben usw. (geb. 1820).

— Uns glücklich macht nur lieben, | Ach, und geliebt zu sein!

Aug. Graf von Platen-Hallermund, Gedichte. Lieder u. Romanzen. Wenn ich in Labyrinthe usw. (geb. 1820). Schlußv.

Lieben. — Ein Jüngling liebt ein Mädchen, | Die hat einen andern erwählt.

Heinr. Heine, D. B. d. Lieder. Lyrisches Intermezzo (ged. 1822—1823). Nr. 39.

— Sie liebten sich beide, doch keiner | Wollt' es dem andern gestehn.

Heinr. Heine, D. B. d. Lieder. Heimkehr (ged. 1823—1824). Nr. 35.

— Wer zum erstenmale liebt, | Sei's auch glücklos, ist ein Gott; | Aber wer zum zweiten Male | Glücklos liebt, der ist ein Narr.

Heinr. Heine, D. B. d. Lieder. Heimkehr (ged. 1823—1824). Nr. 65.

— Lieben und geliebet werden | Ist mein liebstes L auf Erden.

Wilh. Müller, Lieder d. Lebens u. d. Liebe (1824). Nachlese d. Tafellieder für Liedertafeln. A bis M d. Trinkers.

— Sie liebt mich nicht. Schon das ist Tod! Doch sie | Liebt einen andern, das ist Hölle!

Christ. Dietr. Grabbe, Don Juan u. Faust (1829). A. 4, Sz. 3 (Faust).

— Was ist die Welt? — Viel ist, — viel war | Sie wert; — man kann drin lieben!

Christ. Dietr. Grabbe, Don Juan u. Faust (1829). A. 4, Sz. 3 (Faust).

— Wenn man nicht unbedingt lieben darf, sieht es mit der Liebe schon mißlich aus.

Joh. Wolfg. von Goethe, A. meinem Leben. Dichtung u. Wahrheit (1809—1831).

— Man sollte nicht mehr lieben, wenn man alt geworden ist, nicht einmal die Freiheit.

Ludw. Börne, Br. a. Paris (1830—1833).

— Wer nicht lieben kann, der versteht nicht, menschlich zu leben!

Joh. Kaspar Lavater, Werke (1834). Worte d. Herzens. Denkzeilen an Freunde nach meinem Tode.

— ... eh' ich liebt' da wußt' ich | Von solcher Freude nicht.

Jos. Freiherr von Eichendorff, Gedichte (1837). Frühling u. Liebe. D. Einsame. Nr. 2.

— Was man nicht kann hassen | Und noch weniger lassen, | O Herz! da ist kein Mittel geblieben, | Als es von ganzer Seele zu lieben.

Friedr. Rückert, Gesammelte Gedichte (1834—1838). Vierzeilen. 1. Hundert, Nr. 15.

— ... wie kann lieben, wer nicht Treue hält!

Friedr. Halm (Elegius Frz. Jos. Freiherr von Münch-Bellinghausen), D. Sohn d. Wildnis (1842). A. 5 (Ingomar).

— Ob ich dich liebe? Frage die Sterne, | Denen ich oft meine Klagen vertraut!

Karl Herloßsohn, B. d. Liebe (1842). Irene. Mel. v. Frz. Abt (komp. 1842).

— Wenn's irgend auf dem Erdenrund | Ein unentweihtes Plätzchen gibt, | So ist's ein junges Menschenherz, | Das fromm zum ersten Male liebt.

Emanuel Geibel, Gesammelte Werke. Gedichte. Jugendgedichte. B. 4. Escheberg, St. Goar (ged. 1842—1843). Rühret nicht daran!

Lieben. — Die Dame, die ich liebe, nenn' ich nicht, | Doch hab' ich ihre Farben mir erkoren.

Feodor Löwe, Gedichte. D. Fahnenwacht (ged. 1847). Mel. v. Peter von Lindpaintner.

— Drum liebe! Sonder Rast | Flieh'n Jugend, Glück und Schimmer; | Was du geliebet hast, | Bleibt dir ein Schatz für immer.

Emanuel Geibel, Juniuslieder (1848). Gelegenheitsgedichte, Spr., Scherze. Stammbuchblätter. Nr. 1. Schlußv.

— Andres Glück dort oben suche, | Doch hienieden laß uns lieben; | Denn so steht's im Schicksalsbuche | Uns urzeitlich vorgeschrieben!

Friedr. von Bodenstedt, D. Lieder d. Mirza-Schaffy (1851). Zuléikha. Nr. 9. Schlußv.

— ... mein Stamm sind jene Asra, | Welche sterben, wenn sie lieben.

Heinr. Heine, Romanzero (1851). B. 1. Historien. D. Asra. Schlußv.

— Ich will geliebt sein, oder ich will begriffen sein, das ist Eins.

Bettina (Elisabeth) von Arnim, Sämtl. Schriften (1853).

— Wer kehrt sich auch an Mütter, wenn er liebt?

Paul Heyse, D. Braut v. Cypern (1856). Ges. 6.

— ... doch das allergrößte Leiden | Ist zu lieben und zu meiden. | Jedoch die größte Pein des Lebens | Ist zu lieben und zu lieben vergebens.

Jul. Rodenberg, Gedichte (1864). D. größte Leid.

— Man liebt Versagtes; Braunes reizt das Blasse; | Langweilig ist's, wenn gleich und gleich sich paart.

Paul Heyse, D. Feenkind (1868). Ges. 2.

— ... wahrhaft lieben heißt | Vollkommen selig sein.

Jul. Sturm, B. d. Pilgerfahrt (1868).

— Der Mann zählt zu den Toren, | Der unerwidert liebt.

Friedr. von Bodenstedt, A. d. Nachlasse Mirza-Schaffys (1874). B. 1. Lieder d. Liebe. Vorklänge. Nr. 8.

— Ach, nur das, daß wir lieben, ist ja des Lebens Wert.

Felix Dahn, Ein Kampf um Rom (1876).

— Jeglichem wurde das Recht zu lieben. Glücklich zu lieben | Ist ein göttlich Geschenk, das du aus Gnaden empfängst.

Emanuel Geibel, Gesammelte Werke (1883). Gedichte. Dichtungen in antiker Form. Distichen v. Strande d. See. Erster Tag, Nr. 23.

— Hand in Hand, jeliebtes Leben, sagt die janze Naturjeschichte von vorne bis hinten.

Wilh. Raabe, Villa Schönow (1883).

— Wer wahrhaft liebt, der weiß, | Daß es nicht groß' und kleine Liebe gibt; | Sie trägt kein Maß; — sie ist, und sie ist nicht.

Ernst von Wildenbruch, Christoph Marlow (1884). A. 2, Sz. 4 (Francis).

— Auch ohne Gegenliebe zu lieben ist Stärke beim Weibe und Schwächlichkeit beim Mann.

Otto von Leixner, A. meinem Zettelkasten (1896). Weib, Liebe, Ehe.

Lieben. — Männer und Frauen, die zuviel geliebt worden sind, verlieren oft die Fähigkeit, selber zu lieben.

Otto von Leixner, A. meinem Zettelkasten (1896). Weib, Liebe, Ehe.

— Von niemand geliebt zu sein, großes Leid! Niemand lieben können: Tod mitten im Leben.

Otto von Leixner, A. meinem Zettelkasten (1896). Schmerz u. Freude.

— Der große Magister (Gott) weiß sehr gut, daß sein Völklein erst mit saurem Weh mensa, der Tisch, deklinieren lernen muß, ehe es zum großen Verbum amare (lieben) kommt.

Wilh. Raabe, Gesammelte Erz. (1896—1900). Nach d. großen Kriege.

— Geliebter Menschen traute Nähe ... | Ist wie ein frischer Duft vom Walde, | Den laue Winde hergeweht, | Und der von früh bis spät uns labend | Und läuternd durch die Seele geht.

Otto Ernst (Schmidt), Gedichte (1902). Freundliche Nähe.

— Ich habe dich je und je geliebet.

Jer., K. 31, V. 3.

— Also hat Gott die Welt geliebet ..

Evang. Joh., K. 3, V. 16.

— Das ist mein Gebot, daß ihr euch untereinander liebet, gleichwie ich euch liebe.

Evang. Joh., K. 15, V. 12.

— Lieben und meiden, | Schweigen und scheiden, | Trauern und lachen | Sind drei schwere Sachen. Alter Spr.

— Lieben und nicht haben | Ist härter, als Steine graben. Alter Spr.

— Lieb haben und nicht geniessen, | Möcht wol den Hencker verdriessen. Alter Spr.

— Lieb haben und nit geniessen, | Möcht wol den Teuffel verdriessen. Alter Spr.

— Lieb hân und mîden (meiden) | Ist ein bitter lîden. Alter Spr.

— Lieb', so wirst du nimmer träg'; | Lieb', so hast du geschäft'ge Täg'! Alter Spr.

— Nichts kann des Lebens Bittre mehr versüßen, | Als lieben und geliebt sein und es wissen. Alter Spr.

— Wer daß Häßliche liebt, dem scheint es schön. Portug.: Quem ama ao feio, fermoso lhe parece. Sprichwort.

— A schön's Dearndl liab'n, | Dås is ja koan Sünd: | Dås håt jå der Pfarrer | Auf da Känzel verkünd't. Steirisches Schnaderhüpfl.

— Ist amål aner g'wesen, | Der håt nie ane g'liebt, | In die Höll ist er 'kömmen, | Und Schläg' håt er kriegt. Tiroler Schnaderhüpfl.

— Lieb'n, lieb'n, | Aber hoamla (heimlich), hoamla, | Die hoamlene Lieb ist süß. | Namla (freilich), namla. Kärtner Schnaderhüpfl.

— Wånn d' å Diendl willst lieb'n, | Mueßt in Frühling ånfång', | 's ist nix mit der Winterlieb, | Dauert nit lång. Kärntner Schnaderhüpfl.

Lieben, das. — Es (Lieben) heißt, aus nichts bestehn als Phantasie, | Aus nichts als Leidenschaft, aus nichts als Wünschen, | Ganz Anbetung, Ergebung, Dienstbarkeit, | Ganz Demut, ganz Geduld und Ungeduld, | Ganz Reinheit, ganz Bewährung, ganz Gehorsam. Engl.: Love is to be all made of fantasy, | All made of passion, and all made of wishes, | All adoration, duty, and observance; | All humbleness, all patience, and impatience; | All purity, all trial, all observance.

William Shakespeare, Wie es euch gefällt (um 1599). Übers. v. Schlegel. A. 5, Sz. 2 (Sylvius).

— Secht an vnd mercket eben | Die Böglin ohne ruh, | Wie sie jhr kurtzes leben | Mit lieben bringen zu; | Die holdseelige Tauben | Mit jhren Schnebelein | Stets an einander klauben | Streichlendt die Flügelein.

Peter Denaisius, Hochzeitlied (1624). Schlußv.

— Es ist ja das süße lieben | Eine That, die alles übt. Paul Fleming, Teutsche Poemata (1642). Ermunterung zur Freude.

— Lieben ist nur blosse Phantasey.

Ernst Christoph Homburg, Schimpff- u. Ernsthaffte Clio (1642). Was d. Liebe?

— Drumb wer anjetzt (im Frühling) zum Lieben | Ein gutes Mittel hat, | Der flieh', es auff-zuschieben | Vnd folge gutem Rhat; | Weil alles, was sich reget, | In dem es sich verliebt | Vnd sich zu gleichem leget, | Hiezu vns Anlaß giebt.

Simon Dach, Veris tempore fervet Hymen (1652). Schlußv.

— Von Waffen, Vogel, Hund und Lieben | Folgt kurtze Lust und viel Betrüben.

Hans Aßmann Freiherr von Abschatz, Poetische Ubersetzungen u. Gedichte (1704). Sprüchwörter.

— Ist Lieben denn Frevel, mein Vater?

Friedr. von Schiller, Kabale u. Liebe (1784). A. 5, Sz. 1 (Luise).

— Im Lieben wohnt Betrüben, | Und kann nicht anders sein.

Clemens Brentano, Ponce de Leon (ged. 1801). Valeria. Schlußv.

— Adam und Eva haben's Lieben erdacht; | Ich und mein Schätzle haben's auch so gemacht.

D. Knaben Wunderhorn (1806—1808). Tanzreime.

— Vor allem aber ist im Lieben | Unschätzbar jeder Augenblick.

Jos. Freiherr von Hammer-Purgstall, Schirin (1809). T. 1, Ges. 6.

— Ist denn Lieben ein Verbrechen?

Verfasser unbek. (vor 1810). Volksweise.

— Lieben! Ihr fragt mich, was unglücklicher Liebe Gewinn sei? | Ist nicht Liebe für sich schon ein lebend'ger Gewinn?

Aug. Graf von Platen-Hallermund, Gedichte. Verm. u. Gelegenheitsgedichte. Gedichte im Geiste d. Anthologie (ged. 1812—1818). Distichen.

Lieben, das. — Treues Wirken, reines Lieben | Ist das Beste stets geblieben.

Joh. Wolfg. von Goethe, Gedichte. Inschriften, Denk- u. Sende-Blätter. Grafen Karl Harrach (ged. 25. Sept. 1819).

— Lieben ist des Lebens süßer Kern!

Brüder, zu d. festlichen Gelagen usw. (vor 1821). Verfasser u. Komponist unbek.

— Das Lieben bringt groß Freud', | Es wissen's alle Leut'. Schwäbisches Volkslied (um 1825).

— . . . im Lieben | Ist's besser allzu keck als allzu schüchtern.

Anastasius Grün (Anton Alexander Graf von Auersperg), Schutt (1835).

— Es brach schon manch ein starkes Herz, | Da man sein Lieben ihm entriß, | Und manches duldend wandte sich | Und ward voll Haß und Finsternis.

Emanuel Geibel, Gesammelte Werke. Gedichte. Jugendgedichte. B. 4. Escheberg, St. Goar (ged. 1842—1843). Rühret nicht daran!

— So ist zum Lieben jedwede Zeit | Die echte, die rechte, die beste; | So halte, o Herz, dich immer bereit, | Zu empfangen die himmlischen Gäste!

Rob. Prutz, A. goldenen Tagen (1861).

— Lieben: das heißt Seele werden wollen in einem andern. Friedr. Ernst Daniel Schleiermacher, Sämtl. Werke (1835—1865).

— Groß macht die Seele reines Lieben; | Zu sterben weiß, wer lieben kann!

Ferd. Freiligrath, Gesammelte Dichtungen (1871). Übersetztes. Victor Hugo. A. d. Oden u. verm. Gedichten. D. Dichter in d. Revolutionen.

— Lieben ist die größte Überzeugung.

Rahel (Antonie Friederike Varnhagen von Ense), Br. (1877).

— Lieben ist göttlich; göttlicher noch ist entsagen. Georg Ebers, Ein Wort (1883).

— Lieben und Singen | Läßt sich nicht zwingen. Alter Spr.

— Lieben ohne Dank | Macht die Weile lang. Spr. an einem Hausgerät.

— Und ä Büchserl zum Schießen und ä Straußring zum Schla'n | Und ä Mädel zum Lieben, muß jeder Bub' ha'n. Ländler.

— Adam und Eva | Hend (haben) 's Lieba erdacht; | J ond mi' Schätzeli | Hend's au' e-so g'macht. Schweizer Schnaderhüpfl. Appenzell.

— 's Lieben wär' leicht, | Åber 's Scheid'n is schwer; | Wär' viel leichter die Lieb, | Wånn 's Scheid'n nit wär. Kärntner Schnaderhüpfl.

— Und 's Lieb'n ist a Schießet (Wettschießen) | Auf a schneeweiße Scheiben, | Då kennst di oft lång nit aus, | Mågst's a Weil treib'n.

Tiroler Schnaderhüpfl.

Liebend. — Kränken ein liebendes Herz und schweigen müssen, geschärfter | Können die Qualen nicht sein, die Rhadamanth sich ersinnt.

Joh. Wolfg. von Goethe, Gedichte. Vier Jahreszeiten (ged. 1796). Sommer. Nr. 34.

Liebend. — . . . für ein liebend Herz ist die gemeine | Natur zu eng.

Friedr. von Schiller, D. Piccolomini (1799). A. 3, Sz. 4 (Max).

— Raum ist in der kleinsten Hütte | Für ein glücklich liebend Paar.

Friedr. von Schiller, Gedichte. D. Jüngling am Bache (ged. 1803). Schlußv. Mel. v. Joh. Friedr. Reichardt.

— Wer liebend strebt, | So lang er lebt, | Der hebt sich aus dem Staube!

Aug. Graf von Platen-Hallermund, Verm. u. Gelegenheitsgedichte. Osterlied (ged. 1820).

— Es ist etwas Schönes, sein eigenes Bild im liebenden Auge zu erblicken.

Joh. Wolfg. von Goethe, Wilh. Meisters Wanderjahre (1807—1821).

— Welten bauen genügt nicht dem tiefer langenden Sinne; | Aber ein liebendes Herz sättigt den sterbenden Geist.

Novalis (Friedr. von Hardenberg), Schriften (1846). Distichen. Nr. 2.

Liebende, der. — Was kümmert um den Nächsten sich der Liebende? Griech.: *Οὐ τἄρα λύει τοῖς ἐρῶσι τῶν πέλας.*

Euripides, Hippolytos (um 428 v. Chr.). Übers. v. Minckwitz. V. 441 (Amme).

— Der Liebende ist um einen ganzen Menschen reicher geworden. Er prasset an zwei Leben zugleich. Frz. Xaver von Baader, Sämtl. Werke (1851—1860).

Liebenden, die. — Ein Schauspiel für Götter, | Zwei Liebende zu sehn.

Joh. Wolfg. von Goethe, Erwin u. Elmire (1774). A. 1, Sz. 1 (Valerio).

— Die Engel Gottes weinen, | Wo Liebende sich trennen. Klamer Eberhard Schmidt, D. Lied v. d. Trennung (ged. 1779).

— Laß uns beide das Fest im stillen freudig begehen! | Sind zwei Liebende doch sich ein versammeltes Volk.

Joh. Wolfg. von Goethe, Gedichte. Elegien. Nr. 1 (ged. Herbst 1788—1790).

— Immer allein sind Liebende sich in der größten Versammlung; | Aber sind sie zu zwei'n, stellt auch der dritte sich ein.

Joh. Wolfg. von Goethe, Gedichte. Elegien. Nr. 2. D. neue Pausias u. sein Blumenmädchen (ged. 22. Mai 1797).

— Es muß auch in des Lebens Glück und Gütern | Für Liebende ein richt'ger Einklang sein. Theod. Körner, Hedwig (ged. Sept. 1812). A. 2, Sz. 2 (Graf).

— Wahrhaft Liebende betrachten alles, was sie bisher empfunden, nur als Vorbereitung zu ihrem gegenwärtigen Glück, nur als Base, worauf sich erst ihr Lebensgebäude erheben soll.

Joh. Wolfg. von Goethe, A. meinem Leben. Dichtung u. Wahrheit (1809—1831).

Liebenden, die. — In der Phantasie, in der hehren Leidenschaft der Liebenden verklären sich Tages- und Jahreszeiten, Wind und Wetter zum irdischen Paradies.

Bogumil Goltz, Zur Charakteristik u. Naturgesch. d. Frauen (1859).

— Das Schweigen der Liebenden ist die Sprache der Götter.

Rudolf von Gottschall, D. goldene Kalb (1870).

Liebenswürdig. — Nicht wenn du liebenswürdig bist, wirst du geliebt; wenn man dich liebt, wirst du liebenswürdig gefunden.

Ludw. Börne, Gesammelte Schriften. Erz., Reisen, Verm. Aufsätze. Nr. 16. Über d. Umgang mit Menschen (1824).

Lieber. — Wenn „Lieber" kommt, muß „Leider" weichen. Sprichwort.

Liebesabenteuer. — Wie man ein Liebesabenteuer treibt, | Zufällig naht man sich, man fühlt, man bleibt, | Und nach und nach wird man verflochten.

Joh. Wolfg. von Goethe, Faust, I (1808). Vorspiel auf d. Theater (Lustige Person).

Liebesaffäre. — Da leit nu der Esel | Die Quer und die Länge, | Der allzeit gesteckt hat in Liebesaffäre; | Zu Erde muß were.

D. Knaben Wunderhorn (1806—1808). Don Juan.

Liebesarm. — Im Arm der Liebe ruht sich's wohl.

Hermann Wilh. Frz. Ültzen, Gedichte. D. Liedchen v. d. Ruhe (geb. 1788). Mel. v. Joh. Daniel Gerstenberg (komp. 1788) u. Ludw. van Beethoven.

Liebesarme. — In der Lieb' und Freundschaft Armen | Träumt des Lebens kurzen Traum! | Glückt es euch, so zu erwarmen, | Sel'ger ist das Wachen kaum.

Ernst Wolfg. Behrisch (1738—1809), Lebensfassung.

Liebesarzt. — Selten wird die Vernunft ein Arzt der Liebe sein; allein wenn sie ihr Beichtvater ist, — wird nicht bei dieser Ohrenbeichte so mancher gute Rat gegeben und genommen werden können?

Theod. Gottl. von Hippel, Über d. Ehe (1774). K. 1. Klagen über d. Vorurteile beim Heiraten. Traum zur Abhelfung.

Liebesband. — Gleich Mann, gleich Magd, gleich Ehestand; | Die Gleichheit ist der Liebe Band. Georg Rollenhagen, Froschmäuseler (1595). B. 1, T. 1, K. 8.

— Glück ist das wahre Band der Liebe, | Trübsal verwandelt, wie der Wangen Rot, | So auch das Herz. Engl.: Prosperity's the very bond of love, | Whose fresh complexion, and whose heart together, | Affliction alters.

William Shakespeare, D. Wintermärchen (1610—1611). Übers. v. Dorothea Tieck. A. 4, Sz. 3 (Camillo).

— Gleichheit ist immer das festeste Band der Liebe. Gotthold Ephr. Lessing, Minna v. Barnhelm (1763). A. 5, Sz. 5 (v. Tellheim).

Liebesblick. — Ein Blick der Lieb', aus dem die Seele blicket, | In dem ein Engel sich verklärt, | Ein süßer Blick, den die Geliebte nicket ; Ist tausend dieser Erden wert.

Ludw. Hölty, Gedichte. Verm. Gedichte. D. Seligkeit d. Liebenden (geb. 1776). Mel. v. Joh. Abraham Peter Schulz (1779) u. Friedr. Heinr. Himmel (komp. 1805).

— Ein sanfter Druck der warmen Hand, | Ein Seufzer, der das volle Herz entladet, | Ein leiser Kuß, der Rosenwang' entwandt, | Und o, ein Blick, in Amors Tau gebadet; | Was überzeugt, gewinnt und rührt wie dies? | Was geht so schnell, trotz dem behend'sten Pfeile, | Von Herz zu Herz, trifft so gewiß | Den Zweck und macht so wenig Langeweile?

Christoph Martin Wieland, Oberon (1780). Ges. 6, Str. 16.

— Götter betörte, | Menschen und Götter ihr (der Liebe) zaub'rischer Blick!

Friedr. von Schiller, Semele (geb. 1784). Sz. 1 (Juno).

— Ein Blick von dir, Ein Wort mehr unterhält | Als alle Weisheit dieser Welt.

Joh. Wolfg. von Goethe, Faust, I (1808). Garten (Faust).

— Laß diesen Blick, | Laß diesen Händedruck dir sagen, | Was unaussprechlich ist!

Joh. Wolfg. von Goethe, Faust, I (1808). Garten (Faust).

Liebesblicke. — . . . in der Liebe | Sind Blicke beredter | Als Worte der Lippe.

Emanuel Geibel u. Paul Heyse, Span. Liederb. (1852).

Liebesblume. — Die Blume reiner Liebe | Welket nie; | In dem Garten des Allmächt'gen | Blühet ewig sie.

Aug. von Kotzebue, D. Leiden d. Ortenbergischen Familie (1785).

— Wer nie im Herbste seiner Sonnen | Ein Blümchen Liebe sich gepflückt, | Der weiß nicht, wie dem späten Wandrer | Ein gastlich Licht das Herz entzückt.

Moritz Gottl. Saphir, Schriften (1865). Poesien.

Liebesblüte. — Nein, du bist nicht zum Himmel zurückgekehrt, goldene Zeit! du umgibst noch jedes Herz in den Momenten, da sich die Blüte der Liebe erschließt.

Joh. Wolfg. von Goethe, Stella (1775). A. 2 (Stella).

— Ach! wie Blumen sich entfärben, | Wenn ein Hauch den Schmelz entführt, | Muß der Liebe Blüte sterben, | Von der Sünde Hauch berührt.

Luise Brachmann, Auserlesene Dichtungen (1824).

Liebesborn. — Selig, wer an der Liebe Born | Mäßig trinkt und bescheiden nur | Schlürft den goldenen Becher. Griech.: *Μάκαρες οἳ μετρίας θεοῦ | Μετά τε σωφροσύνας μετέ- | σχον λέκτρων Ἀφροδίτας.*

Euripides, Iphigenie in Aulis (um 407 v. Chr.). Übers. v. Minckwitz. V. 543—45 (Chor).

Liebesboten. — Zu Liebesboten taugen nur Gedanken, | Die zehnmal schneller fliehn als Sonnenstrahlen, | Wenn sie die Nacht von finstern Hügeln scheuchen. Engl.: **Love's heralds should be thoughts, | Which ten times faster glide than the sun's beams, | Driving back shadows over lowering hills.**

William Shakespeare, Romeo u. Julia (1595). Übers. v. Schlegel. A. 2, Sz. 5 (Julia).

Liebesbrauch. — Also ist auch | Inn lieb der prauch; | Da spannt man nicht zusammen | Zwey vngleich Herzen nur, | Sonder die zsammen kamen | Aus Anmut der Natur.

Joh. Friedr. Fischart, D. Philosophisch Ehzuchtbüchlin (1578). Tanz Liedlin.

— Kurz Lachen, langes Weinen, | Das ist der Liebe Brauch.

Emanuel Geibel, Neue Gedichte (1856). Verm. Gedichte. B. 1. Lieder zu Volksweisen. Nr. 3. Lieb u. Leid.

Liebesbuch. — Wunderlichstes Buch der Bücher | Ist das Buch der Liebe; | Aufmerksam hab' ich's gelesen; | Wenig Blätter Freuden, | Ganze Hefte Leiden! | Einen Abschnitt macht die Trennung, | Wiedersehn! ein klein Kapitel, | Fragmentarisch. Bände Kummers, | Mit Erklärungen verlängert, | Endlos, ohne Maß.

Joh. Wolfg. von Goethe, Westöstlicher Diwan. B. d. Liebe. Leseb. (ged. Ende 1815).

Liebesbund. — Die Trennung heißt der Liebe Bund erneuern.

Joh. Wolfg. von Goethe, Elpenor (1781). A. 1, Sz. 3 (Evadne).

Liebesdienst. — Freundschaft hält Stand in allen andern Dingen, | Nur in der Liebe Dienst und Werbung nicht. Engl.: **Friendship is constant in all other things, | Save in the office and affairs of love.**

William Shakespeare, Viel Lärm um Nichts (um 1598). Übers. v. Schlegel. A. 2, Sz. 1 (Claudio).

Liebesempfindung. — Dich (die Liebe) empfinden ist Rasen. Griech.: *Ὁ δ' ἔχων μέμηνεν.* Sophokles (um 496—406 v. Chr.), Antigone. Übers. v. Jordan. V. 785 (Chor).

— Wär' auch die ganze Welt mit Dornen rings umstellt, | Ein Herz, das Liebe fühlt, bleibt stets ein Rosenfeld.

A. d. Persischen d. Rûmî (um 1207—1273). Diwan. Übers. v. Rosenzweig.

Liebesfeuer. — Ach, von der Liebe, die wir geliebt, | Füllt uns ewig das wärmende Feuer, | Ob auch das Leben zu Asche zerstiebt.

Adolf von Schack, Gesammelte Werke (1882—1883). Lotosblätter.

Liebesflamme. — Trennung facht die Flamme (der Liebe) an, | Trennung ist's, die mehr als Amors Pfeile, | Mehr als Eidschwur — ewig fesseln kann.

Joh. Christoph Friedr. Haug, Sinngedichte (1791).

Liebesfreude. — Der Lieb frewde wehret so lang als ein Löffel von Brodt.

Christoph Lehmann, Politischer Blumen=Garten (1662). T. 1. Lieb. Nr. 47.

— Die Freude, welche die Liebe, die man nicht auszusprechen wagt, gewährt, hat ihr Schmerzliches, aber auch ihr Süßes. Franz.: **Le plaisir d'aimer sans l'oser dire a ses peines, mais aussi il a ses douceurs.**

Blaise Pascal, Gedanken (1670). Übers. v. Kleuker. Über d. Leidenschaften d. Liebe.

Liebesfreuden. — Willst du mit reinem Gefühl der Liebe Freuden genießen, | O, laß Frechheit und Ernst ferne vom Herzen dir sein! | Die will Amorn verjagen, und der gedenkt ihn zu fesseln; | Beiden das Gegenteil lächelt der schelmische Gott.

Joh. Wolfg. von Goethe, Gedichte. Epigramme (ged. Venedig 1790). Nr. 83.

— Alles fühlt der Liebe Freuden, | Schnäbelt, tändelt, herzet, küßt.

Emanuel Schikaneder, D. Zauberflöte (1790). A. 2, Sz. 14 (Monostato). Komp. v. Wolfg. Amadeus Mozart. (Erste Auff. am 30. Sept. 1791 in Wien.)

Liebesfunke. — Nur, wer den Liebesfunken in sich zur hellen Flamme anfacht, der erwärmt, der erleuchtet.

Moritz von Egidy, Ernste Gedanken (1890).

Liebesgewalt. — Der Glanz ist öde, der Ruhm ist kalt | Ohne der Liebe Allgewalt.

Ernst Eckstein, Murillo (1880).

Liebesglanz. — Was ist das Leben ohne Liebesglanz? | Ich werf' es hin, da sein Gehalt verschwunden.

Friedr. von Schiller, Wallensteins Tod (1799). A. 4, Sz. 12 (Thekla).

— Liebes Herz, du bist so ganz | Blöd und blind viel Tag und Nacht, | Bis ein leiser Liebesglanz | Dir die Welt zum Himmel macht.

Paul Heyse, Gesammelte Werke (1872). Gedichte. Jugendlieder. Verwandlung. Schlußv.

Liebesglück. — Unser süßester Beruf | Ist das Glück der Liebe.

Friedr. Wilh. Gotter, Gedichte. Lied (ged. 1771). Mel. v. Joh. David Scheidler (1787).

— Du kennst von Liebe nur, ach, ihre Schmerzen! | Lern' auch der Liebe Glück hier, Herz an Herzen!

Lorenzo da Ponte, Don Juan (1787). Komp. v. Wolfg. Amadeus Mozart. (Erste Auff. am 29. Okt. 1787 in Prag.)

— Kurz, von ihr geliebt zu werden | Scheinet mir das größte Glück.

Guter Mond, du gehst so stille usw. (um 1800). Volkslied u. =weise.

— Gibt es ein schön'res als der Liebe Glück?

Friedr. von Schiller, D. Braut v. Messina (1803). Garten (Beatrice).

Liebesglück. — ... stets kommt man aufs erste Liebesglück zurück. Franz.: ... l'on revient toujours | A ses premiers amours.

Charles Guillaume Etienne, Joconde (1814). A. 3, Sz. 1. Übers. v. Zimmermann. Komp. v. Nicolo Isonard.

— ... o daß es ewig bliebe! — | Das Doppelglück der Töne wie der Liebe.

Joh. Wolfg. von Goethe, Gedichte. Lyrisches. Trilogie d. Leidenschaft. Aussöhnung (ged. 16.—18. Aug. 1823). Schlußv.

— Schmeckt in voller Zärtlichkeit | Alles Glück der Liebe; | Folgt, wie die Natur gebeut, | Ihrem heil'gen Triebe! Heil d. Manne, d. sich freut usw.

Volkslied u. -weise.

Liebesglut. — Bei Geld und Gut | Wächst Liebesglut. Sprichwort.

Liebesgott. — Ach, daß der Liebesgott trotz seinen Binden | Zu seinem Ziel stets Pfade weiß zu finden! Engl.: Alas, that love, whose view is muffled still, | Should, without eyes, see pathways to his will!

William Shakespeare, Romeo u. Julia (1593). Übers. v. Schlegel. A. 1, Sz. 1 (Romeo).

Liebeshand. — Ein Geschenk aus der Hand der Liebe, — da darf es der Bettler mit dem Fürsten aufnehmen.

Aug. von Kotzebue, D. Versöhnung (1798).

Liebeshand. — Und ist dir alles Glück beschieden, | Es ist doch nichts als leerer Tand, | Hast du gefunden nicht hienieden | Der treuen Liebe Segenshand. Emil Rittershaus, Neue Gedichte (1871). Liebe. Eine Hand.

Liebeshauch. — Das stärkste Band | Des Blutes reißt der Liebe Hauch entzwei.

Theod. Körner, D. Sühne (ged. Febr. 1812). Sz. 6 (Konrad).

Liebesheirat. — Aus Liebe heiraten, heißt gemeiniglich: aus Drang sinnlicher Triebe, ohne Überlegung und ohne alle Rücksicht auf das wahre und bleibende Glück einer guten Ehe sich verbinden.

Theod. Gottl. von Hippel, Über d. Ehe (1774). K. 6. Zum Besten d. Jünglinge.

— Heiraten mit der Lieb', hausen mit'n Glück. Sprichwort. Eisaktal.

— Trutschele, Meuschele, | Herzele kläns, | Vor lauter Liab heirät' nur, | Geld brauch' m'r kans.

Kärntner Schnaderhüpfl.

Liebesherrschaft. — Ich bin so sehr nicht aus der Art geschlagen, | Daß ich der Liebe Herrschaft sollte schmähn.

Friedr. von Schiller, D. Jungfrau v. Orleans (1801). A. 1, Sz. 2 (Dunois).

Liebeskelch. — Kein Endlicher mißt ihrer Freuden Kette, | Wer nicht den Kelch der Liebe trank.

Ludw. Hölty, Gedichte. Verm. Gedichte. D. Seligkeit d. Liebenden (ged. 1776). Schlußv. Mel. v. Joh. Abraham Peter Schulz (1779) u. Friedr. Heinr. Himmel (komp. 1805).

Liebeskelch. — Schneller noch als Lethes Fluten | Um der Toten stilles Haus | Löscht der Liebe Kelch den Guten | Jedes Fehls Erinn'rung aus. Joh. Wolfg. von Goethe, Gedichte. Kantaten. Deutscher Parnaß (ged. Juni 1798).

— Erst, wer der Liebe Kelch genossen, | Wem sie des Geistes Blick gefeit, | Dem ist das Leben aufgeschlossen | In seiner ganzen Herrlichkeit.

Gottfr. Kinkel, Gedichte (1843).

Liebesketten. — Aus Rosenketten der Liebe | Vermagst du noch leicht dich zu lösen, zu retten, | Diamant'ne Bande schlingt sie dir | Aus Tränenperlenketten.

Rob. Hamerling, Blätter im Winde (1887).

Liebeskraft. — Die Tat allein beweist der Liebe Kraft.

Joh. Wolfg. von Goethe, D. natürliche Tochter (1803). A. 5, Sz. 9 (Gerichtsrat).

— O süße Zauberkraft der Liebe! | Ich fühle dein allmächtig Wehn; | Wenn nichts im Leben heilig bliebe, | Dein schönes Reich wird doch bestehn!

Theod. Körner, Alfred d. Große (ged. 1810). A. 2, Sz. 2 (Alwina). Komp. v. Joh. Phil. Schmidt.

Liebeskranke, der. — Des Frühlings verschwendete Gaben, | Die um uns düften und fließen, sind arm dem Kranken vor Liebe; | Aurora glühet ihm tödlich, ihm dünkt die Sonne verfinstert.

Ewald Christ. von Kleist, Sämtl. Werke (1760). Gedichte. V. d. Schmerzen d. Liebe.

Liebeskranz. — Es ist ein holder, freundlicher Gedanke, | Daß über uns, in unermeßnen Höhn, | Der Liebe Kranz aus funkelnden Gestirnen, | Da wir erst wurden, schon geflochten ward.

Friedr. von Schiller, D. Piccolomini (1799). A. 3, Sz. 4 (Thekla).

Liebesküsse. — Es ist nichts über | Jelängerjelieber | Und nichts so honigsüße | Als reine Liebesküsse. Inschrift auf einer Denkmünze (1569).

Liebeslohn. — Der Liebe Lohn ist: was sie liebt, und daß sie liebt.

Bernh. von Clairvaux (1091—1153).

Liebeslust. — Das höchste Glück hat keine Lieder, | Der Liebe Lust ist still und mild; | Ein Kuß, ein Blicken hin und wieder, | Und alle Sehnsucht ist gestillt.

Emanuel Geibel, Gesammelte Werke. Gedichte. Jugendgedichte. B. 1. Lübeck u. Bonn (ged. 1834—1835). Lieder. Nr. 22. Schlußv.

Liebesmacht. — Ich bete an die Macht der Liebe, | Die sich in Jesu offenbart.

Gerhard Tersteegen, Geistl. Blumengärtlein inniger Seelen (1727). Anbetung. Mel. v. D. Bortniansky.

— Was übersteigt der Liebe Allvermögen?

Christoph Martin Wieland, Oberon (1780). Ges. 5, Str. 8.

— Bist du die erste, die der Liebe Macht | Empfindet? Friedr. von Schiller, Phädra (1805). A. 4, Sz. 6 (Önone).

Liebesmacht. — Unendlich ist der Liebe Macht! Jos. Gottfr. von Herder, D. Cid (1806). B. 1, Ges. 14 (Rodrigo).

— Das eben ist der Liebe Zaubermacht, | Daß sie veredelt, was ihr Hauch berührt, | Der Sonne ähnlich, deren gold'ner Strahl | Gewitterwolken selbst in Gold verwandelt.
Frz. Grillparzer, Sappho (1822). A. 1, Sz. 5 (Sappho).

Liebesmahnen. — Pochst du lauter nach den Bahnen | Kühner Taten, junges Herz? | Oder zieht das süße Mahnen | Dich der Liebe heimatwärts?
Nicolaus Lenau (Niembsch, Edler von Strehlenau), Gedichte (1832). D. Werbung.

Liebesmeer. — Verzicht', o Herz, auf Rettung, dich wagend in der Liebe Meer, | Denn tausend Nachen schwimmen zertrümmert am Gestad' umher!
Georg Friedr. Daumer, Hafis (1846). Türkisch.

Liebesmund. — Der Liebe Mund | Küßt auch den Hund.
Alter Spr.

Liebesmyrte. — Die Myrte der Liebe gedeiht nur in dem Garten der Treue.
Russisches Sprichwort.

Liebesnot. — Ach, das Ende ist so trübe! | Nach der holden Liebesnot | Kommen Nöten ohne Liebe; | Nach dem Leben kommt der Tod.
Heinr. Heine, Neue Gedichte. Verschiedene (geb. 1832—1839). Emma. Nr. 6. Schlußv.

Liebesoffenbarung. — . . . es ist der Geister Nahrung, | Die im frei'sten Äther waltet, | Ewigen Liebens Offenbarung, | Die zur Seligkeit entfaltet.
Joh. Wolfg. von Goethe, Faust, II (1831). A. 5. Bergschluchten, Wald, Fels, Einöde (Pater Seraphicus).

Lieböl. — Nicht alles Gut' ist gut. | Mensch, überred dich nicht! | Was nicht im Lieböl brennt, das ist ein falsches Licht.
Angelus Silesius (Joh. Scheffler), Cherubinischer Wanders-Mann (1675). B. 5, Nr. 112. Nicht alles Gute ist gut.

Liebespaar. — . . . des Schicksals eh'rner Wille | Bricht sich, wie Wellen sich an Felsen brechen, | Am festen Glauben eines treuen Paars.
Theod. Körner, Zriny (geb. Juni 1812). A. 2, Sz. 8 (Juranitsch).

— Kein Liebespaar kann immer kosen.
Friedr. von Bodenstedt, D. Lieder d. Mirza-Schaffy (1851). Verm. Gedichte u. Spr. Nr. 9. Rosen u. Dornen.

Liebesparoxysmus. — Ein Fieberparoxysmus fängt mit Frost an und endigt mit Hitze. Beim Liebesparoxysmus ereignet sich das Umgekehrte.
Abraham Gotthelf Kästner, Verm. Schriften (1783). Kleinere prosaische Aufsätze. Zweierlei Paroxysmen.

Liebespein. — Nichts süßer ist als Liebespein, | Nichts lustiger als Liebesklagen, | Nichts fröhlicher als Liebesnot, | Nichts seliger als Liebestod.
Ernst Moritz Arndt, Gedichte. Was Goldringelein sagen soll (geb. 1813).

Liebespein. — Der Liebe narbenvolle Pein. Engl.: Love shown by many a bitter sign.
George Gordon Lord Byron, D. Giaur (1813). Übers. v. Heichen. Abschnitt 22, V. 13.

Liebespfeil. — Dein (der Liebe) Pfeil mit Weh | Trifft Hirsch und Reh; | Doch nicht entrafft | Sie gleich der Schaft, | Er kitzelt nur die Wunde. Engl.: For, oh! love's bow | Shoots buck and doe: | The shaft confounds | Not that it wounds, | But tickles still the sore.
William Shakespeare, Troilus u. Cressida (um 1609). Übers. v. Schlegel. A. 3, Sz. 1 (Pandarus).

Liebespfeile. — Ich (der Köcher Amors) trage die süßesten | Pfeile der Wonne; | Ich fasse die bittersten | Pfeile der Schmerzen; | Olympus, Erebus | Ruhen in mir.
Friedr. (Maler) Müller, Gedichte. Auf Amors Köcher (1792).

Liebesqual. — O schau' nur ein einzigsmal | Mitleidsvoll in meine Liebesqual!
Liebesqual. Schwäbisches Volkslied.

Liebesrebe. — Die Achtung ist nicht die Wurzel, aus welcher die Rebe der Liebe erwächst; aber sie ist die Ulme, an der jene sich aufrankt und ihre köstlichen Früchte reift.
Christ. Friedr. Wilh. Jakobs, Ährenlese (1823—1825). Bd. 2.

Liebesrichter. — Mein Herz | Versprech' ich Ihnen, soll allein und ewig | Der Richter meiner Liebe sein.
Friedr. von Schiller, Don Carlos (1781). A. 4, Sz. 21 (Königin).

Liebesrosen. — Nur die Jugend pflückt der Liebe Rosen.
Aug. von Kotzebue, D. Graf v. Burgund (1798).

Liebesruf. — Der Liebe erster Ruf | Ergreift die Mädchenseele mädchenhaft, | Wie sie den Jüngling jugendlich begeistert, | Daß er nach Kampf und kühner Tat verlangt.
Theod. Körner, Zriny (geb. Juni 1812). A. 2, Sz. 1 (Eva).

Liebessaat. — Wenn in deines Herzens Tiefen nur die Saat der Liebe sprießt, | Gleich ist's, ob du in Moscheen oder Götzentempeln kniest; | Hast du in das Buch der Liebe deinen Namen eingeschrieben, | Nicht mehr denkst du dann an Strafe oder an Belohnung drüben.
A. d. Persischen d. Omar Chijam (12. Jahrh). Vierzeiler. Übers. v. Schack.

Liebesscherz. — Wie ein Land ohne Herrn, | Wie die Nacht ohne Stern, | Wie der Becher ohne Wein, | Wie der Vogel ohne Hain, | Wie ohn' Aug' ein Gesicht, | Wie ohne Reim ein Gedicht: | So ohne der Liebe Scherz und Schmerz | Das Herz.
Wilh. Müller, Gedichte (1837). Epigramme. 1. Hundert, Nr. 10. Was ist d. Herz ohne Liebe?

Liebesschmerzen. — Das süßeste Glück für die traurende Brust | Nach der schönen Liebe verschwundener Lust | Sind der Liebe Schmerzen und Klagen.

Friedr. von Schiller, Gedichte. D. Mädchens Klage (ged. 1798). Schlußv. Mel. v. Joh. Friedr. Reichardt (1810), Joh. Rudolf Zumsteeg, Frz. Schubert u. a.

— Süße Mutter aller Dinge (Liebe), | Gerne trag' ich deine Schuld, | Gerne will ich alles leiden, | Deine Schmerzen, deine Freuden, | Denn du mischest mild zu beiden | Unaussprechlich süße Huld.

Ernst Moritz Arndt, Gedichte. Gebet an d. Liebe (ged. 1809).

— Ach, mich tötet ihr Gesinge | Von erlog'nen Liebesschmerzen!

Heinr. Heine, Reisebilder. T. 1. D. Harzreise (1824).

— Ist Einer, der um ihre (der Liebe) Schmerzen | Nicht alles trüg' in seinem Herzen?

Karl Immermann, Tristan u. Isolde (1841). Vorspiel.

Liebesschwur. — . . . wie sie sagen | Lacht Jupiter des Meineids der Verliebten. Engl.: **At lovers' perjuries, | They say, Jove laughs.**

William Shakespeare, Romeo u. Julia (1593). Übers. v. Schlegel. A. 2, Sz. 2 (Julia).

Liebesschwüre. — Weiß ich doch, | Wenn das Blut kocht, wie das Gemüt der Zunge | Freigebig Schwüre leiht. Engl.: **I do know | When the blood burns, how prodigal the soul | Lends the tongue vows.**

William Shakespeare, Hamlet (1601—1602). Übers. v. Schlegel. A. 1, Sz. 3 (Polonius).

— Liebesschwüre dringen nicht zum Himmel.

Sprichwort.

Liebessegen. — Sie (die Liebe) segnet und befruchtet, sie verleiht die Lust, | Die alle Wesen dieser Welt ans Licht gebiert. Griech.: *Ἡδ' ἐστὶν ἡ σπείρουσα καὶ διδοῦσ' ἔρον, | Οὗ πάντες ἐσμὲν οἱ κατὰ χθόν' ἔκγονοι.*

Euripides, Hippolytos (um 428 v. Chr.). Übers. v. Minckwitz. V. 449—50 (Amme).

— Alles fühlt der Liebe Segen, | Lüftchen hauchen Lieb' entgegen, | Bräutlich ist die Flur geschmückt.

Wilh. Gottl. Becker, Taschenb. zum geselligen Vergnügen. Frühlingsempfindung (ged. 1781). Mel. v. Joh. Frz. Xaver Sterkel.

Liebessehnsucht. — Der Liebe Sehnsucht fordert Gegenwart.

Joh. Wolfg. von Goethe, D. natürliche Tochter (1803). A. 3, Sz. 2 (Herzog).

— Sehnsucht der Liebe schlummert nie, | Sehnsucht der Liebe wacht spät und früh.

Theod. Körner, Knospen (1810). Sehnsucht d. Liebe. Schlußv.

Liebesseufzer. — Is ka' Bergl so hoch, | Is ka' Wölkl so dick, | Dåß i meine Seufzer | Nit drüber derschick'. Kärntner Schnaderhüpfl.

Liebessitte. — Drum folg' ich diesem Spruch der Liebessitte: | Gewähren wird Befehl, Versagen Bitte. Engl.: **Therefore this maxim out of love I teach, — | Achievement is command; ungain'd, beseech.**

William Shakespeare, Troilus u. Cressida (um 1609). Übers. v. Graf Baudissin. A. 1, Sz. 2 (Cressida).

Liebessorgen. — Doch ach! den sterblichen Menschen | Lässet die Sorge nicht los, eh' ihn das Leben verläßt. | Soll es einmal denn sein, so kommt ihr, Sorgen der Liebe, | Treibt die Geschwister hinaus, nehmt und behauptet mein Herz!

Joh. Wolfg. von Goethe, Gedichte. Verm. Gedichte. Süße Sorgen (ged. Nov. 1788).

Liebesstern. — Seht nach dem Stern der Liebe, meine Kinder; aber du, schöne Jungfrau, vergiß auch nicht den Stern des kindlichen Gehorsams; es ist ein edles Gestirn, folge ihm bis zur Entsagung; — in das Verderben jedoch darfst du ihm nicht folgen.

Wilh. Raabe, D. Leute a. d. Walde, ihre Sterne, Wege u. Schicksale (1863). Bd. 3.

Liebesstrahl. — Das ist der Liebe heil'ger Götterstrahl, | Der in die Seele schlägt und trifft und zündet, | Wenn sich Verwandtes zum Verwandten findet, | Da ist kein Widerstand und keine Wahl.

Friedr. von Schiller, D. Braut v. Messina (1803). Zimmer im Palast (Don Manuel).

Liebesstreit. — Der Liebenden Streit erneuert die Liebe. Lat.: **Amantium irae amoris integratio est.**

Publ. Terentius Afer (um 185—155 v. Chr.), D. Mädchen v. Andros. Übers. v. Donner. A. 3, Sz. 3, V. 23 (Simo).

— Wenn die Liebenden sich zanken, so wächst die Liebe um ein Palmblatt.

Arabisches Sprichwort.

— Der Türk und der Ruß, | Die zwoa gehn mi nix an. | Wenn i nur mit der Gretel | Koan Kriegshandl han. Kärntner Schnaderhüpfl.

Liebestaumel. — Weder Zauber, noch Kraut, noch Salbe wird | Für den Liebestaumel gefunden; | Denn ewig umher der Kranke irrt, | Und nimmer kann er gesunden.

Peter von Bohlen, Bhartriharis Spr. (1835).

Liebestraum. — Schwalben ziehen, Blätter fallen; | So zerfließt der Liebe Traum!

Aug. Graf von Platen-Hallermund, Gedichte. Lieder u. Romanzen. Mädchens Nachruf (ged. 1813). Schlußv.

Liebestreue. — Nur Lieb und Treu | Macht Liebe neu, | Das darfst du nie vergessen.

Reimspr. (16. Jahrh.).

— Laub und Gras, das mag verwelken, | Aber treue Liebe nicht. — | Kommst mir wohl aus meinen Augen, | Doch aus meinem Herzen nicht.

Volkslied.

Liebestür. — Der nächste Weg zu Gott ist durch der Liebe Thür. | Der Weg der Wissenschaft bringt dich gar langsam für.

Angelus Silesius (Joh. Scheffler), Cherubinischer Wanders=Mann (1675). B. 5, Nr. 320. D. nächste Weg zu Gott.

Liebestyranneien. — Und — Liebe weiß es! — Liebestyrannei'n | Sind schmerzlicher als off'nen Hasses Wut! Engl.: And yet, love knows, it is a greater grief | To bear love's wrong, than hate's known injury.

William Shakespeare, Sonette (1609). Übers. v. Bodenstedt. Abteilung 2, Nr. 50.

Liebesverlangen. — Wenn in der Jugend Blüte | Sich regt in Herzenstiefen | Ein zärtliches Verlangen, | Erwacht zugleich mit ihm ein müdes Bangen, | Ein schmachtend Todessehnen im Gemüte. Ital.: Quando novellamente | Nasce nel cor profondo | Un amoroso affetto | Languido e stanco insiem con esso in petto | Un desiderio di morir si sente.

Giacomo Leopardi, Liebe u. Tod (1836). Übers. v. Heyse.

Liebeswahnsinn. — Liebeswahnsinn! Pleonasmus! | Liebe ist ja schon ein Wahnsinn!

Heinr. Heine, Atta Troll (1847). K. 19.

Liebeswalten. — Des Erdenlebens ganze Seligkeit | Keimt in zwei Herzen, wo die Liebe waltet. Theod. Körner, Hedwig (ged. Sept. 1812). A. 2, Sz. 4 (Jul.).

— Waltete Liebe nicht, ewige Güte, | Irdisches triebe nicht himmlische Blüte.

Rob. Hamerling, Sinnen u. Minnen (1860).

Liebeswelt. — Sechs Tage gnügten kaum dem Schöpfungstriebe; | Ein Augenblick erschafft die Welt der Liebe!

Karl Immermann, Tristan u. Isolde (1841). Rivalin u. Blancheflur.

Liebeswerk. — Das höchste Liebeswerk, das Menschen ist verliehn | Zu tun, ist: andere zur höchsten Liebe ziehn.

Friedr. Rückert, D. Weisheit d. Brahmanen (1836—1839). B. 13, Nr. 74. (Stufe 7. Erkenntnis. Nr. 140.)

Liebeswonne. — Der Liebe Wonne flieht des Lauschers Ohr, | Sie flieht des Strahles unbescheid'nen Zeugen.

Friedr. von Schiller, Gedichte. D. Erwartung (ged. 1796).

Liebeswort. — Such' der Liebe treues Wort, | Such' das Menschenherz, das warme; | Und die Gottheit grüßt dich dort!

Emil Rittershaus, Neue Gedichte (1871). Gott u. Natur. In d. Menschenbrust. Schlußv.

Liebeszauber. — Wie glücklich, wie selig, wer selbst sich besitzt | Und borgt nicht von andern, was lieb ihm und nützt, | Und leiht nicht dem Zauber der Liebe sein Ohr | Und wird nicht durch Ächzen und Lechzen ein Tor.

Joh. Gottfr. von Herder, Stimmen d. Völker in Liedern (1807). Abteilung 2, B. 3, Nr. 39. Wider d. Liebesschmachten. Engl.

Liebeszauber. — Du lehrtest mich der Liebe Zauber kennen, | Der Liebe, deren Glück das Los der Götter, | Und deren Schmerz selbst noch Entzücken ist!

Friedr. Halm (Elegius Frz. Jos. Freiherr von Münch=Bellinghausen), D. Sohn d. Wildnis (1842). A. 5 (Ingomar).

— Keine Macht, soweit der Himmel reicht, | Die nicht dem Zauber der Liebe weicht.

Leop. Jacoby, Cunita (1884).

Liebeszeiten. — Ungerecht bleiben die Männer; und die Zeiten der Liebe vergehen.

Joh. Wolfg. von Goethe, Hermann u. Dorothea (1797). Terpsichore.

Liebeszorn. — Liebeszorn ist neuer Liebeszunder. Sprichwort.

Liebhaben. — ... wenn ich dich liebhabe, was geht's dich an!

Joh. Wolfg. von Goethe, Wilh. Meisters Lehrjahre (1777—1796). B. 4, K. 9.

Liebhaber, der. — Man sagt, jeder Liebhaber schwöre mehr zu vollbringen, als ihm möglich ist. Engl.: They say, all lovers swear more performance than they are able.

William Shakespeare, Troilus u. Cressida (um 1609). Übers. v. Schlegel. A. 3, Sz. 2 (Cressida).

— Ein Narr ist eher von der Narrheit zu curirn als ein Liebhaber von der Lieb.

Christoph Lehmann, Politischer Blumen=Garten (1662). T. 1. Lieb. Additio. Nr. 7.

— Einem Liebhaber, der den Vater zu Hilfe ruft, trau' ich ... keine hohle Haselnuß zu.

Friedr. von Schiller, Kabale u. Liebe (1784). A. 1, Sz. 2 (Miller).

— Ziemt keinem Soldaten noch Liebhaber, den Arm eingewickelt zu haben.

Joh. Wolfg. von Goethe, Egmont (1788). A. 3. Klärchens Wohnung (Klärchen).

— Für kein' Liebhaber halt' ich dich, | Wenn du das Meine mehr liebst als mich. Alter Spr.

— Ein Schlag vom Liebhaber ist eine Rosine. Arabisches Sprichwort.

Liebhaber, die. — Die Liebhaber sind so pünktlich wie die Sonne.

Joh. Wolfg. von Goethe, Jery u. Bätely (1779). (Bätely).

— Liebhaber kommen immer der Glocke zuvor. Sprichwort.

Lieblichkeit. — Lieblichkeit | Bedarf des Schmuckes fremder Hilfe nicht, | Ganz ungeschmückt, am herrlichsten geschmückt. Engl.: Loveliness | Needs not the foreign aid of ornament, | But is when unadorn'd, adorn'd the most.

James Thomson, D. Jahreszeiten. D. Herbst (1730). Übers. v. Soltau.

Liebling. — Willst du der Leute Liebling sein, | Sei scharmant und sei gemein! | Was sie nicht können, und was sie nicht fassen, | Sie werden's verspotten oder hassen.

Wilh. Müller, Gedichte (1837). Epigramme. 2. Hundert, Nr. 78. Gesellige Liebenswürdigkeit.

Liebreich. — ... was ist göttlicher, als wenn du liebreich bist | Und mit Vergnügen eilst, dem Nächsten beizustehen!

Christ. Fürchtegott Gellert, Fab. u. Erz. (1746). B. 1. D. arme Schiffer.

Liebschaft. — Lange Liebschaft, schwere Gefangenschaft. Sprichwort.

— Liebschaft duldet keine Gemeinschaft. Sprichwort.

Liebste, das. — Für unser Liebstes in Entbehrung dulden, | O, aller Wonnen Wonn', o Huld der Hulden!

Friedr. de la Motte Fouqué, Gedichte (1816—1827).

Liebste, die. — Der Liebsten Thränen sind's, die oft den klügsten Mann | Bethören, daß er schwarz von weiß nicht sondern kan.

Friedr. von Logau, Deutsche Sinn=Getichte (1654). Mädchenthränen.

— Wenn ich bei meiner Liebsten bin, | Dann geht das Herz mir auf; | Dann bin ich reich in meinem Sinn | Und biet' die Welt zu Kauf. | Doch wenn ich wieder scheiden muß | Aus ihrem Schwanenarm, | Dann schwindet all mein Überfluß, | Und ich bin bettelarm.

Heinr. Heine, D. B. d. Lieder. Anhang älterer Gedichte (ged. 1816—1824). Zu d. Liedern. Nr. 4.

— Kein größer Freud' auf Erden ist, | Als wer bei seiner Liebsten ist, | Bei seiner Liebsten alleine! Altes Volkslied.

Lied. — So ein Lied, das Stein' erweichen, | Menschen rasend machen kann.

Magnus Gottfr. Lichtwer, Vier B. Äsopischer Fab. (1748). B. 1, Nr. 21. D. Katzen u. d. Hausherr.

— Stimmt an mit hellem, hohen Klang, | Stimmt an das Lied der Lieder!

Nach Matthias Claudius, Sämtl. Werke d. Wandsbecker Boten. T. 1. Mein Neujahrslied (ged. 1772). Mel. v. Albert Methfessel (komp. 1811).

— Das Lied war zu vergleichen | Dem Unkenruf in Teichen.

Gottfr. Aug. Bürger, Gedichte. Lenore (ged. Winter 1773).

— In allen guten Stunden, | Erhöht von Lieb' und Wein, | Soll dieses Lied verbunden | Von uns gesungen sein!

Joh. Wolfg. von Goethe, Gedichte. Gesellige Lieder. Bundeslied (ged. 10. Sept. 1775). Mel. v. Joh. Friedr. Reichardt (komp. 1793).

— Das Wesen des Liedes ist Gesang, nicht Gemälde; seine Vollkommenheit liegt im melodischen Gange der Leidenschaft oder Empfindung, den man mit dem alten, treffenden Ausdruck: Weise nennen könnte.

Joh. Gottfr. von Herder, Stimmen d. Völker in Liedern. Abteilung 1, Nr. 3. Vorrede d. Volkslieder (1778—1779).

Lied. — Lied muß gehört werden, nicht gesehen; gehört mit dem Ohr der Seele, das nicht einzelne Silben allein zählt und mißt und wäget, sondern auf Fortklang horcht und in ihm fortschwimmet.

Joh. Gottfr. von Herder, Stimmen d. Völker in Liedern. Abteilung 1, Nr. 3. Vorrede d. Volkslieder (1778—1779).

— Das Lied, das aus der Kehle dringt, | Ist Lohn, der reichlich lohnet.

Joh. Wolfg. von Goethe, Gedichte. Balladen. D. Sänger (ged. 1783). Mel. v. Joh. Friedr. Reichardt.

— ... soll mein Lied die besten Männer wecken, | So muß es auch der besten würdig sein.

Joh. Wolfg. von Goethe, Torquato Tasso (1789). A. 4, Sz. 4 (Tasso).

— Daß von des Sinnes niederm Triebe | Der Liebe beßrer Keim sich schied, | Dankt er (der Mensch) dem ersten Hirtenlied.

Friedr. von Schiller, Gedichte. D. Künstler (ged. 1789).

— Man sollte ... alle Tage wenigstens Ein kleines Lied hören, Ein gutes Gedicht lesen, Ein treffliches Gemälde sehen und, wenn es möglich zu machen wäre, einige vernünftige Worte sprechen!

Joh. Wolfg. von Goethe, Wilh. Meisters Lehrjahre (1777—1796). B. 5, K. 1.

— Wie in den Lüften der Sturmwind saust, | Man weiß nicht, von wannen er kommt und braust, | Wie der Quell aus verborgenen Tiefen, | So des Sängers Lied aus dem Innern schallt | Und wecket der dunkeln Gefühle Gewalt, | Die im Herzen wunderbar schliefen.

Friedr. von Schiller, Gedichte. D. Graf v. Habsburg (ged. 25. April 1803).

— Ein Lied in Ehren, | Wer will's verwehren?

Joh. Peter Hebel, Alemannische Gedichte (1803). Übertragung v.: Ne Gsi. in Ehre, | Wer will's verwehre? Mel. v. Ludw. Erk (komp. 1831).

— Ein frohes Lied, aus voller Brust, | Macht froh den Lebensgang.

Aug. Mahlmann, Sämtl. Schriften. Gedichte. Weinlied (ged. 1803). Komponist unbek.

— Bist matt und müd, so sing' ein Lied | Aus Herzenslust; das stärkt die Brust!

Ludw. Achim von Arnim, Wintergarten (1809). Soldaten=Katechismus.

— Ein gutes Lied aus vollem Menschenherzen | Hat eine stille, wunderbare Kraft, | Und wenn der Friede in den Tönen flüstert, | Kommt auch der Friede in die wunde Brust.

Theod. Körner, D. Fischermädchen oder Haß u. Liebe (ged. Dez. 1811). Sz. 1 (Anselmo). Komp. v. Joh. Paul Schmidt.

— Das Lied ist eine Steppe, | Durch welche Dschinnen (gute Genien) wanken | Mit zartem Kleid von Kreppe, | Um das sich Rosen ranken; | Versmaße sind die Schleppe | Am Blumenkleid, dem blanken; | Reimpaare sind die Treppe | Zum Duftkelch der Gedanken.

A. d. Persischen d. Hussein Ali Mirza (geb. 1814). B. d. Dichtung. Übers. v. Altmann.

Lied. — . . . die tiefsten Gefühle der Brust, Lieb' atmende Sehnsucht, | Weckt ein melodisches Lied, das die Begeisterung schuf.

Karl Gustav von Brinckmann, Elegien u. Arabesken (1820).

— Doch sich in ein Lied zu finden, | Das die Seele bringt hervor, | Muß man selber was empfinden, | Lieber alter Herr Major!

Aug. Graf von Platen=Hallermund, Gedichte. Verm. u. Gelegenheitsgedichte. Antwort an d. Ramlerianer (ged. 1823).

— Ein kurzes Lied, das wirklich Leben sprudelt, | Das wirklich trägt an seiner Stirn die Weihe, | Kommt mehr zuletzt in aller Menschen Hände | Als hundert starke, doch gekleckste Bände.

Aug. Graf von Platen=Hallermund, D. verhängnisvolle Gabel (1826). A. 3 (Schmuhl).

— Das deutsche Lied, der deutsche Laut | Sind frei so wie Gedanken.

Adelbert von Chamisso (Louis Charles Adelaide Chamisso de Boncourt), Gedichte. Lieder u. lyrisch=epische Gedichte. Liederstreit (ged. 1827).

— Frei schallt aus freier Brust das deutsche Lied.

Adelbert von Chamisso (Louis Charles Adelaide Chamisso de Boncourt), Gedichte. Gelegenheitsgedichte. Nachhall (ged. 1833).

— Und buhlt mein Lied, auf Weltgunst lauernd, | Um schnöden Sold der Eitelkeit; | Zerschlag' mein Saitenspiel, und schauernd | Schweig' ich vor dir (Gott) in Ewigkeit.

Jos. Freiherr von Eichendorff, Gedichte. Geistl. Gedichte. Morgengebet (1834). Schlußv.

— . . . dem Born der Tränen immer | Gern entquillt ein echtes Lied.

Justinus Kerner, Dichtungen (1834). Lieder d. Schmerzes. An einen Dichterfreund.

— Das Lied, das Lied hat Flügel.

Emanuel Geibel, Gesammelte Werke. Gedichte. Jugendgedichte. B. 1. Lübeck u. Bonn (ged. 1834—1835). Spielmanns Lied.

— Gleichwie auf dunklem Grunde | Der Friedensbogen blüht, | So durch die böse Stunde | Versöhnend geht das Lied.

Jos. Freiherr von Eichendorff, Gedichte (1837). Sängerleben. Spr. Nr. 4.

— Schläft ein Lied in allen Dingen, | Die da träumen fort und fort, | Und die Welt hebt an zu singen, | Triffst du nur das Zauberwort.

Jos. Freiherr von Eichendorff, Gedichte. Wünschelrute (1838).

— Mein ganzer Reichtum sei mein Lied!

Georg Herwegh, Gedichte eines Lebendigen. Leicht Gepäck (ged. 1840). Schlußv. Mel. v. A. Scharschmidt (1848).

— Wie gerne dir zu Füßen | Säng' ich mein schönstes Lied!

Moritz Graf Strachwitz, Neue Gedichte (1848). Mel. v. Eduard Lassen.

Lied. — Sein Lied war deutsch und deutsch sein Leid, | Sein Leben Kampf mit Not und Neid; | Das Leid flieht diesen Friedensort, | Der Kampf ist aus; — sein Lied tönt fort.

Inschrift auf Albert Lortzings Grab auf d. Sophienkirchhofe zu Berlin (1851).

— Der Maulwurf hört in seinem Loch | Ein Lerchenlied erklingen | Und spricht: Wie sinnlos ist es doch, | Zu fliegen und zu singen!

Emanuel Geibel, Gedichte u. Gedenkblätter (1864). Spr. Nr. 20.

— O Lied, du bist ein Stern der Nacht, | Du bist ein Kind von Lust und Qual! | Es glänzt in bunter Farbenpracht | Nur der gebroch'ne Sonnenstrahl. Emil Rittershaus, Neue Gedichte (1871).

— Laß vom Schönen dich erfüllen, | Liebesglut dein Herz durchdringen; | Kannst du's dann im Lied enthüllen, | Wird's zu andern Herzen klingen!

Friedr. von Bodenstedt, A. d. Nachlasse Mirza=Schaffys (1874). B. 2. Reben u. Leben. Nr. 8.

— Ein Friedenskuß zu aller Zeit, | Es ist ein Lied in Lust und Leid.

Friedr. Güll, Leitstern auf d. Lebensfahrt (1881).

— Der Deutsche kann sich der Wirkung des Liedes nicht entziehen; er kommt in die richtige Stimmung, wenn er Musik hört.

Otto von Bismarck zu d. Mitgliedern d. Barmer Gesangvereins Orpheus in Kissingen (18. Aug. 1893).

— Ein kleines Lied, wie geht's nur an, | Daß man so lieb es haben kann, | Was liegt darin? Erzähle! | Es liegt darin ein wenig Klang, | Ein wenig Wohllaut und Gesang | Und eine ganze Seele.

Marie von Ebner=Eschenbach, Aphorismen (1893).

— Ein gut Lied mag man dreimal singen.

Sprichwort.

— Ein lustig Lied | Macht ein fröhlich Gemüt.

Sprichwort.

— Kein so gut Lied, | Man wird sein müd'.

Sprichwort.

— Man fang' das Lied zu hoch nicht an, | Daß man's zu Ende singen kann. Sprichwörtl.

— Ein Lied davon singen können (aus eigener Erfahrung darüber mitsprechen können).

Sprichwörtl. Redensart.

— Dat iss'n old (alt) Leed.

Sprichwörtl. Redensart. Münsterisch.

— Jedes Menschenlied soll merken lan, | Daß man auf der Welt noch jung sein kann.

Wartburgspr. Architektenstüblein.

Lieder. — Zwar herrlich ist die liedeswerte Tat; | Doch schön ist's auch, der Taten stärkste Fülle | Durch würd'ge Lieder auf die Nachwelt bringen. Joh. Wolfg. von Goethe, Torquato Tasso (1789). A. 2, Sz. 1 (Prinzessin).

— Himmlische Lieder | Schallen darein.

Joh. Wolfg. von Goethe, Gedichte. Lieder. Frühzeitiger Frühling (ged. März 1802). Mel. v. Karl Friedr. Zelter (komp. 1802).

Lieder. — Kein Ding schickt sich, dünkt mich, daß | Als ein Trunk und gute Lieder.

D. Knaben Wunderhorn (1806—1808). Überdruß d. Gelahrtheit.

— Wie der Schnabel, so die Lieder; | Wie der Flug, so das Gefieder.

Joh. Daniel Falk, Satirische Werke (1817).

— Ich wollte, meine Lieder, | Das wären Blümelein! | Ich schicke sie zu riechen | Der Herzallerliebsten mein.

Heinr. Heine, D. B. d. Lieder. Anhang älterer Gedichte (ged. 1816—1824). Zu d. Liedern. Nr. 5.

— Wein und frohe Lieder— | Heißt mein Recipe | Wider jedes Weh.

Wilh. Müller, Lieder d. Lebens u. d. Liebe (1824). Nr. 1. Tafellieder für Liedertafeln. Doppeltes Vaterland. Mel. v. Friedr. Fesca (1843).

— Leise flehen meine Lieder | Durch die Nacht zu dir. Ludw. Rellstab, Gedichte (1827). Bd. 1. Ständchen. Mel. v. Frz. Schubert (1829).

— Gedanken gehn und Lieder | Fort bis ins Himmelreich. Jos. Freiherr von Eichendorff, Gedichte (1837). Wanderlied.

— . . . der tiefste Höllenschmerz | Singt die höchsten Himmelslieder, | Und nur ein zerriss'nes Herz | Strahlt die sieben Farben wieder.

Jos. Freiherr von Auffenberg, Sämtl. Werke (1843—1847). Gedichte.

— Wenn die Lieder gar zu moscheenduftig | Und schaurig wehn, — | Muß es im Kopfe des Dichters sehr ideenluftig | Und traurig stehn.

Friedr. von Bodenstedt, D. Lieder d. Mirza=Schaffy (1851). Lieder u. Spr. d. Weisheit. Nr. 15.

— Wer nicht vermag seine Lieder zu schöpfen | Aus der eigenen Brust und der wirklichen Welt, | Der gehört selbst zu den hirnlosen Köpfen, | Denen sein hirnloses Lied gefällt.

Friedr. von Bodenstedt, D. Lieder d. Mirza=Schaffy (1851). Lieder u. Spr. d. Weisheit. Nr. 22.

— Ziehn die Lieder in die Weite, | Muß der Spielmann hinterdrein.

Theod. Storm, Sämtl. Schriften (1868). Gedichte. Fiedellieder. Nr. 3.

— Also zieren die Lieder beim guten Wein.

Jes. Sir., K. 32, V. 9.

— Wie die Smaragd in schönem Golde, | Die Lieder beim guten Wein.

Spr. im Schloß Trautmannsdorf bei Meran.

Liederfrühling. — Wo ein Liederfrühling blüht, | Weilt der Dichter gerne.

Jos. Freiherr von Eichendorff, Gedichte. Zeitlieder. D. Dichtern Wiens (ged. 1846).

Liedergabe. — Freue dich, daß die Gabe des Lieds vom Himmel herabkommt, | Daß der Sänger dir singt, was ihn die Muse gelehrt!

Friedr. von Schiller, Gedichte. D. Glück (ged. 1798).

Liederklang. — Bei dem Klange froher Lieder | Strömt durch die erhob'ne Brust | Neues Leben, neue Lust.

Karl Friedr. Kretschmann, Scherzhafte Ges. (1771). Liedertafel. Mel. v. Karl Maria von Weber.

Liederklang. — Der tiefste Schmerz, die höchste Lust, | Sie haben weder Sprache noch Gesang, | Und nur der friedestillen Brust | Entströmt des Liedes seelenvoller Klang.

Friedr. Güll, Leitstern auf d. Lebensfahrt (1881).

— Des deutschen Liedes Klang hat die Herzen gewonnen; ich zähle es zu den Imponderabilien, die den Erfolg unserer Einigkeitsbestrebungen vorbereitet und erleichtert haben.

Otto von Bismarck zu d. Mitgliedern d. Barmer Gesangvereins Orpheus in Kissingen (18. Aug. 1893).

Liederkunst. — Nicht an wenig stolze Namen | Ist die Liederkunst gebannt.

Ludw. Uhland, Gedichte. Lieder. Freie Kunst (ged. 24. Mai 1812). Mel. v. Christ. Schulz (um 1825), Karl Gottl. Reissiger, Konradin Kreutzer u. a.

Liederlich. — Ich bin liederlich, du bist liederlich, sind wir nicht liederliche Leute.

Walter Scott, Guy Mannering (1815). Übers. v. Tschischwitz. B. 2, K. 5.

— Der Fulenz und der Liederli | Sind beedi gliichi Brüederli. Sprichwort. Schweiz.

Liedermund. — Ihm schenkte des Gesanges Gabe, | Der Lieder süßen Mund Apoll.

Friedr. von Schiller, Gedichte. D. Kraniche d. Ibykus (ged. 11.—16. Aug. 1797).

Liederschwingen. — O, was uns auf Schwingen | Des Liedes begegnet, | Zum Herzen zu dringen, | Das sei uns gesegnet!

Friedr. von Bodenstedt, A. Morgenland u. Abendland (1882).

Liederstimme. — Es lebt in der Stimme des Liedes | Ein treues, mitfühlendes Herz; | Im Liede verjüngt sich die Freude, | Im Liede verweht sich der Schmerz.

Theod. Körner, Poetischer Nachlaß. Verm. Gedichte. D. drei Sterne (ged. 1809).

Liedertöne. — In des Liedes heil'gen Tönen | Und im Morgenglanz des Schönen | Fliegt die Seele himmelwärts.

Theod. Körner, Knospen (1810). Sängers Morgenlied. Schlußv.

Liederzauber. — Es schwinden jeden Kummers Falten, | Solang' des Liedes Zauber walten.

Friedr. von Schiller, Gedichte. D. Macht d. Ges. (ged. 1795).

Liegen. — Wer da ligt, vber den lauffet alle welt hyn. Joh. Agricola, Drey hundert Gemeyner Sprichwörtter (1529). Nr. 111.

— Ach, ach, ach, hier liegt der Herr von Zach; | Er war geboren am Bodensee | Und ist gestorben an Bauchweh. Grabschrift. Vomp.

— Hie liegt mein Weib Anne, | Bei Lebzeit hat sie die Küchl verbrennt in der Pfanne; | Sie lebte in Tugend und Zucht | Und starb plötzlich an der Wassersucht. Grabschrift.

— Hier liegt begraben mein Weib, Gott sei Dank; | Sie hat ewig mit mir zankt, | Drum, lieber Erlöser, geh' von hier, | Sonst steht sie auf und zankt mit dir! Grabschrift. Hall.

Liegen. — Hier liegt begraben unser Organist; | Warum? weil er gestorben ist. | Er lobte Gott zu allen Stunden. | Der Stein ist oben, und er liegt unten. Grabschrift. Mils bei Hall.

— Hier liegt der Herr Melcher, | Pfarrer gewesen ist welcher. Grabschrift. Oberinntal.

— Hier liegt ein junges Öchselein, | Vom Tischler Ochs das Söhnelein; | Der Herr hat es nicht gewollt, | Daß ein Ochs es werden sollt. Grabschrift.

— Hier liegt Martin Krug, | Der Kinder, Weib und Orgel schlug.
Grabschrift auf einen Organisten. Wiesing.

— Hier liegt unter allerhand | Auch Peter Violand, | Er war im Leben welcher, | Im bürgerlichen Leben Selcher. | Er lebte in Furcht und Zucht | Und starb an der Wassersucht.
Grabschrift. Axams.

— In diesem Grab liegt Anich Peter, | Die Frau begrub man hier erst später; | Man hat sie neben ihm begraben; | Wird er die ewige Ruh' nun haben? Grabschrift. Oberperfuß.

Lilien. — Drei Lilien, drei Lilien, | Die pflanzt' ich auf mein Grab.
Volkslied u. =weise (vor 1773).

Limonade. — Die Limonade ist matt wie deine Seele. Friedr. von Schiller, Kabale u. Liebe (1784). A. 5, Sz. 7 (Ferd.).

Links. — Sitz' immer auf der linken Seit'! | Dort schlägt das Herz, auch das der Zeit.
Friedr. von Sallet, Gesammelte Gedichte (1843). Epigrammatisches u. Lehrhaftes.

— Willst du zur Linken, so will ich zur Rechten. 1. Mos., K. 13, V. 9.

— ... laß deine linke Hand nicht wissen, was die rechte tut! Matth., K. 6, V. 3.

— Etwas links liegen lassen (etwas nicht beachten). Sprichwörtl. Redensart.

Lippe. — Zwischen Lipp' und Kelchesrand | Schwebt der finstern Mächte Hand.
Friedr. Kind, Gedichte. König Ankäos (ged. 1802).

— Wenn Lippe gern auf Lippe ruht, | Wir hindern's nicht, uns dünkt es gut.
Ludw. Uhland, Gedichte. Lieder. Lauf d. Welt (ged. 7. Juli 1807).

Lippen. — Unser Leben hängt am Ende unsrer Lippen. Sprichwort.

Lippenrand. — Zwischen dem Rande der Lipp' und des Bechers kann viel sich ereignen. Griech.: *Πολλὰ μεταξὺ πέλει κύλικος καὶ χείλεος ἄκρου.* Lat.: Multa cadunt inter calicem supremaque labra.
Nach Aristoteles (um 384—322 v. Chr.). — Worte eines Sklaven zum König Ankaios v. Samos.

List. — Mir scheinen List und Klugheit nicht den Mann | Zu schänden, der sich kühnen Taten weiht. Joh. Wolfg. von Goethe, Iphigenie auf Tauris (1787). A. 2, Sz. 1 (Pylades).

List. — ... Krieg ist ewig zwischen List und Argwohn; | Nur zwischen Glauben und Vertraun ist Friede. Friedr. von Schiller, Wallensteins Tod (1799). A. 3, Sz. 18 (Wallenstein).

— Die List gebraucht der Wackre | Nur, wenn off'ne Schlacht versagt ist.
Karl Immermann, Tulifäntchen (1830).

— Einem gewissenlosen Feind gegenüber greift selbst der Edle zur List. Japanisches Sprichwort.

Literatur. — ... Herrliches muß in einer Literatur hervorblühen, wenn sie als eine Vaterlandssache betrachtet wird.
Heinr. Heine, Sämtl. Werke. Verm. Schriften. Über Polen (1822).

— Die Literatur verdirbt sich nur in dem Maße, als die Menschen verdorbener werden.
Joh. Wolfg. von Goethe, Werke (1827—1830). Maximen u. Reflexionen. Abteilung 7.

— Mein Unglück ist nur, ich stecke in einem schlechten Geschäfte. Ich muß sehen, daß ich aus der Literatur herauskomme.
Gustav Freytag, D. Journalisten (1854). A. 4, Sz. 1.

— Deutsche Literatur, du schnurrigstes Stammbuch der Völker! | Jeder schreibt sich hinein, wie es ihm eben gefällt.
Friedr. Hebbel, Gedichte (1857). Epigramme u. Verwandtes. Nr. 2. Kunst. D. deutsche Literatur.

— Die Literatur an sich ist nur etwas Geringfügiges und nur wertvoll als die Waffenkammer, wo die Waffen des menschlichen Geistes niedergelegt werden, und woraus dieselben, wenn man sie braucht, schnell entnommen werden können. Engl.: Literature, in itself, is but a trifling matter; and is merely valuable as being the armory in which the weapons of the human mind are laid up, and from which, when required, they can be quickly drawn.
Henry Thomas Buckle, Geschichte d. Zivilisation (1858—1861). Übers. v. Ritter. K. 5, Abschnitt 24.

— Die Literatur vertritt den Verstand, welcher progressistisch ist; die Regierung vertritt die Ordnung, und die ist stationär. Engl.: Literature is the representative of intellect, which is progressive; government is the representative of order, which is stationary.
Henry Thomas Buckle, Gesch. d. Zivilisation (1858—1861). Übers. v. Ritter. K. 11, Abschnitt 6.

Lob. — Edle Seelen zürnen leicht bei ihrem Lob | Dem Lober, wenn sie dieser überschwenglich lobt. Griech.: *Αἰνούμενοι γὰρ ἀγαθοὶ τρόπον τινὰ | Μισοῦσι τοὺς αἰνοῦντας, ἢν αἰνῶσ' ἄγαν.*
Euripides, Iphigenie in Aulis (um 407 v. Chr.). Übers. v. Minckwitz. V. 980—81 (Klytämnestra).

— Doch Lob, das vom besiegten Feind erklingt, | Der Taten Ruf ist's, der zum Himmel dringt. Engl.: But what the repining enemy commends, | That breath fame blows; that praise, sole pure, transcends.
William Shakespeare, Troilus u. Cressida (um 1609). Übers. v. Schlegel. A. 1, Sz. 3 (Äneas).

Lob. — Ein sondres Lob ist dies, daß einer lobenswerth, | Auf bloßes Lob nicht sieht und Lobens nicht begehrt.

Friedr. von Logau, Deutsche Sinn-Getichte (1654). Lob.

— Das Zurückweisen des Lobes ist der Wunsch, noch einmal gelobt zu werden. Franz.: Le refus des louanges est un désir d'être loué deux fois.

François, Herzog von La Rochefoucauld, Reflexionen oder moralische Sentenzen u. Maximen (1665). Nr. 149. Übers. v. Zimmermann.

— Lob ist eine leichte Münze, dennoch muß sie insgemein | Tapfern Leuten die Bezahlung für Gefahr und Arbeit sein.

Joh. Grob, Dichterische Versuchgabe (1678).

— Lob gleicht dem Ambra: ein wenig daran riechen und ein kleines Stück davon ist sehr angenehm, hält man aber einen ganzen Klumpen vor die Nase, so stinkt es und streckt einen zu Boden. Engl.: Praise is like ambergrease; a little whiff of it, and by snatches, is very agreeable; but when a man holds a whole lump of it to your nose, it is a stink, and strikes you down.

Alexander Pope (1688—1744), Gedanken über verschiedene Gegenstände. Übers. v. Ölckers u. Böttger.

— Das Lob macht ärger und macht besser; | Durch Beifall wird der Edle größer; | Der Böse schlimmer als zuvor; | Der Schlaue listiger und dümmer noch der Tor.

Ludw. Heinr. von Nicolay, Verm. Gedichte (1778—1786). Sinngedichte.

— . . denn er weiß | So glatt und so bedingt zu sprechen, daß | Sein Lob erst recht zum Tadel wird.

Joh. Wolfg. von Goethe, Torquato Tasso (1789). A. 4, Sz. 2 (Tasso).

— Ein Lob, zu rein für Schmeichelei, | Erweckt uns wie die Flur der Mai.

Karl Friedr. Kretschmann, Sämtl. Werke (1784—1805). Gedichte. Epigramme.

— Ein Lob, das alle Fehler uns verschweigt, | Ist wie der fette Frühlingsregen, | Der allzustark die Felder säugt; | Er tötet sie durch Segen.

Karl Friedr. Kretschmann, Sämtl. Werke (1784—1805). Gedichte. Epigramme.

— Leichter gönnen sogar gute Menschen dem andern jedes Glück, sogar das unverdiente; aber nie das unverdiente Lob.

Jean Paul (Joh. Paul Friedr. Richter), D. Komet (1820—1822).

— Wer es (das Lob) empfängt, tut immer wohl, es mehr als eine freiwillige Gabe anzusehen denn als einen verdienten Lohn.

Wilh. Freiherr von Humboldt, Br. an eine Freundin (13. Nov. 1824).

— Lob ist ein treffliches Mittel, die Menschen zu lobenswerten Handlungen zu bestimmen; schon das unverdiente Lob ist ein Sporn.

Karl Salomo Zachariä von Lingenthal, Vierzig B. v. Staate (1820—1832).

Lob. — Wenn das Lob der Freunde immer ein sehr zweideutiges bleibt, so darf man dagegen dem Neide der Feinde vertrauen.

Karl Immermann, Münchhausen (1838—1839).

— Nur dem nützt das Lob, der den Tadel zu zu schätzen versteht.

Rob. Schumann, Gesammelte Schriften (1854).

— Lob hat von der Wollust das an sich, daß Ekel und Reiz dicht beisammen sind.

Karl Aug. Varnhagen von Ense, Tagebücher (1861—1870).

— Lob muß ehren, | Tadel muß lehren! | Sonst ist es besser, auf keinen hören.

Joh. Trojan, Beschauliches (1870). Bedingung.

— Es ist ein krankhafter, schwächlicher Geisteszustand, auf Lob und nicht auf Inhalt des Lobes zu halten.

Rahel (Antonie Friederike Varnhagen von Ense), Br. (1877).

— Gelassen lernt' ich Tadel ertragen, | Wie er beschert ward, fein und grob. | Aber am Herzen fühlt' ich nagen | Der guten Freunde gnädiges Lob.

Paul Heyse, Spruchbüchlein (1885). Kritik.

— Im Lobe ist mehr Zudringlichkeit als im Tadel.

Friedr. Nietzsche, Gesammelte Werke (1895—1897).

— . . . sein (Gottes) Lob gehet, so weit Himmel und Erde ist. Ps. 148, V. 14.

— Der ist gar kleines lobes wert, | Der sich selbst zu loben begert. Alter Spr.

— Mit Hunden fahet man Hasen, mit Lob die Narren und mit Geld die Frauen. Alter Spr.

— Eigenlob stinkt, | Freundeslob hinkt, | Feindeslob klingt. Sprichwort.

— Lob ist leichter zu erlangen, als zu erhalten. Sprichwort.

— Lob | Ist der Toren Prob'. Sprichwort.

Loben. — Man lobt im Tode manchen Mann, | Der Lob auf Erden nie gewann. Mittelhochdeutsch: Man lobt nâch tôde manegen man, | Der lop zer werlde nie gewan.

Vrîdankes Bescheidenheit (1225—1240). Übertr. v. Pannier. Nr. 25. v. lobe.

— Gewöhnlich lobt man nur, um gelobt zu werden. Franz.: On ne loue d'ordinaire que pour être loué.

François, Herzog von La Rochefoucauld, Reflexionen oder moralische Sentenzen u. Maximen (1665). Nr. 146. Übers. v. Zimmermann.

— Man darf mich nur in einer Sache loben, wenn man haben will, daß ich sie mit mehrern Ernste treiben soll.

Gotthold Ephr. Lessing, Schriften (1753—1755). Br.

— Soll ich denn am Ende loben, | Was ich nicht begreife?

Joh. Wolfg. von Goethe, Gedichte. Epigrammatisch. D. Parterre spricht (ged. 1. Dez. 1814).

— Wen jemand lobt, dem stellt er sich gleich.

Joh. Wolfg. von Goethe, Werke (1827—1830). Maximen u. Reflexionen. Abteilung 6.

Loben. — Wer unbedingt dich lobt, der lobt dich wirklich nicht, | Weil, wo Begrenzung fehlt, auch der Gehalt gebricht.

Friedr. Rückert, D. Weisheit d. Brahmanen (1836—1839).

— Es kann einem nichts Schlimmeres passieren, als von einem Hallunken gelobt zu werden.

Rob. Schumann, Musik u. Musiker (1854).

— Das Weihrauchsfaß, das schwinge keck | Vor jedem göttlich goldnen Kalb; | Bet' an im Staub, bet' an im Dreck, | Vor allem aber lob' nicht halb!

Heinr. Heine, Sämtl. Werke (1861—1868). Gedichte.

— Der Eine lobt die Kuh, | Der Andre die Kälber, | Der Dritte noch den Ochsen dazu; | Ein Vierter lobt sich selber.

Eduard von Bauernfeld, Gesammelte Werke (1871—1873). Gedichte. Lob.

— Niemandt ist Weißheit also voll; | Lobet man ihn, es thut im woll. Alter Spr.

— Grüne Gerste zu loben ist nicht gut. Engl: It 's ill praising green barley.

Schottisches Sprichwort.

— Sowie man den Topf lobt, zerbricht er.

Esthnisches Sprichwort.

— Wenn man die Enten lobt, so watscheln sie.

Lettisches Sprichwort.

— Wer mich lobt in Präsenz | Und schilt in Absenz, | Den erwürg' die Pestilenz!

Spr. an einem Hausgerät.

— Willst g'schimpst wer'n, | Mueßt heirät'n; | Willst g'lobt wer'n, | Mueßt sterb'n.

Tiroler Schnaderhüpfl.

Loben, das. — Zu vieles Loben, weiß ich wohl, macht dem, | Der edel denkt, den Lober nur zuwider.

Friedr. von Schiller, Iphigenie in Aulis (ged. 1788). A. 4, Sz. 3 (Klytämnestra).

Lobhudeleien. — Ich habe eine Antipathie gegen Lobhudeleien. Es macht mich für einen ganzen Tag verstimmt, so etwas zu hören.

Hellmuth von Moltke, Gesammelte Schriften (1891—1893).

Loch. — Auf dem letzten Loche pfeifen (im Sterben liegen). Sprichwörtl. Redensart

— Jemandem ein Loch in den Bauch reden (unablässig auf jemanden einreden).

Sprichwörtl. Redensart.

Locken. — Gott will uns damit locken.

Dr. Martin Luther, D. kleine Katechismus (1529). D. dritte Hauptstück. D. Vaterunser.

— Was lockst du meine Brut | Mit Menschenwitz und Menschenlist | Hinauf in Todesglut?

Joh. Wolfg. von Goethe, Gedichte. Balladen. D. Fischer (ged. 1778). Mel. v. Siegmund Freiherr von Seckendorff (1779), Joh. Friedr. Reichardt (1781), Frz. Schubert (1821) u. a.

Lockvogel. — Lockvogel.

Nach Jer., K. 5, V. 27.

Logisch. — Zuerst Kollegium Logicum. | Da wird der Geist Euch wohl dressiert, | In spanische Stiefeln eingeschnürt, | Daß er bedächtiger so fortan | Hinschleiche die Gedankenbahn | Und nicht etwa, die Kreuz und Quer, | Irrlichteriere hin und her. Joh. Wolfg. von Goethe, Faust, I (1808). Studierzimmer (Mephistopheles).

Lohn. — Du hast dich schnöde Tat | Zu tun erdreistet; dulde denn auch schlimmen Lohn! Griech.: *Ἀλλ' ἐπεὶ τὰ μὴ καλὰ | Πράσσειν ἐτόλμας, τλῆθι καὶ τὰ μὴ φίλα.*

Euripides, Hekabe (um 425 v. Chr.). Übers. v. Minckwitz. V. 1250—51 (Agamemnon).

— Wer nit mag haben wol für gůt, | Was man um zimlich lon im důt, | Der soll zů ziten sich nit klagen, | Ob man im arbeit důt versagen.

Seb. Brant, D. Narrenschif (1494). Nr. 59. V. undankbarkeit.

— Ein jeglicher, gut oder böse, nimmt | Sich seinen Lohn mit seiner Tat hinweg.

Joh. Wolfg. von Goethe, Iphigenie auf Tauris (1787). A. 2, Sz. 1 (Pylades).

— Ich weiß ja, jeder Schnitter | Ist seines Lohnes wert.

Friedr. de la Motte Fouqué, Gedichte. Klage d. kranken Ritters (ged. 1815).

— Verlangest du für gute Werke Lohn, | Dann sinkest du zum Diener.

Leop. Schefer, Laienbrevier (1834). Okt. Nr. 20.

— . . . die da Hälter haben, samt allen, die Teiche um Lohns machen, werden bekümmert sein.

Jesaias, K. 19, V. 10.

— Wer dem Arbeiter seinen Lohn nicht gibt, der ist ein Bluthund. Jes. Sir., K. 34, V. 27.

— Sie haben ihren Lohn dahin.

Matth., K. 6, V. 2.

— Wer dir hat gedienet ohne betrug, | Dem gib seinen lohn baldt ohne verzug! Alter Spr.

— Guter Lohn macht hurtige Hände.

Sprichwort.

Lohnen. — Wer eim vil ding zumůten gtar (wagt) | Und lonen nit, der ist ein narr.

Seb. Brant, D. Narrenschif (1494). Nr. 59. V. undankbarkeit.

Lorbeer. — Den blut'gen Lorbeer geb' ich hin mit Freuden | Fürs erste Veilchen, das der März uns bringt.

Friedr. von Schiller, D. Piccolomini (1799). A. 1, Sz. 4 (Max).

— Jünglinge, kränzet das Haar; doch wählt! Es bleichet die Locke | Unter dem Lorbeer spät, unter der Myrte geschwind.

Karl Gustav von Brinckmann, Elegien u. Arabesken (1820).

— Keiner gehe, wenn er einen Lorbeer tragen will, davon, | Morgens zur Kanzlei mit Akten, abends auf den Helikon.

Aug. Graf von Platen-Hallermund, D. verhängnisvolle Gabel (1826). A. 1 (Schmuhl).

Lorbeer. — Der Lorbeer und der Hochmut sind gefährlich!

Adelbert von Chamisso (Louis Charles Adelaide Chamisso de Boncourt), Gedichte. Sonette u. Terzinen. Sage v. Alexandern (geb. 1833).

— Unverwelklicher Lorbeer in schnell erbleichender Locke! | Welch ein gewaltiges Bild menschlicher Größe und Kraft!

Friedr. Hebbel, Gedichte (1857). Epigramme u. Verwandtes. Nr. 2. Gnomen. D. Lorbeer u. ein Menschenhaupt.

— Lorbeer ist ein bittres Blatt | Dem, der's sucht und dem, der's hat.

Emanuel Geibel, Gedichte u. Gedenkblätter (1864). Spr. Nr. 5.

— Dem Lorbeer ein Asyl hat stets die Gruft geboten.

Emanuel Geibel, Gesammelte Werke (1883). Übersetzungen franz. Lyrik. Lamartine. Buonaparte.

— Lorbeer macht nicht satt; | Besser, wer Kartoffeln hat. Sprichwort.

Lorbeerkranz. — Der Lorbeerkranz ist, wo er dir erscheint, | Ein Zeichen mehr des Leidens als des Glücks.

Joh. Wolfg. von Goethe, Torquato Tasso (1789). A. 3, Sz. 4 (Leonore).

— Einen Lorbeerkranz verschmähn ist edel! | Mehr als Heldenruhm ist Menschenglück! | Ein bekränztes Haupt wird auch zum Schädel, | Und der Lorbeerkranz zum Rasenstück!

Christoph Aug. Tiedge, Werke (1841). Bd. 2. Elegie auf d. Schlachtfelde bei Kunnersdorf.

Lorbeerzweig. — Der läuft nach einem Siegerkranze | Und der nach einem Lorbeerzweig, | Und so wird von verschiedenem Glanze | Getäuscht ein jeder, keiner reich.

Novalis (Friedr. von Hardenberg), Schriften (1802). Bd. 2. Geistl. Lieder. Nr. 10.

Lorbeerzweige. — Wem Einmal würdig sie (die Lorbeerzweige) das Haupt berührt, | Dem schweben sie auf ewig um die Stirne.

Joh. Wolfg. von Goethe, Torquato Tasso (1789). A. 1, Sz. 3 (Prinzessin).

Lorelei. — Das hat mit ihrem Singen | Die Lorelei getan.

Heinr. Heine, D. B. d. Lieder. D. Heimkehr (geb. 1823—1824). Nr. 2. Schlußv. Mel. v. Friedr. Silcher (komp. 1837—1839).

Los. — Fröhlich genieße dein Los! Lat.: **Gaude sorte tua!**

Quint. Horatius Flacc., Epoden (um 30 v. Chr.). Übers. v. Voß. Nr. 14, V. 15.

— Froh des beschiedenen Loses lebst du ein Weiser. Lat.: **Laetus sorte tua vives sapienter.**

Quint. Horatius Flacc., Episteln (um 20 v. Chr.). Übers. v. Voß. B. 1, Nr. 10, V. 44.

— Auf der Welt hat keiner ein gutes Los als der, welcher seines für gut hält.

A. d. Portug. d. Camoens (um 1525—1579).

Lose. — Ihm (dem Kind) ruhen noch im Zeitenschoße | Die schwarzen und die heitern Lose.

Friedr. von Schiller, Gedichte. D. Lied v. d. Glocke (ged. Sept. 1799).

Lösen. — Was nicht zusammen kann | Bestehen, tut am besten, sich zu lösen.

Friedr. von Schiller, D. Jungfrau v. Orleans (1801). A. 2, Sz. 2 (Lionel).

— Es löst der Mensch nicht, was der Himmel bindet. Friedr. von Schiller, D. Braut v. Messina (1803). Garten (Don Manuel).

Losgelassen. — Wehe, wenn sie losgelassen!

Friedr. von Schiller, Gedichte. D. Lied v. d. Glocke (ged. Sept. 1799).

Lot. — Die Sache ist im Lote (sie ist in Ordnung). Sprichwörtl. Redensart.

Lotosblume. — Die Lotosblume ängstigt | Sich vor der Sonne Pracht, | Und mit gesenktem Haupte | Erwartet sie träumend die Nacht.

Heinr. Heine, D. B. d. Lieder. Lyrisches Intermezzo (geb. 1822—1823). Nr. 10. Mel. v. Rob. Schumann.

Lotte. — Lott' ist tot, Lott' ist tot, | Jule liegt im Sterben, | Freu' mich schon, freu' mich schon, | Gibt es was zu erben. Kinderreim.

Lotterie. — Goldmacherei und Lotterie, | Nach reichen Weibern frei'n | Und Schätze graben, segnet nie, | Wird manchen noch gereu'n.

Gottfr. Aug. Bürger, Gedichte (1796—1797). D. Raubgraf.

— Wer Geld setzt in die Lotterie, | Der kommt darum, er weiß nicht wie. Sprichwörtl.

Löwe. — Den Löwen nach der Klaue malen. Griech.: Ἐξ ὄνυχος τὸν λέοντα γράφειν. Lat.: **Ex ungue leonem pingere.**

Alcaeus (um 610 v. Chr.). Nach Plutarch. Übers. v. Cyth.

— Sich in die Höhle des Löwen wagen.

Nach Äsop (6. Jahrh. v. Chr.), Fab. Nr. 246.

— Wüstenkönig ist der Löwe; will er sein Gebiet durchfliegen, | Wandelt er nach der Lagune, in dem hohen Schilf zu liegen. | Wo Gazellen und Giraffen trinken, kauert er im Rohre; | Zitternd über dem Gewalt'gen rauscht das Laub der Sycomore. Ferd. Freiligrath, Gedichte (1838). Verm. Gedichte. Löwenritt.

— Sei Leu! wenn Narrenhände | Dir in der Mähne kratzen, | Dann mach' dem Spiel ein Ende, | Und zeige deine Tatzen!

Friedr. von Sallet, Gesammelte Gedichte (1843). Epigrammatisches u. Lehrhaftes.

— Auch der Löwe muß sich vor der Mücke wehren. Sprichwort.

— Ist der Löwe tot, so rauft ihn auch der Hase beim Bart. Sprichwort.

— Der Löwe des Tages sein (der ausgezeichnete Held des Tages sein). Sprichwörtl. Redensart.

Löwenanteil. — Den Löwenanteil verlangen (den größten Anteil für sich verlangen).

Sprichwörtl. Redensart.

Lückenbüßer. — Lückenbüßer sein (eingeladen oder verwendet werden, nur um einen Platz, eine Lücke auszufüllen). Sprichwörtl. Redensart.

Luft. — . . . Luft! Luft! Clavigo!

Joh. Wolfg. von Goethe, Clavigo (1774). A. 4. Guilberts Wohnung (Marie).

— Es liegt etwas in der Luft (es steht etwas bevor). Sprichwörtl. Redensart.

— Etwas aus der Luft greifen (etwas erfinden). Sprichwörtl. Redensart.

Lüfte. — Die linden Lüfte sind erwacht, | Sie säuseln und weben Tag und Nacht, | Sie schaffen an allen Enden.

Ludw. Uhland, Gedichte. Lieder. Frühlingslieder. Nr. 2. Frühlingsglaube (ged. 21. März 1812). Mel. v. Frz. Schubert, Felix Mendelssohn-Bartholdy, Karl Friedr. Curschmann, Konradin Kreutzer u. a.

Luftschlösser. — Wer Schlösser in der Luft erbauet, | Wird billig als ein Thor verlacht.

Konrad Arnold Schmid, D. Zufriedenheit (1742).

— In seinen Luftschlössern bewohnt man die Bel-Etage.

Paul Nikolaus Cossmann, Aphorismen (1898). Menschen, Leben u. Welt.

— Luftschlösser bauen (sich törichte Hoffnungen machen). Sprichwörtl. Redensart.

Lug. — Falschheit ist ehrlos, und Lug wird von jedem verachtet.

A. d. Persischen d. Sadi (um 1184—1286). Pend-nameh. Übers. v. Wollheim.

— Lug und Trug | Ist der Welt Acker und Pflug. Sprichwort.

Lüge. — Die größte Sünde ist's im Leben, | Der Lüge Zeugnis noch zu geben. Mittelhochdeutsch: Ezn wart nie groezer sünde | Dan loukens urkünde. Vrîdankes Bescheidenheit (1225—1240). Übertr. v. Pannier. Nr. 10. v. sünden.

— Wer Lüge nicht aus Scham verdammt, | Der hat ein ungetreues Amt. Mittelhochdeutsch: Swer sich lüge nicht enschamt, | Der hât ein ungetriuwez amt.

Vrîdankes Bescheidenheit (1225—1240). Übertr. v. Pannier. Nr. 18. v. edele u. tugende.

— Gut wär' es, träfe allenthalben man einen Prüfstein an, | Daß schwarz das Antlitz dessen würde, der eine Lüg' ersann.

A. d. Persischen d. Hafis (um 1310—1389). Ghaselen. Übers. v. Rosenzweig.

— Lüge ist der Anfang zu allem Bösen.

Ulrich (Huldreich) Zwingli, Sämtl. Werke (1533).

— Eine Lüge ist wie ein Schneeball; je länger man ihn wälzet, je größer er wird.

Dr. Martin Luther, Tischreden oder Colloquia (1566). Nr. 12. Tischreden v. Gesetz u. Evangelio. § 53. Lügen.

Lüge. — Lüge ist allezeit gedreht und krümmt sich wie die Schlange, die ist nimmer gerade, sie gehe oder stehe; sondern allein wenn sie todt ist, da ist sie gerade und aufrichtig.

Dr. Martin Luther, Tischreden oder Colloquia (1566). Nr. 52. Tischreden v. Allegorien u. geistl. Deutungen d. Schrift, wie man damit umgehen soll. § 6. Lügen.

— Keine Lüge hat Bestand. Lat.: **Simulatum nihil diuturnum.**

Wahlspr. d. Grafen Ludw. zu Sayn-Wittgenstein (gest. 1634).

— Ein Lügen darff wol zehen Gedicht, biß sie einer Warheit ähnlich gedrehet wird.

Christoph Lehmann, Politischer Blumen-Garten (1662). T. 1. Lügen. Nr. 65.

— Wer eine Lüge sagt, ist sich nicht bewußt, welch große Aufgabe er damit unternimmt; um diese eine Lüge aufrecht zu erhalten, wird er gezwungen sein, zwanzig zu erfinden. Engl.: **He who tells a lye, is not sensible how great a task he undertakes, for he must be forced to invent twenty more to maintain that one.**

Alexander Pope (1688—1744), Gedanken über verschiedene Gegenstände. Übers. v. Ölckers u. Böttger.

— O weh der Lüge! Sie befreiet nicht, | Wie jedes and're wahrgesproch'ne Wort, | Die Brust; sie macht uns nicht getrost, sie ängstet | Den, der sie heimlich schmiedet, und sie kehrt, | Ein losgedruckter Pfeil, von einem Gotte | Gewendet und versagend, sich zurück | Und trifft den Schützen.

Joh. Wolfg. von Goethe, Iphigenie auf Tauris (1787). A. 4, Sz. 1 (Iphigenie).

— Der Lüge kecke Zuversicht reißt hin; | Das Wunderbare findet Gunst und Glauben.

Friedr. von Schiller, Demetrius (ged. Mai 1804). A. 2, Sz. 1 (Hiob).

— Die Lüge, der fressende Lippenkrebs des innern Menschen . . .

Jean Paul (Joh. Paul Friedr. Richter), Levana oder Erzieh-Lehre (1807). Bd. 3, Bruchstück 6, K. 2, § 111.

— Die erste Sünde auf der Erde, zum Glück beging sie der Teufel auf dem Erkenntnisbaum, war eine Lüge.

Jean Paul (Joh. Paul Friedr. Richter), Levana oder Erzieh-Lehre (1807). Bd. 3, Bruchstück 6, K. 2, § 111.

— Je mehr Schwäche, je mehr Lüge; die Kraft geht gerade.

Jean Paul (Joh. Paul Friedr. Richter), D. Feldpredigers Schmelzle Reise nach Flätz (1809).

— Des Menschenfreundes Lüge in der Not | Ist edler als des Menschenhassers Wahrheit.

Joh. Gottfr. von Herder, Sämtl. Werke (1805—1820). Blumenlese a. morgenländischen Dichtern. Nr. 2. D. Rosental. B. 2. D. Lüge. Schlußv.

— Es ist eben so unmöglich, mit einer Lüge als mit einer Kinderblatter durchzukommen; eine überdeckt den ganzen Menschen mit Pocken-Materie.

Jean Paul (Joh. Paul Friedr. Richter), Gesammelte Werke (1826—1828).

Lüge. — Die Lüge nur ist furchtsam | Und schleicht auf leisen Spinnenfüßen her; | Doch stark und schallend ist der Wahrheit Tritt.

Ernst Raupach, D. Hohenstaufen (1837). Manfred, Fürst v. Tarent. A. 1, Sz. 1.

— Es gibt nur Eine Sittlichkeit, und das ist die Wahrheit; es gibt nur Ein Verderben, und das ist die Lüge.

Ernst Freiherr von Feuchtersleben, Zur Diätetik d. Seele (1838). K. 10. Natur, Wahrheit.

— Wie ein heimliches Gift nagt und frißt die beständige Lüge, der peinliche Selbstzwang an den innigsten Kräften unseres Daseins, und mit krankhaftem Behagen füttern wir den Wurm, der uns verzehrt.

Ernst Freiherr von Feuchtersleben, Zur Diätetik d. Seele (1838). K. 10. Natur, Wahrheit.

— Die Lüge ist durch die bloße Form ein Verbrechen des Menschen an seiner eigenen Person und eine Nichtswürdigkeit, die den Menschen in seinen eigenen Augen verächtlich machen muß.

Immanuel Kant, Werke (1838—1839). Über ein vermeintliches Recht, a. Menschenliebe zu lügen.

— Die Lüge ... ist der eigentliche faule Fleck in der menschlichen Natur.

Immanuel Kant, Werke (1838—1839). Bd. 1.

— Lüge mag siegen, aber die Triumphe der Lüge sind bloß die Triumphe eines Tags. Engl.: Delusion may triumph; but the triumphs of delusion are but for a day.

Thomas Babington, Lord Macaulay, Reden. Übers. v. Beseler. Edinburger Wahl (29. Mai 1839).

— Was läuft, als ob es fliege, | Die Lüge. | Doch möchte sie auch noch schneller sein, | Ihr folgt die Wahrheit und holt sie ein.

Aug. Langbein, Sämtl. Gedichte (1841).

— Lüge, wie sie schlau sich hüte, | Bricht am Ende stets das Bein; | Kannst du wahr sein nicht aus Güte, | Lern' aus Klugheit wahr zu sein!

Emanuel Geibel, Neue Gedichte (1856). Spr. Nr. 13.

— Was du teurer bezahlst, die Lüge oder die Wahrheit? | Jene kostet dein Ich, diese doch höchstens dein Glück!

Friedr. Hebbel, Gedichte (1857). Epigramme u. Verwandtes. Nr. 5. Ethisches. Lüge u. Wahrheit.

— Ein Mann, wie du, kann keinen Fehler | Begehn, der ihn, wie schlimm er immer sei, | Nicht doch noch besser kleidet als die Lüge, | Womit er ihn bedecken will.

Friedr. Hebbel, D. Nibelungen (1862). Abteilung 2, A. 3 (Kriemhild).

— Die Wahrheit dient oft nur als Leiter zur Lüge, der man verächtlich den Rücken wendet, sobald die Höhe erreicht ist.

Ludw. Börne, Gesammelte Schriften (1862—1863). Fragmente u. Aphorismen. Nr. 115.

— Unser ältestes Buch, die Bibel, läßt das erste Verbrechen, wodurch das Böse in die Welt kam, von der ersten Lüge ausgehen.

Heribert Rau, D. Fluch unserer Zeit (1863).

Lüge. — So dämonisch ist die Gewalt der Lüge, daß sie wie ein Wurm sich in die Seele frißt und den Rest von Wahrheit und Aufrichtigkeit darin, ja zuletzt die Möglichkeit vergiftet, sie zu bekennen und auszusprechen.

Jul. Rodenberg, D. neue Sündflut (1865).

— Die Lüge aber ist alles Unrechts Quell und Anfang. Heinr. Laube, D. deutsche Krieg (1863—1866). Waldstein.

— Eine Lüge engagiert meistens schon zu der nächsten. Rahel (Antonie Friederike Varnhagen von Ense), Br. (1877).

— Die Lüge ist eine der Seuchen, welche desto leichter entstehen, je dichter die Menschen beisammen wohnen. Paul Nikolaus Cossmann, Aphorismen (1898). Gesellschaft.

— Die Lüge reicht zur Wahrheit nicht hinan | Mit allen ihren giftgetränkten Pfeilen.

Gerhart Hauptmann, D. arme Heinr. (1902). A. 2, Sz. 6 (Heinr.).

— Die Unwissenheit war immer die Leibwache der Lüge. A. d. Dän. d. Georg Brandes.

— Der Gerechte ist der Lüge feind.

Spr. Sal., K. 13, V. 5.

— Die Lüge ist ein häßlicher Schandfleck an einem Menschen und ist gemein bei ungezogenen Leuten. Jes. Sir., K. 20, V. 26.

— Die Lüge bedarf gelehrter, die Wahrheit einfältiger Leute. Alter Spr.

— Grossen Herrn, Frembden und den Alten | Pflegt man ein leugen gut zu halten. Alter Spr.

— Wenn die Lüge kalt wird, so stinkt sie.

Alter Spr.

— Auf eine große Lüge gehört eine grobe Ohrfeige. Sprichwort.

— Jede Lüge will zehn andere zum Futter haben, wenn sie nicht sterben soll. Sprichwort.

— Lüge ist die erste Staffel zum Galgen.

Sprichwort.

— Eine Lüge bezahlt keinen Zoll. Niederl.: Een leugen betaalt geen tol. Sprichwort.

— Der Strick der Lüge ist kurz.

Arabisches Sprichwort.

— Mit der Lüge kommt man durch die ganze Welt, aber nicht wieder zurück.

Polnisches Sprichwort.

— Wie das Stroh vom Feuer und Rauch, | So vergeht ein' Lügen auch. Spr. an einem Hause.

Lügen. — Wer einmal lügt, dem glaubt man nicht, | Selbst dann, wenn er die Wahrheit spricht. Lat.: Quicumque turpi fraude semel innotuit, | Etiam si verum dicit, amittit fidem.

Phädrus (um 30), Fab. Übers. v. Siebelis. B. 1, Nr. 10.

— Wer vil lügt, der ist niemans fründ.

Seb. Brant, D. Narrenschif (1494). Nr. 19. V. vil schwetzen.

— Vnd liegendt, das die balcken krachen.

Thomas Murner, Narrenbeschwerung (1512). Nr. 6. Geuch vß brieten.

Lügen. — Vnd lügt, das vor den leüten stinckt.
Thomas Murner, Narrenbeschwerung (1512). Nr. 6. Geuch vß brieten.

— Erstunken und erlogen. Nach: Wir hondt vorhin ouch liegen kynnen, | Das mans in mören landt ward innen, | Vnd hondt gelogen durch ein bret, | Das vier vnd viertzig elen hett, | Vnd wol zweintzig myl gestuncken.
Thomas Murner, Narrenbeschwerung (1512). Nr. 56. Liegen durch ein stehelin (stählernen) berg.

— Kekete frantzesisch, mentiris zů latyn, | Zů tütschem: Du lügst in den hals hin yn.
Thomas Murner, Narrenbeschwerung (1512). Nr. 90. Vor d. berren vischen. Schlußv.

— Lügen thun myr nicht; | Warheyt schew ich nicht. Reimspr. (16. Jahrh.).

— Wie nützlich ist die Kunst, zu rechter Zeit zu lügen. Franz.: O l'utile secret de mentir à propos. Pierre Corneille, D. Lügner (1643). Übers. v. Kummer. A. 2, Sz. 6 (Dorante).

— Wer liegen will, muß deß Anfangs nicht vergessen, biß er zu End kompt.
Christoph Lehmann, Politischer Blumen-Garten (1662). T. 1. Lügen. Nr. 78.

— Du mußt es nicht gleich übel nehmen, | Wenn hie und da ein Geck zu lügen sich erkühnt. | Lüg' auch, und mehr als er und such' ihn zu beschämen, | So machst du dich um ihn und um die Welt verdient.
Christ. Fürchtegott Gellert, Fab. u. Erz. (1746). B. 2. D. Bauer u. sein Sohn. Schlußv.

— Wer lüget, wer verleumdet, ist ärger als ein Dieb.
Friedr. von Hagedorn, Sämtl. poetische Werke (1757). Fab. u. Erz. B. 1. Ben Haly.

— Lügen, Sohn, das mußt du nimmer! | Lügen, Sohn, ist niederträchtig.
Joh. Gottfr. von Herder, Stimmen d. Völker in Liedern (1807). Abteilung 1, B. 5, Nr. 12. D. Herrlichkeit Granadas. Span.

— . . . und lispeln englisch, wenn sie lügen.
Joh. Wolfg. von Goethe, Faust, I. (1808). Vor d. Tor (Wagner).

— . . . das ist nicht erlogen, | Was kommt aus Herzensgrund.
Jos. Freiherr von Eichendorff, Gedichte (1837). Frühling u. Liebe. Klage.

— Wer Einmal lügt, muß oft zu lügen sich gewöhnen; | Denn sieben Lügen braucht's, um Eine zu beschönen.
Friedr. Rückert, D. Weisheit d. Brahmanen (1836—1839). B. 3, Nr. 46, V. 10. (Stufe 5. Leben. Nr. 512.)

— Lüg' einfach, und ich glaub's; doch, wenn hinzu du fügst | So viel Beteu'rungen, so merk' ich, daß du lügst.
Friedr. Rückert, D. Weisheit d. Brahmanen (1836—1839). B. 16, Abteilung 5, Nr. 77. (Stufe 5. Leben. Nr. 479.)

Lügen. — . . . es wird vielleicht auch dahin kommen zu sagen: er lügt wie telegraphiert, denn gegen den Mißbrauch, der mit diesem Beförderungsmittel getrieben wird, sind bisher die wenigsten Leute noch auf der Hut.
Otto von Bismarck im Herrenhause d. preuß. Landtages (13. Febr. 1869).

— . . . der Mund, so da lüget, tötet die Seele.
Wsh. Sal., K. 1, V. 11.

— Wer gern lügt, der muß auch lügen, wann er die Wahrheit sagt. Alter Spr.

— Wer Liegen wil, | Kan sagen wunder vil. Alter Spr.

— Aus einem Jungen, der lügt, | Wird ein Alter, der betrügt. Sprichwort.

— Jeder lügt in seinen eignen Beutel. Sprichwort.

— Wer Einmal lügt, dem glaubt man nicht, | Und wenn er auch die Wahrheit spricht. Sprichwort.

— In den Hals hinein lügen. Sprichwörtl. Redensart.

— Jemandem die Jacke voll lügen. Sprichwörtl. Redensart.

— Er lügt das Blaue vom Himmel herunter. Sprichwörtl. Redensart. Sächsisch.

— Er lügt, de Tüfel chönnt Söuhamme (Schinken) debi süde. Sprichwörtl. Redensart. Schweiz.

— Er lügt wie e Liichered (Leichenrede). Sprichwörtl. Redensart. Schweiz.

— Er lügt wie ein Bürgermeister. Sprichwörtl. Redensart. Niederrhein.

— Leigen, dat em de Damp ut de Platte flött. Sprichwörtl. Redensart. Münsterisch.

— Er lügt wie ein Zahnbrecher. Franz.: Il ment comme un arracheur de dents. Sprichwörtl. Redensart.

— Lüg' du un der Deibel! Berliner Redensart.

Lügen, das. — Lügen ist niederträchtig. Griech.: *Τὸ γὰρ ψεύδεσθαι δουλοπρεπές.*
Plutarch (um 50—120), Moralische Abhandlungen. Übers. v. Eyth. Erziehung. K. 11.

— Lügen ist für Knechte; den Freien gebührt, die Wahrheit zu sagen. Franz.: C'estoit aux serfs de mentir et aux libres de dire vérité.
Michel Eyquem Montaigne, Essays (1580). Übers. v. Titus.

— Ein Frommer hütet sich, daß leichtlich er nicht lüge; | Ein Weiser, daß er sich mit Lügen nicht betrüge.
Friedr. von Logau, Deutsche Sinn-Getichte (1654). Lügen u. Lügen sagen.

— Lügen ist und bleibt eines der ekelhaftesten Laster, das zuletzt um alle Achtung und allen Kredit bringt. Karl Jul. Weber, Demokritos (1832—1840). D. Lügen. D. Fortsetzung.

— Liegen, daz wil haben list. Alter Spr.

— Lügen ist eine Hauptsprache, denn sie geht durch alle Lande. Sprichwort.

Lügen, das. — Lügen muß endlich zuschanden werden. Sprichwort.

— Lügen und Stehlen gehen miteinander. Sprichwort.

Lügen, die. — Für die häßlichste | Krankheit erklär' ich Lügen und Erdichtungen. Griech.: *Νόσημα γὰρ | Αἴσχιστον εἶναι φημὶ συνθέτους λόγους.*

Äschylus, D. gefesselte Prometheus (um 460 v. Chr.). Übers. v. Minckwitz. V. 684—85 (Jo).

— Solt ich die lugen all beschryben, | Es würd kein dint im landt belyben.

Thomas Murner, Narrenbeschwerung (1512). Nr. 56. Liegen durch ein stehelin (stählernen) berg.

— Lügen bin ich grahm | Vnd habe Grewel daran; | Aber selig ist der Man, | Der auff Gott trawen kan. Reimspr. (16. Jahrh.).

— . . . daß einem hier die Welt, der einmal Lügen liebt, | Auch wann er Wahrheit redt, nicht leichtlich glauben giebt.

Andr. Tscherning, Deutscher Getichte Früling (1642). Lügen Lohn. Schlußv.

— Wer sein Kleid mit Lügen flickt, der befindt dennoch, | Ob er immer flickt und flickt, da und dort ein Loch.

Friedr. von Logau, Deutsche Sinn=Getichte (1654). Lügen.

— Fahret wohl, ihr feigen Lügen! | Ihr wart niemals meine Wahl.

Frz. Grillparzer, D. Ahnfrau (1817). A. 3 (Jaromir).

— Lügen bin ich gram und habe Greuel daran. Ps. 119, V. 163.

— Gewöhne dich nicht an die Lügen, denn das ist eine schändliche Gewohnheit!

Jes. Sir., K. 7, V. 14.

— Lügen haben kurze Beine. Sprichwort.

— Lügen und Lawinen wachsen immer. Sprichwort.

— Mit Lügen und Listen | Füllt man Säck' und Kisten. Sprichwort.

— Vom Lügen gibt man keinen Zoll, | Drum ist das Land der Lügen voll. Sprichwort.

Lügenbrut. — Untergang der Lügenbrut!

Friedr. von Schiller, Gedichte. An d. Freude (ged. 1785). Mel. v. Friedr. Frz. Hurka (1789), Karl Friedr. Zelter (komp. 1. März 1792), Joh. Friedr. Reichardt (komp. 1795) u. a.

Lügengeist. — Uns zu berücken borgt der Lügengeist | Nachahmend oft die Stimme von der Wahrheit | Und streut betrügliche Orakel aus.

Friedr. von Schiller, Wallensteins Tod (1799). A. 3, Sz. 4 (Wallenstein).

Lügenhaftigkeit. — Die Lügenhaftigkeit | Ist für den freien Mann ein böser Makel. Griech.: *Ὡς ἐλευθέρῳ | Ψευδεῖ καλεῖσθαι, κὴρ πρόσεστιν οὐ καλή.* Sophokles (um 496—406 v. Chr.), D. Trachinierinnen. Übers. v. Jordan. V. 452—53 (Dejanira).

Lügenmäuler. — . . . die Lügenmäuler sollen verstopfet werden. Ps. 63, V. 12.

Lügenstreifen. — Der Wahrheit Feierkleid, bekam es Lügenstreifen, | Nie wäschest du es rein mit Laugen und mit Seifen.

Friedr. Rückert, D. Weisheit d. Brahmanen (1836—1839). B. 16, Abteilung 2, Nr. 61. (Stufe 5. Leben. Nr. 161.)

Lügner, der. — Ein Lügner muß ein gutes Gedächtnis haben. Lat.: **Mendacem memorem esse oportet.**

Marc. Fabius Quinctilianus (um 35—95), Lehrb. d. Rhetorik. B. 4, K. 2, § 91. Übers. v. Grau.

— Scham und Schande erwirbt sich der lügende Wicht. A. d. Persischen d. Sadi (um 1184—1286). Pend=nameh. Übers. v. Wollheim.

— Eim Lügner ist ein Geheimnuß am besten zutrawen. Christoph Lehmann, Politischer Blumen=Garten (1662). T. 1. Lügen. Nr. 2.

— Der Lügner hofft vergeblich Treu' und Glauben. Joh. Wolfg. von Goethe, Westöstlicher Diwan. B. d. Betrachtungen. Fünf Dinge (ged. 15. Dez. 1814).

— Wer etwas weiß und es verschweigt, der lügt! | Und einem Lügner mag ich nicht vertrauen. Joh. Friedr. Bahrdt, Dramatische Dichtungen (1834). D. Lichtensteiner. A. 1, Sz. 10.

— Ein Leugner soll haben acht | Der wort, die er hat gesagt, | Und nichts verändern dran, | So kan er lang im liegen bestahn. Alter Spr.

— Ein ware redt gehe auß deinem mundt; | Ein leugner tödt seine Seel alle stundt. Alter Spr.

— Der Lügner trägt des Teufels Livree. Sprichwort.

Lügner, die. — All mein Grämen | Mögen Lügner nehmen! Mittelhochdeutsch: Mîne swaere | Haben die lügenaere.

Walter v. d. Vogelweide (1170—1230), Gedichte. Übertr. v. Pannier.

— Prahler sowie Lügner sollen sein | Immer ferne meinem Sang! Mittelhochdeutsch: Rüemaere unde lügenaere, swâ die sîn, | Den verbiute ich mînen sanc. Walter v. d. Vogelweide (um 1170—1230), Gedichte. Übertr. v. Pannier.

— Alle Menschen sind Lügner. Ps. 116, V. 11.

— Die Kreter sind immer Lügner.

Br. Pauli an Titum, K. 1, V. 12.

Lump. — Freund, wer ein Lump ist, bleibt ein Lump | Zu Wagen, Pferd' und Fuße; | Drum glaub' an keinen Lumpen je, | An keines Lumpen Buße!

Joh. Wolfg. von Goethe, Poetische u. prosaische Werke (1836—1837). Zahme Xenien. Nr. 8. Axiom.

Lumpe. — Nur die Lumpe sind bescheiden, | Brave freuen sich der Tat.

Joh. Wolfg. von Goethe, Gedichte. Gesellige Lieder. Rechenschaft (ged. Febr. 1810). Mel. v. Karl Friedr. Zelter (komp. 1810).

Lumpenhund. — Einmal ein Lumpenhund; er bleibt's in Ewigkeit.

Joh. Wolfg. von Goethe, D. Mitschuldigen (1769). A. 1, Sz. 1 (Wirt).

Lunte. — Lunte riechen (etwas wittern, merken). Sprichwörtl. Redensart.

Lust. — Ihre Grenzen hat die Lust! | Morgens merk' ich, daß unstillbar | Bleibt das Sehnen meiner Brust. A. d. Persischen d. Sadi (um 1184—1286). Aphorismen. Übers. v. Bacher.

— Gemischt ist Tod in jede Erdenlust.
Hans Holbein, Totentanz (1538).

— Alle Lust der Welt ist nur kurzer Traum! Ital.: Quanto piace al mondo è breve sogno!
Francesco Petrarca, Sämtl. Werke (1554). Sonette u. Kanzonen. Übers. v. Pozzoni.

— Wo Lust ist, da ist Angst; wo Freud' ist, da sind Klagen.
Andr. Gryphius, Sonette, Oden, Epigramme (1643). D. Welt Wollust.

— Ja, die höchste lust | Bringet den verdruß, | Der mit überfluß | Solches stets geniessen muß.
Christ. Hoffmann von Hoffmannswaldau, Gedichte (1697—1727). T. 1. Arie.

— So trinkt fast immer der Mensch die Lust in Strömen und — dürstet!
Ewald Christ. von Kleist, Sämtl. Werke. Gedichte. D. Frühling (1749).

— Ich gönn' euch eure Lust von Herzen; | Wollt ihr mir nicht die meine gönnen?
Gotthold Ephr. Lessing, Schriften (1753—1755). Lieder. B. 3, Nr. 31. Auf sich selbst. Schlußv.

— Oft grenzt die Lust unwissend an dem Leide.
Friedr. von Hagedorn, Sämtl. poetische Werke (1757). Moralische Gedichte. Horaz.

— In unsrer eignen Brust, | Da, oder nirgends, fließt die Quelle wahrer Lust!
Christoph Martin Wieland, Musarion (1768). B. 1.

— So zirkeln immer | Lust und Genuß; | Und Überdruß | Befällt uns nimmer.
Gottfr. Aug. Bürger, Gedichte. D. Dörfchen (ged. Mai 1771).

— Zu oft ist kurze Lust die Quelle langer Schmerzen! Christoph Martin Wieland, Oberon (1780). Ges. 2, Str. 52.

— . . . Lust und Liebe sind die Fittiche | Zu großen Taten.
Joh. Wolfg. von Goethe, Iphigenie auf Tauris (1787). A. 2, Sz. 1 (Pylades).

— Lust und Schmerz | Sind gleich den Schalen einer Wage, | Hier nie getrennt, und dieser neigt | Das Herz in seine rechte Lage, | Wenn es zu hoch im Glücke steigt.
Gottl. Konrad Pfeffel, Poetische Versuche (1789—1790). Lust u. Schmerz.

— Auf, Freunde, nützt die Stunden, | Die uns zur Lust gemacht!
Joh. Heinr. Röding (um 1790). Volksweise.

— Nichts ist auf der Erde ohne Beschwerlichkeit! Nur der innere Trieb, die Lust, die Liebe helfen uns Hindernisse überwinden, Wege bahnen und uns aus dem engen Kreise, worin sich andere kümmerlich abängstigen, emporheben.
Joh. Wolfg. von Goethe, Wilh. Meisters Lehrjahre (1777—1796).

Lust. — Leicht von der Lust nimmt sich der Schmerz ein Pfand. Franz.: Le passage est bien court de la joie aux douleurs.
Viktor Hugo, Oden. D. Tod d. Herzogs v. Berry (1822). Übers. v. Geibel.

— Lust und Tugend | Können Schwestern sein.
Magnus Gottfr. Lichtwer, Schriften (1828). Verm. Gedichte. Nr. 2.

— Die Tugend nur ist unvergänglich, nicht | Die Lust. Christ. Dietr. Grabbe, Don Juan u. Faust (1829). A. 3, Sz. 1 (Gouverneur).

— O Lust, du Kind des Schmerzes! Ital.: Piacer figlio d'affanno.
Giacomo Leopardi, D. Ruhe nach d. Gewitter (1831). Übers. v. Heyse.

— Aber tief im Herzen klingen | Lange nach noch Lust und Leid.
Jos. Freiherr von Eichendorff, Gedichte (1837). Frühling u. Liebe. Morgenständchen. Schlußv.

— . . . zwanglos nur gedeiht die rechte Lust.
Ernst Raupach, D. Hohenstaufen (1837). Kaiser Friedr. I. Abschied. A. 1, Sz. 6.

— Das Gemenge von Lust und Schmerz im Labyrinthe des menschlichen Lebens ist, — menschlich zu sprechen, — ein Symbol der göttlichen Absicht.
Ernst Freiherr von Feuchtersleben, Zur Diätetik d. Seele (1838). K. 8. Oszillation.

— Vom Übermaß der Lust wird Leid hervorgebracht; | Das Auge selber weint, sobald man heftig lacht.
Friedr. Rückert, D. Weisheit d. Brahmanen (1836—1839). B. 16, Abteilung 1, Nr. 22. (Stufe 5. Leben. Nr. 22.)

— Lust und Leid sind siamesische Zwillinge. Sie können nur zusammen leben. Könnte man alles Leid ausrotten, so dämpfte sich die Lust allmählich ab zu ödem Einerlei ertötender Gleichgültigkeit.
Otto von Leixner, A. meinem Zettelkasten (1896). Schmerz u. Freude.

— . . . die reizende Lust verkehret unschuldige Herzen. Wsh. Sal., K. 4, V. 12.

— Wozu ein jeder lust un liebe hat, das bekumpt er sein lebenlang gnug. Alter Spr.

— Lust lehrt pfeifen. Sprichwort.

— Was du denkst und was du tust, | Tu' mit ganzer Lieb und Lust!
Wartburgspr. Architektenstüblein.

Lüste. — Wer bösen Lüsten widersteht, | Des Tugend vor aller Tugend geht. Mittelhochdeutsch: Swer boesen muote widerstât, | Diu tugent vor allen tugenden gât.
Vridankes Bescheidenheit (1225—1240). Übertr. v. Pannier. Nr. 18. v. edele u. tugende.

— Der Lüste Teppich falte zu, zerreiß' der Wünsche Flor!
A. d. Persischen d. Hafis (um 1310—1389). Ghaselen. Übers. v. Nesselmann.

Lüste. — Stündlich kämpft man mit den Lüsten; | selten pflegt man ob zu siegen; | Wenig derer, die bestehen, viel sind derer, die erliegen.

Friedr. von Logau, Deutsche Sinn-Getichte (1654). D. Begierden.

— Nicht, wer Gold zu Golde trägt, | Ist als Reicher auszuschreien; | Wer die Lüste abgelegt, | Dem kann alles wohlgedeihen.

Friedr. von Logau, Deutsche Sinn-Getichte (1654).

— Der Fromme, der die Lüste dämpft, | Hat oft auch seine Leiden; | Allein der Schmerz, mit dem er kämpft, | Verwandelt sich in Freuden.

Christ. Fürchtegott Gellert, Geistl. Oden u. Lieder. (1757). D. Kampf d. Tugend.

— . . . unter deiner Lüste Bürde | Sinkst du von eines Menschen Würde | Zur Niedrigkeit des Tiers herab.

Christ. Fürchtegott Gellert, Geistl. Oden u. Lieder (1757). Warnung vor d. Wollust.

— Wer seinen Lüsten lebt, der stirbt in Unlust.

Alter Spr.

Lüsternheit. — Lüsternheit ist ein Spiel mit dem zu Genießenden und mit dem Genossenen.

Joh. Wolfg. von Goethe, Werke (1827—1830). Maximen u. Reflexionen. Abteilung 7.

Lustig. — Ein lustig Herz läuft immerzu, | Ein schweres bleibt bald stecken. Engl.: A merry heart goes all the day, | Your sad tires in a mile-a.

William Shakespeare, D. Wintermärchen (1610—1611). Übers. v. Dorothea Tieck. A. 4, Sz. 3 (Autolycus).

— Lustig und fröhlich zu seiner Zeit, | Fromm und ehrlich in Ewigkeit. Stammbuchinschrift (1626).

— Brüder! laßt uns lustig seyn, | Weil der Frühling währet!

Joh. Christ. Günther, Gedichte (1724). Studenten-Lied.

— Lustige Leute begehen mehr Torheiten als traurige; aber traurige begehen größere.

Ewald Christ. von Kleist, Sämtl. Werke (1760). Prosaische Aufsätze. Nr. 9. Gedanken über verschiedene Gegenstände.

— Heida! Lustig! Ich bin Hans | Und bin voller Freuden!

Gottlob Wilh. Burmann, Lieder in drei B. (1774). D. lustige Hans. Mel. v. Joh. Abraham Peter Schulz (1779).

— Auf, Brüder, laßt uns lustig leben!

Verfasser unbek. (vor 1794).

— Wer sich gar zu lustig macht, | Nimmt ein schlechtes Ende.

D. Knaben Wunderhorn (1806—1808). D. Weltende.

— Weißt du, worin der Spaß des Lebens liegt? | Sei lustig! — geht es nicht, so sei vergnügt!

Joh. Wolfg. von Goethe, Gedichte. Zahme Xenien. Nr. 1 (1820).

Lustig. — Lustig in die Welt hinein | Gegen Wind und Wetter! | Will kein Gott auf Erden sein, | Sind wir selber Götter.

Wilh. Müller, Lieder d. Lebens u. d. Liebe (1824). Nr. 2. D. Winterreise. Mut! Schlußv.

— Ja, lustig bin ich, das ist wahr!

Aug. Heinr. Hoffmann von Fallersleben, Lyrische Gedichte. Nr. 4. Volksleben. Lieder d. Landsknechte unter Georg u. Kaspar v. Frundsberg. Nr. 8. Trinklied (ged. 1825). Mel. v. Leop. Lenz.

— Heissa! lustig ohne Sorgen | Leb' ich in den Tag hinein.

Ferd. Raimund, D. Verschwender (1833). A. 1, Sz. 6 (Val.). Komp. v. Konradin Kreutzer. (Erste Auff. am 20. Febr. 1834 in Wien.)

— Heute lustig, morgen froh, | Übermorgen wieder so.

Aug. Heinr. Hoffmann von Fallersleben, Lyrische Gedichte. Nr. 4. Volksleben. Wein u. Ges. Studentenlieder. Nr. 2. Burschenlied (ged. 25. Febr. 1842). Mel. v. Friedr. Silcher (1858).

— Einmal müssen wir von hinnen, | Lustig drum bei Tag und Nacht!

Heinr. von Reder, Soldatenlieder (1854). Landsknechtslied.

— Lustig gelebt und selig gestorben, | Heißt dem Teufel die Rechnung verdorben. Sprichwort.

— Lustig in Ehrn | Hat Gott und die Welt gern. Sprichwort. Alpenländer.

— Gut' Bier, frisch' Wein, | Eine Musica rein, | Darzue ein Jungfräulein; | Wär' ja ein Stein, Der nit wollt' lustig sein.

Spr. an einem Hausgerät.

— Alleweil kånn mån nit lustig sein, | Alleweil håt mån ka' Schneid, | Alleweil kånn mån nit Diendlen lieb'n, | Alleweil håt mån ka' Freud.

Kärntner Schnaderhüpfl.

Lustspiel. — Wer uns im heitren Bühnenspiel | Den echten Beifall will entlocken, | Halt' warm das Herz, die Stirne kühl | Und seinen Witz fein trocken!

Paul Heyse, Spruchbüchlein (1885). Theater.

— Charaktere müssen im Lustspiel sein, | Nicht bloßer Witz, wie keck er sprühe. | Tu' ein Stück Fleisch in den Topf hinein; | Das Salz allein gibt schlechte Brühe.

Paul Heyse, Spruchbüchlein (1885). Theater.

Luther. — Lasset ihn (Luther) ruhen; hat er Übels getan, so wird ihn Gott darum finden; ich bin ein Kaiser der Lebendigen und nicht der Toten.

Kaiser Karl V. (reg. 1519—1558) am Grabe Luthers.

— Aber ihn (Luther) ergriff ein allmächtiger Antrieb, die Angst um das ewige Heil; und dieser ward das Leben in seinem Leben . . . und gab ihm die Kraft und die Gaben, die die Nachwelt bewundert.

Joh. Gottl. Fichte, Reden an d. deutsche Nation (1808). Rede 6.

Luther. — Niemand, der weiß, was eine Sprache ist, erscheine ohne Ehrfurcht vor **Luther**. Unter keinem Volk hat Ein Mann soviel an seiner Sprache gebildet. Friedr. Gottl. Klopstock, Sämtl. Werke (1798—1821). Bd. 8.

— Auch **Luther**! Du! Den Wahn hast du verjagt, | Zermalmt, zernichtet hast du wie der Blitz; | Nur etwas andres, Wahrheit, die besteht, | Beruhigt, hast du nicht gegeben.

Christ. Dietr. Grabbe, Don Juan u. Faust (1829). A. 1, Sz. 2 (Faust).

— Er (**Luther**) ist der gewaltigste Volksmann, der populärste Charakter, den Deutschland je besessen. Joh. Jos. Ignaz von Döllinger, Luther, eine Skizze (1851).

Luxus. — Der **Luxus** treibt den Menschen zu keiner einzigen Tugend an, sondern erstickt meist alle besseren Gefühle in ihm.

Friedr. d. Große, Sämtl. Werke (1789).

— Öffentlicher **Luxus** belebt den Kunstfleiß und ist nützlich, wir müßten denn zu Lykurgs Eisengeld, schwarzem Brei und Heloten zurückkehren wollen; aber der **Luxus** des einzelnen oder der Mißbrauch des Reichtums ist ein Übel.

Karl Jul. Weber, Demokritos (1832—1840). D. Luxus.

Luxus. — ... Millionen leben davon. Schaffen Sie den **Luxus** ab, so zerstören Sie eine Menge Existenzen.

Otto von Bismarck zu den Vertretern d. deutschen Handelskammern in Friedrichsruh (9. Juli 1893).

Luzifer. — **Luzifer** (Lichtbringer).

Nach Jesaias, K. 14, V. 12.

Lyriker. — ... wahrlich, kein Gesang ist schlimmer, | Kein Ton, der so an Windeln mahnt, | Als jenes zärtliche Gewimmer | Des **Lyrikers**, der ewig zahnt.

Paul Heyse, Spruchbüchlein (1885). Literatur u. Kunst.

Lyrisch. — Zu **lyrischen** Arbeiten gehört ein gewisser poetischer Müßiggang.

Friedr. von Schiller, Br. an Aug. Wilh. von Schlegel (14. Mai 1801).

— Alles **Lyrische** muß im ganzen sehr vernünftig, im einzelnen ein bißchen unvernünftig sein.

Joh. Wolfg. von Goethe, Werke (1827—1830). Maximen u. Reflexionen. Abteilung 2.

M

Mäcene. — Wenn's **Mäcene** gibt, lieber Flaccus, dann fehlen auch Vergile nicht. Lat.: **Sint Maecenates, non deerunt, flacce, Marones.**

Marc. Valerius Martialis, Epigramme (um 93). Übers. v. Berg. B. 8, Nr. 56, V. 5.

Machen. — So **machen's** alle (Weiber). Ital.: **Così fan tutte.**

Lorenzo da Ponte, Titel einer kom. Oper. Komp. v. Wolfg. Amadeus Mozart. (Erste Auff. am 26. Jan. 1790 in Wien.)

Macht. — Wer gwalt (**Macht**) hat, der hat angst und not; | Vil sint durch gwalt (**Macht**) geschlagen dot.

Seb. Brant, D. Narrenschif (1494). Nr. 37. V. glückes fall.

— Der unrecht gwalt (**Macht**) nimt gruntlich ab.

Seb. Brant, D. Narrenschif (1494). Nr. 56. V. end d. gewaltes.

— Mit vnser **macht** ist nichts getan, | Wir sind gar bald verloren.

Dr. Martin Luther, D. 46. Ps. Ein feste burg ist vnser Gott usw. (ged. 15.—16. April 1521 in Oppenheim). Mel. v. Verfasser.

— Der Größe Mißbrauch ist, wenn von der **Macht** | Sie das Gewissen trennt. Engl.: **The abuse of greatness is, when it disjoins | Remorse from power.**

William Shakespeare, Jul. Cäsar (1601). Übers. v. Schlegel. A. 2, Sz. 1 (Brutus).

Macht. — Der durch **Macht** ist hoch gestiegen, | Muß zu letzt, aus unvermögen | In dem Grab darnieder liegen. Mich. Frank, V. d. Eitelkeit (1688).

— Was ist so Großes | Denn an der **Macht**, der glücklichen Gewalttat, | Daß du so übermäßig sie vergötterst? | Der Menschen Augen auf sich ziehn? Ist das | Das Herrliche? Das ist ja nichts! Friedr. von Schiller, Sz. a. d. Phönicierinnen d. Euripides (ged. 1788). (Jokasta).

— Das eben ist der Fluch der **Macht**, daß sich | Dem Willen, dem leicht widerruflichen, | Ein Arm gleich beut, der fest unwiderruflich | Die Tat ankettet.

Heinr. von Kleist, D. Familie Schroffenstein (1803). A. 4, Sz. 1 (Rupert).

— Die **Macht** kann nicht milde genug aussehen.

Jean Paul (Joh. Paul Friedr. Richter), Levana oder Erzieh-Lehre (1807). Bd. 2, Bruchstück 5, K. 1, § 102.

— Hast du die **Macht**, du hast das Recht auf Erden.

Adelbert von Chamisso (Louis Charles Adelaide Chamisso de Boncourt), Gedichte. Lieder u. lyrisch-epische Gedichte. D. Giftmischerin (ged. 1828).

— ... die **Macht** soll handeln und nicht reden.

Joh. Wolfg. von Goethe, Werke (1827—1830). Maximen u. Reflexionen. Abteilung 7.

Macht. — Das Geheimnis jeder Macht besteht darin, zu wissen, daß andere noch feiger sind als wir.

Ludw. Börne, Gesammelte Schriften (1862—1863). Erz., Reisen, Verm. Aufsätze. Nr. 35. D. Narr im weißen Schwan. K. 2.

— Was ist euch Harten | Doch heilig und wert, | Giert ihr Männer nach Macht!

Richard Wagner, Rheingold (1869).

— Macht ist Pflicht, — Freiheit ist Verantwortlichkeit.

Marie von Ebner-Eschenbach, Aphorismen (1893).

— Kommt die Macht, | So fällt das Recht in Acht.

Sprichwort.

Mächtigen, die. — Ihr Mächtigen der Erde! schaut und lernt!

Adelbert von Chamisso (Louis Charles Adelaide Chamisso de Boncourt), Gedichte. Sonette u. Terzinen. Memento (ged. 1830). Schlußv.

Mädchen, das. — Entflohen ist nie ihm (dem Gott der Liebe) ein Mädchen. Griech.: *Τὸν οὐ φύγε παρθένος ἄλλη.*

Theokrit (geb. um 300 v. Chr.), Idyllen. Übers. v. Notter. Liebesgespräch. V. 18 (Hirte).

— Nein sagt ein Mädchen, weil's die Sitte will, | Und wünscht, daß es der Frager deut' als Ja! Engl.: Since maids, in modesty, say No, to that | Which they would have the profferer construe, Ay.

William Shakespeare, D. beiden Veroneser (um 1592—1593). Übers. v. Schlegel. A. 1, Sz. 2 (Julia).

— Sein zänkisch Käthchen! | Der schlimmste Nam' aus allen für ein Mädchen! Engl.: Katherine the curst! | A title for a maid, of all titles the worst.

William Shakespeare, D. Widerspenstigen Zähmung (um 1595). Übers. v. Schlegel. A. 1, Sz. 2 (Gremio).

— Das scheu'ste Mädchen ist verschwendrisch noch, | Wenn sie dem Monde ihren Reiz enthüllt. Engl.: The chariest maid is prodigal enough, | If she unmask her beauty to the moon.

William Shakespeare, Hamlet (1601—1602). Übers. v. Schlegel. A. 1, Sz. 3 (Laertes).

— . . . dies (heiraten) ist doch die größte Freude, | Auf die ein Mädchen hoffen kann.

Christ. Fürchtegott Gellert, Fab. u. Erz. (1746). B. 1. D. beiden Mädchen.

— Trau' keinem Freunde sonder Mängel; | Und lieb' ein Mädchen, keinen Engel!

Gotthold Ephr. Lessing, Schriften (1753—1755). Sinngedichte. B. 2, Nr. 44. In ein Stammb., dessen Besitzer versicherte, daß sein Freund ohne Mängel u. sein Mädchen ein Engel sei.

— . . . willst du dir ein Mädchen kaufen, | So geh' und gib dich selbst dafür!

Joh. Wolfg. von Goethe, Gedichte. Verm. Gedichte. Wahrer Genuß (ged. Dez. 1767).

Mädchen, das. — Wenn's was zu naschen gibt, sind alle flugs beim Schmause; | Doch macht ein Mädchen Ernst, so ist kein Mensch zu Hause.

Joh. Wolfg. von Goethe, D. Mitschuldigen (1769). A. 1, Sz. 3 (Sophie).

— Ich bin der unvorgreiflichen Meinung, daß kein Mädchen völlig häßlich ist.

Theod. Gottl. von Hippel, Über d. Ehe (1774). K. 7. Für d. Mädchen.

— Zaubermädel, auf und ab, | Sprich, wo ist dein Zauberstab?

Gottfr. Aug. Bürger, Gedichte. Liebeszauber (ged. 1778). Schlußv. Mel. v. Joh. Abraham Peter Schulz (1782).

— Ein Mädchen und ein Gläschen Wein | Kurieren alle Not; | Und wer nicht trinkt, und wer nicht küßt, | Der ist so gut wie tot.

Joh. Wolfg. von Goethe, Jerry u. Bätely (1779). (Thomas).

— Traun! der seligen Triebe! | Wann ein Mädchen vor Liebe | Und Empfindsamkeit stirbt . . .

Joh. Heinr. Voß, Sämtl. poetische Werke. Gedichte. Mailied eines Mädchens (ged. 1781). Mel. v. Joh. Abraham Peter Schulz (1782).

— Unter allen Torheiten, die ein Mädchen begeht, ist immer ihre erste Liebe eine der größten.

Aug. von Kotzebue, D. Indianer in England (1790).

— Ein Mädchen oder Weibchen | Wünscht Papageno sich.

Emanuel Schikaneder, D. Zauberflöte (1790). A. 2, Sz. 20 (Papageno). Komp. v. Wolfg. Amadeus Mozart. (Erste Auff. am 30. Sept. 1791 in Wien.)

— Hand in Hand! und Lipp' auf Lippe! | Liebes Mädchen, bleibe treu!

Joh. Wolfg. von Goethe, Gedichte. Lieder. An d. Erwählte (ged. 1795).

— Ein Mädchen darf nicht suchen, es darf nur finden, und, lieber Gott, wie selten findet der, der nicht sucht.

Aug. von Kotzebue, D. Verleumder (1796). A. 1, Sz. 1.

— Das Mädchen aus der Fremde.

Friedr. von Schiller, Gedichte. D. Mädchen a. d. Fremde (ged. 1796). Mel. v. Joh. Friedr. Reichardt.

— . . . ein Mädchen schön und wunderbar.

Friedr. von Schiller, Gedichte. D. Mädchen a. d. Fremde (ged. 1796). Mel. v. Joh. Friedr. Reichardt.

— . . . manch gutes Mädchen bedarf des schützenden Mannes | Und der Mann des erheiternden Weibs, wenn ihm Unglück bevorsteht.

Joh. Wolfg. von Goethe, Hermann u. Dorothea (1797). Terpsichore.

— Wenn die Stunde nicht kommt, die rechte, wenn nicht das rechte | Mädchen zur Stunde sich zeigt, so bleibt das Wählen im weiten, | Und es wirket die Furcht, die Falsche zu greifen, am meisten.

Joh. Wolfg. von Goethe, Hermann u. Dorothea (1797). Euterpe.

— . . . ein wanderndes Mädchen ist immer von schwankendem Rufe.

Joh. Wolfg. von Goethe, Hermann u. Dorothea (1797). Erato.

Mädchen, das. — Ein Mädchen ist herrlich gekleidet, wenn das Gewand der Unschuld es schmückt. Aug. von Kotzebue, Falsche Scham (1798).

— Nicht vom Adel, nicht vom Stande, | Was man sonst so hoch verehrt, | Nicht von einem Ordensbande | Hat mein Mädchen ihren Wert.
Guter Mond, du gehst so stille usw. (um 1800). Volkslied u. -weise.

— ... ein jedes Mädchen ist die Verwalterin der weiblichen Mysterien. Es gibt Stellen, wo Bauernmädchen aussehen wie die Königinnen; das gilt von Leib und Seele.
Georg Christoph Lichtenberg, Verm. Schriften (1800—1806). Bd. 2, Nr. 2. Bemerk. verm. Inhalts. Nr. 4. Beobachtungen über d. Menschen.

— Ungeheu'r ist die Entfernung | Zwischen einem Mann und Mädchen | Und durchaus zum Vorteil dieser.
Joh. Gottfr. von Herder, D. Cid (1806). B. 1, Ges. 12.

— Ein niedliches Mädchen, ein junges Blut, Erkor sich ein Landmann zur Frau.
Aug. Langbein, Sämtl. Gedichte. D. Fahrt ins Heu (ged. 1806). Mel. v. Karl Friedr. Zelter.

— Doch ach, — ein armes Mädchen muß, | Muß Wahrheit schon verstecken. | Viel lieber tot zehntausendmal, | Als meine Lieb' entdecken!
Joh. Gottfr. von Herder, Stimmen d. Völker in Liedern (1807). Abteilung 2, B. 3, Nr. 20. Heinr. u. Kathrine. Engl.

— Wenn aber ein Mädchen ihren Kranz verliert, | Nimmer kriegt sie ihn wieder.
Joh. Gottfr. von Herder, Stimmen d. Völker in Liedern (1807). Abteilung 2, B. 5, Nr. 7. D. Mädchen u. d. Haselstaude. Deutsch.

— So geht's, wenn ein Maidel zwei Knaben lieb hat, | Tut wunderselten gut.
Joh. Gottfr. von Herder, Stimmen d. Völker in Liedern (1807). Abteilung 2, B. 5, Nr. 8. D. Lied v. eifersüchtigen Knaben. Deutsch.

— Ach Mädchen, behalt' deine Ehre fest | Als wie der Baum seine Äste; | Und wenn das Laub herunterfällt, | So trauren alle Ästger.
D. Knaben Wunderhorn (1806—1808). Warnung.

— Ein braver Kerl von echtem Fleisch und Blut | Ist für die Dirne viel zu gut.
Joh. Wolfg. von Goethe, Faust, I (1808). Auerbachs Keller in Leipzig (Siebel).

— Nicht jedes Mädchen hält so rein.
Joh. Wolfg. von Goethe, Faust, I (1808). Abend (Mephistopheles).

— Ist die Liebe mit im Spiele, | Hat ja auch ein Mädchen Mut!
Theod. Körner, D. Bergknappen (ged. 1810). A. 1, Sz. 6 (D. Mädchen). Komp. v. Helwig.

— Liebes Mädchen, hör' mir zu, | Öffne leis das Gitter! Verfasser unbek. (um 1810). Volksweise.

Mädchen, das. — Ein hübsches Mädchen zu bewachen, | Wenn's in die Sommermonde schon, | Ist unter allen schlimmen Sachen | Die allerschlimmste Kommission.
Theod. Körner, D. Nachtwächter (ged. Jan. 1812). Sz. 2 (Schwalbe).

— Einem Mädchen, welches den Mann beglücken soll, darf das dreifache H nicht fehlen: hübsch, herzlich, häuslich.
Aug. von Kotzebue, D. Rehbock (1815).

— Ein wildes Mädchen ist ein eben solches Unding wie eine betrunkene Nachtigall; ein geziertes die Parodie des mißhandelten Ideals.
Christ. Ernst Karl Graf von Bentzel-Sternau, Weltansichten (1816).

— ... hast du das Mädchen, | So hat sie dich auch. Joh. Wolfg. von Goethe, Gedichte. Lyrisches. Gegenseitig (ged. Dez. 1816). Schlußv.

— Das sittsamste Mädchen bleibt nicht Herr seiner Augen. Wer kann den Wein im Glase hindern, daß seine Perlen aufwärts steigen?
Aug. von Kotzebue, D. deutsche Mann u. d. vornehmen Leute (1818).

— Ach wenn ich nur kein Mädchen wär', | Das ist doch recht fatal! | So ging ich gleich zum Militär | Und würde General.
Ferd. Raimund, D. Alpenkönig u. d. Menschenfeind (1828). A. 2, Sz. 4 (Lieschen). Komp. v. Wenzel Müller. (Erste Auff. am 17. Okt. 1828 in Wien.)

— Das Mädchen, das ich lieb', ist alles.
Christ. Dietr. Grabbe, Don Juan u. Faust (1829). A. 4, Sz. 3 (Faust).

— Man liebt an dem Mädchen, was es ist, und an dem Jüngling, was er ankündigt.
Joh. Wolfg. von Goethe, A. meinem Leben. Dichtung u. Wahrheit (1809—1831).

— Drum, flieht uns ein Mädchen, ist das Allerbeste | Festhalten!
Aug. Kopisch, Gedichte (1836). Weinlieder. Soldatenlied. Mel. v. Wilh. Speyer.

— Ein Mädel, das klug, | Kein Bursch holt die ein. Jos. Freiherr von Eichendorff, Gedichte (1837). Frühling u. Liebe. Übermut.

— Mädle ruck, ruck, ruck an meine grüne Seite! Volkslied (um 1840). Volksweise.

— Maidle, laß dir was verzähle!
Frz. Ritter von Kobell, Gedichte in hochdeutscher, oberbayerischer u. pfälzischer Mundart. 's Herz (ged. 1841). Mel. v. Friedr. Silcher.

— Ein junges Mädchen besitzt eine Macht, | An die sie bisher noch gar nicht gedacht, | Und die sich doch von ihr entfernt, | Sobald sie solche kennen lernt. Ignaz Frz. Castelli, Werke (1844). Gedichte.

— Mädchen, denk' an deine Zukunft; | Seelenadel ist alleine | Bürgschaft deines wahren Glückes, | Das nicht fliehet mit dem Scheine!
Jul. Hammer, Schau um dich u. schau in dich (1851). Junges Leben. Mädchen mit d. Siegesblicke usw. Schlußv.

Mädchen, das. — Aus Leichtsinn, Unbestand und Flatterhaftigkeit, | Betrug, Verstellung, List, Stolz, Witz und Eitelkeit | Spann künstlich die Natur mit äußerst feinen Fädchen | Ein Flitterding und nannt' es — Mädchen.

Moritz Gottl. Saphir, Schriften (1865). Poesien.

— Kein Mädchen ohne Liebe; | Kein Jahrmarkt ohne Diebe; | Kein Bock ohne Bart; | Kein Weib ohne Unart. Sprichwort.

— Will ein Mädchen achtbar sein, | Muß es sich der Arbeit freun. Sprichwort.

— Ein oft gesehenes Mädchen und ein oft getragenes Kleid verlieren den Wert. Engl.: A maid oft seen, a gown oft worn, are disesteemed and held in scorn. Sprichwort.

— Mehr zieht Mädchen als Seil. Span.: Mas tira moça que soga. Sprichwort.

— Das oft gesehene Mädchen ist Kupfer, das ungesehene Gold. Russisches Sprichwort.

— De Leber, de ward braden bi Flackerfü'r un Stroh; | Jung Mäten, nimm keen ollen Mann, sonst wirst du nümmer froh!

Spr. auf einer Bratenschüssel.

— A' Bixerl zum Schießen, | A' Hünderl zum Jag'n, | Und a Dirndl zum Lieben | Muß'n jeder Bua hab'n. Steirisches Schnaderhüpfl.

— Die Bamer (Bäume) im Wåld | Wollt' i ålle find'n, | Dem Diendl sein Fålschheit | Kånn i nit dergründ'n. Kärntner Schnaderhüpfl.

— 'n Diendl ihr' Treu | Is schwerer wie 's Blei, | Is ihr selb' a diem (manchmal) z'schwar, | Sie legt s'weg und geht lar.

Tiroler Schnaderhüpfl.

— Koan Fux und koan Haas und ka' Gems'l am Stein | Und koan einziges Dirndl bleibt gern lang allein. Steirisches Schnaderhüpfl.

— Ohne Diendl, ohne Wein | Möcht' der Teufel Bua sein, | Ohne Wein is ka Schneid, | Ohne Diendl ka Freud. Tiroler Schnaderhüpfl.

— Schön blau son die Berg, | Schön grien is' der Wald, | Daß's Maderl omm treu wär', | Selb hört ma nit bald. Steirisches Schnaderhüpfl.

— Und Diendl, dei' Treu | Steht drauß'n auf der Frei, | Is von Fålschheit umzäunt, | Dåß ka' Sunn eini scheint. Kärntner Schnaderhüpfl.

— Und an aufrichtig's Diendl | Kånn i nimmer derfråg'n, | I glab', es håt ålle | Der Scheuer (Hagel) derschlåg'n. Tiroler Schnaderhüpfl.

Mädchen, die. — Leicht zu gewinnender Ruhm ist's, gläubige Mädchen zu täuschen. Lat.: Fallere credentem non est operosa puellam Gloria.

Publ. Ovidius Naso (um 43 v. Chr. — 17 n. Chr.), Heroiden. Übers. v. Wolff. B. 2, V. 63.

— Schwach ist bei zarten Mädchen der Leib, so ist auch der Geist schwach. Lat.: Ut corpus, teneris ita mens infirma puellis.

Publ. Ovidius Naso (um 43 v. Chr. — 17 n. Chr.), Heroiden. Übers. v. Wolff. B. 19, V. 7.

Mädchen, die. — Mädchen sind Frühling, so lange sie Mädchen sind; aber der Himmel verändert sich, wenn sie Frauen werden. Engl.: Maids are May when they are maids, but the sky changes when they are wives.

William Shakespeare, Wie es euch gefällt (um 1599). Übers. v. Schlegel. A. 4, Sz. 1 (Rosalinde).

— . . . Mädchen sind wie Rosen: kaum entfaltet, | Ist ihre holde Blüte schon veraltet. Engl.: For women are as roses, whose fair flower | Being once display'd, doth fall that very hour.

William Shakespeare, Was ihr wollt (um 1598—1600). Übers. v. Schlegel. A. 2, Sz. 4 (Herzog).

— Es ist viel leichter, eines Korbs Flöhe zu hüten als eines Dutzends junger Mädchen.

Christoph Lehmann, Politischer Blumen-Garten (1662).

— Man fürchte nichts so sehr als die Eitelkeit bei den Mädchen. Franz.: Ne craignez rien tant que la vanité dans les filles.

Fénélon, Töchtererziehung (1689). Übers. v. Arnstädt.

— Allein je reizender die losen Mädchen sind, | Um desto weniger kann man ihr Herz erwerben.

Christ. Fürchtegott Gellert, Fab. u. Erz. (1746). B. 1. D. glücklich gewordene Ehemann.

— . . . Mädchen, wenn sie gleich das Dorf erzogen hat, | Sind wie die Mädchen in der Stadt.

Christ. Fürchtegott Gellert, Fab. u. Erz. (1746). B. 2. D. junge Drescher.

— . . . wenn alle Mädchens so sind, wie ich mich jetzt fühle, so sind wir — sonderbare Dinger. — Zärtlich und stolz, tugendhaft und eitel, wollüstig und fromm.

Gotthold Ephr. Lessing, Minna v. Barnhelm (1763). A. 2, Sz. 7 (D. Fräulein).

— Wann die Großen sich erfreun, | Was ist ihre Freude? | Hübsche Mädchen, guter Wein, | Einzig diese beyde.

Christ. Felix Weiße, Kleine lyrische Gedichte. Bd. 1. Scherzhafte Lieder. Liebe u. Wein (ged. 1766). Mel. v. Joh. Adam Hiller.

— Wir Mädchen sehn doch immer mit Vergnügen | Die Weisheit eines Manns zu unsern Füßen liegen.

Christoph Martin Wieland, Musarion (1768). B. 3.

— Man lehrte mich, . . . Mädchen, wenn sie liebten, seien schwächer als Simson nach Verlust seiner Locken.

Joh. Wolfg. von Goethe, Götz v. Berlichingen (1773). A. 1. Jaxthausen (Maria).

— Bei Mädchen, die durch Liebesunglück gebeizt sind, wird ein Heiratsvorschlag bald gar.

Joh. Wolfg. von Goethe, Götz v. Berlichingen (1773). A. 3. Jaxthausen (Sickingen).

— Es leben die Alten, | Die Mädchen und Wein | Für Mittel gehalten, | Sich weislich zu freu'n!

Joh. Martin Miller, Gedichte. Lob d. Alten (1773).

Mädchen, die. — Wir Mädchen sind doch eine wunderliche Nation; kaum haben wir den Kopf nur ein wenig wieder, so ist gleich Putz und Band, was uns beschäftigt.

Joh. Wolfg. von Goethe, Clavigo (1774). A. 4. Guilberts Wohnung (Marie).

— Freier Mädchen Nicken, | Runde Busen schmücken, | Weiche Hände drücken, | O wie süß! wie süß!

Friedr. (Maler) Müller, Gedichte. Freudenlied (1776).

— O liebe Mädchen, liebe Frauen, | Ihr unser Unglück, unser Glück, | Zwar spricht man oft von euch mit Grauen | Und kehrt doch stets zu euch zurück. Franz.: Sexe aimé, sexe volage, | Qui tourmentez nos beaux jours, | Si de vous chacun dit rage, | Chacun vous revient toujours.

Pierre Augustin Caron de Beaumarchais, Figaros Hochzeit (1784). Übers. v. Dingelstedt. A. 5, Sz. 12 (Cherubin).

— ... ihr Mädchen bleibt am Ende doch die Betrog'nen.

Joh. Wolfg. von Goethe, Gedichte. Elegien. Nr. 1 (ged. Herbst 1788—Anfang 1790). Nr. 6.

— Wie doch Gelehrsamkeit den Mädchen schaden kann! | Noch sind die Musen ohne Mann!

Joh. Christoph Friedr. Haug, Sinngedichte (1791). Gelehrte Mädchen.

— Ein Sittenrichter neuer Zeit, | Ihr Mädchen, schilt an euch das Laster | Der Plaudersucht und Eitelkeit. | Der lächerliche Kritikaster! | Euch tadeln, daß ihr — Mädchen seid!

Joh. Christoph Friedr. Haug, Sinngedichte (1791). Nachricht.

— Es hat die Schöpferin der Liebe | Zur Lust die Mädchen aufgestellt.

Friedr. Hensler, D. Donauweibchen (1792). Komp. v. Ferd. Kauer. (Erste Auff. 1799 in Wien.)

— Die Mädchen, die Lieb' und der Wein | Begeistern den Menschen allein.

Joachim Perinet, D. Zauberzither (1793). Komp. v. Wenzel Müller.

— Mädchen, die mit keuschen Trieben | Nur den braven Burschen lieben, | Nie der Tugend Reiz entstellen, | Sei ein schäumend Glas gebracht!

Brüder, lagert euch im Kreise usw. (vor 1794). Verfasser unbek. Studentenweise.

— Die Mädchen sind gut und machen sich gerne | Was zu schaffen.

Joh. Wolfg. von Goethe, Gedichte. Episteln. Epistel 2 (ged. Okt.—Nov. 1794).

— Traut, Mädchen, leichten Rittern nicht! | Manch Ritter ist ein Bösewicht. | Sie löffeln wohl und wandern | Von einer zu der andern | Und freien keine nicht.

Gottfr. Aug. Bürger, Gedichte (1796—1797). D. Ritter u. sein Liebchen. Schlußv.

Mädchen, die. — Man weiß es allgemein, daß die lieben Mädchen so oft Empfindsamkeit mit Rechtschaffenheit, Briefe mit Taten und Tintentränen mit einem ehrlichen, warmen Blute verwechseln.

Jean Paul (Joh. Paul Friedr. Richter), Siebenkäs (1796—1797).

— Gott schuf die Mädchen zur Liebe, | Pflanzte die seligsten Triebe | Tief in den Busen uns ein.

Aug. Mahlmann, Sämtl. Schriften. Gedichte. Aufmunterung zur Freude (ged. 1797). Mel. v. Karl Bornhardt (1799) u. Anton Felix von Beczvarsovsky.

— Wer großen Herren heuchelt, | Wer jungen Mädchen schmeichelt, | Verdirbt sie beide ganz; | Je mehr ihr eure Katze streichelt, | Je höher hebt sie den Schwanz. Hensler (1742—1799).

— Jede Neigung zu verschließen, | Hart und kalt zu sein wie Stein, | Schöne Augen nicht zu grüßen, | Fleißig und allein zu sein, | Keiner Bitte nachzugeben: | Heißt das wohl ein Jugendleben (für Mädchen)?

Novalis (Friedr. von Hardenberg), Schriften (1802). Heinr. v. Ofterdingen. Klage d. Mädchen.

— Es gibt eine gewisse Jungferschaft der Seele bei den Mädchen und eine moralische Entjungferung; diese findet bei vielen schon sehr frühzeitig statt. Georg Christoph Lichtenberg, Verm. Schriften (1800—1806). Bd. 2, Nr. 2. Bemerk. verm. Inhalts. Nr. 3. Moralische Bemerk.

— Manche Menschen äußern schon eine Gabe, sich dumm zu stellen, ehe sie klug sind; die Mädchen haben diese Gabe sehr oft.

Georg Christoph Lichtenberg, Verm. Schriften (1800—1806). Bd. 2, Nr. 2. Bemerk. verm. Inhalts. Nr. 4. Beobachtungen über d. Menschen.

— Selbst die sanftesten, bescheidensten und besten Mädchen sind immer sanfter, bescheidener und besser, wenn sie sich vor dem Spiegel schöner gefunden haben.

Georg Christoph Lichtenberg, Verm. Schriften (1800—1806). Bd. 2, Nr. 2. Bemerk. verm. Inhalts. Nr. 4. Beobachtungen über d. Menschen.

— Mädchen, wie Perlen und Pfauen, schätzt man nach keiner andern Farbe als der weißesten.

Jean Paul (Joh. Paul Friedr. Richter), Levana oder Erzieh-Lehre (1807). Bd. 2, Bruchstück 4, K. 3, § 91.

— Die Mädels sind doch sehr interessiert, | Ob einer fromm und schlicht nach altem Brauch. | Sie denken, duckt er da, folgt er uns eben auch.

Joh. Wolfg. von Goethe, Faust, I (1808). Marthens Garten (Mephistopheles).

— Von allen Mädchen in der Welt | Das deutsche mir am besten gefällt, | Ist gar ein herzig Veilchen; | Es duftet, was das Haus bedarf, | Ist nicht, wie Rose, dornenscharf | Und blüht ein artig Weilchen.

Georg Phil. Schmidt von Lübeck, Lieder. Deutsches Lied (ged. 1810). Mel. v. Karl Groos (komp. 1817), Albert Methfessel (1818), Frz. Schubert u. a.

Mädchen, die. — So sind die Mädchen, die ihr meint, | Denn keine Menschen? — „Nein, mein Freund!" | Was sind sie denn, Herr Mädchenkenner? | „Lebend'ge Puppen für die Männer."

Joh. Wilh. Ludw. Gleim, Sämtl. Werke (1811—1813). Gedichte.

— Es ist alles Eitel | Ussert (außer) nur 3 Stück allein: | Hübsche Mägden, guter wein | Und ein voller Bütel. | Hab ich die, so bin ich froh | Und sprech auch wie Salomo: | Es ist alles Eitel!

Inschrift an einem Ofen in Elgg (1814).

— Wie Motten lockt der Glanz die Mädchen an. Engl.: Maidens, like moths, are ever caught by glare.

George Gordon Lord Byron, Ritter Harolds Pilgerfahrt (1812—1818). Übers. v. Heichen. Ges. 1, Str. 9, V. 8.

— Die Mädchen in Deutschland sind blühend und schön.

Wilh. Gerhard, Gedichte. Hannchen vor allen (ged. 1818). Mel. v. Jul. Schneider (komp. 1831).

— Nein! hier hat es keine Not: | Schwarze Mädchen, weißes Brot! | Morgen in ein ander Städtchen! | Schwarzes Brot und weiße Mädchen.

Joh. Wolfg. von Goethe, Werke (1815—1819). Gedichte. Epigrammatisch. Soldatentrost.

— Man soll euch Mädchen auf dem Lande | Wie Mädchen aus den Städten fliehn!

Joh. Wolfg. von Goethe, Wilh. Meisters Wanderjahre (1807—1821).

— Wein und schöne Mädchen | Sind zwei Zauberfädchen, | Die auch die erfahr'nen | Vögel gern umgarnen.

Friedr. Rückert, Östliche Rosen (1822). D. zwei Mächte.

— Schönste Sonne unter den Mädchen, | Schönstes Mädchen unter der Sonne!

Heinr. Heine, D. B. d. Lieder. Heimkehr (ged. 1823—1824). Nr. 54.

— Wenn Mädchen sechzehn Jahre zählen, | So werden sie schon selber klug.

Joh. Gottfr. Seume, Sämtl. Werke (1826). Gedichte. Adelaide.

— . . . die Mädchen machen es mit dem Glauben wie die reichen Leute mit der Speise; — sie nehmen nur das zu sich, was ihnen angenehm schmeckt.

Christ. Dietr. Grabbe, Don Juan u. Faust (1829). A. 1, Sz. 1 (Don Juan).

— Ich bin ein schmucker Kerl, und das ist | Das mächt'gste Kaisertum bei Mädchen.

Christ. Dietr. Grabbe, Don Juan u. Faust (1829). A. 2, Sz. 1 (Leporello).

— Stünden nicht Mädchen mit feurigem Aug' am Wege des Lebens, | Wahrlich! es wandelte dann ohne Gefahr sich dahin!

Peter von Bohlen, Bhartriharis Spr. (1835).

— ... die Mädchen mögen immer Engel heißen; — es gibt sich.

Karl Jul. Weber, Demokritos (1832—1840). Teufel u. Hölle, Engel u. Himmel.

Mädchen, die. — Die Eh' ist doch der Mädchen Steckenpferd, | Der Grundvokal in ihrer Liebe Sprache!

Joh. Matthias Firmenich, Clotilde Montalvi (1840). A. 2, Sz. 1.

— Von allen den Mädchen so blink und so blank | Gefällt mir am besten die Lore.

Verfasser unbek. (vor 1843). Komponist unbek.

— Tugenden und Mädchen sind am schönsten, ehe sie wissen, daß sie schön sind.

Ludw. Börne, Gesammelte Schriften (1862—1863). Kritiken. Nr. 35. Histoire de la Révolution française, par Thiers.

— Junge Mädel gehn halt grade, | Alte Weiber gehen krumm.

's ist nichts mit d. alten Weibern usw. Volkslied u. -weise.

— Laß fahr'n, laß fahr'n, was nit bleiben will, | Man find't der schön' Jungfräulein (Mädchen) mehre. Volkslied.

— Bescheidenheit | Ist der Mädchen Ränzel und Ehrenkleid. Sprichwort.

— Bevor die Mädchen flügge, | Sind sie voller Tücke. Sprichwort.

— Müßige Mädchen | Spinnen schlimme Fädchen. Sprichwort.

— Junge Däns (Dirnen, Mädchen) biädet (beten) am leiwsten vüör'n Speigel (vorm Spiegel). Sprichwort. Münsterisch.

— Lustige Däns (Dirnen, Mädchen), tamme (zahme) Husfrauen. Sprichwort. Münsterisch.

— Nette Däns (Dirnen, Mädchen) kledd (kleidet) alles. Sprichwort. Münsterisch.

— Schöne Blömkes (Blümchen) un schöne Miäkens staoht (stehn) nich lange.

Sprichwort. Münsterisch.

— Alles Fleisch ist zum Essen; alle Mädchen sind zum Heiraten. Engl.: All meat's to be eaten; all maids to be wed. Sprichwort.

— Schöne Mädchen tragen keine Börsen. Engl.: Fair maidens wear nae purses.

Schottisches Sprichwort.

— Das ist eine schlimme Herde zu hüten, heiratssüchtige Mädchen. Franz.: C'est un fâcheux troupeau à garder que de sottes filles à marier. Sprichwort.

— Man muß Mädchen nicht aufspeichern. Franz.: Il ne faut point faire grenier de filles. Sprichwort.

— Bier und Mädchen haben viel Glück; das Bier trinkt man ohne Durst, und die Mädchen heiratet man ungeprüft. Finnisches Sprichwort.

— Gute Mädchen, artige Töchter; wo kommen denn die garstigen Weiber her?

Finnisches Sprichwort.

— Könnt' ich schwimmen wie ein Schwan, | Krähen wie ein Gockelhahn, | Karessieren wie ein Spatz, | Wär' ich aller Mädchen Schatz.

Spr. an einem Hausgerät.

Mädchen, die. — Tu die schönen Mädchen lieben, | Junge Weiber nicht betrüben | Und die alten auch nicht hassen | Und was lebet, leben lassen.

Spr. an einem Hause. Franken.

— Mueßt nit a so trauern, | Du narrischer Bua; | Schau, die Welt is ka' Hühnersteig'n, | Diendle gibt's g'nua'.
Kärntner Schnaderhüpfl.

Mädchenaugen. — Seht, so ein Reifen ist für Mädchenaugen des Zirkels Viereck, der echte Zauberring. — Die beste gibt dreimal ihre Unschuld zu, wenn sie nur Einmal einen Eh'mann kriegt.

Christ. Dietr. Grabbe, Don Juan u. Faust (1829). A. 1, Sz. 1 (Leporello).

— . . . Tränen, die in Mädchenaugen zittern, | Sind Perlen, die die Schönheit nur verklären.
Emanuel Geibel, Sonette. Deutsche Klagen v. Jahr 1844 (ged. 1844). Nr. 3.

Mädchenehre. — . . . die Ehre eines Mädchens ist ihr Ruf, und kein Vermächtnis ist so reich als Ehrbarkeit. Engl. The honour of a maid is her name; and no legacy is so rich as honesty.

William Shakespeare, Ende gut, alles gut (um 1602). Übers. v. Schlegel. A. 3, Sz. 5 (Mariana).

— Mädchenehre ist ein blank geschliff'ner Stahl; | Ein Hauch, und sie erblindet.

Christoph Martin Wieland, Sämtl. Werke (1794—1802).

Mädchenhaft. — Tut mädchenhaft, sagt immer Nein und nehmt! Engl.: Play the maid's part, still answer nay and take it!

William Shakespeare, Richard III. (1592). Übers. v. Schlegel. A. 3, Sz. 7 (Buckingham).

Mädchenherz. — Durch Purpur und Juwelen kauft der Mann des Mädchens Herz. Lat.: Amator meretricis mores sibi emit auro et purpura.

Plautus (um 254—184 v. Chr.), D. Hausgespenst. Übers. v. Köpke. A. 1, Sz. 3, V. 28.

— Mädchenherz ist immer neu, | Bleibet einem nimmer treu.
Greguß, Ungar. Volkslieder (1846).

Mädchenliebe. — . . . wenn Verstand und Leidenschaft in einem so zarten Wesen (eines Mädchens) kämpfen, so haben wir zehn Beispiele für eines, daß die Leidenschaft den Sieg davonträgt. Engl.: Wisdom and blood combating in so tender a body, we have ten proofs to one, that blood hath the victory.

William Shakespeare, Viel Lärm um Nichts (um 1598). Übers. v. Schlegel. A. 2, Sz. 3 (Leonato).

Mädchenrede. — Mädchenrede vertraue kein Mann, noch der Weiber Worten!

Edda (um 1240—1250). Hávamál.

Mädchenschönheit. — Schon manche Dirne hat's gebracht | Ums grüne Kränzchen in dem Haar, | Daß sie im Dorf die Schönste war.

Wilh. Müller, Lieder d. Lebens u. d. Liebe (1824). Nr. 3. Ländliche Lieder. D. Kranz.

Mädchenschule. — Als ich noch im Flügelkleide | In die Mädchenschule ging . . .

Verfasser unbek. (vor 1790). Mel. nach d. Menuett a. Wolfg. Amadeus Mozarts Oper Don Juan (1787).

Mädchenseele. — Gar oft schon fühlt' ich's tief, des Mädchens Seele | Wird nicht sich selbst, dem Liebsten nur geboren.

Jos. Freiherr von Eichendorff, Gedichte (1837). Frühling u. Liebe. Mädchenseele.

Mädchenwange. — So Apfelblüt', als Mädchenwange, je mehr in hellem Licht sie steht, | Je schneller die verschämte Farbe der Knospenunschuld ihr vergeht.

Wilh. Müller, Gedichte (1837). Epigramme. 1. Hundert, Nr. 74. Apfelblüte u. Mädchenwange.

Madrid. — Man ist sehr — ruhig in Madrid.

Friedr. von Schiller, Don Carlos (1787). A. 1, Sz. 4 (Königin).

— Deswegen | Vergönn' ich Ihnen zehen Jahre Zeit | Fern von Madrid darüber nachzudenken.

Friedr. von Schiller, Don Carlos (1787). A. 1, Sz. 6 (König).

— Leb' wohl, Madrid! Nie wende sich dein Glück!

Pius Alexander Wolff, Preziosa (1820). A. 1, Sz. 5 (Preziosa). Komp. v. Karl Maria von Weber. (Erste Auff. am 14. März 1821 in Berlin.)

Magd. — Eine Magd, die einen Besen liegen läßt, hebt auch ein Faß nicht auf. Bauernregel.

— Ist die Magd Braut, so ist es mit dem Dienste aus. Bauernregel.

— Wenn die Magd genascht hat, bekommt die Katze Prügel. Bauernregel.

— Wenn die Magd wird Frau im Haus, | So jagt sie den Herrn zum Fenster hinaus.
Bauernregel.

— Wenn man von Vögeln spricht, so denkt die Magd, man meint die Gänse. Bauernregel.

— Wer mit der Magd tändelt, macht sie zur Herrin seiner Frau. Bauernregel.

— Wie die Magd, so die Frau. Bauernregel.

Mägde. — Genäschige Mägde machen aufmerksame Hausfrauen. Bauernregel.

— Junge Mägde, magere Kühe. Bauernregel.

— Wenn die Mägde feine Schuhe tragen, so haben die Kühe wenig Fett. Bauernregel.

— Wenn sich die Mägde zanken, so kommt die Wahrheit heraus. Bauernregel.

Mägdevolk. — Ein Knabe ernähret sich, in welches Land er kömmt, wenn er nur arbeiten will. Will er aber faul sein, so bleibt er ein Schlingel. Aber das arme Mägdevölklein muß einen Stab in der Hand haben.

Dr. Martin Luther, Tischreden oder Colloquia (1566). Nr. 48. Tischreden v. Tode. § 9. D. Martin Luthers tröstliche Reden in seiner Tochter Krankheit u. Begräbniß.

Mägdlein, das. — O wie elend ist ein Mägdlein, das dem Amor sich entziehn muß! Lat.: Miserarum est, neque Amori dare ludum . . .

Quint. Horatius Flacc., Oden (um 23 v. Chr.). Übers. v. Voß. B. 3, Nr. 12, V. 1.

— Een hasen kalt, | Een megdelein 18 Jar alt, | Der das nit mach (mag), | Der bleibt ein nar al zyn dach (Tag). Heidelberger Stammb. (1608).

— Mägdlein hielt Tag und Nacht | Traurig an dem Spinnrad Wacht.

A. d. Schwed. eines unbek. Verfassers (um 1645—1721). Übersetzer unbek.

— Geistlicher krieger, unkeusch Mägdelin, | Mertzen blum legen wenig ehren in.

Alter Spr.

— O wie mancher guter Rat verdirbt in eines Armen Munde | Und manches grüne Gras in einem tiefen Grunde, | Auch manches gute Holz auf einer breiten Heide | Und manches schönes Mägdelein in einem geringen Kleide.

Alter Spr.

Mägdlein, die. — Man muß die Kinder doch versorgen und sonderlich die armen Mägdlein; wir dürfen nicht sorgen, daß sich ein Anderer ihrer annehmen wird.

Dr. Martin Luther, Tischreden oder Colloquia (1566). Nr. 48. Tischreden v. Tode. § 9. D. Martin Luthers tröstliche Reden in seiner Tochter Krankheit u. Begräbniß.

— Mägdlein, die gern in der thür stahn | Und viel weisses in den augen han, | Mich dunkt in meinen sinnen, | Das sie nicht gerne spinnen.

Alter Spr.

Magen. — Bei leerem Magen | Sind alle Übel doppelt schwer.

Christoph Martin Wieland, D. Wintermärchen (1776). T. 1.

— Auf einem vollen Magen | Steht ein fröhlicher Kragen. Alter Spr.

— Die Augen sind größer als der Magen.

Sprichwort.

— Ist der Magen krank, | Wird der Körper wank. Sprichwort.

— He hett'n Magen, dao kann wull'n Igel in nesten (drin nisten).

Sprichwörtl. Redensart. Münsterisch.

Mager. — He iss so schrao (mager) es (wie) ne Kiärkenmus (Kirchenmaus).

Sprichwörtl. Redensart. Münsterisch.

Mahl. — Ein Mahl, zu dem kein Lied erscholl, | Ein Baum ist's ohne Zweig und Blatt.

Anastasius Grün (Anton Alexander Graf von Auersperg), D. Pfaff v. Kahlenberg (1850).

Mahlzeit. — Frohsinn und Heiterkeit | Würzt jede Mahlzeit. Alter Spr.

— De nich kummt to rechter Tîd, | Der is sîn Mâltîd quît. Alter Spr. Ostfriesland.

Mahnungsworte. — Vergebens klopfen Mahnungsworte | An des verstockten Herzens Pforte, | Wenn nicht der Sinn, den sie enthüllt, | Sich sichtbar durch die Tat erfüllt.

Friedr. von Bodenstedt, A. d. Nachlasse Mirza-Schaffys (1874). B. 7. Welträtsel. D. Schulen d. Weisen.

Mai. — Der Maie kommt mit Schalle, | Die Vöglein singen alle, | Von mancher Farbe reich | Ist die Heide wonnegleich.

Christ. von Hamle (um 1210).

— Ich bin der Mey, schön wolgestalt, | Bring Freud und Wonne mannigfalt.

D. zwölf Monate (1584).

— Der May ist selten so gut, | Er setzt dem Zaunpfahl ein Hut (es schneit).

Kalenderspr. (16. Jahrh.).

— Der Meye kühl, der Brachmond naß, | Füllet Scheunen vnd alle Faß.

Kalenderspr. (16. Jahrh.).

— Der Mey, der allen Sinnen pflegt | So manche Lust zu schencken, | Daß auch sein Nahme Frewd' erregt, | So offt wir sein gedencken, | Der Mey, das schönste Stück vom Jahr . . .

Rob. Roberthin, Mey-Lied (1652).

— Dieser Mônat (Mai) ist ein Kuß, den der Himmel gibt der Erde, | Daß sie jetzund seine Braut, künftig eine Mutter werde.

Friedr. von Logau, Deutsche Sinn-Getichte (1654). D. Mai.

— Komm', lieber Mai, und mache | Die Bäume wieder grün!

Christ. Adolf Overbeck, Fritzchens Lieder. Fritzchen an d. Mai (ged. 1775). Mel. v. Wolfg. Amadeus Mozart (komp. 1791).

— Sei willkommen, du fröhlicher Mai! | Der die Freude bringt und die Sorge haßt.

Ernst Moritz Arndt, Gedichte. Frühlingslied (ged. 1802).

— Alles neu | Macht der Mai.

Hermann Adam von Kamp, Lautenklänge. D. Mai (ged. 1818). Mel. Fahret hin usw.

— Im wunderschönen Monat Mai, | Als alle Knospen sprangen . . .

Heinr. Heine, D. B. d. Lieder. Lyrisches Intermezzo (ged. 1822—1823). Nr. 1.

— Im Mai, im schönen Maie, | Han i viel no im Sinn!

Friedr. Richter, Violen, ausgewählte Lieder u. Epigramme. Im Mai (ged. vor 1835). Mel. v. Friedr. Silcher (komp. 1835—1836).

— Der Mai ist gekommen, die Bäume schlagen aus, | Da bleibe, wer Lust hat, mit Sorgen zu Haus!

Emanuel Geibel, Gesammelte Werke. Gedichte. Jugendgedichte. B. 1. Lübeck u. Bonn. Lieder. Nr. 32 (ged. 1835—1841). Mel. v. Justus Wilh. Lyra (1843).

— So viel der Mai auch Blümlein beut . . .

Aug. Heinr. Hoffmann von Fallersleben, Lyrische Gedichte. Nr. 2. Liebesleben. Heidelieder. Nr. 4. Blümlein auf d. Heide (ged. 24. Nov. 1852). Mel. v. Karl Krebs.

Mai. — Ging der eig'ne Lenz zu Grabe, | Freudig segne fremden Mai!

Anastasius Grün (Anton Alexander Graf von Auersperg), Gesammelte Werke (1877). Gedichte. Spr.

— Im Maien am Reihen sich freuen | Alle Knaben und Mägdelein. Altes Jägerlied.

— Abendtau und kühl im Mai | Bringt viel Wein und bringt viel Heu. Bauernregel.

— Der dritte Mai ist ein Wolf. Bauernregel.

— Der siebente Mai ist eine Schlange. Bauernregel.

— Des Maies Mitte | Hat für den Winter noch eine Hütte. Bauernregel.

— Es ist kein Mai so gut, | Er schneit dem Schäfer auf den Hut. Bauernregel.

— Wenn der Mai den Mai erst bringt, das ist besser, als wenn er ihn schon findet. Bauernregel.

— Wenn im Mai die Bienen schwärmen, | Soll man vor Freude lärmen. Bauernregel.

Maienfrisch. — Nun bricht aus allen Zweigen | Das maienfrische Grün.

Jul. Rodenberg, Lieder. Im Maien (geb. 3. Mai 1852). Mel. nach Ludw. van Beethoven.

Maienfrost. — Maienfrost | Blüten und Früchten das Leben kost't. Bauernregel.

Maienglöckchen. — Die Luft ist blau, das Tal ist grün, | Die kleinen Maienglöckchen blühn | Und Schlüsselblumen drunter.

Ludw. Heinr. Christoph Hölty, Gedichte. Lieder. Frühlingslied (geb. 1773). Mel. v. Joh. Friedr. Reichardt (1781).

Maiennacht. — Lieblich war die Maiennacht.

Nicolaus Lenau (Niembsch, Edler von Strehlenau), Gedichte (1832). D. Postillon.

Maientag. — O Herz, gib dich zufrieden! | Es ist ein großer Maientag | Der ganzen Welt beschieden. Emanuel Geibel, Zeitstimmen (1841). Hoffnung.

Maigewitter. — Viel Gewitter im Mai, | Singt der Bauer Juchhei. Bauernregel.

— Wenn's im Mai donnert, so riegelt's die Erden auf. Bauernregel. Oberösterreich.

Maikäfer, der. — Maikäfer fliege, | Dein Vater ist im Kriege, | Deine Mutter ist im Pommerland, | Pommerland ist abgebrannt; | Maikäfer fliege! Kinderreim.

Maikäfer, die. — Der Maikäfer Menge | Bedeutet der Schnitter Gedränge (eine reiche Ernte). Bauernregel. Westpreußen.

Mailuft. — Wan's Mailüfterl wäht, | Z'geht in Wald drauß da Schnee; | Da hebn de blau'n Veigerln | Dö Köpferln auf d'Höh.

Anton Freiherr von Klesheim, Schwarzblatl aus'n Weanerwald (1846). 's Mailüfterl. Mel. v. Jos. Kreipl (1853).

Mairegen. — Mairegen auf die Saaten, | Dann regnet es Dukaten. Bauernregel.

— Mairegen, | Komm herab; | Fall' auf mich, | Dann wachse ich. Kinderlied.

Mairegen. — Regen im Anfang Maien | Tut Reben und Früchten dräuen. Bauernregel.

Maitau. — Maitau und Aprilregen sind unschätzbar. Bauernregel.

Maitrank. — Beim Maientrank und Liederschall | Grüß Gott, grüß Gott, Frau Nachtigall!

Inschrift im Berliner Ratskeller. Weinlokal.

Maiwind. — Den Maien voll Wind | Begehrt das Bauerngesind'. Bauernregel.

Majestät. — . . . das Ohr der Majestät ist selten taub; nur ist unsere Stimme meist zu schwach, bis dahinauf zu reichen.

Joh. Wolfg. von Goethe, Clavigo (1774). A. 1. Guilberts Wohnung (Beaumarchais).

— Die Majestät verbreitet ihren Schutz | Auf jeden, der sich ihr wie einer Gottheit | Und ihrer unverletzten Wohnung naht.

Joh. Wolfg. von Goethe, Torquato Tasso (1789). A. 2, Sz. 4 (Antonio).

— Majestät der Menschennatur! dich soll ich beim Haufen | Suchen? Bei wenigen nur hast du von jeher gewohnt.

Friedr. von Schiller, Gedichte. Votivtafeln. Nr. 24. Majestas populi (geb. 1796).

— Nimm die Äußerlichkeiten (den ersten und letzten Buchstaben) von Majesty weg, was ist es? ein Scherz (a jest). Engl.: Take the externals from majesty, what is it? (a jest). Scherzspr.

Majestätsbeleidigung. — Werden sie (die Könige) nicht von Welt und Nachwelt gepriesen, die eine Beleidigung ihrer Würde vergeben, bedauern, verachten konnten?

Joh. Wolfg. von Goethe, Egmont (1788). A. 4. D. Culenburgische Palast (Egmont).

Major. — Schulden wie ein Major (sehr viel Schulden) haben. Sprichwörtl. Redensart.

Majorität. — Wir lassen sie (die Majorität) freilich gelten im notwendigen Weltlauf; im höheren Sinne haben wir aber nicht viel Zutrauen auf sie.

Joh. Wolfg. von Goethe, Wilh. Meisters Wanderjahre (1807—1821).

— Nichts ist widerwärtiger als die Majorität; denn sie besteht aus wenigen kräftigen Vorgängern, aus Schelmen, die sich akkomodieren, aus Schwachen, die sich assimilieren, und der Masse, die nachtrollt, ohne nur im mindesten zu wissen, was sie will.

Joh. Wolfg. von Goethe, Werke (1827—1830). Über Naturwissenschaft. Abteilung 4.

— Die Majorität ist stärker als alles. Stelle zehn Philosophen auf die eine Seite und elf Dummköpfe auf die andere; die Dummköpfe werden siegen. Franz.: La majorité c'est plus fort que tout le monde. Mets dix philosophes d'un côté et onze imbéciles de l'autre, les imbéciles l'emporteront.

Claude Tillier, Mein Onkel Benj. (1846). Übers. v. Bergfeldt.

Majorität. — Autorität, nicht Majorität.

Nach Friedr. Jul. Stahl im Erfurter Parlamente (15. April 1850).

— . . . die Majorität, dieses Arkanum des konstitutionellen Systems.

Otto von Bismarck im Abg.-Hause d. preuß. Landtages (25. Jan. 1873).

Majoritätsbeschluß. — Als Christus vor Pilatus stand, wurde er auch durch Majoritätsbeschluß verurteilt und gekreuzigt.

Ernst Jul. Hähnel, Lit. Reliquien (1887).

Makel. — Wer ein Pferd ohne Makel haben will, behelfe sich ohne dasselbe! Portug.: Quem quer cavallo sin tacha, | Sem elle se acha.

Sprichwort.

Mäkeln. — Nur muß der eine nicht den andern mäkeln; | Nur muß der Knorr den Knubben hübsch vertragen; | Nur muß ein Gipfelchen sich nicht vermessen, | Daß es allein der Erde nicht entschossen.

Gotthold Ephr. Lessing, Nathan d. Weise (1779). A. 2, Sz. 5 (Nathan).

— Ihr Herren wißt an allem was zu mäkeln.

Joh. Wolfg. von Goethe, Faust, II (1808). A. 1. Kaiserliche Pfalz. Rittersaal (Dame).

Malen. — Die Kunst muß malen, wie sich die plastische Natur, — wenn es eine gibt, — das Bild dachte; ohne den Abfall, welchen der widerstrebende Stoff unvermeidlich macht; ohne das Verderb, mit welchem die Zeit dagegen ankämpfet.

Gotthold Ephr. Lessing, Emilia Galotti (1772). A. 1, Sz. 4 (Conti).

— Wir malen mit Augen der Liebe, und Augen der Liebe müssen uns auch nur beurteilen.

Gotthold Ephr. Lessing, Emilia Galotti (1772). A. 1, Sz. 4 (Conti).

— Ha! daß wir nicht unmittelbar mit den Augen malen! Auf dem langen Wege, aus dem Auge durch den Arm in den Pinsel, wieviel geht da verloren!

Gotthold Ephr. Lessing, Emilia Galotti (1772). A. 1, Sz. 4 (Conti).

— Was die Sonne bestrahlt, das male, aber sie selber | Male nimmer; sie geht nicht hinein in ein Bild!

Friedr. Hebbel, Gedichte. Epigramme. Novalis (1848).

Maler, der. — Auch ich bin ein Maler! Ital.: Auch' io sono pittore!

Corregio [?] (1494—1534). Übers. v. Pozzoni.

— Nicht jeder, der den Pinsel in die Hand nimmt und Farben verquistet, ist ein Maler.

Gotthold Ephr. Lessing, Hamburgische Dramaturgie. Stück 101—104 (19. April 1768).

— Um ein guter Maler zu sein, braucht es vier Dinge: ein weiches Herz, ein feines Auge, eine leichte Hand und immer frisch gewaschene Pinsel. Anselm Feuerbach, Ein Vermächtnis (1882).

— Mancher wollte Maler werden | Und bracht's zum Pinsel nur auf Erden. Sprichwörtl.

Maler, die. — Darstellende Maler und Dichter | Übeten, alles zu wagen, von jeher gleiche Befugnis. Lat.: Pictoribus atque poëtis | Quidlibet audendi semper fuit aequa potestas.

Quint. Horatius Flacc., Dichtkunst (um 20 v. Chr.). Übers. v. Voß. V. 9—10.

— . . . der Maler unnütze Arbeit.

Wsh. Sal., K. 15, V. 4.

Malerei. — Die Malerei ist die Mitteltinte und Mittlerin zwischen Poesie und Plastik.

Jean Paul (Joh. Paul Friedr. Richter), Vorschule d. Ästhetik (1804). Abteilung 3.

— Die Malerei ist die läßlichste und bequemste von allen Künsten.

Joh. Wolfg. von Goethe, Werke (1827—1830). Maximen u. Reflexionen. Abteilung 1.

— Das Genre (in der Malerei) unterhält und erheitert; die Historie erhebt und belehrt.

Anselm Feuerbach, Ein Vermächtnis (1882).

Mammon. — Ungerechter Mammon.

Nach Luk., K. 16, V. 9.

Mammonsdiener. — Mammonsdiener.

Nach Matth., K. 6, V. 24.

Mandelbäume. — Unter blüh'nden Mandelbäumen | An der Loire grünem Strand . . .

Wilhelmine von Chezy, Euryanthe (1823). Komp. v. Karl Maria von Weber. (Erste Auff. am 25. Okt. 1823 in Wien.)

Mangel. — Der Mangel ist ein Fluch; | Er reißt, ein schlimmer Lehrer, uns zum Bösen fort. Griech.: Ἀλλ' ἔχει νόσον | Πενία, διδάσκει δ' ἄνδρα τῇ χρείᾳ κακόν.

Euripides, Elektra (um 416 v. Chr.). Übers. v. Minckwitz. V. 375—76 (Orestes).

— Wer selbst seiner Sünd nähme wahr, | Verschwieg eins andern Mangel gar.

Georg Rollenhagen, Froschmäuseler (1595). B. 1, T. 2, K. 5.

Mängel. — Wir wollen immer, daß andere Leute gegen uns vollkommen seien, und wir wollen doch selbst unsere eigenen Mängel nicht bessern. Lat.: Libenter volumus alios esse perfectos, sed tamen proprios non emendamus defectus.

Thomas a Kempis, Nachfolge Christi (um 1410). Übers. v. Arnd. B. 1, K. 16, § 7.

— Hüte dich vor Schwärmerei | Und suche kein Geschöpf hienieden, | Das frei von allen Mängeln sei! Gottl. Konrad Pfeffel, Poetische Versuche (1789—1790). Vernunft u. Gefühl.

Man läßt sich seine Mängel vorhalten, man läßt sich strafen, man leidet manches um ihrer willen mit Geduld; aber ungeduldig wird man, wenn man sie ablegen soll.

Joh. Wolfg. von Goethe, D. Wahlverwandtschaften (1808—1809). T. 2, K. 4. A. Ottiliens Tageb.

— Die Mängel aufdecken ist nicht genug; ja man hat unrecht, solches zu tun, wenn man nicht zugleich das Mittel zu dem besseren Zustande anzugeben weiß. Joh. Wolfg. von Goethe, A. meinem Leben. Dichtung u. Wahrheit (1809—1831).

Manichäer. — Lasset die verdammten Manichäer klopfen!

Studentenlied (um 1728). Studentenweise.

Mann (als Allgemeinbegriff). — Die breite Schulter, | Der große Rumpf macht nicht den echten Mann. Griech.: *Οὐ γὰρ οἱ πλατεῖς, | Οὐδ' εὐρύνωτοι φῶτες ἀσφαλέστατοι.*

Sophokles (um 496—406 v. Chr.), Ajas. Übers. v. Jordan. V. 1238—39 (Agamemnon).

— . . . den gerechten Mann, der fest an seinem Entschlusse hält. Lat.: Justum et tenacem propositi virum.

Quint. Horatius Flacc., Oden (um 23 v. Chr.). Übers. v. Voß. B. 3, Nr. 3, V. 1.

— Selbst der Tod flieht oft vor einem Mann. Lat.: Mors ipsa refugit saepe virum.

Marc. Lucanus (um 39—65), Pharsalia. Übers. v. Bothe. B. 2, K. 75.

— Daß kühn und milde er (der Mann), dazu beständig sei, | Das ist ein großes Lob. Mittelhochdeutsch: Küene und milte, und daz er dâ zuo staete sî, | So ist er vil gar gelobt.

Walter v. d. Vogelweide (um 1170—1230), Gedichte. Übertr. v. Pannier.

— Ein Mann soll nicht im Leid verzagen, | In Freuden nicht zu hoch sich wagen.

Joh. Friedr. Fischart, Flöh Hatz, Weiber Tratz (1577).

— X Jar Kindisch. | XX Jar Rindisch. | XXX Jar ein Man. | XL Jar haußhalten kan. | L Jar still stahn. | LX Jar gehts alter ahn. | LXX Jar ain Greis. | LXXX Jar nimmer weis. | LC Jar der Kinder spot. | C Jar genad dir Got!

Reimspr. (16. Jahrh.). D. zehen Alter d. Mannes. Mitgeteilt v. Joh. Friedr. Fischart (1587).

— . . . so mischten sich | Die Element' in ihm, daß die Natur | Aufstehen durfte und der Welt verkünden: | Dies war ein Mann! Engl.: And the elements | So mix'd in him, that Nature might stand up | And say to all the world, | "This was a man!"

William Shakespeare, Jul. Cäsar (1601). Übers. v. Schlegel. A. 5, Sz. 5 (Antonius).

— Er war ein Mann; nehmt alles nur in allem; | Ich werde nimmer seinesgleichen sehn. Engl.: He was a man, take him for all in all, | I shall not look upon his like again.

William Shakespeare, Hamlet (1601—1602). Übers. v. Schlegel. A. 1, Sz. 2 (Hamlet).

— Man lernt den Mann nicht aus in Einem Jahr. Engl.: 'Tis not a year or two shows us a man.

William Shakespeare, Othello (um 1601—1605). Übers. v. Schlegel. A. 3, Sz. 4 (Emilia).

— Bist du ein Mann? — | Ja, ein beherzter, der das wagt zu schaun, | Wo blaß selbst würd' ein Teufel. Engl.: Are you a man? — | Ay, and a bold one, that dare look on that | Which might appal the devil.

William Shakespeare, Macbeth (1606). Übers. v. Dorothea Tieck. A. 3, Sz. 4 (Lady Macbeth u. Macbeth).

Mann (als Allgemeinbegriff). — Arbeit steht jeder mann wol an, | Damit erweiset sich der Mann.

Joh. Val. Andreä, Christenburg (1626). Tugend Spiegl v. Lebensregel eines Christen.

— Ein feiger Muth hebt an zu zagen. | Beständig seyn, das thut ein Mann.

Paul Fleming, Teutsche Poemata (1642). D. güldne Freyheit.

— Was an dem Manne sei, weist seiner Augen Schein, | Sein Amt, ein Beutel Geld und dann ein Becher Wein.

Friedr. von Logau, Deutsche Sinn=Getichte (1654). Merkzeichen d. Gemüthes.

— Klug an Hirne, | Schön an Stirne, | Bringt den Mann | Hoch hinan.

Friedr. von Logau, Deutsche Sinn=Getichte (1654). Ansehn.

— Ein beredter Mann redt, was zur Sachen dient.

Christoph Lehmann, Politischer Blumen=Garten (1662). T. 2. Red. Nr. 49.

— . . . jeder rechte deutsche Mann | Soll Freund und Bruder heißen!

Matthias Claudius, Sämtl. Werke d. Wandsbecker Boten. T. 1. Deutsches Weihelied (ged. 1772). Mel. v. Albert Methfessel (komp. 1811).

— Sei ein Mann, und folge mir nicht nach!

Joh. Wolfg. von Goethe, Gedichte. A. d. Nachlaß. Parabolisch u. Epigrammatisch. Zu d. Leiden d. jungen Werthers (ged. 1775). Schlußv.

— Gottlob! daß ich singen und preisen kann, | Zu singen und preisen den braven Mann.

Gottfr. Aug. Bürger, Gedichte. D. Lied v. braven Manne (ged. Juni 1776).

— Dem Mann kann geholfen werden.

Friedr. von Schiller, D. Räuber (1781). A. 5, Sz. 2 (Karl Moor). Schlußwort.

— Der ist ein edler Mann, der seines Tuns sich freuet | Und vieles tat, und den von allem nichts gereuet.

Joh. Wilh. Ludw. Gleim, D. goldenen Spr. d. Pythagoras (1786).

— In ihm hab' ich seit meiner ersten Zeit | Ein Muster des vollkomm'nen Manns gesehn.

Joh. Wolfg. von Goethe, Iphigenie auf Tauris (1787). A. 1, Sz. 3 (Iphigenie).

— Des Kindes Hoffnung ist der Jüngling, des Jünglings der Mann.

Joh. Wolfg. von Goethe, Egmont (1788). A. 5. Gefängnis (Ferd.).

— Der ist kein Mann, | Der, wo das Größere zu gewinnen ist, | Am Kleinern sich genügen läßt.

Friedr. von Schiller, Sz. a. d. Phönizierinnen d. Euripides (ged. 1788). (Eteokles).

— . . . es geziemt dem Manne, | Auch willig das Beschwerliche zu tun.

Joh. Wolfg. von Goethe, Torquato Tasso (1789). A. 2, Sz. 4 (Tasso).

Mann (als Allgemeinbegriff). — So wirkt mit Macht der edle Mann | Jahrhunderte auf seinesgleichen.

Joh. Wolfg. von Goethe, Schriften (1787—1790). Gedichte. Künstlers Apotheose.

— Glücklicher Säugling! dir ist ein unendlicher Raum noch die Wiege. | Werde Mann, und dir wird eng die unendliche Welt!

Friedr. von Schiller, Gedichte. D. Kind in d. Wiege (geb. 1795).

— Der Knabe hüpft, der Jüngling stürmt einher, | Es kämpft der Mann, und alles will er wagen. Friedr. von Schiller, Gedichte. D. Spiel d. Lebens (geb. 1796).

— Im Felde, da ist der Mann noch was wert, | Da wird das Herz noch gewogen.

Friedr. von Schiller, Wallensteins Lager. Sz. 11. Reiterlied (geb. 1797). Mel. v. Christ. Jak. Zahn (1798).

— Welch ein Mann! | Wie sicher, klar und männlich groß! — Wie ganz | Geboren, um die Geister zu regieren!

Friedr. von Schiller, Maria Stuart (1800). A. 1, Sz. 6 (Mortimer).

— Das Böse, das der Mann, der mündige, | Dem Manne zugefügt, . . . | Vergibt sich und versöhnt sich schwer.

Friedr. von Schiller, D. Braut v. Messina (1803). Säulenhalle (Isabella).

— . . . einen Mann zu sehen, der Kopf und Herz hätte, — die seltenste Erscheinung.

Georg Christoph Lichtenberg, Verm. Schriften (1800—1806).

— Tut nicht ein braver Mann genug, | Die Kunst, die man ihm übertrug, | Gewissenhaft und pünktlich auszuüben?

Joh. Wolfg. von Goethe, Faust, I (1808). Vor d. Tor (Wagner).

— Nur rastlos betätigt sich der Mann.

Joh. Wolfg. von Goethe, Faust, I (1808). Studierzimmer (Faust).

— Du lieber Gott! was so ein Mann | Nicht alles, alles denken kann!

Joh. Wolfg. von Goethe, Faust, I (1808). Ein Gartenhäuschen (Margarethe).

— Wer ist ein Mann? Wer beten kann | Und Gott dem Herrn vertraut; | Wenn alles bricht, er zaget nicht; | Dem Frommen nimmer graut.

Ernst Moritz Arndt, Gedichte. Wer ist ein Mann? (geb. 1813). Mel. v. Albert Methfessel (1818).

— Ein Mann muß immer streben, unabhängig in sich dazustehen.

Wilh. Freiherr von Humboldt, Br. an eine Freundin (26. Mai 1823).

— Ein Mann muß sich selbst genug sein.

Wilh. Freiherr von Humboldt, Br. an eine Freundin (26. Mai 1823).

Mann (als Allgemeinbegriff). — Ein Mann, der sich durch Schwächen verführen, hinreißen läßt, kann gut, in andern Punkten recht liebenswürdig sein; er ist aber kein Mann, sondern eine Art Mittelding zwischen beiden Geschlechtern.

Wilh. Freiherr von Humboldt, Br. an eine Freundin (26. Mai 1823).

— Nicht ruhen soll der Erdenkloß, | Am wenigsten der Mann!

Joh. Wolfg. von Goethe, Gedichte. Inschriften, Denk- u. Sendeblätter. Zu Thaers Jubelfest (geb. 7. März 1824).

— Ein Mann, der sich bewußt ist, Mann zu sein, pflegt so wenig in Härte als in Eigendünkel auszuarten; er geht dem Kinde aus dem Wege.

Theod. Gottl. von Hippel, Sämtl. Werke (1827—1828).

— Ein jeder muß sich wehren, wie er kann, | Vom Knaben auf, so wird's zuletzt ein Mann.

Joh. Wolfg. von Goethe, Faust II (1831). A. 2. Laboratorium (Homunculus).

— O Unbeständigkeit, dein Nam' ist Mann!

Joh. Friedr. Bahrdt, Dramatische Dichtungen (1834). D. Grabesbraut. Vorspiel. Sz. 6.

— Das ist kein Mann, wes Blut im Sturmgehudel | Geduckt zurückschleicht, ein gepeitschter Pudel, | Zur Herzenskammer, seinem Hundeloch.

Nicolaus Lenau (Niembsch, Edler von Strehlenau), Faust (1836). D. Sturm (Faust).

— Der Knabe phantasiert, der Jüngling begehrt, es denkt der Mann.

Ernst Freiherr von Feuchtersleben, Zur Diätetik d. Seele (1838). K. 3. Phantasie.

— Ein rechter Mann hat zwei Gesichter, die er hält, | Das eine auf sein Haus, das andre auf die Welt. | Das freundliche Gesicht, das wendet er ins Haus, | Das ernste aber kehrt er in die Welt hinaus.

Friedr. Rückert, D. Weisheit d. Brahmanen (1836—1839). B. 1, Nr. 41. (Stufe 1. Einkehr. Nr. 6.)

— Die Mutter hilft zuerst dem Kind, der Vater dann; | Dann hilft es ihnen, und sich selber hilft der Mann.

Friedr. Rückert, D. Weisheit d. Brahmanen (1836—1839). B. 9, Nr. 13. Schlußv. (Stufe 7. Erkenntnis. Nr. 63.)

— Erliegen kann ein Mann, nicht sich unmännlich halten; | Erlöschen kann ein Feu'r, doch nie kann es erkalten.

Friedr. Rückert, D. Weisheit d. Brahmanen (1836—1839). B. 16, Abteilung 2, Nr. 14. (Stufe 5. Leben. Nr. 114.)

— In England und Holland wägt man den Mann nach seinem Gelde, bei uns nach Ahnen und Titel, in Frankreich nach Witz und Manieren; unsere Alten aber wogen nach Stärke und Tapferkeit. Karl Jul. Weber, Demokritos (1832—1840). D. Gebräuche.

Mann (als Allgemeinbegriff). — Der Mann ist zum Handeln und Wirken geboren; er hat Kraft, zu tragen, und Mut, seine Ketten zu zersprengen.

Aug. Mahlmann, Sämtl. Schriften (1839—1840). Eduards Bekehrung.

— Der Mann sehnt sich nach der Brust eines Mannes, um seine Gedanken, und nach dem Busen eines Weibes, um seine Gefühle ausströmen zu lassen.

Aug. Mahlmann, Sämtl. Schriften (1839—1840). Biographie eines Engels.

— Ich bin ein freier Mann und singe.

Georg Herwegh, Gedichte eines Lebendigen. Leicht Gepäck (ged. 1840). Mel. v. A. Scharschmidt (1848).

— . . . das erste Mal, wo mit sich selbst | Der Mensch zerfällt und dann, | Durch wahre Reue mit sich selbst versöhnt, | Macht ihn zum Mann.

Ernst Raupach, D. Prinz u. d. Bäuerin (1840). A. 4, Sz. 4.

— Gesinnung macht den Mann und nicht sein Kleid. Friedr. Halm (Elegius Frz. Jos. Freiherr von Münch-Bellinghausen), D. Sohn d. Wildnis (1842). A. 4 (Ingomar).

— Ein Mann ist not, ein Nibelungenenkel, | Daß er die Zeit, den tollgeword'nen Renner, | Mit eh'rner Faust beherrsch' und eh'rnem Schenkel!

Emanuel Geibel, Sonette. Deutsche Klagen v. Jahr 1844 (ged. 1844). Nr. 7. Schlußv.

— Vor Menschen sei ein Mann, vor Gott ein Kind! Rob. Reinick, Lieder (1844).

— Fragt nicht lang' woher? und wann? | 's ist genug, wenn's nur ein Mann, | Und dazu ein ganzer. Joh. Nepomuk Vogl, Deutsche Lieder (1845).

— Der Mann ist, wer: „Das bin ich" sagen kann, | Nicht, wer da sagt: „Mein Vater war der Mann." Friedr. Rückert, Hamâsa (1846).

— Dafür bin ich ein Mann, daß ich aushalte in dem, was ich begonnen, daß ich einstehe mit Leib und Leben für das Trachten meines Geistes.

Heinr. Laube, Struensee (1847). A. 4, Sz. 7.

— Der Mann ist uns der beste, der grad' und aufrecht steht!

Ferd. Freiligrath, Neuere politische u. soziale Lieder. Erstes Heft. Wien (ged. Nov. 1848).

— Gar herrlich ist ein junges Gemüt, | Drin alles zuckt und sprudelt und blüht; | Viel herrlicher ist ein gereifter Mann, | Der mit der Jugend jung sein kann.

Alexander Kaufmann, Gedichte (1851).

— Der rechte Mann an der rechten Stelle. Engl.: The right man in the right place.

Nach einem Ausspr. Austen Henry Layards im Unterhause (15. Jan. 1855).

— Doch pflegt ein ganzer Mann nichts halb zu tun.

Paul Heyse, D. Braut v. Cypern (1856). Ges. 1.

— Eigentümlichkeit durch Eigentümlichkeit. Ein Mann wird man unter Männern.

Friedr. Adolf Wilh. Diesterweg (1790—1866).

Mann (als Allgemeinbegriff). — Der ist ein Mann, | Dem Glück und Mangel nichts antun kann.

Joh. Trojan, Beschauliches (1870). Große Kunst.

— In Wind und Wetter, nicht bei Tanz und Reigen, | Kann sich der Mann in wahrem Lichte zeigen. Engl.: It is not but the tempest that doth show | (The seaman's cunning; but the field that tries | The captain's courage; and we come to know) | Best what men are, in their worst jeopardies.

Samuel Smiles, D. Charakter (1871). Übers. v. Dobbert. K. 5. D. Mut.

— Ob du wenig tust oder viel, | Darauf kommt es nicht an! | Ich sehe nur auf dein Ziel; — | Die Richtung macht den Mann.

Eduard von Bauernfeld, Gesammelte Schriften (1871—1873). Gedichte.

— Der große Mann geht seiner Zeit voraus, | Der kluge geht mit ihr auf allen Wegen, | Der Schlaukopf beutet sie gehörig aus, | Der Dummkopf stellt sich ihr entgegen.

Eduard von Bauernfeld, Gesammelte Schriften (1871—1873). Xenien.

— . . . gilt mir nur der als rechter Mann, | Der ehrlich selbst sich achten kann.

Friedr. von Bodenstedt, A. d. Nachlasse Mirza-Schaffys (1874). B. 3. B. d. Spr. Nr. 28.

— . . . der Ernst macht den Mann, erst der Fleiß das Genie.

Theod. Fontane, Gedichte (1875). Lieder u. Spr.

— Ja, der Menschheit schönste Zierde ist ein freier, franker Mann, | Der die Wahrheit, seinen Glauben unerschüttert sagen kann, | Der der glatten, bunten Schlange, Schmeichelei, den Krieg erklärt, | Weil sie am Erkenntnisbaume Blatt und Blüt' und Frucht zerstört.

Anastasius Grün (Anton Alexander Graf von Auersperg), Gesammelte Werke (1877). Gedichte.

— Das ist der Mann, des eigne Kraft | Begeistert sich dem Staub entrafft.

Ernst Eckstein, Murillo (1880).

— Ein Mann, im vollen Sinne des Wortes, . . . ist, wer mit Verständnis auf seine Vergangenheit, d. h. die Entwicklung seiner Fähigkeiten zurückblickt und im Bewußtsein seiner von ihm erkannten Bestimmung in der Gegenwart tätig ist und handelt. Vor allem nützt er aber auch dadurch, daß er bildet und erzieht.

Rich. Wagner, Gesammelte Schriften (1871—1883).

— Der echte Mann, er ist ein König, | Der, des zum Zeichen, Münzen schlägt; — | Sein Tun ist Gold, das Selbst der Stempel, | Der drauf den Kopf des Herrschers prägt.

Otto von Leixner, A. meinem Zettelkasten (1896). Erziehung u. Selbsterziehung.

Mann (als Allgemeinbegriff). — Ernst, ehrlich, ehrerbietig, eigen; | Wer die vier E ins Schild sich setzen kann | Und sie in Wort und Taten zeigen: | Der ist ein Mann.

Otto Jul. Bierbaum, Irrgarten d. Liebe. Spr. Mein ABC (1896—1897).

— Man ist deshalb noch kein Mann, weil man generis masculini ist.

Peter Sirius, Tausend u. Ein Gedanken (1899). Mann u. Weib.

— Der Kindheit Glaube weicht dem Manne; —| So weicht der Lotse von dem Schiffe; | Auf hoher See mußt selbst du steuern, | Des Sturms gewärtig und der Riffe.

Peter Sirius, Tausend u. Ein Gedanken (1899). Jugend u. Alter.

— Sein bestes Selbst und Leben | Verlangt vom Mann die Zeit; | Er soll dem Volk sich geben | Und stehn mit ihm und streben | In jedem Kampf und Streit; | Nicht zaudern und nicht wanken | Und, heischt es einst die Not, | Den heiligen Gedanken | Besiegeln mit dem Tod.

Hermann von Lingg, Schlußrhythmen (1901). Rückblicke. Anmerkungen.

— . . . darnach der Mann ist, ist auch seine Kraft. B. d. Richter, K. 8, V. 21.

— . . . da ich aber ein Mann ward, tat ich ab, was kindisch war. 1. Kor., K. 13, V. 11.

— Den Mann lernt man kennen im Spiele, in der Buhlschaft und auf der Jagd. Alter Spr.

— Danach der Mann geraten, | Wird ihm die Wurst gebraten. Sprichwort.

— Der ist der Mann; | Der sich selbst regieren kann. Sprichwort.

— Ehr', Lehr', Wehr', | Kein Mann braucht mehr. Sprichwort.

— Seinen Mann finden (einen Überlegenen finden). Sprichwörtl. Redensart.

— Ein man sol guot und ere verstan, | Daz beste tuon, daz boeste lan.

Wartburgspr. Margaretengang.

— Wenn mancher Mann wüßte, wer mancher Mann wär', | Tät mancher Mann manchem Mann manchmal mehr Ehr'!

Inschrift im Schweidnitzer Keller zu Breslau.

Mann (in Verbindung mit dem Weibe). — Gewalt'ge Macht ist Weib und Kind für einen Mann. Griech.: *Μεγάλη τυραννὶς ἀνδρὶ τέκνα καὶ γυνή.* Euripides (um 480—406 v. Chr.), Fragmente. Ödipus. Übers. v. Minckwitz. Nach Stobäus, Florilegium. K. 67.

— Der Mann, der von seiner Frau beherrscht wird, verschuldet sein Unglück selbst.

Talmud (3. Jahrh.).

— Liebe Tochter, halt dich also gegen deinen Mann, daß er fröhlich wird, wenn er auf dem Wiederwege des Hauses Spitzen sieht!

Dr. Martin Luther, Tischreden oder Colloquia (1566). Nr. 43. Tischreden v. Ehestande. § 39. D. Ehe ist Gottes Gabe, so d. Teufel feind ist.

Mann (in Verbindung mit dem Weibe). — Ein Man soll nicht ein Sturmwind sein, | Der im Haus einsmals alls werf ein.

Joh. Friedr. Fischart, D. Philosophisch Ehzuchtbüchlin (1578). D. Mann.

— Wer an eyn Weib legt die Hand, | Schlägt seyn eygen schand, | Weil er nicht baß beweisen kan, | Als an eym armen Weib den Man.

Reimspr. (16. Jahrh.).

— Ach, Sankt Andreas, erbarme dich, | Und gieb mir einen Mann!

Christ. Weise, Überflüssige Gedanken d. grünenden Jugend. D. Jungfern Andreeß-Gebet (vor 1677).

— Ein Mann und Weib sind nur Ein Leib, | Pflegt man zu sagen; | Doch wird es klar, daß sie ein Paar, | Wenn sie sich schlagen.

Joh. Christoph Gottsched, Gedichte (1736).

— Mit Bitten herrscht die Frau und mit Befehl der Mann; | Die eine, wenn sie will, der andre, wenn er kann.

Joh. Christoph Rost, D. Vorspiel (1742). Abschnitt 1.

— . . . eines Fehlers wegen entsagt man keinem Manne.

Gotthold Ephr. Lessing, Minna v. Barnhelm (1763). A. 3, Sz. 12 (D. Fräulein).

— Es ist ein nichtswürdiger Mann, der sich nicht schämet, sein ganzes Glück einem Frauenzimmer zu verdanken.

Gotthold Ephr. Lessing, Minna v. Barnhelm (1763). A. 4, Sz. 6 (v. Tellheim).

— Willst du ein braves Weib, so sei ein rechter Mann!

Joh. Wolfg. von Goethe, D. Mitschuldigen (1769). A. 1, Sz. 2 (Sophie).

— Mann und Weib machen einen ganzen Menschen aus.

Theod. Gottl. von Hippel, Über d. Ehe (1774).

— . . . daß die Weiber doch so gern den Mann | Zu sich herunter hätten!

Gotthold Ephr. Lessing, Nathan d. Weise (1779). A. 3, Sz. 4 (Saladin).

— Du verklagest das Weib, sie schwanke von einem zum andern! | Tadle sie nicht; sie sucht einen beständigen Mann.

Joh. Wolfg. von Goethe, Gedichte. Antiker Form sich nähernd. Entschuldigung (ged. 9. Nov. 1782).

— . . . es ziemt | Dem edlen Mann, der Frauen Wort zu achten.

Joh. Wolfg. von Goethe, Iphigenie auf Tauris (1787). A. 5, Sz. 3 (Iphigenie).

— . . . wir scheinen | Den Mann zu lieben, und wir lieben nur | Mit ihm das Höchste, was wir lieben können.

Joh. Wolfg. von Goethe, Torquato Tasso (1789). A. 1, Sz. 1 (Leonore).

— Du mußt von Einem Mann nicht alles fordern.

Joh. Wolfg. von Goethe, Torquato Tasso (1789). A. 2, Sz. 1 (Prinzessin).

Mann (in Verbindung mit dem Weibe). — Dem wacker'n Mann vertraut ein Weib getrost, | Und wär' er fremd, ein zweifelhaft Geschick.

Joh. Wolfg. von Goethe, D. natürliche Tochter (1803). A. 4, Sz. 2 (Gerichtsrat).

— Hinunter soll kein Mann die Blicke wenden; | Hinauf zur höchsten Frauen kehr' er sich!

Joh. Wolfg. von Goethe, D. natürliche Tochter (1803). A. 4, Sz. 4 (Hofmeisterin).

— Der Mann soll kein Schaustück der Frau, sie kein Spielzeug für ihn werden. Wo ein Wesen nur das andere für sich und nach sich bilden will, muß dies letztere zum toten Mittel verderben.

Friedr. Ludw. Jahn, Deutsches Volkstum (1810).

— Es gibt nichts Beglückenderes für einen Mann als die unbedingte Ergebenheit eines weiblichen Gemüts.

Wilh. Freiherr von Humboldt, Br. an eine Freundin (18. Dez. 1814).

— Rastlos strebet der Mann, sich der Herrschaft Ruhm zu erkämpfen; | Aber den Ruhm bezwingt ruhig ein liebendes Weib.

Karl Gustav von Brinckmann, Elegien u. Arabesken (1820).

— Der Mann mag das Geliebte laut begrüßen; | Geschäftig für sein Wohl liebt still das Weib!

Frz. Grillparzer, Sappho (1822). A. 1, Sz. 1 (Rhamnes).

— Der Mann des Weibes Schutz und Hort, | Das Weib des Mannes Zier.

Ferd. Freiligrath, Zwischen d. Garben (1849). Eigenes. Köln u. d. Rhein.

— Warum schuf Gott Mann und Weib? Um den Begriff des vollendeten Menschen außerhalb unserer Person zu verlegen.

Karl Gutzkow, Gesammelte Werke (1873).

— Ein Mann, der sich im Gespräche mit seiner Frau widerlegt fühlt, fängt sogleich an, sie zu überschreien; er will und kann beweisen, daß ihm immer, auch wenn er falsch singt, die erste Stimme gebührt.

Marie von Ebner-Eschenbach, Aphorismen (1893).

— Der Mann ist der Herr des Hauses; im Hause aber soll nur die Frau herrschen.

Marie von Ebner-Eschenbach, Aphorismen (1893).

— . . . das leitende Element, wie es der Mann in der Ehe sein soll.

Otto von Bismarck zu Vertretern a. Graz u. Studenten a. Österreich in Friedrichsruh (7. April 1895).

— . . . der Mann aber ist des Weibes Haupt.

1. Kor., K. 11, V. 3.

— . . . der Mann ist nicht vom Weibe, sondern das Weib vom Mann. 1. Kor., K. 11, V. 8.

— Blindt Man, arm Man! | Vil ein armer, der sein Weib nit zwingen kan. Alter Spr.

— Der Mann bleibt allweg das Haupt und die Frau sein Hut. Alter Spr.

Mann (in Verbindung mit dem Weibe). — Der Mann soll erwerben, | Die Frau das ihre dazu scherben, | Dasselbe auch nicht lassen verderben, | Auf daß sie Beide nicht Hungers sterben. Alter Spr.

— Der Mann soll zu allen Tagen | Im Haus die Hosen tragen. Alter Spr.

— Ein bleicher Man hat weiber art. Alter Spr.

— Haus ohne Mann: Haus ohne Rat; | Haus ohne Frau: Haus ohne Staat. Alter Spr.

— Mann ohne Weib ist Haupt ohne Leib; | Weib ohne Mann ist Leib ohne Haupt daran. Alter Spr.

— Dr Mann is des Weiwes Haupt un de Fra de Nachtmitz drauf. Mitteldeutsches Sprichwort. Harz.

— Der Mann ist des Weibes Vogt und Meister. Rechtssprichwort.

— Der Mann bleibt immer das Haupt und die Frau sein Hut. Dän.: Manden bliver altid Hovedet og Konen hans Hat. Sprichwort.

— Haus ohne Frau, Mann ohne Frau, das ist nichts als Wind. Franz.: Hostel sans femme, | Seigneur sans dame, | Ce n'est que vent. Nordfranz. Sprichwort.

— Der Mann ohne Frau ist ein Baum ohne Laub und Zweige. Ital.: L'ommu senza a donna è un arburu senza fronde e senza rami. Korsisches Sprichwort.

— Ein Mann ohne Frau ist ein armer Wicht. Niederl.: Een man zonder wijf | Is een arm katijf. Sprichwort.

— Ich bin der Herr, hat der Mann gesagt, und ist in die Hehnersteige g'schloffen. Oberösterreichische Redensart.

— Mann und Frau sind Ein Leib, aber verschiedene Taschen. Jüd. Sprichwort.

Mann (im Gegensatz zum Weibe). — Dem Manne ziemt es, draußen wohl zu schalten; | Doch hübsch im Hause sitz' und still das Weib! Griech.: *Μέλει γὰρ ἀνδρί . . . τἄξωθεν· ἔνδον δ' οὖσα μὴ βλάβην τίθει.*

Äschylus (um 525—456 v. Chr.), Sieben gegen Theben. Übers. v. Minckwitz. V. 200 (Eteokles).

— Daß man sie nennet schön, paßt an dem Weibe schon, | Dem Manne steht es schlecht; es klingt zu weich und oft wie Hohn. Mittelhochdeutsch: An wîbe lobe stêt wol, daz man si heize schoene; | Manne stêt ez übel, ez ist zu wich und ofte hoene.

Walter v. d. Vogelweide (um 1170—1230), Gedichte. Übertr. v. Pannier.

Mann (im Gegensatz zum Weibe). — Der Mann sagt, was er weiß, die Frau, was gefällt; der eine bedarf, um zu sprechen, der Kenntnisse, die andere des Geschmackes. Ihre Reden sollen keine Formen miteinander gemein haben als die der Wahrheit. Franz.: L'homme dit ce qu'il sait, la femme dit ce qui plaît; l'un pour parler a besoin de connaissances, et l'autre de goût; leurs discours ne doivent avoir de formes communes que celles de la vérité.

Jean Jacques Rousseau, Emil (1762). Übers. v. Reimer.

— Ein weibischer Mann ist unendlich unerträglicher als ein männliches Weib.

Theod. Gottl. von Hippel, Über d. Ehe (1774). K. 6. Zum Besten d. Jünglinge.

— Zu Haus und in dem Kriege herrscht der Mann, | Und in der Fremde weiß er sich zu helfen. | Ihn freuet der Besitz; ihn krönt der Sieg!

Joh. Wolfg. von Goethe, Iphigenie auf Tauris (1787). A. 1, Sz. 1 (Iphigenie).

— Hat denn zur unerhörten Tat der Mann | Allein das Recht?

Joh. Wolfg. von Goethe, Iphigenie auf Tauris (1787). A. 5. Sz. 3 (Iphigenie).

— . . . er (der Mann) ist nie ganz so schlecht und nie ganz so gut als das Weib.

Aug. von Kotzebue, Ildegerte (1788).

— Der einz'ge Mann verdient | Das Leben mehr als hunderttausend Weiber.

Friedr. von Schiller, Iphigenie in Aulis (ged. 1788). A. 5, Sz. 5 (Iphigenie).

— Nach Freiheit strebt der Mann, das Weib nach Sitte.

Joh. Wolfg. von Goethe, Torquato Tasso (1789). A. 2, Sz. 1 (Prinzessin).

— Kraft erwart' ich vom Mann, des Gesetzes Würde behaupt' er; | Aber durch Anmut allein herrschet und herrsche das Weib!

Friedr. von Schiller, Gedichte. Macht d. Weibes (ged. 1796).

— Der Mann muß hinaus | Ins feindliche Leben, | Muß wirken und streben | Und pflanzen und schaffen, | Erlisten, erraffen, | Muß wetten und wagen, | Das Glück zu erjagen.

Friedr. von Schiller, Gedichte. D. Lied v. d. Glocke (ged. Sept. 1799).

— Das Weib erzieht ein Bäumchen um der Blüten willen, der Mann hofft Früchte.

Aug. von Kotzebue, Leontine (1808).

— Der Mann verlangt den Mann; er würde sich einen zweiten erschaffen, wenn es keinen gäbe; eine Frau könnte eine Ewigkeit leben, ohne daran zu denken, sich ihresgleichen hervorzubringen.

Joh. Wolfg. von Goethe, D. Wahlverwandtschaften (1808—1809). T. 2, K. 7.

Mann (im Gegensatz zum Weibe). — In der Liebe gibt sich das Weib ganz hin und macht sie zum Zielpunkt seines Lebens, während der Mann seine Selbständigkeit dabei behauptet und anderweitige Zwecke verfolgt.

Karl Friedr. Burdach, Anthropologie für d. gebildete Publikum (1836—1837).

— Der Mann ist eine feste Schale, | Worin das Weib als Perle ruht.

Karl Ferd. Dräxler=Manfred, Gedichte (1838).

— Entschiedene, eingreifende Aktivität ist dem Manne von Natur zugewiesen; passives Weben und Leben dem Weibe. Beide Gesetze dürfen nicht ungestraft überschritten werden.

Ernst Freiherr von Feuchtersleben, Zur Diätetik d. Seele (1838). Tagebuchblätter.

— Der Mann ist geschaffen, über die Natur zu gebieten; das Weib aber, den Mann zu regieren. Zum ersten gehört viel Kraft, zum andern viel Geschicklichkeit.

Immanuel Kant, Werke (1838—1839).

— Der Mann fragt Bücher, Freunde, Welterfahrung; | Das Weib vernimmt des Herzens Offenbarung.

Emanuel Geibel, Julian (1850). Ges. 1.

— Der Mann gibt dem Hause und der Familie Namen und äußere Gestaltung; er vertritt das Haus nach außen. Durch die Frau aber werden die Sitten des Hauses erst lebendig; so haucht sie in der Tat dem Hause den Odem des Lebens ein.

Wilh. Heinr. Riehl, D. Familie (1855).

— Der Mann, Herr dieser Schöpfung, hat noch andres | Zu tun als Liebeständelei. | Ein Weib versteht das nicht und ist zur Last nur.

Emerich Madách, D. Tragödie d. Menschen (1861). A. d. Ungar. übers. v. Lechner. Sz. 15 (Adam).

— Welcher Mann möchte nicht lieber als der Häßlichste geboren sein denn als schönstes Weib.

Ernst Jul. Hähnel, Lit. Reliquien (1888).

— Auch ohne Gegenliebe zu lieben ist Stärke bei dem Weibe und Schwächlichkeit bei dem Mann.

Otto von Leixner, A. meinem Zettelkasten (1896). Weib, Liebe, Ehe.

— Die gleichen Affekte sind bei Mann und Weib doch verschieden im Tempo; deshalb hören Mann und Weib nicht auf, sich mißzuverstehen.

Friedr. Nietzsche, Gesammelte Werke (1895—1897).

— . . . der Mann will verstanden, die Frau gefühlt werden.

Dr. Hanns Groß, Kriminalpsychologie (1898). Objektiv. D. psychische Tätigkeit d. Vernommenen. Unterscheidende Momente. Nr. 1. Allgemein Differenzierendes. Einzelne Eigenschaften d. Frauen. Gemüt u. Verwandtes.

— Der Mann, der des Teufels ist, gibt ihm den kleinen Finger, das Weib den Handschuh.

Peter Sirius, Tausend u. Ein Gedanken (1899). Mann u. Weib.

Mann (im Gegensatz zum Weibe). — Das Schlechteste von einem Manne ist besser als das Beste von einer Frau. Niederl.: Het kwaadste van een' man is beter dan het beste van eene vrouw.
Sprichwort.

Mannen. — Treue Mannen sind die beste Mauer.
Wartburgspr. Landgrafenzimmer.

Männer (als Allgemeinbegriff). — Woher der Männer? Griech.: *Τίς πόθεν εἰς ἀνδρῶν;*
Homer, Odyssee. Übers. v. Voß. B. 1, V. 170.

— ... Männer sind nicht Götter. Engl.: Men are not gods.
William Shakespeare, Othello (um 1601—1605). Übers. v. Schlegel. A. 3, Sz. 4 (Desdemona).

— Unfall (Unglück) ists, der auff uns wacht | Und die Männer männlich macht.
Paul Fleming, Teutsche Poemata (1642). Trost in d. Trennung.

— Der Henker mag den Männern trauen!
Christ. Fürchtegott Gellert, Fab. u. Erz. (1746). B. 2. D. Hospital.

— Hu! was sind das für Männer!
Gotthold Ephr. Lessing, Minna v. Barnhelm (1763). A. 5, Sz. 11 (Franziska).

— Die künftigen Zeiten brauchen auch Männer.
Joh. Wolfg. von Goethe, Götz v. Berlichingen (1773). A. 1. Herberge im Walde (Götz).

— Ich will mit Männern lieber fallen, als | Mit Kindern stehn.
Gotthold Ephr. Lessing, Nathan d. Weise (1779). A. 3, Sz. 8 (Tempelherr).

— Die Kinder freuen sich auf den Harnisch der Männer, und diese weinen, daß sie nimmermehr Kinder sind.
Friedr. von Schiller, Prosaische Schriften. D. Spaziergang unter d. Linden (1782).

— Ziemt sich für Männer das weichliche Sehnen?
Joh. Gaudenz Freiherr von Salis-Seewis, Gedichte. Ermunterung (1790). Mel. v. Joh. Rudolf Zumsteeg.

— In der Männer Herrschgebiete | Gilt der Stärke trotzig Recht.
Friedr. von Schiller, Gedichte. Würde d. Frauen (ged. 1795).

— Stehen wie Felsen doch zwei Männer gegeneinander! | Unbewegt und stolz will keiner dem andern sich nähern, | Keiner zum guten Worte, dem ersten, die Zunge bewegen.
Joh. Wolfg. von Goethe, Hermann u. Dorothea (1797). Euterpe.

— Ich weiß, daß alle Männer treulos sind, | Nichts lieben können als sich selbst. . . . | Geschmeid'ge Sklaven, wenn sie um uns werben, | Sind sie Tyrannen gleich, wo sie besitzen.
Friedr. von Schiller, Turandot (1801). A. 3, Sz. 2 (Turandot).

— Gleich hauen die Männer über die Schnur, wenn man ihnen ein bißchen Luft läßt.
Joh. Wolfg. von Goethe, Was wir bringen (1802). Sz. 18 (Mutter).

Männer (als Allgemeinbegriff). — O der Männer! O des Meineids, den sie jeden Tag begehn, | Sie, die nicht die kleinste Prüfung, auch die kleinste nicht, bestehn!
Aug. Graf von Platen-Hallermund, D. romantische Ödipus (1828). A. 4 (Zelinde).

— Er kommt, die Männer aufzureizen, | Sie sind schon unbequem genug.
Joh. Wolfg. von Goethe, Faust, II (1831). A. 1. Kaiserliche Pfalz. Weitläufiger Saal (Hauptweib).

— O diese Männer!
Jul. Rosen (Nikolaus Duffek), Titel eines Lustspieles (1876).

— Die Männer sind veränderlich, | Heut' so und morgen so.
Volkslied. Mel. v. Friedr. Frz. Hurka.

— Die Männer sind bei ihren Worten (sie müssen Wort halten).
Arabisches Sprichwort.

— Wo die Lumpe herrschen, da verkümmern die Männer.
Arabisches Sprichwort.

Männer (in Verbindung mit dem Weibe). — Männer sind Mai, wenn sie freien, und Dezember in der Ehe. Engl.: Men are April when they woo, December when they would wed.
William Shakespeare, Wie es euch gefällt (um 1599). Übers. v. Schlegel. A. 4, Sz. 1 (Rosalinde).

— Wir Männer mögen leicht mehr sprechen, schwören, | Doch der Verheißung steht der Wille nach; | Wir sind in Schwüren stark, doch in der Liebe schwach. Engl.: We men may say more, swear more: but indeed, | Our shows are more than will; for still we prove | Much in our vows, but little in our love.
William Shakespeare, Was ihr wollt (um 1598—1600). Übers. v. Schlegel. A. 2, Sz. 4 (Viola).

— So dient ihr (Männer) uns, | Bis wir euch dienen; brach't ihr unsre Rose, | Dann ist's euch gleich, wie uns die Dornen stechen; | Des Raubes lacht ihr dann. Engl.: Ay, so you (men) serve us (women), | Till we serve you; but when you have our roses, | You barely leave our thorns to prick ourselves, | And mock us with our bareness.
William Shakespeare, Ende gut, alles gut (um 1602). Übers. v. Schlegel. A. 4, Sz. 2 (Diana).

— Wir müssen nicht des Bräut'gams zarte Rücksicht | Von ihnen (den Männern) fordern. Engl.: Nor of them look for such observances | As fit the bridal.
William Shakespeare, Othello (um 1601—1605). Übers. v. Schlegel. A. 3, Sz. 4 (Desdemona).

— Für Männer, die die Weiber plagen? | Denn andre gibt's nicht auf der Welt.
Christ. Fürchtegott Gellert, Fab. u. Erz. (1746). B. 2. D. Hospital.

— Auch Männer können Weiber sein.
Gotthold Ephr. Lessing, Schriften (1753—1755). Gereimte Fab. u. Erz. Nr. 13. D. Eremit.

Männer (in Verbindung mit dem Weibe). — Männer! Männer! — Sie machen uns glücklich und elend!

Joh. Wolfg. von Goethe, Stella (1775). A. 2 (Madame Sommer u. Stella).

— Ach! bei Männern hilft kein Flehen!

Lorenzo da Ponte, Don Juan (1787). Übers. v. Rochlitz. A. 1, Sz. 2 (Zerline). Komp. v. Wolfg. Amadeus Mozart. (Erste Auff. am 27. Sept. 1789 in Mannheim.)

— Bei Männern, welche Liebe fühlen, | Fehlt auch ein gutes Herze nicht.

Emanuel Schikaneder, D. Zauberflöte (1790). A. 1, Sz. 7 (Duett). Komp. v. Wolfg. Amadeus Mozart. (Erste Auff. am 30. Sept. 1791 in Wien.)

— Wie Männer Weiber lieben: | Keusch und das Herz voll Sehnsucht, doch in Unschuld, | Und mit der Lust doch, sie darum zu bringen.

Heinr. von Kleist, Penthesilea (1808). Sz. 13 (Achilles).

— Wenn nur die Frauen nicht die Männer so verzögen! — | Gleich bilden sie sich ein, man komme schon entgegen; | Sie stellen jedes Herz sich als erobert vor, | Und daß man widersteht, begreift kein solcher Tor.

Theod. Körner, D. grüne Domino (ged. 1811). Sz. 6 (Marie).

— O Freunde, laßt uns Männer Männer sein, | So werden unsre Weiber Weiber sein!

Friedr. Leop. Graf zu Stolberg, Gesammelte Werke (1820—1825). Gedichte.

— Betrog'ne Mannsen! | Von Adam her verführte Hansen!

Joh. Wolfg. von Goethe, Faust, II (1831). A. 2. Klassische Walpurgisnacht. Am obern Peneios (Mephistopheles).

— Die Männer sind die Stärkern doch | Und zwingen leicht ein Weib ins Joch.

Paul Heyse, Syritha (1866).

— Ihr Männer, liebet eure Weiber!

Eph., K. 5, V. 25.

— Zwei Männer sind glücklich: ein Blinder, der kein Weib sieht, und ein Tauber, der keins hört. Sprichwörtl.

Männer (im Gegensatze zum Weibe). — Dieses ist das leben: | Männer nemmen, Weiber geben.

Joh. Mich. Moscherosch, Wunderliche v. Warhafftige Gesichte Philanders v. Sittewalt (1643). T. 2, Gesichte 3. Weiber-Lob. Dr. Erhard. V. 1.

— Sagen ist der Weiber Ruhm, | Thun der Männer Eigenthum.

Hans Aßmann Freiherr von Abschatz, Poetische Übersetzungen u. Gedichte (1704). Sprüchwörter.

— . . . ihr (Männer) strebt nach fernen Gütern, | Und euer Streben muß gewaltsam sein. | Ihr wagt es, für die Ewigkeit zu handeln, | Wenn wir ein einzig, nah' beschränktes Gut | Auf dieser Erde nur besitzen möchten | Und wünschen, daß es uns beständig bleibe.

Joh. Wolfg. von Goethe, Torquato Tasso (1789). A. 2, Sz. 1 (Prinzessin).

Männer (im Gegensatz zum Weibe). — Als die Natur Männer und Weiber schuf, da warf sie zwei Lose in den Glückstopf; wir zogen die Vernunft und ihr das Gefühl.

Aug. von Kotzebue, D. weibliche Jakobinerklub (1792). A. 1, Sz. 3 (Duport).

— Die Weiber schieben gern auf, und die Männer fahren gern zu; bei jenen gewinnt man durch Geduld, bei diesen, z. B. bei Ministern, durch Ungeduld. Jean Paul (Joh. Paul Friedr. Richter), Siebenkäs (1796—1797). Bd. 2.

— . . . die Männer sind heftig und denken nur immer das letzte, | Und die Hindernis treibt die Heftigen leicht von dem Wege; | Aber ein Weib ist geschickt, auf Mittel zu denken, und wandelt | Auch den Umweg, geschickt zu ihrem Zweck zu gelangen.

Joh. Wolfg. von Goethe, Hermann u. Dorothea (1797). Euterpe.

— Ihr Frauen liebt ein wohlberechnet Glück | Und ruhigen Genuß im tiefsten Frieden; | Uns Männern aber gibt des Schicksals Gunst | Den höchsten Preis, wenn es unangemeldet, | Schnell, wie ein Blitz, in unsre Seele schlägt.

Theod. Körner, Zriny (ged. Juni 1812). A. 2, Sz. 8 (Juranitsch).

— Männer leben, um zu wagen, | Um zu lieben leben wir (Frauen).

Adolf Müllner, D. Schuld (1816). A. 1, Sz. 2 (Jerta).

— Die Weiber lieben die Stärke, ohne sie nachzuahmen, die Männer die Zartheit, ohne sie zu erwidern.

Jean Paul (Joh. Paul Friedr. Richter), Herbst-Blumine (1810—1820). Bd. 1.

— Viele Männer erscheinen schroff und kalt, weil sie in ihrem innersten Wesen etwas Weibliches haben und, statt zu lieben, geliebt sein wollen. Fällt auf sie dieser Sonnenstrahl, so tauen sie überraschend auf.

Karl Gutzkow, Gesammelte Werke (1873).

— Ihr Männer seid Meister im Verzweifeln, wir Frauen im Hoffen.

Paul Heyse, Im Paradiese (1875).

Männerchor. — Sind wir vereint zur guten Stunde, | Wir starker, deutscher Männerchor.

Ernst Moritz Arndt, Gedichte. Bundeslied (ged. 1815). Mel. v. Georg Friedr. Hanitsch (1817).

Männerherz. — An die Rippen pocht das Männerherz.

Friedr. von Schiller, Gedichte. D. Schlacht (ged. 1781).

— O rohes Herz der Männer! Wenn ihr Stolz | Beleidigt wird, dann achten sie nichts mehr; | Sie setzen in der blinden Wut des Spiels | Das Haupt des Kindes und das Herz der Mutter!

Friedr. von Schiller, Wilh. Tell (1804). A. 4, Sz. 2 (Hedwig).

— Frommer ist der Frauen als der Männer hartes Herz. Felix Dahn, Odhins Trost (1881).

Männerliebe. — Nach Frauenglut mißt Männerliebe nicht, | Wer Liebe kennt und Leben, Mann und Frau.

Frz. Grillparzer, Sappho (1822). A. 3, Sz. 1 (Sappho).

Männerschwüre. — Der Männer Schwüre sind der Frau'n Verräter. Engl.: Men's vows are women's traitors.

William Shakespeare, Cymbeline (1610). Übers. v. Simrock. A. 3, Sz. 4 (Cymbeline).

— Trauet nie den Rosen eurer Jugend, | Trauet, Schwestern, Männerschwüren nie!

Friedr. von Schiller, Gedichte. D. Kindesmörderin (ged. 1781).

Männerstolz. — Männerstolz vor Königsthronen!

Friedr. von Schiller, Gedichte. An d. Freude (ged. 1785). Mel. v. Friedr. Frz. Hurka (1789), Karl Friedr. Zelter (komp. 1. März 1792), Joh. Friedr. Reichardt (komp. 1795) u. a.

— Männerstolz, wenn Läst'rer schreien, | Wahrheit, wenn Despoten dräuen, | Seelenkraft im Mißgeschick. Friedr. Hölderlin, Zeitung für d. elegante Welt (1829).

Männertugend. — . . . edle Männertugend ist ein sichrer Wall. Griech: Ἀνδρῶν γὰρ ὄντων ἕρκος ἐστὶν ἀσφαλές.

Äschylus, D. Perser (um 472 v. Chr.). Übers. v. Minckwitz. V. 347 (Bote).

Männerwort. — Fürwahr, es muß die Welt vergehn, | Vergeht das feste Männerwort.

Ernst Moritz Arndt, Gedichte. Bundeslied (ged. 1815). Mel. v. Georg Friedr. Hanitsch (1817).

Männerzungen. — O guter Gott! Die Zungen der Männer sind voller Betrug. Franz.: O bon dieu! les langues des hommes sont pleines de tromperies. Engl.: O good God! the tongues of men are full of deceits.

William Shakespeare, König Heinr. V. (1599). Übers. v. Schlegel. A. 5, Sz. 2 (Katharina).

Mannesbrust. — Die treue Brust des braven Manns allein | Ist ein sturmfestes Dach in diesen Zeiten.

Friedr. von Schiller, D. Jungfrau v. Orleans (1801). Prolog. Sz. 1 (Thibaut).

— Feste Burg, um auszudauern, | Ist des Mannes eh'rne Brust.

Joh. Wolfg. von Goethe, Faust, II (1831). A. 3. Vor d. Palaste d. Menelas zu Sparta. Schattiger Hain (Euphorion).

Mannesehre. — . . . wie den andern Sklaven der Natur | Der Atemzug des Daseins Ford'rung ist, | So, Mädchen, ist's dem Manne seine Ehre.

Theod. Körner, Zriny (ged. Juni 1812). A. 2, Sz. 1 (Eva).

Mannesgeist. — Der Geist des Mannes ist sonnenlichter Tag, der Geist des Weibes gleicht mondheller Nacht; — und der trübste Tag ist heller als die hellste Nacht.

Ludw. Börne, Gesammelte Schriften (1862—1863). Fragmente u. Aphorismen. Nr. 272.

Manneshaß. — Der Mann | Will seinen Haß, und keine Zeit verändert | Den Ratschluß, den er wohl besonnen faßt.

Friedr. von Schiller, D. Braut v. Messina (1803). Säulenhalle (Isabella).

Mannesherrschaft. — Ebenso wird auch in einem vernünftigen Haushalte jedes Geschäft von beiden einstimmig verrichtet, aber doch leuchtet dabei immer die Herrschaft und Klugheit des Mannes hervor. Griech.: *Οὕτω πᾶσα πρᾶξις ἐν οἰκίᾳ σωφρονούσῃ πράττεται μὲν ὑπ' ἀμφοτέρων ὁμονοούντων, ἐπιφαίνει δὲ τὴν τοῦ ἀνδρὸς ἡγεμονίαν καὶ προαίρεσιν.*

Plutarch (um 50—120), Moralische Abhandlungen. Übers. v. Eyth. Pflichten d. Ehegatten. K. 11.

Manneskraft. — In dem Kampf mit Wechsel (des Schicksals) | Bewährt sich echte Kraft (des Mannes). Engl.: In the reproof of chance | Lies the true proof of men.

William Shakespeare, Troilus u. Cressida (um 1609). Übers. v. Schlegel. A. 1, Sz. 3 (Nestor).

Mannesleben. — Tausend Frauen wiegt das Leben Eines einzigen Mannes auf. Griech.: *Εἷς γ' ἀνὴρ κρείσσων γυναικῶν μυρίων.*

Euripides, Iphigenie in Aulis (um 407 v. Chr.). Übers. v. Minckwitz. V. 1394 (Iphigenie).

— Des Mannes Leben ist ein rastlos Streben, | Sich aus des Glückes Schiffbruch zu erretten, | Nur Ringen, Hoffen, Wagen, Wetten, | Zurückgeschleudert dennoch sich zu heben.

Gotthard Oswald Marbach, Gedichte (1836).

Mannesleidenschaft. — Der Jugend scheinbar tolle Kraft | Ist oft nur Wallung im Geblüte; | Des reifen Mannes Leidenschaft | Wohnt still im innersten Gemüte.

Otto von Leixner, A. meinem Zettelkasten (1896). Erziehung u. Selbsterziehung.

Mannesmacht. — Dem bärtigen Geschlecht (dem Manne) ward alle Macht verliehen. Franz.: Du côté de la barbe est la toute-puissance.

Molière (Jean Baptiste Poquelin), D. Schule d. Frauen (1662). Übers. v. Graf Baudissin. A. 3, Sz. 2 (Arnolphe).

Mannesname. — Wer nicht Lust hat an einem blinkenden Schwert, | Wen nicht freut ein rasches, mutiges Pferd, | Wer nicht nimmt ein häusliches Weib am Herd, | Der ist des Namens Mann nicht wert.

Gottfr. Kinkel, Gedichte (1843). Spr.

Manmespflicht. — . . . darin sieht der Mann | Die schönste Pflicht: zu helfen, wo er kann. Griech.: *Ἄνδρα δ' ὠφελεῖν ἀφ' ὧν | Ἔχοι τε καὶ δύναιτο, κάλλιστος πόνος.*

Sophokles (um 496—406 v. Chr.), König Ödipus. Übers. v. Jordan. V. 309—10 (Ödipus).

Mannespflicht. — Ein Kind; vergist sich selbst. Ein Knabe; kennt sich nicht. | Ein Jüngling; acht sich schlecht. Ein Mann; hat jmmer Pflicht. | Ein Alter; nimmt Verdruß. Ein Greiß; wird wieder Kind: | Was meinstu, das doch diß für Herrligkeiten sind?

Friedr. von Logau, Deutsche Sinn=Getichte (1654). D. Menschen Alter.

— Dem Manne bleibe die Herrschaft, die ihm gegeben ist! Aber er fühle sie nicht als ein Vorrecht, sondern als ernste Pflicht!

Heinr. Wilh. Josias Thiersch, Über christliches Familienleben (1854).

Mannesruf. — ... der beste Geruch eines Mannes ist — guter Name.

Karl Jul. Weber, Demokritos (1832—1840). D. Mode.

Mannesruhm. — Der Ruhm des Mannes ist des Weibes höchster Reiz; | Die Ehre seines Weibs des Mannes höchster Geiz.

Friedr. Rückert, D. Weisheit d. Brahmanen (1836—1839). B. 16, Abteilung 4, Nr. 28. (Stufe 5. Leben. Nr. 328.)

Mannesschuld. — ... jedes Weibes | Fehler ist des Mannes Schuld.

Joh. Gottfr. von Herder, D. Cid (1805). B. 1, Ges. 13.

Mannessinn. — Eines wackeren Mannes Sinn | Ist so beschaffen, daß er stets das beste wählt. Griech.: *Ἀνδρὸς οὐ κακοῦ τρόποι | Τοιόδε, χρῆσθαι τοῖσι βελτίστοις ἀεί.*

Euripides, Jphigenie in Aulis (um 407 v. Chr.). Übers. v. Minckwitz. V. 502—3 (Menelaos).

— Des Mannes Sinn sei unerschütterlich wie Stein, | An Treue soll er grad' und eben wie ein Pfeilschaft sein. Mittelhochdeutsch: Des mannes muot sol veste wesen als ein stein, | Ûf triuwe sleht und eben als ein vil wol gemachter zein.

Walter v. d. Vogelweide (um 1170—1230), Gedichte. Übertr. v. Pannier.

— Das Land, wo Mannessinn sich so bewährt, | Ist wahrlich nicht verloren.

Paul Heyse, Colberg (1865). A. 4, Sz. 9 (Gneisenau).

Mannesstirn. — Auf des Mannes Stirne thronet | Hoch als Königin die Pflicht.

Friedr. von Schiller, Gedichte. Würde d. Frauen (ged. 1795). (Nur in d. ersten Fassung d. Gedichtes enthalten.)

Mannesträne. — ... es gleicht des Mannes Träne | Edlem Harz aus Ostens Flur; | Tief ins Herz des Baums verschlossen | Quillt's freiwillig selten nur.

Anastasius Grün (Anton Alexander Graf von Auersperg), Gedichte (1837). Mannesträne.

— Starken Mannes Träne | Dringt durch Mark und Bein, | Pfeil von straffster Sehne.

Ernst Moritz Arndt, Gedichte (1860).

Mannestreue. — Liebe, du bunter Schmetterling; | Mannestreue: ein besser Ding!

Carl Busse, Vagabunden (1901). Zeitklänge. Eine Studentenfahrt.

Mannestugend. — Darin besteht des Mannes Tugend, imstande zu sein, des Staates Geschäfte zu besorgen, und indem er sie betreibt, seinen Freunden Gutes, seinen Feinden Böses zu erweisen, und sich selbst vorzusehen, daß ihm nicht so etwas widerfahre. Griech.: *Αὕτη ἐστὶν ἀνδρὸς ἀρετή, ἱκανὸν εἶναι τὰ τῆς πόλεως πράττειν, καὶ πράττοντα τοὺς μὲν φίλους εὖ ποιεῖν, τοὺς δ' ἐχθροὺς κακῶς, καὶ αὐτὸν εὐλαβεῖσθαι μηδὲν τοιοῦτον παθεῖν.*

Platon (um 427—347 v. Chr.), Menon. Übers. v. Müller. § 3 (Menon).

— ... eines Mannes Tugend | Erprobt allein die Stunde der Gefahr.

Friedr. von Schiller, Maria Stuart (1800). A. 1, Sz. 7 (Maria).

Mannestugenden. — Die ehelichen Tugenden und Liebenswürdigkeiten des besten Mannes bleiben ein Dilettantismus im Vergleich mit der aufopfernden Zärtlichkeit eines edlen Weibes.

Bogumil Goltz, Zur Charakteristik u. Naturgesch. d. Frauen (1859).

Mannesunschuld. — Die Unschuld des Mannes heißt Ehre; die Ehre der Frau heißt Unschuld.

Marie von Ebner=Eschenbach, Aphorismen (1893).

Mannesverlust. — Eines Mannes Verlust | Fällt schwer dem Hause; doch ein Weib wird leicht vermißt. Griech.: *Οὐ γὰρ ἀλλ' ἀνὴρ μὲν ἐκ δόμων | Θανὼν ποθεινός, τὰ δὲ γυναικὸς ἀσθενῆ.*

Euripides (um 480—406 v. Chr.), Jphigenie bei d. Tauriern. Übers. v. Minckwitz. V. 1005—6 (Jphigenie).

Mannesverstand. — Mannes Verstand zeigt oft auch Eine flüchtige Stunde; | Mannes Gemüt bewährt oft mit den Jahren sich erst.

Joh. Gottfr. von Herder, Sämtl. Werke (1805—1820). Blumenlese a. morgenländischen Dichtern. Nr. 2. D. Rosental. B. 3. Verstand u. Gemüt.

Manneswert. — ... was | Ein Mann kann wert sein, habt ihr schon erfahren.

Friedr. von Schiller, Wallensteins Tod (1799). A. 3, Sz. 13 (Wallenstein).

— Des Mannes Wert wird durch Prüfung bewährt.

Friedr. Rückert, D. Verwandlungen d. Abu Seid v. Serug oder d. Makamen d. Hariri (1826).

— Des Mannes Wert ist nicht im Kleide, | Und ob er geh' in Gold und Seide. | Des Mannes Wert ist im Gemüte | Und in der angestammten Güte.

Friedr. Rückert, Hamâsa (1846).

— ... was dem Manne Wert verleiht, ist bloß ein männlich Herz. Engl.: For without an honest manly heart no man was worth regarding.

Samuel Smiles, D. Charakter (1871). Übers. v. Dobbert. K. 1. D. Einfluß d. Charakters.

Manneswonne. — . . . was ist Mannes Wonne, wes freuet sich sein Leib? | Sind es nicht schöne Mägdlein, ist's nicht ein holdes Weib? Mittelhochdeutsch: Waz waere mannes wünne, des vreute sich sîn lîp, | Ez entaeten scoene mägede und hêrlîchiu wîp?

D. Nibelunge Nôt (um 1200). Übers. v. Junghans. Âventiure 5, Str. 274.

Manneswort. — Wort des Mannes sei wie eine Säule, | Und der Handschlag sei ein stummer Eid!

Samuel Gottl. Bürde, Verm. Gedichte (1789). Manneswort.

— Auch was Geschrieb'nes forderst du, Pedant? | Hast du noch keinen Mann, nicht Manneswort gekannt? Joh. Wolfg. von Goethe, Faust, I (1808). Studierzimmer (Faust).

— Wie ein Pfeil nach seinem Ziele fliegt des braven Mannes Wort.

Aug. Graf von Platen=Hallermund, D. romantische Ödipus (1828). A. 3 (Ödipus).

— Das Pferd beim Zaume, den Mann beim Worte. Sprichwort.

— Ein Mann, ein Wort; ein Wort, ein Mann. Sprichwort.

— Ein Mann, ein Wort, ein Wort, ein Mann | Ist besser, als ein Schwur getan.

Inschrift im Berliner Ratskeller. Bierlokal.

Mannesszepter. — Schmach ist's, wenn das Weib im Haus gebeut | Und nicht des Mannes Zepter! Griech.: *Καίτοι τόδ' αἰσχρόν, προστατεῖν γε δωμάτων | Γυναῖκα, μὴ τὸν ἄνδρα.*

Euripides, Elektra (um 416 v. Chr.). Übers. v. Minckwitz. V. 952—53 (Elektra).

Mannheit. — Mannheit ohne Sinn | Bringt nicht viel Gewinn.

Friedr. von Logau, Deutsche Sinn=Getichte (1654). Tapferkeit.

Mannigfaltigkeit. — So schaffet Mannigfaltigkeit die höchste Lust.

Joh. Wolfg. von Goethe, Gedichte. Prolog (6. Aug. 1811).

Männlich. — Ferner das männliche Geschlecht ist stärker als das weibliche; es herrscht, während dieses gehorcht. Griech.: *Ἔτι δὲ τὸ ἄρρεν πρὸς τὸ θῆλυ φύσει τὸ μὲν κρεῖττον τὸ δὲ χεῖρον καὶ τὸ μὲν ἄρχον τὸ δὲ ἀρχόμενον.*

Aristoteles (um 384—322 v. Chr.), Politik. Übers. v. Susemihl. B. 1, K. 5.

— O trüg' ich doch ein männlich Herz in mir! | Das, wenn es einen kühnen Vorsatz hegt, | Vor jeder andern Stimme sich verschließt.

Joh. Wolfg. von Goethe, Iphigenie auf Tauris (1787). A. 4, Sz. 4 (Iphigenie).

— Der Jüngling, der Mann zu sein verlangt, muß nicht an den Knaben erinnern. Männlich handeln fordert mehr als einen Bart und einen Degen. Christ. Ernst Karl Graf von Bentzel=Sternau, Weltansichten (1816).

Männlich. — . . . wenn ich von männlicher Selbständigkeit rede, die ich wirklich für die erste Bedingung männlichen Werts halte.

Wilh. Freiherr von Humboldt, Br. an eine Freundin (26. Mai 1823).

Mannsbild. — Welch Glück sondergleichen, | Ein Mannsbild zu sein!

Joh. Wolfg. von Goethe, Egmont (1788). A. 1. Bürgerhaus (Klärchen).

Manschetten. — Vor jemandem Manschetten haben (vor jemandem Furcht, Respekt haben).

Sprichwörtl. Redensart.

Mantel. — Man sol den mantel kêren, | Als ie die winde sint gewant.

Gottfr. von Straßburg, Tristan u. Isolt (um 1210).

— Den Mantel soll man kehren, | Wie Wind und Wetter lehren. Mittelhochdeutsch: Ein man die nüschel kêre, | Als in daz weter lêre.

Vrîdankes Bescheidenheit (1225—1240). Übertr. v. Pannier. Nr. 38. v. erkantnisse.

— Ein mantel und ein hausz deckt viel schand. Alter Spr.

— Den Mantel nach dem Winde hängen (seine Meinung je nach seinem Vorteile ändern).

Sprichwörtl. Redensart.

Mantua. — Zu Mantua in Banden | Der treue Hofer war.

Jul. Mosen, Gedichte. Sandwirt Hofer (ged. 1831). Mel. v. Ludw. Berger.

Märchen, das. — Wie ein Märchen erklingt's; was frommt mir aber Erdichtung? Lat.: Res similis fictae; sed quid mihi fingere prodest?

Publ. Ovidius Naso (um 43 v. Chr.—17 n. Chr.), Metamorphosen. Übers. v. Voß. B. 13, V. 935.

— Ich will euch erzählen ein Märchen gar schnurrig.

Gottfr. Aug. Bürger, Gedichte. D. Kaiser u. d. Abt (1785).

— Ein Märchen aus alten Zeiten, | Das kommt mir nicht aus dem Sinn.

Heinr. Heine, D. B. d. Lieder. Heimkehr. Nr. 2 (ged. 1823). Mel. v. Friedr. Silcher (komp. 1837—1839).

— Märchen sagt: Es war einmal.

Joh. Wolfg. von Goethe, Faust, II (1831). A. 4. Auf d. Vorgebirg (Herolde).

Märchen, die. — Nicht die Kinder bloß speist man | Mit Märchen ab.

Gotthold Ephr. Lessing, Nathan d. Weise (1779). A. 3, Sz. 6 (Nathan).

— Märchen, noch so wunderbar, | Dichterkünste machen's wahr.

Joh. Wolfg. von Goethe, Werke (1815—1819). Gedichte. Balladen. Motto.

— Aus alten Märchen winkt es | Hervor mit weißer Hand.

Heinr. Heine, D. B. d. Lieder. Lyrisches Intermezzo (ged. 1822—1823). Nr. 43.

Maria, Jungfrau. — Du Mutter (Jungfrau Maria), aller Gnaden Born, | Du reine Rose sonder Dorn, | Du sonnenklare Krone! Mittelhochdeutsch: Barmherzic muoter uz erkorn, | Dû frîer rôse sunder Dorn, | Dû sunnewarwiu klâre.

Walter v. d. Vogelweide (um 1170—1230), Gedichte. Übertr. v. Pannier.

— Maria milt, | O mutter zart! | Sey du mein schilt | Zur hinefart! | Gib mir die gnad, | Das ich da find | Des lebens pfad | Zu deinem Kind!

Spr. in einem Fenster im Schlosse Amras (1609).

— O du heilige | Hochbenedeite, | Süße Mutter der Liebe! | Trösterin im Leiden, | Quelle der Freuden, | Hilf uns, Maria! Ital.: O sanctissima! | O piissima! | Dulcis virgo Maria! | Mater amata | Intemerata | Ora, ora pro nobis!

Joh. Gottfr. von Herder, Stimmen d. Völker in Liedern (1807). Abteilung 1, B. 2, Nr. 7. An d. Jungfrau Maria. Ein sizilianisches Schifferlied.

— Kein Feind noch übel fürchten wir, | Weil Maria ist ob der Tür.

Spr. an einem Hause in Ötz (1852).

— Du (Maria) bist eine Jungfrau rein, | Und an dir ist Makel kein; | Du bist keusch und unbefleckt | Und von keiner Schlang geheckt.

Spr. an einem Hause in Nauders.

— O Maria, mit deinem Kind, | Segne mein Haus, Vieh und Gesind, | Und bewahr' mich vor Hungersnot, | Und führ' mich zu Jesu nach dem Tod! Spr. an einem Hause in Schwandorf.

Marine. — In der künftigen Marine liegt die Zukunft des Reiches und seine politische Bedeutung. Die Marine muß uns die Stellung festhalten, die wir durch die Armee dem neuen Deutschen Reiche geschaffen haben.

Prinz Friedr. Karl (1878).

Markt. — Der Markt hat Markts Art, nämlich Zank, | Viel Hadern, Streiten und Undank.

Joh. Friedr. Fischart, Flöh Hatz, Weiber Tratz (1577).

— Am Markt lernt man die Leute kennen.

Alter Spr.

Marlborough. — Marlbruck zog aus zum Kriege, | Mirong tong tong mirontaine.

Marlbruck. Historisches Volkslied (um 1722). Soldatenweise.

Marmorglatt. — Marmorglatt und marmorkalt.

Ludw. Ferd. Hubers Urteil über Goethes Trauerspiel: D. natürliche Tochter (1803).

Marschallstab. — Jeder französische Soldat trägt den Marschallstab in seiner Patronentasche. Franz: Tout soldat français porte dans sa giberne le bâton de maréchal de France.

Napoleon I. Nach E. Blaze, D. militärische Leben unter d. Kaiserreich (1837). Übers. v. Zimmermann.

Marschieren. — O du Deutschland, ich muß marschieren!

Ernst Moritz Arndt, Gedichte. Kriegers Abschied (ged. 1815). Mel. v. Friedr. Silcher (komp. 1830—1834).

Marschieren. — Morgen marschieren wir! | Ade, ade, ade, ade!

Aug. Heinr. Hoffmann von Fallersleben, Lyrische Gedichte. Nr. 4. Volksleben. Kriegsleben. Soldatenabschied (ged. Jan. 1829). Volksweise.

Martha. — Martha, Martha, du entschwandest!

Wilh. Friedrich, Martha (1847). A. 3, Sz. 13 (Lionel). Komp. v. Friedr. von Flotow.

Märtyrer. — Der Glanz, der einen Märtyrer umgibt, | Hat manchen schon auf das Schaffot gelockt, | Der seines Volkes Heiland konnte werden. Aug. von Kotzebue, Hugo Grotius (1803).

März. — Gaerten un Reben baw ich im Mertz, | Dach (das?) Erdtrich auch herumer stertz.

D. zwölf Monate (1584).

— Der März | Kriegt den Pflug beim Sterz; | Der April | Hält ihn wieder still. Bauernregel.

— Ein feuchter März | Ist des Bauern Schmerz.

Bauernregel.

Märzgrün. — Märzengrün soll man mit Holzschlägeln wieder in die Erde schlagen.

Bauernregel.

Märznebel. — So viel Nebel im März, so viel Wetter im Sommer. Bauernregel.

Märzstaub. — Ein Lot Märzenstaub ist einen Dukaten wert. Bauernregel.

Märztau. — Märztau, Aprilreif, Maienschnee, Nebel im August. Bauernregel. Schweiz.

Maske. — Die Maske fällt, es bleibt der Mensch, | Und alles Heldentum entweicht. Franz.: Le masque tombe, l'homme reste, | Et le héros s'évanouit.

Jean Jacques Rousseau (1712—1778), Werke. Übers. v. Große u. Hanschmann. Ode an d. Glück.

— Die Maske fällt, Armiden seh' ich nun, | Entblößt von allen Reizen.

Joh. Wolfg. von Goethe, Torquato Tasso (1789). A. 5, Sz. 5 (Tasso).

— Die Maske muß mir köstlich stehn.

Joh. Wolfg. von Goethe, Faust, I (1808). Studierzimmer (Mephistopheles).

Maß. — Halt' stets Maß! Griech.: *Μέτρα φυλάσσεσθαι.*

Hesiod (8. Jahrh. v. Chr.), Werke u. Tage. Übers. v. Uschner. V. 694.

— Fleuch Unmaß stets | Und beachte das Maß! Griech.: *Τοῦ μηδὲν ἄγαν.*

Euripides, Hippolytos (um 428 v. Chr.). Übers. v. Minckwitz. V. 265 (Amme).

— Maß ist allem bestimmt und eigene scharfe Begrenzung, | Jenseits der so wenig, wie diesseits, Rechtes bestehn kann. Lat.: Est modus in rebus, sunt certi denique fines, | Quos ultra citraque nequit consistere rectum.

Quint. Horatius Flacc., Sat. (um 35 v. Chr.). Übers. v. Voß. B. 1, Nr. 1, V. 106—7.

Maß. — Aller Würdigkeit Verleiherin, | Das seid ganz wahrhaftig ihr, Frau Maße. | Welch sel'ger Mann, der eure Lehre hat! Mittelhochdeutsch: Aller werdekeit ein füegerinne, | Daz sît ir zewâre, frowe Mâze. | Er saelic man, der iuwer lêre hât!
Walter v. d. Vogelweide (um 1170—1230), Gedichte. Übertr. v. Pannier.

— Niemals kann das werden gut, | Was man ohne Maßen tut. Mittelhochdeutsch: Ez enwirt ouch niemer guot, | Swaz man âne mâze tuot.
Vrîdankes Bescheidenheit (1225—1240). Übertr. v. Pannier. Nr. 38. v. erkantnisse.

— Wer in seinem Maße kann | Leben, ist ein weiser Mann; | Jedoch mit Spott so mancher lebt, | Der über sein Maß sich erhebt. Mittelhochdeutsch: Swer schône in sîner mâze kan | Geleben, derst ein saelic man; | Dâ bî mit spotte maneger lebet, | Der ûz der mâze hôhe strebet.
Vrîdankes Bescheidenheit (1225—1240). Übertr. v. Pannier. Nr. 38. v. erkantnisse.

— Halte Maß und bedenke das Ende! Lat.: **Tene mensuram et respice finem!**
Wahlspr. Kaiser Maximilians I. (reg. 1493—1519).

— Masse ist zu allen dingen gut.
Joh. Agricola, Drey hundert Gemeyner Sprichwörtter (1529). Nr. 38.

— Das wird selt'n oder nimmer gut, | Was man ohn Rath und Masse thut.
Georg Rollenhagen, Froschmäuseler (1595). B. 3, T. 1, K. 10.

— Maß ist überall gut, bei allen Dingen.
Joh. Wolfg. von Goethe, Reineke Fuchs (1794). Ges. 2.

— Zu wenig und zu viel ist beides ein Verdruß; | So fehl ist überm Ziel wie unterm Ziel ein Schuß. | Zu wenig und zu viel ist gleich sehr unvollkommen, | Im Ernst ist und im Spiel das rechte Maß willkommen.
Friedr. Rückert, D. Weisheit d. Brahmanen (1836—1839). B. 1, Nr. 20. Schlußv. (Stufe 7. Erkenntnis. Nr. 3.)

— . . . das Eine, Höchste des Lebens | Muß er sich eigenkräftig erringen, | Jenes schwerste, das rechte Maß.
Ernst Raupach, Themisto (1840). A. 3, Sz. 5.

— Alles Heil liegt mitten inne, | Und das Höchste bleibt das Maß.
Emanuel Geibel, Juniuslieder (1848). Gelegenheitsgedichte, Spr., Scherze. Spr. Nr. 55.

— Was du auch denkst und tust, du tust und denkst vergebens, | Fehlt ihm das rechte Maß; — Bedingung alles Lebens.
Jul. Hammer, Schau um dich u. schau in dich (1851). Inneres Glück. Besorge nicht, wenn du dich selbst beschränken lernst usw.

— Moral ist Maß; — wo sie fehlt, da erschöpfen sich alle Kräfte in Maßlosigkeit, denn das Maß ist das Erhaltende in der Natur wie im Leben.
Wilhelmine von Hillern, Ein Arzt d. Seele (1869).

Maß. — . . . halte Maße in allen Dingen!
Jes. Sir., K. 33, V. 30.

— Das ist furwar das beste leben, | Allen dingen eine maß geben. Alter Spr.

— Menschliches Heil hat besser nit, | Dan haben maß und gute sit (Sitte). Alter Spr.

— Das, was man mit Maß nicht tut, | Nimmer kann es werden gut. Sprichwort.

— Maß und Ziel | Im Ernst, im Spiel.
Sprichwort.

— Wer ein langes Leben will erringen, | Halte Maß in allen Dingen! Sprichwort.

— Maß und Ziel | Ist das beste Spiel.
Spr. an einem Hausgerät.

Maß, das. — Mit solcher moß wirt iederman | Gemeßen, als er hat getan.
Seb. Brant, D. Narrenschif (1494). Nr. 2. V. gûten reten.

— Sein Maß ist voll, er ist zur Ernte reif.
Friedr. von Schiller, D. Jungfrau v. Orleans (1801). Prolog. Sz. 3 (Johanna).

— Ein voll, gedrückt, gerüttelt und überflüssig Maß. Luk., K. 6, V. 38.

— . . mit dem Maß, da ihr mit messet, wird man euch wieder messen. Luk., K. 6, V. 38.

Masse. — Eine rohe, verworrene Masse. Lat.: **Rudis indigestaque moles.**
Publ. Ovidius Naso (um 43 v. Chr.—17 n. Chr.), Metamorphosen. B. 1, V. 7. Übers. v. Grau.

— Die Masse könnt ihr nur durch Masse zwingen, | Ein jeder sucht sich endlich selbst was aus. Joh. Wolfg. von Goethe, Faust, I (1808). Vorspiel auf d. Theater (Direktor).

— Was ich mir gefallen lasse? | Zuschlagen muß die Masse, | Dann ist sie respektabel; | Urteilen gelingt ihr miserabel.
Joh. Wolfg. von Goethe, Gedichte. Sprichwörtl. (ged. 1812—1814).

— Wie leicht schließt sich die große Masse an bestimmte Beschlüsse, Verordnungen und Taten. Sie will gar nichts anderes und bedarf nichts anderes. Es frommt ihr nichts anderes.
Rahel (Antonie Friederike Varnhagen von Ense), Br. (1877).

Massen. — Wohl! Die Massen sind im Fluß.
Friedr. von Schiller, Gedichte. D. Lied v. d. Glocke (ged. Sept. 1799).

Mäßig. — . . . wer aber mäßig isset, der lebt desto länger. Jes. Sir., K. 37, V. 34.

— Mäßig wird alt; | Zuviel stirbt bald.
Sprichwort.

— Sey Meßig in allen Dingen, | So wird dirs gut gelingen.
Spr. am Wirtshaus zum Wunderwirt in Unterinn.

Mäßige, der. — Der Mäßige wird öfters kalt genannt | Von Menschen, die sich warm vor andern glauben, | Weil sie die Hitze fliegend überfällt. Joh. Wolfg. von Goethe, Torquato Tasso (1789). A. 2, Sz. 3 (Antonio).

Mäßigen, sich. — Verflucht das Herz, das sich noch mäß'gen kann!

Heinr. von Kleist, Penthesilea (1808). Sz. 5 (Penthesilea).

Mäßigkeit. — Vberfluß vertreibt maß.

Christoph Lehmann, Politischer Blumen=Garten (1662). T. 2. Maß. Nr. 15.

— Es ist die Mäßigkeit die Mutter aller Tugend, | Die uns, je minder wir uns Gut thun, Gutes thut; | Sie lohnt spät, aber wohl; die mäßig in der Jugend | Gegeßne Speise schmeckt erst in dem Alter gut.

Christ. Wernicke, Uberschrifte Oder Epigrammata (1697).

— Der Arzt, den die Natur mit eigner Hand geweiht, | Der unbetrüglichste, sei unsre Mäßigkeit! Joh. Jak. Dusch, Sämtl. poetische Werke (1765—1767). T. 1. B. d. Schwächen d. Vernunft.

— Aus Mäßigkeit entspringt ein reines Glück.

Joh. Wolfg. von Goethe, D. natürliche Tochter (1803). A. 2, Sz. 5 (Hofmeisterin).

— Mäßigkeit bleibt die Würze der Sinnenfreuden, die Arznei des Genusses, die Seele des Lebens.

Friedr. Ludw. Jahn, Deutsches Volkstum (1810).

— Die beste Heilart ist, vor Krankheit zu bewahren | Den Leib und Arzenein durch Mäßigkeit zu sparen.

Friedr. Rückert, D. Weisheit d. Brahmanen (1836—1839). B. 16, Abteilung 5, Nr. 83. (Stufe 5. Leben. Nr. 485.)

— Gebrechen dir Artz, nimb diese drey: | Frewde, mässig mahlzeit, Ruh dar bey! Alter Spr.

— Mäßigkeit ist eine gute Kunst, | Bringt bei Verständigen große Gunst, | Nicht zuviel noch wenig man will, | Sondern rechte Mitte ist das Ziel. Alter Spr.

— Mäßigkeit | Führt das Leben weit.

Sprichwort.

— Mäßigkeit ist die beste Arzenei.

Sprichwort.

— Mäßigkeit wird alt, | Zuviel stirbt bald.

Sprichwort.

— Die Mäßigkeit ist gut und fein, | Nur darf sie nicht unmäßig sein.

Inschrift im Ratskeller zu Bremen.

Mäßigung. — Bei allen Dingen liebe die Mäßigung, eine Tugend, die schwerer ist, als sie scheint, aber notwendiger als eine. Glaube aber nicht, daß das Schlimme durch Mäßigung könne geadelt werden!

Aug. Graf von Platen=Hallermund, Gesammelte Werke. Lebensregeln (1817). Nr. 31.

— ... das wahre Temperament ist Mäßigung.

Karl Jul. Weber, Demokritos (1832—1840). Subjektiver Unterschied d. Lächerlichen in Ansehung d. Temperamente.

Maßregeln. — Maßregeln, nicht Menschen. Engl.: Measures, not men.

Oliver Goldsmith, D. gutmütige Mann (1768). Übers. v. Böttger. A. 2, Sz. 1 (Lofty).

Maßregeln. — Männer sind alles, Maßregeln vergleichsweise nichts. Engl.: Men are every thing, measures comparatively nothing.

George Canning, Rede über d. Militäretat (8. Dez. 1802). Übers. v. Drabig.

Matador. — Ein Matador! — Wen lüstet nach dem Preise! — | Ein Reich für einen Matador! Ferd. Freiligrath, Ein Glaubensbekenntnis. T. 1. A. Spanien (ged. Nov. 1841).

Mater dolorosa. — Stabat mater dolorosa . . .

Fra Jacopone da Todi (um 1230—1306). Mel. v. Palestrina, Pergolese, Astorga, Jos. Haydn u. a.

Mathematik. — Die Mathematik ist eine gar herrliche Wissenschaft, aber die Mathematiker taugen oft den Henker nicht.

Georg Christoph Lichtenberg, Verm. Schriften (1800—1806). Bd. 2, Nr. 2. Bemerk. verm. Inhalts. Nr. 8. Litterärische Bemerk.

Matratzengruft. — . . . kein grünes Blatt rauscht herein in meine Matratzengruft zu Paris.

Heinr. Heine, Romanzero. Nachwort zum Romanzero (30. Sept. 1851).

Matrosen. — Auf, Matrosen, die Anker gelichtet, | Segel gespannt, den Kompaß gerichtet!

Wilh. Gerhard, Maskenkalender (1817). Matrose. Mel. v. Aug. Pohlenz (komp. 1823).

Matthäi. — Matthäi am letzten sein (zu Ende sein).

Nach Dr. Martin Luther, D. kleine Katechismus (1529). Viertes Hauptstück. Erste Bitte.

Mauerloch. — Verfluchtes, dumpfes Mauerloch! Joh. Wolfg. von Goethe, Faust, I (1808). Nacht (Faust).

Maul. — Der muß mäl han vil me dann vil, | Wer iedems mul verstopfen wil.

Seb. Brant, D. Narrenschif (1494). Nr. 41. Nit achten uf all red.

— Die Nahrung ist schlecht, da es von der Hand zum Maul gehet.

Christoph Lehmann, Politischer Blumen=Garten (1662). T. 2. Nahrung. Nr. 4.

— Ein großes Maul es auch nicht tut.

Matthias Claudius, Sämtl. Werke d. Wandsbecker Boten. T. 3 (1778). D. Gesch. v. Goliath u. David, in Reime bracht.

— Mancher kommt zu großem Unheil durch sein eigenes Maul. Spr. Sal., K. 16, V. 26.

— Das Maul ist wie ein Gaul; beide haben den Zaum nötig. Sprichwort.

— Ein ungewaschenes Maul haben (freche Redensarten machen). Sprichwörtl. Redensart.

— Dat Mul geit (geht) ehr (ihr) es (wie) ne Klappermüele. Sprichwörtl. Redensart. Münsterisch.

— Da hilft keen Maulspitzen, jepfiffen muß sind (man muß in den sauren Apfel beißen).

Berliner Redensart.

— Er ist sim Muul kei Stüfmueter (er ißt viel und gut). Schweizer Redensart.

Maulaffen. — Maulaffen feil halten (den Mund vor Verwunderung offen halten).

Sprichwörtl. Redensart.

Maulesel. — Maulesel ward gefragt: Wer ist dein Vater? Sprich! | Mein Oheim, sprach er, ist Herr Hengst, was fragt ihr mich?

Friedr. Rückert, D. Weisheit d. Brahmanen (1836—1839). B. 16, Abteilung 4, Nr. 41. (Stufe 5. Leben. Nr. 341.)

Maultier. — Das Maultier sucht im Nebel seinen Weg.

Joh. Wolfg. von Goethe, Gedichte. Balladen. Mignon (ged. um 1784). Mel. v. Joh. Friedr. Reichardt (komp. 1795), Ludw. van Beethoven (1810), Rob. Schumann (1849), Heinr. Himmel u. a.

Maulwurf. — Brav, alter Maulwurf! Wühlst so hurtig fort? | O trefflicher Minierer! Engl.: **Well said, old mole! canst work in the earth so fast? | A worthy pioneer!**

William Shakespeare, Hamlet (1601—1602). Übers. v. Schlegel. A. 1, Sz. 5 (Hamlet).

Maulwurfshaufen. — Maulwurfshaufen muß man auf keinem Kiesboden suchen (sie zeigen fetten Boden an).

Bauernregel.

Maurer, der. — Einen nassen Maurer hat Gott lieb (einen Maurer, der nicht beim ersten Regentropfen aufhört zu arbeiten, oder auch, der arbeitet, daß er schwitzt).

Bek. Redensart.

Maurer, die. — Die Zimmerleut' und Maurer, | Das sind rechte Laurer; | Ehe sie essen, messen, stehn und sich besinnen, | So ist der Tag von hinnen.

Sprichwörtl.

Maus. — Es kreißte der Berg, selbst Zeus geriet in Angst, und der Berg gebar eine Maus. Griech.: *Ὤδινεν ὄρος, Ζεὺς δ' ἐφοβεῖτο, τὸ δ' ἔτεκεν μῦν.* Lat.: **Parturiunt montes, nascetur ridiculus mus.**

Athenäus (2.—3. Jahrh. v. Chr.). Nach Plutarch, Moralische Abhandlungen. Übers. v. Eyth.

— . . . daß ist eine arme Mauß, | Die nur weiß zu einm Loch hinaus.

Georg Rollenhagen, Froschmäuseler (1595). B. 1, T. 1, K. 3. Schlußv.

— Maus wie Mutter (ganz gleich).

Sprichwörtl. Redensart.

Medizin. — Der Geist der Medizin ist leicht zu fassen; | Ihr durchstudiert die groß' und kleine Welt, | Um es am Ende gehn zu lassen, | Wie's Gott gefällt.

Joh. Wolfg. von Goethe, Faust, I (1808). Studierzimmer (Mephistopheles).

Meer. — Machtvoll starrete dreifach Erz | Jenem Mann um die Brust, welcher den morschen Floß | Grausem Wogengewühl (des Meeres) zuerst | Hingab. Lat.: **Illi robur et aes triplex | Circa pectus erat, qui fragilem truci | Commisit pelago ratem | Primus.**

Quint. Horatius Flacc., Oden (um 23 v. Chr.). Übers. v. Voß. B. 1, Nr. 3, V. 9—12.

Meer. — Labt sich die liebe Sonne nicht, | Der Mond sich nicht im Meer?

Joh. Wolfg. von Goethe, Gedichte. Balladen. D. Fischer (ged. 1778). Mel. v. Siegmund Freiherr von Seckendorff (1779), Joh. Friedr. Reichardt (1781), Frz. Schubert (1821) u. a.

— Tiefe Stille herrscht im Wasser, | Ohne Regung ruht das Meer, | Und bekümmert sieht der Schiffer | Glatte Fläche rings umher. | Keine Luft von keiner Seite! | Todesstille fürchterlich! | In der ungeheuern Weite | Reget keine Welle sich.

Joh. Wolfg. von Goethe, Gedichte. Lieder. Meeres Stille (ged. um 1787).

— Wer das grüne, kristallene Feld (das Meer) | Pflügt mit des Schiffes eilendem Kiele, | Der vermählt sich das Glück, dem gehört die Welt.

Friedr. von Schiller, D. Braut v. Messina (1803). Säulenhalle (Chor. Berengar).

— . . . das Meer ist der Raum der Hoffnung | Und der Zufälle launisch Reich!

Friedr. von Schiller, D. Braut v. Messina (1803). Säulenhalle (Chor. Berengar).

— Auf den Wellen ist alles Welle, | Auf dem Meer ist kein Eigentum.

Friedr. von Schiller, D. Braut v. Messina (1803). Säulenhalle (Chor. Berengar).

— Das Meer erglänzte weit hinaus | Im letzten Abendscheine.

Heinr. Heine, D. B. d. Lieder. Heimkehr (ged. 1823—1824). Nr. 16. Mel. v. Frz. Schubert.

— Das freie Meer befreit den Geist.

Joh. Wolfg. von Goethe, Faust, II (1831). A. 5. Palast (Mephistopheles).

— Gott will nicht, daß Volk und Volk sich meide; | Das Meer, bis zu des Erdballs fernsten Rändern, | Wogt als Vermittler zwischen allen Ländern; | Es trennt zwei Welten und vereint sie beide.

Friedr. von Bodenstedt, Gedichte (1852).

— Das Meer austrinken wollen (etwas Unmögliches wollen).

A. d. Seemannssprache.

Meeresanblick. — Der Anblick des Weltmeeres macht die Menschen mutiger, unternehmender, freisinniger.

Karl Salomo Zachariä von Lingenthal, Vierzig B. v. Staate (1820—1832).

Mehr. — . . . minder ist oft mehr, wie Lessings Prinz uns lehrte. Danach die Redensart: Weniger wäre mehr.

Christoph Martin Wieland, Merkur (1774). Neujahrswunsch.

— Mehr! Mehr! das ist der Sehnsuchtsschrei der Menschheit, | Mehr! Mehr! so heißt das alte Weltallslied! | Mit diesem Schrei nach Mehr wird er geboren, | Mit dieser Gier nach Mehr geht er verloren.

Aug. Bungert, Klytemnestra (1898).

— Dat iss mehr es (als) in't Näppken geit (geht).

Sprichwörtl. Redensart. Münsterisch.

Mehrer. — Allezeit Mehrer des Reichs. Lat.: **Semper augustus.**

Quint. Aurelius Symmachus (um 345—405), Relationes.

Mehrheit. — Die Mehrheit? | Was ist die Mehrheit? Mehrheit ist der Unsinn; | Verstand ist stets bei Wen'gen nur gewesen.

Friedr. von Schiller, Demetrius (ged. Mai 1804). A. 1 (Sapieha).

— Der Staat muß untergehn, früh oder spät, | Wo Mehrheit siegt, und Unverstand entscheidet.

Friedr. von Schiller, Demetrius (ged. Mai 1804). A. 1 (Sapieha).

— Die Abstimmung der Mehrheit ist die gleiche Tyrannei wie der Eigenwille des Despoten.

Moritz Carrière, Gesammelte Werke (1886).

Meiden. — Vermeiden, was man liebet, | Hat viel' zu todt betrübet.

Sigmund Betulius von Birken, D. Nymphe Noris Andere Tagzeit (1650). An d. fürtreffliche sämtl. Hirten an d. Pegnitz.

— Kaum gegrüßt — gemieden.

Nicolaus Lenau (Niembsch, Edler von Strehlenau), Gedichte (1832). D. Postillon.

Meiden, das. — Das Sehnen und das Meiden | Bringt inniglich Herzleiden. Alter Spr.

Meiden, sich. — Was nicht zusammengeht, das soll sich meiden!

Joh. Wolfg. von Goethe, Gedichte. Epigrammatisch. D. Zudringlichen (ged. 5. Aug. 1812).

Mein. — Es kann der Welt nichts Süß'res sein | Als nur das eine Wörtchen Mein. Mittelhochdeutsch: Zer werlde mac niht süezers sîn | Dan ein wort, daz heizet mîn.

Vrîdankes Bescheidenheit (1225—1240). Übertr. v. Pannier. Nr. 9. v. d. werlde.

— Eigen mein! | Wo kann mir baß geseyn?

Spr. an einem Hause zu Bern.

— Klein, | Aber mein! Spr. an Häusern.

Meineid. — Ein falscher Eid zieht leicht den zweiten nach. Engl.: Your oath once broke, you force not to forswear.

William Shakespeare, Verlorne Liebesmüh (um 1591 — 1592). Übers. v. Graf Baudissin. A. 5, Sz. 1 (Prinzessin).

— Wann Seel' und Leib sich trennen, | Wird ihn sein Meineid brennen.

Gottfr. Aug. Bürger, Gedichte. Lenore (ged. Winter 1773).

— . . . denn der Meineid ist die Sünde gegen den heiligen Geist, weil er mit der höchsten Besonnenheit und Frechheit ganz dicht vor dem Throne des moralischen Gesetzes begangen wird.

Jean Paul (Joh. Paul Friedr. Richter), Sämtl. Werke (1826—1828).

— Des Meineids Frevel rächt die ew'ge Vorsicht. Mich. Beer, Sämtl. Werke (1835). Schwert u. Hand. A. 3, Sz. 3.

— Du sollst keinen falschen Eid tun!

Matth., K. 5, V. 33.

— Falsch Eid, bös Gewicht, unrecht Maß | Geven zur Hell die breite Straß.

Inschrift im Artushof zu Danzig.

Meineide. — Wovor sind de falschen Eider in de Welt, wenn se nich eschworen weren söllt? segt de Avcate. Sprichwörtl. Redensart. Hildesheim.

Meineidigen, die. — Meineid'gen wächst der Finger noch | Zum Grab heraus.

Aug. Graf von Platen-Hallermund, Gesammelte Werke (1839). Gedichte. Nach d. Persischen d. Sadi.

— . . . alle Meineidigen werden . . . fromm gesprochen. Sacharja, K. 5, V. 3.

Meinen. — „Glaub' ich nicht" und „Meine ich", | Die tummeln mit den Toren sich. Mittelhochdeutsch: Waenich unde triuwesniht, | Diu habent mit den tôren pfliht.

Vrîdankes Bescheidenheit (1225—1240). Übertr. v. Pannier. Nr. 38. v. erkantnisse.

— Wer es so meint, wie er redet, redet, wie es Gott gefällt; | Wer es nicht meint, wie er redet, hält es, wies der Teufel hält.

Friedr. von Logau, Deutsche Sinn-Getichte (1654). Zweifaltigkeit.

— Nit schedtlichers ist auff Erden, | Als anders meinen dan reden. Alter Spr.

Meinen, das. — Durch Meinen und durch Dunken | Ist manch' gute Sach' ertrunken.

Alter Spr.

— An Meinen bindet niemand sein Pferd an.

Sprichwort.

— Gut Meinen | Bringt oft Weinen.

Sprichwort.

Meinige, das. — Kardinal, ich habe | Das Meinige getan. Tun Sie das Ihre!

Friedr. von Schiller, Don Carlos (1787). A. 5, Sz. 11 (König). Schlußv.

Meinung. — O halte nicht an Einer Meinung fest, | Nicht Eins erkläre für ausschließlich recht! Griech.: *Μή νυν ἓν ἦθος μοῦνον ἐν σαυτῷ φόρει, | Ὡς φὴς σύ, κοὐδὲν ἄλλο, τοῦτ' ὀρθῶς ἔχειν.* Sophokles (um 496—406 v. Chr.), Antigone. Übers. v. Jordan. V. 701—2 (Hämon).

— Ain hertz last sich nit krencken, | Das rechter maynung ist!

Ulrich von Hutten, Ich habs gewagt mit sinnen | Vnd trag des noch kain rew usw. (1521).

— Verwünscht sei die Meinung! Es kann sie einer wie ein ledernes Wamms auf beiden Seiten tragen. Engl.: A plague of opinion! a man may wear it on both sides, like a leather jerkin.

William Shakespeare, Troilus u. Cressida (um 1609). Übers. v. Graf Baudissin. A. 3, Sz. 3 (Thersites).

— Die Gewalt, nicht die Meinung, ist die Königin der Welt; aber die Meinung nützt die Gewalt aus. Franz.: La force est la reine du monde et non pas l'opinion; mais l'opinion est celie qui use de la force.

Blaise Pascal, Gedanken (1670). Übers. v. Kleuker. V. d. Notwendigkeit d. Gerechtigkeit.

Meinung. — Wohl dem, der sie verachten kann, die Meinung der Welt! Die Fürsten sind ihr Geschöpf, sie müssen ihre Sklaven sein.

Friedr. von Schiller, D. Geisterseher (1789).

— . . . zwar hören wir gern, was uns're Meinung bestätigt, | Aber das Hören bestimmt nicht die Meinung.

Joh. Wolfg. von Goethe, Gedichte. Episteln (geb. Okt.—Nov. 1794). Nr. 1.

— Verfolgt sei nur die Meinung; | Die freie Meinung stört!

Joh. Heinr. Voß, Sämtl. poetische Werke. D. Andersdenkenden (ged. 1794).

— Ich bin nie unzufrieden über Einwendungen, die man mir macht; ich ändre vielmehr meine eigne Meinung sehr gern, sobald ich eine fremde für besser erkenne.

Joh. Jak. Engel, D. Fürstenspiegel (1798). Wahrheit.

— Ich hab' hier bloß ein Amt und keine Meinung. Friedr. von Schiller, Wallensteins Tod (1799). A. 1, Sz. 5 (Wrangel).

— Die Meinung ist die Küche, worin alle Wahrheiten abgeschlachtet, gerupft, zerhackt, geschmort und gewürzt werden.

Ludw. Börne, Gesammelte Schriften. Erz., Reisen, Verm. Aufsätze. Nr. 15. D. Kunst, in drei Tagen ein Original-Schriftsteller zu werden (1823).

— Viel zu viel Wert auf die Meinung anderer zu legen ist ein allgemein herrschender Irrwahn. Arthur Schopenhauer, Parerga u. Paralipomena (1851).

— Nie, niemals noch hat ein Mensch seine Meinung seinem Vorteile aufgeopfert.

Ludw. Börne, Gesammelte Schriften (1862—1863).

— Wenn Männer von hoher Stellung den Mut ihrer Meinung nicht haben, was läßt sich da von Männern in niedriger Stellung erwarten? Engl.: **Where men of high standing have not the courage of their opinions, what is to be expected from men of low standing?**

Samuel Smiles, D. Charakter (1871). Übers. v. Dobbert. K. 5. D. Mut.

— Wer heute klüger ist als gestern (seine Meinung ändert) | Und es mit off'ner Stirn bekennt, | Den werden die Biedermänner lästern | Und sagen, er sei inkonsequent.

Paul Heyse, Spruchbüchlein (1885). Politik.

— Gibt es wunderlicher noch | Irgend eine Erscheinung? | Die wenigsten denken, und doch | Jeder beharrt auf seiner Meinung.

Daniel Sanders, 366 Spr. (1892). Nr. 68. Wunderlich.

Meinung, öffentliche. — Die öffentliche Meinung ist eine Gerichtsbarkeit, welche der ehrenwerte Mann niemals vollkommen anerkennen, aber auch nicht zurückweisen darf. Franz.: **L'opinion publique est une jurisdiction que l'honnête homme ne doit jamais reconnaître parfaitement et qu'il ne doit jamais décliner.**

Seb. Chamfort, Maximen u. Gedanken (1796). Übers. v. Stahl.

Meinung, öffentliche. — Ein Mann kann der öffentlichen Meinung Trotz bieten; eine Frau muß sich derselben unterwerfen. Franz.: **Un homme peut braver l'opinion; une femme doit s'y soumettre.**

Frau von Staël, Delphine (1803). Übers. v. Zimmermann.

— Die öffentliche Meinung bildet eine Volksbewaffnung, die unbesiegbar ist, und welcher das stehende Heer der Regierungsgedanken früher oder später unterliegen muß.

Ludw. Börne, Gesammelte Schriften. Erz., Reisen, Verm. Aufsätze. Nr. 28. D. Freiheit d. Presse in Baiern (1818).

— Die öffentliche Meinung ist ein See, der, wenn man ihn dämmt und aufhält, so lange steigt, bis er schäumend über seine Schranken stürzt, das Land überschwemmt und alles mit sich fortreißt.

Ludw. Börne, Gesammelte Schriften. Erz., Reisen, Verm. Aufsätze. Nr. 28. D. Freiheit d. Presse in Baiern (1818).

— Es ist gleich schwach und gefährlich, die öffentliche Stimme zu viel und zu wenig achten.

Joh. Gottfr. Seume, Sämtl. Werke (1826). Apokryphen.

— Der allgemeine Drang der öffentlichen Meinung, wenn auch in seiner ausgesprochenen Gestalt irrig, ist doch nie ohne einen tiefer liegenden, wahren Beweggrund.

Friedr. Jul. Stahl, D. Staatslehre (1847).

— Der Fürst als wirklicher Herrscher ist immer durch die öffentliche Meinung beschränkt; was aber beschränkt die öffentliche Meinung, wenn sie die Herrschaft hat?

Friedr. Jul. Stahl, D. Staatslehre (1847).

— Was die öffentliche Meinung ernst fordert, versagt ihr keiner.

Ludw. Börne, Gesammelte Schriften (1862—1863). Erz., Reisen, Verm. Aufsätze.

— Die öffentliche Meinung ist eine Buhlerin; man sucht ihr zu gefallen, ohne sie zu achten. Franz.: **L'opinion publique est une courtisane; on cherche à lui plaire sans l'estimer.**

Petit-Senn, Geistesfunken u. Gedankensplitter (1865). Übers. v. Zimmermann.

— Die öffentliche Meinung ist ein Vexierspiegel, welcher die Dinge bald zu groß, bald zu klein zeigt, aber immer verzerrt.

Joh. Jak. Mohr, Gedanken über Leben u. Kunst (1885).

— Die öffentliche Meinung wird verachtet von den erhabensten und von den am tiefsten gesunkenen Menschen.

Marie von Ebner-Eschenbach, Aphorismen (1893).

— Will Dummheit majestätisch treten in Erscheinung, | Tritt sie vor uns vermummt als öffentliche Meinung.

Otto von Leixner, A. meinem Zettelkasten (1896).

Meinung, öffentliche. — . . . vox populi heißt sie (die öffentliche Meinung), und Klatsch ist sie.

Dr. Hanns Groß, Kriminalpsychologie (1898). Objektiv. D. psychische Tätigkeit d. Vernommenen. Unterscheidende Momente. Nr. 3. Unrichtigkeiten. D. Lügen.

Meinungen. — Wie der Köpfe, so gibt's vielfältiger Sinne (Meinungen) Tausende. Lat.: **Quot capitum vivunt, totidem studiorum | Milia.** Quint. Horatius Flacc., Sat. (um 30 v. Chr.). Übers. v. Voß. B. 2, Nr. 1, V. 27—28.

— Meinungen sind noch nie durch Piken und Schwerter und Kanonen aus einem Lande vertrieben worden. Engl.: **Opinions were never yet driven out of a country by pikes, and swords, and guns.**

James Fox, Rede über d. Fremden-Vorlage (4. Jan. 1793). Übers. v. Drabig.

— Leider sind es öfter die Meinungen über die Dinge als die Dinge selbst, wodurch die Menschen getrennt werden.

Joh. Wolfg. von Goethe, Briefwechsel zwischen Schiller u. Goethe (15. Dez. 1795).

— Es ist eine goldene Regel, daß man die Menschen nicht nach ihren Meinungen beurteilen müsse, sondern nach dem, was diese Meinungen aus ihnen machen.

Georg Christoph Lichtenberg, Verm. Schriften (1800—1806). Bd. 2, Nr. 2. Bemerk. verm. Inhalts. Nr. 3. Moralische Bemerk.

— Die Menschen werden nicht von den Dingen, sondern von den Meinungen über die Dinge gepeinigt.

Karl Immermann, Münchhausen (1838—1839).

— Meinungen durch Gesetze ändern zu wollen ist schlimmer als nutzlos; es schlägt nicht nur fehl, sondern verursacht eine Reaktion, welche die Meinungen stärker als je zurückläßt. Engl.: **To seek to change opinions by laws is worse than futile. It not only fails, but it causes a reaction, which leaves the opinions stronger than ever.**

Henry Thomas Buckle, Gesch. d. Zivilisation (1858—1861). Übers. v. Ritter. K. 15.

Meinungskampf. — In dem heißen Kampf der Meinung | Bleibe stets die Seele rein!

Emil Rittershaus, Gedichte (1856). In böser Zeit.

— Im Meinungskampf zu allen Zeiten | Die gleichen Waffen Sieg erstreiten; | Es sind die schärfsten Zungen | Und allerstärksten Lungen. | Da hat die Wahrheit liebe Not, — | Sie wird zumeist geschlagen tot.

Otto von Leixner, A. meinem Zettelkasten (1896). Öffentliches Leben. Zeitgeist. Motto.

Meinungskämpfe. — In Meinungskämpfen sei man dann am vorsichtigsten, wenn die Gegner sich uns nähern und uns beistimmen.

Ludw. Börne, Gesammelte Schriften (1862—1863). Fragmente u. Aphorismen. Nr. 115.

Meinungsverschiedenheit. — Die Verschiedenheit der Meinungen ist, denke ich, eine große Ursache des Fortschrittes der Menschen, weil sie zu Untersuchung und Erörterung führt. Engl.: **Difference of opinion is, in my mind, one great cause of the improvement of mankind, because it leads to inquiry and discussion.**

James Fox, Rede über d. Aufnahme franz. Untertanen in d. Armee (17. April 1794). Übers. v. Drabig.

— Die Hauptsache im Staat ist die Verschiedenheit der Meinungen. Lat.: **Nervus rei publicae dissidentia.**

Wahlspr. Pieters v. d. Meer.

Meister, der. — Auf des Meisters Worte schwören. Lat.: **Jurare in verba magistri.**

Quint. Horatius Flacc., Episteln (um 20 v. Chr.). B. 1, Nr. 1, V. 14. Übers. v. Grau.

— Es ist auch keiner so geschwind, | Der nicht einmal sein Meister findt.

Georg Rollenhagen, Froschmäuseler (1595). B. 1, T. 2, K. 14.

— Am Werke erkennt man den Meister. Franz.: **A l'œuvre on connaît l'artisan.**

Jean de Lafontaine, Fab. (1668). Übers. v. Dohm. B. 1, Nr. 21. D. Drohne u. d. Honigbiene.

— In Froschpfuhl all das Volk verbannt, | Das seinen Meister je verkannt.

Joh. Wolfg. von Goethe, Gedichte. Verm. Gedichte. Erklärung eines alten Holzschnittes, vorstellend Hans Sachsens poetische Sendung (ged. März — April 1776). Schlußv.

— Im Zeitenstrome bleiben oben | Die Werke, die den Meister loben. | Wer's umkehrt, ist Gesell; sein Werkchen trinkt | Des Stroms und sinkt.

Friedr. Gottl. Klopstock, Sämtl. Werke. Epigramme. Meister u. Gesell (1778).

— Jahrelang bildet der Meister und kann sich nimmer genug tun; | Dem genialen Geschlecht wird es im Traume beschert.

Friedr. von Schiller, Gedichte. D. Sonntagskinder (ged. 1796).

— Winkt der Sterne Licht, | Ledig aller Pflicht, | Hört der Bursch die Vesper schlagen; | Meister muß sich immer plagen.

Friedr. von Schiller, Gedichte. D. Lied v. d. Glocke (ged. Sept. 1799).

— Der Meister kann die Form zerbrechen | Mit weiser Hand zur rechten Zeit.

Friedr. von Schiller, Gedichte. D. Lied v. d. Glocke (ged. Sept. 1799).

— . . . der ist nur der Meister, | Der seiner Kunst gewiß ist überall, | Dem 's Herz nicht in die Hand tritt, noch ins Auge.

Friedr. von Schiller, Wilh. Tell (1804). A. 3, Sz. 3 (Geßler).

— Am besten ist's auch hier, wenn Ihr nur Einen hört | Und auf des Meisters Worte schwört.

Joh. Wolfg. von Goethe, Faust, I (1808). Studierzimmer (Mephistopheles).

Meister, der. — . . . folg' eines Meisters Sinn; | Mit ihm zu irren ist dir Gewinn.
Joh. Wolfg. von Goethe, Gedichte. Sprichwörtl. (geb. 1812—1814).

— Viel Gesellen sind gesetzet, | Keiner wird gering geschätzet, | Und wer kann, soll Meister sein.
Friedr. Rückert, Gesammelte Gedichte (1834—1838). Pantheon. Erstes Bruchstück. Kritik. An unsere Sprache. Schlußv.

— . . . wer durchdrungen ist vom innig Wahren, | Dem muß die Form sich unbewußt vereinen, | Und was dem Stümper mag gefährlich scheinen, | Das muß den Meister göttlich offenbaren.
Aug. Graf von Platen-Hallermund, Gesammelte Werke (1839). Gedichte. Sonette. Nr. 3. D. Sonett an Goethe.

— Oftmals zeichnet der Meister ein Bild durch wenige Striche, | Was mit unendlichem Wust nie der Geselle vermag.
Aug. Graf von Platen-Hallermund, Gesammelte Werke (1839). Gedichte. Epigramme. Skizze.

— Wer als Meister ward geboren, | Der hat unter Meistern den schlimmsten Stand.
Richard Wagner, D. Meistersinger (1868).

— Des Schülers Kraft entzündet sich am Meister; | Doch schürt sein jugendlicher Hauch | Zum Dank des Meisters Feuer auch.
Emanuel Geibel, Spätherbstblätter (1877). Gelegenheitsgedichte. Spr. Nr. 3.

— Das Wahre ist: in Einem Meister sein | Und Jünger aller echten Geister sein.
Wilh. Jensen, Nach Sonnenuntergang (1879).

— Kann ich nicht Dombaumeister sein, | Behau' ich als Steinmetz einen Stein. | Fehlt mir auch dazu Geschick und Verstand, | Trag' ich Mörtel herbei und Sand.
Rudolf Baumbach, Krug u. Tintenfaß (1887). Ein Dutzend Papierschnitzel.

— Ein guter Meister macht ein Ding recht.
Spr. Sal., K. 26, V. 10.

— Bist du ein Meister in Israel und weißt das nicht? Evang. Joh., K. 3, V. 10.

— Zu solchem Meister soltu gan, | Der dich des guttes vil lehren kan. Alter Spr.

— Drei Dinge machen einen guten Meister: Wissen, Können und Wollen. Sprichwort.

— Es ist kein Meister vom Himmel gefallen.
Sprichwort.

— Jeder Meister behält ein Stück für sich.
Sprichwörtl.

— Wer ist Lehrling? — Jedermann. | Wer ist Geselle? — Der was kann. | Wer ist Meister? — Der was ersann.
Spr. im Berliner Rathause. Dritter Stock.

Meister, die. — „Ich hielt mich stets von Meistern entfernt; | Nachtreten wäre mir Schmach! | Hab' alles von mir selbst gelernt!" — | Es ist auch darnach!
Joh. Wolfg. von Goethe, Nachgelassene Werke (1833). Gedichte. Zahme Xenien. Nr. 7.

Meisterschaft. — Die Meisterschaft gilt oft für Egoismus.
Joh. Wolfg. von Goethe, Werke (1827—1830). Maximen u. Reflexionen. Abteilung 3.

Meisterschuß. — Es war ein Meisterschuß, ich muß ihn loben.
Friedr. von Schiller, Wilh. Tell (1804). A. 3, Sz. 3 (Geßler).

Meisterstück. — Das wahre Meisterstück, dünkt mich, erfüllt uns so ganz mit sich selbst, daß wir des Urhebers darüber vergessen, daß wir es nicht als das Produkt eines einzeln Wesens, sondern der allgemeinen Natur betrachten.
Gotthold Ephr. Lessing, Hamburgische Dramaturgie. Stück 36 (1. Sept. 1767).

Meisterwerke. — Seh' ich die Werke der Meister an, | So seh' ich das, was sie getan; | Betracht' ich meine sieben Sachen, | Seh' ich, was ich hätt' sollen machen.
Joh. Wolfg. von Goethe, Werke (1815—1819). Gedichte. Epigrammatisch. Demut.

— Ihre Entstehung verdanken die Meisterwerke dem Genie, ihre Vollendung dem Fleiß. Franz.: Le génie commence les beaux ouvrages; mais le travail seul les achève.
Joubert, Gedanken u. Maximen (1838). Übers. v. Zimmermann.

Melancholie. — Der traurige Genosse | Melancholie, mit seinem dumpfen Blick . . . Engl.: The sad companion, dull-ey'd melancholy . . .
William Shakespeare, Pericles (1609). Übers. v. Benda. A. 1, Sz. 2 (Pericles).

— Flieh — | Melancholie!
Wartburgspr. Torhaus.

Melancholiker. — Die meisten Selbstmörder stammen aus der traurigen Familie der Melancholiker, und Melancholiker sind es wahrscheinlich, die Hölle, Teufel und Gespenster erfunden haben.
Karl Jul. Weber, Demokritos (1832—1840). Subjektiver Unterschied d. Lächerlichen in Ansehung d. Temperamente.

Melancholisch. — Ein melancholischer Kopf | Ist des Teufels Schüssel und Topf.
Sprichwort.

Melpomene. — Aufrichtig ist die wahre Melpomene, | Sie kündigt nichts als eine Fabel an | Und weiß durch tiefe Wahrheit zu entzücken; | Die falsche stellt sich wahr, um zu berücken.
Friedr. von Schiller, Gedichte. An Goethe, als er d. Mahomet v. Voltaire auf d. Bühne brachte (ged. 1800).

Mene Tekel. — Ein Mene Tekel (Warnungszeichen) sein. Nach Daniel, K. 5, V. 25.

Menge. — . . . die Meng' entzückt | Ein Stümper oft, den Weisen nur des Meisters Wort. Griech.: *Οἱ γὰρ ἐν σοφοῖς | Φαῦλοι παρ' ὄχλῳ μουσικώτεροι λέγειν.*
Euripides, Hippolytos (um 428 v. Chr.). Übers. v. Minckwitz. V. 988—89 (Hippolyt).

Menge. — Verhaßte Meng' Unheiliger, fern hinweg! Lat.: Odi profanum volgus et arceo.

Quint. Horatius Flacc., Oden (um 23 v. Chr.). Übers. v. Voß. B. 3, Nr. 1, V. 1.

— Die Menge aber auf etwas aufmerksam machen, heißt den gesunden Menschenverstand auf die Spur helfen.

Gotthold Ephr. Lessing, Sämtl. Schriften. Theologische Streitschriften. Über d. Beweis d. Geistes u. d. Kraft (1777).

— Große gingen zugrunde; doch wer beschützte die Menge | Gegen die Menge? Da war Menge der Menge Tyrann.

Joh. Wolfg. von Goethe, Gedichte. Epigramme (ged. Venedig 1790). Nr. 53.

— Da bricht die Menge tobend aus; | Gewalt'ger Sturm bewegt das Haus.

Friedr. von Schiller, Gedichte. D. Kampf mit d. Drachen (ged. 18.—26. Aug. 1798).

— Die wankelmüt'ge Menge, | Die jeder Wind herumtreibt! Wehe dem, | Der auf dies Rohr sich lehnet! Friedr. von Schiller, Maria Stuart (1800). A. 4, Sz. 11 (Elisabeth).

— Wenn dir die Menge . . . | Bedeutend scheinen mag, so tadl' ich's nicht; | Sie ist bedeutend, mehr noch aber sind's | Die Wenigen, geschaffen, dieser Menge | Durch Wirken, Bilden, Herrschen vorzustehn.

Joh. Wolfg. von Goethe, D. natürliche Tochter (1803). A. 1, Sz. 5 (König).

— Es ist so schwer Rat zu pflegen, besonders mit der Menge, die im Täglichen ganz verständig ist, aber selten weiter sieht als auf morgen.

Joh. Wolfg. von Goethe, D. Wahlverwandtschaften (1808—1809).

— So war, so ist, so bleibt es unterm Mond, | Daß stets die Menge für den Einen front. Engl.: Such hath it been — shall be — beneath the sun | The many still must labour for the one!

George Gordon Lord Byron, D. Korsar (1814). Übers. v. Heichen. Ges. 1, Str. 8, V. 19.

— Die Menge hat immer Sinn genug, wenn die Oberen damit begabt sind.

Joh. Wolfg. von Goethe, Wilh. Meisters Wanderjahre (1807—1821).

— Ich habe gar nichts gegen die Menge; | Doch kommt sie einmal ins Gedränge, | So ruft sie, um den Teufel zu bannen, | Gewiß die Schelme, die Tyrannen.

Joh. Wolfg. von Goethe, Gedichte. Zahme Xenien. Nr. 2 (1821).

— So treibt mit seinem Hauch ein einz'ger Geist | Die Menge, daß sie eines Weges schreitet. Engl.: 'T is thus the spirit of a single mind | Makes that of multitudes take one direction.

George Gordon Lord Byron, Don Juan (1819—1824). Übers. v. Gildemeister. Ges. 7, Str. 48, V. 1.

Menge. — Ursprünglich eignen Sinn | Laß dir nicht rauben! | Woran die Menge glaubt, | Ist leicht zu glauben.

Joh. Wolfg. von Goethe, Werke (1827—1830). Gedichte. Zahme Xenien. Nr. 6.

— Die Menge schwankt im ungewissen Geist; | Dann strömt sie nach, wohin der Strom sie reißt.

Joh. Wolfg. von Goethe, Faust, II (1831). A. 4. Auf d. Vorgebirg (Kaiser).

— Wer zu den wahrhaft Bevorzugten gehört, erhält seine Präpotenz über die Menge nur dadurch, daß er dieser Menge gegenüber eine noch größere Menge vertritt: die Menschheit.

Rob. Hamerling, Danton u. Robespierre (1871).

— Die Menge, schwer zu überzeugen, | Kann Beispiel oder Macht nur beugen. | Drum soll, wer lehrt, die Worte sparen | Und sich durch Handeln offenbaren.

Friedr. von Bodenstedt, A. d. Nachlasse Mirza-Schaffys (1874). B. 7. Welträtsel. D. Schulen d. Weisen.

— Wenn die Menge die Wahl hat, so nimmt sie das, was ihr homogen ist: — das Gemeine.

Ernst Jul. Hähnel, Lit. Reliquien (1877).

— Trunken will die Menge sein, | Weltentrückt in sel'gem Dusel. | Rascher als ein edler Wein | Hilft dazu der süße Fusel.

Paul Heyse, Spruchbüchlein (1885). Theater.

Mensch. — . . . kein anderes Wesen ist jammervoller auf Erden | Als der Mensch, von allem, was Leben haucht und sich reget. Griech.: *Οὐ μὲν γάρ τι πού ἐστιν οἰζυρώτερον ἀνδρὸς | Πάντων, ὅσσα τε γαῖαν ἔπι πνείει τε καὶ ἕρπει.*

Homer, Ilias. Übers. v. Voß. Ges. 17, V. 446—47.

— Vergiß nie, daß du ein Mensch bist! Griech.: *Μεμνῆσθαι ὅτι ἄνθρωπός ἐστι.*

Simonides (um 556—469 v. Chr.) zu Pausanias. Nach Plutarch, Moralische Abhandlungen. Übers. v. Eyth. Trostrede. K. 6.

— Ein Traum von einem Schatten ist der Mensch. Griech.: *Σκιᾶς ὄναρ | Ἄνθρωπος.*

Pindar (um 521—441 v. Chr.). Nach Plutarch, Moralische Abhandlungen. Übers. v. Eyth. Trostrede. K. 6.

— Ist nicht der Mensch ein Sklave des Geschicks | Durchaus beraubt des klaren Zukunftsblicks! Griech.: *Ἄνθρωπος, ᾧ τὰ τῆς τύχης | Κρατεῖ, πρόνοια δ' ἐστὶν οὐδενὸς σαφής;*

Sophokles (um 496—406 v. Chr.), König Ödipus. Übers. v. Jordan. V. 966—67 (Jokaste).

— Vieles gewaltiger | Allergewaltigstes | Ist der Mensch! Griech.: *Πολλὰ τὰ δεινὰ, κοὐδὲν ἀν- | θρώπου δεινότερον πέλει.*

Sophokles (um 496—406 v. Chr.), Antigone. Übers. v. Jordan. V. 334—35 (Chor).

— Er (der Mensch) wechselt und schwankt | Vom Guten hinüber zum Bösen. Griech.: *Ποτὲ μὲν κακὸν, ἄλλοτ' ἐπ' ἐσθλὸν ἕρπει.*

Sophokles (um 496—406 v. Chr.), Antigone. Übers. v. Jordan. V. 366 (Chor).

Mensch. — Gehört auch der Mensch zu den Tieren? — Wie sollt er nicht? Griech.: *Πότερον καὶ ὁ ἄνθρωπος ἓν τῶν ζώων ἐστὶν ἢ οὔ; — Πῶς γὰρ οὔ;*

Platon (um 427—347 v. Chr.), Gorgias. Übers. v. Müller. § 152 (Sokrates u. Kallikles).

— Ein kluges Geschöpf ist der Mensch doch! Griech.: *Σοφόν τοι χρῆμ᾽ ὤνθρωπος.*

Theokrit (geb. um 300 v. Chr.), Idyllen. Adonisfest. Übers. v. Mörike. V. 83 (Praxinoa).

— Du bist ein Mensch! Damit hab' ich schon genug gesagt. | So oft als der verändert sich kein andres Tier; | Bald schwingt er sich empor, bald sinkt er tief herab. Griech.: *Τὸ δὲ κεφάλαιον τῶν λόγων, ἄνθρωπος εἶ, | Οὗ μεταβολὴν θᾶττον πρὸς ὕψος καὶ πάλιν | Ταπεινότητα ζῷον οὐδὲν λαμβάνει.*

Menander (um 342—290 v. Chr.). Nach Plutarch, Moralische Abhandlungen. Übers. v. Eyth. Trostrede. K. 5.

— O narr, gedenk zu aller frist, | Das du ein mensch und tötlich bist | Und nüt dan leim, äsch, erd und mist.

Seb. Brant, D. Narrenschif (1494). Nr. 54. V. ungedult d. straf.

— Ach! wenn Adams Fall nicht Alles verderbt hätte, wie eine schöne, herrliche Kreatur wäre doch der Mensch, gezieret mit allerlei Erkenntniß und Weisheit. Dr. Martin Luther, Alle V. u. Schrifften (1539—1559).

— . . . ein Mensch ist eine bessere Kreatur denn Himmel und Erde mit allem, was darinnen ist. Dr. Martin Luther, Alle V. u. Schrifften (1539—1559).

— Gott schuf ihn, also laßt ihn für einen Menschen gelten! Engl.: **God made him, and therfore let him pass for a man.**

William Shakespeare, D. Kaufmann v. Venedig (um 1594—1596). Übers. v. Schlegel. A. 1, Sz. 2 (Porzia).

— Welch ein Meisterwerk ist der Mensch! wie edel durch Vernunft! wie unbegrenzt an Fähigkeiten! . . . Engl.: **What a piece of work is a man! how noble in reason! how infinite in faculty! . . .**

William Shakespeare, Hamlet (1601—1602). Übers. v. Schlegel. A. 2, Sz. 2 (Hamlet).

— Was ist der Mensch, | Wenn seiner Zeit Gewinn, sein höchstes Gut | Nur Schlaf und Essen ist? Ein Vieh, nichts weiter. Engl.: **What is a man, | If his chief good, and market of his time, | Be but to sleep, and feed? a beast, no more.**

William Shakespeare, Hamlet (1601—1602). Übers. v. Schlegel. A. 4, Sz. 4 (Hamlet).

— Der Mensch bringt nichts davon, wie lang er immer lebt, | Als daß man ihn vergißt, gleich wie man ihn begräbt.

Friedr. von Logau, Deutsche Sinn-Getichte (1654). Menschlicher Zustand.

Mensch. — Ein Mensch ist zum guten so fix wie ein Vogel zum flug, dem ein Flittig gelämt ist.

Christoph Lehmann, Politischer Blumen-Garten (1662). T. 2. Mängel, Fehler, Gebrechen. Nr. 21.

— Das gröste Wunder Ding ist doch der Mensch allein; | Er kan, nach dem ers macht, Gott oder Teuffel seyn.

Angelus Silesius (Joh. Scheffler), Cherubinischer Wanders-Mann (1675). B. 4, Nr. 70. D. Mensch.

— Ein Mensch, der wie das Vieh in alle Lust außbricht, | Ist nur ein Larven Mensch; er scheint und ists doch nicht.

Angelus Silesius (Joh. Scheffler), Cherubinischer Wanders-Mann (1675). B. 5, Nr. 365. D. Larven Mensch.

— Unselig Mittelding (Mensch) von Engeln und von Vieh; | Du prahlst mit der Vernunft, und du gebrauchst sie nie.

Albrecht von Haller, Versuch Schweizerischer Gedichte (1732). Gedanken über Vernunft, Aberglauben u. Unglauben.

— Das eigentliche Studium der Menschheit ist der Mensch. Engl.: **The proper study of mankind is man.**

Alexander Pope, Essay über d. Menschen (1733). Übers. v. Ölckers u. Böttger. B. 2, V. 1. — Joh. Wolfg. von Goethe, D. Wahlverwandtschaften (1808—1809). T. 2, K. 7. A. Ottiliens Tageb.

— So war der Mensch zu allen Zeiten, | So ist er jung, so bleibt er alt; | Heiß ist er gegen Kleinigkeiten | Und gegen große Dinge kalt.

Magnus Gottfr. Lichtwer, Vier B. Äsopischer Fab. (1748). B. 1, Nr. 22. D. Tulipane. Schlußv.

— Der Mensch? Wo ist er her? | Zu schlecht für einen Gott; zu gut fürs Ungefähr.

Gotthold Ephr. Lessing, Schriften (1753—1755). Fragmente. Nr. 6. D. Religion. Ges. 1. Vorerinnerung.

— Ein Tier folgt Fesseln der Natur, | Ein Mensch dem Licht der Seelen.

Christ. Fürchtegott Gellert, Geistl. Oden u. Lieder (1757). D. Kampf d. Tugend.

— Der Mensch, ein Leib, den deine Hand | So wunderbar bereitet; | Der Mensch, ein Geist, den sein Verstand, | Dich zu erkennen, leitet.

Christ. Fürchtegott Gellert, Geistl. Oden u. Lieder (1757). Preis d. Schöpfers.

— Hier kann der Mensch nie frei von Pein, Nie frei von eigner Schwachheit sein.

Christ. Fürchtegott Gellert, Geistl. Oden u. Lieder (1757). Trost d. ewigen Lebens.

— . . . ich bin ein Mensch! — Da bist du was Rechtes!

Gotthold Ephr. Lessing, Minna v. Barnhelm (1763). A. 5, Sz. 11 (Werner u. v. Tellheim).

— Der Mensch verblüht wie prächtig Gras, | Sein Ansehn wird der Zeit zum Raube.

Anna Louisa Karschin, Auserlesene Gedichte (1764). An Gott, als sie bei hellem Mondschein erwachte.

Mensch. — Der Mensch darf sich nur sehn, damit er sich nicht brüste, | Wie, an der Torheit Brust gesäugt, | Er sich im Taumel wilder Lüste | Bald lächerlich und bald abscheulich zeigt.

Joh. Peter Uz, Sämtl. Werke (1768). T. 1. Gedichte. Empfindungen an einem Frühlingsmorgen.

— Der Mensch war immer Mensch, voll Unvollkommenheit.

Joh. Peter Uz, Sämtl. Werke (1768). T. 1. Gedichte. Theodicee.

— . . . und mir kommt nichts beschwerlicher vor, als nicht Mensch sein dürfen.

Joh. Wolfg. von Goethe, Götz v. Berlichingen (1773). A. 1. Herberge im Walde (Martin).

— Was ist der Mensch, der gepriesene Halbgott! Ermangeln ihm nicht eben da die Kräfte, wo er sie am nötigsten braucht?

Joh. Wolfg. von Goethe, Leiden d. jungen Werthers (1773). B. 2, Am 6. Dez.

— Als Knabe verschlossen und trutzig, | Als Jüngling anmaßlich und stutzig, | Als Mann zu Taten willig, | Als Greis leichtsinnig und grillig! — | Auf deinem Grabstein wird man lesen: | Das ist fürwahr ein Mensch gewesen!

Joh. Wolfg. von Goethe, Gedichte. Epigrammatisch. Grabschrift (ged. 1774).

— . . . dem Menschen ist | Ein Mensch noch immer lieber als ein Engel.

Gotthold Ephr. Lessing, Nathan d. Weise (1779). A. 1, Sz. 1 (Nathan).

— Ich fürchte, | Grad' unter Menschen möchtest du ein Mensch | Zu sein verlernen.

Gotthold Ephr. Lessing, Nathan d. Weise (1779). A. 1, Sz. 3 (Nathan).

— Begnügt Euch doch, ein Mensch zu sein!

Gotthold Ephr. Lessing, Nathan d. Weise (1779). A. 3, Sz. 9 (Tempelherr).

— Edel sei der Mensch, | Hilfreich und gut! | Denn das allein | Unterscheidet ihn | Von allen Wesen, | Die wir kennen.

Joh. Wolfg. von Goethe, Gedichte. Verm. Gedichte. D. Göttliche (ged. um 1782).

— Nur allein der Mensch | Vermag das Unmögliche; | Er unterscheidet, | Wählet und richtet; | Er kann dem Augenblick | Dauer verleihen.

Joh. Wolfg. von Goethe, Gedichte. Verm. Gedichte. D. Göttliche (ged. um 1782).

— Apollo selbst gestand, es sei Entzücken, | Mensch unter Menschen sein.

Friedr. von Schiller, Semele (ged. 1784). Sz. 2 (Zeus).

— Jetzt gib mir einen Menschen, | gute Vorsicht! — | Du hast mir viel gegeben. Schenke mir | Jetzt einen Menschen!

Friedr. von Schiller, Don Carlos (1787). A. 3, Sz. 5 (König).

— Laß uns . . . nicht vergessen, | Daß von sich selbst der Mensch nicht scheiden kann.

Joh. Wolfg. von Goethe, Torquato Tasso (1789). A. 1, Sz. 2 (Prinzessin).

Mensch. — Der Mensch ist nicht geboren, frei zu sein.

Joh. Wolfg. von Goethe, Torquato Tasso (1789). A. 2, Sz. 1 (Tasso).

— Der Mensch erkennt sich nur im Menschen.

Joh. Wolfg. von Goethe, Torquato Tasso (1789). A. 2, Sz. 3 (Antonio).

— Der sei ein Mensch, der menschlich Ansehn trägt! Joh. Wolfg. von Goethe, Torquato Tasso (1789). A. 4, Sz. 1 (Tasso).

— Über vieles kann | Der Mensch zum Herrn sich machen; seinen Sinn | Bezwinget kaum die Not und lange Zeit.

Joh. Wolfg. von Goethe, Torquato Tasso (1789). A. 5, Sz. 1 (Alfons).

— Mensch! Herrliche, hohe Erscheinung! Schönster von allen Gedanken des Schöpfers!

Friedr. von Schiller, D. Menschenfeind (1790). Sz. 7 (v. Hutten).

— Kein nachahmender Affe höherer Wesen sollte der zur Freiheit erschaffene höhere Mensch sein, sondern, auch wo er geleitet wird, im glücklichen Wahn stehen, daß er selbst handle.

Joh. Gottfr. von Herder, Ideen zur Philosophie d. Gesch. d. Menschheit (1784—1791). T. 1, B. 5, Hauptstück 6.

— Schon der bloße Wille erhebt den Menschen über die Tierwelt; der moralische erhebt ihn zur Gottheit.

Friedr. von Schiller, Prosaische Schriften. Über Anmut u. Würde (1793). Würde.

— Was ist der Mensch? Halb Tier, halb Engel, | Klein, elend, dürftig, — herrlich groß!

Joachim Lorenz Evers, Vierhundert Lieder, d. geselligen u. einsamen Fröhlichkeit gewidmet. Menschenbestimmung (ged. 1795).

— Der Mensch bedarf des Menschen sehr | Zu seinem großen Ziele; | Nur in dem Ganzen wirket er; | Viel Tropfen geben erst das Meer, | Viel Wasser treibt die Mühle.

Friedr. von Schiller, Gedichte. D. Weltweisen (ged. 1795).

— Was im Menschen nicht ist, kommt auch nicht aus ihm.

Joh. Wolfg. von Goethe, Hermann u. Dorothea (1797). Thalia.

— Soll doch nicht als ein Pilz der Mensch dem Boden entwachsen | Und verfaulen geschwind an dem Platze, der ihn erzeugt hat, | Keine Spur nachlassend von seiner lebendigen Wirkung!

Joh. Wolfg. von Goethe, Hermann u. Dorothea (1797). Thalia.

— Der Mensch ist immer Zweck, nie Mittel.

Immanuel Kant, Anthropologie (1798).

— Daß der Mensch zum Menschen werde, | Stift' er einen ew'gen Bund | Gläubig mit der frommen Erde, | Seinem mütterlichen Grund!

Friedr. von Schiller, Gedichte. D. Eleusische Fest (ged. 1798).

Mensch. — Das ist's ja, was den Menschen zieret, | Und dazu ward ihm der Verstand, | Daß er im innern Herzen spüret, | Was er erschafft mit seiner Hand.

Friedr. von Schiller, Gedichte. D. Lied v. d. Glocke (ged. Sept. 1799).

— O! hättest du vom Menschen besser stets | Gedacht, du hättest besser auch gehandelt.

Friedr. von Schiller, Wallensteins Tod (1799). A. 2, Sz. 7 (Max).

— Was ist der Mensch? Was ist das Glück der Erde! Friedr. von Schiller, Maria Stuart (1800). A. 2, Sz. 4 (Elisabeth).

— In labyrinthischen Gewirren | Schwankt ungewiß der Mensch dahin.

Christoph Aug. Tiedge, Urania (1800). Ges. 2. Gott.

— Nach einem Ziele soll er (der Mensch) wandeln, | Das höher steht als seine Zeit: | Ein Mensch zu sein und wie ein Gott zu handeln.

Christoph Aug. Tiedge, Urania (1800). Ges. 5. Tugend.

— Es ist der Mensch, der in dem Menschen handelt; | Im Tiere waltet die Natur.

Christoph Aug. Tiedge, Urania (1800). Ges. 6. Freiheit. Wiedersehn.

— Ein Mensch, ein müder Pilger schließet, | Ein Gott beginnet seinen Lauf.

Christoph Aug. Tiedge, Urania (1800). Ges. 6. Freiheit. Wiedersehn. Schlußv.

— Der Mensch ist, der lebendig fühlende, | Der leichte Raub des mächt'gen Augenblicks.

Friedr. von Schiller, D. Jungfrau v. Orleans (1801). A. 3, Sz. 4 (Burgund).

— Wohin ich nur sehe, . . . wie beschränkt ist der Mensch! Wie groß der Abstand zwischen seinen Ansprüchen und ihrer Erfüllung!

Friedr. von Schiller, Prosaische Schriften (1793—1802). Philosophische Br.

— Alle andern Dinge müssen; der Mensch ist das Wesen, welches will.

Friedr. von Schiller, Prosaische Schriften (1793—1802).

— Die Welt ist vollkommen überall, | Wo der Mensch nicht hinkommt mit seiner Qual.

Friedr. von Schiller, D. Braut v. Messina (1803). D. Säulenhalle (Chor. Cajetan).

— Der alte Urstand der Natur kehrt wieder, | Wo Mensch dem Menschen gegenübersteht.

Friedr. von Schiller, Wilh. Tell (1804). A. 2, Sz. 2 (Stauffacher).

— Gott schuf den Menschen nach seinem Bilde, das heißt vermutlich, der Mensch schuf Gott nach dem seinigen.

Georg Christoph Lichtenberg, Verm. Schriften (1800—1806). Bd. 1, Nr. 3. Bemerk. verm. Inhalts. Nr. 1. Philosophische Bemerk.

Mensch. — Habe keine zu künstliche Idee vom Menschen, sondern urteile natürlich von ihm; halte ihn weder für zu gut, noch für zu böse!

Georg Christoph Lichtenberg, Verm. Schriften (1800—1806). Bd. 1, Nr. 3. Bemerk. verm. Inhalts. Nr. 4. Beobachtungen über d. Menschen.

— In jedem Menschen ist etwas von allen Menschen.

Georg Christoph Lichtenberg, Verm. Schriften (1800—1806). Bd. 2, Nr. 2. Bemerk. verm. Inhalts. Nr. 4. Beobachtungen über d. Menschen.

— Nicht bloß wissen, sondern auch für die Nachwelt tun, was die Vorwelt für uns getan hat, heißt ein Mensch sein.

Georg Christoph Lichtenberg, Verm. Schriften (1800—1806).

— Der Mensch sei Mensch, der Sklave frei, | Dann eilt die gold'ne Zeit herbei!

Christ. Gottlob Otto, Im Kreise froher, kluger Zecher usw. (vor 1808). Volksweise.

— . . . mit dem Tiergeschlechte, Mensch genannt . . .

Joh. Gottl. Fichte, Rede an d. deutsche Nation (1808). Rede 7.

— Der kleine Gott der Welt (der Mensch) bleibt stets von gleichem Schlag, | Und ist so wunderlich als wie am ersten Tag.

Joh. Wolfg. von Goethe, Faust, I (1808). Prolog im Himmel (Mephistopheles).

— Hier bin ich Mensch, hier darf ich's sein!

Joh. Wolfg. von Goethe Faust, I (1808). Vor d. Tor (Faust).

— Der Mensch kann groß, ein Held im Leiden sein. | Doch göttlich ist er, wenn er selig ist!

Heinr. von Kleist, Penthesilea (1808). Sz. 14 (Penthesilea).

— Ach! wie gebrechlich ist der Mensch, ihr Götter! | Wie stolz, die hier geknickt liegt, noch vor kurzem | Hoch auf des Lebens Gipfeln rauschte sie!

Heinr. von Kleist, Penthesilea (1808). Sz. 24 (D. Oberpriesterin).

— In die Welt hinausgestoßen | Steht der Mensch verlassen da.

Aloys Schreiber, Poetische Werke. Gedichte. D. Mensch (ged. 1808).

— . . . der Mensch ist ein wahrer Narziß; er bespiegelt sich überall gern selbst; er legt sich als Folie der ganzen Welt unter.

Joh. Wolfg. von Goethe, D. Wahlverwandtschaften (1808—1809). T. 1, K. 4.

— Dem einzelnen bleibe die Freiheit, sich mit dem zu beschäftigen, was ihn anzieht, was ihm Freude macht, was ihm nützlich deucht; aber das eigentliche Studium der Menschheit ist der Mensch.

Joh. Wolfg. von Goethe, D. Wahlverwandtschaften (1808—1809). T. 2, K. 7. A. Ottiliens Tageb.

— Was ist der Mensch? Ein Tier, das seinen Lehrer straft | Bald mit dem Tod am Kreuz und bald mit Schierlingssaft.

Joh. Ludw. Wilh. Gleim, Sämtl. Werke (1811—1813). Gedichte.

Mensch. — Die Mixtur, Mensch genannt, ist wohl das tollste Ragout, welches je einem himmlischen Kochbuch entschlüpfte.

Christ. Ernst Karl Graf von Bentzel-Sternau, Weltansichten (1816).

— Des Schicksals Spruch ist erfüllet, | Und Mensch heißt dieses Geschöpf; | Im Leben gehört es der Sorge, | Der Erd' im Sterben und Gott.

Joh. Gottfr. von Herder, Sämtl. Werke (1805—1820). Gedichte. D. Kind d. Sorge. Schlußv.

— . . . ich bin ein Mensch gewesen, | Und das heißt ein Kämpfer sein.

Joh. Wolfg. von Goethe, Westöstlicher Diwan. B. d. Paradieses. Einlaß (ged. 24. April 1820). (Dichter).

— Der Mensch ohne Hülle ist eigentlich der Mensch. Joh. Wolfg. von Goethe, Wilh. Meisters Lehrjahre (1807—1821).

— O ihr Nachtgestirn' am blauen Himmelszelt, | Die ihr wandelt, ohn' euch zu verirren! | Nur dem Menschen ist's gegeben, Gottes Welt | Liebend, hassend, strebend zu verwirren.

Friedr. Rückert, Liebesfrühling (1821). Dritter Strauß. Gemieden. Nr. 98.

— . . . es gibt doch in der Welt nichts Interessanteres für den Menschen als wieder der Mensch. Wilh. Freiherr von Humboldt, Br. an eine Freundin. Br. 8 (1822).

— . . . in jedem, auch selbst unbedeutenden Menschen liegt im Grunde ein tieferer und edlerer, wenn der wirklich erscheinende nicht viel taugt, oder noch edlerer, wenn er in sich gut ist, verborgen.

Wilh. Freiherr von Humboldt, Br. an eine Freundin Br. 8 (1822).

— . . . wer vermöchte Gott zu strafen, | Der uns verdammte, Mensch zu sein!

Aug. Graf von Platen-Hallermund, Gedichte. Lieder u. Romanzen. Du denkst, d. Freude festzuhalten usw. (ged. 1822). Schlußv.

— So sehr auch der Mensch für den Menschen das erste und wichtigste ist, so gibt es gerade nichts gegenseitig mehr Beschränkendes als die Menschen, wenn sie, enge zusammengedrängt, nur sich im Auge haben.

Wilh. Freiherr von Humboldt, Br. an eine Freundin (25. April 1823).

— Vieles kann der Mensch entbehren, nur den Menschen nicht.

Ludw. Börne, Gesammelte Schriften. Erz., Reisen, Verm. Aufsätze. Nr. 16. Über d. Umgang mit Menschen (1824).

— Reißt den Menschen aus seinen Verhältnissen; und was er dann ist, nur das ist er.

Joh. Gottfr. Seume, Sämtl. Werke (1826).

— Der Mensch hat dritthalb Minuten: eine zu lächeln, eine zu seufzen und eine halbe zu lieben; dann mitten in dieser Minute stirbt er.

Jean Paul (Joh. Paul Friedr. Richter), Sämtl. Werke (1826—1828).

Mensch. — Da doch der Mensch nur ein Geschöpf der Laune, | So sollten Weiber lieber nicht gebären!

Aug. Graf von Platen-Hallermund, D. romantische Ödipus (1828). A. 4 (Ödipus).

— . . . was kann der Mensch auf Erden Besseres tun, als zu lernen, Mensch zu sein!

Wilh. Freiherr von Humboldt, Br. an eine Freundin (30. Sept. 1829).

— Wozu Mensch, | Wenn du nach Übermenschlichem nicht strebst?

Christ. Dietr. Grabbe, Don Juan u. Faust (1829). A. 3, Sz. 3 (Faust).

— Je mehr du fühlst, ein Mensch zu sein, | Desto ähnlicher bist du den Göttern.

Joh. Wolfg. von Goethe, Werke (1827—1830), Gedichte. Zahme Xenien. Nr. 4.

— Nicht allein das Angebor'ne, sondern auch das Erworbene ist der Mensch.

Joh. Wolfg. von Goethe, Werke (1827—1830). Maximen u. Reflexionen. Abteilung 7.

— Der Mensch ist nicht in dem Sinne der Günstling der Natur, daß die Natur alles für ihn getan hätte, sondern in dem Sinne, daß sie ihm die Macht verliehen hat, alles für sich selbst zu tun.

Karl Salomo Zachariä von Lingenthal, Vierzig B. v. Staate (1820—1832).

— Der Friede in dem Herzen und im Hause, | Die Freiheit in dem Hause und im Herzen, | Das sind die Güter, die der Mensch bedarf.

Leop. Schefer, Laienbrevier (1834). Aug. Nr. 12.

— Welch kleines Spiel ein jeder Mensch doch spielt, | Das kleine Leben täglich zu gewinnen, | Das große Leben sich damit zu kaufen!

Leop. Schefer, Laienbrevier (1834). Dez. Nr. 23.

— Wie kannst du, Mensch, wofern du | In Schwäche so versunken | Nur Staub und Schatten bist, | So stolz empfinden? Ital.: **Natura umana, or come | Se frale in tutto e vile, | Se polve ed ombra sei, | Tant' alto senti?**

Giacomo Leopardi, Auf d. Marmorbild einer schönen Frau an ihrem Grabmal (1836. Übers. v. Heyse.

— Strebe Mensch zu sein auf Erden, | Nicht eines Engels Aff' zu werden!

Wilh. Müller, Gedichte (1837). Epigramme. 3. Hundert, Nr. 84. Aufgabe d. Menschheit.

— Der Mensch mit der Natur im Frieden, war ein Kind. . . . | Der Mensch mit der Natur im Kampfe, ward ein Mann. . . . | Der Mensch mit der Natur Besiegung wird ein Greis, | Des neuen Friedens Kind; so kreist in sich der Kreis.

Friedr. Rückert, D. Weisheit d. Brahmanen (1836—1839). B. 1, Nr. 76. (Stufe 3. Kampf. Nr. 6.)

— Nur, wenn du selbst die Welt für sich wirst anerkennen, | Dich selbst auch für die Welt, bist du ein Mensch zu nennen.

Friedr. Rückert, D. Weisheit d. Brahmanen (1836—1839). B. 7, Nr. 73. (Stufe 6. Prüfung. Nr. 125.)

Mensch. — Der Mensch ist von sich selbst so eingenommen, daß er sich lediglich als das einzige Ziel der Anstalten Gottes ansieht.

Immanuel Kant, Werke (1838—1839). Bd. 6.

— . . . für die Allgewalt der Natur oder vielmehr ihrer uns unerreichbaren obersten Ursache ist der Mensch wiederum nur eine Kleinigkeit.

Immanuel Kant, Werke (1838—1839). Bd. 10.

— Jung und harmlos ist die Natur, der Mensch nur | Altert, Schuld aufhäufend umher und Elend; | Drum verhieß ihm auch die gerechte Vorsicht | Tod und Erlösung.

Aug. Graf von Platen=Hallermund, Gesammelte Werke (1839). Gedichte. Oden. Nr. 27. D. bessere Teil.

— Der größte und lächerlichste Widerspruch in meinen Augen ist Mensch und Heiliger.

Karl Jul. Weber, Demokritos (1832—1840). D. Lächerliche objektiv betrachtet.

— Kühn ist menschlicher Wahn, stolz dünkt er (der Mensch) sich mächtig im Weltall! | Eintagsfliege vermeint, ähnlich den Göttern zu sein.

Aug. Mahlmann, Sämtl. Schriften (1839—1840). Gedichte. A. d. Leben.

— Der Mensch ist im Grunde ein wildes, entsetzliches Tier. Wir kennen es bloß im Zustande der Bändigung und Zähmung, welche Zivilisation heißt; daher erschrecken uns die gelegentlichen Ausbrüche seiner Natur. Aber wo und wann einmal Schloß und Kette der gesetzlichen Ordnung abfallen und Anarchie eintritt, da zeigt sich, was er ist.

Arthur Schopenhauer, Parerga u. Paralipomena (1851).

— Welch ein Narr ist der Mensch! In allem muß er sich spiegeln! | Selbst in Sonne und Mond hat er sein Antlitz entdeckt.

Friedr. Hebbel, Gedichte (1857). Epigramme u. Verwandtes. Nr. 2. Gnomen. **Homo sapiens.**

— Zwölf der Monde bedarf's, so heißt es, die Welt zum umsegeln; | Zwölf der Jahre jedoch, eh' du den Menschen umgehst.

Friedr. Hebbel, Gedichte (1857). Epigramme u. Verwandtes. Nr. 2. Gnomen. Welt u. Mensch.

— Der Mensch erscheint als Höchstes dir. Dem Hunde | Ist auch der Hund das höchste Ideal, | Hält er für seinesgleichen dich, ist's viel.

Emerich Madách, D. Tragödie d. Menschen (1861). A. d. Ungar. übers. v. Lechner. Sz. 2 (Luzifer).

— Stets ist das Tier in euch im Vordergrund, | Und nur, wenn dies zum Schweigen erst gebracht ist, | Wird seiner Menschlichkeit der Mensch bewußt.

Emerich Madách, D. Tragödie d. Menschen (1861). A. d. Ungar. übers. v. Lechner. Sz. 14 (Luzifer).

— Was mußte ich auch mit dem Menschen Großes | Beginnen, der aus Staub und Sonnenstrahl | Zusamm'geknetet, nur ein Zwerg im Wissen, | Und riesengroß im blinden Wahne ist!

Emerich Madách, D. Tragödie d. Menschen (1861). A. d. Ungar. übers. v. Lechner. Sz. 15 (Luzifer).

Mensch. — Mensch, du elender Sklave deines Blutes, wie magst du nur stolz sein? Du armes Schifflein auf diesem roten Meere, steigst und sinkst, wie es den launischen Wellen beliebt, und jede Blutstille spottet deiner Segel und deines Steuers!

Ludw. Börne, Gesammelte Schriften (1862—1863). Erz., Reisen, Verm. Aufsätze.

— Man kann vom Menschen gar so schlecht nicht denken, | Daß man nicht eines Tags sich sagen müßte: | Du dachtest noch zu gut.

Friedr. Hebbel, Demetrius (1864).

— Der Mensch ist der Gipfel der aufsteigenden Reihe der Produktionen der Erde; in ihm ist das Leben der Erde vollendet.

Friedr. Ernst Daniel Schleiermacher, Sämtl. Werke (1835—1865).

— Erträglich ist der Mensch als einzelner; | Im Haufen steht die Tierwelt gar zu nah.

Frz. Grillparzer, Ein Bruderzwist in Habsburg (1873). A. 3 (Rudolf).

— Was ist am Ende der Mensch anders als eine Frage? Zum Fragen, nur zum Fragen, zum ehrlich kühnen Fragen und zum demütigen Warten auf Antwort ist er hier.

Rahel (Antonie Friederike Varnhagen von Ense), Br. (1877).

— Ich habe nicht die geringste Geduld mit der Theorie des Verdammtseins des Menschen zum Gorilla. Engl.: I have no patience whatever with these gorilla damnifications of humanity.

Thomas Carlyle (1795—1881) gegen Darwin. Übers. v. Kretzschmar.

— Ist der Mensch zwar „böse von Jugend an", so ist er doch ebenso auch „gut von Jugend an", und es kommt in der Hauptsache nur darauf an, welchen von beiden Menschen man zuerst anfaßt und bearbeitet; in der Kindheit hat man noch die Verfügung über beide, nachher wird es schwerer.

Moritz von Egidy, Ernste Gedanken (1890).

— Der vornehmste Beruf ist der zum Menschen und eben darum auch der am häufigsten verfehlte.

Peter Sirius, Tausend u. Ein Gedanken (1899). Grundsätze u. Beruf.

— Was ist der Mensch? Jedenfalls nicht das, was er sich einbildet zu sein, nämlich die Krone der Schöpfung.

Wilh. Raabe, Gesammelte Erz. (1896—1900). Drei Federn. Bd. 2.

— Es ist nicht gut, daß der Mensch allein sei!

1. Mos., K. 2, V. 18.

— Was ist ein Mensch, daß du ihn groß achtest? Hiob, K. 7, V. 17.

— Der Mensch, vom Weibe geboren, lebt kurze Zeit und ist voll Unruhe. Hiob, K. 14, V. 1.

— Der Mensch . . . fliehet wie ein Schatten und bleibet nicht. Hiob, K. 14, V. 2.

— Ist doch der Mensch gleich wie nichts.

Ps. 144, V. 4.

Mensch. — Der Mensch denkt, Gott lenkt. Lat.: Homo proponit, sed Deus disponit. Franz.: L'homme propose et Dieu dispose.

Nach Spr. Sal., K. 16, V. 9. — Sprichwort.

— Der Mensch ist nicht böse geschaffen.

Jes. Sir., K. 10, V. 22.

— Sehet, welch ein Mensch! Lat.: Ecce homo! Evang. Joh., K. 19, V. 5.

— Einen neuen Menschen anziehen (sich vollständig ändern).

Nach Eph., K. 4, V. 24. — Sprichwörtl. Redensart.

— Der Mensch auß staub und erdt ist gemacht, | Gleich wie der Rauch vergehet sein pracht.

Alter Spr.

— Ein Zaun weret drey jahr. | Ein Hund überweret drey Zäune. | Ein Pferd drey Hund. | Ein Mensch drey Pferdt. Alter Spr.

— Ist der Mensch geboren, so fängt er an zu sterben. Sprichwort.

— Mensch und Wind | Ändern geschwind.

Sprichwort.

— Keiner ist mehr als Mensch. Ital.: Nessuno è più che uomo. Toscanisches Sprichwort.

— Der Mensch ist dem Menschen Verderben.

Polnisches Sprichwort.

— Der Mensch ist der Spiegel des Menschen.

Türkisches Sprichwort.

— Der Mensch gleich einer Blumen ist, | Die in der schönen Frühlingsfrist | Des Morgens an der Blüte stehet, | Des Abends hinfällt und vergehet. Spr. an einem Hause. Oberhessen.

— Umrungen von Schmerz und von Leiden | Lebt hier der Mensch im Staub; | Was sind doch seine Freuden? | Ein bald verwelktes Laub.

Grabschrift. München.

Menschen. — Auf, Sterbliche, blind hintappend Geschlecht, Baumblättern im Herbste vergleichbar, | Ohnmächtige Brut, Bildwerke von Ton, bleichsüchtige, wankende Schatten, | Eintägiges fitticheloses Gewürm, traumähnliche Jammergestalten . . . Griech.: *Ἄγε δὴ φύσιν ἄνδρες ἀμαυρόβιοι, φύλλων γενεᾷ προσόμοιοι, | Ὀλιγοδρανέες, πλάσματα πηλοῦ, σκιοειδέα φῦλ' ἀμενηνά, | Ἀπτῆνες ἐφημέριοι ταλαοὶ βροτοὶ ἀνέρες εἰκελόνειροι . . .*

Aristophanes, D. Vogelstaat (um 421 v. Chr.). Übers. v. Minckwitz. V. 685—87 (Chorführer).

— Wir (Menschen), die wir leben, sind ja weiter nichts | Als Scheingestalten, wesenlose Schatten. Griech.: *Ὁρῶ γὰρ ἡμᾶς οὐδὲν ὄντας ἄλλο, πλὴν | Εἴδωλ', ὅσοιπερ ζῶμεν ἢ κούφην σκιάν.*

Sophokles (um 496—406 v. Chr.), Ajas. Übers. v. Jordan. V. 125—26 (Odysseus).

— Wie klein sind doch die Menschen, wenn man's so bedenkt. Lat.: Homunculi quanti sunt, quom recogito!

Tit. Maccius Plautus (um 254—184 v. Chr.), D. Kriegsgefangenen. Übers. v. Köpke. Prolog. V. 51.

Menschen. — Wie beschaffen auch die Leute sind, | Ein jeder ist doch Adams Kind. Mittelhochdeutsch: Swie die liute geschaffen sint, | Wir sîn doch alle Adâmes kint.

Vrîdankes Bescheidenheit (1225—1240). Übertr. v. Pannier. Nr. 42. v. unkünde.

— Von den Menschen kann man im allgemeinen das sagen, daß sie undankbar, wankelmütig, heuchlerisch, Gefahren fliehend, nach Gewinn begierig sind. Ital.: Degli uomini si può dire questo generalmente, che sieno ingrati, volubili, simulatori, fuggitori dei pericoli, cupidi di guadagno. Niccolò Machiavelli, D. Fürst (1513).

Übers. v. Pozzoni.

— . . . Menschen sind empfindlich, Fleisch und Blut. Engl.: And men are flesh and blood and apprehensive.

William Shakespeare, Jul. Cäsar (1601). Übers. v. Schlegel. A. 3, Sz. 1 (Cäsar).

— Menschen sind wie grünes Gras, | Eine Blum' vnd schönes Glas.

Ernst Christoph Homburg, Schimpff= u. Ernsthaffte Clio (1642). Flüchtige Vergangligkeit d. menschlichen Lebens. Schlußv.

— Was oft die Menschen dencken, | Worauff jhr Sinn gericht, | Kan Gott bald anders lencken, | Sein Will ist vnser nicht.

Joh. Peter Titz, In coelis sancti Jubila vera canunt (1652).

— Diogenes ist todt, wenn dieser lebte heute, | Er leuchtete sich todt, eh' als er fände Leute.

Friedr. von Logau, Deutsche Sinn=Getichte (1654). D. Diogenes Leuchte.

— Ach! was sind wir (Menschen)? Stoppeln; Blätter; | Würme; Schaum; ein leerer Schein.

Joh. Frank, Geistl. Sion (1674). Umb fruchtbaren Regen.

— Menschen wagen, wiegen, wanken; | Gott hält Alles doch in Schranken.

Inschrift auf einer Kriegsdenkmünze (1712).

— Alle Menschen sind gleich; nicht die Geburt, nur die Tüchtigkeit macht einen Unterschied. Franz.: Les mortels sont égaux; ce n'est point la naissance, | C'est la seule vertu qui fait leur différence.

Voltaire (François Marie Arouet), Mahomet (1742). Übers. v. Mylius. A. 1, Sz. 4 (Omar).

— Das Tier sucht seine Nahrung, gräbt sich eine Höhle oder baut sich ein Nest, wird von einem blinden Triebe zur Erhaltung seiner Gattung genötigt, schläft und stirbt. Was tut der größte Teil der Menschen mehr?

Christoph Martin Wieland, Gesch. d. Agathon (1766—1767).

— Vom Wurme, der voll größrer Mängel | Auf schwarzer Erde kreucht, und vom erhab'nen Engel | Sind Menschen gleich entfernt und beyden gleich verwandt. Joh. Peter Uz, Sämtl. Werke (1768). T. 1. Gedichte. Theodicee.

— Armes Kind! | Was sind wir Menschen!

Gotthold Ephr. Lessing, Nathan d. Weise (1779). A. 1, Sz. 1 (Nathan).

Menschen. — Die Menschen sind nicht immer, was sie scheinen. — | Doch selten etwas Bessers.

Gotthold Ephr. Lessing, Nathan d. Weise (1779). A. 1, Sz. 6 (Daja u. Tempelherr).

— Am Ganges nur gibt's Menschen.

Gotthold Ephr. Lessing, Nathan d. Weise (1779). A. 2, Sz. 9 (Al=Hafi).

— Was unterscheidet | Götter von Menschen? | Daß viele Wellen | Vor jenen wandeln, | Ein ewiger Strom: | Uns hebt die Welle, | Verschlingt die Welle, | Und wir versinken.

Joh. Wolfg. von Goethe, Gedichte. Verm. Gedichte. Grenzen d. Menschheit (ged. vor 1781).

— Menschen, — Menschen! falsche, heuchlerische Krokodilbrut! Ihre Augen sind Wasser! ihre Herzen sind Erz! Küsse auf den Lippen! Schwerter im Busen!

Friedr. von Schiller, D. Räuber (1781). A. 1, Sz. 2 (Moor).

— . . . Götter sollten nicht | Mit Menschen wie mit ihresgleichen wandeln; | Das sterbliche Geschlecht ist viel zu schwach, | In ungewohnter Höhe nicht zu schwindeln.

Joh. Wolfg. von Goethe, Iphigenie auf Tauris (1787). A. 1, Sz. 3 (Iphigenie).

— Die Menschen fürchtet nur, wer sie nicht kennt, | Und wer sie meidet, wird sie bald verkennen.

Joh. Wolfg. von Goethe, Torquato Tasso (1789). A. 1, Sz. 2 (Alfons).

— Die Menschen und die Pyramiden | Sind nicht gemacht, um auf dem Kopf zu stehn.

Gottl. Konrad Pfeffel, Poetische Versuche (1789—1790). D. Pyramide.

— . . . die Menschen tragen Ketten und sind Sklaven; aber sie sind nicht geboren, es zu sein und haben die Hoffnung nicht verloren, wieder frei zu werden.

Matthias Claudius, Sämtl. Werke d. Wandsbecker Boten. T. 5 (1790). Gespräche, d. Freiheit betreffend. Zweites Gespräch.

— Es reden und träumen die Menschen viel | Von bessern künftigen Tagen; | Nach einem glücklichen, goldenen Ziel | Sieht man sie rennen und jagen. | Die Welt wird alt und wird wieder jung, | Doch der Mensch hofft immer Verbesserung.

Friedr. von Schiller, Gedichte. Hoffnung (1797). Mel. v. Joh. Friedr. Reichardt (1810).

— Es schwinden, es fallen | Die leidenden Menschen | Blindlings von einer | Stunde zur andern, | Wie Wasser von Klippe | Zu Klippe geworfen, | Jahrlang ins Ungewisse hinab.

Friedr. Hölderlin, Hyperion (1797—1799). B. 4.

— Laß nicht zuviel uns an die Menschen glauben! Friedr. von Schiller, D. Piccolomini (1799). A. 3, Sz. 5 (Thekla).

— Glaube immer, — und du wirst wohl dabei fahren, — daß die Menschen nicht halb so gut sind, wie ihre Freunde sie schildern, und nicht halb so böse, wie ihre Feinde sie ausschreien.

Adolf Freiherr von Knigge, Gesammelte Schriften (1804—1806).

Menschen. — Die Menschen sind nur Kartenblätter in der Hand des Schicksals. Da figurieren sie eine Weile, bis sie ausgespielt und vom Tode gestochen werden.

Aug. von Kotzebue, Blinde Liebe (1806).

— Wir Menschen sind ja alle Brüder!

Christ. Gottlob Otto, Im Kreise froher, kluger Zecher usw. (vor 1808). Volksweise.

— Die Menschen dauern mich in ihren Jammertagen.

Joh. Wolfg. von Goethe, Faust, I (1808). Prolog im Himmel (Mephistopheles).

— Soll ich vielleicht in tausend Büchern lesen, | Daß überall die Menschen sich gequält, | Daß hie und da ein Glücklicher gewesen?

Joh. Wolfg. von Goethe, Faust, I (1808). Nacht (Faust).

— Ach! es haben | Die Menschen nur die kleine Spanne Zeit; | Sie ist ein Augenblick für ihre Freuden | Und eine Ewigkeit für ihren Schmerz.

Theod. Körner, D. Sühne (ged. Febr. 1812). Sz. 3 (Wilh.).

— Die Menschen sind, trotz allen ihren Mängeln, das Liebenswürdigste, was es gibt.

Joh. Wolfg. von Goethe, Maskenzug bei d. Anwesenheit d. Kaiserin Mutter (18. Dez. 1818).

— Um zu leben mit den Menschen, | Ist Geduld das einz'ge Mittel.

Aug. Graf von Platen=Hallermund, Gedichte. Verm. u. Gelegenheitsgedichte. Spr. u. Bilder (ged. 1821).

— Alle Menschen, gleich geboren, | Sind ein adliges Geschlecht.

Heinr. Heine, D. B. d. Lieder. A. d. Harzreise (ged. 1824). Berg=Idylle. Nr. 2.

— Wir haben nicht verschiedene Gestalten, | Verschieden wohl dieselben nur geschaut; | Denn alle Menschen sind einander gleich.

Adelbert von Chamisso (Louis Charles Adelaide Chamisso de Boncourt), Gedichte. Lieder u. lyrisch=epische Gedichte. Herein! (ged. 1827). (Komiker).

— Gebilde (die Menschen), strebsam, Götter zu erreichen, | Und doch verdammt, sich immer selbst zu gleichen.

Joh. Wolfg. von Goethe, Faust, II (1831). A. 2. Klassische Walpurgisnacht. Felsbuchten d. Ägäischen Meeres (Nereus).

— Ach, wir Menschen, ach, wir Armen! | Welche Sehnsucht ohn' Erbarmen | Rückwärts stets und vorwärts zieht!

Friedr. Hebbel, Gedichte. Jugendgedichte (ged. 1829—1833). Menschenschicksal.

— Ich hab' mich stets gehalten | An die Natur so warm; | Die Menschen ließ ich schalten, | Gott! — die sind kalt und arm.

Justinus Kerner, Dichtungen (1834). Natur u. Wald. Trost in d. Natur. Schlußv.

Menschen. — Alle Menschen sind meine Brüder, aber die, welche weinen, meine Kinder. Franz.: **Tous les hommes sont mes frères, mais ceux qui pleurent sont mes enfants.**

Hugues Félicité Rob. de Lamennais, Kritische Erörterungen (1841). Übers. v. Zimmermann.

— Daß wir nur Menschen sind, das beug' in Ergebung das Haupt uns; | Daß wir Menschen sind, richt' es uns herrlich empor!

Ernst Freiherr von Feuchtersleben, Sämtl. Werke (1851—1853). Gedichte.

— Ach, wie gar nichts sind doch alle Menschen!

Ps. 39, V. 12.

— . . alle Menschen sind Erde und Staub!

Jes. Sir., K. 17, V. 31.

— . . . von nun an wirst du Menschen fangen.

Luk., K. 5, V. 10.

— Die Menschen sind unsres Herrgotts Kartenspiel.

Alter Spr.

— Wenn du gesonnen bist, zu fürchten jedes Tier, | So siehe sonderlich dich vor den Menschen für!

Alter Spr.

— Die Vögel sind geboren, zu fliegen und die Menschen, zu leiden. Niederl.: **De vogels zijn geboren, om te vliegen, en de menschen, om te lijden.**

Sprichwort.

— Gott schuf Menschen! segt Warburg, aewerst se sünd ök dörnâ.

Sprichwörtl. Redensart. Mecklenburg.

Menschenbahn. — Des Menschen Bahn | Ist schnell gemessen, | Und bald vergessen | Der kurze Wahn.

Aug. Graf von Platen-Hallermund, Gedichte. Verm. u. Gelegenheitsgedichte. Parzenchor zu einem Drama „Meleager" (ged. 1834).

Menschenbeglückung. — Durch nichts nähern sich Menschen den Göttern mehr als durch Beglückung von Menschen. Lat.: **Homines ad deos nulla re propius accedunt quam salutem hominibus dando.**

Marc. Tull. Cicero (um 106—43 v. Chr.), Rede für Ligarius. Übers. v. Klotz. K. 12, § 38.

Menschenbestimmung. — Nach Wahrheit forschen, Schönheit lieben, Gutes wollen, das Beste tun: das ist die Bestimmung des Menschen.

Mos. Mendelssohn, Sämtl. Werke (1838).

Menschenblut. — Wer Menschenblut vergießet, des Blut soll auch durch Menschen vergossen werden.

1. Mos., K. 9, V. 6.

Menschencharakter. — Ich habe durch mein ganzes Leben gefunden, daß sich der Charakter eines Menschen aus nichts so sicher erkennen läßt, wenn alle Mittel fehlen, als aus einem Scherz, den er übel nimmt.

Georg Christoph Lichtenberg, Verm. Schriften (1800—1806). Bd. 2, Nr. 2. Bemerk. verm. Inhalts. Nr. 4. Beobachtungen über d. Merschen.

Menschendasein. — . . . es gehn | In jedem Menschendasein Licht und Schatten | Wohl Hand in Hand.

Emanuel Geibel, Gesammelte Werke (1883). Echtes Gold wird klar im Feuer. A. 4 (Helene).

Menschendichten. — Der mensch mit seinem tichten | Weiß wenig außzurichten, | Das gut zu heissen sey.

Andr. Tscherning, Deutscher Getichte Früling (1642). Fah' alles mit Gott an!

— Ach, wie nichtig, ach, wie flüchtig | Ist der Menschen Dichten.

Mich. Frank, V. d. Eitelkeit (1688).

Menschenerziehung. — Das menschlichste Geschäft ist Menschen zu erziehn.

Friedr. Rückert, D. Weisheit d. Brahmanen (1836—1839). B. 7, Nr. 44. (Stufe 8. Weltseele. Nr. 68.)

Menschenfeind. — . . . wissen Sie mir einen ärmern Mann zwischen Himmel und Erde als den Menschenfeind?

Friedr. von Schiller, D. Menschenfeind (1790). Sz. 3 (Rosenberg).

Menschenfleisch. — . . . Menschenfleisch geht allem vor, | Um sich daran zu wärmen.

Joh. Wolfg. von Goethe, Gedichte. Kunst. Sendschreiben (ged. Anfang Dez. 1774).

Menschenfreude. — Der Menschen vngebührliche Freud | Ist der Engel leyd.

Christoph Lehmann, Politischer Blumen-Garten (1662). T. 1. Frewd. Nr. 42.

Menschenfreundlich. — Ein menschenfreundlich Herz, das fremdes Leiden teilt, | Nicht mit den Toren zürnt, sie lieber schonend heilt, | Und das nur Leben heißt, für Andrer Wohl zu leben: | Dies gibt kein Unterricht, dies muß der Himmel geben.

Christoph Martin Wieland, Sämtl. Werke (1794—1802). Gedichte. Epigramme.

Menschengattung. — Fragt man: ob die Menschengattung als eine gute oder schlimme Rasse anzusehen sei, so muß ich gestehen, daß nicht viel damit zu prahlen sei.

Immanuel Kant, Werke (1838—1839). Bd. 7.

Menschengeschichte. — Leiden, ruhen, tragen, missen, wirken, genießen | Sind mit wenigen Worten des Menschen ganze Geschichte!

Joh. Kaspar Lavater, Werke (1834). Worte d. Herzens. Mensch.

Menschengeschlecht. — Tollkühn, aller Gefahr zum Trotz, | Rennt das Menschengeschlecht Greuel und Sünd' hindurch. Lat.: **Audax omnia perpeti | Gens humana ruit per vetitum nefas.**

Quint. Horatius Flacc., Oden (um 23 v. Chr.). Übers. v. Voß. B. 1, Nr. 3, V. 25—26.

— Falsch ist das Geschlecht der Menschen.

Friedr. von Schiller, Gedichte. Hero u. Leander (ged. 17. Juni 1801).

Menschengeschlecht. — Nur über Stufen leiten | Zu Wahrheit, Freiheit, Recht | Die Genien der Zeiten | Das menschliche Geschlecht.

Hermann von Lingg, Gedichte (1870). B. d. Jahre. Stufen.

Menschengeschlechter. — Gleich wie Blätter im Walde, so sind die Geschlechter der Menschen; | Einige streuet der Wind auf die Erd' hin, andere wieder | Treibt der knospende Wald, erzeugt in des Frühlinges Wärme; | So der Menschen Geschlecht; dies wächst, und jenes verschwindet. Griech.: *Οἵη περ φύλλων γενεή, τοίη δὲ καὶ ἀνδρῶν. | Φύλλα τὰ μὲν τ' ἄνεμος χαμάδις χέει, ἄλλα δὲ θ' ὕλη. | Τηλεθόωσα φύει, ἔαρος δ' ἐπιγίγνεται ὥρη· | Ὣς ἀνδρῶν γενεὴ ἡ μὲν φύει, ἡ δ' ἀπολήγει.*

Homer, Ilias. Übers. v. Voß. Ges. 6, V. 146—49.

Menschengröße. — O was ist Menschengröße! Friedr. von Schiller, Wallensteins Tod (1799). A. 4, Sz. 2 (Gordon).

— Ach was ist Menschengröße, Menschenruhm!

Heinr. von Kleist, Hinterlassene Schriften (1821). Prinz Friedr. v. Homburg. A. 4, Sz. 1 (Natalie).

Menschengunst. — Der Menschen Gunst | Ist umsunst. Inschrift auf d. Kippergroschen d. Kaisers Matthias (1618).

— Menschengunst | Ist Erdendunst.

Sprichwort.

— Menschengunst und Lautenklang | Klinget wohl, doch währt nicht lang.

Wartburgspr. Wirtschaft.

Menschenhände. — Alles ist gut, wie es aus den Händen des Schöpfers hervorgegangen; alles entartet unter den Händen der Menschen. Franz.: Tout est bien, sortant des mains de l'auteur des choses; tout dégénère entre les mains de l'homme.

Jean Jacques Rousseau, Emil (1762). Übers. v. Reimer.

Menschenhaß. — Ach, wer heilet die Schmerzen | Des, dem Balsam zu Gift ward? | Der sich Menschenhaß | Aus der Fülle der Liebe trank!

Joh. Wolfg. von Goethe, Gedichte. Verm. Gedichte. Harzreise im Winter (ged. 1.—10. Dez. 1777).

Menschenhasser. — . . . es gibt keinen Menschenhasser in der Natur, als wer sich allein anbetet oder sich selbst verachtet.

Friedr. von Schiller, D. Menschenfeind (1790). Sz. 3 (Rosenberg).

Menschenherz. — Bunt ist des Menschen Herz, | Bunt sein Trachten; doch wandellos | Steht die Säule des Rechts. Griech.: *Διάφοροι δὲ φύσεις βροτῶν, | Διάτροποι δὲ τρόποι· τὸ δ' ὀρθῶς ἐσθλὸν σαφὲς αἰεί.*

Euripides, Iphigenie in Aulis (um 407 v. Chr.). Übers. v. Minckwitz. V. 558—60 (Chor).

Menschenherz. — Des Menschen Herz ist gleich wie Quecksilber, das jetzt da, bald anderswo ist; heut also, morgen anders gesinnet. Darum ist's gar ein armselig Ding und Eitelkeit.

Dr. Martin Luther, Tischreden oder Colloquia (1566). Nr. 4. Tischreden v. d. Welt u. ihrer Art. § 26. Unbeständigkeit menschliches Herzen.

— Ein Mühlstein und ein Menschenherz wird stets herumgetrieben; | Wo beides nicht zu reiben hat, wird beides selbst zerrieben.

Friedr. von Logau, Deutsche Sinn-Getichte (1654). Ein unruhig Gemüthe.

— Der Laute gleicht des Menschen Herz, | Zu Sang und Klang gebaut; | Doch spielen sie oft Lust und Schmerz | Zu stürmisch und zu laut.

Gottfr. Aug. Bürger, Gedichte (1796—1797). D. Blümchen Wunderhold.

— Wie ist das Menschenherz so klein! | Und doch auch da zieht Gott herein.

Wilh. Hey, Gedichte (1816). Wo wohnt d. liebe Gott?

— In Ein Gewebe wanden | Die Götter Freud' und Schmerz. — | Sie webten und erfanden | Ein armes Menschenherz.

Joh. Gottfr. von Herder, Sämtl. Werke (1805—1820). Gedichte. D. menschliche Herz.

— Doch all' die Last ist Scherz, | Bedenkst du das Gewicht, | Das oft ein Menschenherz | Still träget und nicht bricht.

Justinus Kerner, Dichtungen (1834). Lieder d. Schmerzes. Dauer d. Herzens. Schlußv.

— Geh' hin, wo sich ohn' Ruh' | Der Menschenmarkt bewegt, — | Nicht Ein Herz findest du, | Daß keine Narbe trägt.

Justinus Kerner, Dichtungen (1834). Lieder d. Schmerzes. D. Seltenste. Schlußv.

— Es liegt ein Reif von Eisen | Um eines Menschen Herz, | Sonst würd' es ja zerreißen | Der alte, bitt're Schmerz.

Justinus Kerner, Dichtungen (1834). Lieder d. Schmerzes. Ein Lied.

— . . . liebend zeugen, hassend morden | Ist Menschenherzens Süd und Norden.

Nicolaus Lenau (Niembsch, Edler von Strehlenau), Faust (1836). D. Verschreibung. (Mephistopheles).

— Der beste Edelstein ist, der selbst alle schneidet | Die andern und den Schnitt von keinem andern leidet. | Das beste Menschenherz ist aber, das da litte | Selbst lieber jeden Schnitt, als daß es andre schnitte.

Friedr. Rückert, D. Weisheit d. Brahmanen (1836—1839). B. 2, Nr. 17. (Stufe 6. Prüfung. Nr. 6.)

— Ein Menschenherz ist viel zu klein, | Um liebend sich der Welt zu weihn.

Friedr. Rückert, Gesammelte Gedichte (1843). Liebe im Kleinen.

— Ein Stern, den Gott entzündet, | Ist jedes Menschenherz!

Jul. Hammer, Schau um dich u. schau in dich (1851). D. Vaterland. Was unser Schild usw. Schlußv.

Menschenherz. — Ein Menschenherz ist ein vom Himmel | Herabgesunk'ner lichter Stern; | Drum fühlt das Herz ein tiefes Sehnen | Nach einer Heimat, die ihm fern.

Emil Rittershaus, Gedichte (1856).

— Es ist ein wundersam Ding um des Menschen Seele, und des Menschen Herz kann sehr oft am glücklichsten sein, wenn es sich so recht sehnt.

Wilh. Raabe, D. Hungerpastor (1864).

— Des Menschenherz ist aller Wunder größtes; Denn wechselnd birgt's in seiner Tiefen Schoß, | Was rauh, was mild, was niedrig und was groß; | Ein Rätsel ist es, und kein Weiser löst es.

Friedr. Halm (Elegius Frz. Jos. Freiherr von Münch-Bellinghausen), D. Abend zu Titchfield (1865).

— Wunder gibt es, deren Wirken | Nie zu Ende wird geschrieben. | Menschengeist mit seinem Forschen, | Menschenherz mit seinem Lieben.

Friedr. Wilh. Weber, Dreizehnlinden (1878).

— Ein müdes Schiff, das seine Segel dehnt, | Ein Menschenherz, das sich nach Frieden sehnt, | Ob sie das Ziel verfehlten oder fanden, | Im gleichen Hafen werden stets sie landen. | In jedem Herzen zittert ein Magnet, | Der rastlos sich zur ew'gen Heimat dreht.

Prinz Emil von Schönaich-Carolath, Dichtungen (1883). Fatthûme. Nr. 16. Sang d. Türmers.

— Das Menschenherz ist ein Kirchhof begrabener Hoffnungen.

Peter Sirius, Tausend u. Ein Gedanken (1899). Geist u. Herz.

Menschenhilfe. — Menschenhilfe ist eine lose Wand; wer sich an sie lehnt, mit dem fällt sie übern Haufen.

Christ. Friedr. Daniel Schubart, Gesammelte Schriften (1839—1840).

— Ich vertrau' Gott allein, | Denn Menschenhilf' ist klein.

Alter Spr.

— Wenn der Menschen Hilf' zerrinnt, | So kommt Gott und hilft geschwind.

Spr. an einem Hause. Andeer.

Menschenkenntnis. — Man tört sich oft, wenn man zu kennen meint | Den innern Menschen, wie er außen scheint. Engl.: Opinion's but a fool, that makes us scan | The outward habit by the inward man.

William Shakespeare, Pericles (1609). Übers. v. Benda. A. 2, Sz. 2 (Simonides).

— Es ist nötiger, die Menschen zu studieren als Bücher. Franz.: Il est plus nécessaire d'étudier les hommes que les livres.

François, Herzog von La Rochefoucauld, Reflexionen oder moralische Sentenzen u. Maximen (1665). Übers. v. Zimmermann.

— Schwer zu unterscheiden, | Noch schwerer zu ergründen sind die Menschen.

Friedr. von Schiller, Don Carlos (1787). A. 2, Sz. 10 (Domingo).

Menschenkenntnis. — Die Menschen kennen sich einander nicht; | Nur die Galeerensklaven kennen sich.

Joh. Wolfg. von Goethe, Torquato Tasso (1789). A. 5, Sz. 5 (Tasso).

— ... Menschenkenntnis ..., denn so nennt man ja gern den Unglauben an Tugend und Rechtschaffenheit.

Joh. Jak. Engel, D. Fürstenspiegel (1798). Freundschaft.

— Ich habe immer gefunden, die sogenannten schlechten Leute gewinnen, wenn man sie genauer kennen lernt, und die guten verlieren.

Georg Christoph Lichtenberg, Verm. Schriften (1800—1806). Bd. 2, Nr. 2. Bemerk. verm. Inhalts. Nr. 4. Beobachtungen über d. Menschen.

— Wir lernen die Menschen nicht kennen, wenn sie zu uns kommen; wir müssen zu ihnen gehen, um zu erfahren, wie es mit ihnen steht.

Joh. Wolfg. von Goethe, D. Wahlverwandtschaften (1808—1809). T. 2, K. 5. A. Ottiliens Tageb.

— Man kann ... mit gleicher Wahrheit sagen, daß der Mensch wieder gerade sich gar nicht kennt oder doch wenigstens nie recht.

Wilh. Freiherr von Humboldt, Br. an eine Freundin (31. Jan. 1825).

— Schade, daß Menschenkenntnis abführt von Menschenliebe.

Karl Jul. Weber, Demokritos (1832—1840). Fragment meines Lebens.

— Wer die Menschen wahrhaft kennt, der wird auf niemanden unbedingt bauen, aber auch niemanden vollständig aufgeben.

Jos. Baron von Eötvös, Gedanken (1861).

Menschenkern. — Hab' ich des Menschen Kern erst untersucht, | So weiß ich auch sein Wollen und sein Handeln.

Friedr. von Schiller, Wallensteins Tod (1799). A. 2, Sz. 3 (Wallenstein). Schlußv.

Menschenkind. — Was ist, Gott, deß Menschen Kind? | Ein blinder, unbejochtes Rind, | Das nicht einmal gedencket, | Wie es von dir das Leben hat, | Und daß so manche Gnaden That | Im alles gutes schencket.

Georg Phil. Harsdörffer, Nathan, Jotham u. Simson (1651). T. 2. Blumen Lied.

— Das Schicksal ist ein Wirbelwind, | Ein armes Blatt das Menschenkind. | Er treibt's zu Tal, er hebt's zum Hügel; — | Das Blättchen rühmt sich seiner Flügel.

Hieronymus Lorm (Heinr. Landesmann), Gedichte (1880).

— Auf Erden lebt kein Menschenkind, | An dem man keinen Mangel find't.

Sprichwort.

Menschenkraft. — Könnten wir alles mit eigner Kraft, | Wie bald wär' Gott aus dem Himmel geschafft!

Wilh. Müller, Gedichte (1837). Epigramme. 1. Hundert, Nr. 47. Grenzen d. Menschheit.

Menschenkräfte. — Die Kräfte des Menschen sind, soweit Erfahrung und Analogie uns leiten können, unbegrenzt. Engl.: **The powers of man, so far as experience and analogy can guide us, are unlimited.**

Henry Thomas Buckle, Gesch. d. Zivilisation (1858—1861). Übers. v. Ritter. K. 2.

Menschenkunst. — Wenn unsre Kunst am meisten kann, | So stößt sie aller Enden an.

Paul Gerhardt, Geistl. Andachten. Gebet um Weisheit (1653).

— **Wo Menschenkunst | Nicht zureicht, hat der Himmel oft geraten.**

Friedr. von Schiller, D. Braut v. Messina (1803). Säulenhalle (Isabella).

Menschenleben, das. — Ach, ihr sterblichen Geschlechter! | Euer Leben ist dem Nichts | Völlig gleich zu achten! Griech.: *Ἰὼ γενεαὶ βροτῶν, | Ὡς ὑμᾶς ἴσα καὶ τὸ μη- | δὲν ζώσας ἐναριθμῶ.*

Sophokles (um 496—406 v. Chr.), König Ödipus. Übers. v. Jordan. V. 1171—73 (Chor).

— Im Menschenleben erhält sich nichts | Ganz außerhalb des Verderbens. Griech.: *Οὐδὲν ἕρπει | θνατῶν βιότῳ . . . ἐκτὸς ατας.*

Sophokles (um 496—406 v. Chr.), Antigone. Übers. v. Jordan. V. 609—10 (Chor).

— Flüchtig ist das Menschenleben wie der Schatten eines Vogels im Fluge.

Talmud (3. Jahrh.).

— **Das Leben der Sterblichen ist eine Nachtwache.** Lat.: **Vita mortalium vigilia.**

Wahlspr. d. Viglius v. Zwichem (gest. 1577).

— **Ein Menschenleben ist, als zählt man eins.** Engl.: **And a man's life's no more than to say, one.**

William Shakespeare, Hamlet (1601—1602). Übers. v. Schlegel. A. 5, Sz. 2 (Hamlet).

— **Ach! menschliches Leben | Geht schneller dahin | Als Räder am Wagen! | Wer weiß es, ob morgen | Noch lebend ich bin!**

Klamer Eberhard Schmidt, Leben u. auserlesene Werke. Neuer Vorsatz (ged. 1781).

— **Deine Flucht, o Menschenleben, | Gleiche ganz des Herbstes Flucht! | Er entblättert zwar die Reben, | Doch er bringt auch reiche Frucht.**

Karl Friedr. Kretschmann, Sämtl. Werke (1784—1805). Epigramme.

— **Greift nur hinein ins volle Menschenleben! | Ein jeder lebt's, nicht vielen ist's bekannt —, | Und wo Ihr's packt, da ist's interessant!**

Joh. Wolfg. von Goethe, Faust, I (1808). Vorspiel auf d. Theater (Lustige Person).

— . . . **Menschenleben, Menschenglück | Verwehet gleich dem Wind.**

Ernst Moritz Arndt, Gedichte. Erinnerung an Psychidion (ged. 1809).

Menschenleben, das. — Ohne Kampf und Entbehrung ist kein Menschenleben, auch das glücklichste nicht; denn gerade das wahre Glück bauet sich jeder nur dadurch, daß er sich durch seine Gefühle unabhängig vom Schicksale macht.

Wilh. Freiherr von Humboldt, Br. an eine Freundin (10. Juli 1822).

— Rasch von hinnen flieht der Tag des Menschen, | Eine kurze Spanne; dem vergeht er, | Der geschwelgt in eitler Lust, wie jenem, | Der entsagt. Der Tod erwartet alle.

Aug. Graf von Platen-Hallermund, D. Abassiden (1829). Ges. 8.

— Was ist des Menschen Denken? — Ein Labyrinth voll Nacht! | Was ist des Menschen Können? — Ach, eines Kindes Macht! | Was ist des Menschen Wissen? — Von deinem Meer ein Schaum! | Was ist das Menschenleben? — Ein kurzer, bunter Traum!

Ludw. Bechstein, Faustus (1833).

— Ein Album ist des Menschen reines Leben, | Das aufbewahrt in Gottes Händen bleibt. | Ein leeres Blatt wird jeglichem gegeben, | Und jeder ist nur, was er darauf schreibt.

Ernst Freiherr von Feuchtersleben, Sämtl. Werke (1851—1853). Gedichte. Albumblatt.

— Das Glück erspäh'n und nimmer es erreichen, | Sich hundertmal als einzig süße Labe | Den Tod ersleh'n und schaudern vor dem Grabe, | Das Sein verwünschen, vor dem Nichts erbleichen . . . | Das ist in tausend Sprachen | Ein altes Lied, betitelt Menschenleben.

Rob. Hamerling, Sinnen u. Minnen (1859). Sonette. Menschenleben.

— Auf der Heid' ein Wolkenschatten | Fährt dahin das Menschenleben. | Zittert! in des Lebens Mitte | Sind vom Tode wir umgeben.

Friedr. Wilh. Weber, Dreizehnlinden (1878).

— Des Menschen Leben hängt an einem Zwirnsfaden. Sprichwort.

Menschenleben, die. — . . . materielle Güter mit Menschenleben zu erkaufen, kann kein Gewinn sein. Hellmuth von Moltke (1877).

Menschenliebe. — . . . von Menschen hoffe Liebe nicht; | Aus Sümpfen werden nimmer Rosen sprießen!

A. d. Persischen d. Muhammed Attar, Frühlingsgarten (1376). Übers. v. Schlechta-Wssehrt.

— Milch der Menschenliebe. Engl.: **The milk of human kindness.**

William Shakespeare, Macbeth (1606). Übers. v. Schiller. A. 1, Sz. 5 (Lady Macbeth).

— **Was ist ein Held ohne Menschenliebe!**

Gotthold Ephr. Lessing, Philotas (1759). Sz. 7 (Aridäus).

— **Der Weise, dessen Herz von Menschenliebe flammt,** | Flieht nicht vor anvertrauten Bürden, | Doch drängt er seinen Hals nicht in das Joch der Würden | Aus einem niedern Stolz, den seine Brust verdammt. Joh. Peter Uz, Werke (1768). Gedichte.

Menschenliebe. — Wenn jeder Mensch alle Menschen liebte, so besäße jeder einzelne die Welt.

Friedr. von Schiller, Prosaische Schriften (1793—1802). Philosophische Br. Liebe.

— Tätige Menschenliebe ohne Verstand verfehlt so gut ihren Zweck als Menschenhaß ohne Macht.

Georg Christoph Lichtenberg, Verm. Schriften (1800—1806). Bd. 3, Nr. 9. Über Physiognomik wider d. Physiognomen. Über Physiognomik.

— . . . ach, die Menschen lieben lernen, | Es ist das einz'ge wahre Glück.

Aug. Graf von Platen-Hallermund, Gedichte. Lieder u. Romanzen. Antwort (ged. 1822).

— Wahrheit suchen, Tugend üben, | Gott und Menschen herzlich lieben, | Das sei unser Losungswort!

Brüder, reicht d. Hand zum Bunde usw. (vor 1826). Schlußv. Verfasser unbek. Mel. Laßt uns mit verschlungenen Händen usw. v. Wolfg. Amadeus Mozart (komp. 1791).

— . . . auch zu lieben soll der Mensch verstehen!

Leop. Schefer, Laienbrevier (1834). Dez. Nr. 26.

— . . . Menschenliebe geht noch weiter als die christliche Liebe.

Karl Jul. Weber, Demokritos (1832—1840). D. Liebe.

— Ein Herz, von Menschenliebe hoch geschwellet | Und über Menschenelend tief betrübt, | Gleicht einem überreichen Wasserborn. Es liebt, | Sich zu ergießen, und, je mehr es von sich gibt, | Um desto stärker wird die Flut, die ihm entquellet.

Ignaz Heinr. Freiherr von Wessenberg, Sämtl. Dichtungen (1834—1854). Gedichte.

— Was Zion, Mekka, Augsburg, Rom! | Die Menschenliebe sei unser Dom!

Ernst Ziel, Moderne Xenien (1889). D. Kirche u. ihre Leute.

— Lasse dich zum Samariter ausbilden: Nichts erweckt in dir die werktätige Menschenliebe so sehr als das Bewußtsein, auf dem Schlachtfelde des täglichen Lebens deinen Nebenmenschen zweckmäßige Hilfe leisten zu können.

Friedr. Aug. von Esmarch.

Menschenlos. — . . . wie der Tag, so sinkt und steigt auch wieder | Das Menschenlos. Griech.: Ὡς ἡμέρα κλίνει τε κἀνάγει πάλιν | Ἅπαντα τἀνθρώπεια.

Sophokles (um 496—406 v. Chr.), Ajas. Übers. v. Jordan. V. 131—32 (Athene).

— . . . weil das Los der Menschen niemals sicher, | Laßt uns bedacht sein auf den schlimmsten Fall! Engl.: But, since the affairs of men rest still uncertain, | Let's reason with the worst that may befall.

William Shakespeare, Jul. Cäsar (1601). Übers. v. Schlegel. A. 5, Sz. 1 (Cassius).

— Ach, keinem ist beschieden | Ein stilles, heit'res Los; | Nur Tränen ziehen groß | Das arme Herz hienieden.

Moritz Doering, Gedichte (1827).

Menschenlos. — Dämmerung ist Menschenlos — in jeder Beziehung.

Ernst Freiherr von Feuchtersleben, Zur Diätetik d. Seele (1838). K. 8. Oszillation.

— Das ist das Los, | Das Menschenlos; was gut und groß | Und schön, das nimmt ein schlechtes Ende.

Heinr. Heine, Sämtl. Werke. Letzte Gedichte (ged. 1853—1856). Zum Lazarus. Nr. 41. Schlußv.

— Sei nicht Herr, und sei nicht Knecht, | Tu dein Tagwerk schlicht und recht! | Daß du's könnest, leb' und lerne, | Ring' und ruhe; laß die Sterne, | Laß das Grübeln und das Fragen, | Freue dich an guten Tagen, | Freue dich an Weib und Kind, | Froh, daß sie dir eigen sind, | Bis dich Müdigkeit erfaßt, | Und dann leg' dich still zur Rast | In der alten Mutter Schoß; — | Und dir fiel das beste Los.

Wilh. Jensen, Stimmen d. Lebens (1881). Im Wechsel d. Zeit. Ein Andres. Nr. 2.

— Dem Tage gleicht das Menschenlos: | Es ist ein Auf- und Niedergehn, | Und morgen läßt ein andrer Tag | Dieselbe Sonne wiedersehn.

Wilh. Jordan, Letzte Lieder (1892). Spr. Nr. 40.

Menschenmacht. — Gar nichtig ist der Menschen Macht, | Die eitle Eitelkeit; | Was Gott bewacht, ist wohl bewacht | Hier und in Ewigkeit.

Ernst Moritz Arndt, Gedichte. D. Reisenden Abendlied (ged. 1814). Schlußv.

Menschenrecht. — Es geht ein Laut durch alle Weltgeschichte | In Pausen von Geschlechtern zu Geschlecht | Und ruft der Menschheit Dränger zu Gerichte, | Verkündend das vergeßne Menschenrecht. | Ein Rufen ist's, von Armen, Unterdrückten, | Aus Nacht, aus Fesseln, Geisteszwang und Not, | Ein Mahnen an die Reichen und Beglückten, | Ein Drängen nach Erkenntnis und nach Brot.

Alfred Meißner, Ziska (1846). Eingang.

— Sie reden vom ewigen Menschenrechte | Und meinen doch nur ihr kleines Ich.

Emanuel Geibel, Zeitstimmen (1841). Barbarossas Erwachen (Jüngling).

Menschenrechte. — In Zeiten, wo die Gemütskräfte erschlaffen, hört man viel mehr reden von Menschenrechten als von Menschenpflichten.

Otto von Leixner, A. meinem Zettelkasten (1896). Öffentliches Leben. Zeitgeist.

Menschenschicksal. — Was ist es anders als Menschenschicksal, sein Maß auszuleiden, seinen Becher auszutrinken?

Joh. Wolfg. von Goethe, Leiden d. jungen Werthers (1773). B. 2, Am 15. Nov.

Menschenseele. — Die Seel' ist ein Kristall, die Gottheit ist ihr Schein; | Der Leib, in dem du lebst, ist ihrer beider Schrein.

Angelus Silesius (Joh. Scheffler), Cherubinischer Wanders-Mann (1675).

Menschenseele. — Seele des Menschen, | Wie gleichst du dem Wasser! | Schicksal der Menschen, | Wie gleichst du dem Wind!

Joh. Wolfg. von Goethe, Gedichte. Verm. Gedichte. Ges. d. Geister über d. Wassern (ged. 9.—10. Okt. 1779).

— Eine schöne Menschenseele finden, | Ist Gewinn; ein schönerer Gewinn ist, | Sie erhalten, und der schönst' und schwerste, | Sie, die schon verloren war, zu retten.

Joh. Gottfr. von Herder, Sämtl. Werke (1805—1820). Gedichte. Legenden, Dramatische Stücke u. Dichtungen. Nr. 1. Legenden. D. gerettete Jüngling.

Menschensohn. — . . . aber des Menschen Sohn hat nicht, wo er sein Haupt hinlege.

Matth., K. 8, V. 20.

Menschenstreben. — Vollbracht ist's, — ach, wie alles Menschenstreben! | Kein Stein, drum nicht schon kämpfte Menschenwut! | Kein Strauch, an dem nicht Menschentränen kleben! | Kein Stäubchen Land, an dem nicht Menschenblut!

Anastasius Grün (Anton Alexander Graf von Auersperg), Schutt (1835).

Menschentun. — Beklagen, was genummen, | Befürchten, was sol kummen, | Dies läßt der Menschen Thun | Nie oder wenig ruhn.

Friedr. von Logau, Deutsche Sinn-Getichte (1654). Menschliche Geschäfte.

— Ich habe mich emsig bemüht, das Tun der Menschen weder zu belachen, noch zu beweinen, auch nicht es zu verabscheuen, sondern es zu begreifen. Lat.: Sedulo curavi humanas actiones non ridere, non lugere, neque detestari, sed intelligere.

Baruch Spinoza, Tractatus politicus (1677). B. 1, K. 4.

Menschenurteil. — . . . es gibt Taten, die sich keinem Menschenurteil mehr unterwerfen, — nur den Himmel zum Schiedsmann erkennen.

Friedr. von Schiller, D. Verschwörung d. Fiesco zu Genua (1783). A. 3, Sz. 1 (Verrina).

Menschenverachtung. — Eben deßwegen sind Menschenverachtung und Menschenhaß . . . fast immer Schande für den, der sie nährt.

Joh. Jak. Engel, D. Fürstenspiegel (1798). Menschenwürdigung.

— Weh' dir, wenn Menschen zu verachten | Du nur gelernt im Selbstbetrachten!

Anastasius Grün (Anton Alexander Graf von Auersperg), Gesammelte Werke (1877). Gedichte. Spr.

Menschenverbesserung. — Man bessert das Menschengeschlecht, wenn man die Jugend bessert. Gottfr. Wilh. von Leibniz, Werke (1768).

Menschenvernunft. — Menschenvernunft und -gewalt | Ist verloren, so Gott nicht walt't.

Alter Spr.

Menschenverstand. — Es ist zum Erstaunen, wie weit der gesunde Menschenverstand reicht. Es ist auch hier, wie im Leben: der gemeine Mensch geht hin, wohin der Vornehme mit sechsen fährt. Georg Christoph Lichtenberg, Verm. Schriften (1800—1806).

— . . . nichts berechtigt uns, auch nur eine denkbare Grenze festzusetzen, wo der menschliche Verstand mit Notwendigkeit zum Stillstand gebracht werden müßte. Engl.: We are not possessed of any evidence which authorizes us to assign even an imaginary boundary at which the human intellect will, of necessity, be brought to a stand.

Henry Thomas Buckle, Gesch. d. Zivilisation (1858—1861). Übers. v. Ritter. K. 2.

— Der gewöhnliche gesunde Menschenverstand ist ein schlechter Richter, sobald es sich um große Dinge handelt. Franz.: Le bon sens vulgaire est un mauvais juge quand il s'agit des grandes choses.

Ernest Renan, D. Leben Jesu (1861). Übers. v. Kalt.

— Der Menschenverstand | Hat nur eine kleine Hand. Sprichwort.

Menschenwerk. — Ist's Gottes Werk, so wird's bestehn; | Ist's Menschenwerk, wird's untergehn. Inschrift d. Lutherdenkmals in Wittenberg.

Menschenwert. — Die Schönheit machet nicht des Menschen Wert, | Sein Wert wird durch sein Inneres erklärt.

A. d. Persischen d. Emir Chosru (gest. 1315). Übers. v. Hammer.

— Mit dem Werte der Menschen ist es wie mit dem der Diamanten, die bei einer gewissen Größe, Reinheit und Vollkommenheit ihren festen und bestimmten Preis haben, darüber hinaus aber unschätzbar sind und keine Käufer finden. Franz.: Il en est de la valeur des hommes comme de celle des diamants, qui, à une certaine mesure de grosseur, de pureté, de perfection, ont un prix fixe et marqué, mais qui, par-delà cette mesure, restent sans prix, et ne trouvent point d'acheteurs.

Seb. Chamfort, Maximen u. Gedanken (1796). Übers. v. Stahl. K. 1. Allgemeines.

— Glaubt mir, der ist ein Neuling in der Welt, | Der viel auf Menschenwert und Menschentugend hält; | Aus Hunderten von dem Gezüchte | Sind neunundneunzig Bösewichte.

Karl Jul. Weber, Demokritos (1832—1840). D. Sat.

— Nicht, was er tut, nur wie er's tut, bestimmt | Des Menschen Wert.

Ernst Raupach, D. Schule d. Lebens (1841). A. 4, Sz. 1.

— Worauf des Menschen Sinn gerichtet ist, das bestimmt seinen Wert. Arabisches Sprichwort.

Menschenwille. — Solt got noch unserm willen machen, | Ubel ging es in allen sachen; | Wir wurden weinen me dan lachen.

Seb. Brant, D. Narrenschif (1494). Nr. 28. V. wider got reden.

— Der Mensch ist die Summe von Eltern und Amme, von Ort und Zeit, von Luft und Wetter, von Schall und Licht, Kost und Kleidung; — sein Wille ist die notwendige Folge aller dieser Ursachen.

Jak. Moleschott, D. Kreislauf d. Lebens (1852).

Menschenwitz. — O Stümperei des armen Menschenwitzes!

Theod. Körner, Zriny (geb. Juni 1812). A. 1, Sz. 1 (Soliman).

Menschenwürde. — Wer in seinem Herzen Menschenwürde, | Allgemeine Menschenliebe trägt, | Unterlieget nie der schweren Bürde, | Die den Schwächling tief zu Boden schlägt.

Joh. Gottfr. Seume, Sämtl. Werke (1826). Gedichte. Erinnerung.

Menschheit. — Die Menschheit selbst ist eine Würde; denn der Mensch kann von keinem Menschen bloß als Mittel, sondern muß jederzeit zugleich als Zweck gebraucht werden.

Immanuel Kant, Grundlegung zur Metaphysik d. Sitten (1785).

— Je mehr ich die Welt sehe, desto weniger kann ich hoffen, daß die Menschheit je eine weise, kluge, glückliche Masse werden könne.

Joh. Wolfg. von Goethe an Herder (17. Mai 1787).

— Von der Menschheit, — du kannst von ihr nie groß genug denken; | Wie du im Busen sie trägst, prägst du in Taten sie aus.

Friedr. von Schiller, Gedichte. Votivtafeln. Nr. 25. An einen Weltverbesserer (geb. 1795).

— Millionen beschäftigen sich, daß die Gattung bestehe; | Aber durch wenige nur pflanzet die Menschheit sich fort.

Friedr. von Schiller, Gedichte. Votivtafeln. Nr. 2. D. verschiedene Bestimmung (geb. 1796).

— . . . der Menschheit Angst und Wehen | Fühlet mein gequältes Herz.

Friedr. von Schiller, Gedichte. D. Eleusische Fest (geb. 1798).

— Um Religion zu besitzen, muß der Mensch erst die Menschheit gefunden haben, und er findet sie nur in Liebe und durch Liebe.

Friedr. Ernst Daniel Schleiermacher, Reden über d. Religion an d. Gebildeten unter ihren Verächtern (1799).

— Der Menschheit Schwingen sind Verstand und Herz | Und ihre Schwungkraft Reiz und Grazie.

Joh. Gottfr. von Herder, Gedichte. Schwungkräfte d. Menschheit (geb. 1802). Schlußv.

— Die Menschheit wechselt zwischen Lust und Weinen; | Und mit dem Ernste gattet sich der Scherz.

Friedr. von Schiller, D. Huldigung d. Künste (geb. 4.—8. Nov. 1804). (Schauspielkunst).

Menschheit. — Der Ungläubige an die Menschheit wird ebenso oft betrogen als der Gläubige an die Menschen.

Jean Paul (Joh. Paul Friedr. Richter), Levana oder Erzieh=Lehre (1807). Bd. 2, Bruchstück 5, K. 1, § 102.

— Ein edler Held ist der fürs Vaterland, | Ein edlerer, der für des Landes Wohl, | Der edelste, der für die Menschheit kämpft.

Joh. Gottfr. von Herder, Sämtl. Werke (1805—1820). Gedichte. Legenden, Dramatische Stücke u. Dichtungen. Nr. 1. Legenden. D. Tapfere.

— Weil mich die Menschheit entzückt in der Dichtkunst Spiegelgemälde, | Sind mir die Menschen verhaßt; denn sie zerbrechen das Glas.

Karl Gustav von Brinckmann, Elegien u. Arabesken (1820).

— Nur alle Menschen machen die Menschheit aus, nur alle Kräfte zusammen genommen die Welt.

Joh. Wolfg. von Goethe, Wilh. Meisters Wanderjahre (1807—1821).

— Ja, ja, die Welt dreht sich um ihre Axe, | Die Menschheit dreht sich mit ihr, Kind und Kegel, | Lebt, liebt und stirbt und zahlt Abgab' und Taxe, | Und wie der Wind sich dreht, dreh'n wir das Segel. | Der König thront, der Arzt macht seine Faxe, | Der Priester klärt uns auf, — das ist die Regel; | Ein bißchen Luft, Wein, Ehrgeiz, eine Dame, | Krieg, Frömmigkeit und Staub, — vielleicht ein Name. Engl.: Well, Well, the world must turn upon its axis, | An all mankind turn with it, heads or tails, | And live and die, make love and pay our taxes, | And as the veering wind shifts, shift our sails; | The king commands us, and the doctor quacks us, | The priest instructs, and so our life exhales, | A little breath, love, wine, ambition, fame, | Fighting, devotion, dust, — perhaps a name.

George Gordon Lord Byron, Don Juan (1819—1824). Übers. v. Gildemeister. Ges. 2, Str. 4, V. 1.

— . . . jeder Zoll, den die Menschheit weiterrückt, kostet Ströme Blutes.

Heinr. Heine, Reisebilder. T. 2. Italien (1828—1829). Nr. 1. Reise v. München nach Genua. K. 30.

— Armsel'ge Menschheit. Ital.: Mortal prole infelice.

Giacomo Leopardi, D. Ginster (1834—1837). Übers. v. Pozzoni.

— Der Mensch ist zwar unheilig genug, aber die Menschheit der Person muß ihm heilig sein.

Immanuel Kant, Werke (1838—1839).

— Die Geschichte lehrt, daß sich die Menschheit im Zirkel dreht, daß es stets einen Kulminationspunkt der Staaten gegeben hat: Fortschreiten und Rückfall. Aus dem Zirkel wird nie ein rechtwinkliges Quadrat.

Karl Jul. Weber, Demokritos (1832—1840). D. Aufklärung.

Menschheit. — Es wechseln Völker und Geschicke, | Die Menschheit geht die gleiche Bahn.

Gottfr. Kinkel, Gedichte (1843). D. Dichters Leben u. Betrachtung.

— Es ist unendlich schöner, sich zehnmal betrügen zu lassen, als Einmal den Glauben an die Menschheit zu verlieren.

Joh. Heinr. Daniel Zschokke, Gesammelte Schriften (1851). Selbstbiographie.

— Die Menschheit bietet in ihrem großen Ganzen ein Gemenge von niedrigen, selbstsüchtigen, dem Tiere bloß darin überlegenen Wesen dar, daß ihr Egoismus überdachter ist. Aber mitten in dieser gleichmäßigen Gewöhnlichkeit erheben sich doch Säulen zum Himmel und zeugen für eine edlere Bestimmung. Franz.: L'humanité dans son ensemble offre un assemblage d'êtres bas, égoïstes, supérieurs à l'animal en cela que leur égoïsme est plus réfléchi. Mais, au milieu de cette uniforme vulgarité, des colonnes s'élèvent vers le ciel et attestent une plus noble destinée.

Ernest Renan, D. Leben Jesu (1861). Übers. v. Kalt.

— . . . die Menschheit ist die Unsterblichkeit der sterblichen Menschen.

Ludw. Börne, Gesammelte Schriften (1862—1863). Kritiken. Nr. 5. Nouvelles lettres Provinciales.

— Die Übel der Menschheit muß man heilen, unerbittlich, wenn es auch schmerzt; die Schwächen der Menschen muß man mit Nachsicht behandeln, sie besprechen und streicheln.

Ludw. Börne, Gesammelte Schriften (1862—1863).

— Die Menschheit schreitet fort mit jedem Tage; | Der Mensch bleibt ewig, der er war.

Emanuel Geibel, Gedichte u. Gedenkblätter (1864). Spr. Nr. 28.

— Ich glaube, die Menschheit ist zur Glückseligkeit bestimmt.

Heinr. Heine, Sämtl. Werke (1861—1868). Deutschland. Zur Gesch. d. Religion u. Philosophie in Deutschland.

— Die Erde ist der große Felsen, woran die Menschheit, der eigentliche Prometheus, gefesselt ist und vom Geier des Zweifels zerfleischt wird. Sie hat das Licht gestohlen und leidet nun Martern dafür.

Heinr. Heine, Sämtl. Werke (1861—1868). Verm. Schriften. Gedanken u. Einfälle. Nr. 2. Religion u. Philosophie.

Menschheitsadel. — . . . stellen Sie der Menschheit | Verlornen Adel wieder her!

Friedr. von Schiller, Don Carlos (1787). A. 3, Sz. 10 (Marquis).

Menschheitsbande. — Natur? | Ich weiß von keiner. Mord ist jetzt die Losung. | Der Menschheit Bande sind entzwei.

Friedr. von Schiller, Don Carlos (1787). A. 5, Sz. 4 (Carlos).

Menschheitsbaum. — Am Baum der Menschheit drängt sich Blüt' an Blüte.

Ferd. Freiligrath, Ein Glaubensbekenntnis. T. 2. Am Baum d. Menschheit usw. (ged. Jan. 1844).

Menschheitscharakter. — Der Charakter der Menschheit ist Vernunft, modifiziert durch Sinnlichkeit.

Karl Jul. Weber, Demokritos (1832—1840). D. geistige Lachen. Einbildungskraft.

Menschheitsgeschichte. — Millionen Geplagte und einige Dutzend Herrscher, — das ist die Geschichte der Menschheit.

Karl Jul. Weber, Demokritos (1832—1840). D. Staat u. seine Formen.

Menschheitslos. — . . . das allgemeine Los | Der Menschheit, schwach zu sein, — ist mein Verbrechen bloß!

Christoph Martin Wieland, Oberon (1780). Ges. 7, Str. 25.

Menschheitsseele. — Ewig wechselt Sitte, Meinung, Glaube der Menschen; aber durch alles dieses hindurch zieht sich . . . ein Etwas hindurch; man könnte es die Seele der Menschheit nennen.

Joh. Jak. Mohr, Gedanken über Leben u. Kunst (1885).

Menschheitswohl. — . . . das Wohl der ganzen Welt | Ist's, worauf ich ziele.

Joh. Wolfg. von Goethe, Gedichte. Gesellige Lieder. Tischlied (ged. 1802). Schlußv. Mel. v. Max Eberwein (1810), Wilh. Ehlers (1817) u. Joh. Friedr. Reichardt.

Menschlich. — Da Menschen wir, muß menschlich unser Trachten sein. Griech.: *Ὄντας δὲ θνητοὺς θνητὰ καὶ φρονεῖν χρεών.*

Euripides, Alkestis (um 438 v. Chr.). Übers. v. Minckwitz. V. 799 (Herakles).

— In der Tat, wie heut' herflutet, wie heut' hinflutet das menschliche Dasein, | Muß jeglichem nicht Wahn dünken es bloß, ja, bloß Tollhäusleriade? Griech.: *Ὡς μὲν γὰρ νῦν ἡμῖν ὁ βίος τοῖς ἀνθρώποις διάκειται, | Τίς ἂν οὐχ ἡγοῖτ' εἶναι μανίαν κακοδαιμονίαν τ' ἔτι μᾶλλον;*

Aristophanes, Plutos (um 388 v. Chr.). Übers. v. Minckwitz. V. 500—1 (Chremylos).

— Mensch bin ich, achte nichts, was menschlich ist, mir fremd. Lat.: Homo sum: humani nihil a me alienum puto.

Publ. Terentius Afer (um 185—155 v. Chr.), D. Selbstpeiniger. Übers. v. Donner. A. 1, Sz. 1, V. 25 (Chremes).

— . . . der Seligkeiten göttlichste, den Glauben | An menschliche Vortrefflichkeit . . .

Friedr. von Schiller, Don Carlos (1787). A. 2, Sz. 15 (Carlos).

— Ich habe Ehrfurcht vor der menschlichen Natur. — | Nur die Menschen kann ich nicht mehr lieben.

Friedr. von Schiller, D. Menschenfeind (1790). Sz. 8 (v. Hutten).

Menschlich. — Weit ist der Schauplatz, der Lohn groß, | Menschlich und edel zu sein.

Friedr. Gottl. Klopstock, Sämtl. Werke (1798—1821). Bd. 3.

— Welchen Weg mußte nicht die Menschheit machen, bis sie dahin gelangte, auch gegen Schuldige gelind, gegen Verbrecher schonend, gegen Unmenschliche menschlich zu sein! Gewiß waren es Männer von göttlicher Natur, die dies zuerst lehrten.

Joh. Wolfg. von Goethe, Wilh. Meisters Wanderjahre (1807—1821).

— Ein Grieche sein ist nichts, und alles, alles, | Ein wahrhaft menschlich Herz im Busen tragen!

Friedr. Halm (Elegius Frz. Jos. Freiherr von Münch-Bellinghausen), D. Sohn d. Wildnis (1842). A. 5 (Parthenia).

— Alle menschlichen Einrichtungen sind unvollkommen, im höchsten Maße und am allermeisten staatliche Einrichtungen.

Otto von Bismarck im Reichstage (26. Nov. 1884).

— Im Kampfe wild, doch menschlich, | Im Frieden still und den Gesetzen treu | War er als Krieger, Untertan und Mensch | Der Liebe wie der Ehre wert.

Grabschrift auf Speckbacher in Hall.

— Wo Menschen wandeln, | Ein menschlich handeln.

Spr. an einem Hause. Lans beim Neuner.

Menschliche, das. — Hoch über Menschliches hinaus.

Friedr. von Schiller, Gedichte. D. Kraniche d. Ibykus (ged. 11.—16. Aug. 1797).

— Alles Menschliche muß erst werden und wachsen und reifen; | Und von Gestalt zu Gestalt führt es die bildende Zeit.

Friedr. von Schiller, Gedichte. D. Glück (ged. 1798).

Menschlichkeit. — Menschlichkeit ist die Tugend des Weibes, Großmut die des Mannes. Engl.: Humanity is the virtue of a woman, generosity of a man.

Adam Smith, Theorie d. moralischen Empfindungen (1759). B. 1, T. 4, K. 2. Übers. v. Drabig.

— Es sei uns immer angelegener, Menschlichkeit zu zeigen als Lebensart!

Gotthold Ephr. Lessing, Hamburgische Dramaturgie (1767—1768).

— Es hört sie (die Stimme der Menschlichkeit) jeder, | Geboren unter jedem Himmel, dem | Des Lebens Quelle durch den Busen rein | Und ungehindert fließt.

Joh. Wolfg. von Goethe, Iphigenie auf Tauris (1787). A. 5, Sz. 3 (Iphigenie).

— Die Menschlichkeit ist einer der schönsten Gedanken in dem göttlichen System des Christentums, welches uns lehrt, den Menschen nicht allein Gutes zu tun, sondern sie auch als unsere Brüder zu lieben. Engl.: Humanity is one of the most beautiful parts of the divine system of Christianity, which teaches us not only to do good to mankind, but love each other as brethren.

James Fox, Rede über d. Aufnahme franz. Untertanen in d. Armee (17. April 1794). Übers. v. Drabig.

Menschlichkeit. — Alle menschlichen Gebrechen | Sühnet reine Menschlichkeit.

Joh. Wolfg. von Goethe, Gedichte. A. d. Nachlaß. An Personen. D. Schauspieler Krüger mit einem Exemplar d. Iphigenie (ged. 1827).

— Ausgestoßene Verbrecher tragen oft mehr Menschlichkeit im Herzen als jene kühlen, untadelhaften Staatsbürger der Tugend, in deren bleichen Herzen die Kraft des Bösen erloschen ist, aber auch die Kraft des Guten.

Heinr. Heine, Engl. Fragmente (1828). K. 2. London.

Mesalliancen. — Die schlimmste aller Mesalliancen ist die der Herzen. Franz.: La pire de toutes les mésalliances est celle du cœur.

Seb. Chamfort, Maximen u. Gedanken (1796). Übers. v. Stahl.

Messen. — . . . mit welcherlei Maß ihr messet, wird euch gemessen werden.

Matth., K. 7, V. 2.

Messer. — Ein Messer ohne Klinge, an welchem der Stiel fehlt.

Georg Christoph Lichtenberg, Verm. Schriften (1800—1806). Bd. 5. Aufsätze a. d. Göttingischen Taschenb. zum Nutz u. Vergnügen. Nr. 22. Verzeichnis einer Sammlung v. Gerätschaften, welche in d. Hause d. Sir H. S. künftige Woche öffentlich verauktioniert werden sollen.

— Ein Messer wetzt das andere.

Spr. Sal., K. 27, V. 17.

— Das Messer beim Heft haben (die Macht in der Hand haben).

Sprichwörtl. Redensart.

— Er hat't jroße Messer (er schneidet auf).

Berliner Redensart.

Messias. — Herr, der du Mensch geboren wirst, | Immanuel und Friedefürst, | Auf den die Völker hoffend sahn, | Dich, Gott Messias, bet' ich an.

Christ. Fürchtegott Gellert, Geistl. Oden u. Lieder (1757). Weihnachtslied.

Michel, deutscher. — Herr Michel und der Vogel Strauß | Sind leibliche Geschwister; | Aus diesem guckt's Kamel heraus, | Aus jenem der Philister. | Und was der Strauß für einen Wanst | Besitzt, und welchen Magen! | Nur du, mein deutscher Michel, kannst | Und mußt noch mehr vertragen!

Frz. von Dingelstedt, Sämtl. Werke (1877). Gedichte.

Milch. — Milch der Menschenliebe. Engl.: The milk of human kindness.

William Shakespeare, Macbeth (1601—1602). Übers. v. Schlegel. A. 1, Sz. 5 (Lady Macbeth).

— . . . in gärend Drachengift hast du | Die Milch der frommen Denkart mir verwandelt.

Friedr. von Schiller, Wilh. Tell (1804). A. 4, Sz. 3 (Tell).

— . . . ein Land, darinnen Milch und Honig fließt.

2. Mos., K. 3, V. 8.

— Er hat nicht viel in die Milch zu brocken (er ist nicht reich).

Sprichwörtl. Redensart.

— Wie Milch und Blut aussehen (gesund aussehen).

Sprichwörtl. Redensart.

Mild. — Wer übertrifft den, der sich mild erzeigt? | Der selt'ne Freund, der es zugleich verschweigt.

Friedr. von Hagedorn, Sämtl. poetische Werke (1757). Epigrammatische Gedichte. Wohltaten.

— Man darf nur alt werden, um milde zu sein; ich sehe keinen Fehler begehen, den ich nicht auch begangen hätte.

Joh. Wolfg. von Goethe, Werke (1827—1830). Maximen u. Reflexionen. Abteilung 2.

Milde. — Der Milde Lohn ist gleich der Saat; | Die wonnigliche Ernte naht, | Darnach man ausgestreuet hat. Mittelhochdeutsch: Der milte lôn ist sô diu sât; | Diu wünnneclîche wider gât, | Dar nâch man si geworfen hât.

Walter v. d. Vogelweide (um 1170—1230), Gedichte. Übertr. v. Pannier.

— Lerne endlich von der Muschel, was die wahre Milde sei, | Und beschenke den mit Perlen, der das Haupt dir schlägt entzwei!

A. d. Persischen d. Hafis (um 1310—1389). Ghaselen. Übers. v. Rosenzweig.

— Des Hasses Samen aus der Brust reißt leicht ein sanftes, zartes Wort, | Es wischt der Milde Zunge schnell die Falten aus den Brauen fort.

A. d. Persischen d. Anwari-Soheili (gest. 1501). Streit d. Elefanten u. Hasen. Übers. v. Ethé.

— Milde erreicht mehr als Heftigkeit. Franz.: **Plus fait douceur que violence.**

Jean de Lafontaine, Fab. (1668). Übers. v. Dohm. B. 6, Nr. 3. Phöbus u. Boreas. V. 40.

— Des Königs Milde zeugt Verwegenheit.

Joh. Wolfg. von Goethe, D. natürliche Tochter (1803). A. 1, Sz. 6 (Herzog).

— Verbote wirken nichts, aber Beispiele der Milde tun alles.

Jean Paul (Joh. Paul Friedr. Richter), Levana oder Erzieh-Lehre (1807). Bd. 2, Bruchstück 4, K. 4, § 92.

— Nicht leichtsinnig eröffne die Tür freigebiger Milde; | Aber geöffnet schleuß nimmer mit Härte sie zu!

Joh. Gottfr. von Herder, Sämtl. Werke (1805—1820). Blumenlese a. morgenländischen Dichtern. Nr. 2. D. Rosental. V. 2. Frohe Milde.

— Man kann im Herzen Milde tragen | Und doch mit Kolben drunter schlagen.

Friedr. von Sallet, Gesammelte Gedichte (1843). Epigrammatisches u. Lehrhaftes.

— Die Milde ist die lichtverklärte Blüte | Des herben Krautes: Strenge gegen dich.

Jul. Hammer, Schau um dich u. schau in dich (1851). Liebe deinen Nächsten wie dich selbst! Gerecht ist d. Entschiedenheit allein usw.

— Die Gewalt besitzt nicht halb soviel Macht als die Milde. Engl.: **Even Power itself hath not one-half the might of Gentleness.**

Samuel Smiles, D. Charakter (1871). Übers. v. Dobbert. K. 8. D. Gemütsruhe. Vorwort.

Milde. — Ermüde nicht in Ernst und Scherz, | Die eis'gen Herzen zu ergreifen; | Eine Sonnenseite hat jedes Herz, | Daran der Milde Trauben reifen.

Jul. Lohmeyer, Gedichte eines Optimisten (1883).

Mildtätig. — Es ist leicht, mildtätig aus eines andern Börse zu sein.

Holländisches Sprichwort.

— Mildtätig wie Pfaff Mangold, (der die Eier selbst aß und den Armen die Schalen gab).

Sprichwörtl. Redensart.

Mildtätigkeit. — Mildtätigkeit, du bist ganz wie des Sämanns Hand; | Wie oft aus wenig Korn die vollste Saat erstand!

Anastasius Grün (Anton Alexander Graf von Auersperg), Gesammelte Werke (1877). Gedichte. Spr.

Militärstand. — Nicht der Schulmeister, sondern der Erzieher, der Militärstand, hat unsere Schlachten gewonnen, welcher jetzt bald 60 Jahrgänge der Nation erzogen hat zur körperlichen Rüstigkeit und Gehorsam, zu Vaterlandsliebe und Mannhaftigkeit. Hellmuth von Moltke (1874).

Millionen. — Seid umschlungen, Millionen!

Friedr. von Schiller, Gedichte. An d. Freude (ged. 1785). Mel. v. Friedr. Frz. Hurka (1789), Karl Friedr. Zelter (komp. 1. März 1792), Joh. Friedr. Reichardt (komp. 1795) u. a.

Mime. — . . . schnell und spurlos geht der Mimen Kunst, | Die wunderbare, an dem Sinn vorüber. Friedr. von Schiller, Wallensteins Lager. Prolog (ged. 1793).

— Dem Mimen flicht die Nachwelt keine Kränze.

Friedr. von Schiller, Wallensteins Lager. Prolog (ged. 1793).

— Mächtig ist des Mimen heit're Kunst.

Joh. Wolfg. von Goethe, Werke (1827—1830). Nachspiel zu Ifflands Hagestolzen. Gruppe 5 (Margarete).

— Der echte Mime haßt, das merke, | Des echten Dichters Genius. | Er macht sich nichts aus einem Werke, | Draus er nicht erst was machen muß. Paul Heyse, Spruchbüchlein (1885). Theater.

Minderheit. — Die Minderheit hat überall ein ewiges Recht, nämlich dasjenige, die Wahrheit zu proklamieren. Franz.: **La minorité a partout un droit éternel, celui de proclamer la vérité.**

Maximilian Marie Isidore Robespierre in seiner Verteidigungsrede auf d. Anklage, er strebe nach d. Diktatur (1792). Übers. v. Zimmermann.

Minen. — Alle Minen springen lassen (alle Hilfsmittel gebrauchen). Sprichwörtl. Redensart.

Minerva. — Gegen den Willen der Minerva. Lat.: **Invita Minerva.**

Marc. Tull. Cicero, V. d. Pflichten (um 44 v. Chr.). Übers. v. Klotz. B. 1, K. 31, § 110.

— Du wirst nichts je reden und tun ohne Huld der Minerva. Lat.: **Tu nihil invita dices faciesve Minerva.**

Quint. Horatius Flacc., Dichtkunst (um 20. v. Chr.). Übers. v. Voß. V. 385.

Minister, der. — Klug und tätig und fest, bekannt mit allem, nach oben | Und nach unten gewandt, sei er Minister und bleib's!

Joh. Wolfg. von Goethe, Gedichte. Vier Jahreszeiten (geb. 1796). Herbst. Nr. 79.

— Es kann ein Liberaler Minister sein, aber deshalb ist er noch kein liberaler Minister.

Wilh. Freiherr von Humboldt, Gesammelte Werke (1841—1852).

— . . . Sie müssen nicht glauben, daß man dadurch, daß man Minister wird, sofort wesentlich klüger und einsichtiger wird.

Otto von Bismarck im Abg.=Hause d. preuß. Landtages (4. Febr. 1881).

— . . . so möchte ich eben die Aufgabe des leitenden Ministers darin sehen, daß er, wie der Lokomotivheizer, immer für richtige Heizung sorgt, damit die Maschine ordentlich weitergeht.

Otto von Bismarck im Reichstage (10. Mai 1884).

— Ich halte den Minister für einen elenden Feigling, der nicht unter Umständen seinen Kopf und seine Ehre daran setzt, sein Vaterland auch gegen den Willen von Majoritäten zu retten.

Otto von Bismarck im Abg.=Hause d. preuß. Landtages (28. Jan. 1886).

— Ein guter Minister soll nicht auf das Stirnrunzeln des Monarchen schauen, dem er dient, sondern er soll ihm frei seine Meinung sagen.

Otto von Bismarck zu d. Vertretern Berlins in Friedrichsruh (23. Juni 1890).

— . . . ich habe nie einen zufriedenen Kollegen (Minister) gekannt, ebensowenig einen zufriedenen Parlamentarier.

Otto von Bismarck zu Frauen a. d. Bergischen Landen in Friedrichsruh (26. April 1894).

— Ein hohes Ehrgefühl macht die Stellung eines leitenden Ministers außerordentlich schwierig.

Otto von Bismarck zu d. Vertretern d. Militärvereine d. südlichen Holsteins in Friedrichsruh (3. Mai 1894).

Minister, die. — Schlechte Minister verderben den König.

Peter von Bohlen, Bhartriharis Spr. (1835).

— Was Richterstuhl und Polizei für den Bürger, muß die öffentliche Meinung für Regenten und ihre Minister werden.

Karl Jul. Weber, Demokritos (1832—1840). Staatsbetrachtungen eines alten Welt= u. Mondbürgers.

— Minister fallen, wie Butterbrote, gewöhnlich auf die gute Seite.

Ludw. Börne, Gesammelte Schriften (1862—1863). Fragmente u. Aphorismen. Nr. 1.

Minne. — Diu minne ist meines herzens rouberinne. Dietmar von Aiste (um 1180).

— Waz mag daz sin, daz diu werlte heizet minne, | Unt daz mir doch so weh thut z'aller stunde? Friedr. von Hausen (gest. 1190).

— Do man der rechten Minne pflag, | Do pflag man auch der Ehren.

Heinr. von Veldecke (12. Jahrh.).

Minne. — Willst du dich herzlich freuen, wie es seit je geschah, | Das kommt von Mannesminne. Mittelhochdeutsch: Soltu immer herzenlîche zer werlde werden vrô, | Daz gesiht von mannes minne.

D. Nibelunge Nôt (um 1200). Übertr. v. Junghans. Âventiure 2, Str. 16.

— Das nur kann wahre Minne sein, | Wenn sich das Herz dem Herzen giebt, | So lauter, daß kein Hauch es trübt.

Wolfram von Eschenbach (um 1200).

— Der Minne Macht bewältigt die Nähe wie die Weite; | Minne hat auf Erden Haus, in den Himmel giebt sie gut Geleite.

Wolfram von Eschenbach (um 1200).

— Minn' ist allerwärts, außer in der Hölle.

Wolfram von Eschenbach (um 1200).

— Der starken Minne lahmt die Kraft, | Wird Wankelmuth und Zweifel ihr Geselle.

Wolfram von Eschenbach (um 1200).

— Soll ich der wahren Minne singen, | So muß sie mir die Treue bringen.

Wolfram von Eschenbach, Parzival (um 1200—1210).

— Die Blindheit der Minnen | Blendet auß' und innen.

Gottfr. von Straßburg, Tristan u. Isolt (um 1210).

— Was sie da heißen Minne, | Erzeigt als Leid sich bald. Mittelhochdeutsch: Daz sie dâ heizent minne, | Deis niewan senede leit.

Walter v. d. Vogelweide (um 1170—1230), Gedichte. Übertr. v. Pannier.

— Die Minn' ist weder Mann noch Weib, | Hat weder Seele, weder Leib, | Kein Abbild kann von ihr geschaffen werden; | Ihr Nam' ist kund, sie selbst ist fremd auf Erden. | Und es kann doch niemand ohne sie | Sich Gottes Gnade je gewinnen. Mittelhochdeutsch: Diu minne ist weder man noch wîp, | Si hât noch sêle noch den lîp, | Sie gelîchet sich dekeinem bilde. | Ir nam ist kunt, si selbe ist aber wilde, | Unde enkan doch nieman âne sie | Der gotes hulden niht gewinnen.

Walter v. d. Vogelweide (um 1170—1230), Gedichte. Übertr. v. Pannier.

— In falsche Herzen kam sie (die Minne) nie! Mittelhochdeutsch: Sie kam in valschez herze nie.

Walter v. d. Vogelweide (um 1170—1230), Gedichte. Übertr. v. Pannier.

— Viel falsche Münz' in unsern Tagen | Ist nach der Minne Bild geschlagen. | Doch hast du ihr Gepräge recht erkannt, | Dann setz' ich meine Treue dir zum Pfand. Mittelhochdeutsch: Ez ist in unsern kurzen tagen | Nâch minne valschez vil geslagen. | Swer aber ir insigel rehte erkande, | Dem setze ich mîne wârheit des ze pfande.

Walter v. d. Vogelweide (um 1170—1230), Gedichte. Übertr. v. Pannier.

Minne. — So künstlich sich kein Schloß erweist, | Daß es dir (Minne) widerstände, Meisterin der Diebe. Mittelhochdeutsch: Ezn wart nie sloz sô manicvalt, | Daz vor dir gestüende, diebe meisterinne. Walter v. d. Vogelweide (um 1170—1230), Gedichte. Übertr. v. Pannier.

— Minn' ist allen Glückes Hort, | Ohne Minne wird das Herze nimmer wahrhaft froh. Mittelhochdeutsch: Minne ist aller tugende ein hort, | Âne minne wirdet niemer herze rehte frô.

Walter v. d. Vogelweide (um 1170—1230), Gedichte. Übertr. v. Pannier.

— Minn' ist zweier Herzen Freude; | Teilen beide gleich, so ist die Minne da. | Doch tritt nicht die Teilung ein, | So vermag Ein Herz allein sie nicht zu fassen. Mittelhochdeutsch: Minne ist zweier herzen wünne; | Teilent sie geliche, sost diu minne dâ. | Sol abe ungeteilet sîn, | Sô enkans ein herze alleine niht enthalten.

Walter v. d. Vogelweide (um 1170—1230), Gedichte. Übertr. v. Pannier.

— Minne, du kannst wunderviel an Freuden machen, | Und dein Drang vernichtet Freuden viel. Mittelhochdeutsch: Minne, wunder kan dîn güete liebe machen, | Und dîn twingen swenden fröiden vil. Walter v. d. Vogelweide (um 1170—1230), Gedichte. Übertr. v. Pannier.

— Niedre Minn' ist's, die uns sinken macht, | Daß der Sinn nach schlechter Liebe ringet; | Die Minne bringet ohne Lob nur Weh. Mittelhochdeutsch: Nideriu minne heizet diu sô swachet, | Daz der lîp nâch kranker liebe ringet; | Diu liebe tuot unlobelîche wê. Walter v. d. Vogelweide (um 1170—1230), Gedichte. Übertr. v. Pannier.

— Wer gab dir, Minne, die Gewalt, | Daß du so allgewaltig bist? | Du zwingest beide, jung und alt; | Dagegen gibt es keine List. Mittelhochdeutsch: Wer gap dir, Minne, den gewalt, | Daz dû doch sô gewaltic bist? | Dû twingest beide junc unt alt; | Dâ für kan nieman keinen list.

Walter v. d. Vogelweide (um 1170—1230), Gedichte. Übertr. v. Pannier.

— Rechte Minne bietet Freud', | Feile Minne bringt nur Leid. Mittelhochdeutsch: Rehtiu minne vröude hât, | Sô veiliu minne trûric stât.

Frîdankes Bescheidenheit (1225—1240). Übertr. v. Pannier. Nr. 37. v. minne u. wîben.

— Die Minne blendet weisen Mann, | Der sich vor ihr nicht hüten kann. Mittelhochdeutsch: Minne blendet wîsen man, | Der sich vor ir niht hüeten kan. Frîdankes Bescheidenheit (1225—1240). Übertr. v. Pannier. Nr. 37. v. minne u. wîben.

— Minne niemand pflegen mag | So heimlich einen halben Tag, | Daß es nicht wissen längst vorher | Vier oder sechs, vielleicht noch mehr. Mittelhochdeutsch: Minne nieman pflegen mac | Sô tougenlîche einen tac, | Ez wizzen viere oder mê | Oder lîhte sehse ê ez ergê.

Frîdankes Bescheidenheit (1225—1240). Übertr. v. Pannier. Nr. 37. v. minne u. wîben.

Minne. — Minne, Schatz, großer Gewinn | Verkehren guten Mannes Sinn. Mittelhochdeutsch: Minne, schatz, grôz gewin | Verkêrent guotes mannes sin.

Frîdankes Bescheidenheit (1225—1240). Übertr. v. Pannier. Nr. 44. v. schatze u. pfenninge.

— Unklugheit wundre | Keinen am andern; | Denn viele befällt sie. | Weise zu Toren | Wandelt auf Erden | Der Minne Macht.

Edda (um 1240—1250). Hâvamâl.

— Minne Mann und Frauen meistern kann, | Den jungen und den alten gleich.

Dietrichs erste Ausfahrt (um 1250).

— Ich will das Herz mein Lebelang | Der holden Minne weihen.

Gottfr. Aug. Bürger, Gedichte. D. Minne (geb. Frühjahr 1772).

— Die Flamme des Liedes entbrannte neu | An der schönen Minne und Liebestreu'.

Friedr. von Schiller, Gedichte. D. vier Weltalter (geb. 1802).

— Ewig soll dieselbe Minne | Durch die Welt mich führen, Psyche, | Denn für mich sind's Widersprüche: | Aus den Augen, aus dem Sinne.

Aug. Graf von Platen-Hallermund, Gedichte. Lieder u. Romanzen. Scheiden löst mit gord'schem Hiebe usw. (geb. 1818). Schlußv.

— Daß ich sterbe hin vor Schmerzen, — | Minne, sieh! Das tatest du!

Heinr. Heine, D. B. d. Lieder. Anhang älterer Gedichte (geb. 1816—1824). Zu d. Liedern. Nr. 2. Schlußv.

— Im glühend Herzen ausgegoren | Wird hoher Minne Feuerwein; | Und rote Lippen sind erkoren, | Die Kellnerinnen ihm zu sein.

Karl Immermann, Tristan u. Isolde (1841). Vorspiel.

— Was nur lebt, will lieben; | Meiden will keiner die Minne.

Richard Wagner, Rheingold (1869). (Wellgunde).

— Das ist unselige Minne, | Wenn Weiber das Herz dir rühren, | Bei denen Gemüt und Sinne | Getrennte Wirtschaft führen.

Paul Heyse, Spruchbüchlein (1885). Frauen.

— Minne sät so süße Saat, | Aber Kummer ist die Ernte.

Karl Stieler, Wanderzeit (1888). Feldein.

— Das ist die mächtigste und tiefste Minne, | Die einzige, die für ein Leben reicht, | Die, statt als Glut und Leidenschaft der Sinne, | Als innig heiße Rührung uns beschleicht.

Frida Schanz, Ährenlese (1894).

— Die minne überwindet alle ding. | „Du liugest" (lügst) sprach der pfenning. Alter Spr.

— Ich weiß wohl, es ist eine alte Märe, | Daß ein armes Minnelein ist recht ein Marteräre.

Alter Spr.

— Man spricht, die minne sei blinde.

Alter Spr.

— Frawe Minne briht daz isen | Unt ueberwindet risen. Wartburgspr. Architektenstüblein.

Minne. — Frau Minne und ein Saitenspiel, | Die klingen wohl, doch wechseln viel.
Wartburgspr.

— Jeglicher minne rose trägt den dorn.
Wartburgspr. Pallashaus.

— Laßt nur drei Dinge sein: | Fröhlich das Herzelein, | Still und voll Seligschein, | Minne und Treue drein! Wartburgspr. Architektenstüblein.

— Minne ist zweier Herzen Wonne.
Wartburgspr.

Minneglück. — Minneglück will Jugendblüte, | Und du änderst's nimmermehr.
Emanuel Geibel, Gedichte u. Gedenkblätter (1864). Lieder a. alter u. neuer Zeit. Nr. 16. Schlußv.

Minnejünger. — Alle Schulen sind gar ein Wind, | Außer der Schul alleine, | Darin der Minne Jünger sind.
Reimar von Zweter (13. Jahrh.).

Minnelust. — Minnelust ist hohe Liebeswonne, | Himmelslust gemischt mit Sinnenfreude, | Aller Erdenwonnen höchste, schönste.
Rob. Hamerling, Amor u. Psyche (1882).

Minnen. — Wer minnt, was er minnen soll, | Dem ist mit Einem Weibe wohl. Mittelhochdeutsch: Swer minnet daz er minnen sol, | Dem ist mit einem wîbe wol.
Frîdankes Bescheidenheit (1225—1240). Übertr. v. Pannier. Nr. 37. v. minne u. wîben.

Minnerecht. — Trauern, wieder fröhlich sein, | Sanftes Zürnen, inniges Versöhnen, das ist Minnerecht und Herzensliebe rein. Mittelhochdeutsch: Trûren unde wesen frô, | Sanfte zürnen, sêre süenen, deis der minne reht; diu herzeliebe wil alsô. Walter v. d. Vogelweide (um 1170—1230), Gedichte. Übertr. v. Pannier.

Minnesänger. — Andre Leute, wenn sie springen | In die Schranken, sind gesund; | Doch wir Minnesänger bringen | Dort schon mit die Todeswund'!
Heinr. Heine, D. B. d. Lieder. Junge Leiden (ged. 1817—1821). Romanzen. Nr. 11. D. Minnesänger.

Minnesold. — Im Sturm erringt er den Minnesold.
Friedr. von Schiller, Wallensteins Lager. Sz. 11. Reiterlied (ged. 1797). Mel. v. Christ. Jak. Zahn (1798).

Minute. — Was man von der Minute ausgeschlagen, | Gibt keine Ewigkeit zurück.
Friedr. von Schiller, Gedichte. Resignation (ged 1784). Schlußv.

Mir. — Wie du mir, so ich dir!
Nach Spr. Sal., K. 24, V. 29. — Sprichwort.

Mischen, sich in etwas. — Wer sich mischt in frembde Schäden, | Sammlet sich oft Unglück ein. Christ. Gryphius, Poetische Wälder (1698). An seinem (Christi) Geburts-Tage.

— Mische dich nicht in fremde Händel!
Sprichwort.

Mißachten. — Mißachtet mag ich Dulderin nicht leben.
Adelbert von Chamisso (Louis Charles Adelaide Chamisso de Boncourt), Gedichte. Sonette u. Terzinen. A. d. Vendee. Nr. 1. Im Jahre 1832 (ged. 1832).

Mißbehagen. — ... sein launisch Mißbehagen | Ruht auf dem breiten Polster seines Glücks. Joh. Wolfg. von Goethe, Torquato Tasso (1789). A. 5, Sz. 1 (Antonio).

Mißbilligen. — Die Gründe (der Regierung) kenne ich nicht; aber ich muß sie mißbilligen.
Jul. Kell in d. sächsischen zweiten Kammer (12. Febr. 1849).

Mißbrauch. — Mißbrauch macht stumpf die schärfste Messerschneide. Engl.: The hardest knife ill-us'd doth lose his edge.
William Shakespeare, Sonette (1609). Übers. v. Bodenstedt. Abteilung 1, Nr. 37. Schlußv.

— Mißbrauch ist deß guten Brauchs Rost.
Christoph Lehmann, Politischer Blumen-Garten (1662). T. 2. Mißbrauch. Nr. 2.

— Mißbrauch hebt den Brauch nit auff.
Christoph Lehmann, Politischer Blumen-Garten (1662). T. 2. Mißbrauch. Nr. 9.

— Der Mißbrauch darf nicht unser Urteil leiten; | Alt ist der Spruch, zu selten sein Gebrauch! | Saugt nicht auf gleichem Blumenstrauch | Die Raupe Gift, die Biene Süßigkeiten?
Christoph Martin Wieland, Musarion (1768). B. 2.

— Mißbrauch lehrt den rechten Brauch.
Alter Spr.

— Mißbrauch ist keine Gewohnheit.
Sprichwort.

Mißerfolge. — Die Menschen erwerben sich ihre besten Erfahrungen durch Erinnerung der Mißerfolge, die sie im Verkehr mit anderen und sonst im Leben erlitten haben. Engl.: By far the best experience of men is made up of their remembered failures in dealing with others in the affairs of life.
Samuel Smiles, D. Charakter (1871). Übers. v. Dobbert. K. 12. D. Schule d. Erfahrung.

Missetat. — Wie groß auch eines Missetat, | Gott dennoch größre Gnade hat. Mittelhochdeutsch: Swie grôz sî iemans missetât, | Got dannoch groezer gnâde hât.
Frîdankes Bescheidenheit (1225—1240). Übertr. v. Pannier. Nr. 10. v. sünden.

— Wenn dreißigmal man Gutes tät' | Und Eine Missetat begeht, — | Des Guten wird vergessen, | Das Böse voll gemessen. Mittelhochdeutsch: Swelch man drîzec tugende begât, | Begât er eine missetât, | Der tugende wirt vergezzen, | Diu missetât wirt gemezzen.
Frîdankes Bescheidenheit (1225—1240). Übertr. v. Pannier. Nr. 12. v. triuwe u. untriuwe.

— Wer sich hütet fur missethat, | Der rechte tugendt an im hat. Alter Spr.

Missetaten. — In was für Missethaten | Bist du gerathen?

Joh. Heermann, Hauß- v. Hertz-Musica (1639). Trost a. Jesu Liebe u. Gnade.

Mißfällig. — Was ein wirklich feines sittliches Gefühl nicht mißbilligt, das halte ich auch nicht für Gott mißfällig.

Wilh. Freiherr von Humboldt, Br. an eine Freundin (21. Mai 1825).

Mißgeschick. — Trägst wie Noä du geduldig einer Sündflut Mißgeschick, | Weicht das Unglück, und es kehret hundertjähr'ge Lust zurück.

A. d. Persischen d. Hafis (um 1310—1389). Ghaselen. Übers. v. Rosenzweig.

— Fremdes Mißgeschick zu tragen sind wir alle stark genug. Franz.: Nous avons tous assez de force pour supporter les maux d'autrui.

François, Herzog von La Rochefoucauld, Reflexionen oder moralische Sentenzen u. Maximen (1665). Nr. 19. Übers. v. Zimmermann.

— Wird das Mißgeschick der Individuen sowohl, als der Staaten mit wahrer Einsicht untersucht und aufgedeckt, so ist ihm mehr als zur Hälfte gesteuert. Engl.: The misfortunes of individuals and of kingdoms, that are laid open and examined with true wisdom, are more than half redressed.

William Pitt, Parlamentsrede (21. Febr. 1783). Übers. v. Drabig.

— Die Natur hat in das Übermaß des Mißgeschicks die Ruhe gelegt, wie einen weichen Boden auf die Tiefe des Abgrundes, um für die Unglücklichen die Empfindung des Falles zu mildern. Franz.: La nature a mis le calme dans l'excès de l'infortune, comme une couche molle au fond de l'abîme, pour adoucir la sensation de la chute aux infortunés.

Alphonse de Lamartine, Gesch. d. Girondisten (1847). Übers. v. Herwegh.

— Wie kamst du zu dem Glücke? | Fragt staunend jeder Mund. | Von deinem Mißgeschicke | Weiß jeder gleich den Grund.

Jos. Sami Tauber, Quinten (1864). Frage.

Mißgunst. — ... denn Mißgunst weilt außerhalb des Reigens der Götter. Griech.: *Φθόνος γὰρ ἔξω θείου χοροῦ ἵσταται.*

Platon (um 427—347 v. Chr.), Phädros. Übers. v. Müller. § 57 (Sokrates).

— Die Mißgunst ist die Gesellschafterin des hohen Glückes. Lat.: Eminentis fortunae comes invidia.

Vellejus Paterculus (um 30), Römische Gesch. Übers. v. Götte. B. 1, K. 9, § 6.

— Mißgunst sei sonst, wie sie will; dennoch ist ihr Eigentum, | Daß sie immer mehr verklärt als verdunkelt unsern Ruhm.

Friedr. von Logau, Deutsche Sinn-Getichte (1654). Mißgunst.

Mißgunst. — Mißgunst lauert auf, | Schnell regt sie Wog' auf Woge, Sturm auf Sturm.

Joh. Wolfg. von Goethe, D. natürliche Tochter (1803). A. 1, Sz. 5 (König).

— Mißgunst und Haß beschränken den Beobachter auf die Oberfläche, selbst wenn Scharfsinn sich zu ihnen gesellt; verschwistert sich dieser hingegen mit Wohlwollen und Liebe, so durchdringt er die Welt und den Menschen, ja er kann hoffen, zum Allerhöchsten zu gelangen.

Joh. Wolfg. von Goethe, Werke (1827—1830). Maximen u. Reflexionen. Abteilung 3.

— Unköniglicher doch ist keine Eigenschaft | Als Mißgunst; durch sie wird ein König bettelhaft.

Friedr. Rückert, D. Weisheit d. Brahmanen (1836—1839). B. 5, Nr. 48. (Stufe 3. Kampf. Nr. 127. Fürstenspiegel. Nr. 19.)

Mißlingen. — Beim Beginnen einer Unternehmung und unweit des Zieles ist die Gefahr des Mißlingens am größten. Wenn Schiffe scheitern, so geschieht es nahe am Ufer.

Ludw. Börne, Gesammelte Schriften (1862—1863). Fragmente u. Aphorismen. Nr. 156.

Mißtrauen. — Wo du mißtraust und des Mannes freundliche Miene | Dir verdächtig dünkt, da rat' ich dir dennoch, | Wie gläubig zu lächeln und glimpflich zu reden, | Was du selbst nicht glaubst. Mit gleicher Münze | Heißt das geziemend den Heuchler bezahlen.

Edda (um 1240—1250). Hâvamâl.

Mißtrauen, das. — Weises Mißtraun ist's, Was stets den größten Nutzen schafft den Sterblichen. Griech.: *Σώφρονος δ' ἀπιστίας | Οὐκ ἔστιν οὐδὲν χρησιμώτερον βροτοῖς.*

Euripides (um 480—406 v. Chr.), Helena. Übers. v. Binder. V. 1617—18 (Bote).

— Mißtrawen sucht genaw vnnd macht ein verworren Spiel.

Christoph Lehmann, Politischer Blumen-Garten (1662). T. 2. Mißtrawen. Nr. 11.

— Das Mißtraun ist die schwarze Sucht der Seele, | Und alles, auch das Schuldlosreine, zieht | Fürs kranke Aug' die Tracht der Hölle an.

Heinr. von Kleist, D. Familie Schroffenstein (1803). A. 1, Sz. 2 (Silvester).

— Wahrhaftes, unaffektiertes Mißtrauen gegen menschliche Kräfte in allen Stücken ist das sicherste Zeichen von Geistesstärke.

Georg Christoph Lichtenberg, Verm. Schriften (1800—1806). Bd. 1, Nr. 3. Bemerk. verm. Inhalts. Nr. 4. Beobachtungen über d. Menschen.

— Das Mißtrauen ist die Mutter der Sicherheit. Franz.: La méfiance est la mère de l'assurté.

Sprichwort.

— Mißtrauen ist eine Axt am Baume der Liebe.

Russisches Sprichwort.

Mißvergnügen. — Nun ward der Winter unsers Mißvergnügens | Glorreicher Sommer durch die Sonne Yorks. Engl.: **Now is the winter of our discontent | Made glorious summer by this sun of York.**

William Shakespeare, Richard III. (1592). Übers. v. Schlegel. A. 1, Sz. 1 (Gloster).

Mißverständnis. — Ein Mißverständnis zwischen Gleichgestimmten, | Das stellen Worte, ja im Notfall stellen | Es Waffen leicht und glücklich wieder her.

Joh. Wolfg. von Goethe, Torquato Tasso (1789). A. 3, Sz. 2 (Leonore).

Mißverständnisse. — Um Mißverständnisse, ihr Freunde, zu vermeiden, | Verständigt euch nur, wo sich eure Wege scheiden! | Soweit ihr einig denkt, sucht ganz euch zu verstehn, | Und wo die Grenz' angeht, da laßt einander gehn!

Friedr. Rückert, D. Weisheit d. Brahmanen (1836—1839). B. 10, Nr. 152. (Stufe 6. Prüfung. Nr. 212.)

Mißverstehen. — Versteh mir nich miß!

Berliner Redensart.

Mist. — In Gottes Acker ist von Nutzen auch der Mist; | Pfui aber über dich, wenn du nichts Bessers bist!

Friedr. Rückert, D. Weisheit d. Brahmanen (1836—1839). B. 8, Nr. 81. Schlußv. (Stufe 4. Schule. Nr. 102.)

Mitempfinden. — Nur insofern wir mitempfinden, haben wir Ehre, von einer Sache zu reden. Joh. Wolfg. von Goethe, Leiden d. jungen Werthers (1773).

Mitfreude. — Tugend nennt ihr's, die Freude des andern wie eigne zu fühlen? | Unermeßliches Glück scheint mir's und großes Talent!

Friedr. Hebbel, Gedichte. Dichtungen (geb. 1857—1863). Epigramme.

Mitfreuen, sich. — Über dein Unglück seufzt auch ein sonst abgünstiges Herz wohl; | Doch ein vortreffliches nur freuet sich über dein Glück.

Karl Gustav von Brinckmann, Elegien u. Arabesken (1820).

Mitfühlen. — Ebenso können wir unmöglich für andere fühlen, wie man zu sagen pflegt; wir fühlen nur für uns. Der Satz klingt hart, er ist es aber nicht, wenn er nur recht verstanden wird. Georg Christoph Lichtenberg, Verm. Schriften (1800—1806).

Mitgefühl. — Das Mitgefühl führt zu der köstlichsten und unpersönlichsten aller Neigungen, der Menschenliebe.

Arthur Stahl (Valeska Voigtel), Ein weiblicher Arzt (1863).

Mitgehen. — Willst, feiner Knabe, du mit mir gehn?

Joh. Wolfg. von Goethe, Gedichte. Balladen. Erlkönig (ged. 1781). Mel. v. Corona Schröter (1786), Frz. Schubert (komp. 1815), Karl Löwe (1824) u. a.

— Mit gegangen, | Mit gefangen, | Mit gehangen. Sprichwort.

Mitgift. — . . . aber keineswegs | Um schlechte Frauen werben, wenn er auch vielleicht | Die reichste Mitgift seinem Haus zuführen kann? Griech.: . . . *κακῶν δὲ λέκτρων μὴ 'πιθυμίαν ἔχειν | Μηδ' εἰ ζαπλούτους οἴσεται φερνὰς δόμοις;*

Euripides, Andromache (um 420 v. Chr.). Übers. v. Minckwitz. V. 1281—82 (Peleus).

— Mitgift ist der Männer Gift, | Das der Weiber Herrschaft stift.

Hans Aßmann Freiherr von Abschatz, Poetische Übersetzungen u. Gedichte (1704). Sprüchwörter.

— Wer die Frau nimmt ihrer Mitgift wegen, kehrt seiner Freiheit den Rücken. Franz.: **Qui prend femme pour sa dot, à liberté tourne le dos.** Sprichwort.

Mitleid. — Eines Toren Brust | Steht nie dem Mitleid offen, sondern nur das Herz | Des weisen Menschen. Griech.: *Ἔνεστι δ' οἶκτος ἀμαθίᾳ μὲν οὐδαμοῦ, | Σοφοῖσι δ' ἀνδρῶν.*

Euripides, Elektra (um 416 v. Chr.). Übers. v. Minckwitz. V. 294—95 (Orestes).

— Wer Mitleid schenkt, dem wird man Mitleid schenken. A. d. Persischen d. Sadi, Fruchtgarten (1257). Übers. v. Graf.

— Menschlich ist es, mit den Betrübten Mitleid zu haben. Ital.: **Umana cosa è aver compassione degli afflitti.**

Giovanni Boccaccio (gest. 1375), Decameron. Einleitung. Übers. v. Pozzoni.

— Mitleid sieht nicht auf die Ursache, sondern auf das Unglück. Lat.: **Misericordia non causam, sed fortunam spectat.**

Wahlspr. Kaiser Ruprechts (reg. 1400—1410).

— Wie Feuer Feuer löscht, so Mitleid Mitleid. Engl.: **As fire drives out fire, so pity pity.** William Shakespeare, Jul. Cäsar (1601). Übers. v. Schlegel. A. 3, Sz. 1 (Brutus).

— Es (das Mitleid) ist kluge Voraussicht des Unglücks, das uns zustoßen kann. Franz.: **C'est (la pitié) une habile prévoyance des malheurs où nous pouvons tomber.**

François, Herzog von La Rochefoucauld, Reflexionen oder moralische Sentenzen u. Maximen (1665). Nr. 264. Übers. v. Zimmermann.

— . . . sie (die Liebe) sendet ihre Tochter, das Mitleid, die, mit dem finstern Schmerze vertrauter, die Nebel zerstreuet und alle Zugänge meiner Seele den Eindrücken der Zärtlichkeit wiederum öffnet.

Gotthold Ephr. Lessing, Minna v. Barnhelm (1763). A. 5, Sz. 5 (v. Tellheim).

— Das Mitleid in der Tartarus!

Friedr. von Schiller, Semele (ged. 1784). Sz. 1 (Juno).

— Mitleid! Heil dir, du Geweihte! | Weiches Herzens, milder Hand | Wallst du an des Dulders Seite | Durch der Prüfung rauhes Land.

Joh. Gaudenz Freiherr von Salis-Seewis, Gedichte. D. Mitleid (1793).

Mitleid. — . . . bin ich strafbar, weil ich menschlich war? | Ist Mitleid Sünde?

Friedr. von Schiller, D. Jungfrau v. Orleans (1801). A. 4, Sz. 1 (Johanna).

— Es gibt kein grausameres Tier als einen Menschen ohne Mitleid.

Aug. von Kotzebue, D. kleine Zigeunerin (1809).

— Das Mitleid ist die letzte Weihe der Liebe, vielleicht die Liebe selbst.

Heinr. Heine, Reisebilder. T. 2. Italien (1828—1829). Nr. 3. D. Stadt Lucca. K. 6.

— Grenzenloses Mitleid mit allen lebenden Wesen ist der festeste und sicherste Bürge für das sittliche Wohlverhalten und bedarf keiner Kasuistik. Wer davon erfüllt ist, wird zuverlässig keinen verletzen, keinen beeinträchtigen, keinem wehe tun, vielmehr mit jedem Nachsicht haben, jedem verzeihen, jedem helfen, soviel er vermag, und alle seine Handlungen werden das Gepräge der Gerechtigkeit und Menschenliebe tragen.

Arthur Schopenhauer, D. beiden Grundprobleme d. Ethik (1841).

— Wo sich das Mitleid einschleicht, ist bis zur Liebe nur noch Ein Schritt.

Jul. Grosse, Untreu a. Mitleid (1865).

— Mitleid suche nicht bei Frohen, | Mitgefühl nicht bei den Hohen; | Schwer begreift ein glücklich Herz | Fremdes Unglück, fremden Schmerz.

Friedr. Güll, Leitstern auf d. Lebensfahrt (1881).

— Aus dem Ei des Mitleids ist schon oft die Henne der Liebe gekrochen. Russisches Sprichwort.

Mitleiden. — Zum Mitleiden gehört nur ein Mensch, zum Mitfreuen ein Engel.

Jean Paul (Joh. Paul Friedr. Richter), Sämtl. Werke (1826—1828).

— Als (wenn) du sehest einen, der da falt, | Lach nicht, mitleiden mit inne (ihnen) halt!

Alter Spr.

Mitleidig. — Der mitleidigste Mensch ist der beste Mensch, zu allen gesellschaftlichen Tugenden, zu allen Arten der Großmut der aufgelegteste. Wer uns also mitleidiger macht, macht uns besser und tugendhafter.

Gotthold Ephr. Lessing, Br. an Herrn Nicolai zu Berlin (Nov. 1756).

Mitreden. — Um mitzureden, muß ich's kennen. Griech.: *Ἄνευ γνώμης γὰρ οὔ με χρὴ λέγειν.*

Sophokles (um 496—406 v. Chr.), Ödipus in Kolonos. Übers. v. Jordan. V. 590 (Theseus).

Mittagsschlaf. — Mittagsschlaf ist ein brennend Licht am Tage.

Theod. Gottl. von Hippel, Lebensläufe nach aufsteigender Linie (1778—1781).

— Meid den schlaff zu Mittag, | Das Feber und unlust folgt jm nach, | Wehtum des Haupts, der schnupff darzu, | Diß brengt dir alles des Mittags ruh. Alter Spr.

Mitte. — Wer von dem feur bleibt gar zu weit, | Erfreurt gewiß zu winterszeit; | Wer gar zu nahe trit, wird verbrant, | Im mittel ist der beste stand.

Georg Rollenhagen, Froschmäuseler (1595).

— In allen Leben ist ein Trieb | Nach unten und nach oben; | Wer in der rechten Mitte blieb | Von beiden, ist zu loben.

Friedr. Rückert, Gesammelte Gedichte (1843). Haus u. Jahr. Dritte Reihe. Lenz. Mailieder. Trieb nach oben u. unten.

Mittel, das. — Wir verbessern die Lasterhaftigkeit des Mittels durch die Reinheit des Zweckes. Franz.: Nous corrigeons le vice du moyen par la pureté de la fin.

Blaise Pascal, Br. an einen Provinzialen (1656). Übers. v. Zimmermann.

— Nie verbinde dich einem, der das als Mittel behandelt, | Was dir Zweck ist; du selbst bist nur ein Mittel für ihn!

Friedr. Hebbel, Gedichte (1857). Epigramme u. Verwandtes. Nr. 2. Gnomen. D. Führer durchs Leben.

— Sich ins Mittel schlagen (einen Ausgleich zwischen zwei Streitenden herbeiführen).

Sprichwörtl. Redensart.

Mittel, die. — Schlimme Mittel, schlimmes Ziel! Griech.: . . . *κακοῖς θηρᾶν κακά.*

Euripides (um 480—406 v. Chr.), D. Bachenfest. Übers. v. Minckwitz. V. 839 (Dionysos).

— Die Menschen werden an sich und andern irre, weil sie die Mittel als Zweck behandeln.

Joh. Wolfg. von Goethe, Werke (1827—1830). Maximen u. Reflexionen. Abteilung 1.

— Meine Mittel erlauben mir das!

Gustav Räder, D. artesische Brunnen (1860). (Balthasar).

Mittelalter. — In der langen Nacht des Mittelalters war Glaube der Nordschein.

Ludw. Börne, Gesammelte Schriften (1862—1863). Erz., Reisen, Verm. Aufsätze. Nr. 35. D. Narr im weißen Schwan. K. 2.

— Mit Humpen, Schwert und Psalter | Schritt man durchs Mittelalter.

Inschrift im Ratskeller zu Wiesbaden.

Mittelgut. — Mittelgut, wie wir, | Find't sich hingegen überall in Menge.

Gotthold Ephr. Lessing, Nathan d. Weise (1779). A. 2, Sz. 5 (Nathan).

Mittelmaß. — Das Mittelmaß ist in allen Dingen das Beste. Lat.: Mediocritas in omni re est optima. Wahlspr. d. Stadt Lübeck.

Mittelmäßigen, die. — Im Gefühle ihrer Unbedeutendheit bilden die Mittelmäßigen gern eine Clique. Ernst Jul. Hähnel, Lit. Reliquien (1886).

Mittelmäßigkeit. — Es gibt keinen größern Trost für die Mittelmäßigkeit, als daß das Genie nicht unsterblich sei.

Joh. Wolfg. von Goethe, D. Wahlverwandtschaften (1808—1809). T. 2, K. 5. A. Ottiliens Tageb.

Mittelmäßigkeit. — Das Mittelmaß ist gut dem Alter wie der Jugend, | Nur Mittelmäßigkeit allein ist keine Tugend.

Friedr. Rückert, D. Weisheit d. Brahmanen (1836—1839).

— Um keinen Preis gestehe du | Der Mittelmäßigkeit was zu! | Hast du dich erst mit ihr vertragen, | So wird dir's bald bei ihr behagen, | Bis du zuletzt, du weißt nicht wie, | Geworden bist so flach wie sie.

Emanuel Geibel, Juniuslieder (1848). Gelegenheitsgedichte, Spr., Scherze. Spr. Nr. 10.

— Die goldne Mittelmäßigkeit | Muß wohl Unmittelbares hassen. | Drum hat sie sich zu aller Zeit | Natur, Geist, Gottes Herrlichkeit | Anthropomorphisch lang und breit | Zum Schulgebrauch übersetzen lassen.

Paul Heyse, Spruchbüchlein (1885). Gott u. Welt.

Mittelstand. — Die Dritt' (Art der Bürger), inmitten stehend, ist des Staates Hort; | Sie schützt die Ordnung. Griech.: *Τριῶν δὲ μοιρῶν ἡ 'ν μέσῳ σώζει πόλεις | Κόσμον φυλάσσουσ'.*

Euripides, D. Schutzflehenden (um 418 v. Chr.). Übers. v. Binder. V. 244—45 (Theseus).

— O großes Glück im Mittelstande!

Joh. Wilh. Ludw. Gleim, Sämtl. Werke. Gedichte. Lob d. Landlebens (ged. 1764).

— In der Fülle des Reichtums und der Macht, und in Armut und Bedrängnis, in beiden Gegensätzen, entwickelt sich Großes und Herrliches weit öfter und leichter als im elenden Mittelstande.

Karl Aug. Varnhagen von Ense, Tageb. (1861—1870).

— Der Mittelstand kann's nich! (sagt man ironisch von jemandem, der über seine Mittel hinausgeht). Berliner Redensart.

Mittelstraße. — Goldne Mittelstraße. Lat.: Aurea mediocritas.

Quint. Horatius Flacc., Oden (um 23 v. Chr.). Übers. v. Voß. B. 2, Nr. 10, V. 5.

— In allen Dingen auf das genaueste die Mittelstraße zu halten, zeugt von Geschicklichkeit. Griech.: *Ἔντεχνον δὲ τὸ τὴν μέσην ἐν ἅπασι τέμνειν ἐμμελέστατα.*

Plutarch (um 50—120), Moralische Abhandlungen. Übers. v. Eyth. Erziehung. K. 7.

— Geh'! wo du gehen kannst, die goldne Mittelstraß', | Und miß der Dinge Wert mit ihrem rechten Maß!

Joh. Wilh. Ludw. Gleim, D. goldenen Spr. d. Pythagoras (1786).

— Mittelstraß', | Das beste Maß. Sprichwort.

Mittelweg. — Mittelweg ist der sicherste. Lat.: Medio tutissimus ibis!

Publ. Ovidius Naso (um 43 v. Chr.—17 n. Chr.), Metamorphosen. B. 2, V. 137. Übers. v. Grau.

— Der Mittelweg ist oft doppelt gefährlich.

Christ. Dietr. Grabbe, Napoleon oder D. hundert Tage (1831). A. 1, Sz. 3 (Blacas d'Aulps).

Mitten hinein. — ... mitten in die Dinge hinein. Lat.: . . . in medias res.

Quint. Horatius Flacc., Dichtkunst (um 20 v. Chr.). V. 148. Übers. v. Grau.

Mitternacht. — In der stillen Mitternacht, | Wo nur Schmerz und Liebe wacht . . .

Joh. Gottfr. von Herder, D. Cid (1805). B. 1, Ges. 14.

— Die Mitternacht zog näher schon; | In stummer Ruh' lag Babylon.

Heinr. Heine, D. B. d. Lieder. Junge Leiden (ged. 1817—1821). Romanzen. Nr. 10. Belsazer.

— Steh' ich in finst'rer Mitternacht | So einsam auf der stillen Wacht, | So denk' ich an mein fernes Lieb, | Ob mir's auch treu und hold verblieb. Wilh. Hauff, Kriegs- u. Volkslieder (1824). Soldatenliebe. Volksweise.

Mitwelt. — So fällt | Stets unser Wert der Zeiten Deutung (der Mitwelt) heim. Engl.: So our virtues | Lie in the interpretation of the time.

William Shakespeare, Coriolan (um 1605). Übers. v. Dorothea Tieck. A. 4, Sz. 7 (Aufidius).

Mode. — Dan ein funt (Mode) kum dem andern wicht, | Das zeigt, das unser gmüt ist licht | Und wankelbar in alle schand; | Viel nürung (Neuerung) ist in allem land.

Seb. Brant, D. Narrenschif (1494). Nr. 4. V. nüen fünden.

— Was ist die Mode für ein Ding? Wer kennt sie von Gesicht? | Ich weiß nicht, wer sie kennen kan; sie ist ja angericht | Nie morgen, wie sie heute war; sie kennt sich selbsten nicht.

Friedr. von Logau, Deutsche Sinn-Getichte (1654). D. Mode.

— Bleibt beim Saufen! bleibt beim Saufen! sauft, ihr Deutschen, immer hin! | Nur die Mode, nur die Mode laßt zu allen Teufeln ziehn!

Friedr. von Logau, Deutsche Sinn-Getichte (1654). An d. Deutschen.

— Der gewöhnliche Kopf ist immer der herrschenden Meinung und der herrschenden Mode konform. Georg Christoph Lichtenberg, Verm. Schriften (1800—1806). Bd. 1, Nr. 3. Bemerk. verm. Inhalts. Nr. 1. Philosophische Bemerk.

— . . . die meisten Menschen sind Sklaven der Mode und alberner Gebräuche.

Georg Christoph Lichtenberg, Verm. Schriften (1800—1806). Bd. 1, Nr. 3. Bemerk. verm. Inhalts. Nr. 1. Philosophische Bemerk.

— Der Natur ist's nicht gewöhnlich, | Doch die Mode bringt's hervor.

Joh. Wolfg. von Goethe, Faust, II (1831). A. 1. Weitläufiger Saal (Phantasiekranz).

— Auch die Begriffe von Tugend und Sittlichkeit sind der Mode unterworfen, und wer sich nicht nach den Modebegriffen seines Jahrhunderts schmiegen kann, der wird von den Zeitgenossen verkannt und verschrien.

Mos. Mendelssohn, Sämtl. Werke (1838). An Hennings.

Mode. — Mit der Bedeckung entstand einmal die Mode schon, und mit ihr flog die nackte Keuschheit und Unschuld gen Himmel.

Karl Jul. Weber, Demokritos (1832—1840). D. Mode.

— Es gibt Menschen, die sich auch innerlich kleiden, wie es die Mode heischt.

Berth. Auerbach, Drei einzige Töchter (1875).

— Die Mode übt ihren Einfluß nicht bloß auf Hüte und Röcke, sondern auch auf das, was darunter ist. Joh. Jak. Mohr, Gedanken über Leben u. Kunst (1885).

— Die alte Mode wird verlacht, | Bis, — wer weiß was? sie über Nacht | Mit einem Ruck zur neuen macht. Daniel Sanders, 366 Spr. (1892). Nr. 318. Mode.

Moden. — Sind neue Moden noch so lächerlich, | Ja, selbst unmännlich, doch befolgt man sie. Engl.: New customs, | Though they be never so ridiculous, | Nay let 'em be unmanly, yet are follow'd.

William Shakespeare, Heinr. VIII. (1613). Übers. v. Schlegel. A. 1, Sz. 3 (Sands).

Modern. — Schlecht und modern!

Joh. Wolfg. von Goethe, Faust, II (1831). A. 4. Hochgebirg (Faust).

Möglich. — Möglich scheint | Fast alles unsern Wünschen; unsrer Tat | Setzt sich, von innen wie von außen, viel, | Was sie durchaus unmöglich macht, entgegen.

Joh. Wolfg. von Goethe, D. natürliche Tochter (1803). A. 4, Sz. 2 (Gerichtsrat).

— Ach, wie ist's möglich dann!

Wilhelmine von Chezy, Eginhart u. Emma. Lied d. Gisela (ged. 1812). Mel. v. Friedr. Kücken.

Mohikaner. — Der letzte Mohikaner. Engl.: The Last of the Mohicans.

James Fenimore Cooper, Titel eines Romans (1826). Übers. v. Heinrichs.

Mohr. — Einen Mohren weiß waschen (unmögliches versuchen). Griech.: *Αἰθίοπα σμήχειν*.

Nach Zenobot (3. Jahrh. v. Chr.). — Sprichwörtl. Redensart.

— Der Mohr hat seine Arbeit getan; der Mohr kann gehen.

Friedr. von Schiller, D. Verschwörung d. Fiesko zu Genua (1783). A. 3, Sz. 4 (Mohr). Schlußwort.

Moment. — Ich habe gefunden, daß alle wirklich klugen Menschen . . . darauf kommen und bestehen, daß der Moment alles ist.

Joh. Wolfg. von Goethe, Ital. Reise (1786—1788).

— . . . der Moment allein | Gehört dem Menschen, im Momente lebt er; | Drum kauft er um der Zukunft teuren Preis | Des Augenblickes rasch entfloh'ne Lust.

Adelbert von Chamisso (Louis Charles Adelaide Chamisso de Boncourt), Gedichte. In dramatischer Form. Faust (ged. 1803). (Faust).

Momus. — Den lauten Markt mag Momus unterhalten; | Ein edler Sinn liebt edlere Gestalten.

Friedr. von Schiller, Gedichte. D. Mädchen v. Orleans (ged. 1801). Schlußv.

Monarch. — Die Rechte eines Monarchen sind ohne Zweifel geheiligte Rechte. Engl.: The sovereign's rights are undoubtedly sacred rights.

Edmund Burke, Rede zur Anklage gegen Warren Hastings (1788). Übers. v. Arnold.

— Es gibt in dem Zeitalter, worin wir leben, nur eine einzige, echt schmeichelhafte Art, einen Monarchen zu verehren, — daß man ihn für würdig erkenne, die Wahrheit zu vernehmen.

Friedr. von Gentz, Gesammelte Schriften (1838—1840).

Monarchen. — Monarchen, | Die eine Stund' erschuf, sind so despotisch, | Wie Kön'ge, deren Windeln purpurn waren. Engl.: New monarchs of an hour's growth are as despotic | As sovereigns swathed in purple.

George Gordon Lord Byron, Sardanapal (1821). Übers. v. Heichen. A. 5, Sz. 1 (Sardanapal).

Monarchie. — In einer Republik bedarf es der Tugend, in einer Monarchie der Ehre, unter einer despotischen Regierung der Furcht. Franz.: Il faut de la vertu dans une république, et dans une monarchie de l'honneur, il faut de la crainte dans un gouvernement despotique.

Montesquieu (Charles de Sécondat), V. Geist d. Gesetze (1748). Übers. v. Kästner. K. 3, § 9.

— In der Demokratie ist die Entscheidung stets bei der Mehrheit, d. h. beim Unsinn, wie jeder ehrliche Politiker zugibt. In der Monarchie kann die Entscheidung wenigstens zuweilen an einen Vernünftigen gelangen.

Friedr. d. Große, Sämtl. Werke (1789).

— . . . die Monarchie ist die natürliche, die normale und in ihrer vollen Ausbildung auch die höher geartete Verfassung.

Friedr. Jul. Stahl, Staatslehre (1847).

Monarchien. — Heuchelei ist der Erbfehler der Monarchien.

Theod. Gottl. von Hippel, Lebensläufe nach aufsteigender Linie (1778—1781).

— Ich liebe | Die Menschheit, und in Monarchien darf | Ich niemand lieben als mich selbst.

Friedr. von Schiller, Don Carlos (1787). A. 3, Sz. 10 (Marquis).

— Gemäßigte Monarchien, Verfassungen, wo das Gesetz Spiegel, Regel und Riegel ist, sind die allein menschlichen Verfassungen.

Karl Jul. Weber, Demokritos (1832—1840). D. Staat u. seine Formen. D. Schluß.

Monarchisch. — Die monarchische Regierungsform ist die dem Menschen natürliche.

Artur Schopenhauer. Parerga u. Paralipomena (1851).

Mönch. — Lügt | Das Sprichwort wohl, daß Mönch und Weib und Weib | Und Mönch des Teufels beide Krallen sind?

Gotthold Ephr. Lessing, Nathan d. Weise (1779). A. 1, Sz. 6 (Tempelherr).

— Geschähe in der Welt noch soviel, | Ein Mönch will doch auch sein im Spiel. Alter Spr.

— Monachus (Mönch) ein Teufel, Diabolus ein Mönch! Alter Spr.

— Die Kapuze macht den Mönch nicht. Sprichwort.

— Was ein Mönch gedenkt, das darf er tun. Sprichwort.

— Nehmt euch vor einem Ochsen vorn, vor einem Esel hinten und vor einem Mönch auf allen Seiten in acht! Engl.: Take heed of an ox before, an ass behind and a monk on all sides. Sprichwort.

— Gott Lob und Dank für das schöne Obst, sagte der Bauer, als er einen Mönch an seinem Baume hängen sah. Sprichwörtl. Redensart.

Mönche. — Das heißt Säu geschwemmet! sprach der Teufel und ersäufte einen Wagen voll Mönche.

Dr. Martin Luther, Tischreden oder Colloquia (1566). Nr. 29. Tischreden v. Mönchen, ihrem Leben u. guten Tagen. § 35. Encomium Monachorum.

— Mönche, Mäuse, Motten, Maden | Scheiden selten ohne Schaden. Alter Spr.

— Wäre Holzhauen ein Orden, | So wären nicht so viele Mönche geworden. Alter Spr.

Mönchsarbeit. — Dat iss Müenke Arbeit (vergebliche Arbeit).

Sprichwörtl. Redensart. Münsterisch.

Mönchsstand. — O Herr! was sind die Mühseligkeiten Eures Lebens gegen die Jämmerlichkeiten eines Standes (des Mönchsstandes), der die besten Triebe, durch die wir werden, wachsen und gedeihen, aus mißverstandener Begierde, Gott näher zu rücken, verdammt?

Joh. Wolfg. von Goethe, Götz v. Berlichingen (1773). A. 1. Herberge im Walde (Martin).

— Die ganze Möncherei war eine wahre Kapuzinade des menschlichen Geistes; der große Hause sah in diesen Faultieren Engel der Erde und Heilige.

Karl Jul. Weber, Demokritos (1832—1840). Religionsschwärmerei u. Mystizismus.

Mönchstugend. — . . . ihre (der Mönche) absolute Tugend macht | Sie unversöhnlich.

Emerich Madách, D. Tragödie d. Menschen (1861). A. d. Ungar. übers. v. Lechner. Sz. 7 (Luzifer).

Mond. — Was schadet dem Monde, wenn ihn der Hund anbellt?

Spr. an einem Gasthause in Hildesheim (1540).

— Willkommen, o silberner Mond, | Schöner, stiller Gefährt' der Nacht!

Friedr. Gottl. Klopstock, Oden. D. frühen Gräber (ged. 1764).

Mond. — Der Mond ist aufgegangen, | Die goldnen Sternlein prangen | Am Himmel hell und klar.

Matthias Claudius, Sämtl. Werke d. Wandsbecker Boten. T. 4. Abendlied (ged. 1778).

— Füllest wieder Busch und Tal (Mond) | Still mit Nebelglanz, | Lösest endlich auch einmal | Meine Seele ganz.

Joh. Wolfg. von Goethe, Gedichte. Lieder. An d. Mond (ged. Jan. 1778). Mel. v. Siegmund Freiherr von Seckendorff, Friedr. Heinr. Himmel (1806), Karl Friedr. Zelter (komp. 1812), Frz. Schubert (komp. 1815) u. a.

— Guter Mond, du gehst so stille | In den Abendwolken hin.

Verfasser unbek. (um 1800). Volksweise.

— Es kann ja nicht immer so bleiben | Hier unter dem wechselnden Mond.

Aug. von Kotzebue, Gesellschaftslied (ged. 1802). Mel. v. Friedr. Heinr. Himmel (komp. 1803).

— Auf den Wolken ruht der Mond, | Eine Riesenpomeranze.

Heinr. Heine, D. B. d. Lieder. Heimkehr (ged. 1823—1824). Nr. 10.

— Es blickt so still der Mond mich an, | Es fließt so still der Rhein.

Karl Christ. Tenner, Mutterseelenallein (vor 1845). Mel. v. Albert Braun.

— . . . stehe still, . . . Mond, im Tal Ajalon! Josua, K. 10, V. 12.

Mondenlicht. — Schön glänzt das Mondenlicht | Am Himmelsbogen.

Nachdichtung (um 1864) d. neapolitanischen Liedes Santa Lucia v. Teodoro Cottrau (geb. um 1864).

Mondenschein. — Niemand als der Mondenschein | Wachte auf der Straßen.

Nicolaus Lenau (Niembsch, Edler von Strehlenau), Gedichte (1832). D. Postillon.

Montag. Dunkler Montag, helle Woche. Bauernregel. Tirol.

— Rauher Montag, glatte Woche. Bauernregel.

Montagswetter. — Montagswetter wird nicht Wochen alt. Bauernregel.

Monument. — Einem bei Lebzeiten ein Monument setzen, heißt die Erklärung ablegen, daß hinsichtlich seiner der Nachwelt nicht zu trauen sei. Arthur Schopenhauer, Parerga u. Paralipomena (1851). Aphorismen zur Lebensweisheit.

Moral. — Wer in den Wissenschaften Fortschritte und in der Moral Rückschritte macht, der macht mehr Rück- als Fortschritte. Lat.: Qui proficit in litteris et deficit in moribus, plus deficit quam proficit.

Nach Aristoteles (?) (um 384—322 v. Chr.).

— Alle Moral muß aus der Fülle des Herzens kommen, von der der Mund übergehet; man muß ebensowenig lange darauf zu denken, als damit zu prahlen scheinen.

Gotthold Ephr. Lessing, Hamburgische Dramaturgie. Stück 3 (8. Mai 1767).

Moral. — Die Moral ist für alle Menschen nur Eine.

Joh. Jak. Engel, D. Fürstenspiegel (1798). Vorrede.

— Jede Moral ohne Gott ist eine Parasitenpflanze. Joh. Gottfr. von Herder, Sämtl. Werke (1805—1820).

— Mühsam zeichnet und treu die Moral nur Schattengemälde | Jener erhab'nen Gestalt, welche die Tugend beseelt.

Karl Gustav von Brinckmann, Elegien u. Arabesken (1820).

— Sich zum Rechten gewöhnen ist der Inbegriff der ganzen Moral und zugleich der Seelendiätetik.

Ernst Freiherr von Feuchtersleben, Zur Diätetik d. Seele (1838). K. 6. Temperament, Leidenschaft.

— Nicht eine kränkelnde Moral, — uns frommt eine robuste Sittlichkeit.

Ernst Freiherr von Feuchtersleben, Zur Diätetik d. Seele (1838). Tagebuchblätter.

— Der Grenzgott der Moral weicht nicht dem Jupiter (dem Grenzgott der Gewalt).

Immanuel Kant, Werke (1838—1839). Bd. 7.

— . . . der große Hause kennt nur Religion ohne Moral, das kleine Häuflein Denker mehr Moral ohne Religion.

Karl Jul. Weber, Demokritos (1832—1840). D. Religion u. d. Religionen. Fortsetzung. Lob d. reinen Christentums.

— O, daß ich große Laster säh', | Verbrechen, blutig, kolossal, — | Nur diese satte Tugend nicht | Und zahlungsfähige Moral!

Heinr. Heine, Neue Gedichte. Romanzen (geb. 1839—1842). Nr. 7. Anno 1829.

— Echte Moral und Moralität ist von keiner Religion abhängig, wiewohl jede sie sanktioniert und ihr dadurch eine Stütze gewährt.

Arthur Schopenhauer, Parerga u. Paralipomena (1851).

— Moral ist die Grammatik der Religion; es ist leichter, gerecht als schön zu handeln.

Ludw. Börne, Gesammelte Schriften (1862—1863). Fragmente u. Aphorismen. Nr. 184.

— Es ist eine der traurigsten Wahrheiten der unerläßlichen Weltmoral, daß man nicht jeder Regung seines guten Herzens Gehör schenken darf.

Karl Gutzkow, Gesammelte Werke (1873).

— Vergiß keinen Augenblick, daß du Mensch und kein bloßes Naturwesen bist; in keinem Augenblicke, daß alle anderen gleichfalls Menschen, d. h. bei aller individuellen Verschiedenheit, dasselbe was du, mit gleichen Bedürfnissen und Ansprüchen wie du sind. Das ist der Inbegriff der Moral.

David Friedr. Strauß, Gesammelte Schriften (1876—1878).

Moralgesetz. — Durch die Einschränkung der Selbstliebe und Niederschlagung des Eigendünkels entsteht in uns jenes Gefühl, welches das Moralgesetz in uns bewirkt.

Immanuel Kant, Werke (1838—1839).

Moralisch. — Die moralische Größe bestand bei den alten Griechen in einer ebenso unveränderlichen Liebe gegen seine Freunde als unwandelbarem Hasse gegen seine Feinde.

Gotthold Ephr. Lessing, Laokoon oder Über d. Grenzen d. Malerei u. Poesie (1766). T. 1, K. 4, Nr. 3.

— Eine edle Seele erträgt so wenig anhaltende moralische Dissonanzen als das Ohr das Gekritzel eines Messers auf Glas.

Friedr. von Schiller, D. Räuber (1781). Vorrede.

— Alles Gute, das nicht auf moralisch gute Gesinnung gepfropft ist, ist nichts als Schein und schimmerndes Elend.

Immanuel Kant, Kritik d. Urteilskraft (1790).

— Moralische Epochen wechseln ebenso gut wie die Jahreszeiten.

Joh. Wolfg. von Goethe, A. meinem Leben. Dichtung u. Wahrheit (1809—1831).

— Es bewährt sich, . . . daß das moralisch Schönste und Edelste auch das am meisten Glück Bringende ist.

Wilh. Freiherr von Humboldt, Br. an eine Freundin (Nov.—3. Dez. 1834).

— Das hat keinen moralischen Hintergrund (das nutzt nichts). Sprichwörtl. Redensart.

Moralische, das. — Das Moralische versteht sich immer von selbst.

Friedr. Theod. Vischer, Auch einer (1876).

Moralisten. — Alle saueren Moralisten hielten ihr Zeitalter für das schändlichste, und sie haben alle recht; denn die gegenwärtige Schande ist immer die größte.

Joh. Gottfr. Seume, Sämtl. Werke (1826). Apokryphen.

Moralität. — Eintracht zwischen Herz, Geist und Willen gewährt allein feste Moralität.

Christ. Ernst Karl Graf von Bentzel-Sternau, Weltansichten (1816).

— Moralität muß also vorhergehen, die Theologie ihr dann folgen, und das heißt Religion.

Immanuel Kant, Werke (1838—1839). Bd. 9.

Mord. — Für blutigen Schlag (Mord) sei blutiger Schlag | Der gebührende Lohn! Griech.: Ἀντὶ δὲ πληγῆς φονίας φονίαν | Πληγὴν τινέτω.

Äschylus, D. Orestie (um 458 v. Chr.). Übers. v. Minckwitz. D. Totenspenderinnen. V. 304—5 (Chor).

— Träfe den Frevler nicht | Mord für Mord, | Dann wär' es aus | Mit aller Scham | Und Gottesfurcht der Menschen. Griech.: Οἱ δὲ μὴ πάλιν | Δώσουσ' ἀντὶ φόνους δίκας, | Ἔρροι τἂν αἰδὼς, ἁπάντων | Τ' εὐσέβεια θνατῶν.

Sophokles (um 496—406 v. Chr.), Elektra. Übers. v. Jordan. V. 241—44 (Elektra).

— . . . Mord, hat er schon keine Zunge, spricht | Mit wundervollen Stimmen. Engl.: For murder, though it have no tongue, will speak | With most miraculous organ.

William Shakespeare, Hamlet (1601—1602). Übers. v. Schlegel. A. 2, Sz. 2 (Hamlet).

Mord. — Mord! wie eine ganze Hölle von Furien um das Wort flattert!

Friedr. von Schiller, D. Räuber (1781). A. 4, Sz. 2 (Frz.).

— . . . nur mit Blute büßt sich ab der blut'ge Mord. Friedr. von Schiller, D. Braut v. Messina (1803). D. Säulenhalle (Don Cesar).

Mörder, der. — . . . die Gestalt des zufällig Ermordeten | Wird auf des traurig=unwilligen Mörders | Böse Stunden lauern und schrecken.

Joh. Wolfg. von Goethe, Iphigenie auf Tauris (1787). A. 1, Sz. 4 (Iphigenie).

— Man hat Exempel, | Daß man den Mord liebt und den Mörder straft.

Friedr. von Schiller, Wallensteins Tod (1799). A. 5, Sz. 2 (Deveroux).

— Wehe, wehe dem Mörder, wehe, | Der sich gesät die tödliche Saat! | Ein andres Antlitz, eh' sie geschehen, | Ein andres zeigt die vollbrachte Tat.

Friedr. von Schiller, D. Braut v. Messina (1803). Garten (Chor. Cajetan).

— Über des Erschlagenen Stätte schweben rächende Geister und lauern auf den wiederkehrenden Mörder.

Joh. Wolfg. von Goethe, Faust, I (1808). Trüber Tag (Mephistopheles).

Mörder, die. — Wenn Gnade Mörder schont, verübt sie Mord. Engl.: Mercy but murders, pardoning those that kill.

William Shakespeare, Romeo u. Julia (1593). Übers. v. Schlegel. A. 3, Sz. 1 (Prinz). Schlußv.

— Mögen die Herren Mörder den Anfang machen! Franz.: Que messieurs les assassins commencent.

Alphonse Karr gegen d. Abschaffung d. Todesstrafe (1837). Übers. v. Zimmermann.

— Unter die Mörder fallen.

Nach Luk., K. 10, V. 30.

Mördergrube. — Aus seinem Herzen keine Mördergrube machen (offenherzig sein).

Nach Matth., K. 21, V. 13. — Sprichwörtl. Redensart.

Mordgewehr. — Gefährlich ist's, ein Mordgewehr zu tragen; | Und auf den Schützen springt der Pfeil zurück.

Friedr. von Schiller, Wilh. Tell (1804). A. 3, Sz. 3 (Geßler).

Mordtat. — Doch wehe, wehe, wer verstohlen | Des Mordes schwere Tat vollbracht! | Wir heften uns an seine Sohlen, | Das furchtbare Geschlecht der Nacht. Friedr. von Schiller, Gedichte. D. Kraniche d. Ibykus (ged. 11.—16. Aug. 1797).

Mores. — Jemandem Mores lehren (jemandem ein richtiges Benehmen beibringen).

Sprichwörtl. Redensart.

Morgen. — Was morgen annaht, meide vorauszuspähn! Lat.: Quid sit futurum cras, fuge quaerere!

Quint. Horatius Flacc., Oden (um 23 v. Chr.). Übers. v. Voß. B. 1, Nr. 9, V. 13.

Morgen. — Wer singt cras (morgen), cras glich wie ein rapp, | Der blibt ein narr biß in sin grap; | Morn hat er noch ein größer kapp.

Seb. Brant, D. Narrenschif (1494). Nr. 31. V. usschlag (Aufschub) sůchen.

— Dardurch sint narren vil verlorn, | Die alzit süngen: morn, morn, morn!

Seb. Brant, D. Narrenschif (1494). Nr. 31. V. usschlag (Aufschub) sůchen.

— Heut vnnd morgen auch ein tag.

Joh. Agricola, Drey hundert Gemeyner Sprichwörtter (1529). Nr. 90.

— Morgen kumpt tag vnd radt.

Joh. Agricola, Drey hundert Gemeyner Sprichwörtter (1529). Nr. 91.

— Ihr solt nicht sorgen auff den morgen, | Dann heut soll nicht dem morgen borgen.

Joh. Friedr. Fischart, Aller Praktik Großmutter (1572).

— Morgen kompt auch ein Tag, | Da man kan weiter richten, | Wes Heut nicht langen mag.

Joh. Doman, Lied v. d. Hanse (1618).

— Weißt du, wo du morgen bist? | Flüchtig ist die Zeit!

Joh. Wilh. Ludw. Gleim, Sämtl. Werke. Gedichte. An Leukon (ged. 1764). Mel. v. Karl Spazier (komp. 1793).

— Morgen! morgen! nur nicht heute! | Sprechen immer träge Leute.

Christ. Felix Weiße, Lieder für Kinder (1766). D. Aufschub. Mel. v. Karl Spazier (komp. 1793).

— Wir kommen doch morgen so jung nicht zusammen, | Nur schade, wir müssen doch endlich von dannen.

Christ. Aug. Vulpius, Hokus Pokus. D. Gott d. Reben vertrau' ich mein Glück usw. (ged. 1790). Komp. v. Karl Ditters von Dittersdorf (komp. 1790).

— Morgen, Kinder, wird's was geben, | Morgen werden wir uns freun.

Verfasser unbek. (um 1795). Mel. v. Joh. Phil. Kirnberger (um 1785) u. Karl Gottl. Hering (1809).

— Morgen muß ich fort von hier | Und muß Abschied nehmen.

Volkslied (vor 1808). Mel. v. Friedr. Silcher (komp. 1827).

— Auf morgen sollst du nichts verschieben; | Was heut' entfloh, kommt nicht zurück.

Jos. Freiherr von Hammer=Purgstall, Schirin (1809).

— Zwischen heut' und morgen | Liegt eine lange Frist; | Lerne schnell besorgen, | Da du noch munter bist!

Joh. Wolfg. von Goethe, Gedichte. Sprichwörtl. (ged. 1812—1814).

— Ich will heut' für heute sorgen. | Morgen ist für morgen Zeit.

Frz. Grillparzer, Sämtl. Werke (1872). Gedichte. In ein Stammb.

— Was die Welt morgen bringt, | Ob sie mir Sorgen bringt . . .

Rudolf Baumbach, V. d. Landstraße. Heute ist heut' (ged. 1882). Mel. v. Val. Eduard Becker (1885) u. Vincenz Lachner.

Morgen. — Lebt der Freude, die euch kam, | Zittert nicht vor morgen!

Heil d. Manne, d. sich freut usw. Verfasser u. Komponist unbek.

— Was heut' noch grün und frisch dasteht, | Wird schon morgen hinweggemäht.

Es ist ein Schnitter, d. heißt Tod usw. Mel. v. Felix Mendelssohn-Bartholdy.

— Laßt uns essen und trinken, denn morgen sind wir tot! 1. Kor., K. 15, V. 32.

— Morgen ist auch noch ein Tag. Sprichwort.

Morgen, der. — Zur Arbeit heißt der Morgen rege sein.

Joh. Wolfg. von Goethe, Elpenor (1781). A. 1, Sz. 1 (Evadne).

— Der Morgen kam; es scheuchten seine Tritte | Den leisen Schlaf, der mich gelind umfing.

Joh. Wolfg. von Goethe, Gedichte. Zueignung (ged. 8. Aug. 1784).

— Ihr Freunde, laßt den Morgen nicht | Im Schlaf vorübergehn!

Joh. Gottfr. von Herder, Sämtl. Werke (1805—1820). Gedichte. D. Blume d. Lebens.

— Guten Morgen, schöne Müllerin!

Wilh. Müller, Siebenundsiebzig Gedichte a. d. hinterlassenen Papieren eines reisenden Waldhornisten (1821). Nr. 1. D. schöne Müllerin. Morgengruß. Mel. v. Frz. Schubert.

— Der morgen ist mehr | Dan andere zeit bequem zur lehr. Alter Spr.

— Der Morgen sorgt, der Abend verzehrt. Sprichwort.

— Auf trüben Morgen folgt heiterer Tag. Bauernregel.

— Der Pflug am Morgen macht die besten Furchen. Bauernregel.

Morgenfrühe. — Morgenfrühe gewährt ein Dritteil immer vom Tagwerk; | Morgenfrühe verkürzt den Weg, macht kürzer die Arbeit. Griech.: *Ἠὼς γὰρ ϝέργοιο τρίτην ἀπομείρεται αἶσαν. | Ἠώς τοι προφέρει μὲν ὁδοῦ, προφέρει δὲ καὶ ἔργου.*

Hesiod (8. Jahrh. v. Chr.), Werke u. Tage. Übers. v. Uschner. V. 578—79.

Morgenluft. — . . . mich dünkt, ich wittre Morgenluft. Engl.: Methinks I scent the morning air.

William Shakespeare, Hamlet (1601—1602). Übers. v. Schlegel. A. 1, Sz. 5 (Geist).

Morgenrot. — O, wie war glücklich ich, als ich noch mit euch | Sahe sich röten den Tag, schimmern die Nacht!

Friedr. Gottl. Klopstock, Oden. D. frühen Gräber (ged. 1764). Schlußv.

— Lenore fuhr ums Morgenrot | Empor aus schweren Träumen.

Gottfr. Aug. Bürger, Gedichte. Lenore (ged. Winter 1773).

Morgenrot. — Morgenrot, Morgenrot, | Leuchtest mir zum frühen Tod!

Wilh. Hauff, Kriegs- u. Volkslieder (1824). Reiters Morgenlied. Mel. v. Friedr. Silcher (komp. 1824—1825).

— Was mich noch gestern wollt' erschlaffen, | Ich schäm' mich deß im Morgenrot.

Jos. Freiherr von Eichendorff, Gedichte. Geistl. Gedichte. Morgengebet (1834).

— Flügel der Morgenröte. Ps. 139, V. 9.

— Morgenrot bringt Kot; | Abendrot bäckt Brot. Bauernregel.

— Morgenrot | Mit Regen droht. Bauernregel.

Morgens. — Des Morgens in der Frühe, | Da treiben wir die Kühe | Auf Wies' und Au'.

Aug. Heinr. Hoffmann von Fallersleben, Lyrische Gedichte. Nr. 4. Volksleben. Jugend- u. Mannesjahre. Alpenleben. Nr. 3. Hirtenlied (ged. 2. Juni 1827).

— Früh morgens, wenn die Hähne krähn ...

Leberecht Dreves, Gedichte. Waldandacht (ged. 1836). Mel. v. Frz. Abt (komp. 1860).

— Ein guter Tag fängt morgens an. Sprichwort.

— Des Morgens bet' zu deinem Gott, | Des Mittags iß vergnügt dein Brot, | Des Abends denk' an deinen Tod, | Des Nachts verschlafe deine Not! Spr. an einem Hause.

Morgensegen. — Morgensegen und Abendsegen | Ist Tagessegen auf allen Wegen. Sprichwort.

Morgenstunde. — Morgenstunde | Hat Gold im Munde. Sprichwort.

Morgenzeit. — O Morgenzeit, du frische Zeit! | Des Lebens reichste Quelle!

Friedr. Hebbel, Gedichte (1857). Verm. Gedichte. Morgen u. Abend.

Moselwein. — Moslerwein, der Sorgenbrecher, | Schafft gesundes Blut. | Trink' aus dem bekränzten Becher | Glück und frohen Mut!

Ewald Christ. von Kleist, Sämtl. Werke. Gedichte. Dithyrambe (1757).

— Moselblüt' | Macht froh Gemüt.

Inschrift im Berliner Ratskeller. Weinlokal.

Moses. — Sie haben Mosen und die Propheten. Luk., K. 16, V. 29.

Most. — Der Most, der gärend sich vom Schaum geläutert, | Er wird zum Trank, der Geist und Sinn erheitert.

Joh. Wolfg. von Goethe, Was wir bringen (1802). Sz. 3 (Lachesis).

— Wenn sich der Most auch ganz absurd gebärdet, | Es gibt zuletzt doch noch e' Wein.

Joh. Wolfg. von Goethe, Faust, II (1831). A. 2. Hochgewölbtes enges gotisches Zimmer (Mephistopheles).

Mücke. — Aus der Mücke einen Elefanten machen (etwas stark übertreiben).

Sprichwörtl. Redensart.

Müde. — Ein matt und müder Wandersmann, | Der nicht zu Pferde kommen kann, | Der nimmt wohl auch den Esel an.

Daniel Georg Morhof, Teutsche Gedichte (1700).

— Ach, ich bin des Treibens müde!

Joh. Wolfg. von Goethe, Gedichte. Lieder. Wandrers Nachtlied (geb. 12. Febr. 1776). Mel. v. Joh. Friedr. Reichardt (1781).

— Müde bin ich, geh' zur Ruh', | Schließe meine Äuglein zu.

Luise Hensel, Nachtgebet (geb. 3. Jan. 1817).

— Ich habe jetzt keine Zeit, müde zu sein.

Kaiser Wilh. I. (8. März 1888).

— Ach, ich bin so müde, | Ach, ich bin so matt! | Möchte gerne schlafen gehn, | Morgen wieder früh aufstehn. Kinderv.

Mufti. — Par Order di Mufti (auf höhern Befehl). Berliner Redensart.

Mühe. — Dan arbait, mühde, Schwais vnd Frost | Sind des Rums vnd der Tugend kost.

Joh. Friedr. Fischart, D. Glückhafft Schiff v. Zürich (um 1576).

— Ohne Müh' und Fleiß | Wird kein Mensch auf Erden groß; | Ehre fordert Schweiß.

Gottlob Wilh. Burmann, Kleine Lieder für kleine Mädchen u. Jünglinge (1777). Arbeit.

— Des Lebens Mühe | Lehrt uns allein des Lebens Güter schätzen.

Joh. Wolfg. von Goethe, Torquato Tasso (1789). A. 5, Sz. 1 (Antonio).

— Segen ist der Mühe Preis.

Friedr. von Schiller, Gedichte. D. Lied v. d. Glocke (geb. Sept. 1799).

— Mylord! die Mühe konntet Ihr Euch sparen!

Friedr. von Schiller, Maria Stuart (1800). A. 4, Sz. 3 (Leicester).

— Die Mühe muß vor dem Besitze kommen; | Was leicht gegeben wird, wird leicht genommen.

Friedr. von Bodenstedt, A. d. Nachlasse Mirza=Schaffys (1874). B. 3. B. d. Spr. Nr. 38.

— Der eine hat die Mühe, | Der andre die Brühe. Alter Spr.

— Ohne Müh' und Tapferkeit, | Wird kein großes Lob bereit't.

Spr. im Berliner Rathause. Dritter Stock.

— Die Mühe besiegt selbst das Schicksal. Lat.: Curae cedit fatum. Wahlspr. d. Thomson.

Mühelos. — Nichts gelingt uns mühelos. Griech.: *Πόνου τοι χωρὶς οὐδὲν εὐτυχεῖ.*

Sophokles (um 496—406 v. Chr.), Elektra. Übers. v. Jordan. V. 936 (Elektra).

Mühen, das. — Kühn ist das Mühen, | Herrlich der Lohn!

Joh. Wolfg. von Goethe, Faust, I (1808). Vor d. Tor (Soldaten).

Mühevoll. — Dan was gschicht schwärlich (mühevoll), das würd ehrlich.

Joh. Friedr. Fischart, D. Glückhafft Schiff v. Zürich (um 1576).

Mühle. — Es klappert die Mühle am rauschenden Bach.

Ernst Anschütz, Es klappert d. Mühle usw. (geb. um 1824). Mel. v. Verfasser.

— Dort unten in der Mühle | Saß ich in süßer Ruh'.

Justinus Kerner, Gedichte. Wanderlieder. D. Wanderer in d. Sägemühle (geb. 1830). Mel. v. Friedr. Glück.

Mühlen. — Der Götter Mühlen mahlen langsam, aber fein. Griech.: *Ὀψὲ θεῶν ἀλέουσι μύλοι, ἀλέουσι δὲ λεπτά.*

Sextus Empirikus (2. Jahrh.), Gegen d. Mathematiker.

Mühlenrad. — In einem kühlen Grunde, | Da geht ein Mühlenrad.

Jos. Freiherr von Eichendorff, Gedichte. Romanzen. D. zerbrochene Ringlein (geb. 1810). Mel. v. Friedr. Glück (komp. 1814) u. Ludw. Berger (komp. 24. Febr. 1815).

Mühselig. — Kommet her zu mir alle, die ihr mühselig und beladen seid, ich will euch erquicken.

Matth., K. 11, V. 28.

Mund. — Wer seinen Mund hat in Gewalt, | Der mag mit Ehren werden alt. Mittelhochdeutsch: Swer sînes mundes hât gewalt, | Der mac mit êren werden alt.

Vridankes Bescheidenheit (1225—1240). Übertr. v. Pannier. Nr. 17. v. d. alter. Schlußv.

— Laß deinen Mund verschlossen seyn, | So schluckst du keine Fliegen ein.

Hans Aßmann Freiherr von Abschatz, Poetische Übersetzungen u. Gedichte (1704). Sprüchwörter.

— Halt' deinen Bund; | Regier' den Mund!

Joh. Gottfr. von Herder, Stimmen d. Völker in Liedern (1807). Abteilung 2, B. 5, Nr. 28. Einige Spr. Deutsch.

— Herr, behüte meinen Mund!

Ps. 141, V. 3.

— Hüte dich, daß du den Leuten nicht in den Mund kommst, denn du kommst selten daraus. Alter Spr.

— Reiner Mund und treue Hand | Gehen wohl durchs ganze Land. Sprichwort.

— Voller Mund | Sagt des Herzens Grund. Sprichwort.

— Was kommt in den dritten Mund, | Wird aller Welt kund. Sprichwort.

— Weise Leute haben ihren Mund im Herzen. Sprichwort.

— Der braucht viel Brei, welcher jedem den Mund stopfen soll. Holländisches Sprichwort.

— Den Mund hängen lassen (betrübt sein). Sprichwörtl. Redensart.

— Jemandem den Mund wässerig machen (jemanden durch verlockende Aussichten auf etwas begierig machen). Sprichwörtl. Redensart.

— Sich den Mund verbrennen (durch unvorsichtiges Reden sich Unannehmlichkeiten zuziehen). Sprichwörtl. Redensart.

Munter. — Werde munter, mein Gemüthe!

Gustav Adolf, Herzog zu Mecklenburg, Geistl. Reimgedichte (1699). Morgen-Lied.

Munterkeit. — Munterkeit ist zu jedem guten Erfolge unentbehrlich.

Joh. von Müller, Sämtl. Werke (1810—1819).

Münze. — Etwas für bare Münze nehmen (etwas für richtig, für wahr halten).

Sprichwörtl. Redensart.

Muse. — Sage mir, Muse, die Taten des vielgewanderten Mannes, | Welcher so weit geirrt, nach der heiligen Troja Zerstörung, | Vieler Menschen Städte gesehn und Sitte gelernt hat. Griech.: *Ἄνδρα μοι ἔννεπε, μοῦσα, πολύτροπον, ὅς μάλα πολλὰ | Πλάγχθη, ἐπεὶ Τροίης ἱερὸν πτολίεθρον ἔπερσεν. | Πολλῶν δ' ἀνθρώπων ἴδεν ἄστεα καὶ νόον ἔγνω.*

Homer, Odyssee. Übers. v. Voß. Ges. 1, V. 1—3.

— Was ich ohne dich (die Muse) wäre, ich weiß es nicht; — aber mir grauet, | Seh' ich, was ohne dich Hundert' und Tausende sind.

Friedr. von Schiller, Gedichte. Votivtafeln. Nr. 13. An d. Muse (ged. 1796).

— Mit dem Philister stirbt auch sein Ruhm. Du, himmlische Muse, | Trägst, die dich lieben, die du liebst, in Mnemosynens Schoß.

Friedr. von Schiller, Gedichte. Votivtafeln. Nr. 54. D. Gunst d. Musen (ged. 1796).

— Nur die Muse gewährt einiges Leben dem Tod.

Joh. Wolfg. von Goethe, Gedichte. Elegien. Nr. 2. Euphrosyne (ged. Okt. 1797 u. 12.—13. Juni 1798).

— Meine Mus' ist gegangen | In des Schenken sein Haus, | Hat die Schürz' umgebunden | Und will nicht heraus.

Wilh. Müller, Lieder d. Lebens u. d. Liebe (1824). Nr. 1. Tafellieder für Liedertafeln. Meine Muse. Mel. v. Justus Wilh. Lyra (1843).

— Jüngling, merke dir in Zeiten, | Wo sich Geist und Sinn erhöht, | Daß die Muse zu geleiten, | Doch zu leiten nicht versteht.

Joh. Wolfg. von Goethe, Poetische u. prosaische Werke (1836—1837). Gedichte. Zahme Xenien. Nr. 8.

— Bei dem Träumer nicht, | Nicht bei dem Schwächling will die Muse rasten, | Doch immer gerne sie dem Kränze flicht, | Der mutig trägt des Lebens Müh' und Lasten.

Emil Rittershaus, Neue Gedichte (1871).

— Nicht um die Gunst mehr frei'n sie der Muse, sie frein um die Mitgift, | Und im gemeinen Erwerb stirbt das entweihte Talent.

Emanuel Geibel, Spätherbstblätter (1877). Distichen a. d. Wintertageb. Nr. 4.

Musen. — Die Musen saugen einen aus.

Friedr. von Schiller, Briefwechsel zwischen Schiller u. Goethe (29. Aug. 1795).

— Der allein besitzt die Musen, | Der sie trägt im warmen Busen; | Dem Vandalen sind sie Stein.

Friedr. von Schiller, Gedichte. D. Antiken zu Paris (ged. 1800). Schlußv.

Musen. — Danke, daß die Gunst der Musen | Unvergängliches verheißt, | Den Gehalt in deinem Busen | Und die Form in deinem Geist!

Joh. Wolfg. von Goethe, Gedichte. Gott u. Welt. Dauer im Wechsel (ged. um 1803). Schlußv.

— Andre Zeiten, andre Musen!

Ludw. Uhland, Gedichte. Lieder. D. neue Muse (ged. 7. Sept. 1816).

— Heilig sind die Worte hoher Musen, | Doch die Welt umher ist kalt und öde, | Und ein Tor, der sie zu wärmen strebt.

Friedr. de la Motte Fouqué, Gedichte (1816—1827).

— Auch Walkyrien sind die Musen, | Mitten grad' in des Feindes Busen | Trifft das Lied, und trifft der Speer.

Gottfr. Kinkel, Gedichte (1843). Zum Eingang.

— Wenn dir Tod und Schicksal | Glück und Jugend geraubt, | Nur an der Schönheit Busen, | Nur vom Hauche der Musen | Heilt das Herz dir und hofft und glaubt.

Paul Heyse, Gedichte (1872). Neues Leben.

— Das Leben ohne die Musen ist der Tod. Lat.: Mors sine musis vita.

Wahlspr. d. Rohde.

Musenstadt. — Ich zog, ich zog zur Musenstadt | Mit lautem Sang und Valadri.

Joh. Matthias Hecker, Ich zog, ich zog zur Musenstadt usw. (ged. 1862). Mel. v. Verfasser.

Musenwitwensitz. — Zu Weimar, dem Musenwitwensitz ...

Heinr. Heine, Neue Gedichte. Verschiedene (ged. 1832—1839). D. Tannhäuser. Nr. 3.

Musik. — Wir behaupten, daß die Musik nicht bloß zu einem einzigen nützlichen Zwecke, sondern zu mehreren zu gebrauchen ist, nämlich zur sittlichen Bildung und zur homöopathischen Reinigung von Affekten. Griech.: *Οὐ μιᾶς ἕνεκεν ὠφελείας τῇ μουσικῇ χρῆσθαι δεῖν, ἀλλὰ καὶ πλειόνων χάριν καὶ γὰρ πειδείας ἕνεκεν καὶ καθάρσεως.*

Aristoteles (um 384—322 v. Chr.), Politik. Übers. v. Susemihl. B. 5, K. 7.

— Der schönsten und herrlichsten Gaben Gottes eine ist die Musica. Der ist der Satan sehr feind, damit man viele Anfechtungen und böse Gedanken vertreibt.

Dr. Martin Luther, Tischreden oder Colloquia (1566). Nr. 68. Tischreden v. d. Musica. § 1. V. d. Musik Nutzen u. Kraft.

— Musica ist das beste Labsal einem betrübten Menschen, dadurch das Herz wieder zufrieden, erquickt und erfrischt wird.

Dr. Martin Luther, Tischreden oder Colloquia (1566). Nr. 68. Tischreden v. d. Musica. § 1. V. d. Musik Nutzen u. Kraft.

— Musicam habe ich allezeit lieb gehabt. Wer diese Kunst kann, der ist guter Art, zu allem geschickt.

Dr. Martin Luther, Tischreden oder Colloquia (1566). Nr. 68. Tischreden v. d. Musica. § 1. V. d. Musik Nutzen u. Kraft.

Musik. — Wenn in der Leiden hartem Drang | Das bange Herze will erliegen, | Musik mit ihrem Silberklang | Weiß hilfreich ihnen obzusiegen. Engl.: When griping grief the heart doth wound, | And doleful dumps the mind oppress, | Then music, with her silver sound, | With speedy help doth lend redress.

William Shakespeare, Romeo u. Julia (1593). Übers. v. Schlegel. A. 4, Sz. 5 (Peter).

— ... doch über Töne (Musik) Zauberkraft, | Die Schlimmes gut, aus Gutem Schlimmes schafft. Engl.: ... though music oft hath such a charm | To make bad good, and good provoke to harm. William Shakespeare, Maß für Maß (1604). Übers. v. Schlegel. A. 4, Sz. 1 (Herzog).

— ... wo Musik ist, da kann nichts Böses sein. Span.: ... donde hay musica, no puede haber cosa mala.

Don Miguel de Cervantes, Don Quijote (1605 u. 1615). T. 2, K. 34.

— Sei du mir tausendmal willkommen, meine löbliche, liebliche, künstliche, vornehme und angenehme Musika!

Abraham a Santa Clara [Ulrich Megerle] (1644—1709). Sämtl. Werke.

— Die Musik allein | Die Thränen abwischet, | Die Herzen erfrischet, | Wenn sonst nichts hilflich will sein. Spr. an einer Hausorgel. Schweiz (1762).

— Ist die Musik nur Spiel und Scherz, | Nur Scherz und Spiel, | Bewegt zum Guten sie nicht unser böses Herz, | Dann ist Musik nicht viel!

Joh. Wilh. Ludw. Gleim, Sämtl. Werke (1811—1813). Gedichte. Sinngedichte.

— Das unaussprechlich Innige aller Musik, vermöge dessen sie als ein so ganz vertrautes und doch ewig fernes Paradies an uns vorüberzieht, so ganz verständlich und doch so unerklärlich ist, beruht darauf, daß sie alle Regungen unseres innersten Wesens wiedergiebt, aber ganz ohne die Wirklichkeit und fern von ihrer Qual.

Arthur Schopenhauer, D. Welt als Wille u. Vorstellung (1813).

— Holde Musik, du weckst in der Unschuld Busen die Liebe, | Wo dir die Hoffnung horcht, wird sie zur Freude berauscht. | Aber in Wehmutstränen zerfließt der lieblichste Tonhauch, | Wenn sich die Seele zurücksehnt nach verlornem Genuß.

Karl Gustav von Brinckmann, Elegien u. Arabesken (1820).

— Musik ist der Schlüssel zum weiblichen Herzen.

Joh. Gottfr. Seume, Sämtl. Werke (1826). Gedichte. D. Vorteil.

— Musik ist die Poesie der Luft.

Jean Paul (Joh. Paul Friedr. Richter), Sämtl. Werke (1826—1828).

— Musik im besten Sinne bedarf weniger der Neuheit, ja vielmehr je älter sie ist, je gewohnter man sie ist, desto mehr wirkt sie.

Joh. Wolfg. von Goethe, Werke (1827—1830). Maximen u. Reflexionen. Abteilung 1.

Musik. — Sie (die Musik) ist ganz Form und Gehalt und erhöht und veredelt alles, was sie ausdrückt.

Joh. Wolfg. von Goethe, Werke (1827—1830). Maximen u. Reflexionen. Abteilung 1.

— Die Heiligkeit der Kirchenmusiken, das Heitere und Neckische der Volksmelodien sind die beiden Angeln, um die sich die wahre Musik herumdreht. Joh. Wolfg. von Goethe, Werke (1827—1830). Maximen u. Reflexionen. Abteilung 1.

— Gleiche Zaubermacht | Übt Schönheit wie Musik, die uns so oft | Von unbekannten Paradiesen hehres | Geheimnis zu enthüllen scheint. Ital.: Simile effetto | Fan la bellezza e i musicali accordi | Ch'alto mistero d'ignorati elisi | Paion sovente rivelar.

Giacomo Leopardi, Aspasia (1836). Übers. v. Heyse.

— Es gibt keine angenehmere Musik als die Variationen bekannter Melodien. Franz.: Il n'y a pas de musique plus agréable que les variations des airs connus.

Joubert, Gedanken u. Maximen (1838). Übers. v. Zimmermann.

— Musik ist die wahre allgemeine Menschensprache. Karl Jul. Weber, Demokritos (1832—1840). D. Tonkunst.

— Was ist die Musik! Sie steht zwischen Gedanken und Erscheinung; als dämmernde Vermittlerin steht sie zwischen Geist und Materie; sie ist beiden verwandt und doch von beiden verschieden; sie ist Geist, aber Geist, welcher eines Zeitmaßes bedarf; sie ist Materie, aber Materie, die des Raumes entbehren kann.

Heinr. Heine, D. Salon (1835—1840).

— Gelobet seist du jederzeit, Frau Musika!

Emanuel Geibel, Lob d. edeln Musica (geb. 1840).

— Uroffenbarung nenn' ich Musik, in keiner der Künste | Strömt der verschlossene Mensch also kristallen heraus. Gottfr. Kinkel, Gedichte (1843).

— Die Musik darf nie Worte wählen und sich mit kleinlichen Spielereien abgeben, sondern muß nur dem Geist der Poesie im ganzen folgen.

Friedr. von Schiller, Briefwechsel mit Körner (1847).

— Kein Bild, kein Wort kann das Eigenste und Innerste des Herzens aussprechen wie die Musik; ihre Innigkeit ist unvergleichlich, sie ist unersetzlich.

Friedr. Theod. Vischer, Ästhetik (1847).

— Musik ist Gebet; ob nun das Kind es herstammele, ob der rohe Mensch in roher Sprache es halte, ob der Gebildete in feurigen, geistvollen Worten, — der Himmel hört sie mit gleicher Liebe an und gibt jedem den Widerklang seiner Empfindung als Text zurück.

Ludw. Börne, Gesammelte Schriften (1862—1863).

— Musik allein ist die Weltsprache und braucht nicht übersetzt zu werden; da spricht Seele zu Seele.

Berth. Auerbach, Auf d. Höhe (1865).

Musik. — Kommst du, Musik, wird's in uns licht: | Tief in der Brust ein Pfingsten tagt, | Wenn deine Wunderstimme spricht, | Wozu das Wort den Dienst versagt.

Emil Rittershaus, Neue Gedichte (1871).

— Musik ist auch nur ein Surrogat, vielleicht das kräftigste und edelste, aber das wahre, das Glück selbst doch immer nicht.

Paul Heyse, D. Kinder d. Welt (1873).

— Die moderne Menschheit dichtet in der Musik die Märchenkraft des Menschengemüts aus, die das Altertum im Mythus gestaltete. Die Musik gibt Stimmungen und Situationen über alles greifbare und sichtbare Dasein hinaus und läßt uns wach träumen.

Berth. Auerbach, Tausend Gedanken d. Kollaborators (1876).

— Ich kann den Geist der Musik nicht anders fassen als in der Liebe.

Richard Wagner, Gesammelte Schriften (1871—1883). Mitteilungen an meine Freunde.

— Die Musik kann nie und in keiner Verbindung, die sie eingeht, aufhören, die höchste, die erlösendste Kunst zu sein.

Richard Wagner, Gesammelte Schriften (1871—1883).

— Die Musik wirkt zunächst durch die Macht des Naturschönen und erst in zweiter Linie als Kunstschönes. Ernst Eckstein, Ringkämpfe (1886).

— Das mag die beste Musik sein, | Wenn Herz und Mund stimmt überein. Alter Spr.

— Wer nie jagte und nie liebte, nie den Duft der Blumen suchte, und nie beim Klang der Musik erbebte, ist kein Mensch, sondern ein Esel.

Arabisches Sprichwort.

— Man sagt mir viel von Tantzen und Springen, | Jedoch geliebt mir die Musik vor allen Dingen.

Spr. an einem Hausgerät.

Musikant. — Ein lust'ger Musikante marschierte am Nil, | Da kroch aus dem Wasser ein großes Krokodil.

Emanuel Geibel, Lob d. edeln Musika (ged. 1840).

Musikanten. — Gute Leute und schlechte Musikanten.

Nach Clemens Brentano, Ponce de Leon (1804). A. 5, Sz. 2 (Valerio).

— Da sitzen die Musikanten! (da sitzt die Schwierigkeit). Sprichwörtl. Redensart. Sachsen.

Musikantenkehle. — Eine Musikantenkehle, die ist als wie ein Loch!

Emanuel Geibel, Lob d. edeln Musika (ged. 1840).

Musiker. — Alle sie haben die Fehler, die Musiker; unter den Freunden | Wollen sie nie anheben ein Lied, durch Bitte beweget; | Ohne Geheiß dann singen sie rastlos. Lat.: **Omnibus hoc vitium est cantoribus, inter amicos | Ut numquam inducant animum cantare rogati, | Iniussi numquam desistant.**

Quint. Horatius Flacc., Sat. (um 35 v. Chr.). Übers. v. Voß. B. 1, Nr. 3, V. 1—3.

Musikkunst. — Die höchsten Spitzen italienischer Kunst reichen noch nicht bis an die ersten Anfänge wahrhaft deutscher (Musikkunst).

Rob. Schumann, Gesammelte Schriften (1854).

Muskateller. — Den liebsten bulen, den ich han, | Der leit beim wirt im keller, | Er hat ein hölzins röcklein an | Und heißt der Muscateller.

Trinklied (um 1500). Volksweise.

Muße. — Sehet zu, Kinder, daß ihr eure Muße zu etwas Gutem anwendet! Griech.: *Ἄγε, ὅπως εἰς καλόν τι καταθήσεσθε τὴν σχολὴν, ὦ παῖδες.*

Platon (um 427—347 v. Chr.). Nach Plutarch, Moralische Abhandlungen. Übers. v. Müller. Diätetik. K. 21.

— .... es ist nicht sowohl Müßiggang als Muße; und diese ist bisweilen heilsamer als Arbeit.

Wilh. Freiherr von Humboldt, Br. an eine Freundin (4. Jan. 1831).

Müssen. — Das Muß, zum Nichtmuß macht es keine Macht der Welt. Griech.: *Ὁ χρὴ γὰρ οὐδεὶς μὴ χρεὼν θήσει ποτέ.*

Euripides (um 480—406 v. Chr.), D. rasende Herakles. Übers. v. Minckwitz. V. 311 (Megara).

— Kein Mensch muß müssen.

Gotthold Ephr. Lessing, Nathan d. Weise (1779). A. 1, Sz. 3 (Nathan).

— Die Menschen, in der Regel, | Verstehen sich aufs Flicken und aufs Stückeln | Und finden sich in ein verhaßtes Müssen | Weit besser als in eine bittre Wahl.

Friedr. von Schiller, D. Piccolomini (1799). A. 1, Sz. 2 (Illo).

— Was sein muß, das geschehe, doch nicht drüber! Friedr. von Schiller, Wilh. Tell (1804). A. 2, Sz. 2 (Walter Fürst).

— Dem harten Muß bequemt sich Will' und Grille.

Joh. Wolfg. von Goethe, Gedichte. Gott u. Welt. Urworte. Orphisch (ged. 7.—8. Okt. 1817).

— ... das Schrecklichste | Ist, endlich müssen was wir nie freiwillig | Zuvor gewollt.

Mich. Beer, Struensee (1829). A. 1, Sz. 14.

— Das kleine Wörtlein Muß | Ist doch von allen Nüssen, | Die Menschen knacken müssen, | Die allerhärt'ste Nuß!

Ludw. Bechstein, Arabesken (1832). T. 2.

— Ich muß, das ist die Schrank', in welcher mich die Welt | Von einer, die Natur von andrer Seite hält. Friedr. Rückert, D. Weisheit d. Brahmanen (1836—1839).

— Das Muß ist ein grober Brettnagel; aber ein bißchen Philosophie söhnt das „Muß" mit dem „Ich will" vollkommen aus.

Karl Jul. Weber, Demokritos (1832—1840). Lob- u. Hilfsmittel d. Frohsinns. D. Fortsetzung.

— Muß, muß, — das Wort hallt dumpf wie Grabgewölbe!

Friedr. Halm (Elegius Frz. Jos. Freiherr von Münch-Bellinghausen), D. Sohn d. Wildnis (1842). A. 4 (Parthenia).

Müssen. — Muß? Willkomm'nes Wort, | Mit dem der Frevler stets die Schuld von sich | Abwälzt ins Leere, jeden Übermut | Und jeden Treubruch. Emanuel Geibel, Sophonisbe (1868). A. 2, Sz. 3 (Thamar).

— Es muß sein! — grausamster Zwang. Es hat sein müssen! — bester Trost.
Marie von Ebner-Eschenbach, Aphorismen (1893).

— Unglücklich, wer niemals im Leben mußte. Er wird nie wahrhaft wollen lernen.
Otto von Leixner, A. meinem Zettelkasten (1896). Beiträge zur Menschenkenntnis.

— Muß | Ist harte Buß. Alter Spr.

— Muß es sein, | So schick' dich drein! Sprichwort.

— Muß zieht gute Kinder. Sprichwort.

— Muß ist a hart's Kochen, aber leicht z' essen. Sprichwort. Kärnten.

— Müetten iss 'n Düwelsfriätten. Sprichwort. Münsterisch.

— Wat sin (sein) mott, mott sin, un wenn 't 'n Brandmiärk (Brandmal) iss.
Sprichwörtl. Redensart. Münsterisch.

— Was sein muß, muß sein! Sprichwörtl.

Müßig. — Sellig, der werkt mit sinem karst; | Wer müssig gat, der ist der narrst.
Seb. Brant, D. Narrenschif (1494). Nr. 97. V. trakeit u. fulheit.

— Die höchste und gemeinste Anfechtung in der Welt ist, daß Niemand thut die Werke seines Berufs, sondern Jedermann wollte gerne gute Tage haben und müßig gehen.
Dr. Martin Luther, Tischreden oder Colloquia (1566). Nr. 4. Tischreden v. d. Welt u. ihrer Art. § 32. D. gemeinste Anfechtung in d. Welt.

— In müß'ger Weile schafft der böse Geist.
Friedr. von Schiller, Maria Stuart (1800). A. 1, Sz. 1 (Paulet).

— Schwert und Männerkraft verrostet, | Liegt es lange müßig still.
Theod. Körner, Poetischer Nachlaß (1815). Nachtrag, Ungedrucktes. Leichter Sinn.

— Hüte dich davor, einsam und müßig zu gehen! Engl.: Give not way to solitariness and idleness.
Samuel Smiles, D. Charakter (1871). Übers. v. Dobbert. K. 4. D. Arbeit.

— Was stehet ihr hier den ganzen Tag müßig?
Matth., K. 20, V. 6.

— Besser ist mussig gehen, | Dan thun, das nit mit ehren kann bestehen. Alter Spr.

— Unnütze (müßige) Händ' melken die Ochsen.
Sprichwort. Unterinntal.

— Ein müßig Gehirn ist des Teufels Werkstätte. Engl.: An idle brain is the devil's shop. Sprichwort.

— Besser einen Finken gerupft, als müßig gesessen. Holländisches Sprichwort.

Müßiggang. — Das Stillsitzen und der Müßiggang pflegt adelige tapfere Leiber nicht anders als der Rost das Eisen zu verderben.
Kaiser Maximilian I. (reg. 1493—1519).

— Müßiggang ist nichtig, | Fleiß nur macht dich tüchtig, | Willig, sittig, züchtig, | Führt ans Ziel dich richtig.
Friedr. von Logau, Deutsche Sinn-Getichte (1654).

— Niemand ist durch müssiggang in der Welt empor gestiegen.
Joh. Grob, Dichterische Versuchgabe (1678). Aufschriften oder Kurzgedichte. B. 1, Nr. 30. Fleiß bringt zu ehren.

— Der Mensch, zu Fleiß und Arbeit träge, | Fällt auf des Müßigganges Wege | Leicht in das Netz des Bösewichts.
Christ. Fürchtegott Gellert, Geistl. Oden u. Lieder (1757). Warnung vor d. Wollust.

— Müßiggang und Schläfrigkeit | Sind schon halber Tod.
Gottlob Wilh. Burmann, Kleine Lieder für kleine Mädchen u. Jünglinge (1777). Arbeit.

— . . . Müßiggang | Ist ein beschwerlich Ding | Und schier des Teufels Ruhebank | Für vornehm und gering.
Matthias Claudius, Sämtl. Werke d. Wandsbecker Boten. T. 5 (1790). D. glückliche Bauer.

— Der Müßiggang ist das Kopfkissen des Teufels. Jean Paul (Joh. Paul Friedr. Richter), Palingenesien (1798). Bd. 1.

— Was verkürzt mir die Zeit? | Tätigkeit! | Was macht sie unerträglich lang? | Müßiggang!
Joh. Wolfg. von Goethe, Westöstlicher Diwan. B. d. Betrachtungen. Fünf andere (ged. 16. Dez. 1814).

— Müßiggang, du heiliges Kleinod, einziges Fragment der Gottähnlichkeit, das uns noch aus dem Paradiese blieb.
Friedr. von Schlegel, Sämtl. Werke (1822—1825).

— Jedes Laster kommt vom Müßiggange, jede öffentliche Unordnung kommt vom Mangel an Arbeit. Franz.: Tout vice vient d'oisiveté, tout désordre public vient du manque de travail. Paul Louis Courier de Méré, Werke (1830). Br. Übers. v. Zimmermann.

— Der Müßiggang, nicht die Arbeit, ist der Fluch des Menschen. Engl.: It is idleness that is the curse of men,—not labour.
Samuel Smiles, D. Charakter (1871). Übers. v. Dobbert. K. 4. D. Arbeit.

— Müßiggang ist nicht nur, wie man sagt, aller Laster Anfang, sondern auch alles Glückes Ende. Oskar Freiherr von Redwitz, Hymen (1885).

— . . . wer aber Müßiggang nachgehet, wird Armuts genug haben. Spr. Sal., K. 28, V. 19.

— Mussiggang | Hat einen bösen nachklanck. Alter Spr.

— Mussiggang | Ist der tugendt undergang. Alter Spr.

— Wer dem mussiggang ist ergeben, | Kan nit woll ohn laster leben. Alter Spr

Müßiggang. — Zum Müßiggang gehören hohe Zinsen oder hohe Galgen. Alter Spr.

— Müßiggang | Ist aller Laster Anfang.
Sprichwort.

— Müßiggang | Ist des Teufels Ruhebank.
Sprichwort.

— Müßiggang ist ein Hausdieb. Sprichwort.

— Müßiggang verzehrt den Leib wie Rost das Eisen. Sprichwort.

Müßiggänger, der. — O Himmel! schütze mich vor jedem Müßiggänger!
Friedr. von Hagedorn, Sämtl. poetische Werke (1757). Epigrammatische Gedichte. Wunsch.

— Dem Müßiggänger fehlt es stets an Zeit zum Tun | Und nie an einem Grund, warum er's lasse ruhn.
Friedr. Rückert, D. Weisheit d. Brahmanen (1836—1839). B. 16, Abteilung 5, Nr. 23. (Stufe 5. Leben. Nr. 425.)

Müßiggänger, die. — Wann man die Müssiggänger könte abschaffen, so würden alle Laster abgeschafft.
Christoph Lehmann, Politischer Blumen-Garten (1662). T. 2. Müssiggang. Nr. 32.

Muster. — Ein großes Muster weckt Nacheiferung | Und gibt dem Urteil höhere Gesetze.
Friedr. von Schiller, Wallensteins Lager. Prolog. (ged. 1793).

Musterung. — Ich kenne dich, Spiegelberg. Aber ich will nächstens unter euch treten und fürchterlich Musterung halten.
Friedr. von Schiller, D. Räuber (1781). A. 2, Sz. 3 (Moor).

Mut. — Jetzt ist Mut, Aeneas, dir not, jetzt männliche Fassung! Lat.: Nunc animis opus, Aenea, nunc pectore firmo!
Publ. Vergilius Maro (um 70 v. Chr.—19 n. Chr.), Aeneis. Übers. v. Voß. B. 6, V. 261.

— Wenn der Mut bleibet und nicht gebrochen wird, so bleibet der Leib auch stark.
Dr. Martin Luther, Alle B. u. Schrifften (1539—1559).

— Es steigt der Mut mit der Gelegenheit. Engl.: For courage mounteth with occasion.
William Shakespeare, König Joh. (um 1594—1596). Übers. v. Schlegel. A. 2, Sz. 1 (Österreich).

— Ist unser Mut bereit, so ist es alles. Engl.: All things are ready, if our minds be so.
William Shakespeare, König Heinr. V. (1599). Übers. v. Schlegel. A. 4, Sz. 3 (König Heinr.).

— Zehrt Mut das Urteil auf, | Frißt er das Schwert, mit dem er kämpft. Engl.: When valour preys on reason, | It eats the sword it fights with.
William Shakespeare, Antonius u. Kleopatra (1607—1608). Übers. v. Graf Baudissin. A. 4, Sz. 1 (Enobarbus).

Mut. — Ein jeder Mann von Mut ist auch ein Mann von Wort. Franz.: Tout homme de courage est homme de parole.
Pierre Corneille, D. Lügner (1643). Übers. v. Kummer. A. 3, Sz. 2 (Alcippe).

— Der Mut verlernt sich nicht, wie er sich nicht lernt.
Joh. Wolfg. von Goethe, Götz v. Berlichingen (1773). A. 4. Ein großer Saal auf d. Rathaus (Sickingen).

— Der Mut wächst mit der Gefahr! Die Kraft erhebt sich im Drang.
Friedr. von Schiller, D. Räuber (1781). A. 1, Sz. 2 (Spiegelberg).

— Mut hab' ich genug, um barfuß mitten durch die Hölle zu gehen.
Friedr. von Schiller, D. Räuber (1781). A. 1, Sz. 2 (Schweizer).

— Mut und Geduld kann alles zwingen, | Not lehret uns empfindsam sein.
Karl Wilh. Ramler, Fabellese (1783). B. 4, Nr. 8. D. Schnecke u. d. Grille.

— Keine Probe ist gefährlich, zu der man Mut hat. Joh. Wolfg. von Goethe, Egmont (1788). A. 2. Egmonts Wohnung (Egmont).

— Der Mut stellt sich die Wege kürzer vor.
Joh. Wolfg. von Goethe, Torquato Tasso (1789). A. 2, Sz. 3 (Antonio).

— Mut allein kann hier den Dank erringen.
Friedr. von Schiller, Gedichte. D. Ideal u. d. Leben (ged. 1795).

— Mut und Bescheidenheit sind die unzweideutigsten Tugenden; denn sie sind von der Art, daß Heuchelei sie nicht nachahmen kann.
Joh. Wolfg. von Goethe, Wilh. Meisters Lehrjahre (1777—1796).

— Trinke Mut des reinen Lebens! | Dann verstehst du die Belehrung.
Joh. Wolfg. von Goethe, Gedichte. Balladen. D. Schatzgräber (ged. 21.—22. Mai 1797).

— Der Mut ist's, der den Ritter ehret.
Friedr. von Schiller, Gedichte. D. Kampf mit d. Drachen (ged. 18.—26. Aug. 1798).

— Doch seinen (des Christen) Mut muß Weisheit leiten; | Und List muß mit der Stärke streiten.
Friedr. von Schiller, Gedichte. D. Kampf mit d. Drachen (ged. 18.—26. Aug. 1798).

— . . . käm' die Hölle selber in die Schranken, | Mir soll der Mut nicht weichen und nicht wanken!
Friedr. von Schiller, D. Jungfrau v. Orleans (1801). A. 3, Sz. 9 (Johanna). Schlußv.

— Mut ist des Glückes schönster Widerschein.
Mich. Beer, Struensee (1829). A. 3, Sz. 10.

— Sechzig Fuß | Weit hab' ich stets Courage (Mut). Nur die Nähe | Mag ich nicht leiden.
Christ. Dietr. Grabbe, Don Juan u. Faust (1829). A. 4, Sz. 1 (Leporello).

— Muß das Herz dir brechen, | Bleibe fest dein Mut! Adelbert von Chamisso (Louis Charles Adelaide Chamisso de Boncourt), Gedichte. Lieder u. lyrisch-epische Gedichte. Frauen-Liebe u. Leben (ged. 1830). Nr. 9. Mel. v. Rob. Schumann.

Mut. — . . . der Mann bedarf | Des Mutes nur zu jeder edlen Handlung; | Der feste Wille leitet ihn zum Ziel.

Joh. Friedr. Bahrdt, Dramatische Dichtungen (1834). D. Grabesbraut. A. 3, Sz. 5.

— Der junge Löwe fällt den Elefanten an; | So macht der Mut und nicht das Alter einen Mann. Peter von Bohlen, Bhartriharis Spr. (1835).

— Gut verloren, — etwas verloren! | Mußt rasch dich besinnen | Und neues gewinnen. | Ehre verloren, — viel verloren! | Mußt Ruhm gewinnen, | Da werden die Leute sich anders besinnen. | Mut verloren, — alles verloren! | Da wär' es besser, nicht geboren.

Joh. Wolfg. von Goethe, Poetische u. prosaische Werke (1836—1837). Gedichte. Zahme Xenien. Nr. 8.

— Die Sinne kann man wecken; doch wo der Mut schläft, da ist es ein Todesschlaf.

Ludw. Börne, Menzel, d. Franzosenfresser (1837).

— Mut, Freudigkeit und Hoffnung sei das Dreigestirn, das man nicht aus den Augen lasse!

Ernst Freiherr von Feuchtersleben, Zur Diätetik d. Seele (1838). K. 11. Resumé.

— Wenn du den Mut verlierst, verlierest du die Kraft | Zu wirken, und dein Werk verkümmert krüppelhaft.

Friedr. Rückert, D. Weisheit d. Brahmanen (1836—1839). B. 3, Nr. 27. (Stufe 2. Stimmung. Nr. 26.)

— Herzhaftigkeit ist bloß Temperamentseigenschaft. Der Mut dagegen beruht auf Grundsätzen und ist eine Tugend.

Immanuel Kant, Werke (1838—1839).

— Wozu der Mensch | Den Mut hat, dazu findet er die Mittel.

Ernst Raupach, D. Prinz u. d. Bäuerin (1840). A. 1, Sz. 3.

— Unmögliches wird möglich, | Wenn es an Mut nicht fehlt.

Elisabeth Kulmann, Sämtl. Gedichte (1846). Talent u. Kunst.

— . . . wenn der Mut in der Brust seine Spannkraft übt.

König Ludw. I. v. Bayern (reg. 1825—1848).

— Ein kühner Mut geht mitten durch; | Das Eisen bricht die Not.

Emanuel Geibel, Juniuslieder (1848). Lieder. Kriegslied.

— Nächst der Klugheit ist Mut eine für unser Glück sehr wesentliche Eigenschaft. Freilich kann man weder die eine noch die andere sich geben, sondern man ererbt jene von der Mutter und diesen vom Vater.

Arthur Schopenhauer, Parerga u. Paralipomena (1851).

— Der wahre Mut ist nicht bloß ein Luftball der Erhöhung, sondern auch ein Fallschirm des Herabsinkens.

Ludw. Börne, Gesammelte Schriften (1862—1863). Fragmente u. Aphorismen. Nr. 123.

Mut. — Der sittliche Mut ist es, der die höchste Stufe der Menschlichkeit kennzeichnet; der Mut, die Wahrheit zu suchen und zu äußern; der Mut, gerecht zu sein; der Mut, rechtschaffen zu sein; der Mut, der Versuchung zu widerstehen; der Mut, seine Pflicht zu erfüllen. Engl.: It is moral courage that characterises the highest order of manhood and womanhood — the courage to seek and to speak the truth; the courage to be just; the courage to be honest; the courage to resist temptation; the courage to do one's duty.

Samuel Smiles, D. Charakter (1871). Übers. v. Dobbert. K. 5. D. Mut.

— Hast du's nicht im Blut, | So hab's im Mut! Paul Heyse, Gesammelte Werke (1872). Gedichte. Spr.

— Wem wagender Mut die Adern schwellt, | Dem gehorchet die Erde, gehöret die Welt!

Ernst von Wildenbruch, Harold (1882). A. 3, Sz. 10 (Seneschall).

— . . . ein guter Mut ist ein tägliches Wohlleben. Spr. Sal., K. 15, V. 15.

— . . . wenn aber der Mut liegt, wer kann es tragen? Spr. Sal., K. 18, V. 14.

— Gutes Muts sein.

Nach Pred. Sal., K. 5, V. 17. — Sprichwörtl. Redensart.

— Sein Mütchen kühlen (seinen Zorn, seine Rachsucht befriedigen).

Nach Jes. Sir., K. 10, V. 6. — Sprichwörtl. Redensart.

— Guter Mut ist halbes Leben. Alter Spr.

— Der Männer Mut | Ist allzeit gut. Sprichwort.

— Guter Mut, halbe Arbeit. Sprichwort.

— Kecker Mut, der beste Harnisch. Sprichwort.

— Mut | Über Gut. Sprichwort.

— Guter Mut ist die sicherste Wehr. Norwegisch: Godt Mod er vissaste Verja. Sprichwort.

— Em ös tô môd wie em Fisch op em Land. A. d. Seemannssprache. Preußen.

— Nur Mut, die Sache wird schon schief jehn. Berliner Redensart.

— Fremder Trost ist gut, | Besser eigner Mut. Spr. im Berliner Rathause. Zweiter Stock.

— Steter Mut und gleicher Sinn | Macht beständigen Gewinn. Spr. an einem Hausgerät.

— An der Schneid (Mut) håt's ma' går nie g'fehlt, | Öfter an Geld; — | Ist mer lieber ka' Geld | Ås ka Schneid auf der Welt.

Tiroler Schnaderhüpfl.

Mutig. — Kein mutiger (Mann) erbleicht vor kühner Tat. Friedr. von Schiller, Wallensteins Tod (1799). A. 4, Sz. 6 (Buttler).

— Wer mutig ins fröhliche Leben schaut, | Der eigenen Brust und dem Himmel vertraut, | Der hat auf Felsen den Sinn gebaut.

Moritz Doering, Gedichte (1827).

Mutig. — Die starken und mutigen Männer sind es, welche die Welt leiten, führen und beherrschen. Engl.: It is the strong and courageous men whe lead and guide and rule the world.

Samuel Smiles, D. Charakter (1871). Übers. v. Dobbert. K. 5. D. Mut.

Mutige, der. — . . . dem Mutigen hilft Gott! Friedr. von Schiller, Wilh. Tell (1804). A. 1, Sz. 2 (Gertrud).

— Gott verläßt den Mutigen nimmer.

Theod. Körner, Poetischer Nachlaß (1815). Verm. Gedichte. Harras, d. kühne Springer. Schlußv.

— Dem Mutigen hilft Gott. Sprichwort.

Mutlose, der. — Dem Mutlosen gilt alles nichts, dem Mutigen wenig viel.

Jer. Gotthelf (Albert Bitzius), Gesammelte Werke (1855—1858).

Mutter. — Qual ist Gebären! Mächtiger Zauber zwingt daher | Jedwede Mutter, daß sie für die Kinder kämpft. Griech.: *Δεινὸν τὸ τίκτειν καὶ φέρει φίλτρον μέγα | Πᾶσίν τε κοινὸν ὥσθ' ὑπερκάμνειν τέκνων.*

Euripides, Iphigenie in Aulis (um 407 v. Chr.). Übers. v. Minckwitz. V. 917—18 (Chor).

— O Mutter, reich an Kindersegen, schönstes Wort! Griech.: *Ὦ μῆτερ, ὦ τεκοῦσα κάλλιστον γόνον.*

Euripides (um 480—406 v. Chr.), D. Troerinnen. Übers. v. Binder. V. 629 (Andromache).

— Der Name Mutter ist süß; aber Frau Mutter ist wahrer Honig mit Zitronensaft!

Gotthold Ephr. Lessing, Hamburgische Dramaturgie. Stück 20 (7. Julius 1767).

— Der gemeine Mann nennt sein Weib, sobald sie ihm mehr als ein Kind geschenkt hat, Mutter. Dieser Titel gilt ihm mehr als Weib; und in der Tat, er gilt mehr!

Theod. Gottl. von Hippel, Über d. Ehe (1774). K. 1. Klagen über d. Vorurteile beim Heiraten. Traum zur Abhelfung.

— Der Teufel selbst hat's dir gesagt, | Daß alles eine Mutter wagt.

Friedr. (Maler) Müller, Balladen (1776). Genovefa im Turme (Genovefa).

— Jedes, auch das verächtlichste Tier, sobald es mir als aufmerksame liebende Mutter erscheint, ist mir gleich so achtungswürdig, so unverletzlich, so heilig!

Joh. Jak. Engel, D. Philosoph für d. Welt (1775—1777). T. 1, Stück 15. D. Bienenkorb.

— Es ist nichts reizender, als eine Mutter zu sehen mit einem Kinde auf dem Arme; und nichts ehrwürdiger als eine Mutter unter vielen Kindern. Joh. Wolfg. von Goethe, Wilh. Meisters Lehrjahre (1777—1796).

— Ach! des Hauses zarte Bande | Sind gelöst auf immerdar; | Denn sie wohnt im Schattenlande, | Die des Hauses Mutter war.

Friedr. von Schiller, Gedichte. D. Lied v. d. Glocke (ged. Sept. 1799).

Mutter. — Mit der Mutter und ihren Söhnen | Krönt sich die herrlich vollendete Welt.

Friedr. von Schiller, D. Braut v. Messina (1803). Säulenhalle (Erster Chor. Cajetan).

— Höheres bildet | Selber die Kunst nicht, die göttlich gebor'ne, | Als die Mutter mit ihrem Sohn.

Friedr. von Schiller, D. Braut v. Messina (1803). Säulenhalle (Erster Chor. Cajetan).

— Eine Mutter kann des eig'nen Busens Kind, | Das sie mit Schmerz geboren, nicht verfluchen. Friedr. von Schiller, D. Braut v. Messina (1803). D. Säulenhalle (Isabella).

— Es eifert jede Mutter für ihr Kind; | Dem Sohn der Fremden kann sie schwer vergeben.

Friedr. von Schiller, Phädra (1804). A. 2, Sz. 5 (Hippolyt).

— . . . der Soldat wird kriegerisch, der Dichter dichterisch, der Gottesgelehrte fromm erziehen; — und nur die Mutter wird menschlich erziehen.

Jean Paul (Joh. Paul Friedr. Richter), Levana oder Erzieh=Lehre (1807). Bd. 2, Bruchstück 4, K. 2, § 79.

— Wer kann eine Mutter ersetzen?

Jean Paul (Joh. Paul Friedr. Richter), Levana oder Erzieh=Lehre (1807). Bd. 2, Bruchstück 4, K. 2, § 80.

— Habt ihr recht erzogen, so kennt ihr euer Kind. Nie, nie hat eines je seiner rein= und rechterziehenden Mutter vergessen.

Jean Paul (Joh. Paul Friedr. Richter), Levana oder Erzieh=Lehre (1807). Bd. 2, Bruchstück 4, K. 2, § 80.

— Die Natur hat das Weib unmittelbar zur Mutter bestimmt; zur Gattin bloß mittelbar.

Jean Paul (Joh. Paul Friedr. Richter), Levana oder Erzieh=Lehre (1807). Bd. 2, Bruchstück 4, K. 3, § 85.

— Gäb' es nur Einen Vater auf der Erde, wir beteten ihn an; gäb' es aber nur Eine Mutter, wir würden sie verehren und lieben und auch anbeten.

Jean Paul (Joh. Paul Friedr. Richter), Levana oder Erzieh=Lehre (1807). Bd. 2, Bruchstück 4, K. 3, § 86.

— Es gibt doch Schön'res nichts auf dieser Welt, | Als wenn in süß vertrauendem Entzücken, | Lichtperlen der Begeist'rung in den Blicken, | Das Kind der Mutter in die Arme fällt.

Theod. Körner, Zriny (ged. Juni 1812). A. 2, Sz. 1 (Eva). Schlußv.

— Mei Mutter mag mi net, | Und kein Schatz hab i net! Volkslied u. =weise (vor 1824).

— Eine brave Mutter, die ihre Kinder selber lehrt, ist immer das, was mich auf Gottes Boden das Schönste dünkt.

Joh. Heinr. Pestalozzi, Sämtl. Schriften (1819—1826).

— Die Trauer der Braut drei Wochen war, | Die Trauer der Schwester, die war drei Jahr'; | Die Mutter hat der Trauer gepflegt, | Bis müde sie selbst ins Grab sich gelegt.

Adelbert von Chamisso (Louis Charles Adelaide Chamisso de Boncourt), Gedichte. Lieder u. lyrisch=epische Gedichte. D. Sohn d. Witwe (ged. 1826). Schlußv.

Mutter. — Nur eine Mutter weiß allein, | Was lieben heißt und glücklich sein.

Adelbert von Chamisso (Louis Charles Adelaide Chamisso de Boncourt), Gedichte. Lieder u. lyrisch=epische Gedichte. Frauen=Liebe u. Leben (ged. 1830). Nr. 7. Mel. v. Rob. Schumann.

— Ein einziges auf Erden ist nur schöner und besser | Als das Weib, — das ist die Mutter.

Leop. Schefer, Laienbrevier (1834).

— O, daß der Tod von hier | So früh dich (Mutter) fortgenommen! | Es wäre wohl mit mir | Sonst nicht so weit gekommen.

Nicolaus Lenau (Niembsch, Edler von Strehlenau), Faust (1836). D. Abschied.

— Die Mutter ist der Genius des Kindes.

Friedr. Hegel, Werke (1832—1842).

— Wahrlich, sollt' ich Menschengröße messen, | Gattin, Mutter, dir gebührt der Preis!

Joh. Christoph Biernatzki, Gedichte (1844).

— Eine rechte Mutter sein, das ist ein schwer Ding, ist wohl die höchste Aufgabe im Menschenleben. Jer. Gotthelf (Albert Bitzius), Uli d. Pächter (1849).

— Eine Geliebte liebt man am meisten, eine Frau am besten und eine Mutter immer. Franz.: Une maîtresse est ce qu'on aime le plus; une femme ce qu'on aime le mieux; une mère ce qu'on aime toujours.

Petit=Senn, Geistesfunken u. Gedankensplitter (1865). Übers. v. Zimmermann.

— Der Tod einer Mutter ist der erste Kummer, den man ohne sie beweint. Franz.: La mort d'une mère est le premier chagrin qu'on pleure sans elle.

Petit=Senn, Geistesfunken u. Gedankensplitter (1865). Übers. v. Zimmermann.

— Bei Himmelsgunst und Schicksalsschlägen | Reift einer mit den Jahren wohl heran. | Dir aber will sich auch der Mann | Fromm wie ein Kind zu Füßen legen | Und bitten: gib zu dem, was ich begann, | Geliebte Mutter, deinen Segen!

Hans von Hopfen, Gedichte (1883). Gelegenheitsgedichte. Meiner Mutter.

— Eine Mutter hat immer recht. Sie hat zu viel gelitten und geliebt, als daß es anders sein könnte. Hermann Sudermann, D. Ehre (1890). A. 4, Sz. 13 (Trast).

— Wem seine Kindheit auch ganz verstummt wäre, Einmal wird sie wieder aufwachen und zu ihm sprechen: — an der Bahre der Mutter.

Peter Sirius, Tausend u. Ein Gedanken (1899). Jugend u. Alter.

— Was man von der Mutter hat, das sitzt fest und läßt sich nicht ausreden, das behält man, und es ist auch gut so, denn jeder Keim der sittlichen Fortentwickelung des Menschengeschlechts liegt darin verborgen.

Wilh. Raabe, Gesammelte Erz. (1896—1900). Nach d. großen Kriege.

— . . . verachte deine Mutter nicht, wenn sie alt wird! Spr. Sal., K. 23, V. 22.

Mutter. — . . . wer seine Mutter ehret, sammlet einen guten Schatz. Jes. Sir., K. 3, V. 5.

— . . . wer seine Mutter betrübet, der ist verflucht vom Herrn. Jes. Sir., K. 3, V. 18.

— . . . vergieß nicht, wie sauer du deiner Mutter geworden bist! Jes. Sir., K. 7, V. 29.

— Ist die Mutter von guten Sitten, | Magst wohl um die Tochter bitten. Alter Spr.

— Es ist keine Mutter so bös, sie zöge gern ein fromm Kind. Sprichwort.

— Ist eine Mutter noch so arm, | So gibt sie ihrem Kinde warm. Sprichwort.

— Was der Mutter ans Herz geht, das geht dem Vater nur an die Knie. Sprichwort.

— Wie der Baum, so die Birne; | Wie die Mutter, so die Dirne. Sprichwort.

— Wie die Mutter, so die Tochter. Sprichwort.

— Ne Moder deckt waam to (warm zu). Sprichwort. Münsterisch.

— Die gute Mutter sagt nicht: Willst du? sondern gibt. Engl.: The good mother saith not: Will you? but gives. Sprichwort.

— Wer der guten Mutter nicht gehorchen will, wird der bösen Stiefmutter gehorchen. Ital.: Chi non vuol ubbidire alla buona madre, ubbidirà alla mala matrigua. Sprichwort.

— Die Mutter ist die Seele. Ital.: La mamma è l'arma. Neapolitanisches Sprichwort.

— Mutter! Mutter! Wer sie hat, ruft sie; wer sie nicht hat, wünscht sie. Ital.: Mama! Mama! Chi ghe l'à la ciama; | Chi no ghe l'à la brama. Lombardisches Sprichwort.

— Wenige sind wie Vater, keiner wie Mutter. Isländisches Sprichwort.

— Bei der Sonne ist es warm, bei der Mutter dem Sohne wohl. Russisches Sprichwort.

— Bei Muttern jehn (nach Hause gehen). Berliner Redensart.

Mütter. — Hart sind die Wehen der Gebärerin; | Drum lieben alle Mütter so die Kinder!

Friedr. von Schiller, Sz. a. d. Phönizierinnen d. Euripides (ged. 1788). (Chor).

— Die Mütter geben unserm Geiste Wärme und die Väter Licht.

Jean Paul (Joh. Paul Friedr. Richter), D. Jubelsenior (1797).

— Mütter, seid Väter! möchte man zurufen, und: Väter, seid Mütter!

Jean Paul (Joh. Paul Friedr. Richter), Levana oder Erzieh=Lehre (1807). Bd. 2, Bruchstück 4, K. 2, § 79.

— Länder und Städte werden weiblich genannt und abgebildet; und wahrlich, die Mütter, welche der Zukunft die ersten fünf Jahre der Kinder erziehen, gründen Länder und Städte.

Jean Paul (Joh. Paul Friedr. Richter), Levana oder Erzieh=Lehre (1807). Bd. 2, Bruchstück 4, K. 2, § 80.

Mütter. — Ihr wollt recht stark geliebt sein, Weiber, und recht lange und bis in den Tod; nun so seid Mütter eurer Kinder!

Jean Paul (Joh. Paul Friedr. Richter), Levana oder Erzieh=Lehre (1807). Bd. 2, Bruchstück 4, K. 2, § 80.

Mutterangst. — Mutterangst und Mutterweh bricht die Pforten der Hölle. Mutterschrei dringt zu Gottes Ohr und ruft ihn vom Himmelsthrone herab — zum Schutze oder zur Rache.

Bogumil Goltz, Zur Charakteristik u. Naturgesch. d. Frauen (1859).

Mutterarme. — ... Frühling ist, wo Leid und Sorgen | Vorm Hauch der Liebe sind entflohn, | Und Heimat ist, wo treu geborgen | In Mutterarmen ruht der Sohn.

Ludw. Fulda, Gedichte (1890). Bekenntnisse. An meine Mutter.

Mutterauge. — Wie sehr auch die Sonne sein Antlitz verbrannt, | Das Mutteraug' hat ihn doch gleich erkannt.

Joh. Nepomuk Vogl, Balladen u. Romanzen. D. Erkennen (ged. 1834). Schlußv. Mel. v. Heinr. Proch (1837).

Muttererde. — ... der Muttererde, ... der besten Amme. Griech.: ... *γῇ τε μητρί, φιλτάτῃ τροφῷ.*

Äschylus, Sieben vor Theben (um 471 v. Chr.). Übers. v. Minckwitz. V. 16 (Eteokles).

— Uns sammelt alle, klein und groß, | Die Muttererd' in ihren Schoß. | O säh'n wir ihr ins Angesicht, | Wir scheuten ihren Busen nicht.

Friedr. Leop. Graf zu Stolberg, Gesammelte Werke (1820—1825). Gedichte. D. Lebens Tag.

Mutterfleiß. — An der Kinder Weis' | Erkennt man der Mutter Fleiß. Sprichwort.

Mutterfluch. — Der Fluch der Mutter ist unabwendbar. Alter Spr.

Mutterfreude. — In der Natur ist keine Freude so erhaben rührend wie die Freude einer Mutter über das Glück eines Kindes.

Jean Paul (Joh. Paul Friedr. Richter), Hesperus (1795).

Muttergebet. — Nichts ist stärker als der Mutter Gebet. Lat.: Maternis precibus nihil fortius. Wahlspr. d. Kurfürsten Joh. Georg. I. v. Sachsen (gest. 1680).

Mutterglück. — O, wie bedaur' ich doch den Mann, | Der Mutterglück nicht fühlen kann!

Adelbert von Chamisso (Louis Charles Adelaide Chamisso de Boncourt), Gedichte. Lieder u. lyrisch=epische Gedichte. Frauen=Liebe u. Leben (ged. 1830). Nr. 7. Mel. v. Rob. Schumann.

Mutterhand. — Kein Füllhorn, das von allen Schätzen regnet, | Ist reicher als die Mutterhand, die segnet.

Anastasius Grün (Anton Alexander Graf von Auersperg), Gesammelte Werke (1877). Gedichte. Spr.

— Mutterhand ist weich, auch wenn sie schägt. Czechisches Sprichwort.

Mutterherz. — Gewaltig ist das Mutterherz. Man kann, | Auch wenn das Kind uns Böses angetan, | Doch nimmer hassen, was man selbst gebar. Griech.: *Δεινὸν τὸ τίκτειν ἐστίν· οὐδὲ γὰρ κακῶς | Πάσχοντι μῖσος ὧν τέκῃ προσγίνεται.*

Sophokles (um 496—406 v. Chr.), Elektra. Übers. v. Jordan. V. 763—64 (Klytemnestra).

— ... Kinder liebt, traun, immer jedes Mutterherz. Griech.: *Καὶ φιλότεκνόν πως πᾶν γυναικεῖον γένος.*

Euripides (um 480—406 v. Chr.), D. Phönizierinnen. Übers. v. Minckwitz. V. 356 (Chor).

— Die Mutter trägt im Leibe das Kind drei Vierteljahr; | Die Mutter trägt auf Armen das Kind, weils schwach noch war; | Die Mutter trägt im Herzen die Kinder immerdar.

Friedr. von Logau, Deutsche Sinn=Getichte (1654). Mütterliche Liebe.

— ... wie leise hört | Ein Mutterherz!

Christoph Martin Wieland, Oberon (1780). Ges. 8, Str. 78.

— Mutterherz, o Mutterherz! | Deine liebevolle Regung, | Diese flutende Bewegung, | Diese Wonne, diesen Schmerz, | Senkte Gott, nur Gott in dich! Christ. Friedr. Daniel Schubart, Sämtl. Gedichte (1785—1786).

— Der alles lenket, | Der die zarte Pflanz' im Hain, | Wie die Zeder, wärmt und tränket, | Muß durch Liebe selig sein! | Hätt' er sonst dies Wonneleben | In das Mutterherz gegeben?

Joh. Georg Jacobi, Werke. Gedichte. D. Mutter (1804). Schlußv.

— ... ewig treu und ewig fest | Bleibt dir das Mutterherz, | Bleibt dir, wenn alles dich verläßt, | Bleibt dir in Lust und Schmerz.

Ludw. Halirsch, Balladen u. lyrische Gedichte (1829).

— Ein Mutterherz ist größer als die Welt.

Karl Beck, Gesammelte Gedichte (1844).

— Und wägst du gegen eine Welt mich ab, | Sie (die Mutter) legt ihr Mutterherz mit in die Wagschal' | Und macht sie sinken gegen eine Welt!

Rob. Hamerling, Ahasver in Rom (1866). Ges. 2. D. Bachanal.

— Die Welt durchwandernd fand ich allerwärts: | Kein Herz kann lieben wie ein Mutterherz. Friedr. von Bodenstedt, A. Morgenland u. Abendland (1882).

— Es hat der Mann, sein müdes Haupt zu betten, | Zwei Orte nur, die ihn vor Stürmen retten, | Dahin er still nach jedem Schiffbruch kehrt: | Der Mutter Herz, die beten ihn gelehrt, | Das Herz der Frau, die still im Jugendschimmer | Und Jugendliebe sein ward, sein für immer.

Prinz Emil von Schönaich=Carolath, Dichtungen (1883). Don Juans Tod.

— So ruht sich's nirgends in der weiten Welt, | Als wenn die Mutter uns am Herzen hält.

Karl Gerok, Auf einsamen Gängen (1887).

— Das Mutterherz kann nicht lügen. Niederl.: 't Moeders hert kan niet liegen. Sprichwort.

Mutterhoheit. — Schön ist der Mutter | Liebliche Hoheit | Zwischen der Söhne feuriger Kraft. Friedr. von Schiller, D. Braut v. Messina (1803). Säulenhalle (Erster Chor. Cajetan).

Mutterlachen. — Das Lachen einer warmherzigen Mutter ist ein Klang, der durch ein langes Menschenleben forttönen kann.
Otto von Leixner, A. meinem Zettelkasten (1896). Erziehung u. Selbsterziehung.

Mutterlehre. — . . . göttlicher und schöner | Ist des Herzens edle Tat, | Wozu oft die stille Saat | In der frommen Kinderzeit | Mutterlehre hingestreut!
Aug. Mahlmann, Sämtl. Schriften (1839—1840). Gedichte. Ermahnung. Schlußv.

Mutterleib. — Ein jeder liebt den Leib, der Ursprung ihm gegeben. Engl.: All love the womb that their first being bred.
William Shakespeare, Pericles (1609). Übers. v. Benda. A. 1, Sz. 1 (Pericles).

Mutterliebe. — Der Mutterliebe zarte Sorgen | Bewachen seinen (des Kindes) goldnen Morgen. Friedr. von Schiller, Gedichte. D. Lied v. d. Glocke (geb. Sept. 1799).

— O, nicht an Rat gebricht's der Mutterliebe!
Friedr. von Schiller, D. Braut v. Messina (1803). Zimmer d. Palastes (Don Cesar).

— Mutterliebe, Muttertreue | Gibt dem kleinen Erdenglück | Seinen Anfang, seine Weihe.
Joh. Georg Jacobi, Werke. Gedichte. D. Mutter (1804).

— Die ganze alte Welt erhebt die mütterliche Liebe über die väterliche.
Jean Paul (Joh. Paul Friedr. Richter), Levana oder Erzieh-Lehre (1807). Bd. 2, Bruchstück 4, K. 2, § 80.

— Mutterlieb', Herzchen, entschlummert doch nie. Frz. Karl Hiemer, Wiegenlied (geb. 1810). Schlußv. Mel. v. Karl Maria von Weber (komp. 13. Sept. 1810).

— Ach! wie süß träumt man die frühen Stunden, | Wo man von der Mutterliebe lebt!
Theod. Körner, Poetischer Nachlaß (1815). Verm. Gedichte. Wiegenlied.

— Die Mutterliebe durchgreift mit tausend Wurzelzweigen das ganze weibliche Herz, sie zieht alles Blut, sogar das verdorbene, in sich an und wächst und verdrängt jede Nebenpflanze und blüht endlich ganz allein auf dem umflochtenen Boden.
Jean Paul (Joh. Paul Friedr. Richter), Sämtl. Werke (1826—1828).

— O Mutterliebe, Sorg' und Treu'! | Nie ausgeschöpfte Güte! | Und immer alt und immer neu, | Daß dich die Allmacht hüte!
Karl Immermann, Schriften (1835). Gedichte.

— Wenn alle Welt den Armen verläßt, | Und wenn kein Herz ihm bliebe, | Am ew'gen Himmel stehst du fest, | Stern heil'ger Mutterliebe.
Karl Immermann, Schriften (1835). Gedichte.

Mutterliebe. — Mutterliebe! man nennt dich des Lebens Höchstes! So wird denn | Jedem, wie schnell er auch stirbt, dennoch sein Höchstes zu teil!
Friedr. Hebbel, Gedichte (1857). Epigramme u. Verwandtes. Nr. 2. Gnomen. D. Lebens Höchstes.

— Die Mutterliebe, sieh', das ist der Pflichtteil | Von Liebesglück, den jeder Kreatur | Auswirft die kargende Natur; — der Rest | Ist Schein und Trug.
Rob. Hamerling, Ahasver in Rom (1866). Ges. 2. D. Bachanal.

— Auch Mutterliebe wächst zur Eifersucht.
Rob. Hamerling, Ahasver in Rom (1866). Ges. 2. D. Bachanal.

— Mutterliebe ist ein ehern Band, das ewig schmerzend bindet.
Felix Dahn, Ein Kampf um Rom (1876).

— Es gibt nur Eine ganz selbstlose, ganz reine, ganz göttliche Liebe, das ist die der Mutter für ihr Kind. Georg Ebers, Uarda (1877).

— Einer Mutter Liebe begräbt man nie, | Über Tod und Grab hinaus noch reichet sie.
Georg Freiherr von Dyherrn, Gesammelte Werke (1880—1881). Gedichte.

— Die ganze Welt mit ihren reichen Schätzen, | Die Mutterliebe kann sie nicht ersetzen.
Karl Gerok, Auf einsamen Gängen (1887).

— O Mutterliebe, schönste Erdenblume, | Wer säng' ein würdig Lied zu deinem Ruhme?
Ludw. Brill, Singschwan (1895).

— An verblendeter Mutterliebe sind mehr Menschen zugrunde gegangen als an der gefährlichsten Kinderkrankheit.
Otto von Leixner, A. meinem Zettelkasten (1896). Erziehung u. Selbsterziehung.

— Zu viel Mutterliebe schadet den Kindern.
Sprichwort.

— Moderleiwe üöwer alle Leiwe.
Sprichwort. Münsterisch.

Muttername. — Der Muttername ist geheiligt im Himmel und auf Erden; er tönt durch alle Sphären, durch alle Zeiten und Räume bis an der Welt Ende und bis in die Ewigkeit.
Bogumil Goltz, Zur Charakteristik u. Naturgesch. d. Frauen (1859).

Mutterschoß. — Spiele, Kind, in der Mutter Schoß! Auf der heiligen Insel | Findet der trübe Gram, findet die Sorge dich nicht.
Friedr. von Schiller, Gedichte. D. spielende Knabe (geb. 1795).

— Auf der Mutter Schoß | Werden die Kinder groß. Sprichwort.

Muttersprache. — Aber | Wer seine Muttersprach | Setzt Einer Frembden nach, | Vber den kompt die Rach | Vnd alles Vngemach.
Joh. Mich. Moscherosch, Wunderliche v. Warhafftige Gesichte Philanders v. Sittewalt (1643). T. 2, Gesichte 1. A la Mode. Kehrauß. D. Freyen Künste Frucht.

Muttersprache. — Ihr böse Teutschen, | Man solt euch peütschen, | Das jhr die Mutter=sprach | So wenig acht.

Joh. Mich. Moscherosch, Wunderliche u. Warhafftige Gesichte Philanders v. Sittewalt (1643). T. 2, Gesichte 1. A la Mode. Kehrauß. Pfuy dich d. schand.

— O süße Stimme! Vielwillkomm'ner Ton | Der Muttersprach' in einem fremden Lande!

Joh. Wolfg. von Goethe, Iphigenie auf Tauris (1787). A. 2, Sz. 2 (Pylades).

— Ein Volk, das seine eigene Sprache verlernt, gibt sein Stimmrecht in der Menschheit auf und ist zur stummen Rolle auf der Völkerbühne verwiesen.

Friedr. Ludw. Jahn, Bereicherung d. hochdeutschen Sprachschatzes (1806).

— . . . alles Lob, das man den alten Sprachen als Bildungsmitteln erteilt, fällt doppelt der Mutter=Sprache anheim, welche noch richtiger die Sprach=Mutter hieße.

Jean Paul (Joh. Paul Friedr. Richter), Levana oder Erzieh=Lehre (1807). Bd. 3, Bruchstück 7, K. 2, § 131.

— . . . mit den fremden Worten auf der Zunge | Kommt auch der fremde Geist in unsre Brust, | Und wie sich mancher, von dem Prunk geblendet, | Der angebor'nen heil'gen Sprache schämt | Und lieber radebrechend seiner Zunge, | Zum Spott des Fremden, fremde Fesseln aufzwingt, | So lernt er auch die deutsche Kraft verachten | Und schwört die angebor'ne Treue ab.

Theod. Körner, Hedwig (ged. Sept. 1812). A. 2, Sz. 8 (Gräfin).

— Muttersprache, Mutterlaut! | Wie so wonnesam, so traut!

Max von Schenkendorf, Sämtl. Gedichte. Abteilung 2. Vaterland. Muttersprache (ged. 1814).

— Meine seligsten Gedanken | Sprech' ich wie der Mutter Mund!

Max von Schenkendorf, Sämtl. Gedichte. Abteilung 2. Vaterland. Muttersprache (ged. 1814). Schlußv.

— Drum ist die schönste Sprach' und beste, die du nennst, | Die Muttersprache, weil du sie am besten kennst.

Friedr. Rückert, D. Weisheit d. Brahmanen (1836—1839). B. 11, Nr. 76. Schlußv. (Stufe 2. Stimmung. Nr. 130.)

— Muttersprache deutschen Klanges, | O wie hängt mein Sinn an dir! | Des Gebetes und Gesanges | Heil'ge Laute gabst du mir. | Sollt' ich deine Fülle missen, | O, mich kränkte der Verlust | Wie ein Kind, das man gerissen | Von der warmen Mutterbrust.

Ludw. Adolf Stöber, Gedichte (1845). Preis d. deutschen Sprache.

Muttersprache. — . . . die Sprache, sie ist unsere Mutter; wir wollen unsere Muttersprache lieben! Ludw. Börne, Gesammelte Schriften (1862—1863). Erz., Reisen, Verm. Aufsätze. Nr. 35. D. Narr im weißen Schwan K. 5.

— O Muttersprache recht und schlicht, | Du alte fromme Red'! | Wenn nur ein Mann „mein Vater" spricht, | So klingt mir's wie Gebet! | So herrlich klingt kein Harfenton, | Singt keine Nachtigall, | Und helle Tränen quellen schon | Hervor bei deinem Schall.

Klaus Groth, Gesammelte Werke (1893). Gedichte.

Muttersprachen. — Die Muttersprachen sind die Völkerherzen, welche Liebe, Leben, Nahrung und Wärme aufbewahren und umtreiben.

Jean Paul (Joh. Paul Friedr. Richter), Herbst=Blumine (1810—1820). Bd. 3.

Muttertreue. — Muttertreu' | Ist täglich neu. Sprichwort.

Mutterwitz. — Was ihr euch, Gelehrte, für Geld nicht erwerbt, | Das (Mutterwitz) hab' ich von meiner Frau Mutter geerbt.

Gottfr. Aug. Bürger, Gedichte. D. Kaiser u. d. Abt (1785).

— Ein Quentchen Mutterwitz ist besser als ein Zentner Schulwitz. Sprichwort.

Mutterzähren. — Mutterzähren um verlorene Kinder sind die bittersten! Griech.: *Εἴπερ ἀλγεινὸν τὸ τέκνων στερομένην δακρυρροεῖν.*

Euripides, Iphigenie in Aulis (um 407 v. Chr.). Übers. v. Minckwitz. V. 889 (Greis).

Mutwille. — Wän in das für sin mûtwil bringt | Oder sunst selbs in brunnen springt, | Dem gschicht recht, ob er schon erdrinkt.

Seb. Brant, D. Narrenschif (1494). Nr. 45. V. mûtwilligem ungfell (Unglück).

— Ein Narr treibt Mutwillen.

Spr. Sal., K. 10, V. 23.

Mutwillig. — Wer sich mutwillig steckt in Not, | Der ist selbs schuldig an seim Tod.

Joh. Friedr. Fischart, Flöh Hatz, Weiber Tratz (1577).

Mysterium. — Das Mysterium ist nicht eine undurchdringbare, sondern nur verhüllte Wahrheit. Nur was der Geist bewundert, das verehrt, liebt, betet das Herz an.

Frz. Xaver von Baader, Sämtl. Werke (1851—1860).

— Jedes Mysterium erscheint absurd; und doch ist nichts Tieferes, weder Leben, noch Kunst, noch Staat, ohne Mysterium.

David Friedr. Strauß, Gesammelte Schriften (1876—1878).

Mystiker. — Jüngere Mystiker! Euch vergleich' ich den Früchten, die unreif | Ob der trock'nen Zeit fielen vom Baume herab.

Ludw. Feuerbach, Satirisch=theologische Distichen (1830).

N

Nachahmen. — Nenne mir ein so geschicktes Tier, dem ich nicht nachahmen könnte! so prahlte der Affe gegen den Fuchs. Der Fuchs aber erwiderte: Und du, nenne mir ein so geringschätziges Tier, dem es einfallen könnte, dir nachzuahmen! Schriftsteller meiner Nation! — Muß ich mich noch deutlicher erklären?

Gotthold Ephr. Lessing, Fab. (1759). B. 1, Nr. 6. D. Affe u. d. Fuchs.

— Nachzuahmen | Erniedrigt einen Mann von Kopf. Friedr. von Schiller, Don Carlos (1787). A. 3, Sz. 10 (König).

— Wer nur anderer Meinung oder Geschmack hat, oder wer nur nachahmt, ist ein Knecht; wer selbst denkt und selten nachahmt, ist ein Freier.

Friedr. Gottl. Klopstock, Sämtl. Werke (1798—1821). Bd. 8.

Nachahmen, das. — Nachahmen und nacheifern ist zweierlei.

Jul. Langbehn, Rembrandt als Erzieher (1889). Deutsche Kunst. D. heutige Archaisieren.

Nachahmend. — Ihr, nachahmende Herd', ihr Lastvieh! Lat.: **O imitatores, servum pecus.**

Quint. Horatius Flacc., Episteln (um 20 v. Chr.). Übers. v. Voß. B. 1, Nr. 19, V. 19.

— Der Mensch ist ein nachahmendes Geschöpf; | Und wer der Vorderste ist, führt die Herde.

Friedr. von Schiller, Wallensteins Tod (1799). A. 3, Sz. 4 (Wallenstein).

Nachahmer. — So gefällt es der verheerenden Zeit! Sie macht aus Nachahmern Originale und gibt Auszügen einen Wert, den ehedem kaum die Werke selbst hatten.

Gotthold Ephr. Lessing, Leben d. Sophokles (1760). V. d. Quellen.

Nachahmung. — Freiwillige Nachahmung ist die erste Knechtschaft. Franz.: **La première des servitudes est l'imitation volontaire.**

Honoré Gabriel Riqueti Graf Mirabeau, Ratschläge für einen jungen Fürsten (1788). Übers. v. Zimmermann.

Nachbar. — Dich und das Deinige gilt's, wenn die Wand des Benachbarten brennet. Lat.: **Nam tua res agitur, paries cum proximus ardet.**

Quint. Horatius Flacc., Episteln (um 20 v. Chr.). Übers. v. Voß. B. 1, Nr. 18, V. 84.

— Eyn guter nachbawer ist ein edel kleynodt.

Joh. Agricola, Drey hundert Gemeyner Sprichwörtter (1529). Nr. 137.

— Es kan keiner lenger friede haben, denn sein nachbawer wil.

Joh. Agricola, Drey hundert Gemeyner Sprichwörtter (1529). Nr. 241.

— Nachbawer vber den zaun, nachbawer wydder heruber.

Joh. Agricola, Drey hundert Gemeyner Sprichwörtter (1529). Nr. 242.

— Es muß ein nachbawer mit dem andern ein brandtfewer fur liebe nemen.

Joh. Agricola, Drey hundert Gemeyner Sprichwörtter (1529). Nr. 243.

— Wer einen bösen Nachbar hat, der hat ein täglich Vnglück.

Christoph Lehmann, Politischer Blumen=Garten (1662). T. 2. Nachbar. Nr. 1.

— Ein Nachbar ist dem andern ein Brand schuldig.

Christoph Lehmann, Politischer Blumen=Garten (1662). T. 2. Nachbar. Nr. 17.

— Es kann der Frömmste nicht in Frieden bleiben, | Wenn es dem bösen Nachbar nicht gefällt. Friedr. von Schiller, Wilh. Tell (1804). A. 4, Sz. 3 (Tell).

— Erst nach dem Nachbar schaue, | Sodann das Haus dir baue! | Wenn der Nachbar ist ein Schuft, | So baust du dir eine Totengruft.

Friedr. Rückert, Erbauliches u. Beschauliches a. d. Morgenlande (1837—1838). Arabische Volkslieder.

— ... den Nachbar soll man ehren; | Nächste Hilfe ist die beste.

Friedr. Wilh. Weber, Dreizehnlinden (1878). Nr. 6. D. Erntefest.

— ... ein Nachbar ist besser in der Nähe, weder ein Bruder in der Ferne.

Spr. Sal., K. 27, V. 10.

— Ein böser nachbawr is ein fegteuffel. Alter Spr.

— Liebe deinen Nachbarn, aber reiß den Zaun nicht ein! Alter Spr.

— Böser Nachbar ist Judenfluch. Sprichwort.

— Guter Nachbar ist besser als Bruder in der Ferne. Sprichwort.

— Kaufe deines Nachbarn Rind, | Und freie deines Nachbarn Kind! Sprichwort.

— Auf Nachbars Feld steht das Korn besser. Polnisches Sprichwort.

— Des Nachbars Henne scheint uns eine Gans. Türkisches Sprichwort.

— Fluche einem Nachbar, und du gräbst zwei Gräber. Japanisches Sprichwort.

— Besser als ein guter Freund | Ist der Nachbar, der treu meint.

Spr. an einem Hause. Winterthur.

Nachbarin. — Nachbarin! Euer Fläschchen! —

Joh. Wolfg. von Goethe, Faust, I (1808). Dom (Gretchen). Schlußwort.

Nachbarn. — Nachbarn bösen Gemüts sind Fluch, ein Segen die guten. Griech.: *Πῆμα κακὸς γείτων ὅσσον τ' ἀγαθὸς μέγ' ὄνειαρ.*

Hesiod (8. Jahrh. v. Chr.), Werke u. Tage. Übers. v. Uschner. V. 346.

Nachbarn. — Dem bleibt ersparet manche Schmach, | Der will'ge Nachbarn haben mag. Mittelhochdeutsch: Vil manec laster in vergât, | Der sîne gebûre willec hât.

Vridankes Bescheidenheit (1225—1240). Übertr. v. Pannier. Nr. 38. v. erkantnisse.

— . . . gute Freunde, getreue Nachbarn.

Dr. Martin Luther, D. kleine Katechismus (1529). D. dritte Hauptstück. D. vierte Bitte.

— Wan Nachbauren fridens voll | Sich auch betragen wohl, | Weil sie zusammen bawen, | Alls guts einander trawen, | Das thut Gott wohlgefallen | Vnd frommen Christen allen.

Joh. Mich. Moscherosch, Wunderliche u. Warhafftige Gesichte Philanders v. Sittewalt (1643). T. 2, Gesichte 3. Weiber-Lob. Vier Gesätzlein. Nr. 2.

— Zu schwache Nachbarn sind schlimm; zu starke sind bisweilen schlimmer. Norwegisch: For veike Grannar er vondt; for sterke er stundom verre. Sprichwort.

Nachbarschaft. — Böse Nachbarschaft ist schlimmer als Bauchschmerzen. Ital.: Cativa visinanza | Pèg dei dolor de panza.

Lombardisches Sprichwort.

Nachdenken. — Der rohe Mensch ist zufrieden, wenn er nur etwas vorgehen sieht; der Gebildete will empfinden, und Nachdenken ist nur dem ganz Ausgebildeten angenehm.

Joh. Wolfg. von Goethe, Wilh. Meisters Lehrjahre (1777—1796).

— Der größte Fehler, den man bei der Erziehung zu begehen pflegt, ist dieser, daß man die Jugend nicht zum eigenen Nachdenken gewöhnt.

Gotthold Ephr. Lessing, Sämtl. Schriften (1796—1808).

— Tausenden für einen ist das Ziel ihres Nachdenkens die Stelle, wo sie des Nachdenkens müde werden. Gotthold Ephr. Lessing, Sämtl. Schriften (1796—1808).

— Nachdenken und Handeln verglich einer mit Rahel und Lea; die eine war anmutiger, die andere fruchtbarer.

Joh. Wolfg. von Goethe, Werke (1827—1830). Maximen u. Reflexionen. Abteilung 6.

— Nachdenken doch immer Mühe macht, | Wie gut man euch auch vorgedacht.

Paul Heyse, Spruchbüchlein (1885). Philosophie.

Nacheifern. — Nacheifern ist beneiden.

Gotthold Ephr. Lessing, Schriften (1753—1755). Fragmente. Nr. 6. D. Religion.

Nachgeben. — Gib Widerstrebenden nach; nachgebend bist du der Sieger. Lat.: Cede repugnanti: cedendo victor abibis.

Publ. Ovidius Naso (um 43 v. Chr.—17 n. Chr.), D. Kunst zu lieben. Übers. v. Voß. B. 2, V. 197.

— Besser nachgeben, als zu Schaden kommen. Sprichwort.

— Der Klügste gibt nach. Sprichwort.

Nachgeben, das. — Nachgeben stillt den Krieg. Sprichwort.

Nachgebend. — Immer sei der Mensch nachgebend wie das Rohr, nicht unbiegsam wie die Zeder!

Joh. Jak. Engel, D. Philosoph für d. Welt (1775—1777). T. 1, Stück 20. Proben rabbinischer Weisheit. Nr. 6. Bescheidenheit. Schlußsatz.

Nachkommen. — . . . was einer für ein Mann gewesen sei, das findet sich an seinen Nachkommen. Jes. Sir., K. 11, V. 29.

Nachlassen. — Laß nicht nach, so kommst du hoch! Sprichwort.

Nachlassen, das. — . . . Nachlassen stillet großes Unglück. Pred. Sal., K. 10, V. 4.

Nachrede. — Üble Nachred' ist bald flügg' | Und läßt viel Gestank zurück. Sprichwort.

Nachreden. — Wer mir was nachredet und ist nicht wahr, | Den hole der Teufel mit Haut und Haar | Und führ' ihn in die Luft, | Werf ihn hernieder, daß es pufft! Alter Spr.

Nachrichten. — Die schlechten Nachrichten haben Flügel. Franz.: Les mauvaises nouvelles ont des ailes. Sprichwort.

Nachruhm. — Ein Augenblick des Glückes wiegt Jahrtausende des Nachruhms auf.

Friedr. d. Große, Sämtl. Werke (1789).

— Ich halte den Nachruhm für ein Mittel, uns noch Freunde nach unserm Tode zu erwerben.

Friedr. Gottl. Klopstock, Sämtl. Werke (1798—1821). Bd. 9.

— Bei trägen Enkeln | Ist übel aufgehoben | Der Nachruhm edler Seelen. Ital.: Mal s'affida | A putridi nepoti | L'onor d'egregie menti.

Giacomo Leopardi, D. jüngere Brutus (1824). Übers. v. Heyse.

— Das Echo, wie der Nachruhm, behalten nur die letzten Silben eines Menschen.

Jean Paul (Joh. Paul Friedr. Richter), Sämtl. Werke (1826—1828). Gesammelte Aufsätze u. Dichtungen.

— O Nachruhm, holder Goldkranz, wie mancher wünscht dich nicht | Und setzt an dich sein alles, dem doch der Anker bricht! | Du bist der Götter Spende, noch keiner dich erzwang, | Du blühst als Wunderblume — nach Sonnenuntergang.

Ludw. Bechstein, Gedichte (1836).

— Allzubequem doch möchte das Volk die unsterbliche Blume | Pflücken! Es folgt Nachruhm bloß der herkulischen Tat.

Aug. Graf von Platen-Hallermund, Gesammelte Werke (1839). Gedichte. Epigramme. Deutsche Genies.

— Gesegnet sei die menschliche Selbsttäuschung des Nachruhms!

Karl Jul. Weber, Demokritos (1832—1840). D. Ehrgeiz. D. Fortsetzung.

Nachsagen. — Leb' ehrbarlich und frag' nicht hoch, | Was andre Leut' dir sagen nach: | Denn es in deiner Macht nicht steht, | Was dieser oder jener red't. Spr. an einem Hause. Schweiz.

Nachsicht. — Gerecht ist: Wünschest du deinem Vergehn Nachsicht, so erwidere Nachsicht! Lat.: Aequum est, | Peccatis veniam poscentem reddere rursus.

Quint. Horatius Flacc., Sat. (um 35 v. Chr.). Übers. v. Voß. B. 1, Nr. 3, V. 74—75.

— Wir erbitten, so gern wir gewähren, die Nachsicht. Lat.: Hanc veniam petimusque damusque vicissim.

Quint. Horatius Flacc., Dichtkunst (um 20 v. Chr.). Übers. v. Voß. V. 11.

— Die meiste Nachsicht übt der, der die wenigste braucht.

Marie von Ebner-Eschenbach, Aphorismen (1893).

— Je mehr Einsicht, je mehr Nachsicht.

Alter Spr.

Nächste, der. — Dem Nächsten nütze sein, den Höchsten recht verehren, | Kan geben dorte Heil und hier den Segen mehren.

Friedr. von Logau, Deutsche Sinn-Getichte (1654). D. Liebe Gottes u. d. Nächsten.

— Du sollst deinem Nächsten nicht unrecht tun! 3. Mos., K. 19, V. 13.

— Hilf deinem Nächsten aus, so viel du kannst!

Jes. Sir., K. 29, V. 27.

— Wer ist denn mein Nächster?

Luk., K. 10, V. 29.

— Jeder ist sich selbst der Nächste.

Sprichwort.

Nächste, die. — Ich bin die Nächste dazu.

Fritz Reuter, Ut mine Stromtid (1862—1864). T. 1, K. 3.

Nächstenliebe. — Nächstenliebe ist die erste Tugend. Talmud (3. Jahrh.).

— Keiner so lieb sin nechsten hat, | Als dan im gsatz geschriben stat.

Seb. Brant, D. Narrenschif (1494). Nr. 10. V. worer früntschaft.

— Den Nächsten lieben heißt Gott in seinem Bilde lieben. Nicolaus von Cusa, Schriften (1514).

— Gott soll ich über alles lieben | Und meinen Nächsten gleich als mich.

Christ. Fürchtegott Gellert, Geistl. Oden u. Lieder (1757). D. Güte Gottes.

— Nächstenliebe lebt mit tausend Seelen, Egoismus mit einer einzigen, und die ist erbärmlich. Marie von Ebner-Eschenbach, Aphorismen (1893).

— Du sollst deinen Nächsten lieben wie dich selbst! 3. Mos., K. 19, V. 18.

Nacht. — Nacht war's, und hell blinkte der Mond am heiteren Himmel. Lat.: Nox erat, et caelo fulgebat luna sereno.

Quint. Horatius Flacc., Epoden (um 30 v. Chr.). Übers. v. Voß. Nr. 15, V. 1.

— . . . uns alle decket einmal Nacht, und | Wandeln müssen wir den Weg des Todes. Lat.: Omnes una manet nox | Et calcanda semel via leti.

Quint. Horatius Flacc., Oden (um 23 v. Chr.). B. 1, Nr. 28, V. 15—16. Übers. v. Grau.

Nacht. — Die Nacht, die Liebe, darzu der Wein | Zu nichts Gutes Ratgeber sein.

Dr. Martin Luther, Tischreden oder Colloquia (1566).

— Komm' ernste Nacht, du züchtig stille Frau! Engl.: Come, civil night, | Thou sober-suited matron. William Shakespeare, Romeo u. Julia (1593). Übers. v. Schlegel. A. 3, Sz. 2 (Julia).

— Gott, ich danke dir von Herzen, | Daß du mich in dieser Nacht | Für Gefahr, Angst, Noth vnd Schmerzen | Hast behütet vnd bewacht.

Heinr. Albert, Morgen-Lied (1652).

— Die Nacht ist keines Menschen Freund.

Christ. Fürchtegott Gellert, Fab. u. Erz. (1746). B. 2. D. Frau u. d. Geist.

— Gute Nacht, | Unser Taglauf ist vollbracht.

Christ. Friedr. Daniel Schubart, Gedichte. Eheliche Gutenacht (geb. 1784). Mel. v. Wolfg. Heribert Freiherr von Dalberg (1791).

— Schwarz und stürmisch war die Nacht.

Joh. Wolfg. von Goethe, Gedichte. Balladen. D. Schatzgräber (geb. 21.—22. Mai 1797).

— Nacht muß es sein, wo Friedlands Sterne strahlen. Friedr. von Schiller, Wallensteins Tod (1799). A. 3, Sz. 10 (Wallenstein).

— Der Menschen Freund und Feind (die Nacht), | Dem Traurigen betrübt, | Dem Frohen froh, | Gefürchtet und geliebt.

Joh. Wolfg. von Goethe, Gedichte. Maskenzug (18. Dez. 1818).

— Labyrinth der Nacht.

Friedr. Gottl. Klopstock, Sämtl. Werke (1798—1821). Bd. 4.

— Die Nacht hat etwas unglaublich Süßes. Die heitern Ideen und Bilder . . . nehmen einen sanftern, schönern, in der Tat seelenvollen Ton an; dabei ist es, als ob man sie inniger genösse, da in der Stille nichts, nicht einmal das Licht sie stört.

Wilh. Freiherr von Humboldt, Br. an eine Freundin (6.—9. Mai 1830).

— Wer kennt den Schelm in tiefer Nacht genau? | Schwarz sind die Kühe, so die Katzen grau.

Joh. Wolfg. von Goethe, Faust, II (1831). A. 1. Kaiserliche Pfalz. Saal d. Thrones (Kaiser).

— Weil' auf mir, du dunkles Auge, | Übe deine ganze Macht, | Ernste, milde, träumerische, | Unergründlich süße Nacht!

Nicolaus Lenau (Niembsch, Edler von Strehlenau), Gedichte (1832). Bitte.

— Nichts ist so trüb in Nacht gestellt, | Der Morgen leicht macht's wieder gut.

Jos. Freiherr von Eichendorff, Gedichte (1837). Wanderlieder. D. Morgen. Schlußv.

— Komm', Trost der Welt, du stille Nacht!

Jos. Freiherr von Eichendorff, Gedichte (1837). Geistl. Gedichte. D. Einsiedler.

— . . . war dein Herz am heißen Tage | Auch mit den Brüdern wild und rauh, | So kühlt es dir zu milder Klage | Die Nacht mit ihrem Tränentau.

Nicolaus Lenau (Niembsch, Edler von Strehlenau), Savonarola (1837). Weihnacht.

Nacht. — Es trägt die Nacht ein schwarzes Kleid. Wer steckt nur wohl darinnen? | Dem Einen scheint es Priestertuch, dem Andern Teufelslinnen.

Wilh. Müller, Gedichte (1837). Epigramme. 3. Hundert, Nr. 46. D. Farbe d. Nacht.

— Die bange Nacht ist nun herum.

Georg Herwegh, Gedichte. Reiterlied (ged. 1841). Mel. v. Justus Wilh. Lyra (1843).

— So legt die Nacht mit Muttergüte | Sich um die Seele schmerzenvoll; | Es läutert still sich im Gemüte | Zur Wemut jeder bittre Groll.

Gottfr. Kinkel, Gedichte (1843).

— Gut den Tag vollbracht, | Ist so schön die Nacht; | Und gebetet brav, | Ist so süß der Schlaf.

Alter Spr.

— So dunkel ist keine Nacht, | Daß Gottes Auge nicht drüber wacht. Alter Spr.

— Die Nacht ist keines Menschen Freund.

Sprichwort.

— Wer fröhliche Nacht sucht, verliert guten Tag. Sprichwort.

— Die Nacht ist die Mutter von Gedanken. Franz.: La nuit est mère de pensées.

Sprichwort.

— Je dunkler die Nacht, je schöner der Tag.

Bauernregel.

Nachteinsamkeit. — Singet nicht in Trauertönen | Von der Einsamkeit der Nacht! | Nein, sie ist, o holde Schönen, | Zur Geselligkeit gemacht.

Joh. Wolfg. von Goethe, Wilh. Meisters Lehrjahre. B. 5, K. 10. Philine (ged. 1795).

Nachtigall. — Die Nachtigall hat Müh' und Leid, | Wenn ein Esel oder Ochse schreit. Mittelhochdeutsch: Die nahtegal dicke müet, | Swa ein esel od ein ohse lüet.

Vrîdankes Bescheidenheit (1225—1240). Übertr. v. Pannier. Nr. 43. v. tieren.

— Willst du schon gehn? Der Tag ist ja noch fern. | Es war die Nachtigall und nicht die Lerche, | Die eben jetzt dein banges Ohr durchdrang. Engl.: Wilt thou be gone? it is not yet near day. | It was the nightingale, and not the lark, | That pierc'd the fearful hollow of thine ear.

William Shakespeare, Romeo u. Julia (1593). Übers. v. Schlegel. A. 3, Sz. 5 (Julia).

— Die Nachtigall singt nur, solang es mai't; | Doch flieht der Lenz, schweigt ihre Liederkehle. Engl.: As Philomel in summer's front doth sing, | And stops her pipe in growth of riper days.

William Shakespeare, Sonette (1609). Übers. v. Bodenstedt. Abteilung 4, Nr. 146.

— Komm, Trost der Nacht, o Nachtigall!

Hans Jak. Christ. von Grimmelshausen, D. Abenteuerliche Simplicissimus (1649). T. 1, B. 1, K. 7.

— Die hochbegabte Nachtigall | Ergötzt und füllt mit ihrem Schall | Berg, Hügel, Thal und Felder.

Paul Gerhardt, Geistl. Andachten. Sommerges. (1659).

Nachtigall. — . . . die Siren der Büsche, | Die Wunder süsse Nachtigal.

Barthold Heinr. Brockes, Irdisches Vergnügen in Gott (1739). T. 1. D. Nachtigall.

— Nachtigall, ich hör' dich singen, | Das Herz möcht' mir im Leib zerspringen.

D. Knaben Wunderhorn (1806—1808). Frau Nachtigall.

— O sing' nur, singe, Frau Nachtigall! | Wer möchte die Sängerin stören?

Hermann Kletke, Waldvöglein (1872). Volksweise.

— Der Kuckuck ruft den ganzen Tag, | Die Nachtigall hat ihre Stunden.

Martin Greif, Gedichte (1883). Sinngedichte. Stimmung. Schlußv.

— Diu nachtigall hat üble zit, | swan (wenn) esel oder ochse schrit.

Wartburgspr. Margaretengang.

Nachtigallen. — Das reizende Gespräch verliebter Nachtigallen | Ist zwar noch stark genung, auch Spröden zu gefallen; | Doch was der süsse Klang uns für Entzückung giebt, | Fühlt nur ein junges Herz, das treu und feurig liebt.

Christ. Gärtner, D. geprüfte Treue (1768). A. 4 (Phyllis).

— Nur im Blütenmond erheben | Nachtigallen ihren Sang.

Ludw. Uhland, Gedichte. Lieder. Freie Kunst (ged. 24. Mai 1812). Mel. v. Christ. Schulz (um 1825), Karl Gottl. Reissiger, Konradin Kreutzer u. a.

Nachtigallenlieder. — Der Nachtigall reizende Lieder | Ertönen und locken schon wieder | Die fröhlichsten Stunden ins Jahr.

Friedr. von Hagedorn, Sämtl. poetische Werke (1757). Oden u. Lieder. B. 5. D. Mai.

Nachtruhe. — Schaffst du am Tag geschickt und fein, | Und mundet dir der Becher Wein, | Wird nachts die Ruh' willkommen sein.

Spr. an einer Uhr.

Nachwelt. — Berühmt zu werden ist nicht schwer, | Man darf nur viel für kleine Geister schreiben; | Doch bei der Nachwelt groß zu bleiben, | Dazu gehört schon etwas mehr, | Als seicht an Geist in strenger Lehrart schreiben.

Christ. Fürchtegott Gellert, Fab. u. Erz. (1746). B. 1. D. unsterbliche Autor. Schlußv.

— Die Gruft hört nicht der Nachwelt Töne, | Der Nachwelt, die uns leicht vermißt, | Und so wie eine spröde Schöne | Auch ihren Buhlern grausam ist.

Friedr. Karl Casimir Freiherr von Creuz, Oden u. andere Gedichte. Neujahrs-Gedanken (ged. 1753).

— Man kommt nur mit wenig Gepäck auf die Nachwelt. Franz.: On ne va point à la postérité avec un gros bagage.

Voltaire [François Marie Arouet] (1694—1778) an einen Buchhändler, d. ohne sein Wissen zu viel Bd. seiner Werke erscheinen ließ. Übers. v. Zimmermann.

Nachwelt. — . . . wenn die Nachwelt mitgenießen soll, | So muß des Künstlers Mitwelt sich vergessen.

Joh. Wolfg. von Goethe, Torquato Tasso (1789). A. 1, Sz. 2 (Prinzessin).

— Soll einen Autor das Gericht | Der Nachwelt kümmern? Nein! | Sie war noch nicht und ist noch nicht, | Und wird vielleicht nicht sein.

Joh. Christoph Friedr. Haug, Sinngedichte (1791). Nachwelt.

— Das Echte bleibt der Nachwelt unverloren.

Joh. Wolfg. von Goethe, Faust, I (1808). Vorspiel auf d. Theater (Dichter).

— Was taten sie, die wir im Lied vergöttern, | Von denen noch der Nachwelt Hymne spricht? | Sie hielten aus in Kampf und Sturmeswettern | Und standen treu bei Tugend, Recht und Pflicht.

Theod. Körner, Zriny (geb. Juni 1812). A. 5, Sz. 2 (Zriny).

— . . . was dem Mann (Schiller) das Leben | Nur halb erteilt, soll ganz die Nachwelt geben.

Joh. Wolfg. von Goethe, Gedichte. Verm. Gedichte. Epilog zu Schillers Glocke (geb. 31. Juli 1805 u. Mai 1815).

— Der Appell an die Nachwelt entspringt aus dem reinen lebendigen Gefühl, daß es ein Unvergängliches gebe und, wenn auch nicht gleich anerkannt, doch zuletzt aus der Minorität sich der Majorität werde zu erfreuen haben.

Joh. Wolfg. von Goethe, Werke (1827—1830). Maximen u. Reflexionen. Abteilung 3.

— Wie liegt der edle Kern so lange in Spreu und Plunder tief versteckt! | So bleibt auch oft das Werk des Meisters vom leichten Tand der Zeit bedeckt. | Mag drüber hin das Unkraut wuchern, der starke Keim bricht doch hervor | Und streckt zu einem Wunderbaume sich vor der Nachwelt schnell empor!

Wilh. Müller, Gedichte (1837). Epigramme. 1. Hundert, Nr. 94. D. Echte bleibt d. Nachwelt unverloren.

— Soll einst die Nachwelt dich mit Segen nennen, | Mußt du den Fluch der Mitwelt tragen können.

Ernst Raupach, D. Hohenstaufen (1837). Kaiser Friedr. II. Tod. A. 4, Sz. 10.

— So ist denn der Richterstuhl der Nachwelt, wie im günstigen, so auch im ungünstigen Falle, der gerechte Kassationshof der Urteile der Mitwelt.

Arthur Schopenhauer, Parerga u. Paralipomena (1851). Über Erziehung.

— Die Dankbarkeit ist die Tugend der Nachwelt.

Kuno Fischer, Akademische Reden (1862).

— Soll Ruhm mir blühn, komm' er beizeit! | Was hat die Nachwelt mir zu geben? | Ich möchte von meiner Unsterblichkeit | Doch ein paar Jährchen miterleben.

Paul Heyse, Spruchbüchlein (1885). Persönliches.

Nackt. — Wenn wir es recht überdenken, so stecken wir doch alle nackt in unseren Kleidern.

Heinr. Heine, Reisebilder. T. 1. Norderney (1826).

Nackt. — Zeloten wissen gar nicht, was nackt ist, sie sehen nur Entblößtes.

Peter Sirius, Tausend u. Ein Gedanken (1899). Natur u. Kunst.

Nagel. — Du hast den Nagel auf den Kopf getroffen. Lat.: Tetigisti acu.

Tit. Maccius Plautus (um 254—184 v. Chr.), Rudens. Übers. v. Binder. A. 5, Sz. 2, V. 17 (Labrax).

— Den Nagel auf den Kopf treffen (mit kurzen Worten genau das Richtige sagen).

Sprichwörtl. Redensart.

— Ein Nagel zum Sarge sein (den Tod eines Menschen herbeiführen durch irgend etwas, langsam oder schneller).

Sprichwörtl. Redensart.

— Etwas an den Nagel hängen (eine Sache aufgeben).

Sprichwörtl. Redensart.

Nagelprobe. — Die Nagelprobe machen (etwas auf das Genaueste untersuchen).

Sprichwörtl. Redensart.

Nagelproben. — Schenk' voll ein, | Trink' aus rein, | Daß man das Glas von oben | Kann auf den Nagel proben; | Das ist zu loben!

Spr. an einem Hausgerät.

Nahe. — Was nahe nichts, hat ferne Schein.

Friedr. von Logau, Deutsche Sinn-Getichte (1654). Ein Frosch.

Nähe. — Von weitem ist es etwas, in der Nähe ist es nichts. Franz.: De loin, c'est quelque chose, et de près, ce n'est rien.

Jean de Lafontaine, Fab. (1668). Übers. v. Dohm. B. 4, Nr. 10. D. Kamel u. d. schwimmenden Stöcke. V. 19.

— Nach dem Unendlichen streben wir oft und suchen es ferne; | Was in der Nähe uns liegt, werden wir minder gewahr.

Karl Ludw. von Knebel, Lebensblüten in Distichen (1827).

Nahekommen. — Wer kein Ung'rischer Ochs ist, komm' mir nicht zu nah!

Joh. Wolfg. von Goethe, Götz v. Berlichingen (1773). A. 4. Rathaus (Götz).

Näherkommen. — Komm' doch näher, liebe Kleine!

Friedr. Kind, Gedichte. D. Christabend (geb. 1810).

Nähren, sich. — . . . bleibe im Lande und nähre dich redlich!

Ps. 37, V. 3.

Nahrung. — Wer einem seine Nahrung nimmt, der tötet seinen Nächsten.

Jes. Sir., K. 34, V. 26.

Naivetät. — Naivetät ist ein Betragen, wo man nicht acht darauf hat, ob man von anderen beurteilt wird.

Immanuel Kant, Werke (1838—1839). Menschenkunde.

Name. — Name und Vorbedeutung. Lat.: Nomen atque omen.

Tit. Maccius Plautus (um 254—184 v. Chr.), D. Perser. Übers. v. Binder. A. 4, Sz. 4, V. 74 (Toxilus).

Name. — Die Ehr' einbüßen des Namens, | Väterlich Gut ausstreun ist Unglück immer. Lat.: Bonam deperdere famam, | Rem patris oblimare, malum est ubicumque.

Quint. Horatius Flacc., Sat. (um 35 v. Chr.). Übers. v. Voß. B. 1, Nr. 2, V. 61—62.

— Es sind drei Kronen: des Richters, des Priesters, des Königs, aber die Krone eines guten Namens ist höher als alle. Talmud (3. Jahrh.).

— Was ist ein Name? Was uns Rose heißt, | Wie es auch hieße, würde lieblich duften. Engl.: What's in a name? That which we call a rose, | By any other name would smell as sweet. William Shakespeare, Romeo u. Julia (1593). Übers. v. Schlegel. A. 2, Sz. 2 (Julia).

— O, ich habe meinen guten Namen verloren! Ich habe das unsterbliche Teil von mir selbst verloren, und was übrig bleibt, ist tierisch. Engl.: O, I have lost my reputation! I have lost the immortal part of myself, and what remains is bestial.

William Shakespeare, Othello (um 1601—1605). Übers. v. Schlegel. A. 2, Sz. 3 (Cassio).

— Der gute Name ist bei Mann und Frau, | Mein bester Herr, | Das eigentliche Kleinod ihrer Seelen. Engl.: Good name in man and woman, | Dear my lord, | Is the immediate jewel of their souls.

William Shakespeare, Othello (um 1601—1605). Übers. v. Schlegel. A. 3, Sz. 3 (Jago).

— Ich bitte nicht um Ehr' und Ruhm, | So sehr sie Menschen rühren; | Des guten Namens Eigentum | Laß mich nur nicht verlieren!

Christ. Fürchtegott Gellert, Geistl. Oden u. Lieder (1757). Bitten.

— Ehrlicher Name! — wahrhaftig, eine reichhaltige Münze, mit der sich meisterlich schachern läßt, wer's versteht, sie gut auszugeben.

Friedr. von Schiller, D. Räuber (1781). A. 1, Sz. 1 (Frz.).

— Guter Name | Ist das kostbare, einz'ge Gut, um welches | Die Königin mit einem Bürgerweibe | Wetteifern muß.

Friedr. von Schiller, Don Carlos (1787). A. 3, Sz. 4 (Domingo).

— Ein hohes Kleinod ist der gute Name.

Friedr. von Schiller, Maria Stuart (1800). A. 1, Sz. 8 (Paulet).

— Wenn der Leib in Staub zerfallen, | Lebt der große Name noch.

Friedr. von Schiller, Gedichte. D. Siegesfest (ged. 1803).

— Wer darf das Kind beim rechten Namen nennen? Joh. Wolfg. von Goethe, Faust, I (1808). Nacht (Faust).

— Wie oft sein Name wiederkehrt, | Man hat ihn nie genug gehört.

Max von Schenkendorf, Sämtl. Gedichte. Abteilung 2. Vaterland. D. Lied v. Rhein (ged. 1814). Mel. v. Hans Georg Nägeli (komp. 1816).

Name. — . . . es kommt auf dieser Welt viel darauf an, wie man heißt; der Name tut viel.

Heinr. Heine, Reisebilder. T. 2. Italien (1828—1829). Nr. 2. D. Bäder v. Lucca. K. 9.

— Siehe zu, daß du einen guten Namen behaltest; der bleibt gewisser denn tausend Schätze Gold. Jes. Sir., K. 41, V. 15.

— . . . ein guter Name bleibt ewiglich.

Jes. Sir., K. 41, V. 16.

— Der beste Segen, der mir gedeiht, | Ist der gute Name zu aller Zeit. Alter Spr.

— Guter Nam' und Redlichkeit | Übertrifft den Reichtum weit. Alter Spr.

— Ein guter Name ist besser als Reichtum.

Sprichwort.

— Guter Name ist ein schönes Heiratsgut.

Sprichwort.

— Böser Name tötet den Mann.

Sprichwort. Harz.

— Nehmt mir meinen guten Namen und nehmt mir das Leben! Engl.: Take away my good name and take away my life. Sprichwort.

— Wer einen schlechten Namen hat, ist halb gehangen. Galizisches Sprichwort.

— Das Geld ist Geld, die Welt ist Welt; | Ein guter Nam' das Feld behält. Spr. in einem Hause.

— Wer einen guten Namen läßt, | Der bringt davon das allerbest'. Spr. an einem Hausgerät.

Namen. — Namen sind verpönt. Lat.: Homines notos sumere odiosum est. Danach: Nomina sunt odiosa.

Marc. Tull. Cicero, Rede für Roscius (um 80 v. Chr.). Übers. v. Klotz. K. 16, § 47.

— Wann Eltern Kinder wol erziehn und ihnen gute Namen laßen, | So ists genug, so ist es mehr, als Geld und Gold in Kasten faßen.

Friedr. von Logau, Deutsche Sinn-Getichte (1654). Erbschaften.

— Namen nennen dich nicht. Dich bilden | Griffel und Pinsel | Sterblicher Künstler nicht nach.

Hermann Wilh. Frz. Ültzen, Gedichte. Ihr (1786).

— Heilig achten wir die Geister, | Aber Namen sind uns Dunst.

Ludw. Uhland, Gedichte. Lieder. Freie Kunst (ged. 24. Mai 1812). Mel. v. Christ. Schulz (um 1825), Karl Gottl. Reissiger, Konradin Kreutzer u. a.

Narben. — Der Narben lacht, wer Wunden nie gefühlt. Engl.: He jests at scars, that never felt a wound.

William Shakespeare, Romeo u. Julia (1593). Übers. v. Schlegel. A. 2, Sz. 2 (Romeo).

Narr. — . . . iedem narren das gebrist, | Das er nit sin wil, das er ist.

Seb. Brant, D. Narrenschif (1494). Nr. 29. D. ander lüt urteilt. Schlußv.

— Und schilt ein narr den andren narren, | Der doch uf sinem weg dût karrhen.

Seb. Brant, D. Narrenschif (1494). Nr. 40. An narren sich stossen.

Narr. — Wan man ein narren knütschet klein, | Als man den pfeffer dût im stein, | Und stieß in darin joch lang jor, | So blib er doch ein narr als vor.

Seb. Brant, D. Narrenschif (1494). Nr. 67. Nit wellen ein narr sin.

— Der Narr läßt von der Thorheit nicht, | Wenn man ihn gleich abwaschen ließ | Und seinen Kopff in Mörser stieß.

Georg Rollenhagen, Froschmäuseler (1595). B. 1, T. 2, K. 13.

— Der ist nicht witzig, der nicht weiß, wenn er ein Narr soll seyn.

Christoph Lehmann, Politischer Blumen=Garten (1662). T. 2. Narr. Nr. 3.

— Ein Narr ist viel bemüht; des Weisen ganzes Tun, | Das zehnmal edler ist, heißt lieben, schauen, ruhn.

Angelus Silesius (Joh. Scheffler), Cherubinischer Wanders=Mann (1675).

— Wie oft weiß nicht ein Narr, durch töricht Unternehmen | Viel tausend Toren zu beschämen!

Christ. Fürchtegott Gellert, Fab. u. Erz. (1746). B. 1. D. grüne Esel.

— Was sich ein Narr in Kopf gesetzt, | Das hält wie eine Schrift, die man in Marmor ätzt.

Magnus Gottfr. Lichtwer, Vier B. Äsopischer Fab. (1748). B. 4, Nr. 17. Mann u. Frau.

— Wo fände man den Weisen wohl, | Der nichts besitzt vom Narren?

Friedr. Hebbel, Gedichte. Jugendgedichte (ged. 1829—1833). Redliche Warnung eines ehr= u. achtbaren Bürgersmannes an einen jungen Poeten.

— Der Narr stolpert über den Abgrund, in den der Weise regelrecht hineinfällt.

Jos. Viktor von Scheffel, Ekkehard (1855).

— . . . auf den Rücken des Narren gehört eine Rute. Spr. Sal., K. 10, B. 13.

— Dem Narren gefällt seine Weise wohl.

Spr. Sal., K. 12, B. 15.

— Es ist besser einem Bären begegnen, dem die Jungen geraubet sind, denn einem Narren in seiner Narrheit. Spr. Sal., K. 17, B. 12.

— Wer einen Narren zeuget, der hat Grämen.

Spr. Sal., K. 17, B. 21.

— Wer mit einem Narren redet, redet mit einem Schlafenden. Jes. Sir., K. 22, B. 8.

— . . . über einen Narren sollte man trauern.

Jes. Sir., K. 22, B. 10.

— . . . ein Narr aber ist wandelbar wie der Mond. Jes. Sir., K. 27, B. 12.

— Ein Narr kann mehr fragen, | Als sieben Weise sagen. Sprichwort.

— Jedem Narren gefällt seine Kappe.

Sprichwort.

— Zuweilen ein Narr sein ist auch eine Kunst.

Sprichwort.

— Jeder Mensch hat einen Narren in seinem Ärmel. Engl.: Every man has a fool in his sleeve. Sprichwort.

Narr. — Narr geht nach Rom, Narr kommt von dort zurück. Franz.: Fou va à Rome, fou en revient. Sprichwort.

— An jemandem einen Narren gefressen haben (jemanden sehr gern haben). Sprichwörtl. Redensart.

— Den Narren am Kopf, | Am Klange den Topf. Spr. im Berliner Rathause. Wappenschild d. Töpfer.

— Der Kuckuck behält seinen Sang, | Die Glocke ihren Klang, | Der Krebs seinen Gang. | Narr bleibt Narr sein Leben lang. Wartburgspr.

Narren. — Narren sol man mit kolben lausen. Joh. Agricola, Drey hundert Gemeyner Sprichwörtter (1529). Nr. 35.

— Ein'm jeden gefällt seine Weise wohl, | Darum die Welt ist Narren voll.

Dr. Martin Luther, Alle B. u. Schrifften (1539—1559).

— Indeß, was soll ich ernstlich klügeln | Mit Narren, die soll man nur prügeln.

Joh. Friedr. Fischart, Kehrab (um 1577).

— Alte Narren sind größere Narren als junge. Franz.: Les vieux fous sont plus fous que les jeunes.

François, Herzog von La Rochefoucauld, Reflexionen oder moralische Sentenzen u. Maximen (1665). Nr. 444. Übers. v. Zimmermann.

— Drauf kömmt die Zeit und denkt an ihre Pflicht; | Denn sie versteht die Kunst, die Narren zu bekehren, | Sie mögen wollen oder nicht.

Christ. Fürchtegott Gellert, Fab. u. Erz. (1746). B. 1. D. grüne Esel.

— Und fand es überall wie hier, | Fand überall 'n Sparren, | Die Menschen grade so wie wir | Und ebensolche Narren.

Matthias Claudius, Sämtl. Werke d. Wandsbecker Boten. T. 5. Urians Reise um d. Welt mit Anmerkungen (1786). Mel. v. Ludw. van Beethoven (komp. 1786) u. Karl Friedr. Zelter (komp. 1793).

— Der Zeit, des Schreckens Narren sind wir.

Joh. Wolfg. von Goethe, Werke (1827—1830). Gedichte. A. fremden Sprachen. Monolog a. Byrons Manfred.

— Unter allem Diebsgesindel sind die Narren die schlimmsten; sie rauben euch beides, Zeit und Stimmung.

Joh. Wolfg. von Goethe, Werke (1827—1830). Maximen u. Reflexionen. Abteilung 6.

— Narren gibt's überall auf der Welt; | Doch jedem sein eigner am besten gefällt.

Wilh. Müller, Gedichte (1837). Epigramme. 2. Hundert, Nr. 7. D. beste Narr.

— Narren reden tyrannisch.

Spr. Sal., K. 14, B. 3.

— Sie sind allzumal Narren und Toren.

Jer., K. 10, B. 8.

— Kinder und Narren sagen die Wahrheit.

Sprichwort.

— Narren wachsen unbegossen. Sprichwort.

— D' Nare si au Lüt, aber nid wi ander.

Sprichwort. Schweiz.

Narren. — Narren sagen, was die Klugen denken. Sprichwörtl.

Narrengesell. — . . . wer aber der Narren Geselle ist, der wird Unglück haben.
Spr. Sal., K. 13, V. 20.

Narrenhände. — Gib die Sackpfeife in eines Narren Hände, er sprengt sie entzwei.
Joh. Gottfr. von Herder, Stimmen d. Völker in Liedern (1807). Abteilung 1, B. 1, Nr. 4. Esthnische Hochzeitlieder. Voranmerkung.

— Narrenhände | Beschmieren Tisch' und Wände. Sprichwort.

Narrenkönig. — Dem Narrenkönig | Gehört die Welt.
Friedr. von Schiller, D. Jungfrau v. Orleans (1801). A. 3, Sz. 6 (Talbot).

Narrenlob. — Verachte der Narren Grimm und Spott; | Vor Narrenlob bewahr' dich Gott!
Inschrift im Berliner Ratskeller. Bierlokal.

Narrenmaul. — . . . der ein Narrenmaul hat, wird geschlagen. Spr. Sal., K. 10, V. 10.

Narrenschiff. — . . . so hoffe ich es noch zu erleben, daß das Narrenschiff der Zeit an dem Felsen der christlichen Kirche scheitert.
Otto von Bismarck in d. zweiten Kammer d. preuß. Landtages (15. Nov. 1849).

— Narrenschiff fährt aller Enden an.
Sprichwort.

Narrenschuhe. — Mancher behelt die Narren Schuhe an biß in den Todt.
Christoph Lehmann, Politischer Blumen=Garten (1662). T. 2. Narr. Additio. Nr. 10.

— Es muß auf Erden jeder Mensch sein Pärchen Narrenschuh' vertragen; | Doch mancher läßt die Sohlen sich mit Eisen um und um beschlagen.
Wilh. Müller, Gedichte (1837). Epigramme. 2. Hundert, Nr. 15. D. Narrenschuhe.

Narrenseil. — Jemanden am Narrenseil führen (jemanden zum besten halten).
Sprichwörtl. Redensart.

Narrheit. — Ein Reis vom Narrenbaum trägt jeder an sich bei; | Der Eine deckt es zu, der Andre trägt es frei.
Friedr. von Logau, Deutsche Sinn=Getichte (1654). Thorheit.

— Wenn die Narrheit Schmerz wäre, würde man in jedem Hause kreischen hören. Ital.: Se la pazzia fosse dolore, in ogni casa si sentirebbe stridere. Toscanisches Sprichwort.

— Jeder hat einen Anflug von Narrheit. Ital.: Tuti ghe n' ha un ramo.
Venetianisches Sprichwort.

Naschen. — Naschen | Macht leere Taschen.
Sprichwort.

Nase. — Du sollst die Nase nicht allzu hoch tragen!
Joh. Jak. Engel, D. Philosoph für d. Welt (1775—1777). T. 1, Stück 6. Tob. Witt.

— Daß du die Nas' ins Gesicht behältst!
Fritz Reuter, Ut mine Stromtid (1862—1864). T. 1, K. 2.

— Lange Nas' und spitzes Kinn, | Da sitzt der Satan leibhaft drin. Sprichwort.

— Wenn sich Herz und Mund erlaben, | Will die Nase auch was haben. Sprichwort.

— Die Nase hoch tragen (hochmütig sein).
Sprichwörtl. Redensart.

— Eine Nase bekommen (einen Verweis erhalten). Sprichwörtl. Redensart.

— Jemanden an der Nase herumführen (jemanden täuschen). Sprichwörtl. Redensart

— Jemandem etwas unter die Nase reiben (jemandem tadelnd etwas vorhalten).
Sprichwörtl. Redensart.

— Seine Nase in alles stecken (sich um Dinge bekümmern, die einem nichts angehen).
Sprichwörtl. Redensart.

— 'n gueden Giewel (Giebel = Nase) mäk dat Hus fin (fein). Sprichwörtl. Redensart. Münsterisch.

Naseweis. — Nichts ist lächerlicher als altkluge Sittsamkeit oder naseweiser Eigendünkel des Kindes.
Immanuel Kant, Werke (1838—1839). Bd. 9.

Nation. — Nichtswürdig ist die Nation, die nicht | Ihr alles freudig setzt an ihre Ehre.
Friedr. von Schiller, D. Jungfrau v. Orleans (1801). A. 1, Sz. 5 (Dunois).

— . . . eine Nation, die allen gefallen will, verdient, von allen verachtet zu werden.
Georg Christoph Lichtenberg, Verm. Schriften (1800—1806). Bd. 2, Nr. 2. Bemerk. verm. Inhalts. Nr. 13. Urteile u. Bemerk. über d. Charakter verschiedener Völker.

— Nur diejenige Nation, welche zuvörderst die Aufgabe der Erziehung zum vollkommenen Menschen, durch die wirkliche Ausübung, gelöst haben wird, wird sodann auch jene des vollkommenen Staats lösen.
Joh. Gottl. Fichte, Reden an d. deutsche Nation (1808). Rede 6.

— Jede Nation spottet über die andern, und alle haben recht.
Arthur Schopenhauer, Parerga u. Paralipomena (1851). Aphorismen zur Lebensweisheit.

— Eine freie Nation kann einen Befreier haben, eine unterjochte bekommt nur einen andern Unterdrücker.
Ernst Moritz Arndt, Wanderungen u. Wandelungen mit d. Freiherrn v. Stein (1858).

— Im Charakter einer Nation ist Mangel an Folgerichtigkeit unmöglich. Engl.: In the character of a nation, inconsistency is impossible.
Henry Thomas Buckle, Gesch. d. Zivilisation (1858—1861). Übers. v. Ritter. K. 4.

— Wenn es einen Grundsatz gibt, an welchem wir auf dem Gebiete der Politik zu jeder Zeit und unter allen Umständen mit unerschütterlicher Konsequenz festhalten müssen, so ist es meines Erachtens nur der: uns nie von unserer Nation zu trennen. Jos. Baron von Eötvös, Gedanken (1861).

Nation. — Eine Nation, welche sich des Willens und der Kraft bewußt ist, fremde Unabhängigkeit zu achten und die eigene zu schätzen, ist zum Vertrauen auf die Dauer eines Friedens berechtigt, den zu stören den Feinden der Ordnung die Macht fehlt.
König Wilh. I. (1869).

— Es ist von großer Bedeutung, daß eine Nation eine große Vergangenheit habe, auf die sie zurückblicken kann. Engl.: **It is of momentous importance that a nation should have a great past to look back upon.**
Samuel Smiles, D. Charakter (1871). Übers. v. Dobbert. K. 1. D. Einfluß d. Charakters.

— Es ziert eine Nation in der Gegenwart, und es stärkt die Hoffnung auf ihre Zukunft, wenn sie Erkenntnis für das Große und Wahre zeigt, und wenn sie ihre hochverdienten Männer feiert und ehrt.
Kaiser Wilh. I. (1885).

National. — Seien Sie einig und lassen Sie den nationalen Gedanken vor Europa leuchten; er ist augenblicklich in der Verfinsterung begriffen.
Otto von Bismarck im Reichstage (12. Juni 1882).

— Ich möchte glauben, daß national zu sein jetzt nicht mehr ein charakteristisches Kennzeichen Einer Partei ist; national ist, Gott sei Dank, ganz Deutschland.
Reichskanzler Graf Caprivi (23. Jan. 1892).

Nationalehre. — Ich möchte aber den Herren . . . eins zur Richtschnur empfehlen, was den Engländer und Franzosen auszeichnet: das ist das stolze Gefühl der Nationalehre, welches sich nicht so leicht und so häufig dazu hergibt, nachahmungswerte und bewunderte Vorbilder im Auslande zu suchen, wie es hier bei uns geschieht!
Otto von Bismarck im Vereinigten Landtage (15. Juni 1847).

Nationalerinnerungen. — . . . Nationalerinnerungen liegen tiefer in der Menschen Brust, als man gewöhnlich glaubt. Man wage es nur, die alten Bilder wieder auszugraben, und über Nacht blüht hervor auch die alte Liebe mit ihren Blumen.
Heinr. Heine, Reisebilder. T. 1. Norderney (1826).

Nationalhaß. — Überhaupt . . . ist es mit dem Nationalhaß ein eigenes Ding. Auf den untersten Stufen der Kultur werden Sie ihn immer am stärksten und heftigsten finden.
Joh. Peter Eckermann, Gespräche mit Goethe in d. letzten Jahren seines Lebens (14. März 1830).

— Von allen Ursachen des Nationalhasses ist die Unwissenheit die mächtigste; wenn der Verkehr zunimmt, nimmt die Unwissenheit ab, und so vermindert sich der Haß. Engl.: **Of all the causes of national hatred, ignorance is the most powerful. When you increase the contact, you remove the ignorance, and thus you diminish the hatred.**
Henry Thomas Buckle, Gesch. d. Zivilisation (1858—1861). Übers. v. Ritter. K. 4.

Nationalität. — Es sei eine Eigentümlichkeit unseres Stammes, welche Bismarck nicht teilen möchte, daß uns die Konfession höher steht als die Nationalität.
Otto von Bismarck zu d. Deutschen d. Provinz Posen in Varzin (16. Sept. 1894).

— Außerhalb der Nationalität gibt es weder Kunst, noch Wahrheit, noch Leben.
A. d. Russischen d. Iwan Turgenjew.

Nationalstolz. — Die wohlfeilste Art des Stolzes ist der Nationalstolz.
Arthur Schopenhauer, Parerga u. Paralipomena (1851). Aphorismen zur Lebensweisheit.

Nationen. — Wer mag auf Nationen trauen! | Man habe noch so viel für sie getan.
Joh. Wolfg. von Goethe, Faust, I (1808). Walpurgisnacht (General).

— Nur wo Nationen sind, gibt es Taten; sonst ist nichts als despotische Maschinerie.
Joh. Gottfr. Seume, Sämtl. Werke (1826). Apokryphen.

Natur. — . . . nichts tut die Natur zwecklos. Griech.: *Οὐδὲν γὰρ μάτην ἡ φύσις ποιεῖ.*
Aristoteles (um 384—322 v. Chr.), Politik. Übers. v. Susemihl. B. 1, K. 2.

— Treib' die Natur mit Stangen hinaus, doch kehrt sie beständig! Lat.: **Naturam expellas furca; tamen usque recurret.**
Quint. Horatius Flacc., Episteln (um 20 v. Chr.). Übers. v. Voß. B. 1, Nr. 10, V. 24.

— Nie sagt anderes uns die Natur und anderes die Weisheit. Lat.: **Numquam aliud natura, aliud sapientia dicit.**
Decimus Junius Juvenalis (um 127), Sat. Übers. v. Berg. Nr. 14, V. 321.

— Ob einen Baum von bitterer Natur | Man auch verpflanzen mag auf Edens Flur, | Ob man ihn aus des Paradieses Flüssen | Auch tränkt mit süßer Milch und Honiggüssen, | Nicht läßt sich seine Bitterkeit bezwingen, | Und immer wird er herbe Früchte bringen.
A. d. Persischen d. Firdusi (um 940—1020). Sat. auf Sultan Mahmud. Übers. v. Schack.

— Die Natur ist unerbittlich und unveränderlich, und es ist ihr gleichgültig, ob die verborgenen Gründe und Arten ihres Handelns dem Menschen verständlich sind oder nicht! Ital.: **Essendo la natura inesorabile ed immutabile e nulla curante che le sue recondite ragioni e modi di operare siano o non siano esposti alla capacità degli uomini.**
Galileo Galilei, Br. an Benedetto Castelli (21. Dez. 1613). Übers. v. Pozzoni.

— Dieses der Natur beliebt, | Daß sie raubt vnd wieder gibt.
Ernst Christoph Homburg, Schimpff- u. Ernsthaffte Clio (1642). Flüchtige Vergangligkeit d. menschlichen Lebens.

Natur. — Die Natur bringt gut gerecht Gold, die Kunst das falsch.

Christoph Lehmann, Politischer Blumen-Garten (1662). T. 2. Natur. Nr. 42.

— Die Natur zeucht stärcker dann sieben Ochsen.

Christoph Lehmann, Politischer Blumen-Garten (1662). T. 2. Natur. Nr. 91.

— Wie viel euch unbekannte Säfte, | Wie viele Millionen Kräfte, | Die eurem Witz verborgen seyn, | Schließt die Natur vermuthlich ein!

Barthold Heinr. Brockes, Irdisches Vergnügen in Gott (1739). T. 6. Zwo lehrende Bienen.

— . . . die Natur läßt sich nicht zwingen.

Christ. Fürchtegott Gellert, Fab. u. Erz. (1746). B. 1. D. Nachtigall u. d. Lerche.

— Aus allen goldenen Zeiten begleiten dich, Natur, die Dichter! Dichter des Altertums! | Der späten Nachwelt Dichter! Segnend | Sehn sie ihr heilig Geschlecht hervorgehn.

Friedr. Gottl. Klopstock, Oden. Wingolf (ged. 1747). Lied 8. Schlußv.

— Schön ist, Mutter Natur, deiner Schöpfung Pracht. Friedr. Gottl. Klopstock, Oden. D. Zürichersee (ged. 1750).

— . . . gleich entfernt vom Geiz und vom Verschwenden | Floß, was du gabst, Natur, aus sparsam klugen Händen.

Gotthold Ephr. Lessing, Schriften (1753—1755). Fragmente. Nr. 5. An d. Herrn Marpurg.

— Natur tut allzeit mehr als Demonstration.

Gotthold Ephr. Lessing, Schriften (1753—1755). Gereimte Fab. u. Erz. Nr. 4. D. Hirsch u. d. Fuchs. Schlußv.

— Vortrefflich ist der Geist, der deine Leiter steigt, | Erhabene Natur!

Joh. Jak. Dusch, Werke (1765). T. 1. B. d. Schwächen d. Vernunft.

— Nichts ist züchtiger und anständiger als die simple Natur.

Gotthold Ephr. Lessing, Hamburgische Dramaturgie. Stück 59 (24. Nov. 1767).

— In der Natur ist alles mit allem verbunden; alles durchkreuzt sich, alles wechselt mit allem, alles verändert sich eines in das andere. Aber nach dieser unendlichen Mannigfaltigkeit ist sie nur ein Schauspiel für einen unendlichen Geist.

Gotthold Ephr. Lessing, Hamburgische Dramaturgie. Stück 70 (1. Jan. 1768).

— Die gütige Natur verlangt nicht unsre Plage; | O ruhten wir an ihrer Brust | Und ließen ihr die Wahl der bessern Lust, | Wie heiter flössen unsre Tage!

Joh. Peter Uz, Sämtl. Werke (1768). T. 1. Gedichte. An Herrn Baron v. Cronegk.

— Die Stimme der Natur läßt sich nicht überschreien. Christoph Martin Wieland, Idris u. Zenide (1768). Ges. 3.

— Natur! du ewig keimende, | Schaffst jeden zum Genuß des Lebens.

Joh. Wolfg. von Goethe, Gedichte. Kunst. D. Wandrer (ged. 1771). (Wandrer).

Natur. — Sie (die Natur) allein ist unendlich reich, und sie allein bildet den großen Künstler.

Joh. Wolfg. von Goethe, Leiden d. jungen Werthers (1773). B. 1, Am 26. Mai.

— Die menschliche Natur . . . hat ihre Grenzen; sie kann Freude, Leid, Schmerzen bis auf einen gewissen Grad ertragen und geht zugrunde, sobald der überstiegen ist.

Joh. Wolfg. von Goethe, Leiden d. jungen Werthers (1773). B. 1, Am 12. August.

— Sieh', so ist Natur ein Buch lebendig, | Unverstanden, doch nicht unverständlich.

Joh. Wolfg. von Goethe, Gedichte. Kunst. Sendschreiben (ged. Dez. 1774).

— Wer mit seiner Mutter, der Natur, sich hält, | Find't im Stengelglas wohl eine Welt.

Joh. Wolfg. von Goethe, Gedichte. Kunst. Sendschreiben (ged. Dez. 1774). Schlußv.

— Allgegenwärt'ger Balsam | Allheilender Natur.

Joh. Wolfg. von Goethe, Gedichte. Verm. Gedichte. Adler u. Taube (ged. 1774).

— Heilige Natur! deine Wege sind immer Güte und Wahrheit.

Theod. Gottl. von Hippel, Über d. Ehe (1774). K. 1. Klagen über d. Vorurteile beim Heiraten. Traum zur Abhelfung.

— Wie ist Natur so hold und gut, | Die mich am Busen hält!

Joh. Wolfg. von Goethe, Gedichte. Auf d. See (ged. 15. Juni 1775).

— Süße, heilige Natur, | Laß mich gehn auf deiner Spur, | Leite mich an deiner Hand | Wie ein Kind am Gängelband!

Friedr. Leop. Graf zu Stolberg, Gedichte. An d. Natur (ged. 1775). Mel. v. Joh. Abraham Peter Schulz (1782) u. Joh. André (1783).

— Schön ist die Natur! | Bach und Hain und Flur! Gottlob Wilh. Burmann, Kleine Lieder für kleine Mädchen u. Jünglinge. Schön ist d. Natur (ged. 1776). Volksweise.

— Dir tönen unsre Lieder, | Wie schön bist du, Natur! Karl Claudius, D. Abend (ged. 1780). Mel. v. Verfasser. Schlußv.

— Die Natur ist das perpetuum mobile, sie steht nirgends und nie still; sie wirkt Leben im Tode, Tod im Leben so schön durcheinander, daß es eine Lust ist anzusehen dem, der ein Auge dazu hat. Theod. Gottl. von Hippel, Lebensläufe nach aufsteigender Linie (1778—1781).

— . . . unfühlend | Ist die Natur; | Es leuchtet die Sonne | Über Bös' und Gute.

Joh. Wolfg. von Goethe, Gedichte. Verm. Gedichte. D. Göttliche (ged. um 1782).

— Du bist so hehr, so groß und mild, | Du bist der Gottheit Ebenbild! | Wer dich im Geist umfassen kann, | Natur, der ist ein weiser Mann!

Christ. Adolf Overbeck, Sammlung verm. Gedichte. Sielbeck (1782). Schlußv.

— Er hat noch nie die Stimme der Natur | Gehört. Friedr. von Schiller, Don Carlos (1787). A. 1, Sz. 7 (Carlos).

Natur. — Was auch den Geist gewaltsam beschäftigt, fordert die Natur zuletzt doch unwiderstehlich ihre Rechte.

Joh. Wolfg. von Goethe, Egmont (1788). A. 5. Gefängnis (Egmont).

— . . . die Natur ist aller Meister Meister!

Joh. Wolfg. von Goethe, Schriften (1787—1790). Gedichte. Künstlers Apotheose.

— Die Natur ist kein selbständiges Wesen, sondern Gott ist alles in seinen Werken.

Joh. Gottfr. von Herder, Ideen zur Philosophie d. Geschichte d. Menschheit (1784—1791). Vorrede.

— Ewig wechselt der Wille den Zweck und die Regel, in ewig | Wiederholter Gestalt wälzen die Taten sich um. | Aber jugendlich immer, in immer veränderter Schöne | Ehrst du, fromme Natur, züchtig das alte Gesetz!

Friedr. von Schiller, Gedichte. D. Spaziergang (ged. 1795).

— Der gebildete Mensch macht die Natur zu seinem Freund und ehrt die Freiheit, indem er bloß ihre Willkür zügelt.

Friedr. von Schiller, Prosaische Schriften. Über d. ästhetische Erziehung d. Menschen in einer Reihe v. Br. (1795). Br. 4.

— Alles, was die gesunde Natur tut, ist göttlich.

Friedr. von Schiller, Prosaische Schriften. Über naive u. sentimentalische Dichtung (1795—1796).

— Alle Schöpfung ist Werk der Natur. Von Jupiters Throne | Zuckt der allmächtige Strahl, nährt und erschüttert die Welt.

Joh. Wolfg. von Goethe, Gedichte. Vier Jahreszeiten (ged. 1796). Herbst. Nr. 42.

— Wär't ihr, Schwärmer, imstande, die Ideale zu fassen, | O, so verehrtet ihr auch, wie sich's gebührt, die Natur.

Joh. Wolfg. von Goethe, Gedichte. Vier Jahreszeiten (ged. 1796). Herbst. Nr. 46.

— Ach, Natur, wie sicher und groß in allem erscheinst du!

Joh. Wolfg. von Goethe, Gedichte. Elegien. Nr. 2. Euphrosyne (ged. Okt. 1797 u. 12.—13. Juni 1798).

— Die Weltnatur ist nie mit sich im Widerstreite.

Christoph Aug. Tiedge, Urania (1800). Ges. 6. Freiheit. Wiedersehn.

— Gott und Natur sind zwei Größen, die sich vollkommen gleich sind.

Friedr. von Schiller, Prosaische Schriften (1793—1802). Philosophische Br. Theosophie d. Jul. Gott.

— . . . die Natur ist ein unendlich geteilter Gott.

Friedr. von Schiller, Prosaische Schriften (1793—1802). Philosophische Br. Theosophie d. Jul. Gott.

— . . . ist ein großes Wort vonnöten, | Mutter Natur! so gedenkt man deiner.

Friedr. Hölderlin, Gedichte. D. scheinheilige Dichter (1802). Schlußv.

Natur. — . . . noch niemand hat's erkundet, | Wie die große Mutter (Natur) schafft; | Unergründlich ist das Wirken, | Unerforschlich ist die Kraft.

Friedr. von Schiller, Gedichte. Punschlied (ged. 1803). Mel. v. Joh. Friedr. Reichardt (1804) u. Max Eberwein (1813).

— . . . die Natur, sie ist ewig gerecht.

Friedr. von Schiller, D. Braut v. Messina (1803). Säulenhalle (Erster Chor. Cajetan).

— Nur die Natur ist redlich! Sie allein | Liegt an dem ew'gen Ankergrunde fest, | Wenn alles andre auf den sturmbewegten Wellen | Des Lebens unstet treibt.

Friedr. von Schiller, D. Braut v. Messina (1803). Säulenhalle (Isabella).

— Ein großes Lebendiges ist die Natur, | Und alles ist Frucht, und alles ist Samen.

Friedr. von Schiller, D. Braut v. Messina (1803). Garten (Berengar).

— Wohl dem! Selig muß ich ihn preisen, | Der in der Stille der ländlichen Flur, | Fern von des Lebens verworrenen Kreisen, | Kindlich liegt an der Brust der Natur.

Friedr. von Schiller, D. Braut v. Messina (1803). D. Säulenhalle (Chor. Cajetan).

— Unerschöpflich an Reiz, an immer erneuerter Schönheit | Ist die Natur! Die Kunst ist unerschöpflich wie sie.

Friedr. von Schiller, Gedichte. Einem Freunde ins Stammb. (ged. 1805).

— So im kleinen ewig wie im großen | Wirkt Natur, wirkt Menschengeist; und beide | Sind ein Abglanz jenes Urlichts droben, | Das unsichtbar alle Welt erleuchtet.

Joh. Wolfg. von Goethe, Vorspiel (1807).

— Die Natur kann zu allem, was sie machen will, nur in einer Folge gelangen. Sie macht keine Sprünge.

Joh. Wolfg. von Goethe, Gespräch mit Riemer (März 1807).

— Wo fass' ich dich, unendliche Natur?

Joh. Wolfg. von Goethe, Faust, I (1808). Nacht (Faust).

— Geheimnisvoll am lichten Tag | Läßt sich Natur des Schleiers nicht berauben, | Und was sie deinem Geist nicht offenbaren mag, | Das zwingst du ihr nicht ab mit Hebeln und mit Schrauben.

Joh. Wolfg. von Goethe, Faust, I (1808). Nacht (Faust).

— Rastlos entfaltet ihre Knospen die zeugende Natur, unbekümmert, ob der frevelnde Mensch die reifende Frucht zertritt.

Alexander von Humboldt, Ansichten d. Natur (1808).

— Es geht ein allgemeines Weinen, | Soweit die stillen Sternlein scheinen, | Durch alle Adern der Natur.

Friedr. von Schlegel, Gedichte (1809).

— Unendlich ist das Rätsel der Natur.

Theod. Körner, D. Bergknappen (ged. 1810). A. 1, Sz. 4 (Alberga). Komp. v. Helwig.

Natur. — . . . in die stille Werkstatt der Natur | Hat keines Menschen Auge noch gesehen.
Theod. Körner, Zriny (ged. Juni 1812). A. 1, Sz. 1 (Levi).

— Ich wandle auf weiter, bunter Flur | Ursprünglicher Natur, | Ein holder Born, in welchem ich bade, | Ist Überlieferung, ist Gnade.
Joh. Wolfg. von Goethe, Gedichte. Gott, Gemüt u. Welt (ged. 1812—1814).

— Natur, wie ist es doch so schön! | An deiner treuen Brust | Lieg' ich auf deinen Zauberhöhn | In stiller Liebeslust.
Theod. Körner, Poetischer Nachlaß (1815). Verm. Gedichte. Sängers Wanderlied.

— Die beste Mutter ist und bleibt Natur. Engl.: Dear Nature is the kindest mother still.
George Gordon Lord Byron, Harolds Pilgerfahrt (1812—1818). Übers. v. Heichen. Ges. 2, Str. 37, V. 1.

— Natur hat weder Kern | Noch Schale, | Alles ist sie mit Einem Male.
Joh. Wolfg. von Goethe, Gedichte. Gott u. Welt. Allerdings (ged. 1820).

— Erzieht nur, bildet unverdrossen, | Es spielt Natur euch allen den Possen!
Aug. Graf von Platen-Hallermund, Gedichte. Verm. u. Gelegenheitsgedichte. Abschied v. d. Zeit (ged. 1820).

— Den Herzen, welche treu dich (Natur) lieben, | Bist du noch immer, großes Herz, | Untrüglich festes, treu geblieben | In jedem Los, in Freud' und Schmerz! Karl Phil. Conz, Gedichte (1824).

— Wie ist die Natur doch im allgemeinen so schön!
Heinr. Heine, Reisebilder. T. 1. D. Harzreise (1824).

— Die Natur gefällt, reißt an sich, begeistert, bloß weil sie Natur ist.
Wilh. Freiherr von Humboldt, Br. an eine Freundin (Dez. 1827).

— Man muß mit der Natur langsam und läßlich verfahren, wenn man ihr etwas abgewinnen will. Joh. Peter Eckermann, Gespräche mit Goethe in d. letzten Jahren seines Lebens (1. Okt. 1828).

— Solang' ich bin, soll nichts von dir mich scheiden, | Natur! Natur!
Friedr. von Matthisson, Schriften (1825—1829). Gedichte. D. Befreiung. Schlußv.

— . . . die Natur versteht gar keinen Spaß; sie ist immer wahr, immer ernst, immer strenge, sie hat immer recht und die Fehler und Irrtümer sind immer des Menschen.
Joh. Peter Eckermann, Gespräche mit Goethe in d. letzten Jahren seines Lebens (13. Febr. 1829).

— Die Natur hat sich so viel Freiheit vorbehalten, daß wir mit Wissen und Wissenschaft ihr nicht durchgängig beikommen oder sie in die Enge treiben können.
Joh. Wolfg. von Goethe, Werke (1827—1830). Über Naturwissenschaft. Abteilung 1.

Natur. — Die Natur bekümmert sich nicht um irgend einen Irrtum; sie selbst kann nicht anders als ewig recht handeln, unbekümmert, was daraus folgen möge.
Joh. Wolfg. von Goethe, Werke (1827—1830). Über Naturwissenschaft. Abteilung 2.

— Macht euch vertraut mit Natur, erkennt sie als euere Mutter; | Ruhig sinket ihr dann in die Erde hinab. Ludw. Feuerbach, Satirisch-theologische Distichen (1830).

— Die Natur wirkt nach ewigen, notwendigen, dergestalt göttlichen Gesetzen, daß die Gottheit selbst daran nichts ändern könnte.
Joh. Wolfg. von Goethe, A. meinem Leben. Dichtung u. Wahrheit (1809—1831).

— Natur und Geist, — so spricht man nicht zu Christen. | Deshalb verbrennt man Atheisten, | Weil solche Reden höchst gefährlich sind.
Joh. Wolfg. von Goethe, Faust, II (1831). A. 1. Kaiserliche Pfalz. Saal d. Thrones (Kanzler).

— Sie (die Natur) bildet regelnd jegliche Gestalt, | Und selbst im Großen ist es nicht Gewalt.
Joh. Wolfg. von Goethe, Faust, II (1831). A. 2. Klassische Walpurgisnacht. Am obern Peneios (Thales).

— O könnt' ich Einmal los | Von all' dem Menschentreiben, | Natur! in deinem Schoß | Ein herzlich Kind verbleiben!
Justinus Kerner, Dichtungen (1834). Lieder d. Schmerzes. Sehnsucht.

— Nur wer die ganze Stimme der Natur | Heraushört, dem wird sie zur Harmonie.
Leop. Schefer, Laienbrevier (1834). Jan. Nr. 1.

— . . . doch Natur von je | Gehorchte andern Trieben, | Und wenig gilt ihr unser Wohl und Weh. Ital.: . . . ma da natura | Altro negli atti suoi | Che nostro male o nostro ben si cura. Giacomo Leopardi, Auf ein antikes Grab-Basrelief (1836). Übers. v. Heyse.

— Die Natur ist Gottes Buch; | Doch ohne Gottes Offenbarung | Mißlingt daran der Leseversuch, | Den anstellt menschliche Erfahrung.
Friedr. Rückert, Gesammelte Gedichte (1834—1838). Vierzeilen.

— Die Natur übt ein heimliches Gericht; leise und langmütig, aber unentrinnbar.
Ernst Freiherr von Feuchtersleben, Zur Diätetik d. Seele (1838). K. 2. Auf Schönheit als Reflex d. Gesundheit.

— Die Natur denkt lauter große Gedanken, und die des Menschen, indem er ihnen nachsinnt, lernen sich ausdehnen und werden den ihrigen ähnlich.
Ernst Freiherr von Feuchtersleben, Zur Diätetik d. Seele (1838). K. 10. Natur, Wahrheit.

— Alles, was die Natur selbst anordnet, ist zu irgend einer Absicht gut.
Immanuel Kant, Werke (1838—1839). Bd. 2.

Natur. — Die ganze Natur überhaupt ist eigentlich nichts anders als ein Zusammenhang von Erscheinungen nach Regeln; und es gibt überall keine Regellosigkeit.

Immanuel Kant, Werke (1838—1839). Bd. 3.

— Der Mensch muß sich in die Natur schicken; aber er will, daß sie sich in ihn schicken soll.

Immanuel Kant, Werke (1838—1839). Bd. 6.

— Die Natur tut nämlich nichts überflüssig und ist im Gebrauche der Mittel zu ihren Zwecken nicht verschwenderisch.

Immanuel Kant, Werke (1838—1839). Bd. 7.

— Jung und harmlos ist die Natur.

Aug. Graf von Platen-Hallermund, Gesammelte Werke (1839). Gedichte. Oden. Nr. 27. D. bessere Teil.

— Was gegen die Natur ist, das ist gegen Gott! Friedr. Hebbel, Judith (1841).

— Ach, wie ist Natur so schwer!

Wilh. Friedrich, Martha (1847). A. 1, Sz. 3 (Tristan). Komp. v. Friedr. v. Flotow.

— Die Natur liebt keinen Sprung. Sehen wir sie einen tun, so zeigt es, daß ihr Gewalt geschehen ist.

Friedr. von Schiller, Briefwechsel mit Körner (1847).

— Natur, Natur läßt sich nicht beugen, | Und der Kanone tollster Schall | Bringt, kam die Sangzeit, nicht zum Schweigen | Im Mondenschein die Nachtigall!

Justinus Kerner, Gedichte. Politisches. In Baden (geb. Aug. 1849).

— . . . dem Widerspruch | Der gegen sie (die Natur) sich auflehnt, folgt der Fluch.

Jul. Hammer, Schau um dich u. schau in dich (1851). Liebe deinen Nächsten wie dich selbst! Ein Tempel ist dein Leib usw.

— Gesegnet ist das Herz, das, Ruh' zu finden, | Die es verlor auf trügerischer Spur, | Sich sammelt, deinen Frieden zu empfinden, | Harmon'sche, reine, heilige Natur!

Jul. Hammer, Schau um dich u. schau in dich (1851). Inneres Glück. D. Abendrot erlischt; mit hellem Scheine usw. Schlußv.

— Wieviel ich Täuschung auch erfuhr | Im Leben und im Lieben, | Du bist mir allezeit, Natur, | Du bist mir treu geblieben.

Emanuel Geibel, Gedichte u. Gedenkblätter (1864). Lieder a. alter u. neuer Zeit. Nr. 25.

— Die Natur für sich ist öde, schauerlich. Menschen erst machen sie zur Heimat, zur Welt.

Berth. Auerbach, Auf d. Höhe (1865).

— Alle Natur ist für uns belebt, ist von göttlichem Geist, von Gesetz, von Notwendigkeit durchdrungen. Wir kennen keine Materie ohne diesen göttlichen Geist, keinen Geist ohne Materie.

Ernst Häckel, Natürliche Schöpfungsgesch. (1868).

— Die Natur bedarf keiner Erläuterung; um ihre Schönheit zu verstehen, genügt ein offener Blick und ein empfängliches Gemüt.

Karl Detlef (Klara Bauer), Benedikta (1876).

Natur. — Die Natur hat tausend Freuden für den, der sie sucht und mit warmem Herzen in ihren Tempel eintritt.

Rahel (Antonie Friederike Varnhagen von Ense), Br. (1877).

— Der Natur | Gesicht trübt keine Tränenspur. Engl.: No tears | Dim the sweet look that Nature wears.

Henry Wadsworth Longfellow (1807—1882), Gedichte. Übers. v. Neidhardt. Sonnenaufgang auf d. Bergen.

— Natur, du seltsam Ding! | An einem Ende gemein, | Am andern seelisch fein | Und doch geschloßner Ring.

Friedr. Theod. Vischer, Lyrische Gänge (1886). Unbegreifliches.

— Das wahre Asyl, welches Gemütsleidenden zu allen Zeiten offen steht, ist und bleibt die Natur.

Gustav Adolf Lindner, D. Problem d. Glücks (1892).

— Wie schön, gewaltig und des Geistes voll bist du, Natur! Und die sich nach dir nennen, schauen nicht in deine tiefsinnigen Augen, nicht auf deine edle Stirn, sondern nur auf deine — Ausscheidungen! Otto von Leixner, A. meinem Zettelkasten (1896). Allerlei Randbemerk.

— Die Folianten vergilben, der Städte gelehrter Glanz erbleicht, aber das Buch der Natur erhält jedes Jahr eine neue Auflage.

A. d. Dän. d. Hans Christ. Andersen.

— Natur hängt überall ihr Schild heraus.

Sprichwort.

— Wo die Natur aufhört, fängt der Unsinn an.

Sprichwort.

— Man entwöhnt sich der Lehre, der Natur nimmer. Niederl.: Men onweent de leer, | Natuur nimmermeer. Sprichwort.

Naturalismus. — . . . man mag das Ideal, das Heimweh nach dem Schönen und Großen mit der Mistgabel des Naturalismus noch so hitzig austreiben, es kehrt immer wieder zurück.

Paul Heyse, Merlin (1892). Bd. 1.

Naturanblick. — . . . bedenke, Menschlein, nur, | In Übergängen wird's dir ungefährlich, | Den Anblick der entschleierten Natur | Zu tragen.

Christ. Dietr. Grabbe, Don Juan u. Faust (1829). A. 1, Sz. 2 (D. Ritter).

Naturcharakter. — . . . der allgemeine Charakter der Natur ist Güte in der Größe.

Wilh. Freiherr von Humboldt, Br. an eine Freundin (Dez. 1827).

Natureindruck. — . . . der Eindruck, den die Natur macht, schließt sich immer wieder an den mich innerlich beschäftigenden Gedanken an und verwandelt sich selbst in eine allgemeine Empfindung.

Wilh. Freiherr von Humboldt, Br. an eine Freundin (18. Aug. 1825).

Naturell. — Vertreibt das Naturell, es kommt sofort zurück! Franz.: Chassez le naturel, il revient au galop.

Phil. Néricault Destouches, D. Ruhmredige (1732). Übers. v. Schlegel. A. 3, Sz. 5 (Lisette).

— Besser eine Hand voll Naturell als zwei Hände voll Wissenschaft. Span.: Mas vale puñada de natural que almozada de scienzia.

Sprichwort.

Naturerkenntnis. — Ich habe die feste Überzeugung, daß jeder große Fortschritt in der wahren Naturerkenntnis unmittelbar oder mittelbar auch eine entsprechende Vervollkommnung des sittlichen Menschenwesens herbeiführen muß.

Ernst Häckel, Natürliche Schöpfungsgesch. (1868).

Naturerscheinungen. — Alle Freuden an dem Wechsel der Naturerscheinungen haben das, daß sie zugleich moralische sind für das sie dankbar empfindende Herz.

Wilh. Freiherr von Humboldt, Br. an eine Freundin (22. März 1825).

Naturforscher. — Naturforscher sind es, unter denen man die meisten jener Gelehrten nennt, die das höchste, das heiterste Alter erlebten.

Ernst Freiherr von Feuchtersleben, Zur Diätetik d. Seele (1838). K. 10. Natur, Wahrheit.

Naturgaben. — Je älter man wird, je mehr schätzt man Naturgaben, weil sie durch nichts können angeschafft werden.

Joh. Wolfg. von Goethe an Schlosser (30. Aug. 1799).

Naturgefühl. — Unser Gefühl für Natur gleicht der Empfindung des Kranken für die Gesundheit.

Friedr. von Schiller, Prosaische Schriften. Über naive u. sentimentalische Dichtung (1795—1796).

Naturgesetz. — Das Naturgesetz ist der strengste Ausdruck der Notwendigkeit.

Jak. Moleschott, D. Kreislauf d. Lebens (1852).

— Jedes Naturgesetz, das sich dem Beobachter offenbart, läßt auf ein höheres, noch unerkanntes schließen, denn die Natur ist das ewig Wachsende, ewig im Bilden und Entfalten Begriffene.

Alexander von Humboldt, Kosmos (1845—1862).

Naturgesetze. — ... ewige Gesetze stimmen alles von Himmel zu Himmel, und von Sonne zu Sonne, und von Erde zu Erde in entzückende Harmonie.

Joh. Jak. Engel, D. Philosoph für d. Welt (1775—1777). T. 1, Stück 16. Traum d. Galilei.

Naturinneres. — Ins Innre der Natur dringt kein erschaffner Geist; | Zu glücklich, wenn sie noch die äußre Schale weist!

Albrecht von Haller, Versuch Schweizerischer Gedichte (1732). Falschheit menschlicher Tugenden.

Naturkräfte. — Der Natur bewegte Kräfte | Eilen fort im Kampfgewühl; | Fremd ist weiches Mitgefühl | Ihrem rüstigen Geschäfte.

Nicolaus Lenau (Niembsch, Edler von Strehlenau), Werke (1855). Gedichte.

Naturlehre. — Die Naturlehre ist, für mich wenigstens, eine Art Tilgungsfond für die Religion, wenn die vorwitzige Vernunft Schulden macht. Georg Christoph Lichtenberg, Verm. Schriften (1800—1806).

Natürlich. — Wir sind bieder und natürlich; | Und das ist genug getan.

Joh. Wolfg. von Goethe, Gedichte. Gesellige Lieder. Musen u. Grazien in d. Mark (geb. 17. Mai 1796). Schlußv.

— Aller Zustand ist gut, der natürlich ist und vernünftig.

Joh. Wolfg. von Goethe, Hermann u. Dorothea (1797). Polyhymnia.

— ... nichts führt zum Guten, was nicht natürlich ist.

Friedr. von Schiller, Prosaische Schriften (1793—1802). Br. über Don Carlos. Br. 11. Schlußsatz.

— Natürlich willst du sein? | Wähnst alles dann erzielt? — | Natürlich ist das Schwein, | Das sich im Schlamme sielt.

Friedr. von Sallet, Gesammelte Gedichte (1843). Epigrammatisches u. Lehrhaftes.

Natürliche, das. — Wie doch nichts abenteuerlich ist als das Natürliche und nichts groß als das Natürliche.

Joh. Wolfg. von Goethe, Br. an Frau v. Stein (2. Dez. 1777).

— ... das Natürliche, | Mein guter Alter, ist auch wohl das Rechte.

Christ. Dietr. Grabbe, Don Juan u. Faust (1829). A. 3, Sz. 1 (Don Juan).

— Natürlichem genügt das Weltall kaum; | Was künstlich ist, verlangt geschloßnen Raum.

Joh. Wolfg. von Goethe, Faust, II (1831). A. 2. Laboratorium (Homunculus).

Natürlichkeit. — In reiner Natürlichkeit. Lat.: In puris naturalibus.

Thomas von Aquino (um 1225—1274), Über d. gesamte Gebiet d. Theologie. B. 2, K. 2, § 5.

Naturmensch. — Der Naturmensch ist der gebundenste aller Sklaven. ... Dafür, daß keiner das Recht hat, ihm zu gebieten, muß er in jedem Augenblicke vor der Gewalt des Stärkeren zittern, der sich ihm naht.

Friedr. von Gentz, Gesammelte Schriften (1838—1840). Politische Freiheit.

Naturstudium. — Wie das echte, innige Studium der Natur, wenn es tiefe Offenbarungen gewähren soll, kindliche Gemüter verlangt, ... so erzeugt es auch wieder in denen, die sich ihm weihen, eine eigene Kindlichkeit und gibt ihnen ihre Jugend wieder.

Ernst Freiherr von Feuchtersleben, Zur Diätetik d. Seele (1838). K. 10. Natur, Wahrheit.

— Das Studium der Natur führt zur Gottheit. Karl Jul. Weber, Demokritos (1832—1840). D. Mathematiker.

Naturwissenschaft. — Die wahre Naturwissenschaft schließt sowohl den Unglauben wie den Aberglauben aus.

A. d. Dän. d. Hans Christ. Oerstedt, D. Geist in d. Natur.

Nazarener. — . . . die Nazarener haben zuweilen eine gewisse springende gute Laune, eine witzige, eichkätzchenhafte Munterkeit, gar lieblich kapriziös, gar süß, auch glänzend, worauf aber bald eine starre Gemütsvertrübung folgt; es fehlt ihnen die Majestät der Genußseligkeit, die nur bei bewußten Göttern gefunden wird.

Heinr. Heine, Ludw. Börne (1840). B. 1.

Nazareth. — Was kann von Nazareth Gutes kommen? Evang. Joh., K. 1, V. 46.

Neapel. — Neapel sehen und sterben! Ital.: Vedi Napoli e poi muori! Sprichwort.

Nebel. — Fallender Nebel und Nebelregen | Schönes Wetter zu machen pflegen. Bauernregel.

Neckar. — Bald gras ich am Neckar, | Bald gras ich am Rhein.

D. Knaben Wunderhorn (1806—1808). Rheinischer Bundesring. Volksweise.

— Am Neckar, am Neckar, da ischt e jedes gern.

Friedr. Richter, Violen, ausgewählte Lieder u. Epigramme. Neckarlied (vor 1843). Mel. v. Friedr. Silcher (komp. 1843—1846).

Neckartal. — Und stechen mich die Dornen, | Und wird mir's drauß' zu kahl, | Geb' ich dem Roß die Spornen | Und reit' ins Neckartal.

Jos. Viktor von Scheffel, D. Trompeter v. Säkkingen (1854). Alt Heidelberg, du feine usw. (ged. 1853). Mel. v. Anton Zimmermann (komp. 1871—1872).

Necken, sich. — Was sich neckt, das liebt sich. Sprichwort.

Nehmen. — Woher nehmen und nicht stehlen?

Friedr. Rückert, D. Verwandlungen d. Abu Seid v. Serug oder d. Makamen d. Hariri (1826).

— Wan man nur nemen und nichts will geben, | Das macht nit sein ein freundlich leben. Alter Spr.

— Woher nehme und net stehle? hat der Sell g'sait. Sprichwörtl. Redensart. Schwaben.

— Nimm se die se denn se doch, (wenn se dir se denn se doch gefällt). Scherzhafte Berliner Redensart.

Nehmen, das. — Im Nehmen sei nur unverdrossen, | Nach allem andern frag' hernach!

Joh. Wolfg. von Goethe, Faust, II (1831). A. 4. Hochgebirg (Habebald).

— Zwar nehmen ist recht gut, doch besser ist's behalten. Joh. Wolfg. von Goethe, Faust, II (1831). A. 4. Hochgebirg (Haltefest).

— Ans Nehmen ist so viel Freude gehängt, | Als wenn vom Mann' das Weib empfängt; | Das Wiedergeben thut beschweren, | Als sollte sie ein Kind gebären. Alter Spr.

Neid. — Wer frei von Neid ist, diesem ward kein Glück zu teil. Griech.: Ὁ δ' ἀφθόνητός γ' οὐκ ἐπίζηλος πέλει.

Äschylus, D. Orestie (um 458 v. Chr.). Übers. v. Minckwitz. Agamemnon. V. 903 (Klytämnestra).

— . . . daß nach dem Ruhm der Neid folge. Lat.: . . . per gloriam invidiam sequi.

Gajus Sallustius (um 86—35 v. Chr.), D. Jugurthinische Krieg. Übers. v. Neuffer. K. 55, § 3.

— Über den Neid hat nimmer erdacht ein sikelischer Wütrich | Größere Folterequal. Lat.: Invidia Siculi non invenere tyranni | Maius tormentum.

Quint. Horatius Flacc., Episteln (um 20 v. Chr.). Übers. v. Voß. B. 1, Nr. 2, V. 58—59.

— Da lag er mit vor Neid zerplatztem Körper. Danach: Vor Neid bersten, platzen. Lat.: Tacta invidia rupto iacuit corpore.

Phädrus (um 30), Fab. Übers. v. Siebelis. B. 1, Nr. 24. D. zerplatzte Frosch u. d. Ochse.

— All mein Unglück lass' ich denen angedeihen, | Die am Hasse und am Neid sich freuen, | Dazu des Unglücks Bitterkeit. Mittelhochdeutsch: Al mîn ungelücke wil ich schaffen jenen, | Die sich hazzes unde nîdes gerne wenen, | Dar zuo mîn unsaelikeit.

Walter v. d. Vogelweide (um 1170—1230), Gedichte. Übertr. v. Pannier.

— Nur für sich selber Herzeleid | Und keinem andern schafft der Neid. Mittelhochdeutsch: Nît tuot nieman herzeleit | Wan im selben, der in treit.

Vrîdankes Bescheidenheit (1225—1240). Übertr. v. Pannier. Nr. 24. v. nîde.

— Niemand kann auf lange Zeit | Viel Ehre haben ohne Neid. Mittelhochdeutsch: Nieman mac ze langer zit | Grôz êre haben âne nît.

Vrîdankes Bescheidenheit (1225—1240). Übertr. v. Pannier. Nr. 24. v. nîde.

— Wohl dem, des Herz im Leben nicht des Neides Stachel ritzt, | Der hier in diesem Trümmerbau im Eck zufrieden sitzt.

A. d. Persischen d. Dschâmî (1414—1492). Divane. Übers. v. Wickenhauser.

— Und wan nid kiflet (beißt), nagt langzit, | So ißt sie sich, sunst anders nüt.

Seb. Brant, D. Narrenschif (1494). Nr. 53. V. nid u. haß.

— Sin eigen glider kocht der nid.

Seb. Brant, D. Narrenschif (1494). Nr. 89. V. dorechtem wechsel.

— Wüchs' Laub und Gras | Als Neid und Haß, | So hätten Schaf und Rinder | Heu'r einen guten Winter.

A. einem alten Fechtb. d. Andre Paurenfeind (1516).

— Wüchse das Laub und auch das Gras | Als Untreu, Finanz, Neid und Haß, | So hätten die Schaf und Rinder | Heu'r dis Jar ein guten Winter.

Geiler von Kaisersberg, Predigten über Brants Narrenschiff (1520).

— Doch, wer getroffen ist vom Neide, | Gedeiht, dem Neider selbst zum Leide.

Joh. Friedr. Fischart, Kehrab (um 1577).

Neid. — . . . Neid, des Teufels Mist . . .
Joh. Friedr. Fischart, Kehrab (um 1577).

— Derhalben sagt man recht vom Neid, | Daß er auch sei Undankbarkeit | Und wie ein stinkend Faß erschein'.
Joh. Friedr. Fischart, Kehrab (um 1577).

— Gleichwie der Frösch' und Schlangen Nagen | Dem Palmenbaum bringt keinen Schaden, | Also auch Neid und Abgunst zwar | Nagt fromme Leut', doch ohn' Gefahr.
Inschrift einer Denkmünze auf Heinr. Jul. v. Braunschweig (1610).

— Sey dennoch unverzagt! Gieb dennoch unverlohren! | Weich keinem Glücke nicht! Steh' höher als der Neid!
Paul Fleming, Teutsche Poemata (1642). An Sich.

— Muß es doch die Sonne leiden, | Daß sie oft verdunkelt wird. | Ei, wie soll denn ich's vermeiden, | Daß der Neid mich nie berührt?
Georg Greflinger, Celadons weltliche Lieder nebst einem Anhange Schimpf= u. ernsthafter Gedichte (1651).

— Keine Straf' ist ausgesetzet | Auf des Neides Gift; | Denn er ist zu aller Zeit | Selbsten voll Gerechtigkeit, | Daß er meistens trifft | Und sich durch sich selbst verletzet.
Friedr. von Logau, Deutsche Sinn=Getichte (1654). Gerechtigkeit d. Neides.

— Die Menschen sind wol Narren, die Neid so heftig treibt, | Daß sie sich selbst verfolgen um das, was keinem bleibt.
Friedr. von Logau, Deutsche Sinn=Getichte (1654). D. Neid.

— Neid | Ist sein eygen Leyd.
Christoph Lehmann, Politischer Blumen=Garten (1662). T. 2. Neyd. Nr. 21.

— Neid kriecht nicht in leere Schewren.
Christoph Lehmann, Politischer Blumen=Garten (1662). T. 2. Neyd. Nr. 22.

— Der Neid ist unversöhnlicher als der Haß. Franz.: **L'envie est plus irréconciliable que la haine.**
François, Herzog von La Rochefoucauld, Reflexionen oder moralische Sentenzen u. Maximen (1665). Nr. 328. Übers. v. Zimmermann.

— Das sicherste Zeichen, mit großen Eigenschaften geboren zu sein, ist, keinen Neid zu kennen. Franz.: **La plus véritable marque d'être né avec de grandes qualités, c'est d'être né sans envie.**
François, Herzog von La Rochefoucauld, Reflexionen oder moralische Sentenzen u. Maximen (1665). Nr. 433. Übers. v. Zimmermann.

— Die Neider sterben wohl, doch niemals stirbt der Neid. Franz.: **Les envieux mourront, mais non jamais l'envie.**
Molière (Jean Baptiste Poquelin), D. Tartüff (1667). Übers. v. Graf Baudissin. A. 5, Sz. 3 (Madame Pernelle).

Neid. — Der Neid muß es beschwören.
Friedr. von Schiller, Don Carlos (1787). A. 2, Sz. 5 (Carlos).

— Mir grauet vor der Götter Neide.
Friedr. von Schiller, Gedichte. D. Ring d. Polykrates (ged. 24. Juni 1797).

— Leider trennt verwandte Beschäftigung die Menschen öfter, indem wahrer Nach= und Miteifer so selten, Neid und Mißgunst desto allgemeiner sind. Joh. Wolfg. von Goethe, Briefwechsel mit Friedr. Heinr. Jacobi (16. Aug. 1799).

— . . . es wird der Neid | Stets den obsiegend Glücklichen verfolgen.
Friedr. von Schiller, Maria Stuart (1800). A. 1, Sz. 8 (Burleigh).

— . . . der Neid | Hat scharfe Augen.
Friedr. von Schiller, Maria Stuart (1800). A. 2, Sz. 9 (Leicester).

— Mir ist wenig an dem Lobe der Leute gelegen; ihr Neid wäre allenfalls das Einzige, was mich noch freuen würde.
Georg Christoph Lichtenberg, Verm. Schriften (1800—1806).

— Laß Neid und Mißgunst sich verzehren, | Das Gute werden sie nicht wehren. | Denn, Gott sei Dank! es ist ein alter Brauch: | Soweit die Sonne scheint, soweit erwärmt sie auch.
Joh. Wolfg. von Goethe, Gedichte. Sprichwörtl. (ged. 1812—1814).

— Ich, Egoist! — Wenn ich's nicht besser wüßte! | Der Neid, das ist der Egoiste; | Und was ich auch für Wege geloffen, | Auf'm Neidpfad habt ihr mich nie getroffen.
Joh. Wolfg. von Goethe, Gedichte. Sprichwörtl. (ged. 1812—1814).

— Auf einem Esel reitest du, dein Vordermann auf einem Roß, | Und hinter deinen Fersen keucht zu Fuß ein ungezählter Troß. | Du siehst mit Neid dem Einen nach; wie viele sehn dir hinterdrein! — | Und wenn die Herberg' ist erreicht, geh'n alle doch zu Fuß hinein.
Wilh. Müller, Gedichte (1837). Epigramme. 1. Hundert, Nr. 58. D. Reisenden.

— Der Blick des Neides sieht zu seiner eignen Pein | Nur alles Fremde groß und alles Eigne klein. Friedr. Rückert, D. Weisheit d. Brahmanen (1836—1839). B. 12, Nr. 83. (Stufe 7. Erkenntnis. Nr. 109.)

— Ruhm und Neid entstehen aus Einem Ei; der Ruhm steigt wie der Adler zur Sonne empor; der Neid ist eine Schlange, die auf der Erde kriecht und zischt.
Karl Jul. Weber, Demokritos (1832—1840). D. Neid.

— Neid ist dem Menschen natürlich; dennoch ist er ein Laster und ein Unglück zugleich.
Arthur Schopenhauer, Parerga u. Paralipomena (1851). Aphorismen zur Lebensweisheit.

Neid. — Der Neid der Menschen zeigt an, wie unglücklich sie sich fühlen, und ihre beständige Aufmerksamkeit auf fremdes Tun und Lassen, wie sehr sie sich langweilen.

Arthur Schopenhauer, Parerga u. Paralipomena (1851). Aphorismen zur Lebensweisheit.

— Der Neid schwärzt, wie die Flamme, alles, was über ihn hinweggeht, und was er nicht erreichen kann. Franz.: L'envie, comme la flamme, noircit tout ce qui plane au-dessus d'elle et qu'elle ne peut atteindre.

Petit-Senn, Geistesfunken u. Gedankensplitter (1865). Übers. v. Zimmermann.

— Mußt dich nur vom Neide reinigen, | Dann verzehnfachst du dein Glück, | Wachst in jedem Augenblick | Fremde Freuden zu den deinigen.

Paul Heyse, Spruchbüchlein (1885). Lebensweisheit. Glückszuwachs.

— Zu wirklichem Haß . . . gehört doch immerhin, sagen wir Temperament, er kann uns unter Umständen sogar nicht unsympathisch berühren; aber elenden Neid bringt jeder Schuft zuwege.

Dr. Hanns Groß, Kriminalpsychologie (1898). Objektiv. D. psychische Tätigkeit d. Vernommenen. Unterscheidende Momente. Nr. 2. Besondere Einflüsse. Leidenschaft u. Affekt.

— . . . Neid ist Eiter in Beinen.

Spr. Sal., K. 14, V. 30.

— . . . wer kann vor dem Neid bestehen?

Spr. Sal., K. 27, V. 4.

— Der Neid gönnt dem Teufel nicht die Hitze in der Hölle. Alter Spr.

— Neid ist zu Hof geboren, im Kloster erzogen und im Spital begraben. Sprichwort.

— Neid ist sein eigner Folterknecht. Engl.: Envy is its own torturer. Sprichwort.

— Der Neid zernagt sich selbst. Ital.: L'invidia rode sè stessa. Sprichwort.

— Außer dem Himmel überall Neid.

Polnisches Sprichwort.

— Leid' | Ohne Neid! Wartburgspr.

— Wenn dieses Haus so lange steht, bis aller Neid und Haß vergeht, | Dann bleibt's fürwahr so lange stehn, bis die Welt wird untergehn.

Spr. am Bürgermeisterhause in Lübeck.

— Wenn Neid und Haß brennen wie ein Feuer, | Wär' Holz und Kohlen nit so theuer.

Spr. am Hebelhause in Wiesenthal.

Neiden. — Wer mich neidet, lobet mich, | Kränkte sonst mit mir sich nicht.

Friedr. von Logau, Deutsche Sinn-Getichte (1654). Neid.

— Erduld' und leid', | Und keinen neid'!

Joh. Gottfr. von Herder, Stimmen d. Völker in Liedern (1807). Abteilung 2, B. 5, Nr. 27. Ein Spr. Deutsch.

Neider, der. — Du kannst dir jeden feind versöhnen und verbinden, | Nur bei dem neider wirst du niemals gnade finden.

Andr. Tscherning, Deutscher Getichte Früling (1642). Epigramme.

Neider, der. — Den der Neider schwärzen will, pflegt er gern vorher zu loben.

Friedr. von Logau, Deutsche Sinn-Getichte (1654). Glück u. Neid.

— Der Neider steht als Folie des Glücks.

Joh. Wolfg. von Goethe, D. natürliche Tochter (1803). A. 2, Sz. 5 (Eugenie).

— Es ist kein Lauren über des Neiders Lauren. Jes. Sir., K. 25, V. 19.

— Nun werd' ich auch wohl Neider haben, | Hier habt ihr Steine, freßt euch satt! | Das ist ein Mann von schlechten Gaben, | Der keinen Neider hat. Spr. an einem Hause.

Neider, die. — Neider sind Feinde.

Joh. Wolfg. von Goethe, D. Vögel (1780). (Hoffegut).

— Laß Neider neiden, | Hasser hassen! | Was Gott mir gönnt, | Muß man mir lassen.

Spr. an einem Hause in Nördlingen.

— Wer Neider hat, hat Brot, | Wer keine hat, hat Not. Inschrift im Berliner Ratskeller. Bierlokal.

Neidhart. — Neidhart, Eigennutz, Kind'scher Rath | Verrieth auch Rom, die mächtig Stadt.

Georg Rollenhagen, Froschmäuseler (1595). B. 3, T. 1, K. 6.

— Der Neid läßt den Neidhart selbst nicht essen. Christoph Lehmann, Politischer Blumen-Garten (1662). T. 2. Neyd. Additio. Nr. 1.

— Neidhart kann's nicht leiden, daß die Sonne ins Wasser scheint. Sprichwort.

Neidisch. — Die neidischen Herzen | Gewinnen viel Schmerzen. Mittelhochdeutsch: Diu nîdigen herzen | Gewinnet manegen smerzen.

Vridankes Bescheidenheit (1225—1240). Übertr. v. Pannier. Nr. 24. v. nîde.

— Nit iß mit eim nidischen man, | Noch wellst mit im zů dische gan!

Seb. Brant, D. Narrenschif (1494). Nr. 69. Bös důn u. nit warten.

— Kleine Menschen mögen auf ihre Genossen neidisch sein; wahrhaft große Männer suchen einander auf und lieben sich. Engl.: Small men may be envious of their fellows, but really great men seek out and love each other.

Samuel Smiles, D. Charakter (1871). Übers. v. Dobbert. K. 3. Gesellschaft u. Beispiel.

— . . . gedenke, daß ein untreues Auge neidisch ist! Jes. Sir., K. 31, V. 14.

— Die neidisch wie die Hunde sein, | Verzehren selbst ihr Mark und Bein.

Spr. an einem Hause in Nürnberg.

Neidische, der. — Der Neidische erbarmt sich nicht der Blöße.

Joh. Wolfg. von Goethe, Westöstlicher Diwan. B. d. Betrachtungen. Fünf Dinge (geb. 15. Dez. 1814).

— Iß nicht Brot bei einem Neidischen!

Spr. Sal., K. 23, V. 6.

— Der Neidische ist sein eigner Henker.

Sprichwort.

— In eines Neidischen Auge wächst sich der Pilz zur Palme aus. Russisches Sprichwort.

Neidteufel. — Hör up, öwer minen Namen to pipen, | Oder soll ik mi an Dinem Namen vergripen? | De Niddüpel bringt uns Beiden Schade: | Gott verleih' uns sine Gnade!

Spr. an einem Hause in Hameln.

Neige. — Was auf die Neige geht, wird gern sauer.

Alter Spr.

Neigung. — Wer keine Neigung fühlt, dem mangelt es | An einem Worte der Entschuld'gung nie.

Joh. Wolfg. von Goethe, Iphigenie auf Tauris (1787). A. 4, Sz. 2 (Arkas).

— Neigung besiegen ist schwer; gesellet sich aber Gewohnheit | Wurzelnd, allmählich, zu ihr, unüberwindlich ist sie.

Joh. Wolfg. von Goethe, Gedichte. Vier Jahreszeiten (ged. 1796). Nr. 25.

— Wahre Neigung vollendet sogleich zum Manne den Jüngling.

Joh. Wolfg. von Goethe, Hermann u. Dorothea (1797). Polyhymnia.

— Dadurch | Gibt Neigung sich ja kund, daß sie bewilligt | Aus freier Gunst, was sie auch nicht gebilligt.

Friedr. von Schiller, Maria Stuart (1800). A. 2, Sz. 9 (Elisabeth). Schlußv.

— Vieles gibt uns die Zeit und nimmt's auch, aber der Bessern | Holde Neigung, sie sei ewig dir froher Genuß!

Joh. Wolfg. von Goethe, Gedichte. A. d. Nachlaß. Antiker Form sich nähernd. Vieles gibt uns d. Zeit usw. (ged. Aug. 1805).

— Wie hoch ist doch jede wahre Neigung zu schätzen in einer Welt, wo Gleichgültigkeit und Abneigung eigentlich recht zu Hause sind.

Joh. Wolfg. von Goethe, D. Wahlverwandtschaften (1808—1809).

— Die Neigung zu einer Sache, das ist ja eben der Sinn dafür.

Joh. Wolfg. von Goethe, Gespräch mit Riemer (1810).

— Es ist keine Neigung, keine Gewohnheit so stark, daß sie gegen die Mißreden vorzüglicher Menschen, in die man Vertrauen setzt, auf die Länge sich erhalten könnte.

Joh. Wolfg. von Goethe, A. meinem Leben. Dichtung u. Wahrheit (1809—1831).

— Ohne Neigung kein Interesse; ohne Interesse, kein Leben.

Ernst Freiherr von Feuchtersleben, Zur Diätetik d. Seele (1838). K. 6. Temperament, Leidenschaft.

Neigungen. — Aus Neigungen werden Tugenden und Laster.

Sprichwort.

Nein. — Weil Nein und Ja noch redlich war, | Da hatte Glauben nicht Gefahr.

Friedr. von Logau, Deutsche Sinn-Getichte (1654). Treu u. Glauben.

— Der andre hört von allem nur das Nein.

Joh. Wolfg. von Goethe, Iphigenie auf Tauris (1787). A. 1, Sz. 3 (Thoas).

Nein. — Sagten sie einmal nein! wär' ihnen und vielen geholfen; | Aber das Eselsgeschrei schreiet zu allem: ia.

Aug. Heinr. Hoffmann von Fallersleben, Gesammelte Werke (1890). Gedichte. Nein!

— Ist ein Mund tief ins Nein gekommen, so kommt er schwer wieder zum Ja.

Alter Spr.

— Ein Nein zur rechten Zeit | Erspart viel Widerwärtigkeit.

Sprichwort.

— Nee, über Ihnen aber ooch! (Was sind Sie für ein Mensch, daß Sie so was thun!)

Berliner Redensart.

— Nu nee nich! (verstärkte Bejahung).

Berliner Redensart.

— Dein Ja sei stets bedächtig, | Dein Nein ein Nein gerechtig, | Sei deines Worts gedächtig | Von Mund und Grund einträchtig!

Spr. im Berliner Rathause. Erdgeschoß.

— Ein halber Mann, | Der nicht nein oder ja sagen kann.

Spr. auf einer Denkmünze.

Nemesis. — Niemals, Sterblicher, bau' auf das Morgende! Nicht den geringsten | Frevel der Zunge vergißt Nemesis' ahndender Sinn.

Christ. Friedr. Wilh. Jacobs, Griech. Blumenlese (1824).

Neptun. — Der Dreizack des Neptun ist das Zepter der Erde. Franz.: Le trident de Neptune est le sceptre du monde.

Anton M. Lemierre (1723—1793), D. Handel. Übers. v. Zimmermann.

Nervenschwäche. — Wenn einmal eine Schwäche in den Nerven so weit gediehen ist, daß ein Entschluß, etwas zu seiner eigenen Besserung anzufangen, unmöglich wird, so ist der Mensch verloren.

Georg Christoph Lichtenberg, Verm. Schriften (1800—1806).

Nessel. — Ich hab gehöret offt vnd viel, | Daß, was zur Nessel werden wil, | Das sangt bey zeittn an zu brennen; | Darbey ist diß kraut zuerkennen.

Joh. Friedr. Fischart, Eulenspiegel Reimensweiß (1569). K. 1. Wie Tyl Eulenspiegel geboren v. zu dreyen malen getaufft ward.

Netz. — He hett em in sin Nett kregen (er hat ihn zu seiner Meinung überredet).

A. d. Seemannssprache. Pommern.

Neu. — . . . das ist aller narren gbrust (Gebrechen), | Was nuw ist, alzit doren glust (Gelüst) | Und hant doch bald vernüwgert dran (die Lust verloren) | Und wellen etwas frömdes han.

Seb. Brant, D. Narrenschif (1494). Nr. 34. Narr hür als vern.

— Weyl der leffel new ist, so brauchet jn der koch; darnach, wenn er alt ist, so wirfft er jn in das fewr.

Joh. Agricola, Drey hundert Gemeyner Sprichwörtter (1529). Nr. 109.

Neu. — Bequemer (als ein neuer) ist ein alter Rock zu tragen. Engl.: Our old robes sit easier than our new!

William Shakespeare, Macbeth (1606). Übers. v. Dorothea Tieck. A. 2, Sz. 3 (Macduff).

— Neue Gäst tractirt man wol.

Christoph Lehmann, Politischer Blumen-Garten (1662). T. 2. New v. Newrung. Nr. 28.

— Ein Ding mag noch so närrisch sein, | Es sei nur neu, so nimmt's den Pöbel ein.

Christ. Fürchtegott Gellert, Fab. u. Erz. (1746). B. 1. D. grüne Esel.

— Alle neuen, großartigen Ideen üben dieselbe Wirkung aus, es sind die Sonnenaufgänge in der Geschichte; — die Mittagsonne begeistert nicht, nur die Morgensonne.

Rudolf von Ihering, D. Geist d. römischen Rechts (1852—1865).

— Neue Besen kehren gut; | Aber es ist besser gewesen, | Als bei den alten der Staub geruht.

Friedr. Rückert, Gesammelte poetische Werke (1867—1869). Coburg. Kehraus.

— Dieweil dz Schilt new ist, so henckt man es an die wandt; | Wan es aber alt wirt, so stoßt man es under die banck. Alter Spr.

— Nicht was uns wert, was fremd und neu, | Darüber machen wir großes Geschrei. Alter Spr.

— Die neuen Schuhe drücken am meisten.

Sprichwort.

Neue, das. — . . . er verschmäht es, | Wie's einem klugen Mann geziemt, den Wert | Des Neuen nach dem Alten abzumessen. Griech.: *Οὐδ', ὁποῖ' ἀνὴρ | Ἔννους, τὰ καινὰ τοῖς πάλαι τεκμαίρεται.*

Sophokles (um 496—406 v. Chr.), König Ödipus. Übers. v. Jordan. V. 904—5 (Jokaste).

— Etwas Neues . . . und bisher Unerhörtes. Lat.: Novum ... et ante hunc diem non auditum.

Marc. Tull. Cicero (um 106—43 v. Chr.), Rede für Ligarius. Übers. v. Kloß. K. 1, § 1.

— Die Sucht nach Neuem Schaden tut, | Sie fälschet manchen steten Mut. Mittelhochdeutsch: Ez machent leidiu maere | Vil dicke herze swaere.

Vrîdankes Bescheidenheit (1225—1240). Übertr. v. Pannier. Nr. 42. v. unkünde.

— . . . ob schon neu wird die Person, | Ist doch nichts neus unter der Sonn, | Das zuvor auch nicht wär geschehen; | Die Händel bleib'n, die Leut vergehen.

Georg Rollenhagen, Froschmäuseler (1595). B. 2, T. 1, K. 1.

— Das Schlechte, wohl gestellt, laß stehen, wie es steht; | Es ist noch ungewiß, ob's gut mit Neuem geht.

Friedr. von Logau, Deutsche Sinn-Getichte (1654).

— Das neue klingt, das alt klappert.

Christoph Lehmann, Politischer Blumen-Garten (1662). T. 2. New v. Newrung. Nr. 23.

Neue, das. — Sei nicht der erste, Neuem nachzujagen, | Noch auch der letzte, Altem zu entsagen! Engl.: Be not the first by whom the new are tried, | Nor yet the last to lay the old aside.

Alexander Pope, Essay über Kritiken (1711). Übers. v. Ölckers u. Böttger. T. 2, V. 135.

— Das Neue kommt, das Alte ist verschwunden.

Friedr. von Schiller, Gedichte. An Goethe, als er d. Mahomet v. Voltaire auf d. Bühne brachte (ged. 1800).

— Neues — hat die Sonne nie gesehn.

Friedr. von Schiller, Gedichte. An d. Freunde (ged. 1802).

— . . . jedes Neue, auch das Glück, erschreckt.

Friedr. von Schiller, D. Braut v. Messina (1803). Garten (Don Cesar).

— Das Neue dringt herein mit Macht, das Alte, | Das Würd'ge scheidet; andre Zeiten kommen, | Es lebt ein andersdenkendes Geschlecht!

Friedr. von Schiller, Wilh. Tell (1804). A. 2, Sz. 1 (Attinghausen).

— Das echte Neue keimt nur aus dem Alten; | Vergangenheit muß unsre Zukunft gründen.

Aug. Wilh. von Schlegel, Blumensträuße (1804). An d. südlichen Dichter, deren Lieder ich übers. hatte.

— Man muß etwas Neues machen, um etwas Neues zu sehen.

Georg Christoph Lichtenberg, Verm. Schriften (1800—1806). Bd. 9, Nr. 4. Fragmentarische Bemerk. über physikalische Gegenstände. Nr. 2. Über d. Studium d. Naturlehre überhaupt.

— Das ist für mich nichts Neues zu erfahren, | Das kenn' ich schon seit hunderttausend Jahren.

Joh. Wolfg. von Goethe, Faust, II (1831). A. 4. Hochgebirg (Mephistopheles).

— Umsonst, Verstockter, tadelst du das Neue; | Allmächtig herrscht die Zeit.

Aug. Graf von Platen-Hallermund, Gesammelte Werke. Verm. u. Gelegenheitsgedichte. An einen Ultra (ged. 1831).

— . . . der Mensch | Liebt von Natur das Alte, und das Neue, | Wenn er sich je damit befreunden soll, | Muß ihm von diesem Alten wenig nehmen.

Ernst Raupach, D. Hohenstaufen (1837). Kaiser Friedr. II. T. 1. Vorspiel. Sz. 2.

— Das Publikum ist so einfältig, lieber das Neue als das Gute zu lesen.

Arthur Schopenhauer, Parerga u. Paralipomena (1851).

— Wenn uns Gewohntes hold und lieb geworden, | So ängstigt uns, so schmerzt uns fast das Neue.

Rob. Hamerling, Sinnen u. Minnen (1859). Lieder. O, wer's vermöcht'!

— . . . nach Neuem verlangt | Jeder kommende Tag.

Friedr. von Bodenstedt, A. d. Nachlasse Mirza-Schaffys (1874). B. 4. Cypressen u. Rosen. Nr. 10.

Neue, das. — Im Stillen und gewaltsam | Schafft sich das Neue Bahn; | Die Zeit drängt unaufhaltsam | Und überall voran.

Hermann von Lingg, Schlußrhythmen (1901). Rückblick. D. Lebensmüde.

— . . . und (es) geschiehet nichts Neues unter der Sonne. Pred. Sal., K. 1, V. 9.

— Das Neue, | Das Treue. Alter Spr.

— Das Neue, schon's, das Alte, flick's, | Sonst kommst zu nix. Alter Spr.

— Im Neuen sich treu | Und im Alten auch neu, | Den Wahlspruch der Welt | Hab ich auch mir gestellt. Alter Spr.

— Zu vieles Neue | Stört alte Treue. Alter Spr.

— Nach gutem Alten | Neu zu gestalten, | Am schönen Neuen | Sich zu erfreuen, | Wird niemand gereuen. Spr. an einem Torhaus in Großenhain.

Neuerung. — . . . wo auß der art man schlägt | Vnd täglich newe bräuch erregt, | Da kumpt gewis ain Newerung, | Die selten eim Land wol gelung. Joh. Friedr. Fischart, D. Glückhaff Schiff v. Zürich (1576).

— Wer Neurung folgt, der kompt auff vngebanten Weg.

Christoph Lehmann, Politischer Blumen=Garten (1662). T. 2. New v. Newrung. Nr. 3.

— Neuerung | Macht Teuerung. Sprichwort.

Neuerungen. — Es darf und wird euch keine Sonne tagen; | Wir halten nichts von euren Neuerungen.

Adelbert von Chamisso (Louis Charles Adelaide Chamisso de Boncourt), Gedichte. Sonette u. Terzinen. Verbrennung d. türkischen Flotte zu Tschesme (geb. 1832). Schlußv.

Neuerungsgeist. — Der Geist der Neuerungen ist gewöhnlich das Attribut kleiner Charaktere und beschränkter Köpfe. Leute, die nie hinter sich auf ihre Vorfahren blicken, werden auch nie vor sich auf ihre Nachkommen sehen. Engl.: **A spirit of innovation is generally the result of a selfish temper and confined views. People will not look forward to posterity, who never look backward to their ancestors.**

Edmund Burke, Betrachtungen über d. Revolution in Frankreich (1790). Übers. v. Genz. Abs. 55.

Neugier. — Höre, Gretchen, nur zwei Worte, | Stille meine Neubegier!

Verfasser unbek. (um 1750). Volksweise.

— Die Neubegierde spielt, die Wißbegierde zielt; | Die Wißbegierde schaut, die Neubegierde schielt.

Friedr. Rückert, D. Weisheit d. Brahmanen (1836—1839). B. 9, Nr. 21. (Stufe 4. Schule. Nr. 118.)

Neugierig. — Er ist neugierig wie ein Fisch. Joh. Wolfg. von Goethe, Faust, II (1831). A. 2. Klassische Walpurgisnacht. Felsbuchten d. Ägäischen Meers (Thales).

Neugierigen, die. — Der Neugierigen Gilde | Führt Böses im Schilde. Alter Spr.

Neuigkeit. — Was du gestern frisch gesungen, | Ist doch heute schon verklungen, | Und beim letzten Klange schreit | Alle Welt nach Neuigkeit.

Jos. Freiherr von Eichendorff, Gedichte (1837). Zeitlieder. Weltlauf.

Neuigkeiten. — Verleg' Sie sich auf Neuigkeiten! | Nur Neuigkeiten ziehn uns an.

Joh. Wolfg. von Goethe, Faust, I (1808). Walpurgisnacht (Mephistopheles).

Neujahrsmorgenrot. — Neujahrsmorgenrot | Macht viel Not. Bauernregel.

Neujahrsnacht. — Die Neujahrsnacht still und klar, | Deutet auf ein gutes Jahr. Bauernregel.

Neun. — Davon nach neune, sagt Lehmann, wenn 's Militär zu Bett ist.

Sprichwörtl. Redensart. Berlin.

Neutral. — Der Teufel ist neutral.

Clemens Brentano, Viktoria u. ihre Geschwister (1817). Soldatenlied.

— Wie soll man in der Welt sich regen? | Wer unrecht hat, der büßt's mit Schlägen, | Wer recht behält, den liebt man nicht, | Und wer neutral bleibt, heißt ein Wicht.

Paul Heyse, Spruchbüchlein (1885). Politik.

— Wer neutral ist, wird von oben begossen und von unten beräuchert. Alter Spr.

Neutralisten. — Neutralisten wollen den Beltz waschen vnd nit naß machen, auff Eyern gehen vnd keines vertretten.

Christoph Lehmann, Politischer Blumen=Garten (1662). T. 2. Neutral. Nr. 1.

— Neutralisten ist nicht zu trauen, | Wollen nur eigen Nutzen erbauen.

Christoph Lehmann, Politischer Blumen=Garten (1662). T. 2. Neutral. Nr. 8.

— Neutralisten | Sind böse Christen; | Liegen sie vorn, | Sind zum Truck sie erkor'n, | Liegen sie hinten, | Wird der Fußtritt sie finden.

Spr. in einem Hause.

Nichtigkeit. — Sonst alles, wie mächtig und prächtig es ist, | Macht Nichtigkeit, Flüchtigkeit wendig und bindig, | Das Hohe, das Frohe zu Aschen und Mist.

Ernst Christ. Homburg, Geistl. Lieder (1659). T. 2. Alles nichtig u. flüchtig.

Nichts. — Aus nichts wird nichts. Lat.: **De nihilo nihil.**

Tit. Lucretius (um 98—55 v. Chr.), Über d. Natur d. Dinge. Übers. v. Knebel. B. 1, V. 149.

— In seines Nichts durchbohrendem Gefühle . . .

Friedr. von Schiller, Don Carlos (1787). A. 2, Sz. 1 (Carlos).

— **Aus nichts wird nichts, das merke wohl, | Wenn aus dir etwas werden soll.**

Matthias Claudius, Sämtl. Werke d. Wandsbecker Boten. T. 7 (1803). Ein silbern ABC.

— **Aus nichts hat Gott die Welt erschaffen.**

Nach 2. Makk., K. 7, V. 28.

— **Aus nichts wird nichts; von nichts kommt nichts.** Sprichwort.

Nichts. — Hier ist nichts und da ist nichts; aus nichts hat Gott die Welt geschaffen.

Sprichwort.

— Wo nichts ist, hat der Kaiser sein Recht verloren. Sprichwort.

— Nuit | Ist bald kuit (gekäut).

Sprichwort. Oberinntal.

Nichtsein. — Es ist einem denkenden Menschen durchaus unmöglich, sich ein Nichtsein, ein Aufhören des Denkens und Lebens zu denken.

Joh. Wolfg. von Goethe, Unterhaltungen mit d. Kanzler Müller (1823).

Nichtstuer. — Die größten Feinde der Beschäftigten | Sind die Nichtstuer, die, den Hunden gleich, | Empor am schweißbedeckten Zugpferd kläffen.

Jos. Freiherr von Auffenberg, Sämtl. Werke (1843—1847). Unvergoldete Pillen.

Nichtstun. — Das süße Nichtstun. Ital.: Il dolce far niente. Lat.: . . . iucundum tamen nil agere.

Plinius, d. Jüngere (um 62—113), Br. Übers. v. Schott. Br. 8, Nr. 9, § 1.

— Nichts tun heißt nichts Gutes tun.

Theod. Gottl. von Hippel, Über d. Ehe (1774). K. 4. Über d. Treue in d. Ehe. D. Weiber.

— Wer nichts zu tun hat, findet niemals Zeit, | Weist alles von sich mit geschäft'gen Mienen; | Wer ernstlich wirkt und schafft, ist stets bereit, | Auch andern gern mit Rat und Tat zu dienen.

Friedr. von Bodenstedt, A. d. Nachlasse Mirza-Schaffys (1874). B. 3. B. d. Spr. Nr. 23.

— Nichtstun | Lehrt Übeltun. Alter Spr.

— Durch Nichtstun lernen wir Schlechtes tun. Engl.: By doing nothing we learn to do ill.

Sprichwort.

Nichtswissen. — Wo Nichtswissen Seligkeit, ist es Torheit, klug zu sein. Engl.: Where ignorance is bliss, 't is folly to be wise.

Thomas Gray, Über d. Fernsicht auf Eton College (1747). Übers. v. Seume. V. 99.

Niedere, der. — Gehorsam heißt die Tugend, | Um die der Nied're sich bewerben darf.

Friedr. von Schiller, Wallensteins Tod (1799). A. 4, Sz. 2 (Gordon).

Niedrig. — Wao de Tun (Zaun) am siegesten (niedrigsten) iss, dao stiget de Swine drüöwer (drüber).

Sprichwort. Münsterisch.

Niemand. — Niemand ist mein Name, denn Niemand nennen mich alle. Griech.: *Οὖτις ἐμοί γ' ὄνομα· οὖτιν δέ με κικλήσκουσιν.*

Homer, Odyssee. Übers. v. Voß. Ges. 9, V. 366.

Nimrod. — . . . Nimrod . . . fing an, ein gewaltiger Herr zu sein auf Erden und war ein gewaltiger Jäger vor dem Herrn.

1. Mos., K. 10, V. 8.

Niobe. — Niobe der Nationen (Rom). Engl.: The Niobe of Nations.

George Gordon Lord Byron, Harolds Pilgerfahrt (1812—1818). Übers. v. Heichen. Ges. 4, Str. 79, V. 1.

Nirgends. — Nirgends und überall. Griech.: *Κοὐδαμοῦ καὶ πανταχοῦ.*

Euripides (um 480—406 v. Chr.), Iphigenie bei d. Tauriern. Übers. v. Minckwitz. V. 568 (Orestes).

Noah. — Als Noah aus dem Kasten war . . .

Aug. Kopisch, Gedichte. Weinlieder. Historie v. Noah (geb. 1824). Mel. v. Karl Gottl. Reissiger (1827).

Nobel. — Nobel muß de Welt zu Grunde jehn. Berliner Redensart.

Nonne. — Gott geb ihm ein verdorben Jahr, | Der mich macht zu einer Nonnen.

Limpurger Chronik (1359). Klosterscheu.

— Wenn alle Träum vnd Wünsch wahr weren, so wer kein Nonn nicht.

Christoph Lehmann, Politischer Blumen-Garten (1662). T. 2. Traum. Nr. 4.

Norden. — Der Norden, ach! ist kalt und klug.

Ferd. Freiligrath, Gedichte. Tagebuchblätter. Wär' ich im Bann v. Mekkas Toren (geb. 1836).

— Was ich bin und weiß, dem verständigen Norden verdank' ich's; | Doch das Geheimnis der Form hat mich der Süden gelehrt.

Emanuel Geibel, Gedichte. Jugendgedichte. B. 2. Berlin (geb. 1836—1837). Sonette u. Distichen. Distichen a. Griechenland. Nr. 4.

Nordsee. — De Noordsee | Is 'n Moordsee.

A. d. Seemannssprache. Ostfriesland.

Nordwind. — Der Nordwind bringet Ungewitter. Spr. Sal., K. 25, V. 23.

Nörgelei. — Die Nörgelei des Parlaments gegenüber Forderungen der Regierung, die der Sicherheit des Landes gelten, ist nur eine echt deutsche Eigentümlichkeit.

Otto von Bismarck im Reichstage (11. Jan. 1887).

Not. — Ewig wechselnden Wechsels ereilt | Die Staubsöhne Not und Elend. Griech.: *Συμφορὰ δ' ἑτέρους ἑτέρα | Πιέζει φανεῖσα θνατῶν.*

Euripides, Alkestis (um 438 v. Chr.). Übers. v. Minckwitz. V. 893—94 (Chor).

— Nichts übet größ're Macht aus als der Drang der Not. Griech.: *Δεινῆς ἀνάγκης οὐδὲν ἰσχύειν πλέον.*

Euripides (um 480—406 v. Chr.), Helena. Übers. v. Binder. V. 514 (Menelaus).

— Wenn dich Not einengt; unerschrocknen Mutes | Ringe mannhaft an! Lat.: Rebus angustis animosus atque | Fortis appare!

Quint. Horatius Flacc., Oden (um 23 v. Chr.). Übers. v. Voß. B. 2, Nr. 10, V. 21—22.

— Not lehrte (lehrt) beten. Lat.: Adversae res admonuerunt religionum.

Tit. Livius (um 59 v. Chr. — 17 n. Chr.), Römische Gesch. Übers. v. Ostertag. B. 5, K. 51, § 8.

— . . . wer aufs Bitten harrt und sieht die Not, | Pflegt böslich aufs Verweigern sich zu legen. Ital.: . . . quale aspetta prego, e l'uopo vede | Malignamente già si mette al nego.

Dante Alighieri, Göttliche Komödie (1300—1321). Übers. v. Gildemeister. Fegefeuer. Ges. 17, V. 59—60.

Not. — Aus tieffer not schrey ich zu dir, | Herr Gott, erhör mein ruffen!
Dr. Martin Luther, D. 130. Ps. (1525).

— Angst und Noth | Währt bis in' Tod.
Spr. auf einer Denkmünze (1552).

— Schweig, leid, meid und vertrag, | Dein Noth allein Gotte klag!
Dr. Martin Luther, Tischreden oder Colloquia (1566). Nr. 14. Tischreden v. guten Werken. § 29. Über d. Spr. d. Ps.: „Befihle deinen Weg d. Herrn u. hoffe auf ihn" machte Doctor Martinus Luther diese Vers.

— ... seine Not an einen klagen, | Das heißt sich halb der Not entschlagen.
Joh. Friedr. Fischart, Flöh Hatz, Weiber Tratz (1577).

— In der höchsten Not | Hilft der treue Gott.
Spr. auf einer Denkmünze (1580).

— Die Not bringt einen zu seltsamen Schlafgesellen. Engl.: Misery acquaints a man with strange bedfellows.
William Shakespeare, D. Sturm (um 1612). Übers. v. Schlegel. A. 2, Sz. 2 (Trinculo).

— Noth ist unser sechster Sinn; hat im Augenblick gefunden, | Wo zuvor die andern fünf in Gedanken stille stunden.
Friedr. von Logau, Deutsche Sinn-Getichte (1654). D. Nothwendigkeit.

— Mach End, o Herr, mach Ende | Mit aller unsrer Noth!
Paul Gerhardt, Geistl. Andachten. Befiehl d. Herrn deine Wege u. hoffe auf ihn; er wirds wohl machen (1659).

— Noth hat kein Herrn noch Kaiser; Noth hat kein Feyrtag.
Christoph Lehmann, Politischer Blumen-Garten (1662). T. 2. Noth. Nr. 42.

— Alle Noth, | Die uns droht, | Kommt von eignem Wahne; | Daß das Weh | Bald vergeh, | Bohrt man nicht im Zahne.
Joh. Christ. Günther, Gedichte (1735). Studenten-Lied.

— Die größte Not | Hebt doch der Tod.
Christ. Fürchtegott Gellert, Geistl. Oden u. Lieder (1757). Vertrauen auf Gottes Vorsehung.

— Große Geister werden oft durch die Not gezeugt. Die unfruchtbarsten Länder haben die größten Beherrscher.
Ewald Christ. von Kleist, Sämtl. Werke (1760). Prosaische Auffsätze. Nr. 9. Gedanken über verschiedene Gegenstände.

— ... Not gibt Gefühl unsrer Kraft, unsres Wertes.
Joh. Jak. Engel, D. Philosoph für d. Welt (1775—1777). T. 2, Stück 28. Über d. Tod. Erste Unterredung.

— ... die eh'rne Hand | Der Not gebietet, und ihr ernster Wink | Ist oberstes Gesetz, dem Götter selbst | Sich unterwerfen müssen.
Joh. Wolfg. von Goethe, Iphigenie auf Tauris (1787). A. 4, Sz. 4 (Pylades).

Not. — Mit Unerbittlichkeit vollbringt | Die Not an Einem großen Tage; | Was kaum Jahrhunderten gelingt.
Friedr. Hölderlin, Gedichte. D. Schicksal (geb. 1794).

— Herr, die Not ist groß!
Joh. Wolfg. von Goethe, Gedichte. Balladen. D. Zauberlehrling (geb. Frühjahr 1797).

— Die ungestüme Presserin, die Not, | Der nicht mit hohlen Namen, Figuranten | Gedient ist, die die Tat will, nicht das Zeichen ...
Friedr. von Schiller, Wallensteins Tod (1799). A. 1, Sz. 7 (Gräfin).

— ... in der Not allein | Bewähret sich der Adel großer Seelen.
Friedr. von Schiller, Turandot (1801). A. 1, Sz. 1 (Kalaf).

— Der Not gehorchend, nicht dem eignen Trieb ...
Friedr. von Schiller, D. Braut v. Messina (1803). Säulenhalle (Isabella).

— Wer frisch umherspäht mit gesunden Sinnen, | Auf Gott vertraut und die gelenke Kraft, | Der ringt sich leicht aus jeder Fahr und Not.
Friedr. von Schiller, Wilh. Tell (1804). A. 3, Sz. 1 (Tell).

— Was für Wellen, was für Flammen | Schlagen über mir zusammen; | Ach, wie groß ist meine Not!
D. Knaben Wunderhorn (1806—1808). Gruß.

— Ach neige, | Du Schmerzenreiche, | Dein Antlitz gnädig meiner Not!
Joh. Wolfg. von Goethe, Faust, I (1808). Zwinger (Gretchen).

— Genieße, was der Schmerz dir hinterließ! | Ist Not vorüber, sind die Nöte süß.
Joh. Wolfg. von Goethe, Gedichte. Sprichwörtl. (geb. 1812—1814).

— Es ist die Not | Die strenge, bittre Lehrerin des Lebens.
Karl Ludw. von Knebel, Samlung kleiner Gedichte (1815).

— Sie (die Not) zieht mit einer Hand herauf das Leben | Und drücket mit der andern es hinab.
Karl Ludw. von Knebel, Samlung kleiner Gedichte (1815).

— ... jede Not und jedes Joch, | Ich weiß, man kann's ertragen!
Aug. Graf von Platen-Hallermund, Gedichte. Lieder u. Romanzen. V. Allem, was da leibt u. lebt usw. (geb. 1822). Schlußv.

— ... wie sich denn überhaupt alle geistige und körperliche Not wohl erleichtern, aber nie ganz heben läßt.
Wilh. Freiherr von Humboldt, Br. an eine Freundin (12. Juni 1829).

— ... die Not bricht Eisen. — Recht, | Wenn man so feig ist, mit dem Eisen nicht | Die Not zu brechen.
Christ. Dietr. Grabbe, Don Juan u. Faust (1829). A. 4, Sz. 1 (Leporello u. Don Juan).

— Liebe und Not sind doch die besten Meister.
Joh. Wolfg. von Goethe, A. meinem Leben. Dichtung u. Wahrheit (1809—1831).

Not. — Gesetz ist mächtig, mächtiger ist die Not.
Joh. Wolfg. von Goethe, Faust, II (1831). A. 1. Weitläufiger Saal (Plutus).

— Ganz nah' an der Ferse begleitet die Not.
Joh. Wolfg. von Goethe, Faust, II (1831). A. 5. Mitternacht (Not).

— Die Not lehrt jeden Christen beten — und kennt doch keinen Feiertag, | Und gibt ihr Gott erst Kirchenkleider, so geht es gleich ins Festgelag.
Wilh. Müller, Gedichte (1837). Epigramme. 3. Hundert, Nr. 3. Not lehrt beten.

— Not und Unglück trägt | Der Mensch nur dann geduldig, wenn er selbst | Für unvermeidlich sie erkannt.
Ernst Raupach, D. Hohenstaufen (1837). Kaiser Friedr. I. u. Mailand. A. 4, Sz. 3.

— . . . wenn die Not nicht Eisen bricht, | Das Eisen bricht die Not.
Emanuel Geibel, Juniuslieder (1848). Lieder. Kriegslied.

— Gibt die Not dich wieder frei, | Prüfe dich mit frommem Eifer; | Ach, und wardst du drin nicht reifer, | Sprich noch nicht: sie ist vorbei.
Emanuel Geibel, Neue Gedichte (1856). Spr. Nr. 48.

— In der Not erst magst du zeigen, | Wer du bist, und was du kannst!
Emanuel Geibel, Spätherbstblätter (1877). Gelegenheitsgedichte. Spr. Nr. 32.

— . . . rufe mich an in der Not!
Ps. 50, V. 15.

— Die noth lehret einen zu hand, | Des man sunst het kein verstand. Alter Spr.

— Noth macht Füße. Alter Spr.

— Not ist die Mutter der Erfindungen.
Sprichwort.

— Not lehrt alte Weiber springen. Sprichwort.

— Wenn die Not am größten, | Ist Gottes Hilf' am nächsten. Sprichwort.

— Not hat weder Gesetz, Glauben noch König. Franz.: Nécessité n'a loy, foy, ne roy.
Sprichwort.

— Not lehrt gute Gebete. Norwegisch: Naud laerer goda Bøner. Sprichwort.

— Not ist nicht gesetzlich.
Isländisches Sprichwort.

— Wo Fußstapfen sind, da ist auch Not.
Litauisches Sprichwort.

— Aus der Not eine Tugend machen (in schlimmer Lage möglichst noch einen Vorteil aus ihr zu erreichen suchen). Sprichwörtl. Redensart.

Noten. — Den kommt et uf 'ne Hand voll Noten nich an! (er nimmt's nicht so genau).
Berliner Redensart.

Notgewehr. — Jedem Wesen ward | Ein Notgewehr in der Verzweiflungsangst.
Friedr. von Schiller, Wilh. Tell (1804). A. 1, Sz. 4 (Melchthal).

Nötig. — Ich sehe nicht ein, daß das nötig ist. Franz.: Je n'en vois pas la nécessité.
Graf von Argental (1700—1788) zu einem Schriftsteller auf dessen Entschuldigung: Aber ich muß doch leben, Exzellenz! Übers. v. Zimmermann.

— Eins aber ist not! Luk., K. 10, V. 42.

Nötige, das. — Tue nur jeden Tag das Nötige, weiter bleibt uns in guten und bösen Zeiten nichts übrig.
Joh. Wolfg. von Goethe an Christiane Vulpius (5. Aug. 1798).

Nötigung. — So eigensinnig widersprechend ist der Mensch: zu seinem Vorteil will er keine Nötigung, zu seinem Schaden leidet er jeden Zwang.
Joh. Wolfg. von Goethe, Werke (1827—1830). Maximen u. Reflexionen. Abteilung 2.

Notwehr. — Was ist so kühn, das Notwehr nicht entschuldigt?
Friedr. von Schiller, Wallensteins Tod (1799). A. 1, Sz. 7 (Gräfin).

— Jede Notwehr hat etwas Unvorhergesehenes und Plötzliches.
Otto von Bismarck im Herrenhause des preuß. Landtages (24. April 1873).

Notwendig. — Das ist kein Unglück, was für uns notwendig ist. Griech.: *Δεινὸν γὰρ οὐδὲν τῶν ἀναγκαίων βροτοῖς.*
Euripides (um 480—406 v. Chr.), Hypsipyle. Übers. v. Minckwitz.

Notwendige, das. — . . . wenn ich mich einmal in das Notwendige fügen muß, so nehme ich mir das Angenehme heraus und gehe leicht über das Lästige hinweg.
Wilh. Freiherr von Humboldt, Br. an eine Freundin (7. April 1833).

Notwendigkeit. — Was hilft der Kampf mit der Notwendigkeit? Griech.: *Ἀνάγκῃ δ' οὐχὶ δυσμαχητέον.*
Sophokles (um 496—406 v. Chr.), Antigone. Übers. v. Jordan. V. 1094 (Kreon).

— . . . daß alle einsehen, der Notwendigkeit müsse man gehorchen. Lat.: . . . ut omnes intelligant, necessitati esse parendum.
Marc. Tull. Cicero, V. d. Pflichten (um 44 v. Chr.). Übers. v. Klotz. B. 2, K. 21, § 74.

— Die grausame Notwendigkeit. Lat.: Dira necessitas.
Quint. Horatius Flacc., Oden (um 23 v. Chr.). B. 3, Nr. 24, V. 6. Übers. v. Grau.

— Die Notwendigkeit kennt keine Gründe. Lat.: Necessitas ante rationem est.
Curtius (um 50), Taten Alexanders d. Großen. Übers. v. Christian. B. 7, K. 7, § 10.

— Alle Dinge geschehen aus Notwendigkeit; es gibt in der Natur kein Gutes und kein Schlechtes.
Baruch Spinoza, Ethik (1677).

Notwendigkeit. — Der starken | Notwendigkeit willst du nicht widerstreben! | Was einmal sein muß, muß vortrefflich sein.
Friedr. von Schiller, Iphigenie in Aulis (ged. 1788). A. 5, Sz. 5 (Achilles).

— Die Notwendigkeit aber ist der beste Ratgeber. Joh. Wolfg. von Goethe, Tag- u. Jahreshefte (1794).

— Des Lebens beß're Frucht gedeiht | Durch sie, die Mutter der Heroen, | Die eherne Notwendigkeit. Friedr. Hölderlin, Gedichte. D. Schicksal (ged. 1794).

— Wer schon der Wahrheit milde Herrschaft scheut, | Wie trägt er die Notwendigkeit?
Friedr. von Schiller, Gedichte. Poesie d. Lebens (ged. 1795).

— Ernst ist der Anblick der Notwendigkeit.
Friedr. von Schiller, Wallensteins Tod (1799). A. 1, Sz. 4 (Wallenstein).

— . . . wo von zwei gewissen Übeln eins | Ergriffen werden muß, wo sich das Herz | Nicht ganz zurückbringt aus dem Streit der Pflichten, | Da ist es Wohltat, keine Wahl zu haben, | Und eine Gunst ist die Notwendigkeit.
Friedr. von Schiller, Wallensteins Tod (1799). A. 2, Sz. 2 (Wallenstein).

— Es denkt der Mensch die freie Tat zu tun, | Umsonst! Er ist das Spielwerk nur der blinden | Gewalt, die aus der eig'nen Wahl ihm schnell | Die furchtbare Notwendigkeit erschafft.
Friedr. von Schiller, Wallensteins Tod (1799). A. 4, Sz. 8 (Buttler).

— Alles, was notwendig ist, ist gut. Die eiserne Notwendigkeit, die die Welt regiert, ist nichts als das Rosenseil weiser Güte, mit der der Allgewaltige sein All umschlingt.
Ludw. Theobul Kosegarten, Dichtungen (1800).

— Notwendigkeit ist das Gesetz der Welt.
Christoph Aug. Tiedge, Urania (1800). Ges. 5. Tugend.

— Die große Notwendigkeit erhebt, die kleine erniedrigt den Menschen.
Joh. Wolfg. von Goethe, Gespräch mit Riemer (Okt. 1803).

— Notwendigkeit ist kohlschwarz. Engl. Necessity is coal-black. Sprichwort.

Notwendigste, das. — Wer sich dem Notwendigsten widmet, geht überall am sichersten zum Ziel. Joh. Wolfg. von Goethe, Wilh. Meisters Wanderjahre (1807—1821).

November. — Wenn der November regnet und frostet, | Dies der Saat ihr Leben kostet.
Bauernregel.

Nüchtern. — Solang' man nüchtern ist, | Gefällt das Schlechte; | Wie man getrunken hat, | Weiß man das Rechte; | Nur ist das Übermaß | Auch gleich zu Handen; | Hafis, o lehre mich, | Wie du's verstanden!
Joh. Wolfg. von Goethe, Westöstlicher Diwan. D. Schenkenb. Solang' man nüchtern ist usw. (ged. 26. Juli 1814).

Nüchtern. — Du aber sei nüchtern allenthalben! 2. Timotheus, K. 4, V. 5.

— Durch nüchtern leben wird man alt; | Durch vollerey erstirbt man baldt. Alter Spr.

Nüchternheit. — Laß alle frommen Toren | In Nüchternheit versinken; | Kein Tropfen geht verloren | Von dem, was Weise trinken!
Friedr. von Bodenstedt, D. Lieder d. Mirza-Schaffy (1851). Lieder zum Lobe d. Weines u. irdischer Glückseligkeit. Nr. 14. Schlußv.

Nullen. — Nullen, tretend hinter ein Eins, | Würden Tausende zählen; | Weil sie den Führer nicht wählen, | Zählen sie alle zusammen keins.
Friedr. Rückert, Gesammelte Gedichte (1834—1838). Vierzeilen. 1. Hundert, Nr. 28.

— Die Nullen, folgen sie der Eins, | Wird eine große Zahl daraus!
Friedr. von Bodenstedt, D. Lieder d. Mirza-Schaffy (1851). Verm. Gedichte u. Spr. Nr. 3. An d. Großvesier.

Nürnberger. — Die Nürnberger henken keinen, sie hätten ihn denn. Sprichwort.

Nuß. — Eine harte Nuß zu knacken haben (eine schwere Aufgabe zu lösen haben).
Sprichwörtl. Redensart.

Nützen. — Wem nützt es, kommt es zugute? Lat.: Cui bono?
Lucius Cassius Longinus Ravilla (um 120 v. Chr.). Nach Marc. Tull. Cicero, Rede für Roscius. Übers. v. Klotz. K. 30, § 84.

— Ein jeder preist nur, was ihm nützt.
Karl Wilh. Ramler, Fabellese (1783). B. 3, Nr. 2. D. Krähe u. d. Nachtigall.

— Wer nützt, ist mehr, als wer ergötzet.
Gottl. Konrad Pfeffel, Poetische Versuche (1789—1790). Fleiß u. Vergnügen.

— Den uns umschließenden Zirkel beglücken, | Nützen, soviel als ein jeder vermag, | O, das erfüllet mit stillem Entzücken! | O, das entwölket den düstersten Tag!
Joh. Gaudenz Freiherr von Salis-Seewis, Gedichte. Ermunterung (1790). Mel. v. Joh. Rudolf Zumsteeg.

— . . . was uns nützt, ist unser höchstes Recht.
Joh. Wolfg. von Goethe, D. natürliche Tochter (1803). A. 2, Sz. 1 (Sekretär).

— Was man nicht nützt, ist eine schwere Last.
Joh. Wolfg. von Goethe, Faust, I (1808). Nacht (Faust).

— Suchet überall zu nutzen, überall seid ihr zu Hause.
Joh. Wolfg. von Goethe, Wilh. Meisters Wanderjahre (1807—1821).

— Man erkennt niemand an als den, der uns nutzt.
Joh. Wolfg. von Goethe, Werke (1827—1830). Maximen u. Reflexionen. Abteilung 1.

— Muß alles nützen denn, selbst Kränze? Sie | Sind schön, das nützen sie.
Friedr. Halm (Elegius Frz. Jos. Freiherr von Münch-Bellinghausen), D. Sohn d. Wildnis (1842). A. 2 (Parthenia).

Nützen. — Wie ein Ding nutzt, | Wird es geputzt. Sprichwort.

Nutzen, der. — . . . nur vom Nutzen wird die Welt regiert.

Friedr. von Schiller, Wallensteins Tod (1799). A. 1, Sz. 6 (Terzky). Schlußv.

— Nutzen ist der größte Reichtum. Sprichwort.

Nützlich. — Wer sich | Den Menschen nützlich machen will, muß doch | Zuerst sich ihnen gleichzustellen suchen.

Friedr. von Schiller, Don Carlos (1787). A. 4, Sz. 3 (Marquis).

— Nimmer nutz, nimmer lieb. Sprichwort.

Nützlich. — Was nicht nutz ist, | Ist auch nicht recht. Spr. an einem Hausgerät.

Nützliche, das. — Hohen Beifall errang, wer Angenehmes mit Nützlichem verband. Lat.: Omne tulit punctum qui miscuit utile dulci.

Quint. Horatius Flacc., Dichtkunst (um 20 v. Chr.). V. 343. Übers. v. Grau.

— Wo wir Nützliches betreiben, | Ist der werteste Bereich.

Joh. Wolfg. von Goethe, Wilh. Meisters Wanderjahre (1807—1821). B. 3, K. 12.

— Vom Nützlichen durchs Wahre zum Schönen!

Joh. Wolfg. von Goethe, Wilh. Meisters Wanderjahre (1807—1821).

O

Oben. — Irrtümer, Halmen gleich, sich oben zeigen. | Wer Perlen sucht, muß in die Tiefe steigen. Engl.: Errors, like straws, upon the surface flow; | He who would search for pearls must dive below.

John Dryden, Alles für d. Liebe (1678). Prolog. Übers. v. Drabig.

Oben aus. — Wer oben aus will, der stößt sich an den Kopf. Alter Spr.

— Oben aus und nirgend an | Hat noch selten gut getan. Sprichwort.

Oberhaupt. — . . . immer bleibt es unerlaubt, | Zu trotzen seinem Oberhaupt. Griech.: *Κράτος δ', ὅτῳ κράτος μέλει, | Παραβατὸν οὐδαμᾷ πέλει.*

Sophokles (um 496—406 v. Chr.), Antigone. Übers. v. Jordan. V. 865—66 (Chor).

— . . . und Einem Oberhaupte huldigten alle, — Einem, Genueser! — aber es war der Löwe. Friedr. von Schiller, D. Verschwörung d. Fiesko zu Genua (1783). A. 2, Sz. 8 (Fiesko).

— Ein Oberhaupt muß sein, ein höchster Richter, | Wo man das Recht mag schöpfen in dem Streit. Friedr. von Schiller, Wilh. Tell (1804). A. 2, Sz. 2 (Stauffacher).

Oberwasser. — Oberwasser haben (in der günstigen Lage sein, mit Kraft und Nachdruck an etwas herangehen zu können).

Sprichwörtl. Redensart.

Obrigkeit. — Der eingesetzten Obrigkeit gebührt | Gehorsam auch im Kleinen, im Gerechten, | Ja, selbst im Gegenteil. Griech.: *Ἀλλ' ὃν πόλις στήσειε, τοῦδε χρὴ κλύειν, | Καὶ σμικρὰ, καὶ δίκαια, καὶ τἀναντία.*

Sophokles (um 496—406 v. Chr.), Antigone. Übers. v. Jordan. V. 662—63 (Kreon).

— Was du sichst, so biß verschwigen | Vnd kuppel dyner öberkeit, | So gibt man dir groß würdigkeit.

Thomas Murner, Narrenbeschwerung (1512). Nr. 28. An d. bret kommen.

Obrigkeit. — Was reibst du dich an der Obrigkeit, | An der man sich den Kopf rennt breit? Joh. Friedr. Fischart, Kehrab (um 1577).

— Dergleich vrtheil in diser zeit | Auch nit die Weltlich Oberkeit, | Samb solts das thun vnd jenes lassen, | Dieweil sie ist von Gott dermassen | Zu regieren hie außerwelt.

Hans Sachs, Sehr herrliche Schöne v. wahrhaffte Gedicht. B. 1 (1589). Sanct Peter mit d. Geiß.

— Es kan wol stehn beysammen, | Hat unter sich kein Streit, | Daß man in Gottes Nahmen | Treu bleib der Oberkeit!

Joh. Doman, Lied v. d. Hanse (1618).

— Bei einer dummen Obrigkeit, | Da grüßt man nicht den Mann, man grüßet nur das Kleid. Franz.: D'un magistrat ignorant | C'est la robe qu'on salue.

Jean de Lafontaine, Fab. (1668). Übers. v. Dohm. B. 5, Nr. 14. D. Esel, welcher Reliquien trug V. 11—12.

— Das größte Bedürfnis eines Staats ist das einer mutigen Obrigkeit.

Joh. Wolfg. von Goethe, Wilh. Meisters Wanderjahre (1807—1821).

— . . . euch ist die Obrigkeit gegeben vom Herrn. Wsh. Sal., K. 6, V. 4.

— . . . wo eine verständige Obrigkeit ist, da gehet es ordentlich zu. Jes. Sir., K. 10, V. 1.

— Jedermann sei untertan der Obrigkeit, die Gewalt über ihn hat! Röm., K. 13, V. 1.

— . . . es ist keine Obrigkeit ohne von Gott. Röm., K. 13, V. 1.

— . . . sie (die Obrigkeit) trägt das Schwert nicht umsonst. Röm., K. 13, V. 4.

— Oberkheit halten hat wol fug, | Aber zu vil ist mehr dann gnug. Alter Spr.

— Obrigkeit, bedenk' es recht; | Gott ist Herr, und du bist Knecht. Alter Spr.

— Obrigkeit ohne Macht | Wird verlacht.

Sprichwort.

Obrigkeit. — Wie sich die Obrigkeit verhält, | So folget ihr die ganze Welt. Sprichwort.

Obrigkeiten. — Obrigkeiten heißen Götter, sollen Menschen Wohlfahrt geben; | Wollen aber meistens selber von den Menschen Wohlfahrt heben.

Friedr. von Logau, Deutsche Sinn=Getichte (1654). Erdengötter.

— Wie kommt es, da sie säugen sollen, | Daß Obrigkeiten saugen wollen!

Friedr. von Logau, Deutsche Sinn=Getichte (1654).

Obst. — Es ist übel Obst, das nicht zeitig werden will. Bauernregel.

— Reifes Obst soll man pflücken bei wachsendem Monde. Bauernregel

Obstgarten. — Ein gut gepflanzter Obstgarten ist die zweite Speisekammer in der Haushaltung. Bauernregel.

Ochse. — Kommt ein Ochs in fremdes Land, | Wird er doch als Rind erkannt. Mittelhochdeutsch: Kumt ein ohse in vremdiu lant, | Er wirt doch vür ein rint erkant.

Frîdankes Bescheidenheit (1225—1240). Übertr. v. Pannier. Nr. 43. v. tieren.

— Ein Ochs, der viel brüllt, zieht wenig. Bauernregel.

— Ein rechtschaffener Ochse geht mitten durch den Dreck. Bauernregel.

— Man muß nicht vom Ochsen verlangen, daß er in der Bibel soll lesen können. Bauernregel.

— Verkauf' den Ochsen, behalte die Kuh! Bauernregel.

Ochsen. — Da stehen die Ochsen am Berge! Sprichwort.

— Er spannt die Ochsen hinter den Pflug. Sprichwort.

— Ochsen muß man schön | Aus dem Wege gehn. Sprichwort.

— Ochsen gehören auf den Acker und nicht aufs Rathaus. Bauernregel.

Odenwald. — Es steht ein Baum im Odenwald, | Der hat viel grüne Äst'; | Da bin ich schon viel tausendmal | Bei meinem Schatz gewest.

D. Knaben Wunderhorn (1806—1808). A. d. Odenwald. Mel. v. Gustav Reichardt.

— Es regt sich was im Odenwald.

Jos. Viktor von Scheffel, Gaudeamus. Rodensteins Auszug (ged. 1847). Mel. v. Karl Hering (1885).

Ofen. — Man sucht keinen hinterm Ofen, man habe denn selbst dahinter gesteckt. Sprichwort.

— Durch d' Sünd' der Mensch gefallen ist, | Daß ihm an Leib und Seel' viel prist (gebricht); | Damit er aber nit verzag', | Sondern Gott zu preisen Ursach' hab', | Hat er ihm auch für Frost und Kält' | Des Ofens Mittel hingestellt.

Spr. an einem Ofen in Stadelhofen. Schweiz.

Offen. — Wer offnen Sinns ist, findet stets Genossen, | Und man verschließt sich dir, bist du verschlossen.

A. d. Persischen d. Sadi (um 1184—1286). Aphorismen. Übers. v. Bacher.

Offen. — Ein offenes Herz zeigt eine offene Stirn.

Friedr. von Schiller, D. Verschwörung d. Fiesco zu Genua (1783). A. 3, Sz. 5 (Verrina).

Offenbaren. — Offenbare dein Herz nicht jedermann! Jes. Sir., K. 8, V. 22.

Offenbarung. — Was die Erziehung bei dem einzeln Menschen ist, ist die Offenbarung bei dem ganzen Menschengeschlechte.

Gotthold Ephr. Lessing, D. Erziehung d. Menschengeschlechts (1780). § 1.

— Das Licht ungetrübter, göttlicher Offenbarung ist viel zu rein und glänzend, als daß es den armen, gar schwachen Menschen gemäß und erträglich wäre.

Joh. Peter Eckermann, Gespräche mit Goethe in d. letzten Jahren seines Lebens (11. März 1832).

— Es gibt keine andre Offenbarung als die Gedanken der Weisen.

Arthur Schopenhauer, Parerga u. Paralipomena (1851).

— Rätsel, die zu lösen endlich, | Werden sie „natürlich" schelten. | Nur was ewig unverständlich, | Wird als Offenbarung gelten.

Paul Heyse, Spruchbüchlein (1885). Gott u. Welt.

Offenheit. — Offenheit ist das Siegel des Edelsinns, der Schmuck und Stolz des Mannes, der süßeste Reiz des Weibes, der Spott der Schurken und die seltenste Tugend der Geselligkeit.

Christ. Ernst Karl Graf von Bentzel=Sternau, Weltansichten (1816).

— Die Menschen würden voreinander laufen, wenn sie sich immer in äußerster Offenheit einander gegenüber erblicken sollten.

Immanuel Kant, Werke (1838—1839).

— Der Ausdruck von Freude und Offenheit ist nur der frühesten Jugend eigen. Ital.: **L'aspetto della gioia e della confidenza non è proprio che della prima età.**

Giacomo Leopardi, Werke (1845). Gedanken. Übers. v. Pozzoni.

— Offenheit verdient immer Anerkennung!

Otto von Bismarck in d. zweiten Kammer d. preuß. Landtages (24. Nov. 1849).

Offenherzigkeit. — . . . den offnen Himmel der kindlichen Offenherzigkeit darf nichts verschließen, nicht einmal die Morgenröte der Scham.

Jean Paul (Joh. Paul Friedr. Richter), Levana oder Erzieh=Lehre (1807). Bd. 3, Bruchstück 6, K. 2, § 115.

Öffentlich. — Was einer nicht öffentlich tun darf, soll er auch nicht heimlich tun.

Friedr. d. Schöne v. Österreich (um 1286—1330).

— Wer öffentlich wirkt, gegen den ist die Welt im Kriegsstande; er muß auf alles gefaßt sein, wie in der Schlacht. Schaffen muß er und immer wieder schaffen! Jede neue Schöpfung ist ein neuer Sieg. Vorwärts! heißt seine Losung.

Heinr. Laube, Böse Zungen (1868).

Öffentlichkeit. — Wer in die Öffentlichkeit tritt, hat keine Nachsicht zu erwarten und keine zu fordern.

Marie von Ebner-Eschenbach, Aphorismen (1893).

Offizier. — Das Beste in mir und in meiner Lebensbetätigung ist immer der preußische Offizier gewesen.

Otto von Bismarck in Erwiderung auf d. Rede Kaiser Wilh. II. in Friedrichsruh (26. März 1895).

Offiziere. — Es sind nicht alle Offiziere Tellheims. Gotthold Ephr. Lessing, Minna v. Barnhelm (1763). A. 2, Sz. 1 (D. Fräulein).

— Ich habe sehr mißfällig vernehmen müssen, wie besonders junge Offiziere Vorzüge ihres Standes vor dem Zivilstande behaupten wollen.

Friedr. d. Große, Sämtl. Werke (1789).

— Nicht der Adel der Geburt allein kann heutzutage wie vordem das Vorrecht für sich in Anspruch nehmen, der Armee ihre Offiziere zu stellen. Aber der Adel der Gesinnung, der das Offizierkorps zu allen Zeiten beseelt hat, soll und muß demselben unverändert erhalten bleiben.

Kaiser Wilh. II. (29. März 1890).

Offiziersehre. — Wir Bürgerlichen erkennen nie und nimmer an, daß es eine besondere Offiziersehre neben der bürgerlichen geben könne. Unsere deutschen Männer, ob im bürgerlichen Gewande oder im Offiziersrock, haben nur eine einzige Ehre. Abg. Lieber im Reichstage (18. Febr. 1897).

Ohr. — Dein Ohr leih' jedem, wen'gen deine Stimme! Engl.: Give every man thine ear, but few thy voice.

William Shakespeare, Hamlet (1601—1602). Übers. v. Schlegel. A. 1, Sz. 3 (Polonius).

— Ein offnes Ohr kann jeder haben.

Sprichwort.

— Das Ohr leih' jedem, die Hand dem Freunde, die Lippen der Frau! Jüd. Sprichwort.

— Etwas zu einem Ohr herein und zum andern heraus lassen (auf eine Ermahnung nicht hören, sie gleich wieder vergessen). Sprichwörtl. Redensart.

— Jemanden übers Ohr hauen (jemanden betrügen). Sprichwörtl. Redensart.

Ohren. — Hütet eure Ohren, | Oder ihr seid Toren; | Laßt ihr böse Worte drin, | Das verunehrt euren Sinn. Mittelhochdeutsch: Hüetent iuwer ôren, | Oder ir sint tôren. | Lânt ir boesiu wort dar in, | Daz gunêret iu den sin.

Walter v. d. Vogelweide (um 1170—1230), Gedichte. Übertr. v. Pannier.

— Die oren lassen melcken (sich schmeicheln lassen). Thomas Murner, Narrenbeschwerung (1512). Nr. 91. D. oren lassen melcken.

— Mangereen (mancher) hett wull graute Aohren, men he häört doch slecht.

Sprichwort. Münsterisch.

— Er hat's faustdick hinter den Ohren (er ist sehr klug). Sprichwörtl. Redensart.

— Jemandem in den Ohren liegen (jemanden anhaltend um etwas bitten). Sprichwörtl. Redensart.

Ohren. — Noch nicht trocken hinter den Ohren sein (zu jung und unerfahren sein, um mitreden zu dürfen). Sprichwörtl. Redensart.

— Sich etwas hinter die Ohren schreiben (sich etwas genau einprägen). Sprichwörtl. Redensart.

Ohrenbläser. — Die Ohrenbläser tun ihnen (sich) selbst Schaden, und hat sie niemand gerne um sich. Jes. Sir., K. 21, V. 31.

Oktober. — Der Oktober macht die Pferde mager. Bauernregel.

— Hat der Oktober viel Regen gebracht, | So hat er die Gottesäcker bedacht. Bauernregel.

— Wenn's im Oktober donnert und wetterleucht't, | Der Winter dem April an Launen gleicht.

Bauernregel.

Oktobersaft. — Oktobersaft (Wein) | Macht Brüderschaft. Bauernregel.

Okuli. — Okuli, da kommen sie (die Schnepfen); | Lätare, ist das Wahre; | Judika, auch noch da; | Palmarum, rarum! Jägerspr.

Öl. — Tu' Öl in das Feuer! Lat.: Oleum adde camino!

Quint. Horatius Flacc., Sat. (um 30 v. Chr.). Übers. v. Voß. B. 2, Nr. 3, V. 321.

— Öl ins Feuer gießen (veranlassen, daß etwas, die Leidenschaft z. B., nur noch stärker emporflammt). Sprichwörtl. Redensart.

— Öl auf die Wogen gießen (Leidenschaften besänftigen). A. d. Seemannssprache.

Ölgötze. — Ein oelgötze, ein rechter goetze.

Joh. Agricola, Drey hundert Gemeyner Sprichwörtter (1529). Nr. 186.

Olim. — Zu Olims Zeiten (in längst vergangener Zeit; — olim = einst).

Sprichwörtl. Redensart.

Olymp. — Vom hoh'n Olymp herab ward uns die Freude, | Ward uns der Jugendtraum beschert.

Heinr. Christ. Schnorr, V. hoh'n Olymp herab ward uns d. Freude usw. (vor 1795). Mel. v. Verfasser.

Opfer. — Da rast der See und will sein Opfer haben.

Friedr. von Schiller, Wilh. Tell (1804). A. 1, Sz. 1 (Ruodi).

— Das Opfer liegt; — die Raben steigen nieder. Friedr. von Schiller, Wilh. Tell (1804). A. 4, Sz. 3 (Stüssi).

Opportunist. — ... denn was ist ein Opportunist? Es ist ein Mann, der die günstigste Gelegenheit benutzt, um das durchzuführen, was er für nützlich und zweckmäßig hält; und das ist ja eben die Aufgabe der ganzen Diplomatie.

Otto von Bismarck im Abg.-Hause d. preuß. Landtages (21. April 1887).

Opposition. — Eine Opposition, die keine Grenzen hat, wird platt.

Joh. Peter Eckermann, Gespräche mit Goethe in d. letzten Jahren seines Lebens (9. Juli 1827).

Opposition. — Ich liebe eine gesinnungsvolle Opposition.

Friedr. Wilh. IV. zu Herwegh (19. Nov. 1842).

— Der Opposition dient jeder Unzufriedene bereitwillig und freiwillig; der Verteidigung der belagerten Regierungsfestung dient nur derjenige, der amtlich dazu verpflichtet ist.

Otto von Bismarck im Reichstage (9. Mai 1884).

Optimismus. — Ein gemäßigter Optimismus, wie er ja ohnehin aus einer echten Philosophie des Lebens entspringt, gehört zur Diätetik der Seele.

Ernst Freiherr von Feuchtersleben, Zur Diätetik d. Seele (1838). Tagebuchblätter.

Orden, geistlicher. — Bann und geistlicher Orden, | Die sind zum Spott geworden. Mittelhochdeutsch: Der ban unt geistlich orden | Sint nû ze spotte worden.

Vrîdankes Bescheidenheit (1225—1240). Übertr. v. Pannier. Nr. 41. v. guote u. übele.

Orden, der. — Wer weiß, ob manches Herz nicht viel zufried'ner schlug, | Eh' es der Fürsten Gunst an einem Bande (einen Orden) trug!

Christ. Fürchtegott Gellert, Fab. u. Erz. (1746). B. 2. D. junge Drescher.

Orden, die. — Orden sind Wechselbriefe, gezogen auf die öffentliche Meinung.

Arthur Schopenhauer, Parerga u. Paralipomena (1851). Aphorismen zur Lebensweisheit.

Ordensband. — Das Ordensband hört auf, den einzelnen zu ehren, wenn nicht die Mehrzahl der Ordensglieder das Band ehrt durch Würdigkeit; und es ist schade, wenn man damit nicht so sparsam umgeht als Friedrich mit seinem schwarzen Adler.

Karl Jul. Weber, Demokritos (1832—1840). D. Eitelkeit.

— Knaben pflegen den Käfer an kurzem Bande zu halten; | Aber an kürzerem (am Ordensbande) noch halten die Fürsten den Mann.

Friedr. Hebbel, Gedichte. Nachlese (1848). Epigramme. Männer u. Ordensbänder.

Ordnung. — Gar gut bei allem ist Ordnung. Griech.: *Ἄμεινω δ' αἴσιμα πάντα.*

Homer, Odyssee. Übers. v. Voß. Ges. 7, V. 310.

— Der Ordnung leisten ja | Gehorsam selbst die wildesten Gewalten. Griech.: *Καὶ γὰρ τὰ δεινὰ καὶ τὰ καρτερώτατα | Τιμαῖς ὑπείκει.*

Sophokles (um 496—406 v. Chr.), Ajas. Übers. v. Jordan. V. 660—61 (Ajas).

— Ordnung und Klarheit vermehrt die Lust zu sparen und zu erwerben.

Joh. Wolfg. von Goethe, Wilh. Meisters Lehrjahre (1777—1796).

— Heil'ge Ordnung, segenreiche | Himmelstochter, die das Gleiche | Frei und leicht und freudig bindet, | Die der Städte Bau gegründet, | Die herein von den Gefild'en | Rief den ungesell'gen Wilden. Friedr. von Schiller, Gedichte. D. Lied v. d. Glocke (ged. Sept. 1799).

Ordnung. — Der Weg der Ordnung, ging er auch durch Krümmen, | Es ist kein Umweg.

Friedr. von Schiller, D. Piccolomini (1799). A. 1, Sz. 4 (Octavio).

— Ordnung führet zu allen Tugenden! aber was führet zur Ordnung?

Georg Christoph Lichtenberg, Verm. Schriften (1800—1806). Bd. 2, Nr. 2. Bemerk. verm. Inhalts. Nr. 2. Moralische Bemerk.

— . . . Ordnung lehrt euch Zeit gewinnen.

Joh. Wolfg. von Goethe, Faust, I (1808). Studierzimmer (Mephistopheles).

— Ich bin von je der Ordnung Freund gewesen. Joh. Wolfg. von Goethe, Faust, I (1808). D. Nachbarin Haus (Marthe).

— Regel und Ordnung waltet im All; und wenn sie im Busen | Dir nicht waltet, so wirkt nichts die verborgene Kraft.

Friedr. Bouterwek, Neue Vesta (1803—1811). Sinnspr. nach alten Autoren. Nr. 9.

— Wären wir von Kindheit an gewohnt, unsere Umgebung zu einer freundlichen Ordnung zu gestalten, so würde auch unser Inneres diese Ordnung durch eine harmonische Stimmung der Seele abspiegeln.

Ernst Freiherr von Feuchtersleben, Zur Diätetik d. Seele (1838). K. 5. Verstand, Bildung.

— Halte Ordnung, liebe sie; | Ordnung spart dir manche Müh'. Sprichwort.

— Ordnung hilft haushalten. Sprichwort.

— Ordnung ist das halbe Leben. Sprichwort.

— Ordnung ist die Schule der Weisheit und Tugend. Sprichwort.

— Wer Ordnung liebt und übet sie, | Erspart sich viel Verdruß und Müh'. Sprichwort.

— Ordnung rejiert de Welt — un der Knüppel de Leute. Berliner Redensart.

Ordnungen. — Mein Sohn, laß uns die alten, engen Ordnungen | Gering nicht achten! Köstlich unschätzbare | Gewichte sind's, die der bedrängte Mensch | An seiner Dränger raschen Willen band; | Denn immer war die Willkür fürchterlich.

Friedr. von Schiller, D. Piccolomini (1799). A. 1, Sz. 4 (Octavio).

Ordnungsliebe. — Ordnungsliebe muß dem Menschen früh eingeprägt werden, sonst ist als nichts.

Georg Christoph Lichtenberg, Verm. Schriften (1800—1806). Bd. 2, Nr. 1. Nachtrag zu d. Nachrichten u. Bemerk. d. Verfassers v. u. über sich selbst.

— Ordnungsliebe führt zu strenger Gerechtigkeitsliebe.

Joh. Kaspar Lavater, Werke (1834). Wort d. Herzens. Denkzeilen an einen Freund nach meinem Tode.

Organist. — Wo du nicht bist, Herr Organist, | Da schweigen alle Flöten.

Parodie auf ein Lied Erdmann Neumeisters (1671—1756).

Original. — Das nenn' ich doch originale Gemüter.

Joh. Wolfg. von Goethe, Werke (1815—1819). Gedichte. Parabolisch. Neologen. Schlußv.

— Was ist denn an dem ganzen Wicht | Original zu nennen?

Joh. Wolfg. von Goethe, Gedichte. Zahme Xenien (1827).

Original, das. — Original, fahr' hin in deiner Pracht!

Joh. Wolfg. von Goethe, Faust, II (1831). A. 2. Hochgewölbtes enges gotisches Zimmer (Mephistopheles).

Originalität. — An jedem Werk denselben Fehler machen | Heißt heutzutag' Originalität.

Emanuel Geibel, Juniuslieder (1848). Spr. Nr. 21.

Orthodox. — . . . nichts ist orthodox als die Wahrheit und nichts heterodox als der Irrtum.

Karl Jul. Weber, Demokritos (1832—1840). Weitere Religionsbetrachtungen eines einfältigen Laien.

Orthodoxen, die. — Trotz allem neologischen Geschmier, | Mein Herr Konfrater, bleiben wir | Die alten Orthodoxen. — — | Hier ward im Tal das Echo wach, | Rief laut die letzten Silben nach. Karl Jul. Weber, Demokritos (1832—1840). Weitere Religionsbetrachtungen eines einfältigen Laien.

Ostern. — Das ist die reiche osterbeut, | Der wir theilhafftig werden, | Fried, frewde, heil, gerechtigkeit | Im himmel und auff erden.

Justus Gesenius, V. d. Auferstehung (1657).

— Das Herz auch hat sein Ostern, wo der Stein | Vom Grabe springt, dem wir den Staub nur weihten; | Und was du ewig liebst, ist ewig dein. Emanuel Geibel, Gedichte. Jugendgedichte. B. 3. Athen (geb. 1838—1840). Neue Sonette. Auferstehung. Schlußv.

— Die Glocken läuten das Ostern ein | In allen Enden und Landen.

Adolf Böttger, Gesammelte Werke (1865—1866). Gedichte. D. Glocken läuten d. Ostern ein! Mel. v. Ernst Streben.

— Ostern im März verheißt ein gutes Brotjahr. Bauernregel.

Ostern. — Woher zu Ostern der Wind kommt gekrochen, | Daher kommt er sieben Wochen.

Bauernregel.

Österreich. — Krieg mögen andre führen! Du glückliches Österreich heirate! Denn was den andern Mars, dir mehrt die Herrschaft Venus. Lat.: **Bella gerant alii! Tu, felix Austria, nube! | Nam quae Mars aliis, dat tibi regna Venus.**

Alter österreichischer Spr. (vor 1363). Nach Publ. Ovidius Naso, Heroiden. B. 13, V. 84.

— Alles Erdreich ist Österreich untertan. Lat.: **Austriae est imperare orbi universo.**

Wahlspr. Kaiser Friedr. III. (reg. 1440—1493).

— Öst'reichs Volk ist's, ehrlich, offen, wohlerzogen auch und fein; | Sieh' es steht ganz artig: Dürft' ich wohl so frei sein, frei zu sein?

Anastasius Grün (Anton Alexander Graf von Auersperg), Spaziergänge eines Wiener Poeten (1831). Salonsz.

— Österreich ist kein Staat, es ist bloß eine Regierung. A. d. Russischen d. Gortschakoff.

Ostertag. — Der Odem Gottes sprengt die Grüfte; — | Wacht auf! der Ostertag ist da!

Emanuel Geibel, Juniuslieder (1848). Zeitgedichte. Ostermorgen. Schlußv.

— Regnet's am Ostertag, | So regnet's alle Sonntag. Bauernregel.

Otterngezüchte. — Ihr Otterngezüchte!

Matth., K. 3, V. 7.

Ozean. — Du (Ozean) bleibst dir gleich! Erhaben, mächtig, groß, | Abbild der Ewigkeit, der Schöpfung Krone; — | So wallest du — unendlich, bodenlos, | Unwandelbar von Zon' zu Zone. Engl.: **Boundless, endless, and sublime — | The image of Eternity — the throne | Of the invisible; each zone | Obeys thee; thou goest forth, dread, fathomless, alone.**

George Gordon Lord Byron, Harolds Pilgerfahrt (1812—1818). Übers. v. Heichen. Ges. 4, Str. 183, V. 5.

— Ich weiß eine friedliche Stelle | Im schweigenden Ozean.

Jos. Viktor von Scheffel, Gaudeamus. Guanolied (geb. 1854). Mel. Ich weiß nicht, was soll es bedeuten usw.

P

Pack. — Pack schlägt sich, | Pack verträgt sich.

Sprichwort.

Päckchen. — Jeder hett sin Päcksken to driägen (zu tragen).

Sprichwörtl. Redensart. Münsterisch.

Pädagogik. — Die echte Pädagogik ist eine Naturgabe, die wie ein geheimer Äther dem Charakter des Lehrers entströmen muß. Für die Erziehung muß man geboren sein.

Karl Gutzkow, Seraphine (1837).

Palmen. — Es wandelt niemand ungestraft unter Palmen.

Joh. Wolfg. von Goethe, D. Wahlverwandtschaften (1808—1809). T. 2, K. 7. A. Ottiliens Tageb.

Pan. — Es ist so stille hier, als sei der große Pan | Gestorben.

Christoph Martin Wieland, Oberon (1780). Ges. 2, Str. 18.

— Der große Pan ist tot.

Heinr. Heine, Ludw. Börne (1840). B. 2. Helgoland, d. 18. Julius.

Pantoffel. — Dreier Leben ist kein Leben: Wer das Gnadenbrot seines Nächsten essen muß, wer mit körperlichen Leiden behaftet ist und wer unter dem Pantoffel steht. Talmud (3. Jahrh.).

— Unter dem Pantoffel stehen (unter der Herrschaft seiner Frau stehen).
Sprichwörtl. Redensart.

Papier. — Das Papier ist geduldig.
Sprichwort.

Papiergeld. — Ein solch Papier, an Gold und Perlen Statt, | Ist so bequem; man weiß doch, was man hat.
Joh. Wolfg. von Goethe, Faust, II (1831). A. 1. Lustgarten (Mephistopheles).

— . . . das Papiergespenst der Gulden.
Joh. Wolfg. von Goethe, Faust, II (1831). A. 1. Finstere Galerie (Mephistopheles).

Pappe. — Das ist nicht von Pappe (das ist gut). Sprichwörtl. Redensart.

Pappenheimer. — Daran erkenn' ich meine Pappenheimer.
Friedr. von Schiller, Wallensteins Tod (1799). A. 3, Sz. 15 (Wallenstein).

Papst. — Wer etwas vom Papst Vorgesetztes ißt, stirbt daran. Franz.: Qui mange du pape, en meurt.
Sprichwort. — Papst Alexander VI. Borgia (1475—1503) setzte unbequemen Personen bei seinen Gastmählern vergiftete Speisen vor. Übers. v. Zimmermann.

— Ist denn unser Evangelium recht, wie daran gar kein Zweifel ist, so kann des Papstes Jahrmarkt nicht recht sein.
Dr. Martin Luther, Tischreden oder Colloquia (1566). Nr. 66. Tischreden v. Juristen. § 38. Uneinigkeit d. Juristen u. Theologen.

— Der Papst lebt herrlich in der Welt.
Christ. Ludw. Noack, Lektüre beim Kaffee (1789). Papst u. Sultan. Mel. D. Mann, d. halt' ich ehrenwert usw. v. Joh. Daniel Symanski (komp. 1817).

— . . . katholischer als der Papst.
Otto von Bismarck im Abg.-Hause d. preuß. Landtages (21. April 1887).

— Gott ist überall, außer wo er seinen Statthalter (den Papst) hat. Alter Spr.

— Wenn der Papst Geld braucht, bevölkert er den Himmel. Alter Spr.

— Wer noch dem Papst sein Gut zuschleist | Und glaubt, daß man den Himmel käuft, | Der ist ein armer Narr und Aff: | Der Himmel hat nicht Mönch noch Pfaff. Alter Spr.

— Wer den Papst zum Vetter hat, ist bald Kardinal. Sprichwort.

— Dem Papst ein schönes Liedlein singen, | Das heißt: Geschenk' und Gaben bringen.
Sprichwörtl.

Päpstlich. — Der päpstliche Stuhl hat Interessen, woran wir nicht denken, und Mittel, sie im stillen durchzuführen, wovon wir keinen Begriff haben.
Joh. Peter Eckermann, Gespräche mit Goethe in d. letzten Jahren seines Lebens (3. April 1829).

Papsttum. — . . . die stärkste, folgenreichste und schrecklichste Bibelparodie bleibt immer das Papsttum.
Karl Jul. Weber, Demokritos (1832—1840). D. Parodie d. Bibel.

— Möge niemand an der Kirche irre werden, wenn die weltliche Fürstengewalt des Papsttums, sei es zeitweilig, sei es für immer, verschwindet. Sie ist nicht Wesen, sondern Beigabe, nicht Zweck, sondern Mittel.
Joh. Jos. Ignaz von Döllinger, Kirche u. Kirchen, Papsttum u. Kirchenstaat (1861).

— Das Papsttum ist eine politische Macht jederzeit gewesen, die mit der größten Entschiedenheit und dem größten Erfolge in die Verhältnisse der Welt eingegriffen hat, die diese Eingriffe erstrebt und zu ihrem Programm gemacht hat.
Otto von Bismarck im Herrenhause d. preuß. Landtages (10. März 1873).

— Das Papsttum ist, wie jede Kirche gelegentlich, eine sehr starke politische Macht.
Otto von Bismarck im Reichstage (30. Nov. 1881).

Parade. — Jemandem in die Parade fahren (jemanden glücklich zurückweisen).
Sprichwörtl. Redensart.

Paradies. — Du suchst das Paradeiß und wünschest hin zu kommen, | Wo du von allem Leyd und Unfried bist entnommen. | Befriedige dein Hertz, und mach es rein und weiß; | So bistu selbst noch hier dasselbe Paradeiß!
Angelus Silesius (Joh. Scheffler), Cherubinischer Wanders-Mann (1675). B. 4, Nr. 33. D. Paradeiß auf Erden.

— Ein Augenblick, gelebt im Paradiese, | Wird nicht zu teuer mit dem Tod gebüßt!
Friedr. von Schiller, Don Carlos (1787). A. 1, Sz. 5 (Carlos).

— Das Paradies der Erde | Liegt auf dem Rücken der Pferde, | In der Gesundheit des Leibes | Und am Herzen des Weibes.
Friedr. von Bodenstedt, D. Lieder d. Mirza-Schaffy (1851). Verm. Gedichte u. Spr. Nr. 34. Arabisches Sprichwort.

— Gibt's kein Paradies, | Gibt's doch Paradiese!
Friedr. von Bodenstedt, A. d. Nachlasse Mirza-Schaffys (1874) B. 1. Lieder d. Liebe. Verschiedene. Jung einst sang ich dies usw.

— Thät Adam den Apfel aus dem Maule la'n, | So könnten wir noch heute im Paradiese ga'n.
Spr. an einem Schranke. Lüneburg.

Paris. — Paris ist das Café von Europa. Franz.: Paris est le café de l'Europe.
Abbé Galiani (1728—1787). Übers. v. Zimmermann.

Paris. — . . . Paris ist eigentlich Frankreich; Dieses ist nur die umliegende Gegend von Paris.

Heinr. Heine, Franz. Zustände. D. Bürgerkönigtum im Jahr 1832. K. 3. D. politischen Parteien in Frankreich (10. Febr. 1832).

— Es lebt sich so herrlich, es lebt sich so süß | Am Seinestrand, in der Stadt Paris.

Heinr. Heine, Romancero (1851). B. 1. Historien. D. weiße Elefant.

— Auch in Paris macht man aus Hafer nicht Reis. Polnisches Sprichwort.

Parlamentarisch. — Die parlamentarische Regierung ist eine Regierung des Wortes. Engl.: Parliamentary government is government by speaking.

Thomas Babington, Lord Macaulay (1800—1859), Biographien. Übers. v. Bülau. William Pitt.

Parnaß. — Der Blocksberg, wie der deutsche Parnaß, | Hat gar einen breiten Gipfel.

Joh. Wolfg. von Goethe, Faust, I (1808). Walpurgisnachtstraum (Ci-devant Genius d. Zeit).

Partei. — Niemals gab es eine Partei oder Sekte, worin die Unwissendsten nicht zugleich die Heftigsten waren. Engl.: There never was any party, faction, sect, or cabal, whatsoever, in which the most ignorant were not the most violent.

Alexander Pope (1688—1744), Gedanken über verschiedene Gegenstände. Übers. v. Ölckers u. Böttger.

— . . . daß es gleich vergebliche Arbeit ist, Mohren zu waschen, und Leute, die Einmal Partei genommen, auf andere Gedanken zu bringen.

Joh. Jak. Engel, D. Philosoph für d. Welt (1775—1777). T. 1, Stück 22. D. Kurmethoden. Schlußsatz.

— Jene machen Partei; welch unerlaubtes Beginnen! | Aber unsre Partei, freilich, versteht sich von selbst.

Joh. Wolfg. von Goethe, Gedichte. Vier Jahreszeiten (geb. 1796). Herbst. Nr. 64.

— . . . jede Partei glaubt, daß sie die Alleinherrschaft erwerben kann im Deutschen Reiche, und lehnt es ab, mit der nächststehenden Partei Kompromisse zu schließen.

Otto von Bismarck zu süddeutschen Verehrern in Kissingen (24. Juli 1892).

— Wer sich einer Sippe (Partei) zugesellt, legt meist seinen Geistesaugen Scheuklappen an.

Otto von Leixner, A. meinem Zettelkasten (1896). Öffentliches Leben. Zeitgeist.

Parteien. — Wo Parteien entstehn, hält jeder sich hüben und drüben; | Viele Jahre vergehn, eh' sie die Mitte vereint.

Joh. Wolfg. von Goethe, Gedichte. Vier Jahreszeiten (geb. 1796). Herbst. Nr. 63.

Parteien. — Die Parteien setzen stets die Menschen an Stelle der Umstände, um sich für das Unglück, welches sie betrifft, an irgend jemand halten zu können. Franz.: Les partis mettent toujours les hommes à la place des circonstances, afin de pouvoir s'en prendre à quelqu'un des maux qui leur arrivent.

Louis Adolphe Thiers, Gesch. d. franz. Revolution (1823—1827). Übers. v. Jordan.

— Auch auf Parteien, wie sie heißen, | Ist heutzutage kein Verlaß.

Joh. Wolfg. von Goethe, Faust, II (1831). A. 1. Kaiserliche Pfalz. Saal d. Thrones (Schatzmeister).

— Es ist die Natur der Parteien, ihre ursprünglichen Feindschaften weit fester zu bewahren als ihre ursprünglichen Grundsätze. Engl.: It is the nature of parties to retain their original enmities far more firmly than their original principles.

Thomas Babington, Lord Macaulay, Kritische u. historische Essays (1846). Übers. v. Steger. D. Earl v. Chatham.

— Parteien überlegen nicht; sie fühlen nur.

Leop. von Ranke, Franz. Gesch. (1852—1861).

— Die politischen Parteien sind der Verderb unserer Verfassung und der Verderb unserer Zukunft.

Otto von Bismarck im Reichstage (9. Mai 1884).

— . . . wenn das Ganze gedeihen soll, so, sein Sie sich dessen klar, müssen hie und da im Einzelinteresse Opfer gebracht werden. Unsre jetzigen Parteien sind gegründet auf Interessen und verfolgen dieselben oft zu sehr, eine jede für sich.

Kaiser Wilh. II. auf d. Brandenburgischen Provinzial-Landtage (20. Febr. 1891).

Parteiführer. — . . . die Volksleidenschaften, der Ehrgeiz der Parteiführer, die durch Wort und Schrift mißleitete öffentliche Meinung, das alles sind Elemente, welche stärker werden können als der Wille der Regierenden.

Hellmuth von Moltke (1887).

— Außerdem ist das Unglück, daß die Parteiführer zum großen Teil ihre persönlichen Ziele zum Zweck haben, die Fraktionen fast absoluter beherrschen als ein absoluter Monarch seine Untertanen. Otto von Bismarck zu einer Abordnung d. akademischen Senates in Jena (30. Juli 1892).

Parteigeist. — Fast bei allen Urteilen waltet nur der gute oder böse Wille gegen die Person, und die Fratze des Parteigeistes ist mir mehr zuwider als irgend eine andere Karikatur.

Joh. Wolfg. von Goethe, Briefwechsel zwischen Schiller u. Goethe (17. Mai 1797).

— Kein Parteigeist je entweihe, | Keine Zwietracht je entzweihe | Söhne eines Vaterlands!

Christ. Friedr. Strackerjan, Setzt euch, Brüder, in d. Runde usw. (vor 1801). Mel. v. Wilh. Schneider (1801).

Parteigeschrei. — Schwer ist es, aus dem Geschrei erhitzter Parteien die Stimme der Wahrheit zu unterscheiden.

Friedr. von Schiller, Gesch. d. dreißigjährigen Kriegs (1793).

Parteigunst. — Von der Parteien Gunst und Haß verwirrt | Schwankt sein Charakterbild in der Geschichte.

Friedr. von Schiller, Wallensteins Lager. Prolog (ged. 1793).

Parteihader. — Erhitzt bekämpfen sich die Reihen | Zur rechten und zur linken Hand, | Und überm Hader der Parteien | Denkt keiner mehr ans Vaterland.

Emanuel Geibel, Heroldsrufe. In d. Tagen d. Konflikts (ged. 1865). Schlußv.

— ... der alte deutsche Erbfeind, der Parteihader, der in dynastischen und in konfessionellen, in Stammesverschiedenheiten und in den Fraktionskämpfen seine Nahrung findet.

Otto von Bismarck im Reichstage (13. März 1885).

Parteikampf. — Der Parteien Kampf, der dreiste, | Will dich überall verwirren, | Aber du, laß dich nicht irren; | Folge deinem guten Geiste!

Aug. Graf von Platen=Hallermund, Gesammelte Werke. Gedichte. Lieder u. Romanzen. Denen, d. da werden leben usw. (ged. 1821). Schlußv.

Parteileidenschaft. — Wir haben ... traurige Erfahrungen gemacht darüber, daß die Parteileidenschaft ... doch schließlich höher stehe als das Interesse für irgend eine nationale Einrichtung.

Otto von Bismarck im Herrenhause d. preuß. Landtages (4. Febr. 1867).

Parteilichkeit. — Ohne Haß und ohne Eifer. Ohne Parteilichkeit. Lat.: Sine ira et studio.

Corn. Tacitus (um 55—120), Annalen. Übers. v. Becher. B. 1, K. 1.

Parteisache. — Was hier Verrat heißt, nennt man drüben Treue; | Was diesseits löblich ist, ist jenseits schändlich, | Und Ehr' und Schande sind am Ende doch | Wie Recht und Unrecht nur Parteiensache. Ernst Raupach, D. Hohenstaufen (1837).

König Konradin. A. 3, Sz. 5.

Parteiwut. — Parteiwut ist die Tollheit vieler zum Nutzen weniger. Engl.: Party is the madness of many, for the gain of a few.

Alexander Pope (1688—1744), Gedanken über verschiedene Gegenstände. Übers. v. Ölckers u. Böttger.

Pasquill. — Es war wohl niemals ein Mann von irgend einigem Wert, auf den kein Pasquill gemacht worden wäre, und nicht leicht eine schlechte Seele, die keins auf irgend einen Mann von Verdienst gemacht hätte.

Georg Christoph Lichtenberg, Verm. Schriften (1800—1806). Bd. 2, Nr. 2. Bemerk. verm. Inhalts. Nr. 4. Beobachtungen über d. Menschen.

Passau. — Die Passauer Kunst verstehen. (Der Bischof von Passau hatte im Jahre 1609 seinen Kriegsknechten Zettel mit Zaubersprüchen gegeben, die hieb= und stichfest machen sollten.)

Nach Hans Jak. Christ. von Grimmelshausen, D. Abenteuerliche Simplicissimus (1669).

Passen. — Dat päss es (wie) 'n Hansk (Handschuh) an 'n Fot (Fuß).

Sprichwörtl. Redensart. Münsterisch.

— Das reimt sich (paßt zu einander) wie Hellebarde und Barmherzigkeit. Franz.: Cela rime comme hallebarde et miséricorde. Sprichwort.

— Das paßt wie Rosen in einen Schweinestall. Niederl.: Dat past als rozen in een varkenskot. Sprichwort.

— Er paßt dazu wie der Ochse zur Kutsche.

Polnisches Sprichwort.

Passieren. — Det kann 'n Mann passieren, der Frau un Kinder hat. Berliner Redensart.

Pastor. — Wenn't de Paster man nich süht, mit unsen Herrgott will'k wol fârig warden, säd' de Bur, dôr makt he sîn Heu an 'n Sünndag.

Sprichwörtl. Redensart. Mecklenburg.

Pathos. — Mein Pathos brächte dich gewiß zum Lachen, | Hätt'st du dir nicht das Lachen abgewöhnt. Joh. Wolfg. von Goethe, Faust, I (1808).

Prolog im Himmel (Mephistopheles).

Patriarch. — ... sagt | Der Patriarch.

Gotthold Ephr. Lessing, Nathan d. Weise (1779). A. 1, Sz. 5 (Klosterbruder).

Patriotisch. — ... aber ruhig zu sitzen, fruges consumere, Zeitungen zu lesen, und wenn eine Regierungsmaßregel kommt, mit bitterer und leidenschaftlicher Kritik der Regierung, deren Gesamtlage man nicht zu beurteilen imstande ist, einen Stein zwischen die Räder zu werfen, — das ist kein patriotisches Gewerbe!

Otto von Bismarck im Herrenhause d. preuß. Landtages (7. März 1872).

Patriotismus. — Nicht so sehr jenen Patriotismus liebe ich, der unsre Söhne auf das ... Schlachtfeld jagt und sie dort sterben heißt, sondern jenen, der für das Vaterland leben lehrt.

Peter Rosegger, D. Schriften d. Waldschulmeisters (1875).

Patsche. — In der Patsche sitzen (in einer schlimmen Lage sich befinden).

Sprichwörtl. Redensart.

Paulus. — Sankt Paulus war ein Medicus.

Studentenlied (um 1640). Mel. v. Karl Friedr. Zelter (1815).

Pech. — Wer Pech angreift, der besudelt sich damit. Jes. Sir., K. 13, V. 1.

— Wer mit Pech oder Kolen handtiert, | Liechtlich der die händt beschmiert. Alter Spr.

Pechvogel. — Ein Pechvogel sein (fortwährend Unglück haben). Sprichwörtl. Redensart.

Pedant. — Der Weltmann steigt empor, und der Pedant bleibt sitzen; | Die Sitten können mehr als die Gelahrtheit nützen.

Magnus Gottfr. Lichtwer, Vier B. Äsopischer Fab. (1748). B. 1, Nr. 19. D. Diamant u. Bergkristall. Schlußv.

— Der Pedant kommt mit seinen allgemeinen Maximen im Leben fast immer zu kurz, zeigt sich unklug, abgeschmackt, unbrauchbar.

Arthur Schopenhauer, D. Welt als Wille u. Vorstellung (1819).

— Mensch, hältst du mich für einen albernen | Pedanten, eingewurzelt in Systeme?

Christ. Dietr. Grabbe, Don Juan u. Faust (1829). A. 1, Sz. 1 (Don Juan).

— In der letzten Bedeutung ist er (der Pedant) ein Formalienklauber. . . . Er ist die verunglückte Nachahmung oder Karikatur vom methodischen Kopfe.

Immanuel Kant, Werke (1838—1839). Bd. 3.

Pedanterie. — . . . daher kann sich nur der wahre Gelehrte von der Pedanterie losmachen, die immer die Eigenschaft eines eingeschränkten Kopfes ist.

Immanuel Kant, Werke (1838—1839). Bd. 3.

— Pedanterie ist ein Insektenauge, welches nur das kleinste und nächste unendlich vergrößert sieht, und nie viel, geschweige ein Ganzes, übersehen kann.

Wilh. Waiblinger, Gesammelte Werke (1839—1840). A. Waiblingers Tageb.

— Pedanterie setzt ganz notwendig Leere voraus. Rahel (Antonie Friederike Varnhagen von Ense), Br. (1877).

Pedantisch. — Aber mich bedünkt: pedantisch | Sei das Schlimmste doch von allen.

Jos. Freiherr von Eichendorff, Gedichte (1837). Sängerleben. Entgegnung.

Pegasus. — Ich möchte wieder wie ein junger Schwärmer | Auf meinem Pegasus ein bißchen reiten. Aug. Graf von Platen=Hallermund, D. Abassiden (ged. 1829). Prolog.

— Den Pegasus besteigen (dichten).

Sprichwörtl. Redensart.

Pegel. — Hei heat den Pegel vull (er ist betrunken). A. d. Seemannssprache. Holstein.

Pergament. — Allein ein Pergament, beschrieben und beprägt, | Ist ein Gespenst, vor dem sich alle scheuen.

Joh. Wolfg. von Goethe, Faust, I (1808). Studierzimmer (Faust).

— Hauptsächlich aber bringt nur Pergament, | So recht ein räuchrig gelbes Pergament! | Denn ohne Pergamente, müßt Ihr wissen, | Gibt's überhaupt kein Recht, das gültig wäre.

Rob. Prutz, Karl v. Bourbon (1845). A. 3, Sz. 2 (Kanzler).

Perkeo. — Das war der Zwerg Perkeo im Heidelberger Schloß; | An Wuchse klein und winzig, an Durste riesengroß.

Jos. Viktor von Scheffel, Gaudeamus. Perkeo (ged. 1840). Mel. v. Stephan Gruwe (1861).

Perlen. — Wer Perlen schüttet vor die Schweine, | Die bleiben schwerlich alle reine. Mittelhochdeutsch: Swer berlîn schütet vür diu swîn, | Diu mugen niht lange reine sîn.

Vrîdankes Bescheidenheit (1225—1240). Übertr. v. Pannier. Nr. 38. v. erkantnisse.

— Perlen aber, meine Mutter, Perlen bedeuten Tränen.

Gotthold Ephr. Lessing, Emilia Galotti (1772). A. 2, Sz. 7 (Emilia).

— . . . die Perlen bleiben im Schlamme des Meeres, aber der Schaum brüstet sich auf seiner Oberfläche.

Karl Jul. Weber, Demokritos (1832—1840). D. Einfachheit u. Lebensweisheit.

— Die Perlen vor die Säue werfen (jemandem etwas Wertvolles geben, der es nicht zu würdigen versteht).

Nach Matth., K. 7, V. 6. — Sprichwörtl. Redensart.

Persönlichkeit. — Volk und Knecht und Überwinder, | Sie gestehn zu jeder Zeit, | Höchstes Glück der Erdenkinder | Sei nur die Persönlichkeit.

Joh. Wolfg. von Goethe, Westöstlicher Diwan. B. Suleika. Suleika (ged. 26. Sept. 1815).

— Nicht die Talente, nicht das Geschick zu diesem oder jenem machen eigentlich den Mann der Tat; die Persönlichkeit ist's, von der alles abhängt.

Joh. Wolfg. von Goethe, Wilh. Meisters Wanderjahre (1807—1821).

— Der Mensch wirkt alles, was er vermag, auf den Menschen durch seine Persönlichkeit, die Jugend am stärksten auf die Jugend; und hier entspringen auch die reinsten Wirkungen.

Joh. Wolfg. von Goethe, A. meinem Leben. Dichtung u. Wahrheit (1809—1831). B. 10.

Perspektive. — Des Malers beste Kunst ist Perspektive. Engl.: And perspective it is best painter's art.

William Shakespeare, Sonette (1609). Übers. v. Bodenstedt. Abteilung 2, Nr. 55.

Perücken. — Setz' dir Perücken auf von Millionen Locken, | Setz' deinen Fuß auf ellenhohe Socken, | Du bleibst doch immer, was du bist.

Joh. Wolfg. von Goethe, Faust, I (1808). Studierzimmer (Mephistopheles).

Pessimisten. — Die glücklichen Pessimisten! Welche Freude empfinden sie, so oft sie bewiesen haben, daß es keine Freude gibt.

Marie von Ebner=Eschenbach, Aphorismen (1893).

Peter und Paul. — Petri Paul (29. Juni) klar, | Ein gutes Jahr. Bauernregel.

Petz. — Petz ist wieder da!

Christ. Fürchtegott Gellert, Fab. u. Erz. (1746). B. 1. D. Tanzbär.

Pfadfinder. — Der Pfadfinder. Engl.: The Path-finder.

James Fenimore Cooper, Titel eines Romans (1840). Übers. v. Zastrow.

Pfaffe. — Solt mancher arbeit thůn im orden, | Er wer kein pfaff noch münch nit worden.

Thomas Murner, Narrenbeschwerung (1512). Nr. 25. Schelmen bein im rucken.

— Pfaff' oder böser Geist | Ist Maus wie Mutter, wie man's heißt.

Gotthold Ephr. Lessing, Schriften (1753—1755). Sinngedichte. B. 1, Nr. 100. Kunz u. Hinz.

— Ein katholischer Pfaffe wandelt einher, als wenn ihm der Himmel gehöre; ein protestantischer Pfaffe hingegen geht herum, als wenn er den Himmel gepachtet habe.

Heinr. Heine, Reisebilder. T. 2. Italien (1828—1829). Nr. 3. D. Stadt Lucca. K. 4. Schlußsatz.

— Ein Affe und ein Pfaffe, der Reim paßt gut und fein.

Anastasius Grün (Anton Alexander Graf von Auersperg), D. letzte Ritter (1830). Max u. Flandern. Nr. 2. Max v. Dendermonde.

— Lieber Türk' als Pfaff!

Ferd. Freiligrath, Gedichte (1838). Balladen u. Romanzen. D. Wassergeuse.

— Thu wie der Pfaff, das rathe ich, | Und segne zum aller ersten dich! Alter Spr.

— Was vergeht zwischen Wieg' und Tod, | Der Pfaff hat seine Hand im Sod. Sprichwort.

— Es ist ungwüß wie's Pfaffe Säligkeit.

Sprichwort. Schweiz.

Pfaffen. — Der Pfaffen Disputieren, das verachte ich. Mittelhochdeutsch: Der pfaffen disputieren ist mir gar ein wiht.

Walter v. d. Vogelweide (um 1170—1230), Gedichte. Übertr. v. Pannier.

— Sie (die Pfaffen) sünd'gen ohne Scheu, drum heget Gott zu ihnen Haß. | Uns weisen sie zu Gott und fahren selbst zur Hölle. Mittelhochdeutsch: Si sündent âne vorhte; dar umb ist in got gehaz. | Si wîsent uns zem himel und varent si zer helle.

Walter v. d. Vogelweide (um 1170—1230), Gedichte. Übertr. v. Pannier.

— Die Pfaffen sollten keuscher leben als die Lai'n. Mittelhochdeutsch: Die pfaffen solten kiuscher dan die leien wesen.

Walter v. d. Vogelweide (um 1170—1230), Gedichte. Übertr. v. Pannier.

— Mit Pfaffen und mit Weiben | Laß man das Schelten bleiben! Mittelhochdeutsch: Mit pfaffen unde wîben | Sol nieman schelten trîben.

Vrîdankes Bescheidenheit (1225—1240). Übertr. v. Pannier. Nr. 37. v. minne u. wîben.

— Gottes Barmherzigkeit, | Der pfaffen grylikeit | Und der bauren bosheit | Durchgründet niemand. | Uf minen eit 1418.

Inschrift am Weißturmtor in Straßburg (1418).

Pfaffen. — Wir (Pfaffen) sindt die ersten vndern gelerten, | Die bösen, valschen vnd verkerten | Vnd zeigendt dir das ewig leben, | So wir wyt louffen irr dar neben.

Thomas Murner, Narrenbeschwerung (1512). Nr. 3. Ein wechsen nase machen.

— . . . pfaffen kolen riechen wol.

Thomas Murner, Narrenbeschwerung (1512). Nr. 26. Hewschrecken v. flöch sunnen. Schlußv.

— Hütte dich vor lachenden wirtten vnd vor weynenden Pfaffen!

Joh. Agricola, Drey hundert Gemeyner Sprichwörtter (1529). Nr. 299.

— Ah, Pfaffen sollten beten und nicht regiren!

Dr. Martin Luther, Tischreden oder Colloquia (1566). Nr. 27. Tischreden v. Antichrist oder Papste. § 10. V. Papst Julio.

— Dann von Gelt ist jr (der Pfaffen) bestes lied, | Darmit so gehn sie allzeit vmb; | Das gelt ist jr recht Heyligthumb.

Joh. Friedr. Fischart, Eulenspiegel Reimensweiß (1569). K. 30. Wie Eulenspiegel mit einem Todten-Häupt umbzog, d. Leute zu bestreichen für Heylthumb.

— Wo die Münch und die Pfaffen rathen, | Wo die Lands-Knecht sieden und braten, | Wo die Weib'r hab'n das Regiment, | Da nimmt es selten ein gutes End.

Georg Rollenhagen, Froschmäuseler (1595). B. 3, T. 1, K. 5.

— Wo Landsknecht sieden vnd braten | Vnd Pfaffen zu weltlichen Dingen rathen | Vnd Weiber führen das Regiment, | Da nimpt es selten ein gut End. Reimspr. (16. Jahrh.).

— Pfaffen sagen, was sie wollen, | Vns ficht ihr decret nicht an, | Mögen sich in Klöster trollen; | Vnser Kirch ist besser dran.

Joh. Mich. Moscherosch, Wunderliche v. Warhafftige Gesichte Philanders v. Sittewalt (1643). T. 2, Gesichte 3. Weiber-Lob. Dr. Erhard. V. 5.

— Ja, vertrag' du mit den Pfaffen!

Joh. Wolfg. von Goethe, Götz v. Berlichingen (1773). A. 1. Herberge (Sivers).

— Scheltet mir nicht die Pfaffen; sie kennen des Menschen Bedürfnis! | Denn wie ist er beglückt, plappert er morgen wie heut'!

Joh. Wolfg. von Goethe, Gedichte. Epigramme (ged. Venedig 1790). Nr. 11.

— . . . es haben mitunter die Pfaffen auch Böses im Sinne.

Joh. Wolfg. von Goethe, Reineke Fuchs (1794). Ges. 3.

— . . die Pfaffen necke keiner, weil sie unversöhnlich sind!

Aug. Graf von Platen-Hallermund, D. verhängnisvolle Gabel (1826). A. 1 (Sirmio).

— Wer mit Pfaffen kämpft, der mache sich darauf gefaßt, daß der beste Lug und die triftigsten Verleumdungen seinen armen guten Namen zerfetzen und schwärzen werden.

Heinr. Heine, Engl. Fragmente (1828). K. 13. D. Befreiung.

Pfaffen. — Wo nichts mehr helfen kann, da ruft man Pfaffen! | Und das ganz folgerecht. Denn niemand hilft | So wenig als ein Pfaffe.

Christ. Dietr. Grabbe, Don Juan u. Faust (1829). A. 3, Sz. 1 (Don Juan).

— Bombardiert mit Distelköpfen frisch die Pfaffen aus dem Land! | Nehmt ein Glas des besten Weins auf der Priester Wohl zur Hand!

Anastasius Grün (Anton Alexander Graf von Auersperg), Spaziergänge eines Wiener Poeten (1831). Priester u. Pfaffen.

— Wißt ihr nicht, daß es, wie die Franzosen sagen, drei Geschlechter gibt: — Männer, Frauen und Pfaffen? Engl.: Don't you know, as the French say, there are three sexes: — men, women and clergymen?

Sidney Smith (1764—1840). Nach John Barrow, Memoiren. Bd. 1. Übers. v. Drabig.

— Mit drei Ständen habe nichts zu schaffen: | Mit Beamten, Gelehrten und Pfaffen!

Frz. Grillparzer, Gedichte (1873). Spr.

— Den Pfaffen kann selbst der Teufel nichts abgewinnen. Alter Spr.

— Die uneinigen Pfaffen werden eins über des Ketzers Haar. Alter Spr.

— Wer will haben rein sein Haus, | Der behalt Pfaffen und Mönche draus! Alter Spr.

— Pfaffen haben zwei Hände: eine zum Nehmen und eine zum Festhalten. Sprichwort.

— Reitet der Teufel die Pfaffen, | So reitet er sie rechtschaffen. Sprichwort.

— Was Pfaffen und Wölfe beißen, ist schwer zu heilen. Sprichwort.

— Wer will haben was zu schaffen, | Bemeng' mit Adel sich und Pfaffen! Sprichwort.

— Wo Dompfaffen, da Neid; | Wo Studenten, da Freud'; | Wo Jungfern, da Lust; | Wo Wein, da Durst. Spr. in einem Wirtshaus. Gießen.

Pfaffengierigkeit. — Pfaffengierigkeit und Gottes Barmherzigkeit | Währt in alle Ewigkeit. Sprichwort.

Pfaffenkinder. — Pfaffenkinder und Schweizerküh, | Wenn sie geraten, ist's gut Vieh. Sprichwort.

Pfaffenlist. — Unsterblich ist die Pfaffenlist.

Joh. Wolfg. von Goethe, Epimenides Erwachen (1815). A. 1, Sz. 7.

Pfaffenstand. — Der Pfaffen Stand ist ehrenreich, | Doch kommt ihr Lob dem wenig gleich. Mittelhochdeutsch: Pfaffen name ist êren rîch, | Doch muoz ir lop sîn ungelîch.

Vrîdankes Bescheidenheit (1225—1240). Übertr. v. Pannier. Nr. 2. v. d. messe.

Pfaffentrug. — . . . Pfaffentrug und Weiberlist | Gehn über alles, wie ihr wißt.

Gottfr. Aug. Bürger, Gedichte. D. Weiber v. Weinsberg (ged. 1774). Mel. v. Joh. André (1780).

Pfaffentum. — Das Pfaffentum ist die Verfassung einer Kirche, so ferne in ihr ein Fetischdienst regiert, welches allemal da anzutreffen ist, wo nicht Prinzipien der Sittlichkeit, sondern statutarische Gebote, Glaubensregeln und Observanzen die Grundlage und das Wesentliche desselben ausmachen.

Immanuel Kant, Werke (1838—1839). Bd. 10.

Pfaffenwort. — Den jedes Pfaffen Wort | Gleich reißt zu Tränen fort, | Der ist, wenn das Gefühl verpufft, | Zumeist ein Schwächling und ein Schuft.

Friedr. von Sallet, Gesammelte Gedichte (1843). Epigrammatisches u. Lehrhaftes.

Pfäfflein. — In jedem Pfäfflein | Steckt ein Päpstlein. Alter Spr.

— Es ist kein Pfäfflein so klein, | Es steckt ein Päpstlein darein. Sprichwort.

Pfahl. — . . . ein Pfahl ins Fleisch.

2. Kor., K. 12, V. 7.

Pfähle. — In seinen vier Pfählen bleiben (zu Hause bleiben). Sprichwörtl. Redensart.

Pfarrer. — Ja, wenn der Pfarrer ein Komödiant ist; | Wie das denn wohl zu Zeiten kommen mag. Joh. Wolfg. von Goethe, Faust, I (1808). Nacht (Faust).

— Wärst a Pfarrer wor'n, könntest auf d' Kanzel gehen und predige, hat der Bauer g'sagt zu seim faulen Knecht.

Sprichwörtl. Redensart. Franken.

Pfau. — Pfau, | Schau | Deine | Beine! Sprichwort.

Pfefferland. — Jemanden ins Pfefferland wünschen (weit fort wünschen).

Sprichwörtl. Redensart.

Pfeifchen. — Gott grüß Euch, Alter! Schmeckt das Pfeifchen?

Gottl. Konrad Pfeffel, Poetische Versuche. D. Tobakspfeiffe (ged. 1782).

Pfeife. — Nach jemandes Pfeife tanzen (nach dem Willen jemandes sich genau richten).

Sprichwörtl. Redensart.

Pfennig. — Her pfenning, der müß vornen dran. Seb. Brant, D. Narrenschif (1494). Nr. 17. V. unnutzem richtům.

— All kunst, er, wisheit ist umbsust, | Wo an dem pfening ist gebrust.

Seb. Brant, D. Narrenschif (1494). Nr. 17. V. unnutzem richtům.

— Wer einen pfenning nicht so lieb hat als einen gulden, der wird selten reych werden vnd gulden wechseln.

Joh. Agricola, Drey hundert Gemeyner Sprichwörtter (1529). Nr. 70.

— Pfenning ist pfennings bruder.

Joh. Agricola, Drey hundert Gemeyner Sprichwörtter (1529). Nr. 71.

— Der Pfenning hundert Wege hat.

Georg Rollenhagen, Froschmäuseler (1595) B. 1, T. 2, K. 22.

Pfennig. — Hei! das fleckt, | Wenn der Pfennig Taler heckt. Alter Spr.

— Pfennig im Beutel ist ein guter Kumpan. Alter Spr.

Pfennige. — Wer pfenning hat, der hat vil frünt, | Den grüßt und swagert iederman.
Seb. Brant, D. Narrenschif (1494). Nr. 17. V. unnutzem richtům.

Pferd. — Ein Pferd, ein Pferd! mein Königreich für'n Pferd! Engl.: A horse! a horse! my kingdom for a horse!
William Shakespeare, Richard III. (1592). Übers. v. Schlegel. A. 5, Sz. 4 (Richard).

— Das Pferd hinter den Wagen spannen (etwas völlig Verkehrtes tun). Sprichwörtl. Redensart.

— Sich aufs hohe Pferd setzen (hochmütig sein). Sprichwörtl. Redensart.

— Vom Pferd auf den Esel kommen (herunterkommen). Sprichwörtl. Redensart.

— Des Pferdes Gemüt | Zeugt von des Knechts Geblüt. Bauernregel.

— Geputztes Pferd, | Gesundes Pferd. Bauernregel.

— Pflege dein Pferd wie einen Freund, | Aber reite es wie einen Feind! Bauernregel.

— Wer Ein Pferd braucht und hält deren zwei, | Dem schlagen sie über Nacht die Haustür entzwei. Bauernregel. Frankenwald.

— Wer plagt sein Pferd und Rind, | Hält's schlecht mit Weib und Kind. Bauernregel.

— Wer sein Pferd nicht pflegt und nährt, | Ist des Tieres nicht wert. Bauernregel.

Pferde. — Die Pferde sind gesattelt.
Theod. Körner, Hedwig (geb. Sept. 1812). A. 2, Sz. 10 (Bedienter).

— Mak mi nich de Piärde schü (scheu)! Sprichwörtl. Redensart. Münsterisch.

— Kurze Pferd' und lange Schwein' | Für den Bauer nützlich sein. Bauernregel.

— Pferde muß man nicht verleihen. Bauernregel.

Pferdehandel. — Bei Pferdehandel und Rinderkauf | Tu' Augen oder Beutel auf! Bauernregel.

— Im Pferdehandel gilt keine Freundschaft. Bauernregel.

Pfingsten. — . . . zů pfingsten vff dem yß (niemals).
Thomas Murner, Narrenbeschwerung (1512). Nr. 84. Vff d. zan vß gon.

— Pfingsten, das liebliche Fest, war gekommen.
Joh. Wolfg. von Goethe, Reineke Fuchs (1794). Ges. 1.

— Laß nur zu deines Herzens Toren | Der Pfingsten vollen Segen ein, | Getrost, und du wirst neugeboren | Aus Geist und Feuerflammen sein! Emanuel Geibel, Juniuslieder (1848). Verm. Gedichte. Frohe Botschaft. Schlußv.

Pfingsten. — Bis Pfingsten laß den Pelz nicht fahren: | Nach Pfingsten ist's gut ihn bewahren. Bauernregel.

— Nasse Pfingsten, fette Weihnachten. Bauernregel.

— Wenn es an Pfingsten regnet, | Wird keine Frucht gesegnet. Bauernregel.

Pfingstmontag. — Regnet's am Pfingstmontag, | So regnet's sieben Sonntag. Sprichwort.

Pfingstochse. — Geputzt wie ein Pfingstochse (auffallend geputzt). Sprichwörtl. Redensart.

Pfingstregen. — Pfingstregen | Gibt Weinsegen. Bauernregel.

Pfingstsonntag. — Wenn am Pfingstsonntag die Sonne scheint, so dürfen die Bäcker Wein trinken, denn es gerät der Weizen. Bauernregel. Oberösterreich.

Pfingsttag. — Regnet am Pfingstag, | So bringts alle Plag. Reimspr. (16. Jahrh.).

— . . . als der Tag der Pfingsten erfüllet war . . . Apostelgesch., K. 2, V. 1.

Pflanzen. — Wenn Simon Judä (28. Oktober) schaut, | Pflanze Bäume, schneide Kraut! Bauernregel.

Pflanzen, die. — Pflanzen, die oft versetzt werden, gedeihen nicht. Bauernregel.

Pflaumen. — Die ersten Pflaumen sind immer madig (der erste Versuch gerät nicht gleich). Sprichwörtl. Redensart.

Pflegerliebe. — Pflegerlieb' | Ist falsch und trüb'. Sprichwort.

Pflicht. — Tut eure Pflicht, und laßt die Götter sorgen! Franz.: Faites votre devoir et laissez faire aux dieux!
Pierre Corneille, Horace (1639). Übers. v. Dörgens. A. 2, Sz. 8 (D. alte Horaz).

— Gib mir ein Herz voll Zuversicht, | Erfüllt mit Lieb' und Ruhe, | Ein weises Herz, das seine Pflicht | Erkenn' und willig tue!
Christ. Fürchtegott Gellert, Geistl. Oden u. Lieder (1757). Morgenges.

— Wenn Lieb' und Pflicht dich nicht beleben, | So ist dir alles kein Gewinn.
Christ. Fürchtegott Gellert, Geistl. Oden u. Lieder (1757). V. d. Quelle d. guten Werke.

— Spiele (Knabe)! Bald wird die Arbeit kommen, die hag're, die ernste; | Und der gebietenden Pflicht mangeln die Lust und der Mut.
Friedr. von Schiller, Gedichte. D. spielende Knabe (ged. 1795). Schlußv.

— Der Ruf zur Pflicht ist Ruf zum Himmel, ist ein Schwur, | Womit die Ewigkeit uns Dauer zugeschworen. Christoph Aug. Tiedge, Urania (1800). Ges. 5. Tugend.

Pflicht. — England erwartet, daß jeder Mann seine Pflicht tun wird. Engl: England expects that every man will do his duty.

Lord Nelsons Befehl in d. Schlacht bei Trafalgar (21. Okt. 1805). Nach Nicolas, D. Depeschen u. Br. d. Vizeadmirals Lord Viscount Nelson. Bd. 7. Übers. v. Drabig.

— Gott sei Dank, ich habe meine Pflicht getan! Engl.: Thank God, I have done my duty!

Lord Nelson auf d. Sterbebett (21. Okt. 1805). Nach Rob. Southey, D. Leben Nelsons. K. 9.

— Er war ein Biedermann | Und lebte seiner Pflicht; | Wer diesen Ruhm gewann, | Stirbt auch im Tode nicht. | Die Liebe darf es wagen, | An seiner Gruft zu sagen, | Was Recht und Wahrheit spricht.

Grabschrift d. Stifters u. Direktors d. Taubstummenanstalt E. A. Eschke (gest. 1811) auf d. Sophienkirchhof in Berlin.

— Ist unsre ausgeübte Pflicht nicht die Bedingung, unter welcher wir die Glückseligkeit der zukünftigen Welt hoffen dürfen?

Friedr. Gottl. Klopstock, Sämtl. Werke (1798—1821). Bd. 9.

— Erfüllte Pflicht empfindet sich immer noch als Schuld, weil man sich nie ganz genug getan.

Joh. Wolfg. von Goethe, Wilh. Meisters Wanderjahre (1807—1821).

— Was aber ist deine Pflicht? Die Forderung des Tages!

Joh. Wolfg. von Goethe, Werke (1827—1830). Maximen u. Reflexionen. Abteilung 1.

— Pflicht: wo man liebt, was man sich selbst befiehlt.

Joh. Wolfg. von Goethe, Werke (1827—1830). Maximen u. Reflexionen. Abteilung 7.

— Wer in der Pflicht nur gelebt, sieht ruhig entgegen dem Tode; | Dennoch ist er nicht stolz und bereut der Versäumnisse jedes.

Joh. Kaspar Lavater, Werke (1834). Worte d. Herzens. Denkzeilen an einen Freund nach meinem Tode.

— . . . wie denn immer in den Wunden, welche die Pflicht schlägt, auch schon der Balsam liegt, der sie heilt.

Ernst Freiherr von Feuchtersleben, Zur Diätetik d. Seele (1838). K. 1. Begriff. Wirkungen d. Geistes im allgemeinen.

— Nicht das Behagen des Menschen, sondern seine Pflicht ist der Zweck, wohin alles tendiert, — in welchem auch das Behagen erst seine Gewähr findet.

Ernst Freiherr von Feuchtersleben, Zur Diätetik d. Seele (1838). K. 8. Oszillation.

— Ungewiß und vergänglich ist das Glück; gewiß und ewig bleibt die Pflicht.

Ernst Freiherr von Feuchtersleben, Zur Diätetik d. Seele (1838). K. 8. Oszillation.

Pflicht. — . . . der reine Schild der Pflicht muß oft | Des Herzens Stolz und Härtigkeit verdecken.

Phil. Eduard Devrient, D. graue Männlein (1846). A. 1, Sz. 3.

— Pflicht, geübt mit festem Herzen, | Bleibt allein auch ewig treu; | Sie allein heilt alle Schmerzen, | Sie allein macht Menschen frei.

Ernst Freiherr von Feuchtersleben, Sämtl. Werke (1851—1853). Gedichte.

— Nichts ist schöner, als seine Pflicht zu tun, wenn man der Herr ist. Franz.: Rien n'est plus beau, que de faire son devoir, quand on est le maître. Alexander Vinet, Religiöse Freiheit (1854). Übers. v. Zimmermann.

— Die Pflicht ist die innere Seele, ist das Leben der Erziehung. Franz.: Le devoir, c'est l'âme intérieure, c'est la vie de l'éducation.

Jules Michelet, D. Frau (1859). Übers. v. Spielhagen.

— Pflicht, — Treue, — Mann, du sprichst in Germanismen!

Rob. Hamerling, Ahasver in Rom (1866). Ges. 6. Ahasver.

— Am Kelch des Glückes trinkt mit vollsten Zügen, | Wer in der Pflicht gefunden sein Vergnügen. Wilh. Jordan, Strophen u. Stäbe (1871). An Hedwig Rittershaus.

— Nicht selten kannst du in der Weltgeschichte lesen, | Der Weg der Pflicht sei auch der Pfad zum Ruhm gewesen. Engl.: Not once nor twice in our rough island story, | The path of Duty was the way to glory.

Samuel Smiles, D. Pflicht (1880). Übers. v. Dobbert. Motto.

— Als hehrer Stern winkt himmelan die Pflicht; | Und Liebeswerke, welche lindern, heilen, segnen, | Sind Blumen gleich auf unsern Pfad gestreut. Engl.: The primal duties shine aloft like stars, | And charities that soothe, and heal, and bless, | Are scattered at the feet of men like flowers. Samuel Smiles, D. Pflicht (1880). Übers. v. Dobbert. Motto.

— . . . wer seine Pflicht tut, ist ein getreuer Knecht, hat aber keinen Anspruch auf Dank.

Otto von Bismarck im Reichstage (28. Nov. 1881).

— Was dein Herz auch traf | An Gram und Weh, wirf's zu den Nachtgestalten! | Den Pflug zur Hand — und zieh' im Morgenlicht | Mit festem Sinn die große Schrift der Pflicht; | Dann wird der Friede sein bei deinem Walten!

Prinz Emil von Schönaich-Carolath, Dichtungen (1883). Angelina. Ges. 1.

— Wer könnte Größ'res tun als seine Pflicht? | Den anderen, den kommenden Geschlechtern | Die Bahn zu brechen ist Geschenk der Götter; | Nicht jeder Kämpfer ist ein Winkelried, | Doch ein Leonidas kann jeder sein.

Ludw. Fulda, Gedichte (1890). Episteln. Nr. 2.

Pflicht. — Nicht der Glanz des Erfolges, sondern die Lauterkeit des Strebens und das treue Beharren in der Pflicht, auch da, wo das Ergebnis kaum in die äußere Erscheinung trat, wird über den Wert des Menschenlebens entscheiden.

Hellmuth von Moltke, Gesammelte Schriften (1891—1893). Br.

— Eine Pflicht lieben und ihr unbeachtet und bescheiden nachleben ist vielleicht der glücklichste Zustand, der dem Menschen zuteil werden kann.

Otto von Leixner, A. meinem Zettelkasten (1896). Erziehung u. Selbsterziehung.

— Hast du deine Pflicht vollbracht, | Dann lege froh dich nieder, | Bis der neue Tag erwacht, | Und muntrer Vögel Lieder! Norwegisches Lied.

— Hast du getan, was deine Pflicht, | Vertrau' dem Himmel: er verläßt dich nicht! Span.: Si haces lo que estuviere de tu parte, | Pide al Cielo favor! Ha de ayudarte.

A. d. Span. d. Samaniego.

— Seine Pflicht zur Lust sich machen, | Wer's getan, hat leichte Sachen. Alter Spr.

— Erfülle deine Pflicht, | Alles andere kümmere dich nicht! Sprichwort.

Pflichten. — Wer seinen Pflichten unrecht tut, | Da wird das Ende selten gut. Mittelhochdeutsch: Swer sîme rehte unreht tuot, | Dâ wirt daz ende selten guot.

Vrîdankes Bescheidenheit (1225—1240). Übertr. v. Pannier. Nr. 38. v. erkantnisse.

— Verschieden sind der Menschheit Stände, doch der Menschheit Pflichten gleich.

Friedr. d. Große, Sämtl. Werke (1789).

— Wer aus Liebe zu Gott der Menschheit Pflichten entsaget, | Sitzt im Finstern und hält immer den Spiegel vor sich.

Joh. Gottfr. von Herder, Sämtl. Werke (1805—1820). Blumenlese a. morgenländischen Dichtern. Nr. 2. D. Rosental. B. 1. D. Spiegel im Dunkeln.

— Von drückenden Pflichten kann uns nur die gewissenhafteste Ausübung befreien.

Joh. Wolfg. von Goethe, Wilh. Meisters Wanderjahre (1807—1821).

— Der Streit der Pflichten ist der schlimmste Streit. Ernst Raupach, D. Hohenstaufen (1837). König Phil. A. 3, Sz. 3.

— Wenig sorgt | Der Gott der Pflichten, ob wir lachend ziehn, | Ob leidvoll auf dem Pfade, den er weist. | Mit hartem Erz gepanzert ist sein Arm. | Daß wir gehorchen, zwingt er mit Gewalt.

Gustav Freytag, D. Fabier (1859).

— Seine Pflichten nie versäumen | Ist mehr, als große Dinge träumen. Sprichwort.

Pflichtbegriff. — Ich gestehe gern, daß ich dem Pflichtbegriffe, gerade um seiner Würde willen, keine Anmut beigesellen kann. Denn er enthält unbedingte Nötigung, womit Anmut in geradem Widerspruch steht.

Immanuel Kant, Werke (1838—1839). Bd. 10.

Pflichtbewußtsein. — Stetes Pflichtbewußtsein ist die wahre Krone des Charakters. Engl.: The abiding sense of duty is the very crown of character.

Samuel Smiles, D. Charakter (1871). Übers. v. Dobbert. K. 7. Pflicht u. Wahrhaftigkeit.

Pflichterfüllung. — Heiterkeit lohnt die Erfüllung der Pflichten; | Ruhe beschattet das Ende der Bahn.

Joh. Gaudenz Freiherr von Salis-Seewis, Gedichte. Ermunterung (1790). Mel. v. Joh. Rudolf Zumsteeg.

— Es gibt schlechterdings keine andere Art, Gott zu verehren als die Erfüllung seiner Pflichten und Handeln nach Gesetzen, die die Vernunft gegeben hat.

Georg Christoph Lichtenberg, Verm. Schriften (1800—1806).

— Dann ist es eine eigene Sache im Leben, daß, wenn man gar nicht an Glück und Unglück denkt, sondern nur an strenge, sich nicht schonende Pflichterfüllung, das Glück sich von selbst, auch bei entbehrender, mühevoller Lebensweise einstellt. Wilh. Freiherr von Humboldt, Br. an eine Freundin (Juli 1822).

— . . . der Mensch, . . . indem er im Leben seine Pflicht erfüllt, was das einzige Notwendige im Leben ist . . .

Wilh. Freiherr von Humboldt, Br. an eine Freundin. T. 1, Br. 29 (1824).

— . . . da Strenge der Pflichterfüllung das Erste und Nächste ist.

Wilh. Freiherr von Humboldt, Br. an eine Freundin (2. Mai 1827).

— Der beste Gottesdienst ist Pflichterfüllung.

Joh. Friedr. Bahrdt, Dramatische Dichtungen (1834). D. Lichtensteiner. Vorspiel. Sz. 4.

— Wir sind nicht auf der Welt, um glücklich zu werden, sondern um unsere Pflicht zu erfüllen.

Immanuel Kant, Werke (1838—1839).

— Dein wahres Glück, o Menschenkind, | O, glaube doch mit nichten, | Daß es erfüllte Wünsche sind; | Es sind erfüllte Pflichten!

Karl Gerok, Palmblätter (1857).

— Was wäre die Erfüllung der Pflicht, wenn sie kein Opfer kostete?

Berth. Auerbach, Sämtl. Schwarzwälder Dorfgesch. (1871). Luzifer.

Pflichtgefühl. — . . . der kategorische Imperativ des Pflichtgefühls . . .

Otto von Bismarck im Reichstage (28. Nov. 1881).

Pflichttreue. — Pflichttreue ist eines der schönsten Wörter der lieben deutschen Sprache; sie kann stolz sein, es zu besitzen.

A. d. Rumänischen d. Carmen Sylva (Elisabeth, Königin v. Rumänien).

Pflug. — Der Degen hat den Kaiser arm gemacht; | Der Pflug ist's, der ihn wieder stärken muß. Friedr. von Schiller, D. Piccolomini (1799). A. 1, Sz. 2 (Questenberg).

— Gebrauchter Pflug blinkt; | Stehend Wasser stinkt. Sprichwort.

Pflug. — Wo der Pflug vom Rost gefressen, | Wird sehr wenig Korn gegessen. Bauernregel.

— Das beste Wappen in der Welt | Ist der Pflug im Ackerfeld. Spr. an einem Hause.

Pflügen. — Wer kann . . . mit Ochsen pflügen auf Felsen? Amos, K. 6, V. 12.

— . . der da pflüget, soll auf Hoffnung pflügen! 1. Kor., K. 9, V. 10.

— Brachen, pflügen und stark misten | Füllt dem Bauern seine Kisten. Bauernregel.

— Je besser man pflügt, je reicher man fährt. Bauernregel.

— Wer tief pflügt, muß tief düngen. Bauernregel.

Pfluggang. — Tiefer Pfluggang, — lange Ähren. Bauernregel.

Pflugscharen. — Macht aus euren Pflugscharen Schwerter! Joel, K. 3, V. 15.

Pförtchen. — Hör' ich das Pförtchen nicht gehen? | Hat nicht der Riegel geklirrt?

Friedr. von Schiller, Gedichte. D. Erwartung (ged. 1796).

Pfui. — Ihr habt das Recht, gesittet pfui zu sagen. Joh. Wolfg. von Goethe, Faust, I (1808). Wald u. Höhle (Mephistopheles).

Pfund. — Ich kann und will das Pfund nicht mehr vergraben!

Joh. Wolfg. von Goethe, Gedichte. Zueignung (ged. 8. Aug. 1784).

— Sein Pfund vergraben (seine Fähigkeiten nicht benutzen).

Nach Matth., K. 25, V. 18 u. 25. — Sprichwörtl. Redensart.

— Ein anvertrautes Pfund besitzen. Nach Luk., K. 19.

— Mit seinem Pfunde wuchern (seine Fähigkeiten ausnützen).

Nach Luk., K. 19. — Sprichwörtl. Redensart.

Pfuscher. — Wo der Pfuscher findet Brot, | Muß der Künstler leiden Not. Sprichwort.

Pfuscherei. — Du Narr! begünstige die Pfuscherei, | So bist du überall zu Hause.

Joh. Wolfg. von Goethe, Werke (1827—1830). Gedichte. Zahme Xenien.

Phantasie. — . . . ich geb' ihn (den höchsten Preis) | Der ewig beweglichen, | Immer neuen, | Seltsamen Tochter Jovis, | Seinem Schoßkinde, | Der Phantasie.

Joh. Wolfg. von Goethe, Gedichte. Verm. Gedichte. Meine Göttin (ged. 15. Sept. 1780).

— O wüßten doch die Menschen die Götterkraft der Phantasie zu brauchen, sie, die allein den Geist ins Freie stellt, ihn über jede Gewalt und jede Beschränkung weit hinausträgt!

Friedr. Ernst Daniel Schleiermacher, Monologe (1800).

— Die Phantasie ward auserkoren, | Zu öffnen uns die reiche Wunderwelt.

Christoph Aug. Tiedge, Urania (1800). Ges. 4. Unsterblichkeit.

Phantasie. — Das Alter der göttlichen Phantasie, | Es ist verschwunden, es kehret nie.

Friedr. von Schiller, Gedichte. D. vier Weltalter (ged. 1802).

— Phantasie regiert die Welt! Franz.: L'imagination gouverne le monde.

Napoleon I. (1769—1821) über d. lebhafte Einbildungskraft d. Franzosen.

— Solchen (lieblichen) Genuß der Phantasie rechne ich zu den höchsten, die den Menschen gegeben sind, und in vieler Rücksicht ziehe ich ihn der Wirklichkeit vor.

Wilh. Freiherr von Humboldt, Br. an eine Freundin (2. Dez. 1822).

— Die Phantasie stammt aus königlichem Geblüte, die Sinne sind von adeliger Herkunft, die Vernunft ist bürgerlichen Ursprungs. Die Sinne spielen daher im Leben unter dem Protektorate der Phantasie die Großen, die Herren der Welt.

Ludw. Feuerbach, Schriftsteller u. Mensch (1834).

— Wer Phantasie ohne Erziehung besitzt, hat wohl Flügel, aber keine Füße. Franz.: Celui qui a de l'imagination sans érudition, a des ailes et n'a pas de pieds.

Joubert, Gedanken u. Maximen (1838). Übers. v. Zimmermann.

— Leute ohne Phantasie sind Justinians frigidi et maleficati (Kalte und Schlechte); aber Leute mit überspannter Phantasie wahre Narren.

Karl Jul. Weber, Demokritos (1832—1840). D. geistige Lachen. Einbildungskraft.

— . . . Phantasie, himmlische Trösterin, die den Hungrigen in der Wüste mit Manna speist, die aus Baumrinde Brot bäckt und Zucker aus Rüben bereitet!

Ludw. Börne, Gesammelte Schriften (1862—1863). Erz., Reisen, Verm. Aufsätze. Nr. 20. D. Carbonari u. meine Ohren.

— Holde Freundin Phantasie, | Bleibst du mir zugegen, | Fehlt ein tröstlich Licht mir nie | Auch auf dunklen Wegen.

Karl Gerok, Blumen u. Sterne (1868).

— Vertreibt die Phantasie | Nicht aus der Poesie! | Sie läßt den Menschen nie, | Und flüchtet, stört ihr sie, | Bis in die Nationalökonomie.

Frz. Grillparzer, Gedichte (1873). Nr. 5. Poesie u. Poeten. D. Realisten. Nr. 2.

— . . . die höchste, schönste und beste der Göttertöchter, die Phantasie . . .

Wilh. Raabe, Villa Schönow (1883).

— Wie die Schwalbe, nistet die Phantasie gern an alten Mauern.

Joh. Jak. Mohr, Gedanken über Leben u. Kunst (1885).

Pharisäer, der. — Du blinder Pharisäer! Matth., K. 23, V. 26.

— Pharisäer (Bezeichnung für einen selbstgerechten Menschen). Nach Luk., K. 18, V. 11.

Pharisäer, die. — . . . hütet euch vor dem Sauerteig der Pharisäer, welcher ist die Heuchelei!

Luk., K. 12, V. 1.

Philister, der. — Der Philister negiert nicht nur andere Zustände, als der seinige ist, er will auch, daß alle übrigen Menschen auf seine Weise existieren sollen.

Joh. Wolfg. von Goethe, Gespräch mit Riemer (Aug. 1807).

— Zur alten Heimat geh' ich ein, | Muß selber nun Philister sein.

Gustav Schwab, Gedichte. Lied eines abziehenden Burschen (ged. 1814). Mel. v. Albert Methfessel (1820).

— Was ist ein Philister? | Ein hohler Darm, | Mit Furcht und Hoffnung ausgefüllt; | Daß Gott erbarm'!

Joh. Wolfg. von Goethe, Gedichte. Zahme Xenien. Nr. 7. Was ist ein Philister usw. (ged. 4. Sept. 1831).

Philister, die. — Ich wollt', ich jagt' gerüstet | Und legt' die Lanze aus; | Und jagte all' Philister | Zur schönen Welt hinaus.

Jos. Freiherr von Eichendorff, Gedichte (1837). Frühling u. Liebe. D. verzweifelte Liebhaber.

— Seid Glühwein oder brunnenkühles Wasser, nur nicht abgestandenes Naß, das jeden anekelt; — seid keine Philister!

Ludw. Börne, Gesammelte Schriften (1862—1863). Kritiken. Nr. 26. D. ewige Jude.

— Soviel Verdienst du erwirbst, | Soviel dir Gut und Mut beschieden; — | Wenn du es mit den Philistern verdirbst, | Dann wehe deinem Frieden! Paul Heyse, Gesammelte Werke (1897). Gedichte. Spr. Warnung.

— Philister über dir!

V. d. Richter, K. 16, V. 12.

Philisterpfaffen. — Ich habe nie mit euch gestritten, | Philisterpfaffen! Neiderbrut.

Joh. Wolfg. von Goethe, Poetische u. prosaische Werke (1836—1837). Gedichte. Zahme Xenien. Nr. 7.

Philosoph. — Was wäre wohl so abgeschmackt, das nicht ein Philosoph einst lehrte?! Lat.: Nihil tam absurde dici potest, quod non dicatur ab aliquo philosopho.

Marc. Tull. Cicero (um 106—43 v. Chr.), V. d. Weissagung. Übers. v. Klotz. B. 2, K. 58, § 119.

— . . . noch bis jetzt gab's keinen Philosophen, | Der mit Geduld das Zahnweh konnt' ertragen, | Ob sie der Götter Sprache gleich geredet | Und Schmerz und Zufall als für ein Nichts verlacht. Engl.: For there was never yet philosopher | That could endure the toothache patiently, | However they have writ the style of gods, | And made a push at chance and sufferance.

William Shakespeare, Viel Lärm um nichts (um 1598). Übers. v. Schlegel. A. 5, Sz. 1 (Leonato).

Philosoph. — . . . nicht ein jeder Geist ist von dem Stoffe, | Aus dem ein Philosoph sich schnitzen läßt. Franz.: Et tout esprit n'est pas composé d'une étoffe | Qui se trouve taillée à faire un philosophe.

Molière (Jean Baptiste Poquelin), D. gelehrten Frauen (1672). Übers. v. Graf Baudissin. A. 1, Sz. 1 (Henriette).

— Was denkt der Philosoph im Schreiben? | Mich liest der Hof, mich ehrt die Stadt! | Er irrt! Doch laßt ihn irrig bleiben, | Damit er Lust zum Denken hat.

Christ. Fürchtegott Gellert, Fab. u. Erz. (1746). B. 1. D. süße Traum.

— Der Philosoph von Sanssouci.

Nannte Friedr. d. Große sich selbst in d. ersten Sammlung seiner Werke: Oeuvres du Philosophe de Sanssouci (1752).

— Ein Philosoph bleibt doch uns andern allen | Im Grunde gleich; wär' er so stoisch als ein Stein, | Und hätte nichts die Ehr', ihm zu gefallen, | Er selbst gefällt sich doch! Schmaucht ihn mit Weihrauch ein, | Und seid gewiß, er wird erkenntlich sein! Christoph Martin Wieland, Musarion (1768). B. 2.

— . . ein Philosoph sollte nie etwas aus dem Grunde tun, weil es jedermann tut.

Joh. Jak. Engel, D. Philosph für d. Welt (1775—1777). T. 1, Stück 7. D. Eiche u. d. Eichel.

— Wie der Scheidekünstler, so findet auch der Philosoph nur durch Auflösung die Verbindung und nur durch die Marter der Kunst das Werk der freiwilligen Natur.

Friedr. von Schiller, Prosaische Schriften. Über d. ästhetische Erziehung d. Menschen, in einer Reihe v. Br. (1795). Br. 1.

— . . wo Gespenster Platz genommen, | Ist auch der Philosoph willkommen.

Joh. Wolfg. von Goethe, Faust, II (1831). A. 2. Klassische Walpurgisnacht. Am obern Peneios (Mephistopheles).

— Konsequent zu sein ist die größte Obliegenheit eines Philosophen und wird doch am seltensten angetroffen.

Immanuel Kant, Werke (1838—1839). Bd. 8.

— Volkstümliches Ansehen geht selten zusammen mit dem Namen eines Philosophen. Die Philosophie ist nicht gemacht, die Menge zu gewinnen.

Kuno Fischer, Akademische Reden (1862).

Philosophen. — Auf ewig ist der Krieg vermieden, | Befolgt man, was der Weise spricht; | Dann halten alle Menschen Frieden, | Allein die Philosophen nicht.

Abraham Gotthelf Kästner, Sinngedichte (1781). V. ewigen Frieden.

— Sei unbekümmert, wenn auch der Toren Heer | Stets wächs', und wenn in Völkerschaften | Auch Philosophen die Welt umschwärmten!

Friedr. Gottl. Klopstock, Sämtl. Werke (1798—1821). Bd. 4.

Philosophen. — Unsere bisherigen Philosophen sind nichts als mediatisierte, durch den abstrakten Begriff vermittelte Theologen.

Ludw. Feuerbach, Sämtl. Werke (1845—1866).

— Wer die Werke der Philosophen gelesen und glaubt nun, er kenne die Welt, wäre dem zu vergleichen, der die Abbildungen vieler Münzen besäße und sich darum für reich hielte.

Joh. Jak. Mohr, Gedanken über Leben u. Kunst (1885).

Philosophie. — Je weiter man in der Philosophie gekommen ist, desto begieriger wird man auf das, was daran noch fehlt. Griech.: *Ὅσῳ γὰρ πλέον ἐστὶ τὸ προσειλημμένον ἐκ φιλοσοφίας, τοσούτῳ μᾶλλον ἐνοχλεῖ τὸ ἀπολειπόμενον.*

Plutarch (um 50—120), Moralische Abhandlungen. Übers. v. Eyth. Fortgang in d. Tugend. K. 4.

— Arm und nackt bist du, Philosophie, so sagt der auf gemeines Gold bedachte Pöbel. Ital.: **Povera e nuda vai, filosofia, | Dice la turba al vil guadagno intesa.**

Francesco Petrarca, Sämtl. Werke (1554). Sonette u. Canzonen. T. 1, Nr. 10. Übers. v. Pozzoni.

— Der Trübsal süße Milch, Philosophie ... Engl.: **Adversity's sweet milk, philosophy ...**

William Shakespeare, Romeo u. Julia (1593). Übers. v. Schlegel. A. 3, Sz. 3 (Lorenzo).

— Die Philosophie triumphiert leicht über vergangene und zukünftige Übel, aber gegenwärtige triumphieren über sie. Franz.: **La philosophie triomphe aisément des maux passés et des maux à venir; mais les maux présents triomphent d'elle.**

François, Herzog von La Rochefoucauld, Reflexionen oder moralische Sentenzen u. Maximen (1665). Nr. 22. Übers. v. Zimmermann.

— Ich liebe die Philosophie, weil sie meine Leidenschaften mäßigt und mir Gleichgültigkeit gegen meine Auflösung und gegen die Vernichtung meines Geistes gibt.

Friedr. d. Große an Voltaire (27. Juni 1760).

— ... die Philosophie | Schlägt um, wie unsre Pulse anders schlagen.

Friedr. von Schiller, Gedichte. An einen Moralisten (ged. 1781).

— Die Philosophie erscheint immer lächerlich, wenn sie aus eigenem Mittel, ohne ihre Abhängigkeit von der Erfahrung zu gestehen, das Wissen erweitern und der Welt Gesetze geben will.

Friedr. von Schiller, Briefwechsel zwischen Schiller u. Goethe (16. Okt. 1795).

— Welche wohl bleibt von allen den Philosophien? Ich weiß nicht. | Aber die Philosophie, hoff' ich, soll ewig bestehn.

Friedr. von Schiller, Gedichte. Votivtafeln. Nr. 53. D. Philosophien (ged. 1796).

Philosophie. — Unsere Philosophie ist die unglückselige Neugier des Ödipus, der nicht nachließ, zu forschen, bis das entsetzliche Orakel sich auflöste: Möchtest du nimmer erfahren, wer du bist!

Friedr. von Schiller, Prosaische Schriften (1793—1802). Philosophische Br.

— Was bin ich? Was soll ich tun? Was kann ich glauben und hoffen? — Hierauf reduziert sich alles in der Philosophie.

Georg Christoph Lichtenberg, Verm. Schriften (1800—1806). Bd. 2, Nr. 2. Bemerk. verm. Inhalts. Nr. 1. Philosophische Bemerk.

— Die Philosophie ist, wenn sie spricht, immer genötigt, die Sprache der Unphilosophie zu reden.

Georg Christoph Lichtenberg, Verm. Schriften (1800—1806). Bd. 2, Nr. 2. Bemerk. verm. Inhalts. Nr. 1. Philosophische Bemerk.

— Das ganze Wesen der Welt abstrakt, allgemein und deutlich in Begriffen zu wiederholen und so als reflektiertes Abbild in bleibenden und stets bereitliegenden Begriffen der Vernunft niederzulegen: Dieses und nichts anderes ist Philosophie.

Arthur Schopenhauer, D. Welt als Wille u. Vorstellung (1819).

— Durch wahre Philosophie wird die Seele still, zuletzt andächtig.

Friedr. Heinr. Jacobi, Werke (1812—1824).

— Genau besehen, ist alle Philosophie nur der Menschenverstand in amphigurischer Sprache.

Joh. Wolfg. von Goethe, Werke (1827—1830). Maximen u. Reflexionen. Abteilung 7.

— Die Philosophie ist ein Frauenzimmer; wenn sie keinen Grund mehr anzugeben weiß, fällt sie in Ohnmacht.

Moritz Gottl. Saphir, Humoristische Abende (1830).

— Das ist die stille, hohe Gewalt der echten Philosophie, daß ihr gegeben ist, dem Menschen einen Standpunkt anzuweisen, von welchem er, nicht ohne Teilnahme, aber ohne Kampf, aus unangefochtener Höhe herabsieht auf den wechselvollen Strom der Erscheinungen.

Ernst Freiherr von Feuchtersleben, Zur Diätetik d. Seele (1838). K. 5. Verstand, Bildung.

— Die Philosophie, welche sich der Betrachtung des Todes widmet, ist eine falsche; die wahre Philosophie ist eine Weisheit des Lebens; für sie gibt es gar keinen Tod.

Ernst Freiherr von Feuchtersleben, Zur Diätetik d. Seele (1838). Tagebuchblätter.

— Sie narren dich herum, um dir in Rätselworten | Zu sagen, was du längst gehört an andern Orten. | Wo es verständlich klang, beachtetest du's nie; | Das Unverstand'ne nun nennst du Philosophie.

Friedr. Rückert, D. Weisheit d. Brahmanen (1836—1839). B. 8, Nr. 12. (Stufe 6. Prüfung. Nr. 131.)

Philosophie. — Die neuere Philosophie ist eine Philosophie, die niemals ruht, die nie ans Ziel kommt, die niemals vollkommen wird. Ihr Gesetz ist der Fortschritt. Engl.: The new philosophy is a philosophy which never rests, which has never attained, which is never perfect. Its law is progress.

Thomas Babington, Lord Macaulay, Kritische u. historische Essays (1846). Übers. v. Steger. Lord Bacon.

— Wer in dem Elend dieses Lebens keine Philosophie besitzt, gleicht einem Mann, der bloßen Kopfes im Platzregen spazieren geht. Franz.: Celui qui n'a point de philosophie au milieu des misères d'ici-bas, c'est un homme qui va tête nue sous une averse.

Claude Tillier, Mein Onkel Benj. (1846). Übers. v. Bergfeldt.

— Studiere nur und raste nie! | Du kommst nicht weit mit deinen Schlüssen; | Das ist das Ende der Philosophie, | Zu wissen, daß wir glauben müssen.

Emanuel Geibel, Juniuslieder (1848). Gelegenheitsgedichte, Spr., Scherze. Spr. Nr. 4.

— Philosophie ist nicht ohne Kälte denkbar. Wer nicht grausam gegen das eigene Gefühl sein kann, philosophiere nicht!

Ernst Freiherr von Feuchtersleben, Sämtl. Werke (1851—1853). Konfessionen.

— Die Philosophie | Ist nur all' dessen Poesie, wovon | Wir keinen richtigen Begriff noch haben.

Emerich Madách, D. Tragödie d. Menschen (1861). A. d. Ungar. übers. v. Lechner. Sz. 10 (Adam).

— Philosophie gibt Dach und Fach, | Da dringt der Regen nicht herein; | Ist aber dumpfig im Gemach, | Ist auch noch lang' kein Sonnenschein. Paul Heyse, Spruchbüchlein (1885). Philosophie.

Philosophiegesetz. — Sei aufmerksam, empfinde nichts umsonst, messe und vergleiche; — das ist das ganze Gesetz der Philosophie.

Georg Christoph Lichtenberg, Verm. Schriften (1800—1806). Bd. 2, Nr. 2. Bemerk. verm. Inhalts. Nr. 1. Philosophische Bemerk.

Philosophieprofessoren. — Ich bin überzeugt, wenn Gott einmal einen solchen Menschen schaffen wollte, wie ihn sich die Magister und Professoren der Philosophie vorstellen, er müßte den ersten Tag ins Tollhaus gebracht werden.

Georg Christoph Lichtenberg, Verm. Schriften (1800—1806). Bd. 1, Nr. 3. Bemerk. verm. Inhalts. Nr. 1. Philosophische Bemerk.

Philosophieren. — Sich über die Philosophie lustig machen heißt wahrhaft philosophieren. Franz.: Se moquer de la philosophie, c'est vraiment philosopher.

Blaise Pascal, Gedanken (1670). Übers. v. Kleuker. V. Geist d. Feinheit.

Philosophieren, das. — Das Philosophieren ist eine Übersetzung der Sprache der Natur; auch die beste gibt uns doch keinen rechten Begriff vom Original.

Joh. Jak. Mohr, Gedanken über Leben u. Kunst (1885).

Philosophisch. — Nichts ist in philosophischen Streitfällen gebräuchlicher und doch tadelnswerter als der Versuch, eine Behauptung dadurch zu widerlegen, daß man sagt, sie sei von gefährlichen Folgen für Religion und Moral. Engl.: There is no method of reasoning more common, and yet none more blameable, than, in philosophical debates, to endeavour the refutation of any hypothesis, by a pretence of its dangerous consequences to religion and morality.

David Hume, Eine Untersuchung über d. menschlichen Verstand (1748). Übers. v. Nathansohn. Abschnitt 8, T. 2.

— Nicht, was er treibt, sondern, wie er das, was er treibt, behandelt, unterscheidet den philosophischen Geist.

Friedr. von Schiller, Prosaische Schriften. Was heißt u. zu welchem Ende studiert man Universalgesch.? (1789).

— Der Mut der Wahrheit ist die erste Bedingung des philosophischen Studiums.

Friedr. Hegel, Werke (1832—1842).

— Ein deutsches philosophisches System kommt mir vor wie ein Getreidefeld, zu dem man uns hinführt und uns freundlich einladet, uns satt zu essen.

Ludw. Börne, Gesammelte Schriften (1862—1863). Fragmente u. Aphorismen. Nr. 3.

Phrase. — Urmeisterin Not sorgt immer wieder dafür, daß in Stunden der Entscheidung die blasse Phrase das Feld räumt vor der rotbäckigen Tat. Joh. Scherr, Blätter im Winde (1875).

Phrasen. — . . . wo in Phrasen Schmerz und Freude spricht, | Glaub' ich das eine und das andre nicht. Friedr. von Bodenstedt, Gedichte (1852).

Phyllis. — Ihren Schäfer zu erwarten, | Schlich sich Phyllis in den Garten.

Volkslied u. =weise (um 1770).

Pietist. — Voll Blüten ist der Pietist, | Voll Blüt' und Frucht der wahre Christ.

Inschrift auf einem Spruchgroschen (1694).

Pietisten. — Merkt euch, ihr Herren! den Spruch: Pietisten sind nichts als die Würmer, | In die endlich zerfiel Christi verweseter Leib.

Ludw. Feuerbach, Satirisch=theologische Distichen (1830).

Pike. — Auf jemanden eine Pike haben (jemandem zürnen). Sprichwörtl. Redensart.

— Von der Pike auf dienen (von unten auf dienen). Sprichwörtl. Redensart.

Pilatus. — Von Pontius zu Pilatus laufen (nutzlos hin und her laufen).

Nach Luk., K. 23. — Sprichwörtl. Redensart.

Pilatus. — Wu kümmt (kommt) Pilatus in't Credo? Sprichwörtl. Redensart. Münsterisch.

Pique. — Pinkus, der Waldspecht (sagt man beim Ausspielen der Farben beim Kartenspiel).
Bek. Redensart.

Plage. — Es ist genug, daß ein jeglicher Tag seine eigene Plage habe! Matth., K. 6, V. 34.

Plagen. — Was ist die Vrsach aller solcher Plagen?
Joh. Herrmann, Hauß- v. Hertz-Musica (1639). Trost a. Jesu Liebe u. Gnade.

— Wärst du so klug, die kleinen Plagen | Des Lebens willig auszustehn, | So würdest du dich nicht so oft genötigt sehn, | Die größern Übel zu ertragen.
Christ. Fürchtegott Gellert, Fab. u. Erz. (1746). B. 2. D. schlauen Mädchen. Schlußv.

Plan. — Halt dyn anschlag (Plan) heimlich still! | In trüwen ich dirs raten wil.
Thomas Murner, Narrenbeschwerung (1512). Nr. 14. D. affen scheren.

— Der Plan, den Sie mir zeigen, | Erschreckt und — reizt mich auch zugleich.
Friedr. von Schiller, Don Carlos (1787). A. 4, Sz. 3 (Königin).

— Ein feiner Plan! Fein zugespitzt! nur schade, | Zu fein geschärfet, daß die Spitze brach!
Friedr. von Schiller, Maria Stuart (1800). A. 4, Sz. 3 (Burleigh).

Pläsier. — . . . Peter des Pläsiers (für maître de plaisir).
Pius Alexander Wolff, Preziosa (1820). A. 3, Sz. 2 (Pedro). Komp. v. Karl Maria von Weber. (Erste Auff. am 14. März 1821 in Berlin.)

Plato. — Was uns ein Plato göttlich lehret, | Braucht keines Hurons Beyfall nicht.
Karl Friedr. Drollinger, Gedichte (1743). Über d. Unsterblichkeit d. Seele.

Platz. — Platz, Platz dem Landvogt!
Friedr. von Schiller, Wilh. Tell (1804). A. 3, Sz. 3 (Rudolf d. Harras)

— Platz! Junker Volland kommt. Platz! süßer Pöbel, Platz!
Joh. Wolfg. von Goethe, Faust, I (1808). Walpurgisnacht (Mephistopheles).

Plaudern. — Viel leuht können plaudern sehr, | Von Weißheit aber seindt sie leer.
Alter Spr.

Plebs. — Hab' mit Plebs nicht gern zu schaffen.
W. Friedrich, Martha (1847). A. 1, Sz. 6 (Tristan). Komp. v. Friedr. von Flotow. (Erste Auff. 1847 in Wien.)

Pli. — Er hat keenen Pli nich (er weiß sich nicht zu benehmen). Berliner Redensart.

Plump. — So plump es (wie) 'n Pumpenswengel. Sprichwörtl. Redensart. Münsterisch.

Plunder. — Mag's immer Plunder sein, mir ist mein Plunder lieb. Franz.: **Guenille, si l'on veut; ma guenille m'est chère.**
Molière (Jean Baptiste Poquelin), D. gelehrten Frauen (1672). Übers. v. Graf Baudissin. A. 2, Sz. 7 (Chrysale).

— . . . glauben, daß der Plunder | Eben nicht der Plunder wär', | Sondern ein hochwichtig Wunder, | Das gelang mir nimmermehr.
Jos. Freiherr von Eichendorff, Gedichte (1837). Sängerleben. D. Isegrimm.

— Werft ins Gemüll den Plunder!
Friedr. von Sallet, Gesammelte Gedichte (1843). Ernsthafte Gedichte. Lumpengericht.

Pöbel. — Wer dient dem Pöfel et similibus horum (und dergleichen Pack), | Der hat Vndanck in fine laborum (bis an sein Ende).
Christoph Lehmann, Politischer Blumen-Garten (1662). T. 2. Pöfel. Nr. 10.

— Der Pöfel will stets die Hand mit im Teig haben, wenn man im Regiment Brod backen will, daß es jhme schmecklich sey.
Christoph Lehmann, Politischer Blumen-Garten (1662). T. 2. Pöfel. Nr. 20.

— Dem Pöfel soll man weichen, | Aber sich jhme nicht gleichen.
Christoph Lehmann, Politischer Blumen-Garten (1662). T. 2. Weichen. Nr. 15.

— Der Pöbel ist der größte Hauf' auf Erden.
Christ. Fürchtegott Gellert, Fab. u. Erz. (1746). B. 2. D. Freigeist.

— Nicht leicht droht Unfall einer Macht, | Darinn der Pöbel schweigt, und die Regierung wacht.
Magnus Gottfr. Lichtwer, Vier B. Äsopischer Fab. (1748). B. 3, Nr. 22. D. Füchse. Schlußv.

— Werke des Geist's und der Kunst sind für den Pöbel nicht da.
Joh. Wolfg. von Goethe, Gedichte. Epigramme (ged. Venedig 1790). Nr. 15.

— Sage, tun wir nicht recht? Wir müssen den Pöbel betriegen. | Sieh' nur, wie ungeschickt, sieh' nur, wie wild er sich zeigt! | Ungeschickt und wild sind alle rohen Betrog'nen; | Seid nur redlich, und so führt ihn zum Menschlichen an!
Joh. Wolfg. von Goethe, Gedichte. Epigramme (ged. Venedig 1790). Nr. 55.

— Dem Pöbel, diesem Starmatz, — diesem | Hohlspiegel des Gerüchtes . . .
Heinr. von Kleist, D. Familie Schroffenstein (1803). A. 1, Sz. 2 (Sylvester).

— Platz! süßer Pöbel, Platz!
Joh. Wolfg. von Goethe, Faust, I (1808). Walpurgisnacht (Mephistopheles).

— Seit jener Zeit, in welcher Tacitus ihn den Schandtaten der Kaiser Beifall klatschen sah, ist der gemeine Pöbel nicht anders geworden. Franz.: **Depuis ces temps où Tacite la vit applaudir aux crimes des empereurs, la vile populace n'a pas changé.**
Louis Thiers, Gesch. d. franz. Revolution (1823—1827). Übers. v. Jordan.

Pöbel. — Pöbel und Zwingherrschaft sind innig verschwistert; die Freiheit | Hebt ein geläutertes Volk über den Pöbel empor.

Aug. Graf von Platen-Hallermund, Gesammelte Werke (1839). Gedichte. Epigramme. D. wahre Pöbelherrschaft.

— Wenn Sonne und Mond sich wandeln, Himmel und Erde veralten wie ein Kleid, wird Pöbel Pöbel bleiben, den nur Furcht vor dem Gesetz, nicht Moral und Religion in Schranken zu halten vermögen.

Karl Jul. Weber, Demokritos (1832—1840). D. Staat u. seine Formen.

— Die Freiheit hab' ich stets im Sinn getragen, | Doch hass' ich eins noch grimmer als Despoten; | Das ist der Pöbel, wenn er sich den roten | Zerfetzten Königsmantel umgeschlagen.

Emanuel Geibel, Gedichte. Jugendgedichte. B. 3. Athen (ged. 1838—1840). Neue Sonette. Gegen d. Strom.

— Wer dem Pöbel zu Gefallen spricht, der wird bald wie er denken.

Joh. Jak. Mohr, Gedanken über Leben u. Kunst (1885).

— Der gemeine Pöbel.

Nach Jer., K. 26, V. 23. — Sprichwörtl. Redensart.

— . . . hänge dich nicht an den Pöbel!

Jes. Sir., K. 7, V. 7.

— . . . ich bin so gram . . . dem tollen Pöbel.

Jes. Sir., K. 50, V. 27—28.

— Der hat einen bösen Herrn erkoren, | Wer dient dem Posel unerfaren. Alter Spr.

— Wer sich an Pöbel hängt, ist übel logiert.

Sprichwort.

Pöbelgeschrei. — Laßt euch nicht irren des Pöbels Geschrei, | Nicht den Mißbrauch rasender Toren!

Friedr. von Schiller, Gedichte. D. Worte d. Glaubens (ged. 1797).

Pöbelvolk. — Des leichten Pöbelvolks verwirrte Polizei | Geht stets nach blindem Wahn, übt freche Tyrannei; | Bei guten Fürsten ist weit mehr der Bürger frei.

Friedr. von Logau, Deutsche Sinn-Getichte (1654).

Pöbelwut. — Grausenhaft ist Pöbelwut. Griech.: *Τὸ πολὺ γὰρ δεινὸν κακόν.*

Euripides, Iphigenie in Aulis (um 407 v. Chr.). Übers. v. Minckwitz. V. 1357 (Klytämnestra).

Podagra. — Vinum, der Vater, | Und Coena, die Mutter, | Und Venus, die Hebamm', | Die machen Podagram.

Fritz Reuter, Ut mine Stromtid (1862—1864). T. 2, K. 22.

— Bacchus der Vater, | Venus die Mutter, | Ira die Hebeamm' | Zeugen Podagram.

Alter Spr.

Poesie. — Die Malerei ist eine stumme Poesie; die Poesie eine redende Malerei. Griech.: *Τὴν μὲν ζωγραφίαν ποίησιν σιωπῶσαν, τὴν δὲ ποίησιν ζωγραφίαν λαλοῦσαν.*

Simonides v. Keos (um 556—469 v. Chr.). Nach Plutarch, Über d. Ruhm d. Athener. K. 3.

Poesie. — Ja, viel kann Poesie, das Himmelskind. Engl.: Ay, much is the force of heaven-bred poesy.

William Shakespeare, D. beiden Veroneser (um 1592—1593). Übers. v. Schlegel. A. 3, Sz. 2 (Herzog).

— . . . übertünchtes Lob der Poesie. Engl.: . . . the barren tender of a poet's debt.

William Shakespeare, Sonette (1609). Übers. v. Bodenstedt. Abteilung 2, Nr. 84.

— Es gibt gewisse Dinge, in denen die Mittelmäßigkeit unerträglich ist, — Poesie, Musik, Malerei und öffentliche Rede. Franz.: Il y a de certaines choses, dont la médiocrité est insupportable: la poésie, la musique, la peinture, le discours public.

Jean de La Bruyère, Charaktere (1688). Übers. v. Hamel. V. d. Werken d. Geistes.

— Das Amt der Poesie besteht nicht im Schmarotzen, | Worauf nur insgemein die Meister-Sänger trotzen.

Joh. Christ. Günther, Gedichte. Bey d. Namens-Feste Herrn D. Adam Christ. Thebesius (ged. 1721).

— Nicht Poesie ist's, — tollgewordne Prosa. Engl.: It is not poetry, but prose run mad.

Alexander Pope, Epistel an Dr. Arbuthnot. Prolog zu d. Sat. (1735). Übers. v. Ölckers u. Böttger. V. 188.

— Du fragst, was nützt die Poesie? | Sie lehrt und unterrichtet nie. | Allein, wie kannst du doch so fragen? | Du siehst an dir, wozu sie nützt: | Dem, der nicht viel Verstand besitzt, | Die Wahrheit durch ein Bild zu sagen.

Christ. Fürchtegott Gellert, Fab. u. Erz. (1746). B. 1. D. Biene u. d. Henne. Schlußv.

— Die Volkspoesie, ganz Natur, wie sie ist, hat Naivetäten und Reize, durch die sie sich der Hauptschönheit der künstlich vollkommensten Poesie gleichet.

Joh. Gottfr. von Herder, Stimmen d. Völker in Liedern. Abteilung 1, Nr. 3. Vorrede d. Volkslieder (1778).

— So starbst du Hungers, (wie wir lesen) | Und triebst Musik und Poesie? | Zum Hungertode, du Genie, | Wär' Eines schon genug gewesen.

Joh. Christoph Friedr. Haug, Sinngedichte (1791). Unter Th—s Grabschrift.

— Ehe noch die Wahrheit ihr siegendes Licht in die Tiefen der Herzen sendet, fängt die Dichtungskraft (die Poesie) ihre Strahlen auf, und die Gipfel der Menschheit werden glänzen, wenn noch feuchte Nacht in den Tälern liegt.

Friedr. von Schiller, Prosaische Schriften. Über d. ästhetische Erziehung d. Menschen, in einer Reihe v. Br. (1795). Br. 9.

— Die Poesie verlangt, ja sie gebietet Sammlung, sie isoliert den Menschen wider seinen Willen, sie drängt sich wiederholt auf und ist in der breiten Welt (um nicht zu sagen: in der großen) so unbequem wie eine treue Liebhaberin.

Joh. Wolfg. von Goethe, Briefwechsel zwischen Schiller u. Goethe (9. Aug. 1797).

Poesie. — Einer Gesellschaft von Freunden harmonische Stimmungen zu geben und manches aufzuregen, was bei den Zusammenkünften der besten Menschen so oft nur stockt, sollte von Rechts wegen die beste Wirkung der Poesie sein.

Joh. Wolfg. von Goethe, Briefwechsel zwischen Goethe u. Knebel (12. Jan. 1798).

— Mein (der Poesie) unermeßlich Reich ist der Gedanke, | Und mein geflügelt Werkzeug ist das Wort. Friedr. von Schiller, D. Huldigung d. Künste (ged. 4.—8. Nov. 1804). (Poesie).

— Es gibt einen Garten, genannt Poesie; in diesem wachsen Blumen, die einen so heilsamen Duft aushauchen, daß, wer diesen täglich einatmet, täglich wie neugeboren wird.

Joh. Friedr. Delbrück, Ein Gastmahl (1809).

— Wenn die Poesie überhaupt verjüngen kann, so vermag sie es am meisten durch die komische Dichtung. Joh. Friedr. Delbrück, Ein Gastmahl (1809).

— Die Poesie der Alten war die des Besitzes, die unsrige ist die der Sehnsucht; jene steht fest auf dem Boden der Gegenwart, diese wiegt sich zwischen Erinnerung und Ahnung.

Aug. Wilh. von Schlegel, Vorlesungen über dramatische Kunst u. Literatur (1808—1811).

— Durch Vernünfteln wird Poesie vertrieben, | Aber sie mag das Vernünftige lieben.

Joh. Wolfg. von Goethe, Gedichte. Sprichwörtl. (ged. 1812—1814).

— In wessen Brust quillt Poesie, | Wes Geist durchschwillet Harmonie, | Wes Seele erfüllet Melodie, | Der bleibt stets jung, der altert nie, | Zu dem sagt Liebe nicht: ich flieh'!

A. d. Persischen d. Hussein Ali Mirza (geb. 1814). Alkoran d. Liebe. Übers. v. Altmann.

— Gott sandte seinen rohen Kindern | Gesetz und Ordnung, Wissenschaft und Kunst, | Begabte die mit aller Himmelsgunst, | Der Erde grasses Los zu mindern. | Sie kamen nackt vom Himmel an | Und wußten sich nicht zu benehmen, | Die Poesie zog ihnen Kleider an, | Und keine hatte sich zu schämen.

Joh. Wolfg. von Goethe, Gedichte. Parabolisch. Gott sandte seinen rohen Kindern usw. (ged. 30. Juni 1816).

— Brotloseste der Künste, Poesie!

Heinr. Heine, D. B. d. Lieder. Junge Leiden (ged. 1817—1821). Sonette. Fresko-Sonette an Christ. S. Nr. 8.

— Überhaupt haben die Dilettanten und besonders die Frauen von der Poesie sehr schwache Begriffe.

Joh. Peter Eckermann, Gespräche mit Goethe in d. letzten Jahren seines Lebens (18. Jan. 1825).

— Ein bißchen Narrheit, das versteht sich, gehört immer zur Poesie.

Heinr. Heine, Reisebilder. T. 2. Italien (1828—1829). Nr. 2. D. Bäder v. Lucca. K. 11.

Poesie. — In der Poesie jedoch lassen sich gewisse Dinge nicht zwingen; und man muß von guten Stunden erwarten, was durch geistigen Willen nicht zu erreichen ist.

Joh. Peter Eckermann, Gespräche mit Goethe in d. letzten Jahren seines Lebens (21. März 1830).

— Die wahre Poesie kündet sich dadurch an, daß sie als ein weltliches Evangelium durch innere Heiterkeit, durch äußeres Behagen uns von den irdischen Lasten zu befreien weiß, die auf uns drücken. Joh. Wolfg. von Goethe, A. meinem Leben. Dichtung u. Wahrheit (1809—1831).

— Was ist Poesie? . . . Wer recht lebendig empfindet, (denn empfunden muß und kann es eigentlich nur werden), daß etwas poetisch ist, bedarf nicht der Erklärung, und wer kein Gefühl dafür hat, dem kann alle Erklärung durch Worte nicht helfen. Wilh. Freiherr von Humboldt, Br. an eine Freundin (6. Mai 1831).

— Poesie ist tiefes Schmerzen, | Und es kommt das echte Lied | Einzig aus dem Menschenherzen, | Das ein tiefes Leid durchglüht.

Justinus Kerner, Dichtungen (1834). Lieder d. Schmerzes. Poesie.

— Das Glück hat auch seine Poesie, aber der Mangel erzeugt die Poesie: — die Sehnsucht ist ihre Mutter und der Schmerz ihr ursprünglicher Vater. Heinr. Laube, Moderne Charakteristiken (1835).

— Leben kann man nicht von Tönen; | Poesie geht ohne Schuh.

Jos. Freiherr von Eichendorff, Gedichte (1837). Sängerleben. Umkehr.

— Es ist die Wissenschaft der Tod der Poesie, | Die selbst einst war die Lebenslust der Erden. | Tod sucht ein höh'res Sein; so sucht Philosophie | Zuletzt nur höh're Poesie zu werden.

Friedr. Rückert, Gesammelte Gedichte (1834—1838). Vierzeilen. 1. Hundert, Nr. 38.

— Strichvogel Reflexion, | Zugvogel Poesie, | Singt jeder andern Ton | Und andre Melodie.

Nicolaus Lenau (Niembsch, Edler von Strehlenau), Neuere Gedichte (1838). Zweierlei Vögel.

— Wahre Poesie ist ein süßes Opium für das Fieber des Lebens.

Karl Jul. Weber, Demokritos (1832—1840). D. Dichter.

— Die Poesie ist dem Gedanken, was für den Körper die Seele bedeutet. Franz.: La poésie est à la pensée ce que le corps est à l'âme.

Alexander Vinet, Philosophisches Allerlei (1844). Vorrede. Übers. v. Zimmermann.

— Das Herz des Menschen ist das Gebiet der Poesie, und der Poesie allein. Engl.: The heart of man is the province of poetry, and of poetry alone.

Thomas Babington, Lord Macaulay, Kritische u. historische Essays (1846). Übers. v. Steger. Milton.

— Not ist das Grab der Poesie.

Friedr. von Bodenstedt, D. Lieder d. Mirza-Schaffy (1851). Lieder d. Klage. Nr. 8.

Poesie. — Alle Poesie hat ihren Ursprung im Volke, und des Naturlauts regelloser Klang zeigt den Modulationen der Kunst den Weg.

Joh. Scherr, Gesch. deutscher Kultur u. Sitte (1853).

— . . . solang' ein Menschenherz noch schlägt, . . . | Wird in der Geisterwelt auch Poesie | Und manch' erhabene Idee sich finden.

Emerich Madách, D. Tragödie d. Menschen (1861). A. d. Ungar. übers. v. Lechner. Sz. 11 (Luzifer).

— Je unfreier ein Volk ist, je romantischer wird seine Poesie.

Ludw. Börne, Gesammelte Schriften (1862—1863). Kritiken.

— Trostlos Darben wär' ein Leben | Ohne dich, o Poesie!

Emanuel Geibel, Spätherbstblätter (1877). Lieder a. alter u. neuer Zeit. Nr. 20.

— Solang' noch Gräber trauern | Und die Zypressen dran, | Solang' ein Aug' noch weinen, | Ein Herz noch brechen kann: | Solange wallt auf Erden | Die Göttin Poesie.

Anastasius Grün (Anton Alexander Graf von Auersperg), Gesammelte Werke (1877). Gedichte. D. letzte Dichter.

— Poesie, wo ist sie? und wo nicht? | Wenn sich Perl' und Demant sonnt am Licht, | Denke, wieviel ihresgleichen ruht | Ungehoben noch in Schacht und Flut.

Anastasius Grün (Anton Alexander Graf von Auersperg), Gesammelte Werke (1877). Gedichte. Spr.

— Im hellen, klaren Morgensonnenlicht, | Da stäubt der Poesie Goldregen nicht. | Doch schwimmt im Mondenscheine Tau und Ried, | Wie Duft und Tau vom Himmel träuft das Lied.

Friedr. Güll, Leitstern auf d. Lebensfahrt (1881).

— Aus Poesie erwuchs der Glaube. | Der Glaube ward zur Poesie, | Wie aus dem Rebstock wächst die Traube, | Der seine Wunder wirkt durch sie. Friedr. von Bodenstedt, A. Morgenland u. Abendland (1882).

— Will diese Welt, du arme Poesie, | Nichts von dir wissen, | Wie kann dich's wundern? Du beleidigst sie. | Bist du denn nicht das Weltgewissen?

Paul Heyse, Spruchbüchlein (1885). Literatur u. Kunst.

— Mit ihren holden Friedenstönen | In ihrer sel'gen Harmonie | Der Erde Jammer zu versöhnen, | Ist's nicht das Recht der Poesie?

Karl Gerok, Auf einsamen Gängen (1887).

Poet. — Dafern nur ein Poete wil, | So steht der Himmel nimmer stil, | Die Sterne müssen tantzen, | Es springen auch die Stein' hersür, | Da hüpfen Wälder, Berg' und Thier', | Es zittern Wäll' und Schantzen; | Ja, was die schwarze Nacht bedekt, | Wird durch Poeten auffgewekt.

Joh. Rist, Poetischer Schauplatz (1646). Lob d. Poeten.

— Ich habe immer gehört, daß ein Poet eine furchtsame Kreatur ist.

Gotthold Ephr. Lessing, Schriften (1753—1755). Br. Br. 2.

Poet. — Poet ist Schöpfer!

Joh. Martin Miller, Gedichte. Auf ihn, der's fühlt (1777).

— Der Hunger tötet nicht. Hier, zum Beweise, geht | Ein achtzigjähriger Poet.

Joh. Christoph Friedr. Haug, Sinngedichte (1791). Zähes Leben.

— Zweierlei gehört zum Poeten und Künstler: daß er sich über das Wirkliche erhebt, und daß er innerhalb des Sinnlichen stehen bleibt. Wo beides verbunden ist, da ist ästhetische Kunst.

Friedr. von Schiller, Briefwechsel zwischen Schiller u. Goethe (14. Sept. 1797).

— Eltern, die bemerken, daß ihr Junge ein Poet von Profession werden will, sollten ihn so lange peitschen, bis er das Versemachen aufgibt, oder bis er ein großer Dichter wird.

Georg Christoph Lichtenberg, Verm. Schriften (1800—1806).

— Lebendiges Gefühl der Zustände und Fähigkeit, es auszudrücken, macht den Poeten.

Joh. Peter Eckermann, Gespräche mit Goethe in d. letzten Jahren seines Lebens (11. Juni 1825).

— Bin der Poet, der sich vollendet, | Wenn er sein eigenst Gut verschwendet.

Joh. Wolfg. von Goethe, Faust, II (1831). A. 1. Weitläufiger Saal (Knabe Lenker).

— G'nug, den Poeten bindet keine Zeit.

Joh. Wolfg. von Goethe, Faust, II (1831). A. 2. Klassische Walpurgisnacht. Peneios (Chiron).

— Ob jedem recht, — schiert ein Poet sich drum?

Ferd. Freiligrath, Ein Glaubensbekenntnis. T. 1. A. Spanien (geb. Nov. 1841).

— Der hat's wahrhaftig als Poet | Nicht hoch hinausgetrieben, | In dessen Liedern mehr nicht steht, | Als er hineingeschrieben.

Emanuel Geibel, Juniuslieder (1848). Gelegenheitsgedichte, Spr., Scherze. Spr. Nr. 57.

— Zuerst gilt mir der Mann, dann der Poet!

Emil Rittershaus, Gedichte (1856).

— Wirken will der Poet wie der Redner. Aber das Höchste | Bleibt ihm die Schönheit doch, die er zu bilden sich sehnt. | Jener behält den Erfolg im Blick stets, dieser erreicht ihn, | Wenn er ihn über dem Drang seligen Schaffens vergißt.

Emanuel Geibel, Gesammelte Werke (1883). Dichtungen in antiker Form. Ethisches u. Ästhetisches in Distichen. Nr. 31.

— Sittlich sei der Poet, kein Sittenprediger!

Emanuel Geibel, Gesammelte Werke (1883). Dichtungen in antiker Form. Ethisches u. Ästhetisches in Distichen. Nr. 34.

— Ein Poet macht beim guten Wein | Gude, wol lauffende verßlein. Alter Spr.

Poeten. — Wahnwitzige, Poeten und Verliebte | Bestehn aus Einbildung. Engl.: The lunatic, the lover, and the poet, | Are of imagination all compact.

William Shakespeare, Ein Sommernachtstraum (1594). Übers. v. Schlegel. A. 5, Sz. 1 (Theseus).

Poeten. — Man pfleget mehr, was Maler malen, | Als was Poeten, zu bezahlen; | Da doch die Farben werden blind, | Reim' aber ohne Sterben sind.

Friedr. von Logau, Deutsche Sinn-Getichte (1654). Poeten u. Maler.

— Wo nur bloß die Lorberkron | Ist gelehrter Arbeit Lohn, | Ist kein Wunder, daß Poeten | Stecken oft in etwas Nöthen.

Friedr. von Logau, Deutsche Sinn-Getichte (1654). Poetenkrone.

— Es halfen große Herren Poeten wohl zum Leben; | Die aber können jenen, daß sie nicht sterben, geben.

Friedr. von Logau, Deutsche Sinn-Getichte (1654). Poeten.

— ... müßige Poeten | Hat Platos Republik, Europa nicht vonnöten.

Gotthold Ephr. Lessing, Schriften (1753—1755). Fragmente. Nr. 4. A. einem Gedichte an d. Herrn M**.

— Wir Poeten sind selten so glücklich, daß die Könige uns lehren, und noch seltener geschieht, daß sich ihre Diamanten zu uns verirren.

Friedr. von Schiller, Br. (4. Sept. 1803).

— Gebt ihr euch einmal für Poeten, | So kommandiert die Poesie!

Joh. Wolfg. von Goethe, Faust, I (1808). Vorspiel auf d. Theater (Direktor).

— Verlangt ihr Großes, hebt den Blick nach oben, | Denn nicht heruntersteigen die Poeten.

Aug. Graf von Platen-Hallermund, D. verhängnisvolle Gabel (1826). A. 3 (Schmuhl).

— Neuere Poeten tun viel Wasser in die Tinte.

Joh. Wolfg. von Goethe, Werke (1827—1830). Maximen u. Reflexionen. Abteilung 6.

— Die Welt ist kommen zur Vernunft | Und braucht jetzt keine Poeten.

Emanuel Geibel, Gedichte. Jugendgedichte. B. 1. Lübeck u. Bonn (ged. 1834—1835). Lieder. Nr. 42. Schlußv.

— Auf das Wohlsein der Poeten, | Die nicht schillern und nicht goethen, | Durch die Welt in Lust und Nöten | Segelnd frisch auf eignen Böten!

Jos. Freiherr von Eichendorff, Gedichte (1837). Sängerleben. Tafellieder. Nr. 7. Toast.

— Wie mag den Kelch des Segens spenden, | Wer selbst am Mahl der Sünde zecht? | Rein sollt ihr (Poeten) sein an Herz und Händen, | Ihr seid ein priesterlich Geschlecht!

Emanuel Geibel, Juniuslieder. Zeitgedichte. D. Dichtern (ged. 1849).

— Es ist wahr, sie haben viel Glück, diese phantastischen Abenteurer, die in lächelnder Sorglosigkeit keinen Zweifel kennen und sich allen feindlichen Gefahren gewachsen glauben; die Welt bedarf ihrer; die Poeten, die Helden jeder Art rekrutieren sich aus ihnen.

Wilh. Raabe, D. Leute a. d. Walde, ihre Sterne, Wege u. Schicksale (1863).

Poetenalter. — Das Herz, nicht Brockhaus' Lexikon, | Bestimmt das Alter des Poeten.

Frz. von Dingelstedt in d. „Deutschen Rundschau" (1890).

Poetenziel. — Geliebt zu sein von seinem Volke, | O herrlichstes Poetenziel!

Ferd. Freiligrath, Gedichte. Neueres u. Neuestes. Im Teutoburger Walde (ged. 18.—20. Juni 1869).

Poetisch. — Poetische Lizenz. Lat.: Licentia poetica. Nach Lucius Annäus Seneca (um 4—65), Naturgesch. B. 2, K. 44, § 1.

Poetische, das. — Das Menschliche ist immer der Anfang des Poetischen, das nur der Gipfel davon ist. Friedr. von Schiller, Briefwechsel zwischen Schiller u. Goethe (1828—1829).

Pol. — ... den ruhenden Pol in der Erscheinungen Flucht.

Friedr. von Schiller, Gedichte. D. Spaziergang (ged. 1795).

Pole. — Der Russe haßt den Polen, muß ihn hassen; | Da ist kein festes Herzensband zu knüpfen.

Friedr. von Schiller, Demetrius (ged. Mai 1804). A. 1 (Marina).

— Der Pollak und Böhm' haben einander lieb; | Kommt dazu ein Ungar, so sind's drei rechte Dieb. Alter Spr.

Polen. — Polen ist der Bauern Hölle, der Juden Paradies, der Bürger Fegefeuer, der Edelleute Himmel und der Fremden Goldgrube.

Sprichwort.

— Polen ist katholisch. Polnisches Sprichwort.

— Noch ist Polen nicht verloren (ich gebe die Sache noch nicht verloren). Sprichwörtl. Redensart.

Polen, die. — Krapülinski und Waschlapski, | Polen aus der Polakei . . .

Heinr. Heine, Romanzero (1851). B. 1. Historien. Zwei Ritter.

— . . . sie hören nicht, sie streiten, | Welcher Führer hängen soll; — | Noch ist Rußland nicht verloren, | Denn noch sind die Polen toll!

Friedr. Hebbel, Gedichte. Noch ist Polen nicht verloren (4. Aug. 1853). Nr. 2. Schlußv.

— ... es gibt sehr viel weniger Polen in der Welt, als man gewöhnlich glaubt.

Otto von Bismarck im Norddeutschen Reichstage (18. März 1867).

Politik. — Mit Schweigen, Neffe, treibe Politik! Engl.: With silence, nephew, be thou politic.

William Shakespeare, König Heinr. VI. (um 1590—1591). Übers. v. Schlegel. T. 1, A. 2, Sz. 5 (Mortimer).

— . . . die Ketz'rin Politik. Engl.: . . . policy, that heretic.

William Shakespeare, Sonette (1609). Übers. v. Bodenstedt. Abteilung 4, Nr. 154.

— Ich weiß wohl, daß Politik selten Treu' und Glauben halten kann, daß sie Offenheit, Gutherzigkeit, Nachgiebigkeit aus unsern Herzen ausschließt. Joh. Wolfg. von Goethe, Egmont (1788). A. 1. Palast d. Regentin (Regentin).

Politik. — Politik und die Kanzel haben wenig miteinander zu schaffen. In einer Kirche muß kein anderer Schall zu hören sein als die trostreiche Stimme christlicher Liebe. Engl.: **Politics and the pulpit are terms that have little agreement. No sound ought to be heard in the church but the healing voice of Christian charity.**

Edmund Burke, Betrachtungen über d. Revolution in Frankreich (1790). Übers. v. Genz. Abs. 18.

— Unter allen Zweigen wissenschaftlicher Erkenntnis hat von alters her keinen in solchem Maße das Los getroffen, von ungeschickten Händen verstümmelt zu werden, als die Politik.

Friedr. von Gentz, Betrachtungen über d. franz. Revolution (1793).

— Die Politik ist das Schicksal. Franz.: **La politique est le sort.**

Napoleon I. zu Goethe (2. Okt. 1809). Übers. v. Zimmermann.

— In der Politik ist der schlimmste Entschluß der, keinen Entschluß zu fassen.

Karl Salomo Zachariä von Lingenthal, Vierzig B. Staate (1820—1832).

— Die Politik sagt: „Seid klug wie die Schlangen!"; die Moral setzt hinzu: „und ohne Falsch wie die Tauben!"

Immanuel Kant, Werke (1838—1839). Bd. 7.

— Das erste Gesetz der Politik war schon von Anbeginn: Ich will!

Karl Jul. Weber, Demokritos (1832—1840). Staatsbetrachtungen eines alten Welt- u. Mondbürgers.

— Es ist ein gewöhnlicher Irrtum in der Politik, Mittel und Zwecke zu verwechseln. Engl.: **It is a common error in politics to confound means with ends.**

Thomas Babington, Lord Macaulay, Kritische u. historische Essays (1846). Übers. v. Steger. Burleigh u. seine Zeit.

— In der Politik heißt drohen, ohne zu treffen, so viel, als sich eine Blöße geben. Franz.: **Menacer sans frapper en politique, c'est se découvrir.**

Alphonse de Lamartine, Gesch. d. Girondisten (1847). Übers. v. Herwegh.

— Die Politik der freien Hand.

Ausspr. d. Alexander Gustav Adolf Grafen von Schleinitz (1859).

— Die Politik ist keine exakte Wissenschaft; mit der Position, die man vor sich hat, wechselt auch die Benutzungsart der Positionen.

Otto von Bismarck im Abg.-Hause d. preuß. Landtages (18. Dez. 1863).

— Es ist ein gefährlicher Irrtum, aber heute weit verbreitet, daß in der Politik dasjenige, was kein Verstand der Verständigen sieht, dem politischen Dilettanten durch naive Intuition offenbar wird. Otto von Bismarck im Herrenhause d. preuß. Landtages (21. Dez. 1863).

Politik. — Es ist das in der Politik immer so, als wenn man mit unbekannten Leuten . . . in einem unbekannten Lande geht; wenn der eine seine Hand in die Tasche steckt, so zieht der andere seinen Revolver schon.

Otto von Bismarck im Reichstage (9. Juli 1879).

— Die Politik ist keine Wissenschaft, wie viele der Herren Professoren sich einbilden, sie ist eben eine Kunst; sie ist ebensowenig eine Wissenschaft wie das Bildhauen und das Malen.

Otto von Bismarck im Reichstage (15. März 1884).

— Fast alle Rechte beruhen auf Rechtsbrüchen, besonders in der Politik.

Ernst Jul. Hähnel, Lit. Reliquien (1884).

— . . . mit Sicherheit kann man in der Politik ja überhaupt nicht entscheiden.

Otto von Bismarck im Reichstage (10. Febr. 1885).

— Ich kann versichern, die Politik ist keine Wissenschaft, die man lernen kann; sie ist eine Kunst, und wer sie nicht kann, der bleibt besser davon! Otto von Bismarck im Abg.-Hause d. preuß. Landtages (29. Jan. 1886).

— Politik von Fall zu Fall.

Ausspr. d. Grafen Gyula Andrassys (1823—1890) bezüglich d. Orientpolitik.

— Politik ist der Versuch, inmitten des Konflikts der Weltmächte, der idealen sowohl wie der realen, die man nicht beherrschen kann, das eigene Interesse zu wahren und zu fördern.

Leop. von Ranke, Sämtl. Werke (1868—1890). Zur deutschen Gesch. Bd. 7.

— . . . denn die hohe Politik machen, sei ungefähr dasselbe, wie das Wetter machen. Sie reibe den Körper auf und mache schlaflose Nächte.

Otto von Bismarck zu d. Vertretern Straßburgs in Friedrichsruh (21. Dez. 1890).

— . . . Politik ist eben an sich keine Logik und keine exakte Wissenschaft, sondern es ist die Fähigkeit, in jedem wechselnden Moment der Situation das am wenigsten Schädliche oder das Zweckmäßigste zu wählen.

Otto von Bismarck zu einer Abordnung d. akademischen Senates in Jena (10. Juli 1892).

— Wir können heutzutage nicht mehr einer rein dynastischen Politik folgen; wir müssen nationale Politik treiben, wenn wir bestehen wollen.

Otto von Bismarck auf d. ihm zu Ehren veranstalteten Kommerse in Jena (31. Juli 1892).

— Denn Politik, segt de Bûr, is anners seggen as dôn. Sprichwörtl. Redensart. Hamburg.

Politiker, der. — Nicht wer Staatstheorien doziert, ein Politiker ist nur, | Wer im gegebenen Fall richtig das Mögliche schafft.

Emanuel Geibel, Spätherbstblätter (1877). Distichen a. d. Wintertageb. Nr. 2.

Politiker, der. — Das Ziel des Politikers ist das Erreichbare und seine Pflicht, seine Maßregeln den oft unreifen, unentwickelten und schwankenden Begriffen des Volkes anzupassen. Engl.: The object of the politician is expediency, and his duty is to adapt his measures to the often crude, undeveloped, and vacillating conceptions of the nation.

William Edward Hartpole Lecky (1838—1903), D. Rationalismus in Europa. Übers. v. Jolowicz. B. 2, K. 5.

Politiker, die. — Ich gedenke oft solcher Politiker, wenn ich im Dorfe von einem Hunde angebellt werde, der zweite nachbellt, und alle bellen, und keiner kann sagen, warum?

Karl Jul. Weber, Demokritos (1832—1840). D. Staat u. seine Formen. D. Fortsetzung.

Politisch. — Der Mensch ist von Natur ein politisches Wesen. Griech.: *Ἄνθρωπος φύσει ζῷον πολιτικόν.*

Aristoteles (um 384—322 v. Chr.), Politik. Übers. v. Susemihl. B. 1, K. 1, § 9.

— Was heißt politisch sein? Verdeckt im Strauche liegen, | Fein zierlich führen um und höflich dann betrügen.

Friedr. von Logau, Deutsche Sinn-Getichte (1654). Ein Weltmann.

— Ein garstig Lied! Pfui! ein politisch Lied.

Joh. Wolfg. von Goethe, Faust, I (1808). Auerbachs Keller in Leipzig (Brander).

— Der weite, schmutzige Mantel des politischen Interesse deckt alles zu.

Aug. von Kotzebue, D. Biene (1808—1809).

— Es ist traurig, daß in Deutschland noch so viele, sonst ganz gescheite Männer leben, die den besten und brauchbarsten Mann anfeinden, wenn er eine andere politische Meinung hegt als sie.

Karl Jul. Weber, Demokritos (1832—1840). D. Staat u. seine Formen. D. Schluß.

— Ich habe mich dabei überzeugt, daß aus dem Zuschauerraum die politische Welt anders aussieht, als wenn man hinter die Kulissen tritt.

Otto von Bismarck im Norddeutschen Reichstage (13. März 1867).

— ... in der politischen Leidenschaft, — von der ganz frei zu sein nicht immer eine öffentliche Tugend ist.

Otto von Bismarck im Abg.-Hause d. preuß. Landtages (27. Nov. 1867).

— Politischer Raufbold.

Nach Otto von Bismarck im Reichstage (30. Nov. 1881).

— Sie kennen sich selbst nicht; das ist aber doch die erste politische Regel.

Otto von Bismarck im Reichstage (14. Juni 1882).

— Von allen politischen Unternehmungen ist es vielleicht die schwerste, eine Linie zu verlassen, auf der man sich bisher bewegt, Erfolge rückgängig zu machen, die man selber hervorgerufen.

Leop. von Ranke, Sämtl. Werke (1868—1890).

Politisch. — Sie müssen sich daran gewöhnen, in jedem Deutschen zuerst den Landsmann, nicht den politischen Gegner zu sehen.

Otto von Bismarck zu d. Vertretern d. deutschen Universitäten, technischen Hochschulen u. Kunstakademien in Kissingen (10. Aug. 1891).

— ... und ich habe es auch im politischen Leben stets für nützlich gehalten, wahr zu bleiben.

Otto von Bismarck zu Lehrern höherer Schulen Preußens in Friedrichsruh (8. April 1895).

Polizei. — ... die Polizei will alles, alles wissen und besonders Geheimnisse.

Gotthold Ephr. Lessing, Minna v. Barnhelm (1763). A. 2, Sz. 2 (D. Wirt).

— Die Polizei ist nichts als die Diplomatie in Lumpen. Franz.: La police n'est que de la diplomatie en haillons.

Napoleon I., Maximen u. Gedanken (1817). Übers. v. Zimmermann.

— ... überall, wo Menschen sind, versteckt ihr eure Polizei!

Aug. Graf von Platen-Hallermund, D. romantische Ödipus (1828). A. 3 (D. Sphinx).

— Man schützt vor Aria cattiva sich | Und auch vor Aqua toffana; | Doch nimmer und nirgend kann man entgehn | Der Polizei und Dogana.

Aug. Heinr. Hoffmann von Fallersleben, Zeitgedichte. Diavolini. Via mala (ged. 18. Okt. 1844).

Polizeischritt. — ... es ist | Ein Polizeischritt! — | Und woran kennst du den? — | An würdevoller Grobheit.

Christ. Dietr. Grabbe, Don Juan u. Faust (1829). A. 4, Sz. 4 (Leporello, Don Juan u. Leporello).

Polnisch. — Es geht zu wie auf dem polnischen Reichstage (in völliger Unordnung).

Sprichwörtl. Redensart.

— Polnischen Abschied nehmen (ohne Abschied verschwinden). Sprichwörtl. Redensart.

Polyhymnia. — Leben atme die bildende Kunst, Geist fodr' ich vom Dichter; | Aber die Seele spricht nur Polyhymnia aus.

Friedr. von Schiller, Gedichte. Votivtafeln. Nr. 46. Tonkunst (ged. 1799).

Pommern. — ... Vnd kam in das Land zu Pommer, | Da Leut einfältig sein vnd frommer.

Joh. Friedr. Fischart, Eulenspiegel Reimensweiß (1569). K. 30. Wie Eulenspiegel mit einem Todten-Häupt umbzog, d. Leute zu bestreichen für Heylthumb.

Populär. — Populär kann der nur heißen, | Der zu seinen Höh'n kann reißen.

Gottfr. Kinkel, Gedichte (1843). Spr.

— ... daß nicht immer damit, daß etwas populär sei, auch ausgesprochen sei, daß es gerecht und vernünftig sei.

Otto von Bismarck in d. zweiten Kammer d. preuß. Landtages (24. Okt. 1849).

Popularität. — Popularität ist in Kupfer umgemünzter Ruhm. Franz.: La popularité, c'est la gloire en gros sous.

Viktor Hugo, Ruy=Blas (1838). A. 3, Sz. 5 (Don Sallust). Übers. v. Zimmermann.

— . . . wahre Popularität erfordert viele praktische Welt= und Menschenkenntnis, Kenntnis von den Begriffen, dem Geschmacke und den Neigungen der Menschen.

Immanuel Kant, Werke (1838—1839). Bd. 3.

— Die Popularität erträgt weniger als die Herrschaft eine Teilung. Franz.: La popularité souffre moins de partage que l'empire.

Alphonse de Lamartine, Gesch. d. Girondisten (1847). Übers. v. Herwegh.

— Auf große Popularität kann nur derjenige rechnen, der seinen Zeitgenossen Gemeinplätze in volltönenden Worten zum besten gibt. Das Publikum liebt jene Schriftsteller am meisten, in deren Werken es seine eigene Weisheit anstaunen kann.

Jos. Baron von Eötvös, Gedanken (1861).

— Wo die Popularität gewonnen wird, indem man der Menge schmeichelt, ihr die Wahrheit vorenthält, im Sprechen und Schreiben sich zu dem niedrigsten Geschmack herabläßt oder gar den Klassenhaß zu erwecken sucht, da muß die Popularität in den Augen aller ehrlichen Leute verächtlich sein. Engl.: Where popularity is won by fawning upon the people, by withholding the truth from them, by writing and speaking down to the lowest tastes, and still worse by appeals to class-hatred, such a popularity must be simply contemptible in the sight of all honest men.

Samuel Smiles, D. Charakter (1871). Übers. v. Dobbert. K. 5. D. Mut.

— . . . die Popularität ist eine vorübergehende Sache, die sich heute auf das, morgen auf jenes richtet. Otto von Bismarck im Reichstage (12. Juni 1882).

— Die Popularität einer Sache macht mich viel eher zweifelhaft und nötigt mich, mein Gewissen noch einmal zu fragen: Ist sie auch wirklich vernünftig?

Otto von Bismarck im Reichstage (12. Juni 1882).

— Popularität hat für mich immer etwas Unbehagliches.

Otto von Bismarck im Reichstage (5. Mai 1885).

Positus. — Positus, ich setz' den Fall.

Louis Angely, Vaudevilles u. Lustspiele (1828—1834). D. Fest d. Handwerker (Kluck).

Possen. — Jemandem einen Possen spielen (jemanden durch Worte oder Taten necken, schädigen).

Sprichwörtl. Redensart.

Posten. — Immer auf dem Posten. Franz.: Toujours en vedette.

Friedr. d. Große, Sämtl. Werke (1789). Exposé du gouvernement prussien.

Postillon. — Seht ihr drei Rosse vor dem Wagen | Und diesen jungen Postillon?

D. Troika (um 1840). Russisches Volkslied u. =weise.

— Jetzt geht die Welt aus Rand und Band, | Die besten ziehn davon, | Und mit dem letzten Hausknecht schwand | Der letzte Postillon.

Jos. Viktor von Scheffel, Gaudeamus (1867). D. letzte Postillon.

Pracht. — Noch Eine hohe Säule zeugt von verschwund'ner Pracht.

Ludw. Uhland, Gedichte. Balladen u. Romanzen. D. Sängers Fluch (ged. 3.—4. Dez. 1814).

— Pracht, Geld und Ehr' | Ist morgen oft nicht mehr. Sprichwort.

Prächtig. — Drauß ist alles so prächtig, | Und es ist mir so wohl.

Friedr. Richter, Violen, ausgewählte Lieder u. Epigramme. Im Mai (ged. 1835). Mel. v. Friedr. Silcher (komp. 1835—1836).

Prahlen. — Prahlst du gleich mit deinen Wangen, | Die wie Milch und Purpur prangen, | Ach, die Rosen welken all!

Wilh. Hauff, Kriegs= u. Volkslieder (1824). Reiters Morgenlied. Mel. v. Friedr. Silcher (komp. 1824—1825).

— Wer selbst sich rühmt und unbescheiden prahlt, | Der handelt wider Recht; er macht sich selbst bezahlt. Alter Spr.

— Prahlt wi nich, sau (so) hewt (haben) wi nix, segt de Pracher.

Sprichwörtl. Redensart. Hildesheim.

Prahlen, das. — „Sonst warst du so weit vom Prahlen entfernt, | Wo hast du das Prahlen so grausam gelernt?" | Im Orient lernt' ich das Prahlen. | Doch, seit ich zurück bin, im westlichen Land | Zu meiner Beruhigung find' ich und fand | Zu Hunderten Orientalen.

Joh. Wolfg. von Goethe, Gedichte. Zahme Xenien. Nr. 2. Mit Batis Weissagen verm. (1821).

— Praohlen iss kin Geld tellen (zählen).

Sprichwort. Münsterisch.

Prahler. — Großer Prahler, | Schlechter Zahler. Sprichwort.

— Großer Prahler, kleiner Tuer. Ital.: Gran vantatore, piccol facitore.

Toscanisches Sprichwort.

Prahlerei. — Auf eignen Wert voll Prahlerei sein ziemt sich nicht.

A. d. Persischen d. Hafis (um 1310—1389). Vierzeiler. Übers. v. Nesselmann.

— Wo die Prahlerei aufhört, da fängt die wahre Würde an. Engl.: Where boasting ends, there dignity begins.

Edward Young, Nachtgedanken (1742). Übers. v. Graf von Bentzel=Sternau. Nacht 8, V. 509.

Prahlhans. — Die Pforte im Himmel ist klein, | Es kann kein Prahlhans hinein.

Abraham a Santa Clara [Ulrich Megerle] (1644—1709), Sämtl. Werke.

Praktisch. — Wat kann da sein, wat kann da sein? | Wer praktisch is, fällt ooch mal rein.
David Kalisch, Berlin bei Nacht (1850).

Pranger. — Jemanden an den Pranger stellen (die Fehler jemandes zu dessen Schande bloßstellen). Sprichwörtl. Redensart.

Prasser. — Prasser eilen zum Bettelstab.
Sprichwort.

Predigen. — Verstanden lüten ist predigen gůt. Seb. Brant, D. Narrenschif (1494). Nr. 73. V. geistl. werden.

— Von fischen vnd Engeln ist nicht gut predigen. Joh. Agricola, Drey hundert Gemeyner Sprichwörtter (1529). Nr. 294.

— Einfältig zu predigen ist eine große Kunst. Christus thut's selber; er redet allein vom Ackerwerk, vom Senfkorn usw. und brauchet eitel grobe, bäurische Gleichnisse.
Dr. Martin Luther, Tischreden oder Colloquia (1566). Nr. 22. Tischreden v. d. Predigtamt oder Kirchendienern. § 74. Wie ein Lehrer predigen u. auf welche er sehen soll.

— Tauben Ohren predigen.
Nach Jesaias, K. 42, V. 20.

— Von den Dächern predigen.
Nach Matth., K. 10, V. 27.

Prediger, der. — Die Zeit und Gelegenheit macht einen Prediger. Ich kann mich nicht mit und an Worte binden lassen, ich predige oft von einer Meinung mit andern Worten.
Dr. Martin Luther, Tischreden oder Colloquia (1566). Nr. 11. Tischreden v. hl. Katechismo. § 9. D. Katechismus muß regiren.

— Sechs Stücke gehören zu einem Prediger, wie ihn die Welt jetzt haben will: 1. daß er gelehrt sei; 2. daß er ein fein Aussprechen habe; 3. daß er beredt sei; 4. daß er eine schöne Person sei, den die Mägdlein und Fräulein lieb können haben; 5. daß er kein Geld nehme, sondern Geld zugebe; 6. daß er rede, was man gerne höret.
Dr. Martin Luther, Tischreden oder Colloquia (1566). Nr. 22. Tischreden v. d. Predigtamt oder Kirchendienern. § 21. Wie ein Prediger soll geschickt sein, d. d. Welt wolgefallen solle.

— Ich, als ein Prediger, muß strafen und sagen, was unrecht ist, bei Verlust meiner Seelen Seligkeit.
Dr. Martin Luther, Tischreden oder Colloquia (1566). Nr. 66. Tischreden v. Juristen. § 24. Treue Vermahnung u. Warnung, sonderlich an d. Juristen, u. wie man seliglich im Rechte studiren möge.

— Der ist ein guter Prediger, der seine eignen Ermahnungen befolgt. Engl.: **It is a good divine that follows his own instructious.**
William Shakespeare, D. Kaufmann v. Venedig (um 1594—1596). Übers. v. Schlegel. A. 1, Sz. 2 (Porzia).

Prediger, der. — An einer Glocken kann man spüren | Die Ding', so einem Prediger gebühren: | Gott loben und führen in rechter Lehr, | Das Volk versammeln und die Schar | Zur Kirchen und zu aller Zucht; | Bringt gut Exempel und gute Frucht. Spr. an einer Glocke in Germsee (1650).

— Prediger in der Wüste.
Nach Jesaias, K. 40, V. 3.

— Der beste Prediger ist die Zeit. Alter Spr.

Prediger, die. — . . . das sind die besten Prediger, die da den gemeinen Mann und die Jugend auf das Einfältigste lehren, ohn eine Subtilität und Weitläufigkeit, gleich wie auch Christus das Volk durch grobe Gleichniß lehrete.
Dr. Martin Luther, Tischreden oder Colloqnia (1566). Nr. 1. Tischreden v. Gottes Wort oder d. hl. Schrift. § 34. Majestat u. Herrlichkeit d. göttlichen Worts, daß Gott dadurch mit uns redet.

— Wir Prediger sind darum so hoch gesetzt, daß wir Andern ein gut Exempel geben sollen.
Dr. Martin Luther, Tischreden oder Colloquia (1566). Nr. 3. Tischreden v. d. Schöpfung. § 64. D. Kinder Zucht u. Strafe ist nöthig.

— Die Gebrechen an Predigern siehet man bald; wenn gleich ein frommer Prediger zehen Tugenden hat und einen Mangel, derselbige verfinsterte alle Tugenden und Gaben.
Dr. Martin Luther, Tischreden oder Colloquia (1566). Nr. 22. Tischreden v. d. Predigtamt oder Kirchendienern. § 22. Verkehrt Urtheil d. Welt v. d. Gebrechen d. Prediger.

Predigt. — Predigt hören säumet nicht!
Sprichwort.

— Churzi Predigt, langi Brootwürst (Bratwürste). Sprichwort. Schweiz.

— Richte deine Predigt nach dem Zuhörer ein! Japanisches Sprichwort.

Preis. — Jeder Mensch hat seinen Preis. Engl.: **All men have their price.**
Rob. Walpole (1676—1745). Nach William Coxe, Memoiren Walpoles. Bd. 4. Übers. v. Drabig.

Preisen. — Preisend mit viel schönen Reden | Ihrer Länder Wert und Zahl | Saßen viele deutsche Fürsten | Einst zu Worms im Kaisersaal.
Justinus Kerner, Dichtungen. Politisches. D. reichste Fürst (ged. 1818).

Presse. — Die Presse kann schlimmere Verheerungen anrichten wie Pulver und Blei.
Theod. Gottl. von Hippel, Lebensläufe nach aufsteigender Linie (1778—1781).

— Das beste, ins Große gehende Erziehungsmittel der Menschheit, nächst Reisen und Weltumgang . . . ist und bleibt die Presse.
Karl Jul. Weber, Demokritos (1832—1840). Einfluß d. Erziehung. D. Fortsetzung.

— Bücher regieren die Welt, die Tinte ist das fünfte Element und die Presse die Artillerie der Gedanken.
Karl Jul. Weber, Demokritos (1832—1840). Über B.

Presse. — Mit des Gemüts Zerstörung fanget an, | Wollt ihr des Volkes rohe Kraft gebrauchen! | Gebt mir die Bühne frei und frei die Presse, | So hetz' ich euch die Engel gegen Gott.

Ernst Raupach, D. Prinz u. d. Bäuerin (1840). A. 2, Sz. 3.

— . . . moralischen Brunnenvergiftung durch die Presse . . .

Otto von Bismarck in d. zweiten Kammer d. preuß. Landtages (18. Febr. 1850).

Preßfreiheit. — Was euch die heilige Preßfreiheit | Für Frommen, Vorteil und Früchte beut? | Davon habt ihr gewisse Erscheinung: | Tiefe Verachtung öffentlicher Meinung.

Joh. Wolfg. von Goethe, Gedichte. Zahme Xenien. Nr. 2. Mit Bakis Weissagen verm. (1821).

— Also ist die Freiheit der Feder . . . das einzige Palladium der Volksrechte.

Immanuel Kant, Werke (1838—1839). Bd. 7.

— Preßfreiheit wäre die echte Exekutivgewalt der Vernunft.

Karl Jul. Weber, Demokritos (1832—1840). D. Geist d. Zeit.

— Ich fürchte sehr, daß die Gefahren der Preßfreiheit ihren Nutzen überwiegen; zumal wo gesetzliche Wege jeder Beschwerde offen stehen. Jedenfalls aber sollte Preßfreiheit durch das strengste Verbot aller und jeder Anonymität bedingt sein.

Arthur Schopenhauer, Parerga u. Paralipomena (1851).

Preßzwang. — Was . . . jedes Gesetz, welches Preßzwang gebietet, . . . verdammt, ist der wesentliche Umstand, daß es, seiner Natur nach, nicht aufrecht erhalten werden kann.

Friedr. von Gentz, Sendschreiben (1797).

— Preßzwang ist eine moralische Stallfütterung, wo allenfalls etwas mehr Mist gewonnen, das Vieh aber ungesunder wird.

Karl Jul. Weber, Demokritos (1832—1840). Preßzwang u. Preßfreiheit.

Prestige. — . . . Prestige ist etwas furchtbar Lästiges, etwas, an dem man schwer zu tragen hat, und das man leicht satt wird.

Otto von Bismarck im Reichstage (2. April 1881).

Preuße. — Ich bin ein Preuße, kennt ihr meine Farben?

Bernh. Thiersch, Lieder u. Gedichte. Lied zur Feier d. 3. Aug. für d. Harmoniegesellschaft in Halberstadt (ged. 1831). Mel. v. Heinr. Aug. Neithardt (komp. 1832).

Preußen. — In dem das Deutschland untergeht, | Im Brand und seinem Blute steht, | Wird Fried' und Kunst in Preussen blühen.

Simon Dach, Sorbuisa (1644).

— Das Vaterland des Denkens (Preußen). Franz.: La patrie de la pensée.

Frau von Staël, Deutschland (1813). Vorrede. Übers. v. Zimmermann.

Preußen. — . . . in Preußen und Berlin liegt die Zukunft Deutschlands; auf das Heraustreten der Kraft Berlins wartet die neue Geschichte unsres Vaterlandes.

Adolf Glaßbrenner (Brennglas), Berliner Volksleben (1847).

— Preußen geht fortan in Deutschland auf.

Friedr. Wilh. IV., An mein Volk, an d. deutsche Nation (21. März 1848).

— Es ist Preußens Bestimmung nicht, dem Genuß der erworbenen Güter zu leben.

König Wilh. von Preußen in d. Ansprache: An mein Volk (7. Jan. 1861).

— Der Volksgeist Preußens ist durch und durch monarchisch.

Otto von Bismarck im Abg.=Hause d. preuß. Landtages (22. Jan. 1864).

— Preußen, das klassische Land der Schulen und Kasernen.

Viktor Cousin (1792—1867). Nach Joh. Jacoby, Heinr. Simon.

— . . . wir haben, in Preußen wenigstens, eine eigentümliche militärische Tradition, das ist die des Dienst= und Pflichtgefühls.

Otto von Bismarck im Reichstage (12. Juni 1882).

Preußen, die. — . . . von den Preußen geht keiner zum Feinde nicht über.

Wilibald Alexis (Georg Wilh. Heinr. Häring), Cabanis (1832). Fridericus Rex.

— Preußen sind wir, und Preußen wollen wir bleiben!

Otto von Bismarck in d. zweiten Kammer d. preuß. Landtages (6. Sept. 1849).

Preußenheer. — Unüberwundenes Heer! mit dem Tod und Verderben | In Legionen Feinde dringt; | Um das der frohe Sieg die gold'nen Flügel schwingt, | O Heer, bereit zum Siegen oder Sterben!

Ewald Christ. von Kleist, Sämtl. Werke (1760). Gedichte. An d. preuß. Armee.

— Die preußische Armee wird auch in Zukunft das preußische Volk in Waffen sein.

Prinzregent Wilh. von Preußen bei d. Eröffnung d. Landtages (12. Jan. 1860).

Preußisch. — Meine Herren, ich bin stolz darauf, eine preußische Sprache zu reden, und Sie werden dieselbe noch oft von mir hören!

Otto von Bismarck im Abg.=Hause d. preuß. Landtages (28. Jan. 1863).

— Der rocher de bronze steht noch heute fest; er bildet das Fundament der preußischen Geschichte. . . . Diesen ehernen Felsen werden Sie nicht zu erschüttern vermögen . . . durch . . . Ihr liberum Veto!

Otto von Bismarck im Abg.=Hause d. preuß. Landtages (22. Jan. 1864).

Priester, der. — Ein jeder Priester meiden soll | Meſſ' oder Weib; das ſtehet wohl. | Das Haus bedarf der Reinheit wohl, | Darein Gott ſelber kommen ſoll. Mittelhochdeutſch: Ein ieglich prieſter mîden sol | Wîp in der messe; daz stât wol. | Daz hûs bedorfte reine wol, | Dar in Krist selbe komen sol.

Frîdankes Beſcheidenheit (1225—1240). Übertr. v. Pannier. Nr. 2. v. d. meſſe.

— Das ſoll nimmer kein Prieſter tun, | Dem Menſchen Mißtroſt geben, | Will er den Buß und Reu' empfahn, | Die Sünde ſei ihm vergeben!

D. Knaben Wunderhorn. D. Tannhäuſer (1668).

— Ein dummer Prieſter erregt Verachtung; ein ſchlechter Prieſter flößt Abſcheu ein; ein guter, ſanfter und frommer Prieſter, der frei von Aberglauben, barmherzig und duldſam iſt, muß geehrt und geachtet werden. Franz.: Un sot prêtre excite le mépris, un mauvais prêtre inspire l'horreur; un bon prêtre, doux, pieux, sans superstition, charitable, tolérant, est un homme, qu'on doit chérir et respecter.

Voltaire (François Marie Arouet), Philoſophiſches Wörterb. (1764). Überſ. v. Mylius.

— Übermütig ruft der Prieſter: | . . . Menſchen, ſchaut zu mir herauf; | Ich tu' Höll' und Himmel auf!

Chriſt. Adolf Overbeck, Sammlung verm. Gedichte. Übermut (1777).

— Der Prieſter, ob gut oder ſchlecht, iſt immer ein zweideutiges Geſchöpf, ein zwiſchen Himmel und Erde ſchwebendes Weſen. Franz.: Le prêtre, bon ou mauvais, est toujours un sujet équivoque; un être suspendu entre le ciel et la terre.

Denis Diderot, Werke (1798). Plan einer Univerſität für Rußland. Überſ. v. Zimmermann.

— Was weiht den Prieſter ein zum Mund des Herrn? | Das reine Herz, der unbefleckte Wandel. Friedr. von Schiller, Maria Stuart (1800). A. 5, Sz. 7 (Maria).

— Lieben Brüder, es iſt gut, daß ein Weib man habe, | Jedermann ſein eignes Weib, und ſich an ihr labe, | Und daß jeder Prieſter auch ſeine eigne habe.

Joh. Gottfr. von Herder, Stimmen d. Völker in Liedern (1807). Abteilung 2, B. 3, Nr. 51. Für d. Prieſterehe. Mönchlatein.

— Der Arzt ſieht den Menſchen in ſeiner ganzen Schwäche; der Advokat in ſeiner ganzen Schlechtigkeit; der Prieſter in ſeiner ganzen Dummheit.

Arthur Schopenhauer, Parerga u. Paralipomena (1851). Bd. 2, K. 26. Pſychologiſche Bemerk. § 357.

— Zu beklagen iſt die Menſchheit, | Will ein Prieſter ihr gebieten; | Statt den Himmel ihr zu geben, | Raubt er ihr die Erdenblüten.

Nicolaus Lenau (Niembſch, Edler von Strehlenau), Werke (1855). Clara Hebert. Ciſteron. Schlußv.

Prieſter, der. — Die Abweſenheit einer freiwilligen und perſönlichen Religion ſchafft die Notwendigkeit des Prieſters und gibt ihm ſeine Macht. Franz.: L'absence d'une religion spontanée et personnelle fait la puissance et crée la nécessité du prêtre.

Alexander Vinet, Erziehung, Familie u. Geſellſchaft (1855). Überſ. v. Zimmermann.

— Der deutſche Prieſter iſt, was ſeiner Religioſität alle Ehre macht, weil ſein Nationalgefühl ſchwach entwickelt iſt, in erſter Linie Prieſter und dann erſt Deutſcher.

Otto von Bismarck im Herrenhauſe d. preuß. Landtages (12. April 1886).

— . . . der erſte Prieſter, den es im Menſchengeſchlecht gegeben haben wird, wird ſchon ſeine Mitmenſchen darauf aufmerkſam gemacht haben, daß er Gott näher ſteht und daher den Willen Gottes beſſer kennt als die übrigen und wahrſcheinlich auch als der König.

Otto von Bismarck im Abg.=Hauſe d. preuß. Landtages (21. April 1887).

— Prieſter bete, | Fürſt vertrete, | Bauer jäte! Sprichwort.

— Nicht Mönch zum Freund, noch Prieſter zum Nachbarn. Span.: Ni frayle por amigo, ni Clerigo por vezino. Sprichwort.

— Ismael, der Prieſter, hält es mit den Prieſtern. Jüd. Sprichwort.

Prieſter, die. — Wenn Prieſter verſterben, | Was find't ſich zu erben? | Viel Bücher, viel Kinder, | Gar ſelten viel Rinder.

Friedr. von Logau, Deutſche Sinn=Getichte (1654). Libri et liberi.

— Was die Prieſter betrifft, ſo ſind ſie unverbeſſerlich, bis man ihre Raſſe ausgerottet haben wird. Friedr. d. Große an d'Alembert (2. Okt. 1780).

— Eine ehrbegier'ge | Und ſchlimme Menſchenart ſind dieſe Prieſter.

Friedr. von Schiller, Iphigenie in Aulis (ged. 1788). A. 2, Sz. 4 (Agamemnon).

— Die Götter ſind gut, die Prieſter grauſam. Franz.: Les dieux sont bons, les prêtres sont cruels.

Voltaire (François Marie Arouet), Werke (1785—1789). Überſ. v. Mylius. D. drei Arten.

— Im Himmel keine Ehen? | Wie ſoll ich das verſtehen? | Es iſt mit einem Wort, | Kein Frauenzimmer dort. | In Menge! — Zum Vermählen Soll's nur an Prieſtern fehlen.

Joh. Chriſtoph Friedr. Haug, Sinngedichte (1791). Exegeſe.

— Nur zu oft ſind die Götter bloße Drahtpuppen ihrer Prieſter!

Chriſtoph Martin Wieland, Agathodämon (1799).

— Prieſter fanden den Hebel, den Archimedes vergeblich ſuchte, um dieſe Welt aus den Angeln zu heben; ſie hoben ſie aus den Angeln durch jene Welt, durch die Schilderung des Jenſeits.

Karl Jul. Weber, Demokritos (1832—1840). D. Religion u. d. Religionen.

Priester, die. — Priester müssen Bürger sein und das, was die Zensoren Roms waren; der Kultus muß allein dem Gesetze des Staats unterworfen sein, und so ist Friede auf Erden und im Himmel Wohlgefallen.

Karl Jul. Weber, Demokritos (1832—1840). Weitere Religionsbetrachtungen eines einfältigen Laien.

— Nicht nur das Aussprechen und die Mitteilung der Wahrheit, nein, selbst das Denken und Auffinden derselben wird unmöglich zu machen gesucht dadurch, daß man in frühester Kindheit die Köpfe den Priestern zum Bearbeiten in die Hände gab.

Arthur Schopenhauer, Parerga u. Paralipomena (1851).

— Alle privilegierten Priester haben sich verbündet mit Cäsar und Konsorten zur Unterdrückung der Völker.

Heinr. Heine, Sämtl. Werke (1861—1868). Deutschland. T. 1. Zur Gesch. d. Religion u. Philosophie in Deutschland. B. 2. V. Luther bis Kant.

— . . . denn so lange (seit die Menschheit besteht) hat es auch, sei es kluge Leute, sei es wirkliche Priester gegeben, die die Behauptung aufstellten, daß ihnen der Wille Gottes genauer bekannt sei als ihren Mitmenschen, und daß sie auf Grund dieser Behauptung das Recht hätten, ihre Mitmenschen zu beherrschen; und daß dieser Satz das Fundament der päpstlichen Ansprüche auf Herrschaft ist, ist bekannt.

Otto von Bismarck im Herrenhause d. preuß. Landtages (10. März 1873).

— . . . Priester und Propheten lehren falschen Gottesdienst. Jer., K. 8, V. 10.

— Kirchen und Priester soltu ehren, | Jr lob nach deinem vermögen mehren. Alter Spr.

— Priester und Wegweiser zeigen wohl den rechten Weg, aber sie gehen ihn nicht selbst.

Sprichwort.

— Priester und Hühner sind nie satt. Ital.: Preic e poi | Je mai sedoi. Sprichwort.

— Ohne Priester und Taubenhaus wirst du deinen Herd rein behalten. Span.: Sin clérigo y palomar ternás limpio tu hogar.

Sprichwort.

Priesteramt. — . . . Amt des Priesters ist ja versöhnen und verzeihn!

Anastasius Grün (Anton Alexander Graf von Auersperg), D. letzte Ritter (1830). Max u. Flandern. Nr. 2. Max v. Dendermonde. Schlußv.

Priesterherrschaft. — . . . es handelt sich um die Abgrenzung, wie weit die Priesterherrschaft und wie weit die Königsherrschaft gehen soll, und diese Abgrenzung muß so gefunden werden, daß der Staat seinerseits dabei bestehen kann. Denn in dem Reiche dieser Welt hat er das Regiment und den Vortritt.

Otto von Bismarck im Herrenhause d. preuß. Landtages (10. März 1873).

Priesterschar. — Stoß' ins Horn, Herold des Krieges: Zu den Waffen, zu den Waffen! | Kampf und Krieg der argen Horde heuchlerischer, dummer Pfaffen! | Aber Friede, Gottesfriede mit der frommen Priesterschar, | Frieden ihrem Segensamte, Ehrfurcht ihrem Weihaltar!

Anastasius Grün (Anton Alexander Graf von Auersperg), Spaziergänge eines Wiener Poeten (1831). Priester u. Pfaffen.

Priesterstolz. — Mag noch hie und da Priesterstolz vom göttlichen Berufe faseln, . . . wir wissen, daß der Staat den Seelenhirten beruft wie die Gemeinde den Schweinehirten.

Karl Jul. Weber, Demokritos (1832—1840). Weitere Religionsbetrachtungen eines einfältigen Laien.

Priesterstreitigkeiten. — Ein Herrscher kann gar nicht genug Verachtung für die frivolen Streitigkeiten der Priester beweisen.

Friedr. d. Große, Sämtl. Werke (1789). Antimachiavelli. K. 21.

Priestertum. — Der Kampf des Priestertums mit dem Königtum . . . ist zu beurteilen wie jeder andere Kampf; er hat seine Bündnisse, er hat seine Friedensschlüsse, er hat seine Haltepunkte, er hat seine Waffenstillstände.

Otto von Bismarck im Herrenhause d. preuß. Landtages (10. März 1873).

— Der Hochmut des Priestertums begräbt das Christentum weit tiefer als die Skepsis des Philosophen.

Ernst Jul. Hähnel, Lit. Reliquien (1877).

Priesterzank. — Der Priester Zänkerei | Des Teufels Jubilei. Sprichwort.

Prinz. — Ein Prinz hat darum viel in Händen, | Damit er vielen dienen kann.

Christ. Fürchtegott Gellert, Fab. u. Erz. (1746). B. 2. D. junge Prinz. Schlußv.

Prinzip. — Auf einem Prinzip herumreiten. Danach Prinzipienreiter.

Nach Heinr. LXXII. von Reuß in einem Erlasse (12. Okt. 1844).

Privilegium. — Das erste Privilegium ist der erste Ansatz zum Krebs des Staatskörpers.

Joh. Gottfr. Seume, Sämtl. Werke (1826). Apokryphen.

Privilegien. — Privilegien auf Kosten der Staatskraft sind das, was in Fischteichen der Hecht, im Taubenschlag der Sperber und im Hühnerstall der Marder.

Karl Jul. Weber, Demokritos (1832—1840). Staatsbetrachtungen eines alten Welt- u. Mondbürgers.

Proben. — Erst prob's, | Dann lob's!

Spr. auf einer Denkmünze (1590).

Probieren. — Probieren | Geht über Studieren. Sprichwort.

— Probeeren iss't Genauste.

Sprichwort. Münsterisch.

Problematisch. — Es gibt problematische Naturen, die keiner Lage gewachsen sind, in der sie sich befinden, und denen keine genug tut. Daraus entsteht der ungeheure Widerstreit, der das Leben ohne Genuß verzehrt.

Joh. Wolfg. von Goethe, Werke (1827—1830). Maximen u. Reflexionen. Abteilung 2.

Profit. — Die Liebe zum Profit beherrscht die ganze Welt. Griech.: *Ἀλλ' εἰσὶ τοῦ κέρδους ἅπαντες ἥττονες.*

Aristophanes, Plutos (um 388 v. Chr.). Übers. v. Minckwitz. V. 363 (Blepsidemos).

Prometheus. — Mehr oder weniger ist ein jeder von uns ein sozialer Sklave, ein kleiner „gefesselter Prometheus".

Gustav Adolf Lindner, D. Problem d. Glücks (1892).

Prophet. — Welcher Beweis bürgt mir indes, | Daß ein Prophet sterblicher Art | Weiter hinaus schauet als ich? Griech.: *Ἀνδρῶν δ' ὅτι μάντις | Πλέον ἢ ἐγὼ φέρεται, | Κρίσις οὐκ ἔστιν ἀλη- | θής.*

Sophokles (um 496—406 v. Chr.), König Ödipus. Übers. v. Jordan. V. 494—97 (Chor).

— Prophete rechts, Prophete links, | Das Weltkind in der Mitten.

Joh. Wolfg. von Goethe, Gedichte. Epigrammatisch. Diné zu Coblenz (geb. 18. Juli 1774). Schlußv.

— Ein Prophet gilt nirgend weniger denn in seinem Vaterlande und in seinem Hause.

Matth., K. 13, V. 57.

Propheten. — Die Krone tragen, 's ist bekannt, | Propheten selten in ihrem Land. Mittelhochdeutsch: Man sihet vil selten wîssagen | In sîme lande krône tragen.

Frîdankes Bescheidenheit (1225—1240). Übertr. v. Pannier. Nr. 38. v. erkantnisse.

— Propheten wimmeln stets in trüber Zeit hervor.

Joh. Peter Uz, Sämtl. Werke (1768). D. Erdbeben.

— Ist Saul auch unter den Propheten?

1. Sam., K. 10, V. 12.

— . . . Propheten und Priester sind Schälke.

Jer., K. 23, V. 11.

— Wo sind nun eure Propheten?

Jer., K. 37, V. 19.

— Sie haben Mosen und die Propheten. Danach Moses und die Propheten haben (Moos, Geld haben).

Luk., K. 16, V. 29.

Prophetenträne. — Propheten weinen, es lachet das Volk | Der Prophetenträne!

Karl Immermann, Schriften (1835). Gedichte.

Prophetisch. — O, mein prophetisches Gemüt! Engl.: O, my prophetic soul!

William Shakespeare, Hamlet (1601—1602). Übers. v. Schlegel. A. 1, Sz. 5 (Hamlet).

Prophezeiungen. — Aber Prophezeiungen | Sind eitel doch, ich seh' es, und der Lügen voll. Griech.: *Ἀλλά τοι τὰ μάντεων | Ἐσεῖδον ὡς φαῦλ' ἐστὶ καὶ ψευδῶν πλέα.*

Euripides (um 480—406 v. Chr.), Helena. Übers. v. Binder. V. 744—45 (Bote).

Proselyt. — Jemanden zum Proselyten machen wollen (jemanden zu seiner Ansicht, seinem Glauben bekehren wollen).

Nach Matth., K. 23, V. 15.

Proselyten. — Proselyten zu machen ist der natürlichste Wunsch eines jeden Menschen.

Joh. Wolfg. von Goethe, A. meinem Leben. Dichtung u. Wahrheit (1809—1831).

Protestanten. — Die Protestanten sind im allgemeinen viel unterrichteter als die Katholiken, und das erklärt sich dadurch, daß die Lehre der einen die kritische Besprechung verlangt, die Lehre der andern hingegen blinde Unterwerfung fordert. Franz.: Les protestants sont généralement mieux instruits que les catholiques. Cela doit être: la doctrine des uns exige la discussion, celles des autres la soumission.

Jean Jacques Rousseau, Bekenntnisse (1781 u. 1788). Übers. v. Knigge.

Protestantismus. — Der Protestantismus ist gut fürs Leben, aber der Katholizismus fürs Sterben.

Ausspr. d. Mutter Melanchthons (1497—1560).

— Mögen wir stets dessen eingedenk bleiben, daß die Kraft und das Wesen des Protestantismus nicht im Buchstaben beruht und nicht in starrer Form, sondern in dem zugleich lebendigen und demütigen Streben nach der Erkenntnis christlicher Wahrheit!

Kaiser Friedr. III. (1831—1888) als deutscher Kronprinz.

Prozeß. — Wer ein Rechtshandel (Prozeß) vmb ein Hun hat, der nehm davon ein Ey vnd laß den Handel geschlicht seyn!

Christoph Lehmann, Politischer Blumen-Garten (1662). T. 2. Recht v. Rechten. Nr. 111.

— Das Wort (Prozeß) gebrauchen Alchimisten, | Desselbengleichen auch Juristen; | Es heißt, soviel bisher Erfahrung gab: | Verspricht Gewinn und bringt den Bettelstab.

Abraham Gotthelf Kästner, Sinngedichte (1781).

— Vergleicht euch, denn der Prozeß ist kostspielig! Engl.: Agree for the law is costly.

Sprichwort.

— Langer Prozeß, Weinlese für den Advokaten. Franz.: Long procès, vendange à l'avocat.

Sprichwort.

— Besser ein strohener Vergleich als ein goldner Prozeß.

Polnisches Sprichwort.

Prozesse. — Ja, ja, Prozesse müssen sein!

Christ. Fürchtegott Gellert, Fab. u. Erz. (1746). B. 1. D. Prozeß.

Prozessieren. — Von den narren will ich ouch sagen, | Die in einr ieden sach went tagen (prozessieren) | Und nüt mit lieb lont kumen ab, | Do man nit vor ein zank um hab.

Seb. Brant, D. Narrenschif (1494). Nr. 71. Zanken u. zuo gericht gon.

— Rechten (prozessieren) macht Sorg und Kosten lang, | Hat doch ungewissen Ausgang.

Georg Rollenhagen, Froschmäuseler (1595). B. 1, T. 2, K. 21.

— Prozessiert um eine Kuh, | Ihr legt ein Pferd noch dazu! Niederl.: Procedeer om eene koe, | Gij legt er een paard op toe.

Sprichwort.

Prozessierend. — ... daher malte auch jener Künstler zwei prozessierende Bauern ganz recht, den einen im Hemde, den andern nackend.

Karl Jul. Weber, Demokritos (1832—1840). D. Juristen u. Advokaten.

Prüfen. — Köpfe haben Dünkel; | Herzen haben Winkel. | Prüfe, was du siehest, | Merke, was du fliehest!

Friedr. von Logau, Deutsche Sinn=Getichte (1654). Menschen=Sinnen.

— Doch prüfe wohl! Die ersten Blicke täuschen oft.

Wilh. Freiherr von Humboldt, Br. an seine Braut (23. Jan. 1789).

— Drum prüfe, wer sich ewig bindet, | Ob sich das Herz zum Herzen findet!

Friedr. von Schiller, Gedichte. D. Lied v. d. Glocke (ged. Sept. 1799).

— Herz und Nieren prüfen (jemanden genau ausforschen).

Nach Ps. 7, V. 10. — Sprichwörtl. Redensart.

— Prüfet aber alles, und das Gute behaltet!

1. Thess., K. 5, V. 21.

Publikum. — Es ist schwer, eine Neuerung durch sie selbst beliebt zu machen, und das Publikum läßt sich in dergleichen Fällen lieber überschleichen als überreden.

Gotthold Ephr. Lessing, Sämtl. Schriften. Br., d. neueste Literatur betreffend. T. 2, Br. 40 (17. Mai 1759).

— Das Publikum nimmt vorlieb. — Das ist gut und auch nicht gut. Denn man sehnt sich nicht sehr nach der Tafel, an der man immer vorlieb nehmen muß.

Gottthold Ephr. Lessing, Hamburgische Dramaturgie. Stück 80 (5. Febr. 1768).

— Das deutsche Publikum zwingt seine Schriftsteller, nicht nach dem Zuge des Genius, sondern nach Spekulationen des Handels zu werden.

Friedr. von Schiller, Briefwechsel mit Körner (1. Dez. 1784).

— Die Genügsamkeit des Publikums ist nur ermunternd für die Mittelmäßigkeit, aber beschimpfend und abschreckend für das Genie.

Friedr. von Schiller, Prosaische Schriften. Über d. tragische Kunst (1792). Schlußsatz.

Publikum. — Es gibt nichts Roheres als den Geschmack des jetzigen deutschen Publikums, und an der Veränderung dieses elenden Geschmacks zu arbeiten, nicht meine Modelle von ihm zu nehmen, ist der ernstliche Plan meines Lebens.

Friedr. von Schiller, Briefwechsel mit Fichte (Aug. 1795).

— Es ist eine falsche Nachgiebigkeit gegen die Menge (das Theaterpublikum), wenn man ihnen die Empfindungen erregt, die sie haben wollen und nicht, die sie haben sollen.

Joh. Wolfg. von Goethe, Wilh. Meisters Lehrjahre (1777—1796).

— Das gewöhnliche Publikum liebt nur das Neue und an der ganzen Poesie und Kunst eben nichts als das Neue.

Joh. Wolfg. von Goethe an Kirms (15. Okt. 1798).

— Wer nicht wie jener unvernünftige Sämann im Evangelio den Samen umherwerfen mag, ohne zu fragen, was davon und wo es aufgeht, der muß sich mit dem Publikum gar nicht abgeben.

Joh. Wolfg. von Goethe, Briefwechsel zwischen Schiller u. Goethe (7. Nov. 1798).

— Wer dem Publikum dient, ist ein armes Tier; | Er quält sich ab, niemand bedankt sich dafür. Joh. Wolfg. von Goethe, Gedichte. Sprichwörtl. (ged. 1812—1814).

— Dieses mark= und knochenlose Publikum beklatschet nur, | Was verwandt ist seiner eignen Froschmoluskenbreinatur.

Aug. Graf von Platen=Hallermund, D. verhängnisvolle Gabel (1826). A. 1 (Schmuhl).

— Das Publikum, das ist ein Mann, | Der alles weiß und gar nichts kann; | Das Publikum, das ist ein Weib, | Das nichts verlangt als Zeitvertreib; | Das Publikum, das ist ein Kind, | Heut' so und morgen so gesinnt.

Ludw. Robert, Schriften (1838). Gedichte. D. Publikum.

— Das Publikum versteht sich darauf. Sein Herz sagt ihm, was seine Unwissenheit ihm verschleiert. Franz.: Le public s'y connait. Son cœur lui apprend ce que son ignorance lui voile. George Sand (Baronin von Dudevant), Consuélo (1842). Übers. v. Zimmermann.

— Die Kränze, die das Publikum flicht, zerrupft es selber wieder, sie in anderer Weise einem andern darzubringen, der sich auf besseres Amüsement versteht.

Rob. Schumann, Gesammelte Schriften (1854).

— Warum du wider alles Hoffen | Noch niemals mitten ins Schwarze getroffen? | Weil du's nicht lassen konntest, beim Zielen | Immer ins Publikum zu schielen.

Emanuel Geibel, Neue Gedichte (1856). Spr. Nr. 11.

— Wer es dem Hunde, der nach Clemens Brentanos bitterem Ausdruck auf den Namen Publikum hört, recht machen will, der endigt sicher über kurz oder lang damit, niemanden zufriedenzustellen.

Alfred Freiherr von Wolzogen, Über Theater u. Musik (1866).

Publikum. — Laßt mich mit eurem Publikum | Und euren gebildeten Leuten; | Sonst waren nur die Dummen dumm, | Jetzt sind es auch die Gescheuten.

Frz. Grillparzer, Gedichte (1873). Nr. 2. Im alten Österreich. Theater-Publikum. Nr. 2.

— ... gar nichts hab' ich immer auf | Des Publikums Geschmack gehalten. | Die Menschheit hielt ich immer hoch, | Und manchen Menschen liebt' ich auch; | Die Mehrzahl aber hab' ich stets, | Verzeih' mir's Gott, für Pack gehalten.

David Friedr. Strauß, Gesammelte Schriften (1876—1878). Gedichte.

Pudel. — Das also war des Pudels Kern!

Joh. Wolfg. von Goethe, Faust, I (1808). Studierzimmer (Faust).

— Das ist des Pudels Kern (das ist die Hauptsache des Ganzen). Sprichwörtl. Redensart.

Puder. — Der Puder ist, so wie der Rock, | Für alt' und graue Weibchen.

Joh. Wolfg. von Goethe, Faust, I (1808). Walpurgisnachtstraum (Junge Hexe).

Pulver. — Haltet euer Pulver trocken! Engl.: Keep your powder dry!

Oliver Cromwell (1599—1658). Nach Edward Hayes, Irische Balladen. Bd. 1. Übers. v. Drabig.

— Diejenigen fürchten das Pulver am meisten, die es nicht erfunden haben.

Heinr. Heine, Engl. Fragmente (1828). K. 11. D. Emanzipation d. Katholiken.

— Pulver und Blei | Tragen hin und — vorbei!

Wahrmund Riegler, Gedicht'ln u. Spruchreime über Wald, Wild u. Waidwerk (1887). Nr. 2 Spruchreime.

— Er hat das Pulver nicht erfunden (er ist dumm). Sprichwörtl. Redensart.

— Er ist keinen Schuß Pulver wert (nichts wert). Sprichwörtl. Redensart.

Punkt. — Der springende Punkt (der Punkt, auf den alles ankommt). Lat.: Punctum saliens.

Nach Aristoteles (um 384—322 v. Chr.), d. v. einem Fleck im Weißen d. Eies spricht, welcher d. Herz d. Vogels sei. Dieser Fleck, ein kleiner Punkt, hüpfe u. springe. Griech.: *Τοῦτο δὲ τὸ σημεῖον πηδᾷ καὶ κινεῖται ὥσπερ ἔμψυχον.*

Punkt. — Gib mir einen Punkt, wo ich hintreten kann, und ich bewege die Erde! Griech.: *Δός μοι ποῦ στῶ καὶ κινῶ τὴν γῆν.*

Archimedes (um 287—212 v. Chr.). Nach Plutarch, Marcellus. Übers. v. Eyth. K. 14.

Pünktlich. — So pünktlich zur Sekunde | Trifft keine Uhr nicht ein | Als ich zur Abendstunde | Beim edlen Gerstenwein.

Ludw. Otto von Reichert, Trinklied (geb. 1846). Komponist unbek.

Pünktlichkeit. — Pünktlichkeit ist die Höflichkeit der Könige. Franz.: L'exactitude est la politesse des rois.

Ludw. XVIII. (reg. 1814—1824). Übers. v. Zimmermann.

Punktum. — Punktum, streu' Sand drauf! Bek. Redensart.

Puppen. — Bis in die Puppen (sehr weit, auch sehr viel). Berliner Redensart.

— Er läßt alle Puppen tanzen (er wendet alles mögliche auf). Berliner Redensart.

Purpur. — ... wenn der Purpur fällt, muß auch der Herzog nach!

Friedr. von Schiller, D. Verschwörung d. Fiesko zu Genua (1783). A. 5, Sz. 16 (Verrina).

Purpurkleid. — Das Purpurkleid | Ist oft gefüttert mit Herzeleid. Sprichwort.

Putz. — Je größer eines Mägdleins Putz, | Je minder ist sie selber nutz. Sprichwort.

Putzen, sich. — Die Dümmsten putzen sich am meisten; so sind die dümmsten Tiere, die Insekten, am buntesten.

Jean Paul (Joh. Paul Friedr. Richter), Sämtl. Werke (1826—1828).

Pyramiden. — Von der Höhe dieser Pyramiden schauen vierzig Jahrhunderte auf euch herab. Franz.: Soldats, du haut de ces pyramides quarante siècles vous contemplent.

Napoleon I. zu seinen Soldaten in Ägypten (21. Juli 1798). Übers. v. Zimmermann.

Pyrrhussieg. — Noch einen solchen Sieg über die Römer, und wir sind verloren! Danach: Pyrrhussieg.

Pyrrhus nach d. Schlacht bei Asculum (279 v. Chr.). Nach Plutarch, Leben d. Pyrrhus. Übers. v. Eyth. K. 21.

Q

Quacksalber. — O du Quacksalber der Natur!

Heinr. von Kleist, D. Familie Schroffenstein (1803). A. 1, Sz. 2 (Jeronimus).

Qual. — Ach, diese lange, tiefe Qual, | Wie dauert sie auf Erden!

Joh. Wolfg. von Goethe, Gedichte. A. d. Nachlaß. Verm. Gedichte. Sehnsucht (ged. um 1770). Schlußv.

Qual. — ... wenn der Mensch in seiner Qual verstummt, | Gab mir ein Gott, zu sagen, wie ich leide.

Joh. Wolfg. von Goethe, Torquato Tasso (1789). A. 5, Sz. 5 (Tasso).

— Ich denke einen langen Schlaf zu tun, | Denn dieser letzten Tage Qual war groß.

Friedr. von Schiller, Wallensteins Tod (1799). A. 5, Sz. 5 (Wallenstein).

Qual. — Was dir jetzt noch Qual bereitet, das beweinst du als ein Glück.

Aug. Graf von Platen-Hallermund, Gedichte. Verm. u. Gelegenheitsgedichte. Fragment (ged. 1819).

— Lange Qual ist bittrer Tod. Sprichwort.

Qualen. — Verstrickt in solche Qualen halbverschuldet, | Geb' ihm ein Gott, zu sagen, was er duldet!

Joh. Wolfg. von Goethe, Gedichte. Lyrisches. Trilogie d. Leidenschaft. An Werther (ged. 24.—25. März 1824). Schlußv.

— Die größten Qualen | Sind immer die kleinen, | Sie machen nicht lachen | Und lassen nicht weinen. Jos. Sami Tauber, Quinten (1864).

Quark. — Getret'ner Quark | Wird breit, nicht stark. | Schlägst du ihn aber mit Gewalt | In feste Form: er nimmt Gestalt.

Joh. Wolfg. von Goethe, Westöstlicher Diwan (1819). B. d. Spr. Nr. 49.

Quartal. — Das rote Quartal.

Nach Joh. Scherr, D. Schreckenstage d. Pariser Kommune v. 18. März—28. Mai 1871.

Quartier. — Er hat auf Erden kein bleibend Quartier, | Kann treue Lieb' nicht bewahren.

Friedr. von Schiller, Wallensteins Lager. Sz. 11. Reiterlied (ged. 1797). Mel. v. Christ. Jak. Zahn (1798).

Quecksilber. — Quecksilber im Leibe haben (sehr unruhig sein). Sprichwörtl. Redensart.

Quelle. — An der Quelle saß der Knabe.

Friedr. von Schiller, Gedichte. D. Jüngling am Bache (ged. 1803). Mel. v. Joh. Friedr. Reichardt (1810).

— Aus der Quelle soll man schöpfen. Sprichwort.

Quellen. — Wer den Flüssen wehren will, muß die Quellen verstopfen. Sprichwort.

Quintessenz. — Das fünfte Seiende, die Quintessenz (der Hauptpunkt, der Kern einer Sache). Griech.: *Πέμπτη οὐσία.* Lat.: Quinta essentia. Proklus (um 412—485) in einem Kommentar zu Platos Timäus.

Quivive. — Mit jemandem auf dem Quivive stehen (sich gegenseitig nicht trauen). Sprichwörtl. Redensart.

R

Rabe. — Weißer Rabe (Bezeichnung für einen Ausnahmemenschen). Lat.: Corvus albus.

Decimus Junius Juvenalis, Sat. (um 100). Übers. v. Weber. Nr. 7, V. 702.

— Bist du's, Hermann, mein Rabe?

Friedr. von Schiller, D. Räuber (1781). A. 4, Sz. 5 (D. alte Moor).

Rache. — Seit diese Welt die Sonn' mit Licht entzückt, | Hält täglich sie der Rache Schwert gezückt. A. d. Persischen d. Scheich Hilali (gest. 1529). König u. Derwisch. Übers. v. Ethé.

— Es ist ja Rach süsser denn Leben, | Was solt man um sein Feind nicht geben?

Georg Rollenhagen, Froschmäuseler (1595). B. 1, T. 2, K. 10.

— Auf Rache wendet nur die Einfalt alle Kraft; | Vergebung aber ist der Rache Wissenschaft.

Christ. Wernicke, Uberschrifften Oder Epigrammata (1697).

— Nichts entehrt den Menschen so sehr als eine unedle Rache.

Abraham a Santa Clara [Ulrich Megerle] (1644—1709), Sämtl. Werke.

— Rastlos streicht die Rache hin und wieder, | Sie zerstreuet ihr Gefolge | An die Enden der bewohnten Erde | Über der Verbrecher schweres Haupt.

Joh. Wolfg. von Goethe, Elpenor (1781). A. 1, Sz. 4 (Antiope).

Rache. — Lord Bacon hat mit Recht gesagt, die Rache sei eine Art wilder Gerechtigkeit. Sie ist es, und ohne diesen wilden, rauhen Stamm gäbe es keine Gerechtigkeit in der Welt. Engl.: Lord Bacon has very well said, that „revenge is a kind of wild justice". It is so, and without this wild austere stock, there would be no justice in the world.

Edmund Burke, Rede zur Anklage gegen Warren Hastings (1788). Übers. v. Arnold.

— In diesen heil'gen Hallen | Kennt man die Rache nicht.

Emanuel Schikaneder, D. Zauberflöte (1790). A. 2, Sz. 15 (Sarastro). Komp. v. Wolfg. Amadeus Mozart. (Erste Auff. am 30. Sept. 1791 in Wien.)

— Dürst' nicht nach Rache und nach Blut; | Vergeben wäre wohl so gut.

Matthias Claudius, Sämtl. Werke d. Wandsbecker Boten. T. 7 (1803). Ein gülden ABC.

— Rache trägt keine Frucht! Sich selbst ist sie | Die fürchterliche Nahrung; ihr Genuß | Ist Mord und ihre Sättigung das Grausen.

Friedr. von Schiller, Wilh. Tell (1804). A. 5, Sz. 1 (Walther Fürst).

— Die Rache ist keine Zierde für eine große Seele. Gotthold Ephr. Lessing, Sämtl. Schriften (1796—1808).

— Die Rache ist ein Erbteil schwacher Seelen; | Ihr Platz ist nicht in dieser starken Brust.

Theod. Körner, Rosamunde (ged. 26. Okt.—8. Nov. 1812). A. 5, Sz. 3 (Richard).

Rache. — Nicht dem Menschen, | Der Gottheit nur geziemt die Rach' und Strafe.

Christ. Dietr. Grabbe, Don Juan u. Faust (1829). A. 3, Sz. 1 (D. Priester).

— Die Rach' ist eine Lust, die währt wohl einen Tag, | Die Großmut ein Gefühl, das ewig freun dich mag.

Friedr. Rückert, D. Weisheit d. Brahmanen (1836—1839). B. 3, Nr. 46, V. 28. (Stufe 5. Leben. Nr. 530.)

— Unbill an Ehr' und Leibe | Verzeihet nur der Schwache; | Die Milde ziemt dem Weibe, | Dem Manne ziemt die Rache!

Friedr. von Bodenstedt, D. Lieder d. Mirza-Schaffy (1851). Lieder u. Spr. d. Weisheit. Nr. 8. Schlußv.

— Rache kann ein edleres Gemüt nur verwunden, nicht heilen. Sie ist der Stachel einer Biene, welche sich selbst tötet, wenn sie es ihrem Feind zu tun glaubt. Bilder ohne Rahmen (1856).

— Die Rache ist mein; ich will vergelten, spricht der Herr. Röm., K. 12, V. 19.

— Auf Rache wendet nur die Einfalt alle Kraft; | Vergebung aber ist der Rache Wissenschaft. Alter Spr.

— Bezähme deinen Zorn und überlasse dem die Rache, | Der besser als du selbst kann führen deine Sache! Alter Spr.

— Der Rache sind die Hände ans Herz gebunden. Alter Spr.

— Schnelle Rach' und jäher Zorn | Haben manch gut Spiel verlor'n. Alter Spr.

— Blinde Rache, | Schlimme Sache. Sprichwort.

— Gemach | Geht Gottes Rach'. Sprichwort.

— Verzeihen ist die beste Rache. Sprichwort.

— Rache nehmen ist keine Schande. Arabisches Sprichwort.

— Das Wasser haftet nicht an den Bergen; | Die Rache nicht an einem großen Herzen. Chinesisches Sprichwort.

— Rache ist süß, — aber vollzogen bitter. Sprichwörtl.

Rachegötter. — ... die Rachgötter schaffen im stillen.

Friedr. von Schiller, D. Braut v. Messina (1803). Säulenhalle (Erster Chor. Cajetan).

Rachegöttin. — Lauernd in grausigem Hinterhalt | Hundertfüßig, hundertarmig | Schreitet hervor | Ehernen Trittes | Die Erinnys (die Rachegöttin). Griech.: *Ἥξει καὶ πολύπους | Καὶ πολύχειρ, ἁ δεινοῖς | Κρυπτομένα λόχοις | Χαλκόπους Ἐριννύς.*

Sophokles (um 496—406 v. Chr.), Elektra. Übers. v. Jordan. V. 481—84 (Chor).

Rachekorps. — Korps (Schar) der Rache. Bezeichnung d. Majors Ludw. Adolf Wilh. Freiherrn von Lützow für sein Freikorps (1813).

Rächen. — ... wer alles vermeynt zu rächen, | Was ihm die Leut böses nachsprechen, | Der lebt immer in Haß und Neid | Und ist nimmer ohn Zanck und Streit.

Georg Rollenhagen, Froschmäuseler (1595). B. 1, T. 2, K. 6.

— ... das soll siebenfältig gerochen werden. 1. Mos., K. 4, V. 15.

— Wer Alles will rächen | **Manu bellatoria,** | Die Kraft wird ihm gebrechen, | **Nec erit victoria.** Alter Spr.

Rächen, sich. — Sich nicht rächen, auch dann nicht, wenn Rache Gerechtigkeit wäre, | Das ist edel. Friedr. Gottl. Klopstock, Sämtl. Werke (1798—1821). Bd. 1.

— Wer sich rächet, an dem wird sich der Herr wieder rächen. Jes. Sir., K. 28, V. 1.

Rächer. — Mög' aus meinem Gebein sich einst ein Rächer erheben! Lat.: **Exoriare aliquis nostris ex ossibus ultor.**

Publ. Vergilius Maro (um 70 v. Chr.—19 n. Chr.), Aeneis. Übers. v. Voß. B. 4, V. 625.

Rachetag. — O süßer Tag der Rache!

Ernst Moritz Arndt, Gedichte. Vaterlandslied (geb. 1812). Mel. v. Albert Methfessel (1818).

— ... der Tag der Rache. Jesaias, K. 34, V. 8.

Rachgier. — Rachgier gibt bösen Lohn. Sprichwort.

Rad. — Das fünfte Rad am Wagen sein (sehr überflüssig sein). Sprichwörtl. Redensart.

Raffael. — ... meinen Sie, Prinz, daß Raffael nicht das größte malerische Genie gewesen wäre, wenn er unglücklicherweise ohne Hände wäre geboren worden?

Gotthold Ephr. Lessing, Emilia Galotti (1772). A. 1, Sz. 4 (Conti).

Rahm. — Den Rahm abschöpfen (das Beste für sich nehmen). Sprichwörtl. Redensart.

Rand. — Aus Rand und Band sein (völlig ausgelassen sein). Sprichwörtl. Redensart.

— Den Rand halten (ruhig sein). Sprichwörtl. Redensart.

Rang. — Rang ist ein Münzgepräge nur; | Der Mann das Gold! Engl.: **The rank is but the guinea's stamp — | The man's the gowd for a' that.**

Rob. Burns (1759—1796), Gedichte. Übers. v. Wilhelmine Pringshorn. Trotz alledem u. alledem.

— Der Rang, so wichtig er in den Augen des großen Haufens und der Philister, und so groß sein Nutzen im Getriebe der Staatsmaschine sein mag, läßt sich mit wenigen Worten abfertigen. Es ist ein konventioneller, d. h. eigentlich ein simulierter Wert; seine Wirkung ist eine simulierte Hochachtung und das Ganze eine Komödie für den großen Haufen.

Arthur Schopenhauer, Parerga u. Paralipomena (1851).

Ränke. — Ränke schmieden (böse Anschläge erfinden). Sprichwörtl. Redensart.

Rasch. — Der stoßt sich bald, wems ist zů not (zu rasch).

Seb. Brant, D. Narrenschif (1494). Nr. 12. V. unbesinten narren.

Raschheit. — Raschheit verdammt man leicht mit kaltem Blut. Engl.: Who cannot condemn rashness in cold blood?

William Shakespeare, Timon v. Athen (um 1604—1608). Übers. v. Schlegel. A. 3, Sz. 5 (Alcibiades).

Rasen. — Paule, du rasest! die große Kunst macht dich rasend. Apostelgesch., K. 26, V. 24.

Rast. — Immerzu! Immerzu! | Ohne Rast und Ruh'!

Joh. Wolfg. von Goethe, Gedichte. Lieder. Rastlose Liebe (ged. 6. Mai 1776).

— Bequeme Rast ist nicht des Lebens wert.

Jos. Freiherr von Eichendorff, Gedichte. Zeitlieder. An d. Freunde (ged. 1815).

— Rast | Gibt Mast. Sprichwort.

— Erst die Last, | Dann die Rast; | Wer will haben, | Der muß graben! | Trag' und sei still, | Solang' Gott will! | Sei bereit, | Weil's Zeit!

Spr. in einem Hause. Schweiz.

Rasten. — Rast' ich, so rost' ich. Sprichwort.

— Was nicht rastet und nicht ruht, | Tut in die Länge nicht gut. Sprichwort.

Rat. — Viel Hände, wenig Rat. Lat.: Multorum manus, paucorum consilium.

Wahlspr. Ludw. d. Kindes (reg. 900—911).

— Swer volget guotem râte, | Dem misselinget spâte. Hartmann von Aue, Iwein (um 1200).

— Bei wem sich Rat und Tat entsprechend finden, | An dessen Rat wird sich ein andrer binden. | Doch hält er selbst auf das nicht, was er spricht, | Gehorchen andre seinen Worten nicht.

A. d. Persischen d. Ferid=ed=dîn Attar (um 1119—1229). Pend=nameh. Übers. v. Graf.

— Wer sich vom Wolfe Rat läßt geben, | Dessen Schafen geht's ans Leben. Mittelhochdeutsch: Swer wolve nimt ze râtgebn, | Daz gât den schâfen an daz lebn.

Vrîdankes Bescheidenheit (1225—1240). Übertr. v. Pannier. Nr. 43. v. tieren.

— Ich hörte oft, es sei viel besser, sich raten zu lassen, als andern Rat geben. Lat.: Audivi saepe, securius esse audire et accipere consilium, quam dare.

Thomas a Kempis, Nachfolge Christi (um 1410). Übers. v. Goßner. B. 1, K. 9, § 11.

— Wer weise ist und rechte Einsicht hat, | Sieht vor der Tat sich um nach klugem Rat.

A. d. Persischen d. Anwari=Soheili (gest. 1501). D. Streit d. Elefanten u. Hasen. Übers. v. Ethé.

— Wie denn offtmahls der beste Rath | Den allerschlimmsten Ausgang hat, | Daß man mit Schaden klüger wird.

Georg Rollenhagen, Froschmäuseler (1595). B. 2, T. 1, K. 4.

Rat. — Wo kein Rath ist und kein Auffsehen, | Da muß das Volck zu Boden gehen.

Georg Rollenhagen, Froschmäuseler (1595). B. 2, T. 1, K. 6.

— Nimm Rat von allen, aber spar' dein Urteil! Engl.: Take each man's censure, but reserve thy judgment.

William Shakespeare, Hamlet (1601—1602). Übers. v. Schlegel. A. 1, Sz. 3 (Polonius).

— Wer guten Rath selbst finden kan, | Wer guten Rath kan nehmen an, | Wer beides recht zu brauchen weiß, | Hat eines klugen Mannes Preis.

Friedr. von Logau, Deutsche Sinn=Getichte (1654). Staffeln d. Klugheit.

— Mancher gute Rath ist eitel, | Wenn ihm wohl nicht will der Beutel.

Friedr. von Logau, Deutsche Sinn=Getichte (1654). Rathschläge.

— Zu Wasser muß nach Hause, wer nicht zu Lande kan; | Wem ein Rath nicht gelinget, greif' einen andern an!

Friedr. von Logau, Deutsche Sinn=Getichte (1654). Änderung d. Planes.

— Nachrath ist Narrenrath.

Christoph Lehmann, Politischer Blumen=Garten (1662). T. 2. Rathen. Nr. 107.

— Eylender vnd verstürtzter Rath bringts halb gekocht zu Tisch.

Christoph Lehmann, Politischer Blumen=Garten (1662). T. 2. Rath. Nr. 7.

— Der Vorrath ist der schwerest, der Nachrath der best.

Christoph Lehmann, Politischer Blumen=Garten (1662). T. 2. Rath. Nr. 11.

— Mit nichts ist man so freigebig als mit seinem Rat. Franz.: On ne donne rien si libéralement que ses conseils.

François, Herzog von La Rochefoucauld, Reflexionen oder moralische Sentenzen u. Maximen (1665). Nr. 110. Übers. v. Zimmermann.

— Wer dir viel Rath und wenig That gewährt, | Wann dich die Last des schweren Kummers preßt, | Ist einer, der die Spinnewebe kehrt | Und doch dabei die Spinne leben läßt.

Christ. Gryphius, Poetische Wälder (1698).

— Wenn der Rat eines Toren einmal gut ist, so muß ihn ein gescheiter Mann ausführen.

Gotthold Ephr. Lessing, Emilia Galotti (1772). A. 3, Sz. 1 (D. Prinz).

— Bess'rer Rat kömmt über Nacht.

Gotthold Ephr. Lessing, Emilia Galotti (1772). A. 4, Sz. 3 (Orsina).

— Der beste Rat ist: folge gutem Rat | Und laß das Alter dir ehrwürdig sein!

Joh. Wolfg. von Goethe, Elpenor (1781). A. 1, Sz. 2 (Evadne).

— Höret den Rat verständiger Freunde, das hilft euch am besten!

Joh. Wolfg. von Goethe, Reineke Fuchs (1794). Ges. 11.

Rat. — Nun gebt Rat, | Wie wir es klug zum frohen Ende leiten!
Friedr. von Schiller, Wilh. Tell (1804). A. 2, Sz. 2 (Reding).

— Die Menschen, wenn sie dich um Rat fragen, sind gewöhnlich schon entschlossen, zu tun, was ihnen gefällt. Adolf Freiherr von Knigge, Gesammelte Schriften (1804—1806).

— . . . Rat zu geben. Das ist das dümmste Handwerk, das einer treiben kann. Rate sich jeder selbst und tue, was er nicht lassen kann!
Joh. Wolfg. von Goethe, D. Wahlverwandtschaften (1808—1809). T. 1, K. 2.

— Was Rat! Hat Rat bei Menschen je gegolten?
Joh. Wolfg. von Goethe, Faust, II (1831). A. 2. Klassische Walpurgisnacht. Felsbuchten d. Ägäischen Meers (Nereus).

— Wer nur für andre, nicht für sich weiß Rat, | Ist wie ein Mann, der fremde Gärten wässert | Vom Brunnen, welchen er im Hofe hat, | Und seine eigne Dürre nicht verbessert.
Friedr. Rückert, Erbauliches u. Beschauliches a. d. Morgenlande (1837—1838).

— Wie Wind im Käfige, wie Wasser in dem Siebe | Ist guter Rat im Ohr der Torheit und der Liebe.
Friedr. Rückert, D. Weisheit d. Brahmanen (1836—1839). B. 16, Abteilung 5, Nr. 97. (Stufe 5. Leben. Nr. 499.)

— . . . der Rat des Herrn bleibet ewiglich.
Ps. 33, V. 11.

— . . . wo du Rat bedarfst, so suche ihn bei weisen Leuten! Jes. Sir., K. 9, V. 21.

— Tue nichts ohne Rat, so gereuet dich's nicht nach der Tat! Jes. Sir., K. 32, V. 24.

— Der Alten Rat, der Jungen That | Macht Krummes grad. Alter Spr.

— Ein guter Rat zur rechten Zeit | Wahrt Manchen vor viel Herzeleid. Alter Spr.

— Schneller rath nie gut that; | Weisser rath vor sich gaht. Alter Spr.

— Ein Löffel voll Tat | Ist besser als ein Scheffel voll Rat. Sprichwort.

— Guter Rat kommt über Nacht. Sprichwort.

— Hitz' im Rat, | Eil' in der Tat | Bringt nichts als Schad'. Sprichwort.

— Kommt Zeit, kommt Rat. Sprichwort.

— Am Rathsuter (euter) sugunt (saugen) vieli Chalber. Sprichwort. Schweiz.

— Rat nach der Tat, die Kerze unters Kornmaß. Niederl.: Raad na daad, | De kars onder de korenmaat. Sprichwort.

— Das Kaninchen fort, der Rat da. Span.: El conejo ido, | El consejo venido. Sprichwort.

— Ein Rat vor der Gefahr ist Wein, nach der Gefahr Essig. Lettisches Sprichwort.

— Alle wissen guten Rat, | Nur der nicht, der ihn nötig hat.
Inschrift im Berliner Ratskeller. Bierlokal.

Rat. — Der beste Rat ist in der Not: | Mensch, hilf dir selbst, so hilft auch Gott!
Spr. an einem Hause in Hochaltingen im Ries.

— Wie mancher guder Rath verdirbt in armem Munde, | Wie manches grüne Gras in einem schönen Grunde, | Wie manches prave Roß im Wagen und im Karren, | Wie mancher guder Will' bey ei'm verzagten Narren.
Inschrift an einem Hause.

Raten. — Rathen ist nach der scheiben schiessen. Man schiest öffter drunter, drüber vnd neben hin als in die Scheib; viel weniger trifft man zum Zweck.
Christoph Lehmann, Politischer Blumen=Garten (1662). T. 2. Rathen. Nr. 2.

— Es ist leichter, rathen den thaten.
Christoph Lehmann, Politischer Blumen=Garten (1662). T. 2. Rathen. Nr. 40.

— Einer räthet quid, der ander quo, | Vnd wird man deren keins nicht fro.
Christoph Lehmann, Politischer Blumen=Garten (1662). T. 2. Rathen. Nr. 64.

— Vom sichern Port läßt sich's gemächlich raten!
Friedr. von Schiller, Wilh. Tell (1804). A. 1, Sz. 1 (Ruodi).

— Es gleicht, wer jedem zu raten, | Statt Einem zu helfen wählt, | Einer tüchtig sausenden Mühle, | Der es an Steinen fehlt.
Friedr. Hebbel, Gedichte. Jugendgedichte (geb. 1829—1833). Flocken. Rat ohne Tat.

— Wem nicht zu raten ist, dem ist nicht zu helfen. Sprichwort.

Ratgeber. — . . . zum Ratgeber nimm unter Tausenden nur Einen! Jes. Sir., K. 6, V. 6.

— Ein Rater in zweier Freunde Mitten | Kann es mit beiden leicht verschütten. Sprichwort.

Rationalisten. — Hoch verstiegen sich nie noch Rationalisten, deswegen | Mieteten sie auch bei Kant nur im Parterre sich ein.
Ludw. Feuerbach, Satirisch=theologische Distichen (1830).

Ratschlagen. — Darumb bey allen Sachen | Man erst rathschlagen muß, | Damit man möge machen | Darauff gewissen Schluß.
Joh. Doman, Lied v. d. Hanse (1618).

Rätsel. — Da muß sich manches Rätsel lösen. — | Doch manches Rätsel knüpft sich auch.
Joh. Wolfg. von Goethe, Faust, I (1808). Walpurgisnacht (Faust u. Mepistopheles).

Ratsherr. — Wissen und Gewissen machen den Ratsherrn.
Inschrift im Oberbürgermeisterzimmer d. Berliner Rathauses.

Ratten. — Die Ratten verlassen das Schiff (es ist dem Untergange geweiht).
Sprichwörtl. Redensart.

Rattenfänger. — Vermaledeiter Rattenfänger!
Joh. Wolfg. von Goethe, Faust, I (1808). Nacht. Straße vor Gretchens Türe (Val.).

Raub. — Den Raub unter sich teilen.
Nach 4. Mos., K. 31, V. 26—27. Sprichwörtl. Redensart.

Rauben. — Reiten und rauben ist keine Schande, | Es tun's die Edelsten im Lande.
Sprichwort.

Räuber. — Ja, ich bin's, du Unglücksel'ge, ... | Bin der Räuber Jaromir!
Frz. Grillparzer, D. Ahnfrau (1817). A. 3 (Jaromir).

Rauch. — Rauch ist alles ird'sche Wesen.
Friedr. von Schiller, Gedichte. D. Siegesfest (ged. 1803).

— Vergehen wie ein Rauch.
Nach Ps. 102, V. 4.

— Der Rauch und Dampf gehet vorher, wenn ein Feuer brennen will. Jes. Sir., K. 22, V. 30.

— Kein Rauch ohne Feuer. Sprichwort.

— Wo Rauch ist, muß auch Feuer sein.
Sprichwort.

Rauchen. — Wo man raucht, da kannst du ruhig harren; | Böse Menschen haben nie Zigarren.
David Kalisch, Humoristisch-satirischer Volkskalender d. Kladderadatsch (1850).

— Drei Wochen war der Frosch so krank, | Jetzt raucht er wieder, Gott sei Dank!
Wilh. Busch, Münchener Bilderbogen. D. beiden Enten u. d. Frosch (um 1860). Schlußv.

— Daß er nicht rauchte, mußt' er büßen, | Als er des Glückes Ende sah; | Der Boden raucht' ihm untern Füßen, | Drum ging er nach Sankt Helena. Spr. auf einer Tabakspfeife unter d. Bilde Napoleons auf St. Helena.

Räudig. — Ein räudiges Schaf steckt die ganze Herde an. Sprichwort.

Rauh. — Wie die süßeste Frucht zuweilen eine rauhe Schale hat, so verbirgt sich oft eine freundliche und herzliche Natur unter einem rauhen Äußern. Engl.: As a rough rind sometimes covers the sweetest fruit, so a rough exterior often conceals a kindly and hearty nature.
Samuel Smiles, D. Charakter (1871). Übers. v. Dobbert. K. 9. Manier u. Kunst.

Rauheit. — Dan Räuhe machet doch nur scheue. Joh. Friedr. Fischart, D. Philosophisch Ehzuchtbüchlin (1578). D. Mann.

Raum. — ... hart im Raume stoßen sich die Sachen.
Friedr. von Schiller, Wallensteins Tod (1799). A. 2, Sz. 2 (Wallenstein).

— Raum, ihr Herrn, dem Flügelschlag | Einer freien Seele!
Georg Herwegh, Gedichte eines Lebendigen (1841). A. d. Bergen.

Raupe. — Die Raupe schon, die Chrysalide deutet | Den künftigen bunten Schmetterling.
Joh. Wolfg. von Goethe, Faust, II (1831). A. 2. Hochgewölbtes enges gotisches Zimmer (Mephistopheles).

Raupen. — Raupen im Kopf haben (hochmütig sein). Sprichwörtl. Redensart.

Raupen. — Der Raupen wegen muß man den Baum nicht umhauen. Bauernregel.

— Wer die Raupen will tilgen, der muß das Nest verbrennen. Bauernregel.

Rausch. — ... doch nennt mich Tropf, wofern nicht von allem, wozu der Mensch sich emporgeschwungen, | Das Beste, Höchste der Weinrausch ist. A. d. Persischen d. Omar Chijam (12. Jahrh.). Vierzeiler. Übers. v. Schack.

— Ein Rausch fürcht sich vorm Teuffel nit.
Joh. Mich. Moscherosch, Wunderliche v. Warhafftige Gesichte Philanders v. Sittewalt (1643). T. 2, Gesichte 2. Hans hinüber, Gans herüber.

— ... wer sich schewt, ein Rausch zu han, | Der wil nicht, das man jhn sol kennen, | Vnd ist gewiß kein Bidermann.
Joh. Mich. Moscherosch, Wunderliche v. Warhafftige Gesichte Philanders v. Sittewalt (1643). T. 2, Gesichte 2. Hans hinüber, Gans herüber.

— Wer niemals einen Rausch gehabt, | Der ist kein braver Mann.
Joachim Perinet, D. neue Sonntagskind (1794). Komp. v. Wenzel Müller.

— Trink' sechs Räuschchen wöchentlich, | Lehrt dich Hippokrat.
Joh. Christoph Friedr. Haug, Trinken sang Anakreon usw. (ged. um 1810).

— Im Leben ist das Beste nur ein Rausch. Engl.: The best of life is but intoxication.
George Gordon Lord Byron, Don Juan (1819—1824). Übers. v. Gildemeister. Ges. 2, Str. 179, V. 2.

— Die Wonne, die ein Rausch uns gibt, | Wer mag uns Beß'res geben?
Friedr. von Bodenstedt, D. Lieder d. Mirza-Schaffy (1851). Lieder zum Lobe d. Weines u. irdischer Glückseligkeit. Nr. 3.

— ... wie die Sonne wüste Gräber, | Vergoldet unsern Lebenstag | Der Rausch, der süße Taumel.
Emerich Madách, D. Tragödie d. Menschen (1861). A. d. Ungar. übers. v. Lechner. Sz. 6 (Hippia).

— Der Rausch liegt im letzten Glase.
Alter Spr.

— Besser ein Rausch denn ein Fieber.
Sprichwort.

Rauschen. — Es rauscht in den Schachtelhalmen ...
Jos. Viktor von Scheffel, Gaudeamus. D. Ichthyosaurus (ged. 1854). Mel. Es hatten drei Gesellen usw.

Räuspern. — Wie er räuspert, und wie er spuckt, | Das habt ihr ihm glücklich abgeguckt.
Friedr. von Schiller, Wallensteins Lager (1798). Sz. 6 (Erster Jäger).

Reaktionär. — Roter Reaktionär, riecht nach Blut, später zu gebrauchen.
Friedr. Wilh. IV., als ihm Bismarck als Minister vorgeschlagen wurde.

Rebe. — Wo Rüben man und Kartoffeln baut, | Da ißt und trinkt man und verdaut; | Doch wo die Rebe das Land umspinnt, | Da ist man fröhlich und hochgesinnt.

Spr. im Ratskeller zu Wiesbaden.

— Junge Rebe muß verdorren, | Kommt sie neben alten Knorren. Bauernregel.

Rebellen. — Die Rebellen von gestern sind allzeit die Despoten von heute.

Joh. Scherr, Germania (1876). D. Reformationszeit.

Rebellentreue. — Rebellentreue ist wankend.

Friedr. von Schiller, D. Verschwörung d. Fiesko zu Genua (1783). A. 5, Sz. 5 (Lorenzo).

Reben. — Wenn die Reben wieder blühen, | Rühret sich der Wein im Fasse.

Joh. Wolfg. von Goethe, Gedichte. Lieder. Nachgefühl (ged. 24. Mai 1797).

— Für Sorgen sorgt das liebe Leben, | Und Sorgenbrecher sind die Reben.

Joh. Wolfg. von Goethe, Westöstlicher Diwan. D. Schenkenb. Trunken müssen wir alle sein usw. (ged. 1815).

— Aus den Reben | Fleußt Leben. Sprichwort.

— Wenn die Reben weinen, so steckt noch Kälte dahinter. Bauernregel.

— Wo die Reben nicht beschnitten werden, da wird ein Wald daraus. Bauernregel.

Rebensaft. — Das Glück, nach dem wir alle streben, | Die Kunst, stets sorgenfrei zu sein, | Keimt wunderbar im Saft der Reben.

Karl Müchler, D. Stein d. Weisen (1797). Mel. v. Albert Methfessel.

— O Wonnesaft der edlen Reben! | O Gegengift für jede Pein!

Ernst Moritz Arndt, Gedichte. D. Feuerlied (ged. 1817). Mel. v. Albert Methfessel (1818).

— Der Saft der Reben, | Der kann geben | Ein Freudenleben. Spr. an einem Hausgerät.

— Nu bis (sei) mir Gott willkommen, | Du edler Rebensaft, | Ich hab gar wohl vernommen, | Du bringst mir süße Kraft.

Spr. im Schloß Trautmannsdorf bei Meran.

Rebhühner. — Immer Rebhühner. Franz.: Toujours perdrix.

Heinr. IV. (reg. 1589—1610) v. Frankreich ließ seinem Beichtvater, d. ihn wegen seiner Liebschaften tadelte, jeden Tag Rebhühner vorsetzen, um ihm fühlbar zu machen, wie notwendig d. Abwechselung wäre. Übers. v. Zimmermann.

Rechnen. — Es verdirbt keiner, er könne denn nicht rechnen. Sprichwort.

Rechnen, das. — Rechnen hilft haushalten. Sprichwort.

Rechnung. — Schließt Eure Rechnung mit dem Himmel ab!

Friedr. von Schiller, Maria Stuart (1800). A. 1, Sz. 2 (Paulet).

— Mach' deine Rechnung mit dem Himmel, Vogt! Friedr. von Schiller, Wilh. Tell (1804). A. 4, Sz. 3 (Tell).

Rechnung. — Die Rechnung ohne den Wirt machen (sich täuschen). Sprichwörtl. Redensart.

Rechnungen. — Sieh' du nach deinen Rechnungen! — Ich fürchte, sie stehen übel.

Friedr. von Schiller, Kabale u. Liebe (1784). A. 5, Sz. 7 (Ferd.).

Recht. — Wann ich bin recht in allen sachen, | Was acht ich dann der Leuth sprachen? Alter Spr.

— Eben recht ist weder eng noch weit. Sprichwort.

— Was dem einen recht ist, ist dem andern billig. Sprichwort.

— Der ist ein selig Mann, | Der recht geben und halten kann. Spr. an einem Hause. Schweiz.

— Lienau heet ick, | Wat recht und god is, dat weet ick; | Gott gev't dato, | Dat ick't ok do.

Spr. an einem Hause.

Recht, das. — In Haus und Reich darf, ohne zu fragen das Recht, | Keine Macht gebieten! Griech.: *Μηδὲν δίκας ἔξω κράτος ἐν θαλάμοις | Καὶ πόλει δύνασθαι.*

Euripides, Andromache (um 420 v. Chr.). Übers. v. Minckwitz. V. 787—88 (Chor).

— Im Recht besiegt ein Schwacher selbst den Starken. Griech.: *Τοῖς τοι δικαίοις χὠ βραχὺς νικᾷ μέγαν.*

Sophokles (um 496—406 v. Chr.), Ödipus in Kolonos. Übers. v. Jordan. V. 876 (Kreon).

— Das höchste Recht, das größte Unrecht. Lat.: Summum ius summa iniuria.

Sprichwort. — Nach Marc. Tull. Cicero, V. d. Pflichten (um 44 v. Chr.). Übers. v. Klotz. B. 1, K. 10, § 33.

— Nach Recht und Billigkeit. Lat.: Ex aequo bonoque.

Gajus Sallustius (um 86—35 v. Chr.), D. Jugurthinische Krieg. Übers. v. Neuffer. K. 35, § 7.

— Das Recht soll stets bestehen, und sollte auch die Welt darob zugrunde gehen! Lat.: Fiat iustitia, pereat mundus!

Wahlspr. Kaiser Ferd. I. (reg. 1558—1564).

— . . wo einer will haben summum ius, das schärffste Recht, da folget oft summa injuria, daß alles darüber in Trümmer geht.

Dr. Martin Luther, Tischreden oder Colloquia (1566). Nr. 9. Tischreden v. d. Sünde. § 29. Vergebung d. Sünde ist in allen Ständen u. Ämtern.

— Eim jeden sein Recht vorbehalten, | Beid an die Jungen vnd die Alten!

Joh. Fried. Fischart, Flöh Hatz, Weiber Tratz (1577). D. Nütwendige v. Böständige Verantwortung d. Weiber.

— So muß ich hören beyde Parth, | Darnach bleibt das Recht ungespart.

Georg Rollenhagen, Froschmäuseler (1595). B. 1, T. 2, K. 20.

— Gewohnheit und Gebrauch zwingt oft und sehr das Recht.

Friedr. von Logau, Deutsche Sinn-Getichte (1654). Gewohnheit u. Recht.

Recht, das. — Wer das Recht denkt recht zu führen, | Muß die Räder reichlich schmieren.

Friedr. von Logau, Deutsche Sinn=Getichte (1654). Geschenke.

— Gut recht darff guter Hülff.

Christoph Lehmann, Politischer Blumen=Garten (1662). T. 2. Recht v. Rechten. Nr. 9.

— Jeder hat so viel Recht, wie er Macht hat.

Baruch Spinoza, Tractatus politicus (1677).

— Das Recht wohnet beim Überwältiger, und die Schranken unserer Kraft sind unsere Gesetze.

Friedr. von Schiller, D. Räuber (1781). A. 1, Sz. 1 (Frz.).

— Recht bleibt Recht, und wer es auch hat, es zeigt sich am Ende.

Joh. Wolfg. von Goethe, Reineke Fuchs (1794). Ges. 11.

— Vom Rechte, das mit uns geboren ist, | Von dem ist, leider! nie die Frage.

Joh. Wolfg. von Goethe, Faust, I (1808). Studierzimmer (Mephistopheles).

— Wo sich Männer finden, | Die für Ehr' und Recht | Mutig sich verbinden, | Weilt ein frei Geschlecht.

Max von Schenkendorf, Sämtl. Gedichte. Abteilung 2. Vaterland. Freiheit (ged. 1813). Mel. v. Karl Groos (komp. 1813).

— Das Recht ist hundertfach, und jeder übt | Sein eigenes.

Christ. Dietr. Grabbe, Don Juan u. Faust (1829). A. 3, Sz. 1 (Don Juan).

— Es gibt zwei friedliche Gewalten: das Recht und die Schicklichkeit.

Joh. Wolfg. von Goethe, Werke (1827—1830). Maximen u. Reflexionen. Abteilung 1.

— Wer das Falsche verteidigen will, hat alle Ursache, leise aufzutreten und sich zu einer feinen Lebensart zu bekennen. Wer das Recht auf seiner Seite fühlt, muß derb auftreten; ein höfliches Recht will gar nichts heißen.

Joh. Wolfg. von Goethe, Werke (1827—1830). Über Naturwissenschaft. Abteilung 5.

— Wer's Recht hat und Geduld, für den kommt auch die Zeit.

Joh. Wolfg. von Goethe, Faust, II (1831). A. 4. D. Gegenkaisers Zelt (Erzbischof).

— O Kinder, haltet fest an Recht und Pflicht! | Aus Rosen selbst der Dorn der Rache sticht! | Es sät der Mensch, doch ob den Saaten wacht | Still eine dunkle, rätselvolle Macht.

Anastasius Grün (Anton Alexander Graf von Auersperg), Schutt (1835). Cincinnatus.

— Hoch steht die Treue, höher steht das Recht, | Und zur Verirrung kann die Tugend werden, | Wenn sie das Recht verschmäht.

Ernst Raupach, D. Hohenstaufen (1837). Kaiser Friedr. I. u. Heinr. d. Löwe. A. 3, Sz. 8.

— Wer sein Recht nicht wahret, gibt es auf.

Ernst Raupach, D. Hohenstaufen (1837). Kaiser Friedr. I. u. Mailand. A. 3, Sz. 3.

Recht, das. — Recht ist die Einschränkung der Freiheit eines jeden auf die Bedingung ihrer Zusammenstimmung mit der Freiheit von jedermann, insoferne diese nach einem allgemeinen Gesetze möglich ist.

Immanuel Kant, Werke (1838—1839). Bd. 7.

— O Liebe, schöner Laut, | Um Völker zu betören! | Von Priestern erst gelehrt, | Entstellt von Pfaffenchören, | Du bleibst nicht lange mehr | Das Zauberwort auf Erden; | Das Recht, das heil'ge Recht | Muß Menschheitslosung werden.

Alfred Meißner, Gedichte (1845).

— Ein Recht von gestern oder gar ein Recht, | Ein sogenanntes Recht von heut', ein Recht | Der Gegenwart und der lebend'gen Stunde, | Glaubt, gnäd'ge Frau, da leiht kein Jude drauf! | Genau besehen gibt es gar kein Recht.

Rob. Prutz, Karl v. Bourbon (1845). A. 3, Sz. 2 (Kanzler).

— Das Recht ist ein solidarisches Ganzes für alle im Lande, sowohl für die Höchsten wie für die Niedrigsten!

Otto von Bismarck in d. zweiten Kammer d. preuß. Landtages (24. Nov. 1849).

— Römisch Recht, gedenk' ich deiner, | Liegt's wie Alpdruck auf dem Herzen, | Liegt's wie Mühlstein mir im Magen, | Ist der Kopf wie brettvernagelt!

Jos. Viktor von Scheffel, D. Trompeter v. Säkkingen (1854). Ges. 2.

— . . eins ist, was nützt: die Klarheit. Eins ist, was besteht: das Recht. Eins ist, was besänftigt: die Liebe.

Ludw. Börne, Gesammelte Schriften (1862—1863). Fragmente u. Aphorismen. Nr. 263.

— Das Recht ist ein unentbehrlicheres Lebensmittel als das Brot, und Tugend ist schöner als Ruhm.

Ludw. Börne, Gesammelte Schriften (1862—1863).

— Recht geht vor Macht.

Graf Maximilian von Schwerin im Abg.=Hause d. preuß. Landtages (27. Jan. 1863).

— . . . wenn auch wir erliegen, | Das Recht muß immer siegen.

Aug. Heinr. Hoffmann von Fallersleben, Gedichte. Zeitgedichte. Vaterlandslieder. Wir sind da! (ged. 20. Juli 1870).

— Gewalt kann wohl den Richter beugen, | Doch niemals beugt Gewalt das Recht!

Joh. Trojan, Beschauliches (1870). Beständigkeit d. Rechtes.

— Der Zweck ist der Schöpfer des ganzen Rechts.

Rudolf von Jhering, D. Kampf ums Recht (1872).

— Wie selten siegt das Recht; und wenn es siegt, hernach ist es kein Recht mehr.

Joh. Jak. Mohr, Gedanken über Leben u. Kunst (1885).

— Das Recht des Stärkeren ist das stärkste Unrecht.

Marie von Ebner=Eschenbach, Aphorismen (1893).

Recht, das. — Ich steh' wie ein Fels, wie die Angel der Welt, | Wie ein Kaiser in Freiheit und Recht.
Vagans scholasticus. Verfasser unbek. Mel. v. W. Sommer.

— Das Recht beugen (unrecht tun).
Nach 2. Mos., K. 23, V. 6. — Sprichwörtl. Redensart.

— Das Recht verdrehen (falsch auslegen). Danach Rechtsverdreher.
Nach 2. Mos., K. 23, V. 6. — Sprichwörtl. Redensart.

— Du sollst das Recht nicht beugen, und sollst auch keine Person ansehen, noch Geschenke nehmen; denn die Geschenke machen die Weisen blind und verkehren die Sachen der Gerechten.
5. Mos., K. 16, V. 19.

— Sprich du (Gott) in meiner Sache und schaue du auf das Recht! Ps. 17, V. 2.

— . . . Recht muß doch Recht bleiben.
Ps. 94, V. 15.

— Ein König richtet das Land auf durch das Recht. Spr. Sal., K. 29, V. 4.

— Das Recht in Wermut verkehren.
Nach Amos, K. 5, V. 7.

— Recht und Gerechtigkeit.
Nach Amos, K. 5, V. 7.

— . . . bekenne das Recht frei!
Jes. Sir., K. 4, V. 27.

— Ohne viel Unrecht kommt man nicht leicht zum Recht. Alter Spr.

— Wer was vermag, den lacht das Recht an.
Alter Spr.

— Auf Recht stehen hält aufrecht. Sprichwort.

— Das Recht hat eine wächserne Nase.
Sprichwort.

— Das Recht schiert haarscharf. Sprichwort.

— Recht macht reich. Sprichwort. Salzburg.

— Recht und Unrecht beißen einander in den Schwanz. Sprichwort.

— Recht scheidet wohl, aber es freundet nicht.
Sprichwort.

— Zu viel Recht | Hat manchen Herrn gemacht zum Knecht. Sprichwort.

— Wer unrecht wiegt das Recht allhier auf dieser Erden, | Der wird in jener Welt zu leicht befunden werden. Spr. an einem Hausgerät.

— Er gab jedem Recht mit Liebe, | Drum ward ihm Liebe mit Recht.
Grabschrift auf d. Landrichter Auer in Hötting.

Rechtbehalten. — Wer Recht behalten will und hat nur eine Zunge, | Behält's gewiß.
Joh. Wolfg. von Goethe, Faust, I (1808). Straße (Faust).

Rechte, das. — Folg' dem Gefühl des Schicklichen und Rechten! | Die Klugheit ist das einz'ge Gut des Schlechten.
Joh. Aloys Blumauer, Gedichte (1782).

Rechte, das. — Setzet immer voraus, daß der Mensch im ganzen das Rechte | Will; im einzelnen nur rechnet mir niemals darauf!
Friedr. von Schiller, Gedichte. An d. Gesetzgeber (geb. 1796).

— Das Rechte, das Gute führt ewig Streit, | Nie wird der Feind ihm erliegen.
Friedr. von Schiller, Gedichte. D. Worte d. Wahns (geb. 1799).

— Tu' nur das Rechte in deinen Sachen; | Das andre wird sich von selber machen.
Joh. Wolfg. von Goethe, Gedichte. Sprichwörtl. (geb. 1812—1814).

— Schaffst du was Recht's mit Geist und Hand, | Dann nur zeigst du dich gottverwandt.
Friedr. von Sallet, Gesammelte Gedichte (1843). Epigrammatisches u. Lehrhaftes.

— Wo Herzen, stolze, starke, | Noch für das Rechte stehn, | Da darf der Hoffnung Barke | Nicht völlig untergehn.
Moritz Graf von Strachwitz, Gedichte (1850).

— . . . tue stets das Rechte, | Wenn es sich auch nicht verlohnet; | Lohn sei dir das Selbstbewußtsein, | So in großen Taten wohnet!
Emerich Madách, D. Tragödie d. Menschen (1861). A. d. Ungar. übers. v. Lechner. Sz. 15 (Chor d. Engel).

— Laß von brutalen Gewalten | Nie deine Seele knechten; | Kannst du nicht recht behalten, | Halte doch fest am Rechten!
Paul Heyse, Gesammelte Werke (1897). Gedichte. Spr.

— Das Gleiche sucht sich, das Rechte findet sich. Alter Spr.

Rechte, die. — . . . darnach sollst du trachten, | Eigne Rechte mild zu üben, | Fremde Rechte streng zu achten!
Emanuel Geibel, Neue Gedichte (1856). Spr. Nr. 21.

— All Gesetz und Recht seind geben, | Das man mag in frieden leben. Alter Spr.

Recht haben. — Wer da siegt, hat recht!
Christ. Dietr. Grabbe, Don Juan u. Faust (1829). A. 4, Sz. 4 (D. Ritter).

— Wir alle sind so borniert, daß wir immer glauben, recht zu haben.
Joh. Wolfg. von Goethe, Werke (1827—1830). Maximen u. Reflexionen. Abteilung 3.

— Recht host, aber schweige sollst, hat der Ma zur Frau g'sait.
Sprichwörtl. Redensart. Schwaben.

— Der Mann hat recht; — schmeißt 'n raus!
Berliner Redensart.

Rechthaberei. — Beschränktheit des Geistes erzeugt Rechthaberei, und nicht leicht reicht unser Glaube weiter als unser Auge. Franz.: La petitesse de l'esprit fait l'opiniâtreté, et nous ne croyons pas aisément ce qui est au-delà de ce que nous voyons.
François, Herzog von La Rochefoucauld, Reflexionen oder moralische Sentenzen u. Maximen (1665). Nr. 265. Übers. v. Zimmermann.

Recht handeln. — . . . leichter ist es, groß, als recht zu handeln.

Christoph Aug. Tiedge, Urania (1800). Ges. 6. Freiheit. Wiedersehn.

— Wer recht handelt, hat das Licht nicht zu fliehen. Sprichwort.

Recht machen. — Mache es wenigen recht, | Vielen gefallen ist schlimm! Sprichwort.

— Man kann es nicht allen Leuten recht machen. Sprichwörtl.

— Die Allmacht zwar vermag sonst alle Sachen, | Doch eines kann sie nicht: es allen recht zu machen. Spr. an einem Hause in Krienz bei Luzern.

— Wenn eener kümmt und tau mi seggt: | „Ik mach dat allen Minschen recht,“ | So sach ik: „Leiwe Fründ, mit Gunst, | Lehre 's mi doch dese swere Kunst!“

Inschrift am Fritz Reuterhaus in Eisenach.

Rechtsaltar. — . . . wer gegen den Altar | Dikes (des Rechtes) rasenden Fußes | Stößt, nicht Schätze beschirmen den vor dem Schlund der Vernichtung. Griech.: *Οὐ γάρ ἐστιν ἔπαλξις | Πλούτου πρὸς κόρον ἀνδρὶ | Λακτίσαντι μέγαν Δίκας | Βωμὸν εἰς ἀφάνειαν.*

Äschylus, D. Orestie (um 458 v. Chr.). Übers. v. Minckwitz. Agamemnon. V. 367—70 (Chor).

Rechtsbau. — Wer Einen Stein verrückt | Am Bau des Rechtes, wirft das Haus zusammen.

Friedr. Halm (Elegius Frz. Jos. Freiherr von Münch-Bellinghausen), D. Sohn d. Wildnis (1842). A. 1 (Timarch).

Rechtsboden. — Der Boden des Rechts.

Friedr. Wilh. IV. in d. Thronrede vor d. vereinigten Landtage (11. April 1847).

Rechtschaffen. — Das wahre Glück allein | Ist, ein rechtschaffner Mann zu sein.

Christ. Fürchtegott Gellert, Fab. u. Erz. (1746). B. 3. D. Testament. Schlußv.

— Der . . . rechtschaffen erfunden ist, der wird billig gelobet. Jes. Sir., K. 31, V. 10.

— Es kann nicht jeder klug, wohl aber rechtschaffen sein. Sprichwort.

Rechtschaffenen, die. — Rechtschaffene sind des Nächsten Segen. Griech.: *Ὁ μὲν δίκαιος τοῖς πέλας πέφυκ' ἀνήρ.*

Euripides (um 480—406 v. Chr.), D. Herakliden. Übers. v. Minckwitz. V. 2 (Jolaos).

Rechtschaffenheit. — Der Rechtschaffenheit und dem Verdienst! Lat.: Integritati et merito! Inschrift d. österreichischen Leopoldordens (gestiftet 1808).

— Durch Rechtschaffenheit wirst du frei dastehen. Lat.: Integritate stabis in gemmo.

Wahlspr. d. Stewart.

Rechtsdiener. — Vor allem des Rechtes Diener! Lat.: Servantissimus aequi.

Wahlspr. König Friedr. Wilh. II. (reg. 1786—1797).

Rechtsgrund. — Der Teufel selbst | Beruft sich stets auf irgend einen Rechtsgrund; | Und jeder hält den seinigen für stärker.

Emerich Madách, D. Tragödie d. Menschen (1861). A. d. Ungar. übers. v. Lechner. Sz. 11 (Luzifer).

Rechtsherd. — Ehre stets den Herd des Rechts! Griech.: *Βωμὸν αἴδεσαι δίκας.*

Äschylus, D. Orestie (um 458 v. Chr.). Übers. v. Minckwitz. D. Eumeniden. V. 531 (Chor).

Rechtskampf. — Der Kampf ums Recht ist die Poesie des Charakters.

Rudolf von Jhering, D. Kampf ums Recht (1872).

Rechtslauf. — Der Doge kann des Rechtes Lauf nicht hemmen. Engl.: The duke cannot deny the course of law.

William Shakespeare, D. Kaufmann v. Venedig (um 1594—1596). Übers. v. Schlegel. A. 3, Sz. 3 (Antonio).

Rechtsmacht. — Des Rechtes Macht ist groß und hehr. Griech.: *Ἔχει γὰρ ἡ Δίκη μέγα σθένος.* Euripides, Elektra (um 418 v. Chr.). Übers. v. Minckwitz. V. 958 (Chor).

Rechtspflege. — Hat der Wolf des Rechtes Pflege, | Gehn die Lämmer aus dem Wege. Mittelhochdeutsch: Swâ der wolf gerihtes pflege, | Dâ gên diu lember von dem wege.

Vrîdankes Bescheidenheit (1225—1240). Übertr v. Pannier. Nr. 43. v. tieren.

Rechtspoesie. — Die wahre Poesie des Rechts liegt in der Erhabenheit seines Problems und in seiner an Majestät und Gesetzmäßigkeit dem Laufe der Gestirne vergleichbaren Bewegung.

Rudolf von Jhering, D. Geist d. römischen Rechts (1852—1865).

Rechtsquelle. — Die alleinige Quelle des Rechts ist das gemeinsame Bewußtsein des ganzen Volks: der allgemeine Geist.

Ferd. Lassalle, D. System d. erworbenen Rechte (1860).

Rechtssäule. — . . . wandellos | Steht die Säule des Rechts. Griech.: *Τὸ δ' ὀρ- | θῶς ἐσθλὸν σαφὲς αἰεί.*

Euripides, Iphigenie in Aulis (um 407 v. Chr.). Übers. v. Minckwitz. V. 558—60 (Chor).

Recht tun. — Lernet, gewarnt, recht tun und nicht mißachten die Götter! Lat.: Discite iustitiam moniti et non temnere divos!

Publ. Vergilius Maro (um 70 v. Chr.—19 n. Chr.), Aeneis. Übers. v. Voß. B. 6, V. 620.

— Wer recht zů tůn den willen het, | Der acht nit, was ein ieder redt, | Sunder blib uf sim fürnem (Vorsatz) stif, | Ker sich nit an der narren pfif!

Seb. Brant, D. Narrenschif (1494). Nr. 41. Nit achten uf all red.

— Es lebt uf erden ganz kein man, | Der recht tůn iedem narren kan.

Seb. Brant, D. Narrenschif (1494). Nr. 41. Nit achten uf all red.

Recht tun. — . . . tů recht und wol! | Got ist barmherzig, gnaden vol.

Seb. Brant, D. Narrenschif (1494). Nr. 57. Fürwissenheit gottes.

— Wer recht thut, der wirt es finden.

Joh. Agricola, Drey hundert Gemeyner Sprichwörtter (1529). Nr. 96.

— Recht thun hat mich betrogen, | Ich that Recht und ward belogen. | Fuchsschwänzer haben die Herren lieb, | Doch stehlen sie mehr denn ein andrer Dieb. Stammbuchinschrift (1614).

— Das recht wissen vnd daß recht thun ist zweyerley.

Christoph Lehmann, Politischer Blumen=Garten (1662). T. 2. Recht v. Rechten. Nr. 17.

— Recht tun und edel sein und gut | Ist mehr als Geld und Ehr'.

Matthias Claudius, Sämtl. Werke d. Wandsbecker Boten. T. 1. Ein Lied (1771).

— Alles sei recht, was du tust; doch dabei laß es bewenden, | Freund, und enthalte dich ja, alles, was recht ist, zu tun! | Wahrem Eifer genügt, daß das Vorhand'ne vollkommen | Sei; der falsche will stets, daß das Vollkommene sei.

Friedr. von Schiller, Gedichte. Votivtafeln. Nr. 23. Politische Lehre (ged. 1796).

— Recht hat der Sinnentrieb, recht tun geziemt dem Geist.

Christoph Aug. Tiedge, Urania (1800) Ges. 5. Tugend.

— Ich tue recht und scheue keinen Feind.

Friedr. von Schiller, Wilh. Tell (1804). A. 3, Sz. 1 (Tell).

— Es ist ein Gott, kann, meiner Meinung nach, nichts anderes sagen, als: ich fühle mich, bei aller meiner Freiheit des Willens, genötigt, recht zu tun. Georg Christoph Lichtenberg, Verm. Schriften (1800—1806).

— Deutsches Herz, verzage nicht, | Tu', was dein Gewissen spricht, | Dieser Strahl des Himmelslichts: | Tue recht und fürchte nichts!

Ernst Moritz Arndt, Lieder für Teutsche. Deutscher Trost (ged. 1813). Mel. v. Albert Methfessel (1818) u. Friedr. Wilh. Berner.

— Wer recht will tun, immer und mit Lust, | Der hege wahre Lieb' in Sinn und Brust!

Joh. Wolfg. von Goethe, Gedichte. Sprichwörtl. (ged. 1812—1814).

— Höre, was die Wahrheit spricht: | Tue recht und zittre nicht!

Friedr. Leop. Graf zu Stolberg, Gesammelte Werke (1820—1825). Gedichte.

— . . . tut, was recht und gut ist!

Hesekiel, K. 45, V. 9.

— Recht thut, wer thut, was Lohnes wert | Und doch des Lohnes nicht begehrt. Alter Spr.

— Recht tun | Läßt sanft ruhn. Sprichwort.

— Tue recht, scheue niemand! Sprichwort.

— Allen Menschen recht getan | Ist eine Kunst, die niemand kann.

Inschrift im Berliner Ratskeller. Bierlokal.

Recht tun. — Die Gaumen sind gar sehr verschieden, | Und allen recht tun ist sehr schwer; | Denn was den einen stellt zufrieden, | Darüber zürnt der andre sehr.

Inschrift im Berliner Ratskeller. Bierlokal.

— Tu allzeit recht, scheu niemand nicht, | Laß dich nicht irren, wenn man spricht, | Ob du gleich vielen nicht gefällst, | Wenn du nur Gottes Huld behältst. Spr. an einem Hause in Hamburg.

— Tu' recht, steh' fest, kehr' dich nicht dran, | Wenn dich auch tadelt manch ein Mann; | Der muß noch kommen auf die Welt, | Der tut, was jedem Narrn gefällt. Spr. an einem Hause.

Rechtzeitig. — Wer nicht kommt zur rechten Zeit, | Der muß essen, was übrig bleibt.

Kinderreim.

Rede. — Wie der Mensch selbst ist, so ist auch seine Rede. Lat.: Qualis homo ipse est, talis eius est oratio.

Marc. Tull. Cicero, Tusculanische Unterredungen (um 44 v. Chr.). Übers. v. Klotz. B. 5, K. 16, § 47.

— Man höret an der Rede wohl, wie's um das Herze steht. Mittelhochdeutsch: Wan hoeret an der rede wol, wiez umb daz herze stât.

Walter v. d. Vogelweide (um 1170—1230), Gedichte. Übertr. v. Pannier.

— An der Red' erkenne ich Toren; | Den Esel kenn' ich an den Ohren. Mittelhochdeutsch: Bî rede erkennich tôren, | Den esel bî den ôren.

Vrîdankes Bescheidenheit (1225—1240). Übertr. v. Pannier. Nr. 32. v. d. wîsen u. tôren.

— Die Rede, der Gedanken Kanal. Engl.: Speech, thought's canal!

Edward Young, Nachtgedanken (1742). Übers. v. Graf von Bentzel=Sternau. Nacht 2, V. 469.

— Ich finde diese Rede voll Verstand!

Friedr. von Schiller, Sz. a. d. Phönizierinnen d. Euripides (ged. 1788). (Chor).

— Herr, dunkel war der Rede Sinn.

Friedr. von Schiller, Gedichte. D. Gang nach d. Eisenhammer (ged. 25. Sept. 1797).

— Was ist der langen Rede kurzer Sinn?

Friedr. von Schiller, D. Piccolomini (1799). A. 1, Sz. 2 (Questenberg).

— Mit eitler Rede wird hier nichts geschafft.

Friedr. von Schiller, Wilh. Tell (1804). A. 1, Sz. 1 (Tell).

— Das merkt, ihr Jagdgenossen: | Eine Rede, wie schön sie sei, | Hat nie ein Gambs erschossen. | So ist's und bleibt dabei.

Frz. Ritter von Kobell, Wildanger (1859). Spruchreime.

— . . . also merkt man an der Rede, wie das Herz geschickt ist. Jes. Sir., K. 27, V. 7.

— . . . an der Rede erkennet man den Mann.

Jes. Sir., K. 27, V. 8.

— Eure Rede aber sei: Ja, ja, nein, nein; was drüber ist, das ist vom Übel.

Matth., K. 5, V. 37.

— Wer seine redt nit sparen kan, | Der wirdt genandt ein Narrisch man. Alter Spr.

Rede. — Die Rede zeigt den Mann, den Löwen seine Klauen. Sprichwort.

— Kurze Rede, gute Rede. Sprichwort.

— Die beste Rede ist die wohlerwogene; wenn du redest, so muß deine Rede besser als dein Schweigen werden. Arabisches Sprichwort.

— Die Rede ist der Mensch.

Türkisches Sprichwort.

— Aus unbedachten Reden | Kommen viel Sünd' und Schäden; | Der ist gescheit und voller List, | Der seiner Rede ein Meister ist.

Spr. an einem Hause in Auerbach in d. Oberpfalz.

Redefreiheit. — Die Regierungen, welche die Freiheit der Rede unterdrücken, weil die Wahrheiten, die sie verbreitet, ihnen lästig sind, machen es wie die Kinder, welche die Augen zuschließen, um nicht gesehen zu werden.

Ludw. Börne, Gesammelte Schriften. Erz., Reisen, Verm. Aufsätze. Nr. 28. D. Freiheit d. Presse in Baiern (1818).

Reden. — Wer nicht weise reden kann, | Der schweig' und heiß' ein weiser Mann! Mittelhochdeutsch: Swer niht wol gereden kan, | Der swîge unt sî ein wîser man!

Vrîdankes Bescheidenheit (1225—1240). Übertr. v. Pannier. Nr. 32. v. d. wîsen u. tôren.

— Wer viel redet, wohl ihm dann, | Weiß nur, was er sprach, der Mann. Mittelhochdeutsch: Wol im wart, der vil gereit, | Unt weiz er rehte, waz er seit.

Vrîdankes Bescheidenheit (1225—1240). Übertr. v. Pannier. Nr. 32. v. d. wîsen u. tôren.

— Wenn du aber reden willst oder reden zu müssen glaubst, so rede, was erbauet! Lat.: Si loqui licet et expedit, quae aedificabilia sunt loquere.

Thomas a Kempis, Nachfolge Christi (um 1410). Übers. v. Goßner. B. 1, K. 10, § 10.

— Vß einem holen hafen reden (leere Versprechungen machen).

Thomas Murner, Narrenbeschwerung (1512). Nr. 73. Vß einem holen hafen reden.

— Darum ist reden nicht Kunst; aber fein deutlich und richtig reden ist Wenigen gegeben.

Dr. Martin Luther, Tischreden oder Colloquia (1566). Nr. 22. Tischreden v. d. Predigtamt oder Kirchendienern. § 41. Viel Wäscher, ob sie gleich gelehrt u. beredt sind.

— Wer wohl reden kann, der ist ein Mann. Denn Reden ist Weisheit, und Weisheit ist Reden.

Dr. Martin Luther, Tischreden oder Colloquia (1566). Nr. 73. Tischreden v. Gelehrten. § 9. V. Äsopo.

— Viel wissen und wenig sagen (reden), | Nicht antworten auf alle Fragen.

Dr. Martin Luther, Tischreden oder Colloquia (1566). Nr. 80. Tischreden v. Hofleben. § 9. Lutheri Reim.

— Hilff, daß ich rede stets, womit ich kan bestehen! Joh. Heermann, Hauß- v. Hertz-Musica (1639). Ein täglich Gebet.

Reden. — Wo das Herz reden darf, braucht es keiner Vorbereitung.

Gotthold Ephr. Lessing, Minna v. Barnhelm (1763). A. 5, Sz. 4 (v. Tellheim).

— Ich bin gewohnt, daß das Meer aufhorcht, wenn ich rede.

Friedr. von Schiller, D. Verschwörung d. Fiesco zu Genua (1783). A. 2, Sz. 13 (Andr.).

— Red'st du von einem, der da lebet?

Friedr. von Schiller, Gedichte. D. Gang nach d. Eisenhammer (ged. 25. Sept. 1797).

— Du red'st, wie du's verstehst.

Friedr. von Schiller, D. Piccolomini (1799). A. 2, Sz. 6 (Wallenstein).

— Davon | Wird man noch reden in den spät'sten Zeiten.

Friedr. von Schiller, Wilh. Tell (1804). A. 3, Sz. 3 (Leuthold).

— Die Lust zu reden kommt zu rechter Stunde, | Und wahrhaft fließt das Wort aus Herz und Munde.

Joh. Wolfg. von Goethe, Gedichte. Sprichwörtl. (ged. 1812—1814).

— Viel und gut reden ist das Talent des geistreichen Weltmannes; wenig und gut der Charakter des Denkers, viel und schlecht die Wut des Witzlings, der Schwätzer und Snakschwestern und aller Alltagsköpfe.

Karl Jul. Weber, Demokritos (1832—1840). D. Schwätzer.

— Einem Manne wird vergolten, darnach sein Mund geredet hat. Spr. Sal., K. 18, V. 20.

— Eitel verdeckte Worte reden.

Nach Hesekiel, K. 20, V. 49.

— Rede nicht wider die Wahrheit!

Jes. Sir., K. 4, V. 30.

— Der Älteste soll reden!

Jes. Sir., K. 32, V. 4.

— Mit Menschen und Engelzungen reden.

Nach 1. Kor., K. 13, V. 1. — Sprichwörtl. Redensart.

— In den Wind reden (vergeblich reden).

Nach 1. Kor., K. 14, V. 9. — Sprichwörtl. Redensart.

— Gib achtung dar auff nur, wo du bist, | Wan gut reden und gut schweigen ist. Alter Spr.

— Man soll die Worte reden, wie sie stehen und liegen. Alter Spr.

— Wer, was, zu wen, warumb, wie und wan Du redst, fleißig soltu achtung han. Alter Spr.

— Zu viel reden und zu viel schweigen, | Das ist allen Narren eigen. Alter Spr.

— Zwey Augen, zwey Ohren und einen mundt | Hat der Mensch, damit jme sey kundt, | Zu hören vil und wenig zu reden | In allen örtern und stetten. Alter Spr.

— Rede wenig, rede wahr; | Zehre wenig, zahle bar! Sprichwörtl.

— Sie haben gut reden! (Sie brauchen sich darum keine Sorge machen.)

Sprichwörtl. Redensart.

— Du kannst lange reden, eh' mir'n Wort jefällt. Berliner Redensart.

Reden. — Wenn Se hier mit mir reden wollen, denn jehn Se raus un halten Se 't Maul!
Berliner Redensart.

— Rede, was dir wohl ansteht | Und einem andern nicht nahe geht! Spr. am Rathause in Jever.

— Rede wenig, rede wahr! Wartburgspr.

— Wer redet, was ihn gelüstet, | Muß hören, was ihn entrüstet.
Inschrift im Berliner Ratskeller. Bierlokal.

Reden, das. — Reden kömmt von rathen, a consilio; sonst heißt es gewaschen und nicht geredt.
Dr. Martin Luther, Tischreden oder Colloquia (1566). Nr. 73. Tischreden v. Gelehrten. § 9. V. Äsopo.

— Reden kompt von Natur, schweigen vom Verstand.
Christoph Lehmann, Politischer Blumen=Garten (1662). T. 2. Schweigen. Nr. 46.

— Das Reden von allem magst du gönnen | Denen, die selbst nichts machen können.
Emanuel Geibel, Neue Gedichte (1856). Spr. Nr. 23.

— Reden ist Silber.
Sprichwörtl. — Nach Ps. 12, V. 7.

— . . . Reden bringet Ehre, und Reden bringet auch Schande. Jes. Sir., K. 5, V. 15.

— Viel hören, sehen und wenig sagen, | Das gehört zu gutten dagen. Alter Spr.

— Vil rede ist selten âne luc (Lüge).
Alter Spr.

— Wat helpt 't Reden, segt Spölk, de Näs' is weg. Sprichwörtl. Redensart. Mecklenburg

Reden, die. — Reden, die nicht wohl bedacht, | Haben Tadel oft gebracht. Mittelhochdeutsch: Unverdâhtiu maere | Sint dicke wandelbaere.
Vrîdankes Bescheidenheit (1225—1240). Übertr. v. Pannier. Nr. 34. v. d. êre.

— Auß den Reden wird der Mensch erkant.
Christoph Lehmann, Politischer Blumen=Garten (1662). T. 2. Red, Reden. Nr. 1.

— . . . durch süße Worte und prächtige Reden verführen sie die unschuldigen Herzen.
Röm., K. 16, V. 18.

— Es gehen viele Reden in einen Wollsack.
Sprichwort.

Redlich. — Ein redlich Wort macht Eindruck, schlicht gesagt. Engl.: An honest tale speeds best, being plainly told.
William Shakespeare, Richard III. (1592). Übers. v. Schlegel. A. 4, Sz. 4 (Elisabeth).

— Haß, Liebe, Furcht, Gewinn sind vielmal Schuld daran, | Daß redlich, wie er soll, nicht Jeder wandeln kann.
Friedr. von Logau, Deutsche Sinn=Getichte (1654). Feinde d. Redlichkeit.

— Daß der Sinn es redlich meine, haben wir nur Ein Gemerke: | Wann nicht Worte bleiben Worte, sondern Worte werden Werke.
Friedr. von Logau, Deutsche Sinn=Getichte (1654). Nachdrückliche Worte.

Redlich. — Nicht so redlich wäre redlicher.
Gotthold Ephr. Lessing, Emilia Galotti (1772). A. 1, Sz. 4 (D. Prinz).

— In steter Notwehr gegen arge List | Bleibt auch das redliche Gemüt nicht wahr.
Friedr. von Schiller, D. Piccolomini (1799). A. 5, Sz. 1 (Octavio).

— Redli', | Findt 's Knödli.
Sprichwort. Vorarlberg.

— Ehrlich von Geblüt, | Redlich von Gemüt, | Rund und von Herzen treu, | Das ist mein Liverey.
Spr. an einem Hausgerät.

Redliche, der. — Den Redlichen bewährt ja nur die Zeit. Griech.: *Ἐπεὶ | Χρόνος δίκαιον ἄνδρα δείκνυσιν μόνος.*
Sophokles (um 496—406 v. Chr.), König Ödipus. Übers. v. Jordan. V. 606—7 (Kreon).

Redlichkeit. — Verschaff' dir nur den Schein der Redlichkeit, | Und tu', was dir beliebt, das wird dein Vorteil sein! Griech.: *Τοῦ μὲν δικαίου τὴν δόκησιν ἄρνυσο, | Τὰ δ' ἔργα τοῦ πᾶν δρῶντος ἔνθα κερδανεῖς.*
Euripides (um 480—406), Ixion. Nach Plutarch, Wie ein Jüngling Dichter lesen soll. Übers. v. Eyth.

— Man lobt die Redlichkeit und sieht sie nicht hier oben. | Man thut gar recht: Sie starb! Gestorbne muß man loben.
Friedr. von Logau, Deutsche Sinn=Getichte (1654).

— So fühlt oft selbst ein Schelm den Wert der Redlichkeit.
Christ. Fürchtegott Gellert, Fab. u. Erz. (1746). B. 3. D. großmütige Räuber. Schlußv.

— Bleib' nur der Redlichkeit, bleib' nur dem Himmel treu, | So wirst du bald den Neid bekämpfen | Und Schmach und Lästerungen dämpfen.
Ewald Christ. von Kleist, Sämtl. Werke (1760). Gedichte. An Thyrsis.

— Üb' immer Treu und Redlichkeit | Bis an dein kühles Grab!
Ludw. Heinr. Christ. Hölty, Gedichte. Lieder. D. alte Landmann an seinen Sohn (ged. 1775). Mel. Ein Mädchen oder Weibchen usw. a. Mozarts Oper: D. Zauberflöte (1790).

— Nur Verstand und Redlichkeit helfen; es führen die beiden | Schlüssel zu jeglichem Schatz, welchen die Erde verwahrt.
Joh. Wolfg. von Goethe, Gedichte. Antiker Form sich nähernd. An d. Knappschaft zu Tarnowitz (ged. 4. Sept. 1790).

— Wer Redlichkeit und Treue liebt | Und gern dem ärmern Bruder gibt, | Da siedelt sich Zufriedenheit | So gerne bei ihm ein.
Joh. Martin Usteri, Dichtungen in V. u. Prosa. Gedichte. Tischlied (ged. 1793). Mel. v. Hans Georg Nägeli (komp. 1794).

— . . . Redlichkeit gedeiht in jedem Stande.
Friedr. von Schiller, Wilh. Tell (1804). A. 2, Sz. 2 (Stauffacher).

Redlichkeit. — Es ist ein alter Spruch: das beste Leichentuch | Ist Redlichkeit, sie würzt den Tod mit Wohlgeruch.

Friedr. Rückert, D. Weisheit d. Brahmanen (1836—1839).

— Redlichkeit lobt jedermann, | Doch läßt man sie betteln gahn. Sprichwort.

— Redlichkeit ist eine Bettlerin, die an einer Krücke geht, Schelmerei eine Fürstin, die eine Krone trägt. Lettisches Sprichwort.

— Die Treu' und Redlichkeit wird wohl am längsten gelten. | Warum? sie wird nicht abgenutzt, man braucht sie selten. Inschrift an einem Hause.

— Es ist auf Erd' kein schöner Kleid | Denn Tugend, Ehr' und Redlichkeit; | Je länger man dasselbe trägt, | Je mehr es ziert und wohl ansteht. Wartburgspr. Reformationsgang.

— Redlichkeit dauert fort Jahrhunderte. Lat.: Probitas perdurat in aevum.

Wahlspr. d. Wrangel.

Redner, der. — Ein Redner muß Herz und Verstand haben. Lat.: Pectus est . . . quod disertos facit et vis mentis.

Marc. Fabius Quinctilianus (um 36—95), Lehrb. d. Rhetorik. B. 10, K. 7, § 15. Übers. v. Grau.

— Der Redner regieret den Hauffen.

Georg Rollenhagen, Froschmäuseler (1595). B. 2, T. 2, K. 16.

— Wenn Cicero von der Tribüne (als Redner) stieg, | Rief alles Volk entzückt: „Kein Sterblicher spricht schöner!“ | Entstieg ihr Demosthen, so riefen die Athener: | „Krieg gegen Philipp, Krieg!“

Gottfr. Aug. Bürger, Gedichte (1796—1797).

— Um ein guter Redner zu sein, gehört ein Stück vom Dichter, eine glänzende Improvisationsgabe, dazu.

Otto von Bismarck im Reichstage (29. April 1881).

— Ein guter Redner muß etwas vom Dichter haben, darf es also mit der Wahrheit nicht ganz mathematisch genau nehmen.

Otto von Bismarck im Reichstage (29. April 1881).

— Heiterkeit ist sehr schmeichelhaft für den Redner; Gelächter ist Verhöhnung für den Redner.

Otto von Bismarck im Reichstage (9. Mai 1884).

Redneramt. — Eines guten Redners Amt oder Zeichen ist, daß er aufhöre, wenn man ihn am liebsten höret und meinet, es werde erst kommen.

Dr. Martin Luther, Tischreden oder Colloquia (1566). Nr. 22. Tischreden v. d. Predigtamt oder Kirchendienern. § 96. Art u. Amt eines guten Redeners.

Rednereigenschaft. — Die Haupteigenschaft eines Redners ist der ehrenvolle Charakter. Ohne diesen artet er zum Deklamator aus. Franz.: La principale partie de l'orateur, c'est la probité: sans elle il dégénère en déclamateur.

Jean de La Bruyère, Charaktere (1688). Übers. v. Hamel. V. einigen Gebräuchen.

Rednergabe. — Nur stets zu sprechen, ohne was zu sagen, | Das war von je der Redner größte Gabe.

Aug. Graf von Platen-Hallermund, D. Schatz d. Rhampsinit (1824). A. 2 (Diora).

— . . . es ist die Rednergabe etwas sehr Gefährliches; das Talent hat seine hinreißende Macht, ähnlich wie bei der Musik und der Improvisation. Otto von Bismarck im Norddeutschen Reichstage (21. Mai 1869).

Rednerglück. — Allein der Vortrag macht des Redners Glück.

Joh. Wolfg. von Goethe, Faust, I (1808). Nacht (Wagner).

Reelle, das. — Versucht's einmal, und eßt und trinkt Ideen! | Webt sie zum Rock, erbaut euch draus 'ne Zelle! | Vor Frost und Hunger werdet ihr vergehen | Samt euren Träumen, ohne das Reelle.

Friedr. von Sallet, Gesammelte Gedichte (1843).

Reform. — Ist aber ein wirkliches Bedürfnis zu einer großen Reform in einem Volke vorhanden, so ist Gott mit ihm, und sie gelingt.

Joh. Peter Eckermann, Gespräche mit Goethe in d. letzten Jahren seines Lebens (4. Jan. 1824).

— Keine große politische Bewegung, keine große Reform, weder in der Gesetzgebung, noch in der Ausübung, ist je in irgend einem Lande ursprünglich von seiner Regierung ausgegangen. Engl.: No great political improvement, no great reform, either legislative or executive, has ever been originated in any country by its rulers.

Henry Thomas Buckle, Gesch. d. Zivilisation (1858—1861). Übers. v. Ritter. K. 5, Abschnitt 31.

— Jede große Reform hat nicht darin bestanden, etwas Neues zu tun, sondern etwas Altes abzuschaffen. Die wertvollsten Gesetze sind die Abschaffungen früherer Gesetze gewesen, und die besten Gesetze, die gegeben worden sind, waren die, welche alte Gesetze aufhoben. Engl.: Every great reform which has been effected, has consisted, not in doing something new, but in undoing something old. The most valuable additions made to legislation have been enactments destructive of preceding legislation; and the best laws which have been passed, have been those by which sonre former laws were repealed.

Henry Thomas Buckle, Gesch. d. Zivilisation (1858—1861). Übers. v. Ritter. K. 5, Abschnitt 33.

Reformation. — Keine Angelegenheit gibt es, die schwerer zu behandeln, zweifelhafter im Gelingen, gefährlicher zu leiten ist, denn aufzutreten als Haupt zu Einführung einer neuen Ordnung (Reformation). Ital.: Non è cosa più difficile a trattare, nè più dubia a riuscire, nè più pericolosa a maneggiare, che farsi capo a introdurre nuovi ordini.

Niccolò Machiavelli, D. Fürst (1513). K. 6. Übers. v. Pozzoni.

Reformation. — Fange die Reformation von dir an, so gehet es fort!

Christoph Lehmann, Politischer Blumen-Garten (1662). T. 1. Bessern. Additio. Nr. 14.

— Reformation hätt' ihren Schmaus | Und nahm den Pfaffen Hof und Haus, | Um wieder Pfaffen 'nein zu pflanzen.

Joh. Wolfg. von Goethe, Werke (1827—1830). Gedichte. Verm. Gedichte. D. ewige Jude.

— Die Reformation war eine Bewegung, welche so tief in der Zeit gegründet war, so notwendig aus den kirchlichen Zuständen der nächst vorausgegangenen Jahrhunderte sich entwickelte, daß alle christlichen Völker des Abendlandes der Reihe nach von ihr ergriffen wurden.

Joh. Jos. Ignaz von Döllinger, D. Reformation (1846—1848).

Reformator. — In das Bett des Prokustes hinein sich pressen ist wenig; | Reformator ist nur, wer's zu dehnen versteht!

Friedr. Hebbel, Gedichte (1857). Epigramme. Deutsche Bühnenreform.

Reformatorisch. — Reformatorische Geister ziehen nicht unter Pauken und Trompeten in die Welt ein; sie sollen etwas von dem Kreuz tragen, ihre Geburt muß etwas von der Krippe haben; Armut und niedrige Herkunft steht ihnen gut.

Kuno Fischer, Akademische Reden (1862).

Reformer. — Dies ist immer der Irrtum der feurigsten Reformer gewesen, daß sie im Eifer, ihren Zweck zu erreichen, die politische Bewegung über die intellektuelle hinausgehen lassen, so die natürliche Ordnung der Dinge umkehren und entweder sich oder ihren Nachkommen Unheil bereiten. Sie rühren den Altar an, und ein Feuer fährt heraus und verzehrt sie. Engl.: This has always been the error of the most ardent reformers, who, in their eagerness to effect their purpose, let the political movement outstrip the intellectual one, and, thus inverting the natural order, secure misery either to themselves or to their descendants. They touch the altar, and fire springs forth to consume them.

Henry Thomas Buckle, Gesch. d. Zivilisation (1858—1861). Übers. v. Ritter. K. 15.

Reformieren. — Alles reformiert sich: Musik war ehemals Lärm, Satire war Pasquill, und da, wo man heutzutage sagt: Erlauben Sie gütigst, schlug man einem vor alters hinter die Ohren.

Georg Christoph Lichtenberg, Verm. Schriften (1800—1806). Bd. 1, Nr. 3. Bemerk. verm. Inhalts. Nr. 11. Allerhand.

— Von oben herab muß reformiert werden, wenn nicht von unten hinauf revolutioniert werden soll.

Karl Jul. Weber, Demokritos (1832—1840). Staatsbetrachtungen eines alten Welt- u. Mondbürgers.

Regel. — Regel, wie gleichst du der Kette, die Benjamin Franklin erfunden! | Freilich beschützt sie das Haus, doch sie verschluckt auch den Blitz.

Friedr. Hebbel, Gedichte (1857). Epigramme u. Verwandtes. Nr. 3. Kunst. D. Regel.

— Keine Regel ohne Ausnahme. Sprichwort.

— Kein Regele ohne Ausnahm', sagte Taffel, da wollt er seine Magd Regele (Regine) küssen.

Sprichwörtl. Redensart. Tübingen.

Regeln. — Menschen, die sich nicht gewisse Regeln vorgesetzt haben, sind unzuverlässig; man weiß sich oft nicht in sie zu finden, und man kann nie recht wissen, wie man mit ihnen daran ist.

Immanuel Kant, Werke (1838—1839). Bd. 9.

Regen, der. — . . . der Regen, der regnet jeglichen Tag. Engl.: For the rain it raineth every day.

William Shakespeare, König Lear (1623). Übers. v. Schlegel. A. 3, Sz. 2 (Narr).

— Auff Regen folget Sonnen-schein, | Auff Sturmwind sanffte Stille.

Paul Fleming, Teutsche Poemata (1642). Unmuth.

— Nach Regen kommt Sonnenschein.

Sprichwort.

— Aus dem Regen in die Traufe kommen (aus einer schlimmen Lage in eine noch schlimmere geraten). Sprichwörtl. Redensart.

— An Septemberregen | Für Saaten und Reben ist dem Bauer gelegen. Bauernregel.

— Der Nordwind vertreibt den Regen.

Bauernregel.

— Ein Tag Regen tränkt sieben dürre Wochen.

Bauernregel.

— Es ist vorhanden des Regens viel, | Wenn der Rauch nicht aus dem Hause will.

Bauernregel.

— Fällt auf die Fronleichnamsprozession Regen, | So regnet's vierzig Tag' allerwegen. Bauernregel.

— Hof um den Mond bedeutet Regen; Hof um die Sonne große Stürme. Bauernregel.

— Je drei Tag' Sonne und ein Tag Regen | Gleicht aus in Höh' und Niedrung den Segen.

Bauernregel. Bayern.

— Morgenregen dauert nicht lange.

Bauernregel.

— Nach dem Regen ist gut fischen.

Bauernregel.

— Neumond mit Wind | Ist zu Regen oder Schnee gesinnt. Bauernregel.

— Regen bei Sturm und Wind | Legt den Sturm geschwind. Bauernregel.

— Scheint die Sonne auf den nassen Stein, so gibt es gleich noch wieder Regen. Banernregel.

— Wenn der Hahn um Mittag kräht, gibt es Regen. Bauernregel. Iserlohn.

— Wenn der Hund das Gras benagt | Und die Frau ob Flöhen klagt, | Der Rauch nicht will zum Schornstein 'naus, | Kommt bald ein Regen übers Haus. Bauernregel.

Regen, der. — Wenn der Mist brav stinkt, so gibt's Regen. Bauernregel.

— Wenn die Ameisen sich verkriechen, kommt Regen. Bauernregel. Pfalz.

— Wenn die Frösche sich hören lassen mit Knarren, | Wirst du nicht lang' auf Regen harren. Bauernregel.

— Wenn die Hühner in den Regen gehn, so hält er lange an. Bauernregel.

— Wenn die Mücken im Schatten spielen, | So werden wir bald Regen fühlen. Bauernregel.

— Wenn die Schnecke ein grünes Blatt mit sich führt, | Es gewiß gut Wetter wird; | Beladet sie sich mit Grund, | So tut sie starken Regen kund. Bauernregel.

— Wenn die Spinnen im Regen spinnen, | Wird er nicht lange rinnen. Bauernregel.

— Wenn die Störche Eier aus dem Neste fegen, | So gibt's ein Jahr mit vielem Regen. Bauernregel. Ostpreußen.

— Wenn große Spinnen herumkriechen, kommt binnen drei Tagen Regen. Bauernregel. Tirol.

— Wind vom Niedergang ist Regens Aufgang. | Wind vom Aufgang ist schönen Wetters Anfang. Bauernregel.

— Wenn den Hunden die Bäuche kurren, | Viel Gras essen, greinen und murren, | So bleibt es selten unterwegen, | Es folgt bald darauf ein Regen. Jägerregel.

— Ostwind mit Regen, dürt (dauert) dre (drei) Dage of negen (oder neun). A. d. Seemannssprache.

Regen, sich. — Tät'st du zur rechten Zeit dich regen, | Hätt'st du's bequemer haben mögen. | Wer geringe Ding' wenig acht't, | Sich um geringere Mühe macht.
Joh. Wolfg. von Goethe, Gedichte. Verm. Gedichte. Legende (ged. Frühjahr 1797).

— Aus tiefem Gemüt, aus der Mutter Schoß, | Will manches dem Tage entgegen; | Doch soll das Kleine je werden groß, | So muß es sich rühren und regen.
Joh. Wolfg. von Goethe, Gedichte. Gott, Gemüt u. Welt (ged. 1812—1814).

— Sich regen | Bringt Segen. | Ein Hund, der sich regt, | Jagt mehr als ein Löwe, der sich legt.
Friedr. Rückert, Erbauliches u. Beschauliches a. d. Morgenlande (1837—1838). Arabische Volkslieder.

Regenbogen. — In stillem, sanftem Säuseln | Kömmt Jehova, | Und unter ihm neigt sich der Bogen des Friedens!
Friedr. Gottl. Klopstock, Oden. D. Frühlingsfeier (ged. 1759). Schlußv.

Regennest. — Südwest, | Regennest. Bauernregel.

Regensburg. — Als wir jüngst in Regensburg waren, | Sind wir über den Strudel gefahren. Bayrisches Volkslied u. =weise (17. Jahrh.).

Regent. — We dem regterer, noch des dot | Man sprechen müß: gelobt si got!
Seb. Brant, D. Narrenschif (1494). Nr. 37. V. glückes fall.

— Ein Regent soll sich vor nichts fleißiger hüten als vor dem geschwinden antworten.
Kurfürst Friedr. d. Weise v. Sachsen (1463—1525).

— Bist du doch nicht Regente, | Der alles führen soll.
Paul Gerhardt, Geistl. Andachten. Befiehl d. Herrn deine Wege u. hoffe auf ihn, er wirds wohl machen (1659).

— Der Regent hat kein Recht über die Meinungen der Bürger. Friedr. d. Große (1781).

— Das Übel erreicht seinen Gipfel, wenn es verkehrten Gemütern gelingt, den Regenten zu bereden, daß sein Interesse von dem Interesse seiner Untertanen verschieden sei.
Friedr. d. Große, Sämtl. Werke (1789). An Karl v. Württemberg.

— Der Regent muß sich in die Lage eines Landmanns oder eines Handwerkers versetzen und sich dann fragen: „Wenn du in dieser Klasse von Menschen geboren wärst, . . . was würdest du von dem Regenten verlangen?" Was dann die gesunde Vernunft ihm antwortet, das muß er tun.
Friedr. d. Große, Sämtl. Werke (1789).

— Die Herzen dem Regenten zu erhalten | Ist jedes Wohlgesinnten höchste Pflicht; | Denn, wo er wankt, wankt das gemeine Wesen, | Und wenn er fällt, mit ihm stürzt alles hin.
Joh. Wolfg. von Goethe, D. natürliche Tochter (1803). A. 1, Sz. 5 (Eugenie).

— . . . wie beim Regenten, welcher in vielen Fällen ohne Religion sein Amt gar nicht mit gutem Gewissen führen könnte.
Joh. Gottl. Fichte, Reden an d. deutsche Nation (1808). Rede 3.

— Über einen Regenten muß man kein Urteil haben, als bis er zwanzig Jahre regiert hat.
Joh. Gottfr. Seume, Sämtl. Werke (1826). Apokryphen.

— . . . aber nur der ist ein guter Regent, dem Verfassung, Gesetz und Menschheit heilig sind.
Karl Jul. Weber, Demokritos (1832—1840). D. Staat u. seine Formen.

— . . . selbst ein Regent ohne besondere Geistesgaben, der aber zum Thron erzogen worden ist, ist besser als ein Volkssenat.
Karl Jul. Weber, Demokritos (1832—1840). D. Staat u. seine Formen. D. Schluß.

— Wie der Regent ist, so sind auch seine Amtleute. Jes. Sir., K. 10, V. 2.

Regentag. — Ist Siebenbrüder (10. Juli) ein Regentag, | So regnet es noch sieben Wochen danach. Bauernregel.

Regenten. — Regenten haben sich | Voraus wohl zu gewahren, | In allem ihrem Thun | Fürsichtig zu verfahren!
Inschrift im Rathause zu Bülach (1673).

Regenten. — Habt Gerechtigkeit lieb, ihr Regenten auf Erden! Wsh. Sal., K. 1, V. 1.

— Neue Regenten können elf Kegel schieben. Sprichwort.

Regenwetter. — Wenn die Fische im Wasser emporspringen, so bedeutet es Regenwetter. Bauernregel.

Regieren. — Was ist denn aber für ein Unterschied, ob die Weiber gradezu den Staat regieren, oder ob die, welche ihn regieren, sich von den Weibern beherrschen lassen? Griech.: *Καίτοι τί διαφέρει γυναῖκας ἄρχειν ἢ τοὺς ἄρχοντας ὑπὸ τῶν γυναικῶν ἄρχεσθαι;*

Aristoteles (um 384—322 v. Chr.), Politik. Übers. v. Susemihl. B. 2, K. 9.

— Es ist besser, gut regieren, als das Reich mehren. Lat.: Melius bene imperare, quam imperium ampliare.

Wahlspr. Kaiser Rudolf I. (reg. 1273—1291).

— Wer sich nicht zu verstellen versteht, versteht nicht zu regieren. Lat.: Qui nescit dissimulare, nescit regnare.

Ludw. XI. (reg. 1461—1483).

— Welcher herr regieren wil, | Der heng des mŭtwils nit zŭ vil | Vnd halt den zoum in syner handt; | Dann wa das rößlin im entrandt, | So bsorg ich, das ers nym erlieff, | Wann er im schon „liebs brünlin" riefft.

Thomas Murner, Narrenbeschwerung (1512). Nr. 87. Ein rŭt vff syn eigen arß machen.

— Weh einem Lande, das ein Kind regiert! Engl.: Woe to that land that's govern'd by a child!

William Shakespeare, Richard III. (1592). Übers. v. Schlegel. A. 2, Sz. 3 (Dritter Bürger).

— Wer wol wil regieren, der muß viel ding nicht wissen wollen.

Christoph Lehmann, Politischer Blumen-Garten (1662). T. 2. Regenten. Nr. 70.

— Ein König mag den Zepter führen, | Und wär' er gleich an Geist und Mut nicht groß; | Wo tausend Könige regieren, | Da ist der Teufel los!

Joh. Wilh. Ludw. Gleim, Sinngedichte (1769).

— Ein unterrichtetes Volk läßt sich leicht regieren. Friedr. d. Große, Sämtl. Werke (1789).

— Es gibt nur einen allgemeinen Beruf, um die Menschen zu regieren, und das ist — Weisheit und Tugend. Engl.: There is no qualification for government, but virtue and wisdom, actual or presumptive.

Edmund Burke, Betrachtungen über d. Revolution in Frankreich (1790). Übers. v. Genz. Abs. 79.

— Tyrannen herrschen, Könige regieren; | Für eigenes jene, — die für Völkerglück.

Aug. von Kotzebue, Rudolf v. Habsburg u. König Ottokar v. Böhmen (1816).

— Es wird zuviel regiert; — hier ist das Übel. Ludw. Börne, Gesammelte Schriften (1862—1863). Kritiken. Nr. 2. Aristokratismus.

Regieren. — Es gibt Zeiten, wo man liberal regieren muß und Zeiten, wo man diktatorisch regieren muß; es wechselt alles.

Otto von Bismarck im Reichstage (24. Febr. 1881).

— Regieret jemand, so sei er sorgfältig! Röm., K. 12, V. 8.

— Regieren freundlich und mit willen | Thut viel Haß und Hader stillen. | Wer mit dem Kopff wil oben auß, | Der thut viel schaden und richt nichts auß. Alter Spr.

— Wer nit zu viel regieren will, | Mag woll leben in ruhe und still! Alter Spr.

— Es ist nicht gut, wenn Viel regieren; | Das Steuer soll nur Einer führen. A. d. Seemannssprache.

Regieren, das. — Im Regieren ist mehr Last als Lust, | Mehr Beschwer, denn Ehr'.

Kaiser Heinr. IV. (reg. 1056—1106).

— Menschen regieren ist das schwerest Regiment.

Christoph Lehmann, Politischer Blumen-Garten (1662). T. 2. Regenten. Nr. 40.

— Der Wahn aller Regierenden, vom Minister bis zum Pedell herab, ist, daß das Regieren ein großes Geheimnis sei, welches dem Volke zu seinem Besten verschwiegen werden müsse.

Ludw. Börne, Gesammelte Schriften (1862—1863). Kritiken. Nr. 2. Aristokratismus.

— Regieren ist eine Kunst, keine Wissenschaft.

Ludw. Börne, Gesammelte Schriften (1862—1863).

— . . . wenn überhaupt eine Freude bei dem Regieren ist . . .

Otto von Bismarck im Reichstage (24. Jan. 1882).

— Im Land manch' seltsam Menschen sind, | Denen's Maul nach Ambtsregierung stinkt, | Die sind nicht klug; leb du für dich, | Regieren hat viel Müh' auf sich. Alter Spr.

— Drei Arbeiten sind die schwersten auf Erden: Regieren, Gebären und Lehren. Sprichwort.

Regierung. — Bete um das Wohl der Regierung, denn ohne sie würden die Menschen einander lebendig verschlingen! Talmud (3. Jahrh.).

— Ein Volk kann durchaus verdorben sein . . . und dennoch dabei nicht nur bestehen, sondern sogar äußerlich glänzende Taten verrichten, wenn nur nicht seine Regierung eben also verdirbt.

Joh. Gottl. Fichte, Reden an d. deutsche Nation (1808). Rede 1.

— Jedes Volk hat die Regierung, die es verdient. Franz.: Toute nation a le gouvernement qu'elle mérite.

Jos. de Maistre, Br. (27. Aug. 1811).

— Die wahre Regierung muß einem fruchtbaren Sommerregen gleichen, der das trockene Land befeuchtet, ohne daß man ihn hört.

Friedr. Maximilian von Klinger, Gesammelte Werke (1809—1815).

— Welche Regierung die beste sei? Diejenige, die uns lehrt, uns selbst zu regieren.

Joh. Wolfg. von Goethe, Werke (1827—1830). Maximen u. Reflexionen. Abteilung 3.

Regierung. — Die Regierung muß der Bewegung stets einen Schritt voraus sein.

Nach Graf Arnim-Boytzenburg im Vereinigten Landtage (2. April 1848).

— Wenn eine Regierung nicht regieren kann, hört sie auf, legitim zu sein; und es hat, wer die Macht, auch das Recht, sie zu stürzen.

Theod. Mommsen, Römische Gesch. (1854—1856).

— Die Literatur vertritt den Verstand, welcher progressistisch ist, die Regierung vertritt die Ordnung, und die ist stationär. Engl.: Literature is the representative of intellect, which is progressive; government is the representative of order, which is stationary.

Henry Thomas Buckle, Gesch. d. Zivilisation (1858—1861). Übers. v. Ritter. K. 11.

— Jede Regierung, die keinen Schritt vorwärts tut, ist nur mit der größten Überlegung zu beurteilen; aber eine Regierung, die Rückschritte macht, ist immer ohne Nachsicht zu verdammen.

Ludw. Börne, Gesammelte Schriften (1862—1863). Kritiken. Nr. 5. Nouvelles lettres Provinciales.

— Eine schwache Regierung zu stärken, muß man ihre Macht vermindern. Die Staatspfuscher begreifen das nicht.

Ludw. Börne, Gesammelte Schriften (1862—1863). Fragmente u. Aphorismen. Nr. 194.

— Die Macht aber, die eine Regierung zum Vorteil des Volkes übt, ist eine Pflicht, kein Recht.

Ludw. Börne, Gesammelte Schriften (1862—1863).

— Regierung des Volkes, durch das Volk, für das Volk. Engl.: Government of the people, by the people, for the people.

Abraham Lincoln, Rede in Gettysburg (19. Nov. 1863). Übers. v. Drabig.

— . . . eine Regierung ist verpflichtet, sich bei der Aussprache ihrer Wünsche nach der Decke ihrer Rechte zu strecken.

Otto von Bismarck im Vereinigten Reichstage (10. April 1867).

— . . . der Weg, auf dem eine Regierung zugrunde geht, ist der, wenn sie bald dies, bald jenes tut, wenn sie heute etwas zusagt und dies morgen nicht mehr befolgt.

Otto von Bismarck im Abg.-Hause d. preuß. Landtages (6. Febr. 1868).

— Eine Regierung muß nicht schwanken; . . . kommt sie ins Schwanken, so wird sie schwach, und darunter leidet das ganze Staatswesen.

Otto von Bismarck im Abg.-Hause d. preuß. Landtages (6. Febr. 1868).

— . . . eine schwache Regierung ist ein Unglück für jedes Land und eine Gefahr für den Nachbar.

Hellmuth von Moltke (1880).

— . . . es gehört zum deutschen Bedürfnis, beim Biere von der Regierung schlecht zu reden.

Otto von Bismarck im Reichstage (12. Juni 1882).

Regierung. — . . . die eben nur mit dem bekannten Wort charakterisiert werden kann: „Ich kenne die Absichten der Regierung zwar nicht, aber ich mißbillige sie."

Otto von Bismarck im Reichstage (26. März 1886).

— Nur die Einigkeit einer Regierung macht sie stark.

Otto von Bismarck zu d. Vertretern Berlins in Friedrichsruh (23. Juni 1890).

Regierungen. — Die Hälfte der Logik schlechter Regierungen liegt in dem einen sophistischen Dilemma: Wenn das Volk unruhig ist, so ist es für die Freiheit nicht reif; wenn es ruhig ist, so verlangt es nicht nach Freiheit. Engl.: Half the logic of misgovernment lies in this one sophistical dilemma: If the people are turbulent, they are unfit for liberty: if they are quiet, they do not want liberty.

Thomas Babington, Lord Macaulay, Reden. Übers. v. Beseler. Parlamentarische Reform (16. Dez. 1831).

— Glänzende Regierungen sind in der Regel drückende Regierungen.

Karl Jul. Weber, Demokritos (1832—1840). Staatsbetrachtungen eines alten Welt- u. Mondbürgers.

— . . . wenn Regierungen krank sind, müssen die Völker das Bett hüten.

Ludw. Börne, Gesammelte Schriften (1862—1863). Erz., Reisen, Verm. Aufsätze. Nr. 35. D. Narr im weißen Schwan. K. 2.

— Leidenschaften der Regierungen zeugen von Schwäche; Leidenschaften des Volkes aber zeugen von Stärke.

Ludw. Börne, Gesammelte Schriften (1862—1863). Fragmente u. Aphorismen. Nr. 40.

— Regierungen sind Segel, das Volk ist Wind, der Staat ist Schiff, die Zeit die See.

Ludw. Börne, Gesammelte Schriften (1862—1863). Fragmente u. Aphorismen. Nr. 42.

— Die Regierungen sind gewöhnlich nicht besser als die Regierten. Engl.: Government, in the long run, is usually no better than the people governed.

Samuel Smiles, D. Charakter (1871). Übers. v. Dobbert. K. 1. D. Einfluß d. Charakters.

— Starke Regiernngen sind eine Bürgschaft für den Frieden. Hellmuth von Moltke (1887).

Regierungshandlungen. — Wenn in allen Regierungshandlungen sich Wahrheit, Gesetzlichkeit und Konsequenz ausspricht, so ist ein Gouvernement stark, weil es ein reines Gewissen hat. König Wilh. beim Antritt d. Regentschaft (1858).

Regierungskunst. — Die allerschwerste Kunst ist aber die Regierungskunst.

Karl Jul. Weber, Demokritos (1832—1840). D. Staat u. seine Formen.

— Die große Kunst des Regierens besteht meistens in nichts anderem als: glauben zu machen, daß alles, was geschieht, durch uns geschehe. Jos. Baron von Eötvös, Gedanken (1861).

Regiment. — Wer in einem Regiment ist, der soll nichts Geringes verachten.

Dr. Martin Luther, Tischreden oder Colloquia (1566). Nr. 78. Tischreden v. Beruf. § 2. Gott will Fleiß u. Treu in eines jeden Beruf haben; denn wer in geringen Dingen nachlässig ist, d. ist auch im Großen nachlässig.

— Neu Regiment bringt neue Menschen auf, | Und früheres Verdienst veraltet schnell.

Friedr. von Schiller, D. Piccolomini (1799). A. 2, Sz. 7 (Wallenstein).

— Des Königs Ehre ist mir heilig; | Doch solches Regiment muß Haß erwerben.

Friedr. von Schiller, Wilh. Tell (1804). A. 3, Sz. 3 (Rudenz).

— Es ist ein gefährliches Ding in einem Regiment um einen Schwätzer. Jes. Sir., K. 9, V. 25.

— Das Regiment auf Erden stehet in Gottes Händen. Jes. Sir., K. 10, V. 4.

— Wer nit kan dulden und ist zu behendt, | Der dienet nicht zum Regiment. Alter Spr.

— Regiment lehrt regieren. Sprichwort.

— Streng Regiment | Nimmt bald ein End'. Sprichwort.

Register. — Dein Register hat ein Loch.

Friedr. von Schiller, D. Räuber (1781). A. 1, Sz. 2 (Spiegelberg).

— Se is ooch schon in't alte Rejister (sie ist nicht mehr jung). Berliner Redensart.

Regnen. — Der Ostwind hört nicht auf, zu wehen, bis es regnet. Bauernregel.

— Die Schweine tragen sich mit Lager (Stroh im Maule); — es wird regnen. Bauernregel.

— Regnet's an den sieben Schläfern (27. Juni), so regnet's ganze sieben Wochen. Bauernregel.

— Wenn die Hühner sich im Sande baden, | So regnet's gern ohne Schaden. Bauernregel.

— Wenn es Ostern regnet, so regnet es der Kuh in die Schüssel. Bauernregel. Sachsen.

— Wenn's im Neumond regnet, so wäscht's ihn aus (wird es schön). Bauernregel.

Reich. — Wer ist reich? — Der mit seinem Lose zufrieden ist. Talmud (3. Jahrh.).

— Die Tränen bald getrocknet sind, | Die eines reichen Mannes Kind | Weinet an des Vaters Grab. Mittelhochdeutsch: Die trehne schiere trucken sint, | Die des rîchen mannes kint | Weinent obe ir vater grabe.

Vrîdantes Bescheidenheit (1225—1240). Übertr. v. Pannier. Nr. 11. v. d. rîchen u. armen.

— Wer gût uf erden, rich hie sin, | Christus wer nit der ärmst gsin.

Seb. Brant, D. Narrenschif (1494). Nr. 83. V. verachtung armût.

— Wer reych ist, des wort ist gehöret.

Joh. Agricola, Drey hundert Gemeyner Sprichwörtter (1529). Nr. 124.

— Mancher ist arm bej grossem gut, | Vnd mancher ist reich bei Armuth.

Spr. an einem Hause in Hildesheim (1560).

Reich. — Reich an Gut, | Thum an Muth.

Christoph Lehmann, Politischer Blumen-Garten (1662). T. 2. Reich, Reichthum. Nr. 17.

— Die Scherze reicher Leute sind immer witzig. Engl.: The jests of the rich are ever successful.

Oliver Goldsmith, D. Landprediger v. Wakefield (1766). Übers. v. Susemihl. K. 7.

— Seinem Volk (den Juden) ist reich und weise | Vielleicht das Nämliche.

Gotthold Ephr. Lessing, Nathan d. Weise (1779). A. 1, Sz. 6 (Tempelherr).

— Du warst so reich, | So warm, so reich! ein ganzer Weltkreis hatte | In deinem weiten Busen Raum!

Friedr. von Schiller, Don Carlos (1787). A. 2, Sz. 15 (Marquis).

— Reiche Leute haben Vettern und Muhmen in jedem Winkel der Welt; der Arme ist nur mit dem Elend verwandt.

Aug. von Kotzebue, Falsche Scham (1798).

— Wer steinreich wird, wird oft steinhart,

Aug. von Kotzebue, Lohn d. Wahrheit (1801).

— Reich mit des Orients (Segen) Schätzen beladen.

Karl Kirsch (1829) in d. Übersetzung d. Gedichtes „D. Hindumädchen" v. Léon Halévy.

— Was wir gebrauchen, haben, macht uns reich. Leop. Schefer, Laienbrevier (1834). Jan. Nr. 24.

— In einem Land, wo reich die Reichen sind allein, | Werden die Armen nur um desto ärmer sein. Friedr. Rückert, D. Weisheit d. Brahmanen (1836—1839).

— „Ich Armer bin zum Unglück geboren, | Verwandte und Freunde hab' ich verloren; | Allein bin ich." | „Starben sie alle zugleich?" | „Sie leben, — aber sie wurden reich."

Ignaz Frz. Castelli, Werke (1844). Gedichte. D. Unglückliche.

— . . . wer aber eilet, reich zu werden, wird nicht unschuldig bleiben. Spr. Sal., K. 28, V. 20.

— Der ist reich, der da arbeitet und sammlet Geld. Jes. Sir., K. 31, V. 3.

— Reiche Leute sind überall daheim. Alter Spr.

— Wan ein reich man betrügt den Armen, | Wirdt sich Gott über in nit widder erbarmen. Alter Spr.

— Wer gar nichts mehr begert, | Der mag reich genant werden auff Erd. | Hergegen arm der jhenig ist, | Der mehr begert zu aller Frist. Alter Spr.

— Die Praxis, reich zu werden, | Ist mancherlei auf Erden; | Wem sie nicht ist bekannt, | Ein Dummkopf der wird g'nannt. Sprichwort.

— Man richtet zwischen reich und arm | So ungleich, daß es Gott erbarm'! Sprichwort.

— Ehrlich reich geht auf Krücken. Sprichwort. Inntal.

Reich. — Um reich zu sein muß man einen Verwandten im Hause des Teufels haben. Ital.: Per esser ricco bisogna aver un parente a casa del diavolo. Toscanisches Sprichwort.

— Wären alle reich, so wollte niemand das Boot rudern. Norwegisches Sprichwort.

— Wo kann ik rike sin, ik hewwe de eiste Frau noch, sagte de Siegerlänner.

Sprichwörtl. Redensart. Paderborn.

— Siehst du hier wohl einen Unterschied, | Ob arm, ob reich? | Der Tod macht's gleich; | Heute rot, morgen tot. Spr. auf d. Kirchhofe zu Tannheim.

Reich, das. — Das Reich mus vns doch bleiben.

Dr. Martin Luther, D. 46. Ps. Ein feste burg ist vnser Gott usw. (ged. 15—16. April 1521 in Oppenheim). Mel. v. Verfasser.

— Dein Reich komme! Matth., K. 6, V. 10.

— . . das Reich Gottes kommt nicht mit äußerlichen Gebärden. Luk., K. 17, V. 20.

— Ein Volk wird sich erheben über das andere und ein Reich über das andere.

Luk., K. 21, V. 10.

— Mein Reich ist nicht von dieser Welt.

Evang. Joh., K. 18, V. 36.

Reich werden. — Swer richet an dem guote, | Der armet an dem muote.

Wartburgspr. Verbindungsgang.

Reiche, der. — Der Reiche, wann er viel von seiner Armut spricht, | So glaub es ihm nur gern; er leugt wahrhafftig nicht.

Angelus Silesius (Joh. Scheffler), Cherubinischer Wanders=Mann (1675). B. 5, Nr. 157. D. Reiche ist wahrhafftig arm.

— Übermütig ruft der Reiche: | Zeigt mir Einen, dem ich weiche, | Tu' ich nicht, was mir gefällt? | Alles kann ich durch mein Geld!

Christ. Adolf Overbeck, Sammlung verm. Gedichte. Übermut (1777).

— Willkürlich handeln ist des Reichen Glück!

Joh. Wolfg. von Goethe, D. natürliche Tochter (1803). A. 2, Sz. 1 (Sekretär).

— Von des Reichen Krankheit und des Armen Bier hört man weit.

Joh. Gottfr. von Herder, Stimmen d. Völker in Liedern (1807). Abteilung 1, B. 1, Nr. 4. Esthnische Hochzeitlieder. Voranmerkung.

— Der Reiche, dem nichts mangelt, | Verlangt im Übermut | Selbst das noch, was unmöglich, | Und macht nur schwarzes Blut.

Elisabeth Kulmann, Sämtl. Gedichte. Lob d. Armut (ged. 1819).

— Der Reiche und der Harte, der nicht gibt, | Der stiehlt!

Leop. Schefer, Laienbrevier (1834). April. Nr. 22.

— Der Hungerleider front | Und dient dem Reichen stets. Ital.: . . . cultor de' ricchi e servo | Il digiuno mendico.

Giacomo Leopardi, Palinodie (1836). Übers. v. Heyse.

Reiche, der. — . . . es ist ihre (der Regierung) Pflicht, zu verhindern, daß nicht über Einem Reichen Tausende arm werden.

Karl Jul. Weber, Demokritos (1832—1840). D. eigentliche Nährstand.

— Es ist für den Reichen viel leichter, Gutes zu tun, als für den Armen, sich vom Bösen fernzuhalten. Franz.: Il est plus facile au riche de faire le bien qu'au pauvre de s'abstenir du mal.

Petit Senn, Geistesfunken u. Gedankensplitter (1865). Übers. v. Zimmermann.

— Der Reiche herrschet über die Armen.

Spr. Sal., K. 22, V. 7.

— Es ist leichter, daß ein Kamel durch ein Nadelöhr gehe, denn daß ein Reicher ins Reich Gottes komme. Matth., K. 19, V. 24.

— Ein Reicher soll bedencken eben, | Das er hie nit kan ewig leben, | Und sich halten in diser Zeit, | Daß er lebe in Ewigkeit! Alter Spr.

— Gleich der Wolf die Schaff, der Fuchß die Hünner zerreist und frist, | Also der Reiche den armen betrugt und ißt. Alter Spr.

— Stirbt der Reiche, | So geht man zur Leiche; | Stirbt der Arme, | Daß Gott erbarme!

Sprichwort.

— Was ein Reicher spricht und tut, | Schätzet man für schön und gut; | Ist der 'Arm' auch g'scheiter viel, | G'schieht ihm doch das Widerspiel.

Sprichwörtl.

Reichen, die. — Die mit Säcken voller Geldes sind behenket überall (die Reichen), | Kummen schwerlich in den Himmel; denn der Steig ist gar zu schmal.

Friedr. von Logau, Deutsche Sinn=Getichte (1654). D. Reichen.

— Seelig seynd die Reichen; | Recht vnnd Warheit muß jhnen weichen.

Christoph Lehmann, Politischer Blumen=Garten (1662) T. 2. Reich, Reichthum. Nr. 20.

— Sie (die Reichen) scheinen sich mit Glück zu mästen | Und werden dennoch nimmer satt.

Konrad Arnold Schmid, D. Zufriedenheit (1742).

— Es ist doch sonderbar bestellt, | Sprach Hänschen Schlau zu Vetter Fritzen, | Daß nur die Reichen in der Welt | Das meiste Geld besitzen.

Gotthold Ephr. Lessing, Schriften (1753—1755). Sinngedichte. B. 1, Nr. 65. Hänschen Schlau.

— O gib, Fortuna! gerecht und weise, | Den Reichen Hunger, den Armen Speise!

Joh. Christoph Friedr. Haug, Sinngedichte (1791). Bitte.

— . . . man macht aus deutschen Eichen | Keine Galgen für die Reichen.

Heinr. Heine, Sämtl. Werke. Letzte Gedichte (ged. 1853—1856). Zur Teleologie.

— Reiche und Arme müssen untereinander sein.

Spr. Sal., K. 22, V. 2.

— . . . ihr Reichen, weinet und heulet!

Jak., K. 5, V. 1.

Reichen, die. — Ach Gott, laß dich erbarmen, | Die Reichen fressen die Armen, | Als dann der Teuffel die Reiche; | So werden sie gefressen zu gleiche. Alter Spr.

— Selig sind die Reichen, | Alles muß ihnen weichen. Alter Spr.

Reicher. — Man muß nicht reicher scheinen wollen, als man ist.

Gotthold Ephr. Lessing, Minna v. Barnhelm (1763). A. 3, Sz. 7 (v. Tellheim).

— Der reich're Jude war | Mir nie der beſſ're Jude. Gotthold Ephr. Lessing, Nathan d. Weise (1779). A. 2, Sz. 5 (Tempelherr).

Reichsarmee. — Und wenn der alte Fritze kommt | Und klopft nur auf die Hosen, | Dann läuft die ganze Reichsarmee, | Panduren und Franzosen. Scherzgedicht.

Reichslokomotive. — Ich halte mich wenigstens nicht für ermächtigt, der großen Reichslokomotive, wenn sie ihren Bahnstrang einmal gewählt hat, Steine in den Weg zu werfen.

Otto von Bismarck im Reichstage (26. Jan. 1889).

Reichste. — Das reichste Kleid | Ist oft gefüttert mit Herzeleid. Alter Spr.

Reichtum. — Mut gesellt sich dem Reichtum. Griech.: *Θάρσος δὲ πρὸς ὄλβῳ.*

Hesiod (8. Jahrh. v. Chr.), Werke u. Tage. Übers. v. Uschner. V. 319.

— O Reichtum, Herrschaft, hohe Geisteskunst, | Du Siegerin im Kampfe mit den Künsten, | Im Loben voller Eifersucht, wie groß doch | Der Neid ist, den ihr neben euch bewacht! Griech.: *Ὦ πλοῦτε καὶ τυραννὶ καὶ τέχνη τέχνης | Ὑπερφέρουσα τῷ πολυζήλῳ βίῳ, | Ὅσος παρ' ὑμῖν ὁ φθόνος φυλάσσεται.*

Sophokles (um 496—406 v. Chr.), König Ödipus. Übers. v. Jordan. V. 375—77 (Ödipus).

— Toren! was nützen euch denn im Kasten die Haufen Goldes? | Das ist nicht der Gebrauch, den Verständige machen vom Reichtum. Griech.. *Δαιμόνιοι, τί δὲ κέρδος ὁ μυρίος ἔνδοθι χρυσὸς | Κείμενος; οὐχ ἅδε πλούτου φρονέουσιν ὄνασις.*

Theokrit (geb. um 300 v. Chr.), Idyllen. D. Chariten. Übers. v. Mörike. V. 22—23.

— Des Reichtums Erwerb ist mit Mühe und Arbeit verbunden, sein Besitz von Furcht und sein Verlust von Schmerzen begleitet; immer ermüdet und beschwert er die Seele. Lat.: **Labor in acquirendo, timor in possidendo, dolor in amittendo mentem eius semper fatigat, sollicitat affligit.**

Innocenz III. (1161—1216), Über d. Elend d. menschlichen Lebens. Übers. v. Rudolf. B. 1, K. 16.

— Der Reichtum bringet Glücke nicht, | Von dem niemandem Gut's geschicht. Mittelhochdeutsch: Der rîchtuom ist von saelden niht, | Von dem nieman guot geschiht.

Vrîdankes Bescheidenheit (1225—1240). Übertr. v. Pannier. Nr. 11. v. d. rîchen u. armen.

Reichtum. — Wer Reichtum, Weisheit mehrt und Ehr', | Nur Müh' und Arbeit mehrt sich der. Mittelhochdeutsch: Swer wîstuom, êre, grôz rîcheit | Mêrt, der mêrt sîn arebeit.

Vrîdankes Bescheidenheit (1225—1240). Übertr. v. Pannier. Nr. 11. v. d. rîchen u. armen.

— Mühlos hat man nimmermehr | Großen Reichtum, Weisheit, Ehr'. Mittelhochdeutsch: Nieman hât ân arebeit | Wîstuom, êre, grôz rîcheit. Vrîdankes Bescheidenheit (1225—1240). Übertr. v. Pannier. Nr. 34. v. d. êre.

— Ein köstlich ding ist richtum gar; | Aber das ist des glückes fall, | Das uf und ab danzt wie ein ball.

Seb. Brant, D. Narrenschif (1494). Nr. 6. V. ler d. kind.

— Der Reichtumb gnaden | Offt ihrem eignen herrn reicht | Zu verderblichem schaden.

Hans Sachs, Sehr herrliche Schöne v. wahrhaffte Gedicht (1558—1579).

— Reichtumb vnnd zeitlich gut, | Das weret nur ein kleine zeit | Vnd hilfft doch nichts zur seligkeyt.

Hans Sachs, Nürnberger Gesangb. (1580). Warumb betrübstu dich mein hertz usw.

— . . . Krösus' Reichtum ist so arm als Winter | Für den, der immer fürchtet, er verarme. Engl.: **But riches fineless is as poor as winter | To him that ever fears he shall be poor.**

William Shakespeare, Othello (um 1601—1605). Übers. v. Schlegel. A. 3, Sz. 3 (Jago).

— Wilt du mir etwas geben | An Reichthum, Gut und Geld, so gieb auch dis dabey, | Daß kein unrechter Scherff mit untermenget sey!

Joh. Heermann, Hauß- v. Hertz-Musica (1639). Ein täglich Gebet.

— Wer ist, der Reichthum acht', und loß von Kummer sey?

Andr. Gryphius, Sonette, Oden, Epigramme (1643). D. Welt Wollust.

— Die Verachtung des Reichtums war bei Philosophen . . . ein Geheimnis, sich vor den Demütigungen der Armut zu schützen. Es war ein Umweg, um zu dem Ansehen zu gelangen, das sie durch Reichtum nicht besitzen konnten. Franz.: **Le mépris des richesses étoit, dans les philosophes . . . un secret pour se garantir de l'avilissement de la pauvreté; c'étoit un chemin détourné pour aller à la considération, qu'ils ne pouvoient avoir par les richesses.**

François, Herzog von La Rochefoucauld, Reflexionen oder moralische Sentenzen u. Maximen (1665). Nr. 54. Übers. v. Zimmermann.

— Sorgen schwärmen rund herum | Um den Gott der Schätze (des Reichtums).

Joh. Peter Uz, Sämtl. Werke (1768). Gedichte. D. Wünsche.

— Wem das Glücke Reichtum gibt, | Dem gibt es auch Sorgen.

Christ. Felix Weiße, Kleine lyrische Gedichte (1772). Töffel. Mel. v. Joh. Adam Hiller.

Reichtum. — Wem nicht an wenig gnügt, den macht kein Reichtum satt.
Christoph Martin Wieland, Oberon (1780). Ges. 8, Str. 31.

— Die Ehre wohnt beim Reichtum; Reichtum übt | Die größte Herrschaft über Menschenseelen.
Friedr. von Schiller, Sz. a. d. Phönizierinnen d. Euripides (geb. 1788). (Polynices).

— Du trägst sehr leicht, wenn du nichts hast; | Aber Reichtum ist eine leichtere Last.
Joh. Wolfg. von Goethe, Gedichte. Sprichwörtl. (geb. 1812—1814).

— Was heißt denn Reichtum? Eine wärmende Sonne, | Genießt sie der Bettler, wie wir sie genießen! | Es möge doch keinen der Reichen verdrießen | Des Bettlers im Eigensinn selige Wonne!
Joh. Wolfg. von Goethe, Westöstlicher Diwan. B. d. Betrachtungen. Ferdusi spricht. Was heißt denn Reichtum? (geb. 1. Juli 1815).

— Der Reichtum besteht nicht im Besitz von Schätzen, sondern in der Anwendung, die man von ihnen zu machen versteht. Franz.: La richesse ne consiste pas dans la possession de trésors, mais dans l'usage qu'on en sait faire.
Napoleon I., Maximen u. Gedanken (1817). Übers. v. Zimmermann.

— Sei fromm und weis' im Reichtum und beuge vor Allah dein Haupt!
Adelbert von Chamisso (Louis Charles Adelaide Chamisso de Boncourt), Gedichte. Lieder u. lyrisch-epische Gedichte. Abdallah (geb. 1828).

— Auch der Reichtum ist eine Kraft, | So gut wie Weisheit und Stärke, | Kann werden nicht minder ehrenhaft, | Verwendet zum Menschheitswerke.
Friedr. Rückert, Gesammelte Gedichte (1834—1838). Vierzeilen.

— Der Reichtum ist der weite Schuh | Und die Armut der knappe. | In dem engen hinkest du, | Und hatschen macht dich der schlappe.
Friedr. Rückert, Erbauliches u. Beschauliches a. d. Morgenlande (1837—1838).

— Nur dem ist Reichtum gut, der ihn mit gutem Fleiß | Erworben hat und ihn gut anzuwenden weiß.
Friedr. Rückert, D. Weisheit d. Brahmanen (1836—1839). B. 16, Abteilung 5, Nr. 71. (Stufe 5. Leben. Nr. 473.)

— Der Reichtum gleicht dem Seewasser; je mehr man davon trinkt, desto durstiger wird man.
Arthur Schopenhauer, Parerga u. Paralipomena (1851).

Reichtum. — Immer und immer wieder hört man von den Übeln des Reichtumes und von der sündlichen Liebe zum Gelde, und doch hat sicherlich, nächst dem Wissenstriebe, keine andere Leidenschaft der Menschheit soviel Gutes getan. Engl.: We constantly hear of the evils of wealth, and of the sinfulness of loving money; although it is certain that, after love of knowledge, there is no one passion which has done so much good to mankind as the love of money.
Henry Thomas Buckle, Gesch. d. Zivilisation (1858—1861). Übers. v. Ritter. K. 19.

— Reichtum macht das Herz schneller hart als kochendes Wasser ein Ei.
Ludw. Börne, Gesammelte Schriften (1862—1863). Fragmente u. Aphorismen. Nr. 12.

— In den Händen von Menschen mit schwachen Grundsätzen oder geringer Selbstbeherrschung oder schlecht gezügelten Leidenschaften ist der Reichtum bloß eine Versuchung, eine Schlinge und vielleicht eine Quelle unendlichen Unglücks für sie selbst, oft auch für andere. Engl.: Wealth, in the hands of men of weak purpose, of deficient self-control, or of ill-regulated passions, is only a temptation and a snare — the source, it may be, of infinite mischief to themselves, and often to others.
Samuel Smiles, D. Charakter (1871). Übers. v. Dobbert. K. 1. D. Einfluß d. Charakters.

— Wir beneiden nicht den Reichen; | Reichtum ist nicht neidenswert.
Studentenleben. Verfasser unbek. Studentenweise.

— . . fällt euch Reichtum zu, so hänget das Herz nicht daran! Ps. 62, V. 11.

— Ist Reichtum ein köstliches Ding im Leben.
Wsh. Sal., K. 8, V. 5.

— Es kommt alles von Gott, Glück und Unglück, Leben und Tod, Armut und Reichtum.
Jes. Sir., K. 11, V. 14.

— Reichtum ist wohl gut, wenn man es ohne Sünde braucht. Jes. Sir., K. 13, V. 30.

— Wachen nach Reichtum verzehret den Leib.
Jes. Sir., K. 31, V. 1.

— O, welch eine Tiefe des Reichtums!
Röm., K. 11, V. 33.

— Den Reichtum soll man brauchen recht, | Wie man gebraucht den stolzen Knecht. | Brauchst du das Geld nicht so auf Erden, | So wird der Knecht dein Meister werden. Alter Spr.

— Die zier und Reichtumb dieser Welt | Gleich wie ein schön Blum hinfelt. Alter Spr.

— Reichtum und Pracht | Währt oft nicht länger denn über Nacht. Alter Spr.

— Reichtum kommt nicht von Geuden, | Sondern von kargen Leuten. Sprichwort.

— Reichtum macht nur Mut, | Wenn man's gebraucht wie hinterlegt Gut. Sprichwort.

Reichtum. — Es sind starke Beine, welche den Reichtum tragen können. Niederl.: Het zijn sterke beene, die de weelde kunnen dragen.
Sprichwort.

— Reichtum gebietet, Tugend weicht ihm.
Polnisches Sprichwort.

— Reichtum ist des Glückes Plunder.
Spr. im Berliner Rathause. Erster Stock.

— I woaß a schöns Diendl, | Åber reich is es nit; | Wås nutzt m'r der Reichtum, | Beim Geld schlåf i nit.
Tiroler Schnaderhüpfl.

Reichtümer. — Tugenden sind von jeher gesunken mit Zunahme der Reichtümer.
Karl Jul. Weber, Demokritos (1832—1840). D. Sitten.

— Reichtümer sind so kostbar wie das Leben.
Türkisches Sprichwort.

Reif. — Reif sein ist alles! Engl.: Ripeness is all.
William Shakespeare, König Lear (1605—1606). Übers. v. Schlegel. A. 5, Sz. 2 (Edgar).

— Die Menschen und die Gurken taugen nichts, sobald sie reif sind.
Jean Paul (Joh. Paul Friedr. Richter), Flegeljahre (1804—1805).

— . . . was reif ist, fällt.
Christ. Dietr. Grabbe, Don Juan u. Faust (1829). A. 1, Sz. 1 (Don Juan).

— Für das größte Unheil unserer Zeit, die nichts reif werden läßt, muß ich halten, daß man im nächsten Augenblick den vorhergehenden verspeist, den Tag im Tage vertut und so immer aus der Hand in den Mund lebt, ohne irgend etwas vor sich zu bringen.
Joh. Wolfg. von Goethe, Werke (1827—1830). Maximen u. Reflexionen. Abteilung 1.

— Beharren bringt Gedeihn; | Was reif ward in den Seelen, | Das schafft sich Fleisch und Bein.
Emanuel Geibel, Heroldsrufe. D. Lied v. Reiche (ged. vor 1866).

— Was bald reif wird, wird bald faul.
Sprichwort.

— Wenn die Birne reif ist, fällt sie ab.
Sprichwort.

Reif, der. — Es fiel ein Reif in der Frühlingsnacht.
Heinr. Heine, Neue Gedichte. D. Tannhäuser. Tragödie (ged. 1826—1828). Nr. 2. Mel. v. Felix Mendelssohn-Bartholdy (1836).

Reifen. — . . . still, allmählich reift das Köstliche!
Friedr. von Schiller, D. Jungfrau v. Orleans (1801). Prolog. Sz. 2 (Raimond).

Reifen, das. — Ein jedes Ding muß Zeit zum Reifen haben. Engl.: Things growing are not ripe until their season.
William Shakespeare, Ein Sommernachtstraum (1594). Übers. v. Schlegel. A. 2, Sz. 2 (Lysander).

Reim. — Der Reim den Dichter macht! fangt an, euch zu bekehren! | Versöhnt der Musen Zorn, und lernt den Reim verehren!
Gottl. Wilh. Rabener, Sat. Beweis, daß d. Reime in d. deutschen Dichtkunst unentbehrlich sind (ged. 1737).

— Allein des Reimes schmetternder Trommelschlag | Was der? was sagt uns sein Gewirbel, | Lärmend und lärmend mit Gleichgetön?
Friedr. Gottl. Klopstock, Oden. An Joh. Heinr. Voß (ged. 1782).

— Von den meisten Widersachern des Reimes gilt wohl, was Dryden von Milton sagte: sie besitzen die Talente zum Reimen nicht.
Georg Christoph Lichtenberg, Verm. Schriften (1800—1806).

— Wie das Gewand um deine Glieder | Schlingt sich der Reim um meine Lieder; | Schön mögen des Gewandes Falten sein; | Doch schöner muß, was sie enthalten, sein!
Friedr. von Bodenstedt, D. Lieder d. Mirza-Schaffy (1851). Verm. Gedichte u. Spr. Nr. 42.

Reime. — Diese Kunst der Deutschen Reime | Lernet Preussen erst von mir, | Meine sind die ersten Seiten: | Zwar man sang vor meinen Zeiten, | Aber ohn Geschick' und Zier.
Simon Dach, Poetische Werke (1696). Unterthänigste letzte Fleh-Schrifft an Seine Fürstliche Durchlaucht, meinen gnädigsten Churfürsten u. Herrn.

Reimen, sich. — Reime dich, oder ich fresse dich!
Hartmann Reinhold (Gottfr. Wilh. Sacer), Titel einer Sat. (1673).

— Wie reimt sich das zusammen? (wie paßt das zusammen)?
Sprichwörtl. Redensart.

Reimer. — Keinen Reimer wird man finden, | Der sich nicht den Besten hielte, | Keinen Fiedler, der nicht lieber | Eigne Melodien spielte.
Joh. Wolfg. von Goethe, Westöstlicher Diwan. B. d. Unmuts. Keinen Reimer wird man finden usw. (ged. 26. Juli u. 23. Dez. 1814).

Reimgeklingel. — Meide das süßliche Reimgeklingel, | Wenn dir der Sinn nicht zu Herzen dringt; — | Merke dir, daß oft der gröbeste Schlingel | Die allerzärtlichsten Verse singt!
Friedr. von Bodenstedt, D. Lieder d. Mirza-Schaffy (1851). Lieder u. Spr. d. Weisheit. Nr. 19.

Rein. — Wer ist von bösen Flecken rein? Kein Menschenkind! Griech: *Ὡς οὐδὲν ἀτεχνῶς ὑγιές ἐστιν οὐδενός.*
Aristophanes, Plutos (um 388 v. Chr.). Übers. v. Minckwitz. V. 362 (Blepsidemos).

— Ist nicht rein das Gefäß, was hinein du gießest, versauert. Lat.: Sincerum est nisi vas, quodcumque infundis, acescit.
Quint. Horatius Flacc., Episteln (um 20 v. Chr.). Übers. v. Voß. B. 1, Nr. 2, V. 54.

— Die Lauge macht die Kleider rein, | Und dennoch ist so trüb ihr Schein. Mittelhochdeutsch: Diu louge machet schoene wât, | Unz daz si selbe trüebe stât.
Frîdankes Bescheidenheit (1225—1240). Übertr. v. Pannier. Nr. 41. v. guote u. übele.

Rein. — Ein reiner Mund und reine Hand | Passiret frey durch alle Land.
Georg Rollenhagen, Froschmäuseler (1595). B. 2, T. 2, K. 6. Schlußv.

— Halt dich rein, Acht dich klein, | Sey gern allein, Mach dich nicht gmein; | So wirt dir allzeit wol sein. Reimspr. (16. Jahrh.).

— Dies Kind, kein Engel ist so rein, | Laßt's Eurer Huld empfohlen sein!
Friedr. von Schiller, Gedichte. D. Gang nach d. Eisenhammer (ged. 22.—25. Sept. 1797).

— Rein muß es bleiben zwischen mir und ihm.
Friedr. von Schiller, D. Piccolomini (1799). A. 5, Sz. 3 (Max).

— Ja, wer durchs Leben gehet ohne Wunsch, | Sich jeden Zweck versagen kann, der wohnt | Im leichten Feuer mit dem Salamander | Und hält sich rein im reinen Element.
Friedr. von Schiller, Wallensteins Tod (1799). A. 2, Sz. 2 (Wallenstein).

— . . . was erhaben und groß, faßt nur ein reines Gefühl.
Karl Gustav von Brinckmann, Elegien u. Arabesken (1820).

— Halte dich nur im stillen rein, | Und laß es um dich wettern; | Je mehr du fühlst ein Mensch zu sein, | Desto ähnlicher bist du den Göttern.
Joh. Wolfg. von Goethe, Werke (1827—1830). Gedichte. Zahme Xenien. Nr. 4.

— Schaffe in mir, Gott, ein reines Herz!
Ps. 51, V. 12.

— Selig sind, die reines Herzens sind, denn sie werden Gott schauen! Matth., K. 5, V. 8.

— Rein und ganz | Gibt schlechtem Tuche Glanz. Sprichwort.

— Rein und ganz | Ist des Armen Glanz.
Sprichwort.

— Reine Hand | Gett dürr't ganze Land.
Sprichwort. Niedersächsisch.

— He iss nich rein up 't Fell (ihm ist nicht zu trauen). Sprichwörtl. Redensart. Münsterisch.

— Auch in der Eck | Muß rein es sein.
Wartburgspr. Wirtschaft.

Reinen, die. — Den Reinen ist alles rein.
Tit., K. 1, V. 15.

Reinheit. — Suchst Reinheit du, geh' der Alleinheit Pfad; | Dem Schlamm sich mischend wird die Quelle Moor.
A. d. Persischen d. Ibn Jemin (gest. 1344). Übers. v. Schlechta-Wssehrt.

— Die schönste Gabe des Herzens ist Reinheit. Lat.: Cordis dos optima candor.
Wahlspr. d. Wyns.

Reinlich. — . . . so reinlich und so zweifelsohne. Ludw. Wantrup, V. Fels zum Meere usw. (geb. 1865).

— No reinlich, hat der Bauer g'sagt, hat die Nas mit der Hand putzt.
Sprichwörtl. Redensart. Schwaben.

Reinlichkeit. — Reinlichkeit veranlaßt die Kinder, mit Freuden etwas auf sich zu halten.
Joh. Wolfg. von Goethe, D. Wahlverwandtschaften (1808—1809). T. 2, K. 7.

— Pythagoras schloß von der Reinlichkeit des Körpers auf Reinheit der Seele und des Geistes. Karl Jul. Weber, Demokritos (1832—1840). D. Bade-Kur u. Bäder.

— Reinlichkeit erhält die Gesundheit.
Sprichwort.

— Reinlichkeit ist halbes Futter. Sprichwort.

— Reinlichkeit is 't halbe Leben.
Berliner Redensart.

Reise. — Wenn jemand eine Reise tut, | So kann er was verzählen.
Matthias Claudius, Sämtl. Werke d. Wandsbecker Boten. T. 5. Urians Reise um d. Welt mit Anmerkungen (1786). Mel. v. Ludw. van Beethoven (komp. 1786) u. Karl Friedr. Zelter (komp. 1793).

Reisebeschreibungen. — Es ist gut, daß Sie sich Ihr kleines Zimmer durch Reisebeschreibungen recht groß und weit machen. Mir ist es immer ein unaussprechliches Vergnügen, mich im möglichst kleinsten körperlichen Raume im Geiste auf der großen Erde herumzutummeln.
Friedr. von Schiller, Schiller u. Lotte (27. Nov. 1788).

Reisegefährte. — Lustig geferde macht kurtze meilen. Alter Spr.

Reisen. — . . . wem sin sinn zu wandeln (reisen) stot, | Der mag nit genzlich dienen got.
Seb. Brant, D. Narrenschif (1494). Nr. 66. V. erfarung aller land. Schlußv.

— Wer reysen will, | Der schweig fein still, | Geh steten schritt, | Nem nicht viel mit! | So darff er nicht viel sorgen. | Wer nichts hat, mag doch borgen!
Joh. Mich. Moscherosch, Wunderliche v. Warhafftige Gesichte Philanders v. Sittewalt (1643). T. 2, Gesichte 1. A la Mode. Kehrauß.

— Wer weit zu reisen denkt, der muß sein Reittier schonen. Franz.: Qui veut voyager loin, ménage sa monture.
Jean Baptiste Racine, D. Prozeßsüchtigen (1668). Übers. v. Viehoff. A. 1, Sz. 1 (Petit Jean).

— Jetzt reisen wir zum Tor hinaus, ade!
Verfasser unbek. (vor 1776). Volksweise.

— In raschen Jahren geht's wohl an, | So um und um frei durch die Welt zu streifen (reisen).
Joh. Wolfg. von Goethe, Faust, I (1808). Garten (Marthe).

Reisen, das. — Das Reisen ist doch nütze sehr; | Man lernt, was man nicht konnt' vorher.
Joh. Friedr. Fischart, Flöh Hatz, Weiber Tratz (1577).

— Nur Reisen ist Leben, wie umgekehrt das Leben Reisen ist.
Jean Paul (Joh. Paul Friedr. Richter), D. Kampanertal (1798). K. 2.

Reisen, das. — Über Reisen kein Vergnügen . . .

Ludw. Tieck, Frz. Sternbalds Wanderungen (1799—1800). T. 1. Über Reisen kein Vergnügen usw. Mel. v. Jos. Gersbach (1822).

— Recht lustig sei vor allen, | Wer's Reisen wählen will!

Jos. Freiherr von Eichendorff, Gedichte. Wanderlieder. Reiselied (ged. 1823). Mel. v. Justus Wilh. Lyra (1842).

— Leben ist Reisen, und Reisen ist Leben.

Wilh. Blumenhagen, Wanderungen durch d. Harz (1838).

— Reisen kost't Geld, | Doch sieht man die Welt. Sprichwort.

— Lesen und Reisen macht klug. Sprichwort.

Reisen, die. — Die beste Bildung findet ein gescheiter Mensch auf Reisen.

Joh. Wolfg. von Goethe, Wilh. Meisters Lehrjahre (1777—1796).

— Reisen sind das beste Mittel zur Selbstbildung.

Karl Jul. Weber, Demokritos (1832—1840). D. Zeitvertreib, d. Neugier u. Leserei.

Reisend. — Reisender leut gmüth und sinn | Gleichwie ein leip schwept her und hinn.

Joh. Friedr. Fischart, Podagrammisch Trostbüchlin (1577).

Reisender. — Ein Reisender ist so gewohnt, | Aus Gütigkeit fürlieb zu nehmen.

Joh. Wolfg. von Goethe, Faust, I (1808). Garten (Margarethe).

Reiten. — Wer reitet so spät durch Nacht und Wind? | Es ist der Vater mit seinem Kind.

Joh. Wolfg. von Goethe, Gedichte. Balladen. Erlkönig (ged. 1781). Mel. v. Corona Schröter (1786), Frz. Schubert (komp. 1815), Karl Löwe (1824) u. a.

— Es ist verdrießlich, ein Roß zu reiten, das nicht auch in den Zügel beißt.

Friedr. von Schiller, Kabale u. Liebe (1784). A. 2, Sz. 1 (Lady).

— Leicht kann der Hirt eine ganze Herde Schafe vor sich hintreiben, der Stier zieht seinen Pflug ohne Widerstand; aber dem edeln Pferde, das du reiten willst, mußt du seine Gedanken ablernen, du mußt nichts Unkluges, nichts unklug von ihm verlangen.

Joh. Wolfg. von Goethe, Egmont (1788). A. 4. D. Culenburgische Palast (Alba).

— . . . sie reiten wie die Judenjungen, nicht bügel-, nicht sattelfest.

Christ. Dietr. Grabbe, Napoleon oder D. hundert Tage (1831). A. 4, Sz. 4 (Blücher).

Reiter. — . . . ein braver Reiter und ein rechter Regen kommen überall durch.

Joh. Wolfg. von Goethe, Götz v. Berlichingen (1773). A. 3. Saal (Georg).

— Der Reiter und sein geschwindes Roß, | Sie sind gefürchtete Gäste.

Friedr. von Schiller, Wallensteins Lager. Sz. 11. Reiterlied (ged. 1797). Mel. v. Christ. Jak. Zahn (1798).

Reiter. — Ich hab' einen mutigen Reiter gekannt . . .

Ludw. Rellstab, Gedichte. Blüchers Gedächtnis (ged. 1820). Mel. v. Bernh. Klein (1858).

— Hopp hopp Reiter, | Wenn er fällt, dann schreit er; | Fällt er in den Graben, | Fressen ihn die Raben; | Fällt er in den Sumpf, | Macht der Reiter plumps! Kinderreim.

Reiterlust. — O Reiterlust, am frühen Tag | Zu sterben, zu sterben!

Georg Herwegh, Gedichte eines Lebendigen (1841—1843). Reiterlied.

Reitersmann. — Das ist mir der beste Reitersmann, | Der den Feind schlägt, wo er auch rückt an.

Friedr. von Sallet, Gesammelte Gedichte (1843). Romanzen, Legenden u. Balladen. Ziethen. Schlußv.

Reiz. — Reiz ist Schönheit in Bewegung und eben darum dem Maler weniger bequem als dem Dichter.

Gotthold Ephr. Lessing, Laokoon oder Über d. Grenzen d. Malerei u. Poesie (1766). T. 1, K. 21.

— Reiz, Anmut und Grazie werden zwar gewöhnlich als gleichbedeutend gebraucht; sie sind es aber nicht.

Friedr. von Schiller, Prosaische Schriften. Über Anmut u. Würde (1793). Würde.

— Bei des stillen Reizes Mangel | Zieht kein schönes Angesicht; | Denn der Bissen sonder Angel | Lockt wohl, aber fängt doch nicht.

Gottfr. Aug. Bürger, Gedichte (1796—1797). Reiz u. Schönheit.

Reize. — Das müssen Reize sondergleichen sein, | Die einen Greis in solches Feuer setzen.

Friedr. von Schiller, Maria Stuart (1800). A. 2, Sz. 3 (Elisabeth).

Reizen. — . . . was nicht reizt, ist tot.

Joh. Wolfg. von Goethe, Torquato Tasso (1789). A. 2, Sz. 1 (Prinzessin).

Religion. — Zu soviel Unheil hat die Religion zu raten vermocht. Lat.: **Tantum religio potuit suadere malorum.**

Tit. Lucretius (um 98—55 v. Chr.), Über d. Natur d. Dinge. Übers. v. Knebel. B. 1, V. 102.

— Kein Zwang sei in der Religion! Das Rechte ist ja deutlich genug unterschieden vom Falschen. Koran (um 650).

— . . . die rechte, wahre, reine Religion muß Hunger und Kummer leiden, heftig angefochten und verfolgt werden.

Dr. Martin Luther, Tischreden oder Colloquia (1566). Nr. 5. Tischreden v. Abgötterei. § 12. Ende d. Abgötterei u. d. Abgöttischen.

Religion. — Diejenigen, die schnurstracks ihrem Gewissen folgen, sind von meiner Religion, und ich habe die Religion aller braven und guten Leute. Franz.: Ceux qui suyvent tout droict leur conscyence sont de ma relygion, et je suis de celle de tous ceux-là quy sont braves et bons.

Heinr. IV. (reg. 1589—1610) zu Manaud de Batz. Übers. v. Zimmermann.

— Jede Religion ist falsch, die in ihrem Glauben nicht einen Gott als Grund aller Dinge verehrt. Franz.: Toute religion est fausse qui, dans sa foi, n'adore pas un Dieu comme principe de toutes choses.

Blaise Pascal, Gedanken (1670). Übers. v. Kleuker. Kennzeichen d. wahren Religion.

— Die Religion, die einzige Gewähr, daß der Mensch ein Mensch sei; sie, die einzige Stütze, welche den Menschen über sich selbst hebt! Engl.: Religion, the sole voucher man is man, | Supporter sole of man above himself.

Edward Young, Nachtgedanken (1742). Übers. v. Graf von Bentzel=Sternau. Nacht 4, V. 557—58.

— . . . die Religion ist eine Zierde für alle Menschen und muß ihre wesentlichste Zierde sein.

Gotthold Ephr. Lessing, D. Freigeist (1749). A. 4, Sz. 3 (Juliane).

— Überall auf Erden hat man sich der Religion bedient, um Böses zu tun, aber sie wurde überall eingesetzt, um zum Guten zu führen; und wenn das Dogma den Fanatismus und den Krieg entstehen macht, so flößt die Moral hingegen allerorts die Eintracht ein. Franz.: On s'est servi dans toute la terre de la religion pour faire le mal, mais elle est partout instituée pour porter au bien; et si le dogme apporte le fanatisme et la guere, la morale inspire partout la concorde.

Voltaire (François Marie Arouet), Essay über d. Sitten d. Völker (1756). Übers. v. Mylius.

— Nur die mißverstandene Religion kann uns von dem Schönen entfernen; und es ist ein Beweis für die wahre, für die richtig verstandene wahre Religion, wenn sie uns überall auf das Schöne zurückbringt.

Gotthold Ephr. Lessing, Wie d. Alten d. Tod gebildet (1769). Schlußsatz.

— Der Buchstabe ist nicht der Geist, und die Bibel ist nicht die Religion.

Gotthold Ephr. Lessing, Sämtl. Schriften. Theologische Streitschriften. Axiomata (1778). Nr. 3.

— Religion ist auch Partei; und wer | Sich drob auch noch so unparteiisch glaubt, | Hält, ohn' es selbst zu wissen, doch nur seiner | Die Stange.

Gotthold Ephr. Lessing, Nathan d. Weise (1779). A. 4, Sz. 1 (Tempelherr).

— Je mehr man das Weltall und seine Verbindung damit kennt, desto vortrefflicher die Religion.

Wilh. Heinse, Ardinghello u. d. glückseligen Inseln (1787). Bd. 2.

Religion. — Für die Religion lassen Sie das höchste Wesen selbst sorgen. Wir sind alle blind in diesem Felde und in mancherlei Irrtümern verloren. Wer ist so vermessen unter uns, zu behaupten, sein Weg sei der allein richtige?

Friedr. d. Große, Sämtl. Werke (1789). An Carl v. Würtemberg.

— Wäre nur Eine Religion in der Welt, so würde sie stolz und zügellos despotisch sein.

Friedr. d. Große, Sämtl. Werke (1789).

— Wir wissen und, was noch besser ist, wir fühlen, daß Religion die Grundlage der bürgerlichen Gesellschaft und die große Quelle alles Segens und alles Trostes in jeder menschlichen Verbindung ist. Engl.: We know, and what is better we feel inwardly, that religion is the basis of civil society, and the source of all good and of all comfort.

Edmund Burke, Betrachtungen über d. Revolution in Frankreich (1790). Übers. v. Genz. Abs. 144.

— Religion ist das Erkenntnis aller unsrer Pflichten als göttlicher Gebote.

Immanuel Kant, Religion innerhalb d. Grenzen d. bloßen Vernunft (1793). T. 1.

— Religion des Kreuzes, nur du verknüpftest in Einem | Kranze der Demut und Kraft doppelte Palme zugleich!

Friedr. von Schiller, Gedichte. D. Johanniter (ged. 1795). Schlußv.

— Welche Religion ich bekenne? Keine von allen, | Die du mir nennst. — Und warum keine? — Aus Religion!

Friedr. von Schiller, Gedichte. Votivtafeln. Nr. 30. Mein Glaube (ged. 1796).

— Religion ist eine Angelegenheit des Herzens, nicht des Kopfes.

Christoph Martin Wieland, Sämtl. Werke (1794—1802). Verm. Schriften.

— Unter der Hülle aller Religionen liegt die Religion selbst, die Idee eines Göttlichen.

Friedr. von Schiller, D. Braut v. Messina (1803). Über d. Gebrauch d. Chors in d. Tragödie.

— Wenn die Welt noch eine unzählbare Zahl von Jahren steht, so wird die Universal=Religion geläuterter Spinozismus sein.

Georg Christoph Lichtenberg, Verm. Schriften (1800—1806). Bd. 2, Nr. 2. Bemerk. verm. Inhalts. Nr. 1. Philosophische Bemerk.

— Ist es nicht sonderbar, daß die Menschen so gerne für die Religion fechten und so ungern nach ihren Vorschriften leben?

Georg Christoph Lichtenberg, Verm. Schriften (1800—1806). Bd. 2, Nr. 2. Bemerk. verm. Inhalts. Nr. 4. Beobachtungen über d. Menschen.

— Eine Religion nach der andern löscht aus, aber der religiöse Sinn, der sie alle schuf, kann der Menschheit nie getötet werden.

Jean Paul (Joh. Paul Friedr. Richter), Levana oder Erzieh=Lehre (1807). Bd. 1, Bruchstück 2, K. 3, § 34.

Religion. — Was ist nun Religion? — Sprecht die Antwort betend aus: der Glaube an Gott; denn sie ist nicht nur der Sinn für das Überirdische und das Heilige und der Glaube ans Unsichtbare, sondern die Ahnung dessen, ohne welchen kein Reich des Unfaßlichen und Überirdischen, kurz, kein zweites Universum nur denkbar wäre.

Jean Paul (Joh. Paul Friedr. Richter), Levana oder Erzieh=Lehre (1807). Bd. 1, Bruchstück 2, K. 4, § 37.

— Wo Religion ist, werden Menschen geliebt und Tiere und das All. Jedes Leben ist ja ein beweglicher Tempel des Unendlichen.

Jean Paul (Joh. Paul Friedr. Richter), Levana oder Erzieh=Lehre (1807). Bd. 1, Bruchstück 2, K. 4, § 37.

— . . . so kann niemand Religion lehren, als wer sie besitzt.

Jean Paul (Joh. Paul Friedr. Richter), Levana oder Erzieh=Lehre (1807). Bd. 1, Bruchstück 2, K. 4, § 38.

— Jedes Genie aber ist in seiner Sprache, jedes Herz in seiner Religion allmächtig.

Jean Paul (Joh. Paul Friedr. Richter), Levana oder Erzieh=Lehre (1807). Bd. 1, Bruchstück 2, K. 4, § 38.

— Am wenigsten stützt Religion und Sittlichkeit auf Gründe; eben die Menge der Pfeiler verfinstert und verengt die Kirchen.

Jean Paul (Joh. Paul Friedr. Richter), Levana oder Erzieh=Lehre (1807). Bd. 1, Bruchstück 3, K. 9, § 72.

— Unmittelbar, im gewöhnlichen Leben und in einer wohlgeordneten Gesellschaft, bedarf es der Religion durchaus nicht, um das Leben zu bilden, sondern es reicht für diese Zwecke die wahre Sittlichkeit vollkommen hin.

Joh. Gottl. Fichte, Reden an d. deutsche Nation (1808). Rede 3.

— Die Religion ist die Wurzel des menschlichen Daseins. Wäre es dem Menschen möglich, alle Religion, auch die unbewußte und unwillkürliche, zu verleugnen, so würde er ganz Oberfläche werden, und kein Inneres wäre dabei.

Aug. Wilh. von Schlegel, Vorlesungen über dramatische Kunst u. Literatur (1809—1811).

— Auch du hast noch nicht ausgeflammt, | Du heil'ge Religion! | Was von der ew'gen Liebe stammt, | Ist zeitlich nicht entflohn.

Theod. Körner, Leier u. Schwert (1814). Trost.

— Zuversicht und Ergebung sind die echten Grundlagen jeder bessern Religion und die Unterordnung unter einen höheren, die Ereignisse ordnenden Willen.

Joh. Wolfg. von Goethe, Unterhaltungen mit d. Kanzler Müller (März 1819).

— Uns ist die Religion die Polizei, | Und ihre Diener sind ein stehend Heer.

Joh. Gottfr. von Herder, Sämtl. Werke (1805—1820). Gedichte.

— Nicht der Altar und der bessere Gott, nur das heilige Feuer, | Welches die Opfer entflammt, adelt die Religion.

Karl Gustav von Brinckmann, Elegien u. Arabesken (1820).

Religion. — Die Religion ist das letzte Ziel, wohin alle unsre Gedanken und Handlungen gehen müssen.

Friedr. Gottl. Klopstock, Sämtl. Werke (1798—1821). Bd. 9.

— Zu jeder Zeit hat die Religion auf die Verfassungsurkunden der Staaten ihr Siegel gedrückt, und die Priester waren immer die Siegelbewahrer.

Ludw. Börne, Gesammelte Schriften. Erz., Reisen, Verm. Aufsätze. Nr. 49. D. Gespenst d. Zeit (1821).

— Die Religion soll nicht Wurzel sein der Staaten, die nur solche oder solche Früchte geduldig trägt, sondern befruchtender Tau, der alle Pflanzen erquickt.

Ludw. Börne, Gesammelte Schriften. Erz., Reisen, Verm. Aufsätze. Nr. 49. D. Geist d. Zeit (1821).

— Die Religion kann nie schlimmer sinken, als wenn sie solchermaßen zur Staatsreligion erhoben wird; es geht dann gleichsam ihre innere Unschuld verloren, und sie wird so öffentlich stolz wie eine deklarierte Maitresse.

Heinr. Heine, Verm. Schriften. Br. a. Berlin. Br. 2 (16. März 1822).

— Keine Philosophie und keine Moral kann bei der großen Menge jemals die Religion ersetzen.

Friedr. Christoph Schlosser, Weltgesch. (1817—1824).

— Die meisten Menschen treiben die Religion, wie man ein Handwerk treibt; sie ist aber durchaus eine freie Kunst.

Christ. Friedr. Wilh. Jacobs, Ährenlese (1823—1825). Bd. 2.

— Wo die meiste sogenannte positive Religion war, war immer die wenigste Moralität.

Joh. Gottfr. Seume, Sämtl. Werke (1826). Apokryphen.

— Auf echte Religion des Herzens führt uns leicht alles: der Sternenhimmel, das Abendrot, ja das Abendgeläute, jede Rührung, vielleicht mancher Schmerz. Jean Paul (Joh. Paul Friedr. Richter), Selina (1827).

— Die christliche Religion ist ein mächtiges Wesen für sich, . . . ist . . . über aller Philosophie erhaben und bedarf von ihr keiner Stütze.

Joh. Peter Eckermann, Gespräche mit Goethe in d. letzten Jahren seines Lebens (4. Febr. 1829).

— Die Religion selbst ist in die Natur des Menschen eingepflanzt.

Wilh. Freiherr von Humboldt, Br. an eine Freundin (6. Okt. 1830).

— Sonst war die Religion, ich gesteh's, die Stütze des Staates; | Aber jetzt ist der Staat Stütze der Religion.

Ludw. Feuerbach, Satirisch=theologische Distichen (1830).

— Wahre Religion ist gebaut auf das Wahre, das Gute | In der Menschennatur, nicht auf der Sünde Morast.

Ludw. Feuerbach, Satirisch=theologische Distichen (1830).

Religion. — Es gibt in der Medizin, Religion oder Politik keine Quacksalberei, die nicht sogar einem starken Geiste imponieren könnte, wenn dieser Geist durch Leid oder Furcht beirrt wird. Engl.: There is no quackery in medicine, religion, or politics, which may not impose on a powerful mind, when that mind has been disordered by pain or fear.

Thomas Babington, Lord Macaulay, Reden. Übers. v. Beseler. Parlamentarische Reform (2. März 1831).

— Wenn die Religion von dem vielen Dampf, den sie machen muß, nur nicht bald selbst verdampft!

Christ. Dietr. Grabbe, Napoleon oder D. hundert Tage (1831). A. 4, Sz. 1 (Jouve).

— Liebe der Liebe — Summe der Religion.

Joh. Kaspar Lavater, Werke (1834). Worte d. Herzens. Worte väterlicher Liebe an Anna Luise Lavater.

— Wer Wissenschaft und Kunst besitzt, | Hat auch Religion; | Wer jene beiden nicht besitzt, | Der habe Religion!

Joh. Wolfg. von Goethe, Poetische u. prosaische Werke (1836—1837). Gedichte. Zahme Xenien. Nr. 9.

— . . . der Religion, . . . welche, tief verstanden und lebendig erfühlt, das Höchste, das Letzte ist, wozu der Mensch gelangen kann.

Ernst Freiherr von Feuchtersleben, Zur Diätetik d. Seele (1838). K. 10. Natur, Wahrheit.

— Verbindet man Religion nicht mit Moralität, so wird Religion nur zur Gunstbewerbung.

Immanuel Kant, Werke (1838—1839). Bd. 9.

— Die Religion, die bloß auf Theologie gebaut ist, kann niemals etwas Moralisches enthalten.

Immanuel Kant, Werke (1838—1839). Bd. 9.

— Es ist nur Eine (wahre) Religion; aber es kann vielerlei Arten des Glaubens geben.

Immanuel Kant, Werke (1838—1839). Bd. 10.

— Religion in des Griechen Gemüt war sittliche Handlung; | Aber sie ward Handwerk, schwatzender Pöbel, in dir.

Aug. Graf von Platen-Hallermund, Gesammelte Werke (1839). Gedichte. Epigramme. Griechen u. Pietisten.

— Die Religion ist jedem Denker heilig, sie bietet nichts Lächerliches; aber die Religionen . . . wimmeln von Ungereimtheiten.

Karl Jul. Weber, Demokritos (1832—1840). D. Religion u. d. Religionen.

— Religion ist reine Sache des Gemüts und der Phantasie wie die Poesie, und man zerstört das Wesen beider, wenn man sie unter Vernunftregeln bringen will.

Karl Jul. Weber, Demokritos (1832—1840). D. Religion u. d. Religionen.

— Religion und Moral sind ewig eins; aber es gibt verschiedene Arten des Glaubens.

Karl Jul. Weber, Demokritos (1832—1840). D. Religion u. d. Religionen.

Religion. — Religion ist ein Prisma, von dessen sieben Farben sich jeder seine Lieblingsfarbe wählen mag; alle aber rühren nur von Einem Sonnenstrahl.

Karl Jul. Weber, Demokritos (1832—1840). Weitere Religionsbetrachtungen eines einfältigen Laien.

— Petrus soll sogar Franklin, der ihm offen beichtete, daß er keine andere Religion habe als das Naturgesetz und die Menschenliebe, zugeflüstert haben: „Komm' herein und nimm Platz, wo du willst!"

Karl Jul. Weber, Demokritos (1832—1840). Weitere Religionsbetrachtungen eines einfältigen Laien.

— Keine Religion macht an und für sich selig, sondern allein die Tugend.

Karl Jul. Weber, Demokritos (1832—1840). Weitere Religionsbetrachtungen eines einfältigen Laien.

— Der Religion ist nur das Heilige wahr, der Philosophie nur das Wahre heilig.

Ludw. Feuerbach, D. Wesen d. Religion (1845).

— So oft erklungen durch die Reiche | Von einem Volk der Sterbeschrei, | Ziehn, sich zu werfen auf die Leiche, | Die Völkergeier auch herbei. | Ihr Flügelschlag ward oft vernommen, | Die Weltgeschichte kennt den Ton; — | Doch wehe, wenn die Geier kommen | In deinem Namen, — Religion!

Alfred Meißner, Ziska (1846). B. 3. D. zweite Kreuzzug.

— Religion ist das als eine Lebensnotwendigkeit tief empfundene Gefühl der Abhängigkeit.

Karl Gutzkow, D. Ritter v. Geiste (1850—1851).

— Die Religion ist eine Krücke für schlechte Staatsverfassungen.

Arthur Schopenhauer, Parerga u. Paralipomena (1851).

— Die Religion ist die beste, welche die Vielen eint, den Einzelnen kräftigt, den Stolzen beugt, die uns das Leben lieben und den Tod mit Ergebung erwarten macht.

Ernst Freiherr von Feuchtersleben, Sämtl. Werke (1851—1853). Konfessionen.

— Die Ironie des Schicksals, die zerreißend in das Spinnengewebe der Sterblichen greift und das Gefühl ihrer Sicherheit furchtbar verneint, wird im Empfänglichen Religion.

Ernst Freiherr von Feuchtersleben, Sämtl. Werke (1851—1853). Konfessionen.

— Die Religion, wie sie die furchtbarsten Leidenschaften im Menschen aufzustürmen vermag, so versteht sie auch die edelsten menschlichen Triebe zur Vollbringung der staunenswertesten, ja unerhörten Taten anzueifern.

Joh. Scherr, Gesch. deutscher Kultur u. Sitte (1853).

Religion. — Die Religion kann eine Leidenschaft werden wie jede andere, und zwar eine Leidenschaft, mit der man nicht spielen darf. Franz.: La religion peut devenir une passion comme une autre, et une passion avec laquelle il ne faut pas jouer.

Alexander Vinet, Religiöse Freiheit (1854). Übers. v. Zimmermann.

— Krank sind wir und all unser Tun und Arbeiten! Alle unsere Philosophie und Religion ist nur für uns Kranke!

Frz. Xaver von Baader, Sämtl. Werke (1851—1860).

— Wir können ebensogut erwarten, daß Samen auf kahlem Felsen wachsen, als daß eine milde und philosophische Religion unter unwissenden und rohen Wilden eingeführt werden könnte. Engl.: We may as well expect that the seed should quicken in the barren rock, as that a mild and philosophic religion should be established among ignorant and ferocious savages.

Henry Thomas Buckle, Gesch. d. Zivilisation (1858—1861). Übers. v. Ritter. K. 5.

— Es ist ein Irrtum, die Zivilisation eines Volkes der Einwirkung der Religion zuschreiben zu wollen, und eine Torheit, wenn die Regierungen eine Religion in Schutz zu nehmen suchen. Paßt dieselbe für das Volk, so wird sie keinen Schutz brauchen, paßt sie nicht dafür, so wird sie nichts Gutes wirken. Engl.: How idle it is to ascribe the civilisation to the creed; and how worse than foolish are the attempts of government to protect a religion, which, if suited to the people, will need no protection, and, if unsuited, will work no good!

Henry Thomas Buckle, Gesch. d. Zivilisation (1858—1861). Übers. v. Ritter. K. 5.

— Unsere Religion sollte nicht durch die Lehren anderer erlangt, sondern von uns selbst erworben werden; ... sie ist keine Sache der Überlieferung, sondern der Person. Engl.: Our religion should not be acquired by the teaching of others; but should be worked out by ourselves; it is not traditional, but personal.

Henry Thomas Buckle, Gesch. d. Zivilisation (1858—1861). Übers. v. Ritter. K. 8.

— Eben die ausgezeichnetsten Menschen bedürfen der Religion am meisten, weil sie die engen Grenzen unseres menschlichen Verstandes am lebhaftesten empfinden.

Jos. Baron von Eötvös, Gedanken (1861).

— Religion ist Liebe und Versöhnung; schon im Worte liegt es: sie verbindet wieder, was getrennt war.

Ludw. Börne, Gesammelte Schriften (1862—1863). Erz., Reisen, Verm. Aufsätze. Nr. 55. O närrische Leute, o kom. Welt!

Religion. — Vernichtet die Religionen, und ihr habt die Religion zerstört.

Ludw. Börne, Gesammelte Schriften (1862—1863). Erz., Reisen, Verm. Aufsätze. Nr. 55. O närrische Leute, o kom. Welt!

— Nur die Sehnsucht macht reich; nur die Religion, die, uns der Welt gebend, uns die Welt gibt, tut genug.

Ludw. Börne, Gesammelte Schriften (1862—1863).

— Meinungen, Lehrsätze, Gebräuche, in denen jede Religion sich darstellt, sind nicht die Religion selbst; sie ist ein Inneres, Ursprüngliches.

Friedr. Ernst Daniel Schleiermacher, Sämtl. Werke (1835—1865).

— Die Religion ist das Krankenhaus der Seelen, welche die Welt verwundet hat. Franz.: La religion est l'hôpital des âmes que le monde a blessées.

Petit=Senn, Geistesfunken u. Gedankensplitter (1865). Übers. v. Zimmermann.

— Der Ursprung, ja das eigentliche Wesen der Religion, ist der Wunsch. Hätte der Mensch keine Wünsche, so hätte er auch keine Götter. Was der Mensch sein möchte, aber nicht ist, dazu macht er seinen Gott.

Ludw. Feuerbach, Sämtl. Werke (1845—1866).

— Von dem Augenblick an, wo eine Religion bei der Philosophie Hilfe begehrt, ist ihr Untergang unabwendlich.

Heinr. Heine, Sämtl. Werke (1861—1868). Deutschland. T. 1. Zur Gesch. d. Religion u. Philosophie in Deutschland. B. 2. V. Luther bis Kant.

— Für die Güte der Republik könnte man denselben Beweis anführen, den Boccaccio für die Religion anführt: sie besteht trotz ihrer Beamten.

Heinr. Heine, Sämtl. Werke (1861—1868). Verm. Schriften. Gedanken u. Einfälle. Nr. 4. Staat u. Gesellschaft.

— Religion haben heißt, sich einem Bilde, einem Gedanken unbedingt ergeben; und wer das kann oder muß, wem es gelingt, der hat unstreitig einen großen Halt und Trost.

Karl Aug. Varnhagen von Ense, Tageb. (1861—1870).

— Religion ist die Poesie der unpoetischen Menschen.

Frz. Grillparzer, Sämtl. Werke (1872). Studien zur Philosophie u. Religion.

— Die Religion ist der Idealismus des Volkes. Joh. Scherr, Blätter im Winde (1875).

— Sie haben im Vaterlande eine große und wichtige Aufgabe, Sie müssen die Religion im Volke erhalten und kräftigen!

Kaiser Wilh. I. zur protestantischen Geistlichkeit auf d. Bahnhof in Züllichau (23. Aug. 1876).

— Religion und Theologie | Sind grundverschiedene Dinge, | Eine künstliche Leiter zum Himmel die, | Jene die angebor'ne Schwinge.

Emanuel Geibel, Spätherbstblätter (1877). Gelegenheitsgedichte. Spr. Nr. 23.

Religion. — Wissen um unser Wissen ist Philosophie; Ergebenheit und Voraussetzung, wo wir zu wissen aufhören, Religion.

Rahel (Antonie Friederike Varnhagen von Ense), Br. (1877).

— Vergiß keinen Augenblick, daß du und alles, was du in dir und um dich her wahrnimmst, was dir und andern widerfährt, kein zusammenhangloses Bruchstück, kein wildes Chaos von Atomen oder Zufällen ist, sondern nach ewigen Gesetzen aus dem einen Urquell alles Lebens, aller Vernunft und alles Guten hervorgeht! Das ist der Inbegriff der Religion.

David Friedr. Strauß, Gesammelte Schriften (1876—1878).

— Jede Religion ist eine Art Kreditanstalt; und keiner sieht das gerne angezweifelt, worauf er seinen Kredit gesetzt hat.

Joh. Jak. Mohr, Gedanken über Leben u. Kunst (1885).

— Religion ist tiefes Überzeugtsein, | Daß dies Leben ein gebrechliches; | Religion ist ahnendes Gebeugtsein | Unter ein Unaussprechliches.

Ernst Ziel, Moderne Xenien (1889). D. Kirche u. ihre Leute. Nr. 3.

— Vergeßt nicht, was euch eure Eltern schon gelehrt haben: Religion und Gottesfurcht! Dann werdet ihr euch auch wohl fühlen in euren Dienstverhältnissen.

Kaiser Wilh. II. bei d. Rekrutenvereidigung in Kiel (4. Jan. 1892).

— Weltweisheit, sagtet ihr, und Religion | Hat einen tiefen Sinn gemeinsam, den: | Mit Gleichmut sich zu wappnen.

Gerhart Hauptmann, D. arme Heinr. (1902). A. 4, Sz. 4 (Benedikt).

— Religion hat den Reichtum geboren, aber das Kind hat die Mutter verschlungen. Alter Spr.

— Keine Religion hat der, der keine Humanität hat. Arabisches Sprichwort.

Religionen. — Über die Religionen sinnen viele und die Glaubenssekten, | Zwischen Zuversicht und Zweifel schwanken andre fort und fort; | Doch ein Ruf wird einst ertönen: O ihr Geistesnacht-Bedeckten, | Wißt, der wahre Weg zum Heile liegt nicht hier und liegt nicht dort!

A. d. Persischen d. Omar Chijam (12. Jahrh.). Vierzeiler. Übers. v. Schack.

— Die Religionen Müsen alle Tolleriret werden, und Mus der Fiscal nuhr das Auge darauf haben, das keine der andern abrug Tuhe, den hier mus ein jeder nach Seiner Fasson Selich werden. Friedr. d. Große an Minister v. Brand (22. Juni 1740).

— Vaterland und Familie, Gewissen und Ehre, die heiligen Gefühle der Gesellschaft und der Natur sind immer die ersten und nächsten, mit denen Religionen sich mischen, von denen sie Stärke empfangen, und denen sie sie geben.

Friedr. von Schiller, Gesch. d. Abfalls d. vereinigten Niederlande v. d. span. Regierung (1788).

Religionen. — Die Vernunft denkt, die Religionen träumen. Franz.: La raison pense, les religions rêvent.

Pierre Victurnien Vergniaud (1753—1793). Übers. v. Zimmermann.

— Daß der Mensch ins Unvermeidliche sich füge, darauf dringen alle Religionen; jede sucht auf ihre Weise, mit dieser Aufgabe fertig zu werden.

Joh. Wolfg. von Goethe, Wilh. Meisters Wanderjahre (1807—1821).

— Nur so lange die Religionen mit anderen zu rivalisieren haben und weit mehr verfolgt werden, als selbst verfolgen, sind sie herrlich und ehrenwert; nur da gibt's Begeisterung, Aufopferung, Märtyrer und Palmen.

Heinr. Heine, Sämtl. Werke. Reisebilder (1826—1830).

— Man kann alle Religionen in die der Gunstbewerbung (des bloßen Kultus) und die moralische, d. i. die Religion des guten Lebenswandels, einteilen.

Immanuel Kant, Werke (1838—1839). Bd. 10.

— Die Religionen sind wie die Leuchtwürmer: sie bedürfen der Dunkelheit, um zu leuchten.

Arthur Schopenhauer, Parerga u. Paralipomena (1851).

— Religionen sind Kinder der Unwissenheit, die ihre Mutter nicht lange überleben.

Arthur Schopenhauer, Parerga u. Paralipomena (1851).

— Alle Religionen sind schön, die uns zu guten Menschen machen. Berth. Auerbach, Auf d. Höhe (1865).

— Mit dem Verhalten zur Verschiedenartigkeit der Religionen ist es leider wie mit dem Familiensinn, der seine eignen Kinder wunderbar schön findet, während sie andern nicht selten häßlich erscheinen. Karl Gutzkow, Gesammelte Werke (1873).

Religionsbedeutung. — Wer die ungeheure Bedeutung der Religion unterschätzt, arbeitet trotz aller Aufklärung nur dem Aberglauben in die Hände. Gottfr. Wilh. von Leibniz, Werke (1768).

Religionsfanatismus. — Die Bemerkung ist nichts weniger als neu, daß keine Kriege zugleich so ehrlos und so unmenschlich geführt werden als die, welche Religionsfanatismus und Parteihaß im Innern eines Staates entzünden.

Friedr. von Schiller, Prosaische Schriften (1793—1802).

Religionsfreiheit. — Ich predige nicht die Duldsamkeit. Unbeschränkte Religionsfreiheit ist in meinen Augen ein so geheiligtes Recht, daß das Wort Duldsamkeit, als Ausdruck hiefür gebraucht, mir gewissermaßen selbst tyrannisch erscheint. Franz.: **Je ne vien pas prêcher la tolérance. La liberté la plus illimitée de religion est, à mes yeux, un droit si sacré, que le mot de tolérance, qui voudrait l'exprimer, me paraît en quelque sorte tyrannique lui-même.** Honoré Gabriel Riqueti, Graf Mirabeau, Werke (1791—1792). Politische Diskurse. Übers. v. Zimmermann.

Religionsfreiheit. — In dem, was dem Menschen am teuersten ist, in seiner Verbindung mit Gott, darin erkühnst du dich, mir meine Freiheit zu nehmen?

Friedr. Gottl. Klopstock, Sämtl. Werke (1798—1821). Bd. 6.

Religionsfundament. — Liebe und Glauben sind das Fundament aller Religion; die muß man pflegen.

Joh. Friedr. Herbart, Sämtl. Werke (1850—1852).

Religionsgebräuche. — Es ziemt sich nicht für uns, den heiligen | Gebrauch mit leichtbeweglicher Vernunft | Nach unserm Sinn zu deuten und zu lenken.

Joh. Wolfg. von Goethe, Iphigenie auf Tauris (1787). A. 1, Sz. 3 (Thoas).

Religionskrieg. — ... die Römer und Batavier kriegen menschlich, denn sie kriegen nicht für die Religion.

Friedr. von Schiller, Gesch. d. Abfalls d. vereinigten Niederlande v. d. span. Regierung (1788). Einleitung. Schlußsatz.

— Daß die Religion selbst Kriege veranlaßt hat, ist abscheulich, und die Erfinder der Systeme werden gewiß dafür büßen müssen.

Georg Christoph Lichtenberg, Verm. Schriften (1800—1806). Bd. 2, Nr. 2. Bemerk. verm. Inhalts. Nr. 7. Politische Bemerk.

Religionslos. — Sucht ein Volk, ganz und gar jeder Religion entratend; wenn ihr überhaupt eines findet, seid versichert, daß es nur wenige Grade über der Tierheit steht! Engl.: Look out for a people entirely destitute of religion: If you find them at all, be assured that they are but few degrees removed from brutes.

David Hume, D. Naturgesch. d. Religion (1755). Übers. v. Lipps. Abschnitt 15.

Religionsmeinungen. — Verschiedenheit der Religionsmeinungen findet sich nur bei Alltagsmenschen; Leute von Geist haben nur Eine Religion.

Karl Jul. Weber, Demokritos (1832—1840). Weitere Religionsbetrachtungen eines einfältigen Laien.

Religionsstörer. — Ich weiß nicht, wie ich Philosophie lehren soll, um nicht Störer hergebrachter Religion zu werden.

Baruch Spinoza, als ihm ein Lehrstuhl in Heidelberg angeboten wurde (um 1670).

Religionsstreitigkeiten. — Auch sind die sogenannten Religionsstreitigkeiten, welche die Welt so oft erschüttert und mit Blut bespritzt haben, nie etwas anderes als Zänkereien um den Kirchenglauben gewesen.

Immanuel Kant, Werke (1838—1839). Bd. 10.

Religionsübung. — Jede fremde Religionsübung sei ihm (dem Kinde) so heilig wie die eigne!

Jean Paul (Joh. Paul Friedr. Richter), Levana oder Erzieh-Lehre (1807). Bd. 1, Bruchstück 2, K. 4, § 38.

Religionsunterschiede. — Religionsunterschiede erzeugen mehr Streit als politische Parteiunterschiede. Engl.: Difference of religion breeds more quarrels than difference of politics.

Wendell Phillips bei d. Wahl v. Lincoln (7. Nov. 1860). Übers. v. Drabig.

Religionszweck. — Der Zweck der wahren Religion soll sein, die Grundsätze der Sittlichkeit tief in die Seele einzudrücken.

Gottfr. Wilh. von Leibniz, Werke (1768).

Religiös. — Untersucht die religiösen Grundsätze, die tatsächlich in der Welt vorherrschten! Ihr werdet zur Überzeugung gelangen, daß sie kaum etwas anderes sind als die Träume Siecher. Engl.: Examine the religious principles which have, in fact, prevailed in the world. You will scarcely be persuaded that they are any thing but sick men's dreams.

David Hume, D. Naturgesch. d. Religion (1755). Übers. v. Lipps. Abschnitt 15.

— Die Menschen sind nur so lange produktiv (in Poesie und Kunst), als sie noch religiös sind.

Joh. Wolfg. von Goethe, Gespräch mit Riemer (1814).

— Wo ... die Wahrheit auf Gefühlen ruht, da vertrauen sich diese lieber der Verschlossenheit des eignen Busens an. Darum sind alle religiösen Menschen der Einsamkeit leicht zugetan.

Wilh. Freiherr von Humboldt, Br. an eine Freundin (12. Jan. 1834).

— Es läßt sich eine große, des Namens würdige Nation gar nicht denken, deren politisches Leben nicht von religiösen Ideen angeregt und erhoben würde, die sich nicht unaufhörlich damit beschäftigte, dieselben auszubilden, zu einem allgemein gültigen Ausdruck und einer öffentlichen Darstellung zu bringen.

Leop. von Ranke, Deutsche Gesch. im Zeitalter d. Reformation (1839—1847).

— Sowie die religiöse Wahrheit zu einem wissenschaftlichen Abschluß käme, würde der Mensch aufhören, ein Kämpfer, d. h. ein Mensch zu sein.

Heinr. Wilh. Riehl, Religiöse Studien (1894).

Religiosität. — Religiosität ist die Weingärung des sich bildenden und die faule Gärung des sich zersetzenden Geistes.

Frz. Grillparzer, Sämtl. Werke (1872). Studien zur Philosophie u. Religion.

Rennen. — Alles rennet, rettet, flüchtet.

Friedr. von Schiller, Gedichte. D. Lied v. d. Glocke (ged. Sept. 1799).

Renommisten. — Die Renommisten kennzeichnet der Spruch: Scharfe Augen geben gute Schützen, sagte der Jäger, da schoß er eine Krähe für einen Adler.

Jägerregel.

Reptilien. — ... ich glaube, wir verdienen Ihren Dank, wenn wir uns dazu hergeben, bösartige Reptilien zu verfolgen bis in ihre Höhlen hinein, um zu beobachten, was sie treiben.

Otto von Bismarck im Abg.-Hause d. preuß. Landtages (30. Jan. 1869).

Republik. — Die Konsuln mögen dafür sorgen, daß die Republik keinen Schaden leidet! Lat.: Videant consules, ne quid res publica detrimenti capiat!

Marc. Tull. Cicero, Reden gegen Catilina (um 63 v. Chr.). Übers. v. Kloß. Nr. 1, K. 2, § 4.

— Die Republik muß immer enden durch Dummheit oder im Blut. Franz.: La république est destinée toujours à finir par l'imbécillité ou dans le sang.

Louis Adolphe Thiers, Gesch. d. franz. Revolution (1823—1827). Übers. v. Jordan.

Republikanisch. — . . . man ist gewöhnlich immer desto weniger republikanisch gesinnt, je höher der Rang ist, den man selbst in der Welt bekleidet.

Georg Christoph Lichtenberg, Verm. Schriften (1800—1806). Bd. 2, Nr. 2. Bemerk. verm. Inhalts. Nr. 7. Politische Bemerk.

— . . . kann ganz Europa binnen zehn Jahren kosakisch sein oder ganz republikanisch. Franz.: . . . toute l'Europe peut être cosaque ou toute en république. Napoleon I. (1816).

Republiken. — Republiken hab' ich gesehen, und das ist die beste, | Die dem regierenden Teil Lasten, nicht Vorteil gewährt.

Joh. Wolfg. von Goethe, Gedichte. Vier Jahreszeiten (geb. 1796). Herbst. Nr. 73.

Reseden. — Stell' auf den Tisch die duftenden Reseden!

Hermann von Gilm, Gedichte. B. 2. Allerseelen (geb. 1844). Mel. v. Eduard Lassen (1885).

Reserve. — Reserve hat Ruh'.

Militärische Redensart.

Resignation. — Nichts ist erbärmlicher als die Resignation, die zu früh kommt.

Marie von Ebner-Eschenbach, Aphorismen (1893).

Respekt. — Sich im Respekt zu erhalten, | Muß man recht borstig sein. | Alles jagt man mit Falken, | Nur nicht das wilde Schwein.

Joh. Wolfg. von Goethe, Westöstlicher Diwan. B. d. Spr. Nr. 22 (geb. 1815).

— Was wäre aus mir geworden, wenn ich nicht immer genötigt gewesen wäre, Respekt vor andern zu haben. Joh. Wolfg. von Goethe zu Boisserée (1815).

Rest. — Der Rest ist nicht würdig, erwähnt zu werden. Franz.: Le reste ne vaut pas l'honneur d'être nommé.

Pierre Corneille, Cinna (1640). Übers. v. Strehlke. A. 5, Sz. 1 (Augustus).

— Der Rest (die Hefe) den Gottlosen!

Nach Ps. 75, V. 9. — Sprichwörtl. Redensart.

Retirade. — Seit der großen Retirade.

Pius Alexander Wolff, Preziosa (1820). A. 3, Sz. 5 (Pedro). Komp. v. Karl Maria von Weber. (Erste Auff. am 14. März 1821 in Berlin.)

Retten. — Zurück! du rettest den Freund nicht mehr!

Friedr. von Schiller, Gedichte. D. Bürgschaft (geb. 27.—30. Aug. 1798).

Retter. — Wann wird der Retter kommen diesem Lande?

Friedr. von Schiller, Wilh. Tell (1804). A. 1, Sz. 1 (Ruodi). Schlußv.

Reue. — Keine Sünde ist so schwer, daß sie nicht durch Reue getilgt werden könnte. Lat.: Nullum est tam grave peccatum, quod non possit per paenitentiam aboleri.

Anselmus (um 1033—1109), Betrachtungen. K. 6. Übers. v. Grau.

— Reu' ist aller Sünden Tod; | Sie hilft dem Sünder aus der Not. Mittelhochdeutsch: Riuwe ist aller sünden tôt; | Sus koment die sündaer ûzer not.

Frîdankes Bescheidenheit (1225—1240). Übertr. v. Pannier. Nr. 10. v. sünden.

— Einst hebt die Reue ihre Stimm' und spricht: | Warum, ach, hörten wir die Wahrheit nicht! A. d. Persischen d. Sadi, Fruchtgarten (1257). Übers. v. Graf.

— Zu spät kann die Reu' nimmer sein, | Wenn sie geht aus dem Herzen rein.

Inschrift auf einer Magdeburger Denkmünze (1631).

— Der Sünd' Bereuung | Bringt Fried's Erfreiung. Inschrift d. Denkmünze auf d. Nördlinger Frieden (1650).

— Wer täglich hier durch wahre rew | Mit Christo auffersteht, | Ist dort vom andern tode frey, | Derselb ihn nicht angehet.

Justus Gesenius, V. d. Auferstehung (1657).

— Unsere Reue ist nicht so sehr ein Bedauern des Üblen, das wir getan, als eine Furcht vor dessen Folgen. Franz.: Notre repentir n'est pas tant un regret du mal que nous avons fait, qu'une crainte de celui qui nous en peut arriver.

François, Herzog von La Rochefoucauld, Reflexionen oder moralische Sentenzen u. Maximen (1665). Nr. 180. Übers. v. Zimmermann.

— Der Wahn ist kurz, die Reu' ist lang.

Friedr. von Schiller, Gedichte. D. Lied v. d. Glocke (geb. Sept. 1799).

— . . . Reue ist die Unschuld der Gefall'nen.

Heinr. von Kleist, D. Familie Schroffenstein (1803). A. 4, Sz. 1 (Eustache).

— Die Reue eines verlorenen Lebens wird zur Furie mancher Menschen, die zu spät einsehen, was sie tun sollten, und was sie wirklich getan haben. Christ. Ernst Karl Graf von Bentzel-Sternau, Weltansichten (1816).

— Deine Reue sei lebendiger Wille, fester Vorsatz! Klage und Trauer über begangene Fehler sind zu nichts nütze.

Aug. Graf von Platen-Hallermund, Gesammelte Werke. Lebensregeln (1817). Nr. 46.

— Verzage ja nicht, wenn du einmal fehltest; | Und deine ganze Reu' sei eine schön're Tat!

Jean Paul (Joh. Paul Friedr. Richter), Sämtl. Werke (1826—1828). Gesammelte Aufsätze u. Dichtungen.

Reue. — O Gott der Liebe, ja du straffst gelinde; | Kaum hab' ich dir gebeichtet meine Reu', | Erbarmen übst du schon an deinem Kinde.

Adelbert von Chamisso (Louis Charles Adelaide Chamisso de Boncourt), Gedichte. Sonette u. Terzinen. Salas y Gomez (ged. 1829). D. andere Schiefertafel.

— Der Frevler, der im Todeskampfe noch lernt, ein Kreuz der Reue schlagen, | Der wird zum Lohn dafür von Engeln bis vor der Hölle Tor getragen. Wilh. Müller, Gedichte (1837). Epigramme. 2. Hundert, Nr. 48. Wie d. Arbeit, so d. Lohn.

— Die Pein des unerfüllten Wunsches ist klein gegen die der Reue; denn jene steht vor der stets offenen unabsehbaren Zukunft, diese vor der unwiderruflich abgeschlossenen Vergangenheit.

Arthur Schopenhauer, Parerga u. Paralipomena (1851).

— Tatloses Bereuen erschlafft; ein neues Leben mit neuen Vorsätzen beginnen ist die rechte Reue.

Arthur Stahl (Valeska Voigtel), Ein weiblicher Arzt (1863).

— Wieviel ruhiger lebten wir in der Welt, wenn wir uns nicht immer aus unserem Schicksal unsere Reue und unsere Gewissensbisse zurechtschnitten, — stets in dem Gefühl, uns selber nie das Geringste vergeben zu dürfen!

Wilh. Raabe, Alte Nester (1879).

— Die Reue treibt den Schwachen zur Verzweiflung und macht den Starken zum Heiligen.

Marie von Ebner-Eschenbach, Aphorismen (1893).

— Zwischen Reue und Tat, | Wie kurz der Pfad! | Aber kein längerer Weg auf Erden | Als zwischen Reue und Besserwerden!

Frida Schanz, Vierblätter (1893).

— Gib acht ist besser als Reue. Sprichwort.

— Reu', | Des Herzens Arznei. Sprichwort.

— Späte Reu' | Macht Schaden neu.

Sprichwort.

— Die Reue ist der Mai der Tugenden.

Chinesisches Sprichwort.

— Laß die Reue Narbe und nicht Wunde sein!

Spr. im Berliner Rathause. Zweiter Stock.

— Sünd' ohne Reu' | Ist vor Gott allzeit neu.

Spr. an einem Beichtstuhl in Brixen.

— Zum Trinken braucht man Säfte; | Zur Reue braucht man Kräfte.

Spr. an einem Hausgerät.

Reueträne. — . . . keine Träne heißer Reu' | Macht eine welke Rose blüh'n, | Erweckt ein totes Herz aufs neu.

Emanuel Geibel, Gedichte. Jugendgedichte. B. 4. Escheberg, St. Goar (ged. 1842—1843). Rühret nicht daran! Schlußv.

Reuig. — Es freut sich die Gottheit der reuigen Sünder; | Unsterbliche heben verlorene Kinder | Mit feurigen Armen zum Himmel empor.

Joh. Wolfg. von Goethe, Gedichte. Balladen. D. Gott u. d. Bajadere (ged. 7.—9. Juni 1797). Schlußv.

Reuigen, die. — Got hat all ruern zůgeseit | Ablaß und sin barmherzikeit.

Seb. Brant, D. Narrenschif (1494). Nr. 86. V. verachtung gottes.

Revanche. — Revanche für Speierbach.

Erbprinz von Hessen zu Marschall Tallard nach d. Schlacht bei Höchstedt (13. Aug. 1704).

— Revanche für Pavia. Franz.: La revanche de Pavie.

Ernest Legouvé, Untertitel d. Lustspiels d. Erz. d. Königin v. Navarra (1850).

Revolution. — Vor der Revolution war alles Bestreben, nachher verwandelte sich alles in Forderung.

Joh. Wolfg. von Goethe, Werke (1827—1830). Maximen u. Reflexionen. Abteilung 7.

— Möge eine Revolution gelingen oder scheitern, Männer von großem Herzen werden immer ihre Opfer sein.

Heinr. Heine, D. Salon (1835—1840).

— Wir beklagen die Gewalttaten, welche Revolutionen begleiten. Aber je heftiger die Gewalttaten sind, desto mehr erhellt es für uns, daß eine Revolution notwendig war. Engl.: We deplore the outrages which accompany revolutions. But the more violent the outrages, the more assured we feel that a revolution was necessary.

Thomas Babington, Lord Macaulay, Kritische u. historische Essays (1846). Übers. v. Steger. Milton.

— . . . die Revolution hat bisher noch immer ihre Führer zuerst verschlungen.

Hellmuth von Moltke (24. Mai 1878).

— Die Regierung muß es sein, welche die Revolution auf einem gesetzlichen Wege durchführt, nicht die Menge, dieser Spielball der Parteien, das blinde, aber schneidende Werkzeug in der Hand der Leidenschaft.

Hellmuth von Moltke, Gesammelte Schriften (1891—1893). Holland u. Belgien.

Revolutionär. — Schwache Menschen haben oft revolutionäre Gesinnungen; sie meinen, es wäre ihnen wohl, wenn sie nicht regiert würden, und fühlen nicht, daß sie weder sich noch andere regieren können.

Joh. Wolfg. von Goethe, Werke (1827—1830). Maximen u. Reflexionen. Abteilung 3.

— Freilich, ein Fieber des Volks, das revolutionäre; | Aber, wie seltsam, es stirbt immer der König daran!

Friedr. Hebbel, Gedichte. Nachlese (1848). Epigramme. D. revolutionäre Fieber.

Revolutionäre, die. — Revolutionäre in Schlafrock und Pantoffeln.

Nach Freiherr von Manteuffel, preuß. Minister d. Auswärtigen im Herrenhause (8. Jan. 1851).

Revolutionen. — Alle Revolutionen kommen aus dem Magen. Franz.: C'est le ventre, qui fait les révolutions.

Napoleon I. (1769—1821). Übers. v. Zimmermann.

Revolutionen. — Solange die Welt steht, gab es Revolutionen im Staate; man änderte die Formen, immer aber blieben Herrscher und Beherrschte. Karl Jul. Weber, Demokritos (1832—1840). D. Staat u. seine Formen.

— ... Revolutionen bessern nicht, wohl aber Reformationen.

Karl Jul. Weber, Demokritos (1832—1840). D. Staat u. seine Formen. D. Fortsetzung.

— In allen Revolutionen gehen die Menschen auf dem Kothurn. Sie erheben sich über ihre eigene Gestalt, sie haben ein Maß, das über die Länge ihres Körpers hinausreicht.

Karl Gutzkow, Gesammelte Werke (1845). Philosophie d. Tat u. d. Ereignisses.

— Es ist die politische Halbkultur, welche die Revolutionen und deren Ideen erzeugte, und die sie erhält und pflegt. Die politische Einfalt und die politische Vollbildung sind überall gegen die Ideen der Revolution.

Friedr. Jul. Stahl, Reden (1862).

Rezensent. — Der Tausendsakerment! | Schlagt ihn tot, den Hund! Es ist ein Rezensent.

Joh. Wolfg. von Goethe, Gedichte. Parabolisch. Rezensent (ged. 1773). Schlußv.

— Keine Lüge ist so frech, daß ein anonymer Rezensent sie sich nicht erlauben sollte; er ist ja nicht verantwortlich.

Arthur Schopenhauer, Parerga u. Paralipomena (1851). Bd. 2, K. 23. Über Schriftstellerei u. Stil. § 289.

— Ein Rezensent, siehst du, das ist ein Mann, | Der alles weiß und gar nichts kann!

Ernst von Wildenbruch, Christoph Marlow (1884). A. 3, Sz. 5 (Ben Johnson).

Rezensenten. — Außer den Rezensenten und den Scharfrichtern in England exekutiert, meines Wissens, wohl niemand weiter verlarvt.

Jean Paul (Joh. Paul Friedr. Richter), Grönländische Prozesse (1783—1784).

— Viele Journalisten und Rezensenten sind wie die Kakadus; sie ziehen die Klaue ein, wenn sie gefüttert werden, und drücken ein Auge zu, wenn sie zu trinken bekommen.

Moritz Gottl. Saphir, Humoristische Abende (1830).

— Rezensenten gleichen den Torschreibern, die arme Teufel streng visitieren, große Herren aber passieren lassen unter tiefen Bücklingen.

Karl Jul. Weber, Demokritos (1832—1840). D. Gelehrten überhaupt.

Rezensentenhund. — Dies Fabelchen führt Gold im Munde: | Weicht aus dem Rezensentenhunde!

Gottfr. Aug. Bürger, Gedichte (1796—1797). D. Hund a. d. Pfennigschenke. Schlußv.

Rezensionen. — Ich sehe die Rezensionen als eine Art von Kinderkrankheit an, die die neugebornen Bücher mehr oder weniger befällt. Man hat Exempel, daß die gesundesten daran sterben und die schwächlichsten oft durchkommen.

Georg Christoph Lichtenberg, Verm. Schriften (1800—1806). Bd. 2, Nr. 2. Bemerk. verm. Inhalts. Nr. 8. Litterärische Bemerk.

Rezepte. — Rezepte wären da? | Nein, Epitaphia!

Joh. Christoph Friedr. Haug, Hundert Epigramme auf Ärzte, d. keine sind (1806). Nr. 73. Auf einen Rezeptkasten.

Rhein. — Am Rhein, am Rhein, da wachsen unsre Reben!

Matthias Claudius, Sämtl. Werke d. Wandsbecker Boten. T. 3. Rheinweinlied (ged. 1775). Mel. v. Joh. André (komp. 1776).

— Ein Leben wie im Paradies | Gewährt uns Vater Rhein.

Ludw. Hölty, Gedichte. Lieder. Trinklied beim Rheinwein (ged. 1775). Mel. v. Joh. Friedr. Reichardt (1797).

— Es zogen drei Bursche wohl über den Rhein.

Ludw. Uhland, Gedichte. Balladen u. Romanzen. D. Wirtin Töchterlein (ged. 24. Dez. 1809).

— Der Rhein Deutschlands Strom, aber nicht Deutschlands Grenze.

Ernst Moritz Arndt, Titel einer Flugschrift (1813).

— Ohne den Rhein kann deutsche Freiheit nicht bestehen. Diese Meinung gründet sich zunächst auf mein Herz, auf meine Liebe zu meinem Vaterlande und zu meinem Volke, sodann auf Recht, auf Politik, auf Ehre und Treue des deutschen Namens.

Ernst Moritz Arndt, D. Rhein Deutschlands Strom, aber nicht Deutschlands Grenze (1813).

— Ein alter König (der Rhein) hochgeboren, | Dem jedes deutsche Herz geschworen.

Max von Schenkendorf, Sämtl. Gedichte. Abteilung 2. Vaterland. D. Lied v. Rhein (ged. 1814). Mel. v. Hans Georg Nägeli (1818).

— Das ist der heil'ge Rhein, | Ein Herrscher, reich begabt, | Des Name schon, wie Wein, | Die treue Seele labt.

Max von Schenkendorf, Sämtl. Gedichte. Abteilung 2. Vaterland. D. Lied v. Rhein (ged. 1814). Mel. v. Hans Georg Nägeli (1818).

— Vom Felsen kommt er (der Rhein) frei und hehr; | Er fließe frei in Gottes Meer!

Max von Schenkendorf, Sämtl. Gedichte. Abteilung 2. Vaterland. D. Lied v. Rhein (ged. 1814). Schlußv. Mel. v. Hans Georg Nägeli (1818).

— Grüß mein Liebchen, goldner Schein, | Grüß mir meinen grünen Rhein!

Aug. Heinr. Hoffmann von Fallersleben, Lyrische Gedichte. Nr. 4. Volksleben. Vaterland u. Heimat. Nur in Deutschland! (ged. 1824). Mel. v. Justus Wilh. Lyra (1843).

Rhein. — Am Rhein, am tobenden, schäumenden Rhein, | Da möcht' ich sein!

Oskar Ludw. Bernh. Wolff, Erz. eines deutschen Improvisators. Wo? (vor 1827). Mel. v. Albert Methfessel (1831).

— Preiset die Reben, hoch preiset den Rhein!

Joh. Jos. Reiff, Preiset d. Reben usw. (ged. 1829). Mel. v. Joh. Mich. Zwing (1843).

— An den Rhein, an den Rhein, zieh' nicht an den Rhein!

Karl Simrock, Gedichte. Warnung vor d. Rhein (ged. 1839). Mel. v. Adolf Wendt (komp. 1840), Heinr. Dorn u. Gustav Ewald Pöthko (vor 1848).

— Dort, wo der alte Rhein mit seinen Wellen | So mancher Burg bemooste Trümmer grüßt . . .

Sehnsucht nach d. Rhein (vor 1840). Verfasser unbek. Mel. v. Georg Schmitt von Trier (komp. 1840).

— Stoßt an, stoßt an! der Rhein, | Und wär's nur um den Wein, | Der Rhein soll deutsch verbleiben!

Georg Herwegh, Gedichte eines Lebendigen. Rheinweinlied (ged. Okt. 1840). Mel. v. Elster (1844) u. Felix Mendelssohn-Bartholdy.

— Zum Rhein, zum Rhein, zum deutschen Rhein! | Wer will des Stromes Hüter sein?

Max Schneckenburger, Deutsche Lieder. D. Wacht am Rhein (ged. Nov. 1840). Mel. v. Karl Wilhelm (komp. 10. März 1854).

— Fest steht und treu die Wacht am Rhein!

Max Schneckenburger, Deutsche Lieder. D. Wacht am Rhein (ged. Nov. 1840). Mel. v. Karl Wilhelm (komp. 10. März 1854).

— Du Rhein bleibst deutsch wie meine Brust.

Max Schneckenburger, Deutsche Lieder. D. Wacht am Rhein (ged. Nov. 1840). Mel. v. Karl Wilhelm (komp. 10. März 1854).

— Sie sollen ihn nicht haben, | Den freien deutschen Rhein, | Ob sie wie gier'ge Raben | Sich heiser darnach schrein.

Nikolaus Becker, Gedichte. D. deutsche Rhein (ged. 1840). Mel. v. Konradin Kreutzer u. a.

— Nun brause fröhlich, Rhein: | Nie soll ob meinem Hort | Ein Welscher Wächter sein!

Ernst Moritz Arndt, Gedichte. D. Lied v. Rhein an Niklas Becker (ged. 1840).

— So klinge die Losung: „Zum Rhein! übern Rhein! | Alldeutschland in Frankreich hinein!"

Ernst Moritz Arndt, Gedichte. Als Thiers d. Welschen aufgerührt hatte (ged. Herbstmond 1841). Schlußv.

— Strömt herbei, ihr Völkerscharen, | Zu des deutschen Rheines Strand!

C. O. Sternau (Otto Jul. Inkermann), Gedichte. Rheinlied (vor 1844). Mel. v. Joh. Peters (1867).

— Der alte Rhein, der Traubenkoch . . .

Ferd. Freiligrath, Neuere politische u. soziale Gedichte. Erstes Heft. Meiner Frau zum Geburtstage (ged. Dez. 1844).

— Mein Herz ist am Rheine.

Wolfg. Müller von Königswinter, Mein Herz ist am Rheine. Junge Lieder. Mein Herz ist am Rhein! (ged. 1845). Mel. v. Wilh. Speyer.

Rhein. — Es liegt eine Krone im grünen Rhein.

Heinr. Dippel, D. Herz am Rhein (vor 1856). Mel. v. Wilh. Hill (komp. 1864), Gustav Hölzel, Georg Schmitt von Trier u. a.

— Von des Rheines Strand, wo die Rebe blüht . . .

Karl Schneider, Ans Vaterland (ged. 1856). Mel. Hoch v. Dachstein an usw.

— O Heimat am Rhein, alemannisches Land . . .

Ludw. Eichrodt, O Heimat am Rhein (1860). Mel. Mein Herz ist im Hochland usw.

— Im goldnen Morgenschimmer | Gott grüß dich, grüner Rhein!

Alfred Muth, Rheingruß (um 1864). Mel. v. Friedr. Gräbke (komp. 1895).

— Zwar auch bei uns im Nord, dem scheinbar kühlen, | Kann man die Adern deutschen Lebens fühlen. — | Doch nur am Rhein bei goldnem Sonnentag | Pulst unsres Deutschlands wärmster Herzensschlag.

Ernst Scherenberg, Gedichte (1875). Im Rheingau.

— Sei mir gepriesen und gelobet, | Du sangesfroher Rhein!

Jul. Wolff, Singuf, Rattenfängerlieder (1881). D. schönste Frau v. Rheine. Mel. v. Simon Breu (komp. 1894).

— Gott schütze die Reben am sonnigen Rhein!

Frida Schanz, Am Rhein (ged. 1884). Mel. v. Adolf Laue (komp. 1885).

— Aller Wasser König, der Rhein, | Die Donau soll seine Gemahlin sein. Sprichwort.

— Unsre liebe Frau vom Rhein | Ist ein fröhlich Mütterlein, | Ihr Geschlecht voll Kraft und Mut, | Zieht sie auf mit Rebenblut.

Spr. im Ratskeller zu Wiesbaden.

Rheingold. — Rheingold — Weingold, | Maingold — Feingold.

Spr. im Berliner Ratskeller. Weinlokal.

Rheinwein. — Was für Redner sind wir nicht, | Wenn der Rheinwein aus uns spricht!

Gotthold Ephr. Lessing, Schriften (1753—1755). Lieder. B. 1, Nr. 8. D. Beredsamkeit.

— O Flasche, voll vom Saft der rheinischen Traube, | Du Schmuck der Welt! | Beglückt ist der, der in der Rosenlaube | Im Arm dich hält!

Ewald Christ. von Kleist, Sämtl. Werke (1760). Gedichte. Liebeslied an d. Weinflasche.

— . . . wüßten wir, wo jemand traurig läge, | Wir gäben ihm den Wein (Rheinwein).

Matthias Claudius, Sämtl. Werke d. Wandsbecker Boten. T. 3. Rheinweinlied (ged. 1775). Mel. v. Joh. André (komp. 1776).

— Die Erde wär' ein Jammertal | Voll Grillenfang und Gicht, | Wüchs' uns zur Lind'rung unsrer Qual | Der edle Rheinwein nicht.

Ludw. Hölty, Gedichte. Lieder. Trinklied beim Rheinwein (ged. 1775). Mel. v. Joh. Friedr. Reichardt (1797).

Rheinwein. — . . . wenn ich wählen soll, so will ich Rheinwein haben. | Das Vaterland verleiht die allerbesten Gaben.

Joh. Wolfg. von Goethe, Faust, I (1808). Auerbachs Keller in Leipzig (Frosch).

— Rheinwein nur aus Römerbechern . . .

Karl Göttling, Römerlied (geb. 1815). Mel. v. Albert Methfessel (1820).

— Brüder, das ist deutscher Wein!

Aloys Schreiber, Gedichte. Rheinweinlied (ged. 1816). Mel. v. Friedr. Silcher (1823).

— Deutsch und frei und stark und lauter | In dem deutschen Land | Ist der Wein allein geblieben | An des Rheines Strand.

Wilh. Müller, Lieder d. Lebens u. d. Liebe (1824). Nr. 1. Tafellieder für Liedertafeln. D. neue Demagoge.

— Wo solch ein Feuer noch gedeiht, | Wo solch ein Wein noch Flammen speit, | Da lassen wir in Ewigkeit | Uns nimmermehr vertreiben!

Georg Herwegh, Gedichte eines Lebendigen. Rheinweinlied (ged. Okt. 1840). Mel. v. Elster (1844) u. Felix Mendelssohn-Bartholdy.

— Der Rheinwein stimmt mich immer weich | Und löst jedwedes Zerwürfnis | In meiner Brust, entzündet darin | Der Menschenliebe Bedürfnis.

Heinr. Heine, Deutschland. Ein Wintermärchen (1844). K. 23.

— Ein guter Rheinischer wein | Stehet bey gutter mahlzeit sein. Alter Spr.

— Wunderdoktor ganz allein — ist der Rhein! | Wundermedizin allein — ist sein Wein! | Heilt' manch äuß- und innern Riß, | Biß und Schmiß.

Spr. im Ratskeller zu Wiesbaden.

Rheinweinstrom. — O flösse von Sankt Gotthards Höh' | Als Rheinweinstrom der Rhein, | So möcht' ich wohl der Bodensee, | Doch ohne Boden sein. Friedr. Hornfeck, Schenkenb. (1855).

Rheinweinzecher. — Allein mein Durst vermehrt sich nur | Bei jedem vollen Becher. | Das ist die leidige Natur | Der echten Rheinweinzecher.

Karl Müchler, D. Kritikaster u. d. Trinker (1802). D. Mann im Keller. Mel. v. Ludw. Fischer (1802).

Rhetorisch. — Es ist rhetorische Gewohnheit, sich die Rede des Gegners so zurechtzulegen, wie man sie besser verwerten kann.

Otto von Bismarck im Herrenhause d. preuß. Landtages (7. März 1872).

Rhodus. — Hier ist Rhodus, hier springe! Griech.: *Ἰδοὺ ἡ Ῥόδος, ἰδοὺ καὶ τὸ πήδημα.* Lat.: Hic Rhodus, hic salta!

Äsop (6. Jahrh. v. Chr.), Fab. Nr. 203.

— Hier ist Rhodus! Tanze, du Wicht!

Joh. Wolfg. von Goethe, Gedichte. Zahme Xenien. Nr. 3 (1824).

— Hier ist Rhodus! Komm' und zeige | Deine Kunst, hier wird getanzt! | Oder trolle dich und schweige, | Wenn du heut' nicht tanzen kannst!

Heinr. Heine, Romanzero (1851). B. 2. Lamentationen. Plateniden.

Richten. — Wer urteln (richten) sol und raten schlecht (schlicht), | Der dunk und folg allein zů recht! Seb. Brant, D. Narrenschif (1494). Nr. 2. V. gůten reten.

— Wie du richtst mich und ich richt dich, | Als wirt er (Gott) richten dich und mich.

Seb. Brant, D. Narrenschif (1494). Nr. 2. V. gůten reten.

— Hast du Gewalt, so richte recht, | Gott ist dein Herr und du sein Knecht. | Verlaß dich nicht auf dein Gewalt!

Spr. an d. Ratsstube in Stendal (1581).

— Wie du vor hast gerichtet mich, | Also wird Gott auch richten dich.

Spr. an d. Ratsstube in Stendal (1581).

— O richtet nicht, denn wir sind alle Sünder! Engl.: Forbear to judge, for we are sinners all.

William Shakespeare, König Heinr. VI. (1591—1592). Übers. v. Schlegel. T. 2, A. 3, Sz. 3 (König Heinr.).

— Ein Daniel kommt zu richten, ja, ein Daniel. Engl.: A Daniel come to judgment! yea, a Daniel!

William Shakespeare, D. Kaufmann v. Venedig (um 1594—1596). Übers. v. Schlegel. A. 4, Sz. 1 (Shylock).

— Der große Gott hat ewiglich | Sein' Stuhl bereit' im Himmelreich, | Er wird recht richten Jedermann, | Wie er's hier mag verdienet ha'n.

Spr. an d. Gerichtslaube d. Rathauses in Lüneburg (1607).

— Nach Personen muß mit nichten, | Nach der Sache muß man richten, | Wer die Sachen recht wil schlichten.

Friedr. von Logau, Deutsche Sinn-Getichte (1654). Ein Richter.

— Brüder, — überm Sternenzelt | Richtet Gott, wie wir gerichtet!

Friedr. von Schiller, Gedichte. An d. Freude (ged. 1785). Mel. v. Friedr. Frz. Hurka (1789), Karl Friedr. Zelter (komp. 1. März 1792), Joh. Friedr. Reichardt (komp. 1795) u. a.

— . . . man soll den Gegenteil hören, bevor man ihn richtet.

Joh. Wolfg. von Goethe, Reineke Fuchs (1794). Ges. 9.

— Wollt Ihr Menschen richten, | Geht als Mensch ans blut'ge Werk!

Frz. Grillparzer, D. Ahnfrau (1817). A. 2 (Bertha).

— Richtet nicht, auf daß ihr nicht gerichtet werdet! Matth., K. 7, V. 1.

— . . . mit welcherlei Gericht ihr richtet, werdet ihr gerichtet werden. Matth., K. 7, V. 2.

— Du aber, was richtest du deinen Bruder? Röm., K. 14, V. 10.

— Können wir nicht alle tichten, | So wöllen wir doch alle richten. Alter Spr.

— Richte nicht nach den Zeiten | Und nicht nach den Leuten! Alter Spr.

— Blick' erst auf dich, | Dann richte mich! Sprichwort.

Richten. — Richte nicht eines Mannes worth, | De widderrede si den gehort!

Spr. auf einem Stuhle im Rathause zu Bremen.

— Richt mich nicht und nicht das Meine, | Schau auf dich und auf das Deine, | Schau auf dich und nicht auf mich, | Wenn ich fehle, hüthe dich!

Spr. an einem Hause. Unterinntal.

— Willst richten, daß du Gott gefällst, | So richt' den Nächsten wie dich selbst!

Spr. am Rathause in Schwyz.

Richten, das. — Richten und weise Ratschläg' geben | Erfordert besonnen und nüchtern Leben. Spr. im Rathause zu Basel (1611).

Richter, der. — Schlecht taugt zu erforschen die Wahrheit | Jeder befangene Richter. Lat.: Male verum examinat omnis | Corruptus iudex.

Quint. Horatius Flacc., Sat. (um 30 v. Chr.). Übers. v. Voß. B. 2, Nr. 2, V. 8—9.

— Der Richter soll sich fühlen, als ob ein scharfes Schwert zwischen seinen Knien liege und die Hölle unter ihm geöffnet sei!

Talmud (3. Jahrh.).

— Das steht einm Richter übel an, | Daß er strafft an einm andern Mann, | Dessen er sich auch schuldig weiß, | Thut selbst, was er verbeut, mit Fleiß. Georg Rollenhagen, Froschmäuseler (1595). B. 1, T. 2, K. 5.

— Ein Richter sei des Armen Schutz, | Schaff' Gleich und Recht nicht um Nutz, | Die Wahrheit auch erforsch' mit Fleiß, | So wird er haben Ruhm und Preis.

Spr. an d. Gerichtslaube d. Rathauses in Lüneburg (1607).

— Ist ein Esel zu erstreiten, ei, so suche dir zur Hand | Einen Richter, der nicht selbsten ist dem Esel anverwandt.

Friedr. von Logau, Deutsche Sinn-Getichte (1654). Ein verdächtiger Richter.

— Ein schneller Richter offenbahret seine unwissenheit selbsten.

Christoph Lehmann, Politischer Blumen-Garten (1662). T. 2. Obrigkeit. Additio. Nr. 2.

— Bereitet oder nicht, zu gehen, | Er muß vor seinen Richter stehen!

Friedr. von Schiller, Wilh. Tell (1804). A. 4, Sz. 3 (Barmherzige Brüder). Schluß.

— Ein Richter, der nicht strafen kann, | Gesellt sich endlich zum Verbrecher.

Joh. Wolfg. von Goethe, Faust, II (1831). A. 1. Kaiserliche Pfalz. Saal d. Thrones (Kanzler).

— Der Rechte Kenntnis nicht, die heil'ge Glut | Für alles Rechte macht den wahren Richter.

Ernst Raupach, D. Hohenstaufen (1837). König Konradin. A. 4, Sz. 1.

— Ein Richter, der verdammt, ist stark nur im Vernichten; | Des echten Richters Amt ist wieder aufzurichten.

Jul. Hammer, Schau um dich u. schau in dich (1851). Liebe deinen Nächsten wie dich selbst! Siehst du an einem Freund usw. Schluß.

Richter, der. — Der beste Beobachter und der tiefste Denker ist allemal der mildeste Richter. Engl.: The greatest observer and the most profound thinker is invariably the most lenient judge.

Henry Thomas Buckle, Gesch. d. Zivilisation (1858—1861). Übers. v. Ritter. K. 4.

— Darin liegt ja die große Schwierigkeit des Amtes eines Strafrichters, daß er noch soviel mehr braucht als seine juridische Wissenschaft allein.

Dr. Hanns Groß, Kriminalpsychologie (1898). Subjektiv. D. psychische Tätigkeit d. Richters. Aufnehmende Momente. Nr. 2. Psychologisch Edukatives. Allgemeines.

— . . . halte den Richter in Ehren!

Jes. Sir., K. 4, V. 7.

— Es schäme . . . sich ein Richter und Rat des Unrechten! Jes. Sir., K. 41, V. 21.

— Ein Richter soll zwei gleiche Ohren haben.

Alter Spr.

— Wenn der Richter dein Kläger ist, sei Gott dein Helfer! Türkisches Sprichwort.

— Ein Jeder mach erst vor seiner Tür rein; | Ist er dann ohne Schuld, so mag er Richter sein!

Spr. an einem Hause in Ansbach.

— En Richter moeth sin sulvest (selbst) recht, | Wenn he will spreken Andern recht.

Spr. an einem Ratsstuhl im Rathause zu Bremen.

— Ein Richter ist gesetzt von Gott, | Zu richten gemein Klag' und Not; | Drum sollst du ihn verachten nicht, | Denn Gott beschützt Recht und Gericht.

Spr. an d. Wand d. Gerichtsstube in Nürnberg.

— Richter, du sitz'st an Gottes Statt, | Der richtet stets mit gutem Rath. | Verhör' mit Fleiß beide Partei, | Daß Gott dein Urteil gefällig sei!

Spr. an d. Wand d. Gerichtsstube in Nürnberg.

Richter, die. — Gunst, Neid, Geschenck sey fern von Euch (Richtern), | Ein jedem thut im Rechten gleich!

Joh. Mich. Moscherosch, Wunderliche v. Warhafftige Gesichte Philanders v. Sittewalt (1643). T. 2, Gesichte 1. A la Mode. Kehrauß. Rath v. Gerichts Lehr.

— Ja, wenn wir nicht Richter in Berlin hätten! Franz.: Oui, si nous n'avions pas de juges à Berlin! Danach: Es gibt noch Richter in Berlin. Franz.: Il y a des juges à Berlin.

François Guillaume Jean Stanislas Andrieux, D. Müller v. Sanssouci (1797). Übers. v. Zimmermann.

— Der gnädigste von allen Richtern ist der Kenner. Friedr. von Schiller, Prosaische Schriften (1793—1802).

Richtschnur. — Nur was der Gott in deinem Herzen spricht, | Das sei die Richtschnur dir im Tun und Denken! Emil Rittershaus, Gedichte (1856).

Richtschwert. — Eine menschliche Kraft, die keine Rechtfertigung von oben in sich spürt, ist allerdings zur Führung des Richtschwertes nicht stark genug! Otto von Bismarck im norddeutschen Reichstage (1. März 1870).

Richtung. — Die janze Richtung paßt uns nich! Polizeipräsident Bernh. Freiherr von Richthofen, gelegentlich d. Verbots d. Aufführung v. Sudermanns Sodoms Ende (23. Okt. 1890).

Riechen. — Nach der Lampe riechen. Griech.: Ἐλλυχνίων ὄζειν (sagt man von einem Dichtwerk, das viel gelehrtes Studium verrät).
Pytheas (um 340 v. Chr.). Nach Plutarch, Staatslehren. K. 6.

Riegel. — Einen Riegel vorschieben (jemandem Hindernisse bereiten).
Sprichwörtl. Redensart.

Riese, Adam. — Das stimmt nach Adam Riese (eine Rechnung nämlich).
Sprichwörtl. Redensart. — Adam Riese gab 1523 ein vielbek. Rechenb. heraus.

Riesenmaß. — Es steigt das Riesenmaß der Leiber | Hoch über Menschliches hinaus.
Friedr. von Schiller, Gedichte. D. Kraniche d. Ibykus (ged. 11.—16. Aug. 1797).

Rinden. — Ich schnitt' es gern in alle Rinden ein, | Ich grüb' es gern in jeden Kieselstein.
Wilh. Müller, Siebenundsiebzig Gedichte a. d. hinterlassenen Papieren eines reisenden Waldhornisten. Nr. 1. D. schöne Müllerin. Ungeduld (ged. 1820). Mel. v. Frz. Schubert.

Ring. — . . . der Ring macht Ehen; | Und Ringe sind's, die eine Kette machen.
Friedr. von Schiller, Maria Stuart (1800). A. 2, Sz. 2 (Elisabeth).

— Du Ring an meinem Finger, | Mein goldnes Ringelein, | Ich drücke dich fromm an die Lippen, | Dich fromm an das Herze mein.
Adelbert von Chamisso (Louis Charles Adelaide Chamisso de Boncourt), Gedichte. Lieder u. lyrisch-epische Gedichte. Frauen-Liebe u. Leben (ged. 1830). Nr. 4. Mel. v. Rob. Schumann.

— 's Ringl is g'sprungen | Zu taus'nd Trümmer. | B'hüet di' Gott, schöner Schåtz, | Und i måg di' nimmer! Kärntner Schnaderhüpfl.

Ringen. — Wonach einer ringt, | Danach ihm gelingt. Sprichwort.

Ringen, das. — Das Los der Menschen scheint zu sein nicht Wahrheit, sondern Ringen nach Wahrheit; nicht Freiheit und Gerechtigkeit und Glückseligkeit, sondern Ringen danach.
Joh. Gottfr. Seume, Sämtl. Werke (1826). Apokryphen.

— . . . alles Drängen, alles Ringen | Ist ewige Ruh' in Gott dem Herrn.
Joh. Wolfg. von Goethe, Werke (1827—1830). Gedichte. Zahme Xenien.

— Götterruhm ist das Gelingen, | Menschenwert das treue Ringen.
Anastasius Grün (Anton Alexander Graf von Auersperg), Gesammelte Werke (1877). Gedichte. Spr.

— Anfangen und Ringen | Ist ob allen Dingen.
Sprichwort.

Ringen, das. — Ernstes, stetes Ringen Krönen gute Geister | Freundlich mit Gelingen. | Übung macht den Meister. Sprichwörtl.

Ringenden, die. — Die Ringenden sind die Lebendigen.
Gerhart Hauptmann, D. arme Heinr. (1902). A. 5, Sz. 7 (Heinr.).

Rippen. — Det hat er durch de Ribben geschwitzt (er hat es vergessen). Berliner Redensart.

— Jck kann 't mir doch nich aus de Ribben schneiden! (Woher soll ich es nehmen?)
Berliner Redensart.

Ripsus Rapsus. — . . . wolt gern ripsus rapsus machen (rauben und plündern).
Thomas Murner, Narrenbeschwerung (1512). Nr. 82. Ein esel vmb gelt schinden.

Riskieren. — Jck riskier de janze Miete (ich setze alles aufs Spiel). Berliner Redensart.

Ritter, der. — Ritter ohne Furcht und Tadel. Franz.: Chevalier sans peur et sans reproche.
Beiname d. Bayard (1476—1524). Übers. v. Zimmermann.

— Ritter von der traurigen Gestalt. Span.: El Caballero de la triste Figura.
Nach Miguel de Cervantes, Don Quijote de la Mancha (1605—1615).

— Er (Götz) ist das Muster eines Ritters, tapfer und edel in seiner Freiheit und gelassen und treu im Unglück.
Joh. Wolfg. von Goethe, Götz v. Berlichingen (1773). A. 4. Jaxthausen (Elisabeth).

— Der Ritter muß zum blut'gen Kampf hinaus.
Theod. Körner, Poetischer Nachlaß. Verm. Gedichte. Treuer Tod (ged. 1813). Mel. v. Alexander Étienne Choron (1806).

— Den wird man einen Ritter nennen, | Der nie sein Ritterwort vergißt.
Ludw. Uhland, Gedichte. Vaterländische Gedichte. D. Landständen zum Christophstag 1817 (ged. 14. März 1817).

— Wer ist der Ritter hochgeehrt?
Wilh. Aug. Wohlbrück, D. Templer u. d. Jüdin (1829). Komp. v. Heinr. Marschner. (Erste Auff. am 22. Dez. 1829 in Leipzig.)

Ritter, die. — Die Ritter von der Gemütlichkeit. Adolf Krummacher, D. Gemütlichkeitsritter (ged. 1850). Mel. Wohlauf, Kameraden usw.

Ritterschaft. — Wan (denn) ritterschaft, also man seit, | Dir muoz in von der kintheit | Nemen ein anegenge (Anfang), | Oder sie wirt selten strenge.
Gottfr. von Straßburg, Tristan u. Isolt (um 1210).

Rittersinn. — Die Hauptsach' ist ein Rittersinn | Vom kleinen Zehen bis zum Kinn.
Karl Immermann, Tristan u. Isolde (1841). Wirt u. Gast.

Rittersmann. — Wer wagt es, Rittersmann oder Knapp', | Zu tauchen in diesen Schlund?
Friedr. von Schiller, Gedichte. D. Taucher (ged. 14. Juni 1797).

Rock. — Wenn ich den rock schütte, so fellet es alles abe (ich bin unschuldig).

Joh. Agricola, Drey hundert Gemeyner Sprichwörtter (1529). Nr. 171.

— He hett 'n papieren Röcksken an (er läßt sich leicht festhalten).

Sprichwörtl. Redensart. Münsterisch.

Rockzipfel. — Niemand hält mich bei meinem Rockzipfel (ich bin niemand etwas schuldig).

Joh. Gottfr. von Herder, Stimmen d. Völker in Liedern (1807). Abteilung 1, B. 1, Nr. 4. Esthnische Hochzeitlieder. Voranmerkung.

Rodenstein. — Das war der Herr von Rodenstein, | Der sprach, daß Gott mir helf!

Jos. Viktor von Scheffel, Gaudeamus. D. wilde Heer (ged. 1854). Mel. v. Christoph Schmezer (1856).

Roggen. — Alter Roggen mehrt sich im Sack.

Bauernregel.

— Der Roggen gilt am allermeist, | Wenn sie singen: Nun bitten wir den heil'gen Geist (zu Pfingsten). Bauernregel.

— Roggen säen, daß er stäubt; | Weizen säen, daß er kläubt (klebt). Bauernregel.

— Sommerroggen und Ziegenmist | Lassen den Bauer, wie er ist (lohnen wenig).

Bauernregel.

— Über Roggen kein Korn, über Eiche kein Holz, über Hopfen kein Kraut. Bauernregel.

Roh. — . . . rohen Menschen Gutes tun | Ist Korn in fels'gen Boden sä'n.

A. d. Persischen d. Sadi (um 1184—1286). Aphorismen. Übers. v. Bacher.

— Wo rohe Kräfte sinnlos walten, | Da kann sich kein Gebild gestalten; | Wenn sich die Völker selbst befrein, | Da kann die Wohlfahrt nicht gedeihn. Friedr. von Schiller, Gedichte. D. Lied v. d. Glocke (ged. Sept. 1799).

Rohan. — König kann ich nicht sein; Fürst mag ich nicht sein; ich bin ein Rohan. Franz.: Roi ne puis; prince ne daigne; Rohan je suis.

Wahlspr. d. Rohans.

Roheit. — Roheit, du hast obgesiegt! Mittelhochdeutsch: Frô Unfuoge, ir habt gesiget.

Walter v. d. Vogelweide (um 1170—1230), Gedichte. Übertr. v. Pannier.

— . . . wahre Roheit ist immer dumm und nie zu verkennen.

Dr. Hanns Groß, Kriminalpsychologie (1898). Objektiv. D. physische Tätigkeit d. Vernommenen. Unterscheidende Momente. Nr. 1. Allgemein Differenzierendes. D. Kinder. Natur u. Kultur. Verstand u. Dummheit.

Rolle. — Aus der Rolle fallen (seine Ansichten plötzlich ändern). Sprichwörtl. Redensart.

— Eine große Rolle spielen (viel zu sagen haben, bedeutend sein). Sprichwörtl. Redensart.

Rom. — Das ewige Rom. Lat.: Roma aeterna.

Albius Tibullus (um 54—19 v. Chr.), Elegien. Übers. v. Bernstädt. B. 2, Nr. 5, V. 23.

Rom. — In Rom fließen alle Sünden und Laster zusammen, um verherrlicht zu werden. Lat.: Romam cuncta undique atrocia aut pudenda confluunt celebranturque.

Corn. Tacitus (um 55—120), Annalen. Übers. v. Becher. B. 15, K. 44.

— Rom hat gesprochen; die Sache ist erledigt. Lat.: Roma locuta, causa finita.

Nach Augustinus (um 354—430), Reden. Übers. v. Abramowsky. Nr. 131, K. 10.

— Rom ist wie die Löwenhöhle in der Fabel: man sieht die Fußstapfen von vielen, die hineingegangen sind, aber von niemand, der zurückgekommen ist.

Rudolph von Habsburg (reg. 1273—1291).

— Du siehst, die Kirche Roms, durch ihre Gier, | Die beiden Regiment' in sich zu paaren, | Fiel in den Kot sie und ihr Amt mit ihr. Ital.: Dì oggimai che la Chiesa di Roma | Per confondere in sè duo reggimenti | Cade nel fango, e sè brutta e la soma.

Dante Alighieri, Göttliche Komödie (1300—1321). Übers. v. Gildemeister. Fegefeuer. Ges. 16, V. 127—29.

— Je näher Rom, je ärger Schalk.

Christoph Lehmann, Politischer Blumen=Garten (1662).

— Drei Ding bringt man gewöhnlich von Rom· böse Gewissen, böse Magen und leere Säckel.

Christoph Lehmann, Politischer Blumen=Garten (1662).

— Drei Ding hält man für Wahrheit in Rom: der Römer geistliche Heiligkeit, der Wahlen Weisheit und der Teutschen Narrheit.

Christoph Lehmann, Politischer Blumen=Garten (1662).

— Wer seines Herren Vorteil rein bedenkt, | Der hat in Rom gar einen schweren Stand; | Denn Rom will alles nehmen, geben nichts.

Joh. Wolfg. von Goethe, Torquato Tasso (1789). A. 1, Sz. 4 (Alfons).

— Eine Welt zwar bist du, o Rom; doch ohne die Liebe | Wäre die Welt nicht die Welt, wäre denn Rom auch nicht Rom.

Joh. Wolfg. von Goethe, Gedichte. Elegien. Nr. 1 (ged. Herbst 1788—Anfang 1790). Nr. 1. Schlußv.

— . . . Rom in allem seinen Glanze | Ist ein Grab nur der Vergangenheit.

Friedr. von Schiller, Gedichte. An d. Freunde (ged. 1802).

— Wie eine Riesenspinne saß Rom im Mittelpunkte der lateinischen Welt und überzog sie mit seinem unendlichen Gewebe.

Heinr. Heine, Reisebilder. T. 1. Norderney (1826).

— Die arme Herrscherin der Welt (Rom)! Sie hat | Die Liebe nie gekannt!

Christ. Dietr. Grabbe, Don Juan u. Faust (1829). A. 1, Sz. 1 (Don Juan).

— . . . denkt, in Rom | Woll' Sterben eines einzelnen nicht gar | Viel sagen!

Christ. Dietr. Grabbe, Don Juan u. Faust (1829). A. 3, Sz. 1 (Don Juan).

Rom. — „Ist Konkordat und Kirchenplan | Nicht glücklich durchgeführt?“ | Ja, fangt einmal mit Rom nur an, | Da seid ihr angeführt.

Joh. Wolfg. von Goethe, Poetische u. prosaische Werke (1836—1837). Gedichte. Zahme Xenien. Nr. 9.

— „Wie lang' bist du in Rom?“ — „Zehn Jahr!“ — „Und hast | Die Treue nicht verlernt?“

Rob. Hamerling, Ahasver in Rom (1866). Ges. 6. Ahasver.

— . . . Rom wollte herrschen; als seine Legionen gefallen, schickte es Dogmen in die Provinzen.

Heinr. Heine, Sämtl. Werke (1861—1868). Deutschland. T. 1. Zur Gesch. d. Religion u. Philosophie in Deutschland. B. 1. Deutschland bis Luther.

— Bei dem Namen Rom hört alles Träumen auf, und die Selbsterkenntnis fängt an. Die alte Zauberin weist jeglichem Menschen seinen Platz an. Mein hiesiger Aufenthalt ist eine Entwickelungsgeschichte und voll — voll Poesie.

Anselm Feuerbach, Ein Vermächtnis (1882).

— Wer fromm sein will, der seh' beileib', | Daß er in Rom nicht lange bleib! Alter Spr.

— Alle Wege führen nach Rom. Sprichwort.

— In Rom ist nicht gut mit dem Papste streiten. Sprichwort.

— Ist eine Hölle, so muß Rom darauf gebaut sein. Sprichwort.

— Je näher Rom, je schlimmer Christ. Sprichwort.

— Zu Rom gewesen und den Papst nicht gesehen! Sprichwort.

— In Rom tu', wie Rom tut. Engl.: At Rome do as Rome does. Sprichwort.

— Rom wurde nicht in Einem Tage erbaut. Ital.: Roma non fu fatta in un giorno.

Toscanisches Sprichwort.

— Wer gen Rom zieht, sucht einen Schalk, das zweitemal findet er ihn, das drittemal bringt er ihn mit. Sprichwörtl.

Roman. — Ein Roman, der nicht ganz von selbst kommt, ist nicht imstande, mich einzunehmen.

Joh. Wolfg. von Goethe, Clavigo (1774). A. 1. Clavigos Wohnung (Clavigo).

— Im Roman sollen vorzüglich Gesinnungen und Begebenheiten vorgestellt werden, im Drama Charaktere und Taten.

Joh. Wolfg. von Goethe, Wilh. Meisters Lehrjahre (1777—1796).

Romantiker. — Der Romantiker auf dem Throne (nennt man Friedrich Wilhelm IV.).

Nach David Friedr. Strauß, D. Romantiker auf d. Thron d. Cäsaren oder Julian d. Abtrünnige (1847).

Romantisch. — . . . Ritt ins alte, romantische Land.

Christoph Martin Wieland, Oberon (1780). Ges. 1, Str. 1.

Römer, der. — Ein Römer stand in finst'rer Nacht | Am deutschen Grenzwall Posten.

Jos. Viktor von Scheffel, Gaudeamus (1867). Am Grenzwall. Mel. v. Frz. Abt.

Römer, die. — Als die Römer frech geworden, | Zogen sie nach Deutschlands Norden.

Jos. Viktor von Scheffel, Gaudeamus. Teutoburger Schlacht (ged. 1847). Komponist unbek.

Römisch. — Das heilige römische Reich, — weder heilig, noch römisch, noch Reich.

Ludw. Börne, Gesammelte Schriften (1862—1863).

— Die römische Kirche stirbt an jener Krankheit, wovon niemand genest: Erschöpfung durch die Macht der Zeit.

Heinr. Heine, Sämtl. Werke (1861—1868). Verm. Schriften. Gedanken u. Einfälle. Nr. 2. Religion u. Philosophie.

— Die römische Kirche ist von jeher nicht bloß eine geistliche und kirchliche, sondern auch eine politische Macht gewesen.

Otto von Bismarck im Reichstage (30. Nov. 1881).

Rose. — Es ist ein Ros' entsprungen | Aus einer Wurzel zart.

Weihnachtslied (16. Jahrh.). Mel. v. Mich. Prätorius (1609).

— Die Ros' hat Dornen, Schlamm der Quell, — selbst Mond | Und Sonne trüben sich auf ihrer Bahn; | Ein ekler Wurm in schönster Knospe wohnt. Engl.: **Roses have thorns, and silver fountains mud; | Clouds and eclipses stain both moon and sun, | And loathsome canker lives in sweetest bud.**

William Shakespeare, Sonette (1609). Übers. v. Bodenstedt. Abteilung 2, Nr. 49.

— Eine Rose gebrochen, ehe der Sturm sie entblättert. Gotthold Ephr. Lessing, Emilia Galotti (1772). A. 5, Sz. 7 (Emilia).

— Pflücket die Rose, | Eh' sie verblüht!

Joh. Martin Usteri, Dichtungen in V. u. Prosa. Gedichte. Tischlied (ged. 1793). Mel. v. Hans Georg Nägeli (komp. 1794).

— Wenn du eine Rose schaust, | Sag', ich laß sie grüßen!

Heinr. Heine, Neue Gedichte. Neuer Frühling (ged. 1828—1831). Nr. 6. Schlußv. Mel. v. Felix Mendelssohn-Bartholdy (komp. 1830).

— Letzte Rose. Engl.: Last rose.

Thomas Moore, Irische Melodien (1807—1834). Übers. v. Ölders.

— Wenn die Rose selbst sich schmückt, | Schmückt sie auch den Garten.

Friedr. Rückert, Neue Lieder (1838). Welt u. Ich.

— . . . wer mit täppischer Hand nach einer Rose griff, darf sich nicht beklagen, daß ihn die Dornen verletzten.

Heinr. Heine, Sämtl. Werke (1861—1868). Novellistische Fragmente. D. Rabbi v. Bacharach. K. 3.

— Die Rose stand im Tau, | Es waren Perlen grau, | Als Sonne sie beschienen, | Wurden sie zu Rubinen.

Friedr. Rückert, Gesammelte poetische Werke (1867—1869). Ritornell. Mel. v. Rob. Schumann.

— Ich bin . . . eine Rose im Tal.

Hohelied Sal., K. 2, V. 1.

Rose. — Ich bin . . . wie eine Rose unter den Dornen. Hohelied Sal., K. 2, V. 2.

— Keine Rose ist ohne Dornen. Sprichwort.

— Sub rosa reden (unter dem Siegel der Verschwiegenheit). Sprichwörtl. Redensart.

Rosen. — Wohl bräch' ich Rosen, hätten Dorn sie nicht. Mittelhochdeutsch: Jô braeche ich rôsen wunder, wan der dorn.

Walter v. d. Vogelweide (um 1170—1230), Gedichte. Übertr. v. Pannier.

— Wer Rosen will brechen, der muß der Dornen nicht förchten.

Christoph Lehmann, Politischer Blumen=Garten (1662). T. 2. Nutz. Nr. 22.

— Daß man der Dornen acht, | Das haben die Rosen gemacht.

Christoph Lehmann, Politischer Blumen=Garten (1662). T. 2. Nutz. Nr. 68.

— Rosen auf den Weg gestreut | Und des Harms vergessen!

Ludw. Hölty, Gedichte. Lieder. Lebenspflichten (ged. 1776). Mel. v. Joh. Friedr. Reichardt (1779).

— Noch sind die Tage der Rosen, | Schmeichelnde Lüfte umkosen | Busen und Wangen uns heut'; | Brüder, genießet die Zeit!

Aug. Mahlmann, Sämtl. Schriften. Gedichte. Aufmunterung zur Freude (ged. 1797). Mel. v. Karl Bornhardt (1799) u. Anton Felix von Beczvarsovsky.

— Rosen willst du brechen | Und drückst dafür dir Dornen in die Brust!

Frz. Grillparzer, Sappho (1822). A. 3, Sz. 2 (Sappho).

— Über Rosen läßt sich dichten, | In die Äpfel muß man beißen.

Joh. Wolfg. von Goethe, Faust, II (1831). A. 1. Kaiserliche Pfalz. Weitläufiger Saal (Gärtner).

— Die schönsten Rosen selbst sind dornig, | Doch schlimm sind Dornen ohne Rosen.

Friedr. von Bodenstedt, D. Lieder d. Mirza=Schaffy (1851). Verm. Gedichte u. Spr. Nr. 9.

— . . . so weit ist mein Herz und so blau wie der Tag, | Wie die Lüfte, durchjubelt vom Lerchenschlag! | Ihr Fröhlichen, singt, weil das Leben noch mait: | Noch ist die schöne, die blühende Zeit, | Noch sind die Tage der Rosen!

Otto Roquette, Waldmeisters Brautfahrt (1851). Mel. v. Wilh. Baumgartner (1863).

— Das ist im Leben häßlich eingerichtet, | Daß neben Rosen gleich die Dornen stehn.

Jos. Viktor von Scheffel, D. Trompeter v. Säkkingen (1854). Mel. v. Viktor Neßler.

— Wo's schneiet rote Rosen, | Da regnet's Tränen drein. Altes Volkslied.

— Anstatt zu klagen, daß die Rosen Dornen haben, | Freude sollst du haben, daß der Dornstrauch Rosen trägt! Alter Spr.

— Nicht auf Rosen gebettet sein (sich nicht in glücklicher Vermögenslage befinden).

Sprichwörtl. Redensart.

— Späte Rosen im Garten zeigen schönen Herbst und milden Winter an. Bauernregel.

Rosenduft. — Der Rose süßer Duft genügt, | Man braucht sie nicht zu brechen; — | Und wer sich mit dem Duft begnügt, | Den wird ihr Dorn nicht stechen!

Friedr. von Bodenstedt, D. Lieder d. Mirza=Schaffy (1851). Lieder u. Spr. d. Weisheit. Nr. 29.

Rosenkranz. — Ringel, Ringel, Rosenkranz, | Setz' ein Töpfchen Wasser bei, | Morgen woll'n wir waschen, | Große Wäsche, kleine Wäsche; | Wenn der Hahn wird krähen, | Werden wir aufstehen, | Kikeriki! Kinderspielv.

Rosenstock. — Rosenstock, Holderblüt, | Wenn i mei Dirndel sieh, | Lacht mer vor lauter Freud' | 's Herzel im Leib. Schwäbisches Tanzliedchen.

Rosinen. — Große Rosinen im Sacke (im Kopfe) haben (große Erwartungen, Ziele haben und damit prahlen). Sprichwörtl. Redensart.

Röslein, das. — Sah ein Knab' ein Röslein stehn, | Röslein auf der Heiden!

Joh. Wolfg. von Goethe, Gedichte. Lieder. Heideröslein (ged. 1771). Nach einem Volksliede a. d. 16. Jahrh.; vgl. Ludw. Uhland, Alte hoch= u. niederdeutsche Volkslieder. Nr. 56. Mel. v. Joh. Friedr. Reichardt (komp. 1793), Frz. Schubert (komp. 19. Aug. 1815), Rob. Schumann u. a.

— Röslein, Röslein, Röslein rot, | Röslein auf der Heiden.

Joh. Wolfg. von Goethe, Gedichte. Lieder. Heideröslein (ged. 1771). Nach einem Volksliede a. d. 16. Jahrh.; vgl. Ludw. Uhland, Alte hoch= u. niederdeutsche Volkslieder. Nr. 56. Mel. v. Joh. Friedr. Reichardt (komp. 1793), Frz. Schubert (komp. 19. Aug. 1815), Rob. Schumann u. a.

Röslein, die. — Die Rößlin muß man brechen, | Dieweil der Früling wehrt.

Peter Denaisius, Hochzeitlied (1624).

— Die Röslein sind zu brechen Zeit, | Derhalben brecht sie heut! | Und wer sie nicht im Sommer bricht, | Der bricht's im Winter nicht.

Alter Spr.

Roß. — . . . Roß und Reiter sah ich niemals wieder. Friedr. von Schiller, Wallensteins Tod (1799). A. 2, Sz. 3 (Wallenstein).

— Sich aufs hohe Roß setzen (sich hochmütig gebaren). Sprichwörtl. Redensart.

Rost. — Der verschönernde Rost der Jahrhunderte.

Nach König Friedr. Wilh. IV. (10. Sept. 1840).

Rosten. — Wohlauf! Die Luft geht frisch und rein; | Wer lange sitzt, muß rosten.

Jos. Viktor von Scheffel, Gaudeamus. Wanderlied (vor 1859). Mel. v. Val. Eduard Becker (komp. 1870) u. Vinzenz Lachner.

Rot. — . . . daß ein roter Faden durch das Ganze durchgeht . . .

Joh. Wolfg. von Goethe, D. Wahlverwandtschaften (1808—1809). T. 2, K. 2.

— Etwas rot anstreichen (etwas ganz besonders bemerken). Sprichwörtl. Redensart.

Rotharig. — Im was der bart und daz har | Beidiu rot und viurvar (feuerfarben). | Von denselben hôr ich sagen, | Daz si falschiu herze tragen.

Wirnt von Gravenberg, Wigalois (um 1210). Str. 2841.

— Rothi Lütli (Leute), | Teufelshütli.

Sprichwort. Schweiz.

Rotte. — Rotte Korah.

Nach 4. Mos., K. 16, V. 5.

Rotterdam. — He geit na Rötterdam (es geht zu Ende mit ihm).

A. d. Seemannssprache. Ostfriesland.

Rotwein. — Rotwein ist für alte Knaben | Eine von den besten Gaben.

Wilh. Busch, Abenteuer eines Junggesellen (1875).

Rübchen. — Jemandem ein Rübchen schaben (nennt man die neckische, auch verhöhnende Handbewegung, wobei man mit dem Zeigefinger der rechten Hand über den auf die zu neckende Person gerichteten der linken Hand hinwegstreicht).

Sprichwörtl. Redensart.

Rubel. — Der Rubel auf Reisen.

Aug. Graf von Platen=Hallermund, Gesammelte Werke. Gedichte. Verm. und Gelegenheitsgedichte. D. Rubel auf Reisen (ged. 1833).

Rubikon. — Wenn auch nur wenig Menschen Cäsaren sind, . . . so steht doch jeder einmal an seinem Rubikon.

Christ. Ernst Karl Graf von Bentzel=Sternau, Weltansichten (1816).

Rücken. — Jemandem den Rücken bläuen.

Nach Jes. Sir., K. 30, V. 12. — Sprichwörtl. Redensart.

Rücksicht. — Blüte edelsten Gemütes | Ist die Rücksicht; doch zu Zeiten | Sind erfrischend wie Gewitter | Goldne Rücksichtslosigkeiten.

Theod. Storm, Sämtl. Schriften. Gedichte. Für meine Söhne (ged. 1854).

Rückwärts. — Rückwärts, rückwärts, Don Rodrigo! | Deine Ehre ist verloren! | Rückwärts, rückwärts, stolzer Cid!

Joh. Gottfr. von Herder, D. Cid (1805). B. 2, Ges. 28.

— Leben ist ein stetig Streiten, | Ist ein ewiges Geschehn. | Stille stehn heißt: Rückwärts schreiten, | Rückwärtsschreiten untergehn.

Jul. Rodenberg, Hessisches Jahrb. (1854).

— Sich rückwärts konzentrieren.

Nach Frz. Graf von Gyulai (1. Juni 1859).

Rudelsburg. — Dort Saaleck, hier die Rudelsburg und unten tief im Tale, | Da rauschet zwischen Felsen durch die alte, liebe Saale.

Hermann Allmers, Dichtungen. Auf d. Rudelsburg (ged. 1845). Mel. v. Verfasser.

Ruder. — Ans Ruder kommen (zu einer leitenden Stellung kommen).

Sprichwörtl. Redensart.

Ruf. — O Ruf, o Ruf, zahllose Menschen hast du schon | Emporgehoben aus dem Nichts zu stolzer Macht! Griech.: Ὦ δόξα, δόξα, μυρίοισι δὴ βροτῶν | Οὐδὲν γεγῶσι βίοτον ὤγκωσας μέγαν.

Euripides, Andromache (um 420 v. Chr.). Übers. v. Minckwitz. V. 319—20 (Andromache).

— Besser sein als sein Ruf. Lat.: Ipsa sua melior fama.

Publ. Ovidius Naso (um 43 v. Chr.—17 n. Chr.), Br. a. d. Pontus. Übers. v. Berg. B. 1, Nr. 2, V. 143.

— Er (der Ruf) setzt uns, besser zu betrügen | Zur Finsternis ein wenig Klarheit, | Spricht keine Wahrheit ohne Lügen | Und keine Lüge ohne Wahrheit.

Christ. Wernicke, Uberschriffte Oder Epigrammata (1697).

— Bei jedem Worte stirbt ein guter Ruf. Engl.: At every word a reputation dies.

Alexander Pope, D. Lockenraub (1712). Übers. v. Ölckers u. Böttger. Ges. 3, V. 16.

— Der Ruf muß den Namen, wie die Ägypter toten Körpern, nicht bloß Unverweslichkeit, sondern Wohlgeruch schenken.

Jean Paul (Joh. Paul Friedr. Richter), Grönländische Prozesse (1783—1784).

— . . . ich bin besser als mein Ruf.

Friedr. von Schiller, Maria Stuart (1800). A. 3, Sz. 4 (Maria).

— Der gute Ruf gleicht oft dem Winde; man weiß nicht, von wannen er kommt, noch wohin er fährt.

Aug. von Kotzebue, Leontine (1808).

— Nur selten ist ein Mann, wie ihn der Ruf | Mit seiner eh'rnen Stimme schuf.

Joh. Gottfr. Seume, Sämtl. Werke (1826). Gedichte. Verlangtes Gutachten über Menschen u. ihren Umgang.

— Es braust ein Ruf wie Donnerhall.

Max Schneckenburger, Deutsche Lieder. D. Wacht am Rhein (ged. Nov. 1840). Mel. v. Karl Wilhelm (komp. 10. März 1854).

— Wenn der Ruf eines Menschen erst einmal feststeht, ist er immer besser oder schlechter, als er es verdient. Franz.: Quand la réputation d'un homme est établie, elle est toujours meilleure ou pire, qu'il ne la merite.

Alexander Vinet, Erziehung, Familie u. Gesellschaft (1855). Übers. v. Zimmermann.

— Man hat einen zu guten oder einen zu schlechten Ruf; nur den Ruf hat man nicht, den man verdient.

Marie von Ebner=Eschenbach, Aphorismen (1893).

— Ein gutes Gerücht (Ruf) ist besser denn gute Salbe.

Pred. Sal., K. 7, V. 2.

— Der Ruf macht die Sau feister, als sie ist.

Sprichwort.

— Es geht kein Ruf von nichts aus. Norwegisch: Dat gjeng inkje Gitord av ingen Ting.

Sprichwort.

— Erwirb guten Ruf; tue, was du willst! Portug.: Cobra boa fama, faze o que quizeres.

Sprichwort.

Ruf. — Wer den Ruf des Frühaufstehens hat, kann getrost den ganzen Morgen im Bette bleiben.
Holländisches Sprichwort.

— Der gute Ruf geht weit, aber der schlimme geht noch viel weiter. Serbisches Sprichwort.

— Ein unbefleckter Ruf ist süßer denn die Rose. Lat.: Fama candida rosa dulcior.
Wahlspr. d. Taylor.

Rufen. — Wer ruft mir?
Joh. Wolfg. von Goethe, Faust, I (1808). Nacht (Geist).

Rüffel. — Einen Rüffel kriegen (einen Verweis erhalten). Sprichwörtl. Redensart.

Rügen, die. — Wer Rügen und Strafen mit einem Gefühle austeilt, als bekomme er sie selber, der kann seiner Gerechtigkeit versichert sein und einer schönen Erhebung.
Jean Paul (Joh. Paul Friedr. Richter), Werke (1826—1828). Gesammelte Aufsätze u. Dichtungen.

Ruhe. — Euch werde ich (zur Ruhe bringen)! Lat.: Quos ego!
Publ. Vergilius Maro (um 70 v. Chr. —19 n. Chr.), Aeneis. Übers. v. Voß. B. 1, V. 135. (Damit beruhigt d. Gott d. Meeres d. Fluten.)

— Die Strebenden, die mit Verstand begabt sind, | Was suchen anders sie als schließlich Ruhe?
A. d. Persischen d. Nizâmî (um 1137—1200). Spr. Übers. v. Bacher.

— Der kann nicht lange Frieden und Ruhe haben, der sich nicht befleißigt, der kleinste und anderen unterworfen zu sein. Lat.: Non potest diu stare pacificus, qui non nititur esse minimus et omnibus subiectus.
Thomas a Kempis, Nachfolge Christi (um 1410). Übers. v. Arnd. B. 1, K. 17, § 8.

— Die beste Wärt'rin der Natur ist Ruhe. Engl.: Our foster-nurse of nature is repose.
William Shakespeare, König Lear (1605—1606). Übers. v. Schlegel. A. 4, Sz. 4 (Arzt).

— Wie Salat einen Appetit zu essen macht, also macht Ruhe lust zur arbeit.
Christoph Lehmann, Politischer Blumen-Garten (1662). T. 2. Müssiggang. Nr. 8.

— Meine Ruh' ist hin, | Mein Herz ist schwer; | Ich finde sie nimmer | Und nimmermehr.
Joh. Wolfg. von Goethe, Faust, I. Gretchens Stube (Gretchen). Lied (ged. vor 1775). Mel. v. Frz. Schubert.

— Über allen Gipfeln | Ist Ruh'; | In allen Wipfeln | Spürest du | Kaum einen Hauch; | Die Vögelein schweigen im Walde. | Warte nur, balde | Ruhest du auch!
Joh. Wolfg. von Goethe, Gedichte. Lieder. Ein gleiches (ged. 6. Sept. 1780). Mel. v. Frz. Schubert (komp. um 1824), Friedr. Kuhlau (komp. 1825) u. a.

— Die Ruhe eines Kirchhofs!
Friedr. von Schiller, Don Carlos (1787). A. 3, Sz. 10 (Marquis).

Ruhe. — O, holde Ruhe, steig' hernieder!
Emanuel Schikaneder, D. Zauberflöte (1790). A. 2, Sz. 14 (Drei Knaben). Komp. v. Wolfg. Amadeus Mozart. (Erste Auff. am 30. Sept. 1791 in Wien.)

— Seine Ruh' läßt er an keinem Ort.
Friedr. von Schiller, Wallensteins Lager. Sz. 11. Reiterlied (ged. 1797). Mel. v. Christ. Jak. Zahn (1798).

— Ruhe, — ein Labetrunk dem Alter, der Jugend ein Gift.
Aug. von Kotzebue, D. Graf v. Burgund (1798).

— Strebe nach Ruhe, aber durch das Gleichgewicht, nicht durch den Stillstand deiner Tätigkeit!
Friedr. von Schiller, Prosaische Schriften (1793—1802).

— Ruh' ist Göttern nur gegeben, | Ihnen ziemt der Überfluß; | Doch für uns ist Handeln Leben.
Novalis (Friedr. von Hardenberg), Schriften (1802). Gedichte. Alle Menschen sah ich leben usw.

— Mäßige Ruh' ist das Grab des Muts.
Friedr. von Schiller, D. Braut v. Messina (1803). Säulenhalle (Chor. Manfred).

— Ruhe ist die erste Bürgerpflicht.
Minister Graf von d. Schulenburg an d. Berliner nach d. Schlacht bei Jena (17. Okt. 1806).

— Nach Ruh' sehnt sich die Menschenbrust vergebens; | Erkämpft will sein, was hoher Sinn begehrt. Jos. Freiherr von Eichendorff, Gedichte. Zeitlieder. An d. Freunde (ged. 1815).

— Keine Ruhe und Kälte ist etwas wert als die erworbene. Matthias Claudius, Sämtl. Werke d. Wandsbecker Boten (1816).

— Unter allen Wipfeln ist Ruh'.
Joh. Falk, Auserlesene Werke. Bd. 1. Abendlied (ged. 1817). Mel. v. Friedr. Kuhlau (komp. 1825).

— . . . es ist doch wirklich wahr, daß, wo sie (die heitere Ruhe) gestört ist, die Harmonie des Lebens nicht mehr rein und voll erklingt.
Wilh. Freiherr von Humboldt, Br. an eine Freundin (14. Febr. 1826).

— Ruhe weilet nirgendwo auf Erden, | Niemals in des Sterblichen Gemüt; | Durch des Lebens drückende Beschwerden | Sie allein in jener Welt erblüht.
König Ludw. von Bayern, Gedichte (1829).

— Die Ruhe ist die natürliche Stimmung eines wohlgeregelten, mit sich einigen Herzens.
Wilh. Freiherr von Humboldt, Br. an eine Freundin (17. März 1830).

— Ruhe ist Glück, — wenn sie ein Ausruhen ist, wenn wir sie gewählt, wenn wir sie gefunden, nachdem wir sie gesucht; aber Ruhe ist kein Glück, wenn, wie in unserm Vaterland, sie unsere einzige Beschäftigung ist.
Ludw. Börne, Gesammelte Schriften. A. meinem Tageb. Nr. 12 (22. Mai 1830).

— Die gefaßte Ruhe ist, wo wirkliche Besorgnis eintritt, eine soviel edlere, den tiefen Gefühlen soviel würdigere Stimmung.
Wilh. Freiherr von Humboldt, Br. an eine Freundin (1. Juli 1833).

Ruhe. — Deine Ruhe gründe sich nie auf Menschen, auf Freundschaft, | Auf dein günstiges Glück; — auf den Gott in dir gründe sie stets sich!

Joh. Kaspar Lavater, Werke (1834). Worte d. Herzens. Denkzeilen an Freunde nach meinem Tode.

— Erst Ruh' und Würde macht das Leben schön. Leop. Schefer, Laienbrevier (1834). Sept. Nr. 14. Schlußv.

— Die Menschen, die nach Ruhe suchen, die finden Ruhe nimmermehr, | Weil sie die Ruhe, die sie suchen, in Eile jagen vor sich her.

Wilh. Müller, Gedichte (1837). Epigramme. 1. Hundert, Nr. 54. D. Jäger d. Ruhe.

— Wahre Ruhe ist nicht Mangel an Bewegung, sie ist Gleichgewicht der Bewegungen.

Ernst Freiherr von Feuchtersleben, Zur Diätetik d. Seele (1838). K. 6. Temperament, Leidenschaft.

— Ruhe gebührt nicht eher, und Ruhe bekömmt nicht eher, als bis man ihrer bedarf.

Ernst Freiherr von Feuchtersleben, Zur Diätetik d. Seele (1838). K. 9. Hypochondrie.

— Nicht bitt' ich Gott um Gut und Geld, | Mein Flehen ist nur so gestellt: | Die ewige Ruh' gib droben mir, | Die ewige Unruh' laß mir hier!

Gottfr. Kinkel, Gedichte (1843). Spr. Nr. 3.

— Die Ruh' ist wohl das Beste | Von allem Glück der Welt.

Wilh. Waiblinger, Gedichte (1844). D. Kirchhof.

— In der kalten Ruhe liegt die größte Überlegenheit, liegt das beherrschende Element; sie ist aber wenigen Menschen eigen.

Jer. Gotthelf (Albert Bitzius), Jak., d. Handwerksgesellen Wanderungen durch d. Schweiz (1847).

— Nur die Ruhe in der Bewegung hält die Welt und macht den Mann. . . . Ruhe zieht das Leben an, Unruhe verscheucht es.

Gottfr. Keller, D. grüne Heinr. (1854).

— Ja, dem Geschöpf | Ist eingeboren eine ew'ge Sehnsucht | Nach Ruhe, — mag ein Seufzer diese Ruh' | Vollkommenheit, Glück, Himmel, Gott benennen! Rob. Hamerling, Ahasver in Rom (1866). Ges. 6. Ahasver.

— Ruh' um jeden Preis! So will's der besitzende Bürger. | Wär' ihm die Freiheit wert, setzt er auch diese daran.

Aug. Heinr. Hoffmann von Fallersleben, Gesammelte Werke (1890). Gedichte. Ruhe.

— Nun hat die liebe Seele Ruh'.

Nach Luk., K. 12, V. 19. — Sprichwörtl. Redensart.

— Keine Ruh' bei Tag und Nacht.

Nach Offenb. Joh., K. 4, V. 8.

— Ruhe ist der Arbeit Taglohn. Sprichwort.

— Ruh' und Rast | Ist halbe Mast.

Sprichwort.

— Wer will haben gute Ruh', | Der höre, seh' und schweig' dazu! Sprichwort.

— Ruhe in Saal! Jroßmutter will danzen!

Berliner Redensart.

— Mit Wachen und mit Wagen | Muß man die Ruh' erjagen!

Spr. im Berliner Rathause. Dritter Stock.

Ruhe. — Ruh' im Hafen ist keine Ruh', | Kommt nicht die Ruh' in der Brust dazu.

Spr. an einem Hause am Traunsee.

Ruhen. — Wie sie so sanft ruhn, alle die Seligen!

Aug. Corn. Stockmann, D. Gottesacker (ged. 1779). Mel. v. Friedr. Ludw. Beneken (1787).

— Warte nur, balde, | Ruhest du auch!

Joh. Wolfg. von Goethe, Gedichte. Lieder. Ein gleiches (ged. 6. Sept. 1780). Mel. v. Frz. Schubert (komp. um 1824), Friedr. Himmel (komp. 1825) u. a.

— Wer nit ruhet in seiner arbeit, | Mags nit ertragen lange zeit. Alter Spr.

— Alle Tier' und Vöglein sind so weis', | Sie ruhn ein Stündlein auf ihre Speis'. Sprichwort.

Ruhen (begraben sein). — Neben denen dereinst zu ruhen, die man liebt, ist die angenehmste Vorstellung, welche der Mensch haben kann, wenn er einmal über das Leben hinausdenkt. Zu den Seinigen versammelt werden, ist ein so herzlicher Ausdruck.

Joh. Wolfg. von Goethe, D. Wahlverwandtschaften (1808—1809). T. 2, K. 2. A. Ottiliens Tageb.

— Hier ruht der ehrsame Johann Missegger, auf der Hirschjagd durch einen unvorsichtigen Schuß erschossen aus aufrichtiger Freundschaft von seinem Schwager Anton Steger. Marterlinschrift. Lavanttal.

— Hier ruht Maria Bogenfinder, | Mutter und Nätherin dreier Kinder.

Grabspr. in Urfeld am Walchensee.

Ruhen, das. — Man kann im Ruhn | Doch etwas tun; | Man kann im Tun | Doch etwas ruhn.

Friedr. von Logau, Deutsche Sinn-Getichte (1654). Emsigkeit.

— Erschlafftes Ruhen ist der Völker Tod.

Jos. Freiherr von Eichendorff, Gedichte. Zeitlieder. An d. Freunde (ged. 1815).

Ruhenden, die. — Die Ruhenden sind die Toten. Lettisches Sprichwort.

Ruhestätte. — Wo wird einst des Wandermüden | Letzte Ruhestätte sein? . . . Immerhin! Mich wird umgeben | Gotteshimmel, dort wie hier, | Und als Totenlampen schweben | Nachts die Sterne über mir.

Heinr. Heine, Sämtl. Werke. Gedichte. Gedichte a. d. Nachlaß (ged. 1830—1840). Kitty. Wo?

Ruhig. — Ruhig im Wogengewühle. Lat.: Saevis tranquillus in undis.

Wahlspr. Wilh. I. v. Nassau-Oranien (gest. 1650).

— Ruhig sein können und ruhig sein müssen, kömmt es nicht auf eines?

Gotthold Ephr. Lessing, Emilia Galotti (1772). A. 5, Sz. 7 (Emilia).

— . . . was nennen Sie ruhig sein? Die Hände in den Schoß legen? Leiden, was man nicht sollte? Dulden, was man nicht dürfte?

Gotthold Ephr. Lessing, Emilia Galotti (1772). A. 5, Sz. 7 (Emilia).

Ruhig. — Sei ruhig, bleibe ruhig, mein Kind!

Joh. Wolfg. von Goethe, Gedichte. Balladen. Erlkönig (geb. 1781). Mel. v. Corona Schröter (1786), Frz. Schubert (komp. 1815), Karl Löwe (1824) u. a.

— Nimm's ruhig! sagt der Bärenwirt.

Sprichwörtl. Redensart. Schwaben.

Ruhm. — Locke mich nimmer der Ruhm mit echtem wie trüglichem Schimmer! Griech.: *Δόξα δὲ μήτ' ἀτρεκὴς μήτ' αὖ παράσημος ἐνείη.*

Euripides, Hippolytos (um 428 v. Chr.). Übers. v. Minckwitz. V. 1114 (Chor).

— Wer Ruhm verachten konnte, wird wahren Ruhm erlangen. Lat.: Gloriam qui spreverit, veram habebit.

Tit. Livius (um 59 v. Chr.—17 n. Chr.), Römische Gesch. Übers. v. Ostertag. B. 22, K. 39, § 9.

— Der Ruhm muß uns folgen, nicht wir dürfen ihn suchen; und wenn er zufällig nicht folgt, so ist die Handlung, weil sie nicht berühmt geworden, darum nicht weniger schön. Lat.: Sequi gloria, non appeti debet: nec si casu aliquo non sequatur, idcirco quod gloriam meruit, minus pulchrum est.

Plinius d. Jüngere (um 62—113), Br. Übers. v. Schott. B. 1, Nr. 8, § 14.

— Jetzt mußt du dich ermannen; bleibe wach, | (So sprach Virgil), und wähne nicht, man finde | Den Ruhm auf Polstern und in Schlafgemach! Ital.: Omai convien che tu così ti spoltre, | Disse il maestro; chè, seggendo in piuma, | In fama non si vien, nè sotto coltre.

Dante Alighieri, Göttliche Komödie (1300—1321). Übers. v. Gildemeister. Hölle. Ges. 24, V. 46—48.

— Wer ohne Ruhm sein Leben will verzehren, | Läßt solche Spuren von sich auf der Erde | Wie Rauch in Lüften, Schaum auf weiten Meeren! Ital.: Senza la qual chi sua vita consuma, | Cotal vestigio in terra di sè lascia, | Qual fummo in aere, ed in acqua la schiuma.

Dante Alighieri, Göttliche Komödie (1300—1321). Übers. v. Gildemeister. Hölle. Ges. 24, V. 49—51.

— Ein hübsch ding der welt glori (Ruhm) ist, | Unstantbar doch, dem alzit gbrist.

Seb. Brant, D. Narrenschif (1494). Nr. 6. V. ler d. kind.

— Der furet uf eim stroen dach, | Der uf der welt rům setzt sin sach | Und all ding důt uf zitlich er.

Seb. Brant, D. Narrenschif (1494). Nr. 92. Ueberhebung d. hochfart.

— Ruhm und Ruhe sind Dinge, die nicht beisammen wohnen können. Franz.: La gloire et le repos sont choses qui ne peuvent loger en mesme giste.

Michel Eyquem de Montaigne, Essays (1580). Übers. v. Titus. V. d. Einsamkeit.

— Der Ruhm, nach dem wir trachten, | Den wir unsterblich achten, | Ist nur ein falscher Wahn.

Andr. Gryphius, Sonette, Oden, Epigramme (1643). Vanitas! Vanitatum Vanitas!

Ruhm. — Die Süßigkeit des Ruhmes ist so groß, daß man ihn liebt; mag man ihn knüpfen, woran man will, selbst an den Tod. Franz.: La douceur de la gloire est si grande, qu'à quelque chose qu'on l'attache, même à la mort, on l'aime.

Blaise Pascal, Gedanken (1670). Übers. v. Kleuker. Über d. menschliche Eitelkeit.

— In wackrer Männer=Gunst besteht ein Theil des Ruhms, | Der edle Seelen ziert.

Joh. Christ. Günther, Gedichte. Bey d. Namens=Feste Herrn D. Adam Christ. Thebesius (geb. 1721).

— Reizvoll klinget des Ruhms lockender Silberton | In das schlagende Herz.

Friedr. Gottl. Klopstock, Oden. D. Zürichersee (geb. 1750).

— Ruhm, Reichtum, Pracht, des Hofs Beschwerde, | Vom Volk verehrt, | Ist Wahn und nicht des Herrn der Erde, | Des Weisen, wert.

Ewald Christ. von Kleist, Sämtl. Werke. Gedichte. Einladung aufs Land (geb. Dez. 1755). Schlußv.

— Der wahre Ruhm ist Ruhm bei Gott | Und nicht bei Menschenkindern.

Christ. Fürchtegott Gellert, Geistl. Oden u. Lieder (1757). D. Kampf d. Tugend.

— Groß wird erst der Ruhm gepriesen, | Der die Enkel überlebt.

Joh. Elias Schlegel, Werke (1766). T. 4. D. mühsame Weisheit. Schlußv.

— Ruhm und du, geflügelt Gold! | Ich entsag' euch beiden. | Wenn ihr selbst mich suchen wollt, | Will ich euch nicht meiden.

Joh. Peter Uz, Sämtl. Werke (1768). Bd. 1. Gedichte. D. Wünsche. Schlußv.

— Pracht, Hoheit, Ruhm, die ihr, vom eitlen Wahn geschmücket, | Den Sterblichen verführend gleißt! | Ihr sättigt nicht, weil ihr mit Rauche speist, | Und flieht, indem ihr uns entzücket.

Joh. Peter Uz, Sämtl. Werke (1768). Bd. 1. Gedichte. An Herrn Baron v. Cronegk. Schlußv.

— Unsres Lebens schönste Freuden | Schaffet weder Ruhm noch Gold.

Joh. Georg Jacobi, Sämtl. Werke. Lieder. Schifferlied. Auf d. Düsselbach (geb. 1775). Mel. v. Joh. Friedr. Reichardt (1796), Hans Georg Nägeli (komp. um 1820) u. Friedr. Silcher.

— Zu seinem Ruhme fehlte nichts, er fehlte zu dem unsern. Franz.: Rien ne manque à sa gloire, il manquait à la nôtre.

Saurin, Inschrift d. Büste Molières in d. Akademie zu Paris (1778). Übers. v. Zimmermann.

— . . . der Mann | Steht seinen Ruhm. Sein Ruhm ist bloß sein Schatten.

Gotthold Ephr. Lessing, Nathan d. Weise (1779). A. 3, Sz. 9 (Nathan).

— Der Ruhm, der uns nicht glücklich macht, ist nichts als ein Wort; und der Ruhm, der unsere Untertanen nicht glücklich macht, ist eine Schmach.

Friedr. d. Große, Sämtl. Werke (1789).

Ruhm. — Er hat genug für seinen Ruhm getan, | Kann jetzt sich selber leben und den Seinen.
Friedr. von Schiller, D. Piccolomini (1799). A. 3, Sz. 4 (Max).

— Von des Lebens Gütern allen | Ist der Ruhm das Höchste doch; | Wenn der Leib in Staub zerfallen, | Lebt der große Name noch.
Friedr. von Schiller, Gedichte. D. Siegesfest (ged. 1803).

— Bescheiden freue dich des Ruhms, | So bist du wert des Heiligtums!
Joh. Wolfg. von Goethe, Westöstlicher Diwan. B. d. Parabeln. Ich sah mit Staunen u. Vergnügen usw. (ged. 17. März 1815).

— Nicht im Ruhme, sondern in dem, wodurch man ihn erlangt, liegt der Wert und in der Zeugung unsterblicher Kinder der Genuß.
Arthur Schopenhauer, D. Welt als Wille u. Vorstellung (1819).

— Ein Ruhm, der wie der Sturmwind braust, | Ist selbst ein Sturm, der bald versaust.
Joh. Gottfr. von Herder, Sämtl. Werke (1805—1820). Gedichte. D. Nachruhm.

— Wie es dir nicht im Leben ziemt, | Mußt du nach Ruhm auch nicht am Ende jagen; | Denn bist du nur erst hundert Jahr' berühmt, | So weiß kein Mensch mehr was von dir zu sagen.
Joh. Wolfg. von Goethe, Gedichte. Zahme Xenien. Nr. 1 (1820).

— Es schmähe nicht den Ruhm, wer ihn besitzt! | Es ist kein leerbedeutungsloser Schall; | Mit Götterkraft erfüllet sein Berühren!
Frz. Grillparzer, Sappho (1822). A. 1, Sz. 5 (Sappho).

— Den Ruhm belächelt, wer ein Weiser ist, | Er ist nur wenig, nichts, Wort, Blendwerk, Wind, | Er hängt mehr ab von dem, wie der Chronist | Zu schreiben weiß, als wie die Helden sind. Engl.: Glory long has made the sages smile, | 'T is something, nothing, words, illusion, wind — | Depending more upon the historian's style | Than on the name a person leaves behind.
George Gordon Lord Byron, Don Juan (1819—1824). Übers. v. Gildemeister. Ges. 3, Str. 90, V. 1.

— . . . nun und nimmer der groß, welcher Treue, Recht, Ehr' und Liebe dem Ruhm und der Macht aufopfert.
Christ. Dietr. Grabbe, Napoleon oder D. hundert Tage (1831). A. 1, Sz. 3 (Herzogin v. Angoulème).

— Der Ruhm ist Schatten nur der Tat; | Und steht kein Ding im Sonnenlicht, | Sieht man gewiß den Schatten nicht.
Friedr. Hebbel, Gedichte. Jugendgedichte (ged. 1829—1833). Einfälle. Einem Sudler

— . . . wer nicht den Neid | Ertragen kann, muß auch den Ruhm nicht wollen.
Ernst Raupach, Tassos Tod (1835). A. 1, Sz. 1.

Ruhm. — Von Ruhm und Ehre wird das Herz durchaus nicht satt.
Friedr. Rückert, D. Weisheit d. Brahmanen (1836—1839). B. 3, Nr. 17. (Stufe 2. Stimmung. Nr. 24.)

— Ruhm, mein Knabe, entstand aus rumor. Erstere Silbe | Ward den Deutschen. Das or ließ man in Frankreich zurück.
Karl Gutzkow, Gesammelte Werke (1845). Gedichte. Ruhm u. Gold.

— Es gibt kein Ziel für den verwegnen Geist; | Zufriedenheit muß vor dem Ruhme fliehen.
Jos. Freiherr von Auffenberg, Sämtl. Werke (1843—1847).

— Den Ruhm kann man den Winterbirnen vergleichen, die im Sommer wachsen, aber im Winter genossen werden.
Arthur Schopenhauer, Parerga u. Paralipomena (1851). Aphorismen zur Lebensweisheit.

— Ein Ruhm, der schnell erfolgt, erlischt auch früh. Arthur Schopenhauer, Parerga u. Paralipomena (1851).

— Was ist der Ruhm? . . . Ein Regenbogenlicht, | Ein Sonnenstrahl, der sich in Tränen bricht!
A. d. Ungar. d. Petöfy.

— Euer Ruhm ist nicht fein.
1. Kor., K. 5, V. 6.

— Eigner Ruhm ist Neides Sonne. Sprichwort.

— Ruhm ist verführerischer denn Gold.
Sprichwort.

— Der Ruhm hat Sporen. Lat.: Gloria calcar habet. Wahlspr. d. Versaques.

Ruhmbegierde. — Laß die Sehnsucht, viel zu wissen, | Nebst der Ruhm=Begierde fliehn; | Die Gewalt von höhern Schlüssen | Läßt dadurch dein Glück nicht blühn.
Joh. Christ. Günther, Gedichte (1735). Abschieds=Gedancken bey Gelegenheit einiger schweren Leibes=Zufälle.

— Wem Geiz und Ruhmbegier auch Herkuls Werke raten, | Der heißt vergebens groß; | Er schwingt sich nie vom Staub des Pöbels los.
Joh. Peter Uz, Sämtl. Werke (1768). T. 1. Gedichte. D. wahre Größe.

— Wahre Ruhmbegierde ist die Quelle aller großen Taten und alles Nützlichen, was auf der Welt geschieht.
Friedr. d. Große, Sämtl. Werke (1789).

Ruhmbegierig. — Was taugt ein ruhmessücht'ger Mann? Mittelhochdeutsch: Was touc zer welte ein rüemic man?
Walter v. d. Vogelweide (um 1170—1230), Gedichte. Übertr. v. Pannier.

Rühmen. — An vil rühmen dich nit kehr; | Einen schweren Stein wirfft man nit sehr.
Alter Spr.

Rühmen, sich. — Wer sich viel rühmt, doch ohne Grund, | Deß Schande verkündet sein eigner Mund. Alter Spr.

Ruhmesfrucht. — Ein Biß nur in des Ruhmes goldne Frucht, | Proserpinens Granatenkernen gleich, | Reiht dich auf ewig zu den stillen Schatten, | Und den Lebendigen gehörst du nimmer an. Frz. Grillparzer, Sappho (1822). A. 3, Sz. 2 (Sappho).

Ruhmeskränze. — Auch die Kränze des Ruhms sind Gunst und Gnade der Götter, | Die sie dem Glücklichen nur unter den Würdigen leihn.
Emanuel Geibel, Gesammelte Werke (1883). Gedichte. Dichtungen in antiker Form. Distichen v. Strande d. See. Erster Tag, Nr. 19.

Ruhmeskrone. — Ein Leben nur, das Schmerz und Not erlitten, | Schafft, daß der Mann des Ruhmes Kron' erringt.
Camoens (um 1525—1575), Lousiade.

Ruhmesstaffel. — . . und beneid' auch jeden Sterblichen, der | Im Verborgenen, fern von der Staffel des Ruhms, | Sein Dasein frei von Gefahr durchläuft. Griech.: . . . ζηλῶ δ' ἀνδρῶν ὃς ἀκίνδυνον | Βίον ἐξεπέρασ' ἀγνώς, ἀκλεής.
Euripides, Iphigenie in Aulis (um 407 v. Chr.). Übers. v. Minckwitz. V. 17—19 (Agamemnon).

Ruhmesweg. — Der Weg zum Ruhm ist nicht bestreut mit Blumen. Franz.: Aucun chemin de fleurs ne conduit à la gloire.
Jean de Lafontaine, Fab. (1678). Übers. v. Dohm. B. 10, Nr. 14. D. beiden Abenteuerinnen. V. 1.

— Der Weg zum Ruhme ist überall mit Dornen bestreut.
Karl Jul. Weber, Demokritos (1832—1840). D. Staat u. seine Formen.

— Der Weg zum Ruhm geht über Kreuzdörner. Alter Spr.

Ruhmredigen, die. — Die Ruhmrätigen bestehen nicht vor deinen Augen. Ps. 5, V. 6.

Ruhmsucht. — . . . die Ruhmsucht zieht, am glänzenden Wagen gefesselt, | So Namlose wie Edle dahin. Lat.: Sed fulgente trahit constrictos gloria curru | Non minus ignotos generosis.
Quint. Horatius Flacc., Sat. (um 35 v. Chr.). Übers. v. Voß. B. 1, Nr. 6, V. 23—24.

Rühren, an etwas. — O rühret, rühret nicht daran!
Emanuel Geibel, Gesammelte Werke. Gedichte. Jugendgedichte. B. 4. Escheberg, St. Goar (geb. 1842—1843). Rühret nicht daran!

Rühren, sich. — Will einer in der Welt was erjagen, | Mag er sich rühren und mag sich plagen! Friedr. von Schiller, Wallensteins Lager (1798). Sz. 11 (Erster Kürassier).

Rührung. — Der fühlt ein menschliches Rühren. Friedr. von Schiller, Gedichte. D. Bürgschaft (geb. 27.—30. Aug. 1798).

— Ich sehe in der Rührung immer nur eine Versuchung zur Untreue an mir selbst und unterdrücke sie. Friedr. Hebbel, Judith (1841).

Ruinen. — Die Ruinen des einen braucht die allzeit wirksame Natur zu dem Leben des andern. Gotthold Ephr. Lessing, Fab. (1759). B. 1, Nr. 16. D. Wespen.

— Hochpoetisch, herzerbauend | Sind Ruinen, wunderschön. | Wunderschön die düstern Mienen | Durch das grüne Laubgewind! | Doch das Schönste an Ruinen | Ist —, daß sie Ruinen sind.
Adolf Glaßbrenner, Gedichte (1851). Ruinen.

Ruinieren. — Alles muß verungeniert werden. David Kalisch, Lustige Werke (1870—1871). Berlin, wie es weint u. lacht.

Rußland. — Wie denken Sie über Rußland?
Gustav von Moser, Titel eines Lustspiels (1861).

Rüstzeug. — . . . ein auserwähltes Rüstzeug.
Apostelgesch., K. 9, V. 15.

Rute. — Von der Rute habe ich keine andere Wirkung beobachtet, als daß sie die Seelen schlaff und feig oder heimtückisch oder starrsinnig machte. Franz.: Je n'ay vu aultre effect aux verges, sinon de rendre les ames plus lasches, ou plus malicieusement opiniastres.
Michel Eyquem de Montaigne, Essays (1580). Übers. v. Titus. B. Einfluß d. Väter auf d. Kinder.

— Rute und Strafe gibt Weisheit.
Spr. Sal., K. 29, V. 15.

— Danck hab die ruth; | Sey macht böse kinder gut. Alter Spr.

— Die Rute | Macht aus bösen Kindern gute. Sprichwort.

— Die Rute macht keine Beulen. Sprichwort.

S

Saale. — An der Saale hellem Strande | Stehen Burgen stolz und kühn.
Frz. Kugler, Skizzenb. Rudelsburg (geb. 1826). Mel. v. Friedr. Ernst Feska.

— Auf den Bergen die Burgen, | Im Tale die Saale . . .
Lebrecht Dreves, Schlichte Lieder. Vor Jena (geb. 1842). Mel. v. Wilh. Stade (1847).

Saaleck. — Dort Saaleck, hier die Rudelsburg . . . Hermann Allmers, Dichtungen. Auf d. Rudelsburg (geb. 1845). Mel. v. Verfasser.

Saat. — Wie die Saat, so die Ernte. Lat.: Ut sementem feceris, ita metes.
M. Pinarius Rufus. Nach Marc. Tull. Cicero, V. Redner (um 55 v. Chr.). Übers. v. Klotz. B. 2, K. 65, § 261.

Saat. — Saat, von Gott gesäet, dem Tage der Garben zu reifen!

Friedr. Gottl. Klopstock, D. Messias. Bd. 3 (1768), Ges. 11.

— Frühe Saat trügt oft, späte nimmer.

Alter Spr.

— Nur nicht der Vögel halber die Saat unterlassen! Spr. im Berliner Rathause. Erster Stock.

Saatkorn. — Saatkorn für die Nachwelt, Brot für die Zeitgenossen!

Ludw. Börne, Gesammelte Schriften. Erz., Reisen, Verm. Aufsätze. Nr. 22. Ankündigung d. Zeitschwingen (Juli 1819).

Sabbat. — Gefahr vertreibt den Sabbat.

Heinr. Heine, Sämtl. Werke (1861—1868). Novellistische Fragmente. D. Rabbi v. Bacharach. K. 2.

Sabbattag. — ... heiliget den Sabbattag!

Jer., K. 17, V. 22.

Sache. — ... nehmt | Die Sache völlig, wie sie liegt!

Gotthold Ephr. Lessing, Nathan d. Weise (1779). A. 3, Sz. 7 (Nathan).

— Zur Sache, wenn's beliebt!

Friedr. von Schiller, D. Piccolomini (1799). A. 2, Sz. 7 (Wallenstein).

— Ich hab' mein' Sach' auf nichts gestellt!

Joh. Wolfg. von Goethe, Gedichte. Gesellige Lieder. Vanitas! vanitatum vanitas! (ged. 1806).

— Man soll nich sagen, wat 'ne Sache is (sagt man zum Ausdruck der Verwunderung).

Berliner Redensart.

Sachte. — Sachte, Kanaille!

Friedr. von Schiller, D. Verschwörung d. Fiesco zu Genua (1783). A. 1, Sz. 9 (Fiesco).

Sack. — Jemanden in den Sack stecken (jemandem völlig überlegen sein). Sprichwörtl. Redensart.

— Mit Sack und Pack (mit allen Habseligkeiten). Sprichwörtl. Redensart.

Säen. — Genug ist's, wenn es dir zu Herzen geht, | Daß keinen Jasmin mäht, wer Dornen sät.

A. d. Persischen d. Sadi, Fruchtgarten (1257). Übers. v. Graf.

— Wer schlecht gesät hat, erntet Spreu und Dorn, | Wer gut sät, Rosen, duftige und runde.

A. d. Persischen d. Ibn Jemin (gest. 1344). Übers. v. Schlechta-Wssehrt.

— Was du hast gesäet oder gepflanzt, | Das sollst du ernten in dem andern Land.

Dies ist d. ander Land (1477).

— Wer Gerste säet, erntet Weizen nicht.

A. d. Persischen d. Dschâmi (1414—1492). Beharistan. Übers. v. Schlechta-Wssehrt.

— Was einer nit hat ußgespreit (ausgesät), | Das ist zů schniden im verseit.

Seb. Brant, D. Narrenschif (1494). Nr. 20. V. schatz finden.

— Wieder aufzublühn werd' ich gesät!

Friedr. Gottl. Klopstock, Geistl. Lieder. D. Auferstehung (ged. 1757). Mel. v. Karl Heinr. Graun (1758).

Säen. — Es sät der Mensch, doch ob den Saaten wacht | Still eine dunkle, rätselvolle Macht.

Anastasius Grün (Anton Alexander Graf von Auersperg), Schutt (1835).

— Da ihr Disteln ausgesät, | Ei, wie könnt ihr drob euch wundern, | Daß es (das Feld) nicht voll Rosen steht?

Anastasius Grün (Anton Alexander Graf von Auersperg), Gesammelte Werke (1877). Gedichte.

— Die mit Tränen säen, werden mit Freuden ernten. Ps. 126, V. 5.

— ... sie säen Wind und werden Ungewitter einernten. Hosea, K. 8, V. 7.

— ... sie säen nicht, sie ernten nicht, sie sammlen nicht in die Scheunen, und euer himmlischer Vater ernähret sie doch.

Matth., K. 6, V. 26.

— ... was der Mensch säet, das wird er ernten. Galater, K. 6, V. 7.

— Weniger aussäen und besser pflügen!

Alter Spr.

— Nicht alle, die säen, werden ernten.

Sprichwort.

— Wer Wind säet, wird Sturm ernten.

Sprichwort.

— Wie gesät, so geschnitten. Sprichwort.

— Der wohl sät, der wohl mäht; | Der wohl schmärt (schmiert), der wohl fährt. Bauernregel.

— Säe gutes Korn, so erhälst du gutes Brot!

Bauernregel.

— Wer säet und die Saat nicht pflegt, | Hat umsonst die Hand bewegt. Bauernregel.

— Wer zu dick säet, braucht die Scheunen nicht größer zu bauen. Bauernregel. Köln.

— Wird Mariä Geburt (8. September) gesät, | Ist's nicht zu früh und nicht zu spät.

Bauernregel.

Säen, das. — Säen ist nicht so beschwerlich als ernten.

Joh. Wolfg. von Goethe, D. Wahlverwandtschaften (1808—1809). T. 2, K. 5. A. Ottiliens Tageb.

Sage. — Es wechseln die Geschlechter; die Sage bleibt sich treu.

Adelbert von Chamisso (Louis Charles Adelaide Chamisso de Boncourt), Gedichte. Lieder u. lyrisch-epische Gedichte. Deutsche Volkssagen (ged. 1831). Nr. 4. D. Birnbaum auf d. Walserfeld.

— Auch die Sage knüpft sich an die Wirklichkeit, sie wurzelt in ihr; und die beiden Geistesrichtungen, „der Durst nach Wahrheit und die Lust am Truge", schließen sich gegenseitig nicht aus.

Hellmuth von Moltke, Wanderb. (1879).

Sagen. — Er selbst (nämlich Pythagoras) hat es gesagt. Griech.: *Αὐτὸς ἔφα.*

Beliebter Ausspr. d. Pythagoräer (5. Jahrh. v. Chr.).

— Sage nicht alles, was du weißt, aber wisse immer, was du sagest!

Matthias Claudius, Sämtl. Werke d. Wandsbecker Boten. T. 1. Denkspr. alter Weisen, mit meinen Randglossen (1772).

Sagen. — Es trägt Verstand und rechter Sinn | Mit wenig Kunst sich selber vor; | Und wenn's Euch ernst ist, was zu sagen, | Ist's nötig, Worten nachzujagen?

Joh. Wolfg. von Goethe, Faust, I (1808). Nacht (Faust).

— Das, was du sagst, soll wahr sein, | Das, wie du's sagst, soll klar sein, | Klug soll auch das Warum sein, | Sonst wär' es besser, — stumm sein.

Friedr. Güll, Leitstern auf d. Lebensfahrt (1881).

— Was du weißt, das sage nicht, | Was du siehst, verklage nicht, | Willst du Streit und Plage nicht!

Span. Sprichwort.

Saiten. — Süßer Wohllaut schläft in der Saiten Gold.

Friedr. von Schiller, Gedichte. D. Graf v. Habsburg (ged. 25. April 1803).

— Andere Saiten aufziehen (sein Benehmen ändern).

Sprichwörtl. Redensart.

— Die Saiten zu hoch spannen (zu hohe Anforderungen an sich, jemanden oder etwas stellen).

Sprichwörtl. Redensart.

Sakrament. — Sol ich gon züm sacrament, | So spricht man zü mir: hie her gendt!

Thomas Murner, Narrenbeschwerung (1512). Nr. 42. D. rößlin machen louffen.

— Das hochgelobte Sakrament | Wird deinen Jammer lindern.

Gottfr. Aug. Bürger, Gedichte. Lenore (ged. Winter 1773).

Säkulum. — Mir ekelt vor diesem tintenklecksenden Säkulum.

Friedr. von Schiller, D. Räuber (1781). A. 1, Sz. 2 (Karl v. Moor).

Salz. — Mit einem Körnchen Salz (mit ein wenig Witz). Lat.: Cum grano salis.

Nach Plinius d. Älteren (um 23—79), Naturgesch. Übers. v. Strack. B. 23, K. 8, § 77.

— Wo nun das Salz dumm wird, womit soll man salzen?

Matth., K. 5, V. 13.

— Mit jemandem einen Scheffel Salz gegessen haben (jemanden ganz genau kennen gelernt haben).

Sprichwörtl. Redensart.

— Weder Salz noch Schmalz haben (das Notwendigste, Beste entbehren).

Sprichwörtl. Redensart.

Salzsäule. — Zur Salzsäule werden.

Nach 1. Mos., K. 19, V. 26.

Sämann. — Früher Säemann borgt nie vom späten.

Bauernregel.

Samariter. — Barmherziger Samariter.

Nach Luk., K. 10.

Same. — . . . der Same aus unrechtem Bette wird vertilget werden.

Wsh. Sal., K. 3, V. 16.

— Guter Samen will auch guten Boden haben.

Bauernregel.

Sammeln, sich. — Sammle dich zu jeglichem Geschäfte, | Nie zersplittre deine Kräfte!

Friedr. von Bodenstedt, Gedichte (1852).

Sammlung. — Sammlung, jene Götterbraut, | Mutter alles Großen!

Frz. Grillparzer, Gedichte. Nr. 1. Leben u. Lieben. Dezemberlied (1827).

Sand. — Auf Sand bauen (auf unsicheren Grund bauen).

Sprichwörtl. Redensart.

— Jemandem Sand in die Augen streuen (jemanden durch falsche Vorspiegelungen an der Erkenntnis eines Zustandes verhindern).

Sprichwörtl. Redensart.

— Jemanden auf den Sand setzen (jemanden verteidigungsunfähig zu machen).

Sprichwörtl. Redensart.

— Sand reinigt den Magen.

Bek. Redensart.

Sandwirt. — Als der Sandwirt von Passeier . . .

Max von Schenkendorff, Sämtl. Gedichte. Abteilung 2. Vaterland. Andr. Hofer (geb. 10. Aug. 1814). Mel. v. Ludw. Berger (komp. 1819).

Sanft. — Ein Mensch von sanftem Charakter macht sich selbst und andere glücklich.

Arabisches Sprichwort.

Sanftmut. — Der Wildheit ist die Sanftmut ein Gegenmittel. Lat.: Atrocitati mansuetudo est remedium.

Phädrus, Fab. (um 30). Übers. v. Siebelis. B. 2, Nr. 11, V. 15.

— Aber sanftmut vnd gelindigkait | Pringt willig treu, schafft willig Leut.

Joh. Friedr. Fischart, D. Philosophisch Ehzuchtbüchlin (1578). D. Mann.

— Nur Menschen, welche Festigkeit besitzen, sind wahrer Sanftmut fähig; die da sanft scheinen, sind gewöhnlich bloß schwach und werden leicht bitter. Franz.: Il n'y a que les personnes qui ont de la fermeté qui puissent avoir une véritable douceur; celles qui paraissent douces n'ont d'ordinaire que de la faiblesse, qui se convertit aisément en aigreur.

François, Herzog von La Rochefoucauld, Reflexionen oder moralische Sentenzen u. Maximen (1665). Nr. 479. Übers. v. Zimmermann.

— Durch Sanftmut wirst du mehr gewinnen | Als durch Gewalt und Ungestüm. Franz.: Patience et longueur de temps | Font plus que force ni que rage.

Jean de Lafontaine, Fab. (1668). Übers. v. Dohm. B. 2, Nr. 12. D. Löwe u. d. Maus. V. 17—18.

— Furchtbar ist dieses alten Mannes Sanftmut.

Friedr. von Schiller, D. Verschwörung d. Fiesco zu Genua (1783). A. 3, Sz. 5 (Fiesco).

— Von weicher Seide prallt | Zurück die scharfe Klinge. — | Sanftmut wirkt größ're Dinge | Als schneidende Gewalt.

Friedr. von Bodenstedt, A. d. Nachlasse Mirza-Schaffys (1874). B. 3. B. d. Spr. Nr. 12.

— Sanftmut | Macht alles gut.

Sprichwort.

Sanftmütigen, die. — Selig sind die Sanftmütigen, denn sie werden das Erdreich besitzen!

Matth., K. 5, V. 5.

Sänger, der. — ... wahrlich! keines Lobes Ton | Auf keiner Flur gewähret | Dem Sänger einen süßern Lohn, | Als wenn er Schönheit ehret.
Gottfr. Aug. Bürger, Gedichte. D. Minne (ged. Frühjahr 1772).

— Wer kann des Sängers Zauber lösen, | Wer seinen Tönen widerstehn?
Friedr. von Schiller, Gedichte. D. Macht d. Ges. (ged. 1795).

— Der Sänger steht in heil'ger Hut.
Aug. Wilh. von Schlegel, Gedichte. Romanzen. Arion (1798).

— Drum soll der Sänger mit dem König gehen; | Sie beide wohnen auf der Menschheit Höhen! Friedr. von Schiller, D. Jungfrau v. Orleans (1801). A. 1, Sz. 2 (Karl).

— Der Sänger geht auf rauhen Pfaden.
Novalis (Friedr. von Hardenberg), Schriften (1802). Bd. 1. Heinr. v. Ofterdingen. K. 3. Mel. v. Luise Reichardt.

— ... den Sänger vermiss' ich, den Bringer der Lust, | Der mit süßem Klang mir bewege die Brust | Und mit göttlich erhabenen Lehren!
Friedr. von Schiller, Gedichte. D. Graf v. Habsburg (ged. 25. April 1803).

— Der Sänger singt von der Minne Sold, | Er preiset das Höchste, das Beste, | Was das Herz sich wünscht, was der Sinn begehrt.
Friedr. von Schiller, Gedichte. D. Graf v. Habsburg (ged. 25. April 1803).

— „Nicht gebieten werd' ich dem Sänger," spricht | Der Herrscher mit lächelndem Munde, | „Er steht in des größeren Herren Pflicht, | Er gehorcht der gebietenden Stunde."
Friedr. von Schiller, Gedichte. D. Graf v. Habsburg (ged. 25. April 1803).

— Zum Teufel erst das Instrument! | Zum Teufel hinterdrein den Sänger!
Joh. Wolfg. von Goethe, Faust, I (1808). Nacht. Straße vor Gretchens Türe (Val.).

— Viel Menschen schleichen matt und träg' | Ins kalte Grab hinein; | Doch fröhlich geht des Sängers Weg | Durch lauter Frühlingsschein.
Theod. Körner, Poetischer Nachlaß (1815). Verm. Gedichte. Sängers Wanderlied.

— Alles Lebens tiefste Schöne | Tun geheimnisvoll ja Töne | Nur dem frommen Sänger kund. Jos. Freiherr von Eichendorff, Gedichte (1837). Frühling u. Liebe. D. Dichter.

— Der Sänger zwingt mit Klängen, | Was störrig, dumpf und wild; | Es spiegelt in Gesängen | Die Welt sich göttlich mild.
Jos. Freiherr von Eichendorff, Gedichte (1837). Frühling u. Liebe. D. Flügelroß.

— Nur in schwülen Prüfungsstunden | Sproßt die Palme, die den Sänger krönt.
Joh. Gaudenz Freiherr von Salis-Seewis, Gedichte (1839). Psyches Trauer.

— Der Sänger hält im Feld die Fahnenwacht.
Feodor Löwe, Gedichte. D. Fahnenwacht (ged. 1847). Mel. v. Peter von Lindpaintner (komp. 1847).

Sänger, der. — Die Sorgen zu bannen, | (Das Unkraut des Geistes), | Den Kummer zu scheuchen, | Die Schmerzen zu lindern | Ist Sache des Sängers.
Friedr. von Bodenstedt, D. Lieder d. Mirza-Schaffy (1851). Epilog.

— Wie dem Vogel sein Gefieder | Ward dem Sänger sein Gedicht; | Erste Liebe, erste Lieder, | Wie sie kamen, weiß er nicht.
Friedr. von Bodenstedt, A. d. Nachlasse Mirza-Schaffys (1874). B. 1. Lieder d. Liebe. Vorklänge. Nr. 3.

— Stetige frewd (Freude), kurtzer zorn, weins beger (Begehr) | Seind zeichen, zu kennen ein guten Sänger. Alter Spr.

Sänger, die. — Ach, noch leben die Sänger; nur fehlen die Taten, die Lyra | Freudig zu wecken, es fehlt, ach! ein empfangendes Ohr.
Friedr. von Schiller, Gedichte. D. Sänger d. Vorwelt (ged. 1795).

— Edle Sänger dürfen | Nicht ungeehrt von meinem Hofe ziehn. | Sie machen uns den dürren Zepter blühn.
Friedr. von Schiller, D. Jungfrau v. Orleans (1801). A. 1, Sz. 2 (Karl).

— Sänger, Frau'n, wo die im Bunde, | Da gibt's einen hellen Klang!
Jos. Freiherr von Eichendorff, Gedichte (1837). Sängerleben. Tafellieder. Nr. 1. Schlußv.

— Da bin ich gern, wo frohe Sänger weilen! | Denn schöner kann's ja nirgends sein.
Sangeslust. Volkslied u. -weise.

Sängergaben. — Des Sehers und des Sängers Gaben sind | Von Gott und heilig; ehrt den Gott in euch; | Frönt nicht mit Heiligem dem Weltlichen; | Buhlt mit der Lyra nicht um schnöden Lorbeer | Und nicht um schnöd'res Gold!
Adelbert von Chamisso (Louis Charles Adelaide Chamisso de Boncourt), Gedichte. Gelegenheitsgedichte. Nachhall (ged. 1833).

Sängerherz. — Allem Großen, allem Schönen | Ist des Sängers Herz geweiht.
Max von Schenkendorf, Sämtl. Gedichte (1837). Abteilung 1. Leben u. Liebe. Frauenlob.

Sarg. — Nur freue dich auf jene Kammer | Des Friedens (den Sarg), da du wohnen wirst, | Wenn dich nicht mehr nach Ruhe dürst' | Und bist befreit von allem Jammer.
Anmutiger Blumenkranz a. d. Garten d. Gemeinde Gottes (1712). Gegensatz.

— Im letzten Haus, im Sarg, hast du nicht mehr Haussorgen: | Nur wer in dieser Burg sich barg, der ist geborgen.
Friedr. Rückert, D. Weisheit d. Brahmanen (1836—1839). B. 16, Abteilung 4, Nr. 18. (Stufe 5. Leben. Nr. 318.)

Särge. — Auf vermorschter Särge Reste, | Auf zerbröckeltes Gebein | Wallt durch weiße Blütenäste | Gold'ner Frühlingsmorgenschein.
Joh. Gaudenz Freiherr von Salis-Seewis, D. Gottesacker im Vorfrühling (1798).

Särge. — Noch köstlicheren Samen bergen | Wir traurend in der Erde Schoß | Und hoffen, daß er aus den Särgen | Erblühen soll zu schönerm Los.

Friedr. von Schiller, Gedichte. D. Lied v. d. Glocke (ged. Sept. 1799).

— Was wir bergen in den Särgen, | Ist das Erdenkleid; | Was wir lieben, ist geblieben! | Bleibt in Ewigkeit.

Ernst Schulze, Gedichte (1813). D. Vertrauen ist d. Friede.

Satan. — Hebe dich weg von mir, Satan! Lat.: Apage Satana! Matth., K. 4, V. 10.

Satire. — Es ist schwer, keine Satire zu schreiben. Lat.: Difficile est, satiram non scribere.

Decimus Junius Juvenalis, Sat. (um 100). Übers. v. Weber. Nr. 1, V. 30.

— Die feinste Satire ist unstreitig die, deren Spott mit so weniger Bosheit und so vieler Überzeugung verbunden ist, daß er selbst diejenigen zum Lächeln nötigt, die er trifft.

Georg Christoph Lichtenberg, Verm. Schriften (1800—1806). Bd. 2, Nr. 2. Bemerk. verm. Inhalts. Nr. 10. Ästhetische Bemerk.

— Der Hauptbeweis für den Nutzen der Satire ist: „Alte Satiren werden nicht mehr gelesen;" sie haben die belachten Torheiten verschwinden machen.

Karl Jul. Weber, Demokritos (1832—1840). D. Sat.

Satirisieren. — Sie denken mich zu ärgern und zu rühren, | Und sie satirisieren.

Christ. Dietr. Grabbe, Don Juan u. Faust (1829). A. 4, Sz. 2 (Faust).

Satt. — Alles wird man ja satt, des Schlafes sogar und der Liebe. Griech.: *Πάντων μὲν κόρος ἐστί, καὶ ὕπνου καὶ φιλότητος.*

Homer, Ilias. Übers. v. Voß. Ges. 13, V. 636.

— So sattes Kind nicht essen mag, | Scheint bitter ihm des Honigs Schmack; | Wem aber weh der Hunger tut, | Dem dünket saure Speise gut. Mittelhochdeutsch: Sô satez kint niht ezzen mac, | So unmaeret im des honges smac; | Swem aber wê der hunger tuot, | Den dunket schwachiu spîse guot.

Vrîdankes Bescheidenheit (1225—1240). Übertr. v. Pannier. Nr. 39. v. d. Hunger.

— Froh pflegt zu stehn das Haupt | Auf sattem Bauche, glaubt! Mittelhochdeutsch: Vil dicke vrouwez houbet stât | Ûf satem bûche, der den hât.

Vrîdankes Bescheidenheit (1225—1240). Übertr. v. Pannier. Nr. 39. v. d. Hunger.

— Eine volle (satte) Seele zertritt wohl Honigseim. Spr. Sal., K. 27, V. 7.

— Zu satt | Macht matt. Sprichwort.

— Wenn de Müse satt sind, smeckt dat Mehl bitter. Plattdeutsches Sprichwort.

— Wenn die Sau satt ist, stößt sie den Trog um. Niederl.: Als 't varken zat is, zoo stoot het de trog om. Sprichwort.

Satte, der. — Eh'r verdirbt der Übersatte, | Als wer nichts zu beißen hatte.

Moritz Doering, Gedichte (1827).

— Der Satte mag nicht wissen, wie dem Hungrigen zumute ist. Sprichwort.

Sattel. — Jemanden aus dem Sattel heben (jemanden aus einer Position verdrängen, um sie selbst einzunehmen). Sprichwörtl. Redensart.

Sättel. — In allen Sätteln gerecht sein (sich in jeder Lage einrichten können).

Sprichwörtl. Redensart.

Satteln. — Wer gut gesattelt, reitet gut.

Sprichwort.

Satzungen. — Satzungen und Formeln, diese mechanischen Werkzeuge eines vernünftigen Gebrauchs oder vielmehr Mißbrauchs seiner Naturgaben, sind die Fußschellen einer immerwährenden Unmündigkeit.

Immanuel Kant, Werke (1838—1839). Bd. 7.

Sauer. — Die Arbeit der Narren wird ihnen sauer. Pred. Sal., K. 10, V. 15.

— ... sie (die Gottlosen) lassen es ihnen sauer werden. Jer., K. 12, V. 13.

— Das kannst du dir sauer kochen (das kannst du behalten). Sprichwörtl. Redensart.

— Det wird dir sauer uffstoßen (das wird dir noch schlecht bekommen). Berliner Redensart.

Sauerkraut. — Auch unser edles Sauerkraut, | Wir sollen's nicht vergessen; | Ein Deutscher hat's zuerst gebaut, | Drum ist's ein deutsches Essen.

Ludw. Uhland, Gedichte. Lieder. Metzelsuppenlied (ged. 26. Jan. 1814).

Sauerteig. — ... im Sauerteige der Bosheit und Schalkheit. 1. Kor., K. 5, V. 8.

Saufen. — Ein narr müß vil gesoffen han, | Ein wiser mäßlich drinken kan.

Seb. Brant, D. Narrenschif (1494). Nr. 16. V. füllen u. prassen.

— Ein Arbeiter, der sich gerne voll säuft, der wird nicht reich. Jes. Sir., K. 19, V. 1.

— Wer allzeit säuft und allzeit schlemmt, | Behält zuletzt kein ganzes Hemd. Sprichwort.

— Er säuft wie ein Bürstenbinder.

Sprichwörtl. Redensart.

— He süpp alles, wat nass iss.

Sprichwörtl. Redensart. Münsterisch.

— Fual redo fuas! (Umstellung für Lauf oder sauf!) Spr. in Wirtshäusern.

Saufen, das. — Das Saufen bringet Weh, das kan mir Niemand neinen.

Friedr. von Logau, Deutsche Sinn-Getichte (1654). Wein.

Säufer. — ... weinet und heulet, alle Weinsäufer! Joel, K. 1, V. 5.

Säule. — Nur Eine hohe Säule zeugt von verschwund'ner Pracht.

Ludw. Uhland, Gedichte. Balladen u. Romanzen. D. Sängers Fluch (ged. 3.—4. Dez. 1814).

Saulus. — Aus einem Saulus ein Paulus werden (bekehrt werden). Nach Apostelgesch., K. 9.

Säumen. — Säumt man so lang, so wird der Feind gewarnt.
Friedr. von Schiller, Wilh. Tell (1804). A. 2, Sz. 2 (Stauffacher).

— Hier möcht' ich volle Stunden säumen!
Joh. Wolfg. von Goethe, Faust, I (1808) Abend (Faust).

Schablonen. — Mit nur wenigen gehen wir als mit Menschen um; die meisten sind uns bloß Schablonen.
Joh. Jak. Mohr, Gedanken über Leben u. Kunst (1885).

Schaden. — Wer Macht zu schaden hat und es nicht tut, | . . . Der ist des Himmels Liebling. Engl.: **They that have power to hurt, and will do none, | . . . They rightly do inherit heaven's graces.**
William Shakespeare, Sonette (1609). Übers. v. Bodenstedt. Abteilung 4, Nr. 152.

— . . das Vermögen, schaden zu können, erweckt, fürchte ich, die Lust, schaden zu wollen; und es ist besser, unrecht leiden, als unrecht tun.
Gotthold Ephr. Lessing, Fab. (1759). B. 2, Nr. 18. Zeus u. d. Schaf.

— Die Macht zu schaden zeugt gar leicht den Willen. Frz. Grillparzer, D. goldene Vlies (1822).

— Die richtige Grenze unserer Triebe ist die, daß wir weder uns noch andern damit schaden. Bis zu dieser Grenze ist alles erlaubt. Engl.: **The proper limit to self-indulgence is, that he shall neither hurt himself nor hurt others. Short of this, every thing is lawful.**
Henry Thomas Buckle, Gesch. d. Zivilisation (1858—1861). Übers. v. Ritter. K. 19.

Schaden, der. — Den Schaden schweigen, macht ihn steigen; | Den Schaden zeigen, macht ihn neigen. | Verschwiegne Schäden wachsen heimlich, | Man heilet sie nachher nie reinlich.
Joh. Friedr. Fischart, Flöh Hatz, Weiber Tratz (1577).

— Ein fauler Schade leidet kein Betasten. Engl.: **A rotten case abides no handling.**
William Shakespeare, König Heinr. IV. (1597—1598). Übers. v. Schlegel. T. 2, A. 4, Sz. 1 (Westmoreland).

— Die Welt nimmt teil mit Lust an unserm Schaden nur.
Friedr. Rückert, D. Weisheit d. Brahmanen (1836—1839). B. 9, Nr. 14. Schlußv. (Stufe 4. Schule. Nr. 112.)

— Durch Schaden wird man klug! | Sagen die klugen Leute. | Schaden litt ich genug, | Doch bin ich ein Tor noch heute.
Friedr. Rückert, Gesammelte poetische Werke (1867—1869). Spr.

— Durch Schaden wird man klug, aber nicht reich. Alter Spr.

— Schad, sorg und klag | Wachsen alle tag. Alter Spr.

— Uff Schaden thun weiß jedermann bescheit, | Zu nutzen ist niemand bereyt. Alter Spr.

Schaden. — Wer im Schaden schwimmt, der hat es gern, daß Andre mit ihm baden. Alter Spr.

— Alter Schaden blutet leicht. Sprichwort.

— Besser mit Schaden als mit Schande klug werden. Sprichwort.

— Des einen Schaden ist des andern Gewinn. Sprichwort.

— Des einen Schaden ist des andern Nutzen. Sprichwort.

— Mit fremdem Schaden ist wohlfeil klug werden. Sprichwort.

— Wer den Schaden hat, braucht für den Spott nicht zu sorgen. Sprichwort.

— Es ist selta a Schädle, wo ka Nützle dabei ist. Sprichwort. Oberinntal.

— Und wie Gott den Schaden besieht, . . . Sprichwörtl. Redensart.

Schäden. — Er hat alle Schäden wie ein Judengaul. Sprichwort.

Schadenfreude. — Wenn die Menschen recht schlecht werden, haben sie keinen Anteil mehr als die Schadenfreude.
Joh. Wolfg. von Goethe, Werke (1827—1830). Maximen u. Reflexionen. Abteilung 3.

— Jedoch ist Neid zu empfinden, menschlich; Schadenfreude zu genießen, teuflisch.
Arthur Schopenhauer, D. beiden Grundprobleme d. Ethik (1841).

Schaf. — Wer sich zum Schafe macht, den fressen die Wölfe. Sprichwort.

Schäfchen, das. — Er hat sein Schäfchen im Trocknen (er hat soviel, daß er sorglos leben kann). Sprichwörtl. Redensart.

— Sein Schäfchen scheren (sich Vorteil und Gewinn verschaffen). Sprichwörtl. Redensart.

Schäfchen, die. — Wer hat die schönsten Schäfchen? | Die hat der gold'ne Mond.
Aug. Heinr. Hoffmann von Fallersleben, Lyrische Gedichte. Nr. 3. Kinderleben. Jugend- u. Mannesjahre. Kindheit. Nr. 9. D. Lied v. Monde (ged. 28. Jan. 1830). Mel. v. Karl von Winterfeld (komp. 1831).

Schafe. — Die geschorenen Schafe soll der der Schäfer im Hemd austreiben (wenn es sehr warm ist). Bauernregel.

Schäfer, der. — Der Schäfer putzte sich zum Tanz. Joh. Wolfg. von Goethe, Faust, I. Vor d. Tor. Tanzlied (vor 1795). Mel. v. Friedr. Theod. Fröhlich (1828) u. für Männerchor v. Adolf Zander (1892).

Schäfer, die. — Faule Schäfer haben gute Hunde. Bauernregel.

Schäferstunde. — Wer fragt darnach in einer Schäferstunde?
Joh. Wolfg. von Goethe, Faust, I (1808). Walpurgisnacht (Mephistopheles).

Schaffen. — Man lebt nur, wenn man schafft.
Ernst Freiherr von Feuchtersleben, Zur Diätetik d. Seele (1838).

Schaffen. — . . . die Tränen lassen nichts gelingen, | Wer schaffen will, muß fröhlich sein.

Theod. Fontane, Gedichte (1875). Lieder u. Spr.

— Nicht was ich habe, sondern was ich schaffe, ist mein Reich. Engl.: Not what I have, but what I do, is my kingdom.

Samuel Smiles, D. Sparsamkeit (1875). K. 1. Vorwort.

— Das Jahr geht ein, das Jahr geht aus, | Und schafft du mit rüstigen Händen, | So schleicht sich das Glück von selbst ins Haus | An allen Ecken und Enden.

Karl Busse, Gedichte (1892). Verm. Gedichte. Ermunterung.

— Entweder sei Prometheus oder Psyche, entweder schaffe oder liebe; in beiden Fällen besiegst du das Schicksal.

A. d. Rumänischen d. Carmen Sylva (Elisabeth, Königin v. Rumänien).

— Schaff' ohne Rast, | Doch ohne Hast!

Sprichwort.

— Genieße deine Kraft, | Man lebt nur, wenn man schafft.

Spr. im Berliner Rathause. Erster Stock.

— Hab mut und schaff mit starker hand, | Spinn und web an der tugent gewand!

Wartburgspr. Kemenate.

Schaffen, das. — Das Schaffen hat nur Wert, nicht das Geschaff'ne; | Was wird, das lebt! Gewordenes ist tot.

Leop. Schefer, Laienbrevier (1834). Sept. Nr. 23.

— . . . dem Leben rechte Weihe | Kann nur eignes Schaffen geben.

Friedr. von Bodenstedt, A. d. Nachlasse Mirza-Schaffys (1874). B. 3. B. d. Spr. Nr. 32.

— Nur Eins beglückt zu jeder Frist, | Schaffen, wofür man geschaffen ist.

Paul Heyse, Spruchbüchlein (1885).

Schaffend. — Krankheit ist wohl der letzte Grund | Des ganzen Schöpferdrangs gewesen; | Erschaffend konnte ich genesen, | Erschaffend wurde ich gesund.

Heinr. Heine, Neue Gedichte. Verschiedene (geb. 1832—1839). Schöpfungslieder. Nr. 7.

Schaffensfreude. — Wer von Schaffensfreude spricht, hat höchstens Mücken geboren.

Marie von Ebner-Eschenbach, Aphorismen (1893).

Schafsmist. — Der Schafsmist geht über den Segen Gottes. Bauernregel.

Schalen. — Die Schalen, | Die erheitern, nicht berauschen (Bezeichnung des Tees). Engl.: The cups, | That cheer, but not inebriate.

William Cowper, D. Aufgabe (1785). Übers. v. Borel. B. 4. D. Winterabend.

Schalk. — Wie sehr der Fuchs auch ist ein Schalk, | Ihn verrät doch Kehl' und Balg. Mittelhochdeutsch: Swie der vuhs sî ein schalc, | In verraetet kele unde balc.

Vrîdankes Bescheidenheit (1225—1240). Übertr. v. Pannier. Nr. 43. v. tieren.

Schalk. — Kröch der Schalck in ein Zobels Balg, | So bleibt er doch darinn ein Schalck; | Der Wolff verändert nur die Haar, | Der untreu' Sinn bleibt immerdar.

Georg Rollenhagen, Froschmäuseler (1595). B. 1, T. 2, K. 26.

— Du Schalk und fauler Knecht!

Matth., K. 25, V. 26.

— Das muß ein rechter ertz schalck sein, | Der ein andern schalck kan kennen sein. Alter Spr.

— Es ist kein schalck so verlogen, | Er wirt offt von einem anderen betrogen. Alter Spr.

— Kein Schalk heckt den andern. Sprichwort.

— Den Schalk im Nacken haben (schalkhaft sein, ohne es merken zu lassen).

Sprichwörtl. Redensart.

Scham. — Scham ist eine große Tugend. Mittelhochdeutsch: Schame, deist ein grôziu tugent.

Vrîdankes Bescheidenheit (1225—1240). Übertr. v. Pannier. Nr. 18. v. edele u. tugende.

— Der Ehren Rute ist die Scham. Mittelhochdeutsch: Êren beseme, daz ist scham.

Vrîdankes Bescheidenheit (1225—1240). Übertr. v. Pannier. Nr. 18. v. edele u. tugende.

— Die best gezierd und höhster nam, | Das sint gût sitten, zucht und scham.

Seb. Brant, D. Narrenschif (1494). Nr. 9. V. bosen sitten.

— In dem Gürtel bewahrt Aphrodite der Reize Geheimnis; | Was ihr den Zauber verleiht, ist, was sie bindet, die Scham.

Friedr. von Schiller, Gedichte. Votivtafeln. Nr. 50. D. Gürtel (geb. 1799).

— Die Gewalt ihrer Reize zu verdoppeln, gab die Natur dem Weibe die Scham, die holdseligste der Grazien.

Christoph Martin Wieland, Sämtl. Werke (1794—1802).

— Vor jedem Paradiese der Unschuld steht ein wachender Cherub mit feurigem Schwerte: — die Scham. Aloys Blumauer, Sämtl. Werke (1801—1803). Prosaische Aufsätze.

— Dann ist einer durchaus verarmt, | Wenn die Scham den Schaden umarmt.

Joh. Wolfg. von Goethe, Gedichte. Sprichwörtl. (geb. 1812—1814).

— O holde Scham, du deckst mit sichrer Hülle | Den süßen Reiz, der zart und wehrlos blüht, | Und friedlich weicht des Mannes Wunsch und Wille | Der Jungfrau arglos waltendem Gemüt.

Ernst Schulze, Sämtl. poetische Werke (1818—1820).

— Welche Waffe Gott dem zarten und holden Geschlecht gab | Gegen der Sinn' Anreiz und die Verführung? — die Scham.

Karl Phil. Konz, Gedichte (1824).

— Alt ist das Wort, doch bleibet hoch und wahr der Sinn, | Daß Scham und Schönheit nie zusammen Hand in Hand.

Joh. Wolfg. von Goethe, Faust, II (1831). A. 3. Vor d. Palaste d. Menelas zu Sparta (Phorkyas).

Scham. — Das unheilvolle Giftkraut, welches falsche Scham genannt wird, beginnt in den frühesten Tagen des Lebens um so mehr zu wuchern, als es von der Dummheit der alten Menschen eher gehätschelt und gepflegt, als ausgereutet wird.

Gottfr. Keller, D. grüne Heinr. (1854).

— Scham bezeichnet im Menschen die innere Grenze der Sünde; | Wo er errötet, beginnt eben sein edleres Selbst.

Friedr. Hebbel, Gedichte (1857). Epigramme u. Verwandtes. Nr. 2. Gnomen. D. Scham.

— . . . was die Scham ist, weiß doch nur ein Weib. Rob. Hamerling, Ahasver in Rom (1866). Ges. 2. D. Bachanal.

— Gesteh' dir's selbst, hast du gefehlt, | Füg' nicht, wenn Einsicht kam, | Zum falschen Weg, den du gewählt, | Auch noch die falsche Scham!

Frz. Grillparzer, Gedichte (1873). Nr. 1. Leben u. Lieben. Epigrammatisches. Guter Rat.

— Keuschheit verloren, | Etwas verloren, | In der Ehe etwas gewonnen; | Scham verloren, | Alles verloren, | Die Seele in Schmutz zerronnen.

Friedr. Theod. Vischer, Lyrische Gänge (1886). Verloren.

— Seine Scham entblößen.

Nach 3. Mos., K. 20, V. 18.

— Eine junge Frau ohne Scham, | Ein Acker ohne Sam', | Ein junger Gesell ohne Zucht | Bringen selten gute Frucht. Alter Spr.

— Den halt' ich für verdorben, | Bei welchem Scham und Zucht gestorben. Sprichwort.

— Der ist nicht ehrenwert, | Der sich von Scham und Tugend kehrt. Sprichwort.

— Scham ist des Armen Unglück. Sprichwort.

— Wer ka Scham hot, hot o' kan Ehr.

Sprichwort. Paznaun.

Schamade. — Schamade blasen (klein beigeben). Sprichwörtl. Redensart.

Schämen, das. — Das Schämen kann überall an seiner rechten Stelle sein, nur bei dem Bekenntnisse unserer Fehler nicht.

Gotthold Ephr. Lessing, Miß Sara Sampson (1755). A. 3, Sz. 4 (Sara).

Schämen, sich. — Wer sich leicht schämt, sündigt schwer. Talmud (3. Jahrh.).

— Schäme dich, Kamill!

Karl Wilh. Ramler, Oden (1767). D. Triumph.

— Schäme dich, Kronprinz von Genua!

Friedr. von Schiller, D. Verschwörung d. Fiesco zu Genua (1783). A. 1, Sz. 9 (Fiesco).

— . . . sie waren beide nackend, der Mensch und sein Weib, und schämeten sich nicht.

1. Mos., K. 2, V. 25.

Schamhaftigkeit. — Uns kröne das schönste Geschenk aus Götterhand: Schamhaftigkeit! Griech.: *Στέγοι δέ με σωφροσύνα, | Δώρημα κάλλιστον θεῶν.*

Euripides, Medea (um 431 v. Chr.). Übers. v. Minckwitz. V. 635—36 (Chor).

Schamhaftigkeit. — Die spätere unbefohl'ne, zumal weibliche Schamhaftigkeit gleicht dem Feigenbaume selber, welcher mit seinen Feigenblättern nur erlaubte süße Blüten und Früchte vor dem Reifen, nicht verbot'nes Gift zudeckt.

Jean Paul (Joh. Paul Friedr. Richter), Levana oder Erzieh-Lehre (1807). Bd. 3, Bruchstück 6, K. 4, § 129.

— Eine einzige Art der Furcht hat etwas Edles, die Schamhaftigkeit.

Karl Jul. Weber, Demokritos (1832—1840). Furcht u. Feigheit; d. Mut.

Schamlosigkeit. — . . . aller Laster größtes, das auf Erden herrscht: | Schamlosigkeit. Griech.: . . . *ἡ μεγίστη τῶν ἐν ἀνθρώποις νόσων | Πασῶν, ἀναίδει'.*

Euripides, Medea (um 431 v. Chr.). Übers. v. Minckwitz. V. 471—72 (Medea).

Schamröte. . . . die Schamröte, . . . die nach dem Morgen- und Abendrot das schönste Rot in der Welt ist.

Theod. Gottl. von Hippel, Über d. Ehe (1774). K. 6. Zum Besten d. Jünglinge.

— Den keine Gewalt erschrecken darf, entwaffnet die holde Röte der Scham.

Friedr. von Schiller, Prosaische Schriften. Über d. ästhetische Erziehung d. Menschen, in einer Reihe v. Br. (1795). Br. 27.

Schande. — Wer seine Schande decken kann | Und Zorn, der ist ein weiser Mann. Mittelhochdeutsch: Swer sîn laster erkennen kan | Unt zorn, der ist ein wîse man.

Vrîdankes Bescheidenheit (1225—1240). Übertr. v. Pannier. Nr. 34. v. d. êre.

— Schande dem, der schlecht davon denkt! Engl.: Honi soit qui mal y pense!

Inschrift d. engl. Hosenbandordens (gestiftet 1344).

— . . . auf meinen Knien bitt' ich um Sterblichkeit | Statt Leben, das durch Schande nur gedeiht. Engl.: Here, on my knee, I beg mortality, | Rather than life preserv'd with infamy.

William Shakespeare, König Heinr. VI. (um 1591—1592). Übers. v. Schlegel. T. 1, A. 4, Sz. 5 (John).

— Wer seines Nächsten Schande sucht, | Wird selber seine Schande finden!

Gotthold Ephr. Lessing, Schriften (1753—1755). Gereimte Fab. u. Erz. Nr. 13. D. Eremit.

— Die Schande nimmt ab mit der wachsenden Sünde.

Friedr. von Schiller, D. Verschwörung d. Fiesko zu Genua (1783). A. 3, Sz. 2 (Fiesko).

— Die Schande besteht nicht in der Strafe, sondern in dem Verbrechen.

Joh. Gottfr. von Herder u. Liebeskind, Palmblätter (1786—1800). T. 2. D. geprüfte Treue.

Schande. — Wenn erst die Schande wird geboren, | Wird sie heimlich zur Welt gebracht, | Und man zieht den Schleier der Nacht | Ihr über Kopf und Ohren; | Ja, man möchte sie gern ermorden. | Wächst sie aber und macht sich groß, | Dann geht sie auch bei Tage bloß | Und ist doch nicht schöner geworden. — | Je häßlicher wird ihr Gesicht, | Je mehr sucht sie des Tages Licht.
Joh. Wolfg. von Goethe, Faust, I (1808). Nacht. Straße vor Gretchens Türe (Val.).

— Sünd' und Schande | Bleibt nicht verborgen.
Joh. Wolfg. von Goethe, Faust, I (1808). Dom (Böser Geist).

— ... wer für Tand und Schande ficht, | Den hauen wir zu Scherben.
Ernst Moritz Arndt, Gedichte. Vaterlandslied (ged. 1812). Mel. v. Albert Methfessel (1818).

— Dem Tode zu entrinnen, das ist nicht schwer, aber der Schande zu entrinnen, das ist viel schwerer, denn sie läuft viel schneller als der Tod.
Matthias Claudius, Sämtl. Werke d. Wandsbecker Boten (1816). Apologie d. Sokrates.

— Mit Schanden bestehen.
Nach Jesaias, K. 19, V. 9.

Schandbrocken. — Ein Schandbrocken ist bald gegessen. Sprichwort.

Schandfleck. — Ein Schandfleck sein.
Nach 5. Mos., K. 32, V. 5. — Sprichwörtl. Redensart.

Schanze. — Sein Leben in die Schanze schlagen (sein Leben aufs Spiel setzen).
Sprichwörtl. Redensart.

Scharf. — Allzu scharf macht schartig.
Sprichwort.

Scharfsinnig. — Insoferne wir scharfsinnig sind, liegen wir einander fast beständig in den Haaren. Tiefsinn aber macht verträglich.
Friedr. Heinr. Jacobi, Auserlesener Briefwechsel. An Matthias Claudius (30. Juni 1783).

— Es ist mancher scharfsinnig und doch ein Schalk. Jes. Sir., K. 19, V. 22.

Scharlatan. — Ein böser Scharlatan | Macht erst Gesunde krank, damit er heilen kann!
Joh. Jak. Dusch, Sämtl. poetische Werke (1765—1767). T. 1. V. d. Schwächen d. Vernunft.

Scharte. — Eine Scharte auswetzen (einen Fehler wieder gut machen). Sprichwörtl. Redensart.

Schatten, der. — Ach, von jenem lebenswarmen Bilde | Blieb der Schatten nur zurück!
Friedr. von Schiller, Gedichte. D. Götter Griechenlands (ged. 1788).

— Ich bin nur noch der Schatten der Maria.
Friedr. von Schiller, Maria Stuart (1800). A. 3, Sz. 4 (Maria).

— Im Schatten kühler Denkungsart.
Hans Adolf von Thümmel (gest. 1851).

— Jemanden in den Schatten stellen (jemandem bedeutend überlegen sein).
Sprichwörtl. Redensart.

Schatten, die. — Schatten ja sind wir und Staub. Lat.: Pulvis et umbra sumus.
Quint. Horatius Flacc., Oden (um 18 v. Chr.). Übers. v. Voß. B. 4, Nr. 7, V. 16.

Schattenbilder. — Wer möchte sich an Schattenbildern weiden, | Die mit erborgtem Schein das Wesen überkleiden?
Friedr. von Schiller, Gedichte. Poesie d. Lebens (ged. 1795).

Schatz (Geld). — Der muß in steten ängsten schlaffen, | Der nur den Schatz im Kasten helt.
Simon Dach, Besser Kunst als Gut (1652).

— ... wo euer Schatz, da ist auch euer Herz.
Matth., K. 6, V. 21.

Schatz (Geliebter). — Mein Schatz ist a Reuter, | A Reuter muß sein; | Das Roß ist des Königs, | Da Reuter ist mein.
Schwäbisches Volkslied (um 1822). Volksweise.

Schatz (Geliebte). — Ach, wenn doch mein Schätzchen ein Rosenstock wär'!
Volkslied (um 1800). Volksweise.

— Was hab' ich meinem Schätzlein zuleide getan? | Es geht wohl bei mir her und sieht mich nicht an; | Es schlägt seine Augen wohl unter sich | Und sieht einen andern Schatz wohl lieber als mich? D. Knaben Wunderhorn (1806—1808). Petersilie. Volksweise.

— Was hilft mir ein Schätzel, | Wenn's bei mir nicht bleibt!
D. Knaben Wunderhorn (1806—1808). Rheinischer Bundesring. Volksweise.

— O, o wie schön ist das, | Wenn man kein schön Schätzchen hat; | Da kann man schlafen ohne Sorgen | Von dem Abend bis zum Morgen.
Soldatenlied.

— O, o wie hart ist das, | Wenn man ein schön Schätzchen hat | Und muß reisen auf fremder Straßen, | Muß sein' Schatz einem andern lassen. Soldatenlied.

— Wenn zu mei'm Schätzerl kommst, | Tu' mer's schön grüße! Schwäbisches Volkslied u. -weise.

— S is nit lang, daß g'regnet hat, | Die Läubli tropfeln noch. | Ich hab e'mal 'n Schätzel g'hat, | Ich wollt', ich hätt' es noch. Schweizer Volkslied.

— Mei Schatzerl is hübsch! | Aber reich is es nit. | Was nützt mi der Reichtum, | Das Geld küß i nit. Volkslied u. -weise.

— Dåß mei Schåtz gårstig is, | Dås såg' i nit; | Åber wenn er just schöner wär', | Schåde tät's ihm nit. Steirisches Schnaderhüpfl.

— Hier ist jrün un dort is jrün | Wohl unter meinen Füßen, | Ich hab' verloren meinen Schatz, | Ich werd' ihn suchen müssen. | Bist du es oder bist du's nicht, | Die mir ein Küßchen schuldig ist? | Ach nein, ach nein, du bist es nicht, | Die mir ein Küßchen schuldig ist. Berliner Kinderspielv.

Schätze (Geld). — Die Schätze sind der Menschen hochgeschätztes Gut, | Und größte Geltung üben sie im Menschenreich! Griech.: *Τὰ χρήματ' ἀνθρώποισι τιμιώτατα | Δύναμίν τε πλείστην τῶν ἐν ἀνθρώποις ἔχει.*

Euripides (um 480—406 v. Chr.), D. Phönizierinnen. Übers. v. Minckwitz. V. 439—40 (Polyneikes).

— Nicht Ehrfurcht vor den Gesetzen, nicht Scheu noch Scham besitzt, wer gierig Schätzen nachjagt. Lat.: **Quae reverentia legum, | Quis metus aut pudor est unquam properantis avari?**

Decimus Junius Juvenalis, Sat. (um 127). Übers. v. Weber. Nr. 14, V. 177.

— Ihr sollt euch nicht Schätze sammlen auf Erden, da sie die Motten und der Rost fressen, und da die Diebe nach graben und stehlen!

Matth., K. 6, V. 19.

Schätzen. — Schätze den Hund nicht nach den Haaren, sondern nach den Zähnen!

Joh. Gottfr. von Herder, Stimmen d. Völker in Liedern (1807). Abteilung 1, B. 1, Nr. 4. Esthnische Hochzeitlieder. Voranmerkung.

Schauen. — O, hätt' ich nie gelebt, um das zu schauen! Friedr. von Schiller, Wilh. Tell (1804). A. 1, Sz. 3 (Stauffacher).

Schaum. — Schaum schlagen (inhaltsloses Zeug schwätzen). Sprichwörtl. Redensart.

Schauspiel. — Es ist ein Schauspiel, . . . das Tränen in deine Augen lockt, wenn es dein Zwerchfell zum Gelächter kitzelt.

Friedr. von Schiller, D. Räuber (1781). A. 3, Sz. 2 (Moor).

— Welch Schauspiel! Aber ach! ein Schauspiel nur! Joh. Wolfg. von Goethe, Faust, I (1808). Nacht (Faust).

— Ein Schauspiel aus jemandem machen.

Nach Hesekiel, K. 28, V. 17.

Schauspieler, der. — Ein verständiger Schauspieler muß nie seine Rolle, wo es nicht nötig ist, zum Nachteile aller anderen heben.

Gotthold Ephr. Lessing, Hamburgische Dramaturgie (1767—1768).

— Ein Schauspieler, der sich vernachlässigt, ist mir die widerwärtigste Kreatur von der Welt.

Joh. Wolfg. von Goethe, Wilh. Meisters Lehrjahre (1777—1796).

Schauspieler, die. — Schauspieler, die leuchten wollen, wo es nicht sein darf, muß man gewaltsam unter den Scheffel stellen.

Ludw. Börne, Gesammelte Schriften (1862—1863). Dramaturgische Blätter. Nr. 49. D. Nachtlager in Granada. Schlußsatz.

— Die meisten unserer Schauspieler sind überall Schauspieler, ausgenommen auf der Bühne. Joh. Jak. Mohr, Gedanken über Leben u. Kunst (1885).

Scheidebrief. — Einen Scheidebrief schreiben.

Nach 5. Mos., K. 24, V. 1.

Scheiden. — Wann ich einmal soll scheiden, | So scheide nicht von mir!

Paul Gerhardt, Geistl. Andachten. An d. Angesicht d. Herrn Jesu (1659).

— Heute scheid' ich, heute wandr' ich; | Keine Seele weint um mich.

Friedr. (Maler) Müller, Balladen (1776). Soldaten Abschied. Mel. v. Friedr. Fesca (komp. 1822).

— So willst du treulos von mir scheiden?

Friedr. von Schiller, Gedichte. D. Ideale (ged. 1795).

— Noch Einmal, Robert, eh' wir scheiden, | Komm' an Elisens klopfend Herz!

Friedr. Voigt, Lieder für d. Herz (1799). Vergiß mein nicht! Volksweise.

— Der Senne muß scheiden; | Der Sommer ist hin. Friedr. von Schiller, Wilh. Tell (1804). A. 1, Sz. 1 (Hirt).

— Schöne Minka, ich muß scheiden!

Christoph Aug. Tiedge, Werke. Gedichte. D. Kosak u. sein Mädchen (ged. 1808). Russische Volksweise.

— Ade nun, ihr Lieben, | Geschieden muß sein! Justinus Kerner, Dichtungen. Wanderlieder. Wanderlied (ged. März 1809). Volksweise.

— Ach Liebchen, heißt das meiden, | Wenn man sich herzt und küßt? | Ach Liebchen, heißt das scheiden, | Wenn man sich fest umschließt?

Ludw. Uhland, Gedichte. Lieder. Wanderlieder. Nr. 2. Scheiden u. Meiden (ged. 18. Aug. 1811).

— Wie wird mir so bang, daß ich scheiden soll. Stefan Schütze, Gedichte ernsten u. scherzhaften Inhalts. Abschied (ged. 1818). Mel. v. Justus Dotzauer (1819).

— Es ist bestimmt in Gottes Rat, | Daß man vom Liebsten, was man hat, | Muß scheiden.

Ernst Freiherr von Feuchtersleben, Gedichte. Nach altdeutscher Weise (vor 1826). Mel. v. Felix Mendelssohn-Bartholdy (komp. 1839).

— Morgen müssen wir verreisen, | Und es muß geschieden sein.

Aug. Heinr. Hoffmann von Fallersleben, Lyrische Gedichte. Nr. 4. Volksleben. Allerlei Klänge a. d. Volksleben. Jugend- u. Mannesjahre. Wanderlieder. Nr. 1. Abschied (ged. Frühling 1826). Mel. v. Friedr. Silcher (komp. 1837—1839) u. Immanuel Sauermann (1848).

— Von meinem Bergli muß i scheide.

Volkslied (vor 1840). Volksweise.

— Wenn sich zwei Herzen scheiden, | Die sich dereinst geliebt, | Das ist ein großes Leiden, | Wie's größres nimmer gibt.

Emanuel Geibel, Gesammelte Werke. Gedichte. Jugendgedichte. B. 4. Escheberg, St. Goar (ged. 1842—1843). Wenn sich zwei Herzen scheiden. Mel. v. Felix Mendelssohn-Bartholdy.

— Weh, daß wir scheiden müssen!

Gottfr. Kinkel, Gedichte. D. Lehnsmanns Abschied (vor 1857). Volksweise.

— Außerdem ist kein schwerer Leiden, | Als wenn sich zwei Lieb' müssen scheiden. Alter Spr.

Scheiden, das. — Ade, ade, ade! | Ja, scheiden und lassen tut weh!

D. Knaben Wunderhorn. Drei Reiter am Tor (16. Jahrh.). Volksweise.

— Scheiden bringet Herzeleid, | Wiederkommen Trost und Frewd.

Jonas Daniel Koschwitz, Abschieds-Liedchen (1648).

— Wiederkommen macht, | Daß man's Scheiden nicht acht. D. Knaben Wunderhorn (1806—1808). Mailied.

— Ach Scheiden, ach, ach! | Wer hat doch das Scheiden erdacht, | Das hat mein jung' frisch Herzelein | So frühzeitig traurig gemacht.

D. Knaben Wunderhorn (1806—1808). Müllers Abschied.

— O du allerhöchste Zier, | Scheiden, das bringt Grämen.

D. Knaben Wunderhorn (1806—1808). Lebewohl. Mel. v. Friedr. Silcher (komp. 1827).

— Liebchen, ade! Scheiden tut weh! | Morgen, da geht's in die wogende See!

Wilh. Gerhard, Maskenkalender (1817). Matrose. Mel. v. Aug. Pohlenz (komp. 1823).

— Scheiden ist der Tod!

Joh. Wolfg. von Goethe, Gedichte. Lyrisches. Trilogie d. Leidenschaft. An Werther (ged. 24.—25. März 1824).

— Scheiden, ach Scheiden, Scheiden tut weh! Karl Herloßsohn, B. d. Liebe. Agatha (ged. 1841). Mel. v. Frz. Abt (komp. 1842).

— Mag auch heiß das Scheiden brennen, | Treuer Mut hat Trost und Licht; | Mag auch Hand von Hand sich trennen, | Liebe läßt von Liebe nicht.

Emanuel Geibel, Juniuslieder (1848). Zu Volksweisen. Nr. 6. Deutsch.

— Wäre Scheiden gar kein Leiden, | Wäre dann so wunderschön, | Was man lieb hat, wiedersehn? Alter Spr.

— Scheiden bringt Leiden, | Wiederkehr Freuden. Sprichwort.

— Scheiden und Meiden tut weh. Sprichwort.

— Und ä a und ä e, und das Scheiden thut weh, | Und die Liebe thut schwanken, wie'n Schiff auf e'm See. Ländler.

— „Grüeß-di'-Gott, grüeß-di'-Gott," | Dås hör' i gern, | Aber beim „b'hüet-di'-Gott" (beim Scheiden) | Mueß i oft rer'n (laut weinen).

Tiroler Schnaderhüpfl.

Scheidenden, die. — Viele Worte frommen nicht den Scheidenden.

Joh. Wolfg. von Goethe, Elpenor (1781). A. 1, Sz. 6 (Antiope).

Scheidung. — . . . die Scheidung bringt den Frauen Schmach. Griech.: *Οὐ γὰρ εὐκλεεῖς ἀπαλλαγαὶ | Γυναιξὶν.*

Euripides, Medea (um 431 v. Chr.). Übers. v. Minckwitz. V. 236—37 (Medea).

Schein. — Manch Sterblicher schätzt, voll frevelnden Sinns, | Weit höher den Schein als die Wahrheit. Griech.: *Πολλοὶ δὲ βροτῶν τὸ δοκεῖν εἶναι | Προτίουσι δίκην παραβάντες.*

Äschylus, D. Orestie (um 458 v. Chr.). Übers. v. Minckwitz. Agamemnon. V. 752—53 (Chorführer).

— Alle wir Sänger beinah' werden getäuscht vom Scheine der Tugenden. Lat.: Maxima pars vatum . . . | Decipimur specie recti.

Quint. Horatius Flacc., Dichtkunst (um 20 v. Chr.). Übers. v. Voß. V. 24—25.

— . . . ich steh' hier auf meinem Schein. Engl.: I stay here on my bond.

William Shakespeare, D. Kaufmann v. Venedig (um 1594—1596). Übers. v. Schlegel. A. 4, Sz. 1 (Shylock).

— Wo viel Schein, | Da kein Sein.

Friedr. von Logau, Deutsche Sinn-Getichte (1654). Sein u. nicht scheinen.

— Die Welt urteilt nach dem Scheine.

Joh. Wolfg. von Goethe, Clavigo (1774). A. 4. Clavigos Wohnung (Clavigo).

— Der Schein ist gegen mich; doch darf ich hoffen, | Daß ich nicht nach dem Schein gerichtet werde! Friedr. von Schiller, Maria Stuart (1800). A. 4, Sz. 6 (Leicester).

— Der Schein, was ist er, dem das Wesen fehlt? | Das Wesen, wär' es, wenn es nicht erschiene? Joh. Wolfg. von Goethe, D. natürliche Tochter (1803). A. 2, Sz. 5 (Eugenie).

— Nur nichtig ist der Schein, doch wichtig die Erscheinung; | Vollkommen ist allein des Seins und Scheins Vereinung.

Friedr. Rückert, D. Weisheit d. Brahmanen (1836—1839). B. 10, Nr. 176. (Stufe 4. Schule. Nr. 200.)

— . . . Fälle gibt es, wo der Schein so sehr | Der Wahrheit gleicht, daß auch der Mutigste | Den Mut verliert, zu zweifeln.

Ernst Raupach, D. Schule d. Lebens (1841). A. 1, Sz. 5.

— Meidet allen bösen Schein!

1. Thess., K. 5, V. 22.

— Der Schein betrügt, | Der Spiegel lügt.

Sprichwort.

— Der Schein betrügt, | Die Farbe lügt.

Sprichwort.

Scheinen. — Was du scheinst, sieht jeder; was du bist, erkennen wenige. Ital.: Ognuno vede quel che tu pari, pochi sentono quel che tu sei. Niccolò Machiavelli, D. Fürst (1513). Übers. v. Pozzoni.

— Was scheint, das treugt.

Christoph Lehmann, Politischer Blumen-Garten (1662). T. 1. Gleißnerey. Nr. 35.

— . . . was sie ist, das wage sie zu scheinen!

Friedr. von Schiller, Maria Stuart (1800). A. 1, Sz. 7 (Maria). Schlußv.

— Was man scheint, | Hat jedermann zum Richter; was man ist, hat keinen.

Friedr. von Schiller, Maria Stuart (1800). A. 2, Sz. 5 (Elisabeth).

Scheinen. — Wat de Mensk (Mensch) schinnt, dat mott (muß) he auk sin.
Sprichwort. Münsterisch.

Schelm. — Je ärger Schelm, je beßer Glück.
Sprichwort.

Schelten. — Was schadet's doch dem Marmorbild, | Wenn's einer geißelt oder schilt?
Joh. Friedr. Fischart, Kehrab (um 1577).

— Wenn du laut den einzelnen schiltst, er wird sich verstocken, | Wie sich die Menge verstockt, wenn du im ganzen sie lobst.
Joh. Wolfg. von Goethe, Gedichte. Vier Jahreszeiten (ged. 1796). Herbst. Nr. 77.

— Der Kessel schilt den Ofentopf; | Schwarz sind sie alle beide.
Joh. Wolfg. von Goethe, Gedichte. Zahme Xenien. Nr. 1 (1820).

— Schild und fluch nicht in meinen Haus, | Sonst gehst du bald zur Thür hinaus, | Sonst möchte Gott von Himmelreich | Strafen mich und dich zugleich. Spr. an einem Hause in Obernberg.

— Sieh auf dich und die Deinen, | Danach schilt auf mich und die Meinen!
Spr. im Berliner Ratskeller. Bierlokal.

Scheltwort. — Vergeltet nicht . . . Scheltwort mit Scheltwort! 1. Petri, K. 3, V. 9.

Schenken. — Man schenckt keinem Würst, man weiß dann, daß er auch ein Saw werde schlachten.
Christoph Lehmann, Politischer Blumen-Garten (1662). T. 1. Geschenck. Nr. 47.

— Der Jüngling und der Greis am Stabe, | Ein jeder ging beschenkt nach Haus.
Friedr. von Schiller, Gedichte. D. Mädchen a. d. Fremde (ged. 1796). Mel. v. Joh. Friedr. Reichardt.

— Gleich schenken? Das ist brav! Da wird er reussieren!
Joh. Wolfg. von Goethe, Faust, I (1808). Straße (Mephistopheles).

— Gold schenkt die Eitelkeit, der rauhe Stolz; | Die Freundschaft und die Liebe schenken Blumen.
Frz. Grillparzer, Sappho (1822). A. 2, Sz. 4 (Phaon).

— Der alte Schenk ist tot. Sprichwort.

— Einem geschenkten Gaul | Sieht man nicht ins Maul. Sprichwort.

— Hans Schenk hat Gnad' bei Hofe.
Sprichwort.

— Schenk ist gestorben, | Gebhart verdorben.
Sprichwort.

— Nichts ist besser verkauft, als was man einem echten Freunde, der's bedürftig ist, schenkt.
Chinesisches Sprichwort.

— Die heilige Manata kochte sich die Eier hart und schenkte die Brühe den Armen.
Slavisches Sprichwort.

— Wat jeschenkt, bleibt jeschenkt, | Kommt nich widder in't Haus jerennt.
Berliner Kinderreim.

Schenken, das. — Schenken heißt angeln.
Sprichwort.

— Schenken und geben macht viel Vettern.
Holländisches Sprichwort.

Scheren. — Scheren schleifen (schwatzen).
Alte Redensart. — Nach Joh. Friedr. Fischart, Flöh Hatz, Weiber Tratz (1577).

Scherflein. — Das Scherflein der Witwe.
Nach Mark., K. 12, V. 42.

Scherz. — Wenn der schertz am besten ist, so sol man auff hören.
Joh. Agricola, Drey hundert Gemeyner Sprichwörtter (1529). Nr. 39.

— Scherz soll sein | Keusch und rein.
Inschrift auf einem Dukaten (1613).

— Ich muß mir deinen Scherz gefallen lassen, | Er trifft mich zwar, doch trifft er mich nicht tief.
Joh. Wolfg. von Goethe, Torquato Tasso (1789). A. 1, Sz. 1 (Leonore).

— Der Scherz ist ein Versuch, Ungleichheit gleichzustellen; | Drum scherzen ungestraft nur unter sich Gesellen. | Mit Kleinerm scherze nicht! er wird sich überheben; | Und nicht mit Größerem! er wird dir's nicht vergeben.
Friedr. Rückert, D. Weisheit d. Brahmanen (1836—1839). B. 1, Nr. 44. (Stufe 4. Schule. Nr. 3.)

— Der Scherz darf nicht kränken oder beleidigen; boshafter Scherz ist ein Widerspruch; er soll gefallen und erfreuen.
Karl Jul. Weber, Demokritos (1832—1840). D. Scherz.

— Scherz ohne Salz | Ist Bauernschmalz.
Alter Spr.

— Der Katzen Scherz ist der Mäuse Tod.
Sprichwort.

— Im Scherz klopft man oft an, | Und im Ernst wird aufgetan. Sprichwort.

Scherze. — Immer der Wahrheit treu und der Grazie bilden die Scherze | Um den gefälligen Ernst freien, doch rhythmischen Tanz.
Karl Gustav von Brinkmann, Elegien u. Arabesken (1820).

Scherzen. — Scherze nicht mit einem groben Menschen! Jes. Sir., K. 8, V. 5.

Scheu. — Nichts Heiliges ist mehr, es lösen | Sich alle Bande frommer Scheu.
Friedr. von Schiller, Gedichte. D. Lied v. d. Glocke (ged. Sept. 1799).

— Besser Scheu | Denn Reu'. Sprichwort.

Scheusal. — Ein Scheusal und Sprichwort sein. Nach 5. Mos., K. 28, V. 37.

Schicken, sich. — Eines schickt sich nicht für alle! | Sehe jeder, wie er's treibe, | Sehe jeder, wo er bleibe, | Und wer steht, daß er nicht falle!
Joh. Wolfg. von Goethe, Schriften (1787—1790). Gedichte. Lieder. Beherzigung. Schlußv.

Schicken, sich hinein. — Schicket euch in die Zeit! Röm., K. 12, V. 11.

— Schick' dich in die Welt hinein, | Denn dein Kopf ist viel zu klein, | Daß sich schick' die Welt hinein. Sprichwort.

Schicken, sich zu etwas. — Er schickt sich wie der Esel zum Lautenschlagen. Sprichwort.

Schicklichkeit. — Die Schicklichkeit umgibt mit einer Mauer | Das zarte, leicht verletzliche Geschlecht.

Joh. Wolfg. von Goethe, Torquato Tasso (1789). A. 2, Sz. 1 (Prinzessin).

Schicksal. — ... das Schicksal regiert schauerlich groß die Welt. Griech.: *Ἀλλ' ἁ μοιριδία τις δύνασις δεινά.*

Sophokles (um 496—406 v. Chr.), Antigone. Übers. v. Jordan. V. 942 (Chor).

— ... das Schicksal wechselt | Wechselnden Umlaufs. Griech.: *Παρὰ δ' ἄλλαν ἄλλα | Μοῖρα διώκει.*

Euripides (um 480—406 v. Chr.), D. Herakliden. Übers. v. Minckwitz. V. 611—12 (Chor).

— Wer ohne Murren sich dem Schicksal unterwirft, | Ist bei uns weise. Griech.: *Ὅστις δ' ἀνάγκῃ συγκεχώρηκεν βροτῶν | Σοφὸς παρ' ἡμῖν.*

Euripides (um 480—406 v. Chr.). Nach Plutarch, Moralische Abhandlungen. Übers. v. Eyth. Trostrede. K. 29.

— In gleicher Tagung verlost der Zwang des Hohen Schicksal und des Niedern. Lat.: Aequa lege necessitas | Sortitur insignes et imos.

Quint. Horatius Flacc., Oden (um 23 v. Chr.). Übers. v. Voß. B. 3, Nr. 1, V. 14—15.

— Den Willigen führt das Schicksal, den Nichtwilligen aber reißt es mit sich fort. Lat.: Ducunt volentem fata, nolentem trahunt.

Lucius Annäus Seneca d. Jüngere (um 4—65), Br. Br. 107. Übers. v. Grau.

— Es kann wahr sein, daß das Schicksal der obwaltende Schiedsrichter der Hälfte unserer Handlungen ist, aber er läßt uns dafür die andere Hälfte selbst beherrschen. Ital.: Dico potere esser vero che la fortuna sia arbitro della metà delle azioni nostre, ma che ancora lei ne lasci governare l'altra metà.

Niccolò Machiavelli, D. Fürst (1513). K. 25. Übers. v. Pozzoni.

— Was Schicksal auflegt, muß der Mensch ertragen; | Es hilft nicht, gegen Wind und Flut sich schlagen. Engl.: What fates impose, that men must needs abide; | It boots not to resist both wind and tide.

William Shakespeare, König Heinr. VI. (1591—1592). Übers. v. Schlegel. T. 3, A. 4, Sz. 3 (König Eduard).

— Wenn ich an mein Schicksal denk', | Es mich recht von Herzen kränkt.

Gestern Abend ging ich a. usw. (16. Jahrh.). Volkslied u. -weise.

— Will' und Geschick sind stets in Streit befangen. Engl.: Our wills and fates do so contrary run.

William Shakespeare, Hamlet (1601—1602). Übers. v. Schlegel. A. 3, Sz. 2 (König im Schauspiel).

Schicksal. — Unsrer Kraft | Verleiht es (das Schicksal) freien Raum, und nur dem Trägen, | Dem Willenlosen, stellt es sich entgegen. Engl.: The fated sky | Gives us free scope; only doth backward pull | Our slow designs when we ourselves are dull.

William Shakespeare, Ende gut, alles gut (um 1602). Übers. v. Schlegel. A. 1, Sz. 1 (Helena).

— Wie? teilt uns denn mit blinder Wage | Ein Schicksal zu, was uns befällt? ... | Doch nein! des Zweifels Nebel brechen. | Kein ungerechtes Urteil-sprechen | Entehrt der Allmacht Richtersthron.

Karl Friedr. Drollinger, Gedichte (1743). Über d. Unsterblichkeit d. Seele.

— Schicksal des Menschen, | Wie gleichst du dem Wind!

Joh. Wolfg. von Goethe, Gedichte. Verm. Gedichte. Ges. d. Geister über d. Wassern (ged. 9.—10. Okt. 1779). Schlußv.

— Es glaubt der Mensch, sein Leben zu leiten, sich selbst zu führen; und sein Innerstes wird unwiderstehlich nach seinem Schicksale gezogen.

Joh. Wolfg. von Goethe, Egmont (1788). A. 5. Gefängnis (Egmont).

— Auf allen Pfaden des Lebens | Führen die Horen dich streng, wie es das Schicksal gebeut.

Joh. Wolfg. von Goethe, Gedichte. Epigramme (ged. Venedig 1790). Nr. 102.

— Nur der Starke wird das Schicksal zwingen.

Friedr. von Schiller, Gedichte. D. Ideal u. d. Leben (ged. 1795).

— Das Schicksal ist ein vornehmer, aber teurer Hofmeister.

Joh. Wolfg. von Goethe, Wilh. Meisters Lehrjahre (1777—1796).

— O, der arme Mensch steht allemal mit zugebundenen Augen vor deinem scharfen Schwerte, unbegreifliches Schicksal!

Jean Paul (Joh. Paul Friedr. Richter), Leben Quint. Fixlein (1796). K. 26.

— Woher nehmt ihr denn aber das große, gigantische Schicksal, | Welches den Menschen erhebt, wenn es den Menschen zermalmt?

Friedr. von Schiller, Gedichte. Shakespeares Schatten (ged. 1796).

— Er reitet dem Schicksal entgegen keck, | Trifft's heute nicht, trifft es doch morgen; | Und trifft es morgen, so lasset uns heut' | Noch schlürfen die Neige der köstlichen Zeit!

Friedr. von Schiller, Wallensteins Lager. Sz. 11. Reiterlied (ged. 1797). Mel. v. Christ. Jak. Zahn (1798).

— Öfter, ach! verkehrt das Geschick die Ordnung der Tage.

Joh. Wolfg. von Goethe, Gedichte. Elegien. Nr. 2. Euphrosyne (ged. Okt. 1797 u. 12.—13. Juni 1798).

— Recht stets behält das Schicksal, denn das Herz | In uns ist sein gebiet'rischer Vollzieher.

Friedr. von Schiller, Wallensteins Tod (1799). A. 1, Sz. 7 (Wallenstein).

Schicksal. — Mag das wilde Schicksal walten, | Die erhab'ne Seele ruht, | Unter drängenden Gewalten, | Fest auf ihrem Göttermut.

Christoph Aug. Tiedge, Urania (1800). Ges. 5. Tugend.

— Dein Schicksal ruht in deiner eignen Brust!

Friedr. von Schiller, D. Jungfrau v. Orleans (1801). A. 3, Sz. 4 (Johanna).

— So führt das Schicksal an verborg'nem Band | Den Menschen auf geheimnisvollen Pfaden; | Doch über ihm wacht eine Götterhand, | Und wunderbar entwirret sich der Faden.

Friedr. von Schiller, Turandot (1801). A. 4, Sz. 5 (Altoum).

— Wie anders säet der Mensch, und wie anders läßt das Schicksal ihn ernten.

Friedr. von Schiller, Prosaische Schriften (1793—1802). Über Völkerwanderung, Kreuzzüge u. Mittelalter.

— Schweres (Schicksal) hast du mir beschieden, | Pythischer, du arger Gott!

Friedr. von Schiller, Gedichte. Kassandra (ged. 1802).

— . . . das Schicksal zieht, | Gleich einem strengen Lehrer, kaum ein freundlich | Gesicht, sogleich erhebt der Mutwill' wieder | Sein keckes Haupt. Heinr. von Kleist, D. Familie Schroffenstein (1803). A. 3, Sz. 1 (Ottokar).

— . . . noch niemand entfloh dem verhängten Geschick. | Und wer sich vermißt, es klüglich zu wenden, | Der muß es selber erbauend vollenden.

Friedr. von Schiller, D. Braut v. Messina (1803). D. Säulenhalle (Bohemund).

— Wer macht sein Schicksal sich wohl besser, als es ist? | Der, was ihm fehlt, nicht wünscht, und was er hat, genießt.

Karl Friedr. Kretschmann, Sämtl. Werke (1784—1805). Epigramme.

— Was man Geschick nennt, läßt sich nicht versöhnen.

Joh. Wolfg. von Goethe, Gedichte. Sonette (ged. Ende 1807). Nr. 6. Reisezehrung.

— Das Schicksal gewährt uns unsre Wünsche, aber auf seine Weise, um uns etwas über unsere Wünsche geben zu können.

Joh. Wolfg. von Goethe, D. Wahlverwandtschaften (1808—1809). T. 2, K. 10.

— . . . schneller, wie die Welle steigt und fällt, | Treibt uns das Schicksal auf dem Meer des Lebens.

Theod. Körner, Alfred d. Große (ged. Dez. 1810). A. 1, Sz. 2 (Gothron). Komp. v. Joh. Phil. Schmidt.

— Das Schicksal kann die Heldenbrust zerschmettern, | Doch einen Heldenwillen beugt es nicht! Theod. Körner, Zriny (ged. Juni 1812). A. 5, Sz. 2 (Zriny).

— Kannst dem Schicksal widerstehen, | Aber manchmal gibt es Schläge; | Will's nicht aus dem Wege gehen, | Ei! so geh' du aus dem Wege!

Joh. Wolfg. von Goethe, Gedichte. Epigrammatisch. Memento (ged. 1814).

Schicksal. — Mußt nicht widerstehn dem Schicksal, | Aber mußt es auch nicht fliehen! | Wirst du ihm entgegengehen, | Wird's dich freundlich nach sich ziehen.

Joh. Wolfg. von Goethe, Gedichte. Epigrammatisch. Ein andres (ged. 1814).

— . . . das Schicksal, das gewaltig | Von Tag zu Nacht die Erdenachse dreht . . .

Joh. Wolfg von Goethe, Gedichte. Verm. Gedichte. Epilog zu Schillers Glocke (ged. 31. Juli 1805 u. Mai 1815).

— Was der rohe Aberglaube dem Teufel zur Last legt, das bürdet der halbe Philosoph dem Schicksal auf; aber der echte Mann geht mit sich selbst zu Gericht.

Christ. Ernst Karl Graf von Bentzel-Sternau, Weltansichten (1816).

— Nenne nicht das Schicksal grausam, | Nenne seinen Schluß nicht Neid; | Sein Gesetz ist ew'ge Wahrheit, | Seine Güte Götterklarheit, | Seine Macht Notwendigkeit.

Joh. Gottfr. von Herder, Sämtl. Werke (1805—1820). Gedichte. D. Schwestern d. Schicksals.

— Was die Schickung schickt, ertrage; | Wer ausharret, wird gekrönt.

Joh. Gottfr. von Herder, Sämtl. Werke (1805—1820). Gedichte. Legenden, Dramatische Stücke u. Dichtungen. Nr. 1. Legenden. D. wiedergefundenen Söhne.

— Wen das Schicksal drückt, den liebt es, | Wem's entzieht, dem will's vergelten; | Wer die Zeit erharret, siegt.

Joh. Gottfr. von Herder, Sämtl. Werke (1805—1820). Gedichte. Legenden, Dramatische Stücke u. Dichtungen. Nr. 1. Legenden. D. wiedergefundenen Söhne.

— Dein Schicksal ist der Nachklang und das Resultat deines Charakters.

Joh. Gottfr. von Herder, Sämtl. Werke (1805—1820).

— Unser Schicksal ist seiner Bestimmung näher, wenn wir nicht selbst Herren darüber sind.

Joh. Wolfg. von Goethe, Wilh. Meisters Wanderjahre (1807—1821).

— Glücklich sind diejenigen, deren sich das Schicksal annimmt, das jeden nach seiner Weise erzieht.

Joh. Wolfg. von Goethe, Wilh. Meisters Wanderjahre (1807—1821).

— Wir selbst sind unser Gott und unser Schicksal; | Und Tat heißt das begehn, was wir gewollt.

Mich. Beer, D. Bräute v. Aragonien (1823). A. 4, Sz. 7.

— Herz, mein Herz, sei nicht beklommen | Und ertrage dein Geschick! | Neuer Frühling gibt zurück, | Was der Winter dir genommen.

Heinr. Heine, D. B. d. Lieder. D. Heimkehr (ged. 1823—1824). Nr. 48.

— Fordre niemand mein Schicksal zu hören!

Karl von Holtei, D. alte Feldherr (1826).

Schicksal. — Des Menschen Verdüsterungen und Erleuchtungen machen sein Schicksal.

Joh. Peter Eckermann, Gespräche mit Goethe in d. letzten Jahren seines Lebens (11. März 1828).

— Es gibt glücklicherweise etwas, das der Mensch festhalten kann, wenn er will, und über das kein Schicksal eine Macht hat.

Wilh. Freiherr von Humboldt, Br. an eine Freundin (18. Mai 1829).

— Durch ein sehr und tief das Gemüt ergreifendes Schicksal wird nur die Aufmerksamkeit mehr auf ähnliche Ereignisse gespannt.

Wilh. Freiherr von Humboldt, Br. an eine Freundin T. 2, Br. 6 (1829).

— Unser Schicksal tragen heißt es besiegen. Engl.: To bear is to conquer our fate.

Edward George Earle Lord Bulwer Lytton, D. letzten Tage v. Pompeji (1834). Übers. v. Vollrat=Schumacher. B. 5.

— Tatlos flüchtet der Feige beim Nahen des drohenden Schicksals; | Nur der kühnere Mann bietet voll Mut ihm die Stirn.

Georg Keil, Lyra u. Harfe (1834).

— . . . was ist Schicksal, als Gott selbst, | Gott mit Weisheit und Liebe?

Joh. Kaspar Lavater, Werke (1834). Worte d. Herzens. Denkzeilen an einen Freund nach meinem Tode.

— Ich bin dein Meister! spricht das Schicksal; aber ich nicht dein Sklave! spricht der Mensch; und der Kampf beginnt; beide siegen und werden besiegt, bis das Grab den müden Kämpfer aufnimmt.

Karl Jul. Weber, Demokritos (1832—1840). Rede in d. zweiunddreißig Winde an Jünglinge u. meine Zeit.

— Allerwärts klagt der Mensch Natur und Schicksal an, und sein Schicksal ist doch in der Regel nur Nachklang seines Charakters, seiner Leidenschaften, Fehler und Schwächen.

Karl Jul. Weber, Demokritos (1832—1840). D. Leidenschaften.

— Das ist das Schicksal! Nach dem Tag die Nacht, | Die stille Träne nach des Festes Pracht, | Nach lustigem Gesang die Klage | Und nach der Jugend Glück so strahlenvoll, | Drin wie ein Himmel weit die Seele schwoll, | Die Ruh' im engen Sarkophage.

Emanuel Geibel, Gesammelte Werke. Gedichte. Jugendgedichte. B. 3. Athen (geb. 1838—1840). Auf d. Tod eines Freundes. Schlußv.

— Schicksal ist dem Weisen in seiner menschlichen Sprache unwandelbarer Wille der unwandelbaren Liebe.

Joh. Mich. Sailer, Sämtl. Schriften (1830—1846). Spr. mit u. ohne Glossen.

— Starr und unwandelbar | Mit ehernen Füßen | Durch Zeit und Wechsel | Schreitet das Schicksal, | Nach ewiger Satzung | Unerbittlich | Segen lohnend mit Segen, | Fluch mit Fluch.

Emanuel Geibel, Juniuslieder (1848). B. d. Betrachtung. Schicksalslied.

Schicksal. — Das Schicksal mischt die Karten, und wir spielen.

Arthur Schopenhauer, Parerga u. Paralipomena (1851). Aphorismen zur Lebensweisheit.

— Was die Leute gemeiniglich das Schicksal nennen, sind meistens nur ihre eigenen dummen Streiche. Man kann daher nicht genugsam die schöne Stelle im Homer (Iliade 23, 313) beherzigen, wo er die Metis, d. h. die kluge Überlegung, empfiehlt.

Arthur Schopenhauer, Parerga u. Paralipomena (1851).

— Der Mensch rechnet immer das, was ihm fehlt, dem Schicksale doppelt so hoch an als das, was er wirklich besitzt.

Gottfr. Keller, D. grüne Heinr. (1854).

— . . . muß staunen, | Wie konsequent das laun'sche Schicksal ist, | Das Heirat, Tod, Verbrechen, Tugend, Glauben, | Wahnsinn und Selbstmord ebenmäßig leitet.

Emerich Madách, D. Tragödie d. Menschen (1861). A. d. Ungar. übers. v. Lechner. Sz. 15 (Luzifer).

— Wenn das Schicksal ruft: le jeu est fait, Messieurs! so achten das die wenigsten; erst wenn sie hören: rien ne va plus! bekommen sie Lust, aber zu spät.

Ludw. Börne, Gesammelte Schriften (1862—1863). Erz., Reisen, Verm. Aufsätze. Nr. 35. D. Narr im weißen Schwan. K. 2.

— Auf der Weltbühne ist das Schicksal der Souffleur, der das Stück ruhig und leise abliest, ohne Gebärden, ohne Deklamation und ganz unbekümmert, ob es ein Lustspiel oder ein Trauerspiel ist. Das Zappeln, das Schreien und übriges tun die Menschen hinzu.

Ludw. Börne, Gesammelte Schriften (1862—1863). Fragmente u. Aphorismen. Nr. 72.

— Der Mensch tut nicht alles aus sich selbst, er arbeitet auch dem Schicksal in die Hände.

Ludw. Anzengruber, D. Schandfleck (1876).

— Schuld haben sie beide nicht, weder der Mensch, noch das Schicksal; sie passen nur immer ganz genau aufeinander.

Wilh. Raabe, Deutscher Adel (1879).

— Wir werden vom Schicksal hart oder weich geklopft; es kommt auf das Material an.

Marie von Ebner=Eschenbach, Aphorismen (1893).

— O Schicksal, Schicksal! Dem einen gibst du reife, dem andern unreife Melonen zu essen.

Türkisches Sprichwort.

— Dem Schicksale wird auch der Starke erliegen. Lat.: Fortis sub forte fatiscet.

Wahlspr. d. Fitzpatrick.

Schicksale. — Der tröstende Gedanke aber bleibt fort und fort, daß Gott auch widrige und schmerzliche Schicksale nur aus Liebe sendet, um unsere Gesinnungen zu läutern.

Wilh. Freiherr von Humboldt, Br. an eine Freundin (28. Jan. 1827).

Schicksale. — Indem die Vorsehung die Schicksale der Menschen bestimmt, ist auch das innere Wesen des Menschen dabei in Einklang gebracht. Wilh. Freiherr von Humboldt, Br. an eine Freundin (Jan. 1828).

— Unsere Schicksale sind nicht außer uns, sondern in uns und unserem Willen.
Jul. Grosse, Maria Mancini (1869).

— Unsere Schicksale kommen aus uns selbst wie die Wolken nur aus der Erde.
Karl Gutzkow, Gesammelte Werke (1873).

Schicksalsbuch. — Des Ew'gen Finger schreibt der Menschen Schicksalsbuch; | Fruchtlos, ihr Frommen, ist, ihr Weisen, eu'r Versuch, | Daß ihr nur Einen Spruch, auch nur Ein Wort von denen, | Die Er geschrieben hat, auslöscht mit euren Tränen.
A. d. Persischen n. Omar Chijam (12. Jahrh.). Vierzeiler. Übers. v. Schack.

— O könnte man im Buch des Schicksals | Doch lesen, . . . | Der froh'ste Jüngling, schauend seine Bahn, | Wie hier Gefahr gedroht, dort Leiden nahn; | Er schlöß das Buch und setzte sich und stürbe. Engl.: O God! that one might read the book of fate, . . . | The happiest youth, — viewing his progress through, | What perils past, what crosses to ensue, | Would shut the book, and sit him down and die.
William Shakespeare, König Heinr. IV. (1597—1598). Übers. v. Schlegel. T. 2, A. 3, Sz. 1 (König Heinr.).

— . . . so steht's im Schicksalsbuche | Uns urzeitlich vorgeschrieben!
Friedr. von Bodenstedt, D. Lieder d. Mirza-Schaffy (1851). Zuléikha. Nr. 9. Schlußv.

Schicksalsfrucht. — Nur wenn sie reif ist, fällt des Schicksals Frucht!
Friedr. von Schiller, D. Jungfrau v. Orleans (1801). A. 5, Sz. 4 (Johanna).

Schicksalsfügung. — Tadle nicht des Schicksals Fügung, | Denn du änderst nicht sein Spiel!
Peter von Bohlen, Bhartriharis Spr. (1835).

Schicksalsgang. — In heil'gen Finsternissen | Hoch über uns geht sein (des Schicksals) verborgner Gang; | Und, willig oder nicht, zieht ein geheimer Zwang | Uns alle, daß wir ihm im Dunkeln folgen müssen.
Christoph Martin Wieland, Oberon (1780). Ges. 10, Str. 20.

Schicksalskampf. — O, lerne stark das große Los ertragen, | Womit der Kampf des Schicksals dich geehrt. | Bald wird dein Herz mit kühnem Stolz dir sagen: | Du warst des Kampfs, du bist der Palme wert.
Ernst Schulze, Sämtl. poetische Werke (1818—1820).

Schicksalsmächte. — . . . mit des Geschickes Mächten | Ist kein ew'ger Bund zu flechten; | Und das Unglück schreitet schnell.
Friedr. von Schiller, Gedichte. D. Lied v. d. Glocke (ged. Sept. 1799).

Schicksalsmächte. — . . . des Menschen Tun | Ist eine Aussaat von Verhängnissen, | Gestreuet in der Zukunft dunkles Land, | Den Schicksalsmächten hoffend übergeben.
Friedr. von Schiller, D. Piccolomini (1799). A. 2, Sz. 6 (Wallenstein).

— Frohlocke nicht! | Denn eifersüchtig sind des Schicksals Mächte. | Voreilig Jauchzen greift in ihre Rechte. | Den Samen legen wir in ihre Hände, | Ob Glück, ob Unglück aufgeht, lehrt das Ende. Friedr. von Schiller, Wallensteins Tod (1799). A. 1, Sz. 7 (Wallenstein). Schlußv.

— Ich erkenn' euch, ernste Mächte! | Strenge treibt ihr eure Rechte, | Furchtbar, unerbittlich ein.
Friedr. von Schiller, Gedichte. Hero u. Leander (ged. 17. Juni 1801).

Schicksalsmeister. — Der Mensch ist manchmal seines Schicksals Meister. Engl.: Men at some time are masters of their fates.
William Shakespeare, Jul. Cäsar (1601). Übers. v. Schlegel. A. 1, Sz. 2 (Cassius).

— Wer will, ist Meister des Geschickes; | Zufriedenheit war stets die Mutter wahren Glückes.
Albrecht von Haller, Versuch Schweizerischer Gedichte (1732).

— Der kann nicht klagen über harten Spruch, | Den man zum Meister seines Schicksals macht.
Friedr. von Schiller, Wilh. Tell (1804). A. 3, Sz. 3 (Geßler).

— Bleib' immer gelassen und männlich; wir werden Meister unseres Schicksals, so lange wir's von uns sind.
Friedr. Maximilian von Klinger, Gesammelte Werke (1809—1815).

Schicksalspfeile. — Was kann ein Panzer nützen, wenn des Schicksals Pfeile fliegen?
A. d. Persischen d. Hafis (um 1310—1389). Ghaselen. Übers. v. Nesselmann.

Schicksalsschlag. — Trifft dich des Schicksals Schlag, so mach' es wie der Ball; | Je stärker man ihn schlägt, je höher fliegt er all.
Friedr. Rückert, D. Weisheit d. Brahmanen (1836—1839). B. 16, Abteilung 5, Nr. 56. (Stufe 5. Leben. Nr. 458.)

Schicksalsspeichen. — Willst du mit den Kinderhänden | In des Schicksals Speichen greifen? | Seines Donnerwagens Lauf | Hält kein sterblich Wesen auf.
Frz. Grillparzer, D. Ahnfrau (1817). A. 4 (Graf).

Schicksalsterne. — In deiner Brust sind deines Schicksals Sterne.
Friedr. von Schiller, D. Piccolomini (1799). A. 2, Sz. 6 (Illo).

Schicksalsstürme. — Die Stürme des Schicksals befördern Stärke und Gesundheit der Seele, . . . und die Aeolsharfe bleibt stumm ohne Windstoß.
Karl Jul. Weber, Demokritos (1832—1840). Lob- u. Hilfsmittel d. Frohsinns. D. Fortsetzung.

Schicksalstücke. — . . . errangst du schon das Ziel, | Fürchte noch des Schicksals Tücke!

Friedr. Kind, Gedichte. König Ankäos (ged. 1802).

Schicksalsurne. — Nicht ohne Schauder greift des Menschen Hand | In des Geschicks geheimnisvolle Urne.

Friedr. von Schiller, Wallensteins Tod (1799). A. 1, Sz. 4 (Wallenstein).

Schicksalswagen. — Wie von unsichtbaren Geistern gepeitscht gehen die Sonnenpferde der Zeit mit unsers Schicksals leichtem Wagen durch; und uns bleibt nichts, als mutig gefaßt die Zügel festzuhalten, und bald rechts, bald links, vom Steine hier, vom Sturze da, die Räder wegzulenken.

Joh. Wolfg. von Goethe, Egmont (1788). A. 2. Egmonts Wohnung (Egmont).

Schicksalswetter. — Fürwahr! des Schicksals Wetter rafft auch Helden hin! Griech.: *Καὶ τοὺς σθένοντας γὰρ καθαιροῦσιν τύχαι.*

Euripides (um 480—406 v. Chr.), D. rasende Herakles. Übers. v. Minckwitz. V. 1396 (Theseus).

Schicksalswille. — Mitten aus des Lebens Fülle, | Mitten aus der Liebe Glück | Reißt des Schicksals strenger Wille | Uns zur alten Nacht zurück.

Theod. Körner, D. Fischermädchen (ged. Dez. 1811). Sz. 4 (Quartett). Komp. v. Joh. Phil. Schmidt.

Schicksalswoge. — Den einen trägt, den andern ersäuft die Woge des Geschicks. Das Herz nur frisch, es ist die Fischblase und hebt uns, wenn wir wollen, bis wir krepieren; sei es so oder so.

Christ. Dietr. Grabbe, Napoleon oder D. hundert Tage (1831). A. 1, Sz. 1 (Vitry).

Schicksalszwang. — Vor des Schicksals Zwanggebot ist kein Entfliehn. Griech.: *Οὐδ' ἔστι μοίρας τοῦ χρεών τ' ἀπαλλαγή.*

Euripides, Hippolytos (um 428 v. Chr.). Übers. v. Minckwitz. V. 1256 (Chor).

— Des Schicksals Zwang ist bitter; | Doch seiner Oberherrlichkeit | Sich zu entziehn, wo ist die Macht auf Erden?

Christoph Martin Wieland, Oberon (1780). Ges. 5, Str. 60.

Schieben. — Du glaubst zu schieben, und du wirst geschoben.

Joh. Wolfg. von Goethe, Faust, I (1808). Walpurgisnacht (Mephistopheles).

Schief. — Schief gewickelt sein (schlecht berichtet, falscher Meinung sein).

Sprichwörtl. Redensart.

Schielend. — Schielende Augen | Den Teufel nichts taugen.

Sprichwort.

Schießen. — Ich schieß' den Hirsch im wilden Forst, | Im tiefen Wald das Reh.

Frz. von Schober, Gedichte. Jägers Liebeslied (ged. 1826). Mel. v. Frz. Schubert (1828).

— Gebt Feuer! Ach, wie schießt ihr schlecht!

Jul. Mosen, Gedichte. Sandwirt Hofer (ged. 1831). Mel. v. Ludw. Berger.

Schießgewehr. — Spiele nicht mit Schießgewehr, denn es könnt' geladen sein! Sprichwörtl.

Schiff. — Das Schiff streicht durch die Wellen.

Jos. von Brassier, Schifferlied (ged. 1819). Volksweise.

— Gah (geh) neet t'Sgipp sünner (ohne) Hartbroot (Zwieback) (versieh dich mit allem, was du zu einem Unternehmen nötig hast).

A. d. Seemannssprache.

— 't is, as wenn der 'n Dremastschipp (Dreimaster) offaren (abfahren) sal (sagt man, wenn viel Umstände gemacht werden).

A. d. Seemannssprache. Ostfriesland.

Schiffahren. — Schiffahren ist nötig, leben nicht. Lat.: Navigare necesse est, vivere non necesse est.

Inschrift an einem Schiffahrtshause zu Bremen.

Schiffahrt. — Jott segne de Schiffahrt! (sagt man, wenn einer einen sehr langen Zug trinkt).

Berliner Redensart.

Schiffbruch. — . . . am Glauben Schiffbruch erlitten haben. 1. Timotheus, K. 1, V. 19.

Schiffen. — Schiffen ist nötig, leben ist nicht nötig. Griech.: *Πλεῖν ἀνάγκη, ζῆν οὐκ ἀνάγκη.*

Pompejus (56 v. Chr). Nach Plutarch, Pompejus. K. 50.

Schifflein. — Ein Schifflein ziehet leise | Den Strom hin seine Gleise.

Ludw. Uhland, Gedichte. Balladen u. Romanzen. D. Schifflein (ged. 28. Jan. 1810). Mel. v. J. G. Finke (1848).

Schild. — . . . ergreifet den Schild des Glaubens!

Eph., K. 6, V. 16.

— Wo ein Schild aushängt, da ist Einkehr.

Alter Spr.

— Etwas im Schilde führen (etwas, zumeist etwas Schlechtes, beabsichtigen).

Sprichwörtl. Redensart.

Schiller. — Nun streitet sich das Publikum seit zwanzig Jahren, wer größer sei: Schiller oder ich, und sie sollten sich freuen, daß überall ein paar Kerle da sind, worüber sie streiten können.

Joh. Peter Eckermann, Gespräche mit Goethe in d. letzten Jahren seines Lebens (12. Mai 1825).

— Nur weiter geht ihr tolles Treiben, | Von „Vorwärts! Vorwärts!“ erschallt das Land; | Ich möchte, wär's möglich, stehen bleiben, | Wo Schiller und Goethe stand.

Frz. Grillparzer, Gedichte (1873). Nr. 6. Verm. Gedichte. Auf ein zweites Porträt desselben (Grillparzers).

Schimmer. — Schimmer und Flimmer | Dauern nicht immer.

Sprichwort.

Schimpf. — Der Pfeil des Schimpfs kehrt auf den Mann zurück.

Joh. Wolfg. von Goethe, Torquato Tasso (1789). A. 4, Sz. 4 (Tasso).

Schimpfen. — Obgleich sie (die Frösche) tief unter Wasser sind, selbst dort versuchen sie zu schimpfen. Lat.: Quamvis sint sub aqua, sub aqua maledicere temptant.

Publ. Ovidius Naso (um 43 v. Chr. — 17 n. Chr.), Metamorphosen. B. 6, V. 376. Übers. v. Grau.

— Die Leute schimpften aufeinander ganz unsäglich | Und lebten miteinander ganz erträglich.

Friedr. von Bodenstedt, D. Lieder d. Mirza-Schaffy (1851). Verm. Gedichte u. Spr. Nr. 8. Schlußv.

— Wer andere schimpft, den schimpfen auch andere. Arabisches Sprichwort.

— Wie ein Rohrspatz schimpfen (anhaltend, laut schimpfen). Sprichwörtl. Redensart.

Schimpfwort. — Wer zum ersten Schimpfwort schweigt, bricht dem zweiten die Knochen.

Sprichwort.

Schindluder. — Mit jemandem Schindluder spielen (jemanden auf nichtswürdige Art verhöhnen).

Sprichwörtl. Redensart.

Schinken. — Ich schneide, schneide Schinken, | Wen ich lieb hab', werd' ich winken. | Ich schneide, schneide Speck, | Wen ich lieb hab', hol' ich weg.

Kinderspielv.

Schlacht. — Der Feind ist da! Die Schlacht beginnt! | Wohlauf zum Sieg herbei!

Friedr. Gottl. Klopstock, Oden. Heinr. d. Vogler (geb. 1748).

— Ein Schlachten war's, nicht eine Schlacht zu nennen!

Friedr. von Schiller, D. Jungfrau v. Orleans (1801). A. 1, Sz. 9 (Raoul).

— Schön ist's, zu lieben, zu trinken schön, | Schön ist's, zu schlummern im Grünen; | Doch fröhlicher ist's, in der Schlacht zu stehn | Und sich Beut' und Kranz zu verdienen.

Ernst Schulze, Gedichte (1813).

— Eine Schlacht | Ist fürchterlich, wenn man sich sagen muß: | Sie wird für dich geschlagen! Jeder Schuß | Trifft dich ins Herz, du fällst mit jedem Toten | Und windest dich mit jedem Sterbenden! Friedr. Hebbel, Demetrius (1864).

Schlachten. — Die Kopfzahlziffern machen es nicht, wohl aber die Begeisterung machte es, daß wir die Schlachten gewonnen haben.

Otto von Bismarck zu d. Mitgliedern d. Barmer Gesangvereins Orpheus in Kissingen (18. Aug. 1893).

Schlachtenglück. — Das Glück der Schlachten ist das Urteil Gottes.

Friedr. von Schiller, D. Jungfrau v. Orleans (1801). Prolog. Sz. 3 (Thibaut).

Schlachtengott. — Versuche nicht den falschen Gott der Schlachten, | Denn blind und ohne Schonung waltet er!

Friedr. von Schiller, D. Jungfrau v. Orleans (1801). A. 2, Sz. 4 (La Hire).

Schlachtentod. — Wer fällt (in der Schlacht), der kann's verschmerzen, | Der hat das Himmelreich.

Friedr. de la Motte Fouqué, Gedichte. Kriegslied d. freiwilligen Jäger (geb. 1813).

— . . . wer den Tod im heil'gen Kampfe fand (den Schlachtentod), | Ruht auch in fremder Erde im Vaterland!

Albert Methfessel, Marschlied für die freiwilligen Scharfschützen d. Gesamthauses Schwarzburg (geb. 1813). Schlußv. Mel. v. Verfasser.

Schlachtfeld. — Feld der Ehre, — sage oft: Feld der . . . — Sprich! — der Eitelkeit.

Christ. Dietr. Grabbe, Napoleon oder D. hundert Tage (1831). A. 3, Sz. 3 (Hortense, Napoleon, Hortense).

— Daß doch die meisten Menschen Aug' und gesunde Vernunft verlieren, sobald sie das Glück haben, mit zwanzig- oder dreißigtausend Mann selbständig auf dem Schlachtfelde zu stehen!

Christ. Dietr. Grabbe, Napoleon oder D. hundert Tage (1831). A. 4, Sz. 6 (Napoleon).

Schlachtgetümmel. — Schön ist's, unter freiem Himmel | Stürzen in das Schlachtgetümmel.

Frz. Karl Hiemer, Kriegslied (geb. 1795). Mel. v. Christ. Gottlob Eidenbenz (komp. 1799).

Schlaf. — . . . auch vieler Schlaf ist beschwerlich. Griech.: Ἀνίη καὶ πολὺς ὕπνος.

Homer, Odyssee. Übers. v. Voß. Ges. 15, V. 394.

— O Schlaf, du süßes Labsal, Trost der Leidenden! . . . | O seliges Vergessen aller Qualen, welch | Willkommener, heißersehnter Gott im Ungemach! Griech.: Ὦ φίλον ὕπνου θέλγητρον, ἐπίκουρον νόσου . . . | Ὦ πότνια λήθη τῶν κακῶν, ὡς εἶ σοφὴ | Καὶ τοῖσι δυστυχοῦσιν εὐκταία θεός.

Euripides (um 480—406 v. Chr.), Orestes. Übers. v. Binder. V. 211—14 (Orestes).

— Der Schlaf ist das Bild des Todes. Lat.: Habes somnum imaginem mortis.

Marc. Tull. Cicero, Tusculanische Unterredungen (um 44 v. Chr.). Übers. v. Sonne. B. 1, K. 38, § 92.

— Schlaf, du Bringer der Ruhe, du friedlichster unter den Göttern! Lat.: Somne, quies rerum, placidissime, Somne, deorum.

Publ. Ovidius Naso (um 43 v. Chr. — 17 n. Chr.), Metamorphosen. Übers. v. Voß. B. 11, V. 623.

— Der Schlaff des Todes bruder ist; | Wach auff zum Leben, wärther Christ!

Spr. an einem Hause in Basel (1573).

— Euch mangelt die Erquickung aller Wesen, der Schlaf. Engl.: You lack the season of all natures, sleep.

William Shakespeare, Macbeth (1606). Übers. v. Schiller. A. 3, Sz. 4 (Lady Macbeth).

— Es können sich der Schlaf und Sorge nicht vertragen; | Die Sorge muß den Schlaf, der Schlaf die Sorge jagen.

Hans Aßmann Freiherr von Abschatz, Poetische Übersetzungen u. Gedichte (1704). Sprüchwörter.

Schlaf. — Des Müden süßes Heil, balsamischer Schlaf! | Ach, gleich dem Menschen wandert er behende | Des Glückes Lächeln nach, vergißt des Grams; | Vom Schmerz flieht er auf schnellen Flaumenschwingen | Und deckt das Aug', das keine Träne sengt. Engl.: Tir'd Nature's sweet restorer, balmy Sleep! | He — like the world, his ready visit pays | Where Fortune smiles; the wretched he forsakes: | Swift on his downy pinions flies from woe, | And lights on lids unsullied with a tear.

Edward Young, Nachtgedanken (1742). Übers. v. Graf Bentzel=Sternau. Nacht 1, V. 1.

— Schlummer und Schlaf, zwei Brüder, zum Dienste der Götter berufen, | Bat sich Prometheus herab seinem Geschlechte zum Trost; | Aber den Göttern so leicht, doch schwer zu ertragen den Menschen, | Ward nun ihr Schlummer uns Schlaf, ward nun ihr Schlaf uns zum Tod.

Joh. Wolfg. von Goethe, Gedichte. Antiker Form sich nähernd. D. Geschwister (ged. um 1785).

— Süßer Schlaf! Du kommst wie ein reines Glück ungebeten, unerfleht am willigsten!

Joh. Wolfg. von Goethe, Egmont (1788). A. 5. Gefängnis (Egmont).

— Der Schlaf ist halber Tod, der Tod die längste Ruh. | Je mehr du schläfst, je minder lebest du.

Joh. Christoph Friedr. Haug, Sinngedichte (1791).

— Ich denke einen langen Schlaf zu tun, | Denn dieser letzten Tage Qual war groß.

Friedr. von Schiller, Wallensteins Tod (1799). A. 5, Sz. 5 (Wallenstein).

— Der Schlaf ist doch die köstlichste Erfindung!

Heinr. Heine, William Ratcliff (ged. Jan. 1822). Sz. 10 (John).

— Schlaf ohne Traum dünkt uns das höchste Glück | Nach eines sauren Tages Last und Plage; | Doch bebt vor tief'rem Schlaf das Fleisch zurück. Engl.: A sleep without dreams, after a rough day ¦ Of toil, is what we covet most; and yet ¦ How clay shrinks back from more quiescent clay!

George Gordon Lord Byron, Don Juan (1819—1824). Übers. v. Gildemeister. Ges. 14, Str. 4, V. 1.

— Der Schlaf hat eine Grazie zur Frau. Wie das Sterben streicht der Schlaf die großen Züge der Leidenschaft mildernd aus.

Jean Paul (Joh. Paul Friedr. Richter), Selina (1827).

— Pfui, Pfui, der Schlaf! — Die Zeit, die man | Nicht schläft, heiß' ich dem Tode abgewonnen.

Christ. Dietr. Grabbe, Don Juan u. Faust (1829). A. 1, Sz. 1 (Don Juan).

— Hoch vor allen | Gaben der Himmlischen | Sei mir gepriesen, | Du der Seele | Labendes Wasser, | Gliederlösender, | Heiliger Schlaf!

Emanuel Geibel, Juniuslieder (1848). B. d. Betrachtung. An d. Schlaf.

Schlaf. — Siehst du den Schlaf auf einem Augenlide, | O, stör' ihn nicht, denn heilig ist der Friede, | Mit dem er eine Menschenbrust begnadet!

Jul. Hammer, Schau um dich u. schau in dich (1851). Inneres Glück. Siehst du d. Schlaf auf einem Augenlide usw.

— Ach, wenn der Schlaf nicht wäre, es wäre besser, ein Krebs sein als Mensch unter Menschen lebend.

Ludw. Börne, Gesammelte Schriften (1862—1863).

— Ein leiser Tod, versöhnend und belehrend, | Bist du, mit jedem Abend wiederkehrend, | O süßer Schlummer, unser höchstes Gut! | Ja, bis auf immer wir die Augen schließen, | Kommst du, geliebter Schlaf, als eine Mahnung | In Freud' und Leid, — als eine Todesahnung, | Bis Sein und Nichtsein in einander fließen.

Dranmor (Ferd. von Schmidt), Gesammelte Dichtungen (1873).

— Liebe den Schlaf nicht, daß du nicht arm werdest! Spr. Sal., K. 20, V. 13.

— Wer arbeitet, dem ist der Schlaf süße.

Pred. Sal., K. 5, V. 11.

— . . . einen ewigen Schlaf schlafen.

Jer., K. 51, V. 39.

— . . . ihre Augen waren voll Schlafs.

Matth., K. 26, V. 43.

— Kein größerer Dieb als der Schlaf, er raubt uns das halbe Leben. Alter Spr.

— Eine Stunde Schlaf vor Mitternacht ist besser als zwei darnach. Sprichwort.

— Was wir am Tage vorgenommen, | Pflegt uns im Schlafe vorzukommen. Sprichwort.

— Swer sehen wil die sunn aufstigen, | Der sol nit lang im schlafe liegen!

Wartburgspr. Wirtschaft.

Schlafen. — Wer lange leben will, der schlafe nicht zu viel; | Denn viel nicht lebt ja der, der lange schlafen will.

Friedr. von Logau, Deutsche Sinn=Getichte (1654). Kunst zu leben.

— Schlaf, Kindchen, schlaf! | Da draußen ist ein Schaf. Volkslied (17. Jahrh.). Volksweise.

— Brutus, du schläfst, und Rom liegt in Banden! Franz.: Tu dors, Brutus, et Rome est dans les fers!

Voltaire (François Marie Arouet), Cäsars Tod (1731). Übers. v. Mylius. A. 2, Sz. 2 (Brutus).

— Schläfst, Liebchen, oder wachst du?

Gottfr. Aug. Bürger, Gedichte. Lenore (ged. Winter 1773).

— Dachtet ihr, der Löwe schliefe, weil er nicht brüllte?

Friedr. von Schiller, D. Verschwörung d. Fiesco zu Genua (1783). A. 2, Sz. 18 (Fiesco).

— Schlafe, mein Prinzchen, es ruhn | Schäfchen und Vögelchen nun.

Friedr. Wilh. Gotter, Esther. Gef. Fatmes (ged. 1789). Mel. v. Karl Schrödter.

Schlafen. — Schlafe! Was willst du mehr?
Joh. Wolfg. von Goethe, Gedichte. Lieder. Nachtgef. (ged. 1804).

— Schlaf', Herzenssöhnchen, mein Liebling bist du; | Schließe die blauen Guckäugelein zu!
Frz. Karl Hiemer, Wiegenlied (ged. 1810). Mel. v. Karl Maria von Weber (komp. 13. Sept. 1810).

— . . . wie wir eben Menschen sind, | Wir schlafen sämtlich auf Vulkanen.
Joh. Wolfg. von Goethe, Gedichte. Zahme Xenien. Nr. 3 (1824).

— Die See geht hoch, gebt acht, gebt acht! | Ihr Schiffer sollt nicht schlafen!
Jos. Freiherr von Eichendorff, Gedichte. Zeitlieder. D. brave Schiffer (ged. 1842).

— Schlafe, was willst du noch mehr! Ital.: **Dormi, che vuoi di più.**
Ital. Volkslied. Übers. v. Pozzoni. Mel. v. Joh. Friedr. Reichardt (komp. 1804).

— Ich schlafe, aber mein Herz wachet.
Hohelied Sal., K. 5, V. 2.

— Simon, schläfst du? Mark., K. 14, V. 37.

— Schläfest du ein in Gottes Hut, | Schläfst du sicher, schläfst du gut. Alter Spr.

— Wer allzeit schlafft biß an den Tag, | Ehr und Gutt selden gewinnen mag. Alter Spr.

— Je länger man schläft, je weniger man lebt.
Sprichwort.

— Wer länger schloft als sibe Stund, | Verschloft si Läbe wie ne Hund. Sprichwort. Schweiz.

— Wenn der Fuchs schläft, fallen ihm keine Trauben ins Maul. Engl.: **When the fox sleeps, no grapes fall in his mouth.**
Sprichwort.

— Einen Müllerschlaf schlafen (sehr fest schlafen).
Sprichwörtl. Redensart.

— Wer schläft, fängt keine Fische. Ital.: **Chi dorme non piglia pesci.** A. d. Seemannssprache.

— Hier schläft nach langer Arbeit sanft genug, | Der Schüler, Orgel, Weib und Kinder schlug.
Grabschrift auf einen Schulmeister in Winterthur.

— Schlaf, Kindchen, schlafe, | Im Garten stehn zwei Schafe, | Ein schwarzes und ein weißes, | Und wenn das Kind nicht schlafen will, | Dann kommt das schwarze und beißt es. Kinderv.

Schlafen gehen. — Der mit den Hünnern fruh morgens wilt auff stehen, | Der muß mit den selbigen auch schlaffen gehen. Alter Spr.

— Früh schlafen gehen und früh aufstehen schließt viel Krankheiten die Tür zu. Sprichwort.

— Denk', wie hast gelebt im Niedergehn (beim Schlafen gehn); | Tracht', wie willst leben im Aufstehn! Spr. in einem Hause.

Schläfer. — Erhebt euch von der Erde, | Ihr Schläfer, aus der Ruh'!
Max von Schenkendorf, Gedichte. Abteilung 2. Vaterland. Soldatenmorgenlied (ged. 1813). Mel. Frisch auf, zum fröhlichen Jagen usw.

Schlaffen, die. — Was frommte dir der Schlaffen | Lebendig toter Tod?
Ernst Moritz Arndt, Gedichte. Ein Gleiches (ged. 1820). Schlußv.

Schlafittchen. — Jemanden beim Schlafittchen kriegen (jemanden anfassen und festhalten).
Sprichwörtl. Redensart.

Schlag. — Erst Wort, dann Schlag. Engl.: **Words before blows.**
William Shakespeare, Jul. Cäsar (1601). Übers. v. Schlegel. A. 5, Sz. 1 (Brutus).

— Den ersten Schlag tu' weidlich, | Wo Schläge unvermeidlich! Daniel Sanders, 366 Spr. (1892). Nr. 259. Persische Sprichwörter.

Schlagen. — . . . ich schlage wieder, wenn ich geschlagen werde.
Otto von Bismarck im Reichstage (30. Nov. 1881).

— Nicht schlagen, | Still tragen | Die Plagen!
Spr. im Kloster Oelenburg. Elsaß.

Schlagwort. — Was uns noch heut' ein Schlagwort heißt, | Ist morgen eine Phrase.
Friedr. von Sallet, Gesammelte Gedichte (1843). Pantheismus u. reife Liebe. Unendliche Reihe.

— Willst die Meng' du dir gewinnen, | Sorge, daß ein Schlagwort schallt! | Ob sie's dann auch nicht verstanden, | Einverstanden ist sie bald.
Peter Sirius, Tausend u. Ein Gedanken (1899). Menge u. Alltag.

Schlagwörter. — Mit Schlagwörtern allein ist es nicht getan.
Kaiser Wilh. II. auf d. Brandenburgischen Provinzial-Landtage (24. Febr. 1892).

Schlange. — Eine Schlange am Busen nähren (jemanden stets Gutes tun, der trotzdem immer feindselig bleibt).
Nach Äsop (6. Jahrh. v. Chr.), Fab. Nr. 97. D. Wanderer u. d. Natter. — Sprichwörtl. Redensart.

— Kalt lauert die Schlange im Grase. Lat.: **Latet anguis in herba.**
Publ. Vergilius Maro (um 70 v. Chr. — 19 n. Chr.), Ländliche Gedichte. Übers. v. Voß. Nr. 3, V. 93.

— Mit der Schlange stirbt das Gift nicht.
Sprichwort.

Schlangen. — . . . seid klug wie die Schlangen!
Matth., K. 10, V. 16.

Schlappe. — Eine Schlappe erleiden (einen Mißerfolg haben). Sprichwörtl. Redensart.

Schlaraffenland. — Ein gegend heißt Schlauraffenland, | Den faulen Leuten wolbekant.
Hans Sachs, Sehr herrliche Schöne v. wahrhaffte Gedicht. Bd. 1 (1589). T. 5. D. Schlauraffenland.

Schlau. — Schlau wie ein Oktober-Fuchs.
Sprichwörtl. Redensart.

Schlauer. — Man kann schlauer sein als ein anderer, nicht aber schlauer als alle andern. Franz.: **On peut être plus fin qu'un autre, mais non pas plus fin que tous les autres.**
François, Herzog von La Rouchefoucauld, Reflexionen oder moralische Sentenzen u. Maximen (1665). Nr. 394. Übers. v. Zimmermann.

Schlecht. — Den Redlichen bewährt ja nur die Zeit; | Den schlechten Mann enthüllt ein einz'ger Tag. Griech.: *Ἐπεὶ | Χρόνος δίκαιον ἄνδρα δείκνυσιν μόνος, | Κακὸν δὲ κἂν ἐν ἡμέρᾳ γνοίης μιᾷ.*

Sophokles (um 496—406 v. Chr.), König Ödipus. Übers. v. Jordan. V. 606—8 (Kreon).

— Was nur auf Erden lebt, da ist auch nichts so schlecht, | Daß es der Erde nicht besondern Nutzen brächt'. | Doch ist auch nichts so gut, das, diesem Ziel entwendet, | Abtrünnig seiner Art, sich nicht durch Mißbrauch schändet. Engl.: For nought so vile that on the earth doth live, | But to the earth some special good doth give; | Nor aught so good, but, strain'd from that fair use, | Revolts from true birth, stumbling on abuse.

William Shakespeare, Romeo u. Julia (1593). Übers. v. Schlegel. A. 2, Sz. 3 (Lorenzo).

— Ich habe immer gefunden, die sogenannten schlechten Leute gewinnen, wenn man sie genauer kennen lernt, und die guten verlieren.

Georg Christoph Lichtenberg, Verm. Schriften (1800—1806). Bd. 2, Nr. 2. Bemerk. verm. Inhalts. Nr. 4. Beobachtungen über d. Menschen.

— Schlecht und recht. Sprichwörtl. Redensart.

Schlechte, das. — Alle sind wir gelehrig für das, was | Schlechtes wir sehn und Schändliches. Lat.: Dociles imitandis | Turpibus ac pravis omnes sumus.

Decimus Junius Juvenalis, Sat. (um 127). Übers. v. Berg. Nr. 14, V. 40.

— Der Gran von Schlechtem zieht des edlen Wertes | Gehalt herab in seine eigne Schmach. Engl.: The dram of ill | Doth all the noble substance often dout, | To his own scandal.

William Shakespeare, Hamlet (1601—1602). Übers. v. Schlegel. A. 1, Sz. 4 (Hamlet).

— Das Schlechte, das aus unserem Munde kommt, fällt häufig in unsern Busen hinein. Engl.: The ill that comes out of our mouth ofttimes falls into our bosom.

Samuel Smiles, D. Charakter (1871). Übers. v. Dobbert. K. 6. D. Selbstbeherrschung.

— Wem noch das Heilige heilig und wert, | Der hat auch gegen das Schlechte ein Schwert.

Alter Spr.

— Das Schlechte ist wie der Dreck; je mehr man ihn rührt, je mehr stinkt er. Ital.: U male è cumme a merda; piu si rimesce più ello puzza

Sprichwort.

Schlechtere, das. — Ich sehe das Bessere, und ich billige es. Und ich folge dem Schlechteren. Lat.: Video meliora proboque, | Deteriora sequor.

Publ. Ovidius Naso (um 43 v. Chr.—17 n. Chr.), Metamorphosen. B. 7, V. 20—21. Übers. v. Grau.

Schleicher, der. — Der trock'ne Schleicher...

Joh. Wolfg. von Goethe, Faust, I (1808). Nacht (Faust).

— Schleicher | Kommt soweit wie Läufer.

Sprichwort.

Schleicher, die. — Hüte dich vor den Schleichern; die Rauscher thun dir nichts!

Alter Spr.

Schlemmen, das. — ... gewöhne dich nicht zum Schlemmen! Jes. Sir., K. 18, V. 32.

Schlemmer, der. — Junger Schlemmer, alter Bettler. Sprichwort.

Schlemmer, die. — ... wer aber Schlemmer nähret, schändet seinen Vater.

Spr. Sal., K. 28, V. 7.

Schlendrian. — Ich gehe meinen Schlendrian... Studentenlied (um 1840). Studentenweise.

Schlepptau. — Jemanden ins Schlepptau nehmen (jemanden vorwärts bringen).

Sprichwörtl. Redensart.

Schleswig-Holstein. — Schleswig-Holstein, meerumschlungen.

Friedr. Chemnitz, Wanke nicht, mein Vaterland! (ged. 1844). Mel. v. Gottl. Bellmann (komp. 1844).

Schlichten. — Besser schlichten, | Als richten.

Sprichwort.

Schlimm. — 's ist nichts so schlimm, als man wohl denkt, | Wenn man's nur recht erfaßt und lenkt.

Wilh. Friedrich, Alessandro Stradella (1844). A. 2, Sz. 8 (Stradella). Komp. v. Friedr. von Flotow.

Schlinge. — Sich aus der Schlinge ziehen (sich aus einer schlimmen, gefährlichen Lage noch gerade retten). Sprichwörtl. Redensart.

Schloß. — Hast du das Schloß gesehen, | Das hohe Schloß am Meer?

Ludw. Uhland, Gedichte. Balladen u. Romanzen. D. Schloß am Meere (ged. 4.—5. Nov. 1805). Mel. v. Konstantin Decker.

Schlosser. — A Schlosser haut an G'sell'n g'hat. Joh. Konrad Grübel, Gedichte in Nürnberger Mundart (1800). D. Schlosser u. sein Gesell. Mel. v. Karl Gottl. Reissiger (komp. 1824).

Schlösser. — In Schlösser drängt sich oft ein Schwarm von Leide | Im Kleid der Freude.

Ewald Christ. von Kleist, Sämtl. Werke (1760). Gedichte. D. Vorsatz.

Schlummer. — Die wache Sorge lauscht im Auge jedes Alten; | Und Schlummer bettet nie sich da, wo Sorgen walten. Engl.: Care keeps his watch in every old man's eye, | And where care lodges, sleep will never lie.

William Shakespeare, Romeo u. Julia (1593). Übers. v. Schlegel. A. 2, Sz. 3 (Lorenzo).

— Genieß den schweren Honigtau des Schlummers! Engl.: Enjoy the heavy honey-dew of slumber.

William Shakespeare, Jul. Cäsar (1601). Übers. v. Schlegel. A. 2, Sz. 1 (Brutus).

— Der Schlummer | Ist ja ein Friedenshauch vom Himmel; schlummern | Kann nur ein spiegelklares Herz!

Theod. Körner, Toni (geb. Jan. 1812). A. 1, Sz. 2 (Toni).

Schlummer. — Selbst Leu'n sind schwach im Schlummer.

Anastasius Grün (Anton Alexander Graf von Auersperg), D. letzte Ritter (1830). Max u. Flandern. Nr. 1. D. Erwachen.

— Ein heilig Bad | Bist du, o Schlummer, | Würziger Kraft voll. | Mut und Erneuung | Atmet die Psyche, | Wenn deine Woge | Sanft die bewußtlos | Schwimmende trägt | Von Leben zu Leben, | Von Strand zu Strand.

Emanuel Geibel, Juniuslieder (1848). B. d. Betrachtung. An d. Schlaf.

Schlummernd. — Als ich schlummernd lag heut' nacht, | Lockten süße Träume . . .

Adolf Katsch, Hundert Semester (geb. 1884). Mel. v. Adolf Schlieben (komp. 1885).

Schmach. — Es ist kein größrer Ruhm, als Schmach und Tadel dulden; | Doch nur durch bösen Neid, nicht wegen böser Schulden.

Friedr. von Logau, Deutsche Sinn=Getichte (1654).

— Kein Ehrenmann wird sich der Schmach bequemen. Friedr. von Schiller, Wilh. Tell (1804). A. 1, Sz. 3 (Gesellen).

— Schmach sucht Rache. Sprichwort.

Schmähen. — Wer schmäht und Schmähung hört, dem sei zur Straf' erkoren, | Daß der werd' an der Zung' und der gehenkt an Ohren.

Friedr. von Logau, Deutsche Sinn=Getichte (1654). Verleumder.

— Du schmähst mich hinterrücks? das soll mich wenig kränken. | Du lobst mich ins Gesicht? das will ich dir gedenken!

Gotthold Ephr. Lessing, Schriften (1753—1755). Sinngedichte. B. 1, Nr. 51. An Einen.

Schmalhans. — Da ist Schmalhans Küchenmeister (da geht es sehr ärmlich zu; sie haben kaum satt zu essen). Sprichwörtl. Redensart.

Schmausen. — Ça ça, geschmauset, laßt uns nicht rappelköpfisch sein! | Wer nicht mit hauset, bleibe daheim!

Kneipgelage. Altes Studentenlied (vor 1757).

— Mit vielem läßt sich schmausen, | Mit wenig läßt sich hausen.

Joh. Wolfg. von Goethe, Werke (1827—1830). Gedichte. Gesellige Lieder. Frech u. froh.

Schmeichelei. — Es gibt kein anderes Mittel, sich vor Schmeichelei zu hüten, als daß die Menschen einsehen, daß sie dich nicht beleidigen, wenn sie dir die Wahrheit sagen. Ital.: Non ci è altro modo a guardarsi dalle adulazioni se non che gli uomini intendino che non ti offendono a dirti il vero.

Niccolò Machiavelli, D. Fürst (1513). Übers. v. Pozzoni.

— . . . wer die Schmeichelei liebt, ist des Schmeichlers würdig. Engl.: He that loves to be flattered is worthy o' the flatterer.

William Shakespeare, Timon v. Athen (um 1604—1608). Übers. v. Schlegel. A. 1, Sz. 1 (Apemantus).

Schmeichelei. — Schmeichelei ist eine falsche Münze, welche nur durch unsere Eitelkeit in Umlauf erhalten wird. Franz.: La flatterie est une fausse monnaie qui n'a de cours que par notre vanité.

François, Herzog von La Rochefoucauld, Reflexionen oder moralische Sentenzen u. Maximen (1665). Nr. 158. Übers. v. Zimmermann.

— . . . unter Schmeichelei, dem Lenz, | Bei dem selbst alter Weiber Stirnen sich | Verjüngen.

Christ. Dietr. Grabbe, Don Juan u. Faust (1829). A. 1, Sz. 1 (Don Juan).

— Holder Zorn, verschämtes Stocken | Wird von Schmeichelei besiegt.

Heinr. Heine, Neue Gedichte. Verschiedene (geb. 1832—1839). Yolanthe u. Marie. Nr. 5.

— Nichts wie die Schmeichelei ist so gefährlich dir; | Du weißt es, daß sie lügt, und dennoch glaubst du ihr.

Friedr. Rückert, D. Weisheit d. Brahmanen (1836—1839). B. 16, Abteilung 5, Nr. 19. (Stufe 5. Leben. Nr. 421.)

— Eine jede Schmeichelei gesprochen, geschrieben, gedruckt, gemalt, gemeißelt, ist eine Grobheit wider ihren Gegenstand und wider die Natur. Sie will ihn besser machen, als die Natur ihn gemacht hat. Frz. von Dingelstedt, D. Amazone (1868).

— Wenn wir auch der Schmeichelei keinen Glauben schenken, der Schmeichler gewinnt uns doch. Marie von Ebner=Eschenbach, Aphorismen (1893).

Schmeicheleien. — Wahrhaft kluge und zugleich stolze Menschen nehmen Schmeicheleien wie eine Beleidigung auf, weil sie recht gut wissen, daß man um so stärkere Farben aufträgt, je mehr man den Geist des anderen unterschätzt.

Ludw. Habicht, Vor d. Gewitter (1874).

— Demut stirbt an Schmeichelei'n.

Mutterwarnung. Volkslied u. =weise.

Schmeicheln. — . . . der ist mir verhaßt wie die Pforten der untersten Tiefe, | Welcher, von Mangel verführt, mit leeren Erdichtungen schmeichelt! Griech.: Ἐχθρὸς γάρ μοι κεῖνος ὁμῶς Ἀίδαο πύλῃσιν | Γίγνεται, ὃς πενίῃ εἴκων ἀπατήλια βάζει.

Homer, Odyssee. Übers. v. Voß. Ges. 14, V. 156—57.

— Völkern schmeicheln ist ein ebenso niedriges Geschäft, als Fürsten schmeicheln.

Friedr. von Gentz, Betrachtungen über d. franz. Revolution (1793).

— Sollen wir freudig horchen und willig gehorchen, so mußt du | Schmeicheln!

Joh. Wolfg. von Goethe, Gedichte. Episteln (geb. Okt.—Nov. 1794). Nr. 1.

— Der Tor schmeichelt sich selbst und der Kluge den Toren.

Joh. Gottfr. von Herder u. Liebeskind, Palmblätter (1796—1800). T. 1.

— Wer von andern lange allein spricht, ohne den Zuhörern zu schmeicheln, erregt Widerwillen.

Joh. Wolfg. von Goethe, Werke (1827—1830). Maximen u. Reflexionen. Abteilung 5.

Schmeicheln. — Erst schmeicheln, dann kratzen, | Das schickt sich für Katzen. Sprichwort.

Schmeicheln, das. — Oren melcken (schmeicheln) ist ein kunst, | Die manchem bringt vor herren gunst, | Der so vil druß ermolcken hat, | Das er sich miessig gondts begat.

Thomas Murner, D. Narrenbeschwerung (1512). Nr. 91. D. oren lassen melcken.

— Schmeicheln, streicheln, heucheln | Heißt Recht und Wahrheit meucheln. Alter Spr.

Schmeichelnd. — Ein schmeichelndes Kalb saugt zwei Mütter aus. Sprichwort.

Schmeichelworte. — Schmeichelworte höret nimmer, | Glaubet mir, sie tun nicht gut!

Mutterwarnung. Volkslied u. -weise.

Schmeichler, der. — Unter den wilden Tieren (ist) der Tyrann (das schlimmste Tier) und unter den zahmen der Schmeichler. Griech.: *Τῶν μὲν ἀγρίων ὁ τύραννος, τῶν δ'ἡμέρων ὁ κόλαξ.*

Bias (6. Jahrh. v. Chr.). Nach Plutarch, Moralische Abhandlungen. Übers. v. Cyth. Freunde u. Schmeichler. K. 19.

— Der Schmeichler ist dem Herren lieb, | Doch stiehlt er die Ehr' ihm wie ein Dieb. Mittelhochdeutsch: Die lôsaer sint den herren liep, | Doch stelent sir êre alsam ein diep.

Vrîdankes Bescheidenheit (1225—1240). Übertr. v. Pannier. Nr. 15. v. dieneste.

— Wie heißt das schlimmste Tier mit Namen? | So fragt' ein König einen weisen Mann. | Der Weise sprach: Von wilden heißt's Tyrann, | Und Schmeichler von den zahmen.

Gotthold Ephr. Lessing, Schriften (1753—1755). Sinngedichte. B. 1, Nr. 106. D. schlimmste Tier.

— Schmeichler, | Heuchler. Sprichwort.

Schmeichler, die. — Er hört es gern, | Das Einhorn lasse sich mit Bäumen fangen, . . . | Der Bär mit Spiegeln und der Mensch durch Schmeichler. Engl.: He loves to hear | That unicorns may be betray'd with trees, | And bears with glasses, and men with flatterers.

William Shakespeare, Jul. Cäsar (1601). Übers. v. Schlegel. A. 2, Sz. 1 (Decius).

— Schmeichler sind wie Sonnenblumen, blicken nach dem Himmel hin, | Wurzeln aber in der Erde, suchen Vortheil und Gewinn.

Friedr. von Logau, Deutsche Sinn-Getichte (1654). Heuchler.

— . . . diese Brut (der Schmeichler) schleicht sich zu allen Zeiten ein.

Christ. Fürchtegott Gellert, Fab. u. Erz. (1746). B. 1. D. Arme u. d. Reiche. Schlußv.

— Möchtet ihr euch nie etwas anders als Gift erloben, verdammte Schmeichler!

Gotthold Ephr. Lessing, Fab. (1759). B. 2, Nr. 15. D. Rabe u. d. Fuchs. Schlußsatz.

— Fürsten belohnen ihre Schmeichler und verachten sie; Völker beten die ihrigen an.

Friedr. von Gentz, Betrachtungen über d. franz. Revolution (1793).

Schmeichler, die. — Schmeichler . . . sind gerne Lügner; und der größte Schmeichler ist immer der Mensch sich selbst.

Joh. Jak. Engel, D. Fürstenspiegel (1798). Nachruhm.

— Schmeichler, Jaherrn nähren die Ehrsucht und sind die Verderber der Großen und Mächtigen.

Immanuel Kant, Anthropologie (1798).

— Wer Einmal den Schmeichlern wohltut, | Leget sich die harte Not auf, | Immer ihnen schön zu tun. Joh. Gottfr. von Herder, D. Cid (1805). B. 4, Ges. 53.

— . . . die Schmeichler sind gefährlicher als Raben, | Die pflegen Toten nur die Augen auszugraben, | Indes der Schmeichler sie dem Lebenden entwendet | Und den Scharfsichtigsten mit falschen Künsten blendet.

Friedr. Rückert, D. Weisheit d. Brahmanen (1836—1839). B. 4, Nr. 5. (Stufe 3. Kampf. Nr. 127. Fürstenspiegel. Nr. 10.)

— Veracht feiler Schmeichler Bande, | Denn zu viel Ehr' ist halbe Schande. Alter Spr.

— Schmeichler und Ohrenbläser beißen den, der sie füttert. Sprichwort.

— Schmeichler sind Heuchler und Meuchler. Sprichwörtl.

Schmeichlerwort. — Bewahr dein' Zung' und Herzenspfort' | Vor Lästermaul und Schmeichlerwort! Alter Spr.

Schmerbauch. — Drei Männer umspannten den Schmerbauch ihm nicht.

Gottfr. Aug. Bürger, Gedichte. D. Kaiser u. d. Abt (1785).

Schmerz. — . . . mache nicht unerträglich | Den Schmerz durch ewige Klagen! Griech.: *Ἀλλ' ἀπὸ τῶν μετρίων ἐπ' ἀμήχανον | Ἄλγος ἀεὶ στενάχουσα διόλλυσαι.*

Sophokles (um 496—406 v. Chr.), Elektra. Übers. v. Jordan. V. 138—39 (Chor).

— Ich weiß, ein echter Schmerz durchbohrt die Brust. Griech.: *Χωρεῖ πρὸς ἧπαρ, οἶδα, γενναία δύη.*

Sophokles (um 496—406 v. Chr.), Ajas. Übers. v. Jordan. V. 927 (Chor).

— An den Schmerz erinnert man sich. Lat.: Cui dolet, meminit.

Marc. Tull. Cicero, Rede für Murena (um 63 v. Chr.). Übers. v. Kloß. K. 20, § 42.

— Vnd der beherzt, verschmirtzst vil schmerz.

Joh. Friedr. Fischart, Podagrammisch Trostbüchlin (1577).

— Mitweinen mit den Weinenden ist Trost, | Doch Schmerz, so frech verhöhnt, dreifacher Tod. Engl.: To weep with them that weep doth ease some deal; | But sorrow flouted at, is double death.

William Shakespeare, Tit. Andronicus (1590—1591). Übers. v. Schlegel. A. 3, Sz. 1 (Marc.).

— Gut, jeder kann den Schmerz bemeistern, nur der nicht, der ihn fühlt. Engl.: Well, every one can master a grief, but he that has it.

William Shakespeare, Viel Lärm um nichts (um 1598). Übers. v. Schlegel. A. 3, Sz. 2 (Benedict).

Schmerz. — Harm (Schmerz), der nicht spricht, erstickt das volle Herz | Und macht es brechen. Engl.: **The grief, that does not speak, | Whispers the o'er-fraught heart, and bids it break.**

William Shakespeare, Macbeth (1606). Übers. v. Schiller. A. 4, Sz. 3 (Malcolm).

— Endlich blüht die Aloe, | Endlich trägt der Palmbaum Früchte, | Endlich schwindet Furcht und Weh, | Endlich wird der Schmerz zunichte!

Joh. Christ. Günther, Gedichte (1735). Trostaria.

— Der Schmerz macht, daß wir die Freude fühlen, sowie das Böse macht, daß wir das Gute erkennen.

Ewald Christ. von Kleist, Sämtl. Werke (1760). Prosaische Aufsätze. Nr. 9. Gedanken über verschiedene Gegenstände.

— Wäre kein Schmerz in der Welt, so würde der Tod alles aufreiben. Wenn mich eine Wunde nicht schmerzte, würde ich sie nicht heilen und würde daran sterben.

Ewald Christ. von Kleist, Sämtl. Werke (1760). Prosaische Aufsätze. Nr. 9. Gedanken über verschiedene Gegenstände.

— Was soll all der Schmerz und Lust?

Joh. Wolfg. von Goethe, Gedichte. Lieder. Wandrers Nachtlied (ged. 12. Febr. 1776). Mel. v. Joh. Friedr. Reichardt (1781).

— Schmerz ist oft mehr Wollust als Schmerz.

Joh. Jak. Engel, D. Philosoph für d. Welt (1775—1777). T. 2, Stück 28. Über d. Tod. Erste Unterredung.

— . . . in den Seelen von Philosophen darf auch der gerechteste Schmerz nie zu groß, und noch weniger darf er hoffnungslos werden.

Joh. Jak. Engel, D. Philosoph für d. Welt (1775—1777). T. 2, Stück 36. Eine Standrede.

— Mitteilung im Schmerz | Und Mitteilung in Wonne heischt das Herz.

Aug. Wilh. von Schlegel, Gedichte. An einen Kunstrichter (1792).

— Das Peinlichste am körperlichen Schmerze ist das Unkörperliche, nämlich unsere Ungeduld und unsere Täuschung, daß er immer währe.

Jean Paul (Joh. Paul Friedrich Richter), Siebenkäs (1796—1797). Bd. 2.

— Sei hoch beseligt oder leide; | Das Herz bedarf ein zweites Herz; | Geteilte Freud' ist doppelt Freude, | Geteilter Schmerz ist halber Schmerz.

Christoph Aug. Tiedge, Urania (1800). Ges. 4. Unsterblichkeit.

— Der Schmerz ist die Geburt der höheren Naturen. Christoph Aug. Tiedge, Urania (1800). Ges. 5. Tugend.

— Kurz ist der Schmerz, und ewig ist die Freude.

Friedr. von Schiller, D. Jungfrau v. Orleans (1801). A. 5, Sz. 14 (Johanna). Schlußv.

— Der Schmerz ist Leben.

Friedr. von Schiller, Wilh. Tell (1804). A. 4, Sz. 2 (Attinghausen).

Schmerz. — Hoch übers Reich des Niedern und Gemeinen | Erhebt der Schmerz den Geist, den er durchdringt.

Ernst Schulze, Sämtl. poetische Werke (1818—1820). Episteln.

— Es bindet gleicher Schmerz wie gleiches Blut; | Und Trauernde sind üb'rall sich verwandt.

Frz. Grillparzer, Sappho (1822). A. 2, Sz. 4 (Phaon).

— Wenn ein Mann dem Schmerze Herrschaft über sich einräumt, wenn er ihn ängstlich meidet, über den unvermeidlichen klagt, flößt er eher Nichtachtung als Mitleid ein.

Wilh. Freiherr von Humboldt, Br. an eine Freundin (26. Mai 1823).

— Der im eigenen Busen erhaltene Schmerz enthält etwas Süßes, von dem man sich nicht gern mehr trennen mag, wenn ihn die eigene Brust bewahrt.

Wilh. Freiherr von Humboldt, Br. an eine Freundin (26. Mai 1823).

— Ach! der Schmerz ist stumm geboren, | Ohne Zunge in dem Munde, | Hat nur Tränen, hat nur Seufzer | Und nur Blut aus Herzenswunde.

Heinr. Heine, D. B. d. Lieder. Anhang älterer Gedichte (ged. 1816—1824). Zu d. Romanzen. Nr. 2. Ständchen eines Mauren. Schlußv.

— Geheim ist alles, | Nur unser Schmerz nicht. Ital.: **Arcano è tutto, | Fuor che il nostro dolor.**

Giacomo Leopardi, Sapphos letzter Ges. (1824). Übers. v. Heyse.

— Schmerz und Freude liegt in Einer Schale; | Ihre Mischung ist der Menschen Los.

Joh. Gottfr. Seume, Sämtl. Werke (1826). Gedichte. Erinnerung.

— . . . nur der verwandte Schmerz entlockt uns die Träne, und jeder weint eigentlich für sich selbst.

Heinr. Heine, Reisebilder. T. 2. Italien (1828—1829). Nr. 2. D. Bäder v. Lucca. K. 1.

— Auch können in dem wunderbaren menschlichen Gemüt Schmerz und Empfindung eines in anderer Hinsicht glücklichen Daseins gleichzeitig nebeneinander fortleben.

Wilh. Freiherr von Humboldt, Br. an eine Freundin. T. 2, Br. 6 (1829).

— Das Setzen ins Gleichgewicht wird oft nur dadurch erreicht, daß man viel Schmerz, physischen und moralischen, in sein Dasein mit aufnimmt.

Wilh. Freiherr von Humboldt, Br. an eine Freundin (12. Juni 1829).

— Den lieben langen Tag | Hab' ich nur Schmerz und Plag', | Und sollt am Abend doch nit weine?

Phil. Düringer, Künstlerhauche. D. Mädchens Klage (ged. um 1830). Volksweise a. Steiermark.

Schmerz. — Ja Schmerz! nur du machst Menschen erst zu Menschen ganz. Franz.: Tu fais l'homme, ô Douleur! oui l'homme, tout entier.

Alphonse de Lamartine, Harmonien (1830). Übers. v. Herwegh.

— Denke, daß das Hehre, Große | Mehr der Schmerz ist denn die Lust.

Justinus Kerner, Dichtungen (1834). Lieder d. Schmerzes. An einen Dichterfreund.

— Schmerz ist Grundton der Natur; | Schmerz des Waldes rauschend Singen, | Schmerz des Baches murmelnd Springen, | Und am meist aus Menschen Scherz | Tönt als Grundton Schmerz, nur Schmerz.

Justinus Kerner, Dichtungen (1834). Natur u. Wald. D. Grundton d. Natur. Schlußv.

— . . . ist der Schmerz, um den es weint, | Dem Herzen noch so heilig, — | Der Vogel singt, die Sonne scheint, | Vergessen ist er eilig.

Emanuel Geibel, Gesammelte Werke. Gedichte. Jugendgedichte. B. 1. Lübeck u. Bonn (ged. 1834—1835). Lieder als Intermezzo. Nr. 36.

— Wer ganz mit seinem Schmerz allein, | Der lernt den Schmerz genießen.

Aug. Graf von Platen-Hallermund, Gedichte. Lieder u. Romanzen. Frühlingslied (ged. 1835).

— Daß sie die Perle trägt, das macht die Muschel krank; | Dem Himmel sag' für Schmerz, der dich veredelt, Dank!

Friedr. Rückert, Gesammelte Gedichte (1834—1838). Pantheon. Fünftes Bruchstück. Zahme Xenien. Angereihte Perlen.

— Der Schmerz ist nicht bloß die Würze, — er ist die Bedingung eines echten, belebenden Vergnügens, — wie es Nacht werden und gewesen sein muß, damit der Tag sich entwickle und seinen belebenden Kreislauf halte.

Ernst Freiherr von Feuchtersleben, Zur Diätetik d. Seele (1838). K. 8. Oszillation.

— Der Schmerz ist ein anmaßendes Nichts, das zum Etwas wird, wenn wir es anerkennen.

Ernst Freiherr von Feuchtersleben, Zur Diätetik d. Seele (1838). K. 9. Hypochondrie.

— Steht dir ein Schmerz bevor, oder hat er dich bereits ergriffen, so bedenke, daß du ihn nicht vernichtest, indem du dich von ihm abwendest! Sieh' ihm fest ins Auge!

Ernst Freiherr von Feuchtersleben, Zur Diätetik d. Seele (1838). Tagebuchblätter.

— Das Leben täuscht uns lange, | Du zeigst der Schminke bar | Des Lebens welke Wange; | O Schmerz, wie bist du wahr!

Nicolaus Lenau (Niembsch, Edler von Strehlenau), Neuere Gedichte (1838). D. Schmerz.

— . . . oft nach einem Tag, oft schon nach einer Stunde | Belächelst du den Schmerz und fühlst nicht mehr die Wunde.

Friedr. Rückert, D. Weisheit d. Brahmanen (1836—1839). B. 9, Nr. 118. (Stufe 4. Schule. Nr. 177.)

Schmerz. — Schmerz ist der Durst nach Wonnen, | Willst du den Durst verfluchen? | Er deutet auf den Bronnen; | Den Bronnen sollst du suchen.

Friedr. Hebbel, Gedichte. Nachlese (1842). Spr. u. Gleichnisse. Nr. 1.

— Trotz allem Freundeswort und Mitgefühlsgebärden | Bleibt jeder tiefe Schmerz ein Eremit auf Erden.

Nicolaus Lenau (Niembsch, Edler von Strehlenau), Werke (1855). Gedichte. Verm. Gedichte. Täuschung. Schlußv.

— Wider den Schmerz dich zu vermauern | Ist so verkehrt wie maßlos Trauern; | Du sollst von ihm dich mahnen lassen, | In dir dein Höchstes doppelt fest zu fassen.

Emanuel Geibel, Neue Gedichte (1856). Spr. Nr. 3.

— Kommt dir ein Schmerz, so halte still | Und frage, was er von dir will! | Die ew'ge Liebe schickt dir keinen | Bloß darum, daß du mögest weinen.

Emanuel Geibel, Neue Gedichte (1856). Spr. Nr. 45.

— Wie ein Adler aus dem Blauen | Ist der Schmerz, der seine Klauen | Jählings scharf ins Fleisch dir schlägt, | Aber dann mit starkem Flügel | Über Wipfel dich und Hügel | Zu des Lebens Gipfeln trägt.

Emanuel Geibel, Neue Gedichte (1856). Spr. Nr. 47.

— Schmerz ist die Grundempfindung in jeder Lebensregung; nur gegen Mühen und Schmerzen gibt uns die Gottheit ihren Lohn.

Frz. Xaver von Baader, Sämtl. Werke (1851—1860).

— Der Schmerz ist das Glück der Seligen. Am meisten lebt, wer am meisten leidet.

Ludw. Börne, Gesammelte Schriften (1862—1863).

— Es ist die Lust nicht, . . . | Der Schmerz nur ist es, der die Welt erlöst!

Rob. Hamerling, Ahasver in Rom (1866). Ges. 6. Ahasver.

— Wer Einmal einen tiefen Schmerz erlitten, | Ist nicht mehr jung. Bis dahin war er es, | Und hätte silberweiß sein Haar bereits | Den tiefgebeugten Scheitel ihm umglänzt.

Ferd. von Saar, Heinr. IV. (1863—1867).

— Wie bald ist so zerronnen, | Was dich bewegt, o Herz! | Ein Schaum nur deine Wonnen, | Ein Wogenschlag dein Schmerz.

Emanuel Geibel, Spätherbstblätter (1877). Ostseelieder. Nr. 12. Schlußv.

— Merke dir's, du blondes Haar! | Schmerz und Lust Geschwisterpaar, | Unzertrennlich beide; — | Geh' und lieb' und leide!

Konrad Ferd. Meyer, Gedichte (1882). Hochzeitslied.

— Den Regen hört man fallen, den Schnee nicht; der herbe Schmerz ist noch laut, der gefaßte ist still.

Berth. Auerbach, Gesammelte Schriften (1892).

Schmerz. — Der Schmerz ist der große Lehrer der Menschen. Unter seinem Hauche entfalten sich die Seelen.

Marie von Ebner-Eschenbach, Aphorismen (1893).

— Es ist kein Schmerz so tief verborgen, | Er wirft doch seinen Widerschein | Noch in den schönsten Tag hinein.

Hermann von Lingg, Schlußrhythmen (1901). Rückblicke. Innere Tränen.

— Die Langeweile wollt' uns töten, | Da war der Schmerz uns höchst vonnöten; | Er macht die Sinne frisch und klar.

A. d. Russischen d. Iwan Aksakow.

— Schmerz | Klammert sich ans Herz.

Alter Spr.

Schmerzen. — Paetus, es schmerzt nicht! Lat.: Paete, non dolet!

Dies rief Arria ihrem zum Tode verurteilten Gatten zu, ihm d. Dolch reichend, d. sie sich selbst in d. Brust gestoßen hatte. — Nach Marc. Valerius Martialis, Epigramme (um 85). B. 1, Nr. 14.

— Wo es schmerzt, da greift man hin.

Sprichwort.

Schmerzen, die. — Die Schmerzen sind's, die ich zuhilfe rufe; | Denn es sind Freunde, Gutes raten sie.

Joh. Wolfg. von Goethe, Iphigenie auf Tauris (1787). A. 4, Sz. 2 (Arkas).

— Komm' du hervor, du Bringer bittrer Schmerzen!

Friedr. von Schiller, Wilh. Tell (1804). A. 4, Sz. 3 (Tell).

— Großen Seelen ziehen die Schmerzen nach wie den Bergen die Gewitter; aber an ihnen brechen sich auch die Wetter, und sie werden die Wetterscheide der Ebene unter ihnen.

Jean Paul (Joh. Paul Friedr. Richter), D. Komet (1820—1822). Bd. 1.

— Ich wollt', meine Schmerzen ergössen | Sich all' in ein einziges Wort!

Heinr. Heine, D. B. d. Lieder, D. Heimkehr (ged. 1823—1824). Nr. 63. Mel. v. Felix Mendelssohn-Bartholdy.

— . . . eingebildete Schmerzen tun darum nicht minder weh.

Heinr. Heine, Reisebilder. T. 2. Italien (1828—1829). Nr. 3. D. Stadt Lucca. K. 17.

— Schmerzen sind der Jugend Nahrung, | Tränen seliger Lobgesang.

Joh. Wolfg. von Goethe, Werke (1827—1830). Gedichte. Lyrisches. Ungeduld. Schlußv.

— . . . eine sel'ge Stunde | Wiegt ein Jahr von Schmerzen auf.

Emanuel Geibel, Gesammelte Werke. Gedichte. Jugendgedichte. B. 3. Athen (ged. 1838—1840). Leichter Sinn.

— So leuchten echte Feuerherzen | Am hellsten in der Nacht der Schmerzen.

Anastasius Grün (Anton Alexander Graf von Auersperg), D. Pfaff v. Kahlenberg (1850). Vorspiel.

Schmerzen, die. — Die schlimmsten Schmerzen sind auf Erden, | Die ausgeweint und ausgeschwiegen werden.

Friedr. von Bodenstedt, D. Lieder d. Mirza-Schaffy (1851). Lieder d. Klage. Nr. 10.

— Wie groß der Leiden Zahl, | Die auferlegt dem Herzen; | Doch bleibt die größte Qual, | Zu lächeln unter Schmerzen.

Ernst Scherenberg, Gedichte (1875).

— Bei großen Schmerzen wirken Worte wie Fliegen auf Wunden. Franz.: Les paroles sur les grandes douleurs sont des mouches sur des plaies.

J. H. Rosny, D. Krähen (1888). Übers. v. Zimmermann.

— Haben Sie sonst noch Schmerzen (wünschen Sie sonst noch etwas)? Bek. Redensart.

Schmerzlich. — O Königin, du weckst der alten Wunde | Unnennbar schmerzliches Gefühl. Lat.: Infandum, regina, iubes renovare dolorem.

Publ. Vergilius Maro (um 70 v. Chr.—17 n. Chr.), Aeneis. Übers. v. Schiller. B. 2, V. 3.

Schmiede. — Vor die rechte Schmiede gehen (sich an die rechte Stelle um Hilfe wenden).

Sprichwörtl. Redensart.

Schmieren. — Wie man den Karren schmiert, so läuft er. Sprichwort.

Schmieren, das. — Schmieren und Salben | Hilft allenthalben; | Hilft's nicht beim Mädchen, | Hilft's doch beim Rädchen. Alter Spr.

Schminken. — Gott siehet dich nicht, | Sieht kein geschminketes Angesicht.

Ludw. Achim von Arnim, Armut, Reichtum, Schuld u. Buße d. Gräfin Dolores (1810). Bd. 2.

Schminken, sich. — Die Damen, die sich gerne schminken, | Die lassen sich wol selbst bedünken, | Daß wo Natur an ihren Gaben | Muß etwas übersehen haben.

Friedr. von Logau, Deutsche Sinn-Getichte (1654). Geschminkte Weiber.

Schmollen. — Schmollt der Mann, und grillt die Frau, | So faßt sie nur behende; | Führt mir nach dem Mittag sie | Und ihn an Nordens Ende! Joh. Wolfg. von Goethe, Faust, I (1808). Walpurgisnachtstraum (Titania).

Schmollis. — Herr Bruder zur Rechten, Herr Schwager zur Linken, | Wir wollen einander ein Schmollis zutrinken.

Studentenlied (um 1685). Studentenweise.

Schmücken, sich. — Sich mit fremden Federn schmücken. Lat.: Gloriari alienis bonis.

Phädrus (um 30), Fab. Übers. v. Siebelis. B. 1, Nr. 3. D. stolze Dohle u. d. Pfau. V. 1. — Sprichwörtl. Redensart.

Schmues. — Mach mer kaan Schmues vor (versuche mich nicht zu täuschen)! Jüd. Redensart.

Schmutz. — Nicht ist's Schande, in den Schmutz zu fallen; aber Schande ist es, nicht aufstehen zu wollen. Ital.: Non è vergogna cadere nel fango, ma gli è vergogna il non volersene levare. Sprichwort.

Schmutzig. — An schmutzigen Händen bleibt viel hängen. Sprichwort.

Schmutzige, das. — ... wer das Schmutz'ge anfaßt, den besudelt's.
Heinr. von Kleist, D. Familie Schroffenstein (1803). A. 2, Sz. 2 (Sylvester).

Schnee. — Wo aber ist der Schnee des verflossenen Jahres? Franz.: Mais où sont les neiges d'antan?
François Villons (1431—1461), D. Damen d. Vorzeit. Übers. v. Zimmermann.

— Der Schnee ist eine erlogene Reinlichkeit.
Joh. Wolfg. von Goethe, Werke (1827—1830). Maximen u. Reflexionen. Abteilung 2.

— Fällt der erste Schnee in'n Dreck, | Wird der Winter ein Geck. Bauernregel.

— Frost und Schnee in der Adventzeit | Bringt viel und gutes Wintergetreid'. Bauernregel.

— Novemberschnee | Tut der Saat nicht weh.
Bauernregel. Schlesien.

— Viel Schnee, viel Heu, | Aber wenig Korn und Obst dabei. Bauernregel.

Schneedecke. — Eine gute Decke von Schnee | Bringt das Winterkorn in die Höh'. Bauernregel.

Schneider, der. — Ich bin der Schneider Kakadu, | Gereist durch alle Welt, | Und kurz vom Kopfe bis zum Schuh | Ein Bügeleisenheld.
Joachim Perinet, D. Schwestern v. Prag (1795). Komp. v. Wenzel Müller.

— Sie ist aus dem Schneider (sie ist über dreißig Jahre alt). Sprichwörtl. Redensart.

Schneider, die. — Und dreizehnthalb Schneida | Wägen vierzehnhalb Pfund, | Und wenn sie s' nit wägen, | Äst sein s' nit recht g'sund.
Tiroler Schnaderhüpfl.

Schnell. — Zu vil gschwind (schnell) lauffen macht nur müd; | Aber stät gehn, das hindert nit.
Joh. Friedr. Fischart, D. Philosophisch Ehzuchtbüchlin (1578). D. Schiltkrot art v. eygenschafft.

— ... wer schnell ist mit Füßen, tut sich Schaden. Spr. Sal., K. 19, V. 2.

— Nicht zu schnell, nicht zu grell, nicht zu hell. Alter Spr.

— Schnelle Sprünge geraten selten.
Sprichwort.

Schnippchen. — Jemandem ein Schnippchen schlagen (jemanden benachteiligen).
Sprichwörtl. Redensart.

Schnippisch. — Sie ist so sitt- und tugendreich | Und etwas schnippisch doch zugleich.
Joh. Wolfg. von Goethe, Faust, I (1808). Straße (Faust).

Schnitzer. — Einen Schnitzer machen (einen Fehler machen). Sprichwörtl. Redensart.

Schnur. — Über die Schnur hauen (über das Maß hinausgehen). Sprichwörtl. Redensart.

— Von der Schnur leben (von seinem Vermögen leben müssen). Sprichwörtl. Redensart.

Scholle. — Ein Mensch, auf der Scholle geboren, wird ihr durch Gewohnheit angehörig; beide verwachsen miteinander und zugleich knüpfen sich die schönsten Bande.
Joh. Wolfg. von Goethe, Wilh. Meisters Wanderjahre (1807—1821).

Schön. — Manch' Äffin meint in ihrem Sinn, | Sie sei schöner als die Königin. Mittelhochdeutsch: Ez waenet dicke ein effîn, | Sie sî schoener denn diu künegîn.
Vridankes Bescheidenheit (1225—1240). Übertr. v. Pannier. Nr. 40. v. wâne.

— Schön, gut und wahr, in lieblicher Verbindung, — | In dieses Dreiklangs einigem Zauberkreise | Erschöpft sich alle Weisheit und Erfindung. Engl.: Fair, kind, and true, varying to other words; | And in this change is my invention spent, | Three themes in one, which wondrous scope affords.
William Shakespeare, Sonette (1609). Übers. v. Bodenstedt. Abteilung 4, Nr. 136.

— Eine schöne Jungfraw trägt jhr Heyrathgut im Angesicht.
Christoph Lehmann, Politischer Blumen-Garten (1662). T. 2. Schön, Schönheit. Nr. 17.

— Sie ist schön, bei meinem Eid, sie ist schön!
Joh. Wolfg. von Goethe, Götz v. Berlichingen (1773). A. 2. Im Spessart (Georg).

— Beim Himmel, dieses Kind ist schön! | So etwas hab' ich nie gesehn.
Joh. Wolfg. von Goethe, Faust, I (1808). Straße (Faust).

— Schön war ich auch, und das war mein Verderben. Joh. Wolfg. von Goethe, Faust, I (1808). Kerker (Margarethe).

— Dem schönsten Antlitz fehlt zur höchsten Zierde | Oft nur ein Blattergrübchen, eine Narbe.
Christ. Dietr. Grabbe, Don Juan u. Faust (1829). A. 3, Sz. 2 (Faust).

— Der schönste Leib, — ein Schleier nur | In den sich schamhaft Schönres hüllt.
Friedr. Nietzsche, Gesammelte Werke (1895—1897).

— Wehe der Unglücklichen, die schön geboren wird! A. d. Span. d. Quintana.

— ... aus der Maßen schön.
Hesekiel, K. 28, V. 12.

— Schön und fromm stehen selten in Einem Stall. Sprichwort.

— Schön sein iß a kloans Fleckl; | Fein sein iß a ganzer Schurz. Sprichwort. Inntal.

— Die schön geboren wird, wird verheiratet geboren. Ital.: Chi nasce bella, nasce maritata. Toscanisches Sprichwort.

— Schön währt nicht lange. Sprichwörtl.

— Das wäre noch schöner! (das darf nicht sein).
Sprichwörtl. Redensart.

— Das war schon nicht mehr schön!
Bek. Redensart.

Schöne, das. — Mein Dasein | Bleibe dem Schönen hold! Griech.: Ἐπὶ τὰ καλὰ βίον.

Euripides (um 480—406 v. Chr.), D. Bacchenfest. Übers. v. Minckwitz. V. 1007 (Chor).

— Nur durch das Morgentor des Schönen | Drangst du in der Erkenntnis Land. | An höhern Glanz sich zu gewöhnen | Übt sich am Reize der Verstand. Friedr. von Schiller, Gedichte. D. Künstler (ged. 1789).

— Hebet die Blicke, die trübe sich senken, | Hebet die Blicke; des Schönen ist viel!

Joh. Gaudenz Freiherr von Salis-Seewis, Gedichte. Ermunterung (1790). Mel. v. Joh. Rudolf Zumsteeg.

— Das Nützliche befördert sich selbst, denn die Menge bringt es hervor, und alle könnten's nicht entbehren; das Schöne muß befördert werden, denn wenige stellen's dar, und viele bedürfen's.

Joh. Wolfg. von Goethe, Wilh. Meisters Lehrjahre (1777—1796).

— Auch das Schöne muß sterben!

Friedr. von Schiller, Gedichte. Nänie (ged. 1799).

— Was kein Ohr vernahm, was die Augen nicht sahn, | Es ist dennoch, das Schöne, das Wahre! | Es ist nicht draußen, da sucht es der Tor; | Es ist in dir, du bringst es ewig hervor.

Friedr. von Schiller, Gedichte. D. Worte d. Wahns (ged. 1799). Schlußv.

— Das ist das Los des Schönen auf der Erde!

Friedr. von Schiller, Wallensteins Tod (1799). A. 4, Sz. 12 (Thekla).

— Freiheit ist nur in dem Reich der Träume, | Und das Schöne blüht nur im Gesang.

Friedr. von Schiller, Gedichte. D. Antritt d. neuen Jahrh. (ged. 1801). Schlußv.

— Krieg führt der Witz auf ewig mit dem Schönen.

Friedr. von Schiller, Gedichte. D. Mädchen v. Orleans (ged. 1801).

— Was hoffest du irdische Freude, | Wo nirgends das Schöne besteht?

Ernst Moritz Arndt, Gedichte. D. Los d. Schönen (ged. 1803).

— Das einfach Schöne soll der Kenner schätzen; | Verziertes aber spricht der Menge zu.

Joh. Wolfg. von Goethe, D. natürliche Tochter (1803). A. 2, Sz. 5 (Eugenie).

— Alles Schöne ... | Braucht keinen andern Schleier als den eignen; | Denn der ist freilich selbst die Schönheit.

Heinr. von Kleist, D. Familie Schroffenstein (1803). A. 5, Sz. 1 (Ottokar).

— ... ein Verborgenes ist sich das Schöne, | Und es erschrickt vor seiner eignen Macht.

Friedr. von Schiller, D. Braut v. Messina (1803). Garten (Don Cesar).

— Viel des Edlen hat die Zeit zertrümmert, | Viel des Schönen starb den frühen Tod.

Theod. Körner, Leier u. Schwert. D. Eichen (ged. 1811). Mel. v. Friedr. Silcher.

Schöne, das. — Des Schönen sind die Menschen selten fähig, öfter des Guten.

Joh. Wolfg. von Goethe, Wilh. Meisters Wanderjahre (1807—1821).

— ... ich zuletzt, nicht ohne Schmerz, empfand, | Daß alles Schöne, was der Welt gehört, | Sich selbst zerstört | Und nicht erträgt die rohe Menschenhand.

Aug. Graf von Platen-Hallermund, Gedichte. Lieder u. Romanzen. Wie stürzte sonst mich in soviel Gefahr usw. (ged. 1821).

— Entnervendes zu bieten statt des Schönen | Ist an der Zeit ein Majestätsverbrechen.

Aug. Graf von Platen-Hallermund, D. verhängnisvolle Gabel (1826). A. 3 (Schmuhl).

— Man kann zwar nicht sagen, daß das Vernünftige immer schön sei; allein das Schöne ist doch immer vernünftig, oder wenigstens, es sollte so sein.

Joh. Peter Eckermann, Gespräche mit Goethe in d. letzten Jahren seines Lebens (18. April 1827).

— Was sprichst du noch vom Schönen, Guten, Wahren, | Von Lieb' und Haß, von Tatendurst? Du Tor!

Adelbert von Chamisso (Louis Charles Adelaide Chamisso de Boncourt), Gedichte. Sonette u. Terzinen. Salas y Gomez (ged. 1829). D. letzte Schiefertafel.

— Angedenken an das Schöne | Ist das Heil der Erdensöhne.

Joh. Wolfg. von Goethe, Gedichte. Zahme Xenien. Nr. 8. Angedenken (1829).

— Wahres und Gutes wird sich versöhnen, | Wenn sich beide vermählen im Schönen.

Friedr. Rückert, Gesammelte Gedichte (1834—1838). Jan. u. Febr. 1833. Zum hl. Dreikönigstage.

— Vom Schönen lebt das Gute im Menschen und auch seine Gesundheit.

Ernst Freiherr von Feuchtersleben, Zur Diätetik d. Seele (1838). Tagebuchblätter.

— ... dennoch an den herben Tod des Schönen, | Im treuen Wahn, als ob es ihm noch bliebe, | Kann sich das Herz auch sterbend nicht gewöhnen.

Nicolaus Lenau (Niembsch, Edler von Strehlenau), Neuere Gedichte (1838). Jugend u. Liebe. Schlußv.

— Alles Schöne muß in nichts zerfallen, | Alles Große stirbt entwurzelt ab.

Joh. Christoph Biernatzki, Gedichte (1844).

— Verwelkt, entblättert, zertreten sogar | Von rohen Schicksalsfüßen, — | Mein Freund, das ist auf Erden das Los | Von allem Schönen und Süßen.

Heinr. Heine, Deutschland. Ein Wintermärchen (1844). K. 23.

— Bewahre dir überhaupt nur ein reges, kritisches Gefühl für das Schöne, so versiegen deine Quellen des Vergnügens nie!

Friedr. von Schiller, Briefwechsel mit Körner (1847).

Schöne, das. — Vergebens wird die rohe Hand | Am Schönen sich vergreifen; | Man kann den einen Diamant | Nur mit dem andern schleifen.

Friedr. von Bodenstedt, D. Lieder d. Mirza-Schaffy (1851). Lieder u. Spr. d. Weisheit. Nr. 25.

— Das ist auf Erden des Schönen Los! | Die Feinen gehn unter, ganz wie die Plumpen; | Ihr Lied wird Makulatur, sie selber, | Die Dichter, werden am Ende Lumpen.

Heinr. Heine, Sämtl. Werke. Letzte Gedichte (geb. 1853—1856). Simplizissimus I. Schlußv.

— Niemals magst du reinsten Mutes | Schönes bilden, Gutes tun, | Wenn dir Schönes nicht und Gutes | Auf demselben Grunde ruhn!

Emanuel Geibel, Neue Gedichte (1856). Spr. Nr. 42.

— . . . vorahnend, daß auf dieser Erdenflur | Das Los des Schönen stets ein Trauerlos?

Rob. Hamerling, Ahasver in Rom (1866). Ges. 1. D. Schenke Locustas.

— Das Schöne ist das Gute, das Schöne ist das Wahre. Engl.: The Beautiful is the Good — The Beautiful is the True.

Samuel Smiles, D. Charakter (1871). Übers. v. Dobbert. K. 9. Manier u. Kunst.

— Fragt ihr mich, was das Schöne sei? | Seht zu, ob ich's versehle; | Ein Gleichnis beut die Liebe mir: | Es geht vom Körper aus gleich ihr | Und endigt in der Seele.

Frz. Grillparzer, Gedichte (1873). Nr. 5. Poesie u. Poeten. Schlußworte. Nr. 1.

— Mag die Welt vom einfach Schönen | Sich für kurze Zeit entwöhnen, | Nimmer trägt sie's auf die Dauer, | Schnödem Ungeschmack zu frönen.

Emanuel Geibel, Spätherbstblätter (1877). Gelegenheitsgedichte. In d. Mozartalbum.

— Alles Schöne kehret wieder.

Aug. Heinr. Hoffmann von Fallersleben, Gesammelte Werke (1890). Maikäferiade. Vorrede.

Schonen. — Schonen durch Verschweigen ist gefährlich — | Dir und dem, den du gedenkst zu schonen; | Schonend sprich die Wahrheit treu und ehrlich, | Und es wird dir selbst und andern lohnen.

Jul. Hammer, Schau um dich u. schau in dich (1851). Liebe deinen Nächsten wie dich selbst! Schonen durch Verschweigen ist gefährlich usw.

Schönheit. — Schönheit, ewig gefällst du! Griech.: Ὅ τι καλόν, φίλον αἰεί.

Euripides (um 480—406 v. Chr.), D. Bacchenfest. Übers. v. Minckwitz. V. 881 (Chor).

— Die Schönheit des menschlichen Leibes besteht nicht in der Masse desselben, sondern im Verhältnis und dem Ebenmaß der Glieder. Lat.: . . . non mole constat, sed parilitate ac dimensione membrosum.

Augustinus (um 354—430), B. d. Stadt Gottes. Übers. v. Silbert. B. 11, K. 22.

— Schonheit des libes man vil acht: | Wert etwan doch kum ubernacht.

Seb. Brant, D. Narrenschif (1494). Nr. 6. V. ler d. kind.

Schönheit. — Wer hübscheit im und sinem kind | Wünschet, der sůcht ursach zů sünd.

Seb. Brant, D. Narrenschif (1494). Nr. 26. V. unnützem wünschen.

— Es ist gar selten, das man treit | Binander schonheit und küscheit.

Seb. Brant, D. Narrenschif (1494). Nr. 26. V. unnützem wünschen.

— Lieb' gilt für schön an manchem Ort; | Lieb' soll vor aller Schönheit gelten!

Henricus Finkeis, Schöne Lieder (1536). Schön bin ich nicht.

— Schönheit wird nur vom Kennerblick gekauft, | Nicht angebracht durch des Verkäufers Prahlen. Engl.: Beauty is bought by judgment of the eye, | Not utter'd by base sale of chapman's tongues.

William Shakespeare, Verlorne Liebesmüh (um 1591—1592). Übers. v. Graf Baudissin. A. 2, Sz. 1 (Prinzessin).

— Schönheit hilft mir wohl zur Buhlerei, | Schöne Gestalt macht stolz dabei; | Dich nicht verlaß auf schöne Gestalt, | Daß du nicht in Verfall kömmest bald!

D. Knaben Wunderhorn. Übersichtigkeit (1560—1600).

— Wenn Erz, Stein, Erde, selbst des Weltmeers Flut | Nicht widersteht der Zeit Zerstörungswerke, | Wie hielte Schönheit Stand vor solcher Wut, | Sie, die nur Blumen sich vergleicht an Stärke! Engl.: Since brass, nor stone, nor earth, nor boundless sea, | But sad mortality o'ersways their power, | How with this rage shall beauty hold a plea, | Whose action is no stronger than a flower?

William Shakespeare, Sonette (1609). Übers. v. Bodenstedt. Abteilung 3, Nr. 121.

— Die Schönheit ist ein Licht; je mehr dir Licht gebrist, | Je greulicher du auch an Leib und Seele bist.

Angelus Silesius (Joh. Scheffler), Cherubinischer Wanders-Mann (1675). B. 1, Nr. 287. Schönheit.

— Wer zwischen Geist und Schönheit wählen kann, muß zur Dame die Schöne, zum Weib die Kluge wählen. Span.: Qué entre ingenio y hermosura | El que puede elegir, debe, | Si para dama la hermosa | Para mujer la prudente.

Don Pedro Calderon (1600—1681).

— Wie ein Blümlein bald vergehet, | Wenn ein rauhes Lüfftlein wehet, | So ist unser Schöne, sehet! Mich. Frank, V. d. Eitelkeit (1688).

— Schönheit war die Falle meiner Tugend.

Friedr. von Schiller, Gedichte. D. Kindesmörderin (geb. 1781).

— Jüngling, alle Schönheit flieht; — | Auch das Mädchen ist verblüht.

Joh. Georg Jacobi, Sämtl. Werke. Gedichte. Nach einem alten Liede (geb. 1782). Mel. v. Joh. Abraham Peter Schulz (1783).

Schönheit. — ... Schönheit, Reichtum, Ehr' und Macht | Sinkt mit der Zeit in öde Nacht.

Joh. Heinr. Voß, Sämtl. poetische Werke. Gedichte. Neujahrslied (ged. 1784). Mel. v. Joh. Abraham Peter Schulz (komp. 1784) u. Anton André.

— Die Schönheit ist vergänglich, die ihr doch | Allein zu ehren scheint. Was übrig bleibt, | Das reizt nicht mehr, und was nicht reizt, ist tot.

Joh. Wolfg. von Goethe, Torquato Tasso (1789). A. 2, Sz. 1 (Prinzessin).

— Was wir als Schönheit hier empfunden, | Wird einst als Wahrheit uns entgegen gehn.

Friedr. von Schiller, Gedichte. D. Künstler (ged. 1789).

— Die ihrem (der Schönheit) keuschem Dienste leben, | Versucht kein nied'rer Trieb, bleicht kein Geschick; | Wie unter heilige Gewalt gegeben | Empfangen sie das reine Geisterleben, | Der Freiheit süßes Recht, zurück.

Friedr. von Schiller, Gedichte. D. Künstler (ged. 1789).

— Der frei'sten Mutter freie Söhne, | Schwingt euch mit festem Angesicht | Zum Strahlensitz der höchsten Schöne! | Um andre Kronen buhlet nicht!

Friedr. von Schiller, Gedichte. D. Künstler (ged. 1789).

— Schönheit ist wie eine Leibrente; wenn die Schönheit stirbt, so hört die Zahlung auf, und sie stirbt immer jung.

Aug. von Kotzebue, D. jüngsten Kinder meiner Laune (1787—1791).

— ... dringt bis in der Schönheit Sphäre, | Und im Staube bleibt die Schwere | Mit dem Stoff, den sie beherrscht, zurück!

Friedr. von Schiller, Gedichte. D. Ideal u. d. Leben (ged. 1795).

— Warum bin ich vergänglich, o Zeus? so fragte die Schönheit. | Macht' ich doch, sagte der Gott, nur das Vergängliche schön.

Joh. Wolfg. von Goethe, Gedichte. Vier Jahreszeiten (ged. 1796). Sommer. Nr. 35.

— Sahest du nie die Schönheit im Augenblicke des Leidens, | Niemals hast du die Schönheit gesehn!

Friedr. von Schiller, Gedichte. D. schönste Erscheinung (ged. 1796).

— Da die Schönheit entstand, war die Empfindung die Braut, | Bräutigam war der Geist.

Friedr. Gottl. Klopstock, Oden. D. Erscheinende (ged. 1798).

— Es kostet nichts, die allgemeine Schönheit | Zu sein, als die gemeine sein für alle!

Friedr. von Schiller, Maria Stuart (1800). A. 3, Sz. 4 (Elisabeth).

— Wer nicht die Schönheit tapfer kann beschützen, | Verdient nicht ihren goldnen Preis.

Friedr. von Schiller, D. Jungfrau v. Orleans (1801). A. 1, Sz. 2 (Dunois).

— ... die Schönheit war immer der Gott der Welt.

Friedr. von Schiller, Gedichte. D. vier Weltalter (ged. 1802).

Schönheit. — Die Schönheit strahlt nur aus dem innern Leben.

Theod. Körner, Poetischer Nachlaß. Gelegenheitsgedichte. An Auguste (ged. Dez. 1808).

— Schönheit ist überall ein gar willkomm'ner Gast.

Joh. Wolfg. von Goethe, D. Wahlverwandtschaften (1808—1809). T. 1, K. 6.

— Ach, wie bald, ach wie bald | Schwindet Schönheit und Gestalt!

Wilh. Hauff, Kriegs- u. Volkslieder (1824). Reiters Morgenlied. Mel. v. Friedr. Silcher (komp. 1824—1825).

— Weltgeheimnis ist die Schönheit, das uns lockt in Bild und Wort; | Wollt ihr sie dem Leben rauben, zieht mit ihr die Liebe fort.

Aug. Graf von Platen-Hallermund, D. verhängnisvolle Gabel (1826). A. 1 (Schmuhl).

— Wo ich die Schönheit finde, schätz' ich solche, | Und sei sie, welcher Art sie wolle!

Christ. Dietr. Grabbe, Don Juan u. Faust (1829). A. 1, Sz. 1 (Don Juan).

— Die Schöne bleibt sich selber selig; | Die Anmut macht unwiderstehlich.

Joh. Wolfg. von Goethe, Faust, II (1831). A. 2. Klassische Walpurgisnacht. Peneios (Chiron).

— Ein altes Wort bewährt sich leider auch an mir, | Daß Glück und Schönheit dauerhaft sich nicht vereint.

Joh. Wolfg. von Goethe, Faust, II (1831). A. 3. Vor d. Palaste d. Menelas zu Sparta. Schattiger Hain (Helena).

— Die Schönheit ist ein Kind der freien Seele | Und kräftiger Gesundheit.

Leop. Schefer, Laienbrevier (1834). Febr. Nr. 10.

— Kein Gut bedarf mehr Güter als die Schönheit, | Um lächerlich-verderblich nicht zu sein; | Sie braucht die Anmut, die Bescheidenheit, | Sie braucht den Stolz, Gehalt und Wert der Liebe.

Leop. Schefer, Laienbrevier (1834). Dez. Nr. 10.

— Selig, wer es fromm mag wagen, | Durch das Treiben dumpf und wild | In der festen Brust zu tragen | Heil'ger Schönheit hohes Bild!

Jos. Freiherr von Eichendorff, Gedichte (1837). Sängerleben. Glückliche Fahrt.

— ... so lange noch kreisen | Die Stern' um die Erde rund, | Tun Herzen in neuen Weisen | Die alte Schönheit kund.

Jos. Freiherr von Eichendorff, Gedichte (1837). Sängerleben. Trost.

— Jeder Begriff einer geistigen Schönheit ist ein Blick in das Wesen der Gottheit.

Mos. Mendelssohn, Sämtl. Werke (1838).

— O Schönheit bring' es doch der Schwester Weisheit bei, | Daß ohne dich ein Bild sie ohn' Erscheinung sei!

Friedr. Rückert, D. Weisheit d. Brahmanen (1836—1839). B. 14, Nr. 86. Schlußv. (Stufe 2. Stimmung. Nr. 148.)

— ... die Schönheit bleibt im Kerker | Wie auf dem Thron doch ewig Königin.

Ernst Raupach, Corona v. Saluzzo (1840). A. 1, Sz. 2.

Schönheit. — Anstrengung zerstört die Schönheit, — die Schönheit der Züge, die des Ausdrucks nicht.

Ida Gräfin von Hahn-Hahn, Sigismund Forster (1841).

— Schönheit ist durch sich selbst gebändigte Kraft, Beschränkung aus Kraft.

Friedr. von Schiller, Briefwechsel mit Körner (1847).

— . . . durch ihr bloß Erscheinen | Mag die Schönheit Wunder tun.

Emanuel Geibel, Neue Gedichte (1856). Spr. Nr. 36.

— Wo Schönheit sich und Güt' entzwei'n, | Da wird die Schönheit nicht mehr rein | Oder die Güte nicht ganz mehr sein.

Emanuel Geibel, Neue Gedichte (1856). Spr. Nr. 43.

— Das Durchstrahlen der Seele, auch durch unregelmäßige Formen, ist die wahre, echte Schönheit.

Julie Burow (Pfannenschmidt), Herzensworte (1862).

— Wer Einmal aus dem reinen Bronnen | Der Schönheit trank, hat Glut gewonnen, | Die, was er Trübes auch erfährt, | Das ganze Leben ihm verklärt. Friedr. von Bodenstedt, A. d. Nachlasse Mirza-Schaffys (1874). Prolog.

— Auf leisen Sohlen wandeln die Schönheit, das wahre Glück und das echte Heldentum.

Wilh. Raabe, Alte Nester (1879).

— Was ist's, daß Schönheit Herzen traurig macht? | Ist's, weil sie schnell und kaum gegrüßt, verglommen | Gleich Alpenleuchten über Bergesferne? | Ach, alle Schönheit trägt den Tod im Kerne | Und füllt kein Herz, das Leben sucht, vollkommen.

Prinz Emil von Schönaich-Carolath, Dichtungen (1883). Ein Bild.

— Schönheit und Verstand | Sind selten verwandt. Sprichwort.

— Schönheit zieht mehr als Ochsen. Engl.: **Beauty draws more than oxen.** Sprichwort.

— Schönheit ohne Güte ist ein Haus ohne Tür, ein Schiff ohne Wind, eine Quelle ohne Wasser. Ital.: **Bellezza senza bontà è casa senza uscio, uave senza vento, fonte senz'acqua.** Sprichwort.

— Schönheit der Frau macht nicht reich sein. Portug.: **Fermosura de mulher não faz rico ser.** Sprichwort.

— Stolzes Mechten (Mädchen), o beschaue | Hier in diesem Spiegel dich, | Nicht zuviel auf Schönheit baue, | Du zerfällst einst sicherlich!

Grabschrift in Lanersbach. Dux.

Schönheitsfülle. — Schönheitsfülle nicht, | O Weib, der Tugend Schätze sind es, die das Herz | Des Ehegatten fesseln! Griech.: *Οὐ τὸ κάλλος, ὦ γύναι, | Ἀλλ' ἀρεταὶ τέρπουσι τοὺς ξυνευνέτας.*

Euripides, Andromache (um 420 v. Chr.). Übers. v. Minckwitz. V. 207—8 (Andromache).

Schönste, das. — Geschichte mag sich reihen an Geschichte, | Doch alle werden jene Lehre lehren: | Das Schönste wird am schnellsten auch zunichte.

Aug. Graf von Platen-Hallermund, Gedichte. Verm. u. Gelegenheitsgedichte. Episteln. Nr. 7 (ged. 1822).

Schopf. — Beim Schopfe fassen (eine günstige Gelegenheit ergreifen). Sprichwörtl. Redensart.

Schöpfer. — Wach' auf, mein Herz, und singe | Dem Schöpfer aller Dinge! | Dem Geber aller Güter! | Des Menschen treuem Hüter!

Friedr. Gottl. Klopstock, Geistl. Lieder (1758). Wach' auf, mein Herz, u. singe!

— Ahndest du den Schöpfer, Welt? | Such' ihn überm Sternenzelt! | Über Sternen muß er wohnen.

Friedr. von Schiller, Gedichte. An d. Freude (ged. 1785). Mel. v. Friedr. Frz. Hurka (1789), Karl Friedr. Zelter (komp. 1. März 1792), Joh. Friedr. Reichardt (komp. 1795) u. a.

— Wehe dem, der mit seinem Schöpfer hadert!

Jesaias, K. 45, V. 9.

— O großer Gott, du wunderbarer Schöpfer, | Ich bin der Ton und du der Töpfer.

Spr. auf d. Kirchhofe zu Schwarchach bei Sand.

Schöpfermacht. — In dem Kleinsten der Schöpfung zeiget | Sich des Schöpfers Macht und Huld am größten.

Joh. Gottfr. von Herder, Sämtl. Werke (1805—1820). Gedichte. Legenden, Dramatische Stücke u. Dichtungen. Nr. 1. Legenden. D. Cicada.

Schöpferstärke. — Tausend Heere lichter Welten loben meines Schöpfers Stärke; | Aller Himmelkreise Welten preisen seiner Weisheit Werke; | Meere, Berge, Wälder, Klüfte, die sein Wink hervorgebracht, | Sind Posaunen seiner Liebe, sind Posaunen seiner Macht.

Ewald Christ. von Kleist, Sämtl. Werke (1760). Gedichte. Lob d. Gottheit.

Schöpfung. — Wäre ich bei der Schöpfung zugegen gewesen, so hätte ich zur besseren Ordnung des Universums guten Rat erteilen können.

Alphons von Kastilien (um 1226—1284).

— Schön ist, Mutter Natur, deiner Erfindung Pracht | Auf die Fluren verstreut, schöner ein froh Gesicht, | Das den großen Gedanken | Deiner Schöpfung noch einmal denkt.

Friedr. Gottl. Klopstock, Oden. D. Zürichersee (ged. 1750).

— Mit tiefer Ehrfurcht schau' ich die Schöpfung an, | Denn du, | Namenloser du | Schufest sie!

Friedr. Gottl. Klopstock, Oden. D. Frühlingsfeier (ged. 1759).

— Natürlich, wenn ein Gott sich erst sechs Tage (mit der Schöpfung) plagt | Und selbst am Ende Bravo sagt, | Da muß es was Gescheites werden.

Joh. Wolfg. von Goethe, Faust, I (1808). Hexenküche (Mephistopheles).

Schöpfung. — Die ganze Schöpfung schwebt in ew'gen Harmonien, | So weit sich Welten drehn und Sonnenheere glühen.

Friedr. von Matthisson, Schriften (1825—1829). Gedichte. Hl. Lied.

— Die Unendlichkeit der Schöpfung ist groß genug, um eine Welt oder eine Milchstraße von Welten gegen sie anzusehen, wie man eine Blume oder ein Insekt in Vergleichung gegen die Erde ansieht.

Immanuel Kant, Werke (1838—1839). Bd. 6.

— Du tadelst die Schöpfung wegen des Bösen in der Welt, aber kennst du, Erdenwurm, das Ganze? Kannst du ohne Fratzerei nur eine Uhr tadeln, wenn du deren Mechanismus nicht verstehst?

Karl Jul. Weber, Demokritos (1832—1840). D. Freigeisterei.

— Das ist die erhabene Schöpfung, von der wir täglich Zeugen sind, die nichts veralten und nichts vermodern läßt, so daß . . . der Tod selbst nichts ist als die Unsterblichkeit des Kreislaufs.

Jak. Moleschott, D. Kreislauf d. Lebens (1852).

Schoppen. — Ob Rittersmann, ob Lanzenknecht, | Jedweder gern seinen Schoppen stecht.

Alter Spr.

Schornstein. — Etwas in den Schornstein schreiben (auf die Bezahlung einer Schuld verzichten).

Sprichwörtl. Redensart.

— Wovon soll der Schornsteen roochen? (ich muß doch was verdienen).

Berliner Redensart.

Schoß. — Das ruht im Schoße der Götter. Griech.: *Θεῶν ἐν γούνασι κεῖται.*

Homer, Ilias. Übers. v. Voß. Ges. 17, V. 514.

Schranke. — . . . der Mensch | Braucht eine Schranke, scheut Unendlichkeit, | Verliert an innerem Gehalt, wenn er | Sich in die Weite schrankenlos verliert.

Emerich Madách, D. Tragödie d. Menschen (1861). A. d. Ungar. übers. v. Lechner. Sz. 12 (Adam).

— Gewohnt sein, | Sich alles zu gewähren und dann plötzlich | An eine Schranke stoßen, — unerträglich!

Rob. Hamerling, Ahasver in Rom (1866). Ges. 2. D. Bacchanal.

— Jemanden in die Schranke fordern (jemanden zum Wettstreit herausfordern).

Sprichwörtl. Redensart.

Schranken. — So geht der Mensch verloren, der verwegen | Aus seines Lebens Schranken brechen will.

Theod. Körner, Hedwig (geb. Sept. 1812). A. 2, Sz. 4 (Hedwig).

— Der schrankenlose Geist ist darum nur gefangen | In Schranken, um darin zur Freiheit zu gelangen.

Friedr. Rückert, D. Weisheit d. Brahmanen (1836—1839). B. 1, Nr. 16. (Stufe 8. Weltseele. Nr. 3.)

Schraube. — Es ist bei ihm eine Schraube los (er ist geistig nicht gesund).

Sprichwörtl. Redensart.

Schreckbild. — Jedes Schreckbild verschwindet, wenn man es fest ins Auge faßt.

Joh. Gottl. Fichte, Reden an d. deutsche Nation (1808). Rede 12.

Schrecken. — Den schreckt der Berg nicht, der darauf geboren.

Friedr. von Schiller, Wilh. Tell (1804). A. 3, Sz. 1 (Tell).

Schrecken, der. — Man soll aber nichts vom Schlafe wecken, | Was, wenn es wacht, nur bringet Schrecken.

Joh. Friedr. Fischart, Flöh Hatz, Weiber Tratz (1577).

— Nie machte feister noch der Schrecken.

Joh. Friedr. Fischart, Flöh Hatz, Weiber Tratz (1577).

— . . . was er sinnt, ist Schrecken, und was er blickt, ist Wut, | Und was er spricht, ist Geißel, und was er schreibt, ist Blut.

Ludw. Uhland, Gedichte. Balladen u. Romanzen. D. Sängers Fluch (geb. 3.—4. Dez. 1814).

— Ein Ende mit Schrecken nehmen.

Nach Ps. 73, V. 19. — Sprichwörtl. Redensart.

— Schrecken ist um und um.

Jer., K. 46, V. 5.

Schrecknisse. — So gewöhnt man sich an alles, und viele Schrecknisse sind es größtenteils nur in der Einbildung.

Wilh. Freiherr von Humboldt, Br. an eine Freundin (3. Sept. 1832).

Schreiben. — Oftmals wende den Griffel, wenn Würdiges häufiger Lesung | Schreiben du willst (feile oft)! Lat.: Saepe stilum vertas, iterum quae digna legi sint, | Scripturus.

Quint. Horatius Flacc., Sat. (um 35 v. Chr.). Übers. v. Voß. B. 1, Nr. 10, V. 72—73.

— Schreibe, wie du redest, so schreibst du schön!

Gotthold Ephr. Lessing, Br. an seine Schwester (30. Dez. 1743).

— Als wenn man nur, die Leser klug zu machen, schriebe! Genug, wenn man zeigt, daß man selbst klug ist.

Gotthold Ephr. Lessing, Vorrede zu d. verm. Schriften d. Herrn Christlob Mylius (1754).

— Was für Ungereimtheiten man nicht alles aus lieber Höflichkeit zu schreiben pflegt!

Gotthold Ephr. Lessing, Br. antiquarischen Inhalts (1768—1769). T. 2, Br. 52.

— Es kömmt wenig darauf an, wie wir schreiben, aber viel, wie wir denken.

Gotthold Ephr. Lessing, Anti-Goeze (1778). Zweiter Beitrag.

— Männer, die für die Nachwelt schreiben, helfen ihrem Zeitalter wirklich fort; andere amüsieren es nur.

Joh. von Müller, Sämtl. Werke (1810—1819).

— Die Alten sind uns Neuen überlegen | Im Büchermachen. Wißt ihr auch warum? | Die Alten schrieben nicht des Geldes wegen | Und druckten nicht fürs Publikum.

Jens Baggesen, Poetische Werke (1836). Gedichte. Epigramme.

Schreiben. — Die zwei Weisesten der Menschen, Sokrates und Christus, schrieben keine Zeile.

Karl Jul. Weber, Demokritos (1832—1840). Über B.

— Alles Geschwätzige ist in der schriftlichen Darstellung vom Übel. Um schön zu schreiben, muß man klar und geordnet denken: „man muß so denken, wie die Architekten bauen, nicht so, wie man Domino spielt".

Kuno Fischer, Arthur Schopenhauer (1892).

— Willst du nicht mit der Feder schreiben lernen, so schreib' mit der Mistgabel! Sprichwort.

— Was man schreibt, | Das verbleibt.

Spr. auf einem Schreibzeug.

Schreiben, das. — Richtiges Denken ist Quell und Bedingung richtigen Schreibens. Lat.: **Scribendi recte sapere est et principium et fons.** Quint. Horatius Flacc., Dichtkunst (um 20 v. Chr.). V. 309. Übers. v. Grau.

— Schreiben ist geschäftiger Müßiggang.

Joh. Wolfg. von Goethe, Götz v. Berlichingen (1773). A. 4. Jaxthausen (Götz).

Schreiber, der. — Der Schreiber setzt seine Seele ins Tintenfaß. Sprichwort.

Schreiber, die. — Schreiber und Studenten | Sind der Welt Regenten. Sprichwort.

Schreibkunst. — Gewiß ist die Schreibekunst die wunderreichste aller menschlichen Erfindungen. Odins Runen waren die erste Form des Schaffens eines Helden. Engl.: **Certainly the Art of Writing is the most miraculous of all things man has devised. Odin's Runes were the first form of the work of a Hero.**

Thomas Carlyle, Über Helden, Heldenverehrung u. d. Heldentümliche in d. Gesch. (1840). Übers. v. Neuberg. Vortrag 5.

Schreien. — Schrei', bis du berstest, Schurke!

Friedr. von Schiller, Wilh. Tell (1804). A. 3, Sz. 3 (Stauffacher).

— He schreit es (wie) 'n Tannbriäker (Zahnbrecher, Marktschreier).

Sprichwörtl. Redensart. Münsterisch.

Schreien, das. — Schreien hilft nich, Tatsachen beweisen! Berliner Redensart.

Schrift. — Der Teufel kann sich auf die Schrift berufen. Engl.: **The devil can cite Scripture for his purpose.**

William Shakespeare, D. Kaufmann v. Venedig (um 1594—1596). Übers. v. Schlegel. A. 1, Sz. 3 (Antonio).

— Wer verlachet dich, Papier (Schrift)? | Paart sich kluge Hand mit dir, | Wird der Marmor nicht bestehn, | Werden Cedern eh zergehn, | Hält das Eisen nicht Bestand, | Dauert nicht der Diamant. | Eher wirst du nicht gefällt, | Biß mit dir verbrennt die Welt.

Friedr. von Logau, Deutsche Sinn=Getichte (1654). Gelehrte Schriften.

Schrift. — Wenn deine Schrift dem Kenner nicht gefällt, | So ist es schon ein böses Zeichen: | Doch wenn sie gar des Narren Lob erhält, | So ist es Zeit, sie auszustreichen.

Christ. Fürchtegott Gellert, Fab. u. Erz. (1746). B. 1. D. Maler. Schlußv.

— Körper und Stimme leiht die Schrift dem stummen Gedanken, | Durch der Jahrhunderte Strom trägt ihn das redende Blatt.

Friedr. von Schiller, Gedichte. D. Spaziergang (ged. 1795).

— Ich schließe dieses Kapitel, wie jeder Indier sein Buch anfängt: Gesegnet sei, wer die Schrift erfand!

Jean Paul (Joh. Paul Friedr. Richter), Levana oder Erzieh=Lehre (1807). Bd. 3, Bruchstück 7, K. 2, § 132.

— Auch getrennete Freunde mit süßen Banden zu knüpfen, | Fand die gute Natur uns eine Sprache, die Schrift. | Sie führt Seelen zusammen, die fern aneinander gedenken, | Führt den Seufzer herbei, der in den Lüften verhallt.

Joh. Gottfr. von Herder, Sämtl. Werke (1805—1820). Schriften zur griech. Literatur. Nr. 1. Blumen a. d. griech. Anthologie. B. 7. D. Schrift.

— . . . alle Schrift . . . ist nütze zur Lehre, zur Strafe, zur Besserung. 2. Tim., K. 3, V. 16.

Schrift, heilige. — Der ist ein narr, der nit der gschrift | Wil glouben, die das heil antrift.

Seb. Brant, D. Narrenschif (1494). Nr. 11. Verachtung d. gschrift.

Schriftsteller, der. — Ein Buch machen muß man ebenso gut gelernt haben wie eine Pendeluhr anfertigen; es ist mehr als Verstand erforderlich, um Schriftsteller zu sein. Franz.: **C'est un métier que de faire un livre comme de faire une pendule. Il faut plus que de l'esprit pour être auteur.**

Jean de La Bruyère, Charaktere (1688). Übers. v. Hamel. B. d. Werken d. Geistes.

— Kenntnis der Welt gibt dem Schriftsteller in jeder Klasse Überlegenheit.

Georg Christoph Lichtenberg, Verm. Schriften, Bd. 3, Nr. 7. Br. a. England. Br. 1 (1. Okt. 1775).

— Ein Schriftsteller, der noch von der Nachwelt gelesen sein will, muß es sich nicht verdrießen lassen, Winke zu ganzen Büchern, Gedanken zu Disputationen in irgend einen Winkel eines Kapitels hinzuwerfen, daß man glauben muß, er habe sie zu Tausenden wegzuwerfen.

Georg Christoph Lichtenberg, Verm. Schriften (1800—1806). Bd. 1, Nr. 3. Bemerk. verm. Inhalts. Nr. 8. Ästhetische Bemerk.

— Das, was man wahr empfindet, auch wahr auszudrücken, das heißt, mit jenen kleinen Beglaubigungszeugen der Selbstempfindung, macht eigentlich den großen Schriftsteller.

Georg Christoph Lichtenberg, Verm. Schriften (1800—1806). Bd. 2, Nr. 2. Bemerk. verm. Inhalts. Nr. 10. Ästhetische Bemerk.

Schriftsteller, der. — Ein Schriftsteller, der zu seiner Verewigung eine Bildsäule nötig hat, ist auch dieser nicht wert.

Georg Christoph Lichtenberg, Verm. Schriften (1800—1806). Bd. 2, Nr. 2. Bemerk. verm. Inhalts. Nr. 17. Allerhand.

— Was will denn der vernünftige Schriftsteller, und was kann er wollen? Nichts anderes, denn eingreifen in das allgemeine und öffentliche Leben und dasselbe nach seinem Bilde gestalten und umschaffen.

Joh. Gottl. Fichte, Reden an d. deutsche Nation (1808). Rede 12.

— Das edelste Vorrecht und das heiligste Amt des Schriftstellers ist dies, seine Nation zu versammeln und mit ihr über ihre wichtigsten Angelegenheiten zu beratschlagen.

Joh. Gottl. Fichte, Reden an d. deutsche Nation (1808). Rede 12.

— Wenn ein Zeitschriftsteller auch nur der Fuhrmann der Wissenschaft und der Geschichte wäre, bliebe er doch ein ehrenwerter Mann; aber er ist mehr als das. Er reicht uns das Gefäß, das unentbehrlich ist, um an der Quelle der Wahrheit für den Durst des Augenblicks zu schöpfen.

Ludw. Börne, Gesammelte Schriften. Erz., Reisen, Verm. Aufsätze. Nr. 8. Ankündigung d. Wage (1818).

— . . . der persönliche Charakter des Schriftstellers bringt seine Bedeutung beim Publikum hervor, nicht die Künste seines Talents.

Joh. Peter Eckermann, Gespräche mit Goethe in d. letzten Jahren seines Lebens (30. März 1824).

— Ein deutscher Schriftsteller, — ein deutscher Märtyrer!

Joh. Peter Eckermann, Gespräche mit Goethe in d. letzten Jahren seines Lebens (14. März 1830).

— Es ist ein betrübender Anblick, wenn ein Schriftsteller vor unseren Augen, angesichts des ganzen Publikums, allmählich alt wird.

Heinr. Heine, D. B. d. Lieder. Vorrede zur zweiten Auflage (Frühjahr 1837).

Schriftsteller, die. — So sind die Schriftsteller. Das Publikum gibt ihnen den kleinen Finger, und sie nehmen die ganze Hand.

Gotthold Ephr. Lessing, Schriften (1753—1755). T. 1. Vorrede.

— Es ist schade, daß man bei Schriftstellern die gelehrten Eingeweide nicht sehen kann, um zu erforschen, was sie gegessen haben.

Georg Christoph Lichtenberg, Verm. Schriften (1800—1806). Bd. 2, Nr. 2. Bemerk. verm. Inhalts. Nr. 8. Litterärische Bemerk.

— Schlechte Schriftsteller sollte man vor, große nach ihren Büchern kennen lernen, um jenen mehr die Bücher, diese mehr den Büchern zu vergeben. Jean Paul (Joh. Paul Friedr. Richter), Herbst-Blumine (1810—1820). Bd. 1.

— Die echten Schriftsteller sind Gewissensbisse der Menschheit.

Ludw. Feuerbach, Schriftsteller u. Mensch (1834).

Schriftsteller, die. — Gute Schriftsteller, die nur schreiben, wenn sie der Geist treibt, sind die wahren Advokaten und Lehrer des Menschengeschlechtes aller Völker.

Karl Jul. Weber, Demokritos (1832—1840). Preßzwang u. Preßfreiheit.

Schriftstellerei. — Die Schriftstellerei ist die widerwärtigste und abgeschmackteste aller Beschäftigungen. Laß dich von mir warnen!

Gotthold Ephr. Lessing, Sämtl. Schriften (1796—1808). Br. an seinen Bruder.

— Die Schriftstellerei ist, je nachdem man sie treibt, eine Infamie, eine Ausschweifung, eine Tagelöhnerei, ein Handwerk, eine Kunst, eine Tugend.

Friedr. von Schlegel, Sämtl. Werke (1822—1825). Verm. kritische Schriften.

Schriftstellern. — Man hat Exempel in der Zeit, daß Affen selbst | Auf Reisen gingen, Urangutangs ihren Geist | Ausbildeten und hie und da schriftstellerten.

Aug. Graf von Platen-Hallermund, D. verhängnisvolle Gabel (1826). A. 5 (D. Wirt).

Schriftstellerisch. — Meine Schulden verbittern mir das Leben, und bei dieser Seelenlage ist es ganz und gar um schriftstellerische Tätigkeit getan. Ich schmachte nach Ruhe und Freiheit.

Friedr. von Schiller, Briefwechsel mit Körner (5. Jan. 1789).

Schritt. — Erzittre vor dem ersten Schritte; | Mit ihm sind schon die andern Tritte | Zu einem nahen Fall getan!

Christ. Fürchtegott Gellert, Geistl. Oden u. Lieder (1757). Warnung vor d. Wollust.

— Es kommt nur auf den ersten Schritt an.

Franz.: Il n'y a que le premier pas qui coûte,

Edward Gibbon, Niedergang u. Fall d. römischen Kaiserreiches (1776—1788). Übers. v. Sporschil. Bd. 7, K. 39, Anmerk. 100.

— Des Weges Weite gibt des Schrittes Maß.

Ernst Raupach, D. Hohenstaufen (1837). Kaiser Friedr. II. Tod. Vorspiel. Sz. 5.

— Der größte Schritt ist der aus der Tür.

Sprichwort.

— Der erste Schritt ist der schwerste.

Sprichwörtl.

Schroff. — Das wollen wir nicht so schroff hinstellen (das läßt sich nicht so ohne weiteres behaupten).

Sprichwörtl. Redensart.

Schröpfköpfe. — Schröpfköpfe sind wohl angebracht, wo sie ziehen.

Joh. Wolfg. von Goethe, Götz v. Berlichingen (1773). A. 1. Im bischöflichen Palaste (Liebetraut).

Schrot. — Von altem Schrot und Korn sein (von ehrlicher, gerader Gesinnung sein).

Sprichwörtl. Redensart.

Schüchtern. — Niemand tat ich was zuleide | Und war schüchtern wie ein Lamm.

Alexander Duval, Jos. in Ägypten (1807). Romanze. Übersetzer unbek. Komp. v. Etienne Henri Méhul. (Erste Auff. am 17. Febr. 1807 in Paris.)

Schüchtern. — Er is 'n bißken schüchtern uf de Oogen (er schielt). Berliner Redensart.

Schüchternheit. — Was helfen dir die süßen Triebe | Bei einer stummen Schüchternheit?

Christ. Fürchtegott Gellert, Fab. u. Erz. (1746). B. 1. D. erhörte Liebhaber.

Schuh. — (Aber niemand von euch sieht,) wo mein Fuß (vom Schuh) gedrückt wird. Griech.: . . . *καθ' ὅτι θλίβεται μέρος οὑμὸς πούς.*

Plutarch (um 50—120), Lebensbeschreibungen. Übers. v. Eyth. Ämilius Paulus.

Schuhe. — Das hab' ich mir schon an den Schuhen abgelaufen (das weiß ich längst).

Sprichwörtl. Redensart.

Schuld. — . . . die Schuld ist frisch und hurtig zu Fuß. Griech.: *Ἡ δ' Ἄτη σθεναρή τε καὶ ἀρτίπος.* Homer, Ilias. Übers. v. Voß. Ges. 9, V. 905.

— Strafe folget der Schuld gesellt. Lat.: Culpam poena premit comes.

Quint. Horatius Flacc., Oden (um 18 v. Chr.). Übers. v. Voß. B. 4, Nr. 5, V. 24.

— Der seine Schuld bezahlt, der ringert sein Gut nicht.

Christoph Lehmann, Politischer Blumen=Garten (1662). T. 2. Schulden. Nr. 3.

— Schande bringt allein die Schuld und nicht das Blutgerüst. Franz.: **Le crime fait la honte, et non pas l'échafaud.**

Thomas Corneille, D. Graf v. Essex (1678). Übers. v. Stüven. A. 4, Sz. 3 (D. Graf).

— . . . alle Schuld rächt sich auf Erden.

Joh. Wolfg. von Goethe, Wilh. Meisters Lehrjahre. B. 2, K. 13. Lied d. Harfenspielers (ged. 1783). Schlußv. Mel. v. Karl Friedr. Zelter (komp. 14. Juli 1795), Joh. Friedr. Reichardt (1809), Rob. Schumann (komp. 1849), Frz. Schubert u. a.

— Wohl dem, der frei von Schuld und Fehle | Bewahrt die kindlich reine Seele!

Friedr. von Schiller, Gedichte. D. Kraniche d. Ibykus (ged. 16. Aug. 1797).

— Die Schuld nur hat das Recht, uns weh' zu tun. Christoph Aug. Tiedge, Urania (1800). Ges. 5. Tugend.

— Habt ihr denn jeder Ahnung euch verschlossen, | Daß über Schuld und Unschuld lichtverbreitend | Ein rettend, rächend Wesen göttlich schwebt?

Joh. Wolfg. von Goethe, D. natürliche Tochter (1803). A. 2, Sz. 1 (Hofmeisterin).

— Das Leben ist der Güter höchstes nicht; | Der Übel größtes aber ist die Schuld.

Friedr. von Schiller, D. Braut v. Messina (1803). D. Säulenhalle (Chor. Cajetan). Schlußv.

— Das Gewaltigste, Stärkste und Unbezwinglichste ist der Schlag der Schuld an das Herz.

Friedr. Maximilian von Klinger, Gesammelte Werke (1809—1815).

— Die Schuld hat Raum in jedes Menschen Brust. Mich. Beer, Klytemnestra (1823). A. 1, Sz. 4.

Schuld. — Die Strafe und die Schuld begegnen sich, | Von dem Magnet des Schicksals angezogen, | Und wären sie durch Meere selbst getrennt; | An Einem Ziele müssen sie sich finden.

Jos. Freiherr von Auffenberg, Sämtl. Werke (1843—1847).

— Wo die Schuld gegangen hinaus, | Immer durch dieselbigen Türen | Tritt die Buße zu dir ins Haus. Emanuel Geibel, Neue Gedichte (1856). Spr. Nr. 5.

— Wer Einmal der Schuld verfiel, | Den läßt sie nimmer aus den Krallen.

Paul Heyse, D. schlimmen Brüder (1891). A. 4.

— . . . meine Schulden sind dir (Gott) nicht verborgen. Ps. 69, V. 6.

— Es ist Adams Rhetorik, die Schuld auf andre schieben. Alter Spr.

— Alte Schuld rostet nicht. Sprichwort.

— Schuld tötet den Mann. Sprichwort.

— Wo Schuld, ist Sorge. Sprichwort.

Schuldbuch. — Unser Schuldbuch sei vernichtet!

Friedr. von Schiller, Gedichte. An d. Freude (ged. 1785). Mel. v. Friedr. Frz. Hurka (1789), Karl Friedr. Zelter (komp. 1. März 1792), Joh. Friedr. Reichardt (komp. 1795) u. a.

Schulden. — . . . Schulden einkassieren ist gewiß | Auch kein Geschäft, das merklich fördert, das | So von der Hand sich schlagen läßt.

Gotthold Ephr. Lessing, Nathan d. Weise (1779). A. 1, Sz. 1 (Nathan).

— Mensch, bezahle deine Schulden, | Lang ist ja die Lebensbahn, | Und du mußt noch manchmal borgen, | Wie du es so oft getan.

Heinr. Heine, D. B. d. Lieder. D. Heimkehr (ged. 1823—1824). Nr. 38.

— Die Schulden liegen und faulen nicht. Alter Spr.

— Besser, ohne Abendbrot schlafen gehn, | Als mit Schulden aufstehn. Sprichwort.

— Schulden lassen die Lügen hinter sich aufsitzen. Sprichwort.

— Durch Schulden gebunden ist durch Sorge gebunden. Norwegisch: **Skuldbunden er sorgbunden.** Sprichwort.

— Er hat mehr Schulden wie Haare auf dem Kopfe. Sprichwörtl. Redensart.

Schuldenmacher. — Schuldenmacher sind Lügner. Engl.: **Debtors are liars.**

Samuel Smiles, D. Charakter (1871). Übers. v. Dobbert. K. 6. D. Selbstbeherrschung.

Schuldig. — Verdacht wohnt stets in schuldigem Gemüt; | Der Dieb scheut jeden Busch als einen Häscher. Engl.: **Suspicion always haunts the guilty mind; | The thief doth fear each bush an officer.**

William Shakespeare, König Heinr. VI. (1591—1592). Übers. v. Schlegel. T. 3, A. 5, Sz. 6 (Gloster).

Schuldig. — Ja, ihr könntet ihn, | Weil ihr ihn schuldig wollt, noch schuldig machen.

Friedr. von Schiller, D. Piccolomini (1799). A. 3, Sz. 5 (Max).

— . . . gebet nun jedermann, was ihr schuldig seid! Röm., K. 13, V. 7.

— Schuldiger Mann muß schweigen. Norwegisch: Sakad Mann maa tegja. Sprichwort.

Schuldigbleiben. — Zittre nicht, zage nicht! | Sei nicht ungeduldig! | Was du nicht bezahlen kannst, | Das bleib' den Leuten schuldig!

Studentenlied u. -weise.

Schuldigkeit. — Kriegt nichts! hat nur seine verfluchte (Pflicht und) Schuldigkeit getan.

Friedr. d. Große (1744).

Schuldner. — Schuldner sind Lügner.

Alter Spr.

— Vornehme Schuldner, schlechte Zahler.

Sprichwort.

Schuldverschreibung. — Die Schuldverschreibung lautet an die Toten.

Friedr. von Schiller, Gedichte. Resignation (ged. 1784).

Schule. — . . . wenn einer hat Schule gehalten ungefähr zehen Jahr, so mag er mit gutem Gewissen davon lassen; denn die Arbeit ist zu groß, und man hält sie geringe.

Dr. Martin Luther, Tischreden oder Colloquia (1566). Nr. 22. Tischreden v. d. Predigtamt oder Kirchendienern. § 84. Ausn Schulen soll man Prediger nehmen.

— Nur in der Schule selbst ist die eigentliche Vorschule.

Joh. Wolfg. von Goethe, Werke (1827—1830). Maximen u. Reflexionen. Abteilung 3.

— Es teilt sich die Schule mit der Familie in das Leben der Jugend. . . . Durch das gemeinschaftliche und übereinstimmende Handeln der Lehrer und Eltern kann allein etwas Wirksames zustande kommen. Friedr. Hegel, Werke (1832—1842).

— Die Schule hat nicht nur die Kräfte und Fertigkeiten zu wecken und zu üben, sondern auch die Gesinnung zu entwickeln, insofern diese aus einem gemeinschaftlichen Leben hervorgeht.

Friedr. Ernst Daniel Schleiermacher, Sämtl. Werke (1835—1865).

— Wenn die Schule die Jugend so lange dem Elternhause entzieht, wie es geschieht, dann muß sie auch die Erziehung und Verantwortung für diese übernehmen.

Kaiser Wilh. II. bei d. Eröffnung d. Schul-Konferenz (4. Dez. 1890).

— Möge die Schule die Kirche achten und ehren, und möge die Kirche ihrerseits der Schule beistehen und ihr bei ihren Aufgaben weiter wirken helfen; dann werden wir zusammen imstande sein, die Jugend zu den Anforderungen unseres modernen Staatslebens heranzubilden.

Kaiser Wilh. II. in d. Schlußsitzung d. Schul-Konferenz (17. Dez. 1890).

Schule. — Die Schule ist ein Ziehhaus, aber kein Zuchthaus. Sprichwort.

— Wer die Schule hat, hat das Land.

Sprichwort.

— Zucht ist der Schule Schmuck. Sprichwort.

— Aus der Schule schwatzen (ein Geheimnis ausplaudern). Sprichwörtl. Redensart.

Schulen. — Schulen kann man nicht entrathen, denn sie müssen die Welt regieren.

Dr. Martin Luther, Tischreden oder Colloquia (1566). Nr. 22. Tischreden v. d. Predigtamt oder Kirchendienern. § 84. Ausn Schulen soll man Prediger nehmen.

— Wenn wir den Katechismum könnten erhalten . . . und die Schulen den Nachkommen aufrichten, so hätten wir wohl gelebt!

Dr. Martin Luther, Tischreden oder Colloquia (1566). Nr. 32. Tischreden v. menschlichen Traditionen. § 3. Ceremonien sind Zunder d. Aberglaubens.

— Wenn Schulen zunehmen, so stehet's wohl.

Dr. Martin Luther, Tischreden oder Colloquia (1566). Nr. 67. Tischreden v. Schulen u. Universitäten. § 22. Schulen erhalten d. Kirche.

— Die Schulen sind Werkstätten der Humanität, indem sie ohne Zweifel bewirken, daß die Menschen wirkliche Menschen werden. Lat.: Scholae sunt humanitatis officinae: efficiendo nimirum, ut homines vere homines fiant.

Amos Comenius (1592—1671), Unterrichtslehre. Übers. v. Lindner. K. 10, § 3.

— An guten Schulen und guten Wegen erkennt man den guten Staat. Sprichwort.

— Mit guten Schulen und guten Wegen | Kommt ins Land gezogen Gottes Segen.

Sprichwort.

— Niemand ist durch alle Schulen durch.

Sprichwort.

— Das Geld in Schulen angelegt | Die allerhöchsten Zinsen trägt. | Der Groschen für der Schule Macht | Wird auch als Taler heimgebracht.

Spr. im Berliner Rathause. Dritter Stock.

Schüler, der. — Wer immer sich zum Schüler macht, | Wird immer einen Meister finden.

Friedr. von Hagedorn, Sämtl. poetische Werke (1757). Fab. u. Erz. B. 2. D. Kanarienvogel u. d. Häher.

— Zu vollenden ist nicht die Sache des Schülers; es ist genug, wenn er sich übt.

Joh. Wolfg. von Goethe, Wilh. Meisters Lehrjahre (1777—1796).

— Fleißiger Schüler macht fleißigen Lehrer.

Sprichwort.

— Lässiger Schüler bleibt ein Schüler.

Sprichwort.

Schüler, die. — Heiße Magister, heiße Doktor gar | Und ziehe schon an die zehen Jahr | Herauf, herab und quer und krumm | Meine Schüler an der Nase herum.

Joh. Wolfg. von Goethe, Faust, I (1808). Nacht (Faust).

Schulfreunde. — . . . ich habe sehr viel seltner gefunden, daß man mit Schulfreunden als mit Universitätskameraden verbunden bleibt.

Otto von Bismarck zu d. Vertretern alter Korpsstudenten in Friedrichsruh (27. April 1895).

Schulmeister. — Ein Schulmeister muß singen können, sonst sehe ich ihn nicht an.

Dr. Martin Luther, Tischreden oder Colloquia (1566). Nr. 68. Tischreden v. d. Musica. § 1. V. d. Musik Nutzen u. Kraft.

— Ein Weib, das nicht erzählen kann, sollte nicht heiraten, und ein Mann, der nicht erzählen kann, nicht Schulmeister werden dürfen.

Christ. Friedr. Dinter, Ausgewählte Schriften (1880—1881).

— Wen die Götter hassen, den machen sie zum Schreiber oder zum Schulmeister. Alter Spr.

Schulmeisterbrot. — Schulmeisterbrot ist ein sauer Brot. Sprichwort.

Schulweg. — Wer sich auf dem Schulwege verirrt, findet sich durchs ganze Leben nicht zurecht. Sprichwort.

Schulweisheit. — Es gibt mehr Ding' im Himmel und auf Erden, | Als eure Schulweisheit sich träumt, Horatio. Engl.: There are more things in heaven and earth, Horatio, | Than are dreamt of in your philosophy.

William Shakespeare, Hamlet (1601—1602). Übers. v. Schlegel. A. 1, Sz. 5 (Hamlet).

Schulwesen. — Das Schulwesen gleicht einem Wagen, der auf vier Rädern herrollt! Sie heißen: Bildung, Besoldung, Aufsicht, Freiheit. Zertrümmert eins dieser Räder, so geht der Wagen nicht von der Stelle.

Christ. Friedr. Dinter, Ausgewählte Schriften (1880—1881).

Schuppen. — . . . alsobald fiel es von seinen Augen wie Schuppen. Apostelgesch., K. 9, V. 18.

Schurke. — Ich muß mir's niederschreiben, | Daß einer lächeln kann und immer lächeln | Und doch ein Schurke sein. Engl.: Meet it is I set it down, | That one may smile, and smile, and be a villain.

William Shakespeare, Hamlet (1601—1602). Übers. v. Schlegel. A. 1, Sz. 5 (Hamlet).

Schuster. — Schuster, bleib' bei deinem Leisten! Lat.: Ne sutor supra crepidam!

Nach Plinius, d. Älteren (um 23—79), Naturgesch. Übers. v. Strack. B. 35, K. 10, § 36.

— Auf Schusters Rappen reisen (zu Fuß gehen). Sprichwörtl. Redensart.

— Auch Schuster! (Ich habe denselben Stand.) Bek. Redensart.

Schütze. — Mit dem Pfeil, dem Bogen | Durch Gebirg' und Tal | Kommt der Schütz' gezogen | Früh am Morgenstrahl.

Friedr. von Schiller, Wilh. Tell (1804). A. 3, Sz. 1 (Walther). Mel. v. Anselm Weber (1804).

Schütze. — Hier gilt es, Schütze, deine Kunst zu zeigen; | Das Ziel ist würdig, und der Preis ist groß. Friedr. von Schiller, Wilh. Tell (1804). A. 3, Sz. 3 (Geßler).

— Ein Schütz' bin ich in des Regenten Sold.

Karl Freiherr Braun von Brauntal, D. Nachtlager in Granada (1834). Komp. v. Konradin Kreutzer. (Erste Auff. 1834 in Wien.)

Schützen. — O Wonne, die zu schützen, | Die uns die Liebsten sind!

Friedr. de la Motte Fouqué, Gedichte. Kriegslied für d. freiwilligen Jäger (ged. 1813).

Schwabe. — Gott verläßt keinen Schwaben. Sprichwort.

Schwaben. — Die Schwaben werden vor dem vierzigsten Jahre nicht gescheit. Sprichwort.

Schwabenstreiche. — Die Streiche sind bei uns im Schwang; | Sie sind bekannt im ganzen Reiche, | Man nennt sie halt nur Schwabenstreiche.

Ludw. Uhland, Gedichte. Balladen u. Romanzen. Schwäbische Kunde (ged. 6. Dez. 1814). Schlußv.

Schwach. — Schwach sind wir alle. Engl.: We are all frail.

William Shakespeare, Maß für Maß (1604). Übers. v. Schlegel. A. 2, Sz. 4 (Angelo).

— Sie haben | In schwachen Stunden mich gesehen. Diese | Erinnerung macht Sie so kühn.

Friedr. von Schiller, Don Carlos (1787). A. 4, Sz. 9 (König).

— Daß du ihn schwach gesehn, vergibt er nie.

Friedr. von Schiller, Wilh. Tell (1804). A. 3, Sz. 1 (Hedwig).

Schwäche. — Wer andrer Schwäche zeigt, verberg' erst seine Schwäche!

Gotthold Ephr. Lessing, Schriften (1753—1755). Fragmente. Nr. 5. An d. Herrn Marpurg.

Schwache, der. — Will der Starke geliebt sein, so mag er seine Überlegenheit durch Grazie mildern! Will der Schwache geachtet sein, so mag er seiner Ohnmacht durch Würde aufhelfen.

Friedr. von Schiller, Prosaische Schriften. Über Anmut u. Würde (1793). Würde.

— Dem Schwachen ist sein Stachel auch gegeben. Friedr. von Schiller, Wilh. Tell (1804). A. 4, Sz. 3 (Tell).

— Verflucht sei, wer über den Schwachen, der wehklagt, sich erhebt! Ital.: Maledetto colui . . . che s'innalza sul fiacco che piange.

Alessandro Manzoni, D. Graf v. Carmagnola. D. Schlacht bei Maclodio (1816—1820). Übers. v. Pozzoni.

— Der stark hat allzeit glück und recht; | Der schwach ist ein geplagter Knecht. Alter Spr.

Schwachen, die. — Die Schwachen drücken ist nicht edle Weise.

A. d. Persischen d. Sadi, Fruchtgarten (1257). Übers. v. Graf.

Schwachen, die. — Du willst von Größern keinen Druck erfahren, | Mein Freund, darum sei milde gegen Schwache! | Bangt dir vorm wucht'gen Elefantenfuße, | Sei nicht Ameisentreten deine Sache!

A. d. Persischen d. Sadi (um 1184—1286). Aphorismen. Übers. v. Bacher.

— Die Schwachen sind mit Recht dem Starken untertan, | Der das für sie, was sie nicht können, wollen kann.

Friedr. Rückert, D. Weisheit d. Brahmanen (1836—1839). B. 8, Nr. 92. Schlußv. (Stufe 3. Kampf. Nr. 69.)

Schwachheit. — Ich bin mir keiner Schwachheit mehr bewußt!

Friedr. von Schiller, D. Jungfrau v. Orleans (1801). A. 5, Sz. 4 (Johanna).

— Man muß Geduld mit unsrer Schwachheit haben! Friedr. von Schiller, Turandot (1801). A. 4, Sz. 9 (Zelima).

Schwachheiten. — Die Schwachheiten großer Leute bekannt zu machen ist eine Art von Pflicht; man richtet damit Tausende auf, ohne jenen zu schaden.

Georg Christoph Lichtenberg, Verm. Schriften (1800—1806). Bd. 2, Nr. 2. Bemerk. verm. Inhalts. Nr. 3. Moralische Bemerk.

— Schwachheiten schaden uns nicht mehr, sobald wir sie erkennen.

Georg Christoph Lichtenberg, Verm. Schriften (1800—1806).

Schwachkopf. — Das höchste, wozu sich ein schwacher Kopf von Erfahrung erheben kann, ist die Fertigkeit, die Schwächen besserer Menschen auszufinden.

Georg Christoph Lichtenberg, Verm. Schriften (1800—1806). Bd. 2, Nr. 2. Bemerk. verm. Inhalts. Nr. 4. Beobachtungen über d. Menschen.

Schwächste, der. — Die letzte Wahl steht auch dem Schwächsten offen; | Ein Sprung von dieser Brücke macht mich frei.

Friedr. von Schiller, Wilh. Tell (1804). A. 1, Sz. 2 (Gertrud).

— Der Schwächste muß an die Mauer. Engl.: The weakest must go to the wall.

Sprichwort.

Schwager. — . . . dan bey eim Schwager | Ist lieb und dienst mager. Alter Spr.

Schwäger. — Der Schwäger Rat | Nie gut tat. Sprichwort.

— Schwäger sind nie bessere Freunde als weit auseinander und selten beisammen.

Sprichwort.

Schwägerin. — Du sollst auch deines Weibes Schwester (deine Schwägerin) nicht nehmen!

3. Mos., K. 18, V. 18.

Schwalbe. — Eine Schwalbe macht noch keinen Sommer. Griech.: *Μία χελιδὼν ἔαρ οὐ ποιεῖ.*

Äsop (6. Jahrh. v. Chr.), Fab. Nr. 304. D. verschwenderische Jüngling u. d. Schwalbe.

Schwalbe. — Was die Schwalbe sang, was die Schwalbe sang, | Die den Herbst und Frühling bringt, | Ob das Dorf entlang, ob das Dorf entlang | Das jetzt noch klingt?

Friedr. Rückert, Gesammelte Gedichte. Ital. Gedichte. A. d. Jugendzeit (ged. 1830). Mel. v. Rob. Radecke.

Schwalben. — Wenn die Schwalben heimwärts ziehn . . .

Karl Herloßsohn, B. d. Liebe. Agatha (ged. 1841). Mel. v. Frz. Abt (komp. 1842).

Schwamm. — Schwamm drüber!

F. Zell (Camillo Walzel) u. Richard Genée, D. Bettelstudent (1882). Komp. v. Karl Millöcker.

Schwan. — Süßer Schwan von Avon (Shakespeare). Engl.: Sweet swan of Avon!

Benj. Jonson, D. Gedächtnisse Shakespeares (1623). Übers. v. Tieck.

Schwanger. — Mit Stroh gehet ihr schwanger.

Jesaias, K. 33, V. 11.

— . . . jauchze, die du nicht schwanger bist!

Jesaias, K. 54, V. 1.

Schwangeren, die. — Wehe aber den Schwangern und Säugern zu der Zeit!

Matth., K. 24, V. 19.

Schwärmen. — Schwärme mit mir, wenn ich schwärme; | Ich bin wieder klug mit dir.

Joh. Arnold Ebert, Episteln u. verm. Gedichte. T. 1. Tischlieder d. alten Griechen (ged. 1747).

Schwärmer, der. — Nimmermehr hält ein Christ so fest an seinem Christo, als ein Jude oder auch ein Schwärmer an seiner Lehre hält.

Dr. Martin Luther, Tischreden oder Colloquia (1566). Nr. 74. Tischreden v. Juden. §38. Jüden Argument.

— Sonderbarer Schwärmer!

Friedr. von Schiller, Don Carlos (1787). A. 3, Sz. 10 (König).

— Schüler macht sich der Schwärmer genug und rühret die Menge, | Wenn der vernünftige Mann einzelne Liebende zählt.

Joh. Wolfg. von Goethe, Gedichte. Epigramme (ged. Venedig 1790). Nr. 15.

— Jeglichen Schwärmer schlagt mir ans Kreuz im dreißigsten Jahre! | Kennt er nur einmal die Welt, wird der Betrog'ne der Schelm.

Joh. Wolfg. von Goethe, Gedichte. Epigramme (ged. Venedig 1790). Nr. 52.

— Vor dem forcierten Schwärmer sei nicht bange! | Ein Eselstrab, der dauert selten lange.

Wilh. Müller, Gedichte (1837). Epigramme. 2. Hundert, Nr. 25. Eselstrab.

Schwärmer, die. — Schwärmer prägen den Stempel des Geists auf Lügen und Unsinn; | Wem der Probierstein fehlt, hält sie für redliches Gold. Joh. Wolfg. von Goethe, Gedichte. Epigramme (ged. Venedig 1790). Nr. 56.

Schwärmerei. — . . . Schwärmerei steckt wie der Schnuppen an: | Man fühlt, ich weiß nicht was, und eh' man wehren kann, | Ist unser Kopf des Herzens nicht mehr mächtig.

Christoph Martin Wieland, Musarion (1768). B. 1.

Schwarz. — . . . das ist schwarz, | Schwarz wie die Hölle!

Friedr. von Schiller, Wallensteins Tod (1799). A. 2, Sz. 2 (Max).

— Schwarz auf Weiß | Behält den Preis.

Sprichwort.

— He iss swatt in 'n Hals (er lügt).

Sprichwörtl. Redensart. Münsterisch.

Schwatzen. — Mancher für witzig würd geschetzt, | Wan er sich nit het selbst verschwätzt.

Seb. Brant, D. Narrenschif (1494). Nr. 19. V. vil schwetzen.

— Wir schwatzen nicht erst lang'; | Wer Worte macht, tut wenig. Engl.: We will not stand to prate; | Talkers are no good doers.

William Shakespeare, Richard III. (1592). Übers. v. Schlegel. A. 1, Sz. 3 (Erster Mörder).

— . . . einer von den feinen Leuten, | Die ihr Beruf zu Neuigkeiten | Nie denken, ewig reden (schwatzen) heißt.

Christ. Fürchtegott Gellert, Fab. u. Erz. (1746). B. 1. D. gütige Besuch.

— Das sprichwort selten thut betriegen, | Wer viel schwatzt, der thut vil liegen. Alter Spr.

— Dem, der jederzeit schwetzen will, | Ist zu glauben nit vil.

Alter Spr.

Schwatzen, das. — Eiteles Schwatzen ist unrecht. Griech.: *Κακὸν δ' ἀνεμώλια βάζειν.*

Homer, Odyssee. Übers. v. Voß. Ges. 4, V. 837.

Schwätzer, der. — Soll man denn einem Schwätzer schweigen | Und ihm nicht seinen Prügel zeigen?

Joh. Friedr. Fischart, Kehrab (um 1577).

— Der ist ein schlechter Mann, der immer seinen Mund | Zum Reden offen hat und immer ohne Grund (der Schwätzer).

Joh. Wilh. Ludw. Gleim, D. goldenen Spr. d. Pythagoras (1786).

— So flieh' auch aus des Schwätzers Kreis, | Der Schlechtes nur von andern weiß!

Friedr. von Bodenstedt, A. d. Nachlasse Mirza=Schaffys (1874). B. 3. B. d. Spr. Nr. 18. Schlußv.

— Ein Denker ist kein Schwätzer. Sprichwort.

Schwätzer, die. — Widriger sind mir die redenden als die schreibenden Schwätzer; | Diese leg' ich weg; jenen entflieh' ich nicht stets.

Friedr. Gottl. Klopstock, Sämtl. Werke (1798—1821). Epigramme.

— In der Regel sind Schwätzer leere Flaschen; volle klingen nicht.

Karl Jul. Weber, Demokritos (1332—1840). D. Schwätzer.

Schweigen. — Ich zieh' es vor, zu schweigen | Bei Dingen, wo mir das Verständnis fehlt. Griech.: *Ἐφ' οἷς γὰρ μὴ φρονῶ, σιγᾶν φιλῶ.*

Sophokles (um 496—406 v. Chr), König Ödipus. Übers. v. Jordan. V. 562 (Kreon).

Schweigen. — O hättest du geschwiegen, du wärst ein Philosoph geblieben! Lat.: O, si tacuisses, philosophus mansisses.

Nach Manlius Torquatus Boëtius (um 473—525), Tröstung d. Philosophie. Übers. v. Obbarius. B. 2, K. 7.

— Wer die Kunst, zu schweigen, nicht versteht, der weiß auch nicht, zur rechten Zeit zu reden. Lat.: Qui tacendi non habet artem, nec loquendi novit opportunitatem.

Wahlspr. Kaiser Heinr. VI. (reg. 1190—1197).

— Es fragt nach dir niemand, so lang' du kannst schweigen; | Kaum sagst du was, sollst du Belege auch zeigen.

A. d. Persischen d. Sadi, Fruchtgarten (1257). Übers. v. Graf.

— Wer schweigt, scheint einzuwilligen. Lat.: Qui tacet, consentire videtur.

Bonifacius VIII. (1220—1303), Dekretalen. Nr. 6, B. 5, Tit. 12, Regula 43. Übers. v. Grau.

— Niemand redet sicherer, als der gern schweiget. Lat.: Nemo secure loquitur nisi qui libenter tacet. Thomas a Kempis, Nachfolge Christi (um 1410). Übers. v. Arnd. B. 1, K. 20, § 12.

— Noch ist wol schweigen können | Ein treflich edel Kunst, | Dargegen nichts zu nennen, | Das brecht so grosse Gunst.

Joh. Doman, Lied v. d. Hanse (1618).

— Von Leuten, die schweigen, vnd Hunden, die nicht bellen, wenn sie getroffen werden, hat man sich wol fürzusehen.

Christoph Lehmann, Politischer Blumen=Garten (1662). T. 2. Schweigen. Nr. 22.

— Sein Auskommen weiß der Mann, | Der nichts weiß und schweigen kan.

Hans Aßmann Freiherr von Abschatz, Poetische Übersetzungen u. Gedichte (1704). Sprüchwörter.

— Ein Narr, mein Herr, schweigt niemals still.

Christ. Fürchtegott Gellert, Fab. u. Erz. (1746). B. 3. D. Schwätzer. Schlußv.

— Wer schweigt, ist dumm. Drum sind das dümmste Vieh die Fische.

Gotthold Ephr. Lessing, Schriften (1753—1755). Fragmente. Nr. 5. An d. Herrn Marpurg.

— Alles schweige, jeder neige | Ernsten Tönen nun sein Ohr!

D. Landesvater. Nach alten Vorlagen v. Aug. Niemann in 6 T. u. 27 Str. ged. (1781). Mel. v. H. Langer.

— . . . es ist ein altes Gesetz, ich schweig' und verehre.

Joh. Wolfg. von Goethe, Gedichte. Elegien. Nr. 1 (ged. Herbst 1788 — Anfang 1790). Nr. 19.

— Wer schweigt, hat wenig zu sorgen; | Der Mensch bleibt unter der Zunge verborgen.

Joh. Wolfg. von Goethe, Westöstlicher Diwan (1819). B. d. Spr. Nr. 36.

— Solange man schweigt, kann man für weise gelten; | Aber wenn man spricht, ist lautre Weisheit selten.

Friedr. Rückert, D. Verwandlungen d. Abu Seid v. Serug oder d. Makamen d. Hariri (1826).

Schweigen. — Schwerer oft als Gold und Schätze | Ist es, Worte zu bewahren (zu schweigen).
Moritz Doering, Gedichte (1827).

— . . . lerne schweigen, wo sprechen nicht am Ort!
Adelbert von Chamisso (Louis Charles Adelaide Chamisso de Boncourt), Gedichte. Lieder u. lyrisch-epische Gedichte. Abba Glosk Leczeka (ged. 1832).

— In sieben Sprachen schweigen.
Nach Friedr. Ernst Daniel Schleiermacher (1768—1834), d. es in Bezug auf Immanuel Bekker gebraucht hat.

— Einem Toren ist eigen | Zweierlei, das ihm schlecht gedeiht: | Zur Redezeit zu schweigen | Und zu reden zur Schweigezeit.
Friedr. Rückert, Gesammelte Gedichte (1834—1838). Vierzeilen.

— Schweigen können zeugt von Kraft, schweigen wollen von Nachsicht, schweigen müssen vom Geist der Zeit.
Karl Jul. Weber, Demokritos (1832—1840). D. Schwätzer.

— Wer Förderliches nicht vermag zu sagen, | Tut klüger, schweigt er völlig.
Frz. Grillparzer, D. Meeres u. d. Liebe Wellen (1840). A. 1 (Vater).

— Zwei Dinge sind schädlich für jeden, | Der die Stufen des Glücks will ersteigen: | Schweigen, wenn Zeit ist, zu reden, | Und reden, wenn Zeit ist, zu schweigen.
Friedr. von Bodenstedt, A. d. Nachlasse Mirza-Schaffys (1874). B. 3. B. d. Spr. Nr. 8.

— . . . wer aber seine Lippen hält (schweigt), der ist klug. Spr. Sal., K. 10, V. 19.

— Ein Narr, wenn er schwiege, würde auch weise gerechnet und verständig, wenn er das Maul hielte. Spr. Sal., K. 17, V. 28.

— Ein weiser Mann schweigt, bis er seine Zeit ersiehet. Jes. Sir., K. 20, V. 7.

— Daß dich nit gehet an, | Da rede nit vil van, | Und schweig, so ein ander redent ist, | So halt man dich weiß zu aller Frist. Alter Spr.

— Welcher nichts verschweigen kan, | Ist mehrteil ein unwerter Man. Alter Spr.

— Wem wohl ist, der schweig'! Sprichwörtl.

— Klug zu reden ist oft schwer, | Klug zu schweigen noch vielmehr.
Wartburgspr. Verbindungsgang.

— Wer da schweigt, kennt keinen Hader.
Sanskrit.

Schweigen, das. — Schweigen ist ein Zaun der Weisheit. Talmud (3. Jahrh.).

— Mit swigen man verantwurt vil.
Seb. Brant, D. Narrenschif (1494). Nr. 19. V. vil schwetzen.

— Der Rest ist Schweigen. Engl.: The rest is silence.
William Shakespeare, Hamlet (1601—1602). Übers. v. Schlegel. A. 5, Sz. 2 (Hamlet).

Schweigen, das. — Wo das Reden doch nicht fruchtet, hat das Schweigen beßre Statt; | Besser, daß man nichts geredet, als umsonst geredet hat.
Friedr. von Logau, Deutsche Sinn-Getichte (1654).

— Viel Männer kenne ich hierin (im Punkt des Schweigens), die Weiber sind. Franz.: Et je sais même sur ce fait | Bon nombre d'hommes qui sont femmes.
Jean de Lafontaine, Fab. (1678). Übers. v. Dohm. B. 8, Nr. 6. D. Frauen u. d. Geheimnis. V. 3—4.

— Brechen Sie | Dies rätselhafte Schweigen!
Friedr. von Schiller, Don Carlos (1787). A. 1, Sz. 1 (Domingo).

— Brechen Sie dieses geheimnisvolle Schweigen!
Friedr. von Schiller, D. Menschenfeind (1790). Sz. 8 (Angelika).

— Das Schweigen ist der Gott | Der Glücklichen. Friedr. von Schiller, Maria Stuart (1800). A. 2, Sz. 5 (Elisabeth).

— Schweigen ist die Ehre der Sklaven, sagt Tacitus.
Heinr. Heine, Reisebilder. T. 2. Italien (1828—1829). Nr. 3. D. Stadt Lucca. K. 17.

— Schweigen ist das Heiligtum der Klugheit. Es birgt nicht bloß Geheimnisse, sondern auch Fehler.
Karl Salomo Zachariä von Lingenthal, Vierzig B. v. Staate (1820—1832).

— O wunderbares, tiefes Schweigen, | Wie einsam ist's noch auf der Welt! | Die Wälder nur sich leise neigen, | Als ging der Herr durchs stille Feld. Jos. Freiherr von Eichendorff, Gedichte. Geistl. Gedichte. Morgengebet (1834).

— Schweigen und Denken | Wird keinen kränken; | Unbedacht Sagen, — | Wer wollt' es vertragen? Wilh. Müller, Gedichte (1837). Epigramme. 2. Hundert, Nr. 97. Schweigen u. Denken.

— Mit schweigen kan man wol zu zeiten | Vil verantworten ohn streitten. Alter Spr.

— Swygen, dat is kunst, | Claffen, dat brynget ungunst. Alter Spr.

— Reden ist Silber, Schweigen ist Gold.
Sprichwort.

— Schweigen ist auch eine Antwort.
Sprichwort.

— Schweigen ist das Beste. Sprichwort.

— Schweigen und denken | Mag niemand kränken. Sprichwort.

— Am Baum des Schweigens hängt seine Frucht, der Friede. Arabisches Sprichwort.

— Große Dinge sprechen sich am besten durch Schweigen aus. Polnisches Sprichwort.

— Vom Schweigen schmerzt die Zunge nicht.
Russisches Sprichwort.

— Schweigen, dulden und lachen | Hilft zu manchen Sachen. Spr. an einem Hausgerät.

Schweigend. — 'n stillschweigende Maul ist it (nicht) z'halfa. Sprichwort. Oberinntal.

— Schweigenden Mannes Bedürfnis ist schwer zu wissen. Norwegisch: Tegjande Manns Torv er vand aa vita. Sprichwort.

Schweiger. — Es muß ein guter Sprecher sein, der einen Schweiger verbessert. Alter Spr.

Schwein. — Wasch' und bügle ein Schwein, | Es bringt dir's hundertfach ein. Bauernregel.

— Was man seinem Schweine gibt, ist nicht weggeworfen. Bauernregel.

— Wer sein Schwein hungern läßt, bekommt schlechte Schinken. Bauernregel.

Schweiß. — Verschaffe du leckere Zukost dir durch Schweiß! Lat.: Tu pulmentaria quaere | Sudando.

Quint. Horatius Flacc., Sat. (um 30 v. Chr.). Übers. v. Voß. B. 2, Nr. 2, V. 20—21.

— . . . des Schweißes der Edlen wert.

Friedr. Gottl. Klopstock, Oden. D. Zürichersee (ged. 1750).

— Von der Stirne heiß | Rinnen muß der Schweiß.

Friedr. von Schiller, Gedichte. D. Lied v. d. Glocke (ged. Sept. 1799).

— Es gibt keinen größern Segen für den Menschen als den Fluch des Paradieses: Im Schweiß deines Angesichts sollst du dein Brot essen!

Karl Jul. Weber, Demokritos (1832—1840). Rede in d. zweiunddreißig Winde an Jünglinge u. meine Zeit.

— Im Schweiß deines Angesichts sollst du dein Brot essen! 1. Mos., K. 3, V. 19.

— Saurer Schweiß. Nach Jes. Sir., K. 14, V. 15.

Schweißwasser. — Schweißwasser rührt den Mörtel gut. Alter Spr.

Schweiz. — Was brucht me i der Schwyz?

Jost Bernh. Häffliger, Schweizerische Volkslieder. Was brucht me i d. Schwyz usw. (ged. 1796). Mel. v. Verfasser (1813).

Schwelgerei. — Sinnlos erpicht auf Schwelgerei sein ziemt sich nicht; | Auf eignen Wert voll Prahlerei sein ziemt sich nicht.

A. d. Persischen d. Hafis (um 1310—1389). Vierzeiler. Übers. v. Nesselmann.

— Viel' Menschen in der Welt, die könnten länger leben, | Wenn sie mit Schwelgerei sich die Hilfe nicht bald gäben; | Ach, wie viel' lebten gern und saufen dennoch so; | Sie rennen bald dahin, wo's brennet lichterloh.

Spr. an einem Hausgerät.

Schwert. — Sein Schwert in die Wagschale werfen. Lat.: . . . additus ponderi gladius.

Nach Tit. Livius (um 59 v. Chr. — 17 n. Chr.), Römische Gesch. Übers. v. Ostertag. B. 5, K. 48, § 9.

— Laßt's euch zur Lehre dienen! Fürchtet die Gottheit | Des Schwerts, eh' ihr's der Scheid' entreißt!

Friedr. von Schiller, D. Jungfrau v. Orleans (1801). A. 3, Sz. 3 (Erzbischof).

— Zum letzten Mittel, wenn kein andres mehr | Verfangen will, ist ihm (dem Menschen) das Schwert gegeben.

Friedr. von Schiller, Wilh. Tell (1804). A. 2, Sz. 2 (Stauffacher).

Schwert. — Das höchste Heil, das letzte, liegt im Schwerte.

Theod. Körner, Leier u. Schwert. Aufruf (ged. März 1813). Mel. v. Karl Bornhardt (1819).

— So lange man das Schwert noch kennt und ehrt, | Wird Gottes Reich auf Erden nimmer blühn.

Ernst Raupach, Rob. d. Teufel (1834). A. 2, Sz. 2.

— O hüte dich, zu spielen mit dem Schwert! | Ein Dämon wohnt, ein feindlicher im Eisen; | Du weißt nicht, lässest du es leuchtend kreisen, | Ob's nicht in deines Freundes Busen fährt.

Emanuel Geibel, Sonette. Deutsche Klagen v. Jahr 1844 (ged. 1844). Nr. 5.

— Die Hand ist uns die liebste, die Schwert und Lanze schwingt! | Der Mund ist uns der frommste, der Schlachtgesänge singt!

Ferd. Freiligrath, Neuere politische u. soziale Lieder. Erstes Heft. Wien (ged. 3. Nov. 1848).

— . . . wenn uns nichts mehr übrig blieb, | So blieb uns doch ein Schwert.

Emanuel Geibel, Juniuslieder (1848). Lieder. Kriegslied.

— . . . wer das Schwert nimmt, der soll durchs Schwert umkommen. Matth., K. 26, V. 52.

— . . . nehmet . . . das Schwert des Geistes! Eph., K. 6, V. 17.

— Ein Schwert hält das ander in der Scheide. Alter Spr.

— Ein Schwert wetzt das andere. Sprichwort.

— Klingt das Schwert, | So bricht der Herd. Sprichwort.

Schwester. — . . . wer ein' schöne Schwester hat, | Der kriegt bald einen Schwag'r!

Wahrsagung. Volkslied u. -weise.

Schwesterliebe. — Ritter, treue Schwesterliebe | Widmet euch dies Herz; | Fordert keine andre Liebe!

Friedr. von Schiller, Gedichte. Ritter Toggenburg (ged. 31. Juli 1797).

Schwestern. — Helft mir, ihr Schwestern, | Freundlich mich schmücken!

Adelbert von Chamisso (Louis Charles Adelaide Chamisso de Boncourt), Gedichte. Lieder u. lyrisch-epische Gedichte. Frauen-Liebe u. Leben (ged. 1830). Nr. 5. Mel. v. Rob. Schumann.

Schwiegermutter. — Die beste Schwiegermutter ist die, auf deren Rock die Gänse weiden. Alter Spr.

— Eine reiche Schwieger, gesottene Krebs, ein feistes Schwein | Die drei allerschönsten Toten auf Erden sein. Alter Spr.

— Der Frau Mutter (die Schwiegermutter) ist des Mannes Teufel. Sprichwort.

— Die Schwiegermutter ist gegen die Schwiegertochter und die Schwiegertochter gegen die Schwiegermutter zum Verdachte geneigt.

Arabisches Sprichwort.

— Die böse Schwiegermutter hat auch hinten Ohren. Russisches Sprichwort.

Schwiegermutter. — Eine Schwiegermutter ist bitter, und wäre sie auch von Zucker.
Span. Sprichwort.

— Die mit Tränen säen, werden mit Freuden ernten, sagte der Pastor, als er seine reiche Schwiegermutter begrub.
Sprichwörtl. Redensart.

Schwiegertochter. — ... die Schnur ist wider die Schwieger. Micha, K. 7, V. 6.

Schwierigkeiten. — Die Schwierigkeiten wachsen, je näher man dem Ziele kommt.
Joh. Wolfg. von Goethe, Werke (1827—1830). Maximen u. Reflexionen. Abteilung 5.

Schwimmer. — Tiefe Schwimmer, | Hohe Klimmer | Sterben auf den Betten nimmer.
Sprichwort.

Schwindelgeist. — ... der Herr hat einen Schwindelgeist unter sie ausgegossen.
Jesaias, K. 19, V. 14.

Schwindeln. — Es schwindelt mir, es brennt | Mein Eingeweide.
Joh. Wolfg. von Goethe, Wilh. Meisters Lehrjahre. B. 4, K. 11. Lied (ged. Juni 1785). Mel. v. Joh. Friedr. Reichardt (1795), Ludw. van Beethoven (komp. 1810), Frz. Schubert (1827), Rob. Schumann (komp. 1849) u. a.

Schwören. — Die Zunge schwor, was der Geist nicht verantworten kann. Lat.: **Juravi lingua, mentem iniuratam gero.**
Marc. Tull. Cicero, B. d. Pflichten (um 44 v. Chr.). Übers. v. Klotz. B. 3, K. 29, § 108.

— Ihr sollt nicht falsch schwören bei meinem Namen! 3. Mos., K. 19, V. 12.

— Also kann der auch nicht rein von Sünden sein, der oft schwöret und Gottes Namen führet.
Jes. Sir., K. 23, V. 11.

— Hoch und teuer schwören.
Nach 2. Makk., K. 14, V. 32.

— Hüte dich vor dem, der auf Gewissen schwört! Ital.: **Guardati da chi giura in coscenza.**
Sprichwort.

— Schwören, daß die Kröten hüpfen.
Alte Redensart.

— Stein und Bein schwören (hoch und heilig schwören). Sprichwörtl. Redensart.

Schwören, das. — Gewöhne deinen Mund nicht zum Schwören! Jes. Sir., K. 23, V. 9.

Schwülstig. — ... schwülstig und tragisch halten viele so ziemlich für einerlei. Nicht nur viele der Leser, auch viele der Dichter selbst. ... Sentenzen und Blasen und ellenlange Worte, das macht ihnen den wahren Ton der Tragödie.
Gotthold Ephr. Lessing, Hamburgische Dramaturgie. Stück 59 (24. Nov. 1767).

Schwur. — Du mußt dich niemals mit Schwur vermessen: | „Von dieser Speise will ich nicht essen."
Joh. Wolfg. von Goethe, Gedichte. Sprichwörtl. (ged. 1812—1814).

Schwur. — Nur keinen Schwur im Schmerz geleistet! | Ich trau' ihm nicht, er ist ein hohles Wort; | Ein Augenblick des überwallenden | Gefühls beherrscht die spätern Jahre nicht.
Jos. Freiherr von Auffenberg, Sämtl. Werke (1843—1847).

Schwüre. — Wer auff schwüre bauet | Und auff worte trauet, | So die zeit zerbricht, | Dem gelückt es nicht.
Christ. Hoffmann von Hoffmannswaldau, Gedichte (1697). T. 1. Arie.

— Wo du hörest Schwüre, | Steht die Lüge vor der Türe. Sprichwort.

Scylla. — In die Scylla stürzt, wer die Charybdis will meiden. Lat.: **Incidis in Scyllam cupiens vitare Charybdin.**
Gualtherus ab Insulis, Alexandreis (um 1178). B. 5, V. 301. Übers. v. Grau.

See. — Es lächelt der See, er ladet zum Bade.
Friedr. von Schiller, Wilh. Tell (1804). A. 1, Sz. 1 (Fischerknabe).

— Still ruht der See, die Vöglein schlafen.
Heinr. Pfeil, A. meiner Liedermappe. Still ruht d. See (ged. 1871). Mel. v. Verfasser (komp. 1879).

Seefahren. — Seefahre ös nich Zocker löcke (Zucker lecken). A. d. Seemannssprache. Preußen.

Seele. — Die Seel' (der Geist) reget das All. Lat.: **Mens agitat molem.**
Publ. Vergilius Maro (um 70 v. Chr.—19 n. Chr.), Aeneis. Übers. v. Voß. B. 6, V. 727.

— Wir menschen leben ganz on witz, | Das wir der sel nit nämen war, | Des libs wir sorgen iemerdar. Seb. Brant, D. Narrenschif (1494). Nr. 85. Nit fürsehen d. tod.

— Den Leib können sie töten, nicht aber die Seele. Ulrich (Huldreich) Zwingli auf d. Sterbebette (11. Okt. 1531).

— Seel' ist ein Gefangner, Leib ist ein Gefängniß; | Wer den Leib verzärtelt, gibt der Seele Drängniß.
Friedr. von Logau, Deutsche Sinn-Getichte (1654). Seele u. Leib.

— Mich deucht, in jeder Seele funkelt, | Wenn sie kein grober Dunst verdunkelt, | Ein Schimmer von der Gottheit Licht.
Karl Friedr. Drollinger, Gedichte (1743). Über d. Unsterblichkeit d. Seele.

— Des Menschen Seele | Gleicht dem Wasser: | Vom Himmel kommt es, | Zum Himmel steigt es, | Und wieder nieder | Zur Erde muß es, | Ewig wechselnd.
Joh. Wolfg. von Goethe, Gedichte. Verm. Gedichte. Ges. d. Geister über d. Wassern (ged. 9.—10. Okt. 1779).

— Wie entzückend | Und süß ist es, in einer schönen Seele | Verherrlicht uns zu fühlen; es zu wissen, | Daß unsre Freude fremde Wangen rötet, | Daß unsre Angst in fremden Busen zittert, | Daß unsre Leiden fremde Augen wässern!
Friedr. von Schiller, Don Carlos (1787). A. 2, Sz. 2 (Carlos).

Seele. — Da ergreift's ihm die Seele mit Himmelsgewalt.

Friedr. von Schiller, Gedichte. D. Taucher (ged. 14. Juni 1797).

— Doch Schön'res find' ich nichts, wie lang' ich wähle, | Als in der schönen Form — die schöne Seele.

Friedr. von Schiller, D. Huldigung d. Künste (ged. 4.—8. Nov. 1804). (Poesie).

— Des Menschen Seel' ist tausendmal | Köstlicher ganz überall | Als der sterblich' Mensch zumal. Joh. Gottfr. von Herder, Stimmen d. Völker in Liedern (1807). Abteilung 2, B. 5, Nr. 15. Liebe. Deutsch.

— Es ist unglaublich, wie viel Kraft die Seele dem Körper zu verleihen vermag.

Wilh. Freiherr von Humboldt, Br. an eine Freundin (2. Aug. 1833).

— ... über die Seele haben wir durch Vorsatz und Sammlung des Gemüts eine große Gewalt.

Wilh. Freiherr von Humboldt, Br. an eine Freundin (29. Okt. 1834).

— ... Sache der Seele aber ist es, die innere Heiterkeit so lange und immer in dem Grade zu erhalten, als es möglich ist.

Wilh. Freiherr von Humboldt, Br. an eine Freundin (Nov.—3. Dez. 1834).

— Dem rauhen Troß verbirg, verhehle | Das Lenzgeheimnis deiner Seele!

Anastasius Grün (Anton Alexander Graf von Auersperg), Gedichte. Albertus Magnus (1847). Schlußv.

— Unsere Seele ist für etwas Höheres da, als bloß den uniformen Takt der Maschine zu halten.

Friedr. von Schiller, Briefwechsel mit Körner (1847).

— ... befleckst du mit Staube die göttlich entsprungene Seele, | Zieht dich ein ewig Gesetz wieder zum Staube zurück.

Emanuel Geibel, Juniuslieder (1848). B. d. Betrachtung. Gnomen. Nr. 5.

— Eine schöne Seele ist wie die Flamme, die immer zum Himmel strebt. Franz.: Une belle âme est comme la flamme, qui tend toujours au ciel.

Petit=Senn, Geistesfunken u. Gedankensplitter (1865). Übers. v. Zimmermann.

— Der Seele Wesen stirbt ja nicht, | Sie wechselt Form nur und Gestalten, | Und ewig werden Reiz und Licht | Zu neuem Dasein sich entfalten; ... | Verklärter reiner Wesenheit | Besieget sie der Erde Schranke | Und schwingt sich über Raum und Zeit | Ganz Licht und lauterer Gedanke. Hermann von Lingg, Gedichte (1870). B. d. Jahre. D. Lebensfunke.

— Die Seele warm, | Das Auge klar, | Die Lippe wahr, | Von Stahl der Arm; | Fürs andere sorgen | Dein Heut', dein Morgen.

Anastasius Grün (Anton Alexander Graf von Auersperg), Gesammelte Werke (1877). Gedichte. Spr. Nr. 4.

Seele. — ... süßer noch der Lippe Schweigen, | Wenn Seele nur mit Seele spricht.

Adolf von Schack, Gesammelte Werke (1882—1883). Lotusblätter.

— Was hülfe es dem Menschen, so er die ganze Welt gewönne und nähme doch Schaden an seiner Seele? Matth., K. 16, V. 26.

— Sorg nicht zu viel vor dein leib, | Betracht auch, wo dein Seele bleib! Alter Spr.

Seelen. — Zwei Seelen, ach, ich fühl' es zu gewiß! — | Bekämpfen sich in meiner Brust | Mit gleicher Kraft.

Christoph Martin Wieland, D. Wahl d. Herkules (1773).

— Zwei Seelen wohnen, ach! in meiner Brust.

Joh. Wolfg. von Goethe, Faust, I (1808). Vor d. Tor (Faust).

— Seelen begegnen sich wie funkenschwangere Wolken; aber die Wolken entladen sich, des Menschen Seele nährt die Glut.

Rob. Hamerling, Aspasia (1876).

Seelenbräutigam. — Ach, Kind! vergiß dein irdisch Leid, | Und denk' an Gott und Seligkeit, | So wird doch deiner Seelen | Der Bräutigam nicht fehlen!

Gottfr. Aug. Bürger, Gedichte. Lenore (ged. Winter 1773).

Seelenfrieden. — Der höchste Friede, den die Seele kann genießen, | Ist, wenn man sich kann eins mit Gottes Willen wissen.

Angelus Silesius (Joh. Scheffler), Cherubinischer Wanders=Mann (1675).

— Zwischen Sinnenglück und Seelenfrieden | Bleibt dem Menschen nur die bange Wahl.

Friedr. von Schiller, Gedichte. D. Ideal u. d. Leben (ged. 1795).

Seelengröße. — Seelenstärke ohne Seelengröße bildet die bösartigen Charaktere.

Karl Jul. Weber, Demokritos (1832—1840). Zucht d. Temperaments, Charakter.

Seelenkranke, der. — Seelenkranker! alle Rosen blühn, | Warum bleibt dein Herz allein verdorrt? | Sonne lockt und tausend Quellen sprühn, | Warum ist bei dir umsonst ihr Mühn?

A. d. Persischen d. Feisi (16. Jahrh.). Serre. Übers. v. Hart.

Seelenruhe. — Die Ruhe der Seele ist ein herrliches Ding und die Freude an sich selbst; ... wenn nur das Kleinod nicht eben so zerbrechlich wäre, als es schön und kostbar ist!

Joh. Wolfg. von Goethe, Leiden d. jungen Werthers (1773). B. 2, Am 17. Febr.

— Seelenruhe, Heiterkeit und Zufriedenheit sind die Grundlagen alles Glücks, aller Gesundheit und des langen Lebens.

Christ. Wilh. Hufeland, Makrobiotik (1796).

— Ohne Seelenruhe wird nichts Großes. Wo kleine Leidenschaften an dem Menschen zerren, kann er nur abgebrochene kleine Dinge tun.

Friedr. Heinr. Jacobi, Werke (1812—1825).

Seelenruhe. — Darum ist der Seele | Einz'ge Ruhefrist, | Wenn sie ruht, wo einzig | Ihre Heimat ist.

Moritz Hartmann, Kelch u. Schwert. B. 1. Innere Stimmen. V. Ihr (geb. 1843). Schlußv.

— Seelenruhe bekommt man, wenn man aufhört, zu hoffen. Arabisches Sprichwort.

— Ein Augenblick der Seelenruh' ist besser | Als alles, was du sonst erstreben magst.

Persisches Sprichwort.

— Spinne, Schücksall, spinne, | Spinne kurz und dinne | Meinen Lebensfaden ein; | Webe dicht die Leiden, | Webe seigt die Freuden, | Webe mir nur Seelenruh darein!

Spr. an einem Bildstöckl im Zimmertal bei Hall.

Seelenschmerz. — Von Krankheit mag der Körper wohl gesunden; | Doch Seelenschmerz heilt nicht wie Leibeswunden.

Eduard von Bauernfeld, Gesammelte Schriften (1871—1873). Dramen. Fortunat. A. 4, Sz. 9.

Seelenwanderung. — Des dummen Wanderns ist's auf Erden schon genung; | Bewahre mich, mein Gott, vor Seelenwanderung!

Joh. Christoph Friedr. Haug, Sinngedichte (1791). Pigers letzte Besorgnis.

Seelsorger. — Der würdige Mann, der sich das Vertrauen seiner Gemeinde zu erwerben wußte, so daß sich jeder Rats erholt, ehe er etwas anfängt, was er nicht selbst beurteilen kann, und oft Rettung findet, wäre es auch nur vor Advokaten und Prozessen, — der ist ein wahrer Seelsorger. Amen!

Karl Jul. Weber, Demokritos (1832—1840). D. Theologen. Schlußsatz.

Seemann. — Den guten Seemann erkennt man beim schlechten Wetter. Ital.: Il buon marinaro si conosce al cattivo tempo.

Toscanisches Sprichwort.

Seemannsleben. — Seemanslewe — | Fremanslewe (freies Leben).

A. d. Seemannssprache. Ostfriesland.

Seesturm. — Behaglich ist es, bei stürmischer See, wenn die Winde die Wogen aufwühlen, vom sicheren Lande aus anderer große Gefahr zu sehen. Lat.: Suave, mari magno turbantibus aequora ventis | E terra magnum alterius spectare laborem.

Tit. Lucretius (um 98—55 v. Chr.), Über d. Natur d. Dinge. Übers. v. Knebel. B. 2, V. 1—2.

Segel. — Die Segel vor jemandem streichen (nachgeben). Sprichwörtl. Redensart.

Segen, der. — . . . der Segen kommt von oben. Friedr. von Schiller, Gedichte. D. Lied v. d. Glocke (geb. Sept. 1799).

— Na, meinen Segen hast du (meinetwegen kannst du es ruhig tun). Bek. Redensart.

Segnen. — Ich lasse dich nicht, du segnest mich denn. 1. Mos., K. 32, V. 26.

— Der Herr segne dich und behüte dich!

4. Mos., K. 6, V. 24.

Sehen. — Ich sah ihn selbst, sag' ich, sah ihn mit eignen Augen, | Was irgend sehen heißt. Franz.: Je l'ai vu, dis-je, vu, de mes propres yeux vu, | Ce qu'on appelle vu.

Molière (Jean Baptiste Poquelin), D. Tartüff (1667). Übers. v. Graf Baudissin. A. 5, Sz. 3 (Orgon).

— . . . und ward nicht mehr gesehn.

Joh. Wolfg. von Goethe, Gedichte. Balladen. D. Fischer (geb. 1778). Schlußv. Mel. v. Siegmund Freiherr von Seckendorff (1779), Joh. Friedr. Reichardt (1781), Frz. Schubert (1821) u. a.

— Sterben ist nichts; — doch leben und nicht sehen, | Das ist ein Unglück.

Friedr. von Schiller, Wilh. Tell (1804). A. 1, Sz. 4 (Melchthal).

— . . . mit sehenden Augen sehen sie nicht.

Matth., K. 13, V. 13.

— Wer durch die Finger sieht, braucht keine Brille. Alter Spr.

— Man muß nicht weiter sehen, als die Nase reicht. Sprichwort.

— Wenn das Aug' nicht sehen will, | So helfen weder Licht noch Brill'. Sprichwort.

Sehen, das. — Zum Sehen geboren, | Zum Schauen bestellt.

Joh. Wolfg. von Goethe, Faust, II (1831). A. 5. Tiefe Nacht (Lynceus).

— Einmal sehen ist besser, als zehnmal hören.

Sprichwort.

— Sehen geht über Hören. Sprichwort.

— Viel sehen, hören, wenig sagen | Ist gut und nutz in allen Tagen. Sprichwort.

Seher, der. — Was heißt ein Seher? — Der auf gutes Glück | Für eine Wahrheit zehen Lügen sagt. Friedr. von Schiller, Iphigenie in Aulis (geb. 1788). A. 4, Sz. 3 (Achilles).

Seherkunst. — Die Kunst der Seher ist ein eitles Nichts; | Betrüger sind sie oder sind betrogen.

Friedr. von Schiller, D. Braut v. Messina (1803). D. Säulenhalle (Isabella).

Sehnen, das, — Da faßt ein namenloses Sehnen | Des Jünglings Herz.

Friedr. von Schiller, Gedichte. D. Lied v. d. Glocke (geb. Sept. 1799).

— Rein wie Tau ist alles Sehnen, | Trüb' und flüchtig der Genuß.

Ernst Schulze, Sämtl. poetische Werke (1818—1820). Poetisches Tageb.

— Das Sehnen und das Meiden | Bringt inniglich Herzleiden. Alter Spr.

Sehnsucht. — Nur wer die Sehnsucht kennt, | Weiß, was ich leide!

Joh. Wolfg. von Goethe, Wilh. Meisters Lehrjahre. B. 4, K. 11. Lied (geb. Juni 1785). Mel. v. Joh. Friedr. Reichardt (1795), Ludw. van Beethoven (komp. 1810), Frz. Schubert (1827), Rob. Schumann (komp. 1849) u. a.

Sehnsucht. — . . . immer weiter | Nimmt das Herz den Lauf, | Auf der Himmelsleiter | Steigt die Sehnsucht auf.

Max von Schenkendorf, Sämtl. Gedichte. Abteilung 2. Vaterland. Freiheit (ged. 1813). Mel. v. Karl Groos (komp. 1818).

— Die echte Sehnsucht muß stets produktiv sein, ein Neues, Besseres erschaffen.

Joh. Wolfg. von Goethe, Unterhaltungen mit d. Kanzler Müller (Sept. 1823).

— . . . wenig ist die Welt und groß die Sehnsucht.

Christ. Dietr. Grabbe, Don Juan u. Faust (1829). A. 2, Sz. 1 (Faust).

— Nimm dem Herzen die Sehnsucht, und du nimmst der Erde die Luft! Engl.: **Take away desire from the heart, and you take the air from the earth.**

Edward George Earle Lord Bulwer Lytton, D. letzten Tage v. Pompeji (1834). Übers. v. Schumacher. B. 3, K. 8.

— . . . höher und dauernder ist keine Sehnsucht als die nie zu befriedigende.

Ernst Freiherr von Feuchtersleben, Zur Diätetik d. Seele (1838). K. 8. Oszillation.

— Ist kein Wasser so ohn' Ende, | Noch so schmal ein Felsensteg, | Daß nicht rechte Sehnsucht fände | Drüber hin den sichern Weg.

Emanuel Geibel, Juniuslieder (1848). Lieder. Zu Volksweisen. Nr. 6. Deutsch.

— Nur die Sehnsucht macht reich.

Ludw. Börne, Gesammelte Schriften (1862—1863).

— Glücklich, wer noch mit dem Aug' | Der Sehnsucht sieht!

Rob. Hamerling, Ahasver in Rom (1866). Ges. 5. D. goldene Haus.

Seicht. — Seichte Bäche rauschen am schlimmsten. Schwed.: **Grunda bäckar bullra värst.**

A. d. Seemannssprache. — Sprichwort.

Seide. — Seide spinnt er da voch nich bei (dabei ist nicht viel zu verdienen).

Berliner Redensart.

Seifensieder. — Johann, der muntre Seifensieder . . .

Friedr. von Hagedorn, Sämtl. poetische Werke (1757). Gedichte. Fab. u. Erz. B. 1. Joh., d. Seifensieder.

— Nu jeht mir'n Seifensieder auf, 'ne Jasfabrick (nun geht mir ein Licht auf).

Berliner Redensart.

Sein. — Alles, was ist, ist recht. Engl.: **Whatever is, is right.**

Alexander Pope, Essay über d. Menschen (1733). Übers. v. Böttger. Nr. 1, V. 289.

— . . . was man ist, und was | Man sein muß in der Welt, das paßt ja wohl | Nicht immer.

Gotthold Ephr. Lessing, Nathan d. Weise (1779). A. 5, Sz. 4 (Klosterbruder).

— . . . was man ist, das blieb man andern schuldig.

Joh. Wolfg. von Goethe, Torquato Tasso (1789). A. 1, Sz. 1 (Prinzessin).

Sein. — Kluge Leute glauben zu machen, man sei, was man nicht ist, ist in den meisten Fällen schwerer, als wirklich zu werden, was man scheinen will.

Georg Christoph Lichtenberg, Verm. Schriften (1800—1806). Bd. 1, Nr. 3. Bemerk. verm. Inhalts. Nr. 4. Beobachtungen über d. Menschen.

— Eng ist, was ist; was sein kann, unermeßlich. Franz.: **Le réel est étroit, le possible est immense.** Alphonse de Lamartine, Gedanken (1820). Übers. v. Herwegh.

— . . es liegt darin, daß sie eben die Courage haben, das zu sein, wozu die Natur sie gemacht hat. Joh. Peter Eckermann, Gespräche mit Goethe in d. letzten Jahren seines Lebens (12. März 1828).

— „Bin" — welch' ein lächerliches Wort! Du warst, | Wirst sein. Das Leben ist ein nimmer müdes | Unausgesetztes Werden und Vergehn.

Emerich Madách, D. Tragödie d. Menschen (1861). A. d. Ungar. übers. v. Lechner. Sz. 3 (Luzifer).

— Bekennen kann sich der Mensch zu allem Möglichen und ist es darum noch lange nicht. . . . Sein kann der Mensch nur, was er ist.

Moritz von Egidy, Ernste Gedanken (1890).

— Sei, | Was du bist!

Spr. im Berliner Rathause. Dritter Stock.

Sein, das. — Sein oder Nichtsein, — das ist hier die Frage. Engl.: **To be, or not to be, — that is the question.**

William Shakespeare, Hamlet (1601—1602). Übers. v. Schlegel. A. 3, Sz. 1 (Hamlet).

— Vom Sein zum Sein geht alles Leben über; | Gestaltung reift zur Umgestaltung nur, | Und die Erscheinung schwebt vorüber. | Zum Nichtsein ist kein Schritt in der Natur.

Christoph Aug. Tiedge, Urania (1800). Ges. 4. Unsterblichkeit.

— Das Sein ist ewig; denn Gesetze | Bewahren die lebend'gen Schätze, | Aus welchen sich das All geschmückt.

Joh. Wolfg. von Goethe, Gedichte. Gott u. Welt. Vermächtnis (ged. Febr. 1829).

Seine, das. — Jedem das Seine! Lat.: **Suum cuique.**

Marc. Tull. Cicero, V. d. Pflichten (um 44 v. Chr.). Übers. v. Klotz. B. 1, K. 5, § 14.

Seinen, die. — Was liegt | Dem guten Menschen näher als die Seinen?

Friedr. von Schiller, Wilh. Tell (1804). A. 3, Sz. 2 (Bertha).

Seinesgleichen. — Auff erd ist nicht seins gleichen.

Dr. Martin Luther, D. 46. Ps. Ein feste burg ist vnser Gott usw. (ged. 15.—16. April 1521 in Oppenheim). Mel. v. Verfasser.

— Ein jegliches Tier hält sich zu Seinesgleichen. Jes. Sir., K. 13, V. 19.

— . . . soll ein jeglicher Mann sich gesellen zu Seinesgleichen. Jes. Sir., K. 13, V. 20.

— Ein ieglich suocht sin glichen. Alter Spr.

Seinesgleichen. — Wer sich zu seines gleichen gesellt, | Leichtlich der selbig friedt erhelt.

Alter Spr.

— Ein Wollverkäufer kennt einen Wollkäufer (seinesgleichen). Engl.: A wool-seller knows a wool-buyer.

Sprichwort.

Sekten. — Alle Sekten haben das Schicksal miteinander gemein, daß sie in hohem Ruf der Heiligkeit stehen, so lange sie unterdrückt sind, und ihn verlieren, sobald sie zur Macht gelangen. Engl.: The general fate of sects is to obtain a high reputation for sanctity while they are oppressed, and to lose it as soon as they become powerful.

Thomas Babington, Lord Macaulay, Gesch. Englands (1849). Übers. v. Beseler. B. 1, K. 2.

Sektiererei. — Von dem Punkte, wo der Kirchenglaube anfängt, für sich selbst mit Autorität zu sprechen, ohne auf seine Rektifikation durch den reinen Religionsglauben zu achten, hebt auch die Sektiererei an.

Immanuel Kant, Werke (1838—1839). Bd. 10.

Selbst. — Jeder ist sich selbst der Nächste. Lat.: Proxumus sum egomet mihi.

Publ. Terentius Afer (um 185—155 v. Chr.), D. Mädchen v. Andros. Übers. v. Donner. A. 4, Sz. 1, V. 12 (Charinus).

— Ich kann bei allem Sinnen | Mir selber nicht entrinnen. Mittelhochdeutsch: Ich kan mit allen sinnen | Mir selbe niht entrinnen.

Vridankes Bescheidenheit (1225—1240). Übertr. v. Pannier. Nr. 38. v. erkantnisse.

— Selbst ist der Mann! Selig ist, wer sich selbst mag im Leben löblich raten!

Edda (um 1240—1250). Hâvamâl.

— Es ist wohl angenehm, sich mit sich selbst | Beschäft'gen, wenn es nur so nützlich wäre!

Joh. Wolfg. von Goethe, Torquato Tasso (1789). A. 2, Sz. 3 (Antonio).

— . . . ein jeglicher denkt nur, sich selbst und das nächste Bedürfnis | Schnell zu befried'gen und rasch, und nicht des Folgenden denkt er.

Joh. Wolfg. von Goethe, Hermann u. Dorothea (1797). Erato.

— Da tritt kein anderer für ihn ein, | Auf sich selber steht er da ganz allein.

Friedr. von Schiller, Wallensteins Lager. Sz. 11. Reiterlied (geb. 1797). Mel. v. Christ. Jak. Zahn (1798).

— Der brave Mann denkt an sich selbst zuletzt.

Friedr. von Schiller, Wilh. Tell (1804). A. 1, Sz. 1 (Tell).

— Ein jeder zählt nur sicher auf sich selbst.

Friedr. von Schiller, Wilh. Tell (1804). A. 1, Sz. 3 (Tell).

— Sei selbst ein Kerl, aber achte einen andern Kerl auch für einen Kerl!

Joh. Gottfr. von Herder, Stimmen d. Völker in Liedern (1807). Abteilung 1, B. 1, Nr. 4. Esthnische Hochzeitlieder. Voranmerkung.

Selbst. — Auf dich selbst schau'; | Nicht allen trau'!

Joh. Gottfr. von Herder, Stimmen d. Völker in Liedern (1807). Abteilung 2, B. 5, Nr. 27. Ein Spr. Deutsch.

— Überlaß dein Boot auf dem Meere des Schicksals nicht den Wellen, sondern rudere selbst; aber rudere nicht ungeschickt!

Aug. Graf von Platen-Hallermund, Gesammelte Werke. Lebensregeln (1817). Nr. 34.

— . . . wär' nicht gekommen ein braver Mann, | Wacker nahm er sich meiner an. | Braver Mann! er schafft mir zu essen! | Will es ihm nie und nimmer vergessen! | Schade, daß ich ihn nicht küssen kann! | Denn ich bin selbst dieser brave Mann.

Heinr. Heine, D. B. d. Lieder. D. Heimkehr (geb. 1823—1824). Nr. 66.

— Es hat immer einen unendlichen Nutzen, sich so zu gewöhnen, daß man sich selbst zu einem beständigen Gegenstand seines Nachdenkens macht.

Wilh. Freiherr von Humboldt, Br. an eine Freundin (31. Jan. 1825).

— Willst du entstehn, entsteh' auf eigne Hand (selbst)!

Joh. Wolfg. von Goethe, Faust, II (1831). A. 2. Klassische Walpurgisnacht. Am obern Peneios (Mephistopheles).

— Kannst du nicht stehn auf dich selbst, und bedarfst du der Hilfe von außen, | Wahrlich, so bist du ein Mann wie ein Arm ohne Hand.

Friedr. Hebbel, Gedichte. Jugendgedichte (geb. 1829—1833). Selbstvertrauen.

— Ich kann nicht finden, daß Gesellschaft fördert; | Was einem obliegt, muß man selber tun.

Frz. Grillparzer, D. Meeres u. d. Liebe Wellen (1840). A. 1 (Hero).

— Wenn der Pöbel aller Sorten | Tanzet um die goldnen Kälber, | Halte fest: du hast im Leben | Doch am Ende nur dich selber!

Theod. Storm, Gedichte. Für meine Söhne (geb. 1854).

— Es hält, aus Eitelkeit, in seiner Sphäre | Sich selbst ein jeder für den Mittelpunkt.

Emerich Madách, D. Tragödie d. Menschen (1861). A. d. Ungar. übers. v. Lechner. Sz. 12 (Gelehrter).

— Wer sich an andre hält, | Dem wankt die Welt. | Wer auf sich selber ruht, | Steht gut.

Paul Heyse, Gesammelte Werke (1872). Gedichte. Spr.

— Lerne zuvor selbst, ehe du andere lehrest!

Jes. Sir., K. 18, V. 19.

— Ein ieglicher ist im selber holt. Alter Spr.

— Wer sich bei sich selbst sucht, der findet sich am gewissesten. Alter Spr.

— Selber ist der Mann. Sprichwort.

— Selbst der Mann, | Selbst getan.

Sprichwort.

— Selbst getan | Ist bald getan. Sprichwort.

— Et smäk (schmeckt) nix biässer (besser), es (als) wat man sölwst ätt (ißt).

Sprichwort. Münsterisch.

Selbst. — Selb tho', | Selb ho' (haben).
Sprichwort. Vorarlberg.

— Es gibt keinen besseren Boten als: Man selber. Franz.: On ne trouva jamais meilleur messager que soi-même. Sprichwort.

— Der erste Nächste ist man selbst. Ital.: Il primo prossimo è se stesso. Sprichwort.

— Was du durch einen anderen schaffst, du hast es selbst getan. Lat.: Quod quis per alium fecit, ipse fecisse putatur. Sprichwort.

— Meinem Nachbar geh' es gut, aber lieber noch mir selbst! Niederl.: Mijn gebuur vare wel, maar liever ik zelf. Sprichwort.

— Selbst ist das beste Kraut; aber es wächst nicht in allen Gärten. Niederl.: Zelf is het beste kruid; maar het wast niet in alle hoven.
Sprichwort.

— Gott hat sich selbst zuerst den Bart wachsen lassen. Serbisches Sprichwort.

— Vor nichts nimm dich bei Tag und Nacht | So sehr, als vor dir selbst in acht!
Spr. an einem Hause in Hannover.

— Wer will, daß ihm's geling', | Seh' selbst zum Ding!
Spr. im Berliner Rathause. Dritter Stock.

Selbst, das. — Was in den Herzen andrer von uns lebt, | Ist unser wahrstes und tiefstes Selbst. Joh. Gottfr. von Herder, Sämtl. Werke (1805—1820). Gedichte.

— . . . keine Brücke geht von einem | Zum andern Wesen, jedes ist ein Selbst, | Und jedes ruht auf sich und will nur sich | Und kennt nur sich, versteht nur sich allein!
Rob. Hamerling, Ahasver in Rom (1866). Ges. 5. D. goldene Haus.

— Wer sein Selbst festhält mit eisernem Willen, an dem zerschellt die Springflut der Zeit.
Otto von Leixner, A. meinem Zettelkasten (1896). Erziehung u. Selbsterziehung.

Selbstachten, sich. — Achten die Menschen sich selbst, so achten sie gewöhnlich auch die fremde Persönlichkeit. Engl.: As men respect themselves, so will they usually respect the personality of others.
Samuel Smiles, D. Charakter (1871). Übers. v. Dobbert. K. 6. D. Selbstbeherrschung.

— Da in der Achtung dieser Welt | So mancher Wicht wird hochgestellt, | Gilt mir nur der als rechter Mann, | Der ehrlich selbst sich achten kann. Friedr. von Bodenstedt, A. d. Nachlasse Mirza-Schaffys (1874). B. 3. B. d. Spr. Nr. 28.

— Wer sich nicht selber achtet, wird auch von andern nicht geachtet. Sprichwort.

Selbständigkeit. — Ein Mann, und noch mehr einer, der oft in Verhältnissen war, in denen er gegen Gefahr und Ungemach nur bei sich Schutz und Rat suchen konnte, muß mehr von der Selbständigkeit erwarten und mehr auf sie dringen.
Wilh. Freiherr von Humboldt, Br. an eine Freundin (8. Nov. 1826).

Selbständigkeit. — Nur in der reinen Luft eigenen Denkens, eigenen Empfindens, eigenen Urteils atmet man den frischen Hauch geistiger Selbständigkeit.
Moritz von Egidy, Ernste Gedanken (1890).

Selbstbefreien, sich. — Wenn sich die Völker selbst befrein, | Da kann die Wohlfahrt nicht gedeihn. Friedr. von Schiller, Gedichte. D. Lied v. d. Glocke (ged. Sept. 1799).

Selbstbeherrschung. — Das größte Reich ist | Sein selbs König sein zaller frist.
Reimspr. (16. Jahrh.).

— Das Übergewicht der Neigungen entschuldigt den Menschen nicht, daß er nicht Herr seiner selbst ist; er soll seine Kraft gebrauchen lernen, die in der Vernunft besteht.
Gottfr. Wilh. von Leibniz, Werke (1768).

— . . . aber die Wurzel aller Sittlichkeit ist die Selbstbeherrschung.
Joh. Gottl. Fichte, Reden an d. deutsche Nation (1808). Rede 10.

— Herrschaft über sich ist der Hauptschlüssel zur Herrschaft über andere.
Christ. Ernst Karl Graf von Bentzel-Sternau, Weltansichten (1816).

— Selbstbeherrschung, das ist die ewige, große Lehre, die dem Menschen das Leben, die Pflicht — und die Diätetik der Seele predigt.
Ernst Freiherr von Feuchtersleben, Zur Diätetik d. Seele (1838). K. 9. Resumé.

— Das Festhalten und Befolgen der Grundsätze, den ihnen entgegenwirkenden Motiven zum Trotz, ist Selbstbeherrschung.
Arthur Schopenhauer, D. beiden Grundprobleme d. Ethik (1841).

— Aller Geist geht aus der Selbstbeherrschung hervor. Bettina (Elisabeth) von Arnim, Sämtl. Schriften (1853).

— Selbstbeherrschung ist der erste Schritt zur Beherrschung anderer.
Arthur Stahl (Valeska Voigtel), Ein weiblicher Arzt (1863).

— Die Selbstbeherrschung ist die Wurzel aller Tugenden. Engl.: Self-control is at the root of all the virtues.
Samuel Smiles, D. Charakter (1871). Übers. v. Dobbert. K. 6. D. Selbstbeherrschung.

Selbstbeschränkung. — Die Selbstbeschränkung ist die Frucht der Selbsterkenntnis, | Die Form von deines Wesens vertrauterem Verständnis.
Jul. Hammer, Schau um dich u. schau in dich (1851). Inneres Glück. Besorge nicht, wenn du dich selbst beschränken lernst usw.

Selbstbesiegen, sich. — Wer sich selbst besiegt, der ist ein Herr der Welt, Christi Freund und ein Erbe des Himmels. Lat.: Qui victor est sui, dominus mundi, amicus Christi est, heres coeli.
Thomas a Kempis, Nachfolge Christi (um 1410). Übers. v. Görres. B. 2, K. 3, § 19.

Selbstbesiegen. — Entschließe dich beherzt, dich selber zu besiegen; | Der Sieg, so schwer er ist, bringt göttliches Vergnügen.

Christ. Fürchtegott Gellert, Geistl. Oden u. Lieder (1757). Wider d. Aufschub d. Bekehrung.

— Siegen ziemt dem Göttersohne; | Sich besiegen aber weiht | Ihm die höchste Strahlenkrone | Himmlischer Unsterblichkeit.

Christoph Aug. Tiedge, Urania (1800). Ges. 6. Freiheit. Wiedersehn.

— Es gibt Gefahren, denen zu entfliehen nicht Feigheit ist, sondern höchster Mut, die Kraft, sich selbst zu besiegen.

Berth. Auerbach, Gesammelte Schriften (1892) Lorles Reinhard.

Selbstbetrügen, sich. — Wir betrügen und schmeicheln niemanden durch so feine Kunstgriffe als uns selbst.

Arthur Schopenhauer, D. Welt als Wille u. Vorstellung (1819).

Selbstbewußtsein. — Ein bis zum Stolz gehendes Selbstbewußtsein, wenn es recht gelenkt ist, kann ein sicheres Moralprinzip werden.

Berth. Auerbach, D. Landhaus am Rhein (1869).

Selbstbezähmen, sich. — Bezähm' dich selbst; nur wer sich selbst bezähmt, | Mag des Gesetzes scharfe Zügel lenken!

Frz. Grillparzer, Ein treuer Diener seines Herrn (1830).

Selbstbezwingen, sich. — Wer schlägt den Leu'n, wer schlägt den Riesen? | Wer überwindet den und diesen? | Das tuet jener, der sich selbst bezwinget. Mittelhochdeutsch: Wer sleht den lewen? wer sleht den risen? | Wer überwindet jenen unt disen? | Daz tuot jener, der sich selber twinget.

Walter v. d. Vogelweide (um 1170—1230), Gedichte. Übertr. v. Pannier.

— Dir ist der härt're Kampf gelungen. | Nimm dieses Kreuz! Es ist der Lohn | Der Demut, die sich selbst bezwungen.

Friedr. von Schiller, Gedichte. D. Kampf mit d. Drachen (ged. 18.—26. Aug. 1798). Schlußv.

— Tapfer ist der Löwensieger, | Tapfer ist der Weltbezwinger, | Tapfrer, wer sich selbst bezwang.

Joh. Gottfr. von Herder, Sämtl. Werke (1805—1820). Gedichte. Legenden, dramatische Stücke u. Dichtungen. Nr. 1. Legenden. D. wiedergefundenen Söhne.

Selbstehren, sich. — So hoch sich einer selber ehrt, | So hoch steht er bei andern in Wert.

Inschrift im Berliner Ratskeller. Bierlokal.

Selbstentleiben, sich. — Dich zu vergeistigen darfst du dich nicht entleiben; | Wenn du den Stock zerstörst, wo soll die Rose bleiben?

Friedr. Rückert, D. Weisheit d. Brahmanen (1836—1839). B. 20, Nr. 52. Schlußv. (Stufe 11. Im Anschauen Gottes. Nr. 128.)

Selbsterhaltung. — Die Selbsterhaltung ist die Haupttriebfeder unserer Handlungen, aber zur Befriedigung dieses Strebens ist anderseits auch Selbstverleugnung notwendig; wer zu der letzteren nicht fähig ist, hat auf die Erhaltung kein Recht.

A. d. Russischen d. Dragomirow.

Selbsterkennen, sich. — Erkenne dich selbst! Griech.: Γνῶθι σεαυτόν. Lat.: Nosce te ipsum!

Chilon oder Thales (um 620—543 v. Chr.). — Inschrift d. Apollotempels in Delphi.

— Erkenn' dich selbst ist zwar ein kleiner Spruch; allein | Ein Werk, das keiner sonst als Zeus zu tun versteht. Griech.: Τὸ γνῶθι σαυτὸν τοῦτ' ἔπος μὲν οὐ μέγα | Ἔργον δ' ὅσον Ζεὺς μόνος ἐπίσταται θεῶν.

Ion (gest. um 422 v. Chr.). Nach Plutarch, Moralische Abhandlungen. Übers. v. Eyth. Trostrede. K. 28.

— Der pythische Apoll befiehlt uns, uns selbst kennen zu lernen. Lat.: Jubet nos Pythius Apollo, noscere nosmet ipsos.

Marc. Tull. Cicero, V. höchsten Gut u. Übel (um 45 v. Chr.). Übers. v. Kirchmann. B. 5, K. 16, § 44.

— Wer so recht erkennen kann | Sich selber, ist ein weiser Mann. Mittelhochdeutsch: Swer sich selbe erkennen kan | Ze rehte, derst ein wîse man.

Vrîdankes Bescheidenheit (1225—1240). Übertr. v. Pannier. Nr. 38. v. erkantnisse.

— Wieviel bist du von andern unterschieden? | Erkenne dich, leb' mit der Welt in Frieden!

Joh. Wolfg. von Goethe, Gedichte. Zueignung (ged. 8. Aug. 1784).

— Inwendig lernt kein Mensch sein Innerstes | Erkennen! denn er mißt nach eignem Maß | Sich bald zu klein und leider oft zu groß.

Joh. Wolfg. von Goethe, Torquato Tasso (1789). A. 2, Sz. 3 (Antonio).

— Willst du dich selber erkennen, so sieh', wie die andern es treiben; | Willst du die andern verstehn, blick' in dein eigenes Herz!

Friedr. von Schiller, Gedichte. Votivtafeln. Nr. 19. D. Schlüssel (ged. 1796).

— Mensch, lerne dich selbst erkennen, das ist der Mittelpunkt aller Weisheit!

Gotthold Ephr. Lessing, Sämtl. Schriften (1796—1808).

— Erkenne dich! — Was soll das heißen? | Es heißt: sei nur! und sei auch nicht! | Es ist eben ein Spruch der lieben Weisen, | Der sich in der Kürze widerspricht.

Joh. Wolfg. von Goethe, Gedichte. Sprichwörtl. (ged. 1812—1814).

— Wie kann man sich selbst kennen lernen? Durch Betrachten niemals, wohl aber durch Handeln. Versuche deine Pflicht zu tun, und du weißt gleich, was an dir ist!

Joh. Wolfg. von Goethe, Werke (1827—1830). Maximen u. Reflexionen. Abteilung 1.

Selbsterkennen. — Ob du dich selber erkennst? Du tust es sicher, sobald du | Mehr Gebrechen an dir, als an den andern entdeckst.

Friedr. Hebbel, Gedichte (1857). Epigramme u. Verwandtes. Nr. 2. Gnomen. Selbsterkenntnis.

— Wer kennt Gott? Wer die Welt hat erkannt. Und die Welt zu erkennen, — | Keiner vermag es, als wer sich zuvörderst erkannt.

Friedr. Ernst Daniel Schleiermacher, Sämtl. Werke (1835—1865).

Selbsterkenntnis. — Ehe wir aus der Finsternis dieser Welt abscheiden, müssen wir das Licht sittlicher Selbsterkenntnis ergründen; sonst geraten wir aus der zeitlichen Nacht in die ewige Nacht. Bernh. von Clairvaux (um 1091—1153).

— Die wahre Selbsterkenntnis verwandelt das Lachen in Weinen, die Freude in Traurigkeit. Darnach aber bewirkt sie Besserung und Behutsamkeit. Bernh. von Clairvaux (um 1091—1153).

— Keine Reis' auf Erden scheint mir so groß und schwer zu sein | Als die Reis' aus uns heraus, als die Reis' in uns hinein.

Wilh. Müller, Gedichte (1837). Epigramme. 1. Hundert, Nr. 38. Zwei Reisen.

— Das wichtigste Resultat aller Bildung ist die Selbsterkenntnis.

Ernst Freiherr von Feuchtersleben, Zur Diätetik d. Seele (1838). K. 6. Verstand, Bildung.

Selbstgefallen, sich. — Wir gefallen all' uns selber wohl, | Drum ist das Land von Thoren voll. Mittelhochdeutsch: Wir gevallen alle uns selben wol, | Des ist daz lant der tôren vol.

Vrîdankes Bescheidenheit (1225—1240). Übertr. v. Pannier. Nr. 32. v. d. wîsen u. tôren.

— Es ist betrogen deren Muth, | Die sich selber dünken gut. Mittelhochdeutsch: Betrogen ist ir aller muot, | Die sich selben dunkent guot.

Vrîdankes Bescheidenheit (1225—1240). Übertr. v. Pannier. Nr. 38. v. erkantnisse.

— Der rürt im wol den narrenbri, | Wer wänet, das er witzig si | Und gfelt allein im selber wol.

Seb. Brant, D. Narrenschif (1494). Nr. 60. V. im selbs wolgefallen.

— Je minder sich der Kluge selbst gefällt, | Um desto mehr schätzt ihn die Welt.

Christ. Fürchtegott Gellert, Fab. u. Erz. (1746). B. 1. Selinde. Schlußv.

Selbstgefühl. — Wenn Selbstgefühl sich in Verachtung anderer, auch der Geringsten, ausläßt, muß es widrig auffallen.

Joh. Wolfg. von Goethe an Jacobi (5. Mai 1776).

Selbstgetreu. — Dies über alles: sei dir selber treu; | Und daraus folgt, so wie die Nacht dem Tage, | Du kannst nicht falsch sein gegen irgend wen. Engl.: **This above all, — to thine own self be true; | And it must follow, as the night the day, | Thou canst not then be false to any man.**

William Shakespeare, Hamlet (1601—1602). Übers. v. Schlegel. A. 1, Sz. 3 (Polonius).

Selbsthelfen, sich. — Ein rechter Schütze hilft sich selbst.

Friedr. von Schiller, Wilh. Tell (1804). A. 3, Sz. 1 (Tell).

— Ich hatte jung genug gar oft erfahren, daß in den hilfsbedürftigsten Momenten uns zugerufen wird: Arzt, hilf dir selber!

Joh. Wolfg. von Goethe, A. meinem Leben. Dichtung u. Wahrheit (1809—1831).

— Dem Trägen und Feigen aber leiht Gott nicht seine Kraft, sondern er verläßt ihn. Hilf dir selbst, dann wird dir der Himmel helfen!

Ludw. Börne, Gesammelte Schriften (1862—1863).

— Swer sich helfen will, dem wil Got helfe senden, | Der rüere sich mit vüezen unde ouch mit henden! Alter Spr.

— Hilf dir selbst, so hilft dir Gott!

Sprichwort.

— Hilf dir, so hilft dir der Himmel! Franz.: **Aide-toi, le ciel t'aidera.** Sprichwort.

Selbsthelfer. — Der Selbsthelfer ist der beste Nothelfer. Sprichwort.

Selbstherrschaft. — Verderblich ist, was deinen Geist befreit | Und nicht zu gleicher Frist Selbstherrschaft dir verleiht.

Friedr. Rückert, D. Weisheit d. Brahmanen (1836—1839). B. 10, Nr. 179. (Stufe 6. Prüfung. Nr. 218.)

Selbsthilfe. — Nur eignes Besserwerden, eigne Hilfe | Hat einen Wert und gottverbürgte Dauer.

Leop. Schefer, Laienbrevier (1834) März. Nr. 26. Schlußv.

Selbstisch. — . . . ein selbstisches Gemüt | Kann nicht der Qual des engen Neids entfliehen.

Joh. Wolfg. von Goethe, Torquato Tasso (1789). A. 4, Sz. 2 (Tasso).

Selbstkennen, sich. — Viele wissen viel, sich selbst kennt niemand. Lat.: **Multi multa sciunt, se autem nemo.**

Wahlspr. Kaiser Heinr. IV. (reg. 1056—1106).

— De grotste muhen (Mühe), de me vint (die man findet), | Ist, dat me godt (Gott) vndt sic sylven (sich selbst) kent.

Spr. an einem Hause in Hildesheim (1547).

— Was hilft den Augen Licht und Brill, | Der sich selbst nicht kennen und sehen will.

Spr. auf d. Brillentaler d. Herzogs Jul. v. Braunschweig (1586).

— Wer sich kennt, kann sicher vor- und rückwärts gehen.

Joh. Wolfg. von Goethe, Egmont (1788). A. 2. Egmonts Wohnung (Oranien).

— Wer sich selbst recht kennt, kann sehr bald alle andern Menschen kennen lernen. Es ist alles Rückstrahlung.

Georg Christoph Lichtenberg, Verm. Schriften (1800—1806).

— Ich glaube, daß die meisten Menschen besser von andern gekannt werden, als sie sich selbst kennen. Georg Christoph Lichtenberg, Verm. Schriften (1800—1806).

Selbstkennen. — ... man muß andere kennen lernen, sich selbst zu kennen.

Ludw. Börne, Gesammelte Schriften (1862—1863). Kritiken. Nr. 4. Coopers Romane.

Selbstkenntnis. — Ich halte die Selbstkenntnis für schwierig und selten, die Selbsttäuschung dagegen für sehr leicht und gewöhnlich.

Wilh. Freiherr von Humboldt, Br. an eine Freundin (Dez. 1834—2. Jan. 1835).

Selbstliebe. — Töricht und schamlos ist Selbstlieb' und würdig der Ahndung. Lat.: **Stultus et improbus hic amor est dignusque notari.** Quint. Horatius Flacc., Sat. (um 35 v. Chr.). Übers. v. Voß. B. 1, Nr. 3, V. 24.

— Die Selbstliebe ist die Quelle, der Ursprung und das Prinzip aller unserer Leidenschaften; sie allein entsteht mit dem Menschen und verläßt ihn nie, so lange er lebt. Franz.: **La source de nos passions, l'origine et le principe de toutes les autres, la seule qui naît avec l'homme et ne le quitte jamais tant qu'il vit, est l'amour de soi.**

Jean Jacques Rousseau, Emil (1762). Übers. v. Reimer.

— Selbstliebe in den Schranken der Mäßigkeit und Weisheit ist die Quelle alles Glücks und aller Vollkommenheiten; blind und regellos aber wird sie der Anfang alles Unglücks und aller Leidenschaften.

Karl Jul. Weber, Demokritos (1832—1840). D. Selbstsucht.

— Selbstliebe ist nur insofern sittlich, als sie alle andere Liebe in sich schließt.

Friedr. Ernst Daniel Schleiermacher, Sämtl. Werke (1835—1865).

Selbstlieben, sich. — Siehst du endlich ein, | Daß jeder mehr sich selber als den Nächsten liebt? Griech.: *Ἄρτι γιγνώσκεις τόδε, | Ὡς πᾶς τις αὐτὸν τοῦ πέλας μᾶλλον φιλεῖ;*

Euripides, Medea (um 431 v. Chr.). Übers. v. Minckwitz. V. 85—86 (Hofmeister).

— Jedes Tier liebt sich selbst. Lat.: **Omne animal se ipsum diligit.**

Marc. Tull. Cicero, V. höchsten Gut u. Übel (um 45 v. Chr.). Übers. v. Kirchmann. B. 5, K. 9, § 24.

— Der Mensch, welcher nur sich liebt, fürchtet nichts so sehr, als mit sich allein zu sein. Franz.: **L'homme qui n'aime que soi ne hait rien tant que d'être seul avec soi.**

Blaise Pascal, Gedanken (1670). Übers. v. Kleuker. Über d. Menschen.

— O, Karl, | Wie arm bist du, wie bettelarm geworden, | Seitdem du niemand liebst als dich.

Friedr. von Schiller, Don Carlos (1787). A. 2, Sz. 15 (Marquis).

— Er liebt nur sich allein; was jeder ihm vergibt, | Weil er allein sich liebt.

Joh. Christoph Friedr. Haug, Sinngedichte (1791). Erlaubte Selbstliebe.

Selbstlieben. — Es liebt ein Jeder nur | Sich selbst.

Friedr. von Schiller, D. Braut v. Messina (1803). Säulenhalle (Isabella).

— Vier Dinge hat man lieb in der Welt: Zinsen, hübsche Frauen, Geld und ein Jeder sich selbst. Alter Spr.

Selbstlob. — Des Ruhmes Würdigkeit verliert an Wert, | Wenn der Gepries'ne selbst mit Lob sich ehrt. Engl.: **The worthiness of praise distains his worth, | If that the praised himself bring the praise forth.**

William Shakespeare, Troilus u. Cressida (um 1609). Übers. v. Schlegel. A. 1, Sz. 3 (Äneas).

Selbstloben, sich. — Wer sich lobt, der besudelt sich.

Christoph Lehmann, Politischer Blumen-Garten (1662). T. 1. Lob. Nr. 20.

— Man redet von sich selbst ohn' eignen Nachteil immer; | Denn wenn man von sich übel spricht, | So glaubet jedermann, es sei noch schlimmer; | Und lobt man sich, so glaubt es keiner nicht. Barth. Heinr. Brockes, Versuch v. Menschen d. Herrn Pope (1740).

— Wer zu laut und zu oft seinen eigenen Namen kräht (sich selbst lobt), erweckt den Verdacht, auf einem Misthaufen zu stehen.

Otto von Leixner, A. meinem Zettelkasten (1896). Beiträge zur Menschenkenntnis.

Selbstmord. — Wer, der bei Vernunft ist, täte das (endete durch Selbstmord)? Griech.: *Ἐπεὶ τίς σωφρονῶν τλαίη τάδ' ἄν;*

Euripides (um 480—406 v. Chr.), Helena. Übers. v. Minckwitz. V. 97 (Helena).

— ... ich könn' ein Feigling heißen, schied' ich aus dem Licht (durch Selbstmord). Griech.: ... *μὴ δειλίαν ὄφλω τιν' ἐκλιπὼν φάος.*

Euripides (um 480—406 v. Chr.), D. rasende Herakles. Übers. v. Minckwitz. V. 1348 (Herakles).

— Der Zustand der Seele, in welchem man dazu (zum Selbstmord) fähig ist, ist allemal ein zerrütteter, verdorbener Zustand, ... eine unglückliche Vereinigung aller Seelenkräfte auf Einen einzigen, schwarzen Punkt.

Joh. Jak. Engel, D. Philosoph für d. Welt (1775—1777). T. 1, Stück 2. Über d. Leiden d. jungen Werther.

— Selbstmord ist die abscheulichste (Sünde), mein Kind! — die einzige, die man nicht mehr bereuen kann, weil Tod und Missetat zusammenfallen. Friedr. von Schiller, Kabale u. Liebe (1784). A. 5, Sz. 1 (Miller).

— Krankheiten der Seele können den Tod nach sich ziehen, und das kann Selbstmord werden.

Georg Christoph Lichtenberg, Verm. Schriften (1800—1806).

Selbstmord. — Der Selbstmord ist das größte Verbrechen. Welchen Mut kann derjenige besitzen, der vor einem Wechsel des Glücks zittert? Der wahre Heldenmut besteht darin, über das Elend des Lebens erhaben zu sein. Franz.: Le suicide est le plus grand des crimes. Quel courage peut avoir celui qui tremble devant un revers de fortune? Le véritable héroïsme consiste à être supérieur aux maux de la vie.

Napoleon I., Maximen u. Gedanken (1817). Übers. v. Zimmermann.

Selbstmorden, sich. — . . . ich weiß nicht, wie es kommt; | Allein ich find' es feig und niederträchtig, | Aus Furcht, was kommen mag, des Lebens Zeit | So zu verkürzen (sich selbst zu morden). Engl.: I know not how, | But I do find it cowardly and vile, | For fear of what might fall, so to prevent | The time of life.

William Shakespeare, Jul. Cäsar (1601). Übers. v. Schlegel. A. 5, Sz. 1 (Brutus).

— Der Tod ist ein Rezept, für jeden gleich zur Hand; | Wer's einnimmt, eh' er muß (sich selbst mordet), dem fehlt es an Verstand. Franz.: La mort est un remède à trouver quand on veut, | Et l'on s'en doit servir le plus tard que l'on peut.

Molière (Jean Baptiste Poquelin), D. verliebte Trotz (1656). Übers. v. Graf Baudissin. A. 4, Sz. 1 (Frosine).

— Um zu entfliehn der Menschheit Leiden, | Aus freier Wahl von dieser Erde scheiden (sich selbst morden), | Ist Feigheit oder Fieberglut.

Jos. Freiherr von Hammer=Purgstall, Schirin (1809). T. 2, Ges. 7.

Selbstschändung. — Kein Feind hat deine Seel' erdrückt, | Bis sie sich selbst ins Joch gebückt: | Selbstschändung ließ die Straße frei | Für Knechtesfron und Tyrannei. Engl.: No foreign foe could quell | Thy soul, till from itself it fell; | Yes! Self-abasement paved the way | To villain-bonds and despot-sway.

George Gordon Lord Byron, D. Giaur (1813). Übers. v. Heichen. Abschnitt 2, V. 138.

Selbstsucht. — Laß mich aus Eigenheit ausgehen | Und aller Selbheit sterben ab, | Die Lieb' heiß in mir auferstehen | Und allen Zorn schick in das Grab!

Anmutiger Blumenkranz a. d. Garten d. Gemeinde Gottes (1712). Erziehung durch Leidenschaft.

— . . . die Selbstsucht ist die Wurzel aller andern Verderbtheit.

Joh. Gottl. Fichte, Reden an d. deutsche Nation (1808). Rede 1.

— Die gewöhnliche Annahme, daß der Mensch von Natur selbstsüchtig sei und auch das Kind mit dieser Selbstsucht geboren werde, . . . gründet sich auf eine sehr oberflächliche Beobachtung und ist durchaus falsch.

Joh. Gottl. Fichte, Reden an d. deutsche Nation (1808). Rede 10.

Selbstsucht. — Das goldne Kalb der Selbstsucht wächst bald zum glühenden Phaluris=Ochsen, der seinen Vater und Anbeter einäschert.

Jean Paul (Joh. Paul Friedr. Richter), Sämtl. Werke (1826—1828).

— . . . wo der Geist vermag der Selbstsucht Schleier | Zu heben, sieht er hell darunter Gottes Feier.

Friedr. Rückert, D. Weisheit d. Brahmanen (1836—1839).

— Das ist die köstlichste der Gaben, | Die Gott dem Menschenherzen gibt, | Die eitle Selbstsucht zu begraben, | Indem die Seele glüht und liebt.

Emanuel Geibel, Gedichte. Jugendgedichte. B. 4. Escheberg, St. Goar (ged. 1842—1843). Minnelied.

— Die zackigste, härteste Selbstsucht ist nichts als gefror'nes Mitleid und die zärtlichste Teilnahme nur aufgelöste Eigenliebe.

Ludw. Börne, Gesammelte Schriften (1862—1863). Fragmente u. Aphorismen. Nr. 268.

— Schiffer auf dem Meer der Liebe, hör' des kund'gen Lotsen Wort: | Willst du kommen in den Hafen, wirf die Selbstsucht über Bord!

Daniel Sanders, 366 Spr. (1892). Nr. 81. Liebe.

— Selbstsucht kettet die Menschen gewaltsam zusammen; vereinigen aber kann sie nur die Liebe.

Otto von Leixner, A. meinem Zettelkasten (1896). D. Nächste.

Selbsttäuschen, sich. — Den Grund, weshalb wir uns über die Welt täuschen, liegt sehr oft darin, daß wir uns über uns selbst täuschen.

Joh. Jak. Mohr, Gedanken über Leben u. Kunst (1885).

Selbstüberschätzung. — Die Selbstüberschätzung tötet den Erfolg im Keim.

Otto von Bismarck zu Lehrern höherer Schulen Preußens in Friedrichsruh (8. April 1895).

Selbstüberwinden, sich. — Sich selbselbsten überwinden ist der allerschwerste Krieg; | Sich selbselbsten überwinden ist der allerschönste Sieg.

Friedr. von Logau, Deutsche Sinn=Getichte (1654). Sich selbst besiegen.

— Von der Gewalt, die alle Wesen bindet, | Befreit der Mensch sich, der sich überwindet.

Joh. Wolfg. von Goethe, Gedichte. Verm. Gedichte. D. Geheimnisse (ged. 1784—1785).

— Daß eigen Hertz überwinden | Ist mehr dan Siegen vor den feinden.

Alter Spr.

Selbstverachtung. — Von allen Qualen, die den Menschen heimsuchen können, ist die Selbstverachtung die höchste.

Berth. Auerbach, Sämtl. Schwarzwälder Dorfgesch. (1871). Luzifer.

Selbstverleugnung. — . . . wenn auch die Selbstverleugnung und Übung der Willenskraft gar nicht zu den höchsten und größten Tugenden gehören, so kann man sie doch mit vollem Recht zu den nützlichsten zählen.

Wilh. Freiherr von Humboldt, Br. an eine Freundin (20. Dez. 1833—7. Jan. 1834).

Selbstverleugnung. — „Heidnische Selbstbehauptung" ist eben so sehr ein Element menschlichen Wertes als „christliche Selbstverleugnung. Engl.: "Pagan self-assertion" is one of the elements of human worth as well as "Christian self-denial".

John Stuart Mill, Über d. Freiheit (1858). Übers. v. Gomperz. K. 3.

Selbstverschuldung. — Ach! Selbstverschuldung ist der schwerste Fluch.

Ernst Raupach, D. Märchen im Traum (1836). A. 3, Sz. 4.

Selbstversorgen, sich. — Danke Gott, wer Hände hat, daß er sich kan selbst versorgen; | Der, der selbst nicht Hände hat, kriegt sie nirgend wo zu borgen.

Friedr. von Logau, Deutsche Sinn-Getichte (1654). Freundes Hülfe.

Selbstverständlich. — Gerade das muß man den Menschen wieder und immer wieder sagen, was sich ganz von selbst versteht.

Joh. Jak. Mohr, Gedanken über Leben u. Kunst (1885).

Selbstvertrauen. — Es gibt eine menschliche Allmacht, mit der man sich selbst und die Welt überwindet, Glaube an Gott und an sich selbst.

Karl Jul. Weber, Demokritos (1832—1840). D. Frohsinn.

— Selbstvertrauen ist Vertrauen auf Gott: er wird mich doch nicht stecken lassen.

Bettina (Elisabeth) von Arnim, Sämtl. Schriften (1853).

Selbstvertrauen, sich. — Der Himmel wird dich nicht verlassen, | Wenn du dir selbst vertraust.

Jul. Hammer, Schau um dich u. schau in dich (1851). Kampf u. Sieg. Was zagst du ohne Trost u. Mut usw.

Selbstwert. — Sei deines eignen Werts Wardein! — | Du giltst so hoch, wie du dich schätzest.

Heinr. Heine, Romanzero (1851). B. 2. Lamentationen. Maultiertum. Schlußv.

Selbstzufrieden. — Sie pflegen höchlich zu empfehlen, | Daß man Zufriedenheit gewinnt. | Leicht haben's die bescheidnen Seelen, | Die mit sich selbst zufrieden sind.

Paul Heyse, Gesammelte Werke (1872). Gedichte. Spr.

Selbstzufriedenheit. — Die Selbstzufriedenheit ist in Wahrheit das Höchste, was man erhoffen kann.

Baruch Spinoza, Posthume Werke (1670).

Self-made-men. — Unsere Self-made-men sind der Ruhm unserer Institutionen. Engl.: Our self-made men are the glory of our institutions.

Wendell Phillips, Rede in Boston (21. Dez. 1860). Übers. v. Drabig.

Selig. — Selig, wer sich vor der Welt | Ohne Haß verschließt, | Einen Freund am Busen hält | Und mit dem genießt, | Was, von Menschen nicht gewußt | Oder nicht bedacht, | Durch das Labyrinth der Brust | Wandelt in der Nacht.

Joh. Wolfg. von Goethe, Gedichte. Lieder. An d. Mond (ged. Jan. 1778). Schlußv. Mel. v. Siegmund Freiherr von Seckendorff (komp. 1778), Friedr. Heinr. Himmel (1806), Karl Friedr. Zelter (komp. 1812), Frz. Schubert (komp. 1815) u. a.

— Unzählige selige Leute.

Joh. Wolfg. von Goethe, Gedichte. Balladen. Hochzeitlied (ged. 1802).

— So ihr solches wisset, selig seid ihr, so ihr es tut!

Evang. Joh., K. 13, V. 17.

Seligen, die. — Wohnung der Seligen; denn hier ist die Stätte aller Tugenden und der Glückseligkeit. Griech.: *Εὐδαιμόνων οἰκητήριον· ὧδε γὰρ διατρίζουσιν αἱ ἀρεταὶ πᾶσαι καὶ ἡ εὐδαιμονία.*

Cebes (um 400 v. Chr.), D. Gemälde. Übers. v. Notter. K. 17.

Seligkeit. — In der Welt ist keine | Seligkeit fehllos. Lat.: Nihil est ab omni | Parte beatum.

Quint. Horatius Flacc., Oden (um 23 v. Chr.). Übers. v. Voß. B. 2, Nr. 16, V. 27—28.

— O Mutter! was ist Seligkeit? | O Mutter! was ist Hölle?

Gottfr. Aug. Bürger, Gedichte. Lenore (ged. Winter 1773).

— . . . es reift keine Seligkeit unter dem Monde.

Friedr. von Schiller, D. Räuber (1781). A. 4, Sz. 2 (Amalia).

— Es ist wenig, | Was man zur Seligkeit bedarf.

Friedr. von Schiller, Don Carlos (1787). A. 2, Sz. 14 (Prior).

— Es schwelgt das Herz in Seligkeit.

Friedr. von Schiller, Gedichte. D. Lied v. d. Glocke (ged. Sept. 1799).

Seligkeiten. — Wortlos sind alle höchsten Seligkeiten.

Paul Heyse, D. Feenkind (1868). Ges. 3.

Seligpreisen. — Selig preise nur | Den, der das Leben wonnereich geschlossen hat! Griech.: *Ὀλβίσαι δὲ χρὴ | Βίον τελευτήσαντ' ἐν εὐεστοῖ φίλῃ.*

Äschylus, D. Orestie (um 458 v. Chr.). Übers. v. Minckwitz. Agamemnon. V. 892—93 (Agamemnon).

Seligwerden. — . . . diß ist nur die einig Kunst, | Die vns bey Gott erlanget gunst, | Das wir lernen auff dieser Erden, | Wie wir mögen endtlich Selig werden.

Burkard Waldis, Esopus (1548). B. 2, Nr. 21. V. Fuchß v. d. Katzen.

— . . . hier mus ein jeder nach Seiner Fasson Selich werden.

Friedr. d. Große an d. Staatsminister v. Brand (22. Juni 1740).

Seligwerden. — Gott lieben ist die schönste Kunst, | Die schönste Kunst auf Erden; | Wer anders liebt, der liebt umsunst | Und kann nicht selig werden. Spr. an einem Hause in Unterberg.

Selten. — Ein seltener Vogel. Lat.: Rara avis. Aul. Persius Flacc. (um 34—62), Sat. Übers. v. Weber. Nr. 1, V. 46.

Seltene, das. — . . . das Seltene | Vergißt man schwerlich.

Gotthold Ephr. Lessing, Nathan d. Weise (1779). A. 2, Sz. 5 (Tempelherr).

— Das Seltene in Haufen wird gemein.

Rob. Hamerling, Ahasver in Rom (1866). Ges. 5. D. goldene Haus.

Semiramis. — Semiramis des Nordens. Franz.: Sémiramis du Nord.

Friedr. d. Große an d. Kaiserin Elisabeth v. Rußland (1745).

Senf. — Langen Senf über etwas machen (viel unnütze Worte über etwas machen).

Sprichwörtl. Redensart.

— Seinen Senf dazu geben (seine Meinung wichtigtuerisch erklären). Sprichwörtl. Redensart.

Sentenzen. — Sentenzen kehrt | Man um wie Handschuhe; — sie tragen sich | An beiden Seiten.

Christ. Dietr. Grabbe, Don Juan u. Faust (1829). A. 4, Sz. 3 (Faust).

— Anmutig werden selbst alltägliche Sentenzen | Im Silbenwasserfall melodischer Kadenzen.

Friedr. Rückert, D. Weisheit d. Brahmanen (1836—1839). B. 1, Nr. 55. Schlußv. (Stufe 9. Dämmerklarheit. Nr. 4.)

Sentimental. — Was, wird der Satan | Sentimental?

Christ. Dietr. Grabbe, Don Juan u. Faust (1829). A. 2, Sz. 2 (Faust).

Sentimentalität. — Wenn immer getrauert und immer geklagt wird, ohne daß man sich zur Resignation erhebt und ermannt, so hat man Erde und Himmel zugleich verloren und wässerige Sentimentalität übrig behalten.

Arthur Schopenhauer, D. Welt als Wille u. Vorstellung (1819).

— . . . die weinerliche Sentimentalität unseres Jahrhunderts . . .

Otto von Bismarck in d. zweiten Kammer d. preuß. Landtages (22. März 1849).

September. — Der September ist der Mai des Herbstes. Bauernregel.

Septemberregen. — An Septemberregen | Für Saaten und Reben ist dem Bauer gelegen.

Bauernregel.

Setzen, daran. — He set't daran, wat Top un Seil leiden (aushalten) kan (er wendet alles mögliche an).

A. d. Seemannssprache.

Setzen, sich. — Setz' dich, liebe Emeline, | Nah', recht nah' zu mir!

Ignaz Frz. Castelli, D. Schweizerfamilie (1809). Komp. v. Jos. Weigl.

Sevilla. — Nach Sevilla, nach Sevilla! | Wo die hohen Prachtgebäude | In den breiten Straßen stehen . . .

Clemens Brentano, Ponce de Leon. Lied d. Valeria (geb. 1801). Mel. v. Luise Reichardt (1833).

Shakespeare. — Shakespeare und kein Ende.

Joh. Wolfg. von Goethe, Titel eines Aufsatzes im Morgenblatt für gebildete Stände (12. Mai 1815).

Sicherheit. — Die Sicherheit wohnt nur im Land der Ruhe | Und außer seinen Grenzen — stete Mühsal.

A. d. Persischen d. Nizâmî (um 1137—1200). Spr. Übers. v. Bacher.

— Den Sterblichen, das wißt ihr lange, | Führt Sicherheit zum Untergange. Engl.: And, you all know, security | Is mortals' chiefest enemy.

William Shakespeare, Macbeth (1606). Übers. v. Schiller. A. 3, Sz. 5 (Hekate).

— Die Sicherheit droht dir den Fall.

Christ. Fürchtegott Gellert, Geistl. Oden u. Lieder (1757). D. Wachsamkeit.

— . . . und fühlt nicht, daß der schon tot ist, der um seiner Sicherheit willen lebt.

Joh. Wolfg. von Goethe, Egmont (1788). A. 2. Egmonts Wohnung (Egmont).

Sieben. — Schon sieben, — und Georg nicht hier! Aug. Langbein, Neuere Gedichte. D. Wehklage (ged. 1803).

— Siewen iss 'n ganzen Galgen vull.

Sprichwörtl. Redensart. Münsterisch.

Sieche, der. — O, der Sieche nur ermißt im Jammer | Ganz den Preis des vollen, frischen Lebens.

Adelbert von Chamisso (Louis Charles Adelaide Chamisso de Boncourt), Gedichte. Lieder u. lyrisch-epische Gedichte. D. arme Heinr. (ged. 1837).

Sieg. — . . . bloß der Götter Gnade leiht den Menschen Sieg. Griech.: *Θεοῦ δὲ δῶρόν ἐστιν εὐτυχεῖν βροτούς.*

Äschylus, Sieben vor Theben (um 471 v. Chr.). Übers. v. Minckwitz. V. 608 (Eteokles).

— An weisem Rat indessen hangt allein der Sieg. Griech.: *Καὶ μὴν τὸ νικᾶν ἐστι πᾶν εὐβουλία.*

Euripides (um 480—406 v. Chr.), D. Phönizierinnen. Übers. v. Minckwitz. V. 721 (Kreon).

— Gott und Glück geben Weg und Sieg.

Spr. auf einer Denkmünze (1531).

— Der Sieg soll nie ohne Übung der Barmherzigkeit sein. Kaiser Karl V. (reg. 1519—1558).

— Der Sieg liebt Mühe. Lat.: Amat victoria curas.

Wahlspr. d. Kaisers Matthias (reg. 1612—1619).

— Ein gefahrloser Sieg ist ein ruhmloser Triumph. Franz.: A vaincre sans péril, on triomphe sans gloire.

Pierre Corneille, D. Cid (1636). Übers. v. Kleffel. A. 2, Sz. 2 (Graf Gomes).

Sieg. — Von Gott kommt Glück und Sieg.
Ernst Moritz Arndt, Gedichte. Wer ist ein Mann? (ged. 1813). Schlußv. Mel. v. Albert Methfessel (1818).

— Trotze, so bleibt dir der Sieg!
Friedr. Hebbel, Gedichte (1857). D. Schmerz sein Recht. Nr. 10.

— Drei Schlachten sind geschlagen, | Und jede Schlacht war Sieg.
Emanuel Geibel, Heroldsrufe. Deutsche Siege (ged. Aug. 1870).

— . . . aber der Sieg kommt vom Herrn.
Spr. Sal., K. 21, V. 31.

— Es erstattet nimmer der Sieg, | Was verloren wird durch den Krieg. Sprichwörtl.

— Wer den Sieg davon will tragen, | Muß feststehn und wagen. Sprichwörtl.

Siege. — Nicht die Gewalt der Armee, noch die Tüchtigkeit der Waffen, sondern die Kraft des Gemüts ist es, welche Siege erkämpft.
Joh. Gottl. Fichte, Reden an d. deutsche Nation (1808).

— Siege werden bald erfochten; ihre Erfolge zu befestigen, das ist schwer.
Leop. von Ranke, Deutsche Gesch. im Zeitalter d. Reformation (1839—1847).

Siegen. — Ich kam, sah, siegte. Lat.: **Veni, vidi, vici.**
Cäsar nach d. Schlacht bei Zela (2. Aug. 47 v. Chr.). Nach Plutarch, Cäsar. Übers. v. Eyth. K. 50.

— Zu siegen verstehst du, Hannibal, aber nicht den Sieg zu benutzen. Lat.: **Vincere scis, Hannibal, victoria uti nescis.**
Tit. Livius (um 59 v. Chr.—17 n. Chr.), Römische Gesch. Übers. v. Ostertag. B. 22, K. 51, § 4.

— In diesem Zeichen wirst du siegen. Lat.: **Hoc in signo vinces.**
Eusebius Pamphili (gest. um 340), Leben Konstantins. B. 1, K. 28. Übers. v. Grau.

— Gesiegt! O himmlische Musik des Wortes!
Friedr. von Schiller, D. Jungfrau v. Orleans (1801). A. 1, Sz. 8 (Sorel).

— Besiegt von Einem ist besiegt von allen!
Friedr. von Schiller, Turandot (1801). A. 4, Sz. 4 (Turandot). Schlußv.

— Kannst du nimmer siegen, | Zeugen darfst du frei | Durch ein stolz Erliegen | Für dein Feldgeschrei. Emanuel Geibel, Heroldsrufe. Fahnentreu (ged. 1850).

— Wer siegen lernt' in Niederlagen, | Wird auch das Glück des Siegs ertragen.
Emanuel Geibel, Neue Gedichte (1856). Spr. Nr. 32.

— Die Kunst, zu siegen ist vernichtet ohne die Kunst, Subsistenzmittel zu schaffen. Franz.: **L'Art de vaincre est perdu sans l'art de subsister.**
Inschrift an d. alten Militärbäckerei in Prag.

— Entweder siegen oder sterben. Lat.: **Aut vincere aut mori.**
Wahlspr. d. schwarzen Husarenregimenter in Preußen.

Siegen, das. — Siegen ohne Gefahr ist Siegen ohne Ruhm.
A. einem alten Trinkb. (1799).

— Siegen | Kommt nicht von Liegen.
Sprichwort.

Sieger. — Kein Sieger darf mißbrauchen seinen Sieg. Griech.: *Οὐ τοὺς κρατοῦντας χρὴ κρατεῖν ἃ μὴ χρεών.*
Euripides, Hekabe (um 425 v. Chr.). Übers. v. Minckwitz. V. 282 (Hekabe).

— Den stolzen Sieger stürzt sein eignes Glück.
Friedr. von Schiller, D. Jungfrau v. Orleans (1801). A. 1, Sz. 5 (Sorel).

— Noch niemals hat ein Sieger Neigung oder Kunde genug gehabt, um die Überwundenen gerecht zu beurteilen.
Joh. Gottl. Fichte, Reden an d. deutsche Nation (1808). Rede 14.

— . . . wenn auch eine Glorie sich zieht um die Wunden des Siegers, so bluten sie dennoch und schmerzen dennoch!
Heinr. Heine, Reisebilder. T. 2. Italien (1828—1829). Nr. 3. D. Stadt Lucca. K. 15.

— . . . der fröhlich heit're Sieger ist der schönste Sieger stets!
Anastasius Grün (Anton Alexander Graf von Auersperg), Spaziergänge eines Wiener Poeten (1831). Sieg d. Freiheit.

Siegerkranz. — Heil dir im Siegerkranz!
Preuß. Nationalhymne. Ged. nach Heinr. Harries v. Balthasar Gerhard Schumacher (1793). Mel. v. Henry Carey (vor 1743).

Siegesheld. — Wer ist der greise Siegesheld, | Der, uns zu Schutz und Wehr, | Fürs Vaterland zog in das Feld | Mit Deutschlands ganzem Heer?
Aug. Heinr. Hoffmann von Fallersleben, Zeitgedichte. Nr. 2. Zeitgedichte v. Jahre 1850 an. Nachgelassenes. Kaiser Wilh. (ged. 29. Jan. 1871).

Siegeskranz. — Wer hat den Sieges-Krantz getragen, | Der nicht vom Vbermuth | Der Feind', in Schweiß vnd Blut | Vnd Kummer hat Gewust zu sagen?
Simon Dach, Non caret adversis qui plus esse velit (1652).

Siegfried. — Jung Siegfried war ein stolzer Knab'.
Ludw. Uhland, Gedichte. Balladen u. Romanzen. Siegfrieds Schwert (ged. 8. Jan. 1812). Volksweise.

Sieglos. — Sieglos sein ist mehr als Tod.
Gottfr. Kinkel, Gedichte (1843). Cäsar.

Silbern. — Wer mit silbernen Büchsen schießt, gewinnt. Militärisches Sprichwort.

Silvester. — Letzter Tag des Jahrs (Silvester), | Du Bild des letzten Lebens! | Lehr', o lehre mich, | Daß nicht mein Leben einst sei | Geflohn und verschwunden | Wie das verschwundene Jahr! Friedr. Gottl. Klopstock, Sämtl. Werke (1798—1821).

Simonie. — Simonie treiben.

Nach Apostelgesch., K. 8. — Erwerbung geistl. Ämter durch Geld. Nach Simon Magus (2. Jahrh.) so genannt, d. d. Gabe erkaufen wollte, durch Handauflegung Kranke zu heilen.

Singen. — Hie kan nicht sein ein böser Mut, | Wo da singen Gesellen gut.

Dr. Martin Luther, Fraw Musica (1543).

— Wach auf, mein Herz! und singe!

Paul Gerhardt, Geistl. Andachten. Wach auf, mein Herz, u. singe! (1649).

— Wer Singen vnd Lachen kan, der erschreckt sein Vnglück.

Christoph Lehmann, Politischer Blumen=Garten (1662). Frewd. Nr. 46.

— Soll euer (der Dichter) Witz die Welt entzücken, | So singt, solang' ihr feurig seid!

Christ. Fürchtegott Gellert, Fab. u. Erz. (1746). B. 1. D. Nachtigall u. d. Lerche.

— Ich singe, wie der Vogel singt, | Der in der Zweigen wohnet.

Joh. Wolfg. von Goethe, Gedichte. Balladen. D. Sänger (ged. um 1782). Mel. v. Joh. Friedr. Reichardt (1795).

— Auf, Freunde, laßt uns singen, | Und laßt uns fröhlich sein!

D. Kantor (vor 1793). Verfasser unbek. Mel. v. Albert Methfessel (1795).

— Wo man singet, laß dich ruhig nieder, | Ohne Furcht, was man im Lande glaubt; | Wo man singet, wird kein Mensch beraubt; | Bösewichter haben keine Lieder.

Joh. Gottfr. Seume, Gedichte. D. Ges. (1804).

— Was klinget und singet die Straß' herauf? | Ihr Jungfern, machet die Fenster auf!

Ludw. Uhland, Gedichte. Balladen u. Romanzen. Abschied (ged. 15. Mai 1806). Mel. v. Gottfr. Wilh. Fink.

— Der Vater . . . singt nicht oder selten; ich wollte, er tät' es für seine Kinder und die Mutter für ihn und sie.

Jean Paul (Joh. Paul Friedr. Richter), Levana oder Erzieh=Lehre (1807). Bd. 1, Bruchstück 3, K. 5, § 59.

— Auf singet und trinket den köstlichen Trank! | Auf singet und bringet der Freud' euren Dank!

D. Hermannsschlacht (vor 1808). Verfasser u. Komponist unbek.

— Singe, wem Gesang gegeben | In dem deutschen Dichterwald!

Ludw. Uhland, Gedichte. Lieder. Freie Kunst (ged. 24. Mai 1812). Mel. v. Christ. Schulz (um 1825), Karl Gottl. Reissiger, Konradin Kreutzer u. a.

— Singst du nicht dein ganzes Leben, | Sing' doch in der Jugend Drang!

Ludw. Uhland, Gedichte. Lieder. Freie Kunst (ged. 24. Mai 1812). Mel. v. Christ. Schulz (um 1825), Karl Gottl. Reissiger, Konradin Kreutzer u. a.

Singen. — Sie singen von Lenz und Liebe, von sel'ger goldner Zeit, | Von Freiheit, Männerwürde, von Treu' und Heiligkeit; | Sie singen von allem Süßen, was Menschenbrust durchbebt, | Sie singen von allem Hohen, was Menschenherz erhebt.

Ludw. Uhland, Gedichte. Balladen u. Romanzen. D. Sängers Fluch (ged. 3.—4. Dez. 1814).

— Wer nicht singen, trinken und lieben kann, | Den sieht der Bursch voll Mitleid an.

Aug. Daniel von Binzer, Stoßt an! Eisenach lebe usw. (ged. 1817). Mel. v. Albert Methfessel (1818).

— Ich aber will auf mich raffen, | Mein Saitenspiel in der Hand, | Die Weiten der Erde durchschweifen | Und singen von Land zu Land.

Adelbert von Chamisso (Louis Charles Adelaide Chamisso de Boncourt), Gedichte. Lieder u. lyrisch=epische Gedichte. D. Schloß Boncourt (ged. 1827). Schlußv.

— Ich singe gerne, trinke gerne, | Ich liebe wohl, geliebt zu sein.

Adelbert von Chamisso (Louis Charles Adelaide Chamisso de Boncourt), Gedichte. Lieder u. lyrisch=epische Gedichte. Herein! (ged. 1827).

— . . . anders sein und singen, | Das ist ein dummes Spiel.

Jos. Freiherr von Eichendorff, Gedichte (1837). Apell.

— Der Deutsche singt gerne in Kirchen und auf Landstraßen, am liebsten aber bei der Arbeit.

Karl Jul. Weber, Demokritos (1832—1840). D. Tonkunst.

— Da geht er hin und singt nicht mehr!

Ferd. Gumbert, D. Kunst, geliebt zu werden (1843).

— Ob du der Vorzeit Helden magst besingen, | Ob zierliche Sonette leicht uns weben, | In stolzen Hymnen auf zum Himmel streben, | Aus süßen Liebesliedern Kränze schlingen: | Du mußt in allem nach dem Höchsten ringen!

Georg Christ. Dieffenbach, Gedichte (1857).

— Vernimm, mein Freund, ein weises Wort: Man singe | Den Schmerz hinaus, so bleibt das Herz gesund! Ludw. Brill, Singschwan (1895).

— Manches mund nit wil singe oder schwetze, | Er muß zuvor den hals wol netzen. Alter Spr.

— Zween können zu gleicher Zeit singen, aber nicht zu gleicher Zeit reden. Alter Spr.

Singen, das. — Vor allen freuden auf Erden | Kan niemand kein feiner werden, | Denn die ich geb mit meim singen | Vnd mit manchem süssen klingen. Dr. Martin Luther, Fraw Musica (1543).

— . . . so viel seh' ich ein, | Das Singen, das den Frosch im tiefen Sumpf entzücket, | Das Singen muß ein Quaken sein.

Gotthold Ephr. Lessing, Schriften (1753—1755). Sinngedichte. B. 1, Nr. 91. Auf einen gewissen Dichter.

— . . . wer das Singen recht versteht, | Ist aller Herzen König.

Paul Heyse, Gesammelte Werke (1872). Gedichte. Jugendlieder. Lied d. fahrenden Schülers. Schlußv.

Singen, das. — Wenn man mit Singen will sich üben und ergetzen, | Muß immer Stille sein; es machet viel Verdruß, | Wann Plaudermäuler sind, die immerfort thun schwätzen, | Daß einer schier nicht weiß, wem er zuhören muß.
Spr. am Rathause in Winterthur.

— Und's Singa macht dursti', | Dasselb' is bikannt, | Und's Trinka macht Singa. | So helfen's anand. Kärtner Schnaderhüpfl.

Singsang. — ... Singsang bleibt doch ewig unvernünftig.
Christ. Dietr. Grabbe, Don Juan u. Faust (1829). A. 1, Sz. 1 (Leporello).

Sinken. — Wie bin ich, ach, so tief gesunken!
Friedr. Hornfeck, Schenkenb. Rhein- u. Weinlied (ged. 1864). Mel. Ihr Brüder, wenn ich nicht mehr trinke usw.

— Sinkt oder schwimmt! Engl.: Sink or swim. Sprichwort.

Sinne. — Die Sinne sind unzuverlässige Freunde, nicht selten heimliche Feinde, und nur dann treue Diener, wenn sie von der Vernunft, — der einzige Fall eines klugen Weiberregiments, — beherrscht werden.
Christ. Ernst Karl Graf von Bentzel-Sternau, Weltansichten (1816).

— Die Sinne trügen nicht, aber das Urteil trügt. Joh. Wolfg. von Goethe, Werke (1827—1830). Maximen u. Reflexionen. Abteilung 7.

— Die Sinne betrügen nicht. Nicht, weil sie immer richtig urteilen, sondern weil sie garnicht urteilen; weshalb der Irrtum immer nur dem Verstande zur Last fällt.
Immanuel Kant, Werke (1838—1839).

— Es ist in unserem Verstande nichts, was nicht eingezogen wäre durch das Tor der Sinne.
Jak. Moleschott, D. Kreislauf d. Lebens (1852).

— Entwicklung der Sinne ist die Grundlage der Entwicklung des Verstandes der Menschheit.
Jak. Moleschott, D. Kreislauf d. Lebens (1852).

Sinnenglück. — Zwischen Sinnenglück und Seelenfrieden | Bleibt dem Menschen nur die bange Wahl. Friedr. von Schiller, Gedichte. D. Ideal u. d. Leben (ged. 1795).

Sinnensklave. — Die schlimmste Knechtschaft ist: Ein Sklav' der Sinne sein.
Joh. Peter Uz, Werke (1768). Gedichte.

Sinngedichte. — Es ist mit den Sinngedichten wie mit den Erfindungen überhaupt: die besten sind ebenfalls diejenigen, wobei man sich ärgert, den Gedanken nicht selbst gehabt zu haben.
Georg Christoph Lichtenberg, Verm. Schriften (1800—1806). Bd. 2, Nr. 2. Bemerk. verm. Inhalts. Nr. 10. Ästhetische Bemerk.

Sinnlich. — Eine sinnliche Bewegung durch die andere überwinden heißt nur ein Laster gegen ein anderes verwechseln.
Matthias Claudius, Sämtl. Werke d. Wandsbecker Boten. T. 5 (1790). Über d. Unsterblichkeit d. Seele. Nr. 6.

Sinnlichkeit. — ... wir können gegen den Tyrannen, das Schicksal, nichts; aber gegen die Sirene, die Sinnlichkeit, alles.
Joh. Jak. Engel, D. Philosoph für d. Welt (1775—1777). T. 2, Stück 30. D. Irrenhaus.

— Wieder andere reißt der Strudel der Sinnlichkeit in ein ruhmloses Grab.
Friedr. von Schiller, Prosaische Schriften. D. Spaziergang unter d. Linden (1782).

— Wo die Sinnlichkeit an die Vernunft grenzt, ist sie gewiß immer schön.
Joh. Gottfr. Seume, Sämtl. Werke (1826). Apokryphen.

— Der Sieg der Vernunft über die Sinnlichkeit ist die wahre Wiedergeburt, die den natürlichen Menschen umwandelt in den geistigen (nicht geistlichen), und das Gegengift der Leidenschaft ist die Mäßigung.
Karl Jul. Weber, Demokritos (1832—1840). D. Leidenschaften.

Sintflut. — Nach uns die Sintflut! Franz.: Après nous le déluge!
Marquise de Pompadour (1720—1764). Übers. v. Zimmermann.

Sitte. — Es soll die Sitte der innern Eigentümlichkeit Gewand und Hülle sein, zart und bedeutungsvoll sich jeder edlen Gestalt anschmiegend und ihrer Glieder Maß verkündend, jede Bewegung schön begleiten.
Friedr. Ernst Daniel Schleiermacher, Monologen (1800).

— Die Sitte kann keinem Menschen erlassen werden; sie ist eine Allerweltssprache, ohne die man nicht verstanden wird.
Clemens Brentano, Gesammelte Schriften (1851—1855).

— ... in der Hand bewahrt er (der Edle), was zuletzt | Unwiderstehlich hilft: Gesetz und Sitte. Gustav Freytag, D. Fabier (1859).

— Es ist einmal so Sitte, — chacun à son gout (jeder nach seinem Geschmack).
Jak. Offenbach, D. Großherzogin v. Geroldstein (1867).

— Die Sitte folgt dem Urteil nicht, sie folgt dem Vorurteil.
Karl Gutzkow, Gesammelte Werke (1873).

— Die Sitte ist schon gerichtet, zu deren Gunsten wir kein anderes Argument vorzubringen wissen als das ihrer Allgemeinheit.
Marie von Ebner-Eschenbach, Aphorismen (1893).

— Alte Schuh' verwirft man leicht; | Alte Sitte schwerlich weicht. Sprichwort.

— Sitte ist stärker als Recht. Sprichwort.

Sitten. — Achte auf die Sitten aller, auf deine am meisten! Lat.: Omnium mores, tuos imprimis observato!
Wahlspr. Kaiser Konrad II. (reg. 1024—1039).

Sitten. — Ach, die getreuen, alten Sitten | Sind jetzt auf Erden schlecht gelitten! Mittelhochdeutsch: Mit den getriuwen alten siten | Ist man nû zer welte versniten.

Walter v. d. Vogelweide (um 1170—1230), Gedichte. Übertr. v. Pannier.

— Wer wis ist und gût sitten hat, | Demselb sin wesen wol an stat, | Und was derselb anfaht und dût, | Das dunkt ein ieden wisen gût.

Seb. Brant, D. Narrenschif (1494). Nr. 9. V. bosen sitten.

— Die Sitten wechseln mit der Zeit.

Christoph Martin Wieland, Sämtl. Werke (1794—1802). D. Leben ein Traum.

— Durch das, was wir Betragen und gute Sitten nennen, soll das erreicht werden, was außerdem nur durch Gewalt, oder auch nicht einmal durch Gewalt zu erreichen ist.

Joh. Wolfg. von Goethe, D. Wahlverwandtschaften (1808—1809). T. 2, K. 5. A. Ottiliens Tageb.

— O, wie verderbt sind heutzutag' die Sitten!

Aug. Graf von Platen-Hallermund, D. romantische Ödipus (1828). A. 4 (Balthasar).

— Menschen ohne Sitten sind die wahre Geißel der andern. Rahel (Antonie Friederike Varnhagen von Ense), Br. (1877).

— Das sind unsre Sitten! | Wo zween sind, da zausen sie den Dritten. Alter Spr.

— Lehrne mores und gute sitten, | So magstu mit grosser ehre kommen geritten. Alter Spr.

— Swer sich um guote sitten müht, | Ehr und heil ihm druz erblüht.

Wartburgspr. Margarethengang.

Sittenfehler. — der unbedeutendste Sittenfehler kann durch alle die, die sich nach und nach ihm zugesellen, in die gehässigsten, verderblichsten Laster führen.

Joh. Jak. Engel, D. Fürstenspiegel (1798). Sittenwert.

Sittengesetz. — Es gab viele Religionen, aber nur Ein Sittengesetz.

Jean Paul (Joh. Paul Friedr. Richter), Levana oder Erzieh-Lehre (1807). Bd. 1, Bruchstück 2, K. 3, § 35.

Sittenlehre. — Erkenne, suche, lieb' und ehre, | Was gut und schön ist, und vermehre | Nach Möglichkeit, mit weiser Wahl | Des Guten und des Schönen Zahl! — | Das ist die ganze Sittenlehre. Joh. Wilh. Ludw. Gleim, Episteln (1783).

— Sie (unsre Sittenlehre) ist rein tätig und wird in den wenigen Geboten begriffen: Mäßigung im Willkürlichen, Emsigkeit im Notwendigen.

Joh. Wolfg. von Goethe, Wilh. Meisters Wanderjahre (1807—1821).

Sittensprüche. — Gold'ne Sittensprüche und Regeln sind freilich von unschätzbarem Wert; frühzeitig gelernt, geben sie unserm Geist, wenigstens unserm Gedächtnis, einen schönen Vorrat zu künftigen Bemerkungen auf die Reise des Lebens; allein wieviel fehlt ihnen noch, daß sie mit aller Macht des Beispiels wirken!

Joh. Gottfr. von Herder u. Liebeskind, Palmblätter. Vorrede (1786).

Sittlich. — Der vollständige und vollkommene Künstler überhaupt ist von selbst sittlich, — so auch der vollständige und vollkommene Mensch überhaupt.

Novalis (Friedr. von Hardenberg), Schriften (1846). Fragmente.

— Eine Handvoll sittlichen Lebens ist so viel wie ein Scheffel Gelehrsamkeit wert. Engl.: **A handful of good life is worth a bushel of learning.**

Samuel Smiles, D. Charakter (1871). Übers. v. Dobbert. K. 1. D. Einfluß d. Charakters.

— Das Bestehen und die Wohlfahrt der Gesellschaft ist der Zweck aller sittlichen Normen.

Rudolf von Ihering, D. Zweck im Recht (1883).

— Die höchste sittliche Schönheit entdecken wir doch immer in den einfachsten, anspruchslosesten Handlungen der Menschen.

Joh. Jak. Mohr, Gedanken über Leben u. Kunst (1885).

— Ländlich — sittlich. Sprichwort.

Sittliche, das. — . . . wie das Sittliche in die Welt gekommen. Durch Gott selber . . . wie alles andere Gute. Es ist kein Produkt menschlicher Reflexion, sondern es ist angeschaffene und angeborene schöne Natur.

Joh. Peter Eckermann, Gespräche mit Goethe in d. letzten Jahren seines Lebens (1. April 1827).

Sittlichkeit. — Erwägt zuerst die Sittlichkeit! Der innere Mensch wird wie der Neger weiß geboren und vom Leben zum schwarzen gefärbt. Jean Paul (Joh. Paul Friedr. Richter), Levana oder Erzieh-Lehre (1807). Bd. 1, Bruchstück 1, K. 3, § 17.

— Die Sittlichkeit allein ersetzt den Glauben nicht; | Doch weh' dem Glauben, dem die Sittlichkeit gebricht!

Friedr. Rückert, D. Weisheit d. Brahmanen (1836—1839). B. 16, Abteilung 1, Nr. 80. (Stufe 5. Leben. Nr. 80.)

— Nicht die Sittlichkeit regiert die Welt, sondern eine verhärtete Form derselben: die Sitte.

Berth. Auerbach, Barfüssele (1856).

— Die Ehre verpflichtet zur Sittlichkeit, der Ruhm noch mehr, die Macht am meisten.

Berth. Auerbach, Auf d. Höhe (1865).

Sittsamkeit. — Die Sittsamkeit läßt göttlich sie (die Frauen) erscheinen. Engl.: **Tis government that makes them (women) seem divine.**

William Shakespeare, König Heinr. VI. (um 1591—1592). Übers. v. Schlegel. T. 3, A. 1, Sz. 4 (York).

Sittsamkeit. — Die wilde Hitze roher Jugend | Wird mit den Jahren Sittsamkeit.
Christ. Fürchtegott Gellert, Geistl. Oden u. Lieder (1757). D. Wachsamkeit.

Sitzen. — Hier sitz' ich auf Rasen | Mit Veilchen bekränzt.
Klamer Eberhard Schmidt, Gedichte. Neuer Vorsatz (1781). Volksweise.

— . . . so saß er, eine Leiche . . .
Friedr. von Schiller, Gedichte. Ritter Toggenburg (ged. 31. Juli 1797).

— Sitzt du gut, so sitze feste; | Alter Sitz, der ist der beste. Wartburgspr. Wirtschaft.

Skepsis. — Eine tätige Skepsis ist die, welche unablässig bemüht ist, sich selbst zu überwinden und durch geregelte Erfahrung zu einer Art von bedingter Zuverlässigkeit zu gelangen.
Joh. Wolfg. von Goethe, Werke (1827—1830). Maximen u. Reflexionen. Abteilung 7

Skeptizismus. — Skeptizismus, der trübe, kleinliche Skeptizismus des Weltlings, ist Schwäche.
Ernst Freiherr von Feuchtersleben, Zur Diätetik d. Seele (1838). Tagebuchblätter.

— Nichts schützt so kräftig vor dem schauerlichen Gespenste des Alters, vor der Verknöcherung unseres Wesens . . . als ein heiterer Skeptizismus. Ernst Freiherr von Feuchtersleben, Zur Diätetik d. Seele (1838). Tagebuchblätter.

Sklave. — Wer sich zum Sklaven andrer macht, dem ziemt | Es wahrlich nicht, sich selber groß zu dünken. Griech.: *Οὐ γὰρ ἐκπέλει | Φρονεῖν μέγ', ὅστις δοῦλός ἐστι τῶν πέλας.*
Sophokles (um 496—406 v. Chr.), Antigone. Übers. v. Jordan. V. 476—77 (Kreon).

— Sklav aber heißet nichts als falsch.
Joh. Friedr. Fischart, Bündnuß v. Verain d. Freien Stätt Zürich, Bern v. Straßburg (1588).

— Wer | Sich Knall und Fall, ihm selbst zu leben, nicht | Entschließen kann, der lebet and'rer Sklav' | Auf immer.
Gotthold Ephr. Lessing, Nathan d. Weise (1779). A. 2, Sz. 9 (Al-Hafi).

— In dir ein edler Sklave ist, | Dem du die Freiheit schuldig bist.
Spr. im Berliner Rathause. Erdgeschoß.

Sklaven. — Die glücklichen Sklaven sind die erbittertsten Feinde der Freiheit.
Marie von Ebner-Eschenbach, Aphorismen (1893).

Sklavenart. — Das ist des Sklaven Art, daß ihm die Fessel, | Die lang gewohnte, unentbehrlich wird.
Otto Fürst zu Lynar, D. Ritter v. Rhodus (1842). A. 2, Sz. 5.

Sklavenjoch. — . . . nur gezwungen trägt der Mensch das Sklavenjoch. Griech.: *Ἑκὼν γὰρ οὐδεὶς δουλίῳ χρῆται ζυγῷ.*
Äschylus, D. Orestie (um 458 v. Chr.). Übers. v. Minckwitz. Agamemnon. V. 917 (Agamemnon).

Sklavensohn. — Ein Sklavensohn lernt niemals Majestät, | Ward gleich sein Vater auf den Thron erhöht.
A. d. Persischen d. Firdusi (um 940—1020). Sat. auf Sultan Mahmud. Übers. v. Schack.

Sklaverei. — Sklaverei ist ein elendes Handwerk.
Friedr. von Schiller, D. Verschwörung d. Fiesko zu Genua (1783). A. 1, Sz. 9 (Fiesko).

— Zur Sklaverei gewöhnt der Mensch sich gut | Und lernet leicht gehorchen, wenn man ihn | Der Freiheit ganz beraubt.
Joh. Wolfg. von Goethe, Iphigenie auf Tauris (1787). A. 5, Sz. 2 (Thoas).

— Mit der Furcht fängt die Sklaverei an, aber auch mit Zutrauen und Sorglosigkeit.
Joh. Gottfr. Seume, Sämtl. Werke (1826). Apokryphen.

— . . . besser noch ist Tod als Sklaverei.
Friedr. Halm (Elegius Frz. Jos. Freiherr von Münch-Bellinghausen), D. Sohn d. Wildnis (1842). A. 1 (Lykon).

Socken. — Sich auf die Socken machen (fortgehen). Sprichwörtl. Redensart.

Sohn. — Wer seinen erwachsenen Sohn schlägt, reizt ihn zur Sünde. Talmud (3. Jahrh.).

— Wer einen wisen sůn gebert, | Der sit, vernunft und wisheit lert, | Der soll des billich danken got, | Der in mit gnad versehen hat.
Seb. Brant, D. Narrenschif (1494). Nr. 9. V. bosen sitten.

— Wen du ligst fulen vnderm grundt, | Vnd dyn sun zůn iaren kundt, | Dann yebt er, was er hat gelert, | Von dir gesehen oder gehört.
Thomas Murner, Narrenbeschwerung (1512). Nr. 52. Krieg u. heffen zerbrechen.

— Ich wollte lieber einen todten denn einen ungezogenen Sohn haben.
Dr. Martin Luther, Tischreden oder Colloquia (1566). Nr. 3. Tischreden v. d. Schöpfung. § 64. D. Kinder Zucht u. Strafe ist nöthig.

— Der Sohn ist nicht schuldig, dem Vater gehorsam zu sein, etwas wider Gott zu thun und zu sündigen.
Dr. Martin Luther, Tischreden oder Colloquia (1566). Nr. 3. Tischreden v. d. Schöpfung. § 65. Frage.

— Sohn, da hast du meinen Speer! | Meinem Arm wird er zu schwer.
Friedr. Leop. Graf zu Stolberg, Gedichte. Lied eines alten schwäbischen Ritters an seinen Sohn (ged. 1774).

— Wie schön ist es und herrlich, Hand in Hand | Mit einem teuern, vielgeliebten Sohn | Der Jugend Rosenbahn zurückzueilen, | Des Lebens Traum noch einmal durchzuträumen!
Friedr. von Schiller, Don Carlos (1787). A. 2, Sz. 2 (Carlos).

— Des dunkeln Hauses Lamp' ein wohlgerat'ner Sohn; | Der Vater, altersblind, wird sehend neu davon. Friedr. Rückert, D. Weisheit d. Brahmanen (1836—1839). B. 16, Abteilung 3, Nr. 73. (Stufe 5. Leben. Nr. 273.)

Sohn. — Ein närrischer Sohn ist seines Vaters Trauren und Betrübnis seiner Mutter, die ihn geboren hat. Spr. Sal., K. 17, V. 25.

— Ein närrischer Sohn ist seines Vaters Herzeleid. Spr. Sal., K. 19, V. 13.

— Der Sohn soll nicht tragen die Missetat des Vaters! Hesekiel, K. 18, V. 20.

— Laß dem Sohne . . . nicht Gewalt über dich! Jes. Sir., K. 33, V. 20.

— Dies ist mein lieber Sohn, an welchem ich Wohlgefallen habe. Matth., K. 3, V. 17.

— . . . des Menschen Sohn hat nicht, da er sein Haupt hinlege. Matth., K. 8, V. 20.

— Mein Sohn, warum hast du uns das getan? Luk., K. 2, V. 48.

— Der verlorene Sohn.

Nach Luk., K. 15. — Sprichwörtl. Redensart.

— Hastu einen Sohn, straff in mit der rhut, | Wan er unrecht und sunden thut! | So du im last seinen willen nach, | Du sünd verdienst und Gottes rach. Alter Spr.

— Das ist nischt vor meinen Vater seinen Sohn. Bek. scherzhafte Redensart.

Söhne. — . . . die Söhne sind | Des Hauses edle Pfeiler. Griech.: *Στῦλοι γὰρ οἴκων εἰσὶ παῖδες ἄρσενες.*

Euripides (um 480—406 v. Chr.), Iphigenie bei d. Tauriern. Übers. v. Minckwitz. V. 57 (Iphigenie).

Soldat. — Der Soldat muß etwas haben für seine Arbeit und Gefahren.

Ausspr. Tillys bei d. Einnahme v. Magdeburg (1631).

— Ich wüßte auch nicht, was mir an einem Soldaten, nach dem Prahlen, weniger gefiele als das Klagen.

Gotthold Ephr. Lessing, Minna v. Barnhelm (1763). A. 2, Sz. 9 (D. Fräulein).

— Man muß Soldat sein für sein Land oder aus Liebe zu der Sache, für die gefochten wird.

Gotthold Ephr. Lessing, Minna v. Barnhelm (1763). A. 3, Sz. 7 (v. Tellheim).

— Die Großen haben sich überzeugt, daß ein Soldat aus Neigung für sie ganz wenig, aus Pflicht nicht viel mehr, aber alles seiner eignen Ehre wegen tut.

Gotthold Ephr. Lessing, Minna v. Barnhelm (1763). A 4, Sz. 6 (v. Tellheim).

— Ein Soldat sieht immer vornehmer aus als ein Bauer; das macht: er ist mehr geplagt.

Joh. Wolfg. von Goethe, Jery u. Bätely (1779). (Thomas).

— Alles, was man aus dem Soldaten machen kann, ist, ihm Korpsgeist zu geben, d. h. eine höhere Meinung von seinem Regiment als von allen anderen Truppen des Erdreichs.

Friedr. d. Große, Sämtl. Werke (1789).

— Der dem Tod ins Angesicht schauen kann, | Der Soldat allein ist der freie Mann.

Friedr. von Schiller, Wallensteins Lager. Sz. 11. Reiterlied (ged. 1797). Mel. v. Christ. Jak. Zahn (1798).

Soldat. — Der Saus und Braus, | Macht denn der den Soldaten aus? | Das Tempo macht ihn, der Sinn und Schick, | Der Begriff, die Bedeutung, der feine Blick.

Friedr. von Schiller, Wallensteins Lager (1798). Sz. 6 (Wachtmeister).

— Einen neuen Menschen hat er (der Soldat) angezogen; | Mit dem Helm da und Wehrgehäng' | Schließt er sich an eine würdige Meng'. | Muß ein fürnehmer Geist jetzt in ihn fahren.

Friedr. von Schiller, Wallensteins Lager (1798). Sz. 7 (Wachtmeister).

— Der Soldat muß sich können fühlen. | Wer's nicht edel und nobel treibt, | Lieber weit von dem Handwerk bleibt!

Friedr. von Schiller, Wallensteins Lager (1798). Sz. 11 (Erster Kürassier).

— Sagt mir, was hat er an Gut und Wert, | Wenn der Soldat sich nicht selber ehrt?

Friedr. von Schiller, Wallensteins Lager (1798). Sz. 11 (Erster Kürassier).

— Die Kühnheit macht, die Freiheit den Soldaten. Friedr. von Schiller, D. Piccolomini (1799). A. 1, Sz. 2 (Oktavio).

— In Hast und Eile bauet der Soldat | Von Leinwand seine leichte Stadt.

Friedr. von Schiller, D. Piccolomini (1799). A. 1, Sz. 4 (Oktavio).

— . . . sein Sold | Muß dem Soldaten werden, darnach heißt er!

Friedr. von Schiller, D. Piccolomini (1799). A. 2, Sz. 7 (Wallenstein).

— Die größten Vorteile im Leben überhaupt wie in der Gesellschaft hat ein gebildeter Soldat.

Joh. Wolfg. von Goethe, D. Wahlverwandtschaften (1808—1809). T. 2, K. 5. A. Ottiliens Tageb.

— Ha, welche Lust, Soldat zu sein! Franz.: Ah, quel plaisir d'être soldat!

Eugen Scribe, D. weiße Dame (1825). Übers. v. v. Blumenreich. A. 1, Sz. 1 (Georg). Komp. v. Boieldieu.

— Fragt der Soldat doch nicht, woher es kommt.

Joh. Wolfg. von Goethe, Faust, II (1831). A. 1. Kaiserliche Pfalz. Saal d. Thrones (Heermeister).

— Ein Soldätchen, das im Frieden mit dem langen Säbel klirrt, | Gleicht der Windmühl', deren Flügel ohne Korn im Steine schwirrt.

Wilh. Müller, Gedichte (1837). Epigramme. 2. Hundert, Nr. 75. D. Friedensheld.

— Auf ferner, fremder Aue, | Da liegt ein toter Soldat.

Joh. Gabriel Seidl, Bifolien. D. tote Soldat (ged. 1848). Mel. v. Wilh. Heiser.

— Das schönste Leben auf der Welt | Führt der Soldat, zieht er ins Feld.

Soldatenlied (um 1860). Verfasser unbek.

— Wir sind der Ansicht, daß der Mann, der ein guter Christ ist, auch ein guter Soldat sei und am besten seine Pflicht tun wird.

Bronsart von Schellendorff (1885).

Soldat. — Kein deutscher Soldat läßt seinen Offizier im Stich; — das haben wir erfahren.
Otto von Bismarck im Reichstage (6. Febr. 1888).

— Der Soldat | Hat in jeder Stadt eine andere Mad (Maid). Militärisches Sprichwort.

— Ein guter Soldat | Ist ein guter Kamerad.
Militärisches Sprichwort.

— An alter Soldat, — an alter Lump.
Sprichwort. Steiermark.

— Der Soldat macht die Suppe und die Suppe den Soldaten. Franz.: Le soldat fait la soupe et la soupe le soldat. Sprichwort.

Soldaten. — . . . das Heer zog fort, mein Held zog mit ins Weite; | Hüt' jeder sich, Soldaten zu vertrauen!
A. d. Persischen d. Dakiki (um 950). Soldatenliebchen. Übers. v. Schlechta=Wssehrt.

— Wenn Fürsten vnd Herrn Fried vnnd Recht in Ehren halten, so gelten die Soldaten so viel als warme Oefen in Hundstagen.
Christoph Lehmann, Politischer Blumen=Garten (1662). T. 1. Krieg. Nr. 27.

— Auf einem weißen Schimmel, | Da reiten die Soldaten in den Himmel.
Ein Schifflein sah ich fahren usw. (um 1787). Soldatenlied u. =weise.

— Die Gelindigkeit und die Strenge müssen eins um das andere bei den Soldaten gebraucht werden. Friedr. d. Große, Sämtl. Werke (1789).

— Es leben die Soldaten, | Der Bauer gibt den Braten.
Joh. Wolfg. von Goethe, Soldatenlied (ged. 1798).

— Soldaten sind geboren | Aus ritterlichem Stamm. D. Knaben Wunderhorn (1806—1808). Soldatenglück.

— Es leben die Soldaten | So recht von Gottes Gnaden.
Clemens Brentano, Viktoria u. ihre Geschwister (1817). Soldatenlied.

— Wer will unter die Soldaten, | Der muß haben ein Gewehr.
Friedr. Güll, Kinderheimat in Liedern u. Bildern (1836). Wer will unter d. Soldaten usw. Mel. v. Friedr. Wilh. Kücken (komp. 1855).

— Abgedankte Soldaten haben Würmer im Gewissen, zerrissene Kleider, zerhackte Leiber, wohlgebrauchte Weiber, ungewisse Kinder, weder Pfand noch Rinder und weder Geld noch Brot im Sack.
Militärisches Sprichwort.

— Der Federhut macht keine Soldaten.
Militärisches Sprichwort.

— Soldaten, das sind brave Leute; | Habens kein Geld, habens andre Leute.
Militärisches Sprichwort.

Saldatenblut. — Sei ruhig; bin in Gottes Hut; | Er liebt ein treu Soldatenblut.
Wilh. Hauff, Kriegs= u. Volkslieder (1824). Soldatenliebe. Schlußv. Volksweise.

Soldatenhoffahrt. — Soldaten Hoffarth wehret nicht lang.
Christoph Lehmann, Politischer Blumen=Garten (1662). T. 1. Krieg. Nr. 11.

Soldatenmut. — Soldatenmut siegt überall | Im Frieden und im Krieg.
Wilh. Hauff, Kriegs= u. Volkslieder (1824). Soldatenmut. Volksweise.

Soldatenschicksal. — Fluchwürdig Schicksal des Soldaten! Wo | Er hinkommt, flieht man vor ihm; — wo er weggeht, | Verwünscht man ihn!
Friedr. von Schiller, D. Piccolomini (1799). A. 2, Sz. 7 (Wallenstein).

Soldatentreue. — Nur allein Soldatentreu' | Ist mit jedem Morgen neu. Soldatenlied.

Soldatenwams. — Hab' den Kaufmann gesehn und den Ritter | Und den Handwerksmann und den Jesuiter, | Und kein Rock hat mir unter allen | Wie mein eisernes Wams gefallen.
Friedr. von Schiller, Wallensteins Lager (1798). Sz. 11 (Erster Kürassier).

Soldateska. — . . . vertierte Soldateska.
Ignaz Kuranda (um 1848).

Sollen. — Sechs Wörtchen nehmen mich in Anspruch jeden Tag: | Ich soll, ich muß, ich kann, ich will, ich darf, ich mag.
Friedr. Rückert, D. Weisheit d. Brahmanen (1836—1839). B. 3, Nr. 55. (Stufe 7. Erkenntnis. Nr. 36.)

— Wer nur zu tun gewöhnt wird, wie er muß, | Lernt leicht zu tun vergessen, wie er soll.
Jul. Hammer, Schau um dich u. schau in dich (1851). Liebe deinen Nächsten wie dich selbst! Treu Dienendem sei doppelt liebevoll!

Sollen, das. — Statt heißem Wünschen, wildem Wollen, | Statt läst'gem Fordern, strengem Sollen | Sich aufzugeben ist Genuß.
Joh. Wolfg. von Goethe, Gedichte. Gott u. Welt. Eins u. alles (ged. 6. Okt. 1821).

— Der Tücht'ge sieht in jedem Soll ein Muß; | Und Zwang, als erste Pflicht, ist ihm die Wahrheit.
Frz. Grillparzer, D. Meeres u. d. Liebe Wellen (1840). A. 1 (Priester).

— Mag ist tot, aber Soll lebt. Alter Spr.

Sommer. — . . . unser Sommer ist nur ein grünangestrichener Winter.
Heinr. Heine, Reisebilder. T. 2. Italien (1828—1829). Nr. 1. Reise v. München nach Genua. K. 16.

— Wer nicht im Sommer sammelt ein, | Der wird im Winter dürftig sein. Sprichwort.

— Eine Lerche, die singt, | Noch keinen Sommer bringt; | Doch rufen Kuckuck und Nachtigall, | So ist es Sommer überall.
Bauernregel. Brandenburg.

— Erst wenn Servaz (13. Mai) vorüber, kommt der Sommer. Bauernregel. Schweiz.

Sommerwesten. — Ach, daß diese | Lieben, hellen Sommerwesten, | Die bequemen, angenehmen, | Endlich doch auch sterben müssen!
Eduard Mörike, Gedichte. An meinen Vetter (ged. Juni 1837). Schlußv.

Sommerzeit. — Geh aus, mein Herz, und suche Freud | In dieser lieben Sommerzeit!
Paul Gerhardt, Geistl. Andachten. Sommergef. (1659).

Sonnabend. — Kein Sonnabend hat so wenig Glück, | Die Sonne scheinet einen Blick.
Bauernregel.

Sonne. — Nach den Wolken die Sonne. Lat.: **Post nubila Phoebus.**
Seb. Franck, Sprichwörter (1541). T. 2, Nr. 104.

— Wo bist du, Sonne, blieben?
Paul Gerhardt, Geistl. Andachten. Nun ruhen alle Wälder (1653).

— Allzu=lange sonne | Machet schlechte wonne.
Christ. Hoffmann von Hoffmannswaldau, Gedichte (1657). T. 1. Arie.

— Wer näher der sonnen sitzt, der schwitzt ehe.
Christoph Lehmann, Politischer Blumen=Garten (1662). T. 2. Sonn, Liecht. Nr. 10.

— Ich werde die Sonne zum letztenmal sehen. Franz.: **Je verrai le soleil pour la dernière fois.**
Jean Jacques Rousseaus letzte Worte (2. Juli 1778). Übers. v. Zimmermann.

— Es leuchtet die Sonne | Über Bös' und Gute, | Und dem Verbrecher | Glänzen wie dem Besten | Der Mond und die Sterne.
Joh. Wolfg. von Goethe, Gedichte. Verm. Gedichte. D. Göttliche (ged. um 1782).

— Die Sonne geht in meinem Staat nicht unter.
Friedr. von Schiller, Don Carlos (1787). A. 1, Sz. 6 (König).

— Gold'ne Abendsonne, | O wie bist du schön!
Anna Barbara Urner, An d. Abendsonne (ged. Aug. 1788). Mel. v. Hans Georg Nägeli (komp. 1815).

— Bald prangt, den Morgen zu verkünden, | Die Sonn' auf goldner Bahn.
Emanuel Schikaneder, D. Zauberflöte (1790). A. 2, Sz. 14 (Drei Knaben). Komp. v. Wolfg. Amadeus Mozart. (Erste Auff. am 30. Sept. 1791 in Wien.)

— So lacht am Abend nach dem Sturm | Die Sonn' uns doppelt schön!
Joh. Martin Usteri, Dichtungen in V. u. Prosa. Gedichte. Tischlied (ged. 1793). Mel. v. Hans Georg Nägeli (komp. 1794).

— Die Sonne droben ist ein großer Blick der Liebe; | Gott schaut mit diesem Blick uns an.
Christoph Aug. Tiedge, Urania (1800). Ges. 4. Unsterblichkeit.

— Die Sonne ist die Universalarznei aus der Himmelsapotheke.
Aug. von Kotzebue, D. Besuch (1801).

— Die Sonne kommt mit Prangen | Am Himmel aufgegangen.
Friedr. von Schiller, Macbeth (1801). A. 2, Sz. 5 (Pförtner).

— Ich fange an, der Sonne müd' zu sein.
Friedr. von Schiller, Macbeth (1801). A. 5, Sz. 7 (Macbeth).

— Im Angesicht der Sonne erbleichet jeder Stern. Ital.: **Muore ogni astro in faccia al sol.**
Vincenzo Monti, Rückkehr nach Italien nach d. Schlacht v. Marengo (1801). Übers. v. Pozzoni.

Sonne. — Dort sinket die Sonne im Westen, | Umflossen von goldenem Schein.
Ernst Heinr. Schwabe, Gedichte. Abendruhe (ged. 1806). Mel. v. Aug. Harder (1808), Gottl. Becker (1855) u. Aug. Mühling (1898).

— Die Sonne, die jetzt niedergeht, | Geht morgen wieder auf.
Joh. Gottfr. von Herder, Stimmen d. Völker in Liedern (1807). Abteilung 1, B. 2, Nr. 11. Frühlingslied. Ital.

— Das ist die Sonne von Austerlitz. Franz.: **Voilà le soleil d'Austerlitz!**
Napoleon I. zu seinen Offizieren vor d. Schlacht an d. Moskwa (7. Sept. 1812). Übers. v. Zimmermann.

— Soweit die Sonne scheint, soweit erwärmt sie auch.
Joh. Wolfg. von Goethe, Gedichte. Sprichwörtl. (ged. 1812—1814).

— Wo wir uns der Sonne freuen, | Sind wir jede Sorge los.
Joh. Wolfg. von Goethe, Wilh. Meisters Wanderjahre. B. 3, K. 1. Wanderlied (ged. 1815).

— ... ob die Wolke sie verhülle, | Die Sonne bleibt am Himmelszelt!
Friedr. Kind, D. Freischütz (ged. 1817—1818). A. 3, Sz. 1 (Agathe). Komp. v. Karl Maria von Weber. (Erste Auff. am 18. Juni 1821 in Berlin.)

— Die Sonn' erwacht, | Mit ihrer Pracht | Erfüllt sie die Berge, das Tal.
Pius Alexander Wolff, Preziosa (1820). A. 2, Sz. 10 (Chor). Komp. v. Karl Maria von Weber. (Erste Auff. am 14. März 1821 in Berlin.)

— ... scheint die Sonne noch so schön, | Einmal muß sie untergehn.
Ferd. Raimund, D. Mädchen a. d. Feenwelt oder d. Bauer als Millionär (1826). A. 2, Sz. 6 (Jugend). Mel. v. Jos. Drechsler.

— Die Sonne bringt es an den Tag.
Adelbert von Chamisso (Louis Charles Adelaide Chamisso de Boncourt), Gedichte. Lieder u. lyrisch=epische Gedichte. D. Sonne bringt es an d. Tag (ged. 1827).

— Seht, wie die Sonne dort sinket; | Abendlich dunkelt das Feld!
Karl Kummerel, Abendlied (ged. 1847). Volksweise.

— Wie schnell alle Sterne verschwinden, | Sobald sich die Sonne erhebt!
Friedr. von Bodenstedt, A. d. Nachlasse Mirza=Schaffys (1874). B. 1. Lieder d. Liebe. Lieder v. Schwarzen Meer. Nr. 4. Schlußv.

— Sonne, stehe stille zu Gibeon, und Mond, im Tal Ajalon!
Josua, K. 10, V. 12.

— Es ist . . den Augen lieblich, die Sonne zu sehen.
Pred. Sal., K. 11, V. 7.

— . . . er läßt seine Sonne aufgehen über die Bösen und über die Guten.
Matth., K. 5, V. 45.

— Die Sonne scheint keinen Hunger ins Land.
Sprichwort.

— Es ist nichts so fein gesponnen, | Es kommt doch endlich an die Sonnen.
Sprichwort.

— Wem die Sonne scheint, der fragt nichts nach den Sternen.
Sprichwort.

— Die Sonne, die schon sehr früh brennt, | Nimmt kein gutes End'.
Bauernregel.

Sonne. — Je drei Tag' Sonne und ein Tag Regen | Gleicht aus die Höh' und Niedrung den Segen. Bauernregel. Bayern.

— Wenn die Sonne scheint sehr bleich, | Ist die Luft am Regen reich. Bauernregel.

— Wo die Sonne, kein Arzt. Bauernregel.

Sonnen. — Die Sterne blassen, wenn die Sonnen funkeln.

Georg Herwegh, Gedichte eines Lebendigen. Arndts Wiedereinsetzung (geb. 1841).

Sonnenaufgang. — Das Licht vom Himmel läßt sich nicht versprengen, | Noch läßt der Sonnenaufgang sich verhängen | Mit Purpurmänteln oder dunklen Kutten.

Nicolaus Lenau (Niembsch, Edler von Strehlenau), D. Albigenser (1842). Schlußges.

Sonnenblick. — Ein Sonnenblick bringt mehr Gras hervor als zehn Hagelwetter.

Bauernregel.

Sonnenhaft. — Wär' nicht das Auge sonnenhaft, | Die Sonne könnt' es nie erblicken.

Joh. Wolfg. von Goethe, Gedichte. Zahme Xenien. Nr. 3 (1824).

Sonnenjahr. — Sonn Jahr, Wonn Jahr; | Koth Jahr, Noth Jahr. Kalenderspr. (16. Jahrh.).

Sonnenlicht. — Nichts Süßers gibt es, als der Sonne Licht | Zu schaun!

Friedr. von Schiller, Iphigenie in Aulis (ged. 1788). A. 5, Sz. 3 (Iphigenie).

Sonnenpracht. — Herz und Hirn und jeder Stern der Nacht | Und der Lerche Sang, der Rose Duft, | Was da ist, was lebt und strebt und lacht, | Stäubchen sind es ew'ger Sonnenpracht.

A. d. Persischen d. Feisi (16. Jahrh.). Serre. Übers. v. Hart.

Sonnenschein. — Wohlauf, es ruft der Sonnenschein | Hinaus in Gottes Welt!

Ludw. Tieck, Frz. Sternbalds Wanderungen. T. 1. Zuversicht (ged. 1797). Mel. v. Bernh. Wessely (komp. 1793) u. Jos. Gersbach (1822).

— O Sonnenschein! o Sonnenschein! | Wie scheinst du mir ins Herz hinein, | Weckst drinnen lauter Liebeslust, | Daß mir so enge wird die Brust!

Rob. Reinick, Lieder (1844). An d. Sonnenschein.

— Wann's trüb hergeht, nicht trostlos wein', | Auf Regen folget Sonnenschein!

Spr. an einem Hause.

Sonnenuhr. — Die Sonnenuhr zählt nur die heitern Stunden. Sprichwort.

Sonntag. — Kein hantwerk ist dem nit gefüg, | Das es am firtag etwas düg; | Sie sint dem pfenning also gfert, | Als ob kein tag me wer uf ert. Seb. Brant, D. Narrenschif (1494). Nr. 95. V. verfürung am firtag.

— Der liebe Sonntag kommt heran | Mit festlichem Geläute.

Ludw. Gieseke, Lied am Sonntage zu singen (ged. 1787).

Sonntag. — Ein Sonntag im Herzen ist schöner als zwanzig auf einer Landpartie.

Peter Sirius, Tausend u. Ein Gedanken (1899). Geist u. Herz.

— Am Werktag schaffe alle Ding, | Am Sonntag bete, hör' und sing'! Alter Spr.

— Was man am Fest und Sontag spint, | Dasselbig helt nicht und baldt gerrint. Alter Spr.

— Was man am Sonntag erwirbt, | Schon am Montag verdirbt. Sprichwort.

— Sonntags Regen und Montags gut, | Regnet es die Woche genug. Bauernregel.

Sonntage. — Nichts Bessers weiß ich mir an Sonn- und Feiertagen | Als ein Gespräch von Krieg und Kriegsgeschrei, | Wenn hinten, weit in der Türkei, | Die Völker auf einander schlagen.

Joh. Wolfg. von Goethe, Faust, I (1808). Vor d. Tor (Andrer Bürger).

Sonntagsarbeit. — Alles thun zu seiner Zeit; | Sonntagsarbeit nicht gedeiht. Alter Spr.

Sonntagsruhe. — Der Ruhetag macht sorgenfrei | Und weiset uns zum Himmel.

Hermann Adam von Kamp, Lautenklänge (1829). Sonntag. Volksweise.

— Moses menschenfreundlichstes Gesetz ist sein Sabbat oder Ruhe- und Vergnügungstag, den spätere Moralisten so verhunzt haben.

Karl Jul. Weber, Demokritos (1832—1840). D. Frohsinn.

Sophist. — Du bist und bleibst ein Lügner, ein Sophiste.

Joh. Wolfg. von Goethe, Faust, I (1808). Straße (Faust).

Sorge. — Nur kurz beschert ist uns das Leben; darum ziemt's | Gemach es zu vollenden, nicht mit Sorg' und Müh'! Griech.: *Σμικρὸν τὸ χρῆμα τοῦ βίου· τοῦτον δὲ χρὴ | Ὡς ῥᾷστα καὶ μὴ σὺν πόνοις διεκπερᾶν.*

Euripides, D. Schutzflehenden (um 418 v. Chr.). Übers. v. Binder. V. 953—54 (Adrastos).

— Es sitzet hinter dem Reiter auch schwarz die Sorge. Lat.: Post equitem sedet atra cura.

Quint. Horatius Flacc., Oden (um 23 v. Chr.). Übers. v. Voß. B. 3, Nr. 1, V. 40.

— Die Sorge machet graue Haare; | So altert Jugend ohne Jahre. Mittelhochdeutsch: Sorge machet grâwiu hâr; | Sus altent jungen âne jâr.

Vridankes Bescheidenheit (1225—1240). Übertr. v. Pannier. Nr. 22. v. sorgen.

— Zů vil sorg, die ist nieman für, | Sie machet manchen bleich und dürr.

Seb. Brant, D. Narrenschif (1494). Nr. 24. V. zů vil sorg.

— Zu nichts ist der geschickt, dem Sorge steckt im Kopfe. Friedr. von Logau, Deutsche Sinn-Getichte (1654). Unbesonnene Sorgen.

— Hinter dem Reiter sitzt die Sorge auf, um mit ihm dahinzutraben. Franz.: Le chagrin monte en croupe et galope avec lui.

Nicolas Boileau, Episteln (1674). Übers. v. Abel. Nr. 5, V. 44.

Sorge. — Man schafft so gern sich Sorg' und Müh', | Sucht Dornen auf und findet sie | Und läßt das Veilchen unbemerkt, | Das uns am Wege blüht.

Joh. Martin Usteri, Dichtungen in V. u. Prosa. Gedichte. Tischlied (ged. 1793). Mel. v. Hans Georg Nägeli (komp. 1794).

— Die Sorge geziemt dem Alter, damit die Jugend eine Zeitlang sorglos sein könne.

Joh. Wolfg. von Goethe, Wilh. Meisters Lehrjahre (1777—1796).

— Wenn wir nur etwas, das uns Sorge macht, aus unserer Gegenwart verbannen können, da glauben wir schon, nun sei es abgetan.

Joh. Wolfg. von Goethe, D. Wahlverwandtschaften (1808—1809). T. 1, K. 2.

— Laß nur die Sorge sein, | Das gibt sich alles schon; | Und fällt der Himmel ein, | Kommt doch eine Lerche davon.

Joh. Wolfg. von Goethe, Gedichte. Sprichwörtl. (ged. 1812—1814).

— Einst saß am murmelnden Strome | Die Sorge nieder und sann.

Joh. Gottfr. von Herder, Sämtl. Werke (1805—1820). Gedichte. D. Kind d. Sorge.

— Die Sorge, sie schleicht sich durchs Schlüsselloch ein. Joh. Wolfg. von Goethe, Faust, II (1831). A. 5. Mitternacht (Sorge).

— Zu den höchsten Matten, | Unters stillste Dach | Wandelt, wie die Schatten, | Dir die Sorge nach. Emanuel Geibel, Gedichte u. Gedenkblätter (1864). Verm. Gedichte. B. 2. Lied.

— . . . ich habe es bis jetzt auch nicht gewußt, daß die Sorge mit das beste in und an der Welt ist.

Wilh. Raabe, Fabian u. Seb. (1882).

— . . . Sorge macht alt vor der Zeit.

Jes. Sir., K. 30, V. 26.

— Martha, du hast viele Sorge und Mühe.

Luk., K. 10, V. 41.

— Alle eure Sorge werfet auf ihn (Gott)!

1. Petri, K. 5, V. 7.

— Die Sorge macht nicht satt; | Man hat nur, was man hat. Alter Spr.

— Die Sorg' geht mit ins Grab.

Sprichwort. Unterinntal.

— Bete rein, | Traw Gott allein! | Arbeite fein, | Die sorg laß Gott befohlen sein! | Wer Gott hertzlich vertrawen kan, | Der ist ein vnverdorben man. Spr. an einem Hause in Rostock.

— Der Sorge ledig besuche diese Stätte, | Auf daß, der Krankheit ledig, du sie verlassest; | Denn keine Heilung findet hier, wer Sorgen hegt. Lat.: Curae vacuus hunc adeas locum, | Ut morborum vacuus abire queas; | Non enim hic curatur qui curat.

Inschrift über d. Antoninischen Bädern in Rom.

— Wer ohne Sorg' und Leiden geht, | Der wisch' den Reim weg, der hier steht!

Spr. im Berliner Rathause. Dritter Stock.

Sorgen. — Wer um alle Dinge sorgen will, | Den erwartet Leides viel. Mittelhochdeutsch: Swer elliu dinc besorgen wil, | Daz ist alles leides zil.

Frîdankes Bescheidenheit (1225—1240). Übertr. v. Pannier. Nr. 22. v. sorgen.

— Der ist ein narr, der sorgt all tag, | Das er doch nit gewenden mag.

Seb. Brant, D. Narrenschif (1494). Nr. 24. V. zů vil sorg. Schlußv.

— Sorg, sorge aber nicht zu viel; | Es geht doch, wies Got haben wil! Reimspr. (16. Jahrh.).

— Was wilst du heute sorgen | Auff morgen? | Der eine | Steht allem für, | Der giebt auch dir | Das deine.

Paul Fleming, Teutsche Poemata (1642). Oden. B. 1, Nr. 1. Geistl. Lied.

— Ein Tor sorgt für die künft'ge Zeit; | Für heute will ich sorgen. | Wer kennt, mit weiser Gründlichkeit, | Den ungewissen Morgen?

Gotthold Ephr. Lessing, Schriften (1753—1755). Lieder. B. 1, Nr. 18. Nach d. 15. Ode Anakreons.

— Sorgt immer für den Augenblick, | Und Gott laßt für die Zukunft sorgen!

Christoph Martin Wieland, D. Wintermärchen (1776).

— . . . wir sollten sorgen? | Grübeln sollten wir? | Ach, vielleicht schon morgen | Sind wir nicht mehr hier!

Friedr. von Köpken, Hymnus auf Gott nebst andern verm. Gedichten. Beruf zur Freude (1790). Mel. v. Friedr. Wilh. Zachariä (1799) u. Aug. Bergt (komp. 1801).

— Heute sorget ihr für morgen, | Morgen für die Ewigkeit. | Ich will heut' für heute sorgen. | Morgen ist für morgen Zeit.

Frz. Grillparzer, Gedichte (1873). In ein Stammb.

— Wer weiß, wo man noch Rosen bricht; | Drum sei vergnügt und sorge nicht!

Nur guten Mut! Volkslied u. -weise.

— . . . sorget nicht für den andern Morgen; denn der morgende Tag wird für das Seine sorgen. Es ist genug, daß ein jeglicher Tag seine eigene Plage habe! Matth., K. 6, V. 34.

— Man sorgt sich eher bleich als reich.

Alter Spr.

— Man muß lange sorgen, ehe man einen Strohhalm in Stücke gesorgt hat.

Holländisches Sprichwort.

— Man sorgt um ein Brot und hat genug an einem Schnitte. Holländisches Sprichwort.

— Geborgen, | Nicht sorgen | Für morgen.

Spr. im Kloster Oelenburg im Elsaß.

Sorgen, das. — Nichts ist es spat und frühe | Ümm alle meine Mühe; | Mein sorgen ist ümsonst! Paul Fleming, Teutsche Poemata (1642). Oden. B. 1, Nr. 4. Nach d. 6. Ps. Weise.

— Mit Sorgen und mit Grämen | Und mit selbsteigner Pein | Läßt Gott ihm gar nichts nehmen; | Es muß erbeten sein.

Paul Gerhardt, Geistl. Andachten. Befiehl d. Herrn deine Wege u. hoffe auf ihn, er wirds wohl machen (1659).

Sorgen, das. — Im Alter ist es immer noch | Zum Sorgen Zeit genung.

Brüder, trinkt einmal! Studentenlied u. =weise.

— Sorgen | Morgen; | Freude | Heute!

Wirtshausspr. in Breslau.

Sorgen, die. — Nicht König noch Kön'gin hat's gegeben, | Die ohne Sorgen mochten leben. Mittelhochdeutsch: Ez enwart nie künec noch küneg în, | Diu âne sorge mohten sîn.

Vrîdankes Bescheidenheit (1225—1240). Übertr. v. Pannier. Nr. 22. v. sorgen.

— Der Mensch allein, der Schöpfung Haupt, | Vergräbet sich in Sorgen, | Ist immer seiner selbst beraubt, | Lebt immer nur für morgen.

Rob. Roberthin (1600—1648), Frühlingslied.

— Was ist's, daß man sich viel grämet | Und sich stets den Sorgen schenkt? | Daß man diß und jenes denkt, | So und so sein Thun bequemet? | Endlich ist des Wunsches Füll: | Nicht was du, der Himmel will.

Sigmund Betulius von Birken, Floridans Danklied an d. Pegnitz Schäfer (1650).

— Besser als durch Aderlassen mag man säubern sein Geblüte, | Wenn man kann die Sorgen meiden und sich freuen im Gemüthe.

Friedr. von Logau, Deutsche Sinn=Getichte (1654). Ein freies Gemüth.

— Was helfen uns die schweren Sorgen? | Was hilft uns unser Weh und Ach?

Georg Neumark, Fortgepflanzter Poetischer Lustwald (1657). T. 1. Trostlied.

— Auf, auf! gib deinem Schmerze | Und Sorgen gute Nacht!

Paul Gerhardt, Geistl. Andachten. Befiehl d. Herrn deine Wege u. hoffe auf ihn, er wirds wohl machen (1659).

— Sorgen tragen nichts in die Küchen.

Christoph Lehmann, Politischer Blumen=Garten (1662). T. 2. Sorgen, Sorgfalt. Nr. 8.

— Sorgen machen sawer Leben.

Christoph Lehmann, Politischer Blumen=Garten (1662). T. 2. Sorgen, Sorgfalt. Nr. 11.

— . . . endlich kömmt und kömmt vielleicht geschwinde | Auf Sturm die Sonn' und nach den Sorgen Ruh.

Albrecht von Haller, Versuch schweizerischer Gedichte. Sehnsucht nach d. Vaterlande (ged. Febr. 1726).

— Weise scheuchen Sorgen, | Sorgen für den Morgen! Friedr. (Maler) Müller, Gedichte. Freudenlied (1776).

— Alle Sorgen | Nur auf morgen! | Sorgen sind für morgen gut.

Joh. Wolfg. von Goethe, Jery u. Bätely (1779). (Bätely).

— Weichet, Sorgen, von mir! — Doch ach! den sterblichen Menschen | Lässet die Sorge nicht los, eh' ihn das Leben verläßt.

Joh. Wolfg. von Goethe, Gedichte. Verm. Gedichte. Süße Sorgen (ged. Nov. 1788).

Sorgen, die. — Kleine Sorgen machen zärtlich, große machen hart und wild. Franz.: Les petits chagrins rendent tendre, les grands, dur et farouche.

André Chénier (1762—1794), Lit., verm. Schriften. Übers. v. Zimmermann.

— In eignen kleinen Sorgen und Int'ressen | Zerstreut sich der gemeine Geist.

Friedr. von Schiller, D. Piccolomini (1799). A. 2, Sz. 6 (Illo).

— Ein Herz, das sich mit Sorgen quält, | Hat selten frohe Stunden. Volkslied (18. Jahrh.).

— Um das Roß des Reiters schweben, | Um das Schiff die Sorgen her.

Friedr. von Schiller, Gedichte. D. Siegesfest (ged. 1803).

— Stellen einst Sorgen ums Lager sich her, | Herzchen, da schläft sich's so ruhig nicht mehr.

Frz. Karl Ziemer, Wiegenlied (ged. 1810). Mel. v. Karl Maria von Weber (komp. 13. Sept. 1810).

— Was in Sorgen hat begonnen, | Endet sich in Jubelschall, | Denn es scheinen Gottes Sonnen | Ja noch stets und überall.

Theod. Winkler, Sängers Reise (1816). Vertrauen. Komp. v. Fr. Schneider.

— Aller Sorgen laßt uns jetzt entschlagen, | Trinken mit dem Freund, der's redlich meint!

Brüder, zu d. festlichen Gelagen usw. Studentenlied (vor 1821). Verfasser unbek. Mel. v. Albert Methfessel (1823).

— . . . hege keine Sorgen | Für heute oder morgen, | Denn wer zufrieden, hat genug!

Peter von Bohlen, Bhartriharis Spr. (1835).

— Sorgen sind meist von der Nesseln Art, | Sie brennen, rührst du sie zu zart; | Fasse sie nur an herzhaft, | So ist der Griff nicht schmerzhaft!

Emanuel Geibel, Juniuslieder (1848). Gelegenheitsgedichte, Spr., Scherze. Spr. Nr. 53.

— Wie rein und treu sich auch ein christliches Hauswesen halten möge, die Sorgen finden doch ihren Eingang.

Friedr. Ernst Daniel Schleiermacher, Sämtl. Werke (1835—1865).

— Glücklich heißt, wer sorgenfrei; | Glücklicher doch, mein' ich, sei, | Wer voll Sorgen, wenn's die rechten: | Sorgen, andrer Leid zu mindern, | Sorgen, Unrecht zu verhindern, | Fremdem Wert den Kranz zu flechten; | Sorgen, in den schwersten Tagen | Fremde Sorgen selbst zu tragen.

Anastasius Grün (Anton Alexander Graf von Auersperg), Gesammelte Werke (1877). Gedichte. Spr.

— Zum Frohsinn ist man in der Welt; | Was nützen Gram und Sorgen?

D. Zeiten sind wahrhaftig gut usw.

— Es ist umsonst, daß ihr frühe aufstehet und hernach lange sitzet und esset euer Brot mit Sorgen; denn seinen Freunden gibt er (Gott) es schlafend. Ps. 127, V. 2.

— Ein Pfund Sorgen | Zahlt kein Lot Borgen.

Sprichwort.

Sorgen, die. — Kleine Sorgen machen viele Worte, große sind stumm. Sprichwort.

— Das sen Dahnjes (Sorgen) um ungelegte Eier. Jüd. Redensart.

— Nach alter Sitt' | In durst'ger Mitt', | Kommt, trinkt euch aller Sorgen quitt!

Inschrift im Berliner Ratskeller. Bierlokal.

— Daz leben trägt der sorgen vil; | Ich bann daz leit mit scherz und spil.

Wartburgspr. Kemenate.

Sorgenbrecher. — Der Sorgenbrecher liegt im Keller. Sprichwort.

Sorgenheere. — Umsonst! der Sorgen Heere | Durchschwärmen ohne Rast | Den Glanz am Ziel der Ehre, | Den Goldsaal im Palast!

Friedr. von Matthisson, Gedichte (1787). D. Kinderjahre.

Sorgenvögel. — Die Sorgenvögel horsten | Am liebsten stets im Haus. | Nach frisch umgrünten Forsten | Wagt keiner sich hinaus.

Frz. Ritter von Kobell, Wildanger (1859). Spruchreime. Nr. 1.

Sorgenwolke. — Dräut euch ein Wölkchen von Sorgen, | Hofft nur ein fröhliches Morgen!

Aug. Mahlmann, Sämtl. Schriften. Gedichte. Aufmunterung zur Freude (ged. 1797). Mel. v. Karl Bornhardt (1799) u. Anton Felix von Beczvarsovsky.

Sorgenzeit. — Selbst siebentausend Jahre voll der höchsten Freud' und Wonne, | Sie wägen sieben kurze Tage Sorgenzeit nicht auf.

A. d. Persischen d. Hafis (um 1310—1389). Vierzeiler. Übers. v. Nesselmann.

Sorglichkeit. — Sorglichkeit erhält, was Fleiß verdient. Engl.: Care preserves what Industry gains.

Samuel Smiles, D. Sparsamkeit (1875). Übers. v. Dobbert. K. 10. Arbeitgeber u. Arbeitnehmer. Motto.

Sorrent. — O du schimmernde Blüte der Wellen, | Sei gegrüßt, du mein schönes Sorrent!

Paul Heyse, Gesammelte Werke (1872). Gedichte. Reiseblätter. Lied v. Sorrent.

Souverän. — Wer ist denn der souveräne Mann? | Das ist bald gesagt: | Der, den man nicht hindern kann, | Ob er nach Gutem oder Bösem jagt.

Joh. Wolfg. von Goethe, Gedichte. Sprichwörtl. (ged. 1812—1814).

Sozial. — . . . Sie werden genötigt sein, dem Staate ein paar Tropfen sozialen Öls im Rezepte beizusetzen; wieviel, weiß ich nicht.

Otto von Bismarck im Reichstage (12. Jan. 1882).

Sozialdemokratisch. — Der sozialdemokratische Staat ist das obligatorische Gefängnis der Zukunft.

Eduard von Hartmann, Gesammelte Studien u. Aufsätze (1876).

Sozialismus. — Was der Sozialismus will, ist nicht Eigentum aufheben, sondern im Gegenteil individuelles Eigentum, auf die Arbeit gegründetes Eigentum erst einzuführen.

Ferd. Lassalle, Reden u. Schriften (1891).

Sozialistisch. — Solang' es mehr faule als fleißige Menschen gibt, bleibt der sozialistische Staat eine Utopie.

Marie von Ebner-Eschenbach, Aphorismen (1893).

Späne. — Späne machen (Schwierigkeiten machen). Sprichwörtl. Redensart.

Spanien. — Fern im Süd das schöne Spanien.

Emanuel Geibel, Gesammelte Werke. Gedichte. Jugendgedichte. B. 1. Lübeck u. Bonn. D. Zigeunerbube im Norden (ged. 1834). Mel. v. Karl Gottl. Reissiger (komp. vor 1855).

Spanisch. — Die span'schen Königinnen haben Müh', | Zu sündigen.

Friedr. von Schiller, Don Carlos (1787). A. 2, Sz. 10 (Domingo).

— Ich versprach dir, einmal spanisch zu kommen.

Joh. Wolfg. von Goethe, Egmont (1788). A. 3. Klärchens Wohnung (Egmont).

Spannkraft. — Die Nation, die die meiste Spannkraft hatte, war auch allezeit die freieste und glücklichste.

Georg Christoph Lichtenberg, Verm. Schriften (1800—1806). Bd. 2, Nr. 2. Bemerk. verm. Inhalts. Nr. 4. Beobachtungen über d. Menschen.

Sparen. — Waſ got (Gott) giff (gibt) in gnaden, | Sol men Wislich (weise) sparen. | Der armen nicht vorgessen (vergessen), | So gifft got wedder (wieder) ungemessen.

Spr. an einem Hause in Hildesheim (1596).

— Wer in der Jugend spart, der darbt im Alter nicht.

Christ. Fürchtegott Gellert, Fab. u. Erz. (1746). B. 1. D. Testament.

— Wir wollen alle Tage sparen | Und brauchen alle Tage mehr.

Joh. Wolfg. von Goethe, Faust, II (1831). A. 1. Kaiserliche Pfalz. Saal d. Thrones (Marschalk).

— Erspart ist so gut als gewonnen. Sprichwort.

— Spare in der Zeit, so hast du in der Not! Sprichwort.

— Spar', so kannst du im Unfall stahn; | Verschwender muß z'letzt betteln gahn. Sprichwort.

— Was man spart für den Mund, | Frißt Katz' oder Hund. Sprichwort.

— Junges Blut, | Spar' dein Gut; | Armut | dem Alter weh tut. Spr. an einem Hause.

— Wer spart, wenn er hat, | Der findet, wenn er sucht. Spr. im Berliner Rathause. Erdgeschoß.

Sparen, das. — Sparen ist ein großer Zoll. Sprichwort.

— Sparen ist verdienen. Sprichwort.

— Keine Goldmacherkunst wie Sparen. Engl.: No alchemy is equal to saving. Sprichwort.

Sparen, das. — Ersparen hat guten Grund; Verschwenden hat weder Grund noch Boden.
Chinesisches Sprichwort.

— Sparen ist zu spät, | Wenn's an die Hofstatt geht. Sprichwörtl.

— Auf Sparen folgt Haben.
Spr. im Berliner Rathause. Erdgeschoß.

Sparer. — Ein sparer will einen zerer haben.
Joh. Agricola, Drey hundert Sprichwörtter (1529). Nr. 249.

— Nach dem Sparer kommt der Zehrer; | Wer's nit glaubt, ist a Thörer.
Sprichwort. Kärnten.

Sparhand. — Sparhand und Nährhand | Kaufen andrer Leute Land. Sprichwort.

Sparren. — Einen Sparren zu viel haben (verschroben sein). Sprichwörtl. Redensart.

— Jeder hat einen Sparren frei; | Wer's nit glaubt, hat ihrer zwei. Spr. an einem Hausgerät.

Sparsamkeit. — O, ihr unsterblichen Götter! Sie sehen es nicht ein, die Menschen, welch eine große Einnahme die Sparsamkeit ist. Lat.: O di immortales! Non intellegunt homines, quam magnum vectigal sit parsimonia!
Marc. Tull. Cicero, Paradoxen (um 44 v. Chr.). Übers. v. Klotz. Nr. 6, K. 3, § 49.

— Liegt schon in dem großen Bemühen, für einen würdigen Zweck zu sparen, Würde, so erzeugt Sparsamkeit auch ein wohlgeregeltes Gemüt; sie gewährt der Klugheit einen Triumph über die Ausschweifung, gibt der Tugend allmählich die Herrschaft über das Laster und stellt die Leidenschaft unter Aufsicht. Engl.: There is a dignity in the very effort to save with a worthy purpose, even though the attempt should not be crowned with eventual success. It produces a well-regulated mind; it gives prudence a triumph over extravagance; it gives virtue the mastery over vice; it puts the passions under control.
Samuel Smiles, D. Sparsamkeit (1875). Übers. v. Dobbert. K. 6. Methoden d. Sparsamkeit.

— Sehr übel ist das Geld geschont, | Wenn Sparsamkeit mit Schande lohnt. Alter Spr.

— Sparsamkeit und Fleiß machen kleine Häuser groß. Sprichwort.

— Besser ist Sparsamkeit als selbst gute Arbeit. Serbisches Sprichwort.

Spaß. — Der Spaß verliert alles, wenn der Spaßmacher selber lacht.
Friedr. von Schiller, D. Verschwörung d. Fiesco zu Genua (1783). A. 1, Sz. 7 (Fiesco).

— Ja, ein derber und trockener Spaß, nichts geht uns darüber; | Aber der Jammer auch, wenn er nur naß ist, gefällt.
Friedr. von Schiller, Gedichte. Shakespeares Schatten (ged. 1796).

— Gott sei Dank, daß der Spaß nicht totzukriegen ist in dieser so sehr närrischen Welt!
Wilh. Raabe, Fabian u. Seb. (1882).

Spaß. — Ein Späßchen zur Zeit | Hat niemand gereut. Sprichwort.

— Dat 's 'n Spaß, segt Maaß.
Sprichwörtl. Redensart. Mecklenburg.

— Spaß muß sein, sagte Neumann, da kitzelte er seine Frau tot. Sprichwörtl. Redensart. Breslau.

— Wer nit kann Spaß verstehen, | Soll nit unter die Leute gehen.
Inschrift im Berliner Ratskeller. Bierlokal.

Spät. — Lieber spät als niemals. Lat.: Potius sero quam numquam. Franz.: Mieux vaut tard que jamais.
Tit. Livius (um 59 v. Chr.—17 n. Chr.), Römische Gesch. Übers. v. Ostertag. B. 4, K. 2, § 11.

— Spät kommt ihr, — doch ihr kommt!
Friedr. von Schiller, D. Piccolomini (1799). A. 1, Sz. 1 (Illo).

— Besser spät als gar nicht. Sprichwort.

Spät, zu. — Es ist zu spät, zu helfen, wenn Lazarus tot ist. Dän.: Det er for silde at hjelpe naar Lazarus er død. Sprichwort.

— Einen Tag nach dem Markte (zu spät) kommen. Engl.: To come a day after the fair.
Sprichwörtl. Redensart.

— Nach dem Tod (zu spät) der Doktor. Engl.: After death the doctor. Sprichwörtl. Redensart.

— Ein bißchen zu spät | Ist viel zu spät.
Spr. im Berliner Rathause. Dritter Stock.

Spatzen. — Die Spatzen erzählen sich's schon auf den Dächern (alle Welt weiß es bereits).
Sprichwörtl. Redensart.

Spazieren. — Mit Euch, Herr Doktor, zu spazieren | Ist ehrenvoll und ist Gewinn.
Joh. Wolfg. von Goethe, Faust, I (1808). Vor d. Tor (Wagner).

Spazierengehen. — . . . das gehört namentlich zum Begriff selbst des Spazierengehens, daß man keinen ernsthaften Zweck damit verbindet.
Wilh. Freiherr von Humboldt, Br. an eine Freundin (29. Mai 1830).

Speck. — Mit Speck fängt man Mäuse.
Sprichwort.

Speise. — Schlechte Speis' und Trank | Machen Eim das Jahr lang. Sprichwort.

Spekulieren. — . . . ein Kerl, der spekuliert, | Ist wie ein Tier auf dürrer Heide, | Von einem bösen Geist im Kreis herumgeführt, | Und rings umher liegt schöne, grüne Weide.
Joh. Wolfg. von Goethe, Faust, I (1808). Studierzimmer (Mephistopheles).

Spekulieren, das. — Spekulieren? Ach, mein Lieber, | Das ist Krankheit, schwarz auf weiß, | Das verursacht Wechselfieber, | Und der dritte Tag bringt Schweiß.
Moritz Gottl. Saphir, Fliegendes Album (1846). Bd. 2.

Spendierhosen. — Er hat die Spendierhosen an (er hält uns frei). Bek. Redensart.

Sperling. — Weiß denn der Sperling, wie's dem Storch zumute sei?

Joh. Wolfg. von Goethe, Werke (1827—1830). Maximen u. Reflexionen. Abteilung 7.

Sphäre. — Kenn', o kenne deine Sphäre, | Laß sie nimmer ohne Not! | Bist du Seefisch, bleib' im Meere; | Süßes Wasser ist dein Tod.

Emanuel Geibel, Neue Gedichte (1856). Spr. Nr. 22.

Spiegel, der. — Dein Spiegel zeiget dir dein äussres Angesicht; | Ach daß Er dir doch auch das inn're zeiget nicht.

Angelus Silesius (Joh. Scheffler), Cherubinischer Wanders=Mann (1675). B. 4, Nr. 118. D. Spiegel.

— Wenn du zum Spiegel dich bemühst, | Zeigt sich der erste Tor; | Der zweite, der nicht sichtbar ist, | Steht meistenteils davor.

Wahrsagung. Volkslied u. =weise.

— Jemandem einen Spiegel vorhalten (jemandem seine eignen Fehler vorhalten).

Sprichwörtl. Redensart.

Spiegel, die. — Die Existenzen fremder Menschen sind die besten Spiegel, worin wir die unsrige erkennen können.

Joh. Wolfg. von Goethe, Br. an Frau v. Stein (9. Sept. 1783).

— Je mehr man Spiegel hat, desto mehr Fehler entdeckt man an sich.

Theod. Mundt, D. Delphin (1837—1838).

Spiel. — Feile Weiber, Prassen, Spiel | Machen dummer Leute viel. Mittelhochdeutsch: Irriu wîp, zern unde spil, | Diu machent diebe harte vil.

Vrîdankes Bescheidenheit (1225—1240). Übertr. v. Pannier. Nr. 13. v. dieben.

— Weibern und dem Spiel zuliebe | Wurde mancher Mann zum Diebe. Mittelhochdeutsch: Durch wîp unt spiles liebe | Wirt maneger zeinem diebe.

Vrîdankes Bescheidenheit (1225—1240). Übertr. v. Pannier. Nr. 13. v. dieben. Schlußv.

— Spiel mag gar selten sin on sünd.

Seb. Brant, D. Narrenschif (1494). Nr. 77. V. spilern.

— Wer dem spiel zusiehet, der kans am besten.

Christoph Lehmann, Politischer Blumen=Garten (1662). T. 2. Spiel. Nr. 10.

— Ich habe ein gewagtes Spiel gespielt.

Friedr. von Schiller, Maria Stuart (1800). A. 4, Sz. 6 (Leicester).

— Das beste Spiel heißt Siehezu. Alter Spr.

— Jeder Kreuzer, gewonnen im Spiel, | Trägt dem Teufel Prozente viel. Sprichwort.

— Nach dem Spiel will jeder wissen, | Wie man hätt' ausspielen müssen. Sprichwort.

— Wenn am besten steht das Spiel, | Ist Aufhören das rechte Ziel. Sprichwort.

— Immer Arbeit, nie ein Spiel, | Wird dem Knaben Hans zu viel. Engl.: All work and no play makes Jack a dull boy. Sprichwort.

Spiel, aufs — setzen. — Wer alles aufs Spiel gesetzt, | Hat sicher zu viel gesetzt.

Friedr. von Bodenstedt, D. Lieder d. Mirza=Schaffy (1851). Lieder u. Spr. d. Weisheit. Nr. 32.

Spielen. — Es spielen sich ehe 10 arm als einer reich.

Christoph Lehmann, Politischer Blumen=Garten (1662). T. 2. Spiel. Nr. 23.

— Wenn sie nicht hören, reden, fühlen, | Noch sehn, was tun sie denn? Sie spielen!

Magnus Gottfr. Lichtwer, Vier B. Äsopischer Fab. (1748). B. 3, Nr. 2. D. seltsamen Menschen. Schlußv.

— Gar schöne Spiele spiel' ich mit dir.

Joh. Wolfg. von Goethe, Gedichte. Balladen. Erlkönig (geb. 1781). Mel. v. Corona Schröter (1786), Frz. Schubert (komp. 1795), Karl Löwe (1824) u. a.

Spielen, das. — Spielen ist keine Kunst, aber aufhören, zu spielen. Alter Spr.

Spieler, der. — Ein spieler ist nit gottes fründ; | Die spieler sint des tüfels kind.

Seb. Brant, D. Narrenschif (1494). Nr. 77. V. spilern. Schlußv.

— Beim Spieler, war er auch der Redlichkeit gewogen, | Ist dies der allgemeine Lauf: | Erst fängt er an und wird betrogen, | Dann hört er als Betrüger auf.

Barthold Heinr. Brockes, Irdisches Vergnügen in Gott (1721—1748).

— Nur ein verzweifelter Spieler setzt alles auf einen einzigen Wurf.

Friedr. von Schiller, Kabale u. Liebe (1784). A. 5, Sz. 5 (Ferd.).

Spieler, die. — Reiche Spieler und alte Trompeter sind rar. Sprichwort.

Spielerhände. — Pferdehufen, Katzenklauen | Und Spielerhänden ist nicht zu trauen.

Sprichwort.

Spielkarten. — Der Mann, der die Karten erfand, war schwerlich in guter Gesellschaft.

Aug. von Kotzebue, D. Schreibepult (1800).

Spießbürger. — Ein Spießbürger sein (ein beschränkter, kleinlich denkender Mann sein).

Sprichwörtl. Redensart.

Spinne. — Spinne am Morgen, | Kummer und Sorgen; | Spinne am Abend, | Angenehm und labend. Sprichwörtl.

Spinnen. — Machen die Spinnen Häuschen, so wird's kalt; | Ein dick Gewebe, so kommen Wolken; | Ein seidnes Rad, so wird's schön.

Bauernregel. Solothurn.

Spitz. — Jemandem spitz kommen (jemanden mit zwar höflichen, aber verletzenden Worten angreifen). Sprichwörtl. Redensart.

Spitze. — Niemand, der an der Spitze der Geschäfte steht, wünscht immer deutlich zu sein. Engl.: No man who is at the head of affairs always wishes to be explicit.

Thomas Babington, Lord Macaulay (1800—1859). Biographien. Übers. v. Bülau. William Pitt.

Splitterrichter. — Was siehest du aber den Splitter in deines Bruders Auge? Danach: Ein Splitterrichter sein. Matth., K. 7, V. 3.

Sporen. — Sich die Sporen verdienen (einen ersten Erfolg auf einem Gebiete erringen).
Sprichwörtl. Redensart.

Spott. — Bei Niedern, die dem Spotte weichen, | Ist er verblümte Tyrannei; | Bei denen, die an Stand sich gleichen, | Ist er der Quell der Zänkerei; | Bei Großen ist er ein Verbrechen, | Das sie mit ihren Blitzen rächen.
Gottl. Konrad Pfeffel, Poetische Versuche (1789—1790).

— Spott sei nur Fliegengift für gefährliche Toren; aber zwischen Freunden darf er nicht auf der friedlichen Tafel der Mitteilung aufgestellt werden.
Christ. Ernst Karl Graf von Bentzel-Sternau, Weltansichten (1816).

— . . . der versehrende Pfeil des Gespötts, in die Woge der Anmut | Sei er getaucht, klangvoll werd' er vom Bogen geschnellt!
Emanuel Geibel, Gesammelte Werke. Gedichte. Jugendgedichte. B. 2. Berlin (geb. 1836—1837). Sonette u. Distichen. Distichen a. Griechenland. Nr. 5. Schlußv.

— Gespött | Zerreißt dir kein Bett. Sprichwort.

— Spott ist das Wetterleuchten der Verleumdung. Sprichwort.

Spotten. — Spotts werth ist, der spott jederman | Und schaut nicht vor sich selber an.
Georg Rollenhagen, Froschmäuseler (1595). B. 1, T. 2, K. 5.

— Wer sich nicht selbst verspotten kann, | Der fang' es nicht mit andern an!
Wilh. Müller, Gedichte (1837). Epigramme. 2. Hundert, Nr. 9. Mir wie dir.

— Wer eines Hinkenden spotten will, muß selbst grade sein. Sprichwort. Schweiz.

— Solange du selbst unbärtig bist, verspotte nicht den mit dem kurzen und dünnen Barte!
Arabisches Sprichwort.

Spotten, das. — . . . mit Beziren und Spotten schlägt man die Feinde nicht.
Dr. Martin Luther, Tischreden oder Colloquia (1566). Nr. 37. Tischreden v. Schwärmern, Rotten u. Secten, so sich wider Doctor Martin Luthern gelegt haben. § 109. Erasmus ist kein Krieger.

Spötter, der. — Armer Spötter!
Joh. Wolfg. von Goethe, Clavigo (1774). A. 5. Straße vor d. Hause Guilberts (Clavigo).

— . . . der Spötter ist ein Greuel vor den Leuten. Spr. Sal., K. 24, V. 9.

— Es wird kein Ding so schön gemacht, | Es kommt ein Spötter, der es veracht; | Drum gehe hin und schweige still, | Es mache ein jeder, wie er will! Spr. an einem Hause. Oberhessen.

Spötter, die. — . . . das Schlangenheer der Spötter. Friedr. von Schiller, Gedichte. Resignation (geb. 1784).

Spötterei. — Durch eine Spötterei hört eine wahre Sache | Drum noch nicht auf, gewiß zu sein.
Christ. Fürchtegott Gellert, Fab. u. Erz. (1746). B. 3. D. Witwe.

Spötterwitz. — Der Spötter Witz kann nichts verächtlich machen, | Was wirklich nicht verächtlich ist.
Friedr. von Bodenstedt, A. d. Nachlasse Mirza-Schaffys (1874). B. 3. B. d. Spr. Nr. 21.

Spottgeburt. — Du Spottgeburt von Dreck und Feuer!
Joh. Wolfg. von Goethe, Faust, I (1808). Marthens Garten (Faust).

Sprache. — Die Sprache kann alles ausdrücken, was wir deutlich denken; daß sie aber alle Nüancen der Empfindung sollte ausdrücken können, das ist ebenso unmöglich, als es unnötig sein würde.
Gotthold Ephr. Lessing, Sämtl. Schriften. Br., d. neueste Literatur betreffend. Br. 49 (2. Aug. 1759).

— Die Sprache ist dem Menschen gegeben, um seine Gedanken zu verbergen. Franz.: **La parole a été donnée à l'homme pour déguiser sa pensée.**
Talleyrand zu d. span. Gesandten Izquierdo (1807). Übers. v. Zimmermann.

— . . . so kann man umgekehrt sagen: daß, wie ein Volk aufgehört hat, sich selbst zu regieren, es eben auch schuldig sei, seine Sprache aufzugeben und mit den Überwindern zusammenzufließen.
Joh. Gottl. Fichte, Reden an d. deutsche Nation (1808). Rede 12.

— Was dieselbe Sprache redet, das ist schon vor aller menschlichen Kunst vorher, durch die bloße Natur mit einer Menge von unsichtbaren Banden aneinander geknüpft.
Joh. Gottl. Fichte, Reden an d. deutsche Nation (1808). Rede 13.

— Eine Sprache muß verarmen und sich verdunkeln und verlöschen, von welcher ganze Seiten geradezu brach liegen und nicht bearbeitet werden.
Ernst Moritz Arndt, Über Volkshaß u. d. Gebrauch einer fremden Sprache (1813).

— Jede Sprache ist gleichsam ein Behältnis der eigensten Begriffe eines Volkes.
Friedr. Gottl. Klopstock, Sämtl. Werke (1798—1821). Bd. 8.

— Die wahre Heimat ist eigentlich die Sprache. Sie bestimmt die Sehnsucht danach, und die Entfremdung vom Heimischen geht immer durch die Sprache am schnellsten und leichtesten, wenn auch am leisesten vor sich.
Wilh. Freiherr von Humboldt, Br. an eine Freundin (21. Aug. 1827).

— Die Sprache bleibt ein reiner Himmelshauch, | Empfunden nur von stillen Erdensöhnen.
Joh. Wolfg. von Goethe, Poetische u. prosaische Werke (1836—1837). Gedichte. A. d. Nachlaß. Verm. Gedichte. Etymologie.

Sprache. — Mit jeder Sprache mehr, die du erlernst, befreist | Du einen bis daher in dir gebundnen Geist.

Friedr. Rückert, D. Weisheit d. Brahmanen (1836—1839).

— Eine fremde Sprache lernen und gut sprechen gibt der Seele eine innere Toleranz; man erkennt, daß alles innerste Leben sich auch noch anders fassen und darstellen lasse: man lernt fremdes Leben achten.

Berth. Auerbach, Tausend Gedanken d. Kollaborators (1875).

— Volkstum und Sprache sind das Jugendland, | Darin die Völker wachsen und gedeihen, | Das Mutterhaus, nach dem sie sehnend schreien, | Wenn sie verschlagen sind auf fremden Strand.

Gottfr. Keller, Gesammelte Werke (1889—1890). Gedichte. Nationalität.

— Das Menschlichste, was wir haben, ist doch die Sprache, und wir haben sie, um zu sprechen.

Theod. Fontane, Unwiederbringlich (1892). K. 13.

— Wie seine Sprache, so der Mensch.

Dr. Hanns Groß, Kriminalpsychologie (1898). Objektiv. D. psychische Tätigkeit d. Vernommenen. Gemeinsame Momente. Nr. 9. D. Art d. Wiedergabe. Verschiedene Ausdrucksweise im Allgemeinen.

Sprache, deutsche. — Kan die deutsche Sprache schnauben, schnarchen, poltern, donnern, krachen, | Kan sie doch auch spielen, scherzen, liebeln, gütteln, kürmeln, lachen.

Friedr. von Logau, Deutsche Sinn-Getichte (1654). D. deutsche Sprache.

— . . . es kann geschehen, daß unsere (deutsche) Sprache, wenn sie vollkommen ausgebildet wird, sich von einem Ende Europas zum andern verbreitet. Friedr. d. Große, Sämtl. Werke (1789).

— Bildsamkeit ist ein Hauptzug, der die Sprache der Deutschen | Unterscheidet.

Friedr. Gottl. Klopstock, Sämtl. Werke (1798—1821). Epigramme. Nr. 19.

— Ein Mensch, der vier Sprachen kann, hat den Wert von vier Menschen. Franz.: **Un homme qui sait quatre langues, vaut quatre hommes.**

Frau von Staël, Corinna (1807). Übers. v. Schlegel.

Sprachen. — Wer fremde Sprachen nicht kennt, weiß nichts von seiner eigenen.

Joh. Wolfg. von Goethe, Werke (1827—1830). Maximen u. Reflexionen. Abteilung 2.

Sprechen. — Verständig sprechen ist viel wert; | Gesprochnes Wort nicht wiederkehrt. Mittelhochdeutsch: Mit witze sprechen, daz ist fin; | Daz wort kumt niht wider in.

Vridankes Bescheidenheit (1225—1240). Übertr. v. Pannier. Nr. 32. v. d. wisen u. tören.

— Wer vil redt, der redt dick zů vil.

Seb. Brant, D. Narrenschif (1494). Nr. 19. V. vil schwetzen.

Sprechen. — Wer so spricht, daß er verstanden wird, spricht immer gut. Franz.: **Quand on se fait entendre, on parle toujours bien.**

Molière (Jean Baptiste Poquelin), D. gelehrten Frauen (1672). Übers. v. Graf Baudissin. A. 2, Sz. 6 (Martine).

— Warum kann der lebendige Geist dem Geist nicht erscheinen? | Spricht die Seele, so spricht, ach! schon die Seele nicht mehr!

Friedr. von Schiller, Gedichte. Votivtafeln. Nr. 47. Sprache (ged. 1796).

— Das ist gesprochen, wie ein Mann!

Friedr. von Schiller, D. Piccolomini (1799). A. 4, Sz. 4 (Terzki).

— Wer vor andern lange allein spricht, ohne den Zuhörern zu schmeicheln, erregt Widerwillen.

Joh. Wolfg. von Goethe, D. Wahlverwandtschaften (1808—1809). T. 2, K. 4. A. Ottiliens Tageb.

— Sage mir, mit wem zu sprechen | Dir genehm, gemütlich ist; | Ohne mir den Kopf zu brechen, | Weiß ich deutlich, wie du bist.

Joh. Wolfg. von Goethe, Gedichte. Zahme Xenien. Nr. 7 (1833).

— Wer zu den Köpfen redet, muß viele Sprachen verstehen, und man versteht nur Eine gut; wer mit dem Herzen spricht, ist allen verständlich.

Ludw. Börne, Gesammelte Schriften (1862—1863).

— Frei von der Leber weg sprechen (frei und unbeirrt sprechen). Sprichwörtl. Redensart.

— Iß, was gar ist; | Trink', was klar ist; | Sprich, was wahr ist; | Zahl', was bar ist!

Spr. an einem Hausgerät.

Spreewasser. — Ick bin doch ooch mit Spreewasser jedooft (so schlau wie du bin ich doch auch). Berliner Redensart.

Spreu. — . . . wie Spreu, die der Wind verstreuet. Ps. 1, V. 4.

— Die Spreu vom Weizen sondern (Gutes und Schlechtes voneinander trennen).

Nach Matth., K. 3, V. 12. — Sprichwörtl. Redensart.

Sprichwort. — Sprichwort bezeichnet Nationen, | Mußt aber erst unter ihnen wohnen.

Joh. Wolfg. von Goethe, Gedichte. Sprichwörtl. (ged. 1812—1814).

— Zu lehren glaubt' ich oft, was ich an mir erfuhr, | Sah dann: ich unterschrieb ein altes Sprichwort nur; | Das eben ist die Art des Sprichworts: wir gewahren | Erst seinen Sinn, wenn wir es selbst erfahren.

Friedr. Rückert, Gesammelte Gedichte (1843). Spr. u. Spruchartiges.

— Kein Sprichwort lügt, | Sein Schein nur trügt; | Von Mund zu Mund | Rollt's rein und rund, | Und nennen's hundert Gimpel dumm, | Es rennt davon, sieht sich nicht um. Alter Spr.

— Ein Sprichwort wird alt; | Doch wer sich drin spiegelt, | Verjüngt die Gestalt. Sprichwort.

— Jedes Sprichwort muß einen Zipfel haben, wo man's anfaßt. Sprichwort.

— Sprichwort, | Wahr Wort. Sprichwort.

Sprichwörter. — Die Sprichwörter leben in ewigem Krieg wie alle Regeln, die nicht der Untersuchungsgeist, sondern die Laune gibt.

Georg Christoph Lichtenberg, Verm. Schriften (1800—1806). Bd. 3, Nr. 9. Über Physiognomik wider d. Physiognomen. Über Physiognomik.

Springen. — Das ist gehuppt wie gesprungen (das ist gleich). Sprichwörtl. Redensart.

Springflut. — Auch solche Springflut hört zum Leben! | Sie jagt es auf, sie frischt es an, | Sie hütet es vor dumpfem Stocken.

Ferd. Freiligrath, Ein Glaubensbekenntnis. T. 2. Hohes Wasser (ged. Febr. 1844).

Springinsfeld. — Ich war wohl recht ein Springinsfeld | In meinen Jünglingstagen.

Gottfr. Aug. Bürger, Gedichte. Rob. (ged. 1775). Mel. v. Joh. Abraham Peter Schulz (1785).

Sprödigkeit. — . . . die Sprödigkeit der Schönen | Ist nur ein Damm, der einen Regenstrom | Zurückepreßt; und ungestümer prallen | Die Fluten an.

Friedr. von Schiller, Semele (ged. 1784). Sz. 1 (Juno).

Spruch. — Jedes Verschen, jedes Sprüchlein | Will die eigne Stimmung haben.

Aug. Graf von Platen-Hallermund, Gedichte. Verm. u. Gelegenheitsgedichte. D. Dichter u. d. Leser (ged. 1819). Schlußv.

— Kurz soll dein Spruch und kräftig sein, | Dann dringt er ins Gedächtnis ein.

Georg Keil, Lyra u. Harfe (1834).

— Ein kleiner, selbsterfahr'ner Spruch | Ist mehr wert als ein gutes Buch, | Das einer menschenfern geschrieben | Und so dem Leben fremd geblieben.

Friedr. Güll, Leitstern auf d. Lebensfahrt (1881).

— Des Spruches Sinn ist völlig dem nur klar, | Der seine Wahrheit selber schon erfahren; | Doch ist es gut, sich einen Spruch, der wahr, | Der künftigen Erfahrung aufzusparen.

Friedr. Güll, Leitstern auf d. Lebensfahrt (1881).

— Ein schöner Spruch im Gedächtnis ist wie ein Stück Geld im Kasten. Sprichwort.

— Ein Spruch aus Volkes Mund | Tut uns oft große Weisheit kund. Sprichwort.

Sprüche. — Sprüche kann man wohl konfutieren, widerlegen, aber nicht erlegen und niederlegen.

Dr. Martin Luther, Tischreden oder Colloquia (1566).

— Nicht vor des Toren | Verpichten Ohren | Sprich deine Sprüche; | Sie sind verloren!

Georg Friedr. Daumer, Hafis (1846). Spr. Salomos.

— Heil dem Stamme, | Wo liederreiche Sänger | Die Weisheit der Väter | In Sprüchen wahren!

Friedr. von Bodenstedt, Tausend u. ein Tag im Orient (1849).

Sprüche. — Wenig große Lieder bleiben, | Mag ihr Ruhm auch stolzer sein; | Doch die kleinen Sprüche schreiben | Sich ins Herz des Volkes ein, | Schlagen Wurzel, treiben Blüte, | Tragen Frucht und wirken fort; | Wunder wirkt oft im Gemüte | Ein geweihtes Dichterwort.

Friedr. von Bodenstedt, A. Morgenland u. Abendland (1882).

— Weise Sprüche, gute Lehren | Soll man tun und nicht bloß hören! Sprichwort.

— Der Ozean wird nicht satt an Wasser, ein königlicher Schatz nicht an Gold. — Der Weise wird nicht satt an schönen Sprüchen.

Tibetanisches Sprichwort.

Spruchreif. — Die Sache ist noch nicht spruchreif. Lat.: Non liquet.

Marc. Tull. Cicero, Rede für Cluentius (um 66 v. Chr.). Übers. v. Klotz. K. 28, § 76.

Sprünge. — Auf jemandes Sprünge kommen (jemandem etwas nachmachen, besonders leichtsinnige, schlechte Handlungen). Sprichwörtl. Redensart.

— Keine großen Sprünge machen können (einfach leben). Sprichwörtl. Redensart.

Spuren. — Die Spuren schrecken. Lat.: Vestigia terrent.

Nach Quint. Horatius Flacc., Episteln (um 20 v. Chr.). Übers. v. Voß. B. 1, Nr. 1, V. 74.

Staat. — Das ist der beglückteste Staat, in welchem das Mein und Dein am wenigsten gehört wird. Griech.: *Εὐδαίμονα καὶ μακαρίαν εἶναι πόλιν, ἐν ᾗ τὸ ἐμὸν καὶ τὸ οὐκ ἐμὸν ἥκιστα φθεγγομένων ἀκούουσι.*

Platon (um 427—347 v. Chr.). Nach Plutarch, Moralische Abhandlungen. Übers. v. Cyth. Pflichten d. Ehegatten. K. 20.

— Der Staat bin ich. Franz.: L'état c'est moi. Ludw. XIV. im Staatsrat (1655). Nach Dulaure, Gesch. v. Paris. Übers. v. Zimmermann.

— Nur die dem Staat am treu'sten dienen, | Die sind allein die bessern Bienen.

Christ. Fürchtegott Gellert, Fab. u. Erz. (1746). B. 3. D. Bienen. Schlußv.

— Ja, mächtige Vernunft! von deiner Schöpferstärke | Ist der erfund'ne Staat eines deiner größten Werke.

Joh. Jak. Dusch, Sämtl. poetische Werke (1765—1767). T. 1. V. d. Schwächen d. Vernunft.

— Der Staat braucht viel Hände, aber wenig Köpfe. Theod. Gottl. von Hippel, Lebensläufe nach aufsteigender Linie (1778—1781).

— Im Staat ist keiner überflüssig, | So schlecht er sein mag von Natur, | Gebt ihm die rechte Stelle nur!

Karl Wilh. Ramler, Fabellese (1783). B. 3, Nr. 17. D. Esel u. d. Hase.

— „Woran erkenn' ich den besten Staat?" Woran du die beste | Frau kennst; daran, mein Freund, daß man von beiden nicht spricht.

Friedr. von Schiller, Gedichte. Votivtafeln. Nr. 29. D. beste Staat (ged. 1796).

Staat. — Es kommt nicht darauf an, ob die Sonne in eines Monarchen Staaten nicht untergeht, wie sich Spanien ehedem rühmte; sondern, was sie während ihres Laufes in diesen Staaten zu sehen bekommt.

Georg Christoph Lichtenberg, Verm. Schriften (1800—1806). Bd. 2, Nr. 2. Bemerk. verm. Inhalts. Nr. 7. Politische Bemerk.

— Jahrtausend' erfordert's, eh' ein Staat gedeiht; | Und eine Stunde oft in Staub ihn beugt. Engl.: A thousand years scarce serve to form a state: | An hour may lay it in the dust.

George Gordon Lord Byron, Harolds Pilgerfahrt (1812—1818). Übers. v. Heichen. Ges. 2, Str. 84.

— Wo ein einziger Mann den Staat erhalten kann, ist der Staat in seiner Fäulnis kaum Erhaltung wert.

Joh. Gottfr. Seume, Sämtl. Werke (1826). Apokryphen.

— Der Staat dagegen kennt keine selbständigen Individuen, von denen jedes nur sein eigenes Wohl im Auge haben und verfolgen dürfte; im Staate ist das Ganze Zweck und der Einzelne Mittel.

Friedr. Hegel, Werke (1832—1842).

— Was im Menschen gedeihen soll, muß aus seinem Innern entspringen, nicht ihm von außen gegeben werden; und was ist ein Staat, als eine Summe menschlicher, wirkender und leidender Kräfte?

Wilh. Freiherr von Humboldt, Ideen über Staatsverfassung (1851).

— Racker von Staat.

Ausspr. König Friedr. Wilh. IV. (reg. 1840—1861).

— Der Staat, die Wiege der Menschlichkeit, ist ihr Sarg geworden.

Ludw. Börne, Gesammelte Schriften (1862—1863). Kritiken. Nr. 5. Nouvelles lettres Provinciales.

— Ein großer Staat regiert sich nicht nach Parteiansichten; man muß die Gesamtheit der Parteien, die im Lande vorhanden sind, in Abwägung ziehen.

Otto von Bismarck im Herrenhause d. preuß. Landtages (15. Jan. 1867).

— . . . wer nicht mitarbeiten will an dem Staat zu seinem Schutz, der gehört nicht zum Staat, der hat keine Rechte an den Staat; er soll weichen aus dem Staat!

Otto von Bismarck im Abg.-Hause d. preuß. Landtages (28. Jan. 1886).

— Dem Staat ist es nie an der Wahrheit gelegen, sondern immer nur an der ihm nützlichen Wahrheit; noch genauer gesagt, überhaupt an allem ihm nützlichen, sei dies nun Wahrheit, Halbwahrheit oder Irrtum.

Friedr. Nietzsche, Gesammelte Werke (1895—1897). Schopenhauer als Erzieher.

— Wie Rat, | So Staat. Sprichwort.

Staaten. — Daß für Staaten die Möglichkeit, Gewalt zu erleiden, schon das Recht, Gewalt zu gebrauchen, gebe, ist ohne allen gerechten Grund.

Hugo Grotius, Recht d. Krieges u. Friedens (1625).

Staaten. — Für despotisch beherrschte Staaten ist keine Rettung als in dem Untergang.

Friedr. von Schiller, Prosaische Schriften (1793—1802).

— Es ist die große Sache aller Staaten | Und Thronen, daß gescheh', was Rechtens ist, | Und jedem auf der Welt das Seine werde.

Friedr. von Schiller, Demetrius (ged. Mai 1804). A. 1 (Demetrius).

— Die Staaten gehen auf und gehen unter | Und altern wie die Menschen, die sie bilden.

Otto Fürst zu Lynar, D. Mediceer (1842). A. 1, Sz. 3.

Staatsangelegenheiten. — Ich hasse alle Pfuscherei wie die Sünde, besonders aber die Pfuscherei in Staatsangelegenheiten, woraus für Tausende und Millionen nichts als Unheil hervorgeht.

Joh. Peter Eckermann, Gespräche mit Goethe in d. letzten Jahren seines Lebens (März 1832).

Staatsdiener. — Jeder Staatsdiener hat doppelte Pflicht: gegen den Landesherrn und gegen das Land. Kann wohl vorkommen, daß die nicht vereinbar sind, dann aber ist die gegen das Land die höhere.

König Friedr. Wilh. III. (1770—1840).

Staatsdienst. — Entziehst du deinen Dienst dem Staat, | So ist's am Vaterland Verrat.

Friedr. Rückert, Schi-King (1833).

— Ich halte es für eine schlechte Überzeugungstreue, die im Staatsdienst sagt: mag das Kind mit dem Bade ausgeschüttet werden, mag der Staat zugrunde gehen, es ist meine Überzeugung, ich kann nicht anders.

Otto von Bismarck im Abg.-Hause d. preuß. Landtages (17. Dez. 1873).

Staatseinrichtung. — Was ist bleibend auf dieser Welt? und sollte eine Staatseinrichtung bleiben können?

Joh. Wolfg. von Goethe, Egmont (1788). A. 4. D. Culenburgische Palast (Alba).

Staatseinrichtungen. — Alle menschlichen Einrichtungen sind unvollkommen im höchsten Maße und am allermeisten staatliche Einrichtungen.

Otto von Bismarck im Reichstage (26. Nov. 1884).

Staatserhaltung. — Zucht und Gehorsam sind die Grundlagen des Ruhmes und der Erhaltung des Staates. Ohne sie stumpft sich das Instrument des guten Rufes ab.

Friedr. d. Große, Sämtl. Werke (1789).

Staatsgewalten. — . . . die Teilung der Gewalten im Staate glich bisher immer der Teilung des Löwen.

Karl Jul. Weber, Demokritos (1832—1840). D. Staat u. seine Formen.

Staatsgrundlage. — Erkennt man die religiöse Grundlage des Staates überhaupt an, so glaube ich, kann diese Grundlage bei uns nur das Christentum sein.

Otto von Bismarck im Vereinigten Landtage (15. Juni 1847).

Staatsgrundsätze. — Noch kein Philosoph hat die Grundsätze der Staaten mit der Moral in Übereinstimmung bringen und doch auch keine bessern, die sich mit der menschlichen Natur vereinigen ließen, vorschlagen können.

Immanuel Kant, Religion innerhalb d. Grenzen d. bloßen Vernunft (1793).

Staatskunst. — O! diese Staatskunst, wie verwünsch' ich sie!

Friedr. von Schiller, D. Piccolomini (1799). A. 5, Sz. 3 (Max).

— Dein ja sei ja, dein nein sei nein | Und scharf das Schwert an deiner Lende; | Die beste Staatskunst bleibt's am Ende | Doch, tapfer und gerecht zu sein.

Emanuel Geibel, Spätherbstblätter (1877). Gelegenheitsgedichte. Spr. Nr. 11.

— Das Fundament aller Staatskunst besteht darin, die Menschen zu täuschen über das, was ihr eigner Vorteil ist.

Joh. Jak. Mohr, Gedanken über Leben u. Kunst (1885).

Staatsleben. — Das Leben eines Staates ist wie ein Strom, in fortgehender Bewegung herrlich; wenn der Strom steht, so wird er Eis oder Sumpf.

Joh. von Müller, Sämtl. Werke (1810—1819).

Staatslenker. — Schlummerlosen Augenlids | Muß stets der Wächter, der das Steuerruder lenkt | Am Bord des Staates, künden, was die Stunde heischt. Griech.: *Χρὴ λέγειν τὰ καίρια | Ὅστις φύλασσει πρᾶγος ἐν πρύμνῃ πόλεως | Οἴακα νωμῶν, βλέφαρα μὴ κοιμῶν ὕπνῳ.*

Äschylus, Sieben vor Theben (um 471 v. Chr.). Übers. v. Minckwitz. V. 1—3 (Eteokles).

— So dünket mir, wer einen Staat regiert | Und nicht den besten Rat zur Geltung bringt, | Vielmehr aus Furcht sich Schweigen auferlegt, | Ein schlechter Mann zu sein. Griech.: *Ἐμοὶ γὰρ, ὅστις πᾶσαν εὐθύνων πόλιν | Μὴ τῶν ἀρίστων ἅπτεται βουλευμάτων, | Ἀλλ' ἐκ φόβου τοῦ γλῶσσαν ἐγκλήσας ἔχει | Κάκιστος εἶναι νῦν τε καὶ πάλαι δοκεῖ.*

Sophokles (um 496—406 v. Chr.), Antigone. Übers. v. Jordan. V. 180—83 (Kreon).

— Der kluge Mann kann einen Staat lenken; aber der begeisterte ist es, der ihn verjüngt oder zugrund richtet. Engl.: The prudent man may direct a state; but it is the enthusiast who regenerates it, — or ruins.

Edward George Earle Lord Bulwer Lytton, Rienzi (1835). Übers. v. Roth. B. 1, K. 8.

Staatsmann. — Neigung zum Erhalten und Geschicklichkeit zum Verbessern sind die beiden Elemente, deren Vereinigung in meinen Augen den Charakter des großen Staatsmannes bildet. Engl.: A disposition to preserve, and an ability to improve, taken together, would be my standard of a statesman.

Edmund Burke, Betrachtungen über d. Revolution in Frankreich (1790). Übers. v. Genz. Abs. 255.

Staatsmann. — Der gebildete Staatsmann muß den drängenden Fortschritt und die notwendige Beschränkung gemeinschaftlich in sein Inneres und in seine Tätigkeit aufnehmen und mit einer Hand entwickeln, was er kann, mit der andern hemmen, was er soll.

Friedr. von Gentz, Gesammelte Schriften (1838—1840). Br.

— Konsequenz für einen Politiker, für einen Staatsmann ist um so leichter, je weniger politische Gedanken er hat.

Otto von Bismarck im Abg.=Hause d. preuß. Landtages (21. April 1887).

Staatsmänner. — Große Staatsmänner bedürfen . . . weit eher eines vielfachen Umgangs mit Menschen und einer großen Lebenserfahrung als gründlichen Bücherstudiums. Engl.: The situations of great statesmen . . . require rather a large converse with men, and much intercourse in life, than deep study of books.

Edmund Burke, Rede zur Anklage gegen Warren Hastings (1788). Übers. v. Arnold.

Staatsordnung. — Lassen Sie uns die Privatrechte hochhalten, noch höher aber die Majestät der Staatsordnung!

Friedr. Jul. Stahl, Reden (1862).

Staatsschiff. — Das „Staatsschiff", — wie bezeichnend trifft | Das Bild hier den Gedanken! | Daß wir seit langem eingeschifft, | Man fühlt's am steten Schwanken.

Anastasius Grün (Anton Alexander Graf von Auersperg), Gesammelte Werke (1877). Gedichte. Spr.

Staatsschiffe. — Staatsschiffe, welche die Segel verloren, haben darum noch nicht die Anker eingebüßt.

Jean Paul (Joh. Paul Friedr. Richter), Marterwoche (1817).

Staatsverbrechen. — Man kennt Cecils geheimnisvolle Miene, | Wenn er die Jagd auf Staatsverbrechen macht.

Friedr. von Schiller, Maria Stuart (1800). A. 4, Sz. 3 (Leicester).

Staatsverfassung. — Diese (Staatsverfassung) nur kann ich dafür (für die beste) erkennen, die jedem erleichtert, | Gut zu denken, doch nie, daß er so denke, bedarf.

Friedr. von Schiller, Gedichte. D. beste Staatsverfassung (ged. 1796).

Staatsverfassungen. — Es ist doch süß, sich Staatsverfassungen auszudenken, die den Forderungen der Vernunft entsprechen; aber vermessen, sie vorzuschlagen, und strafbar, das Volk zur Abschaffung der jetzt bestehenden aufzuwiegeln.

Immanuel Kant, Werke (1838—1839). Bd. 10.

Staatsvermögen. — Nichts setzt die äußere Würde, mithin die Selbstschätzung und zuletzt das innere Vermögen eines Staates tiefer herab, als ein unaufhörliches Schwanken zwischen entgegengesetzten Systemen, oder was schmählicher als alles ist, der gänzliche Mangel eines Systems.

Friedr. von Gentz, Sendschreiben (1797).

Staatsweisheit. — . . . wahre Staatsweisheit läßt sich nicht ohne selbstgemachte Erfahrungen und Übung eines Geschäftsmannes von Kopf und Herzen denken.

Karl Jul. Weber, Demokritos (1832—1840). D. Staat u. seine Formen.

— Die Staatsweisheit ist verschieden von Staatsklugheit; dieser ist jedes Mittel gleichviel, das zum Zweck führt, jener aber nur richtige Mittel zu heiligen Zwecken.

Karl Jul. Weber, Demokritos (1832—1840). Staatsbetrachtungen eines alten Welt- u. Mondbürgers.

Staatswohl. — Hat Käse (Brei) nur der dumme Mann, | Des Reiches Wohl ist gleich ihm dann. Mittelhochdeutsch: Swenne ein tôre brîen hât, | Son ruochet er, wie daz riche stât.

Vrîdankes Bescheidenheit (1225—1240). Übertr. v. Pannier. Nr. 32. v. d. wîsen u. tôren.

— Das Wohl | Des Staats ruht auf der Achtung seines Herrschers | Vor jeglichem Gesetz.

Paul Heyse, Elisabeth Charlotte (1859). A. 4, Sz. 5 (Herzogin).

— Meint ihr, ein jeder sei dazu geschickt, | Daß er das Staatswohl überwache? | Ein jeder weiß zwar, wo der Schuh ihn drückt, | Doch Rat zu schaffen ist des Schusters Sache.

Paul Heyse, Spruchbüchlein (1885). Politik.

Staatszweck. — Der Zweck des Staats ist jedoch die Verschönerung des Lebens. Griech.: *Τέλος μὲν οὖν πόλεως τὸ εὖ ζῆν.*

Aristoteles (um 384—322 v. Chr.), Politik. Übers. v. Susemihl. B. 3, K. 9.

Stab. — Den Stab über jemandem brechen (jemanden verurteilen). Sprichwörtl. Redensart.

Stachel. — Nicht löcke gegen den Stachel, sonst verletzt er dich! Griech.: *Πρὸς κέντρα μὴ λάκτιζε, μὴ πτείσας μογῇς.*

Äschylus, D. Orestie (um 458 v. Chr.). Übers. v. Minckwitz. Agamemnon. V. 1595 (Ägisthos).

— Es wird dir schwer werden, wider den Stachel zu löcken. Apostelgesch., K. 9, V. 5.

Stadt. — So Got die stad nicht selbs bewacht, | So ist vmbsonst der wechter macht.

Joh. Kohlros, D. 128. Ps. (1525).

— . . . nichts zirt aine Stat so sehr | Als ehrlich Künst vnd gute Lehr.

Joh. Friedr. Fischart, D. Glückhafft Schiff v. Zürich (um 1576).

— Heilige Steine (der Stadt)! Aus euch ergossen sich Pflanzer der Menschheit, | Fernen Inseln des Meers sandtet ihr Sitten und Kunst; | Weise sprachen das Recht an diesen geselligen Toren, | Helden stürzten zum Kampf für die Penaten heraus.

Friedr. von Schiller, Gedichte. Der Spaziergang (ged. 1795).

— Wenn aber die Gewaltigen klug sind, so gedeihet die Stadt. Jes. Sir., K. 10, V. 3.

Städtchen. — Muß i denn, muß i denn zum Städtele naus . . .

Schwäbisches Volkslied (um 1824). Mel. v. Friedr. Silcher (1825—1826).

— Ander Städtchen, | Ander Mädchen. Sprichwort.

Städte. — Wie süß, sich zu sonnen, | Den Städten entronnen, | Auf lustigen Höh'n!

Joh. Gaudenz Freiherr von Salis-Seewis, Gedichte. Lied im Freien (ged. 1788). Mel. v. Christ. Friedr. Gottl. Schwencke (1792) u. Ludw. Ämil Kunzen (1794).

— Das Land gleicht fruchtbaren Müttern; Städte sind oft liederliche, unfruchtbare Töchter.

Karl Jul. Weber, Demokritos (1832—1840). D. Landwirt oder Bauer.

— Große Städte, große Sünden. Sprichwort.

Städtisch. — Religion, Sitte, Gesetz, Stand, Verhältnisse, Gewohnheit, alles beherrscht nur die Oberfläche des städtischen Daseins.

Joh. Wolfg. von Goethe, A. meinem Leben. Dichtung u. Wahrheit (1809—1831).

Stamm. — Ich bin der letzte meines Stamms.

Friedr. von Schiller, Wilh. Tell (1804). A. 2, Sz. 1 (Attinghausen).

— O lerne fühlen, welches Stamms du bist!

Friedr. von Schiller, Wilh. Tell (1804). A. 2, Sz. 1 (Attinghausen).

Stammbaum. — . . . geschätzet wird ein Stammbaum | Nicht ob seinen guten Früchten, | Sondern nur ob seinem Alter.

Heinr. Heine, Romanzero (1851). B. 3. Hebräische Melodien. Jehuda ben Halevy. Nr. 4.

Stand. — Fürwahr, ein jeder Stand ist gut, | Wenn man nur Rechtes in ihm tut. Mittelhochdeutsch: Nehein leben ist sô guot, | Sô dâ man ime reht tuot.

Vrîdankes Bescheidenheit (1225—1240). Übertr. v. Pannier. Nr. 9. v. d. werlde.

— Seht ihr nun, lieben Kind, | Woher sich euer Elend findt? | Daher, das Niemand jeder Frist | Mit seinem Stand zu frieden ist.

Georg Rollenhagen, Froschmäuseler (1595). B. 1, T. 1, K. 7.

— Der ist ein weiser, glücklicher Mann, | Der sich in seinm Stand schicken kan. | Wer das nicht kan, der ist elend | Und bleibt ein Narr biß an sein End. Georg Rollenhagen, Froschmäuseler (1595). B. 1, T. 1, K. 8.

— Nicht alle mal hat Stand Verstand; | Ein Niedrer hat oft mehr erkannt.

Friedr. von Logau, Deutsche Sinn-Getichte (1654). Klugheit.

— Wiewol wir haben Fried' im Lande, | Zankt jeder doch mit seinem Stande.

Friedr. von Logau, Deutsche Sinn-Getichte (1654). Lebenswandel.

Stand. — Die Leute von Stande wissen alles, ohne jemals etwas gelernt zu haben. Franz.: Les gens de qualité savent tout sans avoir jamais rien appris.

Molière (Jean Baptiste Poquelin), D. lächerlichen Zierpuppen (1659). Übers. v. Graf Baudissin. Sz. 10 (Mascarille).

— Was ist ein hoher Stand? | Was ist das viele Schinden? | Was ist das eitle Geld? | Ein Schein, der bald muß schwinden; | Ein Schaum, der bald zerfällt.

Joh. Frank, Geistl. Sion (1674). Umb wahre Weißheit.

— Je höher Stand, je mehr Gefahr.

Magnus Gottfr. Lichtwer, Vier B. Äsopischer Fab. (1748). B. 3, Nr. 6. D. Fuchs u. d. Adler. Schlußv.

— Ein jeder Stand hat seinen Frieden, | Ein jeder Stand auch seine Last.

Christ. Fürchtegott Gellert, Geistl. Oden u. Lieder (1757). Zufriedenheit mit seinem Zustande.

— Es ist das wahre Glück an keinen Stand gebunden.

Friedr. von Hagedorn, Sämtl. poetische Werke (1757). Moralische Gedichte. D. Glückseligkeit.

— Der König und der Handwerksmann, — | Gott sieht nicht Rang und Namen an; | In jedem Stand der edle Sinn, | Der gilt vor Gott, der ist Gewinn.

Joh. Heinr. Daniel Zschokke, Stunden d. Andacht (1809—1816).

— Kein Stand kann beanspruchen, auf Kosten der anderen besonders bevorzugt zu werden.

Kaiser Wilh II. auf d. Brandenburgischen Provinzial-Landtage (24. Febr. 1895).

— So viel du magst, leb' still für dich; | Nach hohem Stand dich sehne nicht!

Spr. im Schloß Trautmannsdorf bei Meran.

Stände. — Fein ordentlich hat Gott die Welt | Mit dreien stenden wol bestelt. | Wenn die sich nur wüsten zu halten, | So ließ Gott immerdar hin walten. | Ein standt muß leern, der ander neern, | Der dritt muß bösen buben weern.

Erasmus Alberus, B. v. d. Tugend u. Weisheit (1550). Nr. 47. Morale.

— Stände, welche die Herrscher berufen, um dem Volke eine bessere Verfassung zu schenken, haben noch immer mit Wünschen angefangen und mit Forderungen geendet.

Karl Jul. Weber, Demokritos (1832—1840). D. Staat u. seine Formen. D. Fortsetzung.

Standesehre. — Bei Armut hohen Standes Ehre, | Das schmerzet weise Leute sehre. Mittelhochdeutsch: Mit unstaten êre | Müet die wîsen sêre.

Vrîdankes Bescheidenheit (1225—1240). Übertr. v. Pannier. Nr. 34. v. d. êre.

— Was die Ehre der Offiziere betrifft, so glaube ich, daß jeder Stand seine Ehre hat, und daß die Ehre des Standes am höchsten steht, der sie am reinsten hält.

Kriegsminister von Goßler im deutschen Reichstage (18. Febr. 1897).

Standesgenossen. — Wo nur Standesgenossen zusammenkommen, da wird immer sehr bald die Langeweile präsidieren und die Dummheit das Protokoll führen.

Ludw. Börne, Gesammelte Schriften (1862—1863).

Standesunterschied. — Jeder Standesunterschied infolge der Geburt ist ein frecher Hohn der Christuslehre.

Levin Schücking, D. Ritterbürtigen (1846).

Standhaft. — Beholt ein standhafft hertz | Und laß dem glück sein schertz! Alter Spr.

Standhafte, der. — . . . wäre vereitelt sein Streben und Tun, | Der Standhafte fühlt sich gehoben; | Hast du die Fackel zu Boden gekehrt, | Die Flamme geht ja nach oben.

Peter von Bohlen, Bhartriharis Spr. (1835).

Standhaftigkeit. — Es gibt nur Eine Lebensphilosophie, so tausendfach auch ihre Schulen sind, und ihr Name heißt Standhaftigkeit. Unser Schicksal tragen, heißt es besiegen. Engl.: There is but one philosophy — though there are a thousand schools — and its name is Fortitude. To bear is to conquer our fate!

Edward George Earle Lord Bulwer Lytton, D. letzten Tage v. Pompeji (1834). Übers. v. Schumacher. B. 5.

Standmut. — . . . standmůt vnd feste Hand, | Das macht recht fligen durch die land.

Joh. Friedr. Fischart, D. Glückhafft Schiff v. Zürich (um 1576).

Stange. — Jemandem die Stange halten (jemanden unterstützen). Sprichwörtl. Redensart.

Stapel. — Etwas vom Stapel lassen (eine Erklärung abgeben, eine Verfügung erlassen).

Sprichwörtl. Redensart.

Star. — Jemandem den Star stechen (jemandem die Augen öffnen) Sprichwörtl. Redensart.

Stark. — Verwandte sind sich alle starken Seelen.

Friedr. von Schiller, D. Piccolomini (1799). A. 4, Sz. 4 (Illo).

— Wer unter der schwersten Last gehen kann, ohne zu wanken, der ist der starke Mann. Engl.: He that can walk under the heaviest weight without staggering, he is the strong man.

Thomas Carlyle, Über Helden, Heldenverehrung u. d. Heldentümliche in d. Gesch. (1840). Übers. v. Neuberg. Vortrag 5.

— Stark wie der Tod.

Nach Hohelied Sal., K. 8, V. 6.

— Stark bei mild, | Ein goldner Schild.

Sprichwort.

— Gott beschützt die starken Bataillone. Franz.: Seuls les bataillons forts de Dieu sont protégés. Sprichwort.

Starke, der. — Will der Starke geliebt sein, so mag er seine Überlegenheit durch Grazie mildern!

Friedr. von Schiller, Prosaische Schriften. Über Anmut u. Würde (1793).

— Nur der Starke wird das Schicksal zwingen, | Wenn der Schwächling untersinkt.

Friedr. von Schiller, Gedichte. D. Ideal u. d. Leben (ged. 1795).

Starke, der. — Der Starke zehrt | Den Schwachen auf. Ital.: . . . cibo de' forti | Il debole.
Giacomo Leopardi, Palinodie (1836). Übers. v. Heyse.

— Der Starke weicht einen Schritt zurück.
Nach Freiherr Otto Theod. von Manteuffel in d. zweiten Kammer d. preuß. Landtages (3. Dez. 1850).

— Es übt am starken Feind der Starke | Gern seinen Mut und seine Kraft.
Jul. Hammer, Schau um dich u. schau in dich (1851). Heiße Tage. Wohl d., d. sich an innerm Marke usw.

— Der eine braucht's, der andre hat's, | Und dessentwegen führt man Krieg. | Der Starke nimmt des Schwachen Platz; | Gott sorgt schon für den armen Spatz.
Wartburgspr. Wirtschaft.

Stärke. — Ach, wie nichtig, ach, wie flüchtig | Ist der Menschen Stärcke!
Mich. Frank, V. d. Eitelkeit (1688).

— Im Leben gilt der Stärke Recht, | Dem Schwachen trotzt der Kühne; | Wer nicht gebieten kann, ist Knecht.
Friedr. von Schiller, Gedichte. D. Weltweisen (ged. 1795).

— Wer nicht vertrieben sein will, muß vertreiben; | Da herrscht der Streit, und nur die Stärke siegt.
Friedr. von Schiller, Wallensteins Tod (1799). A. 2, Sz. 2 (Wallenstein).

— Alle Stärke wird nur durch Hindernisse erkannt, die sie überwältigen kann.
Immanuel Kant, Werke (1838—1839). Bd. 9.

— Stärke wehrt, | Gerechtigkeit ehrt, | Weisheit regiert, | Mäßigung ziert.
Inschrift auf d. Tafelaufsatz d. Hochzeitsgeschenkes d. Stadt Köln an d. Kronprinzen Friedr. Wilh. (1858).

Stärkere, der. — Des Stärkeren Grund ist allemal der Beste. Franz.: **La raison du plus fort est toujours la meilleure.**
Jean de Lafontaine, Fab. (1668). Übers. v. Dohm. B. 1, Nr. 10. D. Wolf u. d. Lamm. V. 1.

— Selbstsüchtig schuf der Stärk're das Gesetz, | Ein Schlächterbeil zugleich und Fangenetz | Für Schwächere zu werden.
Adelbert von Chamisso (Louis Charles Adelaide Chamisso de Boncourt), Gedichte. Lieder u. lyrisch-epische Gedichte. D. Giftmischerin (ged. 1828).

Stärkste, der. — Gott hilft dem Stärksten.
Sprichwort.

Starrheit. — Es ist ein Grundirrtum, Heftigkeit und Starrheit Stärke zu heißen. Engl.: **A fundamental mistake to call vehemence and rigidity strength!**
Thomas Carlyle, Über Helden, Heldenverehrung u. d. Heldentümliche in d. Gesch. (1840). Übers. v. Neuberg. Vortrag 5.

Starrsinn. — O glaube mir, am schnellsten kommt zu Fall | Ein allzustarrer Sinn! Griech.: *Ἀλλ' ἴσθι τοι τὰ σκλήρ' ἄγαν φρονήματα | Πίπτειν μάλιστα.*
Sophokles (um 496—406 v. Chr.), Antigone. Übers. v. Jordan. V. 471—72 (Kreon).

Staub. — Staub dauert, wenn Granit vergeht. Engl.: **Dust long outlasts the storied stone.**
George Gordon Lord Byron, D. Braut v. Abydos (1813). Übers. v. Heichen. Ges. 2, Abschnitt 4, V. 15.

— . . . schüttelt den Staub von euren Füßen!
Matth., K. 10, V. 14.

— Sich aus dem Staube machen (sich schleunig entfernen).
Sprichwörtl. Redensart.

— Viel Staub aufwirbeln (große allgemeine Aufmerksamkeit erregen).
Sprichwörtl. Redensart.

Stechen. — Wer stechen will, muß stichfest sein.
Anastasius Grün (Anton Alexander Graf von Auersperg), D. Pfaff v. Kahlenberg (1850). Bauernkrieg. D. Joppe.

Steckenpferd. — Ein Steckenpferd zu unterhalten kostet oft mehr als ein Reitpferd.
Sprichwort.

— Ein Steckenpferd reiten (eine Liebhaberei haben).
Sprichwörtl. Redensart.

Stegreif. — Aus dem Stegreif reden (ohne Vorbereitung).
Sprichwörtl. Redensart.

Stehlen. — Was zu Zwölfen wird gestohlen, | Bleibt nicht leicht ein Jahr verhohlen. Mittelhochdeutsch: Swaz mit zwelven wirt verstoln, | Deist unsanfte ein jâr verholn.
Vrîdankes Bescheidenheit (1225—1240). Übertr. v. Pannier. Nr. 13. v. dieben.

— Moses sagt: Du sollst nicht stehlen, oder du empfängst den Lohn!
Aug. Graf von Platen-Hallermund, D. verhängnisvolle Gabel (1826). A. 1 (Sirmio).

— . . . das Kleine nur, | Das jeder faßt, erregt der Menschen Galle. | Stiehl einen Hut, und du verfällst der Schande; | Stiehl eine Kron', und man bewundert dich.
Ernst Raupach, D. Hohenstaufen (1837). Kaiser Friedr. II. Tod. A. 2, Sz. 5.

— Also gehet's zu, wer einmahl stiehlt, | Ewig eins diebs namen beheilt.
Alter Spr.

— Gestohlen Gut liegt hart im Magen.
Sprichwort.

— Wer Einmal stiehlt, ist immer ein Dieb.
Sprichwort.

— Wer Einmal stiehlt, ist niemals treu. Span.: **Quien una vez hurta, fiel nunca.**
Sprichwort.

— Wer ein Ei stiehlt, stiehlt ein Kamel.
Arabisches Sprichwort.

Stehler. — Stehler vnd Heeler ist einer so gut als der ander.
Christoph Lehmann, Politischer Blumen-Garten (1662). T. 1. Diebstal. Nr. 13.

Steigen. — Was steiget, fällt; in kurzer Frist | Kommt wieder auf, was fällt.

Joh. Gottfr. von Herder, Stimmen d. Völker in Liedern (1807). Abteilung 1, B. 2, Nr. 11. Frühlingslied. Ital.

Steil. — Nichts ragt Sterblichen allzu steil. Lat.: Nil mortalibus arduum est.

Quint. Horatius Flacc., Oden (um 23 v. Chr.). Übers. v. Voß. B. 1, Nr. 3, V. 37.

— Wer steilen Berg erklimmt, | Hebt an mit ruh'gem Schritt. Engl.: To climb steep hills, | Requires slow pace at first.

William Shakespeare, Heinr. VIII. (1613). Übers. v. Schlegel. A. 1, Sz. 1 (Norfolk).

Stein. — Stein des Anstoßes.

Nach Jesaias, K. 8, V. 14.

— Es wird hier nicht Ein Stein auf dem andern bleiben, der nicht zerbrochen werde.

Matth., K. 24, V. 2.

— Einen Stein bei jemandem im Brette haben (in jemandes Gunst stehen). Sprichwörtl. Redensart.

Stein der Weisen. — Der Leichenstein ist der wahre Stein der Weisen.

Theod. Gottl. von Hippel, Lebensläufe nach aufsteigender Linie (1778—1781).

— Wenn sie den Stein der Weisen hätten, | Der Weise mangelte dem Stein.

Joh. Wolfg. von Goethe, Faust, II (1831). A. 1. Kaiserliche Pfalz. Saal d. Thrones (Mephistopheles).

Steine. — Wenn Menschen schweigen, werden Steine schrein.

Ludw. Theobul Kosegarten, Dichtungen (1800). Legenden. D. Amen d. Steine.

— Könnte die Geschichte davon schweigen, | Tausend Steine würden redend zeugen, | Die man aus dem Schoß der Erde gräbt.

Friedr. von Schiller, Gedichte. An d. Freunde (ged. 1802).

— Zwene gliche steine | Malent selten reine.

Wartburgspr. Margaretengang.

Stelzen. — Auf Stelzen gehen (hochmütig erscheinen). Sprichwörtl. Redensart.

Stempel. — Wer den Stempel hat, schlägt die Münze.

Joh. Gottfr. Seume, Spaziergang nach Syrakus (1802). Einleitung.

Sterbebett. — Jeder Sekundenschlag | Reißt uns dem Sterbebette näher.

Ludw. Hölty, Gedichte. Oden. D. rechte Gebrauch d. Lebens (ged. 1775).

Sterben. — Stirb' denn, Lieber, auch du! Warum wehklagst du vergebens? | Starb doch auch Patroklos, der weit an Kraft dir voranging. Griech.: Ἀλλά, φίλος, θάνε καὶ σύ· τί ἦ ὀλοφύρεαι οὕτως; | Κάτθανε καὶ Πάτροκλος, ὅ περ σέο πολλὸν ἀμείνων.

Homer, Ilias. Übers. v. Voß. Ges. 21, V. 106—7.

Sterben. — Kehr' nicht um, wenn du an die Grenze kommst! (Stirb ruhig und gelassen!) Griech.: Μὴ ἐπιστρέφεσθαι ἐπὶ τοὺς ὅρους ἐλθόντας.

Pythagoras (geb. um 582 v. Chr.). Nach Plutarch, Moralische Abhandlungen. Übers. v. Eyth. Erziehung. K. 12.

— Nie geboren zu werden bleibt | Stets das Höchste, doch wenn man ward, | Heimzukehren (sterben), so bald man darf | Nach dort, woher man gekommen. Griech.: Μὴ φῦναι τὸν ἅπαντα νι- | κᾷ λόγον· τὸ δ' ἐπεὶ φανῇ, | Βῆναι κεῖθεν ὅθεν περ ἥκει, | Πολὺ δεύτερον, ὡς τάχιστα.

Sophokles (um 496—406 v. Chr.), Ödipus in Kolonos. Übers. v. Jordan. V. 1221—24 (Chor).

— Am besten ist's, ich sterbe; doch wie sterb' ich schön? Griech.: Θανεῖν κράτιστον· πῶς θάνοιμ' ἂν οὖν καλῶς;

Euripides (um 480—406 v. Chr.), Helena. Übers. v. Binder. V. 298 (Helena).

— Ein Kind begräbt man, und ein andres wird gebor'n. | Ein jeder stirbt. Griech.: Θάπτει τε τέκνα χἄτερ' αὖ κτᾶται νέα, | Αὐτός τε θνήσκει.

Euripides (um 480—406 v. Chr.), Hypsipyle. Übers. v. Minckwitz.

— . . . jetzt ist es Zeit, daß wir von hinnen gehen, ich um zu sterben, ihr um zu leben; wer von uns aber einem besseren Lose entgegengeht, darüber ist niemand als der Gott im klaren. Griech.: Ἀλλὰ γὰρ ἤδη ὥρα ἀπιέναι ἐμοὶ μὲν ἀποθανουμένῳ, ὑμῖν δὲ βιωσομένοις· ὁπότεροι δὲ ἡμῶν ἔρχονται ἐπὶ ἄμεινον πρᾶγμα, ἄδηλον παντὶ πλὴν ἢ τῷ θεῷ.

Platon (um 427—347 v. Chr.), Verteidigungsrede d. Sokrates. Übers. v. Müller.

— Wen die Götter lieben, der stirbt jung. Griech.: Ὃν οἱ θεοὶ φιλοῦσιν, ἀποθνήσκει νέος.

Menander (um 342—290 v. Chr.). Nach Plutarch, Trostrede an Apollonius. Übers. v. Eyth. K. 34.

— Alle Menschen müssen sterben. Lat.: De homine enim dicitur, cui necesse est mori. Danach: Homini necesse est mori!

Marc. Tull. Cicero, V. Schicksal (um 44 v. Chr.). Übers. v. Klotz. K. 9, § 17.

— Vielen Redlichen ach! sank er beweint hinab (starb er). Lat.: Multis ille bonis flebilis occidit.

Quint. Horatius Flacc., Oden (um 23 v. Chr.). Übers. v. Voß. B. 1, Nr. 24, V. 9.

— Beweinet den, der leidet, nicht den, der scheidet (der stirbt)! Er gehet zum Frieden, wir bleiben zum Leiden hinieden. Talmud (3. Jahrh.).

— . . . man findt ouch vil kelberhüt. (Es sterben auch junge Geschöpfe.)

Seb. Brant, D. Narrenschif (1494). Nr. 85. Mit fürsehen d. tod.

— Wer wol stirbt, des grab ist des höhst; | Der sünder dot, der ist der böst.

Seb. Brant, D. Narrenschif (1494). Nr. 85. Mit fürsehen d. tod. Schlußv.

Sterben. — Die höchste und größte Traurigkeit ist, wenn einer in einem Augenblick sterben und von hinnen scheiden muß.

Dr. Martin Luther, Tischreden oder Colloquia (1566). Nr. 50. Tischreden v. Verdamniß u. Hölle. § 3. V. d. ewigen höllischen Pein.

— Leb dem, der dir das Leben gab; | Stirb dem, der für dich stieg ins Grab!

Spr. an einem Hause in Basel (1573).

— Auf den Tod sinnen heißt auf Freiheit sinnen. Wer sterben gelernt hat, versteht das Dienen nicht mehr. Franz.: **La premeditation de la mort est premeditation de la liberté: qui a apprins à mourir, il a désapprins à servir.**

Michel Eyquem de Montaigne, Essays (1580). Übers. v. Titus.

— Ein häßlich Ding, zu sterben, gnäd'ger Herr, | Unvorbereitet und sich nichts versehend. Engl.: **'Tis a vile thing to die, my gracious lord, | When men are unprepar'd, and look not for it.**

William Shakespeare, Richard III. (1592). Übers. v. Schlegel. A. 3, Sz. 2 (Catesby).

— Du weißt, es ist gemein; was lebt, muß sterben | Und Ew'ges nach der Zeitlichkeit erwerben. Engl.: **Thou know'st 'tis common, all that live must die, | Passing through nature to eternity.**

William Shakespeare, Hamlet (1601—1602). Übers. v. Schlegel. A. 1, Sz. 2 (Königin).

— Sterben, — schlafen, — | Schlafen! Vielleicht auch träumen! — Ja, da liegt's: | Was in dem Schlaf für Träume kommen mögen, | Wenn unser sterblich Teil wir abgeschüttelt. Engl.: **To die, — to sleep; — | To sleep! perchance to dream: ay there's the rub; | For in that sleep of death what dreams may come, | When we have, shufled off this mortal coil.**

William Shakespeare, Hamlet (1601—1602). Übers. v. Schlegel. A. 3, Sz. 1 (Hamlet).

— Ja! Aber sterben! Gehe, wer weiß, wohin; | Da liegen, kalt, eng eingesperrt, und faulen, ... | Das ist entsetzlich. Engl.: **Ay, but to die, and go we know not where; | To lie in cold obstruction, and to rot; . . . | 'tis too horrible.**

William Shakespeare, Maß für Maß (1604). Übers. v. Schlegel. A. 3, Sz. 1 (Claudio).

— Wer da stirbt, zahlt alle Schulden. Engl.: **He that dies, pays all debts.**

William Shakespeare, D. Sturm (um (1612). Übers. v. Schlegel. A. 3, Sz. 2 (Stephano).

— Nicht sterben wollen und täglich sterben können! Welch klägliches Leben, täglich Anleihen bei der Hoffnung zu machen!

Seb. Damman (um 1616).

— Alles Leben liegt daran, | Daß man seelig sterben kan.

Rob. Roberthin, Bey seeligem Hintritt Frawen Helenen Hartmannin (geb. 1634). Schlußv.

Sterben. — Daß du must sterben, ist dir kundt; | Verborgen ist des Todes Stund.

Joh. Heermann, Hauß- v. Hertz-Musica (1639). Vermahnung zur Busse.

— Laß mich an meinem End auf Christi Todt abscheiden (sterben); | Die Seele nimm zu dir hinnauf zu deinen Freuden! | Dem Leibe gieb, daß er, wo seiner Eltern Grab | Alsdenn auch seine Ruh an ihrer Seiten hab!

Joh. Heermann, Hauß- v. Hertz-Musica (1639). Ein täglich Gebet.

— Wenn der rauhe Herbst nun kömpt, | Fall' ich ab vnd muß verderben; | Wenn dein Ziel dir ist bestimmt, | Armer Mensch, so mustu sterben.

Heinr. Albert, Musicalische Kürbs Hütte (1641).

— Wer jung stirbt, der stirbt wohl; wen Gott zu lieben pflegt, | Der wird in seiner Blüt' in frischen Sand gelegt.

Paul Fleming, Teutsche Poemata (1642). Epigramme.

— Ein Narr stirbet alle Tage auß forcht, daß er dermahlen eines sterben muß.

Joh. Mich. Moscherosch, Wunderliche v. Warhafftige Gesichte Philanders v. Sittewalt (1643). T. 1, Gesichte 2. Welt-Wesen.

— Daß, was hat zugenommen | Bis auf gewiesse Zeit, | Muß zu dem Ende kommen (sterben) | In dieser Eitelkeit.

Georg Phil. Harsdörffer, Nathan, Jotham u. Simson (1651). T. 2, Nr. 64. D. Herbst.

— Wer sein Herz zu Gott stets wend't, | Der lebt wohl und stirbt content.

Luise, Rheingräfin (1652).

— Man stirbt nur Einmal und für so lange. Franz.: **On ne meurt qu'une fois, et c'est pour si longtemps.**

Molière (Jean Baptiste Poquelin), D. verliebte Trotz (1654). Übers. v. Graf Baudissin. A. 5, Sz. 4 (Mascarille).

— Ja, in dem Fleische, daß hier stirbt | Und in dem Stanck und Koth verdirbt, | Da werd ich Gott in sehen.

Paul Gerhardt, Geistl. Andachten (1667). Ich weiß, daß mein Erlöser lebt.

— Lieber leiden, als sterben ist die Devise der Menschen. Franz.: **Plutôt souffrir que mourir | C'est la devise des hommes.**

Jean de Lafontaine, Fab. (1668). Übers. v. Dohm. B. 1, Nr. 16. D. Tod u. d. Holzhauer. V. 19—20.

— Wir Menschenkinder trachten nach hohen Dingen, | Vndt wen wir sie erwerben, | Legen wir vnß nieder vndt Sterben.

Spr. an einem Hause in Goslar (1668).

— Alle Menschen müßen sterben; | Alles Fleisch vergeht wie Heu!

Joh. Georg Albinus (1624—1679), Welt-Eitelkeit.

Sterben. — Ach, wer wollte denn nicht gerne sterben | Und den Himmel für die Welt ererben? | Wer wollt' hie bleiben, | Sich den Jammer länger lassen treiben?

Simon Dach, Poetische Werke (1696). Tod d. Frommen.

— Doch wird keine (Seele) für und für | Dieser Lust geniessen; | Die nicht einig lernt in dir, | Heer, den Lauff beschliessen (sterben).

Andr. Gryphius, Gedichte (1698). Cardenio u. Celinde (Reyhen).

— Wer vor vielen Zeugen stirbt, stirbt immer mutig. Franz.: Quiconque a beaucoup de témoins de sa mort, meurt toujours avec courage.

Voltaire (François Marie Arouet), D. Zeitalter Ludw. XIV. (1751). Übers. v. Mylius. K. 28.

— Wieder aufzublühn werd' ich gesät! | Der Herr der Ernte geht | Und sammelt Garben | Uns ein, uns ein, die starben! | Halleluja!

Friedr. Gottl. Klopstock, Geistl. Lieder. D. Auferstehung (ged. 1757). Mel. v. Karl Heinr. Graun (1758) u. Choralmel. v. Phil. Emanuel Bach.

— O fürwahr; der Mensch ist mächtiger, als er glaubt, der Mensch, der zu sterben weiß!

Gotthold Ephr. Lessing, Philotas (1759). Sz. 4 (Philotas).

— Wie glücklich, welche denkend sterben | Mit redender Gelassenheit.

Friedr. Karl Kasimir Freiherr von Creuz, Oden u. andere Gedichte. Bd. 1. Unser Schicksal (ged. 1764).

— Ach Gott, hilf mir erwerben, | Christlich zu leben und selig zu sterben! | Christlich gelebt und selig gestorben | Ist ja genugsam auf Erden erworben. Spr. an einem Hause in Ried (1769).

— Niemals vergaß ich im Genuß | Der Freuden, daß, um froh zu sterben, | Man wohl gelebet haben muß.

Christ. Felix Weiße, Kleine lyrische Gedichte (1772). Bd. 1. D. unschuldige Dichter.

— . . . freilich ist es leichter, zu sterben, als ein qualvolles Leben standhaft zu ertragen.

Joh. Wolfg. von Goethe, Leiden d. jungen Werthers (1773). B. 1, Am 12. Aug.

— Nur der ist glücklich, der in der Jugend stirbt; | Er sieht die Gräber seiner Geliebten nicht.

J. Ae. Klöntrup, An Fr. Hahn (ged. 1776).

— Er starb . . . post Christum natum; . . . | Ich weiß nicht mehr das Datum.

Gottfr. Aug. Bürger, Gedichte. Neue weltliche, hochdeutsche Reime (1777).

— Wer ist Tor, zu wähnen, daß er nie verdirbt? | Wer dort oben hofft noch und hinieden | Auszudauern, — wenn der Jüngling stirbt?

Friedr. von Schiller, Gedichte. Elegie auf d. Tod eines Jünglings (ged. 1781).

Sterben. — Ruhig schläft sich's in dem engen Haus; | Mit der Freude stirbt hier auch der Kummer, | Röcheln auch der Menschen Qualen aus.

Friedr. von Schiller, Gedichte. Elegie auf d. Tod eines Jünglings (ged. 1781).

— Alles lebt, um traurig wieder zu sterben. Wir interessieren uns nur darum, wir gewinnen nur darum, daß wir wieder mit Schmerzen verlieren. Friedr. von Schiller, D. Räuber (1781). A. 4, Sz. 2 (Amalia).

— Diese Spinnweben von Systemen zerreißt das einzige Wort: du mußt sterben!

Friedr. von Schiller, D. Räuber (1781). A. 5, Sz. 1 (Moser).

— Auch Patroklus ist gestorben | Und war mehr als du.

Friedr. von Schiller, D. Verschwörung d. Fiesco zu Genua (1783). A. 3, Sz. 5 (Fiesco).

— O, diese Rose stirbt! | Zu schön, — o weh! — zu kostbar für den Acheron!

Friedr. von Schiller, Semele (ged. 1784). Sz. 2 (Zeus).

— „Lernt sterben," sprach im Hospital | Ein Mönch zu einem frommen Greise. | „Was, lernen?" rief der graue Weise, | „Man kann es gleich beim erstenmal."

Gottl. Konrad Pfeffel, Poetische Versuche (1789—1790).

— . . . als ob wir hinzusterben nicht begönnen | Lang', eh' wir sterben.

Joh. Christoph Friedr. Haug, Sinngedichte (1791).

— Für Tugend, Menschenrecht und Menschenfreiheit sterben | Ist höchst erhab'ner Mut, ist Welterlöser-Tod; | Denn nur die göttlichsten der Heldenmenschen färben | Dafür den Panzerrock mit ihrem Herzblut rot.

Gottfr. Aug. Bürger, Gedichte (1796—1797). D. Tode.

— . . . eh' man nur den halben Weg erreicht, | Muß wohl ein armer Teufel sterben.

Joh. Wolfg. von Goethe, Faust, I (1808). Nacht (Wagner).

— Ich möcht' am liebsten sterben, | Dann wär's auf einmal still!

Jos. Freiherr von Eichendorff, Gedichte. Romanzen. D. zerbrochene Ringlein (ged. 1810). Schlußv. Mel. v. Friedr. Glück (komp. 1814) u. Ludw. Berger (komp. 24. Febr. 1815).

— . . . solang' du das nicht hast, | Dieses: Stirb und werde! | Bist du nur ein trüber Gast | Auf der dunklen Erde.

Joh. Wolfg. von Goethe, Westöstlicher Diwan. B. d. Sängers. Selige Sehnsucht (ged. 31. Juli 1814).

— Glücklich, glücklich nenn' ich den, | Dem des Daseins letzte Stunde | Schlägt in seiner Kinder Mitte! | Solches Scheiden heißt nicht sterben.

Frz. Grillparzer, D. Ahnfrau (1817). A. 1 (Graf).

— Sie haben manches von mir gelernt; jetzt sollen sie auch noch lernen, wie man in Ruhe stirbt. Fürst Blücher zu Graf Nostitz (12. Sept. 1819).

Sterben. — Alles verwandelt sich; nichts stirbt. In schöner Verwandlung | Wird die Hoffnung Genuß und das Verlor'ne Gewinn.

Joh. Gottfr. von Herder, Sämtl. Werke (1805—1820). Gedichte. Grabschriften. Nr. 6.

— Schuldlos und heiter sterben zu können, keinen Ankläger und Rächer in der Brust mit uns zu tragen, müßte unser Wunsch und Bestreben sein.

Joh. Gottfr. von Herder, Sämtl. Werke (1805—1820).

— Nur mit leiser Klage, daß du zu der Erde zurückkehrst, | Und mit süßem Erwarten der zweiten Schöpfung aus Staube | Mußt du dich niederlegen und sterben.

Friedr. Gottl. Klopstock, Sämtl. Werke (1798—1821).

— Jünglinge schlummern (sind gestorben) hier, und Greise bleiben | Wach.

Friedr. Gottl. Klopstock, Sämtl. Werke (1798—1821).

— Selig sind des Himmels Erben, | Die Toten, die im Herren sterben, | Zur Auferstehung eingeweiht!

Friedr. Gottl. Klopstock, Sämtl. Werke (1798—1821).

— Nein, wo ein Leben stirbt, da sind auch Tränen. Engl.: Ah, surely nothing dies but something mourns.

George Gordon Lord Byron, Don Juan (1819—1824). Übers. v. Gildemeister. Ges. 3, Str. 108, V. 8.

— Im Grunde ist es dasselbe, für was man stirbt, wenn nur für etwas Liebes gestorben wird; und so ein warmer, treuer Tod ist besser als ein kaltes, treuloses Leben.

Heinr. Heine, Reisebilder (1826—1830).

— Der Seligste von allen ist, | Wer schon als Kind die Augen schließt (stirbt), | Weß Fuß nie auf die Erde tritt, | Wer von der warmen Mutterbrust | Unmittelbar und unbewußt | Dem Tode in die Arme glitt!

Nicolaus Lenau (Niembsch, Edler von Strehlenau), Faust (1836). Görg (Faust.)

— So ist, wer stirbt, von dem noch zu beneiden, | Der seiner Lieben Scheiden | Erleben muß. Ital.: Certo ha chi more invidïabil sorte | A colui che la morte | Sente de' cari suoi.

Giacomo Leopardi, Auf ein antikes Grab-Basrelief (1836). Übers. v. Heyse.

— Es stirbt als Knabe, wen die Götter lieben.

Emanuel Geibel, Gesammelte Werke. Gedichte. Jugendgedichte. B. 2. Berlin (geb. 1836—1837). Verlorene Liebe.

— Wohl dem Mann, von dem man sagt, er ist | Zu früh und nicht, er ist zu spät gestorben!

Ernst Raupach, D. Hohenstaufen (1837). Kaiser Friedr. I. A. 1, Sz. 1.

— Wehe dem, der zu sterben geht | Und keinem Liebe geschenkt hat, | Dem Becher, der zu Scherben geht | Und keinen Durst'gen getränkt hat!

Friedr. Rückert, Gesammelte Gedichte (1837—1838). Pantheon. Bruchstück 5. Zahme Xenien. Vierzeilen.

Sterben. — Nur wissen möcht' ich: wenn wir sterben, | Wohin dann unsre Seele geht? | Wo ist das Feuer, das erloschen? | Wo ist der Wind, der schon verweht?

Heinr. Heine, Neue Gedichte. Verschiedene (geb. 1832—1839). Klarisse. Nr. 11. Schlußv.

— Was kann, wenn man nahe daran ist, diese Welt zu verlassen (zu sterben), tröstender sein, als zu sehen, daß man nicht umsonst gelebt habe, weil man einige, wenngleich nur wenige, zu guten Menschen gebildet hat!

Immanuel Kant, Werke (1838—1839). Bd. 11. An Dr. Mark. Herz.

— . . . wir werden moralisch früher tot als physisch und treten so bewußtlos aus der Welt (sterben), als wir hereingetreten sind.

Karl Jul. Weber, Demokritos (1832—1840). Todesbetrachtungen u. d. Todesfurcht in ihrer Lächerlichkeit.

— Jäher Tod hilft sanft hinüber; | Wer langsam stirbt, der stirbt zehntausendmal.

Friedr. Halm (Elegius Frz. Jos. Freiherr von Münch-Bellinghausen), D. Sohn d. Wildnis (1842). A. 5 (Ingomar).

— Zu sterben rasch im mannlichen Gefecht | Und in des Hasses Flammen zu verbrennen, | Wenn frei das Herz, und wenn sein Haß gerecht, | Das ist ein schöner Tod zu nennen!

Nicolaus Lenau (Niembsch, Edler von Strehlenau), D. Albigenser (1842). D. Rosenkranz.

— . . . das ewige Gesetz, das waltet, | Will die Harmonie noch im Verderben, | Und im Gleichmaß, wie es sich entfaltet, | Muß ein Wesen auch vergehn und sterben.

Friedr. Hebbel, Gedichte (1857). D. Schmerz sein Recht. Nr. 3.

— Glückselig, wer in der Jugend stirbt, | Um den der Tod im Frühling wirbt! | Denn wie die Rose vom Stengel fällt, | So scheidet die Jugend aus der Welt.

Moritz Hartmann u. Pfau, Bretonische Volkslieder (1859).

— Da ich nicht an der Spitze meiner Truppen sterben konnte, bleibt mir nichts anderes übrig, als meinen Degen in die Hände Ew. Majestät zu legen. Franz.: N'ayant pas pu mourir à la tête des mes troupes, il ne me reste plus qu'à remettre mon épée entre les mains de votre Majesté.

Napoleon III. an König Wilh. (1. Sept. 1870). Übers. v. Zimmermann.

— Noch keiner starb in der Jugend, | Wer bis zum Alter gezecht!

Friedr. von Bodenstedt, A. d. Nachlasse Mirza-Schaffys (1874). B. 2. Reben u. Leben. Nr. 2.

— Ein braves Pferd stirbt in den Sielen.

Otto von Bismarck im Abg.-Hause d. preuß. Landtages (4. Febr. 1881).

Sterben. — Man kann auch unter den Fußtritten der Leute auf der Landstraße und in der Gasse auf Salas y Gomez sterben.
Wilh. Raabe, D. Akten d. Vogelsangs (1896).

— Ihr werdet mit nichten des Todes sterben!
1. Mos., K. 3, V. 4.

— Beschicke dein Haus, denn du wirst sterben!
2. Könige, K. 20, V. 1.

— Dennoch müssen (die Menschen) davon (sterben) wie ein Vieh. Ps. 49, V. 13.

— Lehre uns bedenken, daß wir sterben müssen, auf daß wir klug werden! Ps. 90, V. 12.

— Sterben und verderben.
Nach Judith, K. 6, V. 3. — Sprichwörtl. Redensart.

— ... gedenke, daß wir alle sterben müssen!
Jes. Sir., K. 8, V. 8.

— ... wenn der Mensch stirbt, so wird er inne, wie er gelebt hat. Jes. Sir., K. 11, V. 28.

— ... etliche sterben, etliche werden geboren.
Jes. Sir., K. 14, V. 19.

— ... gab den Geist auf (er starb).
Apostelgesch., K. 5, V. 5.

— ... wir leben oder sterben, so sind wir des Herrn. Röm., K. 14, V. 8.

— Nur wer wohl gelebt, kann wohl sterben.
Sprichwort.

— Wer stirbt, ehe er stirbt, der stirbt nicht, wenn er stirbt. Sprichwort.

— Wer stirbt, hat ausgelernt. Sprichwort.

— Wohl sterben | Ist nicht verderben, | Sondern das ewige Leben erben. Sprichwort.

— Ebenso schnell stirbt Kalb wie Kuh. Franz.: Aussitôt meurt veau que vache. Sprichwort.

— Sind sie gestorben, riechen alle auf Eine Weise. Ital.: Dopo morti, tutti si puzza a un modo. Toscanisches Sprichwort.

— Man kann nicht zweifachen Todes sterben.
Esthnisches Sprichwort.

— Auch der muntre Bursch' kann sterben; | Sterben muß der schwache Greis.
Finnisches Sprichwort.

— Wehe uns, daß wir sterben!
Hebräisches Sprichwort.

— Auf Eine Weise werden wir geboren, auf tausendfache sterben wir. Serbisches Sprichwort.

— Lieber siebenmal verdorben | Als Einmal gestorben. Sprichwörtl.

— Der kann im Stehen sterben (sagt man, wenn jemand sehr große Füße hat).
Bek. Redensart.

— Bauen, freien, pflanzen, werben | Hat seinen Gang, bis daß wir sterben.
Spr. an einem Hause in Hannover.

— Ich lebe und weiß wohl, wie lange; | Ich sterbe und weiß wohl, wann; | Ich fahre aus, weiß wohl, wohin; | Mich wundert's, daß ich noch traurig bin. Spr. an einem Hause zu Eisenach.

Sterben. — Sicher stirbt, wer da weiß, daß er nur aus dem Tod wird geboren. Lat.: Securus moritur, qui scit se morte renasci.
Inschrift in d. Trinitatiskirche zu Danzig.

— Wie gelebt, | So entschwebt (gestorben).
Spr. an einem Hausgerät.

— Daß ich gestorben bin, | Das weißt du: | Ob ich im Himmel bin, | Das fragst du; | Nicht sterben, aber im Himmel sein, | Das willst du.
Spr. auf d. Kirchhofe zu Friesach in Kärnten.

— Ewig rueht in Liecht und Friden, | Die Ihr in Gott seit abgeschiden (gestorben).
Inschrift in d. Totenkapelle zu Völs.

— Mensch betracht die Totenbahr, | Fileicht stirbst du noch dieses Jahr!
Inschrift an einer Totenrast in Karneid.

Sterben, das. — Es ist vermischt und wieder getrennt worden und dahingegangen, wo es hergekommen ist, die Erde zur Erde, der Geist in die Höhe. Was ist Böses dabei (beim Sterben)? Griech.: *Συνεκρίθη καὶ διεκρίθη καὶ ἀπῆνθεν ὅθεν ἦνθε πάλιν, γᾶ μὲν εἰς γᾶν, πνεῦμα δ' ἄνω. Τί τῶνδε χαλεπόν;*
Epicharmus (5. Jahrh. v. Chr.). Nach Plutarch, Moralische Abhandlungen. Übers. v. Eyth. Trostrede. K. 15.

— ... wer gleich mir in lauter Trübsal lebt, | Der muß das Sterben als Gewinn betrachten. Griech.: *Ὅστις γὰρ ἐν πολλοῖσιν, ὡς ἐγώ, κακοῖς | Ζῇ, πῶς ὅδ' οὐχὶ κατθανὼν κέρδος φέρει;*
Sophokles (um 496—406 v. Chr.), Antigone. Übers. v. Jordan. V. 461—62 (Antigone).

— Ach Gott, hilf mir mit Ehren erwerben | Ein ehrliches Leben und seliges Sterben!
Stammbuchinschrift (1511).

— Sterben und gebohren werden | Ist das stete Thun der Erden.
Paul Fleming, Teutsche Poemata (1642). Auff Herren Timothei Poli neugebohrnen Töchterleins Christianen Ihr Absterben.

— Sterben ist der Weg zum Leben.
Paul Fleming, Teutsche Poemata (1642). Auff Herren Timothei Poli neugebohrnen Töchterleins Christianen Ihr Absterben.

— Die Welt sei, wie sie wil, sie hab' auch, was sie wil; | Wär sterben nicht dabei, so gilte sie nicht viel.
Friedr. von Logau, Deutsche Sinn-Getichte (1654). D. Beste in d. Welt.

— Ob sterben grausam ist, so bild' ich mir doch ein, | Daß Lieblichers nicht ist, als nun gestorben sein.
Friedr. von Logau, Deutsche Sinn-Getichte (1654). Sterben.

— Von Gott kompt alles her, | Der lässet auch im Sterben | Die seinen nicht verderben; | Sein Hand ist nicht zu schwer.
Joh. Rist, Geistl. Poetische Schriften (1657—1659). T. 3. Sabbathische Seelenlust. Am ersten Advents Sontage.

Sterben, das. — Es ist nichts kleines um das Sterben!

Friedr. von Schiller, Iphigenie in Aulis (geb. 1788). A. 5, Sz. 5 (Achilles).

— Man fürchtet weniger den Tod als die Operation des Sterbens.

Christ. Wilh. Hufeland, Über d. Ungewißheit d. Todes (1791).

— Wir urteilen sicherlich nicht recht, so viele unser das Sterben für etwas Böses halten.

Matthias Claudius, Sämtl. Werke d. Wandsbecker Boten (1816). Apologie d. Sokrates.

— Wenn alles eben käme, | Wie du gewollt es hast, | Und Gott dir gar nichts nähme | Und gäb' dir keine Last; | Wie wär's da um dein Sterben, | Du Menschenkind, bestellt? | Du müßtest fast verderben, | So lieb wär' dir die Welt!

Friedr. de la Motte Fouqué, Gedichte. Trost (1816).

— Ach, wie ist das Sterben so bitter! | Erbarm' dich, weil ich so jung noch bin!

Jos. Freiherr von Eichendorff, Gedichte (1837). Romanzen. D. Reitersmann.

— Weh' dem Tränenlosen, wehe, | Der sich wagt in Sterbens Nähe; | Denn ihm kann durchs ganze Leben | Jenes Grauen heimlich beben.

Nicolaus Lenau (Niembsch, Edler von Strehlenau), Neuere Gedichte (1838). Tod u. Trennung.

— Sterben scheint mir in der Regel die letzte süße Empfindung des Lebens zu sein, und gar viele Sterbende haben sogar angenehme Ideen und Gefühle; daher das Lächeln, das Theologen oft so komisch gedeutet haben.

Karl Jul. Weber, Demokritos (1832—1840). Todesbetrachtungen u. d. Todesfurcht in ihrer Lächerlichkeit.

— Ist der Tod nur ein Schlaf, wie kann dich das Sterben erschrecken? | Hast du es je noch gespürt, wenn du des Abends entschliefst?

Friedr. Hebbel, Gedichte. Dichtungen (geb. 1857—1863). Epigramme. D. Sterben.

— . . . Sterben ist mein Gewinn.

Philipper, K. 1, V. 21.

— Im Sterben sind wir alle Meister und Lehrjungen. Sprichwort.

— Sterben ist auch eine Kunst. Sprichwort.

— Sterben ist kein Kinderspiel.

Sprichwort. Schweiz.

— Ein schönes Sterben ehrt das ganze Leben. Ital.: Un bel morir tutta la vita onova.

Toscanisches Sprichwort.

— Die Sterben für Gewinn halten, sind schwer zu erschrecken. Sprichwörtl.

— Gatte, Kinder, weinet nicht, | Ich hab ausgelitten! | Sterben, das ist Menschenpflicht, | Ach, da hilft's kein Bitten! | Lebet wohl, beim Auferstehen | Werden wir uns wiedersehen!

Inschrift auf einem Leichenbrett.

— Unumbgänglich ist das sterben, | Alle werden todtes erben, | Ich und du, Ja allzugleich | Ghören in des tottes reich.

Inschrift in d. Totenkapelle zu Völs.

Sterblich. — Ich wußte, daß ich einen sterblichen Sohn gezeugt habe. Griech.: *Εἰπεῖν, ᾔδειν ὅτι θνητὸν ἐγέννησα τὸν υἱόν*

Anaxagoras (geb. um 500 v. Chr.) auf d. Nachricht v. Tode seines Sohnes. Nach Plutarch, Moralische Abhandlungen. Übers. v. Eyth. Trostrede. K. 33.

— Nicht sich, nur andre hält man stets für sterblich. Engl.: All men think all men mortal but themselves.

Edward Young, Nachtgedanken (1742). Übers. v. Graf von Bentzel-Sternau. Nacht 1, V. 424.

— Hier ist die Stelle, wo ich sterblich bin.

Friedr. von Schiller, Don Carlos (1787). A. 1, Sz. 6 (König).

Sterbliche, der. — Niemals, — niemals | Besaß ein Sterblicher so viel, so göttlich | Es zu gebrauchen. Friedr. von Schiller, Don Carlos (1787). A. 3, Sz. 10 (Marquis).

Sterne. — So steigt man empor zu den Sternen. Lat.: Sic itur ad astra.

Publ. Vergilius Maro (um 70 v. Chr. — 19 n. Chr.), Aeneis. B. 9, V. 641. Übers. v. Grau.

— Die Sterne, | Die Sterne oben lenken unsern Sinn. Engl.: It is the stars, | The stars above us, govern our conditions.

William Shakespeare, König Lear (1605—1606). Übers. v. Graf Baudissin. A. 4, Sz. 3 (Kent).

— Wer trägt der Himmel unzählbare Sterne? | Wer führt die Sonn' aus ihrem Zelt?

Christ. Fürchtegott Gellert, Geistl. Oden u. Lieder (1757). D. Ehre Gottes a. d. Natur. Mel. v. Ludw. van Beethoven.

— O Sterne Gottes, Zeugen | Und Boten beßrer Welt, | Ihr heißt den Aufruhr schweigen, | Der unsern Busen schwellt!

Ludw. Theobul Kosegarten, Dichtungen. D. Sterne (1796). Mel. v. Rudolf Zacharias Becker (1799), Andr. Romberg (1799) u. Karl Gottl. Hering (komp. 1822).

— Die Sterne, die begehrt man nicht.

Joh. Wolfg. von Goethe, Gedichte. Lieder. Trost in Tränen (geb. um 1802). Mel. v. Karl Friedr. Zelter (komp. 23. Sept. 1803), Joh. Friedr. Reichardt (1809), Ludw. Berger u. a.

— O ewig schöne Sterne | In ewig gleichem Lauf, | Wie blick' ich stets so gerne | Zu eurem Glanz hinauf! Aug. Eberhard, D. Sterne (geb. 1807). Mel. v. Leonhard von Call (1810).

— Es stehen drei Stern' am Himmel, | Die geben der Lieb' ihren Schein.

Joh. Gottfr. von Herder, Stimmen d. Völker in Liedern (1807). Abteilung 2, B. 5, Nr. 8. D. Lied. v. eifersüchtigen Knaben. Deutsch.

— Es blinken so lustig die Sterne.

Pius Alexander Wolff, Preziosa (1820). A. 4, Sz. 12 (Chor). Komp. v. Karl Maria von Weber (Erste Auff. am 14. März 1821 in Berlin.)

— Sie (die Sterne) sprechen eine Sprache, | Die ist so reich, so schön; | Doch keiner der Philologen | Kann diese Sprache verstehn.

Heinr. Heine, D. B. d. Lieder. Lyrisches Intermezzo (geb. 1822—1823). Nr. 8.

Sterne. — Oben, wo die Sterne glühen, | Müssen uns die Freuden blühen, | Die uns unten sind versagt.

Heinr. Heine, D. B. d. Lieder. Anhang älterer Gedichte (geb. 1816—1824). Zu d. Liedern. Nr. 7.

— Wenn aller Raketenspuk verweht, | Der hoch ergötzt die lieben Kleinen, | Dann werden in stiller Majestät | Die alten, ewigen Sterne scheinen.

Paul Heyse, Spruchbüchlein (1885). Theater.

Sternenbühne. — Eh' vor des Denkers Geist der kühne | Begriff des ew'gen Raumes stand, | Wer sah hinauf zur Sternenbühne, | Der ihn nicht ahndend schon empfand?

Friedr. von Schiller, Gedichte. D. Künstler (ged. 1789).

Sternenhimmel. — Gegen die Erde gibt es keinen Trost als den Sternenhimmel.

Jean Paul (Joh. Paul Friedr. Richter), Sämtl. Werke (1826—1828).

— Zwei Dinge erfüllen das Gemüt mit immer neuer und zunehmender Bewunderung und Ehrfurcht, je öfter und anhaltender sich das Nachdenken damit beschäftigt: — der bestirnte Himmel über mir und das moralische Gesetz in mir; — denn sie beweisen mir, daß ein Gott über mir und ein Gott in mir ist.

Immanuel Kant, Werke (1838—1839).

Sternenstunde. — . . . du wirst auf die Sternenstunde warten, | Bis dir die irdische entflieht. Friedr. von Schiller, D. Piccolomini (1799). A. 2, Sz. 6 (Illo).

Sternlein. — Weißt du, wieviel Sternlein stehen | An dem blauen Himmelszelt?

Wilh. Hey, Noch fünfzig Fab. Gott weiß (ged. 1836). Volksweise.

Sternschnuppen. — . . . Flammen, die aus Sternen fallen (Sternschnuppen), tragen | Der Menschen Seufzer vor den Thron des Herrn.

Wilh. Müller, Siebenundsiebzig Gedichte a. d. hinterlassenen Papieren eines reisenden Waldhornisten (1821). Nr. 2. Joh. u. Esther. Vor ihrem Fenster. Schlußv.

— Die Sternschnuppen, die eilig dahinfahren, sind es, die den Ausruf der Bewunderung erregen, nicht die Sterne, die ruhig stehen und glänzen. Joh. Jak. Mohr, Gedanken über Leben u. Kunst (1885).

Steuer, das. — Dat is 'n Schip sünder (ohne) Stüer (er kann sich nicht beherrschen).

A. d. Seemannssprache. Ostfriesland.

Steuer, die. — Geht es an die Steuer zum gemeinen Nutzen, sucht Jeder den Bettelmantel herfür. Alter Spr.

— Neuer Landtag, gewisse Steuer. Sprichwort.

— Schreibt der Herr Kaiser ein' Steuer aus, | Zum nächsten kommts aufs Bauernhaus.

Spr. an einem Hause. Kärnten.

Steueralmanach. — Im Steueralmanach ist keine rothe Schrift; | Sie feiert, seit die Welt steht, keine Stunde nicht.

Friedr. von Logau, Deutsche Sinn-Getichte (1654). Steuerkalender.

Steuermann. — Bei gutem Wetter kann Jeder ein Steuermann sein. Alter Spr.

Steuermänner. — De beste Stürlü sünd an Land. A. d. Seemannssprache.

Steuern. — Gottes Wort und Steuern geben | Hilft zu diesem und jenem Leben.

Inschrift d. Schaupfennigs d. Herzogs Friedr. III. zu Sachsen Gotha u. Altenburg (1726).

— In dieser Welt gibt es nichts Sicheres als den Tod und die Steuern. Franz.: Dans ce monde, il n'y a rien d'assuré que la mort et les impôts.

Benj. Franklin an Leroy (1789). Übers. v. Wenzel.

— Sterben und Steuernzahlen muß der Mensch überall. Sprichwörtl.

— Bürger schreib' den Rat dir auf, | Erst zahl' Steuern und dann sauf'!

Inschrift im Ratskeller zu Wiesbaden.

Steuerrock. — . . . ganz bequem sitzt der Steuerrock niemals! Es ist immer besser, man hat keinen.

Otto von Bismarck im Reichstage (10. März 1877).

Steuerzahler. — Ein hoher und dabei friedliebender Steuerzahler ist immer für den ministeriellen Standpunkt der angenehmste Staatsbürger.

Otto von Bismarck im Reichstage (2. April 1881).

Stiefel. — Stiefel muß sterben, | Ist noch so jung, jung, jung. Studentenlied (16. Jahrh.).

— Er kann einen guten Stiefel vertragen (er kann viel trinken). Sprichwörtl. Redensart.

Stiefkind. — Eine brave Mutter gibt ihrem Stiefkinde ein gleich großes Stück Kuchen als ihrem eigenen Kinde, aber sie gibt es auf eine andere Art.

Ludw. Börne, Gesammelte Schriften (1862—1863). Kritiken. Nr. 35. Histoire de la Révolution française, par Thiers.

Stiefkinder. — Verfolgt die zweite Mutter doch Stiefkinder stets | Mit giftigen Blicken, einer wilden Schlange gleich. Griech.: *Ἐχθρὰ γὰρ ἡ 'πιοῦσα μητρυιὰ τέκνοις | Τοῖς πρόσθ', ἐχίδνης οὐδὲν ἠπιωτέρα.*

Euripides, Alkestis (um 438 v. Chr.). Übers. v. Minckwitz. V. 309—10 (Alkestis).

Stiefmutter. — Du kennst ja des Weibes (als Stiefmutter) Gesinnung! | Immer sucht sie den Mann, der ihr beiwohnt, zu bereichern; | Aber die vorigen Kinder und ihrer Jugend Geliebten | Kennt sie nicht mehr. Griech.: *Οἶσθα γάρ, οἷος θυμὸς ἐνὶ στήθεσσι γυναικός· | Κείνου βούλεται οἶκον ὀφέλλειν, ὅς κεν ὀπυίῃ, | Παίδων δὲ προτέρων καὶ κουριδίοιο φίλοιο | Οὐκέτι μέμνηται.*

Homer, Odyssee. Übers. v. Voß. Ges. 15, V. 20—23.

— Der darf fürwahr der Göttergunst sich rühmen, | Dem in der zweiten Gattin sie die Mutter | Für einer Ersten Kinder zugeführt.

Ernst Raupach, Themisto (1840). A. 1, Sz. 1.

— Wer eine Stiefmutter hat, hat auch einen Stiefvater. Sprichwort.

Stiefmutter. — Wer eine Stiefmutter hat, hat den Teufel am Herde. Franz.: Qui a marastre, | A le diable en l'astre. Sprichwort.

— Wer eine Stiefmutter hat, mag trauern, so lange er lebt! Niederl.: Die eene stiefmoeder heeft, | Mag rouwen zoo lang hij leeft!
Sprichwort.

Stiefmütter. — Vor allen sind in Ehren hochzuhalten | Stiefmütter, die als zweite Mütter walten! | Hüt' dich, verleumdend sie, Unheil zu stiften | Und Kinderherzen zu vergiften!
Daniel Sanders, 366 Spr. (1892). Nr. 234. Stiefmütter.

— Stiefmueter oder Stiefätti, | As si der Tüfel hätti. Sprichwort. Schweiz.

Stier. — Den Stier bei den Hörnern fassen (mutig an ein Wagnis dort herangehen, wo die meiste Gefahr zu drohen scheint).
Sprichwörtl. Redensart.

Stil. — Der Stil ist der Mensch selbst. Franz.: Le style, c'est l'homme même.
Nach George Louis Leclerc de Buffon in d. Antrittsrede in d. Akademie (1753). Übers. v. Zimmermann.

— Jeder Mensch hat seinen eignen Stil so wie seine eigne Nase; und es ist weder artig noch christlich, einen ehrlichen Mann mit seiner Nase zum besten haben, wenn sie auch noch so sonderbar ist.
Gotthold Ephr. Lessing, Sämtl. Schriften. Theologische Streitschriften. Anti-Goeze (1778). Zweiter Beitrag.

— Ich kenne keinen blendenden Stil, der seinen Glanz nicht von der Wahrheit mehr oder weniger entlehnet.
Gotthold Ephr. Lessing, Sämtl. Schriften. Theologische Streitschriften. Anti-Goeze (1778). Zweiter Beitrag.

— Jeden anderen Meister erkennt man an dem, was er ausspricht; | Was er weise verschweigt, zeigt nur den Meister des Stils.
Friedr. von Schiller, Gedichte. Votivtafeln. Nr. 49. D. Meister (ged. 1796).

— Nur in Wegwerfung des Zufälligen und in dem reinen Ausdruck des Notwendigen liegt der große Stil.
Friedr. von Schiller, Prosaische Schriften (1793—1802). Über Matthissons Gedichte.

— Achten Sie vor allem auf Ihren Stil; ein guter Stil ist die Hauptsache. Schreiben Sie gewichtig, schreiben Sie tief; man verlangt das heutzutage von einer Zeitung, daß sie tief ist.
Gustav Freytag, D. Journalisten (1854). A. 4, Sz. 1.

— Stil ist richtiges Weglassen des Unwesentlichen. Anselm Feuerbach, Ein Vermächtnis (1882).

Still. — Nimm dich vor Heuchelei der stillen Leut' in Acht; | Am tiefsten ist ein Fluß, der kein Geräusche macht.
Martin Opitz, Sämtl. Werke (1644). Epigramme.

— Wie der Sternenhimmel bin ich still und bewegt.
Friedr. Hölderlin, Hyperion (1797—1799). B. 2.

Still. — ... alles Schönste, alles Edelste | Ist still und wirkt unausgesprochen erst | Mit Himmelskraft das Unaussprechliche!
Leop. Schefer, Laienbrevier (1834). Juni. Nr. 14. Schlußv.

Stille. — Keine Luft von keiner Seite! | Todesstille fürchterlich! | In der ungeheuren Weite | Reget keine Welle sich.
Joh. Wolfg. von Goethe, Gedichte. Lieder. Meeres Stille (ged. um 1787).

— Wohl! wer auf rechter Spur | Sich in der Stille siedelt; | Im Offnen tanzt sich's nur, | So lang' Fortuna fiedelt.
Joh. Wolfg. von Goethe, Gedichte. Zahme Xenien Nr. 3 (1824).

Stillstand. — ... echte Lebensweisheit ist der Bewegung hold, nicht dem Stillstande.
Ernst Freiherr von Feuchtersleben, Zur Diätetik d. Seele (1838). K. 6. Temperament, Leidenschaft.

— Ein ewig Kommen und ein ewig Gehen | Und nun und nimmer träger Stillestand!
Ferd. Freiligrath, Ein Glaubensbekenntnis. T. 2. Am Baum d. Menschheit drängt sich Blüt' an Blüte (ged. Jan. 1844).

— Stillstand | Ist kein Friedensband.
Sprichwort.

Stimme. — Ah, die Natur schuf mich im Grimme! | Sie gab mir nichts als eine schöne Stimme.
Matthias Claudius, Sämtl. Werke d. Wandsbecker Boten. T. 8 (1812). D. Esel. Schlußv.

— ... mit einer solchen Stimme, die ich mit fetter Schrift gleichbedeutend finde (mit erhobener Stimme).
Otto von Bismarck im Reichstage (26. Nov. 1884).

Stimmen. — Es gibt wenig Stimmen, die in ihrer äußersten Anstrengung nicht widerwärtig würden; und allzu schnelle, allzu stürmische Bewegungen werden selten edel sein.
Gotthold Ephr. Lessing, Hamburgische Dramaturgie (1767—1768).

— Wer Wahrheit sucht, der darf die Stimmen nicht zählen.
Gottfr. Wilh. von Leibniz, Werke (1768).

— „Du zählst die Stimmen; wäge sie, willst du nicht | Des Ruhms dich töricht freuen, der dir erschallt." | „Sehr mühsam ist die Wägung!"
Friedr. Gottl. Klopstock, Oden. D. Wage (ged. Aug. 1800).

— Man soll die Stimmen wägen und nicht zählen!
Friedr. von Schiller, Demetrius (ged. Mai 1804). A. 1 (Sapieha).

— Es ist daher jammerschade, daß wir so oft die Stimmen nur zählen können. Wo man sie wägen kann, soll man es nie versäumen.
Georg Christoph Lichtenberg, Verm. Schriften (1800—1806). Bd. 1, Nr. 2. Fragmente. Nr. 7. Über d. Macht d. Liebe.

Stimmen. — Stimmen wollen gewogen und nicht gezählt sein.

Mos. Mendelssohn, Gesammelte Werke (1838). Bd. 3. An Nicolai.

Stimmenmehrheit. — Nicht Stimmenmehrheit ist des Rechtes Probe.

Friedr. von Schiller, Maria Stuart (1800). A. 2, Sz. 3 (Talbot).

— Die Stimmenmehrheit nur entscheidet jeden Streit, | Doch eh'r entscheiden sollt' ihn Stimmenminderheit. | Denn gelten sollten mehr die Weisen als die Toren, | Und stets zur Minderheit sind jene auserkoren.

Friedr. Rückert, D. Weisheit d. Brahmanen (1836—1839). B. 8, Nr. 70. (Stufe 6. Prüfung. Nr. 133.)

Stimmung. — Nehmt die ernste Stimmung wahr, | Denn sie kommt so selten!

Joh. Wolfg. von Goethe, Gedichte. Gesellige Lieder. Generalbeichte (ged. 1802).

— Was hilft es, viel von Stimmung reden? | Dem Zaudernden erscheint sie nie.

Joh. Wolfg. von Goethe, Faust, I (1808). Vorspiel auf d. Theater (Direktor).

— Eine gerührte Stimmung ist wie das Abendrot oder ein farbiges Glas, durch welches wir die Welt schöner, wie überzaubert, erblicken.

Ernst Freiherr von Feuchtersleben, Zur Diätetik d. Lebens (1838). Tagebuchblätter.

— Die Stimmung ist alles im menschlichen Leben. Sie macht aus Steinen Gold und macht aus Gold Steine.

Heinr. Laube, Gesammelte Schriften (1875). Junker Hans.

Stimmungen. — Man hat allerdings Stimmungen; aber wehe dem, den die Stimmungen haben!

Ernst Freiherr von Feuchtersleben, Zur Diätetik d. Seele (1838). K. 4. Wille, Charakter, Unentschlossenheit, Unaufgelegtheit, Zerstreutheit.

— Es gibt wunderbare Stimmungen, es gibt rätselhafte Augenblicke im Menschen, wo sich uns plötzlich die Zukunft zu erschließen scheint, wir unwillkürlich laut jauchzen — oder weinen müssen.

Albert Emil Brachvogel, Ein neuer Falstaff (1862).

Stirn. — . . . müßte ich nicht eine eiserne Stirn haben?

Gotthold Ephr. Lessing, Miß Sara Sampson (1755). A. 2, Sz. 4 (Mellefont).

Stock. — Wer den Stock fürchtet, der kann nur mit dem Stock regiert werden. Sprichwort.

Stocken. — . . . hier stockt es, wie man zu sagen pflegt (nämlich das Wasser in der Wasseruhr). Lat.: **Sed haeret aqua, ut aiunt.**

Sprichwörtl. Redensart. Nach Marc. Tull. Cicero, V. d. Pflichten (um 44 v. Chr.). Übers. v. Kloß. B. 3, K. 33, § 117.

Stöhnen. — Stöhnen ist die halbe Arbeit. Alter Spr.

Stolpern. — Auch der beste Gaul stolpert einmal. Sprichwort.

Stolz. — Gott höhet alle Güte, | Erniedrigt stolz Gemüte. Mittelhochdeutsch: Got hoehet alle güete | Unt nideret hôchgemüete.

Vrîdankes Bescheidenheit (1225—1240). Übertr. v. Pannier. Nr. 1. v. gote.

— Nicht gierig, stolz, gewaltsam sei auf Erden, | Aus Staub bist du, darfst nicht zu Feuer werden.

A. d. Persischen d. Sadi, Fruchtgarten (1257). Übers. v. Graf.

— Wer stolz ist, verzehrt sich selbst; Stolz ist sein eigner Spiegel, seine eigne Trompete, seine eigne Chronik! Engl.: **He that is proud eats up himself: pride is his own glass, his own trumpet, his own chronicle.**

William Shakespeare, Troilus u. Cressida (um 1609). Übers. v. Schlegel. A. 2, Sz. 3 (Agamemnon).

— Daß ein Bösewicht noch so stolz sein kann!

Friedr. von Schiller, D. Räuber (1781). A. 2, Sz. 3 (Pater).

— Stolz will ich | Den Spanier.

Friedr. von Schiller, Don Carlos (1787). A. 3, Sz. 10 (König).

— Setzt dem stolzen Manne Gleichgültigkeit entgegen, und ihr nehmt seiner Macht den Stachel!

Friedr. Maximilian von Klinger, Gesammelte Werke (1809—1815).

— Große Menschen sind stolz, kleine eitel. Engl.: **The vile are only vain, the great are proud.**

George Gordon Lord Byron, Marino Faliero (1820). Übers. v. Heichen. A. 2, Sz. 1 (Angiolana).

— Wer stolz auf Vorzüg' ist, fühlt irgend ein Gebrechen; | Und wer sich brüsten mag, ist sich bewußt der Schwächen.

Friedr. Rückert, D. Weisheit d. Brahmanen (1836—1839). B. 10, Nr. 189. (Stufe 7. Erkenntnis. Nr. 96.)

— . . . mache dich nicht stolz, wenn man deiner bedarf! Jes. Sir., K. 10, V. 29.

— Wer stolz ist, ist auch grob. Sprichwort.

Stolz, der. — Den Stolz des erhabenen Herzens | Bändige du in der Brust; denn freundlicher Sinn ist besser! Griech.: *Σὺ δὲ μεγαλήτορα θυμὸν | Ἴσχειν ἐν στήθεσσι· φιλοφροσύνη γὰρ ἀμείνων.*

Homer, Ilias. Übers. v. Voß. Ges. 9, V. 255—56.

— Stolz ist die Maske der eignen Fehler.

Talmud (3. Jahrh.).

— Der höchste Stolz und der höchste Kleinmut ist die höchste Unkenntnis seiner selbst.

Baruch Spinoza, Ethik (1677).

— Der Stolz frühstückt mit dem Überfluß, speist zu Mittag mit der Armut und ißt zu Abend mit der Schande. Engl.: **Pride breakfasted with Plenty, dined with | Poverty, and supped with Infamy.**

Benj. Franklin, D. Weg zum Reichtum (1732—1757). Übers. v. Schenck. Abs. 11.

Stolz, der. — Was ist mein Stand, mein Glück und jede gute Gabe? | Ein unverdientes Gut. | Bewahre mich, o Gott, von dem ich alles habe, | Vor Stolz und Übermut!

Christ. Fürchtegott Gellert, Geistl. Oden u. Lieder (1757). Wider d. Übermut.

— . . . so beruhet unser Stolz meistens auf unsrer Unwissenheit!

Gotthold Ephr. Lessing, Fab. (1759). B. 3, Nr. 23. D. Maus. Schlußsatz.

— Je weniger jemand ist, je mehr Stolz wird er haben, und je geneigter wird er sein, an andern Fehler, gute Eigenschaften aber nicht zu bemerken.

Ewald Christ. von Kleist, Sämtl. Werke (1760). Prosaische Aufsätze. Nr. 9. Gedanken über verschiedene Gegenstände.

— Stolz! und nichts als Stolz! Der Topf | Von Eisen will mit einer silbern Zange | Gern aus der Glut gehoben sein, um selbst | Ein Topf von Silber sich zu dünken.

Gotthold Ephr. Lessing, Nathan d. Weise (1779). A. 1, Sz. 2 (Nathan).

— Aller Stolz ist defensiv, der Verteidiger der Stelle, die leer ist.

Karl Ludw. von Knebel, Elegien d. Properz (1798).

— Leutselig macht das Mißgeschick, die Schuld, | Und schmeichelnd zum geringen Manne pflegt | Gefall'ner Stolz herunter sich zu beugen.

Friedr. von Schiller, Wallensteins Tod (1799). A. 4, Sz. 2 (Gordon).

— Fahr' hin, ohnmächt'ger Stolz der edeln Seele! Friedr. von Schiller, Maria Stuart (1800). A. 3, Sz. 4 (Maria).

— Ha, frecher Stolz des herrgeword'nen Bürgers!

Friedr. von Schiller, D. Jungfrau v. Orleans (1801). A. 1, Sz. 5 (Dunois).

— Dem verblendeten Stolz fehlt es nie an Worten.

Georg Christoph Lichtenberg, Verm. Schriften (1800—1806). Bd. 3, Nr. 9. Über Physiognomik wider d. Physiognomen.

— Es ist leichter, einen Berg mit einer Nadelspitze aus seiner Wurzel zu heben, als Stolz aus dem Herzen zu reuten.

Gotthold Ephr. Lessing, Sämtl. Schriften (1796—1808).

— Stolz und Liebe heißt das Lichtgespann, | Worauf Geister durch die Himmel fliegen. — | Hoffe! dulde! liebe! sei ein Mann! | Das Geschmeiß laß in dem Staube kriechen!

Ernst Moritz Arndt, Gedichte. Ermannung (ged. 1816). Schlußv.

— Stolz ist das Gefühl seines bestimmten Werts und durchaus lobenswert.

Joh. Gottfr. Seume, Sämtl. Werke (1826). Apokryphen.

Stolz, der. — Der Stolz, den man wirklich nicht aufgeben soll, bleibt jedem rechtlich Gesinnten dennoch. Diesen sollte man aber nicht Stolz, sondern richtig abgewägtes Selbstgefühl nennen.

Wilh. Freiherr von Humboldt, Br. an eine Freundin (5. Mai 1832).

— Adelstolz sitzt auf hölzernem Pferde, | Bauerstolz wälzt sich auf der Erde, | Bürgerstolz geht auf hohen Hacken, | Geldstolz steht auf gelben Schlacken, | Dichterstolz fliegt in den Himmel hinein; | Wo mag der stolzeste Stolz wohl sein?

Wilh. Müller, Gedichte (1837). Epigramme. 2. Hundert, Nr. 50. D. Stolze.

— Den Stolz hat Gott noch stets vernichtet | Und Demut immer aufgerichtet.

Karl Immermann, Tristan u. Isolde (1841). Wirt u. Gast.

— Aller Stolz zerrinnt wieder am Stolz oder — an einem demütigen Herzen.

Bilder ohne Rahmen (1856).

— . . . je größer der Mann, um so geringer der Stolz.

Friedr. Hebbel, Gedichte (1857). Epigramme u. Verwandtes. Nr. 2. Gnomen. Majestas hominis.

— Der wahre Stolz ergreift für sich nicht selbst das Wort. Karl Gutzkow, Gesammelte Werke (1873).

— Wo Stolz ist, da ist auch Schmach.

Spr. Sal., K. 11, V. 2.

— Bei seinem Stolz den Narren man kennt, | Denn Stolz von stultus wird genennt; | Wir Teutschen han verstanden wohl, | Wie man den Stolz benennen soll. Alter Spr.

— Ihe gewaltiger du immer bist, | Desto weniger stoltz dir ehrlich (erlaubt) ist. Alter Spr.

— Stultus ein Narr heißt zu Latein: | Das trifft mit dem Worte Stolz recht ein, | Nam stultus Stolz und Narr ein Tor, | Eins gibt dem andern wenig vor; | Allein Herr Stolz, der ist ein Held, | Dem Stultus Pferd und Wagen hält. Alter Spr.

— Torheit und Stolz | Wachsen auf Einem Holz. Alter Spr.

Stolzen, die. — Die Stolzen sind der Welt zur Pein. Griech.: *Τίς δ' οὐ σεμνὸς ἀχθεινὸς βροτῶν;*

Euripides, Hippolytos (um 428 v. Chr.). Übers. v. Minckwitz. V. 94 (Hippolytos).

— Demütigung beschleicht die Stolzen oft.

Joh. Wolfg. von Goethe, D. natürliche Tochter (1803). A. 2, Sz. 5 (Hofmeisterin).

— Ach, daß die Stolzen müßten zuschanden werden! Ps. 119, V. 78.

Storch. — Dem Storch gefällt sein Klappern wohl. Sprichwort.

Stoßgebet. — Ein Stoßgebet in Not erhöht | Des Mannes Mut und stillt das Blut.

Ludw. Achim von Arnim, Wintergarten (1809). Soldaten-Katechismus.

Strafe. — ... welcher Mensch ist sonder allen Druck (Furcht vor Strafe) gerecht? Griech.: *Τίς γὰρ δεδοικὼς μηδὲν ἔνδικος βροτῶν;*

Äschylus, D. Orestie (um 458 v. Chr.). Übers. v. Minckwitz. D. Eumeniden. V. 689 (Athene).

— Die Strafe soll nicht größer sein als die Schuld. Lat.: Cavendum est, ne maior poena quam culpa sit.

Marc. Tull. Cicero, B. d. Pflichten (um 44 v. Chr.). Übers. v. Klotz. B. 1, K. 25, § 89.

— Langsam zur Strafe, schnell zum Wohltun. Lat.: Ad vindictam tardus, ad beneficentiam velox. Wahlspr. Kaiser Heinr. I. (reg. 919—936).

— Zimlich strof bringt kein sörglich gschrei; | Die rût der zucht vertribt on smerz | Die narrheit uß des kindes herz.

Seb. Brant, D. Narrenschif (1494). Nr. 6. V. ler d. kind.

— Die Strafe muß dem Fehler angemessen sein. Ital.: Il castigo deve essere, ... proporzionato al fallo.

Torquato Tasso, Brief an Scipione Gonzaga (15. April 1579). Übers. v. Pozzoni.

— Der wahren Gottes Kinder Pflicht | Ist, alle Straff in Demuth leyden.

Simon Dach, Beim Tode d. Frawen Helenen v. Pröhlen Herrn v. Brandten Gemahlin (ged. 1647).

— Strafe soll sein wie Salat, | Der mehr Öl als Essig hat. Friedr. von Logau, Deutsche Sinn-Getichte (1654). Strafmaß.

— Die Strafe muß sein wie eine vom Arzte gereichte bittere Medizin. Lat.: ... quam amara quaevis a medico propinata potio.

Amos Comenius (1597—1671), Unterrichtslehre. Übers. v. Lindner. K. 26, § 3.

— Daher denn auch in einem Zusammenhange, wo die Bestrafung von keiner Scham begleitet wird, es mit der Erziehung zu Ende ist.

Joh. Gottl. Fichte, Reden an d. deutsche Nation (1808). Rede 10.

— Die Strafe macht dich frei von dem Gefühl der Schuld; | Drum straft dich, Kind, nicht Zorn des Vaters, sondern Huld.

Friedr. Rückert, D. Weisheit d. Brahmanen (1836—1839).

— Strafe und Lehre soll man zu rechter Zeit üben. Jes. Sir., K. 22, V. 6.

— Die straff, die du hast verschuld, | Soltu auffnemen mit gedult. Alter Spr.

— Die Strafe soll nicht größer sein als die Schuld. Sprichwort.

— Strafe im Zorn kennt weder Maß noch Ziel. Sprichwort.

— Strafe soll bessern, aber nicht schmähen. Sprichwort.

Strafen. — ... der ist schuldig der Tat, der zu strafen Gewalt hat | Und nicht strafet; es spielet alsdann ein jeder den Herren.

Joh. Wolfg. von Goethe, Reineke Fuchs (1794). Ges. 7.

Strafen. — Der Vater straft sein Kind und fühlet selbst den Streich; | Die Härt' ist ein Verdienst, wo dir das Herz ist weich.

Friedr. Rückert, Östliche Rosen (1822). Wanderungen.

— ... welchen der Herr liebet, den strafet er. Spr. Sal., K. 3, V. 12.

— ... kühle dein Mütlein nicht, wenn du strafen sollst! Jes. Sir., K. 10, V. 6.

— Es ist besser, frei strafen, denn heimlich Haß tragen. Jes. Sir., K. 20, V. 2.

— ... strafe, drohe, ermahne mit aller Geduld und Lehre! 2. Tim., K. 4, V. 2.

— ... strafe mit ganzem Ernst! Tit., K. 2, V. 15.

— Wiltu andere leuth straffen und lehren, | So thu dich zum ersten bekehren! Alter Spr.

Strafen, das. — Langsam im Strafen, schnell im Belohnen. Lat.: Tardus ad poenas, ad praemia velox.

Wahlspr. Kaiser Heinr. I. (reg. 919—936).

— ... Strafen heißt | Dem Jüngling wohltun, daß der Mann uns danke.

Joh. Wolfg. von Goethe, Torquato Tasso (1789). A. 2, Sz. 5 (Antonio).

Strafen, die. — Es haben die Strafen, — wenn sie zahlreich sind, geringeres Ansehen. Ital.: Hanno i castighi, — se son frequenti, — Minore autorità.

Pietro Metastasio, D. Milde d. Kaisers Tit. (1734). A. 1, Sz. 1. Übers. v. Pozzoni.

— Späte Strafen sind wie späte Arzeneien.

Ewald Christ. von Kleist, Sämtl. Werke (1760). Prosaische Aufsätze. Nr. 9. Gedanken über verschiedene Gegenstände.

— Nicht große, aber unausbleibliche Strafen sind mächtig und allmächtig.

Jean Paul (Joh. Paul Friedr. Richter), Levana oder Erzieh-Lehre (1807). Bd. 1, Bruchstück 3, K. 7, § 64.

— Überhaupt müssen Strafen den Kindern immer mit der Behutsamkeit zugefügt werden, daß sie sehen, daß bloß ihre Besserung der Endzweck derselben sei.

Immanuel Kant, Werke (1838—1839). Bd. 9.

— Wenn physische Strafen oft wiederholt werden, bilden sie einen Starrkopf; und strafen Eltern ihre Kinder des Eigensinns wegen, so machen sie sie nur noch immer eigensinniger.

Immanuel Kant, Werke (1838—1839). Bd. 9.

— ... scherzet nicht mit Strafen und Gefängnis! Jes. Sir., K. 13, V. 16.

Straff. — Allzu straff gespannt zerspringt der Bogen. Sprichwort.

Strafgericht. — Ihn traf des Himmels Strafgericht.

Friedr. Kind, D. Freischütz (ged. 1817—1818). A. 3, Sz. 5. Komp. v. Karl Maria von Weber. (Erste Auff. am 18. Juni 1821 in Berlin.)

Strang. — An einem Strange ziehen (derselben Meinung, Gesinnung sein).

Sprichwörtl. Redensart.

Strang. — Über den Strang schlagen (in übermütiger, ausgelassener Stimmung sich befinden).
Sprichwörtl. Redensart.

Stränge. — Wenn alle Stränge reißen (wenn alles fehlschlagen sollte).
Sprichwörtl. Redensart.

Straßburg. — O Straßburg, o Straßburg, | Du wunderschöne Stadt!
Soldatenlied (um 1800). Volksweise.

— Zu Straßburg auf der Schanz, | Da ging mein Trauern an.
D. Knaben Wunderhorn (1806—1808). D. Schweizer. Mel. v. Friedr. Silcher (komp. 1835).

— Zu Straßburg auf der langen Brück' . . .
Salomon Mosenthal, Gedichte. D. Deserteur (vor 1845). Volksweise.

Straße. — All' Eine Straße müssen wir. Lat.: Omnes eodem cogimur.
Quint. Horatius Flacc., Oden (um 23 v. Chr.). Übers. v. Voß. B. 2, Nr. 3, V. 25.

— Er (Gott) . . . . führet mich auf rechter Straße.
Ps. 23, V. 3.

Straubinger. — Gott grüß dich, Bruder Straubinger!
Karl Müller, Gedichte, Aufsätze u. Lieder im Geiste Marc. Sturms. D. Bruder Straubinger (um 1820). Mel. Was fang' ich armer Teufel an usw.

Straucheln. — Was im Himmel fället, das ist teuflisch; was auf Erden strauchelt, das ist menschlich.
Dr. Martin Luther, Tischreden oder Colloquia (1566). Nr. 9. Tischreden v. d. Sünde. § 20. D. Gottlosen Fall, u. wie sie in ihrem gottlosen Wesen u. falscher Lehre ergriffen werden.

— Wenn ein Fuß strauchelt, so ist der ander im Fall.
Christoph Lehmann, Politischer Blumen=Garten (1662). T. 1. Gefahr. Nr. 27.

Streben. — Lernt vor allen ird'schen Dingen, | Wer ihr seid, und was ihr sollt; | Streben, wenn auch nicht vollbringen, | Eh' der Vorhang niederrollt!
Aug. Graf von Platen=Hallermund, Gedichte. Lieder u. Romanzen. Würde selbst d. Welt zertrümmern usw. (ged. 1818). Schlußv.

— . . jedes Ziel | Ist Tod! Wohl dem, der ewig strebt!
Christ. Dietr. Grabbe, Don Juan u. Faust (1829). A. 1, Sz. 1 (Don Juan).

— Wer immer strebend sich bemüht, | Den können wir erlösen.
Joh. Wolfg. von Goethe, Faust, II (1831). A. 5. Bergschluchten, Wald, Fels, Einöde (Engel).

— Strebe, daß du nach deinem Hinscheiden fühlest, du habest gelebt!
Joh. Kaspar Lavater, Werke (1834). Worte d. Herzens. Auszüge a. Br.

— . . . wer nicht mehr strebt, wer nicht mehr lernt, der lasse sich begraben!
Ernst Freiherr von Feuchtersleben, Zur Diätetik d. Seele (1838). Tagebuchblätter.

Streben. — Nur streben, immer streben!
Ferd. Freiligrath, Zwischen d. Garben. Vorwort (ged. Juli 1849).

— Du strebst nur, weil du liebst; dein kühnstes Denken | Wird Andacht sein, die sich in Gott will senken.
Rob. Hamerling, Germanenzug (1864).

— Strebe nach einem goldnen Kleid, so wirst du wenigstens eine Schleife davon erhaschen!
Sprichwort.

— Strebe, und du wirst siegen! Lat.: Tentando superabis!
Wahlspr. d. Kingdom.

Streben, das. — . . . nicht Haben und nicht Besitzen des Menschen Seligkeit macht, sondern Streben, Erreichen.
Joh. Jak. Engel, D. Philosoph für d. Welt (1775—1777). T. 2, Stück 23. D. Ätna oder Über d. menschliche Glückseligkeit.

— Die Sehnsucht und der Träume Weben, | Sie sind der weichen Seele süß; | Doch edler ist ein starkes Streben | Und macht den schönen Traum gewiß.
Ludw. Uhland, Gedichte. Balladen u. Romanzen. D. Pilger (ged. 30. Jan. 1806).

— . . . das recht ernstliche Streben ist das halbe Erreichen.
Wilh. Freiherr von Humboldt, Br. an eine Freundin (Dez. 1834 — 2. Jan. 1835).

— So in deinem Streben | Bist, mein Herz, auch du; | Gott nur kann dir geben | Wahre Abendruh'.
Aug. Heinr. Hoffmann von Fallersleben, Lyrische Gedichte. Nr. 1. Dichterleben. Jugend= u. Mannesjahre. Abendlied (ged. 17. April 1837). Schlußv. Mel. v. Friedr. Aug. Jakob (1845) u. Karl Groos (1848).

— Ein Streben mag mit Lust den Strebenden betrügen; | Doch das Erstrebte kann dem Geiste nie genügen.
Friedr. Rückert, D. Weisheit d. Brahmanen (1836—1839). B. 16, Abteilung 1, Nr. 97. (Stufe 5. Leben. Nr. 97.)

— Wer unterging im großen Bestreben, | Verdient in dem Herzen der Nachwelt zu leben!
Aug. Mahlmann, Sämtl. Schriften (1839—1840). Gedichte. D. Jüngling u. d. Wanderer. Schlußv.

— . . . nicht bloß das Tun, nicht bloß die Tatsache der hinterlassenen Leistung gibt uns ein Recht auf ehrende Anerkennung nach dem Tode, sondern auch das Streben selbst.
Heinr. Heine, Sämtl. Werke. Verm. Schriften. Ludw. Marc. (22. April 1844).

— Ein unermüdet Weiterstreben, | Das ist der herrlichste Gewinn.
Jul. Hammer, Schau um dich u. schau in dich (1851). Kampf u. Sieg. Flieh' endlich deiner Schwermut Nacht usw.

— . . . unser bester Lohn liegt im Streben.
Friedr. von Bodenstedt, D. Herrenhaus in Eschenwalde (1872).

Streben, das. — Wohl drückt Erfolg dem Leben | Aufs Haupt den blüh'nden Kranz; | Mehr als Erfolg ist Streben, | Und Echtheit mehr als Glanz.

Ernst von Wildenbruch, Lieder u. Balladen (1877). Trost in Hoffnungslosigkeit.

— Jede reife Frucht am Baum | Kostet einer Blüte Leben. | Jedes voll erreichte Streben | Kostet einen Hoffnungstraum.

Frida Schanz, Ährenlese (1894).

Streich. — Da macht wieder jemand einmal einen dummen Streich.

Joh. Wolfg. von Goethe, Clavigo (1774). A. 2. D. Haus d. Clavigo (Carlos). Schlußsatz.

— Dieses war der erste Streich, | Doch der zweite folgt sogleich.

Wilh. Busch, Max u. Moritz (1865).

— Vom ersten Streiche | Fällt keine Eiche.

Sprichwort.

Streicheln. — Je mehr ihr eure Katze streichelt, | Je höher hebt sie den Schwanz.

Hensler (1742—1799).

Streicheln, das. — Streicheln | Tut verweicheln.
Sprichwort.

Streit. — Wer Zank und Streit abtut, der verwandelt den Fluch in einen Segen.

Kaiser Heinr. III. (reg. 1039—1056).

— Viel kommen vom Krieg vnnd wissen nichts vom Streit.

Christoph Lehmann, Politischer Blumen=Garten (1662). T. 1. Krieg. Nr. 113.

— Wer den Streit stillet, wandelt Fluch in Segen. Lat.: Qui litem aufert, execrationem in benedictionem mutat.

Wahlspr. d. Äbtissin Anna Salome v. Essen (gest. 1691).

— Ja, wenn, was einem schön und löblich dünkt, | Auch jedem andern schön und löblich dünkte, | Kein Streit noch Zwist entzweite dann die Welt!

Friedr. von Schiller, Sz. a. d. Phönizierinnen d. Euripides (geb. 1788). (Eteokles).

— Der Streit brennt fort, und alle Waffen gelten. Friedr. von Schiller, Gedichte. D. Zerstörung v. Troja (geb. 1789). Str. 82.

— Ausgestritten, ausgerungen | Ist der lange, schwere Streit.

Friedr. von Schiller, Gedichte. D. Siegesfest (geb. 1803).

— Fleuch Krieg und Streit; | Hab' acht der Zeit! Joh. Gottfr. von Herder, Stimmen d. Völker in Liedern (1807). Abteilung 2, B. 5, Nr. 27. Ein Spr. Deutsch.

— Streit hat seine Zeit.

Pred. Sal., K. 3, V. 8.

— Daheim gütig, | Im Streit mütig.

Alter Spr.

— Vertrege brechen alle streyt, | Zu friede soll man sein bereyt. Alter Spr.

— Weit vom Streite | Macht alte Kriegsleute.

Sprichwort.

Streit. — Mit Gott und aller Welt im Streite sein. Sprichwörtl. Redensart.

— Wo ist Feuer sonder Rauch, | Wo ist Leben sonder Streit?

Spr. über einem Kamin im Schlosse Schönfeld.

Streitbar. — Der Herr mit dir, du streitbarer Held! Richter, K. 6, V. 12.

Streiten. — Bis jetzt streiten darüber noch die Richter. Lat.: Adhuc sub iudice lis est. Danach: Darüber sind die Gelehrten noch nicht einig.

Quint. Horatius Flacc., Dichtkunst (um 20 v. Chr.). Übers. v. Voß. V. 78.

— Mit dir ist nicht zu streiten, | Du bist mir allzu stolz.

Ludw. Uhland, Gedichte. Balladen u. Romanzen. D. Schenk v. Limburg (geb. 28.—29. Sept. 1816).

— Um Kirschenstiele streiten. Franz.: Discuter sur des queues de cerises.

Sprichwörtl. Redensart.

Streiten, sich. — Da streiten sich die Leut' herum.

Ferd. Raimund, D. Verschwender (1833). A. 3, Sz. 10 (Val.). Mel. v. Konradin Kreutzer.

— Wenn die Schützen sich streiten, ist der Bär geborgen. Norwegisch: Naar Skyttararne traetta, er Bjørnen bergad. Sprichwort.

Streiten, das. — Das Streiten lehrt uns die Natur; | Drum, Bruder, recht' und streite nur!

Christ. Fürchtegott Gellert, Fab. u. Erz. (1746). B. 1. D. Prozeß.

Streitsüchtig. — Ein streitsüchtiger Hund läuft meist mit zerrissenen Ohren. Niederl.: Een twistzoekende hond loopt meest met gescheurde ooren.
Sprichwort.

Streng. — Das Leben lehrt uns, weniger mit uns | Und andern strenge sein.

Joh. Wolfg. von Goethe, Iphigenie auf Tauris (1787). A. 4, Sz. 4 (Pylades).

— Strenge Herren regieren nicht lange.

Sprichwort.

Strenge, das. — . . . wo das Strenge mit dem Zarten, | Wo Starkes sich und Mildes paarten, | Da gibt es einen guten Klang.

Friedr. von Schiller, Gedichte. D. Lied v. d. Glocke (geb. Sept. 1799).

Strenge, die. — Nicht finstre Strenge übe, sonder Weilen | Kann dich des Herrn Gericht im Nu ereilen! A. d. Persischen d. Sadi (um 1184—1286). Pend=nameh. Übers. v. Wollheim.

— Die welt wil yetz nit zwungen syn; | Man schaffet mit eim gůtten wort | Vil me nutz an allem ort, | Dann man yetz schieff mit hertigkeit (Strenge).

Thomas Murner, Narrenbeschwerung (1512). Nr. 51. D. dryspitz in sack stossen.

— Zu weit getrieben | Verfehlt die Strenge ihres weisen Zwecks; | Und allzu straff gespannt, zerspringt der Bogen.

Friedr. von Schiller, Wilh. Tell (1804). A. 3, Sz. 3 (Rudenz).

Strenge, die. — Strenge gegen dich selbst, beschneide die üppigen Reben; | Desto fröhlicher wächst ihnen die Traube dereinst.

Joh. Gottfr. von Herder, Sämtl. Werke (1805—1820). Blumenlese a. morgenländischen Dichtern. Nr. 2. D. Rosental. B. 1. Strenge gegen sich selbst.

Strich. — Kein Tag ohne einen Strich. Lat.: **Nulla dies sine linea.**

Apelles (gest. um 308 v. Chr.). Nach Plinius, d. Älteren (um 23—79), Naturgesch. Übers. v. Strack. B. 35, K. 10, § 36.

— Jemanden auf dem Strich haben (Gelegenheit erwarten und suchen, jemandem zu schaden). Sprichwörtl. Redensart.

Stroh. — Leeres Stroh dreschen (vergeblich etwas tun). Sprichwörtl. Redensart.

— Stroh zum Feuer tun (eine an und für sich schlimme Lage nur noch schlimmer machen). Sprichwörtl. Redensart.

— Immer brav Stroh in der Scheuer, | Dann ist Speck und Brot nicht teuer.

Bauernregel. Frankenwald.

— Stroh ist Gold, Körner sind Silber, Heu ist Kupfer. Bauernregel. Frankenwald.

— Wer sein Stroh tut verkaufen, | Wird bald müssen vom Hofe laufen. Bauernregel.

Strohhalm. — ... der Strohhalm, der dem Kamel den Nacken bricht.

Otto von Bismarck im Reichstage (8. Jan. 1885).

Strom. — ... strebe nicht wider den Strom!

Jes. Sir., K. 4, V. 31.

— Gegen den Strom schwimmen (nicht mit der großen Masse mitgehen, sondern entgegengesetzte Ansichten haben und verfechten).

Sprichwörtl. Redensart.

Stubenpoesie. — Man nennt mich, schönes Liebchen, | Die Stubenpoesie.

Ludw. Uhland, Gedichte. Balladen u. Romanzen. Märchen (ged. 12. Juli—12. Aug. 1811).

Stückwerk. — Ein Stückwerk nur ist schwer gelungen, | Zerrißne Tat nur schwer vollbracht; | Doch was aus Einem Guß entsprungen, | Das wird wie Blüten über Nacht.

Friedr. von Sallet, Gesammelte Gedichte (1843). Pantheismus u. reife Liebe. D. liebe Gott hat nichts zu tun.

Student. — Ich habe mich schon oft gewundert, daß nicht durch ganz Europa das Sprichwort läuft: Grob, flegelhaft wie ein deutscher Student.

Karl Jul. Weber, Demokritos (1832—1840). D. Höflichkeit u. Grobheit. Fortsetzung u. Schluß.

— Ich bin ein Student und ein leichter Gesell, | Hab' Freud' an der Lieb' und am Wandern.

Studentenlied (vor 1855). Studentenweise.

— Nicht rasten und nicht rosten, | Wahrheit und Schönheit kosten, | Durst löschen, wo er brennt; | Die Sorgen versingen mit Scherzen, — | Wer's kann, der bleibt im Herzen | Zeitlebens ein Student. Jos. Viktor von Scheffel, Gaudeamus (1868). Studentenspr.

Student. — Der Student kann eher ohn' Latein, | Als ohne lange Pfeife sein.

Toback. Studentenlied u. -weise.

Studenten. — Frisch, frey, frölich vnd frumb | Ist der Studenten Reichtumb.

Reimspr. (16. Jahrh.).

— Studenten sind fidele Brüder, | Kein Unfall schlägt sie ganz darnieder.

Ich lobe mir d. Burschenleben usw. (vor 1760). Studentenweise.

— Es leben die Studenten | Stets in den Tag hinein; | Wär'n wir der Welt Regenten, | Sollt' immer Festtag sein! Studentenlied u. -weise.

— Studenten | Sind ohne Renten.

Alter Spr.

Studentenblut. — Doch frische Jugend, frischer Mut: | Studentenblut ist lustig Blut.

Rob. Prutz, Gedichte (1841). Studentenherz. Mel. v. Wilh. Speidel (komp. 1874).

— Studentenblut, das edle Gut, | Wenig gewinnt und viel vertut. Sprichwort.

Studentenherz. — Studentenherz, was macht dich trüb', | Was soll dein banges Zagen?

Rob. Prutz, Gedichte (1841). Studentenherz. Mel. v. Wilh. Speidel (komp. 1874).

Studentenleben. — 's gibt kein schöner Leben als Studentenleben, | Wie es Bacchus und Gambrinus schuf!

Studentenlied (vor 1845). Mel. v. Karl Gottl. Reissiger.

Studententreue. — Heut' lieb' ich die Johanne | Und morgen die Susanne; | Die Lieb' ist immer neu, | Das ist Studententreu'.

Studentenlied u. -weise. Nach Joh. Wolfg. von Goethes Gedicht: Mit Mädchen sich vertragen usw. a. Claudine v. Villa Bella (1784).

Studien. — Der Listige verachtet die Studien; der Schlichte bewundert sie; und der Weise gebraucht sie. Engl.: **Crafty men contemn studies; simple men admire them; and wise men use them.**

Thomas Babington, Lord Macaulay, Kritische u. historische Essays (1846). Übers. v. Steger. Lord Byron.

— Gott segne deine Studia, | Aus dir wird nichts. Halleluja!

Ein Grobschmied saß in guter Ruh' usw. Studentenlied u. -weise. Schlußv.

Studieren. — Wer vil studirt, würt ein fantast. Seb. Brant, D. Narrenschif (1494). Nr. 1. V. unnützen büchern.

— ... man kann studieren und sich tief in den Irrtum hineinstudieren.

Gotthold Ephr. Lessing, Hamburgische Dramaturgie. Stück 101—104 (19. April 1768).

— Ich hab' den ganzen Vormittag | In einem fort studiert! | Drum sei nun auch der Nachmittag | Dem Bierstoff dediziert!

Studentenlied (vor 1825). Verfasser unbek.

Studieren. — Hans, mein Sohn, was machst du da? | — Vater, ich studiere. | Hans, mein Sohn, das kannst du nicht! | — Vater, ich probiere.

Kinderreim.

Studieren, das. — Drey schaden bringt übel studiren: | Erstlich thut man die zeit verliren, | Dem nach wirt das gelt verzehrt, | Zum dritten hat man wenig gelehrt (gelernt). Alter Spr.

— Fragen, behalten, repeteren, | So kommt man fort in dem studeren. Alter Spr.

Studio. — Bruder Studio.

Nach Joh. Friedr. d. Großmütigen in Jena (24. Sept. 1552).

— Hat der Studio auch kein Geld, | Ist er drum nicht schlecht bestellt. | Manches feiste Pfäffelein | Ladet ihn zum Frühstück ein.

Studio auf einer Reis' usw. (um 1840). Studentenlied u. -weise.

— Möchte nie auf Erden | Etwas anders werden | Als ein kreuzfideler Studio!

'S gibt kein schöner Leben usw. (vor 1845). Studentenlied. Schlußv. Mel. v. Karl Gottl. Reissiger.

Studium. — Studium vergleich' ich mit dem Strahl der Sonnen; | Kein frecher Blick darf ihren Glanz ergründen. Engl.: Study is like the heaven's glorious sun, | That will not be deep-searched with saucy looks.

William Shakespeare, Verlorne Liebesmüh (um 1591—1592). Übers. v. Graf Baudissin. A. 1, Sz. 1 (Biron).

Stuhl. — Jemandem den Stuhl vor die Tür setzen (jemanden kurz abweisen, mit ihm brechen).

Sprichwörtl. Redensart.

Stühle. — Sich zwischen zwei Stühle setzen (zwei Dinge gleichzeitig erstreben und keins von beiden erhalten). Sprichwörtl. Redensart.

Stumm. — . . . stumme Hunde sind sie, die nicht strafen können. Jesaias, K. 56, V. 10.

Stummen, die. — Stumme bekommen kein Land. Engl.: Dumb folks get no lands.

Sprichwort.

Stümper. — Der ist ein Stümper, der sein Werk nur auf die Hälfte bringt und dann weggeht und müßig zugafft, wie es weiter damit werden wird. Friedr. von Schiller, D. Räuber (1781). A. 4, Sz. 2 (Frz.).

— Was frommt's dem Stümper, einen Kranz zu tragen, | Und wenn ihr brächtet ihn auf seid'nem Kissen? | Im Innern muß ihn bloß die Sorge nagen, | Ein so gemeines Haupt bekrönt zu wissen.

Aug. Graf von Platen-Hallermund, D. verhängnisvolle Gabel (1826). A. 3 (Schmuhl).

Stumpf. — Man sieht noch am zerhau'nen Stumpf, | Wie mächtig war die Eiche!

Ludw. Uhland, Gedichte. Balladen u. Romanzen. Roland Schildträger (ged. 10. Sept. 1811).

— Mit Stumpf und Stiel (völlig).

Sprichwörtl. Redensart.

Stunde. — Komme, was kommen mag! | Die Stunde rennt auch durch den rauh'sten Tag! Engl.: Come what come may, | Time and the hour runs through the roughest day.

William Shakespeare, Macbeth (1606). Übers. v. Schiller. A. 1, Sz. 3 (Macbeth).

— Die Stunde entflieht. Lat.: Ruit hora.

Wahlspr. d. Hugo Grotius (1583—1645).

— . . . nichts in der Welt ist unbedeutend. | Das Erste aber und das Hauptsächlichste | Bei allem ird'schen Ding ist Ort und Stunde.

Friedr. von Schiller, D. Piccolomini (1799). A. 2, Sz. 1 (Seni).

— O! nimm die Stunde wahr, eh' sie entschlüpft! | So selten kommt der Augenblick im Leben, | Der wahrhaft wichtig ist und groß.

Friedr. von Schiller, D. Piccolomini (1799). A. 2, Sz. 6 (Illo).

— Wer aber weiß, was uns | Die nächste Stunde schwarz verschleiert bringt!

Friedr. von Schiller, Wallensteins Tod (1799). A. 5, Sz. 3 (Wallenstein).

— Hehr und heilig ist die Stunde, | Brüder, die uns heut' vereint.

Aloys Schreiber, Gedichte. Lied d. Weihe (ged. 1812). Mel. v. Friedr. Silcher (1823).

— Grabe den Brunnen zur guten Stunde! | Du kannst's nicht, dorrt erst die Zung' am Munde.

Adolf Ellissen, Tee- u. Asphodelosblüten (1841).

— . . . hast du die flüchtige Stunde verträumt, | Mit Tränen wirst du es büßen.

Rob. Prutz, A. goldenen Tagen (1861).

— Die Stunde ist die körperliche Hülle der Ewigkeit.

Ludw. Börne, Gesammelte Schriften (1862—1863).

— Meine Stunde ist noch nicht gekommen.

Evang. Joh., K. 2, V. 4.

— In elfter Stunde (im letzten Augenblick, vor der Entscheidung). Sprichwörtl. Redensart.

Stunden. — Singt und trinkt! die Stunden gleiten | Leicht wie Silberwellen hin.

Rundges. Verfasser unbek. Mel. v. Karl Gottl. Hering (1789).

— O! der ist aus dem Himmel schon gefallen, | Der an der Stunden Wechsel denken muß! | Die Uhr schlägt keinem Glücklichen.

Friedr. von Schiller, D. Piccolomini (1799). A. 3, Sz. 3 (Max).

— Alle (Stunden) verwunden; | Die letzte tötet.

Spr. an einer Uhr.

Sturm. — Sturm im Glase Wasser. Franz.: Tempête dans un verre d'eau.

Montesquieu (Charles de Sécondat) [1689—1755] in bezug auf d. Wirren d. Republik San Marino.

— Sturm und Drang.

Christoph Kaufmann veranlaßte Friedr. Maximilian, sein Drama „Wirrwarr" mit d. Titel „Sturm u. Drang" zu belegen (1776).

Sturm. — Im Sturm die Sonne spiegelt nicht | Im Meer ihr heilig Angesicht.

Matthias Claudius, Sämtl. Werke d. Wandsbecker Boten. T. 7 (1803). Ein gülden ABC.

— Nach dem Sturme fahren wir | Sicher durch die Wellen.

Joh. Daniel Falk, Auserlesene Werke. Gedichte. Nach d. Sturme usw. (ged. 1816). Mel. v. Karl Löwe (vor 1840).

— Im Sturme spannt der Adler seine Schwingen; — | Blas' zu! da spür' ich wieder, daß ich Mann!

Jos. Freiherr von Eichendorff, Gedichte (1837). Sängerleben. Sommerschwüle. Nr. 1.

Subalternen, die. — Wir Subalternen haben keinen Willen; | Der freie Mann, der mächtige, allein | Gehorcht dem schönen menschlichen Gefühl.

Friedr. von Schiller, Wallensteins Tod (1799). A. 4, Sz. 2 (Gordon).

Subtil. — Subtil | Frommt nicht viel.

Sprichwort.

Suchen. — Was zum Teufel hatte er dort zu suchen? Franz.: Que diable allait-il faire dans cette galère?

Molière (Jean Baptiste Poquelin), D. Betrügereien Scapins (1671). Übers. v. Graf Baudissin. A. 2, Sz. 11 (Géronte).

— Was sucht ihr hier in Uri? — | Die alten Zeiten und die alte Schweiz!

Friedr. von Schiller, Wilh. Tell (1804). A. 1, Sz. 4 (Walter Fürst u. Stauffacher).

— . . . nichts zu suchen, | Das war mein Sinn.

Joh. Wolfg. von Goethe, Gedichte. Lieder. Gefunden (ged. 26. Aug. 1813). Mel. v. Jos. Gersbach (1828).

— Wer sagt: ich suchte, doch ich fand nicht; glaub', er lügt! | Wer sagt: ich suchte nicht und fand; glaub', er betrügt! | Wer sagt: ich sucht' und fand; dem glaub', er redet wahr; | Anstrengung und Erfolg sind ungetrennt ein Paar.

Friedr. Rückert, D. Weisheit d. Brahmanen (1836—1839).

— . . . wer Zeit hat und wer suchet, | Findet, was er auch verlange.

Heinr. Heine, Neue Gedichte. Verschiedene (ged. 1832—1839). Katharina. Nr. 6.

— . . . suchet, so werdet ihr finden!

Matth., K. 7, V. 7.

— He sögg un sögg un dankt Guod (Gott) to, dat he nix finnt (findet).

Sprichwörtl. Redensart. Münsterisch.

Süden. — Nach Süden nun sich lenken | Die Vöglein allzumal.

Jos. Freiherr von Eichendorff, Gedichte. Wanderlieder. Wanderlied d. Prager Studenten (ged. 1825).

Sühne. — Der Beginn der Sühn' ist das Bewußtsein | Ihrer Notwendigkeit. Engl.: The commencement of atonement is | The sense of its necessity.

George Gordon Lord Byron, Manfred (1817). Übers. v. Heichen. A. 3, Sz. 1 (D. Abt).

Sumpf. — Leicht ist ein Sumpf zu verhüten, doch ist er Einmal entstanden, | So verhütet kein Gott Schlangen und Molche in ihm.

Friedr. Hebbel, Gedichte (1857). Epigramme u. Verwandtes. Nr. 4. Gesch. Ein Erfahrungssatz.

Sünde. — Jede Sünde trägt um so bedeutendere Schuld in sich, je größer das Ansehen des Sünders ist. Lat.: Omne animi vitium tanto conspectius in se | Crimen habet, quanto maior, qui peccat, habetur.

Decimus Junius Juvenalis, Sat. (um 100). Übers. v. Weber. Nr. 8, V. 140.

— Wer eine Sünde zweimal begangen hat, der hält sie für keine Sünde mehr.

Talmud (3. Jahrh.).

— Aug' und Herz sind der Sünde Makler.

Talmud (3. Jahrh.).

— Sünd' ist süße Beschwerlichkeit, | Sie bringet stets nach Freude Leid. Mittelhochdeutsch: Sünde ist süezia arbeit; | Si gît ie doch nâch liebe leit.

Brîdankes Bescheidenheit (1225—1240). Übertr. v. Pannier. Nr. 10. v. sünden.

— Es wachsen mir das ganze Jahr | Die Sünd', die Nägel und das Haar. Mittelhochdeutsch: An mir wehset durch daz jâr | Sünde, nagel unde hâr.

Brîdankes Bescheidenheit (1225—1240). Übertr. v. Pannier. Nr. 10. v. sünden.

— Manch' Sünde kurze Freude leiht, | Die nachher lange Reue beut. Mittelhochdeutsch: Manec sünde kurze vröude hât, | Nâch der vil langiu riuwe gât.

Brîdankes Bescheidenheit (1225—1240). Übertr. v. Pannier. Nr. 10. v. sünden.

— Was fliehst du den Tod? Fliehe lieber die Sünde! Lat.: Melius esset peccata cavere, quam mortem fugere.

Thomas a Kempis, Nachfolge Christi (um 1410). Übers. v. Goßner. B. 1, K. 23, § 7.

— Die sünd vil grosser siechtag bringt.

Seb. Brant, D. Narrenschif (1494). Nr. 38. V. kranken, d. nit volgen.

— . . . so du wilt das sehen an, | Was sund vnd vnrecht ist gethan, | Wer kan, Herr, für dir bleiben? Dr. Martin Luther, D. 130. Ps. (1525).

— . . . je größer Sünde, je grausamer der Tod ist.

Dr. Martin Luther, Tischreden oder Colloquia (1566). Nr. 4. Tischreden v. d. Welt u. ihrer Art. § 13. Worum d. Heiden so schöne Dinge v. Tode geschrieben.

— O mensch, sieh an | Mein bitter leiden | Und thuch um meinett | Willen sunde | Meiden!

Inschrift in d. Gotthardkirche zu Brandenburg (1573).

— Der Mensch mag die Sünde oft sehr süß finden; die Frucht der Sünde, der Tod, ist immer sehr bitter. Seb. Damman (um 1616).

— Menschlich ist es, Sünde treiben; | Teuflisch ist's, in Sünden bleiben; | Christlich ist es, Sünde haßen; | Göttlich ist es, Sünd' erlaßen.

Friedr. von Logau, Deutsche Sinn-Getichte (1654). D. Sünden.

Sünde. — Herr, ich muß dir nur bekennen, daß ich nichts als Sünde bin; | Wärst du nun nicht lauter Güte, wär' ich längstens schon dahin.
Friedr. von Logau, Deutsche Sinn-Getichte (1654). Sündenbekenntniß.

— Wer Sünde weiß zu scheuen, | Der darf sie nicht bereuen.
Friedr. von Logau, Deutsche Sinn-Getichte (1654).

— . . . ob ich schon aus Schwachheit fehle, | Herrscht doch in mir die Sünde nicht.
Christ. Fürchtegott Gellert, Geistl. Oden u. Lieder (1757). D. Güte Gottes.

— O über die schlaue Sünde, die einen Engel vor jeden Teufel stellt!
Friedr. von Schiller, D. Verschwörung d. Fiesco zu Genua (1783). A. 2, Sz. 19 (Fiesco).

— Doppelte Sünde begehst du, fixierst du die Sünd' in Gedanken; | Denn du befleckst den Geist, welcher von Sünden ist frei.
Ludw. Feuerbach, Satirisch-theologische Distichen (1830).

— Die Sünde ist das älteste aller Freudenmädchen und die Mutter des Todes; der Tod aber der Sünde Sold; seine Mithelfer der Teufel, Ärzte und Köche.
Karl Jul. Weber, Demokritos (1832—1840). Todesbetrachtungen u. d. Todesfurcht in ihrer Lächerlichkeit.

— Den hat die Sünde schon besiegt, der sich mit ihr in Unterhandlungen einläßt.
Joh. Heinr. Bernh. Dräseke (1774—1849).

— Wer würfeln muß zwischen Not und Sünde, ist glücklich zu nennen, wenn ihm nur die Not zufällt.
Ludw. Börne, Gesammelte Schriften (1862—1863). Erz., Reisen, Verm. Aufsätze. Nr. 35. D. Narr im weißen Schwan. K. 5.

— Eins ist schlimmer noch als sündigen: | Sünd' als Tugend zu verkündigen.
Emanuel Geibel, Gedichte u. Gedenkblätter (1864). Spr. Nr. 46.

— Zur ärgsten Sünde | Sei nur erst willig; — | Zureichende Gründe | Sind brombeerbillig.
Wilh. Jordan, Letzte Lieder (1892). Spr. Nr. 10.

— Gott straft nicht den Menschen, sondern die Sünde.
A. d. Norwegischen d. Björnstjerne Björnson.

— . . . die Sünde ist der Leute Verderben.
Spr. Sal., K. 14, V. 34.

— . . . der Herr warf unser aller Sünde auf ihn.
Jesaias, K. 53, V. 6.

— Eine jegliche Sünde ist wie ein scharfes Schwert.
Jes. Sir., K. 21, V. 4.

— Sünde wider den heiligen Geist.
Nach Matth., K. 12, V. 31.

— Wer unter euch ohne Sünde ist, der werfe den ersten Stein auf sie!
Evang. Joh., K. 8, V. 7.

— Wer Sünde tut, der ist der Sünde Knecht.
Evang. Joh., K. 8, V. 34.

— Welcher unter euch kann mich einer Sünde zeihen?
Evang. Joh., K. 8, V. 46.

— . . . wenn die Lust empfangen hat, gebieret sie die Sünde; die Sünde aber, wenn sie vollendet ist, gebieret sie den Tod.
Jak., K. 1, V. 15.

Sünde. — Das ist ein' gute Traurigkeit, | Wenn man um Sünd' trägt herzlich Leid.
Alter Spr.

— Ein unwissende Sündt ist nicht | So boß (bös), als die mit wissen geschicht.
Alter Spr.

— Hastu Sünd und unrecht gethan, | So schrey zu Christo, Gottes Sohn, | Des er dich solches wol (wolle) vergeben | Und verleyhen ein besser Leben!
Alter Spr.

— Kein Mensch ohn Sünd ist geborn, | Allein Christ, Gottes Sohn ausserkorn.
Alter Spr.

— Eine Sünde heckt, deckt und weckt die andere.
Sprichwort.

— Keine Sünde, sie hat ihren Vormund.
Sprichwort.

— Sünde verteidigen heißt selber sündigen.
Sprichwort.

Sünden. — Ob bey vns ist der sunden viel, | Bey Gott ist viel mehr gnaden.
Dr. Martin Luther, D. 130. Ps. (1525).

— Ich war von Fuß auf voller Schand und Sünden; | Biß zu der Scheitel war nichts guts zu finden. | Dafür hätt ich dort in der Höllen müssen | Ewiglich büssen.
Joh. Heermann, Hauß- v. Hertz-Musica (1639). Trost a. Jesu Liebe u. Gnade.

— Wir Menschen sind lebendig tod, | Wenn wir in Sünden wallen.
Georg Phil. Harsdörffer, Bußlied (1662).

— Wir erschrecken über unsre eignen Sünden, wenn wir sie an andern erblicken.
Joh. Wolfg. von Goethe, Briefwechsel mit Friedr. Heinr. Jacobi (9. Sept. 1788).

— . . . tilge meine Sünden nach deiner großen Barmherzigkeit!
Ps. 51, V. 3.

— . . . vergib uns unsere Sünden um deines Namens willen!
Ps. 79, V. 9.

— Wehe dem, der sein Haus mit Sünden bauet!
Jer., K. 22, V. 13.

— In seinen Sünden umkommen.
Nach Jes. Sir., K. 16, V. 10. — Sprichwörtl. Redensart.

— Sünden kehren lachend ein und weinend aus.
Sprichwort.

Sündenbock. — Der Sündenbock sein (verantwortlich gemacht werden für etwas).
Sprichwörtl. Redensart.

Sündenfall. — Im Paradies gab Weib und Mann | Stoff zu idyllischem Gedichte. | Erst mit dem Sündenfall begann | Der Sensationsroman der Weltgeschichte.
Paul Heyse, Spruchbüchlein (1885). Litteratur u. Kunst. D. Moralisten. Nr. 2.

Sündenhöhle. — Schmücke dich, o liebe Seele! | Laß die dunckle Sünden Höle!
Joh. Frank, Geistl. Sion (1674). Vorbereitung zum hl. Abendmahl.

Sündenvergebung. — Bey dir gilt nichts denn gnad vnd gunst, | Die sunde zuuergeben. | Es ist doch vnser thun vmb sunst | Auch in dem besten leben. Dr. Martin Luther, D. 130. Ps. (1525).

— Die Menschen, die die Vergebung der Sünden durch lateinische Formeln erfunden haben, sind an dem größten Verderben in der Welt schuld.
Georg Christoph Lichtenberg, Verm. Schriften (1800—1806). Bd. 2, Nr. 2. Bemerk. verm. Inhalts. Nr. 3. Moralische Bemerk.

Sünder, der. — Es ist eine abgeschmackte Verleumdung der menschlichen Natur, daß der Mensch als Sünder geboren werde.
Joh. Gottl. Fichte, Reden an d. deutsche Nation (1808). Rede 10.

— . . . der zermalmte Sünder, | Der seiner Blutschuld ganze Hölle fühlt, | Ist gleich willkommen (im Himmel) wie der Niegefall'ne.
Theod. Körner, Hedwig (ged. Sept. 1812). A. 3, Sz. 3 (Hedwig).

— Drum soll kein Papst, kein Cardinal | Kein Sünder nie verdammen; | Der Sünder mag sein, so groß er wil, | Kan Gottes Gnad erlangen.
Tannhäuser. Volkslied u. =weise.

— Gott sei mir Sünder gnädig!
Luk., K. 18, V. 13.

— Zwei Dinge weiß ich: | Ein armer Sünder bin ich, | Gott ist barmherzig! | Das Eine bekenn' ich, | Das Andre glaub' ich; | Gott sei mir Sünder gnädig! Spr. an einem Hause.

Sünder, die. — Nur der Gewissenswurm schwärmt mit der Eule. Sünder und böse Geister scheuen das Licht.
Friedr. von Schiller, Kabale u. Liebe (1784). A. 5, Sz. 1 (Miller).

— . . . sie sind allzumal Sünder.
Röm., K. 3, V. 23.

— Unbuß fertige sünder in die Hell (Hölle) kehren, | Das kan wider Gelt noch macht erweren.
Alter Spr.

Sündige, das. — Wer das Sündige nicht hindert, der gebietet es. Sprichwort.

Sündigen. — Zu sündigen ist niemandem erlaubt. Lat.: Peccare licet nemini.
Marc. Tull. Cicero, Paradoxen (um 44 v. Chr.). Übers. v. Klotz. Nr. 3, K. 1, § 20.

Sündigen. — Irren und sündigen gehet noch hin; aber muthwillig, wissentlich und bedächtig wollen sündigen, das ist zu viel.
Dr. Martin Luther, Tischreden oder Colloquia (1566). Nr. 9. Tischreden v. d. Sünde. § 56. Muthwillig= lich sündigen.

— Gottes Gütigkeit | Ist zwar dem Sünder stets bereit; | Doch, wer auff Gnade sündigt hin, | Fährt fort in seinem bösen Sinn | Vnd seiner Seelen selbst nicht schont, | Dem wird mit Vngnad abgelohnt.
Joh. Heermann, Hauß= v. Hertz=Musica (1639). Vermahnung zur Busse.

— Was gesündigt, muß der Sünden | Bittern Sold, den Tod, empfinden.
Hans Aßmann Freiherr von Abschatz, Poetische Über= setzungen u. Gedichte (1704). Freue dich, bekränckte Seele usw.

— Das Herz, das nimmer menschlich sündet, | Schlägt auch für Göttliches nicht warm.
Wilh. Müller, Bundesblüten (1816). An d. Leser.

— Seit Priams Tagen . . . wird gesündigt | In Ilium und außer Ilium.
Ferd. Freiligrath, Ein Glaubensbekenntnis. T. 1. A. Spanien (ged. Nov. 1841).

— Wie sollte ich denn nun ein solch großes Übel tun und wider Gott sündigen?
1. Mos., K. 39, V. 9.

— . . . es ist kein Mensch, der nicht sündiget.
1. Könige, K. 8, V. 46.

— Womit man sündigt, damit wird man gestraft. Sprichwort.

Suppe. — Wer langen suppt (Suppe ißt), lebt lange. Sprichwort.

— Die Suppe auseſſen müssen (die Folgen einer schlechten oder unüberlegten Handlung tragen müssen). Sprichwörtl. Redensart.

— Jemandem die Suppe versalzen (jemandem eine Sache derartig verleiden, daß er sie aufgibt). Sprichwörtl. Redensart.

Süß. — Der nicht kan sûres (saures) liden, | Der muoz daz siuze (süße) vermîden.
Ulrich von Eschenbach, Alexander (um 1284).

— . . . süßer denn Honig und Honigseim.
Ps. 19, V. 11.

Süßholz. — Süßholz raspeln (süße, schmeichelnde Reden führen). Sprichwörtl. Redensart.

Symmetrie. — . . . preiset er (der Mensch) das Weltgebäude, | So prangt es durch die Symmetrie. Friedr. von Schiller, Gedichte. D. Künstler (ged. 1789).

T

Tabak. — Tabak, Tabak! echt adliges Kraut! | Tabak, Tabak! du stinkendes Kraut! | Wer dich erfand, ist wohl lobenswert, | Wer dich erfand, ist wohl prügelnswert.
D. Knaben Wunderhorn (1806—1808). Tabakslied.

Tabak. — Ihr Brüder, seid mir all' willkumm' | Und setzt euch um den Tisch herum, | Und trinkt mit mir ein gut Glas Bier | Bei einer Pfeif' Toback!
Toback. Altes Studentenlied u. =weise.

Tabak. — Das is 'n starker Toback (das ist stark). Bek. Redensart.

— Der Towak is gutt, sagte der Bauer, wo is dar Dreck har! Sprichwörtl. Redensart. Schlesien.

— 'n Pip Toback is gôd vör'n (für den) Hunger! säd' de Sonderborger.
Sprichwörtl. Redensart. Holstein.

— Toback ist ein edles Kraut, | Ob man's raucht, schnupft oder kaut.
Spr. auf einer Tabakspfeife.

— Unter den seltenen Waren, | Die man uns in vielen Jahren | Hat aus Indien gebracht, | Wird Toback bei Jung und Alten | Fernerhin den Preis behalten, | Weil er frohe Geister macht.
Spr. auf einer Tabaksdose.

Tabakspfeife. — Wenn mein Pfeifchen dampft und glüht, | Und der Rauch von Blättern | Sanft mir um die Nase zieht, | O, dann tausch' ich nicht mit Göttern! Volkslied u. -weise.

— Über meines Weibs Gekeife | Tröstet mich die Tabackspfeife. Spr. auf einer Tabakspfeife.

Tadel, der. — Alles verzeiht der Tadel den Raben und peinigt die Tauben. Lat.: **Dat veniam corvis, vexat censura columbas.**
Decimus Junius Juvenalis, Sat. (um 100). Übers. v. Weber. Nr. 2, V. 63.

— Ohne Tadel ist kein Mann; | An aller Welt man's sehen kann. Mittelhochdeutsch: Ân wandel nieman mac gesîn; | Daz ist an der werlde schîn.
Vrîdankes Bescheidenheit (1225—1240). Übertr. v. Pannier. Nr. 38. v. erkantnisse.

— Ritter ohne Furcht und Tadel. Franz.: **Chevalier sans peur et sans reproche.**
Beiname Bayards (1476—1524).

— Aufmunterung nach dem Tadel ist Sonne nach dem Regen, fruchtbares Gedeihen.
Joh. Wolfg. von Goethe an Adam Friedr. Oeser (9. Nov. 1768).

— Frei von Tadel zu sein ist der niedrigste Grad und der höchste; | Denn nur die Ohnmacht führt oder die Größe dazu.
Friedr. von Schiller, Gedichte. Votivtafeln. Nr. 43. Korrektheit (ged. 1796).

— Nicht der laute, | Nur der gerechte Tadel kann verletzen.
Friedr. von Schiller, Maria Stuart (1800). A. 1, Sz. 8 (Paulet).

— Nichts war je so hoch erhaben, | Tadel hat es untergraben.
Aug. Graf von Platen-Hallermund, Gedichte. Lieder u. Romanzen. Denen, d. da werden lieben usw. (ged. 1821).

— Schilt mir keinen von unten bis oben, | Daß dir ein Plätzchen noch bleibe zum Loben; | Stopf' auch keinen mit Lob so voll, | Daß der Tadel nicht weiß, wo hinein er soll!
Wilh. Müller, Gedichte (1837). Epigramme. 1. Hundert, Nr. 73. Regel d. Zensur.

Tadel, der. — Der Tadel spornet dich, den du gerecht erachtest, | Und ungerechter kränkt dich nicht, den du verachtest.
Friedr. Rückert, D. Weisheit d. Brahmanen (1836—1839).

— Auf ein Gemüt von Adel | Wirkt schon ein leiser Tadel; | Vergebens durchgebläut | Wird stumpfe Niedrigkeit.
Georg Friedr. Daumer, Hafis (1846).

— Sei mild im Tadel, karg im Lobe, | Das Schauen lerne nicht von Blinden! | Auch in des Weisen Garderobe | Wirst du ein Schellenkäppchen finden | Und im Versteck der Narrentaschen | Ein Goldstück echter Weisheit naschen.
Anastasius Grün (Anton Alexander Graf von Auersperg), Gesammelte Werke (1877). Gedichte. Spr.

— Fühl' dich nicht von kleinlichem Tadel | Ungebärdig beleidigt; | Groß ist nicht, wer gegen die Nadel | Mit dem Schwert sich verteidigt.
Friedr. Güll, Leitstern auf d. Lebensfahrt (1881).

— Leicht ist's, törichtes Lob zu verschmähn. Erst, wer den gerechten | Tadel zu ehren versteht, werd' als bescheiden gerühmt!
Emanuel Geibel, Gesammelte Werke (1883). Dichtungen in antiker Form. Kleinigkeiten. Nr. 33.

— Bitter fürwahr ist ungerechter Tadel im Munde derer, die wir lieben.
A. d. Russischen d. Iwan Turgenjew.

— Gib Jedem ehrlich Tadel oder Lob, | Aber gieb es nicht zu grob! Alter Spr.

Tadel, die. — Die Tadel, die, an Galle reich, | Nur zu beschämen suchten, | Sind schlossenvollen Wettern gleich; | Sie stürmen Saaten ein, anstatt sie zu befruchten.
Karl Friedr. Kretschmann, Sämtl. Gedichte (1784—1805). Epigramme.

Tadeln. — Keiner läßt sich lieber tadeln, als wer am meisten Lob verdient. Lat.: **Reprehenduntur patientius nulli, quam qui maxime laudari merentur.**
Plinius, d. Jüngere (um 62—113), Br. Übers. v. Schott. B. 7, Br. 20, § 1.

— Wem Niemand nicht gefällt, wer Alles tadelt Allen, | Wer tadelt diesen nicht? und wem kan der gefallen?
Friedr. von Logau, Deutsche Sinn-Getichte (1654). Tadler.

— Tadeln können zwar die Toren, | Aber klüger handeln nicht.
Aug. Langbein, Gedichte (1788). D. neue Eva.

— Ehe man tadelt, sollte man immer erst versuchen, ob man nicht entschuldigen kann.
Georg Christoph Lichtenberg, Verm. Schriften (1800—1806).

— Vor Großen muß man sich niemals tadeln; sie glauben zu leicht, man sage des Bösen zu wenig.
Jean Paul (Joh. Paul Friedr. Richter), Herbst-Blumine (1810—1820). Bd. 1.

Tadeln. — . . . je einfältiger einer ist, desto mehr tadelt er.

Dr. Hanns Groß, Kriminalpsychologie (1898). Objektiv. D. psychische Tätigkeit d. Vernommenen. Unterscheidende Momente. Nr. 1. Allgemein Differenzierendes. Natur u. Charakter. Verstand u. Dummheit.

— Wer andre tadeln will, sei, soll's ihm glücken, | Zuerst vollkommen selbst in allen Stücken! Span.: **Procure ser en todo lo posible | El que ha de reprender, irreprensible.**

A. d. Span. d. Samaniego.

— Laß dich nicht zu klug dünken, jedermann zu tadeln! Jes. Sir., K. 6, V. 2.

— Es ist leichter tadeln, als besser machen.

Sprichwort.

— Tadelst du die seichten Bäche, | Dann sei selbst ein Sund, ein tiefer; | Tadelst du die leeren Wasser, | Dann sei selbst ein Meer, ein volles!

Finnisches Sprichwort.

— Was du nur an andern tadelst, findest du auch in deinem Beutel, wenn du suchst.

Galizisches Sprichwort.

— Wer will alles tadeln und begaffen, | Der ist ein rechter Maulaffen. Spr. an einer Zimmerdecke.

Tadeln, das. — Das Tadeln ist immer ein dankbarerer Stoff als das Loben.

Friedr. von Schiller, Briefwechsel zwischen Schiller u. Goethe (1828—1829).

— Tadeln ist leicht; deshalb versuchen sich so viele darin. Mit Verstand loben ist schwer; darum tun es so wenige.

Anselm Feuerbach, Ein Vermächtnis (1882).

— Die jetzigen Menschen sind zum Tadeln geboren. Vom ganzen Achilles sehen sie nur die Ferse. Marie von Ebner-Eschenbach, Aphorismen (1893).

— Viel Köpfe, viel Sinne, | Viel Löcher, viel Pinne; | Schau herein, | Und laß das Tadeln sein!

Spr. an einem Hause in Nordborchen bei Paderborn.

Tafelrunde. — . . . wenn sich der Schwarm verlaufen hat | Um die mitternächtige Stunde, | Dann findet unter den Edleren statt | Eine würdige Tafelrunde.

Adolf Krummacher, D. Gemütlichkeitsritter (ged. 1850). Mel. Wohlauf, Kameraden usw.

Tag. — Der heutige Tag ist des gestrigen Schüler. Lat.: **Discipulus est prioris posterior dies.** Publilius Syrus (um 50 v. Chr.), Sentenzen. Übers. v. Friedr. V. 123.

— Raffe den Tag! Lat.: **Carpe diem!**

Quint. Horatius Flacc., Oden (um 23 v. Chr.). Übers. v. Voß. B. 1, Nr. 11, V. 8.

— O Waffen, Waffen her! Der letzte Tag bricht an. Lat.: **Arma, viri, ferte arma; vocat lux ultima victos.**

Publ. Vergilius Maro (um 70 v. Chr.—19 n. Chr.), Aeneis. B. 2. Übers. v. Schiller. V. 668.

— Ich habe einen Tag verloren. Lat.: **Diem perdidi.**

Ausspr. d. Tit., als ihm einfiel, daß er an einem Tage noch niemandem wohlgetan habe. — Nach Gajus Suetonius, Tit. (um 120). K. 8.

Tag. — Des Morgens fasse gute Entschlüsse und am Abend prüfe deinen Wandel, wie du heute gewesen in Wort, Tat und Gedanken! Freude wird jedesmal dein Abendbrot sein, wenn du den Tag nützlich zugebracht hast. Lat.: **Mane propone, vespere discute mores tuos, qualis hodie fuisti in verbo, opere et cogitatione. Gaudebis semper vespere, si diem expendas fructuose.**

Thomas a Kempis, Nachfolge Christi (um 1410). Übers. v. Goßner. B. 1, K. 19, § 16.

— Ein jeder Tag hat seine plag; | Ihr solt nicht sorgen auff den morgen, | Dann heut soll nicht dem morgen borgen.

Joh. Friedr. Fischart, Aller Praktik Großmutter (1593). Es stehet geschrieben.

— Am heitern Tag erspähe, was dir fehlt, | Eh' es die Nacht im dunkeln Schoß verhehlt! Engl.: **When the day serves, before black-corner'd night, | Find what thou want'st by free and offer'd light.**

William Shakespeare, Timon v. Athen (um 1604—1608). Übers. v. Schlegel. A. 5, Sz. 1 (Maler).

— Der Tag ist nun vergangen, | Die güldnen Sternlein prangen | Am blauen Himmelssaal.

Paul Gerhardt, Geistl. Andachten. Nun ruhen alle Wälder (1653).

— Dies ist der Tag, den Gott gemacht; | Sein werd' in aller Welt gedacht!

Christ. Fürchtegott Gellert, Geistl. Oden u. Lieder (1757). Weihnachtslied.

— Man muß den schönsten Tag nicht vor dem Abend loben!

Friedr. von Hagedorn, Sämtl. poetische Werke (1757). Fab. u. Erz. B. 2. D. Zeisig. Schlußv.

— Jeder Tag hat seine Pflicht.

Christ. Felix Weiße, Kleine lyrische Gedichte (1772). B. 3. D. Aufschub.

— Sonst war mir jeder Tag ein ganzes Leben.

Joh. Wolfg. von Goethe, Torquato Tasso (1789). A. 3, Sz. 2 (Prinzessin).

— Mancher grüßet uns freundlich bei Tage, doch käm' er im Finstern | Uns in den Weg, es möchte wohl kaum zum Besten geraten.

Joh. Wolfg. von Goethe, Reineke Fuchs (1794). Ges. 3.

— Jeder Tag hat seine Plage, | Und die Nacht hat ihre Lust.

Joh. Wolfg. von Goethe, Wilh. Meisters Lehrjahre. B. 5, K. 10. Philine (ged. 1795). Schlußv.

— Tages Arbeit, abends Gäste!

Joh. Wolfg. von Goethe, Gedichte. Balladen. D. Schatzgräber (ged. 21.—22. Mai 1797).

— Jene nenn' ich die Klügsten, die leicht sich vom Tage belehren | Lassen; es bringt wohl der Tag Rätsel und Lösung zugleich.

Joh. Wolfg. von Goethe, Gedichte. Weissagungen d. Bakis (ged. 1798). Nr. 15.

— In jüngern Tagen war ich des Morgens froh, | Des Abends weint' ich; jetzt, da ich älter bin, | Beginn' ich zweifelnd meinen Tag, doch | Heilig und heiter ist mir sein Ende.

Friedr. Hölderlin, Gedichte. Ehmals u. jetzt (1799).

Tag. — Der Tag bricht an, und Mars regiert die Stunde.

Friedr. von Schiller, Wallensteins Tod (1799). A. 1, Sz. 1 (Wallenstein).

— O hätt' ich nimmer diesen Tag gesehn!

Friedr. von Schiller, Wallensteins Tod (1799). A. 4, Sz. 2 (Gordon).

— Wechselnd geht unter Leid und Freuden | Nicht mitfühlend der schnelle Tag. | Jeder suche zum Kranze bescheiden, | Was von Blumen er finden mag!

Ernst Moritz Arndt, Gedichte. Lebenslied (ged. 1800).

— Komme, was kommen mag! | Die Stunde rennt auch durch den rauh'sten Tag.

Friedr. von Schiller, Macbeth (1801). A. 1, Sz. 6 (Macbeth).

— Ein guter Tag fängt an mit Gottes Preis; | 's ist kein Geschäft so eilig als das Beten.

Friedr. von Schiller, Macbeth (1801). A. 2, Sz. 5 (Pförtner).

— Das ist der Tag des Herrn!

Ludw. Uhland, Gedichte. Lieder. Schäfers Sonntagslied (ged. 17. Nov. 1805). Mel. v. Konradin Kreutzer (komp. 1821) u. Felix Mendelssohn-Bartholdy.

— Jeder Tag ist ein Leben; an jeglichem Abend begräbt ein | Weiser sich oder ein Tor; je, wie er solchen durchlebt.

Karl Ludw. von Knebel, Lebensblüten in Distichen (1827).

— Was jeder Tag will, sollst du fragen; | Was jeder Tag will, wird er sagen.

Joh. Wolfg. von Goethe, Gedichte. Epigrammatisch. Lebensregel (ged. 25. Okt. 1828).

— So kommt der Tag heran, — | O ging' er wieder! Eduard Mörike, Gedichte. D. verlassene Mägdelein (ged. 1829). Schlußv.

— Noch ist es Tag, da rühre sich der Mann! | Die Nacht tritt ein, wo niemand wirken kann.

Joh. Wolfg. von Goethe, Werke (1827—1830). Westöstlicher Diwan. B. d. Spr. Nr. 8.

— Nichts ist höher zu schätzen als der Wert des Tages. Joh. Wolfg. von Goethe, Werke (1827—1830). Maximen u. Reflexionen. Abteilung 6.

— Den lieben langen Tag | Hab' ich nur Schmerz und Plag.

Phil. Düringer, Künstlerhauche. D. Mädchens Klage (ged. um 1830). Volksweise a. Steiermark.

— Am Tag erkennen, das sind Possen; | Im Finstern sind Mysterien zu Haus.

Joh. Wolfg. von Goethe, Faust, II (1831). A. 1. Kaiserliche Pfalz. Saal d. Thrones (Mephistopheles).

— Jeder Tag ist ein Lehrer, der lehrt, was kein anderer Tag lehrt.

Joh. Kaspar Lavater, Werke (1834). Worte d. Herzens. Denkzeilen an Freunde nach meinem Tode.

— Heil sei dem Tag, an welchem du bei uns erschienen!

Albert Lortzing, Zar u. Zimmermann. A. 3, Sz. 13 (van Bett u. Chor). (Erste Auff. am 22. Dez. 1837 in Leipzig.)

Tag. — Am Abend wird man klug | Für den vergangnen Tag, | Doch niemals klug genug | Für den, der kommen mag.

Friedr. Rückert, Gesammelte Gedichte (1834—1838). Vierzeilen. 2. Hundert, Nr. 73.

— Nur der wirkliche Tag besiegt alle Nachtgespenster, indem er sie beleuchtet.

Ernst Freiherr von Feuchtersleben, Zur Diätetik d. Seele (1838). Tagebuchblätter.

— Hat dir der Tag was gebracht? So fragt sich am Abend der Jüngling; | Hat dir der Tag was geraubt? Fragt sich der Mann und der Greis.

Friedr. Hebbel, Gedichte. Dichtungen (ged. 1857—1863). Epigramme. Unterschied d. Lebensalter.

— Wenn man viel hineinzustecken hat, so hat ein Tag hundert Taschen.

Friedr. Nietzsche, Gesammelte Werke (1895—1897).

— Morgen geht es anders her | Als am heut'gen Tage: | Jeder Tag hat, merkt die Lehr', | Seine eigne Plage! Heil d. Manne, d. sich freut usw. Schlußv.

— Da ward aus Abend und Morgen der erste Tag. 1. Mos., K. 1, V. 5.

— So lange die Erde stehet, soll nicht aufhören . . . Tag und Nacht. 1. Mos., K. 8, V. 22.

— Am guten Tage sei guter Dinge, und den bösen Tag nimm auch für gut!

Pred. Sal., K. 7, V. 15.

— Es ist genug, daß ein jeglicher Tag seine eigene Plage habe! Matth., K. 6, V. 34.

— . . . des Tages Last und Hitze.

Matth., K. 20, V. 12.

— . . . der Tag hat sich geneiget.

Luk., K. 24, V. 29.

— . . . der Tag des Herrn wird kommen wie ein Dieb in der Nacht. 1. Thess., K. 5, V. 2.

— Ihr seid allzumal Kinder des Lichts und Kinder des Tages. 1. Thess., K. 5, V. 5.

— Wer wandelen wil, der gehe beim Tag; | Zu nacht er nichts sehen mag! Alter Spr.

— Ein Tag ist des andern Schulknabe.

Sprichwort.

— Jeder Tag hat seine Plage. Sprichwort.

— Man soll den Tag nicht vor dem Abend loben. Sprichwort.

— Den gestrigen Tag suchen (etwas Vergebliches tun). Sprichwörtl. Redensart.

Tag, jüngster. — Am jüngsten Tag, wenn die Posaunen schallen, | Und alles aus ist mit dem Erdenleben, | Sind wir verpflichtet, Rechenschaft zu geben | Von jedem Wort, das unnütz uns entfallen.

Joh. Wolfg. von Goethe, Werke (1815—1819). Gedichte. Sonette. Nr. 13. Warnung.

— Wenn Gabriel sein Horn bläst (am jüngsten Tage), dann wird diese Frage entschieden werden. Engl.: When Gabriel blows his horn, then this question will be decided.

Sprichwörtl. Redensart.

Tage. — Es müssen starcke beyne seyn, die gute tage können ertragen.
Joh. Agricola, Drey hundert Gemeyner Sprichwörtter (1529). Nr. 80.

— Wie rätselhaft sind unsre Tage | Im Aufgang und im Untergang? | Zu kurz sind sie des Thoren Klage; | Dem Wunsch des Weisen oft zu lang. Friedr. Karl Kasimir Freiherr von Creuz, Oden u. andere Gedichte. Bd. 1. Neujahrs=Gedanken (ged. 1753).

— Hilf, daß keiner meiner Tage, | Geber der Unsterblichkeit, | Jenem Richtenden einst sage, | Er sei ganz von mir entweiht!
Friedr. Gottl. Klopstock, Geistl. Lieder (1758). Morgenlied.

— Das waren mir selige Tage!
Christ. Adolf Overbeck, Fritzchens Lieder (1781). D. Schiffahrt. Mel. v. Friedr. Frz. Hurka (1799).

— Die schönen Tage in Aranjuez | Sind nun zu Ende. Friedr. von Schiller, Don Carlos (1787). A. 1, Sz. 1 (Domingo).

— Seht! wie die Tage sich sonnig verklären! | Blau ist der Himmel und grünend das Land.
Joh. Gaudenz Freiherr von Salis=Seewis, Gedichte. Ermunterung (1790). Mel. v. Joh. Rudolf Zumsteeg.

— Meine Tage sind | Gezählt, befürcht' ich, und ich achte mich | Gleich einer Sterbenden.
Friedr. von Schiller, Maria Stuart (1800). A. 1, Sz. 2 (Maria).

— Tage der Wonne, | Kommt ihr so bald?
Joh. Wolfg. von Goethe, Gedichte. Lieder. Frühzeitiger Frühling (ged. Frühjahr 1801). Mel. v. Karl Friedr. Zelter (komp. 1802).

— . . . so fliehen meine Tage, | Wie die Quelle, rastlos hin!
Friedr. von Schiller, Gedichte. D. Jüngling am Bache (ged. 1803). Mel. v. Friedr. Reichardt (1810).

— Alles in der Welt läßt sich ertragen, | Nur nicht eine Reihe von schönen Tagen!
Joh. Wolfg. von Goethe, Gedichte. Sprichwörtl. (ged. 1812—1814).

— Um zu tragen gute Tage, brauchst du festen Fuß und Rücken; | Schlechte Tage kommen weiter auch auf Höckern und auf Krücken.
Wilh. Müller, Gedichte (1837). Epigramme. 3. Hundert, Nr. 74. Gute Tage u. schlechte Tage.

— Wie die Tage so golden verfliegen, | Wie die Nacht sich so selig verträumt!
Paul Heyse, Gesammelte Werke (1872). Gedichte. Reiseblätter. Lied v. Sorrent.

— . . . ehe denn die bösen Tage kommen, . . . da du wirst sagen: Sie gefallen mir nicht.
Pred. Sal., K. 12, V. 1.

— Ich bin bei euch alle Tage bis an der Welt Ende. Matth., K. 28, V. 20.

— Gute Tage stehlen das Herz. Sprichwort.

— Gute Tage wollen starke Beine haben.
Sprichwort.

Tagen. — Nicht auf den Hahnenschrei fängt's an zu tagen, | Sondern der Hahn kräht darum, weil es tagt.
Emerich Madách, D. Tragödie d. Menschen (1861). A. d. Ungar. übers. v. Lechner. Sz. 7 (Luzifer).

Tagespolitik. — O miß die Welt nicht mit dem Blick | Kurzsicht'ger Tagespolitik! | Sie sieht im Reichtum der Naturen | Nur schwarz und weiße Schachfiguren.
Emanuel Geibel, Spätherbstblätter (1837). Gelegenheitsgedichte. Spr. Nr. 17.

Tagewerk. — Schaff', das Tagwerk meiner Hände, | Hohes Glück, daß ich's vollende!
Joh. Wolfg. von Goethe, Gedichte. Lieder. Hoffnung (ged. Nov. 1776).

— Drückt uns oft die Sorge bleiern | In des Tagwerks schwerem Gang, | Laßt uns froh am Abend feiern; | Denn das Leben währt nicht lang!
Friedr. von Bodenstedt, A. d. Nachlasse Mirza=Schaffys (1874). B. 2. Reben u. Leben. Nr. 13. Leben u. Sterben.

Takt. — Takt ist eine Geschicklichkeit, die den Menschen besser als Talent und Wissen über alle Schwierigkeiten fortführt. Engl.: Tact is an intuitive art of manner, which carries one through a difficulty better than either talent or knowledge.
Samuel Smiles, D. Charakter (1871). Übers. v. Dobbert. K. 9. Manier u. Kunst.

— Takt bedeutet die gerechte Ausgleichung zwischen dem eigenen Gefühl und dem des andern, mit der Maßgabe, daß im Zweifel das Recht des eigenen Ich dem Rechte des andern zu weichen hat.
Ludw. Bamberger, Gesammelte Schriften (1894—1898).

Taktlosen, die. — Gegen Herzlose kannst du dich schützen, | Gib ihnen nur dein Herz nicht preis! | Geistlose mögen dir auch wohl nützen, | Da mancher manches kann und weiß. | Wenn aber Taktlose dich umringen, | Das wird dich zur Verzweiflung bringen.
Paul Heyse, Spruchbüchlein (1885). Lebensweisheit. D. Ärgste.

Tal. — Sie war nicht in dem Tal geboren.
Friedr. von Schiller, Gedichte. D. Mädchen a. d. Fremde (ged. 1796). Mel. v. Joh. Friedr. Reichardt.

Talent. — Es bildet ein Talent sich in der Stille, | Sich ein Charakter in den Strom der Welt.
Joh. Wolfg. von Goethe, Torquato Tasso (1789). A. 1, Sz. 2 (Leonore).

— Man soll sich vor einem Talente hüten, das man in Vollkommenheit auszuüben nicht Hoffnung hat.
Joh. Wolfg. von Goethe, Wilh. Meisters Lehrjahre (1777—1796).

— Wer mit einem Talent, zu einem Talent geboren ist, findet darin sein schönstes Dasein.
Joh. Wolfg. von Goethe, Wilh. Meisters Lehrjahre (1777—1796).

Talent. — Andere kommen und gehn; es werden dir andre gefallen; | Selbst dem großen Talent drängt sich ein größeres nach.

Joh. Wolfg. von Goethe, Gedichte. Elegien. Nr. 2. Euphrosyne (ged. Okt. 1797 u. 12.—13. Juni 1798).

— Bescheidenes Mißtrauen zu sich selbst ist zwar immer das Kennzeichen des wahren Talents, aber auch der Mut steht ihm gut an.

Friedr. von Schiller, Prosaische Schriften (1793—1802). Über Matthissons Gedichte.

— . . . wenn ein guter Mensch mit Talent begabt ist, so wird er immer zum Heil der Welt sittlich wirken, sei es als Künstler, Naturforscher, Dichter, oder was alles sonst.

Joh. Peter Eckermann, Gespräche mit Goethe in d. letzten Jahren seines Lebens (12. Febr. 1829).

— Es ist nicht genug, daß man Talent habe, es gehört mehr dazu, um gescheit zu werden; man muß auch in großen Verhältnissen leben und Gelegenheit haben, den spielenden Figuren der Zeit in die Karten zu sehen und selber zu Gewinn und Verlust mitzuspielen.

Joh. Peter Eckermann, Gespräche mit Goethe in d. letzten Jahren seines Lebens (13. Febr. 1829).

— Mein Trost ist nur, daß ein wirklich großes Talent nicht irre zu leiten und nicht zu verderben ist.

Joh. Peter Eckermann, Gespräche mit Goethe in d. letzten Jahren seines Lebens (13. Febr. 1831).

— Das Talent ist freilich nicht erblich, allein es will eine tüchtige physische Unterlage.

Joh. Peter Eckermann, Gespräche mit Goethe in d. letzten Jahren seines Lebens (14. Febr. 1831).

— Das Talent hat darin fast immer einen Vorsprung vor dem Genie, daß jenes ausdauert, dieses oft verpufft.

Karl Gutzkow, Über Goethe im Wendepunkte zweier Jahrh. (1836).

— Kein Talent, doch ein Charakter.

Heinr. Heine, Atta Troll (ged. 1841—1842). K. 24. Schlußv.

— Talent ist angeboren, | Doch g'nügt zur Kunst es nicht.

Elisabeth Kulmann, Sämtl. Gedichte (1846). Talent u. Kunst.

— Da sitzt er nu mit das Talent | Un kann es nich verwerten!

David Kalisch, Lustige Werke. Berlin bei Nacht (1850).

— Darf sich das Talent die Freiheiten nehmen, die sich das Genie nimmt? Ja; aber jenes verunglückt, wo dieses triumphiert.

Rob. Schumann, Musik u. Musiker (1854).

— Wirf dein Talent nicht so hinaus, | Beleidigung damit zu rächen! | Die Biene, die versucht zu stechen, | Bringt keinen Honig mehr nach Haus.

Emanuel Geibel, Neue Gedichte (1856). Spr. Nr. 29.

Talent. — Hart und sauer ist der Weg, den das Talent erklimmen muß, hart und sauer jeder Tritt, der ihm vorwärts zu gehen erlaubt ist, und bei dem die Frage ihn ewig quälen muß, ob es kein Fehltritt war.

Albert Emil Brachvogel, Friedemann Bach (1858).

— Noch eine Vorschrift nenn' ich, durch die du alle erfüllst: | Habe Talent, mein Lieber: dann schreibe, was du willst!

Frz. Grillparzer, Gedichte (1873). Nr. 5. Poesie u. Poeten. Künstlers Handwerksregeln. Nr. 12. Vorschrift.

— Talent ist eben ein jüng'rer Sohn, | Durch Fleiß der Nahrungssorgen spott' es! | Genie ist Erb' und ält'ster Sohn, | Stammhalter des lieben Gottes.

Paul Heyse, Spruchbüchlein (1885). Literatur u. Kunst.

Talente. — Große Talente sind das schönste Versöhnungsmittel.

Joh. Wolfg. von Goethe, Werke (1827—1830). Maximen u. Reflexionen. Abteilung 7.

— Große Talente sind wie große liegende Güter; sie lassen sich nicht zu jeder Zeit gehörig verwerten.

Joh. Jak. Mohr, Gedanken über Leben u. Kunst (1885).

Taler, der. — Ein Thaler, der in deinem Beutel, wird dich vor andern mehr erheben | Als zwanzig, die du ausgegeben.

Barthold Heinr. Brockes, Versuch v. Menschen d. Herrn Pope (1740).

— Wenn mit dem Taler geläutet wird, gehen alle Türen auf.

Sprichwort.

— Da hast 'n Dahler, | Jeh nach 'n Marcht, | Koof 'ne Kuh | 'n Kälbchen dazu! — | Kille, kille, kille!

Berliner Kinderspielv.

Taler, die. — Wissen ist Macht, Zeit Geld, nichts idealer | Als du, o Silberblick der harten Taler!

Paul Heyse, D. Feenkind (1868). Ges. 1.

Täler. — O Täler weit, o Höhen, | O schöner, grüner Wald!

Jos. Freiherr von Eichendorff, Ahnung u. Gegenwart. Im Walde d. Heimat (ged. 1810). Mel. v. Felix Mendelssohn-Bartholdy.

— Die Tale dampfen, die Höhen glühn.

Wilhelmine von Chezy, Euryanthe (1823). Komp. v. Karl Maria von Weber. (Erste Auff. am 25. Okt. 1823 in Wien.)

Tambour. — Nachts um die zwölfte Stunde Verläßt der Tambour sein Grab.

Jos. Freiherr von Zedlitz, Gedichte. D. nächtliche Heerschau (ged. 1828).

Tannenbaum. — O Tannebaum, o Tannebaum, | Wie treu sind deine Blätter!

Ernst Anschütz, D. Tannenbaum (1824). Volksweise.

Tantalus. — Ich bin aus Tantalus' Geschlecht.

Joh. Wolfg. von Goethe, Iphigenie auf Tauris (1787). A. 1, Sz. 3 (Iphigenie).

Tanz. — . . . so ich gedenk darbi, | Wie danz mit sünd entsprungen si, | Und ich kan merken und betracht, | Das es der tüfel hat uf bracht, | Do er das gulden kalb erdaht | Und schůf, das got wart ganz veraht. Seb. Brant, D. Narrenschif (1494). Nr. 61. V. danzen.

— Wer syn tochter frumm wil hon, | Der laß sy an kein dantze gon!

Thomas Murner, Narrenbeschwerung (1512). Nr. 50. Zů dantz stellen.

— . . . wiltu mit zum Tantze, | So zieh auff, weil (so lange) man pfeifft!

Joh. Doman, Lied v. d. Hanse (1618).

— Auch der Deutsche hat seinen Tanz; | Da wird der Mut so lebendig und frei, | Und die Grazie bleibt der Natur getreu!

Theod. Körner, Poetischer Nachlaß. Verm. Gedichte. Erinnerungen an Karlsbad (geb. 1811). Nr. 18. Beim Tanze im sächsischen Saale.

— Der Tanz ist sicher eine der ältesten Künste der Welt, und Simonides nennt ihn eine stumme Poesie, die Poesie aber beredtsamen Tanz.

Karl Jul. Weber, Demokritos (1832—1840). D. Tanzlust.

— Tanz ums goldene Kalb. Nach 2. Mos., K. 32.

— Kein Tanz, | Der Teufel hat dabei den Schwanz. Sprichwort.

— Tanz und Gelag | Ist des Teufels Feiertag. Sprichwort.

— Beim Tanz geigt der Teufel gern auf. Sprichwort. Unterinntal.

— Mizele, Mäuzele, | Gehn mer af'n Tänz, | Setz a schöns Häubel auf | Und an' schön Kränz! Kärntner Schnaderhüpfl.

Tanzboden. — So geht's, wenn die Mädchen | Zum Tanzboden gehn, | Da muß man bald immer | In Sorgen bei stehn.

D. Knaben Wunderhorn (1806—1808). Don Juan.

Tänze. — Wenn aber ein Mädchen ihren Kranz will behalten, | Zu Hause muß sie bleiben, | Darf nicht auf alle Narrentänz' gehn: | Die Narrentänz' muß sie meiden.

D. Knaben Wunderhorn (1806—1808). D. Mädchen u. d. Hasel.

Tanzen. — Tantzt ein Alter, so macht er grossen Staub.

Christoph Lehmann, Politischer Blumen-Garten (1662). T. 1. Alt, Alter. Nr. 79.

— Es seynd nicht alle lustig, die tantzen.

Christoph Lehmann, Politischer Blumen-Garten (1662). T. 1. Frewd, Fröligkeit. Nr. 39.

— O der unnennbaren Seligkeit, | Unter dem Hörnergetön | Treulich in süßer Umschlungenheit | Sich wie die Sphären zu drehn (zu tanzen)!

Joh. Christoph Friedr. Haug, Gedichte. Walzlied (geb. 1790). Mel. v. Joh. Ludw. Willing (1791) u. Friedr. Heinr. Himmel (komp. 1804).

— Wir tanzen auf einem Vulkan. Franz.: Nous dansons sur un volcan.

Salvandy auf einem Ball beim Herzog v. Orleans (5. Juni 1830).

Tanzen. — Ick und mein junges Weib können schön tanza, | Sie mit dem Bettelsack, ick mit dem Ranza. Volkslied u. -weise.

— Nach jemandes Pfeife tanzen (sich nach jemandem richten).

Nach Matth., K. 11, V. 17. — Sprichwörtl. Redensart.

— Der hat gut tanzen, dem das Glück aufspielt. Sprichwort.

— Wer da Tänz' kånn, giebt Tänz' ån, | Wer a Geld håt, zålt aus, | Wer a Diendl håt, kånn tånz'n, | Wer kans håt, bleibt z' Haus.

Kärntner Schnaderhüpfl.

Tanzen, das. — So weiß ich ganz ůf ererich | Kein schimpf, der si eim ernst so glich, | Als das man danzen hat erdocht.

Seb. Brant, D. Narrenschif (1494). Nr. 61. V. danzen.

— Der Bua, der sei Diendle | Vom Tånz'n nit hålst, | Kimmt mer vor wie die Bäurin, | Dö die Nudel' nit schmålzt. Kärntner Schnaderhüpfl.

Tanzlied. — Der schäffer von der nüwen statt (ein Titel eines alten Tanzliedes) | Manches kindt verderbet hat.

Thomas Murner, Narrenbeschwerung (1512). Nr. 50. Zů dantz stellen.

Tapet. — Aufs Tapet bringen (das Gespräch auf etwas hinbringen). Sprichwörtl. Redensart.

Tapfer. — Drum gehet tapfer an, ihr meine Kriegsgenossen!

Jul. Wilh. Zincgreff, Soldaten Lob oder Unuberwindlicher Soldaten Trutz. Kriegslied für d. Landsknechte (geb. 1622).

— Tapfre Männer sollen haben was vom Fuchse, was vom Leuen, | Daß Betrüger sie nicht fangen, daß sie Frevler etwas scheuen.

Friedr. von Logau, Deutsche Sinn-Getichte (1654). Ein Weltverständiger.

— Nicht prahlen, daß man tapfer sei, | Nein, tapfer muß man tun.

Gottfr. Aug. Bürger, Gedichte. Straflied beim schlechten Kriegsanfang d. Gallier (1793).

— Denkst du daran, mein tapferer Lagienka?

Karl von Holtei, D. alte Feldherr (1829).

— Gelahrte Leute wissen es, tapfere thun es. Alter Spr.

Tapfere, der. — Dem Tapferen hilft das Glück. Lat.: Fortes fortuna adiuvat.

Publ. Terentius Afer (um 185—155 v. Chr.), Phormio. Übers. v. Donner. A. 1, Sz. 4, V. 203 (Geta).

Tapferkeit. — Das oberste Gesetz der Tapferkeit heischt keineswegs, Unrecht zuzufügen, sondern vielmehr dasselbe abzuwenden. Lat.: Non in inferenda, sed in depellenda iniuria lex virtutis est. Ambrosius (um 340—397), V. d. Pflichten. Übers. v. Schulte. B. 1, K. 36, § 179.

— Das beff're Teil der Tapferkeit ist Vorsicht. Engl.: The better part of valour is discretion,

William Shakespeare, König Heinr. IV. (1491—1492). A. 5, Sz. 4 (Falstaff).

Tapferkeit. — Wo by der Stercke wohnt | Die Tugent der Weißheit, | Daselbst bleibt auch der Ruhm | Der rechten Dapfferkeit.

Inschrift im Rathause zu Bülach (1673).

— Tapferkeit . . . läßt sich im einzelnen nicht belohnen; sie ist, Gott sei Dank, ein Gemeingut der deutschen Soldaten.

Otto von Bismarck im Reichstage (13. Juni 1871).

— Das beste Gewehr in Krieg und Streit | Ist Gottes Hilf' und Tapferkeit. Alter Spr.

— Die Ruhe ist der Tapferkeit Feindin. Lat.: Virtuti inimica quies. Wahlspr. d. Forbes.

Tapferste, der. — Das ist nicht der Tapferste, der sich nie gefürchtet, sondern der die Furcht überwunden hat. Alter Spr.

Tarantel. — Wie von der Tarantel gestochen (ganz unsinnig, wie besessen).

Sprichwörtl. Redensart.

Tartüff. — Tartüff, der alte Schalk, betriegt die ganze Welt.

Gottl. Wilh. Rabener, Sat. T. 2. Beweis, daß d. Reime in d. deutschen Dichtkunst unentbehrlich sind (geb. 1737).

Tasche. — Jemanden in die Tasche stecken (jemandem überlegen sein). Sprichwörtl. Redensart.

Tat. — Stark in der Tat, milde in der Art! Lat.: Fortiter in re, suaviter in modo.

Nach Claudio Aquaviva, Fürsorge zur Verhütung v. Seelenschäden (1606). K. 2, § 1. Übers. v. Grau.

— Die Tugend steht im Wercke, | Die That muß seyn damit, | Da wird erkand ihr stercke; | Wort schlan (schlagen) die Leute nicht.

Joh. Doman, Lied v. d. Hanse (1618).

— Hüt dich vor der That; | Der Red wird wohl Rath.

Christoph Lehmann, Politischer Blumen-Garten (1662). T. 2. Thun, Werck. Nr. 28.

— Die gute Tat, das schöne Wort, | Es strebt unsterblich, wie es sterblich strebte.

Joh. Wolfg. von Goethe, Schriften (1787—1790). Künstlers Apotheose.

— Nichts, als was in uns selbst schon lebendige Tat ist, kann es außer uns werden.

Friedr. von Schiller, Prosaische Schriften. Über d. notwendigen Grenzen im Gebrauch schöner Formen (1795).

— Der Sinn erweitert, aber lähmt; die Tat belebt, aber beschränkt.

Joh. Wolfg. von Goethe, Wilh. Meisters Lehrjahre (1777—1796).

— Stets ist die Sprache kecker als die Tat.

Friedr. von Schiller, D. Piccolomini (1799). A. 1, Sz. 3 (Oktavio).

— In meiner Brust war meine Tat noch mein; | Einmal entlassen aus dem sichern Winkel | Des Herzens, ihrem mütterlichen Boden, | Hinausgegeben in des Lebens Fremde, | Gehört sie jenen tück'schen Mächten an, | Die keines Menschen Kunst vertraulich macht.

Friedr. von Schiller, Wallensteins Tod (1799). A. 1, Sz. 4 (Wallenstein).

Tat. — Dem Menschen bring' ich nur die Tat in Rechnung, | Wozu ihn ruhig der Charakter treibt; | Denn blinder Mißverständnisse Gewalt | Drängt oft den Besten aus dem rechten Gleise.

Friedr. von Schiller, Wallensteins Tod (1799). A. 2, Sz. 6 (Octavio).

— Denn | Es wagt ein Mensch oft den abscheulichen | Gedanken, der sich vor der Tat entsetzt.

Heinr. von Kleist, D. Familie Schroffenstein (1803). A. 2, Sz. 3 (Sylvester).

— Ein andres Antlitz, eh' sie geschehen, | Ein andres zeigt die vollbrachte Tat.

Friedr. von Schiller, D. Braut v. Messina (1803). Garten (Chor. Cajetan).

— Bedürft ihr meiner zu bestimmter Tat, | Dann ruft den Tell, es soll an mir nicht fehlen!

Friedr. von Schiller, Wilh. Tell (1804). A. 1, Sz. 3 (Tell).

— Die Stunde dringt, und rascher Tat bedarf's.

Friedr. von Schiller, Wilh. Tell (1804). A. 4, Sz. 2 (Rudenz).

— . . . je weniger Tat, desto mehr Sprache.

Jean Paul (Joh. Paul Friedr. Richter), Levana oder Erzieh-Lehre (1807). Bd. 1, Bruchstück 1, K. 2, § 12.

— Ja, der Wille ist der meine, | Doch die Tat ist dem Geschick.

Frz. Grillparzer, D. Ahnfrau (1817). A. 5 (Jaromir).

— Du im Leben nichts verschiebe; | Sei dein Leben Tat um Tat!

Joh. Wolfg. von Goethe, Wilh. Meisters Wanderjahre (1807—1821).

— Die Tat ist alles, nichts der Ruhm.

Joh. Wolfg. von Goethe, Faust, II (1831). A. 4. Hochgebirg (Faust).

— Wär' halb so leicht die Tat wie der Gedanke, | Wir hätten eine Welt voll Meisterstücke.

Ernst Raupach, D. Hohenstaufen (1837). Kaiser Friedr. II. Tod. Vorspiel. Sz. 5.

— Das Wort ist rund, viereckig ist die Tat.

Ernst Raupach, D. Hohenstaufen (1837). Kaiser Friedr. II. Tod. A. 2, Sz. 5.

— Das Wort ist ein Weiblein, die Tat aber ein Mann.

Karl Jul. Weber, Demokritos (1832—1840). D. Schwätzer.

— Rettende Tat.

Nach Friedr. Christoph Dahlmann in d. Frankfurter Nationalversammlung (14. Dez. 1848).

— In der praktischen Schule des Lebens wirkt die Tat stets mächtiger als das Wort. Engl: It is the practical school of mankind, working by action, which is always more forcible than words.

Samuel Smiles, D. Selbsthilfe (1860). Übers. v. Dobbert. K. 12. Beispiele, Muster.

— Die Tat, die echte, wurzelt im Gemüt; | Wie soll ein Feuer je entzündet werden, | Wenn nicht zuvor der heil'ge Funke sprüht?

Rob. Prutz, A. goldenen Tagen (1861).

Tat. — Daß dir zu hoch kein Gipfel ist, | Ei, laß mich's an der Tat erproben! | Statt deine Schwingen mir zu loben, | Fliege, so du ein Adler bist!

Emanuel Geibel, Spätherbstblätter (1877). Gelegenheitsgedichte. Spr. Nr. 26.

— Ein Strom durchschneidet unsern Pfad; | Am andern Ufer liegt die Tat. | Die Klugen sehn das Ufer gut | Und unterscheiden Baum und Haus; | Die Starken schauen nur die Flut | Und strecken zum Schwimmen die Arme aus.

Ludw. Fulda, Gedichte (1890). Spr. Nr. 32.

— Ein Löffel voll Tat | Ist besser als ein Scheffel voll Rat. Alter Spr.

— Halbe Tat | Ist Torenrat; | Ganze Tat | Mit Ruhm bestaht. Sprichwort.

— Tat | Bringt Rat. Sprichwort.

— Hitz' im Rat, | Eil' in der Tat | Bringt nichts als Schad'!

Spr. im Berliner Rathause. Erster Stock.

— Sanft in Art, scharf in Tat.

Spr. im Berliner Rathause. Erster Stock.

— Treu in Pflicht, | Wahr in Rath, | Fest in That! Wartburgspr.

Taten. — Das ist der gschmack, wa findt die braten? (Worte, aber keine Taten.)

Thomas Murner, Narrenbeschwerung (1512). Nr. 57. Mit dreck rein weschen.

— Sprich Ja zu meinen Thaten!

Paul Gerhardt, Geistl. Andachten. Wach auf, mein Herz u. singe! (1649).

— Verstand darff man zum Rathen, | Glück vnd Hertz zun Thaten.

Christoph Lehmann, Politischer Blumen=Garten (1662). T. 2. Thun, Werck. Nr. 15.

— Ein andermal von euren Taten!

Gottl. Konrad Pfeffel, Poetische Versuche. D. Tobackspfeife (ged. 1782).

— Wir sind gewohnt, sie (die Zeit) mit Taten zu bezahlen!

Friedr. von Schiller, D. Verschwörung d. Fiesko zu Genua (1783). A. 1, Sz. 7 (Eine Maske).

— . . . es gibt Taten, die sich keinem Menschenurteil mehr unterwerfen, — nur den Himmel zum Schiedsmann erkennen.

Friedr. von Schiller, D. Verschwörung d. Fiesco zu Genua (1783). A. 3, Sz. 1 (Verrina).

— Zeichnet mit Taten die schwindenden Gleise | Unserer flüchtig entrollenden Zeit!

Joh. Gaudenz Freiherr von Salis=Seewis, Gedichte. Ermunterung (1790). Mel. v. Joh. Rudolf Zumsteeg.

— Siehe, voll Hoffnung vertraust du der Erde den goldenen Samen | Und erwartest im Lenz fröhlich die keimende Saat. | Nur in die Furche der Zeit bedenkst du dich, Taten zu streuen, | Die, von der Weisheit gesät, still für die Ewigkeit blühn?

Friedr. von Schiller, Gedichte. D. Sämann (ged. 1795).

— In seinen Taten malt sich der Mensch.

Friedr. von Schiller, Prosaische Schriften. Über d. ästhetische Erziehung d. Menschen, in einer Reihe v. Br. (1795). Br. 5.

Taten. — Des Menschen Taten und Gedanken, wißt! | Sind nicht wie Meeres blind bewegte Wellen. | Die innre Welt, sein Mikrokosmos, ist | Der tiefe Schacht, aus dem sie ewig quellen.

Friedr. von Schiller, Wallensteins Tod (1799). A. 2, Sz. 3 (Wallenstein).

— Ach! unsre Taten selbst, so gut als unsre Leiden, | Sie hemmen unsres Lebens Gang!

Joh. Wolfg. von Goethe, Faust, I (1808). Nacht (Faust).

— . . . der „schönen Tat in Worten" | Könnten wir beinah' entraten; | Was uns Not tut allerorten, | Ist ein schönes Wort in Taten!

Anastasius Grün (Anton Alexander Graf von Auersperg), Nibelungen im Frack (1843).

— Taten bewähren den Mann, und der ist am meisten zu loben, der nichts verspricht und doch in der Not zur Stelle ist.

Ernst Wichert, Heinr. v. Plauen (1881).

— Gute Worte ohne Taten sind Binsen und Rohr. Engl.: Good words without deeds are rushes and weeds. Sprichwort.

— Sprich nicht sammetne Worte, wofern du steinerne Taten ausführen kannst!

Tartarisches Sprichwort.

Täter. — Seid aber Täter des Worts und nicht Hörer allein! Jak., K. 1, V. 22.

Tätig. — . . . daß wir vorziehn einen rühr'gen (tätigen) Zwerg | Dem Riesen, welcher schläft. Engl.: A stirring dwarf we do allowance give | Before a sleeping giant.

William Shakespeare, Troilus u. Cressida (um 1609). Übers. v. Schlegel. A. 2, Sz. 3 (Agamemnon).

— Wir vergehen schnell, also laßt uns tätig sein! Lat.: Avolamus, ergo evolemus.

Wahlspr. d. Joh. Gerhard (gest. 1637).

— Die Einsamkeit macht nicht die Freistatt. . . . Die schätzenswerteste Freistatt ist da zu suchen, wo wir tätig sein können.

Joh. Wolfg. von Goethe, D. Wahlverwandtschaften (1808—1809). T. 2, K. 15.

— Allzu tätige Personen werden in einem gleichmäßigen, geregelten Zustande lästig.

Joh. Wolfg. von Goethe, Wilh. Meisters Wanderjahre (1807—1821).

— Nur klugtätige Menschen, die ihre Kräfte kennen und sie mit Maß und Gescheitigkeit benutzen, werden es im Weltwesen weit bringen.

Joh. Wolfg. von Goethe, Werke (1827—1830). Maximen u. Reflexionen. Abteilung 1.

— Tätigen Sinn, das Tun gezügelt; | Stetig Streben, ohne Hast!

Joh. Wolfg. von Goethe, Gedichte. A. d. Nachlaß. An Personen. An d. funfzehn Freunde in England (ged. 28. Aug. 1831).

— Dieweil ich bin, muß ich auch tätig sein.

Joh. Wolfg. von Goethe, Faust, II (1831). A. 2. Laboratorium (Homunculus).

Tätig. — Lebendig sein heißt: rastlos tätig sein.
Jul. Hammer, Schau um dich u. schau in dich (1851). Heiße Tage. Sag' nicht v. Leben, daß ein Glück es sei usw.

— Sonst waren die reichsten Länder, wo die Natur am gütigsten war; jetzt sind es die, wo der Mensch am tätigsten ist. Engl.: Formerly the richest countries were those in which nature was most bountiful; now the richest countries are those in which man ist most active.
Henry Thomas Buckle, Gesch. d. Zivilisation (1858—1861). Übers. v. Ritter. K. 3.

Tätige, der. — Das Rad der Fortuna führt den Stehenden (Tätigen) und rädert den Liegenden.
Karl Jul. Weber, Demokritos (1832—1840). Lob= u. Hilfsmittel d. Frohsinns.

Tätigkeit. — . . . wenn wir nur einmal die Kraft haben, uns zu ermannen, geht uns die Arbeit frisch von der Hand, und wir finden in der Tätigkeit ein wahres Vergnügen.
Joh. Wolfg. von Goethe, Leiden d. jungen Werthers (1773). B. 1, Am 1. Julius.

— Ich vergeß es hier nicht, daß Tätigkeit, die keinen echten Grundsätzen folgt, oder die auch ewig in Grundsätzen schwankt, eher verderblich als wohltätig sein kann.
Joh. Jak. Engel, Schriften. Reden. Rede am Geburtstage d. Königs (25. Sept. 1786).

— Nichtstun ist halber Tod; das Leben äußert sich nur in der Tätigkeit.
Friedr. d. Große, Sämtl. Werke (1789).

— Nichts bleibt weniger verborgen und ungenutzt als zweckmäßige Tätigkeit.
Joh. Wolfg. von Goethe, Wilh. Meisters Lehrjahre (1777—1796).

— Nur Tätigkeit, entschloßne Tätigkeit, | Die heitre, freie Lebenstochter, | Sie hält ihn fest, den Geist der Stunden, die entflohn.
Christoph Aug. Tiedge, Urania (1800). Ges. 6. Freiheit. Wiedersehn.

— Es ist nichts als die Tätigkeit nach einem bestimmten Ziel, was das Leben erträglich macht.
Friedr. von Schiller, Briefwechsel mit Körner (27. April 1801).

— Ernste Tätigkeit söhnt zuletzt immer mit dem Leben aus.
Jean Paul (Joh. Paul Friedr. Richter), Titan (1800—1803).

— Die Tätigkeit ist, was den Menschen glücklich macht; | Die, erst das Gute schaffend, bald ein Übel selbst | Durch göttlich wirkende Gewalt in Gutes kehrt.
Joh. Wolfg. von Goethe, Vorspiel. Weimar (1807).

— Was heiter und selig macht und erhält, ist bloß Tätigkeit.
Jean Paul (Joh. Paul Friedr. Richter), Levana oder Erzieh=Lehre (1807). Bd. 1, Bruchstück 3, K. 3, § 46.

Tätigkeit. — Nur wenige Menschen werfen sich der Tätigkeit aus innerem, moralischem Bedürfnisse in die Arme. Erhebt nicht die Not ihre eiserne Rute, bellt nicht der Hunger des niedern Bedürfnisses, so bleibt der gewöhnliche Mensch ein ächzendes Faultier, das kauert oder schleicht.
Christ. Ernst Karl Graf von Bentzel=Sternau, Weltansichten (1816).

— Die Tätigkeit hat drei Grazien zu Töchtern: Tugend, Wissenschaft und Reichtum.
Theod. Gottl. von Hippel, Sämtl. Werke (1827—1828).

— Unbedingte Tätigkeit, von welcher Art sie sei, macht zuletzt bankerott.
Joh. Wolfg. von Goethe, Werke (1827—1830). Maximen u. Reflexionen. Abteilung 1.

— Der Genuß entsteht durch die Tätigkeit; beide sind aber immer verbunden.
Wilh. Freiherr von Humboldt, Br. an eine Freundin (6. Okt. 1830).

— Selbsttätigkeit ist Bedingung der Selbsterhaltung.
Ernst Freiherr von Feuchtersleben, Zur Diätetik d. Seele (1838). K. 1. Begriff. Wirkungen d. Geistes im allgemeinen.

— Tätigkeit bedingt das Leben des Menschen; ja das Leben ist nichts anderes als Tätigkeit.
Ernst Freiherr von Feuchtersleben, Zur Diätetik d. Seele (1838). K. 8. Oszillation.

— Die rüst'ge, unabläss'ge Tätigkeit | Bietet den schlimmsten Nachtgespenstern Trutz.
Jul. Hammer, Schau um dich u. schau in dich (1851). Heiße Tage. Sag' nicht v. Leben, daß ein Glück es sei usw.

— Tätigkeit ist des Lebens Salz. Sprichwort.

Tau, der. — Kühl und labend sinkt der Tau | Auf die Fluren nieder.
Friedr. Voigt, Lieder für d. Herz zur Beförderung eines edlen Genusses in d. Einsamkeit. Kühl u. labend sinkt d. Tau usw. (vor 1799). Mel. v. Jos. Gersbach (1833).

— Ein guter Tau ist so viel wert als ein schlechter Regen. Bauernregel.

— Häufiger und starker Tau verkündet heiteres Wetter. Bauernregel.

Taub. — Den Tauben ist gut predigen.
Sprichwort.

Tauben, die. — Auch fliegen vmb (möget jr glauben!) | Gebraten Hüner, Gänß vnd Tauben; | Wer sie nicht facht vnd ist so faul, | Dem fliegen sie selbs in das Maul.
Hans Sachs, Sehr herrliche Schöne v. wahrhaffte Gedicht. Bd. 1 (1589), T. 5. D. Schlauraffenland.

Taubenaugen. — . . . deine Augen sind wie Taubenaugen. Hohelied Sal., K. 1, V. 15.

Taufe. — Kein Minsche hir up erden | Mach ane dope (Taufe) selich werden. | De dope den Minschen also verklaret, | Dat he to Godde Wort faret. Inschrift an einem Taufbecken in Dorfmark (1465).

Taufe. — Chrisam, touff ist als verloren! (Hopfen und Malz sind verloren.)

Thomas Murner, Narrenbeschwerung (1512). Nr. 85. D. peters kopff.

Taufen. — Tut Buße, und lasse sich ein jeglicher taufen! Apostelgesch., K. 2, V. 38.

Taufstein. — Der Taufstein scheidet.

Sprichwort.

Taugen. — Man stellt den Mann dahin, wo er am besten taugt. Griech.: *Χρὴ δ' ἄνδρα τάσσειν οὗ μάλιστ' ἂν ὠφελῇ.*

Euripides (um 480—406 v. Chr.), Rhesos. Übers. v. Binder. V. 626 (Diomedes).

Tausch. — Tausch ist kein Raub.

Sprichwort.

Täuschen. — Wer vermöchte die Sonne zu täuschen? Lat.: Quis solem fallere possit?

Publ. Ovidius Naso (um 43 v. Chr.—17 n. Chr.), D. Kunst zu lieben. B. 2, V. 573. Übers. v. Grau.

Täuschung. — Gern läßt das Herz sich von den Sinnen täuschen; | Und Täuschung ist beredter stets als Wahrheit.

Ernst Raupach, D. Hohenstaufen (1837). Kaiser Friedr. II. T. 1, A. 3, Sz. 1.

Täuschungen. — Täuschungen sind meistens vor der Reife gepflückte Wahrheiten. Franz.: Les utopies ne sont souvent que des verités prématurées.

Alphonse de Lamartine, Gesch. d. Girondisten (1847). Übers. v. Herwegh.

Tauwind. — Der Tauwind kam vom Mittagsmeer | Und schnob durch Welschland, trüb' und feucht. | Die Wolken flogen vor ihm her, | Wie wann der Wolf die Herde scheucht.

Gottfr. Aug. Bürger, Gedichte. D. Lied v. braven Manne (ged. Juni 1776).

Tee. — Abwarten und Tee trinken! (geduldig ausharren). Sprichwörtl. Redensart.

Teil. — Noch hab' ich keinen Teil an ihr!

Friedr. Kind, D. Freischütz (ged. 1817—1818). A. 2, Sz. 5 (Samiel). Komp. v. Karl Maria von Weber. (Erste Auff. am 18. Juni 1821 in Berlin.)

— Das bessere Teil erwählt haben.

Nach Luk., K. 10, V. 42. — Sprichwörtl. Redensart.

Teile. — Viele Teile, schmale Brocken.

Sprichwort.

Teilen. — Nun teilt euch in die Haut, ihr Brüder!

Ludw. Heinr. Freiherr von Nicolay, Verm. Gedichte (1778—1784). T. 1. Fab. D. Esel u. d. drei Herren. Schlußv.

— . . teilt euch brüderlich darein!

Friedr. von Schiller, Gedichte. D. Teilung d. Erde (ged. 1795).

— Was niemand mit uns teilen kann, | Und wär's der Himmel, widert an. Engl.: We loathe what none are left to share: | Even bliss — 't were woe alone to bear.

George Gordon Lord Byron, D. Giaur (1813). Übers. v. Heichen. Abschnitt 19, V. 5.

Teilen. — Einem jeden geben das seyn | Ist getheilt woll und fein. Alter Spr.

Teilnahme. — Es ist das Schöne einer tätigen Teilnahme, daß sie wieder hervorbringend ist.

Joh. Wolfg. von Goethe, Briefwechsel zwischen Goethe u. Zelter (26. Aug. 1799).

— Teilnahme ist der goldene Schlüssel, der die Herzen anderer öffnet. Engl.: Sympathy is the golden key that unlocks the hearts of others.

Samuel Smiles, D. Charakter (1871). Übers. v. Dobbert. K. 9. Manier u. Kunst.

Tempel. — . . . er (Christus) . . . trieb sie alle zum Tempel hinaus.

Evang. Joh., K. 2, V. 15.

Tempelsäule. — Keines Tempels heit're Säule | Zeuget, daß man Götter ehrt.

Friedr. von Schiller, Gedichte. D. Eleusische Fest (ged. 1798).

Temperament. — Die gewöhnlich als sanguinisch und cholerisch bezeichneten bilden unser tätiges, die als phlegmatisch und melancholisch bekannten, unser leidendes Temperament.

Ernst Freiherr von Feuchtersleben, Zur Diätetik d. Seele (1838). K. 6. Temperament, Leidenschaft.

— Immerhin bleibt das wahre Temperament der Kinder des Glücks, der Freude, des Witzes und der Laune das sanguinische.

Karl Jul. Weber, Demokritos (1832—1840). Zucht d. Temperaments, Charakter.

Tendenzen. — Das Schlimme ist, . . . daß man im Leben so viel durch falsche Tendenzen ist gehindert worden, und daß man nie eine solche Tendenz erkennt, als bis man sich bereits davon frei gemacht.

Joh. Peter Eckermann, Gespräche mit Goethe in d. letzten Jahren seines Lebens (12. April 1829).

Testament. — Das Testament des Verstorbenen ist der Spiegel des Lebenden.

Polnisches Sprichwort.

— Der kann sein Testament machen (er wird nicht mehr mit dem Leben davonkommen).

Sprichwörtl. Redensart.

Testament, Altes. — Zu den kraftvollsten, reinsten und schönsten Stimmen, die aus grauem Altertum zu uns herübergekommen sind, gehören die Bücher des Alten Testaments.

Wilh. Freiherr von Humboldt, Br. an eine Freundin (12. Sept. 1824).

Testament, Neues. — Das Neue Testament ist ein auctor classicus, das beste Not- und Hilfsbüchlein, das je geschrieben worden ist.

Georg Christoph Lichtenberg, Verm. Schriften (1800—1806). Bd. 2, Nr. 2. Bemerk. verm. Inhalts. Nr. 8. Litterärische Bemerk.

— Wir sehnen uns nach Offenbarung, | Die nirgends würd'ger und schöner brennt | Als in dem Neuen Testament.

Joh. Wolfg. von Goethe, Faust, I (1808). Studierzimmer (Faust).

Teufel, der. — . . . was ghört in des tüfels zal, | Das nimt im nieman uberal.

Seb. Brant, D. Narrenschif (1494). Nr. 14. V. vermessenheit gots. Schlußv.

— Die Kraft des bösen Feindes (des Teufels) ist wie die Kraft des rauhen Nordwindes, der durch sein Wehen kalt und gefrieren macht, tötet und starr macht. Nikolaus von Cusa, Schriften (1514).

— Der Teuffel ist vnsers herr Gotts affe.

Joh. Agricola, Drey hundert Gemeyner Sprichwörtter (1529). Nr. 24.

— Herrscht der Teufel heut auf Erden, | Morgen wird Gott Meister werden.

Wahlspr. Georgs von Logau (gest. 1653).

— Man darff den Teuffel nicht über die Thür mahlen.

Christoph Lehmann, Politischer Blumen=Garten (1662). T. 2. Teuffel. Nr. 3.

— Ha! laß dich den Teufel bei Einem Haare fassen, und du bist sein auf ewig!

Gotthold Ephr. Lessing, Emilia Galotti (1772). A. 2, Sz. 3 (Pirro).

— Wo hat dich denn der Teufel?

Aloys Blumauer, Abenteuer d. frommen Helden Aeneas (1784—1788). Bd. 2, Str. 54.

— Den Teufel halte, wer ihn hält! | Er wird ihn nicht so bald zum zweiten Male fangen.

Joh. Wolfg. von Goethe, Faust, I (1808). Studierzimmer (Faust).

— Du bist noch nicht der Mann, den Teufel festzuhalten.

Joh. Wolfg. von Goethe, Faust, I (1808). Studierzimmer (Mephistopheles).

— . . . der Teufel ist ein Egoist | Und tut nicht leicht um Gottes willen, | Was einem andern nützlich ist. Joh. Wolfg. von Goethe, Faust, I (1808). Studierzimmer (Faust).

— Den Teufel spürt das Völkchen nie, | Und wenn er sie beim Kragen hätte!

Joh. Wolfg. von Goethe, Faust, I (1808). Auerbachs Keller in Leipzig (Mephistopheles).

— Der Teufel muß doch etwas sein; | Wie gäb's denn sonst auch Teufel!

Joh. Wolfg. von Goethe, Faust, I (1808). Walpurgisnachtstraum (Dogmatiker).

— Auf Teufel reimt der Zweifel nur.

Joh. Wolfg. von Goethe, Faust, I (1808). Walpurgisnachtstraum (Skeptiker).

— Er (der Teufel) ist nicht häßlich und ist nicht lahm, | Er ist ein lieber, charmanter Mann, | Ein Mann in seinen besten Jahren, | Verbindlich und höflich und welterfahren.

Heinr. Heine, D. B. d. Lieder. D. Heimkehr (ged. 1823—1824). Nr. 37.

— Doktor, sind Sie des Teufels?

Heinr. Heine, D. B. d. Lieder. D. Nordsee (ged. 1825—1826). Erster Zyklus, Nr. 10. Seegespenst. Schlußv.

— Wer mit dem Teufel dingt, | Der wird betrogen. Christ. Dietr. Grabbe, Don Juan u. Faust (1829). A. 1, Sz. 2 (Faust).

Teufel, der. — Der Teufel siegt, der Gott verliert, | Der blanke Rubel reist; | So ward von je die Welt regiert, | So lang' die Sonne kreist.

Aug. Graf von Platen=Hallermund, Gedichte. Verm. u. Gelegenheitsgedichte. D. Rubel auf Reisen (ged. 1833). Schlußv.

— Macht mir den Teufel nur nicht klein; | Ein Kerl, den alle Menschen hassen, | Der muß was sein!

Joh. Wolfg. von Goethe, Poetische u. prosaische Werke (1836—1837). Gedichte. Zahme Xenien. Nr. 9.

— Die heilige Therese definiert den Teufel recht schön: Ein Unglücklicher, der nicht weiß, was lieben heißt.

Karl Jul. Weber, Demokritos (1832—1840). Teufel u. Hölle, Engel u. Himmel.

— Ja, Luther hatte es verstanden, als er dem Teufel das Tintenfaß an den Kopf geworfen! Nur vor Tinte fürchtet sich der Teufel, damit allein verjagt man ihn.

Ludw. Börne, Gesammelte Schriften (1862—1863). Fragmente u. Aphorismen. Nr. 137.

— Den Teufel durch Beelzebub austreiben (etwas Schlechtes durch Schlechteres ersetzen).

Nach Matth., K. 12, V. 24. — Sprichwörtl. Redensart.

— . . . der Teufel gehet umher wie ein brüllender Löwe und suchet, welchen er verschlinge.

1. Petri, K. 5, V. 8.

— Widerstehet dem Teufel, so fliehet er von euch! Jak., K. 4, V. 7.

— Der Teufel ist los!

Nach Offenb. Joh., K. 20, V. 7.

— Der Teufel hat mehr Apostel denn zwölf. Alter Spr.

— Der Teufel ist nie so schwarz, als man ihn malt. Sprichwort.

— Du mußt dem Teufel die Herberg' aufkünden, wenn Gott bei dir einkehren soll. Sprichwort.

— Läßt man den Teufel in die Kirche gehn, gleich will er auch Messe lesen. Sprichwort.

— Wenn man den Teufel an die Wand malt, so kommt er. Sprichwort.

— Wo der Teufel nicht selbst hin will, schickt er einen Pfaffen oder ein altes Weib. Sprichwort.

— Iss de Düwel erst in de Kiärke (Kirche), dann sitt (sitzt) he auk faots up 't Altaor (Altar). Sprichwort. Münsterisch.

— Der Teufel ist ein tätiger Bischof in seinem Sprengel. Engl.: The devil is a busy bishop in his own diocese. Schottisches Sprichwort.

— Gott schickt uns das Fleisch, aber der Teufel die Köche. Ital.: Dio ci manda la carne ma il diavolo i cuochi. Sprichwort.

— Gib dem Teufel das Bier, er frißt die Träber. Esthnisches Sprichwort.

— Schwarz wird stets gemalt der Teufel; | Rosig wird er stets gesehen. Finnisches Sprichwort.

— Jeder Teufel regiert einen Monat.

Holländisches Sprichwort.

Teufel, der. — Den Teufel an die Wand malen (von etwas sprechen, dessen Eintreten unangenehm, gefahrbringend usw. sein würde).
Sprichwörtl. Redensart.

— Der Teufel und seine Großmutter.
Sprichwörtl. Redensart.

— Das ist der Herr Teufel! (da sitzt die Schwierigkeit). Sprichwörtl. Redensart. Steirisch.

— Anno een, es (als) de Düwel noch 'n kleinen Jungen wass (war).
Sprichwörtl. Redensart. Münsterisch.

Teufel, die. — Vnd wenn die welt vol Teuffel wer . . .
Dr. Martin Luther, D. 46. Ps. Ein feste burg ist vnser Gott usw. (ged. 15.—16. April 1521 in Oppenheim). Mel. v. Verfasser.

— . . . ob gleich alle Teufel | Hier wollten widerstehn, | So wird doch ohne Zweifel | Gott nicht zurücke gehn.
Paul Gerhardt, Geistl. Andachten. Befiehl d. Herrn deine Wege u. hoffe auf ihn, er wirds wohl machen (1659).

— . . . von den Teufeln kann ich ja | Auf gute Geister schließen.
Joh. Wolfg. von Goethe, Faust, I (1808). Walpurgisnachtstraum (Supernaturalist).

Text. — Jemandem den Text lesen (jemanden schelten). Sprichwörtl. Redensart.

Tharau. — Anke van Tharaw öß, de my gefôllt.
Simon Dach, Trewe Lieb ist jederzeit | Zugehorsamen bereit (ged. 1637). Mel. v. Heinr. Albert (1644). Bek. Mel. v. Friedr. Silcher (1826).

Theater. — Das Theater hat oft einen Streit mit der Kanzel gehabt; sie sollten, dünkt mich, nicht miteinander hadern. Wie sehr wäre zu wünschen, daß an beiden Orten nur durch edle Menschen Gott und Natur verherrlicht würden.
Joh. Wolfg. von Goethe, Wilh. Meisters Lehrjahre (1777—1796).

— Erweitert ist jetzt des Theaters Enge, | In seinem Raume drängt sich eine Welt; | Nicht mehr der Worte rednerisch Gepränge, | Nur der Natur getreues Bild gefällt.
Friedr. von Schiller, Gedichte. An Goethe, als er d. Mahomet v. Voltaire auf d. Bühne brachte (ged. 1800).

Thebaner. — Ein Wort mit diesem kundigen Thebaner. Engl.: **Learned Theban.**
William Shakespeare, König Lear (1605—1606). Übers. v. Schlegel. A. 3, Sz. 4 (Lear).

Themis. — Themis selber führt den Reigen, | Und mit dem gerechten Stab | Mißt sie jedem seine Rechte.
Friedr. von Schiller, Gedichte. D. Eleusische Fest (ged. 1798).

— Wie stünd' es um die Sicherheit der Staaten, | Wenn das gerechte Schwert der Themis nicht | Die schuld'ge Stirn des königlichen Gastes | Erreichen könnte wie des Bettlers Haupt?
Friedr. von Schiller, Maria Stuart (1800). A. 1, Sz. 7 (Burleigh).

Theologen. — Kommen die Magistrate und die Theologen einmal ins Verbrennen, so würfen sie selbst die Bibel ins Feuer, wenn sie ihnen grade in die Hände geriete.
Friedr. d. Große, Sämtl. Werke (1789).

— Es sind in Deutschland die Theologen, die dem lieben Gott ein Ende machen; — **on n'est jamais trahi que par les siens** (man wird immer nur von seinen Angehörigen verraten).
Heinr. Heine, Sämtl. Werke (1861—1868). Verm. Schriften. Gedanken u. Einfälle. Nr. 2. Religion u. Philosophie.

Theologie. — Medicina, Arznei machet Kranke, denn die Aerzte erdenken Krankheiten; Mathematica machet traurig; Theologia machet Sünder.
Dr. Martin Luther, Tischreden oder Colloquia (1566). Nr. 67. Tischreden v. Schulen u. Universitäten. § 15. Eine andere Frage.

— Die Theologie nimmt in der Religion etwa denselben Platz ein wie die Gifte unter den Nahrungsmitteln. Franz.: **La théologie est dans la religion ce que les poisons sont aux aliments.** Napoleon I., Maximen u. Gedanken (1817). Übers. v. Zimmermann.

— Die Kandidaten der Theologie sind meistens berufen, an der Tür des geistlichen Schafstalles zu hungern, und nur wenigen gelingt es, auf der Leiter Simonie durchs Fenster einzusteigen.
Christ. Friedr. Wilh. Jacobs, Ährenlese (1823—1825). Bd. 2.

— Rätsel findest du nur im Käfig der Gottesgelahrtheit (der Theologie); | Geh' in die offene Welt; dann sind dir alle gelöst!
Ludw. Feuerbach, Satirisch-theologische Distichen (1830).

— Weißt du den Grund, warum in den Apfel gebissen hat Adam? | Um der Theologie einen Gefallen zu tun.
Ludw. Feuerbach, Satirisch-theologische Distichen (1830).

— Was ist Moral? Die vernünftige Anweisung zum weisen Genuß der Gegenwart. Was ist Theologie? — Ich bitte, mir die Antwort zu schenken. Karl Jul. Weber, Demokritos (1832—1840). Lob- u. Hilfsmittel d. Frohsinns.

— Die Theologie ist die Anthropologie.
Ludw. Feuerbach, D. Wesen d. Christentums (1841).

Theologisch. — Keine theologische Ungereimtheit ist so auffallend, daß sie nicht zuzeiten von den verständigsten und gebildetsten Menschen angenommen worden wäre. Engl.: **No theological absurdities are so glaring that they have not sometimes been embraced by men of the greatest and most cultivated understanding.** David Hume, D. Naturgesch. d. Religion (1755). Übers. v. Lipps. Abschnitt 15.

Theorie. — Grau, teurer Freund, ist alle Theorie | Und grün des Lebens goldner Baum.
Joh. Wolfg. von Goethe, Faust, I (1808). Studierzimmer (Mephistopheles).

Theorie. — Theorie und Praxis sind eins und bleiben doch zwei wie Materie und Geist, wie Seele und Leib, wie Mann und Weib, wie Denken und Schauen.

Bogumil Goltz, Typen d. Gesellschaft (1860).

— Die Theorie träumt, die Praxis belehrt.

Karl von Holtei, Eine alte Jungfer (1869).

Theorien. — Theorien sind gewöhnlich Übereilungen eines ungeduldigen Verstandes, der die Phänomene gern lossein möchte und an ihrer Stelle deswegen Bilder, Begriffe, ja oft nur Worte einschiebt. Joh. Wolfg. von Goethe, Werke (1827—1830). Über Naturwissenschaft. Abteilung 1.

— Hältst für so lang das Leben, | Daß bis ans Grab du Theorien studierst?

Emerich Madách, D. Tragödie d. Menschen (1861). A. d. Ungar. übers. v. Lechner. Sz. 10 (Adam).

Thersites. — Überall in der Welt ist das Schöne mit dem Häßlichen gemischt, und jeder trägt seinen Thersites an und in sich.

Kuno Fischer, Akademische Reden (1862).

— . . . am Thersites krankt ein jeder Held.

Paul Heyse, D. Feenkind (1868). Ges. 3.

Thron. — Du sagst: der Thron sei lockend? Für den weisen Mann | Mit nichten! Griech.: Ἀλλ' ὡς τυραννεῖν ἡδὺ τοῖσι σώφροσιν; | Ἥκιστά γ'.

Euripides, Hippolytos (um 428 v. Chr.). Übers. v. Minckwitz. V. 1013—14 (Hippolytos).

— Selten stiegen Engel auf den Thron, seltener herunter.

Friedr. von Schiller, D. Verschwörung d. Fiesko zu Genua (1783). A. 4, Sz. 14 (Leonore).

— Mir graut | Vor dem Gedanken, einsam und allein, | Auf einem Thron allein zu sein.

Friedr. von Schiller, Don Carlos (1787). A. 2, Sz. 2 (Carlos).

— Liebe des Vaterlands, | Liebe des freien Manns | Gründet den Herrscherthron | Wie Fels im Meer.

Preuß. Nationalhymne. Ged. nach Heinr. Harries v. Balthasar Gerhard Schumacher (1793). Mel. v. Henry Carey (vor 1743).

— Am Throne gibt es fast für niemand Geheimnisse als für den, der darauf sitzt.

Jean Paul (Joh. Paul Friedr. Richter), Titan (1800—1803).

— Das Ideal in der Kunst, Größe in Ruhe darzustellen, sei das Ideal auf dem Throne!

Jean Paul (Joh. Paul Friedr. Richter), Levana oder Erzieh=Lehre (1807). Bd. 2, Bruchstück 5, K. 1, § 102.

— Selbst ist der Mann! Wer Thron und Kron' begehrt, | Persönlich sei er solcher Ehren wert!

Joh. Wolfg. von Goethe, Faust, II (1831). A. 4. Auf d. Vorgebirg (Kaiser).

— Schwach ist ein Wehruf | Und hoch der Thron.

Emerich Madách, D. Tragödie d. Menschen (1861). A. d. Ungar. übers. v. Lechner. Sz. 4 (Eva).

Thron. — Ein konstitutioneller Thron ist ein Armsessel, ein absoluter ein Stuhl ohne Lehne.

Ludw. Börne, Gesammelte Schriften (1862—1863). Fragmente u. Aphorismen. Nr. 13.

— . . . durch Gerechtigkeit wird der Thron bestätiget. Spr. Sal., K. 16, V. 12.

Throne. — Was pocht man auf die Throne? | Da keine Macht noch Krone | Kan unvergänglich seyn? Andr. Gryphius, Oden, Sonette, Epigramme (1643). Vanitas! Vanitatum Vanitas!

— Um die Throne herrscht das Schweigen; die Beredsamkeit ist die Seele freier Völker. Franz.: Le silence règne autour des trônes; la persuasion est l'âme des nations libres.

Antoine Saint=Just (1767—1794), Politische Diskurse. Übers. v. Zimmermann.

— Hohe Ämter scheinen einmal nicht für Philosophen; und auf Thronen waren Genies meist ein Unglück.

Karl Jul. Weber, Demokritos (1832—1840). D. Ehrgeiz. D. Fortsetzung.

Thronsäulen. — Säulen seines Throns sind Milde, | Biedersinn und Redlichkeit.

Laurenz Leop. Haschka, Gott erhalte d. Kaiser! (ged. 1797). Mel. v. Jos. Haydn (komp. Jan. 1797).

Thule. — Die äußerste Thule. Lat.: Ultima Thule.

Publ. Vergilius Maro (um 70 v. Chr.—19 n. Chr.), Georgica. Nr. 1, V. 30. Übers. v. Grau.

Tiefe. — In die Tiefe mußt du steigen, | Soll sich dir das Wesen zeigen!

Friedr. von Schiller, Gedichte. Spr. d. Konfucius (ged. 1799).

— Aus der Tiefe steigen die Befreier der Menschheit, und wie die Quellen aus der Tiefe kommen, das Land fruchtbar zu machen, so wird der Acker der Menschheit ewig aus der Tiefe erfrischt. Wilh. Raabe, D. Hungerpastor (1864).

— Aus der Tiefe rufe ich, Herr, zu dir! Lat.: De profundis clamavi ad te, Domine!

Ps. 130, V. 1.

— Nicht unergründlicher Tiefe | Ist Lärm und Rauschen gegeben: | Es ist des Bergbachs seichter Lauf, | Wo eitle Wellen steigen.

A. d. Japanischen d. Soseihosshi.

Tiefenbacher. — . . . Tiefenbacher, | Gevatter Schneider und Handschuhmacher.

Friedr. von Schiller, Wallensteins Lager (1798). Sz. 10 (Erster Jäger).

Tier. — Quäle nie ein Tier zum Scherz, | Denn es fühlt wie du den Schmerz! Sprichwort.

Tiere. — Der untrüglichste Gradmesser für die Herzensbildung eines Volkes und eines Menschen ist, wie sie die Tiere betrachten und behandeln.

Berth. Auerbach, Gesammelte Schriften (1892).

Tierliebe. — Je jünger, einfacher und frömmer die Völker, desto mehr Tierliebe.

Jean Paul (Joh. Paul Friedr. Richter), Levana oder Erzieh=Lehre (1807). Bd. 3, Bruchstück 6, K. 3, § 120.

Tierquäler. — Der kleine Tierquäler erwächst zu einem harten, grausamen Manne.

Jean Paul (Joh. Paul Friedr. Richter), Levana oder Erzieh=Lehre (1807).

Tinte. — Die Tinte macht uns wohl gelehrt, | Doch ärgert sie, wo sie nicht hin gehört. | Geschrieben Wort ist Perlen gleich; | Ein Tintenklex ein böser Streich.

Joh. Wolfg. von Goethe, Gedichte. Sprichwörtl. (ged. 1812—1814).

— In der Tinte sitzen (in großer Verlegenheit sein). Sprichwörtl. Redensart.

Tirol. — Ade! mein Land Tirol!

Jul. Mosen, Gedichte. Sandwirt Hofer (ged. 1831). Schlußv. Mel. v. Ludw. Berger.

Tiroler. — Tiroler sind aftn so lustig und froh. Emanuel Schikaneder, D. Tiroler Wastl (1795). Komp. v. Jak. Haibl (1795).

Tisch. — Wer bei Tisch nur Liebe findet, | Wird nach Tische hungrig sein.

Georg Friedr. Treitschke, Fidelio (1814). A. 1, Sz. 4 (Rokko). Komp. v. Ludw. van Beethoven. (Erste Auff. am 23. Mai 1814 in Wien.)

— Über Tisch solstu zu keiner weil | Singen oder sunst schwetzen viel; | Du solt der erst auch nit seyn, | Der von dem tisch weg gehet heim.

Alter Spr.

— Bei Tisch soll man keines Haders gedenken.

Sprichwort.

— Die Beine unter eines andern Tisch stecken (sich von jemandem unterhalten, ernähren lassen).

Sprichwörtl. Redensart.

Tischtuch. — Das Tischtuch (zwischen zweien) zerschneiden.

Redensart a. d. gotischen Kunstperiode (13.—15. Jahrh.), wo d. Tischtuch a. einem quer über d. Tisch liegenden, breiten Leinen bestand, worauf d. Speisen gestellt wurden. Bedeutet soviel wie: D. Freundschaft kündigen. Sprichwörtl. Redensart.

Titel, der. — . . . höhern Titel Einem spenden, | Als ihm gebührt, heißt Einen schänden.

Joh. Friedr. Fischart, Kehrab (um 1576).

— Der Titel ist eine wahre Kleinigkeit; . . . er braucht den Inhalt weder anzuzeigen, noch zu erschöpfen; aber er sollte doch auch nicht irreführen.

Gotthold Ephr. Lessing, Hamburgische Dramaturgie. Stück 17 (26. Juni 1767).

— Ein Titel muß kein Küchenzettel sein. Je weniger er von dem Inhalte verrät, desto besser ist er. Gotthold Ephr. Lessing, Hamburgische Dramaturgie. Stück 21 (10. Juli 1767).

— Was hilft der Titel | Ohne Mittel?

Sprichwort.

Titel, die. — Der Märtyrer der Titel, | Des kranken Wahnes Eigentum, | Schämt sich vor lauter Ehr' auch nicht entehrter Mittel.

Gotthold Ephr. Lessing, Schriften (1753—1755). Oden. B. 1, Nr. 2. Auf eine vornehme Vermählung.

Titel, die. — Bespöttle nicht, o Freund, die Lunger, | Die, wie der Rab' nach Brot, nach Titel schrein; | Jedweden Menschen plagt ein ew'ger Hunger, | Doch etwas in der Welt zu sein.

Friedr. Hebbel, Gedichte. Jugendgedichte (ged. (1829—1833). Titel u. Tittel.

— Die Welt wird durch Titel gekitzelt. Lat.: Mundus titulis titillatur. Sprichwort.

Toben. — Warum toben die Heiden?

Ps. 2, V. 1.

— Der tobt wie der Schwed'. Jüd. Redensart.

Tochter. — Für einen greisen Vater gibt's | Nichts Holderes als eine Tochter; höher zwar | Ist Knabensinn, doch minder hold zu Zärtlichkeit. Griech.: *Πατρὶ δ' οὐδὲν ἥδιον | Γέροντι θυγατρός· ἀρσένων δὲ μείζονες | Ψύχαι, γλυκαῖαι δ' ἧσσον εἰς θωπεύματα.*

Euripides, D. Schutzflehenden (um 418 v. Chr.). Übers. v. Binder. V. 1101—3 (Iphis).

— Wer seine Tochter an einen ungebildeten Menschen verheiratet, der wirft sie gleichsam gebunden einem Löwen vor. Talmud (3. Jahrh.).

— Kannst du den Regen aufhalten und die Blüte nur eine einzige Stunde verlängern? oder den Apfel bewahren, daß ihn kein Wurm sticht? Ebensowenig bist du imstande, deine Tochter zu verschließen, wenn sie ausgehen will.

Theod. Gottl. von Hippel, Über d. Ehe (1774).

— . . . wem der Teufel ein Ei in die Wirtschaft gelegt hat, dem wird eine hübsche Tochter geboren. Friedr. von Schiller, Kabale u. Liebe (1784). A. 2, Sz. 4 (Miller).

— Den Knaben erzieht eine vieltönige Welt, die Schulklassen, Universitäten, die Reisen, die Landsmannschaften und die Bibliotheken; die Tochter bildet der Muttergeist.

Jean Paul (Joh. Paul Friedr. Richter), Levana oder Erzieh=Lehre (1807). Bd. 2, Bruchstück 4, K. 3, § 81.

— Der Mutter schenk' ich, | Die Tochter denk' ich. Joh. Wolfg. von Goethe, Gedichte. Sprichwörtl. (ged. 1812—1814).

— Die Tochter bringt vermählt dir ihre Kinder | Aus Freude gern noch manchmal in dein Haus! | Du hast die Mutter, — aber mehr kein Kind. Leop. Schefer, Laienbrevier (1834).

— Die Tochter ist wie die Mutter.

Hesekiel, K. 16, V. 44.

— Berate deine Tochter, so hast du ein großes Werk getan, und gib sie einem vernünftigen Manne! Jes. Sir., K. 7, V. 27.

— . . . eine ungeratene Tochter läßt man sitzen. Jes. Sir., K. 22, V. 4.

— . . . eine ungeratene Tochter . . . bekümmert ihren Vater. Jes. Sir., K. 22, V. 4.

— Eine Tochter, die noch unberaten ist, macht dem Vater viel Wachens. Jes. Sir., K. 42, V. 9.

— Mit der Mutter soll beginnen, | Wer die Tochter will gewinnen. Sprichwort.

Tochter. — Wer nur eine Tochter hat, macht ein Wunder aus ihr. Franz.: Qui n'a qu'une fille, il en fait merveille. Sprichwort.

— Wie Maria ist, solche Tochter erzieht sie. Portug.: Qual he Maria, | Tal filha cria.
Sprichwort.

— Eine Tochter, ein Wunder. Span.: Una hija, | Una maravilla. Sprichwort.

— Die Tochter zieht oft der Mutter Mantel an (wird wie die Mutter). Isländisches Sprichwort.

Töchter. — Väter, hinfort traut euern Töchtern nie | Nach äußerlichem Tun! Engl.: Fathers, from hence trust not your daughters' minds | By what you see them act.
William Shakespeare, Othello (um 1601—1605). Übers. v. Schlegel. A. 1, Sz. 1 (Brabantio).

— Nichts beugte die Natur | Zu solcher Schmach als undankbare Töchter. Engl.: Nothing could have subdued nature | To such a lowness, but his unkind daughters.
William Shakespeare, König Lear (1605—1606). Übers. v. Schlegel. A. 3, Sz. 4 (Lear).

— Die Ammen sagen von Töchtern: ein schönes Kind; von Knaben: ein starkes Kind.
Theod. Gottl. von Hippel, Über d. Ehe (1774). K. 6. Zum Besten d. Jünglinge.

— Töchter ohne ihre Mutter | Sind wie Lämmer ohne Hirt.
Joh. Gottfr. von Herder, D. Cid (1805). B. 3, Ges. 48.

— Ihr Eltern! Euere Jungen machen sich in der Hölle kaum schwarz; aber für eure Töchter und ihren schneeweißen Anzug ist kaum der Himmel gescheuert und sauber genug.
Jean Paul (Joh. Paul Friedr. Richter), Levana oder Erzieh-Lehre (1807).

— Das muß ein hartes Scheiden sein, | Wenn Töchter von uns wandern, | Die man gepflegt in Sorg' und Pein, | Und alles für einen andern!
Hans von Hopfen, Gedichte. Gusti. Hochzeitsreise (ged. 18. Nov. 1866).

— Hast du Töchter, so bewahre ihren Leib und verwöhne sie nicht! Jes. Sir., K. 7, V. 26.

— Viele Töchter bringen Reichtum.
Jes. Sir., K. 31, V. 29.

— D' Töchtere sind a fahrigi Hab.
Sprichwort. Schweiz.

— Wer Töchter zu verheiraten hat, muß sich um eine Nadel bücken. Ital.: Chi g'à fiöle de maridà, | Per na gogia 'l s'à de sbassà.
Lombardisches Sprichwort.

— Wer Töchter hat, ist stets Hirte. Niederl.: Die dochters heeft, is altijd heerder.
Sprichwort.

— Ein Haus voll Töchter ist ein Keller voll sauren Bieres. Niederl.: Een huis vol dochters is een kelder vol zuur bier. Sprichwort.

— Drei Töchter und eine Mutter, vier Teufel für den Vater. Span.: Tres hijas y una madre, | Quatro diablos para el padre. Sprichwort.

Tod. — Besser ist ein schneller Tod, | Als alle Tage schmachten unter Angst und Qual. Griech.: *Κρεῖσσον γὰρ εἰσάπαξ θανεῖν | Ἢ τὰς ἁπάσας ἡμέρας πάσχειν κακῶς.*
Äschylus, D. gefesselte Prometheus (um 460 v. Chr.). Übers. v. Minckwitz. V. 748—49 (Io).

— Ruhmvollen Tod zu sterben ist dem Menschen süß. Griech.: *Ἀλλ' εὐκλεῶς τοι κατθανεῖν χάρις βροτῷ.*
Äschylus, D. Orestie (um 458 v. Chr.). Übers. v. Minckwitz. Agamemnon. V. 1257 (Kassandra).

— Wer sich den Tod wünscht, wahrlich ist ein Rasender. Griech.: *Μαίνεται δ' ὃς εὔχεται | Θανεῖν.*
Euripides, Iphigenie in Aulis (um 407 v. Chr.). Übers. v. Minckwitz. V. 1251—52 (Iphigenie).

— Allein der Tod ist noch das Ärgste nicht. *Οὐ γὰρ θανεῖν ἔχθιστον.*
Sophokles (um 496—406 v. Chr.), Elektra. Übers. v. Jordan. V. 998 (Chrysothemis).

— Wer ist so töricht, seinen Tod zu wünschen? Griech.: *Οὐκ ἔστιν οὕτω μῶρος, ὃς θανεῖν ἐρᾷ.*
Sophokles (um 496—406 v. Chr.), Antigone. Übers. v. Jordan. V. 222 (Chor).

— . . . wer dem ewigen Zwanggeschick (dem Tod) sich widersetzt, | Als blöden Toren acht' ich ihn. Griech.: *Τῷ δ' ἀναγκαίῳ τρόπῳ | Ὃς ἀντιτείνει, σκαιὸν ἡγοῦμαι βροτῶν.*
Euripides (um 480—406 v. Chr.), D. rasende Herakles. Übers. v. Minckwitz. V. 282—83 (Megara).

— . . . niemand weiß vom Tode auch nur, ob er nicht der Güter größtes ist; sie fürchten ihn aber, als wüßten sie gewiß, daß er der Übel größtes ist. Griech.: *Οἶδε μὲν γὰρ οὐδεὶς τὸν θάνατον οὐδ' εἰ τυγχάνει τῷ ἀνθρώπῳ πάντων μέγιστον ὂν τῶν ἀγαθῶν, δεδίασι δ' ὡς εὖ εἰδότες, ὅτι μέγιστον τῶν κακῶν ἐστι.*
Platon (um 427—347 v. Chr.), Verteidigungsrede d. Sokrates. Übers. v. Müller. § 17 (Sokrates).

— . . . wenn nun alle Empfindung aufhört, und es vielmehr wie ein Schlaf ist, wenn einer während desselben nicht einmal ein Traumgesicht sieht, dann möchte wohl der Tod ein wundervoller Gewinn sein. Griech.: *Καὶ εἴτε δὴ μηδεμία αἴσθησίς ἐστιν, ἀλλ' οἷον ὕπνος, ἐπειδάν τις καθεύδων μηδ' ὄναρ μηδὲν ὁρᾷ, θαυμάσιον κέρδος ἂν εἴη ὁ θάνατος.*
Platon (um 427—347 v. Chr.), Verteidigungsrede d. Sokrates. Übers. v. Müller. § 32 (Sokrates).

— Im Nu ist der Tod da. Lat.: Horae | Momento cita mors venit.
Quint. Horatius Flacc., Sat. (um 35 v. Chr.). Übers. v. Voß. B. 1, Nr. 1, V. 7—8.

— Pocht doch der bleichende Tod nicht säumiger, als an Armer Obdach, | An Königsburg. Lat.: Pallida mors aequo pulsat pede pauperum tabernas | Regumque turres.
Quint. Horatius Flacc., Oden (um 23 v. Chr.). Übers. v. Voß. B. 1, Nr. 4, V. 13—14.

Tod. — Der Tod ereilet flüchtige Männer auch. Lat.: Mors et fugacem persequitur virum.
Quint. Horatius Flacc., Oden (um 23 v. Chr.). Übers. v. Voß. B. 3, Nr. 2, V. 14.

— Nicht ganz duld' ich den Tod. Lat.: Non omnis moriar.
Quint. Horatius Flacc., Oden (um 23 v. Chr.). Übers. v. Voß. B. 3, Nr. 30, V. 6.

— Der Tod ist das Ende der Laufbahn. Lat.: Mors ultima linea rerum est.
Quint. Horatius Flacc., Episteln (um 20 v. Chr.). Übers. v. Voß. B. 1, Nr. 16, V. 79.

— Mähet der Tod doch Großes und Kleines hinweg. Lat.: Metit Orcus | Grandia cum parvis.
Quint. Horatius Flacc., Episteln (um 20 v. Chr.). Übers. v. Voß. B. 2, Nr. 2, V. 178—79.

— Sind wir doch schuldig dem Tod uns selbst und das Unsrige. Lat.: Debemur morti nos nostraque.
Quint. Horatius Flacc., Dichtkunst (um 20 v. Chr.). Übers. v. Voß. V. 63.

— So ist zum Beispiel der Tod nichts schreckliches, sondern die Meinung von dem Tode, daß er etwas schreckliches sei, das ist das Schreckliche. Griech.: *Οἷον θάνατος οὐδὲν δεινὸν, ἀλλὰ τὸ δόγμα τὸ περὶ θανάτου, ὅτι δεινὸν ἐκεῖνο, τὸ δεινόν ἐστιν.* Epiktet (geb. um 50), Handbüchlein d. Moral. Übers. v. Conz. K. 5.

— Der Tod selbst flieht oft vor einem Manne. Lat.: Mors ipsa refugit | Saepe virum.
Marc. Annaeus Lucanus (um 39—65), Pharsalia. Übers. v. Bothe. B. 2, V. 75—76.

— Soviel ist gewiß, daß der Tod in den mehresten Fällen anstatt noch viel größerer Übel kömmt. Griech.: *Ὅτι οἱ πλεῖστοι θάνατοι πρὸ ἄλλων δυσχερῶν μειζόνων γίγνονται.*
Plutarch (um 50—120), Moralische Abhandlungen. Übers. v. Eyth. Trostrede. K. 31.

— Der Tod ist nicht für schlimm zu achten, dem ein gutes Leben vorangegangen. Lat.: Mala mors putanda non est, quam bona vita praecesserit. Augustinus (um 354—430), Das Gottesreich. Übers. v. Silbert. B. 1, K. 11.

— Der ist elend, der den Tod wünscht; noch elender aber, der ihn fürchtet. Lat.: Miser qui mortem appetit; miserior qui timet.
Wahlspr. Kaiser Heinr. V. (reg. 1106—1125).

— Sei nicht ob eines Menschen Tod erfreut, | Denn lange bleibt nach ihm für dich nicht Zeit.
A. d. Persischen d. Sadi, Fruchtgarten (1257). Übers. v. Graf.

— Ein seliger Tod, das größte Glück. Lat.: Beata morte nihil beatius.
Wahlspr. Kaiser Friedr. d. Schönen (reg. 1314—1330).

— ... baust von Eisen du und Erz die Mauern deiner Burg, | Kommt der Verfalltag, klopft der Tod doch hastig an das Tor.
A. d. Persischen d. Hafis (um 1310—1389). Ghaselen. Übers. v. Nesselmann.

Tod. — Der dot mit glichem füß zerschütt | Der kunig säl und hirten hüt; | Er acht kein pomp, gewalt und gůt, | Dem babst er wie dem buren důt.
Seb. Brant, D. Narrenschif (1494). Nr. 85. Nit fürsehen d. tod.

— Das glück deilt unglich gůt und rich, | Aber der dot macht es alls glich.
Seb. Brant, D. Narrenschif (1494). Nr. 85. Nit fürsehen d. tod.

— Es baut und pflanzt mit uns der Tod auf Erden, | Bis daß wir selbst zum Staub der Erde werden. Hans Holbein, D. Totentanz (1538).

— Jeder Tod muß mit dem Leben aus einem Stücke sein. Das Sterben macht uns nicht zu andern Menschen. Ich erkläre mir den Tod eines Menschen beständig aus seinem Leben. Franz.: Toute mort doibt estre de mesme sa vie: nous ne devenons pas aultres pour mourir. J'interprête tousjours la mort par la vie.
Michel Eyquem de Montaigne, Essays (1580). Übers. v. Titus.

— Man kann sich durch Gewohnheit und Erfahrung gegen Schmerzen, Schande, Mangel und dergleichen zufälliges Unglück abhärten. Den Tod aber können wir nur Einmal erdulden. Wir sind alle nur Lehrlinge in Ansehung seiner. Franz.: On se peult par usage et par expérience fortifier contre les douleurs, la honte, l'indigence, et tels aultres accidents; mais quant à la mort, nous ne la pouvons essayer qu'une fois; nous y sommes touts apprentifs, quand nous y venons.
Michel Eyquem de Montaigne, Essays (1580). Übers. v. Titus.

— ... im Tod sind wir alle gleich, | Groß, Klein, Klug, Närrisch, Arm und Reich.
Georg Rollenhagen, Froschmäuseler (1595). B. 1, T. 1, K. 6.

— Wer im Leben kein'n Richter hat, | Dem zahlt der Tod sein Missethat.
Georg Rollenhagen, Froschmäuseler (1595). B. 1, T. 2, K. 13.

— Das schwerste, jammervollste, ird'sche Leben, | Das Alter, Armut, Schmerz, Gefangenschaft | Dem Menschen auferlegt, ist gegen das, | Was uns im Tode droht, ein Paradies. Engl.: The weariest and most loathed worldly life. | That age, ache, penury, and imprisonment | Can lay on nature, is a paradise | To what we fear of death. William Shakespeare, Maß für Maß (1604). Übers. v. Schlegel. A. 3, Sz. 1 (Claudio).

— Kein seliger Tod ist in der Welt, | Als wer vorm Feind erschlagen!
Jak. Vogel, Kein seliger Tod (1625). Mel. v. Friedr. Silcher.

— Ein guter Tod ist weit besser und wünschenswerter als ein schlechtes Leben. Engl.: A good death is far better and more eligible than an ill life.
John Eliot (1590—1632), Gefängnisgedanken vor seiner Hinrichtung.

Tod. — Lasst euch nicht betrüben | Diesen Abtritt (Tod), den ich thue | In die Erde nieder! | Schawt: die Sonne geht zur Ruh, | Kömpt doch Morgen wieder!

Heinr. Albert, Poetisch=musikalisch Lustwäldlein. Als mein wehrter Freund Joh. Ernst Adersbach diese Welt gesegnet v. in Gott entschlaffen (ged. 1632). Schlußv.

— Alles, was sich angefangen, | Gehet stets in dem Verlangen, | Daß es seinen Todt erkiest.

Paul Fleming, Teutsche Poemata (1642). Oden. Auff Herren Timothei Poli neugebohrnen Töchterleins Christianen Ihr Absterben.

— Wie malest du den Tod? Mit Sense, Pfeil und Bogen? | Du kluger Maler du, fürwahr, du bist betrogen. | Im Fall du klüger willst und nicht betrogen sein, | So mal ihn hin: den Arzt, die Venus und den Wein!

Ernst Christoph Homburg, Schimpff= u. Ernsthaffte Clio (1642).

— Der Tod ist blind, sieht doch All' an, | Er schießt gewiß, trifft Jedermann, | Herr, Knecht, Frau, Magd, Reich, Arm, Jung, Alt, | Wie, wo, wann und wer ihm gefallt.

Spr. auf d. Kirchhofe zu Durlach (1645).

— Kronen, Zepter, Waffen, Lanzen | Müssen alle mit ihm (dem Tod) tanzen; | Alles Fleisch wird fortgerafft. Heinr. Albert, Wie d. Gras (1652).

— Tod ist ein langer Schlaf; Schlaf ist ein kurzer Tod. | Die Noth, die lindert der, und jener tilgt die Noth.

Friedr. von Logau, Deutsche Sinn=Getichte (1654). Tod u. Schlaf.

— Daß der Tod uns übereile, | Lasse man die Klage bleiben; | Jeder sucht ja kurze Weile, | Jeder will die Zeit vertreiben.

Friedr. von Logau, Deutsche Sinn=Getichte (1654). D. Zeit vertreiben.

— Neun Monden wird ein Mensch zum Leben zubereitet, | Darf Einen Augenblick, der ihn zum Tode leitet.

Friedr. von Logau, Deutsche Sinn=Getichte (1654). D. Mensch.

— Unser Tod, der ist ein Tod | Nicht des Lebens, nur der Noth.

Friedr. von Logau, Deutsche Sinn=Getichte (1654). Christentod.

— Schneller Tod ist böse Bösen, | Frommen aber schnell Erlösen.

Friedr. von Logau, Deutsche Sinn=Getichte (1654). Geschwinder Tod.

— . . . merk' auff diß, o Menschen Kind: | Kurtz ist die Zeit, der Tod geschwind.

Joh. Rist, Geistl. Poetische Schriften (1657—1659). T. 1. Himmlische Lieder. Betrachtung d. unendlichen Ewigkeit.

— Der Tod klopfft bey allen an, | Beym Kayser vnd beym Bettelman.

Christoph Lehmann, Politischer Blumen=Garten (1662). T. 2. Todt. Nr. 18.

Tod. — Woran in der Welt ein freier Mann am wenigsten denkt, ist der Tod. Die Weisheit ist Betrachtung des Lebens, aber nicht des Todes.

Baruch Spinoza, Posthume Werke (1670).

— O Tod, wie schrecklich ist dein Gewalt, | Fragst nicht nach Jugend und Gestalt; | Dein Raub muß alles werden bald.

Spr. auf d. Kirchhofe zu Salzburg (1673).

— Ich sag, es stirbet nichts; nur daß ein ander Leben, | Auch selbst das Peinliche, wird durch den Tod gegeben.

Angelus Silesius (Joh. Scheffler), Cherubinischer Wanders=Mann (1675). B. 1, Nr. 36. Kein Tod ist ohn ein Leben.

— Menschlich zu reden, hat der Tod eine schöne Bestimmung, die darin besteht, dem Alter ein Ziel zu setzen. Franz.: A parler humainement, la mort a un bel endroit, qui est de mettre fin à la vieillesse.

Jean de La Bruyère, Charaktere (1688). Übers. v. Hamel. V. Menschen.

— Warum aber wilt du scheuen | Einen Christlich=sanfften Tod? | Solte dich der Wechsel reuen, | Der dich selig führt zu Gott?

Hans Aßmann Freiherr von Abschatz, Poetische Übersetzungen u. Gedichte (1704). Freue dich, bekränckte Seele usw.

— Der Tod ist eine Nuß, die jeder aufknacken kann; ein Trunk, der allen dargeboten wird; eine Klinge, über die jeder springen muß.

Abraham a Santa Clara [Ulrich Megerle] (1644—1709), Sämtl. Werke.

— Oft ist ein guter Tod der beste Lebens=Lauf.

Joh. Christ. Günther, Gedichte (1735). Bußgedanken. Schlußv.

— Thoren dencken vor der Zeit | An die Nacht der Eitelkeit (an den Tod); | Gnug! wenn uns das Alter zwingt | Und den Kummer mit sich bringt.

Joh. Christ. Günther, Gedichte (1735). Studenten=Lied.

— So lerne denn, daß Tod und Sterben | Allein in grobe Körper dringt | Und der Verstörung Grundverderben | Ein geistlich Wesen nie bezwingt! Karl Friedr. Drollinger, Gedichte (1743). Über d. Unsterblichkeit d. Seele.

— Gedenk! im Hui ists mit uns aus! | Der Tod erwürget Mann und Maus. | Wie daß wir in dem kurzen Nun | Nicht unserm Leibe gütlich tuhn! Karl Friedr. Drollinger, Gedichte (1743). D. Stadtmaus u. d. Feldmaus.

— Gestern, Brüder, könnt' ihr's glauben? | Gestern bei dem Saft der Trauben, | (Bildet euch mein Schrecken ein!) | Kam der Tod zu mir herein.

Gotthold Ephr. Lessing, Schriften. Lieder. B. 2, Nr. 16. D. Tod (ged. 1747). Komponist unbek.

— Mit höh'rer Schöne schmückt der Tod | Den Christen, ihn die letzte Ruh', der sanften | Gebrochnen Augen Schlaf.

Friedr. Gottl. Klopstock, Oden. D. Königin Luise (ged. 1752).

Tod. — Wer schläft und ist von Sorgen freier? | Der Tod belauscht die stille Nacht, | So wie des Nilstroms Ungeheuer | Des Ufers Schilf unsicher macht. Friedr. Karl Kasimir Freiherr von Creuz, Oden u. andere Gedichte. Bd. 1. Neujahrs=Gedanken (geb. 1753).

— . . . plötzlich steht er da und spricht, | Der grimme Tod: „Von dannen! | Du trinkst, du küssest länger nicht! | Trink' aus, küss' aus! Von dannen!"

Gotthold Ephr. Lessing, Schriften (1753—1755). Lieder. B. 1, Nr. 18. Nach der 15. Ode Anakreons. Schlußv.

— So suche dir in allen Fällen | Den Tod oft, lebhaft, vorzustellen, | So wirst du ihn nicht zitternd scheun; | So wird er dir ein Trost in Klagen, | Ein weiser Freund in guten Tagen, | Ein Schild in der Versuchung sein.

Christ. Fürchtegott Gellert, Geistl. Oden u. Lieder (1757). Beständige Erinnerung d. Todes. Schlußv.

— Nur ein Herz, das Gutes liebt, | Nur ein ruhiges Gewissen, | Das vor Gott dir Zeugnis gibt, | Wird dir deinen Tod versüßen.

Christ. Fürchtegott Gellert, Geistl. Oden u. Lieder (1757). V. Tode.

— Jesus lebt, mit ihm auch ich. | Tod, wo sind nun deine Schrecken?

Christ. Fürchtegott Gellert, Geistl. Oden u. Lieder (1757). Osterlied.

— Der, den der Tod nicht weiser macht, | Hat nie mit Ernst an ihn gedacht.

Christ. Fürchtegott Gellert, Geistl. Oden u. Lieder (1757). Betrachtung d. Todes.

— Wer vor dem Tode flieht, der flieht vor seinem Schatten.

Magnus Gottfr. Lichtwer, D. Recht d. Vernunft (1758). B. 3.

— Ich sink' in den Staub, Gottes Saat! was schreckst | Den Unsterblichen du, täuschender Tod?

Friedr. Gottl. Klopstock, Oden. D. Tod (geb. 1764).

— Erhebt, Geliebte, noch zuletzt | Dankbar mit mir zu Gott die Hände, | Daß er den Tod ans Ende | Des Menschenlebens hat gesetzt.

Leop. Friedr. Günther von Göckingk, Sinngedichte (1772). Schluß einer Predigt.

— Der Tod, der Tod ist mein Gewinn! | O wär' ich nie geboren! Gottfr. Aug. Bürger, Gedichte. Lenore (geb. Winter 1773).

— Tod und Schlaf sind Kinder von zween Vätern und einer guten Mutter.

Theod. Gottl. von Hippel, Lebensläufe nach aufsteigender Linie (1778—1781). T. 3.

— Auf jeden Punkt im ewigen Universum hat der Tod sein monarchisches Siegel gedrückt. Auf jedem Atomen lese ich die trostlose Aufschrift: Vergangen! Friedr. von Schiller, Prosaische Schriften. D. Spaziergang unter d. Linden (1782).

Tod. — Der Tod ist 'n eigener Mann. Er streift den Dingen dieser Welt ihre Regenbogenhaut ab und schließt das Auge zu Tränen und das Herz zur Nüchternheit auf!

Matthias Claudius, Sämtl. Werke d. Wandsbecker Boten. T. 4 (1783). Über einige Spr. d. Pred. Sal.

— . . . er (der Tod) ist 'n eigener Mann und ein guter Professor **moralium**! Und es ist ein großer Gewinn, alles, was man tut, wie vor seinem Katheder und unter seinen Augen zu tun.

Matthias Claudius, Sämtl. Werke d. Wandsbecker Boten. T. 4 (1783). Über einige Spr. d. Pred. Sal.

— Der Tod ist ein Chamäleon: | Er borget immer die Gestalten | Der Seelen, denen er sich zeigt. Karl Wilh. Ramler, Fabellese (1783). B. 1, Nr. 48. D. Bild d. Todes.

— Es schleichet der Tod nun hier, nun dort hin, | Hebt die Sichel, eilt, daß er schneide, wartet | Oft nicht der Ähre.

Friedr. Gottl. Klopstock, Oden. D. Frohsinn (geb. 1784).

— . . . er (der Tod) geht mit der scharfen Sensen | Zu Lakeien und zu Exzellenzen, | Zu der gnädigen Frau und der Viehmagd | Ohne Distinktion auf die Jagd.

Konrad Arnold Kortum, Leben, Meinungen u. Taten v. Hieronymus Jobs d. Kandidaten (1784). T. 1, K. 37.

— . . . was er (der Tod) übrigens noch nicht gefressen, | Wird er doch in der Folge nicht vergessen, | Sogar, leider! lieber Leser, auch dich, | Und was das Schlimmste ist, sogar mich.

Konrad Arnold Kortum, Leben, Meinungen u. Taten v. Hieronymus Jobs d. Kandidaten (1784). T. 1, K. 37.

— Nur ein heulender Sünder konnte den Tod ein Gerippe schelten; es ist ein holder, niedlicher Knabe, blühend, wie sie den Liebesgott malen, aber so tückisch nicht, — ein stiller, dienstbarer Genius, der der erschöpften Pilgerin Seele den Arm bietet über den Graben der Zeit.

Friedr. von Schiller, Kabale u. Liebe (1784). A. 5, Sz. 1 (Louise).

— Der Tod, — wie viel Banden ach! löst er mir auf. Engl.: **What ties, cruel fate, in my bosom has torn!**

Rob. Burns, Lieder u. Balladen (1786). Übers. v. Wilhelmine Pringhorn.

— . . . selig sind die Tausende, die sterben | Den bittersüßen Tod von Feindes Hand!

Joh. Wolfg. von Goethe, Iphigenie auf Tauris (1787). A. 2, Sz. 2 (Pylades).

— . . . laßt die Zeit kommen wie den Tod! Dran vorzudenken ist schreckhaft!

Joh. Wolfg. von Goethe, Egmont (1788). A. 3. Klärchens Wohnung (Klärchen).

— Der freundliche Hein (Tod) | Entbindet von jeglichem Kummer | Und führt uns durch Schlummer | Zur Seligkeit ein.

Christ. Erhard Langhansen, Gedichte. D. Ruhe im Grabe (geb. 1791). Mel. v. Georg Karl Claudius (1780).

Tod. — Tod ist ewiger Schlaf.

Inschrift auf Kirchhöfen zur Zeit d. franz. Revolution (1789—1795).

— Er ist der Sünde Lohn, der Augenblick, der Tod heißt! | Aber seine gefürchtete Nacht | Zeigt auch heller das himmlische Licht, | Welches dicht hinter ihr strahlt.

Friedr. Gottl. Klopstock, Oden. D. Glückseligkeit Aller (ged. 1795).

— Lieblich sieht er zwar aus mit seiner erloschenen Fackel; | Aber, ihr Herren, der Tod ist so ästhetisch doch nicht.

Friedr. von Schiller, Gedichte. D. Genius mit d. umgekehrten Fackel (ged. 1796).

— . . . der schwarze Fürst der Schatten (der Tod). Friedr. von Schiller, Gedichte. D. Lied v. d. Glocke (ged. Sept. 1799).

— Das Leben ist | Nur ein Moment, der Tod ist auch nur einer!

Friedr. von Schiller, Maria Stuart (1800). A. 3, Sz. 6 (Mortimer).

— Wohltätig, heilend nahet mir der Tod, | Der ernste Freund!

Friedr. von Schiller, Maria Stuart (1800). A. 5, Sz. 6 (Maria).

— Den Menschen adelt, | Den tiefgesunkenen, das letzte Schicksal (der Tod).

Friedr. von Schiller, Maria Stuart (1800). A. 5, Sz. 6 (Maria).

— Die Blume neigt ihr Haupt zur mütterlichen Erde; | Sie fragt nicht, ob ein Morgenrot | Zu irgend einem Lenz sie wieder wecken werde. | Der Mensch nur fühlet seinen Tod.

Christoph Aug. Tiedge, Urania (1800). Ges. 4. Unsterblichkeit.

— Wißt, nur zum Sterben ward dies Leben uns gegeben; | Und was der Tod uns schenkt, das ist das wahre Leben.

Christoph Martin Wieland, Sämtl. Werke (1794—1802). Gedichte. Epigramme.

— Ein allgemeines Übel ist der Tod.

Joh. Wolfg. von Goethe, D. natürliche Tochter (1803). A. 3, Sz. 4 (Weltgeistlicher).

— In sein stygisches Boot | Raffet der Tod | Auch der Jugend blühendes Leben.

Friedr. von Schiller, D. Braut v. Messina (1803). D. Säulenhalle (Erster Chor. Berengar).

— Der freie Tod nur bricht die Kette des Geschicks.

Friedr. von Schiller, D. Braut v. Messina (1803). D. Säulenhalle (Don Cesar).

— Ein mächtiger Vermittler ist der Tod.

Friedr. von Schiller, D. Braut v. Messina (1803). D. Säulenhalle (Don Cesar).

— Der Tod hat eine reinigende Kraft, | In seinem unvergänglichen Palaste | Zu echter Tugend reinem Diamant | Das Sterbliche zu läutern und die Flecken | Der mangelhaften Menschheit zu verzehren.

Friedr. von Schiller, D. Braut v. Messina (1803). D. Säulenhalle (Don Cesar).

Tod. — Ruft die Erbarmung Gottes an! Ihr seid | Ein Mann des Todes!

Friedr. von Schiller, Wilh. Tell (1804). A. 4, Sz. 3 (Rudolf).

— Rasch, tritt der Tod den Menschen an; | Es ist ihm keine Frist gegeben.

Friedr. von Schiller, Wilh. Tell (1804). A. 4, Sz. 3 (Barmherzige Brüder).

— Der Tod entbindet von erzwung'nen Pflichten!

Friedr. von Schiller, Wilh. Tell (1804). A. 5, Sz. 1 (Walther Fürst).

— War dein Leben nur Scherz, dann wird der Tod dir zum Ernste; | Aber lebtest du ernst, dann wird der Tod dir ein Scherz.

Karl Friedr. Kretschmann, Sämtl. Werke (1784—1805). Epigramme.

— Laßt uns den Tod begrüßen; doch dann erst, wann wir sollen! | Ihn wollen, ist Verbrechen, und Narrheit, ihn nicht wollen.

Karl Friedr. Kretschmann, Sämtl. Werke (1784—1805). Epigramme.

— Es ist ein Schnitter, der heißt Tod, | Hat Gewalt vom höchsten Gott.

D. Knaben Wunderhorn (1806—1808). Erntelied. Mel. v. Felix Mendelssohn-Bartholdy.

— Auch die Kaiserkronen | Wird er (der Tod) nicht verschonen. | Hüte dich, schön's Blümelein!

D. Knaben Wunderhorn (1806—1808). Erntelied. Mel. v. Felix Mendelssohn-Bartholdy.

— . . . doch ist nie der Tod ein ganz willkomm'ner Gast.

Joh. Wolfg. von Goethe, Faust, I (1808). Studierzimmer (Mephistopheles).

— Mag jauchzen Grab und Tod! | Es muß ein Morgenrot | Den Schlummernden einst wecken!

Friedr. Adolf Krummacher, Festbüchlein (1808). Bd. 1. Mag auch d. Liebe weinen! Schlußv. Mel. v. Friedr. Schneider (komp. um 1844).

— Mir ist's, als wär' der Erdenkampf die Nacht, | Der Tod die Morgenröte, und dem Grabe | Entsteigt die Sonne der Unsterblichkeit.

Theod. Körner, Rosamunde (ged. 26. Okt. — 8. Nov. 1812). A. 4, Sz. 5 (Nesle).

— . . . will ein Engel himmelwärts, | Erst bricht im Tod ein Menschenherz.

Theod. Körner, Leier u. Schwert (1814). Unsere Zuversicht.

— Herrenstaub wiegt schwerer nicht, | Als nied're Asche wiegt; | Du führst, o Tod, ein gleich Gewicht | Für das, was dir erliegt. Engl.: Weigh'd in the balance, hero dust | Is vile as vulgar clay; | Thy scales, Mortality! are just | To all that pass away.

George Gordon Lord Byron, Ode an Napoleon Bonaparte (1814). Übers. v. Heichen. Str. 12.

— Kein schön'rer Tod auf dieser Welt, | Als wer auf grüner Heide fällt!

Karl Göttling, Kriegslied (ged. 1815). Mel. v. Albert Methfessel (1818).

Tod. — Der Tod ist das Pünktchen der letzten Phrase unseres Lebens; der Deckel auf dem Topf, in dem es sonst so kochte und brauste.

Ernst Christ. Karl Graf von Bentzel-Sternau, Weltansichten (1816).

— Kein Schreckgespenst ist also unser letzter Freund (der Tod); sondern ein Endiger des Lebens: der schöne Jüngling, der die Fackel auslöscht und dem wogenden Meere Ruhe gebietet.

Joh. Gottfr. von Herder, Sämtl. Werke (1805—1820).

— Der Tod macht alles rein.

Heinr. Heine, D. B. d. Lieder. Junge Leiden (geb. 1817—1821). Romanzen. Nr. 13. D. wunde Ritter.

— Kein Übel kann der Tod uns zeigen, das | nicht schon das Leben jedem zeigt, der lange | Im Körper lebt. Engl.: I know no evil death can show, which life | Has not already shown to those who live | Embodied longest.

George Gordon Lord Byron, Sardanapal (1821). Übers. v. Heichen. A. 4, Sz. 1 (Myrrha).

— Gern mag der Tod durchs Reich der Freude schreiten, | Gern drückt' auf blum'ge Stirnen er die Hand. Franz.: La mort aime à poser sa main lourde et glacée | Sur des fronts couronnés de fleurs.

Viktor Hugo, Oden. D. Tod d. Herzogs v. Berry (geb. 1822). Übers. v. Geibel.

— Diese Ansicht des Lebens als eines Ganzen, als einer zu durchmessenden Arbeit, hat mir immer ein mächtiges Mittel geschienen, dem Tode mit Gleichmut entgegenzugehen.

Wilh. Freiherr von Humboldt, Br. an eine Freundin (12. Sept. 1824).

— Jener dürre Sensenritter (der Tod) | Streckt uns alle in den Sand.

Heinr. Heine, D. B. d. Lieder. A. d. Harzreise (geb. 1824). Auf d. Hardenberge. Schlußv.

— Kümm're dich nicht, wenn fern von dem heimischen Lande der Tod ruft! | Wo du auch seist, ein Wind führt dich zum Hafen der Ruh'.

Christ. Friedr. Wilh. Jacobs, Griech. Blumenlese (1824).

— Bis jetzt denke ich mir den Tod als eine freundliche Erscheinung, eine, die mir in jedem Augenblicke willkommen wäre, weil, wie zufrieden und glücklich ich lebe, dies Leben doch immer beschränkt und rätselhaft ist, und das Zerreißen des irdischen Schleiers darin auf einmal Erweiterung und Lösung mit sich führen muß.

Wilh. Freiherr von Humboldt, Br. an eine Freundin (8. Nov. 1826).

— Darum würde ich auch für mich einen langsameren Tod nicht für ein Unglück erachten, obgleich ein schneller sowohl für den Sterbenden selbst, als für die Zurückbleibenden Vorzüge hat.

Wilh. Freiherr von Humboldt, Br. an eine Freundin (8. Nov. 1826).

— Der Tod ist das Ende der Mühsal, und wen | Er heut' trifft, der braucht ihn nicht morgen zu scheuen.

Friedr. Rückert, D. Verwandlungen d. Abu Seid v. Serug oder d. Makamen d. Hariri (1826).

Tod. — Tod ist der Menschheit allgemeines Los, | Und wen er schreckt, wird niemals groß.

Christ. Dietr. Grabbe, Kaiser Heinr. VI. (1829). A. 3, Sz. 2.

— Es ist mir, als kennte man nicht das ganze Leben, wenn man nicht den Tod gewissermaßen in den Kreis einschließt.

Wilh. Freiherr von Humboldt, Br. an eine Freundin (22. Juni 1830).

— Tod ist nichts als ein Wort. Erst die eigene Empfindung kann sagen, was in der Wirklichkeit diesem Worte zugrunde liegt.

Wilh. Freiherr von Humboldt, Br. an eine Freundin (22. Juni 1830).

— Der ist ein Weiser allein, der alles findet im Leben, | Aber dafür auch nichts findet im Tod als den Tod.

Ludw. Feuerbach, Satirisch-theologische Distichen (1830).

— Leben begehrst du vom Tod? O! strebe doch lieber nur darnach, | Daß die Menschheit dereinst dein noch mit Liebe gedenkt!

Ludw. Feuerbach, Satirisch-theologische Distichen (1830).

— Ich grüße dich, o Tod! Du, Freiheitsengel, ... | Ein güt'ger Gott schickt dich dem Schmerz zu Hilfe, | Du rettest; — du vernichtest nicht. Franz.: Je te salue, ô mort! Libérateur céleste, ... | Au secours des douleurs un Dieu clément te guide | Tu n'anéantis pas, tu délivres.

Alphonse de Lamartine, Unsterblichkeit (1830). Übers. v. Herwegh.

— Der Verlust (Tod) geliebter Personen bleibt in sich unersetzlich, und der Kummer und Gram darum lindert sich, wie ich sehr gut weiß und empfinde, durch keine Betrachtungen, eher noch in manchen Fällen und bei manchen Gemütern durch den ruhigen Verlauf der Zeit.

Wilh. Freiherr von Humboldt, Br. an eine Freundin (3. Juni 1831).

— Dahinten, dahinten! von ferne, von ferne, | Da kommt er, der Bruder, da kommt er, der — Tod.

Joh. Wolfg. von Goethe, Faust, II (1831). A. 5. Mitternacht (Mangel, Schuld, Not).

— Die zu große Ruhe bei dem Hinscheiden (Tode) geliebter Personen, wenn sie auch nicht aus Gefühllosigkeit, sondern aus christlicher Ergebung entspringt, ja die unnatürliche Freude, daß sie ins Himmelreich eingegangen sind, zeigen immer von einem überspannt frömmelnden Gemüt.

Wilh. Freiherr von Humboldt, Br. an eine Freundin (2. Febr. 1832).

— Der Tod ist kein Abschnitt des Daseins, sondern bloß ein Zwischenereignis, ein Übergang aus einer Form des endlichen Wesens in die andere.

Wilh. Freiherr von Humboldt, Br. an eine Freundin (4. Juni 1832).

Tod. — Es ist das edle Vorrecht des Menschen, daß er dem Unglück und dem Tode sagen kann: ich will dich erdulden, und daß er dem Tode und dem Unglück die eigentliche Gewalt über sich nimmt.

Wilh. Freiherr von Humboldt, Br. an eine Freundin (4. Okt. 1832).

— Jedweder trägt in sich den Tod, | Wenn's außen noch so gleißt und lacht; | Heut' wandelst du im Morgenrot | Und morgen in der Schatten Nacht. Justinus Kerner, Dichtungen (1834). Lieder d. Schmerzes. Zuruf.

— Auf schwarze Nacht folgt heller Sonnenschein, | Und auf das reichste Leben folgt — der Tod.

Justinus Kerner, Dichtungen (1834). Natur u. Wald. Mensch, stelle dich nicht über d. Natur!

— Wenn ein Liebes dir der Tod | Aus den Augen fortgerückt, | Such' es nicht im Morgenrot, | Nicht im Stern, der abends blickt! | Such' es nirgends früh und spät | Als im Herzen immerfort; | Was man so geliebet, geht | Nimmermehr aus diesem Ort. Justinus Kerner, Dichtungen (1834).

— Schnell reitet der Tod. Lat.: Cita mors ruit!

Emanuel Geibel, Gesammelte Werke. Gedichte. Jugendgedichte. B. 2. Berlin (geb. 1836—1837). Cita mors ruit!

— Der schnellste Reiter ist der Tod.

Emanuel Geibel, Gesammelte Werke. Gedichte. Jugendgedichte. B. 2. Berlin (geb. 1836—1837). Cita mors ruit!

— . . . sei nicht stolz, o Menschenkind! | Du bist dem Tod wie Spreu im Wind, | Und magst du Kronen tragen.

Emanuel Geibel, Gesammelte Werke. Gedichte. Jugendgedichte. B. 2. Berlin (geb. 1836—1837). Cita mors ruit!

— Viel lieber will ich raschen Tod erwerben, | Als, so verschmachtend, lebenslang zu sterben.

Jos. Freiherr von Eichendorff, Gedichte (1837). Sängerleben. Sommerschwüle. Nr. 1. Schlußv.

— Trennung ist wohl Tod zu nennen, | Denn wer weiß, wohin wir gehn; | Tod ist nur ein kurzes Trennen | Auf ein baldig Wiedersehn.

Jos. Freiherr von Eichendorff, Gedichte (1837). Totenopfer. Spr.

— Es wandelt, was wir schauen, | Tag sinkt ins Abendrot, | Die Lust hat eignes Grauen, | Und alles hat den Tod.

Jos. Freiherr von Eichendorff, Gedichte (1837). Geistl. Gedichte. Ergebung.

— Gleiche Winde, gleiche Wellen, | Reiches Schiff und armes Boot | Nach demselben Strande schwellen; | Deine Hoffart, meine Not | Wird an Einem Riff zerschellen, | Denn der Bootsmann ist der Tod.

Jos. Freiherr von Eichendorff, Gedichte (1837). Geistl. Gedichte. Schiffergruß. Schlußv.

— Wer ist mächtiger als der Tod? | Wer da kann lachen, wenn er droht.

Friedr. Rückert, Jugendlieder (1837). B. 6. D. Rätsel d. Elfen.

Tod. — Nicht der Tod ist grausam gegen den Menschen; nur der Mensch ist es gegen sich selber, der ihn blinzelnd ansieht, und das unsichere Bild im halbgeschlossenen Auge, bald ihm entgegen, bald von ihm ab die zögernden Schritte wendet.

Ernst Freiherr von Feuchtersleben, Zur Diätetik d. Seele (1838). K. 4. Wille, Charakter, Unentschlossenheit, Unaufgelegtheit, Zerstreutheit.

— Der Tod ist der einzige wahre Jakobiner, der alle gleich macht.

Karl Jul. Weber, Demokritos (1832—1840). Todesbetrachtungen u. d. Todesfurcht in ihrer Lächerlichkeit.

— (Du, Tod) legst Königskron' und Bettlerstab | Mit gleichem Ernst ins stille Grab.

Aug. Mahlmann, Sämtl. Schriften (1839—1840). Gedichte. D. rettenden Genius. Mel. v. Joh. Phil. Schmidt.

— Des Knaben Alter ist Idylle; | Der Jüngling braust des Herzens Fülle | In Oden aus und Dithyramben; | Der Mann schwankt hin und her in Jamben; | Der Greis beklagt in Elegien | Der guten Zeiten schnelles Fliehen; | Der Tod macht auf den ganzen Kram | Ein bittres Epigramm. Aug. Langbein, Sämtl. Gedichte (1841).

— Was zitterst du denn, o Menschenkind, | Kannst mit dem Tod nicht scherzen? | Und bist doch ein Hauch aus Gottes Geist, | Ein Puls aus seinem Herzen. Gottfr. Kinkel, Gedichte (1843). Kleinigkeiten. Spr. 142.

— Der Tod ist nicht nur das Ende, sondern auch das Heilmittel des Lebens. Man ist nirgends so gut aufgehoben als im Sarg. Franz.: La mort n'est pas seulement la fin de la vie, elle en est le remède. On n'est nulle part aussi bien que dans un cercueil.

Claude Tillier, Mein Onkel Benj. (1846). Übers. v. Bergfeldt.

— So ist der Tod | Auch ein Bad nur. | Aber drüben | Am anderen Ufer | Liegt uns bereitet | Ein neu Gewand.

Emanuel Geibel, Juniuslieder (1848). B. d. Betrachtung. An d. Schlaf. Schlußv.

— Jeder fühlt, daß er etwas anderes ist als ein von einem andern einst belebtes Nichts. Daraus entsteht ihm die Zuversicht, daß der Tod wohl seinem Leben, jedoch nicht seinem Dasein ein Ende machen kann.

Arthur Schopenhauer, Parerga u. Paralipomena (1851).

— Mit dem Stoff schwindet die Kraft. Tod ist Entkräftung infolge der Verarmung an Stoff.

Jak. Moleschott, D. Kreislauf d. Lebens (1852).

— Tod, man kann dich nicht bannen, doch dafür kann man dich rufen; | Weil du das Opfer verschmähst, bist du zum Sklaven gemacht.

Friedr. Hebbel, Gedichte (1857). Epigramme u. Verwandtes. Nr. 2. Gnomen. An d. Tod.

Tod. — Alles wird uns Genuß, so schön ist das Leben gerundet, | Selbst der Tod, denn der Schlaf ist der genossene Tod.

Friedr. Hebbel, Gedichte (1857). Epigramme u. Verwandtes. Nr. 2. Gnomen. D. Schlaf.

— Mit jedem zerschellt | Eine Welt! | Um jeden Toten seufzt die Erde lang, | Denn jeder Tod ist ein Weltuntergang! | Mit jeder Seele einmal muß sie sterben, | Denn mit dem Spiegel geht das Bild in Scherben.

Rudolf von Gottschall, Neue Gedichte (1858). Ägyptische Oden. An d. Tod.

— So stehen wir zitternd auf der zitternden Brücke, die vom Leben zum Tode führt, wagen nicht vorwärts zu gehen, haben nicht den Mut, zu leben, und nicht den Mut, zu sterben.

Ludw. Börne, Gesammelte Schriften (1862—1863).

— Was ist der Tod? Ein holder Genius, | Der erste Blick auf kaum geahnte Wonne, | Des höh'ren Strebens milder Weihekuß, | Die Morgenröte einer neuen Sonne!

Wilh. Grothe, Gedichte (1863). Was ist d. Tod?

— Sie haben Tod und Verderben gespien.

Ferd. Freiligrath, Gesammelte Dichtungen. Neueres u. Neuestes. D. Trompete v. Gravelotte (ged. 1870). Mel. v. Aug. Conradi.

— O, laß (Gott) mich fühlen, wenn das Auge bricht: | Tod ist nur Heimkehr zu dem ew'gen Licht!

Emil Rittershaus, Neue Gedichte (1871). Gott u. Natur. Gott in d. Welt.

— Wer stets den Tod vor Augen hat, | Dem wird die bunte Welt erblassen. | Ein trister Ehbund, in der Tat, | Wo man nur denkt ans Scheidenlassen!

Paul Heyse, Gesammelte Werke (1872). Gedichte. Spr.

— Es ist deutscher Adel, den Tod nicht zu ernst zu nehmen und die Toten mit Ernst und Respekt zu behandeln. Wilh. Raabe, Deutscher Adel (1879).

— Sterben ist bitter, Tod ist mild.

Ernst von Wildenbruch, Generalfeldoberst (1889). A. 4, Sz. 12 (Genoveva).

— Ich meid' ihn (den Tod) gern; | Nur fürcht' ich ihn doch nicht. Wer diesen Feind | Zu fürchten anfängt, hört schon auf, zu leben.

Adolf Wilbrandt, D. Meister v. Palmyra (1890). A. 1, Sz. 8 (Apelles).

— Beim Tode eines geliebten Menschen schöpfen wir eine Art Trost aus dem Glauben, daß der Schmerz über unseren Verlust sich nie vermindern wird. Marie von Ebner-Eschenbach, Aphorismen (1893).

— Tod! eine Welt voll Schmerzen liegt in diesem Worte. A. d. Dän. d. Hans Christ. Andersen.

— . . . der Tod muß mich und dich scheiden.

Ruth, K. 1, V. 17.

— . . . der Tod im Topf.

2. Könige, K. 4, V. 40.

— . . . der Gerechte ist auch in seinem Tode getrost. Spr. Sal., K. 14, V. 32.

Tod. — Der Tod ist zu unsern Fenstern hereingefallen. Jer., K. 9, V. 20.

— . . . die Gottlosen . . . halten ihn (den Tod) für einen Freund. Wsh. Sal., K. 1, V. 16.

— Gedenke, daß der Tod nicht säumet!

Jes. Sir., K. 14, V. 12.

— Der Tod ist besser denn ein sieches Leben oder stete Krankheit. Jes. Sir., K. 30, V. 17.

— Feuer, Hagel, Hunger, Tod, solches alles ist zur Rache geschaffen. Jes. Sir., K. 39, V. 35.

— Da ist immer Sorge, Furcht, Hoffnung und zuletzt der Tod. Jes. Sir., K. 40, V. 2.

— . . . dem Tod im Rachen stecken.

Baruch, K. 3, V. 4.

— Der letzte Feind, der aufgehoben wird, ist der Tod. 1. Kor., K. 15, V. 26.

— Tod, wo ist dein Stachel?

1. Kor., K. 15, V. 55.

— Das Leben hassen, den Tod verlangen, | Vorm Tode beben und am Leben hangen, | Das Leben hassen und beben vor dem Tod: | Diese drei Dinge machen schlimme Not. Alter Spr.

— Der Tod frißt all' Menschenkind, | Wie er sie find't, | Fragt nicht, weß Stand's und Ehren sie sind. Alter Spr.

— Der Tod hat keinen Kalender. Alter Spr.

— Der Tod ist blind, sieht doch All' an, | Er schießt gewiß, trifft Jedermann, | Herr, Knecht, Frau, Magd, Reich, Arm, Jung, Alt, | Wie, wo, wann und wer ihm gefallt. Alter Spr.

— Der todt nimpt weder gifft noch gabe, | Das er fur den reichen über drabe; | Konig, Keyser, arm, reich, jung, alt, | Weib, mann, groß, kleyn frist der todt kalt. Alter Spr.

— Es ist ein gut ding umb den tod, | Er hilffet uns aus aller not. Alter Spr.

— Mit dem gnadlosen Tod muß Jung und Alt dahin; | Die Jungen findet er, die Alten finden ihn. Alter Spr.

— Nicht wunsch dir den Todt, | Auch nit entsetz dich vor sterbens not! Alter Spr.

— O Mensch, den Todt betracht | Und hab auff dein leben acht! | Liechtlich der Todt dein Seel hin reist, | Wen ohn vernunft du truncken leist. Alter Spr.

— Warm ist das Leben, kalt ist der Tod.

Alter Spr.

— Arm ist, wer den Tod wünscht, aber ärmer, wer ihn fürchtet. Sprichwort.

— Arm oder reich, | Der Tod macht alles gleich.

Sprichwort.

— Der Tod | Ist das Ende aller Not.

Sprichwort.

— Der Tod kommt wie ein Dieb in der Nacht.

Sprichwort.

— Der Tod macht stille Leute. Sprichwort.

— Der Tod will eine Ursache haben.

Sprichwort.

— Der Tod zahlt alle Schulden. Sprichwort.

Tod. — Des einen Tod, | Des andern Brot.
Sprichwort.

— Für den Tod ist kein Kraut gewachsen.
Sprichwort.

— Man lobt im Tode manchen Mann, | Der Lob im Leben nie gewann. Sprichwort.

— Mit Karst und Kron' | Treibt der Tod gleichen Hohn. Sprichwort. Schweiz.

— Tod achtet weder Pomp, noch Gut; | Dem Papst er wie dem Bettler tut. Sprichwort.

— Umsonst ist der Tod, aber er kostet Leute.
Sprichwort.

— Der Tod steht den Jungen auf der Lauer, aber den Alten vor Augen. Dän.: Døden staaer de Unge paa Luur, men de Gamle for Øie.
Sprichwort.

— O Tod, erwünscht ist dein Geschick dem Dürstigen! Hebräisches Sprichwort.

— Der Tod schließt die Augen und den Mund und öffnet die Schränke ohne Schlüssel.
Polnisches Sprichwort.

— Den Tod segnest du weder weg, noch betest du ihn weg. Polnisches Sprichwort.

— Der Tod ist ein Riese, vor dem auch der Zar die Waffen strecken muß. Russisches Sprichwort.

— Der Tod ist ein schwarzes Kamel, das vor jeder Tür niederkniet. Türkisches Sprichwort.

— Für den Tod kein Kraut gewachsen ist, süng de Aptheker, da mâkt' he Lûssalw'.
Sprichwörtl. Redensart. Hamburg.

— De Daud sitt 'n (sitzt) in 'n Nacken.
Sprichwörtl. Redensart. Münsterisch.

— He ligg (liegt) in 'n Prozeß met 'n Daud (er stirbt). Sprichwörtl. Redensart. Münsterisch.

— Das ist das beste auf der Welt, | Daß Tod und Teufel nimmt kein Geld; | Sonst müßte mancher arme Gesell' | Für manchen Reichen in die Höll'. Spr. an einem Hause.

— Was ist der Tod? Ein Schreckensmann | Für den, der seines Lebens Bahn | Durch Unrecht und durch Missetat | Zu seiner Schand' bezeichnet hat. Spr. an einem Hause in Inzing.

— Wenn der Tod so schmutzig wär' | Wie mancher Beamte, | So säh' er nicht so mager her | Und hätt' eine größere Wampe.
Spr. an einem Hause zu Landeck in Tirol.

— Wenn ich zur Tür geh' aus und ein, | So steht der Tod und wartet mein. | Und bleibe ich auch stets zu Haus, | So bringt mich doch der Tod heraus. Spr. an einem Hause.

— Des Menschen Tod ist unbestimmt | Wie alles hier auf Erden; | Wenn Gott der Herr die Seele nimmt, | Kann nicht ermittelt werden. | Drum zittre, Mensch, und sei bereit, | Denn nachher kommt die Ewigkeit!
Spr. auf d. Kirchhofe zu Kufstein.

— Die Zeit geht hin, der Tod kommt her; | Ach, wer nur immer fertig wär'!
Spr. auf d. Kirchhofe zu Stettin.

Tod. — Durch wahre buess, iez hast noch Zeit, | Ein Christ zum Toth dich wol bereit!
Inschrift in d. Totenkapelle zu Völs.

— Mein Kind, das war ein Rosenknopf (Knospe), | Wollt' eine Rosen werden, | Da kam der Tod und roch daran, | Da war's nicht mehr auf Erden.
Spr. auf einem Leichenbrett.

Todesanblick. — Graß ist der Anblick stets von Tod und Leichnamen. Griech.: *Πικραὶ γὰρ ὄψεις χᾶμα τῷ τέλει νεκρῶν.*
Euripides, D. Schutzflehenden (um 418 v. Chr.). Übers. v. Binder. V. 945 (Theseus).

Todesangst. — Sterben ist etwas mehr als Harlekinssprung, und Todesangst ist ärger als Sterben. Friedr. von Schiller, D. Räuber (1781). A. 2, Sz. 3 (Roller).

— . . . der König des Schreckens wird der Fürst des Friedens, unsere Angst ist die Angst einer Gebärerin, und der Todestag ist eigentlich ein zweiter Geburtstag.
Karl Jul. Weber, Demokritos (1832—1840). Todesbetrachtungen u. d. Todesfurcht in ihrer Lächerlichkeit.

Todesbangen. — O Schwächling oder Kind! | Dir bangt vorm Tode sehr? — | Er ist nicht, wenn wir sind; | Ist er, sind wir nicht mehr.
Joh. Christoph Friedr. Haug, Sinngedichte (1805).

Todesbild. — Uns aber, die wir Kinder Gottes sind, wird das schreckliche Bild des Todes lieblich.
Dr. Martin Luther, Tischreden oder Colloquia (1566). Nr. 26. Tischreden v. Anfechtungen. § 59. Trostschrift Martin Luthers an D. Benedikt Pauli, deß Sohn v. Hause sich zu Tode gefallen hatte.

— Des Todes rührendes Bild steht | Nicht als Schrecken dem Weisen und nicht als Ende dem Frommen.
Joh. Wolfg. von Goethe, Hermann u. Dorothea (1797). Urania.

Todesbilder. — . . . wohin ich geschaut, gibt's nichts als Bilder des Todes. Lat.: Quocumque aspexi, nihil est nisi mortis imago.
Publ. Ovidius Naso (um 43 v. Chr.—17 n. Chr.), Klagelieder. Übers. v. Voß. B. 1, Nr. 11, V. 23.

Todesbitterkeit. — . . . des Todes Bitterkeit | Führet uns auf Dornen-Wegen | In des Himmels Rosen-Feld, | Wo die Wollust Tafel hält.
Joh. Christ. Günther, Gedichte (1735). D. Seelen Unsterblichkeit. Schlußv.

— Ach, reicher Gott vom Himmel, | Wie bitter wird mir der Tod!
Joh. Gottfr. von Herder, Stimmen d. Völker in Liedern (1807). Abteilung 2, B. 5, Nr. 8. D. Lied v. eifersüchtigen Knaben. Deutsch.

— O Tod, wie bitter bist du, wenn an dich gedenkt ein Mensch, der gute Tage und genug hat und ohne Sorge lebt, und dem es wohl gehet in allen Dingen und noch wohl essen mag! O Tod, wie wol tust du dem Dürftigen, der da schwach und alt ist, der in allen Sorgen steckt und nichts Bessers zu hoffen, noch zu erwarten hat!
Jes. Sir., K. 41, V. 1—4.

Todesengel. — Alles, alles in der Natur ist nur angelegt auf Verderben, Zerstörung, Vernichtung. Der Engel der Schöpfung geht nur voran und erweckt Leben, damit der Engel des Todes, der hinter ihm drein geht, zu würgen finde.

Joh. Jak. Engel, D. Philosoph für d. Welt (1775—1777). T. 2, Stück 28. Über d. Tod. Erste Unterredung.

Todesfurcht. — Elend, wer den Tod sucht; elender, wer ihn fürchtet. Lat.: Miser qui mortem appetit, miserior qui timet.

Wahlspr. Kaiser Heinr. V. (reg. 1106—1125).

— Ein Kind von und unter sieben Jahren stirbt am fröhlichsten, ohne alle Furcht des Todes. Aber sobald wir erwachsen und alt werden, so fähet sich's an, daß wir den Tod und die Hölle fühlen, und fürchten uns vorm Tode.

Dr. Martin Luther, Tischreden oder Colloquia (1566). Nr. 38. Tischreden v. Christen u. einem christlichen Leben. § 8. Welche am fröhlichsten sterben.

— Von allen Wundern, die ich je gehört, | Scheint mir das größte, daß sich Menschen fürchten, | Da sie doch sehn, der Tod, das Schicksal aller, | Kommt, wann er kommen soll. Engl.: Of all the wonders that I yet have heard, | It seems to me most strange that men should fear; | Seeing that death, a necessary end, | Will come when it will come.

William Shakespeare, Jul. Cäsar (1601). Übers. v. Schlegel. A. 2, Sz. 2 (Cäsar).

— . . . dein bestes Ruhn ist Schlaf, | Den rufst du oft und zitterst vor dem Tod, | Der doch nichts weiter. Engl.: Thy best of rest is sleep | And that thou oft provok'st; yet grossly fear'st | Thy death, which is no more.

William Shakespeare, Maß für Maß (1604). Übers. v. Schlegel. A. 3, Sz. 1 (Herzog).

— Fürchtest du den Tod? „Ihn nicht!" | Was fürchtest du denn? „Das Sterben!"

Friedr. Gottl. Klopstock, Oden. D. Trennung (ged. 1779).

— Wer sich vor dem Tode wirklich nicht fürchtet, wird schwerlich davon mit so vielen kleinlichen Trostgründen gegen ihn zu reden wissen.

Georg Christoph Lichtenberg, Verm. Schriften (1800—1806).

— Wer den Tod fürchtet, hat das Leben verloren. Joh. Gottfr. Seume, Sämtl. Werke (1826). Apokryphen.

— Ich habe nie die mindeste Furcht vor dem Tode gehabt, er wäre mir in jedem Augenblick willkommen. Ich sehe ihn als das an, was er ist, die natürliche Entwickelung des Lebens, einen der Punkte, wo das unter gewissen endlichen Bedingungen geläuterte und schon gehobene menschliche Dasein in andere befriedigendere und erhellendere gelangen soll.

Wilh. Freiherr von Humboldt, Br. an eine Freundin (16. Nov. 1828).

Todesfurcht. — Wie lebt der glücklich, wer den Tod noch fürchtet; | Doch auch ihn gar nicht scheuen ist nicht menschlich.

Leop. Schefer, Laienbrevier (1834). Jan. Nr. 8.

— Der Mensch fürchtet den Tod bloß, weil er noch nicht glücklich genug gewesen ist; im höchsten Glück möchte er gleich hinsterben.

Karl Aug. Varnhagen von Ense, Tageb. (1861—1870).

— Keinem ist das Leben so süß, wie dem, welcher jede Todesfurcht verloren hat. Engl.: To none is life so sweet as to those who have lost all fear to die.

Samuel Smiles, D. Charakter (1871). Übers. v. Dobbert. K. 7. Pflicht. Wahrhaftigkeit.

— Die Menschen fürchten den Tod, wie Kinder sich fürchten, ins Finstre zu gehen. Engl.: Men fear death, as children to go in the dark.

Sprichwort.

— Was fürchtest du den Tod, Väterchen? Es hat ja noch keiner erlebt, daß er gestorben ist.

Russisches Sprichwort.

— Ich weiß, das ich eins sterben muß, | Das bringt mir nit grossen verdruß. | Das ich den Todt nit forchte sehr, | Machet Christus, mein lieber Herr.

Alter Spr.

— Wer den Todt sehr forchten will, | Der hatt auff erden nicht frewde vil.

Alter Spr.

Todesgedanke. — Mich läßt dieser Gedanke (an den Tod) in völliger Ruhe; denn ich habe die feste Überzeugung, daß unser Geist ein Wesen ist ganz unzerstörbarer Natur.

Joh. Peter Eckermann, Gespräche mit Goethe in d. letzten Jahren seines Lebens (2. Mai 1824).

— Der Gedanke des Todes muß unser Besserungsmittel, aber nicht unser Endzweck sein.

Jean Paul (Joh. Paul Friedr. Richter), Sämtl. Werke (1826—1828).

— Wer könnte den Gedanken des Todes ertragen, wenn das Leben eine Freude wäre? So aber hat jener immer noch das Gute, das Ende des Lebens zu sein, und wir trösten uns über die Leiden des Lebens mit dem Tode, und über den Tod mit den Leiden des Lebens.

Arthur Schopenhauer, Werke (1873—1874). V. d. Nichtigkeit u. d. Leiden d. Lebens.

Todesgedenken. — Lebe des Todes gedenkend, die Zeit flieht; was ich da sage, ist schon dahin. Lat.: Uiue (vive) memor leti, fugit hora; hoc, quod loquor, inde est.

Aul. Persius Flacc. (um 34—62), Sat. Übers. v. Weber. Nr. 5, V. 153.

— Denk' an den Tod bei frohen Tagen! | Kann deine Lust sein Bild vertragen, | So ist sie gut und unschuldsvoll.

Christ. Fürchtegott Gellert, Geistl. Oden u. Lieder (1757). Beständige Erinnerung d. Todes.

— Denk', o Mensch, an deinen Tod! | Säume nicht, denn Eins ist not!

Christ. Fürchtegott Gellert, Geistl. Oden u. Lieder (1757). V. Tode.

Todesgedenken. — Wer nicht heiter über den Tod denken kann, der hat auch noch nicht heiter und deutlich über das Leben gedacht.

Joh. Heinr. Daniel Zschokke, Stunden d. Andacht (1809—1816). T. 7, Nr. 35.

— Wenn man an den Tod zu denken empfiehlt, so ist das eigentlich nur gegen den Leichtsinn gerichtet, der das Leben wie eine immer dauernde Gabe ansieht. Davon ist ein in sich gesammeltes Gemüt schon von selbst frei.

Wilh. Freiherr von Humboldt, Br. an eine Freundin (24. Dez. 1829).

— Gedenk' des Todes und jüngsten Gerichts, | Sei fromm, trau' Gott, sonst hilft's dir nichts! Spr. an einem Hause in Rostock.

Todesgeheimnisse. — Begriffe dieses Leben nur von Grund aus unser Geist, | Wohl würd' er die Geheimnisse des Todes auch erkunden; | Doch wenn du heute, da du noch bei Sinnen bist, nichts weißt, | Was wirst du morgen wissen, wenn die Sinne dir geschwunden?

A. d. Persischen d. Omar Chijam (12. Jahrh.). Vierzeiler. Übers. v. Schack.

Todesgewißheit. — Aller Menschen harrt der Tod; | Und keinen gibt's auf Erden, der untrüglich weiß, | Ob ihn der nächste Morgen noch am Leben trifft. Griech.: *Βροτοῖς ἅπασι κατθανεῖν ὀφείλεται, | Κοὐκ ἔστι θνητῶν ὅστις ἐξεπίσταται | Τὴν αὔριον μέλλουσαν εἰ βιώσεται.*

Euripides, Alkestis (um 438 v. Chr.). Übers. v. Minckwitz. V. 782—83 (Herakles).

— Dem Tode kann niemand entgehen. Lat.: Mortem effugere nemo potest.

Marc. Tull. Cicero, Philippische Reden (um 44—43 v. Chr.). Übers. v. Klotz. Nr. 8, K. 10, § 29.

— Der Todt gewiß klopffet mit einem Bein | An grosser Herrn Wolckentragende Schlösser | Vnd armer Leut liegende Hüttelein | Vnd ist für beed weder böser noch besser.

Georg Rudolf Weckerlin, Ode V. deß Todes gewißheit v. d. Tugent vnsterblichkeit (1624).

— Gegen den Tod gibt es keinen Dispens von Rom. Franz.: On n'a point pour la mort de dispense de Rome.

Molière (Jean Baptiste Poquelin), D. Leichtfuß (1653). Übers. v. Graf Baudissin. A. 2, Sz. 4 (Anselm).

— Der Tod, gefürchtet und ungefürchtet, | Kommt unaufhaltsam.

Joh. Wolfg. von Goethe, Iphigenie auf Tauris (1787). A. 2, Sz. 1 (Pylades).

— Nichtz ist gewisser todes schlund, | Nichtz ungewisser seiner stund. Alter Spr.

— Niemand kan sich vor den todt verschliessen, | Sein pfeil thut durch alle mawren (Mauern) schiessen. Alter Spr.

— Der Tod ist ein stiller Mann, aber er bezwingt jeden. Sprichwort.

— Nicht entgehet dem Tode, | Wer der Geburt nicht entgangen ist. Finnisches Sprichwort.

Todesgewißheit. — Gewiß ist der Tod, ungewiß der Tag, | Die Stund' auch niemand wissen mag. | Drum fürchte Gott und denk' dabei, | Daß jede Stund' die letzte sei!

Spr. auf einer Münze.

Todesgrauen. — Ein jeder schonet seiner Haut; | Fürm Tod ein jedem billig graut.

Georg Rollenhagen, Froschmäuseler (1595). B. 1, T. 2, K. 26.

Todeshand. — Uns schrecke nicht des Todes Hand, | Er führt uns ja ins beßre Land: | Denn höret, was der Heiland spricht: | „Wer an mich glaubt, stirbt ewig nicht."

Spr. auf einem Bildstöckl zu Gleirschtal in Tirol.

Todeskampf. — Kein Stundenschlag ertönt, | Kein Tropfen Zeit verflutet, | Wo nicht ein Menschenherz | Im Todeskampfe blutet. | Kein Morgenrot beginnt, | Kein Abendrot erscheinet, | Wo ein Verlaßner nicht | Um den Erblaßten weinet.

Spr. an d. Straße v. Schönwies nach Imst.

Todesmacht. — Genommen ist dem tod die macht, | Unschuld und leben wiederbracht | Und unvergänglich wesen.

Justus Gesenius, V. d. Auferstehung (1657).

— Groß ist des Todes Macht, | Daß er die Mutter kann | Von ihrem Kinde reißen.

Nicolaus Lenau (Niembsch, Edler von Strehlenau), Faust (1836). D. Abschied (Faust).

Todesnacht. — Durch Todesnacht bricht ew'ges Morgenrot. Theod. Körner, Zriny (ged. Juni 1812). A. 5, Sz. 2 (Zriny).

— Hoffe: daß durch Todesnacht | Gott dich führt in Sonnen ein! — | Was er immer mit dir macht, | Du bist dein nicht, du bist sein.

Justinus Kerner, Dichtungen (1834). Lyrische Gedichte. Sei demütig!

Todesnähe. — . . . naht der Tod sich wirklich, dann sträubt jeder sich | Zu sterben, und des Alters Last bedünkt ihm leicht. Griech.: *Ἢν δ' ἐγγὺς ἔλθῃ θάνατος, οὐδεὶς βούλεται | Θνήσκειν, τὸ γῆρας δ' οὐκέτ' ἔστ' αὐτοῖς βαρύ.*

Euripides, Alkestis (um 438 v. Chr.). Übers. v. Minckwitz. V. 671—72 (Admetos).

— . . . jählings naht der Tod, | Und keiner sagt dir, wo, noch wann er droht; | So sei, daß er nicht überrascht dich fälle, | Dein Auge stets gekehrt zur ew'gen Helle | Und deines Wesens Blüte todbereit | In Gott versenkt zu jeder Stund' und Zeit!

Emanuel Geibel, Neue Gedichte (1856). Verm. Gedichte. B. 2. Indische Weisheit. Schlußv.

Todesnot. — Wer hilfft mir sonst in dieser Noht, | Wo Du nicht, Gott, du Todes Todt?

Simon Dach, Christliche Todes Erinnerung (1648).

Todesrätsel. — Sinnst du des Todes Rätsel? Sei kein Tor; | Du bleibst so klug doch ewig wie zuvor. | Mein armer Staub kann dir die Weisung geben: | Der Tod ist nichts, — und alles ist das Leben.

Adolf Glaser, Gesammelte Schriften (1889—1891). Gedichte. Grabschrift.

Todesraub. — Was ist Pomp, Hoheit, Macht als Erd' und Staub? | Lebt, wie ihr könnt, ihr seid des Todes Raub! Engl.: Why, what is pomp, rule, reign, but earth and dust? | And, live we how we can, yet die we must.

William Shakespeare, König Heinr. VI. (1591—1592). Übers. v. Schlegel. T. 3, A. 5, Sz. 2 (Warwick).

— Vom Weibe geboren, | Wir alle sind Staub! | Der früher, der später; | Doch endlich wird alles | Des Sensenmanns (Todes) Raub!

Klamer Eberhard Schmidt, Neuer Vorsatz (geb. 1781). Volksweise.

Todesreigen. — Es mag vom Todten Reyen | Kein Scepter dich befreyen, | Kein Purpur, Gold, noch edler Stein.

Andr. Gryphius, Oden, Sonette, Epigramme (1643). Vanitas! Vanitatum Vanitas!

Todesruf. — Weiß auch der Mensch, wann ihm des Todes Ruf schallt?

Friedr. Gottl. Klopstock, Oden. D. Frohsinn (geb. 1784).

Todesruhe. — Eiskalter Spott | Ist diese Ruh' auf unser heißes Streben; | Der stumme Mund belächelt mitleidsvoll, | Wie wir um eitle Zwecke uns bemühn.

Emerich Madách, D. Tragödie d. Menschen (1861). A. d. Ungar. übers. v. Lechner. Sz. 4 (Adam).

Todesschauer. — . . . wer sich hingestellt zu einer Leiche | Und fest ihr schaut ins blasse Angesicht, | Wer ist so elend und betrübt, daß nicht | Ein Schauer vor dem Tod sein Herz beschleiche?

Nicolaus Lenau (Niembsch, Edler von Strehlenau), D. Albigenser (1842). D. Interdikt.

Todesscheu. — Es mag, wer da will dich (Tod) scheuen; | Du kanst mich vielmehr erfreuen; | Denn durch dich komm ich herein | Zu dem schönsten Jesulein!

Joh. Frank, Geist. Sion (1674). Dv, O schönes Weltgebäude usw.

— Lern' nicht, nur den Tod nicht scheun, | Lern' auch, seiner dich erfreun!

Christ. Fürchtegott Gellert, Geistl. Oden u. Lieder (1757). V. Tode.

— Wer das Leben liebt und den Tod nicht scheut, | Geht fröhlich und frei durch die sinkende Zeit.

Theod. Körner, Poetischer Nachlaß. Verm. Gedichte. Schifferlied (geb. 16. Sept. 1811).

Todesschrecken. — Der Tod soll dich nicht traurig schrecken; | Doch dich zur Weisheit zu erwecken | Soll er dir stets vor Augen sein!

Christ. Fürchtegott Gellert, Geistl. Oden u. Lieder (1757). Beständige Erinnerung d. Todes.

— Was ist der Tod, daß er mich schrecken sollte? | Gibt's etwas, das den Helden schrecken kann?

Theod. Körner, Zriny (geb. Juni 1812). A. 4, Sz. 5 (Soliman).

— . . . Sklaven nur, nicht Freie schreckt der Tod.

Otto Fürst zu Lynar, D. Mediceer (1842). A. 5, Sz. 13.

Todessehnsucht. — . . . ist mir eine Sehnsucht nach dem Tode fremd; obwohl sie edlerer Art ist als Überdruß am Leben, dennoch ist sie zu mißbilligen. Das Leben muß erst, solange es die Vorsehung will, durchgenossen und durchgelitten, mit einem Wort, durchgemacht sein, und zwar mit völliger Hingebung, ohne Unmut, Murren und Klagen durchgeprüft sein.

Wilh. Freiherr von Humboldt, Br. an eine Freundin (5. Juni 1832).

Todesstrafe. — Rabbi Akiba und Rabbi Tryphon sagten: Wenn wir im Gerichtshof gesessen wären, wäre die Todesstrafe niemals vollzogen worden.

Talmud (3. Jahrh.).

— . . . wer den Tod verdient hat, mit dem nur hinweg!

Dr. Martin Luther, Tischreden oder Colloquia (1566). Nr. 63. Tischreden v. fürtrefflichen Kriegshäuptleuten u. Helden. § 8. V. Joab.

— Es ist eine Frage, ob wir nicht, wenn wir einen Mörder rädern, gerade in den Fehler des Kindes verfallen, das den Stuhl schlägt, an den es sich stößt.

Georg Christoph Lichtenberg, Verm. Schriften (1800—1806). Bd. 2, Nr. 2. Bemerk. verm. Inhalts. Nr. 7. Politische Bemerk.

— Wenn das Gesetz einen Menschen tötet, der sein Verbrechen bereut, tötet es einen Unschuldigen. Franz.: Quand la loi tue un homme qui se repent de son crime, elle tue un innocent.

Hugues Félicité Rob. de Lamennais, Kritische Erörterungen (1841). Übers. v. Zimmermann.

— Ich kann mir denken, daß jemandem, der an eine Fortsetzung des individuellen Lebens nach dem leiblichen Tode nicht glaubt, die Todesstrafe härter erscheint als demjenigen, der an die Unsterblichkeit der ihm von Gott verliehenen Seele glaubt; aber wenn ich der Frage näher ins Auge sehe, so kann ich das kaum annehmen.

Otto von Bismarck im Norddeutschen Reichstage (1. März 1870).

Todesstunde. — Der Ruh' Gespielin, Stunde des Todes, komm'!

Friedr. Gottl. Klopstock, Oden. D. Erlöser (geb. 1751).

— Ich werde vielleicht in meiner Todesstunde zittern, aber vor meiner Todesstunde werde ich nie zittern.

Gotthold Ephr. Lessing, Sämtl. Schriften. Theologische Streitschriften. Eine Parabel (1778). D. Bitte.

— Mensch, was haben wilst | Getan in Deiner Lösten (letzten) stünd, | Das düe (tue) Jaz (jetzt), Weil kannst noch ünd | Bist gesünd. 1802.

Inschrift auf einem Bildstöckl in Murrach im Ötztal (1802).

— Der Sand verrinnt, die Stunde schlägt; | Und eh' ein Hauch dies Blatt bewegt, | Kann auch die deine schlagen.

Emanuel Geibel, Gesammelte Werke. Gedichte. Jugendgedichte. B. 2. Berlin (geb. 1836—1837). Cita mors ruit! Schlußv.

Todesstunde. — Indessen denke ich mir das letzte Stündchen als den letzten Gnadenstoß der Natur nach viel tausend Stößen der Menschen und tausend Scherereien hienieden.

Karl Jul. Weber, Demokritos (1832—1840). Todesbetrachtungen u. d. Todesfurcht in ihrer Lächerlichkeit.

— . . . am Ende der Qual alles Strebens | Ruhig erwart' ich, was sie beschert, | Jene dunkle Stunde des Lebens; | Denn die Vernichtung ist auch was wert.

Theod. Storm, Sämtl. Schriften (1868). Gedichte. Am Ende.

Todessturz. — . . . sonder Anker sind wir vor dem Todessturz. Griech.: *Οὐ γὰρ ἀλκὴν ἔχομεν ὥστε μὴ θανεῖν.*

Euripides (um 480—406 v. Chr.), D. rasende Herakles. Übers. v. Minckwitz. V. 326 (Amphitryon).

Todestag. — Wie sicher lebt der Mensch, der Staub! | Sein Leben ist ein fallend Laub; | Und dennoch schmeichelt er sich gern, | Der Tag des Todes sei noch fern.

Christ. Fürchtegott Gellert, Geistl. Oden u. Lieder (1757). Betrachtung d. Todes.

— . . . der Tag des Todes (ist besser) denn der Tag der Geburt. Pred. Sal., K. 7, V. 2.

— Für jedes Schwein kommt sein Martinstag (Todestag). Franz.: A chaque porc vient la Saint-Martin. Sprichwort.

Todesufer. — . . . zweimal sieht kein Mensch die Todesufer.

Friedr. von Schiller, Phädra (1805). A. 2, Sz. 5 (Phädra).

Todesurteil. — Wäre es, denk' ich, bei euch wie anderwärts Sitte, über den Tod nicht bloß Einen, sondern mehrere Tage zu richten . . . Griech.: *Εἰ ἦν ὑμῖν νόμος, ὥς περ καὶ ἄλλοις ἀνθρώποις, περὶ θανάτου μὴ μίαν ἡμέραν μόνην κρίνειν ἀλλὰ πολλὰς . . .*

Platon (um 427—347 v. Chr.), Verteidigungsrede d. Sokrates. Übers. v. Müller. § 27 (Sokrates).

— Den blut'gen Spruch (des Todesurteils) muß man nicht rasch vollziehn; | Ein Wort nimmt sich, ein Leben nie zurück.

Friedr. von Schiller, Wallensteins Tod (1799). A. 4, Sz. 6 (Gordon).

Todesvorbereitung. — Die Vorbereitung zum Tode muß das ganze Leben sein, sowie das Leben selbst, und wirklich von seinem ersten Schritt an, eine Annäherung zum Tode ist.

Wilh. Freiherr von Humboldt, Br. an eine Freundin (12. Juni 1827).

Todeswinde. — Wer kann im Garten hier Zypressen finden, | Die nicht entwurzelt bald von Todes Winden?

A. d. Persischen d. Sadi, Fruchtgarten (1257). Übers. v. Graf.

Todeszagen. — Lauf vor dem Ende nicht, das allen ist gegeben; | Wer vor dem Tode zagt, vergißt der Zeit zu leben.

Martin Opitz, Sämtl. Werke (1644). Epigramme.

Todeszittern. — Warum so zaghaft zittern vor dem Tod, | Dem unentfliehbaren Geschick?

Friedr. von Schiller, D. Jungfrau v. Orleans (1801). A. 2, Sz. 7 (Johanna).

Todgeweiht. — Heil dir, Kaiser, die dem Tode Geweihten grüßen dich! Lat.: Have, imperator, morituri te salutant!

Gajus Suetonius, Claudius (um 120). Übers. v. Stahr. K. 21.

Tolerant. — Seid ganz tolerant oder gar nicht, geht den guten Weg oder den bösen; um am Scheidewege zagend stehen zu bleiben, dazu seid ihr zu schwach.

Heinr. Heine, Sämtl. Werke (1861—1868). Verm. Schriften. Gedanken u. Einfälle. Nr. 2. Religion u. Philosophie.

Toleranz. — Der Verfolgungsgeist ist ein wahrer Tyrann, welcher die Länder entvölkert. Die Toleranz ist eine zärtliche Mutter, welche sie blühend macht.

Friedr. d. Große, Sämtl. Werke (1789).

— Toleranz sollte eigentlich nur eine vorübergehende Gesinnung sein, sie muß zur Anerkennung führen. Dulden heißt beleidigen.

Joh. Wolfg. von Goethe, Werke (1827—1830). Maximen u. Reflexionen. Abteilung 7.

— Habe ich in mir Frieden, bin ich mit mir selbst zufrieden, so bin ich's mit der ganzen Welt. Siehe da, die Quelle aller Liebe und aller Toleranz! Frz. Xaver von Baader, Sämtl. Werke (1851—1860).

— Ich will, daß der seit Jahrhunderten in Meinem Hause heilig gehaltene Grundsatz religiöser Duldung (Toleranz) auch ferner allen Meinen Untertanen, welcher Religionsgemeinschaft und welchem Bekenntnisse sie auch angehören, zum Schutze gereiche! Kaiser Friedr. III. (1888).

— Das Gelöbnis der Toleranz, — nein, nicht der Toleranz; denn was kann frostiger sein als das bloße Dulden? Das Gelöbnis der wechselseitigen, werktätigen Liebe.

Erich Schmidt bei d. Enthüllung v. Lessings Standbilde in Berlin (14. Okt. 1890).

Tollheit. — Ist dies schon Tollheit, hat es doch Methode. Engl.: Though this be madness, yet there is method in't.

William Shakespeare, Hamlet (1601—1602). Übers. v. Schlegel. A. 2, Sz. 2 (Polonius).

Tollkühne, der. — Wandere nicht mit einem Tollkühnen! Jes. Sir., K. 8, V. 18.

Ton. — Es gibt einen gewissen Ton, vorzüglich verständlich, nicht weil er laut, sondern weil er angemessen ist. Lat.: Est quaedam vox ad auditum accommodata, non magnitudine, sed proprietate.

Marc. Fab. Quinctilianus (um 35—95), Lehrb. d. Rhetorik. B. 11, K. 3, § 40. Übers. v. Grau.

Ton. — Ich bin des trock'nen Tons nun satt.
Joh. Wolfg. von Goethe, Faust, I (1808). Studierzimmer (Mephistopheles).

— Den Ton angeben (maßgebend sein).
Sprichwörtl. Redensart.

Ton, guter. — Der herrschende Ton ist immer der gute Ton, wenn es auch nicht der rechte ist.
Karl Jul. Weber, Demokritos (1832—1840). D. gute Ton.

Töne. — Solche Macht ward süßen Tönen; | Herzensweh und tödlich Sehnen | Wiegten sie in Schlaf und Grab. Engl.: In sweet music is such art, | Killing care and grief of heart, | Fall asleep, or hearing, die.
William Shakespeare, Heinr. VIII. (1613). Übers. v. Schlegel. A. 3, Sz. 1 (Königin).

— Ein Talent, das jedem frommt, | Hast du in Besitz genommen; | Wer mit holden Tönen kommt, | Überall ist der willkommen.
Joh. Wolfg. von Goethe, Gedichte. A. d. Nachlaß. An Personen. An Ferd. Hiller (geb. 10. Febr. 1827).

Tonkunst. — Die Tonkunst ist die einzige, deren die Deutschen Meister sind, und worin sie den übrigen Völkern es zuvortun.
Ludw. Börne, Gesammelte Schriften (1862—1863).

Tor, das. — Was hör' ich draußen vor dem Tor, | Was auf der Brücke schallen?
Joh. Wolfg. von Goethe, Gedichte. Balladen. D. Sänger (geb. um 1782). Mel. v. Joh. Friedr. Reichardt (1795).

Tor, der. — Einen Fehl will meiden der Tor und rennt in den andern. Lat.: Dum vitant stulti vitia, in contraria currunt.
Quint. Horatius Flacc., Sat. (um 35 v. Chr.). Übers. v. Voß. B. 1, Nr. 2, V. 24.

— Der Tor verhehlt zu keiner Frist, | Was in seinem Herzen ist. Mittelhochdeutsch: Der tôre verhilt deheine vrist, | Swaz in sîme herzen ist.
Vrîdankes Bescheidenheit (1225—1240). Übertr. v. Pannier. Nr. 32. v. d. wîsen u. tôren.

— Wer auf der Welt will hier gedeih'n, | Der muß ein Tor ein Weilchen sein. Mittelhochdeutsch: Swer mit der werlde wil genesen, | Der muoz ein wîle tôre wesen.
Vrîdankes Bescheidenheit (1225—1240). Übertr. v. Pannier. Nr. 32. v. d. wîsen u. tôren.

— Soll man denn hören einen Toren | Und ihn nicht schlagen um die Ohren?
Joh. Friedr. Fischart, Kehrab (um 1577).

— Ein Tor, der kein Wort sagt, unterscheidet sich nicht von einem Gelehrten, der still ist. Franz.: Un sot qui ne dit mot ne se distingue pas | D'un savant qui se tait.
Molière (Jean Baptiste Poquelin), D. verliebte Trotz (1656). Übers. v. Graf Baudissin. A. 2, Sz. 7 (Metaphraste).

— Ein Tor findet immer noch einen größeren Toren, der ihn bewundert. Franz.: Un sot trouve toujours un plus sot qui l'admire.
Nicolas Boileau, Dichtkunst (1674). Ges. 1, V. 232. Übers. v. Zimmermann.

Tor, der. — Ein Tor sein müssen mit den Törichten, | Auch das fällt hart!
Friedr. von Schiller, Sz. a. d. Phönizierinnen d. Euripides (geb. 1788). (Jokasta).

— Der reine Tor.
Nach Richard Wagner, Parsifal. (Erste Auff. am 26. Juli 1882 in Bayreuth.)

— Der Tor bessert sein Leben wie der Krebs seinen Gang.
Sprichwort.

Toren, die. — Mit Toren schwätze kein Verständiger! Griech.: *Τὸ γὰρ | Νοσοῦντι ληρεῖν ἀνδρὸς οὐχὶ σώφρονος.*
Sophokles (um 496—406 v. Chr.), D. Trachinierinnen. Übers. v. Jordan. V. 433—34 (Lichas).

— Wie weit ich ging und ritt von hinnen, | Den Toren konnt' ich nie entrinnen. Mittelhochdeutsch: Swie verre ich reit oder gie, | Eime tôrn kund ich entrinnen nie.
Vrîdankes Bescheidenheit (1225—1240). Übertr. v. Pannier. Nr. 32. v. d. wîsen u. tôren.

— Töricht, auf Bess'rung der Toren zu harren! | Kinder der Klugheit, o habet die Narren | Eben zum Narren auch, wie sich's gehört!
Joh. Wolfg. von Goethe, Gedichte. Gesellige Lieder. Kophtisches Lied (geb. Sommer 1787). Schlußv.

— Wer unter Toren will weise sein, | Den hält man zuletzt für den Toren allein.
Georg Keil, Lyra u. Harfe (1834).

Torheit. — Anderer Torheit zu benutzen ist herrlich. Lat.: Optimum est aliena insania frui.
Wahlspr. Kaiser Karls IV. (reg. 1347—1378).

— Wann Thorheit thäte weh, o welch erbärmlich Schrein | Würd' in der ganzen Welt in allen Häusern sein!
Friedr. von Logau, Deutsche Sinn-Getichte (1654). Thorheit.

— Wann keine Thorheit mehr wird sein, | So wird die Menschheit gehen ein.
Friedr. von Logau, Deutsche Sinn-Getichte (1654). Menschliche Thorheit.

— Jedem klebet Thorheit an; | Dieser ist am besten dran, | Der sein kurz sie faßen kan.
Friedr. von Logau, Deutsche Sinn-Getichte (1654). Menschliche Thorheit.

— Die kurze Thorheit ist die beste.
Magnus Gottfr. Lichtwer, Vier B. Äsopischer Fab. (1748). B. 3, Nr. 25. D. zween Hähne.

— Nichts Schön'res wüßt' ich als Vernunft auf Erden, — | Wenn Torheit nicht um vieles schöner wär'!
Frz. von Gaudy, Sämtl. Werke (1844—1847). Lieder.

— Die Thorheit hat ein groß Gezelt, | Bei ihr sich lagert alle Welt, | Voraus, was hat Gewalt und Geld.
Alter Spr.

— Es ist niemandt, | Der nit einmahl seine thorheit macht bekant.
Alter Spr.

— Torheit ist die schwerste Krankheit.
Sprichwort.

— Torheit zu geleg'ner Zeit | Ist die größte Weisheit.
Sprichwort.

Torheit. – Torheit und Stolz | Wachsen auf Einem Holz. Spr. an Häusern.

Torheiten. — Ich finde nichts vernünftiger in der Welt, als von den Torheiten anderer Vorteil zu ziehen.

Joh. Wolfg. von Goethe, Wilh. Meisters Lehrjahre (1777—1796).

— Du wirst keine deiner Torheiten bereuen und keine zurückwünschen: kein glücklicheres Schicksal kann einem Menschen werden.

Joh. Wolfg. von Goethe, Wilh. Meisters Lehrjahre (1777—1796).

— Es gibt Torheiten, die nur ein Weiser begehen kann. Sprichwörtl.

Töricht. — Wer nie im Leben töricht war, | Ein Weiser war er nimmer.

Heinr. Heine, Sämtl. Werke. Letzte Gedichte (geb. 1853—1856). Zum Lazarus. Nr. 5. Schlußv.

— Hast du getan einen törichten Schritt, | So tu' zurück ihn schnelle; | Du machst ihn nimmer gut damit, | Daß du behauptest die Stelle.

Emanuel Geibel, Gedichte u. Gedenkblätter (1864). Spr. Nr. 37.

Törin. — Die Tore jedoch, die ließen | Mein Liebchen entwischen gar still; | Ein Tor ist immer willig, | Wenn eine Törin will.

Heinr. Heine, D. B. d. Lieder. D. Heimkehr (ged. 1823—1824). Nr. 19. Schlußv.

Torschluß. — Noch vor Torschluß kommen (grade noch zu rechter Zeit, in der letzten Minute kommen). Sprichwörtl. Redensart.

Torschreiber. — Grüßen Se 'n Torschreiber (leben Sie wohl)! Berliner Redensart.

Tot. — Wer heut ist frisch, gesund und roth, | Ist morgen kranck, Ja wol gar todt.

Joh. Heermann, Hauß- v. Hertz-Musica (1639). Vermahnung zur Busse.

— Tot! tot! — Gott! 's ist ein gräßlicher Gedanke, | So ganz geschieden sein für diese Welt.

Theod. Körner, Rosamunde (ged. 26. Okt.—8. Nov. 1812). A. 5, Sz. 7 (Georg).

— . . . ich möchte mit Lorenzo von Medici sagen, daß alle diejenigen auch für dieses Leben tot sind, die kein anderes erhoffen.

Joh. Peter Eckermann, Gespräche mit Goethe in d. letzten Jahren seines Lebens (25. Febr. 1824).

— Wer im Gedächtnis seiner Lieben lebt, | Ist ja nicht tot, er ist nur fern! — Tot nur | Ist, wer vergessen wird.

Jos. Christ. Freiherr von Zedlitz, Gedichte (1832).

— . . . hin ist hin und tot ist tot; | So heißt das eiserne Gebot.

Justinus Kerner, Dichtungen (1834). Balladen u. Romanzen. Pfarrer Sauls Gesicht.

— Was kann uns fehlen? | Solang' wir leben, ist Gott in uns, | Und sind wir tot, sind wir in ihm. Rob. Hamerling, Sinnen u. Minnen (1859).

— Meinest du, ein toter Mensch werde wieder leben? Hiob, K. 14, V. 14.

— . . . ein lebendiger Hund ist besser weder ein toter Löwe. Pred. Sal., K. 9, V. 4.

Tot. — . . . wenn der Mensch tot ist, fressen ihn die Schlangen und Würmer.

Jes. Sir., K. 10, V. 13.

— . . . wenn du tot bist, so hast du ausgezehret. Jes. Sir., K. 14, V. 17.

— Welche (Witwe) aber in Wollüsten lebet, die ist lebendig tot. 1. Tim. K. 5, V. 6.

— Eine tote Maus fühlt keine Kälte. Engl.: A dead mouse feels no cold. Sprichwort.

— Ein lebendiger Esel gilt mehr als ein toter Doktor. Ital.: Val più un asino vivo che un dottor morto. Toscanisches Sprichwort.

— Ist jemand tot, | Gebacken ist sein Brot.

Holländisches Sprichwort.

— He iss all (schon) so lange daud, dat he bolle (bald) wier upsteit (wieder aufsteht).

Sprichwörtl. Redensart. Münsterisch.

— Wenn das Pferd tot ist, kommt der Hafer zu spät. Bauernregel.

Tote, der. — Was räucherst du nun deinem Toten? | Hätt'st du's ihm so im Leben geboten!

Joh. Wolfg. von Goethe, Gedichte. Sprichwörtl. (ged. 1812—1814).

— Wer nie einen geliebten Toten zu beweinen hatte, der hat auch nie das Glück der Unsterblichkeit tief gefühlt und nie die Seligkeit seiner Menschenwürde erkannt in ihrer ganzen Größe.

Joh. Heinr. Daniel Zschokke, Stunden d. Andacht (1809—1816). T. 3, Nr. 39.

— Das Wort „de mortuis nil nisi bene" (von den Toten nur Gutes) ist doch zu viel verlangt; wir wollen uns aus „bene" allenfalls „vere" (Wahres) machen, zumalen der Tote nicht mehr gehört werden kann.

Karl Jul. Weber, Demokritos (1832—1840). Über kom. Grabschriften.

— Man soll die Asche eines Toten nicht aufrühren. Franz.: On ne doit pas troubler les cendres d'un mort. Sprichwörtl. Redensart.

Toten, die. — Den Toten darf man nichts Schlechtes nachreden. Griech.: *Τὸν τεθνηκότα μὴ κακολογεῖν.*

Chilon (6. Jahrh. n. Chr.). Nach Diogenes Laertes, Leben, Ansichten u. Ausspr. berühmter Philosophen.

— Dein Schluchzen ja ruft nimmer die Toten | Aus Nachtdunkel zurück ans Licht. Griech.: *Οὐ γὰρ ἀτάξεις ποτ' ἔνερθεν | Κλαίων τοὺς φθιμένους ἄνω.*

Euripides, Alkestis (um 438 v. Chr.). Übers. v. Minckwitz. V. 985—86 (Chor).

— Mensch, übe keinen Frevel an den Toten; | Denn wisse, daß du sonst gezüchtigt wirst! Griech.: *Ὤνθρωπε, μὴ δρᾶ τοὺς τεθνηκότας κακῶς· | Εἰ γὰρ ποιήσεις, ἴσθι πημανούμενος.*

Sophokles (um 496—406 v. Chr.), Ajas. Übers. v. Jordan. V. 1142—43 (Teukros).

Toten, die. — O ihr Menschen, betrachtet eben | Uns Todten in eurem Leben; | Denn wie ihr seid, so waren wir, | Und wie wir sind, so werdet ihr!

Inschrift auf d. Kirchhofe in Nordhausen (1626).

— Steh Wandersmann | Und höre an, | Was dir die Todten sagen: | Pack ein dein Sach | Fein allgemach, | Du folgst in etlich Tagen!

Inschrift auf d. Sebastianskirchhofe in Salzburg (1732).

— Kein Sakrament mag Leben | Den Toten wiedergeben! Gottfr. Aug. Bürger, Gedichte. Lenore (ged. Winter 1773).

— Graut Liebchen auch vor Toten?

Gottfr. Aug. Bürger, Gedichte. Lenore (ged. Winter 1773).

— Die Toten stehen nicht mehr auf.

Friedr. von Schiller, Don Carlos (1787). A. 5, Sz. 9 (König).

— Die Klage, sie wecket | Die Toten nicht auf.

Friedr. von Schiller, Gedichte. D. Mädchens Klage (ged. 1798). Mel. v. Joh. Friedr. Reichardt (1810), Joh. Rudolf Zumsteeg, Frz. Schubert u. a.

— Ach, wie glücklich sind die Toten!

Friedr. von Schiller, Gedichte. D. Siegesfest (ged. 1803).

— Schwer und tief ist der Schlummer der Toten.

Friedr. von Schiller, D. Braut v. Messina (1803). Garten (Chor).

— Selig die Toten! Sie ruhen und rasten | Von quälenden Sorgen, von drückenden Lasten.

Aug. Mahlmann, Sämtl. Schriften. Gedichte. D. Grab (ged. 1806). Mel. v. Aug. Herder (1807).

— Vergiß die treuen Toten nicht!

Theod. Körner, Leier u. Schwert. Aufruf (ged. März 1814). Mel. v. Karl Bornhardt (1819).

— Am Ruheplatz der Toten, da pflegt es still zu sein, | Man hört nur leises Beten bei Kreuz und Leichenstein.

Ludw. Uhland, Gedichte. Balladen u. Romanzen. Graf Eberhard d. Rauschebart (ged. 20. Juni — 4. Juli u. 10.—11. Juli 1815). Nr. 4. D. Döffinger Schlacht.

— Laß ruhn, laß ruhn die Toten, | Du weckst sie mit Klagen nicht auf!

Adelbert von Chamisso (Louis Charles Adelaide Chamisso de Boncourt), Gedichte. Lieder u. lyrisch-epische Gedichte. Laß ruhn d. Toten! (ged. 1827). Schlußv.

— Fürchte du die Lebenden | Und nicht die Toten!

Christ. Dietr. Grabbe, Don Juan u. Faust (1829). A. 4, Sz. 1 (Don Juan).

— De mortuis nil nisi bene (von den Toten nur Gutes), — welches übrigens auch ein dummes Wort ist, da man über einen Schuft auch nach seinem Verscheiden nicht schlecht genug reden kann.

Wilh. Raabe, Unsers Herrgotts Kanzlei (1862). Bd. 2.

— . . . laß die Toten ihre Toten begraben!

Matth., K. 8, V. 22.

— Selig sind die Toten, die in dem Herrn sterben! Offenb. Joh., K. 14, V. 13.

Töten. — Du sollst nicht töten!

Matth., K. 5, V. 21.

— . . . wer aber tötet, der soll des Gerichts schuldig sein! Matth., K. 5, V. 21.

Totenbett. — Das Totenbett ist die Wiege der Ewigkeit.

Peter Sirius, Tausend u. Ein Gedanken (1899). Tod u. Sterben.

Totengräber. — Em (ihm) reekt (reicht) de Daudengriäwer de Schute (Schaufel) auk all (schon) in de Hand (er stirbt).

Sprichwörtl. Redensart. Münsterisch.

Totenhand. — Geschlossen sind der Neugebor'nen Hände | Zur Faust gepreßt, | Als hielten sie des Glückes volle Spende | Unlösbar fest. | Doch offen streckt sich, ausgespreizt ins Leere | Des Toten Hand; | Nichts folgt von allem, was die Welt gewähre, | Zum Grabesrand.

Oskar Blumenthal, V. d. Bank d. Spötter (1885).

Totenreich. — Auch der Kühnste flieht, | Sobald er nahe sieht das Totenreich. Griech.: *Φεύγουσι γάρ τοι χοἱ θρασεῖς, ὅταν πέλας | Ἤδη τὸν Ἅιδην εἰσορῶσι τοῦ βίου.*

Sophokles (um 496—406 v. Chr.), Antigone. Übers. v. Jordan. V. 578—79 (Kreon).

Totentrauer. — Des glich ir narrheit ouch erscheinen, | Die um ein doten truren, weinen | Und im vergünnen siner rů, | Do wir doch all begeren zů; | Dan keiner fert zů frůg dohin, | Do er můß ewiklichen sin.

Seb. Brant, D. Narrenschif (1494). Nr. 85. Nit fürsehen d. tod.

— Wiewol es in der Heiligen Schrift nirgend verboten ist, daß man nicht trauern und Leid tragen sollte, wenn einem ein fromm Kind oder Freund stirbt, . . . doch soll des Trauerns und Leides auch ein Maß sein.

Dr. Martin Luther, Tischreden oder Colloquia (1566). Nr. 26. Tischreden v. Anfechtungen. § 59. Trostschrift Martin Luthers an D. Benedikt Pauli, deß Sohn v. Hause sich zu Tode gefallen hatte.

— Wunderding ist's, wissen, daß sie gewiß im Frieden und ihr wohl ist, und doch noch so traurig sein!

Dr. Martin Luther, Tischreden oder Colloquia (1566). Nr. 48. Tischreden v. Tode. § 7. D. Martini Luthers Trauren, Geberde u. Rede, so er im Sterben u. Begräbniß seiner lieben Tochter Magdalen, ihres Alters im 14. Jahr, gehabt.

— . . . der Nachgelaßne soll | Nach kindlicher Verpflichtung, ein'ge Zeit | Die Leichentrauer halten. Doch zu beharren | In eigenwill'gen Klagen ist das Tun | Gottlosen Starrsinns. Engl.: . . . and the survivor bound, | In filial obligation, for some term | To do obsequious sorrow; but to persever | In obstinate condolement, is a course | Of impious stubbornness.

William Shakespeare, Hamlet (1601—1602). Übers. v. Schlegel. A. 1, Sz. 2 (König).

Totentrauer. — Der betrauert die Toten, der nach ihrem Wunsche lebt. Engl.: He mourns the dead who lives as they desire.

Edward Young, Nachtgedanken (1742). Übers. v. Graf von Bentzel-Sternau. Nacht 2, V. 24.

— Auch jene Tränen, die nicht Freuden weinen, | Die bittern Tränen um die Toten, trocknet Gott.

Friedr. Gottl. Klopstock, Sämtl. Werke (1798—1821).

— . . . so gern ich dir | Die Tränen gönn', o Seele, weine nicht; | Die du beweinst, sind seliger als du!

Leop. Schefer, Laienbrevier (1834). Mai. Nr. 21.

— Wie kann man einen Menschen beweinen, der gestorben ist? Diejenigen sind zu beklagen, die ihn geliebt und verloren haben.

Hellmuth von Moltke, Gesammelte Schriften (1891—1893).

— Sieben Tage trauret man über einen Toten.

Jes. Sir., K. 22, V. 13.

Totenverbrennung. — Glaubt, am schönsten wär' noch heut' | Das Verbrennen alter Zeit; | Feuer läßt zurücke keine | Totenköpf' und Totenbeine, | Was als Asche kam zur Welt, | Flugs in Asche niederfällt.

Justinus Kerner, Dichtungen (1834). Lyrische Gedichte. D. Verbrennen alter Zeit.

Totenverehrung. — Die Toten ehren ist Ehrenpflicht. Griech.: *Σέβειν μὲν εὐσέβειά τις.*

Sophokles (um 496—406), Antigone. Übers. v. Jordan. V. 864 (Chor).

— Man muß lernen, mit seinem Schmerz zu leben, ihn durchs Leben hindurchzutragen. So ehrt man die Toten schön und bleibend.

Friedr. Heinr. Jacobi, Auserlesener Briefwechsel. An Gerhard Fleischer (9. Okt. 1816).

— Den Toten Ehre, sei ihr Schlummer lind, | Die Rat und Stab noch den Lebend'gen sind, | Die ew'gen Lichtes vorglühn unsrer Bahn!

Ferd. Freiligrath, Ein Glaubensbekenntnis. T. 1. Zu Immermanns Gedächtnis (ged. Juni 1842).

Totschläger. — Den Totschläger soll man töten nach dem Munde zweier Zeugen.

4. Mos., K. 35, V. 30.

Trachten. — Nach solchem Allem trachten die Heiden.

Matth., K. 6, V. 32.

Träge, der. — Der träg, der nit gern gat herfür, | Der spricht: „der löw stat vor der tür."

Seb. Brant, D. Narrenschif (1494). Nr. 97. V. trakeit u. fulheit.

— Arbeit ist der Sünde Fluch. Sollte Piger (der Träge) viel sich mühen, | Würd' er auf sich viel Verdacht eines großen Sünders ziehen.

Friedr. von Logau, Deutsche Sinn-Getichte (1654). D. Arbeit.

— Ich (Piger = der Träge) bin Gottlob! hier in der Erde Schoß | Des dummen Atemholens los.

Joh. Christoph Friedr. Haug, Sinngedichte (1791). Pigers Grabschrift.

Träge, der. — Das Glück ist keinem ferner als dem Trägen.

Jul. Hammer, Schau um dich u. schau in dich (1851). Heiße Tage. Sag' nicht v. Leben, daß ein Glück es sei usw.

Trägen, die. — Die Trägen, die zu Hause liegen, | Erquicket nicht das Morgenrot, | Sie wissen nur vom Kinderwiegen, | Von Sorgen, Last und Not um Brot.

Jos. Freiherr von Eichendorff, A. d. Leben eines Taugenichts. D. frohe Wandersmann (ged. 1822). Mel. v. Theod. Fröhlich (1833) u. Felix Mendelssohn-Bartholdy.

— Das ist das Wahrzeichen der Trägen, | Sie finden Schwierigkeiten allerwegen.

Alter Spr.

— Die Trägen finden Not allerwegen.

Sprichwort.

Trägheit. — Ihr klagt über die vielen Steuern? . . . Unsere Trägheit nimmt uns zweimal soviel ab, unsere Eitelkeit dreimal soviel und unsere Torheit viermal soviel. Engl.: The taxes are indeed very heavy? . . . We are taxed twice as much by our idleness, three times as much by our pride, and four times as much by our folly.

Benj. Franklin, D. Weg zum Reichtum (1732—1757). Übers. v. Schenck. Abs. 2.

— . . . ich habe . . . gefunden, daß Mißverständnisse und Trägheit vielleicht mehr Irrungen in der Welt machen als List und Bosheit.

Joh. Wolfg. von Goethe, Leiden d. jungen Werthers (1773). B. 1, Am 4. Mai.

— . . . flüchtig ist die Zeit und kurz das Leben, | Schmach treffe den, der Trägheit sich erkor!

Adelbert von Chamisso (Louis Charles Adelaide Chamisso de Boncourt), Gedichte. Sonette u. Terzinen. Sage v. Alexandern (ged. 1833).

— . . . Langeweile und Trägheit, dieser langsam tötenden Giftmischerinnen.

Ernst Freiherr von Feuchtersleben, Zur Diätetik d. Seele (1838).

— Der Grundfehler des Menschen ist Trägheit. Er untergräbt in tausend Formen unser Wohlsein.

Ernst Freiherr von Feuchtersleben, Zur Diätetik d. Seele (1838). Tagebuchblätter.

— . . . zahme Trägheit ist lebend'ger Tod; | Und Leben atmet nur der Kampf der Kräfte.

Friedr. Halm (Elegius Frz. Jos. Freiherr von Münch-Bellinghausen), D. Sohn d. Wildnis (1842). A. 2 (Ingomar).

— Der größte Feind des Wissens ist nicht der Irrtum, sondern die Trägheit. Engl.: The great enemy of knowledge is not error, but inertness.

Henry Thomas Buckle, Gesch. d. Zivilisation (1858—1861). Übers. v. Ritter. K. 20.

— Welches ist das höchste Laster und ist doch nicht Begierde, nicht Leidenschaft? Es ist die Trägheit!

Berth. Auerbach, Gesammelte Schriften (1892).

— Trägheit geht so langsam voran, daß Armut sie bald einholt.

Sprichwort.

Trägheit. — Trägheit ist des Teufels Kopfkissen.
Holländisches Sprichwort.

— Die Trägheit ist eine Rabenmutter, die ihre liebsten Kinder Hungers sterben läßt.
Orientalisches Sprichwort.

Tragiker. — Der einzige unverzeihliche Fehler eines tragischen Dichters ist dieser, daß er uns kalt läßt; er interessiere uns und mache mit den kleinsten mechanischen Regeln, was er will!
Gotthold Ephr. Lessing, Hamburgische Dramaturgie. Stück 16 (23. Junius 1767).

Tragödie. — Die Bestimmung der Tragödie ist diese: sie soll unsre Fähigkeit, Mitleid zu fühlen, erweitern.
Gotthold Ephr. Lessing, Schriften (1753—1755). Br.

— Der schwülstigste Dichter ist . . . unfehlbar auch der pöbelhafteste. Beide Fehler sind unzertrennlich; und keine Gattung gibt mehrere Gelegenheit, in beide zu verfallen, als die Tragödie.
Gotthold Ephr. Lessing, Hamburgische Dramaturgie. Stück 59 (24. Nov. 1767).

— Das erste Gesetz der tragischen Kunst war Darstellung der leidenden Natur. Das zweite ist Darstellung des moralischen Widerstandes gegen das Leiden.
Friedr. von Schiller, Prosaische Schriften. Über d. Pathetische (1793).

Tragödien. — Ein herzlich Lied gedeiht wohl still | In Busch und Waldesgrüne, | Doch wer Tragödien dichten will, | Braucht Weltverkehr und Bühne.
Emanuel Geibel, Spätherbstblätter (1877). Gelegenheitsgedichte. Spr. Nr. 25.

Träne. — Die Träne hat uns die Natur verliehen, | Den Schrei des Schmerzens, wenn der Mann zuletzt | Es nicht mehr trägt.
Joh. Wolfg. von Goethe, Torquato Tasso (1789). A. 5, Sz. 5 (Tasso).

— Die Träne quillt, die Erde hat mich wieder!
Joh. Wolfg. von Goethe, Faust, I (1808). Nacht (Faust).

— Dank für die Träne, teure Frau! | Sie fließt um einen, der nicht weint; | O doppelt köstlich ist der Tau | Dem Schmerz, der tränenlos versteint. Engl.: Oh lady! blessed be that tear — | It falls for one who cannot weep: | Such precious drops are doubly dear | To those whose eyes no tear may steep.
George Gordon Lord Byron, Gelegenheitssachen. Du weinst einmal an meiner Gruft (1809—1810). Übers. v. Heichen. Str. 4.

— Das Trocknen einer Trän' ist wahrer Ehre | Näher, als das Vergießen blut'ger Meere. Engl.: The drying up a single tear has more | Of honest fame, than shedding seas of gore.
George Gordon Lord Byron, Don Juan (1819—1824). Übers. v. Gildemeister. Ges. 8, Str. 3, V. 7.

— Weine! nie entweiht die Träne | Das erhabenste Gesicht; | Fühlen ist der Menschheit Ehre; — | Aber unterliege nicht!
Joh. Gottfr. Seume, Sämtl. Werke (1826). Gedichte.

Träne. — Weinen mußt du im Himmel, und weinen mußt du auf Erden, | In dem nämlichen Tau spiegeln sich Wonne und Qual. | Aber die Träne der Wonne verdunkelt sogleich dir den Himmel, | Während die Träne der Qual nie dir die Erde verhüllt.
Friedr. Hebbel, Gedichte (1857). Epigramme u. Verwandtes. Nr. 2. Gnomen. D. doppelten Tränen d. Menschen.

— Selig, wem die Träne rinnt, | Dicht wie Regentropfen fallen; | Ungeweinte Tränen sind | Wohl die schmerzlichsten von allen.
Rob. Prutz, A. goldenen Tagen (1861).

— Ein schöner Diamant! | Blickt man hinein, so funkelt alle Pein | Und alles Glück der Welt aus diesem Stein; | Man nennt ihn Thräne.
Gerhart Hauptmann, D. versunkene Glocke (1898). A. 1 (Nickelmann).

Tränen. — Unter Tränen lächelnd. Griech.: *Δακρυόεν γελάσασα.*
Homer, Ilias. Übers. v. Voß. Ges. 6, V. 484. — Sprichwörtl. Redensart.

— Wie sind so süß die Tränen der Unglücklichen! Griech.: *Ὡς ἡδὺ δάκρυα τοῖς κακῶς πεπραγόσι.*
Euripides (um 480—406 v. Chr.), D. Troerinnen. Übers. v. Binder. V. 604 (Chor).

— Daher jene Tränen! Lat.: Hinc illae lacrumae!
Publ. Terentius Afer (um 185—155 v. Chr.), D. Mädchen v. Andros. Übers. v. Donner. A. 1, Sz. 1, V. 99 (Simo).

— Aufgelöst und gestillt wird durch die Tränen der Schmerz. Lat.: Expletur lacrimis egeriturque dolor.
Publ. Ovidius Naso (um 43 v. Chr. — 17. n. Chr.), Klagelieder. Übers. v. Berg. B. 4, Nr. 3, V. 38.

— Tränen sind so beredt oft wie die Stimme des Munds. Lat.: Interdum lacrimae pondera vocis habent.
Publ. Ovidius Naso (um 43 v. Chr. — 17 n. Chr.), Br. a. d. Pontus. Übers. v. Berg. B. 3, Nr. 1, V. 158.

— Daher Tränen und Wut! Lat.: Inde irae et lacrimae.
Decimus Junius Juvenalis, Sat. (um 100). Übers. v. Haeckermann. Nr. 1, V. 168.

— Tränen verwandeln | In heitern Blick, | Göttlich zu handeln | Sei unser Glück!
Wolfg. Heribert von Dalberg, Laßt uns, ihr Brüder, Weisheit erhöhn usw. (ged. vor 1772).

— Warum sind der Tränen | Unterm Mond soviel?
Christ. Adolf Overbeck, Sammlung verm. Gedichte. Trost für mancherlei Tränen (ged. 1780). Mel. v. Joh. Abraham Peter Schulz (1782).

— Teures Weib, gebiete deinen Tränen!
Friedr. von Schiller, Gedichte. Hektors Abschied (ged. 1780).

Tränen. — Wer nie sein Brot mit Tränen aß, | Wer nie die kummervollen Nächte | Auf seinem Bette weinend saß, | Der kennt euch nicht, ihr himmlischen Mächte!

Joh. Wolfg. von Goethe, Wilh. Meisters Lehrjahre. B. 2, K. 13. Lied d. Harfenspielers (ged. 1783). Mel. v. Karl Friedr. Zelter (komp. 14. Juli 1795), Joh. Friedr. Reichardt (1809), Rob. Schumann (komp. 1849), Frz. Schubert u. a.

— . . . Tränen gab der kurze Lenz mir nur.

Friedr. von Schiller, Gedichte. Resignation (ged. 1784).

— Die Tränen einer Schönen fällen Zeus.

Friedr. von Schiller, Semele (ged. 1784). Sz. 1 (Juno).

— Die ewige | Beglaubigung der Menschheit sind ja Tränen.

Friedr. von Schiller, Don Carlos (1787). A. 2, Sz. 2 (Carlos).

— Wie? Tränen, Oranien?

Joh. Wolfg. von Goethe, Egmont (1788). A. 2. Egmonts Wohnung (Egmont).

— Sel'ges Los | Der Niedrigkeit, die sich des süßen Rechtes | Der Tränen freuet und der lauten Klage!

Friedr. von Schiller, Iphigenie in Aulis (ged. 1788). A. 2, Sz. 4 (Agamemnon).

— Tränen ersticken eine Rache, die kein Blut löschen könnte.

Friedr. von Schiller, Prosaische Schriften. Über d. ästhetische Erziehung d. Menschen, in einer Reihe v. Br. (1795).

— . . . mir ist unleidlicher nichts als Tränen der Weiber, | Leidenschaftlich Geschrei, das heftig verworren beginnet, | Was mit ein wenig Vernunft sich ließe gemächlicher schlichten.

Joh. Wolfg. von Goethe, Hermann u. Dorothea (1797). Urania.

— . . . Tränen fließen gar so süß, | Erleichtern mir das Herz.

Joh. Wolfg. von Goethe, Gedichte. Lieder. Trost in Tränen (ged. um 1802). Mel. v. Karl Friedr. Zelter (komp. 23. Sept. 1803), Joh. Friedr. Reichardt (1809), Ludw. Berger u. a.

— Wer Tränen ernten will, muß Liebe säen.

Friedr. von Schiller, Wilh. Tell (1804). A. 5, Sz. 1 (Melchtal).

— So arm ist niemand, eins ist oder war | Ihm teuer, teurer als das eigne Sein, und diesem bringt er seine Tränen dar. Engl.: None are so desolate but something dear, | Dearer than self, possesses or possess'd | A thought, and claims the homage of a tear.

George Gordon Lord Byron, Harolds Pilgerfahrt (1812—1818). Übers. v. Heichen. Ges. 2, Str. 24.

— Lindernde Tränen, euch gab die Natur dem menschlichen Elend | Weis' als Gesellinnen zu!

Friedr. Gottl. Klopstock, Sämtl. Werke (1798—1821).

— Die Tränen sind des Schmerzes heilig Recht! Frz. Grillparzer, Sappho (1822). A. 3, Sz. 5 (Sappho).

Tränen. — Mich hat das unglücksel'ge Weib | Vergiftet mit ihren Tränen.

Heinr. Heine, D. B. d. Lieder. D. Heimkehr (ged. 1823—1824). Nr. 16. Schlußv. Mel. v. Frz. Schubert.

— Die Tränen eben öffnen dir die Augen, | Die Schmerzen eben wecken dir das Herz.

Leop. Schefer, Laienbrevier (1834). Mai. Nr. 27.

— Tränen sind der ew'gen Liebe Boten.

Ernst Moritz Arndt, Gedichte (1860).

— Wenn dich Tränen nie erweichten, | War dein Herz nicht wohlbestellt.

Gustav Kühne, Gedichte (1862). Dein Herz, ein Acker.

— Die Starken lachen selten auf dieser Erde, aber sie zeigen es auch nicht durch Tränen, wenn wir andern ihnen weh getan haben.

Wilh. Raabe, Unruhige Gäste (1885).

— Was wir unter Tränen säen, | Soll unsterblich auferstehn.

Karl Gerok, Auf einsamen Gängen (1887).

— Hitzige Tränen trocknen bald. Sprichwort.

— Wenn es nicht Tränen gäbe, würden die Rippen verbrennen. Arabisches Sprichwort.

Tränenborn. — Einen Born ins lange Leben | Hat uns die Natur gegeben, | Welcher wandelt Schmerz in Sehnen; | Und das ist der Born der Tränen.

Justinus Kerner, Dichtungen (1834). Lieder d. Schmerzes. Ein Heilborn.

Tränenstrom. — Der Strom der Tränen ist nicht helle; | Doch wäscht man Gold aus seiner Welle. Paul Heyse, Spruchbüchlein (1885). Lebensweisheit.

Trank. — O wackrer Apotheker! | Dein Trank wirkt schnell Engl.: O true apothecary! | Thy drugs are quick.

William Shakespeare, Romeo u. Julia (1593). Übers. v. Schlegel. A. 5, Sz. 3 (Romeo).

— O Trank voll süßer Labe!

Joh. Wolfg. von Goethe, Gedichte. Balladen. D. Sänger (ged. 1782). Mel. v. Joh. Friedr. Reichardt (1795).

— Du siehst, mit diesem Trank im Leibe, | Bald Helenen in jedem Weibe.

Joh. Wolfg. von Goethe, Faust, I (1808). Hexenküche (Mephistopheles).

Trauben. — Die Trauben sind zu sauer. Griech.: Ῥάγες ὀμφακίζουσιν μάλα.

Äsop (6. Jahrh. v. Chr.), Fab. Nr. 33. D. Fuchs u. d. Trauben. — Sprichwörtl. Redensart.

— Hier im ird'schen Jammertal | Wär' doch nichts als Plack und Qual, | Trüg' der Stock nicht Trauben!

Friedr. Kind, D. Freischütz (ged. 1817—1818). A. 1 (Kaspar). Komp. v. Karl Maria von Weber. (Erste Auff. am 18. Juli 1821 in Berlin.)

Traubenblut. — Der Traube süßes Sonnenblut, | Das Wunder glaubt und Wunder tut.

Ernst Moritz Arndt, Gedichte. D. Feuerlied (ged. 1817). Mel. v. Albert Methfessel (1818).

— Traubenblut | Schafft frohen Mut.

Inschrift im Berliner Ratskeller. Weinlokal.

Trauen. — Tru iedem wol, lûg doch für dich!
Seb. Brant, D. Narrenschif (1494). Nr. 69.
Vos dûn u. nit warten.

— Trau nit, wilt unbetrogen sein!
Hans Sachs, Sehr herrliche Schöne v. wahrhaffte Gedicht (1558—1579). Frau Trew ist tot.

— Einem trauen ist genug; | Keinem trauen ist nicht klug; | Doch ists besser, keinem trauen, | Als auf gar zu viele bauen.
Friedr. von Logau, Deutsche Sinn=Getichte (1654). Trauen.

— Trau nicht wort und hand! | Dencke nur, kein pfand | Ist genug vor unbestand!
Christ. Hoffmann von Hoffmannswaldau, Gedichte (1697). T. 1. Arie. Schlußv.

— Man muß keinem Menschen trauen, der bei seinen Versicherungen die Hand auf das Herz legt. Georg Christoph Lichtenberg, Verm. Schriften (1800—1806). Bd. 2, Nr. 2. Bemerk. verm. Inhalts. Nr. 4. Bemerk. über d. Menschen.

— Wer damit anfängt, daß er allen traut, | Wird damit enden, daß er einen jeden | Für einen Schurken hält. Friedr. Hebbel, Demetrius (1864).

— Trau' nicht der Welt, | Trau' nicht dem Geld, | Trau' nicht dem Tod, | Trau' allein auf Gott! Spr. an einem Hause in Vulpmes in Tirol.

— Wer nicht traut, | Hat selbst 'ne böse Haut.
Spr. an einem Hausgerät.

— Willst du dich nicht selbst verbrennen, | Lern' die falsche Welt erkennen, | Glaube nicht bald dem, bald dem; | Trau, schau, wem!
Spr. an einem Hausgerät.

Trauen, das. — Wol truen ritt vil pferd hinweck. Seb. Brant, D. Narrenschif (1494). Nr. 69.
Vos dûn u. nit warten.

— Im Glauben sei nicht schnell, im Trauen nicht zu keck; | Denn Trauwohl reitet sonst gar bald das Pferd hinweg. Spr. an einem Hausgerät.

Trauer. — Die Trauer wird durch Trauren immer herber. — | Durch Trauren wird die Trauer zum Genuß.
Joh. Wolfg. von Goethe, D. natürliche Tochter (1803). A. 3, Sz. 4 (Weltgeistlicher u. Herzog).

— ... die Trauer, sie ist Trauernden einziger Trost. Rob. Hamerling, Sinnen u. Minnen (1859). Distichen. D. Tröster.

Trauern. — Trauernd tief saß Don Diego.
Joh. Gottfr. von Herder, D. Cid (1805). B. 1, Ges. 1.

— ... Trauernde sind üb'rall sich verwandt.
Frz. Grillparzer, Sappho (1822). A. 2, Sz. 4 (Phaon).

— Die Nachtigall singt nur im Dunkeln. So lernen wir die himmlische Melodie eines edlen Herzens erst kennen, wenn es trauert.
Ludw. Börne, Gesammelte Schriften (1862—1863).

— ... traure mit den Traurigen!
Jes. Sir., K. 7, V. 38.

Trauern, das. — Sey wolgemuth, laß trawren sein, | Auff Regen folget Sonnenschein; | Es gibet endtlich doch das Glück | Nach toben einen guten Blick. Martin Opitz, Sämtl. Werke (1624). Auff Leyd kompt Freud.

— Trawren gar nichts dem Menschen nutzt, | Als daß es jhm sein Leben kurtzt.
Christoph Lehmann, Politischer Blumen=Garten (1662). T. 2. Trawrig. Nr. 4.

— Kurtz trawern ist langes Leben.
Christoph Lehmann, Politischer Blumen=Garten (1662). T. 2. Trawrig. Nr. 13.

— ... durch Trauren wird das Herz gebessert. Pred. Sal., K. 7, V. 3.

— ... von Trauren kommt der Tod.
Jes. Sir., K. 38, V. 19.

Traum. — Ein schöner Traum geht zu Ende.
Moritz von Sachsen auf d. Sterbebette (30. Nov. 1750).

— Nicht Traum! | Beim wundervollen Gott nicht! — Wahrheit, Wahrheit!
Friedr. von Schiller, Don Carlos (1787). A. 2, Sz. 15 (Carlos).

— Sohn der Torheit! träume immer, | Wenn dir's Herz im Busen schwillt; | Doch im Leben suche nimmer | Deines Traumes Ebenbild!
Heinr. Heine, D. B. d. Lieder. Anhang älterer Gedichte. Zu d. Traumbildern. Deutschland, ein Traum (ged. 1816).

— Ach, ich fühl' es wohl, wir scheiden | Kaum so schwer von wahren Freuden | Als von einem schönen Traum!
Frz. Grillparzer, D. Ahnfrau (1817). A. 2 (Graf).

— Gern neckt der Traum uns mit dem Widerspiele | Von dem, was wir am sehnlichsten uns wünschen. Ernst Raupach, D. Hohenstaufen (1837). König Manfred. A. 2, Sz. 6.

— Ein Traum ist alles nur auf Erden!
Volkslied (um 1850). Volksweise.

— Was dir begegnen wird, wie sollte der Traum es dir sagen? | Was du tun wirst, das zeigt er schon eher dir an.
Friedr. Hebbel, Gedichte (1857). Epigramme u. Verwandtes. Nr. 2. Gnomen. D. Traum als Prophet.

— 'n Draum iss 'n drog (Trug).
Sprichwort. Münsterisch.

Träume. — Auch Träume ja kommen von Zeus her. Griech.: *Καὶ γάρ τ' ὄναρ ἐκ Διός ἐστιν.*
Homer, Ilias. Übers. v. Voß. Ges. 1, V. 63.

— Aus Nichts hat der sich was gemacht, | Der Träume, die so nichts sind, acht.
Friedr. von Logau, Deutsche Sinn=Getichte (1654). Träume.

— ... allein auch aus den schönsten Träumen | Ist doch zuletzt Endymion erwacht.
Christoph Martin Wieland, Musarion (1768). B. 3.

— Vorbei | Sind diese Träume!
Friedr. von Schiller, Don Carlos (1787). A. 1, Sz. 2 (Carlos).

Träume. — Aus den Träumen der Menschen, wenn sie dieselben genau erzählten, ließe sich vielleicht vieles auf ihren Charakter schließen. Es gehörte aber dazu nicht etwa Einer, sondern eine ziemliche Menge von Träumen.

Georg Christoph Lichtenberg, Verm. Schriften (1800—1806). Bd. 1, Nr. 3. Bemerk. verm. Inhalts. Nr. 4. Beobachtungen über d. Menschen.

— . . . Narren verlassen sich auf Träume.
Jes. Sir., K. 34, V. 1.

— Wer auf Träume hält, der greift nach dem Schatten. Jes. Sir., K. 34, V. 2.

— Wer auf Träume hält, . . . will den Wind haschen. Jes. Sir., K. 34, V. 2.

— Träume sind nichts anders denn Bilder ohne Wesen. Jes. Sir., K. 34, V. 3.

— . . . Träume sind nichts und machen doch einem schwere Gedanken. Jes. Sir., K. 34, V. 5.

— . . . Träume betrügen viele Leute.
Jes. Sir., K. 34, V. 7.

— Ob gleich vil Träum geschehen ohn ernst, | So warnen sey doch offt von fernst. Alter Spr.

— Träume | Sind Schäume. Sprichwort.

— Gold'ne Träume lassen hungrig aufwachen. Engl.: Golden dreams make men awake hungry.
Sprichwort.

Träumen. — Ich träum' als Kind mich zurücke | Und schüttle mein greises Haupt.

Adelbert von Chamisso (Louis Charles Adelaide Chamisso de Boncourt), Gedichte. Lieder u. lyrisch-epische Gedichte. D. Schloß Boncourt (ged. 1827).

— So wißt, das Schönste ist von diesem Leben | Nicht, was man lebet, sondern träumt.

Joh. Heinr. Daniel Zschokke, Novellen u. Dichtungen (1851).

— Das Schwein träumt von Eicheln. Ital.: Il porco sogna ghiande. Sprichwort.

Traumkunst. — Die Traumkunst träumt, und alle Zeichen trügen.

Friedr. von Schiller, D. Braut v. Messina (1803). D. Säulenhalle (Isabella).

Traurig. — Laß fahren, was dein Herze | Betrübt und traurig macht!

Paul Gerhardt, Geistl. Andachten. Befiehl d. Herrn deine Wege u. hoffe auf ihn, er wirds wohl machen (1659).

— Wie kömmt's, dz du so trawrig bist | Vnndt gar nit eynmal lachst; | Ich see dyr's ann den Augen ann, | Dz du geweynet hast.

Feyner kleyner Almanach (1778). Eyn Lyebes-Reyen.

— Wie kommt's, daß du so traurig bist, | Da alles froh erscheint?

Joh. Wolfg. von Goethe, Gedichte. Lieder. Trost in Tränen (ged. um 1802). Mel. v. Karl Friedr. Zelter (komp. 23. Sept. 1803), Joh. Friedr. Reichardt (1809), Ludw. Berger u. a.

Traurig. — Herz, mys Herz, warum so trurig? | Und was soll das Ach und Weh?

Joh. Rudolf Wyß d. Jüngere, Schwytzer-Heimweh (ged. 1811). Mel. v. Friedr. Glück (komp. 1814).

— . . . die Stunde, die uns traurig umwölkt, gehört | Zu den Stunden des Lebens nicht.

Friedr. Gottl. Klopstock, Sämtl. Werke (1798—1821).

— Ich weiß nicht, was soll es bedeuten, | Daß ich so traurig bin.

Heinr. Heine, D. B. d. Lieder. D. Heimkehr. Nr. 2 (ged. 1823). Mel. v. Friedr. Silcher (komp. 1837—1839).

— Gott schütz' dein Herz in Ewigkeit, | Daß es nie traurig werde!

Jos. Freiherr von Eichendorff, Gedichte (1837). Wanderlieder. D. wandernde Musikant. Nr. 2. Schlußv.

— . . . tristo (traurig) ist dem Italiener soviel als boshaft.

Karl Jul. Weber, Demokritos (1832—1840). D. Frohsinn.

— . . . wer da will recht traurig sein, — | Nun ohne Scherz! — | Häng' an die Außenwelt | All sein Herz! Adolf Bekk, Ranken (1862).

— Traurig, aber wahr!
Sprichwörtl. Redensart.

— 's Gams'l am Berg | Ist a lustigs Kunter (Tier), | Und a trauriger Bua | Mächt ka' Diandl munter. Tiroler Schnaderhüpfl.

Traurigkeit. — . . . Traurigkeit, des Wahnsinns Amme . . . Engl.: . . . melancholy is the nurse of frenzy . . .

William Shakespeare, D. Widerspenstigen Zähmung (um 1595). Übers. v. Schlegel. Einleitung. Sz. 2 (Diener).

— Wir machen unser Kreutz und Leid | Nur größer durch die Traurigkeit.

Georg Neumark, Fortgepflanzter Poetischer Lustwald (1657). T. 1. Trostlied.

— . . . Traurigkeit erweicht zu jeder feinern Empfindung das Herz.

Joh. Jak. Engel, D. Philosoph für d. Welt (1775—1777). T. 2, Stück 28. Über d. Tod. Erste Unterredung.

— In der Traurigkeit liegt noch ein gewisser Zauber, eine Poesie; die Verdrießlichkeit ist alles Zaubers bar.

Ernst Freiherr von Feuchtersleben, Zur Diätetik d. Seele (1838). K. 4. Wille, Charakter, Unentschlossenheit, Unaufgelegtheit, Zerstreutheit.

— . . . Traurigkeit tötet viele Leute, dienet doch nirgend zu. Jes. Sir., K. 30, V. 25.

— . . . eure Traurigkeit soll in Freude verkehret werden. Evang. Joh., K. 16, V. 20.

— Traurigkeit heckt alle Nacht neuen Harm aus. Sprichwort.

Trauring. — Die Liebe ist Demut; der Trauring prangt mit keinem Juwel.

Jean Paul (Joh. Paul Friedr. Richter), Werke (1826—1828).

Trauringe. — Die Eh'herrn sollten künftig die Trauringe, statt auf dem Finger, in der Nase tragen, zum Zeichen, daß sie doch an der Nase geführt werden.

Christ. Dietr. Grabbe, Don Juan u. Faust (1829). A. 1, Sz. 1 (Don Juan).

Treff. — Trefflich schön singt unser Küster (sagt man beim Ausspielen der Farben beim Kartenspiel).

Bek. Redensart.

Treffen. — Triff, oder du wirst getroffen! Engl.: Strike, lest thou be stricken.

Königin Elisabeth v. England beim Unterzeichnen d. Todesurteils über Maria Stuart (1587). Übers. v. Drabig.

— Gut treffen ist besser, als gut schießen.

Spr. im Berliner Rathause. Erster Stock.

Treffliche, das. — Selten wird das Treffliche gefunden, seltener geschätzt.

Joh. Wolfg. von Goethe, Wilh. Meisters Lehrjahre (1777—1796).

Treiben, das. — Ach, ich bin des Treibens müde!

Joh. Wolfg. von Goethe, Gedichte. Lieder. Wandrers Nachtlied (ged. 12. Febr. 1776). Mel. v. Joh. Friedr. Reichardt (1781).

Trennung. — O Trennung, unerträglich wärst du, — bliebe | Der süße Trost nicht deiner Einsamkeit, | Der zärtlichen Gedanken unsrer Liebe, | Die anmutvoll betrügen Gram und Zeit. Engl.: O absence, what a torment would'st thou prove, | Were it not thy sour leisure gave sweet leave | To entertain the time with thoughts of love, | Which time and thoughts so sweetly doth deceive.

William Shakespeare, Sonette (1609). Übers. v. Bodenstedt. Abteilung 2, Nr. 61.

— Tod ist Trennung; | Dreifacher Tod | Trennung ohne Hoffnung | Auf Wiedersehn.

Joh. Wolfg. von Goethe, Gedichte. A. d. Nachlaß. An Personen. Drei Oden an meinen Freund Behrisch (ged. 1767). Nr. 3.

— Wie bitter sind der Trennung Leiden.

Emanuel Schikaneder, D. Zauberflöte (1790). A. 2, Sz. 10. Komp. v. Wolfg. Amadeus Mozart. (Erste Auff. am 30. Sept. 1791 in Wien.)

— Trennung, welche bevorsteht noch, ist jede Gemeinschaft; | Und im Leben ist Raum nur für ein „Lebe du wohl!"

Aug. Graf von Platen=Hallermund, Gesammelte Werke (1839). Gedichte. Epigramme.

Tretrad. — Aktenstöße nachts verschlingen, | Schwatzen nach der Welt Gebrauch | Und das große Tretrad schwingen | Wie ein Ochs, das kann ich auch!

Jos. Freiherr von Eichendorff, Gedichte (1837). Sängerleben. D. Isegrimm.

Treu. — Ein seltener Glücksfund, wahrlich, ist das hohe Glück, | In Freud' und Leid zu treffen ein getreues Herz. Griech.: *Εὕρημα γὰρ τὸ χρῆμα γίγνεται τόδε, | Κοινῇ μετασχεῖν τἀγαθοῦ καὶ τοῦ κακοῦ.*

Euripides, Elektra (um 416 v. Chr.). Übers. v. Minckwitz. V. 605—6 (Greis).

Treu. — Ein im Unglück treuer Mann | Ist holder als den Schiffern stille See nach Sturm. Griech.: *Πιστὸς ἐν κακοῖς ἀνὴρ | Κρείσσων γαλήνης ναυτίλοισιν εἰσορᾶν.*

Euripides (um 480—406 v. Chr.), Orestes. Übers. v. Binder. V. 727—28 (Orestes).

— Sein treuer Achates. Lat.: Fidus Achates.

Publ. Vergilius Maro (um 70 v. Chr.—19 n. Chr.), Aeneis. Übers. v. Voß. B. 1, V. 188.

— Wen als getreu ich hab' erkannt, | Den lieb' ich übers vierte Land. Mittelhochdeutsch: Der mir ze triuwen werde erkant, | Den minnich überz vierde lant.

Vrîdankes Bescheidenheit (1225—1240). Übertr. v. Pannier. Nr. 36. v. vriunden.

— Treu ist, o Jammer! nur der Hund zu nennen, | Indes die Menschen nichts als Feindschaft kennen.

A. d. Persischen d. Hafis (um 1310—1389). Ghaselen. Übers. v. Rosenzweig.

— Treu in allen, | Laß mir's gefallen!

Inschrift einer Denkmünze (1569).

— Standhafft vnd Treu vnd Treu vnd Standschafft, | Die machen eyn Recht Teutsch verwandschafft.

Joh. Friedr. Fischart, Erklärung beyder hier für gemalter Teutscher Tugenden (1581).

— Drumb was nicht treu wil bleiben, | Laß immer fahren hin!

Joh. Doman, Lied v. d. Hanse (1618).

— Ein getreues Hertze wissen | Ist deß höchsten Schatzes Preiß.

Paul Fleming, Teutsche Poemata (1642). Oden. D. treue Hertz.

— Mir ist wohl bey höchstem Schmertze, | Denn ich weiß ein treues Hertze.

Paul Fleming, Teutsche Poemata (1642). Oden. D. treue Hertz.

— Ein treuer Herr und treuer Knecht | Wird hier gelobt und dort gerecht.

Spr. auf einer Denkmünze auf Phil. v. Krosigk (1644).

— Der getreu ist, ist der beste Helffer.

Christoph Lehmann, Politischer Blumen=Garten (1662). T. 1. Hülff, Helffer. Additio. Nr. 1.

— Treu und herzinniglich, Robin Adair . . .

Irisches Volkslied (vor 1702). Übertr. v. Wilh. Gerhard (geb. 1826).

— Die Erde freut sich einer treuen Seele, | Der Himmel gibt ihr Segen und Gedeihn.

Joh. Wolfg. von Goethe, Claudine v. Villa Bella (1788).

— . . . wenn ein Wunder auf der Welt geschieht, | Geschieht's durch liebevolle, treue Herzen.

Joh. Wolfg. von Goethe, D. natürliche Tochter (1803). A. 5, Sz. 8 (Eugenie).

— Halt' dich fein rein, | Sei gern allein, | Laß andre sein, | Getreu es mein'!

Joh. Gottfr. von Herder, Stimmen d. Völker in Liedern (1807). Abteilung 2, B. 5, Nr. 27. Ein Spr. Deutsch.

Treu. — Ewig bleiben treu die Alten.

Jos. Freiherr von Eichendorff, Gedichte. Zeitlieder. D. Jäger Abschied (ged. 1810—1813). Mel. v. Felix Mendelssohn-Bartholdy (komp. 1841).

— Keiner war wohl treuer, reiner.

Max von Schenkendorf, Sämtl. Gedichte. Abteilung 2. Vaterland. Auf Scharnhorsts Tod (ged. 1813).

— Wenn alle untreu werden, | So bleib' ich euch doch treu.

Max von Schenkendorf, Sämtl. Gedichte. Abteilung 2. Vaterland. Erneuter Schwur (ged. 1814). Mel. Frisch-auf! zum fröhlichen Jagen usw.

— Gott, seinem Kaiser, Einem Liebchen treu, | Dem müssen alle Geister dienen.

Joh. Wolfg. von Goethe, Maskenzug (18. Dez. 1818).

— Liebchen, nicht um Goldeslohne | Hör' ich auf, dir treu zu sein; | Nicht um eine Königskrone!

Wilh. Müller, Siebenundsiebzig Gedichte a. d. hinterlassenen Papieren eines reisenden Waldhornisten (1821). Nr. 3. Reiselieder. Wanderlieder eines rheinischen Handwerksburschen. Nr. 8. Entschuldigung. Mel. v. Friedr. Nestler (komp. 1826—1829).

— Du sehnst dich, weit hinaus zu wandern, | Bereitest dich zu raschem Flug; | Dir selbst sei treu und treu den andern, | Dann ist die Enge weit genug!

Joh. Wolfg. von Goethe, Werke (1827—1830). Gedichte. Zahme Xenien. Nr. 4.

— Bis zu den spät'sten Tagen | Fühlst du, wie jung du bist, | Weißt du ein Herz dir schlagen, | Das treu gesinnt dir ist.

Jul. Grosse, Gedichte (1857). Ein treues Herz. Schlußv.

— Völker, wie einzelne werden nie entehrt, wenn sie sich selbst treu bleiben. Engl.: With nations, as with individuals, none are dishonoured if they are true to themselves.

Henry Thomas Buckle, Gesch. d. Zivilisation (1858—1861). Übers. v. Ritter. K. 15.

— Wenn der Mühlstein träget Reben | Und daraus fließet süßer Wein, | Und wenn der Tod mir nimmt mein jung frisch Leben, | So hör' ich auf, dir treu zu sein. Volkslied u. -weise.

— Ein treuer Mann wird viel gesegnet.

Spr. Sal., K. 28, V. 20.

— Es ist kein schöner Kleinod auf Erden, | Denn da ein treu Herz erfunden kann werden.

Alter Spr.

— Treue Lieb' bei Weib und Kind, | Treuer Freund und treu' Gesind', | Heil dem Manne, der das find't! Alter Spr.

— Treu unser Herz, frei unser Wort, | Deutsch unser Sinn, Gott unser Hort! Alter Spr.

— Treue Hand | Geht durchs ganze Land.

Sprichwort.

— Trü | Es 'n Rü' (wie ein Hund).

Sprichwörtl. Redensart. Münsterisch.

— Auf Erden ich nicht Höheres schätz | Als ein treues, redliches Herz.

Spr. an einem Hause in Stubai.

Treu. — Treu in Lieb und guter Zecher | Bei schöner Maid und vollem Becher | Und unter seines Herrn Gottes Hut, | Da steht's um einen Ritter gut. Wartburgspr. Wirtschaft.

— Treu in Pflicht, wahr in Rat, fest in Tat!

Wartburgspr.

— Ehrlich von Geblüt, | Redlich von Gemüt, | Rund und von Herzen treu, | Das ist mein' Liverey. Spr. an einem Hausgerät.

— A feins, a treu's Herzl | Ist's best auf der Welt. Tiroler Schnaderhüpfl.

Treubruch. — Lieber sterben, als die Treue brechen. Lat.: Potius mori quam fidem fallere.

Wahlspr. d. Kardinals Scipio Gonzaga (gest. 1593).

— Sie hat die Treu' gebrochen; | Mein Ringlein sprang entzwei.

Jos. Freiherr von Eichendorff, Gedichte. Romanzen. D. zerbrochene Ringlein (ged. 1810). Mel. v. Friedr. Glück (komp. 1814) u. Ludw. Berger (komp. 24. Febr. 1815).

Treue. — Die Treue ist dir mitgebor'ne Tugend; | Laß nicht die Gabe, die von Anfang dein ward!

A. d. Persischen d. Nizâmî (um 1137—1200). Spr. Übers. v. Bacher.

— Welch selig Mann, welch selig Weib! | Die da vereint im Herzen stete Treu'! Mittelhochdeutsch: Er saelic man, si saelic wîp, | Der herze ein ander sint mit triuwen bî!

Walter v. d. Vogelweide (um 1170—1230), Gedichte. Übertr. v. Pannier.

— Was ist der Freude wohl auch gleich, | Wenn liebes Herz in Treu' besteht, | In Anmut, Keuschheit, reinen Sitten? Mittelhochdeutsch: Waz ist den fröiden ouch gelîch, | Dâ liebez herze in triuwen stât, | In schoene, in kiusche, in reinen siten?

Walter v. d. Vogelweide (um 1170—1230), Gedichte. Übertr. v. Pannier.

— Wir klagen alle, daß die Alten sterben und gestorben sind; | Wir hätten Grund, zu klagen kühn um andre Not, | Daß Treue, Zucht und Ehre sind auf Erden tot. | Die Menschen lassen Erben, diese drei sind ohne Kind. Mittelhochdeutsch: Wir klagen alle, daz die alten sterbent unde erstorben sint; | Wir möhten balde klagen von schulden ander nôt, | Daz triuwe, zuht und êre ist in der welte tôt. | Die liute lâzent erben, dise drî sint âne kint.

Walter v. d. Vogelweide (um 1170—1230), Gedichte. Übertr. v. Pannier.

— Die Treue floh des Menschen hohle Form | Gleich Engeln, die das Irdische verließen.

A. d. Persischen d. Muhammed Attar, Frühlingsgarten (1376). Übers. v. Schlechta-Wssehrt.

— Secht, was die Treu hat für gros kraft, | Die ain stark Freuntschaft stärker schaft.

Joh. Friedr. Fischart, D. Glückhafft Schiff v. Zürich (um 1576).

Treue. — Mit Taten schmückt sich Treu' und nicht mit Worten. Engl.: For truth hath better deeds than words, to grace it.

William Shakespeare, D. beiden Veroneser (um 1592—1593). Übers. v. Schlegel. A. 2, Sz. 2 (Proteus).

— Sieh für dich, Treu ist sehr mißlich!

Georg Rollenhagen, Froschmäuseler (1595). B. 2, T. 2, K. 7.

— Einfält'ge schlichte Treu' weiß nichts von Künsten. Engl.: There are no tricks in plain and simple faith.

William Shakespeare, Jul. Cäsar (1601). Übers. v. Schlegel. A. 4, Sz. 2 (Brutus).

— Wenig Worte und feste Treue! Engl.: Few words to fair faith.

William Shakespeare, Troilus u. Cressida (um 1609). Übers. v. Schlegel. A. 3, Sz. 2 (Troilus).

— Treu, die beständig, | Vergnügt mich ewig.

Anna Katharina von Hammerstein (1633).

— Der Mensch hat nichts so eigen, | So wohl steht ihm nichts an, | Als daß er Trew erzeigen | Vnd Freundschafft halten kan.

Simon Dach, Perstet amicitiae semper venerabile faedus (1652).

— Da man schon zur Zeit der Alten | Reine Treu für grau gehalten, | Wunderts euch in unsern Tagen, | Daß man sie ins Grab getragen?

Friedr. von Logau, Deutsche Sinn=Getichte (1654).

— Treu' geht über Alles, | Untreu' schändet Alles; | Hohn dem Mann, der einen Schalk | Vermummen will in Leuenbalg!

Spr. auf einem Schwerte (1687).

— Die in Treue brennen, | Kann kein Ungewitter trennen.

Inschrift auf einer dän. Denkmünze (1690).

— Als die Treue ward geboren, | Flog sie in ein Jägerhorn; | Der Jäger blies sie in den Wind, | Daher man sie jetzt selten find't

Reimspr. (17. Jahrh.).

— Ein Mann, der Treu' und Glauben hält, | Verdient ihn (den Segen) seiner Treue wegen.

Christ. Fürchtegott Gellert, Fab. u. Erz. (1746). B. 1. D. arme Schiffer.

— Treue heißt die zauberische Kette, | Die den Bruderbund der Menschheit schließt.

Ewald Christ. von Kleist, Sämtl. Werke (1760). Gedichte.

— Die Zeiten, Brüder, sind nicht mehr, | Wo Treu' und Glauben galten.

Freimaurerlied (vor 1772). Mel. v. Joh. Amadeus Naumann (1775).

— Zwar sie brachte mir nichts zu | Als ein Herz von Treue; | Aber braucht man mehr zur Ruh', | Mehr, daß man sich freue?

Gottlob Wilh. Burmann, Lieder (1774). D. lustige Mel. v. Joh. Abraham Peter Schulz (1779).

Treue. — Üb' immer Treu' und Redlichkeit | Bis an dein kühles Grab!

Ludw. Hölty, Gedichte. Lieder. D. alte Landmann (ged. 1775). Mel. Ein Mädchen oder Weibchen a. Mozarts Oper: D. Zauberflöte (1790).

— Die Treue, die uns Brüder band, | Ist dauernder als Erz.

Freimaurerlied (vor 1776). Mel. v. Joh. Amadeus Naumann.

— Der Mond geht auf, sinket nieder. | Der Morgen kommt und fliehet wieder, | Es fällt die Flut, es wächst das Meer, | Es läuft der Sternen lichtes Heer, | Es stirbt des Frühlings Melodie, | Nur meine Treue weichet nie!

Friedr. (Maler) Müller, Balladen (1776). Genovefa im Turme (Genovefa).

— Fließe, fließe, lieber Fluß! | Nimmer werd' ich froh; | So verrauschte Scherz und Kuß | Und die Treue so.

Joh. Wolfg. von Goethe, Gedichte. Lieder. An d. Mond (ged. Jan. 1778). Mel. v. Siegmund Freiherr von Seckendorff, Friedr. Heinr. Himmel (1806), Karl Friedr. Zelter (komp. 1812), Frz. Schubert (komp. 1815) u. a.

— Von schwachen Adamskindern | Zu hoffen eine Treu', die keines Sturmwinds Stoß | Erschüttert, eine Treu', die keine Probe mindern, | Kein Reiz betäuben kann? Unmöglich!

Christoph Martin Wieland, Oberon (1780). Ges. 8, Str. 59.

— Was ein weiblich Herz erfreue | In der klein= und großen Welt? | Ganz gewiß ist es das Neue, | Dessen Blüte stets gefällt; | Doch viel werter ist die Treue, | Die auch in der Früchte Zeit | Noch mit Blüten uns erfreut.

Joh. Wolfg. von Goethe, Gedichte. Lieder. Antworten bei einem gesellschaftlichen Fragespiel (ged. 1785). (D. Dame).

— Wer Redlichkeit und Treue liebt | Und gern dem ärmern Bruder gibt, | Da siedelt sich Zufriedenheit | So gerne bei ihm ein.

Joh. Martin Usteri, Dichtungen in V. u. Prosa. Gedichte. Tischlied (ged. 1793). Mel. v. Hans Georg Nägeli (komp. 1794).

— In welchen seligen Zustand versetzt uns die Treue! Sie gibt dem vorübergehenden Menschenleben eine himmlische Gewißheit; sie macht das Hauptkapital unseres Reichtums aus.

Joh. Wolfg. von Goethe, Wilh. Meisters Lehrjahre (1777—1796).

— . . . die Treue, sie ist doch kein leerer Wahn.

Friedr. von Schiller, Gedichte. D. Bürgschaft (ged. 27.—30. Aug. 1798).

— Die Treue . . . | Ist jedem Menschen wie der nächste Blutsfreund; | Als ihren Rächer fühlt er sich geboren.

Friedr. von Schiller, Wallensteins Tod (1799). A. 1, Sz. 6 (Wallenstein).

— Nichts hab' ich als mein Herz voll Treu' und Liebe. Friedr. von Schiller, Wilh. Tell (1804). A. 3, Sz. 2 (Rudenz).

Treue. — Die Treue ist der Ehre Mark, | Wankt nicht, wenn Stürme schnauben.

Friedr. von Schlegel, Gedichte. Gelübde (ged. 1807).

— Beglückt, wer Treue rein im Busen trägt; | Kein Opfer wird ihn je gereuen!

Joh. Wolfg. von Goethe, Faust, I (1808). Studierzimmer (Faust).

— Es ist ein altes Wort, nicht minder alt als wahr: | Wer Treu' bewahren will, der fliehe die Gefahr! Jos. Freiherr von Hammer-Purgstall, Schirin (1809). T. 1, Ges. 3.

— Es lebe alte, deutsche Treue! | Es lebe deutscher Glaube hoch!

Ernst Moritz Arndt, Gedichte. Bundeslied (ged. 1815). Mel. v. Georg Friedr. Hanitsch (1817).

— Liebe schwärmt auf allen Wegen, | Treue wohnt für sich allein; | Liebe kommt euch rasch entgegen, | Aufgesucht will Treue sein.

Joh. Gottfr. von Herder, Sämtl. Werke (1805—1820). Gedichte. Bilder u. Spr. Nr. 28.

— Klingt an und hebt die Gläser hoch, | Die alten Burschen leben noch, | Noch lebt die alte Treue!

Dr. Eugen Höfling (?), O alte Burschenherrlichkeit! (1825). Schlußv. Mel. Was fang' ich armer Teufel an usw. (vor 1763).

— ... es schläft die Treu' auf hartem Stein | Wohl süßer als Verrat auf weichem Pfühl.

Mich. Beer, Struensee (1829). A. 3, Sz. 13.

— Treue im Kleinsten macht die Treue dir leicht in dem Größten.

Joh. Kaspar Lavater, Werke (1834). Worte d. Herzens. Denkzeilen an einen Freund nach meinem Tode.

— Treu' ist klein, | Hoffart ist gemein, | Wahrheit ist leider gefangen, | Gerechtigkeit ist vergangen.

Wilh. Wackernagel, Deutsches Leseb. (1835—1836). T. 2.

— Auf Treue ruht des ganzen Lebens Bau.

Ernst Raupach, D. Hohenstaufen (1837). Kaiser Friedr. I. u. Heinr. d. Löwe. A. 3, Sz. 8.

— ... Treue adelt das Gemüte.

Karl Immermann, Tristan u. Isolde (1841). Brangane.

— Verrat spricht zierlich; Treue rauh und schlicht.

Friedr. Halm (Elegius Frz. Jos. Freiherr von Münch-Bellinghausen), Imelda Lambertazzi (1842).

— ... ohne Treue schwankt, ein Kahn im Meer', | Ein Rohr im Wind, die Seele hin und her.

Friedr. Halm (Elegius Frz. Jos. Freiherr von Münch-Bellinghausen), D. Sohn d. Wildnis (1842). A. 5 (Ingomar).

— Schau, vana, der koa Treu nit hat, | Der is scho z'ersch nix wert!

Frz. Ritter von Kobell, Gedichte in oberbayrischer Mundart (1839—1844). Koa Trost.

— Sicherlich, | An solche Mauern halte dich, | Nichts ist so fest | Als Treue, die nicht von dir läßt!

Karl Simrock, Gedichte (1844). Habsburgs Mauern.

Treue. — Die Wahrheit schwindet von der Erde, | Auch mit der Treu' ist es vorbei. | Die Hunde wedeln noch und stinken | Wie sonst, doch sind sie nicht mehr treu.

Heinr. Heine, Sämtl. Werke. Gedichte. Zeitgedichte (ged. 1839—1846). Nr. 8. Entartung. Schlußv.

— Dem Herzen angeboren ist die Treue. | Wenn uns Gewohntes hold und lieb geworden, | So ängstigt uns, so schmerzt uns fast das Neue.

Rob. Hamerling, Sinnen u. Minnen (1859). Lieder. O, wer's vermöcht' usw.

— Willst du Treue, so vertrau'! | Dem Verrat kein Riegel wehrt. | Die du hüten mußt, die Frau, | Ist des Hütens nicht mehr wert.

Anastasius Grün (Anton Alexander Graf von Auersperg), Gesammelte Werke (1877). Gedichte. Spr.

— Die Treue ist etwas so Heiliges, daß sie sogar einem unrechtmäßigen Verhältnisse Weihe verleiht. Marie von Ebner-Eschenbach, Aphorismen (1893).

— ... wessen Herz in Treue glüht, | Um den ist's wohl bestellt!

Ach, wem ein rechtes Gedenken blüht usw. Volksweise.

— Ich bin zu gering aller Barmherzigkeit und Treue. 1. Mos., K. 32, V. 10.

— Er hält weder Treue noch Glauben.

Jesaias, K. 33, V. 8.

— An Ehren Fürst, an Treue Knecht, | Das gibt ein herrliches Geschlecht. Alter Spr.

— Treue ist ein selten Wildbret. Sprichwort.

— Treue ist ein seltner Gast; | Halt' ihn fest, wenn du ihn hast! Sprichwort.

— Was weiland hieß die deutsche Treu', | Ist mit der alten Zeit vorbei. Sprichwort.

— Wo Treue Wurzel schlägt, macht Gott einen Bauern daraus. Sprichwort.

— Treue ist eine Schwester der Liebe, Wankelmut ein Bruder der Wollust. Russisches Sprichwort.

— Glaube, Liebe, Treu' und Recht, | Diese vier haben sich schlafen gelegt; | Wenn sie werden auferstehn, | Wird's in der Welt mit Recht zugehn.

Spr. an einem Hause in Waldeck.

— Selten der verdirbt, | Der nach Treue wirbt.

Spr. an einem Hause.

— Trewe ist der beste rigel.

Wartburgspr. Margarethengang.

— Wo die Treue Wache hält, | Da ist das Haus gut bestellt. Wartburgspr.

Treuen, die. — Nichts ist süßers als zwey Treue, | Wenn sie eines worden seyn.

Paul Fleming, Teutsche Poemata (1642). Oden. D. treue Hertz.

Treulos. — So willst du treulos von mir scheiden?

Friedr. von Schiller, Gedichte. D. Ideale (ged. 1795).

Treulosigkeit. — Die Treulosigkeit ist sozusagen eine Lüge der ganzen Person. Franz.: **La perfidie, si je l'ose dire, est un mensonge de toute la personne.**

Jean de La Bruyère, Charaktere (1688). Übers. v. Hamel. V. d. Frauen.

Trieb. — So reißt einen jeden sein Trieb hin. Lat.: Trahit sua quemque voluptas.

Publ. Vergilius Maro (um 70 v. Chr.—19 n. Chr.), Ländliche Gedichte. Übers. v. Voß. Nr. 2, V. 65.

Triebe. — Ein Mensch, der bloß seinem Triebe folgt, setzt sich unter das Tier.

Theod. Gottl. von Hippel, Über d. Ehe (1774). K. 2. D. Endzweck d. Ehe.

— So sind alle Triebe Leidenschaft, so lange sie verworrenen Begriffen entspringen, — Handlungen, sobald sie der Erkenntnis angehören.

Ernst Freiherr von Feuchtersleben, Zur Diätetik d. Seele (1838). K. 7. Lehre v. d. Affekten.

Trinken. — Jetzt ist es Zeit, zu trinken und zu tanzen! Lat.; Nunc est bibendum, nunc pede libero | Pulsanda tellus!

Quint. Horatius Flacc., Oden (um 23 v. Chr.). B. 1, Nr. 37, V. 1—2. Übers. v. Grau.

— Der hat nicht wohl getrunken, der sich übertrinkt. Mittelhochdeutsch: Er hât nicht wol getrunken, der sich übertrinket.

Walter v. d. Vogelweide (um 1170—1230), Gedichte. Übertr. v. Pannier.

— Ich trinke gerne, wo man mir mit Maße schenket | Und des Übermaßes nimmermehr gedenket. Mittelhochdeutsch: Ich trunke gerne, da man bî der mâze schenket, | Und dâ der unmâze niemen iht gedenket.

Walter v. d. Vogelweide (um 1170—1230), Gedichte. Übertr. v. Pannier.

— Es trinken tausend sich den Tod, | Eh' einer stirbt von Durstes Not. Mittelhochdeutsch: Ez trinkent tûsent ê den tôt, | Dan einer sterbe in durstes nôt.

Brîdankes Bescheidenheit (1225—1240). Übertr. v. Pannier. Nr. 35. v. trunkenheite.

— . . . was tut man nicht, wenn man getrunken hat?

Christ. Fürchtegott Gellert, Fab. u. Erz. (1746). B. 2. D. beherzte Entschluß.

— Nach meinem wenigen Bedünken | Muß wohl der Trieb, uns zu erfreun, | Die Lust und das Talent zu trinken | Dem Menschen angebohren seyn. Joh. Arnold Ebert, Episteln u. verm. Gedichte. T. 1. D. gute Brauch (geb. 1747).

— Ob ich morgen leben werde, | Weiß ich freilich nicht; | Aber, wenn ich morgen lebe, | Daß ich morgen trinken werde, | Weiß ich ganz gewiß.

Gotthold Ephr. Lessing, Schriften (1753—1755). Lieder. B. 1, Nr. 4. D. Gewißheit.

— Zu viel kann man wohl trinken, | Doch nie trinkt man genug.

Gotthold Ephr. Lessing, Schriften (1753—1755). Lieder. B. 1, Nr. 6. Antwort eines trunknen Dichters.

— Trinken kannst du, du kannst trinken; | Doch betrinke dich nur nicht!

Gotthold Ephr. Lessing, Schriften (1753—1755). Lieder. B. 1, Nr. 7. D. aufgehobene Gebot.

Trinken. — Trinke, küsse! Sieh', es ist | Heut' Gelegenheit! | Weißt du, wo du morgen bist? | Flüchtig ist die Zeit!

Joh. Wilh. Ludw. Gleim, Neue Lieder. An Leukon (geb. 1764). Mel. v. Karl Spazier (komp. 1793).

— Ihr Brüder, wenn ich nicht mehr trinke, | Und matt von Gicht und Podagra . . .

Volkslied (vor 1767). Verfasser u. Komponist unbek.

— Die Augen täten ihm sinken; | Trank nie einen Tropfen mehr.

Joh. Wolfg. von Goethe, Gedichte. Balladen. D. König in Thule (geb. Frühjahr 1774). Schlußv. Mel. v. Siegmund Freiherr von Seckendorff (1782), Karl Friedr. Zelter (komp. 1812), Frz. Schubert u. a.

— Traute Brüder, schenket ein! | Stoßet an und trinkt den Wein!

Friedr. Leop. Graf zu Stolberg, Gedichte. Rundges. (geb. 1775). Mel. v. D. Weiß (1777).

— Wer als braver Biedermann | Seines Tages Pflicht getan, | Mag in Freuden trinken!

Joh. Martin Miller, Gedichte (1783). Beim Trunke. Mel. v. Bernh. Christoph Kümmel (1786).

— Das Leben gleichet dem Traume! | So sagen die Weisen. Wohlan! | Schon will es mich selber so dünken. | Zum Glase! Zum Glase! Wir trinken! | Weit herrlicher träumt es sich dann.

Gerhard Anton von Halem, Schriften. Trinklied (1787). Mel. v. Karl Spazier (1790) u. Joh. Daniel Gerstenberg.

— Brüder, lagert euch im Kreise, | Trinkt nach alter Väter Weise!

Studentenlied (vor 1794). Verfasser u. Komponist unbek.

— Fröhlich zu wallen durchs Leben, | Trinken vom Safte der Reben | Heißt uns der Wille des Herrn.

Aug. Mahlmann, Sämtl. Schriften. Gedichte. Aufmunterung zur Freude (geb. 1797). Mel. v. Karl Bornhardt (1799) u. Felix von Beczvarsovsky.

— Auf! Freunde, trinkt, um zu vergessen | Das ganze, düst're Jammertal!

Jens Baggesen, Gedichte (1803).

— Trink' ihn aus, den Trank der Labe, | Und vergiß den großen Schmerz!

Friedr. von Schiller, Gedichte. D. Siegesfest (geb. 1803).

— Auf singet und trinket | Den köstlichen Trank! D. Hermannsschlacht (vor 1808). Verfasser u. Komponist unbek.

— Wir trinken! — wer trinkt nicht? im irdischen Tal | Ist alles voll Täuschung, nur nicht der Pokal. Engl.: Let us drink! — who would not? — since, through life's varied round, | In the goblet alone no deception is found.

George Gordon Lord Byron, Gelegenheitssachen. Übers. v. Heichen. Füll' d. Becher wieder usw. (1809—1810).

— Drum laßt uns trinken! Lat.: Ergo bibamus!

Joh. Wolfg. von Goethe, Gedichte. Gesellige Lieder. Ergo bibamus! (geb. März 1810). Mel. v. Karl Friedr. Zelter (komp. 4. April 1810) u. Max Eberwein (komp. 1813).

Trinken. — Das heißt noch ein altes, ein tüchtiges Wort: | Es passet zum ersten und passet so fort, | Und schallet ein Echo vom festlichen Ort, | Ein herrliches Ergo bibamus (drum laßt uns trinken)!

Joh. Wolfg. von Goethe, Gedichte. Gesellige Lieder. Ergo bibamus! (ged. März 1810). Mel. v. Karl Friedr. Zelter (komp. 4. April 1810) u. Max Eberwein (komp. 1813).

— Trinken sang Anakreon, | Trinken sang Horaz! | Darum trink', o Musensohn, | Denn die Vorwelt tat's!

Joh. Christoph Friedr. Haug, Trinklied (ged. 1810).

— Wer trinkt, soll reines Herzens sein; | Mit Wein ist nicht zu scherzen!

Friedr. Rückert, Östliche Reisen (1822). D. Talisman d. Weines.

— Was soll aus der Welt denn werden, | Wenn keiner mehr trinken will?

Elias Salomon, Fiducit (ged. 1834). Mel. v. Aug. Wilh. Briesewitz (1843).

— In Gemeinheit tief versunken | Liegt der Tor, vom Rausch bemeistert; | Wenn er trinkt, — wird er betrunken; | Trinken wir, — sind wir begeistert!

Friedr. von Bodenstedt, D. Lieder d. Mirza-Schaffy (1851). Lieder zum Lobe d. Weines u. irdischer Glückseligkeit. Nr. 1.

— Im Winter trink' ich und singe Lieder | Aus Freude, daß der Frühling nah' ist; — | Und kommt der Frühling, trink' ich wieder | Aus Freude, daß er endlich da ist.

Friedr. von Bodenstedt, D. Lieder d. Mirza-Schaffy (1851). Lieder zum Lobe d. Weines u. irdischer Glückseligkeit. Nr. 9.

— Kein Tropfen geht verloren | Von dem, was Weise trinken!

Friedr. von Bodenstedt, D. Lieder d. Mirza-Schaffy (1851). Lieder zum Lobe d. Weines u. irdischer Glückseligkeit. Nr. 14. Schlußv.

— Trinke nie ein Glas zu wenig, | Denn kein Pfaffe oder König | Kann von diesem Staatsverbrechen | Deine Seele ledig sprechen. | Lieber eins zu viel getrunken, | Etwas schwer ins Bett gesunken, | Und darauf in stiller Kammer | Buße tun im Katzenjammer!

Friedr. Hornfeck, Schenkenb. (1855). In ein Schlemmeralbum. Komponist unbek.

— Recht zu trinken ist auch eine Kunst, | Die nicht Jeglicher weiß zu fassen; | Du sollst den Wein in dir walten lassen, | Aber als Feuer, nicht als Dunst!

Emanuel Geibel, Neue Gedichte (1856). Verm. Gedichte. B. 2. A. d. Schenkenb. Nr. 5.

— Verfahr'ner Schüler Stoßgebet | Heißt: Herr, gib uns zu trinken!

Jos. Viktor von Scheffel, Gaudeamus (1867). Wanderlied. Mel. v. Val. Eduard Becker (komp. 1870) u. Vincenz Lachner.

Trinken. — Man trinkt nicht, um zu fallen, | Man trinkt, sich zu erheben.

Friedr. von Bodenstedt, A. d. Nachlasse Mirza-Schaffys (1874). B. 2. Reben u. Leben. Nr. 11.

— Keiner weiß, zu welcher Stunde, | Welchen Wegs er geht von hier; | Drum bis dahin froh im Bunde | Trinken, lieben, leben wir!

Friedr. von Bodenstedt, A. d. Nachlasse Mirza-Schaffys (1874). B. 2. Reben u. Leben. Nr. 13. Leben u. Sterben. Schlußv.

— Trinken und sein Elend vergessen.

Nach Spr. Sal., K. 31, V. 7. — Sprichwörtl. Redensart.

— Sitze nieder, trink' und sei fröhlich!

Judith, K. 12, V. 18.

— . . . so man deß zuviel trinkt, bringt er (der Wein) Herzeleid. Jes. Sir., K. 31, V. 36.

— Amate (liebt), die ihr noch jung seid, | Cantate (singt), da ihr traget Leid; | Doch ob ihr habt Lust oder Weh, | Ob jung, ob alt seid, — bibite (trinkt)! Alter Spr.

— Süß getrunken, sauer bezahlt. Alter Spr.

— Trink ich Bier, so werd ich faul; | Trink ich Wasser, häng ich's Maul; | Trink ich Wein, so werd ich voll; | Weiß nicht, was ich trinken soll. Alter Spr.

— Wen dich jemandt mit einem trunck verehrt, | Drincke nit mit angesicht von jhm gekehrt, | Wolles auch keine suppe ins Glaß machen | Mitt der speiß, die dir hengt am rachen!

Alter Spr.

— Je mehr einer trinkt, je mehr ihr dürstet. Sprichwort.

— Es ist besser e Schoppe zvil zahlt, as eine zvil trunke. Sprichwort. Schweiz.

— Hier trink' ich Bekümmernis ledig | Waldluft und goldenen Wein, | Und wär' ich der Fürst von Venedig, | Mir könnte nicht wohliger sein.

Wartburgspr. Wirtschaft.

— Nicht neid' ich der Welt ihre Wonnen, | Noch allen neunfarbigen Dunst; | Still liegen und trinkend sich sonnen | Ist auch eine tapfere Kunst.

Wartburgspr. Wirtschaft.

— Trink' und iß, | Gott nicht vergiß!

Wartburgspr. Wirtschaft.

— Wer auf Bergen und Burgen nicht trinket, noch singt, | Auch nüchtern im Tale nichts Kluges vollbringt. Wartburgspr. Wirtschaft.

— Wer trinket ohne Durst | Und ißt ohne Hunger, | Stirbt desto junger.

Wartburgspr. Wirtschaft.

— Im März muß me trinken wie e Meis, | Im April as wie e Geis, | Im Mai as wie e Kuh, | Do wird Eim's ganz Jahr d'r Wi nix thu.

Spr. in einem Wirtshause in Elsaß.

— Trink', aber sauf' nicht; | Disputir', aber rauf' nicht!

Spr. in einem Wirtshause in Corvaro in Tirol.

Trinken. — Trink' nicht in Hast, als sei's im Spiel; | Der Weise schießt nicht übers Ziel, | Er trinkt bedächtig, aber viel.

Spr. in einer Weinstube in Meran.

— Laß an dich kommen, trink' moderat, | Daß dir die Gottesgab' nicht schad'!

Spr. an einem Hausgerät.

Trinken, das. — Das Essen, nicht das Trinken, | Bracht' uns ums Paradies.

Wilh. Müller, Lieder d. Lebens u. d. Liebe. Nr. 1. Tafellieder für Liedertafeln. D. Arche Noäh (geb. vor 1820). Mel. v. Friedr. Schneider (1844) u. Bernh. Klein (1844).

— Ja, Trinken frisch und Singen, | Das bricht durch alles Weh, | Das sind zwei gute Schwingen.

Jos. Freiherr von Eichendorff, Gedichte (1837). Sängerleben. Tafellieder. Nr. 2.

— Essen ist ein Bedürfnis des Magens, Trinken eines der Seele. Ersteres ist ein gewöhnliches Handwerk, letzteres eine Kunst. Franz.: Manger est un besoin de l'estomac; boire est un besoin de l'âme. Manger n'est qu'un vulgaire artisan, tandis que boire est un artiste.

Claude Tillier, Mein Onkel Benj. (1846). Übers. v. Bergfeldt.

— Füllt mir das Trinkhorn! | Reicht es herum! | Trinken macht weise, | Fasten macht dumm!

Friedr. von Bodenstedt, Gedichte (1852).

— Durch Trinken loben wir den Wein | Und schönen Mund durch Küssen. | Was könnt' auch wohl beredter sein, | Als so verstummen müssen?

Paul Heyse, Spruchbüchlein (1885). Frauen.

— Halt dich mässig im drincken dein, | Die Natur wilt nit überladen seyn! Alter Spr.

— Mehr bringt die Kehle um (das Trinken) als das Eisen. Ital.: Più n'ammazza la gola che il ferro. Sprichwort.

— Was e Wohlthat, daß mer das Trinke nit zu beiße brauch.

Inschrift im Ratskeller zu Wiesbaden.

Trinker. — Ein kundiger Fechter rauft nicht; | Ein Trinker, ein rechter, sauft nicht.

Inschrift im Ratskeller zu Bremen.

Trinkgeld. — Wie kommts, daß der gemeine Mann um Trinkgeld pflegt zu bitten? | Ein Essegeld begehrt er nicht; das sind noch deutsche Sitten!

Friedr. von Logau, Deutsche Sinn-Getichte (1654). Trinkgeld.

Trinkhaus. — Es ist besser, in das Klaghaus gehen denn in das Trinkhaus.

Pred. Sal., K. 7, V. 3.

Tritt. — Die Blinden in Genua kennen meinen Tritt.

Friedr. von Schiller, D. Verschwörung d. Fiesco zu Genua (1783). A. 1, Sz. 9 (Fiesco).

Triumphruf. — Nicht Triumphruf vor der Schlacht! Polnisches Sprichwort.

Troer. — Troer waren wir einst. Lat.: Fuimus Troes.

Publ. Vergilius Maro (um 70 v. Chr. — 19 n. Chr.), Aeneis. Übers. v. Voß. B. 2, V. 325.

Trommel. — Die Trommel gerühret! | Das Pfeifchen gespielt! | Mein Liebster gewaffnet | Dem Haufen befiehlt!

Joh. Wolfg. von Goethe, Egmont (1788). A. 1. Bürgerhaus (Klare).

Trommelklang. — Es geht bei gedämpfter Trommel Klang.

Adelbert von Chamisso (Louis Charles Adelaide Chamisso de Boncourt), Gedichte. Lieder u. lyrisch-epische Gedichte. Nach d. Dän. v. Andersen. Nr. 3. D. Soldat (geb. 1832). Mel. v. Friedr. Silcher (komp. 1837—1839).

Trompeten. — Was blasen die Trompeten? Husaren, heraus!

Ernst Moritz Arndt, Gedichte. D. Lied v. Feldmarschall (geb. 1813). Volksweise.

Trompetenschall. — Viola, Baß und Geigen, | Die müssen alle schweigen | Vor dem Trompetenschall. Trompetenschall (um 1825). Verfasser u. Komponist unbek.

Tropfen. — Tropfen höhlen den Stein. Lat.: Gutta cavat lapidem.

Publ. Ovidius Naso (um 43 v. Chr. — 17 n. Chr.), Br. a. d. Pontus. Übers. v. Berg. B. 4, Nr. 10, V. 5.

— . . . Tropfen am Eimer.

Friedr. Gottl. Klopstock, Oden. D. Frühlingsfeier (geb. 1759).

— Ein Tropfen auf einen heißen Stein (nicht der Rede wert, viel zu wenig).

Sprichwörtl. Redensart.

Trost. — Aller Menschentrost ist eitel und kurz, aber der innerliche Trost, der von der Wahrheit empfangen wird, ist selig und wahrhaftig. Lat.: Vanum est et breve omne humanum solatium. Beatum et verum solatium, quod intus a veritate percipitur.

Thomas a Kempis, Nachfolge Christi (um 1410). Übers. v. Arnd. B. 3, K. 16, § 9—10.

— Ein süßer Trost ist ihm geblieben.

Friedr. von Schiller, Gedichte. D. Lied v. d. Glocke (geb. Sept. 1799).

— Trost gibt der Himmel; von dem Menschen erwartet man Beistand.

Ludw. Börne, Gesammelte Schriften. Erz., Reisen, Verm. Aufsätze. Nr. 22. Ankündigung d. Zeitschwingen (Juli 1819). Schlußsatz.

— Trost wüßte ich bei einem andern als mir selbst nie zu finden.

Wilh. Freiherr von Humboldt, Br. an eine Freundin (26. Mai 1823).

— Für den rechten Menschen ist Trost nicht heilsam, weil er schwächt. Pflicht ist sein wahrer Trost. Ernst Freiherr von Feuchtersleben, Zur Diätetik d. Seele (1838). Tagebuchblätter.

— Es geit halt Sachan auf der Welt, | Da nutzt der Trost nit viel.

Frz. Ritter von Kobell, Gedichte in oberbayrischer Mundart (1839—1844). Koa Trost.

Trost. — Der hat noch immer Trost gefunden, | Der ihn zu suchen war bereit.
Jul. Hammer, Schau um dich u. schau in dich (1851). Kampf u. Sieg. Flieh' endlich deiner Schwermut Nacht usw.

— In deinem ungefall und schmertzen, | So saß ein solchen trost zu hertzen, | Das mancher hat viel mehr zu klagen | Und viel ein grosser Kreuz zu tragen. Alter Spr.

— Du bist wohl nicht recht bei Troste (du bist wohl verrückt)? Sprichwörtl. Redensart.

— Aber der Menschen Trost ist klein, | Darum b'suech ich Gott allein.
Spr. in einem Hause in Stubai.

— Fremder Trost ist gut; | Besser eigner Mut.
Spr. im Oberbürgermeisterzimmer im Berliner Rathause.

Trösten. — Tröste den Trauernden nicht, solange noch sein Toter vor ihm liegt!
Talmud (3. Jahrh.).

— Tröste nur den, der Güter verlor, den Erwartungen täuschten; | Aber entweihe durch Trost Gram um Verstorbene nie!
Karl Gustav von Brinckmann, Elegien u. Arabesken (1820).

— Es würde mir ein zweites, noch unangenehmeres Gefühl, als das widrige Schicksal durch sich einflößt, geben, wenn ich nicht selbst Stärke genug besäße, mich selbst zu trösten.
Wilh. Freiherr von Humboldt, Br. an eine Freundin (26. Mai 1823).

Trösten, das. — Trösten ist eine Kunst des Herzens. Sie besteht oft nur darin, liebevoll zu schweigen und schweigend mitzuleiden.
Otto von Leixner, A. meinem Zettelkasten (1896). D. Nächste.

Trösten, sich. — Ein geplunderter sich damit tröst, | Das sein Gesellen auch sein geblöst.
Alter Spr.

Trotz. — Halte nimmermehr | Den kecken Trotz für besser als Besonnenheit! Griech.: *Μήδ' αὐθαδίαν | Εὐβουλίας ἄμεινον' ἡγήσῃ ποτέ.*
Äschylus, D. gefesselte Prometheus (um 460 v. Chr.). Übers. v. Minckwitz. V. 1033—34 (Hermes).

Trotzdem. — Trotz alledem und alledem. Engl.: For a' that and a' that.
Rob. Burns (1759—1796), Gedichte.

Trübe. — Was willst du, Fernando, so trüb' und so bleich?
Luise Brachmann, Auserlesene Dichtungen (1824). Kolumbus.

Trübe, das. — Im Trüben ist gut fischen.
Sprichwort.

Trüben. — Warum hast du mir, da ich trank, das Wasser trübe gemacht? Danach: Das Wasser trüben. Lat.: Cur . . . turbulentam fecisti mihi | Aquam bibenti?
Phädrus (um 30), Fab. Übers. v. Siebelis. B. 1, Nr. 1. D. Wolf u. d. Lamm. V. 5—6.

Trübsal. — . . . also werden die, so Gott gefallen, durchs Feuer der Trübsal bewähret.
Jes. Sir., K. 2, V. 5.

— Trübsal lehrt aufs Wort merken.
Sprichwort.

Trübsinn. — Auf den Flügeln der Zeit fliegt der Trübsinn davon. Franz.: Sur les ailes du Temps la tristesse s'envole.
Jean de Lafontaine, Fab. (1668). Übers. v. Dohm. B. 6, Nr. 21. D. junge Witwe. V. 3.

— Mein selbstbewährtes Rezept gegen Trübsinn: Diät, Beschäftigung, Einschränkung unserer Begierden.
Joh. von Müller, Sämtl. Werke (1810—1819).

— . . . Trübsinn der Tartarus, der alles erstickt. Karl Jul. Weber, Demokritos (1832—1840). Lob- u. Hilfsmittel d. Frohsinns.

— Der Tag ist verloren, ausgebrochen aus der Kette deines Lebens, den du in Trübsinn und tatenloser Verzweiflung hinstarrtest.
Berth. Auerbach, Sämtl. Schwarzwälder Dorfgesch. (1871). Luzifer.

Trügerisch. — Wurde der Fisch Einmal von der trüglichen Angel verletzet, | Glaubt er, in jeder Kost sei das gekrümmete Erz. Lat.: Qui semel est laesus fallaci piscis ab hamo, | Omnibus unca cibis aera subesse putat.
Publ. Ovidius Naso (um 43 v. Chr.—17 n. Chr.), Br. a. d. Pontus. Übers. v. Berg. B. 2, Nr. 7, V. 9—10.

Trumpf. — Einen Trumpf ausspielen (den letzten Versuch machen, etwas zu retten).
Sprichwörtl. Redensart.

Trunk. — Nichts schickt sich, dünckt mich, nicht so baß | Alß gut Tranck vnd gute Lieder.
Martin Opitz, Sämtl. Werke (1637). T. 1. Ich empfinde fast ein Grawen usw.

— Der Trunk nimbt die Sorgen, | Aber nur biß morgen; | Drumb morgen wieder zu dem Wein, | So werd' ich stäts ohn' Sorgen sein.
A. einem alten Trinkb. (1661).

— Beim Trunk geht vieles drein.
Friedr. von Schiller, D. Piccolomini (1799). A. 4, Sz. 5 (Kellermeister).

— Beim Trunk und im Zorn | Erkennt man den Tor'n. Sprichwort.

— Ein guter Trunk | Macht alle jung.
Sprichwort.

— Wer seine Menschen- und Bürgerpflicht | Am Tage treulich hat verricht't, | Dem ist auch in der Abendstund' | Von Gott und Menschen ein Trunk vergunnt. Inschrift im Ratskeller zu Wiesbaden.

Trunken. — Die Traube soll noch wachsen, die mich trunken | Kann machen!
Christ. Dietr. Grabbe, Don Juan u. Faust (1829). A. 2, Sz. 2 (Leporello).

— Erst Täubchen, Tiger dann und Schwein, | Gefühlvoll erst, rauflustig dann, | Unflätig zuletzt ist der trunk'ne Mann.
Anastasius Grün (Anton Alexander Graf von Auersperg), Gesammelte Werke (1877). Gedichte. Spr.

Trunken. — Ein trunkenes Weib ist eine große Plage, denn sie kann ihre Schande nicht decken. Jes. Sir., K. 26, V. 11.

— Truncken mundt | Verraht des hertzen grundt. Alter Spr.

— Was sagstu mehr, du trunckener Mann, | Lebstu oder bistu schon dar van? | Du ligst wie ein Klotz unbesunnen, | Dir seindt all dein Sin entrunnen. Alter Spr.

— Trunkene Freude, | Nüchternes Leid. Sprichwort.

— Willst du wissen, wie einer sei, | So füll' ihn voll (mache ihn trunken) und merk' dabei! Sprichwort.

— Trunkene Abendfreude hat fastende Morgensorge. Dän.: Drukken Aftenglaede har fastende Morgensorg Sprichwort.

— Wer heut' ist voll (trunken), | Ist morgen noll (null). Spr. an einem Hausgerät.

Trunkenbold. — Nasser Knabe (Trunkenbold). Nach Joh. Friedr. Fischart, Kehrab (um 1577).

— Aller Laster einen Thäter | Hat in dem man zu erkennen, | Den man mag versoffen (Trunkenbold) nennen.

Friedr. von Logau, Deutsche Sinn-Getichte (1654). Trunkenbold.

Trunkenen, die. — Wehe der prächtigen Krone der Trunkenen! Jesaias, K. 28, V. 1.

Trunkenheit. — Wenn einer in der Trunkenheit etwas Sträfliches begeht, so muß er doppelte Strafe leiden, als wenn er es in der Nüchternheit begangen hätte. Griech.: *Ἐάν τις ὁτιοῦν μεθύων ἁμάρτῃ διπλασίαν ἢ τῷ νήφοντι τὴν ζημίαν εἶναι.*

Plutarch (um 50—120), Moralische Abhandlungen. Übers. v. Eyth. Gastmahl. K. 13 (Pittakus).

— Die Trunkenheit ist selten gut, | Sie tobt und fälschet weisen Mut; | Sie ist ein Raub der Tugend gar, | Des Todes Bild; das nehmet wahr! Mittelhochdeutsch: Trunkenheit ist selten guot; | Si tobet unt velschet wîsen muot. | Sist ein roup der tugende gar; | Sist tôdes bilde; nemt es war.

Frîdankes Bescheidenheit (1225—1240). Übertr. Pannier. Nr. 35. v. trunkenheite.

— Der mensch wer fri, kein knecht gesin, | Wann drunkenheit nit wer und win.

Seb. Brant, D. Narrenschif (1494). Nr. 16. V. füllen u. prassen.

— O, wie manche herren sindt | Verdorben all durch trunckenheit!

Thomas Murner, Narrenbeschwerung (1512). Nr. 18. Vff d. fleschen riemen tretten.

— Die Trunkenheit macht einen tollen Narren noch toller. Jes. Sir., K. 31, V. 37.

Truppen. — Aus der Erfahrung weiß man, daß die Güte der Truppen einzig und allein in dem Werte ihrer Offiziers bestehe.

Friedr. d. Große, Sämtl. Werke (1789).

Tüchtig. — Das ist die Art und Weise tücht'ger Menschen: sie sind, sie haben; allein sie trauen es sich nicht zu.

Ida Gräfin von Hahn-Hahn, Sigismund Forster (1843).

Tüchtige, das. — Das Tüchtige, und wenn auch falsch, | Wirkt Tag für Tag, von Haus zu Haus; | Das Tüchtige, wenn's wahrhaft ist, | Wirkt über alle Zeiten hinaus.

Joh. Wolfg. von Goethe, Gedichte. Zahme Xenien. Nr. 2. Mit Bakis Weissagen verm. (1821).

Tüchtige, der. — Dem Tüchtigen ist diese Welt nicht stumm.

Joh. Wolfg. von Goethe, Faust, II (1831). A. 5. Mitternacht (Faust).

Tüchtigen, die. — Die Menge kann tüchtige Menschen nicht entbehren, und die Tüchtigen sind ihnen jederzeit zur Last.

Joh. Wolfg. von Goethe, Werke (1827—1830). Maximen u. Reflexionen. Abteilung 3.

Tüchtigkeit. — Das Glück dient der Tüchtigkeit. Lat.: Virtutis fortuna comes.

Wahlspr. Wellingtons (1769—1852).

Tücke. — . . . die Tücke werden zu schanden. Spr. Sal., K. 12, V. 8.

Tugend. — Vor die Tugend jedoch ist Schweiß von den ewigen Göttern | Hingestellt. Griech.: *Τῆς δ' ἀρετῆς ἱδρῶτα θεοὶ προπάροιθεν ἔθηκαν | Ἀθάνατοι.*

Hesiod (8. Jahrh. v. Chr.), Werke u. Tage. Übers. v. Uschner. V. 289—90.

— Tugend werde von uns nimmer vertauschet für Gold! Griech.: *Ἀλλ' ἡμεῖς αὐτοῖς οὐ διαμειψόμεθα | Τῆς ἀρετῆς τὸν πλοῦτον.*

Solon (um 640—595 v. Chr.). Nach Plutarch, Moralische Abhandlungen. Übers. v. Eyth. Nutzen v. Feinde. K. 11.

— . . . die Krone verbleibt | Stets uns in dem Kampfe der Tugend. Griech.: *Νικᾷ δ' ἀγαθῶν | Ἔρις ἡμετέρα διὰ παντός.*

Äschylus, D. Orestie (um 458 v. Chr.). Übers. v. Minckwitz. D. Eumeniden. V. 953—54 (Athene).

— Tugend lohnt mit köstlichem Preis. Griech.: *Μέγα τι θηρεύειν ἀρετάν.*

Euripides, Iphigenie in Aulis (um 407 v. Chr.). Übers. v. Minckwitz. V. 568 (Chor).

— Pfade der Mühsal wandelt die Tugend. Griech.: *Ἁ δ' ἀρετὰ βαίνει διὰ μόχθων.*

Euripides (um 480—406 v. Chr.), D. Herakliden. Übers. v. Minckwitz. V. 625 (Chor).

— . . . nichts ist liebenswürdiger als die Tugend. Lat.: . . . nihil est enim virtute amabilius.

Marc. Tull. Cicero, Lälius oder über d. Freundschaft (um 44 v. Chr.). Übers. v. Klotz. K. 8, § 28.

— Tugend Lebender hassen wir; | Die den Augen entschwand, suchen wir Neidischen. Lat.: Virtutem incolumem odimus, | Sublatam ex oculis quaerimus invidi.

Quint. Horatius Flacc., Oden (um 23 v. Chr.). Übers. v. Voß. B. 3, Nr. 24, V. 31—32.

Tugend. — In meine Tugend hüll' ich mich. Lat.: Mea | Virtute me involvo.

Quint. Horatius Flacc., Oden (um 23 v. Chr.). Übers. v. Voß. B. 3, Nr. 29, V. 54—55.

— Minderen Preis hat Silber denn Gold, Gold selber denn Tugend. Lat.: Vilius argentum est auro, virtutibus aurum.

Quint. Horatius Flacc., Episteln (um 20 v. Chr.). Übers. v. Voß. B. 1, Nr. 1, V. 52.

— Tugend ist Mitte der Fehl', und beiderlei Äußersten, abwärts. Lat.: Virtus est medium vitiorum et utrimque reductum.

Quint. Horatius Flacc., Episteln (um 20 v. Chr.). Übers. v. Voß. B. 1, Nr. 18, V. 9.

— Der Tugend ist kein Weg unwegsam. Lat.: Invia virtuti nulla est via.

Publ. Ovidius Naso (um 43 v. Chr.—17 n. Chr.), Metamorphosen. B. 14, V. 113. Übers. v. Grau.

— Lob hat sie, die Tugend, und — frieret. Lat.: Probitas laudatur et alget

Decimus Junius Juvenalis, Sat. (um 100). Übers. v. Haeckermann. Nr. 1, V. 74.

— Durch Schlemmerei und Schlaf und Müßiggang | Ward alle Tugend aus der Welt gebracht. Griech.: La gola e'l sonno e l'oziose piume | Hanno del mondo ogni vertú sbandita.

Francesco Petrarca, Sämtl. Werke (1554). Sonette u. Kanzonen. T. 1, Nr. 1. Übers. v. Pozzoni.

— Es ist, wie man sagt, ein Gedanke des Demosthenes: der Anfang aller Tugend sei Überlegung und Nachdenken; ihr Ziel und ihre Vollkommenheit aber sei Beharrlichkeit. Franz.: C'est un mot de Demosthènes, dict on, que le commencement de toute vertu, c'est consultation et deliberation; et la fin et perfection, constance.

Michel Eyquem de Montaigne, Essays (1580). Übers. v. Titus.

— Die Tugend ist das Scheidewasser, | Das Falsches scheidet von dem Hasser.

Joh. Friedr. Fischart, Bündnuß v. Verain d. Freien Stätt Zürich, Bern v. Straßburg (1588).

— Wer für die Tugend starb, der lebt in Ruhm. Engl.: He lives in fame that died in virtue's cause.

William Shakespeare, Tit. Andronicus (1590—1591). Übers. v. Schlegel. A. 1, Sz. 2 (Alle).

— Der Menschen Tugend schreiben wir in Wasser, | Ihr böses Treiben lebt in Erz. Engl.: Noble madam, | Men's evil manners live in brass; their virtues | We write in water.

William Shakespeare, Heinr. VIII. (1613). Übers. v. Schlegel. A. 4, Sz. 2 (Griffith).

— Der, deß Hertz mit Tugent gewaffnet ist, . . . | Der kan deß Glücks zorn, Wanckelmuth vnd List | Vest wie ein Felß, vnzaghafft, wiederstehen.

Georg Rudolf Weckherlin, Ode V. deß Todes gewißheit v. d. Tugent vnsterblichkeit (1624).

Tugend. — Schätze haben Flügel; | Ehre läßt den Zügel; | Lust kommt aus den Bügel. | Die Tugend hält.

Paul Fleming, Teutsche Poemata (1642). Oden. Tugendleben.

— Wer Tugend hat und Kunst, wird nimmer nie vertrieben, | Ist, wo er immer ist, als wie zu Hause blieben.

Friedr. von Logau, Deutsche Sinn-Getichte (1654). Vertriebene.

— Tugend in Büchern seynd gemahlte Bilder.

Christoph Lehmann, Politischer Blumen-Garten (1662). T. 2. Tugend. Nr. 46.

— Stets wird die Tugend in der Welt verfolgt. Franz.: La vertu dans le monde est toujours poursuivie.

Molière (Jean Baptiste Poquelin), D. Tartüff (1667). Übers. v. Graf Baudissin. A. 5, Sz. 3 (Madame Pernelle).

— Die wahre Tugend ist das Leben unter Leitung der Vernunft.

Baruch Spinoza, Posthume Werke (1670).

— Wie das Kind mit Blasen spielt, | So das Glück mit Ehr' und Leben; | Wer nicht nach der Tugend zielt, | Wird dem Unglück untergeben.

Inschrift auf einer Hamburger Denkmünze (1686).

— Die Tugend adelt nur, nur Witz und Muth macht groß.

Joh. Christoph Gottsched, Reden u. Gedichte d. deutschen Gesellschaft. Beantwortung d. Antrittsrede d. Hanns Carl v. Kirchbach (1727).

— Aus der Tugend fließt der wahre Friede, | Wollust ekelt, Reichtum macht uns müde, | Kronen drücken, Ehre blend't nicht immer, | Tugend fehlt nimmer.

Albrecht von Haller, Versuch schweizerischer Gedichte (1732).

— Wer Ein Gesetz der Tugend übertritt, | Entheiligt in dem einen Falle | Im Herzen auch die andern mit.

Christ. Fürchtegott Gellert, Fab. u. Erz. (1746). B. 2. Herodes u. Herodias.

— Es gibt nicht mehr als Eine Tugend | Und als Ein Laster neben ihr.

Christ. Fürchtegott Gellert, Fab. u. Erz. (1746). B. 2. Herodes u. Herodias.

— Die Tugend bleibt uns noch im Unglück selber schön.

Christ. Fürchtegott Gellert, Fab. u. Erz. (1746). B. 2. D. neue Ehepaar. Schlußv.

— O Tugend! . . . Tugend, wie schön bist du! | Welch göttlich Meisterstück sind Seelen, | Die sich hinauf bis zu dir erheben!

Friedr. Gottl. Klopstock, Oden. Wingolf (ged. 1747). Drittes Lied.

— . . . du, o göttliche Tugend! durch dich nur können wir freudig | Das Meer des Lebens durchschiffen!

Ewald Christ. von Kleist, Sämtl. Werke. Gedichte. D. Frühling (1749).

Tugend. — Die Tugend wird doch irgends gelten. | Das Gute kömmt nicht gern geschwind.

Gotthold Ephr. Lessing, Schriften (1753—1755). Oden. B. 1, Nr. 4. An d. Herrn N**.

— ... Tugend ohne Wachsamkeit | Verliert sich bald in Sicherheit.

Christ. Fürchtegott Gellert, Geistl. Oden u. Lieder (1757). D. Wachsamkeit.

— Wahr ist's, die Tugend kostet Müh', | Sie ist der Sieg der Lüste; | Doch richte selbst, was wäre sie, | Wenn sie nicht kämpfen müßte?

Christ. Fürchtegott Gellert, Geistl. Oden u. Lieder (1757). D. Kampf d. Tugend.

— Hier übt die Tugend ihren Fleiß, | Und jene Welt reicht ihr den Preis.

Christ. Fürchtegott Gellert, Geistl. Oden u. Lieder (1757). Trost d. ewigen Lebens.

— Selten sind es Taten reiner Tugend, welche die Menschen ausüben; — Eitelkeit sowohl wie Hochmut bewegen uns zu oft zugunsten unseres Mitmenschen. Ital.: **Pochi sono gli atti di pura virtù che gli uomini fanno, — e la vanità e l'orgoglio troppe volte ne muovono a favore del nostro prossimo.**

Giuseppe Baretti, Br. an d. Brüder. Br. 6 (25. Aug. 1760). Übers. v. Pozzoni.

— Macht uns nicht die Tugend glücklich? und ist tugendhaft handeln und vernünftig handeln nicht einerlei?

Ewald Christ. von Kleist, Sämtl. Werke (1760). Prosaische Aufsätze. Nr. 9. Gedanken über verschiedene Gegenstände.

— Nichts ist liebenswürdiger als die Tugend. Franz.: **Rien n'est plus aimable que la vertu.**

Jean Jacques Rousseau, Emil (1762). Übers. v. Reimer.

— Man spricht selten von der Tugend, die man hat; aber desto öftrer von der, die uns fehlt.

Gotthold Ephr. Lessing, Minna v. Barnhelm (1763). A. 2, Sz. 1 (Franziska).

— Die Tugend, die stets bewacht werden muß, ist kaum der Schildwache wert. Engl.: **The virtue which requires to be ever guarded is scarcely worth the sentinel.**

Oliver Goldsmith, D. Landprediger v. Wakefield (1766). Übers. v. Susemihl. K. 5.

— Die Tugend selbst ist Lohn, wird sie auch nicht belohnet; | Sie gibt den Himmel dem, in dessen Brust sie wohnet.

Aug. von Kotzebue, D. Leiden d. Ortenbergischen Familie (1785).

— ... wie groß wird unsre Tugend, | Wenn unser Herz bei ihrer Übung bricht!

Friedr. von Schiller, Don Carlos (1787). A. 1, Sz. 5 (Königin).

— Mir hat die Tugend eignen Wert.

Friedr. von Schiller, Don Carlos (1787). A. 3, Sz. 10 (Marquis).

Tugend. — Jedwede Tugend | Ist fleckenfrei — bis auf den Augenblick | Der Probe.

Friedr. von Schiller, Don Carlos (1787). A. 4, Sz. 4 (Lerma).

— Hart kann die Tugend sein, doch grausam nie, | Unmenschlich nie.

Friedr. von Schiller, Don Carlos (1787). A. 5, Sz. 1 (Carlos).

— Groß ist's, der Tugend nachzustreben.

Friedr. von Schiller, Iphigenie in Aulis (ged. 1788). A. 2. Zweite Zwischenhandlung (Chor).

— Der höchste Grad der Tugend liegt in einer gänzlichen Uneigennützigkeit, welche die Wirkung hat, daß man Ehre und Pflicht seinem eigenen Urteil, das allgemeine Beste seinem besonderen Nutzen, die Wohlfahrt des Vaterlandes seinem eigenen Leben vorzieht.

Friedr. d. Große, Sämtl. Werke (1789).

— Die Tugend wohnt in keinem Mann allein; | Die Kunst hat nie ein Mensch allein besessen.

Joh. Wolfg. von Goethe, Schriften (1787—1790). Gedichte. Künstlers Apotheose.

— Zwei sind der Wege, auf welchen der Mensch zur Tugend emporstrebt; | Schließt sich der eine dir zu, tut sich der andre dir auf. | Handelnd erringt der Glückliche sie, der Leidende duldend. | Wohl ihm, den sein Geschick liebend auf beiden geführt! Friedr. von Schiller, Gedichte. D. zwei Tugendwege (ged. 1795).

— Herzlich ist mir das Laster zuwider, und doppelt zuwider | Ist mir's, weil es so viel' schwatzen von Tugend gemacht. | „Wie, du hassest die Tugend?" — Ich wollte, wir übten sie alle; | Und so spräche, will's Gott, ferner kein Mensch mehr davon.

Friedr. von Schiller, Gedichte. Votivtafeln. Nr. 26. Meine Antipathie (ged. 1796).

— ... die Tugend, sie ist kein leerer Schall, | Der Mensch kann sie üben im Leben.

Friedr. von Schiller, Gedichte. D. Worte d. Glaubens (ged. 1797).

— Alle menschliche Tugend im Verkehr ist Scheidemünze; ein Kind ist der, welcher sie für echtes Gold nimmt. Immanuel Kant, Anthropologie (1798).

— Auch die Tugend | Hat ihre Helden wie der Ruhm, das Glück.

Friedr. von Schiller, Wallensteins Tod (1799). A. 1, Sz. 7 (Gräfin).

— Die Tugend ist nicht träge Ruhe, sondern Tätigkeit und Arbeit.

Joh. Gottfr. von Herder u. Liebeskind, Palmblätter (1787—1800). T. 1.

— Der Tugend Sonnenblick heißt Friede.

Christoph Aug. Tiedge, Urania (1800). Ges. 5. Tugend.

— Wie ein Werk Gottes, still und groß, | Erhebt die Tugend sich in ihrer eignen Würde. | Was auch des Schicksals Hand auf ihre Tage bürde; | Sie reißt sich kühn von niedern Banden los. Christoph Aug. Tiedge, Urania (1800). Ges. 5. Tugend.

Tugend. — Aus grauser Tiefe tritt das Hohe kühn hervor; | Aus harter Hülle kämpft die **Tugend** sich hervor; | Der Schmerz ist die Geburt der höheren Naturen.

Christoph Aug. Tiedge, Urania (1800). Ges. 5. Tugend.

— Gebrauch schwächt den Magnet und auch die **Tugend** nie; | Je mehr man beide nützt, je mehr vermögen sie.

Karl Friedr. Kretschmann, Sämtl. Werke (1784—1805). Epigramme.

— Alle **Tugend** aus Vorsatz taugt nicht viel. Gefühl oder Gewohnheit ist das Ding.

Georg Christoph Lichtenberg, Verm. Schriften (1800—1806). Bd. 2, Nr. 2. Bemerk. verm. Inhalts. Nr. 3. Moralische Bemerk.

— Viele Menschen setzen die **Tugend** mehr im Bereuen der Fehler, als im Vermeiden derselben.

Georg Christoph Lichtenberg, Verm. Schriften (1800—1806). Bd. 2, Nr. 2. Bemerk. verm. Inhalts. Nr. 3. Moralische Bemerk.

— **Tugend** und Freude | Sind ewig verwandt: | Es knüpfet sie beide | Ein himmlisches Band.

Joh. Wilh. Ludw. Gleim, Sämtl. Werke (1811—1813). Gedichte.

— Nichts leidet weniger Übertreibung als die **Tugend.**

Friedr. Maximilian von Klinger, Gesammelte Werke (1809—1815).

— Der Mann, der zum ersten Male das Wort **Tugend** klar dachte und warm aussprach, hat dem Menschen das Diplom des Adels ausgestellt und das rechte Wort dazu gefunden.

Friedr. Maximilian von Klinger, Gesammelte Werke (1809—1815).

— Vielleicht ist **Tugend** mehr als Schall, Glück mehr als Wind. Engl.: I would also deem | That goodness is no name, and happiness no dream.

George Gordon Lord Byron, Harolds Pilgerfahrt (1812—1818). Übers. v. Böttger. Ges. 3, Str. 114, V. 6.

— **Tugend** ist Aufopferung und ihre Kraft in dem Entschluß, auf jedem Posten, in jedem Fall zu sein, was man soll.

Joh. von Müller, Sämtl. Werke (1810—1819).

— Suche die Wissenschaft, als würdest ewig du hier sein, | **Tugend**, als hielte der Tod dich schon am sträubenden Haar!

Joh. Gottfr. von Herder, Sämtl. Werke (1805—1820). Blumenlese a. morgenländischen Dichtern. Nr. 4. Gedanken einiger Brahmanen. Wissenschaft u. Tugend.

— **Tugend** zu mißbrauchen ist gefährlich, | Weit gefährlicher, als keine haben.

Joh. Gottfr. von Herder, Sämtl. Werke (1805—1820). Blumenlese a. morgenländischen Dichtern. Nr. 5. Verm. Stücke a. verschiedenen morgenländischen Dichtern. Mißbrauch.

Tugend. — Noch viel Verdienst ist übrig. Doch das edelste | Ist **Tugend!**

Friedr. Gottl. Klopstock, Sämtl. Werke (1798—1821). Bd. 4.

— Wer die **Tugend** nicht hat, ist arm. — Was kann dich ersetzen, | Innerer Reichtum der Seel'? Arm ist, wer **Tugend** nicht hat!

Karl Ludw. von Knebel, Lebensblüten in Distichen (1827).

— In meine **Tugend** hüll' ich mich und schlafe!

Aug. Graf von Platen-Hallermund, D. romantische Ödipus (1828). A. 2 (Zelinde).

— **Tugend** wirft man schon | Zu Boden, wagt man mutig nur den Angriff.

Christ. Dietr. Grabbe, Don Juan u. Faust (1829). A. 2, Sz. 1 (Don Juan).

— Die **Tugend** ist nicht ein Wissen, sondern ein Wollen.

Karl Salomo Zachariä von Lingenthal, Vierzig B. v. Staate (1820—1832).

— Seit außer Kurs die **Tugend** ist, | Kursiert der Rubel sehr.

Aug. Graf von Platen-Hallermund, Gesammelte Werke. Gedichte. Verm. u. Gelegenheitsgedichte. D. Rubel auf Reisen (ged. 1833).

— Das Glück ist nur ein äußrer Schmuck des Lebens. | Sein innres Wesen aber ist die **Tugend.**

Ernst Raupach, Rob. d. Teufel (1834). A. 3, Sz. 6.

— Das ist ja der ewige Lauf der Welt, | Daß ihr zu bekritteln die **Tugend** gefällt.

Peter von Bohlen, Bhartriharis Spr. (1835).

— O prahle mit deiner **Tugend** nicht! Das Sündigen wird dir sauer. | Wer keine Beine zum Gehen hat, der springt nicht über die Mauer.

Wilh. Müller, Gedichte (1837). Epigramme. 2. Hundert, Nr. 46. Verdienstlose Tugend.

— Echte **Tugend** und wahres Wohlsein gründet sich auf Leitung durch sich selbst.

Ernst Freiherr von Feuchtersleben, Zur Diätetik d. Seele (1838). Tagebuchblätter.

— Die wahre **Tugend** ist, daß jeder jede Frist | Das tüchtig tut, wozu er taugt und tüchtig ist.

Friedr. Rückert, D. Weisheit d. Brahmanen (1836—1839). B. 8, Nr. 145. (Stufe 6. Prüfung. Nr. 142.)

— Gott ist das heiligste Wesen und will nur das, was gut ist, und verlangt, daß wir die **Tugend** ihres innern Wertes wegen ausüben sollen und nicht deswegen, weil er es verlangt.

Immanuel Kant, Werke (1838—1839). Bd. 9.

— **Tugend** ist die Stärke der Maxime des Menschen in Befolgung seiner Pflicht.

Immanuel Kant, Werke (1838—1839). Bd. 9.

— Ihre wahre Natur zeigt die **Tugend** im Kampfe mit widerstreitenden Antrieben, und am höchsten bewährt sie sich im Leiden.

Immanuel Kant, Werke (1838—1839).

Tugend. — Seelenstärke im Bunde mit Seelengröße und Seelengüte macht allein den Charakter κατ' ἐξοχήν (im wahren Sinne des Wortes), den Plato Tugend nennt.

Karl Jul. Weber, Demokritos (1832—1840). Zucht d. Temperaments, Charakter.

— Die Tugend und Weisheit, im Sturme bewährt, | Ist ewiger, glänzender Kronen wert.

Aug. Mahlmann, Sämtl. Schriften (1839—1840). Gedichte. Vaterland u. König. Mel. v. Christ. Jak. Zahn.

— Die Geschichte lehrt uns Tugend; aber die Natur predigt unaufhörlich das Laster.

Ludw. Börne, Gesammelte Schriften (1862—1863). Fragmente u. Aphorismen. Nr. 198.

— Fischblüt'ge Tugend, die, von Nichts entflammt, | Nie über des Erlaubten Schnur gehauen, | Wird zwar gelobt, als Beispiel für die Kinder; | Doch int'ressanter findet man die Sünder.

Paul Heyse, D. Feenkind (1868). Ges. 1.

— Es war tiefe Weisheit, wenn die Römer Tapferkeit und Tugend mit einem und demselben Wort bezeichneten. Es gibt in der Tat keine Tugend, die mit Recht so genannt wird, ohne Sieg über uns selbst; und was uns nichts kostet, ist auch nichts wert. Engl.: **It was with profound wisdom that the Romans called by the same name courage and virtue. There is in fact no virtue, properly so called, without victory over ourselves; and what costs us nothing, is worth nothing.**

Samuel Smiles, D. Sparsamkeit (1875). Übers. v. Dobbert. K. 11. Methoden d. Sparsamkeit. Vorwort.

— Wer sich umbaut mit Tugend ganz, | Ist wohl zumeist von Tugend ferne. | Vom Strahl geblendet hält er gerne | Das fremde Licht für eignen Glanz.

Anastasius Grün (Anton Alexander Graf von Auersperg), Gesammelte Werke (1877). Gedichte. D. Fürstenburg.

— Der Tugend dem Lohne, | Dem Laster die Strafe. Wahlspr. auf d. Theaterzetteln d. Puppenspielers Jul. Linde (gest. 3. März 1882).

— Zwei Wurzeln aller Tugend muß ich loben: | Mitleid nach unten, Pietät nach oben.

Viktor Blüthgen, Einfälle u. Ausfälle (1905). Kleinigkeiten.

— Unterm Strohdach neidet nie | Tugend den Palast; | Glücklich bist du, wenn du sie, | Mensch, im Herzen hast! Volkslied u. -weise.

— Auf dieser Welt kein schöner Kleid | Als Tugend und Gottseligkeit. Alter Spr.

— Edell geboren ein schlechtes ist; | Tugendt Adelt zu aller frist. Alter Spr.

— Grôsz tugent adelt weib und man.

Alter Spr.

— Lust haben zur Tugend ist auch Tugend.

Alter Spr.

— Alles vergeht, | Tugend besteht. Sprichwort.

— Tugend | Hat ewige Jugend. Sprichwort.

— Tugend hin und Tugend her, | Ohne Geld bin ich ein armer Herr. Sprichwort.

Tugend. — Tugend leidet oft Not, | Aber nicht den Tod. Sprichwort.

— Tugend wird gedrückt, | Aber nicht erstickt.

Sprichwort.

— Wer mit der Tugend wuchert, steigert Kapital und Zinsen. Sprichwort.

— Wer von der Tugend weicht, der weicht von seinem Glücke. Sprichwort.

— Wer die Tugend sucht, wird sie sicher finden. Ital.: **Quando si cerca la virtù, si è certi di rinvenirla.** Sprichwort.

— Es ist auf Erd' kein schöner Kleid | Denn Tugend, Ehr' und Redlichkeit; | Je länger man dasselbe trägt, | Je mehr es ziert und wohl ansteht. Wartburgspr. Reformationsgang.

— Herz zwingen, | Zunge binden, | Eignen Willen überwinden, | Alle Ding zum Besten kehren; | Die Vier thun die Tugend mehren.

Spr. in einem Hause.

— Kein Tag geht mir vorüber, | Der Gott nicht wohlgefällt; | Die Tugend ist mir lieber | Als alles in der Welt. Spr. an einem Hause in Schäffern.

— Tugend sei dein Kleid auf Erden, | Sie macht dich zu des Himmels Erben.

Spr. an einem Hause.

— Die Tugend ist ein sicherer Wagenlenker. Lat.: **Fidus auriga virtus.**

Wahlspr. d. Waegenaert.

Tugenden. — Die Menschen haben sich Konvenienztugenden gemacht, wie Glasperlen: — beide sind wohlfeiler als echte, wenngleich zerbrechlich.

Christ. Ernst Karl Graf von Bentzel-Sternau, Weltansichten (1816).

— Mängel und Schicksale haben wir alle gemein; die Tugenden gehören jedem besonders.

Joh. Wolfg. von Goethe, Werke (1827—1830). Maximen u. Reflexionen. Abteilung 5.

— Das sind die leichten, niedren Tugenden, | Die du am argen Menschen üben kannst: | Geduld, Vergebung, Mitleid, Hilfe, Wohltun, | Aufrichtigkeit, Vertrauen, Milde, Opfer, — | Dein Leben selbst, das sie zur Zeit bedürfen.

Leop. Schefer, Laienbrevier (1834). Aug. Nr. 28.

— Deine Tugenden halte für allgemeine des Menschen; | Deine Fehler jedoch für dein besonderes Teil!

Friedr. Hebbel, Gedichte (1857). Epigramme u. Verwandtes. Nr. 5. Ethisches. Ethischer Imperativ.

— Was die Theologen auch sagen mögen, die Menschheit hat im ganzen viel mehr Tugenden als Laster. Engl.: **Whatever theologians may choose to assert, it is certain that mankind at large has far more virtue than vice.**

Henry Thomas Buckle, Gesch. d. Zivilisation (1858—1861). Übers. v. Ritter. K. 4.

— Got selbe spricht: swer tugende pfligt, den sol man edel nennen. Alter Spr.

Tugendfreund. — . . . ein Tugendfreund liegt lieber frei an Ketten | Als sklavisch um der Fürsten Thron.

Christ. Fürchtegott Gellert, Fab. u. Erz. (1746). B. 2. Herodes u. Herodias.

Tugendhaft. — Um tugendhaft zu sein, dazu sind wir auf Erden.

Christ. Fürchtegott Gellert, Geistl. Oden u. Lieder (1757). Ermunterung, d. Schrift zu lesen.

— Wenn die Menschen plötzlich tugendhaft würden, so müßten viele Tausende verhungern.

Georg Christoph Lichtenberg, Verm. Schriften (1800—1806). Bd. 1, Nr. 3. Bemerk. verm. Inhalts. Nr. 11. Allerhand.

— Auf eure zensorischen Vorwürfe entgegnen wir euch, was schon ein Narr des Shakespeare sagte: Meinst du, weil du tugendhaft bist, solle es auf dieser Erde keine angenehmen Torten und keinen süßen Sekt mehr geben?

Heinr. Heine, Sämtl. Werke (1861—1868). Deutschland. T. 1. Zur Gesch. d. Religion u. Philosophie in Deutschland. B. 2. V. Luther bis Kant.

Tugendpfad. — Der Tugend Pfad ist anfangs steil, | Läßt nichts als Mühe blicken; | Doch weiter fort führt er zum Heil | Und endlich zum Entzücken.

Christ. Fürchtegott Gellert, Geistl. Oden u. Lieder (1757). D. Kampf d. Tugend.

Tun. — Gehe hin und thu, das du nicht lassen kannst! Erasmus Alberus, Ein Dialogus oder Gespräch etlicher Personen v. Interim (1548).

— Wir können nicht thun, was Jedermann will; | Wir können aber wohl thun, was wir wollen.

Dr. Martin Luther, Tischreden oder Colloquia (1566). Nr. 46. Tischreden v. Uneinigkeit. § 1. Kurfürst Hans Friedr. Rede v. Uneinigkeit.

— Was du thun wilt, thu mit Bedacht, | Und den Ausgang zuvor betracht!

Georg Rollenhagen, Froschmäuseler (1595). B. 2, T. 3, K. 1.

— Thu, was gethan muß seyn, und eh man dirs gebeut!

Paul Flemming, Teutsche Poemata (1642). Sonette. An Sich.

— Tu', was du nicht lassen kannst!

Gotthold Ephr. Lessing, Emilia Galotti (1772). A. 2, Sz. 3 (Angelo).

— . . . wer nichts für andre tut, tut nichts für sich. Joh. Wolfg. von Goethe, Clavigo (1774). A. 4. Clavigos Wohnung (Carlos).

— Was tun? spricht Zeus.

Friedr. von Schiller, Gedichte. D. Teilung d. Erde (ged. 1795).

— Ich hab' getan, was ich nicht lassen konnte.

Friedr. von Schiller, Wilh. Tell (1804). A. 1, Sz. 1 (Tell).

— Ich habe schon so viel für dich getan, | Daß mir zu tun fast nichts mehr übrig bleibt.

Joh. Wolfg. von Goethe, Faust, I (1808). Marthens Garten (Margarethe).

Tun. — Gebt mir zu tun, | Das sind reiche Gaben! | Das Herz kann nicht ruhn, | Will zu schaffen haben.

Joh. Wolfg. von Goethe, Gedichte. Sprichwörtl. (ged. 1812—1814).

— Wohl dem, der tat, was er sollt'!

Gustav Schwab, Gedichte (1828—1829). D. Gewitter.

— . . . dann sollten wir nur das tun, was tunlich ist, und wozu wir am meisten Geschick haben, im Leben wie in der Kunst.

Heinr. Heine, D. B. d. Lieder. Vorrede zur zweiten Auflage (Frühjahr 1837).

— Tu' du redlich nur das Deine, | Tu's im Schweigen und Vertraun; | Rüste Balken, haue Steine! | Gott, der Herr, wird baun.

Emanuel Geibel, Gedichte u. Gedenkblätter (1864). Spr. Nr. 3.

— Wat sall einer dorbi dauhn?

Fritz Reuter, Ut mine Stromtid (1864). B. 1, K. 2.

— Was du tust, so bedenke das Ende!

Jes. Sir., K. 7, V. 40.

— Was du tust, das tue bald!

Evang. Joh., K. 13, V. 27

— So gethan, so gegangen, | Ist ein Sprichwort in allen Landen. Alter Spr.

— Thu jedem, was du selbst wilt han; | So gefälstu Gott und jeder man. Alter Spr.

— Wenn wir thäten, was wir sollten, | So thät Gott auch, was wir wollten. Alter Spr.

— Bald tue, was du kannst; — | Was du sollst, das tue noch heute! Sprichwort.

Tun, das. — Hier sind wir versammelt zu löblichem Tun.

Joh. Wolfg. von Goethe, Gedichte. Gesellige Lieder. Ergo bibamus! (ged. März 1810). Mel. v. Karl Friedr. Zelter (komp. 4. April 1804) u. Max Eberwein (komp. 1813).

— Das Tun interessiert, | Das Getane nicht.

Joh. Wolfg. von Goethe, Gedichte. Zahme Xenien. Nr. 1 (1820).

— Es kommt im Leben bloß aufs Tun an; das Genießen und Leiden findet sich selbst.

Joh. Wolfg. von Goethe, A. meinem Leben. Dichtung u. Wahrheit (1809—1831).

— Seggen is licht; | Do'n, dat wiggt.

Sprichwort.

— All min Don un Fangenan | Geschieht in Jesu Christi Nam'; | Der steh' mi by früh unde spat, | Bet all min Don ein Ende hat.

Spr. an einem Hause in Güstrow.

Tunichtgut. — Ich war in meinen jungen Jahren | Ein feuriges, verliebtes Blut, | Die Frauen haben's oft erfahren, | Ich war ein echter Tunichtgut.

Albert Lortzing, Undine. A. 4, Sz. 17 (Hans). (Erste Auff. am 25. April 1846 in Leipzig.)

Tür. — . . . wer seine Tür hoch macht, ringet nach Unglück. Spr. Sal., K. 17, V. 19.

— Jeder kehre vor seiner Tür, | Und werfe dem andern den Schutt nicht für! Sprichwort.

Tür. — Mit der Tür ins Haus fallen (plump sein, ungeschickt handeln). Sprichwörtl. Redensart.

— Zwischen Tür und Angel stecken (in schlimmer Lage sein). Sprichwörtl. Redensart.

— Gib nicht auf andre acht, | Auf ihr Thun und Lassen; | Kehr jeder vor seiner Thür | Und ziech sich selbst bei der Nassen!

Spr. an einem Hause in Kastelrut.

Türke. — Es geht zu, als ob der Türk' da wär'. Redensart. Schwaben.

Türkei. — ... hinten weit in der Türkei.

Joh. Wolfg. von Goethe, Faust, I (1808). Vor d. Tor (Andrer Bürger).

Turnen, das. — ... und ich bin dankbar, wenn Lust und Liebe zum Turnen immer mehr in die Jugend hineingetragen wird.

Kaiser Wilh. II. in d. königl. Turnlehrerbildungsanstalt (28. März 1890).

Turner. — Turner ziehn | Froh dahin.

Ferd. Maßmann, Turnwanderlied (ged. 1814). Mel. Fahret hin usw.

Turnerei. — Der Freiheit Wiege, dein Sarg, Drängerei, | Wird gezimmert aus dem Baume der Turnerei. Karl Follen, Turnbekenntnis (1819).

Tüttel. — ... wird nicht zergehen der kleinste Buchstabe noch Ein Tüttel vom Gesetz.

Matth., K. 5, V. 18.

Tyrann. — Das Seltenste, was ich gesehen: ein alter Tyrann. Griech.: *Τί παραδοξότατον εἴης ἑορακώς, ἀποκρίναιο τύραννον γέροντα.*

Thales (um 620—543 v. Chr.). Nach Plutarch, Moralische Abhandlungen. Übers. v. Eyth. Gastmahl. K. 2.

— ... dem Tyrannen ist die Zahl seiner Jahre verborgen. Hiob, K. 15, V. 20.

Tyrannen. — Tyrannen schmücken stets ihr Thun mit List und Ränken.

Joh. Christoph Gottsched, D. sterbende Cato (1732). A. 3 (Cato).

— Sich für Tyrannen gar hinab zur Hölle balgen, | Das ist ein Tod, der nur der Hölle wohlgefällt.

Gottfr. Aug. Bürger, Gedichte (1796—1797). D. Tode.

— ... die Tyrannen reichen sich die Hände.

Friedr. von Schiller, Wilh. Tell (1804). A. 1, Sz. 4 (Walther Fürst).

— Hohl ist der Boden unter den Tyrannen; | Die Tage ihrer Herrschaft sind gezählet, | Und bald ist ihre Spur nicht mehr zu finden.

Friedr. von Schiller, Wilh. Tell (1804). A. 4, Sz. 2 (Melchthal).

— Tyrannen sind in unsern Tagen die gefährlichsten Freiheitsprediger.

Ludw. Börne, Gesammelte Schriften. A. meinem Tageb. (3. Mai 1830).

— Ihr fürchtet nichts, Tyrannen; allein den Tod | Doch fürchtet ihr.

Aug. Graf von Platen-Hallermund, Gesammelte Werke (1839). Gedichte. Oden. Nr. 32. Herrscher u. Volk.

Tyrannen. — ... wo es noch Tyrannen gibt, | Die laßt uns keck erfassen, | Wir haben lang genug geliebt | Und wollen endlich hassen!

Georg Herwegh, Gedichte eines Lebendigen (1841—1843).

— Als Gott die Tyrannen erschuf, diese Folterknechte der Welt, hätte er wenigstens die Völker sollen sterblich machen.

Ludw. Börne, Gesammelte Schriften (1862—1863).

Tyrannei. — ... süßer ist er (der Tod) als Tyrannei. Griech.: *Πεπαιτέρα γὰρ μοῖρα τῆς τυραννίδος.*

Äschylus, D. Orestie (um 458 v. Chr.). Übers. v. Minckwitz. Agamemnon. V. 1319 (Chor).

— Wer auf der Erde mächtig ist und frei, | Hat Hang zum Druck wohl und zur Tyrannei.

A. d. Persischen d. Ferid-ed-din Attar (um 1119—1229). Pend-nameh. Übers. v. Graf.

— Wo Glut der Tyrannei hoch flammt empor, | Da dringt der Menschheit Schrei zu Gottes Ohr.

A. d. Persischen d. Sadi (um 1184—1286). Pend-nameh. Übers. v. Wollheim.

— Wo ist das Volk, das kühn von Tat | Der Tyrannei den Kopf zertrat?

Leop. Duncker, Zur Feier d. allerhöchsten Geburtsfestes (ged. 1818). Mel. v. Gasparo Spontini (komp. 1818).

— Bekämpfet sie ohn' Unterlaß, | Die Tyrannei auf Erden!

Georg Herwegh, Gedichte eines Lebendigen (1841—1843).

— Wer Tyrannei stürzen will, muß ihr dienen.

Ludw. Börne, Gesammelte Schriften (1862—1863). Fragmente u. Aphorismen. Nr. 282.

Tyrannenart. — Den unschuldig Entgegnenden zu zerschmettern, das ist so Tyrannenart, sich in Verlegenheiten Luft zu machen.

Joh. Wolfg. von Goethe, Faust, I (1808). Trüber Tag. Feld (Mephistopheles).

Tyrannendruck. — Weder Schrankenlosigkeit, noch Tyrannendruck, o Mensch, | Lobe drum! Immer die Mitte bekrönen die Götter. Griech.: *Μήτ' ἄναρκτον βίον | Μήτε δεσποτούμενον | Αἰνέσῃς | Παντὶ μέσῳ τὸ κράτος θεὸς ὤπασεν.*

Äschylus, D. Orestie (um 458 v. Chr.). Übers. v. Minckwitz. D. Eumeniden. V. 520—23 (Chor).

Tyrannenmacht. — Tyrannenmacht kann nur die Hände fesseln, | Des Herzens Andacht hebt sich frei zu Gott; | Das Wort ist tot, der Glaube macht lebendig.

Friedr. von Schiller, Maria Stuart (1800). A. 5, Sz. 7 (Melvil).

— ... eine Grenze hat Tyrannenmacht.

Friedr. von Schiller, Wilh. Tell (1804). A. 2, Sz. 2 (Stauffacher).

U

Übel, das. — Heiraten ist, wenn man die Wahrheit prüft, | Ein Übel, aber ein notwendiges Übel. Griech.: *Τὸ γαμεῖν, ἐάν τις τὴν ἀλήθειαν σκοπῇ, | Κακὸν μέν ἐστιν, ἀλλ' ἀναγκαῖον κακόν.*
Menander (um 342—290 v. Chr.). Nach Stobaeus, Florilegien.

— Alls übel wechßt, das man nit wert.
Seb. Brant, D. Narrenschif (1494). Nr. 6. V. ler d. kind.

— Kein Übel wird beweint, dem man entrann. Engl.: No evil lost is wail'd when it is gone.
William Shakespeare, D. Komödie d. Irrungen (um 1591—1592). Übers. v. Graf Baudissin. A. 4, Sz. 2 (Luciana).

— Was den Menschen hindert, die Vernunft zu vervollkommnen und ein vernünftiges Leben zu führen, dies allein ist ein Übel.
Baruch Spinoza, Posthume Werke (1670).

— Dagegen ist es mannhafte Kühnheit, das Übel fest ins Auge zu fassen, es zu nötigen, Stand zu halten, es ruhig, kalt und frei zu durchdringen und es aufzulösen in seine Bestandteile.
Joh. Gottl. Fichte, Reden an d. deutsche Nation (1808). Rede 1.

— Wer ein Übel los sein will, der weiß immer was er will; wer was Bessers will, als er hat, der ist ganz starblind.
Joh. Wolfg. von Goethe, D. Wahlverwandtschaften (1808—1809). T. 1, K. 2.

— Jedwedes Übel ist ein Zwilling.
Heinr. von Kleist, D. zerbrochene Krug (1811). S. 10 (Adam).

— Das ist das empfindlichste Übel, von dem man sich überraschen läßt.
Joh. Heinr. Daniel Zschokke, Stunden d. Andacht (1809—1816).

— . . . das kleinste Übel, | Wenn man's verachtet, kann sich's schmerzlich rächen.
Ernst Raupach, D. Prinz u. d. Bäuerin (1840). A. 4, Sz. 4.

— „Warum ficht mich so manches Übel an?" | Weil Gott dich vor dir selbst nicht schützen kann!
Friedr. Hebbel, Gedichte (1857). Spr. Nr. 2.

— . . . das Übel erkennen heißt schon, ihm teilweise abhelfen.
Otto von Bismarck im Reichstage (29. April 1881).

— Es wird dir kein Übels begegnen.
Ps. 91, V. 10.

— . . . was drüber ist, das ist vom Übel.
Matth., K. 5, V. 37.

— . . . erlöse uns von dem Übel!
Matth., K. 6, V. 13.

— Alles Ubel, so auff Erden geschicht, | Ist durch einen Apffell zu gericht. Alter Spr.

— Was ist noch schlimmer als das Übel? Wenn man es nicht zu ertragen weiß. Alter Spr.

Übel, das. — Ein Übel ist des andern Geschwisterkind. Sprichwort.

— Wohin gehst du, Übel? Wo es mehr Übel gibt. Portug.: Donde vás mal? Onde ha mais mal. Sprichwort.

— Sieh' das Übel an, | Es scheut den Mann! Sprichwörtl.

— Übel kommt geritten | Und geht weg mit Schritten. Spr. im Berliner Rathause.

Übel, die. — Von zwei Übeln muß man das kleinere wählen. Lat.: Ex malis eligere minima oportere.
Marc. Tull. Cicero, V. d. Pflichten (um 44 v. Chr.). Übers. v. Klotz. B. 3, K. 33, § 117.

— Vor kleinen Übeln wahre dich zur Zeit, | Sonst bist du bald von aller Rettung weit!
A. d. Persischen d. Ferid=ed=dîn Attar (um 1119—1229). Pend=nameh. Übers. v. Graf.

— Der Übel größtes aber ist die Schuld.
Friedr. von Schiller, D. Braut v. Messina (1803). D. Säulenhalle (Chor. Cajetan). Schlußv.

— Die meisten Übel dieser Erde schafft | Der Doktor uns und die Einbildungskraft.
Joh. Gottfr. Seume, Sämtl. Werke (1826). Gedichte. D. Nacht.

— Denk' nur an die Übel, | Die dich verschont haben! Spr. im Berliner Rathause. Erdgeschoß.

Übelnehmen. — Nimm't nich oewel! sä' de Voß, da harr (hatte) 'n 'ne Gôs (Gans) bi'n Wickel. Sprichwörtl. Redensart. Hildesheim.

Übeltaten. — Wie oft macht nicht der Anblick von den Mitteln | Zu üblen Taten Übeltaten tun! Engl.: How oft the sight of means to do ill deeds, | Make ill deeds done!
William Shakespeare, König Joh. (um 1594—1596). Übers. v. Schlegel. A. 4, Sz. 2 (König Joh.).

Übeltäter. — Weichet von mir, alle Übeltäter! Ps. 6, V. 9.

Üben. — Stets übe deine Kunst, ist sie dir gleich bekannt; | Das Denken stärkt den Sinn, das Üben stärkt die Hand.
Martin Opitz, Sämtl. Werke (1644). Epigramme.

— Früh übt sich, was ein Meister werden will.
Friedr. von Schiller, Wilh. Tell (1804). A. 3, Sz. 1 (Tell).

— Wer aber nicht geübt ist, der verstehet wenig.
Jes. Sir., K. 34, V. 10.

Überdruß. — . . . Überdruß, das ist der nimmersatte, | Der wilde Wolf, das die gefräßige | Harpye, alles niederschlingend, alles | Besudelnd.
Rob. Hamerling, Ahasver in Rom (1866). Ges. 5. D. goldene Haus.

Übereilen. — Niemand soll sich blind | Zur übereilten Tat verleiten lassen. Griech.: Ὥστε μή ποτ᾽ ἂν προθυμίαν | Ἄδηλον ἔργον τῳ παραινέσαι λαβεῖν.

Sophokles (um 496—406 v. Chr.), D. Trachinierinnen. Übers. v. Jordan. V. 670—71 (Dejanira).

— Wer eilt in der ersten Zeit, | Der geht selten weit. Sprichwort.

— Nichts übereile; | Gut Ding will Weile.

Inschrift im Berliner Ratskeller. Bierlokal.

Übereilung. — Übereilung tut nicht gut; | Bedachtsamkeit macht alle Dinge besser.

Friedr. von Schiller, Sz. a. d. Phönizierinnen d. Euripides (geb. 1788). (Jokasta).

— Es werden die Sachen | Nicht durch Übereilung gebessert.

Joh. Wolfg. von Goethe, Reineke Fuchs (1794). Ges. 7.

— . . . Irrtum (ist) auch der Übereilung Sohn.

Joh. Wolfg. von Goethe, D. natürliche Tochter (1803). A. 4, Sz. 2 (Eugenie).

— Der Übereilung Tochter ist die Reue.

Mich. Beer, D. Bräute v. Aragonien (1823). A. 3, Sz. 4.

Übereinstimmung. — Wir sind lauter Partikuliers; an Übereinstimmung ist nicht zu denken.

Joh. Peter Eckermann, Gespräche mit Goethe in d. letzten Jahren seines Lebens (Okt. 1828).

Überfall. — Wir standen, keines Überfalls gewärtig.

Friedr. von Schiller, Wallensteins Tod (1799). A. 4, Sz. 10 (Hauptmann).

Überflügeln. — Jemanden überflügeln (jemanden überholen, ihn hinter sich lassen).

Sprichwörtl. Redensart.

Überfluß. — Was ist der Überfluß? Ein leerer Schall! | Denn nie begehrt der Nüchterne mehr, als er bedarf. Griech.: Τί δ᾽ ἔστι τὸ πλέον; ὄνομ᾽ ἔχει μόνον | Ἐπεὶ τὰ ἀρκοῦνθ᾽ ἱκανὰ τοῖς γε σώφροσιν.

Euripides (um 480—406 v. Chr.), D. Phönizierinnen. Übers. v. Minckwitz. V. 553—54 (Jokasta).

— Der Überfluß pflegt auch der Allerwitzigsten Verstand zu verblenden.

Kaiser Friedr. II. (reg. 1218—1250).

— . . . Überfluß bringt Sicherheit, | Und Sicherheit bringt Üppigkeit.

Joh. Friedr. Fischart, Flöh Hatz, Weiber Tratz (1577).

— Überfluß kommt eher zu grauen Haaren; aber Auskommen lebt länger. Engl.: Superfluity comes sooner by white hairs; but competency lives longer.

William Shakespeare, D. Kaufmann v. Venedig (um 1594—1596). Übers. v. Schlegel. A. 1, Sz. 2 (Nerissa).

— Viele müssen dieser Zeit aus Mangel Hungers sterben; | Mehr sind hingegen, so durch Überfluß verderben. Georg Phil. Harsdörffer, Nathan, Jotham, u. Simson (1651).

Überfluß. — Behütte mich vor Uberfluß, | Doch gieb, daß ich nicht darben muß | Und schweres Armutt leyde!

Hans Aßmann Freiherr von Abschatz, Poetische Ubersetzungen u. Gedichte (1704). Himmel-Schlüssel oder geistl. Gedichte. Zwei Bitten.

— Ich bitte nicht um Überfluß | Und Schätze dieser Erden. | Laß mir, soviel ich haben muß, | Nach deiner Gnade werden!

Christ. Fürchtegott Gellert, Geistl. Oden u. Lieder (1757). Bitten.

— So mancher schwimmt in Überfluß, | Hat Haus und Hof und Geld, | Und ist doch immer voll Verdruß | Und freut sich nicht der Welt.

Joh. Martin Miller, Gedichte. Zufriedenheit (geb. 1776). Mel. v. Christ. Gottlob Neefe (1777).

— . . . was ist Überfluß? . . . Ein Name! | Just haben, was er braucht, genügt dem Weisen.

Friedr. von Schiller, Sz. a. d. Phönizierinnen d. Euripides (geb. 1788). (Jokasta).

— Hast du genug und Überfluß, | Denk' auch an den, der darben muß! Wirtshausspr. in Basel.

— Überfluß macht Übermut.

Spr. im Berliner Rathause. Erdgeschoß.

Übergabe. — Nichts von Übergabe!

Friedr. von Schiller, D. Jungfrau v. Orleans (1800). Prolog. Sz. 3 (Johanna).

Übergang. — Es ist doch alles in dieser Welt nur Übergang. Doch wir müssen durch. Sorgen wir nur dafür, daß wir mit jedem Tage reifer und besser werden!

Königin Luise von Preußen (1776—1810).

— Alles ist nur ein Übergang.

Inschrift an einer Brücke.

Überleben, sich. — Stirb, Götz! — Du hast dich selbst überlebt, die Edeln überlebt!

Joh. Wolfg. von Goethe, Götz v. Berlichingen (1773). A. 5. Gärtchen am Turn (Götz).

— Lange leben ist keine Kunst, | Wird uns nur Zeit dazu gegeben. | Doch wer im Schaffen, Wirken, Streben | Es nie erlebt, sich selbst zu überleben, | Der preise seiner Sterne Gunst!

Paul Heyse, Spruchbüchlein (1885). Lebensweisheit. Langes Leben.

Überlegen. — Wer überlegt, der sucht | Bewegungsgründe, nicht zu dürfen.

Gotthold Ephr. Lessing, Nathan d. Weise (1779). A. 2, Sz. 9 (Al-Hafi).

— Nur Überlegen macht überlegen.

Spr. im Berliner Rathause. Dritter Stock.

Überlegen sein. — In dem Stil war ich dich doch über.

Fritz Reuter, Ut mine Stromtid (1862—1864). T. 3.

Überlegung. — Auch in der Tat ist Raum für Überlegung.

Joh. Wolfg. von Goethe, D. natürliche Tochter (1803). A. 3, Sz. 1 (Sekretär).

— Geht Überlegung vor, folgt keine Reue nach. Sprichwort.

Überlegungen. — Lange Überlegungen zeigen gewöhnlich, daß man den Punkt nicht im Auge hat, von dem die Rede ist; übereilte Handlungen, daß man ihn gar nicht kennt.

Joh. Wolfg. von Goethe, Wilh. Meisters Wanderjahre (1807—1821).

Übermaß. — Dem Übermaße folgt der Überdruß.

Friedr. Halm (Elegius Frz. Jos. Freiherr von Münch-Bellinghausen), D. Adept (1838). A. 1, Sz. 2.

— Überall vom Übel ist das Über.

Friedr. Rückert, D. Weisheit d. Brahmanen (1836—1839).

Übermensch. — Die Götter lassen . . . | Die unbedachte, riesige Leibeskraft | Zum Falle kommen durch die eigne Wucht | Verkehrter Taten, wenn der Mann . . . | Den Dünkel heget, mehr als Mensch zu sein. Griech.: *Τὰ γὰρ περισσὰ κἀνόητα σώματα | Πίπτειν βαρείαις πρὸς θεῶν δυσπραξίαις . . . | Ἔπειτα μὴ κατ' ἄνθρωπον φρονῇ.*

Sophokles (um 496—406 v. Chr.), Ajas. Übers. v. Jordan. V. 749—50 u. 52 (Bote).

— Welch erbärmlich Grauen | Faßt Übermenschen dich!

Joh. Wolfg. von Goethe, Faust, I (1808). Nacht (Geist).

Übermut. — Verhaßt ist ja der Gottheit jeder Übermut, | Verhaßt den Bürgern. Griech.: *Μισεῖ γὰρ ὁ θεὸς τὰς ἄγαν προθυμίας, | Μισοῦσι δ' ἀστοί.*

Euripides (um 480—406 v. Chr.), Orestes. Übers. v. Binder. V. 708—9 (Menelaus).

— Beleid'ge nicht das Glück durch Torheit, Übermut! | Der Jugend Fehler wohl begünstigt es, | Doch mit den Jahren fordert's mehr.

Joh. Wolfg. von Goethe, Elpenor (1781). A. 1, Sz. 2 (Evadne).

— Übermut | Tut selten gut. Sprichwort.

Überraschen. — Das Überraschende macht Glück. Friedr. von Schiller, Don Carlos (1787). A. 3, Sz. 10 (König).

— Selbst wer gebieten kann, muß überraschen.

Joh. Wolfg. von Goethe, D. natürliche Tochter (1803). A. 1, Sz. 5 (König).

Überreden. — Wer einen überredt, der vergaukelt dessen Verstand.

Christoph Lehmann, Politischer Blumen-Garten (1662). T. 2. Vberreden. Nr. 21.

Überschätzen. — Nur nicht gleich das Schwert gewetzt | Und das Beil geschliffen! | Was ihr niemals überschätzt, | Habt ihr nie begriffen!

Paul Heyse, Spruchbüchlein (1885). Kritik.

Überschätzen, sich. — Wenn einer auch sich überschätzt, | Die Sterne kann er nicht erreichen, | Zu tief wird er herabgesetzt; | Da ist denn alles bald im gleichen.

Joh. Wolfg. von Goethe, Gedichte. Zahme Xenien. Nr. 1 (1820).

Überschäumen. — Ich mag es gerne leiden, | Wenn auch der Becher überschäumt.

Friedr. von Schiller, Don Carlos (1787). A. 3, Sz. 10 (König).

Überschreiten. — Es geht gut. Der Berg ist überschritten. Franz.: Cela va bien, la montagne est passée!

Friedr. d. Großen letzte Worte (17. Aug. 1786).

Überschwänglich. — Wer in Bildern und Worten, in Liebestönen | Zu überschwenglich ist, | Zeigt, daß er dem Geiste des wahrhaft Schönen | Selbst unzugänglich ist.

Friedr. von Bodenstedt, D. Lieder d. Mirza-Schaffy (1851). Lieder u. Spr. d. Weisheit. Nr. 20.

Übersehen. — Übersehen ist verspielt. Sprichwort.

Übersetzung. — Allzu pünktliche Treue macht jede Übersetzung steif, weil unmöglich alles, was in der einen Sprache natürlich ist, es auch in der andern sein kann.

Gotthold Ephr. Lessing, Hamburgische Dramaturgie (1767—1768).

Übertreiben. — Versuch's und übertreib's einmal, | Gleich ist die Welt von dir entzückt. | Das Grenzenlose heißt genial, | Wär's auch nur grenzenlos verrückt. Paul Heyse, Spruchbüchlein (1885). Literatur u. Kunst.

Übertreibungen. — . . . ist es meine Einrichtung, daß alle Übertreibungen des Lächerlichen so fähig sind?

Gotthold Ephr. Lessing, Minna v. Barnhelm (1763). A. 4, Sz. 6 (D. Fräulein).

Übertretungen. — . . . Liebe decket zu alle Übertretungen. Spr. Sal., K. 10, V. 12.

Übervorteilen. — . . . soll keiner seinen Bruder übervorteilen. 3. Mos., K. 25, V. 14.

Überweisen. — Übermaulen ist nicht überweisen. Spr. im Berliner Rathause. Erster Stock.

Überwinden. — Geendet ist der Pilgerpfad; | Wohl dem, der überwunden hat!

Grabspr. Vorarlberg.

Überwinden, sich. — Von der Gewalt, die alle Wesen bindet, | Befreit der Mensch sich, der sich überwindet.

Joh. Wolfg. von Goethe, Gedichte. Verm. Gedichte, D. Geheimnisse (ged. 1784—1785).

Überzeugen. — Zu überzeugen | Fällt keinem Überzeugten schwer.

Friedr. von Schiller, Don Carlos (1787). A. 2, Sz. 10 (Domingo).

— Kann der Blick nicht überzeugen, | Überred't die Lippe nicht.

Frz. Grillparzer, D. Ahnfrau (1817). A. 2 (Bertha).

Überzeugte, der. — . . . dem Mutigen gehört die Welt, dem wahr Überzeugten folgen die andern. Moritz von Egidy, Ernste Gedanken (1890).

Überzeugung. — O wie süß ist es, seine eigne Überzeugung aus einem fremden Munde zu hören!

Joh. Wolfg. von Goethe, Wilh. Meisters Lehrjahre (1777—1796).

Überzeugung. — Die Überzeugung ist das Gewissen des Geistes. Franz.: La conviction est la conscience de l'esprit.

Seb. Chamfort, Maximen u. Gedanken (1796). Übers. v. Stahl.

— Überzeugung soll mir niemand rauben; | Wer's besser weiß, der mag es glauben!

Joh. Wolfg. von Goethe, Werke (1827—1830). Gedichte. Zahme Xenien. Nr. 4.

— Schwank ist Gedankenbau, und nur die Überzeugung, | Die auf sich selber ruht, befürchtet keine Beugung.

Friedr. Rückert, D. Weisheit d. Brahmanen (1836—1839). B. 14, Nr. 66. (Stufe 7. Erkenntnis. Nr. 170.)

— Die Überzeugung ist des Mannes Ehre, | Ein golden Vlies, das keines Fürsten Hand | Und kein Kapitel um die Brust ihm hängt.

Karl Gutzkow, Uriel Acosta (1847). A. 3, Sz. 5 (Uriel).

— . . . Brustton der tiefsten Überzeugung.

Heinr. von Treitschke, Historische u. politische Aufsätze (1870). Fichte u. d. nationale Idee.

— Was dir Höchstes gilt: die Überzeugung, | Acht' sie in andern auch, sie ist von Gott, | Und er wird selbst die Irrenden belehren.

Frz. Grillparzer, Ein Bruderzwist in Habsburg (1873). A. 4 (Rudolf).

— Jeder, der nur Einmal seine Überzeugung in sich zum Schweigen bringt, ist unrein, geistlos, zu allem Schlechten fähig; denn die Möglichkeit und der Anfang ist da!

Rahel (Antonie Friederike Varnhagen von Ense), Br. (1877).

Übrige, das. — Legt's zu dem übrigen!

Friedr. von Schiller, Kabale u. Liebe (1784). A. 2, Sz. 2 (Kammerdiener).

Übung. — ... ohne Übung und Erfahrung lernet man's nicht.

Dr. Martin Luther, Tischreden oder Colloquia (1566). Nr. 20. Tischreden v. d. christlichen Kirche. § 14. D. Kirche Gestalt.

— Übung macht Vervollkommnung. Engl.: Practice makes perfect. Sprichwort.

— Lehre bildet Geister; | Doch Übung macht den Meister. Sprichwort.

— Übung ist der beste Schulmeister. Sprichwort.

— Übung macht den Meister. Sprichwort.

Uferlos. — . . . wir können uns des Eindrucks nicht erwehren, daß . . . leicht uferlose, große Pläne plötzlich auftauchen.

Eugen Richter im deutschen Reichstage (7. März 1891).

Uhr. — Des Dienstes immer gleichgestellte Uhr.

Friedr. von Schiller, D. Piccolomini (1799). A. 1, Sz. 4 (Max).

— Die Uhr schlägt keinem Glücklichen.

Friedr. von Schiller, D. Piccolomini (1799). A. 3, Sz. 3 (Max).

— Fort mußt du, deine Uhr ist abgelaufen!

Friedr. von Schiller, Wilh. Tell (1804). A. 4, Sz. 3 (Tell).

Uhr. — Die Uhr ist abgelaufen (die Zeit ist vorbei). Sprichwörtl. Redensart.

Umgang. — Der Umgang mit Altersgenossen ist angenehmer, der mit Älteren ist sicherer. Lat.: Ut aequalium usus dulcior, ita senum tutior est.

Ambrosius (um 340—397), V. d. Pflichten. Übers. v. Lichter. B. 1, K. 43.

— Man wird bei guten Leuten (im Umgang mit ihnen) gut | Und schlecht bei dem, der schlechtes tut. Mittelhochdeutsch: Man wirt bî guoten liuten guot, | Bî deme boese, der übel tuot.

Frîdankes Bescheidenheit (1225—1240). Übertr. v. Pannier. Nr. 38. v. erkantnisse.

— Empfänglichkeit für die Urteile, Ansichten und Meinungen anderer ist eine der besten Eigenschaften für den Umgang.

Adolf Freiherr von Knigge, Über d. Umgang mit Menschen (1788).

— Die Kunst des Umgangs mit Menschen besteht darin, sich geltend zu machen, ohne andere unerlaubt zurückzudrängen.

Adolf Freiherr von Knigge, Über d. Umgang mit Menschen (1788).

— Mit rechten Leuten (im Umgang) wird man was.

Joh. Wolfg. von Goethe, Faust, I (1808). Walpurgisnachtstraum (Ci-devant Genius d. Zeit).

— Das ist der wahre Umgang | Mit Menschen: eifrig, Lebens-wißbegierig | Von jedem lernen, was er weiß und kann.

Leop. Schefer, Laienbrevier (1834).

— Glauben Sie mir, daß viel gute Menschen durch die Prinzipien, die besten aber durch den bloßen Umgang erzogen sind.

Karl Gutzkow, Seraphine (1837).

— Welcher Umgang dich kräftig, dich zur Fortsetzung der Lebensarbeit tüchtiger macht, den suche; welcher in dir eine Leere und Schwäche zurückläßt, den fliehe wie ein Kontagium!

Ernst Freiherr von Feuchtersleben, Zur Diätetik d. Seele (1838). Tagebuchblätter.

— Man sollte nur den Umgang solcher Menschen suchen, denen gegenüber man sich zusammennehmen muß. Ernst Freiherr von Feuchtersleben, Zur Diätetik d. Seele (1838).

— Mittelmäßiger Umgang schadet mehr, als die schönste Gegend und die geschmackvollste Bildergalerie wieder gut machen können.

Friedr. von Schiller, Briefwechsel mit Körner (1847).

— Durch die Wahl des Umgangs lege ich auf mich die Verpflichtung, seiner nicht unwürdig zu sein. Joh. Friedr. Herbart, Sämtl. Werke (1850—1852).

— Das Beste, was wir können, haben wir nicht aus Büchern gelernt; es fliegt uns an im Umgang mit Natur und Menschen.

Wilh. Heinr. Riehl, A. d. Ecke (1890).

— Fliehe zweier Menschen verdächtigen Umgang: der Freunde deiner Feinde, der Feinde deiner Freunde! Sprichwort.

Umgang. — Im Umgang manierlich, | Doch nicht zu zierlich.
Sprichwort.

— Umgang mit Leuten macht klug.
Sprichwort.

— Wer durchs Zwiebelfeld geht, riecht danach (am Umgang erkennt man den Menschen).
Arabisches Sprichwort.

Umgebung. — O, wie wahr ist es, daß selbst das edelste Samenkorn nur unter Bedingungen zu Hohem und Herrlichem sich entwickeln kann, daß wir größtenteils durch unsere Umgebung zu dem gemacht werden, was wir sind.
Friedr. Wilh. Hackländer, Nullen (1873).

— Es kommt alles auf die Umgebung an. Die Sonne im lichten Himmelsraume hat eine viel geringere Meinung von sich als die Unschlittkerze, die im Keller brennt.
Marie von Ebner-Eschenbach, Aphorismen (1893).

Umgebungen. — ... wer widersteht dem Strome seiner Umgebungen? Die Zeit rückt fort und in ihr die Gesinnungen, Meinungen, Vorurteile und Liebhabereien.
Joh. Wolfg. von Goethe, D. Wahlverwandtschaften (1808—1809). T. 2, K. 8.

Umgehen. — Wenn einer mit einem unflätigen Menschen umgeht, so muß er ebenfalls besudelt werden, auch wenn er selbst rein ist. Griech.: *Ἐὰν ὁ ἑταῖρος ᾖ μεμολυσμένος, καὶ τὸν συνανατριζόμενον αὐτῷ μολύνεσθαι ἀνάγκη, κἂν αὐτὸς ὢν τύχῃ καθαρός.*
Epiktet (geb. um 50), Handbüchlein d. Moral. Übers. v. Conz. K. 33.

— Wer mit Vielen umgeht, treibt einen Kleinhandel, bei dem es zwar viel zu tun, aber wenig zu erwerben gibt.
Adolf Freiherr von Knigge, Über d. Umgang mit Menschen (1788).

— Dies ist die Art, mit Hexen umzugehn.
Joh. Wolfg. von Goethe, Faust, I (1808). Hexenküche (Mephistopheles).

— Sage mir, mit wem du umgehst, so sage ich dir, wer du bist.
Joh. Wolfg. von Goethe, Werke (1827—1830). Maximen u. Reflexionen. Abteilung 1.

— Gesell' dich einem Bessern zu (geh' um), | Daß mit ihm deine bessern Kräfte ringen; | Wer selbst nicht weiter ist als du, | Der kann dich auch nicht weiterbringen.
Friedr. Rückert, Gesammelte Gedichte (1834—1838). Vierzeiler.

— Wer mit den Weisen umgehet, der wird weise.
Spr. Sal., K. 13, V. 20.

— Womit man umgeht, das hängt einem an.
Sprichwort.

Umgekehrt. — Umgekehrt wird ein Schuh daraus.
Sprichwort.

— Umgekehrt ist au g'fahrn! hat der Sell g'sagt.
Sprichwörtl. Redensart. Ulm.

Umkehren. — Das Oberste zum Untersten umkehren.
Nach B. d. Richter, K. 7, V. 13. — Sprichwörtl. Redensart.

Umkommen. — Jämmerlich umkommen.
Nach Baruch, K. 2, V. 25.

Umsonst. — Selbst der Satan | Vergeudet ungern seine Kraft für nichts (umsonst).
Emerich Madách, D. Tragödie d. Menschen (1861). A. d. Ungar. übers. v. Lechner. Sz. 11 (Luzifer).

— Umsonst wird kein Altar gedeckt.
Sprichwort.

— Umesust ist de Tod, aber er chost Lüt.
Sprichwort. Schweiz.

— Umsonst is der Tod, un der kost' ooch noch 't Leben.
Berliner Redensart.

Umstände. — Umstände geben im Reiche der Wirklichkeit jedem politischen Prinzip seine eigentümliche Farbe und seinen unterscheidenden Charakter. Umstände sind es, die jeden bürgerlichen und politischen Plan wohltätig oder verderblich für die Menschheit machen. Engl.: Circumstances give in reality to every political principle its distinguishing colour, and discriminating effect. The circumstances are what render every civil and political scheme beneficial or noxious to mankind.
Edmund Burke, Betrachtungen über d. Revolution in Frankreich (1790). Übers. v. Genz. Abs. 11.

— Sich nach den Umständen richten (sich in bestimmter Lage zurechtzufinden versuchen).
Sprichwörtl. Redensart.

Umsturz. — ... wenn Neid erzeugt gehäss'ge Irrung, | Da kommt der Umsturz, da beginnt Verwirrung. Engl.: When envy breeds unkind division: | There comes ruin, there begins confusion.
William Shakespeare, König Heinr. VI. (um 1590—1591). Übers. v. Schlegel. T. 1, A. 4, Sz. 1 (Exeter). Schlußv.

Umwertung. — Umwertung aller Werte.
Friedr. Nietzsche, D. Wille zur Macht. Versuch einer Umwertung aller Werte (1895).

Umziehen, das. — Dreimal umziehen ist so gut, wie einmal abbrennen. Engl.: Three removes are as bad as a fire.
Benj. Franklin, D. Weg zum Reichtum (1732—1757). Übers. v. Schenck.

— Viel Umziehen kostet Bettstroh. Niederl.: Veel verhuizen kost veel bedstroo. Sprichwort.

Unabhängig. — Ein ... Versuch, sich auf seine Füße zu stellen, sich unabhängig zu machen, für sein eigen selbst zu leben, er gelinge oder nicht, ist immer dem Willen der Natur gemäß.
Joh. Wolfg. von Goethe, A. meinem Leben. Dichtung u. Wahrheit (1809—1831)

Unabhängig. — Um glücklich zu sein, muß man sich unabhängig von andern machen; nicht außer sich nach einem Objekte suchen, sondern im Innern sich eins verschaffen. Engl.: To be happy we must render ourselves independent of others; you must not look without for an object — you must create one within.

Edward George Earle Lord Bulwer Lytton, Godolphin (1832). Übers. v. Czarnowski. K. 33.

Unabhängigkeit. — Es ist gewiß, daß Männer, die einmal ihre Unabhängigkeit verlieren, am Ende auch ihre Kraft verlieren werden. Engl.: It is certain that men who begin by losing their independence, will end by losing their energy.

Henry Thomas Buckle, Gesch. d. Zivilisation (1858—1861). Übers. v. Ritter. K. 11.

Unabwendbar. — Was nit kannst wenden, | Leid's, thu's nit schänden!

Spr. an einem Hause.

Unaufrichtigkeit. — Echte Männlichkeit und Unaufrichtigkeit sind unvereinbarliche Begriffe.

Dr. Hanns Groß, Kriminalpsychologie (1898). Objektiv. D. psychische Tätigkeit d. Vernommenen. Unterscheidende Momente. Nr. 1. Allgemein Differenzierendes. D. Frau. Einzelne Eigenschaften d. Frauen. Ehrlichkeit.

Unbarmherzig. — . . . ein unbarmherziger (Mann) betrübt auch sein Fleisch und Blut.

Spr. Sal., K. 11, V. 17.

Unbedacht. — Der Mensch geht manchmal unbedacht zu Werke, | Was ihm die Folge Zeit läßt zu bereun. Engl.: Men shall deal unadvisedly sometimes, | Which after-hours give leisure to repent.

William Shakespeare, Richard III. (1592). Übers. v. Schlegel. A. 4, Sz. 4 (Richard).

Unbedeutend. — . . . nichts in der Welt ist unbedeutend.

Friedr. von Schiller, D. Piccolomini (1799). A. 2, Sz. 1 (Seni).

Unbedeutenden, die. — Man nimmt in der Welt jeden, wofür er sich gibt; aber er muß sich auch für etwas geben. Man erträgt die Unbequemen lieber, als man die Unbedeutenden duldet.

Joh. Wolfg. von Goethe, D. Wahlverwandtschaften (1808—1809). T. 2, K. 5. A. Ottiliens Tageb.

Unbefangenheit. — Einmal rauher Hände Raub, | Weicht für alle Zeit | Jener feine Blütenstaub: | Unbefangenheit.

Frieda Schanz, Vierblätter (1893).

Unbefleckt. — . . . ein unbeflecktes Leben ist das rechte Alter. Wsh. Sal., K. 4, V. 9.

Unbefriedigt. — Vom Himmel fordert er (Faust) die schönsten Sterne | Und von der Erde jede höchste Lust, | Und alle Näh' und alle Ferne | Befriedigt nicht die tiefbewegte Brust.

Joh. Wolfg. von Goethe, Faust, I (1808). Prolog im Himmel (Mephistopheles).

Unbefriedigt. — Wir alle, die wir denken und empfinden, | Wir müssen unbefriedigt untergehen. Dranmor (Ferd. von Schmid), Gesammelte Dichtungen (1873).

Unbegreifliche, das. — Der Mensch muß bei dem Glauben verharren, daß das Unbegreifliche begreiflich sei; er würde sonst nicht forschen.

Joh. Wolfg. von Goethe, Werke (1827—1830). Über Naturwissenschaft. Abteilung 4.

Unbekannt. — Zieh' es vor, unbekannt zu bleiben! Lat.: Ama nesciri.

Wahlspr. d. Thomas a Kempis (um 1380—1471).

— Dem unbekannten Gott!

Apostelgesch., K. 17, V. 23.

— Eine unbekannte Größe (ein Mensch ohne Berühmtheit). Sprichwörtl. Redensart.

Unbekannte, das. — Unbekanntes imponiert, Erkenntnis führt auf den wahren Wert, der meist geringer ist als der geahnte.

Jos. Viktor von Scheffel, Ekkehard (1855).

— So lange der Mensch jung ist, unter dreißig Jahren, wirkt die Hoffnung, das Unbekannte noch immer verführerischer als das Bekannte, in dem er lebt.

Otto von Bismarck im Reichstage (8. Jan. 1885).

Unbeneidet. — Willst du unbeneidet sein, | So freu' dich deines Glücks allein! Sprichwort.

Unbenutzt. — Alles in der Welt, was man in den Schrank stellt und nicht benutzt, das verliert an seiner Anwendbarkeit und seiner Brauchbarkeit.

Otto von Bismarck im Reichstage (24. Jan. 1882).

Unbequem. — Niemand soll dem andern unbequem sein. Wer sich unbequem erweist, wird beseitigt, bis er begreift, wie man sich anstellt, um geduldet zu werden.

Joh. Wolfg. von Goethe, Wilh. Meisters Wanderjahre (1807—1821).

Unbequemlichkeit. — Die meisten Leute scheuen weniger ein großes Opfer als eine große Unbequemlichkeit.

Ida Gräfin von Hahn-Hahn, Sigismund Forster (1843).

Unberühmt. — . . . jeden Sterblichen beneid' ich, der | Ein unbekanntes, unberühmtes Leben | Frei von Gefahren lebt.

Friedr. von Schiller, Iphigenie in Aulis (ged. 1788). A. 1, Sz. 1 (Agamemnon).

Unbesonnen. — Besser unbegonnen | Als unbesonnen. Sprichwort.

Unbesonnenheit. — . . . daß Unbesonnenheit | Den Sterblichen das größte Unheil bringt. Griech.: . . . τὴν ἀβουλίαν | Ὅσῳ μέγιστον ἀνδρὶ πρόσκειται κακόν.

Sophokles (um 496—406 v. Chr.), Antigone. Übers. v. Jordan. V. 1228—29 (Bote).

Unbestand. — Ach, daß der Unbestand immer das Lieblichste bleibt!

Joh. Wolfg. von Goethe, Gedichte. Weissagungen d. Bakis (ged. 1798). Nr. 20.

Unbeständig. — Wer beständig unbeständig ist, | Der hat auch andre falsche List. Mittelhochdeutsch: Swer staete an unstaete ist, | Da ist auch ander valscher list.

Vridankes Bescheidenheit (1225—1240). Übertr. v. Pannier. Nr. 12. v. triuwe u. untriuwe.

Unbill. — Unbill stößt auf die Tür.

Sprichwort.

Undank. — Wie schnell der Dank der Menschen doch verweht | Und Undank wird! Griech.: Ὡς ταχεῖά τις βροτοῖς | Χάρις διαῤῥεῖ, καὶ προδοῦσ' ἁλίσκεται.

Sophokles (um 496—406 v. Chr.), Ajas. Übers. v. Jordan. V. 1254—55 (Teukros).

— Dem Undank feil sein schändet sehr, | Darunter leidet eure Ehr'; | Es bringt Verdacht der Unehr' ein. Mittelhochdeutsch: Zundanke veile unwirdet sêre, | Dâ bî sô swachet iuwer êre | Und ziuhet doch ûf smaehen wân.

Walter v. d. Vogelweide (um 1170—1230), Gedichte. Übertr. v. Pannier.

— . . . wer nicht Undanck leiden kan, | Sey der Welt ein unnützer Mann.

Georg Rollenhagen, Froschmäuseler (1595). B. 1, T. 2, K. 20.

— O seht, wie scheußlich ist der Mensch, | Wenn er des Undanks Bildung an sich trägt! Engl.: O, see the monstrousness of man | When he looks out in an ungrateful shape!

William Shakespeare, Timon v. Athen (um 1604—1608). Übers. v. Schlegel. A. 3, Sz. 2 (Erster Fremder).

— Theurer Thaten Nachklang | Ist gemeinlich Undank.

Friedr. von Logau, Deutsche Sinn-Getichte (1654). Undank.

— . . . nichts zieht den Undank so unausbleiblich nach sich als Gefälligkeiten, für die kein Dank zu groß wäre.

Gotthold Ephr. Lessing, Miß Sara Sampson (1755). A. 2, Sz. 1 (Marwood).

— . . . wenn du einmal von einem außerordentlichen Undanke hören solltest, so untersuche ja alle Umstände genau, bevor du einen Menschen mit einem so abscheulichen Schandflecke brandmarken lässest.

Gotthold Ephr. Lessing, Fab. (1759). B. 2, Nr. 3. D. Knabe u. d. Schlange.

— Das ist nicht Undank, was die Not gebeut. — | Es bleibt wohl Undank; nur die Not entschuldigt.

Joh. Wolfg. von Goethe, Iphigenie auf Tauris (1787). A. 4, Sz. 4 (Pylades u. Iphigenie).

— Undank, du schwarzer Undank, | Bist aller Laster Quell | Und wächst bei jedem Schritte | Und schwillst zum Strome schnell.

Elisabeth Kulmann, Sämtl. Gedichte. Lob d. Armut (geb. 1819).

Undank. — Der Undank ist immer eine Art Schwäche. Ich habe nie gesehen, daß tüchtige Menschen wären undankbar gewesen.

Joh. Wolfg. von Goethe, Werke (1827—1830). Maximen u. Reflexionen. Abteilung 3.

— Undank ist ein arger Gast; | Aber an den angetanen | Liebesdienst den Feind zu mahnen | Ist so arg wie Undank fast.

Emanuel Geibel, Neue Gedichte (1856). Spr. Nr. 15.

— Und streust du noch so hochgesinnt | Wohltaten achtlos in den Wind, | Danklosigkeit kannst du ertragen, | Undank wird dir am Herzen nagen.

Paul Heyse, Spruchbüchlein (1885). Lebensweisheit. Bittere Erkenntnis.

— . . . Undank, der jungen Herzen Ärgernis.

Wsh. Sal., K. 14, V. 26.

— Undank haut der Wohlthat den Zapfen ab.

Alter Spr.

— Wer dient einer Gemein | Und einer Jungfrau allein | Und Kindern und similibus horum (dergleichen), | Der hat Undank in fine laborum (überall).

Alter Spr.

— Undank ist der Welt Lohn. Sprichwort.

— Undank ist die linke Hand der Selbstsucht.

Sprichwort.

— Undank | Macht Wohltun krank.

Sprichwort.

Undankbar. — Bist undankbar, so hast nicht recht, | Bist du dankbar, so geht dir's schlecht; | Den rechten Weg wirst nie vermissen, | Handle nur nach Gefühl und Gewissen!

Joh. Wolfg. von Goethe, Nachgelassene Werke (1833). Gedichte. Zahme Xenien. Nr. 7.

— Schwache und begrenzte Menschen sind ganz notwendig oft undankbar.

Rahel (Antonie Friederike Varnhagen von Ense), Br. (1877).

Undankbare, der. — Welcher Undankbare hätte sich nicht zu entschuldigen gewußt!

Gotthold Ephr. Lessing, Fab. (1759). B. 2, Nr. 3. D. Knabe u. d. Schlange.

— Dem Undankbaren dient kein rechter Mann! (Lat.: Ingratis servire nefas.)

Friedr. von Schiller, D. Piccolomini (1799). A. 4, Sz. 1 (Terzki).

— Der Undankbare macht die Welt zu Asche!

Leop. Schefer, Laienbrevier (1834). April. Nr. 27.

— . . . eines Undankbaren Hoffnung wird wie ein Reif im Winter zergehen.

Wsh. Sal., K. 16, V. 29.

Undankbaren, die. — Wer Undankbaren Gutes tut, tut Gott Schimpf an. Ital.: Chi fa bene a gl' ingrati, fa onta a Dio. Sprichwort.

— Man thu undankbarn, was man will, | So ist's doch alles verloren spill. Alter Spr.

Undankbarkeit. — Undankbarkeit ist schlimmer als Diebstahl. Talmud (3. Jahrh.).

Undankbarkeit. — Undankbarkeit nimt bösen lon, | Sie macht den brunnen wassers on.

Seb. Brant, D. Narrenschif (1494). Nr. 59. V. undankbarkeit.

— Die Zeit trägt einen Ranzen auf dem Rücken, | Worin sie Brocken wirft für das Vergessen, | Dies große Scheusal von Undankbarkeit. Engl.: Time hath, my lord, a wallet at his back, | Wherein he puts alms for oblivion, | A great-sized monster of ingratitudes.

William Shakespeare, Troilus u. Cressida (um 1609). Übers. v. Schlegel. A. 3, Sz. 3 (Ulysses).

— Wer sich viel über Undankbarkeit beschwert, ist ein Taugenichts, der niemals aus Menschlichkeit, sondern aus Eigennutz andern gedient hat.

Ewald Christ. von Kleist, Sämtl. Werke (1760). Prosaische Aufsätze. Nr. 9. Gedanken über verschiedene Gegenstände.

Unduldsam. — In einem unduldsamen Staat wäre der Fürst nur ein Henker im Solde der Priester. Franz.: Dans un état intolérant le prince ne serait qu'un bourreau aux gages du prêtre.

Denis Diderot, Werke (1798). Br. an meinen Bruder. Übers. v. Zimmermann.

Unduldsamkeit. — Keine menschliche Eigenschaft kann im gewöhnlichen Leben weniger geduldet werden und wird auch in der Tat weniger geduldet als die Unduldsamkeit. Ital.: Nessuna qualità umana è più intollerabile nella vita ordinaria, nè infatti tollerata meno, che l'intolleranza.

Giacomo Leopardi, Werke (1845). Gedanken. Übers. v. Pozzoni.

— So natürlich ist jedoch den Menschen die Unduldsamkeit in allem, was ihnen sehr am Herzen liegt, daß die Religionsfreiheit kaum irgendwo zur Wahrheit geworden ist. Engl.: Yet so natural to mankind is intolerance in whatever they really care about, that religious freedom has hardly anywhere been practically realized.

John Stuart Mill, Essay über d. Freiheit (1858). Übers. v. Gomperz. K. 1, Abs. 7.

— Die große Bekämpferin der Unduldsamkeit ist nicht die Humanität, sondern die Wissenschaft. Der Verbreitung der Wissenschaft und ihr allein verdanken wir das allmähliche Aufhören des unfraglich größten Übels, welches die Menschen je ihrem eigenen Geschlechte zugefügt haben. Engl.: The great antagonist of intolerance is not humanity, but knowledge. It is to the diffusion of knowledge, and to that alone, that we owe the comparative cessation of what is unquestionably the greatest evil men have ever inflicted on their own species.

Henry Thomas Buckle, Gesch. d. Zivilisation (1858—1861). Übers. v. Ritter. K. 4, Abschnitt 20.

Unduldsamkeit. — Der Mensch soll alles dulden, — aber auch die Unduldsamkeit? Es ist schwer, sehr schwer.

Ludw. Börne, Gesammelte Schriften (1862—1863). Erz., Reisen, Verm. Aufsätze.

Unehelich. — Kein Wunder, daß uneheliche Kinder gemeiniglich die besten Köpfe sind; sie sind die Folge einer geistreichen Stunde, die ehelichen oft der Langeweile.

Theod. Gottl. von Hippel, Über d. Ehe (1774). K. 1. Klagen über d. Vorurteile beim Heiraten. Traum zur Abhelfung.

Unehre. — Wer aber wollt nicht eh'r hingeben | Das Leben, als in Unehr' leben!

Joh. Friedr. Fischart, Bündnuß v. Verain d. Freien Stätt Zürich, Bern v. Straßburg (1588).

Uneinigkeit. — . . . wo die Köpff nicht einig sind, | Uneinigkeit nimmer gewint.

Reimspr. (16. Jahrh.).

Unendliche, das. — Willst du ins Unendliche schreiten, | Geh' nur im Endlichen nach allen Seiten!

Joh. Wolfg. von Goethe, Gedichte. Gott, Gemüt u. Welt (geb. 1812—1814).

Unendlichkeit. — An dem Eingang der Bahn liegt die Unendlichkeit offen; | Doch mit dem engesten Kreis höret der Weiseste auf.

Friedr. von Schiller, Gedichte. Menschliches Wirken (geb. 1796).

— Mit dem Hunger nach der Unendlichkeit wird der Mensch geboren; er spürt ihn früh; aber wenn er in die Jahre des Verstandes kommt, erstickt er ihn meistens leicht und schnell.

Wilh. Raabe, D. Hungerpastor (1864).

Unentbehrlich. — Das wähne nur keiner, | Daß er sich nicht entbehren ließ; | Dein Tod oder meiner | Macht in der Welt noch keinen Riß.

Eduard von Bauernfeld, Gesammelte Schriften (1871—1873). Gedichte.

Unentschlossen. — Es ist nichts erbärmlicher in der Welt als ein unentschlossener Mensch, der zwischen zweien Empfindungen schwebt, gern beide vereinigen möchte und nicht begreift, daß nichts sie vereinigen kann als eben der Zweifel, die Unruhe, die ihn peinigen.

Joh. Wolfg. von Goethe, Clavigo (1774). A. 4. Clavigos Wohnung (Carlos).

— Es gibt Leute, die zu keinem Entschluß kommen können, sie müssen sich denn erst über die Sache beschlafen haben. Das ist ganz gut; nur kann es Fälle geben, wo man riskiert, mitsamt der Bettlade gefangen zu werden.

Georg Christoph Lichtenberg, Verm. Schriften (1800—1806). Bd. 2, Nr. 2. Bemerk. verm. Inhalts. Nr. 4. Beobachtungen über d. Menschen.

Unentschlossenheit. — Das Schlimmste in allen Dingen ist die Unentschlossenheit. Franz.: **Ce qu'il y a de pire dans les affaires, c'est l'indécision.**

Napoleon I. (1769—1821), Tageb. v. St. Helena. Übers. v. Zimmermann.

Unerforschlich. — Wie gar unbegreiflich sind seine Gerichte und unerforschlich seine Wege!

Röm., K. 11, V. 33.

Unerreichliche, das. — Das Unerreichliche doch reizt am meisten!

Rob. Hamerling, Ahasver in Rom (1866). Ges. 2. D. Bacchanal.

Unerschrockenheit. — Furcht zerstöret deine Kraft im Streite, | Unerschrockenheit macht doppelt stark; | Jene ruft den Tod dir an die Seite, | Diese stärket mächtig Sehn' und Mark.

Joh. Gottfr. Seume, Sämtl. Werke (1826). Gedichte. Einem mißmütigen Freunde.

Unersetzbar. — . . . kein Mensch ist unersetzbar in Geschäften.

Wilh. Freiherr von Humboldt, Br. an eine Freundin (5. Mai 1832).

Unfehlbarkeit. — Eingestandene Übereilung ist oft lehrreicher als kalte, überdachte Unfehlbarkeit.

Gotthold Ephr. Lessing, Sämtl. Schriften (1796—1808). Theologische Streitschriften.

Unfreundlichkeit. — . . . gwislich ist vnfreuntlichkait | Ain stück der vnglückseligkait.

Joh. Friedr. Fischart, D. Glückhafft Schiff v. Zürich (um 1576).

— Lange Unfreundlichkeit hat Abstumpfung zur Folge. Joh. Friedr. Herbart, Sämtl. Werke (1850—1852).

Unfruchtbare, die. — . . . selig ist die Unfruchtbare, die unbefleckt ist!

Wsh. Sal., K. 3, V. 13.

Ungebrannt. — Ungebrannte Asche (Prügel).

Sprichwörtl. Redensart.

Ungebunden. — Man kann in wahrer Freiheit leben | Und doch nicht ungebunden sein.

Joh. Wolfg. von Goethe, Gedichte. A. d. Nachlaß. Verm. Gedichte, Wahrer Genuß (ged. Dez. 1767).

— Vergebens werden ungebund'ne Geister | Nach der Vollendung reiner Höhe streben.

Joh. Wolfg. von Goethe, Gedichte. A. d. Nachlaß. Kunstgedichte u. Gedichte zu Bildern. Natur u. Kunst usw. (ged. 1802).

Ungeduld. — All tugent ungedult verschitt.

Seb. Brant, D. Narrenschif (1494). Nr. 35. V. lüchtlich zürnen.

— Vngedult rennt sich selbst außm Sattel.

Christoph Lehmann, Politischer Blumen-Garten (1662). T. 1. Gedult. Nr. 17.

— Ungedult | Häuft die Schuld | Und verweilt des Himmels-Huld.

Joh. Christ. Günther, Gedichte (1735). Als er sich über d. Hartnäckigkeit d. Glückes beschwehrte. Schlußv.

Ungeduld. — Mich fliehen alle Freuden, | Ich sterb' vor Ungeduld.

Giovanni Paesiello, D. schöne Müllerin (ged. um 1791). Ges. Rachelinas.

— Nichts taugt Ungeduld, | Noch weniger Reue; | Jene vermehrt die Schuld, | Diese schafft neue. Joh. Wolfg. von Goethe, Gedichte. Sprichwörtl. (ged. 1812—1814).

— Ungeduld und Zorn | Machen alle Dinge verworrn. Alter Spr.

— Ungeduld hilft dem Kreuz nicht ab.

Sprichwort.

— Ungeduld ist beschwerlicher als Geduld.

Arabisches Sprichwort.

Ungeduldig. — . . . wer aber ungeduldig ist, der offenbaret seine Torheit.

Spr. Sal., K. 14, V. 29.

Ungefähr, von. — Nichts geschieht von ungefähr, | Alles kommt von oben her.

Phil., Pfalzgraf zu Sulzbach (1664).

Ungehorsam. — . . . Ungehorsam ist eine Zaubereisünde. 1. Sam., K. 15, V. 23.

— . . . eine jegliche Übertretung und Ungehorsam hat empfangen seinen rechten Lohn.

Ebr., K. 2, V. 2.

Ungeliebt. — Was bringt so große Pein | Als dies unsel'ge Nichtgeliebtzusein?

Aug. Graf von Platen-Hallermund, Gesammelte Werke. Gedichte. Verm. u. Gelegenheitsgedichte. Episteln. Nr. 6 (ged. 1822).

Ungelogen. — Det muß ick unjelogen sein lassen (das will ich nicht bestimmt behaupten).

Berliner Redensart.

Ungemach. — Selbst Ungemach schreckt uns nicht. Lat.: **Nec aspera terrent.**

Wahlspr. d. Ritterordens d. Guelfen (gestiftet 1815).

Ungenügsam. — Gewöhnt sich | Ungenügsam das Herz, so muß es vieles vermissen.

Joh. Wolfg. von Goethe, Reineke Fuchs (1794). Ges. 11.

Ungeputzt. — Wenn wir schön sind, sind wir ungeputzt am schönsten.

Gotthold Ephr. Lessing, Minna v. Barnhelm (1763). A. 2, Sz. 7 (Franziska).

Ungerecht. — Lieber ungerächt als ungerecht.

Spr. im Berliner Rathause. Erster Stock.

Ungerechten, die. — . . . die Ungerechten nehmen ein böses Ende. Wsh. Sal., K. 3, V. 19.

Ungerechtigkeit. — . . . das Furchtbarste ist die Ungerechtigkeit, wenn sie die Waffen hat. Griech.: *Χαλεπωτάτη γὰρ ἀδικία ἔχουσα ὅπλα.*

Aristoteles (um 384—322 v. Chr.), Politik. Übers. v. Susemihl. B. 1, K. 2.

— Die Ungerechtigkeit zerstört die Welt | Wie Sturm im Herbst ein Blumengartenzelt.

A. d. Persischen d. Sadi (um 1184—1286). Pend-nameh. Übers. v. Wollheim.

— . . . der Mensch gewöhnt sich an wiederholte Liebe, nicht an wiederholte Ungerechtigkeit.

Jean Paul (Joh. Paul Friedr. Richter), Levana oder Erzieh-Lehre (1807). Bd. 1, Bruchstück 2, K. 3, § 34.

Ungerechtigkeit. — Ungerechtigkeit verwüstet alle Länder. Wsh. Sal., K. 6, V. 1.

Ungerechtigkeiten. — Wer die Krankheit hat, keine Ungerechtigkeiten ertragen zu können, darf nicht zum Fenster hinaussehen und muß die Stubentüre zuschließen. Vielleicht tut er auch wohl, wenn er den Spiegel wegnimmt.

Joh. Gottfr. Seume, Sämtl. Werke (1826). Apokryphen.

Ungereizt. — Die Schlange sticht nicht ungereizt. Friedr. von Schiller, Wilh. Tell (1804). A. 1, Sz. 3 (Tell).

Ungeschehen. — . . . alles Fluchen kann die Sachen | Nicht ungeschehn, noch besser machen.

Ludw. Heinr. von Nicolay, Verm. Gedichte (1778—1786). Fab. u. Erz. D. persische Bauer mit d. Früchten.

Ungeschickt. — Unjeschickt läßt jrüßen.

Berliner Redensart.

Ungeschliffen. — Ungeschliffen schneidet nicht. Sprichwort.

Ungesellig. — „Er ist sehr ungesellig“ besagt beinahe schon: „er ist ein Mann von großen Eigenschaften“.

Arthur Schopenhauer, Parerga u. Paralipomena (1851). Aphorismen zur Lebensweisheit.

Ungestraft. — . . . wer aber ungestraft sein will, der bleibet ein Narr.

Spr. Sal., K. 12, V. 1.

Ungestüm. — Französischer Ungestüm. Ital.: Furia Francese.

Antonius de Arena (16. Jahrh.).

— Über die Berge mit Ungestüm.

Aug. von Kotzebue, D. arme Minnesinger (1811). Mel. v. Karl Maria von Weber (komp. 8. Mai 1811).

Ungewisse, das. — Bei dir gerät man stets ins Ungewisse.

Joh. Wolfg. von Goethe, Faust, II (1831). A. 1. Kaiserliche Pfalz. Finstere Galerie (Faust).

Unglaube. — Der Unglaube, Freund, ist die Auszehrung der Seele.

Joh. Jak. Engel, D. Philosoph für d. Welt (1775—1777). T. 2, Stück 27. D. Zaubermahl.

— Bei den meisten Menschen gründet sich der Unglaube in einer Sache auf blinden Glauben in einer andern.

Georg Christoph Lichtenberg, Verm. Schriften (1800—1806). Bd. 2, Nr. 2. Bemerk. verm. Inhalts. Nr. 4. Beobachtungen über d. Menschen.

— Der rechte Unglaube bezieht sich auf keine einzelnen Sätze und Gegensätze, sondern auf die Erblindung gegen das Ganze.

Jean Paul (Joh. Paul Friedr. Richter), Levana oder Erzieh=Lehre (1807). Bd. 1, Bruchstück 2, K. 4, § 38.

— Der Aberglaube ist ein Erbteil energischer, großtätiger, fortschreitender Naturen; der Unglaube das Eigentum schwacher, kleingesinnter, zurückschreitender, auf sich selbst beschränkter Menschen. Joh. Wolfg. von Goethe, Farbenlehre (1810).

Unglaube. — Glaube fällt wie ein Mannaregen auf uns herab, Unglaube wie ein Heuschreckenregen.

Wolfg. Menzel, Deutsche Streckv. (1823).

— Wer gar nichts glaubt, fürchtet alles! Das ist des Unglaubens Fluch hienieden.

George Ludw. Hesekiel, V. Turgott bis Babeuf (1856).

— Hüten wir uns vor den Dogmen des Aberglaubens wie des Unglaubens; halten wir uns an die Tatsache der Erfahrung!

Moritz Carrière, Gesammelte Werke (1886).

— Die Brandfackel des Unglaubens nennt man gern das Licht der Aufklärung.

Ernst Jul. Hähnel, Lit. Reliquien (1888).

Ungläubig. — Moralisch ungläubig ist der, welcher nicht dasjenige annimmt, was zu wissen zwar unmöglich, aber vorauszusetzen moralisch notwendig ist.

Immanuel Kant, Werke (1838—1839). Bd. 3.

— . . . sei nicht ungläubig, sondern gläubig!

Evang. Joh., K. 20, V. 27.

— Ungläubiger Thomas.

Nach Evang. Joh., K. 20, V. 27. — Sprichwörtl. Redensart.

Ungläubigen, die. — Ungläubigen die Wahrheit preisen | Heißt Blinden schöne Dirnen weisen. Christ. Gryphius, Poetische Wälder (1698). Epigramme.

Unglaublich. — Warum wäre denn das so | Unglaublich? Doch wohl nicht, — wie's wohl geschieht, — | Um lieber etwas noch Unglaublichers | Zu glauben?

Gotthold Ephr. Lessing, Nathan d. Weise (1779). A. 1, Sz. 2 (Nathan).

Unglaubliche, das. — . . . das Unglaubliche verliert seinen Wert, wenn man es näher im einzelnen beschauen will.

Joh. Wolfg. von Goethe, Wilh. Meisters Wanderjahre (1807—1821).

Ungleich. — Selbst die fünf Finger sind nicht gleich an einer Hand; | Verschieden ist ihr Dienst, ihr Ansehn, Größ' und Stand.

Friedr. Rückert, D. Weisheit d. Brahmanen (1836—1839).

— Ungleiche Schüsseln machen schiele Augen.

Alter Spr.

— Mit ungleichen Pferden ist übel ackern.

Bauernregel.

Ungleichheit. — Vngleichheit muß man durch Einigkeit vergleichen.

Christoph Lehmann, Politischer Blumen=Garten (1662). T. 2. Vngleichheit. Nr. 20.

— . . . wenn wir . . . über bürgerliche Ungleichheit klagen, so sind alsdann unsere Augen nach oben gerichtet, wir sehen nur diejenigen, die über uns stehen und deren Vorrechte uns beleidigen; abwärts sehen wir nie bei solchen Klagen.

Heinr. Heine, Engl. Fragmente (1828). K. 11. D. Emanzipation d. Katholiken.

Unglück. — . . . im **Unglück** altern die Sterblichen frühe. Griech.: *Αἶψα γὰρ ἐν κακότητι βροτοὶ καταγηράσκουσιν.*

Homer, Odyssee. Übers. v. Voß. Ges. 19, V. 360.

— Der Trotz im **Unglück** schadet nur. Griech.: *Θυμὸς δ' ἐν κακοῖς οὐ ξύμφορον.*

Sophokles (um 496—406 v. Chr.), Ödipus in Kolonos. Übers. v. Jordan. V. 588 (Theseus).

— . . . frei von **Unglück** ist niemand. Griech.: *Κακῶν γὰρ | Δυσάλωτος οὐδείς.*

Sophokles (um 496—406 v. Chr.), Ödipus in Kolonos. Übers. v. Jordan. V. 1718—19 (Chor).

— Des Glückes Umschlag, bitter fällt er jeglichem, | Den aller Zunge selig einst gepriesen hat; | Doch wer vom **Unglück** stets umringt ist, diesen schmerzt's | Mit nichten, weil der Jammer zur Natur ihm ward. Griech.: *Κεκλημένῳ δὲ φωτὶ μακαρίῳ ποτὲ | Αἱ μεταβολαὶ λυπηρόν· ᾧ δ' ἀεὶ κακῶς | Ἔστ' οὐδὲν ἀλγεῖ συγγενῶς δύστηνος ὤν.*

Euripides (um 480—406 v. Chr.), D. rasende Herakles. Übers. v. Minckwitz. V. 1291—93 (Herakles).

— Gar viele sind im **Unglück**, du bist's nicht allein. Griech.: *Πολλοὶ κακῶς πράσσουσιν, οὐ σὺ δὴ μόνος.*

Euripides (um 480—406 v. Chr.), Helena. Übers. v. Binder. V. 464 (Alte).

— Tapfer handelt der, welcher das **Unglück** erträgt. Lat.: Fortiter ille facit, qui miser esse potest.

Marc. Valerius Martial, Epigramme (um 96). Übers. v. Berg. B. 11, Nr. 56, V. 16.

— Kein größrer Schmerz, | Als sich erinnern glücklich heitrer Zeit | Im **Unglück**. Ital.: Nessun maggior dolore | Che ricordarsi del tempo felice | Nella miseria.

Dante Alighieri, Göttliche Komödie (1300—1321). Übers. v. Gildemeister. Hölle. Ges. 5, V. 121—23.

— . . . noch der alten spruch und sag: | **Unglück** und hor, das wechst all tag.

Seb. Brant, D. Narrenschif (1494). Nr. 56. V. end d. gewaltes.

— Ob **unglück** etwan joch ist klein, | So kumt es selten doch allein.

Seb. Brant, D. Narrenschif (1494). Nr. 109. Verachtung ungfelles.

— Wo ein Tröpflein **Unglück** ist, da ist doch auch ein Meer voll göttlicher Wohlthaten.

Dr. Martin Luther, Alle B. u. Schrifften (1539—1559).

— Künfftig **Unglück** ahnd ein'm allzeit.

Georg Rollenhagen, Froschmäuseler (1595). B. 1, T. 2, K. 22.

— Wer was halt, der behalt; | **Vnglück** komt bald!

Reimspr. (16. Jahrh.).

— Es sei das **Unglück** Prüfstein der Gemüter! Engl.: Extremity was the trier of spirits.

William Shakespeare, Coriolan (um 1605). Übers. v. Schlegel. A. 4, Sz. 1 (Coriolan).

Unglück. — Im **Unglück** hab ein'n Löwenmut, | Trau Gott, es wird wohl werden gut!

Friedr. Ulrich, Herzog v. Braunschweig (1634).

— Sein **Unglück** und sein Glücke | Ist ihm ein ieder selbst.

Paul Fleming, Teutsche Poemata (1642). Sonette. An Sich.

— Kein **Unglück** ist in aller Welt, | Daß endlich mit der Zeit nicht fällt.

Joh. Rist, Geistl. Poetische Schriften (1657—1659). T. 1. Himmlische Lieder. Betrachtung d. unendlichen Ewigkeit.

— Gleich **Vnglück** macht Freundschafft.

Christoph Lehmann, Politischer Blumen-Garten (1662). T. 2. Vnglück. Nr. 39.

— Im **Unglück** all'zeit fröhlich sein | Ist Kunst und macht doch gleichwohl Pein.

Friedr. I., Herzog zu Gotha u. Altenburg (1683).

— Mein ganzes Leben über kannte ich keinen Menschen, der eines anderen **Unglück** nicht mit wahrhaft christlicher Fassung ertragen hätte. Engl.: I never knew any man in my life, who could not bear another's misfortunes perfectly like a Christian.

Alexander Pope (1688—1744), Gedanken über verschiedene Gegenstände. Übers. v. Ölckers u. Böttger.

— Sei deiner Neigungen Herr, so wirst du das **Unglück** beherrschen!

Ewald Christ. von Kleist, Sämtl. Werke. Gedichte. D. Frühling (1749).

— Es ist ein großer Trost in Widerwärtigkeiten (im **Unglück**), wenn man sich immer einige Jahre älter denkt. Wer die Welt kennt, weiß, was einige Jahre für Veränderungen machen.

Ewald Christ. von Kleist, Sämtl. Werke (1760). Prosaische Aufsätze. N. 9. Gedanken über verschiedene Gegenstände.

— . . . **Unglück** wird angenehm in der Erinnerung.

Joh. Jak. Engel, D. Philosoph d. Welt (1775—1777). T. 2, Stück 28. Über d. Tod. Erste Unterredung.

— Dem feindlichen Geschick zum Trutz | Mach' auch dein **Unglück** dir zu Nutz!

Karl Wilh. Ramler, Fabellese (1783). D. Reichsgericht d. Tiere.

— Stets an die Größe seines **Unglücks** denken heißt Übel schärfen, die man mildern kann.

Friedr. d. Große, Sämtl. Werke (1789).

— Das **Unglück**, das wir mit Augen sehen, ist geringer, als wenn unsre Einbildungskraft das Übel gewaltsam in unser Gemüt einsenkt.

Joh. Wolfg. von Goethe, Wilh. Meisters Lehrjahre (1777—1796).

— . . . das **Unglück** schreitet schnell.

Friedr. von Schiller, Gedichte. D. Lied v. d. Glocke (ged. Sept. 1799).

— Das gegenwärt'ge **Unglück** trägt sich leicht, | Doch grauenvoll vergrößert es der Zweifel | Und der Erwartung Qual dem weit Entfernten.

Friedr. von Schiller, Wallensteins Tod (1799). A. 4, Sz. 9 (Gräfin).

Unglück. — Frei geht das Unglück durch die ganze Erde! Friedr. von Schiller, Wallensteins Tod (1799). A. 4, Sz. 11 (Thekla).

— In großes Unglück lernt ein edles Herz | Sich endlich finden; aber wehe tut's, | Des Lebens kleine Zierden zu entbehren.
Friedr. von Schiller, Maria Stuart (1800). A. 1, Sz. 1 (Kennedy).

— Dir war das Unglück eine strenge Schule.
Friedr. von Schiller, Maria Stuart (1800). A. 2, Sz. 3 (Talbot).

— Im Schoße des Unglücks wird man inniger vereint als Zwillingsbrüder im Schoße einer Mutter. Aug. von Kotzebue, D. merkwürdigste Jahr meines Lebens (1801).

— . . . ungerecht, ihr wißt es, macht das Unglück. Friedr. von Schiller, D. Jungfrau v. Orleans (1801). A. 2, Sz. 2 (Isabeau).

— Wer das Unglück | Der vor'gen Stunde meldet, sagt was Altes; | Jedweder Augenblick gebiert ein neues.
Friedr. von Schiller, Macbeth (1801). A. 4, Sz. 7 (Rosse).

— . . . wer in Unglück fällt, verliert | Sich leicht aus der Erinnerung der Menschen.
Friedr. von Schiller, Turandot (1801). A. 3, Sz. 3 (Kalaf).

— Durch die Straßen der Städte, | Vom Jammer gefolget, | Schreitet das Unglück; — | Lauernd umschleicht es | Die Häuser der Menschen, | Heute an dieser | Pforte pocht es, | Morgen an jener; | Aber noch keinen hat es verschont.
Friedr. von Schiller, D. Braut v. Messina (1803). D. Säulenhalle (Erster Chor. Cajetan).

— So geht die Welt nun. Es gibt allerwegen | Unglücks genug.
Friedr. von Schiller, Wilh. Tell (1804). A. 4, Sz. 3 (Stüssi).

— Das Unglück spricht gewaltig zu dem Herzen.
Friedr. von Schiller, Wilh. Tell (1804). A. 5, Sz. 2 (Hedwig).

— Freund, in verschied'ner Gestalt erscheint das Unglück den Menschen: | Feigen als Riese, voll Graus, Mutigen nur als ein Zwerg.
Friedr. Christoph Weißer, Sinngedichte (1805—1806).

— Unglück ist die mächt'ge Eiche, | Die mit ihrem Berge währet, | Zeit auf Zeiten kämmt das Schicksal | Ihr die starren, grünen Haare.
Joh. Gottfr. von Herder, Stimmen d. Völker in Liedern (1807). Abteilung 1, B. 2, Nr. 28. Glück u. Unglück. Span.

— Die Tugend übt sich schlecht im Glück; das Unglück, | Das ist der Boden, wo das Edle reift, | Das ist der Himmelsstrich für Menschengröße.
Theod. Körner, Zriny (ged. Juni 1812). A. 5, Sz. 4 (Zriny).

— Unser Unglück kommt aus unsrer eignen Stimmung des Herzens; die Welt hat dabei getan, aber weniger als wir.
Friedr. Maximilian von Klinger, Gesammelte Werke (1809—1815).

Unglück. — Zwei Drittel des menschlichen Unglücks kommen der menschlichen Schwäche, das letzte Drittel halb der menschlichen Geselligkeit und die andere Hälfte dem Streben nach Glück auf Rechnung.
Christ. Ernst Karl Graf von Bentzel-Sternau, Weltansichten (1816).

— Was auch dein Unglück sei, | Du mußt es tragen; Fluch und Trotz ist nutzlos! Engl.: Whatsoe'er thine ill, | It must be borne, and these wild starts are useless.
George Gordon Lord Byron, Manfred (1817). Übers. v. Heichen. A. 2, Sz. 1 (D. Gemsenjäger).

— Das Unglück schlägt gemeine Seelen nieder, besseren gibt's neuen, höheren Schwung.
Joh. von Müller, Sämtl. Werke (1810—1819).

— Der Unglückliche, der mit Mut sein Unglück | Träget, gegen das Schicksal selbst erscheint er | Wie ein Sieger. „Ich bin", so spricht er schweigend, | „Größer, als du bist."
Joh. Gottfr. von Herder, Sämtl. Werke (1805—1820). Präludien zur Gesch. d. Menschheit. Einleitung.

— Nie kommt ein Unglück ohne sein Gefolge!
Heinr. Heine, Almansor (ged. 1820—1821). D. Innere eines alten, verödeten Maurenschlosses (Almansor).

— Das Unglück vergeht auch (und das ist ein großer Trost), läßt aber tiefe Spuren zurück und, wenn man es wohl zu benutzen weiß, heilsame und ist oft ein sehr hohes Glück, da es läutert und stärkt.
Wilh. Freiherr von Humboldt, Br. an eine Freundin (Juli 1822).

— Es ist des Menschen höchstes Unglück dies: | Daß er bei allem, was ihn trifft im Leben, | Sich still und ruhig hält, bis es geschehn, | Und wenn's geschehen, nicht.
Frz. Grillparzer, D. goldene Vlies (1822).

— . . . das Unglück macht abergläubig, man fürchtet überall, man sieht nur traurige Vorbedeutungen.
Wilh. Freiherr von Humboldt, Br. an eine Freundin (12. Jan. 1824).

— Das Innere ist immer das Mächtigste. Auch wahres, selbst erschütterndes Unglück wird leichter und schwerer aufgenommen, je nachdem die Seele schon von lichtern und düstern Ideen erfüllt ist.
Wilh. Freiherr von Humboldt, Br. an eine Freundin (16. Nov. 1828).

— Nur nicht verzagt im Unglück! — Wenn Gott einen Baum umhauen läßt, so sorgt er schon dafür, daß seine Vögel auf einem andern nisten können. Joh. Kaspar Lavater, Werke (1834). Worte d. Herzens. Auszüge a. Br.

— Laß dich kein Unglück je bemeistern! Denn | Nur stark es tragen führt allein zum Tag | Des Glückes. Leop. Schefer, Laienbrevier (1834). Jan. Nr. 16.

Unglück. — Da hat ein Gott im Menschen sich verkörpert, | Wo man das Unglück trägt mit Heiterkeit. Ernst Raupach, D. Hohenstaufen (1837). Kaiser Friedr. II. Tod. A. 5, Sz. 3.

— Unglück macht alle traurig und feige, nur Glück macht froh und mutig.
Karl Jul. Weber, Demokritos (1832—1840). D. Frohsinn.

— Wahrlich, es ist ein Unglück, nie Unglück gehabt zu haben!
Karl Jul. Weber, Demokritos (1832—1840). Lob- u. Hilfsmittel d. Frohsinns. D. Fortsetzung.

— Das Unglück, Schatz, das Unglück kommt | Unhöflich wie ein Häscher, klopft nicht an, | Läßt sich nicht melden, nicht um Zutritt bitten; | Keck tritt es ein und bleibt und setzt sich fest | Und spielt voll Übermut den Herrn vom Hause.
Ernst Raupach, D. Prinz u. d. Bäuerin (1840). A. 3, Sz. 2.

— Mehr als das Schwert und besser als die Zeit | Gleicht Unglück uns mit unsern Feinden aus.
Otto Fürst zu Lynar, D. Mediceer (1842). A. 2, Sz. 3.

— Das Unglück ist ansteckend; . . . drum muß es einsam bleiben.
Ida Gräfin von Hahn-Hahn, Zwei Frauen (1845).

— . . . das Unglück reift die köstliche Perle der Weisheit; | Schmerzlich gefurcht ist die Stirn, drin der Gedanke sich zeigt.
Emanuel Geibel, Juniuslieder (1848). B. d. Betrachtung. Gnomen. Nr. 13.

— Es ist ein Wahn zu glauben, daß | Unglück den Menschen besser macht. | Es hat dies ganz den Sinn, als ob | Der Rost ein scharfes Messer macht, | Der Schmutz die Reinlichkeit befördert, | Der Schlamm ein klares Gewässer macht!
Friedr. von Bodenstedt, D. Lieder d. Mirza-Schaffy (1851). Lieder d. Klage. Nr. 3.

— Das Unglück kann die Weisheit nicht, — | Doch Weisheit kann das Unglück tragen.
Friedr. von Bodenstedt, D. Lieder d. Mirza-Schaffy (1851). Lieder d. Klage. Nr. 8.

— Sei stark, wenn Wetter dich umdroh'n (im Unglück); | Wer trostlos an kein Glück mehr glaubt, | Der ist ein Sklav', ihm beuget schon | Ein Nebelstreif das feige Haupt.
Jul. Hammer, Schau um dich u. schau in dich (1851). Kampf u. Sieg. Du sagst, d. Himmel ist trüb' u. grau usw.

— Wen das Unglück recht anbraust, den reibt's nicht hin und her, es versteinert ihn wie Niobe.
Bettina (Elisabeth) von Arnim, Sämtl. Schriften (1853).

— Das Unglück ist ein gewaltiger Schullehrer, wie mancher arme Tropf weiß, der vor dessen gefürchtetem Stuhle seine Lektion hergewinselt hat. Engl.: **Adversity is a great schoolmistress, as many a poor fellow knows, that hath whimpered over his lesson before her awful chair.**
William Makepeace Thakeray, Heinr. Esmond (1854). B. 2, K. 4. Übers. v. Drabig.

Unglück. — O du heiliges Unglück, welch einen Zauber lässest du aufleuchten, wenn deine geheimnisvolle Hand eine reine, schuldlose Stirn berührt! Wilh. Raabe, Halb Mähr, halb mehr (1859).

— Das Unglück ist der Ballast, der uns auf dem Ozean des Lebens im Gleichgewichte erhält, wenn wir keine Glücksgüter mehr zu tragen haben.
Ludw. Börne, Gesammelte Schriften (1862—1863). Fragmente u. Aphorismen. Nr. 199.

Vom Unglück erst | Zieh' ab die Schuld, | Was übrig bleibt, | Trag' in Geduld!
Theod. Storm, Sämtl. Schriften (1868). Gedichte. Spr.

— Wer einmal zusammen an den Abgründen des Lebens gewandelt, der ist unauflöslich hinfort verbunden, denn das Unglück verbündet die Seelen. Jul. Grosse, Untreu a. Mitleid (1869).

— Das Unglück ist der Prüfstein des Charakters. Engl.: **Adversity is the touchstone of character.**
Samuel Smiles, D. Charakter (1871). Übers. v. Dobbert. K. 12. D. Schule d. Erfahrung.

— Das Unglück ist eine stehen gebliebene Uhr, die am hellen Morgen plötzlich auf Mitternacht zeigt. Prüfen wir uns nur, ob wir es nicht selbst gewesen, die vergessen hatten, sie aufzuziehen!
Ludw. Habicht, Vor d. Gewitter (1873).

— Dunkle Stunden (Unglück) müssen offenbaren, | Was ein Herz des Großen birgt und Klaren.
Anastasius Grün (Anton Alexander Graf von Auersperg), Gesammelte Werke (1877). Gedichte.

— Der Mensch ist also zum Unglück bestimmt, daß ihm das Glück fast als ein Unrecht erscheint; einer gemeinen Natur das fremde, einer edleren das eigene.
Joh. Jak. Mohr, Gedanken über Leben u. Kunst (1885).

— Sei im Unglück wie eine gesenkte Fackel, deren Flamme auch dann nach oben brennt!
Ernst Jul. Hähnel, Lit. Reliquien (1888).

— Im Unglück finden wir meistens die Ruhe wieder, die uns durch die Furcht vor dem Unglück geraubt wurde.
Marie von Ebner-Eschenbach, Aphorismen (1893).

— . . . der Mensch wird zu Unglück geboren.
Hiob, K. 5, V. 7.

— . . . ob ich schon wanderte im finstern Tal, fürchte ich kein Unglück; denn du bist bei mir.
Ps. 23, V. 4.

— Mancher kommt zu großem Unglück durch sein eigenes Maul. Spr. Sal., K. 16, V. 26.

— Es kommt alles von Gott: Glück und Unglück, Leben und Tod, Armut und Reichtum.
Jes. Sir., K. 11, V. 14.

— Eines Jeden Unglück | Schickt sich am besten auf seinem Rück. Alter Spr.

— Ein unglück daz ander reit. Alter Spr.

— Sprech niemand selig vor dem endt; | Ungluck kompt unversehens behendt. Alter Spr.

— Unglück hat wollene Socken an. Alter Spr.

Unglück. — Unglück ist besser zu regieren als Glück. Alter Spr.

— Unglück überfällt gefaltene Finger und lässige Hände. Alter Spr.

— Wer dem Glück kann vorstehn, der kann auch dem Unglück vorstehn. Alter Spr.

— Dem Unglück kann man nicht entlaufen. Sprichwort.

— Es kommt kein Unglück allein. Sprichwort.

— Glück und Unglück tragen einander auf dem Rücken. Sprichwort.

— Kein Unglück so groß, es ist ein Glück dabei. Sprichwort.

— Man darf dem Unglück keine Boten senden. Sprichwort.

— Selbstgeschaffenes Unglück lastet schwer. Sprichwort.

— Unglück feiert nicht. Sprichwort.

— Unglück hat breite Füße. Sprichwort.

— Unglück hat ein scharf Gehör. Sprichwort.

— Unglück sitzt nicht immer vor armer Leute Tür. Sprichwort.

— Wer Unglück haben soll, bricht den Finger im Hirsebrei. Sprichwort.

— Wer Unglück haben soll, stolpert im Grase, | Fällt auf den Rücken und bricht die Nase. Sprichwort.

— s'Unglück bindt de Lüte d'Chöpf zsäme (die Köpfe zusammen). Sprichwort. Schweiz.

— Ein Unglück und ein Franziskaner sind selten allein. Franz.: **Un mal et un cordelier sont rarement seuls.** Sprichwort.

— Jedes Unglück will Zugabe. Ital.: **Ogni male vuol giunta.** Toscanisches Sprichwort.

— Ein Unglück hat leicht ein Brüderchen oder ein Schwesterchen. Niederl.: **Een ongeluk heeft ligt en broêrtje of een zustje.** Sprichwort.

— Willkommen, Unglück, wenn du allein kommst! Span.: **Bien vengas, mal, si vienes solo!** Sprichwort.

— Fremdes Unglück ist zuweilen ein Fest. Polnisches Sprichwort.

— Wenn die Katze Unglück haben soll, bleibt ihr die Maus im Halse stecken. Lettisches Sprichwort.

— Von fremdem Unglück tut der Kopf nicht weh. Litauisches Sprichwort.

— Wer hier nur will betrachten | Den Wechsel aller Sachen, | Den kann kein Glück mehr fröhlich, | Kein Unglück traurig machen.
Spr. an einem Hause in Kirchberg im Brixental.

Unglücklich. — Nicht durch sich selbst unglücklich sein ist keine geringe Erleichterung des Unglücks. Griech.: ***Τὸ γὰρ μὴ δι' αὑτὸν κακῶς πράττειν οὐ μικρὸν εἶναι κούφισμα πρὸς τὰς τύχας.***
Krantor. Nach Plutarch (um 50—120), Moralische Abhandlungen. Übers. v. Eyth. Trostrede. K. 25.

Unglücklich. — Ganz unglücklich ist niemand, ist er gleich nicht gesund; | Einer hat an Söhnen Segen, einer an Freunden, | Einer an vielem Gut, einer an trefflichem Tun.
Edda (um 1240—1250). Hâvamâl.

— „Ich hatte das Glück, unglücklich zu sein," darf zuweilen ein Volk so gut sagen als ein Mensch.
Jean Paul (Joh. Paul Friedr. Richter), Politische Fastenpredigten während Deutschlands Marterwoche (1817).

— . . . und wenn wir unglücklich sind, so vergessen wir beinahe aller Glückseligkeit, die wir genossen haben und wahrscheinlich künftig noch genießen werden.
Friedr. Gottl. Klopstock, Sämtl. Werke (1798—1821). Bd. 9.

— Man ist eigentlich nur durch Nachdenken unglücklich. Franz.: **On n'est guère malheureux que par réflexion.**
Joubert, Gedanken u. Maximen (1838). Übers. v. Zimmermann.

— Unglücklich ist nur, wer sein Glück mit keinem teilt | Und vor dem Unglück bangt, noch eh'r es ihn ereilt.
Friedr. Rückert, D. Weisheit d. Brahmanen (1836—1839). B. 9, Nr. 134. Schlußv. (Stufe 4. Schule. Nr. 186.)

— Was den Menschen unglücklich macht, sind die unbefriedigten Wünsche. Franz.: **Ce qui fait le malheur des hommes, ce sont les désirs non satisfaits.**
Claude Tillier, Mein Onkel Benj. (1846). Übers. v. Bergfeldt.

Unglückliche, der. — Der Unglückliche muß auch | Unmöglichs fürchten. Gegen ihn erheben | Die stummen Steine selber sich als Zeugen; | Die Wand hat Ohren, Mauern sind Verräter.
Friedr. von Schiller, Turandot (1801). A. 3, Sz. 3 (Barak).

— Der wahrhaft Unglückliche ist, und wenn er noch soviel Tröster findet, immer allein.
Karl Gutzkow, Gesammelte Werke (1873).

Unglücklichen, die. — . . . daß die Unglücklichen aus dem größeren Unglück anderer Trost schöpfen. Griech.: ***. . . ὅτι οἱ δυστυχοῦντες ἐξ ἑτέρων χείρονα πασχόντων παραμυθοῦνται.***
Äsop (6. Jahrh. v. Chr.), Fab. Nr. 237.

— Zwei Unglückliche sind wie zwei schwache Bäumchen, die, sich gegen einander lehnend, dem Sturme schon kräftigen Widerstand leisten. Franz.: **Deux malheureux sont comme deux arbrisseaux faibles qui, s'appuyant l'un sur l'autre, se fortifient contre l'orage.**
Voltaire (François Marie Arouet), Zadig oder d. Schicksal (1748). Übers. v. Mylius.

Unglücklichen, die. — Unter den Unglücklichen beklagt man die am wenigsten, die es durch ihre Schuld geworden sind; sie sind aber am meisten zu beklagen. Der Trost eines guten Gewissens fehlt ihnen.

Ewald Christ. von Kleist, Sämtl. Werke (1760). Prosaische Aufsätze. Nr. 9. Gedanken über verschiedene Gegenstände.

— ... die Unglücklichen ketten sich so gern aneinander.

Gotthold Ephr. Lessing, Emilia Galotti (1772). A. 4, Sz. 7 (Orsina).

— Die Unglücklichen sind gefährlich.

Joh. Wolfg. von Goethe, Clavigo (1774). A. 5. Straße vor d. Hause Guilberts (Clavigo).

Unglücksfälle. — Im Alter versteht man besser, die Unglücksfälle zu verhüten, in der Jugend, sie zu ertragen.

Arthur Schopenhauer, Parerga u. Paralipomena (1851). Aphorismen zur Lebensweisheit.

— Die Unglücksfälle in der Welt sind zahlreicher als die Pflanzen der Erde.

Arabisches Sprichwort.

Unglücksgrad. — Glücklicherweise kann der Mensch nur einen gewissen Grad des Unglücks fassen; was darüber hinausgeht, vernichtet ihn oder läßt ihn gleichgültig.

Joh. Wolfg. von Goethe, D. Wahlverwandtschaften (1808—1809). T. 2, K. 4.

Unglückslehren. — Die Lehren des Unglücks sind nicht immer heilsam; zuweilen mildern und bessern sie, eben so oft aber verhärten und verkehren sie auch. Engl.: The lessons of adversity are not always salutary — sometimes they soften and amend, but as often they indurate and pervert.

Edward George Earle Lord Bulwer Lytton, D. letzten Tage v. Pompeji (1834). Übers. v. Schumacher. B. 3, K. 10.

Unglücksnähe. — ... auch aus entvölkter Höhe | Kann der zündende Donner schlagen; | Darum in deinen fröhlichen Tagen | Fürchte des Unglücks tückische Nähe!

Friedr. von Schiller, D. Braut v. Messina (1803). D. Säulenhalle (Erster Chor. Cajetan).

Unglücksschlag. — Wie aus dem Feuerstein der Schlag des Stahls die leuchtenden Funken hervorsprühen macht, so zuweilen der Schlag des Unglücks aus dem Menschen die Funken des göttlichen Geistes. Engl.: It seems as if, in certain cases, genius, like iron struck by the flint, needed the sharp and sudden blow of adversity to bring out the divine spark.

Samuel Smiles, D. Charakter (1871). Übers. v. Dobbert. K. 12. D. Schule d. Erfahrung.

Ungut. — Nex für ungut, sagt der Ochsenwirt. Sprichwörtl. Redensart. Schwaben.

— Nix vör ungut, säd' de Voß und bat (biß) 'r Gans 'n Kopp av.

Sprichwörtl. Redensart. Lüneburg.

Unheil. — Stets läßt das Schicksal durch des Himmels Sieb | Des Unheils Staub auf Menschenhäupter fließen.

A. d. Persischen d. Muhammed Attar, Frühlingsgarten (1376). Übers. v. Schlechta-Wssehrt.

— Unheil, du bist im Zuge; | Nimm, welchen Lauf du willst! Engl.: Mischief, thou are afoot, | Take thou what course thou will!

William Shakespeare, Jul. Cäsar (1601). Übers. v. Schlegel. A. 3, Sz. 2 (Antonius).

— Unheil beklagen, das nicht mehr zu bessern, | Heißt um so mehr das Unheil nur vergrößern. Engl.: To mourn a mischief that is past and gone | Is the next way to draw new mischief on.

William Shakespeare, Othello (um 1601—1605). Übers. v. Schlegel. A. 1, Sz. 3 (Herzog).

— Gutes kommt mit trägem Schritte, | Unheil stürzt auf uns herab; | Langsam baut sich eine Hütte, | Und wie gräbt sich schnell ein Grab!

Christoph Aug. Tiedge, Werke (1841). Gedichte.

Universalmonarchie. — Wage man es endlich auch noch, das Traumbild einer Universalmonarchie ... in seiner Hassenswürdigkeit und Vernunftlosigkeit zu erblicken!

Joh. Gottl. Fichte, Reden an d. deutsche Nation (1808). Rede 13.

Universum. — Das Universum ist ein Gedanke Gottes.

Friedr. von Schiller, Prosaische Schriften (1793—1802). Philosophische Br. Theosophie d. Jul.

Unkeusch. — Ein unkeuscher Mensch hat keine Ruhe an seinem Leibe, bis er ein Feuer anzünde. Jes. Sir., K. 23, V. 23.

Unkraut. — Unkraut sprosset ungesät, | Wo schönes Korn zugrunde geht. Mittelhochdeutsch: Unkrût wehset âne sât, | Sô schoenem korne missegât.

Vrîdankes Bescheidenheit (1225—1240). Übertr. v. Pannier. Nr. 38. v. erkantnisse.

— Am meisten Unkraut trägt der fett'ste Boden. Engl.: Most subject is the fattest soil to weeds.

William Shakespeare, König Heinr. IV. (1597—1598). Übers. v. Schlegel. T. 2, A. 4, Sz. 4 (König Heinr.).

— Aus derselben Ackerkrume | Wächst das Unkraut wie die Blume; — | Und das Unkraut macht sich breit.

Friedr. von Bodenstedt, A. d. Nachlasse Mirza-Schaffys (1874). B. 1. Lieder d. Liebe. Verschiedene. Nr. 6.

— Wie kahl und jämmerlich würde manches Stück Erde aussehen, wenn kein Unkraut drauf wüchse! Wilh. Raabe, Horacker (1876).

— Unkraut zwischen den Weizen säen.

Nach Matth., K. 13, V. 25.

— Unkraut braucht man nicht zu begießen, es wächst über Nacht. Alter Spr.

— Unkraut verdirbt nicht. Sprichwort.

— Dem Unkraut schadet der Frost nicht. Portug.: Erva má, não lhe empece a geada.

Sprichwort.

Unkraut. — Ein stumpfer Rechen läßt das Unkraut liegen. Bauernregel.

— Wer's Unkraut ein Jahr läßt stehen, | Kann sieben Jahre jäten gehen. Bauernregel.

Unmäßig. — ... ein ungemäßigt Leben, | Wie es uns schwere, wilde Träume gibt, | Macht uns zuletzt am hellen Tage träumen.

Joh. Wolfg. von Goethe, Torquato Tasso (1789). A. 5, Sz. 1 (Antonio).

Unmäßigen, die. — Der Unmäßigen Gott ist der Bauch. Sprichwort.

Unmäßigkeit. — Unmäßigkeit macht arm, träg' und krank. Sprichwort.

Unmöglich. — Wenn du etwas für unmöglich hältst, so wird deine Zaghaftigkeit es unmöglich machen; aber derjenige, der beharret, wird alle Schwierigkeiten überwinden.

B. d. Weisheit u. d. Tugend (1793).

— Unmöglich ist ein Wort, das ich nie gebrauche. Franz.: Impossible est un mot que je ne dis jamais.

Colin d'Harlevilles, Malice für Malice (1793). A. 1, Sz. 8. Übers. v. Zimmermann.

— Unmöglich ist, was Edle nicht vermögen.

Joh. Wolfg. von Goethe, D. natürliche Tochter (1803). A. 4, Sz. 4 (Eugenie).

— . . . bei Gott ist kein Ding unmöglich.

Luk., K. 1, V. 37.

Unmögliche, das. — Kein Mensch | Muß das Unmögliche erzwingen wollen.

Friedr. von Schiller, Iphigenie in Aulis (ged. 1788). A. 5, Sz. 5 (Iphigenie).

— Den lieb' ich, der Unmögliches begehrt.

Joh. Wolfg. von Goethe, Faust, II (1831). A. 2. Klassische Walpurgisnacht. Peneios (Manto).

— Dem Klugen, Weitumsichtigen zeigt fürwahr sich oft | Unmögliches noch als möglich.

Joh. Wolfg. von Goethe, Faust, II (1831). A. 3. Vor d. Palaste d. Menelas zu Sparta (Helena).

— Das Unmögliche wollen, | Das Undenkbare denken | Und das Unsägliche sagen | Hat stets gleiche Früchte getragen; | Du mußt, wenn die Träume sich scheiden, | Zuletzt das Unleidliche leiden.

Frz. Grillparzer, Gedichte (1873). Nr. 1. Leben u. Lieben. Quis contra Deum? Nr. 2.

Unmöglichkeit. — Geduld, Vernunft und Zeit | Macht möglich die Unmöglichkeit.

Spr. an einem Hause zu Kaiß in Siebenbürgen.

Unmut. — Weg mit dem allen, | Was Vnmuht bringt! | Mir sol gefallen, | Was lacht vnd singt | Vnd Frewd' erzwingt.

Simon Dach, Horto recreamur amoeno (1652).

— Vor Leiden nur kann Gott dich bewahren; | Unmut magst du dir selber sparen!

Emanuel Geibel, Juniuslieder (1848). Gelegenheitsgedichte, Spr., Scherze. Spr. Nr. 56.

— Der ist glücklich, der ist reich, | Wer den Unmut fliehet.

Heil d. Manne, d. sich freut usw. Verfasser unbek.

Unnatürliche, das. — In der sittlichen sowohl, als in der physischen Welt gibt es nichts Anomales, nichts Unnatürliches, nichts Sonderbares. Alles ist Ordnung, Gleichmaß und Gesetz. Engl.: In the moral world, as in the physical world, nothing is anomalous; nothing is unnatural; nothing is strange. All is order, symmetry, and law.

Henry Thomas Buckle, Gesch. d. Zivilisation (1858—1861). Übers. v. Ritter. K. 18.

Unnötige, das. — Kohlen nach Newcastle bringen (etwas Unnötiges tun). Engl.: To carry coals to Newcastle.

Sprichwörtl. Redensart.

Unnütz. — Ein unnütz Leben ist ein früher Tod. Joh. Wolfg. von Goethe, Iphigenie auf Tauris (1787). A. 1, Sz. 2 (Iphigenie).

— Was nichts nutz ist, ist auch nicht recht.

Spr. im Berliner Rathause. Dritter Stock.

Unordnung. — Die Unordnung ist ein kostbarer Hausgenosse. Sprichwort.

Unparteiisch. — Aufrichtig zu sein kann ich versprechen; unparteiisch zu sein aber nicht.

Joh. Wolfg. von Goethe, Werke (1827—1830). Maximen u. Reflexionen. Abteilung 3.

Unrecht. — Wo man hin sicht in allen stenden, | Gehets unrecht zu an allen enden.

Alter Spr.

Unrecht, das. — Dem, der es so haben will, geschieht kein Unrecht. Lat.: Volenti non fit iniuria.

Nach Ulpianus (um 170—228), Digesten. B. 57, K. 10. Übers. v. Grau.

— Wer Unrecht läßt vor Recht ergehn, | Der muß vor Gott zu Recht einst stehn. Mittelhochdeutsch: Swer unreht wil ze rehte hân, | Der muoz vor got ze rehte stân.

Vrîdankes Bescheidenheit (1225—1240). Übertr. v. Pannier. Nr. 16. v. rehte u. unrehte.

— Ich harr', daß Unrecht schwind' auf Erden | Und sehe mehr und mehr es werden. Mittelhochdeutsch: Ich warte ie wanne unrecht zergê, | Sô wirt sîn ie mê unde mê.

Vrîdankes Bescheidenheit (1225—1240). Übertr. v. Pannier. Nr. 16. v. rehte u. unrehte. Schlußv.

— Auf den Gekränzten fällt im Mund der Leute | Das Unrecht, wie gewöhnlich. Ital.: La colpa seguirà la parte offensa | In grido, come suol.

Dante Alighieri, Göttliche Komödie (1300—1321). Übers. v. Gildemeister. Paradies. Ges. 17, V. 52—53.

— Des Unrechts Frucht ist Aufruhr gegen Pflicht; | Wer Gerste säete, erntet Weizen nicht.

A. d. Persischen d. Dschâmî (um 1414—1492). Beharistan. Übers. v. Schlechta-Wssehrt.

— Was unrecht ist, nimt überhang; | Dan darzû stäts der tüfel blost, | Das man sin dienstbarkeit nit loßt.

Seb. Brant, D. Narrenschif (1494). Nr. 66. V. erfarung aller land.

Unrecht, das. — Wenn Unrecht Fortgang hat, so laß dich's nicht verdrießen; | Dem Bösen hilft das Glück und tritt ihn einst mit Füßen.

Martin Opitz, Sämtl. Werke (1644). Epigramme.

— Auf das Unrecht, da folgt das Übel | Wie die Trän' auf den herben Zwiebel.

Friedr. von Schiller, Wallensteins Lager (1798). Sz. 8 (Kapuziner).

— Ich habe stets das Rechte nur gewollt; | Und währt' es lange, ging ich suchend um, | Bis ich's erfaßte. — Eines bleibt mein Trost: | Niemals dem Unrecht lieh ich meine Stimme.

Ferd. Freiligrath, Ein Glaubensbekenntnis (1844). Motto.

— Die Menschen schämen sich nicht des Unrechts, das sie tun, sondern dessen, das sie leiden. Ital.: Gli uomini si vergoguano non delle ingiurie che fanno, ma di quelle che vicevono.

Giacomo Leopardi, Werke (1845). Gedanken. Übers. v. Pozzoni.

— Bis von einem Unrecht nur, — | Nur ein wenig sich ausgeglichen, | Sind im Gange der Weltenuhr | Oft Jahrhunderte schon verstrichen;

Hermann von Lingg, Gedichte (1870). B. d. Jahre. Passionsblume.

— Der brave Mensch grämt sich weit mehr über ein Unrecht, das er getan hat, als über ein solches, das ihm angetan wurde.

Berth. Auerbach, Gesammelte Schriften (1892).

— Des Unrechts Pracht und Übermuth | Gott allzeit haßt und stürzen thut.

Inschrift im Artushof zu Danzig.

Unrecht leiden. — ... Unrecht leiden schmeichelt großen Seelen.

Friedr. von Schiller, Don Carlos (1787). A. 2, Sz. 15 (Marquis).

Unrecht tun. — Noch nie war einer glücklich, welcher unrecht tat; | Des Heiles Hoffnung blühet den Gerechten nur. Griech.: *Οὐδεὶς ποτ' εὐτύχησεν ἔκδικος γεγώς, | Ἐν τῷ δικαίῳ δ' ἐλπίδες σωτηρίας.*

Euripides (um 480—406 v. Chr.), Helena. Übers. v. Binder. V. 1030—31 (Chor).

— Fest beharren | Im unrecht tun vermindert Unrecht nicht, | Nein, macht es schwerer. Engl.: Thus to persist | In doing wrong extenuates not wrong, | But makes it much more heavy.

William Shakespeare, Troilus u. Cressida (um 1609). Übers. v. Schlegel. A. 2, Sz. 2 (Hektor).

— ... es ist besser, unrecht leiden, als unrecht tun.

Gotthold Ephr. Lessing, Fab. (1759). B. 2, Nr. 18. Zeus u. d. Schaf.

— Freund! Unrecht tun und unrecht leiden, | Was wähltest du dir wohl von beiden? | Ich? Keins! Denn Herz und Ehre spricht: | Laß jenes! Dulde dieses nicht!

Karl Friedr. Kretschmann, Sämtl. Werke (1784—1805). Epigramme.

Unrecht tun. — Hab' ich unrecht heut' getan, | Sieh' es, lieber Gott, nicht an!

Luise Hensel, Müde bin ich (geb. 3. Jan. 1817).

— Die beste Art, auf seiner Hut zu sein, ist nie unrecht tun.

Joh. Heinr. Pestalozzi, Sämtl. Schriften (1819—1826).

— Nur Eine Schmach weiß ich auf dieser Erde, | Und die heißt: unrecht tun.

Frz. Grillparzer, Ein treuer Diener seines Herrn (1830).

— ... aufhören, unrecht zu tun, das ist ein rechtes Söhnopfer. Jes. Sir., K. 35, V. 5.

— ... wer im Geringsten unrecht tut, der ist auch im Großen unrecht. Luk., K. 16, V. 10.

— Wer Unrecht thut, vergißt es bald; | Wer Unrecht leid't, der lang' behalt. Alter Spr.

Unrein. — Was unrein, ist ein Greuel für den Reinen.

A. d. Persischen d. Sadi, Fruchtgarten (1257). Übers. v. Graf.

— Der süßeste Honig verdirbt im unreinen Gefäß. Orientalisches Sprichwort.

Unruhe. — Unruhe ist der ärgste Dämon im Leben. Berth. Auerbach, Waldfried (1874).

Unsauber. — Fahre aus, du unsauberer Geist! Mark., K. 5, V. 8.

— Unsauber macht fett. Sprichwort.

Unsauberkeit. — Unsauberkeit, zerrissen Kleid, | Brauchst nicht zu fragen, was sind's für Leut'! Sprichwort.

Unschuld. — Wer in Unschuld lebet und rein des Frevels ... Lat.: Integer vitae scelerisque purus ...

Quint. Horatius Flacc., Oden (um 23 v. Chr.). Übers. v. Voß. B. 1, Nr. 22, V. 1.

— Es soll dein Leib sich waschen rein | Und deine Hand voll Vnschuld seyn, | Dann dieses bald verfallne Haus | Ersieht ihm Gott zum Tempel aus.

Georg Phil. Harsdörffer, Nathan, Jotham u. Simson (1651). T. 2. Andachts-Lied.

— Der Unschuld Schutzwehr sind Geschäfte. | Entzieh' der Wollust ihre Kräfte | Im Schweiße deines Angesichts!

Christ. Fürchtegott Gellert, Geistl. Oden u. Lieder (1757). Warnung vor d. Wollust.

— Die Unschuld ist der Seele Glück. | Einmal verscherzt und aufgegeben | Verläßt sie mich im ganzen Leben, | Und keine Reu' bringt sie zurück.

Christ. Fürchtegott Gellert, Geistl. Oden u. Lieder (1757). Warnung vor d. Wollust.

— Unschuld retten! Unschuld rächen! | O Triumph der Menschlichkeit! | Nie ward eines Helden Säbel | Einem edlern Kampf geweiht!

Aug. von Kotzebue, D. Leiden d. Ortenbergischen Familie (1785).

Unschuld. — Hilfe, wo die Unschuld weint!
Friedr. von Schiller, Gedichte. An d. Freude (ged. 1785). Mel. v. Friedr. Frz. Hurka (1789), Karl Friedr. Zelter (komp. 1. März 1792), Joh. Friedr. Reichardt (komp. 1795) u. a.

— Frei und natürlich, wie das Genie in seinen Geisteswerken, drückt sich die Unschuld des Herzens im lebendigen Umgang aus.
Friedr. von Schiller, Prosaische Schriften. Über Anmut u. Würde (1793).

— Du, Unschuld, reiner Strahl aus bessern Welten, | Um dich ist Ruh', ob auch das Leben draußen stürmt!
Christoph Aug. Tiedge, Urania (1800). Ges. 5. Tugend.

— Die Unschuld | Hat eine Sprache, einen Siegerblick, | Der die Verleumdung mächtig niederblitzt.
Friedr. von Schiller, D. Jungfrau v. Orleans (1801). A. 4, Sz. 11 (La Hire).

— Die Unschuld hat im Himmel einen Freund.
Friedr. von Schiller, Wilh. Tell (1804). A. 1, Sz. 2 (Gertrud).

— Gibt's schön're Pflichten für ein edles Herz, | Als ein Verteidiger der Unschuld sein, | Das Recht der Unterdrückten zu beschirmen?
Friedr. von Schiller, Wilh. Tell (1804). A. 3, Sz. 2 (Bertha).

— Der Raub der Unschuld ist der Liebe Tod.
Theod. Körner, Knospen (1810). D. Traum.

— Die Freude ist nur Gefährtin der Unschuld.
Joh. Heinr. Daniel Zschokke, Stunden d. Andacht (1809—1816). T. 1, K. 4.

— Wer Einmal vom Hauch der Schuld, wie vom Hauch der Schlange Boa getroffen, den Sinn für Unschuld verlor, leugnet sie, wo er sie ahnet; verdirbt sie, wo er sie findet; verfolgt sie, wo er sie nicht verderben kann.
Christ. Ernst Karl Graf von Bentzel-Sternau, Weltansichten (1816).

— Oft noch sehnt sich das Herz nach der Unschuld blühendem Eden; | Aber mit flammendem Schwert scheucht der Verstand es zurück.
Karl Gustav von Brinckmann, Elegien u. Arabesken (1820).

— Lieb' ersiegt allein die Tugend, | Nur der Unschuld blüht das Glück.
Luise Brachmann, Auserlesene Dichtungen (1824).

— Unschuld! nur wenn du dich nicht kennst, wie die kindliche, dann bist du eine; aber dein Bewußtsein ist dein Tod.
Jean Paul (Joh. Paul Friedr. Richter), Sämtl. Werke (1826—1828).

— Der Unschuld Bestes ist, sie zu verlieren.
Christ. Dietr. Grabbe, Don Juan u. Faust (1829). A. 2, Sz. 1 (Don Juan).

— Unschuld, wie bist du mächtig! Ein Kind von Riesenkraft, | Ein Herkules, der bändigt die Schlange Leidenschaft!
Ludw. Bechstein, Faustus (1833).

Unschuld. — Seid gut! Der Unschuld strahlt das Ziel | Von Abendrot umgeben, | Und jedes edlere Gefühl | Folgt uns zum bessern Leben.
Joh. Gaudenz Freiherr von Salis-Seewis, Gedichte (1839). Mailied. Schlußv.

— Am schroffesten Abhang wallt sicher die Unschuld, | Durch die Grube des Leun führt sie beschirmend ein Gott.
Emanuel Geibel, Juniuslieder (1848). B. d. Betrachtung. Gnomen. Nr. 1.

— Sie (die Unschuld) ist nicht, daß sie ewig lebe, | Sie soll nur einen Tod erwerben, | Der sie mit Glorie umgebe, | Drum muß sie an der Liebe sterben!
Friedr. Hebbel, Gedichte (1857). Verm. Gedichte. D. Unschuld.

— Unschuld ist schön; Tugend ist ein Pflaster, eine Narbe, eine Operation.
Rahel (Antonie Friederike Varnhagen von Ense), Br. (1877).

— Keuschheit ist Beherrschung der Sinnlichkeit. Unschuld ist noch nicht erwachte Sinnlichkeit.
Ernst Jul. Hähnel, Lit. Reliquien (1883).

— Die Unschuld des Mannes heißt Ehre; die Ehre der Frau heißt Unschuld.
Marie von Ebner-Eschenbach, Aphorismen (1893).

— Ich wasche meine Hände mit Unschuld.
Ps. 26, V. 6.

— Unschuld ist die sterkste Partey, | Dan sie den Menschen steths helt frey. Alter Spr.

— Unschuld ist der beste Trost. Sprichwort.

— Unschuld ist die stärkste Bastei. Sprichwort.

— Unschuld verloren, alles verloren.
Sprichwort.

Unschuldig. — Es ist ein gar unschuldig Ding, | Das eben für nichts zur Beichte ging; | Über die hab' ich keine Gewalt!
Joh. Wolfg. von Goethe, Faust, I (1808). Straße (Mephistopheles).

— Welche Freude, welche Freude | Kann des Menschen Herz empfinden, | Wenn es noch unschuldig ist!
Joh. Wilh. Ludw. Gleim, Sämtl. Werke (1811—1813). Gedichte.

— Wer unschuldig lebt, der lebt sicher.
Spr. Sal., K. 10, V. 9.

— . . . selig ist, . . . die da unschuldig ist des sündlichen Bettes. Wsh. Sal., K. 3, V. 13.

Unschuldige, der. — Der hat kein ehrlich'n Tropffen Blut, | Der dem unschuld'gen Schaden thut. Georg Rollenhagen, Froschmäuseler (1595). B. 1, T. 2, K. 4.

— Besser zehn Schuldige lossprechen, als Einen Unschuldigen verdammen. Sprichwort.

Unser. — Denn er (Schiller) war unser!
Joh. Wolfg. von Goethe, Gedichte. Verm. Gedichte. Epilog zu Schillers Glocke (ged. 31. Juli 1805 u. Mai 1815).

Unsinn. — Was die Natur verstecket, | Zieh' Unsinn an das Licht!
Gotthold Ephr. Lessing, Schriften (1753—1755). Fragmente. Nr. 6. D. Religion. Ges. 1.

Unsinn. — Unsinn, du siegst, und ich muß untergehn!

Friedr. von Schiller, D. Jungfrau v. Orleans (1801). A. 3, Sz. 6 (Talbot).

— Was sagt sie uns für Unsinn vor? | Es wird mir gleich der Kopf zerbrechen. | Mich dünkt, ich hör' ein ganzes Chor | Von hunderttausend Narren sprechen.

Joh. Wolfg. von Goethe, Faust, I (1808). Hexenküche (Faust).

Unsittlichkeit. — Das Streben, etwas zu besitzen, was wir nicht haben, und etwas zu sein, was wir nicht sind, ist die Wurzel aller Unsittlichkeit. Engl.: A restlessness to have something which we have not, and to be something which we are not, is the root of all immorality.

Samuel Smiles, D. Charakter (1871). Übers. v. Dobbert. K. 6. D. Selbstbeherrschung.

Unsterblich. — Der Körper muß dem allgewaltigen Tode folgen, aber der Geist lebt in Ewigkeit (ist unsterblich). Griech.: . . . *σῶμα μὲν πάντων ἕπεται θανάτῳ περισθενεῖ, ζωὸν δ' ἔτι λείπεται αἰῶνος εἴδωλον.*

Pindar (um 521—441 v. Chr.). Nach Plutarch, Moralische Abhandlungen. Übers. v. Eyth. Trostrede. K. 35.

— Jede Seele ist unsterblich; denn das Stetsbewegte ist unsterblich. Griech.: *Ψυχὴ πᾶσα ἀθάνατος· τὸ γὰρ ἀεικίνητον ἀθάνατον.*

Platon (um 427—347 v. Chr.), Phädros. Übers. v. Müller. § 51 (Sokrates).

— Unsterbliches Leben | Wird, der dich schuf, dir geben! | Halleluja!

Friedr. Gottl. Klopstock, Geistl. Lieder (1758). T. 1. D. Auferstehung. Mel. v. Karl Heinr. Graun (1758) u. Choralmel. v. Phil. Emanuel Bach.

— Was unsterblich im Gesang soll leben, | Muß im Leben untergehn.

Friedr. von Schiller, Gedichte. D. Götter Griechenlands (ged. 1788). Schlußv.

— Vor dem Tode erschrickst du? Du wünschest, unsterblich zu leben? | Leb' im Ganzen! Wenn du lange dahin bist, es bleibt.

Friedr. von Schiller, Gedichte. Unsterblichkeit (ged. 1795).

— Derjenige, der Gott auch nur Einen Augenblick gedacht hat, sollte nicht unsterblich sein?

Friedr. Gottl. Klopstock, Sämtl. Werke (1798—1821).

— Unser Wort unsterblich . . . hat ungemein viel Komisches, nirgendswo aber mehr als über Gräbern. Karl Jul. Weber, Demokritos (1832—1840). D. Ehrgeiz.

— Das ist unsterblich, was lebt, was unverlöschliche Funken | Sprüht, die noch zünden in uns, glaubt mir, das andre ist tot!

Friedr. Hebbel, Gedichte (1857). Epigramme u. Verwandtes. Nr. 3. Kunst. Unsterbliche u. Unbegrabene.

— Sag' etwas, das sich von selbst versteht, zum erstenmal, und du bist unsterblich.

Marie von Ebner-Eschenbach, Aphorismen (1893).

Unsterblichkeit. — Der Hoffnung zur Unsterblichkeit beraubt ist der Mensch, dieses Wundergeschöpf, das elendste Tier auf Erden.

Mos. Mendelssohn, Phädon oder über d. Unsterblichkeit d. Seele (1767).

— Unsterblichkeit der Seele glaubt die Seele, | Die Anspruch macht auf sie, die andre glaubt sie nicht. Joh. Wilh. Ludw. Gleim, D. goldenen Spr. d. Pythagoras (1786).

— Über Grab und Zeit | Schwingt sich der Geist! sein dunkler Schleier modert; | Beglückt, wem Glaube der Unsterblichkeit, | Wie Vestas Glut, in reinem Herzen lodert!

Friedr. von Matthisson, Gedichte (1787). D. Genfersee.

— Dreiundzwanzig Jahre, | Und nichts für die Unsterblichkeit getan!

Friedr. von Schiller, Don Carlos (1787). A. 2, Sz. 2 (Carlos).

— Wenn . . . wir Menschen ein angebornes Verlangen nach Unsterblichkeit haben, so ist klar, daß wir in unserer itzigen Lage nicht sind, wo wir sein sollten. Wir zappeln auf dem Trocknen, und es muß irgendwo ein Ozean für uns sein.

Matthias Claudius, Sämtl. Werke d. Wandsbecker Boten. T. 5 (1790). Über d. Unsterblichkeit d. Seele. Nr. 4.

— Wenn . . . der Mensch Ideen und Ahndungen hat von Unsterblichkeit, Unendlichkeit, höchster Weisheit, Gerechtigkeit, Güte; muß denn nicht der Keim zu dem allen in seinem Wesen sein?

Matthias Claudius, Sämtl. Werke d. Wandsbecker Boten. T. 5 (1790). Über d. Unsterblichkeit d. Seele. Nr. 5.

— Die Unsterblichkeit ist nicht jedermanns Sache. Joh. Wolfg. von Goethe, D. Groß-Kophta (1792). A. 3, Sz. 9 (Graf).

— Unsterblichkeit! Gedanke, der du Leben | Und Licht ins Dasein strahlst und über Zweifel siegst! | Wie hoch kannst du den Menschen heben, | Wenn du den Menschen überfliegst!

Christoph Aug. Tiedge, Urania (1800). Ges. 6. Freiheit. Wiedersehn.

— Doch keinem gab | Natur das Vorrecht der Unsterblichkeit. Friedr. von Schiller, Macbeth (1801). A. 3, Sz. 5 (Lady).

— Der Mensch wird ein Sophist und überwitzig, wo seine gründlichen Kenntnisse nicht mehr hinreichen; alle müssen es folglich werden, wenn von Unsterblichkeit und Leben nach dem Tode die Rede ist.

Georg Christoph Lichtenberg, Verm. Schriften (1800—1806). Bd. 1, Nr. 3. Bemerk. verm. Inhalts. Nr. 1. Philosophische Bemerk.

— Du hast Unsterblichkeit im Sinn; | Kannst du uns deine Gründe nennen? | Gar wohl! Der Hauptgrund liegt darin, | Daß wir sie nicht entbehren können.

Joh. Wolfg. von Goethe, Gedichte. Zahme Xenien. Nr. 3 (1824).

Unsterblichkeit. — Der Gedanke der Unsterblichkeit ist ein leuchtendes Meer, wo der, der sich darin badet, von lauter Sternen umgeben ist. Jean Paul (Joh. Paul Friedr. Richter), Selina (1827).

— Der Mensch soll an Unsterblichkeit glauben, er hat dazu ein Recht, es ist seiner Natur gemäß, und er darf auf religiöse Zusagen bauen.

Joh. Peter Eckermann, Gespräche mit Goethe in d. letzten Jahren seines Lebens (4. Febr. 1829).

— Unsterblichkeit ist nicht der Zukunft aufgespart, | Unsterblichkeit ist im Gefühl der Gegenwart.

Friedr. Rückert, D. Weisheit d. Brahmanen (1836—1839). B. 8, Nr. 157. (Stufe 12. Frieden. Nr. 96.)

— Nur weniges wird durch Wert oder Zufall im Strome der Zeit oben gehalten und schwimmt in das Stille Meer der Glückseligen hinüber, welchem der Mensch das Wort Unsterblichkeit zu überschreiben pflegt.

Ernst Moritz Arndt, Gedichte (1860). Vorwort.

— Für die, welche an keine Unsterblichkeit glauben, gibt es auch keine.

Ludw. Börne, Gesammelte Schriften (1862—1863). Fragmente u. Aphorismen. Nr. 261.

— ... viel erringt männlicher Schweiß; | Doch schenkt ein Gott nur, welchem er will, Unsterblichkeit.

Emanuel Geibel, Gesammelte Werke (1883). Gedichte. Dichtungen in antiker Form. Oden. D. Ostsee.

— Gönnt doch den Wahn dem armen Schlucker, | Der nur des Lebens Bitterkeit genießt! | Unsterblichkeit ist ja der Zucker, | Der ihm den herben Trank der Zeit versüßt.

Paul Heyse, Spruchbüchlein (1885). Gott u. Welt.

— Der Mensch, der Gott und Unsterblichkeit verwirft, entadelt sich selbst.

Otto von Leixner, A. meinem Zettelkasten (1896). Glaube. Religion. Gott.

Untat. — Glaub' indessen, böses Tun | Bringt bösen Lohn! Griech.: *Προσδόκα δὲ δρῶν κακῶς | Κακόν τι πράξειν.*

Euripides (um 480—406 v. Chr.), D. rasende Herakles. Übers. v. Minckwitz. V. 727—28 (Amphitryon).

— Bis zur Vollführung einer furchtbar'n Tat | Vom ersten Antrieb ist die Zwischenzeit | Wie ein Phantom, ein grauenvoller Traum. Engl.: Between the acting of a dreadful thing | And the first motion, all the interim is | Like a phantasma, or a hideous dream.

William Shakespeare, Jul. Cäsar (1601). Übers. v. Schlegel. A. 2, Sz. 1 (Brutus).

— Von mancher Tat, die die Natur entehrte (Untat), | War oft der Grund ein edler Trieb, | Der in ein Laster sich verkehrte, | Bloß weil er ungebildet blieb.

Christ. Fürchtegott Gellert, Fab. u. Erz. (1746). B. 3. D. beiden Schwarzen. Schlußv.

Untat. — Jede Untat | Trägt ihren eignen Racheengel schon, | Die böse Hoffnung, unter ihrem Herzen. Friedr. von Schiller, Wallensteins Tod (1799). A. 1, Sz. 7 (Wallenstein).

— Kein Mensch, kein Gott löset die Bande, | Mit denen die Untat sich selber umstrickt.

Frz. Grillparzer, D. goldene Vließ (1822).

Unten. — Da unten aber ist's fürchterlich.

Friedr. von Schiller, Gedichte. D. Taucher (ged. 14. Juni 1797).

— Wer unten liegt, kann wohl einst obenhin kommen. Holländisches Sprichwort.

Unterdrückte, der. — ... der Unterdrückte hat | Ein heilig Recht an jede edle Brust.

Friedr. von Schiller, Demetrius (ged. Mai 1804). A. 1 (Demetrius).

Unterdrückten, die. — Wenn Unterdrückte Schmerzensseufzer hauchen, | Wird Land und Meer davon in Flammen rauchen.

A. d. Persischen d. Sadi (um 1184—1286). Pend-nameh. Übers. v. Wollheim.

Untergebene, der. — Ist hart für dich die Rede der Gebieter, | So sei nicht hart dem Unterge b'nen wieder!

A. d. Persischen d. Sadi, Fruchtgarten (1257). Übers. v. Graf.

Untergebenen, die. — Mit Wohlsein und Genuß ist reich beglückt, | Wer seine Unterge b'nen nicht bedrückt.

A. d. Persischen d. Sadi, Fruchtgarten (1257). Übers. v. Graf.

Untergehen. — Alles wechselt, doch nichts geht unter. Lat.: Omnia mutantur, nihil interit.

Publ. Ovidius Naso (um 43 v. Chr.—17 n. Chr.), Metamorphosen. B. 15, V. 165. Übers. v. Grau.

Unterhaltung. — Derjenige Charakter der gewöhnlichen Unterhaltung, welcher als angenehm gilt, wird durch eine Zusammensetzung von Höflichkeit und Lüge bewirkt. Engl.: That character in conversation which commonly passes for agreeable, is made up of civility and falsehood.

Alexander Pope (1688—1744), Gedanken über verschiedene Gegenstände. Übers. v. Ölckers u. Böttger.

Unterhandeln. — Es ist so viel schon unterhandelt, | Es ist gesprochen fort und fort, | Es ist geschrieben und gesandelt, — | So sprecht nun euer letztes Wort!

Ludw. Uhland, Gedichte. Vaterländische Gedichte. D. Landständen zum Christophstag 1817 (ged. 14. März 1817).

Unterland. — Drunten im Unterland, | Da ist's halt fein!

Gottfr. Weigle, Unterländers Heimweh (vor 1855). Schwäbische Volksweise.

Unternehmen. — Eh ihr was unternehmt, so überlegt dabey, | Ob es der Mühe würdig sey!

Magnus Gottfr. Lichtwer, Vier B. Äsopischer Fab. (1748). B. 3, Nr. 8. D. Beil vor Gerichte. Schlußv.

Unternehmen. — Sie sind | Der Träumer nicht, der etwas unternähme, | Was nicht geendigt werden kann.

Friedr. von Schiller, Don Carlos (1787). A. 4, Sz. 3 (Königin).

— Unternimm nie etwas, wozu du nicht das Herz hast, dir den Segen des Himmels zu erbitten!

Georg Christoph Lichtenberg, Verm. Schriften (1800—1806). Bd. 2, Nr. 2. Bemerk. verm. Inhalts. Nr. 15. Gute Vorschläge u. Maximen.

Unterordnung. — Stille Unterordnung unter Willkür schwächt, stille unter Notwendigkeit stärkt.

Jean Paul (Joh. Paul Friedr. Richter), Levana oder Erzieh=Lehre (1807). Bd. 3, Bruchstück 6, K. 1, § 108.

— Des Dienstes Unterordnung ist | In allen Stücken gut | Und weise, wer darin zu keiner Frist | Darum den Eingriff tut.

Friedr. Rückert, Morgenländische Sagen (1837).

Unterricht. — Der Unterricht muß ... als so heilig und ehrwürdig dargestellt werden, daß er der ganzen Aufmerksamkeit und Sammlung bedürfe und nicht neben einem andern Geschäfte empfangen werden könne.

Joh. Gottl. Fichte, Reden an d. deutsche Nation (1808). Rede 10.

— Langweilig zu sein ist die ärgste Sünde des Unterrichts.

Joh. Friedr. Herbart, Sämtl. Werke (1850—1852).

— Weniges, aber das Wenige recht, das ist der Grundsatz alles echten Unterrichts.

Heinr. Wilh. Josias Thiersch, Über christliches Familienleben (1854).

Unterrichten. — Der Mensch lebt eine so kurze Zeit, sein Gedächtnis ist so schwindelnd, des Wissenswerten ist so viel, daß er von früher Jugend an nur durch das Ausgesuchteste unterrichtet werden sollte.

Friedr. d. Große, Sämtl. Werke (1789).

Unterschied. — Zwischen Holz und Holz ist ein Unterschied. Franz.: Il y a fagots et fagots.

Molière (Jean Baptiste Poquelin), D. Arzt wider Willen (1666). Übers. v. Graf Baudissin. A. 1, Sz. 6 (Sganarelle).

— Der ganze Unterschied ist in den Röcken.

Friedr. von Schiller, Wallensteins Lager (1798). Sz. 6 (Erster Jäger).

Untertan, der. — Mein Untertan soll pflügen, zahlen und zugleich | In Devotion vor mir vergehn; dadurch allein besteht ein Reich!

Aug. Graf von Platen=Hallermund, D. romantische Ödipus (1828). A. 2 (Lajus).

Untertanen, die. — Der Sultan, der die Untertanen quält, | Er glaube nicht, daß er sein Reich behält!

A. d. Persischen d. Ferid=ed=dîn Attar (um 1119—1229). Pend=nameh. Übers. v. Graf.

Untertanen, die. — Dich quält der Untertanen Gram, sind hilflos sie im Leid; | Das ist, o Fürst, die rechte Norm für die Gerechtigkeit.

A. d. Persischen d. Anwari=Soheili (gest. 1501). Streit d. Elefanten u. Hasen. Übers. v. Ethé.

— Ob die Untern um der Obern, ob der Untern Obre wegen, | Fragst du, sein? Frag, ob am Hirten ohne Heerd' ist viel gelegen?

Friedr. von Logau, Deutsche Sinn=Getichte (1654). Obrigkeit u. Unterthanen.

— Man muß den Vnterthanen den Prügel nit in die Händ geben.

Christoph Lehmann, Politischer Blumen=Garten (1662). T. 2. Vnterthanen. Nr. 9.

— Der Vnterthanen eintzig Mittel wider der Obrigkeit Gewalt vnnd Billigkeit: Gedult vnd Miserere Domine!

Christoph Lehmann, Politischer Blumen=Garten (1662). T. 2. Vnterthanen. Nr. 62.

— Die an den Untertanen meistern wollen, wollen die Fixsterne um die Erde drehen, bloß damit die Erde ruhe.

Georg Christoph Lichtenberg, Verm. Schriften (1800—1806). Bd. 2, Nr. 2. Bemerk. verm. Inhalts. Nr. 7. Politische Bemerk.

— Ob es nicht auch Zeit wäre, sich der Worte Untertanen und Herrschaften zu entwöhnen?

Karl Jul. Weber, Demokritos (1832—1840). Grabmal, d. weiland hl. römischen Reich errichtet.

— Die Unterthanen schlafen mit des Fürsten Augen. Alter Spr.

— Wenn die Unterthanen bellen, soll der Fürst die Ohren spitzen. Alter Spr.

Untertanenverstand. — ... es ziemt ihm (dem Untertanen) nicht, die Handlungen des Staatsoberhauptes an den Maßstab seiner beschränkten Einsicht anzulegen. Danach: Der beschränkte Untertanenverstand.

Minister Adolf Rochus von Rochow (15. Jan. 1838).

Untertänig. — Dies alles ist mir untertänig. Friedr. von Schiller, Gedichte. D. Ring d. Polykrates (ged. 24. Juni 1797).

Untreu. — Bist untreu, Wilhelm, oder tot?

Gottfr. Aug. Bürger, Gedichte. Lenore (ged. Winter 1773).

— Wenn alle untreu werden, | So bleib' ich dir doch treu.

Novalis (Friedr. von Hardenberg), Schriften (1802). Bd. 2. Geistl. Lieder. Nr. 6.

— Lieber entzwei | Als einmal untreu.

Alter Spr.

— Lieber sterben, als untreu sein. Engl.: Rather die, than be disloyal.

Wahlspr. d. Pearson.

Untreue. — Der Untreu' Samen hat gemehret | Sich allenthalben bei den Leuten. Mittelhochdeutsch: Untriuwe ir sâmen ûz gerêret | Allenthalben zuo den wegen.

Walter v. d. Vogelweide (um 1170—1230), Gedichte. Übertr. v. Pannier.

Untreue. — Wider die Untreu' ist nichts so gut, | Als daß man selbst getreulich tut. Mittelhochdeutsch: Vür untriuwe ist niht sô guot, | Sô der ungetriuwelîche tuot.

Vrîdankes Bescheidenheit (1225—1240). Übertr. v. Pannier. Nr. 12. v. triuwe u. untriuwe.

— Untreue bauet selten wohl, | Manch Feld ist da von Disteln voll. Mittelhochdeutsch: Zwîvel bûwet selten wol, | Des ist manec acker distel vol.

Vrîdankes Bescheidenheit (1225—1240). Übertr. v. Pannier. Nr. 42. v. unkünde.

— Vntrew schlecht jhren eygen herren.

Joh. Agricola, Drey hundert Gemeyner Sprichwörtter (1529). Nr. 19.

— Mich dünkt, daß kein schädlicher Laster auf Erden sei denn Lüge und Untreue, welches alle Gemeinschaften der Menschen zertrennt.

Dr. Martin Luther, Alle B. u. Schrifften (1539—1559).

— Wer recht thut, sols auch finden, | Untreu sein Herrn schlägt.

Joh. Doman, Lied v. d. Hanse (1618).

— Die Ruh ist schwach und unruhvoll, | Die sich auf Untreu gründen soll.

Joh. Elias Schlegel, Werke. T. 4. An Chloris (1745). Schlußv.

— Der alle die ertödt und hieng, | Die frawen untreu hon gethon, | So müst man gar vil galgen hon. Alter Spr.

— Untrew hat genommen uberhandt | In aller welt, Stätten und Landt. Alter Spr.

— Treue hat Brot, | Untreue leidet Not. Sprichwort.

— Untreue schlägt ihren eignen Herrn. Sprichwort.

— Untreu' und böses Geld | Findet man in aller Welt. Sprichwort.

— Schlag' Donner mit Schmerzen | In alle falschen Herzen, | Die mit Untreu' scherzen!

Spr. an einem Hausgerät.

— Büebl', dei' Untreu | Hät's Herz mir zerrissen, | Drum liegt an ieds Zacherl (Thränlein) | Schwer auf dein' G'wissen. Kärntner Schnaderhüpfl.

Untröstlich. — Untröstlich ist's noch allerwärts!

Ludw. Uhland, Gedichte. Vaterländische Gedichte. Am 18. Okt. 1816 (ged. 15.—17. Okt. 1816).

Untugend. — Alle Untugend ist Sünde.

1. Joh., K. 5, V. 17.

Unverdient. — Und besser ist's, verdienen und nicht haben, | Als zu besitzen unverdiente Gaben.

A. d. Portug. d. Camoens (um 1525—1579).

Unverdrossen. — Unvertrossen vnd allgemach | Werden verrichtet die schwärsten sach.

Reimspr. (16. Jahrh.).

— Unverdrossen | Hat es Duck genossen. Alter Spr.

Unverehelicht. — Wer unverehelicht bleibt, verdient nicht den Namen Mensch; denn es heißt: Mann und Weib schuf er sie, und er nannte ihren Namen Mensch. Talmud (3. Jahrh.).

Unverheirateten, die. — Ich habe in meiner Lebenszeit nicht soviel unglückliche Unverheiratete als unglückliche Verheiratete gesehen. So verstehe ich den Sinn des Apostels.

Berth. Auerbach, Gesammelte Schriften (1892).

Unverhofft. — Glaube, daß jeglicher Tag für dich aufdämmre der letzte! | Desto werter erscheint, wenn wir's nicht hoffen, ein Stündlein. Lat.: Omnem crede diem tibi diluxisse supremum: | Grata superveniet, quae non sperabitur, hora.

Quint. Horatius Flacc., Episteln (um 20 n. Chr.). Übers. v. Voß. B. 1, Nr. 4, V. 13—14.

— Es kommt oft über Nacht (unverhofft), was sonst kam kaum aufs Jahr; | Es brachte heut' ein Kind, die gestern Braut noch war.

Friedr. von Logau, Deutsche Sinn-Getichte (1654). Unverhofft kommt oft.

— Unverhofft | Kommt oft. Sprichwort.

— Wenn man's am wenigsten denkt (unverhofft), liegt ein Fisch in den Reusen.

A. d. Seemannssprache.

Unverhoffte, das. — Ach, ach, des Unverhofften viel | Bringt ein langes Leben! Griech.: Ἡ πόλλ' ἄελπτ' ἔνεστιν ἐν τῷ μακρῷ βίῳ φεῦ.

Aristophanes, Lysistrate (um 411 v. Chr.). Übers. v. Minckwitz. V. 256 (Chor).

— Das Unverhoffteste, wenn es getreten ein, | Sieht endlich aus, als könnt' es gar nicht anders sein.

Friedr. Rückert, D. Weisheit d. Brahmanen (1836—1839). B. 9, Nr. 12. (Stufe 7. Erkenntnis. Nr. 62.)

Unvermählten, die. — Das Los der Unvermählten aber ist | Ein einsam Alter und der Spott der Toren.

Friedr. Halm (Elegius Frz. Jos. Freiherr von Münch-Bellinghausen), D. Sohn d. Wildnis (1842). A. 1 (Actäa).

Unvermeidlich. — Das bejammern oder fürchten, | Was unvermeidlich ist, wär' kind'sche Schwäche. Engl.: What cannot be avoided, | 'Twere childish weakness to lament, or fear.

William Shakespeare, König Heinr. VI. (1591—1592). Übers. v. Schlegel. T. 3, A. 5, Sz. 4 (Margarethe).

— Es ist klug und kühn, dem unvermeidlichen Übel entgegenzugehn.

Joh. Wolfg. von Goethe, Egmont (1788). A. 2. Egmonts Wohnung (Oranien).

Unvermeidliche, das. — Du leidest hart, ich weiß es; aber heilsam ist's | Für dich, wenn leicht du trägst das Unvermeidliche. Griech.: Ἔχεις μὲν ἀλγεῖν, οἶδα· συμφέρον δέ σοι | Ὡς ῥᾷστα τἀναγκαῖα τοῦ βίου φέρειν.

Euripides (um 480—406 v. Chr.), Helena. Übers. v. Binder. V. 253—54 (Chor).

Unvermeidliche, das. — . . . wer das Unvermeidliche mit Würde trägt, | Der heißt ein Philosoph uns, ja ein Theolog. Griech.: *Ὅστις δ' ἀνάγκῃ συγκεχώρηκε καλῶς, | Σοφὸς παρ' ἡμῖν, καὶ τὰ θεῖα ἐπίσταται.*

Euripides (um 480—406 v. Chr.). Nach Epiktet, Handbüchlein d. Moral. Übers. v. Konz. K. 53.

— Das Unvermeidliche mit Würde tragen . . .

Karl Streckfuß, Gedichte. Denkspr. (ged. 1809).

Unvernunft. — . . . Unvernunft das größeste der Übel! Griech.: . . . *μὴ φρονεῖν πλείστη βλάβη.*

Sophokles (um 496—406 v. Chr.), Antigone. Übers. v. Jordan. V. 1039 (Kreon).

Unverschämt. — . . . behüte mich vor unverschämten Herzen! Jes. Sir., K. 23, V. 6.

— Wer uverschant ist, lebt dest baß (besser).

Sprichwort. Schweiz.

— Die unverschämten Menschen haben das dritte Teil der Welt inne. Holländisches Sprichwort.

Unversöhnlich. — Viel Übles hab' an Menschen ich bemerkt, | Das schlimmste ist ein unversöhnlich Herz.

Frz. Grillparzer, D. goldene Vlies (1822).

Unverstand. — Wenn sich der Unverstand mit der Gewalt verfreit, | Entsteht aus dieser Eh' die tollste Grausamkeit.

Friedr. von Logau, Deutsche Sinn-Getichte (1654).

Unverständig. — Es ist leichter, Sand, Salz und Eisen tragen denn einen unverständigen Menschen. Jes. Sir., K. 22, V. 18.

Unverständliche, das. — Vieles gemeinem Verstand Unverständliche | Hat seinen Urquell im Unverstand.

Friedr. von Bodenstedt, D. Lieder d. Mirza-Schaffy (1851). Lieder u. Spr. d. Weisheit. Nr. 16.

Unverzagt. — Nur unverzagt auf Gott vertraut! | Es muß doch Frühling werden.

Emanuel Geibel, Zeitstimmen (1841). Hoffnung. Schlußv.

— Unverzagt | Hineingewagt!

Spr. an einem Hausgerät.

Unvollkommen. — Daß wir unvollkommen sind, wenn wir dies erkennen, | Kann man solch Erkenntniß schon eine Besserung nennen.

Friedr. von Logau, Deutsche Sinn-Getichte (1654). Menschliche Unvollkommenheit.

— Zwar unvollkommen fühlst du dich, o Mensch, auf Erden, | Doch auch den Trieb in dir, vollkommner stets zu werden.

Friedr. Rückert, D. Weisheit d. Brahmanen (1836—1839). B. 8, Nr. 104. (Stufe 11. Im Anschauen Gottes. N. 49.)

Unvorbereitet. — Unvorbereitet, wie ich bin . . .

Oberbaurat Matthias bei einem Toast in Halle (1834).

Unvorsichtig. — Wer unfursichtig ist allezeit, | Der schaffet wenig nutzbarkeit. Alter Spr.

Unwahrheit. — Der Mensch muß nur gegen die Unwahrheit kämpfen; tritt ihm die Wahrheit entgegen, so darf er sie nicht bekämpfen; ist er der rechte Mann, so ergibt er sich ihr rückhaltlos.

Moritz von Egidy, Ernste Gedanken (1890).

Unwahrheiten. — Die gefährlichsten Unwahrheiten sind Wahrheiten mäßig entstellt.

Georg Christoph Lichtenberg, Verm. Schriften (1800—1806). Bd. 1, Nr. 3. Bemerk. verm. Inhalts. Nr. 1. Philosophische Bemerk.

Unwandelbarkeit. — . . . das ist eine tote Abstraktion, wenn man sich, zufrieden mit der eigenen Anerkennung, mit dem Gefühle der eigenen Unwandelbarkeit, gegen die Bedürfnisse und den Nutzen seiner Mitbürger absolut verschließt.

Otto von Bismarck im Reichstage (18. Febr. 1885).

Unwiederbringliche, das. — Ach, wer ruft nicht so gern Unwiederbringliches an!

Joh. Wolfg. von Goethe, Gedichte. Elegien. Nr. 2. Euphrosyne (ged. Okt. 1797 u. 12.—13. Juni 1798).

Unwillig. — Wenn ma' nit will, so geaht's nit. Sprichwort. Oberinntal.

Unwissend. — Besser ist es, betteln gehen, | Als nichts wißen, nichts verstehen.

Friedr. von Logau, Deutsche Sinn-Getichte (1654). Wissenschaft.

Unwissende, der. — Nur der Unwissende ist wirklich arm. Talmud (3. Jahrh.).

— Für den Unwissenden ist alles möglich.

Christoph Martin Wieland, Sämtl. Werke (1794—1802). Don Sylvio.

Unwissenden, die. — . . . den Unwissenden, | Hat, was das Herz der Edeln hebet, | Stets sich in dämmernder Fern' verloren.

Friedr. Gottl Klopstock, Oden. Wingolf (ged. 1747). Sechstes Lied.

— Lebend'ge Gräber sind Unwissende.

Joh. Gottfr. von Herder, Sämtl. Werke (1805—1820). Blumenlese a. morgenländischen Dichtern. Nr. 2. D. Rosental. B. 2. Unwissenheit.

Unwissenheit. — . . . weil ich sah, es sei Unwissenheit | Der Fluch von Gott, und Wissenschaft der Fittich, | Womit wir in den Himmel uns erheben. Engl.: . . . seeing ignorance is the curse of God, | Knowledge the wing wherewith we fly to heaven.

William Shakespeare, König Heinr. VI. (1591—1592). Übers. v. Schlegel. T. 2, A. 4, Sz. 7 (Say).

— Der allgemeine Fluch der Menschen: Torheit und Unwissenheit . . . Engl.: The common curse of mankind folly and ignorance.

William Shakespeare, Troilus u. Cressida (um 1609). Übers. v. Schlegel. A. 2, Sz. 3 (Thersites).

— Unwissenheit ist die Mutter der Frömmelei. Engl.: Ignorance is the mother of devotion.

David Hume, D. Naturgesch. d. Religion (1755). Übers. v. Lipps. Abschnitt 15.

Unwissenheit. — Unwissenheit ist vor dem Tode Tod.

Joh. Gottfr. von Herder, Sämtl. Werke (1805—1820). Blumenlese a. morgenländischen Dichtern. Nr. 2. D. Rosental. B. 2. Unwissenheit.

— Es ist nichts schrecklicher als eine tätige Unwissenheit.

Joh. Wolfg. von Goethe, Werke (1827—1830). Maximen u. Reflexionen. Abteilung 3.

— Nicht dein Nichtwissen gibt dir den Schein der Ignoranz, sondern nur die Art, wie du dein Nichtwissen zu verdecken suchest.

Karl Gutzkow, Gesammelte Werke (1873).

— Torheit ist Handeln in Unwissenheit, | Und Torheit findet nie der Wahrheit Spur.

Friedr. von Bodenstedt, D. Sänger v. Schiras (1880). Vorklänge. Nr. 4.

Unwohl. — Se sind wol nich janz unwohl? (Sie sind wohl verrückt?) Berliner Redensart.

Unzufrieden. — Je mehr er hat, je mehr er will (desto unzufriedener ist er); | Nie schweigen seine Klagen still.

Joh. Martin Miller, Gedichte. Zufriedenheit (ged. 1776). Mel. v. Christ. Gottlob Neefe (1777).

— Die meisten Leute machen sich selbst bloß durch übertriebene Forderungen an das Schicksal unzufrieden,

Wilh. Freiherr von Humboldt, Br. an eine Freundin (5. Mai 1832).

— Die meisten Menschen sind unzufrieden, weil die wenigsten wissen, daß der Abstand zwischen Eins und Nichts größer ist als der zwischen Eins und Tausend.

Ludw. Börne, Gesammelte Schriften (1862—1863). Erz., Reisen, Verm. Aufsätze. Nr. 35. D. Narr im weißen Schwan. K. 2.

— Wer immer unzufrieden mit den andern ist, leidet gewöhnlich an zu großer Selbstzufriedenheit. Peter Sirius, Tausend u. Ein Gedanken (1899). Zufrieden u. unzufrieden.

Unzufriedene, der. — Je mehr der Unzufried'ne Falten | Auf seine Stirn zieht, desto mehr | Wird über ihn das Schicksal walten; | Denn desto weniger tut er!

Joh. Wilh. Ludw. Gleim, Episteln (1783).

Unzufriedenheit. — Wer sich behaglich fühlt zu Haus, | Der rennt nicht in die Welt hinaus; | Weltunzufriedenheit beweisen | Die vielen Weltentdeckungsreisen.

Friedr. Rückert, Gesammelte Gedichte (1834—1838). Dez. 1833. Unbefriedigung.

Unzulängliche, das. — Das Unzulängliche, | Hier wird's Ereignis!

Joh. Wolfg. von Goethe, Faust, II (1831). A. 5. Bergschluchten, Wald, Fels, Einöde (Chorus mysticus).

Urahne. — Urahne, Großmutter, Mutter und Kind | In dumpfer Stube beisammen sind.

Gustav Schwab, Gedichte (1828—1829). D. Gewitter.

Uriasbrief. — Einen Uriasbrief (einen Brief, der für den Überbringer verderblich ist) überbringen.

Nach 2. Sam., K. 11. — Sprichwörtl. Redensart.

Ursache. — Nichts ohne Ursach'.

Frz. von Sickingen (1481—1523).

Urteil. — Wer fällt ein Urteil oder kennt den Sachverhalt, | Bevor er beide Teile klar vernommen hat? Griech.: *Τίς ἂν δίκην κρίνειεν ἢ γνοίη λόγον, | Πρὶν ἂν παρ' ἀμφοῖν μῦθον ἐκμάθῃ σαφῶς;*

Euripides (um 480—406 v. Chr.), D. Herakliden. Übers. v. Minckwitz. V. 179—80 (Chor).

— Sieh', wie oft des Menschen Urteil irrt! Ital.: Ecco il giudicio uman come spesso erra.

Ludovio Ariosto, D. rasende Roland (1516). Ges. 1, V. 50. Übers. v. Pozzoni.

— Gleiches Recht theil' mit männiglich | Und nicht nach Gunst das Urtheil sprich!

Spr. am Rathause in Basel (1570).

— O Urteil, du entflohst zum blöden Vieh; | Der Mensch ward unvernünftig! Engl.: O judgment, thou art fled to brutish beasts, | And men have lost their reason!

William Shakespeare, Jul. Cäsar (1601). Übers. v. Schlegel. A. 3, Sz. 2 (Antonius).

— . . . so macht der Mangel | An Urteil furchtbar oft. Engl.: For defect of judgment | Is oft the cause of fear.

William Shakespeare, Cymbeline (1610). Übers. v. Dorothea Tieck. A. 4, Sz. 2 (Bellarius).

— Hör vnd laß reden beyde Theyl; | Bedencks, darnach so gib Vrtheil!

Joh. Mich. Moscherosch, Wunderliche v. Warhafftige Gesichte Philanders v. Sittewalt (1643). T. 2, Gesichte 1. A la Mode. Kehrauß. Rath v. Gerichts Lehr. Str. 5.

— Kein corpus iuris darf man nicht, | Wo Gunst und Ungunst Urtel spricht.

Friedr. von Logau, Deutsche Sinn-Getichte (1654). Gunst für Recht.

— Wie sich | Die Neigung anders wendet, also steigt | Und fällt des Urteils wandelbare Woge.

Friedr. von Schiller, Maria Stuart (1800). A. 2, Sz. 3 (Talbot).

— Der Vorteil übt eine geheime Macht über unser Urteil aus; was ihm gemäß ist, erscheint uns alsbald billig, gerecht, vernünftig; was ihm zuwider läuft, stellt sich uns, im vollen Ernst, als ungerecht und abscheulich, oder zweckwidrig und absurd dar. Daher so viele Vorurteile des Standes, des Gewerbes, der Nation, der Sekte, der Religion.

Arthur Schopenhauer, D. Welt als Wille u. Vorstellung (1819).

— Ja, so ist's in diesem Leben: | Viel Alarm und wenig Gaben. | Urteil ist wenigen gegeben, | Meinungen wollen sie alle haben.

Ernst Ziel, Moderne Xenien (1889). D. Gesellschaft.

— . . . sitze nicht bei unrechtem Urteil!

Jes. Sir., K. 11, V. 9.

Urteile. — Es geht mit unsern Urteilen wie mit unsern Uhren. Keine geht mit der andern vollkommen gleich, und jeder glaubt doch der seinigen.

Christ. Fürchtegott Gellert, Sämtl. Schriften (1767). Br. Vorrede.

Urteilen. — Er urteilt wie ein Schwed' und wie | Ein Protestant.

Friedr. von Schiller, Wallensteins Tod (1799). A. 1, Sz. 5 (Wallenstein).

— Willst du gerecht urteilen? Bemiß nach dem Ziele den Schützen! | Jedes besondere Tier erfordert besondere Jagd.

Ludw. Feuerbach, Satirisch-theologische Distichen (1830).

— . . . daß wir gewiß alle stets in der Lage sind, subjektiv zu urteilen; aus dem Angeborenen, aus dem alten Adam, der in unserem Fleische steckt, können wir alle nicht heraus.

Otto von Bismarck im Abg.-Hause d. preuß. Landtages (31. Jan. 1872).

— . . . sei unerschrocken, wenn du urteilen sollst! Jes. Sir., K. 4, V. 9.

— Strafe dich zuvor selbst, ehe du andere beurteilest! Jes. Sir., K. 18, V. 21.

— Eines Mannes Rede ist halbe Rede; | Man soll sie billig hören Beede (ehe man urteilt).

Alter Spr.

— Wie ein Blinder von der Farbe urteilen (ohne Verständnis über eine Sache urteilen).

Sprichwörtl. Redensart.

Urteilen, das. — Recht urteiln stat eim wisen wol; | Ein richter niemans kennen sol.

Seb. Brant, D. Narrenschif (1494). Nr. 46. V. d. gwalt d. narren.

Urteilfällen, das. — Mit Urteilfällen gar nicht eil', | Es sein gehört denn beide Teil!

Spr. im Berliner Rathause. Dritter Stock.

Urteilskraft. — Witz hascht nach Einfällen; Urteilskraft strebt nach Einsichten. Witz geht mehr nach der Brühe, Urteilskraft nach der Nahrung. Immanuel Kant, Anthropologie (1798).

Urväter. — Urväter Hausrat.

Joh. Wolfg. von Goethe, Faust, I (1808). Nacht (Faust).

Utopien. — Ein Acker in Middlesex ist besser als ein Fürstentum in Utopien. Das kleinste wirkliche Gut ist besser als die prachtvollsten Versprechungen von Unmöglichkeiten. Engl.: An acre in Middlesex is better than a principality in Utopia. The smallest actual good is better than the most magnificent promises of impossibilities.

Thomas Babington, Lord Macaulay, Kritische u. historische Essays (1846). Übers. v. Steger. Lord Bacon.

Utopistisch. — Die utopistischen Träume sind oft vorzeitige Wahrheiten. Franz.: Les utopies ne sont souvent que des vérités prématurées.

Alphonse de Lamartine, Gesch. d. Girondisten (1847). Übers. v. Herwegh.

V

Valencia. — Auf denn, — nach Valencia!

Pius Alexander Wolff, Preziosa (1820). A. 4, Sz. 12. Komp. v. Karl Maria von Weber (Erste Auff. am 14. März 1821 in Berlin.)

Vanitas. — Wie Glas zerbricht, wie Rauch vergeht, | Also des Menschen Vanitet | In steter Sorg', Furcht, Hoffnung b'steht.

Spr. an einem Hausgerät (1634).

Varus. — O Varus, Varus, gib mir meine Legionen wieder! Lat.: O Vare, Vare, legiones redde!

Kaiser Augustus nach d. Schlacht im Teutoburger Walde (9). Nach Suetonius, Augustus. K. 23.

Vater. — Dem Vat'r und Mutt'r gebührt keine Ehr, | Der sein Kind gönnt wedr Lieb noch Lehr. Georg Rollenhagen, Froschmäuseler (1595). B. 1, T. 2, K. 6.

— Daß du des eignen Vaters würdig seist, | Mach', daß ein Sohn auch dich einst Vater heißt! Engl.: Dear my love, you know | You had a father; let your son say so.

William Shakespeare, Sonette (1609). Übers v. Bodenstedt. Abteilung 3, Nr. 106. Schlußv.

Vater. — . . . wer nicht Vater ist, verdient auch den Namen Bürger nicht, und, um freigebig zu sein, nur halb den Namen Mensch!

Theod. Gottl. von Hippel, Über d. Ehe (1774). K. 1. Klagen über d. Vorurteile beim Heiraten. Traum zur Abhelfung.

— Der Schöpfer hat dich zum Schöpfer gebildet und dir sein Bild angehängt; bedenke, was für ein Glück es für dich sein wird, dich Vater nennen zu lassen! Ein lautes Bekenntnis, daß wir sind, könnte man die Freude nennen.

Theod. Gottl. von Hippel, Über d. Ehe (1774). K. 6. Zum Besten d. Jünglinge.

— So lange war ich Vater und mußte erst kinderlos werden, um zu wissen, was ein Vater sei! Joh. Anton Leisewitz, Jul. v. Tarent (1776). A. 5, Sz. 2.

— Er selbst wird einmal ein desto liebreicherer Vater werden, je eines liebreichern er sich zu erinnern hat.

Joh. Jak. Engel, D. Philosoph für d. Welt (1775—1777). T. 2, Stück 30. D. Irrenhaus.

Vater. — . . . das Blut allein | Macht lange noch den Vater nicht! macht kaum | Den Vater eines Tieres! gibt zum höchsten | Das erste Recht, sich diesen Namen zu | Erwerben!

Gotthold Ephr. Lessing, Nathan d. Weise (1779). A. 5, Sz. 7 (Saladin).

— Brüder, — über'm Sternenzelt | Muß ein lieber Vater wohnen!

Friedr. von Schiller, Gedichte. An d. Freude (ged. 1785). Mel. v. Friedr. Frz. Hurka (1789), Karl Friedr. Zelter (komp. 1. März 1792), Joh. Friedr. Reichardt (komp. 1795) u. a.

— Sprich mir von allen Schrecken des Gewissens, | Von meinem Vater sprich mir nicht!

Friedr. von Schiller, Don Carlos (1787). A. 1, Sz. 2 (Carlos).

— Vielleicht ist noch nie ein Vater gewesen, der nicht irgend einmal sein Kind für etwas ganz Originelles gehalten hat.

Georg Christoph Lichtenberg, Verm. Schriften (1800—1806). Bd. 2, Nr. 2, Bemerk. verm. Inhalts. Nr. 6. Pädagogische Bemerk.

— Sich vor dem Vater, vor dem Rechte beugen, | Nein, William, nein, das ist kein Schimpf.

Theod. Körner, Rosamunde (ged. 26. Okt.—8. Nov. 1812). A. 5, Sz. 4 (Richard).

— Ich bin der Vater Zephises | Und habe dir nichts zu sagen als dieses.

Ferd. Raimund, D. Diamant d. Geisterkönigs (1824). A. 2, Sz. 19.

— Vom Vater hab' ich die Statur, | Des Lebens ernstes Führen, | Von Mütterchen die Frohnatur | Und Lust, zu fabulieren.

Joh. Wolfg. von Goethe, Gedichte. Werke (1827—1830). Zahme Xenien. Nr. 6.

— Ein Vater soll zu Gott an jedem Tage beten: | Herr, lehre mich, dein Amt beim Kinde recht vertreten!

Friedr. Rückert, Gesammelte Gedichte (1843).

— Vater werden ist nicht schwer, | Vater sein dagegen sehr. Wilh. Busch, Julchen (1877).

— Du sollst deines Vaters . . . Scham nicht blößen! 3. Mos., K. 18, V. 7.

— Ich (Gott) war ein Vater der Armen. Hiob, K. 29, V. 16.

— . . . der Vater soll nicht tragen die Missetat des Sohnes! Hesekiel, K. 18, V. 20.

— . . . haben wir nicht alle Einen Vater? Maleachi, K. 2, V. 10.

— Wer seinen Vater ehret, der wird auch Freude an seinen Kindern haben. Jes. Sir., K. 3, V. 6.

— Wer seinen Vater ehret, der wird desto länger leben. Jes. Sir., K. 3, V. 7.

— . . . den Vater ehren ist deine eigene Ehre. Jes. Sir., K. 3, V. 13.

— Liebes Kind, pflege deines Vaters im Alter! Jes. Sir., K. 3, V. 14.

— Das Wetter erkennt man an dem Wind, | Den Vater am Kind, | Den Herrn am Gesind. Sprichwort.

Vater. — Ein Vater ernährt eher zehn Kinder als zehn Kinder einen Vater. Sprichwort.

— Wer dem Vater nicht folgen will, der folge dem Kalbfell! Sprichwort.

— Wie der Acker, so die Ruben, | Wie der Vater, so die Buben. Sprichwort.

— Wo man Vater und Mutter spricht, da hört man die freundlichsten Namen. Sprichwort.

— Der ist wirklich Vater, der ernährt. Franz.: Celui-là est bien père qui nourrist. Sprichwort.

— Von heiligem Vater verteufeltes Kind. Franz.: De père saintelot | Enfant diablot. Sprichwort.

— Zu sanfter und barmherziger Vater macht seine Kinder unglücklich. Franz.: Père trop doux et trop piteux | Rend ses enfants malheureux. Sprichwort.

— Der Vater von's Janze (der Leiter des Ganzen). Berliner Redensart.

— Den Vater kennt man an dem Kind, | Den Herrn an seinem Hausgesind.

Spr. im Berliner Rathause. Dritter Stock.

Väter. — Gehn die Väter nackt, | So werden die Kinder blind; | Kommen sie geldbepackt, | Wie artig scheint das Kind! Engl.: Fathers that wear rags, | Do make their children blind; | But fathers, that wear bags, | Shall see their children kind.

William Shakespeare, König Lear (1605—1606). Übers. v. Schlegel. A. 2, Sz. 4 (Narr).

— Wohl dem, der seiner Väter gern gedenkt, | Der froh von ihren Taten, ihrer Größe | Den Hörer unterhält, und still sich freuend | Ans Ende dieser schönen Reihe sich | Geschlossen sieht!

Joh. Wolfg. von Goethe, Iphigenie auf Tauris (1787). A. 1, Sz. 3 (Iphigenie).

— Die Götter rächen | Der Väter Missetat nicht an dem Sohn.

Joh. Wolfg. von Goethe, Iphigenie auf Tauris (1787). A. 2, Sz. 1 (Pylades).

— . . . ihr Väter, reizet eure Kinder nicht zum Zorn! Eph., K. 6, V. 4.

Vaterauge. — Nein, in jenen düstern Fernen | Waltet keine blinde Macht; | Über Sonnen, über Sternen | Ist ein Vateraug', das wacht.

Frz. Grillparzer, D. Ahnfrau (1817). A. 5 (Jaromir).

Vaterglück. — Was je die Freude groß gezogen, | Es wiegt das Vaterglück nicht auf.

Eduard Duller, Freund Hein (1833). Abteilung 1.

Vaterhaupt. — Was die Erde schönes kennet, | Was sie hold und lieblich nennet, | Was sie hoch und heilig glaubt, | Reicht nicht an des Vaters Haupt. Frz. Grillparzer, D. Ahnfrau (1817). A. 5 (Jaromir).

Vaterland. — Ein Wahrzeichen nur gilt! Das Vaterland zu erretten. Griech.: *Εἷς οἰωνὸς ἄριστος, ἀμύνεσθαι περὶ πάτρης.*

Homer, Ilias. Übers. v. Voß. Ges. 12, V. 243.

Vaterland. — Nicht ruhmlos ist's, für des Vaterlandes Errettung | Sterben. Griech.: *Οὔ οἱ ἀεικὲς ἀμυνομένῳ περὶ πάτρης | Θετνάμεν.*

Homer, Ilias. Übers. v. Voß. Ges. 15, V. 496—97.

— . . . wahrlich | Süßer als Vaterland ist nichts auf Erden zu finden! Griech.: *Οὔ τοι ἐγώ γε | Ἧς γαίης δύναμαι γλυκερώτερον ἄλλο ἰδέσθαι.*

Homer, Odyssee. Übers. v. Voß. Ges. 9, V. 27—28.

— Das Vaterland zu missen, ist's ein großes Weh? — | Das größte Weh! Griech.: *Τί τὸ στέρεσθαι πατρίδος; ἦ κακὸν μέγα; | Μέγιστον.*

Euripides (um 480—406 v. Chr.), D. Phönizierinnen. Übers. v. Minckwitz. V. 388—89 (Jokaste u. Polyneikes).

— Das Vaterland, traun, scheint der Menschen liebstes Gut! — | So sehr das liebste, daß die Zung' es nie umfaßt! Griech.: *Ἡ πατρίς, ὡς ἔοικε, φίλτατον βροτοῖς. — | Οὔτ' ὀνομάσαι δύναι' ἂν ὡς ἐστὶν φίλον.*

Euripides (um 480—406 v. Chr.), D. Phönizierinnen. Übers. v. Minckwitz. V. 406—7 (Jokaste u. Polyneikes).

— O legt' ein jeder auf des Vaterlands Altar | Sein bestes Kleinod wohlbedacht mit offner Hand, | Geringern Unheils Schlägen sähe dann die Welt | Sich ausgesetzt, und ew'ges Glück umlachte sie! Griech.: *Εἰ γὰρ λαβὼν ἕκαστος ὅ τι δύναιτό τις | Χρηστὸν διέλθοι τοῦτο κεἰς κοινὸν φέροι | Πατρίδι, κακῶν ἂν αἱ πόλεις ἐλασσόνων | Πειρώμεναι τὸ λοιπὸν εὐτυχοῖεν ἄν.*

Euripides (um 480—406 v Chr.), Die Phönizierinnen. Übers. v. Minckwitz. V. 1015—18 (Menoikaus).

— Das Vaterland ist überall, wo das Glück uns blüht. Griech.: *Πατρὶς γάρ ἐστι πᾶσ' ἵν' ἂν πράττῃ τις εὖ.*

Aristophanes, Plutos (um 388 v. Chr.). Übers. v. Minckwitz. V. 1151 (Hermes).

— Undankbares Vaterland, nicht einmal meine Gebeine sollst du beherbergen! Lat.: **Ingrata patria, ne ossa quidem habebis.**

Scipio Africanus (gest. 183 v. Chr.). Grabschrift. Übers. v. Grau.

— Wo es einem gut geht, da ist das Vaterland! Lat.: Patria est, ubicunque est bene.

Pacuvius (gest. um 130 v. Chr.). Nach Marc. Tull. Cicero, Tusculanische Unterredungen. Übers. v. Sonne. B. 5, K. 37, § 108.

— Des Vaterlandes Boden ist allen teuer, süß und angenehm. Lat.: Quis est enim cui non commune patriae solum cum sit carum tum vero dulce atque iucundum?

Marc. Tull. Cicero, Reden gegen Catilina (um 63 v. Chr.). Übers. v. Klotz. Nr. 4, K. 7, § 16.

— Süß ist und ehrvoll, sterben fürs Vaterland. Lat.: **Dulce et decorum est pro patria mori.**

Quint. Horatius Flacc., Oden (um 23 v. Chr.). Übers. v. Voß. B. 3, Nr. 2, V. 13.

Vaterland. — Ist's nicht das Vaterland, worauf ich baue, die gütige, fromme Mutter, das meiner Eltern Staub in sich birgt? Ital.: **Non è questa la patria in ch'io mi fido, | Madre benigna e pia | Che copre l'uno e l'altro mio parente?**

Francesco Petrarca, Sämtl. Werke (1554). Sonette u. Kanzonen. Übers. v. Pozzoni.

— Dran setze Leib vnd Blut, | Krafft, Macht, Gwalt vnde Gut, | Dein Vatterland zu retten!

Hans Sachs, Sehr herrliche Schöne v. wahrhaffte Gedicht. B. 1 (1589), T. 3. Lands Knecht Spiegel.

— . . . unsre teure Amme, | Das Vaterland . . . Engl.: . . . the country our dear nurse.

William Shakespeare, Coriolan (um 1605). Übers. v. Dorothea Tieck. A. 5, Sz. 3 (Volumnia).

— Dein Ziel sei immer Ziel auch deines Landes, | Wie deines Gottes und der Wahrheit! Engl.: **Let all the ends thou aim'st at be thy country's, | Thy god's, and truth's.**

William Shakespeare, König Heinr. VIII. (1613). Übers. v. Schlegel. A. 3, Sz. 2 (Wolsey).

— Jeder ist dem Vaterlande schuldig alles Gut und Blut. | Mancher nahm dem Vaterlande lieber Gut und Blut.

Friedr. von Logau, Deutsche Sinn-Getichte (1654). D. Vaterland.

— Willkommen, Tod für's Vaterland! | Wenn unser sinkend Haupt | Schön Blut bedeckt, dann sterben wir | Mit Ruhm für's Vaterland!

Friedr. Gottl. Klopstock, Oden. Heinr. d. Vogler (ged. 1748).

— Uns folgt ein Ruhm, der ewig bleibt, | Wenn wir gestorben sind, | Gestorben für das Vaterland | Den ehrenvollen Tod!

Friedr. Gottl. Klopstock, Oden. Heinr. d. Vogler (ged. 1748). Schlußv.

— Das Vaterland ist ein Ganzes, von dem wir alle Teile sind. Ital.: **La patria è un tutto, | Di cui siam parti.**

Pietro Metastasio, Attilio Regolo (1740—1750). A. 2, Sz. 1. Übers. v. Pozzoni.

— Wie teuer ist allen edlen Herzen das Vaterland! Franz.: **A tous les cœurs bien nés que la patrie est chère!**

Voltaire (François Marie Arouet), Tancred (1760). Übers. v. Mylius. A. 3, Sz. 1 (Tancred).

— Was tat dir, Tor, dein Vaterland? | Dein spott' ich, glüht das Herz dir nicht | Bei seines Namens Schall! Friedr. Gottl. Klopstock, Oden. Wir u. Sie (ged. 1766).

— Schilt auf dein Vaterland, du edler Denker, nicht! | Ist's nicht nach deinem Sinn ein Ländchen auf der Erde, | So mach' es dir zur Pflicht, | Zu sorgen, daß es eins nach deinem Sinne werde!

Joh. Wilh. Ludw. Gleim, Sinnspr. (1769).

— Es haßt mein Herz | Den, der sein Vaterland verkennt.

Friedr. Gottl. Klopstock, Oden. Vaterlandslied (ged. 1770).

Vaterland. — Mein gutes, edles, stolzes Herz | Schlägt laut empor | Beim süßen Namen Vaterland!

Friedr. Gottl. Klopstock, Oden. Vaterlandslied (ged. 1770).

— So schlägt mir's (das Mädchenherz) einst beim Namen | Des Jünglings nur, der stolz wie ich | Auf's Vaterland, | Gut, edel ist, ein Deutscher ist!

Friedr. Gottl. Klopstock, Oden. Vaterlandslied (ged. 1770). Schlußv.

— Beim süßen Namen Vaterland | Schlägt mir das Herz, | Und mein Gesicht wird feuerrot.

Matthias Claudius, Sämtl. Werke d. Wandsbecker Boten. T. 1. Lied (1771).

— Da, wo wir lieben, | Ist Vaterland, | Wo wir genießen, | Ist Hof und Haus.

Joh. Wolfg. von Goethe, Gedichte. A. d. Nachlaß. An Personen. Felsweihe-Ges. an Psyche (ged. Mai 1772).

— So sehnt sich der unruhigste Vagabund zuletzt wieder nach seinem Vaterlande und findet in seiner Hütte, an der Brust seiner Gattin, in dem Kreise seiner Kinder, in den Geschäften zu ihrer Erhaltung die Wonne, die er in der weiten Welt vergebens suchte.

Joh. Wolfg. von Goethe, Leiden d. jungen Werthers (1773). B. 1, Am 21. Junius.

— ... wer sein Leben für das Vaterland verliert, kann nimmermehr sterben.

Theod. Gottl. von Hippel, Über d. Ehe (1774). K. 1. Klagen über d. Vorurteile beim Heiraten. Traum zur Abhelfung.

— Uns knüpft so manches teure Band | An unser deutsches Vaterland.

Christ. Friedr. Daniel Schubart, Sämtl. Gedichte. Kaplied (ged. Febr. 1787). Mel. v. Verfasser.

— Kann uns zum Vaterland die Fremde werden?

Joh. Wolfg. von Goethe, Iphigenie auf Tauris (1787). A. 1, Sz. 2 (Iphigenie).

— Uns alle zieht | Das Herz zum Vaterland.

Friedr. von Schiller, Don Carlos (1787). A. 1, Sz. 3 (Königin).

— Zum Vaterland fühlt jeder sich gezogen.

Friedr. von Schiller, Sz. a. d. Phönizierinnen d. Euripides (geb. 1788). (Polynices).

— ... ist's denn wirklich ein so großes Übel, | Des Vaterlands beraubet sein? — | Und größer, als es Worte malen!

Friedr. von Schiller, Sz. a. d. Phönizierinnen d. Euripides (geb. 1788). (Jokasta u. Polynices).

— Dem Vaterlande danken wir alles, ihm sind wir unauflöslich verbunden; Liebe und Dankbarkeit für das Vaterland können nur mit dem Tode aufhören. Das Leben gehört ihm, und wenn das Vaterland es zurückfordere, der König würde das seine mit Freuden opfern.

Friedr. d. Große, Sämtl. Werke (1789).

— ... nimmer scheut ein braver Mann | Für's Vaterland den Tod.

Gottfr. Aug. Bürger, Gedichte. Feldjägerlied (1795).

Vaterland. — Wer sein Vaterland nicht kennt, hat keinen Maßstab für fremde Länder.

Joh. Wolfg. von Goethe, Wilh. Meisters Lehrjahre (1777—1796).

— Im innersten Busen | Regt sich Mut und Begier, dem Vaterlande zu leben | Und zu sterben und andern ein würdiges Beispiel zu geben.

Joh. Wolfg. von Goethe, Hermann u. Dorothea (1797).

— Was ist unschuldig, heilig, menschlich gut, | Wenn es der Kampf nicht ist ums Vaterland?

Friedr. von Schiller, D. Jungfrau v. Orleans (1801). A. 2, Sz. 10 (Johanna).

— Wer wird | In seinem Winkel müßig sitzen, wenn | Das Große sich begibt im Vaterland!

Friedr. von Schiller, D. Jungfrau v. Orleans (1801). A. 4, Sz. 4 (Bertrand).

— Wo man beglückt, ist man im Vaterlande.

Friedr. von Schiller, D. Huldigung d. Künste (ged. 4.—8. Nov. 1804). (Genius).

— Verblendeter, vom eiteln Glanz verführt, | Verachte dein Geburtsland! Schäme dich | Der uralt frommen Sitte deiner Väter!

Friedr. von Schiller, Wilh. Tell (1804). A. 2, Sz. 1 (Attinghausen).

— O, mächtig ist der Trieb des Vaterlands!

Friedr. von Schiller, Wilh. Tell (1804). A. 2, Sz. 1 (Attinghausen).

— An's Vaterland, an's teure, schließ' dich an, | Das halte fest mit deinem ganzen Herzen! | Hier sind die starken Wurzeln deiner Kraft.

Friedr. von Schiller, Wilh. Tell (1804). A. 2, Sz. 1 (Attinghausen).

— Ich fühl's, | Es (das Vaterland) fehlte mir zu jedem Glück der Erden.

Friedr. von Schiller, Wilh. Tell (1804). A. 3, Sz. 2 (Rudenz).

— Kämpfe | Für's Vaterland, du kämpfst für deine Liebe!

Friedr. von Schiller, Wilh. Tell (1804). A. 3, Sz. 2 (Berta).

— Ich möchte was darum geben, genau zu wissen, für wen eigentlich die Taten getan worden sind, von denen man öffentlich sagt, sie wären für das Vaterland getan worden.

Georg Christoph Lichtenberg, Verm. Schriften (1800—1806).

— ... eu'r Leben unverdrossen | Auffetzt für's Vaterland, von dem ihr solches auch | Zuvor empfangen habt; das ist der Tugend Brauch!

Joh. Gottfr. von Herder, Stimmen d. Völker in Liedern (1807). Abteilung 2, B. 5, Nr. 2. Schlachtlied. Deutsch.

— Es sei mein Herz und Blut geweiht, | Dich Vaterland zu retten!

Friedr. von Schlegel, Gedichte. Gelübde (ged. 1807)

— Die Verheißung eines Lebens auch hienieden, über die Dauer des Lebens hienieden hinaus, — allein diese ist es, die bis zum Tode fürs Vaterland begeistern kann.

Joh. Gottl. Fichte, Reden an d. deutsche Nation (1808). Rede 8.

Vaterland. — Das Vaterland verleiht die allerbesten Gaben.

Joh. Wolfg. von Goethe, Faust, I (1808). Auerbachs Keller in Leipzig (Frosch).

— Das Göttlichste für einen freien Mann, | Der Erde Himmel ist das Vaterland; | Den Sklavenseelen nur ist das Gefühl, | Das Heiligste der bessern Seelen, fremd.

Joh. Gottfr. Seume, Miltiades (1808). A. 5, Sz. 6.

— Im Kreis der Lieben, im Vaterland, | Da ist auch das Leblose uns verwandt.

Theod. Körner, Poetischer Nachlaß. Verm. Gedichte. Erinnerungen an Karlsbad (ged. 1811). Nr. 21. Rundges. auf d. Belvedere.

— Das Vaterland darf jedes Opfer fordern.

Theod. Körner, Zriny (ged. Juni 1812). A. 2, Sz. 6 (Zriny).

— Nichts ist zu kostbar für das Vaterland!

Theod. Körner, Zriny (ged. Juni 1812). A. 2, Sz. 6 (Zriny). Schlußv.

— Wer mutig für sein Vaterland gefallen, | Der baut sich selbst ein ewig Monument | Im treuen Herzen seiner Landesbrüder; | Und dies Gebäude stürzt kein Sturmwind nieder.

Theod. Körner, Zriny (ged. Juni 1812). A. 5, Sz. 2 (Zriny).

— Wer so für Gott und Vaterland gefallen, | Der lebt im Herzen seines Volkes fort | Und kämpft sich oben in das ew'ge Leben | Und gehet ein in Gottes Herrlichkeit!

Theod. Körner, Zriny (ged. Juni 1812). A. 5, Sz. 7 (Zriny).

— Laßt brausen, was nur brausen kann, | In hellen lichten Flammen! | Ihr Deutschen alle Mann für Mann, | Für's Vaterland zusammen!

Ernst Moritz Arndt, Gedichte. Vaterlandslied (ged. 1812). Mel. v. Albert Methfessel (1818).

— Mit Gott für König und Vaterland!

Inschrift auf d. Kreuze an d. Mütze d. Landwehrmänner nach einer Verordnung Friedr. Wilh. III. (17. März 1813).

— Hinaus, hinaus, es ruft das Vaterland!

Verfasser unbek. (um 1813). Mel. Herbei, herbei, du deutsche Burschenschaft usw.

— Im Vaterlande | Schreibe, was dir gefällt! | Da sind Liebesbande, | Da ist deine Welt.

Joh. Wolfg. von Goethe, Gedichte. Sprichwörtl. (ged. 1812—1814).

— Dir möcht' ich diese Lieder weihen, | Geliebtes deutsches Vaterland!

Ludw. Uhland, Gedichte. Lieder. An d. Vaterland (ged. 29. Jan. 1814). Mel. v. Konradin Kreutzer.

— Wie mir deine Freuden winken | Nach der Knechtschaft, nach dem Streit! | Vaterland, ich muß versinken | Hier in deiner Herrlichkeit.

Max von Schenkendorf, Sämtl. Gedichte. Abteilung 2. Vaterland. Frühlingsgruß an d. Vaterland (ged. 1814). Mel. v. Bernh. Klein (1818).

Vaterland. — Wer, wenn das Vaterland in Not ist, einen anderen Gedanken als dessen Rettung fühlt, ist nicht wert, in einem freien Staate zu leben.

Friedr. Maximilian von Klinger, Gesammelte Werke (1809—1815).

— Verderben allen, die es (das Vaterland) höhnen! | Glück dem, der mit ihm fällt und steht!

Ernst Moritz Arndt, Gedichte. Bundeslied (ged. 1815). Mel. v. Georg Friedr. Hanitsch (1817).

— Dem Bunde treu und treu dem Vaterland!

Karl Hinkel, Erste Saitenklänge. Wo Kraft u. Mut in deutscher Seele flammen usw. (ged. 1815).

— Der Tod für's Vaterland ist ein Erlösertod. Es ist ein Tod, glorreich, wie ihn die Märtyrer des Christentums starben. Sie sanken unter den Fahnen des Glaubens; wir unter dem blutigen Panier des Vaterlandes.

Joh. Heinr. Daniel Zschokke, Stunden d. Andacht (1809—1816).

— Ich hab' mich ergeben | Mit Herz und mit Hand | Dir, Land voll Lieb' und Leben, | Mein deutsches Vaterland!

Hans Ferd. Maßmann, Gelübde (ged. 1820). Mel. Wir hatten gebauet usw.

— Was duldet, wer ein Mann ist, nicht wegen des Vaterlandes?

Friedr. Gottl. Klopstock, Sämtl. Werke (1798—1821). Bd. 7.

— Laßt das Elend nicht über uns kommen, daß wir an unserm Vaterlande verzweifeln!

Friedr. Gottl. Klopstock, Sämtl. Werke (1798—1821). Bd. 7.

— Süß und ehrenvoll ist's, sterben für's Vaterland! Friedr. Gottl. Klopstock, Sämtl. Werke (1798—1821).

— Man hat gesagt und wiederholt: Wo mir's wohlgeht, da ist mein Vaterland! Doch wäre dieser tröstliche Spruch noch besser ausgedrückt, wenn es hieße: Wo ich nütze, ist mein Vaterland.

Joh. Wolfg. von Goethe, Wilh. Meisters Wanderjahre (1807—1821).

— Wer seine Pflichten gegen das Vaterland tut, ist der wahre Patriot.

Ulrich Hegner, Gesammelte Schriften (1828). Gedanken, Meinungen, Urteile.

— . . . als ich das Vaterland aus den Augen verloren hatte, fand ich es im Herzen wieder.

Heinr. Heine, Sämtl. Werke. Engl. Fragmente (1828). K. 1. Gespräch auf d. Themse.

— O kein Donner an | Dem Himmel und kein Laut auf Erden, quöll' | Er auch von schönster, süß'ster, gleicht | An Macht dem Worte: Vaterland!

Christ. Dietr. Grabbe, Don Juan u. Faust (1829). A. 1, Sz. 1 (Don Juan).

— Was ist mir näher als das Vaterland? | Die Heimat nur kann uns beseligen.

Christ. Dietr. Grabbe, Don Juan u. Faust (1829). A. 1, Sz. 2 (Faust).

Vaterland. — Wir können dem Vaterlande nicht auf gleiche Weise dienen, sondern jeder tut sein Bestes, je nachdem Gott es ihm gegeben.

Joh. Peter Eckermann, Gespräche mit Goethe in d. letzten Jahren seines Lebens (Febr. 1830).

— Nur ein Spott der Fremden wäre | Freiheit ohne Vaterland.

Karl Simrock, Gedichte. Drei Propheten (ged. 1831). Nr. 2.

— Jedem ist das Elend (die Fremde) finster, | Jedem glänzt sein Vaterland.

Ludw. Uhland, Gedichte. Balladen u. Romanzen. D. Bidassoabrücke (ged. 15.—16. März 1834).

— Laßt hoch die Heimat leben! | Nehmt all' ein Glas zur Hand! | Nicht jeder hat ein Liebchen, | Doch jeder ein Vaterland!

Anastasius Grün (Anton Alexander Graf von Auersperg), Gedichte. D. Vaterland (1834).

— O Kyritz, mein Vaterland!

Karl Blum, Ein Stündchen vor d. Potsdamer Tor (1836).

— Ja, darum ruf' ich Vaterland | Und Freiheit, — dieser Ruf muß bleiben, | Wann lange unsrer Gräber Sand | Und unsern Staub die Winde treiben.

Ernst Moritz Arndt, Gedichte. Warum ruf' ich? (ged. 1837).

— Wer für sein kleines Vaterland sich dünken will zu groß, | Der gleicht dem Riesen, der sich schämt vor seiner Mutter Schoß.

Wilh. Müller, Gedichte (1837). Epigramme. 1. Hundert, Nr. 87. Riesenstolz.

— Mehr als das Leben, mehr als Hab' und Gut, | Mehr als die Welt ist ja das Vaterland.

Ernst Raupach, D. Hohenstaufen (1837). Kaiser Friedr. u. Mailand. A. 5, Sz. 1.

— Gefragt ein Weiser: Denkst du nie an's Vaterland? | Doch, sprach er, stets! und wies zum Himmel mit der Hand.

Friedr. Rückert, D. Weisheit d. Brahmanen (1836—1839).

— Deutsche Worte hör' ich wieder; — | Sei gegrüßt mit Herz und Hand! | Land der Freude, Land der Lieder, | Schönes, heitres Vaterland!

Aug. Heinr. Hoffmann von Fallersleben, Lyrische Gedichte. Nr. 4. Volksleben. Vaterland u. Heimat. Heimkehr a. Frankreich (ged. 5. Sept. 1839). Mel. v. Heinr. Schäffer (1851).

— Was ich bin, und was ich habe, | Dank' ich dir, mein Vaterland!

Aug. Heinr. Hoffmann von Fallersleben, Lyrische Gedichte. Nr. 4. Volksleben. Vaterland u. Heimat. Mein Vaterland (ged. 21. Okt. 1839). Mel. v. Ludw. Spohr (1845).

— . . . mein Trost, mein Glück bist du (Vaterland)!

Aug. Heinr. Hoffmann von Fallersleben, Lyrische Gedichte. Nr. 4. Volksleben. Vaterland u. Heimat. Mein Vaterland (ged. 21. Okt. 1839). Mel. v. Ludw. Spohr (1845).

Vaterland. — Zwei Dinge sind, die über des Menschen Herz neue sonderbare Macht gewinnen am Abend seiner Tage: — die Religion und das Vaterland.

Karl Jul. Weber, Demokritos (1832—1840). Weitere Religionsbetrachtungen eines einfältigen Laien.

— Ewig unserm Vaterland | Gut und Blut, Kopf, Herz und Hand!

Aug. Mahlmann, Sämtl. Schriften (1839—1840). Gedichte. Deutscher Rundges. Mel. v. J. J. Rößler.

— Lieb Vaterland, magst ruhig sein; | Fest steht und treu die Wacht am Rhein!

Max Schneckenburger, Deutsche Lieder. D. Wacht am Rhein (ged. Nov. 1840). Mel. v. Karl Wilh. (komp. 10. März 1854).

— Blüh' im Glanze dieses Glückes, | Blühe, deutsches Vaterland!

Aug. Heinr. Hoffmann von Fallersleben, Lyrische Gedichte. Nr. 4. Volksleben. Vaterland u. Heimat. D. Lied. d. Deutschen (ged. 26. Aug. 1841). Schlußv. Mel. Gott erhalte Frz. d. Kaiser usw. v. Jos. Haydn (komp. Jan. 1797).

— Den ersten Schluck, ans Schwert die Hand, | Den trink' ich, für das Vaterland | Zu sterben, zu sterben.

Georg Herwegh, Gedichte eines Lebendigen. Reiterlied (ged. 1841). Mel. v. Wilh. Justus Lyra (1843).

— Laßt die alten Weiber sich | Um den Himmel schelten, | Aber freie Männer wir | Lassen das nicht gelten; | Gegen dich, o Vaterland, | Sind uns nichts als eitler Tand | Alle Sternenwelten.

Gottfr. Kinkel, Gedichte (1843).

— Wanke nicht, mein Vaterland!

Friedr. Chemnitz, Wanke nicht, mein Vaterland! (ged. 1844). Mel. v. Gottl. Bellmann (komp. 1844).

— Wer mit getreuem Herzen sich | Dem Vaterland ergibt, | Der fordre keinen andern Lohn | Als den, daß er es liebt!

Jul. Hammer, Schau um dich u. schau in dich (1851). D. Vaterland. Wer mit getreuem Herzen sich usw.

— Leben bleiben wie das Sterben | Für das Vaterland ist süß.

Heinr. Heine, Romanzero (1851). B. 1. Historien. Zwei Ritter.

— . . . du, mein Kind, mein jüngstes, dessen Wiege | Auch noch auf diesem teuren Boden stand, | Hör' mich! — denn alles andere ist Lüge, — | Kein Mann gedeihet ohne Vaterland!

Theod. Storm, Gedichte. Abschied (ged. 1853).

— Erst im Auslande lernt man den Reiz des Heimatdialektes genießen; erst in der Fremde erkennt man, was das Vaterland ist.

Gustav Freytag, Soll u. Haben (1855).

— Hier werd' ich oder nie genesen, | Am Busen meines Vaterlands!

Rob. Prutz, A. d. Heimat (1858).

— Wollt ihr unser Vaterland kennen und lieben lernen, reist in fremde Länder!

Ludw. Börne, Gesammelte Schriften (1862—1863).

Vaterland. — Wer das Vaterland verläßt, steht in der Luft, hat keinen Boden unter sich, der ihn trägt.
Berth. Auerbach, Waldfried (1874).

— Dem Land, wo meine Wiege stand, | Ist doch kein andres gleich.
Jul. Sturm, D. B. für meine Kinder. Mein Vaterland (vor 1877). Mel. v. Oskar Schwalm.

— Wenn das Vaterland auf dem Spiele steht, | Gibt es für niemanden Rechte, | Dann hat ein jeder nur Pflichten.
Ernst von Wildenbruch, Generalfeldoberst (1889). A. 2, Sz. 10 (Joh. Georg).

— In Zeiten der Begeisterung für das Vaterland zu sterben ist leichter, als in den nüchternen Tagen dafür zu leben mit Gedanken, Wort und Tat.
Otto von Leixner, A. meinem Zettelkasten (1896). Öffentliches Leben. Zeitgeist.

— Das Wort „ubi bene, ibi patria" . . . ist das traurige Bekenntnis eines ideallosen, brutalen Materialismus; Brot und Salz, im Vaterlande genossen, schmeckt besser als Marzipan in der Fremde.
Dagobert von Gerhardt-Amyntor, D. Plauderer an d. Jahrhundertwende (1900). Vaterland.

— Nie stör' uns eitler Freuden Schein, | Dem Vaterland uns ganz zu weihn!
Erschalle, froher Rundges. usw. Verfasser unbek.

— Wiltu mit ehren werden bekandt, | Mach dich auß deim Vatterlandt!
Alter Spr.

— Ein weiser Mann nennt, wie bekannt, | Das, wo's ihm gut geht, Vaterland.
Sprichwort.

— Anderland, Schwarzbeere; Eigenland, Erdbeere.
Finnisches Sprichwort.

— Das Vaterland ist ein starkes Zugpflaster.
Holländisches Sprichwort.

— Lieber ist mir des Vaterlandes Rauch als der Fremde Feuer.
Isländisches Sprichwort.

— Im Dienste des Vaterlandes gehe ich auf. Lat.: **Patriae inserviendo consumor.**
Wahlspr. Otto von Bismarcks.

— Der Lohn des Lebens ist, für das Vaterland zu sterben. Lat.: **Praemium vitae mori pro patria.**
Wahlspr. d. Castillon.

— Dem Vaterlande gilt's, während wir zu spielen scheinen. Lat.: **Pro patria est, dum ludere videmur.**
Wahlspr. d. engl. Jockeyklubs.

Vaterlandserde. — Sei mir gegrüßt, Vaterlandserde! Vaterlandshimmel! Vaterlandssonne! — und Fluren und Hügel und Ströme und Wälder! seid alle, alle mir herzlich gegrüßt!
Friedr. von Schiller, D. Räuber (1781). A. 4, Sz. 1 (Moor).

Vaterlandsfeinde. — Wer die Feinde des Vaterlandes schlägt, und wäre es auch mit dem Tempelgerät des Allerheiligsten, stempelt sich nicht zum Barbaren.
Joh. Gottfr. Seume, Spaziergang nach Syrakus (1802).

Vaterlandsgeist. — . . . noch regt sich mit Adlers Schwung | Der vaterländ'sche Geist; | Und noch lebt die Begeisterung, | Die alle Ketten reißt.
Theod. Körner, Leier u. Schwert (1814). Trost.

Vaterlandsidee. — Ich misse schmerzlich | Des Vaterlandes herrliche Idee.
Emerich Madách, D. Tragödie d. Menschen (1861). A. d. Ungar. übers. v. Lechner. Sz. 12 (Adam).

Vaterlandsliebe. — . . . die Vaterlandsliebe hat keine Stufen; wer nicht alles tut, hat nichts getan; wer nicht alles gibt, hat alles verweigert.
Ludw. Börne, Gesammelte Schriften. Erz., Reisen, Verm. Aufsätze. Nr. 9. Vorwort zur zweiten Auflage d. Wage (1819). Schlußsatz.

— Vaterlandsliebe ist nichts als ein eingeschränkter Kosmopolitismus; und die höhere Menschenliebe ist des Weisen Vaterlandsliebe für die ganze Erde.
Jean Paul (Joh. Paul Friedr. Richter), Werke (1826—1828). Gesammelte Aufsätze u. Dichtungen.

— Treue Liebe bis zum Grabe | Schwör' ich dir mit Herz und Hand!
Aug. Heinr. Hoffmann von Fallersleben, Lyrische Gedichte. Nr. 4. Volksleben. Vaterland u. Heimat. Mein Vaterland (ged. 21. Okt. 1839). Mel. v. Ludw. Spohr (1845).

— Nur freies Wirken freier Männer erzeugt Vaterlandsliebe.
Karl Jul. Weber, Demokritos (1832—1840). Staatsbetrachtungen eines alten Welt- u. Mondbürgers.

— Die Vaterlandsliebe ist für den Bürger, was die Familienliebe für den Hausvater ist.
Ludw. Börne, Gesammelte Schriften (1862—1863).

Vaterlandswohl. — . . . das Wohl des Vaterlandes oberstes Gesetz und höchste Richtschnur für alle Parteien . . .
Otto von Bismarck im Abg.-Hause d. preuß. Landtages (17. Juni 1865).

Väterlich. — Mit heißen Tränen wirst du dich dereinst | Heim sehnen nach den väterlichen Bergen.
Friedr. von Schiller, Wilh. Tell (1804). A. 2, Sz. 1 (Attinghausen).

Vaterlos. — Ich bin wie die fließende Welle, | Ich bin wie der wehende Wind, | Ich bin wie das Wild, wie das schnelle, | Bin ein vater- und mutterlos Kind.
Karl Immermann, Tristan u. Isolde (1841). D. Jagd.

Vatermörder. — Allen Sündern wird vergeben, | Nur dem Vatermörder nicht!
Frz. Grillparzer, D. Ahnfrau (1817). A. 5 (Jaromir).

Vaterrat. — Das Höchste sei dir stets des Vaters Rat! Griech.: *Γνώμης πατρῴας πάντ' ὄπισθεν ἑστάναι.*
Sophokles (um 496—406 v. Chr.), Antigone. Übers. v. Jordan. V. 636 (Kreon).

Vaterruhm. — Was kann | Ein größer Kleinod wohl für Kinder sein | Als eines vollbeglückten Vaters Ruhm, | Und für den Vater als das Glück der Kinder? Griech.: *Τί γὰρ πατρὸς θάλλοντος, εὐκλείᾳ τέκνοις | Ἄγαλμα μεῖζον, ἢ τί πρὸς παίδων πατρί;*

Sophokles (um 496—406 v. Chr.), Antigone. Übers. v. Jordan. V. 699—700 (Hämon).

Vatersegen. — ... des Vaters Segen bauet den Kindern Häuser. Jes. Sir., K. 3, V. 11.

Vaterunser, das. — ... so ist oratio dominica, das Vaterunser, ein oratio orationum, ein Gebet über alle Gebete.

Dr. Martin Luther, Tischreden oder Colloquia (1566). Nr. 11. Tischreden v. hl. Katechismo. § 5. D. Katechismi Summa u. Inhalt.

— Vater unser. Lat.: Pater noster.

Matth., K. 6, V. 9.

— Alle Menschen verkehren das Vaterunser und wollen nur, daß ihr Wille geschehe.

Alter Spr.

— Vaterunser ist der Armen Zinsgut.

Sprichwort.

— Den kann man ooch'n Vaterunser durch de Backen pusten! (sagt man, wenn jemand ein recht eingefallenes Gesicht hat). Berliner Redensart.

Vaterwille. — Des Vaters Willen ist der Kinder Recht; | Und im Gehorsam liegt des Sohnes Ehre. Ernst Raupach, D. Hohenstaufen (1837). Kaiser Friedr. II. T. 2, A. 1, Sz. 7.

Vaterwunsch. — Es ist ein frommer Wunsch aller Väter, das was ihnen selbst abgegangen, an den Söhnen realisiert zu sehen.

Joh. Wolfg. von Goethe, A. meinem Leben. Dichtung u. Wahrheit (1809—1831).

Vaterzucht. — Mein Kind, gehorche der Zucht deines Vaters! Spr. Sal., K. 1, V. 8.

Vatikan. — ... welcher Kluge fänd' im Vatikan | Nicht seinen Meister?

Joh. Wolfg. von Goethe, Torquato Tasso (1789). A. 1, Sz. 4 (Antonio).

Veilchen, das. — Ein Veilchen auf der Wiese stand | Gebückt in sich und unbekannt; | Es war ein herzig's Veilchen.

Joh. Wolfg. von Goethe, Gedichte. Balladen. D. Veilchen (ged. 1773). Mel. v. Joh. André (1776), Sigmund Freiherr von Seckendorff (1777), Joh. Friedr. Reichardt (1783), Wolfg. Amadeus Mozart (um 1789) u. a.

— Blühe, liebes Veilchen, | Das ich selbst erzog, | Blühe noch ein Weilchen, | Werde schöner noch!

Christ. Adolf Overbeck, Fritzchens Lieder. D. Knabe an ein Veilchen (ged. 1778). Mel. v. Joh. Abraham Peter Schulz (1779).

Veilchen, die. — Sagt, wo sind die Veilchen hin, | Die auf jenem Rasen?

Karl Aug. Svabe, Sagt, wo sind d. Veilchen hin usw. (um 1750). Volksweise.

Venedig. — So spielt man in Venedig! (sagt man, wenn einer ein gutes Spiel beim Kartenspiel gemacht hat). Bek. Redensart.

Venus. — Ohne Ceres und Bacchus friert Venus. Lat.: Sine Cerere et Libero friget Venus.

Publ. Terentius Afer (um 185—155 v. Chr.), D. Eunuch. Übers. v. Donner. A. 4, Sz. 5, V. 6 (Chremes).

— An minem seil ich (Venus) drafter jeich | Vil narren, affen, esel, geuch, | Die ich verfür, betrüg und leich.

Seb. Brant, D. Narrenschif (1494). Nr. 13. V. bůlschaft.

— Wer einmol wurt von mir (Venus) verwunt, | Den macht kein krüter kraft gesunt.

Seb. Brant, D. Narrenschif (1494). Nr. 13. V. bůlschaft.

— Venus strick vnd ire bandt | Manchen wysen gfangen handt; | Wen sy bindt, den bindt sy hart; | Jr strick noch nie zerrissen wart.

Thomas Murner, Narrenbeschwerung (1512). Nr. 47. D. hefelin zů setzen.

— Im Haus der Tränen lächelt Venus nicht. Engl.: For Venus smiles not in a house of tears. William Shakespeare, Romeo u. Julia (1593). Übers. v. Schlegel. A. 4, Sz. 1 (Paris).

— Ihr Gifft der Zeit, Ihr Pest der Jugend, | Weg Venus, Amor, weg von mir!

Paul Fleming, Teutsche Poemata (1642). Oden. B. 5, Nr. 11. D. güldne Freyheit.

— Wie ganz anders, anders war es da! | Da man deine Tempel noch bekränzte, | Venus Amathusia!

Friedr. von Schiller, Gedichte. D. Götter Griechenlands (ged. 1788).

— Frau Venus ist eine schöne Frau, | Liebreizend und anmutreiche; | Wie Sonnenschein und Blumenduft | Ist ihre Stimme, die weiche.

Heinr. Heine, Neue Gedichte. D. Tannhäuser (ged. 1836). Nr. 2.

— Der Teufel, den man Venus nennt, | Er ist der schlimmste von allen.

Heinr. Heine, Neue Gedichte. D. Tannhäuser (ged. 1836). Nr. 2.

— Drei der Grazien gibt's, nur Eine Venus! Die Veilchen | Will ich zum Strauße gereiht, aber die Rose allein.

Friedr. Hebbel, Gedichte (1857). Epigramme u. Verwandtes. Nr. 2. Gnomen. Schön u. lieblich.

— Fraw Venus und das gelt | Regieren alle welt. Alter Spr.

Verachten. — Laßt unveracht et jederman, | Ihr wüst nicht, was ein ander kan; | Es scheint der Mann offt sehr gering, | Durch den Gott doch schafft grosse Ding!

Georg Rollenhagen, Froschmäuseler (1595). B. 1, T. 2, K. 24.

Verachten. — Der andere veracht, der ist selber nicht geschliffen.

Christoph Lehmann, Politischer Blumen-Garten (1662). T. 2. Verachtung. Nr. 33.

— Verachte Niemand, wenn du größer bist, | Und mache Niemand vor dir scheu; | Lieb' einen, weil er würdig ist, | Den Andern, daß er würdig sei! Christ. Wernicke, Uberschrifte Oder Epigrammata (1697).

— Die menschliche Seele ist vielleicht keines heftigeren Schmerzes fähig, als derjenige ist, den Gegenstand unserer zärtlichsten Gesinnungen verachten zu müssen.

Christoph Martin Wieland, Gesch. d. Agathon (1766—1767).

— Es ist leicht, zu verachten, Sohn; und verstehen ist viel besser.

Matthias Claudius, Sämtl. Werke d. Wandsbecker Boten (1816). An meinen Sohn Joh.

— Verächtlich ist gewiß der Mann, | Der ohne Grund verachten kann.

Joh. Gottfr. Seume, Sämtl. Werke (1826). Gedichte. Einem Kleinmütigen.

— Verachte keinen andern nicht; | Du weißt nicht, was noch dir geschicht! Sprichwort.

— Wer mich und die Meinigen will verachten, | Mag sich und die Seinigen erst betrachten; | Wer sich und die Seinigen recht wird betrachten, | Wird mich und die Meinigen auch nicht verachten. Spr. an einem Hause.

Verachtung. — Verachtung ist der wahre Tod! Friedr. von Schiller, Maria Stuart (1800). A. 2, Sz. 3 (Leicester).

— Die bittre, kalte, stumme Verachtung macht | Zum Bruderfeinde.

Friedr. Gottl. Klopstock, Sämtl. Werke (1798—1821).

— Der Haß schadet niemand, aber die Verachtung ist es, was den Menschen stürzt.

Joh. Peter Eckermann, Gespräche mit Goethe in d. letzten Jahren seines Lebens (15. Febr. 1831).

— Stumme Verachtung unwürdigen Angreifers gilt allzuleicht für Schwäche.

Jos. Viktor von Scheffel, Ekkehard (1855).

Veralten. — Ewig jung ist nur die Phantasie; | Was sich nie und nirgends hat begeben, | Das allein veraltet nie!

Friedr. von Schiller, Gedichte. An d. Freunde (ged. 1802). Schlußv.

Veränderlich. — Veränderlich sind die Gemüter, | So mußten auch die Dinge sein.

Christ. Fürchtegott Gellert, Fab. u. Erz. (1746). B. 1. D. Kartenhaus.

— Wen immerdar man anders schaut, | Der macht mir bange; | Nur Ein Tier wechselt seine Haut, | Das ist die Schlange.

Frz. Grillparzer, Gedichte (1873). Lebensregel.

Veränderung. — Veränderung ist angenehm und der menschlichen Natur notwendig, wenn sie auch zum Schlimmern ist.

Ewald Christ. von Kleist, Sämtl. Werke (1760). Prosaische Aufsätze. Nr. 9. Gedanken über verschiedene Gegenstände.

— Ewiges Einerlei widersteht; Veränderung nur ist das Salz des Vergnügens.

Friedr. von Schiller, Kabale u. Liebe (1784). A. 5, Sz. 7 (Ferd.).

— . . Vergnügen an Veränderung ist dem Menschen bleibend eigen.

Georg Christoph Lichtenberg, Verm. Schriften (1800—1806). Bd. 2, Nr. 2. Bemerk. verm. Inhalts. Nr. 8. Litterärische Bemerk.

— Veränderung macht Vergnügen.

Sprichwort.

Verantworten. — Willst du sein mit Ruh' und Gemach, | Verantwort' nicht ein' jede Sach'!

Spr. an einem Hausgerät (1633).

Verantwortlich. — Es gibt keine Handlung, für die niemand verantwortlich wäre.

Otto von Bismarck im Norddeutschen Reichstage (28. Sept. 1867).

Verantwortung. — Es ist eine der Krankheiten unserer Zeit, die Scheu vor der Verantwortung.

Otto von Bismarck im Norddeutschen Reichstage (1. März 1870).

Verbessern. — Jck quam (kam) gegangen in ein landt, | Dar stund geschreuen an der wandt: | Wat ick nich vorbetern künde, | Dat schold (sollt) ick lathen (lassen), als ickt vünde. Alter Spr.

Verbessern, das. — Neigung zum Erhalten und Geschicklichkeit zum Verbessern sind die beiden Elemente, deren Vereinigung in meinen Augen den Charakter des großen Staatsmannes bildet. Engl.: **A disposition to preserve, and an ability to improve, taken together, would be my standard of a statesman.**

Edmund Burke, Betrachtungen über d. Revolution in Frankreich (1790). Übers. v. Genz. Abs. 255.

Verbesserung. — Die Welt wird alt und wird wieder jung, | Doch der Mensch hofft immer Verbesserung.

Friedr. von Schiller, Gedichte. Hoffnung (ged. 1797). Mel. v. Ludw. Berger (komp. 1809) u. Joh. Friedr. Reichardt (1810).

Verbesserungen. — Verbesserungen müssen zeitig glücken; | Im Sturm kann man nicht mehr die Segel flicken.

Jos. Freiherr von Auffenberg, Sämtl. Werke (1843—1847). Gedichte. Unvergoldete Pillen.

Verbeugung. — Die Winkel, die der Körper bei der Verbeugung bildet, sind für Individuen und Völker, für einzelne Umstände und ganze Zeiten gleich bezeichnend.

Georg Christoph Lichtenberg, Verm. Schriften (1800—1806).

Verbieten. — Verbiete du dem Seidenwurm zu spinnen!

Joh. Wolfg. von Goethe, Torquato Tasso (1789). A. 5, Sz. 2 (Tasso).

— Was man verbeut, | Das tun die Leut'.

Sprichwort.

Verbittern. — Verbittre dir das junge Leben nicht, | Verschmähe, was dir Gott gegeben, nicht!

Friedr. von Bodenstedt, D. Lieder d. Mirza=Schaffy (1851). Lieder zum Lobe d. Weines u. irdischer Glückseligkeit. Nr. 10.

Verblühen. — Die Nase rümpft oft vor verblühten Rosen, | Wer vor der Knospe kniete. Engl.: Against the blown rose may they stop their nose, | That kneel'd unto the buds.

William Shakespeare, Antonius u. Kleopatra (um 1607—1608). Übers. v. Graf Baudissin. A. 3, Sz. 13 (Kleopatra).

— Die Blume verblüht, | Die Frucht muß treiben.

Friedr. von Schiller, Gedichte. D. Lied v. d. Glocke (ged. Sept. 1799).

Verblühen, das. — Alle tragen wir in uns den Keim zu unserm Verblühen; | Blühn und Verblühen ist nur eine Entwicklung der Zeit.

Joh. Gottfr. von Herder, Sämtl. Werke (1805—1820). Gedichte. D. Gesetz d. Natur.

Verborgenheit. — Wohl dem, der mit seinem bescheidenen Lose zufrieden . . . in der Verborgenheit lebt, wohin die Götter ihn gestellt haben! Franz.: Heureux qui, satisfait de son humble fortune, . . . | Vit dans l'état obscur où les dieux l'ont caché.

Jean Baptiste Racine, Iphigenie (1674). Übers. v. Viehoff. A. 1, Sz. 1 (Agamemnon).

Verbot. — . . . das Verbot . . . | Verdoppelt den Genuß.

Christ. Dietr. Grabbe, Don Juan u. Faust (1829). A. 4, Sz. 4 (Don Juan).

Verboten. — Die dumme Welt liebt alle Frist | Grad' das, was ihr verboten ist. Mittelhochdeutsch: Diu tumbe werelt triutet, | Swaz man ir verbiutet.

Vridankes Bescheidenheit (1225—1240). Übertr. v. Pannier. Nr. 9. v. d. werlde.

— Wer nach verbot'nen Schätzen strebt, | Hat kein vergnügt Gewissen.

D. Zeiten, Brüder, sind nicht mehr usw. (vor 1772).

— Die verbot'ne Frucht zu brechen, | Fühlen wir der Sehnsucht Schmerz.

Novalis (Friedr. von Hardenberg), Schriften (1802). Heinr. v. Ofterdingen. Klage d. Mädchen.

— Sogar das Paradies wäre kein Paradies gewesen ohne den verbotenen Apfel.

Peter Sirius, Tausend u. Ein Gedanken (1899). Menschen u. Menschliches.

— Verbotene Frucht schmeckt süß. Sprichwort.

Verbotene, das. — Warum ist so groß des Menschen Hunger nach dem Verbotenen? Lat.: Inde fames homini vetitorum tanta ciborum?

Publ. Ovidius Naso (um 43 v. Chr.—17 n. Chr.), Metamorphosen. B. 15, V. 138. Übers. v. Grau.

— Nach dem Verbotenen streben wir stets, das Versagte begehrend. Lat.: Nitimur in vetitum semper, cupimusque negata.

Publ. Ovidius Naso (um 43 v. Chr.—17 n. Chr.), Liebeslieder. Übers. v. Voß. B. 3, Nr. 4, V. 17.

Verbrechen, das. — Ein schwer Verbrechen sieht den Weg sich schon gebahnt. Franz.: Quelques crimes toujours précèdent les grands crimes.

Jean Baptiste Racine, Phädra (1677). Übers. v. Viehoff. A. 4, Sz. 2 (Hippolyte).

— Wenn das Unglück dem Verbrechen folgt, | Folgt öfter das Verbrechen noch dem Unglück!

Frz. Grillparzer, D. goldene Vließ (1822).

— Im Verbrechen geht das Leben unter, | In einem einzigen der ganze Mensch.

Ernst Raupach, D. Hohenstaufen (1837). Kaiser Friedr. II. T. 1, A. 2, Sz. 5.

— Man hat recht, zu zweifeln, ob das ein Verbrechen sei, was vollendet mit einer Lorbeerkrone, versucht mit einer Dornenkrone vergolten wird.

Ludw. Börne, Gesammelte Schriften (1862—1863). Kritiken. Nr. 3. De la peine de mort en matière politique.

Verbrechen, die. — . . . unnatürlich ungeheure | Verbrechen wecken unnatürliche | Gewissensangst. Engl.: Unnatural deeds | Do breed unnatural troubles.

William Shakespeare, Macbeth (1606). Übers. v. Schiller. A. 5, Sz. 1 (Arzt).

— Große Fehler und Verbrechen | Deckt man zu mit goldnen Blechen.

Friedr. von Logau, Deutsche Sinn=Getichte (1654).

— Es ist eine falsche Maxime, daß man alle Verbrechen das erstemal gelinde bestrafen soll. Man bestrafe sie hart, damit die Vorstellung der Strafe stärker werde als die Vorstellung der Lust, die das Verbrechen wirkt!

Ewald Christ. von Kleist, Sämtl. Werke (1760). Prosaische Aufsätze. Nr. 9. Gedanken über verschiedene Gegenstände.

— Auch das Ungeheure in den Verbrechen partizipiert von den Empfindungen, welche Größe und Kühnheit in uns erwecken.

Gotthold Ephr. Lessing, Hamburgische Dramaturgie (1767—1768).

Verbunden. — Es ist nur Eins, was uns retten kann, | Verbunden können sie uns nichts schaden; | Wir stehen alle für Einen Mann.

Friedr. von Schiller, Wallensteins Lager (1798). Sz. 11 (Erster Kürassier).

— Verbunden werden auch die Schwachen mächtig.

Friedr. von Schiller, Wilh. Tell (1804). A. 1, Sz. 3 (Stauffacher).

Verbunden. — Wenn auch der Held sich selbst genug ist, | Verbunden geht es doch geschwinder! | Und wenn der Überwund'ne klug ist, | Gesellt er sich zum Überwinder.

Joh. Wolfg. von Goethe, Poetische u. prosaische Werke (1836—1837). Gedichte. A. d. Nachlaß. Zahme Xenien. Nr. 9.

Verdacht. — En falsche Verdacht | Het Tüfelsmacht. Sprichwort. Schweiz.

Verdammnis. — ... die ewige Verdammnis | Ist kein bloßer Pöbelwahn.

Heinr. Heine, D. B. d. Lieder. D. Heimkehr (ged. 1823—1824). Nr. 38.

— ... der Weg ist breit, der zur Verdammnis abführet, und ihrer sind viele, die darauf wandeln. Matth., K. 7, V. 13.

Verdanken. — Was du dankst der milden Göttergunst, | Drückt dein Haupt zu Boden nieder; | Was du dankst der eignen Müh' und Kunst, | Hebt es zu den Göttern wieder.

Anastasius Grün (Anton Alexander Graf von Auersperg), Gesammelte Werke (1877). Gedichte. Spr.

Verderben. — Herr, hilf uns, wir verderben! Matth., K. 8, V. 25.

— Mancher verdirbt, | Ehe er stirbt. Sprichwort.

Verderben, das. — ... Verderben, gehe deinen Gang!

Friedr. von Schiller, D. Verschwörung d. Fiesko zu Genua (1783). A. 5, Sz. 1 (Fiesko). Schlußwort.

— Die Götter wollen dein Verderben; | Fort eil' ich, nicht mit dir zu sterben!

Friedr. von Schiller, Gedichte. D. Ring d. Polykrates (ged. 24. Juni 1797).

— ... dem Verderben entsproßt neuer Gestaltungen Keim.

Emanuel Geibel, Gesammelte Werke (1883). Gedichte. Dichtungen in antiker Form. Kleinigkeiten. Nr. 18.

— Zum Verderben gedeihen.

Nach Jes. Sir., K. 20, V. 9. — Sprichwörtl. Redensart.

Verderblich. — Verderblich ist des Tigers Zahn.

Friedr. von Schiller, Gedichte. D. Lied v. d. Glocke (ged. Sept. 1799).

Verdienen. — Es ist an Wunders Statt, | Wenn einer das erlangt, was er mit Recht verdienet, | Und einer das verdienet, was er erlanget hat.

Christ. Wernicke, Uberschriffte Oder Epigrammata (1697).

— Besser ist's, die Menschen sagen: | Dreimal mehr verdientest du, | Als daß Weise spöttisch fragen: | Sagt, wie kam der Narr dazu?

Günther von Göckingk, Sinngedichte (1772).

— Das Pferd, das den Hafer verdient, kriegt dessen wenig. Sprichwort.

— Er verdient sich nicht 's Krautwasser.

Sprichwörtl. Redensart. Pitztal.

Verdienen, das. — Verdienen is 'n Hauptwort un wird jroß jeschrieben. Berliner Redensart.

Verdienst. — Behandelt jeden Menschen nach seinem Verdienst; und wer ist vor Schlägen sicher? Engl.: Use every man after his desert, | And who should 'scape whipping?

William Shakespeare, Hamlet (1601—1602). Übers. v. Schlegel. A. 2, Sz. 2 (Hamlet).

— Den Tod mir wünsch' ich, wenn ich ansehn muß, | Wie das Verdienst zum Bettler wird geboren. Engl.: For restful death I cry, — | As to behold desert a beggar born.

William Shakespeare, Sonette (1609). Übers. v. Bodenstedt. Abteilung 2, Nr. 60.

— Noch viel Verdienst ist übrig. Auf, hab' es nur! Friedr. Gottl. Klopstock, Oden. D. Rheinwein (ged. 1753).

— Verdienst steht noch und fühlt gebeuget | Ein lohnend Amt dem Golde feil.

Gotthold Ephr. Lessing, Schriften (1753—1755). Oden. B. 1, Nr. 4. An d. Herrn N**.

— Hast du Verdienst, so tritt zurück | Zu der Bescheidenheit im Winkel; | Doch hast du keins, hast aber Dünkel, | So tritt hervor zu jedem Blick; | Gewiß, du machst ein großes Glück!

Joh. Wilh. Ludw. Gleim, Sinngedichte (1769).

— Die Menge schätzt nur den Widerschein des Verdienstes.

Joh. Wolfg. von Goethe, Götz v. Berlichingen (1773). A. 2. Bamberg (Adelheid).

— Dem Verdienste seine Kronen!

Friedr. von Schiller, Gedichte. An d. Freude (ged. 1785). Mel. v. Friedr. Frz. Hurka (1789), Karl Friedr. Zelter (komp. 1. März 1792), Joh. Friedr. Reichardt (komp. 1795) u. a.

— Verdienst, das still wie Gott das Gute tut, | Aus Tugendliebe, nicht zum Scheine, | Das etwa zu sich selbst nur saget: das war gut; | Das ist das Selt'ne, das ich meine!

Joh. Wilh. Ludw. Gleim, D. goldenen Spr. d. Pythagoras (1786).

— ... das Verdienst lebt fern vom Lärme, | Verscheucht und gleichsam auf der Flucht; | Nur der entdeckt es, der es sucht.

Gottl. Konrad Pfeffel, Poetische Versuche (1789—1790). Gedichte.

— ... früheres Verdienst veraltet schnell.

Friedr. von Schiller, D. Piccolomini (1799). A. 2, Sz. 7 (Wallenstein).

— Nur im Grabesdunkel leuchtet das Verdienst.

Aug. von Kotzebue, D. kluge Frau im Walde (1801).

— Geschwister sind ja Schweigen und Verdienst.

Frz. Grillparzer, Sappho (1822). A. 1, Sz. 2 (Sappho).

— Wie sich Verdienst und Glück verketten, | Das fällt den Toren niemals ein.

Joh. Wolfg. von Goethe, Faust II (1831). A. 1. Kaiserliche Pfalz. Saal d. Thrones (Mephistopheles).

— Wer Verdienst hat, spricht nicht davon. Sprichwort.

— ... je nach dem Verdienst jeder erhält seinen Lohn. Lat.: Et sua pro meritis praemia quisque feret. Inschrift im Rathause zu Danzig.

Verdienste. — Man darf nur leben; | Verdiensten muß die Zeit Recht und Belohnung geben.

Friedr. von Hagedorn, Sämtl. Poetische Werke (1757). Fab. u. Erz. B. 2. D. Ritterpferd u. d. Klepper. Schlußv.

— Es ist schön, Verdienste zu haben; es ist ebenso schön, Verdienste zu ehren.

Joh. Heinr. Bernh. Dräseke (1774—1849).

— Wer seine Verdienste in Kleidern hat, dem fressen sie die Motten. Sprichwort.

Verdorben. — Sie sind verdorben, gestorben.

Heinr. Heine, Neue Gedichte. Verschiedene. Tragödie (ged. 1826—1828). Nr. 2. Schlußv. Mel. v. Felix Mendelssohn-Bartholdy.

Verdorbene, der. — . . . der Verdorb'ne haßt den Unverdorb'nen, | Und jeder Schuld'ge ist der Unschuld Feind.

Theod. Körner, Hedwig (ged. Sept. 1812). A. 1, Sz. 2 (Jul.).

Verdrießlich. — Ich bin verdrießlich! | Weil ich verdrießlich bin, | Bin ich verdrießlich.

Ludw. Bechstein, Gedichte (1836). D. Verdrießliche.

Verdrießlichkeit. — Man verscheuchet mit Rauch die Fliegen, | Mit Verdrießlichkeit wohl den Mann.

Adelbert von Chamisso (Louis Charles Adelaide Chamisso de Boncourt), Gedichte. Lieder u. lyrisch-epische Gedichte. Zur Unzeit (ged. 1820).

— Man darf sie (die Verdrießlichkeit) mit Recht eine Sünde wider den heiligen Geist im Menschen nennen.

Ernst Freiherr von Feuchtersleben, Zur Diätetik d. Seele (1838). K. 4. Wille, Charakter, Unentschlossenheit, Unaufgelegtheit, Zerstreutheit.

— Der Traurigkeit kann kein Mensch sich erwehren, | Der Verdrießlichkeit jeder. Alter Spr.

Verdrossen. — Verdrossen | Hält alles für Possen. Sprichwort.

Verdruß. — Unser mürrischer Verdruß | Ist wie ein gesalzner Fluß, | Der, je mehr er Thränen reizt, | Wang' und Augen schärfer beizt.

Joh. Christ. Günther, Gedichte (1735). Studenten-Lied.

Veredlung. — Veredlung ist der Welt Erlösungswort.

Friedr. von Bodenstedt, Einkehr u. Umschau (1876).

Verein. — Jeder stark alleine; | Stärker im Vereine | Ist des Ganzen Bild.

Friedr. von Schlegel, Gedichte (1809). Freiheit.

— Es wissen Papst und Bauer im Verein | Mehr als der allerklügste Papst allein.

Betty Paoli (Elisabeth Glück), Neueste Gedichte (1870). Sinnspr.

Vereinen. — Entzwei' und gebiete! Tüchtig Wort; | Verein' und leite! Bess'rer Hort.

Joh. Wolfg. von Goethe, Gedichte. Sprichwörtl. (ged. 1812—1814).

Vereinfachen. — Verwicklungen zu vereinfachen ist in allen Wissenszweigen der erste wesentliche Erfolg. Engl.: To simplify complications is, in all branches of knowledge, the first essential of success.

Henry Thomas Buckle, Gesch. d. Zivilisation (1858—1861). Übers. v. Ritter. K. 5, Abschnitt 5.

Vereinigt. — Wirkt doch vereinigte Kraft auch wohl von schwächeren Männern. Griech.: *Συμφερτὴ δ' ἀρετὴ πέλει ἀνδρῶν καὶ μάλα λυγρῶν.*

Homer, Ilias. Übers. v. Voß. Ges. 13, V. 237.

Vereinigung. — . . . was vereinzelt unser Erstaunen oder Lachen erregen würde, erscheint uns als ganz gewöhnlich und ernsthaft in seiner Vereinigung.

Heinr. Heine, Sämtl. Werke. Engl. Fragmente (1828). K. 3. D. Engländer.

Vereint. — Vereinte Kraft ist stark. Lat.: Unita virtus valet.

Wahlspr. Kaiser Otto III. (reg. 983—1002).

— Im vereinten Lichte größer! Lat.: Concordi lumine maior!

Wahlspr. Kaiser Matthias (reg. 1612—1619).

— Vereint wirkt also dieses Paar, | Was einzeln keinem möglich war.

Christ. Fürchtegott Gellert, Fab. u. Erz. (1746). B. 1. D. Blinde u. d. Lahme.

— Sind wir vereint zur guten Stunde . .

Ernst Moritz Arndt, Gedichte. Bundeslied (ged. 1815). Mel. v. Georg Friedr. Hanitsch (1817).

— Vereinte Macht bricht Burg und Strom. Sprichwort.

Verewigen, sich. — Nichts vom Vergänglichen, | Wie's auch geschah! | Uns zu verewigen | Sind wir ja da.

Joh. Wolfg. von Goethe, Gedichte. Zahme Xenien. Nr. 1 (1820).

Verfassung. — Laßt Toren streiten, welche Verfassung die beste sei; wo am besten regiert wird, ist die Verfassung die beste. Engl.: For forms of government let fools contest; | Whate'er is best administer'd is best.

Alexander Pope, Essay über d. Menschen (1732—1734). Übers. v. Ölckers u. Böttger. Nr. 3, V. 303—4.

— Unterm Monde ist jede Vollkommenheit ein negativer Begriff und die vollkommenste Verfassung doch nur die, welche die wenigsten Fehler hat.

Karl Jul. Weber, Demokritos (1832—1840). D. Staat u. seine Formen.

Verfassungen. — Öffentlichkeit und Bewahrung der Individualität der Menschen, — es sind die Hauptstützen freier Verfassungen.

Alexander von Humboldt, Kosmos (1845—1862).

Verfassungsleben. — Das Verfassungsleben kann nicht nach mathematischen, nicht einmal nach juristischen Regeln beurteilt werden. Es ist eben ein beständiger Kompromiß.

Otto von Bismarck im Herrenhause d. preuß. Landtages (22. Dez. 1866).

Verfechten. — Wer alle Dinge verfechten will, der darf sein Schwert nicht einstecken. Alter Spr.

Verfischt. — O Fleisch, Fleisch! wie bist du verfischt worden! Engl.: O flesh, flesh, how art thou fishified!

William Shakespeare, Romeo u. Julia (1593). Übers. v. Schlegel. A. 2, Sz. 4 (Mercutio).

Verflucht. — ... der sei Anathema (verflucht)! 1. Kor., K. 16, V. 22.

Verfolgung. — Verfolgung macht kluge Leute toll und rohe, dabei gutmütige und wohlwollende grausam und boshaft.

Ben David, Etwas zur Charakterisierung d. Juden (1793).

Verführen. — ... (sie) ließ ihn die Verachtung spüren, | Die der, wär's auch ein Prinz, verdient, | Der sich, die Tugend zu verführen, | Aus Niederträchtigkeit erkühnt.

Christ. Fürchtegott Gellert, Fab. u. Erz. (1746). B. 3. Rhynsolt u. Lucia.

Verführung. — Was Gewalt heißt, ist nichts; Verführung ist die wahre Gewalt.

Gotthold Ephr. Lessing, Emilia Galotti (1772). A. 5, Sz. 7 (Emilia).

— Ich erkenne sie, | Die Stimme der Verführung! Sie ergriff | Dein offnes Ohr, sie hat dein Herz vergiftet!

Friedr. von Schiller, Wilh. Tell (1804). A. 2, Sz. 1 (Attinghausen).

Vergangen. — Du sprichst von Zeiten, die vergangen sind. Friedr. von Schiller, Don Carlos (1787). A. 1, Sz. 2 (Carlos).

— Vergangene Zeiten. Ital.: Tempi passati.

Kaiser Jos. II. (1741—1790), bei Besichtigung eines Bildes, d. d. Kaiser Friedr. I. zu Füßen d. Papstes Alexander darstellt.

— Du sprichst von Dingen, die vergangen sind.

Frz. Grillparzer, Sappho (1822). A. 5, Sz. 6 (Sappho).

— Was vergangen, kehrt nicht wieder; | Aber ging es leuchtend nieder, | Leuchtet's lange noch zurück! Karl Förster, Gedichte (1843). Erinnerung u. Hoffnung.

— ... besser dünkt ja allen, was vergangen ist.

Eduard Mörike, Gedichte. Ach, nur einmal noch im Leben usw. (geb. 1845).

— Keine Verdrehung der Wahrheit durch die Phantasie hat soviel Unheil gestiftet als der übertriebene Respekt vor vergangenen Zeiten. Diese Verehrung des Altertums streitet mit aller Vernunft und ist nur ein Schwelgen in poetischen Gefühlen zugunsten des Entfernten und Unbekannten. Engl.: Of all the various ways in which the imagination has distorted truth, there is none that has worked so much harm as an exaggerated respect for past ages. This reverence for antiquity is repugnant to every maxim of reason, and is merely the indulgence of a poetic sentiment in favour of the remote and unknown.

Henry Thomas Buckle, Gesch. d. Zivilisation (1858—1861). Übers. v. Ritter. K. 2.

Vergangen. — Wer vergangene Ding betracht't, | Der gegenwärtigen hat Macht | Und Künftiges draus ermessen kann, | Den halt ich für einen weisen Mann. Alter Spr.

Vergangene, das. — Nach der Arbeit wüßt' ich nichts Angenehmers, als mich des Vergangenen zu erinnern.

Joh. Wolfg. von Goethe, Götz v. Berlichingen (1773). A. 1. Jaxthausen (Götz).

— Laß Vergang'nes | Vergessen sein!

Friedr. von Schiller, D. Piccolomini (1799). A. 4, Sz. 7 (Illo).

— Willst du dir ein hübsch Leben zimmern, | Mußt dich ums Vergang'ne nicht bekümmern!

Joh. Wolfg. von Goethe, Gedichte. Epigrammatisch. Lebensregel (geb. um 1814).

— Das Vergangne beträchtlich erachten, | Das Zukünfftig' wol und reif betrachten, | Das Gegenwärtige wol ordiniren; | So kann man ein gut ruhig Leben führen. Spr. an einem Hausgerät.

— Ein Kluger muß den Sinn auf das Vergang'ne lenken, | Das Gegenwärt'ge tun, das Künftige bedenken. Spr. an einem Hausgerät.

Vergangenheit. — Daß die entschwundenen Jahre (die Vergangenheit) zurück mir Jupiter brächte! Lat.: O mihi praeteritos referat si Juppiter annos!

Publ. Vergilius Maro (um 70 v. Chr. — 17 n. Chr.), Aeneis. Übers. v. Voß. B. 8, V. 560.

— Mein Freund, die Zeiten der Vergangenheit | Sind uns ein Buch mit sieben Siegeln.

Joh. Wolfg. von Goethe, Faust, I (1808). Nacht (Faust).

— Ich habe überdies eine große Liebe für die Vergangenheit. Nur was sie gewährt, ist ewig und unveränderlich wie der Tod, und zugleich, wie das Leben warm und beglückend.

Wilh. Freiherr von Humboldt, Br. an eine Freundin (18. Dez. 1814).

— Die Beschäftigung mit der Vergangenheit, das Zurückgehen in dieselbe, hat einen überaus großen Reiz. Was ehemals auf die Seele gewirkt hat, gedacht und empfunden worden ist, hat den jetzigen Zustand des Denkens, Empfindens und Wollens mit gebildet.

Wilh. Freiherr von Humboldt, Br. an eine Freundin (21. Mai 1825).

— Die Vergangenheit und die Erinnerung haben eine unendliche Kraft, und wenn auch schmerzliche Sehnsucht daraus quillt, sich ihnen hinzugeben, so liegt darin doch ein unaussprechlich süßer Genuß.

Wilh. Freiherr von Humboldt, Br. an eine Freundin (18. Mai 1829).

— Vergangenheit laß deine Lehrerin sein, | In die Gegenwart streue den Samen ein; | Ob die Zukunft belebe den zarten Keim, | Das stelle Gott anheim! Georg Keil, Lyra u. Harfe (1834).

— Was ist die Vergangenheit? Du selbst!

Ernst Freiherr von Feuchtersleben, Zur Diätetik d. Seele (1838). Tagebuchblätter.

Vergangenheit. — Wir können die Geschichte der Vergangenheit weder ignorieren, noch können wir die Zukunft machen.

Otto von Bismarck im Norddeutschen Reichstage (16. April 1869).

Vergänglich. — Alles Ding zergänglich ist, | Allein, o Gott, du ewig bist; | Darum mit keckem Mut veracht | Der Welt Pomp, List und alle Pracht! Ludw. VI., Kurfürst v. d. Pfalz (1582).

— Auch das stolzeste Werk, ins Leben gestellt, ist vergänglich; | Was man im Herzen gebaut, reißt keine Ewigkeit um.

Theod. Körner, Poetischer Nachlaß. Verm. Gedichte. Erinnerungen an Karlsbad (ged. 1811). Nr. 6. D. Obelisk. Schlußv.

Vergängliche, das. — Alles Vergängliche | Ist nur ein Gleichnis.

Joh. Wolfg. von Goethe, Faust, II (1831). A. 5. Bergschluchten, Wald, Fels, Einöde (Chorus mysticus).

— So du dich achtest klug und weiß, | So leg auffs zergenglich keinen fleiß. Alter Spr.

Vergänglichkeit. — Weißt du, was in dieser Welt | Mir am meisten wohlgefällt? | Daß die Zeit sich selbst verzehret, | Und die Welt nicht ewig währet (die Vergänglichkeit).

Friedr. von Logau, Deutsche Sinn=Getichte (1654).

— Der Gedanke an die Vergänglichkeit aller irdischen Dinge ist ein Quell unendlichen Leids — und ein Quell unendlichen Trostes.

Marie von Ebner=Eschenbach, Aphorismen (1893).

— Der Könige König ist Vergänglichkeit.

A. d. Ungar. d. Petöfy.

Vergeben. — Alles begreifen heißt alles vergeben. Franz.: **Tout comprendre c'est tout pardonner.** Nach Frau von Staël, Corinna (1807).

— Mag der Himmel euch vergeben, | Was ihr an mir Armen tut!

W. Friedrich, Martha (1847). A. 3, Sz. 14 (Lionel). Komp. v. Friedr. von Flotow.

— Vergeben, aber nicht vergessen (der Kulturkampf)! Bischof Haffner v. Mainz auf d. Mainzer Katholikenversammlung (30. Aug. 1892).

— ... ich (der Herr) will ihnen ihre Missetat vergeben und ihrer Sünde nicht mehr gedenken.

Jer., K. 31, V. 34.

— Vergib deinem Nächsten, was er dir zuleide getan hat, und bitte dann, so werden dir deine Sünden auch vergeben!

Jes. Sir., K. 28, V. 2.

— ... vergib uns unsere Schulden, wie wir unsern Schuldigern vergeben!

Matth., K. 6, V. 12.

— Vater, vergib ihnen, denn sie wissen nicht, was sie tun! Luk., K. 23, V. 34.

— Andern vergib willig und gern, | Dir aber selbst mit grossen beschwern! Alter Spr.

— Vergib dir nichts, den andern viel!

Spr. im Berliner Rathause. Erster Stock.

Vergeben, das. — ... was ist göttlicher als vergeben?

Gotthold Ephr. Lessing, Miß Sara Sampson (1755). A. 3, Sz. 5 (Mellefont).

— Wie schön steht einer Seele, die sich vorher kraftvoll gegen den Unterdrücker aufrichtete, das Vergeben an und das Herabneigen und Niederbücken zu einem Bedrängten!

Jean Paul (Joh. Paul Friedr. Richter), Siebenkäs (1796—1797).

— Der Siege göttlichster ist das Vergeben!

Friedr. von Schiller, D. Braut v. Messina (1803). Säulenhalle (Isabella).

— Vergeben und vergessen heißt gemachte kostbare Erfahrungen zum Fenster hinauswerfen.

Arthur Schopenhauer, Parerga u. Paralipomena (1851). Aphorismen zur Lebensweisheit.

Vergeblich. — Det wird dir wol verjeblich jelingen! (das wird dir nicht gelingen).

Berliner Redensart.

Vergebung. — Zu der brüderlichen Vergebung gehört auch, daß der Bruder, dem ich vergeben soll, seine Fehler bekenne; denn die Sünde, welche nicht bekannt wird, kann ich nicht vergeben.

Dr. Martin Luther, Tischreden oder Colloquia (1566). Nr. 9. Tischreden v. d. Sünde. § 22. Was zu d. brüderlichen Vergebung gehöre.

Vergehen. — Die Zeit und wir vergehn! | Was wir hier sehen stehn | In diesem grünen Garten, | Verwelkt in kurzer Zeit, | Weil schon des Herbstes Neid | Scheint drauf zu warten.

Heinr. Albert, Musicalische Kürbs Hütte (1641).

— Alles, alles, was wir sehen, | Das muß fallen und vergehen; | Wer Gott fürcht, wird ewig stehen. Mich. Frank, V. d. Eitelkeit (1688).

— Hier aber unter ihrem (der Gestirne) Blick | Vergeht, verfliegt, veraltet alles. | Dem Thronenpomp, dem Cronenglück | Droht eine Zeit des Falles!

Anna Luisa Karschin, Auserlesene Gedichte (1764). An Gott, als sie bey hellem Mondschein erwachte.

— Alles entsteht und vergeht nach Gesetz.

Joh. Wolfg. von Goethe, Gedichte. Elegien. Nr. 2. Euphrosyne (ged. Okt. 1797 u. 12.—13. Juni 1798).

— ... dem heil'gen, tiefen Leben | Ist ein ew'ger Lenz gegeben, | Und nur Totes kann vergehn. Ernst Schulze, Cäcilia (1818). Ges. 13.

— Das ist der Spruch des Ewigen: Entstehen, | Sich gatten, Gleiches zeugen und vergehen.

Ludw. Bechstein, D. Totentanz (1831).

— Alles in der Welt vergeht | Und kaum noch Spuren läßt. Ital.: **Tutto al mondo passa | E quasi orma non lascia.**

Giacomo Leopardi, Am Abend eines Festtages (1831). Übers. v. Heyse.

— ... was nicht | Vergeht, das lebte nicht und lebt nicht weiter.

Leop. Schefer, Laienbrevier (1834). Jan. Nr. 29. Schlußv.

Vergehen, das. — Zu schwer bezahlt man oft ein leicht Vergehn.

Joh. Wolfg. von Goethe, Elpenor (1781). A. 1, Sz. 4 (Antiope).

Vergelten. — Gutes mit Bösem vergelten.

Nach 1. Mos., K. 44, V. 4. — Sprichwörtl. Redensart.

— . . . der Herr, der ein Vergelter ist, wird es dir siebenfältig vergelten.

Jes. Sir., K. 35, V. 13.

Vergeltung. — . . . die Vergeltung ist unsterblicher | Und schrecklicher als die Beleidigung!

Christ. Dietr. Grabbe, Don Juan u. Faust (1829). A. 3, Sz. 1 (Gouverneur).

Vergessen. — Wie könnt' ich dein vergessen! | Ich weiß, was du mir bist.

Aug. Heinr. Hoffmann von Fallersleben, Lyrische Gedichte. Nr. 4. Volksleben. Vaterland u. Heimat. Mein Lieben (ged. 14. Dez. 1841). Mel. v. Ludw. Erk (1843).

Vergessen, das. — Vergessen ist für Schaden gut. Sprichwort.

Vergessenheit. — Aus dem Strome der Vergessenheit trinken (aus dem Strome Lethe, der nach Lethe, der Tochter der Eris, benannt wurde).

Nach Hesiod (8. Jahrh. v. Chr.), Theogenie. Übers. v. Uschner. V. 227.

— Auch des Edeln schlummernde Gebeine | Hüllt das Dunkel der Vergessenheit; | Moos bedeckt die Schrift am Leichensteine, | Und sein Name stirbt im Lauf der Zeit.

Friedr. von Matthisson, Gedichte (1787). Grablied.

— Die dunkle Nacht der Vergessenheit verhüllt alles. Ital.: . . . involve | Tutte cose l'obblio nella sua notte.

Ugo Foscolo, D. Gräber (1806—1807). Übers. v. Pozzoni.

— Der Mensch ist zusammengesetzt aus Vergessenheit. Arabisches Sprichwort.

Vergiften. — O, ich möchte den Ozean vergiften! Friedr. von Schiller, D. Räuber (1781). A. 1, Sz. 2 (Moor).

Vergleich. — Ein magerer Vergleich ist besser als ein fetter Prozeß. Sprichwort.

Vergleichen. — Willst du dem Künstler seinen Wert dir rauben, | Dem Werk den Glanz, den Sternen ihren Schein, — | Vergleiche sie! Dann hast du's leicht vollendet! | Vergleiche Gott! — du hast ihn abgesetzt.

Leop. Schefer, Laienbrevier (1834). Aug. Nr. 29. Schlußv.

Vergleichen, sich. — Wer sich will vergleichen, | Der muß geben und weichen.

Alter Spr.

Vergleichung. — Vergleichung ist der Dinge Tod. Leop. Schefer, Laienbrevier (1834). Aug. Nr. 29.

Vergnügen. — Bei Gütern, die wir stets genießen, | Wird das Vergnügen endlich matt; | Und würden sie uns nicht entrissen, | Wo fänd' ein neu Vergnügen statt?

Christ. Fürchtegott Gellert, Fab. u. Erz. (1746). B. 1. D. Kartenhaus. Schlußv.

— Die meisten Arten von Vergnügen | Entstehen, weil man dunkel sieht (im Wahn).

Christ. Fürchtegott Gellert, Fab. u. Erz. (1746). B. 1. D. süße Traum.

— Das Vergnügen ist so nötig als die Arbeit.

Gotthold Ephr. Lessing, D. junge Gelehrte (1747). A. 1, Sz. 2 (Chrysander).

— . . . ein Vergnügen erwarten ist auch ein Vergnügen.

Gotthold Ephr. Lessing, Minna v. Barnhelm (1763). A. 4, Sz. 6 (D. Fräulein).

— Ha! Alles Vergnügen liegt in uns. Wir sind unsre eignen Teufel, wir vertreiben uns aus unserm Paradiese.

Joh. Wolfg. von Goethe an Behrisch (10. Nov. 1767).

— Wohin nur ein Samenkorn des Vergnügens fiel, sprossen schon tausend Keime des Jammers. Friedr. von Schiller, Prosaische Schriften. D. Spaziergang unter d. Linden (1782).

— Die Mäßigkeit ist des Vergnügens Amme.

Friedr. Wilh. Gotter, Gedichte (1787—1802).

— Ist das Leben eine Reise, | Nehmt die leicht'sten Wagen nur, | Folget auf dem flachsten Gleise | Immer des Vergnügens Spur!

Ernst Wolfg. Behrisch (1738—1809), Lebensfassung.

— Das Vergnügen ist für Geist und Körper nur Arznei. Durch Übermaß verwandelt unsere Torheit die köstliche Arznei in tödliches Gift.

Joh. Heinr. Daniel Zschokke, Stunden d. Andacht (1809—1816). T. 1, Nr. 6.

— Das Vergnügen ist das Sofa des Tätigen, das Bett des Schwächlings und das Hospital des Wollüstlings.

Christ. Ernst Karl Graf von Bentzel-Sternau, Weltansichten (1816).

— Vergnügen ist nichts als ein höchst angenehmer Schmerz.

Heinr. Heine, Reisebilder. T. 2. Italien (1828—1829). Nr. 1. Reise v. München nach Genua. K. 18.

— Das Vergnügen ist der Spielball des Lebens. Theod. Mundt, D. Delphin (1837—1838).

— Mit allem wird von selbst Vergnügen sich verbinden; | Vergnügen aber, das man sucht, ist nicht zu finden.

Friedr. Rückert, D. Weisheit d. Brahmanen (1836—1839). B. 15, Nr. 22. Schlußv. (Stufe 7. Erkenntnis. Nr. 181.)

— So laßt ihm doch das kindliche Vergnügen!

Emil Pohl u. David Kalisch, Namenlos (1864).

— Von Vergnügen zu Vergnügen | Rastlos eilen hin und her | Ist ein eitles Selbstbetrügen | Und bald kein Vergnügen mehr.

Friedr. von Bodenstedt, A. d. Nachlasse Mirza-Schaffys (1874). B. 3. B. d. Spr. Nr. 57.

Vergnügen. — Es kommt für alle Menschen eine Zeit, wo sie sich vor nichts mehr fürchten als vor dem, was man in der Welt Vergnügen zu nennen pflegt. Wilh. Raabe, Alte Nester (1879)

— Dem Vergnügen der Einwohner!
Inschrift über d. Eingang d. Königlichen Schauspielhauses zu Potsdam.

Vergnügt. — Ein Leben bei vergnügtem Muth | Ist immer gut, hat immer Gut.
Friedr. von Logau, Deutsche Sinn=Getichte (1654).

— Vergnügt seyn ohne Geld, das ist der Stein der Weisen.
Magnus Gottfr. Lichtwer, Vier B. Äsopischer Fab. (1748). B. 2, Nr. 16. D. Weise u. d. Alchymist. Schlußv.

— Mach's | Wie Millionen deiner Brüder; — schlaf', | Iß, trink' und sei vergnügt!
Christ. Dietr. Grabbe, Don Juan u. Faust (1829). A. 2, Sz. 1 (D. Ritter).

— Vergnügt sein geht über Reichtum.
Sprichwort. Schweiz.

— Man ümmer vergnögt! säd' de Jung und lûst (laust) sînen Hund.
Sprichwörtl. Redensart. Mecklenburg.

— Seid vergnügt, wir leben noch; | Klingt es nicht, so klappert's doch.
Inschrift im Berliner Ratskeller. Bierlokal.

Vergraben. — ... ein vergrabener Schatz, wozu ... nütze? Jes. Sir., K. 20, V. 32.

Verhältnisse. — Es gibt Dinge, Verhältnisse, Zustände und Berufsarten, gegen die der Mensch sich mit Händen und Füßen wehrt, wenn er eben hineingerät, und die er nachher ganz und gar für sich zugeschnitten findet, wenn er endlich drin steckt. Wilh. Raabe, D. Lar (1889).

Verhängnis. — ... dem Verhängnis entrann wohl nie der Sterblichen einer. Griech.: Μοῖραν δ' οὔ τινά φημι πεφυγμένον ἔμμεναι ἀνδρῶν.
Homer, Ilias. Übers. v. Voß. Ges. 6, V. 488.

— Starr ist das Verhängnis. Griech.: Στερρὰ γὰρ ἀνάγκη.
Euripides, Hekabe (um 425 v. Chr.). Übers. v. Minckwitz. V. 1295 (Chor).

— Keiner entrinnt dem Verhängnis; den Weisesten selber zerschmettert es. | Ewig vergebens bekämpft es der tapferste Ringer. Griech.: Μόρσιμα δ' οὔ τι φυγεῖν θέμις | Οὐ σοφίᾳ τις ἀπώσεται. | Ἀλλὰ μάταν ὁ πρόθυμος ἀεὶ πόνον ἕξει.
Euripides (um 480—406 v. Chr.), D. Herakliden. Übers. v. Minckwitz. V. 615—17 (Chor).

— Das Verhängnis übertrifft die Ratschläge.
Inschrift auf einer Denkmünze auf Karl XII. v. Schweden (1700).

— ... nichts wird anders sein, als es werden soll. Das ist das Verhängnis, das ewige!
Joh. Heinr. Daniel Zschokke, Stunden d. Andacht (1809—1816). T. 7, Nr. 24.

Verhängnis. — Alle spielen unterm Monde die Rollen, nicht welche sie wollten oder erwarteten, sondern die ihnen das Verhängnis gab.
Joh. Heinr. Daniel Zschokke, Gesammelte Schriften (1851). Novellen.

Verhängt. — Verhängtem Ungemach | Vermag kein Staubgebor'ner zu entrinnen. Griech.: Ὡς πεπρωμένης | Οὐκ ἔστι θνητοῖς συμφορᾶς ἀπαλλαγή.
Sophokles (um 496—406 v. Chr.), Antigone. Übers. v. Jordan. V. 1317—18 (Chor).

Verhängte, das. — Das Verhängte muß geschehen, | Das Gefürchtete muß nahn.
Friedr. von Schiller, Gedichte. Kassandra (ged. 1802).

Verhätscheln. — Wen das Glück zu weichlich tätschelt, | Wird zuletzt es bitter büßen; | Wenn du hast dein Kind verhätschelt, | Wirst du's endlich schlagen müssen.
Friedr. Rückert, Gesammelte Gedichte (1834—1838). Pantheon. Fünftes Bruchstück. Zahme Xenien. Vierzeiler.

Verhehlen. — Finden und verhehlen | Ist so gut wie stehlen. Sprichwort.

Verheiraten. — Wiltu leuth zusamen geben (verheiraten), | Gib gleich und gleich zusamen eben! Alter Spr.

Verheiraten, sich. — Ick dachte schon, du hättest dir verheirat't (sagt man, wenn jemand lange fortgeblieben ist). Berliner Redensart.

Verheiratet. — ... welcher verheiratet, der tut wohl; welcher aber nicht verheiratet, der tut besser. 1. Kor., K. 7, V. 38.

— Mit guten Waffen ist ausgerüstet, wer an eine gute Frau verheiratet ist. Franz.: De bonnes armes est armé | Qui à bonne femme est marié. Sprichwort.

— Wir sind ja nich verheirat't (wir sind ja nicht unauflöslich aneinander gebunden).
Berliner Redensart.

— Jetz håb i schon g'heiråt', | Jetz håb i schon ålls, | Das Kreuz auf'n Buckel, | Die Wieg'n auf'n Håls. Kärntner Schnaderhüpfl.

— Seider (seitdem) i g'heiråt hån, | Ist die Lieb aus; | Jetzt hån i die Predig | Und Vesper im Haus. Kärntner Schnaderhüpfl.

Verheißen. — ... ein narr verheißt ein tag | Me, dan all welt geleisten mag.
Seb. Brant, D. Narrenschif (1494). Nr. 65. V. achtung d. gstirns.

Verheißen, das. — Verheissen bind die Narren.
Christoph Lehmann, Politischer Blumen=Garten (1662). T. 2. Zusag. Nr. 44.

Verheißung. — Je grösser die Verheissung, je weniger darauff zu bawen.
Christoph Lehmann, Politischer Blumen=Garten (1662). T. 2. Zusag. Nr. 26.

Verheißungen. — Wer mit Verheißungen bezahlt, | Bezahlt mit Gelde, das man malt.
Friedr. von Logau, Deutsche Sinn=Getichte (1654).

Verirrte, der. — Wenn sich der Verirrte findet, | Freuen alle Götter sich.

Joh. Wolfg. von Goethe, Gedichte. Kantaten. Deutscher Parnaß (ged. Mitte Juni 1798).

Verirrungen. — In der ganzen Geschichte des Menschen ist kein Kapitel unterrichtender für Herz und Geist als die Annalen seiner Verirrungen.

Friedr. von Schiller, Prosaische Schriften. D. Verbrecher a. verlorener Ehre (1786).

Verjüngen, sich. — Begib dich gleich hinaus aufs Feld, | Fang' an zu hacken und zu graben, | Erhalte dich und deinen Sinn | In einem ganz beschränkten Kreise, | Ernähre dich mit ungemischter Speise, | Leb' mit dem Vieh als Vieh, und acht' es nicht für Raub, | Den Acker, den du erntest, selbst zu düngen; | Das ist das beste Mittel, glaub', | Auf achtzig Jahr dich zu verjüngen!

Joh. Wolfg. von Goethe, Faust, I (1808). Hexenküche (Mephistopheles).

Verkehr. — Die Welt am Ende des 19. Jahrhunderts steht unter dem Zeichen des Verkehrs.

Kaiser Wilh. II. unter sein Bild an Dr. v. Stephan (7. Jan. 1891).

Verkehren. — Willst du menschlich mit Menschen in Städten der Menschen verkehren, | Stelle die Uhr nach dem Turm, nicht nach der Sonne, mein Freund!

Friedr. Hebbel, Gedichte (1857). Epigramme u. Verwandtes. Nr. 7. Buntes. D. Praktiker spricht.

Verkehrt. — . . . lieber ein paar verkehrte Worte als einen verkehrten Sinn!

Gotthold Ephr. Lessing, Rettungen d. Horaz (1754).

Verkennen. — Es ist nicht klug, es nicht wohlgetan, | Vorsätzlich einen Menschen zu verkennen.

Joh. Wolfg. von Goethe, Torquato Tasso (1789). A. 2, Sz. 3 (Tasso).

Verklagen. — Wer klagen will um eine Kuh, | Der bringe eine noch dazu!

Holländisches Sprichwort.

Verklärung. — Dem sel'gen Geiste folgen nicht die Schwächen | Der Sterblichkeit in die Verklärung nach.

Friedr. von Schiller, Maria Stuart (1800). A. 5, Sz. 7 (Melvil).

Verlangen. — Verlangt eine Kuh, dann bekommt ihr doch leicht ein Kalb. Niederl.: Vraag ge om eene koe, dan krijg je tock ligt een kalf.

Sprichwort.

Verlangen, das. — Was du erlangen kannst, das stillt nicht dein Verlangen; | Was dein Verlangen stillt, das kannst du nicht erlangen.

Friedr. Rückert, D. Weisheit d. Brahmanen (1838—1839).

— O, Fatima, stille mein Verlangen!

Friedr. von Bodenstedt, Tausend u. ein Tag im Orient (1849).

Verlangen, das. — Wie freu' ich mich, wie freu' ich mich, | Wie treibt mich das Verlangen!

Salomon Hermann Mosenthal, D. lustigen Weiber v. Windsor. Komp. v. Otto Nicolai. (Erste Auff. 1849 in Berlin.)

Verlassen. — Fremde gesellen sich gern. Wer nie verlassen gewesen, | Weiß im Innersten nicht, wie's dem Verlassenen sei.

Joh. Gottfr. von Herder, Sämtl. Werke (1805—1820). Blumenlese a. morgenländischen Dichtern. Nr. 5. Verm. Stücke a. verschiedenen morgenländischen Dichtern. Mitgefühl.

— Mein Schatz hat mich verlassen, | Ist jahrelang schon fort.

Aug. Gathy, Hoffen u. Harren (ged. 1843). Mel. v. Karl Wilhelm (1857).

— Verlâssen, verlâssen bin i, | Wie der Stan auf der Straßen.

Thomas Koschat, Verlâssen (ged. Nov. 1870). Mel. v. Verfasser.

— Von Gott (und aller Welt) verlassen sein.

Nach Ps. 8, V. 6. — Sprichwörtl. Redensart.

— Mein Gott, mein Gott, warum hast du mich verlassen?

Matth., K. 27, V. 46.

Verlassen, sich. — Verflucht ist der Mann, der sich auf Menschen verläßt!

Jer., K. 17, V. 5.

— Verlaß dich auf die Leute nicht, | Sie sind wie eine Wiege, | Wer heute Hosianna spricht, | Sagt morgen Crucifige.

Spr. an einem Hausgerät.

Verlegen. — Daß | Ein Mensch doch einen Menschen so verlegen | Soll machen können!

Gotthold Ephr. Lessing, Nathan d. Weise (1779). A. 2, Sz. 5 (Nathan).

Verletzen. — Nichts gibt dir Recht, ein Wesen zu verletzen.

A. d. Persischen d. Sadi (um 1184—1286). Aphorismen. Übers. v. Bacher.

Verletzen, das. — Verletzen ist leicht, heilen schwer.

Sprichwort.

Verleugnen. — In dieser Nacht, ehe der Hahn krähet, wirst du mich dreimal verleugnen.

Matth., K. 26, V. 34.

Verleugnung. — . . . dein Bauch ist voll und satt, | Und deine Weisheit stammt aus dem gefüllten Magen. | Der hat gut predigen und von Verleugnung sagen, | Der selber keine Sorgen hat.

Magnus Gottfr. Lichtwer, Vier B. Äsopischer Fab. (1748). B. 3, Nr. 19. D. Pferd u. d. Esel. Schlußv.

Verleumden. — Verleumd' geschwind kein armes Kind; | Wer Böses spricht, sich selber sticht.

Ludw. Achim von Arnim, Wintergarten (1809). Soldaten=Katechismus.

— Achtest du wert den Stein, der deinen Spiegel zertrümmert? | Und ein verleumdender Feind machet den Freund dir verhaßt?

Joh. Gottfr. von Herder, Sämtl. Werke (1805—1820). Blumenlese a. morgenländischen Dichtern. Nr. 2. D. Rosental. B. 2. D. Verleumder d. Freundes.

Verleumden, das. — Verleumden ist morden. Talmud (3. Jahrh.).

Verleumder, der. — Der Verleumder, der Verleumdung annimmt, und der ein falsches Zeugnis gibt, sind wert, den Hunden vorgeworfen zu werden. Talmud (3. Jahrh.).

— Wer . . . | Nicht dem Verleumder widerspricht, | Der liebt auch seinen Bruder nicht.
Christ. Fürchtegott Gellert, Geistl. Oden u. Lieder (1757). D. Liebe d. Nächsten.

— Scharf ist das Schwert des Kriegers, doch schärfer das Schwert des Verleumders. | Jenes tötet den Leib, dieses die Seele zugleich.
Georg Keil, Lyra u. Harfe (1834).

— . . . ein Verleumder macht Fürsten uneins. Spr. Sal., K. 16, V. 28.

— Ein Dieb ist ein schändliches Ding, aber ein Verleumder ist viel schändlicher.
Jes. Sir., K. 5, V. 17.

Verleumder, die. — Die Mücken singen erst, bevor sie einen stechen; | Verleumder lästern bald, die erst so lieblich sprechen.
Friedr. von Logau, Deutsche Sinn=Getichte (1654). Verleumder.

— Ein redlicher Mann, den Verleumder umwölken, verachtet, | Sich zu verteid'gen und schweigt; denn bald verzieht das Gewölk sich.
Friedr. Gottl. Klopstock, Sämtl. Werke (1798—1821). Bd. 3.

— Verleumder aber gleichen den Hornissen; schlägt man nach ihnen, so werden sie nur frecher, und man muß sich ganz ruhig verhalten, bis der Augenblick da ist, sie für immer aufs Maul zu schlagen.
Karl Jul. Weber, Demokritos (1832—1840). D. Schwätzer.

— Verleumder sind Nachtfalter; sie lieben das Dunkel und umschwärmen das Licht.
Peter Sirius, Tausend u. Ein Gedanken (1899). Definitionen u. Vergleiche.

— Hunde und Verleumder prüfen die Natur von hinten. Alter Spr.

Verleumdertücken. — Selbst Tugend nicht entgeht Verleumdertücken. Engl.: Virtue herself 'scapes not calumnious strokes.
William Shakespeare, Hamlet (1601—1602). Übers. v. Schlegel. A. 1, Sz. 3 (Laertes).

Verleumderworte. — Die Worte des Verleumders sind Schläge und gehen einem durch das Herz. Spr. Sal., K. 18, V. 8.

Verleumdung. — . . . wenn auch der Gebissene seine Wunde heilte, so würde doch allemal eine Narbe von der Verleumdung zurückbleiben. Griech.: *Κἂν θεραπεύσῃ τὸ ἕλκος ὁ δεδηγμένος, ἡ οὐλὴ μενεῖ τῆς διαβολῆς.*
Medius a. d. Umgebung Alexanders d. Großen (reg. 336—323 v. Chr.). Nach Plutarch, Moralische Abhandlungen. Übers. v. Cyth. Freunde u. Schmeichler. K. 24.

Verleumdung. — Verleumdung ist schlimmer als die drei gröbsten Verbrechen: Götzendienst, Blutschande und Blutvergießen. Talmud (3. Jahrh.).

— . . . sei so keusch wie Eis, so rein wie Schnee, du wirst der Verleumdung nicht entgehn! Engl.: Be thou as chaste as ice, as pure as snow, thou shalt not escape calumny.
William Shakespeare, Hamlet (1601—1602). Übers. v. Schlegel. A. 3, Sz. 1 (Hamlet).

— Verleumdung ist Lüge. Lat.: Calumnia mendacium.
Wahlspr. d. Herzogs Heinr. Jul. v. Braunschweig (gest. 1613).

— Wann uns die Verleumdung schlägt, heilen letzlich gleich die Wunden, | Wird, wie viel man Pflaster legt, immer doch die Narbe funden.
Friedr. von Logau, Deutsche Sinn=Getichte (1654). D. Verleumdung.

— Die Verleumdung ist eine Wespe, die uns belästigt, und gegen die man keine Bewegung machen darf, wenn man nicht sicher ist, sie zu töten, weil sie sonst ihre Angriffe mit verdoppelter Wut wiederholt. Franz.: La calomnie est comme la guêpe qui vous importune, et contre laquelle il ne faut faire aucun mouvement, à moins qu'on ne soit sûr de la tuer, sans quoi elle revient à la charge, plus furieuse que jamais.
Seb. Chamfort, Maximen u. Gedanken (1796). K. 5. Übers. v. Zimmermann.

— Die Verleumdung, das freche Gespenst, setzt sich auf die edelsten Gräber.
Heinr. Heine, Sämtl. Werke. Engl. Fragmente (1828). K. 13. D. Befreiung.

Verleumdungen. — Die schönste Antwort auf Verleumdungen ist, daß man sie stillschweigend verachtet.
Joh. Jak. Engel, D. Fürstenspiegel (1798). Rache.

Verleumdungsgift. — Drei Menschen auf einmal verdirbt Verleumdungsgift! | Den, der sie spricht, den, der sie hört, den, so sie trifft.
Friedr. Rückert, D. Weisheit d. Brahmanen (1836—1839). B. 14, Nr. 7. A. d. Talmud. Nr. 10. (Stufe 7. Erkenntnis. Nr. 136. A. d. Talmud. Nr. 27.)

Verlieben, sich. — Lieben kannst du, du kannst lieben, | Doch verliebe dich nur nicht!
Gotthold Ephr. Lessing, Schriften (1753—1755). Lieder. B. 1, Nr. 7. D. aufgehobene Gebot (Lysias).

— Gibt's einen Mann, der ist beständig weis' und klug, | Verlieb' er sich, und um wird er zum Toren schlagen. | Gibt's irgend einen, der nie Not und Leid ertrug, | Verlieb' er sich, und Leid und Not wird er ertragen.
Friedr. Rückert, Erbauliches u. Beschauliches a. d. Morgenlande (1837—1838). Arabische Volkslieder. Eine Araberin sang.

Verliebt. — Verliebt, verdreht. Lat.: Amantes, amentes.

Nach Publ. Terentius Afer (um 185—135 v. Chr.), D. Mädchen v. Andros. Übers. v. Donner. A. 1, Sz. 3, V. 13 (Davos).

— So viel Händel, so viel Wunders, als verliebte Leute machen; | Wozu dient es, wohin zielt es? Denke nach, so wirst du lachen!

Friedr. von Logau, Deutsche Sinn-Getichte (1654). Verliebte.

— . . . so gar verliebt sind wir nicht, daß uns nicht hungerte!

Gotthold Ephr. Lessing, Minna v. Barnhelm (1763). A. 3, Sz. 10 (Franziska).

— Du siehst's wie ein verliebtes Mädchen an.

Friedr. von Schiller, D. Piccolomini (1799). A. 3, Sz. 8 (Gräfin).

— So ein verliebter Tor verpufft | Euch Sonne, Mond und alle Sterne | Zum Zeitvertreib dem Liebchen in die Luft.

Joh. Wolfg. von Goethe, Faust, I (1808). Spaziergang (Mephistopheles).

— Einmal ist sie munter, meist betrübt, | Einmal recht ausgeweint, | Dann wieder ruhig, wie's scheint, | Und immer verliebt.

Joh. Wolfg. von Goethe, Faust, I (1808). Wald u. Höhle (Mephistopheles).

— . . . wer verliebt ist, seufzt und hofft und glaubt | Und jauchzt.

Christ. Dietr. Grabbe, Don Juan u. Faust (1829). A. 1, Sz. 2 (D. Ritter).

— Verliebte Köchin versalzt das Essen.

Sprichwort.

— „Jå jå" und „na na" | Und „i mag" und „i mueß," | Dås is oft der gånze | Verliebte Diskurs.

Kärntner Schnaderhüpfl.

Verliebte, der. — . . . der Verliebte sieht . . . | Die Schönheit Helenas | Auf einer äthiopisch braunen Stirn. Engl.: The lover . . . (all as frantic) | Sees Helen's beauty in a brow of Egypt.

William Shakespeare, Ein Sommernachtstraum (1594). Übers. v. Schlegel. A. 5, Sz. 1 (Theseus).

— Ein ernstlich Verliebter ist in Gegenwart seiner Geliebten verlegen, ungeschickt und wenig einnehmend. Immanuel Kant, Anthropologie (1798).

— . . . ein Segler ohne Mast | Treibt blindlings hin, wie ein Verliebter fast.

Paul Heyse, D. Braut v. Cypern (1856). Ges. 5.

Verliebten, die. — Mehr wert ist ein Seufzerhauch, der leis' vom Munde Verliebter weht, | Als aller Mönche und Derwische Geplapper und Gebet. A. d. Persischen d. Omar Chijam (12. Jahrh.). Vierzeiler. Übers. v. Schack.

— Dreht ohne Endzweck auch des Himmels Rad sich um, | Nicht ohne Endzweck doch ist der Verliebten Welt.

A. d. Persischen d. Rûmî (um 1207—1273). Diwan. Übers. v. Rosenzweig.

Verliebten, die. — Verliebten gnügt zu der geheimen Weihe | Das Licht der eignen Schönheit. Engl.: Lovers can see to do their amorous rites | By their own beauties.

William Shakespeare, Romeo u. Julia (1593). Übers. v. Schlegel. A. 3, Sz. 2 (Julia).

— Verliebte und Verrückte | Sind beide von so brausendem Gehirn, | So bildungsreicher Phantasie, die wahrnimmt, | Was nie die kühlere Vernunft begreift. Engl.: Lovers and madmen have such seething brains, | Such shaping fantasies, that apprehend | More than cool reason ever comprehends.

William Shakespeare, Ein Sommernachtstraum (1594). A. 5, Sz. 1 (Theseus).

— Verliebte laufen stets der Uhr voraus. Engl.: For lovers ever run before the clock.

William Shakespeare, D. Kaufmann v. Venedig (um 1594—1596). Übers. v. Schlegel. A. 2, Sz. 5 (Graziano).

— Viel vermögen sie beide; doch bleibt die Sprache des Kusses | Mit der Sprache des Blicks nur den Verliebten geschenkt.

Joh. Wolfg. von Goethe, Gedichte. Elegien. Nr. 2. D. neue Pausias u. sein Blumenmädchen (ged. 22. Mai 1797).

— Verliebte sehen in der Welt nur sich; | Doch sie vergessen, daß die Welt sie sieht.

Aug. Graf von Platen-Hallermund, Gesammelte Werke. Berengar (ged. 1824). (Dorine).

— Das ist die alte Leier der Verliebten. | Ein jeder glaubt, er hätte ganz allein | Die Leidenschaft erfunden, vor ihm konnte | Gar niemand lieben.

Emerich Madách, D. Tragödie d. Menschen (1861). A. d. Ungar. übers. v. Lechner. Sz. 12 (Luzifer).

Verliebtsein, das. — Was | Ist Eisen im Schmelzofen, und was ist Tugend | Bei dem Verliebtsein?

Christ. Dietr. Grabbe, Don Juan u. Faust (1829). A. 2, Sz. 1 (Don Juan).

Verlieren. — Was man nicht zu verlieren fürchtet, hat | Man zu besitzen nie geglaubt und nie | Gewünscht.

Gotthold Ephr. Lessing, Nathan d. Weise (1779). A. 5, Sz. 8 (Tempelherr).

— Fürchterlich | Ist einer, der nichts zu verlieren hat!

Joh. Wolfg. von Goethe, D. natürliche Tochter (1803). A. 1, Sz. 3 (König).

— Viel besser, nie besitzen, als verlieren.

Friedr. Hebbel, D. Nibelungen (1862).

Verlobten, die. — Eile, wie Verlobten pflegen, | Deinem Bräutigam entgegen!

Joh. Frank, Geistl. Sion (1674). Vorbereitung zum hl. Abendmahl.

Verloren. — Ein Tor erkennt, was er in Händen hielt, | Als trefflich erst, wenn es verloren ist. Griech.: *Οἱ γὰρ κακοὶ γνώμαισι, τἀγαθὸν χεροῖν | Ἔχοντες, οὐκ ἴσασι, πρίν τις ἐκβάλῃ.* Sophokles (um 496—406 v. Chr.), Ajas. Übers. v. Jordan. V. 964—65 (Tekmessa).

Verloren. — Vergiß, was unrettbar verloren ist! Lat.: Rerum irrecuperabilium felix oblivio.
Wahlspr. Kaiser Friedr. III. (reg. 1440—1493).

— . . . als eins iuden sel verloren.
Thomas Murner, Narrenbeschwerung (1512). Nr. 42. D. rößlin machen louffen.

— O Mutter! Mutter! hin ist hin! | Verloren ist verloren!
Gottfr. Aug. Bürger, Gedichte. Lenore (ged. Winter 1773).

— Ich gebe nichts verloren als die Toten.
Friedr. von Schiller, Don Carlos (1787). A. 1, Sz. 5 (Carlos).

— Noch ist Polen nicht verloren! Polnisch: Jeszcze Polska nie zginęła.
Polnisches Marschlied (um 1794). Verfasser unbek.

— Warum schneidet sich erst das verlorene Gut wie ein scharfer Diamant so tief ins Herz? Warum müssen wir erst etwas beweint haben, eh' wir es heiß bis zum Schmerze lieben?
Jean Paul (Joh. Paul Friedr. Richter), Sämtl. Werke (1826—1828).

— Den Wert verlorner Güter wiegen wir allzeit mit doppeltem Gewichte ab. Alter Spr.

Verlorene, das. — Dem Entschwundenen (Verlorenen) folget die Sehnsucht. Lat.: Extinctus amabitur idem.
Quint. Horatius Flacc., Episteln (um 20 v. Chr.). Übers. v. Voß. B. 2, Nr. 1, V. 14.

Verlust. — . . . kein Weiser jammert um Verlust; | Er sucht mit freud'gem Mut ihn zu ersetzen. Engl.: Wise men ne'er sit and wail their loss, | But cheerly seek how to redress their harms.
William Shakespeare, König Heinr. VI. (1591—1592). Übers. v. Schlegel. T. 3, A. 5, Sz. 4 (Margarete).

— Nur halb ist der Verlust des schönsten Glücks, | Wenn wir auf den Besitz nicht sicher zählten.
Joh. Wolfg. von Goethe, Torquato Tasso (1789). A. 3, Sz. 2 (Prinzessin).

— Ach! wie verwirrt solch ein Verlust die Welt! | Ach! was zerstört ein solcher Riß den Seinen!
Joh. Wolfg. von Goethe, Gedichte. Verm. Gedichte. Epilog zu Schillers Glocke (ged. 31. Juli 1805 u. Mai 1815).

— An nichts Geliebtes mußt du dein Gemüt | Also verpfänden, daß dich sein Verlust | Untröstbar machte!
Joh. Gottfr. von Herder, Sämtl. Werke (1805—1820). Blumenlese a. morgenländischen Dichtern. Nr. 2. D. Rosental. V. 4. D. Unersetzliche.

— Was du am meisten liebst, erkennst du beim Verlust. Polnisches Sprichwort.

Vermählt. — Heute vermählt, | Morgen gequält. Franz.: Aujourd'huy marié, demain marri. Sprichwort.

Vermessen. — Ein vermessener Mensch macht ihm selbst viel Unglücks.
Jes. Sir., K. 3, V. 29.

Vermessen, sich. — Sich hoch vermessen.
Nach 2. Mos., K. 15, V. 32. — Sprichwörtl. Redensart.

Vermittler. — Wo du streiten siehst zwei Drachen, | Tritt als Mittler nicht dazwischen; | Denn sie möchten Friede machen | Und dich selbst beim Kopf erwischen.
Friedr. Rückert, Erbauliches u. Beschauliches a. d. Morgenlande (1837—1838). Arabische Volkslieder.

Vermodern. — . . . was Flecken war, vermodert. | Nur der Himmelsfunken lodert | Einst, geläutert zur Verherrlichung.
Gottfr. Aug. Bürger, Gedichte. Bei d. Grabe meines guten Großvaters Jak. Phil. Bauers (ged. 1773).

Verneinen. — Ich bin der Geist, der stets verneint. Joh. Wolfg. von Goethe, Faust, I (1808). Studierzimmer (Mephistopheles).

Verneinung. — Hat die Verneinung nur den kleinsten Halt, | Hebt deine Welt sie aus den Angeln bald.
Emerich Madách, D. Tragödie d. Menschen (1861). A. d. Ungar. übers. v. Lechner. Sz. 1 (Luzifer).

Vernunft. — Ob jemand weiß, ob jemand wohl erwägt? . . . | Daß die Vernunft der Güter höchstes ist? Griech.: Ἀρ' οἶδεν ἀνθρώπων τις; ἆρα φράζεται; . . . | Ὅσῳ κράτιστον κτημάτων εὐβουλία;
Sophokles (um 496—406 v. Chr.), Antigone. Übers. v. Jordan. V. 1036 u. 38 (Tiresias).

— Vernunft ist göttlichen Ursprungs und göttlichen Wesens. Lat.: Res dei ratio.
Quint. Septimius Tertullianus (um 145—220), V. d. Reue. Übers. v. Besnard. K. 1, § 2.

— Vernunfft macht niemand fromm.
Christoph Lehmann, Politischer Blumen=Garten (1662). T. 2. Vernunfft. Nr. 6.

— Was der Vernunft | Gehorcht, ist frei; denn gut und richtig schafft | Gott die Vernunft. Engl.: What obeys | Reason, is free, and reason he (God) made right.
John Milton, Verlorenes Paradies (1667). Übers. v. Schuhmann. B. 9, V. 351.

— Es gibt zwei gleich gefährliche Abwege: die Vernunft schlechthin zu leugnen und außer der Vernunft nichts anzuerkennen. Franz.: Ce sont deux excès également dangereux: d'exclure la raison, de n'admettre que la raison.
Blaise Pascal, Gedanken über d. Religion (1670). Übers. v. Merschmann. Gebrauch d. Vernunft.

— Die Menschen, welche die Vernunft | Vom Dienste Gottes gänzlich trennen, | Die reißen sich die Augen aus, | Damit sie besser sehen können.
Barthold Heinr. Brockes, Irdisches Vergnügen in Gott (1721—1748).

Vernunft. — Unsre Vernunft kann ohne Hilfe der Erfahrung keinen Schluß auf das wirkliche Dasein und auf Tatsachen machen. Engl.: **Nor can our reason, unassisted by experience, ever draw any inferences concerning real existence and matter of fact.**

David Hume, Eine Untersuchung über d. menschlichen Verstand (1748). Übers. v. Nathansohn. Abschnitt 4, T. 1.

— Gebietende Vernunft, wenn du uns herrschen lehrst, | Fang' in dem Menschen an und herrsche da zuerst!

Joh. Jak. Dusch, Sämtl. poetische Werke (1765—1767). T. 1. V. d. Schwächen d. Vernunft. Schlußv.

— Ein großer Teil, und vielleicht der größte, von dem Geschäfte unserer Vernunft besteht in Zergliederung der Begriffe, die wir schon von Gegenständen haben.

Immanuel Kant, D. Kritik d. reinen Vernunft (1781).

— Was die Ameise Vernunft mühsam zu Haufen schleppt, jagt in einem Hui der Wind des Zufalls zusammen.

Friedr. von Schiller, D. Verschwörung d. Fiesko zu Genua (1783). A. 2, Sz. 4 (Fiesko). Schlußwort.

— So lenkt ein Irrwisch unsre Schritte, | Und erst in unsers Lebens Mitte | Steckt die Vernunft ihr Lämpchen an.

Gottl. Konrad Pfeffel, Poetische Versuche (1789—1790). Ideal u. Irrtum.

— Einig sollst du zwar sein, doch Eines nicht mit dem Ganzen; | Durch die Vernunft bist du Eins, einig mit ihm durch das Herz.

Friedr. von Schiller, Gedichte. Votivtafeln. Nr. 34. Schöne Individualität (ged. 1796).

— Erhabene Vernunft, lichthelle Tochter | Des göttlichen Hauptes, weise Gründerin | Des Weltgebäudes, Führerin der Sterne! | Wer bist du denn, wenn du, dem tollen Roß | Des Aberwitzes an den Schweif gebunden, | Ohnmächtig rufend, mit dem Trunkenen, | Dich sehend in den Abgrund stürzen mußt!

Friedr. von Schiller, D. Jungfrau v. Orleans (1801). A. 3, Sz. 6 (Talbot).

— Jede Fertigkeit der Vernunft, auch im Irrtum, vermehrt ihm Fertigkeit zur Empfängnis der Wahrheit.

Friedr. von Schiller, Prosaische Schriften (1793—1802). Philosophische Br.

— Die Vernunft hat geleistet, was sie leisten kann, wenn sie das Gesetz findet und aufstellt; vollstrecken muß es der mutige Wille und das lebendige Gefühl.

Friedr. von Schiller, Prosaische Schriften (1793—1802).

— Ein wenig besser würd' er (der Mensch) leben, | Hätt'st du ihm nicht den Schein des Himmelslichts gegeben; | Er nennt's Vernunft und braucht's allein, | Nur tierischer als jedes Tier zu sein.

Joh. Wolfg. von Goethe, Faust, I (1808). Prolog im Himmel (Mephistopheles).

Vernunft. — Vernunft fängt wieder an zu sprechen | Und Hoffnung wieder an zu blühn.

Joh. Wolfg. von Goethe, Faust, I (1808). Studierzimmer (Faust).

— Vernunft wird Unsinn, Wohltat Plage.

Joh. Wolfg. von Goethe, Faust, I (1808). Studierzimmer (Mephistopheles).

— Am stillsten und wirksamsten geht Vernunft verkleidet einher wie die Kalifen in tausend und eine Nacht.

Christ. Ernst Karl Graf von Bentzel=Sternau, Weltansichten (1816).

— Freundin war sie mir stets, die Vernunft, Wohltäterin selten.

Karl Gustav von Brinckmann, Elegien u. Arabesken (1820).

— . . . wo Vernunft nur ihre Pulse zählt, | Elysium ein schales Einerlei.

Joh. Gottfr. Seume, Sämtl. Werke (1826). Gedichte. Wohltat d. Herzens.

— Das ist die vernünftigste Vernunft, die im Dunkel stille zu stehen und auf das Licht zu warten weiß.

Ulrich Hegner, Gesammelte Schriften (1828). Gedanken, Meinungen, Urteile.

— Die Siege der Vernunft, einmal gewonnen, sind für die Ewigkeit gewonnen. Engl.: **The victories of reason once gained, are gained for eternity.**

Thomas Babington, Lord Macaulay, Reden. Übers. v. Beseler. Parlamentarische Reform (20. Sept. 1831).

— Handwerk, Kunst und Wissenschaft, alles sucht sich seine Zunft; | Eine freie Meisterin kenn' ich noch, — sie heißt Vernunft.

Wilh. Müller, Gedichte (1837). Epigramme. 2. Hundert, Nr. 42. D. Zünfte u. d. Zunftlose.

— Wenn schon eine Rangordnung im Reiche des Geistes stattfinden soll, so mag die Phantasie die niedrigste, der Wille die mittlere, die Vernunft die höchste Stelle einnehmen!

Ernst Freiherr von Feuchtersleben, Zur Diätetik d. Seele (1838). K. 3. Phantasie.

— Vernunft will freie Tat; wer ihre Stimme hört, | Räumt freudig weg, was ihm Freiheit und Freude stört.

Friedr. Rückert, D. Weisheit d. Brahmanen (1836—1839). B. 9, Nr. 113. (Stufe 7. Erkenntnis. Nr. 69.)

— Die Vernunft allein ist nie im Widerspruch mit sich selbst; und wenn diese einst bei allen und über alle herrschen wird, dann beginnt das tausendjährige Reich.

Karl Jul. Weber, Demokritos (1832—1840). D. Staat u. seine Formen.

— . . . die Vernunft, | Sie ist die einz'ge, sichre Führerin | In dieses Lebens wilder Felsenwüste.

Ernst Raupach, D. Schule d. Lebens (1841). A. 1, Sz. 3.

— Das Licht der Vernunft ist ein seltsames Licht, | In Köpfen, wo Stroh ist, da brennt's eben nicht.

Ignaz Frz. Castelli, Werke (1844). Gedichte.

Vernunft. — Die Vernunft befindet sich im Endlichen durchaus nicht in ihrem Element. Darin leidet sie Tantalusqualen.

Frz. Xaver von Baader, Sämtl. Werke (1851—1860).

— Vernunft verhält sich zum Verstande wie ein Kochbuch zu einer Pastete.

Ludw. Börne, Gesammelte Schriften (1862—1863). Fragmente u. Aphorismen. Nr. 82.

— Was heißt Vernunft? Der Wahnsinn aller. Was heißt Wahnsinn? Die Vernunft des einzelnen.

Ludw. Börne, Gesammelte Schriften (1862—1863).

— Gesunde Vernunft, die von Herzensgüte durchwärmt und durch Erfahrung geschult wird, gestaltet sich zu praktischer Weisheit. Engl.: **Good sense, disciplined by experience and inspired by goodness, issues in practical wisdom.**

Samuel Smiles, D. Charakter (1871). Übers. v. Dobbert. K. 1. D. Einfluß d. Charakters.

— Vernunft ist der einzige wahrhafte Despot.

Rahel (Antonie Friederike Varnhagen von Ense), Br. (1877).

— Wenn nur ein Punkt Freiheit auf der Erde ist, wo Vernunft eingestanden wird, werden darf, so wird sie sich von da aus schon Platz machen, wenn es auch langsam ginge und lange dauern sollte.

Rahel (Antonie Friederike Varnhagen von Ense), Br. (1877).

— Die Vernunft ist durchaus souverän, sie erkennt keine Autorität über sich; keine Gewalt kann sie zwingen, für unrichtig anzunehmen, was sie wahr erkannt hat. **E pur si muove!**

Hellmuth von Moltke, Gesammelte Schriften (1891—1893). Trostgedanken.

— Die Erfahrung ist der Lehrmeister der Narren und die Vernunft der Klugen. Alter Spr.

— Die Vernunft muß herrschen. Sprichwort.

— Vernunft ist des Rechtes Kern und des Gesetzes Seele. Sprichwort.

— Menschen Vernunft und Gewalt | Ist verloren, so Gott nicht walt.

Spr. an einem Hause in Frankfurt am Main.

Vernunftehe. — Eine Vernunftehe schließen heißt in den meisten Fällen, alle seine Vernunft zusammennehmen, um die wahnsinnigste Handlung zu begehen, die ein Mensch begehen kann.

Marie von Ebner-Eschenbach, Aphorismen (1893).

Vernünfteln. — Vernünft'le nicht, o Freund! Vernünfteln ist: zu weit | Ins Allerheiligste der Wahrheit sehen wollen, | In welches wir nicht sehen sollen | Mit Augen dieser Zeit.

Joh. Wilh. Ludw. Gleim, Sämtl. Werke (1811—1813). Gedichte.

Vernünftig. — Alles, was ist, ist vernünftig.

Friedr. Hegel, Grundlinien d. Philosophie d. Rechts (1821). Vorrede.

— Nichts ist göttlich, als was vernünftig ist.

Immanuel Kant, Werke (1838—1839).

Vernünftig. — Jeder Mensch ist nur soweit vernünftig, als sein Denken wahr, sein Wollen gut, sein Fühlen schön ist.

Friedr. Dittes, Gesammelte Schriften (seit 1893).

— . . . ein vernünftiger Mann ist mächtig von Kräften. Spr. Sal., K. 24, V. 5.

Verprassen. — Wer das Seine verpraßt, | Fällt andern zur Last. Sprichwort.

Verrat. — Verrat trennt alle Bande.

Friedr. von Schiller, Wallensteins Tod (1799). A. 2, Sz. 5 (Isolani).

— Verrat und Argwohn lauscht in allen Ecken.

Friedr. von Schiller, Wilh. Tell (1804). A. 1, Sz. 4 (Walther Fürst).

— Jede Tat schlägt ihren Täter, | Und jeder Verrat trägt seinen Verräter.

Friedr. Rückert, D. Verwandlungen d. Abu Seid v. Serug oder d. Makamen d. Hariri (1826).

— . . . wie allzu groß Vertrauen | Den schon geborenen Verrat erzieht, | So zeugt auch ungerechtes Mißtraun oft, | Indem es kränkt, erst des Verrats Gedanken.

Ernst Raupach, D. Hohenstaufen (1837). Manfred, Fürst v. Tarent. A. 2, Sz. 7.

— Verrat! — Ein garstig Wort! Die Engel wenden | Ihr strahlend Antlitz ab, wenn sie's vernehmen; | Die Erde bebt zurück vor seinem Klang!

Friedr. Halm (Elegius Frz. Jos. Freiherr von Münch-Bellinghausen), D. Adept (1838). A. 5, Sz. 1.

— Wenn man an dir Verrat geübt, | Sei du um so treuer! Heinr. Heine, Romanzero (1851). B. 1. Historien. Motto.

Verraten. — Juda, verrätst du des Menschen Sohn mit einem Kuß? Luk., K. 22, V. 48.

Verräter, der. — Doch ja, den (Verrat) lieben sie und hassen den Verräter. | Weh' ihm!

Joh. Wolfg. von Goethe, Elpenor (1781). A. 2, Sz. 1 (Polymetis).

— Es ist Sprichwort fast aller Völker: Man kann das Verratene lieben, aber den Verräter haßt man.

Joh. Heinr. Daniel Zschokke, Stunden d. Andacht (1809—1816).

— Der Verräter schläft nicht.

Nach Matth., K. 26.

— Vom Verräter frißt kein Rabe. Sprichwort.

Verräter, die. — . . . vor Verrätern | Hüte jeder sich; am meisten, | Wer Gewalt und Unrecht tut! Joh. Gottfr. von Herder, D. Cid (1805). B. 2, Ges. 32.

Verräterei. — . . . Verräterei, als Keim aller Laster, vereinigt auch die Abscheulichkeit aller in sich. Joh. Heinr. Daniel Zschokke, Stunden d. Andacht (1809—1816). T. 4, Nr. 12.

Verrückt. — 'n bisken verrückt is am Ende jeder. Berliner Redensart.

Versagen. — Viel besser zehn Versagen als Ein Lügen. Mittelhochdeutsch: Zehen versagen sint bezzer danne ein liegen.

Walter v. d. Vogelweide (um 1170—1230), Gedichte. Übertr. v. Pannier.

Versagen. — Man spricht vergebens viel, um zu versagen; | Der andre hört von allem nur das Nein.

Joh. Wolfg. von Goethe, Iphigenie auf Tauris (1787). A. 1, Sz. 3 (Thoas).

Versammeln. — Hier sind wir versammelt zu löblichem Tun; | Drum, Brüderchen! Ergo bibamus!

Joh. Wolfg. von Goethe, Gedichte. Gesellige Lieder. Ergo bibamus! (ged. März 1810). Mel. v. Karl Friedr. Zelter (komp. 4. April 1804) u. Max Eberwein (komp. 1813).

Versäumen. — Wer eine Stunde versäumet, der versäumet wohl auch einen ganzen Tag.

Dr. Martin Luther, Tischreden oder Colloquia (1566). Nr. 78. Tischreden v. Beruf. § 2. Gott will Fleiß u. Treu in eines jeden Beruf haben; denn wer in geringen Dingen nachlässig ist, d. ist auch im Großen nachlässig.

— Mancherlei hast du versäumet; | Statt zu handeln, hast geträumet, | Statt zu denken, hast geschwiegen, | Solltest wandern, bliebest liegen.

Joh. Wolfg. von Goethe, Gedichte. Sprichwörtl. (ged. 1812—1814).

Versäumnis. — Suche nicht vergeb'ne Heilung! | Unsrer Krankheit schwer Geheimnis | Schwankt zwischen Übereilung | Und zwischen Versäumnis.

Joh. Wolfg. von Goethe, Gedichte. Sprichwörtl. (ged. 1812—1814).

Versäumt. — . . . niemals, ob die Uhr du stellen magst zurück, | Kehrt die versäumte Zeit und ein verträumtes Glück.

Friedr. Rückert, D. Weisheit d. Brahmanen (1836—1839). B. 9, Nr. 47. (Stufe 4. Schule. Nr. 132.)

— Den versäumten Augenblick | Bringt kein Wunsch zurück. Sprichwort.

Versäumte, das. — . . . man finde | Gesuchtes schon, Versäumtes nur verschwinde! Griech.: *Τὸ δὲ ζητούμενον | Ἁλωτόν, ἐκφεύγει δὲ τἀμελούμενον.*

Sophokles (um 496—406 v. Chr.), König Ödipus. Übers. v. Jordan. V. 110—11 (Kreon).

Verschieben. — Verschieb' nicht, was du heut' besorgen sollst, auf morgen, | Denn morgen findet sich was Neues zu besorgen.

Friedr. Rückert, D. Weisheit d. Brahmanen (1836—1839). B. 16, Abteilung 5, Nr. 93. (Stufe 5. Leben. Nr. 495.)

Verschließen, sich. — Verschließe dich nicht! Freue dich jeder Neigung, die dir entgegengebracht wird! Ernst Wichert, Ein starkes Herz (1878).

Verschlossen. — Verschlossene Türen antreffen (abgewiesen werden). Sprichwörtl. Redensart.

Verschmähen. — Man wird es noch mit Laternen suchen (was man verschmäht hat).

Holländische Redensart.

Verschmerzen. — Verschmerzen werd' ich diesen Schlag, das weiß ich; | Denn was verschmerzte nicht der Mensch!

Friedr. von Schiller, Wallensteins Tod (1799). A. 5, Sz. 3 (Wallenstein).

— Es gibt nichts, was das Menschenherz nicht imstande ist, zu verschmerzen, und sei es auch sein holdester und reinster Glückstraum.

Konrad Telmann (Zitelmann), Götter u. Götzen (1884).

Verschwenden. — Öl und Mühe habe ich verschwendet. Lat.: Oleum et operam perdidi. Tit. Macc. Plautus (um 254—184 v. Chr.), Poenulus. Übers. v. Binder. A. 1, Sz. 2, V. 119 (Ancilla).

— Was braucht es mehr als Stolz und Unverstand, | Um Millionen durchzubringen (verschwenden)?

Christ. Fürchtegott Gellert, Fab. u. Erz. (1746). B. 1. D. baronisierte Bürger.

Verschwender. — Der Verschwender wirft mit vollen Händen, | Ohne Sinn sein Gut Betrügern aus, | Und die Ernte von den Narrenspenden | Ist Verachtung in das leere Haus.

Joh. Gottfr. Seume, Sämtl. Werke (1826). Gedichte. Einem mißmütigen Freunde.

Verschwenderisch. — Verschwenderischer Jüngling, bedürftiger Greis. Arabisches Sprichwort.

Verschwiegen. — Nichts edlers hab ich auff erden funden | Als trew von hertzen und still von munde (verschwiegen). Alter Spr.

— Wer schweiget, das man yhm vertrawet (verschwiegen ist), | Thut baß (besser), denn der ein Acker bawet. Alter Spr.

— Verschwiegener Mund, | Ein güldener Mund. Sprichwort.

— Ich kam einst in ein fremdes Land, | Da stund geschrieben an der Wand: | Sei fromm und auch verschwiegen, | Was nicht dein ist, laß liegen! Spr. an einem Hause in Obernberg.

Verschwiegenheit. — Die schönste Tugend ist Verschwiegenheit. Griech.: *Καλόν τοι γλῶσσ', ὅτῳ πιστὴ παρῇ.*

Euripides (um 480—406 v. Chr.), Iphigenie bei d. Tauriern. Übers. v. Minckwitz. V. 1064 (Iphigenie).

— Zieret Stärke den Mann und freies, mutiges Wesen, | O, so ziemet ihm fast tiefes Geheimnis noch mehr. | Städtebezwingerin du, Verschwiegenheit! Fürstin der Völker!

Joh. Wolfg. von Goethe, Gedichte. Elegien (ged. Herbst 1788 — Anfang 1790). Nr. 20.

— Verschwiegenheit fordern ist nicht das Mittel, sie zu erlangen.

Joh. Wolfg. von Goethe, Wilh. Meisters Lehrjahre (1777—1796).

— Die Verschwiegenheit ist eine der vornehmsten Tugenden eines ehrlichen Mannes.

Gotthold Ephr. Lessing, Sämtl. Schriften (1796—1808).

Verschwiegenheit. — Verschwiegenheit nutzt alle Zeit; | Geschwätzigkeit bringt Herzeleid.
Sprichwort.

Verschworen. — Nichts verschworen, Marinelli! Gotthold Ephr. Lessing, Emilia Galotti (1772). A. 1, Sz. 6 (D. Prinz).

Verschworenen, die. — Verschworene sind immer Schurken.
Christ. Dietr. Grabbe, Napoleon oder D. hundert Tage (1831). A. 1, Sz. 4 (Napoleon).

Verschwörung. — ... daß nie eine Verschwörung zur Freiheit geführt. Wo Wünsche und Kräfte der Mehrzahl eines Volkes für die Freiheit reif sind, da bedarf es keiner Verschwörung; wo dieses nicht ist, nützt sie nicht.
Ludw. Börne, Gesammelte Schriften (1862—1863). Kritiken. Nr. 25. Gesch. d. Wiedergeburt Griechenlands.

Verse. — Gute Witze wollen erdacht sein. | Gute Verse wollen gemacht sein.
Friedr. von Bodenstedt, D. Lieder d. Mirza-Schaffy (1851). Lieder u. Spr. d. Weisheit. Nr. 23.

— Verse tun's heut' freilich nicht; | Prosa, Freundchen, glatte Prosa!
Arno Holz, D. Kunst, ihr Wesen u. ihre Gesetze (1891).

Versessen. — He iss drup versiätten es (wie) de Rupe (Raupe) up 't Mosblatt.
Sprichwörtl. Redensart. Münsterisch.

Versiegelt. — Versiegelt und verbrieft.
Nach Jer., K. 32, V. 44.

Versöhnen, sich. — Versöhnt man sich, so bleibt doch etwas hängen.
Joh. Wolfg. von Goethe, Faust, II (1831). Weitläufiger Saal (Alecto).

Versöhnung. — Eine Versöhnung | Ist keine, die das Herz nicht ganz befreit. | Ein Tropfe Haß, der in dem Freudenbecher | Zurückbleibt, macht den Segenstrank zum Gift.
Friedr. von Schiller, D. Jungfrau v. Orleans (1801). A. 3, Sz. 4 (Johanna).

Versöhnungsstunde. — Selige, heilige Tage, welche auf die Versöhnungsstunde der Menschen folgen! Die Liebe ist wieder blöde und jungfräulich, der Geliebte neu und verklärt, das Herz feiert seinen Mai.
Jean Paul (Joh. Paul Friedr. Richter), Sämtl. Werke (1826—1828).

Versprechen. — Goldne Berge versprechen. Lat.: Montes auri pollicens.
Publ. Terentius Afer (um 185—155 v. Chr.), Phormio. Übers. v. Donner. A. 1, Sz. 2, V. 18 (Geta).

— Die Gerechten versprechen wenig und leisten viel; die Frevler versprechen viel und halten nicht einmal wenig. Talmud (3. Jahrh.).

— So reicher Mann nicht leben mag, | Der nicht wen'ger gibt, als er versprach. Mittelhochdeutsch: Ich waen, daz nieman sô rîcher lebe, | Er geheize mê, denn er gebe.
Vrîdankes Bescheidenheit (1225—1240). Übertr. v. Pannier. Nr. 38. v. erkantnisse.

Versprechen. — Es ist nym, als es vor zyten was; | Was man redt (versprach), do hielt man das; | Man kan yetz mit eim grüß verston, | Wie man sol entgegen gon.
Thomas Murner, Narrenbeschwerung (1512). Nr. 19. Guatter über d. zun.

— Wir versprechen nach dem Maße unserer Hoffnungen und halten nach dem Maße unserer Befürchtungen. Franz.: Nous promettons selon nos espérances, et nous tenons selon nos craintes.
François, Herzog von La Rochefoucauld, Reflexionen oder moralische Sentenzen u. Maximen (1665). Nr. 37. Übers. v. Zimmermann.

— ... leider kann man nichts versprechen, | Was unserm Herzen widerspricht.
Joh. Wolfg. von Goethe, Gedichte. Lieder. Abschied (geb. 24. Mai 1797).

— Beide schaden sich selbst: der zuviel verspricht, und der zuviel erwartet.
Gotthold Ephr. Lessing, Sämtl. Schriften (1796—1808).

— Wenn doch der Mensch sich nicht vermessen wollte, irgend etwas für die Zukunft zu versprechen! Das Geringste vermag er nicht zu halten, geschweige wenn sein Vorsatz von Bedeutung ist. Joh. Wolfg. von Goethe, Wilh. Meisters Wanderjahre (1807—1821).

— Wem, der ein Herz hat, ist es nicht geschehen, | Daß er, im überwallenden Gefühl | Der Kräfte Maß vergessend, mehr versprochen, | Als er zu leisten fähig war?
Ernst Raupach, D. Schule d. Lebens (1841). A. 5, Sz. 2.

— Versprochene Beeren füllen die Körbe nicht. Lettisches Sprichwort.

— Von versprochenen Eiern gehen hundert auf das Zehnt. Russisches Sprichwort.

— Ich hab'm Holland und Brabant versprochen. Jüd. Redensart.

Versprechen, das. — Versprechen macht Schuld.
Friedr. von Hagedorn, Sämtl. poetische Werke (1757). Fab. u. Erz. B. 1. Bruder Fritz.

— Was du versprichst, das halt'! Gebrochenes Versprechen | Ist kein getan's, doch ein gesprochenes Verbrechen.
Friedr. Rückert, D. Weisheit d. Brahmanen (1836—1839). B. 14, Nr. 7. A. d. Talmud. Nr. 6. (Stufe 7. Erkenntnis. Nr. 136. A. d. Talmud. Nr. 23.)

— Versprechen ist herrisch, Halten bäuerisch,
Sprichwort.

— Versprechen und Halten | Ziemt Jungen und Alten. Sprichwort.

— Die Männer sind an ihre Zunge gebunden (sie müssen das Versprechen auch halten).
Arabisches Sprichwort.

Versprechen, die. — Täten mir Versprechen wohl, | Hätt' ich eine Scheuer voll. Mittelhochdeutsch: Taeten mir geheize wol, | Der 'rwürbich ein stadel vol.

Bridankes Bescheidenheit (1225—1240). Übertr. v. Pannier. Nr. 38. v. erkantnisse.

Versprechungen. — Die Taten sind männlich, die Versprechungen weiblich. Franz.: Les effets sont des mâles, et les promesses sont des femelles.

Sprichwort.

Verstand. — . . . alle Weisen stimmen darin überein, der Verstand sei unser König und der des Himmels und der Erde! Griech.: *Πάντες γὰρ συμφωνοῦσιν οἱ σοφοί, ὡς νοῦς ἐστὶ βασιλεὺς ἡμῖν οὐρανοῦ τε καὶ γῆς.*

Platon (um 427—347 v. Chr.), Philebos. Übers. v. Müller. § 50 (Sokrates).

— Von allen Menschen lebt fast keiner auf der Welt, | Dem sein Verstand nicht wohl-, sein Stand nicht mißgefällt.

Barthold Heinr. Brockes, Versuch v. Menschen d. Herrn Pope (1740).

— Je mehr Verstand jemand hat, je besser wird sein Herz sein.

Ewald Christ. von Kleist, Sämtl. Werke (1760). Prosaische Auffätze. Nr. 9. Gedanken über verschiedene Gegenstände.

— . . . wer über gewisse Dinge den Verstand nicht verliert, der hat keinen zu verlieren.

Gotthold Ephr. Lessing, Emilia Galotti (1772). A. 4, Sz. 7 (Orsina).

— Verstand ist des Herzens Spürhund.

Theod. Gottl. von Hippel, Lebensläufe nach aufsteigender Linie (1778—1781). T. 1.

— Verstand urteilt, Vernunft schließt. Vernunft ist Urteil a priori, Verstand a posteriori.

Theod. Gottl. von Hippel, Lebensläufe nach aufsteigender Linie (1778—1781). T. 1.

— Vernunft ist groß Geld, Verstand klein Geld.

Theod. Gottl. von Hippel, Lebensläufe nach aufsteigender Linie (1778—1781). T. 1.

— Mein Verstand steht still!

Friedr. von Schiller, Kabale u. Liebe (1784). A. 3, Sz. 2 (Hofmarschall).

— Der Mensch ist mit nichts in der Welt zufrieden, ausgenommen mit seinem Verstande; je weniger er hat, desto zufriedener.

Aug. von Kotzebue, D. Indianer in England (1790). A. 1, Sz. 4.

— . . . was kein Verstand oer Verständigen sieht, | Das übet in Einfalt ein kindlich Gemüt.

Friedr. von Schiller, Gedichte. D. Worte d. Glaubens (ged. 1797).

— Verstand empfingen wir, uns mündig selbst | Im ird'schen Element zurecht zu finden.

Joh. Wolfg. von Goethe, D. natürliche Tochter (1803). A. 2, Sz. 1 (Sekretär).

Verstand. — Verstand ist stets bei wen'gen nur gewesen.

Friedr. von Schiller, Demetrius (ged. Mai 1804). A. 1 (Sapieha).

— Wer von seinem Verstande zum Schaden anderer Gebrauch macht oder diese auch nur dadurch einschränkt, ist insofern unmoralisch.

Joh. Wolfg. von Goethe, Gespräch mit Riemer (Febr. 1807).

— Natürlicher Verstand kann fast jeden Grad von Bildung ersetzen, aber keine Bildung den natürlichen Verstand.

Arthur Schopenhauer, D. Welt als Wille u. Vorstellung (1819).

— Wäre Verstand und Geist von unsrer Erde verschwunden, | Glaubete jeglicher doch: Meinen behielt ich zurück.

Joh. Gottfr. von Herder, Sämtl. Werke (1805—1820). Blumenlese a. morgenländischen Dichtern. Nr. 2. D. Rosental. B. 3. D. eigene Weise.

— Es geschieht nichts Unvernünftiges, das nicht Verstand und Zufall wieder in die Richte brächten; nichts Vernünftiges, das Unverstand und Zufall nicht mißleiten könnten.

Joh. Wolfg. von Goethe, Wilh. Meisters Wanderjahre (1807—1821).

— Je weiter wir dem Verstande folgen, desto freier fühlen wir uns, je weiter dem Gefühle, desto unabhängiger; aber beide sind nur die entgegengesetzten Enden des einen Magnets.

Wolfg. Menzel, Deutsche Streckv. (1823).

— Der gesunde Menschenverstand ist der Menschheit Genie. Franz.: Le sens commun est le Génie de l'humanité.

Joh. Wolfg. von Goethe, Werke (1827—1830). Maximen u. Reflexionen. Abteilung 1.

— Der Verstand ist im Menschen zu Haus | Wie der Funken im Stein; | Er schlägt nicht von sich selbst heraus, | Er will herausgeschlagen sein.

Friedr. Rückert, Gesammelte Gedichte (1834—1838). Pantheon. Bruchstück 5. Zahme Xenien. Vierzeiler.

— Der Verstand will belehrt, die Sinnlichkeit belebt sein; der erste begehrt Einsicht, die zweite Faßlichkeit.

Immanuel Kant, Werke (1838—1839). Bd. 3.

— Wären die Menschen mit ihrem Glück so zufrieden als mit ihrem Verstande, welche Millionen Glücklicher!

Karl Jul. Weber, Demokritos (1832—1840). D. Einfachheit u. Lebensweisheit.

— Ein Mensch ohne Verstand ist auch ein Mensch ohne Willen. Nur wer denkt, ist frei und selbständig.

Ludw. Feuerbach, D. Wesen d. Christentums (1841).

— Verstand verhält sich zur Vernunft, wie das unvollendete zum freien, rein geistigen Erkennen.

Frz. Xaver von Baader, Sämtl. Werke (1851—1860).

Verstand. — . . . nichts berechtigt uns, auch nur eine denkbare Grenze festzusetzen, wo der menschliche Verstand mit Notwendigkeit zum Stillstand gebracht werden müßte. Engl.: We are not possessed of any evidence which authorizes us to assign even an imaginary boundary at which the human intellect will, of necessity, be brought to a stand.

Henry Thomas Buckle, Gesch. d. Zivilisation (1858—1861). Übers. v. Ritter. K. 2.

— Der Verstand ist Brot, das sättigt; der Witz ist Gewürz, das eßlustig macht.

Ludw. Börne, Gesammelte Schriften (1862—1863). Erz., Reisen, Verm. Aufsätze. Nr. 35. D. Narr im weißen Schwan. K. 3.

— Der Verstand wird meist auf Kosten des Gemütes ausgebildet. — O nein, aber es gibt mehr bildungsfähige Köpfe als bildungsfähige Herzen.

Marie von Ebner-Eschenbach, Aphorismen (1893).

— Es gibt Menschen mit leuchtendem und Menschen mit glänzendem Verstande. Die ersten erhellen ihre Umgebung, die zweiten verdunkeln sie.

Marie von Ebner-Eschenbach, Aphorismen (1893).

— . . . der Verstand (ist) bei den Alten.

Hiob, K. 12, V. 12.

— . . . Verstand haben ist edler denn Silber.

Spr. Sal., K. 16, V. 16.

— Höret zu, ihr tolles Volk, das keinen Verstand hat!

Jer., K. 5, V. 21.

— . . . die Wurzel des Verstandes verfault nicht.

Wsh. Sal., K. 3, V. 15.

— . . . den Verstand der Verständigen.

1. Kor., K. 1, V. 19.

— Der Verstand soll Fürst, der Wille Untertan, das Gewissen Richter sein. Sprichwort.

— Verstand ist das beste Kapital. Sprichwort.

— Verstand läßt sich nicht einprügeln.

Sprichwort.

— Verstand und Nachgedanken kommt nicht vor den Jahren. Sprichwort.

— Wo Verstand ist, da braucht es nicht viele Worte. Sprichwort.

— Wo Verstand und Herz zugleich sich regen, | Bringt der Fleiß Erstaunliches zuwegen.

Sprichwort.

— Je weniger Verstand einer hat, um so weniger merkt er den Mangel. Engl.: The less wit a man has, the less he knows that he wants it. Sprichwort.

— Sein Verstand ist scharf wie eine Kugel. Franz.: Il a l'esprit aigu comme une boule.

Sprichwort.

— Nach dem Glück das Ansehen, nach der Fülle der Verstand. Polnisches Sprichwort.

— Der Verstand fehlt, die Dummheit ist unfehlbar. Sprichwörtl.

— Grober Verstand | Hält Bestand.

Spr. im Berliner Rathause. Erdgeschoß.

Verstandesmaß. — Ein jeder hat von Natur das Maß des Verstandes, das er haben soll. Die Erziehung kann die Verstandeskräfte, die in der Seele sind, entwickeln, aber die nicht hineinlegen, die nicht darin sind.

Ewald Christ. von Kleist, Sämtl. Werke (1760). Prosaische Aufsätze. Nr. 9. Gedanken über verschiedene Gegenstände.

Verständig. — O Beste! glaube, was man so verständig nennt, | Ist oft mehr Eitelkeit und Kurzsinn!

Joh. Wolfg. von Goethe, Faust, I (1808). Garten (Faust).

Verständige, der. — Für den Verständigen ist es genug! Lat.: Sapienti sat!

Publ. Terentius Afer (um 185—155 v. Chr.), Phormio. Übers. v. Donner. A. 3, Sz. 3, V. 8 (Antipho).

Verstehen. — Je minder sie verstehn, sprach dieses schlaue Vieh, | Um desto mehr beweisen sie.

Christ. Fürchtegott Gellert, Fab. u. Erz. (1746). B. 1. D. Fuchs u. d. Elster. Schlußv.

— Wie denn auf dieser Welt keiner leicht den andern versteht!

Joh. Wolfg. von Goethe, Leiden d. jungen Werthers (1773). B. 1, Am 12. Aug.

— . . . wer einmal uns (Dichter) versteht, | Wird uns auch verzeihn.

Joh. Wolfg. von Goethe, Westöstlicher Diwan. B. d. Sängers. Derb u. tüchtig (ged. 26. Juli 1814). Schlußv.

— Selten habt ihr mich verstanden, | Selten auch verstand ich euch; | Nur wenn wir im Kot uns fanden, | So verstanden wir uns gleich.

Heinr. Heine, D. B. d. Lieder. D. Heimkehr (ged. 1823—1824). Nr. 80.

— Was man nicht versteht, besitzt man nicht.

Joh. Wolfg. von Goethe, Werke (1827—1830). Maximen u. Reflexionen. Abteilung 2.

— He verseit 't ut 'n Kasten.

Sprichwörtl. Redensart. Münsterisch.

Verstehen, sich auf etwas. — Er versteht sich drauf wie der Wolf auf die Sterne.

Polnische Redensart.

Verstellen, sich. — Wer spät im Leben sich verstellen lernt, | Der hat den Schein der Ehrlichkeit voraus.

Joh. Wolfg. von Goethe, Torquato Tasso (1789). A. 5, Sz. 3 (Tasso).

Verstellung. — Verstellung ohne Not ist ein Laster und eine Niederträchtigkeit. In der Not, wenn man sich und andere dadurch erhält oder glücklicher macht, ist sie eine Tugend.

Ewald Christ. von Kleist, Sämtl. Werke (1760). Prosaische Aufsätze. Nr. 9. Gedanken über verschiedene Gegenstände.

— Verstellung ist für edle Seelen unerträglicher Zwang; ihr Element, worin sie leben, ist Wahrheit. Joh. Jak. Engel, D. Fürstenspiegel (1798). Offenheit.

Verstellung. — Verstellung ist der off'nen Seele fremd.

Friedr. von Schiller, D. Piccolomini (1799). A. 1, Sz. 3 (Oktavio).

— Verstellung, sagt man, sei ein großes Laster, | Doch von Verstellung leben wir.

Joh. Wolfg. von Goethe, Maskenzug (18. Dez. 1818).

Verstimmen. — Verstimmen ist leicht, aber stimmen kann nicht jeder.

Ludw. Börne, Gesammelte Schriften (1862—1863). Fragmente u. Aphorismen. Nr. 75.

Verstohlen. — Die verstohlene Wasser sind süße. Spr. Sal., K. 9, V. 17.

Verstorbenen, die. — ... was Verstorbene betrifft, verschließt man besser in die Stille der eigenen Brust.

Wilh. Freiherr von Humboldt, Br. an eine Freundin. T. 2, Br. 6 (1829).

Versuch. — Durch Versuch ist alles und jedes zu machen. Griech.: *Πεἰρᾳ θην πάντα τελεῖται.*

Theokrit (geb. um 300 v. Chr.), Idyllen. D. Adonisfest. Übers. v. Mörike. V. 62 (D. Alte).

— Dat kümmt up den Versök an, segt de Swînegel tô 'n Hasen.

Sprichwörtl. Redensart. Mecklenburg.

Versuche. — Der Mensch macht, ehe er das Richtige trifft, es hundertmal verkehrt. Die schönste Zeit geht uns in der Jugend mit den Versuchen verloren.

Karl Gutzkow, Blasedow u. seine Söhne (1838). Bd. 1.

Versuchen. — ... der Mensch versuche die Götter nicht!

Friedr. von Schiller, Gedichte. D. Taucher (ged. 14. Juni 1797).

Versucht. — Ein andres ist, versucht sein, Escalus, | Ein andres fallen. Engl.: 'Tis one thing to be tempted, Escalus, | Another thing to fall.

William Shakespeare, Maß für Maß (1604). Übers. v. Schlegel. A. 2, Sz. 1 (Angelo).

Versuchung. — Wer die Versuchung flieht, der ist ein Held; wer sich mutwillig in sie begibt, um den Kranz der Tugend zu erringen, hat ihn schon verloren, ehe er den Kampf begann.

Joh. Heinr. Daniel Zschokke, Novellen u. Dichtungen (1851). Alamontade.

— Die Gelegenheit, die Versuchung naht sich jedem Menschen unzählige Male, sie ist für ihn die größte Gefahr; aus hoher Weisheit hat deshalb die Bibel den Teufel „den Versucher" genannt.

Dr. Hanns Groß, Kriminalpsychologie (1898). Subjektiv. D. psychische Tätigkeit d. Vernommenen. Nr. 3. Phänomenologisches. Kennzeichen im allgemeinen.

— ... führe uns nicht in Versuchung!

Matth., K. 6, V. 13.

Versuchungen. — Der erhabene Kopf hat andere Versuchungen als der gemeine.

Friedr. von Schiller, D. Verschwörung d. Fiesko zu Genua (1783). A. 3, Sz. 2 (Fiesko).

Versunken. — Versunken und vergessen! Das ist des Sängers Fluch.

Ludw. Uhland, Gedichte. Balladen u. Romanzen. D. Sängers Fluch (ged. 3.—4. Dez. 1814). Schlußv.

Vertagen. — Man gibt ein Werk nicht auf, weil man's vertagt.

Ernst Raupach, D. Hohenstaufen (1837). Kaiser Friedr. II. T. 2, A. 3, Sz. 1.

Verteidigen, sich. — Groß ist nicht, wer gegen die Nadel | Mit dem Schwert sich verteidigt.

Friedr. Güll, Leitstern auf d. Lebensfahrt (1881).

Verträge. — Nichts von Verträgen!

Friedr. von Schiller, D. Jungfrau v. Orleans (1801). Prolog. Sz. 3 (Johanna).

— Verträgen halte Treu'! | Was du bist, | Bist du nur durch Verträge.

Richard Wagner, Rheingold (1869). (Fasolt).

Vertragen. — ... vertraget einer den andern in der Liebe! Eph., K. 4, V. 2.

Vertragen, das. — Das ist ein Vertragen wie Eulen und Krähen.

Sprichwörtl. Redensart. Niedersächsisch.

Vertrauen. — Mich wundert, wie doch Mensch dem Menschen traut. Engl.: I wonder men dare trust themselves with men.

William Shakespeare, Timon v. Athen (um 1604—1608). Übers. v. Schlegel. A. 1, Sz. 2 (Apemantus).

— Wer allen alles traut, dem kann man wenig trauen.

Gotthold Ephr. Lessing, Schriften (1753—1755). Sinngedichte. B. 1, Nr. 42. An d. Aemil.

— Trau' dem Glücke! trau' den Göttern! | Steig', trotz Wogendrang und Wettern, | Kühn wie Cäsar in den Kahn!

Friedr. von Matthisson, Gedichte (1787). Zuruf.

— Doch läßt sich ihm vertraun, und das ist viel. Joh. Wolfg. von Goethe, Torquato Tasso (1789). A. 2, Sz. 1 (Prinzessin).

— ... gönne mir die Wollust, | Die schönste guter Menschen, sich dem Bessern | Vertrauend ohne Rückhalt hinzugeben!

Joh. Wolfg. von Goethe, Torquato Tasso (1789). A. 2, Sz. 3 (Tasso).

— Vertrauen wir auf offner See | Uns einem Sterne, der uns führet; | Warum vertrauen wir in unserm Weh | Dem Gotte nicht, der diesen Stern regieret?

Ephr. Mos. Kuh, Hinterlassene Gedichte (1792). Epigramme.

— Traue keinem Menschen, ehe er sich bewährt hat; doch sei auch nicht mißtrauisch ohne Grund, denn es ist lieblos!

B. d. Weisheit u. d. Tugend (1793).

— Man muß keinem Menschen trauen, der bei seinen Versicherungen die Hand auf das Herz legt.

Georg Christoph Lichtenberg, Verm. Schriften (1800—1806). Bd. 2, Nr. 2. Bemerk. verm. Inhalts. Nr. 4. Beobachtungen über d. Menschen.

Vertrauen. — Auf dich selbst schau'; | Nicht allen trau'!

Joh. Gottfr. von Herder, Stimmen d. Völker in Liedern (1807). Abteilung 2, B. 5, Nr. 27. Ein Spr. Deutsch.

— Sobald du dir vertraust, sobald weißt du zu leben. Joh. Wolfg. von Goethe, Faust, I (1808). Studierzimmer (Mephistopheles).

— Vertrauen wir Gott, jeder sich selbst und dem andern, so wird sich's wohl fügen!

Joh. Wolfg. von Goethe, Wilh. Meisters Wanderjahre (1807—1821).

— Wenn du mich fragst: auf wen darf ich in Treuen baun? | Ich sage dir: auf die, die selber andern traun.

Friedr. Rückert, D. Weisheit d. Brahmanen (1836—1839). B. 12, Nr. 30. (Stufe 6. Prüfung. Nr. 238.)

— Halte es mit jedermann freundlich; vertraue aber unter Tausenden kaum Einem!

Jes. Sir., K. 6, V. 6.

— Vertraue keinem Freunde, du habest ihn denn erkannt in der Not! Jes. Sir., K. 6, V. 7.

— Jedermann vertrauen ist Torheit, | Niemand vertrauen ist Narrheit. Alter Spr.

— Vertrau' dein Herz nicht Jedermann, | So du nicht willst in Schaden stahn, | Und halt dein Herz in stiller Hut; | Denn viel Vertrauen schaden thut. Alter Spr.

— Vertrawen einen unbekandten Man, | Das ist von niemandt weißlich gethan. Alter Spr.

— Im Trauen ist Täuschung. Engl.: In trust is treason. Sprichwort.

— Vor dem, welchem ich vertraue, hüte mich Gott; vor dem, welchem ich nicht vertraue, werde ich mich selbst hüten. Ital.: Da chi mi fido, mi guardi Dio, | Da chi non mi fido, mi guarderò io. Sprichwort.

— Man kennt niemand recht, um ihm zu trauen, oder man muß einen Scheffel Salz mit ihm gegessen haben. Niederl.: Men kent niemand recht om te vertrouwen, of men moet eenen zak zout mede gegeten hebben.

Sprichwort.

— Man soll allen wohl trauen und am meisten sich selbst. Norwegisch: Ein skal tru alle vael, og best seg sjølo. Sprichwort.

— Traue niemand außer Gott und dir ein bißchen! Galizisches Sprichwort.

Vertrauen, das. — Viel ankündigen schwächt das Vertrauen. Lat.: Multa fidem promissa levant.

Quint. Horatius Flacc., Episteln (um 20 v. Chr.). Übers. v. Voß. B. 2, Nr. 2, V. 10.

— Vertrauen erweckt Vertrauen. Lat.: Fides obligat fidem.

Nach Tit. Livius (um 59 v. Chr.—17 n. Chr.), Römische Gesch. Übers. v. Ostertag. B. 22, K. 22, § 14.

Vertrauen. — Vertrauen such' beim Feinde nicht; es gibt nicht reinen Strahl, | Willst zünden du das Klausnerlicht am Synagogenscheine!

A. d. Persischen d. Hafis (um 1310—1389). Ghaselen. Übers. v. Nesselmann.

— Der selt'ne Mann will seltenes Vertrauen, | Gibt ihm den Raum, das Ziel wird er sich setzen.

Friedr. von Schiller, D. Piccolomini (1799). A. 1, Sz. 4 (Max).

— Wer das Vertraun vergiftet, o der mordet | Das werdende Geschlecht im Leib der Mutter!

Friedr. von Schiller, Wallensteins Tod (1799). A. 3, Sz. 18 (Wallenstein).

— . . . stilles Vertrauen heilet das Herz.

Friedr. Wilh. Gotter, Gedichte (1787—1802). Tröstung. Mel. v. Joh. Rudolf Zumsteeg.

— Vertrauen ist oft die beste Schutzwehr.

Aug. von Kotzebue, D. Hasses u. d. Liebe Rache (1816).

— Vertrauen! . . . du bist einer der Züge im Menschen, die an Gottes Ebenbild erinnern.

Christ. Ernst Karl Graf von Bentzel-Sternau, Weltansichten (1816).

— Mit dem Vertrauen ist es eine wunderliche Sache. Hört man nur einen, der kann sich irren oder sich betrügen; hört man viele, die sind in demselbigem Falle, und gewöhnlich findet man da die Wahrheit gar nicht heraus.

Joh. Wolfg. von Goethe, Werke (1827—1830). Maximen u. Reflexionen. Abteilung 3.

— In nichts wäre die Mittelstraße vielleicht wünschenswerter als im Vertrauen und Verschweigen gegen die, die wir lieben.

Joh. Wolfg. von Goethe, Werke (1827—1830). Maximen u. Reflexionen. Abteilung 5.

— Wohlfeiler Witz ist Zweifel, doch heil'ge Tat Vertraun.

Anastasius Grün (Anton Alexander Graf von Auersperg), Nibelungen im Frack (1843).

— Edlen Sinn bindet nur Vertrauen.

Gustav Freytag, Ingo u. Ingraban (1872).

— . . . das Vertrauen ist eine zarte Pflanze; ist es zerstört, so kommt es sobald nicht wieder.

Otto von Bismarck im Herrenhause d. preuß. Landtages (10. März 1873).

— Vertrauen, schönster Stein in Königskronen, | Du Mutter aller Liebe und ihr Kind, | Du einzig Pfühl, auf dem wir sorglos schlummern; | Es gibt kein Glück, wo du den Rücken wandtest.

Theod. Fontane, Gedichte (1875). Lieder u. Spr.

— Vertrauen ist Mut, und Treue ist Kraft.

Marie von Ebner-Eschenbach, Aphorismen (1893).

— Vertrauen weckt Vertrauen. Sprichwort.

— Wo kein Vertrauen ist, da ist keine Treue.

Spr. im Berliner Rathause. Zweiter Stock.

Vertraulich. — Gewiß ist es, daß eine einzige Stunde vertraulicher Mitteilung zwei fremde Menschen einander näher bringt als ganze Jahre gewöhnlichen Beisammenlebens.

Friedr. von Bodenstedt, Tausend u. ein Tag im Orient (1849).

Vertraulichkeit. — Doch eine Würde, eine Höhe | Entfernte die Vertraulichkeit.

Friedr. von Schiller, Gedichte. D. Mädchen a. d. Fremde (ged. 1796). Mel. v. Joh. Friedr. Reichardt.

— Gar zu leicht mißbrauchen und vernachlässigen uns die Menschen, sobald wir mit ihnen in Vertraulichkeit verkehren. Um angenehm zu leben, muß man fast immer als ein Fremder unter den Leuten erscheinen. Dann wird man geschont, geehrt, aufgesucht.

Adolf Freiherr von Knigge, Gesammelte Schriften (1804—1806).

— Vertraulichkeit war in der Arche Noahs.

Sprichwort.

Vertun — . . viel verthun und wenig werben | Ist ein guter Weg zum Verderben.

Georg Rollenhagen, Froschmäuseler (1595). B. 1, T. 1, K. 9.

Verurteilen. — Verurteile niemand, bevor du in seiner Lage warst! Talmud (3. Jahrh.).

— Ein Richter, der in der Furcht, ein Unschuldigen zu verurteilen, zehn Schuldige freispräche, würde töricht handeln; besser zehn Unschuldige verurteilen, als einen einzigen Schuldigen laufen lassen. Franz.: Que diriez-vous d'un juge qui, dans la crainte de condamner un innocent, absoudrait dix coupables. Il vaut mieux condamner dix innocents que d'absoudre un seul coupable.

Claude Tillier, Mein Onkel Benj. (1846). Übers. v. Bergfeldt.

Vervollkommnung. — Alles kann die Menschheit entbehren, alles kann man ihr rauben, ohne ihrer wahren Würde zu nahe zu treten, nur nicht die Möglichkeit der Vervollkommnung.

Joh. Gottl. Fichte, Sämtl. Werke (1845—1846). Wesen d. Gelehrten.

Verwaist. — Verwaiste Väter sind beklagenswert; | Allein verwaiste Kinder sind es mehr.

Joh. Wolfg. von Goethe, D. natürliche Tochter (1803). A. 1, Sz. 6 (Eugenie).

Verwandt. — Diejenigen Naturen, die sich beim Zusammentreffen einander schnell ergreifen und wechselseitig bestimmen, nennen wir verwandt.

Joh. Wolfg. von Goethe, D. Wahlverwandtschaften (1808—1809). T. 1, K. 4.

— Verwandte Seelen verstehen sich ganz!

Joh. Gaudenz Freiherr von Salis-Seewis, Gedichte (1839). Sehnsucht nach Mitgefühl.

— Je näher verwandt, | Je feinder einand.

Sprichwort.

Verwandten, die. — Verwandte helfen, Freund' noch baß. Mittelhochdeutsch: Mâc hilfet wol, friunt verre baz.

Walter v. d. Vogelweide (um 1170—1230), Gedichte. Übertr. v. Pannier.

— . . . zu Zeiten der Not bedarf man seiner Verwandten.

Joh. Wolfg. von Goethe, Reineke Fuchs (1794). Ges. 11.

Verwandten, die. — Verwandte sind selten mehr als Bekannte, und die Zahl wahrer Freunde ist sehr geringe.

Aug. von Kotzebue, Kleine Romane, Erz., Anekdoten u. Miszellen (1805—1806).

— Die zärtlichen Verwandten.

Roderich Benedix, Titel eines Lustspiels (1866).

Verwandtenzwist. — Wie grausenhaft, o Mutter, ist Verwandtenzwist, | Wie schwer zugleich sein Ende, seine Lösungen! Griech.: *Ὡς δεινὸν ἔχθρα, μῆτερ, οἰκείων φίλων | Καὶ δυσλύτους ἔχουσα τὰς διαλλαγάς.*

Euripides (um 480—406 v. Chr.), D. Phönizierinnen. Übers. v. Minckwitz. V. 374—75 (Polyneikes).

Verwandtschaft. — Viel besser hilft uns Freundschaft ohne Sippe (Verwandtschaft). Mittelhochdeutsch: Baz gehilset friuntschaft âne sippe. Walter v. d. Vogelweide (um 1170—1230), Gedichte. Übertr. v. Pannier.

Verwandtschaften. — O sie sind süß, . . . die Verwandtschaften des Bluts, die schon selbst die Natur stiftet; aber wie viel süßer noch sind Verwandtschaften der Seele!

Joh. Jak. Engel, D. Philosoph für d. Welt (1775—1777). T. 1, Stück 16. Traum d. Galilei.

Verwegen. — Nicht verwegen, nicht furchtsam. Lat.: Nil temere, nil timide.

Wahlspr. d. Lipperheide.

Verwelken. — Es blüht eine Zeit und verwelket, | Was mit uns die Erde bewohnt.

Aug. von Kotzebue, Gesellschaftslied (ged. 1802). Mel. v. Friedr. Heinr. Himmel (komp. 1803).

Verwirrung. — Fürchte dich nicht vor der Verwirrung außer dir, aber vor der Verwirrung in dir!

Friedr. von Schiller, Prosaische Schriften (1793—1802).

Verwöhnt. — Ein verwöhntes Kind wird mutwillig wie ein wildes Pferd.

Jes. Sir., K. 30, V. 8.

Verwunden. — Sei wie die Goldorange, | Die mit Süßigkeiten beträuft | Den Mund, der sie verwundet!

Rob. Hamerling, Sinnen u. Minnen (1859).

Verzagen. — Wer verzagt, ein feiger Wicht! Griech.: *Τὸ δ' ἀπορεῖν ἀνδρὸς κακοῦ.*

Euripides (um 480—406 v. Chr.), D. rasende Herakles. Übers. v. Minckwitz. V. 106 (Amphitryon).

— Verzage nicht im Kreuze dein; | Nach Regen kommt ein Sonnenschein. Stammbuchinschrift (1628).

— Verzag' nicht an der eignen Kraft! Dein Herz | Ist reich genug, sich selber zu beleben.

Friedr. von Schiller, Wallensteins Tod (1799). A. 5, Sz. 3 (Gräfin).

— Deutsches Herz, verzage nicht! | Tu, was dein Gewissen spricht!

Ernst Moritz Arndt, Lieder für Teutsche. Deutscher Trost (ged. 1813). Mel. v. Albert Methfessel (1818) u. Friedr. Wilh. Berner.

Verzagen. — Das schlimmste Gift: an eigner Kraft verzagen!

Heinr. Heine, D. B. d. Lieder. Junge Leiden (geb. 1817—1821). Sonette. Sonettenkranz an A. W. v. Schlegel. Nr. 1.

— Verzage nicht, mein Herz, das Ei kann Federn kriegen | Und aus der engen Schal' empor zum Himmel fliegen.

Friedr. Rückert, D. Weisheit d. Brahmanen (1836—1839).

— Nur, wer verzagend | Das Steuer losläßt, ist im Sturm verloren.

Emanuel Geibel, Sophonisbe (1868). A. 2, Sz. 6 (Sophonisbe).

— Ach, armes Herz, verzage nicht, | Schlag' alles in den Wind! Volkslied u. -weise.

Verzagen, das. — . . . der Götter Fluch dem Zagen!

Ferd. Freiligrath, Gesammelte Dichtungen (1871). Viktor Hugo. A. d. Oden u. verm. Gedichten. D. Lied d. Arena.

Verzagt. — Verzagter Mann | Kam mit Ehren nie vom Plan. Sprichwort.

— Verzagt Herz freit nimmer ein schön Weib. Sprichwort.

Verzagten, die. — Wehe den Verzagten!

Jes. Sir., K. 2, V. 15.

Verzehren. — Wer wil mehr verzehren, | Dann sein pflug kan ernehren, | Der wirt zuletz verderben | Oder am galgen sterben.

Reimspr. (16. Jahrh.).

— Verzehr' nicht mehr, denn du erwerbst, | Sonst du im Grund gar bald verderbst! | Hab' acht, wie groß sei deine Deck', | Danach dich kehr', leg', wend' und streck'! Spr. an einem Hause.

Verzeihen. — Wer immer verzeiht, der stärkt die Frechheit zu größeren Freveln. Lat.: **Qui semper ignoscit, is audaciam nutrit ad facinora maiora.**

Lactantius (um 300), V. d. Zorn Gottes. Übers. v. Hergst. K. 18.

— Der Mensch ist nie so schön, als wenn er um Verzeihung bittet oder selber verzeiht.

Jean Paul (Joh. Paul Friedr. Richter), D. unsichtbare Loge (1793).

— Löblich ist es, verzeihn. Doch Menschenquälern die Wunde | Zu balsamen, es ist gegen die Menschheit Verrat.

Joh. Gottfr. von Herder, Sämtl. Werke (1805—1820). Blumenlese a. morgenländischen Dichtern. Nr. 5. Verm. Stücke a. verschiedenen morgenländischen Dichtern. Verrat.

— O fluche nicht, mein Kind, verzeihn ist edler!

Emerich Madách, D. Tragödie d. Menschen (1861). A. d. Ungar. übers. v. Lechner. Sz. 6 (Apostel Petrus).

Verzeihen, das. — Verzeihen ist die beste Rache. Sprichwort.

Verzeihung. — Verzeihung, — süßes Wort! Du Lebensbalsam, | Durch den des Herzens Wunden sanft vernarben, | Und wenn sie auch nicht heilen, minder schmerzen.

Eduard von Bauernfeld, Gesammelte Schriften (1871—1873). Dramen. Fortunat. A. 5, Sz. 6.

— Edlen Leuten, die sich mit Vergnügen um Verzeihung bitten lassen, braucht eigentlich niemand, und sei es auch der ärgste Bösewicht, dieses Vergnügen bereiten.

Wilh. Raabe, D. Schüdderump (1870). Bd. 1.

Verziehen. — Lieber ungezogen Kind als verzogen Kind. Sprichwort.

Verzierung. — Stoß dir man keene Verzierung ab (prahle nicht, spiel' dich nicht auf)!

Berliner Redensart.

Verzug. — Ein geringer Verzug bringt offt grossen Vortheil.

Christoph Lehmann, Politischer Blumen-Garten (1662). T. 2. Verzug. Nr. 18.

— Eine Viertelstunde Verzug bringt oft jahrelangen Aufschub. Sprichwort.

Verzweifeln. — . . . vor dem Ausgang (Ende) soll man nicht verzweifeln. Griech.: *Τὴν δ' ἐλπίδ' οὐ χρὴ τῆς τύχης κρίνειν πάρος.*

Sophokles (um 496—406 v. Chr.), D. Trachinierinnen. Übers. v. Jordan. V. 725 (Chor).

— . . . in allen Dingen | Ist besser hoffen, als verzweifeln.

Joh. Wolfg. von Goethe, Torquato Tasso (1789). A. 3, Sz. 4 (Antonio).

— Nichts Abgeschmackters find' ich auf der Welt | Als einen Teufel, der verzweifelt.

Joh. Wolfg. von Goethe, Faust, I (1808). Wald u. Höhle (Mephistopheles). Schlußv.

— Wo der Mensch verzweifelt, lebt kein Gott.

Joh. Wolfg. von Goethe, Epimenides Erwachen (1815). A. 2, Sz. 6.

— Verzweifle nicht, mein lieber Christ, | Bevor du nicht gehangen bist! Sprichwort.

— Für verzweifelte Barke findet Gott den Hafen. Ital.: **A barca desperà Dio trova 'l porto.** Sprichwort.

Verzweiflung. — Verzweiflung ist der einzige echte Atheismus.

Jean Paul (Joh. Paul Friedr. Richter), Dämmerungen für Deutschland (1809).

— Zu immer höhern Höhn gibt dir der Zweifel Schwung, | Doch in den Abgrund stürzt dich die Verzweifelung.

Friedr. Rückert, D. Weisheit d. Brahmanen (1836—1839). B. 5, Nr. 20. Schlußv. (Stufe 9. Dämmerklarheit. Nr. 17.)

— Nur Feigen, die sich selbst verlassen, | Legt die Verzweiflung Fesseln an.

Aug. Langbein, Sämtl. Gedichte (1841).

Vieh. — Der Gerechte erbarmet sich seines Viehes. Spr. Sal., K. 12, V. 10.

— Hast du Vieh, so warte sein!

Jes. Sir., K. 7, V. 24.

Viel. — Vieles, nicht vielerlei (soll man lesen). Lat.: **Multum non multa.**

Nach Plinius, d. jüngeren (um 62—113), Br. Übers. v. Schott. B. 7, Nr. 9.

— Wer schießen uß vil armbrust wil, | Der trift kum etwan wol das zil.

Seb. Brant, D. Narrenschif (1494). Nr. 18. V. dienst zweier herren.

— Wer vieles bringt, wird manchem etwas bringen. Joh. Wolfg. von Goethe, Faust, I (1808). Vorspiel auf d. Theater (Direktor).

— . . . was ist das unter so viele?

Evang. Joh., K. 6, V. 9.

— Viel Hunde sind des Hasen Tod.

Sprichwort.

— Viel Köche versalzen den Brei. Sprichwort.

— Wer viele Eisen im Feuer hat, dem werden einige kalt. Engl.: **He that hath many irons in the fire some of them will cool.**

Sprichwort.

— Viel fährt der Bauer auf dem Wagen (sagt man, wenn einer viel verlangt). Bek. Redensart.

Viel, zu. — Genug ist besser als zuviel. Mittelhochdeutsch: Genuoc ist bezzer dan ze vil.

Vrîdankes Bescheidenheit (1225—1240). Übertr. v. Pannier. Nr. 25. v. lobe.

— Wer zu vil wil haben, dem wirt gar nichts.

Joh. Agricola, Drey hundert Gemeyner Sprichwörtter (1529). Nr. 113.

— Drumb muß man rechnung machen, | Verrücken nicht das ziel, | Das man nicht thu den Sachen | Zu lützel (wenig), noch zu viel.

Joh. Doman, Lied v. d. Hanse (1618).

— Nichts behält, wer allzuviel | Auf einmahl ergreifen wil.

Hans Aßmann Freiherr von Abschatz, Poetische Übersetzungen u. Gedichte (1704). Sprüchwörter.

— Zu lützel und zu viel | Verderbt alle Spiel.

Alter Spr.

— Zu viel Leim hält nicht fest. Alter Spr.

— Allzu viel ist ungesund. Sprichwort.

— Zu wenig und zu viel | Ist des Teufels Spiel. Sprichwort.

— Das Zuviel zersprengt den Topf und den Deckel. Ital.: **Lo soperchio rompe lo pignato e lo copierchio.** Neapolitanisches Sprichwort.

— Man tret' ja nur nicht übers Ziel, | Und tu' in keinem Ding zu viel; | Wer dieser Lehr' sich halten kann, | Der bleibt ein Mann für jedermann.

Spr. an einem Hausgerät.

Vielfraß. — . . . ein unsättiger Fraß schläft unruhig und hat das Grimmen und Bauchwehe.

Jes. Sir., K. 31, V. 24.

— Ein Vielfraß wird nicht geboren, sondern erzogen. Sprichwort.

Vielherrschaft. — Niemals frommt Vielherrschaft. Nur Einer sei Herrscher. | Einer König allein! Griech.: *Οὐκ ἀγαθὸν πολυκοιρανίη, εἷς κοίρανος ἔστω | Εἷς βασιλεύς.*

Homer, Ilias. Übers. v. Voß. Ges. 2, V. 204—5.

Vielköpfig. — Untier, wie viel Häupter du hast! Lat.: **Belua multorum es capitum.**

Quint. Horatius Flacc., Episteln (um 20 v. Chr.). Übers. v. Voß. B. 1, Nr. 1, V. 76.

Vielleicht. — Ich will ein großes Vielleicht aufsuchen. Laßt den Vorhang fallen; das Stück ist ausgespielt! Franz.: **Je m'en vais chercher un grand peut-être; tirez le rideau, la farce est jouée!** François Rabelais' letzte Worte (1553). Übers. v. Zimmermann.

— Das Wörtchen vielleicht ist das wahrste Wort in unserer Sprache.

Karl Jul. Weber, Demokritos (1832—1840). D. Lügen.

Viktoria. — Viktoria! mit uns ist Gott, | Der stolze Feind liegt da!

Joh. Wilh. Ludw. Gleim, Sämtl. Schriften. Gedichte. Siegeslied nach d. Schlacht bey Prag (ged. Mai 1757).

Viola. — Viola, Baß und Geigen, | Die müssen alle schweigen | Vor dem Trompetenschall!

Studentenlied (um 1825). Studentenweise.

Virtuose. — Der wahre Virtuose spottet bei sich über jede uneingeschränkte Bewunderung, und nur das Lob desjenigen kitzelt ihn, von dem er weiß, daß er auch das Herz hat, ihn zu tadeln.

Gotthold Ephr. Lessing, Hamburgische Dramaturgie (1767—1768).

— Wie mancher dünkt sich Virtuos und schlägt gewalt'ge Triller, | Der bloß als leere Phrase drischt, was Goethe sprach und Schiller?

Aug. Graf von Platen-Hallermund, D. verhängnisvolle Gabel (1826). A. 2 (Schmuhl).

Vogel. — Friß, Vogel, oder stirb!

Sprichwort.

— Jeder Vogel hat sein Nest lieb. Sprichwort.

Vögel. — Alle Vögel sind schon da, | Alle Vögel, alle!

Aug. Heinr. Hoffmann von Fallersleben, Lyrische Gedichte. Nr. 3. Kinderleben. Jugend- u. Mannesjahre. Kindheit. Frühlings Ankunft (ged. 1835). Volksweise.

Vogelfänger. — Der Vogelfänger bin ich ja, | Stets lustig, heisa! hopsasa!

Emanuel Schikaneder, D. Zauberflöte (1790). A. 1 (Papageno). Komp. v. Wolfg. Amadeus Mozart. (Erste Auff. am 30. Sept. 1791 in Wien.)

Vogelwiese. — Auf der ganzen Vogelwies' | Sah man nichts als Schwert und Spieß, | An die hunderttausend.

Karl Seyferth, D. Hussiten vor Naumburg (ged. 1832). Volksweise.

Vöglein, das. — Wenn ich ein Vöglein wär' | Und auch zwei Flüglein hätt', | Flög' ich zu dir; | Weil es aber nicht kann sein, | Bleib' ich allhier.

Joh. Gottfr. von Herder, Stimmen d. Völker in Liedern (1807). Abteilung 2, B. 5, Nr. 12. D. Flug d. Liebe. Deutsch.

Vöglein, das. — Ich wollt', ich wär' ein Vögelein; | Wollt' mich zu Liebchen schwingen.
Ludw. Uhland, Gedichte. Balladen u. Romanzen. König Karls Meerfahrt (ged. 31. Jan. 1812).

— Kimmt a Vogerl geflogen, | Setzt sich nieder auf mei Fuß.
Niederösterreichisches Volkslied (vor 1820).

— Ich habe ein Vögelchen davon singen hören (ich habe eine leise Andeutung davon schon gehört).
Sprichwörtl. Redensart.

Vöglein, die. — O bitt' euch, liebe Vögelein, | Will keins von euch mein Bote sein?
Rob. Prutz, Gedichte (1841). Mel. v. Ferd. Gumbert (1852).

Volk. — ... wann das Volk aufbrauset, übermannt vom Zorn, | Ist's schwer zu dämpfen, fessellosem Feuer gleich. Griech.: *Ὅταν γὰρ ἡβᾷ δῆμος εἰς ὀργὴν πεσών, | Ὅμοιον ὥστε πῦρ κατασβέσαι λάβρον.* Euripides (um 480—406 v. Chr.), Orestes. Übers. v. Binder. V. 696—97 (Menelaus).

— Jenes Sprichwort: Wer auf das Volk baut, baut auf Sumpf, ist ganz falsch. Ital.: Quello proverbio trito, che chi fonda in sul populo fonda in sul fango, è falsissimo.
Niccolò Machiavelli, D. Fürst (1513). K. 9. Übers. v. Pozzoni.

— Das Tier mit vielen Köpfen (das Volk). Engl.: The beast | With many heads (People).
William Shakespeare, Coriolan (um 1605). Übers. v. Schlegel. A. 4, Sz. 1 (Coriolan).

— Tapferkeit von außen, Einigkeit von innen, | Solchem Volk kann niemand etwas angewinnen.
Friedr. von Logau, Deutsche Sinn-Gedichte (1654).

— Was ist das Volk als eine wirre Herde, | Ein bunter Haufe, der gemeine Dinge | Erhebt, die eigentlich nicht wert des Lobs? | Das preist, bewundert, und weiß doch nicht was, | Noch wen! Engl.: What is the people but a herd confused, | A miscellaneous rabble, who extol | Things vulgar and, well weighed, scarce worth the praise? | They praise, and they admire they know not what, | And know not whom.
John Milton, Wiedererobertes Paradies (1671). Übers. v. Böttger. B. 3, V. 49.

— Dem gemeinen Volk mit Scharfsinn und feinem Verstande beikommen wollen ist gerade so, als wenn man versuchte, einen Klotz mit einem Schermesser zu spalten. Engl.: To endeavour to work upon the vulgar with fine sense is like attempting to hew blocks with a razor.
Alexander Pope (1688—1744), Gedanken über verschiedene Gegenstände. Übers. v. Ölckers u. Böttger.

— Das arme, steuerzahlende Volk. Lat.: Misera contribuens plebs.
Nach Corpus Juris Hungarici. Decretum II (1751). Artikel 37.

— Das Volk ist ein gar launiges, grillenhaftes Tier. Christoph Martin Wieland, D. goldene Spiegel (1774).

Volk. — Volk heißt nicht der Pöbel auf den Gassen; der singt und dichtet niemals, sondern schreit und verstümmelt.
Joh. Gottfr. von Herder, Stimmen d. Völker in Liedern. Nr. 3. Vorrede d. Volkslieder (1778—1779).

— Unsinn und Wut | Durchflammt ein Volk weit eher als Lieb' und Freude.
Joh. Wolfg. von Goethe, Elpenor (1781). A. 2, Sz. 2 (Polymetis).

— Der blinde, unbeholfene Koloß (das Volk), der mit plumpen Knochen anfangs Gepolter macht, Hohes und Niederes, Nahes und Fernes mit gähnendem Rachen zu verschlingen droht, und zuletzt — über Zwirnfäden stolpert?
Friedr. von Schiller, D. Verschwörung d. Fiesko zu Genua (1783). A. 2, Sz. 5 (Fiesko).

— Ein kräftiges, ein großes Volk und auch | Ein gutes Volk — und, Vater dieses Volkes, | Das, dacht' ich, das muß göttlich sein!
Friedr. von Schiller, Don Carlos (1787). A. 3, Sz. 10 (Marquis).

— Das Volk schätzt Stärke vor allem.
Joh. Wolfg. von Goethe, Ital. Reise (1786—1788).

— ... ein Volk wird nicht alt, nicht klug; ein Volk bleibt immer kindisch.
Joh. Wolfg. von Goethe, Egmont (1788). A. 4. D. Culenburgische Palast (Alba).

— Warum treibt sich das Volk so und schreit? Es will sich ernähren, | Kinder zeugen und die nähren, so gut es vermag. | Merke dir, Reisender, das, und tue zu Hause desgleichen! | Weiter bringt es kein Mensch, stell' er sich, wie er auch will.
Joh. Wolfg. von Goethe, Gedichte. Epigramme (ged. Venedig 1790). Nr. 10.

— Diesem Ambos vergleich' ich das Land, den Hammer dem Herrscher | Und dem Volke das Blech, das in der Mitte sich krümmt. | Wehe dem armen Blech, wenn nur willkürliche Schläge | Ungewiß treffen, und nie fertig der Kessel erscheint!
Joh. Wolfg. von Goethe, Gedichte. Epigramme (ged. Venedig 1790). Nr. 14.

— Nehmt euch in acht, Ihr, die Ihr das Volk in Unwissenheit erhalten wollt, seid am meisten bedroht; seht Ihr denn nicht, mit welcher Leichtigkeit man ein unvernünftiges Tier zum reißenden Tiere macht? Franz.: Prenez garde, vous qui voulez tenir le peuple dans l'ignorance c'est vous qui êtes les plus menacés; ne voyez-vous pas avec quelle facilité d'une bête brute on fait une bête féroce?
Honoré Gabriel Riqueti, Graf Mirabeau, Werke (1791—1792). Politische Diskurse. Übers. v. Zimmermann.

— Nur gegenwärtige Vorteile oder gegenwärtige Übel sind es, welche das Volk in Handlung setzen, und diese darf eine gute Staatskunst nicht abwarten.
Friedr. von Schiller, Gesch. d. Dreißigjährigen Krieges (1793).

Volk. — Ein ganzes Volk in Waffen ist an Majestät dem Kaiser ebenbürtig.

Minister Fürst Wenzel Anton von Kaunitz (1711—1794) zu Kaiser Jos. II.

— Was rennt das Volk, was wälzt sich dort | Die langen Gassen brausend fort?

Friedr. von Schiller, Gedichte. D. Kampf mit d. Drachen (ged. 18.—26. Aug. 1798).

— Weh', wenn sich in dem Schoß der Städte | Der Feuerzunder still gehäuft, | Das Volk, zerreißend seine Kette, | Zur Eigenhilfe schrecklich greift!

Friedr. von Schiller, Gedichte. D. Lied v. d. Glocke (ged. Sept. 1799).

— Nicht eine Welt in Waffen fürchtet sie, | So lang sie Frieden hat mit ihrem Volke.

Friedr. von Schiller, Maria Stuart (1800). A. 1, Sz. 6 (Mortimer).

— Weh' ihnen, die dem Volk die Augen halten, | Daß es dem wahren Besten widerstrebt!

Friedr. von Schiller, Wilh. Tell (1804). A. 2, Sz. 1 (Rudenz).

— . . . bill'ge Furcht erwecket sich ein Volk, | Das mit dem Schwerte in der Faust sich mäßigt.

Friedr. von Schiller, Wilh. Tell (1804). A. 2, Sz. 2 (Walter Fürst).

— Das Volk versteht sich besser auf sein Glück; | Kein Schein verführt sein sicheres Gefühl.

Friedr. von Schiller, Wilh. Tell (1804). A. 3, Sz. 2 (Bertha).

— Das Leben war mir nichts; ein braver Mann | Wirft's für sein Volk mit Freuden in die Schanze.

Theod. Körner, D. Sühne (ged. Febr. 1812). Sz. 3 (Wilh.).

— Um aller Kronen schönste darf ich werben, | Darf für mein Volk und meinen Glauben sterben.

Theod. Körner, Zriny (ged. Juni 1812). A. 5, Sz. 2 (Zriny).

— Gut und Blut für Volk und Freiheit geben, | Nenn' die Tat, die sich der Tat vergleicht!

Theod. Körner, Leier u. Schwert (1814). Auf d. Schlachtfelde v. Aspern.

— In Fährden und in Nöten zeigt erst das Volk sich echt; | Drum soll man nie zertreten sein altes, gutes Recht.

Ludw. Uhland, Gedichte. Balladen u. Romanzen. Graf Eberhard d. Rauschebart (ged. 20. Juni — 4. Juli u. 10.—11. Juli 1815). Nr. 1. D. Überfall im Wildbad.

— An unsrer Väter Taten | Mit Liebe sich erbaun, | Fortpflanzen ihre Saaten, | Dem alten Grund vertraun; | In solchem Angedenken | Des Landes Heil erneun; | Um unsre Schmach sich kränken, | Sich unsrer Ehre freun; | Sein eignes Ich vergessen | In aller Lust und Schmerz: | Das nennt man, wohl ermessen, | Für unser Volk ein Herz. Ludw. Uhland, Gedichte. Vaterländische Gedichte. D. Herz für unser Volk (ged. 21. Nov. 1816).

Volk. — Wo ist das Volk, das, kühn von Tat, | Der Tyrannei den Kopf zertrat?

Joh. Friedr. Leop. Duncker, Zur Feier d. Allerhöchsten Geburtsfestes (ged. 1818). Mel. v. Gasparo Spontini (komp. 1818).

— Man freut sich, daß das Volk sich mehrt, | Nach seiner Art behäglich nährt, | Sogar sich bildet, sich belehrt, | Und man erzieht sich nur Rebellen. Joh. Wolfg. von Goethe, Faust, II (1831). A. 4. Hochgebirg (Faust).

— Die Scheidewand, die die gebildeten Stände vom Volke trennt, ist ohnehin schon zu groß; man muß daher mit doppelter Sorgfalt das hauptsächlichste Band erhalten, das sie noch zusammenknüpft.

Wilh. Freiherr von Humboldt, Br. an eine Freundin (14. März—4. April 1834).

— . . . wie beharrlich (das Volk) | Verehrt's heut' auf den Knien, was es gestern | Verhöhnt hat, stürzt es morgen schon und lies't dann | Die Trümmer wieder auf, um übermorgen | Neu aufgerichtet fromm sie zu beräuchern. Ital.: Quel che ieri schernì, prosteso adora | Oggi e domani abbatterà, per girne | Raccozzando i rottami e per riporlo | Tra il fumo degl'incensi il dì vegnente.

Giacomo Leopardi, Palinodie (1836). Übers. v. Heyse.

— Volk der Dichter und Denker (die Deutschen). Engl.: The great German people, a race of thinkers and of critics . . .

Nach Edward George Earle Lord Bulwer Lytton, Ernest Maltravers (1837). Übers. v. Czarnowski. Widmung.

— . . . das Volk spielt immer die Rolle des Sancho, dem der Leibarzt die besten Speisen vor der Nase wegnehmen läßt.

Karl Jul. Weber, Demokritos (1832—1840). D. Staat u. seine Formen.

— . . . das ganze Geschlecht (das Volk), noch unreif, gleichet der Herde, | Welche den Hirten verlangt, welche des Treibers bedarf!

Aug. Mahlmann, Sämtl. Schriften (1839—1840). Gedichte. A. d. Leben.

— . . . Leute machen noch kein Volk.

Friedr. von Sallet, Gesammelte Gedichte (1843). Ernsthafte Gedichte. D. alte Überallundnirgends.

— Zwischen mich und mein Volk soll sich kein Blatt Papier drängen!

Nach Friedr. Wilh. IV. in d. Thronrede vor d. Vereinigten Landtage (11. April 1847).

— Was das Volk anfaßt, ist bald gewaltsam zerbrochen und mit Blut befleckt. Franz.: Ce que touche le peuple est toujours brisé par la violence et taché de sang.

Alphonse de Lamartine, Gesch. d. Girondisten (1847). Übers. v. Herwegh.

— Schon manches Volk hat sich dem Ruhm geschlachtet, | Doch seines heiligsten Gefühles Quelle | Läßt keins vergeuden, das sich selbst noch achtet.

Emanuel Geibel, Juniuslieder (1848). Sonette. Herbstblätter. Nr. 8. Schlußv.

Volk. — Es ist kein Ausdruck im letzten Jahre mehr mißbraucht worden als das Wort „Volk“. Jeder hat das darunter verstanden, was gerade in seinen Kram paßte, gewöhnlich einen beliebigen Haufen von Individuen, die es ihm gelungen war, für seine Ansicht zu gewinnen.

Otto von Bismarck in d. Zweiten Kammer d. preuß. Landtages (21. März 1849).

— Das Volk ist das Herz des Landes; man darf es nur rühren, und es quellen Schätze von Uneigennützigkeit, Ergebung und Mut hervor. Franz.: Le peuple est le cœur du pays; il suffit de le toucher pourqu'il en sorte des trésors de désintéressement, de résignation et de courage.

Alphonse de Lamartine, Revolution v. 1848 (1849). Übers. v. Herwegh.

— Das Volk hat keine politische Einsicht, aber ein dunkles politisches Gefühl. Franz.: Le peuple n'a pas la science, mais il a le sentiment confus de la politique.

Alphonse de Lamartine, Revolution v. 1848 (1849). Übers. v. Herwegh.

— Kein Volk hat Gott verlassen, | Das sich nicht selbst verließ.

Heinr. von Treitschke, Vaterländische Gedichte (1856).

— Das Volk steigt nicht zu dem Wahren und Schönen hinauf, sondern zieht es zu sich herab; aber nicht, um es unter die Füße zu treten, sondern um es zu herzen, zu liebkosen.

Wilh. Raabe, D. Chronik d. Sperlingsgasse (1857).

— Unglück kann durch andere kommen; aber erniedrigt werden kann ein Volk nur durch seine eigenen Handlungen. Engl.: Calamities may be inflicted by others; but no people can be degraded except by their own acts.

Henry Thomas Buckle, Gesch. d. Zivilisation (1858—1861). Übers. v. Ritter. K. 15.

— Doch ist | Ein tiefes Meer das Volk. Kein Sonnenstrahl | Durchdringt je seine Masse, die bleibt finster.

Emerich Madách, D. Tragödie d. Menschen (1861). A. d. Ungar. übers. v. Lechner. Sz. 4 (Luzifer).

— . . . nie verzeiht das Volk die eigne Schande.

Emerich Madách, D. Tragödie d. Menschen (1861). A. d. Ungar. übers. v. Lechner. Sz. 5 (Adam).

— Wozu hinuntersteigen? | Ist's denn nicht edler, es (das Volk) emporzuheben?

Emerich Madách, D. Tragödie d. Menschen (1861). A. d. Ungar. übers. v. Lechner. Sz. 7 (Adam).

— Das Volk ist unbezwinglich.

Emerich Madách, D. Tragödie d. Menschen (1861). A. d. Ungar. übers. v. Lechner. Sz. 9 (Adam).

— Das Volk braucht nicht zu bitten, nicht zu schmeicheln, ihm ist alle Macht, sein ist alle Herrschaft, und die Regierung ist sein Untertan.

Ludw. Börne, Gesammelte Schriften (1862—1863).

Volk. — Es ist zum Verzweifeln, daß ein Volk sich erst berauschen muß in Haß, ehe es den Mut bekommt, ihn zu befriedigen; daß es nicht eher sein Herz findet, bis es den Kopf verloren.

Ludw. Börne, Gesammelte Schriften (1862—1863).

— Ein sterbendes Volk zu sehen, das ist zu schrecklich.

Ludw. Börne, Gesammelte Schriften (1862—1863).

— Unsere ganze Hoffnung muß auf das Volk gestellt sein, auf das Volk, in dessen Mitte Kraft, Gesinnung und gesunder Verstand sich immerfort und unerschöpflich erneuern.

Karl Aug. Varnhagen von Ense, Tageb. (1861—1870).

— Was liegt am Volk, wenn Cäsar fröhlich ist?

Ferd. Freiligrath, Gesammelte Dichtungen (1871). Victor Hugo. A. d. Oden u. verm. Gedichten. Ein Festlied Neros.

— Ich bleibe dabei, wir sind Alle Volk und die Regierungen mit.

Otto von Bismarck im Reichstage (16. Juni 1873).

— Das Volk! Das sind die vielen leeren Nullen, | Die gern sich beisetzt, wer sich fühlt als Zahl, | Doch wegstreicht, kommt's zum Teilen in der Rechnung.

Frz. Grillparzer, Ein Bruderzwist in Habsburg (1873). A. 3 (Rudolf).

— Ein Volk taucht nach dem andern auf | In sturmgewalt'gem Siegeslauf, | Doch wen'gen nur ward es gegeben, | Sich selbst im Geist zu überleben. Friedr. von Bodenstedt, A. d. Nachlasse Mirza-Schaffys (1874). Prolog.

— Frei ist nur das Volk, welches stark genug ist, seine Freiheit zu behaupten, und stark wird es durch Einigkeit.

Hellmuth von Moltke, Gesammelte Schriften (1891—1893).

— Die Sprache erst macht das Volk zu einem Volke. A. d. Dän. d. Oehlenschläger.

— Zu seinem Volk versammelt werden (sterben).

Nach 1. Mos., K. 35, V. 29. — Sprichwörtl. Redensart.

— Gerechtigkeit erhöhet ein Volk.

Spr. Sal., K. 14, V. 34.

— Das Wasser und das Volk kann man nicht zurückhalten. Ital.: L'acqua e il popolo non si può tenere. Toscanisches Sprichwort.

Völker. — Wer zählt die Völker, nennt die Namen? Friedr. von Schiller, Gedichte. D. Kraniche d. Ibykus (ged. 16. Aug. 1797).

— Völker verrauschen, | Namen verklingen.

Friedr. von Schiller, D. Braut v. Messina (1803). Säulenhalle (Zweiter Chor. Berengar).

— . . . wo sich die Völker trennen | Gegenseitig im Verachten, | Keins von beiden wird bekennen, | Daß sie nach demselben trachten.

Joh. Wolfg. von Goethe, Westöstlicher Diwan. B. d. Unmuts. Keinen Reimer wirst du finden usw. (ged. 26. Juli u. 23. Dez. 1814).

Völker. — Auch für Völker bleibt die Gärtner-Regel bewährt, daß man Bäume, wenn sie nicht blühen wollen, durch starke Verletzungen zum Blühen nötigen kann.

Jean Paul (Joh. Paul Friedr. Richter), Politische Fastenpredigten während Deutschlands Marterwoche (1817).

— Nur mächtig ist, den seine Völker lieben.

Adelbert von Chamisso (Louis Charles Adelaide Chamisso de Boncourt), Gedichte. Sonette u. Terzinen. D. vertriebene König (ged. 1831).

— Völker wie einzelne werden nie entehrt, wenn sie sich selbst treu bleiben. Engl.: With nations, as with individuals, none are dishonoured if they are true to themselves.

Henry Thomas Buckle, Gesch. d. Zivilisation (1858—1861). Übers. v. Ritter. K. 15.

— Man kann verhindern, daß Völker lernen; aber verlernen machen kann man sie nichts.

Ludw. Börne, Gesammelte Schriften (1862—1863). Fragmente u. Aphorismen. Nr. 103.

— Völker sind wie die Oliven: dem leichten Drucke geben sie süßes Öl, dem starken bitteres.

Ludw. Börne, Gesammelte Schriften (1862—1863).

— Die Könige werden Brüder bleiben und verbündet gegen die Völker, solange ein törichter Haß diese auseinanderhält.

Ludw. Börne, Gesammelte Schriften (1862—1863).

— Die Völker ahnen instinktmäßig, wessen sie bedürfen, um ihre Mission zu erfüllen.

Heinr. Heine, Sämtl. Werke (1861—1868). Deutschland. T. 1, B. 2. V. Luther bis Kant.

— Nicht von umsichtigen Bewegungen werden die Völker geleitet; sie werden von großen Gefühlen bestimmt.

Leop. von Ranke, Sämtl. Werke (1867—1890). Engl. Gesch.

— Die Völker erwägen nicht lange, sie fühlen nur groß und stark und werden dann von dem Momente inspiriert.

Leop. von Ranke, Sämtl. Werke (1867—1890). Engl. Gesch.

— Passive Völker sind ausgestrichen aus dem Buche der Geschichte.

Gustav Adolf Lindner, D. Problem d. Glücks (1892).

Völkerbund. — Ein Völkerbund ist mehr als ein Fürstenbund.

Karl Jul. Weber, Demokritos (1832—1840). Grabmal d. weiland hl. römischen Reich errichtet.

Völkerfrühling. — Das sind ja des Völkerfrühlings | Kolossale Maienkäfer.

Heinr. Heine, Atta Troll (ged. 1841—1842). K. 27.

Völkerherz. — Der Völker Herz ist wankelmütig, Fürstin! | Sie lieben die Veränderung.

Friedr. von Schiller, Demetrius (geb. Mai 1804). A. 2, Sz. 1 (Hiob).

Völkerpfingsten. — Nur einer Welt der freien Denker | Kann einst ein Völkerpfingsten nahn.

Emil Rittershaus, Neue Gedichte (1871). 1870 u. 1871. Völkerpfingsten.

Völkerscharen. — Strömt herbei, ihr Völkerscharen, | Zu des deutschen Rheines Strand!

C. O. Sternau (Otto Jul. Inkermann), Gedichte. Rheinlied (vor 1844). Mel. v. Joh. Peters (1867).

Völkerschicksal. — Es ist das Schicksal der Völker, entweder zuviel oder gar nichts zu verlangen. Franz.: Le sort des nations est de demander ou trop ou rien.

Louis Adolphe Thiers, Gesch. d. franz. Revolution (1823—1827). Übers. v. Jordan.

Völkersünde. — Die Absperrung ist die Todsünde der Völker; denn das höchste Gesetz der Geschichte ist die Gemeinschaft.

Rudolf von Ihering, D. Geist d. römischen Rechts (1852—1865).

Volksbildung. — Die Volksbildung ist nicht bloß die einzig sichere Basis, sondern auch die notwendige Vorbedingung der Freiheit und die beste Garantie gegen die Wiederkehr kirchlicher Verdummungspolitik.

Ludw. Büchner, Kraft u. Stoff (1855).

Volksdichter. — Der größte Sänger der Griechen, Homerus, ist zugleich der größte Volksdichter.

Joh. Gottfr. von Herder, Stimmen d. Völker in Liedern. Nr. 3. Vorrede d. Volkslieder (1778—1779).

Volkserziehung. — Die Volkserziehung soll das Urbild eines vollkommenen Menschen, Bürgers und Volksgliedes in jedem Einzelwesen verwirklichen.

Friedr. Ludw. Jahn, Deutsches Volkstum (1810).

— Volkserziehung ist die wahre Geisterschaft des Volks!

Friedr. Ludw. Jahn, Deutsches Volkstum (1810).

— „Erzieht das Volk" war die erste Ermahnung Penns an die Niederlassung, welche er gründete; „erzieht das Volk" war das Vermächtnis Washingtons an die Nation, welche er gerettet hatte. Engl.: "Educate the people" was the first admonition addressed by Penn to the colony which he founded. "Educate the people" was the legacy of Washington to the nation which he had saved.

Thomas Babington, Lord Macaulay, Reden. Übers. v. Beseler. Erziehung (19. April 1847).

Volksfeste. — Wahre Volksfeste erhöhen das Leben, ziehen den Menschen aus dem Ichtum seiner Hütte und erwärmen das Herz für Menschen- und Bürgertum, für Staat und Vaterland.

Karl Jul. Weber, Demokritos (1832—1840). D. Frohsinn.

Volksfreiheit. — . . . daß, den höchsten Grad von Freiheit des Volkes, . . . der mit der Sicherheit und gemeinsamen Wohlfahrt des Staates verträglich ist, jederzeit zu erstreben die Pflicht jeder ehrlichen Regierung ist.

Otto von Bismarck im Norddeutschen Reichstage (27. März 1867).

Volksgefühl. — ... durch das Volksgefühl, | Durch diesen nimmer irrenden Propheten.

Emerich Madách, D. Tragödie d. Menschen (1861). A. d. Ungar. übers. v. Lechner. Sz. 9 (Volksmenge).

Volksgericht. — Tyrannensprüche und Volksgericht | Sind beide Ungeheuer gleicher Art, | Wenn Unvernunft und wilde Selbstsucht stürmt.

Joh. Gottfr. Seume, Miltiades (1808). A. 5, Sz. 2.

Volksgerücht. — ... ein Gott ist auch das Gerücht (des Volkes) selbst. Griech.: *Θεὸς νύ τις ἐστὶ καὶ αὐτή.*

Hesiod (8. Jahrh. v. Chr.), Werke u. Tage. Übers. v. Uschner. V. 764.

Volksgröße. — Man ist nur groß mit seines Volkes Größe.

Ernst Raupach, D. Hohenstaufen (1837). Kaiser Friedr. I. u. Mailand. A. 1, Sz. 8.

Volksgunst. — Was ist die Gunst eines schwärmerischen Volkes, dessen Bewegungen immer seinen Überlegungen zuvorkommen?

Christoph Martin Wieland, Gesch. d. Agathon (1766—1767).

— Laß dich von keinem Klügling überreden, | Schwer sei es, zu gewinnen Volkes Gunst. | Sei fromm und freundlich und gerecht für jeden, | Fürst oder Knecht, — das ist die ganze Kunst.

Aug. von Kotzebue, D. Hasses u. d. Liebe Rache (1816).

— Volkes Gunst, | Morgendunst! | Nach wenig Stunden | Beide verschwunden!

Georg Keil, Lyra u. Harfe (1834).

— Wer nur das Rechte will, | Bedarf der losen Gunst des Volkes nicht.

Ernst Raupach, Themisto (1840). A. 2, Sz. 3.

Volksherz. — Ein schwindlicht und unzuverlässig Haus | Hat der, so auf das Herz des Volkes baut. Engl.: A habitation giddy and unsure | Hath he that buildeth on the vulgar heart.

William Shakespeare, König Heinr. IV. (1597—1598). Übers. v. Schlegel. T. 2, A. 1, Sz. 3 (Erzbischof).

— Dein bester Schirm ist deines Volkes Herz.

Friedr. von Schiller, Demetrius (ged. Mai 1804). A. 1 (König).

— Ist es kein Übel, wenn das Herz eines großen Volkes von Hoffen und Harren krank wird? Engl.: Is it no evil that the heart of a great people should be made sick by deferred hope?

Thomas Babington, Lord Macaulay, Reden. Übers. v. Beseler. Parlamentarische Reform (16. Dez. 1831).

Volkskönige. — O, daß die Könige endlich einsähen, daß sie als Könige des Volkes im Schutze der Gesetze viel sicherer leben können als unter der Garde ihrer adligen Leibmörder!

Heinr. Heine, Sämtl. Werke. Engl. Fragmente (1828—1829). K. 13. D. Befreiung.

Volkskraft. — Nur in der eignen Kraft ruht das Schicksal jeder Nation.

Hellmuth von Moltke im deutschen Reichstage (1. März 1880).

Volkslieder. — Wilde, kräftige Völker und lustige, wie Griechen, Russen, Neapler, haben ihre Volkslieder in lauter Molltöne gesetzt.

Jean Paul (Joh. Paul Friedr. Richter), Levana oder Erzieh=Lehre (1807). Bd. 1, Bruchstück 3, K. 5, § 58.

Volksmasse. — Schrecklich ist die Volksmasse, wenn sie schlimme Führer hat. Griech.: *Δεινὸν οἱ πολλοί, κακούργους ὅταν ἔχωσι προστάτας.*

Euripides (um 480—406 v. Chr.), Orestes. Übers. v. Binder. V. 772 (Orestes).

Volksmund. — Es ist nicht alles ohne Grund, | Was umgeht in Volkes Mund. Dän.: Det er es Alt uden Grund, | Som gaaer om i Folkemund.

Sprichwort.

Volksrecht. — Die Energie der Liebe, mit der ein Volk seinem Rechte anhängt und es behauptet, bestimmt sich nach dem Einsatz an Mühe und Anstrengung, um den es dasselbe erworben.

Rudolf von Ihering, D. Kampf ums Recht (1872).

Volksrechte. — Das Volk hat aber doch gewisse Rechte.

Friedr. von Schiller, Wilh. Tell (1804). A. 4, Sz. 3 (Rudolf).

Volkssänger. — Zum Volkssänger gehört nicht, daß er aus dem Pöbel sein muß oder für den Pöbel singt; so wenig es die edelste Dichtkunst beschimpft, daß sie im Munde des Volkes tönet.

Joh. Gottfr. von Herder, Stimmen d. Völker in Liedern. Nr. 3. Vorrede d. Volkslieder (1778—1779).

Volksschweigen. — Das Schweigen des Volkes ist die Lehre für die Könige. Franz.: ... son silence (du peuple) est la leçon des rois.

Jean de Beauvais, Bischof v. Senez, Leichenrede für Ludw. XV. (27. Juli 1774). Übers. v. Zimmermann.

Volkssprache. — Die Sprache einer Nation angreifen heißt ihr Herz angreifen.

Heinr. Laube, Struensee (1847).

Volksstimme. — Die volkserhob'ne Stimme, traun, hat viel Gewalt. Griech.: *Φήμη γε μέντοι δημόθρους μέγα σθένει.*

Äschylus, D. Orestie (um 458 v. Chr.). Übers. v. Minckwitz. Agamemnon. V. 902 (Agamemnon).

— Verachte, was von dir das Volk spricht, nicht zu sehr; | Wer jedermann verschmäht, den achtet niemand mehr.

Martin Opitz, Sämtl. Werke (1644). Epigramme.

— Du glaubst doch nicht, daß ich | Verächtlich von des Volkes Stimme denke?

Gotthold Ephr. Lessing, Nathan d. Weise (1779). A. 3, Sz. 5 (Saladin).

Volksstimme. — Die Stimme des Volkes sollte stets mit Aufmerksamkeit angehört werden, wenngleich sie nicht immer Gehorsam erheischt. Engl.: The voice of the people ought always to meet with attention, though it did not always equally claim obedience.

James Fox, Rede über eine geeinte u. wirksame Verwaltung (20. Febr. 1784). Übers. v. Drabig.

— Das berühmte vox populi, vox dei (Volksstimme, Gottesstimme) gleicht auf ein Haar dem jüdischen: Kreuziget ihn! Kreuziget ihn!

Karl Jul. Weber, Demokritos (1832—1840). D. Staat u. seine Formen. D. Fortsetzung.

— Des Volkesstimme ist die höchste Ehre. Lat.: Honor optimus vox populi.

Wahlspr. d. Fazakerley.

Volkstracht. — Eine Volkstracht muß nach dem Urbilde des Volks in seiner Vollendung mit echtem Volkssinn und hohem Volkstumsgeist erfunden werden.

Friedr. Ludw. Jahn, Deutsches Volkstum (1810).

Volkstum. — Volkstum ist der wahre Völkermesser der Größe, die richtige Völkerwage des Werts.

Friedr. Ludw. Jahn, Deutsches Volkstum (1810).

Volksveredlung. — Die Veredlung eines Volkes ist besser als dessen Vergrößerung.

Inschrift im ägyptischen Palast d. Wiener Weltausstellung.

Volksversammlung. — Wichtig ist's, der Nationen | Geschick zu wägen, wenn in ernster Versammlung | Es Weise tun.

Friedr. Gottl. Klopstock, Sämtl. Werke (1798—1821). Bd. 7.

Volkswille. — ... ist der gute Wille eines Volkes nicht das sicherste, das edelste Pfand (für den König)?

Joh. Wolfg. von Goethe, Egmont (1788). A. 4. D. Culenburgische Palast (Egmont).

Volkswohl. — Das Wohl des Volkes das vornehmste Gesetz. Lat.: Salus populi suprema lex esto.

Marc. Tull. Cicero, V. d. Gesetzen (um 52 v. Chr.). Übers. v. Klotz. B. 3, K. 3, § 8.

— Für mich hat immer nur ein einziger Kompaß, ein einziger Polarstern, nach dem ich steure, bestanden: Salus publica (Volkswohl).

Otto von Bismarck im Reichstage (24. Febr. 1881).

Volkswohlfahrt. — ... aller Wohlfahrt Mutter und Heilschöpfer ist | Des Volks Gehorsam einzig. Griech.: *Πειθαρχία γάρ ἐστι τῆς εὐπραξίας | Μήτηρ, γυνὴ σωτῆρος.*

Äschylus, Sieben vor Theben (um 471 v. Chr.). Übers. v. Minckwitz. V. 206—7 (Eteokles).

— Die Welt hat sich an die große Wahrheit gewöhnt, es als eine Hauptbedingung der Volkswohlfahrt zu betrachten, daß seine Regierung sehr wenig Macht habe, daß sie diese Macht sehr sparsam anwende und sich auf keine Weise anmaße, sich zum obersten Richter über die Interessen des Volkes zu machen, oder sich berechtigt halte, die Wünsche derer zu vereiteln, zu deren Bestem einzig und allein sie das Amt inne hat, das ihr anvertraut ist. Engl.: The world has been made familiar with the great truth, that one main condition of the prosperity of a people is, that its rulers shall have very little power, that they shall exercise that power very sparingly, and that they shall by no means presume to raise themselves into supreme judges of the national interests, or deem themselves authorized to defeat the wishes of those for whose benefit alone they occupy the post intrusted to them.

Henry Thomas Buckle, Gesch. d. Zivilisation (1858—1861). Übers. v. Ritter. K. 5.

Voll. — Wes das Herz voll ist, des gehet der Mund über. Matth., K. 12, V. 34.

Vollbracht. — Es ist vollbracht!

Evang. Joh., K. 19, V. 30.

Vollbringen. — Wer nimmer nichts verbringt und dennoch viel fängt an, | Wird in Gedanken reich, im Werk ein armer Mann.

Friedr. von Logau, Deutsche Sinn-Getichte (1654). Unbeständige Arbeit.

Vollendet. — Gleich sei keiner dem andern; doch gleich sei jeder dem Höchsten! | Wie das zu machen? Es sei jeder vollendet in sich.

Joh. Wolfg. von Goethe, Gedichte. Vier Jahreszeiten (ged. 1796). Herbst. Nr. 53.

Vollendete, das. — Vollendetes steht über der Laune des Tags.

Emanuel Geibel, Gesammelte Werke (1883). Gedichte. Dichtungen in antiker Form. Ethisches u. Ästhetisches in Distichen. Nr. 49.

Vollendung. — Der Mensch hat in seiner Natur einen gewissen Trieb zur Vollendung, vermöge dessen er nichts gern halb läßt.

Joh. Jak. Engel, D. Philosoph für d. Welt (1775—1777). T. 1, Stück 8. Erster Br. an Herrn Dutens.

— Dem ringe nach! Es kann mit rechter Kraftanwendung | Der Mensch auf jeder Stuf' erreichen die Vollendung.

Friedr. Rückert, D. Weisheit d. Brahmanen (1836—1839). B. 19, Nr. 53. Schlußv. (Stufe 1. Einkehr. Nr. 126.)

— Erfüllen muß die Menschheit ihre Sendung | Im ruhelosen Streben nach Vollendung.

Jul. Hammer, Schau um dich u. schau in dich (1851). Treu im Wechsel. Erhebe nicht d. Ehmals vor d. Heute usw.

Völlerei. — Billich in kunftig armůt fellt, | Wer stäts noch schleck und füllen stellt | Und sich den brassern zugesellt. Seb. Brant, D. Narrenschif (1494). Nr. 16. V. füllen u. prassen.

Völlerei. — Willstu viel gutter tag ersparen, | Dein sin und dein gesund bewaren | Fur vollerey als fur teuffels list, | Dich fleissig hut jeder Frist!
Alter Spr.

— Völlerei bringt Buhlerei; | Buhlerei bringt Buberei.
Sprichwort.

Vollkommen. — Je vollkommener eine Sache ist, desto empfindlicher ist sie für gute und für böse Behandlung. Ital.: Quanto la cosa è più perfetta | Più senta il bene e così la doglienza.
Dante Alighieri, Göttliche Komödie (1300—1321). Hölle. Übers. v. Pozzoni.

— Je vollkommener, desto mehr Schmerzen. Ital.: Ai più perfetti abonda di più guai.
Michelangiolo Buonarotti (gest. 1564), Sonette. Über Dante Alighieri. Übers. v. Pozzoni.

— Mann findet nichts vollkommen in der Welt; | Wir Menschen sein mit sorgen, pein vnd plagen | All orth vnd Zeit, in Stätten, auff dem Feldt | Vom Himmel, Lufft, Meer vnd uns selbst geschlagen,
Georg Rudolf Weckherlin, Ode V. deß Todes gewißheit v. d. Tugent vnsterblichkeit (1624).

— Was schöne Seelen schön empfunden, | Muß trefflich und vollkommen sein.
Friedr. von Schiller, Gedichte. D. Künstler (ged. 1789).

— Wahrem Eifer genügt, daß das Vorhand'ne vollkommen | Sei; der falsche will stets, daß das Vollkommene sei.
Friedr. von Schiller, Gedichte. Votivtafeln. Nr. 23. Politische Lehre (ged. 1796).

Vollkommene, das. — O, daß dem Menschen nichts Vollkomm'nes wird, | Empfind' ich nun!
Joh. Wolfg. von Goethe, Faust, I (1808). Wald u. Höhle (Faust).

— Alles Vollkommene in seiner Art muß über seine Art hinausgehen, es muß etwas anderes, Unvergleichbares werden.
Joh. Wolfg. von Goethe, D. Wahlverwandtschaften (1808—1809). T. 2, K. 9. A. Ottiliens Tageb.

— Vollkommenes darf es nicht auf Erden geben! | Nur Unvollkommenes strebt und ringt zum Lichte.
Emil Rittershaus, Gedichte (1856).

Vollkommenheit. — Wer hat des Weltlaufs Sinn erlernet | Und strebt noch nach Vollkommenheit?
Friedr. Karl Kasimir Freiherr von Creuz, Oden u. andere Gedichte. Bd. 1. Neujahrs-Gedanken (ged. 1753).

— Vollkommenheit in der Natur ist keine Eigenschaft der Materie, sondern der Geister. Alle Geister sind glücklich durch ihre Vollkommenheit.
Friedr. von Schiller, Prosaische Schriften (1793—1802). Philosophische Br. Theosophie d. Jul. Idee.

Vollkommenheit. — Vollkommenheit ist die Norm des Himmels; Vollkommenenes wollen die Norm des Menschen.
Joh. Wolfg. von Goethe, Werke (1827—1830). Maximen u. Reflexionen. Abteilung 7.

— Derjenige, der sich mit Einsicht für beschränkt erklärt, ist der Vollkommenheit am nächsten.
Joh. Wolfg. von Goethe, Werke (1827—1830). Maximen u. Reflexionen.

— Zwar ist Vollkommenheit ein Ziel, das stets entweicht; | Doch soll es auch erstrebt nur werden, nicht erreicht.
Friedr. Rückert, D. Weisheit d. Brahmanen (1836—1839). B. 3, Nr. 46, V. 1. (Stufe 5. Leben. Nr. 503.)

— Gedenk', wenn's hie und da gebricht, | Vollkommenheit find't man hier nicht!
Spr. an einem Hause.

Vollmond. — Wie Vollmond glänzte sein feistes Gesicht.
Gottfr. Aug. Bürger, Gedichte. D. Kaiser u. d. Abt (1785).

Vorabend. — Am Vorabend eines großen Ereignisses. Franz.: A la veille d'un grand évènement.
Napoleon I. an d. Herzog v. Bassano (13. Okt. 1813). Übers. v. Zimmermann.

Voran. — Not an' Mann: | Mann voran!
Spr. an einem Hausgerät.

Vorangehen. — Wer nicht voran geht, geht zurück.
Matthias Claudius, Sämtl. Werke d. Wandsbecker Boten. T. 7 (1803). Ein gülden ABC.

Voraus. — Volldampf voraus!
Kaiser Wilh. II. am Schluß eines Telegramms an Kapitän Bendemann (17. Febr. 1894).

Vorbauen. — Der kluge Mann baut vor.
Friedr. von Schiller, Wilh. Tell (1804). A. 1, Sz. 2 (Gertrud).

Vorbedacht. — Vorbedacht Gelingen macht; Nachbedacht hat manchen schon in Schaden gebracht.
Roderich Benedix, Dramen (1846—1876). D. Dienstboten. Sz. 5 (Buschmann).

Vorbehalt. — Nichts von Vorbehalt!
Friedr. von Schiller, D. Piccolomini (1799). A. 2, Sz. 6 (Wallenstein).

— Unter dem Vorbehalt, wie ihn Jakobus macht. Lat.: Sub reservatione Jacobea.
Nach Jak., K. 4, V. 15.

Vorbei. — Für mich ist Spiel und Tanz vorbei.
Joh. Martin Miller, Gedichte. Klagelied eines Bauren (ged. 1772). Mel. v. Sigmund Freiherr von Seckendorff.

Vorbeugung. — Vorbeugung ist besser als Heilung. Engl.: Prevention is better than cure.
Sprichwort.

Vorbild. — Muß der Person, die man zum Vorbild wählt, | Man doch im Schönen nur zu gleichen trachten; | Und wenn wie sie man hustet auch und spuckt, | Ist man deshalb ihr lange noch nicht ähnlich. Franz.: Quand sur une personne on prétend se régler, | C'est par les beaux côtés qu'il lui faut ressembler; | Et ce n'est point du tout la prendre pour modèle, | Ma sœur, que de tousser et de cracher comme elle.

Molière (Jean Baptiste Poquelin), D. gelehrten Frauen (1672). Übers. v. Graf Baudissin. A. 1, Sz. 1 (Armande).

Vorderste, der. — . . . wer der Vorderste ist, führt die Herde.

Friedr. von Schiller, Wallensteins Tod (1799). A. 3, Sz. 4 (Wallenstein).

Vorgesetzten, die. — Mir ward ein Glück, das ich höher schätzte | Als alles Gold in Kaliforniens Eb'ne: | Ich hatte niemals Vorgesetzte | Und niemals Untergeb'ne.

Paul Heyse, Spruchbüchlein (1885). Persönliches.

Vorgetan. — . . . vor gethan und nach bedacht | Hat manchen in groß Leid gebracht; | Und vor bedacht, was nach mag kommen, | Hat offtmahls gebracht grossen Frommen.

Georg Rollenhagen, Froschmäuseler (1595). B. 3, T. 1, K. 11.

Vorglänzen. — Er glänzt uns vor, wie ein Komet entschwindend, | Unendlich Licht mit seinem Licht verbindend.

Joh. Wolfg. von Goethe, Gedichte. Verm. Gedichte. Epilog zu Schillers Glocke (ged. 31. Juli 1805 u. Mai 1815). Schlußv.

Vorhang. — Den Vorhang herunter; die Komödie ist aus. Franz.: Tirez le rideau; la farce est jouée.

François Rabelais auf d. Sterbebette (1553). Übers. v. Zimmermann.

Vorherbestimmen, das. — Glaub' nicht, du könnt'st es doch erklimmen, | Und woll'n sei höchste Kraft und Pflicht, | Was ist, ist durch Vorherbestimmen, — | Man hat es oder hat es nicht.

Theod. Fontane, Gedichte (1875). Lieder u. Spr.

Vorhersehen. — Sehn das Geschoß wir schon vorher, | Wird es uns nicht erschrecken sehr. Mittelhochdeutsch: Ein schôz, daz man vor gesiht, | Daz wirret lützel oder niht.

Brîdankes Bescheidenheit (1225—1240). Übertr. v. Pannier. Nr. 41. v. guote u. übele.

— Die pfeil, so man sieht fliehen her (vorhersieht), | Bringen desto weniger gefehr. Alter Spr.

Vormund. — Wenn der Teufel einen Vormund hätte, käme er um die Hölle. Alter Spr.

— Vormund nimmt so viel, daß Nachmund darben muß. Sprichwort.

Vornehm. — Den nenn' ich vornehm, der sich streng bescheiden | Die eigne Ehre gibt und wenig fragt, | Ob ihn die Nachbarn lästern oder neiden.

Paul Heyse, D. Salamander (ged. 1865). Nr. 24.

Vornehmen. — Nimm di nicks vör, denn sleiht di nicks fehl!

Fritz Reuter, Olle Kamellen. T. 6. Dörchläuchting (1866). K. 1.

Vorrat. — Vorrat | Nimmer schad't.

Sprichwort.

Vorrecht. — Der mit blutigen Hyänenklauen | Ließ das Vorrecht seine Grube bauen, | War Verbrecher an der Nation.

Joh. Gottfr. Seume, Sämtl. Werke. Gedichte. An d. deutsche Volk im Jahre 1810 (ged. 1810).

— Der größte Feind des Rechts ist das Vorrecht.

Marie von Ebner-Eschenbach, Aphorismen (1893).

Vorrede. — Vorrede spart Nachrede.

Sprichwort.

Vorsatz. — Der flücht'ge Vorsatz ist nicht einzuholen, | Es gehe denn die rasche Tat gleich mit. Engl.: The flighty purpose never is o'ertook, | Unless the deed go with it.

William Shakespeare, Macbeth (1606). Übers. v. Schiller. A. 4, Sz. 2 (Macbeth).

— Ein Vorsatz, mitgeteilt, ist nicht mehr dein.

Joh. Wolfg. von Goethe, D. natürliche Tochter (1803). A. 1, Sz. 5 (König).

Vorsätze. — Gute Vorsätze müssen durchaus nicht von Ohnmacht abzustammen scheinen, wenn sie gute Früchte tragen sollen. Kraft muß sie empfangen und gebären, Kraft muß sie erziehen und begleiten.

Friedr. von Gentz, Gesammelte Schriften (1838—1840). Politische Schriften.

Vorschrift. — Die Vorschrift mag uns den Weg weisen, aber das stille, fortwährende Beispiel bringt uns vorwärts. Engl.: Precept may point to us the way, but it is silent continuous example that carries us along.

Samuel Smiles, D. Selbsthilfe (1860). Übers. v. Dobbert. K. 12. Beispiele u. Muster.

Vorsehen, sich. — Wer nit vor gürt, e dan er rit, | Und sich versicht vorhin bi zit, | Des spott man, falt er an ein sit.

Seb. Brant, D. Narrenschif (1494). Nr. 12. V. unbesinten narren.

Vorsehung. — . . . es waltet eine besond're Vorsehung über den Fall eines Sperlings. Engl.: There is a special providence in the fall of a sparrow.

William Shakespeare, Hamlet (1601—1602). Übers. v. Schlegel. A. 5, Sz. 2 (Hamlet).

— Die Vorsicht ist gerecht in allen ihren Schlüssen.

Christ. Fürchtegott Gellert, Fab. u. Erz. (1746). B. 1. D. Schicksal.

— Laßt uns mit stiller Huldigung den Gang der Vorsehung und die ewigen Gesetze verehren, welche sie dem Weltall gab!

Friedr. d. Große, Sämtl. Werke (1789).

Vorsehung. — Verehre die Wege der Vorsehung auch da, wo sie deinen blöden Augen ungerecht scheinen!

Joh. Gottfr. von Herder u. Liebeskind, Palmblätter (1787—1800). T. 1.

— Geh' deinen unmerklichen Schritt, ewige Vorsehung! Nur laß mich dieser Unmerklichkeit wegen an dir nicht verzweifeln!

Gotthold Ephr. Lessing, Sämtl. Schriften (1796—1808).

— Wenn der Mensch keinen Rat mehr weiß, fangen die Wege der Vorsehung an.

Jean Paul (Joh. Paul Friedr. Richter), Politische Fastenpredigten während Deutschlands Marterwoche (1817).

— Der Weis' erwartet ruhig, | Was ihm senden die Vorsicht | Werde, Freud' oder Schmerz.

Friedr. Gottl. Klopstock, Sämtl. Werke (1798—1821).

— Die Vorsehung hat tausend Mittel, die Gefallenen zu erheben und die Niedergebeugten aufzurichten.

Joh. Wolfg. von Goethe, Wilh. Meisters Wanderjahre (1807—1821).

— . . . daß es nicht denkbar ist, daß die Vorsehung das, was wir Glück und Unglück nennen, einer Berücksichtigung würdige. So trostlos das auf den ersten Blick scheint, so erhebend ist es zugleich, einer höhern Ausbildung wertgehalten zu werden.

Wilh. Freiherr von Humboldt, Br. an eine Freundin (10. Sept. 1826).

— Die Vorsehung begünstigt gewiß nicht einzelne, sondern die tiefe Weisheit ihrer Ratschläge dehnt sich auf die Zurechtweisung und Veredlung aller aus.

Wilh. Freiherr von Humboldt, Br. an eine Freundin (28. Jan. 1827).

— Indem die Vorsehung die Schicksale der Menschen bestimmt, ist auch das innere Wesen des Menschen dabei in Einklang gebracht.

Wilh. Freiherr von Humboldt, Br. an eine Freundin (Jan. 1828).

Vorsicht. — Es frommt dem Menschen nichts so sehr | Als weise Vorsicht und Bedachtsamkeit. Griech.: *Προνοίας οὐδὲν ἀνθρώποις ἔφυ | Κέρδος λαβεῖν ἄμεινον, οὐδὲ νοῦ σοφοῦ.*

Sophokles (um 496—406 v. Chr.), Elektra. Übers. v. Jordan. V. 1006—7 (Chor).

— Daß die Hand gesichert bleibe, faßt man Kohlen an mit Zangen; | Die gefährlichen Geschäfte sind mit Vorsicht anzufangen.

Friedr. von Logau, Deutsche Sinn-Getichte (1654).

— Die Vorsicht stellt der List sich klug entgegen. Joh. Wolfg. von Goethe, Iphigenie auf Tauris (1787). A. 5, Sz. 3 (Thoas).

— Feigherz'ge Vorsicht, fahre hin!

Friedr. von Schiller, Wilh. Tell (1804). A. 1, Sz. 4 (Melchthal).

Vorsicht. — Die Vorsicht ist einfach, die Hinterdreinsicht vielfach.

Joh. Wolfg. von Goethe, Werke (1827—1830). Maximen u. Reflexionen. Abteilung 2.

— Die Vorsicht geht zu sacht, die Zuversicht zu keck; | Vorsicht mit Zuversicht vereint gelangt zum Zweck.

Friedr. Rückert, D. Weisheit d. Brahmanen (1836—1839). B. 16, Abteilung 4, Nr. 14. (Stufe 5. Leben. Nr. 314.)

— Wer nie verließ der Vorsicht enge Kreise | Und selbst aus seiner Jugend Tagen | Nichts zu bereun hat, zu beklagen, | Der war nie töricht, — aber auch nie weise.

Friedr. von Bodenstedt, D. Lieder d. Mirza-Schaffy (1851). Verm. Gedichte u. Spr. Nr. 13.

— Man kann Vorsicht Furcht, man kann Mut Leichtfertigkeit nennen.

Otto von Bismarck im Abg.-Hause d. preuß. Landtages (22. Jan. 1864).

— Vorsicht ist eine Bürgermeisterstugend. Dän.: Forsigtighed er en Borgemesterdyd.

Sprichwort.

— Vorsicht ist die Mutter der feinen Biergläser. Niederl.: Voorzigtigheid is de moeder der fijne bierglazen. Sprichwort.

— Vorsicht ist die Mutter der Porzellankiste.

Bek. Redensart.

Vorsichtig. — . . . es ist der Witzigen Krone, vorsichtiglich handeln. Spr. Sal., K. 14, V. 18.

— Seh' für dich und seh' hinter dich, | Und handle ja fürsichtiglich; | Das solltu lern' bey dem Gedicht, | Daß Janus hat zwei Angesicht'!

Spr. an einem Hausgerät.

Vorsichtigkeit. — Bess'r ist furchtsam Vorsichtigkeit | Denn tumkühne Vermessenheit.

Georg Rollenhagen, Froschmäuseler (1595). B. 1, T. 2, K. 11. Schlußv.

Vorsorge. — Vorsorge verhütet Nachsorge.

Sprichwort.

Vorsorgen. — Was nun einmal geschehn, kann ungeschehn nie wieder werden; | Aber für das, was kommt, wache und sorge zuvor! Griech.: *Ἀλλὰ τὰ μὲν προβέβηκεν, ἀμήχανόν ἐστι γενέσθαι | Ἀργά· τὰ δ' ἐξοπίσω τῇ φυλακῇ μελέτω.* Theognis (6. Jahrh. v. Chr.), Elegien. Übers. v. Binder. V. 583—84.

Vorteil. — Was Vorteil bringt, das tut man unverzagt. Griech.: *Ὅταν τι δρᾷς ἐς κέρδος, οὐκ ὀκνεῖν πρέπει.*

Sophokles (um 496—406 v. Chr.), Philoktet. Übers. v. Jordan. V. 111 (Odysseus).

— Schlecht weht der Wind, der keinem Vorteil bringt. Engl.: Ill blows the wind that profits nobody.

William Shakespeare, König Heinr. VI. (1591—1592). Übers. v. Schlegel. T. 3, A. 2, Sz. 5 (Sohn).

— Vortheil hat bald Feyrabend.

Christoph Lehmann, Politischer Blumen-Garten (1662) T. 2. Vortheil, Gewinn. Nr. 1.

Vorteil. — Kleiner Vortheil macht grosse schälck.

Christoph Lehmann, Politischer Blumen=Garten (1662). T. 2. Vortheil, Gewinn. Nr. 11.

— Was ist unser höchstes Gesetz? — Unser eigener Vorteil!

Joh. Wolfg. von Goethe, D. Groß=Kophta (1791). A. 3, Sz. 5 (Graf u. Domherr).

— Der kluge Mann sucht alles zu seinem Vorteil anzuwenden.

Joh. Gottfr. von Herder u. Liebeskind, Palmblätter (1787—1800). T. 4.

— Klug ist das Bemühen, | Zu seinem Vorteil etwas auszuziehen.

Joh. Wolfg. von Goethe, Faust, II (1831). A. 4. Hochgebirg (Mephistopheles).

— Vorteil ist nicht allzeit Gewinn. Alter Spr.

— Kein Vorteil ohne seinen Nachteil. Sprichwort.

— Vorteil geht vor Stärke. Sprichwort.

— Vorteil treibt Handwerk. Sprichwort. Steiermark.

Vorteile. — Alle Vorteile gelten. Sprichwort.

Vorteilisch. — Ein vorteilischer Mensch läßt ihm nimmer genügen an seinem Teil.

Jes. Sir., K. 14, V. 9.

Vorteilische, der. — Verflucht sei der Vorteilische! Maleachi, K. 1, V. 14.

Vortreffliche, das. — Alles Vortreffliche ist selten. Lat.: Omnia praeclara rara.

Marc. Tull. Cicero, Lälius oder über d. Freundschaft (um 44 v. Chr.). Übers. v. Schmitt. K. 21, § 79.

Vorüber. — Vorüber, ihr Schafe, vorüber! | Dem Schäfer ist gar so weh.

Joh. Wolfg. von Goethe, Gedichte. Lieder. Schäfers Klagelied (ged. 21. Jan. 1802). Schlußv. Mel. v. Joh. Friedr. Reichardt (1809), Frz. Schubert u. a.

Vorüberfliessen. — Die Mühle kann nicht mit dem Wasser mahlen, das vorübergeflossen ist. Engl.: The mill cannot grind with the water that is past. Sprichwort.

Vorübergehen. — Meine Minna geht vorüber? | Meine Minna kennt mich nicht?

Friedr. von Schiller, Gedichte. An Minna (ged. 1781).

Vorurteil. — . . . das gegründetste Vorurteil wieget auf der Wage der Gerechtigkeit so viel als nichts.

Gotthold Ephr. Lessing, Emilia Galotti (1772). A. 5, Sz. 5 (Marinelli).

— Daß irgend ein Mensch auf Erden ohne Vorurteil sein könne, ist das größte Vorurteil.

Aug. von Kotzebue, D. Korsen (1799).

— So lange die Eitelkeit der menschlichen Gemüter noch mächtig sein wird, so lange wird sich das Vorurteil auch erhalten, d. i., es wird niemals aufhören.

Immanuel Kant, Werke (1838—1839). Bd. 5.

— Ein Urteil läßt sich widerlegen, aber niemals ein Vorurteil.

Marie von Ebner=Eschenbach, Aphorismen (1893).

Vorurteile. — Vorurteile und eine unglückliche Liebe sind zwei Stücke, deren eines schon hinreichet, einen Mann zu etwas ganz anderm zu machen, als er ist.

Gotthold Ephr. Lessing, D. Freigeist (1749). A. 5, Sz. 3 (Theophan).

— Die Vorurteile hängen dem Menschen an wie das Moos den Bäumen. Wer sie mit Gewalt auskratzen wollte, würde dem Baume schaden.

Karl Ludw. von Knebel, Properz Elegien (1798).

— Es führet uns am Gängelband | Ein buntes Heer von Vorurteilen.

Joh. Gottfr. Seume, Sämtl. Werke (1826). Gedichte. Verlangtes Gutachten über Menschen u. ihren Umgang.

— Obenan soll stehen die Tapferkeit, — daß wir kühn genug seien, das Große zu tun und nicht zu achten der Vorurteile!

Bettina (Elisabeth) von Arnim, Sämtl. Schriften (1853).

— Wer Vorurteile einsaugt, ist lebenslang berauscht. Sprichwort.

Vorwärts. — Wer hinten spannt die Rinder an, | Mit dem Wagen nimmer vorwärts kann. Mittelhochdeutsch: Der gebûr lützel glückes hât, | Dem der wagen vür diu rinder gât.

Vrîdankes Bescheidenheit (1225—1240). Übertr. v. Pannier. Nr. 41. v. guote u. übele.

— Vorwärts heißt ein Feldmarschall, | Vorwärts, tapfre Streiter all! | Vorwärts!

Ludw. Uhland, Gedichte. Lieder. Vorwärts! (ged. 4. Febr. 1814). Schlußv.

— Vorwärts! vorwärts! hat geheißen | Blüchers mächt'ger Schlachtgesang. | Rückwärts, rückwärts! das sind Weisen | Wohl aus Herzen irr' und krank.

Justinus Kerner, Dichtungen. Politisches. Vorwärts! (ged. 1818).

— . . . weil die Zeit nur vorwärts will, | So schreiten vorwärts wir.

Aug. Heinr. Hoffmann von Fallersleben, Lyrische Gedichte. Nr. 4. Volksleben. Allerlei Klänge a. d. Volksleben. Jugend= u. Mannesjahre. Neujahrslied (ged. 29. Dez. 1826). Mel. v. Immanuel Sauermann (1828).

— Über Gräber vorwärts!

Wahlspr. Joh. Wolfg. von Goethes (1749—1832).

— Vorwärts, vorwärts stets! nie seitwärts, nie rückwärts, — nur vorwärts!

Joh. Kaspar Lavater, Werke (1834). Worte d. Herzens. Ermunterung.

— Du stehst und starrst die Wildnis an, | Wo ferner sich kein Weg will zeigen. | Mit Harren wirst du nichts erreichen, | Nur vorwärts! brich dir selber Bahn! Georg Keil, Lyra u. Harfe (1834).

— Laßt euch nicht irren! ewig wirkt und bleibt, | Was vorwärts, himmelwärts den Menschen treibt; | Ob es auf Zeiten scheinbar auch erliege, | Es endet immer mit dem vollsten Siege.

Ernst Raupach, D. Hohenstaufen (1837). Kaiser Friedr. II. u. Gregor. Vorspiel. Sz. 4.

Vorwärts. — Zum Ziel geht jeder Schritt, der vorwärts wird getan.

Friedr. Rückert, D. Weisheit d. Brahmanen (1836—1839). B. 10, Nr. 194. Schlußv. (Stufe 1. Einkehr. Nr. 126.)

— Laß das Träumen! Laß das Zagen! | Unermüdet wandre fort! | Will die Kraft dir schier versagen, | Vorwärts ist das rechte Wort.

Emanuel Geibel, Gesammelte Werke. Gedichte. Jugendgedichte. B. 3. Athen (geb. 1838—1840). Vorwärts!

— Der ist mächtig, der vorwärts will. Norwegisch: Han er ram, | Som vil fram.

Sprichwort.

— Einwärts! | Aufwärts! | Vorwärts!

Spr. an einem Hausgerät.

Vorwärtsbringen. — Fuß vor Fuß bringt gut vorwärts. Niederl.: Voet voor voet vordert wel.

Sprichwort.

Vorwärtsdringen. — ... alle Kraft dringt vorwärts in die Weite, | Zu leben und zu wirken hier und dort; | Dagegen engt und hemmt von jeder Seite | Der Strom der Welt und reißt uns mit sich fort.

Joh. Wolfg. von Goethe, Gedichte. Verm. Gedichte. D. Geheimnisse (ged. 1784—1785).

— Doch ist es jedem eingeboren, | Daß sein Gefühl hinauf und vorwärts dringt.

Joh. Wolfg. von Goethe, Faust, I (1808). Vor d. Tor (Faust).

Vorwärtsgehen. — Wer nicht vorwärts geht, der kommt zurücke! So bleibt es.

Joh. Wolfg. von Goethe, Hermann u. Dorothea (1797). Thalia.

Vorwärtsgehen. — Die politische Unbeweglichkeit ist unmöglich, man muß mit der menschlichen Intelligenz vorwärts gehen. Franz.: L'immobilité politique est impossible; force est d'avancer avec l'intelligence humaine.

François Auguste de Chateaubriand, Memoiren v. jenseits d. Grabes (1849). Übers. v. Zimmermann.

Vorwärtskommen. — Anstatt daß ihr bedächtig steht, | Versucht's zusammen eine Strecke! | Wißt ihr auch nicht, wohin es geht, | So kommt ihr wenigstens vom Flecke (vorwärts).

Joh. Wolfg. von Goethe, Nachgelassene Werke (1833). Gedichte. Zahme Xenien. Nr. 7.

— Man muß den Leuten nur ein bißchen verrückt vorkommen, dann kommt man schon weiter.

Wilh. Raabe, Hastenbeck (1899).

Vorwärtssehen. — Das Wenige verschwindet leicht dem Blick, | Der vorwärts sieht, wie viel noch übrig bleibt.

Joh. Wolfg. von Goethe, Iphigenie auf Tauris (1787). A. 1, Sz. 2 (Iphigenie).

— Sieh' vorwärts, Werner, und nicht hinter dich!

Friedr. von Schiller, Wilh. Tell (1804). A. 1, Sz. 2 (Gertrud).

Vorwärtsstreben. — Rastlos vorwärts mußt du streben, | Nie ermüdet stille stehn, | Willst du die Vollendung sehn.

Friedr. von Schiller, Gedichte. Spr. d. Konfucius (ged. 1799).

Vorwitz. — ... was deines Amts nicht ist, da laß deinen Vorwitz! Jes. Sir., K. 3, V. 24.

— Vorsichtig sei in allen Dingen, | Durch Vorwitz wird dir nichts gelingen.

Sprichwort.

Vorwurf. — Besser trocken Brot gegessen, | Im geflickten Rock gesessen | Und sich in der Armut weiden, | Als gerechten Vorwurf leiden.

Alter Spr.

W

Wache. — Swer wache stet, der sol umbe sehen.

Wartburgspr. Verbindungsgang.

Wachen. — Wach', daß du ruhest; | Ruh', daß du wachest!

Spr. in einem Hause.

Wachen, das. — Mit Wachen und mit Wagen | Muß man die Ruh erjagen.

Hans Aßmann Freiherr von Abschatz, Poetische Übersetzungen u. Gedichte (1704). Eisen-Hüttel. Schlußv.

Wachsamkeit. — Durch Wachsamkeit steigen wir empor. Lat.: Vigilando ascendimus.

Inschrift d. Weißen Falkenordens v. Sachsen-Weimar (gestiftet 1732).

Wachsen. — Es ist dafür gesorgt, daß die Bäume nicht in den Himmel wachsen.

Joh. Wolfg. von Goethe, A. meinem Leben. Dichtung u. Wahrheit (1809—1831). T. 3. Motto.

Wachstum. — Der Eiche Wachstum wird oft frech vom Pilz verlacht, | Sie braucht Dezennien, und er nur eine Nacht.

Jos. Freiherr von Auffenberg, Sämtl. Werke (1843—1847). Gedichte. Unvergoldete Pillen.

Wacht. — Die Wacht am Alserbach.

Frz. Friedr. Masaidek, D. Wacht am Alserbach (geb. 1872).

Wacker. — Ein wackerer Mann bleibt immer ein Anfänger. Lat.: Bonus vir semper tiro.

Joh. Wolfg. von Goethe, Werke (1827—1830). Maximen u. Reflexionen. Abteilung 3.

— ... 's ist auch wohl fein, | Ein wackrer Mann zu seiner Zeit zu sein.

Joh. Wolfg. von Goethe, Faust, II (1831). A. 2. Klassische Walpurgisnacht. Felsbuchten d. Ägäischen Meers (Thales).

Waffe. — Mir fehlt der Arm, wenn mir die Waffe fehlt. Friedr. von Schiller, Wilh. Tell (1804). A. 3, Sz. 1 (Tell).

— Nicht das Schwert sei unsre Waffe, nein, das Wort, Licht und Gesetz!
Anastasius Grün (Anton Alexander Graf von Auersperg), Spaziergänge eines Wiener Poeten (1831). Sieg d. Freiheit.

— Wer gegen Mücken mit derselben Waffe | Zu Felde zieht, mit der es heldenhaft, | Den Bären anzugreifen, ist ein Tor.
Emerich Madách, D. Tragödie d. Menschen (1861). A. d. Ungar. übers. v. Lechner. Sz. 7 (Adam).

Waffen. — Nicht eine Welt in Waffen fürchtet sie. Friedr. von Schiller, Maria Stuart (1800). A. 1, Sz. 6 (Mortimer).

— Die Waffen ruhn, des Krieges Stürme schweigen.
Friedr. von Schiller, D. Jungfrau v. Orleans (1801). A. 4, Sz. 1 (Johanna).

— Man führt die Waffen nicht vergebens.
Friedr. von Schiller, Wilh. Tell (1804). A. 3, Sz. 3 (Geßler).

Wage. — Jemandem die Wage halten (ihm gleich sein in irgend einer Beziehung).
Sprichwörtl. Redensart.

Wagehals. — Waghals | Bricht den Hals.
Sprichwort.

Wagen. — Kühn gewagt | Ist gewonnen. Griech.: *Πόνος ὁ μὴ φοβῶν, κράτιστος.*
Sophokles (um 496—406 v. Chr.), Philoktet. Übers. v. Jordan. V. 866 (Chor).

— Wagenden hilft ja das Glück. Lat.: Audentis Fortuna iuvat.
Publ. Vergilius Maro (um 70 v. Chr.—19 n. Chr.), Aeneis. Übers. v. Voß. B. 10, V. 284.

— Wer nit wagen kann, | Derselb nie gewann.
Reimspr. (14. Jahrh.).

— Wer hohen dingen stellet noch, | Der müß die schanz ouch wogen hoch.
Seb. Brant, D. Narrenschif (1494). Nr. 24. V. zů vil sorg.

— Ich habs gewagt!
Wahlspr. Ulrichs von Hutten. Anfang eines seiner Lieder: Ich habs gewagt mit sinnen | v. trag des noch kain rew (1521).

— Was aber ist gewaget | Auffs glück und wolgeraht, | Schaden zum Spott eintraget; | Nach reu folgt solcher that.
Joh. Doman, Lied v. d. Hanse (1618).

— Wer alles weiß zu tragen, er darf auch alles wagen. Franz.: Qui sait tout souffrir, peut tout oser.
Marquis de Vauvenargues, Reflexionen u. Maximen (1746). Nr. 189. Übers. v. Zimmermann.

— Der will sich nichts wagen, der sich mit kaltem Blute wagen will.
Gotthold Ephr. Lessing, Miß Sara Sampson (1755). A. 4, Sz. 9 (Marwood). Schlußwort.

Wagen. — Alles zu retten muß alles gewagt werden.
Friedr. von Schiller, D. Verschwörung d. Fiesko zu Genua (1783). A. 4, Sz. 6 (Fiesko).

— Unverzagt, | Nicht geklagt, | Frisch gewagt | Hat schon manchen reich gemacht.
Aug. von Kotzebue, D. Gesch. meines Vaters (1788).

— Wer wagt es, Rittersmann oder Knapp', | Zu tauchen in diesen Schlund?
Friedr. von Schiller, Gedichte. D. Taucher (ged. 14. Juni 1797).

— . . . das Frischgewagte gerät nur.
Joh. Wolfg. von Goethe, Hermann u. Dorothea (1797). Euterpe.

— Wer nichts waget, der darf nichts hoffen.
Friedr. von Schiller, Wallensteins Lager (1798). Sz. 7 (Wachtmeister).

— Frisch gewagt ist schon gewonnen, | Halb ist schon mein Werk vollbracht! | Sterne leuchten mir wie Sonnen, | Nur dem Feigen ist es Nacht.
Joh. Wolfg. von Goethe, Neue Schriften (1792—1800). Gedichte. Lieder. An d. Erwählte.

— Für alles werde alles frisch gewagt!
Friedr. von Schiller, Maria Stuart (1800). A. 3, Sz. 6 (Mortimer).

— Wo viel zu wagen ist, ist viel zu wägen.
Aug. Graf von Platen-Hallermund, D. Schatz d. Rhampsinit (1828). A. 1 (Rhampsinit).

— Wer niemals wagt, vollbringt kein Meisterstück.
Ernst Raupach, D. Hohenstaufen (1837). Kaiser Friedr. II. Tod. Vorspiel. Sz. 5.

— Wage! dem Wagenden wird einzig das Höchste zuteil.
Emanuel Geibel, Gesammelte Werke (1883). Gedichte. Dichtungen in antiker Form. Distichen v. Strande d. See. Zweiter Tag, Nr. 16.

— Ich wag's, | Gott vermag's. Alter Spr.

— Wers wagt und dapffer hin in setzt, | Wird offt mit grossem gewin ergetzt. Alter Spr.

— Erst wäg's, dann wag's! Sprichwort.

— Well (wer) nich waogt, de nich winnt, | Well nich haspelt (Garn windet), krigg kin Bint (Gebinde). Sprichwort. Münsterisch.

— Ich wag's fröhlich, | Gott füg's glücklich!
Spr. an einem Hausgerät.

— Nulla dilatio: | Das lehrt dich ratio, | Die da laut und weislich spricht: | Wage frisch und säume nicht! Spr. an einem Hause in Celle.

Wagen, das. — Es muß jetzt nur gewaget sein; | Wagen, das tut gewinnen!
Aug. Gottl. Meißner, Lindenschmidt (Juni 1794).

— Wagen gewinnet, | Schwäche zerrinnet! | Wage! dulde! die Welt ist dein.
Ernst Moritz Arndt, Gedichte. Lebenslied (ged. 1800).

— Wagen gewinnt, Wagen verliert.
Sprichwort.

— Durch Wagen wachse ich. Lat.: Conamine augeor. Wahlspr. d. Lesly.

Wägen. — Ich habe diese Bitterkeit schon vergessen. Ein volles Herz kann die Worte nicht wägen.

Gotthold Ephr. Lessing, Minna v. Barnhelm (1763). A. 5, Sz. 3 (v. Tellheim).

— Man tadelt den, der seine Taten wägt.

Joh. Wolfg. von Goethe, Iphigenie auf Tauris (1787). A. 1, Sz. 2 (Iphigenie).

— . . . wie jeder wägt, wird ihm gewogen.

Friedr. von Schiller, Gedichte. Thekla (ged. 1802). Mel. v. Friedr. Ludw. Seidel (1805).

— Erst wäg's, | Dann wag's!

Wahlspr. Hellmuth von Moltkes.

Wahl. — Ach, es war nicht meine Wahl!

Friedr. von Schiller, D. Jungfrau v. Orleans (1801). A. 4, Sz. 1 (Johanna). Schlußv.

— Wahl? . . . | Ist's Wahl, wenn des Gestirnes Macht den Menschen | Ereilt in der verhängnisvollen Stunde?

Friedr. von Schiller, D. Braut v. Messina (1803). Zimmer d. Palastes (Don Cesar).

— Wahl | Macht Qual. Sprichwort.

Wahlgesetz. — ... ein widersinnigeres, elenderes Wahlgesetz ist nicht in irgend einem Staate ausgedacht worden (als das preußische Dreiklassensystem). Otto von Bismarck im Norddeutschen Reichstage (28. März 1867).

Wahlrecht. — . . . ich habe den Eindruck, daß wir bei dem direkten Wahlrechte bedeutendere Kapazitäten in das Haus bringen als bei dem indirekten.

Otto von Bismarck im Norddeutschen Reichstage (28. März 1867).

Wahlsprüche. — Die Wahlsprüche deuten auf das, was man nicht hat, wonach man strebt. Man stellt sich solches, wie billig, immer vor Augen. Joh. Wolfg. von Goethe, Werke (1827—1830). Maximen u. Reflexionen. Abteilung 3.

Wahn. — Doch erfreut der süße Wahn. Griech.: *Σαίνομαι δ' ὑπ' ἐλπίδος.*

Äschylus, D. Orestie (um 458 v. Chr.). Übers. v. Minckwitz. D. Totenspenderinnen. V. 186 (Elektra).

— . . süß ist jeder Wahn, wenn er auch irrig ist. Griech.: *Κρεῖσσον δὲ τὸ δοκεῖν, κἂν ἀληθείας ἀπῇ.*

Euripides (um 480—406 v. Chr.), Orestes. Übers. v. Binder. V. 236 (Orestes).

— Wahn ist ein blinde Kuh.

Christoph Lehmann, Politischer Blumen-Garten (1662). T. 2. Meynung. Nr. 23.

— Der wird die halbe Welt bekriegen, | Wer allen Wahn der Welt entzieht.

Christ. Fürchtegott Gellert, Fab. u. Erz. (1746). B. 1. D. süße Traum.

— Durchsucht der Menschen ganzes Leben; | Was treibt zu großen Taten an? | Was pflegt uns Ruh' und Trost zu geben? | Sehr oft ein Traum, ein süßer Wahn.

Christ. Fürchtegott Gellert, Fab. u. Erz. (1746). B. 1. D. süße Traum.

Wahn. — . . . nur der Irrtum ist unser Teil, und Wahn ist unsre Wissenschaft.

Gotthold Ephr. Lessing, Schriften (1753—1755). Fragmente. Nr. 6. D. Religion. Ges. 1. Vorerinnerung.

— Ein Wahn, der mich beglückt, | Ist eine Wahrheit wert, die mich zu Boden drückt.

Christoph Martin Wieland, Idris u. Zenide (1768). Ges. 3.

— Wir sollen es mit den Kindern machen wie Gott mit uns, der uns am glücklichsten macht, wenn er uns in freundlichem Wahne so hintaumeln läßt.

Joh. Wolfg. von Goethe, Leiden d. jungen Werthers (1773). B. 1, Am 6. Julius.

— Der Wahn ist kurz, die Reu' ist lang.

Friedr. von Schiller, Gedichte. D. Lied v. d. Glocke (ged. Sept. 1799).

— Mit dem Gürtel, mit dem Schleier | Reißt der schöne Wahn entzwei.

Friedr. von Schiller, Gedichte. D. Lied v. d. Glocke (ged. Sept. 1799).

— . . . der schrecklichste der Schrecken, | Das ist der Mensch in seinem Wahn.

Friedr. von Schiller, Gedichte. D. Lied v. d. Glocke (ged. Sept. 1799).

— Ich weiß, daß man vor leeren Schrecken zittert; | Doch wahres Unglück bringt der falsche Wahn. Friedr. von Schiller, D. Piccolomini (1799). A. 5, Sz. 1 (Max).

— Fahr' hin, du eitler Wahn, der mich betört!

Friedr. von Schiller, Wilh. Tell (1804). A. 3, Sz. 2 (Rudenz).

— . . . jeder Wahn wirft auf dem Lebensgange | Die bunte Haut beiseite wie die Schlange. Engl.: And one by one in turn, some grand mistake | Casts off its bright skin yearly like the snake.

George Gordon Lord Byron, Don Juan (1819—1824). Übers. v. Gildemeister. Ges. 5, Str. 21, V. 7.

— Der Wahn erstickt den Geist, und mit dem Geiste | Erlahmt des Volkes Kraft und freier Mut.

Ernst Raupach, D. Hohenstaufen (1837). Kaiser Friedr. II. Tod. A. 3, Sz. 7.

— O, der Magnet des Wahns zieht mächtig!

Karl Gutzkow, Uriel Acosta (1847). A. 2, Sz. 7.

— . . . einen Wahn verlieren macht weiser, als eine Wahrheit finden.

Ludw. Börne, Gesammelte Schriften (1862—1863). Fragmente u. Aphorismen. Nr. 17.

— Drei Lehren gönn', o König, dir zu geben: | Halt' hoch den Wahn, denn er beherrscht die Welt, | Halt' treu den Eid, denn er hält fest die Welt, | Halt' fern die Fraun, denn sie verderben Helden!

Jos. Ritter von Weilen, Dramatische Dichtungen (1868—1870). Rosamunde.

— Ein Wahn, der eine Menschenseele | Zu reinem, edlen Tun beschwingt, | Ist göttlicher als solche Wahrheit, | Die sie um ihre Flügel bringt.

Otto von Leixner, A. meinem Zettelkasten (1896). Erziehung u. Selbsterziehung.

Wahn. — Der Wahn allein ist reich und arm.
Sprichwort.

Wahr. — Wenn es nicht wahr ist, ist es doch gut erfunden. Ital.: Se non è vero, è molto ben trovato.

Giordano Bruno, Werke. Gli eroici furori (1585). T. 2, Dialog 3. Übers. v. Pozzoni.

— Nichts ist groß, was nicht wahr ist.

Gotthold Ephr. Lessing, Sämtl. Schriften (1796—1808).

— Was wahr in dir, wird sich gestalten, | Das andre ist erbärmlich Ding.

Jos. Freiherr von Eichendorff, Ahnung u. Gegenwart (1815). An d. Dichter.

— Was fruchtbar ist, allein ist wahr.

Joh. Wolfg. von Goethe, Werke (1827—1830). Gedichte. Gott u. Welt. Vermächtnis.

— Wer gegen sich selbst und andere wahr ist und bleibt, besitzt die schönste Eigenschaft der größten Talente.

Joh. Wolfg. von Goethe, Werke (1827—1830). Maximen u. Reflexionen. Abteilung 7.

— Wahr sei der Mensch, er krieche nicht, | Sonst braucht es kein Gebet!

Aug. Graf von Platen-Hallermund, Gedichte. Verm. u. Gelegenheitsgedichte. An einen deutschen Staat (ged. 1832).

— . . . Herze, willst du ganz genesen, | Sei selber wahr, sei selber rein! | Was wir in Welt und Menschen lesen, | Ist nur der eigne Widerschein.
Theod. Fontane, Gedichte (1875). Lieder u. Spr. Ermannung.

— In der Welt fährst du am besten, | Sprichst du stolz mit stolzen Gästen, | Mit bescheidenen bescheiden, | Aber wahr und klar mit beiden.

Anastasius Grün (Anton Alexander Graf von Auersperg), Gesammelte Werke (1877). Gedichte. Spr.

— Das ist je gewißlich wahr.

1. Tim., K. 3, V. 1.

— Ein war mundt und trewe Handt | Gehet durch alle Landt.
Alter Spr.

— Wahrer Mund und treue Hand | Wandern durch alle Städt' und Land.
Spr. an einem Hause.

Wahre, das. — . . . das Wahre wird nie widerlegt. Griech.: *Τὸ γὰρ ἀληθὲς οὐδέποτε ἐλέγχεται.*

Platon (um 427—347 v. Chr.), Gorgias. Übers. v. Müller. § 64 (Sokrates).

— Das Leben dem Wahren weihen. Lat.: Vitam impendere vero.

Decimus Junius Juvenalis, Sat. (um 100). Übers. v. Weber. Nr. 4, V. 91.

— Nichts ist schön als das Wahre; das Wahre nur ist liebenswürdig. Franz.: Rien n'est beau que le vrai; le vrai seul est aimable.

Nicolas Boileau, Episteln (1676). Übers. v. Abel. Nr. 9, V. 43.

— Etwas Wahres | Find' ich in diesen Worten.

Friedr. von Schiller, Don Carlos (1787). A. 3, Sz. 10 (König).

Wahre, das. — Das Schöne tut seine Wirkung schon bei der bloßen Betrachtung, das Wahre will Studium.

Friedr. von Schiller, Prosaische Schriften. Über d. notwendigen Grenzen beim Gebrauch schöner Formen (1795).

— Die Hauptsache ist, daß man eine Seele habe, die das Wahre liebt, und die es aufnimmt, wo sie es findet.

Joh. Peter Eckermann, Gespräche mit Goethe in d. letzten Jahren seines Lebens (16. Dez. 1828).

— . . . man muß das Wahre immer wiederholen, weil auch der Irrtum um uns her immer wieder gepredigt wird, und zwar nicht von einzelnen, sondern von der Masse.

Joh. Peter Eckermann, Gespräche mit Goethe in d. letzten Jahren seines Lebens (16. Dez. 1828).

— Das Wahre ist eine Fackel, aber eine ungeheure; deswegen suchen wir alle nur blinzelnd so daran vorbeizukommen, in Furcht sogar, uns zu verbrennen.

Joh. Wolfg. von Goethe, Werke (1827—1830). Maximen u. Reflexionen. Abteilung 2.

— Gebeut nicht auch im Königreich des Schönen, | Wer immer König ist im Reich des Wahren?

Aug. Graf von Platen-Hallermund, Gesammelte Werke (1839). Gedichte. Sonette. Nr. 9. An Schelling.

— Ein Mann, der nach dem Wahren strebt und Rechten, | Ist ein lebend'ger Vorwurf für den Schlechten.

Friedr. von Bodenstedt, A. d. Nachlasse Mirza-Schaffys (1874). B. 5. Morgenländische Gestalten u. Gesch. Sadi u. d. Schah.

— Das Wahre währt.

Spr. im Berliner Rathause. Dritter Stock.

Wahrhaft. — Nur der Mensch, der wahrhaft mit sich selbst ist, vermag es auch gegen andere zu sein.

Christ. Ernst Karl Graf von Bentzel-Sternau, Weltansichten (1816).

— Es kann sein, daß nicht alles wahr ist, was ein Mensch dafür hält (denn er kann irren); aber in allem, was er sagt, muß er wahrhaft sein (er soll nicht täuschen).

Immanuel Kant, Werke (1838—1839). Bd. 1.

Wahrhaftig. — . . . wahrhaftig zu sein ist menschliche Tugend und scheidet | Ewig den edleren Geist von der gemeinen Natur.

Emanuel Geibel, Gesammelte Werke (1883). Gedichte. Dichtungen in antiker Form. Ethisches u. Ästhetisches in Distichen. Nr. 10.

— Wahrhaftiger Mund besteht ewiglich, aber die falsche Zunge besteht nicht lange.

Spr. Sal., K. 12, V. 19.

Wahrhaftigkeit. — Wahrhaftigkeit ist weniger ein Zweig als eine Blüte der sittlichen Mann-Stärke.

Jean Paul (Joh. Paul Friedr. Richter), Levana oder Erzieh-Lehre (1807). Bd. 3, Bruchstück 6, K. 2, § 111.

Wahrhaftigkeit. — Die Wahrhaftigkeit ist jene Mutter Erde, auf der feststehend der ringende Geist nicht zu besiegen und niederzuwerfen ist.

Berth. Auerbach, D. Landhaus am Rhein (1869).

Wahrheit. — Die Wahrheit nur besteht. Griech.: *Ὀρθὸν ἀλήθει' ἀεί.*

Sophokles (um 496—406 v. Chr.), Antigone. Übers. v. Jordan. V. 1181 (Bote).

— Das Wort der Wahrheit lautet schlicht und ungeschminkt. Griech.: *Ἁπλοῦς ὁ μῦθος τῆς ἀληθείας ἔφυ.*

Euripides (um 480—406 v. Chr.), D. Phönizierinnen. Übers. v. Minckwitz. V. 469 (Polyneikes).

— Der Dieb ja sucht das Dunkel auf, Wahrheit das Licht! Griech.: *Κλεπτῶν γὰρ ἡ νύξ, τῆς δ' ἀληθείας τὸ φῶς.*

Euripides (um 480—406 v. Chr.), Iphigenie bei d. Tauriern. Übers. v. Minckwitz. V. 1026 (Orestes).

— Wer seine Ohren für die Wahrheit verschlossen hat, so daß er auch vom Freunde das Wahre nicht hören mag, an dessen Rettung muß man die Hoffnung aufgeben. Lat.: Cuius aures clausae veritati sunt, ut ab amico verum audire nequeat, huius salus desperanda est.

Marc. Tull. Cicero, Lälius oder über d. Freundschaft (um 44 v. Chr.). Übers. v. Kloß. K. 24, § 90.

— Als Lachender reden die Wahrheit ist unverwehrt. Lat.: Ridentem dicere verum | Quid vetat? Quint. Horatius Flacc., Sat. (um 35 v. Chr.). Übers. v. Voß. B. 1, Nr. 1, V. 24—25.

— Nackende Wahrheit. Lat.: Nuda veritas.

Quint. Horatius Flacc., Oden (um 23 v. Chr.). Übers. v. Voß. B. 1, Nr. 24, V. 7.

— Die Wahrheit wird nur zu oft, wie man sagt, verdunkelt, aber sie erlischt nie. Lat.: Veritatem laborare nimis saepe aiunt, exstingui numquam.

Tit. Livius (um 59 v. Chr.—17 n. Chr.), Römische Gesch. Übers. v. Örtel. B. 22, K. 39, § 19.

— . . . dies ist das ehrwürdigste: man muß junge Leute gewöhnen, die Wahrheit zu sagen. Griech.: *Παρὰ πάντα δὲ ταῦτα, ὅπερ ἐστὶν ἱεροπρεπέστατον, τοὺς παῖδας ἐθίζειν τἀληθῆ λέγειν.*

Plutarch (um 50—120), Moralische Abhandlungen. Übers. v. Eyth. Erziehung. K. 11.

— Wahrheit ist Gottes Siegel.

Talmud (3. Jahrh.).

— Ein Mensch bleibt weise, solange er die Wahrheit sucht; sobald er sie gefunden haben will, ist er ein Narr. Talmud (3. Jahrh.).

— Die Treu' und Wahrheit höret man jetzt schelten; | Das ist der Ehr' ein harter Schlag. Mittelhochdeutsch: Triuwe und wârheit sint vil gar bescholten; | Daz ist ouch aller êren slac.

Walter v. d. Vogelweide (um 1170—1230), Gedichte. Übertr. v. Pannier.

Wahrheit. — Sagt' ich die Wahrheit allezeit, | So fänd' ich manchen Widerstreit. | Drum muß ich oftmals schweigen still; | Man sagt des Wahren oft zu viel. Mittelhochdeutsch: Seit ich die wârheit alle zît, | Sô vündich mangen widerstrît. | Dar umbe muoz ich dicke dagen; | Man mac ze vil des wâren sagen.

Vrîdankes Bescheidenheit (1225—1240). Übertr. v. Pannier. Nr. 31. v. künegen u. vürsten.

— Wer die Wahrheit rührte | Und sie zum Rechte führte, | Die Höchsten gäben ihm den Tod; | Sie brechen gern, was Gott gebot. Mittelhochdeutsch: Swer die wârheit vuorte | Unt die ze rehte ruorte, | Die hoehsten taeten im den tôt; | Die brechent, swaz in got gebôt.

Vrîdankes Bescheidenheit (1225—1240). Übertr. v. Pannier. Nr. 31. v. künegen u. vürsten.

— Wahrheit ist der Achtung reinster Born; | An den Wahrheitsrosen ist kein Dorn.

A. d. Persischen d. Sadi (um 1184—1286). Pend=nameh. Übers. v. Wollheim.

— Wer worheit sag, verdienet haß.

Seb. Brant, D. Narrenschif (1494). Ein vorred in d. narrenschif.

— Wer durch liebkosen und trouwort | Die worheit setzet an ein ort, | Der klopft dem endkrist an die port.

Seb. Brant, D. Narrenschif (1494). Nr. 104. Worheit verschwigen.

— Worheit sicht man in ewigkeit | Und würt sich niemer me verligen, | Wan narren schon den hals abschrigen.

Seb. Brant, D. Narrenschif (1494). Nr. 104. Worheit verschwigen.

— Wahrheit ist ein Hund, der ins Loch muß und hinausgepeitscht wird, während Donna Schoßhündin am Feuer stehen und stinken darf. Engl.: Truth's a dog must to kennel; he must be whipped out, when Lady, the brach, may stand by the fire and stink.

William Shakespeare, König Lear (1505—1506). Übers. v. Schlegel. A. 1, Sz. 4 (Narr).

— Je mehr man die Wahrheit ehrt und liebt, je näher und ähnlicher ist man Gott.

Ulrich (Huldreich) Zwingli, Sämtl. Werke (1533).

— De warheyt ist tho himel geflogen, | De trwe (Treue) ist overt (übers) wilde meer getogen, | De gerechticheyt ist allenthalven vordreuen, | De untrwe allene ist gebleuen (geblieben).

Spr. an einem Hause in Hildesheim (um 1545).

— Die Wahrheit ist die Mutter des Hasses. Lat.: Veritas odium parit.

Wahlspr. d. Petrus Aretinus (gest. 1556).

— Der Wein ist stark, der König stärker, die Weiber noch stärker, aber die Wahrheit am allerstärksten.

Dr. Martin Luther, Tischreden oder Colloquia (1566).

Wahrheit. — Das aber ist das rechte Lob eines feinen geschickten Kopfes und ehrlichen Gemüts, die Wahrheit suchen und Lust und Liebe haben zu dem, das schlecht (schlicht) und gerecht ist.

Dr. Martin Luther, Tischreden oder Colloquia (1566).

— Wahr ist's, daß Wahrheit endlich obsiegt, aber gar oft unterdrückt wird, denn sie muß zuweilen gleich wie Christus sterben, aber doch wieder aufstehn.

Dr. Martin Luther, Tischreden oder Colloquia (1566).

— Wir sind dazu geschaffen, die Wahrheit zu suchen; sie zu besitzen ist das Vorrecht einer höheren Macht. Franz.: Nous sommes nayz à quester la vérité; il appartient de la posséder à une plus grande puissance.

Michel Eyquem de Montaigne, Essays (1580). Übers. v. Titus.

— Veritas, die ist gantz und gar todt, | Justitia leidet große Noth, | Fallacia ist geboren, | Fides hat den Streit verloren.

Spr. an d. Ratsstube in Stendal (1581).

— ... Wahrheit kan man nicht vertragen.

Georg Rollenhagen, Froschmäuseler (1595). B. 1, T. 2, K. 7.

— Ich hätte bald vergessen, daß Wahrheit schweigen muß. Engl.: That truth should be silent, I had almost forgot.

William Shakespeare, Antonius u. Cleopatra (1607—1608). Übers. v. Schlegel. A. 2, Sz. 2 (Enobarbus).

— ... Wahrheit ist schlicht und grade. Engl.: Truth loves open dealing.

William Shakespeare, König Heinr. VIII. (1613). Übers. v. Schlegel. A. 3, Sz. 1 (Königin).

— Die Welt ist zwar geneiget | Nach ihrem stoltzen Kropff, | Das sie, wer Warheit geiget, | Die Geigen schlegt an Kopff.

Joh. Doman, Lied v. d. Hanse (1618).

— ... solls einst besser werden, | Muß han die Warheit platz.

Joh. Doman, Lied v. d. Hanse (1618).

— Warheit, du bist es einig, | Die lang auff Erden wehrt; | Weil man dich brauchet wenig, | Drum wirstu nicht verzehrt.

Joh. Doman, Lied v. d. Hanse (1618).

— Zur Wahrheit laß mich sein bereit, | Daß ich nicht mach aus sauer süß, | Noch aus dem Lichte Finsternis! Paul Gerhardt, Geistl. Andachten. Gebet um Weisheit (1653).

— Sie sei sonst, wie sie sei, die Zeit, | So liebt sie doch Verschämlichkeit; | Sie kan die Wahrheit nackt nicht leiden, | Drum ist sie emsig, sie zu kleiden.

Friedr. von Logau, Deutsche Sinn-Getichte (1654). D. schamhaftige Zeit.

— An den Weibern deucht es Spott, | Wenn sie sollten nackend gehn; | Wahrheit aber färbt sich rot, | Wenn sie soll in Kleidern stehn.

Friedr. von Logau, Deutsche Sinn-Getichte (1654). Wahrheit.

Wahrheit. — Die Wahrheit ist ein Oel, (die Lügen Waßer), schwimmt | Doch endlich oben auf, wie viel man Waßer nimmt.

Friedr. von Logau, Deutsche Sinn-Getichte (1654). Wahrheit u. Lügen.

— Ob Wahrheit sich verkrochen, | Die Zeit, die wird sie suchen; | Sie wird sie wohl auch finden, | Sie bleibet nicht dahinten.

Friedr. von Logau, Deutsche Sinn-Getichte (1654). D. Wahrheit.

— Die Wahrheit taug nur auf das Dorf, die grobe Bäuerin; | Wo man französisch höflich ist, da taug sie gar nicht hin!

Friedr. von Logau, Deutsche Sinn-Getichte (1654). D. Wahrheit.

— Wahrheit stillt den Lügenmann.

Friedr. von Logau, Deutsche Sinn-Getichte (1654). D. Wahrheit.

— Wahrheit ist ein Tuch zum Kleiden, zwar das allerbeste, | Aber nicht auf alle Tage, nur auf hohe Feste.

Friedr. von Logau, Deutsche Sinn-Getichte (1654). Wahrheit.

— Die Warheit bekompt kein Herberg.

Christoph Lehmann, Politischer Blumen-Garten (1662). T. 2. Warheit. Nr. 1.

— Wer die warheit geigt, dem schlägt man die Fiedel vmb den Kopff.

Christoph Lehmann, Politischer Blumen-Garten (1662). T. 2. Warheit. Nr. 3.

— Zur begräbnuß der Warheit gehören gar viel Schauffeln.

Christoph Lehmann, Politischer Blumen-Garten (1662). T. 2. Warheit. Nr. 35.

— Wer die warheit zur Vnzeit sagt, der ist ein vnbescheidener Mensch.

Christoph Lehmann, Politischer Blumen-Garten (1662). T. 2. Warheit. Nr. 54.

— Warheit bestehet, | Lügen vergehet.

Christoph Lehmann, Politischer Blumen-Garten (1662). T. 2. Warheit. Nr. 56.

— Die Wahrheit stiftet nicht soviel Gutes in der Welt als ihr Schein Unheil. Franz.: La vérité ne fait pas tant de bien dans le monde que ses apparences y font de mal.

François, Herzog von La Rochefoucauld, Reflexionen oder moralische Sentenzen u. Maximen (1665). Nr. 64. Übers. v. Zimmermann.

— Was diesseits der Pyrenäen Wahrheit ist, ist jenseits Irrtum. Franz.: Vérité en deçà des Pyrénées, erreur au delà!

Blaise Pascal, Gedanken (1670). Übers. v. Kleuker. V. d. menschlichen Schwachheit.

— Was nennt ihr Wahrheit? Die Täuschung, die Jahrhunderte alt geworden. Was Täuschung? Die Wahrheit, die nur eine Minute gelebt.

Baruch Spinoza, Posthume Werke (1670).

Wahrheit. — Oft kommt die Wahrheit uns recht unwahrscheinlich vor. Franz.: **Le vrai peut quelquefois n'être pas vraisemblable.**

Nicolas Boileau, Dichtkunst (1674). Ges. 3, V. 48. Übers. v. Zimmermann.

— Der Mensch bleibt gegen die Wahrheit kalt, | Für die Lüge gerät er in Feuer. Franz.: **L'homme est de glace aux vérités, | Il est de feu pour les mensonges.**

Jean de Lafontaine, Fab. (1678). Übers. v. Dohm. B. 9, Nr. 6. D. Bildhauer u. Jupiters Statue. V. 35—36.

— Pasquill und Lügen | Die Wahrheit biegen; | Wahrheit muß dennoch obsiegen.

Inschrift auf einer Hamburger Denkmünze (1708).

— Die Wahrheit ist ein Brot, das starke Zähne fordert, eine Braut, die ein jeder schaut, ein Wasser, mit dem sich niemand gern wäscht, eine Lanze, die schwer verwundet, und eine Speise, die schwer zu verdauen.

Abraham a Santa Clara [Ulrich Megerle] (1644—1709), Sämtl. Werke.

— Vielleicht, daß mancher eh' die Wahrheit finden sollte, | Wenn er mit mind'rer Müh' die Wahrheit suchen wollte.

Christ. Fürchtegott Gellert, Fab. u. Erz. (1746). B. 1. D. Schatz.

— Die Wahrheit, lieber Freund, die alle nötig haben, | Die uns als Menschen glücklich macht, | Ward von der weisen Hand, die sie uns zugedacht, | Nur leicht verdeckt, nicht tief vergraben.

Christ. Fürchtegott Gellert, Fab. u. Erz. (1746). B. 1. D. Schatz. Schlußv.

— Es gibt vielleicht keine Wahrheit, die einen schiefen Verstand nicht irre führen könnte. Franz.: **Il n'y a peut-être point de vérité qui ne soit à quelque esprit faux matière d'erreur.**

Marquis de Vauvenargues, Reflexionen u. Maximen (1746). Nr. 32. Übers. v. Zimmermann.

— Es ist mir unmöglich, zu glauben, daß die Wahrheit gemein sein könne; ebenso unmöglich, als zu glauben, daß in der ganzen Welt auf einmal Tag sein könne.

Gotthold Ephr. Lessing, D. Freigeist (1749). A. 4, Sz. 3 (Adrast).

— Er, der die Wahrheit sucht, darf nicht die Stimmen zählen.

Gotthold Ephr. Lessing, Schriften (1753—1755). Fragmente. Nr. 1. A. einem Gedicht über d. menschliche Glückseligkeit.

— Für die Wahrheit! Wie vielfach ist sie? Jeder glaubt, sie zu haben, und jeder hat sie anders.

Gotthold Ephr. Lessing, Schriften (1753—1755). Fragmente. Nr. 6. D. Religion. Ges. 1. Vorerinnerung.

— O Wahrheit, die ich stets geglaubt! | O Trost für alle Fälle! | Der Zweifel, welcher ihn uns raubt, | Macht uns die Welt zur Hölle.

Friedr. Karl Kasimir Freiherr von Creuz, Oden u. andere Gedichte. Auf einer Reise (ged. 1756).

Wahrheit. — Wahrheit ist eine Frucht, die nur recht reif gepflückt werden soll. Franz.: **Les verités sont des fruits qui ne doivent être cueillis que bien mûrs.**

Voltaire (François Marie Arouet), Br. an d. Gräfin v. Barcewitz (24. Dez. 1761). Übers. v. Mylius.

— Liebt man aber die Wahrheit um ihrer selbst willen, so wird man alles herzlich umarmen, was uns zu ihr zu führen verspricht.

Joh. Jak. Engel, D. Philosoph für d. Welt (1775—1777). T. 1, Stück 5. Shaftesbury an Bayle.

— . . . Wahrheit hat ihren eignen unabhängigen Wert in sich selbst.

Joh. Jak. Engel, D. Philosoph für d. Welt (1775—1777). T. 2, Stück 37. Über d. Wert d. Aufklärung.

— Wenn Gott in seiner Rechten alle Wahrheit und in seiner Linken den einzigen, immer regen Trieb nach Wahrheit, obschon mit dem Zusatze, mich immer und ewig zu irren, verschlossen hielte und spräche zu mir: „Wähle!" ich fiele ihm mit Demut in seine Linke und sagte: „Vater, gib! die reine Wahrheit ist ja doch nur für dich allein!"

Gotthold Ephr. Lessing, Theologische Streitschriften. Eine Duplik (1778). Nr. 1. Schlußsatz.

— . . . das nenn' | Ich einen Weisen! Nie die Wahrheit zu | Verhehlen! für sie alles auf das Spiel | Zu setzen! Leib und Leben! Gut und Blut!

Gotthold Ephr. Lessing, Nathan d. Weise (1779). A. 3, Sz. 7 (Saladin).

— Wahrheit gegen Freund und Feind!

Friedr. von Schiller, Gedichte. An d. Freude (ged. 1785). Mel. v. Friedr. Frz. Hurka (1789), Karl Friedr. Zelter (komp. 1. März 1792), Joh. Friedr. Reichardt (komp. 1795) u. a.

— Wer überall dich sucht, der findet | Dich, gold'ne Wahrheit, überall!

Joh. Wilh. Ludw. Gleim, D. goldenen Spr. d. Pythagoras (1786).

— . . . zwischen uns | Sei Wahrheit!

Joh. Wolfg. von Goethe, Iphigenie auf Tauris (1787). A. 3, Sz. 1 (Orest).

— Die Wahrheit ist vorhanden für den Weisen, | Die Schönheit für ein fühlend Herz. Sie beide | Gehören füreinander.

Friedr. von Schiller, Don Carlos (1787). A. 4, Sz. 21 (Marquis).

— Wahrheit liebt Einfalt. Die gerechte Sache | Hat künstlich schlauer Wendung nicht vonnöten.

Friedr. von Schiller, Sz. a. d. Phönizierinnen d. Euripides (ged. 1788). (Polynices).

— Von ihrer Zeit verstoßen, flüchte | Die ernste Wahrheit zum Gedichte | Und finde Schutz in der Kamönen Chor! | In ihres Glanzes höchster Fülle, | Furchtbarer in des Reizes Hülle, | Erstehe sie in dem Gesange | Und räche sich mit Siegesklange | An des Verfolgers feigem Ohr!

Friedr. von Schiller, Gedichte. D. Künstler (ged. 1789).

Wahrheit. — . . . was hat der Mensch dem Menschen Größeres zu geben als Wahrheit!

Friedr. von Schiller, Prosaische Schriften. Was heißt u. zu welchem Ende studiert man Universalgesch.? (1789).

— . . . was einer im Reiche der Wahrheit erwirbt, hat er allen erworben.

Friedr. von Schiller, Prosaische Schriften. Was heißt u. zu welchem Ende studiert man Universalgesch.? (1789).

— Erst nach Äonen fällt das Licht | Des Nebelsterns aus dunkler Ferne | Blaß auf den Erdball. Gleichst du nicht, | O Wahrheit, einem Nebelsterne?

Gottl. Konrad Pfeffel, Poetische Versuche (1789—1790).

— . . . führt sie (die Wahrheit) jemand beständig | Unklug im Munde, der leidet Verfolgung.

Joh. Wolfg. von Goethe, Reineke Fuchs (1794). Ges. 11.

— Für die Wahrheit sterben ist ein Tod nicht für das Vaterland, sondern für die Welt.

Jean Paul (Joh. Paul Friedr. Richter), Hesperus (1795). Bd. 4.

— Entblößt muß ich die Wahrheit sehn. | Soll gleich mit meinem Wahn mein ganzer Himmel schwinden?

Friedr. von Schiller, Gedichte. Poesie d. Lebens (ged. 1795).

— . . . vor der Wahrheit mächt'gem Siege | Verschwindet jedes Werk der Lüge.

Friedr. von Schiller, Gedichte. D. Macht d. Ges. (ged. 1795).

— Nur dem Ernst, den keine Mühe bleichet, | Rauscht der Wahrheit tief versteckter Born.

Friedr. von Schiller, Gedichte. D. Ideal u. d. Leben (ged. 1795).

— Weh' dem, der zu der Wahrheit geht durch Schuld! | Sie wird ihm nimmermehr erfreulich sein.

Friedr. von Schiller, Gedichte. D. verschleierte Bild zu Sais (ged. 1795). Schlußv.

— . . . wer sich über die Wirklichkeit nicht hinauswagt, der wird nie die Wahrheit erobern.

Friedr. von Schiller, Prosaische Schriften. Über d. ästhetische Erziehung d. Menschen, in einer Reihe v. Br. (1795). Br. 10. Schlußsatz.

— Schädliche Wahrheit, ich ziehe sie vor dem nützlichen Irrtum. | Wahrheit heilet den Schmerz, den sie vielleicht uns erregt.

Joh. Wolfg. von Goethe, Gedichte. Vier Jahreszeiten (ged. 1796). Herbst. Nr. 49.

— Zweierlei Arten gibt es, die treffende Wahrheit zu sagen: | Öffentlich immer dem Volk, immer dem Fürsten geheim.

Joh. Wolfg. von Goethe, Gedichte. Vier Jahreszeiten (ged. 1796). Herbst. Nr. 76.

— Aus der schlechtesten Hand kann Wahrheit mächtig noch wirken; | Bei dem Schönen allein macht das Gefäß den Gehalt.

Friedr. von Schiller, Gedichte. Votivtafeln. Nr. 8. Mitteilung (ged. 1796).

Wahrheit. — Wahrheit suchen wir beide, du außen im Leben, ich innen | In dem Herzen, und so findet sie jeder gewiß. | Ist das Auge gesund, so begegnet es außen dem Schöpfer; | Ist es das Herz, dann gewiß spiegelt es innen die Welt.

Friedr. von Schiller, Gedichte. Votivtafeln. Nr. 22. D. Übereinstimmung (ged. 1796).

— Alles will jetzt den Menschen von innen, von außen ergründen; | Wahrheit, wo rettest du dich hin vor der wütenden Jagd? | Dich zu fangen, ziehen sie aus mit Netzen und Stangen; | Aber mit Geistestritt schreitest du mitten hindurch.

Friedr. von Schiller, Gedichte. Votivtafeln. Nr. 41. D. Forscher (ged. 1796).

— Freunde, bedenket euch wohl, die tiefere, kühnere Wahrheit | Laut zu sagen; sogleich stellt man sie euch auf den Kopf!

Friedr. von Schiller, Gedichte. Gefährliche Nachfolge (ged. 1796).

— Ist denn die Wahrheit ein Zwiebel, von dem man die Häute nur abschält? | Was ihr hinein nicht gelegt, ziehet ihr nimmer heraus.

Joh. Wolfg. von Goethe, Gedichte. Xenien (1797). Nr. 56. Analytiker.

— Sie geben, ach! nicht immer Glut, | Der Wahrheit helle Strahlen. | Wohl denen, die des Wissens Gut | Nicht mit dem Herzen zahlen!

Friedr. von Schiller, Gedichte. Licht u. Wärme (ged. 1797).

— Durch Vernunft, nicht aber durch Gewalt soll man die Menschen zur Wahrheit führen. Franz.: C'est par la raison, et non par la violence, qu'il faut ramener les hommes à la vérité.

Denis Diderot, Werke (1798). Philosophische Gedanken. Übers. v. Zimmermann.

— . . . im Abgrund wohnt die Wahrheit.

Friedr. von Schiller, Gedichte. Spr. d. Konfucius (ged. 1799). Schlußv.

— Ihren (der Wahrheit) Schleier hebt keine sterbliche Hand; | Wir können nur raten und meinen.

Friedr. von Schiller, Gedichte. D. Worte d. Wahns (ged. 1799).

— . . . in der Wahrheit findet man das Schöne.

Friedr. von Schiller, Gedichte. An Goethe, als er d. Mahomet v. Voltaire auf d. Bühne brachte (ged. 1800).

— Wenn du für Recht und Wahrheit flammst, | Dann lebst du schon in einem Himmel.

Christoph Aug. Tiedge, Urania (1800). Ges. 5. Tugend.

— Wahrheit ist eine widerliche Arznei; man bleibt lieber krank, ehe man sich entschließt, sie einzunehmen.

Aug. von Kotzebue, Lohn d. Wahrheit (1801).

— Der Witz ist nur ein Sommerkleid; die Wahrheit kann man zu allen Jahreszeiten gebrauchen.

Aug. von Kotzebue, Lohn d. Wahrheit (1801).

Wahrheit. — So gewiß | Sie (die Sonne) morgen wiederkehrt in ihrer Klarheit, | So unausbleiblich kommt der Tag der Wahrheit!

Friedr. von Schiller, D. Jungfrau v. Orleans (1801). A. 5, Sz. 4 (Johanna). Schlußv.

— Der Wahrheit folgen und sie pflegen, die Gerechtigkeit schützen, gleichmäßig allen wohlwollen und wohltun, nichts fürchten!

Joh. Gottfr. Seume, Spaziergang nach Syrakus (1801). Wahlspr.

— Wen auf der Wahrheit Pfad Erkenntnis wieder brachte, | Der liebt sie inniger, als wer sich nie verirrt.

Friedr. Wilh. Gotter, Gedichte (1787—1802).

— Wir gelangen nur selten anders als durch Extreme zur Wahrheit.

Friedr. von Schiller, Prosaische Schriften (1793—1802). Philosophische Br. Vorerinnerung.

— Die Wahrheit ist weder hier noch da, — ist, wie die Göttin und das Licht, worin sie wohnt, allenthalben. Christoph Martin Wieland, Sämtl. Werke (1794—1802).

— . . . keine Drohung soll | Erkannte Wahrheit in dem Busen fesseln!

Aug. von Kotzebue, Hugo Grotius (1803).

— So will ich Euch die Wahrheit gründlich sagen. Friedr. von Schiller, Wilh. Tell (1804). A. 3, Sz. 3 (Tell).

— Wahrheit ohn' Erbittern | Rafft unsre Kraft empor gleich fruchtenden Gewittern.

Karl Friedr. Kretschmann, Sämtl. Werke (1784—1805). Epigramme.

— Man muß in der Welt und im Reiche der Wahrheit frei untersuchen, es koste, was es wolle, und sich nicht darum bekümmern, ob der Satz in eine Familie gehört, worunter einige Glieder gefährlich werden können.

Georg Christoph Lichtenberg, Verm. Schriften (1800—1806). Bd. 2, Nr. 2. Bemerk. verm. Inhalts. Nr. 1. Philosophische Bemerk.

— Vom Wahrsagen läßt sich wohl leben in der Welt, aber nicht vom Wahrheit sagen.

Georg Christoph Lichtenberg, Verm. Schriften (1800—1806). Bd. 2, Nr. 2. Bemerk. verm. Inhalts. Nr. 12. Witzige u. kom. Ausdrücke u. Vergleichungen.

— Die Wahrheit finden wollen ist Verdienst, wenn man auch auf dem Wege irrt.

Georg Christoph Lichtenberg, Verm. Schriften (1800—1806). Bd. 2, Nr. 2. Bemerk. verm. Inhalts. Nr. 15. Gute Vorschläge u. Maximen.

— Ich weiß nicht, ob es Pflicht ist, Glück und Leben der Wahrheit zu opfern. Aber das weiß ich, ist Pflicht, wenn man Wahrheit lehren will, sie ganz oder gar nicht zu lehren.

Gotthold Ephr. Lessing, Sämtl. Schriften (1796—1808).

— Menschliche Werke, wie alle Dinge dieser Welt, wanken und verändern Gestalt und Farbe. Die Wahrheit bleibt und wanket nicht.

Matthias Claudius, Sämtl. Werke d. Wandsbecker Boten. T. 8 (1812). Vorwort.

Wahrheit. — Wer dem menschlichen Geschlechte eine neue Wahrheit bringt, hat mehr erobert, als wer mit seinen Waffen ein Weltreich stiftet. Denn dies Reich wird vergehen; es ist irdisch. Aber die Wahrheit steht ewig fest im Reich der unsterblichen Geister.

Joh. Heinr. Daniel Zschokke, Stunden d. Andacht (1809—1816). T. 3, Nr. 31.

— Die Wahrheit ist die Tochter des friedlichen Himmels, sie flieht vorm Geräusch der Leidenschaften und vor Zank.

Matthias Claudius, Sämtl. Werke d. Wandsbecker Boten (1816). Diogenes v. Sinope.

— Überall Wahrheit; mit ihr gewinnt die gute Sache immer.

Matthias Claudius, Sämtl. Werke d. Wandsbecker Boten (1816). D. Apologie d. Sokrates.

— Die Wahrheit bleibt doch Wahrheit, wie ich sehe; | Gut eingerieben tut sie ein wenig mehr.

Matthias Claudius, Sämtl. Werke d. Wandsbecker Boten (1816).

— Traum ist alles Irdischen Erscheinung, | Wahn ist jede liebende Vereinung, | Und, was Wahrheit wir genannt, ist Meinung.

Aug. Graf von Platen-Hallermund, Gedichte. Lieder u. Romanzen. Hier noch an d. Gotthardts alten Seen usw. (ged. 1816). Schlußv.

— An deiner Sprache rüge | Du schärfer nichts denn Lüge! | Die Wahrheit sei ihr Hort!

Ludw. Uhland, Gedichte. Lieder. D. deutsche Sprachgesellschaft (ged. 23. Jan. 1817).

— Wer die Wahrheit kennet und saget sie nicht, | Der bleibt fürwahr ein erbärmlicher Wicht.

Aug. Daniel von Binzer, Stoßt an! Eisenach lebe usw. (ged. 1817). Mel. v. Albert Methfessel (1818).

— Die Wahrheit ist in Gott; uns bleibt das Forschen.

Joh. von Müller, Sämtl. Werke (1810—1819)

— „Warum ist Wahrheit fern und weit? | Birgt sich hinab in tiefste Gründe?" | Niemand versteht zur rechten Zeit! | Wenn man zur rechten Zeit verstünde, | So wäre Wahrheit nah' und breit | Und wäre lieblich und gelinde.

Joh. Wolfg. von Goethe, Westöstlicher Diwan (1819). B. d. Spr. Nr. 29.

— Die Wahrheit ist keine Dirne, die sich denen an den Hals wirft, welche ihrer nicht begehren; vielmehr ist sie eine so spröde Schöne, daß selbst, wer ihr alles opfert, noch nicht ihrer Gunst gewiß sein darf. Arthur Schopenhauer, D. Welt als Wille u. Vorstellung (1819).

— Scharfsinn wägt mit berechnendem Fleiß und ergrübelt die Wahrheit; | Einfalt ahnet sie schnell; selten erhascht sie der Witz.

Karl Gustav von Brinckmann, Elegien u. Arabesken (1820).

— Einer neuen Wahrheit ist nichts schädlicher als ein alter Irrtum.

Joh. Wolfg. von Goethe, Wilh. Meisters Wanderjahre (1807—1821).

Wahrheit. — Wahrheit kann nach ihrem innern Wesen | Nicht anders sein als gut. Engl.: Truth in its own essence cannot be | But good.
George Gordon Lord Byron, Kain (1821). Übers. v. Heichen. A. 1, Sz. 1 (Luzifer).

— Nur in der Dämmrung schaust du hier die Wahrheit; | Droben ist Klarheit.
Christ. Christoph Hohlfeldt, Harfenklänge (1823). Aufschwung.

— Schönheit und Wahrheit allein bleiben und siegen durch sich. Karl Phil. Conz, Gedichte (1824).

— Die Wahrheit ist des Himmels erstes Kind; | Nur sie ist schön, in nackten Reizen schön | Wie Eva, eh' die Schlange sie belog.
Friedr. Leop. Graf zu Stolberg, Werke (1820—1825). Gedichte.

— Nicht die Wahrheit stört die Eintracht, sondern die, welche der Wahrheit Widerstand tun.
Christ. Friedr. Wilh. Jacobs, Ährenlese (1823—1825).

— Licht und Recht und Tugend schaffen | Durch der Wahrheit heil'ge Waffen | Sei uns heiliger Beruf! Brüder, reicht d. Hand zum Bunde usw. (vor 1826). Verfasser unbek. Mel. Laßt uns mit verschlungenen Händen usw. v. Wolfg. Amadeus Mozart (komp. 1791).

— Wahrheit suchen, Tugend üben, | Gott und Menschen herzlich lieben, | Das sei unser Losungswort! Brüder, reicht d. Hand zum Bunde usw. (vor 1826). Schlußv. Verfasser unbek. Mel. Laßt uns mit verschlungenen Händen usw. v. Wolfg. Amadeus Mozart (komp. 1791).

— Bildung der Menschen zur Wahrheit, du bist Bildung ihres Wesens und ihrer Natur zu beruhigender Weisheit
Joh. Heinr. Pestalozzi, Sämtl. Schriften (1819—1826).

— Führte man mich in der Wahrheit Haus, | Bei Gott! ich ging' nicht wieder heraus!
Joh. Wolfg. von Goethe, Gedichte. Zahme Xenien (1827).

— Halbe Wahrheit ist gefährlicher als eine ganze Lüge; diese ist leichter zu erkennen als jene, welche sich in Schein zu kleiden pflegt, um doppelt zu betrügen. Theod. Gottl. von Hippel, Sämtl. Werke (1827—1828).

— . . . die Wahrheit hat von jeher bloß den Schurken weh getan.
Aug. Graf von Platen-Hallermund, D. romantische Ödipus (1828). A. 3 (Ödipus).

— Wahrheit und Freiheit sind mir goldne Worte | Im Mund des Edelmanns wie des Gemeinen. Mich. Beer, Struensee (1829). A. 1, Sz. 12.

— Huld, Anmut sind nur Schalen, | Die Wahrheit ist der Kern.
Christ. Dietr. Grabbe, Don Juan u. Faust (1829). A. 4, Sz. 3 (Faust).

Wahrheit. — Man sagt, zwischen zwei entgegengesetzten Meinungen liege die Wahrheit mitten inne. Keineswegs! das Problem liegt dazwischen, das Unschaubare, das ewig tätige Leben in Ruhe gedacht.
Joh. Wolfg. von Goethe, Werke (1827—1830). Über Naturwissenschaft. Abteilung 4.

— Ich helfe mir zuletzt mit Wahrheit aus; | Der schlechteste Behelf! Die Not ist groß.
Joh. Wolfg. von Goethe, Faust, II (1831). A. 1. Hell erleuchtete Säle (Mephistopheles).

— Der Wein und die Wahrheit sind sich nur insofern ähnlich, als man mit beiden anstoßt.
Moritz Gottl. Saphir, Neueste Schriften (1832). Nachtschatten.

— Die Wahrheit mache ein unzertrennliches Eins mit dir aus! Liebe sie wie Gott und alles Gute und Rechtschaffene wie die Wahrheit!
Joh. Kaspar Lavater, Werke (1834). Worte d. Herzens. Auszüge a. Br.

— Die Wahrheit geht hervor aus Streit der Weisen. Leop. Schefer, Laienbrevier (1834). März. Nr. 28.

— Wer glaubt, gehorcht, des Fragens sich bescheidet, | Als frommes Kind sein Plätzchen Wiese weidet, | Dem wird wohl nimmer mit dem Futtergrase | Die Wahrheit freundlich wachsen vor die Nase. Nicolaus Lenau (Niembsch, Edler von Strehlenau), Faust (1836). D. Besuch (Mephistopheles).

— Nur an der Hand der Tugend und der Wahrheit | Steigst du empor zu Gottes Klarheit.
Jul. Mosen, Gedichte (1836). Denkspr.

— Wie glücklich wäre ich, wenn ich die Wahrheit oder das, was ich dafür halte, verbreiten könnte, ohne einem Menschen dadurch wehe zu tun! Aber wie vermöchte ich das?
Ludw. Börne, Menzel, d. Franzosenfresser (1837).

— Die nackte Wahrheit paßt nicht mehr für unsre Welt, | Seit Vater Adam sich das erste Kleid bestellt. Wilh. Müller, Gedichte (1837). Epigramme. 3. Hundert, Nr. 13. D. nackte Wahrheit.

— O Wahrheit, deinen edlen Wein | Mußt du mit Wasser mischen; | Denn willst du ihn rein auftischen, | So nimmt er den Kopf den Gästen ein.
Friedr. Rückert, Gesammelte Gedichte (1834—1838). Vierzeilen.

— Wahrheit ist das leichteste Spiel von allen. | Stelle dich selber dar, | Und du läufst nie Gefahr, | Aus deiner Rolle zu fallen.
Friedr. Rückert, Gesammelte Gedichte (1834—1838). Vierzeilen.

— Die ersten Heilmittel gegen alle Übel, denen das menschliche Geschlecht unterworfen ist, . . . sind Wahrheit und Natur.
Ernst Freiherr von Feuchtersleben, Zur Diätetik d. Seele (1838). K. 10. Natur, Wahrheit.

— Den Männern sag' ich dies: es gibt keine Kraft ohne Wahrheit, und den Frauen sei es gesagt: ohne Wahrheit gibt es keine Anmut.
Ernst Freiherr von Feuchtersleben, Zur Diätetik d. Seele (1838). K. 10. Natur, Wahrheit.

Wahrheit. — Wahrheit, die du zu weit verfolgen willst und jagen, | Ist, eh' du dich's versiehst, in Irrtum umgeschlagen.

Friedr. Rückert, D. Weisheit d. Brahmanen (1836—1839). B. 8, Nr. 55. (Stufe 7. Erkenntnis. Nr. 49.)

— Was ist trauriger als unsere meisten Wahrheiten? was verhaßter als Wahrheit? Wie viel Vergnügen entbehrten wir, wenn jeder das Ding, wie es ist, aussprechen wollte?

Karl Jul. Weber, Demokritos (1832—1840). D. Lügen.

— Sie wollen der Wahrheit Schlachten schlagen, | Und die Lüg' ist ihr Schwert, | Wollen die Welt auf den Schultern tragen | Und ordnen kaum den eignen Herd.

Emanuel Geibel, Zeitstimmen (1841). Barbarossas Erwachen (Jüngling).

— Der Mann erkennt das Wesen der Wahrheit und bildet sie aus dem Grunde seiner Seele heraus, die Frau allein erfaßt sie mit Leidenschaft. Franz.: Les hommes ont le génie de la vérité, les femmes seules en ont la passion.

Alphonse de Lamartine, Gesch. d. Girondisten (1847). Übers. v. Herwegh.

— Höre, was der Volksmund spricht: | Wer die Wahrheit liebt, der muß | Schon sein Pferd am Zügel haben, — | Wer die Wahrheit denkt, der muß | Schon den Fuß im Bügel haben, — | Wer die Wahrheit spricht, der muß | Statt der Arme Flügel haben!

Friedr. von Bodenstedt, D. Lieder d. Mirza=Schaffy (1851). Lieder u. Spr. d. Weisheit. Nr. 3.

— Wenn die Wahrheit aus dem Tatbestande der Dinge spricht, braucht man nicht ihr mit Worten gleich zu Hilfe zu kommen; die Zeit wird ihr zu tausend Zungen verhelfen.

Arthur Schopenhauer, Parerga u. Paralipomena (1851).

— Demgemäß ist Simplizität stets ein Merkmal nicht allein der Wahrheit, sondern auch des Genies gewesen.

Arthur Schopenhauer, Parerga u. Paralipomena (1851). Zur Physiognomik.

— Wehe dem Volke, dem die Wahrheit nicht mehr heilig ist!

Friedr. Christoph Schlosser, Weltgesch. (1842—1854).

— Hehle nimmer mit der Wahrheit, | Bringt sie Leid, bringt sie nicht Reu'; | Doch weil Wahrheit eine Perle, | Wirf sie auch nicht vor die Säu'!

Theod. Storm, Gedichte, Für meine Söhne (geb. 1854).

— Die Wahrheit ist oft zu einfach, um Glauben zu finden.

Fanny Lewald, Deutsche Lebensbilder (1856).

— Die Wahrheit hat ein zähes Leben. Die Wahrheit wird genesen, auch wenn ihr eine Lokomotive über den Leib geht. Engl.: Truth is tough. It gets well if she is run over by a locomotive.

Oliver Wendell Holmes, D. Professor am Frühstückstisch (1860). Übers. v. Abenheim. K. 5.

Wahrheit. — Ein Irrtum bekämpft den andern, jeder zerstört seinen Widersacher, und die Wahrheit springt hervor. Dies ist der Verlauf menschlicher Geistesentwickelung. Engl.: One error conflicts with another; each destroys its opponent, and truth is evolved. This is the course of the human mind.

Henry Thomas Buckle, Gesch. d. Zivilisation (1858—1861). Übers. v. Ritter. K. 20.

— Wahrheit und Gedanke sind | Unendlich, waren eher da als deine | Materielle Welt.

Emerich Madách, D. Tragödie d. Menschen (1861). A. d. Ungar. übers. v. Lechner. Sz. 13 (Adam).

— . . . wer die Bettdecke von der schlummernden Wahrheit wegzieht, den nennt man einen Ruhestörer.

Ludw. Börne, Gesammelte Schriften (1862—1863). Erz., Reisen, Verm. Aufsätze. Nr. 35. D. Narr im weißen Schwan. K. 2.

— Als Pythagoras seinen bekannten Lehrsatz entdeckte, brachte er den Göttern eine Hekatombe dar. Seitdem zittern die Ochsen, so oft eine neue Wahrheit an das Licht kommt.

Ludw. Börne, Gesammelte Schriften (1862—1863). Fragmente u. Aphorismen. Nr. 258.

— Um einer Wahrheit Dasein wird selten gestritten; gekämpft wird nur um die Grenzen einer Wahrheit.

Ludw. Börne, Gesammelte Schriften (1862—1863).

— Willst du die Wahrheit wissen, | Unverfälscht und rein, | Sei nur stets beflissen, | Selber wahr zu sein!

Maximilian, Kaiser v. Mexiko (1832—1867).

— Was du als wahr erkennst, | Verkünd' es ohne Zagen, | Nur trachte, Wahrheit stets | Mit mildem Wort zu sagen!

Betty Paoli (Elisabeth Glück), Neueste Gedichte (1870).

— Torheit behält das Reich, | Und Wahrheit wird Verbrechen. | Da ist's ein dummer Streich, | Ein kluges Wort zu sprechen.

Paul Heyse, Gesammelte Werke (1872). Gedichte. Spr.

— Wahrheit zeigt dir getreu der Spiegel; | Aber hätt' er die Wahrheit gesprochen, | Hing' er längst unter Schloß und Riegel | Oder wäre zerbrochen.

Hermann Dickmann, Ein Lebensspiegel (1873).

— Zur Wahrheit führen rauhe, dunkle Bahnen. | Erst spät erfüllt sich, was wir früh schon ahnen.

Friedr. von Bodenstedt, A. d. Nachlasse Mirza=Schaffys (1874). B. 4. Cypressen u. Rosen. Nr. 12.

— Wort der Wahrheit modert nicht | Gleich den Lippen, die's gesprochen.

Anastasius Grün (Anton Alexander Graf von Auersperg), Gesammelte Werke (1877). Gedichte. In d. Veranda.

Wahrheit. — Ob eine Wahrheit grob ist oder nicht, darüber kann man ihr als solcher nichts anhaben; sie entspricht ihrem Wesen wenn sie wahr ist; und wo sie hintrifft, das ist der Ort, der sie zur Grobheit oder Höflichkeit macht.

Rahel (Antonie Friederike Varnhagen von Ense), Br. (1877).

— Nicht immer fällt einem die Wahrheit wie ein Stein auf das Herz und zermalmt es. Das Gewöhnlichste ist, daß sie niederrieselt wie Sand, anfangs kaum beachtet in den fliegenden Atomen, aber Körnchen auf Körnchen durch Tag und Nacht.

Wilh. Raabe, Fabian u. Seb. (1882).

— Sucht auch der Trug die Wahrheit zu ersticken, | Sie tritt hervor und wallet um so breiter, | Je mehr es schien, sie sickre nicht mehr weiter.

Martin Greif, Gedichte (1883). Sinngedichte. Zuversicht. Schlußv.

— Find'st du eine Wahrheit an deinem Wege | Hilflos und nackt und sonder Pflege, | Viel Schriftgelehrte gehn vorbei, | Du aber ihr Samariter sei!

Paul Heyse, Spruchbüchlein (1885). Philosophie.

— Je ernster sie sind, je redlicher, | Je schlimmer der Kampf mit harten Schädeln. | Nichts ist der Wahrheit schädlicher | Als der Irrtum der Edeln.

Paul Heyse, Spruchbüchlein (1885). Philosophie.

— Die ewige Wahrheit ist konfessionslos wie die wahre Kunst.

Ernst Jul. Hähnel, Lit. Reliquien (1887).

— Noch nie hat Wahrheit, rein und nackt, | Der Völker Sinn und Herz gepackt. | Im Glauben wird sie Weltgewalt, | Die dann erst volle Siege feiert, | Wenn Sagendichtung als Gestalt | Sie zeigt und wundersam umschleiert.

Wilh. Jordan, Letzte Lieder (1892). Spr. Nr. 50.

— Im Gebirge der Wahrheit kletterst du nie umsonst; entweder du kommst schon heute weiter hinauf, oder du übst deine Kräfte, um morgen höher steigen zu können.

Friedr. Nietzsche, Gesammelte Werke (1895—1897).

— Im Wein ist Wahrheit, und mit beiden pflegt man anzustoßen.

Peter Sirius, Tausend u. Ein Gedanken (1899). Wahrheit u. Lüge.

— „Wahrheit" so tönt jetzt die Losung; man liest sie, man spielt sie, man preist sie; | Lächelndes Achselgezuck erntet der Tor, der sie lobt!

Peter Sirius, Tausend u. Ein Gedanken (1899). Xenien.

— Keine Wahrheit ist rund und ganz, | Hat ein Wenn zum Kopf und ein Aber zum Schwanz.

Victor Blüthgen, Einfälle u. Ausfälle (1905). Kleinigkeiten.

— Dankbar soll ich für Wahrheit sein? | Gut! Nur wolle die Frage verzeihn: | Mußt du, um mir die Wahrheit zu sagen, | Mir sie just um die Ohren schlagen?

Victor Blüthgen, Einfälle u. Ausfälle (1905). Vierzeiler.

Wahrheit. — Glaubt ihr, man könnte mit Autoritäten | Und Meinungen die Wahrheit widerlegen? | Für alles gibt's derlei; doch gibt's zum Glück | So zahlreich jene sind, nur Eine Wahrheit. A. d. Span. d. Thomas de Iriarte.

— . . . deine Wahrheit (reichet), so weit die Wolken gehen. Ps. 36, V. 6.

— Kaufe Wahrheit und verkaufe sie nicht!

Spr. Sal., K. 23, V. 23.

— Rede nicht wider die Wahrheit!

Jes. Sir., K. 4, V. 30.

— . . . verteidige die Wahrheit bis in den Tod! Jes. Sir., K. 4, V. 33.

— Spricht Pilatus zu ihm: Was ist Wahrheit? Evang. Joh., K. 18, V. 38.

— . . . leget die Lügen ab und redet die Wahrheit, ein jeglicher mit seinem Nächsten!

Eph., K. 4, V. 25.

— Die Wahrheit ist eine Arznei, die man zur rechten Stunde reichen soll. Alter Spr.

— Die Wahrheit ist ein selten Kraut, | Noch seltner, wer es gut verdaut. Alter Spr.

— Die warheit wirdt wol truckt, | Aber nit gar verstuckt. Alter Spr.

— Eine unzeitige Wahrheit ist einer Lüge gleich. Alter Spr.

— Frau Veritas ist ein armes Weib; | Lumpen bedecken ihren Leib; | Dagegen der Herr von Fuchsschwanz | Stolziert in eitel Goldglanz.

Alter Spr.

— Mich dünkt, ich wähn', ich mein', ich halt', | Thut oft der Wahrheit große Gewalt. Alter Spr.

— Wer allezeit die warheit wil sagen, | Mit Herrn sich ubel thut vertragen. | Oder, es ist jetzund der Welt sit (Sitte), | Den, der nicht schmeichelt, liebt man nit. Alter Spr.

— Wer die Wahrheit sagt, hat Urlaub.

Alter Spr.

— Wer die Wahrheit wollt begraben, | Müßte viele Schaufeln haben. Alter Spr.

— Die Wahrheit kriecht in keine Mauslöcher.

Sprichwort. Schweiz.

— Die Wahrheit wird mit Tüchern behängt wie die Altäre in den Fasten. Sprichwort.

— Wahrheit ist der Zeit Tochter. Sprichwort.

— Wahrheit leidet wohl Not, | Doch nicht den Tod. Sprichwort.

— Wahrheit sagt den Text ohne Glossen.

Sprichwort.

— Wahrheit ist immer obdachlos. Dän.: Sandhed er altid hunsvild. Sprichwort.

— Wahrheit hat ein gut Gesicht, aber schlechte Kleider. Engl.: Truth hath a good face, but bad clothes. Sprichwort.

— Die Wahrheit hat die Pest im Hause. Ital.: Il vero ha il morbo in casa.

Toscanisches Sprichwort.

— Die Wahrheit ist wie das Öl, sie schwimmt immer oben. Niederl.: De waarheid is as de olie: zij komt altijd boven. Sprichwort.

Wahrheit. — Die Wahrheit ist immer sich selbst gleich. Norwegisch: Sanningi er alltid seg sjølv lik. Sprichwort.

— Die Wahrheit liebt nicht Zieraten. Portug.: A verdade não quer enfeites. Sprichwort.

— Die Wahrheit sinkt mitunter nieder und verliert doch nie den Atem. Isländisches Sprichwort.

— In die Angel der Wahrheit beißen nur kleine Karpfen; mit dem Netz der Lüge fischt man große Lachse. Lettisches Sprichwort.

— Die Stimme der Wahrheit ist so gellend wie Pfauenstimme. Russisches Sprichwort.

— Die Wahrheit zu sagen ist nützlich dem, der hört, schädlich dem, der spricht. Sprichwörtl.

— Jemandem die Wahrheit geigen (jemandem eindringlich die Wahrheit sagen).

Sprichwörtl. Redensart.

— Die Wahrheit hat einen blauen Rücken.

Spr. im Berliner Rathause. Dritter Stock.

— Die Wahrheit wird alt, aber stirbt nicht.

Spr. im Berliner Rathause. Dritter Stock.

— Die Wahrheit kann gedrückt, aber nicht unterdrückt werden. Lat.: Veritas premitur, non opprimitur. Wahlspr. d. Calderwood.

Wahrheiten. — Zwei Wahrheiten können sich nie widersprechen. Ital.: Due verità non possono mai contrariarsi.

Galileo Galilei, Brief an Pietro Castelli (21. Dez. 1613). Übers. v. Pozzoni.

— Durch zwei Pforten gehen Wahrheiten in unsern Geist ein: durch den Verstand und durch den Willen. Am natürlichsten ist der erste Weg, aber am gewöhnlichsten der zweite. Franz.: Il y a deux entrées par où les opinions sont reçues dans l'âme: l'entendement et la volonté. La plus naturelle est celle de l'entendement, mais la plus ordinaire est celle de la volonté.

Blaise Pascal, Gedanken (1670). Übers. v. Kleuker. D. Kunst d. Überzeugens.

— Hätte ich die Hand voll von Wahrheiten, ich würde mich wohl hüten, sie zu öffnen. Franz.: Si j'avais la main pleine de vérités, je me garderais bien de l'ouvrir.

Fontenelle (Bernard de Bovier), Werke (1758). Übers. v. Zimmermann.

— So unempfänglich und gleichgültig die Leute gegen allgemeine Wahrheiten sind, so erpicht sind sie auf individuelle.

Arthur Schopenhauer, Parerga u. Paralipomena (1851). Aphorismen zur Lebensweisheit.

Wahrheitsliebe. — Wahrheitsliebe zeigt sich darin, daß man überall das Gute zu finden und zu schätzen weiß.

Joh. Wolfg. von Goethe, Werke (1827—1830). Maximen u. Reflexionen. Abteilung 1.

— Wahrheitsliebe führt durch tausend Wege zur Wahrheit.

Joh. Kaspar Lavater, Werke (1834). Worte d. Herzens. Denkzeilen an einen Freund nach meinem Tode.

Wahrheitsliebe. — Sprich doch nicht von deiner Wahrheitsliebe, wenn du nur rücksichtslos warst! Karl Gutzkow, Gesammelte Werke (1873).

Wahrheitsliebend. — Der Wahrheitsliebende wird aus der Stadt gejagt.

Türkisches Sprichwort.

Wahrheitsmonopole. — Wahrheitsmonopole, einem einzelnen Stande oder Charakter verliehen, sind Beeinträchtigungen für alle übrigen und wahre Injurien für die Menschheit.

Georg Christoph Lichtenberg, Verm. Schriften (1800—1806). Bd. 4, Nr. 3. Aufsätze a. d. Göttingischen Tageb. Nr. 12. Lieutenant Greatraks.

Waisenjunge. — Ein Waisenjunge in etwas sein (noch sehr wenig von etwas verstehen). Sprichwörtl. Redensart.

Wald. — Wald wird „lucus" genannt, weil es nicht hell darin ist. Lat.: Lucus a non lucendo.

Nach Marc. Fabius Quinctilianus (um 35—95), Lehrb. d. Rhetorik. B. 1, K. 16, § 34. Übers. v. Grau.

— Gestern abend ging ich aus, | Ging wohl in den Wald hinaus.

Volkslied (16. Jahrh.). Volksweise.

— Was kann einen mehr ergötzen | Als ein schöner, grüner Wald?

Volkslied (vor 1721). Volksweise.

— Die Herren dieser Art blend't oft zu vieles Licht; | Sie sehn den Wald vor lauter Bäumen nicht.

Christoph Martin Wieland, Musarion (1768). B. 2.

— Wenn ich ynn Frewden leben wil, | Gee ich ynn grünen Wald, | Da v'rget mir all' meyn Trawrigkeit | Vnndt leb, wie's mir gefalt.

Feyner kleyner Almanach (1778). Eyn Lyebes-Reyen.

— Er sieht oft, wie Herr Wieland spricht, | Den Wald vor lauter Bäumen nicht.

Aloys Blumauer, Abenteuer d. frommen Helden Aeneas (1784—1788). B. 2, Str. 9.

— Der Eichwald brauset, die Wolken ziehn.

Friedr. von Schiller, Gedichte. D. Mädchens Klage (ged. 1798). Mel. v. Joh. Friedr. Reichardt (1810), Joh. Rudolf Zumsteeg, Frz. Schubert u. a.

— Es lebt der Wald von wunderbaren Zungen.

Ludw. Tieck, Kaiser Oktavianus (1803). D. Aufzug d. Romanze (D. Dichter).

— O schöner, grüner Wald, | Du meiner Lust und Wehen | Andächt'ger Aufenthalt!

Jos. Freiherr von Eichendorff, Ahnung u. Gegenwart. Im Walde d. Heimat (ged. 1810). Mel. v. Felix Mendelssohn-Bartholdy.

— Wer hat dich, du schöner Wald, | Aufgebaut so hoch da droben?

Jos. Freiherr von Eichendorff, Gedichte. Zeitlieder. D. Jäger Abschied (ged. 1810—1813). Mel. v. Felix Mendelssohn-Bartholdy (komp. 1841).

Wald. — Deutsch Panier, das rauschend wallt, | Lebe wohl! | Schirm' dich Gott, du deutscher Wald!
Jos. Freiherr von Eichendorff, Gedichte. Zeitlieder. D. Jäger Abschied (ged. 1810—1813). Schlußv. Mel. v. Felix Mendelssohn=Bartholdy (komp. 1841).

— Ich ging im Walde | So für mich hin.
Joh. Wolfg. von Goethe, Gedichte. Lieder. Gefunden (ged. 26. Aug. 1813). Mel. v. Jos. Gersbach (1828).

— Im Wald und auf der Heide, | Da such' ich meine Freude!
Wilh. Bornemann, Jägerlied (ged. 1816). Volksweise.

— Königliche Gärten gleichen | Deinen Buchen (Wald), hoch und dicht, | Deinen tausendjähr'gen Eichen, | Deinen schlanken Tannen nicht.
Heinr. von Wildungen, Lieder für Forstmänner u. Jäger (1817).

— Im Wald, im Wald, | Im frischen, grünen Wald, | Wo's Echo schallt . . .
Pius Alexander Wolff, Preziosa (1820). A. 2, Sz. 1 (Chor). Komp. v. Karl Maria von Weber. (Erste Auff. am 14. März 1821 in Berlin.)

— Der Wald ist Gottes Haus, | Da weht sein starker Odem | Lebendig ein und aus.
Wilh. Müller, Lieder d. Lebens u. d. Liebe. Nr. 3. Ländliche Lieder. Jägers Lust (ged. 1822). Mel. v. Konradin Kreutzer (komp. 1823).

— Wie herrlich ist's im Wald, | Im grünen, grünen Wald!
Wilh. Marsano, Rübezahl. Wie herrlich ist's im Wald usw. (ged. 1823). Mel. v. Wilh. Würfel. (Erste Auff. am 7. Okt. 1824 in Prag.)

— O stilles Leben im Walde! | O grüne Einsamkeit! | O blumenreiche Halde! | Wie weit seid ihr, wie weit!
Ferd. Freiligrath, Gedichte (1838). Verm. Gedichte. D. Tanne. Nr. 2. Schlußv.

— Ich geh' durch einen grasgrünen Wald | Und höre die Vögelein singen.
Volkslied (um 1841). Volksweise.

— O Wald, o Waldeseinsamkeit, | Wie gleichst du dem deutschen Gemüt! | Zum Himmel brauset und rauscht es, | Zur Erde träumend lauscht es; | Ach, die Blumen, | Ach, daß sie der Sturm behüt'!
Jul. Hammer, Schau um dich u. schau in dich (1851). D. Vaterland. Wenn hoch in d. Wipfeln brauset d. Sturm usw. Schlußv.

— . . . im Walde fühle ich mich nie einsam; das muß in der Natur des Waldes begründet sein.
Otto von Bismarck zu Frauen a. d. Bergischen Landen (26. April 1894).

— Wie man in den Wald schreit, so schallt es wieder heraus. Sprichwort.

— Wald, Wein, Weib, Wild! Jägerwahlspr.

Wälder. — Nun ruhen alle Wälder, | Vieh, Menschen, Städt und Felder; | Es schläft die ganze Welt. Paul Gerhardt, Geistl. Andachten. Nun ruhen alle Wälder (1653).

— Durch die Wälder, durch die Auen | Zog ich leichten Muts dahin.
Friedr. Kind, D. Freischütz (ged. 1817—1818). A. 1, Sz. 4 (Max). Komp. v. Karl Maria von Weber. (Erste Auff. am 18. Juni 1821 in Berlin.)

Waldeseinsamkeit. — Waldeinsamkeit, | Die mich erfreut, | So morgen wie heut' | In ewiger Zeit, | O wie mich freut | Waldeinsamkeit! Ludw. Tieck, Volksmärchen (1797). Eckbert.

Waldesfrieden. — O Waldesfrieden, Waldesruh', | Wie lieblich, unaussprechlich schön bist du! Ludw. Bechstein, D. Totentanz (1831).

— Urwaldfrieden, du stille, du heilige Zuflucht der Verwaisten, Verlassenen, Verfolgten, — Weltmüden; du einziges Eden, das den Glücklosen nah geblieben!
Peter Rosegger, Schriften d. Waldschulmeisters (1875).

Waldesgrün. — Ade, du liebes Waldesgrün!
Joh. Nepomuk Vogl, Ade, du liebes Waldgrün usw. (ged. 1836). Mel. v. Gustav Rebling u. Heinr. Esser.

Waldesgründe. — In des Waldes finstern Gründen, | In den Höhlen tief versteckt . . .
Christ. Aug. Vulpius, Rinaldo Rinaldini (1797—1798). Bd. 4.

— In des Waldes tiefste Gründe | Flüchtete die Seherin.
Friedr. von Schiller, Gedichte. Kassandra (ged. 1802).

Waldesrauschen. — Mir aber gefällt doch nichts so sehr | Als das deutsche Waldesrauschen!
Jos. Freiherr von Eichendorff, Gedichte (1837). Wanderlieder. Heimkehr. Schlußv.

Waldesruhe. — Waldesruhe, Waldeslust, | Bunte Märchenträume, | O, wie labt ihr meine Brust, | Lockt ihr meine Reime!
Ferd. Freiligrath, Gedichte (1838). Verm. Gedichte. Im Walde. Schlußv.

Waldhorn. — Wie lieblich schallt | Durch Busch und Wald | Des Waldhorns süßer Klang!
Christof von Schmid, D. Waldhorn (ged. 1816). Mel. v. Friedr. Silcher (komp. 1816).

Wallen. — . . . es wallet und siedet und brauset und zischt.
Friedr. von Schiller, Gedichte. D. Taucher (ged. 14. Juni 1797).

— Auf, ihr Brüder, laßt uns wallen | In den großen, heil'gen Dom!
Heinr. Weismann, Sängermarsch (ged. 1838). Mel. Helden, laßt d. Waffen ruhen usw. v. Jos. Stuntz (1830).

Wallfahren. — Die Vinschgauer wollten wallfahrten gehn.
Volkslied (vor 1807). Volksweise.

Wand. — Die Wand hat Ohren, Mauern sind Verräter.
Friedr. von Schiller, Turandot (1801). A. 3, Sz. 3 (Barak).

Wände. — Die Wände haben Ohren.
Sprichwort.

— Mit dem kann man Wände einrennen (so dumm ist er). Bek. Redensart.

Wandel. — Welch ein Wandel der Dinge! Lat.: O jerum, jerum, jerum, o quae mutatio rerum!

Dr. Eugen Höfling (?), O alte Burschenherrlichkeit! (1825). Mel. Was fang' ich armer Teufel an usw. (vor 1763).

— Mein Wandel soll im Himmel sein! | Obschon ich leb' auf Erden, | Ein Pilger bin ich hier allein, | Dort hoff' ich Bürger z' werden.

Spr. an einem Hause. Schweiz.

Wanderbursche. — Ein Wanderbursch', mit dem Stab in der Hand, | Kommt wieder heim aus dem fremden Land.

Joh. Nepomuk Vogl, Balladen u. Romanzen. D. Erkennen (ged. 1834). Mel. v. Heinr. Proch (1837).

Wanderer. — Wanderer, kommst du nach Sparta, verkündige dorten, du habest | Uns hier liegen gesehn, wie das Gesetz es befahl! Griech.: Ὦ ξεῖν', ἀγγέλλειν Λακεδαιμονίοις, ὅτι τῇδε | Κείμεθα τοῖς κείνων ῥήμασι πειθόμενοι. Lat.: Dic, hospes, Spartae nos te hic vidisse iacentes, | Dum sanctis patriae legibus obsequimur.

Friedr. von Schiller, Gedichte. D. Spaziergang (ged. 1795).

— Ein Sträußchen am Hute, den Stab in der Hand | Zieht rastlos der Wandrer von Lande zu Land. Konrad Rotter, Wandrers Unglück (ged. 1825). Mel. v. Verfasser.

— Wenn ich den Wandrer frage: | Wo kommst du her?

Hermann von Hermannsthal, Mein Lebenslauf in d. Fremde (1837). Hausliedchen. Mel. v. Friedr. Brückner (1837) u. Rudolf Tschirch.

— Federleicht, ja federleicht | Muß der Wandrer sein. Anastasius Grün (Anton Alexander Graf von Auersperg), Gesammelte Werke (1877). Gedichte. Vogel u. Wanderer. Schlußv.

Wandern. — Wer recht in Freuden wandern will, | Der geh' der Sonn' entgegen!

Emanuel Geibel, Gesammelte Werke. Gedichte. Jugendgedichte. B. 3. Athen (ged. 1838—1840). Morgenwanderung.

— Viel wandern macht bewandert.

Peter Sirius, Tausend u. Ein Gedanken (1899). Erfahrung u. Lebensweisheit.

— ... ob ich schon wanderte im finstern Tal, fürchte ich kein Unglück, denn du bist bei mir; dein Stecken und Stab tröstet mich. Ps. 23, V. 4.

— Komm', wir wollen wandern gehn, | Von einer Stadt zur andern gehn. | Ri ra rutsch, | Wir fahren in der Kutsch'. Kinderspielv.

Wandern, das. — Das Wandern ist des Müllers Lust, | Das Wandern!

Wilh. Müller, Siebenundsiebzig Gedichte a. d. hinterlassenen Papieren eines reisenden Waldhornisten. Nr. 1. D. schöne Müllerin. Wanderschaft (ged. 1818). Mel. v. Karl Zöllner u. Frz. Schubert.

— O Wandern, o Wandern, du freie Burschenlust!

Emanuel Geibel, Gesammelte Werke. Gedichte. Jugendgedichte. B. 1. Lübeck u. Bonn. Lieder. Nr. 32 (geb. 1835—1841). Mel. v. Justus Wilh. Lyra (1843).

Wandersmann. — Dem Wandersmann gehört die Welt | In allen ihren Weiten.

Friedr. Rückert, Gesammelte Gedichte (1834—1838). Verm. Gedichte. Wanderlied.

Wanderstab. — Auf, auf, ihr lieben Leute, | Den Wanderstab zur Hand!

Samuel Friedr. Wagner, Gedichte (1787). Reiselied. Mel. v. Bernh. Wessely (komp. 1793) u. Jos. Gersbach.

Wandlung. — Wandlung ist das Geheimnis der Welt. In steter Entfaltung | Unabsehlich gestuft bildet das Leben sich aus.

Emanuel Geibel, Spätherbstblätter (1877). Distichen a. d. Wintertageb. Nr. 7.

Wange. — Lehn' deine Wang' an meine Wang', | Dann fließen die Tränen zusammen!

Heinr. Heine, D. B. d. Lieder. Lyrisches Intermezzo (ged. 1822—1823). Nr. 6.

Wangen. — Die Farbe deiner Wangen, | Der rothen Lippen Pracht | Ist hin und ganz vergangen. Paul Gerhardt, Geistl. Andachten. An d. Angesicht d. Herrn Jesu (1659).

Wankelmut. — Mein feines Lieb ist von Flandern | Und hat einen wankeln Mut; | Sie liebt Ein' um den Andern, | Das tut die Läng' nicht gut. Volkslied.

Wankelmütig. — Der wankelmütigen Quiriten Schar. Lat.: Mobilium turba Quiritium. Quint. Horatius Flacc., Oden (um 23 v. Chr.). B. 1, Nr. 1, V. 7. Übers. v. Grau.

— Weß Sinn so bunt mir ist gezieret, | Bald so, bald so (wankelmütig), dem roll' ich hin. Mittelhochdeutsch: Swes muot mir ist sô vêch gezieret, | Nû sus nû sô, den walge ich hin.

Walter v. d. Vogelweide (um 1170—1230), Gedichte. Übertr. v. Pannier.

— Unter vielen schlimmen Dingen ist | Das schlimmste eine scharfe Zunge. — | Ein schlimm'res ist ein wankelmüt'ger Sinn.

Friedr. von Schiller, Iphigenie in Aulis (geb. 1788). A. 2, Sz. 2 (Agamemnon u. Menelaus).

Wanken. — Wo sind die, die vom breiten Stein | Nicht wankten und nicht wichen?

Dr. Eugen Höfling (?), O alte Burschenherrlichkeit! (1825). Mel. Was fang' ich armer Teufel an usw. (vor 1763).

— Wanke weder zur Rechten noch zur Linken! Spr. Sal., K. 4, V. 27.

Wappen. — Das beste Wappen in der Welt, | Das ist der Pflug im Ackerfeld. Alter Spr.

Wappenschild. — Die lebensfrische, kräft'ge Tat | Ruht nicht im Wappenschilde.

Joh. Daniel Falk, Auserlesene Werke (1819). Bd. 2. Narrenbüchlein.

Ware. — Man lobpreiset die War', um schnell zu vertreiben das Marktgut. Lat.: Laudat venales qui volt extrudere merces.

Quint. Horatius Flacc., Episteln (um 20 v. Chr.). Übers. v. Voß. B. 2, Nr. 2, V. 11.

— Gute Ware lobt sich selbst. Sprichwort.

Warnung. — Gut ist immer redliche Warnung des Freundes. Griech.: Ἀγαθὴ δὲ παραίφασίς ἐστιν ἑταίρου.

Homer, Ilias. Übers. v. Voß. Ges. 15, V. 404.

— Der Tor hält Warnung für Feindschaft.

Koran (um 650).

Warschau. — In Warschau herrscht die Ordnung. Franz.: L'ordre règne à Varsovie.

Nach Minister Graf Sébastiani (16. Sept. 1831).

Warten. — Well (Welche) töwen (warten) kann, | Krigg auk 'n Mann.

Sprichwort. Münsterisch.

— Teuf (wart') man! | Segt Tuckermann!

Sprichwörtl. Redensart. Halberstadt.

Warten, das. — . . . die Menschen werden verschmachten vor Furcht und vor Warten der Dinge, die da kommen sollen. Luk., K. 21, V. 26.

Warum. — Das Warum des Warums. Franz.: Le pourquoi du pourquoi.

Gottfr. Wilh. von Leibniz (1646—1716) beklagte sich über d. Königin Sophie Charlotte, d. selbst bei einem gelösten philosophischen Probleme noch d. „Warum d. Warums" wissen wolle.

— Wie? Wann? und Wo? — Die Götter bleiben stumm! | Du halte dich ans Weil, und frage nicht Warum?

Joh. Wolfg. von Goethe, Gedichte. Gott, Gemüt u. Welt (ged. 1812—1814).

— Gewöhnt die Kinder einstweilen an das Was! Das Warum ist ein heimlicher Schatz, der ihnen aufbewahrt bleibt.

Matthias Claudius, Sämtl. Werke d. Wandsbecker Boten (1816).

— Das Warum wird offenbar, | Wann die Toten auferstehen!

Adolf Müllner, D. Schuld (1816). A. 4, Sz. 11 (Jerta).

— Grübeln über Gottes Gründe, | Kritisieren unsern Schöpfer, | Ach, das ist, als ob der Topf | Klüger sein wollt' als der Töpfer! | Doch der Mensch fragt stets: Warum?

Heinr. Heine, Sämtl. Werke. Letzte Gedichte (ged. 1853—1855). Zur Teleologie.

— Hüte dich für dem Quare (Warum), | Willst du nicht errare (irren)! Alter Spr.

— Es get kaan Worum, | Es hot sein Dorum.

Jüd. Redensart.

Wäscherinnen. — Du siehst geschäftig bei dem Linnen | Die Alte dort in weißem Haar, | Die rüstigste der Wäscherinnen, | Im sechsundsiebenzigsten Jahr.

Adelbert von Chamisso (Louis Charles Adelaide Chamisso de Boncourt), Gedichte. Lieder u. lyrisch-epische Gedichte. D. alte Waschfrau (ged. 1833).

Waschweib. — Ein waschhaftiges Weib sein. Nach Jes. Sir., K. 25, V. 26.

Wasser, das. — Das Beste ist das Wasser. Griech.: Ἄριστον μὲν ὕδωρ.

Pindar (um 521—441 v. Chr.), Olympia. Übers. v. Donner.

Wasser, das. — Wasser tut's freilich nicht.

Dr. Martin Luther, D. kleine Katechismus (1529). D. vierte Hauptstück.

— Das Wasser hat ein Faulen geschmack | Gleich wie ein Treck in einem sack, | Der Wein wie Nägelein vnd Rosen.

Joh. Mich. Moscherosch, Wunderliche v. Warhafftige Gesichte Philanders v. Sittewalt (1643). T. 2, Gesichte 2. Hans hinüber, Gans herüber.

— Ein Narr ist, wer zu Wasser gehet, | Wenn er zu Lande reisen kann.

Christ. Wernicke, Uberschriffte Oder Epigrammata (1697).

— Sauft Wasser wie das liebe Vieh, | Und meint, es sei Krambambuli!

Crescentius Koromandel (Christoph Friedr. Wedekind), D. Krambambulist (vor 1745). Studentenweise.

— Lach' der Ärzt' und ihrer Ränke! | Tod und Krankheit lau'rt, | Wenn man bei dem Froschgetränke (dem Wasser) | Seine Zeit vertrau'rt.

Ewald Christ. von Kleist, Sämtl. Werke (1760). Gedichte. Dithyrambe.

— Das Wasser rauscht', das Wasser schwoll, | Ein Fischer saß daran.

Joh. Wolfg. von Goethe, Gedichte. Balladen. D. Fischer (ged. 1778). Mel. v. Sigmund Freiherr von Seckendorff (1779), Joh. Friedr. Reichardt (1781), Frz. Schubert (1821) u. a.

— Was soll ich mit dem Zeuge machen, | Dem Wasser ohne Saft und Kraft? | Gemacht für Frösche, Kröten, Drachen | Und für die ganze Würmerschaft?

Ernst Moritz Arndt, Gedichte. D. Feuerlied (ged. 1817). Mel. v. Albert Methfessel (1818).

— Ach, lieber Herr, | Das Wasser schmeckt mir gar nicht sehr, | Dieweil darin ersäufet sind | All' sündhaft Vieh und Menschenkind.

Aug. Kopisch, Gedichte. Weinlieder. Historie v. Noah (ged. 1824). Mel. v. Karl Gottl. Reissiger.

— Ohne Wasser ist kein Heil!

Joh. Wolfg. von Goethe, Faust, II (1831). A. 2. Klassische Walpurgisnacht. Am obern Peneios (Sirenen).

— Alles ist aus dem Wasser entsprungen! | Alles wird durch das Wasser erhalten!

Joh. Wolfg. von Goethe, Faust, II (1831). A. 2. Klassische Walpurgisnacht. Felsbuchten d. Ägäischen Meers (Thales).

— Das Wasser hat keine Balken. Sprichwort.

— Stillem Wasser und schweigenden Leuten ist nicht zu trauen. Sprichwort.

— Wer zum Tranke Wasser nimmt, | Selten dem die Fußgicht kömmt. Sprichwort.

— Hüte dich vor dem Wasser der Zisternen!

Chinesisches Sprichwort.

— Bis dahin läuft noch viel Wasser den Berg hinunter (bis dahin wird noch viel Zeit vergehen).

Sprichwörtl. Redensart.

— Das ist Wasser auf seine Mühle (das kommt ihm grade recht, das kann er gut gebrauchen).

Sprichwörtl. Redensart.

Wasser, das. — Jemandem nicht das Wasser reichen (jemandem in Fertigkeiten oder Kenntnissen nicht gleichkommen). Sprichwörtl. Redensart.

— Von reinstem Wasser (unverfälscht).
Sprichwörtl. Redensart.

— Wasser in ein Sieb schöpfen (vergebliche Arbeit tun). Sprichwörtl. Redensart.

— Et is kein Water so klar, es släumet (trübet) sik. A. d. Seemannssprache. Westfalen.

— Kên ful (fauliges) Water utgetn (ausgießen), ehe man rein wêr (wieder) het.
A. d. Seemannssprache.

— 't Water het geen (keine) Balken, seggt de Jud. A. d. Seemannssprache.

— Das Wasser ist zu jeder Zeit | Die beste aller Gottesgaben; | Mich aber lehrt Bescheidenheit, | Man muß nicht stets vom Besten haben.
Spr. in einem Hause in Klausen.

— Ich, Hanns Prasser, | Trink' lieber Wein als Wasser. | Tränk' ich das Wasser so gern als den Wein, | So könnt' ich ein reicherer Prasser sein.
Spr. an einem Brunnen. Steiermark.

Wasser, die. — Alle Wasser laufen ins Meer.
Pred. Sal., K. 1, V. 7.

— Stille Wasser gründen tief. Sprichwort.

— Stille Wässer, | Grundfresser.
Sprichwort. Eifel.

Wasserkrug. — Wasserkrug | Macht alt und klug. Spr. an einem Wasserkrug.

Wassertrinker. — Wassertrinker Diogen | Hatt' zur Wohnung doch | Eine Tonn' sich ausersehn, | Die nach Weine roch.
Joh. Christoph Friedr. Haug, Trinklied (geb. 1810).

Wasserwogen. — . . . hoch im Bogen | Spritzen Quellen, Wasserwogen.
Friedr. von Schiller, Gedichte. D. Lied v. d. Glocke (geb. Sept. 1799).

Wechsel. — Es ist ein Wechsel aller Sachen. | Auf schein kommt Plitz. Auf Tag folgt Nacht.
Paul Fleming, Teutsche Poemata (1642). Oden. B. 5, Nr. 11. D. güldne Freyheit.

— . . . ob alles in ewigem Wechsel kreist, | Es beharret im Wechsel ein ruhiger Geist.
Friedr. von Schiller, Gedichte. D. Worte d. Glaubens (geb. 1797).

— Denkt an den Wechsel alles Menschlichen!
Friedr. von Schiller, Maria Stuart (1800). A. 3, Sz. 4 (Maria).

— Ein jeder Wechsel schreckt den Glücklichen.
Friedr. von Schiller, D. Braut v. Messina (1803). Säulenhalle (Don Manuel).

— Nichts ist dauernd als der Wechsel; nichts beständig als der Tod.
Ludw. Börne, Gesammelte Schriften. Erz., Reisen, Verm. Aufsätze. Nr. 24. Denkrede auf Jean Paul, vorgetragen im Museum zu Frankfurt (2. Dez. 1825).

— Wechsel heißt das Weltschicksal.
Friedr. Rückert, D. Verwandlungen d. Abu Seid v. Serug oder d. Makamen d. Hariri (1826).

Wechsel. — Nur der Wechsel ist wohltätig. Unaufhörliches Tageslicht ermüdet.
Wilh. Freiherr von Humboldt, Br. an eine Freundin (30. Sept. 1829).

— Ew'ger Wechsel, ew'ges Streben | Unter Glück und Unglück, Lust und Müh', | Spinnt sich aus der Zeit das Leben, | Und die Zeit nur altert nie. Ludw. Bechstein, D. Sonntag (1833).

— Die Natur des Geistes ist so geartet, daß uns der Wechsel meist mehr Erholung schafft als die Ruhe.
Ernst Freiherr von Feuchtersleben, Zur Diätetik d. Seele (1838). Tagebuchblätter.

— Der Wechsel allein ist das Beständige.
Arthur Schopenhauer, Parerga u. Paralipomena (1851). Aphorismen zur Lebensweisheit.

— Wandel und Wechsel | Liebt, wer lebt.
Richard Wagner, Rheingold (1869). (Wotan).

Wechselbalg. — . . . der parlamentarische und geheimrätliche Wechselbalg.
Otto von Bismarck zu Verehrern a. Anhalt u. Dessau in Friedrichsruh (21. April 1895).

Weg. — Ist ein guter Weg auch krumm, | Geht man doch zuletzt nicht um. Mittelhochdeutsch: An guoten wegen ümbe | Enschadet kein krümbe.
Vridankes Bescheidenheit (1225—1240). Übertr. v. Pannier. Nr. 41. v. guote u. übele.

— Der weite Weg, | Graf Isolan, entschuldigt euer Säumen.
Friedr. von Schiller, D. Piccolomini (1799). A. 1, Sz. 1 (Illo).

— Dein Weg ist krumm, er ist der meine nicht!
Friedr. von Schiller, Wallensteins Tod (1799). A. 2, Sz. 7 (Max).

— Ein guter Mensch in seinem dunklen Drange | Ist sich des rechten Weges wohl bewußt.
Joh. Wolfg. von Goethe, Faust, I (1808). Prolog im Himmel (D. Herr).

— Wir gehen tausendmal den nämlichen Weg, aber nimmer wieder denselben.
Wilh. Raabe, Alte Nester (1879).

— Wo ein Bächlein ist, findet es auch seinen Weg. Joh. Jak. Mohr, Gedanken über Leben u. Kunst (1885).

— Mag auch ein Blinder einem Blinden den Weg weisen? Luk., K. 6, V. 39.

— Ich bin der Weg und die Wahrheit und das Leben. Evang. Joh., K. 14, V. 6.

— Gut Weg um, | War nie krumm.
Sprichwort.

Wege. — Befiehl du deine Wege, | Und was dein Herze kränkt, | Der allertreusten Pflege | Des, der den Himmel lenkt!
Paul Gerhardt, Geistl. Andachten. Befiehl d. Herrn deine Wege u. hoffe auf ihn, er wirds wohl machen (1659).

Wege. — Der Wolken, Luft und Winden | Gibt Wege, Lauf und Bahn, | Der wird auch Wege finden, | Da dein Fuß gehen kann.

Paul Gerhardt, Geistl. Andachten. Befiehl d. Herrn deine Wege u. hoffe auf ihn, er wirds wohl machen (1659).

— Ein jeder muß die Wege gehn, die ihm | In seinen Neigungen und Leidenschaften | Sind vorgezeichnet.

Phil. Eduard Devrient, D. graue Männlein (1846). A. 1, Sz. 3.

— Wer uns vor nutzlosen Wegen warnt, leistet uns einen ebenso guten Dienst wie derjenige, der uns den rechten Weg anzeigt.

Heinr. Heine, Sämtl. Werke (1861—1868). Deutschland. T. 1. Zur Gesch. d. Religion u. Philosophie in Deutschland. B. 3. V. Kant bis Hegel.

— Fast für jede Sache lassen sich zwei, drei Wege einschlagen; — viele Wege führen nach Rom. Welcher Weg der richtige, welcher der fehlerhafte ist, entscheidet die Zukunft, vielleicht wenn wir alle nicht mehr leben.

Otto von Bismarck im Abg.-Hause d. preuß. Landtages (6. Febr. 1868).

— Dunkel sind des Herren Wege.

Anastasius Grün (Anton Alexander Graf von Auersperg), Gesammelte Werke (1877). Gedichte. Zeitklänge.

— Befiehl dem Herrn deine Wege!

Ps. 37, V. 5.

— Einem jeglichen dünken seine Wege rein sein.

Spr. Sal., K. 16, V. 2.

Weh. — Von Einer aber tut mir's weh.

Ludw. Uhland, Gedichte. Lieder. Wanderlieder. Nr. 7. Abschied (ged. 14. Sept. 1811). Schlußv. Mel. v. Konradin Kreutzer (komp. 1818).

— Wie weh wird mir, | Wie brennt meine alte Wunde!

Heinr. Heine, D. B. d. Lieder. Junge Leiden. Romanzen. Nr. 6. D. Grenadiere (ged. 1819). Mel. v. Karl Gottl. Reissiger, Rob. Schumann, Wilh. Heiser u. a.

— Wo's eim weh tuet, do het me si Hand.

Sprichwort. Schweiz.

Weh, das. — Es ist der Menschen Weh und Ach | So tausendfach!

D. Knaben Wunderhorn (1806—1808).

— Glücklichen ist's nicht verliehen, | Zu begreifen fremdes Weh.

Aug. Graf von Platen-Hallermund, Gedichte. Lieder u. Romanzen. D. Mädchen Friedenslieder (ged. 1813). Schlußv.

— Der Fluß bleibt trüb', der nicht durch einen See gegangen, | Das Herz unsauber, das nicht durch ein Weh gegangen.

Friedr. Rückert, D. Weisheit d. Brahmanen (1836—1839).

— Es mischt in unsre süßesten Momente | Ein Tropfen sich von unnennbarem Weh.

Emerich Madách, D. Tragödie d. Menschen (1861). A. d. Ungar. übers. v. Lechner. Sz. 6 (Eva).

Weh, das. — Eine Wehe ist dahin; siehe, es kommen noch zwei Wehe nach dem.

Offenb. Joh., K. 9, V. 12.

Wehmut. — ... Wehmut selbst ist Wonne, so lange noch | In kummervoller Seele Friede | Wohnet, der lindert den Schmerz der Wunde.

J. Ae. Klöntrug, An Fr. Hahn (ged. 1776).

— Was auch gar keinen Trost zuläßt, ... hat Gott doch die Wehmut zu einer Art Vermittlerin zwischen dem Glück und dem Unglück, der Süßigkeit und dem Schmerz geschaffen.

Wilh. Freiherr von Humboldt, Br. an eine Freundin (26. Jan. 1830).

Wehr. — Schwört bei dieser blanken Wehre!

Rudolf Baumbach, Ehre, Freiheit, Vaterland (ged. 1879). Mel. v. Hanns Treidler.

— Rein die Wehr, | Rein die Ehr, | Augen klar, | Seele wahr!

Otto von Leixner, A. meinem Zettelkasten (1896). Vaterland. Deutschtum.

Wehren, sich. — Kein Tier ist so klein und schwach, daß es nicht sein Leben erhalten kann, wenn es Mut genug hat, sich zu wehren. Griech.: *Οὐδέν ἐστι μικρὸν οὐδ' ἀσθενές, ὃ μὴ ζήσεται τολμῶν ἀμύνεσθαι.*

Brasidas (gest. um 422 v. Chr.). Nach Plutarch, Moralische Abhandlungen. Übers. v. Eyth. Fortgang in d. Tugend. K. 8.

— Was bringt zu Ehren? | Sich wehren!

Joh. Wolfg. von Goethe, Westöstlicher Diwan. B. d. Betrachtungen. Fünf andere (ged. 16. Dez. 1816).

— ... wehren muß man sich, wehren, um nicht vernichtet zu werden.

Heinr. Laube, Böse Zungen (1868).

— Der sich ehrt, | Der sich wehrt. Sprichwort.

— Wehrender Hand wird immer Rat.

Sprichwort.

— Wer sich nit kann wehren, | Wird sich nit lange nähren. Spr. an einem Hause in Weißenburg.

— Wer sich wehrt, | Behält sein Pferd.

Spr. an einem Hause.

— Vertrau' auf Gott, dich tapfer wehr', | Darin besteht dein Ruhm und Ehr'. | Denn wer's auf Gott herzhaftig wagt, | Wird nimmer aus dem Feldt gejagt.

Standarteninschrift d. Regiments Henniges v. Treffenfeld.

Wehrlos. — Wen man findet ohne Wehr, | Den besiegt ein kleines Heer. Mittelhochdeutsch: Swen man vindet âne wer, | Den überrît ein krankez her.

Fridankes Bescheidenheit (1225—1240). Übertr. v. Pannier. Nr. 41. v. guote u. übele.

— Wehrloser Söhne Mütter | Zu heißen dünk' euch Schimpf! Ital.: Madri d'imbelle prole | V'incresca esser nomate.

Giacomo Leopardi, Zur Hochzeit d. Schwester Paolina (1824). Übers. v. Heyse.

— ... ein Land wehrlos zu lassen wäre das größte Verbrechen seiner Regierung.

Hellmuth von Moltke (1874).

Wehrmannsleben. — O Wehrmannsleben, o köstlich Gut!

Ernst Moritz Arndt, Lieder für Teutsche. Frischauf! 1807 (ged. 1807). Mel. v. Preßler.

Wehrstand. — Ohne den Wehrstand ist der Nährstand seines Erwerbes nicht sicher, und des Lehrstandes Tätigkeit steht in der Luft.

Otto von Bismarck zur Deputation eines Kriegervereins (1892).

Weib (als Allgemeinbegriff). — Wer dem Weibe vertraut, dem Diebsgesindel vertraut der. Griech.: *Ὃς δὲ γυναιξὶ πέποιθε, πέποιθ᾽ ὅγε φηλήτῃσι.*

Hesiod (8. Jahrh. v. Chr.), Werke u. Tage. Übers. v. Uschner. V. 375.

— Ein Weib, vereinsamt, ist ein Nichts. Ihm fehlt der Mut. Griech.: *Γυνὴ μονωθεῖσ᾽ οὐδέν· οὐκ ἔνεστ᾽ Ἄρης.*

Äschylus, D. Schutzflehenden (um 472 v. Chr.). Übers. v. Minckwitz. V. 715 (Chor).

— . . . daß das Weib ein großer Fluch, ist klar genug | Aus diesem Umstand: unter Morgengabe schickt | Ihr eigner Vater, der sie zeugt' und auferzog, | Die Braut von hinnen, um des Fluches los zu sein. Griech.: *Τούτῳ δὲ δῆλον ὡς γυνὴ κακὸν μέγα· | Προσθεὶς γὰρ ὁ σπείρας τε κἀκθρέψας πατὴρ | Φερνὰς ἀπῴκισ᾽, ὡς ἀπαλλαχθῇ κακοῦ.*

Euripides, Hippolytos (um 428 v. Chr.). Übers. v. Minckwitz. V. 627—29 (Hippolytos).

— Um eines Weibes willen opfre nie, | Durch Lust betört, den weisen Sinn, mein Sohn! Griech.: *Μή νύν ποτ᾽, ὦ παῖ, τὰς δ᾽ ὑφ᾽ ἡδονῆς φρένας | Γυναικὸς εἵνεκ᾽ ἐκβάλῃς.*

Sophokles (um 496—406 v. Chr.), Antigone. Übers. v. Jordan. V. 644—45 (Kreon).

— . . . wenn schon das Weib ein Wesen von geringerer sittlicher Tüchtigkeit sein dürfte. Griech.: *Καίτοι γε ἴσως τούτων τὸ μὲν χεῖρον.*

Aristoteles (um 384—322 v. Chr.), Dichtkunst. Übers. v. Susemihl. K. 15, § 3.

— Unstet und veränderlich immer | Wanket ein Weib. Lat.: **Varium et mutabile semper | Femina.**

Publ. Vergilius Maro (um 70 v. Chr.—17 n. Chr.), Aeneis. Übers. v. Voß. B. 4, V. 569—70.

— Überall steckt ein Weib dahinter, das den Streit erregt hat. Lat.: **Nulla fere causa est, in qua non femina litem moverit.** Danach: Forschet nach dem Weibe! Franz.: **Cherchez la femme! oder Où est la femme?**

Decimus Junius Juvenalis, Sat. (um 100). Übers. v. Weber. Nr. 6, V. 242—43.

— Alles erlaubt sich ein Weib, und es dünkt unziemlich ihr gar nichts. Lat.: **Nil non permittit mulier sibi, turpe putat nil.**

Decimus Junius Juvenalis, Sat. (um 100). Übers. v. Weber. Nr. 6, V. 457.

— Wîp unde vederspil (Falken), | Die werdent lihte zame. D. Kürenberger (um 1160—1170).

Weib (als Allgemeinbegriff). — Von allen Dingen auf dieser Welt, | Die je der Sonne Licht erhellt, | Ist keins so selig wie das Weib, | Die stets ihr Leben und ihren Leib | Und ihre Sitten dem Maß ergibt, | Sich selber ehret und sich liebt.

Gottfr. von Straßburg, Tristan u. Isolt (um 1210).

— . . . ein Weib, das Tugend liebt, | Ja! das muß man begehren sehr. Mittelhochdeutsch: . . . swelch wîp ie tugende pflac, | Daz ist diu der man wünschen sol. Walter v. d. Vogelweide (um 1170—1230), Gedichte. Übertr. v. Pannier.

— Weib muß der höchste Name für die Frauen sein | Und ehret mehr als Frau, so dünkt es mich. Mittelhochdeutsch: Wîp muoz iemer sîn der wîbe hôhste name | Und tiuret baz dan frowe, als ichz erkenne. Walter v. d. Vogelweide (um 1170—1230), Gedichte. Übertr. v. Pannier.

— Wir lassen alle Blumen stehn | Und schauen an das werte Weib. Mittelhochdeutsch: Wir lâzen alle bluomen stân | Und kapfen an daz werde wîp.

Walter v. d. Vogelweide (um 1170—1230), Gedichte. Übertr. v. Pannier.

— Ein Weib wird in sich selber wert, | Wenn der Besten einer sie begehrt. Mittelhochdeutsch: Ein wîp wirt in ir herzen wert, | Swenne ir der besten einer gert.

Frîdankes Bescheidenheit (1225—1240). Übertr. v. Pannier. Nr. 37. v. minne u. wîben.

— Das Weib man immer bitten soll; | Ihr aber steht Versagen wohl. Mittelhochdeutsch: Diu wîp man iemer biten sol; | Ouch stât in reht verzîhen wol.

Frîdankes Bescheidenheit (1225—1240). Übertr. v. Pannier. Nr. 37. v. minne u. wîben.

— . . . kommt ein Weib zu Falle, | So schilt man auf sie alle. Mittelhochdeutsch: . . . wirt ein wîp ze schalle, | Sô schiltet man si alle.

Frîdankes Bescheidenheit (1225—1240). Übertr. v. Pannier. Nr. 37. v. minne u. wîben.

— Ein Weib ist der höchste Schatz, denn sie wird von Gott geschenkt, hat viel Tugend und hält Treu und Glauben.

Dr. Martin Luther, Tischreden oder Colloquia (1566). Nr. 43. Tischreden v. Ehestande. § 128. Weiber.

— Also soll ein Weib hören mehr | Dann reden, welchs jr ist ein Ehr.

Joh. Friedr. Fischart, D. Philosophisch Ehzuchtbüchlin (1578). Hausschneck, Schneckenhaus.

— Sie ist ein Weib; drum darf man um sie werben; | Sie ist ein Weib; drum kann man sie gewinnen. Engl.: **She is a woman, therefore may be woo'd; | She is a woman, therefore may be won.**

William Shakespeare, Tit. Andronicus (1590—1591). Übers. v. Schlegel. A. 2, Sz. 1 (Demetrius).

— All Freundschafft auch weit übertrifft | Ein fromm Weib, das nichts böses stifft.

Georg Rollenhagen, Froschmäuseler (1595). B. 1, T. 1, K. 9.

Weib (als Allgemeinbegriff). — Was der Teufel nicht mag ertichten, | Das muß ein altes Weib verrichten.

Georg Rollenhagen, Froschmäuseler (1595). B. 2, T. 2, K. 8.

— Wer nicht liebt Weib, Wein vnd Gesang, | Bleibt ein Narr sein lebelang.

Reimspr. (16. Jahrh.).

— Schwachheit, dein Nam' ist Weib! Engl.: **Frailty, thy name is woman!**

William Shakespeare, Hamlet (1601—1602). Übers. v. Schlegel. A. 1, Sz. 2 (Hamlet).

— Nun, auch das Weib ist schwach! Engl.: **Nay, women are frail too.**

William Shakespeare, Maß für Maß (1604). Übers. v. Schlegel. A. 2, Sz. 4 (Angelo).

— Wer kann ein Weib durchschaun? Engl.: **Who is't can read a woman?**

William Shakespeare, Cymbeline (1610). Übers. v. Schlegel. A. 5, Sz. 5 (Cymbeline).

— Von dreien Dingen kommt am meisten Übel her. | Wie, fragst du, heißen sie? — Es sind Weib, Feuer, Meer.

Martin Opitz, Sämtl. Werke (1644). Epigramme.

— Ein Weib, das Gott den Herren liebt | Und sich stets in der Tugend übt, | Ist viel mehr Lob's und Liebens werth | Als alle Perlen auf der Erd.

Paul Gerhardt, Geistl. Andachten (1667).

— Das Weib ist das Hauptwerk, die Krone der Schöpfung, ist des Himmels bestes, letztes Geschenk. Engl.: **Woman — the fairest of creation, last and best of all God's works.**

John Milton, Verlorenes Paradies (1667). Übers. v. Schuhmann. B. 9, V. 896.

— Wer Weib sagt, sage zuerst Wandelbarkeit! Span.: **El que va á decir mujer empiece á decir mudanza.**

Don Pedro Calderon (1600—1681).

— Ein schönes Weib ohne Tugend gleicht den vergoldeten Pillen; einem schön eingebundenen Buche, dessen Inhalt nichts taugt; einem goldenen Becher, in dem ein schlechter Landwein blinkt.

Abraham a Santa Clara [Ulrich Megerle] (1644—1709), Sämtl. Werke.

— Im besten Falle bleibt ein Widerspruch das Weib. Engl.: **Woman's at best a contradiction still.**

Alexander Pope, Moralische Aufsätze (1735). Übers. v. Ölckers u. Böttger. Nr. 2, V. 270.

— Ein Weib, das sonst die kleinsten Schmerzen scheut, | Find't, da die Wollust ihr gebeut, | Selbst Wollust in der Grausamkeit.

Christ. Fürchtegott Gellert, Fab. u. Erz. (1746). B. 2. Herodes u. Herodias.

— Zwei Dinge haben sich noch nie verbinden können: | Ein Weib und recht verschwiegen sein.

Friedr. von Hagedorn, Sämtl. poetische Werke (1757).

Weib (als Allgemeinbegriff). — . . . das Weib wollte die Natur zu ihrem Meisterstücke machen. Aber sie vergriff sich im Tone, sie nahm ihn zu fein. Sonst ist alles besser an euch als an uns.

Gotthold Ephr. Lessing, Emilia Galotti (1772). A. 5, Sz. 7 (Odoardo).

— Du bist ein Weib. Ihr haßt keinen, der euch hofiert.

Joh. Wolfg. von Goethe, Götz v. Berlichingen (1773). A. 4. Adelheidens Schloß (Weislingen).

— Weib! der herrlichste Ausdruck, dem das Ehrenwort Gemahlin nicht gewachsen ist!

Theod. Gottl. von Hippel, Über d. Ehe (1774). K. 4. Über d. Treue in d. Ehe. D. Männer.

— Nächtlich Geschöpf voll Trug und List, | Weib, daß du so gleisend bist, | Höll' und Himmel liegt in dir beisammen.

Friedr. (Maler) Müller, Balladen (1776). Genovefa im Turm (Golo).

— Was ist so arg, das nicht, um sich genug zu tun, | Ein Weib die Stirne hat zu wagen?

Christoph Martin Wieland, Oberon (1780). Ges. 6, Str. 86.

— Ein einzler Biedermann wird immer noch gesehen; | Doch wandre einer mir ums weite Erdenrund | Nach einem frommen Weib, er wird vergebens gehen!

Christoph Martin Wieland, Oberon (1780). Ges. 6, Str. 87.

— . . . ein Weib vermag allein nicht viel.

Joh. Wolfg. von Goethe, Elpenor (1781). A. 1, Sz. 4 (Antiope).

— O Perle meiner (des Zeus) Werke, | Weib!

Friedr. von Schiller, Semele (geb. 1784). Sz. 2 (Zeus).

— Sei ganz ein Weib und gib | Dich hin dem Triebe, der dich zügellos | Ergreift und dahin oder dorthin reißt! | Wenn ihnen eine Lust im Herzen brennt, | Hält vom Verräter sie kein heilig Band.

Joh. Wolfg. von Goethe, Iphigenie auf Tauris (1787). A. 1, Sz. 3 (Thoas).

— Aufs Ungehoffte war ich nicht bereitet; | Doch sollt' ich's auch erwarten: wußt' ich nicht, | Daß ich mit einem Weibe handeln ging?

Joh. Wolfg. von Goethe, Iphigenie auf Tauris (1787). A. 1, Sz. 3 (Thoas).

— . . . ein Weib bleibt stets auf Einem Sinn, | Den sie gefaßt. Du rechnest sicherer | Auf sie im Guten wie im Bösen.

Joh. Wolfg. von Goethe, Iphigenie auf Tauris (1787). A. 2, Sz. 1 (Pylades).

— Beim wunderbaren Gott, — das Weib ist schön!

Friedr. von Schiller, Don Carlos (1787). A. 2, Sz. 8 (Carlos).

— Der Name | Des Weibes heißt Verleumdung.

Friedr. von Schiller, Don Carlos (1787). A. 3, Sz. 2 (Phil.).

Weib (als Allgemeinbegriff). — Sei größer | Als dein Geschlecht! Vergiß Beleidigungen! | Tu', was vor dir kein Weib getan, — nach dir | Kein Weib mehr tun wird!

Friedr. von Schiller, Don Carlos (1787). A. 4, Sz. 15 (Carlos).

— Sie ist ein Weib, guter Oranien, und die möchten immer gern, daß sich alles unter ihr sanftes Joch gelassen schmiegte.

Joh. Wolfg. von Goethe, Egmont (1788). A. 2. Egmonts Wohnung (Egmont).

— Groß ist's, der Tugend nachzustreben. | Das Weib dient ihr im stillen Leben | Und in der Liebe sanftem Schoß.

Friedr. von Schiller, Iphigenie in Aulis (ged. 1788). A. 2. Zweite Zwischenhandlung (Chor).

— Ein Weib ist das herrlichste Ding auf der Welt.

Emanuel Schikaneder, D. Tiroler Wastl. Ein Weib ist d. herrlichste Ding auf d. Welt (ged. um 1790). Komp. v. Jak. Haibel (1795).

— Ein Weibchen ist ein Quodlibet.

Friedr. Hensler, D. Donauweibchen (1792). Ein Weibchen ist ein Quodlibet usw. Komp. v. Ferd. Kauer (1792).

— Sie ist auch ein Weib, und unter dem allgemeinen Geschlechtsnamen Gebrechlichkeit ist auch sie begriffen.

Joh. Wolfg. von Goethe, Wilh. Meisters Lehrjahre (1777—1796).

— Ach, sie war nicht liebenswürdig, wenn sie liebte, und das ist das größte Unglück, das einem Weibe begegnen kann.

Joh. Wolfg. von Goethe, Wilh. Meisters Lehrjahre (1777—1796).

— ... durch Anmut allein herrschet und herrsche das Weib!

Friedr. von Schiller, Gedichte. Macht d. Weibes (ged. 1796).

— Eine Tugend genüget dem Weib; sie ist da, sie erscheinet; | Lieblich dem Herzen, dem Aug' lieblich erscheine sie stets!

Friedr. von Schiller, Gedichte. Tugend d. Weibes (ged. 1796).

— Dienen lerne beizeiten das Weib nach ihrer Bestimmung! | Denn durch Dienen allein gelangt sie endlich zum Herrschen.

Joh. Wolfg. von Goethe, Hermann u. Dorothea (1797). Erato.

— Das Weib soll sich nicht selber angehören, | An fremdes Schicksal ist sie festgebunden. | Die aber ist die beste, die sich Fremdes | Aneignen kann mit Wahl, an ihrem Herzen | Es trägt und pflegt mit Innigkeit und Liebe.

Friedr. von Schiller, D. Piccolomini (1799). A. 3, Sz. 8 (Gräfin).

— Ein schönes Weib ohne Unschuld und Tugend ist ein Giftbaum voll Blätter, auf dem man vergebens auf Blüten und Frucht hofft.

Joh. Gottfr. von Herder u. Liebeskind, Palmblätter (1787—1800). Bd. 3.

Weib (als Allgemeinbegriff). — ... ein gebrechlich Wesen ist das Weib. — | Das Weib ist nicht schwach. Es gibt starke Seelen | In dem Geschlecht.

Friedr. von Schiller, Maria Stuart (1800). A. 2, Sz. 3 (Talbot u. Elisabeth).

— O könntest du ein Weib sein und empfinden!

Friedr. von Schiller, D. Jungfrau v. Orleans (1801). A. 4, Sz. 2 (Sorel).

— Das Weib allein kennt wahre Liebestreue.

Friedr. von Schiller, Turandot (1801). A. 3, Sz. 2 (Turandot).

— Das Weib will stets, man soll die Gunst erraten, | Sie will im Spiele durch Verlust gewinnen, | Will sich das Recht der Klage vorbehalten.

Ludw. Tieck, Kaiser Oktavianus (1803).

— Wenn ein Weib einmal vom rechten Wege ab ist, dann geht es auch blindlings und rücksichtslos auf dem bösen fort; . . . bei ihr wirkt dann die bloße Natur.

Joh. Wolfg. von Goethe, Gespräch mit Riemer (Aug. 1807).

— ... Brüderchen, drei Dinge | Sind zu einem Weibe nötig: | In ihr eine zarte Seele, | Goldne Zung' in ihrem Munde, | Angenehmen Witz im Haupte.

Joh. Gottfr. von Herder, Stimmen d. Völker in Liedern (1807). Abteilung 1, B. 1, Nr. 6. D. Hagestolze. Ein esthnisches Lied.

— Liebe ist der Lebensgeist ihres (des Weibes) Geistes, ihr Geist der Gesetze, die Springfeder ihrer Nerven.

Jean Paul (Joh. Paul Friedr. Richter), Levana oder Erzieh-Lehre (1807). Bd. 2, Bruchstück 4, K. 3, § 83.

— Ist's möglich, ist das Weib so schön? | Muß ich in diesem hingestreckten Leibe | Den Inbegriff von allen Himmeln sehn?

Joh. Wolfg. von Goethe, Faust, I (1808). Hexenküche (Faust).

— . . . geht es zu des Bösen Haus, | Das Weib hat tausend Schritt' voraus.

Joh. Wolfg. von Goethe, Faust, I (1808). Walpurgisnacht (Hexenmeister. Halbes Chor).

— Staub lieber als ein Weib sein, das nicht reizt.

Heinr. von Kleist, Penthesilea (1808). Sz. 9 (Penthesilea).

— Für das gesunkene, gefallene, entadelte Weib ist selten Rettung.

Friedr. Ludw. Jahn, Deutsches Volkstum (1810).

— . . . zum Dulden ist das Weib geschaffen.

Theod. Körner, Knospen (1810). Brutus' Abschied.

— Höchst selten vermännlicht sich ein Weib ohne eigenen und fremden Nachteil.

Christ. Ernst Karl Graf von Bentzel-Sternau, Weltansichten (1816).

— Ein edles Weib ist die schönste Gabe der Gottheit. Trefflicher ist die Tugend nicht versinnlicht als durch ein edles Weib.

Christ. Ernst Karl Graf von Bentzel-Sternau, Weltansichten (1816).

Weib (als Allgemeinbegriff). — Bewunderung verdient ein Wunder wohl, | Doch scheint ein Weib kein echtes Weib zu sein, | Sobald es nur Bewunderung verdient.

Aug. Graf von Platen=Hallermund, D. gläserne Pantoffel (1823). A. 2 (Aschenbrödel).

— Schwer ist's, Schätze, selbst mit Drachen, | Schwerer noch, ein Weib bewachen.

Moritz Doering, Gedichte (1827).

— Erde, du gleichst dem Kerker, und du, o Himmel, der Mauer, | Sünde, der Wächter bist du; — was ist die Fessel? Das Weib.

Moritz Doering, Gedichte (1827).

— . . . Verachtung zu ertragen, | Dazu ist's Weib zu eitel.

Christ. Dietr. Grabbe, Don Juan u. Faust (1829). A. 2, Sz. 1 (Don Juan).

— Beim schönen Werk | Vergißt man oft die Häßlichkeit des Meisters, | Beim Weibe oft die Gottheit und den Teufel.

Christ. Dietr. Grabbe, Don Juan u. Faust (1829). A. 2, Sz. 1 (D. Ritter).

— Ein Weib | Hat Hände, Wangen, Busen und Verstand; — | Anpacken kann man sie an hundert Stellen.

Christ. Dietr. Grabbe, Don Juan u. Faust (1829). A. 4, Sz. 3 (D. Ritter).

— Veränderlich Geschlecht, mit Taubenaugen | Und Gall' im Herzen! — Ja, dein Nam' ist Weib!

Joh. Friedr. Bahrdt, Dramatische Dichtungen (1834). D. Lichtensteiner. A. 1, Sz. 1.

— . . . was das Weib zeitlebens braucht, um was sie | Mit jedem Blick dich ansieht, das ist Schonung; | Denn ungeschont, da steht sie nackt im Traume | Vor allen Geistern und vergeht vor Scham.

Leop. Schefer, Laienbrevier (1834).

— Neue Melodieen spiel' ich | Auf der neugestimmten Zither. | Alt der Text! Es sind die Worte | Salomos: Das Weib ist bitter!

Heinr. Heine, Neue Gedichte. Verschiedene (ged. 1832—1839). Hortense. Nr. 5.

— Das Weib ist schwach und unterliegt gar leicht | Der Macht des Augenblicks.

Ernst Raupach, Themisto (1840). A. 1, Sz. 5.

— Das Weib ist eine Blume, die ihren Duft nur im Schatten ausströmt. Franz.: **La femme est une fleur qui n'exhale de parfum qu'à l'ombre.**

Hugues Felicité Rob. d. Lamennais, Kritische Erörterungen (1841). Übers. v. Zimmermann.

— . . . früher ohne Weib | War die Hölle keine Hölle.

Heinr. Heine, Neue Gedichte. Romanzen (ged. 1839—1842). Unterwelt. Nr. 1.

— . . . Gott und Teufel hat im Leib | Zugleich das Weib.

Ignaz Frz. Castelli, Werke (1844). Gedichte.

Weib (als Allgemeinbegriff). — Es fehlt dem weiblichen Körperbau, dem Ausdruck, dem Tun der letzte Druck, die rechte Schneide; das Weib ist undeutlich wie halbverwischte Schrift an Leib und Seele.

Friedr. Theod. Vischer, Ästhetik (1847).

— Bewundern ist und lieben eins beim Weib.

Karl Gutzkow, Uriel Acosta (1847). A. 1, Sz. 1.

— Die Milde ziemt dem Weibe.

Friedr. von Bodenstedt, D. Lieder d. Mirza=Schaffy (1851). Lieder u. Spr. d. Weisheit. Nr. 8.

— Ein Weib, das sich nicht kleiden kann, | Mag schön auch die Gestalt sein, | Ist, was kein Dichter leiden kann, | Und sollt' er noch so alt sein!

Friedr. von Bodenstedt, D. Lieder d. Mirza=Schaffy (1851). Tiflis. Verschiedenes. Nr. 2. Schlußv.

— Das Weib, der herrlichste Akkord, | Musik des Alls, der Form Vollendung, | Die Schönheit ist sein Lebenswort, | Die Liebe seine hohe Sendung.

Rudolf von Gottschall, D. Göttin (1852).

— Sonderbar, sowie das Weib zum denkenden Selbstbewußtsein kommt, ist ihr erster Gedanke ein neues Kleid!

Heinr. Heine, Sämtl. Werke. Deutschland. T. 1. Zur Gesch. d. Religion u. Philosophie in Deutschland. Vorrede zur zweiten Auflage (1852).

— Alles Wissens beste Blüte | Trägt beschlossen im Gemüte | Ein geliebtes, holdes Weib.

Paul Heyse, Marion (1852).

— Dem Weibe ist ein schönes Los beschieden, | Was sie auch hat, sie hat es ganz und immer, | Sie freut sich an des fernsten Sternes Schimmer, | Allein sie schließt sich ab in klarem Frieden.

Friedr. Hebbel, Gedichte (1857). Sonette. Mann u. Weib.

— Das Weib trachtet unendlich mehr danach glücklich zu machen, als glücklich zu sein.

Bogumil Goltz, Zur Charakteristik u. Naturgesch. d. Frauen (1859).

— Welch' wunderlich Gemisch von Gut und Böse | Ist doch das Weib, gebraut aus Gift und Honig!

Emerich Madách, D. Tragödie d. Menschen (1861). A. d. Ungar. übers. v. Lechner. Sz. 8 (Adam).

— Ist aber's Weib, dies Ideal, dies hehre, | Verkörperte Gedicht, zu tief gefallen, | So wird's zur Fratze, die uns schaudern macht.

Emerich Madách, D. Tragödie d. Menschen (1861). A. d. Ungar. übers. v. Lechner. S. 14 (Adam).

— Das Weib bildet den Horizont der Menschen, an dem Himmel und Erde zusammentreffen. Engel und Teufel vertragen sich in ihm wie sonst nirgends. Die sanfteste, edelmütigste Frau besitzt von der Hölle wenigstens ein volles Kohlenbecken, und es ist keine so ruchlos, die nicht einen kleinen Winkel des Paradieses in ihrem Herzen trüge.

Ludw. Börne, Gesammelte Schriften (1862—1863). Erz., Reisen, Verm. Aufsätze. Nr. 25. Fastenpredigt über d. Eifersucht.

Weib (als Allgemeinbegriff). — Vom Weibe denkt gemein und urteilt streng | Ein jeder, der es viel mißbraucht hat.
Rob. Hamerling, Ahasver in Rom (1866). Ges. 2. D. Bachanal.

— Das Weib ist's, das ein Herz sucht, nicht Genuß. Rob. Hamerling, Ahasver in Rom (1866). Ges. 2. D. Bachanal.

— Das Weib ist keusch in seinem tiefsten Wesen. Rob. Hamerling, Ahasver in Rom (1866). Ges. 2. D. Bachanal.

— . . . was die Scham ist, weiß doch nur ein Weib! — | Doch wird es frech, so ist es frecher noch | Als selbst der frechste Faun, und wird es lüstern, | Hat es das Recht der Unersättlichkeit!
Rob. Hamerling, Ahasver in Rom (1866). Ges. 2. D. Bachanal.

— . . . viel verzeiht man einem schönen Weibe.
Rob. Hamerling, Ahasver in Rom (1866). Ges. 3. Agrippina.

— Den tiefsten Schmerz der Seele kennst du nicht. | Wohl dir, du bist ein Weib. Der eine löst | In Tränen rasch sich, unbezwinglich auf.
Ferd. von Saar, Heinr. IV. (1863—1867).

— So ist das Weib, der Schönheit holde Tochter, | Das Mittelding von Macht und Schutzbedürfnis, | Das Höchste, was sie sein kann nur als Weib, | In ihrer Schwäche siegender Gewalt.
Frz. Grillparzer, Libussa (1873). A. 4 (Primislaus).

— Nicht Gold, nicht Edelstein können ein Weib wahrhaft glücklich machen, sondern nur das Gefühl, geliebt zu werden, und darin sind sie alle gleich, die Vornehmen und Geringen, die Reichen wie die Armen. Karl Gutzkow, Gesammelte Werke (1873).

— „Wer nicht liebt Weib, Wein und Gesang, | Der bleibt ein Narr sein Leben lang.“ | Gut. | Doch wer es tut, | Wer Weiber liebt, der wird zum Narren; | Die Sänger haben ihren Sparren; | Und gar der Wein, wie allbekannt, | Bringt seine Leute vom Verstand. | Drum du guter | Doktor Luther, | Es treib' es einer, wie er woll', | Wir bleiben samt und sonders toll.
David Friedr. Strauß, Gesammelte Schriften (1876—1878). Gedichte.

— Alle Freuden im Weibe sind enthalten, | Wie im Mitleid alle Tugenden walten.
Leop. Jacoby, Cunita (1884).

— Wohl, doch merke das Eine: je mehr du die Weiber durchschautest, | Desto weniger, Freund, wirst du verstehen — das Weib.
Otto Erich Hartleben, Meine V. Gemeinplätze (ged. Herbst 1885). Nr. 2.

— Einen Gesamtstolz auf sein Geschlecht kennt das Weib nicht. Wilh. Raabe, D. Lar (1889).

Weib (als Allgemeinbegriff). — „Sag', welchen Strahlenschein“, — sprach einst ein Cherubim, — | „Soll wohl die Frau, der Schöpfung Krone, tragen?“ | Erwartend stand das Weib! Und sieh', der Herr gab ihm | Die Kraft zum stillen Dulden und Entsagen.
Gertrud Triegel, In stiller Stunde (1891). Frauen, Liebe, Freundschaft. D. Weibes Krone.

— Es ist aber ein töricht wild Weib, voll Schwätzens. Spr. Sal., K. 9, V. 13.

— Ein schönes Weib ohne Zucht ist wie eine Sau mit einem goldenen Haarband.
Spr. Sal., K. 11, V. 22.

— Die Sünde kommt her von einem Weibe.
Jes. Sir., K. 25, V. 32.

— Ein trunkenes Weib ist eine große Plage, denn sie kann ihre Schande nicht decken.
Jes. Sir., K. 26, V. 11.

— Ein huriges Weib kennet man bei ihrem unzüchtigen Gesichte und an ihren Augen.
Jes. Sir., K. 26, V. 12.

— Ein Weib, das schweigen kann, das ist eine Gabe Gottes. Jes. Sir., K. 26, V. 17.

— . . . ist nichts Köstlichers denn ein keusches Weib. Jes. Sir., K. 26, V. 20.

— Das Weib ist ihres Leibes nicht mächtig, sondern der Mann. 1. Kor., K. 7, V. 4.

— . . . das Weib aber ward verführet und hat die Übertretung eingeführet.
1. Tim., K. 2, V. 14.

— Durch geschenck kompt manches Weib | Zu schandt an jrem eigen Leib. Alter Spr.

— Ein Weib das leben uns hat verloren, | Ein Weib das leben hat widder geboren.
Alter Spr.

— Es ist ein Kraut, heißt mulier (Weib), | Davor hüt du dich semper (immer), | Es trüget dich fallaciter (tückisch), | Das glaube mir veraciter (warhaftig)! Alter Spr.

— Man schlägt eher zehn Teufel in ein böses Weib hinein als einen heraus. Alter Spr.

— Die Zwiebel hat sieben Häute, ein Weib neun. Sprichwort.

— Gut Pferd, das nie stolpert; | Brav Weib, das nie holpert. Sprichwort.

— Trau' keiner Evastochter (keinem Weibe)! Dän.: Tro ingen Eva's Datter! Sprichwort.

— Die Rippe Adams (das Weib) bringt mehr Schaden als Nutzen. Franz.: La côte d'Adam | N'a pas tant de bien que de dam. Sprichwort.

— Das Weib verbirgt ihre Liebe vierzig Jahre, aber Haß und Widerwillen verbirgt es nicht Einen Tag. Arabisches Sprichwort.

— Alles nimmt der Teufel, nur ein böses Weib nicht. Jüd. Sprichwort.

— Weise verfuhr ja der Schöpfer des Alls, doch irrte er zweimal: | Einmal, da er das Gold, — und zweitens, indem er das Weib schuf.
Indischer Spr.

Weib (als Allgemeinbegriff). — Nichts verkehrt die Welt so sehr | Als Weib, Wein, Schatz und weltlich' Ehr'.

Spr. an einem Hausgerät.

Weib (in Verbindung mit dem Manne). — ... doch, wie man's auch treibe, | Hut ist verloren am Weibe, | Denn auf Erden lebt kein Mann, | Der eine Schlimme hüten kann.

Gottfr. von Straßburg, Tristan u. Isolt (um 1210).

— Wie kann es schon das Herz erfreun, | Wenn hold ein Weib auf einen sieht; | Doch wie muß dem zumute sein, | Dem andres noch von ihr geschieht! Mittelhochdeutsch: Der blic gefröwet ein herze gar, | Den minneclich ein wîp an siht; | Wie welt ir danne, daz der var, | Dem ander liep von ir geschiht?

Walter v. d. Vogelweide (um 1170—1230), Gedichte. Übertr. v. Pannier.

— Reines Weib und guter Mann, | So viel es gibt, sie mögen selig sein! Mittelhochdeutsch: Reiniu wîp und guote man, | Swaz der lebe, die müezen saelic sîn.

Walter v. d. Vogelweide (um 1170—1230), Gedichte. Übertr. v. Pannier.

— Der Mann, der nur 'ne Zung' hat, ist kein Mann, | Des Wort nicht jedes Weib gewinnen kann. Engl.: That man that hath a tongue, I say, is no man, | If with his tongue he cannot win a woman.

William Shakespeare, D. beiden Veroneser (um 1592—1593). Übers. v. Schlegel. A. 3, Sz. 1 (Val.).

— ... das so wenig, als ein Han | Wird vnd kan ein Doctor werden; | Gleich so wenig man euch kan | Gottes Gschöpff, deß Weibs, entpehren.

Joh. Mich. Moscherosch, Wunderliche v. Warhafftige Gesichte Philanders v. Sittewalt (1643). T. 2, Gesichte 3. Weiber=Lob. Dr. Erhard. Str. 8.

— ... welchen Mann, er sei auch zehnmal ein Barbar, | Weiß nicht ein Weib durch Tränen zu bewegen?

Christ. Fürchtegott Gellert, Fab. u. Erz. (1746). B. 2. D. Unglück d. Weiber.

— Es war ein großer Mann des Altertums, der das Weib ein Ungeheuer der Natur nannte und doch heiratete.

Theod. Gottl. von Hippel, Über d. Ehe (1774). K. 6. Zum Besten d. Jünglinge.

— Weh' dem Mann, der Rettung begehrt | Vom Weib, er ist verloren, | Eh' fänd' er die vors Drängers Schwert, | Im Pantherrachen und bei wilden Mohren.

Friedr. (Maler) Müller, Balladen (1776). Genovefa im Turme (Golo).

— Wenn Tugend, wenn Verdienst den Tüchtigen | Nur langsam fördern, wenn er, still entsagend | Und kaum bemerkt, sich andern widmend strebt, | So führt ein edles Weib ihn leicht ans Ziel.

Joh. Wolfg. von Goethe, D. natürliche Tochter (1803). A. 4, Sz. 4 (Hofmeisterin).

Weib (in Verbindung mit dem Manne). — Unsre männlichsten Gedanken, | Oft zerstörte sie — ein Weib.

Joh. Gottfr. von Herder, D. Cid (1805). B. 1, Ges. 12.

— Darum! Männer gehen vorwärts; | Und das Weib, — es sieht sie kommen. | Er veranschlagt, sie begegnet | Seinen Planen.

Joh. Gottfr. von Herder, D. Cid (1805). B. 1, Ges. 12.

— Sonderlich im Punkt der Ehre | Gab kein Weib dem Mann Gesetze; | Durft' auch nie ihm solche geben; | Das Vergnügen ist ihr Feld.

Joh. Gottfr. von Herder, D. Cid (1805). B. 1, Ges. 13.

— Wüstlinge rühmen sich stolz, und mit Recht, sie kennten die Weiber; | Zarte Gemüter allein kennen und ehren das Weib.

Karl Gustav von Brinckmann, Elegien u. Arabesken (1820).

— Es kommt die Stunde, | Wo dir der Donna Anna (des Weibes) Busennadel | Weit mehr verschließt, als dir die Welt kann geben!

Christ. Dietr. Grabbe, Don Juan u. Faust (1829). A. 1, Sz. 2 (D. Ritter).

Je länger man ein Weib schmachten läßt, desto mehr wächst die Liebe.

Ernst Raupach, D. Schleichhändler (1830). A. 2 (Schelle).

— Blick' einem Weibe, das dich liebt, | Ins Auge, und dein Gram zerstiebt, | Die Welt wird sich dir freundlich zeigen, | Es werden all' die Stimmen schweigen, | Die dich zum Abgrund lockend riefen; | Du blickst in heitre Gottestiefen.

Nicolaus Lenau (Niembsch, Edler von Strehlenau), Faust (1836). D. Jugendfreund (Isenburg).

— Ein echtes, deutsches Weib! Vor jedem Blick | Aus eines Mannes Aug' wird sie aufs neu' | Zur Jungfrau und verschließt sich in sich selbst!

Friedr. Hebbel, Genoveva (1843).

— Eins, das müßt ihr dem Weibe lassen: | Daß sie zu weich ist, dauernd zu hassen. | Mögen sie hundert Männer betrüben, | Den hundert und ersten wird sie noch lieben.

Gottfr. Kinkel, Gedichte (1843). Spr. Nr. 50.

— Ist denn das Weib des Mannes ew'ger Fluch, | Seit Anbeginn der Welt ihn schon verkleinernd?

Karl Gutzkow, Uriel Acosta (1847). A. 3, Sz. 7 (Judith).

— Nichts ist unmöglich | Dem Weib, das liebt, dem Mann, der ernsthaft will!

Friedr. Halm (Elegius Frz. Jos. Freiherr von Münch-Bellinghausen), D. Fechter v. Ravenna (1857). A. 4 (Thusnelda).

— Einmal seht ihr im Weibe nur das Werkzeug | Eurer Begierde. . . . | Ein andermal stellt ihr das Weib als Gottheit | Auf den Altar.

Emerich Madách, D. Tragödie d. Menschen (1861). A. d. Ungar. übers. v. Lechner. Sz. 7 (Luzifer).

Weib (in Verbindung mit dem Manne). — Warum bestrickt's (das Weib) uns dennoch? weil das Gute | Ihm eigen ist, indessen seine Fehler | Der Zeit, die es geboren, angehören.
Emerich Madách, D. Tragödie d. Menschen (1861). A. d. Ungar. übers. v. Lechner. Sz. 8 (Adam).

— Ihr höhnt das Weib so lange, bis es nicht | Der Tugend altehrwürd'ge Überlief'rung | Von sich wirft, . . . | Dann seht ihr's mit geringschätzendem Lächeln | Als niedrig Werkzeug eures Lasters an!
Emerich Madách, D. Tragödie d. Menschen (1861). A. d. Ungar. übers. v. Lechner. Sz. 10 (Eva).

— Das Weib lebt nur, wenn es liebt; es findet sich erst, wenn es sich in einen Mann verliert.
Ludw. Börne, Gesammelte Schriften (1862—1863). Erz., Reisen, Verm. Aufsätze. Nr. 25. Fastenpredigt über d. Eifersucht.

— Ja, | Ihr macht gemein das Weib, dann tretet ihr's | In Staub.
Rob. Hamerling, Ahasver in Rom (1866). Ges. 2. D. Bacchanal.

— Wenn etwas lohnt die Mühe, Mensch zu sein | Und sterblich-ird'scher Glieder sich zu freun, | Ist's eines holden Weibes Glutumarmung! | Und doch, was ist zuletzt denn auch das Weib | Dem Übersättigten?
Rob. Hamerling, Ahasver in Rom (1866). Ges. 5. D. goldene Haus.

— Wer sich mit Seelenkunde befaßt, | Wird manch verborgnen Schatz entsiegeln; | Doch welcher Mann zu welchem Weibe paßt, | Kein Psychologe wird's erklügeln.
Paul Heyse, Spruchbüchlein (1885). Frauen.

— Der Mann macht sich das Bild des Weibes, und das Weib bildet sich nach diesem Bilde.
Friedr. Nietzsche, Gesammelte Werke (1895—1897).

— Adams Ripp' (das Weib) und Rebennaß | Macht manchen froh, der traurig saß. Alter Spr.

Weib (im Gegensatze zum Manne). — Das Weib ist Wolke, Mond der Mann, | Gewölk verfinstert Mondenlicht; | Am besten ist's daher dem Mann, | Bedarf er eines Weibes nicht.
A. d. Persischen d. Emveri (gest. 1152). Auf d. Weiber. Übers. v. Hammer.

— Kein Mann das Weib erkennen soll, | Das Weib erkennt die Männer wohl; | Man nehme ihrer Tugend wahr, | Ihr Wesen wisse niemand gar! Mittelhochdeutsch: Kein man diu wîp erkennen sol, | Si suln die man erkennen wol. | Man sol ir tugende nemen war, | Ir dinc sol nieman wizzen gar.
Vridankes Bescheidenheit (1225—1240). Übertr. v. Pannier. Nr. 37. v. minne u. wîben.

— Adam und Simson, | David und Salomon, | Die hatten Weisheit viel und Kraft, | Doch zwang sie Weibes Meisterschaft. Mittelhochdeutsch: Adâm unde Samsôn, | Dâvît unde Salomôn, | Die heten wîsheit unde kraft, | Doch twanc si wîbes meisterschaft.
Vridankes Bescheidenheit (1225—1240). Übertr. v. Pannier. Nr. 37. v. minne u. wîben.

Weib (im Gegensatze zum Manne). — Der Mann soll erwerben, das Weib aber soll sparen.
Dr. Martin Luther, Tischreden oder Colloquia (1566). Nr. 43. Tischreden v. Ehestande. § 45. Welchs eines jeglichen Ehegatten Amt ist.

— Wo ein Weib ist ohne Mann, | Da ist ein Leib vnd kein Haupt dran.
Christoph Lehmann, Politischer Blumen-Garten (1662). T. 2. Weib. Nr. 9.

— Ein Weib ohne Mann ist wie ein Reb ohne Pfal.
Christoph Lehmann, Politischer Blumen-Garten (1662). T. 2. Weib. Nr. 90.

— Je mehr sich ein Weib dem Manne hingab, desto enger hängt sich ihr Herz an ihn, während oft umgekehrt das des Mannes sich desto mehr ablöst. Franz.: Les femmes s'attachent aux hommes par les faveurs qu'elles leur accordent: les hommes guérissent par ces mêmes faveurs.
Jean de La Bruyère, Charaktere (1688). Übers. v. Hamel. V. d. Frauen.

— Ein Weib ist ein Komma, ein Mann ein Punkt; hier weißt du, woran du bist; dort lies weiter!
Theod. Gottl. von Hippel, Über d. Ehe (1774). K. 7. Für d. Mädchen.

— Die Liebe gibt dem sanften Weibe Mut, | Was Männer schaudern macht, mit Lächeln zu ertragen.
Christoph Martin Wieland, Sämtl. Werke (1794—1802).

— Der Mann ist öfter ernst, das Weib meist nur selig oder verdammt, lustig oder traurig.
Jean Paul (Joh. Paul Friedr. Richter), Levana oder Erzieh-Lehre (1807). Bd. 2, Bruchstück 4, K. 3, § 82.

— Das Weib sieht tief, der Mann sieht weit. Dem Manne ist | Die Welt das Herz, dem Weibe ist das Herz die Welt.
Christ. Dietr. Grabbe, Don Juan u. Faust (1829). A. 1, Sz. 2.

— In der Liebe gibt sich das Weib ganz hin und macht sie zum Zielpunkte seines Lebens, während der Mann seine Selbständigkeit dabei bebehauptet und anderweitige Zwecke verfolgt.
Karl Friedr. Burdach, Anthropologie für d. gebildete Publikum (1836—1837).

— . . . ein Weib, das nichts spricht, ist in der Regel dumm; beim Manne ist der Fall oft umgekehrt.
Karl Jul. Weber, Demokritos (1832—1840). D. Schwätzer.

— Wohin man sich auch immer kehrt, | Nie darf man frei sich wähnen; | Der Mann gebietet mit dem Schwert, | Das Weib befiehlt mit Tränen.
Jos. Freiherr von Auffenberg, Sämtl. Werke (1843—1847). Gedichte.

— Ach, Weib, wie eng ist doch dein Horizont! | Und dies g'rad' zieht den stolzen Mann zu dir.
Emerich Madách, D. Tragödie d. Menschen (1861). A. d. Ungar. übers. v. Lechner. Sz. 4 (Adam).

Weib (im Gegensatze zum Manne). — Wo das Weib aufhört, fängt der schlechte Mann an.

Heinr. Heine, Sämtl. Werke (1861—1868). Verm. Schriften. Gedanken u. Einfälle. Nr. 5. Frauen, Liebe u. Ehe.

— Wie Mann und Weib verschieden von Natur, | Wird dir ihr Opfermut enthüllen: | Es opfert sich der Mann erkannten Zwecken nur, | Das Weib des bloßen Opfers willen.

Paul Heyse, Spruchbüchlein (1885). Frauen.

— Leichter ist's oft, zehn Männer besiegen, | Als Einem Weib — nicht unterliegen.

Peter Sirius, Tausend u. Ein Gedanken (1899). Mann u. Weib.

— Eine harte Nuß, ein stumpfer Zahn, | Ein junges Weib, ein alter Mann | Zusammen sich nicht reimen wohl; | Ein Jeder sein's Gleichen nehmen soll. Alter Spr.

— Der Mensch denkt, und die Menschin (das Weib) lenkt. Sprichwort. Leutasch.

Weib (im Hause). — Das ist ein gemarterter Mann, deß Weib und Magd nichts weiß in der Küchen. Es ist das erste Übel, woraus sehr viele folgen.

Dr. Martin Luther, Tischreden oder Colloquia (1566). Nr. 43. Tischreden v. Ehestande. § 32. V. Einigkeit oder Uneinigkeit zwischen Eheleuten.

— Das Weib . . . habe das Regiment im Hause, doch des Mannes Recht und Gerechtigkeit ohne Schaden!

Dr. Martin Luther, Tischreden oder Colloquia (1566). Nr. 43. Tischreden v. Ehestande. § 127. Weiber-Regiment.

— Daher soll auch eim Weib sein bang, | Wann sie muß auß dem Hauß sein lang.

Joh. Friedr. Fischart, D. Philosophisch Ehzuchtbüchlin (1578). Hausschneck, Schneckenhaus.

— Also solls Hauß vnd die Haußhaltung | Sein des Weibs zuflucht, auffenthaltung.

Joh. Friedr. Fischart, D. Philosophisch Ehzuchtbüchlin (1578). Hausschneck, Schneckenhaus.

— Ein Haußhaltung ohne Weib ist ein Lucern ohne Liecht.

Christoph Lehmann, Politischer Blumen-Garten (1662). T. 1. Haußhaltung. Nr. 49.

— . . . ein geschäftiges Weib tut keine Schritte vergebens. Joh. Wolfg. von Goethe, Hermann u. Dorothea (1797). Euterpe.

— . . . als in allerneusten Jahren | Das Weib nicht mehr gewohnt, zu sparen, | Und, wie ein jeder böser Zahler, | Weit mehr Begierden hat als Taler, | Da bleibt dem Manne viel zu dulden, | Wo er nur hinsieht, da sind Schulden.

Joh. Wolfg. von Goethe, Faust, II (1831). A. 1. Weitläufiger Saal (D. Abgemagerte).

— Wenn so ein gutes Weib kocht, brät und schürt | Und in den Topf den Wunsch des Herzens rührt, | Daß es den Gästen schmecke und gedeihe, | Das gibt den Speisen erst die rechte Weihe!

Nicolaus Lenau (Niembsch, Edler von Strehlenau), Faust (1836). D. Schmiede (Schmied).

Weib (im Hause). — Das Weib kann aus dem Haus mehr in der Schürze tragen, | Als je einfahren kann der Mann im Erntewagen.

Friedr. Rückert, D. Weisheit d. Brahmanen (1836—1839). B. 3, Nr. 46, V. 20. (Stufe 5. Leben. Nr. 522.)

— Häuslichkeit ist des Weibes Weltgeschichte.

Ludw. Börne, Gesammelte Schriften (1862—1863).

— In ihrem Heim ist jedes wahre Weib Königin. A. d. Dän. d. Georg Brandes.

— Es ist besser, wohnen im Winkel auf dem Dach denn bei einem zänkischen Weibe in einem Hause beisammen. Spr. Sal., K. 21, V. 9.

— Ein häusliches Weib ist ihrem Manne eine Freude und macht ihm ein fein ruhiges Leben.

Jes. Sir., K. 26, V. 2.

— Ein Rauch, ein bös Weib und ein Regen | Sind einem Hause überlegen. Sprichwort.

— Sechsmal sechs ist sechsunddreißig, | Und der Mann ist noch so fleißig, | Und das Weib ist liederlich, | Geht doch alles hinter sich. Sprichwort.

— Da wankt der Schwanz ohne Kopf, wo das Weib sich die Herrschaft nimmt.

Isländisches Sprichwort.

— Mund, Hand und Herz und Haus halt' rein, | Willst du ein braves Weibchen sein!

Spr. an einem Hause.

Weib (als Gattin). — Ein jeder, dem gut und bieder das Herz ist, | Liebt sein Weib und pflegt sie mit Zärtlichkeit. Griech.: *Ἐπεὶ ὅστις ἀνὴρ ἀγαθὸς καὶ ἐχέφρων, | Τὴν αὐτοῦ φιλέει καὶ κήδεται.*

Homer, Ilias. Übers. v. Voß. Ges. 9, V. 341—42.

— Ein Weib ist immer sonst von Furcht erfüllt, | Zu feig zum Kampf und zittert, wenn das Eisen blitzt; | Doch sieht es angetastet sich am Ehebett, | Dann ist es aller Wesen blutbegierigstes. Griech.: *Γυνὴ γὰρ τἄλλα μὲν φόβου πλέα, | Κακή τ' ἐς ἀλκὴν καὶ σίδηρον εἰσορᾶν· | Ὅταν δ' ἐς εὐνὴν ἠδικημένη κυρῇ, | Οὐκ ἔστιν ἄλλη φρὴν μιαιφονωτέρα.*

Euripides, Medea (um 431 v. Chr.). Übers. v. Minckwitz. V. 263—66 (Medea).

— Am besten fährt noch jener, der ein fades Weib, | Ein Schattenbild, in seinem Ehetempel hat. | Hinweg mit klugen! Griech.: *Ῥᾷστον δ', ὅτῳ τὸ μηδὲν, ἀλλ' ἀνωφελὴς | Εὐηθίᾳ κατ' οἶκον ἵδρυται γυνή. | Σοφὴν δὲ μισῶ.*

Euripides, Hippolytos (um 428 v. Chr.). Übers. v. Minckwitz. V. 638—40 (Hippolytos).

— . . . was schrecklicher ist als Drach' und Feu'r, ein böses Weib . . . Griech.: . . . *ἃ δ' ἔστ' ἐχίδνης καὶ πυρὸς περαιτέρω . . . | Γυναικὸς κακῆς . . .*

Euripides, Andromache (um 420 v. Chr.). Übers. v. Minckwitz. V. 271—72 (Andromache).

Weib (als Gattin). — . . . sobald das Weib | An Macht und Glanz dem Gatten überlegen ist, | Erfreut der Mann sich keiner Achtung. Griech.: *Ἐπίσημα γὰρ γήμαντι καὶ μείζω λέχη | Τἀνδρὸς μὲν οὐδείς, τῶν δὲ θηλειῶν λόγος.*

Euripides, Elektra (um 416 v. Chr.). Übers. v. Minckwitz. V. 936—37 (Elektra).

— Ein Weib sieht ihrem Gatten alles nach, | Wenn sie Vernunft hat. Griech.: *Γυναῖκα γὰρ χρὴ πάντα συγχωρεῖν πόσει | Ἥτις φρενήρης.*

Euripides, Elektra (um 416 v. Chr.). Übers. v. Minckwitz. V. 1052—53 (Elektra).

— Ach wer, von Reichtum oder hohen Stand verlockt, | Zur Gattin sich ein lasterhaftes Weib erwählt, | Der ist ein Tor. Griech.: *Ὅστις δὲ πλοῦτον ἢ εὐγένειαν εἰσιδὼν | Γαμεῖ πονηράν, μῶρός ἐστι.*

Euripides, Elektra (um 416 v. Chr.). Übers. v. Minckwitz. V. 1097—98 (Elektra).

— Ein schnödes Weib als Haus- und Bettgenossin | Gewährt fürwahr ein kaltes Liebesglück. Griech.: *Εἰδὼς ὅτι | Ψυχρὸν παραγκάλισμα τοῦτο γίγνεται, | Γυνὴ κακὴ ξύνευνος ἐν δόμοις.*

Sophokles (um 496—406 v. Chr.), Antigone. Übers. v. Jordan. V. 645—46 (Kreon).

— Die Leidenschaft, das Kind, das Weib streichle man wieder mit der Rechten, wenn man sie mit der Linken gekränkt hat! Talmud (3. Jahrh.).

— Hei, wolltet ihr auf Freuden sinnen, | Dazu hülfe, junger Mann, das Weib. Mittelhochdeutsch: Hei wolten si ze fröiden sinnen! | Junge man, des hulfen iu diu wîp.

Walter v. d. Vogelweide (um 1170—1230), Gedichte. Übertr. v. Pannier.

— Was hat die Welt zu geben | Lieb'res als ein Weib, | Das ein sehnsuchtsvolles Herze mehr erfreut? Mittelhochdeutsch: Waz hât diu welt ze gebenne | Liebers danne ein wîp, | Daz ein sende herze baz gefröwen müge?

Walter v. d. Vogelweide (um 1170—1230), Gedichte. Übertr. v. Pannier.

— Wer treues Weib errungen hat, | Dem wird für seine Sorgen Rat. Mittelhochdeutsch: Swer ein getriuwes wîp hât, | Si tuot im maneger sorgen rât.

Vrîdankes Bescheidenheit (1225—1240). Übertr. v. Pannier. Nr. 37. v. minne u. wîben.

— Ist ein schönes Weib getreu, | Deren Lob sei immer neu! Mittelhochdeutsch: Ist schoene wîp getriuwe, | Der lop sol wesen niuwe.

Vrîdankes Bescheidenheit (1225—1240). Übertr. v. Pannier. Nr. 37. v. minne u. wîben.

— Wie sehr ein Weib behütet sei, | Ihr sind doch die Gedanken frei. Mittelhochdeutsch: Swie vaste ein wîp behüetet sî, | Dannoch sint ir gedanke vrî. Vrîdankes Bescheidenheit (1225—1240). Übertr. v. Pannier. Nr. 37. v. minne u. wîben.

Weib (als Gattin). — Keine Hut ist also gut, | Als die ein Weib sich selber tut. Mittelhochdeutsch: Ez enist kein huote alsô guot, | Sô da's ein wîp ir selber tuot.

Vrîdankes Bescheidenheit (1225—1240). Übertr. v. Pannier. Nr. 37. v. minne u. wîben.

— Wer je ein liebes Weib gewann, | Der sieht sie für die beste an. Mittelhochdeutsch: Swer ie ein liebez wîp gewan, | Der waent der besten eine hân. Vrîdankes Bescheidenheit (1225—1240). Übertr. v. Pannier. Nr. 37. v. minne u. wîben.

— Wie stolzen Mut ein Mann auch trug, | Er hat an Einem Weib genug. Mittelhochdeutsch: Sô stolzen muot nie man getruoc, | Ern hete an einem wîbe gnuoc.

Vrîdankes Bescheidenheit (1225—1240). Übertr. v. Pannier. Nr. 43. v. tieren.

— Der im doch laszt ein menlin machen | Vnd gloubt, was im das wyb glosiert, | So sy in by der nasen fiert, | Der ist zů löffel holtz geschickt.

Thomas Murner, Narrenbeschwerung (1512). Nr. 8. Löffel schnyden.

— Ein Haußmann bawet | Nur auff ein fromm Weib, dem man trawet, | Aber auff kein vnrätlich Fraw. Joh. Friedr. Fischart, D. Philosophisch Ehzuchtbüchlin (1578). D. Schiltkrot art v. eygenschafft.

— Soll verzweifeln, | Wem sich sein Weib empört (ihn verrät), so hängte sich | Der Menschheit Zehntel. Engl.: Should all despair, | That have revolted wives, the tenth of mankind | Would hang themselves.

William Shakespeare, D. Wintermärchen (1610—1611). Übers. v. Schlegel. A. 1, Sz. 2 (Leontes).

— Bekommt ein junges Weib ein Alter an die Seite, | So ist ein Klepper da, drauf er zu Grabe reite. Friedr. von Logau, Deutsche Sinn-Getichte (1654). D. Alte.

— Niemand um ein todtes Weib fährt zur Höll' in unsren Jahren; | Aber um ein lebend Weib wil zur Hölle Mancher fahren.

Friedr. von Logau, Deutsche Sinn-Getichte (1654). V. Orpheo u. Eurydice.

— Die Ehre ziert das Weib, ein ehrlich Weib den Mann; | Wer diesen Schmuck bekümmt, seh keinen andren an!

Friedr. von Logau, Deutsche Sinn-Getichte (1654). Ein ehrlich Weib.

— Ist ein Fegefeuer wo? Darf doch dieses keiner dulden, | Der ein böses Weib hat hier, Armuth, Darmgicht, große Schulden.

Friedr. von Logau, Deutsche Sinn-Getichte (1654). D. Fegefeuer.

— Ohne Noth wird die (das Weib) bewacht, | Die auf Untreu nie gedacht; | Nur vergebens wird bewacht, | Die auf Untreu hat gedacht.

Friedr. von Logau, Deutsche Sinn-Getichte (1654). Weiberhut.

— Wer nicht zu zancken hat, der nehm ein Weib!

Christoph Lehmann, Politischer Blumen-Garten (1662). T. 2. Weib. Nr. 28.

Weib (als Gattin). — Kein Ding ist, daß ich geringer acht | Als leichte Seckhel und läher Faß, | Darzu alte Hosen und böse Schuh; | Wer will, setz ein böß Weib darzu!

Joh. Ludw. Burgawer von Schaffhausen (29. April 1669).

— Nimmer kann ich mich bequemen, | Mir ein Weib an Hals zu nehmen.

Sperontes (Joh. Sigismund Scholze), Singende Muse an d. Pleisse (1745). Nimmer kann ich mich bequemen usw. Volksweise.

— Ich frage, welches Weib ich werde wählen müssen, | Wenn ich zufrieden leben will? | Und wenn ich, ohne mich zu grämen — | „O!“ fiel der Greis ihm ein, „da müßt Ihr keine nehmen!“

Christ. Fürchtegott Gellert, Fab. u. Erz. (1746). B. 1. D. gute Rat. Schlußv.

— Ein einzig böses Weib lebt höchstens in der Welt; | Nur schlimm, daß jeder seins für dieses einz'ge hält.

Gotthold Ephr. Lessing, Schriften (1753—1755). Sinngedichte. B. 1, Nr. 41. D. böse Weib.

— Es legte Adam sich im Paradiese schlafen; | Da ward aus ihm das Weib geschaffen. | Du armer Vater Adam, du! | Dein erster Schlaf war deine letzte Ruh'.

Matthias Claudius, Sämtl. Werke d. Wandsbecker Boten. T. 1. A. d. Engl. (1771).

— Wann umher der Käfer irrt, | Suchet er sein Weibchen, | Wann ein Tauber einsam girrt, | Klagt er um sein Täubchen.

Friedr. Wilh. Gotter, Gedichte. Lied (ged. 1771). Mel. v. Joh. David Scheidler (1787).

— Wohl dem, der ein tugendsam Weib hat! des lebt er noch eins so lange. Ich kenne keine Weiber, und doch war die Frau die Krone der Schöpfung.

Joh. Wolfg. von Goethe, Götz v. Berlichingen (1773). A. 1. Herberge im Walde (Martin).

— Wer ein holdes Weib errungen, | Mische seinen Jubel ein!

Friedr. von Schiller, Gedichte. An d. Freude (ged. 1785). Mel. v. Friedr. Frz. Hurka (1789), Karl Friedr. Zelter (komp. 1. März 1792), Joh. Friedr. Reichardt (komp. 1795) u. a.

— Ein ehebrecherisches Weib ist ein Schandpfahl ihres Geschlechts, und ihr verzeihen heißt ihre Schande teilen.

Aug. von Kotzebue, Menschenhaß u. Reue (1789). A. 5, Sz. 5.

— Lies, Wandrer, eines Eh'manns Schmerzen! | Schön war mein Weib und jung! — O blicke her! | Jetzt liegt ein Stein auf ihrem Herzen. — | Auf meinem keiner mehr!

Joh. Christoph Friedr. Haug, Sinngedichte (1791). Grabschrift.

— „Sehr heilsam fand ich alter Knabe | Die Promenade hin und her,“ | Sprach Orgon bei der Wiederkehr | Von seines Weibes Grabe.

Joh. Christoph Friedr. Haug, Sinngedichte (1791). Motion.

Weib (als Gattin). — Mein Weibchen traun! verschenkt' ich nicht, | Wär's auch erlaubt! Denn unser Pastor spricht: | Was ihr verschenkt, geliebten Brüder, | Wird jedem zweifach wieder!

Joh. Christoph Friedr. Haug, Sinngedichte (1791). Schlaue Liebe.

— Heil, wer die Grabschrift sich erwarb: | Er lebte, nahm kein Weib und starb.

Joh. Christoph Friedr. Haug, Sinngedichte (1791). Ausruf eines Ehemanns.

— Dem lieben Trunk entsagte Molina, | Als er sein Weib im Rausche doppelt sah.

Joh. Christoph Friedr. Haug, Sinngedichte (1791). Grund zur Besserung.

— Mich verlassend und die Kinder | Lief mein Weib in alle Welt. | Hundert Louisdors dem Finder, | Welcher — sie behält!

Joh. Christoph Friedr. Haug, Sinngedichte (1791).

— Dem Mann zur liebenden Gefährtin ist | Das Weib geboren; — wenn sie der Natur | Gehorcht, dient sie am würdigsten dem Himmel!

Friedr. von Schiller, D. Jungfrau v. Orleans (1801). A. 3, Sz. 4 (Erzbischof).

— Glücklich, wem der Gattin Treue | Rein und keusch das Haus bewahrt! | Denn das Weib ist falscher Art, | Und die Arge liebt das Neue!

Friedr. von Schiller, Gedichte. D. Siegesfest (ged. 1803).

— . . . klar auf einmal fühlt' ich's in mir werden, | Die ist es (dieses Weib) oder keine sonst auf Erden!

Friedr. von Schiller, D. Braut v. Messina (1803). Säulenhalle (Don Cesar).

— . . . ich bin dein treues Weib, | Und meine Hälfte fordr' ich deines Grams.

Friedr. von Schiller, Wilh. Tell (1804). A. 1, Sz. 2 (Gertrud).

— Dein Weib ist jung, dein Wein ist alt, | Freund, schmause: Gäste hast du bald!

Karl Friedr. Kretschmann, Sämtl. Werke (1784—1805). Gedichte. Epigramme.

— Das Weib soll stehn an ihres Mannes Seite!

Theod. Körner, Zriny (ged. Juni 1812). A. 2, Sz. 7 (Eva).

— Was schert mich Weib, was schert mich Kind?

Heinr. Heine, D. B. d. Lieder. Junge Leiden. Romanzen. Nr. 6. D. Grenadiere (ged. 1819). Mel. v. Karl Gottl. Reissiger, Rob. Schumann, Wilh. Heiser u. a.

— Der Erde Paradies und Hölle | Liegt in dem Worte Weib.

Joh. Gottfr. Seume, Sämtl. Werke (1826). Gedichte. D. große Mut.

— Ich hab's erfahren: Weib und Kind | Das höchste Gut auf Erden sind.

Nicolaus Lenau (Niembsch, Edler von Strehlenau), Faust (1836). D. Jugendfreund (Isenburg).

— Das Weibchen weint, so oft es will, und lacht, so oft es kann; | Und will es nicht, und kann es nicht, so muß der liebe Mann.

Wilh. Müller, Gedichte (1837). Epigramme. 2. Hundert, Nr. 81. Weibchen u. Männchen.

Weib (als Gattin). — Nur ein einziges böses Weib lebt noch unter der Sonnen; — | Aber jeder Ehemann meint, er hab's gewonnen.
Wilh. Müller, Gedichte (1837). Epigramme. 2. Hundert, Nr. 83. D. böse Weib.

— Besser, zeitlebens barfuß gegangen | Als im knappen Schuh; | Besser, nie Haus und Hof erlangen | Als ein böses Weib dazu.
Friedr. Rückert, Erbauliches u. Beschauliches a. d. Morgenlande (1837—1838). Arabische Volkslieder.

— Hat dir die Huld des Herrn | Ein edles Weib gegeben, | Verdoppelt hat er dir | Die Tage deines Lebens. Georg Friedr. Daumer, Hafis (1846).

— . . . auf wen darf man | In Freud' und Leid sich eigentlich verlassen | Als auf ein treues Weib? Phil. Eduard Devrient, D. graue Männlein (1846). A. 1, Sz. 1.

— Ein schönes, herrliches Weib, das unvermählt bleibt, ist eine stille und doch laute Anklage gegen alle Männer.
Bogumil Goltz, Zur Charakteristik u. Naturgesch. d. Frauen (1859).

— Das Weib hat stets ein Recht, den Gatten selbst | Dann zu verteid'gen, wenn er schuldig ist.
Emerich Madách, D. Tragödie d. Menschen (1861). A. d. Ungar. übers. v. Lechner. Sz. 5 (Eva).

— Nur wenige können sich rühmen, ein Weib zu besitzen, daß ihnen mit jedem Tage neu und doch so unentbehrlich ist wie die älteste, liebste Lebensgewohnheit.
Paul Heyse, D. Kinder d. Welt (1873).

— O, wem ein holdes Weib beschieden, | Den hat der Himmel reich bedacht, | Er wandert durch die Welt in Frieden, | Ein treuer Engel hält ihm Wacht. Paul Baehr, Neues B. d. Lieder (1885).

— Darum wird ein Mann seinen Vater und seine Mutter verlassen und an seinem Weibe hangen, und sie werden sein Ein Fleisch.
1. Mos., K. 2, V. 24.

— Ich wollte lieber bei Löwen und Drachen wohnen denn bei einem bösen Weibe.
Jes. Sir., K. 25, V. 22.

— Ein fleißiges Weib ist eine Krone ihres Mannes. Spr. Sal., K. 12, V. 4.

— . . . ein vernünftiges Weib kommt vom Herrn. Spr. Sal., K. 19, V. 14.

— Ein jeglicher wiehert nach seines Nächsten Weibe. Jer., K. 5, V. 8.

— Wer sie (ein böses Weib) kriegt, der kriegt einen Skorpion. Jes. Sir., K. 26, V. 10.

— Ein freundliches Weib erfreuet ihren Mann.
Jes. Sir., K. 26, V. 16.

— Ein wohlgezogenes Weib ist nicht zu bezahlen. Jes. Sir., K. 26, V. 18.

— Schäme dich, . . . eines andern Weib zu begehren! Jes. Sir., K. 41, V. 26.

— Ich habe ein Weib genommen, darum kann ich nicht kommen. Luk., K. 14, V. 20.

Weib (als Gattin). — . . . das Weib ist des Mannes Ehre. 1. Kor., K. 11, V. 7.

— Wer sein Weib liebet, der liebet sich selbst.
Eph., K. 5, V. 28.

— . . . das Weib aber fürchte den Mann!
Eph., K. 5, V. 33.

— Das Herz in meinem Leibe | Teil ich mit meinem Weibe. Alter Spr.

— Drey ding seindt schad eins Mans, | Ohn milch ein Zieg, ohn schmaltz ein Gans, | Ein Weib ohn morgen gab; | Hüte dich fur sulche hab!
Alter Spr.

— Es ist auf Erden nichts so gut, | Das wenden kann eines Mannes Mut, | Als ein holdselig freundlich Weib, | Die kann erquicken Seel' und Leib. Alter Spr.

— Guter Mut, gesunder Leib, | Altes Geld, ein junges Weib, | Gottes Huld und Glück dabei, | Was meinst du wohl, was besser sei? Alter Spr.

— Von Eltern erbt man Geld und Gut, | Vom Herrn ein fromm Weib kommen thut. Alter Spr.

— Was einer will verschwiegen haben, | Das muß er seinem Weib nicht sagen; | Es ist eben bei ihr verschlossen, | Als hätt' er Wasser in ein Sieb gegossen. Alter Spr.

— Wenn die Henne kräht vor dem Hahn, | Und das Weib redet wider den Mann, | So soll der Mann das Weib auf das Maul schlan. Alter Spr.

— An einem haderhaften Weib | Bezähmt man anders nicht den Leib, | Als wenn man sie so lange schlägt, | Bis daß sie wieder kommt zurecht.
Sprichwort.

— Der sitzt im Fegfeuer heiß genug, | Wer mit einem bösen Weib zieht am Pflug. Sprichwort.

— Ein altes Weib und ein neuer Pflug sind am besten in der Erde. Sprichwort.

— Ein häßliches Weib ist ein guter Zaun um den Garten. Sprichwort.

— Mit einem bösen Weib fängt man den Teufel in freiem Feld. Sprichwort.

— Viel eher kann man Eisen kochen, | Als etwas von dem Weib erpochen. Sprichwort.

— Weib und Leinwand kauft man nicht bei Lichte. Sprichwort.

— 'n gleinig (zornig) Wif steckt 't Hus up alle veer (vier) Kanten an. Sprichwort. Münsterisch.

— Ein schnelles Reittier, ein gehorsames Weib und ein geräumiger Hof sind Glück im Leben.
Arabisches Sprichwort.

— Klopfe deinen Pelz aus mit Hitze, dein Weib aber mit Sanftmut! Russisches Sprichwort.

— Wer ein Pferd und ein Weib ohne Fehler will han, | Wird Stall und Bette ledig lan.
Sprichwörtl.

— Guter Wein, schönes Weib und Gewissen rein, | Das sind drei Stück lieblich und fein.
Spr. im Schloß Trautmannsdorf bei Meran.

— Ein frommes Weib und süßer Wein | Und ein Gewissen gut und rein!
Spr. an einem Hausgerät.

Weib (als Gattin). — Ein Weib, ein' Esel, eine Nuß, | Diese Drei man klopfen muß.

Spr. an einem Hausgerät.

— Hier liegt mein Weib. In ihrer Ruh' | Ist ihr so wohl und mir dazu. Grabspr.

Weib (als Mutter). — Was kann ein Weib, so lang sie keine Kinder hat, | Für Jammer treffen, außer um ihr Ehelos? Griech.: *Τίς οὖν ἂν εἴη μὴ πεφυκότων γέ πω | Παίδων γυναικὶ συμφορὰ πλὴν εἰς λέχος;*

Euripides, Andromache (um 410 v. Chr.). Übers. v. Minckwitz. V. 904—5 (Orestes).

— Als Gattin und als Mutter nur erreicht | Ein Weib das ihr gesteckte Ziel, und wertlos, | Wie eine taube Frucht vom Baume fällt, | Stirbt eine Frau, die beides nie gewesen.

Ernst Raupach, D. Schule d. Lebens (1841). A. 1, Sz. 3.

Weib (in der Wissenschaft). — Ein Weib, das mehr versteht, als sonst ein Weib wol sol, | Die mag wol was verstehn, brauchts aber selten wol.

Friedr. von Logau, Deutsche Sinn-Getichte (1654). Kluge Weiber.

— Für passend gilt es nicht, und zwar aus gutem Grunde, | Daß jedes Ding ein Weib erforsche und erkunde. Franz.: Il n'est pas bien honnête, et pour beaucoup de causes, | Qu'une femme étudie et sache tant de choses.

Molière (Jean Baptiste Poquelin), D. gelehrten Frauen (1672). Übers. v. Graf Baudissin. A. 2, Sz. 7 (Chrysale).

— Ein Weib wird einen besseren Brief schreiben als ein Mann; allein zur Dichtkunst, die allemal einen Schöpfer erfordert, scheint die Natur nur wenige berufen zu haben.

Theod. Gottl. von Hippel, Über d. Ehe (1774). K. 6. Zum Besten d. Jünglinge.

— Was waren das für schöne Zeiten: | In Ecclesia mulier taceat! | Jetzt, da eine jegliche Stimme hat, | Was will Ecclesia bedeuten?

Joh. Wolfg. von Goethe, Nachgelassene Werke (1833). Gedichte. Zahme Xenien. Nr. 7.

— Der Kochlöffel von Lindenholz! | Rühriges Weiblein! verbleibe dein Stolz! | Besser dir steht er | Als die Gansfeder.

Justinus Kerner, Dichtungen (1834). Humoristisches. Kochlöffel u. Feder.

— Du sagst, der Frauengeist sei stark? | Nun wohl, es kann schon sein; | Doch nur der Männer Geist bricht Bahn, | Das Weib — folgt hinterdrein!

Gertrud Triepel, In stiller Stunde (1891). Frauen, Liebe, Freundschaft. D. Stärkere.

— Einem Weibe aber gestatte ich nicht, daß sie lehre! 1. Tim., K. 2, V. 12.

Weiber (als Allgemeinbegriff). — Die Weiber ziehen zugleich mit dem Rocke die Schamhaftigkeit aus. Griech.: *Ἅμα τῷ χιτῶνι συνεκδύεσθαι τὴν αἰδῶ τὰς γυναῖκας.*

Herodot (um 484—428 v. Chr.), Gesch. Kandaulos. Übers. v. Stein. B. 1, K. 18.

Weiber (als Allgemeinbegriff). — Das Schweigen, Weib, ist's, was die Weiber ziert. Griech.: *Γύναι, γυναιξὶ κόσμον ἡ σιγὴ φέρει.*

Sophokles (um 496—406 v. Chr.), Ajas. Übers. v. Jordan. V. 291 (Tekmessa).

— ... Vernunft | Die Weiber alle lehren, leicht ist's freilich nicht. Griech.: ... *καὶ γυναιξὶ σωφρονεῖν | Πάσαισι θήσει· ῥᾴδιον μὲν οὐ τόδε.*

Euripides (um 480—406 v. Chr.), D. Troerinnen. Übers. v. Binder. V. 1056—57 (Menelaos).

— O Vater | Zeus, nicht lieb' ich allein, Weiber bezwangen dich selbst. Griech.: *Ὦ πάτερ ὦ Ζεῦ, | Οὐ μόνος ἠράσθην· καὶ τὺ γυναικοφίλας.*

Theokrit (geb. um 300 v. Chr.), Idyllen. Übers. v. Notter. D. Wettsänger. V. 60 (Menalkas).

— Zahlreich sind die Fehler der Weiber. Lat.: Multa sunt mulierum uitia.

Tit. Maccius Plautus (um 254—184 v. Chr.), Pönulus. Übers. v. Binder. A. 5, Sz. 4, V. 33 (Adelphasium).

— Das geizige Geschlecht der Weiber. Lat.: Mulierum genus avarum.

Marc. Tull. Cicero (um 106—43 v. Chr.), Über d. Erfindung. Übers. v. Klotz. B. 1, K. 50, § 94.

— ... wyben, | Die lychtfertig wörter tryben.

Thomas Murner, Narrenbeschwerung (1512). Nr. 66. Ein gebiß ynlegen.

— ... und was sie (die Weiber) mit Wohlredenheit nicht können zuwege bringen, das erlangen sie mit Weinen.

Dr. Martin Luther, Tischreden oder Colloquia (1566). Nr. 43. Tischreden v. Ehestande. § 141. Weiber Amt, dazu sie verordnet sind.

— ... das alle Weiber gern | Auch von Natur zůfrieden wern. | Es sey dann gar ein böser Mutz, | Die gern hat, das sie der Mann butz.

Joh. Friedr. Fischart, Flöh Hatz, Weiber Tratz (1577). D. Nütwendige v. Böständige Verantwortung d. Weiber.

— ... untreu, feig' und niedrer Abkunft, | Drei Dinge, stets den Weibern sehr verhaßt. Engl.: ... falsehood, cowardice, and poor descent, — | Three things that women highly hold in hate.

William Shakespeare, D. beiden Veroneser (um 1592—1593). Übers. v. Schlegel. A. 3, Sz. 2 (Proteus).

— Wie fällt doch ein Geheimnis Weibern schwer! Engl.: How hard it is for women to keep connsel!

William Shakespeare, Jul. Cäsar (1601). Übers. v. Schlegel. A. 2, Sz. 4 (Portia).

— Weiber sagen's; | Die sagen alles. Engl.. Women say so, | That will say anything.

William Shakespeare, D. Wintermärchen (1610—1611). Übers. v. Schlegel. A. 1, Sz. 2 (Leontes).

— Der Wankelmuth und leichte Zoren | Ist allen Weibern angebohren.

Paul Fleming, Teutsche Poemata (1642). Oden. B. 5, Nr. 11. D. güldne Fr it.

Weiber (als Allgemeinbegriff). — Alte Weiber sind die Sträuche, drauf vor Zeiten Rosen stunden; | Ob die Rosen sind verblichen, werden doch die Dörner funden.

Friedr. von Logau, Deutsche Sinn=Getichte (1654). Ein alt Weib.

— Wenig reden, viel verschweigen | Ist den Weibern selten eigen.

Friedr. von Logau, Deutsche Sinn=Getichte (1654). Verschwiegenheit.

— Heuer sind die Weiber klüger als einst Potiphar sein Weib, | Greifen selten nach dem Kleide, greifen lieber nach dem Leib.

Friedr. von Logau, Deutsche Sinn=Getichte (1654). Potiphars Weib.

— Gehorsam vnd gedult wächst nicht gern in der Weiber garten.

Christoph Lehmann, Politischer Blumen=Garten (1662). T. 1. Gehorsam. Additio. Nr. 6.

— Glück vnd Weiber haben jhren Lust an Narren.

Christoph Lehmann, Politischer Blumen=Garten (1662). T. 1. Glück. Nr. 57.

— Man sagt es überhaupt den guten Weibern nach, | Daß alle diese Tugend (zu widersprechen) haben. Christ. Fürchtegott Gellert, Fab. u. Erz. (1746). B. 1. D. Widersprecherin.

— ... die Weiber siechten alle, | Wenn dieses Übel (viele Galle) schädlich wär'.

Christ. Fürchtegott Gellert, Fab. u. Erz. (1746). B. 1. D. zärtliche Mann.

— Man stelle sich nur vor, wenn tausend Weiber schrein, | Was muß das für ein Lärmen sein! Christ. Fürchtegott Gellert, Fab. u. Erz. (1746). B. 2. D. Unglück d. Weiber.

— ... daß man die Weiber allemal, | Sie sei'n es oder nicht, kann „meine Schönen" nennen.

Christ. Fürchtegott Gellert, Fab. u. Erz. (1746). B. 2. D. Unglück d. Weiber.

— „Ein Lamm? du magst die Weiber kennen." | Ja nun, man kann sie doch insoweit Lämmer nennen, | Als sie von selbst ins Feuer rennen.

Gotthold Ephr. Lessing, Schriften (1753—1755). Gereimte Fab. u. Erz. Nr. 13. D. Eremit.

— Wenn wir (Weiber) am hitzigsten für unsre Freiheit streiten, | So fühlen wir bereits des Feindes Zärtlichkeiten.

Karl Christ. Gärtner, D. geprüfte Treue (1768). A. 4 (Phyllis).

— Wir (Weiber) lieben, wenn wir fliehn, wir lieben, wenn wir drohn, | Und wenn wir uns, wie du, in spröden Mienen üben.

Karl Christ. Gärtner, D. geprüfte Treue (1768). A. 4 (Phyllis).

— Man sehe die Geschichte, und man wird finden, daß, wenn gleich die Weiber nicht regierten, alles doch durch sie regiert ward.

Theod. Gottl. von Hippel, Über d. Ehe (1774). K. 5. Über d. Herrschaft in d. Ehe.

Weiber (als Allgemeinbegriff). — ... je tapferer und gesitteter ein Volk war, desto mehr hat es die Weiber geehrt.

Theod. Gottl. von Hippel, Über d. Ehe (1774). K. 6. Zum Besten d. Jünglinge.

— Allem haucht ihr (Weiber) eine lebendige Seele ein; wer euch hört und klug ist, merkt auf euch. Theod. Gottl. von Hippel, Über d. Ehe (1774). K. 7. Für d. Mädchen.

— Über euch Weiber und das ewige Rätsel!

Friedr. von Schiller, Kabale u. Liebe (1784). A. 5, Sz. 7 (Ferd.).

— ... Weiber schmähen gern!

Friedr. von Schiller, Sz. a. d. Phönizierinnen d. Euripides (geb. 1788). (Hofmeister).

— Wir sind kalt, stolz, hoch, klar, klug, wenn wir verdienen, Weiber zu heißen; und alle diese Vorzüge legen wir euch zu Füßen, sobald wir lieben, sobald wir hoffen, Gegenliebe zu erwerben.

Joh. Wolfg. von Goethe, Wilh. Meisters Lehrjahre (1777—1796).

— Gute Weiber gönnen einander alles, ausgenommen Kleider, Männer und Flachs.

Jean Paul (Joh. Paul Friedr. Richter), Leben Quint. Fixlein (1796).

— Alle Weiber, sogar die ohne Geist, sind über Dinge, die sie näher angehen, die feinsten Zeichendeuterinnen und prophetischen Hellseherinnen.

Jean Paul (Joh. Paul Friedr. Richter), Siebenkäs (1796—1797).

— Sind doch ein wunderlich Volk, die Weiber, so wie die Kinder! | Jedes lebet so gern nach seinem eignen Belieben, | Und man sollte hernach nur immer loben und streicheln.

Joh. Wolfg. von Goethe, Hermann u. Dorothea (1797). Thalia.

— Da werden Weiber zu Hyänen | Und treiben mit Entsetzen Scherz.

Friedr. von Schiller, Gedichte. D. Lied v. d. Glocke (geb. Sept. 1799).

— Seid ihr nicht wie die Weiber, die beständig | Zurück nur kommen auf ihr erstes Wort, | Wenn man Vernunft gesprochen stundenlang! Friedr. von Schiller, Wallensteins Tod (1799). A. 2, Sz. 3 (Wallenstein).

— Die Weiber haben größere Schmerzen als die, worüber sie weinen.

Jean Paul (Joh. Paul Friedr. Richter), Flegeljahre (1804—1805). T. 4, Nr. 54.

— Die Weiber lieben und unendlich und recht; die feurigsten Mystiker waren Weiber.

Jean Paul (Joh. Paul Friedr. Richter), Levana oder Erzieh=Lehre (1807). Bd. 2, Bruchstück 4, K. 3, § 83.

— O Weiber! Weiber! | Was geht über euch und eure List! — | In einem Schaltjahr beschreiben drei Schreiber | Die Kniffe und Pfiffe nicht, die ihr wißt.

Theod. Körner, D. Nachtwächter (geb. Jan. 1812). Sz. 4 (Wachtel).

Weiber (als Allgemeinbegriff). — Sehr viele Weiber scheinen nur. Mit eben der Leichtigkeit, mit der sie die Wangen schminken, schminken sie auch ihre Seele.

Aug. von Kotzebue, D. deutsche Mann u. d. vornehmen Leute (1818).

— Die Weiber spielen auf der Bühne die Rolle der An- und Verstellung viel besser als die der Aufrichtigkeit; denn jene ist Rolle in der Rolle, diese nur Rolle.

Jean Paul (Joh. Paul Friedr. Richter), Herbst-Blumine (1810—1820). Bd. 1.

— Bei Weibern ist alles Herz, sogar der Kopf.

Jean Paul (Joh. Paul Friedr. Richter), D. Komet (1820—1822). Bd. 2.

— Seltsames Tier der Mensch! und Weiber gar! ... | Vermählt, verwitwet, ledig, immer sind | Sie rastlos wie der Wind und wandelbar. | Man glaubt, man kenne sie, und darn beginnt | Die Sache erst recht rätselhaft zu werden; | Das ist uralt und immer neu auf Erden. Engl.: What a strange thing is man! and what a stranger | Is woman! ... Whether wed, | Or widow, maid, or mother, she can change her | Mind like the wind: whatever she has said | Or done, is light to what she'll say or do; — | The oldest thing on record, and yet new!

George Gordon Lord Byron, Don Juan (1819—1824). Übers. v. Gildemeister. Ges. 9, Str. 64, V. 1.

— ... die Weiber sind so dumm, — nur Dummheit | Kann sie besiegen. Mit den Wölfen heulen | Und bei den Weibern frömmeln, tanzen, lügen!

Christ. Dietr. Grabbe, Don Juan u. Faust (1829). A. 2, Sz. 1 (Don Juan).

— Ihr Weiber! Wer euch belehren will, beschwört das Feuer.

Christ. Dietr. Grabbe, Napoleon oder D. hundert Tage (1831). A. 3, Sz. 3 (Napoleon).

— Mit Gebärden, Scham und Grollen, | Lächeln, Reden, Scherz und Schmollen, | Mit gewandten Liebesblicken | Wissen Weiber zu berücken.

Peter von Bohlen, Bhartriharis Spr. (1835).

— Weiber erfanden ganz sicher den Spiegel.

Karl Jul. Weber, Demokritos (1832—1840). D. Mode.

— Genau bei Weibern | Weiß man niemals, wo der Engel | Aufhört, und der Teufel anfängt.

Heinr. Heine, Atta Troll (ged. 1841—1842). K. 19.

— Was sind denn Weiber? — Eitel üppig Volk, | Geboren, zu gebären und zu dienen!

Friedr. Halm (Elegius Frz. Jos. Freiherr von Münch-Bellinghausen), D. Sohn d. Wildnis (1842). A. 2 (Ingomar).

Weiber (als Allgemeinbegriff). — Mit Weibern und Menschen kommt der zu nichts oder hat sicher das geringste Glück, der sie mit ungeheuchelter, warmer Liebe liebt und seine Interessen den ihrigen hintansetzt. Ital.: Colle donne e cogli uomini riesce sempre a nulla, o certo è malissimo fortunato, chi gli ama d'amore non finto e non tepido, e chi antepone gl'interessi loro ai propri.

Giacomo Leopardi, Werke (1845). Gedanken. Übers. v. Pozzoni.

— Weiber sagen nur gezwungen, zögernd und widerwillig die Wahrheit, sobald sie ihren Interessen, Launen und Leidenschaften widerspricht. Sie lieben die Unumwundenheit, die geraden Wege und Lebensarten fast nie; ihnen erscheint die Wahrheit zu einfach und plump.

Bogumil Goltz, Zur Charakteristik u. Naturgesch. d. Frauen (1859).

— Nein, es ist erstaunlich, | Wie rasend unser feig Geschlecht (der Weiber) doch ist! | Hat's Einmal mit dem Vorurteil gebrochen, | Stürzt es nach Wollust wie ein wildes Tier, | Reißt alle Würde sich vom Angesicht | Und watet weltverachtet im Moraste.

Emerich Madách, D. Tragödie d. Menschen (1861). A. d. Ungar. übers. v. Lechner. Sz. 7 (Helene).

— Es ist schwer, zu entscheiden, welches ein verdrießlicheres Geschäft sei: die Lichter putzen oder Weiber durch Gründe belehren. Alle zwei Minuten muß die Arbeit wiederholt werden, und wird man ungeduldig, löscht man das kleine Licht gar aus.

Ludw. Börne, Gesammelte Schriften (1862—1863). Fragmente u. Aphorismen. Nr. 8.

— Die Weiber haben Launen, weil sie zu gut sind, das Böse nach Grundsätzen, und zu schwach, das Gute mit Dauer zu üben.

Ludw. Börne, Gesammelte Schriften (1862—1863). Fragmente u. Aphorismen. Nr. 90.

— Die Weiber verlangen das Größte und das Kleinste zugleich; sie fordern Liebe und auch, daß man artig gegen sie sei, — eine Million in Scheidemünze.

Ludw. Börne, Gesammelte Schriften (1862—1863). Fragmente u. Aphorismen. Nr. 132.

— Die Weiber sind am gefälligsten, wenn sie Furcht haben; darum fürchten sie sich auch so leicht.

Ludw. Börne, Gesammelte Schriften (1862—1863). Fragmente u. Aphorismen. Nr. 264.

— Ich weiß, daß Weiber lieben können, weiß, | Daß sie der Liebe alles opfern können, | Weiß, daß sie sterben können für die Liebe.

Rob. Hamerling, Ahasver in Rom (1866). Ges. 2. D. Bachanal.

— ... was sind Weiber? Ein notwend'ges Übel.

Paul Heyse, D. Feenkind (1868). Ges. 2. Schlußv.

Weiber (als Allgemeinbegriff). — Wenn die Weiber nicht beten dürfen und die Augen verdrehen und dann und wann etwas Weniges zerknirscht sein, so schmeckt ihnen die Sünde nicht mehr.

Rob. Hamerling, Danton u. Robespierre (1871).

— Was sind die Weiber elend in ihrem ewigen, unbewußten Lügen, in dem auf nichts sich beziehenden Putzen des Leibes und jeder äußeren Faser! Rahel (Antonie Friederike Varnhagen von Ense), Br. (1877).

— Gegen alles gibt's am End' Praktiken, | Nur nicht gegen Weiber und gegen Mücken.

Wahrmund Riegler, Gedicht'ln u. Spruchreime über Wald, Wild u. Weidwerk (1887). Spruchreime.

— Die Weiber selber haben im Hintergrunde aller persönlichen Eitelkeit immer noch ihre unpersönliche Verachtung „für das Weib".

Friedr. Nietzsche, Gesammelte Werke (1895—1897).

— . . . gleichwie aus den Kleidern Motten kommen, also kommt von Weibern viel Böses.

Jes. Sir., K. 42, V. 13.

— Eure Weiber lasset schweigen unter der Gemeine! 1. Kor., K. 14, V. 34.

— Alte Taler, junge Weiber | Sind die besten Zeitvertreiber. Alter Spr.

— Drey weiber mit jhrem Geschrey | Machen ein Jar Marckt frey. Alter Spr.

— Ein kurtzen Sinn die Weiber haben, | Ob sie schon lange Kleider tragen. Alter Spr.

— Es sind nur drei gute Weiber gewesen: | Die eine ist aus der Welt geloffen, | Die andre ist im Rhein ersoffen, | Die Dritte sucht man noch.

Alter Spr.

— Junger Gesell, rath', wie der hieß, | Der sich von Weibern nicht narren ließ? | **Nullus** und **Nemo** ist er genannt, | **Nunquam** ist sein Vaterland. Alter Spr.

— Lösch das Licht aus, dann sind alle Weiber gleich! Alter Spr.

— Ohne Weiber und Wind | Wäre die Luft stets lind. Alter Spr.

— Spinnen, Weynen, klapffen, liegen (lügen) | Und ihre beste freundt betriegen, | Daß findt man an der weiber vill, | Von allen doch nicht sagen will. Alter Spr.

— Zwei Katzen und eine Maus, | Zwei Weiber in einem Haus, | Zwei Hunde an einem Bein | Kommen selten überein. Alter Spr.

— Alter Weiber Fröhlichkeit | Ist des Teufels Lustbarkeit. Sprichwort.

— Auf Eiern tanzen und mit Weibern umgehen muß gelernt werden sieben Jahr und einen Tag. Sprichwort.

— Die Weiber haben lange Röcke und kurze Gedanken. Sprichwort.

— Für Weiber ist Schweigen noch härter, als Kinder säugen. Sprichwort.

— Wo Weiber viel beisammen stahn, | Da geht der rechte Waschmarkt an. Sprichwort.

Weiber (als Allgemeinbegriff). — Wenn die Weiber auch von Glas wären, sie würden doch undurchsichtig sein. Russisches Sprichwort.

— Die Weiber lügen, selbst wenn sie schweigen. Jüd. Sprichwort.

— Wer über die Weiber schimpft, hat sie zu lieb gehabt. Sprichwörtl.

— Alte Weiber und stumpfe Besen | Sind in ihrem Leben noch nix gewesen.

Spr. an einem Hausgerät.

— Wie höch'r der Turm, | Wie schöner das G'läut, | Wie älter die Weiber, | Wie zacher die Häut'. Tiroler Schnaderhüpfl.

Weiber (in Verbindung mit dem Manne). — Also macht man die Weiber lind, | Wann man mit lindigkeit sie gwint.

Joh. Friedr. Fischart, D. Philosophisch Ehzuchtbüchlin (1578). Hausschneck, Schneckenhaus.

— Allein mich dünkt, es ist der Männer Schuld, | Daß Weiber fallen. Engl.: **But I do think it is their husbands' faults, | If wives do fall.**

William Shakespeare, Othello (um 1601—1605). Übers. v. Schlegel. A. 4, Sz. 3 (Emilie).

— Wer Weibern glaubt, fängt Wind auf mit der Hand, | Pflügt in das Meer und säet in den Sand. Martin Opitz, Sämtl. Werke (1644). Epigramme.

— Wer ohne Weiber könnte sein, wär frei von vielerlei Beschwerden; | Wer ohne Weiber könnte sein, wär aber nicht viel nütz auf Erden.

Friedr. von Logau, Deutsche Sinn=Getichte (1654). Weiber.

— Würfel, Weiber, Wein | Bringen Lust und Pein. Friedr. von Logau, Deutsche Sinn=Getichte (1654). Drei W.

— Wer Weiber kaufen sol, | Der kauft gemeinlich wol, | Wann er kauft nach Gerüchte | Und nicht nur nach Gesichte.

Friedr. von Logau, Deutsche Sinn=Getichte (1654). Heirathen.

— Wer von Weibern übel redt, | Der weiß nicht, was sein Mutter thät.

Christoph Lehmann, Politischer Blumen=Garten (1662). T. 2. Weib. Nr. 1.

— Es ist ausgemacht, daß Gott die Weiber nur geschaffen hat, um die Männer zu zähmen. Franz.: **Il faut convenir que Dieu n'a créé les femmes que pour apprivoiser les hommes.**

Voltaire (François Marie Arouet), D. Harmlose (1767). Übers. v. Mylius.

— Wenn Weiber quer in unsere Unternehmung treten, ist unser Feind im freien Feld sicherer als sonst in der Burg.

Joh. Wolfg. von Goethe, Götz v. Berlichingen (1773). A. 3. Jaxthausen (Götz).

— . . . man wird der Weiber gar bald satt!

Joh. Wolfg. von Goethe, Clavigo (1774). A. 1. Clavigos Wohnung (Clavigo).

Weiber (in Verbindung mit dem Manne).

— . . . die Weiber, die Weiber! Man vertändelt gar zu viel Zeit mit ihnen.

Joh. Wolfg. von Goethe, Clavigo (1774). A. 1. Clavigos Wohnung (Clavigo).

— Wer's mit den Weibern hält, der hat die Männer auch.

Joh. Wolfg. von Goethe, Jahrmarktsfest zu Plundersweilern (1774).

— . . . daß die Weiber doch so gern den Mann | Zu sich herunter hätten!

Gotthold Ephr. Lessing, Nathan d. Weise (1779). A. 3, Sz. 4 (Saladin).

— Geh' den Weibern zart entgegen, | Du gewinnst sie, auf mein Wort; | Und wer rasch ist und verwegen, | Kommt vielleicht noch besser fort; | Doch wem wenig dran gelegen | Scheinet, ob er reizt und rührt, | Der beleidigt, der verführt.

Joh. Wolfg. von Goethe, Gedichte. Lieder. Antworten bei einem gesellschaftlichen Fragespiel (geb. 1785). (D. Erfahrne).

— Weh' dem Manne, | Den weibliches Erröten mutig macht! | Ich bin verzagt, wenn Weiber vor mir zittern.

Friedr. von Schiller, Don Carlos (1787). A. 2, Sz. 8 (Carlos).

— . . . wer die Weiber haßt, wie kann der leben! Joh. Wolfg. von Goethe, Wilh. Meisters Lehrjahre (1777—1796).

— Die schönen Weiber werden heutzutage mit unter die Talente ihrer Männer gerechnet.

Georg Christoph Lichtenberg, Verm. Schriften (1800—1806). Bd. 2, Nr. 2. Bemerk. verm. Inhalts. Nr. 11. Lustige u. satirische Bemerk.

— . . . sie (die Weiber) lieben tapfre Männer, | Die zerstreuen, haun und spalten.

Joh. Gottfr. von Herder, Stimmen d. Völker in Liedern (1807). Abteilung 1, B. 5, Nr. 15. Zaida an Zaid. Span.

— . . . ohne Weiber, ohne Becher | Bleibt man ein Narr sein Leben lang.

Christ. Gottlob Otto, Im Kreise froher, kluger Zecher usw. (vor 1808). Mel. A. Feuer ward d. Geist geschaffen usw.

— Besonders lernt die Weiber führen; | Es ist ihr ewig Weh' und Ach | So tausendfach | Aus Einem Punkte zu kurieren; | Und wenn Ihr halbweg ehrbar tut, | Dann habt Ihr sie all' unterm Hut. Joh. Wolfg. von Goethe, Faust, I (1808). Studierzimmer (Mephistopheles).

— Wollten die Weiber immer wahrhaft Weiber sein, sie wären immer mit wahren Männern glücklich. Christ. Ernst Karl Graf von Bentzel-Sternau, Weltansichten (1816).

— Altes Holz verbrauch' am Herde | Und das junge wirf in Ofen; | Gib dich ab mit jungen Weibern | Und mit alten Philosophen!

Aug. Graf von Platen-Hallermund, Gedichte. Verm. u. Gelegenheitsgedichte. Spr. u. Bilder (geb. 1821).

Weiber (in Verbindung mit dem Manne).

— Was helfen euch dreimalhunderttausend gut bewaffnete Gründe? Die Weiber, als hätten sie mit dem Bösen ein Bündnis geschlossen, sind gründefest; es dringt keiner durch.

Ludw. Börne, Gesammelte Schriften. Erz., Reisen, Verm. Aufsätze. Nr. 17. Über d. Schmollen d. Weiber (1823).

— Bei Weibern gar ist sie (Tugend) nur eine Art | Koketterie, die unsern Sieg versüßt.

Christ. Dietr. Grabbe, Don Juan u. Faust (1829). A. 2, Sz. 1 (Don Juan).

— . . . dennoch tanzt man, wenn die Luder (die Weiber) pfeifen!

Joh. Wolfg. von Goethe, Faust, II (1831). A. 2. Klassische Walpurgisnacht. Am obern Peneios (Mephistopheles).

— Die Welt gehört, wie die Weiber, dem, der sie verführt, genießt und mit Füßen tritt. Ital.: E il mondo è, come le donne, di chi lo seduce, gode di lui, e lo calpesta.

Giacomo Leopardi, Werke (1845). Gedanken. Übers. v. Pozzoni.

— Ein bißchen Zwang ist allen (Weibern) sehr willkommen. | Sie tun wer weiß wie blöd. Um Gotteswillen | Soll man auf hundert Schritt nicht nahe kommen, | Und doch erzürnt sie nichts so sehr im stillen, | Als wenn man ferne bleibt.

Paul Heyse, D. Feenkind (1868). Ges. 2.

— Was zehn schlechte Weiber einem Manne vom Glauben an die Menschheit genommen haben, kann ein edles Weib hundertfach ersetzen.

Otto von Leixner, A. meinem Zettelkasten (1896). Weib. Liebe. Ehe.

— Laß nicht den Weibern dein Vermögen!

Spr. Sal., K. 31, V. 3.

— . . . schöne Weiber haben manchen betöret.

Jes. Sir., K. 9, V. 9.

— Wein und Weiber betören die Weisen.

Jes. Sir., K. 19, V. 2.

— Ein Narr mag der gar woll sein, | Der von schuhen und weiberen leydet pein. Alter Spr.

— Wer Braunbier moid't, Weiber und Tobak, | Der hat auch sonsten von nichts nit koin Geschmack. Alter Spr

— Wer sich an Weibern thut vergaffen, | Ist ein Schaf und wird zum Affen. Alter Spr.

— Ich möchte wissen, wie der hieß, | Der nie von Weibern sich narren ließ. Sprichwort.

Weiber (im Gegensatz zum Manne). — Tausend Frauen wiegt das Leben eines einzigen Mannes auf. Griech.: *Εἷς γ' ἀνὴρ κρείσσων γυναικῶν μυρίων.*

Euripides, Iphigenie in Aulis (um 407 v. Chr.). Übers. v. Minckwitz. V. 1394 (Iphigenie).

Weiber (im Gegensatz zum Manne). — ... aber im weltlichen politischen Regiment und Händeln taugen sie nichts, dazu sind die Männer geschaffen und geordnet von Gott, nicht die Weiber.

Dr. Martin Luther, Tischreden oder Colloquia (1566). Nr. 43. Tischreden v. Ehestande. § 76. Weiber können wol reden.

— Die Weiber gegen uns sind Engel. | Nur taugen, wie ein Kenner will, | Drei kleine Stück', — und die sind zu erraten, — | An diesen Engeln nicht gar viel! | Gedanken, Wort' und Taten.

Gotthold Ephr. Lessing, Schriften (1753—1755). Sinngedichte. B. 2, Nr. 39. Lobspr. d. schönen Geschlechts.

— ... Männer sind die Rächer, | Ihr (Weiber) seid die Klageweiber der Natur.

Heinr. von Kleist, D. Familie Schroffenstein (1803). A. 1, Sz. 1 (Rupert).

— Die Weiber lieben die Stärke, ohne sie nachzuahmen; die Männer die Zartheit, ohne sie zu erwidern.

Jean Paul (Joh. Paul Friedr. Richter), Herbst-Blumine (1810—1820). Bd. 1.

— Ob die Weiber so viel Vernunft haben als die Männer, mag ich nicht entscheiden, aber sie haben ganz gewiß nicht so viel Unvernunft.

Joh. Gottfr. Seume, Sämtl. Werke (1826). Apokryphen.

— Weiber sind im Unglück größer als Männer vermöge der weiblichen Kardinaltugend Geduld; aber im Glück sind sie wieder kleiner kraft des weiblichen Kardinalverbrechens Eitelkeit.

Karl Jul. Weber, Demokritos (1832—1840). D. Eitelkeit.

— Männer sind verschwiegen in Angelegenheiten des Verstandes, Weiber in denen des Herzens.

Joh. Jak. Mohr, Gedanken über Leben u. Kunst (1885).

Weiber (im Hause). — Wo Landsknecht sieden vnd braten | Vnd Pfaffen zu weltlichen Dingen rathen | Vnd Weiber führen das Regiment, | Da nimpt es selten ein gut End.

Reimspr. (16. Jahrh.).

— Geht, geht! Ihr (Weiber) seid Gemälde außerm Haus, | Schellen im Zimmer, Drachen in der Küche, | Verletzt ihr: Heil'ge; Teufel, kränkt man euch; | Spielt mit dem Haushalt, haltet Haus im Bett! Engl.: Come on, come on; you are pictures out of doors, | Bells in your parlours, wild cats in your kitchens, | Saints in your injuries, devils being offended, | Players in your housewifery, and housewives in your beds.

William Shakespeare, Othello (um 1601—1605). Übers. v. Schlegel. A. 2, Sz. 1 (Jago).

— Ihr (Weiber) steht zum Spiel auf, geht ins Bett zur Arbeit. Engl.: You rise to play, and go to bed to work.

William Shakespeare, Othello (um 1601—1605). Übers. v. Schlegel. A. 2, Sz. 1 (Jago).

Weiber (im Hause). — Herrschen nicht und auch nicht dienen, | Freundlich, hilflich, tröstlich sein, | Dies geziemt allein den Weibern, | Ist ihr Amt und Ruhm allein.

Friedr. von Logau, Deutsche Sinn-Getichte (1654).

— Weiber haben jmmer das Regiment, vel clam, vel vi, vel precario (heimlich, durch Gewalt oder Bitten).

Christoph Lehmann, Politischer Blumen-Garten (1662). T. 2. Weib. Nr. 20.

— ... und so durch Abweisen, wie durch Empfänglichkeit, durch Beharren und Nachgiebigkeit führen sie (die Weiber) eigentlich das Regiment, dem sich in der gesitteten Welt kein Mann zu entziehen wagt.

Joh. Wolfg. von Goethe, D. Wahlverwandtschaften (1808—1809).

— Weiber sollen sein wie eine Stadtuhr, so pünktlich, und nicht wie eine Stadtuhr: nicht alles laut verkünden; sie so sollen sein wie die Schnecken, so häuslich, und doch nicht wie die Schnecken: nicht alles auf dem Leibe tragen.

Immanuel Kant, Werke (1838—1839).

Weiber (als Gattin). — ... was haben gegen Weiber | Wir, die Männer, wohl für Waffen? | Deshalb dann regieren sie.

Joh. Gottfr. von Herder, D. Cid (1805). B. 1, Ges. 12.

— Ihr Weiber, seid untertan euren Männern in dem Herrn, wie sich's gebühret!

Kolosser, K. 3, V. 18.

— Dem Mann, der mit Weibern zankt, darf die Zunge nicht mit Grütze verbrannt sein.

Finnisches Sprichwort.

— Sind die Weiber nicht untertan, so sind die Männer ihre Sklaven; denn sie müssen entweder gehorchen oder herrschen.

Tartarisches Sprichwort.

Weiber (als Mutter). — ... die Natur bestimmt euch (die Weiber), Mütter zu werden; ihr sollt mit eurem Leibe die Natur preisen und den Staat bereichern.

Theod. Gottl. von Hippel, Über d. Ehe (1774).

— ... (Weiber), die Fruchtspeicher der Menschheit, die Nachschöpferinnen Gottes ...

Jean Paul (Joh. Paul Friedr. Richter), Levana oder Erzieh-Lehre (1807). Bd. 2, Bruchstück 4, K. 3, § 86.

— Es sind die Weiber, welche die Rasse erhalten, die in Körper und Geist den Typus des Volksstammes am längsten bewahren, und darum gleichsam den Spiegel der Zukunft und Vergangenheit bilden, die einem Volke beschieden sind.

Karl Vogt, Altes u. Neues a. Tier- u. Menschenleben (1859).

Weiber (in der Wissenschaft). — Ob Weiber mögen Verse schreiben? | Dies Ding zu fragen lasse bleiben, | Wer Sinnen hat; denn sollten Sinnen | Nicht auch die Weiber brauchen künnen?

Friedr. von Logau, Deutsche Sinn=Getichte (1654). Poetinnen.

— Was die Weiber lieben und hassen, | Das wollen wir ihnen gelten lassen; | Wenn sie aber urteilen und meinen, | Da will's oft wunderlich erscheinen.

Joh. Wolfg. von Goethe, Nachgelassene Werke (1833). Gedichte. Zahme Xenien. Nr. 7.

— Gerechtigkeit ist mehr die männliche, Menschenliebe mehr die weibliche Tugend. Der Gedanke, Weiber das Richteramt verwalten zu sehen, erregt Lachen; aber die barmherzigen Schwestern übertreffen sogar die barmherzigen Brüder.

Arthur Schopenhauer, D. beiden Grundprobleme d. Ethik (1841).

Weiberart. — Traun, Weiberart ist's, allzuschnell entflammt zu sein. Griech.: Ἡ κάρτα πρὸς γυναικὸς αἴρεσθαι κέαρ.

Äschylus, D. Orestie (um 458 v. Chr.). Übers. v. Minckwitz. Agamemnon. V. 560 (Klytämnestra).

— Schmähsüchtig Wesen ist der Weiber Art. Griech.: Φιλόψογον γὰρ χρῆμα θηλειῶν ἔφυ.

Euripides (um 480—406 v. Chr.), D. Phönicierinnen. Übers. v. Minckwitz. V. 198 (Hofmeister).

— Man sagt, die wyber hondt ein art, | Wer an in die bengel (Prügel) spart | Vnd schlecht nit druff als in ein mist, | Das im kein dester hölder ist. Thomas Murner, Narrenbeschwerung (1512). Nr. 9. D. lenden schmieren.

Weiberauge. — Ein Blick der Liebe aus schönem, unbefleckten Weiberauge ist ein Strahl des Himmels, der in das Innerste der Seele dringt.

Christ. Ernst Karl Graf von Bentzel=Sternau, Weltansichten (1816).

Weiberaugen. — Man darf nicht Weiberaugen trauen, | Den schwarzen nicht und nicht den blauen. Sprichwort.

Weiberbosheit. — Alle Bosheit ist gering gegen der Weiber Bosheit.

Jes. Sir., K. 25, V. 25.

Weiberfeind. — Die Schönheit ist der schönen Weiber Feind, | Wenn frommer Sinn sich nicht mit ihr vereint.

Friedr. von Logau, Deutsche Sinn=Getichte (1654).

Weibergedanken. — . . . Weibergedanken eilen immer ihren Handlungen voraus. Engl.: A woman's thought runs before her actions.

William Shakespeare, Wie es euch gefällt (um 1599). Übers. v. Schlegel. A. 4, Sz. 1 (Rosalinde).

Weiberklage. — . . . übel stimmt | Der Weiber Klage zu dem Tun der Männer.

Friedr. von Schiller, Wallensteins Tod (1799). A. 3, Sz. 6 (Wallenstein).

Weiberkopf. — Was hätt' ein Weiberkopf erdacht, das er | Nicht zu beschönen wüßte!

Gotthold Ephr. Lessing, Nathan d. Weise (1779). A. 3, Sz. 4 (Saladin).

Weiberkuß. — Ihr seid der Wein | Am Tisch der Welt, ein süßer Überfluß. | Zuviel des Guten zwar soll schädlich sein, | Und manchem stieg zu Kopf ein Weiberkuß.

Paul Heyse, D. Feenkind (1868). Ges. 3.

Weiberleichtsinn. — O, die Verstellung und der Leichtsinn der Weiber ist so recht zusammengepaart, um ihnen ein bequemes Leben und einem ehrlichen Kerl manche verdrießliche Stunde zu schaffen!

Joh. Wolfg. von Goethe, Wilh. Meisters Lehrjahre (1777—1796).

Weiberlippen. — Weiberlippen sind geschaffen | Mehr zum Küssen als zum Klaffen.

Friedr. von Logau, Deutsche Sinn=Getichte (1654). D. Weibe schweige!

Weiberlist. — Fluch über Weiberlist!

Friedr. von Schiller, Maria Stuart (1800). A. 1, Sz. 1 (Paulet).

— Wir wîp kunnen manegen (manche) list, | Der in mannen unkunt ist. Alter Spr.

Weibermacht. — Dies Geheimnis ist — der Weiber | Macht auf unsre Männerherzen. | Dies Geheimnis steckt in ihnen | Tief verborgen, Gott dem Herren, | Glaub' ich, selber unerforschlich.

Joh. Gottfr. von Herder, D. Cid (1805). B. 1, Ges. 12.

Weiberregiment. — Der Weiber Regiment hat von Anfang der Welt nie nichts Gutes ausgerichtet.

Dr. Martin Luther, Tischreden oder Colloquia (1566). Nr. 43. Tischreden v. Ehestande. § 127. Weiber=Regiment.

— Wo weiber führen das Regiment, | Da nimts selten ein gut End.

Christoph Lehmann, Politischer Blumen=Garten (1662). T. 2. Weib. Nr. 53.

— Wann die weiber regieren, so steigen die Stül auff die Bänck.

Christoph Lehmann, Politischer Blumen=Garten (1662). T. 2. Weib. Nr. 54.

Weiberrock. — In einem Weiberrocke, | In einem Bienenstocke | Steckt Schaden und Genuß, | Ergetz und auch Verdruß.

Friedr. von Logau, Deutsche Sinn=Getichte (1654). Süßbitteres.

Weiberschönheit. — Weiberschönheit macht durch ihren allmächtigen Zauber weise Männer zu Toren. Joh. Gottfr. von Herder u. Liebeskind, Palmblätter (1787—1800). Bd. 1.

Weiberseelen. — „Was sind die Seelen eitler Weiber?" | Bloß Kammerfrauen ihrer Leiber! Joh. Christoph Friedr. Haug, Sinngedichte (1791). Erklärung.

Weiberstolz. — Wie wenig doch bedarf es, daß sich erzürnt ein stolzes Weib! Mittelhochdeutsch: Jâ ist es harte lîhte, dar umbe zürnent diu wîp.

D. Nibelunge Nôt (um 1200). Übertr. v. Junghans. Âventiure 14, Str. 866.

Weibertränen. — O Teufel, Teufel! | Wenn eine Saat aufging' aus Weibertränen, | Von der würd' jeder Tropfen ein Krokodil. Engl.: O devil, devil! | If that the earth could teem with woman's tears, | Each drop she falls would prove a crocodile.

William Shakespeare, Othello (um 1601—1605). Übers. v. Schlegel. A. 4, Sz. 1 (Othello).

— Sicher mag man meinen, | Daß der Weiber Weinen | Sei ein bloßes Scheinen.

Friedr. von Logau, Deutsche Sinn-Getichte (1654). Weiberthränen.

— Ich könnte viel glücklicher sein, — | Gäb's nur keinen Wein | Und keine Weibertränen!

Joh. Wolfg. von Goethe, Werke (1806—1810). Gedichte. Epigrammatisch. Stoßseufzer.

— Die Frauen haben dreierlei Tränen: des Leids, der Ungeduld und des Betrugs. Niederl.: De vrouwen hebben drieërlei tranen: van leed, van ongeduld en van bedroeg.

Sprichwort.

Weibertreue. — Wer traut auf Weibertreu', | Der trügt sich sehr, der büßt es schwer | Mit mancher späten Reu'.

Joh. Gottfr. von Herder, Stimmen d. Völker in Liedern (1807). Abteilung 2, B. 3, Nr. 11. D. nußbraune Mädchen. Schottisch.

— Ach, was ist so flatternd als Weibertreu'! | Du kannst sie nicht halten noch binden.

Emanuel Geibel, Neue Gedichte (1856). Verm. Gedichte. B. 1. Lieder zu Volksweisen. Nr. 2. Betrogen.

Weibertücke. — Weiber Tück | Ist über alle Stück. Christoph Lehmann, Politischer Blumen-Garten (1662). T. 2. Weib. Nr. 14.

Weiberverachtung. — Je verdorb'ner ein Zeitalter, desto mehr Verachtung der Weiber.

Jean Paul (Joh. Paul Friedr. Richter), Levana oder Erzieh-Lehre (1807). Bd. 2, Bruchstück 4, K. 3, § 84.

Weibervolk. — Verhaßte Liebe! Treulos Weibervolk! Engl.: O despiteful love! unconstant womankind!

William Shakespeare, D. Widerspenstigen Zähmung (um 1595). Übers. v. Schlegel. A. 4, Sz. 2 (Tranio).

— Verwünschtes Volk der Weiber!

Friedr. von Schiller, Wilh. Tell (1804). A. 3, Sz. 3 (Frießhardt).

— Man weiß, das Volk taugt aus dem Grunde nichts, | Geschnürten Leibs, geschminkten Angesichts. | Nichts haben sie Gesundes zu erwidern, | Wo man sie anfaßt, morsch in allen Gliedern.

Joh. Wolfg. von Goethe, Faust, II (1831). A. 2. Klassische Walpurgisnacht. Am obern Peneios (Mephistopheles).

— . . . dem Weibervolk gefällt, | Wer da spielt den Herrn der Welt.

Aug. Kopisch, Gedichte (1836). Weinlieder. Soldatenlied. Mel. v. Wilh. Speyer.

Weibervorwitz. — Weibervorwitz, wer beschwört dich, | Da es selbst nicht Lieben kann!

Ludw. Achim von Arnim, Armut, Reichtum, Schuld u. Buße d. Gräfin Dolores (1810). Lied d. Flötenspielers.

Weiberwangen. — Die heißen Rosen auf der Weiber Wangen | Gehören mir! Das sind der Hölle feinste | Und schlimmste Flammen.

Christ. Dietr. Grabbe, Don Juan u. Faust (1829). A. 2, Sz. 2 (D. Ritter).

Weiberweh. — Morgenrot und Weiberweh | Ist des Mittags schon nicht meh'. Alter Spr.

Weiberwille. — Der Weiber Will' ist Wind, und Wind springt um.

Paul Heyse, D. Braut v. Cypern (1856). Ges. 4.

Weiberzungen. — Weiberzungen! O gesteht; | Schweigen könnt ihr nicht; | Eher glaub' ich, daß ein Weib | Ohne Zunge spricht.

Joh. Christoph Friedr. Haug, Sinngedichte (1791). Weiberzungen.

Weibesalter. — Das Alter der Weiber ist trüber und einsamer als das der Männer.

Jean Paul (Joh. Paul Friedr. Richter), Sämtl. Werke (1826—1828).

Weibesanblick. — . . . es verzehrt allmählich des Weibes entflammender Anblick | Jede Kraft. Lat.: Carpit enim vires paulatim uritque videndo | Femina.

Publ. Vergilius Maro (um 70 v. Chr.—19 n. Chr.), Georgica. Übers. v. Voß. B. 3, V. 215—16.

Weibesangesicht. — Eines reines wibes angesichte | Das touwet, regnet süeze luft | In mannes herze, in mannes brust; | Ja wibes name, der wunsch ist dir gerichte.

Wartburgspr. Margarethengang.

Weibesantlitz. — Es ist keine Kraft in der Natur, die auf dem Antlitz eines Weibes die verlorene Unschuld ersetzt.

Aug. von Kotzebue, D. kluge Frau im Walde (1801).

Weibesarme. — Wie mancher große Geist voll mächtiger | Gedanken und hochfliegender Entwürfe | Ging schon zugrund' in eines Weibes Armen!

Ernst Raupach, D. Hohenstaufen (1837). Kaiser Friedr. II. T. 1, A. 3, Sz. 2.

Weibesberuf. — Respekt vor den Frauen, die sich männlichen Berufen zuwenden! Aber keinen „Beruf" zu haben wird doch immer des Weibes höchster Beruf bleiben.

Peter Sirius, Tausend u. Ein Gedanken (1899). Mann u. Weib.

Weibesbild. — Drei Dinge können alles tragen, was man ihnen aufladet: eines Weibsbildes Kopf, eines Esels Rücken, eines Mönches Gewissen. Geiler von Kaisersberg (1445—1510).

Weibesbildung. — Der Gürtel der Grazien ist das siegreichste Wehrgehänge um die weiche, liebliche Bildung des Weibes.

Christ. Ernst Karl Graf von Bentzel-Sternau, Weltansichten (1816).

Weibesehre. — Got müeze wibes eren pflegen, | Daz ist min staeter morgensegen; | Got müez ir sel' und lip bewarn, | Got laz' sie nimmer misse varn. Ulrich von Lichtenstein (um 1200—1274), D. Frauen B.

Weibesfehler. — . . . jedes Weibes | Fehler ist des Mannes Schuld.

Joh. Gottfr. von Herder, D. Cid (1805). B. 1, Ges. 13.

Weibesgeist. — Der Geist des Mannes ist sonnenlichter Tag, der Geist des Weibes gleicht mondheller Nacht, — und der trübste Tag ist heller als die hellste Nacht. . . . Der Tag bringt Glut und Dürre und Haß, . . . die Nacht bringt Milde und Tau und Liebe.

Ludw. Börne, Gesammelte Schriften (1862—1863). Fragmente u. Aphorismen. Nr. 272.

— Ist sie auch geistreich? fragt ihr jetzt zumeist. | Was wollt ihr denn? Herz heißt des Weibes Geist; | Wird sie unendlich lieben können, | Dürft ihr getrost sie geistreich nennen.

Friedr. Theod. Vischer, Lyrische Gänge (1886).

Weibesgeschlecht. — Ein Bauwer und keiner Ehren werth | Ist, welcher Weibs Geschlecht unehrt. Alter Spr.

Weibesglück. — Wie eng gebunden ist des Weibes Glück! | Schon einem rauhen Gatten zu gehorchen | Ist Pflicht und Trost; wie elend, wenn sie gar | Ein feindlich Schicksal in die Ferne treibt!

Joh. Wolfg. von Goethe, Iphigenie auf Tauris (1787). A. 1, Sz. 1 (Iphigenie).

Weibesgröße. — Die Größe des Weibes liegt in der Demut und in der Geduld.

Aug. Mahlmann, Sämtl. Schriften (1839—1840).

Weibesgruß. — Wer Freud' und Ansehn will erwerben, | Der dien' um eines guten Weibes Gruß! Mittelhochdeutsch: Swer wirde und fröide erwerben wil, | Der diene guotes wîbes gruoz.

Walter v. d. Vogelweide (um 1170—1230), Gedichte. Übertr. v. Pannier.

Weibesgunst. — Gewinnt sie durch Geschenke, schätzt sie nicht Worte; | Juwelen sprechen oft mit stummer Kunst, | Gewinnen mehr als Wort' des Weibes Gunst. Engl.: Win her with gifts, if she respect not words: | Dumb jewels often, in their silent kind, | More than quick words, do move a woman's mind.

William Shakespeare, D. beiden Veroneser (um 1592—1593). Übers. v. Schlegel. A. 3, Sz. 1 (Val.).

Weibesgüte. — . . . wenn eine Welt von Männern | Mit aller Rednerkunst nichts ausgerichtet, | Hat eines Weibes Güte übermeistert. Engl.: For when a world of men | Could not prevail with all their oratory, | Yet hath a woman's kindness overrul'd.

William Shakespeare, König Heinr. VI. (um 1590—1591). Übers. v. Schlegel. T. 1, A. 2, Sz. 2 (Talbot).

Weibesherz. — Ach, welch ein schwaches Ding | Das Herz des Weibes ist! Engl.: Ah me, how weak a thing | The heart of woman is!

William Shakespeare, Jul. Cäsar (1601). Übers. v. Schlegel. A. 2, Sz. 4 (Portia).

— Längst lehrten uns, aus Tonnen und von Thronen | Der Narr Diogenes, die weisen Salomonen, | Es sei des Weibes Herz kein zuverlässig Gut | Und ihrer List nichts gleich als ihre Wankelmut. Christoph Martin Wieland, Oberon (1780). Ges. 6, Str. 70.

— Nicht Strenge legte Gott ins weiche Herz | Des Weibes.

Friedr. von Schiller, Maria Stuart (1800). A. 2, Sz. 3 (Talbot).

— Des Weibes Herz kennt nur Ein Glück auf Erden; | Dies Glück heißt: lieben und geliebet werden. Mich. Beer, D. Paria (1829). A. 1.

— Uns bleibt, was man auch spricht und sinnt, | Des Weibes Herz ein Labyrinth | Voll tiefer Dunkelheit. Aug. Langbein, Sämtl. Gedichte (1841).

Weibesleben. — Das ist des Weibes Leben, wenn sie der Mann herzlich lieb hat.

Dr. Martin Luther, Alle B. u. Schrifften (1539—1559).

Weibesleib. — Des Weibes Leib ist ein Gedicht, | Das Gott der Herr geschrieben | Ins große Stammbuch der Natur, | Als ihn der Geist getrieben. Heinr. Heine, Sämtl. Werke (1861—1868). Gedichte.

Weibesliebe. — Des Weibes Liebe hat ein Falkenauge.

Christoph Martin Wieland, Geron, d. Adeliche (1777).

Weibeslos. — Sie hat in ihren jungen Tagen | Geliebt, gehofft und sich vermählt; | Sie hat des Weibes Los getragen; | Die Sorgen haben nicht gefehlt.

Adelbert von Chamisso (Louis Charles Adelaide Chamisso de Boncourt), Gedichte. Lieder u. lyrisch-epische Gedichte. D. alte Waschfrau (geb. 1833).

Weibesminne. — Wer guten Weibes Minne hat, | Der schämt sich jeder Missetat. Mittelhochdeutsch: Swer guotes wîbes minne hât, | Der schamt sich aller missetât.

Walter v. d. Vogelweide (um 1170—1230), Gedichte. Übertr. v. Pannier.

Weibesnatur. — Der weibliche Charakter wird so oft nicht verstanden, eben weil es die schöne Natur des Weibes ist, seine Seele zu verhüllen wie seine Reize.

Friedr. von Schlegel, Sämtl. Werke (1822—1825). Studien d. klassischen Altertums.

Weibespflicht. — Gehorsam ist des Weibes Pflicht auf Erden; | Das harte Dulden ist ihr schweres Los. | Durch strengen Dienst muß sie geläutert werden, | Die hier gedienet, ist dort oben groß. Friedr. von Schiller, D. Jungfrau v. Orleans (1801). A. 1, Sz. 10 (Johanna).

Weibesschmuck. — . . . der schönste Schmuck Des Weibes ist Stillschweigen und Bescheidenheit. Griech.: *Γυναικὶ γάρ τι γῆ τε καὶ τὸ σωφρονεῖν | κάλλιστον.*

Euripides (um 480—406 v. Chr.), D. Herakliden. Übers. v. Minckwitz. V. 476—77 (Makaria).

— Unschuld des Herzens ist das Erbteil und der Schmuck des Weibes.

Matthias Claudius, Sämtl. Werke d. Wandsbecker Boten. Vorrede (1775).

Weibesschönheit. — Wahre Königin ist nur des Weibes weibliche Schönheit; | Wo sie sich zeige, sie herrscht, herrschet bloß, weil sie sich zeigt.

Friedr. von Schiller, Gedichte. Macht d. Weibes (ged. 1796). Schlußv.

— Über allem thront das schöne Weib | Mit seinen Wonnen, seiner süßen Minne; | Die schöne Seele in dem schönen Leib, | Sie bannt aufs Knie, bezaubert Herz und Sinne!

Paul Baehr, Neues B. d. Lieder (1885).

Weibesseligkeit. — Es ist des Weibs halb Seligkeyt | Des Mannes Lieb vnd Holdseligkeyt.

Reimspr. (16. Jahrh.).

Weibessinn. — Wer des Weibes weiblichen Sinn nicht ehrt, | Der hält auch Freiheit und Freund nicht wert.

Aug. Daniel von Binzer, Stoßt an! Eisenach lebe usw. (ged. 1817). Mel. v. Albert Methfessel (1818).

Weibesstolz. — Der verzeihlichste, der schönste, der rühmlichste Stolz des Weibes sind ihre Kinder. Christ. Friedr. Dinter, Ausgewählte Schriften (1880—1881).

Weibestreue. — Gesellentreu' selten besteht; | Eheweibstreu' über alles geht. Sprichwort.

Weibestugend. — Werd' ich auf Weibestugend baun, | Beweglich wie die Well'?

Friedr. von Schiller, Gedichte. D. Gang nach d. Eisenhammer (ged. 25. Sept. 1797).

Weibesunverstand. — Des Weibes Unverstand | Rennt immer vor des Mannes weisem Rat | Voraus. Friedr. von Schiller, Turandot (1801). A. 3, Sz. 6 (Barak).

Weibesurteil. — Männer richten nach Gründen; des Weibes Urteil ist seine | Liebe; wo es nicht liebt, hat schon gerichtet das Weib.

Friedr. von Schiller, Gedichte. Weibliches Urteil (ged. 1796).

Weibesverstand. — Also soll auch eins Weibs verstand | Nicht reichen vber jhren stand, | Soll, wie man in eim Sprüchwort redt, | Wie ein Schwein für sich sehen stät.

Joh. Friedr. Fischart, D. Philosophisch Ehzuchtbüchlin (1578). D. Schiltkrot art v. eygenschafft.

Weibeswaffe. — Kluge Sanftmut ist des Weibes unwiderstehlichste Waffe.

Aug. von Kotzebue, D. Belagerung v. Saragossa (1811).

— Des Weibes Waffe, des Weibes Klugheit, des Weibes Macht ist die Liebe!

Julie Burow (Pfannenschmidt), Herzensworte (1862).

Weibeswaffen. — Schilt nicht, o König, unser arm Geschlecht! | Nicht herrlich wie die euern, aber nicht | Unedel sind die Waffen eines Weibes.

Joh. Wolfg. von Goethe, Iphigenie auf Tauris (1787). A. 1, Sz. 3 (Iphigenie).

Weibeswelt. — Des Mannes Lieb' ist nicht des Mannes Leben, | Sie ist des Weibes Welt! Engl.: Man's love is of man's life a thing apart; | 'T is woman's whole existence.

George Gordon Lord Byron, Don Juan (1819—1824). Übers. v. Gildemeister. Ges. 1, Str. 194, V. 1.

Weibeswert. — Kein Mann ist imstande, den Wert eines Weibes zu fühlen, das sich zu ehren weiß. Joh. Wolfg. von Goethe, Wilh. Meisters Lehrjahre (1777—1796).

Weibeszorn. — Also soll eins Weibs zorn und Gall | Vnschädlich sein zu jedem fall, | Nur dienen zu Heyl der Haußhaltung | Vnd förderung des Gsinds verwaltung.

Joh. Friedr. Fischart, D. Philosophisch Ehzuchtbüchlin (1578). D. Schiltkrot art v. eygenschafft.

Weiblich. — Das Religiöse stehet der weiblichen Bescheidenheit sehr wohl; es gibt der Schönheit ein gewisses edles, gesetztes und schmachtendes Ansehen. Gotthold Ephr. Lessing, D. Freigeist (1749). A. 4, Sz. 3 (Adrast).

— Die Natur rüstete das weibliche Geschlecht zur Liebe, nicht zu Gewaltseligkeiten aus; es soll Zärtlichkeit, nicht Furcht erwecken; nur seine Reize sollen es mächtig machen, nur durch seine Liebkosungen soll es herrschen, und soll nicht mehr beherrschen wollen, als es genießen kann.

Gotthold Ephr. Lessing, Hamburgische Dramaturgie (1767—1768).

— . . . die beste Lunge erschöpft sich, auch sogar eine weibliche. Sie hören alle auf, zu schreien, wenn sie nicht mehr können.

Gotthold Ephr. Lessing, Emilia Galotti (1772). A. 3, Sz. 6 (Marinelli).

— Laßt uns nicht weiblich vieles reden, | Wo viel zu tun ist!

Joh. Wolfg. von Goethe, Elpenor (1781). A. 1, Sz. 1 (Evadne).

— Wenn's Männer gäbe, die ein weiblich Herz | Zu schätzen wüßten, die erkennen möchten, | Welch einen holden Schatz von Treu' und Liebe | Der Busen einer Frau bewahren kann, . . . | Wir (Frauen) feierten dann unsre goldne Zeit!

Joh. Wolfg. von Goethe, Torquato Tasso (1789). A. 2, Sz. 1 (Prinzessin).

— Es ist nichts Himmlischeres als ein weibliches Wesen, das sich dem geliebten Manne hingibt! Joh. Wolfg. von Goethe, Wilh. Meisters Lehrjahre (1777—1796).

— Torheit, du regierst die Welt, und dein Sitz ist ein schöner weiblicher Mund.

Heinr. von Kleist, Erz. (1810—1811). Mich. Kohlhaas.

Weiblich. — Weibliche Tugend, wie ward sie zum Spott durch männlichen Leichtsinn! | Nur die vollendete Kraft ehret ein zartes Gefühl.

Karl Gustav von Brinckmann, Elegien u. Arabesken (1820).

— Die Abgeschiedenheit spannt alle Vermögen eines weiblichen, in sich zarten und tiefen Gemüts höher, läutert die Seele und zieht sie ab von den kleinlichen, zerstreuenden Rücksichten, worein Frauen leichter verfallen als Männer.

Wilh. Freiherr von Humboldt, Br. an eine Freundin (Juli 1822).

— . . . die beginnende weibliche Reife spielt doch alles, ohne es zu wissen, in die Liebe hinüber.

Wilh. Freiherr von Humboldt, Br. an eine Freundin (8. März 1825).

— . . . was die Sehnsucht fodert, | Was in Eden grünt und blüht, | Jene Glut, die züchtig lodert, | Zeigt sich nur im weiblichen Gemüt.

Max von Schenkendorff, Sämtl. Gedichte (1837). Abteilung 1. Leben u. Liebe. Frauenlob.

— Die Palme des Schwatzens bleibt nun einmal dem (weiblichen) Geschlecht; Horazens Lalage (λαλαγή = Plappern) ist einer der schönsten Weibernamen. Karl Jul. Weber, Demokritos (1832—1840). D. Schwätzer.

— Der Rat, den dir ein weibliches Herz erteilt, wird immer der klügste sein.

Karl Gutzkow, Gesammelte Werke (1873).

— . . . das weibliche Geschlecht, das bekanntlich zum französischen Nationalcharakter eine gewisse Wahlverwandtschaft hat, weil es die Eitelkeit und die Neigung zu Verstellung und Komödienspielen mit ihm teilt.

Eduard von Hartmann, Phänomenologie d. sittlichen Bewußtseins (1879).

— Ein weiblich Herz | Voll treuer Neigung bietet sich nicht an. | Erraten will es sein und alles nur | Der unbestoch'nen Wahl der Liebe danken.

Emanuel Geibel, Echtes Gold wird klar im Feuer (1882). A. 4 (Helene).

Weibliche, das. — Das Ewig-Weibliche | Zieht uns hinan.

Joh. Wolfg. von Goethe, Faust, II (1831). A. 5. Bergschluchten, Wald, Fels, Einöde (Chorus mysticus). Schlußv.

— Es ist das Weibliche die dunkle Frage, | Die jedem, der hinaus ins Leben stürmt, | Als ernster Prüfstein sich entgegentürmt. | Ob früh, ob spät, für jeden wird am Ende | Das Weibliche zur Lebenssonnenwende.

Prinz Emil von Schönaich-Carolath, Dichtungen (1883). D. Sphinx.

— Das Ewig-Weibliche | Zieht uns hinab.

Friedr. Nietzsche, Gesammelte Werke (1895—1897).

Weiblichkeit. — . . . die schöne und reine Weiblichkeit sollte nur durch die schönste und reinste Männlichkeit angezogen werden.

Wilh. Freiherr von Humboldt, Br. an eine Freundin (26. Mai 1823).

— Die Macht der Weiblichkeit, die im einzelnen auf das Allgemeine wirkt, ist eine ungeheure . . . wie die Macht des Ozeans, und doch besteht sie wie dieser aus einzelnen Tropfen.

Julie Burow (Pfannenschmidt), Herzensworte (1862).

— Weiblichkeit ist die Achse der Erde und die Milchstraße am Himmel.

Ludw. Börne, Gesammelte Schriften (1862—1863).

— Hat der deutsche Reichsgedanke einmal die Anerkennung der deutschen Weiblichkeit gewonnen, dann ist er unzerstörbar und wird es bleiben.

Otto von Bismarck zu Damen a. Baden, Hessen u. d. Pfalz (30. März 1894).

Weibsbild. — Kein größern zorn man ienant spürt, | Dan so ein wibsbild zornig würt; | Die wütet wie ein löwin stůdt, | Der man die jungen nämen důt. Seb. Brant, D. Narrenschif (1494). Nr. 64. V. bosen wibern.

Weibsgebild. — Vorschnell und töricht, echt wahrhaftes Weibsgebild! | Vom Augenblick abhängig, Spiel der Witterung, | Des Glücks und Unglücks!

Joh. Wolfg. von Goethe, Faust, II (1831). A. 3. Vor d. Palaste d. Menelas (Chorführerin).

Weichen. — Er weicht selbst der Sonne nicht. Lat.: Nec soli cedit!

Wahlspr. Friedr. Wilh. I. v. Preußen (reg. 1713—1740).

— Jetzt weicht, jetzt flieht | Mit Zittern und Zähnegefletsch . . .

Jos. Viktor von Scheffel, Gaudeamus. D. Enderle v. Ketsch (ged. 1854). Mel. v. Christof Schmezer (komp. 1854).

Weichen, das. — Der war klug, der das Weichen hat erdacht, | Er hat jhr viel auß Schand vnd Noth gebracht.

Christoph Lehmann, Politischer Blumen-Garten (1662). T. 2. Weichen. Nr. 24.

Weichlich. — Weichliche Naturen machen gerne energische Programme von weit ausgreifendem Umfang und erschöpfen im Programme ihren momentanen Enthusiasmus.

Berth. Auerbach, Gesammelte Schriften (1892).

Weichlichkeit. — Ich glaube, daß die Quelle des meisten menschlichen Elends in Indolenz und Weichlichkeit liegt. Die Nation, die die meiste Spannkraft hatte, war auch allezeit die freieste und glücklichste.

Georg Christoph Lichtenberg, Verm. Schriften (1800—1806). Bd. 1, Nr. 3. Bemerk. verm. Inhalts. Nr. 4. Beobachtungen über d. Menschen.

Weidgesell. — Das ist ein schlechter Weidgesell, | Der kein Erbarmen kennt, | Und was er nur erreichen kann | Im Feuer niederbrennt.

Wahrmund Riegler, Gedicht'ln u. Spruchreime über Wald, Wild u. Weidwerk (1887). Spruchreime.

Weidmannsheil. — Um Frauengunst und Weidmannsheil | Da lohnt es sich zu mühen, | Weil sie für jeden Gecken nicht | Und nicht am Wege blühen.

Wahrmund Riegler, Gedicht'ln u. Spruchreime über Wald, Wild u. Weidwerk (1887). Spruchreime.

Weidwerk. — Das Weidwerk ist ein dickes Buch | Mit allerkleinsten Lettern; | Zum Segen der Schöpfung oder Fluch | Kann jeder darin blättern.

Wahrmund Riegler, Gedicht'ln u. Spruchreime über Wald, Wild u. Weidwerk (1887). Spruchreime.

Weigerung. — Schöne Weigerung ist schon ein halbes Geschenk.

Friedr. Bouterwek, Aphorismen (1808).

Weihnachten. — Stille Nacht, heilige Nacht, | Alles schläft, einsam wacht . . .

Jos. Mohr, Stille Nacht usw. (ged. 24. Dez. 1818). Mel. v. Frz. Gruber (komp. 24. Dez. 1818).

— O Weihnacht! Weihnacht! höchste Feier! | Wir fassen ihre Wonne nicht, | Sie hüllt in ihre heil'gen Schleier | Das seligste Geheimnis dicht.

Nicolaus Lenau (Niembsch, Edler von Strehlenau), Savonarola (1837). Weihnacht.

— Christtag im Freien, | Ostern ums Feuer.

Bauernregel.

— Grüne Christnacht: dunkle Scheuern; | Finstre Christnacht: helle Scheuern. Bauernregel.

— Ist's in der heiligen Nacht hell und klar, | So gibt's ein segenreiches Jahr.

Bauernregel. Um Luzern.

— Scheint die Sonn' am Christtag hell und klar, | So hofft man ein fruchtbar Jahr.

Bauernregel. Oberösterreich.

— Wenn die Christnacht fällt in den wachsenden Mond, | So gibt es ein Jahr, das sich lohnt.

Bauernregel.

— Wintert's in der Christnacht aufs Dach, | So wintert es im Frühjahr nach. Bauernregel.

Weihnachtsmann. — Morgen kommt der Weihnachtsmann.

Aug. Heinr. Hoffmann von Fallersleben, Lyrische Gedichte. Nr. 3. Kinderleben. D. vier Jahreszeiten. Nr. 4. D. Winter. Nr. 18. D. Weihnachtsmann (ged. 1835). Mel. v. Ernst Richter (komp. 1835).

Weihnachtszeit. — Es gibt kein schöneres Fest auf Erden, | Keins wie die heil'ge Weihnachtszeit.

Karl Müchler, Gedichte a. d. häuslichen Leben nebst Weihnachtsliedern. D. Weihnachtsfest (ged. 1811). Mel. v. Friedr. Heinr. Himmel (1827).

— O du fröhliche, o du selige, | Gnadenbringende Weihnachtszeit!

Joh. Daniel Falk, Auserlesene Werke. T. 1. Alldreifeiertagslied (ged. 1816). Mel. O sanctissima usw.

Weihrauch. — Ein anderes ist's, einem Weihrauch streuen, und ein anderes, einem das Rauchfaß um den Kopf schmeißen.

Gotthold Ephr. Lessing, Sämtl. Schriften. Br. antiquarischen Inhalts (1768—1769).

Weihrauch. — Weihrauch ist nur ein Tribut für Götter | Und für die Sterblichen ein Gift.

Joh. Christoph Friedr. Haug, Gedichte. D. Opfer (1814). Schlußv.

— Jemandem Weihrauch streuen (jemanden schmeichlerisch loben und preisen).

Sprichwörtl. Redensart.

Weile. — All Ding ein Weil.

Wahlspr. Joh. Ciceros, Markgrafen v. Brandenburg (1486—1499).

Weilen. — Nicht weilen, | Gleich Pfeilen | Hineilen. Spr. im Kloster Oelenberg. Elsaß.

Weiler. — Es liegt ein Weiler fern im Grund.

Eduard Hermes, D. einsame Röslein im Tal (ged. 1858). Mel. v. Verfasser.

Wein. — . . . vom betörenden Weine besieget, | Welcher den Weisesten oft anreizt zum lauten Gesange, | Ihn zum herzlichen Lachen und Gaukeltanze verleitet, | Und manch Wort ihm entlockt, das besser wäre verschwiegen. Griech.: *Οἶνος γὰρ ἀνώγει | Ἠλεός, ὅς τ' ἐφέηκε πολύφρονά περ μάλ' ἀεῖσαι | Καί θ' ἁπαλὸν γελάσαι, καί τ' ὀρχήσασθαι ἀνῆκεν | Καί τι ἔπος προέηκεν, ὅ πέρ τ' ἄρρητον ἄμεινον.*

Homer, Odyssee. Übers. v. Voß. Ges. 14, V. 463—66.

— Des Äußern Spiegel ist das Erz, der Wein des Sinns. Griech.: *Κάτοπτρον εἴδους χαλκός ἐστ', οἶνος δὲ νοῦ.*

Äschylus (um 525—456 v. Chr.), Fragmente. Übers. v. Minckwitz.

— Du wagst des Weins erfinderische Kraft zu schmähn? | Was fändest du, beflügelnd mehr die Tat, als Wein? Griech.: *Οἶνον σὺ τολμᾷς εἰς ἐπίνοιαν λοιδορεῖν; | Οἴνου γὰρ εὕροις ἄν τι πρακτικώτερον;*

Aristophanes, D. Ritter (um 424 v. Chr.). Übers. v. Wessely. V. 90—91 (Erster Sklave).

— Wo aber der Wein fehlt, stirbt der Kypris Reiz und ist | Der Menschen ganzer Himmel wüst und freudenleer! Griech.: *Οἴνου δὲ μηκέτ' ὄντος οὐκ ἔστιν Κύπρις, | Οὐδ' ἄλλο τερπνὸν οὐδὲν ἀνθρώποις ἔτι.*

Euripides (um 480—406 v. Chr.), D. Bacchenfest. Übers. v. Minckwitz. V. 773—74 (Bote).

— . . . rasend dünkt mich, wer am Wein nicht Freude hat! Griech.: *Ὡς ὅς γε πίνων μὴ γέγηθε μαίνεται.* Euripides (um 480—406 v. Chr.), Kyklops. Übers. v. Minckwitz. V. 168 (Seilenos).

— Tilgt im Weine den Unmut! Lat.: Vino pellite curas!

Quint. Horatius Flacc., Oden (um 23 v. Chr.). Übers. v. Voß. B. 1, Nr. 7, V. 31.

— Sicherlich war, denn es lobet den Wein, Weintrinker Homeros. Lat.: Laudibus arguitur vini vinosus Homerus.

Quint. Horatius Flacc., Episteln (um 20 v. Chr.). Übers. v. Voß. B. 1, Nr. 19, V. 6.

Wein. — Wein beseelt(e) mit Mut. Lat.: Vina dabant (dant) animos.

Publ. Ovidius Naso (um 43 v. Chr. — 17 n. Chr.), Metamorphosen. B. 12, V. 242. Übers. v. Grau.

— Der Wein ist unter den Getränken das nützlichste, unter den Arzeneien das schmackhafteste und unter den Nahrungsmitteln das angenehmste. Griech.: *Καὶ γὰρ ποτῶν ὠφελιμώτατόν ἐστι καὶ φαρμάκων ἥδιστον καὶ ὄψων ἀσικχότατον.*

Plutarch (um 50—120), Moralische Abhandlungen. Übers. v. Cyth. Diätetik. K. 17.

— Tritt der Wein ein, schlüpft das Geheimnis hinaus. Talmud (3. Jahrh.).

— Den Edeln erhebt der Wein, den Niedrigen entwürdigt er. Beim ersten Glas ein Lamm, beim zweiten ein Löwe, bei dem dritten Glas ein Schwein. Talmud (3. Jahrh.).

— Der Wein ist der Meister | Der Menschen und Geister.

A. d. Arabischen d. Hariri (um 1054—1121).

— Erlaubt hab' ich (Muhammed) den Wein für die Verständ'gen, | Und ich verbot ihn für die Dummen nur.

A. d. Persischen d. Omar Chijam (12. Jahrh.). Vierzeiler. Übers. v. Schack.

— Wenn des Weines goldne Fluten aus dem Becher mich durchrinnen, | Und es mir im Freudenrausche schwindeln wird an allen Sinnen, | Tausend Wunder seh' ich dann und höre Stimmen, die in klaren | Worten mir das tiefste Wesen aller Dinge offenbaren.

A. d. Persischen d. Omar Chijam (12. Jahrh.). Vierzeiler. Übers. v. Schack.

— Ziemt es dem biedern Manne, daß ihm die Zunge hinket | Vom Wein? Ich denk', daß er dadurch in Sünd' und Schand' versinket. Mittelhochdeutsch: Wie zimet daz biderbem man, daz ime diu zunge hinket | Von wîne? ich waene er houbetsünde und schande zuo im winket.

Walter v. d. Vogelweide (um 1170—1230), Gedichte. Übertr. v. Pannier.

— So der Wein kommt in das Haupt, | Ist der Sinne es beraubt. Mittelhochdeutsch: Sô der wîn kumt in daz houbet, | So istz armüete beroubet.

Vrîdankes Bescheidenheit (1225—1240). Übertr. v. Pannier. Nr. 35. v. trunkenheite.

— Met und Wein sind beide gut | Für Sorge, Durst und Armut. Mittelhochdeutsch: Mete unt wîn sint beide guot | Vür sorge, durst und armuot.

Vrîdankes Bescheidenheit (1225—1240). Übertr. v. Pannier. Nr. 35. v. trunkenheite.

— Lautertrank, der rein und gut, | Verjünget alter Leute Mut; | Schlechter Wein, der trüb' und kalt, | Der macht die Jugend balde alt. Mittelhochdeutsch: Lûter wîn, reine unde guot, | Der junget alter liute muot; | Kranker wîn, trüebe unde kalt, | Der machet schiere jungen alt.

Vrîdankes Bescheidenheit (1225—1240). Übertr. v. Pannier. Nr. 41. v. guote u. übele.

Wein. — Win machet uß eim wisen man, | Das er die narrenkapp streift an.

Seb. Brant, D. Narrenschif (1494). Nr. 16. V. fullen u. prassen.

— Der win ist gar senft am ingang, | Zů letzst sticht er doch wie ein schlang | Und güßt sin gift durch alles blůt, | Glich wie der basiliscus důt.

Seb. Brant, D. Narrenschif (1494). Nr. 16. V. fullen u. prassen. Schlußv.

— Der wyn hat loth ouch bracht in not, | Das er beschlieff syn eygen kindt.

Thomas Murner, Narrenbeschwerung (1512). Nr. 18. Vff d. fleschen riemen tretten.

— Wenn ein gut' freund zum andern khumbt, | Sind traurig still und gar verstumbt, | Vnnd khumbt darzu der Edle weyn, | Muß alles traurens vergessen seyn.

Spr. auf einem Becher d. Leipziger Ratssilberschatzes (16. Jahrh.).

— . . . o du unsichtbarer Geist des Weins, wenn du noch keinen Namen hast, an dem man dich kennt, so heiße Teufel! Engl.: O thou invisible spirit of wine, if thou hast no name to be known by, let us call thee devil!

William Shakespeare, Othello (um 1601—1605). Übers. v. Schlegel. A. 2, Sz. 3 (Cassio).

— . . . guter Wein ist ein gutes, geselliges Ding, wenn man mit ihm umzugehn weiß. Engl.: Good wine is a good familiar creature, if it be well used.

William Shakespeare, Othello (um 1601—1605). Übers. v. Schlegel. A. 2, Sz. 3 (Jago).

— Zu rechtem Gebrauch giebt Gott dem Menschen den Wein, | Drum soll er nicht ein versoffener Bacchus sein. Inschrift an einem Ofen in Neerach (1636).

— Sankt Paulus war ein Medicus, | Er schrieb an den Timotheus: | Um deines schwachen Magens willen | Sollst du den Durst mit Weine stillen!

Studentenlied (um 1640). Mel. v. Karl Friedr. Zelter (1815).

— So lang ich leb, lieb ich den Wein, | Dann er vertreibet Forcht vnd pein, | Verjagt Melancholey vnd Schmertzen.

Joh. Mich. Moscherosch, Wunderliche v. Warhafftige Gesichte Philanders v. Sittewalt (1643). T. 2, Gesichte 2. Hans hinüber, Gans herüber.

— Wo kein Wein ist, da ist kein frewd, | Im Wein vergist man alles Leid, | Ohn Wein ein Mensch ist halb erstorben.

Joh. Mich. Moscherosch, Wunderliche v. Warhafftige Gesichte Philanders v. Sittewalt (1643). T. 2, Gesichte 2. Hans hinüber, Gans herüber.

— Wahrheit steckt in dir, o Wein! | Wie will der denn scheltbar sein, | Der die Wahrheit zu ergründen | Sich beim Bacchus viel läßt finden!

Friedr. von Logau, Deutsche Sinn-Getichte (1654). D. Wahrheit im Wein.

Wein. — Wer täglich in dem Weine schwimmt, | Schwimmt, bis er endlich Schiffbruch nimmt.

Friedr. von Logau, Deutsche Sinn=Getichte (1654). Völlerei.

— Wo in die Schale springt der Wein, | Wo kluge Saiten spielen rein, | Wo süße Küsse fallen drein, | Da kan man herzlich lustig sein.

Friedr. von Logau, Deutsche Sinn=Getichte (1654). Beliebliche Sachen.

— Der Wein ist unser noch, wenn ihn das Faß beschleußt; | Sein aber sind wir dann, wenn ihn der Mund geneußt.

Friedr. von Logau, Deutsche Sinn=Getichte (1654).

— Der Wein macht wild. Lat.: In vino feritas! Trinkspr. d. Jos. v. Wernek (5. Dez. 1659).

— Wein muß man mit Wein löschen.

Christoph Lehmann, Politischer Blumen=Garten (1662). T. 2. Trunckenheit. Nr. 38.

— Ein Weib, Pferd vnd der Wein seynd betriegliche Wahren.

Christoph Lehmann, Politischer Blumen=Garten (1662). T. 2. Wein. Nr. 12.

— Guter Wein rufft sich selbst auß.

Christoph Lehmann, Politischer Blumen=Garten (1662). T. 2. Wein. Nr. 19.

— Wo fröliche gemüther seyn, | Da bist auch du, o edler wein!

Christ. Hoffmann von Hoffmannswaldau, Gedichte (1697). V. d. herbst=zeit.

— Du (Wein) bist der beste koch auf erden, | Der beste leib=artzt in der welt, | Der zu gesunden sich gesellt, | Die schwachen wieder starck läst werden.

Christ. Hoffmann von Hoffmannswaldau, Gedichte (1697). V. d. herbst=zeit.

— Gutter Wein hat diesen Lohn, | Daß man lange redt darvon.

Hans Aßmann Freiherr von Abschatz, Poetische Übersetzungen u. Gedichte (1704). Sprüchwörter.

— Vor allen Pflanzen muß der Wein | Von dir zuerst gepflanzet seyn!

Joh. Arnold Ebert, Episteln u. verm. Gedichte. T. 1. Trinklieder d. alten Griechen (ged. 1747).

— Ich höre gern beym Weine singen, | Zumahl, wenn man vom Weine singt.

Joh. Arnold Ebert, Episteln u. verm. Gedichte. T. 2. D. gute Gebrauch (ged. 1747).

— Ihr Götter, steht mir Armen bei! | Schafft, daß der Wein nicht schädlich sey; | Wo nicht, so laßt, Gesundheit zu erwecken, | Das Wasser besser schmecken!

Joh. Wilh. Ludw. Gleim, Versuch in scherzhaften Liedern (1744—1753). Seufzer eines Kranken.

— Wein ist stärker als das Wasser, | Das gestehn auch seine Hasser. | Wasser reißt wohl Eichen um | Und hat Häuser umgerissen; | Und ihr wundert euch darum, | Daß der Wein mich umgerissen?

Gotthold Ephr. Lessing, Schriften (1753—1755). Lieder. B. 1, Nr. 11. D. Stärke d. Weins.

Wein. — Geschmack und Witz, es frei zu sagen, | War bei den Alten allgemein. | Warum? sie tranken alle Wein. | Doch ihr Geschmack war noch nicht fein; | Warum? sie mischten Wasser drein.

Gotthold Ephr. Lessing, Schriften (1753—1755). Lieder. B. 1, Nr. 25. D. Geschmack d. Alten.

— . . . gebt uns Lieb' und Wein, | O, so sind wir Fürsten!

Christ. Felix Weiße, Kleine lyrische Gedichte. Bd. 1. Scherzhafte Lieder. Liebe u. Wein (ged. 1766). Mel. v. Joh. Adam Hiller (1766).

— Der Wein erfreut des Menschen Herz, und die Freudigkeit ist die Mutter aller Tugenden.

Joh. Wolfg. von Goethe, Götz v. Berlichingen (1773). A. 1. Herberge im Walde (Martin).

— In ganz Europia, ihr Herren Zecher, | Ist solch ein Wein nicht mehr.

Matthias Claudius, Sämtl. Werke d. Wandsbecker Boten. T. 3. Rheinweinlied (ged. 1775). Mel. v. Joh. André (komp. 1776).

— Ich geb' es zu, ein Kuß ist süß, | Doch süßer ist der Wein.

Ludw. Hölty, Gedichte. Lieder. Trinklied beim Rheinwein (ged. 1775). Mel. v. Joh. Friedr. Reichardt (1797).

— Du dort, schenke mäßig ein! | Denn Erfahrung lehret, | Scherz und Freude scheucht der Wein, | Wenn er uns betöret.

Friedr. Leop. Graf zu Stolberg, Gedichte. Rundges. (ged. 1775). Mel. v. D. Weiß (1777).

— Das Leben gleichet der Blume! | So sagen die Weisen. Wohlan! | Das lasset uns, Freunde, bedenken | Und laßt uns mit Weine sie tränken; | Denn frischer blühet sie dann!

Gerhard Anton von Halem, Schriften. Trinklied (1787). Mel. v. Karl Spazier (1790) u. Joh. Daniel Gerstenberg.

— Jeder Wein setzt Weinstein an den Fässern an mit der Zeit.

Joh. Wolfg. von Goethe, Egmont (1788). A. 3. Klärchens Wohnung (Egmont).

— Der Wein im eignen Faß ist dein; | Laß ihn heraus, so bist du fein!

Joh. Christoph Friedr. Haug, Sinngedichte (1791). An Bibulus.

— Geboren ward zum König der Getränke | Der Sohn der Rebenflur (der Wein).

Aug. Langbein, Gedichte. Ein Lied v. Wein (ged. 1792). Mel. Bekränzt mit Laub d. lieben vollen Becher usw.

— Einst hat mir mein Leibarzt geboten: | Stirb, oder entsage dem Wein!

Studentenlied (vor 1794). Studentenweise.

— Was ist des Lebens höchste Lust? | Die Liebe und der Wein.

Joachim Perinet, D. Schwestern v. Prag (1794). Komp. v. Wenzel Müller. Ich hab' d. ganzen Vormittag usw. Str. 2.

— Wer nie der Schönheit Reiz empfand, | Wer sich nicht freut beim Wein, | Dem reich' ich nicht als Freund die Hand, | Mag nicht sein Bruder sein.

Joachim Perinet, D. Schwestern v. Prag (1794). Komp. v. Wenzel Müller. Ich hab' d. ganzen Vormittag usw. Str. 4.

Wein. — Wer dich verschmäht, du edler Wein, | Der ist nicht wert, ein Mensch zu sein.
Joachim Perinet, D. neue Sonntagskind (1794). Ein Mann, d. nie kein Rausch hat g'habt usw. Mel. v. Wenzel Müller.

— Der Wein, der Wein ist Goldes wert, | Er lindert alle Schmerzen; | Er macht den Dummen oft gelehrt | Und bessert böse Herzen.
Friedr. Ludw. Ämil Kunzen, D. Fest d. Winzer. Weinlied (ged. 1795). Mel. v. Verfasser.

— Ein Freudengeber bist du, Wein! | Verscheuchest trüben Kummer, | Flöß'st matten Herzen Liebe ein, | Gibst Kranken sanften Schlummer.
Friedr. Ludw. Ämil Kunzen, D. Fest d. Winzer. Weinlied (ged. 1795). Mel. v. Verfasser.

— Der Wein ist ein Remedium | Für all' und jede Stände; | Er stärkt das Kapitolium, | Herz, Magen, Füß' und Hände.
Friedr. Ludw. Ämil Kunzen, D. Fest d. Winzer. Weinlied (ged. 1795). Mel. v. Verfasser.

— Der Wein erfreut des Menschen Herz, | Drum gab ihm Gott den Wein! | Auf, laßt bei Rebensaft und Scherz | Uns unsers Daseins freun!
Karl Müchler, Trinklied (ged. 1796). Mel. v. Karl Friedr. Zelter (1797).

— Gott gab zur Freude den Wein!
Aug. Mahlmann, Sämtl. Schriften. Gedichte. Aufmunterung zur Freude (ged. 1797). Mel. v. Karl Bornhardt (1799) u. Anton Felix von Bezvarsovsky.

— Drum ist der Wein zu allem nütze, | Er ist des Glückes Talisman!
Karl Müchler, D. Stein d. Weisen (1797). Mel. v. Aug. Methfessel.

— Der Wein erfindet nichts, er schwatzt's nur aus. Friedr. von Schiller, D. Piccolomini (1799). A. 4, Sz. 7 (Isolani).

— Heidnische Weisheit und christlicher Glaube | Sitzen in Eintracht beim Nektar der Traube (beim Wein). Ernst Moritz Arndt, Gedichte. D. runde Lied (ged. 1803).

— Eine kleine Erhebung durch Wein ist den Sprüngen der Erfindung und dem Ausdruck günstig.
Georg Christoph Lichtenberg, Verm. Schriften (1800—1806). Bd. 2, Str. 2. Bemerk. verm. Inhalts. Nr. 8. Litterärische Bemerk.

— Jetzt schwingen wir den Hut; | Der Wein, der Wein war gut.
Joh. Peter Hebel, Schatzkästlein d. rheinischen Hausfreundes. Abendlied, wenn man a. d. Wirtshaus geht (ged. 1806). Mel. v. Albert Methfessel (1820) u. Friedr. Schneider.

— Im Kreise froher, kluger Zecher | Wird jeder Wein zum Göttertrank.
Christ. Gottlob Otto, Im Kreise froher, kluger Zecher usw. (vor 1808). Volksweise.

— Wohlauf! noch getrunken | Den funkelnden Wein! Justinus Kerner, Dichtungen. Wanderlieder. Wanderlied (ged. März 1809). Volksweise.

Wein. — Der Wein ist der Stimme des Liedes | Zum freudigen Wunder gesellt | Und malt sich mit glühenden Strahlen | Zum ewigen Frühling der Welt.
Theod. Körner, Poetischer Nachlaß. Verm. Gedichte. D. drei Sterne (ged. 1809).

— Das Lied vom Wein | Ist leicht und klein.
Friedr. Rochlitz, D. Lied v. Wein (ged. 1811). Volksweise.

— Setze mir nicht, du Grobian, | Mir den Krug so derb vor die Nase! | Wer mir Wein bringt, sehe mich freundlich an, | Sonst trübt sich der Eilfer im Glase!
Joh. Wolfg. von Goethe, Westöstlicher Diwan. D. Schenkenb. D. Kellner (ged. 1. Juli 1815).

— Brüder, das ist deutscher Wein! | Darum ist er klar und stille, | Darum hat er Kraft und Fülle.
Aloys Wilh. Schreiber, Cornelia. Rheinweinlied, auf d. Rhein zu singen (ged. 1816). Mel. v. Friedr. Silcher (1823).

— Bringt mir Blut der edlen Reben, | Bringt mir Wein!
Ernst Moritz Arndt, Gedichte. Trinklied (ged. 1817). Mel. v. Verfasser.

— Sorgen fliehen fort wie Diebe, | Und wie Helden glühn die Triebe | Bei dem Wein!
Ernst Moritz Arndt, Gedichte. Trinklied (ged. 1817). Mel. v. Verfasser.

— Bedienet uns ein Bauer, | So schmeckt der Wein fast sauer; | Doch ist's ein schöner Schatz, | So kriegt sie einen Schmatz.
Clemens Brentano, Viktoria u. ihre Geschwister (1817). Soldatenlied. Schlußv.

— An dem Freunde wollen wir uns wärmen, | In dem Weine kühlen unsre Lust!
Brüder, zu d. festlichen Gelagen usw. (vor 1821). Verfasser unbek.

— Schon mancher ist versunken; | Noch keiner ist ertrunken | In einem Becher Wein.
Wilh. Müller, Lieder d. Lebens u. d. Liebe. Nr. 1. Tafellieder für Liedertafeln. Warnung vor d. Wasser (ged. 1822). Mel. v. Albert Methfessel (1823) u. Aug. Mühling (1850).

— Ein kluger Mann hieraus ersicht, | Daß Weins Genuß ihm schadet nicht | Und item, daß ein guter Christ | In Wein niemalen Wasser gießt, | Dieweil darin ersäufet sind | All sündhaft Vieh und Menschenkind.
Aug. Kopisch, Gedichte. Weinlieder. Historie v. Noah (ged. 1824). Schlußv. Mel. v. Karl Gottl. Reissiger (1827).

— Guter Wein lehrt gut Latein.
Wilh. Müller, Lieder d. Lebens u. d. Liebe (1824). Nr. 1. Tafellieder für Liedertafeln. Guter Wein, gut Latein.

— Wein ist der Glättstein | Des Trübsinns, der Wetzstein | Des Stumpfsinns, der Brettstein | Des Siegers im Schach.
Friedr. Rückert, D. Verwandlungen d. Abu Seid v. Serug oder d. Makamen d. Hariri (1826). D. Geleitsmann.

Wein. — Alles kann der Mensch verhehlen, | Zwei nur, Wein und Liebe nicht; | Ob der Mund auch widerspricht, | Aug' und Miene wird's erzählen.
Moritz Doering, Gedichte (1827).

— Wo der perlende Wein im Becher glüht, | Wo Männer preisen des Sängers Lied: | Am Rhein, am tobenden, schäumenden Rhein, | Da möcht' ich sein.
Oskar Ludw. Bernh. Wolff, Gedichte v. d. deutschen Improvisator (1827). Wo? Mel. v. Albert Methfessel (1831).

— Wer Wein verlangt, der keltre reife Trauben!
Joh. Wolfg. von Goethe, Faust, II (1831). A. 1. Kaiserliche Pfalz. Saal d. Thrones (Astrolog).

— . . . wenn man bei Wein sitzt, ist das allerbeste: | Anstoßen, Austrinken!
Aug. Kopisch, Gedichte (1836). Weinlieder. Soldatenlied. Mel. v. Wilh. Speyer.

— Man kann, wenn wir es überlegen, | Wein trinken fünf Ursachen wegen: | Einmal um eines Festtags willen, | Sodann vorhandenen Durst zu stillen, | Ingleichen künftigen abzuwehren, | Ferner dem guten Wein zu Ehren | Und endlich um jeder Ursach' willen.
Friedr. Rückert, Gesammelte Gedichte (1834—1838). Haus u. Jahr. Zweite Reihe. D. fünf Ursachen.

— Drei muntere Burschen saßen | Gemütlich bei dem Wein.
Heinr. Hoffmann, Drei Liebchen (ged. 1839). Mel. v. Wilh. Speyer (1840).

— Ein König ist der Wein.
Frz. Ritter von Kobell, Triphylin. Gedichte. Weinlied (ged. 1839). Mel. v. Konrad Max Kunz (1841—1851).

— Des Weines Reich ist eine Republik, | Wo jeder Untertan ein froher König.
Joh. Matthias Firmenich, Clotilde Montalvi (1840). A. 1, Sz. 11.

— Das ist dem Weine ja zu eigen: | Was tief in unsers Herzens Grund | Verborgen liegt, das macht er kund.
Frz. Kugler, Gedichte (1840). Trinkers Frohsinn.

— Es gibt so manche Straße, da nimmer ich marschiert, | Es gibt so manchen Wein, den ich nimmer noch probiert.
Emanuel Geibel, Gesammelte Werke. Gedichte. Jugendgedichte. B. 1. Lübeck u. Bonn. Lieder. Nr. 32 (ged. 1835—1841). Mel. v. Justus Wilh. Lyra (1843).

— . . . wollt' ein Dirnlein sein | Mir gar die Schenkin sein, | Mir wär's, als schwämmen Rosen | Wohl auf dem klaren Wein.
Emanuel Geibel, Gesammelte Werke. Gedichte. Jugendgedichte. B. 4. Escheberg, St. Goar (ged. 1842—1843). Lieder eines fahrenden Schülers. Nr. 1.

— Das soll am Wein belobet sein: | Er trinkt am besten sich zu Zwein.
Emanuel Geibel, Juniuslieder (1848). Gelegenheitsgedichte, Spr., Scherze. Spr. Nr. 16.

Wein. — Es saßen beim schäumenden, funkelnden Wein | Drei fröhliche Burschen und sangen.
Rob. Keil, D. lustigen Brüder (ged. 1848). Mel. v. Verfasser.

— Aus dem Feuerquell des Weines, | Aus dem Zaubergrund des Bechers | Sprudelt Gift und — süße Labung, | Sprudelt Schönes und — Gemeines, | Nach dem eignen Wert des Zechers, | Nach des Trinkenden Begabung!
Friedr. von Bodenstedt, D. Lieder d. Mirza-Schaffy (1851). Lieder zum Lobe d. Weines u. irdischer Glückseligkeit. Nr. 1.

— Der ist nicht wert des Weines, | Der ihn wie Wasser trinkt!
Friedr. von Bodenstedt, D. Lieder d. Mirza-Schaffy (1851). Lieder zum Lobe d. Weines u. irdischer Glückseligkeit. Nr. 16. Schlußv.

— Gibt's nirgend mehr 'nen Tropfen Wein | Des Nachts um halber zwölf?
Jos. Viktor von Scheffel, Gaudeamus. D. wilde Heer (ged. 1854). Mel. v. Christof Schmezer (1856).

— . . . wer mir Gelahrtheit brockt in den Wein, | Der soll mein Zechgenoß nicht sein!
Emanuel Geibel, Neue Gedichte (1856). Verm. Gedichte. B. 2. A. d. Schenkenb. Nr. 3.

— Laß mir die Knaben vom Feste, | Denn sie haben noch nichts erlebt! | Das ist am Weine das beste, | Daß die Erinnerung drüber schwebt.
Emanuel Geibel, Neue Gedichte (1856). Verm. Gedichte. B. 2. A. d. Schenkenb. Nr. 9.

— Wem nach wochenlanger Plag' | Herzensfroh, bei Sang und Klang, | Weib und Wein gefallen mag, | Hei! dem macht kein Teufel bang!
Emerich Madách, D. Tragödie d. Menschen (1861). A. d. Ungar. übers. v. Lechner. Sz. 11 (Zweiter Handwerker).

— Im Weine wie spiegelt | Die Welt sich so schön! | Wer fastet und klügelt, | Wird's nimmer verstehn. | Drum Flaschen entsiegelt | Und Herzen entzügelt | Und Geister beflügelt | Zu himmlischen Höhn! Paul Heyse, Im Paradies (1875). Bd. 2.

— Wein und Weib und Würfel | Ist ein dreifach W. Aug. Heinr. Hoffmann von Fallersleben, Gesammelte Werke (1890). Gedichte. D. Weh.

— Den stummen Fischen und quakenden Fröschen | Genüg' es, den Durst im Wasser zu löschen; | Doch begeisterten Menschen, die singen können, | Ist der Wein als begeisternder Trunk zu gönnen. Daniel Sanders, 366 Spr. (1892). Nr. 287. Wein.

— Für uns sind Wein und Mädchen nah, | Drum, Brüder, lustig, tralleralla!
Studentenlied u. -weise.

— Knaben mögen Wasser trinken, | Männer trinken Wein! Studentenlied u. -weise.

Wein. — 's ist doch närrisch, wenn wir eben | Nur vom Wein einmal genippt, | Daß der Wein so wunderbarlich | Gleich nach einer Seite kippt.
Blauer Montag. Verfasser unbek. Mel. v. Frz. Otto.

— Wären wir wohl recht gescheit, | Wenn wir unsre Lebenszeit | So verschleichen ließen | Ohne Wein und Küssen!
Brüder, trinkt einmal! Studentenlied u. -weise.

— . . . der Wein erfreue des Menschen Herz!
Ps. 104, V. 15.

— Der Wein macht lose Leute.
Spr. Sal., K. 20, V. 1.

— . . . wer dazu (zum Wein) Lust hat, wird nimmer weise. Spr. Sal., K. 20, V. 1.

— . . . wer Wein . . . liebt, wird nicht reich.
Spr. Sal., K. 21, V. 17.

— Wo ist Weh? Wo ist Leid? Wo ist Zank? Wo ist Klagen? Wo sind Wunden ohne Ursach'? Wo sind rote Augen? Nämlich, wo man beim Wein liegt und kommt, auszusaufen, was eingeschenket ist. Spr. Sal., V. 23, V. 29—30.

— Gebet starkes Getränke denen, die umkommen sollen und den Wein den betrübten Seelen, daß sie trinken und ihres Elendes vergessen und ihres Unglücks nicht mehr gedenken!
Spr. Sal., K. 31, V. 6—7.

— Wehe denen, so Helden sind, Wein zu saufen!
Jesaias, K. 5, V. 22.

— . . . der Wein bringt viele Leute um.
Jes. Sir., K. 31, V. 30.

— . . . was ist das Leben, da kein Wein ist?
Jes. Sir., K. 31, V. 33.

— Der Wein, zur Notdurft getrunken, erfreuet Leib und Seele. Jes. Sir., K. 31, V. 35.

— . . . allezeit Wein oder Wasser trinken ist nicht lustig. 2. Makk., K. 15, V. 40.

— . . . zuweilen Wein, zuweilen Wasser trinken, das ist lustig. 2. Makk., K. 15, V. 40.

— Jedermann gibt zum ersten guten Wein, und wenn sie trunken geworden sind, alsdann den geringern. Evang. Joh., K. 2, V. 10.

— Sie sind voll süßes Weins.
Apostelgesch., K. 2, V. 13.

— . . . Weins, daraus ein unordentliches Wesen folgt. Eph., K. 5, V. 18.

— Alt Freund', alt Wein', alt' Geld | Führen den Preis in aller Welt. Alter Spr.

— Auf des Hundes Biß | Hundshaar' nicht vergiß! | Und auf viel Wein laß Wein | Das beste Pflaster sein! Alter Spr.

— Ein alten Man macht der gute Wein | Gleich wie den Jungen frölich sein; | So aber der wein nicht ist gut, | Der Jung wie der alt trawren thut.
Alter Spr.

— Ein gut Glas Wein | Hilft den Alten auf die Bein'. Alter Spr.

— Viel freundtschafft und ehren sein | Steckt in einem Faß vol Wein. Alter Spr.

— Wein ist mein Trost, | Er macht, daß mir kein Geld verrost't. Alter Spr.

Wein. — Wein voll unseglich schaden thut | An dem verstandt, an Leib und Gutt; | Wein voll schwächet der Menschen gang, | Wein voll macht das Gesicht kranck. Alter Spr.

— Wenn der Wein in' Kopf gestiegen, | Da verbleibt nichts mehr verschwiegen, | Da sagt der Arm und Reiche | Gebrechen und Gebräuche.
Alter Spr.

— Wie Vielen hat der Wein das Leben abgestohlen! | Es fallen ihrer mehr durch Gläser als Pistolen. Alter Spr.

— Beim Wein geht die Zunge auf Stelzen.
Sprichwort.

— Ist der Wein im Manne, | Ist der Verstand in der Kanne. Sprichwort.

— Wein ist der Poeten heiliger Geist.
Sprichwort.

— Wein und Bier schmeckt süß, | Versauf' ich auch die Schuh', behalt' ich doch die Füß'!
Sprichwort.

— Wenn der Wein eingeht, geht der Mund auf.
Sprichwort.

— Der Wein ist die Milch der Alten. Ital.: O vino l'è o tettin di vëgi.
Ligurisches Sprichwort.

— Jemandem reinen Wein einschenken (jemandem die unverfälschte Wahrheit sagen).
Sprichwörtl. Redensart.

— Heißer Juli verheißt guten Wein.
Bauernregel.

— Was Juli und August am Wein nicht vermocht, | Das wird vom September nicht gar gekocht. Bauernregel.

— Beim Wein bewahre wohl dein Wort, | Hier geht kein Laut verloren, | Der Pfeiler führt's zum Pfeiler fort, | Die Wände haben Ohren.
Inschrift im Ratskeller zu Bremen.

— Der Wein hat praff (brav) Curasche, | Es war ihm keiner zu stark und rund, | Den er nit zu Boden werfen kunnt', | Den Herren sambt dem Pasche (Page). A. einem alten Trinkb.

— Die Geister der Jugend im Weine lachen; | Gib acht, daß sie dich nicht kindisch machen!
Inschrift im Ratskeller zu Bremen.

— Durch den Wein zum Blumenbeet | Wird die Phantasie verwandelt, | Drin der Odem Gottes weht, | Drin der Geist der Schönheit wandelt.
Inschrift im Ratskeller zu Wiesbaden.

— Ein Dichten ist auch das Wein-Genießen, | Nur daß die Verse nach innen fließen.
Inschrift im Ratskeller zu Bremen.

— Ein Taucher wahrlich ist der Wein, | Er taucht ins Menschenherz hinein; | Manch Perlchen, das dort dunkel lag, | Das fördert fröhlich er zutag. Inschrift im Ratskeller zu Wiesbaden.

— Ein Wein, der kneift, | Ein Weib, das keist, | Zehn Schritte bleib' | Mir das vom Leib!
Inschrift im Berliner Ratskeller. Weinlokal.

Wein. — Im Wasser kannst du dein Antlitz sehn, | Im Wein der andern Herz erspähn.

Inschrift in einem Wirtshause in Osnabrück.

— Ihr wißt, daß Engel umschweben | Im Sommer die duftigen Reben; | Vorboten sind sie nur, im Wein | Kehrt unser Herrgott selber ein.

Inschrift im Ratskeller zu Wiesbaden.

— Mehr ist, so will mir bedünken, | Mehr ist als Weiber der Wein; | Denn Wein kann man lieben und trinken, | Die Weiber nur lieben allein.

Inschrift im Stiftskeller zu Salzburg.

— Nichts verkert die werlt so sern | Als win, schatz und wertlich ern (Ehren).

Wartburgspr. Verbindungsgang.

— Wein und Tausendgüldenkraut | Machen, daß man heiter schaut.

Inschrift in einem Wirtshause in Bacharach.

— Wein und Weiber sind auf Erden | Aller Weisen Hochgenuß, | Denn sie lassen selig werden, | Ohne daß man sterben muß.

Inschrift in einem Wirtshause in Meran.

— Wer bringt mir Licht und Klarheit | In dieses dunkle Problem; | Im Weine ist doch Wahrheit, | Und man trinket ihn trotzdem?

Inschrift im Ratskeller zu Wiesbaden.

— Wer nicht liebt Wein und Gesang, | Verdient ein Weib sein Leben lang.

Inschrift im Ratskeller zu Wiesbaden.

— Wer Wein und Weiber meiden mag, | Der wische diesen Reimen ab!

Spr. in einem Wirtshause. Schweiz.

— Winket dir der Wein im Becher, | Greife zu und trinke frisch; | Aber nicht mit jedem Zecher | Setze dich an einen Tisch!

Spr. an einem alten bayrischen Getreidemaß.

— Und wenn i's hundert Schätzli hätt', | Und alle g'hörent mi', | So gäb' i s'her um a Leberwurst | Und um a Schöppli Wi'.

Schnaderhüpfl. Vorarlberg.

Weinberg. — Jeder brave Weinberg lebe, | Nie von wildem Frost betrübt!

Rundges. Verfasser unbek. Mel. v. Karl Gottl. Hering (1789).

— Des Herren Zebaoth Weinberg ... ist das Haus Israel. Jesaias, K. 5, V. 7.

— Arbeiter im Weinberg.

Nach Matth., K. 20, V. 1.

Weinen. — Weint, Göttinnen der Lieb' und Liebesgötter, | Und was Liebliches lebt auf Erden, weine! Lat.: Lugete, o Veneres Cupidinesque, | Et quantum est hominum venustiorum.

Gajus Valerius Catullus (um 87—54 v. Chr.), Gedichte. Übers. v. Vulpius. B. 3, V. 1—2.

— Wie mit den Lachenden lacht, also auch den Weinenden folget | Gern des Menschen Gesicht. Lat.: Ut ridentibus adrident, ita flentibus adflent | Humani voltus.

Quint. Horatius Flacc., Dichtkunst (um 20 v. Chr.). Übers. v. Voß. V. 101—2.

Weinen. — Gar oft weint man in Herzens Grund, | So doch lachen muß der Mund. Mittelhochdeutsch: Daz herze weinet manege stunt, | Sô doch lachen muoz der munt.

Vrîdankes Bescheidenheit (1225—1240). Übertr. v. Pannier. Nr. 9. v. d. werlde.

— Wer weint, vermindert seines Grames Tiefe. Engl.: To weep is to make less the depth of grief.

William Shakespeare, König Heinr. VI. (um 1591—1592). Übers. v. Schlegel. T. 3, A. 2, Sz. 1 (Richard).

— ... weinest oder lachst du?

Gottfr. Aug. Bürger, Gedichte. Lenore (ged. Winter 1773).

— Keine Seele weint um mich.

Friedr. (Maler) Müller, Balladen (1776). Soldaten-Abschied. Mel. v. Friedr. Fesca (komp. 1822).

— Du weinst, Amalia?

Friedr. von Schiller, D. Räuber (1781). A. 4, Sz. 2 (Moor).

— Man sieht dir's an den Augen an, | Gewiß, du hast geweint.

Joh. Wolfg. von Goethe, Gedichte. Lieder. Trost in Tränen (ged. um 1802). Mel. v. Karl Friedr. Zelter (komp. 23. Sept. 1803), Joh. Friedr. Reichardt (1809), Ludw. Berger u. a.

— Ich seh' dir's an den Augen an, | Daß du geweinet hast.

D. Knaben Wunderhorn (1806—1808). Wie kommt es, daß du traurig bist?

— Es weinet die Jugend, es weinet das Alter; aber dort tauet der Morgen, hier nur der Abend.

Jean Paul (Joh. Paul Friedr. Richter), Herbst-Blumine (1810—1820). Bd. 1.

— ... könnte der Mensch sein Leiden nicht weinen, | Ach, wie ertrüg' er es da!

Friedr. Gottl. Klopstock, Sämtl. Werke (1798—1821). Bd. 4.

— Ein Mann, der Tränen streng entwöhnt, | Mag sich ein Held erscheinen; | Doch wenn's im Innern sehnt und dröhnt, | Geb' ihm ein Gott, — zu weinen!

Joh. Wolfg. von Goethe, Gedichte. Zahme Xenien. Nr. 3 (1824).

— Wer ist von beiden der ärmere Mann: | Der nicht im Schmerze weinen kann, | Oder der nie ein Glück genossen, | Davon die Augen ihm überflossen? Paul Heyse, Spruchbüchlein (1885). Lebensweisheit. Tränen.

— An den Wassern zu Babel saßen wir und weineten. Ps. 137, V. 1.

— Ich habe schier meine Augen ausgeweinet.

Klaglieder Jer., K. 2, V. 11.

— ... ging hinaus und weinete bitterlich.

Matth., K. 26, V. 75.

— Selig seid ihr, die ihr hier weinet; denn ihr werdet lachen! Luk., K. 6, V. 21.

— Blutige Tränen weinen (überaus heftig weinen).

Sprichwörtl. Redensart.

Weinen. — Na weine man nich, | Na weine man nich, | In der Röhre stehn Klöße, | Du siehst sie nur nich. Kinderreim.

Weinen, das. — Ist Weinen doch einige Wollust. Lat.: Est quaedam flere voluptas.

Publ. Ovidius Naso (um 43 v. Chr. — 17 n. Chr.), Klagelieder. Übers. v. Berg. B. 4, Nr. 3, V. 37.

— Kein Weinen, das nicht Gott in Lachen lenkt. A. d. Persischen d. Rûmî (um 1207—1273). Mesnewi. Übers. v. Rosen.

— Lachen ist männlich, Weinen dagegen weiblich; und nur die Anwandlung zu Tränen, und zwar aus großmütiger, aber ohnmächtiger Teilnehmung am Leiden anderer, kann dem Mann verziehen werden.

Immanuel Kant, Anthropologie (1798).

— Das Weinen ist die erste Kunst, die lächelnd uns das Leben lehrt; | So lehr' es lächeln uns zuletzt, wann es sich weinend von uns kehrt!

Wilh. Müller, Gedichte (1837). Epigramme. 3. Hundert, Nr. 67. Weinen u. Lachen.

Weinglas. — Wen's treibt, in die dunklen Tiefen und Höhn | Des Erdendaseins hineinzusehn | Und nach dem Woher, Wohin und Warum | Zu schnüffeln im All und dahinter darum, | Der schau' ins Weinglas recht lang' und tief; | Das ist das beste Perspektiv.

Inschrift im Ratskeller zu Wiesbaden.

Weinhaus. — Weit lieber mit einer Schönen mag ich im Weinhaus plaudern, | Als ohne sie in den Moscheen beten; | Ja, Gott, ich wage sonder Zagen und Zaudern | Mit diesem Glaubensbekenntnis vor dich zu treten.

A. d. Persischen d. Omar Chijam (12. Jahrh.). Vierzeiler. Übers. v. Schack.

— Ins Weinhaus treibt mich dies und das, | Ich weiß nicht wer, ich weiß nicht was.

Aug. Heinr. Hoffmann von Fallersleben, Lyrische Gedichte. Nr. 4. Volksleben. Wein u. Ges. Ins Weinhaus treibt mich dies u. das usw. (ged. 1835). Mel. v. Karl Gottl. Reissiger.

Weinpläntscher. — 'nen Tritt dem Bengel, | Der's Weinfaß füllt am Pumpenschwengel (wer ein Weinpläntscher ist). | 'nen Tritt dem Schächer, | Der Gifte mischt für deutsche Zecher!

Inschrift im Ratskeller zu Wiesbaden.

Weise. — Man muß es wagen, weise zu sein. Griech.: *Τὸν δ' ἀγαθὸν τολμᾶν χρή.*

Theognis (um 550 v. Chr.), Elegien. Übers. v. Binder.

— Wage es, weise zu sein! Lat.: Sapere aude.

Quint. Horatius Flacc., Episteln (um 20 v. Chr.). B. 1, Nr. 2, V. 40. Übers. v. Grau.

— Wer ist weise? — Der von jedem Menschen etwas lernen kann. Talmud (3. Jahrh.).

Weise. — O weh! daß weiser Sinn und Tugend, | Des Mannes Schönheit, seine Jugend | Sich nicht vererbt, wenn einst der Leib erstirbt! Mittelhochdeutsch: Owê daz wîsheit unde jugent, | Des mannes schoene, noch sîn tugent | Niht erben sol, sô ie der lîp erstirbet!

Walter v. d. Vogelweide (um 1170—1230), Gedichte. Übertr. v. Pannier.

— Wer wähnet, daß er weise sei, | Dem wohnt ein Tor gar nahe bei. Mittelhochdeutsch: Swer waenet, daz er wîse sî, | Dem wont ein tôre nâhe bî.

Vrîdankes Bescheidenheit (1225—1240). Übertr. v. Pannier. Nr. 32. v. d. wîsen u. tôren.

— Wer wis ist, der kan kunst genůg.

Seb. Brant, D. Narrenschif (1494). Nr. 92. Ueberhebung d. hochfart.

— Kein weiser Mann ward je genannt, | Bey dem man nicht ein Thorheit fand.

Georg Rollenhagen, Froschmäuseler (1595). B. 2, T. 5, K. 4.

— Drumb seyd nicht allzu weise, | Solch Leut hasset das Glück!

Joh. Doman, Lied v. d. Hanse (1618).

— Es kommen Fälle vor im Menschenleben, | Wo's Weisheit ist, nicht allzu weise sein.

Friedr. von Schiller, Iphigenie in Aulis (ged. 1788). A. 4, Sz. 3 (Achilles).

— Wenn wir weise werden, so mögen wir das Verdienst uns selbst zuschreiben; wenn wir bedeutende Menschen werden, so gebührt der Dank dem Schicksal. Engl.: If we are wise, we may thank ourselves; if we are great, we must thank fortune.

Edward George Earle Lord Bulwer Lytton, Pelham (1828). Übers. v. Richard. K. 14.

— Weise will ein jeder sein, | Niemand will es werden.

Ernst Freiherr von Feuchtersleben, Sämtl. Werke (1851—1853). Gedichte.

— Der weise Mann ist selten klug | Und der kluge selten weise.

Friedr. von Bodenstedt, A. d. Nachlasse Mirza-Schaffys (1874). B. 3. B. d. Spr. Nr. 42.

— Laß dich nicht dünken vor Gott, . . . du seiest weise genug! Jes. Sir., K. 7, V. 5.

— Einem weisen Knechte muß der Herr dienen. Jes. Sir., K. 10, V. 28.

— Der ist weise und wol gelert, | Der alle ding zum besten kert. Alter Spr.

— Früh weis | Wird bald greis. Sprichwort.

— Weiser Mann hat Ohren lang und Zunge kurz. Sprichwort.

— Eines weisen Mannes Ernte währt das ganze Jahr. Niederl.: Eens wijzen mans oogst duurt het gansche jaar. Sprichwort.

— Er ist so weise wie sieben tolle Kühe.

Holländische Redensart.

Weise, der. — Das geschieht einzig dem Weisen, daß er nichts wider Willen tut, nichts, was ihm Schmerz bereitet, nichts gezwungen. Lat.: **Soli hoc sapienti contingit, ut nihil faciat invitus, nihil dolens, nihil coactus.**

Marc. Tull. Cicero, Paradoxen (um 44 v. Chr.). Übers. v. Klotz. Nr. 5, K. 1, § 34.

— Ein Weiser ist mehr als ein Prophet.

Talmud (3. Jahrh.).

— Wie viel der Weise Witz verleiht, | Er bleibt doch reich dran allezeit. Mittelhochdeutsch: Swie vil der wîse witze gît, | Er ist doch rîcher zaller zît.

Vridankes Bescheidenheit (1225—1240). Übertr. v. Pannier. Nr. 32. v. d. wîsen u. tôren.

— Des Weisen Herz | Erheitert sich selten, | Wenn er zu weise wird.

Edda (um 1240—1250). Hâvamâl.

— Der Weis' ist frei, du magst ihn gleich in Ketten schließen; | Er ist allein nur reich; zu Haus, an jedem Ort | Und mitten in Gefahr des Meers an sicherm Port, | Ein Halbgott, der das Rad des Glückes tritt mit Füßen.

Martin Opitz, Sämtl. Werke (1644). Epigramme.

— Der Weiseste ist derjenige, der sich nicht dafür hält. Franz.: **Le plus sage est celui qui ne pense point l'être.**

Nicolas Boileau, Sat. (1663). Übers. v. Abel. Nr. 4. An Abbé Le Vayer. V. 54.

— Der Weise fehlet nie, er trifft allzeit das Ziel, | Er hat ein Augenmaß, das heißet: Wie Gott will.

Angelus Silesius (Joh. Scheffler), Cherubinischer Wanders=Mann (1675).

— Zwar der Weise wählt nicht sein Geschicke, | Doch er wendet Elend selbst zum Glücke; | Fällt der Himmel, er kann Weise decken, | Aber nicht schrecken.

Albrecht von Haller, Versuch schweizerischer Gedichte (1732).

— . . . den Weisen. — Der sich jeder dünkt | Zu sein.

Gotthold Ephr. Lessing, Nathan d. Weise (1779). A. 3, Sz. 5 (Saladin u. Nathan).

— Werde vom Frommen ein Weiser! Der Fromme rettet sich selbst nur; | Aber der Weise hilft, wem und worin er es kann.

Joh. Gottfr. von Herder, Sämtl. Werke (1805—1820). Blumenlese a. morgenländischen Dichtern. Nr. 2. D. Rosental. B. 1. D. Fromme u. d. Weise.

— Des Weisen und des Toren Unterschiede | Sind viel und einer dies: Ein Tor ergrimmt | Ob gutem Rat, als ob Verrat man schmiede, | Indes ein Weiser ihn zum Herzen nimmt.

Friedr. Rückert, Schi=King (1833).

— Sieht man den Weisen ungeehrt | In irgend eines Fürsten Lande, | So fällt auf diesen nur die Schande; | Der Weise bleibt in seinem Wert.

Peter von Bohlen, Bhartriharis Spr. (1835).

Weise, der. — Der Adler fliegt allein, der Rabe scharenweise; | Gesellschaft braucht der Tor und Einsamkeit der Weise.

Friedr. Rückert, D. Weisheit d. Brahmanen (1836—1839). B. 16, Abteilung 1, Nr. 6. (Stufe 5. Leben. Nr. 6.)

— Der Weise muß zu den Toren gehn, | Sonst würde die Weisheit verloren gehn, | Da Toren nie zum Weisen kommen.

Friedr. von Bodenstedt, D. Lieder d. Mirza=Schaffy (1851). Lieder u. Spr. d. Weisheit. Nr. 9.

— Der Weise kann des Mächtigen Gunst entbehren; | Doch nicht der Mächtige des Weisen Lehren.

Friedr. von Bodenstedt, D. Lieder d. Mirza=Schaffy (1851). Verm. Gedichte u. Spr. Nr. 29.

— Der Kopf vom erfahrenen Greise, | Vom unschuldigen Kinde das Herz, | Das ist der wirklich Weise, | Den ehrt man allerwärts.

Daniel Sanders, 366 Spr. (1892). Nr. 154. D. wirklich Weise.

— Ich nem eines Weisen mans muth | Fur eines thoren grosses guth. Alter Spr.

— Der Weise trägt sein Glück bei sich.

Sprichwort.

— Alle Land | Sind des Weisen Vaterland.

Sprichwörtl.

— Der Weise wird über die Sterne herrschen. Lat.: **Sapiens dominabiter astris.**

Wahlspr. d. Comber u. Hutchinson.

Weise, die. — Wir Vögel singen nicht egal; | Der singet laut, der andre leise, | Kauz nicht wie ich, ich nicht wie Nachtigall; | Ein jeder hat so seine Weise.

Matthias Claudius, Sämtl. Werke d. Wandsbecker Boten. T. 1. Kuckuck (1771).

— Leise, leise, fromme Weise! | Schwing' dich auf zum Sternenkreise!

Friedr. Kind, D. Freischütz (ged. 1817—1818). A. 2, Sz. 3 (Agathe). Komp. v. Karl Maria von Weber. (Erste Auff. am 18. Juni 1821 in Berlin.)

Weisen, die. — Die Weisen könnten nicht gedeihn, | Sollten sie ohne Toren sein. Mittelhochdeutsch: Die wîsen möhten niht genesen, | Soltens âne tôren wesen.

Vridankes Bescheidenheit (1225—1240). Übertr. v. Pannier. Nr. 32. v. d. wîsen u. tôren.

— Wissen viel und manches auch die Weisen, | Mehr weiß ein Kluger in des Lebens Kreisen.

Camoens (um 1525—1579), Lusiade.

— Das sind die Weisen, | Die durch Irrtum zur Wahrheit reisen; | Die bei dem Irrtum verharren, | Das sind die Narren.

Friedr. Rückert, Gesammelte Gedichte (1834—1838). Vierzeilen. Nr. 85.

— Den Weisen ist ihr Reichtum eine Krone.

Spr. Sal., K. 14, V. 24.

Weisheit. — Ohne Weisheit stürzt Kraft durch eigne Wucht. Lat.: Vis consili expers mole ruit sua.

Quint. Horatius Flacc., Oden (um 23 v. Chr.). B. 3, Nr. 4, V. 65. Übers. v. Grau.

— Der Weisheit Beginn ist, ledig der Torheit sein. Lat.: Sapientia prima | Stultitia caruisse.

Quint. Horatius Flacc., Episteln (um 20 v. Chr.). Übers. v. Voß. B. 1, Nr. 1, V. 41—42.

— Nicht erheischt die Natur ein anderes je als die Weisheit. Lat.: Numquam aliud natura, aliud sapientia dicit.

Decimus Junius Juvenalis, Sat. (um 100). Übers. v. Weber. Nr. 14, V. 321.

— Mühsam und emsig hab' ich der Weisheit Korn gesät | Und es mit eignen Händen gepflegt; allein, mein Kind, | Nur eins ist klar mir worden, als ich die Saat gemäht: | Ich kam so wie das Wasser und gehe wie der Wind

A. d. Persischen d. Omar Chijam (12. Jahrh.). Vierzeiler. Übers. v. Schack.

— Gott dienen mit beständ'gem Sinn | Ist aller Weisheit Anbeginn. Mittelhochdeutsch: Gote dienen âne wanc, | Deist aller wîsheit anevanc.

Vrîdankes Bescheidenheit (1225—1240). Übertr. v. Pannier. Nr. 1. v. gote.

— Daß niemand Weisheit erben mag | Noch Kunst, das ist ein harter Schlag! Mittelhochdeutsch: Daz nieman wîsheit erben mac | Noch kunst, daz ist ein grôzer slâc.

Vrîdankes Bescheidenheit (1225—1240). Übertr. v. Pannier. Nr. 32. v. d. wîsen u. tôren.

— Weisheit steht einsam manchen Tag, | Der Torheit folgen viele nach. Mittelhochdeutsch: Wîsheit dicke al eine stât, | Sô tôrheit grôze volge hât.

Vrîdankes Bescheidenheit (1225—1240). Übertr. v. Pannier. Nr. 32. v. d. wîsen u. tôren.

— Lettern, geschrieben in Sand, gleich Weisheit, im Alter gesuchet; | Doch in der Jugend gesucht, ist sie gegraben in Stein.

Gabirol (um 1220—1270). Perlenauswahl.

— Die wor wisheit voht an mit scham, | Sie ist züchtig, still und fridsam, | Und ist ir mit dem gůten wol; | Des füllt sie got genaden vol.

Seb. Brant, D. Narrenschif (1494). Nr. 9. V. bosen sitten.

— Wer mich (die Weisheit) findt, der findt heil und glück, | Der mich haßt, der verdirbt gar dick.

Seb. Brant, D. Narrenschif (1494). Nr. 22. V. ler d. wisheit.

— Mäßigkeit, die erhält den Leib; Gerechtigkeit, die nähret; Mannheit oder Großmüthigkeit, die wehret; und Weisheit, die regiert Alles.

Dr. Martin Luther, Tischreden oder Colloquia (1566). Nr. 14. Tischreden v. guten Werken. § 40. Vier Häupttugende.

Weisheit. — Weisheit, Verstand und gelehrt sein und die Schreibfeder, die sollen die Welt regieren.

Dr. Martin Luther, Tischreden oder Colloquia (1566). Nr. 73. Tischreden v. Gelehrten. § 2. Welt kann ohn gelehrte Leute nicht regiert werden.

— Groß Weißheit ists, Schaden verwahren, | Das er einm nicht mög widerfahren. | Groß Thorheit ist, die Fäust verbrennen | Und das Feur nicht meiden, nicht kennen.

Georg Rollenhagen, Froschmäuseler (1595). B. 1, T. 2, K. 1.

— Wer sich nicht fügt der Weisheit, ist ein Tor. Engl.: To wisdom he's a fool that will not yield.

William Shakespeare, Pericles (1609). Übers. v. Schlegel. A. 2, S. 4 (Erster Herr).

— Wer sich der Weißheit gantz ergiebet, | Der liebet recht und wird geliebet.

Paul Fleming, Teutsche Poemata (1642). B. 5, Nr. 11. D. güldne Freyheit.

— Die höchste Weisheit ist, nicht weise stets zu sein.

Martin Opitz, Sämtl. Werke (1644). Epigramme.

— Mensch, steig nicht allzu hoch, bild dir nichts übrigs ein! | Die schönste Weißheit ist, nicht gar zu Weise seyn.

Angelus Silesius (Joh. Scheffler), Cherubinischer Wanders=Mann (1675). B. 5, Nr. 49. D. schönste Weißheit.

— Die Weisheit ist ein Quell, je mehr man aus ihr trinkt, | Je mehr und mächtiger sie wieder treibt und springt.

Angelus Silesius (Joh. Scheffler), Cherubinischer Wanders=Mann (1675).

— Der Weisheit erster Schritt ist, seine Torheit kennen.

Christ. Fürchtegott Gellert, Geistl. Oden u. Lieder (1757). D. natürliche Verderben d. Menschen.

— Zu der echten Weisheit Ruhme | Schwingt sich leichtes Flattern nie. | Und zu ihrem Heiligtume | Steigt kein Fuß mit wenig Müh'.

Joh. Elias Schlegel, Werke (1766). T. 4. D. mühsame Weisheit.

— Geh' auf mit vollem Tag, und herrsch' in Glanz und Ehre, | Und herrsch', o Weisheit, unbegrenzt, | Von einem bis zum andern Meere, | Wo Menschen sind und unsre Sonne glänzt!

Joh. Peter Uz, Sämtl. Werke (1768). T. 1. Empfindungen an einem Frühlingsmorgen.

— . . . welche Freuden schafft nicht, schon in diesem irdischen Leben, die Weisheit!

Joh. Jak. Engel, D. Philosoph für d. Welt (1775—1777). T. 1, Stück 16. Traum d. Galilei.

— . . . schon hienieden ist die Weisheit an himmlischen Freuden reich; und wäre sie's nicht, warum sähen wir aus ihrem Schoße so ruhig allen Eitelkeiten der Welt zu?

Joh. Jak. Engel, D. Philosoph für d. Welt (1775—1777). T. 1, Stück 16. Traum d. Galilei.

Weisheit. — Pracht, Reichtum, eitle Lust kann sie uns nicht gewähren; | Was gibt die Weisheit uns? Den Geist, das zu entbehren.

Abraham Gotthelf Kästner, Sinngedichte (1781). D. Vorteile d. Weisheit.

— Weisheit mit dem Sonnenblick, | Große Göttin, tritt zurück, | Weiche vor der Liebe! | Nie Erob'rern, Fürsten nie | Beugtest du ein Sklavenknie, | Beug' es itzt der Liebe!

Friedr. von Schiller, Gedichte. D. Triumph d. Liebe (ged. 1781).

— O Weisheit! Du red'st wie eine Taube!

Joh. Wolfg. von Goethe, Schriften (1787—1790). Gedichte. Verm. Gedichte. Adler u. Taube. Schlußv.

— Freud' ist der Weisheit belohnendes Ziel.

Joh. Gaudenz Freiherr von Salis-Seewis, Gedichte. Ermunterung (1790). Mel. v. Joh. Rudolf Zumsteeg.

— Der aus Büchern erworbene Reichtum fremder Erfahrung heißt Gelehrsamkeit. Eigene Erfahrung ist Weisheit. Das kleinste Kapitel von dieser ist mehr wert als Millionen von jener.

Gotthold Ephr. Lessing, Sämtl. Schriften (1796—1808).

— Ihrer viele wissen viel, | Von der Weisheit sind sie weit entfernt. | Andre Leute sind euch ein Spiel; | Sich selbst hat niemand ausgelernt.

Joh. Wolfg. von Goethe, Gedichte. Sprichwörtl. (ged. 1812—1814).

— Nicht im mäßigen und stolzen Grübeln, | In Geschäftigkeit fürs Wohl der Menschen | Und in selbstvergess'ner Demut wohnen | Gottgefälligkeit und Zier und Weisheit.

Joh. Gottfr. von Herder, Sämtl. Werke (1805—1820). Legenden, Dramatische Stücke u. Dichtungen. Nr. 1. Legenden. D. Krone.

— Weisheit und Wissenschaft sind Waffen gegen das Laster; | Du, ein gewaffneter Mann, willst sein Gefangener sein?

Joh. Gottfr. von Herder, Sämtl. Werke (1805—1820). Blumenlese a. morgenländischen Dichtern. Nr. 2. D. Rosental. B. 2. D. Rüstung.

— Weisheit, sagte der Weise, die rüstet stärker den Mann aus | Als zehn Starke der Stadt; Tadel entflieht ihr und Schuld.

Karl Ludw. vor Knebel, Lebensblüten in Distichen (1827).

— ... Weisheit weiß das Tiefste herzuschaffen.

Joh. Wolfg. von Goethe, Faust, II (1831). A. 1. Kaiserliche Pfalz. Saal d. Thrones (Mephistopheles).

— Die Weisheit nur hat Augen; alle Toren | Sind blind. Drum sieh'! Versäume keine Pflicht!

Leop. Schefer, Laienbrevier (1834). Febr. Nr. 2. Schlußv.

— Ach! du gleißest, ohne je zu laben; | Öde Weisheit, einen Augenblick | Gib mir nur den Glaubenstraum des Knaben, | Gib mein Herz, mein kindlich Herz zurück!

Joh. Christoph Biernatzki, D. Hallig (1836).

Weisheit. — Die Sorg' um Künft'ges niemals frommt; | Man fühlt kein Übel, bis es kommt. | Und wenn man's fühlt, so hilft kein Rat; | Weisheit ist immer zu früh und zu spat.

Friedr. Rückert, Gesammelte Gedichte (1834—1838). Vierzeilen.

— Die wahre Weisheit ist in Gott, | Kommt von Gott, | Führt zu Gott und | Ruht in Gott.

Joh. Mich. Sailer, Sämtl. Schriften (1830—1846). Gedichte. Spr. mit u. ohne Glossen.

— Verbrüderung der Geister ist der unfehlbarste Schlüssel zur Weisheit.

Friedr. von Schiller, Briefwechsel mit Körner (1847).

... die Weisheit steht verlassen | Mitten in des Volkes Massen | Und hat noch von Glück zu sagen, | Wird sie nicht ans Kreuz geschlagen.

Jul. Sturm, Gedichte (1850). A. d. Welt.

— Weisheit soll Klugheit zur Dienerin haben.

Karl Gutzkow, D. Ritter v. Geiste (1850—1851).

— Der Weisheit Mutter ist das Repetieren.

Paul Heyse, D. Braut v. Cypern (1856). Ges. 2.

— Wirb um Kenntnis und Weisheit, so kannst du alle, die darben, | Reicher machen und wirst selber nicht ärmer dadurch.

Friedr. Hebbel, Gedichte (1857). Epigramme u. Verwandtes. Nr. 7. Buntes. An einen Jüngling.

— Alle Narrheit erschöpfen, — so gelangt man zum Boden der Weisheit.

Ludw. Börne, Gesammelte Schriften (1862—1863). Fragmente u. Aphorismen. Nr. 275.

— Gib mir, o Gott, Weisheit aus Erfahrung und aus bitterstern Leiden! ·Nur gib mir die größere nicht, — aus Vergehen und Schuld!

Karl Gutzkow, Gesammelte Werke (1873).

— Weisheit macht glücklich, doch die größte Summe | Der Weisheit schafft zugleich die größten Leiden. | Am glücklichsten auf Erden ist der Dumme, | Mag auch kein Weiser ihn darum beneiden.

Friedr. von Bodenstedt, A. d. Nachlasse Mirza-Schaffys (1874). B. 3. B. d. Spr. Nr. 30.

— Weisheit entspringt nicht so sehr aus dem Verstande als aus dem Herzen.

Peter Rosegger, D. Schriften d. Waldschulmeisters (1875).

— Die Weisheit wärmt zu jeder Frist, | Deren Unterfutter die Torheit ist.

Paul Heyse, Spruchbüchlein (1885). Philosophie.

— Pred'ge Weisheit lang und breit, | Wer geht in ihren Pfaden? | Auf Erden wird kein Mensch gescheit, | Außer durch eignen Schaden.

Victor Blüthgen, Einfälle u. Ausfälle (1905). Vierzeiler.

— ... bei den Großvätern ist die Weisheit.

Hiob, K. 12, V. 12.

— Die Weisheit klagt draußen und läßt sich hören auf den Gassen. Spr. Sal., K. 1, V. 20.

— Nimm an die Weisheit, denn sie ist besser weder Gold. Spr. Sal., K. 16, V. 16.

— Durch Weisheit wird ein Haus gebauet.

Spr. Sal., K. 24, V. 3.

Weisheit. — . . . wo viel Weisheit ist, da ist viel Grämens; und wer viel lehren muß, der muß viel leiden. Pred. Sal., K. 1, V. 18.

— Die Weisheit des Menschen erleuchtet sein Angesicht. Pred. Sal., K. 8, V. 1.

— Alle Weisheit ist von Gott.
Jes. Sir., K. 1, V. 1.

— . . . Silber ist wie Kot gegen sie (die Weisheit) zu rechnen. Wsh. Sal., K. 7, V. 9.

— . . . was ist reicher denn die Weisheit?
Wsh. Sal., K. 8, V. 5.

— . . . die Weisheit errettet die aus aller Mühe, so sich an sie halten. Wsh. Sal., K. 10, V. 9.

— Zunehmen an Weisheit, Alter und Gnade.
Nach Luk., K. 2, V. 52.

— Alle weißheit ist eidel und ohne grund, | Die von Gott nit hat jhren ursprung. Alter Spr.

— Die Weisheit auf der Straße | Hat eine feine Nase. Alter Spr.

— So die Jugendt verstunde recht, | Was nuz vil Kunst und Weißheit brecht, | So wurdt sey allzeit fleissig studieren, | Kein Tag noch Nacht ir Zeit verlieren. Alter Spr.

— Die Weisheit läßt ihre Stimme hören auf der Gasse, aber niemand achtet ihrer. Sprichwort.

— Weisheit ist des Lebens Auge. Sprichwort.

— Wer die Weisheit freien will, muß sie jung lieben. Sprichwort.

— Die Weisheit mit Löffeln gegessen haben (sich für überaus weise halten).
Sprichwörtl. Redensart.

— Wo Glück und Gunst nicht will, | Da hilft Weisheit und Kunst nicht viel.
Spr. an einem Hause. Schweiz.

— Die Weisheit ist das Auge des Lebens. Lat.: Oculus vitae sapientia.
Wahlspr. d. Joh. Friedr. Freiherr v. Hofmann.

Weisheitshöhen. — Willst du, Freund, die erhabensten Höh'n der Weisheit erfliegen, | Wag' es auf die Gefahr, daß dich die Klugheit verlacht! Friedr. von Schiller, Gedichte. Votivtafeln. Nr. 21. Weisheit u. Klugheit (ged. 1795).

Weisheitsmaß. — Nach dem Glück wird unserer Weisheit Maß geschätzt. Griech.: *Πρὸς τὰς τύχας γὰρ τὰς φρένας κεκτήμεθα.*
Euripides, Hippolytos (um 428 v. Chr.). Übers. v. Minckwitz. V. 701 (Amme).

Weisheitsquelle. — . . . die Quelle der Weisheit ist ein voller Strom.
Spr. Sal., K. 18, V. 4.

Weisheitssprüche. — Nur Eine Weisheit führt zum Ziele, | Doch ihrer Sprüche gibt es viele. Friedr. von Bodenstedt, D. Lieder d. Mirza-Schaffy (1851). Verm. Gedichte u. Spr. Motto.

— Weisheitssprüche? Wohl! Doch seht, | Alle bleiben eitel Schwätzen, | Wenn ihr nicht die Kunst versteht, | Sie in Taten umzusetzen.
Daniel Sanders, 366 Spr. (1892). Nr. 1. Weisheitsspr.

Weisheitssprüche. — . . . merke die guten Sprüche der Weisheit! Jes. Sir., K. 6, V. 35.

Weisheitsvoll. — . . . ein weisheitsvolles Herz | Ist höchste Göttergabe. Griech.: *Καὶ τὸ μὴ κακῶς φρονεῖν | Θεοῦ μέγιστον δῶρον.*
Äschylus, D. Orestie (um 458 v. Chr.). Übers. v. Minckwitz. Agamemnon. V. 891—92 (Agamemnon).

Weit. — Es ist nicht weit her (es taugt nichts).
Sprichwörtl. Redensart.

Weiter. — Mehr, weiter! Lat.: Plus, ultra!
Wahlspr. Kaiser Karls V. (reg. 1519—1558).

Weitergehen. — Das ist doch nur der alte Dreck, | Werdet doch gescheiter! | Tretet nicht immer denselben Fleck, | So geht doch weiter!
Joh. Wolfg. von Goethe, Werke (1827—1830). Gedichte. Zahme Xenien. Nr. 5.

Weizen. — Dein Weizen soll noch blühen. Lat.: Adhuc tua messis in herba est.
Publ. Ovidius Naso (um 43 v. Chr. — 17 n. Chr.), Heroiden. B. 17, V. 263. Übers. v. Grau.

— Den Weizen von der Spreu sondern (das Gute, Echte vom Schlechten, Falschen trennen).
Nach Matth., K. 3, V. 12. — Sprichwörtl. Redensart.

— Mein Weizen blüht (meine Angelegenheit steht gut). Sprichwörtl. Redensart.

Welk. — Nun ich jung noch bin vnd grüne, | O, so hält man mich im Wehrt! | Bin ich welck vnd nicht mehr diene, | Wer ist dann, der mein begehrt?
Heinr. Albert, Musicalische Kürbs Hütte (1641).

Welken. — Sie welken schnell, die Blumen unsers Lebens, | Und wir, — wir welken ihnen langsam nach!
Aug. Mahlmann, Sämtl. Schriften. Gedichte. Sehnsucht (ged. 1801). Mel. v. Frz. Seidelmann (1802) u. Karl Bornhardt (1810).

— Ach, die Rosen welken all.
Wilh. Hauff, Kriegs- u. Volkslieder (1824). Reiters Morgenlied. Mel. v. Friedr. Silcher (komp. 1824—1825).

— Ein jeder Kelch verschäumt, das Schönste welkt, | Und nichts auf Erden währt.
Rob. Hamerling, Ahasver in Rom (1866). Ges. 2. D. Bachanal.

Welken, das. — Soll ich zum Welken | Gebrochen sein?
Joh. Wolfg. von Goethe, Gedichte. Lieder. Gefunden (ged. 26. Aug. 1813). Mel. v. Jos. Gersbach (1828).

Wellen. — Aus den Wellen Reichtum. Lat.: Ex undis divitiae. Inschrift im Rathause zu Danzig.

Welsch. — Welsch Blut | Tut keinem Deutschen gut. Sprichwort.

Welt. — Ein bloßer Schatten hat mich stets die Welt bedünkt. Griech.: *Τὰ θνητὰ δ' οὐ νῦν πρῶτον ἡγοῦμαι σκιάν.*
Euripides, Medea (um 431 v. Chr.). Übers. v. Minckwitz. V. 1223 (Bote).

— Auf drei Dingen steht die Welt: auf Wissenschaft, Gottesdienst und Wohltätigkeit.
Talmud (3. Jahrh.).

Welt. — Diese Welt ist die Vorhalle der zukünftigen. Rüste dich in der Vorhalle, dann darfst du in den Palast! Talmud (3. Jahrh.).

— Für eine magische Laterne ist diese ganze Welt zu halten, | In welcher wir voll Schwindel leben. | Die Sonne hängt drin als Lampe; die Bilder aber und Gestalten | Sind wir, die dran vorüberschweben.

A. d. Persischen d. Omar Chijam (12. Jahrh.). Vierzeiler. Übers. v. Schack.

— Die Welt ist überall von Trübsal voll! Mittelhochdeutsch: Diu welt ist allenthalben ungenâden vol.

Walter v. d. Vogelweide (um 1170—1230), Gedichte. Übertr. v. Pannier.

— Die Welt ist schön von außen, weiß und grün und rot, | Doch innen schwarz von Farbe, finster wie der Tod. Mittelhochdeutsch: Diu Welt ist ûzen schoene, wîz, grüen unde rôt, | Und innân swarzer varwe, vinster sam der tôt.

Walter v. d. Vogelweide (um 1170—1230), Gedichte. Übertr. v. Pannier.

— O, weh dir, Welt! du hast der ungetreuen Sitten viel; | Der kranke an der Seele, der dir folgen wollte bis ans Ziel, | Und der in allem deinen Tun dir willig stände bei. Mittelhochdeutsch: Sô wê dir, Welt, dû hâst sô manegen wandelbernden site; | Er armet an der sêle, der dir volget unz anz ende mite, | Unt der dir aller dîner fuore stât mit willen bî.

Walter v. d. Vogelweide (um 1170—1230), Gedichte, Übertr. v. Pannier.

— Welt, schlimm stehst du sondergleichen, | Daß ich es nicht beschreiben mag. Mittelhochdeutsch: Welt, dû stêst sô lasterlîchen, | Daz ichz niht betiuten mac.

Walter v. d. Vogelweide (um 1170—1230), Gedichte. Übertr. v. Pannier.

— Welt, wie du lohnst, hab' ich gesehn; | Was du mir gibst, das nimmst du mir; | Wir scheiden alle bloß von dir. Mittelhochdeutsch: Welt, ich hân dînen lôn ersehen; | Swaz dû mir gîst, daz nimest dû mir. | Wir scheiden alle blôz von dir.

Walter v. d. Vogelweide (um 1170—1230), Gedichte. Übertr. v. Pannier.

— Was tut die Welt gemeiniglich? | Sie wird älter und böser, sicherlich! Mittelhochdeutsch: Waz tuot diu werlt gemeine gar? | Si altet, boeset; nemt es war!

Vrîdankes Bescheidenheit (1225—1240). Übertr. v. Pannier. Nr. 9. v. d. werlde.

— Die Welt, die gibt uns allen | Nach Honig bitt're Gallen. Mittelhochdeutsch: Diu werlt gît uns allen | Nâch honge bitter gallen.

Vrîdankes Bescheidenheit (1225—1240). Übertr. v. Pannier. Nr. 9. v. d. werlde.

— Heute lieb und morgen leid, | Das ist der Welt Beständigkeit! Mittelhochdeutsch: Hiute liep, morne leit, | Deist der werlde unstaetikeit.

Vrîdankes Bescheidenheit (1225—1240). Übertr. v. Pannier. Nr. 9. v. d. werlde.

Welt. — Wer die Welt behalten kann | Und Gott zugleich, welch sel'ger Mann! Mittelhochdeutsch: Swer got unt die werlt kan | Behalten, derst ein saelic man.

Vrîdankes Bescheidenheit (1225—1240). Übertr. v. Pannier. Nr. 9. v. d. werlde.

— Recht hat Salomon ohne Streit: | Die Welt ist nichts als Üppigkeit. Mittelhochdeutsch: Salmôn hât doch wâr geseit, | Diu werlt ist gar ein üppecheit.

Vrîdankes Bescheidenheit (1225—1240). Übertr. v. Pannier. Nr. 32. v. d. wîsen u. tôren.

— Der Welt hat der entsagt, wer Gott nur hat zum Freunde.

A. d. Persischen d. Sadi, Fruchtgarten (1257). Übers. v. Graf.

— Daß treulos ist die Welt, bleibt keinem Blick verborgen.

A. d. Persischen d. Sadi, Fruchtgarten (1257). Übers. v. Graf.

— Wer die Welt erkieset, | Daß er Gott verlieset, | Wann es geht ans Scheiden, | Verlieret er alle beyden. Joh. Tauler (1290—1361).

— Auf die Welt und ihre Güte lege nicht zu großen Wert, | Weil noch keinem Menschensohne ihre Treue sie bewährt.

A. d. Persischen d. Hafis (um 1310—1389). Ghaselen. Übers. v. Rosenzweig.

— Die Welt ist eine Brücke, ins Jenseits läufst sie aus, | Ein Ort des Unbestandes, ein ödes, wüstes Haus. | Mißtraue dieser Brücke voll Schrecken und voll Grau'n; | Bereite dich zur Reise, hier ist kein Haus zu baun!

A. d. Persischen d. Hafis (um 1310—1389). Ghaselen. Übers. v. Rosenzweig.

— Obwohl die Welt oft beschuldigt wird, wie sie betrüglich, eitel und unnütz sei, so wird sie doch nicht leicht verlassen, denn des Fleisches Begierde herrscht zu viel. Lat.: Reprehenditur frequenter mundus, quod tam fallax sit et vanus, nec tamen facile relinquitur, quum concupiscentiae carnis dominantur.

Thomas a Kempis, Nachfolge Christi (um 1410). Übers. v. Arnd. B. 3, K. 20, § 17.

— Diese Welt ist eine Treppe; der eine steigt hinauf, und der andere steigt hernieder. Ital.: Questo mondo è fatto a scale; | Chi le scende e chi le sale!

S. Benardino da Siena (gest. 1444), Predigten. Übers. v. Pozzoni.

— Eine neue Welt fand Kolumbus für Kastilien und Leon. Span.: Por Castilla y por Leon | Nuevo mundo hallo Colon.

Wappenspr. d. Christoph Kolumbus (gest. 1506).

— Die Welt ist anzusehen wie ein Paradies.

Dr. Martin Luther, Tischreden oder Colloquia (1566). Nr. 4. Tischreden v. d. Welt u. ihrer Art. § 52. D. Welt u. d. Kirchen Gestalt.

Welt. — Die Welt ist gleich wie ein trunkener Bauer; hebt man ihn auf einer Seite in den Sattel, so fällt er zur andern wieder herab; man kann ihm nicht helfen, man stelle sich, wie man wolle. Also will die Welt auch des Teufels sein.

Dr. Martin Luther, Tischreden oder Colloquia (1566). Einige Tischreden, so in unten angezeigte Abschnitte gehören. § 14a. D. Welt Bild.

— Die Welt wird alt und mit zunehmendem Alter schlechter. Ital.: Il mondo invecchia, | E invecchiando intristisce.

Torquato Tasso, Amiuta (1573). A. 2, Sz. 2. Übers. v. Pozzoni.

— Abr es geht in der Welt so zu: | Ein anders ist des Schultzen Kuh.

Georg Rollenhagen, Froschmäuseler (1595). B. 1, T. 2, K. 5.

— Die ganze Welt ist Bühne, | Und alle Fraun und Männer bloße Spieler. | Sie treten auf und gehen wieder ab; | Sein Lebenlang spielt einer manche Rolle | Durch sieben Akte hin. Engl.: All the world's a stage, | And all the men and women merely players: | They have their exits and their entrances; | And one man in his time plays many parts, | His acts being seven ages.

William Shakespeare, Wie es euch gefällt (um 1599). Übers. v. Schlegel. A. 2, Sz. 7 (Jaques).

— Valet will ich dir geben, | Du arge, falsche Welt; | Dein sündlich böses Leben | Durchaus mir nicht gefällt. Valerius Herberger, Valet will ich dir geben (ged. 1613).

— Die Welt ist nur ein großes Gefängnis, aus dem täglich einige zur Exekution geführt werden. Engl.: The world itself is but a large prison, out of which some are daily led to execution.

Walter Raleigh im Gefängnisse vor seiner Hinrichtung (1618). Übers. v. Drabig.

— Mann findet nichts vollkommen in der Welt, | Wir Menschen sein mit sorgen, pein vnd plagen | All orth vnd Zeit, in Stätten, auff dem Feldt | Vom Himmel, Lufft, Meer vnd uns selbst geschlagen.

Georg Rudolf Weckherlin, Ode V. deß Todes gewißheit v. d. Tugent vnsterblichkeit (1624).

— Die Welt ist Gottes lebendiges Abbild. Lat.: Mundus est dei viva statua.

Thomas Campanella (1568—1639). Übers. v. Grau.

— O Welt, du Thränen-Thal! recht selig wird geschätzt, | Der eh er einen Fuß hin auf die Erden setzt, | Bald aus der Mutter-Schooß ins Himmels Lusthauß fähret.

Andr. Gryphius, Sonette, Oden, Epigramme (1643). D. Welt Wollust. Schlußv.

— Was die Welt | In sich hält, | Muß im Hui verschwinden!

Paul Gerhardt, Geistl. Andachten. Christliches Freudenlied (1653).

Welt. — Des Noah Wunderschiff ist ähnlich unsre Welt; | Weil mehr sie wilde Thier' als Menschen in sich hält.

Friedr. von Logau, Deutsche Sinn-Getichte (1654). D. Welt u. d. Kasten Noahs.

— Die Welt ist ein gemeiner Tisch, drauf alle Menschen eßen; | Wol dem, der dessen, der ihn deckt, pflegt nimmer zu vergeßen!

Friedr. von Logau, Deutsche Sinn-Getichte (1654). D. Welt.

— Die Welt ist rund und lauft herum, | Drum sind die Leute schwindeldumm.

Friedr. von Logau, Deutsche Sinn-Getichte (1654). Bewegung d. Erdkugel.

— O Welt, bei deinen Sachen | Ist Weinen mehr als Lachen!

Friedr. von Logau, Deutsche Sinn-Getichte (1654).

— O du verfluchtes Menschen Kind, | Von Sinnen toll, von Hertzen blind, | Laß ab, die Welt zu lieben!

Joh. Rist, Geistl. Poetische Schriften (1657—1659). T. 1. Himmlische Lieder. Betrachtung d. unendlichen Ewigkeit.

— Die Welt ist meine See, der Schiffmann Gottes Geist, | Das Schiff mein Leib; die Seel' ist's, die nach Hause reist.

Angelus Silesius (Joh. Scheffler), Cherubinischer Wanders-Mann (1675). B. 2, Nr. 69. D. geistl. Schiffahrt.

— Freund', gönn es doch der Welt, ihr gehts zwar, wie sie wil; | Doch ist ihr gantzes Thun nichts als ein Trauerspiel.

Angelus Silesius (Joh. Scheffler), Cherubinischer Wanders-Mann (1675). B. 5, Nr. 141. D. Welt Thun ist ein Trauerspiel.

— Ein Kampfplatz ist die Welt; das Kränzlein und die Kron' | Trägt keiner, der nicht kämpft, mit Ruhm und Ehrn davon.

Angelus Silesius (Joh. Scheffler), Cherubinischer Wanders-Mann (1675). B. 6, Nr. 55. Kein Kron ohn Kampf.

— Die Welt ist wie ein Opernhaus, | Du kommst, du siehst, du gehst heraus.

Christ. Gryphius, Poetische Wälder (1698). Epigramme.

— So läuft die Welt dahin, | Jeder nach seinem Sinn. Inschrift auf einem Schaupfennig (1703).

— Die Welt ist unser Golgatha, | Wo ein Kreuzgang dem andern nah.

Romanze v. großen Bergbau d. Welt (1712).

— Die Welt ist eitel, aber nur für die Eitlen. Engl.: Vain is the world; but only to the vain.

Edward Young, Nachtgedanken (1742). Übers. v. Graf von Bentzel-Sternau. Nacht 3, V. 422.

— Wie klein, wie armselig ist diese große Welt!

Gotthold Ephr. Lessing, Minna v. Barnhelm (1763). A. 5, Sz. 9 (v. Tellheim).

Welt. — Die Welt bleibt doch die beste Welt! | Zur Lust ist sie geschaffen. | Den Tadler, dem sie nicht gefällt, | Mag sein Verdruß bestrafen!

T. Zeiten, Brüder, sind nicht mehr usw. (vor 1772). Verfasser unbek. Mel. v. Joh. Amadeus Naumann (1775).

— Was ist nicht beschwerlich auf dieser Welt!

Joh. Wolfg. von Goethe, Götz v. Berlichingen (1773). A. 1. Herberge im Walde (Martin).

— Die Welt ist ein Gefängnis.

Joh. Wolfg. von Goethe, Götz v. Berlichingen (1773). A. 5. Gärtchen am Turn (Elisabeth).

— Da heißt die Welt ein Jammertal | Und deucht mir doch so schön. | Hat Freuden ohne Maß und Zahl, | Läßt keinen leer ausgehn.

Joh. Martin Miller, Gedichte. Zufriedenheit (ged. 1776). Mel. v. Christ. Gottlob Neefe (1777).

— Ach, die Welt ist Sterbenden so süß!

Friedr. von Schiller, Gedichte. Elegie auf d. Tod eines Jünglings (ged. 1781).

— Gab sie (die Natur) uns doch Erfindungsgeist mit, setzte uns nackt und armselig ans Ufer dieses großen Ozeans Welt. — Schwimme, wer schwimmen kann, und wer plump ist, geh' unter!

Friedr. von Schiller, D. Räuber (1781). A. 1, Sz. 1 (Frz.).

— Die Welt gleicht einer Opera, | Wo jeder, der sich fühlt, | Nach seiner lieben Leidenschaft, | Freund, eine Rolle spielt.

Joh. Nicolaus Götz, Verm. Gedichte (1785). D. Welt.

— Anders, | Begreif' ich wohl, als sonst in Menschenköpfen, | Malt sich in diesem Kopf die Welt.

Friedr. von Schiller, Don Carlos (1787). A. 3, Sz. 10 (König).

— Die Welt ist nicht schlimmer und nicht besser, als sie vor tausend Jahren war und nach tausend Jahren sein wird.

Aug. von Kotzebue, Adelheid v. Wulfingen (1788).

— Schöne Welt, wo bist du? Kehre wieder, | Holdes Blütenalter der Natur! | Ach, nur in dem Feenland der Lieder | Lebt noch deine fabelhafte Spur.

Friedr. von Schiller, Gedichte. D. Götter Griechenlands (ged. 1788).

— Wohl ist sie schön, die Welt! In ihrer Weite | Bewegt sich so viel Gutes hin und her.

Joh. Wolfg. von Goethe, Torquato Tasso (1789). A. 3, Sz. 2 (Prinzessin).

— Ist denn so groß das Geheimnis, was Gott und der Mensch und die Welt sei? | Nein! Doch niemand hört's gerne; da bleibt es geheim.

Joh. Wolfg. von Goethe, Gedichte. Epigramme (ged. Venedig 1790). Nr. 65.

— ... ich hange noch an der Welt; — der Bettler scheidet ebenso schwer von seiner Armut als der König von seiner Herrlichkeit.

Friedr. von Schiller, D. Menschenfeind (1790). Sz. 8 (v. Hutten).

— Die Welt kann dir nichts darbieten, was sie von dir nicht empfinge.

Friedr. von Schiller, D. Menschenfeind (1790). Sz. 8 (v. Hutten).

Welt. — Die Welt ist eine Schlange und ihre Haut das Jahr; | Die neue, wenn sie wechselt, wird, wie die alte war.

Ephr. Mos. Kuh, Hinterlassene Gedichte (1792). Epigramme.

— Durch die Welt sich zu helfen ist ganz was Eignes; man kann sich | Nicht so heilig bewahren als wie im Kloster, das wißt ihr.

Joh. Wolfg. von Goethe, Reineke Fuchs (1794). Ges. 8.

— Auf und ab, so geht's in der Welt, so geht es uns Beiden. | Ist es doch also der Lauf. Erniedrigt werden die Einen | Und die Andern erhöht, nach eines jeglichen Tugend.

Joh. Wolfg. von Goethe, Reineke Fuchs (1794). Ges. 11.

— Des Traumes rosenfarb'ner Schleier | Fällt von des Lebens bleichem Antlitz ab, | Die Welt scheint, was sie ist, ein Grab.

Friedr. von Schiller, Gedichte. Poesie d. Lebens (ged. 1795).

— Wie groß war diese Welt gestaltet, | So lang' die Knospe sie noch barg! | Wie wenig, ach! hat sich entfaltet, | Dies Wenige, wie klein und karg!

Friedr. von Schiller, Gedichte. D. Ideale (ged. 1795).

— Das Gewebe dieser Welt ist aus Notwendigkeit und Zufall gebildet; die Vernunft stellt sich zwischen beide und weiß sie zu beherrschen.

Joh. Wolfg. von Goethe, Wilh. Meisters Lehrjahre (1777—1796).

— Die Welt ist gleich unschuldig, wenn du sie für schöner, als wenn du sie für häßlicher hältst, als sie ist. Nimm sie für das, was sie ist!

Christoph Martin Wieland, Sämtl. Werke (1794—1802). Verm. Schriften.

— Die ganze Welt erscheint mir nun | In rosenroter Schminke.

Karl Müchler, D. Kritikaster u. d. Trinker (ged. 1802). Mel. v. Ludw. Fischer (komp. 1802).

— Verlaß dich nicht auf diese Welt; | Sie ist Schaum, der zusammenfällt.

Matthias Claudius, Sämtl. Werke d. Wandsbecker Boten. T. 7 (1803). Ein gülden ABC.

— Feindlich ist die Welt | Und falsch gesinnt.

Friedr. von Schiller, D. Braut v. Messina (1803). Säulenhalle (Isabella).

— Wenn du das große Spiel der Welt gesehen, | So kehrst du reicher in dich selbst zurück.

Friedr. von Schiller, D. Huldigung d. Künste (ged. 4.—8. Nov. 1804). (Schauspielkunst).

— Die Welt, sie fordert andre Tugenden, | Als du in diesen Tälern dir erworben.

Friedr. von Schiller, Wilh. Tell (1804). A. 2, Sz. 1 (Attinghausen).

— Der Welt Geschmeiß | Dich stets entreiß'; | Mit höchstem Fleiß | Den Herren preis'!

Joh. Gottfr. von Herder, Stimmen d. Völker in Liedern (1807). Abteilung 2, B. 5, Nr. 27. Ein Spr. Deutsch.

Welt. — Die Wage ist das Bild der Welt, | Das Leichte steigt, das Schwere fällt.
Gotthold Ephr. Lessing, Sämtl. Schriften (1796—1808).

— Es ist doch lange hergebracht, | Daß in der großen Welt man kleine Welten macht.
Joh. Wolfg. von Goethe, Faust, I (1808). Walpurgisnacht (Mephistopheles).

— Die Welt wird schöner mit jedem Tag; | Man weiß nicht, was noch werden mag.
Ludw. Uhland, Gedichte. Lieder. Frühlingslieder. Nr. 2. Frühlingsglaube (ged. 21. März 1812). Mel. v. Frz. Schubert, Felix Mendelssohn-Bartholdy, Karl Friedr. Curschmann, Konradin Kreutzer u. a.

— Die Welt ist voll vom Niedrigen und Schlechten, | Daß sich das Göttliche nur selten zeigt.
Theod. Körner, Poetischer Nachlaß. Verm. Gedichte. Beim Alexanderfeste (ged. Nov. 1812).

— Die Welt ist nicht aus Brei und Mus geschaffen, | Deswegen haltet euch nicht wie Schlaraffen; | Harte Bissen gibt es zu kauen, | Wir müssen erwürgen oder sie verdauen.
Joh. Wolfg. von Goethe, Gedichte. Sprichwörtl. (ged. 1812—1814).

— Die Welt durchaus ist lieblich anzuschauen, | Vorzüglich aber schön die Welt der Dichter.
Joh. Wolfg. von Goethe, Westöstlicher Diwan. B. Suleika. D. Welt durchaus ist lieblich anzuschauen usw. (ged. 7. Febr. 1815).

— Daß wir uns in ihr zerstreuen, | Darum ist die Welt so groß.
Joh. Wolfg. von Goethe, Wilh. Meisters Wanderjahre. B. 3, K. 1. Wanderlied (ged. 1815).

— Die Welt ist mir ein dunkler Spiegel der Ewigkeit. Joh. Heinr. Daniel Zschokke, Stunden d. Andacht (1809—1816).

— Die Welt ist ein Schauplatz: du kommst, siehst, gehst vorüber.
Matthias Claudius, Sämtl. Werke d. Wandsbecker Boten (1816). Br. an Andres.

— Die Welt in allen Zonen grünt und blüht | Nach ewigen, beweglichen Gesetzen.
Joh. Wolfg. von Goethe, Gedichte. A. d. Nachlaß. An Personen. An Alexander v. Humboldt (ged. 12. Juni 1816).

— Die Welt ist voller Widerspruch.
Joh. Wolfg. von Goethe, Werke (1815—1819). Gedichte. Lieder. Vorklage.

— Was machst du an der Welt? sie ist schon gemacht, | Der Herr der Schöpfung hat alles bedacht. Joh. Wolfg. von Goethe, Westöstlicher Diwan. B. d. Spr. Nr. 9 (ged. 1818—1819).

— O! Gottes Welt, o Mutter, ist so schön!
Heinr. von Kleist, Hinterlassene Schriften (1821). Prinz Friedr. v. Homburg. A. 3, Sz. 5 (Prinz v. Homburg).

— Die Welt ist dumm, die Welt ist blind, | Wird täglich abgeschmackter.
Heinr. Heine, D. B. d. Lieder. Lyrisches Intermezzo (ged. 1822—1823). Nr. 15.

Welt. — Die Welt ist da, weil Menschen sind, die sehen; | Was niemand weiß, ist niemand auch geschehen. Frz. Grillparzer, Gedichte. Nr. 1. Leben u. Lieben. Rechtfertigung (ged. 1827).

— Dein ist die ganze Welt, vermag dein Herz sie zu tragen.
Karl Ludw. von Knebel, Lebensblüten in Distichen (1827).

— Ach, die Welt ist gar so freundlich!
Ferd. Raimund, D. Alpenkönig u. d. Menschenfeind (1828). A. 3, Sz. 10 (Lieschen). Komp. v. Wenzel Müller.

— 's wird besser gehn! 's wird besser gehn! | Die Welt ist rund und muß sich drehn.
Wilh. Aug. Wohlbrück, D. Templer u. d. Jüdin (1829). A. 1 (Wamba). Komp. v. Heinr. Marschner. (Erste Auff. am 22. Dez. 1829 in Leipzig.)

— Die Welt ist ein Spiegel, was hineinschaut, schaut heraus. Er gibt euch nur zurück, was ihr ihm geliehen.
Ludw. Börne, Gesammelte Schriften. A. meinem Tageb. Nr. 1 (29. April 1830).

— O Welt! voll wunderbarer Wirrung, | Voll Geist der Ordnung, träger Irrung, | Du Kettenring von Wonn' und Wehe.
Joh. Wolfg. von Goethe, Werke (1827—1830). Gedichte. Verm. Gedichte. D. ewige Jude.

— Die Welt ist ein Sardellensalat; | Er schmeckt uns früh, er schmeckt uns spat.
Joh. Wolfg. von Goethe, Werke (1827—1830). Gedichte. A. d. Nachlaß. Parabolisch u. Epigrammatisch. Eins wie's andre.

— Die Welt ist eine Glocke, die einen Riß hat: sie klappert, aber klingt nicht.
Joh. Wolfg. von Goethe, Werke (1827—1830). Maximen u. Reflexionen. Abteilung 3.

— Es bleibt doch endlich nach wie vor, | Mit ihren hunderttausend Possen | Die Welt ein einzig großer Tor.
Joh. Wolfg. von Goethe, Faust, II (1831). A. 1. Weitläufiger Saal (Herold).

— Wie undankbar die Welt, das elende, schlechte Scheusal!
Christ. Dietr. Grabbe, Napoleon oder D. hundert Tage (1831). A. 1, Sz. 4 (Napoleon).

— Die Welt ist nichts denn ein Spiegel des, der sie beschauet, | Schauet ein Geist nur hinein, schauet ein Geist auch heraus.
Gotthard Oswald Marbach, Gnomen (1832). Widerhall.

— Die Welt mit ihrem Gram und Glücke | Will ich, ein Pilger, froh bereit | Betreten nur wie eine Brücke | Zu dir, Herr, übern Strom der Zeit.
Jos. Freiherr von Eichendorff, Gedichte. Geistl. Gedichte. Morgengebet (1834).

— In unsrem Herzen liegt der Wert der Welt.
Leop. Schefer, Laienbrevier (1834). Febr. Nr. 26.

Welt. — . . . nur Schmerz und Langweil' bietet | Das Leben, andres nicht. Die Welt ist Kot. Ital.: Amaro e noia | La vita, altro mai nulla; e fango è il mondo.
Giacomo Leopardi, An sich selbst (1836). Übers. v. Heyse.

— Welt hat eine plumpe Pfote.
Jos. Freiherr von Eichendorff, Gedichte (1837). Sängerleben. Umkehr.

— Die Welt tut nur so spröde | Und will erobert sein!
Jos. Freiherr von Eichendorff, Gedichte (1837). Frühling u. Liebe. Frühlingsmarsch.

— Ist das Auge klar, so ist es auch die Welt.
Ernst Freiherr von Feuchtersleben, Zur Diätetik d. Seele (1838).

— Fahr' hin, o Welt! — im Herzen trag' ich Welten!
Ferd. Freiligrath, Gedichte (1838). Verm. Gedichte. D. ausgewanderte Dichter.

— Dein Auge kann die Welt trüb' oder hell' dir machen; | Wie du sie ansiehst, wird sie weinen oder lachen.
Friedr. Rückert, D. Weisheit d. Brahmanen (1836—1839).

— Wir leben in einer Welt, worin ein Narr viele Narren, aber ein weiser Mann nur wenige Weise macht. Immanuel Kant, Werke (1838—1839).

— Wie bist du doch so schön, o du weite, weite Welt! Emanuel Geibel, Gesammelte Werke. Gedichte. Jugendgedichte. B. 1. Lübeck u. Bonn. Lieder. Nr. 32 (geb. 1835—1841). Schlußv. Mel. v. Justus Wilh. Lyra (1843).

— Die Welt ist ein Geheimbund von Schurken gegen die wackeren Leute, von Gemeinen gegen die Edlen. Ital.: Il mondo è una lega di birbanti contro gli uomini da bene, e di vili contro i generosi.
Giacomo Leopardi, Werke (1845). Gedanken. Übers. v. Pozzoni.

— Auch in dieser Hinsicht ist die Welt den Weibern ähnlich: mit Schüchternheit und Zurückhaltung erreicht man nichts bei ihr. Ital.: Ancora in questa parte il mondo è simile alle donne; con verecondia e con riserbo da lui non si ottiene nulla.
Giacomo Leopardi, Werke (1845). Gedanken. Übers. v. Pozzoni.

— Der kleine Geist, fand er in Gott die Ruh', | Schließt vor der Welt sich ängstlich bangend zu; | Der große strebt, gestählt an Kraft und Sinnen, | Die Welt für Gott erobernd zu gewinnen.
Emanuel Geibel, Juniuslieder (1848). Gelegenheitsgedichte, Spr., Scherze. Spr. Nr. 46.

— Es drückt ihr Gepräge die Welt | Auf dein Antlitz, wie Fürsten aufs Geld.
Friedr. von Bodenstedt, D. Lieder d. Mirza-Schaffy (1851). Verm. Gedichte u. Spr. Nr. 25.

Welt. — Schau' in dich und schau' um dich, lern' in dem eig'nen Wesen | Die Welt und in der Welt die eig'ne Seele lesen!
Jul. Hammer, Schau' um dich u. schau' in dich (1851). Liebe deinen Nächsten wie dich selbst! Schau' in dich u. schau' um dich usw.

— Die ganze Welt ist zum Verzweifeln traurig.
Nicolaus Lenau (Niembsch, Edler von Strehlenau), Werke (1855). Gedichte. Sonette. Einsamkeit. Nr. 2. Schlußv.

— Die Welt ist gar zu weit, . . . | Sie ist ja allenthalben | Voll Lust und Herrlichkeit.
Friedr. Hebbel, Gedichte (1857). Balladen u. Verwandtes. Schön Hedwig.

— Der Mensch soll treten in die Welt, | Als wäre sie sein Haus; | Man geht nicht in die Schlacht als Held, | Man kommt als Held heraus.
Friedr. Hebbel, Gedichte (1857). Epigramme u. Verwandtes. Nr. 8. Gereimte. Spr. Nr. 1.

— Die Welt gleicht immerdar dem Wirt, | Der sich in seinen Gästen | Zu seinem größten Nachteil irrt, | Besonders in den Besten.
Friedr. Hebbel, Gedichte. Dichtungen (geb. 1857—1863). Zum Schiller-Jubiläum.

— Nur für die Erbärmlichen ist die Welt erbärmlich, nur für die Leeren leer.
Ludw. Feuerbach, Sämtl. Schriften (1845—1866).

— O marmorglatte, marmorkalte Welt | Des Scheins . . . leeres Formenwesen!
Rob. Hamerling, Ahasver in Rom (1866). Ges. 5. D. goldene Haus.

— Wie rühm' ich diese „beste Welt" von allen? | So rühm' ich sie, daß sie erschaffen sei | So schlecht als möglich, ohne zu zerfallen; | Um ein Haar schlechter, und sie ging entzwei.
Friedr. Rückert, Gesammelte poetische Werke (1867—1869). Lieder u. Spr.

— Die Welt ist eine große Seele | Und jede Seele eine Welt.
Emil Rittershaus, Neue Gedichte (1871). D. Auge.

— Die Welt ist einmal darauf gegründet, daß sich einer an dem andern ärgere.
Wilh. Raabe, D. Dräumling (1872).

— Diese Welt ist doch die beste, | Und sie lebt sich ziemlich gut | Mit Gesundheit, Geld und Tugend | Und ein bißchen Übermut.
Eduard von Bauernfeld, Gesammelte Schriften (1871—1873). Gedichte. Diese Welt.

— O diese Welt voll Fratzen und Affen! | Ich sag's euch unverhohlen. | Gott hat die Welt geschaffen, | Der Teufel mag sie holen!
Eduard von Bauernfeld, Gesammelte Schriften (1871—1873). Gedichte. Stoßseufzer.

— Die Welt ist urteilslos.
Friedr. von Bodenstedt, A. d. Nachlasse Mirza-Schaffys (1874). B. 1. Lieder d. Liebe. Verschiedene. Nr. 3.

Welt. — Wer die Welt will recht verstehn, | Muß ihr klar ins Auge sehn.

Friedr. von Bodenstedt, A. d. Nachlasse Mirza-Schaffys (1874). B. 7. Welträtsel. Wissen u. Weisheit. Nr. 1.

— Was wir in Welt und Menschen lesen, | Ist nur der eigne Widerschein.

Theod. Fontane, Gedichte (1875). Lieder u. Spr. Ermannung.

— Wie ist Gottes Welt so schön, | Schön und groß und frei!

Anastasius Grün (Anton Alexander Graf von Auersperg), Gesammelte Werke (1877). Gedichte. Vogel u. Wanderer.

— Das ist's, warum sich's leben läßt | Trotz alledem auf dieser Erden: | Die ganze Welt ist nur ein Nest, | Doch jedes Nest kann eine Welt dir werden. Paul Heyse, Spruchbüchlein (1885). Lebensweisheit. Il mondo è paese.

— Ein Bilderbuch ist diese Welt, | Das manchem herzlich wohlgefällt, | Der blätternd Bild um Bild genießt, | Vom Text nicht Eine Zeile liest.

Paul Heyse, Spruchbüchlein (1885). Gott u. Welt.

— Müßt ihr in Superlativen sprechen, | Das Weltgeheimnis zu ergründen, | Anstatt mit ihren Tugenden und Schwächen | Die Welt nur eben „schlecht und recht" zu finden?

Paul Heyse, Spruchbüchlein (1885). Gott u. Welt. Optimisten u. Pessimisten.

— Was in der Welt | Dir nicht gefällt, | Mußt dir gelassen | Gefallen lassen.

Paul Heyse, Spruchbüchlein (1885). Gott u. Welt.

— Man kann über die Welt lachen, sie verachten, sie hassen; aber man darf sich mit ihr nicht entzweien.

Joh. Jak. Mohr, Gedanken über Leben u. Kunst (1885).

— Die Welt ist viel trivialer, oder, wenn du es auf deutsch willst, viel nichtsbedeutender, als sie sich einbildet. Wilh. Raabe, D. Lar (1889).

— . . . die Männer sollen nicht durch Brillen die Welt ansehen, sondern mit eigenen Augen, und Gefallen finden an dem, was sie vor sich haben, ihrem Vaterlande und seinen Einrichtungen.

Kaiser Wilh. II., Rede über Reformen höherer Schulen (4. Dez. 1890).

— Die Made hält | Ihren Käse für die Welt.

Daniel Sanders, 366 Spr. (1892). Nr. 314. D. Welt.

— Das Beste, was der Mensch aus der Welt mit nach Hause bringen kann, ist doch nur seine Bekanntschaft mit ihr.

Wilh. Raabe, Hastenbeck (1899).

— Leg's dem Leben nicht zur Last, | Dünkt sein Werk dich Plunder! | Wenn du Märchenaugen hast, | Ist die Welt voll Wunder.

Viktor Blüthgen, Einfälle u. Ausfälle (1905). Vierzeiler.

Welt. — . . . die Welt ist voll Untreue und List. Jes. Sir., K. 11, V. 30.

— Was hülfe es dem Menschen, so er die ganze Welt gewönne und nähme doch Schaden an seiner Seele? Matth., K. 16, V. 26.

— Gehet hin in alle Welt!

Mark., K. 16, V. 15.

— Ich habe die Welt überwunden!

Evang. Joh., K. 16, V. 33.

— . . . die ganze Welt liegt im Argen.

1. Joh., K. 5, V. 19.

— Die Welt ist eine Insul, darinnen vier Festungen sind: Goldberg, Neideck, Hohenzorn und Haderwick. Alter Spr.

— Die Welt läßt sich nicht mit dem Paternoster regieren. Alter Spr.

— Glückselig, wer die Welt | Für kein Elysium, für keine Hölle hält! Alter Spr.

— Welt, wie wirst du angefangen? | Ach, dein Anfang ist ein W! | Wenn zum Ende wird gegangen, | Findet sich ein hartes T. — | Und noch eh' sie wird beschritten, | Kommt E—lend, L—eiden in der Mitten! Alter Spr.

— Wer Christum recht liebet allein, | Der hat mit der Welt kein gemein; | Den was sie groß und herlich macht, | Das wirt von im fur nichts geacht. Alter Spr.

— Wer sich auf die Welt verlaßt, | Hat den Aal beim Schwanz gefaßt. Alter Spr.

— Die Welt ist des Teufels Braut.

Sprichwort.

— Die Welt ist unsers Herrgotts Spielkarte.

Sprichwort.

— Die Welt wäre schon gut, wenn nur die Leute was nutz wären. Sprichwort.

— Alli zwänzg Johr e neui Wält.

Sprichwort. Schweiz.

— Die Welt ist eine Leiter, für einige zum Hinaufsteigen und für einige zum Hinabsteigen. Engl.: The world is a ladder for some to go up and some down. Sprichwort.

— Die Welt ist rund; | Wer nicht schwimmen kann, geht zugrund. Franz.: Le monde est rond, | Qui ne sait nager va au fond.

Sprichwort.

— Wir müssen der Welt nachgeben; sie gibt uns nicht nach. Norwegisch: Me fa vaegja fyre Verdi; ho vaegjer inkja fyre oss. Sprichwort.

— Die Welt ist nichts als ein Schaukelspiel, wo man kommt und geht, nieder- und aufsteigt.

Arabisches Sprichwort.

— Man erblickt nicht die Welt, wenn man zu dem eignen Fenster hinaussieht.

Russisches Sprichwort.

— O, du dulle Welt, was krabbelst du im Düstern! Sprichwörtl.

— 's ist eba a Welt! hat der Pfarrer g'sagt.

Sprichwörtl. Redensart. Schwaben.

64*

Welt. — Vader, wat iz de Welt grôt, sä' de Jung, az he innen anner Lôg (Dorf) kêm.

Sprichwörtl. Redensart. Jever.

— Die Welt ist aller Tücken voll, | Drum schau um dich, trau ihr nicht z'wol!

Spr. an einem Hause. Schweiz.

— Ein Schauspielhaus ist unsere Welt, | Für jeden ist eine Rolle bestellt!

Inschrift am Amsterdamer Theater.

— Sieh' dich wohl für, Betrug ist groß! | Die Welt ist falsch und sehr gottlos! | Willst du derselben hangen an, | Ohn' Schande kommst du nicht davon. Spr. an einem Hause in Rupolding.

— Was bist du in der Welt? | Ein Gast, ein Fremdling und ein Wanderer; | Wenn du kurze Zeit Haus gehalten hast, | So erbt dein Geld ein anderer. Spr. in einem Hause in Arriach in Kärnten.

— Die Welt ist voller Pein; | Ein jeder find't das Sein'. Wartburgspr.

Weltall. — Das Weltall ist ein Kreis, dessen Mittelpunkt überall, dessen Umfang nirgend ist. Franz.: Le monde est une sphere infinie, dont le centre est partout, la circonference nulle part. Blaise Pascal, Gedanken (1670). Übers. v. Kleuker. Über d. Menschen.

— Das ganze Weltall ist ein großes Auferstehn, | Das ewig, ewig weiterführt.

Christoph Aug. Tiedge, Urania (1800). Ges. 3. Leben. Glückseligkeit. Wahrheit.

Weltbegebenheiten. — Die großen Begebenheiten in der Welt werden nicht gemacht, sondern finden sich.

Georg Christoph Lichtenberg, Verm. Schriften (1800—1806). Bd. 2, Nr. 2. Bemerk. verm. Inhalts. Nr. 8. Litterärische Bemerk.

Weltbürger. — Nur in der Jugend ist man wahrer Weltbürger; die besten unter den Alten sind nur Erdenbürger.

Ludw. Börne, Gesammelte Schriften. A. meinem Tageb. Nr. 12 (22. Mai 1830).

Weltenbrauch. — Bleib' mit deinen besten Gaben | Ruhig hintern Strauch, | Krüppel will den Vortanz haben; | Das ist Weltenbrauch.

Aug. Heinr. Hoffmann von Fallersleben, Gesammelte Werke (1890). Gedichte. Rat.

Weltende. — . . . jede Straße führt ans End' der Welt.

Friedr. von Schiller, Wilh. Tell (1804). A. 4, Sz. 3 (Tell).

Weltenlos. — Sollst nicht murren, sollst nicht schelten, | Wenn die Sommerzeit vergeht; | Denn es ist das Los der Welten, | Alles kommt und alles geht.

Wilh. Müller, Siebenundsiebzig Gedichte a. d. hinterlassenen Papieren eines reisenden Waldhornisten (1821). Nr. 6. Musterkarte. Wir wissen uns zu finden.

Welteroberer. — Kränz' einen Welterob'rer nicht, | Schlepp' lieber ihn zum Hochgericht!

Matthias Claudius, Sämtl. Werke d. Wandsbecker Boten. T. 7 (1803). Ein silbern ABC.

Welteroberer. — Gewalt'ger Herz- als Welt-Eroberer!

Christ. Dietr. Grabbe, Don Juan u. Faust (1829). A. 1, Sz. 1 (Don Juan).

Weltfreude. — Wie groß der Erde Freude sei, | Stets ist doch Todesfurcht dabei. Mittelhochdeutsch: Swie grôz der werlde fröude sî, | Da ist doch tôdes vorhte bî.

Vrîdankes Bescheidenheit (1225—1240). Übertr. v. Pannier. Nr. 9. v. d. werlde.

— All freüd der welt nimt trurig end, | Ein ieder lûg, wo er hin lend.

Seb. Brant, D. Narrenschif (1494). Nr. 107. V. lon d. wisheit. Schlußv.

— Wer keine Freude an der Welt hat, an dem hat die Welt auch keine Freude.

Berth. Auerbach, Gesammelte Schriften (1892).

— Drey Ding seindt, die da Tag und Nacht | Dir hangen an, der nim wohl acht: | Die frewd der Welt, dein eigen Leib, | Der grime Feindt; dise von dir treib! Alter Spr.

Weltfreund. — Wer der Welt Freund sein will, der wird Gottes Feind sein. Jak., K. 4, V. 4.

Weltgeheimnis. — Jede sprossende Pflanze, | Die mit Düften sich füllt, | Trägt im Kelche das ganze | Weltgeheimnis enthüllt.

Emanuel Geibel, Juniuslieder (1848). Verm. Gedichte. Herbstlich sonnige Tage.

— Das Weltgeheimnis, — nehmt's nicht übel! — | Vergleich' ich einer großen Zwiebel. | Wer Schal' um Schale sich nah' besehn, | Dem werden die Augen übergehn.

Paul Heyse, Spruchbüchlein (1885). Philosophie.

Weltgeschichte. — Die Weltgeschichte ist das Weltgericht.

Friedr. von Schiller, Gedichte. Resignation (ged. 1784).

— Der Mensch verarbeitet, glättet und bildet den rohen Stein, den die Zeiten herbeitragen, ihm gehört der Augenblick und der Punkt; aber die Weltgeschichte rollt der Zufall.

Friedr. von Schiller, Gesch. d. Abfalls d. vereinigten Niederlande v. d. span. Regierung (1788).

— Wer in der Weltgeschichte lebt, | Dem Augenblick sollt' er sich richten? | Wer in die Zeiten schaut und strebt, | Nur der ist wert, zu sprechen und zu dichten.

Joh. Wolfg. von Goethe, Gedichte. Zahme Xenien. Nr. 1 (1820).

— Die Weltgeschichte ist die Zucht von der Unbändigkeit des natürlichen Willens zum Allgemeinen, zur subjektiven Freiheit.

Friedr. Hegel, Vorlesungen über d. Philosophie d. Gesch. (1837). Bd. 2.

— Hätte die Weltgeschichte ein Sachregister, wie sie ein Namenregister hat, könnte man sie besser benutzen.

Ludw. Börne, Gesammelte Schriften (1862—1863). Fragmente u. Aphorismen. Nr. 14.

Weltgeschichte. — Die ganze Weltgeschichte läßt sich überhaupt nicht machen; auf ihrem Strom kann man ein Staatsschiff steuern, wenn man sorgfältig auf den Kompaß der **salus publica** (des Volkswohles) blickt und diese richtig zu beurteilen weiß.

Otto von Bismarck im Abg.=Hause d. preuß. Landtages (21. April 1887).

— O Weltgeschichte! Wundervolles Buch! | Ein jeder liest was anderes aus dir!

A. d. Ungar. d. Petöfy.

— Da hört doch die Weltgeschichte auf! (Ausruf der Verwunderung). Bek. Redensart.

Weltgeschichten. — Wandern durch die Weltgeschichten | Ist ein Schiffen um die Welt; | Kannst du schauen, merken, richten, | Welch ein unabsehbar Feld!

Ludw. Giesebrecht, Gedichte (1836). Geschichtsstudien.

Weltgewühl. — Hüte dich vor wirrem Weltgewühle; | Ohne Staub kommt keiner aus der Mühle! Jul. Sturm, Gedichte (1850). Warnung.

Weltgunst. — Die Weltgunst ist ein See, | Darinnen untergeh, | Was wichtig ist und schwer; | Das Leichte schwimmt daher.

Friedr. von Logau, Deutsche Sinn=Getichte (1654). Weltgunst.

— Bau' nur auf Weltgunst recht | Und paß auf jeden Wink und Gruß, | Wirst dabei nimmer fröhlich werden!

Jos. Freiherr von Eichendorff, Gedichte (1837). Sängerleben. Spr. Nr. 5.

— Tanze vor der Bundeslade, | Knixe vor dem Weltidol, | Räuchre gut und zeig' die Wade, | Sei servil und sei frivol! | Und es wird die Welt dich krönen, | Wird dir Rang und Ruhm verleihn, | Und du wirst dich rasch gewöhnen, | Vor dir selbst ein Lump zu sein.

Wilh. Jensen, Stimmen d. Lebens (1881). Im Wechsel d. Zeit. Eines. Nr. 1.

Welthandel. — Möchten wir endlich einsehen, daß alle jene schwindelnden Lehrgebäude über Welthandel und Fabrikation für die Welt zwar für den Ausländer passen, . . . daß sie aber bei den Deutschen keine Anwendung haben!

Joh. Gottl. Fichte, Reden an d. deutsche Nation (1808). Rede 13.

Weltherrlichkeit. — So, Cyprian, ist alle Herrlichkeit der Welt. Span.: **Assi, Cipriano, son | Todas las glorias del mundo.**

Don Pedro Calderon de la Barca (1600—1681), D. wundertätige Magus. Übers. v. Morel=Fatio. B. 5.

— Die Herrlichkeit der Welt ist immer adäquat der Herrlichkeit des Geistes, der sie betrachtet. Der Gute findet hier sein Paradies, der Schlechte genießt schon hier seine Hölle.

Heinr. Heine, Sämtl. Werke (1861—1868). Verm. Schriften. Gedanken u. Einfälle. Nr. 2. Religion u. Philosophie.

Weltherrschaft. — Ebenso verderblich wie die Einbuße nationaler Selbständigkeit ist für ein Volk auch das Streben nach grenzenloser Weltherrschaft. Heinr. von Sybel, Kleine historische Schriften (1863—1881). Bd. 2.

Weltkenntnis. — . . . Leute von großer Weltkenntnis sind die besten Physiognomen und die, die am wenigsten von den Regeln erwarten.

Georg Christoph Lichtenberg, Verm. Schriften (1800—1806). Bd. 2, Nr. 2. Bemerk. verm. Inhalts. Nr. 5. Physiognomische u. pathognomische Beobachtungen u. Bemerk.

— Wonach soll man am Ende trachten? | Die Welt zu kennen und sie nicht verachten!

Joh. Wolfg. von Goethe, Werke (1827—1830). Gedichte. Zahme Xenien.

— Mensch, ergründe die Welt und nicht die Bücher, wie viel sie | Auch enthalten; es ward stets aus der Welt ja geschöpft.

Friedr. Hebbel, Gedichte (1857). Epigramme u. Verwandtes. Nr. 2. Gnomen. D. Weg zur Bildung.

Weltkind. — Prophete rechts, Prophete links, | Das Weltkind in der Mitten.

Joh. Wolfg. von Goethe, Gedichte. Epigrammatisch. Diné zu Koblenz (ged. 18. Juli 1774). Schlußv.

Weltkinder. — . . . Kinder der Welt.

Luk., K. 16, V. 8.

Weltlabyrinth. — . . . wer des Knäuels zartes Ende hält, | Der schlingt sich wohl durchs Labyrinth der Welt.

Joh. Wolfg. von Goethe, Gedichte. A. d. Nachlaß. An Personen. D. ersten Erzeugnisse d. Stotternheimer Saline (ged. 1828). (Geognosie).

Weltlauf. — Ei, der Gesunde hüpft und lacht, | Dem Wunden ist's vergällt; | Der eine schläft, der andre wacht; | Das ist der Lauf der Welt. Engl.: **Why, let the stricken deer go weep, | The hart ungalled play; | For some must watch, while some must sleep: | So runs the world away.**

William Shakespeare, Hamlet (1601—1602). Übers. v. Schlegel. A. 3, Sz. 2 (Hamlet).

— O Weltlauf, mühsam zu ergründen! | O Schauplatz nur für eitles Tun!

Friedr. Karl Kasimir Freiherr von Creuz, Oden u. andere Gedichte. Unser Schicksal (ged. 1764).

— Begnüge dich, aus einem kleinen Staate, | Der dich beschützt, dem wilden Lauf der Welt | Wie von dem Ufer ruhig zuzusehen!

Joh. Wolfg. von Goethe, Torquato Tasso (1789). A. 2, Sz. 1 (Prinzessin).

— So isch i der Wölt e Sach: | Der Eint hät Glück, der Ander Ungemach. Sprichwort. Schweiz.

— So geht es in der Welt: der eine hat den Dill, der andere die Gurken. Russisches Sprichwort.

Weltlenker. — Es ist ein großer Verlust für den Menschen, wenn er die Überzeugung von einem weisen, die Welt lenkenden Wesen verloren hat.

Georg Christoph Lichtenberg, Verm. Schriften (1800—1806). Bd. 2, Nr. 2. Bemerk. verm. Inhalts. Nr. 3. Moralische Bemerk.

Weltlich. — Die bildung sollent manen mich | An die sindt in dem hymelrych, | So sindts von bern herr dietherych (etwas Weltliches).
Thomas Murner, Narrenbeschwerung (1512). Nr. 74. Vff einem stecken rytten.

Weltlohn. — Zů todt geschlagen vnd geschunden, | Den lon die welt gibt allen hunden.
Thomas Murner, Narrenbeschwerung (1512). Nr. 31. D. hundt, d. d. leder fraß.

— Der Welt Lohn ist ein Gallentrank, | Der muß verbittern allen Dank.
Joh. Friedr. Fischart, Flöh Hatz, Weiber Tratz (1577).

Weltlust. — O weh! nach dieser Erden Lust ging unser Streben! | Ich seh' die Galle mitten in dem Honig schweben. Mittelhochdeutsch: Ouwê, wie uns mit süezen dingen ist vergeben! | Ich sihe die bittern gallen mitten in dem honege sweben.
Walter v. d. Vogelweide (1170—1230), Gedichte. Übertr. v. Pannier.

— Der Lust dieser Welt ist wie eines Febrischen guter Tag zwischen zweyen bösen.
Christoph Lehmann, Politischer Blumen=Garten (1662). T. 1. Lust. Nr. 15.

— Einer Buhlerin vergleichbar ist die süße Lust der Welt, | Die in jeder Hand erhoben eine goldne Schlinge hält; | Mit der einen hat sie eben ihren Liebling aufgehängt, | Während sie mit ihrer andern sich ein teueres Herzchen fängt.
Wilh. Müller, Gedichte (1837). Epigramme. 1. Hundert, Nr. 30. Weltlust.

— Die Lust der Welt ist Honigseim, um den wir wie die Fliegen schweben; | Noch keine hat daraus genippt, ihr blieb ein Stückchen Flügel kleben. Wilh. Müller, Gedichte (1837). Epigramme. 3. Hundert, Nr. 10. Weltlust.

— . . . die Welt vergehet mit ihrer Lust.
1. Joh., K. 2, V. 17.

Weltmann. — . . . paart zu eurem schönsten Glück | Mit Schwärmers Ernst des Weltmanns Blick! Friedr. von Schiller, Gedichte. Licht u. Wärme (ged. 1797).

Weltordnung. — Ich glaube, eine Weltordnung, die der Mensch begriffe, würde ihm unerträglicher sein als diese, die er nicht begreift. Sieht er alles, so meint er, er sieht nichts.
Friedr. Hebbel, Sämtl. Werke (1865—1868). Tageb.

Weltprobleme. — Der Mensch ist nicht geboren, die Probleme der Welt zu lösen, wohl aber zu suchen, wo das Problem angeht, um sich sodann in der Grenze des Begreiflichen zu halten.
Joh. Peter Eckermann, Gespräche mit Goethe in d. letzten Jahren seines Lebens (15. Okt. 1825).

Welträtsel. — Hinter den geheimnisvollen Vorhang drang noch nie ein Blick, | Keiner hob noch je den Schleier, der verhüllt das Weltgeschick; | Zweiundsiebzig Jahre hab' ich Tag und Nacht darob gesonnen, | Doch das Rätsel blieb mir dunkel, und mein Leben ist verronnen.
A. d. Persischen d. Omar Chijam (12. Jahrh.). Vierzeiler. Übers. v. Schack.

Weltschmerz. — Weltschmerz.
Nach Jean Paul (Joh. Paul Friedr. Richter), Selina (1827). Bd. 2.

— Der „Weltschmerz", wenn er nämlich das Gefühl der Mängel dieser Welt bedeuten soll, ist ein Motiv der Vorsehung, uns zur Abhilfe dieser Mängel anzuregen, unsere Kräfte zur Tätigkeit zu entwickeln.
Ernst Freiherr von Feuchtersleben, Zur Diätetik d. Seele (1838). Tagebuchblätter.

Weltverachtung. — Nur schwachen Trost, wenn dich ein Unheil trifft, | Gibt philosophische Betrachtung. | Für Weltunbill das einz'ge Gegengift | Ist Weltverachtung.
Paul Heyse, Spruchbüchlein (1885). Philosophie.

Weltverbesserung. — Jede Besserung an der Einrichtung dieser Welt wäre schrecklich, wenn sie nicht zum Glücke Unmöglichkeit wäre.
Joh. Jak. Engel, D. Philosoph für d. Welt (1775—1777). T. 2, Stück 28. Über d. Tod. Zweite Unterredung.

— Ihr streitet ob der Frage: „Kann | Die Welt sich bessern?" — Sagt mir an: | Ob sie noch schlimmer werden kann!
Joh. Christoph Friedr. Haug, Sinngedichte (1791). D. Welt.

— . . . wie sollte die Welt sich verbessern? Es läßt sich ein jeder | Alles zu und will mit Gewalt die andern bezwingen. | Und so sinken wir tiefer und immer tiefer ins Arge.
Joh. Wolfg. von Goethe, Reineke Fuchs (1794). Ges. 8.

— Schöner die Welt zu gestalten, den Klüglingen scheint es ein leichtes; | Aber sie rechnen zur Welt nie wohl ihr eigenes Selbst.
Karl Gustav von Brinckmann, Elegien u. Arabesken (1820).

— Die Weltverbesserung geht einen sehr langsamen Gang.
Aug. Graf von Platen=Hallermund, Gesammelte Werke. Ursprung d. Carraresen u. ihrer Herrschaft in Padua (1833).

— Laß doch die Welt, mein Sohn, sie ist ganz gut, | So wie sie ist, such' nichts an ihr zu bessern!
Emerich Madách, D. Tragödie d. Menschen (1861). A. d. Ungar. übers. v. Lechner. Sz. 8 (Rudolf).

— Bilde dich selbst, dann bildest du die Welt! Bessere dich selbst, dann wird die Welt besser!
Karl Gutzkow, Gesammelte Werke (1873).

Weltweisheit. — Weltweisheit ist ein Wort, hat weder Sinn noch Kraft; | Der Weisheit höchster Hort ist Gotteswissenschaft. | Weltweisheit aber soll, damit sie Sinn erhält, | Die Weisheit Gottes nur im Spiegel schaun der Welt.
Friedr. Rückert, D. Weisheit d. Brahmanen (1836—1839). B. 10, Nr. 157. (Stufe 2. Stimmung. Nr. 111.)

Weltweisheit. — Weltweisheit ist die Kunst, die schlecht sich auf Weltweise | Versteht; Weltklugheit ist weit nützlicher zur Reise.

Friedr. Rückert, D. Weisheit d. Brahmanen (1836—1839). B. 15, Nr. 86. (Stufe 5. Leben. Nr. 540.)

— Die Weltweisheit hat ebensoviele Menschen zu einem persönlichen Gott, wie von ihm ab geführt.

Paul Heyse, D. Kinder d. Welt (1873).

— Der Werlt Wisheit ist bedreglich (betrüglich) vor Land und Lude.

Inschrift am Audienzsaal d. Lübecker Rathauses.

Weltzier. — Dargegen diese schnöde Zier | Ist eitler Koth der Sünden.

Georg Phil. Harsdörffer, Nathan, Jotham u. Simson (1651). T. 2. D. Früling. Schlußv.

Wenden, sich. — Nun muß sich alles, alles wenden!

Ludw. Uhland, Gedichte. Lieder. Frühlingslieder. Nr. 2. Frühlingsglaube (ged. 21. März 1812). Mel. v. Frz. Schubert, Felix Mendelssohn-Bartholdy, Karl Friedr. Curschmann, Konradin Kreutzer u. a.

— Wende dich bei rechter Zeit, | So fällt der Karr'n nicht auf die Seit'! Alter Spr.

Wenig. — Wenig zu wenig macht zuletzt viel. Sprichwort.

Wenigkeit. — Meine Wenigkeit. Lat.: Mea parvitas, tenuitas.

Valerius Maximus (um 30), Denkwürdigkeiten. Übers. v. Hoffmann. Prolog.

Wenn. — ... vortrefflicher Haber! | Ihr füttert die Pferde mit Wenn und mit Aber.

Gottfr. Aug. Bürger, Gedichte. D. Kaiser u. d. Abt (1785).

— Wenn das Wörtli wenn nid wer, | So wer mi Vater e Rotsherr. Sprichwort. Schweiz.

— Wenn die Katz a Henn' wär', leget' sie Eier. Sprichwort. Nordtirol.

— Das Wenn und das Aber sind das Erbteil der Dummen. Ital.: Il Se e il Ma sono il patrimonio dei miuchioni. Sprichwort.

— Wenn meine Tante Räder hätte, wär' se 'n Omnibus! Berliner Redensart.

— Wer das Wenn erstiegen, | Sieht das Aber liegen. Spr. an einem Hausgerät.

Werden. — Was nicht ist, es kann noch werden.

Joh. Wolfg. von Goethe, Epimenides Erwachen (1815). A. 1, Sz. 15.

— Mit seltsamen Gebärden | Gibt man sich viele Pein, | Kein Mensch will etwas werden, | Ein jeder will schon was sein.

Joh. Wolfg. von Goethe, Werke (1827—1830). Gedichte. Zahme Xenien. Nr. 4.

— Werde, was du noch nicht bist, | Bleibe, was du jetzt schon bist; | In diesem Bleiben und diesem Werden | Liegt alles Schöne hier auf Erden.

Frz. Grillparzer, Gedichte (1873). Einem jungen Mädchen.

Werden. — .. was einst war, kann wieder werden.

Friedr. von Bodenstedt, A. d. Nachlasse Mirza-Schaffys (1874). B. 1. Lieder d. Liebe. Lieder v. Schwarzen Meer. Nr. 2.

— Was will das werden? Apostelgesch., K. 2, V. 12.

— Was nicht ist, kann noch werden. Sprichwort.

— Wat soll'n det werden, wenn 't fertig is? Berliner Redensart.

Werden, das. — Im steten Werden liegt des Lebens Reiz allein.

Friedr. Güll, Kinderheimat in Liedern u. Bildern (1836).

— Was unvollkommen ist, das soll vollkommen werden; | Denn nur zum Werden, nicht zum Sein, sind wir auf Erden.

Friedr. Rückert, D. Weisheit d. Brahmanen (1836—1839). B. 20, Nr. 128. (Stufe 12. Frieden. Nr. 181.)

Werk. — Deine Absicht erst gibt deinem Werke seinen wahren Namen. Lat.: Affectus tuus nomen imponit operi tuo.

Ambrosius (um 340—397), V. d. Pflichten. Übers. v. Lichter. B. 1, K. 30.

— Zum Werke von dem Wort | Ist oft ein weiter Ort.

Friedr. von Logau, Deutsche Sinn-Getichte (1654). Vermessenheit.

— Von der Stirne heiß | Rinnen muß der Schweiß, | Soll das Werk den Meister loben.

Friedr. von Schiller, Gedichte. D. Lied v. d. Glocke (ged. Sept. 1799).

— Die Händ' ans Werk, die Herzen himmelan, | So wird allein ein gutes Werk getan.

Karl Joh. Phil. Spitta, Psalter u. Harfe (1833). Sammlung 1. D. Arbeit in d. Herrn.

— Zu jedem ganzen Werk gehört ein ganzer Mann. Friedr. Rückert, D. Weisheit d. Brahmanen (1836—1839).

— ... sorge, daß zum kleinsten Werke | Die ganze Kraft gesammelt sei!

Jul. Hammer, Schau um dich u. schau in dich (1851). Heiße Tage. Vorwärts d. Blick u. aufrecht stehe usw.

— Ein Segen ruht im schweren Werke; | Dir wächst, wie du's vollbringst, die Stärke; | Bescheiden zweifelnd singst du's an | Und stehst am Ziel, ein ganzer Mann.

Emanuel Geibel, Gedichte u. Gedenkblätter (1864). Spr. Nr. 7.

— Was kann ein Mann zum Werke tun? | Aus Freude schaffen, mit Sorge ruhn, | Dem, was er macht, sein Herz zuwenden, | Bescheiden anfangen, mutig enden! | Das Andere liegt in andern Händen. Joh. Trojan, Beschauliches (1870). Getrost!

— Das Werk lobt den Meister.

Jes. Sir., K. 9, V. 24.

— Hand an's Werk! Sprichwort.

Werke. — ... ihre Werke folgen ihnen nach.

Offenb. Joh., K. 14, V. 13.

Werke. — Von Worten zu Werken ein weiter Weg. Sprichwort.

Werkzeug. — Ein Mann, der recht zu wirken denkt, | Muß auf das rechte Werkzeug halten.
Joh. Wolfg. von Goethe, Faust, I (1808). Vorspiel auf d. Theater (Direktor).

Wermut. — Durch Wermut wird das Bitt're nicht versüßt.
Adelbert von Chamisso (Louis Charles Adelaide Chamisso de Boncourt), Gedichte. Sonette u. Terzinen. Salas y Gomez (geb. 1829). D. letzte Schiefertafel.

Wert. — Wert Vorragenden sein ist auch nicht niedriges Lobes. Lat.: Principibus placuisse viris non ultima laus est.
Quint. Horatius Flacc., Episteln (um 20 v. Chr.). Übers. v. Voß. B. 1, Nr. 17, V. 35.

Wert, der. — . . . da offenkund'ger Wert sich selbst empfiehlt. Engl.: Since every worth in show commends itself.
William Shakespeare, Pericles (1609). Übers. v. Benda. A. 2, Sz. 3 (Simonides).

— Mensch, alles außer dir, das gibt dir keinen Wert; | Das Kleid macht keinen Mann, der Sattel macht kein Pferd.
Angelus Silesius (Joh. Scheffler), Cherubinischer Wanders-Mann (1675).

— Ein jeder gibt den Wert sich selbst. Wie hoch ich | Mich selbst anschlagen will, das steht bei mir. | So hoch gestellt ist keiner auf der Erde, | Daß ich mich selber neben ihm verachte.
Friedr. von Schiller, Wallensteins Tod (1799). A. 4, Sz. 8 (Buttler).

— Willst du dich deines Wertes freuen, | So mußt der Welt du Wert verleihen!
Joh. Wolfg. von Goethe, Gedichte. Sprichwörtl. (geb. 1812—1814).

— Der Weise fragt nicht, ob man ihn auch ehrt; | Nur er allein bestimmt sich seinen Wert.
Joh. Gottfr. Seume, Sämtl. Werke (1826). Gedichte. Einem Kleinmütigen.

— Der wahre Wert ist Gold in allen Welten, | Macht überall sich selber gelten; | Gemachter Wert ist dem Papiergeld gleich, | Man nimmt es nirgends außerm Reich.
Friedr. Rückert, Erbauliches u. Beschauliches a. d. Morgenlande (1837—1838). Arabische Volkslieder.

Werther. — . . . ein bleicher, hohlwangiger Werther. Gottfr. Aug. Bürger, Gedichte. D. Kaiser u. d. Abt (1785).

Wespen. — Die besten Birnen werden von den Wespen angebissen. Bauernregel. Eifel.

Wespennest. — Greif' nicht leicht in ein Wespennest; | Doch wenn du greifst, so stehe fest!
Matthias Claudius, Sämtl. Werke d. Wandsbecker Boten. T. 7 (1803). Ein silbern ABC.

— In ein Wespennest stechen (eine Sache aufrühren, die einem eine Menge Gefahren bringen kann). Sprichwörtl. Redensart.

Westen. — Der Zug nach dem Westen.
Paul Lindau, D. Zug nach d. Westen (1886).

Wetten. — Wo zwei wetten, muß einer verlieren. Sprichwort.

— So haben wir nicht gewettet (das ist gegen die Abrede). Sprichwörtl. Redensart.

Wetter. — Der Nordwind ist ein rauher Vetter, | Aber er bringt beständig Wetter. Bauernregel.

— Fliegt die Lerche hoch und singt oben in den Lüften lange und anhaltend, so verkündet sie gutes Wetter. Bauernregel.

— Mit Ostwind | Schön Wetter beginnt. Bauernregel.

— Regenbogen am Abend läßt gut Wetter hoffen. Bauernregel.

— Wenn der Hahn kräht auf dem Mist, | Das Wetter im Wechseln ist. Bauernregel.

— Wenn die Milchstraße gut steht, bleibt auch das Wetter gut. Bauernregel.

— Wenn die Regenwürmer aus der Erde kriechen, oder Maulwürfe Erde auswerfen, wird schlechtes Wetter. Bauernregel. Tirol.

— Wenn die Spinnen wirken, wird ander Wetter. Bauernregel.

Whig. — Whig und Tory. (Whigs nannte man diejenigen englischen Politiker, welche dem Hof gegenübertraten und protestantische Dissidenten mit Nachsicht behandelt haben wollten. Tories nannte man Engländer, die nicht dazu beitragen wollten, einen katholischen Prinzen vom Thron auszuschließen.)
Thomas Babington, Lord Macaulay, Gesch. Englands (1849). Übers. v. Beseler. B. 1, K. 2.

Wider. — Wer nicht mit mir ist, der ist wider mich. Matth., K. 12, V. 30.

Widerlegen. — Gegner glauben uns zu widerlegen, wenn sie ihre Meinung wiederholen und auf die unsrige nicht achten.
Joh. Wolfg. von Goethe, Werke (1827—1830). Maximen u. Reflexionen. Abteilung 7.

— . . . um einen falschen Gedanken mit Erfolg zu widerlegen, muß man bekanntlich ein ganzes Buch schreiben, und den, der den Ausspruch getan hat, überzeugt man doch nicht.
Otto von Bismarck im Herrenhause d. preuß. Landtages (21. Dez. 1863).

— Widerlegen Sie mich, aber lachen, — wie leicht ist das! Sie glauben gar nicht, wie ich lache, wenn Sie nicht dabei sind.
Otto von Bismarck im Reichstage (20. März 1884).

Widerrufen. — Zu spät? O nein doch! mein gesproch'nes Wort, | Ich kann es widerrufen! Engl.: Too late? why, no; I that do speak a word, | May call it back again.
William Shakespeare, Maß für Maß (1604). Übers. v. Schlegel. A. 2, Sz. 2 (Isabella).

Widersacher, der. — Sei willfertig deinem Widersacher bald! Matth., K. 5, V. 25.

Widersacher, die. — Widersacher, Weiber, Schulden, | Ach! kein Ritter wird sie los.
Joh. Wolfg. von Goethe, Werke. Gedichte. Balladen. Ritter Kurts Brautfahrt (1804). Schlußv.

— Ich habe immer auf die Verdienste meiner Widersacher acht gehabt und daraus Vorteil gezogen. Joh. Wolfg. von Goethe, Werke (1827—1830). Maximen u. Reflexionen. Abteilung 7.

Widerspenstig. — Die Schlange, die das Herz vergiftet, | Die Zwietracht und Verderben stiftet, | Das ist der widerspenst'ge Geist, | Der gegen Zucht sich frech empöret, | Der Ordnung heilig Band zerreißt; | Denn der ist's, der die Welt zerstöret. Friedr. von Schiller, Gedichte. D. Kampf mit d. Drachen (ged. 18.—26. Aug. 1798).

Widersprechen. — Der Sauerteig eines widersprechenden Geistes scheint mir unentbehrlich, damit das Werk gedeihe und genießbar werde.
Ludw. Börne, Gesammelte Schriften (1862—1863).

Widersprechen, sich. — So seltsam widerspricht sich Carlos nicht.
Friedr. von Schiller, Don Carlos (1787). A. 1, Sz. 1 (Domingo).

Widerspruch. — Man würze, wie man will, mit Widerspruch die Rede, | Wird Würze nur nicht Kost und Widerspruch nicht Fehde!
Gotthold Ephr. Lessing, Schriften (1753—1755). Sinngedichte. B. 2, Nr. 43. Sittenspr. Nr. 1.

— Lerne Widerspruch ertragen!
Adolf Freiherr von Knigge, Über d. Umgang mit Menschen (1788).

— . . . Recht hat jeder eigene Charakter, | Der übereinstimmt mit sich selbst; es gibt | Kein andres Unrecht als den Widerspruch.
Friedr. von Schiller, Wallensteins Tod (1799). A. 1, Sz. 7 (Gräfin).

— ein vollkomm'ner Widerspruch | Bleibt gleich geheimnisvoll für Kluge wie für Toren.
Joh. Wolfg. von Goethe, Faust, I (1808). Hexenküche (Mephistopheles).

— Widerspruch und Schmeichelei machen beide ein schlechtes Gespräch.
Joh. Wolfg. von Goethe, D. Wahlverwandtschaften (1808—1809). T. 2, K. 4. A. Ottiliens Tageb.

— Laß dich nur in keiner Zeit | Zum Widerspruch verleiten; | Weise fallen in Unwissenheit, | Wenn sie mit Unwissenden streiten.
Joh. Wolfg. von Goethe, Westöstlicher Diwan (1819). B. d. Spr. Nr. 28.

— Das Gleiche läßt uns in Ruhe; aber der Widerspruch ist es, der uns produktiv macht.
Joh. Peter Eckermann, Gespräche mit Goethe in d. letzten Jahren seines Lebens (28. März 1827).

— Wir können einem Widerspruch in uns selbst nicht entgehen; wir müssen ihn auszugleichen suchen. Wenn uns andere widersprechen, das geht uns nichts an, das ist ihre Sache.
Joh. Wolfg. von Goethe, Werke (1827—1830). Maximen u. Reflexionen. Abteilung 3.

Widerspruch. — Im Widerspruch, wenn er einem auch in die Quere kommt, liegt doch eine Entscheidung; man besinnt sich und weiß am End', was man tun soll.
Bettina (Elisabeth) von Arnim, Dies B. gehört d. Könige (1843).

— Auf jede Rede wieder Gegenrede (Widerspruch), | O mach' dir diese Kunst nicht eigen! | Wort wider Wort entfacht nur neue Fehde, | Und Frieden endlich macht nur Schweigen.
Friedr. Güll, Leitstern auf d. Lebensfahrt (1881).

Widerstand. — Widerstand ist der schärfste Sporn des Menschen, ist die ungeheure Triebfeder derjenigen, die sich aus der Dunkelheit und Armseligkeit heraus zu arbeiten haben, um sich ihre Stätte zu bereiten.
Ida Gräfin von Hahn-Hahn, Zwei Frauen (1845).

— Je mehr Widerstand, | Je mehr Fortgang.
Sprichwort.

Widerstehen. — Widerstehe dem Anfang! Lat.: Principiis obsta.
Publ. Ovidius Naso (um 43 v. Chr.—17 n. Chr.), Mittel gegen d. Liebe. V. 91. Übers. v. Grau.

Widerstreben. — Wo Widerstreben | Vorm Untergang das Schiff nicht retten kann, | Da wird ein weiser Steuermann | Mit guter Art sich in den Wind ergeben.
Christoph Martin Wieland, Musarion (1768). B. 1.

Widerwillig. — Nichts ist so leicht, daß es nicht schwer wird, wenn du es wider Willen tust. Lat.: Nullast tam facilis res, quin difficilis fiet | Quam inuitus facias.
Publ. Terentius Afer (um 185—155 v. Chr.), D. Selbstpeiniger. Übers. v. Donner. A. 4, Sz. 6, V. 1 (Clitipho).

— Was man mit Vnwillen thut, das gehet vnd knarret wie ein newer, vngeschmierter Wagen.
Christoph Lehmann, Politischer Blumen-Garten (1662). T. 2. Vnwill, Vnwillig. Nr. 3.

Wiedereinsetzung. — Wiedereinsetzung in einen vorigen Rechtszustand. Lat.: Restitutio in integrum.
Corpus iuris civilis Codex Justinianeus (529). B. 2, Tit. 22. Übers. v. Grau.

Wiedergeburt. — . . . das Bad der Wiedergeburt. Tit., K. 3, V. 5.

Wiederholen. — Alles wiederholt sich nur im Leben. Friedr. von Schiller, Gedichte. An d. Freunde (ged. 1802).

Wiederholung. — Die Wiederholung ist die Mutter, — nicht bloß des Studierens, auch der Bildung.
Jean Paul (Joh. Paul Friedr. Richter), Levana oder Erzieh-Lehre (1807). Bd. 1, Bruchstück 1, K. 2, § 7.

Wiederkehren. — Johanna geht, und nimmer kehrt sie wieder.
Friedr. von Schiller, D. Jungfrau v. Orleans (1801). Prolog. Sz. 4 (Johanna).

Wiederkommen. — Wird man wo gut aufgenommen, | Muß man ja nicht zweimal kommen.
Pius Alexander Wolff, Preziosa (1820). A. 2, Sz. 1 (Viarda). Komp. v. Karl Maria von Weber. (Erste Auff. am 14. März 1821 in Berlin.)

— De kümp wier es (wie) 'n falsken Silwergrosken (falscher Silbergroschen).
Sprichwörtl. Redensart. Münsterisch.

Wiedersehen. — Gut, ich soll dich wiedersehn? — | Ja, zu Philippi! Engl.: Well; then I shall see thee again? — | Ay, at Philippi.
William Shakespeare, Jul. Cäsar (1601). Übers. v. Schlegel. A. 4, Sz. 3 (Brutus u. d. Geist Cäsars).

— Gott befohlen, Brüder! | In einer andern Welt wieder!
Friedr. von Schiller, Gedichte. D. Schlacht (ged. 1781).

— So sehen wir uns wieder?
Friedr. von Schiller, Don Carlos (1787). A. 5, Sz. 11 (Königin).

— ... Roß und Reiter sah ich niemals wieder.
Friedr. von Schiller, Wallensteins Tod (1799). A. 2, Sz. 3 (Wallenstein).

Wiedersehen, das. — Ach, Wiedersehn geht fern und weit, | Und nahe geht das Scheiden!
Clemens Brentano, A. d. Chronika eines fahrenden Schülers (1818). Schlaflied. Schlußv.

— Wenn Menschen auseinandergehn, | So sagen sie: Auf Wiedersehn!
Ernst Freiherr von Feuchtersleben, Gedichte. Nach altdeutscher Weise (ged. vor 1826). Schlußv. Mel. v. Felix Mendelssohn-Bartholdy (komp. 1839).

— Nur in den Minuten des Wiedersehens und der Trennung wissen es die Menschen, welche Fülle der Liebe ihr Busen verbarg, und nur darin wagen sie es, der Liebe eine zitternde Zunge und ein überfließendes Auge zu geben.
Jean Paul (Joh. Paul Friedr. Richter), Sämtl. Werke (1826—1828).

— Wiedersehen macht, | Daß man des Scheidens nicht acht't. Sprichwort.

Wiedervergeltung. — Sag' ihnen, mein Handwerk ist Wiedervergeltung! — Rache ist mein Gewerbe.
Friedr. von Schiller, D. Räuber (1781). A. 2, Sz. 3 (Moor).

Wiege. — Die Wiege ist dem Menschen das ruhigste Bett. Alter Spr.

— Was die Wiege gibt, nimmt das Grab. Portug.: O que o berço da, a cova o tira.
Sprichwort.

— Das ist ihm nicht an der Wiege gesungen worden (seiner Herkunft nach hätte man nicht glauben dürfen, das es ihm einmal so schlecht gehen würde).
Sprichwörtl. Redensart.

Wiegen. — ... gewogen und zu leicht gefunden. Daniel, K. 5, V. 27.

Wilden, die. — Seht, ihr fremden, klugen, weißen Leute, | Seht, wir Wilden sind doch beß're Menschen! | Und er schlug sich seitwärts in die Büsche. Joh. Gottfr. Seume, Sämtl. Werke. Gedichte. D. Wilde (1801). Schlußv.

Wilhelm. — König Wilhelm saß ganz heiter | Jüngst zu Ems, dacht' gar nicht weiter | An die Händel dieser Welt.
Dr. Wolrad Kreusler, König Wilh. saß ganz heiter usw. (ged. Aug. 1870). Volksweise.

Wille. — Fehlen die Kräfte mir auch, so ist doch der Wille zu loben. Lat.: Ut desint vires, tamen est laudanda voluntas.
Publ. Ovidius Naso (um 43 v. Chr.—17 n. Chr.), Br. a. d. Pontus. Übers. v. Berg. B. 3, Br. 4, V. 79.

— So will, so befehl ich's: statt Grundes gelte der Wille! Lat.: Hoc volo, sic jubeo: sit pro ratione voluntas.
Decimus Junius Juvenalis, Sat. (um 100). Übers. v. Weber. Nr. 6, V. 223.

— Es ist wohl schwer, zu verlassen, was man gewohnt ist, aber es ist schwerer, seinen eigenen Willen zu brechen und zu überwinden. Lat.: Grave est, assueta dimittere, sed gravius est, contra propriam voluntatem ire.
Thomas a Kempis, Nachfolge Christi (um 1410). Übers. v. Arnd. B. 1, K. 11, § 19.

— Das ist unser Wille. Franz.: Tel est notre bon plaisir.
Ludw. XI. v. Frankreich (31. Okt. 1472). Übers. v. Zimmermann.

— Der Henker führe einen weg, der es besser will machen, denn er kann! Bei großen Sachen genügt schon der Wille.
Dr. Martin Luther, Tischreden oder Colloquia (1566). Nr. 67. Tischreden v. Schulen u. Universitäten. § 19. Wöchentliche Disputationes.

— Der gute Wille ist die Hauptsache. Engl.: The heart's all.
William Shakespeare, König Heinr. IV. (1597—1598). Übers. v. Schlegel. T. 2, A. 5, Sz. 3 (David).

— Unser Körper ist ein Garten und unser Wille der Gärtner. Engl.: Our bodies are our gardens; to the which, our wills are gardeners.
William Shakespeare, Othello (um 1601—1605). Übers. v. Schlegel. A. 1, Sz. 3 (Jago).

— Gott sieht nicht auf die Tat allein, | Er sieht auf deinen Willen.
Christ. Fürchtegott Gellert, Geistl. Oden u. Lieder (1757). D. Kampf d. Tugend.

— Guter Wille ist höher als aller Erfolg.
Joh. Wolfg. von Goethe, Stella (1775). A. 5. Saal (Cäcilie).

— Es ist überall nichts in der Welt zu denken möglich, was ohne Einschränkung für gut könnte gehalten werden als allein der gute Wille.
Immanuel Kant, Grundlegung zur Metaphysik d. Sitten (1781). Abschnitt 1.

— Der Wille lockt die Taten nicht herbei; | Der Mut stellt sich die Wege kürzer vor.
Joh. Wolfg. von Goethe, Torquato Tasso (1789). A. 2, Sz. 3 (Antonio).

Wille. — Die Menschen schieben ihren letzten Willen gern solange hinaus wie ihren bessern.
Jean Paul (Joh. Paul Friedr. Richter), Leben Quint. Fixlein (1796).

— . . . der Pflichten schwerste zu erfüllen, | Zu bändigen den eignen Willen.
Friedr. von Schiller, Gedichte. D. Kampf mit d. Drachen (ged. 18.—26. Aug. 1798).

— Vor Unwürdigem kann dich der Wille, der ernste, bewahren; | Alles Höchste, es kommt frei von den Göttern herab.
Friedr. von Schiller, Gedichte. D. Glück (ged. 1798).

— Des Menschen Wille, das ist sein Glück.
Friedr. von Schiller, Wallensteins Lager (1798). Sz. 7 (Zweiter Jäger).

— Den Menschen macht sein Wille groß und klein. Friedr. von Schiller, Wallensteins Tod (1799). A. 4, Sz. 8 (Buttler).

— Zerbrich den Kopf dir nicht zu sehr; | Zerbrich den Willen, das ist mehr!
Matthias Claudius, Sämtl. Werke d. Wandsbecker Boten. T. 7 (1803). Ein gülden ABC.

— Ja, mit dem besten Willen leisten wir | So wenig, weil uns tausend Willen kreuzen.
Joh. Wolfg. von Goethe, D. natürliche Tochter (1803). A. 1, Sz. 5 (König).

— Kühnes und Großes vermag der mit Kraft ausdauernde Wille; | Aber es wolle der Geist nie, was das Herz ihm verbeut!
Karl Gustav von Brinckmann, Elegien u. Arabesken (1820).

— Es gibt in der moralischen Welt nichts, was nicht gelänge, wenn man den rechten Willen dazu mitbringt.
Wilh. Freiherr von Humboldt, Br. an eine Freundin (13. Nov. 1824).

— Im Willen liegt die Schuld, nicht in der Tat. Ernst Raupach, Rob. d. Teufel (1834). A. 2, Sz. 2.

— Erkenne eigne Kraft als freien Willen, | Und sprich den Willen an als freie Kraft; | Sonst ist das All ein Sklave, — wie kein Sklave.
Leop. Schefer, Laienbrevier (1834). Nov. Nr. 17.

— . . . echter Wille ist Magie, ist Allmacht.
Rob. Hamerling, Ahasver in Rom (1866). Ges. 5. D. goldene Haus.

— Der Wille, die Zentralkraft des Charakters, muß in der Gewohnheit der Entschlossenheit geübt werden, sonst wird er nicht fähig, weder dem Bösen zu widerstehen, noch dem Guten zu folgen. Engl.: The will, which is the central force of character, must be trained to habits of decision — otherwise it will neither be able to resist evil nor to follow good.
Samuel Smiles, D. Charakter (1871). Übers. v. Dobbert. K. 5. D. Mut.

Wille. — Unser innerster Wille ist wie eine Pflanze: einfach, bestimmt, aber ohne Wurzeln in der Erde; unser Geist das Bewußtsein darüber wie eine in uns mitgegebene Sonne.
Rahel (Antonie Friederike Varnhagen von Ense), Br. (1877).

— . . . Willen, Unerschrockenheit und mutige Ausdauer, der kann nicht zugrunde gehen.
Dr. Hanns Groß, Kriminalpsychologie (1898). Subjektiv. D. psychische Tätigkeit d. Richters. Aufnehmende Momente. Nr. 3. Phänomenologisches. Kennzeichen im Allgemeinen.

— Dein Wille geschehe auf Erden wie im Himmel! Matth., K. 6, V. 10.

— Der Wille gibt dem Werk den Namen. Alter Spr.

— Gezwungner Wille ist Unwille. Alter Spr.

— Guter Wille hat geschwinde Füße. Alter Spr.

— Den Willen gibt Gott, | Den Zwang die Not. Sprichwort.

— Der Wille ist des Werkes Seele. Sprichwort.

— Der Wille tut's. Sprichwort.

— Des Menschen Wille ist sein Himmelreich. Sprichwort.

— Guter Wille muß am Ende betteln gehn. Sprichwort.

— Wenn der Wille da ist, sind die Füße leicht. Engl.: When the will's ready, the feet are light. Sprichwort.

— Drei Dinge braucht man zu allem: Kraft, Verstand und Willen. Norwegisch: Tri ting trengst til alt: d'er Magt, og Vit og Vilje. Sprichwort.

— Wille ist Leben. Span.: Voluntad es vida. Sprichwort.

— Der Menschen Wille ist ihr Himmelreich und wird oft ihre Hölle. Isländisches Sprichwort.

— Wenn die Liebe den Willen unterstützt, was machte es für Mühe, Berge abzutragen? Russisches Sprichwort.

— Guter Wille | Braucht keine Brille. Spr. an einem Hause.

— Der beste Wille | Ist der feste Wille.
Spruch im Berliner Rathause. Erster Stock.

Willenseifer. — Was armer, will'ger Eifer | Zu leisten nicht vermag, schätzt edle Rücksicht | Nach dem Vermögen nur, nicht nach dem Wert. Engl.: And what poor duty cannot do, | Noble respect takes it in might, not merit.
William Shakespeare, Ein Sommernachtstraum (1594). Übers. v. Schlegel. A. 5, Sz. 1 (Theseus).

Willenskraft. — Die Kraft des Willens wirkt, daß man's erzwinge, | Macht uns zum König über alle Dinge!
Phil. Eduard Devrient, D. graue Männlein (1846). A. 1, Sz. 3.

— Willenskraft | Wege schafft. Sprichwort.

Willfahren. — Willfahren macht Freunde, versagen Feinde. Sprichwort.

Willig. — . . . bist du nicht willig, so brauch' ich Gewalt.

Joh. Wolfg. von Goethe, Gedichte. Balladen. Erlkönig (ged. 1781). Mel. v. Corona Schröter (1786), Frz. Schubert (komp. 1815), Karl Löwe (1824) u. a.

— Ein willig Pferd soll man nicht übertreiben. Alter Spr.

— Williges Pferd soll man nicht sporen. Sprichwort.

— Willig Herz macht leichte Füße. Sprichwort.

Willigkeit. — Wenn Willigkeit im Leisten und Billigkeit im Heißen | Sich wo zusammenfügen, wer will dies Band zerreißen?

Friedr. von Logau, Deutsche Sinn-Getichte (1654).

Willkommen. — Willkommen, schöner Jüngling, | Du Wonne der Natur!

Friedr. von Schiller, Gedichte. An d. Frühling (ged. 1781). Mel. v. Joh. Friedr. Reichardt (1810).

— He is dar so wilkamen as dat Water in't Schip. A. d. Seemannssprache. Pommern.

Willkommen, das. — Stets lächelt Willkomm', Lebewohl geht seufzend. Engl.: Welcome ever smiles, | And farewell goes out sighing.

William Shakespeare, Troilus u. Cressida (um 1609). Übers. v. Schlegel. A. 3, Sz. 3 (Ulysses).

— Willkommen ist ein freundlich Wort; | Doch bitter lautet: Scher' dich fort! Sprichwort.

Willkommen heißen. — Ich heiße Sie | Willkommen, Chevalier, auf span'schem Boden!

Friedr. von Schiller, Don Carlos (1787). A. 1, Sz. 4 (Königin).

— Ich heiß' willkommen, wer hier eintritt, | Zu bringen den Frieden, zu ehren die Sitt'. | Ein'm jeden steht offen die Tür und Haus, | Der mit Gott geht ein, mit Gott geht aus; | Jeder gute Gast | Findet hier Rast.

Spr. am Schlosse Lebenberg bei Meran.

Willkür. — Ich kann mich nur über den Menschen freuen, der weiß, was ihm und andern nütze ist und seine Willkür zu beschränken arbeitet. Joh. Wolfg. von Goethe, Wilh. Meisters Lehrjahre (1777—1796).

— . . . immer war die Willkür fürchterlich.

Friedr. von Schiller, D. Piccolomini (1799). A. 1, Sz. 4 (Oktavio).

— Die freche Willkür kann ich nie vergöttern, | Die nur den großen Bösewicht beweist.

Theod. Körner, Rosamunde (ged. 26. Okt.—8. Nov. 1812). A. 2, Sz. 2 (Richard).

— . . . wenn wir einmal das Gebiet des Rechts verletzen und das der Willkür betreten, so sehe ich darin nur den Anfang des Endes.

Otto von Bismarck in d. zweiten Kammer d. preuß. Landtages (24. Nov. 1849).

Wind. — Vertrau' dem Mund des Windes nicht, | Und wenn er noch so günstig bliese!

A. d. Persischen d. Hafis (um 1310—1389). Ghaselen. Übers. v. Nesselmann.

— Der Wind zieht seine Hosen an, | Die weißen Wasserhosen.

Heinr. Heine, D. B. d. Lieder. D. Heimkehr (ged. 1823—1824). Nr. 12.

— In den Wind reden (vergeblich reden).

Nach 1. Kor., K. 14, V. 9. — Sprichwörtl. Redensart.

— Wer allzeit auf den Wind will sehen, | Der wird nicht säen und nicht mähen. Sprichwort.

— Etwas in den Wind schlagen (sich nicht um Ermahnungen bekümmern). Sprichwörtl. Redensart.

— Von etwas Wind haben (benachrichtigt sein). Sprichwörtl. Redensart.

— Wo hat dich der Wind hergeweht? (Wo kommst du so plötzlich her?) Sprichwörtl. Redensart.

— Der Wind, der sich mit der Sonne erhebt und legt, bringt selten Regen. Bauernregel.

— Dat geiht (geht) mit vullem Wind (das geht gut von statten). A. d. Seemannssprache. Pommern.

— Ostwind | Is 'n Königskind. A. d. Seemannssprache.

— 't geit (geht) neet altied vöör de Wind (nach Wunsch). A. d. Seemannssprache. Ostfriesland.

— Unbestännigen (unbeständigen) Wind, bestännig Wädder (Wetter). A. d. Seemannssprache.

— Westwind mit Mist (Nebel) | Hat Ostwind in de Kist. A. d. Seemannssprache.

Winken. — . . . wie er winkt mit dem Finger . . .

Friedr. von Schiller, Gedichte. D. Handschuh (ged. 19. Juni 1797).

Winter. — Der Winter ist ein rechter Mann, | Kernfest und auf die Dauer.

Matthias Claudius, Sämtl. Werke d. Wandsbecker Boten. T. 4 (1783). Ein Lied, hinterm Ofen zu singen. Mel. v. Joh. Friedr. Reichardt (1797).

— Die Fenster auf! die Herzen auf! | Geschwinde, geschwinde! | Der alte Winter will heraus.

Wilh. Müller, Gedichte. Frühlingskranz a. d. Plauenschen Grunde bei Dresden. Frühlingseinzug (ged. 1825). Mel. v. Friedr. Silcher.

— Ein Despote ist der Winter, gar ein arger Obskurant.

Anastasius Grün (Anton Alexander Graf von Auersperg), Spaziergänge eines Wiener Poeten (1831). Sieg d. Freiheit.

— Winter, ade! | Scheiden tut weh.

Aug. Heinr. Hoffmann von Fallersleben, Lyrische Gedichte. Nr. 3. Kinderleben. D. vier Jahreszeiten. Nr. 1. D. Frühling. Nr. 3. Winters Abschied (ged. 1835). Volksweise.

— . . . dräut der Winter noch so sehr | Mit trotzigen Gebärden, | Und streut er Eis und Schnee umher, | Es muß doch Frühling werden!

Emanuel Geibel, Zeitstimmen (1841). Hoffnung.

Winter. — Fällt das Laub zeitig im Garten, | So ist ein schöner Herbst und Winter zu erwarten.
Bauernregel.

— Nebliger Martin (1. November), — Winter gelind; heller Martin, — strenger Winter.
Bauernregel.

— Wenn bis zum 6. Januar kein Winter ist, so kommt keiner.
Bauernregel.

— Wenn der Maulwurf wirft im Januar, | So dauert der Winter bis Mai sogar.
Bauernregel.

— Wenn die Bäume zweimal blühen, | Wird der Winter sich bis Mai hinziehen.
Bauernregel. Norddeutschland.

— Wenn die Bienen ihre Stöcke zeitig verkitten, | Kommt bald ein harter Winter geritten.
Bauernregel.

— Sitzen die Birnen fest am Stiel, | Bringt der Winter Kälte viel.
Bauernregel.

— Wenn die Nächte längen, | Fängt der Winter an zu strengen.
Bauernregel.

— Wenn die Störche zeitig reisen, | Kommt ein Winter von Eisen.
Bauernregel.

— Wenn die Tage langen, | Kommt der Winter gegangen.
Bauernregel.

— Wenn im Oktober die Eich' ihr Laub behält, | So folgt ein Winter mit strenger Kält'.
Bauernregel.

— Wer im Heumond nicht gabelt, | In der Ernte nicht pabelt, | Im Herbste nicht früh aufsteht, | Der schau', wie's ihm im Winter geht!
Bauernregel.

Winterquartal. — Donner im Winterquartal | Bringt Eiszapfen ohne Zahl.
Bauernregel.

Winterszeit. — Wo ein Lieb ganz ohne Leid | Bei dem andern sorglos ruht, | Denen kommt die Winterszeit | Wahrlich, denke ich, zu gut. ... | Hat der Winter kurzen Tag, | Hat er doch die lange Nacht. Mittelhochdeutsch: Swâ sô liep bî liebe lît | Gar vor allen sorgen frî, | Ich wil, daz diu winterzît | Den zwein wol erteilet sî. .. | Sumer unde winter, | Der zweier êren ist sô vil, | Daz ich beide loben wil.
Walter v. d. Vogelweide (um 1170—1230), Gedichte. Übertr. v. Pannier.

Wintertage. — Zwar Wintertage haben | Wohl auch der Freuden viel...
Christ. Adolf Overbeck, Fritzchens Lieder. Fritzchen an d. Mai (ged. 1775). Mel. v. Wolfg. Amadeus Mozart (komp. 1791).

Wipfel. — Heraus in eure Schatten, rege Wipfel | Des alten, heil'gen, dichtbelaubten Haines, | Wie in der Göttin stilles Heiligtum, | Tret' ich.
Joh. Wolfg. von Goethe, Iphigenie auf Tauris (1787). A. 1, Sz. 1 (Iphigenie).

Wirken. — Wirke gut, so wirkst du länger, | Als es Menschen sonst vermögen.
Joh. Wolfg. von Goethe, Gedichte. Kantaten. Deutscher Parnaß (ged. Juni 1798).

— Wenn ich nicht wirke mehr, bin ich vernichtet. Friedr. von Schiller, Wallensteins Tod (1799). A. 1, Sz. 7 (Wallenstein).

— Du wirkest nicht, alles bleibt so stumpf. | Sei guter Dinge! | Der Stein im Sumpf | Macht keine Ringe.
Joh. Wolfg. von Goethe, Gedichte. Sprichwörtl. (ged. 1812—1814).

— Wer recht wirken will, muß nie schelten, sich um das Verkehrte gar nicht bekümmern, sondern nur immer das Gute tun.
Joh. Peter Eckermann, Gespräche mit Goethe in d. letzten Jahren seines Lebens (24. Febr. 1825).

— ... die da leben, sollen rüstig wirken; | Und wenn wir tot sind, dann erst laßt uns ruhn!
Leop. Schefer, Laienbrevier (1834). Jan. Nr. 12.

— Schaffe dir selbst eine Nötigung, | Zu wirken und zu erwerben! | Der einzelne Mann hat gar leicht genung, | Läßt seine Kräfte verderben. | Du wirst dir der Deinen erst bewußt, | Wenn du für mehrere sie brauchen mußt.
Gottfr. Kinkel, Gedichte (1843).

— Wirken, wirken! also schalle | Unser Ruf in Fried' und Streit! | Laßt lebendig sein uns alle, | Denn lebendig ist die Zeit!
Joh. Nepomuk Vogl, Deutsche Lieder (1845).

— Also laßt uns wirken, streben, | Off'nen Augs für jed' Geschick, | Schaffen, handeln, still erwarten, | Frisch das Herz und frei den Blick! Engl.: Let us, then, be up and doing, | With a heart for any fate; | Still achieving, still pursuing, | Learn to labour and to wait.
Henry Wadsworth Longfellow (1807—1882), Gedichte. Übers. v. Niels. Ein Ps. d. Lebens. Schlußv.

— Ich muß wirken, ... so lange es Tag ist.
Evang. Joh., K. 9, V. 4.

Wirken, das. — Das Leiden drückt nieder, das Wirken erhebt.
Ernst Freiherr von Feuchtersleben, Zur Diätetik d. Seele (1838). Tagebuchblätter.

— Leben ist Wirken; und das menschenfreundliche Wirken das seligste Leben.
Joh. Heinr. Daniel Zschokke, Gesammelte Schriften (1851). Selbstschau.

Wirklich. — Was vernünftig ist, das ist wirklich; und was wirklich ist, das ist vernünftig.
Friedr. Hegel, Grundlinien d. Philosophie d. Rechts (1821). Einleitung.

Wirklichkeit. — Die Handlung selbst (die Wirklichkeit) ist minder grausenvoll | Als der Gedanke der geschreckten Seele. Engl.: Present fears | Are less than horrible imaginings.
William Shakespeare, Macbeth (1606). Übers. v. Schiller. A. 1, Sz. 3 (Macbeth).

Wirklichkeit. — Die Wirklichkeit mit ihren Schranken | Umlagert den gebund'nen Geist; | Sie stürzt, die Schöpfung der Gedanken, | Der Dichtung schöner Flor zerreißt.

Friedr. von Schiller, Gedichte. D. Ideale (ged. 1795). (Nur in d. ersten Fassung d. Gedichtes enthalten.)

Wirkung. — Jede Wirkung ist von der Ursache verschieden, sie kann deshalb in dieser nicht gefunden werden, und jede Erfindung oder Vorstellung derselben a priori muß willkürlich bleiben. Engl.: **Every effect is a distinct event from its cause. Its could not, therefore, be discovered in the cause, and the first invention or conception of it, à priori, must be entirely arbitrary.**

David Hume, Eine Untersuchung über d. menschlichen Verstand (1748). Übers. v. Nathansohn. Abschnitt 4, T. 1.

Wirkungen. — Wo ich große Wirkungen sehe, . . . pflege ich auch große Ursachen vorauszusetzen.

Joh. Peter Eckermann, Gespräche mit Goethe in d. letzten Jahren seines Lebens (21. Okt. 1823).

Wirt. — Bei einem Wirte wundermild, | Da war ich jüngst zu Gaste.

Ludw. Uhland, Gedichte. Lieder. Wanderlieder. Nr. 8. Einkehr (ged. 20. Nov. 1811). Mel. v. Jos. Gersbach (1822) u. Xaver Schnyder (1848).

— Ein Wirth sol allezeit frölich sein, | Gedultig und verstendig sein. Alter Spr.

— Wie der Stamm und seine Äste, | So der Wirt und seine Gäste.

Inschrift im Berliner Ratskeller. Bierlokal.

Wirtschaft. — Aller Anfang ist schwer, am schwersten der Anfang der Wirtschaft.

Joh. Wolfg. von Goethe, Hermann u. Dorothea (1797). Terpsichore.

— Sechsmal sechs ist sechsunddreißig, | Ist die Frau auch noch so fleißig, | Und der Mann ist liederlich, | Geht die Wirtschaft hinter sich.

Kinderreim.

Wirtshaus. — Grad' aus dem Wirtshaus nun komm' ich heraus; | Straße, wie wunderlich siehst du mir aus?

Heinr. von Mühler, Gedichte. Bedenklichkeiten (ged. um 1835). Mel. v. Gottfr. Wilh. Fink (1843).

— Es steht ein Wirtshaus an der Lahn, | Da kehren alle Fuhrleut' an.

Studentenlied (vor 1838). Studentenweise.

— Weil (während) dem Gottesdienst im Wirtshaus bleiben | Macht des Gastgebers Wand weiß | Und die Seele des Gastes schwarz.

Spr. an einem Wirtshaus in Untereggen.

— Wenn's Wirtshaus a Kirchen wär' | Und's Diendl der Åltår, | Då möcht i Pfårrer sein | Sieb'ntausend Jåhr. Tiroler Schnaderhüpfl.

Wißbegierde. — Zu viel Wißbegierde ist ein Fehler, und aus einem Fehler können alle Laster entspringen, wenn man ihm zu sehr nachhängt. Gotthold Ephr. Lessing, Theatralischer Nachlaß (1784—1786). T. 2. Doktor Faust. Vorspiel.

Wissen. — Nicht alles durchschauen (wissen) dürfen wir. Lat.: **Nec scire fas est omnia.**

Quint. Horatius Flacc., Oden (um 18 v. Chr.). Übers. v. Voß. B. 4, Nr. 4, V. 22.

— Alle Menschen begehren von Natur, viel zu wissen, aber was hilft viel wissen ohne Gottesfurcht? Lat.: **Omnis homo naturaliter scire desiderat, sed scientia sine timore (dei) quid importat?**

Thomas a Kempis, Nachfolge Christi (um 1410). Übers. v. Goßner. B. 1, K. 2, § 1.

— Laß ab von der unbändigen Sucht, zu wissen; denn es ist viel Zerstreuung und viel Täuschung dabei. Lat.: **Quiesce a nimio, sciendi desiderio, quia magna ibi invenitur distractio et deceptio.**

Thomas a Kempis, Nachfolge Christi (um 1410). Übers. v. Goßner. B. 1, K. 2, § 55.

— Es wissens die kinder auff der gassen (es ist allbekannt).

Joh. Agricola, Drey hundert Gemeyner Sprichwörtter (1529). Nr. 165.

— Allzuviel wissen heißt mit Worten kramen. Engl.: **Too much to know, is to know nought but fame.**

William Shakespeare, Verlorene Liebesmüh (um 1591—1592). Übers. v. Schlegel. A. 1, Sz. 1 (Biron).

— Ein Unglückseliger, ein Tor, der alles weiß!

Joh. Jak. Dusch, Sämtl. poetische Werke (1765—1767). T. 1. V. d. Schwächen d. Vernunft.

— Es gibt eine Menge Dinge, die der Narr sehr gut zu wissen glaubt und der Kluge jemals zu wissen verzweifelt.

Aug. von Kotzebue, D. jüngsten Kinder meiner Laune (1787—1791).

— . . . sehe, daß wir nichts wissen können! | Das will mir schier das Herz verbrennen.

Joh. Wolfg. von Goethe, Faust, I (1808). Nacht (Faust).

— Zwar weiß ich viel, doch möcht' ich alles wissen. Joh. Wolfg. von Goethe, Faust, I (1808). Nacht (Wagner).

— Was man nicht weiß, das eben brauchte man; | Und was man weiß, kann man nicht brauchen. Joh. Wolfg. von Goethe, Faust, I (1808). Vor d. Tor (Faust).

— Was ich nicht weiß, | Macht mich nicht heiß. | Und was ich weiß, | Machte mich heiß, | Wenn ich nicht wüßte, | Wie's werden müßte.

Joh. Wolfg. von Goethe, Gedichte. Sprichwörtl. (ged. 1812—1814).

— Wer vielerlei weiß, ist biegsam; wer einerlei weiß, ist stolz.

Theod. Gottl. von Hippel, Sämtl. Werke (1827—1828).

Wissen. — Es ist nicht genug, zu wissen, man muß auch anwenden; es ist nicht genug zu wollen, man muß auch tun.

Joh. Wolfg. von Goethe, Werke (1827—1830). Maximen u. Reflexionen. Abteilung 6.

— . . . was man von je gewußt, | Es ist durchaus nicht wissenswürdig.

Joh. Wolfg. von Goethe, Faust, II (1831). A. 2. Hochgewölbtes enges gotisches Zimmer (Baccalaureus).

— Es ist nicht nur gewiß, daß wir vieles nicht wissen, sondern auch vieles nie wissen werden. Ignoramus et ignorabimus.

Emil du Bois-Reymond, Über d. Grenzen d. Naturerkennens (1872).

— Der nichts tut, nichts weiß, nichts kann, | Muß allzeit bleiben hinten an. Sprichwort.

— Was ich nicht weiß, | Macht mich nicht heiß. Sprichwort.

— All te viel wietten (allzuviel wissen) mäk Kopppin (macht Kopfpein). Sprichwort. Münsterisch.

— Wer etwas weiß, hat zehn Augen; wer nichts weiß, ist gänzlich blind. Ital.: Chi sa ha dieci occhi, chi non sa è cieco affatto.

Toscanisches Sprichwort.

— Wissen, wieviel es geschlagen (Bescheid wissen). Sprichwörtl. Redensart.

— He weet der so viel van es (wie) de Katte (Katze) van 'n Sunndag.

Sprichwörtl. Redensart. Münsterisch.

— Der weeß, wo 't lang jeht (der weiß genau Bescheid). Berliner Redensart.

— Det kann eener alleene nich wissen, Berliner Redensart.

— Was wir nicht wissen sollen, | Das sollen wir nicht wissen wollen. Wartburgspr.

Wissen, das. — Unser Wissen ist nichts, wir folgen allein dem Gerüchte. Griech.: *Ἡμεῖς δὲ κλέος οἶον ἀκούομεν οὐδέ τι ἴδμεν.*

Homer, Ilias. Übers. v. Voß. Ges. 2, V. 486.

— Hast du Wissen erworben, was fehlt dir? Fehlt dir Wissen, was hast du erworben?

Talmud (3. Jahrh.).

— Wer nicht an Wissen zunimmt, nimmt ab.

Talmud (3. Jahrh.).

— Wissen ist Macht. Engl.: Knowledge is power. Wahlspr. d. Baco v. Verulam (gest. 1626).

— Nicht das viele Wißen thuts, | Sondern wißen etwas Guts.

Friedr. von Logau, Deutsche Sinn-Getichte (1654). Wißenschaft.

Wissen, das. — Das Wissen gleicht der Speise; man bedarf | Nur so viel, als die Mäßigkeit verlangt, | So viel, als wohl der Geist begreifen kann. | Die Überladung drückt ihn, und die Weisheit | Wird Torheit, | Wie die Nahrung Ekel wird. Engl.: (But) Knowledge is as food, and needs no less | Her temperance over appetite, to know | In measure what the mind may well contain. | Oppresses else with surfeit, and soon turns | Wisdom to folly, as nourishment to wind. John Milton, Verlorenes Paradies (1667). Übers. v. Schuhmann. B. 7, V. 126.

— Unser Wißen und Verstand | Ist mit Finsternis umhüllet.

Tob. Clausnitzer (1618—1684). Liebster Jesu.

— Ach wie nichtig, ach wie flüchtig | Ist der Menschen Wissen!

Mich. Frank, V. d. Eitelkeit (1688).

— Es bringt doch unsrer Gaben Mänge | Uns oft im Leben nur Verdruß. | Wie mancher kürzt nicht seine Länge | Durch vieles Wissens Überfluß. | Gebricht mirs hier an Ruh und Glücke, | Obgleich kein Fernglas meine Blicke | Des Mondes Flecken je gelehrt?

Karl Friedr. Drollinger, Gedichte (1743). Über d. Unsterblichkeit d. Seele.

— Der Baum des Wissens ist nicht der des Lebens. Engl.: The Tree of Knowledge is not that of Life.

George Gordon Lord Byron, Manfred (1817). Übers. v. Heichen. A. 1, Sz. 1 (Manfred).

— Ohne die Tat ist Wissen wie ohne Honig die Biene; | Sage der Stolzen: Warum schwärmest du müßig und stichst?

Joh. Gottfr. von Herder, Sämtl. Werke (1805—1820). Blumenlese a. morgenländischen Dichtern. Nr. 2. D. Rosental. B. 2. Wissen ohne Tat.

— Nichts im Leben, außer Gesundheit und Tugend, ist schätzenswerter als Kenntnis und Wissen. Joh. Wolfg. von Goethe, Wilh. Meisters Wanderjahre (1807—1821).

— Mit dem Wissen wächst der Zweifel.

Joh. Wolfg. von Goethe, Werke (1827—1830). Maximen u. Reflexionen. Abteilung 3.

— Welchem das Wissen, Religion, Charakter und Weisheit | Fehlen, der wandelt als Tier, menschlich gestaltet, dahin.

Peter von Bohlen, Bhartriharis Spr. (1835).

— Nicht der ist auf der Welt verwaist, | Dessen Vater und Mutter gestorben, | Sondern der für Herz und Geist | Keine Lieb' und kein Wissen erworben.

Friedr. Rückert, Gesammelte Gedichte (1834—1838). Pantheon. Fünftes Bruchstück. Zahme Xenien. Vierzeilen.

— Das Wissen ist ein Quell, der unversieglich quillt, | Den nie der Durst erschöpft, und der den Durst nie stillt.

Friedr. Rückert, D. Weisheit d. Brahmanen (1836—1839). B. 10, Nr. 40. (Stufe 6. Prüfung. Nr. 194.)

Wissen, das. — Zur Hülle diene dir das Kleid, wohl auch zum Schmucke, | Nie zur Behinderung der Glieder, noch zum Drucke! | So nütze dir zum Schutz das Wissen, auch zum Putz; | Nur Wissen, das den Geist beschweret, ist nichts nutz.

Friedr. Rückert, D. Weisheit d. Brahmanen (1836—1839). (Stufe 6. Prüfung. Nr. 258.)

— Die Erkenntnis der eigenen Unwissenheit ist der erste Schritt zum Wissen. Engl.: To be conscious that you are ignorant is a great step to knowledge.

Benj. Disraeli, Lord Beaconsfield, Sybil (1845). B. 1, K. 5. Übers. v. Drabig.

— Gefühl hat der Mensch mit dem Tiere gemein, | Ihn adelt Bewußtsein und Wissen allein; | Drum strebe nach Wissen! in Leid und in Lust | Bleib' stets dir der menschlichen Würde bewußt! Friedr. von Bodenstedt, Gedichte (1852).

— Wagst du nicht ritterlich Verzweiflung und Verzagen, | So laß doch lieber ab, nach Gott und Welt zu fragen: | Des Wissens Morgenrot wird nie dem Feigen tagen.

Ernst Moritz Arndt, Gedichte (1860). Denkspr., Erinnerungsblätter. Nr. 146.

— Wissen ist nicht ein träger und leidender Stoff, der zu uns gelangt, ob mit, ob ohne unsern Willen, sondern er muß gesucht werden, bevor er gewonnen werden kann; er ist das Ergebnis großer Arbeit und dieserhalb großen Opfers. Engl.: Knowledge is not an inert and passive principle, which comes to us whether we will or no; but it must be sought before it can be won; it is the product of great labour and therefore of great sacrifice.

Henry Thomas Buckle, Gesch. d. Zivilisation (1858—1861). Übers. v. Ritter. K. 7.

— Wer vollkommen zufrieden ist mit dem, was er weiß, wird nie zu dem Versuche gelangen, sein Wissen zu mehren. Engl.: Men who are perfectly satisfied with their own knowledge, will never attempt to increase it.

Henry Thomas Buckle, Gesch. d. Zivilisation (1858—1861). Übers. v. Ritter. K. 7.

— Ist Geist und Wissen zweifelhaften Ranges? ... | Wo gibt es wahren Adel außer diesem?

Emerich Madách, D. Tragödie d. Menschen (1861). A. d. Ungar. übers. v. Lechner. Sz. 8 (Adam).

— Als jung und stark wir waren, | Da hatten wir nichts erfahren; | Als wir ein Wissen gewonnen, | War unsre beste Kraft zerronnen.

Emanuel Geibel, Gedichte u. Gedenkblätter (1864). Spr. Nr. 26.

— ... alles Wissen, | Ob's den Stoff der Welt umfaßt, | Bringt, vom Ew'gen losgerissen, | Kein Genügen, keine Rast.

Emanuel Geibel, Gedichte u. Gedenkblätter (1864). Verm. Gedichte. Reformation.

— Alles Wissen ist ein Sieg des Lebens über den Tod. Karl Gutzkow, Gesammelte Werke (1873).

Wissen, das. — ... Wissen ist gut, doch Können ist besser.

Emanuel Geibel, Gesammelte Werke (1883). Gedichte. Dichtungen in antiker Form. Dramaturgische Epistel. Schlußv.

— Wahrlich ein köstliches Gut ist tief eingehendes Wissen, | Aber zuletzt doch nur, weil es ein Können gebiert.

Emanuel Geibel, Gesammelte Werke (1883). Gedichte. Dichtungen in antiker Form. Kleinigkeiten. Nr. 35.

— Des Mannes Schmuck, der die Nacht erhellt, | Wissen ist das Auge der Welt.

Leop. Jacoby, Cunita (1884).

— Wissen ist des Lebens Preis, — | Glücklich, wer weiß! | Aber das macht keinen vollen Mann, — | Glücklich, wer weiß und kann!

Ernst Ziel, Moderne Xenien (1889). Ethisches.

— Das bloße Wissen erhebt den Menschen noch nicht auf den Standpunkt, wo er bereit ist, sein Leben einzusetzen für eine Idee, für Pflichterfüllung, für Ehre und Vaterland; dazu gehört die ganze Erziehung des Menschen.

Hellmuth von Moltke, Gesammelte Schriften (1891—1893).

— So ist unser Wissen, bescheiden ausgedrückt, nur die innerste Überzeugung, daß sich eine Sache nach menschlicher Voraussicht und rebus sic stantibus so und nicht anders verhalte.

Dr. Hanns Groß, Kriminalpsychologie (1898). Subjektiv. D. psychische Tätigkeit d. Richters. Konstruktive Momente. Nr. 2. D. Wissen.

— Das Wissen bläset auf, aber die Liebe bessert.

1. Kor., K. 8, V. 1.

— ... unser Wissen ist Stückwerk.

1. Kor., K. 13, V. 9.

— Mein Sohn, hab mir das Wort in Acht, | Daß vieles Wissen Kopfschmerz macht! | Was man vermag, und was man kann, | Das macht erst den gemachten Mann. Alter Spr.

— Viel Wissen macht Kopfweh. Sprichwort.

— Viel Wissen, | Wenig Gewissen.

Sprichwort.

— Witz (Wissen) kommt nicht vor Jahren.

Sprichwort.

— Zwei werden nicht satt: wer Wissen und wer Reichtum sucht. Arabisches Sprichwort.

Wissende, der. — O schrecklich Los, ein Wissender zu sein, | Wo, was man weiß, uns nimmer frommen kann. Griech.: ... *φρονεῖν ὡς δεινὸν, ἔνθα μὴ τέλη | Λύῃ φρονοῦντι.*

Sophokles (um 496—406 v. Chr.), König Ödipus. Übers. v. Jordan. V. 311—12 (Tiresias).

Wissenden, die. — O, selig sind die nichts Verstehenden, | Nichts Wissenden! Ich sehne mich nach Träumen, | Nach Dämm'rung, lieblicher Unwissenheit. — ! Dies grelle Licht des Wissens blendet mich!

Rob. Hamerling, Ahasver in Rom (1866). Ges. 5. D. goldene Haus.

Wissenschaft. — Wissenschaft ist mehr als Priestertum und Königswürde. Talmud (3. Jahrh.).

— Wissenschaft fördert den Frieden in der Welt. Talmud (3. Jahrh.).

— Die Wissenschaft, ihr sollt sie ehren, | All dünkelhaftem Wahne fern! | Denn Gottes sind die, so sie lehren, | Und Gottes sind, die sie begehren, | Und wer sie preist, der preist den Herrn.

Koran (um 650).

— Nur das ist gute Wissenschaft, die mit einem guten Gemüte verbunden ist.

Phil. Melanchthon (1497—1560).

— Wissenschaft ist Macht. Engl.: Knowledge is power. Lat.: Nam et ipsa scientia potestas est.

Francis Bacon, Essays. Übers. v. Fürstenhagen. Religiöse Betrachtungen (1597). Artikel 11.

— Den Tod mir wünsch' ich, wenn ich ansehn muß, | Wie . . . Wissenschaft durch Schulunsinn entgeistert. Engl.: For restful death I cry, — | As, to behold . . . folly (doctorlike) controlling skill.

William Shakespeare, Sonette (1609). Übers. v. Bodenstedt. Abteilung 2, Nr. 60.

— Dem Fleiße wil ich sein als wie ein Knecht verhaft, | Damit ich möge sein ein Herr der Wissenschaft!

Friedr. von Logau, Deutsche Sinn=Getichte (1654). Wissenschaft.

— Wie sehr der Mensch nach Wißenschaft verborgner Dinge ringt, | So bleibt ihm doch unzählig viel, davon er sagt: „mich dünkt."

Friedr. von Logau, Deutsche Sinn=Getichte (1654). Menschliche Unwißenheit.

— Ein Mensch ohne Wissenschaft ist wie ein Soldat ohne Degen, wie ein Acker ohne Regen; er ist wie ein Wagen ohne Räder, wie ein Schreiber ohne Feder; Gott selbst mag die Eselsköpf nicht leiden. Abraham a Santa Clara (Ulrich Megerle), Sterben u. Erben (1701).

— So geht's der Wissenschaft. Verachtung geht für Müh', | Wer sie nicht hat, der tadelt sie.

Albrecht von Haller, Versuch Schweizerischer Gedichte (1732). D. Fuchs u. d. Trauben. Schlußv.

— Wo Wahrheit fehlt, ist keine Wissenschaft.

Friedr. d. Große, Sämtl. Werke (1789).

— Einem ist sie (die Wissenschaft) die hohe, die himmlische Göttin, dem andern | Eine tüchtige Kuh, die ihn mit Butter versorgt.

Friedr. von Schiller, Gedichte. Wissenschaft (ged. 1796).

— Von wannen kommt dir diese Wissenschaft?

Friedr. von Schiller, D. Jungfrau v. Orleans (1801). A. 1, Sz. 10 (Karl).

— Das Reich der Wissenschaft ist keine Demokratie, noch weniger Ochlokratie, sondern Aristokratie im edelsten Sinne. Die Besten sollen herrschen!

Friedr. Wilh. Jos. von Schelling, Vorlesungen über d. Methode d. akademischen Studiums (1803).

Wissenschaft. — Haben nicht überhaupt die Werke echter Kunst und Wissenschaft das miteinander gemein, daß sie desto vollkommener sind, je inniger die Teile, woraus sie bestehen, zusammenhangen?

Joh. Friedr. Delbrück, Ein Gastmahl (1809).

— Wissenschaft und Kunst gehören der Welt an, und vor ihnen verschwinden die Schranken der Nationalität.

Joh. Wolfg. von Goethe, Gespräch mit Luden (1813).

— Wissenschaft | Ist nur Austausch unsrer Unwissenheit | Gegen Unwissenheit von neuer Art. Engl.: Science | Is but an exchange of ignorance for that | Which is another kind of ignorance.

George Gordon Lord Byron, Manfred (1817). Übers. v. Heichen. A. 2, Sz. 4 (Erste Schicksalsschwester).

— . . . in der Wissenschaft ist absoluteste Freiheit nötig.

Joh. Wolfg. von Goethe, Wilh. Meisters Wanderjahre (1807—1821).

— Von wannen kommt dir diese Wissenschaft?

Heinr. von Kleist, Hinterlassene Schriften (1821). D. Hermannsschlacht. A. 5, Sz. 4 (Varus).

— O, der Wissenschaft ist alles, was sie fördern kann, erlaubt.

Aug. Graf von Platen=Hallermund, D. verhängnisvolle Gabel (1826). A. 1 (Damon).

— . . . laßt die Wissenschaft vollkommen sein, | Und aller Schranken sind wir los und ledig.

Ernst Raupach, D. Hohenstaufen (1837). Kaiser Friedr. II. u. Gregor. A. 5, Sz. 2.

— Wissenschaft hat einen innern Wert nur als Organ der Weisheit. Als solches ist sie ihr aber auch unentbehrlich.

Immanuel Kant, Werke (1838—1839). Bd. 3.

— Sinn, Gefühl für Wissenschaft und Kunst sind nie versiegende Quellen des Lebensglücks; und wie viele darben nicht an diesen Quellen?

Karl Jul. Weber, Demokritos (1832—1840). D. Einfachheit u. Lebensweisheit.

— Die Wissenschaft ist ein Ozean. Er steht dem Nachen so gut offen wie der Fregatte. Der eine fährt mit einer Ladung wertvoller Güter über ihr dahin, der andere gondelt und angelt nach Heringen. Engl.: Science is an ocean; it is open to the cockboat as the frigate. One man carries across it a freightage of ingots, another may fish there for herrings.

Edward George Earle Lord Bulwer Lytton, D. Caxtons (1850). Übers. v. Czarnowski. T. 4, K. 3.

— Die Halle der Wissenschaft ist der Tempel der Demokratie. Engl.: The hall of science is the temple of democracy.

Henry Thomas Buckle, Gesch. d. Zivilisation (1858—1861). Übers. v. Ritter. K. 14, Abschnitt 72.

Wissenschaft. — Ohne Wissenschaft bleibt der Aussätzige ungereinigt und der Sklave unbefreit. Engl.: **Without knowledge, the leper remains unwashed, and the slave unfreed.**

Henry Thomas Buckle, Gesch. d. Zivilisation (1858—1861). Übers. v. Ritter. K. 15.

— Ernst soll die Wissenschaft sein und das Leben auch; aber nicht ernsthaft.

Ludw. Börne, Gesammelte Schriften (1862—1863).

— Was der Wissenschaft gefällt, | Wird darum der Kunst nicht taugen. | Beide schaun dieselbe Welt, | Doch mit ganz verschied'nen Augen.

Emanuel Geibel, Gedichte u. Gedenkblätter (1864). Spr. Nr. 23.

— Die höchste, die gottähnlichste Macht auf Erden ist die Macht der Wissenschaft.

Ludw. Feuerbach, Sämtl. Werke (1845—1866). Aphorismen.

— Für die Wissenschaft existiert überhaupt kein Heiliges, sondern nur ein Wahres; dieses aber verlangt keine Weihrauchwolke der Andacht, sondern Klarheit des Denkens und der Rede.

David Friedr. Strauß, Gesammelte Schriften (1876—1878).

— Eines nur begründet wahrhaft die Gesellschaft und erhebt den Menschen: die Wissenschaft. Franz.: **Il n'y a qu'une chose qui fonde les véritables sociétés, qui élève l'homme, c'est la science.**

Léon Gambetta, Diskurse (1881—1885). Übers. v. Zimmermann.

— Sobald die Künste verblühn, | Kommt Wissenschaft in Gunst. | Sie lohnt auch Handwerksmühn, | Denn Wissen ist keine Kunst.

Paul Heyse, Spruchbüchlein (1885). Wissenschaft.

— Am hellsten leuchtet der Menschengeist, wo Glanz der Kunst mit Glanz der Wissenschaft sich eint.

Emil du Bois-Reymond, Festrede (3. Juli 1890).

— Es ist in der Tat wunderbar, daß die Wissenschaft inmitten der furchtbaren, ihr in den Weg geworfenen theologischen Hindernisse je hat wieder aufleben können. Engl.: **It is, indeed, marvellous that science should ever have revived amid the fearful obstacles theologians cast in her way.**

William Edward Hartpole Lecky (1838—1903), D. Rationalismus in Europa. B. 1, K. 3.

— Das ist die beste Wissenschaft, | Die gute Menschen schafft.

Sprichwort.

— Wissenschaft ist ein guter Wanderstab.

Sprichwort.

Wissenschaften. — . . . der Endzweck der Wissenschaften ist Wahrheit. . . . Der Endzweck der Künste hingegen ist Vergnügen.

Gotthold Ephr. Lessing, Laokoon oder Über d. Grenzen d. Malerei u. Poesie (1766). T. 1, K. 2.

Wissenschaften. — Welch ein Glück, wenn die Wissenschaften dem Kitzel einer eitlen Ehre widerstanden, wenn sie, genügsam bei ihrem hohen Beruf, die Lehrer der Menschen zu sein, sich nie vermessen hätten, ihre Herren heißen zu wollen. Engl.: **Happy if learning, not debauched by ambition, had been satisfied to continue the instructor, and not aspired to be the master!**

Edmund Burke, Betrachtungen über d. Revolution in Frankreich (1790). Übers. v. Genz. Abs. 127.

— Schwer ist's, der Wissenschaften Kern zu finden, leicht, an ihrer Schale zu nagen.

A. einem Stammb. (1791).

— Es gibt kein größeres Hindernis des Fortgangs in den Wissenschaften als das Verlangen, den Erfolg davon zu früh verspüren zu wollen. Georg Christoph Lichtenberg, Verm. Schriften (1800—1806).

— Die Geschichte der Wissenschaften ist eine große Fuge, in der die Stimmen der Völker nach und nach zum Vorschein kommen.

Joh. Wolfg. von Goethe, Werke (1827—1830). Maximen u. Reflexionen. Abteilung 1.

— Es ist mir in den Wissenschaften gegangen wie einem, der früh aufsteht, in der Dämmerung die Morgenröte, sodann aber die Sonne ungeduldig erwartet und doch, wie sie hervortritt, geblendet wird. Joh. Wolfg. von Goethe, Werke (1827—1830). Maximen u. Reflexionen. Abteilung 3.

Wissenschaftlich. — Wir gestehen lieber unsre moralischen Irrtümer, Fehler und Gebrechen als unsre wissenschaftlichen.

Joh. Wolfg. von Goethe, Werke (1827—1830). Über Naturwissenschaft. Abteilung 2.

Wissensfeind. — Der größte Feind des Wissens ist nicht der Irrtum, sondern die Trägheit. Alles, was wir brauchen, ist die Erörterung; dann sind wir sicher, daß alles in Ordnung kommt, wenn wir auch noch so viel Versehen machen. Engl.: **The great enemy of knowledge is not error, but inertness. All that we want is discussion, and then we are sure to do well, no matter what our blunders may be.**

Henry Thomas Buckle, Gesch. d. Zivilisation (1858—1861). Übers. v. Ritter. K. 20.

Wissensgut. — Wohl denen, die des Wissens Gut | Nicht mit dem Herzen zahlen!

Friedr. von Schiller, Gedichte. Licht u. Wärme (ged. 1797).

Wissenslast. — Wie der Magnet durch immer schwereres Tragen an Kraft immer gewinnt, wird auch unserem Geiste die Last des Wissens nur leichter, je mehr sie zunimmt.

Wolfg. Menzel, Deutsche Streckv. (1823).

Witwe. — Eine Witwe ist fast immer ein Krüppel.

Theod. Gottl. von Hippel, Über d. Ehe (1774). K. 1. Klagen über d. Vorurteile beim Heiraten. Traum zur Abhelfung.

Witwe. — Einer Witwe ist nichts anständiger, als daß sie es bis ans Ende ihres Lebens bleibe und den Witwenstuhl nicht verrücke, ich möchte sagen, neu beschlagen lasse.
Theod. Gottl. von Hippel, Über d. Ehe (1774). K. 8. D. Witwer u. Witwen.

— Ein Weib, das den Rock auszieht, zieht die Schamhaftigkeit aus; und dies könnte man insbesondere vom Trauerrocke (der Witwe) sagen.
Theod. Gottl. von Hippel, Über d. Ehe (1774). K. 8. D. Witwer u. Witwen.

— Das ist aber eine rechte Witwe, die einsam ist. 1. Tim., K. 5, V. 5.

— Eine Witwe ist ein niedriger Zaun, worüber alles springt. Sprichwort.

Witwen. — Reiche Witwen sterben selten.
Wilh. Müller, Siebenundsiebzig Gedichte a. d. hinterlassenen Papieren eines reisenden Waldhornisten (1821). Nr. 6. Musterkarte. Wir wissen uns zu finden.

— Ehre die Witwen, welche rechte Witwen sind! 1. Tim., K. 5, V. 3.

— Der jungen Witwen aber entschlage dich; denn wenn sie geil geworden sind wider Christum, so wollen sie freien. ... Daneben sind sie faul, ... schwätzig und vorwitzig und reden, das nicht sein soll. 1. Tim., K. 5, V. 11—13.

Witwenrecht. — Verflucht sei, wer das Recht . . . der Witwe beuget! 5. Mos., K. 27, V. 19.

Witwenstand. — Der Witwenstand ist ein betrübter Orden.
Christ. Fürchtegott Gellert, Fab. u. Erz. (1746). B. 2. D. Hospital.

Witwer. — . . . laßt dem armen Witwer Zeit, | Er wird sich mit der Zeit schon fassen.
Christ. Fürchtegott Gellert, Fab. u. Erz. (1746). B. 1. D. zärtliche Mann. Schlußv.

— Von Müllers Henn' und Witwers Magd | Ward selten Hungersnot geklagt. Alter Spr.

— Ein Witwer ist ein Stecken ohne Rebe. Sprichwort.

— Will unser Herrgott einen Narren haben, so macht er einen Witwer. Sprichwort.

Witz. — Witz, schnell geboren, wächst und welkt geschwind. Engl.: **Such short-liv'd wits do wither as they grow.**
William Shakespeare, Verlorene Liebesmüh (um 1591—1592). Übers. v. Schlegel. A. 2, Sz. 1 (Prinzessin).

— So gilt ein bißchen Witz mehr als ein gutes Herz. Christ. Fürchtegott Gellert, Fab. u. Erz. (1746). B. 1. D. beiden Hunde. Schlußv.

— Witz auf Witz! | Blitz auf Blitz! | Schlag auf Schlag! | Ob's auch einschlagen mag?
Joh. Wilh. Ludw. Gleim, Gedichte. Beim Lesen eines witzreichen B. (1798).

— Mit wenig Witz und viel Behagen.
Joh. Wolfg. von Goethe, Faust, I (1808). Auerbachs Keller in Leipzig (Mephistopheles).

Witz. — . . . wollt ihr treffen mit des Witzes Strahle, | Kredenz' euch Anmut erst die Zauberschale!
Aug. Graf von Platen-Hallermund, D. verhängnisvolle Gabel (1826). A. 3 (Schmuhl).

— Der Witz ist die Krätze des Geistes.
Joh. Gottfr. Seume, Sämtl. Werke (1826). Apokryphen.

— Der Witz, der abprallt, ist niederschlagend wie ein Stein, der auf des Schleuderers Kopf zurückfällt.
Ernst Raupach, D. Schule d. Lebens (1841). A. 2, Sz. 8.

— Ein guter Witz ist wie die reife Frucht, | Die unversehens von den Bäumen fällt; | Ein schlechter, die man abzuschütteln sucht, | Und die dann — unreif — den Geschmack vergällt.
Friedr. Güll, Leitstern auf d. Lebensfahrt (1881).

— Witz ist ein schelmischer Pfaff', der keck zu täuschendem Eh'bund | Zwei Gedanken, die nie früher sich kannten, vermählt; | Aber der nächste Moment schon zeigt dir im Hader die Gatten, | Und vor dem schreienden Zwist stehst du betroffen und — lachst.
Emanuel Geibel, Gesammelte Werke (1883). Gedichte. Dichtungen in antiker Form. Ethisches u. Ästhetisches in Distichen. Nr. 32.

— Der Witz macht das Kleine wie das Große salonfähig.
Joh. Jak. Mohr, Gedanken über Leben u. Kunst (1885).

— Der Witz ist das Epigramm auf den Tod eines Gefühls.
Friedr. Nietzsche, Gesammelte Werke (1895—1897).

— Der Witz ist eine Rakete, die zischend emporsteigt, der Humor ihre leuchtenden Kugeln, die still herabsinken.
Peter Sirius, Tausend u. Ein Gedanken (1899). Definitionen u. Vergleiche.

— Halte deinen Witz im Zaum; | Leicht macht er dem Hasse Raum. Alter Spr.

Witzbold. — Ein Witzbold setzt die Tafel ins Pferdelachen, aber hält selten die erstere Sonde.
Joh. Gottfr. Seume, Sämtl. Werke (1826). Apokryphen.

Witze. — . . . für Witze und Geldborger ist es heilsam, wenn sie uns unangemeldet überraschen.
Heinr. Heine, Sämtl. Werke. Engl. Fragmente (1828). K. 10. D. Oppositionsparteien.

Witzig. — Ein witziger Mund, ein schlechter Charakter. Franz.: **Diseurs de bons mots, mauvais caractères.**
Blaise Pascal, Gedanken (1670). Übers. v. Kleuker. Moralische Gedanken.

Wo. — Wo in aller Welt sind wir? Lat.: **Ubi terrarum sumus?**
Marc. Tull. Cicero, Rede für Rabirius Posthumus (um 53 v. Chr.). Übers. v. Klotz. K. 13, § 37.

Wochenbett. — Überständ' ich doch weit lieber, traun, | Dreimalige Feldschlacht als ein einzig Wochenbett! Griech.: Ὡς τρὶς ἂν παρ' ἀσπίδα | Στῆναι θέλοιμ' ἂν μᾶλλον ἢ τεκεῖν ἅπαξ.

Euripides, Medea (um 431 v. Chr.). Übers. v. Minckwitz. V. 250—51 (Medea).

Wochenblatt. — Möcht' ihn auch tot im Wochenblättchen lesen.

Joh. Wolfg. von Goethe, Faust, I (1808). D. Nachbarin Haus (Marthe).

Wohl. — Uns ist ganz kannibalisch wohl | Als wie fünfhundert Säuen!

Joh. Wolfg. von Goethe, Faust, I (1808). Auerbachs Keller in Leipzig (Alle).

Wohl, das. — Indem wir für das Wohl andrer streben, fördern wir das eigene. Engl.: In seeking the good of others we find our own.

Samuel Smiles, D. Charakter (1871). Übers. v. Dobbert. K. 8. D. Gemütsruhe.

Wohlanständigkeit. — Überhaupt ist alles, was man Wohlanständigkeit (decorum) nennt, von derselben Art, nämlich nichts als schöner Schein.

Immanuel Kant, Anthropologie (1798).

Wohlbedacht. — Willst du einen Wächter haben, der vor Schaden wacht? | Nimm dir einen an zum Diener, namens Wohlbedacht!

Friedr. von Logau, Deutsche Sinn-Getichte (1654).

Wohlbeleibt. — Laßt wohlbeleibte Männer um mich sein, | Mit glatten Köpfen, und die nachts gut schlafen! | Der Cassius dort hat einen hohlen Blick; | Er denkt zu viel; die Leute sind gefährlich. Engl.: Let me have men about me that are fat; | Sleek headed men, and such as sleep o'nights: | Yond' Cassius has a lean and hungry look; | He thinks too much: such men are dangerous.

William Shakespeare, Jul. Cäsar (1601). Übers. v. Schlegel. A. 1, Sz. 2 (Cäsar).

Wohlbewußt. — Wohl bewußt | Macht breite Brust.

Alter Spr.

Wohlergehen. — Ergeht's euch wohl, so denkt an mich!

Joh. Wolfg. von Goethe, Gedichte. Balladen. D. Sänger (ged. um 1782). Mel. v. Joh. Friedr. Reichardt (1795).

Wohlerzogen. — Wohlerzogen | Hat nie gelogen.

Sprichwort.

Wohlfahrt. — Wohlfarth steht nicht auff g'ring Vortheil, | Sond'rn daß man nicht klag groß Unheil.

Georg Rollenhagen, Froschmäuseler (1595). B. 1, T. 1, K. 10.

— . . . fang' jeder bei sich selber an, | So wird die allgemeine Wohlfahrt fertig.

Jul. Mosen, Cola Rienzi (1842). A. 2, Sz. 2.

Wohlfeil. — Sehr wohlfeil ist sehr teuer.

Gotthold Ephr. Lessing, Schriften (1753—1755). Sinngedichte. B. 1, Nr. 85. An einen geizigen Vater.

— Wohlfeil kostet viel Geld.

Sprichwort.

Wohlfeil. — Wohlfeil ist ein Taschendieb. Engl.: A good bargain is a pickpocket.

Sprichwort.

Wohlgeboren. — Nicht alle, die wohlgeboren sind, sind wohlgestorben.

Georg Christoph Lichtenberg, Verm. Schriften (1800—1806). Bd. 1, Nr. 3. Bemerk. verm. Inhalts. Nr. 10. Witzige u. kom. Ausdrücke u. Vergleichungen.

— Wohlgeboren ist Ehr', wohlerzogen ist noch viel mehr, | Wohlgelebet ist Freud', wohlgestorben ist Seligkeit.

Alter Spr.

— Wohlgeboren und wohl gefreit, | Wohl gestorben zu rechter Zeit, | Das sind drei Dinge auf Erden, | Die für die besten gehalten werden.

Alter Spr.

Wohlgefallen. — Sich in Wohlgefallen auflösen (sich auflösen).

Sprichwörtl. Redensart.

Wohlgerüche. — Arabiens Wohlgerüche alle | Versüßen diese kleine Hand nicht mehr. Engl.: All the perfumes of Arabia will not sweeten this little hand.

William Shakespeare, Macbeth (1606). Übers. v. Schiller. A. 5, Sz. 1 (Lady Macbeth).

Wohlleben. — Wohlleben zehrt, | Wohlreden ehrt, | Wohlwollen währt, | Wohltun nährt.

Anastasius Grün (Anton Alexander Graf von Auersperg), Gesammelte Werke (1877). Gedichte. Spr.

Wohlstand. — Wohlstand ist dir nur gegeben, | Daß auch andre davon leben.

Sprichwort.

Wohltat. — Wer eine Wohltat zu vergelten weiß, | Ist mehr denn alle Schätze wert als Freund. Griech.: Ὅστις γὰρ εὖ δρᾶν εὖ παθὼν ἐπίσταται, | Παντὸς γένοιτ' ἂν κτήματος κρείσσων φίλος.

Sophokles (um 496—406 v. Chr.), Philoktet. Übers. v. Jordan. V. 675 (Neoptolemos).

— Die Wohlthat, übel angewandt, | Wird Übelthat gar wohl genannt.

Friedr. von Logau, Deutsche Sinn-Getichte (1654). Wohlthat.

— Wär' auch ein böser Mensch gleich einer lecken Bütte, | Die keine Wohltat hält, dem ungeachtet schütte, — | Sind beides, Bütt' und Mensch, nicht allzu morsch und alt, — | Nur deine Wohltat ein! Wie leicht verquillt ein Spalt!

Gotthold Ephr. Lessing, Schriften (1753—1755). Sinngedichte. B. 1, Nr. 32. D. Wohltaten.

— Leute, die eine große Wohltat gleich, ohne Bedenken, annehmen können, sind der Wohltat selten würdig. Die sie am meisten verdienen, haben auch immer das meiste Mißtrauen gegen sich selbst.

Gotthold Ephr. Lessing, Miß Sara Sampson (1755). A. 3, Sz. 3 (Waitwell).

— Unrecht ist gegraben in Metall, | Wohltat in die Flut geschrieben.

Joh. Christoph Friedr. Haug, Epigramme (1805). Weltenlauf.

— Wer Wohltat dir erwies, | Sei deines Danks gewiß! | Die du erwiesest, die vergiß!

Joh. Wilh. Ludw. Gleim, Sämtl. Werke. (1811—1813). Gedichte.

Wohltat. — Einer der seltensten Glücksfälle, die uns werden können, ist die Gelegenheit zu einer gut angewendeten Wohltat.

Marie von Ebner-Eschenbach, Aphorismen (1893).

— Alle Wohltat wird ihre Stätte finden.

Jes. Sir., K. 16, V. 14.

— Der Narr klagt: Mir ist niemand treu, niemand dankt mir für meine Wohltat.

Jes. Sir., K. 20, V. 17.

— Ein jeder, der wolthat baldt vergist, | Vil guts thun sehr verloren ist. Alter Spr.

— Unzeitige Wohltat hat keinen Dank.

Sprichwort.

— Wohltat, die bei Zeit geschicht, | Dieselb' ist doppelt ausgericht't. Sprichwort.

Wohltaten. — Übel angebrachte Wohltaten halte ich für Übeltaten. Lat.: Bene facta male locata male facta arbitror.

Ennius. Nach Marc. Tull. Cicero, V. d. Pflichten (um 44 v. Chr.). Übers. v. Klotz. B. 2, K. 18, § 62.

— Wohltaten hören auf, Wohltaten zu sein, wenn man sucht, sich für sie bezahlt zu machen.

Gotthold Ephr. Lessing, D. junge Gelehrte (1747). A. 2, Sz. 1 (Valer).

— Künftige Wohltaten so vorbereiten heißt sie in den Augen des Himmels schon erwiesen haben. Gotthold Ephr. Lessing, Minna v. Barnhelm (1763). A. 1, Sz. 6 (D. Dame).

— Einer, der viele Wohltaten empfangen, hört auf, sie zu zählen, und fängt an, sie zu wägen, — als wären's Stimmen.

Jean Paul (Joh. Paul Friedr. Richter), Hesperus (1795). Bd. 1.

— Wohltaten gleichen dem Wasser, das die Sonne aus dem Meere zieht; als fruchtbarer Regen fällt es wieder auf die Erde.

Aug. von Kotzebue, Lohn d. Wahrheit (1801).

— Wohltaten, still und rein gegeben, | Sind Tote, die im Grabe leben, | Sind Blumen, die im Sturm bestehn, | Sind Sternlein, die nicht untergehn.

Matthias Claudius, Sämtl. Werke d. Wandsbecker Boten (1816). D. Armen in Wandsbeck.

— Wohltaten sind wohl gut, und wohl dem, der sie tut; | Wohlwollen aber ist viel besser noch als gut. | Wohltat wird Armen nur und Lebenden entboten, | Wohlwollen arm und reich, den Lebenden und Toten.

Friedr. Rückert, D. Weisheit d. Brahmanen (1836—1839). B. 13, Nr. 61. A. d. Talmud. Nr. 6. (Stufe 7. Erkenntnis. Nr. 136. A. d. Talmud. Nr. 6.)

— Geheime Wohltaten und geheime Geduld sind die besten. Sprichwort.

Wohltäter, der. — Die meisten Menschen sind zu verderbt, als daß ihnen die Anwesenheit eines Wohltäters nicht höchst beschwerlich sein sollte. Sie scheint ihren Stolz zu erniedrigen.

Gotthold Ephr. Lessing, D. Jüdin (1749). Sz. 4 (D. Reisende).

Wohltäter, die. — Wahre Wohltäter haben selten Undankbare verpflichtet; ja, ich will zur Ehre der Menschheit hoffen, — niemals.

Gotthold Ephr. Lessing, Fab. (1759). B. 2, Nr. 3. D. Knabe u. d. Schlange.

— Es gibt wenig Wohltäter, welche nicht wie Satan sagen: „Kniee nieder und bete mich an!" Franz.: Il y a peu de bienfaiteurs qui ne disent comme Satan: Si cadens adoraveris me.

Seb. Chamfort, Maximen u. Gedanken (1796). Übers. v. Stahl. K. 5.

Wohltätig. — Bedarf ein Armer der Hilfe dein, | So laß dir nicht erst seinen Lebenslauf lesen; | Fürs Erste muß man wohltätig sein, | Dann prüfen, ob man's mit Recht gewesen.

Ignatz Frz. Castelli, Werke (1844). Gedichte.

— Erst gerecht, dann wohlthätig! Alter Spr.

Wohltätige, der. — Der echte Wohltätige, der echte Nützliche ist kein ängstlicher Gärtner, der sät und pflanzt, um zu ernten.

Christ. Ernst Karl Graf von Bentzel-Sternau, Weltansichten (1816).

Wohltätigkeit. — Was meint der Prediger, wenn er von guten Handlungen spricht, die dennoch schlecht sind? Er hat diejenigen im Auge, welche ihre Wohltätigkeit öffentlich üben.

Talmud (3. Jahrh.).

— Wohltätigkeit kennt keinen Unterschied der Nation. Hellmuth von Moltke (12. Nov. 1879).

Wohltätigkeitssinn. — Verflucht seien alle philosophischen Lehren, wenn sie darauf ausgehen, den Wohltätigkeitssinn der Menschen zu beeinträchtigen. Ital.: Canchero venga a tutte le dottrine filosofiche quando tendono a infiacchire la beneficenza degli uomini.

Giuseppe Baretti, Br. an d. Brüder. Br. 6 (25. Aug. 1760). Übers. v. Pozzoni.

Wohltun. — Wer wohl tut, der ist wohl gelehrt. Hugo von Trimberg, D. Renner (um 1300).

— . . . tut wohl denen, die euch hassen!

Matth., K. 5, V. 44.

— Wohlzutun und mitzuteilen vergesset nicht!

Ebr., K. 13, V. 16.

— Thue wohl und schau nicht, wem; | Das ist Christo angenehm! Alter Spr.

Wohltun, das. — Die Art des Wohltuns ist oft mehr wert als die Handlung selbst.

Adolf Freiherr von Knigge, Gesammelte Schriften (1804—1806).

— Wohlwollen muß allem wahren Wohltun vorangehen.

Joh. Heinr. Bernh. Dräseke (1774—1849).

— Wohltun aber ist wie ein gesegneter Garten.

Jes. Sir., K. 40, V. 17.

— Wohltun trägt Zinsen. Sprichwort.

Wohlwollen. — Es ist nicht genug, jemandem wohlwollend gesinnt zu sein, man muß auch wohltun. Lat.: Non satis est, bene velle, sed etiam benefacere.

Ambrosius (um 340—397), V. d. Pflichten. Übers. v. Schulte. B. 1, K. 30, § 143.

Wohlwollen, das. — Wohlwollen ist die erste Grazie des Lebens.

Joh. Gottfr. von Herder, Sämtl. Werke (1805—1820).

— Lieb' und Leidenschaft können verfliegen, | Wohlwollen aber wird ewig siegen.

Joh. Wolfg. von Goethe, Gedichte. Zahme Xenien. Nr. 3 (1824).

— Wohlwollen der Menschen, freundliche Ansprache ist wie milder Sonnenschein in ersten Frühlingstagen; es macht gesund und weckt alle Keime.

Berth. Auerbach, Gesammelte Schriften (1892).

Wohnen. — Ein Mann, der muß wohnen | In andrer Leut' Häuser, | Der ist ärmer | Als ein Kardäuser.

Spr. an einem Hause. Tirol.

Wohnungen. — . . . bei allen Kindern Israel war es Licht in ihren Wohnungen.

2. Mos., K. 10, V. 23.

— Wie lieblich sind deine Wohnungen, Herr Zebaoth!

Ps. 84, V. 2.

Wolf. — Der Wolf in der Fabel. Lat: Lupus in fabula.

Publ. Terentius Afer (um 185—155 v. Chr.), D. Brüder. Übers. v. Donner. A. 4, Sz. 1, V. 21 (Syrus).

— Für wohr ein seltzam zeitung ist, | Wenn ein Wolf den andern frißt.

Alter Spr. (16. Jahrh.).

— Ein Wolf ist einer ganzen Herde Schafe zu viel.

Joh. Wolfg. von Goethe, Götz v. Berlichingen (1773). A. 3. Jaxthausen (Götz).

— Der Wolf ändert das Haar | Und bleibt, wie er war.

Sprichwort.

Wölfe. — . . . inwendig aber sind sie reißende Wölfe.

Matth., K. 7, V. 15.

— Wölfe in Schafskleidern.

Nach Matth., K. 7, V. 15.

— Wilstu mit den Wölffen Essen, | So mustu des heulens nit vergessen.

Alter Spr.

— Mit den Wölfen muß man heulen.

Sprichwort.

Wolfschlucht. — Stürzt das Scheusal in die Wolfschlucht!

Friedr. Kind, D. Freischütz (ged. 1817—1818). A. 3, Sz. 19. Komp. v. Karl Maria von Weber. (Erste Auff. am 18. Juni 1821 in Berlin.)

Wolke. — Aus der Wolke | Quillt der Segen, | Strömt der Regen; | Aus der Wolke, ohne Wahl, | Zuckt der Strahl.

Friedr. von Schiller, Gedichte. D. Lied v. d. Glocke (ged. Sept. 1799).

Wolken. — Eilende Wolken! Segler der Lüfte! | Wer mit euch wanderte, mit euch schiffte!

Friedr. von Schiller, Maria Stuart (1800). A. 3, Sz. 1 (Maria).

Wolken. — Wie wird mir? — Leichte Wolken heben mich.

Friedr. von Schiller, D. Jungfrau v. Orleans (1801). A. 5, Sz. 14 (Johanna).

— Aus den Wolken fallen (völlig überrascht sein).

Sprichwörtl. Redensart.

Wolle. — Wo Wolle ist, muß man scheren.

Sprichwort.

— In der Wolle gefärbt (echt).

Sprichwörtl. Redensart.

— In der Wolle sitzen (warm sitzen, reich sein).

Sprichwörtl. Redensart.

Wollen. — Uns genügt, gewollt zu haben! Lat.: Est nobis voluisse satis!

Albius Tibullus (um 54—19 v. Chr.), Elegien. Übers. v. Bernstädt. B. 4, Nr. 1, V. 7.

— Es genügt schon, Großes auch nur gewollt zu haben. Lat.: In magnis et voluisse sat est.

Sextus Propertius (um 48—16 v. Chr.), Elegien. Übers. v. Vulpius. B. 2, Nr. 10, V. 6.

— Du hast es so haben wollen, George Dandin! Franz.: Tu l'as voulu, George Dandin, tu l'as voulu!

Nach Molière (Jean Baptiste Poquelin), Georg Dandin (1668). Übers. v. Graf Baudissin. A. 1, Sz. 9 (Georg Dandin).

— . . . wer will, ist dem nicht alles möglich?

Joh. Wolfg. von Goethe, D. Mitschuldigen (ged. 1769). A. 1, Sz. 4 (Alcest).

— Nichts ist so elend als ein Mann, | Der alles will, und der nichts kann.

Matthias Claudius, Sämtl. Werke d. Wandsbecker Boten. T. 7 (1803). Ein silbern ABC.

— . . . ich begehr's und will's!

Friedr. von Schiller, Wilh. Tell (1804). A. 3, Sz. 3 (Geßler).

— . . . der Mensch kann nur dasjenige wollen, was er liebt; seine Liebe ist der einzige, zugleich auch der unfehlbare Antrieb seines Wollens und aller seiner Lebens-Regung und Bewegung.

Joh. Gottl. Fichte, Reden an d. deutsche Nation (1808). Rede 2.

— Der Mensch vermag viel, unglaublich viel über sich, wenn er ernst will.

Joh. Heinr. Daniel Zschokke, Stunden d. Andacht (1809—1816).

— Wenn alles eben käme, | Wie du gewollt es hast . . .

Friedr. de la Motte Fouqué, Gedichte. Trost (1816).

— Es darf ein edler Mann nur wollen, | Nur ernstlich wollen, und der Sieg ist sein.

Aug. von Kotzebue, Gisela (1818).

— Darf nicht der Mann, was er will? So trotzt der schwärmende Jüngling; | Während der Weise zuletzt immer nur will, was er darf.

Karl Gustav von Brinckmann, Elegien u. Arabesken (1820).

Wollen. — . . . der allerelendeste Zustand ist: Nichts wollen können.

Ernst Freiherr von Feuchtersleben, Zur Diätetik d. Seele (1838). K. 4. Wille, Charakter, Unenischlossenheit, Unaufgelegtheit, Zerstreutheit.

— Wolle nur, was du sollst, so kannst du, was du willst!

Friedr. Rückert, D. Weisheit d. Brahmanen (1836—1839). B. 5, Nr. 256. (Stufe 4. Schule. Nr. 60.)

— Dem Manne, welcher fest das Große will, | Muß das Geschick sich zahm zu Füßen schmiegen.

Rudolf von Gottschall, Carlo Zeno (1854).

— Wer will, vermag. Franz.: Vouloir, c'est pouvoir.

Eugen Scribe, D. Nordstern (1854). A. 1, Sz. 10 (Katherine). Übers. v. Zimmermann.

— Ich kann noch wollen, und so leb' ich noch!

Friedr. Halm (Elegius Frz. Jos. Freiherr von Münch-Bellinghausen), D. Fechter v. Ravenna (1857). A. 2 (Caligula).

— Wer fest will, fest und unverrückt dasselbe, | Der sprengt vom festen Himmel das Gewölbe. Ernst Moritz Arndt, Gedichte (1860). Denkspr., Erinnerungsblätter. Nr. 25.

— Unendlich wollen ist unendlich Leben!

Rob. Hamerling, Ahasver in Rom (1866). Ges. 4. D. Brand.

— Wollt! Menschenwille ist des Menschen Schicksal!

Ernst von Wildenbruch, D. Karolinger (1881). A. 3, Sz. 2 (Bernh.).

— Nicht was der Mensch „weiß“, sondern was er „will“, entscheidet über seinen Wert oder Unwert, seine Macht oder Ohnmacht, seine Seligkeit oder sein Unglück.

Gustav Adolf Lindner, D. Problem d. Glücks (1892).

— Das edle: Ich will! hat keinen schlimmeren Feind, als das feige, selbstrügerische: Ja, wenn ich wollte!

Marie von Ebner-Eschenbach, Aphorismen (1893).

— Wer will, was er kann, | Fängt nichts vergeblich an. Alter Spr.

— Was du willst, das verlange von dir!

Spr. im Berliner Rathause. Erster Stock.

— Wolle fromm! Denke frei! Handle froh! Trage frisch! Spr. an einem Hausgerät.

— Nichts ist zu schwer für den, der will. Lat.: Nil difficile volenti. Wahlspr. d. Rusconi.

Wollen, das. — Gott ist es, welcher beides schafft, | Das Wollen und Vollbringen.

Christ. Fürchtegott Gellert, Geistl. Oden u. Lieder (1757). D. Kampf d. Tugend.

— Die Hauptsache ist, daß man ein großes Wollen habe und Geschick und Beharrlichkeit besitze, es auszuführen; alles übrige ist gleichgültig.

Joh. Wolfg. von Goethe, Gespräch mit Soret (1832).

— Warum ist es so schwer, „zu wollen“, während es so unendlich leicht ist, zu „begehren“? Weil in dem Begehren die Ohnmacht, in dem Wollen dagegen die Kraft sich ausspricht.

Gustav Adolf Lindner, D. Problem d. Glücks (1892).

Wollen, das. — Der dir das Wollen gab, | Schlägt dir das Können nicht ab. Alter Spr.

— Wollen ist Können. Franz.: Vouloir c'est pouvoir. Sprichwort.

Wollust. — Wer sich mit wollust überlad, | Der kouft klein freüd mit schmerz und schad.

Seb. Brant, D. Narrenschif (1494). Nr. 50. V. wollust.

— Und doch frißt sich auf gewisse Weise die Wollust selbst auf. Engl.: Yet, in a sort, lechery eats itself.

William Shakespeare, Troilus u. Cressida (um 1609). Übers. v. Schlegel. A. 5, Sz. 4 (Thersites).

— Geübte Wollust ist des Geists Verschwendung | In wüste Schmach; Wollust ist bis zur Tat | Meineidig, mörd'risch, blutig, voll Verblendung, | Roheit, Ausschweifung, Grausamkeit, Verrat. Engl.: The expense of spirit in a waste of shame | Is lust in action: and till action, lust | Is perjur'd, murderous, bloody, full of blame, | Savage, extreme, rude, cruel, not to trust. William Shakespeare, Sonette (1609). Übers. v. Bodenstedt. Abteilung 1, Nr. 43.

— Wo die Wollust kehret ein, | Wird nicht weit die Unlust sein.

Friedr. von Logau, Deutsche Sinn-Getichte (1654). Lust u. Unlust.

— Ach fliehe doch des Teufels Strik; | Die Wollust kan ein Augenblick | Und länger nicht ergetzen.

Joh. Rist, Geistl. Poetische Schriften (1657—1659). T. 1. Himmlische Lieder. Betrachtung d. unendlichen Ewigkeit.

— Viel wären zum Genuß der ew'gen Wollust kommen, | Wenn sie mit zeitlicher sich hier nicht übernommen.

Angelus Silesius (Joh. Scheffler), Cherubinischer Wanders-Mann (1675). B. 5, Nr. 374. Man überkömbt mit meiden.

— Gleichwie ein Vogel wird bestrickt, | Also die Wollust viel berückt.

Sigmund Betulius von Birken, D. Norische Parnaß (1677). Floridans Lied.

— Unsichrer ist kein Schatz als in des Jünglings Hand, | Den Wollust, Pracht und Stolz zu Diensten zwingen.

Christ. Fürchtegott Gellert, Fab. u. Erz. (1746). B. 1. D. baronisierte Bürger.

— Der Wollust Reiz zu widerstreben, | Dies, Jugend, liebst du Glück und Leben, | Laß täglich deine Weisheit sein!

Christ. Fürchtegott Gellert, Geistl. Oden u. Lieder (1757). Warnung vor d. Wollust.

— Entzieh' der Wollust ihre Kräfte | Im Schweiße deines Angesichts!

Christ. Fürchtegott Gellert, Geistl. Oden u. Lieder (1757). Warnung vor d. Wollust.

— Die Wollust ist des Glücks Verschwenderin, | Die Freundschaft dient ihm treu als Hausverwalterin. Gottfr. Aug. Bürger, Gedichte (1796—1797). D. Königin v. Golkonde.

Wollust. — Wem Wollust nie den Nacken bog | Und der Gesundheit Mark entsog, | Dem steht ein stolzes Wort wohl an, | Das Heldenwort: Ich bin ein Mann!

Gottfr. Aug. Bürger, Gedichte (1796—1797).

— Was schauderst du zurück vor Gift? Wie selten stirbt ein Mensch daran! | Und lachst der Wollust sehnlich zu, die stündlich mordet, was sie kann. Wilh. Müller, Gedichte (1837). Epigramme. 3. Hundert, Nr. 60. Gift u. Wollust.

— Nicht wahr, du fühlest nicht Befriedigung, | Nur Ekel weckt die Wollust dir im Herzen?

Emerich Madách, D. Tragödie d. Menschen (1861). A. d. Ungar. übers. v. Lechner. Sz. 6 (Apostel Petrus).

— Daß Wollust und Grausamkeit in der Wurzel eng verbunden sind, wußte man stets.

Dr. Hanns Groß, Kriminalpsychologie (1898). Objektiv. D. psychische Tätigkeit d. Vernommenen. Unterscheidende Momente. Nr. 2. Besondere Einflüsse. Leidenschaft u. Affekt.

— Wollust pfeift dem Fleisch zum Totentanz.

Sprichwort.

— Wollust ist die Feindin des Ruhms. Lat.: **Voluptas inimica famae.**

Wahlspr. d. Cattenbroeck.

Wollüste. — Füllt' er | Mit üpp'gen Lüsten seine Leere aus, | So ziehn ihn Ekel und vertrocknet Mark | Zur Rechenschaft. Engl.: **If he fill'd | His vacancy with his voluptuousness, | Full surfeits and the dryness of his bones | Call on him for't.**

William Shakespeare, Antonius u. Cleopatra (1607—1608). Übers. v. Graf Baudissin. A. 1, Sz. 4 (Cäsar).

— ... weder für die Wollüste des Geistes, noch für die Wollüste des Körpers ist der Mensch allein geschaffen; in beiden stürzt Übermaß ihn ins Elend.

Joh. Jak. Engel, D. Philosoph für d. Welt (1775—1777). T. 1, Stück 1. D. Göttinnen.

— Welche (Witwe) aber in Wollüsten lebet, die ist lebendig tot. 1. Tim., K. 5, V. 6.

Wollüstig. — Wollüstige Leute haben gemeiniglich nur so viel Verstand, als sie zu ihrer Wollust gebrauchen.

Ewald Christ. von Kleist, Sämtl. Werke (1760). Prosaische Aufsätze. Nr. 9. Gedanken über verschiedene Gegenstände.

Wollüstling. — Ein Wollüstling, der bewundert, begehrt.

Gotthold Ephr. Lessing, Emilia Galotti (1772). A. 2, Sz. 4 (Odoardo).

Wonnemond. — Winterstürme wichen | Dem Wonnemond. Richard Wagner, Walküre (1863).

Wort. — Oft schon ward ein kleines Wort | Zum Fall dem Menschen oder zur Erhebung. Griech.: *Πολλά τοι σμικροὶ λόγοι | Ἔσφηλαν ἤδη καὶ κατώρθωσαν βροτούς.*

Sophokles (um 496—406 v. Chr.), Elektra. Übers. v. Jordan. V. 408—9 (Elektra).

Wort. — Ein verlassenes Wort fliegt unfolgsam dem Zurückruf. Lat.: **Semel emissum volat inrevocabile verbum.**

Quint. Horatius Flacc., Episteln (um 20 v. Chr.). Übers. v. Voß. B. 1, Nr. 18, V. 71.

— Das Wort gleicht der Biene: Es hat Honig und Stachel. Talmud (3. Jahrh.).

— Ein wörtlin kan jn fellen.

Dr. Martin Luther, D. 46. Ps. Ein feste burg ist vnser Gott usw. (ged. 15.—16. April 1521 in Oppenheim). Mel. v. Verfasser.

— Das wort sie söllen lassen stan | Vnd kein danck dazu haben!

Dr. Martin Luther, D. 46. Ps. Ein feste burg ist vnser Gott usw. (ged. 15.—16. April 1521 in Oppenheim). Mel. v. Verfasser.

— Gut Wort ... gilt wohl bösen Streich. Engl.: **Good words are better than bad strokes.**

William Shakespeare, Jul. Cäsar (1601). Übers. v. Schlegel. A. 5, Sz. 1 (Brutus).

— Laß kein unnützlich Wort aus meinem Munde gehen!

Joh. Heermann, Hauß- u. Hertz-Musica (1639). Ein täglich Gebet.

— Gut Wort | Find ein gut Ort.

Christoph Lehmann, Politischer Blumen-Garten (1662). T. 1. Gute Wort. Nr. 20.

— Wird etwas in der Eil, | Das dich verdreußt, gesprochen, | So laß es ungerochen! — | Ein Wort ist ja kein Pfeil.

Christ. Gryphius, Poetische Wälder (1698). Epigramme.

— Du sprichst ein großes Wort gelassen aus.

Joh. Wolfg. von Goethe, Iphigenie auf Tauris (1787). A. 1, Sz. 3 (Thoas).

— ... in des Worts verwegenster Bedeutung.

Friedr. von Schiller, Don Carlos (1787). A. 1, Sz. 9 (Marquis).

— Oft kommt ein nützlich Wort aus schlechtem Munde. Friedr. von Schiller, Wallensteins Tod (1799). A. 5, Sz. 5 (Gordon).

— Das Wort verwundet leichter, als es heilt.

Joh. Wolfg. von Goethe, D. natürliche Tochter (1803). A. 3, Sz. 4 (Herzog).

— Jedes ausgesprochene Wort erregt den Gegensinn.

Joh. Wolfg. von Goethe, D. Wahlverwandtschaften (1808—1809). T. 2, K. 4. A. Ottiliens Tageb.

— Ein ausgesprochenes Wort ist fürchterlich, wenn es das auf einmal ausspricht, was das Herz lange sich erlaubt hat.

Joh. Wolfg. von Goethe, D. Wahlverwandtschaften (1808—1809).

— Was du nicht reden darfst, laß auf der Zunge versiegelt; | Besser ein Wort bewahrt als einen güldenen Schatz.

Joh. Gottfr. von Herder, Sämtl. Werke (1805—1820). Schriften zur griech. Litteratur. Nr. 1. Blumen a. d. griech. Anthologie. B. 7. D. Schatz.

Wort. — Ein geistreich-aufgeschloßnes Wort | Wirkt auf die Ewigkeit.

Joh. Wolfg. von Goethe, Gedichte. Epigrammatisch. Lebensgenuß (1821). Schlußv.

— Ist das Wort der Lipp' entflohen, du ergreifst es nimmermehr, | Fährt die Reu' auch mit vier Pferden augenblicklich hinterher.

Wilh. Müller, Gedichte (1837). Epigramme. 1. Hundert, Nr. 61. D. geflügelte Wort.

— Der Schneeball und das böse Wort, | Sie wachsen, wie sie rollen, fort; | Eine Handvoll wirf zum Tor heraus, | Ein Berg wird's vor des Nachbars Haus.

Wilh. Müller, Gedichte (1837). Epigramme. 1. Hundert, Nr. 71. D. Schneeball.

— Unser Wort soll feststehen wie die Berge Gottes, nicht sowohl um anderer als um unserer selbst und des Charakters willen, gerecht um anderer, wahr um unsertwillen; dann erst kann man sagen: das ist ein Mann!

Karl Jul. Weber, Demokritos (1832—1840). D. Lügen.

— Dein Wort sei heilig, drum verschwend' es nicht! Rob. Reinick, Lieder (1844).

— Drei Dinge kehren nie; | Der Pfeil, der abgeschossen, | Das ausgesproch'ne Wort, | Die Tage, die verflossen. Georg Friedr. Daumer, Hafis (1846).

— Sag' mir das Wort, das dereinst mich hat betört; | Lang, lang ist's her!

Frisches Volkslied u. -weise. Übers. v. Wilh. Weidling (um 1855).

— Gefährlich ist nur das unterdrückte Wort, das verachtete rächt sich, das ausgesprochene ist nie vergebens.

Ludw. Börne, Gesammelte Schriften (1862—1863).

— Wo das lebendige Wort gefürchtet wird, da bringt auch dessen Tod der unruhigen Seele keinen Frieden.

Ludw. Börne, Gesammelte Schriften (1862—1863).

— O hüte die Gedanken, die du hast! | Ein leichtes Wort, das achtlos ausgesprochen, | Es wächst oft, bis es mit Lawinenlast | Zuletzt ein ganzes Menschenglück gebrochen.

Ernst Scherenberg, Gedichte (1875).

— Verzeihen Sie das harte Wort!

Jul. Stettenheim, Wippchens sämtl. Berichte (1878).

— Ein gutes Wort | Am rechten Ort | Mag vielen wohl gefallen.

Friedr. Güll, Leitstern auf d. Lebensfahrt (1881).

— ... ein Wort zu seiner Zeit ist sehr lieblich.

Spr. Sal., K. 15, V. 23.

— ... ein teuer wertes Wort.

1. Tim., K. 1, V. 15.

— Seid aber Täter des Worts und nicht Hörer allein! Jak., K. 1, V. 22.

— Den Mann bindet das Wort allein; | Der Ochse will gekettet sein. Alter Spr.

— Ein Mann ein Wort — ein Wort ein Mann | Ist besser, als ein'n Schwur getan.

Alter Spr.

Wort. — Es soll einer neunmal ein Wort im Munde umkehren, ehe er es sagt. Sprichwort.

— Gutes Wort findet gute Statt. Sprichwort.

— Gutes Wort ist halbes Futter. Sprichwort.

— Wenn das Wort heraus ist, so ist es eines andern. Sprichwort.

— Wort isn Snack, | Do'n (tun) is de Sak'.

Sprichwort.

— Mehr beruhigt ein gutes Wort als ein Kessel kalten Wassers. Portug. Sprichwort.

— Hinter goldnem Wort liegt oft ein eisern Herz. Sprichwörtl.

— Das Wort geht aus einem Munde, | Aber in tausend Ohren.

Spr. im Berliner Rathause. Erster Stock.

— Raus mit dem Wort, wenn es wahr ist! | Hinab mit dem Trunk, wenn er klar ist!

Inschrift im Berliner Ratskeller. Bierlokal.

Wortbruch. — Ich will mein Wort nicht brechen | Und Buben werden gleich!

Max von Schenkendorf, Sämtl. Gedichte. Abteilung 2. Vaterland. Erneuter Schwur (ged. Juni 1814). Volksweise.

Worte. — Flüchtig ist ja die Zunge der Sterblichen, vielfach die Reden | Aller Art und weit das Gefild hinstreifender Worte. Griech.: *Στρεπτὴ δὲ γλῶσσ' ἐστὶ βροτῶν, πολέες δ' ἔνι μῦθοι | Παντοῖοι, ἐπέων δὲ πολὺς νομὸς ἔνθα καὶ ἔνθα.*

Homer, Ilias. Übers. v. Voß. Ges. 20, V. 248—49.

— Worte ja gibt's und Töne. Lat.: Sunt verba et voces.

Quint. Horatius Flacc., Episteln (um 20 v. Chr.). Übers. v. Voß. B. 1, Nr. 1, V. 34.

— ... achthalbzollige Worte. Lat.: ... sesquipedalia verba.

Quint. Horatius Flacc., Dichtkunst (um 20 v. Chr.). Übers. v. Voß. V. 97.

— Endlich wozu der Worte noch viel? Man zeige sich handelnd! Lat.: Denique, quid verbis opus est? spectemur agendo.

Publ. Ovidius Naso (um 43 v. Chr. — 17 n. Chr.), Metamorphosen. Übers. v. Voß. B. 13, V. 120.

— Leiht man den Worten, die du sagst, kein Ohr, | Hast du auch hundert, bringe keines vor!

A. d. Persischen d. Ferid-ed-dîn Attar (um 1119—1229). Pend-nameh. Übers. v. Graf.

— Schöne Worte helfen nicht, | Wo von Werken nichts geschicht. Mittelhochdeutsch: Schoeniu wort enhelfent niht, | Dâ der werke niht geschiht.

Frîdankes Bescheidenheit (1225—1240). Übertr. v. Pannier. Nr. 38. v. erkantnisse.

— Nur Wort' und Worte, aus dem Herzen nichts! Engl.: Words, words, mere words, no matter from the heart.

William Shakespeare, Troilus u. Cressida (um 1609). Übers. v. Schlegel. A. 5, Sz. 3 (Troilus).

— Worte haben, wie die Menschen, ihr gewisses Vaterland, | Gelten da vor allen andern, wo sie lang' und wohlbekannt.

Friedr. von Logau, Deutsche Sinn-Getichte (1654).

Worte. — Jakobs Stimme, Esaus Hände! So weit sind öfters Worte und Taten auseinander!

Heinr. Müller, Predigten (1663—1675).

— In Worten | Erleichtert sich der schwerbelad'ne Busen.

Friedr. von Schiller, Don Carlos (1787). A. 1, Sz. 2 (Marquis).

— Entwischte Worte sind beleidigte | Vertraute.

Friedr. von Schiller, Don Carlos (1787). A. 2, Sz. 10 (Domingo).

— Drei Worte nenn' ich euch, inhaltschwer.

Friedr. von Schiller, Gedichte. D. Worte d. Glaubens (ged. 1797).

— Der Worte sind genug gewechselt, | Laßt mich auch endlich Taten sehn!

Joh. Wolfg. von Goethe, Faust, I (1808). Vorspiel auf d. Theater (Direktor).

— Im ganzen — haltet Euch an Worte! | Dann geht Ihr durch die sichre Pforte | Zum Tempel der Gewißheit ein.

Joh. Wolfg. von Goethe, Faust, I (1808). Studierzimmer (Mephistopheles).

— Mit Worten läßt sich trefflich streiten, | Mit Worten ein System bereiten, | An Worte läßt sich trefflich glauben, | Von einem Wort läßt sich kein Jota rauben.

Joh. Wolfg. von Goethe, Faust, I (1808). Studierzimmer (Mephistopheles).

— Gewöhnlich glaubt der Mensch, wenn er nur Worte hört, | Es müsse sich dabei doch auch was denken lassen.

Joh. Wolfg. von Goethe, Faust, I (1808). Hexenküche (Mephistopheles).

— Welch eine Tugend ist die Kunst der Worte!

Aug. Graf von Platen-Hallermund, D. Abassiden (1829). Prolog.

— Worte sind Gespenster; | Den Feigen schrecken sie, der Mut'ge greift | Mit Zuversicht sie an, und sie zerrinnen.

Ernst Raupach, D. Hohenstaufen (1837). Kaiser Friedr. II. T. 2, A. 1, Sz. 9.

— O, Worte gibt's, die nie verhallen! . . . | Es sind die Worte, die sich senken | In unsers Herzens tiefen Schacht; | Aus der Vergessenheiten Nacht | Klingt ewig neu ihr Angedenken.

Moritz Hartmann, Neuere Gedichte (1846). Gewisse Worte.

— Glatte Worte geben.

Nach Spr. Sal., K. 2, V. 16. — Sprichwörtl. Redensart.

— . . . wenn du betest, so mache nicht viele Worte! Jes. Sir., K. 7, V. 15.

— . . . schandbare Worte und Narrenteidinge.

Eph., K. 5, V. 4.

— In Worten nicht, in Werken viel | Bringt am geschwindesten zum Ziel. Alter Spr.

— Süße Wort' und süßer Wein | Sind gemeiniglich nicht rein. Alter Spr.

— Worte, die berücken, | Scheinen sichre Brücken; | Aber der will drüber gehen, | Mag sehen, | Wo seine Füße stehen! Alter Spr.

Worte. — Große Worte, kleine Werke.

Sprichwort.

— Man muß die Worte nicht auf die Goldwage legen. Sprichwort.

— Schöne Worte machen den Kohl nicht fett.

Sprichwort.

— Worte füllen den Sack nicht. Sprichwort.

— Worte schlagen kein Loch in den Kopf.

Sprichwort.

— Taten sind Früchte, Worte sind bloß Blätter. Engl.: Deeds are fruits, words are but leaves.

Sprichwort.

— Engelsworte, Teufelsklauen. Franz.: Paroles d'angelot, | Ongles de diablot. Sprichwort.

— Taten sind Männer, Worte sind Frauen. Niederl.: Daden zijn mannen, woorden zijn vrouwen. Sprichwort.

— Worte, die von Herzen kommen, gehen zu Herzen. Hebräisches Sprichwort.

— Die Worte zahlen keinen Zoll.

Litauisches Sprichwort.

— Die Worte verschlingen (überaus interessiert zuhören). Sprichwörtl. Redensart.

— Die Worte vor der Pforte, | Die fliegen von Ort zu Orte. | Daheim ist's geheim.

Spr. an einem Hause.

— Gleichwie das Gold an seinem Klang | Und der Vogel an seinem Gesang, | So auch der Mensch an seinen Worten | Wird erkannt an allen Orten.

Spr. an einem Hause.

Worthalten. — Die Götter und die Sterne, | Sie halten ewig fest ihr Wort.

Ernst Moritz Arndt, Gedichte (1860). Himmlische Mächte.

— Wer nicht hält, was er gesagt, deß Treue hat die Jungfernschaft verloren. Alter Spr.

Wucher. — Wucher ist der Stand genannt, | Der verschlinget Leut' und Land. Mittelhochdeutsch: Daz lebn ist wuocher genant, | Daz slindet liute unde lant.

Vrîdankes Bescheidenheit (1225—1240). Übertr. v. Pannier. Nr. 7. v. wuocher.

— Der Wucher beraubet ohn Verdrieß | Die Leut mit seinem Judenspieß, | Legt Zins auf Zins, zaust wie ein Dieb; | Sagt nun, wo bleibt die christlich Lieb?

Inschrift an d. Börse in Königsberg (1624).

— Wer sagt, daß Wucher Sünde sei, der hat kein Geld; wer sagt, daß Wucher keine Sünde sei, der hat keinen Gott. Alter Spr.

— Kein Wucher kann jemals bestehn, | Es muß dem Nachbar stets abgehn. Sprichwort.

— Wucher hat schnelle Füße; er läuft, ehe man sich umsieht. Sprichwort.

Wucherer, der. — Was immer auch ein Buchrer tut, | Es wird ihm doch Leib, Seel' und Gut | Geteilet, wenn er ausgelebt. Mittelhochdeutsch: Swie danne ein wucheraere tuot, | Sô wirt sîn lîp, sêle unde guot | In driu geteilt, so'r tôt gelît.

Frîdankes Bescheidenheit (1225—1240). Übertr. v. Pannier. Nr. 7. v. wuocher.

Wucherer, die. — Von den Wucherern stehet geschrieben: Der Herr hat geschworen bei der Hoheit Jakobs: In Ewigkeit werde ich ihre Taten nicht vergessen. Talmud (3. Jahrh.).

— Öffentliche Wucherer soll man in Bann thun.

Dr. Martin Luther, Tischreden oder Colloquia (1566). Nr. 4. Tischreden v. d. Welt u. ihrer Art. § 113. V. Wucherern.

Wunde. — Eine Wunde keiner heilen mag, | Daß nicht die Narbe bleibt vom Schlag. Mittelhochdeutsch: Nieman eine wunde mac | Verheilen, dane schîne der slac.

Frîdankes Bescheidenheit (1225—1240). Übertr. v. Pannier. Nr. 12. v. triuwe u. untriuwe.

— Rührt man dem Hengste seine Wunde, | So schlägt er aus zur selben Stunde. Mittelhochdeutsch: Swer den hengst rüert an die frete, | Sô sleht er ûffe, dâ er stete.

Frîdankes Bescheidenheit (1225—1240). Übertr. v. Pannier. Nr. 41. v. guote u. übele.

Wunden. — Der Edle möchte Wunden nicht erblicken | Ob andrer Leib, ob sie den eignen drücken.

A. d. Persischen d. Sadi, Fruchtgarten (1257). Übers. v. Graf.

— Öl in die Wunden gießen.

Nach Luk., K. 10, V. 34. — Sprichwörtl. Redensart.

— Alte Wunden bluten leicht. Sprichwort.

— Unser Herr Christus fuhr über das Meer, | Stach sich am Speer, | Das schwoll nicht, | Das quoll nicht, | Es kam kein Eiter, | Es kam kein Blut | Aus seinen heiligen fünf Wunden rot.

Heilspr. gegen d. Rose.

Wunder, das. — Wenn ich dies Wunder fassen will, | So steht mein Geist vor Ehrfurcht still. Christ. Fürchtegott Gellert, Geistl. Oden u. Lieder (1757). Weihnachtslied.

— Gib acht, du sollst dein Wunder schaun!

Friedr. von Schiller, Gedichte. Pegasus im Joche (ged. 1795).

— Das Wunder ist des Augenblicks Geschöpf.

Joh. Wolfg. von Goethe, D. natürliche Tochter (1803). A. 4, Sz. 2 (Gerichtsrat).

— Das große, unzerstörbare Wunder ist der Menschenglaube an Wunder.

Jean Paul (Joh. Paul Friedr. Richter), Vorschule d. Ästhetik (1804).

— Das Wunder ist des Glaubens liebstes Kind. Joh. Wolfg. von Goethe, Faust, I (1808). Nacht (Faust).

— Was plötzlich kommt, hat stets des Wunders Kraft.

Ernst Raupach, D. Hohenstaufen (1837). Friedr. II. u. Gregor. A. 5, Sz. 10.

Wunder, das. — Wunder und Unwissenheit sind gleichbedeutend.

Karl Jul. Weber, Demokritos (1832—1840). Religionsschwärmerei u. Mystizismus.

— Wunder ist nur der religiöse Name für Begebenheit.

Friedr. Ernst Daniel Schleiermacher, Sämtl. Werke (1835—1865).

Wunder, die. — Daß kein Christ jetzt Wunder thut, | Macht, der Glaub ist nicht recht gut. | Drum ist rechter Glaub jetzunder | Für sich selbst ein großes Wunder.

Friedr. von Logau, Deutsche Sinn-Getichte (1654). Wunderwerke.

— Die Wunder, die Christus und seine Jünger taten, waren das Gerüste und nicht der Bau. Das Gerüste wird abgerissen, sobald der Bau vollendet ist. Gotthold Ephr. Lessing, Theologische Streitschriften. Eine Duplik (1778). Nr. 2.

— Der Wunder höchstes ist, | Daß uns die wahren, echten Wunder so | Alltäglich werden können, werden sollen.

Gotthold Ephr. Lessing, Nathan d. Weise (1779). A. 1, Sz. 2 (Nathan).

— Weise Regierungen haben zwar jederzeit eingeräumt, daß vor Alters Wunder geschehen wären, neue Wunder aber nicht erlaubt.

Immanuel Kant, Religion innerhalb d. Grenzen d. bloßen Vernunft (1793).

— Ach, es geschehen keine Wunder mehr!

Friedr. von Schiller, D. Jungfrau v. Orleans (1801). Prolog. Sz. 3 (Bertrand).

— Die Wunder ruhn, der Himmel ist verschlossen.

Friedr. von Schiller, D. Jungfrau v. Orleans (1801). A. 5, Sz. 6 (Johanna). Schlußv.

— Wunder müssen in der Ferne gesehen werden, wenn man sie für wahr, so wie Wolken, wenn man sie für feste Körper halten soll.

Georg Christoph Lichtenberg, Verm. Schriften (1800—1806). B. 2, Nr. 2. Bemerk. verm. Inhalts. Nr. 1. Philosophische Bemerk.

— Wer Wunder hofft, der stärke seinen Glauben!

Joh. Wolfg. von Goethe, Faust, II (1831). A. 1. Kaiserliche Pfalz. Saal d. Thrones (Astrolog).

— Die Zeit der Wunder ist vorbei; was jetzt | Geschehen soll, das muß der Mensch vollbringen.

Ernst Raupach, D. Hohenstaufen (1837). Kaiser Friedr. II. T. 2, A. 4, Sz. 9.

— Ein sehr unwissendes Volk wird sich gerade wegen seiner Unwissenheit zu einer Religion voller Wunder neigen. Engl.: A very ignorant people will, by virtue of their ignorance, incline towards a religion full of marvels.

Henry Thomas Buckle, Gesch. d. Zivilisation (1858—1861). Übers. v. Ritter. K. 5.

— Zeichen und Wunder tun.

Nach Mos., K. 7, V. 3.

Wunderbar. — Seltsam, bei Gott! höchst wunderbar und seltsam!

Friedr. von Schiller, D. Jungfrau v. Orleans (1801). A. 1, Sz. 9 (Karl).

Wunderbare, das. — Das Wunderbare findet Gunst und Glauben.

Friedr. von Schiller, Demetrius (geb. Mai 1804). A. 2, Sz. 1 (Hiob).

— Nichts ist dem Kinde so begreiflich, nichts scheint ihm so begreiflich zu sein als das Wunderbare. Karl Salomo Zachariä von Lingenthal, Vierzig B. v. Staate (1820—1832).

— Nun sieh, wie dieses Volk, das nichts mehr glaubt, | Dennoch nach allem Wunderbaren hascht!

Emerich Madách, D. Tragödie d. Menschen (1861). A. d. Ungar. übers. v. Lechner. Sz. 11 (Luzifer).

Wunderkinder. — Ist es euch entgangen, daß aus Kindern, die man in der Jugend als Wunder dargestellt, nur selten Leute werden?

Theod. Gottl. von Hippel, Über d. Ehe (1774). K. 3. Warum d. Ehen hl. genannt werden.

Wunsch. — Das war immer mein Wunsch. Lat.: Hoc erat in votis.

Quint. Horatius Flacc., Sat. (um 30 v. Chr.). Übers. v. Voß. B. 2, Nr. 6, V. 1.

— Fest ordne dem Wunsch die Begrenzung! Lat.: Certum voto pete finem.

Quint. Horatius Flacc., Episteln (um 20 v. Chr.). Übers. v. Voß. B. 1, Nr. 2, V. 56.

— Der Wunsch war des Gedankens Vater, Heinrich. Engl.: Thy wish was father, Harry, to that thought.

William Shakespeare, König Heinr. IV. (1597—1598). Übers. v. Schlegel. T. 2, A. 4, Sz. 4 (König Heinr.).

— . . . weil der sehr übel steht, | Dem alles nur nach Wunsch ergeht.

Simon Dach, Beim Tode d. Frawen Helenen v. Pröhken, Herrn v. Brandten Gemahlin (geb. 1647).

— Ein blinder Wunsch, ein dreistes Hoffen | Ist nur der Einfalt Gaukelspiel. | Des Weisen Wunsch ist eingetroffen; | Denn dieser wünschet nie zu viel.

Konrad Arnold Schmid, D. Zufriedenheit (1742).

— Dir scheint es möglich, weil der Wunsch dich trügt.

Joh. Wolfg. von Goethe, Iphigenie auf Tauris (1787). A. 4, Sz. 2 (Iphigenie).

— Was des Menschen Herzenswunsch ist, dazu läßt er sich gern befehligen.

Jos. Viktor von Scheffel, Ekkehard (1855).

— Nicht Glückes bar sind deine Lenze, | Du forderst nur des Glücks zu viel; | Gib deinem Wunsche Maß und Grenze, | Und dir entgegen kommt das Ziel.

Theod. Fontane, Gedichte (1875). Lieder u. Spr.

Wunsch. — Nicht wirst du, was du wünschst, bekommen | Mit frommen Wünschen, die nichts frommen; | Doch frommer Wunsch und frisch geschafft, | Das gibt dem Wunsch die rechte Kraft.

Daniel Sanders, 366 Spr. (1892). Nr. 277. Fromme Wünsche.

Wünsche. — Kein Mensch stirbt und hat die Hälfte seiner Wünsche erlangt.

Talmud (3. Jahrh.).

— Fromme Wünsche. Lat.: Pia desideria.

Hermann Hugo, Titel einer Schrift (1627). Übers. v. Grau.

— Nimmer ruht der Wünsche Streit, | Nimmer, wie das Haupt der Hyder | Ewig fällt und sich erneut. Friedr. von Schiller, Gedichte. Würde d. Frauen (geb. 1795).

— . . . die Wünsche verhüllen uns selbst das Gewünschte; die Gaben | Kommen von oben herab in ihren eignen Gestalten.

Joh. Wolfg. von Goethe, Hermann u. Dorothea (1797). Polyhymnia.

— Wünsche können ohne Kraft und Talent sein; aber nie sind Kraft und Talent ohne Wünsche.

Joh. Jak. Engel, Fürstenspiegel (1798). Jugendfleiß.

— Wir sind nie entfernter von unsern Wünschen, als wenn wir uns einbilden, das Gewünschte zu besitzen.

Joh. Wolfg. von Goethe, D. Wahlverwandtschaften (1808—1809). T. 2, K. 5. A. Ottiliens Tageb.

— Wer kann sich frei erhalten von Versuchungen, | Und wär' er in Arkadien auch, von Wünschen frei?

Aug. Graf von Platen-Hallermund, D. verhängnisvolle Gabel (1826). A. 2 (Mopsus).

— Wünsche sich mit Wünschen schlagen, | Und die Gier wird nie gestillt. | Wer ist in dem wüsten Jagen | Da der Jäger, wer das Wild?

Jos. Freiherr von Eichendorff, Gedichte (1837). Sängerleben. Glückliche Fahrt.

— Mein einz'ger Wunsch ist meiner Wünsche Ruh'. Friedr. Rückert, D. Weisheit d. Brahmanen (1836—1839). B. 17, Nr. 21.

— Sei in Wünschen nicht zu karg, | Wünsche sind der Weg zum Siege; | Des Genügens üpp'ge Wiege | Ist der Tatkraft früher Sarg.

Anastasius Grün (Anton Alexander Graf von Auersperg), Gesammelte Werke (1877). Gedichte. Spr.

— Unerreichbare Wünsche werden als „fromme" bezeichnet. Man scheint anzunehmen, daß nur die profanen in Erfüllung gehen.

Marie von Ebner-Eschenbach, Aphorismen (1893).

— Es gehen viel Wünsche in einen Sack.

Sprichwort.

— Wenn Wünsche Butterkuchen wären, so könnten die Bettler zubeißen. Engl.: If wishes were butter-cakes, beggars might bite.

Sprichwort.

— Wenn Wünsche wahr würden, wären Hirten Könige. Franz.: Si souhaits fussent vrays, | Pastoreaulx seraient roys. Sprichwort.

Wünsche. — Die Wünsche stehen nach Höherem. Lat.: Altiora in votis.
Wahlspr. d. Des Voeux.

Wünschen. — Nicht so verblendet bin ich, mehr zu wünschen | Als das, was nützlich ist und gut zugleich. Griech.: *Οὔπω τοσοῦτον ἠπατημένος κυρῶ, | Ὥστ' ἄλλα χρῄζειν, ἢ τὰ σὺν κέρδει καλά.*
Sophokles (um 496—406 v. Chr.), König Ödipus. Übers. v. Jordan. V. 587—88 (Kreon).

— Was man wünscht, das glaubt auch jeder. Griech.: *Ὃ βούλεται, τοὖθ' ἕκαστος καὶ οἴεται.*
Demosthenes (um 385—322 v. Chr.), Dritte Olynthische Rede. Übers. v. Westermann.

— Verlange nicht, daß die Dinge gehen, wie du es wünschest, sondern wünsche sie so, wie sie gehen, und du wirst dich wohl befinden. Griech.: *Μὴ ζήτει τὰ γινόμενα γίνεσθαι ὡς θέλεις, ἀλλὰ θέλε γίνεσθαι τὰ γενόμενα ὡς γίνεται, καὶ εὐφρονήσεις.* Epiktet (geb. um 50), Handbüchlein d. Moral. Übers. v. Conz. K. 8.

— Es ist eine menschliche Schwachheit, sich dasjenige leicht überreden zu lassen, was man heftig wünscht.
Gotthold Ephr. Lessing, D. Freigeist (1749). A. 5, Sz. 3 (Adrast).

— Es stirbt der Glücklichste wünschend.
Ewald Christ. von Kleist, Sämtl. Werke. Gedichte. D. Frühling (1749).

— Wer mäßig wünscht, der wird erhört, | Wie täglich die Erfahrung lehrt.
Aug. Langbein, Gedichte (1788). D. Abenteuer d. Pfarrers Schmolke u. Schulmeisters Bakel.

— Vieles wünscht sich der Mensch, und doch bedarf er nur wenig, | Denn die Tage sind kurz und beschränkt der Sterblichen Schicksal.
Joh. Wolfg. von Goethe, Hermann u. Dorothea (1797). Polyhymnia.

— . . . | Was das Herz sich wünscht, was der Sinn begehrt.
Friedr. von Schiller, Gedichte. D. Graf v. Habsburg (ged. 25. April 1803).

— Was man oft sehnlich gewünscht, trägt man mit Mühe zuletzt.
Karl Ludw. von Knebel, Lebensblüten in Distichen (1827).

— . . . niemand hat Erwünschtes fest in Armen, | Der sich nicht nach Erwünschterem törig sehnte. Joh. Wolfg. von Goethe, Faust, I (1831). A. 1. Weitläufiger Saal (Megära).

— Wie einer ist, so wünscht und hofft er.
Joh. Kaspar Lavater, Werke (1834). Worte d. Herzens.

— **Wer wünscht und hofft, der lebt schon in der Zukunft; | Er spürt um sich die Zeit, die Dinge kaum, | Bedenkt und braucht sie nur, sofern sie ihm | Als Stufen dienen hin zu seinem Ziel.**
Leop. Schefer, Laienbrevier (1834). März. Nr. 4.

Wünschen. — Der Weise ward befragt: Was wünschest du für Gaben? | Er sprach: Nichts wünsch' ich, als zu wünschen, nichts zu haben.
Friedr. Rückert, D. Weisheit d. Brahmanen (1836—1839). B. 17, Nr. 21.

— Was ich wünschte vor manchem Jahr, | Hat das Leben mir nicht beschert; | Aber es hat mich dafür gelehrt, | Daß mein Wunsch ein törichter war.
Emanuel Geibel, Gedichte u. Gedenkblätter (1864). Spr. Nr. 17.

— Man wünscht viel, was einem nicht recht wär', wenn's nachher in Erfüllung ginge.
Berth. Auerbach, Sämtl. Schwarzwälder Dorfgesch. (1871). Brosi u. Moni.

— In der Jugend wünschen wir das Unmögliche, um uns an die Nichterfüllung unserer Wünsche gewöhnt zu haben, wenn uns das Alter auch das Erreichbare versagt.
Joh. Jak. Mohr, Gedanken über Leben u. Kunst (1885).

— Wünschend bereichert sich keiner. Franz.: **En souhaitant nul n'enrichit.** Sprichwort.

— Das soll mer kaam Gej wünschen (es ist ein so großes Übel, daß man es auch einem Nichtjuden nicht wünschen soll). Jüd. Redensart.

— Wir wollen't nicht wünschen, aber Jott jeb't! Berliner Redensart.

Wünschen, das. — Das Wünschen mancher nicht lassen kann, | Der doch davon nie Gut gewann. Mittelhochdeutsch: Maneger wünschen niht verbirt, | Der niemer deste rîcher wirt.
Vrîdankes Bescheidenheit (1225—1240). Übertr. v. Pannier. Nr. 11. v. d. rîchen u. armen.

— Wüntschen, verlangen, warm Sommertag, | Der gehn viel in ein Hopffensack.
Burkhard Waldis, Esopus (1548). B. 4, Nr. 63. V. Wucherer v. einem Gesellen. Schlußv.

— Von wünschen wirt man selten rîch.
Alter Spr.

— Wünschen fertigt keine Arbeit. Alter Spr.

Wünscher. — Wünscher und Woller sind niemals gute Haushälter. Engl.: **Wishers and woulders | Are never good house-holders.**
Sprichwort.

Wunschlos. — Ich bin zu alt, um nur zu spielen, | Zu jung, um ohne Wunsch zu sein.
Joh. Wolfg. von Goethe, Faust, I (1808). Studierzimmer (Faust).

Würde. — Wir gewöhnen uns leicht, zu vergessen, | Was wir der eignen Würde schuldig sind. | Die Gnade scheinet ein so hoher Preis, | Daß wir den Wert von unserm Selbst | Zur Gegengabe viel zu wenig achten.
Joh. Wolfg. von Goethe, Elpenor (1781). A. 2, Sz. 1 (Polymetis).

— Überhaupt ist es nicht eigentlich Würde, sondern Anmut, was man von der Tugend fordert. Die Würde gibt sich bei der Tugend von selbst. Friedr. von Schiller, Prosaische Schriften. Über Anmut u. Würde (1793).

Würden. — Weit weniger | Beneid' ich den, den hohe Würden krönen.

Friedr. von Schiller, Iphigenie in Aulis (ged. 1788). A. 1, Sz. 1 (Agamemnon).

— Würden verhalten sich zur Würde wie Goldschaum zum Goldbarren.

Christ. Ernst Karl Graf von Bentzel=Sternau, Weltansichten (1816).

— Wenn die Bäume voll von Früchten hangen, | Neigen sie die Äste freundlich nieder. | Wenn ein guter Mann zu Würden aufsteigt, | Neigt er sich, damit er andern helfe.

Joh. Gottfr. von Herder, Sämtl. Werke (1805—1820). Blumenlese a. morgenländischen Dichtern. Nr. 4. Gedanken einiger Brahmanen. D. Fruchtbaum.

— Willst du zu Ehren und Würden, | So bücke dich unter die goldenen Bürden! Sprichwort.

— Würden | Sind Bürden. Sprichwort.

— Würden und Güter | Verändern Herzen und Gemüter. Sprichwort.

Würdige, das. — Das Würdige beschreibt sich nicht. Joh. Wolfg. von Goethe, Faust, II (1831). A. 1. Weitläufiger Saal (Herold).

Würdigen, die. — Halte das Bild der Würdigen fest! Wie leuchtende Sterne | Teilte sie aus die Natur durch den unendlichen Raum.

Joh. Wolfg. von Goethe, Gedichte. A. d. Nachlaß. Antiker Form sich nähernd. Halte d. Bild d. Würdigen fest usw. (ged. 12. Juli 1805).

Wurf. — Wem der große Wurf gelungen ...

Friedr. von Schiller, Gedichte. An d. Freude (ged. 1785). Mel. v. Friedr. Frz. Hurka (1789), Karl Friedr. Zelter (komp. 1. März 1792), Joh. Friedr. Reichardt (komp. 1795) u. a.

Würfel, der. — Der Würfel falle! Griech.: Ἀνεῤῥίφθω κύβος. Lat.: Alea iacta est.

Menander (um 342—290 v. Chr.). — Ausspr. d. Cäsar beim Überschreiten d. Rubicon.

Würfel, die. — Durch Würfel, Kart' und Kann' | Wird mancher zum armen Mann.

Sprichwort. Westfälisch.

— Würfel, Weiber, Federspiel | Haben der Treue selten viel. Sprichwort.

Würfelspiel. — ... | Zum wilden, eisernen Würfelspiel.

Friedr. von Schiller, Gedichte. D. Schlacht (ged. 1781).

— Auff toppel spiel, pflegt man sagen, | Muß man leib, gut und alles wagen. Alter Spr.

— Das wurffel spiel manchen bringen thut | Umb gelt, kleider und alles gut. Alter Spr.

Wurm. — Auch das Würmchen, mit Golde bedeckt, merkt auf. | Ist es vielleicht nicht seelenlos? ist es unsterblich?

Friedr. Gottl. Klopstock, Oden. D. Frühlingsfeier (ged. 1759).

Wurm. — Halb Wurm erschien's, halb Molch und Drache.

Friedr. von Schiller, Gedichte. D. Kampf mit d. Drachen (ged. 18.—26. Aug. 1798).

— Auch der Wurm krümmt sich, wenn man ihn tritt. Sprichwort.

Würmer. — Jemandem die Würmer aus der Nase ziehen (jemandem durch schlaue Fragen seine Geheimnisse entlocken). Sprichwörtl. Redensart.

Wurst. — Wurst wider Wurst. Sprichwort.

— Es geht um die Wurst (sagt man, wenn das Spiel zur Entscheidung kommt).

Sprichwörtl. Redensart.

— Mit der Wurst nach der Speckseite werfen (etwas Geringes wagen, um Größeres zu gewinnen).

Sprichwörtl. Redensart.

Wurzel. — Was nicht von innen keimt hervor, | Ist in der Wurzel schwach.

Ludw. Uhland, Gedichte. Vaterländische Gedichte. Gespräch (ged. 3. Sept. 1816).

— ... so die Wurzel heilig ist, so sind auch die Zweige heilig. Röm., K. 11, V. 16.

— Aus böser Wurzel üble Frucht. Sprichwort.

— Die Zweige geben Kunde von der Wurzel.

Arabisches Sprichwort.

Wüstenroß. — Spring' an, mein Wüstenroß aus Alexandria!

Ferd. Freiligrath, Gedichte (1838). Alexandriner. D. Alexandriner.

Wüstling. — Ein Wesen, das durch Paradiese führt, | Ganz göttlich heut' an Seel' und Leibe, | Wird morgen zum gemeinen Weibe, | Wenn sie des Wüstlings Hauch berührt.

Joh. Gottfr. Seume, Sämtl. Werke (1826). Gedichte. Zauber d. Lebens.

Wut. — Die losgebund'nen Furien der Wut | Ruft keines Herrschers Stimme mehr zurück.

Friedr. von Schiller, Wallensteins Tod (1799). A. 3, Sz. 20 (Wallenstein).

— ... gebüßt wird unter der Sonnen | Jede Tat der verblendeten Wut.

Friedr. von Schiller, D. Braut v. Messina (1803). Säulenhalle (Chor. Cajetan).

Wütend. — ... die wütende Rotte Korah.

Jes. Sir., K. 45, V. 22.

Wüterich. — Schau' nicht in eines Wüterichs Gesicht, | Denn dieses gleicht dem offnen Tor der Hölle, | Und seit sich aufschloß seine finstre Schwelle, | Hat Gott erbarmend nie hineingeblickt.

A. d. Persischen d. Dschâmî (um 1414—1492). Beharistan. Übers. v. Schlechta=Wssehrt.

— Glaubt nicht, daß bei dem größten Glücke | Ein Wütrich jemals glücklich ist!

Christ. Fürchtegott Gellert, Fab. u. Erz. (1746). B. 1. Damokles.

X

X. — Man darf ein X hinter ein O setzen. Sprichwort.

X. — Jemandem ein X für ein U machen (jemanden täuschen). Sprichwörtl. Redensart.

Z

Zachäus. — Zachäus auf allen Kirchweihen.
Nach Luk., K. 19, V. 1—10.

Zagen. — Was zagst du, Herz, in solchen Tagen, | Wo selbst die Dorne Rosen tragen?
Ludw. Uhland, Gedichte. Lieder. Frühlingslieder. Nr. 6. Frühlingstrost (ged. 1830).

— Was zagt ihr träg' und blöde? | Was schön ist, wird doch dein! | Die Welt tut nur so spröde | Und will erobert sein.
Jos. Freiherr von Eichendorff, Gedichte (1837). Frühling u. Liebe. Frühlingsmarsch.

— Zage nimmer, und dein Nachen | Wird trotz Sturm den Hafen schaun!
Friedr. Chemnitz, Wanke nicht, mein Vaterland! (ged. 1844). Mel. v. Gottl. Bellmann (komp. 1844).

— Nicht zagen, | Nicht fragen, | Nicht klagen!
Spr. im Kloster Oelenberg in Elsaß.

Zagen, das. — Willst du Großes, laß das Zagen, | Tu' nach kühner Schwimmer Brauch! | Rüstig gilt's die Flut zu schlagen, | Doch es trägt die Flut dich auch.
Emanuel Geibel, Gedichte u. Gedenkblätter (1864). Spr. Nr. 6.

Zaghaft. — Zaghaften Sinns ersteigst du nicht des Lebens Höhn. Lat.: **Nemo timendo ad summum pervenit locum.**
Publilius Syrus, Sentenzen (um 50 v. Chr.). Übers. v. Friedrich. V. 426.

— Zaghaft Herz gewann niemals schöne Dame. Engl.: **Faint heart never won fair lady.**
Sprichwort.

Zahlen. — Ich zahle dir in einem andern Leben.
Friedr. von Schiller, Gedichte. Resignation (ged. 1784).

— . . . da keiner wollte leiden, | Daß der andre für ihn zahle, | Zahlte keiner von den beiden.
Heinr. Heine, Romanzero (1851). B. 1. Historien. Zwei Ritter.

— . . . wer vergnügt dort leben will, | Zahlt bar, was er verzehrt.
Jos. Viktor von Scheffel, Gaudeamus. Altassyrische Ballade (ged. 1854). Schlußv. Studentenweise.

— Man läßt sich gern schützen, aber man zahlt nicht gern.
Otto von Bismarck im Abg.=Hause d. preuß. Landtages (1. Juni 1865).

— Samson war ein starker Mann, aber er konnte nicht zahlen, eh' er Geld hatte. Engl.: **Samson was a strong man, yet could not pay money before he had it.**
Sprichwort.

Zahlen, das. — Zahle macht Fried'! saget s' in Ulm.
Sprichwörtl. Redensart. Schwaben.

Zahlen, die. — Man hat behauptet, . . . die Welt werde durch Zahlen regiert; das aber weiß ich, daß die Zahlen uns belehren, ob sie gut oder schlecht regiert werde.
Joh. Peter Eckermann, Gespräche mit Goethe in d. letzten Jahren seines Lebens (31. Jan. 1830).

— Zahlen beweisen, sagt Benzenberg.
Joh. Friedr. Benzenberg (1777—1846) wendete in seinen Schriften oft d. Redensart: Zahlen entscheiden an. — Sprichwörtl. Redensart.

Zählen. — Nicht bis drei zählen können (dumm sein).
Sprichwörtl. Redensart.

Zähmen, sich. — Er (Johann Christian Günther) wußte sich nicht zu zähmen, und so zerrann ihm sein Leben, wie sein Dichten.
Joh. Wolfg. von Goethe, A. meinem Leben. Dichtung u. Wahrheit (1809—1831). T. 2, B. 7.

Zahn. — Auge um Auge, Zahn um Zahn!
2. Mos., K. 21, V. 24.

— Zwischen Zahn und Hand | Geht viel zuschand.
Sprichwort.

— Es rut ihm kein Zahn mehr weh (er ist tot).
Sprichwörtl. Redensart.

— Jemandem auf den Zahn fühlen (jemanden genau prüfen).
Sprichwörtl. Redensart.

— Den Zahn laß dir man ausziehn (das bilde dir nur nicht ein)!
Berliner Redensart.

Zähne. — Die Zähne zusammenbeißen.
Nach Apostelgesch., K. 7, V. 54. — Sprichwörtl. Redensart.

— Jemandem die Zähne zeigen (jemandem zeigen, daß man entschlossen ist, sich zu wehren).
Sprichwörtl. Redensart.

— Alle Psalmen sind gesungen, | Alle Glocken sind verklungen, | Alle Evangelien sind gelesen, | Alle Heiligen sind gewesen: | Das Feuer in meinen Zähnen soll verwesen!
Heilspr. gegen Zahnschmerzen.

Zähneklappen. — . . . da wird sein Heulen und Zähneklappen.
Matth., K. 8, V. 12.

Zahnweh. — Wer Zahnweh hat, wünscht, daß es Kopfweh wär', | Und wär' es Kopfweh, würd' er Zahnweh wünschen.
Christ. Dietr. Grabbe, Herzog Theod. v. Gothland (1827). A. 3, Sz. 1.

Zähre. — Die Zähre spricht, was bang der Mund verschweigt.
Joh. Matthias Firmenich, Clotilde Montalvi (1840). A. 1, Sz. 1.

Zank. — Unruh wird in ketten schlissen | Ein gewissen, | Das nur zanck und hader liebt.
Andr. Tscherning, Deutscher Getichte Früling (1642). Liebet friede!

Zank. — Wunderbar! Wenn die Menschen in Zank und Streit geraten sollen, da werden die Zaghaftesten beredt; wenn es aber gilt, ein Liebeswort, ein versöhnendes, zu sagen, da krümmen und winden sie sich wie Stotternde.

Berth. Auerbach, Schatzkästlein d. Gevattersmanns (1845).

— . . . wo Neid und Zank ist, da ist Unordnung und eitel böses Ding. Jak., K. 3, V. 16.

— Kleiner Zank, | Großer Stank. Sprichwort.

— Mit Zank und Streit | Kommt man nicht weit. Sprichwort.

— Wo Fried und Einigkeit regiert, | Da ist das ganze Haus geziert; | Wo herrschet Zank und Neid, | Da ist auch keine Christenheit.

Spr. an einem Hause in Baldringen am Ries.

Zankapfel. — Den Zankapfel bilden (Gegenstand des Streites sein). Sprichwörtl. Redensart.

Zanken. — Zankt, wenn ihr sitzt beim Weine, | Nicht um des Kaisers Bart!

Emanuel Geibel, Gesammelte Werke. Gedichte. Jugendgedichte. B. 4. Escheberg, St. Goar (geb. 1842—1843). B. d. Kaisers Bart. Schlußv.

— Zanke nicht mit einem Gewaltigen!

Jes. Sir., K. 8, V. 1.

— . . . jäch sein, zu zanken, vergießt Blut.

Jes. Sir., K. 28, V. 13.

— Während ihrer zwei | Zanken um ein Ei, | Steckt's der dritte bei. Sprichwort.

— Wenn der Koch sich mit dem Kellermeister zankt, dann hört man, wo die Butter bleibt. Niederl.: **Als de kok met den bottelier kijft, | Dan hoort men, waar de boter blijft.**

Sprichwort.

— Zankt euch nich und streit't euch nich, | Kriegt euch lieber bei de Köppe!

Berliner Kinderv.

Zanken, das. — Ich wolt, wem wol mit zanken wär, | Das er am ars hett hächlen schwär.

Seb. Brant, D. Narrenschif (1494). Nr. 71. Zanken u. zuo gericht gon.

Zänkisch. — Ein zänkischer Mensch richtet nur Unglück an. Sprichwort.

— Ein zänkischer Hund kömmt hinkend heim. Engl.: **A toolying dog comes limping hame.**

Schottisches Sprichwort.

Zar. — Der Himmel ist hoch, und der Zar ist weit. Russisches Sprichwort.

— Nicht jeder ist Zar, der im Kreml wohnt.

Russisches Sprichwort.

Zart. — In Worten zart; | In Werken hart!

Alter Spr.

Zarte, das. — Vergöttlicht wird das Zarte durch die Kraft, | Und jenes soll die rauhe Kraft gestalten. | Die Blüte welkt, verdorret sinkt der Schaft, | Kann Liebe nicht sie aneinander halten.

Zacharias Werner, Martin Luther (1807). A. 1, Sz. 2.

Zärtlich. — Efeu und ein zärtlich Gemüt | Heftet sich an und grünt und blüht. | Kann es weder Stamm noch Mauer finden, | Es muß verdorren, es muß verschwinden.

Joh. Wolfg. von Goethe, Gedichte. Sprichwörtl. (geb. 1812—1814).

Zauber. — Der fremde Zauber reißt die Jugend fort.

Friedr. von Schiller, Wilh. Tell (1804). A. 2, Sz. 1 (Attinghausen).

Zaubernacht. — Mondbeglänzte Zaubernacht, | Die den Sinn gefangen hält, | Wundervolle Märchenwelt, | Steig' auf in der alten Pracht!

Ludw. Tieck, Kaiser Octavianus (1803). D. Aufzug d. Romanze.

Zaudern. — Das Zaudern, das oft in ruhigen Zeiten nützlich ist, bringt Männern in äußersten Zeiten den Untergang. Franz.: **La temporisation, si souvent utile dans les temps calmes, perd les hommes dans les temps extrêmes.**

Alphonse de Lamartine, Gesch. d. Girondisten (1847). Übers. v. Herwegh.

Zaum. — . . . dem Esel einen Zaum.

Spr. Sal., K. 26, V. 3.

— Jemanden im Zaume halten (jemanden bändigen, leiten). Sprichwörtl. Redensart.

Zaun. — Wo kein Zaun ist, wird das Gut verwüstet. Jes. Sir., K. 36, V. 27.

— Etwas vom Zaune brechen (einen nichtigen Vorwand ergreifen, Streit zu beginnen).

Sprichwörtl. Redensart.

Zaunpfahl. — Ein Wink mit dem Zaunpfahl (ein nicht mißzuverstehender Wink).

Sprichwörtl. Redensart.

Zeche. — Die Zeche zahlen müssen (für anderer Leute Vergehen büßen müssen).

Sprichwörtl. Redensart.

Zecher. — Ein kluger Zecher steckt sich fein | Den Schlüssel vom Haus schon morgens ein.

Inschrift im Berliner Ratskeller. Bierlokal.

— Treu in Lieb und guoter Zecher, | Bei schöner Maid und vollem Becher | Und unter seines Herren Gottes Hut, | Da steht's um einen Ritter gut. Wartburgspr. Wirtschaft.

Zecherkreis. — Im Kreise froher, kluger Zecher . . .

Christ. Gottlob Otto, Im Kreise froher, kluger Zecher usw. (vor 1808).

— Sitz' ich in froher Zecher Kreise | Und nehm' das volle Glas zur Hand . . .

Ludolf Waldmann, Sitz' ich in froher Zecher Kreise usw. (geb. 1880). Mel. v. Verfasser.

Zecherweise. — Die Weise guter Zecher ist | Zu früh und später Stunde, | Daß alter Wein im Becher ist | Und neuer Witz im Munde.

Inschrift im Ratskeller zu Wiesbaden.

Zehntausend. — Die oberen Zehntausend. Engl.: **The upper ten thousand oder the upper ten.**
Nach George Gordon Lord Byron, Don Juan (1819—1824). Übers. v. Gildemeister. Ges. 11, V. 45.

Zeilen. — Zwischen den Zeilen lesen (das zwar nicht in Worten deutlich Ausgedrückte, aber doch Angedeutete verstehen). Sprichwörtl. Redensart.

Zeit. — Erst ein goldnes Geschlecht der redenden sterblichen Menschen | Brachten die Götter hervor. Griech.: *Χρύσεον μὲν πρώτιστα γένος μερόπων ἀνθρώπων | Ἀθάνατοι ποιήσαν.* Danach: Die goldene Zeit, das goldene Zeitalter.
Hesiod (8. Jahrh. v. Chr.), Werke u. Tage. Übers. v. Uschner. V. 109—10.

— Die Zeit entsündigt alles, wie sie selbst ergraut. Griech.: *Χρόνος καθαιρεῖ πάντα γηράσκων ὁμοῦ.*
Äschylus, D. Orestie (um 458 v. Chr.). Übers. v. Minckwitz. D. Eumeniden. V. 282 (Orestes).

— Die Zeit vernarbt die Wunde. Griech.: *Χρόνος μαλάξεισ'.*
Euripides, Alkestis (um 438 v. Chr.). Übers. v. Minckwitz. V. 381 (Alkestis).

— Die rechte Zeit entscheidet alles, | Sofort ersicht sie den Erfolg. Griech.: *Καιρός τοι πάντων | Γνώμαν ἴσχων | Πολὺ παρὰ πόδα κράτος ἄρνυται.*
Sophokles (um 496—406 v. Chr.), Philoktet. Übers. v. Jordan. V. 838—40 (Chor).

— Nichts verschont | Das Alter und der Tod als nur die Götter. | Das andre samt und sonders stürzt die Zeit | Mit Allgewalt. Griech.: *Μόνοις οὐ γίνεται | Θεοῖσι γῆρας, οὐδὲ κατθανεῖν ποτε· | Τὰ δ' ἄλλα συγχεῖ πάνθ' ὁ παγκρατὴς χρόνος.*
Sophokles (um 496—406 v. Chr.), Ödipus in Kolonos. Übers. v. Jordan. V. 603—5 (Ödipus).

— Alles hat ja seine Zeit. Griech.: *Πάντα γὰρ καιρῷ καλά.*
Sophokles (um 496—406 v. Chr.), König Ödipus. Übers. v. Jordan. V. 1491 (Kreon).

— An Menschenhoffnung kehrt die Zeit sich nimmermehr, | Sie eilt von hinnen, nur bedacht auf ihre Flucht. Griech.: *Ὡς ἐλπίδας μὲν ὁ χρόνος οὐκ ἐπίσταται | Σώζειν, τὸ δ' αὑτοῦ σπουδάσας διέπτατο.*
Euripides (um 480—406 v. Chr.), D. rasende Herakles. Übers. v. Minckwitz. V. 506—7 (Amphitryon).

— Die Zeit ist eine kostbare Ausgabe. Griech.: *Πολυτελὲς ἀνάλωμα εἶναι τὸν χρόνον.*
Theophrastus (um 372—287 v. Chr.), Haushaltung. Übers. v. Hartung.

— Leb'! und bedenk', wie so flüchtig die Zeit sei! Lat.: **Vive memor, quam sis aevi brevis.**
Quint. Horatius Flacc., Sat. (um 30 v. Chr.). Übers. v. Voß. B. 2, Nr. 6, V. 97.

— Goldene Urzeit. Lat.: **Tempus aureum.**
Quint. Horatius Flacc., Epoden (um 30 v. Chr.). Übers. v. Voß. Nr. 16, V. 64.

Zeit. — Alles zernagt die Zeit. Lat.: **Tempus edax rerum.**
Publ. Ovidius Naso (um 43 v. Chr.—17 n. Chr.), Metamorphosen. B. 15, V. 234. Übers. v. Grau.

— Eilig entschwindet die Zeit, unmerklich beschleicht uns das Alter; | Keinerlei Zügel Gewalt hemmet den flüchtigen Tag. Lat.: **Tempora labuntur, tacitisque senescimus annis, | Et fugiunt freno non remorante dies.**
Publ. Ovidius Naso (um 43 v. Chr.—17 n. Chr.), Festkalender. Übers. v. Klußmann. B. 6, V. 771—72.

— Mancher weint um das Gut, | Das er verthut: | So wein' ich um die Zeit, | Die mir Niemand wiedergeit!
Reimspr. (15. Jahrh.).

— Die Zeit befiehlt's, ihr sind wir untertan. Engl.: **We are time's subjects, and time bids be gone.**
William Shakespeare, König Heinr. IV. (1597—1598). Übers. v. Schlegel. T. 2, A. 1, Sz. 3 (Hastings).

— Die Zeit ist aus den Fugen. Engl.: **The time is out of joint.**
William Shakespeare, Hamlet (1601—1602). Übers. v. Schlegel. A. 1, Sz. 5 (Hamlet).

— . . . wir sind alt, und unsre schnellsten Schlüsse | Beschleicht der unhörbare, leise Fuß | Der Zeit, eh' sie vollzogen sind. Engl.: **For we are old, and on our quick'st decrees | Th' inaudible and noiseless foot of time | Steals ere we can effect them.**
William Shakespeare, Ende gut, alles gut (um 1602). Übers. v. Schlegel. A. 5, Sz. 3 (König).

— Die Zeit ist neuigkeiten=schwanger; stündlich | Gebiert sie eine. Engl.: **With news the time's with labour; and throes forth | Each minute, some.**
William Shakespeare, Antonius u. Cleopatra (1607—1608). Übers. v. Schlegel. A. 3, Sz. 7 (Canidius).

— Das Ende krönt's (das Werk); | Und jener alte, ew'ge Richter, die Zeit, | Wird einst es enden. Engl.: **The end crowns all; | And that old common arbitrator, Time, | Will one day end it.**
William Shakespeare, Troilus u. Cressida (um 1609). Übers. v. Schlegel. A. 4, Sz. 5 (Hektor).

— . . . die blutige Tyrannin Zeit. Engl.: **. . . this bloody tyrant, Time.**
William Shakespeare, Sonette (1609). Übers. v. Bodenstedt. Abteilung 3, Nr. 109.

— Die Zeit schlägt Falten in die reinste Stirne, | Entstellt die schöne Wahrheit der Natur | Und prägt auf alles der Vernichtung Spur. Engl.: **Time doth transfix the flourish set on youth, | And delves the parallels in beauty's brow; | Feeds on the rarities of nature's truth, | And nothing stands but for his scythe to mow.**
William Shakespeare, Sonette (1609). Übers. v. Bodenstedt. Abteilung 4, Nr. 148.

Zeit. — Die Zeit geht aufrecht unter ihrer Last. Engl.: And time | Goes upright with his carriage.

William Shakespeare, D. Sturm (um 1612). Übers. v. Schlegel. A. 5, Sz. 1 (Prospero).

— Nicht Einer Zeit, nein, allen lebte er! Engl.: He was not of an age, but for all time.

Ben Jonson, D. Gedächtnisse d. Autors, meines geliebten William Shakespeare (1623). Übers. v. Tieck.

— Mit der Zeit ich kommen bin, | Fall' auch mit der Zeit dahin!

Heinr. Albert, Musicalische Kürbs Hütte (1641).

— Mein ärgster Feind heist Zeit genug!

Joh. Rist, Poetischer Schauplatz (1646). Zeit genug.

— Zeit und Tage | Bringen viel Plage; | Tage und Zeit | Ändern viel Leid.

Stammbuchinschrift (1652).

— Wann war die goldene Zeit? Welt hat ja allezeit | Geklaget über Krieg, Noth, Sünd und Sterblichkeit.

Friedr. von Logau, Deutsche Sinn=Getichte (1654). D. goldene Zeit.

— Jetzt ist die göldne Zeit; wer jetzt kein Gold nicht hat, | Hat keine gute Zeit und ist ihm auch kein Rath.

Friedr. von Logau, Deutsche Sinn=Getichte (1654). D. göldene Zeit.

— Wer die Zeit verklagen wil, daß so zeitlich sie verraucht, | Der verklage sich nur selbst, daß er sie nicht zeitlich braucht!

Friedr. von Logau, Deutsche Sinn=Getichte (1654). Flüchtige Zeit.

— Wer der Zeit dienet, der dient ehrlich.

Christoph Lehmann, Politischer Blumen=Garten (1662). T. 2. Zeit. Nr. 10.

— Die Zeit ist eine mächtige Meisterin; sie bringt vieles in Ordnung. Franz.: Le temps est un grand maître; il règle bien des choses.

Pierre Corneille, Sertorius (1662). Übers. v. Kummer. A. 2, Sz. 4 (Viriate).

— Die Zeit tut dabei nichts zur Sache. Franz.: Le temps ne fait rien à l'affaire.

Molière (Jean Baptiste Poquelin), D. Menschenhasser (1666). Übers. v. Graf Baudissin. A. 1, Sz. 2 (Alceste).

— Eilen wir; die Zeit flieht und reißt uns mit sich fort! Franz.: Hâtons-nous; le temps fuit et nous traîne avec soi.

Nicolas Boileau, Episteln (1673). Übers. v. Abel. Nr. 3, V. 48.

— Du selber machst die Zeit: das Uhrwerck sind die Sinnen; | Hemm'stu die Unruh nur, so ist die Zeit von hinnen.

Angelus Silesius (Joh. Scheffler), Cherubinischer Wanders=Mann (1675). B. 1, Nr. 189. D. Mensch, d. macht d. Zeit.

— Zeit und Jahre fliehn davon, | Und vielleichte schnitzt man schon | An unsers Grabes Riegel.

Joh. Christ. Günther, Gedichte (1724). Studenten=Lied.

Zeit. — Verschwendete Zeit ist Dasein, gebrauchte Zeit ist Leben. Engl.: Time wasted is existence; used is life.

Edward Young, Nachtgedanken (1742). Übers. v. Graf von Bentzel=Sternau. Nacht 2, V. 150.

— Ist die Zeit das Kostbarste unter allem, so ist Zeitverschwendung die allergrößte Verschwendung. Engl.: If time be of all things the most precious, wasting time must be the greatest prodigality.

Benj. Franklin, D. Weg zum Reichtum (1732—1757). Übers. v. Schenck. Abs. 4.

— Hat nicht mich zum Manne geschmiedet | Die allmächtige Zeit | Und das ewige Schicksal, | Meine Herrn und deine?

Joh. Wolfg. von Goethe, Gedichte. Verm. Gedichte. Prometheus (ged. Herbst 1774).

— Doch da für jede Seelenwunde, | Wie tief sie brennt, die Zeit, die große Trösterin, | Den wahren Balsam hat . . .

Christoph Martin Wieland, Oberon (1780). Ges. 8, Str. 64.

— Jeder Tropfe Zeit ist eine Sterbeminute der Freuden, jeder wehende Staub der Leichenstein einer begrabenen Wonne.

Friedr. von Schiller, Prosaische Schriften. D. Spaziergang unter d. Linden (1782).

— In stetem Wechsel kreiset | Die flügelschnelle Zeit; | Sie blühet, altert, greiset | Und wird Vergangenheit.

Joh. Heinr. Voß, Sämtl. poetische Werke. Gedichte. Neujahrslied (ged. 1784). Mel. v. Joh. Abraham Peter Schulz (komp. 1784) u. Anton André.

— Die Zeit, — wie viel Hoffnungen tötet ihr Lauf? Engl.: What aspects, old Time, in his progress, has worn!

Rob. Burns, Lieder u. Balladen (1786). Übers. v. Wilhelmine Pringhorn.

— . . . es ist die Zeit | Von einem guten Werke nicht das Maß.

Joh. Wolfg. von Goethe, Torquato Tasso (1789). A. 1, Sz. 2 (Prinzessin).

— Die gold'ne Zeit, wohin ist sie geflohen? | Nach der sich jedes Herz vergebens sehnt!

Joh. Wolfg. von Goethe, Torquato Tasso (1789). A. 2, Sz. 1 (Tasso).

— Die gold'ne Zeit, womit der Dichter uns | Zu schmeicheln pflegt, die schöne Zeit, sie war, | So scheint es mir, so wenig, als sie ist; | Und war sie je, so war sie nur gewiß, | Wie sie uns immer wieder werden kann.

Joh. Wolfg. von Goethe, Torquato Tasso (1789). A. 2, Sz. 1 (Prinzessin).

— Mein Freund, die gold'ne Zeit ist wohl vorbei; | Allein die Guten bringen sie zurück.

Joh. Wolfg. von Goethe, Torquato Tasso (1789). A. 2, Sz. 1 (Prinzessin).

— . . . so | Gewährte das, was itzt unmöglich scheint, | Die gute Zeit vielleicht, die vieles gibt.

Joh. Wolfg. von Goethe, Torquato Tasso (1789). A. 3, Sz. 2 (Leonore).

Zeit. — Unsere Zeit ist ein großer Wecker. Die grobe, eiserne Wanduhr rasselt und ruft mit gewaltigen Schlägen.

Joh. Gottfr. von Herder, Sämtl. Werke. Ideen zur Philosophie d. Gesch. d. Menschheit (1784—1791).

— Die zwei größten Tyrannen der Erde: der Zufall und die Zeit.

Joh. Gottfr. von Herder, Sämtl. Werke. Ideen zur Philosophie d. Gesch. d. Menschheit (1784—1791).

— Wer ist die Göttin, die das Dasein sich verleiht | Und dann sich tötet, immer lebt und stirbt? — die Zeit.

Ephr. Mos. Kuh, Hinterlassene Gedichte (1792). Epigramme.

— „Unaufhaltsam enteilet die Zeit." — Sie sucht das Beständ'ge. | Sei getreu, und du legst ewige Fesseln ihr an!

Friedr. von Schiller, Gedichte. D. Unwandelbare (ged. 1795).

— O, die Zeit ist | Ein wundertät'ger Gott.

Friedr. von Schiller, Wallensteins Tod (1799). A. 5, Sz. 6 (Gordon).

— Des Menschen Engel ist die Zeit.

Friedr. von Schiller, Wallensteins Tod (1799). A. 5, Sz. 11 (Octavio).

— Gehorcht der Zeit und dem Gesetz der Stunde! Friedr. von Schiller, Maria Stuart (1800). A. 3, Sz. 3 (Shrewsbury).

— Tag wird es auf die dickste Nacht, und kommt | Die Zeit, so reifen auch die spät'sten Früchte!

Friedr. von Schiller, D. Jungfrau v. Orleans (1801). A. 3, Sz. 2 (Karl).

— Ach! Silber streut uns auf die Scheitel, | Im grausen Flug, die Zeit | Und donnert: Es ist alles eitel! | Und bannt euch, Freuden, weit!

Christ. Adolf Overbeck, Sammlung verm. Gedichte. An d. Freuden (1802). Schlußv.

— Nimm wahr der Zeit; sie eilet sich | Und kommt nicht wieder ewiglich!

Matthias Claudius, Sämtl. Werke d. Wandsbecker Boten. T. 7 (1803). Ein gülden ABC.

— O! diese Zeit hat fürchterliche Zeichen!

Joh. Wolfg. von Goethe, D. natürliche Tochter (1803). A. 1, Sz. 5 (König).

— Die Zeit ist schlecht; mit Sorgen trägt | Sich mancher ohne Mut.

Aug. Mahlmann, Sämtl. Schriften. Gedichte. D. Reich d. Freude (ged. 1803). Komponist unbek.

— Unter der Erde schon liegt meine Zeit; | Wohl dem, der mit der neuen nicht mehr braucht zu leben! Friedr. von Schiller, Wilh. Tell (1804). A. 2, Sz. 1 (Attinghausen). Schlußv.

— Die Zeit bringt Rat. Erwartet's in Geduld! | Man muß dem Augenblick auch was vertrauen. Friedr. von Schiller, Wilh. Tell (1804). A. 2, Sz. 2 (Reding).

Zeit. — Die Leute, die niemals Zeit haben, tun am wenigsten.

Georg Christoph Lichtenberg, Verm. Schriften (1800—1806).

— So schaff' ich am sausenden Webstuhl der Zeit | Und wirke der Gottheit lebendiges Kleid.

Joh. Wolfg. von Goethe, Faust, I (1808). Nacht (Geist).

— Gebraucht der Zeit, sie geht so schnell von hinnen! Joh. Wolfg. von Goethe, Faust, I (1808). Studierzimmer (Mephistopheles).

— Ich lobe mir die guten Alten; | Denn freilich, da wir alles galten, | Da war die rechte, gold'ne Zeit.

Joh. Wolfg. von Goethe, Faust, I (1808). Walpurgisnacht (Minister).

— Die Zeit rückt fort und in ihr Gesinnungen, Meinungen, Vorurteile und Liebhabereien.

Joh. Wolfg. von Goethe, D. Wahlverwandtschaften (1808—1809). T. 2, K. 8.

— Auch an des Großherrn heil'ge Majestät | Wagt es die Zeit, die starke Hand zu legen; | Auch eines Kaisers Heldenlocke bleicht.

Theod. Körner, Zriny (ged. Juni 1812). A. 1, Sz. 3 (Soliman).

— Die Zeit, sie mäht so Rosen als Dornen, | Aber das treibt immer wieder von vornen.

Joh. Wolfg. von Goethe, Gedichte. Sprichwörtl. (ged. 1812—1814).

— Unerhört | Ist manches, was die Zeit ins Leben treibt, | Die nimmer rastende. Was herrlich war | Und groß, das sinkt zusammen und vergeht; | Was niedrig stand, erwächst und strebet auf.

Ludw. Uhland, Ernst, Herzog v. Schwaben (1818). A. 3, Sz. 2.

— Alles hat seine Zeit! — Ein Spruch, dessen Bedeutung man bei längerem Leben immer mehr anerkennen lernt; diesem nach gibt es eine Zeit zu schweigen, eine andere zu sprechen.

Joh. Wolfg. von Goethe, Westöstlicher Diwan (1819). Noten u. Abhandlungen zu besserem Verständnis d. Westöstlichen Diwans. Einleitung.

— Flüchtiger als Wind und Welle | Flieht die Zeit.

Joh. Gottfr. von Herder, Sämtl. Werke (1805—1820). Gedichte. Lied d. Lebens.

— Die Zeit hilft alles tragen. Die lindernde | Macht alle Schmerzen, alle Qualen leicht.

Joh. Gottfr. von Herder, Sämtl. Werke (1805—1820). Gedichte. Legenden, Dramatische Stücke u. Dichtungen. Nr. 2. Dramatische Stücke u. Dichtungen. Dramatische Stücke. Nr. 3. D. entfesselte Prometheus. Nr. 1.

— Und dann ist die Zeit ein wunderlich Ding. Sie ist ein Tyrann, der seine Launen hat, und der zu dem, was einer sagt und tut, in jedem Jahrhundert ein ander Gesicht macht.

Joh. Peter Eckermann, Gespräche mit Goethe in d. letzten Jahren seines Lebens (25. Febr. 1824).

Zeit. — Die Zeit ist das Wichtige im menschlichen Leben; denn was ist die Freude nach dem Verfliegen der Zeit? und das Tröstliche, denn der Schmerz ist ebenso nichts nach ihrem Verfließen.

Wilh. Freiherr von Humboldt, Br. an eine Freundin (31. Jan. 1825).

— . . . die Zeit, wenn sie groß ist, geht auf dem Wege des Bessern fort, und das Geringere bleibt ohne Folge.

Joh. Peter Eckermann, Gespräche mit Goethe in d. letzten Jahren seines Lebens (1. Mai 1825).

— Nie kehrst du wieder, goldne Zeit, | So froh und ungebunden!

Dr. Eugen Höfling(?), O alte Burschenherrlichkeit! (1825). Mel. Was fang' ich armer Teufel an usw. (vor 1763).

— Die Zeit ist die Larve der Ewigkeit.

Jean Paul (Joh. Paul Friedr. Richter), Sämtl. Werke (1826—1828). Gesammelte Aufsätze u. Dichtungen.

— Das ist die Not der schweren Zeit! | Das ist die schwere Zeit der Not! | Das ist die schwere Not der Zeit! | Das ist die Zeit der schweren Not!

Adelbert von Chamisso (Louis Charles Adelaide Chamisso de Boncourt), Gedichte. Lieder u. lyrisch-epische Gedichte. Kanon (ged. 1828).

— Um die Zeit, o liebe Mutter, ist es ein besondres Gut, | Der verliert sie nie, der immer, was gebeut die Stunde, tut.

Aug. Graf von Platen-Hallermund, D. romantische Ödipus (1828). A. 3 (Ödipus).

— Jede Zeit hat ihre Aufgabe, und durch die Lösung derselben rückt die Menschheit weiter.

Heinr. Heine, Reisebilder. T. 2. Italien (1828—1829). Nr. 1. Reise v. München nach Genua. K. 29.

— Eine flammende Riesin, schreitet die Zeit ruhig weiter, unbekümmert um das Gekläffe bissiger Pfäffchen und Junkerlein da unten.

Heinr. Heine, Reisebilder. T. 2. Italien (1828—1829). Nr. 3. D. Stadt Lucca. K. 15.

— Könnte man Zeit wie bares Geld beiseite legen, ohne sie zu benutzen, so wäre dies eine Art von Entschuldigung für den Müßiggang der halben Welt, — aber keine völlige.

Joh. Wolfg. von Goethe, Werke (1827—1830). Maximen u. Reflexionen. Abteilung 6.

— Was ist das für eine Zeit, wo man die Begrabenen beneiden muß!

Joh. Wolfg. von Goethe, Werke (1827—1830). Maximen u. Reflexionen. Abteilung 7.

— Große Dinge hat die Zeit geboren; | Groß und wundertätig ist die Zeit.

Karl Simrock, Gedichte. Drei Tage u. drei Farben (ged. 1830).

— Die Zeit bringt Rat, sie wird die Sache reifen. Adelbert von Chamisso (Louis Charles Adelaide Chamisso de Boncourt), Gedichte. Sonette u. Terzinen. D. Szekler Landtag (ged. 1831).

Zeit. — Lästert nicht die Zeit, die reine! Schmäht ihr sie, so schmäht ihr euch! | Denn es ist die Zeit dem weißen, unbeschrieb'nen Blatte gleich: | Das Papier ist ohne Makel, doch die Schrift darauf seid ihr! | Wenn die Schrift nicht just erbaulich, nun, was kann das Blatt dafür?

Anastasius Grün (Anton Alexander Graf von Auersperg), Spaziergänge eines Wiener Poeten (1831). Unsere Zeit.

— Die Zeit ist nur ein leerer Raum, dem Begebenheiten, Gedanken und Empfindungen erst Inhalt geben.

Wilh. Freiherr von Humboldt, Br. an eine Freundin (7. April 1833).

— Zeit zeichnet ihre Taten mit Blut und Tränen auf; | Goldstaub zermalmter Kronen streut sie statt Sandes drauf. | Und ist Blut ihre Tinte, dann ist das Schwert ihr Kiel; | Nicht müd' wird sie des Schreibens, sie hat des Stoffs zu viel.

Ludw. Bechstein, Faustus (1833).

— Unablässig, unaufhaltsam, | Allgewaltig naht die Zeit.

Adelbert von Chamisso (Louis Charles Adelaide Chamisso de Boncourt), Gedichte. Lieder u. lyrisch-epische Gedichte. D. alte Sänger (ged. 1833).

— Im Schmerze wird die neue Zeit geboren.

Adelbert von Chamisso (Louis Charles Adelaide Chamisso de Boncourt), Gedichte. Gelegenheits-Gedichte. Auf d. Tod v. Otto v. Pirch (ged. 1833).

— . . . der Herr hat nichts vergessen, | Was geschehen, wird er messen | Nach dem Maß der Ewigkeit. — | O wie klein ist doch die Zeit!

Jos. Freiherr von Eichendorff, Gedichte (1837). Zeitlieder. Weltlauf. Schlußv.

— Die Menschen sind ihrer Zeit ähnlicher als ihren Vätern.

Heinr. Leberecht Fleischer, Alis hundert Spr. (1837).

— Was heißt das, über die Zeit zu klagen? | Wie jeder sie macht, so muß er sie tragen.

Wilh. Müller, Gedichte (1837). Epigramme. 1. Hundert, Nr. 39. Zeit u. Mensch.

— Keine Rückkehr ist für die Vergangenheit, | Für die Zukunft kein Gebot, | Für die Gegenwart kein Aufschub. O die Zeit! | Jeder Teil hat seine Not! Friedr. Rückert, Erbauliches u. Beschauliches a. d. Morgenlande (1837—1838).

— Jedwede Zeit hat ihre Wehen.

Ferd. Freiligrath, Gedichte (1838). Verm. Gedichte. Gelegentliches. D. Phönix. Nr. 2.

— Wer zwingen will die Zeit, den wird sie selber zwingen; | Wer sie gewähren läßt, dem wird sie Rosen bringen.

Friedr. Rückert, D. Weisheit d. Brahmanen (1836—1839). B. 16, Abteilung 1, Nr. 29. (Stufe 5. Leben. Nr. 29.)

— Meine Zeit in Unruhe, meine Hoffnung in Gott! Wahlspr. Friedr. Wilh. III. (reg. 1797—1840).

Zeit. — Schlägt die Zeit dir manche Wunde, | Manche Freude bringt ihr Lauf; | Aber Eine sel'ge Stunde | Wiegt ein Jahr von Schmerzen auf.

Emanuel Geibel, Gesammelte Werke. Gedichte. Jugendgedichte. B. 3. Athen (ged. 1838—1840). Leichter Sinn.

— Der am meisten beschäftigste Mensch hat die meiste Zeit. Franz.: L'homme le plus occupé est celui qui a le plus de temps.

Alexander Vinet, Neue Diskurse über einige religiöse Fragen (1841). Übers. v. Zimmermann.

— Die Zeit hat wunderbare Kraft, | Sie hilft selbst über die Leidenschaft; | Denn sie nötigt zur Prüfung der Dinge | Und zeigt, was halte, und was springe.

Heinr. Laube, Gräfin Chateaubriant (1843). T. 1.

— Das war eine köstliche Zeit!

Albert Lortzing, D. Waffenschmied. (Erste Auff. am 30. Mai 1846 in Wien.)

— Die Zeit besiegt die Welt und ihren Willen, | Sie herrscht im Reich der wandelbaren Laune | Und ewig wechselnd schreitet sie voran.

Jos. Freiherr von Auffenberg, Sämtl. Werke (1843—1847). D. Bartholomäusnacht. A. 1, Sz. 3.

— Noch ist die blühende, goldene Zeit, | O du schöne Welt, wie bist du so weit!

Otto Roquette, Waldmeisters Brautfahrt (1851). Mel. v. Wilh. Baumgarten (komp. 1863).

— Jede große Zeit erfaßt den ganzen Menschen.

Theod. Mommsen, Römische Gesch. (1854—1856).

— Willst du recht verstehn die Zeit: | Schau' sie im Lichte der Ewigkeit!

Georg Christ. Dieffenbach, Gedichte (1857).

— Jede Zeit ist ein Rätsel, das nicht sie selber, sondern erst die Zukunft löst.

Rudolf von Ihering, D. Geist d. römischen Rechts (1852—1865).

— Haltet Mut und Schwert bereit! | Eisern, eisern ist die Zeit.

Emanuel Geibel, Heroldsrufe. Eiserne Zeit (ged. Dez. 1865).

— Verkürze mir die Zeit; | Der Dinge bestes ist ja Zeitverkürzung.

Rob. Hamerling, Ahasver in Rom (1866). Ges. 1. D. Schenke Locustas.

— Welchen Gedanken die Zeit | Einmal erkoren, | Der ist gefeit und beschworen | Und wird ewig wiedergeboren, | Trotz allem Widerstreit.

Hermann von Lingg, Gedichte (1868). A. Leben u. Zeit. D. Gedanke d. Zeit.

— Ich habe es versucht, aber wir können uns weder in die vormenschliche, noch in die nachmenschliche Zeit denken. Wir können nur die Arbeitsstunde, die man siebzig Jahr nennt, nach bester Kraft ausfüllen.

Berth. Auerbach, D. Landhaus am Rhein (1869).

— . . schlägt die Zeit auch schlimme Wunden, | Das Herz trotzt ihrer Allgewalt.

Friedr. von Bodenstedt, A. d. Nachlasse Mirza-Schaffys (1874). Prolog.

Zeit. — . . . die Zeit hat keine Gestade, | Sie flieht und wir mit ihr.

Emanuel Geibel, Gesammelte Werke (1883). Übersetzungen franz. Lyrik. Alfonse d. Lamartine. D. See.

— So rinnt die Zeit hinweg; in Tropfen, langsam, | Zuletzt ein Meer, das uns vom Einstmals trennt.

Adolf Wilbrandt, D. Meister v. Palmyra (1890). A. 3, Sz. 3 (Apelles).

— Zeit bringt Rosen, | Läg' schon der Schnee im Garten | Und regnet's Helleparten. Altes Lied.

— . . . seine (des Menschen) Zeit fähret dahin wie ein Schatten. Ps. 144, V. 4.

— . . . alles liegt es an der Zeit und Glück. Pred. Sal., K. 9, V. 11.

— Meine Zeit ist dahin. Jesaias, K. 38, V. 12.

— Liebes Kind, brauche der Zeit! Jes. Sir., K. 4, V. 23.

— Schicket euch in die Zeit! Röm., K. 12, V. 11.

— . . schicket euch in die Zeit; denn es ist böse Zeit. Eph., K. 5, V. 16.

— Der hat nimmer Zeit, | Der sie nicht ergreift und reit't. Alter Spr.

— Die Zeit gibt Bescheid | Und verräth alle Bosheit. Alter Spr.

— Die zeit leg woll an tag und nacht! | Und allweg fleißig betracht, | Das die jugendt schnel verschwindt | Gleich wie ein Blom oder der Windt. Alter Spr.

— Gebrauche dich der Zeit als eines Schatzes, der nicht nutz ist, wenn er müßig verliegen muß. Alter Spr.

— Man muß die zeit nemen, wie sie kompt. Alter Spr.

— Mit Zeit und Geduld wird aus einem Hanffstengel ein Halskragen. Alter Spr.

— Statt daß nach beßrer Zeit ihr schreit, | Macht selber doch die beßre Zeit! Alter Spr.

— Vier stück: die zeit, ein Wort, | Die ehr und Jugend fort, | Man nimmer wider findt, | Wenn sie verloren sind. Alter Spr.

— Wer die Zeit drängt, den verdrängt die Zeit. Alter Spr.

— Wer nicht will thun der Zeit ihr Recht, | Der fahret in Geschäften schlecht. Alter Spr.

— Wer sich Zeit nimmt, verliert Zeit. Alter Spr.

— Zeit hätte man wohl genug, wenn man sie nur wohl anlegte. Alter Spr.

— Alles zu seiner Zeit! Sprichwort.

— Alles zu seiner Zeit, | Freud' und daneben Leid! Sprichwort.

— Die Zeit frißt jeden Strick, | Und wär' er noch so dick. Sprichwort.

— Die Zeit galoppiert mit dem Verbrecher zur Richtstätte und schleicht mit der Braut zum Brautgemach. Sprichwort.

— Die Zeit ist an keinen Pfahl gebunden. Sprichwort.

Zeit. — Die Zeit vergeht nicht, aber wir.
Sprichwort.

— Jugend und verlor'ne Zeit | Kommt nicht wieder in Ewigkeit. Sprichwort.

— Kommt Zeit, kommt Rat. Sprichwort.

— Wer nicht kommt zu rechter Zeit, | Der muß essen, was übrig bleibt. Sprichwort.

— Wie die Zeit, | So die Leut'. Sprichwort.

— Zeit, Ebbe und Flut wartet auf niemand.
Sprichwort.

— Zeit ist köstlich Gut. Sprichwort.

— Zeit und Gelegenheit hat niemand im Ärmel. Sprichwort.

— Schick' dich in die Zeit, | Richt' dich in die Leut'! Sprichwort. Bayrisch.

— Well (wer) nich kümp (kommt) to rechter Tid, | De iss sine Maohltid (Mahlzeit) quit.
Sprichwort. Münsterisch.

— Zeit ist die beste Medizin. Niederl.: De tijd is de beste medecijn. Sprichwort.

— Die Zeit hat starke Zähne. Norwegisch: Tidi heve sterka Tenner. Sprichwort.

— Zeit und Stunde bindet man nicht mit dem Seil fest. Span.: Tiempo ni hora no se ata con soga. Sprichwort.

— Zeit genug! kam zu spät.
Holländisches Sprichwort.

— Zeit macht aus einem Gerstenkorn eine Kanne Bier. Lettisches Sprichwort.

— Zeit führt eine scharfe Axt.
Russisches Sprichwort.

— Mit Zeit und Stroh reifen die Aprikosen.
Türkisches Sprichwort.

— Die Zeit frißt Berg und Tal, | Eisen und Stahl. Sprichwörtl.

— Nur noch eine Frage der Zeit sein (es wird bald eintreffen). Sprichwörtl. Redensart.

— Dabei kann eenen Zeit un Weile lang wer'n.
Berliner Redensart.

— He will auk ut de Tid gaohn (aus der Zeit gehn, sterben).
Sprichwörtl. Redensart. Münsterisch.

— Tieds genoog (Zeit genug) is in't Heff (Watt) bleven (geblieben). A. d. Seemannssprache.

— Die Zeit sagt nie: Auf Wiedersehn!
Spr. im Berliner Rathause. Erdgeschoß.

— Die Zeit ist der beste Lastträger.
Spr. im Berliner Rathause. Dritter Stock.

— Die Zeit teilt, | Heilt, | Eilt.
Spr. im Berliner Rathause. Dritter Stock.

— Schöne Zeit bringt Rosen, | Böse Zeit viel Ehr'. Wartburgspr. Wirtschaft.

— O Zeit, o Zeit, | Niemand erkennt dich, | Als wer dich verloren heit (hätte).
Spr. unter einer Sonnenuhr.

— Die Zeit ist die Beherrscherin der Dinge. Lat.: Tempus rerum imperator.
Wahlspr. d. Uhrmacher-Innung in London.

Zeitalter. — Kein goldnes oder unschuldiges Zeitalter nannte sich ein goldenes, sondern erwartete bloß eines.
Jean Paul (Joh. Paul Friedr. Richter), Levana oder Erzieh-Lehre (1807). Bd. 1, Bruchstück 2, K. 3, § 32.

— Zu allen Zeiten sind es nur die Individuen, welche für die Wissenschaft gewirkt, nicht das Zeitalter. Das Zeitalter war's, das den Sokrates durch Gift hinrichtete; das Zeitalter, das Hussen verbrannte; die Zeitalter sind sich immer gleich geblieben.
Joh. Wolfg. von Goethe, Werke (1827—1830). Maximen u. Reflexionen. Abteilung 3.

Zeiten. — O Zeiten! o Sitten! Lat.: O tempora! o mores!
Marc. Tull. Cicero, Reden gegen Catilina (um 63 v. Chr.). Übers. v. Klotz. Nr. 1, K. 1, § 2.

— Lobredner vergangener Zeiten. Lat.: Laudator temporis acti.
Quint. Horatius Flacc., Dichtkunst (um 20 v. Chr.). Übers. v. Voß. V. 173.

— Die Zeiten ändern sich und wir uns in ihnen. Lat.: Tempora mutantur, nos et mutamur in illis. Wahlspr. Lothars I. (795—855).

— Die Hoffnung besserer Zeiten, | (Wann kommt sie?) | Die fragt nach guten Leuten, | (Wo sind sie?) Inschrift auf einer Denkmünze (1705).

— Tempora mutantur? Ich bitte Sie, legen Sie doch die Vorurteile des Pöbels ab! Die Zeiten ändern sich nicht.
Gotthold Ephr. Lessing, D. junge Gelehrte (1747). A. 1, Sz. 2 (Damis).

— Die Zeiten sind vorbei.
Joh. Wolfg. von Goethe, Götz v. Berlichingen (1773). A. 1. Jaxthausen (Weislingen).

— Zeiten schwinden, Jahre kreisen, | Und so wechseln Wieg' und Grab.
Zeiten schwinden, Jahre kreisen usw. (vor 1777). Verfasser unbek. Mel. v. Christ. Kalkbrenner.

— O, wer weiß, | Was in der Zeiten Hintergrunde schlummert?
Friedr. von Schiller, Don Carlos (1787). A. 1, Sz. 1 (Carlos).

— Tolle Zeiten hab' ich erlebt und hab' nicht ermangelt, | Selbst auch töricht zu sein, wie es die Zeit mir gebot.
Joh. Wolfg. von Goethe, Gedichte. Epigramme (geb. Venedig 1790). Nr. 54.

— Die Zeiten sind weissagende Kassandern; | Und die Vergangenheit schließt uns die Zukunft auf. Christoph Aug. Tiedge, Urania (1800). Ges. 3. Leben. Glückseligkeit. Wahrheit.

— Es sind die Zeiten heuer gar ernst und sonderbar.
Adelbert von Chamisso (Louis Charles Adelaide Chamisso de Boncourt), Gedichte. Lieder u. lyrisch-epische Gedichte. Deutsche Volkssagen (geb. 1831). Nr. 4. D. Birnbaum auf d. Walserfelde. Schlußv.

Zeiten. — Speise, was dir Zeiten geben, | Bis die Zeit auch dich verspeist!

Jos. Freiherr von Eichendorff, Gedichte (1837). Sängerleben. Spr. Nr. 2.

— Andre Zeiten, andre Vögel! | Andre Vögel, andre Lieder! | Sie gefielen mir vielleicht, | Wenn ich andre Ohren hätte!

Heinr. Heine, Atta Troll (ged. 1841—1842). K. 27. Schlußv.

— Keine Verdrehung der Wahrheit durch die Phantasie hat so viel Unheil gestiftet als der übertriebene Respekt vor vergangenen Zeiten. Engl.: Of all the various ways in which the imagination has distorted truth, there is none that has worked so much harm as an exaggerated respect for past ages.

Henry Thomas Buckle, Gesch. d. Zivilisation (1858—1861). Übers. v. Ritter. K. 2, Abschnitt 76.

— Die Zeiten, wo Bertha spann, sind nicht mehr! Otto von Bismarck im Norddeutschen Reichstage (24. Mai 1870).

— . . . die Zeiten vergehn, es vernarben die Wunden, und arglos | Über die Stätten des Mords wandelt ein junges Geschlecht.

Emanuel Geibel, Gesammelte Werke (1883). Gedichte. Dichtungen in antiker Form. Ein B. Elegien. Nr. 4.

— Die Zeiten gehen hin, und für jeden kommen einmal die Jahre, wo er merkt, daß sie hingegangen sind, und er sich wundert, daß er nichts getan hat, sie aufzuhalten.

Wilh. Raabe, Prinzessin Fisch (1883).

— Andere Zeiten, andere Sitten. Sprichwort.

— Slechte Tiden, de Müse (Mäuse) gaoht (gehen) up Krücken!

Sprichwörtl. Redensart. Münsterisch.

— Die Leute sagen immer, | Die Zeiten werden schlimmer! | Die Zeiten bleiben immer, | Die Menschen werden schlimmer.

Spr. an einem Hause. Franken.

Zeitenpfuhl. — . . . den faulen Pfuhl der Zeit. Gotthold Ephr. Lessing, Schriften (1753—1755). Oden. B. 1, Nr. 5. D. Tod eines Freundes.

Zeitenrad. — Es wär' ein eitel und vergeblich Wagen, | Zu fallen ins bewegte Rad der Zeit.

Friedr. von Schiller, Gedichte. An Goethe, als er d. Mahomet v. Voltaire auf d. Bühne brachte (ged. 1800).

Zeitenschritt. — Dreifach ist der Schritt der Zeit: | Zögernd kommt die Zukunft hergezogen, | Pfeilschnell ist das Jetzt entflogen, | Ewig still steht die Vergangenheit.

Friedr. von Schiller, Gedichte. Spr. d. Konfucius (ged. 1795).

Zeitenstrom. — Ein Weilchen nur schweben | Wir, treiben und streben | Und sinken im rollenden Strome der Zeit.

Karl Ludw. Fernow, Gedichte. Spinnelied (1796).

— Gegen den Strom der Zeit kann zwar der einzelne nicht schwimmen; aber wer Kraft hat, hält sich und läßt sich von demselben nicht mit fortreißen. Joh. Gottfr. Seume, Spaziergang nach Syrakus (1801). Vorwort.

Zeitenstrom. — Der Zeitstrom hat das mit einigen mineralischen Quellen gemein, daß er die in ihm völlig untergetauchten Menschengemüter versteinert.

Frz. Xaver von Baader, Sämtl. Werke (1851—1860).

— . . . der Mensch kann den Strom der Zeit nicht schaffen und nicht lenken, er kann nur auf ihm fahren und steuern, mit mehr oder weniger Erfahrung und Geschick den Schiffbruch vermeiden. Otto von Bismarck zu deutschen Studenten in Friedrichsruh (1. April 1895).

Zeitgang. — Den Gang der gemessen ablaufenden Zeit beschleunigen zu wollen ist das kostspieligste Unternehmen. Also hüte man sich, der Zeit Zinsen schuldig zu werden!

Arthur Schopenhauer, Parerga u. Paralipomena (1851). Aphorismen zur Lebensweisheit.

Zeitgeist. — Verzeiht! es ist ein groß Ergetzen, | Sich in den Geist der Zeiten zu versetzen, | Zu schauen, wie vor uns ein weiser Mann gedacht, | Und wie wir's dann zuletzt so herrlich weit gebracht. Joh. Wolfg. von Goethe, Faust, I (1808). Nacht (Wagner).

— Was Ihr den Geist der Zeiten heißt, | Das ist im Grund der Herren eigner Geist, | In dem die Zeiten sich bespiegeln.

Joh. Wolfg. von Goethe, Faust, I (1808). Nacht (Faust).

— Der Zeitgeist gleicht den Passatwinden und Strömungen im Meer; der vernünftige Schiffer schifft mit ihnen, aber nicht gegen sie; und die moralische Welt hat ihre Gesetze wie die physische, wornach man sich richten muß.

Karl Jul. Weber, Demokritos (1832—1840). D. Geist d. Zeit.

— Nie und nimmer | Wirst gegen den herrschenden Zeitgeist du | Ein Individuum zur Geltung bringen.

Emerich Madách, D. Tragödie d. Menschen (1861). A. d. Ungar. übers. v. Lechner. Sz. 7 (Luzifer).

Zeitgepräge. — Geh', so stille du magst, deine Wege, | Es drückt dir die Zeit ihr Gepräge, | Es drückt ihr Gepräge die Welt | Auf dein Antlitz wie die Fürsten aufs Geld.

Friedr. von Bodenstedt, D. Lieder d. Mirza=Schaffy (1851). Verm. Gedichte u. Spr. Nr. 25.

— Ihr eigenes Gepräge trägt jede Zeit, | Nicht ewig ist Nacht, nicht ewig ist Streit, | Einst leuchtet der goldene Morgen, | Frei wird uns verkündet das klärende Wort, | Und frei ist die Forschung, des Geistes Hort, | Vor Aberglauben geborgen.

König Oskar II. v. Schweden, Gedichte (1889).

Zeitgunst. — Die Gunst der Zeit ist nicht zu bannen, | Am schnellsten flieht das höchste Glück.

Friedr. von Bodenstedt, A. d. Nachlasse Mirza=Schaffys (1874). B. 1. Lieder d. Liebe. Lieder v. Schwarzen Meer. Nr. 2.

Zeitig. — Was früh zeitig wird, fault bald. Alter Spr.

Zeitkind. — Ein jeder ist ein Kind der Zeit. Was um ihn | Im Werden ist, das saugt er ein und wird er.

Leop. Schefer, Laienbrevier (1834). April. Nr. 25.

Zeitlauf. — Der Zeiten Lauf ist ein gewalt'ger Strom, | Er trägt dich, oder du versinkst in ihm. | Der einzelne vermag ihn nicht zu lenken, | Er schwimmt nur mit.

Emerich Madách, D. Tragödie d. Menschen (1861). A. d. Ungar. übers. v. Lechner. Sz. 7 (Luzifer).

— O Tor! Du hältst den Pendel auf | Und meinst, du hemmst der Zeiten Lauf.

Jos. Sami Tauber, Quinten (1864). O Tor!

— . . . das ist ein Mißverständnis, vor dem ich auch hier warnen möchte, daß wir uns nicht einbilden, wir können den Lauf der Zeit dadurch beschleunigen, daß wir unsere Uhren vorstellen. Otto von Bismarck im Norddeutschen Reichstage (16. April 1869).

Zeitlich. — Wüßt' ich mein Herz an zeitlich Gut gefesselt, | Den Brand wärf' ich hinein mit eigner Hand! Friedr. von Schiller, Wilh. Tell (1804). A. 1, Sz. 2 (Gertrud).

— . . . was sichtbar ist, das ist zeitlich.

2. Kor., K. 4, V. 18.

— Aller Sinn und aller Mut | Steht nach dem zeitlichen Gut, | Und wenn sie das erwerben, | Legen sie sich nieder und sterben. Wartburgspr.

Zeitliche, das. — Das ich allein zitlichs betracht | Und uf das ewig hab kein acht, | Das schafft, ein aff hat mich gemacht.

Seb. Brant, D. Narrenschif (1494). Nr. 43. Verachtung ewiger freid.

— Dies Zeitliche hat doch nur den Schein, | Das Gute hat Lohn, das Böse Pein; | Drum laßt uns das Zeitliche verachten | Und stets nach dem Ewigen trachten! Spr. an einem Hause (1577). Harz.

— Das Zeitliche segnen (sterben).

Sprichwörtl. Redensart.

Zeitstimmen. — Sei wach den Stimmen deiner Zeit! | Horch' auf in deines Volkes Grenzen! Ferd. Freiligrath, Gedichte (1838). Verm. Gedichte. Meine Stoffe.

Zeitung. — „Sag' mir, warum dich keine Zeitung freut?" | Ich liebe sie nicht, sie dienen der Zeit!

Joh. Wolfg. von Goethe, Gedichte. Epigrammatisch. Zeit u. Zeitung (ged. 1814).

— Rauchen Sie Tabak, mein Gemahl, . . . er verdirbt höchstens die Tapeten, aber unterstehen Sie sich nicht, jemals eine Zeitung anzusehen, das verdirbt Ihren Charakter.

Gustav Freytag, D. Journalisten (1854). A. 2, Sz. 1.

— . . . man verlangt heutzutage von einer Zeitung, daß sie tief ist.

Gustav Freytag, D. Journalisten (1854). A. 4, Sz. 1.

Zeitung. — . . . jede Zeitung, für deren ganzen Inhalt die Regierung verantwortlich sein sollte, müßte die Langweiligkeit eines Staatsanzeigers annehmen.

Otto von Bismarck im Abg.-Hause d. preuß. Landtages (30. Jan. 1872).

Zeitungen. — Im monarchischen Staate gibt's keine Zeitungen. — Wenn die Regierung Zeitungen schreiben läßt, sind es Seifenblasen, womit die Kinder in der Sonne stehen.

Theod. Gottl. von Hippel, Lebensläufe nach aufsteigender Linie (1778—1781). T. 1.

— Wenn man einige Monate die Zeitungen nicht gelesen hat, und man liest sie alsdann zusammen, so zeigt sich erst, wie viel Zeit man mit diesen Papieren verdirbt.

Joh. Wolfg. von Goethe, Werke (1827—1830). Maximen u. Reflexionen. Abteilung 7.

— . . . manches, was in den Zeitungen steht, ist denn doch wahr, wenn auch nicht alles.

Otto von Bismarck im Abg.-Hause d. preuß. Landtages (29. Jan. 1869).

— . . . die Gerüchte, die Möglichkeiten, die die Zeitungen mehr füllen als die wirklichen Tatsachen.

Otto von Bismarck im Reichstage (26. Nov. 1884).

Zeitungsschreiber, der. — Ich hielt, sprach Haron, dich für einen Eselstreiber; | Allein nun merke ich, du warst ein Zeitungsschreiber.

Gottl. Konrad Pfeffel, Poetische Versuche (1789—1790).

Zeitungsschreiber, die. — Die Zeitungsschreiber haben sich ein hölzernes Kapellchen erbaut, das sie auch den Tempel des Ruhms nennen, worin sie den ganzen Tag Porträts anschlagen und abnehmen und ein Gehämmer machen, daß man sein eigenes Wort nicht hört.

Georg Christoph Lichtenberg, Verm. Schriften (1800—1806). Bd. 1, Nr. 3. Bemerk. verm. Inhalts. Nr. 9. Witzige u. satyrische Einfälle u. Bemerk.

Zeitverlust. — . . . es stirbt | Ein großer Plan an keinem Übel leichter | Als am Verlust der Zeit.

Ernst Raupach, D. Hohenstaufen (1837). Kaiser Friedr. II. Tod. Vorspiel. Sz. 1.

Zeitwogen. — Der Zeiten Wogen kommen und verschweben, | Die alte sinkt, die neue Welt erwacht | Wie Wogenschaum. Begrabene Äonen | Sind, ach, kaum mehr als flücht'ge Wellenkronen. Engl.: The eternal surge | Of time and tide rolls on, and bears afar | Our bubbles; as the old burst, new emerge, | Lash'd from the foam of ages; while the graves | Of empires heave but like some passing waves.

George Gordon Lord Byron, Don Juan (1819—1824). Übers. v. Gildemeister. Ges. 15, Str. 99, V. 4.

Zeloten. — . . . alles Mitleid sei verboten | Im Kampf mit der verruchten Gilde | Der glaubenswütigen Zeloten!

Wilh. Jordan, Letzte Lieder (1892). Spr. Nr. 36.

Zensor. — Gerade Gedanken, die ganze Haufen von Vorurteilen umstürzen und wie Blitze in der Finsternis leuchten würden, sind einem dummen Zensor neu, ungewohnt, gefährlich; er streicht, es ist leichter, als denken und auf jeden Fall das sicherste für ihn.

Karl Jul. Weber, Demokritos (1832—1840). Preßzwang u. Preßfreiheit.

Zensur. — Die Zensur gleicht dem Kettenhund, der mehr lärmt als not tut; und dressiert pflegen Kettenhunde auch nicht zu sein.

Karl Jul. Weber, Demokritos (1832—1840). Preßzwang u. Preßfreiheit.

— Es ist etwas bedenklich, daß die Zensur von den päpstlichen Inquisitionsanstalten, dem Magister Sacri Palatii (Haushofmeister des heiligen Palastes) und den hochwürdigen Dominikanern herrührt.

Karl Jul. Weber, Demokritos (1832—1840). Preßzwang u. Preßfreiheit.

Zeremoniel. — Was das für Menschen sind, deren ganze Seele auf dem Zeremoniel ruht!

Joh. Wolfg. von Goethe, Leiden d. jungen Werthers (1773).

— Das Zeremoniel an Höfen, im Umgange, — was ist es anders als Formalienjagd und Klauberei?

Immanuel Kant, Werke (1838—1839). Bd. 3.

Zeremonien. — Zeremonien sind des Herzens Härtigkeit wegen da.

Theod. Gottl. von Hippel, Lebensläufe nach aufsteigender Linie (1778—1781).

Zerstören. — Zerstören geht schnell, aber das Bauen langsam. Arabisches Sprichwort.

Zerstörung. — Wer weinte nicht, wenn das Unsterbliche | Vor der Zerstörung selbst nicht sicher ist?

Joh. Wolfg. von Goethe, Torquato Tasso (1789). A. 2, Sz. 4 (Tasso).

— Auf Trümmern sproßt das zart'ste Grün, | Auf Trümmern singt am hellsten die Cicade, | In der Zerstörung Mitte schallt am kühnsten | Der Ruf der Freude!

Christ. Dietr. Grabbe, Don Juan u. Faust (1829). A. 4, Sz. 1 (Don Juan).

Zerstreut. — Wie ist das zerstreute Leben doch ein leeres Leben; man erfährt nur gerade das, was man nicht wissen mag.

Joh. Wolfg. von Goethe, Briefwechsel zwischen Schiller u. Goethe (19. Okt. 1795).

— Zerstreutes Wesen führt uns nicht zum Ziel. Joh. Wolfg. von Goethe, Faust, II (1831). A. 1. Kaiserliche Pfalz. Saal d. Thrones (Astrolog).

— . . . in alle Winde zerstreuet.

Hesekiel, K. 17, V. 21.

Zerstreuung. — . . . ich will mir eine fürchterliche Zerstreuung machen!

Friedr. von Schiller, D. Räuber (1781). A. 1, Sz. 2 (Moor).

— Konzentration der Kräfte! Die Zerstreuung ist der Tod aller Größe.

Friedr. von Schlegel, Sämtl. Werke (1822—1825).

Zertreten. — Zertritt den Dorn nur, wenn du Schuhe an den Füßen hast! Alter Spr.

Zeug. — Das Zeug zu etwas haben (zu etwas befähigt sein). Sprichwörtl. Redensart.

— Jemandem etwas am Zeuge flicken (jemanden tadeln). Sprichwörtl. Redensart.

— Was das Zeug hält (mit aller Kraft, mit größter Anstrengung). Sprichwörtl. Redensart.

Zeuge. — . . . auf Eines Zeugen Mund soll er (der Mensch) nicht sterben. 5. Mos., K. 17, V. 6.

— Ein treuer Zeuge lüget nicht.

Spr. Sal., K. 14, V. 5.

— Ein falscher Zeuge bleibt nicht ungestraft.

Spr. Sal., K. 19, V. 5.

— Ein Zeuge ist einäugig. Alter Spr.

Zeugen. — Ja, gute Frau, durch zweier Zeugen Mund | Wird allerwegs die Wahrheit kund. Joh. Wolfg. von Goethe, Faust, I (1808). D. Nachbarin Haus (Mephistopheles).

— . . . in dem Munde zweier oder dreier Zeugen soll die Sache bestehen.

5. Mos., K. 19, V. 15.

— Falsche zeugen sein wolfeil; | Wer sey sucht, dem werden sie wol zu theil. Alter Spr.

Zeugnis. — Du sollst kein falsches Zeugnis reden wider deinen Nächsten!

2. Mos., K. 20, V. 16.

— Du sollst nicht falsches Zeugnis geben!

Matth., K. 19, V. 18.

Zeugung. — . . . die echte Zeugung ist Entleerung | Des Einzelwesens von dem Weltenstoffe | Und geht mit ihrem Vater nicht zugrunde.

Friedr. Hebbel, Gedichte (1857). Sonette. An d. Kunst. Schlußv.

Zeus. — Ich dich (Zeus) ehren? Wofür? | Hast du die Schmerzen gelindert | Je des Beladenen? | Hast du die Tränen gestillet | Je des Geängsteten? | Hat nicht mich zum Manne geschmiedet | Die allmächtige Zeit | Und das ewige Schicksal, | Meine Heern und deine?

Joh. Wolfg. von Goethe, Gedichte. Verm. Gedichte. Prometheus (ged. Herbst 1774).

— Was tun? spricht Zeus.

Friedr. von Schiller, Gedichte. D. Teilung d. Erde (ged. 1795).

Ziehen. — Zieh mich nicht heraus ohne Noth; | Steck mich nicht ein ohne Ehre!

Spr. auf einem Schwerte (1643).

Ziel. — Ein glänzend Ziel kann man am ersten treffen. Engl.: A right fair mark is soonest hit.

William Shakespeare, Romeo u. Julia (1593). Übers. v. Schlegel. A. 1, Sz. 1 (Benvolio).

Ziel. — . . . 's ist ein Ziel (der Tod), | Aufs Innigste zu wünschen! Engl.: 'tis a consummation | Devoutly to be wish'd.

William Shakespeare, Hamlet (1601—1602). Übers. v. Schlegel. A. 3, Sz. 1 (Hamlet).

— Wer wird das Ziel im Wette-rennen | Ohn Staub (mühelos) erkennen?

Simon Dach, Non caret adversis qui plus esse velit (1652).

— . . . noch einen Schritt vom Ziele oder noch gar nicht ausgelaufen sein ist im Grunde eines. Gotthold Ephr. Lessing, Emilia Galotti (1772). A. 2, Sz. 8 (Appiani).

— In Worten nichts, in Werken viel | Bringt am geschwindesten zum Ziel.

Joh. Wilh. Ludw. Gleim, Episteln (1783).

— Das Ziel ist würdig, und der Preis ist groß.

Friedr. von Schiller, Wilh. Tell (1804). A. 3, Sz. 3 (Geßler).

— Das Ziel muß man früher kennen als die Bahn. Jean Paul (Joh. Paul Friedr. Richter), Levana oder Erzieh-Lehre (1807). Bd. 1, Bruchstück 2, K. 1, § 21.

— Die Schwierigkeiten wachsen, je näher man dem Ziele kommt.

Joh. Wolfg. von Goethe, D. Wahlverwandtschaften (1808—1809). T. 2, K. 5. A. Ottiliens Tageb.

— Nach einem Ziele streben wir alle hin.

Albert Methfessel, Marschlied für d. freiwilligen Scharfschützen d. Gesamthauses Schwarzburg (geb. 1813). Mel. v. Verfasser.

— Den Endzweck (das Ziel) fest | Im Aug' gehalten, — ist er stets nur Einer, | So führen tausend Pfade auch zu ihm!

Christ. Dietr. Grabbe, Don Juan u. Faust (1829). A. 1, Sz. 1 (Don Juan).

— Ohne Rast, ohne Ruh', immer dem Ziele zu! | Bist du dort angekommen, dann mag dir Ruhe frommen! Georg Keil, Lyra u. Harfe (1834).

— Am Ende sieht's ein Tor, ein Klüg'rer in der Mitte, | Und nur der Weise sieht das Ziel beim ersten Schritte.

Friedr. Rückert, D. Weisheit d. Brahmanen (1836—1839). B. 15, Nr. 139. (Stufe 5. Leben. Nr. 593.)

— Schaue fest auf das Ziel deiner Reise! | Der ist der Weise, | Der es nimmer vergaß; | Wirke treu im befriedeten Kreise | Und halte Maß!

Emanuel Geibel, Zeitstimmen (1841). Barbarossas Erwachen (Kaiser).

— So mancher kommt ins Tollhaus, mancher schrickt noch | Zur rechten Zeit zurück; ans Ziel kommt keiner.

Emerich Madách, D. Tragödie d. Menschen (1861). A. d. Ungar. übers. v. Lechner. Sz. 2 (Luzifer).

— Rasch und rascher zum Ziel! Und bücke dich gleich Atalanten | Nicht nach dem Apfel im Weg, wär' er auch zehnmal von Gold!

Frz. Grillparzer, Gedichte (1873). D. Schauspieler Anschütz.

Ziel. — Wer da fährt nach großem Ziel, | Lern' am Steuer ruhig sitzen, | Unbekümmert, wenn am Kiel | Lob und Tadel hochauf spritzen!

Emanuel Geibel, Spätherbstblätter (1877). Gelegenheitsgedichte. Spr. Nr. 12.

— Lasset euch niemand das Ziel verrücken!

Kolosser, K. 2, V. 18.

— Es kommt viel | Zwischen Bolz und Ziel.

Alter Spr.

— Weit vom Ziel ist gut für'n Schuß.

Sprichwort.

— Übers Ziel schießen (zu weit gehen).

Sprichwörtl. Redensart.

— So der Mensch sich setzt ein Ziel, | Macht ihm Gott ein Widerspiel. Spr. an einem Hause.

Zischen. — Sie bestätigen nur durch Ihr Zischen, daß Sie sich getroffen fühlen. Sehen Sie, das Geschöpf Gottes, von dem das Zischen herkommt, zischt ja nicht, wenn es sich nicht beunruhigt fühlt.

Otto von Bismarck im Reichstage (10. Febr. 1885).

Zitat. — Kunstwörter müssen dann der Dummheit Blöße decken, | Und ein gelehrt Zitat macht Zierden selbst zu Flecken.

Gotthold Ephr. Lessing, Schriften (1753—1755). Fragmente. Nr. 5. An d. Herrn Marpurg.

Zitate. — . . . so ein paar grundgelehrte Zitate zieren den ganzen Menschen.

Heinr. Heine, Reisebilder. T. 1. Ideen. D. B. Le Grand (1826). K. 13.

Zittern. — Ob Fels und Eiche splittern, | Wir werden nicht erzittern!

Karl Hinkel, Erste Saitenklänge. Kraft u. Mut (geb. 1815).

— Zittre, Byzanz! Ital.: Trema, Bizanzio!

Salvatore Cammarano, Belisar (1836). A. 2, Sz. 8. Übers. v. Hähnel. Komp. v. Donizetti.

— Zittern wie Espenlaub (heftig zittern).

Sprichwörtl. Redensart.

Zivilisation. — Alle Zivilisation fängt mit der Theokratie an und hört mit der Demokratie auf. Franz.: Toute civilisation commence par la théocratie et finit par la démocratie.

Victor Hugo, Notre Dame (1831). Übers. v. Kottenkamp. B. 5, K. 2.

Zivilisiert. — Die Menschen sind insgesamt, je zivilisierter, desto mehr Schauspieler.

Immanuel Kant, Werke (1838—1839). Bd. 9.

Zögern. — Zögert, es bringet Gewinn, großen, ein kleiner Verlust! Lat.: Differ: habent parvae commoda magna morae.

Publ. Ovidius Naso (um 43 v. Chr. — 17 n. Chr.), Festkalender. Übers. v. Klußmann. B. 3, V. 394.

Zögern, das. — . . . daß unser Zögern sich nicht schwer vergeht, | Winkt uns Gewinn, und kämen wir zu spät. Engl.: Then we do sin against our own estate, | When we may profit meet and come too late.

William Shakespeare, Timon v. Athen (um 1604—1608). Übers. v. Schlegel. A. 5, Sz. 1 (Dichter).

Zölibat. — Ich halts gar nicht mit den Pfaffen, | Die deß Ehestands Feinde seyn (dem Zölibat anhängen) | Vnd denselben von sich schaffen, | Bleiben doch nicht allzeit rein.

Joh. Mich. Moscherosch, Wunderliche v. Warhafftige Gesichte Philanders v. Sittewalt (1643). T. 2, Gesichte 3. Weiber=Lob. Dr. Erhard. Str. 1.

— Überhaupt sind Mannspersonen, die im Zölibat leben, im Durchschnitte gottlos; ehelos gebliebene Frauenzimmer aber fromm.

Theod. Gottl. von Hippel, Über d. Ehe (1774). K. 1. Klagen über d. Vorurteile beim Heiraten. Traum zur Abhelfung.

— ... wer kann es aber leugnen, daß bei dem geistlichen Zölibate das Natur=, das göttliche Gesetz dem Kirchengesetze unterliegt, und daß man der Menschheit trotzt, wenn man der Natur widerspricht! Theod. Gottl. von Hippel, Über d. Ehe (1774). K. 1. Klagen über d. Vorurteile beim Heiraten. Traum zur Abhelfung.

Zoll. — ... wer am Zoll sitzt, ohne reich zu werden, ist ein Pinsel.

Joh. Wolfg. von Goethe, Clavigo (1774). A. 4. Clavigos Wohnung (Carlos).

Zöllner. — Ich danke dir, Gott, daß ich nicht bin ... wie dieser Zöllner! Luk., K. 18, V. 11.

Zopf. — Der Zopf, der hängt ihm hinten.

Adelbert von Chamisso (Louis Charles Adelaide Chamisso de Boncourt), Gedichte. Lieder u. lyrisch=epische Gedichte. Tragische Gesch. (ged. 1822).

— Los zu werden den alten Zopf | Ist ein vernünftig Begehren, | Aber wer wird darum den Kopf | Gleich rattenkahl sich scheren!

Emanuel Geibel, Spätherbstblätter (1877). Gelegenheitsgedichte. Spr. Nr. 30.

Zöpfe. — Pereant die Zöpfe!

Ferd. Freiligrath, Ein Glaubensbekenntnis. T. 2. Prinz Ludw. v. Preußen (ged. Okt. 1843).

— ... schick' ein Donnerwetter | In die Zöpfe dieser Zeit!

Ferd. Freiligrath, Ein Glaubensbekenntnis. T. 2. Prinz Ludw. v. Preußen (ged. Okt. 1843). Schlußv.

Zorn. — Möchte der Zank aus Göttern und sterblichen Menschen vertilgt sein | Und der Zorn, der selbst den Weiseren pflegt zu erbittern! Griech.: *Ὡς ἔρις ἔκ τε θεῶν ἔκ τ' ἀνθρώπων ἀπόλοιτο | Καὶ χόλος, ὅς τ' ἐφέηκε πολύφρονά περ χαλεπῆναι.*

Homer, Ilias. Übers. v. Voß. Ges. 18, V. 107—8.

— Nicht heut' zuerst erfuhr ich, sondern nur zu oft, | Daß wilder Zorn ein grenzenloses Übel ist. Griech.: *Οὐ νῦν κατεῖδον πρῶτον ἀλλὰ πολλάκις | Τραχεῖαν ὀργὴν ὡς ἀμήχανον κακόν.*

Euripides, Medea (um 431 v. Chr.). Übers. v. Minckwitz. V. 446—47 (Jason).

Zorn. — ... wenn dein Zorn verraucht, dann kommt die Reue. Griech.: ... *βαρὺς δ', ὅταν | θυμοῦ περάσῃς.*

Sophokles (um 496—406 v. Chr.), König Ödipus. Übers. v. Jordan. V. 666—67 (Kreon).

— Ist etwas der Raserei ähnlicher als der Zorn? Treffend hat ihn Ennius den Anfang der Raserei genannt. Lat.: An est quicquam similius insaniae quam ira? Quam bene Ennius initium dixit insaniae.

Marc. Tull. Cicero, Tusculanische Unterredungen (um 44 v. Chr.). Übers. v. Sonne. B. 4, K. 23, § 52.

— Zorn ist ein Schauer von Raserei. Lat.: Ira furor brevis est.

Quint. Horatius Flacc., Episteln (um 20 v. Chr.). Übers. v. Voß. B. 1, Nr. 2, V. 62.

— Sobald der Mensch in Zorn gerät, gerät er in Irrtum. Talmud (3. Jahrh.).

— Ein Ende nimmt des Mannes Witz, | Hat großer Zorn ihn im Besitz. Mittelhochdeutsch: Des mannes witze ein ende hât, | Swenne in grôzer zorn bestât.

Vrîdankes Bescheidenheit (1225—1240). Übertr. v. Pannier. Nr. 28. v. zorne.

— Der zorn hindert eins wisen mût; | Der zornig weißt nit, was er dût.

Seb. Brant, D. Narrenschif (1494). Nr. 35. V. lüchtlich zürnen.

— Zähme Zorn und Mund! Lat.: Irae modereris et ori!

Wahlspr. Herzog Ludw. v. Bayern (gest. 1545).

— Je edler Art, | Je leichter Zorn gefunden ward; | Je grösser und erbarer Muth, | Je weniger Schad sein Zorn thut.

Georg Rollenhagen, Froschmäuseler (1595). B. 2, T. 1, K. 6.

— Der Zorn gehört wohl zu den größten Sünden; | Doch ist kein Mensch, der nie gezürnt, zu finden. Engl.: To be in anger is impiety; | But who is man, that is not angry?

William Shakespeare, Timon v. Athen (um 1604—1608). Übers. v. Schlegel. A. 3, Sz. 5 (Alcibiades).

— Deß Zorns Außgang | Ist der Rew Anfang.

Christoph Lehmann, Politischer Blumen=Garten (1662). T. 2. Zorn, Zornig seyn. Nr. 25.

— O Zorn, du Abgrund des Verderbens, | Du unbarmherziger Tyrann, | Du frissest, tötest sonder Sterben | Und brennest stets von neuem an.

Anmutiger Blumenkranz a. d. Garten d. Gemeinde Gottes (1712). Erziehung durch Leidenschaft.

— Wer da gerät in deine (des Zornes) Haft, | Bekommt der Hölle Eigenschaft.

Anmutiger Blumenkranz a. d. Garten d. Gemeinde Gottes (1712). Erziehung durch Leidenschaft.

— Zorn mit Ohnmacht wird verspottet.

Magnus Gottfr. Lichtwer, Vier B. Äsopischer Fab. (1748). B. 4, Nr. 10. D. zwey Kaninchen. Schlußv.

— ... schon wieder rennet der Zorn mit dem Verstande davon.

Gotthold Ephr. Lessing, Emilia Galotti (1772). A. 5, Sz. 4 (Odoardo).

Zorn. — Ich halte meinen Zorn, wie es dem Ältern | Geziemt, zurück.

Joh. Wolfg. von Goethe, Iphigenie auf Tauris (1787). A. 5, Sz. 6 (Thoas).

— Nicht aufgelodert, ist auch gerecht dein Zorn! | Denn Leidenschaft umnebelt den hellen Blick, | Und fördert auf die Lippen Tadel, | Nimmer zu bessernden, trotz des Reuens.

Joh. Christoph Friedr. Haug, Sinngedichte (1791).

— Nichts im Zorne begonnen! Tor, wer im Sturme sich einschifft!

Joh. Christoph Friedr. Haug, Sinngedichte (1791).

— In der höhern Liebe ist der Zorn nur Trauer über den Gegenstand.

Jean Paul (Joh. Paul Friedr. Richter), Hesperus (1795). Bd. 3.

— Das Paradies ist für die bereitet, die ihren Zorn zurückhalten und ihn bemeistern, und die denen, die sie beleidigt haben, verzeihen.

Joh. Gottfr. von Herder u. Liebeskind, Palmblätter (1787—1800). T. 1.

— Ach, der Zorn verderbt die Besten!

Friedr. von Schiller, Gedichte. D. Siegesfest (ged. 1803).

— Zähle dich nicht zu Menschen, so lange Zorn dich empöret; | Nur in der Ruhe gedeiht Menschheit des Menschen, Verstand.

Joh. Gottfr. von Herder, Sämtl. Werke (1805—1820). Blumenlese a. morgenländischen Dichtern. Nr. 5. Verm. Stücke a. verschiedenen morgenländischen Dichtern. D. Zorn.

— Oftmals decket der Sterblichen Zorn, weit schlimmer als Wahnsinn, | Tief in der innersten Brust selber das Heimlichste auf.

Christ. Friedr. Wilh. Jacobs, Griech. Blumenlese (1824).

— . . . der ärgste Geist im Leben | Ist der ohnmächtige, verbißne Zorn, | Der immer brütet; seines Brütens Frucht | Ist des Verbrechens gift'ger Basilisk.

Ernst Raupach, D. Hohenstaufen (1837). Kaiser Friedr. II. T. 2, A. 3, Sz. 1.

— Der Zorn ist eine gemeine Erregung über Gemeines und zieht zum Gegenstand herab.

Ernst Freiherr von Feuchtersleben, Zur Diätetik d. Seele (1838). K. 6. Temperament, Leidenschaft.

— Zorn ist ein Fehler des Temperaments, den oft die besten Menschen haben; aber fortgesetzter Zorn bis zur Rache und zum Verderben des Gegners durch Verleumdung, Aufstacheln und die niedrigsten Mittel ist eine der schändlichsten Erscheinungen in der Menschennatur.

Karl Jul. Weber, Demokritos (1832—1840). D. Zorn.

— Zorn ist der Liebe zweite, heiß're Flamme; | Doch nur die Liebe sei des Zornes Amme!

Jul. Hammer, Schau um dich u. schau in dich (1851). Liebe deinen Nächsten wie dich selbst! Ein Tempel ist dein Leib usw.

— . . . man soll, wenn einen der Zorn übermannt, höflich bleiben.

Otto von Bismarck im Reichstage (14. Juni 1882).

Zorn. — Der echte Zorn | Ist ein Samenkorn; | Das treibt und quillt, | Wächst, wird mild; | Und reift es zur Frucht sich aus, | Wird eine Menschenwohltat draus.

Ludw. Fulda, Gedichte (1890). Spr. Nr. 10.

— . . . wer die Nase hart schnäuzet, zwingt Blut heraus, und wer den Zorn reizet, zwinget Hader heraus. Spr. Sal., K. 30, V. 33.

— Es . . . ist kein Zorn so bitter als der Frauen Zorn. Jes. Sir., K. 25, V. 21.

— Eifer und Zorn verkürzen das Leben.

Jes. Sir., K. 30, V. 26.

— . . . gebet Raum dem Zorn!

Röm., K. 12, V. 19.

— . . . lasset die Sonne nicht über eurem Zorn untergehen! Eph., K. 4, V. 26.

— Kelch des Zorns.

Nach Offenb. Joh., K. 14, V. 10.

— Die Schalen des Zornes ausgießen.

Nach Offenb. Joh., K. 16, V. 1. — Sprichwörtl. Redensart.

— Hüte dich vor einem Mann, | Der im Zorne lächeln kann! Alter Spr.

— Im zorn spricht mancher man | Das argst, das er kan. Alter Spr.

— Nicht wollest anritzen einen Hundt, | Der schlaffen wilt zu seiner stundt! | Beweg den zorn zu keiner zeit, | Der lang verborgen leit.

Alter Spr.

— Wer seinen zorn gegen niemandt spart, | Der hat sein witz nit woll verwart. Alter Spr.

— Zorn bei dir nicht laß regieren, | Das gemüht thut er verführen. Alter Spr.

— Dem Zorne geht Reue auf den Socken nach. Sprichwort.

— Der Zorn wirft blinde Junge wie die Hündin. Sprichwort.

— Wer im Zorn handelt, geht im Sturm unter Segel. Sprichwort.

— Zeit ist des Zornes Arzenei. Sprichwort.

— Zorn beginnt mit Torheit und endet mit Reue. Sprichwort.

— Zorn hat kan' Ehr. Sprichwort. Inntal.

— Das ist fürwahr ein weiser man, | Der zorn und rach kan fahren lan.

Wartburgspr. Margaretengang.

— Des Zorn dich wehr, | Halt dich fein rein, | Mach dich nit z'gmein, | Sei gern allein; | Treuich ich's mein. Spr. an einem Hause in Mieders.

Zornig. — Geh' du hin und prügle ihn aus, ich bin zu zornig. Griech.: *Τοῦτον ῥάπισον· ἐγὼ γὰρ πάνυ θυμοῦμαι.*

Platon (um 427—347 v. Chr.). Nach Plutarch, Moralische Abhandlungen. Übers. v. Eyth. Erziehung. K. 10.

— Zornig sein heißt den Fehler anderer an uns selbst rächen. Engl.: To be angry is to revenge the fault of others upon ourselves.

Alexander Pope (1688—1744), Gedanken über verschiedene Gegenstände. Übers. v. Ölckers u. Böttger.

Zornig. — Der beste Mensch wird manchmal zornig, | Kein Liebespaar kann immer kosen. — | Die schönsten Rosen selbst sind dornig, | Doch schlimm sind Dornen ohne Rosen.

Friedr. von Bodenstedt, D. Lieder d. Mirza=Schaffy (1851). Verm. Gedichte u. Spr. Nr. 9. Rosen u. Dornen. Schlußv.

Zornige, der. — Dreier Leben ist kein Leben: des Weichmütigen, des Zornmütigen, des Schwermütigen. Talmud (3. Jahrh.).

— Siehst du nicht, daß der Zornige seinen Verstand verliert, dieweil du noch deine Sinne hast? Laß die Tollheit andrer dir zur Lehre dienen!

B. d. Weisheit u. d. Tugend (1793).

Zu. — Das Wörtlein zu ist meist gefährlich, | Es schadet selbst dem Wörtlein ehrlich.

Ephr. Mos. Kuh, Hinterlassene Gedichte (1792). Epigramme.

Zucht. — Wer gute Zucht im eignen Hause hält, | Gilt auch der Stadt als ein gerechter Mann. Griech.: *Ἐν τοῖς γὰρ οἰκείοισιν ὅστις ἔστ' ἀνὴρ | Χρηστός, φανεῖται κἀν πόλει δίκαιος ὤν.*

Sophokles (um 496—406 v. Chr.), Antigone. Übers. v. Jordan. V. 657—58 (Kreon).

— Im Alter so wie in der Jugend | Ziemt nichts sowohl als Zucht und Tugend. Mittelhochdeutsch: Beide in alter und in jugent | Zimt niht sô wol, sô zuht unt tugent.

Vrîdankes Bescheidenheit (1225—1240). Übertr. v. Pannier. Nr. 18. v. edele u. tugende.

— Aus guter Zucht und Namen | Erschwingt sich gute Art.

D. Knaben Wunderhorn (1806—1808). Dorothea u. Theophilus.

— Frühe Zucht sichert vor der spätern sehr mißlichen Zucht und Verbesserung.

Joh. Gottl. Fichte, Reden an d. deutsche Nation (1808). Rede 11.

— Ein Hauptmoment in der Erziehung ist die Zucht, welche den Sinn hat, den Eigenwillen des Kindes zu brechen, damit das bloß Sinnliche und Natürliche ausgereutet werde.

Friedr. Hegel, Werke (1832—1842).

— . . . die Strafe der Zucht ist ein Weg des Lebens. Spr. Sal., K. 6, V. 23.

— Wer Zucht läßt fahren, der hat Armut und Schande. Spr. Sal., K. 13, V. 18.

— Die beste Zucht sind gute Worte und harte Strafe. Sprichwort.

— Gute Zucht, | Gute Frucht. Sprichwort.

— Jugend und Zucht | Bringt im Alter reiche Frucht. Sprichwort.

— Zucht hat Zierde. Sprichwort.

Zuchthaus. — Uns fehlt ein Nationalzuchthaus | Und eine gemeinsame Peitsche!

Heinr. Heine, Neue Gedichte. D. Tannhäuser (ged. 1836). Nr. 3.

Züchtig. — Es ist nichts Liebers auf Erden denn ein züchtiges Weib. Jes. Sir., K. 26, V. 19.

Züchtigen. — . . . welchen der Herr lieb hat, den züchtiget er. Ebr., K. 12, V. 6.

Züchtigen. — Züchtigen, aber nicht entehren! Sprichwort.

Züchtigung. — Ganz ohne körperliche Züchtigung eine gediegene Schulzucht aufrecht zu erhalten ist wohl unmöglich.

Joh. Heinr. Pestalozzi, Sämtl. Schriften (1819—1826).

— Ohne Züchtigung keine Erziehung. Griech.: *Ὁ μὴ δαρεὶς ἄνθρωπος οὐ παιδεύεται.*

Joh. Wolfg. von Goethe, A. meinem Leben. Dichtung u. Wahrheit (1809—1831). T. 1. Motto.

Zuchtrute. — . . . die Rute der Zucht wird sie (die Torheit) ferne . . . treiben.

Spr. Sal., K. 22, V. 15.

— Den Hund der Knüppel bündig macht, | Zuchtruth der Jugend legt die Pracht.

Spr. im Schlosse Ortenstein.

Zuerst. — Wer zuerst kommt, mahlt zuerst. Lat.: Potior est, qui prior est.

Publ. Terentius Afer (um 185—155 v. Chr.), Phormio. Übers. v. Donner. A. 3, Sz. 2, V. 48 (Dorio).

— Wer zuerst kommt, mahlt zuerst. (Die ok irst to der molen kumt, die sal erst malen.)

Eike von Repkow, Sachsenspiegel (1212—1233). T. 1, B. 2, Artikel 59, § 4.

Zufall. — . . . am Irrwahn hängend, daß es Götter gibt, | Indes der Zufall diese ganze Welt beherrscht? Griech.: . . . *δοκοῦντας δαιμόνων εἶναι γένος, | Τύχην δὲ πάντα τἀν βροτοῖς ἐπισκοπεῖν;*

Euripides, Hekabe (um 425 v. Chr.). Übers. v. Minckwitz. V. 490—91 (Talthybius).

— Überall herrscht der Zufall; laß deine Angel nur hängen; | Wo du's am wenigsten glaubst, sitzt in dem Strudel der Fisch. Lat.: Casus ubique valet; semper tibi pendeat hamus; | Quo minime credis gurgite, piscis erit.

Publ. Ovidius Naso (um 43 v. Chr. — 17 n. Chr.), D. Kunst zu lieben. Übers. v. Voß. B. 3, V. 425.

— Was wir ersinnen, ist des Zufalls Spiel. Engl.: That our devices still are overthrown.

William Shakespeare, Hamlet (1601—1602). Übers. v. Schlegel. A. 3, Sz. 2 (König im Schauspiel).

— . . . so | Ergeben wir als Sklaven uns dem Wechsel (des Zufalls) | Und folgen jedem Windeshauch. Engl.: So we profess | Ourselves to be the slaves of chance, and flies | Of every wind that blows.

William Shakespeare, D. Wintermärchen (1610—1611). Übers. v. Schlegel. A. 4, Sz. 3 (Florizel).

— Regirt ein Zufall unsre Tage | Und mischt verwirrt den Lauff der Welt? | Doch nein! Des Zweifels Nebel brechen. | Kein ungerechtes Urteilsprechen | Entehrt der Allmacht Richtersthron.

Karl Friedr. Drollinger, Gedichte (1743). Über d. Unsterblichkeit d. Seele.

Zufall. — Ein Weiser schätzt kein Spiel, wo nur der Fall regieret.

Gotthold Ephr. Lessing, Schriften (1753—1755). Fragmente. Nr. 1. A. einem Gedichte über d. menschliche Glückseligkeit.

— . . . das Wort Zufall ist Gotteslästerung. Nichts unter der Sonne ist Zufall.

Gotthold Ephr. Lessing, Emilia Galotti (1772). A. 4, Sz. 3 (Orsina).

— Gepriesen sei mir der Zufall; er hat größere Taten getan als die klügelnde Vernunft und wird besser bestehn an jenem Tag als der Witz aller Weisen. Friedr. von Schiller, Kabale u. Liebe (1784). A. 5, Sz. 2 (Ferd.).

— Im Gewebe unsers Lebens spielen Zufall und Plan eine gleich große Rolle; den letztern lenken wir, dem erstern müssen wir uns blind unterwerfen.

Friedr. von Schiller, Prosaische Schriften. D. Schaubühne als eine moralische Anstalt betrachtet (1784).

— . . . was | Ist Zufall anders als der rohe Stein, | Der Leben annimmt unter Bildners Hand?

Friedr. von Schiller, Don Carlos (1787). A. 3, Sz. 9 (Marquis).

— Den Zufall gibt die Vorsehung; — zum Zwecke | Muß ihn der Mensch gestalten.

Friedr. von Schiller, Don Carlos (1787). A. 3, Sz. 9 (Marquis).

— Wer ist der Mensch, der sich vermessen will, | Des Zufalls schweres Steuer zu regieren | Und doch nicht der Allwissende zu sein?

Friedr. von Schiller, Don Carlos (1787). A. 4, Sz. 21 (Marquis).

— Sehr leicht zerstreut der Zufall, was er sammelt.

Joh. Wolfg. von Goethe, Torquato Tasso (1789). A. 1, Sz. 1 (Leonore).

— Es gibt keinen Zufall; | Und was uns blindes Ohngefähr nur dünkt, | Gerade das steigt aus den tiefsten Quellen.

Friedr. von Schiller, Wallensteins Tod (1799). A. 2, Sz. 3 (Wallenstein).

— Unsre Taten sind nur Würfe | In des Zufalls blinde Nacht.

Frz. Grillparzer, D. Ahnfrau (1817). A. 5 (Jaromir).

— Keine finstern Mächte raten | Blutig über unsre Taten, | Sie sind keines Zufalls Spiel; | Nein, ein Gott, ob wir's gleich leugnen, | Führt sie, wenn auch nicht zum eignen, | Immer doch zum guten Ziel. Frz. Grillparzer, D. Ahnfrau (1817). A. 5 (Jaromir).

— Der Zufall ist der einzige rechtmäßige König des Weltalls. Franz.: Le hasard est le seul roi légitime dans l'univers.

Napoleon I., Maximen u. Gedanken (1817). Übers. v. Zimmermann.

— Nicht blindem Zufall dient die Welt.

Friedr. Kind, D. Freischütz (ged. 1817—1818). A. 3, Sz. 1 (Agathe). Komp. v. Karl Maria von Weber. (Erste Auff. am 18. Juni 1821 in Berlin.)

Zufall. — Dem Zufall ist der Gott gewogen, | Auf Flügeln naht sich der Gewinn; | Doch wenn die rasche Gunst entflogen, | Ist auch die lange Müh' dahin.

Ernst Schulze, Sämtl. poetische Werke (1818—1820). T. 3. Poetisches Tageb.

— Was der Zufall mir scheint? Ein Rätsel, welches das Schicksal | Aufgibt: löse es, Mensch, und du bindest dein Glück!

Friedr. Hebbel, Gedichte. Nachlese (1848). Epigramme. D. Zufall.

— Der Zufall ist das vereinzelte Faktum.

Kuno Fischer, System d. Logik u. Metaphysik oder Wissenschaftslehre (1852).

— Der Zufall ist die in Schleier gehüllte Notwendigkeit.

Marie von Ebner-Eschenbach, Aphorismen (1893).

— Überall ist der Zufall. Franz.: Partout est l'aventure. Sprichwort.

— Auf den Zufall bauen ist Torheit, den Zufall benutzen ist Klugheit. Sprichwörtl.

Zufällig. — Das Bedingte im Dasein überhaupt heißt zufällig, das Unbedingte notwendig.

Immanuel Kant, Kritik d. Urteilskraft (1790).

— Zufällig erscheint dem Menschen (in der Planetenbildung), was er nicht genetisch zu erklären vermag.

Alexander von Humboldt, Kosmos (1845—1862).

Zufällige, das. — Auch das Zufälligste ist nur ein auf entfernterem Wege herangekommenes Notwendiges.

Arthur Schopenhauer, Parerga u. Paralipomena (1851). Versuch über d. Geistersehen.

Zufälligkeit. — Am Ende läuft es auf eins hinaus, ganz von einer notwendigen Gewohnheit oder ganz von der willkürlichsten Zufälligkeit abzuhängen.

Joh. Wolfg. von Goethe, D. Wahlverwandtschaften (1808—1809).

Zuflucht. — Herr Gott, du bist unsere Zuflucht für und für! Ps. 90, V. 2.

Zufrieden. — In jedem Stand den schönsten Sold | Erwirbt nur, wer mit dem zufrieden, | Was ihm beschieden.

A. d. Persischen d. Sadi (um 1184—1286). Pend-nameh. Übers. v. Wollheim.

— Erleuchte dich mit des zufriednen Sinnes Wonne, | So wie die Sonne | Mit ihrem Licht die Welt bestrahlt.

A. d. Persischen d. Sadi (um 1184—1286). Pend-nameh. Übers. v. Wollheim.

— Viel besser ist's, niedrig geboren sein | Und mit geringem Volk zufrieden leben | Als aufgeputzt im Flitterstaat des Grams | Und goldner Sorgen. Engl.: 'tis better to be lowly born, | And range with humble livers in content, | Than to be perk'd up in a glist'ring grief, | And wear a golden sorrow.

William Shakespeare, König Heinr. VIII. (1613). Übers. v. Schlegel. A. 2, Sz. 3 (Anna).

Zufrieden. — Wie glücklich lebt ein Mann, der in sich selbst vergnügt | Mit dem zufrieden ist, was Glück und Vorsicht fügt.

Joh. Andr. Cramer, D. Ehre (1743).

— Verlangst du ein zufried'nes Herz, | So lern' die Kunst, dich stoisch zu besiegen!

Christ. Fürchtegott Gellert, Fab. u. Erz. (1746). B. 2. Epiktet.

— Was frag' ich viel nach Geld und Gut, | Wenn ich zufrieden bin!

Joh. Martin Miller, Gedichte. Zufriedenheit (ged. 1776). Mel. v. Christ. Gottlob Neefe (1777).

— Wer mit dem Nötigsten zufrieden | Unnötiges nicht wünscht und keinen Überfluß, | Dem hat sein guter Gott das beste Los beschieden, | Dem schafft sein Nötigstes den süßesten Genuß.

Joh. Wilh. Ludw. Gleim, Episteln (1783).

— Wie selten ist der Mensch mit dem Zustande zufrieden, in dem er sich befindet! Er wünscht sich immer den seines Nächsten, aus welchem sich dieser gleichfalls heraussehnt.

Joh. Wolfg. von Goethe, Wilh. Meisters Lehrjahre (1777—1796).

— Contenti estote (seid zufrieden), | Begnügt euch mit eurem Kommißbrote!

Friedr. von Schiller, Wallensteins Lager (1798). Sz. 8 (Kapuziner).

— Ja, ich bin zufrieden, | Geh' es, wie es will!

Joh. Heinr. Witschel, Zufriedenheit (ged. um 1800). Volksweise.

— Erkenne nur, erfüll' es ganz, das Wort: | Ich bin ein Mensch, — so bist du auch zufrieden.

Leop. Schefer, Laienbrevier (1834). Mai. Nr. 23. Schlußv.

— Der Weise aber lernet still, mit jedem | Zufrieden sein und jeden redlich achten.

Leop. Schefer, Laienbrevier (1834). Dez. Nr. 9. Schlußv.

— Das Wort: wir sind zufrieden! macht unsre Weisheit aus. | Wir seufzen doch hienieden vom Glück nicht viel heraus.

Aug. Langbein, Sämtl. Gedichte (1841).

— Es steigt und fällt hienieden, | Drum, Seele, sei zufrieden! | Was hoch steht, das muß untergehn. Georg Phil. Schmidt von Lübeck, Lieder (1847). Nachtlied.

— Dem Blicke des zufried'nen Sinns alleine | Zeigt sich die Welt in immer jungem Scheine, | Und nie geht seine Sonne niederwärts!

Jul. Hammer, Schau um dich u. schau in dich (1851). Licht u. Geist. Zufriedenheit ist gleich d. Wohlgefühle usw. Schlußv.

— Wer nicht mit dem zufrieden ist, was er hat, der wäre auch nicht mit dem zufrieden, was er haben möchte.

Berth. Auerbach, Auf d. Höhe (1865).

— Niemandt ist zufrieden mit dem seyn, | Jedermenlich spricht: ach were daß meyn!

Alter Spr.

Zufrieden. — Zufrieden sein ist große Kunst, | Zufrieden scheinen, großer Dunst, | Zufrieden werden, großes Glück, | Zufrieden bleiben, Meisterstück.

Spr. im Berliner Rathause. Dritter Stock.

— Ein zufrieden', ruhig' Herz | Und ein froh' Gemüthe | Stammen von dem Himmel her | Und von Gottes Güte. Spr. an einem Hausgeräte.

Zufriedenheit. — Zufriedenheit mit seiner Lage ist der größte und sicherste Reichtum. Lat.: Contentum suis rebus esse maximae sunt certissimaeque divitiae.

Marc. Tull. Cicero, Paradoxen (um 44 v. Chr.). Übers. v. Klotz. Nr. 6, K. 3, § 51.

— Ja, Zufriedenheit | Ist unser bestes Gut. Engl.: Our content | Is our best having.

William Shakespeare, König Heinr. VIII. (1613). Übers. v. Schlegel. A. 2, Sz. 3 (Hofdame).

— Sollt' ich aus allen Gütern wählen, | So wähl' ich mir Zufriedenheit. | Mein Glück mag keinen Neider quälen; | Genug, wenn es nur mich erfreut. Konrad Arnold Schmid, D. Zufriedenheit (1742). Schlußv.

— Nie schenkt der Stand, nie schenken Güter | Dem Menschen die Zufriedenheit.

Christ. Fürchtegott Gellert, Geistl. Oden u. Lieder (1757). Zufriedenheit mit seinem Zustande.

— Gib uns, du Geber gut und mild, | Was alle andern Wünsche stillt, | Gib uns Zufriedenheit! Samuel Gottl. Bürde, Verm. Gedichte (1789). D. Glück d. Menschenwelt.

— „Sag', wie erwerb' ich mir Zufriedenheit?" | Zufriedenheit ist nur, so wie der Tag | Die Folge von der Sonne, so der Glanz, | Der Ausbruch deiner sonnenklaren Seele.

Leop. Schefer, Laienbrevier (1834). Mai. Nr. 23.

— Am Ende deiner Bahn ist gut Zufriedenheit; | Doch wer am Anfang ist zufrieden, kommt nicht weit.

Friedr. Rückert, D. Weisheit d. Brahmanen (1836—1839). B. 16, Abteilung 1, Nr. 81. (Stufe 5. Leben. Nr. 81.)

— Zufriedenheit ist mein Vergnügen; | Das andre lass' ich alles liegen | Und lob' mir die Zufriedenheit. Volkslied (vor 1843). Volksweise.

— Gar herrlich wohnst du in einem hölzernen Haus, | Läßt du die Zufriedenheit nicht hinaus

Spr. an einem Hause in Hannover (1860).

— Die Zufriedenheit wohnt so oft, wo man sie nicht sucht: auf dem schwankenden Brett eines Schiffes, während Gram und bitteres Herzeleid unter dem strahlenden Kronleuchter eines Ballsaales walzen.

Hellmuth von Moltke, Br. a. Rußland (1877).

— Zufriedenheit ist der größte Reichtum.

Sprichwort.

— Zufriedenheit | Macht reiche Leut'.

Sprichwort. Bayrisch.

— Zufriedenheit wohnt mehr in Hütten als in Palästen. Sprichwort.

Zufriedenheit. — Zufriedenheit ist eine Tugend, Selbstzufriedenheit ein Fehler.

Sprichwörtl.

— Zufriedenheit ist die schönste Zier, | Bleibt man bei ihr.

Spr. an einer Mühle bei Gagenbach im Elsaß.

— Glück und Zufriedenheit | Ist des Lebens Seligkeit. Spr. an einer alten Truhe. Steiermark.

Zufriedenstellen. — Derjenige ist stark verrückt, der jedermann und seinen Vater zufriedenstellen will. Franz.: **Celui est bien fou du cerveau | Qui prétend contenter tout le monde et son père.**

Jean de Lafontaine, Fab. (1668). Übers. v. Dohm. B. 3, Nr. 1. D. Müller, sein Sohn u. d. Esel. V. 64—65.

Züge. — In den letzten Zügen liegen (sterben).

Nach 2. Makk., K. 3, V. 31. — Sprichwörtl. Redensart.

Zugehen. — Das geht nicht zu mit rechten Dingen! Friedr. von Schiller, Gedichte. Pegasus im Joche (geb. 1795).

— Es geht nicht zu mit rechten Dingen!

Friedr. von Schiller, Wallensteins Lager (1798). Sz. 6 (Trompeter).

Zügellosigkeit. ... schlimmer ist | Kein Übel als die Zügellosigkeit. Griech.: *Ἀναρχίας δὲ μεῖζον οὐκ ἔστιν κακόν.*

Sophokles (um 496—406 v. Chr.), Antigone. Übers. v. Jordan. V. 668 (Kreon).

Zügeln, sich. — Je größer deine Flügel, | Je mehr halt' dich im Zügel! | Unkraut auf gutem Acker | Gedeiht erst doppelt wacker.

Emanuel Geibel, Gedichte u. Gedenkblätter (1864). Spr. Nr. 45.

Zugreifen. — Alles kann der Edle leisten, | Der versteht und rasch ergreift.

Joh. Wolfg. von Goethe, Faust, II (1831). A. 1. Anmutige Gegend (Chor).

— Dem Greifenden ist meist Fortuna hold.

Joh. Wolfg. von Goethe, Faust, II (1831). A. 2. Klassische Walpurgisnacht. Pharsalische Felder (Greif).

— ... bist du nur der rechte Mann | Und greifest fröhlich drein, | So Ros' als Maid, so Lieb' als Lied | Ist alles, alles dein.

Emanuel Geibel, Gesammelte Werke. Gedichte. Jugendgedichte. B. 1. Lübeck u. Bonn (ged. 1834—1835). Lieder. Nr. 35.

— Greife zu, ehe dir die Hände gebunden werden! Alter Spr.

— Greif' zu! Griffin; halt' fest! Engl.: **Gripe Griffin; hold fast.** Wahlspr. d. Trafford.

Zugreifen, das. — ... das Zugreifen ist doch der natürlichste Trieb der Menschheit.

Joh. Wolfg. von Goethe, Leiden d. jungen Werthers (1773). B. 2, Am 30. Okt.

Zukunft. — Die Gegenwart ist nie unser Zweck; die Vergangenheit und die Gegenwart sind unsere Mittel: die Zukunft allein ist unser Zweck. Franz.: **Le présent n'est jamais notre but. Le passé et le présent sont nos moyens; le seul avenir est notre objet.**

Blaise Pascal, Gedanken (1670). Übers. v. Kleuker. Über d. menschliche Eitelkeit.

— ... euch Sterblichen zum Glücke | Verbarg der Götter Schluß die Zukunft eurem Blicke.

Christ. Fürchtegott Gellert, Fab. u. Erz. (1746). B. 1. Semnon u. d. Orakel.

— Gütig hüllt in Finsternissen | Gott die Zukunft ein.

Christ. Felix Weiße, Lieder für Kinder (1767). Gütig hüllt in Finsternissen usw. Mel. v. Joh. Adam Hiller.

— ... Zukunft ist ein Kind der Gegenwart.

Christoph Aug. Tiedge, Urania (1800). Ges. 6. Freiheit. Wiedersehn.

— Nichts Wahres läßt sich von der Zukunft wissen. Friedr. von Schiller, D. Braut v. Messina (1803). D. Säulenhalle (Isabella).

— Vermauert ist dem Sterblichen die Zukunft; | Und kein Gebet durchbohrt den eh'rnen Himmel.

Friedr. von Schiller, D. Braut v. Messina (1803). D. Säulenhalle (Isabella).

— ... die Hoffnung einer bessern Zukunft allein ist das Element, in dem wir noch atmen können. Aber nur der Träumer kann diese Hoffnung auf etwas anderes gründen denn auf ein solches, das er selbst für die Entwicklung einer Zukunft in die Gegenwart zu legen vermag.

Joh. Gottl. Fichte, Reden an d. deutsche Nation (1808). Rede 11.

— Wir blicken so gern in die Zukunft, weil wir das Ungefähre, was sich in ihr hin und her bewegt, durch stille Wünsche so gern zu unsern Gunsten heranleiten möchten.

Joh. Wolfg. von Goethe, D. Wahlverwandtschaften (1808—1809). T. 2, K. 4. A. Ottiliens Tageb.

— ... lassen wir das Dringen | In die verborg'ne Zeit (die Zukunft); | Die Tage werden bringen, | Was ihnen Gott verleiht.

Aug. Graf von Platen-Hallermund, Gedichte. Verm. u. Gelegenheitsgedichte. Episteln. Nr. 2. An Jos. v. Xylander (geb. 1815).

— Wer vor seiner Zukunft steht wie vor einem Spieltisch und auf blinden Zufall harrt, der ist ein Tor.

Aug. von Kotzebue, Almanach dramatischer Spiele (1802—1819). Üble Laune.

— ... endlich | Ist immerdar die Zukunft Siegerin.

Ernst Raupach, D. Hohenstaufen (1837). König Konradin. A. 5, Sz. 1.

— Was ist die Zukunft? für dich; — Nichts als du selbst!

Ernst Freiherr von Feuchtersleben, Zur Diätetik d. Seele (1838). Tagebuchblätter.

Zukunft. — Wir leben immer für die Zukunft; ewiges Stimmen, und nie beginnt das Konzert.

Ludw. Börne, Gesammelte Schriften (1862—1863).

— Trau' der Zukunft nicht, — begraben | Laß Vergangenheit, was tot; | Freudig Schaffen soll uns laben, | Herz in der Brust und über uns Gott! Engl.: **Trust no future, howe' er pleasant! | Let the dead Past bury its dead! | Act, act in the living present! | Heart within, and God o'erhead!**

Henry Wadsworth Longfellow (1807—1882), Gedichte. Ein Ps. d. Lebens. Übers. v. Niels. Str. 6.

— Die Zukunft ist ungewiß. Sprichwort.

Zukünftig. — Vorsichtig hat zukünftiger Zeit Erfolg | In mitternächtlich Dunkel gedrängt ein Gott. Lat.: **Prudens futuri temporis exitum | Caliginosa nocte premit deus.**

Quint. Horatius Flacc., Oden (um 23 v. Chr.). Übers. v. Voß. B. 3, Nr. 29, V. 29—30.

Zukünftige, das. — Ein Tag bringt den andern, und beim Schicksal steht das Zukünftige.

Joh. Wolfg. von Goethe, Götz v. Berlichingen (1773). A. 2. Bamberg (Adelheid).

— Im Dunklen drängt das Künft'ge sich heran.

Joh. Wolfg. von Goethe, D. natürliche Tochter (1803). A. 5, Sz. 7 (Mönch).

— Das Gegenwärtige, sagt ein großer Weltweiser, von dem Vergangenen geschwängert, gebiert das Künftige.

Georg Christoph Lichtenberg, Verm. Schriften (1800—1806). Bd. 3, Nr. 9. Über Physiognomik wider d. Physiognomen.

Zuletzt. — Zuletzt, doch nicht der Letzte meinem Herzen! Engl.: **Though last, not least in love.**

William Shakespeare, Jul. Cäsar (1601). Übers. v. Schlegel. A. 3, Sz. 1 (Antonius).

Zuneigung. — Was man Zuneigung nennt, ist in Wirklichkeit nichts anders als Sympathie der Gewohnheit. Engl.: **What is called affection, is in reality nothing but habitual sympathy.**

Adam Smith, Theorie d. moralischen Empfindungen (1759). B. 2, T. 6, Abteilung 2, K. 1. Übers. v. Drabig.

Zünfte. — Männer von Zünften | Regieren mit schlechten Vernünften. Alter Spr.

Zunge. — Ist's dir, dem hohen Weisen, nicht genau bekannt, | Daß eine frevle Zunge Straf' und Schaden trifft? Griech.: *Ἦ οὐκ οἶσθ' ἀκριβῶς ὢν περισσόφρων ὅτι | Γλώσσῃ ματαίᾳ ζημία προστρίβεται;*

Äschylus, D. gefesselte Prometheus (um 460 v. Chr.). Übers. v. Minckwitz. V. 332—33 (Okeanos).

— . . . auf des Menschen Zunge, traun, ist kein Verlaß. Griech.: *Γλώσσῃ γὰρ οὐδὲν πιστόν.*

Euripides, Hippolytos (um 428 v. Chr.). Übers. v. Minckwitz. V. 394 (Phädra).

Zunge. — Die kleine Flamme steigert oft zu großem Brand | Des Menschen Zunge. Griech.: *Σμικρᾶς ἀπ' ἀρχῆς νεῖκος ἀνθρώποις μέγα | Γλῶσσ' ἐκπορίζει.*

Euripides, Andromache (um 420 v. Chr.). Übers. v. Minckwitz. V. 642—43 (Chor).

— Zunge, Augen, Ohren sind | Boshaft oft, für Ehre blind. Mittelhochdeutsch: Zungen, ougen, ôren sint | Dicke schalchaft, zêren blint.

Walter v. d. Vogelweide (um 1170—1230), Gedichte. Übertr. v. Pannier.

— Sei auf der Hut, daß dich die Zunge nicht verderbe! | Das Unheil, das die Zung' verschafft, verjähret nicht.

A. d. Persischen d. Sadi, Fruchtgarten (1257). Übers. v. Graf.

— Es ist die zung ein klein gelid, | Bringt doch vil unrů und unfrid, | Befleckt gar dick den ganzen lib | Und macht vil zanken, krieg und kib.

Seb. Brant, D. Narrenschif (1494). Nr. 19. V. vil schwetzen.

— Vil wunden werden widerbracht, | On die die zungen hat gemacht.

Thomas Murner, Narrenbeschwerung (1512). Nr. 66 Ein gebiß ynlegen.

— Es ist auf Erden kein besser List, | Denn wer seiner Zungen ein Meister ist.

Dr. Martin Luther, Tischreden oder Colloquia (1566). Nr. 80. Tischreden v. Hofleben. § 9. Lutheri Reim.

— Wer seine Zung' nicht zügeln kann | Und Uebel redt von Jedermann, | Derselbig wiß zu dieser Frist, | Daß ihm mein Haus verboten ist!

Spr. an einem Hause in Frankfurt a. M. (1607).

— Die Erfahrung lehrt über und über, daß die Menschen nichts weniger in ihrer Gewalt haben wie ihre Zunge. Baruch Spinoza, Ethik (1677).

— Unter vielen schlimmen Dingen ist | Das schlimmste eine scharfe Zunge.

Friedr. von Schiller, Iphigenie in Aulis (geb. 1788). A. 2, Sz. 2 (Agamemnon).

— Die Zunge gleicht des Schwertes Spitze.

Friedr. von Schiller, Gedichte. D. Kampf mit d. Drachen (geb. 18.—26. Aug. 1798).

— Wer recht behalten will und hat nur eine Zunge, | Behält's gewiß.

Joh. Wolfg. von Goethe, Faust, I (1808). Straße (Faust).

— Laß deine Zunge gleich der Zunge sein der Wage; | Kind, wo sie stille steht, ist ihre beste Lage. Friedr. Rückert, D. Weisheit d. Brahmanen (1836—1839). B. 16, Abteilung 5, Nr. 79. (Stufe 5. Leben. Nr. 481.)

— . . . hüte deine Zunge wohl, | Bald ist ein böses Wort gesagt! | O Gott, es war nicht bös gemeint, — | Der andre aber geht und klagt.

Ferd. Freiligrath, Zwischen d. Garben (1849). Eigenes. O lieb', so lang' du lieben kannst! I, 67

Zunge. — Die Zunge mag schweigen, wenn nur die Tat spricht. Engl.: Better far the silent tongue but the eloquent deed.

Samuel Smiles, D. Charakter (1871). Übers. v. Dobbert. K. 5. D. Mut.

— Der berühmte „rechte Fleck“, auf dem man sein Herz haben soll, ist jedenfalls nicht die Zunge.

Paul Nikolaus Cossmann, Aphorismen (1898). Maximen.

— Des Gerechten Zunge ist köstliches Silber.

Spr. Sal., K. 10, V. 20.

— . . . heimliche Zunge macht sauer Angesicht. Spr. Sal., K. 25, V. 23.

— . . . das Band seiner Zunge ward los.

Mark., K. 7, V. 35.

— . . die Zunge . . . richtet große Dinge an. Jak., K. 3, V. 5.

— . . . die Zunge ist auch ein Feuer, eine Welt voll Ungerechtigkeit. Jak., K. 3, V. 6.

— . . die Zunge . . . beflecket den ganzen Leib. Jak., K. 3, V. 6.

— . . . die Zunge kann kein Mensch zähmen.

Jak., K. 3, V. 8.

— . . . die Zunge, . . . das unruhige Übel, voll tödliches Gifts. Jak., K. 3, V. 8.

— Deine Zung halt in bezwang, | Damit heimligkeit nit kreige außgang! Alter Spr.

— Diu zunge snît baz dan daz swert.

Alter Spr.

— Ein kleffige Zung vil übels richtet an | Und brengt in verdroß manchen man. Alter Spr.

— Die Zunge hat kein Bein, | Schlägt aber manchem den Rücken ein. Sprichwort.

— Die Zunge ist der Sabel | Im Schnabel.

Sprichwort.

— Die Zunge ist des Herzens Dolmetsch.

Sprichwort.

— Eine gezähmte Zunge ist ein seltener Vogel.

Sprichwort.

— Lieber mit den Füßen gestrauchelt als mit der Zunge! Sprichwort.

— Eine lange Zunge ist das Zeichen einer kurzen Hand. Engl.: A long tongue is a sign of a short hand. Sprichwort.

— Eine Zunge wie eine Zange. Ital.: Una lingua come una tenaglia.

Sprichwörtl. Redensart.

— Eine geläufige Zunge haben (gewandt sprechen können). Sprichwörtl. Redensart.

— Diu böse zunge ist ein vergift, | Daz sagt davit (David) in siner schrift.

Wartburgspr. Verbindungsgang.

— Wer seiner Zungen hat Gewalt, | Der wird mit Ehren grau und alt. Spr. an einem Hausgerät.

Zungen. — Hütet die Zungen! Lat.: Favete linguis!

Quint. Horatius Flacc., Oden (um 23 v. Chr.). B. 3, Nr. 1, V. 2. Übers. v. Grau.

— Hütet eure Zungen, | Das ziemt wohl den Jungen; | Stoß den Riegel vor die Tür, | Laß kein böses Wort herfür! Mittelhochdeutsch: Hüetent iuwer zungen, | Daz zimt wol dien jungen. | Stôz den rigel für die tür, | Lâ kein boese wort dar für.

Walter v. d. Vogelweide (um 1170—1230), Gedichte. Übertr. v. Pannier.

— Zwei Zungen stehen schlecht in Einem Munde! Mittelhochdeutsch: Zwô zungen stânt unebne in einem munde.

Walter v. d. Vogelweide (um 1170—1230), Gedichte. Übertr. v. Pannier.

— Disteln und Dornen stechen sehr, | Falsche Zungen noch viel mehr. | Auch wollt' ich lieber in Disteln und Dornen baden, | Denn mit falschen Zungen sein beladen.

Elisabeth, Herzogin zu Sachsen (1615).

— Die Dornen, die Disteln, die stechen gar sehr, | Doch stechen die Altjungfernzungen noch mehr.

Emanuel Geibel, Gesammelte Werke. Gedichte. Jugendgedichte. B. 4. Escheberg, St. Goar (geb. 1842—1843). Lieder eines fahrenden Schülers. Nr. 3.

— Diese sechs Stücke hasset der Herr, und am siebenten hat er einen Greuel: hohe Augen, falsche Zungen, Hände, die unschuldiges Blut vergießen, Herz, das mit bösen Tücken umgehet.

Spr. Sal., K. 6, V. 16—18.

— Tod und Leben steht in der Zungen Gewalt.

Spr. Sal., K. 18, V. 21.

— Flammen und Schwert verheeren viel, | Noch mehr falscher Zungen Spiel. Alter Spr.

— Für böse Zungen hilft kein Harnisch.

Sprichwort.

Zürnen. — Wer leichtlich zürnt, wird leicht berückt.

Magnus Gottfr. Lichtwer, Vier B. Äsopischer Fab. (1748). B. 2, Nr. 5. D. Becker u. d. Maus.

— Der Mann, dem du zürnest, muß deines Zornes wert sein.

Friedr. Maximilian von Klinger, Gesammelte Werke (1809—1815).

— . . . wenn wir zürnen, hat unser Gegner seinen Zweck erreicht; wir sind in seiner Gewalt.

Ernst Freiherr von Feuchtersleben, Zur Diätetik d. Seele (1838). Temperament, Leidenschaft.

— Wer leicht zürnt, sündigt leicht.

Sprichwort.

— Wer zörnt ohne Macht, | Deß Zorn wird verlacht. Spr. an einem Hausgerät.

Zürnen, das. — Bald zürnen stat wol zû eim dorn. Seb. Brant, D. Narrenschif (1494). Nr. 35. V. lüchtlich zürnen.

Zurück. — Besser zurück als übel vor!

Sprichwort.

Zurückgezogenheit. — Ehrenvolle Zurückgezogenheit. Lat.: Cum dignitate otium.

Marc. Tull. Cicero, Rede für Sestius (um 56 v. Chr.). Übers. v. Klotz. K. 45, § 98.

Zusammenfügen. — Was nun Gott zusammengefüget hat, das soll der Mensch nicht scheiden! Matth., K. 19, V. 6.

Zusammenhalten. — Bekämpfen Sie diese unglückliche Neigung zur itio in partes (beim Fraktionswesen)! Wenn wir zusammenhalten, werden wir den Teufel aus der Hölle schlagen.

Otto von Bismarck zu d. Vertretern d. deutschen Universitäten, technischen Hochschulen u. Kunstakademien in Kissingen (10. Aug. 1891).

Zusammenkommen. — Berge kumme' nit zusamme', aber Menschen. Jüd. Redensart.

Zusammenreimen. — Wie reimen sich Stroh und Weizen zusammen?

Jer., K. 23, V. 28.

Zusammenstehen. — Wir könnten viel, wenn wir zusammenstünden!

Friedr. von Schiller, Wilh. Tell (1804). A. 1, Sz. 3 (Stauffacher).

Zutrauen. — Das Zutrauen ist wie die Freundschaft keine Kunst zurzeit, wenn alles gelingt und glückt.

Joh. Wolfg. von Goethe an d. Herzogin Amalia (25. Sept. 1792).

— Ein altes Sprichwort sagt: Zutrauen bewirkt Edelmut.

Otto von Bismarck im Abg.-Hause d. preuß. Landtages (28. Jan. 1886).

Zutrauen, sich etwas. — Man kann viel, wenn man sich nur recht viel zutraut.

Wilh. Freiherr von Humboldt, Br. an eine Freundin (15. April—8. Mai 1834).

Zuverlässig. — Wer sich sein ganzes Leben als einen zuverlässigen Mann bewiesen, der macht eine Handlung zuverlässig, die andern zweideutig erscheinen würde.

Joh. Wolfg. von Goethe, D. Wahlverwandtschaften (1808—1809).

Zuverlässigkeit. — So wird die Zuverlässigkeit zum offenen Kreditbrief auf die allgemeine Achtung und das Vertrauen der Menschen. Engl.: **Thus reliableness becomes a passport to the general esteem and confidence of mankind.**

Samuel Smiles, D. Charakter (1871). Übers. v. Dobbert. K. 1 D. Einfluß d. Charakters.

Zwang. — Zwang hindert vielleicht manche Vergehung, raubt aber selbst den gesetzmäßigen Handlungen von ihrer Schönheit. **Freiheit veranlaßt vielleicht manche Vergehung, gibt aber selbst dem Laster eine minder unedle Gestalt.**

Wilh. Freiherr von Humboldt, Gesammelte Werke (1841—1852). Sittenverbesserung.

Zwang. — Was man erhält mit einem Zwang, | Das ist selten beständig lang.

Alter Spr.

— Zwang | Währt nicht lang. Sprichwort.

Zweck. — Wenn der Zweck erlaubt ist, sind auch die Mittel erlaubt. Lat.: Cui finis est licitus, etiam media sunt licita. Danach: Der Zweck heiligt die Mittel.

Jesuitenpater Hermann Busenbaum, Kern d. Moraltheologie (1650). B. 4, K. 3.

— Jeder Weg zum rechten Zwecke | Ist auch recht in jeder Strecke.

Joh. Wolfg. von Goethe, Gedichte. Zahme Xenien. Nr. 8 (1820).

— Man muß den Zweck, den man hat, so lange und von so viel Seiten betrachten, bis man ihn lieb gewinnt.

Friedr. Gottl. Klopstock, Sämtl. Werke (1798—1821). Bd. 8.

— Wer den Zweck will, muß die Mittel wollen, sich über kleine Unannehmlichkeiten hinwegsetzen und grandiös genug denken, sich selbst und der Macht seiner Persönlichkeit zu vertrauen.

Joh. Wolfg. von Goethe, Unterhaltungen mit d. Kanzler Müller (1824).

— Vom Flecke | Zum Zwecke!

Spr. im Berliner Rathause. Dritter Stock.

Zwecke. — Im Reiche der Zwecke hat alles entweder einen Preis oder eine Würde.

Immanuel Kant, Grundlegung zur Metaphysik d. Sitten (1785).

— Heitern Sinn und reine Zwecke, | Nun! man kommt wohl eine Strecke.

Joh. Wolfg. von Goethe, Gedichte. Gott u. Welt. Motto (1817).

Zwecklos. — Ordnung ist alles an uns und zwecklos nicht das Geringste.

Joh. Kaspar Lavater, Werke (1834). Worte d. Herzens. Denkzeilen an einen Freund nach meinem Tode.

Zwei. — Wenn man zugleich zwei Werke tut, | Da werden selten beide gut. Mittelhochdeutsch: Swer zwei werc mit ein ander tuot, | Diu werdent selten beidiu guot.

Vridankes Bescheidenheit (1225—1240). Übertr. v. Pannier. Nr. 38. v. erkantnisse.

— Roland auch, der kühne Mann, | Nahm es nicht mit zweyen an.

Hans Aßmann Freiherr von Abschatz, Poetische Übersetzungen u. Gedichte (1704). Sprüchwörter.

— Niemand kann zween Herren dienen.

Matth., K. 6, V. 24.

— Zwei Sperlinge auf einer Ähre: nie Freundschaft. Span.: **Dos pardales en una espiga: | Nunca liga.** Sprichwort.

— Twee (groote) Masten up een Schipp (Schiff) is een ta vööl (einer muß die Leitung haben).

A. d. Seemannssprache.

Zweifel, der. — Will Zweifel nach dem Herzen bauen, | So muß der Seele bangend grauen.
Wolfram von Eschenbach (um 1200).

— Zweifel ist ein übler Zimmrer, | Nie war üblerer noch schlimmrer! | Zweifel bauet selten aus, | Nie mit starker Säul' ein Haus.
Reinmar von Zweter (13. Jahrh.).

— . . . weiser Zweifel | Wird dem Klugen Leuchte, dem Arzte Sonde, | Der Wunde Grund zu prüfen. Engl.: Modest doubt is call'd | The beacon of the wise, the tent that searches | To the bottom of the worst.
William Shakespeare, Troilus u. Cressida (um 1609). Übers. v. Schlegel. A. 2, Sz. 2 (Hektor).

— Laß des Zweifels Angst entflihn | Und der Hofnung Lilgen blühn!
Christ. Gryphius, Poetische Wälder (1698). Buß- u. Abendmahl-Gedanken.

— Wehe ihm (dem Weltweisen), wenn sein Kopf so voll Lehrsätze und Meinungen steckt, daß nicht noch ein Fleckchen für den Zweifel übrig gelassen ist!
Joh. Jak. Engel, D. Philosoph für d. Welt (1775—1777). T. 1, Stück 5. Shaftesbury an Bayle.

— Der Zweifel ist's, der Gutes böse macht.
Joh. Wolfg. von Goethe, Iphigenie auf Tauris (1787). A. 5, Sz. 3 (Iphigenie).

— Der Malefikus, | Der einz'ge, der dir schadet, ist der Zweifel.
Friedr. von Schiller, D. Piccolomini (1799). A. 2, Sz. 6 (Illo).

— Fluchwürd'ger Argwohn! Unglücksel'ger Zweifel! | Es ist ihm Festes nichts und Unverrücktes, | Und alles wanket, wo der Glaube fehlt.
Friedr. von Schiller, Wallensteins Tod (1799). A. 2, Sz. 7 (Max).

— . . . je quälender der Zweifel, desto größer die Aufforderung zu Überzeugung und fester Gewißheit.
Friedr. von Schiller, Prosaische Schriften (1793—1802). Philosophische Br. Vorerinnerung.

— Der Zweifel ist menschlichen Wissens Grenze, | Die nur der blinde Glaube überschreitet.
Adelbert von Chamisso (Louis Charles Adelaide Chamisso de Boncourt), Gedichte. In dramatischer Form. Faust (ged. 1803). (Böser Geist).

— Selten nur steigt mancher vom Zweifel zu Zweifel, wie auf einer Jakobsleiter, zur Himmelsruhe der Wahrheit auf.
Christ. Ernst Karl Graf von Bentzel-Sternau, Weltansichten (1816).

— Der schlimmste Wurm: des Zweifels Dolchgedanken!
Heinr. Heine, D. B. d. Lieder. Junge Leiden (ged. 1817—1821). Sonette. Sonettenkranz an A. W. v. Schlegel. Nr. 1

Zweifel, der. — Natur ist Sünde, Geist ist Teufel; | Sie hegen zwischen sich den Zweifel, | Ihr mißgestaltet Zwitterkind.
Joh. Wolfg. von Goethe, Faust, II (1831). A. 1 Kaiserliche Pfalz. Saal d. Thrones (Kanzler).

— Doch ist die ganze Weisheit nicht genug, | Auch nur den kleinsten Zweifel satt zu speisen.
Nicolaus Lenau (Niembsch, Edler von Strehlenau), Faust (1836). D. Besuch (Faust).

— Der Zweifel treibt dich an, der Zweifel macht dich stocken, | Er dient, zu hemmen dich und vorwärts dich zu locken.
Friedr. Rückert, D. Weisheit d. Brahmanen (1836—1839). B. 5, Nr. 20. (Stufe 9. Dämmerklarheit. Nr. 17.)

— Zweifel kommt von Zweifall, der so, aber auch anders sein kann; der Glaube hingegen ist die Bequemlichkeit selbst; er macht fett.
Karl Jul. Weber, Demokritos (1832—1840). D. Religion u. d. Religionen.

— Der Zweifel spricht: Bald wird es nachten! | Der Glaube: Sonne, stehe still! | Der Zweifel: Sollen wir verschmachten? | Der Glaube: Starrer Felsen, quill!
Peter Friedr. Engstfeld, Zeugnisse a. d. verborgenen Leben (1840).

— Der Zweifel ist ein Falk mit scharfen Klauen; | Des Glaubens weiße Taube sieht er kaum, | So beizt er nieder durch den luft'gen Raum, | Die Krallen in ihr zitternd Fleisch zu hauen.
Emanuel Geibel, Juniuslieder (1848). Sonette. Herbstblätter. Nr. 3.

— Der Glaube ist zum Ruhen gut; | Doch bringt er nicht von der Stelle; | Der Zweifel in ehrlicher Männerfaust, | Der sprengt die Pforten der Hölle.
Theod. Storm, Sämtl. Schriften (1868). Gedichte. Mannesmut.

— Der Zweifel ist ein Flügelpaar für den starken Geist und ein Bleigewicht für den schwachen.
Otto von Leixner, A. meinem Zettelkasten (1896). Glaube. Religion. Gott.

— Willst du suchen die Wahrheit auf, | Geh' nur die Zweifels-Straß' herauf! Sprichwort.

— Zweifel hat viele Deckmäntel. Sprichwort.

Zweifel, die. — Zweifel sind Verräter, | Die oft ein Gut entziehn, das wir erreichten, — | Weil den Versuch wir scheuten. Engl.: Our doubts are traitors, | And make us lose the good we oft might win, | By fearing to attempt.
William Shakespeare, Maß für Maß (1604). Übers. v. Graf Baudissin. A. 1, Sz. 5 (Lucio).

— Du (Gott) wirst die Zweifel alle mir enthüllen, | O du, der mich durchs dunkle Tal | Des Todes führen wird!
Friedr. Gottl. Klopstock, Oden. D. Frühlingsfeier (ged. 1759).

Zweifel, die. — Die Zweifel sind Gift und Arznei, Fessel und Stab, Himmel und Hölle.

Christ. Ernst Karl Graf von Bentzel=Sternau, Weltansichten (1816).

— . . wenn wir die Zweifel nicht hätten, | Wo wäre denn frohe Gewißheit?

Joh. Wolfg. von Goethe, Gedichte. Zahme Xenien. Nr. 1 (1820).

— Die Wahrheit fängt mit Zweifeln an, | Die Nacht war vor dem Licht!

Christ. Friedr. Scherenberg, Verm. Gedichte (1845).

Zweifeln. — Ein zweifelnder Sinn ist die Hälfte der Weisheit. Lat.: **Deliberando discitur sapientia.**

Publilius Syrus (um 50 v. Chr.), Sentenzen. Übers. v. Friedrich. V. 139.

— Wer zu viel zweiffelt, der verzweiffelt.

Christoph Lehmann, Politischer Blumen=Garten (1662). T. 2. Zweiffel. Nr. 3.

— Man muß zu zweifeln wissen, wo es nötig ist, zuzugestehen wissen, wo es nötig ist, und sich unterwerfen wissen, wo es nötig ist. Wer das nicht tut, versteht nichts von der Macht der Vernunft. Franz.: **Il faut savoir douter où il faut, se soumettre, où il faut. Qui ne fait ainsi n'entend pas la force de la raison.**

Blaise Pascal, Gedanken über d. Religion (1670). Übers. v. Merschmann. V. Gebrauch d. Vernunft.

— Wer zweifeln kann, kann denken; wer zweifeln muß, wird nach der tobenden Brandung der Wahrheit geschleudert; wer zweifeln will, steht an der Pforte des Orkus.

Christ. Ernst Karl Graf von Bentzel=Sternau, Weltansichten (1816).

— Wer nie zweifelte, nie mit dem Irrtum rang um die Wahrheit, | Glauben und Hoffnung nie wagt an der Einen Besitz, | Der nicht träume von Sieg!

Karl Gustav von Brinckmann, Elegien u. Arabesken (1820).

— Erst zweifeln, dann untersuchen, dann entdecken! Engl.: **First to doubt, then to inquire, and then to discover.**

Henry Thomas Buckle, Gesch. d. Zivilisation (1858—1861). Übers. v. Ritter. K. 7.

Zweifler. — Der Zweifler ist unbeständig in allen seinen Wegen. Jak., K. 1, V. 8.

Zweikampf. — Wer Zweykampf sucht, der ist ein Thor.

Magnus Gottfr. Lichtwer, Vier B. Äsopischer Fab. (1748). B. 3, Nr. 25. D. zween Hähne.

— . . . nun ist's mir doch, | Als wäre Sünde jeder Kampf ums Leben, | Man nenn' ihn Zweikampf oder Mord.

Christ. Dietr. Grabbe, Don Juan u. Faust (1829). A. 3. Sz. 1 (Gouverneur).

Zweimal. — Es ließe sich alles trefflich schlichten, | Könnte man die Sachen zweimal verrichten.

Joh. Wolfg. von Goethe, Gedichte. Sprichwörtl. (geb. 1812—1814).

Zweite. — Ich habe keinen zweiten (Pfeil) zu versenden.

Friedr. von Schiller, Wilh. Tell (1804). A. 4, Sz. 3 (Tell).

Zwerg. — Steht erst der Zwerg auf eines Riesen Schulter frei, | Dann prahlt er, daß er größer als der Riese sei.

Jos. Freiherr von Auffenberg, Sämtl. Werke (1843—1847). Gedichte. Unvergoldete Pillen.

— Der Zwerg bleibt immerdar ein Zwerg, | Und stünd' er auf dem höchsten Berg. Sprichwort.

— Hier schwimmen wir Fische! sagte der Zwergstichling. Sprichwörtl. Redensart. Isländisch.

Zwiespalt. — Erkläret mir, Graf Örindur, | Diesen Zwiespalt der Natur!

Nach Adolf Müllner, D. Schuld (1816). A. 2, Sz. 5 (Valeros).

Zwietracht. — . . . die rastlos lechzende Zwietracht, | Sie des mordenden Ares verbündete Freundin und Schwester; | Die erst klein von Gestalt einherschleicht, aber in kurzem | Trägt sie hoch an den Himmel ihr Haupt und geht auf der Erde. Griech.: *Καὶ Ἔρις ἄμοτον μεμαυῖα, | Ἄρεος ἀνδροφόνοιο κασιγνήτη ἑτάρη τε | Ἥ τ' ὀλίγη μὲν πρῶτα κορύσσεται, αὐτὰρ ἔπειτα | Οὐρανῷ ἐστήριξε κάρη καὶ ἐπὶ χθονὶ βαίνει.*

Homer, Ilias. Übers. v. Voß. Ges. 4, V. 440—43.

— Die Göttin Zwietracht fordert stets das letzte Wort. Griech.: *Ἔρις περαίνει μῦθον ὑστάτη θεῶν.* Äschylus, Sieben vor Theben (um 471 v. Chr.). Übers. v. Minckwitz. V. 1035 (Antigone).

— Welches Haus, welcher Staat stehen so fest, daß sie Haß und Zwietracht nicht von Grund aus umstürzen könnten? Lat.: **Quae domus tam stabilis, quae tam firma civitas est, quae non odiis et dissidiis funditus possit everti?**

Marc. Tull. Cicero, Lälius oder über d. Freundschaft (um 44 v. Chr.). Übers. v. Klotz. K. 7, § 23.

— Apfel der Zwietracht. Lat.: **Malum discordiae.** Justinus (2. Jahrh.), Werke. Übers. v. Klotz. B. 12, K. 15.

— . . . der zwischen mülstein lit, | Gschicht, wer vil zwitracht macht allzit.

Seb. Brant, D. Narrenschif (1494). Nr. 5. V. zwitracht machen.

— Ihr Könige und Herrscher! | Fürchtet die Zwietracht! Wecket nicht den Streit | Aus seiner Höhle, wo er schläft; denn einmal | Erwacht, bezähmt er spät sich wieder!

Friedr. von Schiller, D. Jungfrau v. Orleans (1801). A. 3, Sz. 4 (Johanna).

Zwietracht. — Zwietracht ist die Vernichtung aller Kraft.

Joh. Heinr. Daniel Zschokke, Stunden d. Andacht (1809—1816).

— Die Zwietracht schwingt mit Schlangenarmen | Die Todesfackel ohn' Erbarmen | Und würgt mit Wut in einem Augenblick, | Der göttlichen Vernunft zur Schande, | Die ganze Hoffnung ganzer Lande | Und mancher Jahre schönes Glück.

Joh. Gottfr. Seume, Sämtl. Werke (1826). Gedichte.

— Wer Zwietracht säet, arbeitet für des Teufels Scheuer. Sprichwort.

— Zwietracht ist die Mutter des Unrechts. Lat.: Discordia fomes iniuriae.

Wahlspr. d. Herzöge v. Sachsen-Weimar.

Zwingen. — Ich will doch sehn, wer mich hält, — wer mich zwingt, — wer der Mensch ist, der einen Menschen zwingen kann.

Gotthold Ephr. Lessing, Emilia Galotti (1772). A. 5, Sz. 7 (Emilia).

Zwischenträger. — Angeber und Zwischenträger sind das erbärmlichste Gesindel, das Gottes Erdboden trägt.

Roderich Benedix, Dramen (1846—1874). D. Dienstboten. Sz. 12 (Buschmann).

Zwitterkind. — . . . mißgestaltet Zwitterkind. Joh. Wolfg. von Goethe, Faust, I (1831). A. 1. Kaiserliche Pfalz. Saal d. Thrones (Kanzler).

Zwölf. — In zwölfter Stunde (im letzten Momente). Nach Matth., K. 20, V. 6. — Sprichwörtl. Redensart.

Verbesserungen und Vermehrungen.

S. 8. **Afrika.** — Zu ergänzen ist:
Lat.: Semper aliquid novi Africam adferre.
Plinius, d. ältere (um 23—79), Naturgesch. B. 8, K. 16, § 42.

S. 9. **Alleinherrschaft.** — Einzuschalten an 1. Stelle:
— Niemals frommt Vielherrschaft im Volk; nur Einer sei Herrscher, | Einer König allein (sondern Alleinherrschaft). Griech.: *Οὐκ ἀγαθὸν πολυκοιρανίη, εἷς κοίρανος ἔστω, | Εἷς βασιλεύς.*
Homer, Ilias. Übers. v. Voß. Ges. 2, V. 204—5.

S. 19. Nach **Ändern** einzuschalten:
Ändern, sich. — Die Zeiten ändern sich, und wir ändern uns mit ihnen. Lat.: Tempora (eigentlich Omnia) mutantur, nos et mutamur in illis. Wahlspr. Lothars I. (795—855).

S. 19. **Anfang.** — Bei dem Zitat aus Horaz lies:
— Vom Ei (Vorspeise) bis zum Apfel (bis zum Nachtisch); — vom Anfange bis zum Ende.

S. 23. **Arbeit.** — Einzuschalten an 2. Stelle:
— Beharrliche Arbeit überwindet alles. Lat.: Labor omnia vincit improbus.
Ambrosius Theodosius Macrobius (um 400—450), Sat. B. 6, Nr. 1, V. 35.

S. 28. **Architektur.** — Einzuschalten an 2. Stelle:
— Ein edler Philosoph sprach von der Baukunst als einer erstarrten Musik. . . . Wir glauben, diesen schönen Gedanken nicht besser nochmals einzuführen, als wenn wir die Architektur eine verstummte Tonkunst nennen.
Joh. Wolfg. von Goethe, Werke (1827—1830). Verschiedenes Einzelne über Kunst.

S. 34. **Arzt.** — Einzuschalten an letzter Stelle:
— Solange der Arzt zugegen, besteht für den Kranken keine Gefahr. Lat.: Praesente medico nihil nocet. (Ins Komische gezogen: Präsente schaden dem Arzte nichts.) Redensart.

S. 35. **Auferstehung.** — Einzuschalten an 3. Stelle:
— Sie feiern die Auferstehung des Herrn, | Denn sie sind selber auferstanden.
Joh. Wolfg. von Goethe, Faust, I (1808). Vor d. Tor (Faust).

S. 35. **Auffallen.** — Lies: Rembrandt.

S. 37. Nach **Aufschub** einzuschalten:
Aufspielen, sich. — Die Sozialdemokratie wollte sich als Retterin des Kapitols aufspielen.
Reichskanzler Fürst Bülow im Reichstage (9. Dez. 1905).

S. 37. **Aufwärts.** — An 2. Stelle statt „Katholisches Sprichwort" lies:
Nach Klagelieder Jer., K. 3, V. 41.

S. 37. **Auge.** — Einzuschalten an 13. Stelle:
— Wär' nicht das Auge sonnenhaft, | Die Sonne könnt' es nie erblicken; | Läg' nicht in uns des Gottes eigne Kraft, | Wie könnt' uns Göttliches entzücken?
Joh. Wolfg. von Goethe, Gedichte. Zahme Xenien. Nr. 3 (1810).

S. 38. **Auge.** — Einzuschalten Sp. 2 an 2. Stelle:
— Das paßt wie die Faust aufs Auge (wie etwas Grobes auf etwas Zartes).
Sprichwörtl. Redensart.

S. 42. **Bach.** — Einzuschalten an 1. Stelle:
— Man sehnt sich nach des Lebens Bächen, | Ach! nach des Lebens Quelle hin.
Joh. Wolfg. von Goethe, Faust, I (1808). Studierzimmer (Faust).

S. 42. Nach **Backe** einzuschalten:
Backen. — Backen und brauen gerät nicht allzeit wohl. Sprichwort.

S. 43. Nach **Ball** einzuschalten:
Ballhorn. — Nach Johann Ballhorn etwas verbessern, etwas verballhornen (etwas verschlechtern; — Joh. Ballhorn war Buchdrucker in Lübeck; in seiner Druckerei [1530—1603] Hergestelltes erlitt vielfach eigenmächtige Änderungen).
Sprichwörtl. Redensart.

S. 44. **Barmherzigkeit.** — 4. Stelle. Lies nit statt mit; weiterhin:
Spr. am Spital in Lindau am Bodensee (1572).

S. 44. **Bauch.** — In 7. Stelle zu ergänzen:
Lat.: Plenus venter | Non studet libenter.

S. 47. **Bauer.** — Einzuschalten Sp. 1 an 12. Stelle:
— Salbt den Bauern, er wird euch stechen; stecht den Bauern, er wird euch salben. Franz.: Oignez vilain, il vous poindra; | Poignez vilain, il vous oindra. Sprichwort.

S. 48. **Bayrisch.** — Einzuschalten an 1. Stelle:
— Lieber bayrisch sterben, als österreichisch verderben!
Schlachtruf in d. Sendlinger Bauernschlacht (1705).

S. 49. **Befehlen.** — Einzuschalten an 3. Stelle:
— Wer befehlen soll, | Muß im Befehlen Seligkeit empfinden.
Joh. Wolfg. von Goethe, Faust, II (1831). A. 4. Hochgebirg (Faust).

S. 55. **Beißen.** — Hinter „nagen" einzuschalten: (brechen, reißen).

S. 58. **Berg.** — Einzuschalten an 5. Stelle:
— Hinter dem Berge wohnen auch Leute.
Sprichwort.

S. 58. Nach **Bergauf** einzuschalten:
Berichten. — Ich berichte Überbrachtes. Lat.: Relata refero. Griech.: *Λέγειν τὰ λεγόμενα.*
Nach Herodot (um 484—428 v. Chr.). — Sprichwörtl. Redensart.

S. 58. **Beschäftigung.** — Einzuschalten an 1. Stelle:
— Beschäftigung, die nie ermattet, | Die langsam schafft, doch nie zerstört, | Die zu dem Bau der Ewigkeiten | Zwar Sandkorn nur für Sandkorn reicht, | Doch von der großen Schuld der Zeiten | Minuten, Tage, Jahre streicht.
Friedr. von Schiller, Gedichte. D. Ideale (ged. 1795). Schlußv.

S. 60. Nach **Besen** einzuschalten:
Besenbinder. — Schreien wie ein Besenbinder (vielleicht vom Ausrufen seiner Ware her).
Sprichwörtl. Redensart.

S. 60. **Besenstiel.** — Einzuschalten an 1. Stelle:
— ... bis daß er steif wie ein Besenstiel | Am Marmortische lag.
Jos. Viktor von Scheffel, Gaudeamus. Altassyrische Ballade (ged. 1854). Studentenweise.

S. 65. **Betrübt.** — Einzuschalten an 6. Stelle:
— Betrübt sein wie der Lohgerber, dem die Felle fortgeschwommen waren.
Sprichwörtl. Redensart.

S. 65. Nach **Betrügen** einzuschalten:
Betrüger. — Die Kunst der Seher ist ein eitles Nichts; | Betrüger sind sie oder sind betrogen.
Friedr. von Schiller, D. Braut v. Messina (1803). D. Säulenhalle (Isabella).

S. 66. **Betteln.** — Einzuschalten an 2. Stelle:
— Laß sie betteln gehn, wenn sie hungrig sind!
Heinr. Heine, D. B. d. Lieder. Junge Leiden. Romanzen. Nr. 6. D. Grenadiere (ged. 1819). Mel. v. Karl Gottl. Reissiger, Rob. Schumann, Wilh. Heiser u. a.

S. 67. **Bezwingen,** sich. — Einzuschalten an 1. Stelle:
— Wer schlägt den Leun, wer schlägt den Riesen? | Wer überwindet den und diesen? | Das tuet jener, der sich selbst bezwinget. Mittelhochdeutsch: Wer sleht den lewen? wer sleht den risen? | Wer überwindet jenen unt disen? | Daz tuot jener, der sich selber twinget.
Walter v. d. Vogelweide (um 1170—1230), Gedichte. Übertr. v. Pannier.

S. 67. **Bezwingen,** sich. — Einzuschalten an 3. Stelle:
— Tapfer ist der Löwensieger, | Tapfer ist der Weltbezwinger, | Tapfer, wer sich selbst bezwang.
Joh. Gottfr. von Herder, Sämtl. Werke (1805—1820). Legenden, Dramatische Stücke u. Dichtungen. Nr. 1. Legenden. D. wiedergefundenen Söhne.

S. 69. Nach **Bierlala** einzuschalten:
Bierstoff. — Ich hab' den ganzen Vormittag auf meiner Kneip' studiert; | Drum sei nun auch der Nachmittag dem Bierstoff dediziert!
Studentenlied (vor 1825). Studentenweise.

S. 69. **Bilden.** — Einzuschalten an 2. Stelle:
— Bilde, Künstler! Rede nicht! | Nur ein Hauch sei dein Gedicht!
Joh. Wolfg. von Goethe, Werke (1815—1819). Gedichte. Kunst. Motto.

S. 71. **Blind.** — Einzuschalten an 9. Stelle:
— Blinder Passagier (ursprünglich einer, der in der Postkutsche umsonst mitfuhr; — erinnert an „Nassauer", sowie an „Heckenbillett", dieses von Zuschauern an der Außenseite der Umzäunung eines Schauplatzes).
Sprichwörtl. Redensart.

S. 71. **Blind.** — Einzuschalten an 10. Stelle:
— Drauf losgehen wie ein blinder Hesse (wie ein ungeschickter, tölpelhafter Mensch).
Sprichwörtl. Redensart.

S. 72. **Blume.** — An 1. Stelle muß es heißen:
— Kleine Blumen, kleine Blätter | Streuen mir mit leichter Hand | Gute, junge Frühlingsgötter | Tändelnd auf ein lustig Band.

S. 74. Nach **Bombe** einzuschalten:
Bord. — Über Bord werfen (über den Schiffsbord, die Reling, werfen; — beseitigen).
Sprichwörtl. Redensart.

S. 76. **Brauch.** — Einzuschalten an 2. Stelle:
— ... ein Gebrauch, | Wovon der Bruch mehr ehrt als die Befolgung. Engl.: ... it is a custom | More honour'd in the breach than the observance.
William Shakespeare, Hamlet (1601—1602). Übers. v. Schlegel. A. 1, Sz. 4 (Hamlet).

S. 78. Nach **Brief** einzuschalten:

Brille. — Etwas durch die Brille, durch eine gefärbte Brille, durch eine fremde Brille ansehen (etwas mit einem Vorurteil betrachten).
Sprichwörtl. Redensart.

S. 80. Nach **Brust** einzuschalten:

Brustton. — Im Brustton der Überzeugung reden. Nach Heinr. von Treitschke, Historische u. politische Aufsätze (1870). Fichte u. d. nationale Idee. — Sprichwörtl. Redensart.

S. 80. **Brutus.** — Einzuschalten an 1. Stelle:
— Auch du, mein Sohn (Brutus)! Griech.: *Καὶ σὺ τέκνον;* Lat.: Tu quoque?
Soll Cäsar bei seiner Ermordung (44 v. Chr.) gesagt haben, als er seinen Liebling Brutus mit d. Dolche auf sich zukommen sah.
Nach Cassius Dio (um 155—200), Römische Gesch. Übers. v. Lorenz. B. 44, K. 19.

S. 80. **Buch.** — Einzuschalten an 3. Stelle:
— Den vordanz hat man mir gelan, | Dan ich on nutz vil bücher han, | Die ich nit lis und nit verstan. Seb. Brant, D. Narrenschif (1494). Nr. 1. V. unnützen büchern.

S. 85. Nach **Canaille** einzuschalten:

Canossa. — Nach Canossa gehen wir nicht! (Zu Canossa in Oberitalien demütigte sich am 25.—28. Januar 1077 der deutsche Kaiser Heinr. IV. vor dem Papste Gregor VII.)
Otto von Bismarck im Reichstage (14. Mai 1872). — Sprichwörtl. Redensart.

S. 96. **Denken.** — Unter dem Spruch von Byron lies: Gildemeister statt: Güldemeister.

S. 124. Nach **Edel** einzuschalten:

Edelmann. — Wer noch gut sit, er, tugent kan, | Den halt ich für ein edel man.
Seb. Brant, D. Narrenschif (1494). Nr. 76. V. grossem ruemen.

— Wer Edeltaten tut, | Der ist ein Edelblut.
Reimspr. (16. Jahrh.).

— Der ist ein Edelmann, der edle thaten thut.
Joh. Grob, Dichterische Versuchgabe (1678). Aufschriften oder Kurzgedichte. B. 1, Nr. 39. Würklicher Adel.

— Wer erschröklich fluchen kann, | Ist zu diesen lasterzeiten schon ein halber Edelmann.
Joh. Grob, Dichterische Versuchgabe (1678). Aufschriften oder Kurzgedichte. B. 1, Nr. 40. Halber Adel.

— Das nenn' ich einen Edelmann! | Sein Ur=Ur=Ur=Ur=Älterahn | War älter einen Tag als unser aller Ahn.
Gottfold Ephr. Lessing, Schriften (1753—1755). Sinngedichte. B. 1, Nr. 23. Auf einen adeligen Dummkopf.

— Zu rächen hast du nichts als Edelmann.
Joh. Wolfg. von Goethe, Torquato Tasso (1789). A. 4, Sz. 4 (Antonio).

Edelmann. — Die frömmsten Edelleute fühlen zu einem Zweifel doch Beruf: | Warum wohl Gott am fünften Tage nicht einen Herrn von Adam schuf.
Wilh. Müller, Gedichte (1737). Epigramme. 3. Hundert, Nr. 57. Herr v. Adam.

— Hast du einen Edelmann zum Meier, | So bekommst du weder Zinsen, Hühner noch Eier.
Sprichwort.

— Ein Edelmann ohne Geld ist wie eine Wurst ohne Fett. Engl.: A gentleman without money is like a pudding without suet.
Sprichwort.

— Mit Verlöw! segt der Eddelmann un nimmt den Büren de Koh ut'n Stall.
Sprichwörtl. Redensart. Mecklenburg.

S. 133. **Ehre.** — Einzuschalten Sp. 1 an 12. Stelle:
— Gut verloren, — etwas verloren! | Mußt rasch dich besinnen | Und neues gewinnen. | Ehre verloren, — viel verloren! | Mußt Ruhm gewinnen, | Da werden die Leute sich anders besinnen.
Joh. Wolfg. von Goethe, Poetische u. prosaische Werke (1836—1837). Gedichte. Zahme Xenien. Nr. 8.

S. 145. **Eins.** — Eins ist not usw. — Nicht Albert Knapp, der Herausgeber des „Evangelischen Liederschatzes", ist Verfasser, sondern Joh. Heinr. Schröder (1667—1699).

S. 148. Nach **Eisenbart** einzuschalten:

Eisern. — Eiserner Wille; eiserne Faust (im übertragenen Sinne: unbeugsam).
Sprichwörtl. Redensart.

S. 151. **Eltern.** — Einzuschalten an drittletzter Stelle:
— Von guten Eltern (gesunder Abstammung) sein. Sprichwörtl. Redensart.

S. 156. **Entschuldigen,** sich. — Einzuschalten an 1. Stelle:
— Wer sich entschuldigt, klagt sich an. Franz.: Qui s'excuse, s'accuse. Lat.: . . . dum excusare credis, accusas.
Hieronymus (um 331—420), Br. 4. Ad virginem in exilium missam. K. 3.

S. 157. Nach **Epikur** einzuschalten:

Er. — Wo Er sitzt, ist immer unten.
Friedr. d. Große (reg. 1740—1786) zu einem Leutnant, d. er zur Tafel befohlen hatte.

S. 166. **Ernten.** — Einzuschalten an 2. Stelle:
— Man darf vom Pflaumenbaum nicht Feigen wollen ernten. Sprichwort.

S. 166. **Eros.** — Einzuschalten an 1. Stelle: — O Eros, Allsieger im Kampf! ... | Kein ewiger Gott kann dir entrinnen, | Kein sterblicher Mensch, des Tages Sohn. Griech.: *Ἔρως ἀνίκατε μάχαν . . . | Καὶ σ᾽οὔτ᾽ ἀθανάτων φύξιμος οὐδεὶς | Οὔθ᾽ ἁμερίων σέ γ᾽ ἀν- | θρώπων.*

Sophokles (um 496—406 v. Chr.), Antigone. Übers. v. Donner. V. 781 u. 786—90 (Chor).

S. 166. **Erste,** die. — Nicht Goethes Erfindung, sondern galt schon im 17. Jahrh. als

— Hurentrost (17. Jahrh.).

S. 171. **Erzogen.** — Einzuschalten an 3. Stelle: Spr. v. S. 151, Sp. 1:

— Man könnt' erzogene Kinder gebären, | Wenn die Eltern erzogen wären.

Joh. Wolfg. von Goethe, Werke (1827—1830). Gedichte. Zahme Xenien. Nr. 4.

S. 172. **Essen.** — Einzuschalten an 7. Stelle: — Beim Essen wird man nicht älter.

Sprichwort.

S. 176. **Fangen.** — Einzuschalten an 4. Stelle: — Mit gegangen, | Mit gefangen, | Mit gehangen.

Sprichwort.

S. 179. **Feiertag.** — Einzuschalten an 2. Stelle: — Beständ' das ganze Jahr aus Feiertagen, | So würde Spiel so lästig sein wie Arbeit; | Doch wenn sie selten, kommen sie erwünscht. Engl.: If all the year were playing holidays, | To sport would be as tedious as to work; | But when they seldom come, they wished for come.

William Shakespeare, König Heinr. IV. (um 1598—1600). Übers. v. Schlegel. T. 1, A. 1, Sz. 2 (Prinz Heinr.).

S. 184. **Feuer.** — Einzuschalten an 8. Stelle: — Hört, ihr Herrn, und laßt euch sagen, | Die Glocke, die hat zehn geschlagen; | Bewahrt das Feuer und das Licht, | Daß niemand ein Schaden geschicht!

Wächterlied.

S. 185. **Fisch.** — Einzuschalten an 2. Stelle: — Frische Fische, gute Fische (wird auch im übertragenen Sinne gebraucht).

Sprichwörtl. Redensart.

S. 185. **Fläschchen.** — Einzuschalten an 1. Stelle:

— Nachbarin! Euer Fläschchen!

Joh. Wolfg. von Goethe, Faust, I (1808). Dom (Gretchen). Schlußwort.

S. 188. **Fordern.** — Einzuschalten an 2. Stelle: — Fordre niemand, mein Schicksal zu hören!

Karl von Holtei, D. alte Feldherr (1829).

S. 191. **Frau** (als sittliche Kraft). — Einzuschalten Sp. 2 an 7. Stelle:

— Wann die frowen nider falt, | So hilfft kein hût noch kein gewalt; | Verloren ists als eins inden sel.

Thomas Murner, Narrenbeschwerung (1512). Nr. 51. D. dryspitz in sack stossen.

S. 193. **Frau** (als sittliche Kraft). — Einzuschalten Sp. 2 an 2. Stelle:

— Gleich als hätte Gott zuletzt noch | In sein schönes Haus, die Schöpfung, | Deshalb nur die Frau geführet, | Daß durch sie und für sie alles, | Alles je geschehen sollte, | Sonder Schein, daß sie es tut.

Joh. Gottfr. von Herder, D. Cid (1806). B. 1, Ges. 12.

S. 195. **Frau** (als sittliche Kraft). — Einzuschalten Sp. 2 an 2. Stelle:

— Drei Juden zusammen haben nicht soviel Talent und Frechheit im Schmuggeln als eine Frau.

Bogumil Goltz, Zur Charakteristik u. Naturgesch. d. Frauen (1859).

S. 197. **Frau** (als Gattin). — Einzuschalten Sp. 2 an 11. Stelle:

— Hewschrecken vnd ein wann mit fleh | Thetten mir zû hietten nit so we, | Als wann ich sol ein frow bewaren, | Die selb an mir nit wol wil faren.

Thomas Murner, Narrenbeschwerung (1512). Nr. 26. Hewschrecken v. flöch sunnen.

S. 199. **Frau.** — Einzuschalten Sp. 2 an 2. Stelle:

— Die Frau, das Gewehr und den Gaul darf man nicht ausleihen.

Sprichwort.

S. 202. Nach **Frauenbestimmung** einzuschalten Spr. v. S. 201, Sp. 2:

Fraueneitelkeit. — Als die Messe gesungen war, da war die Frau geschmückt. Franz.: Quand la messe fut chantée, | Si fut la dame parée.

Sprichwort.

S. 205. Nach **Frauenreinheit** einzuschalten:

Frauenscham. — Wann ein frow ir scham verlot, | So kenn ichs nym, so helff ir gott!

Thomas Murner, Narrenbeschwerung (1512). Nr. 26. Hewschrecken v. flöch sunnen.

S. 208. **Frei.** — Einzuschalten an 3. Stelle: — Solch ein Gewimmel möcht' ich sehn, | Auf freiem Grund mit freiem Volke stehn!

Joh. Wolfg. von Goethe, Faust, II (1831). A. 5. Großer Vorhof d. Palasts (Faust).

S. 213. **Freiheit.** — Einzuschalten Sp. 2 an 8. Stelle:

— Die Freiheit hat niemals ein dauerhaftes Staatsgebäude gründen helfen; sie krönt es, wenn die Zeit es befestigt hat. Franz.: La liberté n'a jamais aidé à fonder d'édifice politique durable; elle le couronne quand le temps l'a consolidé.

Napoleon III. in d. Eröffnungsrede d. Parlamentes (14. Febr. 1853). Übers. v. Zimmermann.

S. 237. Nach **Friedensmarsch** einzuschalten:

Friedenspfeife. — Die Friedenspfeife mit jemandem rauchen (sich mit jemandem aussöhnen).

Sprichwörtl. Redensart.

S. 245. **Furor teutonicus.** — Einzuschalten an 1. Stelle:

— . . wir erlebten die Züge der Senonen, der Cimbern Bedrängen, den lybischen Kampf und den Sturm deutschen Ungestüms. Lat.: . . . Senonum motus Cimbrumque ruentem | Vidimus et Martem Libyae cursumque furoris | Teutonici.

Lucanus (um 39—65), Pharsalia. T. 1, V. 254—56.

S. 249. **Gabe.** — Einzuschalten an 5. Stelle:

— Langsame Gabe verleurt den Dank.

Christoph Lehmann, Politischer Blumen-Garten (1662). T. 1. Geben. Nr. 36.

S. 253. **Geben.** — Einzuschalten an 6. Stelle:

— Ich gebe, damit du gibst. Lat.: Do, ut des.

Otto von Bismarck im Reichstage (17. Sept. 1878).

S. 272. **Geld.** — Einzuschalten Sp. 2 an 7. Stelle:

Ital.: Tre cose . . . ci bisognano preparare, danari, danari e poi danari.

S. 275. **Geld.** — Einzuschalten Sp. 1 an 7. Stelle:

— Das Geld liegt auf der Straße; man muß es nur aufheben. Sprichwort.

S. 279. Nach **Gemälde** einzuschalten:

Gemein. — Wenn Gründe so gemein wären wie Brombeeren. Engl.: If reasons were as plenty as blackberries.

William Shakespeare, König Heinr. IV. (um 1598—1600). Übers. v. Schlegel. T. 1, A. 2, Sz. 4 (Falstaff).

S. 292. **Geschenke.** — Einzuschalten an 3. Stelle:

— Was es auch sei, mir bangt vor dem Danaer, bring' er Geschenk' auch! Lat.: Quidquid id est, timeo Danaos et dona ferentes.

Publ. Vergilius Maro (um 70 v. Chr.—17 n. Chr.), Aeneis. Übers. v. Voß. B. 2, V. 49.

S. 302. **Gewalt.** — Einzuschalten an 4. Stelle:

— . . . die Gewalt und Herren-Gunst | Zerbricht Ehr, Recht und alle Kunst.

Georg Rollenhagen, Froschmäuseler (1595). B. 1, T. 2, K. 12.

S. 331. Nach **Goliath** einzuschalten:

Gönnen. — Gott gebe allen, die mich kennen | Zehnmal so viel, als sie mir gönnen!

Spr. an einem Hause. Wien.

S. 354. Nach **Grammatik** einzuschalten:

Grammatiker, die. — Der Kaiser hat über Grammatiker nicht zu gebieten. Lat.: Caesar non supra grammaticos. Alte Redensart.

S. 358. **Große,** das. — Einzuschalten an 2. Stelle:

— Wer etwas groß wil understan, | Der soll sin selbst bewerung han, | Ob er mög kumen zů dem stat, | Den er im für genomen hat.

Seb. Brant, D. Narrenschif (1494). Nr. 15. V. narrechtem anslag.

S. 365. **Gute,** das. — Einzuschalten an 13. Stelle:

— . . . wer bist du denn? — Ein Teil von jener Kraft, | Die stets das Böse will und stets das Gute schafft.

Joh. Wolfg. von Goethe, Faust, I (1808). Studierzimmer (Faust, Mephistopheles).

S. 373. **Hans.** — Einzuschalten an 2. Stelle:

— Was Hänsel nicht lernet, das lernet Hans auch nicht.

Dr. Martin Luther, Tischreden oder Colloquia (1566). Nr. 78. Tischreden v. Beruf. § 5. Daß man Occasiones oder Gelegenheit nicht versäumen solle.

S. 384. Nach **Heimisch** einzuschalten:

Heimlichkeit. — Heimlichkeit ist der nächste Nachbar des Betrugs. Chinesischer Spr.

S. 392. **Herren.** — Einzuschalten an 4. Stelle:

— Herrn haben viel Ohren vnd lange Händ.

Christoph Lehmann, Politischer Blumen-Garten (1662). T. 1. Herren. Nr. 24.

S. 392. **Herren.** — Einzuschalten an 7. Stelle:

— Mit großen Herren ist nicht gut Kirschen essen. Sprichwort.

S. 413. Nach **Hohenstaufen** einzuschalten:

Hohl. — Das zieht in keinen hohlen Baum (sagt man von Erlebnissen, die nicht kalt lassen können). Sprichwörtl. Redensart.

S. 414. **Hopfen.** — Einzuschalten an 2. Stelle:

— Hopfen und Malz, | Gott erhalt's! Wirtshausspr.

S. 415. **Hund.** — Einzuschalten an 2. Stelle:

— Es möchte kein Hund so länger leben!

Joh. Wolfg. von Goethe, Faust, I (1808). Nacht (Faust).

S. 432. **Jugend.** — Einzuschalten Sp. 2 an 2. Stelle:

— Jugend | Hat keine Tugend. Sprichwort.

S. 438. **Juristen.** — Einzuschalten an 2. Stelle:

— Verlast dich vffs iuristen bůch, | Jüdscher fundt, der mägt fürtůch, | Dise dry schedlicher gschir | Machendt stett vnd lender ir.

Thomas Murner, Narrenbeschwerung (1512). Nr. 29. Füß halten.

S. 455. Nach **Klausel** einzuschalten:

Klee. — Etwas über den grünen Klee (allzusehr) loben. Sprichwörtl. Redensart. Österreich.

S. 465. **Können.** — Einzuschalten an 7. Stelle:

— Wir können nicht. Lat.: Non possumus.

Papst Pius IX. an Napoleon III. (8. Febr. 1860). — Nach Apostelgesch., K. 4, V. 20.

S. 468. Nach **Kreide** einzuschalten:

Kreise. — Störe meine Kreise nicht! Lat.: Noli turbare circulos meos.

Angeblicher Ausspr. d. Archimedes zu einem römischen Soldaten bei d. Eroberung v. Syrakus (212 v. Chr.).

S. 477. **Kuckuck.** — Einzuschalten an 5. Stelle:

— Das weiß der Kuckuck (das ist unbegreiflich; — der Kuckuck wurde von den alten Germanen als kluger und prophetischer Vogel eingeschätzt). Sprichwörtl. Redensart.

S. 477. **Kuckuck.** — Einzuschalten an 6. Stelle:
— Hol' dich der Kuckuck! (Schere dich fort; — der Kuckuck wurde von den Mönchen des frühen Mittelalters, die den alten Heidenglauben ausrotten wollten, als Vogel des Teufels, auch als Teufel selbst bezeichnet). Sprichwörtl. Redensart.

S. 482. **Kunst.** — Sp. 1 an 1. Stelle lies:
— Sie haben jetzt gesehen, was wir können. Wollen Sie jetzt! Und wenn Sie wollen, so haben wir eine Kunst!

S. 496. **Leben.** — Einzuschalten an 9. Stelle:
— Es ist eine Lust, zu leben! Lat.: Juvat vivere. Ulrich von Hutten, Br. an Pirckheymer (25. Dez. 1518). Übers. v. Grau.

S. 499. **Leben.** — Einzuschalten an 5. Stelle:
— Er lebe, blühe und gedeihe! Lat.: Vivat, crescat, floreat! Studentischer Spr.

S. 517. **Leiden,** das. — Einzuschalten an 1. Stelle:
— Der arme Käfer, den dein Fuß zertritt, | Fühlt körperlich ein Leiden, ganz so groß, | Als wenn ein Riese stirbt. Engl.: And the poor beetle, that we tread upon, | In corporal sufferance finds a pang as great | As when a giant dies.
William Shakespeare, Maß für Maß (1604). Übers. v. Schlegel. A. 3, Sz. 1 (Isabella).

S. 532. **Liebe** des Mannes. — Einzuschalten an 3. Stelle:
— . . . doch vermögen in der Welt, der tollen, | Zwei Hebel viel aufs irdische Getriebe: | Sehr viel die Pflicht, unendlich mehr die Liebe.
Joh. Wolfg. von Goethe, Gedichte. A. d. Nachlaß. Verm. Gedichte. D. Tageb. (ged. 1810). Schlußv.

S. 552. **Lieben.** — Einzuschalten an 15. Stelle:
— Lieb' mich wenig, und lieb' mich lange! Engl.: Love me little and love me long! Sprichwort.

S. 565. **Loben.** — Einzuschalten an 6. Stelle:
— Jedes Weib lobt seine Butter. Sprichwort.

S. 576. **Mädchen,** das. — Einzuschalten an 2. Stelle:
— Jedes Häfle findt sein Deckele (jedes Mädchen findet seinen Mann). Sprichwort.

S. 578. **Mädchen,** die. — Einzuschalten Sp. 2 an 3. Stelle:
— Wir armen, armen Mädchen | Sind gar so übel dran; | Ich wollt', ich wär' kein Mädchen, | Ich wollt', ich wär' ein Mann!
Albert Lortzing, D. Waffenschmied. A. 3. (Erste Auff. am 30. Mai 1846 in Wien.)

S. 636. **Müßiggang.** — Einzuschalten an 2. Stelle:
— Mit müsiggang vnd gmachlichkait | Man kainen Namen nicht berait.
Joh. Friedr. Fischart, D. Glückhafft Schiff v. Zürich (um 1576).

S. 650. **Narren.** — Einzuschalten an 4. Stelle:
— Wer unter Narren wohnt, wie viel auch derer sein, | Ist unter ihnen doch, als wär er ganz allein.
Friedr. von Logau, Deutsche Sinn-Getichte (1654). Ein Weiser unter Narren.

S. 651. Nach **Naseweis** einzuschalten:
Nassauern. — Auf jemandes Kosten nassauern (unentgeltlich leben; — die den nassauischen Studenten in Göttingen bestimmten Vergünstigungen wurden oftmals auch von andern benutzt). Sprichwörtl. Redensart.

S. 661. Nach **Nessel** einzuschalten:
Nesseln. — Sich in die Nesseln setzen (sich in eine recht unangenehme Lage bringen). Sprichwörtl. Redensart.

S. 678. Nach **Pfau** einzuschalten:
Pfeffer. — Geh' hin, wo der Pfeffer wächst! (gehe weit weg von mir). Sprichwörtl. Redensart.

S. 722. **Reichtum.** — Einzuschalten an 1. Stelle:
— Reichtum macht nicht glücklich, aber sicher. Sprichwort. Tirol.

S. 739. **Rom.** — Einzuschalten an 5. Stelle:
— . . . der Stadt (Rom) und dem Erdkreise . . . Lat.: . . . urbi et orbi . . .
Einsegnungsformel d. Päpste.

S. 772. **Schön.** — Einzuschalten an 17. Stelle:
— Schön ist anders. Bek. Redensart.

S. 780. **Schuhe.** — Einzuschalten an 1. Stelle:
— Der Schuster hat die schlechtesten Schuhe. Sprichwort.

S. 780. **Schuhe.** — Einzuschalten an 2. Stelle:
— Des Schuhmachers Weib und des Schmiedes Pferd haben allezeit zerrissene Schuhe. Schwed.: Skomakarens hustru och smedens märe äro alltid sämst skodda. Sprichwort.

S. 781. **Schuldig.** — Einzuschalten an 2. Stelle:
— In deinem Schuldbuch kannst du tilgen, was dir ist | Ein andrer schuldig, nicht, was du ihm schuldig bist.
Friedr. Rückert, D Weisheit d. Brahmanen (1836—1839). B. 17, Nr. 11. Schlußv. (Stufe 4. Schule. Nr. 234.)

S. 790. Nach **Seide** einzuschalten:
Seife. — Die Seife ist ein Maßstab für den Wohlstand und die Kultur der Staaten.
Justus Freiherr von Liebig, Chemische Br. (1844).

S. 807. **Sonntag.** — Einzuschalten an 6. Stelle:
— Es ist nicht alle Tage Sonntag. Sprichwort.

S. 821. **Steine.** — Einzuschalten an 4. Stelle:
— Von dir werden die Steine reden. Lat.: Te saxa loquuntur.
Inschrift am Neutor in Salzburg.

S. 825. **Sterben,** das. — Einzuschalten an 6. Stelle:
— Wann wir aus dieser Welt durch Sterben uns begeben, | So laßen wir den Ort, wir laßen nicht das Leben.
Friedr. von Logau, Deutsche Sinn-Getichte (1654). D. Tod.

S. 834. Nach **Studentenblut** einzuschalten:

Studentenbraut. — Studentenbraut | Ward niemals getraut. Sprichwort.

S. 849. **Teufel,** der. — Einzuschalten Sp. 2 an 13. Stelle:

— Wenn man dem Teufel den kleinen Finger reicht, will er die ganze Hand. Sprichwort.

S. 850. **Teufel,** der. — Einzuschalten an 1. Stelle:

— Da soll mich doch der Teufel frikassieren!

Sprichwörtl. Redensart.

S. 866. **Torheit.** — Einzuschalten an 7. Stelle:

— O, übergroße Torheit! Lat.: Vanitas, vanitatum vanitas. Nach Pred. Sal., K. 1, V. 2.

S. 872. **Trauer.** — Einzuschalten an 3. Stelle:

— Sein Haupt in Trauer hüllen.

Sprichwörtl. Redensart.

S. 874. Nach **Trennung** einzuschalten:

Treppenwitz. — Treppenwitz der Weltgeschichte.

William Levis Hertslet, Titel eines Werkes (1882).

S. 877. **Treue.** — Einzuschalten Sp. 2 an 14. Stelle:

— 3 4 3 (Treu' für Treu') | Versprech' ich dir, | 3 (Treu) zu bleiben | 4 und 4 (für und für); | 3 (Treu) zu bleiben | Nimm in 8 (acht), | Weil 3 bei 2 (Treue bei zweien) | Vergnügen macht.

Spr. an einer Scheuer in Kleinseelheim bei Marburg.

S. 880. Nach **Trommelklang** einzuschalten:

Trommeln. — Gott sei's getrommelt und gepfiffen! Scherzhafte Redensart.

S. 880. **Trompeten.** — Einzuschalten an 2. Stelle:

— Mit Pauken und Trompeten durchfallen (vollständigen Mißerfolg haben).

Sprichwörtl. Redensart.

S. 897. Nach **Unfehlbarkeit** einzuschalten:

Unflätige, das. — Wenn man siebet, so bleibt das Unflätige darinnen.

Jes. Sir., K. 27, V. 5.

S. 897. **Ungemach.** — Einzuschalten an 1. Stelle:

— Anders denkt der Mensch in Ungemach, | Und anders, wenn er wieder frische Hoffnung schöpft. Griech.: Οὐδεὶς αὐτὸς ἐν πόνοις ἀνὴρ | Ὅταν τε πρὸς τὸ θάρσος ἐκ φόβου πέσῃ.

Euripides (um 480—406 v. Chr.), Iphigenie bei d. Tauriern. Übers. v. Minckwitz. V. 729—30 (Iphigenie).

S. 921. Nach **Verachten** einzuschalten:

Verächter. — Die Hoffnung des Verächters zur Zeit der Not ist wie ein fauler Zahn und gleitender Fuß. Spr. Sal., K. 25, V. 19.

S. 937. **Verstand.** — Einzuschalten Sp. 1 an 2. Stelle:

— Weißt du denn nicht, mein Sohn, mit wie wenig Verstand die Welt regiert wird? Lat.: An nescis, mi fili, quantilla prudentia mundus regatur?

Axel Oxenstjerna zu seinem Sohne (1641). Übers. v. Grau.

S. 981. **Weib** (als Gattin). — Einzuschalten an 1. Stelle:

— Wer ein böß weib hat, der bedarff keins Teuffels.

Christoph Lehmann, Politischer Blumen=Garten (1662). T. 2. Weib. Nr. 31.

S. 1026. **Wissenschaften.** — Einzuschalten Sp. 1 an 1. Stelle:

— O Jahrhundert! O Wissenschaften! Es ist eine Lust, zu leben! Lat.: O seculum! O literae! Juvat vivere!

Ulrich von Hutten, Br. an Pirckheymer (25. Dez. 1518). Übers. v. Grau.

S. 1041. Nach **Zehntausend** einzuschalten:

Zeichen. — Wie anders wirkt dies Zeichen auf mich ein!

Joh. Wolfg. von Goethe, Faust, I (1808). Nacht (Faust).

S. 1049. Nach **Zensur** einzuschalten:

Zepter. — Sonst spielt' ich mit Zepter, mit Krone und Stern.

Albert Lortzing, Zar u. Zimmermann. A. 3, Sz. 14 (Zar). (Erste Auff. am 22. Dez. 1837 in Leipzig.)

— Das Zepter soll Augen haben. Sprichwort.

— Mit dem Zepter wühlt man nicht im Misthaufen. Sprichwort.

S. 1051. **Zorn.** — Einzuschalten Sp. 2 an 6. Stelle:

— .. dieser Tag ist ein Tag des Zorns ... Lat.: Dies ira, dies illa.

Hymnus v. Thomas von Celano (13. Jahrh.). — Nach Zephanja, K. 1, V. 15.